2008

Ratzel/Luxenburger Handbuch Medizinrecht

ANWALTSPRAXIS
DeutscherAnwaltVerlag

Handbuch Medizinrecht

Herausgegeben von
Dr. Rudolf Ratzel,
Rechtsanwalt und Fachanwalt für Medizinrecht,
München
und
Justizrat Dr. Bernd Luxenburger,
Rechtsanwalt und Fachanwalt für Medizinrecht,
Saarbrücken

2008

DeutscherAnwaltVerlag

Zitiervorschlag:
Ratzel/Luxenburger/*Bearbeiter*, Handbuch Medizinrecht, § 1 Rn 1

Copyright 2008 by Deutscher Anwaltverlag, Bonn
Satz: Griebsch & Rochol Druck GmbH & Co. KG, Hamm
Druck: Kösel GmbH & Co.KG, Krugzell
Titelgestaltung: gentura, Holger Neumann, Bochum
ISBN 978-3-8240-0778-3

Bibliografische Information der Deutschen Bibliothek
Die Deutsche Bibliothek verzeichnet diese Publikation in der Deutschen Nationalbibliografie; detaillierte bibliografische Daten sind im Internet über http://dnb.ddb.de abrufbar.

Vorwort

Erste Vorgespräche für das jetzt vorliegende Handbuch fanden bereits im Frühjahr 2003 statt. Die Unsicherheit bezüglich der Einführung des Fachanwalts für Medizinrecht brachten das Projekt jedoch zunächst zum Stocken, bis 2006 der endgültige Startschuss – gemeinsam mit einem hoch motivierten Autorenteam – fiel. Natürlich haben wir uns als Herausgeber die Frage gestellt, ob es für ein derartiges Handbuch angesichts der bereits am Markt befindlichen Werke einen Bedarf gibt. Wir haben diese Frage bejaht. Alleine schon ein Blick in das Inhaltsverzeichnis zeigt, wie umfassend das Handbuch angelegt ist. Dabei wurden natürlich praxisrelevante Schwerpunkte wie Arzthaftungs-, Vertragsarzt-, Gesellschafts-, Berufs- und Krankenhausrecht mit dem ihnen gebührenden Umfang bearbeitet, ohne aber die Vielfalt, die das Medizinrecht bietet – und die letztlich seinen Reiz ausmacht – hintan zu stellen. Das Handbuch wendet sich nicht nur an Fachanwälte für Medizinrecht und Kolleginnen und Kollegen, die die Fachanwaltschaft für Medizinrecht anstreben, sondern an alle am Medizinrecht interessierten Juristen.

Neben den Autoren bedanken wir uns beim Deutschen Anwaltverlag und dort insbesondere bei Frau RAin Andrea Albers und Frau Ass.iur. Miriam Zywietz als den für das Werk zuständigen Lektorinnen. Über eine lebhafte Reaktion aus der Leserschaft, Anregungen und Kritik, freuen wir uns.

München/Saarbrücken im Dezember 2007

Dr. Rudolf Ratzel,
Fachanwalt für Medizinrecht,
Sozietät Dr. Rehborn,
Ottostr. 1,
80333 München

Justizrat Dr. Bernd Luxenburger,
Fachanwalt für Medizinrecht,
Sozietät Heimes & Müller,
Faktoreistr. 4,
66111 Saarbrücken

Inhaltsübersicht

Autorenverzeichnis XI

Abkürzungsverzeichnis XIII

Literaturverzeichnis XXXI

§ 1	Einleitung	1
	Dr. Rudolf Ratzel	
§ 2	Das medizinrechtliche Mandat	3
	Dr. Rudolf Ratzel	
§ 3	Europäisches Gesundheitsrecht	17
	Dr. Patrick M. Lissel, LL.M.	
§ 4	Das Gesundheitswesen in der Verfassung der Bundesrepublik Deutschland	43
	Dr. Rudolf Ratzel	
§ 5	Berufsrecht der Gesundheitsberufe unter Einschluss der Darstellung des Rechts der Selbstverwaltung	57
	Dr. Rudolf Ratzel/Peter Knüpper	
§ 6	Das Leistungsrecht der gesetzlichen Krankenversicherung .	191
	Rainer Beeretz	
§ 7	Vertragsarztrecht	229
	Karl Hartmannsgruber/Jörn Schroeder-Printzen	
§ 8	Neue Versorgungsformen (MVZ, integrierte Versorgung) . .	479
	Dr. Karl-Heinz Möller/Dr. Franz-Josef Dahm/Dr. Stefan Bäune	
§ 9	Der Behandlungsvertrag	559
	Dirk Griebau	
§ 10	Die ärztliche Abrechnung gegenüber Selbstzahlern	569
	Dirk Griebau	
§ 11	Erstattungsfragen gegenüber PKV und Beihilfe	593
	Dirk Griebau	
§ 12	Arzthaftungsrecht	601
	Steffen Kaiser	
§ 13	Haftpflichtversicherungsrecht	783
	Dr. Rudolf Ratzel	

Inhaltsübersicht

§ 14 **Arztstrafrecht** 795
Dr. Jens Schmidt/Dr. Joachim Giring

§ 15 **Kooperationen im Gesundheitswesen, Ärztliches Gesellschaftsrecht** 871
Dr. Karl-Heinz Möller

§ 16 **Arbeitsrecht der Klinikärzte** 959
Dr. Christel Köhler-Hohmann

§ 17 **Das Liquidationsrecht des Chefarztes** 997
Dr. Tilman Clausen/Jörn Schroeder-Printzen

§ 18 **Abgabe und Übernahme einer Arztpraxis** 1017
Achim Röschmann

§ 19 **Kooperationen zwischen niedergelassenem Arzt und Krankenhaus** 1055
Dr. Rudolf Ratzel/Dr. Bernd Luxenburger

§ 20 **Der beamtete Arzt** 1073
Dr. Hans-Dieter Lippert

§ 21 **Der öffentliche Gesundheitsdienst** 1081
Dr. med. Anton Miesen

§ 22 **Der Arzt im Strafvollzug** 1087
Dr. Joachim Giring

§ 23 **Rettungsdienst, Notarzt** 1093
Dr. Patrick M. Lissel, LL.M.

§ 24 **Der Arzt als Sachverständiger** 1113
Dr. Florian Wölk

§ 25 **Transfusionswesen** 1135
Dr. Hans-Dieter Lippert

§ 26 **Transplantationswesen** 1143
Dr. Rudolf Ratzel

§ 27 **Reproduktionsmedizin** 1151
Dr. Rudolf Ratzel

§ 28 **Biomedizinische Forschung** 1165
Dr. Hans-Dieter Lippert

§ 29	**Krankenhausplanung, Krankenhausfinanzierung, Versorgungsverträge**	1183
	Dr. Martin Rehborn/Dr. Heike Thomae	
§ 30	**Arzneimittelrecht**	1265
	Dr. Hans-Dieter Lippert	
§ 31	**Grundzüge des Medizinprodukterechts**	1345
	Dr. Rudolf Ratzel	
§ 32	**Apothekenrecht**	1383
	Dr. Jan Wiesener	
§ 33	**Heilmittelwerberecht**	1413
	Dr. Martin Greiff	
§ 34	**Pflegepflichtversicherung**	1451
	Konstantin Theodoridis	
§ 35	**Rehabilitationswesen**	1471
	Dr. Thomas Vollmöller	
§ 36	**Berufsgenossenschaftliche Heilbehandlung**	1501
	Dr. Rudolf Ratzel/Dr. Patrick M. Lissel, LL.M.	
§ 37	**Steuerrecht**	1515
	Dr. Rolf Michels	
Stichwortverzeichnis		1607

Autorenverzeichnis

Dr. Stefan Bäune
Rechtsanwalt, Fachanwalt für Medizinrecht, Essen

Rainer Beeretz
Rechtsanwalt, Fachanwalt für Medizinrecht, Fachanwalt für Verwaltungsrecht, Freiburg

Dr. Tilman Clausen
Rechtsanwalt, Fachanwalt für Medizinrecht, Fachanwalt für Arbeitsrecht, Hannover

Dr. Franz-Josef Dahm
Rechtsanwalt und Notar, Fachanwalt für Medizinrecht, Fachanwalt für Verwaltungsrecht, Essen

Dr. Joachim Giring
Rechtsanwalt, Saarbrücken

Dr. Martin Greiff, Mag.rer.publ.
Rechtsanwalt, München

Dirk Griebau
Rechtsanwalt, Fachanwalt für Medizinrecht, Fürth

Karl Hartmannsgruber
Rechtsanwalt, München

Steffen Kaiser
Richter am Landgericht, Saarbrücken

Peter Knüpper
Rechtsanwalt, München

Dr. Christel Köhler-Hohmann
Rechtsanwältin, Fachanwältin für Medizinrecht, Leiterin der Rechtsabteilung der Städt. Klinikum München GmbH

AkadD Dr. Hans-Dieter Lippert
Institut für Rechtsmedizin, Universitätsklinikum Ulm

Dr. Patrick M. Lissel, LL.M.
Rechtsanwalt, Fachanwalt für Medizinrecht, München

Justizrat Dr. Bernd Luxenburger
Rechtsanwalt, Fachanwalt für Medizinrecht, Saarbrücken

Dr. Rolf Michels
Steuerberater, Dipl.-Kaufmann, Köln

Ltd. MinR Dr. med. Anton Miesen
Leiter der Abteilung Öffentliches Gesundheitswesen und Pharmazie, Landesamt für Soziales, Jugend und Versorgung, Koblenz

Dr. Karl-Heinz Möller
Rechtsanwalt, Fachanwalt für Medizinrecht, Düsseldorf

Dr. Rudolf Ratzel
Rechtsanwalt, Fachanwalt für Medizinrecht, München

Autorenverzeichnis

Dr. Martin Rehborn
Rechtsanwalt, Fachanwalt für Medizinrecht, Dortmund

Achim Röschmann
Rechtsanwalt, München

Dr. Jens Schmidt
Rechtsanwalt, Fachanwalt für Strafrecht, Saarbrücken

Jörn Schroeder-Printzen
Rechtsanwalt, Fachanwalt für Medizinrecht, Fachanwalt für Sozialrecht, Potsdam

Konstantin Theodoridis
Rechtsanwalt, Fachanwalt für Sozialrecht, Bonn

Dr. Heike Thomae
Rechtsanwältin, Dortmund

Dr. Thomas Vollmöller
Rechtsanwalt, München

Dr. Jan Wiesener
Rechtsanwalt, Fachanwalt für Medizinrecht, München

Dr. Florian Wölk
Rechtsanwalt, Saarbrücken

Abkürzungsverzeichnis

1.AVHRDG	Verordnung zur Ausführung der §§ 5 und 6 des Gesetzes zur Neuordnung des Rettungsdienstes in Hessen (Zentrale Leitstellen, Besondere Gefahrenlagen)
2.AVBayRDG	Zweite Verordnung zur Ausführung des Bayerischen Gesetzes über den Rettungsdienst
A&R	Zeitschrift für Arzneimittelrecht und Arzneimittelpolitik
a.A.	anderer Ansicht
a.a.O.	am angegebenen Ort
AbgrV	Abgrenzungsverordnung
ABlEG	Amtsblatt der Europäischen Gemeinschaften
Abs.	Absatz
Abschn.	Abschnitt
abw.	abweichend
AcP	Archiv für die civilistische Praxis
a.E.	am Ende
a.F.	alte Fassung
AfP	Archiv für Presserecht
AG	Aktiengesellschaft; Amtsgericht
AGB	Allgemeine Geschäftsbedingungen
AGGVG	Gesetz zur Ausführung des GVG
AGH	Anwaltsgerichtshof
AGS	Anwaltsgebühren Spezial (Zeitschrift)
AHB	Allgemeine Versicherungsbedingungen für die Haftpflicht-Versicherung
AIP	Arzt im Praktikum
allg.	allgemein
allg.M.	allgemeine Meinung
Alt.	Alternative
AltpflG	Altenpflegegesetz
a.M.	anderer Meinung
AMG	Arzneimittelgesetz
AMWHV	Arzneimittel- und Wirkstoffherstellungsverordnung
Anh.	Anhang
Anm.	Anmerkung
AnwBl	Anwaltsblatt
AnwF	AnwaltFormulare
AnwK	AnwaltKommentar
AO	Abgabenordnung

Abkürzungsverzeichnis

AOP-Vertrag	Vertrag nach § 115b Abs. 1 SGB V – ambulantes Operieren und stationsersetzende Eingriffe im Krankenhaus – zwischen den Spitzenverbänden der gesetzlichen Krankenversicherung (GKV), der Deutschen Krankenhausgesellschaft e.V. (DKG) und der Kassenärztlichen Bundesvereinigung
AP	Arbeitsrechtliche Praxis
ApBetrO	Apothekenbetriebsordnung
ApoG	Apothekengesetz
ApoR	Apotheke und Recht (Zeitschrift)
APR	ApothekenRecht (Zeitschrift)
ARB	Allgemeine Rechtsschutzbedingungen
ArbG	Arbeitsgericht
ArbGG	Arbeitsgerichtsgesetz
ArbZG	Arbeitszeitgesetz
Art.	Artikel
ArztuR	Der Arzt und sein Recht (Zeitschrift)
ArztR	ArztRecht (Zeitschrift)
Ärzte-ZV	Zulassungsverordnung für Ärzte
AS	Amtliche Sammlung
ASiG	Gesetz über Betriebsärzte, Sicherheitsingenieure und andere Fachkräfte für Arbeitssicherheit
ASt	Antragsteller
Aufl.	Auflage
AuK	Arzt und Krankenhaus (Zeitschrift)
AusR	Der Arzt und sein Recht (Zeitschrift)
AVAG	Anerkennungs- und Vollstreckungsausführungsgesetz
AVBl	Amts- und Verordnungsblatt
Az	Aktenzeichen
BABl	Bundesarbeitsblatt
BAG	Bundesarbeitsgericht
BAGE	Entscheidungen des Bundesarbeitsgerichts
BAnz	Bundesanzeiger
BAO	Bundesapothekerordnung
BÄO	Bundesärzteordnung
BApO	Bundesapothekerordnung
BAT	Bundesangestelltentarifvertrag
BayJMBl	Justizministerialblatt für Bayern
BayObLG	Bayerisches Oberstes Landesgericht
BayObLGR	Rechtsprechungsreport des BayObLG
BayObLGZ	Entscheidungen des BayObLG in Zivilsachen
BayRDG	Bayerisches Gesetz zur Regelung von Notfallrettung, Krankentransport und Rettungsdienst

BayRSanV	Bayerische Verordnung über die Tätigkeit als Rettungssanitäter
BayVerfGH	Sammlung von Entscheidungen des Bayerischen Verwaltungsgerichtshofs mit Entscheidungen des Bayerischen Verfassungsgerichtshofs
BayVGH	Sammlung von Entscheidungen des bayerischen Verwaltungsgerichtshofs
BB	Betriebs-Berater (Zeitschrift)
BbgRettDPV	Verordnung über den Landesrettungsplan des Landes Brandenburg
BbgRettG	Gesetz über den Rettungsdienst im Land Brandenburg
Bd.	Band
BDO	Bundesdisziplinarordnung
BDSG	Bundesdatenschutzgesetz
BeamtVG	Beamtenversorgungsgesetz
BEG	Bundesentschädigungsgesetz
BEMA	Einheitlicher Bewertungsmaßstab für vertragszahnärztliche Leistungen
BerH	Beratungshilfe
BerHG	Beratungshilfegesetz
BerHVV	BeratungshilfevordruckVO
BerlAnwBl	Berliner Anwalts-Blatt
BErzGG	Bundeserziehungsgeldgesetz
BetrVG	Betriebsverfassungsgesetz
BeurkG	Beurkundungsgesetz
BfA	Bundesversicherungsanstalt für Angestellte
BfArM	Bundesinstitut für Arzneimittel und Medizinprodukte
BFH	Bundesfinanzhof
BFH/NV	Sammlung amtlich nicht veröffentlicher Entscheidungen des Bundesfinanzhofs
BFHE	Entscheidungen des Bundesfinanzhofs
BG	Berufungsgericht; Beamtengesetz
BGB	Bürgerliches Gesetzbuch
BGBl I; II; III	Bundesgesetzblatt – Teil I; Teil II; Teil III
BGH	Bundesgerichtshof
BGHR	BGH-Rechtsprechung
BGHZ	Entscheidungen des Bundesgerichtshofs in Zivilsachen
BhV	Beihilfevorschriften des Bundes
Bl	Blatt
BMG	Bundesministerium für Gesundheit
BMGS	Bundesministerium für Gesundheit und Soziale Sicherung (jetzt BMG)
BMV	Bundesmantelvertrag
BMV-Ä	Bundesmantelvertrag Ärzte

Abkürzungsverzeichnis

BMVPr	Baden-Württembergische Verwaltungspraxis (Zeitschrift)
BMV-Z	Bundesmantelvertrag Zahnärzte
BO	Berufsordnung
BORA	Berufsordnung für Rechtsanwälte
BPatG	Bundespatentgesetz
BPflV	Bundespflegesatzverordnung
BR	Bundesrat
BRAGO	Bundesrechtsanwaltsgebührenordnung
BRAGO prof.	BRAGO professionell (Zeitschrift)
BRAK	Bundesrechtsanwaltskammer
BRAK-Mitt	Bundesrechtsanwaltskammer-Mitteilungen
BRAO	Bundesrechtsanwaltsordnung
BR-Drucks	Bundesrats-Drucksache
BremHilfeG	Bremisches Hilfeleistungsgesetz
BSG	Bundessozialgericht
BSGE	Amtliche Sammlung der Entscheidungen des Bundessozialgerichts
BSHG	Bundessozialhilfegesetz
bspw.	beispielsweise
BStBl	Bundessteuerblatt
BT	Bundestag
BT-Drucks	Bundestags-Drucksache
BTK	Bundestierärztekammer
BtMG	Betäubungsmittelgesetz
BtMVV	Betäubungsmittelverschreibeverordnung
BVerfG	Bundesverfassungsgericht
BVerfGE	Entscheidungen des Bundesverfassungsgerichts
BVerfGG	Gesetz über das Bundesverfassungsgericht
BVerwG	Bundesverwaltungsgericht
BVerwGE	Entscheidungen des Bundesverwaltungsgerichts
BVG	Bundesversorgungsgesetz
BvR	Bundesverfassungsrichter
BwNotZ	Zeitschrift für das Notariat in Baden-Württemberg
bzgl.	bezüglich
bzw.	beziehungsweise
ca.	circa
CB-Transplantat	Cord-Blood = Nabelschnurblut-Transplantat
ChemG	Chemikaliengesetz
CMI	Institut für certifizierte medizinische Information und Fortbildung e.V.
CR	Computer und Recht (Zeitschrift)

DÄ	Deutsches Ärzteblatt
DÄBl.	Deutsches Ärzteblatt
D-Arzt	Durchgangsarzt
d.h.	das heißt
DAVorm	Der Amtsvormund (Zeitschrift)
DB	Der Betrieb (Zeitschrift)
DB-PKHG	Durchführungsbestimmungen zum Gesetz über die Prozesskostenhilfe
ders.	derselbe
DiätAssG	Diätassistentengesetz
DIMDI	Deutsches Institut für Medizinische Dokumentation und Information
DIMDIV	Verordnung über das datenbankgestützte Informationssystem über Medizinprodukte des Deutschen Instituts für Medizinische Dokumentation und Information
DIN	Deutsche Industrienorm
DJ	Deutsche Justiz
DJZ	Deutsche Juristen-Zeitung
DKG	Deutsche Krankenhausgesellschaft e.V.
DMW	Deutsche Medizinische Wochenschrift
DNotIR	Informationsdienst des Deutschen Notarinstituts-Report
DNotZ	Deutsche Notarzeitschrift
DÖV	Die Öffentliche Verwaltung
DR	Deutsches Recht
DRGs	Diagnosis Related Groups
DRiG	Deutsches Richtergesetz
DRiZ	Deutsche Richterzeitung
Drucks	Drucksache
DRV	Deutsche Rentenversicherung (Zeitschrift)
DRZ	Deutsche Rechtszeitschrift (ab 1946)
DStR	Deutsches Steuerrecht (Zeitschrift)
DStRE	DStR-Entscheidungsdienst
DStZ	Deutsche Steuer-Zeitung
DVBl	Deutsches Verwaltungsblatt
DVO-RDG SH	Landesverordnung zur Durchführung des Rettungsdienstes in Schleswig-Holstein
DVP	Deutsche Verwaltungspraxis (Loseblatt-Sammlung)
DZWir	Deutsche Zeitschrift für Wirtschaftsrecht
EA	Einstweilige Anordnung
EBE	Eildienst Bundesgerichtliche Entscheidungen
EBM	Einheitlicher Bewertungsmaßstab

Abkürzungsverzeichnis

EDV	Elektronische Datenverarbeitung
EG	Einführungsgesetz; Europäische Gemeinschaft
EGBGB	Einführungsgesetz zum Bürgerlichen Gesetzbuch
EGGVG	Einführungsgesetz zum Gerichtsverfassungsgesetz
EGH	Ehrengerichtshof
EGMR	Entscheidungen des Europäischen Gerichtshofs für Menschenrechte
EGZPO	Einführungsgesetz zur Zivilprozessordnung
EheG	Ehegesetz
Einf.	Einführung
EinglVO	Eingliederungs-Verordnung
EKV-Ä	Ersatzkassenvertrag Ärzte
EKV-Z	Ersatzkassenvertrag Zahnärzte
EMEA	European Medicines Evaluation Agency = Europäische Arzneimittelagentur
EMRK	Konvention zum Schutze der Menschenrechte und Grundfreiheiten
Entw.	Entwurf
ErgthG	Ergotherapeutengesetz
EStG	Einkommensteuergesetz
EStR	Einkommensteuer-Richtlinien
etc.	et cetera
EU	Europäische Union
EuGH	Europäischer Gerichtshof
EuGVVO	Verordnung (EG) Nr. 44/2001 des Rates vom 22.12.2000 über die gerichtliche Zuständigkeit und die Anerkennung und Vollstreckung von Entscheidungen in Zivil- und Handelssachen
EuR	Europarecht (Zeitschrift)
e.V.	eidesstattliche Versicherung
evtl.	eventuell
EWiR	Entscheidungen zum Wirtschaftsrecht
EWIV	Europäische Wirtschaftliche Interessenvereinigung
EWS	Europäisches Währungssystem; Europäisches Wirtschafts- und Steuerrecht (Zeitschrift)
f., ff.	folgende, fortfolgende
FA	Fachanwalt Arbeitsrecht (Zeitschrift)
FAZ	Frankfurter Allgemeine Zeitung
FG	Finanzgericht
FGG	Gesetz über die Angelegenheiten der Freiwilligen Gerichtsbarkeit
Fn	Fußnote
FPV 2007	Fallpauschalenvereinbarung 2007

GBA	Gemeinsamer Bundesausschuss
GBl	Gesetzblatt
GCP-Verordnung	Verordnung über die Anwendung der Guten Klinischen Praxis bei der Durchführung von klinischen Prüfungen mit Arzneimitteln zur Anwendung am Menschen
GbR	Gesellschaft bürgerlichen Rechts
GebrMG	Gebrauchsmustergesetz
gem.	gemäß
GenG	Gesetz betreffend die Erwerbs- und Wirtschaftsgenossenschaften
GesR	Gesundheitsrecht (Zeitschrift)
GewArch	Gewerbearchiv. Zeitschrift für Gewerbe- und Wirtschaftsverwaltungsrecht
GewO	Gewerbeordnung
GG	Grundgesetz
ggf.	gegebenenfalls
GKG	Gerichtskostengesetz
GKV	Gesetzliche Krankenversicherung
GKV-WSG	Gesetz zur Stärkung des Wettbewerbs in der Gesetzlichen Krankenversicherung
Gl.	Gläubiger
GmbH	Gesellschaft mit beschränkter Haftung
GmS	Gemeinsamer Senat
GoA	Geschäftsführung ohne Auftrag
GOÄ	Gebührenordnung für Ärzte
GPSG	Geräte- und Produktsicherheitsgesetz
GRUR	Gewerblicher Rechtsschutz und Urheberrecht (Zeitschrift)
GRURInt	GRUR Internationaler Teil
GSG	Gesundheitsstrukturgesetz
GV	Gerichtsvollzieher
GVBl	Gesetz- und Verordnungsblatt
GVG	Gerichtsverfassungsgesetz
GVO	Gerichtsvollzieherordnung
GVoBl	Gesetz- und Verordnungsblatt
GWB	Gesetz gegen Wettbewerbsbeschränkungen
H-Arzt	Heilbehandlungsarzt
HebG	Hebammengesetz
HeilprG	Heilpraktikergesetz
HessVGH	Hessischer Verfassungsgerichtshof

Abkürzungsverzeichnis

HGB	Handelsgesetzbuch
HK	Handelskammer
h.L.	herrschende Lehre
h.M.	herrschende Meinung
HmbRDG	Hamburgisches Rettungsdienstgesetz
HNTVO	Hochschulnebentätigkeitsverordnung
HPG	Heilpraktikergesetz
HR	Handelsregister
HRDBetriebsV	Verordnung zur Ausführung des § 10 des Hessischen Rettungsdienstgesetzes 1998
HRDG	Gesetz zur Neuordnung des Rettungsdienstes in Hessen
HRDP	Rettungsdienstplan des Landes Hessen
HRDQSV	Verordnung über die Qualitätssicherung im Rettungsdienst in Hessen
HRDRettSanAPV	Verordnung über die Ausbildung und Prüfung von Rettungssanitäterinnen und Rettungssanitätern in Hessen
HReg	Handelsregister
HRG	Hochschulrahmengesetz
HRR	Höchstrichterliche Rechtsprechung (Zeitschrift)
hrsg.	herausgegeben
Hs.	Halbsatz
HVM	Honorarverteilungsmaßstab
HWG	Heilmittelwerbegesetz
HwK	Handwerkskammer
HWS	Halswirbelschleudertrauma
i.A.	im Auftrag
i.d.F.	in der Fassung
i.d.R.	in der Regel
i.d.S.	in diesem Sinne
i.E.	im Ergebnis
IGeL-Leistungen	vom Patienten aus unterschiedlichen Motiven gewünschte individuelle Gesundheits-Leistungen, die die Krankenkasse nicht abdeckt
IHK	Industrie- und Handelskammer
inkl.	inklusive
insb.	insbesondere
insg.	insgesamt
InsO	Insolvenzordnung
InVo	Insolvenz und Vollstreckung (Zeitschrift)
IPRax	Praxis des Internationalen Privat- und Verfahrensrechts
i.S.d.	im Sinne des
ISO	International Organization for Standardization

i.S.v.	im Sinne von
i.Ü.	im Übrigen
IV-Modell	Modell der Integrierten Versorgung
i.V.m.	in Verbindung mit
JA	Juristische Arbeitsblätter
JBl	Justizblatt
Jg.	Jahrgang
JMBl	Justiz-Ministerialblatt
JP	Juristische Praxis (Zeitschrift)
JR	Juristische Rundschau (Zeitschrift)
Jura	Juristische Ausbildung (Zeitschrift)
JurBüro	Juristisches Büro (Zeitschrift)
JuS	Juristische Schulung (Zeitschrift)
Justiz	Die Justiz (Zeitschrift)
JVBl	Justizverwaltungsblatt
JVEG	Justizvergütungs- und -entschädigungsgesetz
JW	Juristische Wochenschrift
JWG	Jugendwohlfahrtsgesetz
JZ	Juristenzeitung
K&R	Kommunikation und Recht (Zeitschrift)
Kap.	Kapitel
KastrG	Kastrationsgesetz
KBV	Kassenärztliche Bundesvereinigung
KrTUEigV BW	Verordnung über die fachliche Eignung von Krankentransportunternehmern in Baden-Württemberg
KfH	Kammer für Handelssachen
Kfz	Kraftfahrzeug
KG	Kommanditgesellschaft; Kammergericht
KGR	Kammergerichtsrechtsprechung
KG-Rp/KGR	Rechtsprechungsreport des Kammergerichts Berlin
KGRspr	Kammergerichtsrechtsprechung
KHG	Krankenhausfinanzierungsgesetz
KHG NRW	Krankenhausgesetz Nordrhein-Westfalen
KHEntgG	Krankenhausentgeltgesetz
KHNG	Krankenhaus-Neuordnungsgesetz
KJ	Kritische Justiz (Zeitschrift)
KJHG	Kinder- und Jugendhilfegesetz
KKZ	Kommunal-Kassen-Zeitschrift
KostO	Kostenordnung
KostRsp	Kostenrechtsprechung
KostVfg	Kostenverfügung

Abkürzungsverzeichnis

KritV	Kritische Vierteljahresschrift für Gesetzgebung und Rechtswissenschaft (Zeitschrift)
KrPflG	Krankenpflegegesetz
KSchG	Kündigungsschutzgesetz
KTS	Konkurs-, Treuhand- und Schiedsgerichtswesen (ab 50. 1998 Zeitschrift für Insolvenzrecht/vorher Konkurs- und Treuhandwesen)
KTUEigV BW	Verordnung über die fachliche Eignung von Krankentransportunternehmern in Baden-Württemberg
KV	Kassenärztliche Vereinigung; Kostenverzeichnis
LAG	Landesarbeitsgericht; Lastenausgleichsgesetz
LAGE	Entscheidungen der Landesarbeitsgerichte
LÄK	Landesärztekammer
LArbG	Landesarbeitsgericht
LBG	Landesberufsgericht
LFBG	Lebensmittel-, Bedarfsgegenstände und Futtermittelgesetz
lfd.	laufend
LG	Landgericht
Lit.	Literatur
LKV	Landes- und Kommunalverwaltung (Zeitschrift)
LM	Nachschlagewerk des Bundesgerichtshofs, hrsg. von Lindenmaier, Möhring u.a.
LNTVO	Landesnebentätigkeitsverordnung
LogopG	Logopädengesetz
LS	Leitsatz
LSG	Landessozialgericht
Ltd.	Limited (private company limited by shares)
LVA	Landesversicherungsanstalt
LWVG	Landeswohlfahrtsverbändegesetz
m.w.N.	mit weiteren Nachweisen
MarkenG	Markengesetz
MB	Marburger Bund
MB/KK	Musterbedingungen für die Krankheitskostenversicherung
MB/PPV	Musterbedingungen für die Private Pflegeversicherung
MBO	Musterberufsordnung
MBO-Ä	Musterberufsordnung für Ärzte
MBO-PP/KJP	Musterberufsordnung für Psychologische Psychotherapeuten und Kinder- und Jugendlichenpsychotherapeuten
MBO-T	Musterberufsordnung für Tierärzte
MBO-Z	Musterberufsordnung für Zahnärzte
MDCs	Major Diagnostic Categories

MDK	Medizinischer Dienst der Krankenversicherung
MDP	Mitteilungen der deutschen Patentanwälte
MDR	Monatsschrift für Deutsches Recht
m.E.	meines Erachtens
MEDDEV	„MEDical DEVices" (Leitlinien für die Anwendung der EG-Richtlinien im Bereich der Medizinprodukte)
MedGV	Medizingeräteverordnung
MedR	Medizinrecht (Zeitschrift)
MEDSACH	Der medizinische Sachverständige (Zeitschrift)
MinBl	Ministerialblatt
mind.	mindestens
MittBayNot	Mitteilungen des Bayerischen Notarvereins, der Notarkasse und der Landesnotarkasse Bayern
MittdtschPatAnw	Mitteilungen der Deutschen Patentanwälte (Zeitschrift)
MK	Mietrecht kompakt
MMR	MultiMedia und Recht (Zeitschrift)
m.N.	mit Nachweisen
MPBetreibV	Verordnung über das Einrichten, Betreiben und Anwenden von Medizinprodukten
MPG	Medizinproduktegesetz
MPhG	Masseur- und Physiotherapeutengesetz
MPR	Zeitschrift für das gesamte Medizinprodukterecht
MPV	Medizinprodukteverordnung
MPVerschrV	Verordnung über die Verschreibungspflicht von Medizinprodukten
MPSV	Verordnung über die Erfassung, Bewertung und Abwehr von Risiken bei Medizinprodukten (Medizinprodukte-Sicherheitsplanverordnung)
MSA	Haager Minderjährigenschutzabkommen
MTAG	Gesetz über technische Assistenten in der Medizin
MüKo	Münchener Kommentar
MuW	Markenschutz und Wettbewerb
MuWO	Muster-Weiterbildungsordnung
MVZ	Medizinisches Versorgungszentrum
m.w.H.	mit weiteren Hinweisen
MwSt	Mehrwertsteuer
NachwG	Gesetz über den Nachweis der für ein Arbeitsverhältnis geltenden wesentlichen Bedingungen
NAPVO-RettSan	Niedersächsische Verordnung über die Ausbildung und Prüfung für Rettungssanitäterinnen und Rettungssanitäter
NBedarfsVO-RettD	Verordnung über die Bemessung des Bedarfs an Einrichtungen des Rettungsdienstes in Niedersachsen
NdsRpfl	Niedersächsische Rechtspflege (Zeitschrift)

Abkürzungsverzeichnis

NDV	Nachrichtendienst des Deutschen Vereins für öffentliche und private Fürsorge
n.F.	neue Fassung
NJ	Neue Justiz (Zeitschrift)
NJW	Neue Juristische Wochenschrift
NJW-COR	NJW-Computerreport
NJWE	NJW-Entscheidungsdienst
NJWE-VHR	NJW-Entscheidungsdienst-Versicherungs- und Haftungsrecht
NJWE-WettbR	NJW-Entscheidungsdienst-Wettbewerbsrecht
NJW-RR	NJW-Rechtsprechungsreport
N.N.	nomen nescio
NotBZ	Zeitschrift für die notarielle Beratungs- und Beurkundungspraxis
Nr.	Nummer
NRettDG	Niedersächsisches Rettungsdienstgesetz
NStE	Neue Entscheidungssammlung für Strafrecht
NStZ	Neue Zeitschrift für Strafrecht
n.v.	nicht veröffentlicht
NVersZ	Neue Zeitschrift für Versicherung und Recht
NVwZ	Neue Zeitschrift für Verwaltungsrecht
NWB	Neue Wirtschaftsbriefe (Zeitschrift)
NWVBl	Nordrhein-Westfälische Verwaltungsblätter
NZA	Neue Zeitschrift für Arbeitsrecht
NZA-RR	NZA-Rechtsprechungs-Report Arbeitsrecht
NZG	Neue Zeitschrift für Gesellschaftsrecht
NZS	Neue Zeitschrift für Sozialrecht
o.a.	oben angegeben
o.g.	oben genannt
OGH	Oberster Gerichtshof (Österreich)
OHG	Offene Handelsgesellschaft
OLG	Oberlandesgericht
OLGE	Entscheidungssammlung der Oberlandesgerichte
OLGR	OLG Report
OLGReport	Zivilrechtsprechung der Oberlandesgerichte
OLGRspr	Die Rechtsprechung der Oberlandesgerichte auf dem Gebiete des Zivilrechts
OLGZ	Entscheidungen der Oberlandesgerichte in Zivilsachen
PEI	Paul-Ehrlich-Institut
OrthoptG	Orthoptistengesetz
OVG	Oberverwaltungsgericht
PA	Prozessrecht aktiv (Zeitschrift)

PartGG	Partnerschaftsgesetz
PatG	Patentgesetz
PCCL	Patient Clinical Complexity Level
PflR	Pflegerecht (Zeitschrift)
PflVG	Pflichtversicherungsgesetz
PharmR	Pharmarecht (Zeitschrift)
PharmaR	Pharmarecht (Zeitschrift)
PID	Präimplantationsdiagnostik
PKH	Prozesskostenhilfe
PKV	Private Krankenversicherung
Pkw	Personenkraftwagen
PLZ	Postleitzahl
PodG	Podologengesetz
ProdHaftG	Produkthaftungsgesetz
PStG	Personenstandsgesetz
Psych-PV	Psychiatrie-Personalverordnung
PtAG	Gesetz über den Beruf des pharmazeutisch-technischen Assistenten
PV	Pflegeversicherung
PZ	Pharmazeutische Zeitung
RdA	Recht der Arbeit (Zeitschrift)
RDG Bln	Gesetz über den Rettungsdienst für das Land Berlin
RDG BW	Gesetz über den Rettungsdienst in Baden-Württemberg
RDG M-V	Gesetz über den Rettungsdienst für das Land Mecklenburg-Vorpommern
RDG SH	Gesetz über die Notfallrettung und den Krankentransport in Schleswig-Holstein
RDP BW	Rettungsdienstplan 2000 Baden-Württemberg
RDV	Recht der Datenverarbeitung (Zeitschrift)
RegBetrVO	Regelbetrags-Verordnung
RegBl	Regierungsblatt
RenoR	Reno-Report (Zeitschrift)
RettAssAPrV	Ausbildungs- und Prüfungsverordnung für Rettungsassistentinnen und Rettungsassistenten
RettAssG	Gesetz über den Beruf der Rettungsassistentin und des Rettungsassistenten
RettDG LSA	Rettungsdienstgesetz Sachsen-Anhalt
RettDG RP	Landesgesetz über den Rettungsdienst sowie den Notfall- und Krankentransport in Rheinland-Pfalz

Abkürzungsverzeichnis

RettDVO-LSA	Verordnung zur Regelung der Mindestanforderungen an die personellen und sächlichen Ausstattungen und der Grundsätze der einheitlichen Kostenermittlung im Rettungsdienst in Sachsen-Anhalt
RettG NRW	Gesetz über den Rettungsdienst sowie die Notfallrettung und den Krankentransport durch Unternehmer in Nordrhein-Westfalen
RettHelfAPO NRW	Ausbildungs- und Prüfungsverordnung für Rettungshelferinnen und Rettungshelfer in Nordrhein-Westfalen
RettSanAPO NRW	Ausbildungs- und Prüfungsverordnung für Rettungssanitäterinnen und Rettungssanitäter in Nordrhein-Westfalen
RettSanAPrV LSA	Verordnung über die Ausbildung und Prüfung von Rettungssanitätern und Rettungssanitäterinnen in Sachsen-Anhalt
RettSanAPrV M-V	Verordnung über die Ausbildung und Prüfung von Rettungssanitätern für das Land Mecklenburg-Vorpommern
RG	Reichsgericht
RGBl	Reichsgesetzblatt
RGZ	Entscheidungen des RG in Zivilsachen
RIW	Recht der internationalen Wirtschaft
RKI	Robert-Koch-Institut
Rn	Randnummer
RöV	Verordnung über den Schutz vor Schäden durch Röntgenstrahlen
Rpfleger	Der Deutsche Rechtspfleger (Zeitschrift)
RpflG	Rechtspflegergesetz
RpflJb	Rechtspfleger-Jahrbuch
RpflStud	Rechtspfleger-Studienhefte
RR	Rechtsprechungsreport
Rspr.	Rechtsprechung
RuP	Recht und Politik (Zeitschrift)
RuS	Recht und Schaden (Zeitschrift)
RVG	Rechtsanwaltsvergütungsgesetz
RWS	Kommuniaktionsforum Recht-Wirtschaft-Steuern
s.	siehe
s.a.	siehe auch
SAE	Sammlung Arbeitsrechtlicher Entscheidungen
SächsBRKG	Sächsisches Gesetz über den Brandschutz, Rettungsdienst und Katastrophenschutz
SächsLRettDP	Landesrettungsdienstplan für den Freistaat Sachsen
SchadPrax	Schadenpraxis (Zeitschrift)
SchKG	Schwangerschaftskonfliktberatungsgesetz
SchlGNRW	Gütestellen- und Schlichtungsgesetz des Landes NRW
SchlHA	Schleswig-Holsteinische Anzeigen
SchlHOLG	Schleswig-Holsteinisches Oberlandesgericht

SG	Sozialgericht
SGb	Die Sozialgerichtsbarkeit (Zeitschrift)
SGB	Sozialgesetzbuch
SGG	Sozialgerichtsgesetz
SigG	Signaturgesetz
SKHG	Saarländisches Krankenhausgesetz
s.o.	siehe oben
sog.	sogenannte/r/s
SozR	Sozialrechtliche Rechtsprechung und Schrifttum (Loseblatt-Sammlung)
SP	Schadenpraxis (Zeitschrift)
SRettBetriebsV	Verordnung über den Betrieb von Unternehmen des Krankentransports im Saarland
SRettG	Saarländisches Rettungsdienstgesetz
SRettSanAPrV	Verordnung über die Ausbildung und Prüfung von Rettungssanitäterinnen und Rettungssanitätern im Saarland
StA	Staatsanwaltschaft
StB	Der Steuerberater (Zeitschrift)
StGB	Strafgesetzbuch
StPO	Strafprozessordnung
str.	streitig
st.Rspr.	ständige Rechtsprechung
StV	Strafverteidiger (Zeitschrift)
StVG	Straßenverkehrsgesetz
StVollzG	Gesetz über den Vollzug der Freiheitsstrafe und der freiheitsentziehenden Maßregeln der Besserung und Sicherung
StW	Steuer-Warte (Zeitschrift)
s.u.	siehe unten
SZ	Süddeutsche Zeitung
TAM-NOG	Tierarzneimittel-Neuordnungsgesetz
TFG	Transfusionsgesetz
ThürRettG	Thüringer Rettungsdienstgesetz
TPG	Transplantationsgesetz
TV-Ärzte/TdL	Tarifvertrag für Universitätsärzte
TV-Ärzte/VKA	Tarifvertrag für Ärztinnen und Ärzte an kommunalen Krankenhäusern im Bereich der Vereinigung der kommunalen Arbeitgeberverbände
TVG	Tarifvertragsgesetz
TV-L	Tarifvertrag für den öffentlichen Dienst der Länder
TVöD-K	Durchgeschriebene Fassung des TVöD für den Dienstleistungsbereich der Vereinigung der kommunalen Arbeitgeberverbände
TzBfG	Teilzeit- und Befristungsgesetz

Abkürzungsverzeichnis

u.a.	unter anderem
u.E.	unseres Erachtens
UFITA	Archiv für Urheber-, Film-, Funk- und Theaterrecht
UKlaG	Unterlassungsklagengesetz
umstr.	umstritten
UmwStG	Umwandlungssteuergesetz
unstr.	unstreitig
UntStFG	Unternehmenssteuerfortentwicklungsgesetz
UR	Umsatzsteuer-Rundschau (Zeitschrift)
UrhG	Urhebergesetz
urspr.	ursprünglich
Urt.	Urteil
USK	Urteilssammlung für die gesetzliche Krankenversicherung
USt	Umsatzsteuer
usw.	und so weiter
u.U.	unter Umständen
UWG	Gesetz gegen den unlauteren Wettbewerb
VA	Verwaltungsakt
VÄndG	Vertragsrechtsänderunggesetz
VAHRG	Gesetz zur Regelung von Härten im Versorgungsausgleich
vCJK	Variante der Creutzfeld-Jakob-Krankheit
VdAK	Verband der Angestellten-Krankenkassen e.V.
VE	Vollstreckungsrecht effektiv (Zeitschrift)
Verf.	Verfassung; Verfasser
VerlG	Gesetz über das Verlagsrecht
Vertrag Ärzte/UVTr	Vertrag gemäß § 34 Abs. 3 SGB VII zwischen dem Hauptverband der gewerblichen Genossenschaften, dem Bundesverband der landwirtschaftlichen Berufsgenossenschaften, dem Bundesverband der Unfallkassen einerseits und der Kassenärztlichen Vereinigung andererseits über die Durchführung der Heilbehandlung, die Vergütung der Ärzte sowie die Art und Weise der Abrechnung der ärztlichen Leistungen
Verz.	Verzeichnis
VG	Verwaltungsgericht
VGH	Verfassungsgerichtshof; Verwaltungsgerichtshof
vgl.	vergleiche
v.H.	vom Hundert
VIZ	Zeitschrift für Vermögens- und Investitionsrecht
VMBl	Ministerialblatt des Bundesministers für Verteidigung
VN	Versicherungsnehmer
VO	Verordnung
VOBl	Verordnungsblatt

VSSR	Vierteljahresschrift für Sozialrecht
VuR	Verbraucher und Recht (Zeitschrift)
VVG	Gesetz über den Versicherungsvertrag
VwGO	Verwaltungsgerichtsordnung
VwVfG	Verwaltungsverfahrensgesetz
VwZG	Verwaltungszustellungsgesetz
WettbR	Wettbewerbsrecht
WF	Wertermittlungsforum (Zeitschrift)
WiB	Wirtschaftsrechtliche Beratung
WiR	Wirtschaftsrecht
wistra	Zeitschrift für Wirtschaft, Steuer, Strafrecht
WM	Wertpapier-Mitteilungen
WRP	Wettbewerb in Recht und Praxis (Zeitschrift)
WuW	Wirtschaft und Wettbewerb (Zeitschrift)
WuW/E	Wirtschaft und Wettbewerb/Entscheidungssammlung zum Kartellrecht
ZAP	Zeitschrift für die Anwaltspraxis
z.B.	zum Beispiel
ZBR	Zeitschrift für Beamtenrecht
ZESAR	Zeitschrift für europäisches Sozial- und Arbeitsrecht
ZfA	Zeitschrift für Arbeitsrecht
ZFGWiss	Zeitschrift für Gesundheitswissenschaften
zfs	Zeitschrift für Schadensrecht
ZfSH	Zeitschrift für Sozialhilfe
ZfStrVo	Zeitschrift für Strafvollzug und Straffälligenhilfe
ZGR	Zeitschrift für Unternehmens- und Gesellschaftsrecht
ZGS	Zeitschrift für das gesamte Schuldrecht
ZHG	Zahnheilkundegesetz
ZHR	Zeitschrift für das gesamte Handels- und Wirtschaftsrecht
ZHG	Gesetz über die Ausübung der Zahnheilkunde
Ziff.	Ziffer
ZInsO	Zeitschrift für das gesamte Insolvenzrecht
ZIP	Zeitschrift für Wirtschaftsrecht und Insolvenzpraxis
zit.	zitiert
ZMGR	Zeitschrift für das gesamte Medizin- und Gesundheitsrecht
ZMV	Die Mitarbeitervertretung (Zeitschrift)
ZNotP	Zeitschrift für die Notarpraxis
ZPO	Zivilprozessordnung
ZRHO	Rechtshilfeordnung für Zivilsachen
ZRP	Zeitschrift für Rechtspolitik

Abkürzungsverzeichnis

ZS	Zivilsenat
z.T.	zum Teil
ZTR	Zeitschrift für Tarifrecht
ZUM	Zeitschrift für Urheber- und Medienrecht
ZustDG	EG-Zustellungsdurchführungsgesetz
ZustRG	Zustellungsreformgesetz
ZVG	Gesetz über die Zwangsversteigerung und Zwangsverwaltung
ZVI	Zeitschrift für Verbraucher-Insolvenzrecht
zzgl.	zuzüglich
ZZP	Zeitschrift für Zivilprozess

Literaturverzeichnis

Soweit nicht anders angegeben, werden die Werke nur durch Nennung des/der Verfasser und Angabe der Fundstelle (Seitenzahl, Rn o.Ä.) zitiert. Bei Werken mit mehreren Bearbeitern wird der Name des jeweiligen Bearbeiters kursiv gesetzt.

Andreas/Debong/Bruns, Handbuch Arztrecht in der Praxis, 2001
Anhalt/Dieners (Hrsg.), Handbuch des Medizinprodukterechts, 2003
Ankermann/Kullmann/Bischoff, Arzthaftpflicht-Rechtsprechung (AHRS), Rechtsprechung zur gesamten Arzthaftpflicht, Teil I, Stand: 2007
v. Auer/Seitz, Transfusionsgesetz, Loseblatt, Stand: 2007
Bach/Moser, Private Krankenversicherung, Kommentar, 3. Auflage 2002
Baumbach/Lauterbach/Albers/Hartmann, Zivilprozessordnung, Kommentar, 65. Auflage 2007
Bayerlein, Praxishandbuch Sachverständigenrecht, 3. Auflage 2002
Bergmann/Kienzle, Krankenhaushaftung, Organisation, Schadensverhütung und Versicherung – Leitfaden für die tägliche Praxis, 2. Auflage 2003
Bockelmann, Strafrecht des Arztes, 1968
Bülow/Ring, Heilmittelwerbegesetz, Kommentar, 3. Auflage 2005
Dahm/Möller/Ratzel, Rechtshandbuch Medizinische Versorgungszentren, 2005
Deutsch/Spickhoff, Medizinrecht, 5. Auflage 2003
Deutsch/Lippert, Ethikkommission und klinische Prüfung. Vom Prüfplan zum Prüfvertrag, 1998
Deutsch/Lippert/Ratzel/Anker/Tag, Kommentar zum Arzneimittelgesetz, 2. Auflage 2007
Deutsch/Lippert/Ratzel, Medizinproduktegesetz, Kommentar, 2002
Ehlers (Hrsg.), Fortführung von Arztpraxen, 2. Auflage 2001
Erfurter Kommentar zum Arbeitsrecht, hrsg. von Dieterich/Müller-Glöge/Preis/Schaub, 7. Auflage 2007
Erman, Handkommentar zum Bürgerlichen Gesetzbuch, 11. Auflage 2004
Eser/v. Lutterotti/Sporken (Hrsg.), Lexikon Medizin. Ethik. Recht., 1989
Frahm/Nixdorf, Arzthaftungsrecht, 2. Auflage 2001
Geiß/Greiner, Arzthaftpflichtrecht, 5. Auflage 2006
Giesen, Arzthaftungsrecht, 4. Auflage 1995
Giesen, Wandlungen des Arzthaftungsrechts, 1984
Gola/Schomerus/Klug, Bundesdatenschutzgesetz, Kommentar, 9. Auflage 2007
Gummert/Riegger/Weipert, Münchener Handbuch des Gesellschaftsrechts, Band 1, 2. Auflage 2004
Hauck/Noftz (Hrsg.), Sozialgesetzbuch, Loseblatt, Stand: 2007
Heberer, Das ärztliche Berufs- und Standesrecht, 2. Auflage 2001
Hefermehl/Köhler/Bornkamm, Wettbewerbsrecht, 25. Auflage 2007
Jaeger/Luckey, Schmerzensgeld, 3. Auflage 2006
Jarass/Pieroth, Grundgesetz für die Bundesrepublik Deutschland, 9. Auflage 2007
Joecks/Miebach (Hrsg.), Münchener Kommentar zum Strafgesetzbuch, 6 Bände, 2003 ff.
Kasseler Kommentar, Sozialversicherungsrecht, Loseblatt, Stand: 2007 (zit.: KassKomm/*Bearbeiter*)

Literaturverzeichnis

Katzenmeier, Arzthaftung, 2002
Keller/Günther/Kaiser, Embryonenschutzgesetz, 1992
Klapp, Abgabe und Übernahme einer Arztpraxis, 3. Auflage 2006
Kloesel/Cyran, Arzneimittelrecht, Kommentar, Loseblatt, Stand: 2007
Kohlhaas, Medizin und Recht, 1969
Korff/Beck/Mikat (Hrsg.), Lexikon der Bioethik, 2000
Kossens/von der Heide/Maaß, SGB IX, 2. Auflage 2006
Krauskopf, Soziale Krankenversicherung, Pflegeversicherung, Loseblatt, Stand: 2007
Kullmann/Bischoff/Dressler/Pauge (Hrsg.), Arzthaftpflicht-Rechtsprechung (AHRS), Rechtsprechung zur gesamten Arzthaftpflicht, Teil II, Stand: 2007
Kullmann/Pauge/Stöhr/Zoll (Hrsg.), Arzthaftpflicht-Rechtsprechung (AHRS), Rechtsprechung zur gesamten Arzthaftpflicht, Teil III, Stand: 2007
Lachwitz/Schellhorn/Welti, Handkommentar zum Sozialgesetzbuch IX, 2. Auflage 2006 (zit.: HK-SGB IX/*Bearbeiter*)
Laufs, Arztrecht, 5. Auflage 1993
Laufs/Uhlenbruck (Hrsg.), Handbuch des Arztrechts, 3. Auflage 2002
Leipziger Kommentar, hrsg. von Jähnke/Laufhütte/Odersky, Strafgesetzbuch, 11. Auflage 2003–2006
Lippert, Rettungsassistentengesetz, 2. Auflage 1999
Lippert/Flegel, Kommentar zum Transfusionsgesetz und den Hämotherapie-Richtlinien, 2002
Martis/Winkhart, Arzthaftungsrecht, Fallgruppenkommentar, 2. Auflage 2007
v. Maydell/Ruland, Sozialrechtshandbuch, 3. Auflage 2003
Mergen (Hrsg.), Die juristische Problematik in der Medizin, 3 Bände, 1971
Meyer-Goßner, Strafprozessordnung, Kommentar, 50. Auflage 2007
Mrozynski, SGB IX, Teil 1, 2002
Münchener Kommentar zum Bürgerlichen Gesetzbuch, hrsg. von Rebmann/Säcker/Rixecker, 4. Auflage 2001 ff. (zit.: MüKo/*Bearbeiter*)
Narr/Hess/Nösser, Ärztliches Berufsrecht, 2. Auflage, Stand: 2005
Nöthlichs/Weber, Sicherheitsvorschriften für Medizinprodukte, Loseblatt, Stand: 2007
Orlowski/Halbe/Karch, Vertragsarztänderungsgesetz (VÄndG) – Chancen und Risiken, 2007
Palandt, Bürgerliches Gesetzbuch, 66. Auflage 2007
Peters, Handbuch der Krankenversicherung, Teil 2, Kommentar zum 5. Buch des Sozialgesetzbuchs, Loseblatt, Stand: 2007
Plagemann/Klatt (Hrsg.), Recht für Psychotherapeuten, 1999
Plagemann/Niggehoff, Vertragsarztrecht, 2. Auflage 2000
Preißler/Sozietät Dr. Rehborn, Ärztliche Gemeinschaftspraxis versus Scheingesellschaft, 2002
Pröls/Martin, Versicherungsvertragsgesetz, 27. Auflage 2004
Quaas/Zuck, Medizinrecht, 2005
Ratzel/Lippert, Kommentar zur Musterberufsordnung der deutschen Ärzte, 4. Auflage 2006
Rehborn, Arzt – Patient – Krankenhaus, 3. Auflage 2000
Rehmann, AMG, Kommentar, 2. Auflage 2003
Rehmann/Wagner, Medizinproduktegesetz, 2005

Rieger (Hrsg.), Lexikon des Arztrechts, Loseblatt, Stand: 2007
Sachs (Hrsg.), Grundgesetz, 4. Auflage 2007
Schallen, Zulassungsverordnung für Vertragsärzte, Vertragszahnärzte, Medizinische Versorgungszentren, Psychotherapeuten, 5. Auflage 2007
Schaub, Arbeitsrechts-Handbuch, 12. Auflage 2007
Schirmer, Vertragsarztrecht kompakt, 2006
Schmidt-Bleibtreu/Klein, Kommentar zum Grundgesetz für die Bundesrepublik Deutschland, 10. Auflage 2004
Schnapp/Wigge (Hrsg.), Handbuch des Vertragsarztrechts, 2. Auflage 2006
Schönke/Schröder, Strafgesetzbuch, 27. Auflage 2006
Schroth/König/Gutmann/Oduncu, Transplantationsgesetz, Kommentar, 2005
Schulin, Handbuch der Sozialversicherung, Band 1 Krankenversicherung, 1994
v. Staudinger (Begr.), Kommentar zum Bürgerlichen Gesetzbuch mit Einführungsgesetz und Nebengesetzen, 13. Auflage, 1993 ff.
Steffen/Dressler/Pauge, Arzthaftungsrecht, 10. Auflage 2006
Stelkens/Bonk/Sachs, Verwaltungsverfahrensgesetz, 6. Auflage 2001
Stellpflug, Niederlassung für Psychotherapeuten, 2005
Stellpflug, Vertragsarztrecht/Vertragszahnarztrecht, 2005
Stellpflug/Meier/Tadayon (Hrsg.), Handbuch Medizinrecht, 3. Auflage 2006
Taupitz, Die Standesordnungen der freien Berufe, 1991
Tröndle/Fischer, Strafgesetzbuch, Kommentar, 54. Auflage 2007
Ulrich, Der gerichtliche Sachverständige, 12. Auflage 2007
Ulsenheimer, Arztstrafrecht in der Praxis, 3. Auflage 2003
Wezel/Liebold, Der Kommentar zu EBM und GOÄ, Loseblatt, Stand: 2007
Wiegand, SGB IX, Teil 1, Loseblatt, Stand: 2007
WiKo, hrsg. von Hill/Schmitt, Medizinprodukterecht Kommentar, Loseblatt, Stand: 2007
Zwingel/Preißler, Das Medizinische Versorgungszentrum, 2005

§ 1 Einleitung

Dr. Rudolf Ratzel

Als die Arbeitsgemeinschaft Medizinrecht im Deutschen Anwaltverein 1998 gegründet wurde, war man sich des Bedarfs einer derartigen Vereinigung angesichts einer Vielzahl von Veranstaltungen unterschiedlichster Organisationen durchaus bewusst. Wie groß er aber wirklich war und ist, hat selbst Optimisten überrascht. Die Arbeitsgemeinschaft entwickelte sich innerhalb kürzester Zeit zu einer der dynamischsten Arbeitsgemeinschaften innerhalb des DAV. Neben dem praktischen Bedürfnis nach Meinungsaustausch und Fortbildung hat die Einführung des Fachanwalts für Medizinrecht sicherlich dazu beigetragen. Dessen Einführung war ja durchaus nicht unumstritten. Bereits in erster Sitzung der 2. Satzungsversammlung am 20.6.2000 in Bonn gefordert, wurde am 15./16.2 2001 der formelle Antrag auf Einführung gestellt, der jedoch mit 47 zu 43 Stimmen abgelehnt wurde. Am 25./26.4.2002 wurde ein erneuter Antrag auf Einführung mit großer Mehrheit abgelehnt. Erst die Satzungsversammlung am 22./23.11.2004 hat nach einem grundlegenden Meinungsumschwung zur Anzahl neuer Fachanwaltsbezeichnungen den „Fachanwalt für Medizinrecht" verabschiedet. Die für seine Erlangung nachzuweisenden besonderen Kenntnisse im Medizinrecht sind in § 14b FAO aufgeführt, der am 1.7.2005 in Kraft getreten ist. Es sind dies:

1. *Recht der medizinischen Behandlung, insbesondere*
   a) *zivilrechtliche Haftung,*
   b) *strafrechtliche Haftung,*
2. *Recht der privaten und gesetzlichen Krankenversicherung, insbesondere Vertragsarzt- und Vertragszahnarztrecht, sowie Grundzüge der Pflegeversicherung,*
3. *Berufsrecht der Heilberufe, insbesondere*
   a) *ärztliches Berufsrecht,*
   b) *Grundzüge des Berufsrechts sonstiger Heilberufe,*
4. *Vertrags- und Gesellschaftsrecht der Heilberufe, einschließlich Vertragsgestaltung,*
5. *Vergütungsrecht der Heilberufe,*
6. *Krankenhausrecht einschließlich Bedarfsplanung, Finanzierung und Chefarztvertragsrecht,*
7. *Grundzüge des Arzneimittel- und Medizinprodukterechts,*
8. *Grundzüge des Apothekenrechts,*
9. *Besonderheiten des Verfahrens- und Prozessrechts.*

Das vorliegende Handbuch versteht sich aber nicht nur als Begleiter zur Erlangung des Fachanwalts, sondern als Handbuch Medizinrecht für den Rechtsanwender, sei er Anwalt, Richter oder sonst im Bereich des Medizinrechts tätiger Jurist. Deshalb wurde bei der Auswahl der Autoren besonderes Augenmerk auf Praxiserfahrung gelegt, d.h. die Autoren kennen die Thematik aus ihrer eigenen täglichen Praxis und nicht nur aus der Theorie. Dementsprechend geht die Zahl der behandelten Problembereiche zum Teil weit über die in § 14b FAO angesprochenen Gebiete hinaus, gerade weil das Medizinrecht eben so vielschichtig ist (siehe hierzu auch § 2 Rn 2). Medizinrecht ist schnelllebig, deshalb kann dieses Handbuch nur den Sachstand darstellen, wie er sich im Jahre 2007 widerspiegelt. Schon bei Abschluss der redaktionellen Arbeiten war klar, dass

§ 1 Einleitung

2008 wieder Änderungen eintreten, die auch im Medizinrecht Auswirkungen zeitigen. Dennoch wird der Nutzer für eine geraume Zeit diejenigen verlässlichen und aktuellen Informationen vorfinden, die er für die Problemlösung im Rahmen seiner medizinrechtlichen Tätigkeit benötigt.

§ 2 Das medizinrechtliche Mandat

Dr. Rudolf Ratzel

Inhalt

A. Allgemeines	1
B. Medizinrecht als Querschnittsfach	2
I. Öffentlich-rechtliche Prägung des Medizinrechts	2
II. Medizinrecht und gesellschaftspolitische Strömungen	3
C. Informationen	4
I. Printmedien und Organisationen	4
II. Informationsbörsen	5
D. Mandantentypologie im Medizinrecht	6
E. Das Honorar	12
I. Mandatsbearbeitung unter wirtschaftlichen Gesichtspunkten	12
II. Auszug aus dem Streitwertkatalog der Sozialgerichtsbarkeit 2006	14
III. Auszug aus dem Streitwertkatalog der Verwaltungsgerichtsbarkeit 2004	15
IV. Zivilrechtliche Verfahren	16

Literatur

Harneit, Rechtsanwaltsgebühren und Kostenerstattung in Vertragsarztangelegenheiten, ZMGR 2005, 123; **Schneider**, Zur Anwendung des RVG im Medizinrecht, ZMGR 2005, 130.

A. Allgemeines

Betrachtet man die Bausteine des „**Fachanwalts für Medizinrecht**" wird schnell klar, dass – wenn überhaupt – nur wenige für sich in Anspruch nehmen können, in allen oder nahezu allen dieser Teilgebiete eine Beratung auf hohem Niveau anbieten zu können. Längst hat der Zwang zur **Subspezialisierung** auch das Medizinrecht erfasst, letztlich aber mit der Konsequenz, dass der hoch qualifizierte Subspezialist möglicherweise schon wieder weniger als „Medizinrechtler" zu bezeichnen ist als der medizinrechtliche Generalist.

B. Medizinrecht als Querschnittsfach

I. Öffentlich-rechtliche Prägung des Medizinrechts

Auch wenn das (zivilrechtliche) Arzthaftungsrecht faktisch und von der Zahl der dort Tätigen sicherlich einen prominenten Platz im Medizinrecht einnimmt, muss man zunächst konstatieren, dass Medizinrecht in erster Linie öffentliches Recht im weitesten Sinne ist. Für viele Mandate im Medizinrecht, seien sie im Krankenhausbereich, dem Vertragsarztrecht, dem Berufsrecht, dem Arzneimittel-, Medizinprodukte- und Apothekenrecht angesiedelt, ist ein Verständnis öffentlich-rechtlicher Normengefüge und öffentlich-rechtlicher Regelungsinstrumente unverzichtbar. Dies gilt erst recht, wenn man diesen Teil des Medizinrechts als Wirtschaftsverwaltungsrecht begreift.[1] Dies gilt selbst für das Strafrecht im Medizinrecht, wenn man einmal den kleinen Bereich der Körperverletzungs- und Delikte gegen das Leben verlässt, z.B. beim Abrechnungsbetrug, der Korruption und der Untreue in Zusammenhang mit Vermögensverschiebungen im Gesundheitswesen. Eine Sonderstellung nimmt das Gesellschaftsrecht im Medizinrecht ein, das bislang überwiegend das Recht der Personengesellschaft betrifft. Die in diesem Bereich anzutreffende hochkomplexe Mischung von Gesellschaftsrecht, modifiziert durch Berufs- und Vertragsarztrecht, überfordert manchen originären Gesellschaftsrechtler, muss aber vom medizinrechtlichen Gesellschaftsrechtler beherrscht werden.

II. Medizinrecht und gesellschaftspolitische Strömungen

3   Medizinrechtliche Fragestellungen haben nicht selten ihren Ursprung in Entwicklungen im Gesundheitswesen, die nicht immer sachlich motiviert sind, sondern oftmals politisch-ideologisch überlagert werden. Der Medizinrechtler darf davor nicht die Augen verschließen oder aus Sympathie für dieses oder jenes politische Lager die notwendige Analyse mental ausblenden. Vielmehr hat er im Interesse seines Mandanten in der jeweiligen Situation die bestmögliche Lösung anzustreben, dabei immer bedenkend, dass sich die rechtlichen Rahmenbedingungen angesichts der Sprunghaftigkeit der politischen Akteure im Gesundheitswesen noch während der laufenden Mandatsbearbeitung ändern können. Denn ähnlich wie im Steuerrecht gefällt sich die Exekutive und ihr nur noch blind folgend letztlich auch der Gesetzgeber darin, in Drei-Jahres-Zyklen jeweils Jahrhundertreformen zu verabschieden, die die Vertragspartner und Handelnden im Bereich der untergesetzlichen Normen und Verträge nicht minder fleißig werden lassen. Mit anderen Worten: wer in diesen Gebieten Mandate bearbeitet, muss die Entwicklung sehr zeitnah verfolgen. Die bloße Lektüre der einschlägigen juristischen Fachzeitschriften genügt schon lange nicht mehr.

C. Informationen

I. Printmedien und Organisationen

4   Gut ist es, wenn man Zugang zu den **Printmedien** der jeweiligen Spitzenorganisationen wie DKG, Bundesärztekammer, KBV (Deutsches Ärzteblatt für BÄK und KBV[2]) oder auch der Apothekerorganisationen hat. Das Internet ist auch hier mittlerweile zur Informationsbeschaffung nicht mehr wegzudenken. Es ist nicht verkehrt, die Homepages der Spitzenorganisationen, in deren Zuständigkeitsbereich man Mandate bearbeitet, regelmäßig zu besuchen. Als klientelbezogene Tageszeitung hilfreich, aber nicht zwingend ist der Bezug der Ärzte-Zeitung, weil man dort einen guten Überblick über die Strömungen und Akteure im Gesundheitswesen bekommt. Wer Gefallen daran bekommt und im Übrigen charakterlich stabil ist, kann hin und wieder auch einen Blick in die ärztliche yellow press oder einschlägige Internetauftritte wagen, er sollte sich nur nicht zu sehr von dem Gelesenen prägen lassen. Ebenfalls weniger verlässlich, jedenfalls für den sorgfältigen Juristen, sind etliche kommerzielle Internetportale im Gesundheitswesen. Manchmal gewinnt man dort den Eindruck, dass Qualitätssicherung nicht jedermanns Sache ist.

---

1 *Rixen*, Sozialrecht als öffentliches Wirtschaftsrecht, 2005.
2 Offizielles Organ zur Veröffentlichung von Richtlinien, Beschlüssen und Empfehlungen bzw. Stellungnahmen.

II. Informationsbörsen

Für manche Gebiete des Medizinrechts sind Foren unverzichtbar. Damit sind z.B. im Arzthaftungsrecht **Selbsthilfegruppen** Betroffener oder auch „**Informationsbörsen**" von Entscheidungsträgern gemeint. Ist man hingegen mehr oder ausschließlich auf Seiten der Leistungsträger tätig, wird ein Kontakt zu deren Berufsorganisationen hilfreich sein. Daneben haben sich „**Anwalts-Foren**" der unterschiedlichsten Couleur gebildet. Wer z.B. Arzthaftungsrecht eher auf Patientenseite betreibt, wird die Veranstaltungen der Arbeitsgemeinschaft der Rechtsanwälte im Medizinrecht mit Gewinn besuchen. Die Arbeitsgemeinschaft Medizinrecht im DAV als das zahlenmäßig größte Forum im Medizinrecht vertritt hingegen alle Spezialgebiete des Medizinrechts. Die in der Regel zwei Jahrestagungen bieten einen guten Überblick über aktuelle Entwicklungen im Medizinrecht. Ähnliches gilt für die gesundheitsrechtlichen Jahrestagungen des DAI sowie die Jahrestagungen der medizinrechtlichen Institute an den Universitäten in Bremen und Köln, die Forschungsstelle für Pharmarecht an der Universität Marburg oder auch die Forschungsstelle für Medizinprodukte an der Universität Augsburg. Weiter zu nennen sind die Berliner Gespräche im Gesundheitswesen, die Thementagungen der Deutschen Gesellschaft für Medizinrecht oder auch die entsprechenden Symposien der Kaiserin-Friedrich-Stiftung. Wer im Vertragsarztrecht tätig ist, wird versuchen, die Tagungen der Deutschen Gesellschaft für Kassenarztrecht nicht zu versäumen. Daneben gibt es die jeweiligen Jahreskongresse der Krankenhausgesellschaften, der unterschiedlichen Verbände der pharmazeutischen Industrie oder der Apotheker, wo man durchaus interessante Kontakte knüpfen kann, auch wenn sich das nicht immer und sofort in konkreten Mandaten niederschlägt. Insgesamt muss man sagen, dass der Fortbildungsaufwand im Medizinrecht sowohl in mentaler wie manchmal auch finanzieller Hinsicht immens ist.

5

D. Mandantentypologie im Medizinrecht[3]

Wer im Arzthaftungsrecht Mandate auf Patientenseite betreut, wird oftmals den Leidensdruck, manchmal aber auch das Anspruchsdenken in juristische Begrifflichkeiten übersetzen müssen. Ein nicht geringer Teil dieser (anwaltlichen) Tätigkeit ist dabei eher psychologischer oder auch einfühlsamer Natur. Kommt die Mandantschaft nicht zum Ziel, weil oftmals die Kausalitätsfrage ungeklärt bleibt, ist es eine unverzichtbare Aufgabe des Haftungsrechtlers, ihr dies zu vermitteln und ggf. auch zu trösten, um möglichen (weiteren) Verletzungen vorzubeugen. Der Haftungsrechtler auf Arzt- und Krankenhausseite hat zunächst den Vorteil der (manchmal vermeintlich) besseren Sachkunde der Mandantschaft. Die ihm dargestellte Expertise sollte er jedoch nicht blind übernehmen, weil manche Mandanten aus diesem Sektor (fälschlicherweise) glauben, wenn sie schon ihren Anwalt auf ihrer Seite haben, könne das Gericht dies kaum anders sehen. Für beide Seiten gilt: man kann durchaus mit dem Mandanten auf die jeweils andere Seite schimpfen,[4] sollte sich dabei aber niemals emotional beeinflussen lassen. Denn es ist eine der vornehmsten Aufgaben des sorgfältigen Anwalts, gerade bei diesen Mandaten rechtzeitig die Bremse zu ziehen, wenn ansonsten der Totalausfall droht, um wenigstens eine noch vertretbare gütliche Lösung zu finden.

6

---

3 Notwendigerweise nur grob stilisierend und keineswegs verallgemeinerungsfähig.
4 Dient gelegentlich auch der compliance.

7 Ganz anders die Vertretung von Krankenhäusern, Medizinprodukteherstellern oder pharmazeutischen Unternehmen. Hier hat man es mit Gesprächspartnern zu tun, die, i.d.R. geprägt von den wirtschaftlichen Zielen, die ihr Unternehmen ansteuert, argumentieren und kommunizieren. Eine professionelle Interaktion mit diesen Mandanten ist meistens selbstverständlich.

8 Der Vertragsarztrechtler wiederum sieht sich einem Mandaten gegenüber, dem der formale Charakter des Verwaltungsverfahrens, sei es im Rahmen der Wirtschaftlichkeitsprüfung, der Honorarverteilung oder der Zulassung nur noch Kopfschütteln abnötigt, dennoch aber juristischer Aufarbeitung bedarf. Solide Kenntnisse der untergesetzlichen Normen sind unverzichtbar. Man sollte sich im Übrigen davor hüten, „Feindbilder" (KVen, Prüfgremien, Kassen) aufzubauen, auch wenn die eine oder andere Polemik – fallbezogen – notwendig sein kann. Mandanten, die sich als Vertreter der Rosinentheorie verstehen, und ihren Vertragsarztstatus als Paket von Rechten **und** Pflichten nicht anerkennen wollen, sind schwierig zu führen.

9 *Wichtig*
Mandanten, die betonen es ginge ihnen nicht um Geld, sondern nur um Gerechtigkeit, sollten rechtzeitig darauf hingewiesen werden, dass dieser Idealismus eine verständliche (aber auch ihre ureigenste) Angelegenheit ist, weil der Anwalt seine Tätigkeit für diese selbstlosen Streiter nun einmal nicht unter Gemeinnützigkeitsgesichtspunkten betrachten kann, sondern seinen Beruf u.a. auch zum Lebensunterhalt betreibt.

10 Der Berater in Kooperationsfragen wird sich zum Teil mit erheblichen Fehlvorstellungen der Beteiligten auseinandersetzen müssen. Sei es, dass sie ihren eigenen Wert überschätzen (häufig), sei es, dass Externe die finanziellen Fragen maßgeblich beeinflussen. Natürlich gilt auch hier der abgedroschene, aber dennoch richtige Satz, dass eine ausgewogene Regelung den Vorzug verdient. Gerade in Kooperationsfragen gewinnt die steuerrechtliche Betrachtung besondere Bedeutung. Wer diesbezüglich keinen eigenen Zugang hat, sollte sich unbedingt externen Sachverstands bedienen.

11 Das Arztstrafrecht nimmt gewissermaßen eine Sonderstellung ein. Während der Medizinrechtler das materielle Arztstrafrecht, insbesondere wenn es um Vermögensdelikte im vertragsärztlichen oder Krankenhausbereich geht, vielfach besser beherrschen wird, als ein Spezialist im Strafrecht, sieht es im Prozess (vielleicht mit Ausnahme der reinen Straftaten gegen Gesundheit und Leben) möglicherweise anders aus. Hier kann es hilfreich sein, sich die Aufgaben zu teilen und das Mandat z.B. mit einem Fachanwalt für Strafrecht gemeinsam zu führen.

E. Das Honorar

I. Mandatsbearbeitung unter wirtschaftlichen Gesichtspunkten

12 Anwälte haben gelegentlich Scheu, mit ihren Mandanten über das eigene Honorar zu sprechen. Dabei könnte jetzt schon § 49b Abs. 5 BRAO helfen, der den Anwalt verpflichtet, seinen Auftraggeber vor Annahme des Mandats darauf hinzuweisen, wenn sich die Gebühren nach dem Gegenstandswert bemessen.[5] Gerade im Medizinrecht gibt es etliche Fallgruppen, für die eine Abrechnung nach gesetzlichen Gebühren und

---

5 *Schneider*, ZMGR 2005, 130 ff.

Gegenstandswert aber eher unwirtschaftlich (für den Anwalt) ist. Hier bieten sich Vergütungsvereinbarungen an, wobei die Stundensätze sehr variieren. Auf der anderen Seite beutet sich ein erfahrener Gesellschaftsrechtler, der einen Gemeinschaftspraxis- oder MVZ-Vertrag nach Stundensätzen abrechnet, selbst aus, zumal das Haftungsrisiko nicht zu unterschätzen ist. Natürlich darf man dies nicht verabsolutieren, da der Konkurrenzdruck, der auf der Kollegenschaft lastet, erheblich ist. Der „arrivierte" Medizinrechtler wird sich da naturgemäß leichter tun als der „Jungexperte", der sich seinen Platz vielleicht auch zunächst über den Preis zu sichern sucht (was völlig legitim ist). Dennoch – Medizinrecht ist eine Spezialmaterie mit sehr hohem Qualifizierungsaufwand, der angemessen vergütet werden sollte.

Beispiele für Gegenstandswerte[6]:

II. Auszug aus dem Streitwertkatalog der Sozialgerichtsbarkeit 2006

C.IV.	Krankenversicherung	
1.	Klage des Herstellers gegen das Hilfsmittelverzeichnis (§§ 128,[7] 33 SGB V)	
1.1	Änderung einer Produktgruppe	5 v.H. des durchschnittlichen Jahresumsatzes in einem Zeitraum von zwei Jahren (LSG Baden-Württemberg v. 17.10.05 – L 5 KR 2351/05 W-A)
1.2	Streichung einer Produktgruppe	Gewinn in einem Zeitraum von fünf Jahren (LSG Baden-Württemberg v. 15.6.05 – L 11 KR 1158/05 W-A), hilfsweise mehrfacher Regelstreitwert
2.	Krankentransportleistung (§ 133 SGB V)	
2.1	Abschluss einer Vergütungsvereinbarung	Dreifacher Betrag der zu erwartenden Einnahmen (LSG Berlin-Brandenburg v. 27.11.03 – L 4 B 75/03 KR ER), hilfsweise dreifacher Regelstreitwert
3.	Erstattung von Arbeitsgeberaufwendungen bei Entgeltfortzahlung (§ 1 des Aufwendungsausgleichsgesetzes – AAG; bis 31.12.2005: § 10 LFZG)	Keine Streitwertfestsetzungen, da gerichtskostenfrei nach § 183 SGG (BGH v. 20.12.05 – B 1 KR 5/05 B)
4.	Mitgliederwerbung	Regelstreitwert (LSG Rheinland-Pfalz v. 3.5.05 – L 1 ER 11/05 KR)

---

6 *Harneit*, ZMGR 2005, 123 ff.; *Wenner/Bernard*, NZS 2001, 57 ff.; *dies.*, NZS 2003, 568 ff.; *dies.*, NZS 2006, 1 ff.; Streitwertkatalog für die Sozialgerichtsbarkeit 2006; Streitwertkatalog für die Verwaltungsgerichtsbarkeit.

7 Durch GKV-WSG zum 1.4.2007 gestrichen, jetzt § 139 SGB V.

5.	**Sonderkündigungsrecht der Mitarbeiter (§ 175 Abs. 4 S. 5 SGB V) (unzulässiges Feststellungsbegehren zwischen Krankenkassen)**	Wirtschaftliche Bedeutung der Sache: wie bei II.1
6.	**Feststellung der Versicherungspflicht durch die Einzugsstelle (Krankenkasse; § 28h SGB IV) (§ 25 Abs. 1 S. 1 SGB III, § 5 Abs. 1 Nr. 1 SGB V, § 1 S. 1 SGB VI, § 20 Abs. 1 S. 2 Nr. 1 SGB XI)**	
6.1	Klage des Arbeitnehmers	Keine Streitwertfestsetzung, da gerichtskostenfrei nach § 183 SGG
6.2	Klage des Arbeitgebers	Höhe der Beträge
7.	**Zulassungsstreitigkeiten**	
7.1	Krankenhäuser und Rehabilitationseinrichtungen (§§ 108 ff. SGB V)	Überschuss aus den Gesamteinnahmen und den Betriebsausgaben innerhalb von drei Jahren; Vergleichsberechnung anhand bestehender Einrichtung gleicher Art und Größe möglich (BSG v. 10.11.05 – B 3 KR 36/05 b); bei fehlendem Zahlenmaterial pauschaler Streitwert von 2.500.000 EUR (BSG v. 11.11.03 – B 3 KR 8/03 B)
7.2	Nichtärztlicher Leistungserbringer (§§ 124, 126 SGB V)	Überschuss aus den Gesamteinnahmen und den Betriebsausgaben innerhalb von drei Jahren; Vergleichs-Berechnung anhand bestehender Praxen gleicher Art und Größe möglich (BSG v. 10.11.05 – B 3 KR 36/05 B)
8.	**Vergütung von Krankenhausbehandlungen (§ 109 Abs. 4 S. 3 SGB V i.V.m. dem Krankenhausbehandlungsvertrag nach § 112 Abs. 2 Nr. 1 SGB V)**	Höhe der Vergütung

C.V.	Pflegeversicherung	
1.	Zulassung der Pflege durch Versorgungsvertrag (§ 72 SGB XI)	Überschuss aus den Gesamteinnahmen und den Betriebsausgaben innerhalb von drei Jahren; Vergleichs-Berechnung anhand bestehender Praxen gleicher Art und Größe möglich (BSG v. 10.11.05 – B 3 KR 36/05 B)
2.	Kündigung des Versorgungsvertrages (§ 74 SGB XI)	Erzielbare Einnahmen für drei Jahre (Hess. LSG v. 26.9.05 – L 14 P 1300/00)
3.	Pflegesatzvereinbarung; Auskunftsklage zur Vorbereitung einer Zahlungsklage (§§ 82 ff. SGB XI)	Grad der Abhängigkeit der Durchsetzbarkeit der Ansprüche von der Auskunft, i.d.R. ein Fünftel des Zahlungsanspruches (LSG Schleswig-Holstein v. 14.10.05 – L 3 P 4/05)

C.IX.	Vertragsarztrecht	
1.	Genehmigung zur Erbringung und Abrechnung von Leistungen außerhalb der Zulassung (§§ 72 Abs. 2, 82 Abs. 1 S. 1 SGB V i.V.m. den Verträgen)	– bei Vorhandensein von Umsatzzahlen oder Umsatzerwartungen: Honorarvereinbarungen abzüglich der Praxiskosten für zwei Jahre (LSG Sachsen v. 10.5.04 – L 1 B 2/03 KA-ER) – ansonsten Regelstreitwert (BSG v. 26.2.96 – 6 RKa 20/95)
2.	Anstellung eines Arztes in der Vertragsarztpraxis (§§ 95 Abs. 9, 115, 98 Abs. 2 Nr. 13 i.V.m. Zulassungsverordnung	– bei einem Dauerassistenten: 80 v.H. der zu erwartenden Umsatzsteigerung für zwei Jahre abzüglich der Praxiskosten und des Gehalts (BSG v. 7.1.98 – 6 RKa 84/95) – bei einem Vorbereitungsassistenten: Regelstreitwert; im Sonderfall einer nachträglichen Genehmigung die Mehreinnahmen (LSG Niedersachsen-Bremen v. 26.9.05 – L 3 B 16/05 KA)
3	Belegarzt (§ 212 SGB V, Vertrag nach § 82 Abs. 1 SGB V)	Honorareinnahmen bezüglich der Betriebskosten für drei Jahre (*Wenner/Bernard*, NZS 2006, 1, 4)
4.	Budgetierungsmaßnahmen (§ 87 Abs. 1 S. 1 SGB V, einheitlicher Bewertungsmaßstab)	

4.1	Budgeterweiterung	Differenz der Fallpunktzahl im streitigen Zeitraum, hilfsweise für zwei Jahre; dabei ist der Punktwert des letzten vor Klageerhebung abgerechneten Quartals zugrunde zu legen (LSG Sachsen v. 23.10.02 – L 1 B 66/02 KA, LSG Baden-Württemberg v. 22.9.98 – L 5 KA 2660/98 W-B)
4.2	Budgetüberschreitung	Höhe der Honorarkürzung
4.3	Budgetfreistellung	Regelstreitwert
4.4	Fallzahlzuwachsbegrenzung (§ 85 Abs. 4 SGB V, Honorarverteilungsmaßstab)	Höhe der Honorarkürzung
5.	**Disziplinarmaßnahmen (§ 81 Abs. 5 SGB V i.V.m. Disziplinarordnung)**	
5.1	Verwarnung, Verweis, Geldbuße	Regelstreitwert zuzüglich des Betrages der Geldbuße (BSG v. 1.2.05 – B 6 KA 70/04 B)
5.2	Anordnung des Ruhens der Zulassung	Mutmaßlicher Umsatz im Ruhenszeitraum abzüglich der Praxiskosten, Zuschlag von 25 v.H. wegen der Folgewirkung (u.a. „Abwandern" von Patienten) (Bay. LSG v. 23.6.93 – L 12 B 163/92 Ka)
6.	**Ermächtigung (§ 98 Abs. 2 Nr. 11 SGB V i.V.m. Zulassungsverordnung)**	
6.1	Persönliche Ermächtigung von Krankenhausärzten zur Teilnahme an der vertragsärztlichen Versorgung (§ 116 SGB V)	– erzielbare Einnahmen abzüglich der Praxiskosten und Abgaben an das Krankenhaus im streitigen Zeitraum (BSG v. 6.9.93 – 6 RKa 25/91) – bei Streit über Inhalt bzw. Umfang der erteilten Ermächtigung: Regelstreitwert
6.2	Ermächtigung ärztlich geleiteter Einrichtungen (§§ 117 bis 120 SGB V)	Bruttoeinnahmen im streitigen Zeitraum abzüglich der Einnahmen aus erteilten Ermächtigungen, bei fehlenden Anhaltspunkten: pauschaler Abzug von 50 v.H. (BSG v. 21.12.95 – 6 RKa 7/92); a.A.: LSG Berlin v. 15.12.98 – L 7 KA S 53/98 – dreifacher Jahresbetrag des Einkommens abzüglich der Praxisumkosten

6.3	Konkurrentenklage gegen Ermächtigung	Im Einzelfall zu schätzender Anteil der Umsatzeinbuße der von der Ermächtigung betroffenen Leistungen abzüglich der Praxiskosten (BSG v. 24.2.97 – 6 BKa 54/95)
7.	**Gemeinschaftspraxis (§ 98 Abs. 2 Nr. 13 SGB V i.V.m. Zulassungsordnung)**	
7.1	Genehmigung	Schätzung anhand der Einkommensverhältnisse und der Schwierigkeit der Angelegenheit (BSG v. 6.1.84 – 6 RKa 7/81)
7.2	Anordnung der Auflösung	Regelstreitwert (LSG Hessen v. 6.1.03 – L 7 KA 1116/02 ER)
7.3	Vergütungsanspruch	Keine Berechnung von Einzelstreitwerten, da Gesellschaft bürgerlichen Rechts (BSG v. 20.10.04 – B6 KA 15/04 R)
7.4	Genehmigung der Verlegung des Vertragsarztsitzes durch den Praxispartner; Klage des verbleibenden Praxispartners	Dreifacher Regelstreitwert (entsprechend Nr. IX. 16.04.: BSG v. 14.3.02 – B 6 KA 60/00 B)
8.	**Gesamtvergütung, Klage der KV/ KZV gegen die Krankenkasse (§ 85 Abs. 1, 2 SGB V)**	Höhe des Zahlungsanspruches
9.	**Verlangen der Herausgabe von Krankenunterlagen eines Arztes zur Prüfung des Schadensregresses**	Bei geringem in Betracht kommenden Schadensregressbetrag: Hälfte des Regelstreitwertes (LSG Baden-Württemberg v. 25.6.97 – L 5 Ka 855/97 W-A)
10.	**Honorarstreitigkeiten (§ 85 Abs. 4 ff. SGB V)**	
10.1	Honoraransprüche oder Honorarberichtigungen	Höhe des geltend gemachten Honorars oder der vorgenommenen Honorarberichtigung (BSG v. 6.11.96 – 6 RKa 19/95), bei Zugrundelegung eines durchschnittlichen oder geschätzten Punktwertes (*Wenner/Bernard*, NZS 2001, 57, 61)

§ 2 Das medizinrechtliche Mandat

10.2	Einheitlicher Bewertungsmaßstab (EBM) (§ 87 Abs. 1 S. 1 SGB V)	Bei Abwertung von Leistungspositionen: Höhe der Honorareinbuße (BSG v. 15.11 96 – 6 RKa 48/95), 2.6.97 – 6 RKa 49/95); wenn nicht konkretisierbar: Regelstreitwert (BSG v. 10.5.04 – B 6 KA129/03 B)
10.3	Abrechenbarkeit einer Gebührennummer (§ 87 Abs. 1 S. 1 SGB i.V.m. EBM)	Wert der Leistung für ein Jahr (vgl. Nr. IX 10.4.2)
10.4	Honorarverteilungsmaßstäbe (HVM) (§ 85 Abs. 4 SGB V)	
10.4.1	Zuordnung zum Honorarfonds der Fachärzte	Höhe der Nachvergütung der streitigen Quartale (LSG Sachsen v. 27.1.05 – L 1 KA 6/04)
10.4.2	Zuordnung zu anderen Arztgruppen (EBM)	Nachvergütungsbetrag eines Quartals mal vier (ein Jahr; BSG 20.10.04 – B 6 KA 15/04 R)
10.5	Praxiskosten	Kein Abzug vom Streitwert (*Wenner/Bernard*, NZS 2001, 57, 61)
10.6	Fallpunktzahlmenge (§ 85 Abs. 4 ff. SGB V)	Differenz der abgerechneten und der maximal zustehenden Punkte (BSG v. 5.5.00 – B 6 KA 71/97 R; 9.5.00 – B 6 KA 72/97 R)
10.7	Zusätzliches Honorar bei „fachfremder" Behandlung (Überweisungsverbot; zulassungsrelevante Entscheidung) (§ 73 SGB V)	Erzielbare Einnahmen für drei Jahre unter Abzug der Praxiskosten; bei einem Überweisungsverbot unter Abzug der erzielbaren Einnahmen aus dem „Verkauf" an andere Vertragsärzte (BSG v. 3.3.97 – 6 RKa 21/95)
10.8	(unzulässige) vorbeugende Unterlassungsklage gegen Honorarbescheid	Regelstreitwert (LSG Niedersachsen-Bremen v. 7.10.05 – L 3 KA 139/05 ER)
10.9	Verhinderung einer Honorarverteilung durch Schiedsspruch (Weitergeltung der früheren günstigeren Honorarverteilung) (§ 89 SGB V)	50.000 EUR (LSG Niedersachsen-Bremen v. 22.12.04 – L 3 KA 368/04 ER)
11.	**Notdienst (§ 75 Abs. 1 S. 2 SGB V i.V.m. Satzungsregelung der KV/KZV, § 81 SGB V)**	
11.1	Abberufung als Vorsitzender der Notdienstkommission	Regelstreitwert (LSG Sachsen v. 15.7.02 – L 1 B 12/02 KA)

11.2	Befreiung vom Notdienst	Regelstreitwert (LSG Schleswig-Holstein v. 25.2.05 – L 4 B 32/04 KA ER; LSG Hessen v. 25.2.05 – L 6/7 B 99/04 KA; LSG Niedersachsen-Bremen v. 25.8.05 – L 3 KA 75/05 ER)
11.3	Eingliederung von Fachärzten in den allgemeinen Notdienst	Regelstreitwert (SG Dresden v. 10.2.05 – S 11 KA 260/04)
11.4	Klage auf Teilnahme am Notdienst	Zusätzliche Honorarsumme im Quartal für zwei Jahre (LSG Niedersachsen-Bremen v. 11.8.05 – L 3 KA 78/05 ER)
11.5	Vertretung für den Notfalldienst	Kosten der Vertretung (LSG Rheinland-Pfalz v. 29.8.77 – L 6 KAa 5/76)
12.	**Praxisübernahme**	
12.1	Praxisverkauf	Kaufpreis (LSG Berlin v. 23.9.97 – L 7 Ka-SE 27/97)
12.2	Antrag auf zusätzliche Zulassung bei angestrebtem Praxisverkauf	Siehe Erstzulassung (vgl. IX. 16.4), da Zulassungsstreit (LSG Baden-Württemberg v. 27.8.99 – L 5 KA 1576/99 W-B)
13.	**Schiedsverfahren (§ 89 SGB V)**	Regelstreitwert (LSG Niedersachsen v. 20.9.01 – L 3 B 252/01 KA)
14.	**Wahlanfechtung (§§ 80, 811 Abs. 1 Nr. 2 SGB V i.V.m. Wahlordnung)**	Regelstreit (LSG Berlin v. 13.2.98 – L 7 Ka-SE 22/97)
15.	**Wirtschaftlichkeitsprüfung (§ 106 SGB V)**	
15.1	Beratung (§ 106 Abs. 1a SGB V)	Ein Viertel des Regelstreitwertes (Bay. LSG v. 7.9.98 – L 12 B 350/97 KA)
15.2	Bescheidungsantrag bei Honorarverkürzung oder Regress	Höhe des Kürzungs- oder des Regressbetrages ohne Abschlag (BSG v. 23.2.05 – B 6 KA 72/03 R)

15.3	Honorarkürzung oder Regress	Höhe des Kürzungs- oder Regressbetrages (BSG v. 15.6.98 – 6 RKa 40/96); Wenn nur eingeschränkte Anfechtung in nicht quantifizierbarem Umfang; Hälfte der Differenz zwischen dem zuerkannten und dem abgerechneten Honorar (LSG Niedersachsen-Bremen v. 19.8.03 – L 3 B 38/03 KA)
16.	**Zulassungsverfahren von Ärzten, Zahnärzten und Psychotherapeuten (§ 95 SGB V i.V.m. der Zulassungsverordnung nach § 98 SGB V)**	
16.1	Eintragung in das Arztregister als Vorstufe der Zulassung (§§ 95a, 95c SGB V)	– bei faktischer Vorwegnahme der Zulassung: Höhe der Einnahmen wie bei Nr. IX: 16.4 – im Übrigen: Höhe der Einnahmen in dem streitigen Zeitraum der Weiterbildung (BSG v. 21.3.97 – 6 KRa 29/95)
16.2	Einstweilige Anordnung	Höhe der Einnahmen (wie bei Nr. IX.16.4), während der voraussichtlichen Verfahrensdauer von einem Jahr ohne Abschlag (*Wenner/Bernard*, NZS 2001, 57, 61; 2003, 568, 571; 2006, 1, 3 f.)
16.3	Entziehung der Zulassung	Wie bei Nr. IX.16.4, wobei auf die konkret erzielten Umsätze zurückgegriffen werden kann (BSG v. 7.4.00 – B 6 KA 61/99 B)
16.4	Erstzulassung	– Höhe der bundesdurchschnittlichen Umsätze der Arztgruppe (in den neuen Bundesländern: Durchschnitt dieser Länder) abzüglich des durchschnittlichen Praxiskostenanteils in einem Zeitraum von drei Jahren (BSG v. 1.9.05 – B 6 KA 41/04 R; 12.10.05 – B 6 47/04 B) – bei fehlenden Daten bzgl. Umsätzen und Praxiskostenanteilen: Rückgriff auf durchschnittliche Werte aller Arztgruppen (BSG v. 12.10.05 – B 6 KA 47/04 B)

		– bei fehlenden Daten bzgl. Praxiskostenanteilen: Rückgriff auf einen „pauschal gegriffenen Kostensatz" von 50 v.H. (BSG v. 12.10.05 – B 6 Ka 47/04 B) – Unterschreitung des „Berechnungszeitraumes" von drei Jahren möglich, wenn kürzere Tätigkeit zu erwarten ist (BSG v. 28.1.00 – B 6 KA 22/99 R)
16.5	Erteilung einer weiteren Zulassung	Mehreinnahmen innerhalb eines Zeitraumes von drei Jahren (BSG v. 11.11.05 – B 6 KA 12/05 B)
16.6	Konkurrentenklage gegen Zulassung[8]	– Zulassung: Dreifacher Regelstreitwert (a.A.: (Mehr-)Einnahmen einer durchschnittlichen Praxis innerhalb von drei Jahren, SG Dresden v. 8.3.01 – S 1 KA 202/00 KO) – Praxisübernahme: Durchschnittsumsatz in der Arztgruppe ohne Abzug von Praxiskosten (*Wenner/Bernard*, NZS 2001, 57, 60)
16.7	Nebenbestimmungen zu einer Zulassung (Bedingung)	Wie bei Nr. IX.16.4
16.8	Verlegung des Arztsitzes	Dreifacher Regelstreitwert (*Wenner/Bernard*, NZS 2001, 57, 60)
16.9	Weiterführung von Behandlungen nach Versagung der Zulassung zur vertragspsychotherapeutischen Versorgung	Zu erwartendes Honorar (BSG v. 8.4.05 – B 6 KA 52/04 B)
16.10	Zweigpraxis	Dreifacher Regelstreitwert (*Wenner/Bernard*, NZS 2003, 568, 572)

---

[8] Vorsicht: im Widerspruchsverfahren vor dem Berufungsausschuss kann die Kostenerstattung beim Konkurrentenwiderspruch entfallen, BSG, Urt. v. 3.5.2006 – B6 KA 62/04 R – GesR 2007, 19.

III. Auszug aus dem Streitwertkatalog der Verwaltungsgerichtsbarkeit 2004

15

16.	Gesundheitsverwaltungsrecht	
16.1	Approbation	Jahresbetrag des erzielten oder erwarteten Verdienstes, mindestens 30.000 EUR
16.2	Facharzt-, Zusatzbezeichnung	15.000 EUR
16.3	Erlaubnis nach § 10 BÄO	20.000 EUR
16.4	Notdienst	Auffangwert
16.5	Beteiligung am Rettungsdienst	15.000 EUR pro Fahrzeug

23.	Krankenhausrecht	
23.1	Aufnahme in den Krankenhausbedarfsplan	Jahresbetrag der Investitionspauschale je Planbett
23.2	Planbettenstreit	500 EUR
23.3	Festsetzung von Pflegesätzen	Streitiger Anteil des Pflegesatzes x Bettenzahl x Belegungsgrad

25.	Lebensmittel-/Arzneimittelrecht	
25.1	Einfuhr-, Verkaufsverbot, Vernichtungsauflage	Verkaufswert der betroffenen Ware
25.2	Sonstige Maßnahmen	Jahresbetrag der erwarteten wirtschaftlichen Auswirkungen, sonst Auffangwert

IV. Zivilrechtliche Verfahren

16
- Gründung einer Gemeinschaftspraxis (BGB oder Partnerschaftsgesellschaft): materieller Praxiswert zuzüglich Jahresumsatz[9]
- Ausscheiden aus einer Gesellschaft: Wert des Gesellschaftsanteils
- Praxiskauf/-verkauf: Kaufpreis
- Anstellungsvertrag: dreifacher Jahresbetrag § 42 Abs. 3 GKG.
- Mietvertrag Praxisräume bei unbestimmter Laufzeit dreifacher Jahresbetrag Mietzins, bei bestimmter Laufzeit Gesamtmietzins, maximal 25-facher Jahresbetrag.

---

[9] OLG Frankfurt – 3 U 206/94 – MedR 1998, 271 (Revision vom BGH, Beschl. v. 12.6.1997 – IX ZR 134/96 – n.v., nicht angenommen).

§ 3 Europäisches Gesundheitsrecht

Dr. Patrick M. Lissel, LL.M.

Inhalt

A. Einführung 1
   I. Bedeutung der europäischen Einigung 1
   II. Europäische Union und Europäische Gemeinschaft ... 3

B. Organisation und Struktur der Gemeinschaft 5
   I. Organe 5
   II. Rechtsquellen 9
      1. Primäres Gemeinschaftsrecht 10
      2. Sekundäres Gemeinschaftsrecht 11
      3. Vorrang und Vollzug des Gemeinschaftsrechts 17
   III. Rechtsschutz 19
      1. Zuständigkeiten 19
      2. Verfahren 20

C. Politiken der Gemeinschaft mit Bezug zum Gesundheitsrecht 21
   I. Warenverkehrsfreiheit 21
      1. Grundlagen 21
      2. Maßnahme gleicher Wirkung wie mengenmäßige Beschränkungen .. 22
      3. Entscheidungen des EuGH . 26
   II. Freiheiten des Personen- und Dienstleistungsverkehrs 33
      1. Niederlassungsfreiheit ... 34
      2. Arbeitnehmerfreizügigkeit . 37
      3. Freiheit des Dienstleistungsverkehrs 39
      4. Richtlinien zu den Freiheiten des Personen- und Dienstleistungsverkehrs 41
      5. Entscheidungen des EuGH . 45
   III. Kartellrecht 53
   IV. Sozialpolitik 59
   V. Gesundheitswesen 62
   VI. Rechtsangleichung 66

D. Tätigkeit des Europarats mit Bezug zum Gesundheitsrecht 69

Literatur

Albers, Die rechtlichen Standards der Biomedizin-Konvention des Europarates, EuR 2002, 801; **Axer**, Europäisches Kartellrecht und nationales Krankenversicherungsrecht, NZS 2002, 57; **Bauroth**, Aktuelle Entwicklungen im Parallelimport, PharmR 2004, 176; **Becker**, Brillen aus Luxemburg und Zahnbehandlung in Brüssel – Die Gesetzliche Krankenversicherung im europäischen Binnenmarkt, NZS 1998, 359; **Becker**, Gesetzliche Krankenversicherung im Europäischen Binnenmarkt, NJW 2003, 2272; **Calliess/Ruffert**, EUV/EGV, 3. Auflage 2007; **dies.**, Verfassung der EU, 2006; **Dettling**, Zuständigkeiten und Verantwortlichkeiten für den Gesundheitsschutz in der Europäischen Union, A&R 2006, 99; **Frenz**, Grenzüberschreitende medizinische Leistungen und Grundfreiheiten im Spiegel der EuGH-Rechtsprechung, MedR 2004, 296; **Fuchs**, Luxemburg locuta – causa finita – quaestio non soluta, NZS 2002, 337; **Geiger**, EUV/EGV, 4. Auflage 2004; **Godry**, Qualitätssicherung durch Berufszulassung, MedR 2001, 348; **Grabitz/Hilf**, Das Recht der Europäischen Union, 30. Ergänzungslieferung 2006; **Haage**, Die Möglichkeiten osteuropäischer Ärzte in der Bundesrepublik Deutschland nach der Erweiterung der EU, ZMGR 2004, 231; **Hakenberg**, Die Möglichkeit der Vorlage an den Europäischen Gerichtshof am Beispiel der Niederlassungsfreiheit für Ärzte, MedR 2001, 507; **Hanika**, Europäische Gesundheitspolitik, MedR 1998, 193; **Hösch**, DocMorris, GewArch 2004, 98; **Kamann/Gey**, Wettbewerbsrecht im deutschen Gesundheitswesen – Grenzen der Integrierten Versorgung und der Kooperation von Krankenkassen, Leistungserbringern und pharmazeutischer Industrie, PharmR 2006, 255 und 291; **Kaufmann**, Die Ausübung medizinischer Berufe im Lichte des EG-Vertrages, MedR 2003, 82; **Kingreen**, Zur Inanspruchnahme von Gesundheitsleistungen im europäischen Binnenmarkt, NJW 2001, 3382; **ders.**, Wettbewerb und Wettbewerbsrecht im Gesundheitswesen, ZMGR 2005, 163; **ders.**, Das Gesundheitsrecht im Fokus von Grundfreiheiten, Kartell- und Beihilfenrecht, GesR 2006, 193; **Koch**, Eine erste Bewertung der Entscheidung DocMorris des EuGH, EuZW 2004, 50; **Köhler**, Europäische Bioethikkonvention – Beitritt unter Vorbehalt?, ZRP 2000, 8; **König**, Biomedizinkonvention des Europarats, EU und deutsches Organhandelsverbot, MedR 2005, 22; **Koe-**

nig/**Engelmann/Sander**, Parallelhandelsbeschränkungen im Arzneimittelbereich und die Freiheit des Warenverkehrs, GRUR Int. 2001, 919; **Körner**, Arbeitszeit und Bereitschaftsdienst, NJW 2003, 3606; **Kunze/Kreikebohm**, Sozialrecht versus Wettbewerbsrecht – dargestellt am Beispiel der Belegung von Rehabilitationseinrichtungen, NZS 2003, 62; **Laufs**, Das Menschenrechtsübereinkommen zur Biomedizin und das deutsche Recht, NJW 1997, 776; **Lenz**, Warenverkehrsfreiheit nach der DocMorris-Entscheidung zum Versand von Arzneimitteln, NJW 2004, 332; **Lissel**, Bereitschaftsdienst als Arbeitszeit, Notfall Rettungsmed 2004, 188; **ders.**, Das neue europäische Kartellverfahrensrecht, RdE 2006, 47; **Mand**, Die Entscheidung DocMorris: Grenzen des Arzneimittelversandhandels im Internet, MMR 2004, 155; **Masing**, Vorrang des Europarechts bei umsetzungsgebundenen Rechtsakten, NJW 2006, 264; **Neumann**, Solidarische Wettbewerbsordnung statt Vertragsarztrecht?, NZS 2002, 561; **Nowak**, Zum Genehmigungserfordernis im Rahmen der Erstattung von im EU-Ausland entstandenen Krankenhauskosten, EuZW 2003, 474; **Oppermann**, Europarecht, 3. Auflage 2005; **Ramsauer**, Soziale Krankenversicherung zwischen Solidarprinzip und Wettbewerb, NZS 2006, 505; **Ratzel**, Grenzüberschreitender Gesundheitsmarkt innerhalb der EU, neue Chancen für Patienten und Leistungserbringer, MedR 1999, 510; **Ratzel/Lippert**, Kommentar zur Musterberufsordnung der deutschen Ärzte, 4. Auflage 2006; **Reich/Helios**, Parallelimportzulassungen von Arzneimitteln, EuZW 2002, 666; **Ruffert**, Internet-Apotheke und Dogmatik der Grundfreiheiten: Die Entscheidung DocMorris des EuGH, Jura 2005, 258; **Sander**, Internationaler und europäischer Gesundheitsschutz, 2004; **Schütze**, Kartellrechtliche Beurteilung von Beschaffungskooperationen im Gesundheitswesen, A&R 2006, 253; **Sodan**, Europäisches Gemeinschaftsrecht und deutsches Krankenversicherungsrecht, GesR 2005, 145; **Stöcker**, Parallelhandel mit Arzneimitteln in der EU – Ein Sachstandsbericht, PharmR 2006, 415; **Streinz**, Europarecht, 7. Auflage 2005 (zit: *Streinz, Europarecht*); **ders.**, EUV/EGV, 2003 (zit: Streinz/*Bearbeiter*); **ders.**, Das Verbot des Apothekenversandhandels mit Arzneimitteln, EuZW 2003, 37; **Streinz/Ohler/Herrmann**, Die neue Verfassung für Europa, 2005; **Stumpf**, Aktuelle Entwicklungen im europäischen Dienstleistungs- und Niederlassungsrecht, DZWIR 2006, 99; **Taupitz**, Die Menschenrechtskonvention zur Biomedizin – akzeptabel, notwendig oder unannehmbar für die Bundesrepublik Deutschland?, VersR 1998, 542; **von der Groeben/Schwarze**, Kommentar zum Vertrag über die Europäische Union und zur Gründung der Europäischen Gemeinschaft, 6. Auflage 2003; **Weiß**, EU-Verfassungsvertrag und Biotechnologie, MedR 2005, 458; **Wiesener**, DocMorris und die Aufhebung des Versandhandelverbots in Deutschland, GesR 2004, 43; **Wunder**, Zur Vereinbarkeit von Wartelisten mit den Grundfreiheiten, MedR 2007, 21.

A. Einführung

I. Bedeutung der europäischen Einigung

1   Mit dem Beitritt der Republik Bulgarien und Rumäniens zum 1.1.2007 ist die Europäische Union (EU) auf nunmehr 27 Mitgliedstaaten und ihre Bevölkerungszahl auf fast eine halbe Mrd. Menschen angewachsen. Damit sowie nach dem am 1.5.2004 vollzogenen Beitritt von zehn Staaten aus Ost- und Südeuropa hat die EU innerhalb kurzer Zeit eine erhebliche Ausdehnung erfahren. Strukturelle Veränderungen sind für die Handlungsfähigkeit der EU unabdingbar.

2   Der Versuch einer Modifikation, der am 29.10.2004 in Rom unterzeichnete Vertrag über eine Verfassung für Europa,[1] scheiterte im Frühjahr 2005 durch die negativen Referenden in Frankreich und den Niederlanden. Nach einer zweijährigen Reflexionsphase einigten sich die Staats- und Regierungschefs der Mitgliedstaaten am 23.6.2007 auf ein Mandat für eine Regierungskonferenz, die bis Ende 2007 einen Reformvertrag ausarbeiten soll. Die weitere Entwicklung bleibt abzuwarten. Bei aller Kritik an bestehenden Unvollkommenheiten kann die europäische Einigung[2] und die damit verbundene Verwirklichung ihrer maßgeblichen Ziele, die Wahrung und Festigung des Friedens und der Freiheit in Europa, gerade auch im historischen Kontext nicht hoch genug bewertet werden.

---

[1] Vgl. hierzu ausführlich *Calliess/Ruffert*; *Streinz/Ohler/Herrmann*.
[2] Zur historischen Entwicklung vgl. *Oppermann*, S. 1 ff.; Streinz/*Streinz*, Präambel Rn 3 ff.

II. Europäische Union und Europäische Gemeinschaft

Mit dem am 7.2.1992 unterzeichneten und am 1.11.1993 in Kraft getretenen Vertrag über die EU (Vertrag von Maastricht)[3] wurde die EU gegründet. Dieser Vertrag stellte eine neue Stufe bei der Verwirklichung einer immer engeren Union der Völker Europas dar (Art. 1 Abs. 2 EU). Grundlage der Union sind die Europäischen Gemeinschaften, ergänzt durch die Politiken und Formen der Zusammenarbeit (Art. 1 Abs. 3 EU). Die EU beruht damit auf den Europäischen Gemeinschaften, im Einzelnen auf der Europäischen Gemeinschaft (EG)[4] und der mit dieser eng verbundenen Europäischen Atomgemeinschaft (EAG),[5,6] sowie auf der in Art. 11 ff. und 29 ff. EU geregelten Gemeinsamen Außen- und Sicherheitspolitik (GASP) und Polizeilichen und Justitiellen Zusammenarbeit in Strafsachen (PJZS). Das Verhältnis der Gemeinschaften und Politiken und Formen der Zusammenarbeit wird häufig mit dem Bild eines Hauses beschrieben, bei welchem unter dem Dach der EU die Gemeinschaften und Politiken und Formen der Zusammenarbeit als Säulen fungieren.[7]

Die Europäische Gemeinschaft (im Folgenden: Gemeinschaft) soll durch die Errichtung eines Gemeinsamen Marktes, einer Wirtschafts- und Währungsunion und durch die Durchführung gemeinsamer Politiken oder Maßnahmen, etwa im Bereich des Gesundheitsschutzes, unter anderem eine harmonische, ausgewogene und nachhaltige Entwicklung des Wirtschaftslebens, ein hohes Beschäftigungsniveau und ein hohes Maß an sozialem Schutz, ein beständiges, nichtinflationäres Wachstum, einen hohen Grad an Wettbewerbsfähigkeit und Konvergenz der Wirtschaftsleistungen, ein hohes Maß an Umweltschutz und Verbesserung der Umweltqualität, die Hebung der Lebenshaltung und der Lebensqualität sowie den wirtschaftlichen und sozialen Zusammenhalt und die Solidarität zwischen den Mitgliedstaaten fördern (Art. 2 EG).[8] Die Gemeinschaft besitzt Rechtspersönlichkeit (Art. 281 f. EG). Das Europäische Gesundheitsrecht ist dem Regelungsbereich der Europäischen Gemeinschaft zuzuordnen. Die weitere Darstellung beschränkt sich daher auf diesen Bereich.

B. Organisation und Struktur der Gemeinschaft

I. Organe

Nach Art. 7 Abs. 1 EG werden die Aufgaben der Gemeinschaft durch den Rat, die Kommission, das Parlament, den Gerichtshof und den Rechnungshof wahrgenommen.[9] Der Rat erlässt auf Vorschlag der Kommission im Zusammenwirken mit dem Parlament

---

3 ABl C 191 vom 2.7.1992; BGBl 1992 II, S. 1253.
4 Der Vertrag zur Gründung der Europäischen Wirtschaftsgemeinschaft (EWG) wurde am 25.3.1957 (BGBl 1957 II, S. 766) unterzeichnet und trat am 1.1.1958 in Kraft. Mit dem Vertrag über die EU (Vertrag von Maastricht) wurde die EWG in EG umbenannt.
5 Der Vertrag zur Gründung der Europäischen Atomgemeinschaft (EAG) wurde am 25.3.1957 (BGBl 1957 II, S. 1014) unterzeichnet und trat am 1.1.1958 in Kraft.
6 Zu den Europäischen Gemeinschaften zählte bis 2002 auch die Europäische Gemeinschaft für Kohle und Stahl (EGKS). Deren Vertrag wurde 18.4.1951 (BGBl 1952 II, S. 448) unterzeichnet und trat am 23.7.1952 in Kraft. Er lief gemäß § 97 EGKSV am 23.7.2002 aus.
7 Vgl. BVerfGE 89, 155; Schlussanträge des Generalanwalts *Léger*, C-317/04 und C-318/04, Slg. 2006, 4721; Calliess/Ruffert/*Wichard*, Art. 1 Rn 17 m.w.N.
8 Die Nummerierung der Art. des EG-Vertrages folgt der Fassung des Amsterdamer Vertrags.
9 Der Rechnungshof bleibt in der weiteren Darstellung unberücksichtigt.

die Rechtsakte der Gemeinschaft (Art. 202 EG). Er besteht aus je einem Vertreter jedes Mitgliedstaats auf Ministerebene (Art. 203 Abs. 1 EG).

6 Der Kommission obliegt das Vorschlagsrecht für Rechtsakte, die Überwachung der Einhaltung des Gemeinschaftsrechts, die Abgabe von Empfehlungen und Stellungnahmen sowie die Rechtsetzung von Durchführungsverordnungen (Art. 211 EG). Sie besteht aus je einem Mitglied eines Mitgliedstaats. Die Zahl der Mitglieder kann vom Rat geändert werden (Art. 213 Abs. 1 EG).

7 Das Parlament ist an der Rechtsetzung in verschiedenen Verfahren mit unterschiedlicher Intensität (Mitentscheidung, Zusammenarbeit, Anhörung, Zustimmung) beteiligt (Art. 192 Abs. 1 EG). Ferner besteht eine Kontrollbefugnis gegenüber anderen Organen (Art. 189 ff. EG). Es setzt sich aus in den Mitgliedstaaten gewählten Abgeordneten zusammen (Art. 189 EG).

8 Der Gerichtshof (EuGH) und mit ihm das Gericht erster Instanz (EuG) sichern im Rahmen ihrer Zuständigkeit die Wahrung des Rechts bei der Auslegung und Anwendung des Vertrags (Art. 220 Abs. 1 EG). Der EuGH besteht aus einem Richter je Mitgliedstaat (Art. 221 Abs. 1 EG). Er wird von unabhängigen Generalanwälten unterstützt. Diese stellen Schlussanträge zu den Rechtssachen (Art. 222 EG).

II. Rechtsquellen

9 Im Rahmen der Rechtsquellen ist zwischen primärem und sekundärem Gemeinschaftsrecht zu unterscheiden. Das primäre Gemeinschaftsrecht genießt Vorrang und ist zugleich Maßstab für die Rechtmäßigkeit des sekundären Gemeinschaftsrechts.[10]

1. Primäres Gemeinschaftsrecht

10 Das primäre Gemeinschaftsrecht besteht zunächst aus den Gemeinschaftsverträgen (vgl. Rn 2) einschließlich ihrer Änderungen sowie ihrer Protokolle (Art. 311 EG). Die Verträge wurden erheblich verändert, zuletzt vor allem durch den Vertrag über die EU (Vertrag von Maastricht) vom 7.2.1992,[11] den Vertrag von Amsterdam vom 2.10.1997[12] und den Vertrag von Nizza vom 26.2.2001[13] sowie durch zahlreiche Beitrittsverträge, zuletzt durch den Vertrag vom 25.4.2005 über den Beitritt der Republik Bulgarien und Rumäniens zur EU.[14] Zum primären Gemeinschaftsrecht zählt des Weiteren das ungeschriebene primäre Gemeinschaftsrecht in Form von Gewohnheitsrecht der Gemeinschaft und allgemeinen Rechtsgrundsätzen, die den Rechtsordnungen der Mitgliedstaaten gemeinsam sind.[15]

2. Sekundäres Gemeinschaftsrecht

11 Gemäß Art. 249 Abs. 1 EG kann die Gemeinschaft nach Maßgabe des EG-Vertrages Verordnungen, Richtlinien und Entscheidungen erlassen sowie Empfehlungen aussprechen und Stellungnahmen abgeben. Es gilt das Prinzip der begrenzten Einzelzuständig-

---

10 Vgl. Calliess/Ruffert/*Ruffert*, Art. 249 Rn 14; von der Groeben/Schwarze/*Schmidt*, Art. 249 Rn 22 f.
11 ABl C 191 vom 2.7.1992; BGBl 1992 II, S. 1253.
12 ABl C 340 vom 10.11.1997; BGBl 1998 II, S. 386.
13 ABl C 80 vom 10.3.2001; BGBl 2001 II, S. 1667.
14 ABl L 157 vom 21.6.2005, BGBl 2006 II, S. 1148.
15 Vgl. *Oppermann*, S. 143 ff.; *Streinz*, Europarecht, Rn 412 ff.; Streinz/*Schroeder*, Art. 249 Rn 15.

keit (Art. 5 Abs. 1 EG). Hiernach kann die Gemeinschaft nur innerhalb der Grenzen der ihr im EG-Vertrag zugewiesenen Befugnisse und Ziele tätig werden. In den Bereichen, die nicht in ihre ausschließliche Zuständigkeit fallen, wird sie nach dem Subsidiaritätsprinzip nur tätig, sofern und soweit die Ziele der in Betracht gezogenen Maßnahmen auf Ebene der Mitgliedstaaten nicht ausreichend und daher wegen ihres Umfangs oder ihrer Wirkungen besser auf Gemeinschaftsebene erreicht werden können (Art. 5 Abs. 2 EG). Dabei haben sämtliche Maßnahmen der Gemeinschaft nicht über das für die Erreichung der Ziele des EG-Vertrages erforderliche Maß hinauszugehen (Art. 5 Abs. 3 EG, Verhältnismäßigkeitsprinzip).[16]

Nach Art. 308 EG kann die Zuständigkeit auf ungeregelte Materien ausgedehnt werden, sofern ein Tätigwerden der Gemeinschaft erforderlich erscheint, um im Rahmen des Gemeinsamen Marktes eines ihrer Ziele zu verwirklichen und im EG-Vertrag die hierfür erforderlichen Befugnisse nicht vorgesehen sind. Schließlich beinhaltet die Zuständigkeit der Gemeinschaft nach der „implied-powers-Lehre" auch jene Vorschriften, bei deren Fehlen die Zuständigkeiten der Gemeinschaft sinnlos wären oder nicht in vernünftiger und zweckmäßiger Weise zur Anwendung gelangen könnten.[17] Die Vertragskompetenzen sind regelmäßig so auszulegen, dass sie ihre praktische Wirksamkeit („effet utile") erzielen können.[18]

Zu den Handlungsformen im Einzelnen:

Die **Verordnung** hat allgemeine Geltung. Sie ist in allen ihren Teilen verbindlich und gilt unmittelbar in jedem Mitgliedstaat (Art. 249 Abs. 2 EG). Damit gilt die Verordnung ohne nationalen Umsetzungsakt in den Mitgliedstaaten. Entgegenstehendes nationales Recht tritt zurück. Adressaten der Verordnung sind die Gemeinschaft, die Mitgliedstaaten sowie die Einzelpersonen innerhalb der Gemeinschaft.

Die **Richtlinie** ist für jeden Mitgliedstaat, an den sie gerichtet wird, hinsichtlich des zu erreichenden Zieles verbindlich, überlässt jedoch den Mitgliedstaaten die Wahl der Form und der Mittel (Art. 249 Abs. 3 EG). Adressaten sind allein die Mitgliedstaaten. Die Richtlinien enthalten eine Umsetzungsfrist, während dieser die Mitgliedstaaten zur Umsetzung der Richtlinie in das nationale Recht verpflichtet sind. Kommen die Mitgliedstaaten dieser Verpflichtung nicht oder nur unzureichend nach, leitet die Kommission entsprechende Vertragsverletzungsverfahren ein. Bei der Umsetzung der Richtlinien haben die Mitgliedstaaten diejenigen Formen und Mittel zu wählen, die für die Gewährleistung der praktischen Wirksamkeit („effet utile") der Richtlinien am besten geeignet sind.[19] Durch das Erfordernis der Umsetzung sind Richtlinien grundsätzlich nicht unmittelbar anwendbar. Der EuGH hat jedoch eine unmittelbare Wirkung einer Bestimmung einer Richtlinie anerkannt für den Fall, dass die Umsetzungsfrist abgelaufen ist und die Richtlinie nicht oder nur unzureichend umgesetzt wurde, und die Bestimmung nach Rechtsnatur, Systematik und Wortlaut geeignet ist, inhaltlich unbedingt und hinreichend genau zu sein.[20] In diesen Fällen kann sich der Einzelne gegenüber dem Staat auf diese Bestimmung berufen. Eine Verpflichtung für einen Einzelnen begründet sie

---

16 Vgl. hierzu EuGH, C-133/93, C-300/93 und C-362/93, Slg. 1994, 4863; EuGH, C-504/04, Slg. 2006, 679.
17 EuGH, C-8/55, Slg. 1956, 297; vgl. auch Calliess/Ruffert/*Calliess*, Art. 5 Rn 15 ff.
18 EuGH, C-26/62, Slg. 1963, 3; EuGH, C-314/01, Slg. 2004, 2549.
19 EuGH, C-48/75, Slg. 1976, 497.
20 EuGH, C-148/78, Slg. 1979, 1629; EuGH, C-88/79, Slg. 1980, 1827; EuGH, C-6/90, Slg. 1991, 5357; EuGH, C-62/00, Slg. 2002, 6325; EuGH, C-397/01, Slg. 2004, 8835.

hingegen nicht.[21] Auch lehnt der EuGH eine horizontale Wirkung von Richtlinien nach wie vor ab.[22]

15 Die **Entscheidung** ist in allen ihren Teilen für diejenigen verbindlich, die sie bezeichnet (Art. 249 Abs. 4 EG). Sie wirkt damit im Einzelfall. Adressaten der Entscheidung können sowohl Mitgliedstaaten als auch (natürliche und juristische) Personen innerhalb der Gemeinschaft sein.

16 **Empfehlungen und Stellungnahmen** sind nicht verbindlich (Art. 249 Abs. 5 EG). Sie begründen für ihre Adressaten keine Rechte und Pflichten. Innerstaatliche Gerichte sind jedoch verpflichtet, Empfehlungen bei der Entscheidung der bei ihnen anhängigen Rechtsstreitigkeiten zu berücksichtigen, insbesondere dann, wenn sie Aufschluss über die Auslegung von zu ihrer Durchführung erlassenen innerstaatlichen Rechtsvorschriften geben oder wenn sie verbindliche gemeinschaftliche Vorschriften ergänzen sollen.[23]

3. Vorrang und Vollzug des Gemeinschaftsrechts

17 Das Gemeinschaftsrecht genießt umfassenden Vorrang vor dem innerstaatlichen Recht der Mitgliedstaaten. Dabei handelt es sich um einen Anwendungsvorrang. Alle staatlichen Stellen, die im Rahmen ihrer Zuständigkeit die Bestimmungen des Gemeinschaftsrechts anzuwenden haben, sind gehalten, für die volle Wirksamkeit dieser Normen Sorge zu tragen, indem es erforderlichenfalls jede, auch spätere, entgegenstehende Bestimmung nationalen Rechts unangewendet lässt.[24] Die Begründung dieses bislang nicht ausdrücklich kodifizierten Vorrangs ist allerdings umstritten.[25] Nach der Rechtsprechung des EuGH ergibt sich der Vorrang aus dem Wesen der Gemeinschaft, die mit echten, aus der Beschränkung der Zuständigkeit der Mitgliedstaaten oder der Übertragung von Hoheitsrechten der Mitgliedstaaten auf die Gemeinschaft herrührenden Hoheitsrechten ausgestattet ist und damit für die Mitgliedstaaten und ihren Angehörigen verbindlich ist.[26]

18 Das Gemeinschaftsrecht wird durch die Gemeinschaft selbst oder durch die Mitgliedstaaten vollzogen. Der direkte Vollzug der Gemeinschaft ist lediglich in wenigen Bereichen, etwa im Wettbewerbsrecht,[27] vorgesehen. Der Regelfall ist vielmehr der indirekte Vollzug durch die Mitgliedstaaten. Sofern das Gemeinschaftsrecht hierzu keine Vorgaben aufstellt, sind die Form- und Verfahrensvorschriften nach den Rechtsordnungen der Mitgliedstaaten zu bestimmen.[28] Der Rückgriff auf die nationalen Vorschriften ist jedoch nur in dem zur Durchführung des Gemeinschaftsrechts erforderlichen Umfang und nur insoweit möglich, als die Anwendung dieser Vorschriften die Tragweite und Wirksamkeit des Gemeinschaftsrechts nicht beeinträchtigt.[29]

---

21 EuGH, C-80/86, Slg. 1987, 3969; EuGH, C-91/92, Slg. 1994, 3325; EuGH, C-397/01, Slg. 2004, 8835; EuGH, C-201/02, Slg. 2004, 723.
22 EuGH, C-91/92, Slg. 1994, 3325; EuGH, C-397/01, Slg. 2004, 8835; zum Streitstand hinsichtlich der neueren Rechtsentwicklung vgl. *Streinz*, Europarecht, Rn 447; Calliess/Ruffert/*Ruffert*, Art. 249 Rn 83 f.; Streinz/*Schroeder*, Art. 249 Rn 116.
23 EuGH, C-322/88, Slg. 1989, 4407.
24 EuGH, C-106/77, Slg. 1978, 629; vgl. auch *Masing*, NJW 2006, 264 ff.
25 Vgl. ausführlich *Oppermann*, S. 182 ff.; *Geiger*, Art. 10 Rn 27 ff.; Grabitz/Hilf/*Nettesheim*, Art. 249 Rn 37 ff.; Streinz/*Streinz*, Art. 1 Rn 19 ff.
26 EuGH, C-6/64, Slg. 1964, 1253; EuGH, C-106/77, Slg. 1978, 629.
27 Vgl. Art. 85, 88 EG, VO (EG) Nr. 1/2003, hierzu *Lissel*, RdE 2006, 47 ff.
28 EuGH, C-39/70, Slg. 1971, 49; EuGH, C-94/71, Slg. 1972, 307; EuGH, C-51/71; Slg. 1971, 1107; EuGH, C-205/82, Slg. 1983, 2633; EuGH, C-62/00, Slg. 2002, 6325.
29 EuGH, C-62/00, Slg. 2002, 6325; EuGH, C-336/00, Slg. 2002, 7699.

III. Rechtsschutz

1. Zuständigkeiten

EuGH und EuG sichern die Wahrung des Rechts bei der Auslegung und Anwendung des Vertrags (Art. 220 Abs. 1 EG). Dem EuG können gerichtliche Kammern zugeordnet werden, die in einigen besonderen Bereichen gerichtliche Zuständigkeiten ausüben (Art. 220 Abs. 2 EG). Der EuGH vereint letztinstanzliche Zuständigkeiten in allen wesentlichen Rechtszweigen.[30] Gerichte der Mitgliedstaaten haben insoweit keine Kontrollbefugnis.

2. Verfahren

Der EG-Vertrag normiert verschiedene Verfahrensarten. Das Vertragsverletzungsverfahren (Art. 226 ff. EG) kommt bei vermuteten Verstößen eines Mitgliedstaates gegen den EG-Vertrag zur Anwendung. Mit der Nichtigkeitsklage (Art. 230 f. EG) kann die Rechtmäßigkeit der Handlungen von Parlament, Rat, Kommission, Rechnungshof und EZB überprüft werden. Bei vertragsverletzender Untätigkeit von Parlament, Rat oder Kommission ist Untätigkeitsklage (Art. 232 f. EG) zu erheben. Das Vorabentscheidungsverfahren (Art. 234 EG) kommt zur Anwendung, wenn im Wege der Vorlage von Gerichten der Mitgliedstaaten über Fragen der Auslegung und Gültigkeit zu entscheiden ist.[31] Unterinstanzliche Gerichte sind zur Vorlage berechtigt, Gerichte, dessen Entscheidungen selbst nicht mehr mit Rechtsmitteln des innerstaatlichen Rechts angefochten werden können, zur Vorlage verpflichtet (Art. 234 Abs. 2 und 3 EG).[32]

C. Politiken der Gemeinschaft mit Bezug zum Gesundheitsrecht

I. Warenverkehrsfreiheit

1. Grundlagen

Kernaufgabe der Gemeinschaft ist die Schaffung und Gewährleistung des Binnenmarktes. Dieser umfasst einen Raum ohne Binnengrenzen, in dem der freie Verkehr von Waren, Personen, Dienstleistungen und Kapital gewährleistet ist (Art. 14 Abs. 2 EG). Dies sind die vier Grundfreiheiten des EG-Vertrages. Die Warenverkehrsfreiheit gilt für Waren, die aus den Mitgliedstaaten stammen sowie für Waren aus Drittländern, die sich in den Mitgliedstaaten im freien Verkehr befinden (Art. 23 Abs. 2, 24 EG). Sie besteht aus mehreren Instrumenten. Neben der Schaffung einer Zollunion (Art. 23 Abs. 1, 25 bis 27 EG) beinhaltet sie vor allem das Verbot mengenmäßiger Ein- und Ausfuhrbeschränkungen und von Maßnahmen gleicher Wirkung zwischen den Mitgliedstaaten (Art. 28, 29 EG).

---

30 Vgl. *Oppermann*, S. 221; *Streinz*, Europarecht, Rn 566 ff.
31 Anschaulich hierzu *Hakenberg*, MedR 2001, 507 ff.
32 Vgl. hierzu BVerfG VersR 2001, 1179.

2. Maßnahme gleicher Wirkung wie mengenmäßige Beschränkungen

22 Eine Maßnahme gleicher Wirkung wie mengenmäßige Beschränkungen ist nach der durch den EuGH entwickelten Dassonville-Formel[33] jede Handelsregelung der Mitgliedstaaten, die geeignet ist, den innergemeinschaftlichen Handel unmittelbar oder mittelbar, tatsächlich oder potentiell zu behindern. Die Keck-Formel[34] schränkt diesen weiten Anwendungsbereich jedoch für einen Teilbereich wieder ein. So ist die Anwendung nationaler Bestimmungen, die bestimmte Verkaufsmodalitäten beschränken oder verbieten, auf Erzeugnisse aus anderen Mitgliedstaaten nicht geeignet, den Handel zwischen den Mitgliedstaaten zu beeinträchtigen, sofern diese Bestimmungen für alle betroffenen Wirtschaftsteilnehmer gelten und sofern sie den Absatz der inländischen Erzeugnisse und der Erzeugnisse aus anderen Mitgliedstaaten rechtlich wie tatsächlich in der gleichen Weise berühren. Im Gegensatz zu Produktmodalitäten wie Bezeichnung, Form, Etikettierung oder Verpackung einer Ware betreffen Verkaufsmodalitäten die Preise, Werbung, Verkaufsorte und Verkaufszeiten.

So ist Art. 28 EG unter Berücksichtigung der Keck-Formel nicht anwendbar auf eine von der Apothekerkammer eines Mitgliedstaats erlassene Standesregel, die den Apothekern die Werbung außerhalb der Apotheke für apothekenübliche Waren unabhängig von der Herkunft der betreffenden Ware verbietet (Rs. Hünermund u.a.).[35]

23 Eine Rechtfertigung kann sich jedoch aus Art. 30 EG ergeben. Hiernach stehen die Bestimmungen des EG-Vertrages Verboten oder Beschränkungen nicht entgegen, die unter anderem aus Gründen der öffentlichen Sicherheit, zum Schutz der Gesundheit und des Lebens von Menschen, Tieren oder Pflanzen, gerechtfertigt sind. Diese Verbote oder Beschränkungen dürfen jedoch weder ein Mittel zur willkürlichen Diskriminierung noch eine verschleierte Beschränkung des Handels zwischen den Mitliedstaaten darstellen.

So ist ein nationales Verbot der Werbung für Arzneimitttel, die im Inland trotz grundsätzlich bestehender Zulassungspflicht nicht zugelassen sind, die aber aus einem anderen Mitgliedstaat auf Einzelbestellung importiert werden dürfen, sofern sie bereits in diesem Mitgliedstaat zulässigerweise in den Verkehr gebracht wurden, nach Art. 30 EG zum Schutz der Gesundheit und des Lebens von Menschen gerechtfertigt (Rs. Ortscheit).[36]

24 Für unterschiedslos für einheimische wie für eingeführte Erzeugnisse geltende Regelungen ergibt sich eine weitere Rechtfertigungsmöglichkeit aus der durch den EuGH entwickelten Cassis-Formel.[37] Hiernach sind Hemmnisse, die sich aus den Unterschieden der nationalen Regelungen ergeben, gerechtfertigt, wenn sie notwendig sind, um zwingenden Erfordernissen des Allgemeininteresses, unter anderem des Schutzes der öffentlichen Gesundheit[38] sowie des finanziellen Gleichgewichts des Systems der sozialen Sicherheit, gerecht zu werden, wobei die Regelung in einem angemessenem Verhältnis zum verfolgten Zweck stehen muss.

---

33 EuGH, C-8/74, Slg. 1974, 837.
34 EuGH, C-267/91 und C-268/91, Slg. 1993, 6097.
35 Vgl. EuGH, C-292/92, Slg. 1993, 6787.
36 Vgl. EuGH, C-320/93, Slg. 1994, 5243.
37 EuGH, C-120/78, Slg. 1979, 649; EuGH, C-176/84, Slg. 1987, 1193.
38 Der Begriff der öffentlichen Gesundheit wurde bereits früh durch die Richtlinie 64/221/EWG (ABl 56/850 vom 4.4.1964), die zwischenzeitlich durch die Richtlinie 2004/38/EG (ABl L 158/77 vom 30.4.2004) abgelöst wurde, gemeinschaftlich geregelt.

Entsprechend kann eine nationale Bestimmung eines Mitgliedstaats, die den Verkauf von Kontaktlinsen und damit zusammenhängenden Erzeugnissen in Handelsbetrieben verbietet, die nicht von Personen geleitet oder geführt werden, die die für die Ausübung des Berufes des Augenoptikers erforderlichen Voraussetzungen erfüllen, aus Gründen des Schutzes der öffentlichen Gesundheit gerechtfertigt sein (Rs. Laboratoire de prothèses oculaires).[39]

Nach ständiger Rechtsprechung des EuGH[40] obliegt es den zuständigen nationalen Behörden, nachzuweisen, dass ihre Regelung erforderlich ist, um eines oder mehrere der in Art. 30 EG erwähnten Ziele zu erreichen oder zwingenden Erfordernissen zu genügen, und gegebenenfalls, dass das Inverkehrbringen der betreffenden Waren eine ernsthafte Gefahr für die öffentliche Gesundheit darstellt, sowie, dass diese Regelung dem Grundsatz der Verhältnismäßigkeit entspricht. Ein Rückgriff auf die Rechtfertigung ist jedoch nicht möglich, sofern Richtlinien der Gemeinschaft bereits entsprechende Maßnahmen auf diesem Gebiet vorsehen.[41]

3. Entscheidungen des EuGH

Eine vollständige Darstellung der Rechtsprechung zur Warenverkehrsfreiheit mit Bezug zum Gesundheitsrecht ist aufgrund der Vielzahl der Entscheidungen nicht möglich. Die folgende Auswahl kann nur eine Übersicht über die Entwicklungslinien der Rechtsprechung geben. Der Schwerpunkt der Entscheidungen liegt im Bereich des Arzneimittelrechts, das auch Gegenstand zahlreicher europäischer Richtlinien ist. Dies betrifft zum einen die **Einordnung von Präparaten als Arzneimittel**.

Ein Mitgliedstaat verstößt gegen Art. 28 EG, wenn es Vitaminpräparate, die in anderen Mitgliedstaaten rechtmäßig als Nahrungsergänzungsmittel hergestellt oder in den Verkehr gebracht werden, bei Überschreiten der dreifachen empfohlenen Tagesdosis hinsichtlich einiger Vitamine durchgängig als Arzneimittel einstuft. Die Durchgängigkeit dieser Praxis macht es unmöglich, ein reales Risiko für die Gesundheit der Bevölkerung zu ermitteln und zu bewerten, wofür in jedem Einzelfall eine eingehende Prüfung der mit dem Zusatz der Vitamine möglicherweise verbundenen Folgen erforderlich wäre (Rs. Kommission/Deutschland).[42]

Zum anderen behandeln zahlreiche Entscheidungen die Frage der **Einfuhr von Arzneimitteln** aus einem anderen Mitgliedstaat.[43]

So hat der EuGH bereits früh festgestellt, dass eine nationale Regelung, die dazu führt, Einfuhren von Arzneimitteln in der Weise zu kanalisieren, dass sie nur bestimmten Unternehmen möglich sind, gegen Art. 28 EG verstößt, es sei denn, dass sie gemäß Art. 30 EG für einen wirksamen Schutz der Gesundheit oder des Lebens von Menschen notwendig ist, etwa weil feststeht, dass jede andere Regelung offensichtlich die von einer funktionierenden Verwaltung vernünftigerweise einzusetzenden Mittel erheblich übersteigt (Rs. De Peijper).[44]

---

39 Vgl. EuGH, C-271/92, Slg. 1993, 2899.
40 EuGH, C-227/82, Slg. 1983, 3883; EuGH, C-358/95, Slg. 1997, 1431; EuGH, C-14/02, Slg. 2003, 4431; EuGH, C-270/02, Slg. 2004, 1559.
41 EuGH, C-211/03, C-299/03 und C-316/03 bis C-318/03, Slg. 2005, 5141; EuGH, C-1/96, Slg. 1988, 1251; EuGH, C-5/94, Slg. 1996, 2553.
42 EuGH, C-387/99, Slg. 2004, 3751.
43 EuGH, C-104/75, Slg. 1976, 613; EuGH, C-315/92, Slg. 1994, 317.
44 Vgl. EuGH, C-104/75, Slg. 1976, 613.

Art. 28 EG ist dahin auszulegen, dass er einer nationalen Maßnahme entgegensteht, die die Einfuhr und den Vertrieb eines als kosmetisches Mittel eingestuften und aufgemachten Erzeugnisses mit der Begründung verbietet, dass dieses Erzeugnis die Bezeichnung „Clinique" trägt. Das Verbot ist nicht notwendig, um den Erfordernissen des Schutzes der Gesundheit von Menschen gerecht zu werden. Die klinische oder medizinische Konnotation des Begriffs reicht nicht aus, um dieser Bezeichnung eine irreführende Wirkung zuzusprechen, die ihr Verbot rechtfertigen könnte (Rs. Verband Sozialer Wettbewerb, Clinique).[45]

28   Hierbei kommt dem **Parallelimport von Arzneimitteln** aus anderen Mitgliedstaaten eine besondere Bedeutung zu.[46] Parallelimporte sind Produkte, die außerhalb der offiziellen Vertriebsnetze der Hersteller oder zugelassenen Händler aus einem Mitgliedstaat in einen anderen eingeführt oder dort in den Verkehr gebracht werden.[47]

Art. 28 EG steht einer nationalen Bestimmung entgegen, die Parallelimporteure verpflichtet, denselben Erfordernissen wie denen zu genügen, die für Unternehmen gelten, die für ein Arzneimittel erstmals eine Zulassung beantragen; doch gilt dies nur dann, wenn eine solche Ausnahme von den Vorschriften, die normalerweise auf Zulassungen von Arzneimitteln anwendbar sind, nicht den Schutz der Gesundheit und des Lebens von Menschen beeinträchtigt (Rs. Rhône-Poulenc Rorer und May & Baker).[48]

Eine nationale Regelung, wonach das Erlöschen der Zulassung eines Bezugsarzneimittels auf Antrag des Inhabers dazu führt, dass die Parallelimportzulassung für dieses Arzneimittel automatisch erlischt, verstößt gegen Art. 28 EG. Ist nachgewiesen, dass wegen des gleichzeitigen Nebeneinanders von zwei Formulierungen desselben Arzneimittels auf dem Markt tatsächlich eine Gefahr für die Gesundheit von Menschen besteht, so kann eine solche Gefahr Beschränkungen der Einfuhr der alten Formulierung des Arzneimittels im Anschluss an das Erlöschen der Bezugszulassung für diesen Markt auf Antrag des Inhabers rechtfertigen (Rs. Ferring).[49]

29   Auch zu persönlichen **Einfuhren von Arzneimitteln durch Privatpersonen** hat der EuGH bereits wiederholt Stellung genommen.[50]

So verstößt ein Mitgliedstaat gegen Art. 28 EG, wenn er Privatpersonen die Einfuhr von Arzneimitteln in einer dem üblichen persönlichen Bedarf entsprechenden Menge, die in dem Mitgliedstaat verschreibungspflichtig sind und die in einem anderen Mitgliedstaat durch einen Arzt verschrieben und in einer Apotheke gekauft worden sind, untersagt. Der Umstand, dass das Arzneimittel durch einen Arzt verschrieben und in einer Apotheke gekauft wurde, bietet eine Garantie, die derjenigen gleichwertig ist, die auf dem Verkauf des Arzneimittels in dem Mitgliedstaat beruht (Rs. Kommission/Deutschland).[51]

---

45 EuGH, C-315/92, Slg. 1994, 317.
46 EuGH, C-347/89, Slg. 1991, 1747; EuGH, C-201/94, Slg. 1996, 5819; EuGH, C-379/97, Slg. 1999, 6927; EuGH, C-94/98, Slg. 1999, 8789; EuGH, C-172/00, Slg. 2002, 6891; EuGH, C-113/01, Slg. 2003, 4243; EuGH, C-112/02, Slg. 2004, 3369; vgl. ferner *Koenig/Engelmann/Sander*, GRUR Int. 2001, 919 ff.; *Reich/Helios*, EuZW 2002, 666 f.; *Bauroth*, PharmR 2004, 176 ff.; *Stöcker*, PharmR 2006, 415 ff.
47 Vgl. Mitteilung der Kommission über Parallelimporte von Arzneispezialitäten vom 19.1.2004, MEMO/04/7.
48 EuGH, C-94/98, Slg. 1999, 8789.
49 EuGH, C-172/00, Slg. 2002, 6891; vgl. auch EuGH, C-113/01, Slg. 2003, 4243.
50 EuGH, C-215/87, Slg. 1989, 617; EuGH, C-62/90, Slg. 1992, 2575; EuGH, C-212/03, Slg. 2005, 4213.
51 EuGH, C-62/90, Slg. 1992, 2575.

C. Politiken der Gemeinschaft mit Bezug zum Gesundheitsrecht § 3

Ein Verstoß gegen Art. 28 EG liegt vor, wenn ein Mitgliedstaat bei persönlichen Einfuhren von in einem anderen Mitgliedstaat ordnungsgemäß verschrieben Arzneimitteln, die sowohl in diesem als auch in dem Mitgliedstaat, in dem sie gekauft wurden, zugelassen sind, ein Verfahren der vorherigen Genehmigung anwendet, sofern der Einführende die Arzneimittel nicht persönlich mit sich führt. Ebenso, wenn ein Mitgliedstaat bei persönlichen Einfuhren von in einem anderen Mitgliedstaat ordnungsgemäß verschriebenen Arzneimitteln, die aber nur in jenem Mitgliedstaat zugelassen sind, in dem sie gekauft wurden, ein unverhältnismäßiges Genehmigungsverfahren anwendet, sofern der Einführende die Arzneimittel nicht persönlich mit sich führt (Kommission/Frankreich).[52]

Ein weiterer, wirtschaftlich sehr bedeutsamer Problemkreis ist der **Versandhandel mit Arzneimitteln**.   30

Ein nationales Verbot des Versandhandels mit Arzneimitteln, die in dem betreffenden Mitgliedstaat ausschließlich in Apotheken verkauft werden dürfen, stellt eine gemäß Art. 30 EG zum Schutz der Gesundheit und des Lebens von Menschen gerechtfertigte Maßnahme gleicher Wirkung dar, soweit dieses Verbot verschreibungspflichtige Arzneimittel betrifft. Dagegen kann Art. 30 EG nicht geltend gemacht werden, um ein Verbot des Versandhandels mit Arzneimitteln, die in dem betreffenden Mitgliedstaat nicht verschreibungspflichtig sind, zu rechtfertigen (Rs. Deutscher Apothekerverband).[53]

Auch außerhalb des Arzneimittelbereiches stellen sich Fragen zur Warenverkehrsfreiheit, so etwa bei **Medizinprodukten.**[54]   31

Ein Mitgliedstaat verstößt gegen Art. 28 EG, wenn er für steriles medizinisches Zubehör mit Ursprung in anderen Mitgliedstaaten Laborversuche und -analysen vorschreibt, die bereits in diesen Mitgliedstaaten durchgeführt worden sind und deren Ergebnisse den Behörden des Mitgliedstaates mitgeteilt werden können (Rs. Kommission/Belgien).[55]

Schließlich hat sich der EuGH auch im Bereich des **Sozialversicherungsrechts** mehrmals mit der Warenverkehrsfreiheit beschäftigt. Das Gemeinschaftsrecht lässt die Befugnis der Mitgliedstaaten unberührt, ihre Systeme der sozialen Sicherheit auszugestalten.[56] Zwar bestimmt mangels einer Harmonisierung auf Gemeinschaftsebene das Recht eines jeden Mitgliedstaats, unter welchen Voraussetzungen das Recht oder die Verpflichtung auf Anschluss an ein System der sozialen Sicherheit besteht, doch müssen die Mitgliedstaaten bei der Ausübung dieser Befugnis das Gemeinschaftsrecht beachten.[57]   32

Eine nationale Regelung, nach der ein Sozialversicherungsträger eines Mitgliedstaats einem Versicherten die pauschale Kostenerstattung für eine Brille mit Korrek-

---

52 EuGH, C-212/03, Slg. 2005, 4213.
53 EuGH, C-322/01, Slg. 2003, 14887; vgl. *Streinz,* EuZW 2003, 37 ff.; *Wiesener,* GesR 2004, 43 ff.; *Lenz,* NJW 2004, 332 ff.; *Frenz,* MedR 2004, 296 ff.; *Koch,* EuZW 2004, 50 f.; *Mand,* MMR 2004, 155 ff.; *Hösch,* GewArch 2004, 98 ff.; *Ruffert,* Jura 2005, 258 ff.
54 EuGH, C-373/92, Slg. 1993, 3107; EuGH, C-271/92, Slg. 1993, 2899.
55 EuGH, C-373/92, Slg. 1993, 3107.
56 EuGH, C-238/82, Slg. 1984, 523; EuGH, C-158/96, Slg. 1998, 1931; EuGH, C-159/91 und C-160/91, Slg. 1993, 637; EuGH, C-238/94, Slg. 1996, 1673; EuGH, C-70/95, Slg. 1997, 3395.
57 EuGH, C-120/95, Slg. 1998, 1831; EuGH, C-4/95 und C-5/95, Slg. 1997, 511; EuGH, C-158/96, Slg. 1998, 1931; EuGH, C-157/99, Slg. 2001, 5473; EuGH, C-385/99, Slg. 2003, 4509; EuGH, C-372/04, Slg. 2006, 4325; vgl. *Becker,* NZS 1998, 359 ff.

turgläsern, die dieser bei einem Optiker in einem anderen Mitgliedstaat gekauft hat, mit der Begründung versagt, dass der Erwerb im Ausland der vorherigen Genehmigung bedarf, verstößt gegen Art. 28 EG. Die Regelung ist nicht durch eine erhebliche Gefährdung des finanziellen Gleichgewichts des Systems der sozialen Sicherheit gerechtfertigt, da die Pauschalerstattung für in anderen Mitgliedstaaten gekaufte Brillen hierauf keine Auswirkungen hat. Auch bietet der Kauf bei einem Optiker in einem anderen Mitgliedstaat Garantien, die denen gleichwertig sind, die beim Kauf bei einem Optiker im Inland gegeben sind, da die Anerkennung von Berufen Gegenstand von Gemeinschaftsrichtlinien ist, so dass eine Rechtfertigung zum Schutz der öffentlichen Gesundheit ausscheidet (Rs. Decker).[58]

Im Rahmen eines nationalen Pflichtversicherungssystems erlassene Maßnahmen, durch die den Versicherten der Anspruch versagt wird, sich auf Kosten der Krankenversicherung mit namentlich genannten Arzneimitteln versorgen zu lassen, sind mit Art. 28 EG vereinbar, wenn bei der Auswahl der ausschließenden Arzneimittel eine Diskriminierung aufgrund des Ursprungs der Erzeugnisse unterbleibt und diese Auswahl auf objektiven Kriterien beruht. Es muss jedoch möglich sein, die Listen jederzeit zu ändern, wenn die Einhaltung der betreffenden Kriterien dies verlangt (Rs. Duphar u.a.).[59]

II. Freiheiten des Personen- und Dienstleistungsverkehrs

33 Neben der Warenverkehrsfreiheit gehören auch die Freiheiten des Personenverkehrs und des Dienstleistungsverkehrs zu den Grundfreiheiten. Die Freiheit des Personenverkehrs unterteilt sich nach den Gesichtspunkten von selbständiger und unselbständiger Tätigkeit in die Niederlassungsfreiheit für Selbständige (Art. 43–48 EG) und in die Freizügigkeit der Arbeitnehmer (Art. 39–42 EG). In engem systematischen und wirtschaftlichen Zusammenhang zur Niederlassungsfreiheit steht die Freiheit des Dienstleistungsverkehrs (Art. 49–55 EG).

1. Niederlassungsfreiheit

34 Nach Art. 43 Abs. 1 EG sind Beschränkungen der freien Niederlassung von Staatsangehörigen eines Mitgliedstaates im Hoheitsgebiet eines anderen Mitgliedstaates nach Maßgabe der Bestimmungen des EG-Vertrags verboten. Die Niederlassung wird nach ständiger Rechtsprechung des EuGH[60] als die tatsächliche Ausübung einer wirtschaftlichen Tätigkeit mittels einer festen Einrichtung in einem anderen Mitgliedstaat auf unbestimmte Zeit definiert.

35 Die Niederlassungsfreiheit umfasst die Aufnahme und Ausübung selbständiger Erwerbstätigkeiten nach den Bestimmungen des Aufnahmestaates für eigene Angehörige (Art. 43 Abs. 2 EG). Art. 43 EG verbietet damit jede sich aus nationalen Regelungen oder Praktiken ergebende Diskriminierung aus Gründen der Staatsangehörigkeit.[61] Auch können sich Staatsangehörige gegenüber ihrem Heimatmitgliedstaat auf die Niederlassungsfreiheit berufen, wenn sie etwa in einem anderen Mitgliedstaat eine nach dem Gemeinschaftsrecht anerkannte berufliche Qualifikation erworben haben und nun

---

58 EuGH, C-120/95, Slg. 1998, 1831.
59 EuGH, C-238/82, Slg. 1984, 523.
60 EuGH, C-221/89, Slg. 1991, 3905.
61 EuGH, C-197/84, Slg. 1985, 1819.

wieder in ihren Mitgliedstaat zurückkehren.[62] Teilweise verlangt der EuGH nicht nur die Beseitigung jeder Diskriminierung, sondern auch die Aufhebung aller Beschränkungen, sofern sie geeignet sind, die Tätigkeiten des Staatsangehörigen zu behindern oder weniger attraktiv zu machen. Dies gilt zumindest für den Schutz der freien Standortwahl.[63]

36 Eine Beschränkung der Niederlassungsfreiheit kann aus Gründen der öffentlichen Ordnung, Sicherheit und Gesundheit gerechtfertigt sein (Art. 46 Abs. 1 EG). Darüber hinaus ist eine Beschränkung nach der Rechtsprechung des EuGH[64] dann gerechtfertigt, wenn nationale Maßnahmen, welche die Ausübung der durch den EG-Vertrag garantierten grundlegenden Freiheiten behindern oder weniger attraktiv machen, vier Voraussetzungen erfüllen: Sie müssen in nichtdiskriminierender Weise angewendet werden, aus zwingenden Gründen des Allgemeininteresses gerechtfertigt sein, geeignet sein, die Verwirklichung des mit ihnen verfolgten Zieles zu gewährleisten und dürfen nicht über das hinausgehen, was zur Erreichung dieses Zieles erforderlich ist.

2. Arbeitnehmerfreizügigkeit

37 Die Freizügigkeit der Arbeitnehmer (Art. 39–42 EG) umfasst die Abschaffung jeder auf der Staatsangehörigkeit beruhenden unterschiedlichen Behandlung der Arbeitnehmer der Mitgliedstaaten in Bezug auf Beschäftigung, Entlohnung und sonstiger Arbeitsbedingungen (Art. 39 Abs. 2 EG). Sie gibt den Arbeitnehmern[65] das Recht, sich um tatsächlich angebotene Stellen zu bewerben und sich zu diesem Zweck im Hoheitsgebiet der Mitgliedstaaten frei zu bewegen, sich in einem Mitgliedstaat aufzuhalten, um dort nach den für die Arbeitnehmer dieses Mitgliedstaates geltenden Rechts- und Verwaltungsvorschriften eine Beschäftigung auszuüben sowie nach Beendigung einer Beschäftigung im Hoheitsgebiet eines Mitgliedstaats zu verbleiben. Darüber hinaus verlangt Art. 39 EG nicht nur die Beseitigung jeder Diskriminierung aufgrund der Staatsangehörigkeit, sondern auch die Aufhebung aller Beschränkungen, sofern diese geeignet sind, einem Staatsangehörigen eines Mitgliedstaates den Zugang zum Arbeitsmarkt und damit die Aufnahme einer unselbständigen Tätigkeit zu behindern.[66]

38 Eine Beschränkung der Arbeitnehmerfreizügigkeit kann aus Gründen der öffentlichen Ordnung, Sicherheit und Gesundheit gerechtfertigt sein (Art. 39 Abs. 3 EG). Darüber hinaus ist eine Beschränkung nach ständiger Rechtsprechung[67] dann gerechtfertigt, wenn nationale Maßnahmen, welche die Ausübung der durch den EG-Vertrag garantierten grundlegenden Freiheiten behindern oder weniger attraktiv machen, vier Voraussetzungen erfüllen: Sie müssen in nichtdiskriminierender Weise angewendet werden, aus zwingenden Gründen des Allgemeininteresses gerechtfertigt sein, geeignet sein, die

---

62 EuGH, C-115/78, Slg. 1979, 399; EuGH, C-370/90, Slg. 1992, 4265.
63 EuGH, C-55/94, Slg. 1995, 4165; EuGH, C-19/92, Slg. 1993, 1663; EuGH, C-424/97, Slg. 2000, 5123; *Streinz*, Europarecht, Rn 886; inwieweit Art. 43 EG ein allgemeines Beschränkungsverbot enthält, ist umstritten, vgl. Calliess/Ruffert/*Bröhmer*, Art. 43 Rn 20 ff.; Grabitz/Hilf/*Randelzhofer/Forsthoff*, Art. 43 Rn 83 ff.; Streinz/*Müller-Graff*, Art. 43 Rn 57 ff.
64 Vgl. EuGH, C-55/94, Slg. 1995, 4165; EuGH, C-19/92, Slg. 1993, 1663.
65 Zum weiten Arbeitnehmerbegriff vgl. EuGH, C-139/85, Slg. 1986, 1741; EuGH, C-357/89, Slg. 1992, 1027.
66 EuGH, C-415/93, Slg. 1995, 4921; EuGH, C-18/95, Slg. 1999, 345; EuGH, C-190/98, Slg. 2000, 493; EuGH, C-109/04, Slg. 2005, 2421.
67 EuGH, C-415/93, Slg. 1995, 4921; EuGH, C-109/04, Slg. 2005, 2421.

Verwirklichung des mit ihnen verfolgten Zieles zu gewährleisten und dürfen nicht über das hinausgehen, was zur Erreichung dieses Zieles erforderlich ist.

3. Freiheit des Dienstleistungsverkehrs

39 Gemäß Art. 49 Abs. 1 EG sind Beschränkungen des freien Dienstleistungsverkehrs innerhalb der Gemeinschaft für Angehörige der Mitgliedstaaten nach Maßgabe der Bestimmungen des EG-Vertrags verboten. Dienstleistungen sind selbständige, in der Regel gegen Entgelt erbrachte Leistungen mit grenzüberschreitendem Gemeinschaftsbezug, die zeitlich beschränkt sind und nicht von den Vorschriften über den freien Waren-, Kapital- oder Personenverkehr erfasst werden (vgl. Art. 50 Abs. 1 EG). Die zeitliche Komponente der Tätigkeit ist maßgeblich für die aufgrund der unterschiedlichen Reichweite der Freiheiten bedeutsame Abgrenzung zur Niederlassungsfreiheit. Als Kriterien dienen die Dauer, Häufigkeit, Periodizität und Kontinuität der Tätigkeit.[68] Nach ständiger Rechtsprechung verlangt Art. 49 EG nicht nur die Beseitigung jeder Diskriminierung des in einem anderen Mitgliedstaat ansässigen Dienstleistenden aufgrund seiner Staatsangehörigkeit, sondern auch die Aufhebung aller Beschränkungen, sofern sie geeignet sind, die Tätigkeiten des Dienstleistenden, der in einem anderen Mitgliedstaat ansässig ist und dort rechtmäßig entsprechende Dienstleistungen erbringt, zu behindern oder weniger attraktiv zu machen.[69]

40 Eine Beschränkung der Freiheit des Dienstleistungsverkehrs kann aus Gründen der öffentlichen Ordnung, Sicherheit und Gesundheit gerechtfertigt sein (Art. 55 i.V.m. Art. 46 Abs. 1 EG). Darüber hinaus ist eine Beschränkung nach ständiger Rechtsprechung[70] dann gerechtfertigt, wenn nationale Maßnahmen, welche die Ausübung der durch den EG-Vertrag garantierten grundlegenden Freiheiten behindern oder weniger attraktiv machen, vier Voraussetzungen erfüllen: Sie müssen in nichtdiskriminierender Weise angewendet werden, aus zwingenden Gründen des Allgemeininteresses gerechtfertigt sein, geeignet sein, die Verwirklichung des mit ihnen verfolgten Zieles zu gewährleisten und dürfen nicht über das hinausgehen, was zur Erreichung dieses Zieles erforderlich ist.

4. Richtlinien zu den Freiheiten des Personen- und Dienstleistungsverkehrs

41 Um die Aufnahme und Ausübung selbständiger wie unselbständiger Tätigkeiten zu erleichtern, kann der Rat Richtlinien für die gegenseitige Anerkennung der Diplome, Prüfungszeugnisse und sonstigen Befähigungsnachweise sowie zur Koordinierung der Rechts- und Verwaltungsvorschriften der Mitgliedstaaten erlassen (vgl. Art. 40, 47, 55 EG). Dessen ungeachtet kann eine Anerkennung nicht alleine deshalb verwehrt werden, weil eine Richtlinie für einen bestimmten Beruf noch nicht erlassen wurde.[71]

---

68 EuGH, C-3/95, Slg. 1996, 6511.
69 EuGH, C-58/98, Slg. 2000, 7919; EuGH, C-76/90, Slg. 1991, 4221; EuGH, C-43/93, Slg. 1994, 3803; EuGH, C-272/94, Slg. 1996, 1905; EuGH, C-3/95, Slg. 1996, 6511; EuGH, C-222/95, Slg. 1997, 3899; EuGH, C-369/96 und C-376/96, Slg. 1999, 8453.
70 EuGH, 279/80, Slg. 1981, 3305; EuGH, C-180/89, Slg. 1991, 709; EuGH, C-198/89, Slg. 1991, 727; EuGH, C-58/98, Slg. 2000, 7919; EuGH, C-76/90, Slg. 1991, 4221; EuGH, C-43/93, Slg. 1994, 3803; EuGH, C-272/94, Slg. 1996, 1905; EuGH, C-369/96 und C-376/96, Slg. 1999, 8453.
71 Vgl. EuGH, C-71/76, Slg. 1977, 765.

C. Politiken der Gemeinschaft mit Bezug zum Gesundheitsrecht § 3

Schon früh wurden für zahlreiche Berufsgruppen Richtlinien für die gegenseitige Anerkennung erlassen, so für Ärzte,[72] Zahnärzte,[73] Tierärzte,[74] Apotheker,[75] Hebammen[76] sowie für Krankenschwestern und Krankenpfleger.[77] Um von Einzelrichtlinien nicht erfasste Berufsgruppen zusammenzuführen, wurden zudem allgemeine Richtlinien[78] erlassen. Die Richtlinien wurden mehrmals geändert und angepasst.[79] Bei unzureichender Umsetzung durch die Mitgliedstaaten führte die Kommission wiederholt Vertragsverletzungsverfahren durch.[80] Zwischenzeitlich ist die Richtlinie 2005/36/EG vom 7.9.2005[81] in Kraft getreten. Die Mitgliedstaaten haben die Richtlinie bis zum 20.10.2007 umzusetzen (Art. 63 der Richtlinie). Die Richtlinie hebt sämtliche der genannten Richtlinien mit Wirkung zu diesem Zeitpunkt auf. Damit wird durch eine Vereinheitlichung der geltenden Grundsätze eine Neuordnung und Straffung der bisherigen Bestimmungen erreicht (vgl. Erwägungsgrund 9 der Richtlinie).

42

Zur Herstellung der Arbeitnehmerfreizügigkeit hat die Gemeinschaft auf Grundlage von Art. 39 Abs. 3d, 40 und 42 EG mehrere Rechtsakte erlassen. Hierzu zählen vor allem die Verordnung (EWG) Nr. 1612/68[82] über die Freizügigkeit der Arbeitnehmer innerhalb der Gemeinschaft sowie die Verordnung (EWG) Nr. 1408/71[83] zur Anwendung der Systeme der sozialen Sicherheit auf Arbeitnehmer und deren Familien, die innerhalb der Gemeinschaft zu- und abwandern, die durch die Durchführungsverordnung (EWG) Nr. 574/72[84] ergänzt wird. Die Verordnung (EWG) Nr. 1408/71 wird nach In-Kraft-Treten einer die Verordnung (EWG) Nr. 574/72 ersetzenden Durchführungsverordnung durch die Verordnung (EG) Nr. 883/2004[85] zur Koordinierung der Systeme der sozialen Sicherheit abgelöst. Die Verordnung (EWG) Nr. 1408/71 gilt für Arbeitnehmer, Selbständige, Studierende und Auszubildende, für welche die Rechtsvorschriften eines oder mehrerer Mitgliedstaaten gelten oder galten, soweit sie Staatsangehörige eines Mitgliedstaats sind sowie für deren Familienangehörige und Hinterbliebene, sowie für Hinterbliebene dieser Personen, und zwar ohne Rücksicht auf die Staatsangehörigkeit dieser Personen, wenn die Hinterbliebenen Staatsangehörige eines Mitgliedstaats sind (Art. 2 Abs. 1 und 2, Art. 1 der Verordnung).[86] Die Verordnung betrifft Rechtsvorschriften über Zweige der sozialen Sicherheit in Bezug auf Leistungen bei Krankheit und Mutterschaft, bei Invalidität, bei Alter, an Hinterbliebene, bei Arbeitsunfällen und Berufskrankheiten, Sterbegeld, bei Arbeitslosigkeit und Familienleistungen (Art. 4 Abs. 1 der Verordnung).

43

---

72 RL 93/16/EWG, ABl L 165/1 vom 7.7.1993.
73 RL 78/686/EWG, ABl L 233/1 vom 24.8.1978, RL 78/687/EWG, ABl L 233/10 vom 24.8.1978.
74 RL 78/1026/EWG, ABl L 362/1 vom 23.12.1978, RL 78/1027/EWG, ABl L 362/7 vom 23.12.1978.
75 RL 85/432/EWG, ABl L 253/34 vom 24.9.1985, RL 85/433/EWG, ABl L 253/37 vom 24.9.1985.
76 RL 80/154/EWG, ABl L 33/1 vom 11.2.1980, RL 80/155/EWG, ABl L 33/8 vom 11.2.1980.
77 RL 77/452/EWG, ABl L 176/1 vom 15.7.1977, RL 77/453/EWG, ABl L 176/8 vom 15.7.1977.
78 RL 89/48/EWG, ABl L 19/16 vom 24.1.1989, RL 92/51/EWG, ABl L 209/25 vom 24.7.1992, RL 1999/42/EG, ABl L 201/77 vom 31.7.1999.
79 Vgl. vor allem RL 2001/19/EG, ABl L 206/1 vom 31.7.2001.
80 Vgl. zuletzt im Hinblick auf die Anerkennung der Diplome von Zahnärzten, IP/06/1788 vom 13.12.2006.
81 ABl L 255/22 vom 30.9.2005; vgl. hierzu *Stumpf*, DZWIR 2006, 99 ff.
82 ABl L 257/2 vom 19.10.1968.
83 ABl L 149/1 vom 5.7.1971.
84 ABl L 74/1 vom 27.3.1972.
85 ABl L 166/1 vom 30.4.2004.
86 Zur Einbeziehung der Selbständigen vgl. auch EuGH, C-121/92, Slg. 1993, 5023; zur Einbeziehung der Studierenden und Auszubildenden Verordnung (EG) Nr. 307/1999, ABl 38/1 vom 12.2.1999.

§ 3 Europäisches Gesundheitsrecht

44 Am 28.12.2006 ist die Richtlinie 2006/123/EG[87] über Dienstleistungen im Binnenmarkt in Kraft getreten. Ziel der Richtlinie ist die Schaffung eines Rechtsrahmens, der die Niederlassungsfreiheit und den freien Dienstleistungsverkehr zwischen den Mitgliedstaaten garantiert (Erwägungsgrund 12). Die Richtlinie gilt für Dienstleistungen, die von einem in einem Mitgliedstaat niedergelassenen Dienstleistungserbringer angeboten werden (Art. 2 Abs. 1 der Richtlinie). Während der ursprüngliche Richtlinienvorschlag der Kommission auch Gesundheitsdienstleistungen umfasste, wurden diese im weiteren Verlauf der Beratungen vom Anwendungsbereich wieder herausgenommen. Gemäß Art. 2 Abs. 2 lit. f der Richtlinie findet diese auf Gesundheitsdienstleistungen, unabhängig davon, ob sie durch Einrichtungen der Gesundheitsversorgung erbracht werden, und unabhängig davon, wie sie auf nationaler Ebene organisiert und finanziert sind, und ob es sich um öffentliche oder private Dienstleistungen handelt, keine Anwendung. Es ist geplant, den Gesundheitsbereich in einer separaten Richtininie zu behandeln.

5. Entscheidungen des EuGH

45 Im Rahmen des Gesundheitsrechts beschäftigte sich der EuGH im Zusammenhang mit den Freiheiten des Personen- und Dienstleistungsverkehrs im Wesentlichen in zwei Bereichen, zum einen im Sozialversicherungsrecht, zum anderen hinsichtlich berufsrechtlicher Fragestellungen. Im Rahmen des Sozialversicherungsrechts stellt sich vor allem die Frage der **Übernahme der Kosten ärztlicher Behandlungen** in einem anderen Mitgliedstaat. Hierbei ist zwischen ambulanten und stationären Behandlungen zu unterscheiden.

46 Im **ambulanten Bereich** haben sozialversicherte Patienten eines Mitgliedstaates das Recht, ohne vorherige Genehmigung des zuständigen Sozialversicherungsträgers in anderen Mitgliedstaaten ambulante Gesundheitsleistungen in Anspruch zu nehmen. Die entstehenden Kosten erhalten sie vom Sozialversicherungsträger ihres Mitgliedstaates nach den dort geltenden Tarifen erstattet.[88]

> *Eine nationale Regelung, die die Erstattung der Kosten für Zahnbehandlung durch einen Zahnarzt in einem anderen Mitgliedstaat nach den Tarifen des Versicherungsstaats von der Genehmigung des zuständigen Sozialversicherungsträgers abhängig macht, verstößt gegen Art. 49 EG. Eine solche Regelung hält die Versicherten davon ab, sich an Ärzte in einem anderen Mitgliedstaat zu wenden, und stellt sowohl für diese wie für ihre Patienten eine Behinderung des freien Dienstleistungsverkehrs dar. Die Kostenerstattung hat keine wesentlichen Auswirkungen auf das finanzielle Gleichgewicht des Systems der sozialen Sicherheit. Auch ist eine Rechtfertigung zum Schutz der öffentlichen Gesundheit nicht möglich, da die Bedingungen des Zugangs und der Ausübung der Tätigkeiten des Zahnarztes Gegenstand von Gemeinschaftsrichtlinien sind (Rs. Kohll).[89]*

> *Es ist allein Sache der Mitgliedstaaten, den Umfang des Krankenversicherungsschutzes für die Versicherten zu bestimmen. Versicherte, die sich ohne vorherige Genehmigung zur Versorgung in einen anderen Mitgliedstaat als den der Niederlas-*

---

87 ABl L 376/36 vom 27.12.2006.
88 EuGH, C-158/96, Slg. 1998, 1931; EuGH, C-385/99, Slg. 2003, 4509; *Becker*, NZS 1998, 359 ff.; *Kingreen*, NJW 2001, 3382 ff.; *Fuchs*, NZS 2002, 337 ff.; *Kaufmann*, MedR 2003, 82 ff.; *Becker*, NJW 2003, 2272 ff.; *Nowak*, EuZW 2003, 474 ff.
89 EuGH, C-158/96, Slg. 1998, 1931.

sung ihrer Krankenkasse begeben, können die Übernahme der Krankheitskosten nur insoweit verlangen, als das Krankenversicherungssystem des Versicherungsstaates eine Deckung garantiert. Ebenso können den Versicherten bei einer Versorgung in einem anderen Mitgliedstaat auch die Voraussetzungen für eine Leistungsgewährung entgegengehalten werden, soweit sie weder diskriminierend sind noch die Freizügigkeit behindern. Das gilt insbesondere für das Erfordernis, vor einem Facharzt zunächst einen Allgemeinarzt zu konsultieren (Rs. Müller-Fauré und van Riet).[90]

Anders wird die Sachlage im **stationären Bereich** beurteilt. Hier wird von den Mitgliedstaaten als Rechtfertigung für eine Beschränkung der Freiheiten eine erhebliche Gefährdung des finanziellen Gleichgewichts des Systems der sozialen Sicherheit als zwingender Grund des Allgemeininteresses geltend gemacht. Der EuGH folgt dieser Auffassung unter bestimmten Voraussetzungen.[91]

47

Art. 49 EG steht einer nationalen Regelung nicht entgegen, die die Übernahme der Kosten für die stationäre Versorgung in einem anderen Mitgliedstaat von einer Genehmigung der zuständigen Krankenkasse abhängig macht, und nach der dies der Voraussetzung unterliegt, dass die medizinische Behandlung üblich und notwendig ist. Dies gilt jedoch nur, soweit die Üblichkeit so ausgelegt wird, dass die Genehmigung erteilt wird, wenn die betreffende Behandlung in der internationalen Medizin hinreichend erprobt und anerkannt ist, und die Genehmigung nur dann wegen fehlender medizinischer Notwendigkeit versagt wird, wenn die gleiche oder eine ebenso wirksame Behandlung rechtzeitig in einer Vertragseinrichtung erlangt werden kann. Die Rechtfertigung ergibt sich aus der Notwendigkeit, dass die Zahl der Krankenhäuser, ihre geografische Verteilung, ihr Ausbau und ihre Einrichtungen und die Art der medizinischen Leistungen planbar sein müssen, um ein ausgewogenes Angebot qualitativ hochwertiger Krankenhausversorgung ständig in ausreichendem Maße zu gewährleisten und zugleich die Kosten zu beherrschen (Rs. Smits und Peerbooms).[92]

Ein Verstoß gegen Art. 49 EG liegt vor, wenn die Versagung einer Genehmigung auf die Existenz von Wartelisten gestützt wird, die dazu dienen, das Krankenhausangebot nach Maßgabe von klinischen Prioritäten zu planen und zu verwalten, ohne dass eine objektive medizinische Beurteilung des Gesundheitszustands des Patienten erfolgt ist. Sofern der Zeitraum, der sich aus derartigen Wartelisten ergibt, den Rahmen überschreitet, der unter Berücksichtigung einer objektiven medizinischen Beurteilung vertretbar ist, kann die Krankenkasse die beantragte Genehmigung nicht unter Berufung auf die Existenz dieser Wartelisten, auf die Kostenfreiheit der im Rahmen des fraglichen nationalen Systems erbrachten Krankenhausbehandlungen, auf die Verpflichtung, für die Übernahme der Kosten einer in einem anderen Mitgliedstaat beabsichtigten Behandlung besondere finanzielle Mittel vorzusehen, und/oder auf einen Vergleich der Kosten dieser Behandlung und der Kosten einer gleichwertigen Behandlung im zuständigen Mitgliedstaat versagen (Rs. Watts).[93]

---

90 EuGH, C-385/99, Slg. 2003, 4509.
91 EuGH, C-368/98, Slg. 2001, 5363; EuGH, C-157/99, Slg. 2001, 5473, EuGH, C-385/99, Slg. 2003, 4509; EuGH, C-56/01, Slg. 2003, 12403; EuGH, C-372/04, Slg. 2006, 4325; EuGH, C-444/05, noch nicht in der amtl. Sammlung; *Kingreen*, NJW 2001, 3382 ff.; *Fuchs*, NZS 2002, 337 ff.; *Kaufmann*, MedR 2003, 82 ff.; *Becker*, NJW 2003, 2272 ff.; *Nowak*, EuZW 2003, 474 ff.; *Wunder*, MedR 2007, 21 ff.
92 EuGH, C-157/99, Slg. 2001, 5473; vgl. auch EuGH, C-385/99, Slg. 2003, 4509.
93 EuGH, C-372/04, Slg. 2006, 4325.

> *Art. 49 EG steht einer nationalen Regelung entgegen, die jede Erstattung der Kosten der Behandlung der bei einem nationalen Sozialversicherungsträger Versicherten in Privatkliniken in einem anderen Mitgliedstaat, außer für die Behandlung von Kindern im Alter von bis zu 14 Jahren, ausschließt. Die Wahrung des finanziellen Gleichgewichts des Systems der sozialen Sicherheit kann mit weniger einschneidenden und den freien Dienstleistungsverkehr besser wahrenden Maßnahmen ergriffen werden, wie etwa ein System der vorherigen Genehmigung, das den Anforderungen des Gemeinschaftsrechts genügt oder die Festlegung von Tabellen für die Erstattung der Kosten (Rs. Stamatelaki).*[94]

48 Hierauf kommt es jedoch dann nicht an, wenn der Zustand des Versicherten während eines Aufenthalts im Gebiet eines anderen Mitgliedstaats eine unverzügliche Leistungsgewährung erfordert oder der Versicherte vom zuständigen Sozialversicherungsträger die Genehmigung erhalten hat, sich zur stationären Behandlung in das Gebiet eines anderen Mitgliedstaats zu begeben (vgl. Art. 22 der Verordnung (EWG) Nr. 1408/71).[95]

> *Mit der Ausstellung eines Formblatts E 111 oder E 112 ist der zuständige Träger an die Feststellungen der vom Träger des Aufenthaltsmitgliedstaats autorisierten Ärzte hinsichtlich der Erforderlichkeit einer dringenden lebensnotwendigen Behandlung gebunden. Ebenso ist der Träger an die therapeutische Entscheidung gebunden, die von den genannten Ärzten auf Grundlage ihrer Feststellungen getroffen wird, und zwar auch dann, wenn diese Entscheidung darin besteht, den Betreffenden in einen anderen Staat zu verlegen. Die Behandlungskosten sind vom Träger des Aufenthaltmitgliedstaats nach dessen Vorschriften für Rechnung des Trägers des Mitgliedstaats der Versicherungszugehörigkeit zu übernehmen (Rs. Keller).*[96]

49 Neben Problemstellungen des Sozialversicherungsrechts beschäftigte sich der EuGH vor allem mit Fragen der **Berufsausübung** in einem anderen Mitgliedstaat. Zwar bleiben die Mitgliedstaaten in Ermangelung einer Harmonisierung grundsätzlich befugt, die Ausübung von Tätigkeiten zu regeln, jedoch müssen sie ihre Befugnisse in diesem Bereich unter Beachtung der durch den Vertrag garantierten Grundfreiheiten ausüben.[97]

> *So verwehrt es Art. 43 EG einem Mitgliedstaat nicht, das nationale Recht so auszulegen, dass im Rahmen der Korrektur rein optischer Sehfehler des Kunden die objektive Untersuchung des Sehvermögens aus Gründen des Schutzes der Gesundheit der Bevölkerung einer Gruppe von besonders qualifizierten Berufstätigen wie den Augenärzten unter Ausschluss u.a. der Augenoptiker, die keine Ärzte sind, vorbehalten ist (Rs. Mac Quen u.a.).*[98]

> *Auch stehen Art. 43 EG und Art. 49 EG nicht entgegen, dass ein Mitgliedstaat, der in seinem Hoheitsgebiet die Ausübung der Tätigkeit des Heilpraktikers durch Personen ohne Arztdiplom verbietet, auch die Ausbildungen für diese Tätigkeit verbietet, sofern dieses Verbot so angewendet wird, dass es nur solche Modalitäten der Ausbildungen betrifft, die geeignet sind, in der Öffentlichkeit Unklarheit darüber entstehen zu lassen, ob der Beruf des Heilpraktikers im Hoheitsgebiet des Mitgliedstaats rechtmäßig ausgeübt werden kann. Ebenso liegt kein Verstoß vor, wenn der*

---

94 EuGH, C-444/05, noch nicht in der amtl. Sammlung.
95 EuGH, C-368/98, Slg. 2001, 5363; EuGH, C-326/00, Slg. 2003, 1703; EuGH, C-56/01, Slg. 2003, 12403; EuGH, C-156/01, Slg. 2003, 7045; EuGH, C-145/03, Slg. 2005, 2529.
96 EuGH, C-145/03, Slg. 2005, 2529.
97 EuGH, C-61/89, Slg. 1990, 3551; EuGH, C-108/96, Slg. 2001, 837; EuGH, C-193/97 und C-194/97, Slg. 1998, 6747; EuGH, C-58/98, Slg. 2000, 7919.
98 EuGH, C-108/96, Slg. 2001, 837.

Mitgliedstaat auch die Werbung für solche Ausbildungen verbietet, wenn sich diese Werbung auf Modalitäten der Ausbildung bezieht, die als solche in diesem Mitgliedstaat verboten sind. Ein Verstoß gegen Art. 49 EG liegt hingegen vor, wenn der Mitgliedstaat die Werbung für Ausbildungen, die in einem anderen Mitgliedstaat erteilt werden, verbietet, wenn in dieser Werbung angegeben ist, an welchem Ort die Ausbildung stattfinden soll, und darauf hingewiesen wird, dass der Beruf des Heilpraktikers im erstgenannten Mitgliedstaat nicht ausgeübt werden darf (Rs. Gräbner).[99]

50 Von erheblicher Bedeutung ist auch der Bereich der **Anerkennung von Diplomen, Prüfungszeugnissen und sonstigen Befähigungsnachweisen.**[100]

Ein Mitgliedstaat verstößt gegen Art. 39, 43 und 49 EG, wenn er die Anerkennung ausländischer Diplome, die zur Ausübung medizinischer Hilfsberufe berechtigen, eigenen Staatsangehörigen vorbehält (Rs. Kommission/Italien).[101]

51 Zu den diesbezüglichen Richtlinien sind zahlreiche Entscheidungen des EuGH ergangen.[102] Besondere Beachtung verdient dabei die Frage der Anerkennung von Diplomen, Prüfungszeugnissen und sonstigen Befähigungsnachweisen aus den zwischenzeitlich beigetretenen Mitgliedstaaten sowie aus Drittstaaten.[103]

Die nach der Richtlinie 93/16/EWG zur Erleichterung der Freizügigkeit für Ärzte und zur gegenseitigen Anerkennung ihrer Diplome, Prüfungszeugnisse und sonstigen Befähigungsnachweise erforderliche ärztliche Ausbildung kann – auch überwiegend – aus einer in einem Drittland erhaltenen Ausbildung bestehen, sofern die zuständige Behörde des Mitgliedstaats, die das Diplom erteilt, diese Ausbildung anzuerkennen und dementsprechend festzustellen in der Lage ist, dass diese Ausbildung tatsächlich zur Erfüllung der in dieser Richtlinie normierten Anforderungen an die ärztliche Ausbildung beiträgt (Rs. Tennah-Durez).[104]

Die Behörden des Aufnahmenmitgliedstaats sind an eine nach der Richtlinie 93/16/EWG ausgestellte Bescheinigung, wonach das fragliche Diplom den Diplomen, in der Richtlinie gleichgestellt ist und eine den Bestimmungen der Richtlinie entsprechende Ausbildung abschließt, gebunden. Treten neue Gesichtspunkte auf, die ernste Zweifel daran begründen, ob das ihnen vorgelegte Diplom echt ist oder den einschlägigen Vorschriften entspricht, so steht es ihnen frei, sich erneut mit einem Ersuchen um Nachprüfung an die Behörden des Mitgliedstaats, der das Diplom erteilt hat, zu wenden (Rs. Tennah-Durez).[105]

52 Schließlich stehen im Rahmen der Arbeitnehmerfreizügigkeit und der Niederlassungsfreiheit auch Fragen zu **Wohn- und Tätigkeitssitz** des Betroffenen im Mittelpunkt.[106]

So verstößt ein Mitgliedstaat gegen Art. 39 und 43 EG, wenn er die Ausübung des Zahnarztberufs an einen Wohnsitz in dem zuständigen Bezirk der berufsständischen Vertretung knüpft. Eine Wohnsitzverpflichtung ist weder durch das Erfordernis der Einhaltung der Standesregeln, noch durch die Gewährleistung der Kontinuität ärzt-

---

99 Vgl. EuGH, C-294/00, Slg. 2002, 6515; vgl. auch EuGH, C-61/89, Slg. 1990, 3551.
100 Vgl. EuGH, C-58/90, Slg. 1991, 4193; EuGH, C-16/99, Slg. 2000, 6821; EuGH, C-110/01, Slg. 2003, 6239; EuGH C-437/03, Slg. 2005, 9373.
101 EuGH, C-58/90, Slg. 1991, 4193.
102 Vgl. etwa EuGH, C-16/99, Slg. 2000, 6821; EuGH, C-110/01, Slg. 2003, 6239; EuGH C-437/03, Slg. 2005, 9373.
103 Vgl. *Godry*, MedR 2001, 348 ff.; *Haage*, ZMGR 2004, 231 ff.
104 EuGH, C-110/01, Slg. 2003, 6239.
105 EuGH, C-110/01, Slg. 2003, 6239.
106 Vgl. EuGH, C-351/90, Slg. 1992, 3945; vgl. auch EuGH, C-162/99, Slg. 2001, 541.

licher Behandlungen gerechtfertigt. Ebenso liegt ein Verstoß vor, wenn der Mitgliedstaat das Recht, im Fall der Verlegung des Wohnsitzes in einen anderen Mitgliedstaat im Kammerregister eingetragen zu bleiben, Zahnärzten eigener Staatsangehörigkeit vorbehält (Rs. Kommission/Italien).[107]

Auch verstößt ein Mitgliedstaat gegen Art. 39 und 43 EG, wenn er Ärzte, Zahnärzte und Tierärzte, die in einem anderen Mitgliedstaat niedergelassen sind oder dort einer unselbständigen Beschäftigung nachgehen, daran hindert, sich unter Beibehaltung ihrer Praxis oder Beschäftigung in diesem Mitgliedstaat niederzulassen oder einer unselbständigen Beschäftigung nachzugehen. Ein solches Verbot kann nicht unter Hinweis auf die Notwendigkeit der Sicherung einer ununterbrochenen ärztlichen Versorgung gerechtfertigt werden, da diese mit weniger einschränkenden Mitteln sichergestellt werden kann (Rs. Kommission/Luxemburg).[108]

III. Kartellrecht

53 Gemäß Art. 3 Abs. 1 lit. g EG umfasst die Tätigkeit der Gemeinschaft nach Maßgabe des EG-Vertrages ein System, das den Wettbewerb innerhalb des Binnenmarktes vor Verfälschungen schützt. Neben den Bestimmungen über staatliche Beihilfen und Steuern, die den Wettbewerb vor staatlichen Eingriffen schützen sollen, dienen hierzu die an Unternehmen gerichtete Normen der Art. 81 bis 86 EG. Während Art. 81 EG Vereinbarungen zwischen Unternehmen, Beschlüsse von Unternehmensvereinigungen und aufeinander abgestimmte Verhaltensweisen, die geeignet sind, den Handel zwischen Mitgliedstaaten zu beeinträchtigen und eine Verhinderung, Einschränkung oder Verfälschung des Wettbewerbs innerhalb des Gemeinsamen Marktes bezwecken oder bewirken, als mit dem Gemeinsamen Markt unvereinbar und verboten qualifiziert, verbietet Art. 82 EG die missbräuchliche Ausnutzung einer beherrschenden Stellung auf dem Gemeinsamen Markt oder auf einem wesentlichen Teil desselben durch ein oder mehrere Unternehmen, soweit dies dazu führen kann, den Handel zwischen den Mitgliedstaaten zu beeinträchtigen.

54 Gemäß Art. 83 Abs. 1 EG ist der Rat ermächtigt, die zur Verwirklichung der in den Art. 81 und 82 EG niedergelegten Grundsätze zweckdienlichen Verordnungen oder Richtlinien zu erlassen. Hierzu wurde schon früh die Verordnung (EWG) Nr. 17/62[109] erlassen, welche im Jahre 2004 durch die Verordnung (EG) Nr. 1/2003[110] abgelöst wurde.

55 Die Mitgliedstaaten werden gemäß Art. 86 Abs. 1 EG in Bezug auf öffentliche Unternehmen und auf Unternehmen, denen sie besondere oder ausschließliche Rechte gewähren, keine dem EG-Vertrag widersprechenden Maßnahmen treffen oder beibehalten. Für Unternehmen, die mit Dienstleistungen von allgemeinem wirtschaftlichen Interesse betraut sind, gelten die Vorschriften des EG-Vertrags, soweit die Anwendung dieser Vorschriften nicht die Erfüllung der ihnen übertragenen besonderen Aufgabe rechtlich oder tatsächlich verhindert (Art. 86 Abs. 2 EG). Diese Bestimmung, die unter bestimmten Voraussetzungen Ausnahmen von den allgemeinen Vorschriften des Vertrages zulässt, soll das Interesse der Mitgliedstaaten am Einsatz bestimmter Unternehmen,

---

107 EuGH, C-162/99, Slg. 2001, 541.
108 Vgl. EuGH, C-351/90, Slg. 1992, 3945.
109 ABl 13/204 vom 21.2.1962.
110 ABl L 1/1 vom 4.1.2003; vgl. hierzu *Lissel*, RdE 2006, 47 ff.

insbesondere solcher des öffentlichen Sektors, als Instrument der Wirtschafts- oder Sozialpolitik mit dem Interesse der Gemeinschaft an der Einhaltung der Wettbewerbsregeln und der Wahrung der Einheit des Gemeinsamen Marktes in Einklang bringen.[111]

Nach ständiger Rechtsprechung des EuGH umfasst der Begriff des Unternehmens im Sinne der Wettbewerbsregeln unabhängig von der Rechtsform und der Art der Finanzierung jede eine wirtschaftliche Tätigkeit ausübende Einheit.[112] Dabei ist die Unternehmenseigenschaft aufgrund der Relativität des Unternehmensbegriffs an der Art der konkreten Tätigkeit zu prüfen.[113] Weder das Fehlen eines Gewinnerzielungszwecks, noch die Verfolgung einer sozialen Zielsetzung genügen, um die Unternehmenseigenschaft zu verneinen.[114]

56

Anders werden hingegen Einrichtungen beurteilt, die mit der Verwaltung der gesetzlichen Kranken- oder Rentenversicherungssysteme betraut sind,[115] wenngleich auch hier auf die Art der konkreten Tätigkeit abzustellen ist.[116]

57

> *So haben Krankenkassen keine Möglichkeit, auf die Höhe der Beiträge, die Verwendung der Mittel und die Bestimmung des Leistungsumfangs Einfluss zu nehmen. Auch der Spielraum, über den die Krankenkassen im Hinblick auf die Beitragssätze verfügen, führt zu keiner anderen Betrachtung, da dies im Interesse des ordnungsgemäßen Funktionierens des Systems der sozialen Sicherheit erfolgt. Maßgeblich ist, dass die Leistungen von Gesetzes wegen und unabhängig von der Höhe der Beiträge erbracht werden. Damit sind Krankenkassen keine Unternehmen im Sinne des Art. 81 EG, wenn sie Festbeträge festsetzen, bis zu deren Erreichen die Krankenkassen die Kosten von Arzneimitteln übernehmen (Rs. AOK-Bundesverband u.a.).[117]*

> *Keine andere Bewertung ergibt sich bei einer reinen Einkaufstätigkeit dieser Einrichtungen gegenüber Dritten, sofern die zu erwerbenden Güter oder Dienstleistungen zur Erfüllung dieser Tätigkeit dienen. Der Kauf ist nicht von der späteren Verwendung der Güter oder Dienstleistungen zu trennen. Der wirtschaftliche oder nichtwirtschaftliche Charakter der späteren Verwendung bestimmt zwangsläufig den Charakter der Einkaufstätigkeit (Rs. FENIN).[118]*

Hiervon zu unterscheiden sind jedoch Zusatzversicherungssysteme auf freiwilliger Basis.[119]

58

> *So gilt eine Einrichtung, die ein zur Ergänzung einer Grundpflichtversicherung durch Gesetz geschaffenes, auf Freiwilligkeit beruhendes Rentenversicherungssystem verwaltet, das insbesondere hinsichtlich der Beitrittsvoraussetzungen, der Bei-*

---

111 EuGH, C-219/97, Slg. 1999, 6121; EuGH, C-202/88, Slg. 1991, 1223; EuGH, C-157/94, Slg. 1997, 5699.
112 EuGH, C-205/03, Slg. 2006, 6295; EuGH C-218/00, Slg. 2002, 691; EuGH, C-180/98 bis C-184/98, Slg. 2000, 6451; EuGH, C-219/97, Slg. 1999, 6121; EuGH, C-67/96, Slg. 1999, 5751; EuGH, C-244/94, Slg. 1995, 4013; EuGH, C-159/91 und C-160/91, Slg. 1993, 637.
113 Vgl. Schlussanträge des Generalanwalts *Jakobs*, C-218/00, Slg. 2002, 691.
114 EuGH, C-219/97, Slg. 1999, 6121; EuGH, C-244/94, Slg. 1995, 4013.
115 EuGH, C-159/91 und C-160/91, Slg. 1993, 637; EuGH, C-218/00, Slg. 2002, 691; EuGH, C-264/01, C-306/01, C-354/01 und C-355/01, Slg. 2004, 2493; EuGH, C-205/03, Slg. 2006, 6295; *Neumann*, NZS 2002, 561 ff.; *Axer*, NZS 2002, 57 ff.; *Kingreen*, ZMGR 2005, 163 ff.
116 Vgl. auch *Kunze/Kreikebohm*, NZS 2003, 62 ff.; *Sodan*, GesR 2005, 145 ff.; *Schütze*, A&R 2006, 253 ff.; *Kamann/Gey*, PharmR 2006, 255 ff. und 291 ff.; *Ramsauer*, NZS 2006, 505 ff.; *Kingreen*, GesR 2006, 193 ff.
117 EuGH, C-264/01, C-306/01, C-354/01 und C-355/01, Slg. 2004, 2493.
118 EuGH, C-205/03, Slg. 2006, 6295.
119 EuGH, C-244/94, Slg. 1995, 4013; EuGH, C-67/96, Slg. 1999, 5751.

träge und der Leistungen nach dem Kapitalisierungsprinzip arbeitet, als Unternehmen im Sinne der Art. 81ff. EG (Rs. Fédération française des sociétés d'assurance u.a.).[120]

IV. Sozialpolitik

59 Die Gemeinschaft verfolgt gemäß Art. 136 Abs. 1 EG unter anderem die Förderung der Beschäftigung, die Verbesserung der Lebens- und Arbeitsbedingungen sowie die Sicherstellung eines angemessenen sozialen Schutzes. Zu diesem Zweck führen die Gemeinschaft und die Mitgliedstaaten Maßnahmen durch, die der Vielzahl der einzelstaatlichen Gepflogenheiten Rechnung tragen (Art. 136 Abs. 2 EG). Diese Bestimmungen sind im Abschnitt Sozialpolitik geregelt, betreffen jedoch das Sozial- und Arbeitsrecht gleichermaßen.

60 Zur Verwirklichung der in Art. 136 EG genannten Ziele unterstützt und ergänzt die Gemeinschaft die Tätigkeit der Mitgliedstaaten auf zahlreichen Gebieten, etwa in den Bereichen der Verbesserung der Arbeitsumwelt zum Schutz der Gesundheit und Sicherheit der Arbeitnehmer, der Arbeitsbedingungen und der sozialen Scherheit und dem sozialen Schutz der Arbeitnehmer (Art. 137 Abs. 1 EG). Hierzu kann der Rat durch Richtlinien entsprechende Mindestvorschriften erlassen (Art. 137 Abs. 2 lit. b EG). In diesem Zusammenhang wurde im Hinblick auf die Gesundheit und Sicherheit der Arbeitnehmer mit der Richtlinie 89/391/EWG[121] über die Durchführung von Maßnahmen zur Verbesserung der Sicherheit und des Gesundheitsschutzes am Arbeitsplatz eine Rahmenrichtlinie erlassen. Sie enthält die allgemeinen Grundsätze, die in einer Reihe von Einzelrichtlinien näher ausgeführt wurden, etwa im Rahmen der praktisch bedeutsamen Richtlinie 93/104/EG[122] über bestimmte Aspekte der Arbeitszeitgestaltung, welche dann im Jahr 2004 durch die Richtlinie 2003/88/EG[123] abgelöst wurde.

61 In jüngerer Zeit ergingen in diesem Zusammenhang einige Urteile insbesondere zur Frage der Einordnung des Bereitschaftsdienstes.[124]

So stellt der Bereitschaftsdienst, den Ärzte oder Pflegepersonal im Krankenhaus leisten, in vollem Umfang Arbeitszeit dar, auch wenn es den Betroffenen in Zeiten, in denen sie nicht in Anspruch genommen werden, gestattet ist, sich an ihrer Arbeitsstelle auszuruhen. Entscheidend für die Einstufung als Arbeitszeit ist, dass die Arbeitnehmer sich an einem vom Arbeitgeber bestimmten Ort aufhalten und diesem zur Verfügung stehen müssen, um gegebenenfalls sofort ihre Leistungen erbringen zu können (Rs. Jaeger).[125]

Dies gilt auch für Rettungsassistenten, bei denen es im Rahmen des Rettungsdienstes zwischen den Notfalleinsätzen zwangsläufig zu Phasen der Untätigkeit kommt. Eine Überschreitung der in der Gemeinschaftsrichtlinie vorgesehenen wöchentlichen Höchstarbeitszeit ist nur bei ausdrücklicher und freier Zustimmung des einzel-

---

120 EuGH, C-244/94, Slg. 1995, 4013.
121 ABl L 183/1 vom 29.6.1989.
122 ABl L 307/18 vom 13.12.1993.
123 ABl L 299/9 vom 18.11.2003.
124 EuGH, C-241/99, Slg. 2001, 5139; EuGH, C-397/01 bis C-403/01, Slg. 2004, 8835; EuGH, C-151/02, Slg. 2003, 8389; EuGH, C-151/02, Slg. 2003, 8389; *Körner*, NJW 2003, 3606 ff.; *Lissel*, Notfall Rettungsmed 2004, 188 ff.
125 EuGH, C-151/02, Slg. 2003, 8389.

nen Arbeitnehmers rechtswirksam. Es genügt nicht, dass der jeweilige Arbeitsvertrag auf einen Tarifvertrag verweist, der eine solche Überschreitung erlaubt (Rs. Pfeiffer u.a.).[126]

V. Gesundheitswesen

Der Gesundheitsbereich hat sich im EG-Vertrag nur langsam entwickelt. Erst der Vertrag von Maastricht hat gewisse Gemeinschaftskompetenzen des primären Gesundheitsschutzes in den EG-Vertrag aufgenommen. Durch den Vertrag von Amsterdam erhielt die Gemeinschaft weitere Zuständigkeitsbereiche.[127] Gemäß Art. 3 Abs. 1 lit. p EG umfasst die Tätigkeit der Gemeinschaft nach Maßgabe des EG-Vertrages einen Beitrag zur Erreichung eines hohen Gesundheitsschutzniveaus. Die Ausgestaltung dieses Gesundheitsschutzes erfolgt in Art. 152 EG. Die Tätigkeit der Gemeinschaft ergänzt die Politik der Mitgliedstaaten und ist auf die Gesundheit der Bevölkerung, die Verhütung von Humankrankheiten und die Beseitigung von Ursachen für die Gefährdung der menschlichen Gesundheit gerichtet. Sie umfasst die Bekämpfung der weit verbreiteten schweren Krankheiten; dabei werden die Erforschung der Ursachen, der Übertragung und der Verhütung dieser Krankheiten sowie die Gesundheitsinformation und -erziehung gefördert (Art. 152 Abs. 1 EG). In diesem Zusammenhang fördert die Gemeinschaft die Zusammenarbeit zwischen den Mitgliedstaaten und unterstützt deren Tätigkeit (Art. 152 Abs. 2 EG).

62

Zur Verwirklichung der genannten Ziele kann der Rat mit entsprechenden Maßnahmen beitragen, etwa mit Maßnahmen zur Festlegung hoher Qualitäts- und Sicherheitsstandards für Organe und Substanzen menschlichen Ursprungs sowie für Blut und Blutderivate; wobei diese Maßnahmen die Mitgliedstaaten nicht daran hindern, strengere Schutzmaßnahmen beizubehalten oder einzuführen (Art. 152 Abs. 4 lit. a EG), mit Maßnahmen in den Bereichen Veterinärwesen und Pflanzenschutz, die unmittelbar den Schutz der Bevölkerung zum Ziel haben (Art. 152 Abs. 4 lit. b EG),[128] sowie mit Fördermaßnahmen, die den Schutz und die Verbesserung der menschlichen Gesundheit zum Ziel haben, unter Ausschluss jeglicher Harmonisierung der Rechts- und Verwaltungsvorschriften der Mitgliedstaaten (Art. 152 Abs. 4 lit. c EG). Als Maßnahmen kommen sämtliche Handlungsformen der Gemeinschaft in Betracht.[129] Dessen ungeachtet wird bei der Tätigkeit der Gemeinschaft im Bereich der Gesundheit der Bevölkerung die Verantwortung der Mitgliedstaaten für die Organisation des Gesundheitswesens und die medizinische Versorgung in vollem Umfang gewahrt. Insbesondere lassen die Maßnahmen die einzelstaatlichen Regelungen über die Spende oder die medizinische Verwendung von Organen und Blut unberührt (Art. 152 Abs. 5 EG).

63

Als Maßnahmen zur Festlegung hoher Qualitäts- und Sicherheitsstandards für Organe und Substanzen menschlichen Ursprungs sowie für Blut und Blutderivate (Art. 152 Abs. 4 lit. a EG) sind etwa zu nennen:

64

- Richtlinie 2002/98/EG zur Festlegung von Qualitäts- und Sicherheitsstandards für die Gewinnung, Testung, Verarbeitung, Lagerung und Verteilung von menschlichem Blut und Blutbestandteilen,[130]

---

126 EuGH, C-397/01 bis C-403/01, Slg. 2004, 8835.
127 Vgl. *Hanika*, MedR 1998, 193 ff.; *Ratzel*, MedR 1999, 510 ff.; *Dettling*, A&R 2006, 99 ff.; Grabitz/Hilf/*Schmidt am Busch*, Art. 152 Rn 1 ff.; Streinz/*Lurger*, Art. 152 Rn 3 ff.; von der Groeben/Schwarze/*Bardenhewer-Rating/Niggemeier*, Art. 152 Rn 1 ff.
128 Hierauf wird im Folgenden nicht näher eingegangen.
129 Calliess/Ruffert/*Wichard*, Art. 152 Rn 14.
130 ABl L 33/30 vom 8.2.2003.

- Richtlinie 2004/23/EG zur Festlegung von Qualitäts- und Sicherheitsstandards für die Spende, Beschaffung, Testung, Verarbeitung, Konservierung, Lagerung und Verteilung von menschlichen Geweben und Zellen,[131]
- Richtlinie 2006/17/EG zur Durchführung der Richtlinie 2004/23/EG hinsichtlich technischer Vorschriften für die Spende, Beschaffung und Testung von menschlichen Geweben und Zellen.[132]

65 Als Fördermaßnahmen, die den Schutz und die Verbesserung der menschlichen Gesundheit zum Ziel haben (Art. 152 Abs. 4 lit. c EG) sind etwa zu nennen:
- Verordnung (EG) Nr. 851/2004 zur Errichtung eines Europäischen Zentrums für die Prävention und die Kontrolle von Krankheiten,[133]
- Verordnung (EG) Nr. 1920/2006 über die Europäische Beobachtungsstelle für Drogen und Drogensucht.[134]

VI. Rechtsangleichung

66 Gemäß Art. 3 Abs. 1 lit. h EG umfasst die Tätigkeit der Gemeinschaft nach Maßgabe des EG-Vertrages die Angleichung der innerstaatlichen Rechtsvorschriften, soweit dies für das Funktionieren des Gemeinsamen Marktes erforderlich ist. Die Ausgestaltung dieser Befugnis erfolgt vor allem in den zentralen Vorschriften Art. 94 bis 97 EG. Darüber beinhaltet der EG-Vertrag vereinzelt weitere Vorschriften zur Rechtsangleichung.

67 Gemäß Art. 94 EG erlässt der Rat Richtlinien für die Angleichung derjenigen Rechts- und Verwaltungsvorschriften der Mitgliedstaaten, die sich unmittelbar auf die Errichtung oder das Funktionieren des Gemeinsamen Marktes auswirken. Art. 95 EG ermöglicht ein erleichtertes Verfahren für Maßnahmen zur Angleichung der Rechts- und Verwaltungsvorschriften der Mitgliedstaaten, welche die Errichtung und das Funktionieren des Binnenmarktes zum Gegenstand haben. Dabei wird unter anderem in dem Bereich der Gesundheit von einem hohen Schutzniveau ausgegangen (Art. 95 Abs. 3 EG). In der Praxis wird überwiegend eine Mindestangleichung angestrebt, die mit entsprechenden Regelungen der gegenseitigen Anerkennung verbunden wird.[135]

68 Eine vollständige Darstellung der im Hinblick auf das Gesundheitsrecht einschlägigen Maßnahmen zur Angleichung der Rechts- und Verwaltungsvorschriften der Mitgliedstaaten gemäß Art. 95 EG ist nicht möglich. Zu nennen sind insbesondere folgende Rechtsakte:
- Richtlinie 90/385/EWG zur Angleichung der Rechtsvorschriften der Mitgliedstaaten über aktive implantierbare medizinische Geräte,[136]
- Richtlinie 93/42/EWG über Medizinprodukte,[137]
- Richtlinie 98/44/EG über den rechtlichen Schutz biotechnologischer Erfindungen,[138]
- Richtlinie 98/79/EG über In-vitro-Diagnostika,[139]

---

131 ABl L 102/48 vom 7.4.2004.
132 ABl L 38/40 vom 9.2.2006.
133 ABl L 142/1 vom 30.4.2004.
134 ABl L 376/1 vom 27.12.2006.
135 Vgl. *Oppermann*, S. 378 f.; Calliess/Ruffert/*Kahl*, Art. 94 Rn 5 f.
136 ABl L 189/17 vom 20.7.1990.
137 ABl L 169/1 vom 12.7.1993.
138 ABl L 213/13 vom 30.7.1998.
139 ABl L 331/1 vom 7.12.1998.

- Verordnung (EG) Nr. 141/2000 über Arzneimittel für seltene Leiden,[140]
- Richtlinie 2001/20/EG zur Angleichung der Rechts- und Verwaltungsvorschriften der Mitgliedstaaten über die Anwendung der guten klinischen Praxis bei der Durchführung von klinischen Prüfungen mit Humanarzneimitteln,[141]
- Richtlinie 2001/82/EG zur Schaffung eines Gemeinschaftskodexes für Tierarzneimittel,[142]
- Richtlinie 2001/83/EG zur Schaffung eines Gemeinschaftskodexes für Humanarzneimittel,[143]
- Richtlinie 2004/9/EG über die Inspektion und Überprüfung der Guten Laborpraxis (GLP),[144]
- Richtlinie 2004/10/EG zur Angleichung der Rechts- und Verwaltungsvorschriften für die Anwendung der Grundsätze der Guten Laborpraxis und zur Kontrolle ihrer Anwendung bei Versuchen mit chemischen Stoffen,[145]
- Verordnung (EG) Nr. 726/2004 zur Festlegung von Gemeinschaftsverfahren für die Genehmigung und Überwachung von Human- und Tierarzneimitteln und zur Errichtung einer Europäischen Arzneimittel-Agentur,[146]
- Richtlinie 2004/24/EG zur Änderung der Richtlinie 2001/83/EG zur Schaffung eines Gemeinschaftskodexes für Humanarzneimittel hinsichtlich traditioneller pflanzlicher Arzneimittel.[147]

D. Tätigkeit des Europarats mit Bezug zum Gesundheitsrecht

Der im Jahre 1949 gegründete Europarat[148] hat als internationale Organisation die Aufgabe, einen engeren Zusammenschluss unter seinen Mitgliedern zu verwirklichen, um die Ideale und Grundsätze, die ihr gemeinsames Erbe sind, zu schützen und zu fördern und um ihren wirtschaftlichen und sozialen Fortschritt zu begünstigen (Art. 1 lit. a der Satzung). Dieses Ziel wird erstrebt durch die Prüfung von Fragen gemeinsamen Interesses, durch den Abschluss von Abkommen und durch gemeinsames Handeln auf den Gebieten der Wirtschaft, des sozialen Lebens, der Kultur, der Wissenschaft, der Rechtspflege und der Verwaltung sowie durch Schutz und Weiterentwicklung der Menschenrechte und Grundfreiheiten (Art. 1 lit. b der Satzung). Jeder europäische Staat, der den Vorrang des Rechts und die Achtung der Menschenrechte und Grundfreiheiten anerkennt, kann Mitglied des Europarats werden (Art. 3 und 4 der Satzung). Deutschland ist dem Europarat im Jahre 1951 beigetreten. Derzeit sind 47 europäische Staaten Mitglieder des Europarats (vgl. Art. 26 der Satzung).

Der Europarat beschäftigt sich mit zahlreichen Sachthemen, die in Form von Abkommen verabschiedet werden. Die Abkommen werden zur Unterzeichnung durch die Mitgliedstaaten aufgelegt und treten nach Ratifizierung durch eine bestimmte Zahl von Mitgliedern in Kraft. Ein maßgeblicher Bereich ist der europäische Menschenrechts-

---

140 ABl L 18/1 vom 22.1.2000.
141 ABl L 121/34 vom 1.5.2001.
142 ABl L 311/1 vom 28.11.2001.
143 ABl L 311/67 vom 28.11.2001.
144 ABl L 50/28 vom 20.2.2004.
145 ABl L 50/44 vom 20.2.2004.
146 ABl L 136/1 vom 30.4.2004; die Verordnung wurde auch auf Art. 152 Abs. 4 lit. b EG gestützt.
147 ABl L 136/85 vom 30.4.2004.
148 Satzung in BGBl 1950 II, S. 163.

schutz mit der Schaffung der Konvention zum Schutz der Menschenrechte und Grundfreiheiten (EMRK) und dem Europäischen Gerichtshof für Menschenrechte (EGMR).

71 Im Rahmen des Gesundheitsrechts wurde der Europarat in den Bereichen der öffentlichen Gesundheit und Biomedizin tätig.[149] Die in diesem Zusammenhang neueste und gerade auch in Deutschland heftig umstrittene[150] Entwicklung stellt das am 1.12.1999 in Kraft getretene Übereinkommen zum Schutz der Menschenrechte und der Menschenwürde im Hinblick auf die Anwendung von Biologie und Medizin (Biomedizin-Konvention) dar. Die Konvention legt einen bioethischen Verhaltenskodex in den Bereichen Forschung, Reproduktionsmedizin und Organtransplantationen fest. Sie wurde zwischenzeitlich um drei Zusatzprotokolle über das Verbot des Klonens von menschlichen Lebewesen, über die Transplantation von menschlichen Organen und Gewebe und über der biomedizinischen Forschung ergänzt. Deutschland hat bislang weder die Konvention noch die Zusatzprotokolle unterzeichnet.

---

149 Die Abkommen sind auf den Internetseiten des Europarats mit aktuellem Ratifikationsstand der Mitglieder veröffentlicht unter: http://conventions.coe.int.
150 Vgl. zum Streitstand etwa *Laufs*, NJW 1997, 776 f.; *Taupitz*, VersR 1998, 542 ff.; *Ratzel*, MedR 1999, 510 ff.; *Köhler*, ZRP 2000, 8 ff.; *Albers*, EuR 2002, 801 ff.; *König*, MedR 2005, 22 ff.; *Weiß*, MedR 2005, 458 ff.

§ 4 Das Gesundheitswesen in der Verfassung der Bundesrepublik Deutschland

Dr. Rudolf Ratzel

Inhalt

A. Gesetzgebungskompetenz des Bundes 1	D. Menschenwürde, Art. 1 Abs. 1 GG 17
B. Berufswahlfreiheit, Berufsausübungsfreiheit, Unternehmensfreiheit, Art. 12 Abs. 1 GG 4	E. Freiheit von Wissenschaft, Lehre und Forschung, Art. 5 Abs. 3 GG 19
C. Recht auf Leben und körperliche Unversehrtheit, Art. 2 Abs. 2 GG 10	

Literatur

Axer, Normsetzung der Exekutive in der Sozialversicherung, Tübingen 2000; **ders.**, Finanzierung und Organisation der gesetzlichen Krankenversicherung nach dem GKV-Wettbewerbsstärkungsgesetz, GesR 2007, 193; **Beeretz,** Konkurrenzschutz bei Zulassung, ZMGR 2005, 311; **Benda,** Verständigungsversuche über die Würde des Menschen, NJW 2001, 2147; **Böckenförde-Wunderlich,** Präimplantationsdiagnostik als Rechtsproblem, Ärztliches Standesrecht, Embryonenschutzgesetz, Verfassung, 2002; **Hauck,** Gestaltung des Leistungsrechts der gesetzlichen Krankenversicherung durch das Grundgesetz?, NJW 2007, 1320; **Hoerster,** Abtreibung im säkularen Staat – Argumente gegen den § 218, 2. Auflage 1995; **Hufen,** Grundrechtsschutz der Leistungserbringer und privaten Versicherer in Zeiten der Gesundheitsreform, NJW 2004, 14; **Iliadou,** Forschungsfreiheit und Embryonenschutz, 1999; **Ipsen,** Die Kompetenzverteilung zwischen Bund und Ländern nach der Föderalismusnovelle, NJW 2006, 2801; **Jaeger,** Die freien Berufe und die verfassungsrechtliche Berufsfreiheit, AnwBl. 2000, 475; **dies.**, Informationsanspruch des Patienten – Grenzen der Werbung im Gesundheitswesen, MedR 2003, 263; **Jäkel,** Anwendbarkeit der Transparenzrichtlinie auf Entscheidungen zur Verordnungsfähigkeit von Arzneimitteln, GesR 2007, 57; **Lippert/Eisenmenger (Hrsg.),** Forschung am Menschen, 1999; **Middel,** Verfassungsrechtliche Fragen der Präimplantationsdiagnostik und des therapeutischen Klonens, 2006; **Neidert,** „Entwicklungsfähigkeit" als Schutzkriterium und Begrenzung des Embryonenschutzgesetzes, MedR 2007, 279; **Padé,** Anspruch auf Leistungen der gesetzlichen Krankenversicherung bei Lebensgefahr und tödlich verlaufenden Krankheiten, NZS 2007, 352; **Papier,** Staatsrechtliche Vorgaben für das Sozialrecht, in: FS 50 Jahre BSG, S. 23; **Pestalozza,** Kompetentielle Fragen des Entwurfs eines Vertragsarztrechtsänderungsgesetzes, GesR 2006, 387; **Pitschas,** Neue Versorgungs- und Vergütungsstrukturen in der gesetzlichen Krankenversicherung im Wirkfeld der Gesundheitsverfassung, VSSR 1998, 253; **Plagemann,** Der Gemeinsame Bundesausschuss – Auswirkungen auf den Leistungsanspruch der Patienten, dargestellt an ausgewählten Einzelfällen, MedR 2005, 401; **Ratzel,** Auswirkungen des Vertragsarztrechtsänderungsgesetzes unter Berücksichtigung berufsrechtlicher Aspekte, VSSR 2007, im Druck; **Regeling,** Föderalismusreform und Gesetzgebungstendenzen, DVBl. 2006, 1537; **Rixen,** Sozialrecht als öffentliches Wirtschaftsrecht, Tübingen 2005; **ders.**, In guter Verfassung? Das VÄndG auf dem Prüfstand des GG, VSSR 2007, im Druck; **Sachs (Hrsg.),** Grundgesetz, 4. Auflage 2007; **Schimmelpfeng-Schütte,** Demokratische und rechtsstaatliche Defizite in der gesetzlichen Krankenversicherung?, MedR 2006, 519; **dies.**, Die Entscheidungsbefugnis des Gemeinsamen Bundesausschusses, NZS 2006, 567; **Schmidt,** GKV-WSG: Die Relativierung klassischer Sozialversicherungsmerkmale in der GKV durch veränderte Beitragsbemessung und Wahltarife, GesR 2007, 295; **Sendler,** Menschenwürde, PID und Schwangerschaftsabbruch, NJW 2001, 2148; **Sodan,** Das GKV-Wettbewerbsstärkungsgesetz, NJW 2007, 1313; **Sodan/Schüffner,** Staatsmedizin auf dem Prüfstand der Verfassung, 2006; **Steiner,** Das Bundesverfassungsgericht und die Gesundheit(sreformen), A&R 2007, 147; **Taupitz,** Der rechtliche Rahmen des Klonens zu therapeutischen Zwecken, NJW 2001, 3433; **Wieland,** Verfassungsrechtliche Grenzen der Beitragserhebung in der gesetzlichen Krankenversicherung, VSSR 2003, 259; **Wölk,** Das Menschenrechtsabkommen des Europarats zur Biomedizin als taugliches Vorbild für Deutschland und Europa?, Zeitschrift für Medizinische Ethik (ZME) 2001, 387; **ders.**, „Off-label-use" in der ambulanten Versorgung der Gesetzlichen Krankenversicherung – Öffnung der GKV für individuelle Heilversuche, ZMGR 2006, 3.

§ 4 Das Gesundheitswesen in der Verfassung der Bundesrepublik Deutschland

A. Gesetzgebungskompetenz des Bundes

1 Eine generelle Gesetzgebungskompetenz des Bundes für das Gesundheitswesen gibt es nicht.[1] Sie ist vielmehr auf die ausdrücklich in Art. 74 Abs. 1 Nr. 11, 12, 19, 19a und 26 GG beschriebenen Regelungskomplexe beschränkt. Die Kompetenz zur Regelung des Apothekenwesens, AMG und MPG, der Heilmittel und Gifte sowie für Maßnahmen gegen gemeingefährliche übertragbare Krankheiten bei Menschen und Tieren ist weithin eher unproblematisch (Art. 74 Abs. 1 Nr. 19 GG). Von gewisser Brisanz ist die Bundeszuständigkeit für die wirtschaftliche Sicherung der Krankenhäuser und die Regelung der Krankenhausentgelte einerseits (Art. 74 Abs. 1 Nr. 19a GG) mit den Regelungen der Länder zur Krankenhausfinanzierung (KHG der Länder)[2] und Krankenhausplanung andererseits. Unter den Kompetenztitel von Art. 74 Abs. 1 Nr. 11 GG fällt das private Versicherungsrecht einschließlich der privaten Kranken- und Pflegeversicherung. Ferner ist die Bundeskompetenz für die Reproduktionsmedizin, die Gentechnik und das Transplantationswesen zu nennen (Art. 74 Abs. 1 Nr. 26 GG). Bei den Kompetenztiteln gemäß Art. 74 Abs. 1 Nr. 11, Nr. 19a und Nr. 26 GG ist die Notwendigkeit einer bundesgesetzlichen Regelung besonders zu begründen (Art. 72 Abs. 2 GG). Damit bleibt es dabei, dass der Bund gemäß Art. 74 Abs. 1 Nr. 19 GG nur die **Zulassung** zu ärztlichen und anderen Heilberufen und zum Heilgewerbe, nicht aber Regelungen zur (ärztlichen) **Berufsausübung** treffen kann, es sei denn, die Berufsausübung würde von einer Spezialmaterie, z.B. des Sozialversicherungsrechts, so überlagert, dass eine einheitliche sozialversicherungsrechtliche Regelung zwingend erforderlich ist, wie dies z.B. für den Bereich der Qualitätssicherung diskutiert und entschieden worden ist.[3] Im Lichte der Systematik des Grundgesetzes, das die Kompetenz der Länder an erster Stelle nennt (Art. 70 Abs. 1 GG), sollte von dieser „Annexkompetenz" allerdings nur zurückhaltend Gebrauch gemacht werden.[4]

2 Das Bundesverfassungsgericht hat den Begriff der Sozialversicherung in Art. 74 Abs. 1 Nr. 12 GG als „verfassungsgerichtlichen Gattungsbegriff" bezeichnet. Danach fällt alles unter diesen Begriff, was sich der Sache nach als Sozialversicherung darstellt.[5] Daraus ist zunächst zu schließen, dass auch das sog. Leistungserbringerrecht der Ärzte hierunter zu subsumieren ist. In der Praxis wird diese Problematik in zweierlei Hinsicht relevant, nämlich

- dass das Sozialversicherungsrecht für die Leistungserbringung selbst Beschränkungen vorsieht, die das Berufsrecht nicht kennt, und
- neuerdings – das Leistungserbringungsrecht Erleichterungen vorsieht, die entweder berufsrechtlich nicht geregelt sind oder berufsrechtliche Verbote entgegenstehen.

---

1 BVerfGE 33, 125 ff. (Facharztentscheidung).
2 Siehe nur die Diskussion um die duale oder monistische Krankenhausfinanzierung oder der durch das GKV-WSG jetzt in § 140d Abs. 1 S. 5 SGB V vorgesehene Wegfall der Rückerstattung nicht verbrauchter Einbehalte zur Förderung der integrierten Versorgung.
3 BSGE 82, 55 ff. (Zytologie); *Wenner*, NZS 2002, 1 ff.; *Axer*, VSSR 2002, 215 ff. ausdrücklich unter Berufung auf Art. 72 Abs. 2 GG, *Engelmann*, ZMGR 2004, 1, 5; dagegen *Butzer*, MedR 2004, 177 ff.; *Sodan*, NJW 2003, 257 ff.; siehe auch BVerfGE 106, 62 ff. (Altenpflegegesetz)
4 Art. 74 Abs. 1 Nr. 12 GG betrifft nur das Vertragsarztrecht und Art. 74 Abs. 1 Nr. 19 GG nur den Zugang zum Beruf, nicht die Berufsausübung; siehe auch § 33 Abs. 2 Ärzte-ZV; BVerfG, Urt. v. 27.7.2004 – 2 BvF 2/02 – NJW 2004, 2803 ff. „Juniorprofessur" (zur Reichweite der Rahmengesetzgebungskompetenz); *Pestalozza*, GesR 2006, 389 ff.
5 BVerfGE 88, 203, 313 m.w.N.

A. Gesetzgebungskompetenz des Bundes § 4

In der medizinrechtlichen Literatur wird die Kompetenz für den Bereich des Vertragsarztes nicht als Annexkompetenz angesehen, sondern als eine **Kompetenz kraft Sachzusammenhang**.[6] Die bisher bedeutsamsten Entscheidungen diesbezüglich sind diejenigen, die für die Abrechnung einer Leistung qualitative Anforderungen im Bereich des Sozialversicherungsrechtes fordern, die das Berufsrecht nicht kennt;[7] oder auch das durch Nichtannahmebeschluss seitens des Bundesverfassungsgerichts bestätigte Gebot für den Facharzt für Innere Medizin, entweder ausschließlich an der hausärztlichen, oder ausschließlich an der fachärztlichen Versorgung teilzunehmen.[8] Aber auch die Diskussion um die mantelvertraglichen Vorschriften bezüglich der Zweigpraxen und der ausgelagerten Praxisräume, insbesondere für den Bereich der Dialyse, wo im vertragsärztlichen Bereich noch weitere Sonderregelungen bestehen, gehört hierher[9] sowie die Einführung sog. medizinischer Versorgungszentren (MVZ) in die vertragsärztliche Versorgung (siehe § 95 SGB V), nachdem der Bundesgesetzgeber in seiner Begründung, trotz teilweise entgegenstehenden Berufsrechtes, die Rechtsform der Kapitalgesellschaft als statthaft erachtet hat.[10] Damit ist festzuhalten, dass unzweifelhaft das Sozialversicherungsrecht höhere Anforderungen an die Leistungserbringung und Abrechnung des niedergelassenen Arztes stellen kann, als das Berufsrecht. Noch nicht abschließend beschieden ist die Frage, inwieweit das Sozialversicherungsrecht – bezogen auf seine eigene Regelungsmaterie – **berufsrechtliche Verbote** letztlich aushebeln kann. Diese Diskussion gewinnt im Rahmen der VÄndG ganz erhebliche Bedeutung. Während das BMG die Bundeskompetenz aus Art. 74 Abs. 1 Nr. 12 i.V.m. Art. 72 Abs. 2 GG herleitet, vertritt der Bundesrat[11] sowie die überwiegende Auffassung in der Literatur[12] den Standpunkt, hiermit werde die Länderkompetenz bei der Regelung der Berufsausübung verletzt. Soweit die Bundesregierung in ihrer Gegenäußerung vom 30.8.2006 zur Stellungnahme des Bundesrates die vorgeschlagene Bezugnahme auf eine Kompatibilität mit Landesrecht ablehnt (§ 95 Abs. 9 S. 1 SGB V, § 24 Abs. 3 S. 3 Ärzte-ZV, § 33 Abs. 3 S. 5 Ärzte-ZV, § 24 Abs. 3 S. 1 Zahnärzte-ZV und § 33 Abs. 3 S. 5 Zahnärzte-ZV), halten z.B. der Medizinrechtsausschuss des DAV[13] und andere daran fest, dass dem Bund insoweit die Gesetzgebungskompetenz fehlt. Der Verweis in der Entwurfsbegründung auf Art. 72 Abs. 2 GG (Herstellung gleichwertiger Lebensverhältnisse und Wahrung der Rechts- und Wirtschaftseinheit, S. 17 III. 1. und S. 31 zu Nummer 11 – § 33) übersieht nämlich, dass Art. 72 Abs. 2 GG im Zuge der Föderalismusreform geändert worden ist. In der neuen Fassung von § 72 Abs. 2 GG[14] bezieht sich das Gesetzgebungsrecht des Bundes im Rahmen der Gesetzgebungsmaterien in Art. 74 GG mit der Zielsetzung des Art. 72 Abs. 2 GG nur noch auf die enumerativ in der Neufassung aufgeführten Sachgebiete. Art. 74 Abs. 1 Nr. 12 GG gehört nicht dazu. Auf diese Einschränkung des Anwendungsbereichs der Erforderlichkeitsklausel in Art. 72 Abs. 2

---

6 *Engelmann*, GesR 2004, 113, 117 m.w.N.
7 BSGE 82, 55 ff. (Zytologie); BSG, Urt. v. 8.9.2004 – B 6 KA 18/03, GesR 2005, 86 (Schmerztherapievereinbarung: höhere Anforderungen zur Teilnahme als zur berufsrechtlichen Bezeichnung „spezielle Schmerztherapie" zulässig).
8 BVerfG, Beschl. v. 17.6.1999 – 1 BvR 2507/97, NJW 1999, 2730 f.; BSG, Beschl. v. 11.11.2005 – B 6 KA 12/05 B, n.v.
9 Umfassend zu diesem Thema *Engelmann*, GesR 2004, 113 f.
10 Auf das Verhältnis Berufsrecht/MVZ wird an anderer Stelle eingegangen.
11 Stellungnahme v. 7.7.2006, BR-Drucks 16/2474.
12 *Pestalozza*, GesR 2006, 387 ff.
13 http://www.anwaltverein.de/01/04/37/archiv_index.html (Stellungnahme von Oktober 2006).
14 BGBl I 2006, 2034.

GG (n.F.) hat die Bundesregierung mit Drucksache 651/06 vom 4.9.2006 hingewiesen.[15] Der Vorrang der Länderkompetenz im Rahmen der originären Berufsausübung ohne sozialversicherungsrechtliche Ausgestaltung bleibt daher unberührt. Insofern ist die Formulierung in der Gegenäußerung der Bundesregierung, diese Änderungen würden nur den vertragsärztlichen Bereich betreffen und eventuelle Zulässigkeitshindernisse unberührt lassen, irreführend. Der „Vertragsarzt" ist kein eigenständiger Beruf. Der Kompetenztitel in Art. 74 Abs. 1 Nr. 12 GG trägt nur dort, wo spezielle sozialversicherungsrechtliche Ziele, wie etwa die Qualitätssicherung und Wirtschaftlichkeit berührt sind, nicht aber im Bereich der reinen Berufsausübung ohne zwingenden Bezug zur Funktionsfähigkeit der vertragsärztlichen Versorgung.[16]

B. Berufswahlfreiheit, Berufsausübungsfreiheit, Unternehmensfreiheit, Art. 12 Abs. 1 GG

4   Art. 12 Abs. 1 GG erfasst die Freiheit der Berufswahl und die Freiheit der Berufsausübung. Während die Freiheit der Berufswahl nur dann beschränkt werden darf, wenn wichtige Schutzgüter des Gemeinwohls dies **zwingend** erforderlich machen,[17] kann die Freiheit der Berufsausübung schon dann eingeschränkt werden, wenn vernünftige Gründe des Gemeinwohls dies **zweckmäßig** erscheinen lassen. Allerdings ist z.B. ein Verbot in den Heilberufegesetzen der Länder, als Allgemeinmediziner weitere Facharzttitel zu führen, nicht durch Gemeinwohlbelange gedeckt.[18] Berufsrechtliche Werbeverbote sind ebenfalls mit Art. 12 Abs. 1 S. 2 GG nicht in Einklang zu bringen, wenn sie einem Informationsbedürfnis der Bevölkerung zuwiderlaufen[19] (im Einzelnen dazu siehe § 5 Rn 194). Aus Art. 12 Abs. 1 GG können aber auch Verfahrensrechte hergeleitet werden, so für den Fall einer defensiven Konkurrentenklage von Vertragsärzten gegen die Ermächtigung eines Krankenhausarztes entschieden.[20] Zwar gewähre Art. 12 Abs. 1 GG keinen Schutz vor Konkurrenz.[21] Die Vertragsärzte hätten aufgrund ihres Zulassungsstatus auch keinen Rechtsanspruch auf die Sicherung einer wirtschaftlich ungefährdeten Tätigkeit.[22] Die Wettbewerbsposition und die Erträge unterliegen grundsätzlich dem Risiko laufender Veränderung je nach den Marktverhältnissen. Eine Wettbewerbsveränderung durch Einzelakt, die erhebliche Konkurrenznachteile zur Folge[23] hat, könne aber das Grundrecht der Berufsfreiheit beeinträchtigen, wenn sie im Zusammenhang mit staatlicher Planung und der Verteilung staatlicher Mittel steht.[24] Eine solche Situation sei im System des Vertragsarztrechts, insbesondere wegen der Zulassungsbeschränkungen und Deckelungen der Gesamtvergütung, vorliegend gegeben: Der Vertragsarzt müsse zur Sicherung von Qualität und Wirtschaftlichkeit Einschränkungen seines Behandlungsspektrums ebenso hinnehmen wie Regelungen, die seine

---

15 Siehe hierzu auch das Föderalismusreform-Begleitgesetz, BGBl I 2006, 2098.
16 BVerfGE 102, 26, 36 (Frischzellen); BVerfG, Beschl. v. 30.4.2004 – 1 BvR 2334/03, GesR 2004, 539 (Botox); BVerfG, Beschl. v. 26.8.2003 – 1 BvR 1003/02, GRUR 2003, 966; siehe auch *Engelmann*, FS 50 Jahre BSG, S. 429, 436 ff.; *Pestalozza*, GesR 2006, 389 ff., zutreffend insbesondere *Rixen*, VSSR 2007, Heft 3.
17 BVerfGE 7, 377, 378.
18 BVerfG, Beschl. v. 29.10.2002 – 1 BvR 525/99, MedR 2003, 2 ff.
19 BVerfG, Beschl. v. 13.7.2005 – 1 BvR 191/05, NJW 2006, 282; EGMR NJW 2003, 497.
20 BVerfG, Beschl. v. 17.8.2004 – 1 BvR 378/00, MedR 2004, 680 = NZS 2005, 199.
21 Vgl. BVerfGE 94, 372, 390 ff.
22 Vgl. hierzu etwa BVerfGE 34, 252, 256.
23 Vgl. BVerfGE 106, 275, 299.
24 Vgl. BVerfGE 82, 209, 224 für die Aufnahme eines Krankenhauses in den Krankenhausplan.

Niederlassungsfreiheit, seine Fallzahlen und seine Vergütung begrenzen. Diese Eingriffe können im Bereich der gesetzlichen Krankenversicherung durch den Gemeinwohlbelang der Sicherstellung der Versorgung der gesetzlich Versicherten gerechtfertigt werden. An diesem legitimen Zweck sind aber die jeweiligen Beschränkungen der Berufsfreiheit der im System tätigen Leistungserbringer auch zu messen.[25] Komme es durch hoheitliche Maßnahmen zu weiter gehenden Eingriffen in die gesetzlich durchstrukturierten Marktbedingungen, können die im System eingebundenen Leistungserbringer in ihrem Grundrecht aus Art. 12 Abs. 1 GG verletzt sein. Die Möglichkeit einer Grundrechtsverletzung erfordere die Befugnis des Grundrechtsträgers, die Einhaltung der gesetzlichen Vorgaben für die Erteilung einer **Ermächtigung** zur gerichtlichen Überprüfung zu stellen. Die Einbindung der Vertragsärzte in das System der gesetzlichen Krankenversicherung, das ihnen einen Vorrang gegenüber anderen Ärzten garantiert, korreliert mit dem Anspruch auf Rechtsschutz bei Vernachlässigung der gesetzgeberischen Entscheidung durch die Zulassungsgremien. Da das einzelne Mitglied nicht die Möglichkeit habe, seine KV zur Einlegung von Rechtsbehelfen zu verpflichten,[26] sei der Grundrechtsschutz des einzelnen Vertragsarztes weder durch die paritätische Besetzung der Zulassungsgremien noch durch die Möglichkeit der KV, eine **Ermächtigungsentscheidung** anzufechten, ausreichend abgesichert. Die verfahrensmäßige Absicherung des Grundrechtsschutzes setze daher nicht erst bei Willkür ein. Die entgegenstehende Rechtsauffassung des BSG überspanne im Ergebnis die Darlegungslast zum Nachweis der Klagebefugnis.

Ausfluss des Verhältnismäßigkeitsprinzips ist, dass die Einschränkung auf der Stufe vorgenommen werden muss, die die geringste Belastung für die Betroffenen zur Folge hat,[27] wobei dem Gesetzgeber ein erheblicher Beurteilungs- und Gestaltungsspielraum zugestanden wird („**Einschätzungsprärogative**"). Letztlich führt dies dazu, dass Art. 12 Abs. 1 S. 2 GG gerade im Gesundheitswesen zu einem der meist überschätzten Grundrechte aus Betroffenensicht geworden ist. *Hufen*[28] weist zurecht darauf hin, dass das BVerfG seine in anderem Zusammenhang aufgestellten Schranken zum Schutz von Art. 12 Abs. 1 GG quasi mit einem Federstrich vom Tische fegt, wenn es im Rahmen sozialer Sicherungssystem um den **Systemerhalt** geht. Allerdings gibt es hierfür vertretbare Argumente. Denn schließlich ist ein funktionierendes Sozialversicherungssystem eine der Grundvoraussetzungen für sozialen Frieden in einer Zivilgesellschaft. Sozialer Frieden wiederum ist Voraussetzung für freie Berufswahl und Berufsausübung. Die Mär des Arztes als „**Freier Beruf**" ist aber zumindest im Rahmen der GKV längst als solche enttarnt,[29] so dass sogar Mitglieder des BVerfG[30] von einem staatlich gebundenen Beruf sprechen. Dennoch ist es vornehme Pflicht des prüfenden Anwalts, angesichts dieser Faktizität das Verfassungsrecht nicht einfach auszuklammern. Das Stufenprogramm des Art. 12 Abs. 1 GG muss bei einschlägigen Sachverhalten im Hintergrund immer mitlaufen. Der beratende Anwalt sollte sich allerdings davor hüten, Art. 12 Abs. 1 GG unkritisch wie eine Monstranz vor sich herzutragen; damit läuft er Gefahr, seine einfachrechtliche Argumentation zu entwerten. Maßgeblich dürfte sein, die – wenigen – Fallkonstellationen zu entdecken, in denen man auch in Kenntnis der Recht-

5

---

25 BVerfGE 103, 172, 184 f.
26 Vgl. BSGE 68, 291, 297 f.
27 BVerfGE 77, 308, 332; 88, 203, 262; 102, 197, 218; 110, 141, 157.
28 *Hufen*, NJW 2004, 14, 16 ff.
29 *Hufen*, NJW 2004, 14, 16 ff.
30 *Steiner* im Rahmen der 2. Medizinrechtlichen Jahrestagung des DAI am 4./5.5.2007; *ders.*, A&R 2007, 148.

6 Wie vielfältig einschränkbar Art. 12 Abs. 1 GG ist, wenn **Gemeinwohlinteressen** berührt werden, zeigt die Rechtsprechung der vergangenen Jahre: Bedarfsplanung verfassungsrechtlich zulässig;[31] bessere Ressourcensteuerung kann Abrechnungsbeschränkung technischer Leistungen in der GKV rechtfertigen,[32] auch wenn berufsrechtlich die Leistung (noch) zum Gebiet des ausgeschlossenen Fachs gehört;[33] Altersgrenze 68 zulässig;[34] für 68er Grenze und § 95 VII SGB V auch Zeiten als ermächtigter niedergelassener Psychotherapeut anzurechnen;[35] Altersgrenze 55 zulässig;[36] ausreichend ist Zulassungsantrag vor Vollendung des 55. Lebensjahres.[37] Wie kritisch derartige Regelungen zu betrachten sind, sieht man darin, wie der Gesetzgeber mit einem Federstrich die 55-Jahresgrenze im Rahmen des GKV-WSG[38] ersatzlos gestrichen hat. Ähnlichen Zweifeln begegnet mittlerweile auch die 68-Jahresgrenze. War doch für ihre Rechtfertigung auf eine funktionierende Bedarfsplanung Bezug genommen worden.[39] Wird aber die Bedarfsplanung z.B. im Bereich der Zahnheilkunde aufgehoben und im humanmedizinischen Bereich durch die Möglichkeit der Filialisierung durchlöchert, schwindet auch hier zunehmend die Rechtfertigung für derartige Einschränkungen der Berufsausübungsfreiheit. Dies zumal die 68-Jahresgrenze auch nicht mehr strikt durchgehalten wird. So können auch ältere Ärzte weiterhin Vertretungen übernehmen,[40] in unterversorgten Gebieten kann der Landesausschuss beschließen, dass auch über 68-jährige Ärzte vertragsärztlich tätig sind. In manchen Arztgruppen (z.B. Pathologie) herrscht Nachwuchsmangel, eine Bedarfsplanung gab es für diese Fachrichtung bislang nicht, was rechtfertigt also die 68-Jahresgrenze?

7 Auch **Unternehmen** können sich grundsätzlich auf Art. 12 Abs. 1 S. 2 GG berufen.[41] Teilweise wird in diesem Zusammenhang auch Art. 14 GG genannt, wenn z.B. Gewinnmöglichkeiten des Arzneimittelherstellers beeinträchtigt werden. Hier ist allerdings bereits der Schutzbereich von Art. 14 GG sehr strittig.[42] Dies gilt auch für den Eigentumsschutz durch Zulassung,[43] soweit Preisregelungen gemeint sind, wie das Festbetrags-

---

31 BSG – B 6 KA 37/97, MedR 1999, 232.
32 BVerfG, Beschl. v. 16.7.2004 – 1 BvR 1127/01, MedR 2004, 608; BSG, Urt. v. 31.1.2001 – B 6 KA 24/00 R, MedR 2001, 535; *Ratzel*, ZMGR 2004, 238.
33 Beschränkung von MRT-Leistungen auf Radiologen zulässig, obwohl andere Arztgruppen, z.B. Orthopäden derartige Leistungen noch gebietskonform erbringen könnten.
34 BVerfG, Urt. v. 31.3.1998 – 1 BvR 2167/93, NZS 1998, 285 = MedR 1998, 323; siehe auch LSG NRW, Urt. v. 3.12.1997 – L 11 Ka 3/97, MedR 1998, 282.
35 BSG, Urt. v. 12.9.2001 – B 6 KA 45/00 R, NZS 2002, 334 ff.
36 BVerfG, Beschl. v. 20.3.2001 – 1 BvR 491/96, NJW 2001, 1779 ff.
37 BSG, Urt. v. 12.9.2001 – B 6 90/00 R, MedR 2001, 638.
38 Art. 5 VÄndG v. 20.12.2006, BGBl I, 3493.
39 Nadelöhr beim Zugang, Stichtagsprinzip im Alter, um nachwachsenden Ärztegenerationen wieder Platz zu verschaffen.
40 BVerfG, Beschl. v. 18.5.2001 – 1 BvR 522/01, ArztR 2001, 303.
41 *Tettinger/Mann*, in: Sachs (Hrsg.), Art. 12 Rn 22 ff.; siehe aber auch BVerfG, Beschl. v. 23.10.2006 – 1 BvR 2027/02, MedR 2007, 351, Vorrang informationelles Selbstbestimmungsrecht des Versicherungsnehmers (Art. 2 Abs. 1 GG) gegenüber dem Verlangen von Versicherungsunternehmen nach umfassender Schweigepflichtentbindungserklärung.
42 *Wendt*, in: Sachs (Hrsg.), Art. 14 Rn 49; dagegen, Rieger/Francke, „Positivliste"; *Jaeger*, NZS 2003, 225, 227 ff.
43 BverfG, Beschl. v. 20.9.1991 – 1 BvR 879/90, NJW 1992, 735, keine Grundrechtsverletzung bei Ausschluss der Verordnungsfähigkeit eines Arzneimittels durch Aufnahme in Negativliste, aber Gemeinwohlbelang erforderlich.

urteil des BVerfG⁴⁴ zeigt. Wenn auch den Entscheidungen zu entnehmen ist, dass durch die angegriffenen Regelungen zwar in die Berufsausübungsfreiheit von Unternehmen in zulässiger Weise (Stabilisierung des Sozialversicherungssystems) eingriffen werden darf, steht auf der anderen Seite eine Stärkung der verfahrensrechtlichen Position der Unternehmen, um ihnen Beteiligungsrechte zu sichern. Zunehmend können sich Unternehmen im Gesundheitswesen auf die Transparenzrichtlinie 89/105 EWG berufen,[45] zumal der EuGH[46] ihre direkte Anwendung für die Aufnahme in (leistungsbeschränkende und/oder gewährende) Listen bestätigt hat. Der Gesetzgeber hat dem in § 34 Abs. 6 SGB V[47] für den Fall der OTC-Liste des G-BA und in § 35b SGB V für die Nutzenbewertung Rechnung getragen.

Wie weit der Gesetzgeber im Rahmen seiner Reformvorhaben der GKV in das Recht der Unternehmen der Privaten Krankenversicherung eingreifen darf und welcher Kompetenztitel hierfür einschlägig ist, ist Gegenstand eines heftigen Meinungsstreits.[48] Während die Einführung der (privaten) Pflegepflichtversicherung auf Art. 74 Abs. 1 Nr. 11 GG gestützt werden konnte und letztlich vor dem BVerfG Bestand hatte,[49] lässt sich dies auf den neuen Basistarif und den Kontrahierungszwang der PKV nicht unkritisch übertragen, weil das Regelungskonzept in § 110 SGB XI und § 178a Abs. 5 bis 9 VVG[50] nicht deckungsgleich ist.[51] Der Kontrahierungszwang ohne Risikoprüfung stellt einen eklatanten Bruch mit den Grundsätzen des privaten Versicherungsrechts dar. Verbunden mit der Verpflichtung, dies auch noch zu einer nicht kostendeckenden Prämie zu vollziehen, und damit letztlich den bisherigen eigenen Versichertenbestand zu belasten, bedeutet dies eine sozialversicherungsrechtliche Umverteilung im privaten Versicherungsrecht, für die jedenfalls Art. 74 Abs. 1 Nr. 12 GG nicht ausreichen dürfte.

Wiederum andere Fragen stellen sich in Bezug auf die Organisation der Gesetzlichen Krankenversicherung selbst. Die Kompetenz des Bundes aus Art. 74 Abs. 1 Nr. 12 GG kann nicht ernsthaft bestritten werden. Die Eingriffsbefugnisse reichen weit, sofern sie mit der Aufrechterhaltung der Funktionsfähigkeit des Systems begründet werden (was regelmäßig nicht allzu schwer fällt).[52] Es gibt keine Garantie sozialer Selbstverwaltung aus Art. 87 Abs. 2 GG.[53] Krankenkassen als Körperschaften öffentlichen Rechts genießen keinen Bestandsschutz wie etwa Kommunen aus Art. 28 GG. Krankenkassen als Körperschaften öffentlichen Rechts sind letztlich keine Grundrechtsträger. Deshalb scheint die jetzt im GKV-WSG vorgesehene Organisationsreform der GKV vom

---

44 BVerfGE 106, 275 ff.; GesR 2003, 58 ff. m. Anm. *Ratzel*: Festbetragsregelung und Verfahren zur Festsetzung mit GG vereinbar; EuGH, Urt. v. 16.3.2004 – C-264/01, C-306/01, C-354/01, C-355/01 – NJW 2004, 2723: kein Verstoß gegen EU-Recht.; BVerfG, Beschl. v. 13.9.2005 – 2 BvF 2/03, MedR 2006, 45 ff., Zwangsrabatt zulässig.
45 *Jäkel*, GesR 2007, 57, 60.
46 EuGH, Urt. v. 26.10.2006 – Rs. C-317/05, PharmaR 2006, 533 auf Vorlage SG Köln.
47 I.d.F. des GKV-WSG.
48 *Sodan*, NJW 2007, 1313 ff., *ders*., Staatsmedizin auf dem Prüfstand der Verfassung, 2006; *Hufen*, NJW 2004, 14 ff.; *Axer*, GesR 2007, 193 ff.
49 BVerfGE 103, 197, 217 ff.
50 I.d.F. des GKV-WSG.
51 *Steiner* im Rahmen der 2. Medizinrechtlichen Jahresarbeitstagung des DAI am 4.5.2007 in Wiesbaden; ebenso die Kurzfassung seines Referats A&R 2007, 147, 148.
52 BVerfG, Beschl. v. 4.2.2004 – 1 BvR 1103/03, VersR 2004, 898, Anhebung der Beiragsbemessungsgrenze verletzt keine Grundrechte privater Krankenversicherer; BVerfG, Beschl. v. 18.7.2005 – 2 BvR 2/01, BVerfGE 113, 167 = GesR 2005, 501 zur Rechtmäßigkeit des Risikostrukturausgleichs.
53 *Axer*, GesR 2007, 197.

Grundsatz her möglich. Ob dies für die Einzelheiten der künftigen Finanzierung und der Verteilung der Mittel in gleicher Weise gesagt werden kann, ist umstritten.[54]

C. Recht auf Leben und körperliche Unversehrtheit, Art. 2 Abs. 2 GG

10 Nach ganz h.M.[55] gibt es kein Grundrecht auf Gesundheit als Individualanspruch. Vielmehr ist Art. 2 Abs. 2 GG, soweit die Gesundheit angesprochen ist, eher als Auftrag an den Gesetzgeber und die Gerichte zu verstehen, bei den jeweiligen Entscheidungen z.B. über die Arzneimittelsicherheit oder den Leistungsumfang der Sozialsysteme im Hinblick auf das Sozialstaatsprinzip in Art. 20 Abs. 1 GG auch die Auswirkungen auf die Rahmenbedingungen eines Gesundheitssystems zu beachten, in dem der Einzelne wiederum gemessen am Anspruch des Art. 2 Abs. 2 GG geschützt ist.[56] Dies ist kein Widerspruch in sich. *Zuck*[57] weist zutreffend darauf hin, dass der früher auch in der Rechtsprechung des Bundesverfassungsgerichts unkritisch verwendete unsägliche Begriff der „Volksgesundheit" den Wertgehalt von Art. 2 Abs. 2 GG ebenso wenig widerspiegelt wie die neuere Terminologie der „Gesundheit der Bevölkerung". Letztlich sind dies inhaltsleere Floskeln, mit denen man alles und jeden „zu erschlagen können glaubt" angesichts ihrer gerade in Deutschland nahezu metaphysischen Verklärung.[58]

11 Bezogen auf Gesundheitssysteme dürfte der Zugang über das **Sozialstaatsprinzip** in Art. 20 Abs. 1 GG zutreffend sein. Konkret kann diese Frage dann eine Rolle spielen, wenn eine Methode oder ein Arzneimittel nicht im Leistungskatalog der GKV enthalten ist, der Betroffene aber behauptet, er benötige diese Methode oder Substanz, weil er ansonsten schwerwiegende gesundheitliche Nachteile hinzunehmen oder zu befürchten habe. Mit Urteil vom 19.3.2002 hatte das BSG[59] entschieden, dass im Rahmen der gesetzlichen Krankenversicherung grundsätzlich nur dann Kosten für Arzneimittel getragen werden können, wenn sie im Rahmen der Indikationen, für die die Zulassung erteilt worden ist, verabreicht werden. Das BSG hielt einen zulassungsüberschreitenden Einsatz von Fertigarzneimitteln nur dann für gerechtfertigt, wenn folgende drei Voraussetzungen **kumulativ** gegeben sind:

- Das Fertigarzneimittel soll zur Behandlung einer schwerwiegenden Krankheit eingesetzt werden. Dabei versteht das BSG unter einer schwerwiegenden Krankheit solche Krankheiten, die entweder lebensbedrohlich sind oder die Lebensqualität auf Dauer nachhaltig beeinträchtigen.
- Es darf keine vertretbare andere Behandlungsalternative verfügbar sein.
- In einschlägigen Fachkreisen muss ein Konsens über den voraussichtlichen Nutzen des zulassungsüberschreitenden Einsatzes des Arzneimittels bestehen.

---

54 *Axer*, GesR 2007, 193 ff. m.w.N.
55 *Quaas/Zuck*, § 2 Rn 7 ff. m.w.N.; *Jaeger*, NZS 2003, 225.
56 In diesem Zusammenhang kann auch das allgemeine Persönlichkeitsrecht eine Rolle spielen, BVerfGE 65, 1, 43, Recht auf informationelle Selbstbestimmung; BVerfG, Beschl. v. 9.1.2006 – 2 BvR 443/02, MedR 2006, 419, Einsichtsrecht in Krankenunterlagen eines im Maßregelvollzug Untergebrachten; BVerfG, Beschl. v. 23.10.2006 – 1 BvR 2027/02, MedR 2007, 351, Unwirksamkeit weitgefasster Schweigepflichtentbindungserklärungen der Versicherungswirtschaft (hier: Berufsunfähigkeitsversicherung).
57 *Quaas/Zuck*, § 2 Rn 8 f.
58 Wohltuend sachlich *Kirchhof*, Das Gesetz der Hydra 2006, Kapitel VI, Der Traum von der ewigen Jugend, S. 141 ff.
59 BSG – B 1 KR 37/00 R, NZS 2002, 645.

Trotz der scheinbaren Klarheit dieser drei Voraussetzungen hat die Entscheidung des BSG zahlreiche Folgefragen aufgeworfen (z.B. bei Tumorbehandlung von Kindern), die in der Praxis immer noch einer befriedigenden Lösung harren.[60] Eine gewisse Öffnung folgt aus einer weiteren Entscheidung des BSG.[61] Danach kann eine Kostentragungspflicht im Rahmen der GKV angenommen werden, wenn das Arzneimittel im Ausland zugelassen ist und für einen seltenen Einzelfall, also nicht für eine abstrakte Indikationsgruppe, über die erlaubte Apothekeneinfuhr (§ 73 Abs. 3 AMG a.F.) importiert wird.

Infolge der Entscheidung des BSG hat das BMG (damals noch BMGS) eine Expertengruppe „Off-Label-Use" eingerichtet. Die Expertengruppe soll Feststellungen darüber treffen, ob die – nicht in einem Zulassungsverfahren getestete – Anwendung eines Arzneimittels „medizinisch sinnvoll" erscheint. Dadurch sollen Rechtssicherheit und Rechtsklarheit gefördert werden. Der Gesetzgeber hat diese Überlegungen aufgegriffen und in dem seit dem 1.1.2004 geltenden neuen § 35b Abs. 3 SGB V umgesetzt. Danach beruft das Bundesministerium für Gesundheit Expertengruppen beim Bundesinstitut für Arzneimittel und Medizinprodukte, die Bewertungen zum Stand der wissenschaftlichen Erkenntnis über die Anwendung von zugelassenen Arzneimitteln für Indikationen und Indikationsbereiche, für die sie nach dem Arzneimittelgesetz nicht zugelassen sind, abgeben sollen. Diese Bewertungen sollen dann dem gemeinsamen Bundesausschuss als Empfehlung zur Beschlussfassung gemäß § 92 Abs. 1 S. 2 Nr. 6 SGB V zugeleitet werden. Eine entsprechende Bewertung soll im Übrigen nur mit Zustimmung des pharmazeutischen Unternehmens erstellt werden. Diese Einschränkung erfolgte offensichtlich im Hinblick auf die Befugnis des Herstellers, das Ausmaß der Verkehrsfähigkeit des von ihm zu verantwortenden Produkts zu bestimmen. Aus der Gesetzesbegründung ergibt sich, dass der Gesetzgeber eine derartige Zustimmung bzw. Billigung der Ausweitung der Verkehrsfähigkeit offenbar auch als Haftungsvoraussetzung im Rahmen der Gefährdungshaftung nach § 84 AMG betrachtet.[62] Der § 25 Abs. 7a AMG, eingeführt durch das 12. Änderungsgesetz, sieht mittlerweile vor, dass die beim BfArM gebildete Kommission für Arzneimittel für Kinder und Jugendliche zu Arzneimitteln, die nicht für die Anwendung bei Kindern und Jugendlichen zugelassen sind, den anerkannten Stand der Wissenschaft dafür feststellen kann, unter welchen Voraussetzungen diese Arzneimittel bei Kindern oder Jugendlichen angewendet werden können (§ 25 Abs. 7a S. 7 AMG).

Nach einer Entscheidung des BVerfG vom 6.12.2005,[63] durch die eine die Leistungspflicht der GKV für eine nicht anerkannte Therapie ablehnende Entscheidung des BSG aufgehoben wurde, bekam die Diskussion auch außerhalb der off-label-Thematik neuen Auftrieb. Danach sind innerhalb der GKV auch Kosten für nicht anerkannte Methoden oder Off-Label-Anwendungen zu erstatten, wenn

- eine lebensbedrohliche oder regelmäßig tödlich verlaufende Erkrankung vorliegt,
- bzgl. dieser Krankheit eine allgemein anerkannte, medizinischem Standard entsprechende Behandlung nicht zur Verfügung steht,

---

60 Zu den rechtlichen Folgefragen *Goecke*, NZS 2002, 620 ff.; *Schimmelpfeng-Schütte*, GesR 2004, 361, 364; *dies.*, MedR 2004, 655 ff.; *Wölk*, ZMGR 2006, 3 ff.; BVerfG – 1 BvR 1586/02, NJW 2003, 1236; BVerfG – 1 BvR 131/04, GesR 2004, 246 ff.; *Niemann*, NZS 2004, 254 ff.
61 BSG – B 1 KR 27/02 R, GesR 2005, 322; *Visudyne* (zugelassen in der Schweiz und den USA) zur Therapie des Aderhautkolons im Kindesalter; siehe auch BVerfG, Beschl. v. 6.12.2005 – 1 BvR 347/98, GesR 2006, 72 (sog. Nikolausbeschluss).
62 Letztlich ließe sich dies u.U. auch aus Art. 12 Abs. 1 GG herleiten.
63 BVerfG – 1 BvR 347/98, GesR 2006, 72 = NJW 2006, 891.

- bzgl. der beim Versicherten ärztlich angewandten (neuen, nicht allgemein anerkannten) Behandlungsmethode eine „auf Indizien gestützte" nicht ganz fern liegende Aussicht auf Heilung oder wenigstens auf eine spürbare positive Einwirkung auf den Krankheitsverlauf besteht.[64]

15 Die grundsätzliche Bindung an den Leistungskatalog der GKV und die Kompetenz des G-BA zur Konkretisierung und Prüfung neuer Behandlungsmethoden hat das BVerfG nicht angetastet.[65] Denn schon bisher war es in der Rechtsprechung des BVerfG[66] anerkannt, dass der Schutz des Persönlichkeitsrechts nicht so weit geht, dem einzelnen zu Lasten der Solidargemeinschaft einen Anspruch auf jedwede Methode zu ermöglichen, die ihm seiner Auffassung nach Besserung verspricht. Grundsätzlich sei der Gesetzgeber befugt, Leistungen in einem Solidarsystem erst dann zugänglich zu machen, wenn ihre Evidenz nach dem Stand der (medizinischen) Wissenschaft geprüft sei und sie dem Wirtschaftlichkeitsgebot genüge. Deshalb kommt es auch nach dem Beschluss des BVerfG vom 6.12.2005 immer darauf an, ob die dort aufgestellten drei Kriterien auch im konkreten Einzelfall kumulativ einschlägig sind.[67] Dementsprechend hat das BSG in aktuellen Entscheidungen[68] seine Rechtsprechung unter Beachtung der vom BVerfG aufgestellten Grundsätze fortentwickelt, ohne dass jedoch damit die Problematik deutlich „liberalisiert" worden wäre. Insbesondere wird die immer wieder kritisierte dominierende Stellung des G-BA bei der Festlegung der Voraussetzungen nicht ernsthaft angetastet.[69] Allerdings gibt es nach wie vor kritische Stimmen[70] bezüglich der Machtkonzentration beim G-BA und dem Zustandekommen seiner Entscheidungen (im Einzelnen dazu siehe § 6 Rn 87 und § 7 Rn 113). Diese Kritik dürfte im Hinblick auf die neue Zusammensetzung des G-BA nach In-Kraft-Treten des GKV-WSG wieder zunehmen.

16 Praktische Hilfe für den Off-label-Bereich wird eine neu geschaffene Anlage V zu den Arzneimittel-Richtlinien zu anerkannten Off-Label-Use Indikationen solcher Arzneimittel bringen, nachdem der Aufnahme ein positives Votum der Expertengruppe und eine Anerkennung dieses Off-Label-Use durch den pharmazeutischen Unternehmer als bestimmungsgemäßer Gebrauch vorausgegangen ist. Die abschließende Beschlussfassung hierfür erfolgt durch den G-BA. Für den allgemeinen Therapiebereich wird vorgeschlagen,[71] sich an der Verfahrensordnung des G-BA (dort § 18 Abs. 2, 3 und § 20) und den dort angeführten Prüfmaßstäben zu orientieren.

---

64 Obskure Behandlungsmethoden oder Scharlatanerie finden auch in Extremsituationen keine Rechtfertigung, *Padé*, NZS 2007, 352, 356 unter Verweis auf BVerfG, Beschl. v. 2.3.2004 – 1 BvR 784/03, NJW-RR 2004, 704; BVerfG, Beschl. v. 3.6.2004 – 2 BvR 1802/02, NJW 2004, 2890.
65 *Hauck*, NJW 2007, 1320, 1322; deshalb waren erste Bewertungen der Entscheidung in der Publikumspresse zu allgemein. Dies hat das BSG im anschließenden Vergleich, mit dem das Verfahren nach der Aufhebung durch das BVerfG abgeschlossen wurde, deutlich herausgearbeitet, siehe hierzu veröffentlichtes Sitzungsprotokoll vom 27.3.2006 – B 1 KR 28/05 R, Termin-Bericht des BSG Nr. 20/06.
66 BVerfGE 77, 170, 215; 79, 174, 202; BVerfG, Beschl. v. 5.3.1997 – 1 BvR 1071/95, NJW 1997, 3085; Beschl. v. 5.3.1997 – 1 BvR 1068/96, MedR 1997, 318, 319; Beschl. v. 15.12.1997 – 1 BvR 1953/97, NJW 1998, 1775, 1776.
67 Nachweise bei *Hauck*, NJW 2007, 1320, 1322.
68 BSG – B 1 KR 12/05 R, GesR 2006, 421; BSG – B 1 KR 12/04 R, NZS 2007, 88 (beide ablehnend); BSG – B 1 KR 7/05 R, GesR 2007, 24 (zustimmend); siehe auch BayLSG, Beschl. v. 6.3.2007 – L 4 B 45/07 KR ER, GesR 2007, 206, off-label auch dann, wenn zwar Alternativen vorhanden, diese aber größere Risiken bergen.
69 *Hauck*, NJW 2007, 1320, 1323 f.; *Padé*, NZS 2007, 352, 357.
70 *Schimmelpfeng-Schütte*, MedR 2006, 519 ff.; *dies.*, NZS 2006, 567 ff.
71 *Hauck*, NJW 2007, 1320, 1323.

D. Menschenwürde, Art. 1 Abs. 1 GG

Die Menschenwürde betrifft insbesondere die Achtung und den Schutz der körperlichen Integrität, die Sicherung menschengerechter Lebensgrundlagen, die Gewährleistung elementarer Rechtsgleichheit sowie die Wahrung der personalen Identität und Integrität.[72] Die Absolutheit des Wortlauts der Norm darf nicht darüber hinwegtäuschen, dass damit nach h.M. keineswegs jedwede Beeinträchtigung unzulässig ist, sondern nur der sog. „Kernbereich" menschlicher Existenz vor schwereren Beeinträchtigungen geschützt werden soll. *Höfling*[73] spricht daher zu Recht von einer sog. „**Tabugrenze**". Die Rechtsprechung des Bundesverfassungsgerichts[74] behilft sich mit der sog. „**Objekt-Subjekt-Formel**", d.h. der Mensch dürfe nicht zum bloßen Objekt herabgewürdigt werden. Wie schwierig die Menschenwürde im Rahmen konkreter Fragestellungen als Abgrenzungskriterium zu handhaben ist, zeigt die Diskussion um die Präimplantationsdiagnostik und das therapeutische Klonen. Selbst wenn man unter Auslegung einfachen Rechts zu einer Zulässigkeit der PID gelangen könne, bleibe letztlich der verfassungsrechtliche Schutz der Menschenwürde (Art. 1 Abs. 1 GG), der auch dem Embryo von Anfang an, und nicht erst nach Nidation, zustehe.[75] Die gegenteilige Auffassung könne sich nicht auf die Entscheidungen des BVerfG zu § 218 StGB berufen, da dort nur die Phase ab Nidation zur Entscheidung anstand. Kritiker[76] verweisen demgegenüber darauf, dass es keine absolute Unantastbarkeit gebe. Dies zeigten nicht nur die Urteile des Bundesverfassungsgerichts zur Reform des § 218 StGB, wo gerade der Anspruch der einen Existenz gegenüber der anderen relativiert werde (im Indikationenmodell), sondern auch die arzneimittel- und medizinprodukterechtliche Zulassung nidationshemmender Mittel. Wenn auf die Vollkommenheit des genetischen codes mit Abschluss der Befruchtung und damit der Beginn des Menschseins abgestellt werde, vergesse man, dass diese Würde erst richtig „mit Leben" erfüllt werde, wenn die Nidation gelinge.[77] Ohne Nidation bleibt eben alles Stückwerk, dem absoluten Schutz der Menschenwürde in Art. 1 Abs. 1 GG zum Trotz. Die Fragestellung spitzt sich im Bereich des therapeutischen Klonens zu. Denn zu Recht drängt sich hier die Frage nach der reinen **Instrumentalisierung** von Embryonen geradezu auf. Deshalb könnte man es sich einfach machen und alleine mit Verweis auf die Entscheidungen des BVerfG[78] zu § 218 StGB schon eine Verletzung von Art. 1 Abs. 1 GG sehen. Dass dies nicht zwingend ist, zeigen die mindestens drei weiteren Grundpositionen zu der Frage, inwieweit der Embryo „Menschenwürde" innehabe.[79] Während die extreme Gegenposition[80] Menschenwürde nur dem geborenen Menschen zusprechen will, trennen andere wiederum zwischen Mensch und Person. Zunehmende Relevanz bekommt die Konzeption eines „**abgestuften Menschenwürdeschutzes**", der zwar grundsätzlich die Konzeption als „Initialzündung" für die Potentialität eines Menschen akzeptiert, was aber nicht zwingend bedeu-

---

72 *Höfling*, in: Sachs (Hrsg.), Art. 1 Rn 19.
73 *Höfling*, in: Sachs (Hrsg.), Art. 1 Rn 18 m.w.N.
74 BVerfGE 30, 1; 45, 187; 49, 86; 87, 209; 88, 203; 94, 49; 97, 275; 109, 133; 109, 276; BVerfG NJW 2006, 751.
75 Stellvertretend für andere *Benda*, NJW 2001, 2147, 2148, unter Bezugnahme auf die beiden Entscheidungen des BVerfG (E 39, 1 ff. und E 88, 203 ff. zu § 218a StGB); a.A. *Merkel*, DIE ZEIT, Nr. 25/2001 S. 42; im Ergebnis ähnlich *Sendler*, NJW 2001, 2148 ff.
76 *Sendler* a.a.O.; *Koch*, Zum Status des Embryos in vitro aus rechtlicher und rechtsvergleichender Sicht, 1. Österreichische Bioethik-Konferenz, Wien 13.7.2001.
77 *Koch*, a.a.O.
78 BVerfGE 39, 1, 41; 88, 203, 252.
79 *Middel*, S. 219 ff.
80 *Hoerster*, S. 128 ff. sowie weitere Nachweise bei *Middel*, S. 225.

te, dass der Embryo von Anfang an Träger der Menschenwürde sein könne oder gar müsse.[81] Dies könne z.B. dann verneint werden, wenn noch keine Individuation (also z.B. vor der Nidation) eingetreten sei oder feststehe, dass diese nie eintrete,[82] was im Falle des therapeutischen Klonens ja gerade der Regelfall ist.

18 So sehr das Konzept des „abgestuften Menschenwürdeschutzes" für den Beginn des Lebens passen kann, so problematisch können ähnliche Überlegungen am Ende des Lebens sein. Denn zweifellos hat gerade der Moribunde besonderen Anspruch auf Achtung seiner Würde, was nicht zuletzt im Respekt vor der noch bei Entscheidungsfähigkeit geäußerten Verfügung über lebenserhaltende oder -verlängernde Maßnahmen zum Ausdruck kommt.

E. Freiheit von Wissenschaft, Lehre und Forschung, Art. 5 Abs. 3 GG

19 Schutzsubjekt ist zunächst die Wissenschaftsfreiheit als Abwehrrecht gegen staatliche Eingriffe. Zweiter Regelungsbereich ist insbesondere mit Blick auf die Lehre die Hochschulmedizin. In diesem Bereich hat sich durch die **Föderalismusreform** einiges geändert. Anstelle der früheren Rahmengesetzgebungskompetenz des Bundes ist beim Bund nur noch das Recht der Hochschulzulassung und der Hochschulabschlüsse geblieben (Art. 74 Abs. 1 Nr. 33 GG). Das übrige Hochschulrecht fällt jetzt in die alleinige Gesetzgebungszuständigkeit der Länder (Art. 70 GG). Grundrechtsschutz genießen nicht nur die Universitäten[83] als Ganzes, sondern auch Fakultäten und Fachbereiche als Untergliederungen.

20 Das Bundesverfassungsgericht zum sachlichen Gewährleistungsanspruch der Wissenschaftsfreiheit:[84]

„Art. 5 Abs. 1 S. 1 GG erklärt Wissenschaft, Forschung und Lehre für frei. Damit wird nicht nur eine objektive Grundsatznorm für den Bereich der Wissenschaft aufgestellt. Ebenso wenig erschöpft sich das Grundrecht in einer auf wissenschaftliche Institutionen und Berufe bezogenen Gewährleistung der Funktionsbedingungen professionell betriebener Wissenschaft. Als Abwehrrecht sichert es vielmehr jedem, der sich wissenschaftlich betätigt, Freiheit von staatlicher Beschränkung zu (vgl. BVerfGE 15, 256, 263). Gegenstand dieser Freiheit sind vor allem die auf wissenschaftlicher Eigengesetzlichkeit beruhenden Prozesse, Verhaltensweisen und Entscheidungen bei der Suche nach Erkenntnissen, ihrer Deutung und Weitergabe. Damit sich die Wissenschaft ungehindert an dem für sie kennzeichnenden Bemühen um Wahrheit ausrichten kann, ist sie zu einem von staatlicher Fremdbestimmung freien Bereich autonomer Verantwortung erklärt worden (vgl. BVerfGE 35, 79, 112 f.; 47, 327, 367 f.). Jeder, der wissenschaftlich tätig ist, genießt daher Schutz vor staatlichen Einwirkungen auf den Prozess der Gewinnung von Vermittlung wissenschaftlicher Erkenntnisse. Art. 5 Abs. 3 S. 1 GG schützt aber nicht eine bestimmte Auffassung von Wissenschaft oder eine bestimmte Wissenschaftstheorie. Das wäre mit der prinzipiellen Unvollständigkeit und Unabgeschlossenheit unvereinbar, die der Wissenschaft trotz des für sie konstitutiven Wahrheitsbezugs eignet (vgl. BVerfGE 35,

---

81 *Ipsen*, NJW 2004, 268 ff.
82 *Middel*, S. 245.
83 *Bethge*, in: Sachs (Hrsg.), Art. 5 Rn 211.
84 BVerfGE 90, 1, 11 ff.

79, 113; 47, 327, 367 f.). *Der Schutz dieses Grundrechts hängt weder von der Richtigkeit der Methoden und Ergebnisse ab, noch der Stichhaltigkeit der Argumentation und der Beweisführung oder der Vollständigkeit der Gesichtspunkte und Belege, die einem wissenschaftlichen Werk zugrunde liegen. Über gute und schlechte Wissenschaft, Wahrheit und Unwahrheit von Ergebnissen kann nur wissenschaftlich geurteilt werden (vgl. BVerfGE 5, 85, 145). Auffassungen, die sich in der wissenschaftlichen Diskussion durchgesetzt haben, bleiben der Revision und dem Wandel unterworfen. Die Wissenschaftsfreiheit schützt daher auch Mindermeinungen sowie Forschungsansätze und -ergebnisse, die sich als irrig oder fehlerhaft erweisen. Ebenso genießt unorthodoxes oder intuitives Vorgehen den Schutz des Grundrechts. Voraussetzung ist nur, dass es sich dabei um Wissenschaft handelt; darunter fällt alles, was nach Inhalt und Form als ernsthafter Versuch zur Ermittlung von Wahrheit anzusehen ist (vgl. BVerfGE 35, 79, 113; 47, 327, 367). Aus der Offenheit und der Wandelbarkeit von Wissenschaft, von der der Wissenschaftsbegriff des Grundgesetzes ausgeht, folgt aber nicht, dass eine Veröffentlichung schon deshalb als wissenschaftlich zu gelten hat, weil ihr Autor sie als wissenschaftlich ansieht oder bezeichnet. Denn die Einordnung unter die Wissenschaftsfreiheit, die nicht dem Vorbehalt des Art. 5 Abs. 2 GG unterliegt (vgl. BVerfGE 35, 79, 112), kann nicht allein von der Beurteilung desjenigen abhängen, der das Grundrecht für sich in Anspruch nimmt. Soweit es auf die Zulässigkeit einer Beschränkung zum Zwecke des Jugendschutzes (vgl. BVerfGE 83, 130, 139) oder eines anderen verfassungsrechtlich geschützten Gutes (vgl. BVerfGE 81, 278, 292) ankommt, sind vielmehr auch Behörden und Gericht zu der Prüfung befugt, ob ein Werk das Merkmal des – weit zu verstehenden – Wissenschaftsbegriffs erfüllt."*

Forschung ist ein Unterfall des Wissenschaftsbegriffs.[85] Zu Recht weist *Zuck*[86] darauf hin, dass der früher streng universitär geprägte Forschungsbegriff angesichts der zunehmenden Verlagerung in außeruniversitäre Institutionen und Einrichtungen offener gestaltet werden muss und man daher von einem eigenständigen Grundrecht auf Forschungsfreiheit auszugehen hat. Der besondere Charakter als individuelles Freiheitsrecht kommt nicht nur dadurch zur Geltung, dass die Einschränkung in Art. 5 Abs. 2 GG für Art. 5 Abs. 3 S. 1 GG nicht gilt, da Art. 5 Abs. 3 S. 1 GG als **lex specialis** zu Art. 5 Abs. 1 GG anzusehen ist[87] und deshalb Art. 5 Abs. 2 GG mit seinem allgemeinen Gesetzesinhalt für Art. 5 Abs. 3 S. 1 GG gerade nicht gilt. Art. 5 Abs. 3 S. 1 GG kann daher Schranken im Wesentlichen nur durch kollidierendes Verfassungsrecht erfahren. Dies können z.B. der Schutz des Persönlichkeitsrechts gemäß Art. 2 Abs. 1 i.V.m. Art. 1 Abs. 1 GG im Hinblick auf persönliche Daten sein (Informationelle Selbstbestimmung), der Tierschutz gemäß Art. 20a GG oder auch die Freiheit der Berufsausübung gemäß Art. 12 Abs. 1 S. 2 GG. Praktisches Beispiel für die Kollision zwischen Forschungsfreiheit einerseits und Garantie der Menschenwürde andererseits ist die Diskussion um die Forschung an embryonalen Stammzellen, die durch das Stammzellgesetz[88] keineswegs als abgeschlossen gilt.[89] Bei allem Verständnis für die Kontroverse und

---

85 *Quaas/Zuck*, § 2 Rn 64 ff.
86 *Quaas/Zuck*, § 2 Rn 69 ff.
87 BVerfGE 3, 172, 191.
88 Stammzellgesetz v. 28.6.2002, BGBl I 2002, 2277.
89 Siehe Stellungnahmen des nationalen Ethikrates von Dezember 2001 und Juli 2007, abzurufen über http://www.ethikrat.org/stellungnahmen/stellungnahmen.html.

zum Teil erheblich weltanschaulich überlagerte Diskussion, ist die Formulierung von *Middel*[90] unter Verweis auf Art. 5 Abs. 3 GG treffend, wonach nicht die Forschung, auch nicht die humangenetische, der **Legitimation** bedarf, sondern ihre Beschränkung begründungsbedürftig ist.

---

90 *Middel*, S. 79.

§ 5 Berufsrecht der Gesundheitsberufe unter Einschluss der Darstellung des Rechts der Selbstverwaltung

Dr. Rudolf Ratzel/Peter Knüpper

Inhalt

A. Einführung 1
B. Geschichte 5
   I. Allgemeines 5
   II. Freie Berufe im Gesundheitswesen 8
      1. Begriff des Freien Berufes . 8
      2. Freie Heilberufe: Ärzte, Zahnärzte, Apotheker, Tierärzte, Psychologische Psychotherapeuten 16
C. Selbstverwaltung 23
   I. Begriff der Selbstverwaltung . . 23
   II. Idee der Selbstverwaltung 25
   III. Staatsrechtlicher Begriff der Selbstverwaltung 29
   IV. Funktionale Selbstverwaltung . 33
   V. Perspektiven der Selbstverwaltung 41
   VI. Die Kammern der Heilberufe . 43
      1. Geschichte der Heilberufe-Kammern 43
      2. Kammerverfassung 45
         a) Mitgliedschaft 46
         b) Organe 56
         c) Finanzierung 57
         d) Berufsgerichtsbarkeit . 58
         e) Ahndung von Wettbewerbsverstößen . 59
         f) Dachverbände 62
      3. Selbstverwaltungs-Aufgaben 63
         a) Berufsaufsicht 65
         b) Vertretung des Gesamtinteresses 66
         c) Förderung des Berufsstandes 67
      4. Übertragene Aufgaben ... 68
      5. Kammern auf Bundesebene 73
         a) Bundesärztekammer . . 74
         b) Bundeszahnärztekammer 80
         c) Bundesapothekerkammer 87
         d) Bundestierärztekammer 90
         e) Bundespsychotherapeutenkammer . . 94
      6. Selbstverwaltung in der Sozialversicherung 99
         a) Geschichte 99
         b) Kassenärztliche und Kassenzahnärztliche Vereinigungen im SGB V 103
         c) Neue Aufgaben und Strukturen der Selbstverwaltung in der Gesetzlichen Krankenversicherung 108
      7. Weitere Selbstverwaltungseinrichtungen der Heilberufe – Berufsständische Versorgungswerke 116

D. Berufsrecht der Heilberufe . . 119
   I. Geschichte 119
   II. Aktuelle Entwicklungen 130
      1. Europäisches Recht 130
      2. Qualitätssicherung, Verbraucherschutz 132
   III. Berufsrecht der Ärzte 133
      1. Berufszugang 133
      2. Berufsausübung 138
         a) Musterberufsordnung 2004 138
            aa) Baden-Württemberg 142
            bb) Bayern 143
            cc) Berlin 144
            dd) Brandenburg 145
            ee) Bremen 146
            ff) Hamburg 147
            gg) Hessen 149
            hh) Mecklenburg-Vorpommern 150
            ii) Niedersachsen ... 151
            jj) Nordrhein 152
            kk) Rheinland-Pfalz . 153
            ll) Saarland 154
            mm) Sachsen 155

nn) Sachsen-Anhalt . . 156
oo) Schleswig-Hol-
stein 157
pp) Thüringen 158
qq) Westphalen-Lippe . 159
b) Unvereinbarkeiten,
Unabhängigkeit 160
c) Zusammenarbeit mit
bestimmten (ausge-
wählten) Gesundheits-
handwerkern 163
d) Handwerk und
Hilfsmittelabgabe 164
e) Kooperation mit
Sanitätshäusern 165
f) Mittelbare Vorteile und
Umgehungsstrategien . 166
g) Unabhängigkeit 170
   aa) Vorteilsgewährung
   und Zuweisung
   gegen Entgelt,
   wirtschaftliche
   Einflussnahme . . 171
   bb) Vorteilsgewährung
   für sonstige
   Tätigkeiten 172
   cc) Exkurs: Wahrung
   der ärztlichen
   Unabhängigkeit
   bei der
   Zusammenarbeit
   mit Dritten 181
h) Der Arzt in der
Informationsgesell-
schaft 188
   aa) Einführung in das
   Thema 188
   bb) Werbung,
   Informa-
   tion und Mei-
   nungsfreiheit . . . 192
   cc) Differenzierung
   stationär/am-
   bulant? 195
   dd) „Anpreisen" 197
   ee) Arzt und Medien . 199
   ff) Der Arzt als
   Unternehmer/mit-
   telbare Werbung . 202
i) Berufsrechtlicher
Adressatenkreis 203
   aa) Inhalt und Auf-
   machung der
   Praxisschilder . . . 205
   bb) Zulässige/unzu-
   lässige Angaben
   und berufs-
   bezogene Informa-
   tionen 206
   cc) Unzulässige
   Fremdwerbung . . 209
   dd) Titel 210
   ee) Verzeichnisse . . . 211
   ff) Kollegialität 216
   gg) Verpflichtung zur
   Weiterbildung . . . 221
   hh) Poolpflicht 226
j) Das berufsgerichtliche
Verfahren 227
   aa) Rechtsgrundlagen
   und Maßnahmen-
   katalog 227
   bb) Verfahrensvoraus-
   setzung 228
   cc) Verfahrensgegen-
   stand 229
   dd) Rechtsmittel und
   sonstige Verfah-
   rensgrundsätze . . 230
IV. Berufsrecht der Zahnärzte 231
   1. Geschichte 231
   2. Berufszugang 238
   3. Berufsausübung 247
      a) Musterberufsordnung
      aus dem Jahr 2005 . . . 247
         aa) Allgemeines 247
         bb) Regelungen im
         Einzelnen 250
      b) „Berufsordnung für
      Zahnärzte in der
      Europäischen Union" . 285
V. Berufsrecht der Apotheker . . . 286
   1. Geschichte 286
   2. Berufszugang 287
   3. Berufsausübung 288
      a) Berufsordnung 288
      b) Grenzen der Berufs-
      ausübung 290
      c) Nebengeschäfte 294
   4. Berufsrecht der Psychologischen Psychotherapeuten
   und Kinder- und Jugendlichenpsychotherapeuten . . 296
      a) Geschichte 296
      b) Berufszugang 299
      c) Berufsausübung 304
         aa) Musterberufs-
         ordnung 305

bb) Regelungen im Einzelnen 306
5. Berufsrecht der Tierärzte . 320
   a) Die Bundestierärztekammer 320
   b) Berufszugang 325
   c) Berufsausübung 326

E. **Berufsrecht anderer Heilberufe oder Heilhilfsberufe (Gesundheitsfachberufe)** ... 340
   I. Allgemeines 340
   II. Andere Heilberufe im Einzelnen 341
      1. Heilpraktiker 341
      2. Altenpfleger und Altenpflegehelfer 349
      3. Ergotherapeut 356
      4. Diätassistent 359
      5. Hebammen und Entbindungspfleger 363
      6. Gesundheits- und Krankenpfleger/Gesundheits- und Kinderkrankenpfleger 364
      7. Logopäde 369
      8. Masseur/Medizinischer Bademeister und Physiotherapeut 370
      9. Orthoptist 375
      10. Pharmazeutisch-technischer Assistent 377
      11. Podologe 381
   III. Heilhilfsberufe 386
      1. Rettungsassistent 386
      2. Medizinisch-technischer Laboratoriumsassistent, Medizinisch-technischer Radiologieassistent, Medizinisch-technischer Assistent für Funktionsdiagnostik, Veterinärmedizinisch-technischer Assistent. 389
      3. Medizinischer Fachangestellter 392
      4. Pharmazeutisch-kaufmännischer Angestellter 395
      5. Zahnmedizinische Fachangestellte 396
      6. Tiermedizinische Fachangestellte 397
      7. Gesundheitshandwerk ... 398
         a) Hörgeräteakustiker ... 399
         b) Augenoptiker 400
         c) Orthopädiemechaniker und Bandagisten 401
         d) Orthopädieschuhmacher 402
         e) Zahntechniker 403
      8. Andere Dienstleistungsberufe im Gesundheitswesen 405

Literatur

Balzer, Arzt- und Klinikwerberecht, 2004; **Baumbach/Hefermehl/Köhler**, Wettbewerbsrecht: Gesetz gegen den unlauteren Wettbewerb, Preisangabenverordnung, 23. Auflage 2004; **Becker**, Berufsrecht – Gesetz über die Berufe des Psychologischen Psychotherapeuten und des Kinder- und Jugendlichenpsychotherapeuten (Psychotherapeutengesetzt – PsychThG) in: Behnsen u.a., MHP, Loseblatt; **Behnsen u.a.**, Management Handbuch für die psychotherapeutische Praxis, Loseblatt, Stand 2006; **Bergemann**, Die rechtliche Stellung der Bundesärztekammer (Arbeitsgemeinschaft der westdeutschen Ärztekammern), Inaugural-Dissertation, 1968; **Bonvie**, Aktuelle Fragen des ärztlichen Berufsrechts, MedR 2002, 338; **ders.**, Vergütung für ärztliche Dienstleistungen oder verbotene Provision?, MedR 1999, 64; **Buchner/König**, Gesundheitsprodukte und gewerbliche Dienstleistungen in der Arztpraxis, ZMGR 2005, 335; **Bülow/Ring**, Heilmittelwerbegesetz, 3. Auflage 2005; **Dahm**, Rabattierung und Vorteilsgewährung bei Erbringung ärztlicher Laborleistungen, MedR 1994, 13; **Deutsch/Spickhoff**, Medizinrecht, 5. Auflage 2003; **Doepner**, Kommentar zum Heilmittelwerbegesetz, 2. Auflage 2000; **Erdle**, Recht der Gesundheitsberufe und Heilpraktiker, 48. Aktualisierung, 2006; **Forsthoff**, Lehrbuch des Verwaltungsrechts, 10. Auflage 1973; **Frehse**, Neue Werbemöglichkeiten des niedergelassenen Arztes mit Medizinprodukten, NZS 2003, 11; **Fröhler/Oberndorfer**, Körperschaften des öffentlichen Rechts, 1974; **v. Gneist**, Die preußische Kreisordnung in ihrer Bedeutung für den inneren Ausbau der deutschen Verfassungsstaates, 1870; **Groß**, Die schwierige Professionalisierung der deutschen Zahnärzteschaft (1867-1919), 1994; **Groß (Hrsg.)**, Ethik in der Zahnheilkunde, 2002 (zit: Groß/*Bearbeiter*, Beitrag); **Hefermehl/Köhler/Bornkamm**, Wettbewerbsrecht, 25. Auflage 2007; **Heile/Mertens/Pottschmidt**, Sammlung von Entscheidungen der Berufsgerichte für die Heilberufe – HeilBGE; **Heffter**, Die deutsche Selbstverwaltung im 19. Jahrhundert, 2. Auflage 1969; **Hendler**, Selbstverwaltung als Ordnungsprinzip, Zur politischen Willensbildung und Entscheidung im demokratischen Verfassungsstaat der Industriegesellschaft, 1984; **Herrfahrdt**, Das Problem der berufsständischen Vertretung von der französischen Revolution bis zur Gegenwart, 1921; **Hörnemann**, Kassenarzt als Freier Beruf, 1994; **Hufen**, Grundrechtsschutz der Leistungserbringer und privaten Versicherer in Zeiten der Gesundheitsreform, NJW 2004, 14; **Jaeger**, Die freien Berufe und die verfassungsrechtliche Berufsfreiheit, AnwBl. 2000, 475; **Jost**, Die Entwicklung des zahnärztlichen Berufes und Standes im 19. Jahrhundert unter besonderer Berücksichtigung der Verhältnisse in Zürich, 1960; **Kern**, Heilhilfsmittelversorgung durch den behandelnden Arzt, NJW 2000, 833; **Kluth**, Handbuch des Kammerrechts, 2005 (zit.: Kluth/*Bearbeiter*, Handbuch); **Kluth**, Jahrbuch des Kammerrechts 2003, 2004 (zit.: Kluth/*Bearbeiter*, Jahrbuch); **ders.**, KV – Körperschaft des öffentlichen Rechts, MedR 2003, 123; **Kluth**, Möglichkeiten und Grenzen des Verbraucherschutzes durch Berufsrecht, verfassungs- und europarechtliche Rahmenbedingungen, (zit.: *Kluth*, Verbraucherschutz); **Kluth/Rieger**, Die neue EU-Berufsanerkennungsrichtlinie – Regelungsgehalt und Auswirkungen für Berufsangehörige und Berufsorganisationen, EuZW 2005, 486; **Laufs**, Arzt und Recht im Umbruch der Zeit, NJW 1995, 1590; **Laufs/Uhlenbruck**, Handbuch des Arztrechts, 3. Auflage 2002; **Levita**, Die Volksvertretung in ihrer organischen Zusammensetzung im repräsentativen Staat der Gegenwart, 1850; **Maretzky/Venter**, Geschichte des deutschen Zahnärztestandes; 1974; **Meier**, Handbuch der zahnärztlichen Rechtskunde mit Berücksichtigung der gerichtlichen und sozialen Zahnheilkunde, 1921; **Peters**, Öffentliche und staatliche Aufgaben, Festschrift für H.C. Nipperdey, 1965; **Pragal/Apfel**, Bestechlichkeit und Bestechung von Leistungserbringern im Gesundheitswesen, A&R 2007, 10; **Quaas**, Zur Berufsfreiheit des Freiberuflers, insbesondere der Ärzte, MedR 2001, 35; **Quaas/Zuck**, Medizinrecht, 2005; **Ratzel/Lippert**, Kommentar zur MBO der Deutschen Ärzte (MBO); **Ratzel/Lippert**, Das Berufsrecht der Ärzte nach den Beschlüssen des 107. Deutschen Ärztetages in Bremen, MedR 2004, 525; **Ratzel/Möller/Michels**, Die Teilgemeinschaftspraxis, MedR 2006, 377; **Rehborn**, Berufsgerichtliche Verfahren gegen Ärzte – grundlegende Rechtsfragen, GesR 2004, 170; **Rieger**, Vernetzte Praxen, MedR 1998, 75; **ders.**, Lexikon des Arztrechts, Loseblatt; **Ritter/Korn**, Deutsches Zahnärzte-Recht, 1912; **Sachs**, Grundgesetz: GG, 4. Auflage 2007; **Schimmelpfeng-Schütte**, Deutschland auf dem Weg in ein dirigistisches Gesundheitssystem?, ZRP 2004, 253 ff.; **dies.**, Soziale Gerechtigkeit und Gesundheitswesen, ZRP 2006, 180; **Schmidt-Aßmann**, Verfassungsfragen der Gesundheitsreform, NJW 2004, 1689; **Schnapp/Wigge**, Handbuch des Vertragsarztrechts, 2. Auflage 2006; **Schulte**, Das standesrechtliche Werbeverbot für Ärzte, 1991; **Schwannecke/Wiebers**, Rechtliche Grenzen der Aufgabenverteilung bei der Hilfsmittelversorgung zwischen Arzt und Gesundheitshandwerker, NJW 1998, 2697; **Schwarz/Frank/Engel** (Hrsg.), Weißbuch der Zahnmedizin, 2007; **Seewald**, Entstehung der Tierärztekammern in Preußen, Bayern und Baden, Diss.med.vet., 1977; **Sodan**, Staatsmedizin auf dem Prüfstand, Zur aktuellen Reformgesetzgebung im Gesundheitswesen, 2006; **Stern**, Das Staatsrecht der Bundesrepublik Deutschland, Bd. 1, 2. Auflage 1984; **Taupitz**, Die Standesordnungen der Freien Berufe, 1991; **Tettinger**, Freie Berufe und Kammerrechte im Wandel der Staatsaufgaben, DöV 2000, 534; **Tettinger**, Kammerrecht, 1997; **Weber, K.**, Neue Gesetz- und Verordnungs-Sammlung für das Königreich Bayern, München 1880; **Wolff/Bachof**, Verwaltungsrecht, Band II, 4. Auflage 1976.

A. Einführung

1 Im Jahr 2004 zählte das Statistische Bundesamt Deutschland 4,235 Mio. Personen in Gesundheitsberufen, darunter 3,052 Mio. Frauen. Die Statistik untergliedert die Tätigkeiten in **Gesundheitsdienstberufe** (Ärzte, Zahnärzte, Apotheker), **übrige Gesundheitsdienstberufe** (z.B. Arzthelfer, Heilpraktiker, Gesundheits- und Krankenpfleger, Physiotherapeuten und medizinisch-technische sowie pharmazeutisch-technische Assistenten), **soziale Berufe** (Altenpfleger, Heil-Erziehungspfleger, Heilpädagogen), **Gesundheitshandwerker** (Augenoptiker, Orthopädiemechaniker, Zahntechniker und andere), **sonstige Gesundheitsfachberufe** (darunter Gesundheitsingenieure und Pharmakanten) sowie **andere Berufe im Gesundheitswesen**.

2 Die Zahl der Beschäftigten ist in ambulanten Einrichtungen (1,77 Mio.) und stationären bzw. teilstationären Einrichtungen (1,76 Mio.) annähernd gleich groß (Angaben aus 2004). Die pharmazeutische, medizintechnische/augenoptische Industrie sowie medizinische Laboratorien und Großhandel (Vorleistungsindustrien) zählen rund 298.000 Beschäftigte. Für die kommenden Jahre werden im deutschen Gesundheitssektor – insbesondere wegen der demografischen Entwicklung – mehr als eine Million neuer Arbeitsplätze erwartet.[1]

---

1 Ärzte Zeitung, 22.5.2006.

Insgesamt lagen die Gesundheitsausgaben in Deutschland im Jahr 2004 bei 233,9 Mrd. EUR oder 2.840 EUR je Einwohner, das sind 10,6 % des Bruttoinlandsproduktes. Bemerkenswert ist angesichts der öffentlichen Debatte über die vermeintliche „Kostenexplosion" im Gesundheitswesen, dass der Anteil dieser Ausgaben am Bruttoinlandsprodukt innerhalb von zehn Jahren (seit 1995) lediglich um 0,5 % gestiegen ist.

Dennoch, hier vor allem wegen der Problematik der Lohnnebenkosten, die aus der weitgehenden Koppelung der Sozialversicherungsbeiträge an die Löhne der Arbeitnehmer resultiert, greift der Gesetzgeber regelmäßig in das **Selbstverwaltungsrecht** der gesetzlichen, mit dem „Gesetz zur Stärkung des Wettbewerbs in der Gesetzlichen Krankenversicherung – GKV-WSG",[2] in Kraft getreten am 1.4.2007, auch der privaten Krankenversicherung, ein, wobei die proklamierten Ziele der Gesetzgebung seit den „Kostendämpfungsgesetzen" der 90er Jahre regelmäßig verfehlt werden. Die gesetzgeberische Handhabung der sog. „korporativen Steuerungselemente" ist dabei in sich widersprüchlich und verfolgt „keinen erkennbaren Trend".[3] So steht wettbewerblich dezentralen Elementen eine Tendenz zu zentralisierter korporativer Steuerung gegenüber, die letztlich zu einer immer stärkeren Verstaatlichung des Gesundheitssystems in Deutschland führt.[4] Zunehmend nimmt die Sozialgesetzgebung dabei auch Einfluss auf das **Berufsrecht** der Heilberufe, so z.B. in Form einer Liberalisierung der Berufsausübungsformen im Gesetz zur Änderung des Vertragsarztrechts und anderer Gesetze – VÄndG –, das zum 1.1.2007 in Kraft trat,[5] oder empfindlicher Eingriffe in die ärztliche Therapiefreiheit in Gestalt des Gesetzes zur Verbesserung der Wirtschaftlichkeit in der Arzneimittelversorgung (AVWG) vom 26.4.2006.[6]

B. Geschichte

I. Allgemeines

Die Entstehung der **Berufe** im Gesundheitswesen hat historische, kulturelle, soziale und wirtschaftliche Dimensionen. Dabei waren und sind diese **Berufe** vielfachem Wandel unterworfen, der Rückschlüsse auf den Stand der medizinischen und zahnmedizinischen, pharmakologischen, tiermedizinischen sowie psychotherapeutischen Wissenschaft, der Medizintechnik, des Gesundheits-Handwerkes und der Praxis, wie auch auf die sozioökonomischen Rahmenbedingungen eines Landes und den Freiheitsgrad seiner Gesellschaft zulässt.

> *Hinweis*
> Als **Beruf** gilt jede auf eine gewisse Dauer angelegte, der Schaffung und Erhaltung einer Lebensgrundlage dienende Tätigkeit.[7]

---

2 BGBl I 2007, 358 ff.
3 Gutachten 2005 des Sachverständigenrates zur Begutachtung der Entwicklung im Gesundheitswesen, Koordination und Qualität im Gesundheitswesen, BT-Drucks 15/5670 v. 9.6.2005, 2.3.2.; *Quaas/Zuck*, § 4 Rn 61.
4 Siehe auch *Sodan*, S. 14; *Schimmelpfeng-Schütte*, ZRP 2004, 253 ff.; *dies.*, ZRP 2006, 180 ff.
5 BGBl I 2006, 3439 ff.
6 BGBl I 2006, 984.
7 Sachs/*Tettinger*, Art. 12 Rn 29 m.w.N. zur Rechtsprechung.

7 Die heutige **Berufe**-Landschaft im deutschen Gesundheitssystem ist noch geprägt von einem „vielschichtigen Entwicklungsprozess"[8] im 19. und 20. Jahrhundert. In diesem Kontext entstanden (und entstehen immer noch) neue Berufsbilder, verändern sich Formen der Berufsausübung, entwickeln sich neue Kooperationen. Einem vergleichbaren Wandel ist die Auffassung unterworfen, was Gesundheit respektive Krankheit bedeutet[9] und welche Rolle die Medizin und mit ihr die **Gesundheitsberufe** dabei übernehmen, markiert einerseits durch die Betonung des „sozialen Charakters" der Heilbehandlung (*Rudolf Virchow*), andererseits durch den „Gesundheitsmarkt", wo medizinisches Handeln als ökonomische Realität auch den Gesetzen der Globalisierung unterliegt.[10] Vielfältige Dienstleistungen, die z.T. ineinander greifen, werden auf diesem „Markt" angeboten und nachgefragt, vom präventiven Fitnessprogramm und gesunder Ernährung über die kurative Medizin hin zur Rehabilitation, vom „well feeling" zum ganzheitlich ausgerichteten „well being". Allerdings lässt diese Entwicklung – ebenso wie die Ausweitung der Leistungsansprüche im Sozialversicherungsrecht bei gleichzeitiger Kostendämpfung – befürchten, dass der Trend zu Deprofessionalisierung,[11] Schematisierung, Verrechtlichung und Fremdsteuerung geht, die auch die Patientenversorgung langfristig gefährden.[12]

II. Freie Berufe im Gesundheitswesen

1. Begriff des Freien Berufes

8 Lange galt der Begriff des **Freien Berufes** als juristisch wenig greifbar.[13] *Theodor Heuss* sprach im Jahr 1906 von einer überlieferten Sprachgewöhnung, „mit der man in concreto nicht viel anfangen kann".[14] Richtig ist, dass der Typusbegriff[15] als soziologischer Begriff stetem Wandel unterliegt.[16] Dabei bezieht sich die Berufstätigkeit Freier Berufe in besonderem Maße auf sozialkulturelle Werte wie z.B. Gesundheit, Freiheit, Gerechtigkeit oder humane Umwelt, die von zunehmender Bedeutung für das Wertesystem des Einzelnen und der Gesellschaft sind.[17]

9 1988/1989 hat *Taupitz*[18] eine Beschreibung der Freien Berufe anhand typischer Charakteristika vorgenommen. Danach sind Freie Berufe geprägt durch wirtschaftliche Selbstständigkeit, qualifizierte Ausbildung oder schöpferische Kreativität, persönliche Erbringung ideeller Leistungen, Wissensgefälle zum Auftraggeber, sowie altruistische und nicht gewinnorientiert-egoistische Motivation.[19] Ihre Abgrenzung zum Staatsdienst

---

8 *Hörnemann*, Kassenarzt als Freier Beruf, S. 11.
9 Zum Krankheitsbegriff *Laufs/Uhlenbrock*, § 1 Rn 9 ff.
10 *Unschuld*, Medizinisches Handeln unter dem Einfluss der Globalisierung, in: Weißbuch der ZahnMedizin, 2006, S. 107 f.; *Quaas/Zuck*, § 1 Rn 2.
11 Koalitionsvertrag zwischen CDU, CSU und SPD v. 11.11.2005, Kapitel B I 7.3.
12 *Nagel/Loss*, Ärztliches Handeln im Spannungsfeld zwischen Leit- und Richtlinien, in: Weißbuch der ZahnMedizin, S. 101 f., 106.
13 Sachs/*Tettinger, Art.* 12 Rn 46.
14 *Heuss*, Organisationsprobleme der „Freien Berufe", in: FS Brentano, 1906, S. 237, zit. bei *Quaas*, MedR 2001, 35.
15 *Behnsen u.a.*, § 810 Rn 15, 17.
16 BVerfGE 10, 354, 364 f.
17 *Taupitz*, Ärztliche Selbstverwaltung an der Schwelle zum 21. Jahrhundert, Vortrag aus Anlass des 50-jährigen Bestehens der Bundeszahnärztekammer am 17.10.1997 in Erfurt.
18 *Taupitz*, Die Standesordnungen der Freien Berufe, 1991.
19 *Taupitz*, S. 148 f.

einerseits, zum Gewerbe andererseits prägt die Entwicklungsgeschichte dieser Berufsstände.

Grundlegend hat das Bundesverfassungsgericht in seinem „Apotheken-Urteil"[20] aus dem Jahr 1958 entschieden, dass Art. 12 GG „seinem Wesen nach" auch auf solche Berufe anzuwenden ist, die nach den damaligen Vorstellungen der organisierten Gemeinschaft in erster Linie dem Staat vorbehalten bleiben müssten.[21] Gerade die „Emanzipation von der Beamtung" stellt im deutschsprachigen Raum einen maßgeblichen Aspekt der freiberuflichen Genese dar.[22]

Die rechtliche Einordnung des **Freien Berufs** wird heute durch ihre gesetzgeberische Verortung im Gesellschaftsrecht und z.B. auch in den Entscheidungen des Europäischen Parlamentes sowie des Gerichtshofes der Europäischen Gemeinschaften erleichtert. Ihre einkommensteuerrechtliche Einordnung (Katalogberufe nach § 18 Abs. 1 Nr. 1 EStG, darunter Arzt und Zahnarzt) alleine ist hingegen kein Definitionsmerkmal.[23]

> *Hinweis*
> Nach der Definition des Bundesverbandes der **Freien Berufe** (BFB 1995) erbringen Angehörige **Freier Berufe** „aufgrund besonderer beruflicher Qualifikation persönlich, eigenverantwortlich und fachlich unabhängig geistig-ideelle Leistungen im gemeinsamen Interesse ihrer Auftraggeber und der Allgemeinheit. Ihre **Berufsausübung** unterliegt in der Regel spezifischen berufsrechtlichen Bindungen nach Maßgabe der staatlichen Gesetzgebung oder des von der jeweiligen Berufsvertretung autonom gesetzten Rechts, welches die Professionalität, Qualität und das zum Auftraggeber bestehende Vertrauensverhältnis gewährleistet und fortentwickelt."

Dem entspricht § 1 Abs. 2 des Gesetzes über Partnerschaftsgesellschaften Angehöriger Freier Berufe (Partnerschaftsgesellschaftsgesetz – PartGG)[24]: „Die **Freien Berufe** haben im Allgemeinen auf der Grundlage besonderer beruflicher Qualifikation oder schöpferischer Begabung die persönliche, eigenverantwortliche und fachlich unabhängige Erbringung von Dienstleistungen höherer Art im Interesse der Auftraggeber und der Allgemeinheit zum Inhalt." Der Europäische Gerichtshof hat sich dieser Definition weitestgehend angeschlossen: Freiberufliche Tätigkeiten haben ausgesprochen intellektuellen Charakter, verlangen eine hohe Qualifikation und unterliegen gewöhnlich einer genauen und strengen berufsständischen Regelung. Bei der Ausübung einer solchen Tätigkeit hat das persönliche Element besondere Bedeutung. Die Ausübung setzt eine große Selbständigkeit bei der Vornahme der beruflichen Handlungen voraus.[25]

Die Richtlinie zur gegenseitigen Anerkennung von Berufsqualifikationen enthält nunmehr in Erwägungsgrund 43 eine Legaldefinition des **Freien Berufs** auf europäischer Ebene: Freie Berufe werden gemäß den Bestimmungen dieser Richtlinie auf der Grundlage einschlägiger Berufsqualifikationen persönlich, in verantwortungsbewusster Weise und fachlich unabhängig von Personen ausgeübt, die für ihre Kunden und die Allgemeinheit geistige und planerische Dienstleistungen erbringen.

---

20 BVerfGE 7, 377 ff.
21 BVerfGE 7, 377, 398.
22 *Hörnemann*, Kassenarzt als Freier Beruf, S. 172.
23 BVerfGE 47, 285, 320.
24 BGBl I 1994, 1744, zuletzt geändert durch Art. 12 Abs. 12 des Gesetzes v. 10.10.2006, BGBl I, 2553.
25 EuGHE I 2001, 7467.

15 In Abgrenzung der typischen Merkmale der Freiberuflichkeit, hier vor allem der sachlich-persönlichen Weisungsfreiheit bei der Berufsausübung, unabhängig davon, ob jemand selbständig oder nicht selbständig tätig ist,[26] entscheidet sich, was als **Freier Beruf** gilt und was nicht. Zur freiberuflichen Tätigkeit zählen im Bereich der Heilkunde die qualifizierte medizinische Ausbildung, sowie als berufsethischer Kern das besondere Vertrauensverhältnis zum Patienten. Auch wenn das früher herrschende altruistische Postulat, in der freien **Berufsausübung** nicht nach eigenem Gewinn zu streben[27] in Abgrenzung zu gewerblichen Tätigkeiten heute an Stellenwert verloren hat, ist die Sichtweise geblieben, dass gerade Berufsträger der Heilkunde eigene wirtschaftliche Interessen gegenüber der Verantwortung für das Gemeinwohl zurückzustellen haben.[28]

2. Freie Heilberufe: Ärzte, Zahnärzte, Apotheker, Tierärzte, Psychologische Psychotherapeuten

16 Der Begriff des Heilberufs ist gesetzlich nicht definiert. Bei der Auslegung des Kompetenztitels in Art. 74 Abs. Nr. 19 GG zieht das Bundesverfassungsgericht das Heilpraktikergesetz mit seiner Begriffsbestimmung der „Heilkunde" aus dem Jahr 1939 heran, verweist im Übrigen jedoch auch auf den historischen Zusammenhang in der deutschen Gesetzgebung, wobei den Merkmalen des „Traditionellen" und „Herkömmlichen" besondere Bedeutung zukomme.[29] Im Rückblick führt der Weg über die nichtärztlichen Heilpersonen des Mittelalters mit Beginn des 19. Jahrhunderts zu den **Heilberufen** der Ärzte, Zahnärzte, Apotheker, Tierärzte und Ende des 20. Jahrhunderts zu den Psychologischen Psychotherapeuten und Kinder- und Jugendlichenpsychotherapeuten mit akademischer Ausbildung. Dabei bezeichnete sich der gelehrte Mediziner im 15. Jahrhundert als Doktor, seit dem 16. Jahrhundert kennen wir die **Berufsbezeichnung** Arzt.[30]

17 **Berufsbezeichnungen** setzen im Bereich der Gesundheits**berufe** staatlich geprüfte **Berufsqualifikation** voraus.[31] Bereits die Konstitutionen Friedrich II. für das Königreich Sizilien enthielten Verbote, als Arzt den Heilberuf ohne schriftliche Zeugnisse auszuüben.[32] Selbst als 1869 die Kurierfreiheit in der Heilkunde (mit Ausnahme der Apotheker) eingeführt wurde, verlangte § 29 der Preußischen Gewerbeordnung – ab 1872 auch im Deutschen Reich – für „diejenigen Personen, welche sich als Ärzte (Wundärzte, Augenärzte, Geburtshelfer, Zahnärzte und Tierärzte) oder mit gleichbedeutenden Titeln bezeichnen oder seitens des Staates oder einer Gemeinde als solche anerkannt oder mit amtlichen Funktionen betraut werden sollen", einen Befähigungsnachweis für die **Approbation**.[33] In der Folge wurden z.B. Zahnbehandlungen sowohl von approbierten Ärzten und Zahnärzten wie auch von nicht approbierten Zahntechnikern und Zahnkünstlern, auch von Badern und Barbieren ausgeführt.

---

26 Kritisch *Ratzel/Lippert*, A 7, S. 8.
27 *Taupitz*, S. 59 m.w.N.
28 *Taupitz*, S. 64; *Deutsch/Spickhoff*, § 1 Rn 12 ff.
29 BVerfGE 106, 62 (Altenpflege-Entscheidung); BVerfGE 7, 29, 44; 28, 21, 32; 33, 125, 152 f.
30 *Herrmann*, Recht der Kammern und Verbände Freier Berufe, Eine rechtsvergleichende Untersuchung, Band 2, Deutscher Rechtsvergleich, erstellt im Auftrag des Niedersächsischen Ministeriums für Wirtschaft, Technologie und Verkehr, Stand 27.10.1995, S. 463 f.
31 *Deutsch/Spickhoff*, § 1 Rn 20.
32 Konstitutionen III 45. De prohibendis medicis mederi sine testimonialibus litteris magistrorum.
33 BVerfGE 33, 125, 127.

Die Reichsärzteordnung vom 13.12.1935[34] setzte die „Bestallung als Arzt" für die Ausübung der ärztlichen Heilkunde voraus;[35] damit wurde die Herauslösung der Ärzte aus der Gewerbeordnung vollzogen.[36] Gleiches regelte die Reichstierärzteordnung (3.4.1936). Der Parlamentarische Rat hat die Befugnis zum Führen einer Berufsbezeichnung zumindest unter bestimmten Voraussetzungen als Zulassungsregelungen verstanden.[37] Dem folgend nannte die Bundesärzteordnung[38] vom 2.10.1961 wieder die **Approbation** als Voraussetzung für die ärztliche **Berufsausübung.** Dies wird auch als Ausdruck staatlichen Bemühens um Qualitätssicherung verstanden.[39]

Wichtig
Arzt, Zahnarzt, Apotheker, Tierarzt, Psychologischer Psychotherapeut oder Kinder- und Jugendlichenpsychotherapeut sind Berufsbezeichnungen; wer diese Berufe ausübt, bedarf einer **Approbation.**

Voraussetzung für die Erteilung der **Approbation** ist ein akademisches Studium, das (im Falle der Psychologischen Psychotherapeuten und Kinder- und Jugendlichenpsychotherapeuten ergänzt um eine postgraduale Ausbildung) mit einer staatlichen Prüfung abgeschlossen wird. Die berufsrechtlichen Zulassungsregelungen werden ergänzt und erweitert durch die europäische Richtlinie zur **Berufsanerkennung.**[40] Der Facharzt ist kein eigenständiger Beruf; die Regelung der ärztlichen Weiterbildung nach Erteilung der **Approbation** und damit die gesamte Regelung des Facharztwesens gehört in die ausschließliche Gesetzgebungskompetenz der Länder,[41] die dabei das europäische Gemeinschaftsrecht zu beachten haben.[42]

Der ärztliche Beruf ist in seinen Grundlagen ein freier Beruf.[43] Unabhängig davon wird die Frage gestellt, ob und inwieweit die konkrete Ausübung eines Heilberufs noch den Definitionsmerkmalen des Freien Berufs entspricht. Dies gilt bezogen auf einzelne Berufsgruppen, so z.B. für den Apotheker, der als Selbständiger zugleich Gewerbetreibender wie Kaufmann ist. Hier überwiegen nach herrschender Meinung „Züge eines freien Berufes";[44] er wird in seiner Berufsausübung sowohl durch freiberuflich-wissenschaftliche wie durch kaufmännische Merkmale geprägt.[45] Dabei ist zwischen der traditionell dem Wirtschaftsbereich zugerechneten, dem Arzneimittelverkehr dienenden Betriebsstätte, der Apotheke, und dem in ihr nicht ausschließlich kaufmännisch, sondern eigenverantwortlich und qualifiziert tätigen Apotheker zu unterscheiden. Ebenso wird beim Vertrags(zahn)arzt die Diskussion über abgängige und verbliebene Attribute der Freiberuflichkeit geführt.[46] Auch Vertragsärzte und -zahnärzte als „Sachwalter der Kassen-

---

34 BGBl I, 1433.
35 BVerfGE 33, 125 (Facharzt-Entscheidung).
36 *Taupitz*, S. 289.
37 BVerfGE 106, 62 (Altenpflege-Entscheidung).
38 BGBl I, 1857.
39 *Bonvie*, MedR 2002, 338.
40 Richtlinie 2005/36/EG des Europäischen Parlaments und des Rates v. 7.9.2005 über die Anerkennung von Berufsqualifikationen, Amtsblatt der Europäischen Union v. 30.9.2005 – L 255/22.
41 BVerfGE 33, 125 (Facharzt-Urteil).
42 Grundlegend dazu EuGHE I 2000, 7881.
43 *Quaas/Zuck*, § 12 Rn 5, 9; *Schmidt-Aßmann*, NJW 2004, 1689, 1691.
44 BVerfGE 17, 232.
45 *Taupitz*, S. 333.
46 *Quaas/Zuck*, § 16 Rn 15 ff.

finanzen"[47] üben nach überwiegender Ansicht (noch) einen Freien Beruf aus.[48] Von den Definitionskriterien, der persönlichen, eigenverantwortlichen und fachlich unabhängigen Erbringung von Dienstleistungen trifft uneingeschränkt wohl nur noch das erste – in Gestalt der besonderen beruflichen Qualifikation – zu.[49] „Von Eigenverantwortlichkeit und Unabhängigkeit kann bei Vertragsärzten dagegen zwar noch im haftungsrechtlichen Sinne, kaum mehr jedoch im Kernbereich ihrer Tätigkeit, der freien Therapiewahl, gesprochen werden" (*Hirsch*). Einschränkungen bei der Zulassung oder etwa Honorarkürzungen werden durch den Gemeinwohlbelang der Finanzierbarkeit des Sozialversicherungssystems legitimiert,[50] „von dem sich der Gesetzgeber bei der Ausgestaltung des Systems und bei der damit verbundenen Steuerung des Verhaltens der Leistungserbringer leiten lassen darf."[51] Legitime Gemeinwohlgründe von überragender Bedeutung stehen nach Auffassung des Bundesverfassungsgerichts dem Gesetzgeber auch bei der Ausgestaltung des Berufsrechts der ärztlichen Leistungserbringer im Bereich der gesetzlichen Krankenversicherung zur Seite.

22 Dabei hat das Merkmal der wirtschaftlichen Selbständigkeit gegenüber Begriffen wie „Eigenständigkeit" und „Therapiefreiheit" als Definitionskriterium des freien Heilberufs an Bedeutung verloren;[52] problematisch wird dies dort, wo das „Definitionsmonopol" (*Hörnemann*) der Heilberufe für ihr Handlungsgebiet durch den Gesetzgeber und die von ihm geschaffenen Institutionen immer stärker eingeschränkt wird.

C. Selbstverwaltung

I. Begriff der Selbstverwaltung

23 Begriff und Geschichte der **Selbstverwaltung** sind in Deutschland eng verknüpft mit dem Namen des ***Karl Reichsfreiherrn vom und zum Stein* (1757–1831)** und der konstitutionellen Bewegung im Vormärz des 19. Jahrhunderts. Als liberale Idee einer Modernisierung des Ständestaates hat der Selbstverwaltungsgedanke in der Verfassungsgesetzgebung der deutschen Staaten zwischen 1815 und 1845 Platz gegriffen.[53] Dabei wurde der Begriff erst in den 40er Jahren des 19. Jahrhunderts im Hinblick auf die Mitwirkung der Bürger in der öffentlichen Verwaltung gebräuchlich.[54] Nach der 48er Revolution findet er Eingang in die Kommunalverfassung. Art. 184 der Reichsverfassung billigte den Gemeinden die selbständige Verwaltung ihrer örtlichen Angelegenheiten zu. Mit Einrichtung von Handelskammern (zunächst 1843 in Bayern) war der Grundstein für die Selbstverwaltung der Wirtschaft gelegt worden.

24 In diesem Zusammenhang entstand die Forderung, weiteren „Interessengruppen" den Zugang zum Parlament zu öffnen. Lehrerkollegien, Advokaten, Ärzte und Gelehrte

---

47 BVerfGE 103, 172, 191 = NJW 2001, 1779; kritisch dazu *Schmidt-Aßmann*, NJW 2004, 1689, 1692; ebenso *Hufen*, NJW 2004, 14 ff.
48 BSG, Urt. v. 9.12.2004 – B 6 KA 84/03 R, n.v.
49 *Hirsch*, Präsident des Bundesgerichtshofes, Festvortrag anlässlich des 42. Bayerischen Zahnärztetages 2001; *Quaas*, MedR 2001, 37.
50 BVerfGE 70, 1, 30; 82, 209, 230.
51 BSG, Urt. v. 9.12.2004 – B 6 KA 84/03 R, n.v.; BSG, Urt. v. 9.12.2004 – B 6 KA 40/03 R, n.v.; BVerfGE 103, 172, 185 = SozR 3-5520 § 25 Nr. 4 S. 27.
52 *Hörnemann*, Kassenarzt als Freier Beruf, S. 180.
53 *Heffter*, S. 83 ff.
54 *Heffter*, S. 264.

sollten sich zu Körperschaften zusammenschließen und dort als Berufsgruppe vertreten sein.[55] Grundzug solcher Überlegungen war zum einen die Ablehnung des Parteiwesens, zum anderen die Auffassung, dass eine berufsständische Ordnung wesentliche Beiträge zum Gemeinsinn leisten könne. So beschreibt *Otto v. Bismarck* in seinen Memoiren das Ideal einer monarchischen Gewalt, „welche durch eine unabhängige, nach meiner Meinung ständische oder berufsgenossenschaftlichen Landesvertretung" kontrolliert wird.[56] Letztlich ging es bei der Debatte über eine stärkere Einbeziehung der Berufsstände „um mehr Freiheit und Selbstbestimmung der Bürgerlichen Gesellschaft".[57] So wurde der Begriff zum Schlagwort, ja zur „Kampfparole".[58] Während vom Stein die Sicherung der territorialen **Selbstverwaltung** gelang, blieb die heute als „funktional" bezeichnete Form der **Selbstverwaltung** – bis auf rudimentäre Ansätze – von verfassungsrechtlichen Garantien ausgespart.[59]

II. Idee der Selbstverwaltung

Ideengeschichtlich wird der **Selbstverwaltung**sgedanke der Korporationslehre zugeordnet.[60] *Friedrich Hegel* (1770–1831) spricht von „Korporationen ... der Gemeinden und sonstiger Gewerbe und Stände"[61] als Quelle der Loyalität, Identifikationsbereitschaft und Solidarität gegenüber dem staatlichen Gemeinwesen. Der Gedanke beratender **Berufsvertretungen** findet sich auch in der katholischen Sozialphilosophie (*Franz von Baader, Peter Reichensperger, Simonde de Sismondi*).[62]

25

Andere sehen in dem germanisch-mittelalterlichen Gedanken der Herrschaft des Rechts die Grundlage der ständischen Verfassungen[63] und in der aufklärerischen Theorie des Gesellschaftsvertrags (*Jean Jacques Rousseau* – du contrat social ou principes du droit politique, 1762) eine Fortsetzung der Linie des ständischen Rechtsstaates.[64] *Lorenz von Stein* (1815–1890) entwickelte diesen durch bisweilen „artifizielle Begriffs- und Systembildung"[65] geprägten Gedanken weiter und forderte die Teilhabe des Volkes auch an der (monarchischen) Verwaltung als vollziehende Gewalt.[66] Dabei bezog sich *von Stein* nicht allein auf die staatliche Verwaltung; sein Begriff der „freien Verwaltung" bezieht **Selbstverwaltung** und Vereinswesen mit ein, soweit darin allgemeine Belange und nicht Einzelinteressen verfolgt werden.[67] Diese **Selbstverwaltung** repräsentiert die Interessen der von ihr Vertretenen – personell durch „Räthe", aber auch durch Sachverständigen-Gutachten und Anhörung von Experten und Betroffenen.

26

Rudolf von Gneist (1816–1895) dachte aufgrund unterschiedlicher Verteilung des Besitzes nicht an Selbstregulierung zur Überwindung von Interessengegensätzen in der Gesellschaft, wohl aber – stark geprägt vom Gedanken des selfgovernments – an eine den politischen Rechten folgende öffentliche Pflicht zum „Mitthun in der Ausführung

27

---

55 *Levita*, S. 222, 252.
56 *Bismarck*, S. 15 f.
57 *Hendler*, S. 43.
58 *Hendler*, S. 50.
59 *Hendler*, S. 43.
60 *Hendler*, S. 46.
61 Zit. nach *Hendler*, S. 47.
62 *Herrfahrdt*, S. 42, 43.
63 *Heffter*, S. 13.
64 *Heffter*, S. 43.
65 Kluth/*Hendler*, Handbuch, A III 1 Rn 20.
66 Kluth/*Hendler*, Handbuch, A III 1 Rn 19.
67 *Hendler*, S. 54.

der Gesetze".[68] Die Übernahme dieser Dienstpflicht gegenüber dem Staat[69] sollte dabei auch der Charakterbildung dienen.[70] Die Auffassung von Gneists fand Kritik, insoweit sie nur die „unteren Stufen des öffentlichen Lebens in Gemeinde, Kreis, Provinz" betreffen sollte und damit zur „praktisch recht bescheidenen Ergänzung des Obrigkeitsstaates, zur politisch ziemlich harmlosen Abfindung des liberalen Freiheitsstrebens" mutierte.[71]

28 Bei *Otto von Gierke* (1841–1921) stand der Genossenschaftsgedanke als organisatorisches Grundprinzip[72] im Mittelpunkt von Überlegungen, die Teilnahme des Einzelnen bei der Erledigung öffentlicher Aufgaben in Gemeinden, Kirchen und freien, z.B. kaufmännischen Korporationen und Aktiengesellschaften einzufordern. Für ihn war **Selbstverwaltung** „thätige bürgerliche Freiheit".[73] Die rechtsdogmatische Konstruktion der **Selbstverwaltung**slehre[74] übernahmen *Paul Laband* (1838–1918) und *Heinrich Rosin* (1855–1927); letzterer vollzog die Trennung zwischen der **Selbstverwaltung** im juristischen und der Selbstverwaltung im politischen Sinne, wobei das partizipatorische Element nur vom politischen **Selbstverwaltung**sbegriff erfasst wurde.[75]

III. Staatsrechtlicher Begriff der Selbstverwaltung

29 *Hugo Preuß* (1860–1925), Schöpfer der Weimarer Reichsverfassung, entwickelte das Bild des Volksstaates, in dem gesamtstaatlicher Parlamentarismus und eine autonome kommunale **Selbstverwaltung** zusammen gehören.[76] Seine demokratische Selbstverwaltungsidee verknüpfte *Preuß* eng mit der Reformpolitik des *Freiherrn vom Stein*. Während der Weimarer Republik verstand sich **Selbstverwaltung** als eigenverantwortliche Aufgabenwahrnehmung durch juristische Personen des öffentlichen Rechts, als weisungsfreies Agieren im Rahmen der Gesetze unter staatlicher Aufsicht.[77] Gegen die Auffassung, dass **Selbstverwaltung** mit dem Übergang zur Demokratie ihren Existenzsinn eingebüßt habe,[78] setzte *Peters* den Begriff des „Minderheitenschutzes".[79] Rätewesen und Berufsstandsprinzip bildeten eine Art Gegenmodell zu Parteienstaat und Parlamentarismus. Allerdings erlangte Art. 165 Weimarer Reichsverfassung,[80] der „zur Erfüllung der gesamten wirtschaftlichen Aufgaben und zur Mitwirkung bei der Ausführung der Sozialisierungsgesetze" die Einrichtung von Arbeiter- und Wirtschaftsräten vorsah und im letzten Absatz von deren Beziehung zu „anderen sozialen **Selbstverwaltung**skörpern" spricht, keine Bedeutung.

30 Im Nationalismus wurde der Selbstverwaltungsbegriff zwar besetzt, seine Bedeutung jedoch denaturiert.[81] Nach 1945 ist der Begriff „bei bemerkenswerter institutionen-

---

68 Siehe *v. Gneist*, S. 79.
69 Kluth/*Hendler*, Handbuch, A III 2 Rn 23.
70 *Hendler*, S. 63.
71 *Heffter*, S. 7.
72 *Hendler*, S. 65, Kluth/*Hendler*, Handbuch, A III 3 Rn 24.
73 *Hendler*, S. 69.
74 Kluth/*Hendler*, Handbuch, A III 4 Rn 26.
75 Kluth/*Hendler*, Handbuch, A III 4 Rn 27.
76 *Preuß*, Verwaltungslehre und Politik, Zeitschrift für Politik, I 1908, S. 95 ff.
77 *Hendler*, S. 164 m.w.N.
78 *Hendler*, S. 167 m.w.N.
79 *Peters*, S. 43 f.; *Hendler*, S. 169; Kluth/*Hendler*, Handbuch, A IV Rn 36.
80 RGBl 1919, S. 1415.
81 Kluth/*Hendler*, Handbuch, A V Rn 38.

rechtlicher Kontinuität"[82] sowohl (für die Gemeinden) in Art. 28 GG aufgenommen als auch die „Affinität von **Selbstverwaltung** und Demokratie allenthalben betont" worden.[83]

> *Wichtig* 31
> Selbstverwaltung ist ein in der Verfassung angelegtes Ordnungsprinzip, dessen Grundlagen und Grenzen aus den Strukturbestimmungen der Rechtsstaatlichkeit und der Demokratie zu ermitteln sind.[84]

Während *Ernst Forsthoff* (1902–1974) in der **Selbstverwaltung** vor allem die „Wahrnehmung an sich staatlicher Aufgaben durch Körperschaften, Anstalten und Stiftungen des öffentlichen Rechts" sah und damit den Begriff der „mittelbaren Staatsverwaltung" verband,[85] versteht *Hans Julius Wolff* (1898–1976) darunter die „selbständige, fachweisungsfreie Wahrnehmung enumerativ oder global überlassener oder zugewiesener eigener öffentlicher Angelegenheiten durch unterstaatliche Träger oder Subjekte öffentlicher Verwaltung in eigenem Namen".[86] Oder anders: **Selbstverwaltung** ist „die dezentralisierte Verwaltung eigener Angelegenheiten eines unterstaatlichen Trägers öffentlicher Verwaltung im eigenen Namen und auf eigene Kosten".[87] *Hendler* hat in diesem Zusammenhang kritisch angemerkt, dass der Begriff der mittelbaren Staatsverwaltung nichts weiter darstellt „als eine aus einem bloßen Systematisierungsinteresse hervorgegangene juristische Sprachschöpfung".[88] 32

IV. Funktionale Selbstverwaltung

Das Bundesverfassungsgericht spricht dagegen von „einem historisch gewachsenen und von der Verfassung grundsätzlich anerkannten Bereich nicht-kommunaler **Selbstverwaltung**, der im Übrigen sehr heterogene Erscheinungsformen aufweist und zusammenfassend als **funktionale Selbstverwaltung** bezeichnet wird".[89] Deren Organisationsformen hat der Verfassungsgeber zur Kenntnis genommen und durch Erwähnung im Grundgesetz ihre grundsätzliche Vereinbarkeit mit der Verfassung anerkannt.[90] 33

> *Wichtig* 34
> „Die funktionale **Selbstverwaltung** ergänzt und verstärkt insofern das demokratische Prinzip. Sie kann als Ausprägung dieses Prinzips verstanden werden, soweit sie der Verwirklichung des übergeordneten Ziels der freien Selbstbestimmung aller

---

82 *Hendler*, S. 153.
83 *Hendler*, S. 302.
84 *Schmidt-Assmann*, Selbstverwaltung, in: Gedächtnisschrift Martens, S. 249, 255.
85 *Forsthoff*, S. 478.
86 *Wolff/Bachof*, § 84 IV b, Rn 180.
87 *Wolff/Bachoff*, § 77 I b, Rn 100.
88 *Hendler*, S. 299.
89 BVerfGE 107, 59, 89 unter Hinweis auf *von Mutius*, Selbstverwaltung im Staat der Industriegesellschaft, 1983, S. X-XIII; *Schuppert*, in: *von Mutius*, a.a.O., S. 203 ff.; *ders.*, Die Erfüllung öffentlicher Aufgaben durch verselbständigte Verwaltungseinheiten, 1981, S. 5, 65 ff.; *Hendler*, Selbstverwaltung als Ordnungsprinzip, 1984, S. IX; *Kluth*, Funktionale Selbstverwaltung, 1997, S. XVI-XXIV und S. 12 f., 30 ff., 565; *Emde*, Die demokratische Legitimation der funktionalen Selbstverwaltung, 1991, S. 5 ff., 363 ff.; *Böckenförde*, in: Isensee/Kirchhof (Hrsg.), Handbuch des Staatsrechts, Band 1, § 22 Rn 31-34; *Tettinger/Mann* und *Salzwedel*, Wasserverbände und demokratische Legitimation, 2000; *Blanke*, Funktionale Selbstverwaltung und Demokratieprinzip, in: Demokratie und Grundgesetz, 2000, S. 32-58.
90 BVerfGE 33, 125, 156 f., 159; 107, 59, 90.

(vgl. BVerfGE 44, 125, 142; *Emde*, Die demokratische Legitimation der funktionalen **Selbstverwaltung**, 1991, S. 356 f.) dient. Demokratisches Prinzip und **Selbstverwaltung** stehen unter dem Grundgesetz nicht im Gegensatz zueinander. Sowohl das Demokratieprinzip in seiner traditionellen Ausprägung einer ununterbrochen auf das Volk zurückzuführenden Legitimationskette für alle Amtsträger als auch die funktionale **Selbstverwaltung** als organisierte Beteiligung der sachnahen Betroffenen an den sie berührenden Entscheidungen verwirklichen die sie verbindende Idee des sich selbst bestimmenden Menschen in einer freiheitlichen Ordnung (Art. 1 Abs. 1 GG; dazu auch *Maihofer*, in: Benda/Maihofer/Vogel, Handbuch des Verfassungsrechts der Bundesrepublik Deutschland, 2. Auflage, 1994, S. 490 ff.)."[91]

35 Die Organisation der funktionalen **Selbstverwaltung** in Gestalt der Kammern stellt im Ergebnis ein Instrument der „Entstaatlichung" ursprünglich staatlich gebundener Berufe,[92] ja der „Befreiung aus staatlicher Vormundschaft" (*Taupitz*) dar.[93]

36 *Kluth* konzentriert die funktionale Selbstverwaltung auf drei dominante Aspekte: Als Teil des Staates wird **Selbstverwaltung** durch öffentlich-rechtliche Merkmale gekennzeichnet. Sie verkörpert die Betroffenenmitwirkung (Partizipationsprinzip) und erfüllt ihre Aufgaben in Distanz zum Staat eigenverantwortlich.[94] *Hendler* spricht – in Fortführung des Minderheitschutzgedankens – vom Gedanken des „Betroffenenschutzes durch Betroffenenteilnahme".[95] „Insoweit unterstützt und ergänzt **Selbstverwaltung** die grundrechtlichen Freiheitsgarantien auf der Ebene der politischen Willensbildung und Entscheidung."[96]

37 Dem steht die Pflichtmitgliedschaft in den **Selbstverwaltungs**-Organisationen nicht entgegen; sie ermöglicht als freiheitskonstituierendes Element, dass Aufgaben durch die Betroffenen, nicht durch den Staat wahrgenommen werden.[97] **Selbstverwaltung** bedeutet darüber hinaus Dezentralisierung. In der „Pluralisierung hoheitlicher Entscheidungsträger"[98] liegt ein Moment vertikaler Gewaltenteilung. Allerdings muss die Bildung der Organe, ihre Aufgaben und Handlungsbefugnisse in ihren Grundstrukturen in einem parlamentarischen Gesetz ausreichend bestimmt sein. Dies setzt voraus, dass eine angemessene Partizipation der Berufsangehörigen an der Willensbildung gewährleistet ist.[99] Dazu gehört, dass die Organe (Vorstand, Vollversammlung oder auch Vertreterversammlung) nach demokratischen Grundsätzen gebildet werden und institutionelle Vorkehrungen getroffen werden, dass die Beschlüsse nicht einzelne Interessen bevorzugen.[100] Demokratie kann zwar ohne Selbstverwaltung, Selbstverwaltung jedoch nicht ohne demokratische Verfasstheit gedacht werden.[101]

---

91 BVerfGE 107, 59, 92.
92 *Tettinger*, Kammerrecht, B I 1d, S. 57, unter Hinweis auf *Taupitz*.
93 *Taupitz*, S. 249.
94 Kluth/*Hendler*, Handbuch, A VI Rn 4.
95 *Hendler*, S. 312.
96 *Hendler*, S. 329.
97 *Hendler*, S. 337.
98 *Hendler*, S. 347.
99 BVerfGE 76, 171, 186.
100 BVerfGE 111, 191; 107, 59, 93; 37, 1, 27 f.
101 *Schmidt-Assmann*, Selbstverwaltung, in: Gedächtnisschrift Martens, S. 249, 257.

Hinweis

Unter funktionaler Selbstverwaltung wird im Gegensatz zur kommunalen Selbstverwaltung eine an eine Funktion, vor allem an eine Berufsausübung anknüpfende Begründung von Selbstverwaltungsrechten und Verwaltungsträgern verstanden.[102]

Immer wieder wird auch im Bereich der **funktionalen Selbstverwaltung** das Kammersystem, u.a. unter dem Blickwinkel des europäischen Gemeinschaftsrechts, in Frage gestellt. Dabei hat der Gerichtshof der Europäischen Gemeinschaften bereits 1983 entschieden, dass die Pflichtmitgliedschaft in einer berufsständischen Kammer mit dem Gemeinschaftsrecht vereinbar ist.[103] Es sei allein Aufgabe der Mitgliedstaaten, den Umfang der nationalen **Selbstverwaltung** zu kontrollieren, um nachteilige Folgen für die Verbraucher und die Verfolgung des Allgemeininteresses zu verhindern.[104] Auch die Bundesregierung hat wiederholt, zuletzt im Jahr 2004, festgestellt, dass der Status der Kammern europarechtlich nicht im Streit ist.[105]

Allerdings unterliegt **Selbstverwaltung** den Anforderungen von Transparenz, Effizienz, Folgenabschätzung und Kontrolle. Das Europarecht gibt der verfassten Selbstverwaltung in Gestalt berufsständischer Kammern – beispielsweise bei der Umsetzung der Berufsanerkennungsrichtlinie – neue Impulse, die nicht nur auf den Aufgabenbestand wirken, sondern ebenso zur Modernisierung des Kammerwesens beitragen können.[106] Nicht verkannt werden darf jedoch, dass Reglementierungen, so u.a. die staatlichen Gebührenordnungen (auch vom Gerichtshof der Europäischen Gemeinschaften) kritisch gesehen werden.[107] Regelungen „zur Sicherung einer ordnungsgemäßen Ausübung des Berufs" verstoßen nach der Entscheidung des Gerichtshofes in der Rechtssache *Wouters*[108] nicht gegen das Wettbewerbsrecht in Art. 81 Abs. 1 EG-Vertrag.

V. Perspektiven der Selbstverwaltung

Kluth hebt bei der verfassungsrechtlichen Beurteilung von Alternativmodellen zur Pflichtmitgliedschaft hervor, „dass die Abkehr von den organisationsrechtlichen Grundsätzen der funktionalen **Selbstverwaltung** vor allem zu einer Absenkung der demokratischen Legitimation und zu einer deutlichen Minderung der Rechte der Mitglieder bzw. der von den Aufgaben Betroffenen führt."[109] In der Folge sei zu erwarten, dass zur Kompensation die staatlichen Vorgaben für die Aufgabenerfüllung erhöht werden. Der Abbau von **Selbstverwaltung** führe damit – plakativ ausgedrückt – zu mehr Staat. Da-

---

102 Kluth/*Goltz*, Kammern der berufsständischen Selbstverwaltung in der EU, Die Bedeutung der Träger berufsständischer und wirtschaftlicher Selbstverwaltung im europäischen Binnenmarkt und in einer künftigen Europäischen Verfassung, Schriften zum Kammerrecht, 2004, S. 15.
103 EuGH, Urt. v. 22.9.1983 – C 271/82, n.v.; EuGH GewArchiv 1996, 472.
104 Europäisches Parlament, Bericht über das Follow-up zum Bericht über den Wettbewerb bei freiberuflichen Dienstleistungen (2006/2137(INI)) A6-0272/2006 v. 14.9.2006 ENDGÜLTIG Ausschuss für Wirtschaft und Währung.
105 Antwort der Bundesregierung auf eine Kleine Anfrage der CDU/CSU, Drucks 15/3265 v. 28.5.2004.
106 Kluth/*Burgi*, Europarechtliche Perspektiven der funktionalen Selbstverwaltung, Jahrbuch des Kammerrechts 2002, III 23 ff., 42.
107 EuGH – C-94/04 und C-202/04, NJW 2007, 281 (Cipolla/Macrina, Capodarte).
108 EuGH – C 309/99, NJW 2002, 877.
109 *Kluth*, Kammern ohne Pflichtmitgliedschaft – eine tragfähige Alternative? Eine verfassungsrechtliche Beurteilung aktueller Diskussionsmodelle, Institut für Kammerrecht, aktuelle Stellungnahmen 1/06 vom 1.2.2006.

bei ist Selbstverwaltung mehr als nur Verwaltung.[110] Konstitutiv ist die Verbindung von Eigenständigkeit und politischer Teilhabe.[111]

42 Allerdings droht eine Aushöhlung des Selbstverwaltungsgedankens durch Übertragung staatlicher Aufgaben, die sich nicht zwingend dazu eignen, den Betroffenen zugewiesen zu werden. Wo für die eigenverantwortliche Wahrnehmung kein Raum bleibt, etwa bei gebundenen Verwaltungsaufgaben, wie dem Approbationsverfahren, kann es – so *Kluth* – zu einer Gefährdung der Selbstverwaltungseinrichtung und auch zur Unterminierung der Pflichtmitgliedschaft kommen.[112] Gefahr droht der Selbstverwaltung aber auch von innen, dann nämlich wenn „verengtes Standesdenken" die Aufgaben der Körperschaften alleine auf Interessenwahrnehmung reduziert.[113] Der Gesetzgeber hat im Hinblick auf die sich ändernden wirtschaftlichen und gesellschaftlichen Rahmenbedingungen ständig zu prüfen, ob die Voraussetzungen für eine öffentlich-rechtliche Zwangskorporation noch vorliegen.[114] Dabei ist die Körperschaft des öffentlichen Rechts eine der Selbstverwaltungsidee besonders angemessene, nicht aber zwingende Organisationsform.[115] In Fortführung eines Gedankens von *Schmidt-Aßmann*, wonach das staatsrechtliche Prinzip der Selbstverwaltung keine „Maximierungsformel" sei,[116] lässt sich die Forderung aufstellen, dass die Kammern einer Optimierungsformel in Bezug auf die eigenverantwortliche Wahrnehmung berufsständischer Aufgaben im Staat im Sinne des Gemeinwohls folgen müssen.

VI. Die Kammern der Heilberufe

1. Geschichte der Heilberufe-Kammern

43 Die **Selbstverwaltung** der **Heilberufe**[117] in Gestalt von Kammern wurde erst in der Mitte des 19. Jahrhunderts eingeführt, indem die deutschen Einzelstaaten „Medicinal"-Gesetze[118] und -Verordnungen erließen, etwa in Preußen die „Verordnung betreffend die Einrichtung einer ärztlichen Standesvertretung" vom 25.5.1887[119] sowie das „Gesetz betreffend die Ehrengerichte, das Umlagerecht und die Kassen der Ärztekammern" vom 25.11.1899. Bayern hatte bereits durch Verordnung vom 10.8.1871 den Ärztekammern die Beratung über Fragen und Angelegenheiten, welche sich auf die Wahrung und Vertretung der Standesinteressen beziehen, aufgegeben.[120] Erst zu Beginn des 20. Jahrhunderts wurden Apotheker (1901), Tierärzte (1911) und schließlich auch Zahnärzte (1912) „verkammert".

---

110 *Stern*, S. 403.
111 *Schmidt-Assmann*, Selbstverwaltung, in: Gedächtnisschrift Martens, S. 249, 257.
112 *Kluth*, Funktionale Selbstverwaltung, S. 520 ff. Durch Rechtsverordnung des Landes Niedersachsen wurden drei Kammern für Heilberufe die Aufgaben als zuständige Stellen für die Erteilung und den Widerruf von Approbationen und Berufserlaubnissen nach der Bundesärzteordnung, dem Psychotherapeutengesetz und dem Gesetz über die Ausübung der Zahnheilkunde übertragen. Der Niedersächsische Zweckverband zur Approbationserteilung (NiZzA) hat am 1.4.2006 seine Arbeit aufgenommen.
113 BVerfGE 33, 125, 159.
114 BVerfG – 1 BvR 1806/98, NVwZ 2002, 335.
115 *Schmidt-Assmann*, Selbstverwaltung, in: Gedächtnisschrift Martens, S. 249.
116 *Schmidt-Assmann*, Selbstverwaltung, in: Gedächtnisschrift Martens, S. 249.
117 Grundlegend dazu auch BVerfGE 33, 125 (Facharzturteil).
118 Das Medicinalgesetz für das Herzogthum Braunschweig v. 20.10.1865 sah in §§ 12 ff. die Gründung einer „Cammer für Aerzte und Apotheker" vor, *Tettinger*, S. 62 f.; Kluth/*Kluth*, Handbuch, B II 1 Rn 5.
119 Preußen 25.5.1887, Preuß. G. S. S. 169, Braunschweig 25.10.1865 (G.V.S. Braunschweig, S. 651 Oldenburg 23.4.1891, Sachsen 29.5.1872, Hessen 28.12.1876, Baden 10.10.1906).
120 *Weber, K.*, Neue G. u. V. S. f. das Königreich Bayern, 9. Band, S. 109.

In der NS-Zeit traten die Reichskammern als Körperschaften des öffentlichen Rechts an die Stelle der Selbstverwaltungseinrichtungen auf Landesebene.[121] Nach 1945 wurde die Rechtsstellung der **Heilberufe**-Kammern aufgrund der Kompetenzzuweisung des Grundgesetzes durch Landes-Gesetze neu geordnet. Sie wurden als Körperschaften des öffentlichen Rechts verfasst. 2001 schufen die Bundesländer durch Novellierung ihrer **Heilberufe-**Kammergesetze die Rechtsgrundlage auch für die Verkammerung der Psychologischen Psychotherapeuten und der Kinder- und Jugendlichenpsychotherapeuten.[122]

2. Kammerverfassung

> *Wichtig*
> Als Körperschaften des öffentlichen Rechts nehmen die Kammern öffentliche Aufgaben in eigener Verantwortung wahr. Bei der Aufgabenerfüllung „unter Grundrechts- und Gemeinwohlbindung" (*Kluth*) stehen sie unter der Rechtsaufsicht der Länder. Approbierte Berufsträger, unabhängig davon, ob selbständig oder angestellt, sind Pflichtmitglieder, sie unterliegen der Berufsaufsicht, die durch die Organe der Selbstverwaltung wahrgenommen wird.

a) Mitgliedschaft

Die Verkammerung eines Berufsstandes ist gleichbedeutend mit der Pflichtmitgliedschaft der Berufsträger. Bedenken, die aus dem Grundrecht der Vereinigungsfreiheit, Art. 9 Abs. 1, 2 GG rühren, ist zuletzt durch das Bundesverfassungsgericht entgegen gehalten worden, dass die Pflichtmitgliedschaft die Teilhabe-Rechte der Kammermitglieder erweitert.[123] Im Übrigen unterfallen Vereinigungen, die ihr Entstehen und ihren Bestand nicht grundrechtsinitiierter Freiwilligkeit verdanken, also auch die Kammern der Freien Berufe, „von vornherein nicht dem Vereinsbegriff".[124]

Die Heilberufe-Gesetze der Länder knüpfen die Mitgliedschaft wahlweise an die Ausübung des tierärztlichen Berufs im jeweiligen Bundesland aufgrund von Bestallung, Approbation, Erlaubnis oder Berechtigung zur Berufsausübung in Bremen mit der Einschränkung, dass Berufsunfähigkeit und Altersgründe von der Pflichtmitgliedschaft befreien, wenn der Beruf nicht mehr ausgeübt wird, § 2 Abs. 1 S. 2 HKaG Bremen.

Daneben ist Mitglied der Kammern, wer seinen (Haupt-)Wohnsitz im betreffenden Bundesland hat, ohne den Beruf dort oder in einem anderen Bundesland auszuüben bzw. im Beruf tätig zu sein (Bayern, Baden-Württemberg, Berlin, Brandenburg – gewöhnlicher Aufenthalt; Hamburg, Mecklenburg-Vorpommern, Niedersachsen – mit der Möglichkeit des schriftlichen Verzichts auf die Mitgliedschaft; Nordrhein-Westfalen und Thüringen – gewöhnlicher Aufenthalt; Sachsen, Sachsen-Anhalt, Schleswig-Holstein). Im Saarland und in Sachsen wird die Mitgliedschaft von Berufsangehörigen begründet, „deren Mitgliedschaft bei einer anderen Kammer wegen gelegentlicher oder vorübergehender beruflicher Tätigkeit im Saarland erlischt", § 2 Abs. 2 S. 2 HKaG Saarland, § 2 Abs. 3 S. 2 HKaG Sachsen.

---

121 Reichsärzteordnung v. 13.12.1935, BGBl I, 1433.
122 In Bayern durch Änderung des Heilberufekammer-Gesetzes v. 12.12.2001, Art. 59a HKaG.
123 BVerfG – 1 BvR 1806/98, NVwZ 2002, 335.
124 BVerfG – 1 BvR 1806/98, NVwZ 2002, 335.

49 Freiwillige Mitgliedschaften erlauben die Heilberufe-Kammergesetze in:
- Baden-Württemberg,
- Brandenburg (für in der praktischen Ausbildung befindliche Apotheker und Psychologischen Psychotherapeuten bzw. Kinder- und Jugendlichenpsychotherapeuten sowie Berufsangehörige, die ihren Wohnsitz ins Ausland verlegen oder dort Wohnsitz nehmen, ohne den Beruf auszuüben, soweit die Kammersatzung dies vorsieht),
- Bremen (wie Baden-Württemberg und für Berufsangehörige, die ihren Wohnsitz in Bremen haben, ohne berufstätig zu sein bzw. ihren Beruf nicht mehr ausüben und ihren Wohnsitz nicht im Land Bremen haben),
- Hamburg (nach der Hauptsatzung der jeweiligen Kammer, insbesondere bei Berufsangehörigen, die ihren Beruf außerhalb Deutschlands ausüben und dort ihre Hauptwohnung haben, sowie für in der praktischen Ausbildung befindliche Psychologischen Psychotherapeuten bzw. Kinder- und Jugendlichenpsychotherapeuten),
- Hessen (für in der praktischen Ausbildung befindliche Apotheker, Berufsträger bei der Aufsichtsbehörde oder nicht berufstätige oder Berufsträger, die ihren Beruf zuletzt in Hessen ausgeübt haben und außerhalb Deutschlands „tätig" sind),
- Nordrhein-Westfalen sowie Sachsen und Sachsen-Anhalt (für in der praktischen Ausbildung befindliche Apotheker),
- Rheinland-Pfalz (für nicht mehr Berufstätige und Berufsträger, die ihre berufliche Tätigkeit außerhalb von Rheinland-Pfalz verlegen, die sich in der praktischen Ausbildung als Apotheker befinden oder bei der Aufsichtsbehörde beschäftigt sind),
- Saarland (für Berufsträger, die ihren Beruf nicht ausüben und ihren gewöhnlichen Aufenthalt im Saarland haben oder – nach Satzung der jeweiligen Kammer – seine berufliche Tätigkeit in ein anderes Bundesland oder ins Ausland verlegt und dort seine Hauptwohnung nimmt).

50 In Schleswig-Holstein können Regelungen zur freiwilligen Mitgliedschaft „von den Kammern im gegenseitigen Einvernehmen durch Satzung getroffen werden", § 2 Abs. 4 Heilberufe-Gesetz Schleswig-Holstein. In Thüringen ist eine freiwillige Mitgliedschaft möglich für bei der Aufsichtsbehörde tätige Berufsangehörige sowie in der praktischen Ausbildung für Apotheker befindliche Personen.

51 Keine Mitgliedschaft erlauben einzelne Heilberufe-Gesetze für Dienstkräfte der Aufsichtsbehörde bei der Ausübung von Aufsichtsfunktionen (Berlin, Brandenburg, Nordrhein-Westfalen) sowie für Staatsangehörige eines anderen Mitgliedstaates der EG bei nur vorübergehender Erbringung von Dienstleistungen (Berlin, Hessen Niedersachsen, Nordrhein-Westfalen, Rheinland-Pfalz, Saarland, Schleswig-Holstein, Thüringen). In Hamburg ruht die Mitgliedschaft von Berufsangehörigen, die bei der Aufsichtsbehörde mit Aufgaben der Aufsicht über die jeweilige Kammer betraut sind.

52 Trotz ausdrücklichen Ausschlusses der Mitgliedschaft (damit auch der „pro-forma"-Mitgliedschaft nach der Berufsanerkennung-Richtlinie) für Berufsträger aus anderen Mitgliedstaaten der Europäischen Union unterliegen diese doch der Berufsaufsicht und der Berufsordnung der jeweiligen Kammer, es sei denn es sind Rechte und Pflichten berührt, die einen gewöhnlichen Aufenthalt im Geltungsbereich des entsprechenden Kammergesetzes voraussetzen.[125]

53 Soweit Freie Berufe in das Handelsregister eingetragen sind, besteht Pflichtmitgliedschaft auch in der Industrie- und Handelskammer, in deren Bezirk sie eine gewerbliche Niederlassung oder eine Betriebsstätte oder eine Verkaufsstelle unterhalten, § 2 Abs. 1,

---

125 Siehe Art. 41 Abs. 3 HKaG Bayern.

2 Gesetz zur vorläufigen Regelung des Rechts der Industrie- und Handelskammern (IHKG).[126] Dies betrifft die Apotheker, § 8 S. 1 Gesetz über das Apothekenwesen (ApoG), die eine Apotheke auch in der Rechtsform der offenen Handelsgesellschaft ausüben dürfen, ebenso jedoch auch juristische Personen, welche die Heilkunde gewerblich ausüben. Die Doppelmitgliedschaft bei Berufsausübung in mehreren Kammerbereichen ist, insbesondere unter dem Gesichtspunkt der Berufsgerichtsbarkeit, verboten.

54 Die Kammermitgliedschaft gewährt demokratische Partizipationsmöglichkeiten,[127] die berufsständischen Angelegenheiten selbst zu regeln. Darüber hinaus erbringen Heilberufekammern Dienstleistungen für ihre Mitglieder, so z.B. auf den Gebieten der Fortbildung und der Berufsberatung.

55 Den Finanzbehörden müssen die Kammern auf Anfrage Auskünfte über die für die Besteuerung erheblichen Sachverhalte eines Kammermitgliedes erteilen.[128] Die Auskunftspflicht im Besteuerungsverfahren wird durch die Pflicht des Kammervorstandes zur Verschwiegenheit im Allgemeinen nicht erfasst.

b) Organe

56 Kammerorgane sind in der Regel die Kammerdelegiertenversammlung (Vollversammlung), nach demokratischen Grundsätzen gewählt von den Mitgliedern,[129] sowie der Vorstand, der wiederum von der Vollversammlung (in der Regel aus der Mitte der Vollversammlung) bestellt wird. Er besteht zumeist aus einem vorsitzenden Vorstandsmitglied (Präsident), höchstens zwei stellvertretenden vorsitzenden Mitgliedern (Vizepräsidenten) und einer – je nach Größe der Kammer – Zahl von Beisitzern, die aus der Mitte der Delegierten gewählt werden. In Bayern gehören dem Vorstand als geborene Mitglieder auch die ersten Vorsitzenden der Bezirksverbände an, Art. 13 Abs. 1 S. 1 HKaG sowie – in der Landeszahnärztekammer – ein von den Landesuniversitäten entsandter Hochschullehrer im jeweiligen Fachgebiet, Art. 44 Abs. 2, 49 Abs. 2 HKaG. Die Vollversammlung kann – im Rahmen der Satzung – weitere Ausschüsse bestellen. Für ihre Aufgabenwahrnehmung erhalten die Vorstandsmitglieder eine Aufwandsentschädigung und/oder Reisekosten-Ersatz. Für die Teilnahme an Sitzungen erhalten auch andere Funktionsträger nach Maßgabe von Reisekosten-Ordnungen eine Entschädigung.

c) Finanzierung

57 Die Kammern erheben zur Erfüllung ihrer Aufgaben[130] Mitgliedsbeiträge, die einkommensbezogen oder nach Art der Berufsausübung (selbständig, angestellt, ohne Berufsausübung) in Form einer Beitragssatzung festgesetzt werden und aus denen sie ihre Aufgabenerfüllung finanzieren, z.B. Art. 6 S. 1 HKaG Bayern. Nach *Tettinger* handelt es sich dabei um eine eigenständige Abgabenart, die dem Typus „Verbandslast" zuzuordnen ist.[131] *Franz* spricht von einem „korporativen Beitrag", der begrifflich eher dem

---

126 Zur Doppelmitgliedschaft Kluth/*Franz*, Handbuch, K II 7c Rn 124; BVerwG – 6 B 60/04, NVwZ 2005, 340.
127 Kluth/*Kluth*, Handbuch, C I 4 Rn 70.
128 BFH – VII R 46/05, NJW-Spezial 2007, 191.
129 Kluth/*Kluth,* Handbuch, B II 2 Rn 10.
130 Kluth/*Franz*, Handbuch, K II 4d Rn 26 ff.; BVerfG – 1 BvR 1806/98, NVwZ 2002, 335.
131 *Tettinger*, Kammerrecht, S. 200 f.

Mitgliedsbeitrag denn dem öffentlich-rechtlichen Beitrag entspricht.[132] Bei der Beitragsbemessung sind sowohl der allgemeine Gleichheitssatz wie auch das Äquivalenzprinzip zu beachten.[133] Für die Durchsetzung fälliger Beiträge finden die allgemeinen Vorschriften über das Verwaltungszwangsverfahren bei Abgaben Anwendung.[134] Daneben erheben die Kammern für bestimmte Dienstleistungen Gebühren, z.B. für Prüfungen, Bescheinigungen, etc.

d) Berufsgerichtsbarkeit

58 Kammern haben der Allgemeinheit wie auch dem einzelnen Patienten gegenüber die Gewähr für die Einhaltung der in den Heilberufekammer-Gesetzen und Berufsordnungen verfassten Berufspflichten zu bieten. Wo diese verletzt werden, sanktioniert die Berufsvertretung den Verstoß mit einer Rüge oder der Einleitung eines berufsgerichtlichen Verfahrens.[135] In jedem Fall ist das betroffene Kammermitglied zuvor anzuhören. Während das Rügeverfahren (eingeschlossen das Widerspruchsverfahren) Sache der Selbstverwaltung ist, entscheiden in berufsgerichtlichen Verfahren staatliche Gerichte für besondere Sachgebiete, die mit einem Volljuristen und mit zwei Kammermitgliedern besetzt sind.[136] Die Berufsgerichte können einen Verweis aussprechen, Geldbußen verhängen oder den Verlust von Mitgliedschaftsrechten in Organen oder von Wahlrechten anordnen.

e) Ahndung von Wettbewerbsverstößen

59 Kammern der Freien Berufe sind befugt, Wettbewerbsverstöße von Kammerangehörigen oder deren Wettbewerbern im Zivilrechtsweg zu verfolgen. Allerdings ist dabei abzuwägen, ob das Vorgehen im Zivilrechtsweg angemessen erscheint und nicht unverhältnismäßig in die Berufsausübungsfreiheit des betroffenen Kammerangehörigen eingreift.[137]

60 Im vorliegenden Fall wandte sich die Zahnärztekammer Nordrhein gegen die Begrifflichkeit „Zahnärztliche Praxisgemeinschaft" auf dem Briefbogen eines Zahnarztes. Unter Hinweis auf seine frühere Rechtssprechung[138] hat der Bundesgerichtshof die Klagebefugnis der Kammer aus § 3 Abs. 3 Nr. 2 UWG abgeleitet, der ausdrücklich Verbände zur Förderung selbständiger beruflicher Interessen benennt. Auch die begrenzte Kompetenz des Bundesgesetzgebers für das Recht der Heilberufe ändert daran nichts, soweit der Bundesgesetzgeber hierzu Regelungen im Gesetz gegen den unlauteren Wettbewerb getroffen hat. Zugleich wird klargestellt, dass die berufsrechtliche Überwachungsfunktion der Kammern damit nicht eingeschränkt wird, sondern nur ein weiterer „zivilrechtlicher" Weg zur Durchsetzung der Berufspflichten eröffnet wird. Auch das Bundesverfassungsgericht hatte die Klage einer Berufskammer nach § 13 Abs. 2 UWG bejaht.[139]

---

132 Kluth/*Franz,* Handbuch, K II 1 Rn 10.
133 BVerwG – 1 C 45/87, NVwZ 1990, 1167; BVerwG – 1 B 109/89, NJW 1990, 786; BVerwG – 1 B 222/93, GewArch 1995, 425.
134 *Tettinger,* Kammerrecht, S. 205.
135 Kluth/*Ruffert,* Handbuch, H I 1 Rn 2.
136 Kluth/*Ruffert,* Handbuch, H I 1 Rn 10.
137 BGH – I ZR 272/03 (OLG Düsseldorf), MedR 2006, 477 ff.; Kluth/*Kujaht,* Jahrbuch 2003, S. 195 ff.
138 BGH – I ZR 8/72, GRUR, 1972, 607.
139 BVerfGE 111, 366.

Der Vorteil einer solchen Vorgehensweise liegt aus Sicht der Kammern darin, einen vermeintlichen Verstoß gegen Berufspflichten einfach und schnell zu unterbinden, wobei es in diesem Falle (noch) nicht auf das Verschulden ankommt. Diese Vorgehensweise ist auch nicht unverhältnismäßig, soweit die Kammer abgewogen hat, ob ihr Vorgehen angemessen ist und nicht unverhältnismäßig in die Berufsausübungsfreiheit eingreift. Bei irreführenden Werbeangaben, soweit diese Mitbewerber und Verbraucher beeinträchtigen und das Ansehen der Berufsgruppe schädigen, liegen somit die Voraussetzungen für ein wettbewerbsrechtliches Vorgehen der Kammern gegen ihre Mitglieder vor.

f) Dachverbände

Die Entscheidung des Landesgesetzgebers, den berufsständischen Kammern die Befugnis einzuräumen, sich in Vertretung der beruflichen Belange ihrer Mitglieder in Bundesorganisationen nicht nur des eigenen Berufsstandes zusammen zu schließen, sind von den Kammergesetzen der Länder gedeckt. Hierzu hat das OVG Berlin-Brandenburg[140] entschieden, dass es effektiver sein kann, die Belange von Kammerangehörigen eines bestimmten Berufs auf einer sachlich übergeordneten wie auch überregionalen Ebene zu vertreten und dadurch zu einer Bündelung der verschiedenen Berufssparten gemeinsamen Interessen beizutragen. Zudem bietet gerade die Beteiligung von berufsständischen Kammern an privatrechtlich organisierten Vereinigungen die Chance, die gewünschte Interessenvertretung in höherem Maße am Gesamtinteresse und am Gemeinwohl zu orientieren. Ältere restriktive Entscheidungen – auch des Bundesverwaltungsgerichts – haben zu Recht Kritik erfahren.[141] Es liegt in der Natur der Interessenwahrnehmung, sich mit anderen, gleich gesinnten und strukturierten Organisationen (der Freien Berufe) zu verbünden. In der Regel wird durch den Beitritt zu diesem Dachverband der Haushalt der entsprechenden Berufskammer und damit der Mitgliedsbeitrag des einzelnen Kammerangehörigen nur geringfügig belastet; somit sind die Folgen des Beitritts für das einzelne Kammermitglied nicht unverhältnismäßig.[142] Die Mitgliedschaft in Dachorganisationen mit Verbänden, die gesetzliche Aufgaben der Sozialversicherung wahrnehmen oder generell mit Vereinen, die berufliche Belange vertreten, ist in den Heilberufekammer-Gesetzen der Länder unterschiedlich geregelt. Einer solchen Kooperation stehen zwingende Rechtsgründe nicht im Wege.[143]

3. Selbstverwaltungs-Aufgaben

Es entspricht dem Wesen berufsständischer Organisationen, ihre Mitglieder in allen mit dem Beruf in Zusammenhang stehenden Fragen zu beraten.[144] Dies bedeutet nicht nur die Wahrnehmung berufsständischer Interessen in toto, sondern auch Hilfe im Einzelfall.[145] *Taupitz* hat den Versuch einer Typisierung von Tätigkeitsfeldern der funktionalen Selbstverwaltung vorgenommen[146] und dabei drei Komplexe benannt:

---

140 OVG Berlin-Brandenburg, Urt. v. 14.12.2006 – 7 B 4.05, n.v.
141 *Tettinger*, S. 156 ff.
142 BGH – PatAnwZ 3/95, BRAK-Mitteilungen 1996, 126.
143 Kluth/*Kluth*, Handbuch, I II c Rn 65.
144 BVerwGE 5, 74, 77 f.
145 *Fröhler/Oberndorder*, S. 83.
146 *Tettinger*, Kammerrecht, B III 2 b, S. 132; *ders.*, DöV 2000, 534.

- Berufsaufsicht,
- Vertretung des Gesamtinteresses eines Berufszweiges nach außen,
- Förderung des Berufsstandes.

64 Folgt man dieser Kategorisierung, so lässt sich auf der Grundlage der Heilberufekammer-Gesetze der Länder[147] folgender Aufgabenkatalog entwickeln:

a) Berufsaufsicht

65 ■ **Regeln und Überwachung der Berufspflichten, Information und Beratung der Kammermitglieder:** Art. 2 Abs. 1 Bayern, § 4 Abs. 1 S. 1 Nr. 2 BW, § 4 Abs. 1 Nr. 2

---

147 Gesetz über das Berufsrecht und die Kammern der Ärzte, Zahnärzte, Tierärzte, Apotheker, Psychologischen Psychotherapeuten sowie der Kinder- und Jugendlichenpsychotherapeuten (Heilberufe-Kammergesetz – HBKG – *Baden Württemberg*) v. 31.5.1976 i.d.F. der Bekanntmachung v. 16.3.1995 (BGBl S. 314), zuletzt geändert durch Artikel 1 des Gesetzes v. 14.2.2006 (BGBl S. 23, ber. S. 83); Gesetz über die Berufsausübung, die Berufsvertretungen und die Berufsgerichtsbarkeit der Ärzte, Zahnärzte, Tierärzte, Apotheker sowie der Psychologischen Psychotherapeuten und der Kinder- und Jugendlichenpsychotherapeuten (Heilberufe-Kammergesetz – HkaG – Bayern) i.d.F. der Bekanntmachung v. 6.2.2002 (GVBl. S. 42), zuletzt geändert durch Gesetz v. 24.7.2003 (GVBl. S. 452 ff.); Gesetz über die Kammern und die Berufsgerichtsbarkeit der Ärzte, Zahnärzte, Tierärzte, Apotheker, Psychologischen Psychotherapeuten und Kinder- und Jugendlichenpsychotherapeuten (*Berliner* Kammergesetz) i.d.F. v. 4.9.1978 (GVBl. S. 1937), zuletzt geändert durch Gesetz v. 15.10.2001 (GVBl. S. 540); Gesetz über die Berufsvertretung, die Berufsausübung, die Weiterbildung und die Berufsgerichtsbarkeit der Ärzte, Zahnärzte, Tierärzte und Apotheker (Heilberufsgesetz – HeilBerG – *Bremen*) i.d.F. der Bekanntmachung v. 15.4.2005 (BremGBl S. 149-2122-a-l), geändert durch Artikel 4 des Gesetzes v. 18.10.2005 (BremGBl S. 547); Heilberufsgesetz des Landes *Brandenburg* v. 28.4.2003 (GVBl. I/03 S. 126) zuletzt geändert durch Artikel 2 des Gesetzes v. 23.11.2005 (GVBl. I/05 S. 255); *Hamburgisches* Kammergesetz für die Heilberufe (HmbKGH) vom 14.12.2005, berichtigt 6.2.2006 (HmbGVBl. S. 35), (HmbGVBl. 2005, S. 495); Gesetz über die Berufsvertretungen, die Berufsausübung, die Weiterbildung und die Berufsgerichtsbarkeit der Ärzte, Zahnärzte, Tierärzte, Apotheker, Psychologischen Psychotherapeuten und Kinder- und Jugendlichenpsychotherapeuten (Heilberufsgesetz *Hessen*) i.d.F. v. 19.5.1995 (GVBl. I, 374, zuletzt geändert durch Gesetz v. 27.2.2001 (GVBl. I, 139); Heilberufsgesetz *Mecklenburg-Vorpommern* (HeilBerG) vom 22.1.1993 (GVOBl. M-V 1993, S. 62) zuletzt geändert durch Artikel 9 des Gesetzes vom 17.12.2003 (GVOBl. M-V 2004 S. 2); Kammergesetz für die Heilberufe (HKG – *Niedersachsen*) i.d.F. v. 8.12.2000 (Nds. GVBl. S. 301), zuletzt geändert durch Artikel 7 des Gesetzes v. 13.10.2005 (Nds. GVBl. S. 296) und durch Gesetz v. 18.5.2006 (Nds. GVBl. S. 209); Heilberufsgesetz für das Land *Nordrhein-Westfalen* v. 9.5.2000, zuletzt geändert am 1.3.2005 (GVBl. NRW 05, 148); Landesgesetz über die Kammern für die Heilberufe (Heilberufsgesetz – HeilBG – *Rheinland-Pfalz*) v. 20.10.1978 (GVBl. S. 649; 1979 S. 22), BS 2122-1 i.d.F. der Änderung durch das Dritte Landesgesetzes zur Änderung des Heilberufsgesetzes vom 14.6.2004 (GVBl. S. 332-333); Gesetz über die öffentliche Berufsvertretung, die Berufspflichten, die Weiterbildung und die Berufsgerichtsbarkeit der Ärzte/Ärztinnen, Zahnärzte/Zahnärztinnen, psychologischen Psychotherapeuten/Psychotherapeutinnen und Kinder- und Jugendlichenpsychotherapeuten/-psychotherapeutinnen, Tierärzte/Tierärztinnen und Apotheker/Apothekerinnen im Saarland (*Saarländisches* Heilberufekammergesetz – SHKG) v. 11.3.1998, zuletzt geändert durch das Gesetz v. 2.10.2002; Gesetz über die Kammern und die Berufsgerichtsbarkeit für die Heilberufe (Heilberufegesetz *Schleswig-Holstein*) v. 29.2.1996 (GVOBl. 1996, S. 248), zuletzt geändert durch Gesetz v. 15.3.2006 (GVOBl. 2006, S. 52); Gesetz über Berufsausübung, Berufsvertretungen und Berufsgerichtsbarkeit der Ärzte, Zahnärzte, Tierärzte, Apotheker sowie der Psychologischen Psychotherapeuten und der Kinder- und Jugendlichenpsychotherapeuten im Freistaat Sachsen (*Sächsisches* Heilberufekammergesetz – SächsHKaG) v. 24.5.1994 (SächsGVBl. S. 935), zuletzt geändert durch Artikel 1 des Gesetzes v. 11.11.2005 (SächsGVBl. S. 277); Gesetz über die Kammern für Heilberufe *Sachsen-Anhalt* (KGHB-LSA) v. 13.7.1994 (GVBl. LSA 1994, S. 832), zuletzt geändert durch Gesetz v. 21.3.2006, GVBl. LSA 2006, S. 102, 123; Thüringer Heilberufegesetz (ThürHeilBG) v. 7.1.1992 (GVBl. für den Freistaat *Thüringen* S. 3) zuletzt geändert durch das Dritte Gesetz zur Änderung des Heilberufegesetzes v. 21.11.2001 (GVBl. S. 309) in der vom 1.1.2002 an geltenden Fassung.

Berlin, § 2 Abs. 1 Nr. 2 Brandenburg, § 8 Abs. 1 Nr. 2 Bremen, § 6 Abs. 1 Nr. 1 Hamburg, § 5 Abs. 1 Nr. 1 Hessen, § 4 Abs. 1 Nr. 2 Mecklenburg-Vorpommern, § 9 Abs. 1 S. 1 Nr. 2 Niedersachsen, §§ 6 Abs. 1 Nr. 6, 13 NRW, § 3 Abs. 1 S. 4 Nr. 3, 5 RhPf, § 1 Abs. 1 Nr. 2 Saarland, § 5 Abs. 1 Nr. 2 Sachsen, § 5 Abs. 1 Nr. 2 Sachsen-Anhalt, § 3 Abs. 1 Nr. 13 SH, § 5 Abs. 1 Nr. 1 Thüringen

- **Qualität der Berufsausübung:** § 4 Abs. 1 Nr. 3 Berlin, § 2 Abs. 1 Nr. 3 Brandenburg, § 8 Abs. 1 Nr. 3 Bremen, § 4 Abs. 1 S. 1 Nr. 4 BW, § 6 Abs. 1 Nr. 3 Hamburg, § 5 Abs. 1 Nr. 6 Hessen, § 4 Abs. 1 Nr. 3 Mecklenburg-Vorpommern, § 9 Abs. 1 S. 1 Nr. 3 Niedersachsen, § 6 Abs. 1 Nr. 5 NRW, § 3 Abs. 1 S. 4 Nr. 7 RhPf, § 1 Abs. 1 Nr. 5 Saarland, § 5 Abs. 1 Nr. 3 Sachsen, § 5 Abs. 1 Nr. 5 Sachsen-Anhalt
- **Prävention/Gesundheitsschutz:** § 4 Abs. 1 S. 1 Nr. 10 BW
- **Sicherstellung des Notfalldienstes:** § 2 Abs. 1 Nr. 5 Brandenburg, § 4 Abs. 1 Nr. 6, 7 Mecklenburg-Vorpommern, § 6 Abs. 1 Nr. 3 NRW, § 1 Abs. 1 Nr. 10, 11, 12 Saarland, § 5 Abs. 1 Nr. 4 Sachsen-Anhalt, § 3 Abs. 1 Nr. 4 SH
- **Sicherstellung einer ausreichenden Versorgung:** § 9 Abs. 1 S. 1 Nr. 7 Niedersachsen, § 1 Abs. 1 Nr. 12 Saarland
- **Förderung des gedeihlichen Miteinanders (Kollegialität) und Streitschlichtung aus dem Berufsverhältnis:** § 4 Abs. 1 Nr. 4 Berlin, § 4 Abs. 1 S. 1 Nr. 6 BW, § 2 Abs. 1 Nr. 6 Brandenburg, § 8 Abs. 1 Nr. 4, 5 Bremen, § 4 Abs. 1 Nr. 7 BW, § 6 Abs. 1 Nr. 6 Hamburg, § 5 Abs. 1 Nr. 3 Hessen, § 4 Abs. 1 Nr. 8 Mecklenburg-Vorpommern, § 9 Abs. 2 Niedersachsen, § 6 Abs. 1 Nr. 8 NRW, § 3 Abs. 1 S. 4 Nr. 1 RhPf, § 1 Abs. 1 Nr. 6, 7 Saarland, § 5 Abs. 1 Nr. 6 Sachsen, § 5 Abs. 1 Nr. 8 Sachsen-Anhalt, § 5 Abs. 1 Nr. 3 Thüringen, § 3 Abs. 1 Nr. 6 SH
- **Sorge für die Erhaltung eines (sittlich und wissenschaftlich) hoch stehenden Berufsstandes, kollegiales Verhältnis, Kooperation mit anderen Gesundheitsberufen:** § 2 Abs. 1 Nr. 1 Brandenburg, § 4 Abs. 1 S. 1 Nr. 6 BW, § 4 Abs. 1 Nr. 1 Mecklenburg-Vorpommern, § 6 Abs. 1 Nr. 6 NRW, § 3 Abs. 1 S. 4 Nr. 2 RhPf, § 1 Abs. 1 Nr. 6 Saarland, § 5 Abs. 1 Nr. 1 Sachsen, § 3 Abs. 1 Nr. 1 SH
- **Allgemeine Schlichtung:** § 2 Abs. 1 Nr. 7 Brandenburg, § 8 Abs. 1 Nr. 1 Bremen, § 6 Abs. 1 Nr. 7 Hamburg, § 5 Abs. 1 Nr. 3 Hessen, § 4 Abs. 1 Nr. 8, 9 Mecklenburg-Vorpommern, § 9 Abs. 1 S. 1 Nr. 4 Niedersachsen, § 6 Abs. 1 Nr. 8 NRW, § 1 Abs. 1 Nr. 7 Saarland, § 5 Abs. 1 Nr. 6 Sachsen, § 5 Abs. 1 Nr. 8 Sachsen-Anhalt, § 5 Abs. 1 Nr. 3 Thüringen

b) Vertretung des Gesamtinteresses

- **Wahrnehmung beruflicher Belange:** Art. 2 Abs. 1 Bayern, § 4 Abs. 1 Nr. 1 Berlin (unter Beachtung der Interessen der Allgemeinheit), § 4 Abs. 1 Nr. 1 BW, § 8 Abs. 1 Nr. 1 Bremen, § 6 Abs. 1 Nr. 2 Hamburg, § 4 Abs. 1 Nr. 1 Mecklenburg-Vorpommern, § 9 Abs. 1 S. 1 Nr. 1 Niedersachsen, § 6 Abs. 1 Nr. 7 NRW, § 3 Abs. 1 S. 3 RhPf, § 1 Abs. 1 Nr. 1 Saarland, § 5 Abs. 1 Nr. 1 Sachsen, § 5 Abs. 1 Nr. 1 Sachsen-Anhalt, § 3 Abs. 1 Nr. 5 SH, § 5 Abs. 1 Nr. 5 Thüringen
- **Unterstützung des öffentlichen Gesundheitsdienstes:** Art. 2 Abs. 1 Bayern, § 2 Abs. 1 Nr. 4 Brandenburg, § 8 Abs. 1 Nr. 8 Bremen, § 4 Abs. 1 Nr. 8 BW, § 6 Abs. 1 Nr. 5 Hamburg, § 5 Abs. 1 Nr. 4 Hessen, § 4 Abs. 1 Nr. 4 Mecklenburg-Vorpommern, §§ 9 Abs. 1 S. 1 Nr. 6b, 8 Niedersachsen, § 6 Abs. 1 Nr. 1 NRW, § 3 Abs. 1 S. 4 Nr. 4 RhPf, § 1 Abs. 1 Nr. 8 Saarland, § 5 Abs. 1 Nr. 8 Sachsen, § 5 Abs. 1 Nr. 3 Sachsen-Anhalt, § 3 Abs. 1 Nr. 2 SH, § 5 Abs. 1 Nr. 4 Thüringen
- **Benennung von Sachverständigen und Gutachtern/Begutachtung von Behandlungsfehlern:** § 2 Abs. 1 Nr. 9 Brandenburg, § 8 Abs. 1 Nr. 9 Bremen, § 5 Abs. 1

Nr. 5 Hessen, § 4 Abs. 1 Nr. 7 Mecklenburg-Vorpommern, § 9 Abs. 1 S. 1 Nr. 6a Niedersachsen, § 6 Abs. 1 Nr. 2, 9 NRW, § 5 Abs. 1 Nr. 10 Sachsen, § 5 Abs. 1 Nr. 7 Sachsen-Anhalt, § 5 Abs. 1 Nr. 6 Thüringen
- **Stellungnahmen/Fachgutachten/Beratung von Behörden bei Gesetzgebung und Verwaltung:** Art. 2 Abs. 2 S. 1 Bayern, § 4 Abs. 1 S. 1 Nr. 8 BW, § 2 Abs. 1 Nr. 9 Brandenburg, § 8 Abs. 1 Nr. 9 Bremen, § 6 Abs. 1 Nr. 5 Hamburg, § 5 Abs. 1 Nr. 5 Hessen, § 4 Abs. 1 Nr. 7 Mecklenburg-Vorpommern, § 9 Abs. 1 S. 1 Nr. 6a Niedersachsen, § 6 Abs. 1 Nr. 2 NRW, § 3 Abs. 1 S. 4 Nr. 4 RhPf, § 1 Abs. 1 Nr. 9 Saarland, § 5 Abs. 1 Nr. 10 Sachsen, § 5 Abs. 1 Nr. 7 Sachsen-Anhalt, § 3 Abs. 1 Nr. 2 SH, § 5 Abs. 1 Nr. 6 Thüringen
- **Patientenberatung, Patientenschutz:** § 4 Abs. 1 S. 1 Nr. 9 S. 3 BW, § 4 Abs. 1 S. 3 BW, § 5 Abs. 1 Nr. 7 Hessen, § 9 Abs. 1 S. 1 Nr. 6 Niedersachsen, § 6 Abs. 1 Nr. 13 NRW

c) Förderung des Berufsstandes

67
- **Förderung der Berufsausübung sowie der Aus-, Fort- und Weiterbildung:** Art. 2 Abs. 1 Bayern, §§ 4 Abs. 1 S. 1 Nr. 3, 11 BW, § 4 Abs. 1 Nr. 7 Berlin, § 2 Abs. 1 Nr. 3 Brandenburg, § 8 Abs. 1 Nr. 3 Bremen, § 6 Abs. 1 Nr. 3 Hamburg, § 5 Abs. 1 Nr. 2 Hessen, § 6 Abs. 1 Nr. 4 NRW, § 3 Abs. 1 S. 4 Nr. 6 RhPf, § 4 Abs. 1 Nr. 3 Mecklenburg-Vorpommern, § 9 Abs. 1 S. 1 Nr. 3 Niedersachsen, § 1 Abs. 1 Nr. 3 Saarland, § 5 Abs. 1 Nr. 5 Sachsen-Anhalt, § 5 Abs. 1 Nr. 4 Sachsen, § 5 Abs. 1 Nr. 2 Thüringen
- **Gestaltung der Weiterbildung:** § 4 Abs. 1 S. 1 Nr. 6 BW, § 2 Abs. 1 Nr. 3 Brandenburg, § 8 Abs. 1 Nr. 3 Bremen, § 6 Abs. 1 Nr. 3 Hamburg, § 9 Abs. 1 S. 1 Nr. 3 Niedersachsen, § 6 Abs. 1 Nr. 4 NRW, § 3 Abs. 1 S. 4 Nr. 6 RhPf, § 1 Abs. 1 Nr. 3 Saarland, § 5 Abs. 1 Nr. 4 Sachsen, § 5 Abs. 1 Nr. 5 Sachsen-Anhalt, § 3 Abs. 1 Nr. 3 SH
- **Schaffung sozialer Einrichtungen:** Art. 2 Abs. 1 Bayern, § 2 Abs. 1 Nr. 8 Brandenburg, § 9 Abs. 1 S. 1 Nr. 5 Niedersachsen, § 6 Abs. 1 Nr. 10 NRW, § 3 Abs. 1 S. 4 Nr. 8 RhPf, § 5 Abs. 1 Nr. 6 Sachsen-Anhalt, § 5 Abs. 1 Nr. 9 Sachsen
- **Bescheinigung von Zusatzqualifikationen, Zertifizierung:** § 2 Abs. 1 Nr. 3 Brandenburg, § 8 Abs. 1 Nr. 3 Bremen, § 9 Abs. 1 S. 2 Niedersachsen, § 6 Abs. 1 Nr. 4, 5 NRW, § 5 Abs. 1 Nr. 4 Sachsen
- **Berufs-, Fort- und Weiterbildung und Prüfung des Fachpersonals:** § 4 Abs. 1 Nr. 6 Berlin, § 4 Abs. 1 S. 1 Nr. 11 BW, § 9 Abs. 1 S. 1 Nr. 9 Niedersachsen, § 3 Abs. 3 S. 1 RhPf, § 1 Abs. 1 Nr. 4 Saarland, § 5 Abs. 1 Nr. 7 Sachsen

4. Übertragene Aufgaben

68
Neben den gesetzlich zugewiesenen eigenen Angelegenheiten (klassische Selbstverwaltungsaufgaben), bei denen ein ausreichend großer Gestaltungsspielraum bleiben muss, um eine eigenverantwortliche Verwaltung der Betroffenen zu ermöglichen,[148] nehmen die Kammern auch staatlich übertragene Aufgaben (staatliche Auftragsangelegenheiten) wahr.[149] Dabei handelt es sich zum einen um bislang durch die unmittelbare Staatsverwaltung wahrgenommene Aufgaben, für deren Erfüllung besonderer Sachverstand

---

148 Kluth/*Kluth*, Handbuch, C I 5 Rn 91 unter Hinweis auf BVerfGE 33, 125 (Facharztbeschluss).
149 § 4 Abs. 1 Nr. 8 Berlin, § 6 Abs. 1 Nr. 8 Hamburg, § 5 Abs. 1 Nr. 12 Sachsen, § 3 Abs. 3 SH (als eigene Angelegenheiten mit deren Zustimmung oder zur Erfüllung nach Weisung, Konnexität SH), § 3 Abs. 3 S. 1, 2 RhPf.

der Selbstverwaltungskörperschaften genutzt werden soll oder kann.[150] Dazu zählen bei Ärzte- und Zahnärztekammern beispielsweise Aufgaben im Strahlenschutz.[151] Zum anderen geht es dabei um Aufgaben, die grundsätzlich von der Selbstverwaltung wahrgenommen werden könnten, bislang aber von staatlichen Behörden erfüllt wurden.[152] Hierzu zählt die Übertragung der Approbationserteilung und des -entzuges auf die Heilberufekammern. So hat das Land Niedersachsen durch Rechtsverordnung drei Kammern für Heilberufe die Aufgaben als zuständige Stellen für die Erteilung und den Widerruf von Approbationen und Berufserlaubnissen nach der Bundesärzteordnung, dem Psychotherapeutengesetz und dem Gesetz über die Ausübung der Zahnheilkunde übertragen. Der Niedersächsische Zweckverband zur Approbationserteilung (NiZzA) hat am 1.4.2006 seine Arbeit aufgenommen. Die Kosten der Aufgabenerfüllung hat in diesem Fall das Land zu tragen (Konnexität).[153]

In jüngster Zeit ist durch die Novellierung einiger Kammergesetze der Katalog zugewiesener oder übertragener Aufgaben um eine Vielzahl schlichter Verwaltungstätigkeiten erweitert worden, für deren enumerative Nennung der jeweilige Landesgesetzgeber offenbar die Notwendigkeit einer gesetzlichen Grundlage sah. Dazu zählt beispielsweise die Verpflichtung, An- und Abmeldungen von Kammerangehörigen mit Namen, Gebiets-, Schwerpunkt-, Bereichsbezeichnung und Anschrift dem für den Ort der Berufsausübung zuständigen Gesundheitsamt oder zuständigen Veterinär- und Lebensmittelüberwachungsamt zu übermitteln (§ 2 Abs. 1 Nr. 10 Brandenburg, § 5 Niedersachsen, § 6 Abs. 1 Nr. 1 NRW) oder die Ausgabe von Bescheinigungen, wie den elektronischen Arztausweis – health professional card – (§ 2 Abs. 1 Nr. 11 Brandenburg, § 8 Abs. 1 Nr. 7 Bremen, § 4 Abs. 1 S. 1 Nr. 12 BW, § 5 Abs. 1 Nr. 7 Hessen, § 9 Abs. 1 S. 1 Nr. 10 Niedersachsen, § 6 Abs. 1 Nr. 12 NRW, § 5 Abs. 1 Nr. 9 Sachsen-Anhalt, § 5 Abs. 1 Nr. 11 Sachsen, die Benennung von Mitgliedern der Berufsgerichte (§ 1 Abs. 1 Nr. 13 Saarland) oder das Führen der Berufsverzeichnisse (z.B. § 4 Abs. 1 Nr. 5 Berlin).

69

Was den Heilberufekammer-Gesetzen fehlt, ist ein Hinweis auf das Selbstverwaltungsrecht der Kammern.[154] Eine andere Frage ist, ob die zum Teil abstrakte Normierung von Kammeraufgaben (so in Art. 2 HKaG Bayern) den aktuellen „Gesetzgebungsstandards" entspricht.[155]

70

Ob die allgemeinen Normen der Heilberufekammer-Gesetze zusätzlicher Konkretisierung im Einzelfall bedürfen, muss sich an der Frage ihrer Grundrechtsrelevanz entscheiden. Unabhängig davon verbleiben den Kammern im Rahmen ihres gesetzlichen Wirkungskreises auch „Aufgabenfindungsrechte".[156] Das Bundesverfassungsgericht hat bei Entscheidungen, welche die Berufswahl betreffen (statusbildende Normen) und Einschränkungen der Berufsausübungsfreiheit in ihren Grundzügen eine Regelung durch förmliches Gesetz verlangt.[157] Eine generalklauselartige Ermächtigung genügt.[158] Die Ausweitung des Parlamentsvorbehaltes auf „technische und ähnliche marginale Regelungen" (Kluth) erscheint überzogen.

71

---

150 Kluth/*Kluth*, Handbuch, C I 5 Rn 173.
151 § 3 Abs. 4 S. 1 HeilBG RhPf.
152 Kluth/*Kluth*, Handbuch, C I 5 Rn 174.
153 Kluth/*Kluth*, Handbuch, C I 5 Rn 176.
154 Kluth/*Kluth*, Jahrbuch 2002, S. 57.
155 Kluth/*Kluth*, Die Zukunft der funktionalen Selbstverwaltung – Perspektiven und Thesen einer Reformdiskussion, Jahrbuch 2002, S. 43, 56.
156 Kluth/*Kluth*, Handbuch C I 5 f Rn 164 f.
157 BVerfGE 33, 125, 163, kritisch Kluth/*Kluth*, Handbuch, C I 5 Rn 136.
158 Kluth/*Kluth*, Handbuch, C I 5 Rn 135.

72 Es fällt auf, dass in den Heilberufekammer-Gesetzen zwar organisationsrechtliche Fragen „regelungstechnisch weitgehend einwandfrei normiert werden" (*Kluth*), die Aufgabenwahrnehmung durch die hauptamtliche Geschäftsführung jedoch nicht angesprochen wird. Eine Regelung erscheint im Hinblick auf die von einzelnen Sozialversicherungsträgern vertretene Auffassung notwendig, wonach die Tätigkeit des Vorsitzenden einer freiberuflichen Selbstverwaltungskörperschaft ein sozialversicherungspflichtiges Beschäftigungsverhältnis darstellt, soweit dem jeweiligen Vorstand nach Satzung die Führung der laufenden Geschäfte obliege.[159] Dabei wird verkannt, dass es sich bei der ehrenamtlichen Wahrnehmung von Leitungsfunktionen einer Selbstverwaltungskörperschaft gerade nicht um „dem allgemeinen Erwerbsleben zugängliche Verwaltungsaufgaben"[160] handelt. Funktionale Selbstverwaltung meint die Einbeziehung des beruflichen Sachverstandes bei der gesetzlich übertragenen Wahrnehmung von Aufgaben, Teilhabe und Mitwirkung an staatlicher Legislative und Exekutive. Geschäfte der laufenden Verwaltung werden in der Praxis gerade nicht vom Ehrenamt, sondern – wie bei den Wirtschaftskammern (dort ist der Hauptgeschäftsführer nach IHK-Gesetz[161] gemeinsam mit dem Präsidenten auch zur Vertretung berechtigt) – von hauptamtlichen Geschäftsführern ausgeführt, deren Rechtsstellung sich aus der Satzung und den Vorgaben des jeweiligen Leitungsorgans ergeben.[162] *Groß* vertritt die Auffassung, dass die Abberufung eines vom Hauptorgan (Vollversammlung) gewählten Geschäftsführers zulässig ist, sofern ein wichtiger Grund vorliege; beruhe die Rechtsstellung lediglich auf einem Anstellungsvertrag, so gelten die arbeitsrechtlichen Kündigungsbestimmungen.[163]

5. Kammern auf Bundesebene

73 Auf Bundesebene bestehen als Arbeitsgemeinschaften der Länderkammern die Bundesärztekammer, Bundeszahnärztekammer, Bundesapothekerkammer, Bundestierärztekammer und Bundespsychotherapeutenkammer. Daneben stehen als Selbstverwaltungskörperschaften der Vertragsärzte und Vertragszahnärzte die Kassenärztliche Bundesvereinigung und Kassenzahnärztliche Bundesvereinigung, beide verfasst als Körperschaften des öffentlichen Rechts auf der Grundlage des Sozialgesetzbuchs (SGB V).

a) Bundesärztekammer

74 Der freiwillige Zusammenschluss der Ärztekammern auf Länderebene, entstanden aus einer 1947 gegründeten Arbeitsgemeinschaft der westdeutschen Ärztekammern führt seit 1955 die Bezeichnung Bundesärztekammer (BÄK).[164] Einen weiteren Vorläufer hat die BÄK im Deutschen Ärztevereinsbund e.V. der im Jahr 1873 den 1. Deutsche Ärztetag als seine (satzungsgebende) Hauptversammlung veranstaltete.[165] Erst nach dem 2. Weltkrieg wurde durch Satzungsänderung anlässlich des 58. Deutschen Ärztetages

---

159 SG Regensburg, Gerichtsbescheid v. 15.12.2006 – 14 KR 192/06 (nicht rechtskräftig) unter Hinweis auf BSG – B 12 KR 12/05 R, SozR 4-2400 § 7 Nr. 6.
160 BSG – B 12 KR 12/05 R, SozR 4-2400 § 7 Nr. 6.
161 § 7 Abs. 2 Gesetz zur vorläufigen Regelung des Rechts der Industrie- und Handelskammern v. 18.12.1956 (BGBl I, 920), zuletzt geändert durch Art. 4 Nr. 5 des Gesetzes zur Reform der beruflichen Bildung v. 23.3.2005 (BGBl I, 931).
162 Kluth/*Groß*, Handbuch, E 39 ff.
163 Kluth/*Groß*, Handbuch, E 44.
164 BVerfGE 33, 125 (Facharzturteil); *Hörnemann*, Die Selbstverwaltung der Ärztekammern, S. 80.
165 *Bergemann*, S. 51.

(nach dem 50. Deutschen Ärztetag in Köln im Jahr 1931 hat mit dem 51. Deutschen Ärztetag 1948 in Stuttgart eine neue Zählung begonnen) ein Organ der Bundesärztekammer. Im Zuge der deutschen Wiedervereinigung traten 1991 auch die ostdeutschen Ärztekammern der Bundesärztekammer bei. Der 100. Deutsche Ärztetag fand im Jahr 1997 in Eisenach statt.

75 Nach ihrer Satzung (§ 1 Abs. 1, 2) bilden die 17 Ärztekammern auf Landesebene (zwei Kammern in Nordrhein-Westfalen) unter der Bezeichnung Bundesärztekammer eine Arbeitsgemeinschaft der Deutschen Ärztekammern mit Sitz in Berlin.[166] Zweck der Arbeitsgemeinschaft ist der ständige Erfahrungsaustausch unter den Ärztekammern und die gegenseitige Abstimmung ihrer Ziele und Tätigkeiten. Um dies zu erreichen, übernimmt die Arbeitsgemeinschaft die Pflege des Zusammengehörigkeitsgefühl aller deutschen Ärzte und ihrer Organisationen, organisiert den Meinungs- und Erfahrungsaustausch zwischen den Ärztekammern, unterrichtet die Mitglieder über alle für die Ärzte wichtigen Vorgänge auf dem Gebiet des Gesundheitswesens und des sozialen Lebens und wirkt auf eine möglichst einheitliche Regelung der ärztlichen Berufspflichten und der Grundsätze für die ärztliche Tätigkeit auf allen Gebieten hin. Weiteres Ziel ist es, die ärztliche Fortbildung zu fördern, in allen Angelegenheiten, die über den Zuständigkeitsbereich eines Landes hinausgehen, die beruflichen Belange der Ärzteschaft zu wahren, Tagungen zur öffentlichen Erörterung gesundheitlicher Probleme zu veranstalten, und Beziehungen zur ärztlichen Wissenschaft und zu ärztlichen Vereinigungen des Auslandes herzustellen, § 2 Abs. 1, 2 Satzung BÄK.

76 Organe der Bundesärztekammer sind die mindestens einmal jährlich stattfindende Hauptversammlung (Deutscher Ärztetag) und der Vorstand, §§ 3, 4 Satzung BÄK. Letzterer besteht aus dem Präsidenten und zwei Vizepräsidenten, den Präsidenten der Landesärztekammern, die Mitglieder der Bundesärztekammer (Arbeitsgemeinschaft der Deutschen Ärztekammern) sind, sowie zwei weiteren Ärztinnen/Ärzten, § 5 Abs. 1 Satzung BÄK. Während die Präsidenten der Länderkammern geborene Mitglieder des Vorstandes sind, werden die übrigen Mitglieder von den 250 Delegierten des Ärztetages auf die Dauer von vier Jahren gewählt, § 5 Abs. 2–4 Satzung BÄK. Antragsberechtigt sind in den Vorstandssitzungen auch der Geschäftsführer sowie der Justitiar der Bundesärztekammer, § 6 S. 2 Satzung BÄK. Die Finanzierung erfolgt durch Umlage der aus der Arbeit entstehenden Kosten, über die der Ärztetag mit Zweidrittel-Mehrheit entscheidet, § 8 Abs. 1, 2 Satzung BÄK.

77 Zur Erfüllung ihrer Aufgaben hat die Bundesärztekammer Ausschüsse und Ständige Konferenzen berufen. Hinzu kommen Gremien mit eigenen Statuten, so die Deutsche Akademie für Allgemeinmedizin, Deutsche Akademie der Gebietsärzte, Arzneimittelkommission der deutschen Ärzteschaft, Kommission „Somatische Gentherapie", Ständige Kommission Organtransplantation, der Deutsche Senat für ärztliche Fortbildung und eine Finanzkommission. Der Wissenschaftliche Beirat der Bundesärztekammer, der Bundesärztekammer setzt sich zusammen aus fast 40 Wissenschaftlern aus allen Fachbereichen der Medizin. Er berät in medizinisch-wissenschaftlichen Fragen, die bei der Vorbereitung und Durchführung von Gesetzen im Bereich des Gesundheitswesens und der ärztlichen Berufsausübung auftreten. Weitere Aufgabe ist die Erarbeitung von Leit- bzw. Richtlinien zu diagnostischen und therapeutischen Verfahren und Methoden unter Berücksichtigung von ethischen und juristischen Aspekten.

---

166 Satzung der Bundesärztekammer (Arbeitsgemeinschaft der Deutschen Ärztekammern) in der v. 104. Deutschen Ärztetag 2001 beschlossenen Fassung.

78 Gemeinsam mit der Kassenärztlichen Bundesvereinigung (KBV) unterhält die Bundesärztekammer ein Ärztliches Zentrum für Qualität in der Medizin. Weitere Einrichtungen bei der Bundesärztekammer sind die Zentrale Kommission zur Wahrung ethischer Grundsätze in der Medizin und ihren Grenzgebieten (Zentrale Ethikkommission), der Wissenschaftliche Beirat „Psychotherapie", die Konferenz der Fachberufe im Gesundheitswesen und der Zentrale Konsultationsausschuss für Gebührenordnungsfragen.

79 Als eine ihrer zentralen Aufgaben veröffentlicht die Bundesärztekammer Stellungnahmen und Empfehlungen, Leitlinien und Richtlinien. Die Themen reichen von A wie Abstammungsgutachten (Richtlinien) bis Z wie Zytologische Untersuchungen (Leitlinie).

b) Bundeszahnärztekammer

80 Bei der Bundeszahnärztekammer handelt es sich – ebenso wie bei der Bundesärztekammer – um einen freiwilligen Zusammenschluss der Kammern bzw. entsprechender oberster Berufsvertretungen in den Ländern der Bundesrepublik Deutschland auf Landesebene. Der eingetragene Verein führt seit einer Satzungsänderung im Jahr 1992 den Namen „Bundeszahnärztekammer – Arbeitsgemeinschaft der Deutschen Zahnärztekammern" e.V., § 1 Abs. 1, 2 Satzung BZÄK. Als Ziel des Verbandes nennt die Satzung (§ 2 Abs. 1)[167] die Förderung und Vertretung der gesundheitspolitischen und beruflichen Belange der deutschen Zahnärzte sowie einer fortschrittlichen, wissenschaftlichen Erkenntnis Rechnung tragenden Zahnheilkunde und deren Ausübung in freier Entscheidung durch Zahnarzt und Patient.

81 Weitere Ziele sind die Schaffung und Fortentwicklung einer einheitlichen Berufsauffassung, die Schaffung von Rahmenbedingungen für die Erbringung und Anerkennung zahnmedizinischer Leistungen durch sozial- und gesundheitspolitische Interessenvertretung. Dabei werden die Organe verpflichtet, auf eine Gesetzgebung hinzuwirken, die eine freie Berufsausübung und die Wahrung der Selbstbestimmung der Patienten gewährleistet. Die BZÄK übernimmt die Koordination und Durchführung länderübergreifender Aufgaben, die gegenseitige Abstimmung der Arbeiten und Aufgaben der Verbandsmitglieder, die Pflege, Koordinierung und Weiterentwicklung der beruflichen Aus-, Fort- und Weiterbildung unter Einbeziehung der zahnärztlichen Wissenschaft in Zusammenarbeit mit zahnärztlich-wissenschaftlichen Organisationen sowie die Förderung der öffentlichen Gesundheitspflege.

82 Die Umsetzung dieser Ziele und Aufgaben soll im Sinne von Patienten und Zahnärzten im deutschen, europäischen und internationalen Raum erfolgen. Dabei vertritt die Organisation im Rahmen gezielter Öffentlichkeitsarbeit gesundheitspolitische und berufliche Belange gegenüber Parteien, Regierung und Parlamenten, Behörden, Körperschaften und Verbänden auf Bundesebene, § 2 Abs. 2 Satzung BZÄK.

83 Vorläufer-Organisationen der Bundeszahnärztekammer waren der Zentral-Verein Deutscher Zahnärzte, gegründet am 2.8.1859 in Berlin, und der Vereinsbund Deutscher Zahnärzte, gegründet am 2.4.1891 in Breslau. Bereits 1880 hatte sich in Berlin der Verein deutscher Zahnkünstler konstituiert, der den nicht-approbierten Behandlern eine Plattform gab. 1908 benannte sich die Organisation neu in „Verein der Dentisten im Deutschen Reich". Am 6.5.1910 war in Würzburg – als Reaktion auf die Auseinandersetzungen mit den Krankenkassen über die Behandlung von Zahnerkrankungen durch

---

167 Satzung der Bundeszahnärztekammer, Neufassung gemäß den Beschlüssen der Bundesversammlung vom 3./4.11.2000.

Zahntechniker – nach dem Vorbild des im Jahr 1900 gegründeten Vereins der Ärzte Deutschlands, dem späteren Hartmannbund, der Wirtschaftliche Verband Deutscher Zahnärzte gegründet worden, aus dem im Jahr 1924 der Reichsverband der Zahnärzte Deutschlands entstand. Zentralverein und Vereinsbund verschmolzen im Jahr 1926 zum Zentral-Verein Deutscher Zahnärzte – Deutsche Gesellschaft für Zahn- und Kieferheilkunde, die ihren Schwerpunkt bei Forschung, Wissenschaft und Fortbildung setzte.[168] Rückwirkend wurde die vorbereitende Tagung im Jahr 1924 in München als 1. Deutscher Zahnärztetag bezeichnet.[169]

Nach dem Krieg erfolgte auf einer Versammlung vom 23.–25.6.1948 in Rothenburg/Tauber die Gründung des Verbandes Deutscher Zahnärztlicher Berufsvertretungen (VDZB). Nach dem Inkrafttreten des Zahnheilkundegesetzes am 1.4.1952 und der Eingliederung der Dentisten kam es am 27.3.1953 – wiederum in Rothenburg – zur Gründung des Bundesverbandes der Deutschen Zahnärzte (BDZ).

Verbandsorgane der Bundeszahnärztekammer sind nach § 6 Abs. 1 Satzung BZÄK die (alljährlich stattfindende) Bundesversammlung, der Vorstand und der Geschäftsführende Vorstand, bestehend aus dem Präsidenten und den beiden Vizepräsidenten. Der Vorstand besteht aus dem von der Bundesversammlung gewählten Präsidenten und zwei Vizepräsidenten, soweit sie als Präsidenten einer Kammer auf Landesebene nicht schon geborene Vorstandsmitglieder sind, sowie den Präsidenten (Vorsitzenden) der dem Verband angehörenden Landeszahnärztekammern bzw. entsprechender oberster Berufsvertretungen in den Ländern oder ihren Beauftragten, § 8 Abs. 1 Satzung BZÄK Die beiden Vizepräsidenten sollen aus dem Kreis der Vorstandsmitglieder gewählt werden, § 9 Abs. 2 S. 3 Satzung BZÄK. Die Amtszeit des Präsidiums beträgt vier Jahre, § 9 Abs. 2 S. 4 Satzung BZÄK. Das Stimmrecht im Vorstand wird nach der Mitgliederzahl der in der Arbeitsgemeinschaft vertretenen Kammern gewichtet, wobei die Präsidenten je eine Stimme haben, § 8 Abs. 5 Satzung BZÄK.

Vorstand, Geschäftsführer des Verbandes und der Verbandsmitglieder nehmen an der Bundesversammlung mit beratender Stimme teil, § 7 Nr. 10 S. 1 Satzung BZÄK. Die Finanzierung des Vereins erfolgt durch Mitgliedsbeiträge seiner Mitglieder, die von der Bundesversammlung festgesetzt werden, § 7 Nr. 7c Satzung BZÄK.

c) Bundesapothekerkammer

Vorläufer der Bundesapothekerkammer war der 1872 gegründete Deutsche Apotheker-Verein und der 1910 aus dem Verband konditionierender Apotheker entstandene Verband deutscher Apotheker.[170] Daraus entstand 1933 die Standesgemeinschaft Deutscher Apotheker, seit dem 1.1.1935 in Gestalt des Vereins Deutsche Apothekerschaft.[171] Nach dem Krieg kam es im Juni 1950 zur Gründung der „Arbeitsgemeinschaft der Berufsvertretungen Deutscher Apotheker (ABDA)" und am 20.9.1956 zur Konstituierung der Arbeitsgemeinschaft Deutscher Apothekerkammern (Bundesapothekerkammer).

Die Apothekerkammern Deutschlands haben sich zu einer Arbeitsgemeinschaft mit dem Namen „Arbeitsgemeinschaft Deutscher Apothekerkammern (Bundesapotheker-

---

168 *Maretzky/Venter*, S. 137 f.
169 *Maretzky/Venter*, S. 138.
170 *Taupitz*, Standesordnungen, S. 344, Fn 40.
171 *Taupitz*, Standesordnungen, S. 346.

kammer)" zusammengeschlossen, § 1 Satzung BAK.[172] Ziel der in Berlin ansässigen Organisation ist es, den Informations- und Meinungsaustausch unter den Apothekerkammern zu pflegen und einheitliche Grundsätze für den Aufgaben- und Arbeitsbereich der Apothekerkammern zu entwickeln und nach außen zu vertreten. Weiterhin sollen im Rahmen der den Apothekerkammern übertragenden Aufgaben in allen Angelegenheiten von allgemeiner, über den Bereich einer Apothekerkammer hinausgehender Bedeutung mit Behörden, Körperschaften, Vereinigungen, Einrichtungen und sonstigen Stellen Verbindung gehalten und etwaige Verhandlungen geführt werden. Außerdem soll die Bundesapothekerkammer die Mitgliedskammern darin unterstützen, den Informations- und Meinungsaustausch der Apotheker in unterschiedlichen Tätigkeitsfeldern, wie zum Beispiel in öffentlichen Apotheken, Krankenhausapotheken, an Hochschulen, in der Industrie und Behörden, zu fördern, § 2 Satzung BAK.

89 Organe der Bundesapothekerkammer sind gem. § 3 Satzung BAK der Geschäftsführende Vorstand, der Vorstand und die Mitgliederversammlung. Der Geschäftsführende Vorstand besteht aus fünf Personen, dem Präsidenten, dem Vizepräsidenten sowie drei Beisitzern und wird von der Mitgliederversammlung für vier Jahre gewählt, § 4 Abs. 1 S. 1, Abs. 2 S. 1 Satzung BAK. Er vertritt gem. § 5 Abs. 1 Satzung BAK die Bundesapothekerkammer und führt deren laufende Geschäfte. Dem Vorstand gehören die Präsidenten der Mitgliedskammern sowie die Mitglieder des Geschäftsführenden Vorstands an, § 5a Abs. 1 Satzung BAK. Nach § 6 Abs. 1, S. 1, 2 Satzung BAK besteht die Mitgliederversammlung aus je höchstens vier Vertretern der Mitgliedskammern, von denen einer nicht-selbständiger Apotheker sein soll. Sie tritt mindestens einmal im Jahr zusammen. Zur Finanzierung ihrer Aufgaben erhebt die Bundesapothekerkammer Beiträge von ihren Mitgliedern, § 9 Abs. 1 Satzung BAK. Dabei kommt dem geschäftsführenden Vorstand eine weitere Aufgabe zu. Er hat sicherzustellen, dass die anteiligen Beiträge der Mitgliedskammern im ABDA-Haushalt nur entsprechend den Heilberufsgesetzen (Kammergesetzen) der Länder verwendet werden, § 9 Abs. 4 Satzung BAK.

d) Bundestierärztekammer

90 Die Tierärztekammern der Länder der Bundesrepublik Deutschland bilden eine Arbeitsgemeinschaft unter der Bezeichnung „Bundestierärztekammer e.V. – Arbeitsgemeinschaft der Deutschen Tierärztekammern" mit Sitz in Bonn, § 1 Abs. 1, 2 Satzung BTK.[173] Zu ihren Aufgaben zählt, den ständigen Erfahrungsaustausch unter den Tierärztekammern und die gegenseitige Abstimmung ihrer Ziele und Tätigkeiten zu gewährleisten sowie auf eine möglichst einheitliche Regelung der tierärztlichen Berufspflichten und der Grundsätze für die tierärztliche Tätigkeit auf allen Gebieten hinzuwirken. Ziel ist auch die Beratung der Tierärztekammern, die Wahrnehmung der Belange der Tierärzteschaft gegenüber Gesetzgeber, Verwaltung und Öffentlichkeit, sowie die Förderung der Fortbildung, insbesondere durch die Trägerschaft der Akademie für tierärztliche Fortbildung sowie der Aus- und Weiterbildung. Dabei hat sie in allen Angelegenheiten, die über den Zuständigkeitsbereich eines Landes hinausgehen, die beruflichen Belange der Tierärzteschaft auf nationaler und internationaler Ebene zu wahren, § 2 Abs. 1 Nr. 1–5 Satzung BTK.

---

172 Satzung der Bundesapothekerkammer (Arbeitsgemeinschaft Deutscher Apothekerkammern) i.d.F. v. 25.11.2004.
173 Satzung der Bundestierärztekammer, Arbeitsgemeinschaft der Deutschen Tierärztekammern e.V., (in Kraft seit 1.9.2003).

Organe der Bundestierärztekammer sind die jährlich mindestens zweimal zusammentretende (§ 6 Abs. 5) Delegiertenversammlung, das Präsidium sowie das Erweiterte Präsidium, § 5 Abs. 1 Satzung BTK. Der Deutsche Tierärztetag tritt daneben alle drei Jahre zusammen. Das Präsidium der Bundestierärztekammer besteht nach § 8 Abs. 1 Satzung BTK aus dem Präsidenten, dem 1. und 2. Vizepräsidenten sowie vier Verantwortlichen für die Ressorts praktische Berufsausübung, öffentliches Veterinärwesen und gesundheitlicher Verbraucherschutz, Aus-, Fort- und Weiterbildung, Forschung und Industrie und internationale Angelegenheiten, Abs. 3. Alle Mitglieder des Präsidiums werden grundsätzlich auf die Dauer von vier Jahren aus der Mitte der Delegiertenversammlung gewählt, § 8 Abs. 2 S. 1, 5 S. 1 Satzung BTK. Sie führen die Geschäfte der Bundestierärztekammer.

Das Erweiterte Präsidium, bestehend aus den Präsidenten der BTK-Mitglieder und den Mitgliedern des Präsidiums, hat nach § 10 Abs. 1 Satzung BTK die Aufgabe, die Angelegenheiten der BTK-Mitglieder zu beraten und zu koordinieren, „insbesondere die Kammerordnungen zu harmonisieren". Die Finanzierung erfolgt durch Mitgliedsbeiträge, § 11 Abs. 3 Satzung BTK. Präsidenten der Länderkammern können sich im Erweiterten Präsidium vertreten lassen § 11 Abs. 4 S. 1 Satzung BTK.

Neben den drei von der Delegiertenversammlung zu wählenden ständigen Ausschüssen (Haushalts- und Finanzausschuss, Vermittlungsausschuss, Arzneimittelrecht-Ausschuss) kann die Delegiertenversammlung weitere Ausschüsse einsetzen, in denen die Mitglieder des Präsidiums beratende Stimme haben, § 12 Abs. 1, 2 und 4 Satzung BTK.

e) Bundespsychotherapeutenkammer

Seit dem 17.5.2003 besteht die Bundespsychotherapeutenkammer (BPTK) mit Sitz in Berlin als nicht eingetragener Verein, dem die Kammern auf Länderebene angehören. Dabei haben sich die fünf ostdeutschen Kammern auf der Grundlage von Art. 5 Abs. 3 des Staatsvertrages über die gemeinsame Berufsvertretung der Psychologischen Psychotherapeuten und Kinder- und Jugendlichenpsychotherapeuten vom 2.6.2005 zur Ostdeutschen Psychotherapeutenkammer OPK (Sitz ist Leipzig) zusammengeschlossen. (Die Hauptsatzung vom 29.6.2006 regelt die Grundlagen der Arbeit und der Entscheidungswege in der OPK.)

Zweck der Arbeitsgemeinschaft auf Bundesebene ist es, die Zusammengehörigkeit aller Berufsangehörigen zu stärken, den Meinungs- und Erfahrungsaustausch zwischen den Psychotherapeutenkammern der Länder zu fördern und diese zu beraten sowie ihre Organisationen zu kooperativen Anstrengungen zu gewinnen und insbesondere die Kooperation mit Angehörigen und Körperschaften anderer Gesundheitsberufe zu fördern. Weitere Aufgaben der Bundespsychotherapeutenkammern sind die Unterrichtung der Länderkammern über alle für die Psychotherapeuten wichtigen Vorgänge auf dem Gebiet des Gesundheitswesens und des sozialen Lebens, das Hinwirken auf eine möglichst einheitliche Regelung der psychotherapeutischen Berufspflichten und der Grundsätze für die psychotherapeutische Tätigkeit auf allen Gebieten, sei es im Rahmen eines Beschäftigungsverhältnisses oder in selbständiger Tätigkeit, die Vertretung der Belange der Berufsangehörigen und der Psychotherapie gegenüber der Öffentlichkeit, der Politik, den Institutionen des Gesundheitswesens, den Bundesbehörden, den Vertretungen der Arbeitgeber und der Arbeitnehmer auf der Bundesebene sowie gegenüber den europäischen Institutionen, die Förderung der Psychotherapieforschung und der wissenschaftlichen Grundlagendisziplinen der Psychotherapie und deren Weiterentwicklung, ebenso der psychotherapeutischen Aus-, Fort- und Weiterbildung.

96 Dabei setzt sich die BPTK für eine Qualitätssicherung der psychotherapeutischen Berufsausübung ein, die den psychotherapeutischen Arbeitsbedingungen angemessen ist und den psychotherapeutischen Prozess befördert. In allen Angelegenheiten, die über den Zuständigkeitsbereich eines Landes hinausgehen, wahrt sie die beruflichen Belange der in einem Beschäftigungsverhältnis bzw. selbständig tätigen Psychotherapeuten und wirkt auf eine ausreichende psychotherapeutische Versorgung der Bevölkerung im kurativen, präventiven und rehabilitativen Bereich hin. Zur öffentlichen Erörterung gesundheitlicher Angelegenheiten veranstaltet sie Tagungen, stellt Beziehungen zu internationalen Organisationen und Institutionen her und vertritt die beruflichen, berufspolitischen und wissenschaftlichen Belange der Psychotherapeuten. Eine weitere Aufgabe liegt darin, sich für innovative Versorgungsformen und für eine gesundheitswissenschaftlich ausgerichtete stationäre und ambulante Gesundheitsversorgung der Bevölkerung (public health) einzusetzen, § 2 Abs. 2 Satzung BPTK.

97 Organe der Bundespsychotherapeutenkammer sind die Bundesdelegiertenversammlung (Deutscher Psychotherapeutentag), der Bundesvorstand und der Länderrat, § 3 Abs. 1 Satzung BTK. Der Bundesvorstand wird auf die Dauer von vier Jahren gewählt und (§ 5 Abs. 2) setzt sich zusammen aus dem Präsidenten, zwei Vizepräsidenten und zwei Beisitzern; dabei muss ein Vorstandsmitglied ein Kinder- und Jugendlichenpsychotherapeut sein. Dem Vorstand sollen mindestens ein in einem Beschäftigungsverhältnis tätiges Kammermitglied und mindestens ein selbständig tätiges Kammermitglied angehören, § 5 Abs. 1 Satzung BTK. Nach § 5 Abs. 5 Nr. 1 Satzung BPTK führt der Bundesvorstand die Geschäfte der Bundespsychotherapeutenkammer.

98 Der Länderrat besteht aus den Präsidenten bzw. Vizepräsidenten der Länderkammern, die sich durch ihre Vorstandsmitglieder vertreten lassen können, wobei jedes Mitglied eine Stimme hat, § 6 Abs. 1 Satzung BPTK. Die Bundesversammlung wählt zwei weitere Mitglieder (und Vertreter) als beratende Mitglieder in den Länderrat hinzu, § 6 Abs. 1 S. 3 Satzung BPTK. Aufgabe des Länderrates, dessen Vorsitz jährlich unter den Mitgliedern wechselt, ist es gem. § 6 Abs. 2, 3 Satzung BPTK, den Vorstand der Bundespsychotherapeutenkammer in allen Angelegenheiten, welche die Belange der Psychotherapeutenkammern der Länder betreffen, zu beraten, die Koordination zwischen der Bundespsychotherapeutenkammer und den Psychotherapeutenkammern der Länder zu fördern und gemeinsame Initiativen der Psychotherapeutenkammern der Länder zu koordinieren. Neben dem Finanzausschuss kann die Bundesversammlung weitere Ausschüsse und Kommissionen bilden; dem Vorstand obliegt es, zu Sachthemen und Arbeitsgebieten Kommissionen und Beauftragte zu berufen, § 8 Satzung BPTK. Die Finanzierung der Bundespsychotherapeutenkammer erfolgt durch auf die Mitgliedszahlen bezogene Beiträge der Verbandsmitglieder, § 10 BPTK.

6. Selbstverwaltung in der Sozialversicherung

a) Geschichte

99 Die „verbandsgesteuerte" sozialversicherungsrechtliche Selbstverwaltung nimmt zwischen den Modellen demokratisch überformter und grundrechtssichernder Betroffenenverwaltung eine „mittlere Position" ein.[174] Ausgangspunkt ist dabei die Körperschaftsstruktur der Sozialversicherungsträger des Bundes in Art. 87 Abs. 2 GG. Auch wenn der Begriff „Selbstverwaltungseinrichtungen" in Art. 116 des „Herrenchiemsee-Ent-

---

174 *Schmidt-Assmann*, Selbstverwaltung, in: Gedächtnisschrift Martens, S. 249, 253.

C. Selbstverwaltung §5

wurfs" nicht übernommen wurde, so wird man dort hinein doch eine „Mindestgarantie verbandlicher Institutionen" interpretieren dürfen.[175] Bereits in Zusammenhang mit der Preußischen Allgemeinen Gewerbeordnung vom 17.1.1845 war den Gewerbetreibenden und Fabrikinhabern, also den Arbeitgebern, „eine den Verhältnissen entsprechende Teilhabe an der Kassenverwaltung" zugesichert worden.[176] Allgemein wird jedoch das „Gesetz über die Vereinigung der Berg-, Hütten-, Salinen- und Aufbereitungsarbeiter in Knappschaften" (Preußisches Knappschaftsgesetz) vom 10.4.1854 mit seiner paritätischen Besetzung der Vorstände als Geburtsstunde des Selbstverwaltungsgedankens in der gesetzlichen Sozialversicherung bezeichnet. Einen weiteren Schritt hierzu vollzog die Kaiserliche Botschaft Wilhelms I. vom 17.11.1881, die ein Leitbild der staatlichen Fürsorge „in der Form korporativer Genossenschaften unter staatlichem Schutz und staatlicher Förderung" entwickelte.

Bereits im Gesetz betreffend die Abänderung der Gewerbeordnung vom 18.7.1881 (§ 100a), war die Beteiligung der Gesellen an der Gründung und Verwaltung von Innungseinrichtungen, die ihrer Unterstützung dienten, vorgesehen. Über das Gesetz betreffend die Krankenversicherung der Arbeiter vom 15.6.1883,[177] die Unfallversicherung, Invaliden- und Altersversicherung, RVO vom 19.7.1911, das Versicherungsgesetz für Angestellte vom 20.12.1911 und das Gesetz über Arbeitsvermittlung und Arbeitslosenversicherung vom 16.7.1927 entstand so ein komplexes Sozialversicherungssystem auf der Basis des Selbstverwaltungs-Gedankens,[178] das seine verfassungsrechtliche Grundlage in Art. 161 Weimarer Reichsverfassung („unter maßgeblicher Mitwirkung der Versicherten") fand. **100**

Neben die kommunale **Selbstverwaltung** traten damit die Selbstverwaltungskörper der Sozialversicherung.[179] In dieser Phase arbeitete der Kassenarzt abhängig vom Kassenvorstand, dessen Direktiven er weitgehend unterworfen war.[180] Der Arzt als Angestellter der Krankenkassen mutierte zum „sozialen Kontrolleur" (*Hörnemann*), die eigentliche „Selbstverwaltung" lag in den Händen von Nicht-Medizinern, in der Regel von Arbeitnehmern, die in den Körperschafts-Gremien die Mehrheit besaßen und somit frei waren in der Gestaltung der Krankenversicherung.[181] Die Tätigkeit der Ärzte war „bis zu einem gewissen Grade vergesellschaftet".[182] **101**

Erst am 23.12.1913 wurde mit dem „Berliner Abkommen" zwischen dem Hartmannbund, der aus dem 1900 gegründeten Leipziger Verband hervorgegangen war, und den zentralen Verbänden der Krankenkassen „eine neue Machtbalance" geschaffen.[183] Die Anstellungsautonomie der Kassen wurde durch ein Zulassungsverfahren unter Einbeziehung der Kassenärzte ersetzt. Die (privatrechtlichen) Regelungen des Leipziger Vertrages wurden nach deren Kündigung zum 31.12.1923 mit der Notverordnung vom 30.10.1923[184] in öffentliches Recht überführt und 1924 in die Reichsversicherungsordnung eingegliedert.[185] Die wesentlichen, auch heute noch praktizierten Steuerungsele- **102**

---

175 *Schmidt-Assmann*, Selbstverwaltung, in: Gedächtnisschrift Martens, S. 249, 253.
176 *Hendler*, S. 78.
177 RGBl S. 73.
178 *Hendler* S. 92.
179 *Hörnemann*, Kassenarzt als Freier Beruf, S. 47; *Schnapp*/Wigge, § 1 Rn 3.
180 *Hörnemann*, Kassenarzt als Freier Beruf, S. 53.
181 *Hörnemann*, Kassenarzt als Freier Beruf, S. 61, 62.
182 *Hörnemann*, Kassenarzt als Freier Beruf, S. 67.
183 *Hörnemann*, Kassenarzt als Freier Beruf, S. 72.
184 RGBl I 1923, 1051 ff.
185 *Hörnemann*, Kassenarzt als Freier Beruf, S. 79.

mente der gesetzlichen Krankenversicherung entstanden in dieser Zeit: Einzel- und Kollektivverträge, Pauschalvergütungssystem und Einzelleistungsvergütung, Beschränkung auf die medizinische Notwendigkeit, Ersatz des Mehraufwandes bei Verstoß gegen die Wirtschaftlichkeitsgrundsätze, Widerspruchs(„Anfechtungs")ausschüsse.[186] Am 8.12.1931 wurde per Notverordnung die **Kassenärztliche Vereinigung (KV)** als örtlicher Zusammenschluss aller Kassenärzte und Vertragspartner der Krankenkassen geschaffen. Die **KV Deutschlands** wurde zur Rechtsnachfolgerin des aufgelösten Hartmannbundes bestimmt.

b) Kassenärztliche und Kassenzahnärztliche Vereinigungen im SGB V

103 Nach 1945 knüpfte das „Gesetz über die **Selbstverwaltung** und über Änderungen von Vorschriften auf dem Gebiet der Sozialversicherung"[187] vom 21.2.1951 an traditionelle Organisationsgrundsätze der **Selbstverwaltung** in der Sozialversicherung an.[188] Mit dem Gesetz über das Kassenarztrecht – GKAR – vom 17.8.1955[189] wurden den KVen der Sicherstellungsauftrag für die ambulante vertragsärztliche Versorgung übertragen; sie wurden Mitglieder der Kassenärztlichen Bundesvereinigung.

104 Nach § 77 Abs. 1 S. 1 SGB V bilden die Vertragsärzte für den Bereich jedes Landes eine Kassenärztliche (KV) und eine Kassenzahnärztliche Vereinigung (KZV). Diese sind Körperschaften des öffentlichen Rechts oder genauer: Personenkörperschaften und Träger funktionaler Selbstverwaltung.[190] Gemeinsam bilden sie die Kassenärztliche Bundesvereinigung (KBV) bzw. die Kassenzahnärztliche Bundesvereinigung (KZBV), Abs. 4, ebenfalls Körperschaften des öffentlichen Rechts. Das GKV-Modernisierungsgesetz vom 14.11.2003[191] hat eine Reihe von Neuerungen für die vertrags(zahn)ärztliche **Selbstverwaltung** gebracht, so u.a. die deutliche Verkleinerung der jeweiligen Vertreterversammlungen, die Hauptamtlichkeit der Vorsitzenden in den KVen bzw. KZVen, § 79 Abs. 1 SGB V, die Verpflichtung, Stellen zur Bekämpfung von Fehlverhalten im Gesundheitswesen zu schaffen, § 81a Abs. 1 SGB V, die Bildung eines rechtsfähigen Gemeinsamen Bundesausschusses durch die KBV, die Deutsche Krankenhausgesellschaft, die Bundesverbände der Krankenkassen, die Bundesknappschaft und die Verbände der Ersatzkassen, in dem Patienten- und Selbsthilfeorganisationen ein Mitberatungsrecht haben, §§ 91 Abs. 1, 140f. Abs. 1, 2 SGB V.

105 Anstelle der vormaligen Bundesausschüsse beschließt jetzt der Gemeinsame Bundesausschuss die zur Sicherung der ärztlichen Versorgung notwendigen Richtlinien über die Gewähr für eine ausreichende, zweckmäßige und wirtschaftliche Versorgung der Versicherten, wobei er dabei auch die Verordnung von Leistungen oder Maßnahmen einschränken oder ausschließen kann, wenn nach dem allgemein anerkannten Stand der medizinischen Erkenntnisse der diagnostische oder therapeutische Nutzen, die medizinische Notwendigkeit oder die Wirtschaftlichkeit nicht nachgewiesen sind, § 92 Abs. 1 S. 1 Hs. 3 SGB V.

---

186 Richtlinie des Reichsausschusses v. 12.5.1924, Amtliche Nachrichten des Reichsversicherungsamtes 1924, S. 148.
187 BGBl I, 124.
188 *Hendler*, S. 218.
189 BGBl I, 513.
190 *Kluth*, MedR 2003, 123.
191 BGBl I, 2190.

Ebenfalls neu eingeführt wurde die gesetzliche Pflicht zur fachlichen Fortbildung, § 95d SGB V, wobei der Nachweis über Fortbildungszertifikate der Kammern (!) der Ärzte, Zahnärzte und Psychologischen Psychotherapeuten und Kinder- und Jugendlichenpsychotherapeuten erbracht werden kann, § 95d Abs. 2 S. 1 SGB V. Andere Fortbildungszertifikate müssen den Kriterien entsprechen, welche die Arbeitsgemeinschaften der Kammern auf Bundesebene aufgestellt haben, § 95d Abs. 2. S. 2 SGB V. „Im Einvernehmen" mit den Arbeitsgemeinschaften der zuständigen Kammern auf Bundesebene regeln die KBVen den angemessenen Umfang der in einem Fünf-Jahres-Zeitraum nachzuweisenden Fortbildung, § 95d Abs. 6 S. 1 SGB V. Insoweit anerkennt der Sozialgesetzgeber das Primat der funktionalen **Selbstverwaltung** im Bereich der Strukturqualität, wenn auch die Einbeziehung der Kammern in den Regelungskreis der Vertragsarzt-Tätigkeit unsystematisch erscheint. Das Verfahren des Fortbildungsnachweises und eventueller Honorarkürzungen bzw. zum Antrag auf Entzug der Zulassung bei Nichterbringen (§ 95d Abs. 3 SGB V) regeln die KVen alleine.

106

Neuregelungen nach dem GKV-Modernisierungsgesetz betreffen die Abrechnungsprüfung in der vertragsärztlichen Versorgung, § 106a SGB V, sowie die Förderung der Qualität, § 136 SGB V. Dabei entwickelt der Gemeinsame Bundesausschuss mittels Richtlinien Kriterien zur Qualitätsbeurteilung in der vertragsärztlichen Versorgung sowie Auswahl, Umfang und Verfahren von Stichprobenprüfungen, § 136 Abs. 2 S. 2 SGB V. Er legt auch die grundsätzlichen Anforderungen an ein einrichtungsinternes Qualitätsmanagement fest, § 136 Abs. 1 Nr. 1 SGB V. Des Weiteren hat das GKV-Modernisierungsgesetz die Rechtsgrundlage für ein Institut für Wirtschaftlichkeit und Qualität im Gesundheitswesen geschaffen, § 139a SGB V.

107

c) Neue Aufgaben und Strukturen der Selbstverwaltung in der Gesetzlichen Krankenversicherung

Weitere Veränderungen kommen mit den zum 1.4.2007 in Kraft getretenen Regelungen im Rahmen des GKV-Wettbewerbsstärkungsgesetzes auf die vertragsärztliche **Selbstverwaltung** zu. Diese hat jetzt auch die Versorgung von Privatversicherten im neu geschaffenen Basistarif sicherzustellen, wobei die Vergütung in Verträgen zwischen dem Verband der privaten Krankenversicherung im Einvernehmen mit den Beihilfeträgern von den KVen oder der KBV geregelt werden kann. Dabei bilden die KBVen mit dem Verband der Privaten Krankenversicherung je eine Schiedsstelle, die bei Nichtzustandekommen von Vergütungsregelungen Vertragsinhalte festsetzt, § 75 Abs. 3a–c SGB V.

108

Neu ist, dass die KVen Dienstleistungsgesellschaften gründen dürfen, die beim Abschluss von Verträgen, welche die Versorgung der Versicherten mit Leistungen der gesetzlichen Krankenversicherung betreffen, bei Datenverarbeitung, Datensicherung und Datenschutz, in allgemeinen wirtschaftlichen Fragen, welche die Vertragsarzttätigkeit betreffen, bei der Vertragsabwicklung für Vertragspartner von Verträgen, welche die Versorgung von Versicherten mit Leistungen der gesetzlichen Krankenversicherung betreffen und bei der Übernahme von Verwaltungsaufgaben von Praxisnetzen tätig werden können, § 77a Abs. 2 Nr. 1–5 SGB V.

109

> *Wichtig*
> Eine Finanzierung der Dienstleistungsgesellschaften aus Mitteln der KVen oder KBVen ist ausgeschlossen, § 77a Abs. 3 S. 2 SGB V.

110

KBV und Spitzenverbände der Krankenkassen werden gesetzlich verpflichtet, ein Institut zu gründen, das den Bewertungsausschuss bei seinen Aufgaben unterstützt; das

111

Bundesministerium für Gesundheit kann die Beschlüsse des Bewertungsausschusses beanstanden und ergänzende Stellungnahmen anfordern, § 87 Abs. 3b, 6 SGB V. Bei den vom Gemeinsamen Bundesausschuss zu beschließenden Richtlinien ist u.a. der Punkt „Qualitätssicherung" neu aufgenommen worden, § 92 Abs. 1 S. 2 Nr. 13 SGB V. Das Bundesministerium für Gesundheit kann die beschlossenen Richtlinien beanstanden und zusätzliche Informationen und ergänzende Stellungnahmen fordern, § 94 Abs. 1 S. 2, 3 SGB V.

112 Die bisherigen §§ 136a und 136b SGB V zur Qualitätssicherung in der vertragsärztlichen und vertragszahnärztlichen Versorgung wurden neu geregelt: Nach § 137 Abs. 1 S. 2 SGB V erlässt der Gemeinsame Bundesausschuss nunmehr auch die notwendigen Durchführungsbestimmungen und Grundsätze für Konsequenzen „insbesondere für Vergütungsabschläge der Leistungserbringer, die ihre Verpflichtung zur Qualitätssicherung nicht einhalten." Dabei sind die Richtlinien sektorenübergreifend zu erlassen, Abs. 2 S. 1. Auch für die Fachärzte, Psychologische Psychotherapeuten und Kinder- und Jugendlichenpsychotherapeuten an zugelassenen Krankenhäusern fasst der Gemeinsame Bundesausschuss jetzt Beschlüsse über zu erbringende Fortbildungsnachweise, § 137 Abs. 2 Nr. 1 SGB V, sowie über Grundsätze zur Einholung von Zweitmeinungen vor Eingriffen (Nr. 3).

113 Um Verfahren zur Messung und Darstellung der Versorgungsqualität für die Durchführung der einrichtungsübergreifenden Qualitätssicherung zu entwickeln, beauftragt der Gemeinsame Bundesausschuss ein weiteres Institut, das sich auch an der Durchführung der einrichtungsübergreifenden Qualitätssicherung zu beteiligen hat, § 137a Abs. 1 SGB V. Das Institut für Qualität und Wirtschaftlichkeit im Gesundheitswesen hat künftig nicht nur den Nutzen, sondern auch die Kosten von Arzneimitteln zu bewerten, § 139a Abs. 3 Nr. 5 SGB V. Es muss gewährleisten, dass die Bewertung des medizinischen Nutzens nach den internationalen Standards der evidenzbasierten Medizin und die ökonomische Bewertung nach den hierfür maßgeblichen internationalen Standards, insbesondere der Gesundheitsökonomie erfolgt, § 139a Abs. 4 S. 1 SGB V.

114 Ob diese Eingriffe nicht nur in das Recht der Selbstverwaltung, sondern damit verbunden auch in die freie Berufsausübung der Leistungsträger in der Gesetzlichen Krankenversicherung und damit auch in das Selbstbestimmungsrecht des Patienten eingreifen und trotzdem den Maßstäben des Verfassungsrechts, hier insbesondere des Art. 12 GG einerseits und den Art. 1 und 2 GG andererseits gerecht werden, ist fraglich. Mehr denn je droht dem Arzt heute „die Funktion einer verteilenden Instanz auf unterster Ebene im System der Daseinsvorsorge einer medikalisierten Gesellschaft."[192]

115 Ebenso bedenklich ist die schleichende Aushöhlung des Aufgabenbestandes der KVen, die diesen Körperschaften sowohl als Träger funktionaler Selbstverwaltung, als auch im Hinblick auf die verfassungsrechtliche Rechtfertigung der Pflichtmitgliedschaft die Grundlage entziehen können.[193]

---

192 *Laufs*, NJW 1995, 1590.
193 *Kluth*, MedR 2003, 123, 127.

7. Weitere Selbstverwaltungseinrichtungen der Heilberufe – Berufsständische Versorgungswerke

Auf der Basis landesgesetzlicher Regelungen[194] wird die Alters-, Invaliditäts- und Hinterbliebenenversorgung der verkammerten Freien Berufe, so auch der **Heilberufe**, durch berufsständische Versorgungswerke gewährleistet. Diese sind zum Teil als Einrichtungen der berufsständischen Selbstverwaltung verfasst, so z.B. in Nordrhein, zum Teil als Anstalten des öffentlichen Rechts mit Selbstverwaltung, so in Bayern.[195] Sie nehmen ihre Aufgaben als öffentlich-rechtliche Pflichtversorgungseinrichtungen „eigener Art" auf der Basis von Staatsverträgen länderübergreifend, teilweise auch berufsübergreifend wahr. Mitglieder kraft Gesetzes, also Pflichtmitglieder, sind grundsätzlich alle nicht berufsunfähigen, zur Ausübung der Heilkunde Berechtigten, wenn sie im Tätigkeitsbereich des jeweiligen Versorgungswerkes beruflich tätig sind. Die Pflichtmitgliedschaft ist grundsätzlich nach Auffassung des Bundesverfassungsgerichtes im Rahmen der verfassungsmäßigen Ordnung zulässig, um legitime, öffentliche Aufgaben wahrnehmen zu lassen.[196]

116

Die Finanzierung der Versorgungswerke erfolgt durch Mitgliedsbeiträge, deren Höhe von den zuständigen Organen der Selbstverwaltung, in der Regel Verwaltungs- und Aufsichtsausschuss (in Bayern: Landesausschuss), festgesetzt werden. Anders als die gesetzliche Sozialversicherung i.S.v. Art. 74 Nr. 12 GG ist Basis der Versorgungsleistungen nicht das Umlage-, sondern ein versicherungsmathematisch auf Beitragsäquivalenz ausgerichtetes Kapitaldeckungsverfahren oder Anwartschaftsverfahren. Die Versorgungswerke stehen unter der Rechts- und Fachaufsicht der zuständigen Länderministerien.

117

Als Dachorganisation der 85 auf Landesrecht beruhenden öffentlich-rechtlichen Pflichtversorgungseinrichtungen der Angehörigen der verkammerten Freien Berufe nimmt die Arbeitsgemeinschaft berufsständischer Versorgungseinrichtungen e.V. (ABV) mit Sitz in Köln deren Interessen wahr.

118

D. Berufsrecht der Heilberufe

I. Geschichte

Einige wenige Regelungen im Codex Hammurabis (ca. 1700 v. Chr.) gelten gemeinhin als früheste berufsrechtliche Regelungen bezogen auf die Ausübung der Heilkunde. Straf- und Gebührenbestimmungen stehen somit am Beginn des ärztlichen Berufsrechts im Sinne eines rechtswissenschaftlich und rechtspraktisch ordnenden Sammelbegriffs für alle Normen, die sich auf den Berufszugang wie auch die Berufsausübung richten.[197] Dagegen beinhaltet das Standesrecht in erster Linie jene Regeln, die sich der jeweilige Stand selbst schafft, also eigenes Recht, gesetzt durch den Berufsstand.[198] Allerdings

119

---

194 Z.B. in Bayern Gesetz über das öffentliche Versorgungswesen (VersoG) v. 25.6.1994, GVBl S. 466, BayRS 763-1-I, zuletzt geändert durch Gesetz zur Änderung des Gesetzes über das öffentliche Versorgungswesen v. 24.12.2005, GVBl S. 656; in anderen Bundesländern aufgrund von Regelungen der Heilberufe-Gesetze, z.B. § 28 Abs. 1, 3 HeilBerG Brandenburg.
195 Art. 1 Abs. 1 S. 1 VersoG, § 1 Abs. 2 S. 1 Satzung der Bayerischen Ärzteversorgung i.d.F. v. 1.12.1995.
196 BVerfG, Urt. 8.3.2002 – 1 BvR 1974/96, n.v.
197 Kluth/*Ruffert*, Handbuch, G I Rn 1.
198 *Taupitz*, S. 158.

120 Von der Antike bis weit in die Neuzeit bestand keine einheitliche Auffassung des Berufsrechts der Gesundheitsberufe, zumal weder von homogenen Berufsständen noch von abgrenzbaren Berufstätigkeiten des Medizinalpersonals, die Rede sein konnte.[199] Erst um die Zeitenwende fand ein Übergang statt von der ärztlichen Familienzunft[200] zur Berufsgenossenschaft, Korporation, Zunft oder Gilde. Bereits diese primitiven Standesvertretungen besaßen Disziplinar-Regeln, „die trotz einiger Unterschiede als die Urform des heutigen Standesrechts verstanden werden können."[201]

sind die Übergänge fließend, weshalb in der Literatur auch danach differenziert wird, wer Normgeber ist. Auch diese Differenzierung scheint aufgrund der Interaktion zwischen Standesrecht und staatlichem Recht unbefriedigend.

121 Der promissorische, also auf die Zukunft gerichtete hippokratische Eid ist die wohl bekannteste Standesregel, der sich Ärzte seit dem frühen 4. Jahrhundert v. Chr. im Hinblick auf ihre künftige Berufsausübung unterwarfen. Ethische Regeln und (wirtschaftliche) Standesinteressen waren dort gleichermaßen angesprochen. Einige sehen im Eid des Hippokrates den Versuch einer ärztlichen Monopolbildung[202] und in dem Leitsatz „salus aegroti suprema lex" zunächst einen binnenrechtlichen Selbstschutz ohne Außenwirkung.[203] Unter Vespasian wurde in Rom den Ärzten das Korporationsrecht gewährt;[204] bezweifelt wird (*Taupitz*), ob es bereits Standesorganisationen oder -vereine gegeben hat, die den heutigen Organisationen vergleichbar wären.

122 Auch in Deutschland fehlte es bis in das Mittelalter an umfassenden Normen für die ärztliche Berufsausübung. Als frühe Kodifizierungen des Rechts der Heilberufe gelten am Übergang des 12. auf das 13. Jahrhundert Ärzte- und Apothekerordnungen in Arles sowie das Edikt von Salerno von 1240 unter Friedrich.

123 Die erste Medizinalordnung wurde unter Karl IV. erlassen; sie enthält eine Taxe für ärztliche Leistungen, ein Verbot der Arzneimittel-Zubereitung durch Ärzte und untersagte jede geschäftliche Gemeinschaft zwischen Arzt und Apotheker.[205] Bei der Berufsausübung wurde zwischen Kunstärzten, die Hochschulstudium und Examen nachweisen mussten, und Wundärzten, die über eine rein praktische Ausbildung verfügten, unterschieden.[206]

124 Neben den Ärzten galten die Bader seit dem Mittelalter als eigener Berufsstand, der sich vor allem auf die Wundbehandlung spezialisiert hatte und zünftig – häufig gemeinsam mit anderen Berufsgruppen – als Lebensgemeinschaft organisiert war. Deren Zunftordnungen kann man als eine weitere Quelle des Standesrechts bezeichnen.[207] Dabei ging es gleichermaßen – im heutigen Sprachjargon – um Verbraucher- wie Standesinteressen. Dementsprechend finden sich dort auch Werbebeschränkungen und Appelle an kollegiales Verhalten. Auch andere – heute in den Musterberufsordnungen der Heilberufe angesprochene Themenkomplexe – finden dort ihren Ursprung.

---

199 *Taupitz*, S. 203.
200 *Taupitz*, S. 204.
201 *Taupitz*, S. 204.
202 *Taupitz*, S. 207.
203 *Taupitz*, S. 208.
204 *Taupitz*, S. 209.
205 *Taupitz*, S. 212 f.
206 *Taupitz*, S. 213.
207 *Taupitz*, S. 216.

Taupitz[208] sieht nicht nur inhaltliche, sondern auch formale Übereinstimmungen zwischen der mittelalterlichen Zunft als „Korporation" und den späteren berufsständischen Assoziationen: das Zusammenwirken zwischen der Obrigkeit und den Berufsständen bei der Fassung von Satzungen, die teils als autonome („reine Willküren"), teils als bestätigte „Willküren" sowie als rein obrigkeitsrechtliche und angeregte Normen entstanden, belegt den „Interaktionsprozess" zwischen Standes- und Berufsrecht. Man kann von einem Nebeneinander, Miteinander oder durchaus auch Gegeneinander von „berufsständischen" Ordnungen öffentlich-rechtlichen Charakters einerseits und privatrechtlicher Provenienz andererseits sprechen.[209]

Für die wissenschaftlich ausgebildeten Ärzte bildeten auch die Universitäten eine Art Standesorganisation, welche die von ihr promovierten und (bis 1725)[210] approbierten Ärzte beaufsichtigten und sich darüber hinaus auch um Wettbewerbs- und Honorarangelegenheiten kümmerten.[211] In den Statuten der medizinischen Fakultäten finden sich darüber hinaus Bestimmungen zur Schweigepflicht, zur Werbung wie zum Kollegialitätsgebot. Neben Zünften und Fakultäten waren es seit dem 15. Jahrhundert die vereinsmäßigen und freiwilligen Vereinigungen von Ärzten in Gestalt der collegia medica und später dann Berufsvereinigungen, die berufliche Verhaltensregeln erließen.

Die Zunahme legal oder illegal außerhalb der klassischen „Überwachungsorganisatoren" (*Taupitz*) tätiger Behandler rief schließlich die Obrigkeit auf den Plan; die Folge war eine zunehmende „Verstaatlichung" des Gesundheitswesens. Neue „collegia medicorum" entstanden – wie etwa im Rahmen des Medizinal-Edikts vom 12.6.1685 – zur „Remedierung angezogener Mängel und Ungelegenheiten und zur fleißigen Aufsicht und sorgfältigen Beobachtungen des Arzneiwesens und aller dazu gehörigen Leute, die Apotheker, Barbiere, Wundärzte, Hebammen, Okkultisten, Bruch- und Steinschneider, Bader und dergleichen", diesmal jedoch in Gestalt staatlicher Überwachungsorgane, denen Examination und Approbation ebenso oblag, wie Berufsaufsicht und Streitschlichtung.[212]

Regeln autonomer Standesvertretungen wurden im Absolutismus von der Staatsgewalt okkupiert und mit autoritativ gesetzten Medicinalordnungen ausgefüllt.[213] Auch hier ging es um Regeln der Werbung, der Zusammenarbeit, der Kollegialität, der Honorierung und des Behandlungsverhältnisses. Die akademisch gebildeten Ärzte[214] mussten sich dem obrigkeitlichen System anpassen, bei dem „die amtliche Instruktion (...) an die Stelle der sittlichen Pflicht des Arztes"[215] trat. Diesen staatlichen Einfluss zurück zu drängen, war eines der tragenden Motive jener Ärzte, die sich bei der Diskussion über die preußische Gewerbeordnung im Jahr 1869 für die Freigabe der Heilbehandlungen aussprachen. Mit Einführung der Gewerbefreiheit gelangte die Berufsgruppe damit unter das „allgemeine Rechtsregime", ohne dass damit jedoch eine vollständige Aufgabe der eigenständigen Berufsordnung erfolgte.[216]

Zunehmende Professionalisierung, eine Verwissenschaftlichung der Medizin und die darauf zurückzuführende Entstehung eines abgeschlossenen Expertenstandes führten

---

208 *Taupitz*, S. 224.
209 *Taupitz*, S. 6.
210 *Hörnemann*, Die Selbstverwaltung der Ärztekammern, S. 5.
211 *Taupitz*, S. 228.
212 *Taupitz*, S. 239.
213 *Taupitz*, S. 242.
214 *Taupitz*, S. 247.
215 *Lorenz von Stein*, Das Gesundheitswesen, S. 346.
216 *Kluth*, in: Weißbuch der ZahnMedizin, S. 220.

im 19. Jahrhundert zu einer starken Gegenbewegung der Ärzteschaft hin zur berufsständischen Interessenvertretung. In der Folge „entstand damit zum ersten Mal in der Entwicklung des Berufsrechts eine bewusste und gewollte Verlagerung von Entscheidungskompetenz auf Rechtsbildungs- und Rechtsanwendungsinstanzen des Berufsstandes".[217] „Als politische Revolutionäre forderten die Ärzte die Republik und als Professionspolitiker einen einheitlichen Ärztestand mit Selbstverwaltungsrechten zur verbindlichen Regelung ihrer Probleme."[218] Dennoch erfolgte formal die „Rückkehr zu einem vollständig eigenen Berufsrecht"[219] erst durch die Reichsärzteordnung 1935 und eine in der Folge erlassene Berufsordnung. Nach Ende des 2. Weltkrieges wurde das „vom Staat abgetrotzte" Recht (*Taupitz*) zur Gestaltung des („sublegalen") Berufsrechts in den Heilberufe-Kammergesetzen der Bundesländer verankert. Mit der Formulierung von Berufsausübungsregeln und dem Führen der Berufsaufsicht sorgen die Kammern mit dafür, dass die jeweiligen Berufe ihre Tätigkeiten im Gemeinwohlinteresse kompetent und zuverlässig ausüben.[220] Angesichts einer stark kasuistisch ausgeprägten Rechtsprechung des Bundesverfassungsgerichts muss jedoch bezweifelt werden, ob dem selbst gestalteten Berufsrecht der Kammern noch jener „machtbeanspruchende" Charakter zukommt, von dem *Taupitz* sprach.[221]

II. Aktuelle Entwicklungen

1. Europäisches Recht

130 Auch die Europäische Union formuliert **Berufsrecht**. Mit der aktuellen Richtlinie 2005/36/EG des Europäischen Parlamentes und des Rates über die Anerkennung von Berufsqualifikationen[222] erfolgt eine Angleichung bei der gesetzlichen Anerkennung bestimmter Berufsqualifikationen für den (leichteren) Berufszugang und dessen Ausübung in allen Mitgliedstaaten der Europäischen Union. Bislang bestehende sektorale Richtlinien werden damit ersetzt, was auf Kritik gestoßen ist.[223] Betroffen sind Selbständige oder abhängig Beschäftigte, einschließlich der Angehörigen der Freien Berufe, die einen reglementierten Beruf in einem anderen Mitgliedstaat als dem, in dem sie ihre Berufsqualifikationen erworben haben, ausüben, Art. 2 Abs. 1 Berufsanerkennungs-Richtlinie. Von Bedeutung ist die Richtlinie insbesondere für jene reglementierten Berufsgruppen, die bislang nicht von einer sektoralen Richtlinie erfasst waren.[224]

131 *Hinweis*
Reglementierte Berufe sind gekennzeichnet durch berufliche Tätigkeiten oder Gruppen beruflicher Tätigkeiten, die bei der Aufnahme oder Ausübung oder eine der Arten der Ausübung direkt oder indirekt durch Rechts- und Verwaltungsvorschriften an den Besitz bestimmter Berufsqualifikationen gebunden sind, wobei zur **Berufsausübung** auch die Führung einer Berufsbezeichnung, die durch Rechts- oder Ver-

---

217 *Taupitz*, S. 252.
218 *Hörnemann*, Die Selbstverwaltung der Ärztekammern, S. 8.
219 *Kluth*, in: Weißbuch der ZahnMedizin, S. 220.
220 *Kluth/Kluth*, Handbuch, C II 5 c Rn 259.
221 *Taupitz*, S. 253.
222 Richtlinie 2005/36/EG des Europäischen Parlaments und des Rates v. 7.9.2005 über die Anerkennung von Berufsqualifikationen, Amtsblatt der Europäischen Union L 255/22 v. 30.9.2005.
223 *Henssler*, EuZW 2003, 229, 231.
224 *Kluth/Rieger*, EuZW 2005, 486, 491.

waltungsvorschriften auf Personen beschränkt ist, die über eine bestimmte Berufsqualifikation verfügen, zählt.[225]

2. Qualitätssicherung, Verbraucherschutz

Die aktuelle Entwicklung des Wettbewerbsrechts, die Diskussionen innerhalb der Europäischen Union über Gemeinschaftsmaßnahmen im Gesundheitswesen und freiberufliche Dienstleistungen,[226] sowie die Formulierungen im 16. Hauptgutachten der Monopolkommission aus dem Jahr 2006 lassen erwarten, dass sich die Tendenz zur (weiteren) Liberalisierung des **Berufsrechts** verstärken wird. Dabei ist nicht zu verkennen, dass eine noch stärkere Orientierung an der Qualität von Dienstleistungen im Gesundheitswesen sowie der Patientenschutz ein starkes Regulierungspotenzial beinhalten. In diesem Bereich wird – wie in der Vergangenheit auch – die Auseinandersetzung darüber geführt, wer Normgeber entsprechender Regelungen zur Berufsausübung sein soll, Selbstverwaltungskörperschaften oder Staat. *Kluth* hat Möglichkeiten und Grenzen des Verbraucherschutzes durch Berufsrecht aufgezeigt und hervorgehoben, dass die Einbeziehung des Schutzes von Auftraggebern, Kunden, Mandanten, Klienten und Patienten bei den Freien Berufen eine lange Tradition hat. Diese Orientierung behält das **Berufsrecht** der Heilberufe bei.[227] Der offenkundige Wandel des Verständnisses von Verbraucherschutz, bei dem die bisherige „treuhänderische Konzeption durch eine privatautonome Konzeption" (*Kluth*) ersetzt wird, hat das Werberecht der Freien Berufe bereits nachhaltig verändert. Die Antwort auf das gewandelte Verständnis im Bereich des Patientenschutzes heißt Qualitätssicherung, Ausgleich von wirtschaftlichen und informatorischen Ungleichgewichten sowie Schutz vor wirtschaftlichen Interessen. Auf diesen Feldern ergänzt das Berufsrecht europäisches und staatliches Wettbewerbsrecht.

III. Berufsrecht der Ärzte

1. Berufszugang

Nach § 3 Abs. 1 S. 1 Nr. 4 Bundesärzteordnung (BÄO) muss ein mindestens 6-jähriges Studium der Medizin durchlaufen worden sein, das entsprechende praktische Ausbildungsinhalte aufweist. Näheres ist in der Approbationsordnung (ÄAppO) geregelt. Die früher vorgeschriebene AiP-Zeit (Arzt im Praktikum) ist mit Wirkung zum 1.10.2004 ersatzlos gestrichen worden.[228] Daneben gibt es drei weitere Zugangsmöglichkeiten:

- Die Berufserlaubnis zur vorübergehenden Ausübung des ärztlichen Berufs (befristet, jederzeit widerruflich, i.d.R. nur in abhängiger Stellung).
- Die Berechtigung als Erbringer von Dienstleistungen im Sinne des EGV (siehe hierzu § 4).
- Die auf bilateralen Verträgen beruhende Berechtigung von Ärzten in Grenzgemeinden eines Nachbarstaates, Patienten in Grenzgemeinden Deutschlands zu behandeln (heute wegen EU nahezu bedeutungslos).

---

225 Art. 3 Abs. 1 lit. a der Richtlinie, Begründung A II.
226 Mitteilung der Kommission „Freiberufliche Dienstleistungen – Raum für weitere Reformen – Follow-up zum Bericht über den Wettbewerb bei freiberuflichen Dienstleistungen (KOM(2005)0405)".
227 *Kluth*, Verbraucherschutz, S. 1.
228 *Haage*, MedR 2004, 533 ff.; *Kuhlmann*, ZMGR 2004, 225 ff. zu den arbeitsrechtlichen Konsequenzen.

134 Wer die Approbation beantragt, darf weder „unwürdig" noch „unzuverlässig" sein. Beides sind auch Widerrufsgründe gem. § 5 Abs. 2 BÄO. „Unwürdigkeit" im vorgenannten Sinne ist dann anzunehmen, wenn der Arzt durch sein Verhalten nicht mehr das zur Ausübung des ärztlichen Berufes erforderliche Ansehen und Vertrauen besitzt. Die überwiegende Auffassung in der Rechtsprechung[229] geht davon aus, dass bei einem Arzt, der wegen Abrechnungsbetrügereien strafrechtlich verurteilt worden ist, regelmäßig das Merkmal der **Unwürdigkeit** und damit der zwingende Widerruf der Approbation gerechtfertigt ist. Von einem Arzt erwarte man wegen des Vertrauensverhältnisses, dass die Beziehung zwischen ihm und seinen Patienten in aller Regel nicht nur eine sorgfältige, ordnungsgemäße Behandlung, sondern auch eine sonst integere Berufsausübung voraussetze; hierzu gehört es auch, dass der Arzt den vermögensrechtlichen Interessen des Patienten keinen Schaden zufügt. Im Übrigen muss für die Annahme der „Unwürdigkeit" kein unmittelbarer Berufsbezug vorliegen.[230] Insbesondere unter dem verfassungsrechtlichen Gebot der Verhältnismäßigkeit ist es allerdings geboten, die zwingende Folge des § 5 Abs. 2 S. 1 BÄO („ist zu widerrufen") von der Schwere des Vergehens abhängig zu machen. Es ist nicht einzusehen, weshalb ein Arzt bei einem relativ geringen Schaden und Aburteilung mittels Strafbefehls, nach Wiedergutmachung des Schadens – womöglich noch nach entzogener Kassenzulassung – zusätzlich die Approbation verlieren soll. Eine derartige Auslegung von § 5 Abs. 2 S. 1 BÄO, die jede strafgerichtliche Verurteilung im Abrechnungsverkehr mit der Kasse bzw. dem Patienten ohne Einschränkung für den Widerruf einer Approbation ausreichen ließe, wäre schwerlich mit dem vom Bundesverwaltungsgericht in ständiger Rechtsprechung betonten Verhältnismäßigkeitsgrundsatz in diesem Bereich zu vereinbaren.[231] Ausfluss des Verhältnismäßigkeitsgrundsatzes ist, dass der Widerruf der Approbation wegen Abrechnungsbetrügerei nicht mit einem Sofortvollzug versehen werden muss.[232]

135 Der Begriff der **„Unzuverlässigkeit"** unterscheidet sich dadurch, dass hierbei nicht auf den Unrechtsgehalt eines Verhaltens gestellt wird, sondern auf einen charakterlichen Mangel, der befürchten lässt, dass der betreffende Arzt seinen Beruf nicht durchgehend ordnungsgemäß ausüben wird. Dabei ist für die Frage des Widerrufes begriffsnotwendig nicht nur auf das Verhalten in der Vergangenheit abzustellen, sondern es muss auch eine Prognose hinsichtlich des künftig zu erwartenden Verhaltens versucht werden.[233] Wenn die berufsunwürdige Tat bereits einige Zeit zurück liegt, kann ein Widerruf ebenfalls entbehrlich sein.[234]

136 Gemäß § 6 Abs. 1 Nr. 1 BÄO kann das **Ruhen der Approbation** angeordnet werden, wenn gegen den Arzt wegen des Verdachts einer Straftat, aus der sich seine Unwürdigkeit oder Unzuverlässigkeit zur Ausübung des ärztlichen Berufes ergeben kann, ein Strafverfahren eingeleitet worden ist. Diese Vorschrift ist mit § 3 Abs. 5 BÄO strukturell vergleichbar. Sie soll der Behörde eine Handhabe geben, den Schutz des Publikums

---

229 VGH Kassel – 11 TH 2782/84, NJW 1986, 2390; OVG Münster – 13 B 7049/86, MedR 1988, 51; OVG Koblenz – 5 W 478/89, NJW 1990, 1534; Bay. VGH, Beschl. v. 15.6.1993 – Nr. 21B 92.226; BVerwG – 3 B 75/90, NJW 1991, 1557; VGH Ba-Wü – 9 S 1138/03, MedR 2004, 66 (gewerbsmäßig begangene Urkunds- und Vermögensdelikte); BayVGH – 21 B 90.01226, MedR 1991, 94 (Totschlag der Ehefrau); für Vermögensdelikte einschränkend: VGH Ba-Wü – 9 S 1601/85, NJW 1987, 1502.
230 VGH Mannheim – 9 S 1138/03, NJW 2003, 3647.
231 BVerwGE 25, 201.
232 OVG Münster – 5 B 239/88, 5 B 373/88, MedR 1989, 52; zur Güterabwägung siehe BVerfG – 1 BvR 1326/90, NJW 1991, 1530.
233 BVerwG – 3 B 87/92, NJW 1993, 806; VGH Kassel – 11 TH 2782/84, NJW 1986, 2390 (Spielleidenschaft).
234 OVG NRW – 13 A 2774/01, MedR 2003, 694, Trunkenheitsfahrt lag mehr als zwei Jahre zurück.

vor unzuverlässiger Berufsausübung durch eine vorsorgliche Maßnahme sicherzustellen, wenn das Vertrauen in die Zuverlässigkeit des Arztes durch einen schwerwiegenden, wenn auch noch nicht völlig erhärteten Verdacht erschüttert ist. Zugleich soll die Behörde unter Entlastung von eigenen Ermittlungen auf die im Strafverfahren gewonnenen Erkenntnisse zurückgreifen können. Die strafgerichtliche Verurteilung muss wahrscheinlich sein. Es genügt allerdings bereits ein schwerwiegender, wenn auch noch möglicherweise ausräumbarer Verdacht, z.B. wegen des Verdachts unzulässiger Sterbehilfe.[235] Um unzumutbare Nachteile für den Betroffenen zu vermeiden, kann z.B. seine Praxis für die Schwebezeit von einem anderen Arzt weitergeführt werden (§ 6 Abs. 4 BÄO). Im Übrigen wird die Befugnis eines EU-Bürgers zur vorübergehenden Ausübung des ärztlichen (oder zahnärztlichen) Berufs in Deutschland durch das Ruhen der ihm erteilten deutschen Approbation nicht berührt (§ 2 Abs. 3 BÄO, § 1 Abs. 2 ZHG).[236]

Maßgeblicher Zeitpunkt für die Bewertung der Unzuverlässigkeit bzw. Unwürdigkeit ist der Zeitpunkt des Erlasses des Widerspruchsbescheides.[237] Während des gerichtlichen Verfahrens gezeigtes Wohlverhalten, auch wenn es sich hierbei auf einen verhältnismäßigen langen Zeitraum erstreckt, rechtfertigt nicht die Annahme, der Betroffene habe einen Persönlichkeitswandel vollzogen.[238]

2. Berufsausübung

a) Musterberufsordnung 2004

Der 107. Deutsche Ärztetag hat im Mai 2004 in Bremen unter dem Eindruck des am 1.1.2004 in Kraft getretenen GKV-Modernisierungsgesetz-GMG[239] die Musterberufsordnung (MBO[240]), insbesondere im Hinblick auf die beruflichen Rahmenbedingungen ärztlicher Tätigkeit einschneidend geändert. Ziel dieser Änderung ist einmal die Wettbewerbsfähigkeit freiberuflich tätiger Ärzte gegenüber anderen Leistungsanbietern im Gesundheitswesen zu verbessern und zu stärken, dann aber auch den ärztlichen Berufsträgern die Möglichkeit zu erhalten, die vom Gesetzgeber im Rahmen des GMG geschaffenen, neuen institutionellen Möglichkeiten unter Wahrung der Freiheit ärztlicher Entscheidungen nutzen zu können.[241] Die Beschlüsse des Deutschen Ärztetages bedürfen zu ihrer Wirksamkeit der Umsetzung in das Berufsrecht der jeweiligen Landesärztekammern. Einige Änderungen können je nach Bundesland erst dann in Satzungsrecht der Landesärztekammern umgesetzt werden, wenn der Landesgesetzgeber zuvor die Heilberufe-Kammergesetze ändert.

Eine aktuelle Änderung (Mai 2007) betrifft den Problembereich der Teilgemeinschaftspraxis. Im Zuge der Einführung der Teilgemeinschaftspraxis (TGP) im Jahre 2004 ist es nämlich in der Praxis vermehrt zu Kooperationsformen gekommen, deren Hintergrund weniger die ärztliche Zusammenarbeit, sondern vielmehr die Bemäntelung der

---

235 VG Hannover – 5 B 2942/03, NJW 2004, 311; OVG Lüneburg – 8 ME 164/03, NJW 2004, 1750.
236 BGH – 3 StR 385/04, ZMGR 2006, 114.
237 Siehe aber BSG – 6 RKa 70/91, MedR 1994, 206: letzte Tatsacheninstanz; OVG NRW – 13 A 2774/01, MedR 2003, 694, kein Widerruf, wenn Trunkenheitsfahrt schon zwei Jahre zurückliegt.
238 OVG Münster – 5A 805/91, MedR 1992, 294; offenbar bejahend BSG – 6 RKa 70/91, MedR 1994, 206.
239 BGBl I 2003, 2190 ff.
240 Vgl. dazu *Ratzel/Lippert*, MedR 2004, 525 ff.
241 *Prof. Dr. Flenker* in seinem Einführungsreferat zu TOP III der Tagesordnung.

unzulässigen Zuweisung gegen Entgelt als angeblicher Gesellschaftgewinn gewesen ist. Der Gesetzgeber hat im Rahmen des VÄndG bereits reagiert, und in § 33 Abs. 2 S. 3 Ärzte-ZV eine TGP zwischen Ärzten, die nur auf Überweisung in Anspruch genommen werden können (Radiologen, Labormediziner, Pathologen, Mikrobiologen, Transfusionsmediziner, Strahlentherapeuten) untersagt. Eine Umgehung durch Anstellung dieser Ärzte ist wiederum jetzt im neuen BMV-Ä mit Wirkung zum 1.7.2007 ausgeschlossen worden. Seitens der Landesärztekammern hatten zuvor schon Hamburg und Rheinland-Pfalz reagiert. Nunmehr hat der Vorstand der Bundesärztekammer § 18 Abs. 1 MBO entsprechend angepasst, so dass damit zu rechnen ist, dass nach und nach zumindest die große Mehrheit der Landesärztekammern nachziehen wird.

140 Der neue Wortlaut (Änderungen kursiv) lautet:

§ 18 MBO Berufliche Kooperationen

(1) Ärztinnen und Ärzte dürfen sich zu Berufsausübungsgemeinschaften, Organisationsgemeinschaften, Kooperationsgemeinschaften und Praxisverbünden zusammenschließen. Der Zusammenschluss zur gemeinsamen Ausübung des Arztberufs kann zum Erbringen einzelner Leistungen erfolgen, sofern er nicht lediglich einer Umgehung des § 31 dient. Eine Umgehung liegt insbesondere vor, wenn sich der Beitrag der Ärztin oder des Arztes auf das Erbringen medizinisch-technischer Leistungen auf Veranlassung der übrigen Mitglieder einer Teil-Berufsausübungsgemeinschaft beschränkt oder der Gewinn ohne Grund in einer Weise verteilt wird, die nicht dem Anteil der von ihnen persönlich erbrachten Leistungen entspricht. Die Anordnung einer Leistung, insbesondere aus den Bereichen der Labormedizin, der Pathologie und der bildgebenden Verfahren, stellt keinen Leistungsanteil im Sinne des Satzes 3 dar. Verträge über die Gründung von Teil-Berufsausübungsgemeinschaften sind der Ärztekammer vorzulegen.

141 Bezüglich der anderen Änderungen der MBO 2004 haben nicht alle Landesärztekammern die hier angesprochenen Vorschriften übernommen. Dies gilt insbesondere für § 23a MBO. In denjenigen Landesärztekammerbereichen, in denen dies nicht der Fall ist, kann sich die Nummerierung der einzelnen Vorschriften von der Nummerierung in der MBO an dieser Stelle unterscheiden. Zumeist handelt es sich nur um die Differenz einer Position.

aa) Baden-Württemberg[242]

142 Die Umsetzung erfolgte wie bei der MBO, mit einer Einschränkung in § 23a MBO „Ärztegesellschaften". Die in der MBO vorgesehenen Beschränkungen bezüglich der Mehrheitsverhältnisse und der Zusammensetzung der Gesellschafter wurde mangels Rechtsgrundlage nicht übernommen. Der Text lautet:

(1) Ärztinnen und Ärzte können auch in Form einer juristischen Person des Privatrechts ärztlich tätig sein.

(2) Unbeschadet des Namens der Gesellschaft können die Namen und Arztbezeichnungen aller ärztlichen Gesellschafter und die angestellten Ärztinnen und Ärzte angezeigt werden.

---

242 Neufassung der Berufsordnung v. 9.2.2005, Beilage ÄBW Heft 2, 2005.

bb) Bayern[243]

Der Bay. Ärztetag hat die Änderungen der MBO weitgehend bis auf zwei Ausnahmen übernommen. § 19 Abs. 2 MBO (Anstellung von Ärzten anderer Fachbebiete) wurde ausdrücklich abgelehnt; diese Ablehnung wurde mit Beschluss des 63. Bay. Ärztetages am 28.4.2007 aufgegeben. § 23a MBO (Ärztegesellschaft) konnte wegen des entgegenstehenden Wortlauts von Art 18 Abs. 1 Bay. Heilberufe-KammerG nicht beschlossen werden. Der Ärztetag forderte den Landesgesetzgeber auf, insoweit aktiv zu werden. Durch die geänderte §§-Folge wurde die Medizinische Kooperationsgemeinschaft jetzt statt in § 23b in § 23a MBO erfasst. Die Änderungen sollten zum 1.1.2005 in Kraft treten. Dazu ist es nicht gekommen, weil das Bay. Staatsministerium für Umwelt, Gesundheit und Verbraucherschutz wegen der Unbestimmtheit von § 17 Abs. 2 und § 23a MBO die erforderliche Genehmigung versagt hat. Auf dem 59. Bay. Ärztetag am 23.4.2005 wurden Änderungen beschlossen, die den Bedenken der Rechtsaufsicht Rechnung tragen. Die Änderungen wurden am 25.4.2005 genehmigt und sind dam 1.6.2005 in Kraft getreten.[244]

143

cc) Berlin

Die Berliner Ärztekammer hat die MBO im Wesentlichen umgesetzt.[245] Eine Beschränkung auf zwei weitere Praxisorte wurde nicht aufgenommen. Ein Berliner Arzt kann daher berufsrechtlich auch an mehr als drei Standorten seine Praxis ausüben. § 23a MBO (Ärztegesellschaft) wurde von der Rechtsaufsicht nicht genehmigt, weil das Berliner Heilberufegesetz ähnliche Restriktionen wie z.B. Bayern oder Sachsen kennt.

144

dd) Brandenburg

Eine Änderung der Berufsordnung der Landesärztekammer Brandenburg vom 25.6.2003, zuletzt geändert durch Satzung vom 2.6.2004, ist durch die dritte Satzung zur Änderung der Berufsordnung vom 10.1.2007 im Sinn der MBO vollzogen worden.

145

ee) Bremen[246]

In Bremen ist die neue BO seit dem 28.12.2004 in Kraft. Es wurden zunächst lediglich die Änderungen in §§ 4 und 15 MBO umgesetzt, die Kernbestandteile der neuen MBO jedoch überhaupt nicht. Dies wurde jetzt nachgeholt.[247]

146

ff) Hamburg

Die Ärztekammer Hamburg hat die MBO bis auf zwei geringfügige Änderungen in § 19 Abs. 2 und § 23a vollständig umgesetzt. § 23a Abs. 3 MBO lautet:

147

> *Die Ausübung ambulanter ärztlicher Tätigkeit bei einer juristischen Person des Privatrechts, die gewerbsmäßig ambulante heilkundliche Leistungen erbringt ohne die Voraussetzungen des Abs. 1 zu erfüllen, kann auf Antrag von der Ärztekammer ge-*

---

243 Beschlüsse des 58. Bay. Ärztetages v. 9./10.10.2004.
244 Bay. Ärzteblatt 2005, 375.
245 Beschl. v. 30.5.2005, Äbl. 2005, 1883.
246 Beschl. v. 20.9.2004, von Aufsichtsbehörde am 1.12.2004 genehmigt.
247 5.2.2007.

nehmigt werden, wenn sichergestellt ist, dass die beruflichen Belange nicht beeinträchtigt werden und die Berufsordnung beachtet wird. Die Ausübung ambulanter ärztlicher Tätigkeit in Krankenhäusern oder konzessionierten Privatkrankenanstalten bleibt hiervon unberührt.

148 Die Änderungen wurden am 16.3.2005 von der Rechtsaufsicht genehmigt. Sie wurden im Aprilheft des Hamburger Ärzteblattes veröffentlicht und traten zum 1.5.2005 in Kraft. Im Juli wurde noch § 18 Abs. 1 S. 2 MBO wie folgt ergänzt:

(1) ... Die Ärztekammer kann, soweit es die Sicherstellung der ärztlichen Versorgung der Bevölkerung erfordert, die Genehmigung für eine Zweigpraxis (Sprechstunde) erteilen.

gg) Hessen

149 Hessen hat die MBO im Wesentlichen umgesetzt.[248]

hh) Mecklenburg-Vorpommern

150 Die MBO wird bis auf § 19 Abs. 2 umgesetzt.[249] Die Genehmigung der Rechtsaufsicht liegt vor. Die Umsetzung von § 23a MBO wurde von einer Änderung des Heilberufe-KammerG abhängig gemacht.

ii) Niedersachsen

151 Die neue BO ist 2005 in Kraft getreten.[250] Die MBO wurde bis auf § 23a und Modifikationen bei § 17 Abs. 1 und 2 übernommen. § 23a enthält eine Verweisung auf alle zulässigen Gesellschaftsformen. Die Voraussetzungen für die Kooperation in einer juristischen Person des Privatrechts sind nun wiederum detailliert in § 32 Abs. 2 des Nied. Heilberufe-Kammergesetzes beschrieben, ergänzt um eine zusätzliche Ausnahmeregelung in § 32 Abs. 3 dieses Gesetzes. Die Voraussetzungen des Heilberufe-Kammergesetzes in § 32 Abs. 2 finden sich wiederum in § 17 Abs. 5 BO.

„Die heilberufliche Tätigkeit als Gesellschafter einer in der Rechtsform einer juristischen Person des Privatrechts geführten Praxis setzt voraus, dass

1. Die Gesellschaft ihren Sitz in Niedersachsen hat,

2. Gegenstand des Unternehmens die ausschließliche Wahrnehmung heilberuflicher Tätigkeiten ist,

3. alle Gesellschafter einen in § 1 Abs. 1 Nr. 1 oder 3 bis 5 des Kammergesetzes für die Heilberufe in der Fassung vom 8. Dezember 2000 (Nds. GVBl. S. 301), zuletzt geändert durch Artikel des Gesetzes vom 18. Mai 2006 (Nds. GVBl. S. 209) oder einem in § 1 Abs. 2 des Partnerschaftsgesellschaftsgesetzes vom 25. Juli 1994 (BGBl I S. 1744), zuletzt geändert durch Artikel 4 des Gesetzes vom 10. Dezember 2001 (BGBl I S. 3422), genannten sonstigen Ausbildungsberuf im Gesundheitswesen, naturwissenschaftlichen oder einem sozialpädagogischen Beruf angehören und diesen Beruf in der Gesellschaft ausüben,

---

248 Beschl. v. 27.5.2005, HÄBl. 2005, 496 ff.
249 BO v. 20.6.2005.
250 Zuletzt geändert am 6.3.2007.

4. die Mehrheit der Gesellschaftsanteile und Stimmrechte Kammermitgliedern zusteht,

5. mindestens die Hälfte der zur Geschäftsführung befugten Personen Kammermitglieder sind,

6. ein Dritter am Gewinn der Gesellschaft nicht beteiligt ist,

7. eine Haftpflichtversicherung zur Deckung bei der Berufsausübung verursachter Schäden mit einer Mindestversicherungssumme von 5.000.000 EUR für jeden Versicherungsfall besteht, wobei die Leistungen des Versicherers für alle innerhalb eines Versicherungsjahres verursachten Schäden auf den Betrag der Mindestversicherungssumme, vervielfacht mit der Zahl der Gesellschafter und der Geschäftsführer, die nicht Gesellschafter sind, mindestens jedoch auf den vierfachen Betrag der Mindestversicherungssumme begrenzt werden kann,

8. gewährleistet ist, dass die heilberufliche Tätigkeit von den Kammermitgliedern eigenverantwortlich, unabhängig und nicht gewerblich ausgeübt wird. Die Kammer kann in besonderen Einzelfällen Ausnahmen zulassen, wenn berufsrechtliche Belange nicht beeinträchtigt werden."

jj) Nordrhein

In der Kammerversammlung vom 20.11.2004 wurde eine Änderung der Berufsordnung für die nordrheinischen Ärztinnen und Ärzte vom 14.11.1998, i.d.F. vom 22.11.2003, in Kraft getreten am 3.4.2004, beschlossen. Im Wesentlichen wurde die neue MBO übernommen. Ausgenommen blieb die explizite Aufnahme von Ärztegesellschaften. Doch sollen in Zukunft Praxen als GmbH oder AG betrieben werden können (Rheinisches Ärzteblatt 01/2005). Eine Genehmigung ist erteilt.

152

kk) Rheinland-Pfalz

Rheinland-Pfalz hat mit Beschlüssen des Ärztetages vom 20.4. und 9.11.2005 die MBO 1:1 umgesetzt,[251] welche zuletzt genehmigt wurde durch Schreiben des Ministeriums für Arbeit, Soziales, Familie und Gesundheit Rheinland-Pfalz vom 4.12.2006. In Kraft getreten ist sie am 2.1.2007.

153

ll) Saarland

Die ÄK Saarland hat die neue MBO im Dezember 2004 bis auf § 19 Abs. 2 MBO übernommen.

154

mm) Sachsen

Sachsen hat die MBO mit Beschluss vom 24.11.2004 übernommen (1:1). Die Übernahme von §§ 19 Abs. 2 und 23a MBO wurde von der Rechtsaufsicht nicht genehmigt;[252] der Rest ist zum 1.1.2005 in Kraft getreten.

155

---

251 Sonderheft Ärzteblatt Rheinland-Pfalz v. 31.12.2005.
252 Gemäß Art. 16 Abs. 4 HeilBerG ist das Führen einer Praxis in der Form einer juristischen Person des Privatrechts nicht statthaft.

nn) Sachsen-Anhalt

156 Bis auf § 19 Abs. 2 wurde die MBO umgesetzt. Die Genehmigung der Rechtsaufsicht ist erteilt.

oo) Schleswig-Holstein

157 Die Änderung der Berufsordnung der Ärztekammer Schleswig-Holstein vom 23.4.2003 wurde in der Kammerversammlung vom 15.9. und 24.11.2004 beschlossen. Die neue MBO soll vollständig übernommen werden. Lediglich § 23a MBO soll erst aufgenommen werden, sofern eine Änderung des Heilberufsgesetzes erfolgt ist. Eine Genehmigung ist erfolgt.

pp) Thüringen

158 Die Berufsordnung der Landesärztekammer Thüringen vom 21.10.1998, zuletzt geändert am 7.12.2004, ist am 1.2.2005 in Kraft getreten. Thüringen hat die MBO 1:1 übernommen.

qq) Westphalen-Lippe

159 Die ÄKWL hat die MBO im Wesentlichen umgesetzt. Die Genehmigung der Rechtsaufsicht wurde am 18.3.2005 erteilt. Die BO wurde am 29.3.2005 vom Präsidenten ausgefertigt und ist in Heft 5/2005 S. 61 des Ärzteblattes der ÄKWL veröffentlicht.

b) Unvereinbarkeiten, Unabhängigkeit

160 Die ärztliche Berufsordnung wird von Ärzten (und Nicht-Ärzten) häufig als „überholte Schilderordnung" bezeichnet, die in einem modernen Gesundheitswesen nicht mehr zeitgemäß sei. Abgesehen davon, was die Kritiker der Berufsordnung unter „einem modernen Gesundheitswesen verstehen", verwandelt sich der Spott über die Berufsordnung immer wieder in blankes Entsetzen, wenn Betroffene feststellen, dass Verstöße gegen die Berufsordnung ganz erhebliche wirtschaftliche Konsequenzen zeitigen können. Damit sind nicht Geldbußen oder Berufsgerichtsverfahren gemeint. Es ist vielfach unbekannt, dass nicht wenige Normen der Berufsordnung sog. Verbotsgesetze i.S.v. § 134 BGB sind. Dies hat zur Folge, dass gegen diese Normen verstoßende Rechtsgeschäfte (z.B. Gesellschafts- und Pachtverträge) nichtig sein können und dadurch Schäden in sechsstelliger Höhe auflaufen. Daneben spielen Unterlassungsverfügungen von Mitbewerbern bzw. entsprechenden Vereinigungen zur Überwachung des fairen Wettbewerbs eine wichtige Rolle; sie lassen so manche clevere Geschäftsidee wie eine Seifenblase platzen.

161 Schutzobjekt von § 3 MBO ist sowohl die Wahrung der ärztlichen Unabhängigkeit als auch das Ansehen des Arztes in der Bevölkerung. Es soll nicht der Verdacht aufkommen, der Arzt würde therapeutische Entscheidungen von berufsfremden Erwägungen abhängig machen. Dem Arzt ist nach § 3 Abs. 1 S. 2 MBO auch verboten, seinen Namen in Verbindung mit der ärztlichen Berufsbezeichnung in unlauterer Weise für gewerbliche Zwecke herzugeben.[253] Unter der ärztlichen Berufsbezeichnung ist zum einen die Bezeichnung „Arzt" und die als „Facharzt für..." zu verstehen, aber auch Titel

---

[253] VG Münster – 6 K 3821/97, MedR 1999, 146, Werbung für Dritte im Wartezimmer unzulässig.

wie außerplanmäßiger Professor (den sowieso niemand in dieser Form führt), Professor oder Sanitätsrat. Amtsbezeichnungen wie z.B. Professor (für einen beamteten Professor) dürfen für außerdienstliche Zwecke nicht verwendet werden. Lässt ein Beamter dies zu, so liegt hierin eine Dienstpflichtverletzung, wenn die Verwendung etwa für eine – ggf. genehmigungspflichtige – Nebentätigkeit erfolgt. Die Verwendung des Doktor-Titels in einer Firma ist unter handels-(firmen)rechtlichen Gesichtspunkten zu prüfen. Die Verwendung muss mit der Würde eines Arztes in Einklang stehen, um standesgemäß zu sein. Als unzulässige Verwendung des Arztnamens für gewerbliche Zwecke ist auch die sog. „Schleichwerbung" für Produkte unter angeblicher neutraler medizinischer Bewertung zu verstehen. Die Grenzen zwischen Werbung und Information sind fließend. Nicht ohne Grund sollen Produktinformationen der Firmen in Printmedien als „Anzeige" kenntlich gemacht werden, um dem Verbraucher/Leser zu signalisieren, dass er nicht zwingend mit einer abwägenden Information rechnen muss. Deswegen versuchen viele Firmen durch vorgebliche redaktionelle Beiträge diese Grenze zu kaschieren. Gerade in den Fernsehmedien hat diese Art von Schleichwerbung oder auch Produktplacement für Furore gesorgt. Wer Werbung als Information tarnt, verschleiert. Das OLG München hat im Falle einer Werbebroschüre für Nahrungsergänzungsmittel sehr deutlich festgestellt:[254] Der Leser als Laie misst dem redaktionellen Text (eines Arztes), der für sich Vertrauen in seine Sachkompetenz als im Bereich der Nahrungsergänzungsmittel erfahrener Arzt in Anspruch nimmt, als fachlich orientierter und neutraler Instanz größere Bedeutung bei und steht ihm unkritischer gegenüber als den werbenden Behauptungen von Inserenten. Dieser Fall zeigt darüber hinaus exemplarisch, wie wichtig es ist, klar zwischen Eigenwerbung des Arztes, mit der sich die Entscheidung nicht vorrangig auseinandersetzt, und (gewerblicher) **Produktwerbung** zu unterschieden. Die Eigenwerbung des Arztes wäre im Hinblick auf die zunehmend liberale Rechtsprechung des BVerfG möglicherweise noch zu tolerieren. Wettbewerbswidrig und damit unlauter wird die Darstellung dadurch, dass der Arzt seinen „Fachbonus" einsetzt, um den Absatz Dritter zu fördern und daraus letztlich wieder eigenen Vorteil zu ziehen. Wer sich schon so in der Öffentlichkeit positionieren will, muss wenigstens darauf achten, dass seine fachlichen Aussagen nicht nur inhaltlich nicht verschleiernde Werbung beinhalten, sondern auch graphisch/örtlich von Werbeanzeigen oder sonstigen Produktplatzierungen abgesetzt sind. So hat auch der BGH[255] in einem ähnlichen Fall entschieden:

„Der Leser erwartet nicht, dass in einem derartigen Text Werbung enthalten ist und kann sie nicht klar als solche erkennen. Seine Platzierung im redaktionellen Teil der Broschüre verschleiert daher den Werbecharakter dieses Texts (Köhler, Wettbewerbsrecht, 23. Auflage 2004, § 4 UWG Rn 3.11). Das erfüllt den Tatbestand des § 4 Nr. 3 UWG und ist damit unlauter i.S.d. § 3 UWG. Diese Vorgehensweise trifft auch der Vorwurf der Sittenwidrigkeit i.S.d. § 1 UWG a.F., denn wer unter der redaktionellen Tarnkappe Wirtschaftswerbung betreibt, handelte auch nach altem Recht wettbewerbswidrig (BGH – I ZR 154/95 – BRAK 1997, 267 = MDR 1997, 1144 = CR 1997, 691 = GRUR 1997, 914 – Die Besten II, m.w.N.). Die angegriffene unlautere Wettbewerbshandlung ist geeignet, den Wettbewerb zum Nachteil sowohl der Verbraucher als auch anderer Hersteller von Nahrungsergänzungsmitteln, die sonstige Marktteilnehmer sind, nicht nur unerheblich, sondern wesentlich zu beeinträchtigen und ist deshalb gem. § 3 UWG unzulässig. Wegen dieser Eignung zur we-

---

254 OLG München – 29 U 4589/04, GesR 2005.
255 BGH – I ZR 69/95, MDR 1998, 301 = GRUR 1998, 489 – Unbestimmter Unterlassungsantrag III, m.w.N.

sentlichen Beeinträchtigung des Wettbewerbs begründete sie auch nach § 13 Abs. 2 Nr. 2 UWG a.F. einen Anspruch auf Unterlassung. Die Inanspruchnahme von Vertrauen in seine Eigenschaft als Arzt ermöglicht es, bei medizinisch nicht fachkundigen Lesern, an die sich die Broschüre richtet, in besonders wirksamer Weise den Eindruck zu erwecken, gerade das anschließend offen beworbene Produkt verdiene besondere Wertschätzung. Da einem Arzt wegen seiner Verpflichtung, in Gesundheitsfragen ausschließlich im Interesse seiner Patienten zu handeln, auf diesem Gebiet ein erhöhtes Vertrauen entgegengebracht wird, beeinflusst der Beklagte durch das Ausnutzen dieses Vertrauens besonders wirksam die freie Entschließung des Lesers als Kunden, ohne dass der sich dessen bewusst würde, und gefährdet damit die Funktionsfähigkeit des an der Leistung orientierten Wettbewerbs nachhaltig (BVerfG – 1 BvR 580/02 – MDR 2003, 344 = NJW 2003, 277 – JUVE-Handbuch, m.w.N.)".

162 Ziel von § 3 Abs. 2 MBO ist die Trennung merkantiler Gesichtspunkte vom Heilauftrag des Arztes.[256] Das besondere Vertrauen in den Arztberuf soll darüber hinaus nicht zur **Verkaufsförderung** solcher Produkte und Dienstleistungen „missbraucht" werden, die der Patient nicht notwendigerweise im Zusammenhang mit seiner Betreuung benötigt. Die Grenzen sind sicher fließend. Unzulässig dürfte nach dieser Vorschrift wohl der Verkauf solcher Produkte sein, die auch andere Marktteilnehmer feilbieten, sofern sie nicht zwingend für die ärztliche Therapie benötigt werden (z.B. „Sportlernahrung").[257] Ein typisches Beispiel zulässiger Tätigkeit ist die Abgabe bzw. der Verkauf von Kontaktlinsen in Augenarztpraxen[258] oder auch (allerdings mit erheblichen Einschränkungen) orthopädischer Hilfsmittel beim Orthopäden.[259] Stets muss bei derartigen Geschäften aber die steuerrechtliche Problematik mitbedacht werden. Während nämlich z.B. die Anpassung von Kontaktlinsen durch den Augenarzt noch zu Einnahmen aus freiberuflicher Tätigkeit führen, gelten Einkünfte aus Verkäufen derartiger Gegenstände ohne individuelle Anpassung als Einkünfte aus Gewerbebetrieb; sie unterliegen der **Gewerbesteuer.** Bei Gemeinschaftspraxen ist die Gefahr der Infizierung der freiberuflichen Einkünfte durch diese gewerbliche Tätigkeit zu vermeiden („Abfärbetheorie"[260]). Dies geht nur durch eine klare Trennung beider Tätigkeiten. Die Tätigkeit der gewerblichen Gesellschaft bürgerlichen Rechts muss sich eindeutig von der Tätigkeit der ärztlichen Gemeinschaftspraxis abgrenzen lassen. Eine Personenverschiedenheit zwischen den

---

[256] Siehe auch § 18 Abs. 2 MBO, Gewährleistung der nicht gewerblichen Tätigkeit im Rahmen vergesellschafteter Berufsausübung.

[257] Die Abgrenzung zum sog. „Wellness-Bereich" wird man nur von Fall zu Fall vornehmen können; siehe nur OLG Stuttgart – 2 U 120/96, MedR 1997, 175, „Vital Shops"; siehe auch OLG Koblenz – 6 U 1500/96, MedR 1998, 29, Warenangebot im Internet; OLG Frankfurt a.M., Urt. v. 14.4.2005 – 6 U 111/04, Verkauf v. Nahrungsergänzungsmitteln in Praxis unzulässig; ebenso LG Rottweil, Urt. v. 16.6.2006 – 5 O 40/05, MedR 2007, 494.

[258] LG Hechingen, Urt. v. 16.5.1995 – KfHO 144/94, n.v.; bestätigt durch OLG Stuttgart, Urt. v. 28.6.1996 – 2 U 146/96, n.v.; LSG Rheinland-Pfalz, Urt. v. 12.12.1996 – L 5 Ka 56/95, n.v.; Verkauf von Glas-Rohlingen hingegen unzulässig, weil schon dem ausschließlichen Handwerksbereich zuzurechnen, so jedenfalls LG München II, Urt. v. 14.4.1999 – 1 HKO 785/99; siehe jetzt auch OLG Celle, Urt. v. 21.12.2006 – 13 U 118/06, GesR 2007, 220, Abgabe von Brillen in Augenarztpraxen zulässig.

[259] OLG Düsseldorf – I 20 U 96/04, MedR 2005, 528 zur Abgabe von Air-Cast-Schienen und Gehstützen zur Sofortbehandlung. Allerdings war hier auch die wettbewerbsrechtliche Problematik, bzw. deren nur eingeschränkte Überprüfbarkeit im Rahmen des SGB V von Bedeutung, dazu BGH – I ZR 117/01, GRUR 2004, 247, wettbewerbsrechtliche Beurteilung durch § 69 SGB V ausgeschlossen; siehe aber jetzt eher zurückhaltend BGH – I ZR 317/02, MedR 2005, 717 ff., dazu unten.

[260] Siehe aber BFH – XI R 31/05, NJW 2007, 461 ff., keine Abfärbung bei gewerblichen Einkünften im Sonderbereich eines Gesellschafters.

Gesellschaftern dieser verschiedenen Gesellschaften wird nicht mehr verlangt.[261] Das Bundesministerium der Finanzen hat diejenigen Gesichtspunkte aufgeführt, die der juristische Berater bei der Vertragsgestaltung berücksichtigen sollte.[262]

c) Zusammenarbeit mit bestimmten (ausgewählten) Gesundheitshandwerkern

163

Ohne sachlich gebotenen Grund soll der Arzt bei der Verordnung von Heil- oder Hilfsmitteln keinen bestimmten Hersteller benennen (siehe auch § 34 Abs. 5 MBO). Die Entscheidungsfreiheit des Arztes wird dadurch aber nicht berührt. Denn selbstverständlich kann der Arzt positive Erfahrungen mit einem **Hilfsmittelhersteller** oder einem Heilmittelerbringer in eine Empfehlung an den Patienten umsetzen;[263] allerdings sollte diese Empfehlung mit dem Hinweis gekoppelt werden, dass der Patient in der Einlösung der Verordnung selbstverständlich völlig frei sei und auch andere Anbieter aufsuchen könne. Eindeutig unzulässig wäre aber, die Empfehlung an die Bezahlung eines bestimmten Betrages durch den Techniker zu koppeln. Dies wäre eine unzulässige Provision. Zwischen diesen beiden Polen gibt es eine Grauzone. Manche versuchen sich damit zu behelfen, dass sie „Beraterverträge" abschließen oder „Studienaufträge" annehmen, die jedoch oftmals nur vorgeschoben sind, um Provisionszahlungen zu kaschieren. Zum Teil findet man auch Lager- und Bereithaltungsverträge, die in nicht wenigen Fällen demselben Zweck dienen. Dies heißt nicht, dass derartige Geschäfte prinzipiell unzulässig sind; sie müssen nur mit Leben erfüllt werden. Mit anderen Worten kann ein Orthopäde selbstverständlich einem Orthopädietechniker z.B. einen halben Tag in der Woche einräumen, an dem dieser dann direkt seine Arbeit in der Praxis verrichtet.[264] Hierfür eine Vergütung zu verlangen, ist in keiner Weise anstößig oder berufsrechtlich problematisch, wenn die Vergütung dem Wert der Raumnutzung entspricht.[265] Auch die teilweise vorzufindende Übung, für die Bereitstellung eines Wandschranks zur Aufbewahrung der Utensilien des Orthopädie-Handwerkers ein Entgelt zu verlangen, ist ein klassisches Verwahrungsverhältnis und prinzipiell nicht zu beanstanden. Allerdings wird auch hier immer wieder zu fragen sein, ob die „Miete" für einen Wandschrank in unangemessener Höhe noch mit dem Verwahrungsverhältnis in Verbindung steht oder bereits eine unzulässige finanzielle Zuwendung beinhaltet. § 34 Abs. 1 MBO soll ver-

---

261 BMF, Schreiben v. 14.5.1997 – IV B 4-S2246-23/97, DStR 1997, 1123; zu den Grenzen gewerblicher Infektion bei teilweise von der Gewerbesteuer befreiten gewerblichen Einkünften, BFH – IV R 43/00, MedR 2002, 271 ff.; BFH – XI R 12/98, BStBl II 2000, 229, keine Infektion bei nur ganz untergeordneten Einkünften, hier 1,25 % vom Gesamtanteil.
262 Auch wenn derzeit die Gewerbesteuer für Freiberufler ihren „Schrecken" zunehmend verliert, ist man bei der geringen Halbwertszeit der Steuergesetze gut beraten, diesen Gesichtspunkten auch künftig Rechnung zu tragen. U.U. muss zur Vermeidung der Abfärbewirkung eine Zweit-GbR gegründet werden, hierzu BFH – IV R 67/96, DStR 1998, 200. Eine Personenverschiedenheit zwischen den Gesellschaftern dieser verschiedenen Gesellschaften wird nach einem Schreiben des BMF nicht mehr verlangt.
263 OVG Münster – 13 A 3323/97, NVwZ-RR 2000, 216, für den Fall der Empfehlung einer bestimmten Apotheke wegen spezieller Arzneimittel; BGH – VI ZR 80/79, NJW 1981, 2007 zur zulässigen Empfehlung eines Orthopädietechnikers durch einen Orthopäden, wenn fachliche Gründe vorliegen; BGH – I ZR 275/99, MedR 2002, 256 zur zulässigen Empfehlung eines auswärtigen Hörgeräteakustikers in Zusammenhang mit dem „verkürzten Vertriebsweg".
264 Ebenso OLG Hamburg, Urt. v. 19.11.1998 – 3 U 160/98, n.v., für Beratung durch Hörgeräteakustiker im Wartezimmer vom HNO-Arzt; weitere Beispiele bei *Bonvie*, MedR 1999, 64 ff.
265 Vorsicht ist allerdings im Hinblick auf die steuerrechtliche Qualifikation dieser Einkünfte angebracht (Gewerblichkeit).

meiden, dass der Arzt eine Vergütung oder eine Vergünstigung für sich oder einen Dritten fordert oder dafür annimmt, dass er Arznei-, Heil-, Hilfsmittel oder Medizinprodukte verordnet. Der Missbrauch kann einmal durch das Fordern einer Vergütung oder Vergünstigung, zum anderen durch deren Annahme verwirklicht werden. Fordern ist dabei das offen oder verdeckte Verlangen der Leistung, wobei erkennbar sein muss, dass sie für das Verordnen verlangt oder gewährt wird. Die Annahme ist das tatsächliche Entgegennehmen einer Vergütung oder Vergünstigung zur eigenen Verfügung.

d) Handwerk und Hilfsmittelabgabe

164 Bis heute bestehen unterschiedliche Auffassungen zwischen Vertretern der **Gesundheitshandwerker-Berufe** und Ärzten über die Frage, in welchem Umfang „Nicht-Handwerker" Leistungen in diesem Bereich erbringen dürfen.[266] Nach Auffassung des Landgerichts Dortmund lässt sich aus § 1 Abs. 2 Handwerksordnung entnehmen, dass nur solche Tätigkeiten dem Handwerk vorbehalten sind, die als wesentlich einzustufen sind. Dazu würden die Ohrabdrucknahme und die Feinanpassung des Hörgerätes nicht gehören, da dies Maßnahmen sind, die auch sonst von Ärzten erbracht werden. Anders wäre es jedoch, wenn die Tätigkeiten am Hörgerät selbst ausgeführt würden: „Soweit es um Feinabstimmungen und Änderungen des Hörgerätes selbst geht, werden die erforderlichen Anpassungen ohnehin nicht von den Ärzten, sondern „online" unter Mitwirkung der Hörgeräteakustiker der Beklagten ausgeführt." Weiter geht das Oberlandesgericht Nürnberg in seinem Urteil vom 29.7.1997.[267] Es bezeichnet die Idee, dass der Arzt bei der Abgabe von Hörgeräten zum Handwerker würde, sogar als abwegig. Eine entgegengesetzte Entscheidung des OLG Hamm[268] ist vom BGH[269] mit dem Schlagwort **„verkürzter Vertriebsweg"** aufgehoben worden. Der Arzt übe bei der Anpassung des Ohrabdrucks ärztliche Tätigkeit und kein Handwerk aus. Verstöße gegen die Berufsordnung sieht der BGH nicht. Durch die Zurverfügungstellung des PCs und der online-Verbindung sei der Arzt nicht gebunden oder gehindert, sich auch anderer Hörgeräteakustiker zu bedienen. Alleine die Schaffung der Möglichkeit eines Zusatzverdienstes durch die Vergütung des Ohrabdrucks durch den Hörgeräteversand sei für sich genommen nicht zu beanstanden, da er auf erlaubter HNO-ärztlicher Tätigkeit beruhe. Ein Verstoß gegen § 126 Abs. 1 SGB V a.F. (Beschränkung der Hilfsmittelabgabe auf zugelassene Leistungserbringer) liege nicht vor, da der HNO-Arzt die Hörgeräte nicht abgebe, sondern nur verordne. Abgeber im Rechtssinne bleibe das Versandhandelsunternehmen. In einer späteren Entscheidung hat der BGH[270] diese Rechtsprechung bekräftigt. Die Vorteile des verkürzten Vertriebsweges (günstiger Preis, keine „Laufereien") sprächen aus wettbewerbsrechtlicher Sicht nicht gegen, sondern gerade für das Konzept. Mittlerweile wird diese Argumentationsschiene auch für andere Vertriebsmodelle herangezogen. Nach einer Entscheidung des OLG Celle[271] ist die Abgabe von Brillen in Augenarztpraxen zulässig. Ohne Hinzutreten besonderer Umstände sei es

---

266 LG Dortmund – 10 O 197/96, MedR 1998, 36; dagegen *Schwannecke/Wiebers*, NJW 1998, 2697 ff.; dafür *Kern*, NJW 2000, 833 ff. Laut Ärzte-Zeitung v. 17.5.2000 hatte die CDU sogar einen Vorstoß unternommen, Ärzten die Abgabe von Hilfsmitteln bis auf einige Ausnahmen untersagen zu lassen.
267 OLG Nürnberg – 3 U 96/97, MedR 1998, 522; ähnlich OLG Hamburg, Urt. v. 10.10.1991 – 3 U 58/91, n.v.; OLG Celle, Urt. v. 1.10.1997 – 13 U 96/97, n.v.
268 OLG Hamm – 4 U 169/97, NJW 1998, 2749.
269 BGH – I ZR 59/98, MedR 2001, 203 ff. = NJW 2000, 2745 ff.
270 BGH – I ZR 275/99, MedR 2002, 256 ff.; BSG – B 3 KR 7/02 R, MedR 2003, 699, Kasse darf verkürzten Versorgungsweg nicht ausschließen.
271 OLG Celle, Urt. v. 21.12.2006 – 13 U 118/06, OLGR 2007, 147 = GesR 2007, 220.

wettbewerbsrechtlich nicht unlauter, wenn ein Augenarzt seine Patienten im Beratungsgespräch darauf hinweist, dass die Versorgung mit einer Sehhilfe (Brille) nicht nur durch einen örtlichen Augenoptiker erfolgen kann, sondern auch über den verkürzten Versorgungsweg – mit dem Vorteil, dass der Patient sich die Brille gleich in der Praxis aussuchen kann. Die Fertigung erfolgt dann durch den auswärtigen Augenoptikermeisterbetrieb. Dies gilt auch dann, wenn der Augenarzt für die ärztlichen Leistungen, die er im Rahmen seiner Mitwirkung an der Versorgung im verkürzten Versorgungsweg erbringt, vom Optiker eine gesonderte Vergütung erhält. Versucht man diese Rechtsprechung zum verkürzten Versorgungsweg auf orthopädie-typische Verrichtungen zu übertragen, dürfte z.B. das Abnehmen von Fußabdrücken oder Ähnliches im Rahmen eines derartigen Konzepts zulässig sein.

e) Kooperation mit Sanitätshäusern

Wiederum andere Gewichtungen findet man bei der Zusammenarbeit mit Sanitätshäusern vor. Zwar gilt zunächst das Vorgesagte entsprechend. Ergänzend wird jedoch zu berücksichtigen sein, dass es vor allem bei Fertighilfsmitteln, bei denen es keinerlei Anpassung und damit letztlich auch keiner fachlichen/handwerklichen Qualifikation bedarf, argumentativ wesentlich schwerer ist, eine finanzielle Zahlung des Sanitätshauses an den Arzt zu rechtfertigen. Denn hier findet ja bezogen auf die reine Warenübergabe keine ärztliche Tätigkeit statt. Natürlich kann es keinem Arzt verwehrt werden, sich an einem Sanitätshaus – wie an jedem anderen Unternehmen auch – finanziell zu beteiligen und hieraus einen gewissen Unternehmergewinn zu ziehen. Diese Konstellation wird in der Praxis jedoch in der Regel selten vorliegen. Vielmehr wird das Sanitätshaus bestrebt sein,[272] den Arzt durch die Gewährung finanzieller Vergünstigungen an das Unternehmen zu binden. Sei es, dass auch hier Verwahrungsmöglichkeiten „gemietet" werden oder der Arzt Bedarfsgegenstände (unter Gewährung sachlicher oder finanzieller Vergünstigungen) erhält, die er quasi als ausgelagerte Verkaufsstelle des Sanitätshauses direkt an die Patienten abgibt. Erstaunlich ist, wie wenig die (mögliche) strafrechtliche Dimension derartiger Verhaltensmuster diskutiert wird.[273] Denn die Frage der Strafbarkeit wegen Untreue gemäß § 266 StGB zu Lasten der GKV bei unrechtmäßigen oder unnötigen Verordnungen betrifft juristisch gesehen ja nicht nur die Verordnung von Arzneimitteln, sondern auch von Hilfsmitteln. Mit seinen Entscheidungen vom 25.11.2003 und 27.4.2004 hat der BGH[274] hier mittlerweile Maßstäbe gesetzt, die den Arzt auch jenseits der eigentlichen Abrechnungsproblematik einem nicht unerheblichen Strafbarkeitsrisiko (diesmal dann aber nicht wegen Betruges, sondern wegen Untreue gemäß § 266 StGB) aussetzen. Im GKV-Bereich war im Übrigen § 126 SGB V zu beachten. Will ein Arzt direkt Hilfsmittel abgeben, musste er zugelassener Leistungserbringer sein. Die Zulassung als Vertragsarzt ersetzte diese Zulassung nicht automatisch. Allerdings bestand bei Nachweis der Voraussetzungen ein Anspruch auf Zu-

---

272 Natürlich gibt es in der Praxis auch Fälle, in denen der Anstoß von ärztlicher Seite ausgeht.
273 *Pragal/Apfel*, A&R 2007, 10 ff.
274 BGH – 4 StR 239/03, GesR 2004, 129 = MedR 2004, 268; BGH – 1 StR 165/03, GesR 2004, 371 = MedR 2004, 613; siehe auch BGH – 1 StR 547/05, GesR 2007, 77 „Kick-Back" für Verordnung von Augenlinsen.

lassung.[275] Durch das GKV-WSG[276] wird die Zulassung als Voraussetzung für die Abgabe aufgegeben (Übergangsfrist bis 31.12.2008) und durch die Stellung als Vertragspartner einer bestimmten Krankenkasse ersetzt (§ 126 Abs. 1 n.F.). Auf die Zulassung (nach neuer Rechtslage „Vertragspartnerschaft") als Hilfsmittelerbringer kann nach dem Urteil des BGH (siehe Rn 164) dann verzichtet werden, wenn der Arzt nur in die Abgabe eingebunden, selbst aber nicht Abgeber ist („verkürzter Vertriebsweg"). Eine unzulässige Umgehung und damit Anstiftung des Arztes zu einem Verstoß gegen §§ 3 Abs. 2, 34 Abs. 1 und Abs. 5 MBO kann auch in der Veranlassung des Arztes zur Teilnahme an „Pseudostudien" gesehen werden, wenn diese Studien überwiegend oder ausschließlich dazu dienen, Bandagen eines bestimmten Sanitätshauses abzugeben.[277] In welchem Umfang Ärzte einfache Hilfsmittel abgeben können, war lange Zeit umstritten.[278] Der BGH[279] hat sich jetzt der eher restriktiven Auffassung angeschlossen. Danach darf ein Arzt seine Patienten nicht auf die Möglichkeit des Bezugs von Teststreifen aus einem in der Praxis befindlichen Depot eines Sanitätshauses hinweisen und danach abgeben, es sei denn, der Patient wünscht dies von sich aus ausdrücklich, aus Anlass von Schulungszwecken zur Ersteinweisung oder Nachschulung oder in Notfällen. Die Abgabe von in großem Umfang benötigten Verbrauchsprodukten durch den Arzt sei im Regelfall Ausdruck eines rein geschäftsmäßigen Verhaltens, das die Gefahr einer langfristigen negativen Rückwirkung auf die medizinische Versorgung durch eine Orientierung an ökonomischen Erfolgskriterien in sich berge. Soweit die Abgabe unmittelbar der ärztlichen Therapie diene, sei sie jedoch nicht zu beanstanden.

f) Mittelbare Vorteile und Umgehungsstrategien

166 Ärzten ist es nicht verwehrt, zur Ergänzung oder Unterstützung ihrer Berufstätigkeit Unternehmen im Gesundheitswesen zu betreiben oder sich daran zu beteiligen. Derartige Unternehmen können auch im GKV-Sektor Vertragspartner der Kassen werden. Die Vorgaben des „Kassenarztrechts" sind in § 124 Abs. 5 SGB V normiert. Danach dürfen Heilmittel in Dienstleistungsform nur von zugelassenen Leistungserbringern „abgegeben" werden. „Leistungserbringer" kann nach der Rechtsprechung des Bundessozialgerichts[280] auch eine GmbH sein, wenn in ihr ein zugelassener Leistungserbringer fachlich unabhängig tätig ist. Wer Gesellschafter der GmbH ist, ist für die Zulassung unerheblich. Gesellschafter kann mithin auch ein Arzt sein.

167 Ärzte stehen anderen Investoren in nichts nach. Die Grenze wird dort sichtbar – und von Fall zu Fall auch überschritten –, wo das Unternehmen eine Konstruktion anbietet, die dem Arzt Vorteile verschafft, deren Annahme ihm bei Direktbezug untersagt wären. Die am Markt anzutreffenden Strukturen sind z.T. phantasiereich. Man stößt auf GmbH & Co. KGs, deren Kommanditisten i.d.R. Ärzte sind oder deren Gesellschaftsanteile

---

275 Die Spitzenverbände der Krankenkassen haben eine Empfehlungsvereinbarung gem. § 126 Abs. 2 SGB V geschlossen, nach der auch solche Hilfsmittel, die ohne weitere handwerkliche Zurichtung verabreicht werden können (Konfektionsware) nur unter Leitung eines Gesundheitshandwerkers abgegeben werden dürfen. Im Übrigen sollen gem. § 127 Abs. 1 SGB V i.V.m. § 10 des Rahmenvertrages zwischen Bundesinnungsverband und Ersatzkrankenkassen Hilfsmitteldepots außer zur Notfallversorgung nicht zulässig sein.
276 BGBl I, 378 ff.
277 OLG Koblenz – 4 U 813/04, MedR 2005, 723.
278 OLG Köln – 6 U 77/02, GesR 2003, 120, keine Abgabe von Diabetes-Teststreifen; a.A. OLG Naumburg – 7 U 67/01, ApoR 2003, 51; *Buchner/König*, ZMGR 2005, 335 ff.
279 BGH, Urt. v. 2.6.2005 – I ZR 317/02, GesR 2005, 456 = GRUR 2005, 875.
280 Vgl. BSGE 77, 130 ff.

von Treuhändern gehalten werden, um die Anonymität der „Share Holders" zu wahren. Man findet Aktiengesellschaften, die an Ärzte Vorzugsaktien ausgeben oder auch Ärzte-Fonds,[281] die Gewinne aus Gesundheitseinrichtungen und -betrieben verwalten. All diesen Konstruktionen ist gemein, dass sie dann angreifbar sind, wenn die „Rendite" personenbezogen umsatzabhängig ist; mit anderen Worten dann, wenn der Arzt als Zuweiser oder Verordner direkt und unmittelbar den Wert seines Kapitalanteils steuert und damit sein Kapitalertrag einen Provisionscharakter erhält. *Dahm*[282] führt treffend aus: „Beteiligungsmodelle mit geringfügigen Beiträge, aber hohen (versprochenen) Gewinnerwartungen, die zudem eine Gewinnausschüttung entsprechend der Zuweisungsquote (noch dazu ohne persönliche Leistung) im Beschlussverfahren vornehmen, tragen von vornherein das Stigma der Unzulässigkeit." Unverfänglich ist hingegen die Förderung des Gesamtunternehmens und damit die Teilhabe am Gesamtgewinn, wie bei jedem anderen Kapitalanleger auch. Voraussetzung ist stets, dass die Indikation zur veranlassten Leistung gegeben ist und das ausgewählte Produkt den Erfordernissen des Patienten genügt. Verordnet der Arzt unter Hintanstellung besserer Produkte nur deshalb ein Arznei- oder Hilfsmittel, weil er davon einen finanziellen Vorteil hat, ist dies sowohl berufs- wie auch wettbewerbsrechtlich angreifbar.[283] Gründen Ärzte „Institute" (z.B. Kosmetik-Institute) müssen sie darauf achten, dass Praxis und Institut streng getrennt sind. Beim Patienten darf nicht der Eindruck entstehen, es handle sich um eine Einheit.[284] Dies gilt auch für eine sonstige gewerbliche Tätigkeit in der Praxis, z.B. die nichtärztliche Ernährungsberatung.[285] Nach § 17 Abs. 1 MBO ist die Ausübung ambulanter ärztlicher Tätigkeit außerhalb von Krankenhäusern einschließlich konzessionierter Privatkrankenanstalten an die Niederlassung in einer Praxis gebunden, soweit nicht gesetzliche Vorschriften etwas anderes zulassen. § 18 Abs. 2 MBO ergänzt dies dahingehend, dass die Ausübung ambulanter ärztlicher Tätigkeit in gewerblicher Form berufswidrig ist, soweit nicht die Tätigkeit in Krankenhäusern oder konzessionierten Privatkrankenanstalten ausgeführt oder gesetzliche Vorschriften etwas anderes zulassen. Man findet derartige Verbote nicht in allen Länderberufsordnungen. Diese Reglementierungen hielten trotz erheblicher Kritik aber zumindest in den Ländern einer Überprüfung stand, in denen sie im Heilberufegesetz selbst geregelt sind.[286] Planen Ärzte derartige Projekte, sind die rechtlichen Rahmenbedingungen unter Berücksichtigung der länderspezifischen Vorschriften zu prüfen.

Die Einbeziehung von Ärzten in Fitness- oder auch Sportstudios scheint mittlerweile fast üblich zu sein. Gesundheitspolitisch ist dies sicherlich zu begrüßen, da die drohende Selbstgefährdung durch hauptsächlich im Büro tätige Menschen in derartigen Studios offenkundig ist. Insofern ist es sicherlich nicht zu beanstanden, wenn sich der Betreiber eines Fitness-Studios von einem Arzt fachlich beraten lässt. Ebenso wenig wird es zu beanstanden sein, wenn ein Arzt generell überprüft, ob die Kunden dieses Fitness-Studios durch die Benutzung einiger Gerätschaften Schaden nehmen können. Dabei

168

---

281 Hierzu *Bonvie*, MedR 1999, 65.
282 *Dahm*, MedR 1998, 70 ff.; OLG Stuttgart, Urt. v. 10.5.2007 – 2 U 176/06, GesR 2007, 320; OLG Köln, Urt. v. 4.11.2005 – 6 U 46/05, GRuR 2006, 600; OLG Koblenz, Urt. v. 20.5.2003 – 4 U 1532/02, GesR 2004, 150.
283 *Dahm*, MedR 1998, 70 ff.; LG Saarbrücken, Urt. v. 31.1.2007 – 71 O 103, 06, A&R 2007, 87.
284 BG Heilb. beim VG Köln Urt. v. 24.11.2000 – 35 K 2910/00 T, gewerbliche Ernährungsberatung durch Dritte in der Arztpraxis unzulässig; BG Heilb. beim VG Köln – 32 K 4638/99 T, MedR 2005, 490, räumliche Trennung von Arztpraxis und gewerblicher Ernährungsberatung.
285 OLG Frankfurt – 6 U 111/04, MedR 2005, 661.
286 BayVerfGH – Vf.5-VII-95, Vf.6-VII-95, NJW 2000, 3418; OVG Münster – 9 S 157/00, MedR 2001, 150.

wird es sich jedoch stets um eine eher allgemeine Betreuung des Unternehmens „Fitness-Studio" handeln, nicht um eine Einzeltherapie eines Kunden dieses Studios im Studio. Würde der Arzt nämlich in diesem Studio eine eigene Sprechstunde abhalten bzw. Patienten behandeln, wäre dies – jedenfalls im vertragsärztlichen Bereich – eine genehmigungspflichtige Zweigpraxis. Hiervon ist die Variante zu unterscheiden, dass Ärzte bestimmte Fitness-Studios empfehlen und diese Fitness-Studios wiederum diese Ärzte benennen (Empfehlungskartell). Derartige Vereinbarungen – in der Regel finanziell gepolstert – verstoßen nach Auffassung mehrerer Gerichte gegen das Gesetz zum Schutz vor unlauterem Wettbewerb.[287]

169 Zunehmend trifft man (z.B. im zahnärztlichen oder kosmetisch-chirurgischen Bereich) auf Kreditangebote durch (Zahn-)Ärzte dergestalt, dass den Patienten in der Praxis bestimmte Kreditangebote zur Finanzierung aufwendiger Maßnahmen vermittelt werden. Auch dies dürfte im Ergebnis nicht mit § 3 Abs. 2 MBO in Einklang stehen. Im Übrigen wäre in jedem Einzelfall zu prüfen, ob nicht die Vorschriften des KWG (z.B. § 32) verletzt sind.

g) Unabhängigkeit[288]

170 Ein Arzt hatte eine in einem Hotel-Sanatorium gelegene Arztpraxis gepachtet. In der Präambel zum Pachtvertrag hieß es u.a.: „Bei der Verordnung von Leistungen ist dem Gesichtspunkt Rechnung zu tragen, dass der Gast bzw. Patient eine möglichst umfassende Therapie wünscht und die Angebote des Sanatoriums in möglichst großem Umfang in Anspruch nehmen möchte." Darüber hinaus sollte die kaufmännische Verwaltung der Praxis und die Einziehung der Honorarforderungen der GmbH als Betreiberin des Hotel-Sanatoriums obliegen. Die dem Hotel-Sanatorium zu zahlende Pacht war umsatzabhängig geregelt. Das Bayerische Oberste Landesgericht hat in seinem Urteil vom 6.11.2000 als Revisionsinstanz die Klage des Arztes gegen den Übernehmer des Sanatoriums rechtskräftig abgewiesen, weshalb dem Arzt Sicherheiten von knapp 150.000 DM verloren gingen. Zwar seien umsatzabhängige Entgeltvereinbarungen für vertraglich geschuldete Sachleistungen grundsätzlich zulässig. Etwas anderes könne man aber dann annehmen, wenn der Arzt durch die Struktur der umsatzabhängigen Entgelte verleitet oder gar gedrängt würde, überhöhte Honorarforderungen zu stellen. Entscheidend war im vorliegenden Fall, dass die Praxis – in das Hotel-Sanatorium integriert – wie der Gewerbebetrieb selbst in der Absicht möglichst hoher Gewinnerzielung geführt werden sollte. Dadurch werde die Gefahr heraufbeschworen, dass der Arzt fachliche und ethische Erfordernisse, die ihm die Berufsordnung auferlegt, geschäftlichen Interessen, nämlich der Gewinnerzielungsabsicht des Hotels, unterordne. Diese Entscheidung belegt in eindrucksvoller Weise, dass die ärztliche Berufsordnung eben nicht nur hehre Grundsätze, sondern echte Verbotsnormen enthält, die im gesamten wirtschaftlichen Betätigungsfeld des Arztes, soweit es mit seiner Berufstätigkeit zusammenhängt, Geltung beanspruchen können. Wesensmerkmal der Niederlassung ist die eigenverantwortliche Ausübung der ärztlichen Tätigkeit. Wesentlich ist hierfür, den ärztlichen Auftrag nach eigenem freiem Ermessen gestalten zu können. Die Inanspruchnahme fremder Geräte und fremden Personals steht dem ebenso wenig entgegen

---

287 LG Ravensburg v. 17.8.1998 – 1 KfHO 969/98, n.v.; LG Dortmund v. 24.3.1999 – 10 O 205/98, n.v.; OLG Frankfurt – 6 U 39/98, VersR 1998, 1299.
288 BayObLG – 1Z RR 612/98, MedR 2001, 206 ff.

wie die Rücksichtnahme auf Darlehensgeber im Rahmen von Praxisinvestitionen. Eine stille Beteiligung an der Praxis eines Arztes wird aber überwiegend für unzulässig gehalten.[289]

aa) Vorteilsgewährung und Zuweisung gegen Entgelt, wirtschaftliche Einflussnahme

171 Die Unabhängigkeit ärztlicher Entscheidungen von merkantilen Gesichtspunkten ist ein zentraler Bestandteil jeder ärztlichen Berufsordnung. Zum Teil werden ganz unterschiedliche Normbereiche angesprochen (§ 3 Abs. 2 MBO Verkaufstätigkeit, § 17 MBO freiberufliche Tätigkeit, § 31 MBO Verbot der **Vorteilsgewährung** und -annahme für die Zuweisung von Patienten und/oder Untersuchungsmaterial). Gerade die letztgenannte Vorschrift kann rechtlich erhebliche Auswirkungen entfalten und schweren wirtschaftlichen Schaden verursachen. Nicht gerechtfertigte merkantile Gesichtspunkte können nämlich Verbotsgesetzcharakter gemäß § 134 BGB haben.[290] Das bedeutet, dass dagegen verstoßende Verträge nichtig sind.[291] Jenseits berufsrechtlicher Sanktionen, die selten genug sind, gibt es einschneidende zivilrechtliche Konsequenzen. Ergänzend sind die §§ 32–35 MBO zu beachten, deren praktische Bedeutung aus rein berufsrechtlicher Sicht – jedenfalls bis heute – eher gering ist. Werden einem Gesellschafter Gewinne verursachungsgerecht nach der Zahl der von ihm veranlassten Untersuchungen zugeteilt, verstößt dies gegen diese Vorschrift. Insoweit sind alle entsprechenden Bestimmungen in Gesellschaftsverträgen berufsrechtswidrig mit der weiteren Konsequenz der zivilrechtlichen Nichtigkeit gem. § 134 BGB.[292] Klärungsbedürftig sind dagegen Konstruktionen, die eine Beteiligung der Gesellschafter am Gewinn nach der Höhe ihrer Einlage nach Abzug aller Kosten für die leistungserbringenden Gesellschafter inkl. angemessener Arzthonorare für diese vorsehen. Es besteht zwar ein Zusammenhang zwischen der veranlassten Untersuchung und dem wirtschaftlichen Erfolg. Dieser ist jedoch ein Erfolg der Gesellschaft und kommt allen weiteren Erfolgsberechtigten zugute. Man stößt z.B. bei Betreiber-Modellen oder auch Großgerätekooperationen auf diese Problematik. Eine ausschließlich oder überwiegend nach Überweisungsfrequenzen vereinbarte Gewinnverteilung ist allerdings auch in derartigen Gesellschaften rechtswidrig. Entsprechende Gesellschaftsbeschlüsse können von benachteiligten Gesellschaftern gerichtlich angegriffen werden und im worst case die ganze Konstruktion zum Einsturz bringen. Z.T. von anwaltlicher Seite empfohlene „Umgehungsstrategien" halten in der Regel einer näheren Überprüfung nicht stand. Es muss aber zulässig sein, die Grundidee der Apparategemeinschaft auch bei derartigen Gesellschaften zu berücksichtigen. Damit ist gemeint, dass auch in einer Apparategemeinschaft der Einzelne durch die bessere Auslastung der Geräte profitiert (niedrigere Stück- und Gemeinkosten). Solange eine Gewinnverteilung die bessere Geräteauslastung den Gesellschaftern ähnlich wie in einer Apparategemeinschaft zufließen lässt, sind verschiedene Lösungsansätze denkbar. Bevor man entsprechende Investitionen tätigt, kann es sich empfehlen, das

---

289 *Götte*, Anm. zu BGH DStR 1995, 1722, obwohl das ärztliche Berufsrecht im Gegensatz zum ApothekenG (§§ 8, 12) kein ausdrückliches Verbot enthält und die Übergänge zum partiarischen Darlehen fließend sind; siehe deswegen jetzt auch *Reiter*, GesR 2005, 6 ff.
290 BayObLG – 1Z RR 612/98, MedR 2001, 206 ff.
291 BGH – VIII ZR 10/85, NJW 1986, 2360; BGH – I ZR 120/87, MedR 1990, 77; OLG Nürnberg – 6 U 466/87, MDR 1988, 861, Laborbindung eines Zahnarztes an ein Labor über mehrere Jahre gegen Mietzahlung für Räume, deren Miteigentümer er ist; OLG Frankfurt a.M. – 8 U 161/00, MedR 2002, 92, Sittenwidrigkeit der Gewährung eines Skontoabzuges auf Zahntechnikerhonorare.
292 BGH – VIII ZR 10/85, NJW 1986, 2360.

vollständige Konzept²⁹³ mit der zuständigen Landesärztekammer abzusprechen, um später „den Rücken frei zu haben". Steuerrechtlich muss darauf geachtet werden, dass solche Gesellschaften nach Möglichkeit umsatzsteuer- und gewerbesteuerprivilegiert konstruiert werden. Dies ist auch dann denkbar, wenn nicht alle Gesellschafter gleichberechtigt an der Leistungserbringung teilnehmen. Vielfach reicht als gemeinsamer Zweck im Sinne des Steuerrechts aus, dass der Gesellschafter Arzt ist, eine Möglichkeit der Leistungsbeteiligung unter Einschluss der Fachgebietszugehörigkeit und Qualität gegeben ist, Leistungen überhaupt, wenn auch ausnahmsweise, durchgeführt werden oder sich die Zusammenarbeit wenigstens auf Konzile, Demonstrationen oder einen sonstigen fachlichen Austausch beschränken. Eine eingehende steuerrechtliche Abklärung ist bei diesen Modellen unabdingbar.

bb) Vorteilsgewährung für sonstige Tätigkeiten[294]

172 § 31 MBO untersagt sog. „Koppelgeschäfte", die die Höhe der Vergünstigung von der Anzahl der in Auftrag gegebenen Untersuchungen bzw. überwiesenen Patienten abhängig macht.[295] Ein derartiges Verhalten kann gleichzeitig einen Verstoß gegen das Werbeverbot und gegen §§ 3, 5 UWG darstellen. Im Übrigen kann in derartigen Absprachen ein schwerwiegender vertragsärztlicher Verstoß liegen, der von den jeweiligen KVen disziplinarrechtlich geahndet werden kann. Ebenso unzulässig ist die Einräumung des Liquidationsrechts für den Einsender im Privatkassenbereich als Gegenleistung für die Zusendung von „Kassenpräparaten".

173 Eine weitere Form der unzulässigen Vorteilsgewährung besteht in der Beteiligung des überweisenden Arztes am Liquidationserlös des die Leistung erbringenden Arztes. Die möglichen Beteiligungsformen sind vielfältig, der Einfallsreichtum der Beteiligten nahezu unbegrenzt. Zum Teil wird dem Einsender ein bestimmter Honoraranteil unter Bezugnahme auf angebliche Beratungsleistungen rückvergütet. Demgegenüber gibt es von der Rechtsprechung akzeptierte Honorarbeteiligungsmodelle, die jedoch insoweit eines gemein haben, dass der sachliche Grund in der Versorgung des Patienten und/oder dem besonderen Versorgungsauftrag liegt.[296]

174 Erhebliches Missbrauchspotential eröffnet die Teilgemeinschaftspraxis (TGP), weil manche glauben, unter ihrem Deckmantel die verbotene Zuweisung gegen Entgelt kaschieren zu können.[297] Zu Recht haben einige LÄK[298] in ihren Berufsordnungen aus-

---

293 Also ohne „Geheimbeschlüsse" und Nebenabreden.
294 *Lippert/Ratzel*, NJW 2003, 3306 ff.
295 BGH – I ZR 120/87, MedR 1990, 77; OLG Köln – 11 W 13/02, MedR 2003, 460, „kick back" bei Zahnarztlabor, Rückabwicklung über § 812 BGB; OLG Celle MedR 2003, 183, unlauteres Preisdumping; BGH – I ZR 201/02, NJW 2005, 3718; OLG Koblenz – 4 U 1532/02, MedR 2003, 580.
296 Zur erlaubten Honorarteilung im D-Arztverfahren OLG Hamm – 3 U 109/94, MedR 1995, 405. Werden in einer radiologischen Krankenhaus-Abteilung für einen D-Arzt Leistungen im Rahmen der Nebentätigkeitsbefugnis des radiologischen Chefarztes erbracht, so kann dieser vom D-Arzt das volle Honorar nach dem Abkommen Ärzte/Unfallversicherungsträger beanspruchen. Empfehlungen der Berufsverbände über eine Honorarteilung im D-Arzt-Verfahren entsprechend der anteilsmäßigen Tätigkeit der Ärzte, i.d.R. einer hälftigen, stehen dem jedenfalls dann nicht entgegen, wenn außerhalb der Dienstzeiten eine ständige Rufbereitschaft der radiologischen Abteilung besteht und auch wahrgenommen werden kann. Ob sie tatsächlich in Anspruch genommen wird, ist ohne Belang; ebenso OLG Frankfurt MedR 1990, 86: Radiologe kann 50 % des Honorars verlangen, das der D-Arzt von der BG erhält; OLG Hamm GesR 2003, 119: Zulässige Gebührenteilung zwischen Operator und Anästhesist, bestätigt durch BGH – III ZR 135/02, GesR 2003, 211 f.
297 *Ratzel/Möller/Michels*, MedR 2006, 377 ff.
298 Hamburg, Rheinland-Pfalz, Bremen.

drücklich eine Ergänzung zu § 18 Abs. 1 BO aufgenommen, wonach die bloße Veranlassung nicht genügt, eine Berufsausübungsgemeinschaft zu begründen. Im VÄndG[299] haben diese Überlegungen zu einer Einschränkung der TGP zwischen Zuweisern und überweisungsgebundenen Ärzten, die medizinisch-technische Leistungen erbringen, geführt. Jetzt wurde auch die MBO entsprechend angepasst (siehe Rn 140).

Nicht erst seit der Neuregelung der integrierten Versorgung zum 1.1.2004 gemäß §§ 140a SGB V gab es vielfältige Bestrebungen, stationäre und ambulante Versorgung besser zu vernetzen. Rationalisierungs- aber auch Qualitätsverbesserungsziele stehen dabei im Vordergrund. Hiervon sind sog. „Ein- oder Zuweiserprämien" zu unterscheiden, die Krankenhäuser unter dem Deckmantel der integrierten Versorgung an einweisende Ärzte bezahlen, um sie an das Haus zu binden.[300] Die Grenzen des guten Geschmacks sind hier teilweise längst überschritten. Ein weiterer Aspekt finanzieller Anreizinstrumente im Rahmen der GKV findet sich in den Bonusmöglichkeiten in § 84 Abs. 4a und Abs. 7a SGB V sowie den Rabattvereinbarungen in § 130a Abs. 8 SGB V. Was hier teilweise euphemistisch mit der Erschließung von Wirtschaftlichkeitsreserven umschrieben und vom Gesetzgeber letztlich sozialversicherungsrechtlich „geadelt" worden ist, wirkt in der Praxis teilweise wie die ansonsten unerwünschte Beeinflussung ärztlicher Entscheidung unter Hintanstellung des für den Patienten vorteilhafteren Alternative.

175

Der Verkauf der Kartei der Chefarztambulanz an einen anderen Arzt mit der Maßgabe, die in dessen Praxis anfallenden zytologischen Abstriche durch den abgebenden Teil bearbeiten zu lassen[301] ist unzulässig. Nach der insoweit geänderten Rechtsprechung des BGH[302] sind derartige Abmachungen heute auch wegen Verstoßes gegen die ärztliche Schweigepflicht rechtswidrig und nichtig.

176

Unzulässig ist, wenn Ärzte im Rahmen des Delegationsverfahrens in der Verhaltenstherapie[303] einen prozentualen Anteil vom Honorar des nichtärztlichen Verhaltenstherapeuten verlangen. Das Gleiche gilt für die provisionierte Zuweisung von Patienten zur Vornahme von kosmetischen Operationen.[304] Aber auch für die Vereinbarung eines Arztes mit einem Apotheker über die Beteiligung an dessen Rezepteumsatz.[305]

177

---

299 § 33 Abs. 2 S. 3 Ärzte-ZV i.d.F. des VÄndG v. 22.12.2006, BGBl I S. 3439; *Dahm/Ratzel*, MedR 2006, 555.
300 OLG Koblenz – 4 U 1532/02, MedR 2003, 580; OLG Schleswig-Holstein – 6 U 17/03, MedR 2004, 270; a.A. OLG Düsseldorf – I-20 U 30/04, 20 U 30/04, MedR 2005, 169, wobei die Besonderheit des Falles darin bestand, dass sich das Krankenhaus an den Inhalten eines Strukturvertrages (Kataraktoperationen) der KV als Modellvorhaben orientierte, an dem es selbst nicht teilnehmen durfte; zur Problematik des Ausschlusses des UWG im Bereich des SGB V auch hier BGH – I ZR 117/01, MedR 2004, 325. Soweit die Vergütung im Rahmen der IV für den Arzt auch Anteile für Arznei und/oder Hilfsmittel enthält, kann dies zur Gewerblichkeit und damit Infektion führen. BMF, Schreiben v. 1.6.2006 – IV B 2 – S 2240 – 33/06.
301 BGH – VIII ZR 10/85, MedR 1986, 195.
302 BGH – VIII ZR 4/91, NJW 1992, 737.
303 Alte Bezeichnung für PsychThG.
304 OLG Hamm – 2 U 172/83, NJW 1985, 679.
305 OLG Frankfurt (M) – 23 U 101/96, ArztR 2000, 284.

178 Die Zulässigkeit sog. Hol- und Bringedienste wurde von den Gerichten unterschiedlich beurteilt.[306] Während *Dahm*[307] in derartigen Hol- und Bringediensten, sofern sie über den örtlichen Einzugsbereich einer Einrichtung hinausgehen, einen deutlichen Verstoß gegen § 31 MBO sieht, stellen die die Zulässigkeit annehmenden Entscheidungen eher den Vorteil für den Patienten durch eine schnelle Bereitstellung der Untersuchungsergebnisse in den Vordergrund. Entscheidend dürfte weniger die tatsächliche Distanz, sondern vielmehr die Gefahr für das zu untersuchende Probengut durch die Dauer des Transports sein. Ist darüber hinaus ein guter Kontakt zwischen Diagnostiker und einsendender Einrichtung gewährleistet, sprechen auch Hol- und Bringedienste über eine längere Distanz nicht gegen eine unerlaubte Vorteilsgewährung, da bei derartigen Untersuchungsleistungen der Kontakt zwischen Arzt und Patient ohnehin nicht im Vordergrund steht und somit das Kriterium für eine örtliche Bezugsgröße entfällt.[308] Wegen § 11 ApoG ist allerdings ein Hol- und Bringedienst zwischen Apotheker und Arzt unzulässig[309]

179 Die Annahme von Zuwendungen, die sich ein Augenarzt von einem Optiker versprechen lässt, der in demselben Gebäude ein Geschäft führt, sind auch dann standeswidrig, wenn der Arzt sich zu keiner Gegenleistung verpflichtet. Die umsatzabhängige Verzinsung eines von dem Augenarzt dem Optiker gewährten Darlehens erweckt zusätzlich den Verdacht der Gewinnbeteiligung an ärztlichen Verordnungen.[310]

180 Inwieweit Patientenvermittlungsagenturen unter § 31 MBO fallen, kann nicht einheitlich bewertet werden. Ist es Aufgabe der Agentur, z.B. im Ausland zahlungskräftige Patienten anzuwerben, dürfte dieses Verhalten eher an § 27 MBO zu messen sein. Werden (ausländischen) Einrichtungen oder Personen des Gesundheitswesens Provisionen für die Zuweisung von Patienten versprochen, kann der Schutzzweck von § 31 MBO verletzt sein. Generell muss beachtet werden, dass Patientenvermittlung eine gewerbliche Tätigkeit darstellen kann.

cc) Exkurs: Wahrung der ärztlichen Unabhängigkeit bei der Zusammenarbeit mit Dritten [311]

181 Hinweise und Erläuterungen zu § 33 (Muster-)Berufsordnung beschlossen von den Berufsordnungsgremien der Bundesärztekammer am 12.8.2003.

182 **1. Vorbemerkung/Einleitung**

Der 106. Deutsche Ärztetag 2003 hat eine Neufassung der §§ 30 ff. (Muster-)Berufsordnung zur Wahrung der ärztlichen Unabhängigkeit bei der Zusammenarbeit mit Dritten beschlossen. Hierzu haben die Berufsordnungsgremien der Bundesärztekammer die nachstehenden Auslegungsgrundsätze beschlossen. Sie erläutern Ärztinnen und Ärzten

---

306 Kostenloser Botendienst zwischen Krankenhaus und Arzt bei Überschreitung einer Entfernung von mehr als 40 km Luftlinie zulässig, LG Siegen, Urt. v. 2.6.1992 – 1 O 82/91, n.v.; bestätigt von BGH – I ZR 114/93, NJW 1996, 308; OLG Düsseldorf, Urt. v. 27.10.1988 – 2 U 322/87, 50 km bei Pathologen nicht standeswidrig.
307 *Dahm*, MedR 1994, 13, 16.
308 BGH – I ZR 114/93 NJW 1996, 3081.
309 OLG Hamm – 19 U 39/06, GesR 2006, 572.
310 Ärztliches BG Niedersachsen, Urt. v. 4.9.1991-BG 4/91; *Heile/Mertens/Pottschmidt*, A.2.10 Nr. 4.
311 Siehe hierzu auch die aktuellen Hinweise der Berufsordnungsgremien der Bundesärztekammer zur Wahrung der ärztlichen Unabhängigkeit im Rahmen des Umgangs mit der Ökonomisierung des Gesundheitswesens vom 2.4.2007 DÄBl. 2007 (A) 1607 ff.

die Möglichkeiten und Grenzen der Zusammenarbeit mit Dritten, sie sollen aber auch denjenigen, die darüber hinaus mit der Anwendung der Vorschriften befasst sind, bei ihrer Arbeit unterstützen.

Die Zusammenarbeit von Ärzten und Industrieunternehmen ist in der jüngsten Vergangenheit in die öffentliche Diskussion geraten. Wiederholt sind Vorwürfe gegen die Ärzteschaft erhoben worden, dass bei der Zusammenarbeit mit der Industrie die ärztliche Unabhängigkeit nicht im ausreichenden Maße gewahrt worden sei. Diese Vorwürfe wurden sowohl gegen Krankenhausärzte als auch gegen niedergelassene Ärzte erhoben. Ausgelöst wurde diese Diskussion durch den sog. Herzklappenskandal, durch die Neuregelung des Gesetzes zur Bekämpfung der Korruption sowie Fragen der Finanzierung der Drittmittelforschung. Für den Bereich der ärztlichen Tätigkeit, der vom Anwendungsbereich des Antikorruptionsgesetzes insbesondere der §§ 30 ff. StGB erfasst wird, liegt der Gemeinsame Standpunkt zur strafrechtlichen Bewertung der Zusammenarbeit zwischen Industrie, medizinischen Einrichtungen und ihren Mitarbeitern vor (Stand 11.4.2001).

Die Berufsordnung enthält im vierten Abschnitt (§§ 30 ff. MBO) Regelungen zur Zusammenarbeit von Ärzten und Industrie, die gewährleisten, dass die ärztliche Unabhängigkeit bei Zusammenarbeit mit Dritten gesichert ist. Dieser vierte Abschnitt der MBO ist auf dem 106. Deutschen Ärztetag 2003 novelliert worden.

Bei der Novellierung dieses Abschnittes waren folgende Überlegungen maßgebend:

1. Die Kooperation von Ärzteschaft und Industrie ist sowohl notwendig als wünschenswert.
2. Die Kooperation muss so gestaltet sein, dass bei allen Formen der Zusammenarbeit die Wahrung der ärztlichen Unabhängigkeit gesichert ist und das Patientenwohl als oberste Handlungsmaxime der medizinischen Versorgung gesichert ist. Um diese Ziele zu erreichen, das heißt, um eine Kooperation von den Ärzten und Industrie bei Wahrung der ärztlichen Unabhängigkeit zu ermöglichen, wurden die Prinzipien
   - Transparenz der Finanzflüsse,
   - Trennung von Beschaffungsentscheidung und Zuwendungsempfang,
   - Äquivalenz von Leistung und Gegenleistung sowie
   - die Dokumentation aller Formen der Zusammenarbeit,

   die auch im Antikorruptionsstrafrecht herangezogen werden, soweit wie möglich im Berufsrecht verankert. Ergänzend zu diesen bei der Überarbeitung beachteten Grundsätzen wurde der Anwendungsbereich der Vorschriften auf die sog. „Drittvorteilsnahme" erstreckt.

Während nach bisher geltendem Berufsrecht die Annahme finanzieller Unterstützungsleistungen für die sog. passive Teilnahme an Fortbildungsveranstaltungen verboten war, erlaubt die Neufassung des neuen § 33 Abs. 4 MBO nun erstmalig das individuelle Fortbildungssponsoring, wenn bestimmte Regeln beachtet werden. Die nachstehende Darstellung informiert auf dem Boden des vom 106. Deutschen Ärztetag beschlossenen Berufrechtes über die bestehenden Möglichkeiten und Grenzen der Zusammenarbeit von Ärzteschaft und Industrie.

2. Rechtliche Rahmenbedingungen der Kooperation

§ 33 MBO lautet:

Die Zusammenarbeit von Ärzten mit Dritten ist im 4. Kap. der MBO in den §§ 30–35 geregelt. Diese Vorschriften verpflichten Ärzte, ihre Unabhängigkeit bei der Zusammenarbeit mit Dritten zu wahren. Aber auch weitere Vorschriften des ärztlichen Berufsrechts sollen dazu beitragen, die ärztliche Unabhängigkeit zu sichern. Im Einzelnen sind dies §§ 3 Abs. 2, 23, 15 Abs. 4 MBO. Die nachfolgende Darstellung beschränkt sich auf die Erläuterung des § 33 MBO.

§ 33 Arzt und Industrie

1. Soweit Ärzte Leistungen für die Herstellung von Arznei-, Heil- und Hilfsmitteln oder Medizinprodukten erbringen (z.B. bei der Entwicklung, Erprobung und Begutachtung), muss die hierfür bestimmte Vergütung der erbrachten Leistungen entsprechen.
Die Verträge über die Zusammenarbeit sind schriftlich abzuschließen und sollen der Ärztekammer vorgelegt werden.

2. Die Annahme von Werbegaben oder anderen Vorteilen ist untersagt, sofern der Wert nicht geringfügig ist.

3. Dem Arzt ist nicht gestattet, für den Bezug der in Abs. 1 genannten Produkte, Geschenke oder andere Vorteile für sich oder einen Dritten zu fordern. Diese darf er auch nicht sich oder Dritten versprechen lassen oder annehmen, es sei denn, der Wert ist geringfügig.

4. Die Annahme von geldwerten Vorteilen in angemessener Höhe für die Teilnahme an wissenschaftlichen Fortbildungsveranstaltungen ist nicht berufswidrig. Der Vorteil ist unangemessen, wenn er die Kosten der Teilnahme (notwendige Reisekosten, Tagungsgebühren) des Arztes an der Fortbildungsveranstaltung übersteigt oder der Zweck der Fortbildung nicht im Vordergrund steht. Satz 1 und 2 gelten für berufsbezogene Informationsveranstaltungen von Herstellern entsprechend.

2.1 Ärztliche Leistungen für Hersteller von Arzneimitteln, Medizinprodukte u.a.

§ 33 Abs. 1 MBO regelt die Zusammenarbeit von Ärzten mit Herstellern von Arznei, Heil- und Hilfsmittel oder medizinisch-technischen Geräten, z.B. bei der Entwicklung, Erprobung und Begutachtung im Rahmen einer vertraglichen Austauschbeziehung. Typischerweise erbringt der Arzt in diesen Fällen im Rahmen einer Austauschbeziehung eine Leistung für ein Unternehmen, das ihn hierfür vergütet. Diese Leistungserbringung ist berufsrechtlich zulässig, wenn die für die ärztliche Leistung bestimmte Vergütung der erbrachten Gegenleistung entspricht (Äquivalenzprinzip). Auch wenn grundsätzlich keine generalisierende Betrachtung möglich ist, sondern die berufsrechtliche Beurteilung anhand des konkreten Einzelfalles folgen muss, sind folgende Grundsätze zu beachten.

Ob Leistungen und Gegenleistungen in einem angemessenen Verhältnis zueinander stehen, also das Äquivalenzprinzip beachtet wurde, beurteilt sich u.a. danach, ob die finanzielle Entschädigung im Verhältnis zu dem Zeitaufwand und zu dem Schwierigkeitsgrad der Aufgabenstellung angemessen ist. Auch weitere Kriterien, wie individuelle Kompetenz können bei der Feststellung ins Gewicht fallen, ob sich Leistungen und Gegenleistungen entsprechen.

Dabei ist kritisch zu prüfen, ob Austauschverträge lediglich dazu dienen der Sache nach einseitige Zuwendungen zu verdecken oder das Verbot der einseitigen Zuwendung zu umgehen. Ein berufsrechtlicher Verstoß kann z.B. dann vorliegen, wenn dem Arzt allein der Zeitaufwand für die Teilnahme an produktbezogenen Veranstaltungen (z.B. Teilnahme an einem eintägigen Qualitätszirkel, der sich ausschließlich mit der Anwendung eines bestimmten Medikamentes befasst) ersetzt wird und dem keine Gegenleistung gegenübersteht.

Die Teilnahme an klinischen Studien und Anwendungsbeobachtungen stellt einen Fall der Zusammenarbeit von Ärzteschaft und Industrie dar. Unter Beachtung der berufsrechtlichen Bestimmungen ist dieses erlaubt.

Übernimmt ein Arzt die Durchführung klinischer Prüfungen der Phase III oder Phase IV so muss das Entgelt angemessen sein. Alle Leistungen, besonders Arzneimittel und Laborleistungen die im Zusammenhang mit klinischen Prüfungen notwendig sind, dürfen nicht zu Lasten der Krankenversicherung abgerechnet und nicht privatärztlich liquidiert werden. Die durch die klinische Prüfung verursachten Kosten sind von dem pharmazeutischen Unternehmen zu tragen.

Auch in Fällen, in denen die Vereinbarung zur klinischen Erprobung zwischen Krankenhausträger und Unternehmen geschlossen wird, kann § 33 MBO berührt sein. Dieses gilt jedenfalls dann, wenn ein bestimmter Arzt wirtschaftlich Begünstigter der Vereinbarung ist. Der Weg, wie der Vorteil an den Arzt gelangt, ist unerheblich.

Zahlungen für Anwendungsbeobachtungen dürfen nicht dazu dienen, z.B. eine Änderung der Arzneimittelverordnung (Wechsel des Präparates) ohne medizinische Veranlassung herbeizuführen. Wie bei anderen Verträgen muss auch in diesem Fall das Äquivalenzprinzip beachtet werden.

Auch die Übernahme von Referententätigkeit im Rahmen von Fortbildungsveranstaltungen kann in den Anwendungsbereich des § 33 Abs. 1 MBO fallen, wenn die Honorierung z.B. durch ein pharmazeutisches Unternehmen erfolgt.

Die Annahme von Honoraren für Vorträge ist grundsätzlich zulässig, wenn die Höhe des Honorars angemessen ist. Berufsrechtlich zulässig ist es ebenfalls, wenn die Reise- und Unterbringungskosten für den Referenten durch ein Unternehmen übernommen werden.

Gemäß § 33 Abs. 1 S. 2 MBO, der auf dem 106. Deutschen Ärztetag neu in die Vorschrift eingeführt wurde, sind alle Verträge über die Zusammenarbeit schriftlich abzuschließen (Dokumentationsgrundsatz) und sollen der Ärztekammer vorgelegt werden (Transparenzgrundsatz).

2.2 Annahme von Werbegaben

§ 33 Abs. 3 MBO verbietet die Annahme von Werbegaben oder anderen Vorteilen sofern der Wert nicht geringfügig ist. Nach dieser Vorschrift dürfen nur solche Leistungen angenommen werden, die einen Wert von 50 EUR nicht übersteigen. Bei regelmäßigen Zuwendungen, die im Einzelfall innerhalb dieser Grenze liegen, ist nicht der Wert der einzelnen Leistungen zugrunde zu legen, sondern eine Gesamtbetrachtung vorzunehmen.

2.3. Bezug von Waren

§ 33 Abs. 2 MBO verbietet dem Arzt die Annahme von Vorteilen beim Bezug von Arznei-, Heil- und Hilfsmitteln und medizinisch-technischen Geräten, es sei denn, es handelt sich um Vorteile von geringem Wert. Ebenso wie nach Abs. 2 liegt die Grenze bei 50 EUR. Dieses Verbot gilt auch dann, wenn der Vorteil einem Dritten zufließt (z.B. Familienangehörige oder Mitarbeiter).

§ 33 Abs. 3 MBO stellt klar, dass der Arzt seine Beschaffungsentscheidung nicht von der Gewährung von Vorteilen abhängig machen darf. Nicht verboten ist aber das Aushandeln von Rabatten. Allerdings kann der Arzt aufgrund anderer rechtlicher Bestimmungen verpflichtet sein, die Rabatte an andere (z.B. Krankenkasse) weiter zu geben.

In jedem Falle ist es berufsrechtlich unzulässig, wenn die Beschaffungsentscheidung für die medizinisch-technischen Geräte von Zuwendungen abhängig gemacht wird. Die unentgeltliche Überlassung medizinisch-technischer Geräte ist mit den berufsrechtlichen Vorschriften nicht zu vereinbaren.

2.4 Fortbildungsveranstaltungen

187

§ 33 Abs. 4 MBO in der Fassung des 106. Deutschen Ärztetages regelt in Satz 1 das sog. individuelle Fortbildungssponsoring. Nach dieser Vorschrift verstößt ein Arzt dann nicht gegen berufsrechtliche Vorschriften, wenn er für die Teilnahme an wissenschaftlichen Fortbildungsveranstaltungen einen geldwerten Vorteil in angemessener Höhe annimmt. Danach ist es möglich, solche finanzielle Zuwendungen anzunehmen, die dazu dienen die Teilnahme an wissenschaftlichen Fortbildungsveranstaltungen zu ermöglichen. Unterstützungsleistungen für reine Marketingveranstaltungen sind demgegenüber unzulässig.

Die Unterstützung muss sich auf die Übernahme der notwendigen Reisekosten und Tagungsgebühren beschränken. Zulässig ist es z.B., wenn ein Bahnticket oder ein Flugticket (Economy-Class) übernommen wird. Auch die Erstattung sonstiger Reisekosten (öffentliche Verkehrsmittel, Taxen) ist möglich. Die Erstattung ist auf die für die Teilnahme an der Veranstaltung notwendiger Übernachtungskosten begrenzt. Kosten für „Verlängerungstage" dürfen nicht angenommen werden. Auch müssen die Reisekosten in der Höhe angemessen sein, so kann die Übernahme der Kosten für ein „Luxushotel" unangemessen sein. Die dem Teilnehmer entstehenden Teilnahmegebühren dürfen in voller Höhe von Dritten getragen werden, ohne dass hierin eine Verletzung berufsrechtlicher Vorschriften zu sehen ist. Die Annahme weiterer Vorteile verletzt berufsrechtliche Vorschriften, insbesondere ist es unzulässig, wenn Reisekosten für Begleitpersonen getragen werden, und/oder für ein Rahmenprogramm übernommen werden.

Eine Annahme geldwerter Vorteile verstößt aber dann gegen berufsrechtliche Vorschriften, wenn der Zweck der Fortbildung nicht im Vordergrund steht.

Dieses kann beispielsweise dann der Fall sein, wenn Reisekosten für eine Veranstaltung übernommen werden, in deren Rahmen nur ein zeitlich geringer Anteil für die Fortbildung zur Verfügung, im überwiegenden Maße jedoch ein Freizeitwert einer Veranstaltung im Vordergrund steht.

Indikatoren hierfür können z.B. der Ort der Veranstaltung (Urlaubsregion oder touristisch attraktive Städte) sein. Ein Indiz hierfür kann auch sein, wenn eine Veranstaltung im Ausland durchgeführt, obwohl kein internationaler Themenbezug der Fortbildung gegeben ist.

§ 33 Abs. 4 S. 3 MBO stellt klar, dass die gleichen Grundsätze wie für wissenschaftliche Informationsveranstaltungen auch für berufsbezogene Informationsveranstaltungen von Herstellern gelten. Dieses bedeutet, dass auch für Informationsveranstaltungen Unterstützungsleistungen in angemessener Höhe angenommen (und gewährt) werden dürfen. Eine berufsbezogene Informationsveranstaltung liegt dann vor, wenn etwa im Rahmen einer solchen Veranstaltung Innovationen im Arzneimittelbereich im wissenschaftlichen Kontext vorgestellt werden. Handelt es sich demgegenüber um eine Veranstaltung, die ausschließlich der Absatzsteigerung von Arzneimitteln oder Medizinprodukten dient, dürfen keine Reisekosten übernommen werden. Diese sind vom Arzt selbst zu tragen. Ob es sich um eine Marketing-Veranstaltung handelt oder aber eine berufsbezogene Informationsveranstaltung vorliegt, kann im Einzelfall zu schwierigen Abgrenzungsfragen führen. Vor der Annahme von Unterstützungsleistungen empfiehlt es sich daher, wenn sich der Arzt von seiner Ärztekammer beraten lässt. Auch für Informationsveranstaltungen gilt, dass lediglich die notwendigen Reisekosten und Tagungsgebühren übernommen werden dürfen. Kosten für Rahmenprogramme und Reisekosten für Begleitprogramme dürfen auch in diesem Falle nicht übernommen werden. Ebenso wie bei Fortbildungsveranstaltungen dürfen Unterbringungskosten nur für die tatsächliche Dauer der Veranstaltungen in angemessener Höhe getragen werden."

h) Der Arzt in der Informationsgesellschaft

aa) Einführung in das Thema

Die §§ 27 und 28 MBO bildeten auch nach den vom 103. Deutschen Ärztetag beschlossenen Änderungen – gemeinsam mit den Regelungen in Kapitel D Nr. 1–5 – eines der Kernstücke der ärztlichen Berufsordnung. Historisch betrachtet zählte das ärztliche Werbeverbot bzw. das Verbot öffentlicher Anpreisung zu den ärztlichen Grundpflichten schlechthin.[312] Dies ist die Rückschau. Im Lichte der Wandlungen, die die Norm im Verlauf der Jahre bis hin zu den Änderungsbeschlüssen des 105. Deutschen Ärztetages 2002 in Rostock genommen hat und die neuere Rechtsprechung des BVerfG[313] muss alles das, was früher zum ärztlichen Werbeverbot geschrieben worden ist, einer kritischen Prüfung unterzogen werden. Dies gilt für Literatur wie Urteile gleichermaßen. Bei älteren Entscheidungen wird man daher in Zukunft immer überlegen müssen, ob sie im Lichte der neuen Rechtslage in gleicher Weise gefällt worden wären. Die Vorschriften in Kapitel D I Nr. 1 bis 5 wurden ersatzlos gestrichen. Das Verbot des anpreisenden Verhaltens bleibt. Insofern hat sich an der Zielsetzung der Vorschrift nichts geändert. Im Übrigen sollte man sich aber auch vor Überinterpretationen in Acht nehmen. Diejenigen, die bereits „vom Ende des Werbeverbots" sprechen, übersehen, dass das BVerfG nie Zweifel befördert hat, verkammerte Berufe dürften derartigen Beschränkungen nicht unterliegen.[314] Entscheidend ist, und dies kommt in der neueren Rechtsprechung des BVerfG noch deutlicher als früher zum Vorschein, dass jedwede Einschränkung an Art. 12 Abs. 1 GG zu messen ist und daher nur Bestand haben kann, wenn wichtige Gemeinwohlbelange geschützt werden sollen. Bloße berufsständische Zielvorstellungen, wie das Bild des Berufsangehörigen aussehen solle, rechtfertigen derartige Einschränkungen regelmäßig nicht.[315]

188

---

312 § 25 Abs. 1 i.d. bis 1997 geltenden Fassung: „Dem Arzt ist jegliche Werbung für sich und andere Ärzte untersagt"; § 27 Abs. 1 i.d. von 1997 bis 2000 geltenden Fassung: „Der Arzt darf für seine berufliche Tätigkeit oder die berufliche Tätigkeit anderer Ärzte nicht werben. Sachliche Informationen sind in Form, Inhalt und Umfang gemäß den Grundsätzen des Kapitels D I Nrn. 1–6 zulässig." § 27 Abs. 1 i.d. von 2000 bis 2002 geltenden Fassung: „Dem Arzt sind sachliche Informationen über seine Berufstätigkeit gestattet. Für Praxisschilder, Anzeigen, Verzeichnisse, Patienteninformationen in Praxisräumen und öffentlich abrufbare Arztinformationen in Computerkommunikationsnetzen gelten hinsichtlich Form, Inhalt und Umfang die Grundsätze des Kapitels D I Nr. 1–5. Berufswidrige Werbung ist dem Arzt untersagt. Berufswidrig ist insbesondere eine anpreisende, irreführende oder vergleichende Werbung."
313 BVerfG – 1 BvR 547/99, MedR 2000, 523 ff. m. Anm. *Rieger*; BVerfG – 1 BvR 873/00, 1 BvR 874/00, NJW 2001, 2788 (Tätigkeitsschwerpunkt); BVerfG – 1 BvR 881/00, NJW 2002, 1864 (Zahnarztsuchservice); BVerfG – 1 BvR 1644/01, MedR 2002, 409 (Zeitungsannonce); *Jaeger*, AnwBl. 2000, 475 ff.
314 BVerfGE 85, 248, 261; BVerfG – 1 BvR 166/89, NJW 1993, 2988; BVerfG – 1 BvR 547/99, MedR 2000, 523; *Jaeger*, AnwBl. 2000, 475, 481; *dies.*, MedR 2003, 263; insbesondere ist vor einer unkritischen Übernahme von Entscheidungen zum anwaltlichen Berufsrecht zu warnen, da berufstypische Besonderheiten bestehen, so auch OLG Hamburg – 3 U 81/96, MedR 1997, 177 ff.
315 *Jaeger*, AnwBl. 2000, 475, 480; BVerfGE 94, 372 (Apotheker); BVerfGE 98, 49 ff. (Anwaltsnotare und Wirtschaftsprüfer).

189 Neben der arztzentrierten Sicht erfährt die Problematik durch die stärkere Gewichtung des Informationsanspruchs des (potentiellen) Patienten eine gegenüber früher offenere Wertung. Die Auswahl der „richtigen" Praxis/des „richtigen" Krankenhauses soll für den Patienten transparenter als früher sein. Mit anderen Worten ist die Frage der **Werbefreiheit** für Ärzte nicht nur eine Frage verbesserter Darstellungsmöglichkeiten im Wettbewerb, sondern auch eine Frage des **Verbraucherschutzes** im weiteren Sinne.

190 Diese Grundüberlegung ist wichtig. Lässt man sie außer Acht, läuft man Gefahr, Werbung nur einseitig unter Selbstdarstellungsaspekten zu bewerten, während das, was eigentlich befördert werden soll, nämlich die zutreffende Information, an Gewicht verliert.[316] Dann würde aber genau das Gegenteil dessen erreicht, was man mit der Teilnahme des Arztes an der Informationsgesellschaft eigentlich bezwecken will. Denn der Arzt hat vor dem Patienten, jedenfalls normalerweise, einen enormen **Informationsvorsprung**. Nutzt er diesen Informationsanspruch in einer Art und Weise aus, dass er überzeichnend die eigene Person oder das eigene Handeln in den Augen des Patienten so positioniert, dass diesem jede vernünftige Abwägung abgeschnitten und er zu einer Entscheidung verleitet wird, die er bei vernünftiger Abwägung nicht getroffen hätte, ist die Grenze zur unerwünschten Anpreisung überschritten. *Kleine-Cosack*[317] ist allerdings zuzustimmen, dass es rechtlich nicht darauf ankommen kann, ob etwas „unerwünscht" ist, sondern nur darauf, ob die Handlung erlaubt oder zu Recht (beruhend auf einer gesetzlichen Norm) untersagt ist. Ob man soweit gehen will, deshalb auch „anpreisendes" Verhalten nur mehr an den Normen des HWG oder UWG zu messen, scheint hingegen zweifelhaft.

191 Mag diese Grenze nämlich in manchen Wirtschaftsbereichen längst nicht mehr zu erkennen sein, spielt sie im Gesundheitswesen nach wie vor und zu Recht eine wichtige Rolle. Einschränkungen in der Arzneimittelwerbung, Tabakwerbung und Vorschriften zum Jugendschutz etc. sind weitgehend konsentiert, ohne dass man ernsthaft mit Art. 12 oder 14 GG argumentieren würde. Der Patient ist eben nicht nur „Kunde" und schon gar nicht „auf Augenhöhe" mit der Anbieterseite, sondern in den allermeisten Fällen Ratsuchender, oftmals krank und hilfebedürftig und damit keineswegs immer „souveräner" Entscheider. Längst sind Fehlentwicklungen aufgrund eines falsch verstandenen „Freiheitsbegriffs" mit Händen zu greifen (Werbung für Schönheitsoperationen bis hin zu obskuren Heilmethoden). Der Gesetzgeber sah sich im Rahmen der 14. AMG-Novelle vom 29.8.2005 zur Handlung gezwungen.[318]

bb) Werbung, Information und Meinungsfreiheit

192 Die Beschränkung anpreisenden Verhaltens gilt als Wesenszug Freier Berufe.[319] Im Laufe der Zeit sind die einzelnen Vorschriften immer weiter differenziert worden. Während § 27 MBO das Verbot berufswidriger Selbstdarstellung postuliert, enthielten § 28 MBO a.F. und die Regelungen in Kapitel D I Nr. 1–5 Ausnahmeregelungen für Spezialbereiche. Das Verbot der Fremdwerbung (Werbung für Dritte) wird in den §§ 33, 34

---

316 Zu Recht differenzierend *Balzer*, Arzt- und Klinikwerberecht, 2004; eher die Werbefreiheit in den Vordergrund stellend *Bahner*, Das Werberecht für Ärzte, 2. Aufl. 2004.
317 *Kleine-Cosack*, NJ 2002, 57 ff.; *ders.*, AnwBl. 2004, 153 ff.; *ders.*, NJW 2003, 868 ff.
318 Siehe jetzt § 1 Abs. 2 HWG, der auch Schönheitsoperationen den Beschränkungen der HWG unterwirft, BGBl I, 2570.
319 Zum Begriff siehe *Koch*, Kommunikationsfreiheit und Informationsbeschränkungen durch das Standesrecht der Ärzte in der Bundesrepublik Deutschland und den Vereinigten Staaten von Amerika, 1991, S. 13.

und 35 MBO angesprochen.[320] Interkollegiale Werbeaspekte sind außerdem in § 31 MBO von Bedeutung. Damit sind z.B. Anreizsysteme zur „Überweiser- oder Zuweiserbindung" gemeint.[321] Weitere wichtige werbebeschränkende Vorschriften finden sich im Gesetz über die Werbung auf dem Gebiete des Heilwesens (HWG). Dessen Vorschriften könnten sich in Zukunft weit einschneidender auf Ärzte auswirken. Wurde bisher nämlich die Auffassung vertreten, ein durch ärztliches Berufsrecht gedecktes Verhalten könne per definitionem schon keinen Verstoß gegen das HWG beinhalten,[322] lässt sich dies angesichts der offenen Fassung von § 27 MBO n.F. nur noch schwer begründen.

Gemäß § 1 Abs. 1 MBO dient der Arzt der Gesundheit des einzelnen Menschen und des gesamten Volkes. Der ärztliche Beruf ist kein Gewerbe (siehe auch § 1 Abs. 2 BÄO). Diese Postulate wurden von der früher h.M.[323] als Rechtfertigung für die Beschränkung ärztlicher Werbung angeführt. Vertreter dieser Auffassung beriefen sich darauf, Werbung schade dem Ansehen des Berufsstandes, Werbung sei immanent irreführend und schließlich sei Werbung der Gesundheit der Bevölkerung abträglich.[324] Nach anderer Auffassung[325] stellen standesrechtliche Werbeverbote ihrer Natur nach eine Marktzutrittsbarriere für neu zugelassene Ärzte dar. Das ärztliche Werbeverbot benachteilige den „Jung-Arzt", da es ihm auferlege, sich in einer modernen Kommunikationsgesellschaft und allgemeiner Sättigung mit ärztlichen Dienstleistungen gegen bereits fest am Markt etablierte Konkurrenten behaupten zu müssen, ohne auf die Werkzeuge anderer Dienstleister im gewerblichen Bereich zurückgreifen zu können.

193

Betrachtet man sich die Rechtsprechung zu § 1 UWG (a.F.), wird dieser Aspekt standesrechtlicher Werbeverbote überdeutlich. Durch die Richtlinie der EU,[326] nach der vergleichende Werbung – auch für Freiberufler – zulässig sein würde, Werbung lediglich nicht irreführend und herabsetzend sein oder Verwechslungen verursachen dürfe, hat sich für Deutschland nichts geändert. Durch Intervention der BRAK wurden die freien Berufe (sofern es in den Mitgliedstaaten entsprechende Regelungen gibt) vom Geltungsbereich der Richtlinie ausgenommen. Dieser Vorbehalt ist in Deutschland durch die einzelnen Länder-BO wirksam geworden. § 27 Abs. 1 MBO a.F.[327] untersagte dem Arzt jede Werbung für sich oder andere Ärzte. Der Begriff der Werbung ist vielschichtig. Die unterschiedlichen Bestimmungen der Berufsordnung lassen eine klare Definition vermissen. Vielmehr werden verschiedene Aspekte angesprochen, die jeder für sich Werbung sein können und im Einzelfall dennoch erlaubt sind. Berücksichtigt man ferner, dass Werbung als Wirtschaftswerbung, Reklame, Propaganda, Agitation und Vertrauenswerbung in Erscheinung tritt, wird deutlich, dass es gar nicht einfach ist, zwischen zulässiger Information (Werbung) einerseits und unzulässiger Reklame (Anpreisung) andererseits zu unterscheiden. Diese Unterscheidung wird nicht dadurch ein-

194

---

320 Grundsätzlich für zulässig erachtet, BVerfG – 1 BvR 1003/02, NJW 2003, 3470 (insoweit aber nur teilweise abgedruckt) = GRUR 2003, 966.
321 OLG Schleswig-Holstein – 6 U 17/03, MedR 2004, 270 (Pauschale für postoperative Betreuung unzulässig); OLG Koblenz – 41 U 1532/02, MedR 2003, 580 (Zuweiserpauschale von Universitätsaugenklinik für prä- und postoperative Leistungen unzulässig); OLG Celle – 13 U 137/01, MedR 2003, 183 (Anbieten von Laborleistungen unter Preis wettbewerbswidrig); BGH – I ZR 114/93, GRUR 1996, 789 = NJW 1996, 3081 (kostenloser Fahrdienst eines Pathologen zulässig).
322 *Bülow/Ring*, § 12 Rn 4; *Doepner*, § 12 Rn 11.
323 Nachweise bei Laufs/Uhlenbruck/*Laufs*, Handbuch des Arztrechts, § 15.
324 BVerfG – 1 BvR 522/78, NJW 1982, 2487.
325 *Taupitz*, Die Standesordnungen der freien Berufe, S. 1243.
326 Richtlinie 97/55/EG Abl. 290 v. 23.10.1997.
327 In der bis 2000 geltenden Fassung.

facher, dass das Bundesverfassungsgericht das generelle Werbeverbot dahingehend relativiert bzw. verfassungskonform ausgelegt hat, dass dem Arzt nur berufswidrige Werbung untersagt werde, nicht hingegen jede Art von werbender Tätigkeit.[328] Neben der arztzentrierten Sicht erfährt die Problematik durch die stärkere Gewichtung des Informationsanspruchs des (potentiellen) Patienten eine gegenüber früher offenere Wertung.[329]

cc) Differenzierung stationär/ambulant?

195 Schon die „Sanatoriumsentscheidung" des Bundesverfassungsgerichts[330] hatte im Bereich der stationären Versorgung deutlich größere Freiheiten ermöglicht. Danach war eine differenzierende Betrachtungsweise zulässig.[331] Während dem normalen niedergelassenen Arzt jegliche berufswidrige Werbung untersagt ist, untersagte § 27 Abs. 2 S. 2 MBO a.F. dem für eine der dort genannte Einrichtung tätigen Arzt lediglich die anpreisende Herausstellung. Tritt die stationäre Einheit/Klinik in Konkurrenz zu anderen niedergelassenen Ärzten, indem sie typischerweise denselben Patientenkreis wie eine herkömmliche Praxis anspricht, wurde früher die Auffassung vertreten, der in dieser Einheit tätige (leitende) Arzt könne sich nicht auf diesen „Vorteil" berufen. In diesem Fall sollten nicht die Grundsätze zur Unternehmenswerbung (Klinik- und Sanatoriumswerbung, § 27 Abs. 2 S. 2 MBO a.F.), sondern die strengen Regeln der Eigenwerbung (§ 27 Abs. 1 S. 1 MBO a.F.) gelten.[332] Diese frühere Differenzierung zwischen stationärer und ambulanter Versorgung hat deutlich an Stellenwert verloren. Nach der Entscheidung des Bundesverfassungsgerichts vom 4.7.2000[333] lässt sie sich nicht mehr uneingeschränkt aufrecht erhalten. Eine in der Rechtsform der GmbH eingetragene Zahnklinik hatte mit einem farbigen Faltblatt, das in der Klinik (nicht in der Praxis des Zahnarztes) auslag, für Implantat- und prothetische Behandlungen geworben. Dabei war offenkundig, dass die Mehrzahl der Behandlungen ambulant erfolgen sollte. In dem Faltblatt hieß es u.a.: „Ihre Gesundheit ist unser Anliegen; Der Natur ein Stück näher: Implantate-ein guter Weg; Zahn für Zahn mehr Lebensqualität." Der Name des Arztes wurde nicht genannt. Das BVerfG konnte nicht erkennen, welche Gemeinwohlbelange durch die genannten Äußerungen tangiert sein könnten. Wenn Kliniken durch zulässige Werbung wirtschaftlich erfolgreich sind, könne dies berufsrechtlich nicht den an der Klinik tätigen Belegärzten[334] angelastet werden. Mit dem Faltblatt würden nur solche Patienten konfrontiert, die sich ohnehin schon in der Klinik befinden. Im Übrigen wurde auch in dieser Entscheidung wieder das zu berücksichtigende **Informationsinteresse** der Patienten an neuen Verfahren betont.

196 Ob das Gleiche auch dann gelten soll, wenn eine GmbH im ambulanten Bereich mit einer stationären Einrichtung konkurriert, hatte das Bundesverfassungsgericht nicht zu

---

328 BVerfG – 1 BvR 934/82, MedR 1986, 128; BVerfGE 82, 18 ff. = MedR 1993, 348 ff.
329 So hat der Sachverständigenrat für das Gesundheitswesen in seinem Jahresgutachten 2000/2001 eine verstärkte Beteiligung der Patienten durch Information gefordert, BT-Drucks 14/5660 S. 151 ff.; *Jaeger*, MedR 2003, 263.
330 BVerfG NJW 1986, 1536.
331 Ähnlich BGH NJW 1989, 2324.
332 BGH – I ZR 179/96, NJW 1999, 1784; siehe auch *Ratzel/Lippert*, §§ 27, 28, 2. Aufl. 1998, in der 3. Aufl. 2002 insoweit geändert.
333 BVerfG – 1 BvR 547/99, MedR 2000, 523 (unter Aufhebung v. BGH – I ZR 179/96, NJW 1999, 1784) m. Anm. *Rieger*.
334 Im konkreten Fall ist die Bezeichnung „Belegarzt" irreführend, weil der betroffene Arzt nicht Belegarzt war. Zur Werbung einer Belegarzt-Klinik BGH – I ZR 76/88, GRUR 1990, 606 (damals noch unzulässig); siehe demgegenüber heute BGH – I ZR 60/00, MedR 2003, 344 (zulässig).

entscheiden. Nach Auffassung des BGH[335] ist dies nicht der Fall, da die Ungleichbehandlung im Werbebereich durch höhere betriebswirtschaftliche Aufwendungen der stationären Einrichtung gerechtfertigt sei. Im Lichte der Entscheidung des Bundesverfassungsgerichts dürfte dies nicht mehr ausreichend sein, zumal auch hochspezialisierte ambulante Einheiten einen erheblichen Investitionsaufwand betreiben. *Rieger*[336] hat im Übrigen völlig recht, dass der Sachverhalt auch Anlass zur Prüfung geboten hätte, ob die Klinik nicht nur zur Umgehung ärztlicher Werbebeschränkungen gegründet wurde („Zimmerklinik").[337] Außerdem gibt es im Bereich der mittelbaren Werbung (siehe Rn 202) noch zahlreiche Varianten, die mit der Entscheidung des BVerfG zumindest nicht direkt erfasst werden. Es bleibt aber die Feststellung, dass die Unterscheidung „stationär/ambulant" für den großen Bereich der Informationswerbung kein sachgerechtes Kriterium mehr ist und in § 27 MBO durch den 105. Deutschen Ärztetag daher zu Recht aufgegeben wurde.[338]

dd) „Anpreisen"

Unter **„Anpreisen"** wird eine besonders nachdrückliche Form der Werbung verstanden[339] (Blickfangwerbung, Verwendung von Superlativen, vergleichende Werbung, Eigenlob, Bezugnahme auf Empfehlungsschreiben und Danksagungen). Anpreisend ist eine Werbung auch dann, wenn die Form der Aufmachung nichts mehr mit der in der Werbung enthaltenen Sachinformation zu tun hat.[340] Weitere Fälle berufswidriger Werbung waren z.B. wenn ein Arzt über einen Empfang anlässlich seiner Niederlassung entsprechend in der Presse berichten lässt,[341] in einer Zeitungsanzeige darauf hinweist, dass seine Praxis wegen Fortbildung geschlossen ist[342] oder Aufnahme in einen „Adviser"-Pool[343] gegen Entgelt. Allerdings sollte man sich vor einer allzu pauschalen Betrachtungsweise hüten. Neben einer Prüfung des kritisierten Tuns kommt es wesentlich auf den Adressatenkreis des werbenden Verhaltens an. Innerhalb der Fachkreise ist der Spielraum am weitesten; gegenüber dem eigenen Patientenstamm ist (jenseits der immer erlaubten Sachinformation) gerade auch im Hinblick auf das HWG größere Zurückhaltung geboten. Enger (auch wieder jenseits der zulässigen Sachinformation) können die Rahmenbedingungen bei Tätigkeiten sein, die sich an eine unbegrenzte Zahl Dritter (Öffentlichkeit) richten. Patienteninformationsschreiben steht die Rechtspre-

197

---

335 BGH – I ZR 12/92, MedR 1995, 113.
336 *Rieger*, MedR 2000, 526.
337 BGH – I ZR 103/94, MedR 1996, 563, wettbewerbswidrig gem. § 3 UWG a.F., wenn überhaupt kein Klinikbetrieb trotz Konzessionierung gem. § 30 GewO vorliegt.
338 *Balzer*, S. 238; siehe auch BGH – I ZR 283/99, MedR 2003, 223 (Werbung für Haartransplantation).
339 LBG für Heilberufe beim Hess. VGH, Urt. v. 29.1.1979, *Heile/Mertens/Pottschmidt*, A 2.13 Nr. 4.8; OLG München – 29 U 2035/89, WRP 1990, 127, Anpreisung sei eine gesteigerte Form der Werbung, insbesondere eine solche mit reißerischen oder marktschreierischen Mitteln; z.B. engagierte Betreuung in familiärer Atmosphäre rund um die Uhr; LBGH-Rh.-Pf. – A 11762/02, ArztR 2004, 230, 2,40 m hohe Acrylglasstele vor Radiologenpraxis mit Innenbeleuchtung, Praxis-Logo, Namen der Ärzte und Leistungsspektrum zulässig, nicht aber entsprechende Beschriftungen über die Fensterfront von 75 m Länge.
340 OLG Köln – 6 U 23/03, GesR 2004, 29, 30, Verwendung eines „Eyecatcher" in Form eines „hälftigen" lachenden Mundes mit perfekt weißen Zähnen als typisches Reklamemittel aus der Kosmetikwerbung und für Zahnpflegemittel ohne inhaltlichen Bezug zur konkret beworbenen zahnärztlichen Leistung; siehe auch LandesBGHeilb, Urt. v. 22.11.2004 – LBG-Ä 003/04 („Kunst am Rücken: in 30 Minuten ist die Wirbelsäule wieder fit"), aufgeh. durch BVerfG – 1 BvR 191/05 – Beschl. v. 13.7.2005, n.v.
341 LBG beim OVG Koblenz – Af 2/89, NJW 1990, 1555.
342 LBG für Ärzte Stuttgart – 2–3/88, ArztR 1989, 323; LG Hamburg – 312 O 144/01, NJW-RR 2002, 206, Bezeichnung der Praxis als nach DIN ISO 9001 zertifiziert unzulässig.
343 LG Heidelberg – O 14/98 KfH II, MedR 1999, 420.

chung kritisch gegenüber.[344] Diese Zurückhaltung ist jedenfalls dann nicht einzusehen, wenn es sich um bisherige Patienten der Praxis handelt, die womöglich sogar in diese Art von Information ausdrücklich eingewilligt haben[345] oder das Informationsschreiben auf eine allgemeine Anfrage hin erfolgt.

198 Inwieweit sich Ärzte des Sponsorings zur (Image-)Werbung bedienen dürfen, ist umstritten.[346] Während dies für Rechtsanwälte für zulässig gehalten wird,[347] gehen die Meinungen für ärztliche Werbemaßnahmen auseinander.[348] Handelt es sich um ein konkretes – auch gesundheitspolitisch – förderungswürdiges Thema, sollte auch Ärzten entsprechende Möglichkeiten offen stehen.[349] Größere Zurückhaltung findet man aber immer noch bei bestimmten Werbeträgern, wie z.B. öffentlichen Verkehrsmittel oder Taxen. Die Bundesärztekammer hat hierzu am 12.8.2003 Hinweise und Erläuterungen verabschiedet und Abgrenzungskriterien genannt[350] (auszugsweise):

Anpreisend ist eine gesteigerte Form der Werbung, insbesondere eine solche mit reißerischen und marktschreierischen Mitteln. Diese kann schon dann vorliegen, wenn die Informationen für den Patienten als Adressaten inhaltlich überhaupt nichts aussagen oder jedenfalls keinen objektiv nachprüfbaren Inhalt haben. Aber auch Informationen, deren Inhalt ganz oder teilweise objektiv nachprüfbar ist, können aufgrund ihrer reklamehaften Übertreibung anpreisend sein.

Grundsätzlich nicht anpreisend ist die publizistische Tätigkeit von Ärzten sowie die Mitwirkung des Arztes an aufklärenden Veröffentlichungen medizinischen Inhalts. Unbeschadet sachlicher Kritik sind Äußerungen in herabsetzender Form über Kollegen, ihre Tätigkeit und über medizinische Methoden zu unterlassen.

In diesem Sinne ist im Regelfall:

Erlaubt	*Verboten*
z.B.	z.B.
■ Hinweise auf Ortstafeln, in kostenlos verteilten Stadtplänen und über Bürgerinformationsstellen,	■ Verbreiten von Flugblättern, Postwurfsendungen, Mailingaktionen,
■ Wiedereinbestellungen auf Wunsch des Patienten,	■ Plakatierung, z.B. in Supermärkten,
■ Tag der offenen Tür,	■ Trikotwerbung, Bandenwerbung, Werbung auf Fahrzeugen,
■ Kultur-, Sport- und Sozialsponsoring,	■ unaufgeforderte Wiedereinbestellungen ohne medizinische Indikation
■ Geburtstagsglückwünsche an eigene Patienten ohne Hinweise auf das eigene Leistungsspektrum,	■ Angabe von Referenzen
■ Hinweis auf Zertifizierung der Praxis,	■ bildliche Darstellung in Berufskleidung bei der Berufsausübung, wenn ein medizinisches Verfahren oder eine ärztliche Behandlungsmaßnahme beworben wird
■ nicht aufdringliches (Praxis-)Logo	
■ sachliche Informationen in Medien	

---

344 OLG Hamburg – 3 U 265/98, MedR 2000, 195 ff.; BGH – I ZR 72/96, MedR 1999, 70.
345 Z.B. im Rahmen sog. „Re-call-Systeme", Erinnerung an Früherkennungstermine etc.
346 *Baltzer*, S. 254 ff.
347 BVerfG – 1 BvR 721/99, NJW 2000, 3195.
348 *Baltzer*, S. 256.
349 ÄrzteGH Saarland – ÄGH 2/01, NJW 2002, 839 (zulässig: für ein „Kinderwunschfest", unterstützt von einer großen reproduktions-medizinischen Praxis mit entsprechender Presseberichterstattung).
350 DÄ 2004 (A) 292 ff. (Heft 5 v. 30.1.2004).

3.3.4 Sonstiges

Die Kategorien „anpreisend", „irreführend" und „vergleichend" sind nicht abschließend. Außerhalb dieser Kategorien bleibt dem Arzt auch zukünftig verboten:

- das Auslegen von Hinweisen auf die eigene Tätigkeit/Praxis bei anderen Leistungserbringern im Gesundheitswesen (z.B. in Apotheken, Fitness-/Wellnesseinrichtungen, Massagepraxen),
- eigene Zeitungsbeilagen,
- das Inverkehrbringen von auf die ärztliche Tätigkeit hinweisenden Gegenständen außerhalb der Praxis (z.B. Kugelschreiber, T-Shirt, Kalender, Telefonaufkleber),
- produktbezogene Werbung durch/für Dritte im Wartezimmer,
- das Bezeichnen seiner Praxis z.B. als
- Institut,
- Tagesklinik,
- Ärztehaus/Gesundheitszentrum,[351]
- Praxis/Zentrum für Venenverödung o. Ä.,
- Partner des Olympiastützpunktes X o. Ä.,
- Sonderangebote,
- das Herausstellen einzelner Leistungen mit und ohne Preis außerhalb der Praxis.

Demgegenüber ist dem Arzt in seinen Räumen gestattet z.B.:

- das Auslegen von
- Flyern/Patienten-Informationsbroschüren (auch „Wartezimmerzeitungen") mit organisatorischen Hinweisen und Hinweisen zum Leistungsspektrum sowie Angaben zu seiner Person (z.B. Zeitpunkt der Erteilung der Facharztanerkennung, besondere Sprachkenntnisse) (solche Hinweise dürfen wie bisher im Internet geführt werden)
- Plastikhüllen für Chipkarten
- Kugelschreibern und sonstigen Mitgaben von geringem Wert (z.B. Kalendern mit Namens-/Praxisaufdruck)
- Serviceangebote,
- Kunstausstellungen.

3.4 Zur Vermeidung von Umgehungen ist nicht nur die aktive berufswidrige Werbung untersagt, sondern in Satz 3 auch solche, die vom Arzt veranlasst oder geduldet wird. Aufgrund dieser Regelung ist der Arzt verpflichtet, gegen ihm bekannt gewordene berufswidrige Werbung einzuschreiten.

3.5 Satz 4 der Vorschrift stellt klar, dass neben den Vorschriften der Berufsordnung, das Gesetz gegen den unlauteren Wettbewerb und das Heilmittelwerbegesetz zu beachten sind.

Soweit sich die Werbemaßnahme des Arztes nicht auf seine Arztpraxis als solche im Sinne einer Unternehmens-, Image- bzw. Vertrauenswerbung bezieht sondern es um die Bewerbung eines konkreten medizinischen Verfahrens oder einer ärztlichen Be-

---

[351] Siehe jetzt aber MVZ auch für „Mini-MVZ".

handlungsmaßnahme im Sinne einer Absatzwerbung geht, sind die Vorschriften des Heilmittelwerbegesetzes zu beachten; danach darf gem. § 11 HWG außerhalb der Fachkreise bei der Bewerbung eines konkreten medizinischen Verfahrens z.B. nicht geworben werden:

- mit Gutachten, Zeugnissen, wissenschaftlichen oder fachlichen Veröffentlichungen sowie Hinweisen darauf,
- mit Angaben, dass das Verfahren oder die Behandlung ärztlich empfohlen oder geprüft ist oder angewendet wird,
- mit der Wiedergabe von Krankengeschichten sowie Hinweisen darauf,
- mit der bildlichen Darstellung von Angehörigen der Heilberufe und medizinischen Fachberufen in der Berufskleidung oder bei der Ausübung der Tätigkeit,
- mit der bildlichen Darstellung von Veränderungen des menschlichen Körpers oder seiner Teile durch Krankheiten, Leiden oder Körperschäden,
- mit der bildlichen Darstellung der Wirkung eines Verfahrens oder einer Behandlung durch vergleichende Darstellung des Körperzustandes oder des Aussehens vor und nach seiner Anwendung,
- mit der bildlichen Darstellung des Wirkungsvorganges eines Verfahrens oder einer Behandlung am menschlichen Körper oder seinen Teilen,
- mit fremd- oder fachsprachlichen Bezeichnungen, soweit sie nicht in den allgemeinen deutschen Sprachgebrauch eingegangen sind,
- mit einer Werbeaussage, die geeignet ist, Angstgefühle hervorzurufen oder auszunutzen,
- mit Äußerungen Dritter, insbesondere mit Dank-, Anerkennungs- oder Empfehlungsschreiben, oder mit Hinweisen auf solche Äußerungen.

Gänzlich verboten ist die Werbung für Verfahren und Behandlungen, die sich auf die Erkennung, Beseitigung oder Linderung von:

- nach dem Infektionsschutzgesetz meldepflichtigen, durch Krankheitserreger verursachten Krankheiten,
- Geschwulstkrankheiten,
- Krankheiten des Stoffwechsels und der inneren Sekretion, ausgenommen Vitamin- und Mineralstoffmangel und alimentäre Fettsucht,
- Krankheiten des Blutes und der Blut bildenden Organe, ausgenommen Eisenmangelanämie,
- organische Krankheiten des Nervensystems, der Augen und Ohren, des Herzens und der Gefäße (ausgenommen allgemeine Arteriosklerose, Varikose und Frostbeulen), der Leber und des Pankreas, der Harn- und Geschlechtsorgane,
- Geschwüre des Magens und des Darms
- Epilepsie,
- Geisteskrankheiten,
- Trunksucht,
- krankhaften Komplikationen der Schwangerschaft, der Entbindung und des Wochenbetts

beziehen.

ee) Arzt und Medien

199 Die frühere Spezialnorm zum öffentlichen Wirken des Arztes und Medientätigkeit ist völlig entfallen. Offenbar geht man davon aus, dass es künftig keinen Unterschied mehr

macht, welches Medium der Arzt für seinen Auftritt wählt. Wer darin eine Liberalisierung sieht, wird möglicherweise angesichts der klaren Vorschriften des HWG (siehe Rn 192) sein „blaues Wunder" erleben. Im Allgemeinen wird man sagen können, dass bei der Zusammenarbeit des Arztes mit den Medien die Sache und nicht die Person des Arztes im Vordergrund stehen sollte. Letztlich kommt es hier vielfach auf Umstände des Einzelfalls an. Wie bei der Unterscheidung zwischen berufsordnungswidriger Werbung und erlaubter Information können **Presseberichte** durchaus zulässig sein, auch wenn mit ihnen ein Werbeeffekt einhergeht.[352] Dies gilt selbst für durchaus werblich gewollte Zeitungsartikel, in denen z.B. die von einem Arzt praktizierte OP-Methode positiv-innovativ herausgestellt wird.[353] Man sollte bei alledem nicht vergessen, dass der Kontakt des Arztes mit der Öffentlichkeit im Interesse einer allgemeinen **Gesundheitserziehung** und auch Gesundheitswerbung durchaus erwünscht und angestrebt wird; dies nicht zuletzt, um dieses Feld nicht unberufenen Propheten und sonstigen unseriösen Meinungsbildnern zu überlassen. Schließlich hat der medizinisch interessierte Bürger auch ein Recht, über die Entwicklung auf diesem Gebiet informiert zu werden.[354] Deshalb darf ein Arzt auch an einer Hörfunksendung zu aktuellen medizinischen Fragestellungen teilnehmen, ohne deshalb berufswidrig für sich zu werben.[355] Gleiches gilt für Aktionen in Zeitschriften, wenn die Information im Vordergrund steht. Dies geht so weit, dass Ärzte sich sogar in „Spezialisten-Listen" aufnehmen lassen dürfen, wenn das Ranking transparent ist und eine übermäßige Herausstellung einzelner unterbleibt (Focus-Liste 2).[356] Letztlich gab auch hier das Informationsinteresse des Bürgers den Ausschlag.[357]

Allerdings muss der Arzt insbesondere bei der sog. **Boulevardpresse** Vorsicht walten lassen. Denn er riskiert auch dann wegen unzulässiger Werbung zur Verantwortung gezogen zu werden, wenn er diese durch andere duldet und nicht in zumutbarer Weise hiergegen einschreitet, z.B. durch Verlangen nach Vorlage des Manuskripts der geplanten Veröffentlichung. Verweigert der zuständige Redakteur dies mit dem Hinweis darauf, dies sei völlig unüblich oder technisch nicht machbar, wird zum Teil die Auffas- 200

---

352 Bezirksgericht für Ärzte Freiburg ArztR 1990, 185, Nennung objektiver Fakten erlaubt, auch wenn damit Werbung für geburtshilfliche Station gemacht wird (Patientenzahl, perinatale Mortalität).
353 EGMR – 37928/97, NJW 2003, 497.
354 BGH, Urt. v. 1.3.2007 – I ZR 51/04, WRP 2007, 1088; Bay. LBG für die Heilberufe beim OLG München – LBG-Ä 3/88, ArztR 1990, 55, Magazine wie Quick und Bunte; dem Charakter dieser Magazine entspreche es, medizinische Fragen in möglichst einfacher und leicht verständlicher Weise durch das Anführen entsprechender Beispiele von Erkrankungen darzustellen und mit Bildern zu untermauern; siehe auch OLG Stuttgart – 4 U 26/87, MedR 1988, 38, bliebe die Berichterstattung auf seriöse Tageszeitungen wie die FAZ beschränkt, würde ein Großteil der Bevölkerung, der dieses Niveau nie erreicht, von der Informationsfreiheit ausgeschlossen; hierzu auch BG beim VG Köln – 35 K 9984/97.T, NJW 1999, 884.
355 LG Frankenthal, Urt. v. 17.8.2000 – 2 HK O 119/00, n.v.
356 OLG München – 29 U 3251/98, MedR 1999, 76 ff., rechtskräftig durch Nichtannahmebeschl. BGH v. 22.9.1999 – I ZR 9/99, die Revision habe im Ergebnis keine Aussicht auf Erfolg; zur ersten Focus-Liste „die Besten I" eine gegenteilige Entscheidung BGH – I ZR 196/94, MedR 1998, 131 ff.; zum unzulässigen Ranking bei Anwälten (JUVE-Handbuch) OLG München – 29 U 4292/00, NJW 2001, 1950; aufgehoben durch BVerfG – 1 BvR 580/02, AnwBl. 2003, 107 ff. Ranking-Listen zulässig.
357 Zur Darstellung neuer Operationsmethoden in der Orthopädie (Roboter) ebenso OLG München, Urt. v. 30.11.2000 – 6 U 2849/00, n.v.

sung vertreten, dann besser von der geplanten Veröffentlichung Abstand zu nehmen.[358] Diese überkommene, restriktive Haltung ist vom Deutschen Presserat mehrfach kritisiert worden. Auch auf diesem Feld hat das Bundesverfassungsgericht[359] die bisherige Rechtsprechung deutlich relativiert. Zwar sei das berufsrechtliche Duldungsverbot geeignet, unzulässiger Werbung und damit auch einer Verunsicherung der Bevölkerung vorzubeugen; wie jede einschränkende Maßnahme müsse dieses Duldungsverbot jedoch unter Zumutbarkeitgesichtspunkten geprüft werden. So sei z.B. zu prüfen, ob die Initiative zu dem Pressebericht vom Arzt oder von dritter Seite ausgegangen sei. Werde ein Arzt in der Presse angegriffen, müsse er auch die Möglichkeit haben, sich mittels der Medien zu verteidigen, auch wenn diese Berichte dann u.U. einen werblichen Nebeneffekt haben können. Schließlich sei in diesem Zusammenhang deutlich zwischen den zitierten Äußerungen des Arztes selbst und redaktionellen Passagen über ihn zu unterscheiden. Sehe man das Duldungsverbot zu krass und ausnahmslos, wie die bisherige berufsrechtliche Rechtsprechung, werde dem standesrechtlichen Werbeverbot ein Stellenwert eingeräumt, den es im Lichte der Grundrechte (Art. 5 und 12 GG) nicht beanspruchen könne und sein Schutzzweck auch nicht in jedem Fall erfordere. Der Arzt, so das BVerfG[360] dürfe gegenüber der Presse nicht zu einem Verhalten gezwungen werden, das diese bekanntermaßen nicht akzeptiere. Ihn als Konsequenz von Pressekontakten fern zu halten, sei unzumutbar. Der Arzt muss den Journalisten aber auf standesrechtliche Werberegeln hinweisen. Er kann normalerweise nicht darauf vertrauen, der Journalist werde diese Regeln nach Inhalt und Umfang schon kennen.[361]

201 Besondere Rücksicht muss der Arzt bei der Mitwirkung von Presseberichten auf die Vorschriften des HWG nehmen.[362] § 11 HWG enthält einen Verbotskatalog mit zahlreichen Einzeltatbeständen für die Werbung außerhalb der Fachkreise. § 12 HWG enthält ein absolutes Werbeverbot außerhalb der Fachkreise für Mittel, Verfahren, Behandlungen oder Gegenstände, die sich auf die Erkennung, Beseitigung oder Linderung in einer Anlage zu § 12 HWG aufgeführten Krankheiten beziehen. Ausgenommen sind lediglich die Werbung für Verfahren oder Behandlungen in Heilbädern, Kurorten und Kuranstalten. Ziel des Gesetzes ist die Eindämmung der Selbstbehandlung bei den als schwerwiegend eingestuften Erkrankungen. Ob alleine schon das Foto eines Arztes in

---

358 BGH – I ZR 156/84 – NJW 1987, 2297; LBG für die Heilberufe beim OVG Koblenz – Af 1/88, NJW 1989, 2344 = MedR 1995, 125; BG beim VG Münster – 14 K 434/93.T, MedR 1995, 253, das Gebot der Berufsordnung (§ 21 Abs. 2 a.F.), keine Werbung für sich in Berichten oder Bildberichten zu dulden, mache es regelmäßig erforderlich, dass der Arzt sich ein Prüfungsrecht vorbehält, wenn er ein Interview oder sonstige Informationen gibt. Das gilt insbesondere dann, wenn nach Art und Inhalt der erteilten Information und/oder aufgrund der mangelnden Fachkenntnis des Verfassers die Möglichkeit nicht ganz fern liegt, dass ein Bericht werbenden Charakter haben wird (Schönheitschirurgie); siehe auch BGHeilB OLG München, Urt. v. 16.6.2004 – BG-Ä 5/04 („Kunst am Rücken: in 30 Minuten ist die Wirbelsäule wieder fit"), aufgeh. d. BVerfG, Beschl. v. 13.7.2005 – 1 BvR 191/05, n.v.; eine Genehmigung der Titelzeile wird man i.d.R. nicht verlangen können; der Aufmacher ist das ureigenste Recht der Redaktion.
359 BVerfG – 1 BvR 1531/90, MedR 1992, 209 = NJW 1992, 2341; Bezirksgericht für Ärzte in Tübingen, Bescheid v. 7.5.1986, *Heile/Mertens/Pottschmidt*, A 2.13 Nr. 3.23, der Arzt, der die Presse zu einer Fachtagung einlädt, verletzt nicht auch das Werbeverbot, wenn er in seinem Referat auf eine bestimmte Operationsmethode eingeht. Normalerweise müsse sich der Arzt auch keine entsprechenden Korrekturen vorbehalten. Die diesbezügliche Passage in den alten „Richtlinien" der BÄK sei für den Arzt nicht bindend.
360 BVerfG – 1 BvR 1531/90, NJW 1992, 2341; informativ und differenzierend *Baltzer*, S. 283 ff.
361 LBG für die Heilberufe beim OVG Koblenz MedR 1995, 125; ablehnend OLG München, Urt. v. 30.1.2000 – 6 U 2849/00, Magazindienst 2001, 616.
362 Siehe hierzu die Empfehlungen der BÄK, S. 9 ff.

einer Zeitschrift als unzulässige Werbung zu bezeichnen ist, ist umstritten.[363] Eine Vielzahl von Gerichtsentscheidungen beanstandete früher bereits die Zurverfügungstellung von Photos für einen Journalisten bzw. das Photographieren in der Praxis.[364] Gehört das Foto zur Art des Mediums ist seine Veröffentlichung nicht schlechthin berufsordnungswidrig. Vielmehr kommt es auf die Gesamtaufmachung und den begleitenden Text an.[365] Insgesamt erscheinen viele berufsgerichtliche Entscheidungen, sofern sie bis in die achtziger Jahre hinein ergangen sind, ziemlich anachronistisch. In den Medien gehört das Bild zum Menschen und der Mensch zum Bild. An dieser einfachen Wahrheit wird auch das Berufsrecht letztlich nicht vorbeikommen. Dementsprechend ist schon in § 27 Abs. 2 MBO a.F. die Zurverfügungstellung des Bildes bzw. die Gewährung eines Photos ersatzlos gestrichen worden. Allerdings wird bei derartigen Bildberichten § 11 Nr. 4 HWG zu beachten sein, wonach die Werbung für Behandlungsmethoden nicht mit der bildlichen Darstellung von Personen in Berufskleidung erfolgen darf. Der BGH[366] legt diese Norm im Lichte von Art. 12 Abs. 1 GG jetzt allerdings einschränkend dahingehend aus, dass das Verbot nur dann gilt, wenn die bildliche Darstellung irreführend ist.

ff) Der Arzt als Unternehmer/mittelbare Werbung

Das Verbot berufswidriger Werbung richtet sich an jeden Arzt, gleichgültig, ob er niedergelassen, im Krankenhaus angestellt, für einen Gewerbebetrieb, eine Behörde oder die pharmazeutische Industrie tätig ist.[367] Unabhängig von der Rechtsform hat sowohl der Arzt als auch der nichtärztliche Inhaber einer entsprechenden Einrichtung die Vorschriften des HWG zu beachten.[368] Probleme treten dann auf, wenn der Arzt als Betreiber eines gewerblichen Unternehmens mit anderen Instituten in Wettbewerb tritt, deren Leiter selbst nicht den berufsrechtlichen Werbebeschränkungen unterliegen. Prinzipiell ist der Arzt auch in diesen Fällen an die Berufsordnung gebunden.[369] Dies soll nach Auffassung des BGH[370] auch dann gelten, wenn eine GmbH im ambulanten Bereich mit einer stationären Einrichtung konkurriert, da die Ungleichbehandlung im Werbebereich durch höhere betriebswirtschaftliche Aufwendungen der stationären Einrichtung gerechtfertigt sei. Zumindest für den Fall der Werbung einer Klinik für ambulante Heilbehandlung hat das BVerfG[371] diese Unterscheidung nicht nachvollzogen. Gewich-

202

---

363 Eingehend *Schulte*, Das standesrechtliche Werbeverbot für Ärzte, 1992, S. 134.
364 BG für Heilberufe beim VG Köln, Urt. v. 21.1.82, *Heile/Mertens/Pottschmidt*, A 2.13 Nr. 3.13; BG beim VG Frankfurt, *Heile/Mertens/Pottschmidt*, A 2.13 Nr. 3.18; BG beim VG Münster – 14 K 434/93.T, MedR 1995, 253, Schönheitschirurg mit Bild; Bezirksberufsgericht für Ärzte Tübingen – 14/94, MedR 1995, 252, ein Vereinsarzt verstößt gegen das ärztliche Werbeverbot, wenn er sich zusammen mit Spielern der von ihm betreuten Mannschaft in einem Vereinsmagazin abbilden lässt und die Bildunterschrift seinen Namen und einen lobenden Hinweis auf seine Tätigkeit für die Spieler des Vereins enthält.
365 Bay. LBG für die Heilberufe – LBG-Ä 3/88, ArztR 1990, 55, Magazine wie Quick und Bunte: dem Charakter dieser Magazine entspreche es, medizinische Fragen in möglichst einfacher und leicht verständlicher Weise durch das Anführen entsprechender Beispiele von Erkrankungen darzustellen und mit Bildern zu untermauern; siehe auch OLG Stuttgart – 4 U 26/87 – MedR 1988, 38, Bilder gehören zur heutigen „Illustriertenpresse".
366 BGH, Urt. v. 1.3.2007 – I ZR 51/04, GRuR 2007, 809.
367 OLG Nürnberg, Urt. v. 12.2.1997 – 3 U 2096/96, zit. nach Bay. Äbl. 1997, 267.
368 Siehe hierzu z.B. *Schulte*, S. 94; BGH – I ZR 116/93, MedR 1995, 400.
369 BGH – I ZR 172/87, NJW 1989, 2324 = MedR 1990, 39.
370 BGH – I ZR 12/92, MedR 1995, 113.
371 BVerfG – 1 BvR 547/99, MedR 2000, 523.

tet man die Ausführungen des Gerichts zu den „Belegarztfällen", könnten sich entsprechende Informationen auch für niedergelassene Ärzte rechtfertigen lassen. Im Ergebnis ist das Kriterium „stationär/ambulant" daher in den meisten Fällen nicht mehr ausschlaggebend (siehe Rn 194).

i) Berufsrechtlicher Adressatenkreis

203 Da die Berufsordnung sich nur an Ärzte und nicht an juristische Personen, z.B. Krankenhausträger, MVZ oder Heilkunde-GmbHs richtet, ist umstritten, nach welchen Grundsätzen sich ein nichtärztlicher Inhaber, der eine derartige Firma leitet, zu richten hat. Versorgungszentren unterliegen z.B. nicht unmittelbar dem ärztlichen Berufsrecht, wohl aber die in ihm tätigen Ärzte, unabhängig davon, ob es sich um ein „Freiberufler-MVZ" oder ein Versorgungszentrum mit angestellten Ärzten handelt.[372]

204 Eine restriktive Auffassung will der Berufsordnung in diesen Fällen eine Reflexwirkung beimessen. Zwar richte sich die Berufsordnung nicht an eine juristische Person als Arbeitgeberin der Ärzte. Die juristische Person dürfe aber die ihr verbundenen Ärzte nicht hindern, ihren Berufspflichten gerecht zu werden; diese Pflicht binde die juristische Person mittelbar.[373] Die Gegenansicht[374] sieht die Berufsordnung als reines „Binnenrecht", welches, da von der ärztlichen Selbstverwaltung beschlossen, keine außen stehenden Dritten binden könne. Nur dort, wo vom Gesetzgeber entsprechende Einschränkungen vorgesehen seien (wie z.B. im HWG), könnten entsprechende Sanktionen greifen. Einen anderen Ansatz wählt der BGH.[375] Dieser sieht bereits in der Duldung der berufswidrigen Handlung durch den Arzt den Wettbewerbsverstoß, den sich die juristische Person als Träger der Einrichtung zu Eigen macht. Insoweit ist die juristische Person schon als „Störer" i.S.v. § 1 UWG a.F. anzusehen. Das bedeutet im Ergebnis, dass derartige Unternehmen (z.B. Heilkunde GmbHs oder MVZ) sozusagen nicht völlig losgelöst vom ärztlichen Berufsrecht agieren können. Verleitet oder zwingt ein Unternehmen seine Ärzte zu berufsrechtswidrigen Handlungen bzw. Unterlassungen, kann es wettbewerbsrechtlich als Störer in Anspruch genommen werden. Hält sich das Unternehmen hingegen z.B. bei seiner Informationspolitik an die mittlerweile vom BVerfG weit gezogenen Grenzen, ist der Vorteil für den Arzt dann ein Reflex, der für

---

372 Im MVZ angestellte Ärzte sind Mitglieder der KV und unterliegen daher der Disziplinargewalt der KV im Gegensatz zu angestellten Praxisärzten.
373 OLG München – 6 U 4140/91, NJW 1993, 800, in Form einer GmbH betriebener überbetrieblicher betriebsärztlicher Dienst bei Anbahnung neuer Geschäftsbeziehungen; ebenso OLG Hamburg – 3 U 281/93, MedR 1994, 451, Anschreiben von Betrieben; siehe auch OLG Hamburg – 3 U 87/91, MedR 1992, 281 mit ablehnender Anm. v. *K. Schulte*; LG Hamburg – 315 O 240/94, MedR 1995, 82; OLG Hamburg – 3 U 110/96, MedR 1997, 417, Werbung einer GmbH für einen privaten Notarzt gegen Pauschalentgelt, aufgehoben von BGH – I ZR 40/97, NJW 1999, 3414; zur Werbung eines ärztl. Bereitschaftsdienstes mit „Hotel-Service" BGH – I ZR 54/97, NJW 1999, 3416; zur zulässigen Werbung eines überbetrieblichen arbeitsmedizinischen Dienstes OLG Frankfurt – 6 U 20/98, MedR 1999, 468.
374 OLG Düsseldorf – 2 U 15/91, MedR 1992, 46; bestätigt durch BGH – I ZR 281/91, MedR 1994, 152; siehe auch *Taupitz*, NJW 1992, 2317 unter Verweis auf BVerfG, Beschl. v. 9.5.1972 – 1 BVR 518/62 und 308/64, NJW 1972, 1504; OLG Köln – 6 U 74/93, NJW 1994, 3017.
375 BGH – I ZR 12/92, MedR 1995, 113; LG Hamburg – 315 O 240/94, MedR 1995, 82; LBG beim OVG Rh.-Pf. – LBGH A 12498/93, NJW 1995, 1633 = MedR 1995, 125.

sich alleine nicht berufsordnungswidrig ist.[376] Der im Unternehmen tätige Arzt kann sich im Falle eines Verstoßes gegen das ihn bindende Berufsrecht nicht darauf berufen, er habe auf Weisung des Trägers des Unternehmens handeln müssen bzw. im Falle der Weigerung hätten ihn Sanktionen getroffen. Dieses Problem mag im Rahmen der zu treffenden berufsrechtlichen Maßnahme eine Rolle spielen, stellt aber keinen Rechtfertigungsgrund dar; insofern steht dem Arzt wie jedem anderen Arbeitnehmer das (sanktionslose) Recht zur Demonstration zu. Wurde eine GmbH nur gegründet, um zulässige ärztliche Werbebeschränkungen zu umgehen, kann der Arzt, dem das Unternehmen gehört, u.U. dennoch direkt belangt werden.[377] Die frühere Unterscheidung, wonach anderes nur dann gelte, wenn der Arzt weder Geschäftsführungsbefugnisse habe, noch finanziell an dem Unternehmen beteiligt sei,[378] ist heute obsolet. Im Übrigen ist auch der frühere Ansatz, für die finanzielle Beteiligung solle es bereits ausreichen, wenn der Arzt durch die Art der Vergütung am wirtschaftlichen Erfolg des Unternehmens partizipiere,[379] heute nicht mehr entscheidend.[380] Allerdings bleibt es bedenklich, wenn die Geschäftsführung mit dem Namen des Arztes „hausieren" geht, und der Arzt diese Form der Werbung durch Angabe bestimmter Informationen in einer Art und Weise fördert, durch die die Grenze zur „Anpreisung" überschritten wird. Werden diese Grundsätze beachtet, dürfte auch die Verwendung des Arztnamens in Werbeprospekten nicht zu beanstanden sein. Ob derartige Werbeprospekte „ungezielt" oder nur auf bestimmte Anfragen hin verteilt werden dürfen, ist umstritten. Die frühere Rechtsprechung,[381] wonach Patientenanfragen nur individuell beantwortet werden durften, ist sicherlich überholt.[382] Eine vermittelnde Auslegung[383] will die Zulässigkeit der Verwendung von Werbeprospekten von einer entsprechenden Patientenanfrage abhängig machen. Die unaufgeforderte Zusendung von Werbematerial sei anpreisende Werbung. Unbestreitbar dürfen aber die in den fraglichen Prospekten enthaltenen Aussagen, sofern der Rahmen des HWG eingehalten wird, in Zeitungsannoncen verwendet werden.[384] Es stellt sich daher zwangsläufig die Frage aus Sicht des „Verbrauchers", worin der Unterschied zwi-

---

376 BVerfG – 1 BVR 547/99, MedR 2000, 523; zweifelnd *Taupitz*, FS Geiß, S. 511 ff., der eher auf die Nachfrageförderung unabhängig von der Kenntnis des konkreten Arztes abstellt; siehe aber auch später BGH – I ZR 219/01 (keine Umgehung mit „Zimmerklinik"); BVerfG – 1 BvR 873/00, NJW 2001, 2788 (Tätigkeitsschwerpunkt); BVerfG, Beschl. v. 18.10.2001 – 1 BvR 881/00, NJW 2002, 1864 (Zahnarztsuchservice); BVerfG – 1 BvR 1644/01, MedR 2002, 409 (Zeitungsannonce); *Jaeger*, AnwBl. 2000, 475 ff.; BVerfG – 1 BvR 1608/02, GesR 2003, 384 (Zahnklinik); EGMR – 37928/97, NJW 2003, 497 (Zeitungsannonce über OP-Methode); EGMR ZMGR 2004, 110 ff.; BGH – I ZR 283/99, MedR 2003, 223 (Werbung für Haartransplantation durch GmbH zulässig); siehe aber auch OVG NRW – 61 A 689/01.T, MedR 2004, 112 (unzulässige Werbung für ärztliche Tätigkeit im Laser-Institut).
377 Bay. LBG für die Heilberufe – LBG-Ä 1/89, MedR 1990, 295, für den Fall, dass dem Arzt die GmbH zwar nicht gehört, sie aber ausschließlich für seine Tätigkeit gegründet wurde.
378 KG – 5 U 4819/85, NJW 1986, 2381.
379 Sehr weitgehend BGH – I ZR 12/92, MedR 1995, 113, Ehefrau des GmbH-Inhabers als verantwortliche Ärztin; ob diese Auffassung nach der Entscheidung des BVerfG – 1 BvR 547/99, MedR 2000, 523 noch trägt, dürfte eher zweifelhaft sein.
380 BGH – I ZR 283/99, MedR 2003, 223 (Haartransplantation).
381 BGH – I ZR 49/80, NJW 1982, 2605.
382 Siehe aber BGH – I ZR 72/96, MedR 1999, 70 ff., Versand von Informationsmaterial an potentielle Patienten Verstoß gegen § 27 BO und § 1 UWG; ebenso OLG Hamburg – 3 U 265/98, MedR 2000, 195 ff., Patienteninformationsschreiben über neu eingeführtes Diagnoseverfahren an eigene Patienten; dagegen LBG Ärzte Stuttgart – L 12 Ka 5/95, MedR 1996, 387 ff., Werbeeffekt ist bei sachlicher Information hinzunehmen.
383 *Schulte*, S. 97.
384 *Hefermehl/Köhler/Bornkamm*, § 5 UWG Rn 4.181 zu irreführenden Heilwirkungen.

schen einer Anzeige und einem unverlangt zugeschickten Prospekt liegt. Durch die Entscheidung des BVerfG[385] zur Zeitungsannonce ohne besonderen Anlass dürfte der restriktiven Auffassung die Grundlage entzogen sein.

aa) Inhalt und Aufmachung der Praxisschilder

205 Die oftmals als „Schilderordnung" verspottete Vorschrift D I Nr. 2 MBO ist ersatzlos gestrichen worden. Allerdings mussten auch schon bisher die aufgrund der genannten Vorschriften ausgesprochenen Verbote dem Grundsatz der Verhältnismäßigkeit genügen. Ist nicht ersichtlich, inwieweit Interessen des Gemeinwohls durch eine Untersagung geschützt werden können, verstieß die Untersagung eines in Kapitel D I Nr. 2–5 MBO nicht explizit genannten Zusatzes u.U. gegen das Grundrecht auf freie Berufsausübung.[386] Die bloße Erleichterung berufsrechtlicher Überwachung rechtfertigte eine Einschränkung regelmäßig nicht. § 27 Abs. 4 MBO n.F. schafft einheitliche Vorgaben für jedwede Form der Ankündigung, sei es auf der Homepage, in Anzeigen und eben auch auf dem Praxisschild. Die früher vorgesehene Beschränkung auf ein Praxisschild ist weggefallen. Ob ein Arztschild zur besseren Kenntlichkeit in der Dunkelheit beleuchtet werden darf, wird unterschiedlich beurteilt.[387] Die ablehnenden Entscheidungen sind wenig überzeugend. Wer die entgegengesetzte Übung in anderen Ländern, z.B. Österreich oder auch Frankreich kennt, weiß, dass derartige Hinweisschilder kaum geeignet sind, dem ärztlichen Ansehen zu schaden. Vielmehr helfen sie dem ortsunkundigen Patienten, rechtzeitig einen für ihn zuständigen Arzt zu finden. Entscheidend wird hier – wie so oft – die konkrete Ausgestaltung sein.

bb) Zulässige/unzulässige Angaben und berufsbezogene Informationen

206 Die zulässigen Angaben sind im Gegensatz zu Kapitel D I Nr. 2 MBO nicht mehr katalogmäßig, sondern nur noch sehr allgemein aufgeführt. Der 103. Deutsche Ärztetag 2000 in Köln hatte schon einige Ausnahmen zugelassen. Feststeht, dass man wohl keineswegs hinter die bereits bisher in D I Nr. 2 MBO genannten Ausnahmeregelungen zurückgehen will. Nicht führungsfähig waren früher die fakultativen Weiterbildungsteile sowie Fachkunden nach der (Muster-)Weiterbildungsordnung aus dem Jahre 1992.[388] Rechtlich ist diese „Ungleichbehandlung" heute nicht mehr verständlich. Aus § 27 Abs. 4 MBO ergibt sich, dass lediglich eine Verwechslungsgefahr hinsichtlich solcher Qualifikationen ausgeschlossen werden soll, die nicht von einer Ärztekammer verliehen werden. Demgemäß dürfen Ärzte heute auf die von ihnen ausgeübte Akupunktur[389] hinweisen oder auf sonstige Qualifikationen Bezug nehmen, wenn sie eine **Verwechslungsgefahr** vermeiden.[390] Zulässig dürfte auch ein Hinweis auf solche Qualifikationen

---

385 BVerfG – 1 BvR 1644/01, MedR 2002, 409.
386 BVerfG – 1 BvR 166/89, NJW 1993, 2988.
387 Ablehnend OVG Hamburg – Bf VI 8/87, NJW 1988, 2968; OVG Lüneburg – 8 A 45/87, NJW 1989, 1562; zustimmend für das Hinweisschild eines Rechtsanwalts, allerdings nur mit „dezenter" Beleuchtung, OLG Düsseldorf – 2 U 71/87, NJW-RR 1988, 101; LBGH-Rh.-Pf. – LBGH A 11762/02, ArztR 2004, 230, 2,40 m hohe Acrylglasstele vor Radiologenpraxis mit Innenbeleuchtung, Praxis-Logo, Namen der Ärzte und Leistungsspektrum zulässig, nicht aber entsprechende Beschriftungen über die Fensterfront von 75 m Länge.
388 Siehe dort § 1 Abs. 4.
389 BVerwG – 3 C 25/00, NJW 2001, 3425.
390 Instruktiv OLG Koblenz – 4 U 192/00, OLGR 2000, 394.

sein, deren Berechtigung der Arzt aufgrund §§ 135 ff. SGB V erworben hat. Selbst die Bezeichnung als „Spezialist für ..." ist vom Bundesverfassungsgericht[391] im Falle eines für eine Klinik arbeitenden Arztes nicht beanstandet worden, wenn sie der Wahrheit entsprach. Z.T. wird die Auffassung vertreten, Selbsteinschätzung über die persönliche Qualifikation, Teilnahme an bestimmten Fortbildungskursen (mit Ausnahme des neuen Fortbildungszertifikats der Ärztekammern) oder eine besondere (elegante, teuere oder technisch aufwendige) Praxisausstattung könne hingegen unzulässig sein. Wenn allerdings eine besondere Methode nur mit einem bestimmten aufwendigen oder neuartigen Gerät durchzuführen ist, dürfte das Informationsbedürfnis der Patienten überwiegen.[392] Hier wird vielfach nur eine Einzelfallbetrachtung weiter führen, zumal die neuere Rechtsprechung die Zulässigkeit von Selbstdarstellung und Selbsteinschätzung unter dem Aspekt der Irreführung mehr oder weniger ausschließlich an ihrem Wahrheitsgehalt misst.

In Informationsbroschüren und damit auch auf der Homepage können besondere Untersuchungsmethoden[393] (sofern das HWG beachtet wird[394]), spezielle Sprechstunden, aber auch Informationen zum Gesundheitswesen bzw. allgemeine medizinische Erkenntnisse enthalten sein. Auch eine Darstellung des Praxisprofils bzw. Vorstellung der einzelnen Praxismitarbeiter (selbst mit Foto)[395] ist zulässig. Dies kann gewisse Zuständigkeitsregeln umfassen, Organisationsabläufe, aber auch Fremdsprachenkenntnisse, wenn die Praxis ein entsprechendes Klientel hat oder in einer Gegend belegen ist, die einen hohen Ausländeranteil aufweist. Nach den Interpretationshilfen der BÄK sollen hingegen Hinweise auf Apotheken oder andere Praxen (mit Ausnahme der Vertretung) unzulässig sein, da diese keine praxisbezogene Information darstellen.[396] Aus anderem Zusammenhang wird jedoch deutlich, dass diese Einschränkung nicht für den **Praxisverbund** und wohl auch nicht für eine eventuelle Teilnahme im Rahmen der integrierten Versorgung gilt. Auf ihn bzw. sie darf selbstverständlich hingewiesen werden (eventuell auch mit link),[397] genauso wie der Verbund eine eigene Homepage einrichten kann.

207

---

391 BVerfG – 1 BvR 873/00, 1 BvR 874/00, NJW 2001, 2788.
392 Benennung der Anschrift eines außerhalb der Praxis betriebenen Herzkathetermessplatzes durch einen niedergelassenen Kardiologen in den gelben Seiten zulässig, BVerwG – 3 C 44/96, NJW 1998, 2759; siehe hierzu auch *Frehse*, NZS 2003, 11 ff.
393 LBG für Ärzte Stuttgart – L 12 Ka 5/95, MedR 1996, 387, verschickt ein Augenarzt eine Patienteninformation, bei der die sachliche Information über eine neue Behandlungsmethode einschließlich möglicher Komplikationen im Vordergrund steht, so müssen Werbeeffekte für den Arzt hingenommen werden, sofern er seine Leistung nicht anpreist, sondern lediglich zu erkennen gibt, dass er die neue Methode beherrsche.
394 BVerfG – 1 BvR 2334/03, GesR 2004, 539, Werbung eines Arztes für seine Behandlung zum „biologischen Facelifting" mit „Botox" falle nicht unter § 10 Abs. 1 HWG, wenn die Behandlungsweise des Arztes und nicht das Anhalten zum Erwerb des Präparats durch den Patienten im Vordergrund stehe; die Regulierung ärztlicher Berufsausübung falle nicht unter Art. 74 Abs. 1 Nr. 19 GG; siehe hierzu auch BVerfGE 102, 26, 36 ff. („Frischzellenbehandlung"); siehe aber OLG Frankfurt – 6 U 118/05, NJW-RR 2006, 1636, „Faltenbehandlung mit Botox" unzulässig, weil nicht Werbung für Verfahren, sondern Werbung für verschreibungspflichtiges Arzneimittel.
395 Das Berufsrecht geht als lex specialis insoweit dem HWG vor, solange nicht für eine bestimmte Methode geworben wird, also sich der Arzt z.B. in Berufskleidung bei der Behandlung eines Patienten ablichten lässt. Ob die Theorie von der lex specialis in diesen Fällen auch weiterhin vertreten werden kann, ist fraglich (s.o.).
396 In bestimmten Ausnahmefällen wird es jedoch zulässig sein, eine Auswahl von Spezialeinrichtungen zu benennen, wenn das benötigte Produkt (Rezepturarzneimittel, besondere Prothese) nicht allgemein erhältlich ist.
397 Hierzu *Rieger*, MedR 1998, 75 ff. und Beschluss BÄK, DÄ 1999, C-169.

Begriffe wie „Ärztehaus",[398] „Ärztezentrum",[399] „Gesundheitszentrum", „Schmerzambulanz" oder auch „Röntgen-Institut" sind mittlerweile durchgängig für unzulässig erklärt worden.[400] Unzweifelhaft darf sich aber ein „Mini-MVZ" aus zwei Vertragsärzten „Medizinisches Versorgungszentrum" nennen. Inwieweit dies auf die Rechtsprechung bezüglich der vorgenannten Modelle Einfluss haben wird, bleibt abzuwarten. Dies ist insoweit interessant, als man bisher für die Bezeichnung **„Zentrum"** eine gewisse Größe voraussetzte,[401] andernfalls die Gefahr der Irreführung des Patienten/Verbrauchers bestünde.[402] Nach OLG Düsseldorf[403] soll die Bezeichnung „zahnärztliche Privatpraxis" unzulässig sein. Die Bezeichnung „Röntgenpraxis am Hauptbahnhof" kann eine unzulässige Etablissementbezeichnung sein.[404] Die Frage, ob eine Arztpraxis sich als **„Tagesklinik"** bezeichnen darf, wurde bislang abschlägig beschieden.[405] Dieser Auffassung ist insofern zuzustimmen, als die Bezeichnung als „Tagesklinik" nicht irreführend sein darf, also z.B. dann unzulässig ist, wenn sich die Ausstattung der Räumlichkeiten in räumlicher, personeller und technischer Hinsicht von einer herkömmlichen Arztpraxis nicht unterscheidet.[406] Eine unkritische Fortführung dieser Rechtsprechung würde jedoch die bedeutsame Entwicklung des ambulanten Operierens in den letzten Jahren außer Betracht lassen. Der Trend zu hochwertig ausgestatteten ambulanten Operationszentren, besetzt mit entsprechend qualifizierten Ärzten, ist nicht zu leugnen. § 115 Abs. 2 Nr. 1 SGB V erwähnt selbst den Begriff der „Praxisklinik",[407] der jetzt führungsfähig ist. Hierunter versteht man ebenso wie bei der Tagesklinik eine Einrichtung zur Durchführung operativer Eingriffe, nach denen der Patient die Nacht in der Regel wieder zu Hause verbringt, eine Versorgung über Nacht jedoch möglich ist[408] (zu den weiteren Voraussetzungen siehe Empfehlung der BÄK S. 9 ff.). Weiterführende Informati-

---

398 LG Cottbus – 3 O 154/96, NJW 1997, 2458.
399 BG HeilB OLG München – BG-Ä-13/84 – Beschl. v. 15.1.1985, n.v.; ebenso Urt. v. 25.4.2001 – BG-Ä 1/2001 „orthopädisches Behandlungszentrum".
400 OVG Hamburg – Bf VI 60/86, NJW 1988, 1542; BVerwG – 1 B 97/88, MedR 1989, 202; weitere Fälle: „Institut für bandscheibenbedingte Erkrankungen", LBG für Ärzte Stuttgart, *Heile/Mertens/Pottschmidt*, A 1.14 Nr. 4.5; „Spezialgebiet Enddarm- und Beinleiden" oder „Spezialgebiet Proktologie und Phlebologie", BG für Heilberufe beim VG Köln, *Heile/Mertens/Pottschmidt* A 2.13 Nr. 1.16; OLG Düsseldorf – 2 U 35/88, GRUR 1989, 120, „Kosmetische Chirurgie" und „Psychosomatische Medizin"; LG Hamburg – 312 O 115/00, NJW-RR 2001, 259, cytologisches Labor zwar berufsrechtlich bei praxisorganisatorischen Belangen zulässig, aber Verstoß gegen § 11 Nr. 6 HWG.; zum Begriff des Brustzentrums OLG München – 29 U 4629/04, GesR 2005, 138.
401 Nachweise bei *Baumbach/Hefermehl/Köhler*, § 4 Rn 1.166, § 5 Rn 5.44, 5.46.
402 OLG München – 29 U 4629/04, WRP 2005, 244, unzulässige Bezeichnung als „Brustzentrum".
403 OLG Düsseldorf – 20 U 133/95, NJW 1997, 1644.
404 Gerichtshof für die Heilberufe Niedersachsen – 1 S 1/94, MedR 1996, 285, allerdings war von Bedeutung, dass die Radiologen ohnehin nur auf Überweisung in Anspruch genommen werden und daher eine Ortsbezeichnung für den direkten Patientenkontakt entbehrlich schien; ebenso „Dialysezentrum Eppendorf", OVG Hamburg – Bf VI 60/86, NJW 1988,1542, wobei hier Besonderheiten des Einzelfalls eine Rolle spielten; siehe jetzt aber OLG Düsseldorf – 20 U 67/03, MedR 2005, 97, Bezeichnung „Zahnarzt am Stadttor" auf Briefbögen zulässig.
405 BG für die Heilberufe am OLG München, Urt. v. 17.3.1993 – BG-Ä-3/91; siehe auch OLG Hamburg – 3 U 81/96, MedR 1997, 177.
406 Echte stationäre Fälle müssen überwiegen, OLG Köln – 6 U 74/93, NJW 1994, 3017.
407 BGH – I ZR 103/94, MedR 1996, 563 zum Begriff der „Klinik" im Firmnahmen eines Zahnbehandlung anbietenden Unternehmens; zur Unterscheidung Praxisklinik/Tagesklinik, *Schiller*, NZS 1999, 325 ff.; OLG München, Beschl. v. 14.8.1997 – 6 U 6281/96, n.v., „Praxisklinik München Nord" zulässig.
408 Einzelne Ärztekammern haben detaillierte Kriterien für die Führungsfähigkeit des Begriffs „Praxisklinik" entwickelt, so z.B. ÄK W-L, siehe auch Empfehlungen der BÄK, S. 9 ff.; zu den weiteren Voraussetzungen siehe Empfehlung der BÄK S. 9 ff.

onen über die spezielle Struktur einzelner Leistungen mit eher werblichem Charakter, die auch bisher nur kollegenintern zulässig waren, dürfen auch in Zukunft nur in einem Intranet verbreitet werden, das ausschließlich Ärzten offen steht. Die Frage der Zulässigkeit eines „Gästebuches" ist in den bisherigen Verlautbarungen nicht explizit erwähnt. Für den anwaltlichen Bereich gilt das Gästebuch als unzulässig, da es dazu dienen könne, mit Mandantenlob zu werben.[409] § 11 Abs. 1 Nr. 11 HWG enthält eine ähnliche Verbotsnorm. Kritisch wird das Anerbieten eines e-Mail-Kontaktes gesehen. Im Prinzip ist gegen die Zulässigkeit nichts einzuwenden. Ein Patient/Interessent, der auf diesem Wege Kontakt mit einer Praxis aufnimmt, muss wissen, dass es Probleme mit der Datensicherheit gibt. Ein gesonderter Hinweis wird jedoch hilfreich sein. Problematisch dürfte eine individuelle telekommunikative ärztliche Beratung sein.[410] § 7 Abs. 3 MBO verbietet die ausschließliche individuelle Beratung und Behandlung (**Fernbehandlung**) in Kommunikationsmedien und Computerkommunikationsnetzen (kein cyber-doc).[411] Nicht verboten wäre allerdings eine solche Beratung, wenn sie bei einem bereits bekannten Patienten durchgeführt – oder mit einer anschließenden persönlichen Kontaktaufnahme verbunden wird. Wenn es sich um einen unbekannten Patienten handelt, geht der Arzt jedoch – ebenso wie bei der Telefonberatung – ein ganz erhebliches forensisches Risiko ein. Bleibt die Frage der Vergütung derartiger Online-Beratung offen, kann im Übrigen ein Verstoß gegen das UWG gegeben sein. Allgemeine Hinweise gesundheitlicher Natur oder Angabe von Quellen für weiterführende Informationen sind hingegen auch als Reaktion auf individuelle Einzelanfragen zulässig.

Neue Rechtsfragen tun sich bei der Gestaltung von domain-Namen auf. Bezeichnungen wie „bester-gynäkologe.de" stellen eine berufswidrige Anpreisung dar. Vorsicht ist auch dann geboten, wenn der domain-Name eine Alleinstellung für einen Ort oder eine Region signalisiert, die in dieser Form nicht besteht.[412] Gegen die Verwendung der Fachgebietsbezeichnung in Verbindung mit dem eigenen Namen „xy-augenarzt.de" oder „xy-orthopädie.de" dürfte jedoch nach einem Urteil des BGH[413] dann nichts einzuwenden sein, wenn damit kein Alleinstellungsanspruch verknüpft wird. Wenn ein Arzt eine Homepage ins Netz stellt, müssen die Pflichtangaben nach § 6 Teledienstgesetz (TDG) leicht erkennbar, unmittelbar erreichbar und ständig verfügbar halten. Es handelt sich um den Namen, Anschrift, Telefon- und Faxnummer, die e-Mail-Adresse, die gesetzliche Berufsbezeichnung und die Angabe des Staates, in welchem sie verliehen wurde. Ferner sind Namen und Anschriften zuständigen Ärztekammer und der KV, der der Arzt als Mitglied angehört, anzugeben. Schließlich sind die berufsrechtlichen Regelungen (also die Berufsordnung der jeweiligen Ärztekammer), denen der Arzt unterworfen ist, anzugeben und wo sie zugänglich sind. Es wird für empfehlenswert gehalten, auf die Homepage der jeweiligen Körperschaft einen Link zu legen.

---

409 OLG Nürnberg – 3 U 3977/98, BRAK 1999, 148; ggf. auch Verstoß gegen § 11 Nr. 11 HWG Werbung mit Äußerungen Dritter, Dankes- und Empfehlungsschreiben.
410 Bei Rechtsanwälten wird die Beratung via Internet für zulässig gehalten, *Ebbing*, NJW-CoR 1996, 242 ff.
411 Die Werbung für Fernbehandlung ist gemäß § 9 HWG untersagt.
412 LG Köln – 31 O 31/00, GRUR-RR 2001, 41; OLG Celle – 13 U 309/00, NJW 2001, 2100; LG München I – 7 O 5570/00, NJW 2001, 2100, 2102.
413 BGH – I ZR 216/99, NJW 2001, 3262 (Mitwohnzentrale.de); BGH – AnwZ (B) 41/02, NJW 2003, 663 (presserecht.de); *Baltzer*, S. 212 ff.

cc) Unzulässige Fremdwerbung

209 Unzulässig sind Hinweise auf Hersteller pharmazeutischer Erzeugnisse, Medizinprodukte und andere Waren der Gesundheitsindustrie[414] unter dem Aspekt der Fremdwerbung. Dies gilt auch für das zunehmend anzutreffende **„Wartezimmerfernsehen"**[415] oder auch ein „Internetcafé" für das Wartezimmer.[416] Auf die eigene technische Ausstattung der Praxis/des Unternehmens darf hingegen hingewiesen werden, sofern unangebrachte oder irreführende „Superlative" vermieden werden. Stellen Unternehmen einem Arzt kostenlos Platz für eine Homepage zur Verfügung, muss der Arzt beachten, dass er damit nicht für die Produkte der Firma werben darf (§ 34 MBO). Seine Homepage muss daher frei von Werbebannern und Pop-up Fenstern bleiben. Einzelne Links zu Unternehmen sind im Allgemeinen unzulässig. Eine Verlinkung mit unterschiedlichen Institutionen des Gesundheitswesens, Selbsthilfegruppen und Informationsanbietern dürfte hingegen nicht zu beanstanden sein. Der Arzt muss allerdings darauf achten, dass er die Inhalte der verlinkten Seite mit zu verantworten hat, wenn er nicht einen disclaimer anbringt.[417]

dd) Titel

210 Mit der Aufhebung von D I Nr. 2 MBO ist auch dessen Absatz 8 entfallen. Er hatte die Führung des Titels „Professor" geregelt, einen aus vielerlei Gründen (vor allem bei ausländischen Titeln) praktisch wichtigen Komplex, wie man weiß. Weder in § 17 Abs. 4 noch in § 27 Abs. 3 der Neufassung der MBO findet sich nunmehr eine entsprechende Regelung. Offenbar sah der Normgeber hier keinen Regelungsbedarf mehr, nachdem die hochschulrechtlichen Vorschriften der Länder (z.B. § 55b UGBa-Wü) Regelungen für das Führen ausländischer Professorentitel nicht mehr vorsehen.[418]

ee) Verzeichnisse

211 § 28 MBO übernahm im Wesentlichen den alten D I Nr. 4 MBO. Auf die Abstimmungspflicht mit der Ärztekammer wurde allerdings verzichtet. Verzeichnisse und Annoncen von gewerblichen Instituten (Sanatorien, Kliniken u.Ä.) können dann berufsrechtlich relevant werden, wenn der nichtärztliche Herausgeber dieser Verzeichnisse dadurch zum „Störer" wird, indem er dem Berufsrecht unterworfene Ärzte zum Verstoß gegen die Norm animiert.[419] Die frühere Unterscheidung zwischen „amtlichen" Verzeichnissen u.a. von Gesundheitsämtern, Krankenkassen, Ärztekammern, Universitäten und KVen, aber auch Fernsprech- sowie Branchenfernsprechbücher und Verzeichnissen privater Anbieter spielt keine Rolle mehr. Die Aufnahme des Arztes in derartige Verzeichnisse ist unbedenklich, sofern die mit dem Namen des Arztes aufgeführten Zusatzbezeichnungen den Bestimmungen der Berufs- und Weiterbildungsordnung entspre-

---

414 BVerfG – 1 BvR 1003/02, GRUR 2003, 966; ergänzend ist auf die Vorschriften des HWG zu achten, da die Homepage nicht nur von Fachkreisen eingesehen werden soll; siehe auch *Frehse*, NZS 2003, 263 ff.; *Rixen*, GesR 2006, 433 ff.
415 VG Münster – 6 K 3821/97, MedR 1999, 146.
416 *Baltzer*, S. 211.
417 LG München I – 4 HKO 6543/00, MMR 2000, 566; LG Hamburg – 312 O 85/98, NJW 1998, 3650; LG Frankfurt – 312 O 173/97, NJW-CoR 1999, 111. Siehe auch § 5 Abs. 1–3 TDG.
418 Vgl. hierzu noch die Kommentierung bei *Ratzel/Lippert*, D I Nr. 2 Rn 8 ff. zur alten Rechtslage.
419 OLG München – 29 U 2435/99, MedR 2000, 370; BG Heilberufe b. OLG Nürnberg, Beschl. v. 8.11.1999 – BG-Ä 11/99, n.v.

chen. Durch die wesentlich großzügigere Regelung in § 27 Abs. 3 MBO wird deutlich, dass erheblich detailliertere Angaben als früher unbedenklich sind. Hintergrund ist das Bemühen der Kammern, dem Informationsbedürfnis der Bevölkerung[420] gerecht zu werden und das Feld nicht „kampflos" gewerblichen Verzeichnisanbietern zu überlassen.[421]

Sonderverzeichnisse mit werbendem Charakter von privaten Organisationen, die eine Zusammenstellung von Ärzten, die sich ihrer Ansicht nach von Kollegen der gleichen Fachgruppe bzw. des gleichen Tätigkeitsfeldes durch eine Spezialisierung unterscheiden, die nicht den Grundzügen der Weiterbildungsordnung folgt, galten lange als unzulässig.[422] Bei dem um Hilfe nachsuchenden Patienten solle nicht der Eindruck entstehen, bei dem in dem Verzeichnis aufgeführten Arzt handele es sich um einen „Spezialisten", dessen Qualifikation die anderer Kollegen übersteige, obwohl er dieselbe, nach den Berufs- und Weiterbildungsordnungen zulässige Gebiets- bzw. Tätigkeitsbezeichnung führt. Vor allem durch die Rechtsprechung zum anwaltlichen Berufsrecht ist jedoch Bewegung in dieser Frage entstanden, seitdem das Bundesverfassungsgericht[423] die Teilnahme eines Anwalts an einem Auskunftsdienst für rechtsuchende Bürger („Anwaltsuchservice GmbH") nicht mehr als unzulässige Werbung qualifiziert hat. Der Anwalt trete bei diesem System nicht direkt an den potentiellen Mandanten heran; vielmehr sei es der Bürger, der sich an den Anwaltssuchservice wende, um dort geeignete Adressen von Anwälten mit dem von ihm nachgefragten Tätigkeitsschwerpunkt zu bekommen.[424] In seiner Entscheidung zum „Zahnärztesuchservice" hat das BVerfG diese Maßstäbe auch auf den (zahn-)medizinischen Bereich übertragen.[425] In der MBO wurde dieser Gedanke aufgegriffen und dem Arzt ermöglicht, in diesen Verzeichnissen alle Angaben aufnehmen zu lassen, die er auch im Rahmen einer Patienteninformation in der Praxis verwenden dürfte. Allerdings sind nach wie vor Grenzen zu beachten. Eine Entscheidung des LG Kiel[426] wird häufig fehlinterpretiert. Danach soll es weder berufs- noch wettbewerbswidrig sein, wenn sich ein Arzt in einen Patienteninformationsdienst einer gemeinnützigen Stiftung mit der Angabe besonderer Behandlungsmöglichkeiten und Therapieeinrichtungen aufnehmen lasse; ob die Aufnahme gebührenpflichtig oder kostenfrei erfolge, sei unerheblich. Dieses Urteil ist zwar vom OLG Schleswig-Holstein bestätigt worden;[427] dies allerdings nur aus formalen Gründen. Das OLG hat im Übrigen keinen Zweifel daran gelassen, dass das Informationsangebot inhaltlich wettbewerbswidrige Werbung enthält.[428] In eine ähnliche Richtung geht eine Entscheidung des OLG München,[429] die es Verzeichnisbetreibern (und auch Ärzten) untersagt, solche Verzeichnisse zu eröffnen, die über die nach der MBO zuläs-

212

---

[420] OLG München – 29 U 3251/98, MedR 1999, 76 ff., „FOCUS-Listen" jetzt zulässig; verneinend noch BGH – I ZR 196/94, MedR 1998, 131, „die besten Ärzte".
[421] Beispiele ohne Anspruch auf Vollständigkeit (jeweils mit www): arztauskunft-niedersachsen.de; blaek.de; aekwl.de; arztpartner.com; arztverzeichnis.de; dmed.de; d-medico.de; doctoronline.de; doktoren.net; gesundheit-berlin; medifix.de; medizinauskunft.de.
[422] Siehe aber OLG Frankfurt – 25 U 203/02, MedR 2004, 447: § 28 i.V. D I Nr. 4 BO Schl.-Holstein verstößt gegen Art. 12 GG und ist damit nichtig.
[423] BVerfG – 1 BvR 899/90, NJW 1992, 1613.
[424] Hess. EGH – 1 EGH 2/90, NJW 1991, 1618; hierzu *Feuerich*, NJW 1991, 1591.
[425] BVerfG – 1 BvR 881/00, NJW 2002, 1864.
[426] LG Kiel – 16 O 19/98, MedR 1999, 279.
[427] OLG Schleswig-Holstein, Urt. v. 6.7.1999 – 6 U 21/99, Magazindienst 1999, 1131.
[428] S. 14 ff. des Urteilsumdrucks.
[429] OLG München – 29 U 2435/99, MedR 2000, 370 m. Anm. *Wiesener*; siehe aber auch OLG München – 6 U 2850/00, MedR 2002, 196, Aufnahme von Ärzten in Reisebüro-Datenbank als „Reisemediziner" unzulässig.

sigen Angaben hinausgehende Einzelheiten enthalten. Bei der Einordnung der Entscheidung muss man den konkreten Sachverhalt kennen (deutlich reklamehafte Züge des Verzeichnisses). Wie *Wiesener*[430] zu Recht bemerkt, sind bei richtiger Wertung nämlich durchaus Verzeichnisse denkbar, die unter Beachtung dieser Grenzen Angaben zu Spezialkenntnissen enthalten dürfen. Was einem Arzt im Rahmen seiner Homepage erlaubt ist, kann einem Verzeichnisanbieter nicht verboten werden.

213 Ein praktizierender Arzt muss es im Übrigen hinnehmen, von einem Autor mit Anschrift, Fachgebiet und richtigem Hinweis auf besondere Behandlungsmethoden in einem als Buch vertriebenen Verzeichnis aufgenommen zu werden.[431] Auch auf diesem Wege trete der Arzt nicht von sich aus werbend an die Öffentlichkeit; vielmehr bedürfe es eines Anstoßes von außen, d.h. der Nachfrage des Patienten. Ein persönliches Schutzinteresse an der Nichtveröffentlichung könne der Arzt nicht vorweisen, da persönliche Daten im geschäftlichen Bereich weniger schützenswert seien als die Daten im persönlichen Umfeld.[432] Im Übrigen besteht für den Arzt keine Pflicht, aktiv gegen derartige Veröffentlichungen vorzugehen, wenn er selbst nichts dagegen einzuwenden hat. Lediglich dann, wenn der Arzt seine Aufnahme in dieses Verzeichnis aktiv nach außen verbreitet, ohne auf die entsprechende Nachfrage durch die Patienten zu warten, könnte der Fall unerlaubter Werbung vorliegen.[433] Der Arzt muss darauf achten, dass ein Eintrag in den Verzeichnissen mit den übrigen Einträgen von Kollegen und Kolleginnen übereinstimmt. Danach wird es zwar heute nicht mehr beanstandet, wenn der Arzt seinen Namen und die Praxisanschrift in amtlichen allgemeinen Fernsprechbüchern drucktechnisch hervorheben lässt, im Branchenfernsprechbuch, in dem auch andere Kollegen aufgenommen sind, ist dies jedoch nicht zulässig. Auch der Zukauf von Leerzeilen ist nicht gestattet. Der Abdruck der Sprechstundenzeiten ist hingegen erlaubt. Es kann gegen das in der Berufungsordnung enthaltene Verbot berufswidriger Werbung verstoßen, wenn ein niedergelassener Arzt bei der Eintragung im Branchentelefonbuch „Gelbe Seiten" auf seine besondere apparative Ausstattung (hier: Herzkathetermessplatz) hinweist oder den Anschein erweckt, zugleich in einer Spezialabteilung eines Krankenhauses tätig zu sein.[434] Diese Entscheidung ist vom Bundesverwaltungsgericht allerdings als zu restriktiv aufgehoben worden.[435] Letztlich zeigt auch diese Entscheidung, dass die Rechtsprechung das Informationsbedürfnis der Bevölkerung zunehmend auch als Informationsrecht des Patienten interpretiert.

214 Nach Ansicht des OLG Hamburg[436] soll es unzulässig sein, sich in ein postunabhängiges Branchenverzeichnis gegen Zahlung eines Geldbetrages eintragen zu lassen, wenn es offensichtlich ist, dass nicht alle Angehörigen der Berufsgruppe darin aufgenommen sind und das Druckwerk werblich genutzt werden soll. Das Verzeichnis müsse einen kostenfreien Grundeintrag (Name und Telefonnummer) gewährleisten. Formal ist dies

---

430 *Wiesener*, Anm. zu OLG München MedR 2000, 370.
431 OLG Nürnberg – 6 U 2923/91, NJW 1993, 796.
432 BGH – VI ZR 104/90, NJW 1991, 1532, ähnlich für Veröffentlichung von Ärzten, die den ärztlichen Notfalldienst versehen; nach AG Frankfurt a.M. – 30 C 3413/89 – 48, NJW-RR 1990, 1438, stellt es einen Eingriff in den eingerichteten und ausgeübten Gewerbebetrieb dar, wenn ein Anwalt von einem gewerblichen Suchservice in die Kartei aufgenommen wird, ohne sein Einverständnis hierzu gegeben zu haben.
433 Ähnlich BGH – I ZR 183/91, NJW 1993, 2938 für den Fall von Merkblättern, die die Steuerberaterkammer unter Nennung von geeigneten Steuerberatern unaufgefordert verteilt.
434 OVG Hamburg – Bf VI 46/95, MedR 1996, 277.
435 BVerwGE 105, 362 ff.
436 OLG Hamburg – 3 U 95/87, MedR 1989, 151; ebenso OLG München – 6 U 5068/89, NJW 1990, 1546.

durch § 28 Abs. 1 MBO gedeckt. Ob diese Entscheidungen im Lichte der Entscheidung des Bundesverfassungsgerichtes zum „Anwaltssuchservice" oder auch zum „Zahnarztsuchservice"[437] noch Gültigkeit beanspruchen können, muss jedoch bezweifelt werden.

Sonderverzeichnisse ohne werbenden Charakter sind in der Regel die Mitgliederverzeichnisse der Berufsverbände, Adressbücher privater Verlage, sofern die Aufnahme grundsätzlich jedem Arzt des Verbreitungsgebietes des Verzeichnisses zugänglich und die drucktechnische Ausführung einheitlich ist, und ähnliches mehr. Ein werbendes Sonderverzeichnis kann jedoch die Zusammenstellung von Ärzten sein, die z.B. einem bestimmten Club angehören oder einem Unternehmen besonders verbunden sind.[438] Auf die äußere Form des Adressverzeichnisses kommt es im Übrigen weniger an. Es kann also sowohl eine in Broschürenform herausgegebene Adressenliste, ein Internet-Verzeichnis, ein Prospekt oder die von manchen Initiativen geführten Spezialdateien sein. 215

ff) Kollegialität

§ 29 MBO wurde in seinen früheren Fassungen oft als „Mauschelparagraph" bezeichnet bzw. „der Krähentheorie" zugerechnet.[439] Mittlerweile dürfte sich jedoch herumgesprochen haben, dass diese Krähentheorie sich immer mehr in ihr Gegenteil verwandelt, d.h. eine Krähe der anderen nicht nur eines, sondern beide Augen aushackt. Aus dem Gesamtzusammenhang ergibt sich, dass die standesrechtliche Kollegialitätspflicht nicht nur den einzelnen Arzt und den Patienten, sondern auch die Wahrung des Ansehens des gesamten Berufsstandes im Interesse einer wirksamen Gesundheitsvorsorge zum Gegenstand hat. Allerdings ist die Vorschrift insgesamt unausgewogen und vermengt standesrechtliche Regelungsabsichten mit arbeits- und beamtenrechtlichen Regelungen. 216

Wissenschaftliche Auseinandersetzungen können schon per definitionem nicht Gegenstand eines Kollegialitätsverstoßes sein.[440] Das Gleiche gilt auch dann, wenn der Arzt sich in der Öffentlichkeit an der Diskussion allgemeinpolitischer Themen beteiligt, auch wenn sie einen Bezug zum Gesundheitswesen aufweisen.[441] Eine Einschränkung der grundgesetzlich geschützten Meinungsfreiheit ist nur zum Schutze übergeordneter Interessen des Gemeinwohls zulässig; das Kollegialitätsgebot darf daher in einem demokratischen Rechtsstaat freiheitlicher Prägung nicht als „Maulkorb" missbraucht werden.[442] 217

Die Grenze zu unkollegialem Verhalten ist aber dort überschritten, wo ein Arzt die Behandlungsweise eines anderen Kollegen ohne sachlichen Grund abfällig beurteilt und gleichzeitig seine eigene Behandlungsmethode quasi anpreisend hervorhebt. Das Berufsrecht geht dabei über die zivilrechtlichen Grundsätze zu Widerrufs- und Unterlas- 218

---

437 BVerfG – 1 BvR 881/00, NJW 2002, 1864.
438 LBG für die Heilberufe beim BayObLG, Urt. v. 11.11.1971, *Heile/Mertens/Pottschmidt*, A. 2.13 Nr. 8, Eintragung eines Zahnarztes in das Adressverzeichnis für angeschlossene Vertragsunternehmen eines weltweiten Kreditkartenunternehmens; kritisch hierzu *Schulte*, S. 101, der zurecht den Werbeeffekt derartiger Verzeichnisse relativiert; differenzierend OLG München GRUR 1990, 382, Mitgliederverzeichnisse von Rotary, Lions oder Round Table eher nicht werblich, anders aber ein Anzeigenbuch für Wirtschaft und freie Berufe.
439 BGH – VI ZR 50/74, NJW 1975, 1463; weitere Nachweise bei *Taupitz*, Die Standesordnungen, S. 306, 310 f.; *ders.* zur historischen Entwicklung, S. 217, 222, 228.
440 Beschl. des LBG für Ärzte Stuttgart v. 25.2.1989, *Heile/Mertens/Pottschmidt*, A 2.2 Nr. 50.
441 Urt. des BG für die Heilberufe Schleswig v. 7.9.1988, *Heile/Mertens/Pottschmidt*, A 2.2 Nr. 48.
442 VG Frankfurt – 9 E 3615/94, NVwZ-RR 1997, 148.

sungsansprüchen ehrverletzender Äußerungen hinaus. Nach der Rechtsprechung[443] besteht ein Anspruch auf Widerruf bzw. Unterlassung ehrverletzender Äußerungen dann nicht, wenn diese Behauptungen im engen Familienkreis oder im Anwaltsgespräch bzw. im Arzt-Patienten-Verhältnis gefallen ist. Würden sie in diesem engen Vertrauensverhältnis fallen, bestehe kein berechtigtes Interesse daran, Wahrheit oder Unwahrheit in einem Gerichtsverfahren klären zu lassen. Allerdings sind derartige Äußerungen nur in diesen besonders geschützten Vertrauensverhältnissen privilegiert. Fallen sie außerhalb, d.h. im Kreis von Klinikmitarbeitern, kommt es nicht darauf an, ob sie in „kleinem" oder „großem" Kreis gefallen sind. Beschuldigungen unter vier Augen oder in einem kleinen Kreis sachlich Interessierter können u.U. nachhaltiger beeinträchtigen als öffentliche Kritik, von der der Betroffene schneller Kenntnis erlangt und ihr deshalb auch eher entgegentreten kann.[444] Im Übrigen sollte man nicht vergessen, dass manch unbedacht geäußerter Vorwurf Anlass zu Behandlungsfehlerprozessen gibt, die zwar letztlich ohne befriedigendes Ergebnis für den Patienten enden, alle Beteiligten aber unnötig belasten.

219 Bei der Information darüber, dass die bisherige Gemeinschaftspraxis aufgelöst ist und künftig getrennte Praxen geführt werden, müssen Werbung für die eigene Praxis und kritische Bemerkungen über die Praxis des bisherigen Partners vermieden werden.[445] Demgegenüber befand das LG München I,[446] einem Arzt dürfe nicht verwehrt werden, seine in laufender Behandlung befindlichen Patienten auf seine neue Praxis hinzuweisen, damit dort ggf. die Behandlung fortgesetzt werden könne. Der Patient habe sogar einen durchsetzbaren Informationsanspruch, der durch ein Wettbewerbsverbot nicht eingeschränkt werden dürfe. Für eine Mandantenschutzklausel bei Zahlung einer Abfindung hat der BGH im Falle einer Rechtsanwaltskanzlei den gegenteiligen Standpunkt vertreten.[447]

220 Für Ärztekammern tätige Ärzte verlieren den Anspruch auf Kollegialität und gegenseitige Respektierung nicht durch ihre Funktionärstätigkeit.[448] Allerdings kann je nach berufspolitischer Situation ein etwas anderer Maßstab angelegt werden.[449] Im Rahmen von Wirtschaftlichkeitsprüfungen ist dem Arzt unter dem Gesichtspunkt der Wahrnehmung berechtigter Interessen eine auch zum Teil deutliche Sprache zuzubilligen. Der Schutz der Meinungsfreiheit gemäß Art. 5 GG umfasst auch polemische Äußerungen gegen Mitglieder der Kammerorgane, wenn sie in einem aktuellen berufspolitischen Streit fallen und von der Aussage her das Maß möglicher Kritik nicht überschreiten. Das Standesrecht darf nicht zur Disziplinierung unliebsamer Kritiker herhalten.[450]

---

443 OLG Düsseldorf – 15 U 140/73, NJW 1974, 1250; BGH – VI ZR 94/82, NJW 1984, 1104; LG Aachen – 4 O 109/88, VersR 1990, 59.
444 BGH – VI ZR 94/82, NJW 1984, 1104.
445 BG für Heilberufe beim VG Wiesbaden, Beschl. v. 20.3.1991 – BG 1/90, n.v.; *Heile/Mertens/Pottschmidt*, A. 2.2. Nr. 53.
446 LG München I, Urt. v. 17.9.1998 – 7 O 15176/98 – n.v.; ähnlich LG München I, Urt. v. 23.4.2001 – 27 O 1782/01, n.v., für Möglichkeit ein Schild am Praxiseingang mit Hinweis auf neue Praxisanschrift trotz Wettbewerbsklausel anbringen zu dürfen, wenn Klausel unwirksam.
447 BGH – II ZR 308/98, BRAK-Mitteilungen 2000, 205 ff.
448 BG für die Heilberufe beim OLG Nürnberg, Urt. v. 14.11.1979 – BG-Ä/79, n.v.; BG für die Heilberufe beim OLG München, Beschl. v. 30.1.1985, *Heile/Mertens/Pottschmidt*, A 2.2 Nr. 39.
449 LBG für Heilberufe beim OVG Münster, Beschl. v. 16.12.1981, *Heile/Mertens/Pottschmidt*, A 2.2 Nr. 32.
450 LBG für Heilberufe beim OVG Münster – ZA 3/84, ArztR 1987, 284; BVerfG – 1 BvR 389/90, ArztR 1991, 113; BVerfG – 1 BvR 1491/89, MedR 1994, 151.

gg) Verpflichtung zur Weiterbildung

Die Weiterbildung ist eines der zentralen Aufgabengebiete der Kammern. Sie ist Ausdruck des Anspruchs der Selbstverwaltung, Inhalt, Grenzen und Struktur ärztlicher Tätigkeit in eigener Verantwortung zu regeln. Zwar gilt nach wie vor der Grundsatz, dass die Approbation den Arzt zur Ausübung der gesamten Heilkunde berechtige; durch die umfangreichen Regelungen der (Muster-)Weiterbildungsordnung (MuWO) wird aber deutlich, dass die Kammern den weitergebildeten Arzt als den „Regelfall" betrachten.[451] Anders als die Ausbildung zum Arzt ist die Weiterbildung zum Facharzt weitgehend „privatisiert", d.h. ihre Durchführung wird einem Weiterbilder übertragen, der sie, zwar unter Beachtung der öffentlich-rechtlichen MuWO, in eigener Verantwortung im Hinblick auf den täglichen Arbeitsablauf gestaltet. Formal betrachtet findet Weiterbildung in Universitäten Kraft Gesetzes und in sonstigen Weiterbildungsstätten aufgrund einer öffentlich-rechtlichen Zulassung statt. § 29 Abs. 5 MBO erinnert den Weiterbilder jedoch, dass Weiterbildung nicht nur im „learning by doing" besteht, sondern auch eine aktive Anleitung, Führung und intellektuelle Vermittlung beinhaltet, die über die Instruktion eines beliebigen Arbeitnehmers hinausgeht.

221

Angesichts steigender Arztzahlen wird es immer schwieriger, Inhalte der Weiterbildung, insbesondere mit Zahlen versehene Auflagen (z.B. OP-Kataloge), in angemessener Zeit zu erfüllen. Dem stand bislang das Bestreben des weiterzubildenden Arztes gegenüber, den Katalog der einzelnen Leistungen innerhalb der Mindestzeit zu erfüllen. Dies ist angesichts einer sich verändernden Kliniklandschaft und erhöhter Anforderungen sehr oft nicht möglich. Nachdem Arbeitsverträge mit **Weiterbildungsassistenten** im Krankenhaus in aller Regel und zulässigerweise befristet sind, werden arbeitsrechtliche Fragen aufgeworfen, wenn dem Assistenten bis zum Stichtag noch einige Operationen fehlen, der Klinikträger aber nicht bereit ist, ein erneutes befristetes Arbeitsverhältnis einzugehen. Nach der Rechtsprechung des BAG[452] kann der angestellte Arzt alleine deswegen keine Fortsetzung seines Arbeitsverhältnisses verlangen; vielmehr sei es alleinige Aufgabe der Kammern, bzw. der von ihr ermächtigten Weiterbilder, für einen zeitgerechten Abschluss der Weiterbildung Sorge zu tragen. Der Klinikträger als Arbeitgeber habe lediglich Maßnahmen zu unterlassen, die die Anforderungen an eine ordnungsgemäße Weiterbildung unzumutbar beeinträchtigen. Ansprüche könne der Assistent daher nur gegen die Kammer bzw. den Weiterbilder erheben. Erhält die Kammer Kenntnis von einem diesbezüglichen Missstand, kann sie gegen den Weiterbilder berufsrechtlich vorgehen und ihm die **Weiterbildungsermächigung** entziehen. Für den Weiterbilder kann dies u.U. arbeitsrechtliche Konsequenzen haben. Der Assistent könnte aber auch gegen den Weiterbilder vor dem Verwaltungsgericht wegen des öffentlich-rechtlichen Charakters der Weiterbildung klagen. Hält der Weiterbilder den Arzt hingegen für die beanspruchte Tätigkeit nicht für geeignet, bzw. würde sein Einsatz ein unbeherrschbares Risiko für den Patienten mit sich bringen, geht die Sicherheit des Patienten vor. Eine gute Weiterbildung hat schließlich auch das Ziel, einem Aspiranten rechtzeitig zu verdeutlichen, welche Anforderungen in einem bestimmten Gebiet gestellt werden.

222

Die Pflichten des Weiterbilders sind im Einzelnen in der MuWO dezidiert aufgeführt. Neben der hier behandelten Förderungspflicht muss der Weiterbilder zunächst die für ihn geltende WO kennen, um den Weiterzubildenden rechtzeitig auf Umstände auf-

223

---

451 So jedenfalls nach der vom 106. Dt. Ärztetag 2003 in Köln verabschiedeten Musterweiterbildungsordnung.
452 BAG – 8 AZR 584/88, NJW 1990, 2955.

merksam zu machen, die seiner Weiterbildung abträglich sind. So hat er z.B. darauf hinzuweisen, wenn seine Ermächtigung eine bestimmte Tätigkeit nicht erfasst.[453] Dies gilt insbesondere, nachdem die MuWO in eine Regelweiterbildung und Schwerpunkte umstrukturiert wurde. So sind in den Schwerpunkten Inhalte definiert, die nicht Pflichtbestandteil der Regelweiterbildung sind. Da der Weiterbilder im Rahmen seiner Weiterbildung weisungsfrei sein muss, darf der Weiterbilder in einem Schwerpunkt nicht den Weisungen eines Weiterbilders in der Regelweiterbildung unterworfen sein. Will der Weiterzubildende seine Weiterbildung im Rahmen des Zulässigen in Teilzeit absolvieren (z.B. § 4 Abs. 5 BayWO), muss ihn der Weiterbilder darauf aufmerksam machen, dass zuvor eine entsprechende Genehmigung der zuständigen LÄK eingeholt wird.

224 Die Weiterbildung hat durch den Ermächtigten persönlich zu erfolgen. Er hat sie zeitlich und inhaltlich selbst zu gestalten. Die mancherorts anzutreffende Übung, dies den Oberärzten zu überlassen, ist unzulässig.

225 Zur Förderungspflicht des Weiterbilders gehört auch die Pflicht, dem Weiterzubildenden am Ende der Weiterbildung bzw. des jeweiligen Weiterbildungsabschnitts ein Zeugnis auszustellen; hiervon abweichend können sowohl der einzelne Arzt als auch die Kammer jährliche Zwischenzeugnisse verlangen. In den Zeugnissen wird sinnvollerweise auf die Terminologie der Richtlinien über den Inhalt der Weiterbildung Bezug genommen, um dem Zeugnisempfänger später nicht einem „Interpretationsrisiko" auszusetzen. Im letzten Zeugnis muss darüber hinaus zur fachlichen Eignung Stellung genommen werden. Fehlt dieser Passus, kann die Kammer Rückfragen stellen, was u.U. den Zeitpunkt der Zulassung zur Prüfung verzögert.

hh) Poolpflicht

226 Gemäß § 29 Abs. 3 MBO sind Ärzte, die andere Ärzte zu ärztlichen Verrichtungen bei Patienten heranziehen, denen gegenüber nur sie ein Liquidationsrecht haben, verpflichtet, diesen Ärzten eine angemessene Vergütung zu zahlen. Erbringen angestellte Ärzte abrechnungsfähige Leistungen für liquidationsberechtigte Ärzte, sind sie an den Erlösen in geeigneter Form zu beteiligen. Die berufsrechtliche Beteiligungspflicht ist in einzelnen Krankenhausgesetzen der Länder ausdrücklich geregelt.[454] Die Abgabenpflicht unterscheidet sich zum Teil nach dem Personenkreis (z.T. sind Hochschullehrer ausgenommen), dem Anspruchsgegner bzw. in der Bemessungsgrundlage (teilweise nur stationär, teilweise auch unter Einschluss der ambulanten Erlöse). Fehlen derartige Bestimmungen bzw. sind sie nur unzulänglich ausgestaltet, werden sie in der Praxis durch vielfältige Pool-Modelle konkretisiert. Die nachgeordneten angestellten Ärzte haben allerdings keinen unmittelbaren Anspruch gegen den Krankenhausträger auf ihren Anteil am Honoraraufkommen und auch keinen originären Anspruch gegen den Chefarzt auf Beteiligung, wenn weder im Dienstvertrag noch im Krankenhausgesetz eine entsprechende Regelung vorgesehen ist.[455] Die fehlende **Mitarbeiterbeteiligung** kann aber

---

453 Zur Frage der onkologischen Weiterbildung, LSG Ba-Wü – L 5 Ka 1494/92, MedR 1994, 163.
454 Z.B. Landeskrankenhausgesetze in Baden-Württemberg, Hessen und Rheinland Pfalz, ausführlich Rieger/Bender, Lexikon des Arztrechts, „Mitarbeiterbeteiligung", 3690; Die in den BO der Länder geregelte Beteiligungspflicht ist ohne eine gesetzliche Ermächtigung unwirksam; OVG Lüneburg – 8 K 3109/00, GesR 2003, 386 zu § 29 Abs. 3 Nds. BO, danach allerdings durch Änderung nieders. KammerG geregelt (50 % bei Leistungserbringung, 20 % bei Teilerbringung, jeweils nach gesetzlichen oder vertraglichen Abzügen).
455 BAG – 5 AZR 626/88, MedR 1990, 291; siehe aber LAG Rheinland-Pfalz – 10 Sa 712/05, GesR 2006, 221, Schadensersatz des OA gegen KH wegen § 280 Abs. 1 BGB.

berufsrechtlich geahndet werden.[456] Die Mitarbeiterbeteiligung ist im Zweifel an den Netto- und nicht an den Bruttohonoraren auszurichten.[457] Zunehmend werden heute Universitätskliniken oder einzelne Abteilungen von Krankenhäusern privatisiert. Nicht selten entfällt mit der Privatisierung das Liquidationsrecht (gegen entsprechende Entschädigung). Entfällt aber das Liquidationsrecht, ist auch der Beteiligungspflicht die Grundlage entzogen.

j) Das berufsgerichtliche Verfahren

aa) Rechtsgrundlagen und Maßnahmenkatalog

Die Ahndung von Verstößen gegen die ärztlichen Berufspflichten ist den Berufsgerichten kraft Gesetz in den Kammer- und Heilberufsgesetzen der Länder in ziemlich unterschiedlicher organisatorischer Ausprägung übertragen. Überwiegend werden **Berufsgerichte** mit Verwaltungsrichtern[458] (neben Ärzten als ehrenamtliche Richter) besetzt. Weil im Rahmen eines berufsgerichtlichen Verfahrens zu verhängende Sanktionen strafrechtsähnlichen Charakter haben, müssen sie aus verfassungsrechtlichen Gründen in einem förmlichen Gesetz festgelegt sein.[459] Die Berufsordnung als Satzung genügt diesen verfassungsrechtlichen Anforderungen nicht und kann daher solche Sanktionen auch nicht vorsehen. Das Berufsgericht kann gegen einen Arzt, der sich berufsrechtswidrig verhalten hat, folgende Sanktionen aussprechen: Verwarnung, Verweis, Geldbuße, Entziehung des aktiven und passiven Wahlrechts zu den Gremien auf bestimmte Dauer. In einigen Bundesländern kann noch der Ausspruch hinzukommen, der Arzt sei unwürdig, seinen Beruf als Arzt auszuüben.[460] Nicht zulässig ist dagegen der schriftliche Ausspruch der Missbilligung eines bestimmten Verhaltens eines Arztes (begangener Behandlungsfehler), weil der Katalog der Sanktionen diese Maßnahme nicht ausdrücklich vorsieht (numerus clausus der Sanktionen).

227

bb) Verfahrensvoraussetzung

Voraussetzung für die Einleitung eines berufsgerichtlichen Verfahrens ist eine berufsunwürdige Handlung. Berufsunwürdig ist eine Handlung, mit welcher schuldhaft gegen Pflichten verstoßen wird, die einem Arzt zur Wahrung des Ansehens seines Berufes obliegen. Ist eine berufsunwürdige Handlung Gegenstand eines Strafverfahrens (gewesen), so scheidet nach dem Grundsatz, dass Doppelbestrafungen unzulässig sind (ne bis in idem), eine zusätzliche berufsrechtliche Ahndung wegen desselben Vorganges regelmäßig aus, es sei denn es besteht ein **berufsrechtlicher „Überhang"**. D.h. die strafrechtliche Verurteilung deckt nicht die ebenfalls verwirklichten berufsrechtlichen Verstöße, so dass eine berufsrechtliche Sanktion erforderlich ist, um das Kammermitglied zur Erfüllung seiner berufsrechtlichen Pflichten anzuhalten.[461] Beamte unterliegen als Ärzte im Gegensatz zu angestellten und niedergelassenen Ärzten dem berufsgericht-

228

---

456 BG-Ärzte Niedersachsen – BG 17/02, GesR 2005, 183, Beteiligung von Assistenzärzten auch im Bereitschaftsdienst.
457 LG München I – 10 O 14023/89, NJW-RR 1992, 442 = KRS 91.104.
458 Anders in Bayern (Strafrichter).
459 Grundlegend *Rehborn*, GesR 2004, 170 ff.; *Frehse/Weimer*, in: Rieger, Lexikon des Arztrechts, Kennzahl 872.
460 Unter Kompetenzgesichtspunkten problematisch, *Rehborn*, GesR 2004, 170, 175.
461 LBG Hessen – LBG 1368/94, MedR 1995, 250.

lichen Verfahren bei der Ärztekammer nicht. Für sie gilt ausschließlich das Disziplinarrecht des Dienstherrn, auch für im Dienst begangene berufsunwürdige Handlungen.

cc) Verfahrensgegenstand

229 Verfahrensgegenstand sind zunächst Verstöße gegen die in der jeweiligen Berufsordnung aufgeführten Berufspflichten. Daneben können Verstöße gegen sonstige Vorschriften, an die der Arzt im Rahmen seiner Berufsausübung gebunden ist, ebenfalls berufsgerichtlich verhandelt werden. Bezüglich der Wertung außergerichtlichen Verhaltens werden jedoch zu Recht Zweifel an der Kompetenz der Berufsgerichte angesprochen.[462]

dd) Rechtsmittel und sonstige Verfahrensgrundsätze

230 Das Verfahren ist an das Strafverfahren angelehnt, es findet allerdings nicht öffentlich statt. Gleiches gilt für Zeugen und Sachverständige. Das Verfahren kann entsprechend den Vorschriften des Strafverfahrens eingestellt werden. Gegen die Entscheidung des Berufsgerichts ist das Rechtsmittel der Berufung zum Berufsgericht zweiter Instanz (Landesberufsgericht) gegeben. Dieses entscheidet abschließend. Danach bleibt nur noch die Verfassungsbeschwerde, die allerdings gerade in den letzten Jahren zu einem ziemlich erfolgreichen Angriffsmittel gegen berufsgerichtliche Entscheidungen, insbesondere bezüglich der Informationsfreiheit, geworden ist.

IV. Berufsrecht der Zahnärzte

1. Geschichte

231 Seinen Ursprung findet das heutige Berufsrecht der Zahnärzte in Regelungen berufsständischer Organisationen zum Ende des 19. Jahrhunderts, die zugleich auch als Vorläuferorganisationen der **Bundeszahnärztekammer** zu verorten sind. Dies gilt in Sonderheit für den „Vereinsbund Deutscher Zahnärzte", gegründet 1891 in Breslau, der sich neben dem bereits seit 1859 existierenden „Zentral-Verein Deutscher Zahnärzte" vorwiegend standesrechtlichen Fragen widmete.[463] Auf Forderungen des Vereinsbundes aus dem Jahr 1894 nach Schaffung einer eigenen zahnärztlichen Promotionsordnung basiert die Prüfungs- und Studienordnung aus dem Jahr 1909, die das Abitur als Studienvoraussetzung postulierte, die Zahnmedizin in das Medizinstudium eingliederte und eine Studiendauer von sieben Semestern vorschrieb.[464]

---

[462] *Rehborn*, GesR 2004, 170, 172.
[463] *Groß*, S. 93.
[464] Vorläufer dieser Studien- und Prüfungsordnung waren das Prüfungsreglement in Preußen (1825), das Zirkularreskript von 1835, die Instruktion für die Medizinalkollegien von 1836 sowie die Prüfungsordnung vom 25.9.1869. Nach § 51 Ziffer 5 des Prüfungsreglements wurde zur Prüfung als Zahnarzt zugelassen, „wer schon Arzt oder Wundarzt ist und zugleich den nötigen Nachweis über die erlangten, einem Zahnarzt insbesondere nötigen technischen und mechanischen Fertigkeiten beizubringen vermag, oder der, wenn er nicht Arzt oder Wundarzt ist, außer diesem Nachweis nicht wenigstens noch Zeugnisse über den fleißigen Besuch der Vorlesungen über Anatomie, allgemeine und spezielle Chirurgie, Operationslehre, Arzneimittellehre und chirurgische Klinik beibringen kann", wobei die Tertiareife des Gymnasiums als Vorbildung nachzuweisen war; *Maretzky/Venter* nennt ein 1811 in Frankfurt am Main erlassenes, 1817 nach dem Abzug der französischen Besatzung wieder aufgehobenes Reglement für Zahnärzte.

232 Erst mit dem **Gesetz über die Ausübung der Zahnheilkunde** (1952) wurde die heilkundliche Gewerbefreiheit aufgehoben,[465] die seit dem Inkrafttreten der Gewerbeordnung im Jahr 1869 (1871 vom Deutschen Reich übernommen) galt. § 29 GewO sah allerdings vor, dass auch Zahnärzte, die sich als solche bezeichneten, der Approbation bedurften.[466] Fehlende Gewerbeerlaubnis und unerlaubte Titelführung wurden bestraft, § 147 Nr. 1, 3 GewO (1872). Straflos dagegen durfte die Bezeichnung „Zahnkünstler" geführt werden.[467] Seit 1892 bestand im Vereinsbund ein Ausschuss, der sich mit der Frage zu befassen hatte, „was bezüglich der allgemeinen Standesinteressen und der Standesehre berücksichtigt werden müsse".[468] 1896 wurde der Wortlaut einer Standesordnung als „Muster" im Zahnärztlichen Vereinsblatt abgedruckt, die Umsetzung blieb den Mitgliedsvereinen überlassen.[469] Problematisch schien vor allem, dass diese Standesordnung nur die Vereinsmitglieder, nicht jedoch außen stehende Zahnärzte binden konnte.[470] 1905 erfolgte die Gründung eines zahnärztlichen „Ehrengerichts" durch den Vereinsbund.

233 Im Jahr 1906 wurde in Baden[471] und sechs Jahre später per „Verordnung betreffend die Einrichtung einer Standesvertretung der Zahnärzte"[472] für das Gebiet des Königreiches Preußen eine Zahnärztekammer errichtet. Beide Regelungen enthielten Disziplinarbefugnisse. Weit überwiegend waren zu diesem Zeitpunkt die berufsständischen Regelungen jedoch vereinsrechtlicher Natur. Entsprechende Beschlüsse der Hauptversammlung des Vereinsbundes Deutscher Zahnärzte betreffen die Zusammenarbeit mit Nichtapprobierten (1901), Vertretungsregelungen (1904) oder späterhin die Frage der Zusammenarbeit zwischen Zahnarzt und Zahntechniker (1915).[473]

234 Der Vereinsbund, dem im Jahr 1901 32 zahnärztliche Standesvereine mit rund 800 Mitgliedern angehörten, was einem Organisationsgrad von mehr als 50 % entsprach (1906 waren es 63,9 %),[474] setzte sich für den „Zugewinn sozialer Anerkennung"[475] und strikt gegen die gemeinsame Ausübung der Praxis mit nicht approbierten Personen ein;[476] diese Beschlüsse mündeten auch in Entscheidungen der preußischen Zahnärztekammer. Keine Bedenken hatte die Kammer (im Jahr 1920) bei einem Assoziationsvertrag zwischen Zahnarzt und Zahntechniker, „sofern Letzterer der Leiter des zahntechnischen Teils der Praxis ist und nicht am Patienten arbeitet und die Liierung nicht auf dem

---

465 *Jost*, S. 55; BGH – I ZR 281/91; BVerfGE 25, 236 = NJW 1969, 1571.
466 Die Einführung der Gewerbefreiheit erfolgte auf Petition der „Berliner medizinischen Gesellschaft", obwohl die Reichsregierung selbst im Jahr 1868 die Ausübung der Heilkunde aus der Gewerbeordnung ausschließen wollte, *Jost*, S. 47. Das Argument: Der Patient selbst müsse die Entscheidung treffen, wem er sich anvertrauen wolle, *Groß*, S. 59. Vermutet wird allerdings auch, dass mit der „Kurierfreiheit" die „Fessel" der Behandlungspflicht angeschüttelt werden sollte, *Groß*, S. 63.
467 *Ritter/Korn*, S. 27, 28.
468 *Meyer*, S. 276.
469 *Groß/Groß/Groß*, Die Musterberufsordnung für Zahnärzte und Zahnärztinnen in ethischer Sicht, S. 45, 46.
470 *Groß*, S. 96.
471 Gesetz betreffend die Rechtsverhältnisse des Sanitätspersonals v. 10.10.1906.
472 16.12.1912.
473 23.3.1915, DZW 1915, 337.
474 *Groß*, S. 126.
475 *Groß*, S. 132.
476 *Groß*, S. 180 ff., *Maretzky/Venter* S. 32 f., 52–54.

Schild zum Ausdruck kommt".⁴⁷⁷ Eine eigene Standesordnung beschloss die Preußische Zahnärztekammer erst 1923,⁴⁷⁸ die badische Zahnärztekammer folgte 1924.⁴⁷⁹

235 1933 Jahren erließ der „Reichsverband der Zahnärzte Deutschlands" eine „Berufsordnung", die 1939 vom Verein „Deutsche Zahnärzteschaft" als „Standes- und Verbandsordnung" ergänzt wurde. Die Nachfolgeorganisation, der „Verband der Deutschen Zahnärztlichen Berufsvertretungen" verabschiedete 1952, also im Jahr des Inkrafttretens des Zahnheilkundegesetzes, eine „Berufsordnung für die deutschen Zahnärzte", die in der Folge nach und nach, z.T. mit erheblichen Abweichungen von den Länderkammern übernommen wurde. *Taupitz* sah später (1991) sogar eine „gewisse Lethargie" bei der Anpassung an die jeweiligen gesetzlichen, sozialen oder politischen Verhältnisse,⁴⁸⁰ wobei die Gründe wohl eher in der Diversifikation sowie den medizinisch-ethischen Fragestellungen im ärztlichen Tätigkeitsbereich zu sehen sind.⁴⁸¹

236 Ein weites Feld zur Anwendung des Berufsrechtes bot sich bereits im 19. Jahrhundert durch die aktive Werbung der Zahnärzteschaft um den Patienten. Entsprechend restriktiv fielen die Beschlüsse der Preußischen Zahnärztekammer aus. Die „Schilderfrage" hat den Berufsstand bis weit in die 90er Jahre des vergangenen Jahrhunderts befasst.

237 Ähnlich virulent war die Frage, wann Anzeigen geschaltet werden durften. Bis in die jüngste Zeit von Bedeutung bleiben die Titelführung und eventuelle Zusatzbezeichnungen. Schon zu Beginn des 20. Jahrhunderts wird ins Feld geführt, dass „Spezialist" zum Beispiel nur der sein könne, dessen Tätigkeit sich auf das Spezialgebiet beschränke. Aktuellen Bezug haben auch Entscheidungen der Preußischen Zahnärztekammer, wonach Garantieversprechen zum Behandlungserfolg oder gar „eine Gewährleistung irgendwelcher Art" der Würde des Zahnarztes zuwider laufen (Urteil vom 20.3.1916).

2. Berufszugang

238 Rechtsgrundlage für den Zugang zum Beruf des Zahnarztes ist das Zahnheilkunde-Gesetz (ZHG).⁴⁸² Danach bedarf, wer in Deutschland die **Zahnheilkunde** dauernd ausüben will, einer **Approbation** als Zahnarzt. Die **Approbation** berechtigt zur Führung der Bezeichnung als „Zahnarzt" oder „Zahnärztin". Neben Bestimmungen über die Rücknahme und den Widerruf (§ 4 ZHG) oder das Ruhen der **Approbation** (§ 5 ZHG) enthält das Bundesgesetz auch Sonderregelungen für die vorübergehende Ausübung der **Zahnheilkunde**. Die Erlaubnis kann – widerruflich und grundsätzlich für maximal drei Jahre – nach § 13 Abs. 2 S. 1, 2 ZHG auf bestimmte Tätigkeiten und Beschäftigungsstellen beschränkt werden. Die Befugnis eines Staatsangehörigen eines Mitgliedstaates der Europäischen Union zur vorübergehenden Ausübung des ärztlichen (oder zahnärztlichen) Berufs in Deutschland (§ 2 Abs. 3 Bundesärzteordnung, § 1 Abs. 2 ZHG) wird durch das Ruhen einer ihm etwa erteilten deutschen **Approbation** nicht berührt.⁴⁸³

---

477 *Meyer*, S. 286 m.w.N.
478 Groß/*Groß*/*Groß*, Die Musterberufsordnung für Zahnärzte und Zahnärztinnen in ethischer Sicht, S. 47; Zahnärztliche Mitteilungen 14 (1923), 252 f.
479 Zahnärztliche Mitteilungen 15 (1924) S. 357 ff.
480 *Taupitz*, S. 459.
481 Groß/*Groß*/*Groß*, Die Musterberufsordnung für Zahnärzte und Zahnärztinnen in ethischer Sicht, S. 49.
482 Gesetz über die Ausübung der Zahnheilkunde v. 31.3.1952 (BGBl I, 221) i.d.F. der Bekanntmachung v. 16.4.1987 (BGBl I, 1225), zuletzt geändert durch Art. 11 des Gesetzes zur Steuerung und Begrenzung der Zuwanderung und zur Regelung des Aufenthalts und der Integration von Unionsbürgern und Ausländern v. 30.7.2004 (BGBl I, 2006) – ZHG.
483 BGH – 3 StR 385/04, NJW 2005, 3732.

Der „Entwurf eines Gesetzes zur Umsetzung der Richtlinie 2005/36/EG des Europäischen Parlamentes und des Rates über die Anerkennung von Berufsqualifikationen" vom 4.12.2006 sieht eine Reihe von Anpassungen im Falle der „vorübergehenden und gelegentlichen" Berufsausübung vor. Der vorübergehende und gelegentliche Charakter der Erbringung von Dienstleistungen wird danach im Einzelfall beurteilt, „insbesondere anhand der Dauer, der Häufigkeit, der regelmäßigen Wiederkehr und der Kontinuität der Dienstleistung", § 13a Abs. 1 S. 2 ZHG-Entwurf.

239

> *Wichtig*
> Ausübung der **Zahnheilkunde** ist die berufsmäßige auf zahnärztlich wissenschaftliche Erkenntnisse gegründete Feststellung und Behandlung von Zahn-, Mund- und Kieferkrankheiten. Als Krankheit ist jede von der Norm abweichende Erscheinung im Bereich der Zähne, des Mundes und der Kiefer anzusehen, einschließlich der Anomalien der Zahnstellung und des Fehlens von Zähnen, § 1 Abs. 3 ZHG. Die Ausübung der Zahnheilkunde ist kein Gewerbe, § 1 Abs. 4 ZHG.

240

Voraussetzung für die Erteilung der **zahnärztlichen Approbation** ist, dass der Antragsteller Deutscher, Staatsangehöriger eines EU- oder EWG-Staates oder heimatloser Ausländer, nicht unwürdig, unzuverlässig oder in gesundheitlicher Hinsicht ungeeignet ist und ein mindestens fünfjähriges Studium an einer wissenschaftlichen Hochschule erfolgreich abgeschlossen hat, § 2 Abs. 1 Nr. 1–4 ZHG. Mindestanforderungen an das Studium der Zahnmedizin, näheres über die staatliche zahnärztliche Prüfung und die Approbation sind in der **Approbationsordnung für Zahnärzte** geregelt, § 3 Abs. 1 S. 1 ZHG. Der Entwurf einer neuen **Approbationsordnung für Zahnärzte** setzt ein Studium der Zahnmedizin von fünf Jahren an einer Universität oder gleichgestellten universitären Einrichtung (Medizinische Hochschule) voraus, das unterteilt ist in vier Semester naturwissenschaftliche und theoretische Grundlagen und zahnmedizinische Propädeutik, zwei Semester medizinisch-theoretische und klinische Grundlagenfächer und zahnmedizinische Behandlungssimulationskurse sowie vier Semester integrierten klinisch-zahnmedizinischen Unterricht, § 1 Abs. 2 Nr. 1a–c des Entwurfs (Stand 6.3.2006). Zahnärztliche Prüfungen werden künftig nach jedem dieser drei Studienabschnitte erfolgen, § 1 Abs. 3 des Entwurfs.

241

Das **Zahnheilkundegesetz** sieht – in Übereinstimmung mit der (alten) Richtlinie 78/686/EWG – eine automatische Anerkennung zahnärztlicher Diplome aus anderen Mitgliedstaaten vor. Auf der Grundlage desselben Gesetzes wird jedoch Migranten eine solche Anerkennung und damit das Recht auf Berufsausübung verwehrt, wenn sie, obgleich sie in Besitz eines in einem anderen Mitgliedstaat erworbenen Diploms sind, zuvor das für den Erwerb des deutschen Diploms abzulegende Examen nicht bestanden haben.

242

> *Hinweis*
> Nach Auffassung der Kommission ist die Tatsache, dass ein EU-Bürger, der in Deutschland seine Ausbildung absolviert hat, das deutsche Examen nicht bestanden hat, kein hinreichender Grund, ihm die automatische Anerkennung eines Diploms zu versagen, das er zu einem späteren Zeitpunkt in einem anderen Mitgliedstaat erworben hat.

243

Ist die Gleichwertigkeit des Ausbildungsstandes eines im außereuropäischen Ausland abgeschlossenen Studiums nicht gegeben oder nur mit unangemessenem zeitlichen oder sachlichen Aufwand feststellbar, ist ein gleichwertiger Kenntnisstand im Rahmen einer Gleichwertigkeitsprüfung nachzuweisen, § 2 Abs. 3 S. 2 ZHG, wobei die Gleichwertigkeitsprüfung sich auf den Inhalt der staatlichen Abschlussprüfung erstrecken soll.

244

Auch an dieser Stelle muss bis Oktober 2007 eine Anpassung des nationalen Rechts an die Richtlinie 2005/36/EG (Berufsanerkennungs-Richtlinie) vorgenommen werden.

245 Die Handhabung der Prüfung, die in der Regel bei den Zahnärztekammern angesiedelt ist, fällt durchaus unterschiedlich aus. Nur in Bayern wird – dem Wortlaut des **Zahnheilkundegesetzes** folgend – die Prüfung an einer Universität nach dem Inhalt der staatlichen Abschlussprüfung durchgeführt. Nicht-EU-Ausländern kann die **Approbation** in besonderen Einzelfällen oder aus Gründen des öffentlichen Gesundheitsinteresses erteilt werden, § 2 Abs. 3 S. 1 ZHG.

246 Das **Zahnheilkundegesetz** ist zugleich auch Rechtsgrundlage für den Erlass einer Gebührenordnung, § 15 ZHG, wobei der Verordnungsgeber „den berechtigten Interessen der Zahnärzte und der zur Zahlung der Entgelte Verpflichteten Rechnung zu tragen" hat. (Die derzeitige GOZ datiert aus dem Jahr 1988 und soll 2007 novelliert werden, wobei die Bundeszahnärztekammer einen Vorschlag für eine Honorarordnung auf Basis einer Neubeschreibung zahnärztlicher Leistungen und eines betriebswirtschaftlichen Gutachtens der Firma prognos aus dem Jahr 2006 vorgelegt hat.)

3. Berufsausübung

a) Musterberufsordnung aus dem Jahr 2005

aa) Allgemeines

247 Im Jahr 2005 hat der Vorstand der Bundeszahnärztekammer eine neue **Musterberufsordnung (MBO-Z)** beschlossen, die bislang von den Landeszahnärztekammern jedoch nur zum Teil umgesetzt worden ist. Die MBO-Z beinhaltet zunächst allgemeine Grundsätze (Präambel, §§ 1–8) und enthält dann Regelungen zur Ausübung des zahnärztlichen Berufs (§§ 9–15), zur Zusammenarbeit des Zahnarztes mit Dritten (§§ 16–19) und abschließend zur beruflichen Kommunikation (§§ 20–22). Im Gegensatz zur ärztlichen Musterberufsordnung ist der MBO-Z kein Gelöbnis vorangestellt. Einzelne Elemente des ärztlichen Gelöbnisses sind vielmehr in der Präambel abgebildet.

248 *Wichtig*

Mit der Festlegung von Berufsrechten und -pflichten dient die **Musterberufsordnung** insbesondere dem Ziel, die Freiberuflichkeit des Zahnarztes zu gewährleisten,[484] das besondere Vertrauensverhältnis zwischen Zahnarzt und Patient zu erhalten und zu fördern, die Qualität der zahnärztlichen Tätigkeit im Interesse der Gesundheit der Bevölkerung sicherzustellen, das Ansehen des Zahnarztberufes zu wahren, berufswürdiges Verhalten zu fördern und berufsunwürdiges Verhalten zu verhindern, um damit dem Gemeinwohl zu dienen (Präambel a–e).[485]

---

484 Bereits 1907 hat das Reichsgericht festgestellt, dass die Ausübung der Heilkunde „ihrem inneren und eigentlichen Wesen nach kein gewerbliches Unternehmen" ist, Urt. v. 11.6.1907, Band 66, 145. Dies gilt auch für die Zahnheilkunde, Urt. v. 18.6.1907, 16.10.1908, 4.10.1909 und 12.1.1911, Band 75, 120. In einigen Bundesstaaten (Hamburg, Elsass-Lothringen) wurden auch approbierte Zahnärzte dennoch als Gewerbetreibende behandelt, *Ritter/Korn*, S. 8.

485 Die Anregung aus der vorbereitenden Arbeitsgruppe, Zahnärzte zu verpflichten, sich mit den perioralen Zeichen eines Kindsmissbrauchs vertraut zu machen und verdächtige Fälle den zuständigen Behörden zu melden (angelehnt an eine ältere Fassung der Principles of Ethics der American Dental Association, jetzt 3.e abuse and neglect) wurde nicht aufgenommen.

Der Vorwurf, im Gegensatz zum anglo-amerikanischen Wissenschaftsraum würden ethische Fragen in der Zahnheilkunde hierzulande „geradezu als Stiefkind" bezeichnet,[486] dürfte überzogen sein. Standespflichten ragen sowohl in den Bereich des Rechts wie auch der Ethik hinein.[487] *Taupitz* hat in diesem Zusammenhang vor „Überethisierung freiberuflicher Standesordnungen" gewarnt und den Standpunkt vertreten, eine spezifische Standesethik, welche der allgemeinen Ethik vorgehe, gebe es nicht. Die allgemeinen Normen der Ethik müssten jedoch auf die spezifischen Probleme der jeweiligen Gruppe konkretisiert werden.[488]

bb) Regelungen im Einzelnen

§ 1 Abs. 2 MBO-Z verpflichtet den Zahnarzt, seinen Beruf gewissenhaft und nach den Geboten der ärztlichen Ethik und der Menschlichkeit auszuüben. Allgemeine Berufspflichten sind, die Regeln der zahnärztlichen Wissenschaft zu beachten, dem im Zusammenhang mit dem Beruf entgegengebrachten Vertrauen des Patienten zu entsprechen sowie Wissen und Können in den Dienst der Vorsorge, der Erhaltung und Wiederherstellung der Gesundheit zu stellen. Zu den allgemeinen Berufspflichten zählt auch, das Recht der Patienten auf freie Arztwahl zu achten, § 1 Abs. 3 MBO-Z. Ausdrücklich enthält § 2 Abs. 4 MBO-Z das Recht, die zahnärztliche Behandlung abzulehnen, wenn a) eine Behandlung nicht gewissenhaft und sachgerecht durchgeführt, b) die Behandlung nach pflichtgemäßer Interessenabwägung nicht zugemutet werden kann oder c) der Zahnarzt zu der Überzeugung kommt, dass das notwendige Vertrauensverhältnis zwischen ihm und dem Patienten nicht besteht. Davon bleibt die Verpflichtung unberührt, in Notfällen zu helfen.

Nach § 2 Abs. 6 MBO-Z ist es dem Zahnarzt nicht gestattet, für die Verordnung und Empfehlung von Heil- oder Hilfsmitteln sowie Materialien und Geräten vom Hersteller oder Händler eine Vergütung oder sonstige wirtschaftliche Vergünstigungen zu fordern oder anzunehmen. Bei der Berufsausübung ist der Zahnarzt verpflichtet, sich über geltende Vorschriften zu unterrichten und Auflagen der **Zahnärztekammer** zu beachten, § 3 Abs. 1 MBO-Z. Aufnahme und Änderung zahnärztlicher Tätigkeit sind der **Zahnärztekammer** unverzüglich anzuzeigen, § 3 Abs. 2 MBO-Z. Gegenüber der Kammer besteht auch die Pflicht, Anfragen, welche diese zur Erfüllung ihrer gesetzlichen Aufgaben an den Zahnarzt richtet, in angemessener Frist zu beantworten, § 3 Abs. 3 MBO-Z. Eine besondere Regelung – im Gegensatz zur ärztlichen MBO – beinhaltet die MBO-Z zur ehrenamtlichen Tätigkeit. Ehrenämter sind „gewissenhaft, unparteiisch und uneigennützig auszuüben", § 3 Abs. 4 MBO-Z. Verstöße gegen Berufspflichten werden nach Maßgabe der gesetzlichen Bestimmungen geahndet, die sich aus den Heilberufekammer-Gesetzen der Länder ergeben.

Zu den Berufspflichten zählt auch eine ausreichende Versicherung gegen Haftpflichtansprüche aus der beruflichen Tätigkeit, § 4 MBO-Z, die berufliche Fortbildung in dem Umfange „wie es zur Erhaltung und Entwicklung der zur Berufsausübung erforderlichen Kenntnisse und Fertigkeiten notwendig ist", § 5 MBO-Z, sowie die Teilnahme an Maßnahmen zur Qualitätssicherung, § 6 S. 6 MBO-Z.

Ebenso sind zu beachten die Verpflichtung zur Verschwiegenheit, § 7 Abs. 1 MBO-Z, es sei denn, der Zahnarzt wäre zur Offenbarung befugt (Entbindung von der Schwei-

---

486 Groß/*Karrenberg*, Zahnheilkunde und Ethik in Deutschland – Probleme und Perspektiven, S. 30.
487 Groß/*Groß/Groß*, Die Musterberufsordnung für Zahnärzte und Zahnärztinnen in ethischer Sicht, S. 41.
488 *Taupitz*, S. 194.

gepflicht, Schutz eines höheren Rechtsgutes), sowie ein jederzeit kollegiales Verhalten, § 8 Abs. 1 MBO-Z. Letzteres kommt u.a. dadurch zum Ausdruck, dass Kollegen aus der Behandlungstätigkeit oder Mitbewerber um eine berufliche Tätigkeit nicht durch unlautere Handlungen verdrängt werden, § 8 Abs. 2 MBO-Z. Für die Zuweisung von Patienten dürfen sich Zahnärzte keine Vorteile versprechen oder gewähren lassen bzw. selbst versprechen oder gewähren, § 8 Abs. 5 MBO-Z. Diese Formulierung ist angelehnt an die Bestimmungen der Musterberufsordnung für die deutschen Ärztinnen und Ärzte (§ 31 bis 35 MBO Ärzte). Danach sind sog. „Koppelgeschäfte", bei denen beispielsweise die Höhe der Vergünstigung von der Anzahl der in Auftrag gegebenen Untersuchungen bzw. überwiesenen Patienten abhängig gemacht wird, untersagt.[489] Vertragliche Abreden, die den genannten Tatbestand erfüllen, können strafrechtlich sowie steuerrechtlich relevant werden.

254 Relevant wird diese Bestimmung auch bei sog. „Patientenvermittlungsagenturen", z.B. im Internet.

255 *Hinweis*
Ein virtueller Marktplatz, bei dem registrierte Patienten gegen ein geringfügiges Entgelt den Heil- und Kostenplan bzw. Kostenvoranschlag ihres Zahnarztes öffentlich zur Verfügung stellen, ohne dass der Urheber genannt wird, wobei andere Zahnärzte diesen Heil- und Kostenplan bzw. Kostenvoranschlag bewerten und ihre eigene Kostenschätzung innerhalb einer bestimmten Laufzeit abgeben können und dem Patienten die fünf preiswertesten Kostenschätzungen mitgeteilt und nach Entscheidung für eine bestimmte Kostenschätzung dem Zahnarzt die Kontaktdaten des Patienten mitgeteilt werden, ist wettbewerbswidrig, wenn die teilnehmenden Zahnärzte nach Abschluss eines Behandlungsvertrages an den Betreiber des Internetportals ein Entgelt in Höhe von 20 % ihres Honorars entrichten.[490]

256 Daneben verstößt der Betrieb einer solchen Internet-Plattform gegen § 8 Abs. 2 und Abs. 5 und § 21 der Berufsordnung für die Bayerischen Zahnärzte (annähernd wortgleich mit §§ 8, 21 MBO), da diese Vorschrift i.S.v. § 4 Nr. 11 UWG auch dazu bestimmt ist, das Marktverhalten der Beteiligten zu regeln.

257 Den entsprechenden Bestimmungen der Berufsordnung kommt Drittwirkung zu, soweit der „Auktionator" die beteiligten Zahnärzte zu berufsordnungswidrigen unerlaubten Handlungen anstiftet oder hierzu Beihilfe leistet. Insbesondere folgende Verstöße gegen die Berufsordnung liegen in der Regel bei „Auktionen" vor: Hinausdrängen aus einer Behandlungstätigkeit oder als Mitbewerber um eine berufliche Tätigkeit, „Honorardumping" auf Kosten der Qualität und Unterbieten eines gesetzlich vorgesehenen Steigerungssatzes bei Anwendung der Amtlichen Gebührenordnung für Zahnärzte (GOZ).

258 *Hinweis*
Das Verhalten der an solchen „Auktionen" teilnehmenden Zahnärzte stellt eine berufswidrige Werbung gemäß § 21 Abs. 2 MBO dar, soweit darin „das Herausstellen einzelner Leistungen mit und ohne Preis außerhalb der Praxis"[491] erfolgt.

259 Dies ist der Fall bei einem Bieten mit Leistungen und Preis im Rahmen einer Internet-Auktion. Auch das Bewerben mit einem konkreten Kostenvoranschlag, der die vorliegende Kostenschätzung unterbietet, kann als verbotene vergleichende Werbung i.S.v.

---

489 *Ratzel/Lippert*, § 31 Rn 2.
490 LG München – 1HK O 7890/06, die Entscheidung ist noch nicht rechtskräftig.
491 LG München – 1HK O 7890/06 unter Hinweis auf *Ratzel/Lippert*, §§ 27, 28 Rn 6.

§ 21 Abs. 1 S. 2 MBO-Z bezeichnet werden. Im Übrigen verstößt die vergleichende Werbung gegen das Sachlichkeitsgebot in § 6 Abs. 2 Nr. 2 UWG, soweit die Kostenschätzung ohne Untersuchung des betroffenen Patienten abgegeben wird und daher nicht „objektiv" im Sinne dieser Vorschrift ist. § 8 Abs. 5 BO verbietet nicht nur dem Zahnarzt, sich für die Zuweisung von Patienten ein Entgelt versprechen oder gewähren zu lassen, sondern auch dem Vorteilsgewährer, §§ 3, 4 Nr. 11 UWG.

Im 2. Abschnitt regelt die MBO-Z die Ausübung des zahnärztlichen Berufs.[492] Danach ist die Berufsausübung des selbständigen Zahnarztes an einen Praxissitz gebunden, § 9 Abs. 1 MBO-Z, aber auch in weiteren Praxen oder an anderen Orten zulässig, soweit in jedem Einzelfall die ordnungsgemäße Versorgung der Patienten sicher gestellt wird, Abs. 2. Dabei hat die zahnärztliche Praxis die für eine ordnungsgemäße Behandlung und für einen Notfall erforderliche Einrichtung vorzuhalten. Übt der Zahnarzt neben seiner Tätigkeit als Zahnarzt eine nichtärztliche heilkundliche Tätigkeit aus, so muss die Ausübung sachlich, räumlich und organisatorisch sowie für den Patienten erkennbar von seiner zahnärztlichen Tätigkeit getrennt sein, Abs. 4.

260

Hinsichtlich des klinischen Betriebs einer Praxis ist zu gewährleisten, dass a) eine umfassende zahnärztliche und pflegerische Betreuung rund um die Uhr sichergestellt ist, b) die notwendigen Voraussetzungen für eine Notfallintervention beim entlassenen Patienten erfüllt und c) die baulichen, apparativ-technischen und hygienischen Voraussetzungen für die stationäre Aufnahme von Patienten gewährleistet sind, § 9 Abs. 5 MBO-Z. Vermieden werden soll durch diese Bestimmung insbesondere die Werbung für eine „Alibi-Klinik", die sich auch bei der personellen und organisatorischen Ausgestaltung nicht von einer Praxis unterscheidet.[493] Dabei ist es nicht grundsätzlich unzulässig, auch Kliniken nach § 30 GewO den Werbeverboten der Berufsordnung zu unterwerfen.[494] Allerdings muss eine solche Einschränkung an Art. 12 GG gemessen werden.[495]

261

§ 10 MBO-Z enthält Regelungen zur Vertretung und zur Fortführung der Praxis eines verstorbenen Zahnarztes. Gemäß § 11 MBO-Z ist der Zahnarzt berechtigt, im Rahmen seiner Praxis ein zahntechnisches Labor zu betreiben oder sich an einem gemeinschaftlichen zahntechnischen Labor mehrerer Zahnarztpraxen zu beteiligen. Das Zahnarztlabor kann auch in angemessener räumlicher Entfernung zu der Praxis liegen.

262

§ 12 Abs. 1 MBO-Z beschreibt die Berufspflicht, Befunde und Behandlungsmaßnahmen chronologisch und für jeden Patienten getrennt zu dokumentieren und mindestens zehn Jahre aufzubewahren, soweit nicht nach gesetzlichen Vorschriften eine längere Aufbewahrungspflicht besteht. Abweichend davon sind zahnärztliche Modelle, die zur Dokumentation notwendig sind, mindestens zwei Jahre aufzubewahren. Dabei sind die gesetzlichen Bestimmungen über die ärztliche Schweigepflicht und den Datenschutz zu beachten, Abs. 2. Soweit das Einverständnis des Patienten vorliegt, hat der Zahnarzt einem vor-, mit- oder nachbehandelnden Zahnarzt oder Arzt sowie einem begutachtenden Zahnarzt oder Arzt auf Verlangen seine zahnärztlichen Dokumentationen vorübergehend zu überlassen und ihn über die bisherige Behandlung zu informieren, Abs. 2. Dem Patienten ist auf dessen Verlangen Einsicht in die ihn betreffenden zahnärztlichen Dokumentationen zu gewähren und Kopien der Unterlagen gegen Erstattung der Kosten

263

---

492 Grundsätzlich dazu BGH – I ZR 281/91, NJW 1994, 787.
493 BGH – I ZR 222/03 im Anschluss an BGH – I ZR 269/97, GRUR 2001, 181 = WRP 2001, 28, Dentalästhetika I.
494 BGH – I ZR 179/96, NJW 1999, 1784; BVerfG – 1 BvR 547/99, MedR 2000, 523.
495 BVerfG – 1 BvR 2115/02, GesR 2003, 345.

herauszugeben, § 12 Abs. 3, 4 MBO-Z. Insgesamt verdeutlicht § 12 MBO-Z, dass der Zahnarzt auch „Sachwalter der Interessen seiner Patienten" ist.[496] Geregelt wird ferner die Aufbewahrung und Übergabe von Patientenunterlagen bei Aufgabe oder Übergabe der Praxis, § 12 Abs. 5 MBO-Z.

264 Gutachten hat der Zahnarzt neutral, unabhängig und sorgfältig zu erstellen, § 13 Abs. 1 MBO-Z. Das berufsrechtliche Verbot, einen begutachteten Patienten vor Ablauf von 24 Monaten nach Abgabe des Gutachtens nicht behandeln zu dürfen – mit Ausnahme von Notfällen – (Abs. 2) ist zunächst vereinzelt von der Rechtsaufsichtsbehörde nicht genehmigt worden, weil der Zeitraum als zu lang erschien. Stellenweise wird vertreten, diese Bestimmung beinhalte auch einen Schutz des in Anspruch genommenen Gutachters vor einem weitergehenden Behandlungswunsch des Patienten. § 14 MBO-Z regelt die Teilnahme am Notfalldienst.

265 Nach § 15 MBO-Z soll das zahnärztliche Honorar angemessen sein. Freie Vertrags- und Preisgestaltung sind wesentliche Elemente des Grundrechts auf freie Berufsausübung gem. Art. 12 Abs. 1 S. 2 GG,[497] wobei Vergütungsregelungen – wie die GOZ – nur dann mit Art. 12 Abs. 1 GG vereinbar sind, „wenn sie auf einer gesetzlichen Grundlage beruhen, die durch ausreichende Gründe des Gemeinwohls gerechtfertigt wird und dem Grundsatz der Verhältnismäßigkeit genügt".[498] Die Grenzen der Zumutbarkeit sieht das Bundesverfassungsgericht dort, „wo unangemessen niedrige Einkünfte zugemutet werden und auf der Grundlage der bestehenden Vergütungsregelung eine wirtschaftliche Existenz generell nicht möglich ist".[499] Dieses Entgelt kann mit dem Patienten ausgehandelt werden,[500] wobei dem Zahnarzt nicht einseitig die Last dafür aufgebürdet werden darf, eine individuelle Abrede nachzuweisen.[501] Treten im Laufe der Behandlung Umstände auf, die wesentlich höhere Gebühren auslösen, ist dies dem Patienten unverzüglich mitzuteilen, § 15 Abs. 2 MBO. Ausdrücklich bedarf es nach Auffassung des Bundesverfassungsgerichtes einer gebührenrechtlichen Öffnungsklausel, wo wegen des besonderen Aufwandes einer Leistung eine angemessene Vergütung durch den vorgegebenen Gebührenrahmen nicht mehr gewährleistet ist. Hier ist im Einzelfall ein Abweichen von der **Gebührenordnung** erlaubt. Damit werde sichergestellt, dass dem Zahnarzt nicht unangemessen niedrige Vergütungssätze oder von ihm abgelehnte Leistungsstandards zugemutet werden.[502] Anders als § 12 Abs. 1 S. 3 MBO-Ä, der dem Arzt aufgibt, auf die Einkommens- und Vermögensverhältnisse der oder des Zahlungspflichtigen Rücksicht zu nehmen, enthält die MBO-Z keine derartige Bestimmung.[503]

266 Der 3. Abschnitt der zahnärztlichen **Musterberufsordnung** regelt die Zusammenarbeit mit Dritten. Danach dürfen Zahnärzte ihren Beruf einzeln oder gemeinsam in allen zulässigen Gesellschaftsformen ausüben, wenn ihre eigenverantwortliche, medizinisch unabhängige sowie nicht gewerbliche Berufsausübung gewährleistet ist, § 16 Abs. 1

---

496 Groß/Groß/*Groß*, Die Musterberufsordnung für Zahnärzte und Zahnärztinnen in ethischer Sicht, S. 55.
497 Sachs/*Tettinger*, Art. 12 Rn 57.
498 BVerfG – 1 BvR 1437/02, GesR 2005, 79.
499 BVerfGE 101, 331, 350.
500 BVerfGE 88, 145, 159; 101, 331, 347.
501 BVerfG – 1 BvR 1437/02, GesR 2005, 79.
502 BVerfG – 1 BvR 1437/02, GesR 2005, 79.
503 Die Bundeszahnärztekammer hat am 31.1.2007 eine neue „Honorarordnung für Zahnärzte" beschlossen und dem Verordnungsgeber empfohlen, diese zur Grundlage einer neuen Gebührenordnung zu machen. Die Honorarordnung basiert im Leistungsverzeichnis auf der Beschreibung einer präventionsorientierten Zahnheilkunde, in der Honorarbemessung einem Gutachten des prognos-Instituts aus dem Jahr 2006.

S. 1 MBO-Z. Die Bestimmung berücksichtigt zum einen noch bestehende Eingrenzungen bezüglich der juristischen Person durch landesgesetzliche Bestimmungen,[504] vermeidet zum anderen jedoch Konflikte mit dem Bundesrecht (z.B. GmbH-Gesetz), in dem – anders als in der ärztlichen MBO – keine Vorgabe zur Zusammensetzung der Gesellschafterversammlung gemacht wird. Der Patient soll über den ihn behandelnden Zahnarzt in geeigneter Weise informiert werden, § 16 Abs. 1 S. 2 MBO-Z.

Hinweis 267

Die Zugehörigkeit zu mehreren Berufsausübungsgemeinschaften ist nur zulässig, soweit die Versorgung der Patienten sichergestellt ist. Die Berufsausübungsgemeinschaft erfordert einen gemeinsamen Praxissitz. Eine Berufsausübungsgemeinschaft von Zahnärzten mit mehreren Praxissitzen ist zulässig, wenn an dem jeweiligen Praxissitz verantwortlich mindestens ein Mitglied der Berufsausübungsgemeinschaft hauptberuflich tätig ist, § 16 Abs. 2 S. 3 MBO-Z.

Zahnärzte können sich auch mit selbständig tätigen und zur eigenverantwortlichen Berufsausübung berechtigten Angehörigen anderer Heilberufe oder staatlicher Ausbildungsberufe im Gesundheitswesen in den rechtlich zulässigen Gesellschaftsformen zusammenschließen, wenn ihre eigenverantwortliche, medizinisch unabhängige sowie nicht gewerbliche Berufsausübung gewährleistet ist, § 17 Abs. 1 MBO-Z. 268

Wichtig 269

Die zahnärztliche Berufsausübung muss sachlich, räumlich und organisatorisch sowie für den Patienten erkennbar von der anderer Partner getrennt erfolgen.

Die Regelung ist liberaler als die ärztliche MBO, die „**Kooperationsgemeinschaften**" mit anderen Heilberufen, staatlichen Ausbildungsberufen im Gesundheitswesen, Naturwissenschaftlern und sozialpädagogischen Berufen nur in der Weise erlaubt, „dass diese in ihrer Verbindung mit der Ärztin oder dem Arzt einen gleichgerichteten oder integrierenden diagnostischen oder therapeutischen Zweck bei der Heilbehandlung, auch auf dem Gebiete der Prävention und Rehabilitation, durch räumlich nahes und koordiniertes Zusammenwirken aller beteiligten Berufsangehörigen erfüllen können", § 23b Abs. 1 S. 3, 4 MBO. 270

Beispiel

Zulässig ist demnach ein sog. „Kopfzentrum", in dem z.B. Zahnärzte, Fachärzte für Hals-Nasen-Ohren-Heilkunde und Mund-Kiefer-Gesichtschirurgie zusammenarbeiten.

Unabhängig davon kann ein Zahnarzt in Partnerschaften gemäß § 1 Abs. 1 und 2 PartGG mit Angehörigen anderer Berufe als den in § 17 Abs. 1 MBO-Z beschriebenen zusammen arbeiten, wenn er in der Partnerschaft nicht die Zahnheilkunde am Menschen ausübt. 271

Die Neuregelung im Vertragsarztrechts-Änderungsgesetz (VÄndG) zum 1.1.2007 hat die zahnärztliche Musterberufsordnung in Bezug auf die Anstellung von Zahnärzten bereits berücksichtigt. Danach darf ein niedergelassener Zahnarzt nur solche Personen als angestellte Zahnärzte beschäftigen, denen die Ausübung der Zahnheilkunde nach dem Zahnheilkundegesetz (ZHG) erlaubt ist, § 18 Abs. 1, 2 MBO-Z, wobei den ange- 272

---

504 Die Führung einer ärztlichen Praxis in der Rechtsform einer juristischen Person des privaten Rechts ist z.B. in Bayern nicht statthaft, Art. 18 Abs. 1 S. 2 Bayerisches Heilberufe-Kammergesetz i.d.F. v. 24.7.2003; BayVerfGH – Vf.5-VII-95 und Vf.6-VII-95, NJW 2000, 3418 ff.; anders BGH – I ZR 281/91, NJW 1994, 786 ff.

stellten Zahnärzten eine angemessene Vergütung zu gewähren ist, Abs. 3. Im vertragszahnärztlichen Bereich wirft die Regelung eine Reihe von Fragen auf, die noch zu klären sind.

273 Bei Ausbildung und Beschäftigung weiterer Praxismitarbeiter hat der Zahnarzt dafür Sorge zu tragen, dass den Auszubildenden insbesondere jene Fertigkeiten und Kenntnisse vermittelt werden, die zum Erreichen des Ausbildungszieles erforderlich sind, § 19 Abs. 1 MBO, dass diese hinreichend qualifiziert sind, nur unter Aufsicht und nach Anleitung am Patienten arbeiten und dass bei der Delegation von Tätigkeiten § 1 Abs. 5 und 6 ZHG beachtet wird.

274 *Wichtig*
*Die **Dentalhygienikerin** darf ausschließlich im Rahmen der Delegation tätig werden, § 1 Abs. 5 ZHG, § 19 Abs. 3 MBO.*

275 Solange es sich bei der **Dentalhygienikerin** nicht um einen staatlichen Ausbildungsberuf im Gesundheitswesen handelt, sondern lediglich um eine Aufstiegsfortbildung der zahnmedizinischen Assistentin, ist dieser Sichtweise zu folgen. Bestärkt wird diese Auffassung durch ein Gutachten des Wissenschaftsrats,[505] der sich für eine künftige Hochschulausbildung der **Dentalhygienikerin** ausgesprochen hat. Auch wenn der Heilkundebegriff dynamisch und nicht statisch auszulegen ist,[506] bleibt letztlich die Entscheidung über die Einführung eines entsprechenden Berufsbildes und die Zulassung dem Gesetzgeber vorbehalten, wobei das Bundesverfassungsgericht in seiner Altenpfleger-Entscheidung dem Gesetzgeber vorgibt, auch das schutzwürdigende Vertrauen der in den überkommenen Berufen Tätigen zu berücksichtigen.[507]

276 Der 4. Abschnitt der zahnärztlichen **Musterberufsordnung** regelt die berufliche Kommunikation. Nach § 20 MBO-Z führt der Zahnarzt die Berufsbezeichnung „Zahnarzt". Dies entspricht im Übrigen auch der europäischen Richtlinie über Berufsanerkennungen (2005/36/EG), wonach – wenn in einem Aufnahmemitgliedstaat das Führen der Berufsbezeichnung im Zusammenhang mit der betreffenden beruflichen Tätigkeit reglementiert ist – die zur Berufsausübung berechtigten Mitglieder der übrigen Mitgliedstaaten diese Berufsbezeichnung (Zahnarzt) führen, Art. 52 Abs. 1 i.V.m. Art. 34, 36, 37 Berufsanerkennungs-Richtlinie. Der Zahnarzt darf auch nach zahnärztlichem Weiterbildungsrecht erworbene Bezeichnungen (Fachzahnarztbezeichnungen) führen, § 20 Abs. 3 MBO-Z, wobei Art. 37 Berufsanerkennungs-Richtlinie die bisherige Möglichkeit der Zahnärzte-Richtlinie 78/687/EWG ausschließt, eine fachärztliche Weiterbildung ohne Abschluss und Validierung der ärztlichen Grundausbildung zu beginnen.

277 Nicht gestattet ist dem Zahnarzt, seine zahnärztliche Berufsbezeichnung für gewerbliche Zwecke zu verwenden oder ihre Verwendung für gewerbliche Zwecke zu gestatten, § 20 Abs. 4 MBO-Z. Die Bestimmung in § 20 Abs. 5 MBO-Z, wonach eine Einzelpraxis sowie eine Berufsausübungsgemeinschaft nicht als Akademie, Institut, Poliklinik, Zentrum, Ärztehaus oder als ein Unternehmen mit Bezug zu einem gewerblichen Betrieb bezeichnet werden darf, ist durch einen Nicht-Annahmebeschluss des Bundesverfassungsgerichtes bezüglich des Verbotes eines „Zentrums für Kleintiermedizin"[508] in die Diskussion geraten. So hielt es die 3. Kammer des 1. Senats für „schwer vorstell-

---

[505] Empfehlungen zur Weiterentwicklung der Zahnmedizin an den Universitäten in Deutschland, Drs. 6436-05, Berlin, 28.1.2005, S. 32 ff.
[506] BVerfGE 106, 62; BVerwGE 66, 367, 370.
[507] BVerfGE 106, 62; 32, 1, 22 f.
[508] BVerfG, Urt. v. 9.2.2005 – 1 BvR 2751/04, n.v.

bar", das eine solche Praxisbezeichnung die Gefahr einer Irreführung in sich berge oder Gemeinwohlbelange verletze. Dagegen hatten die Vorinstanzen[509] (zutreffend) die „Vollmundigkeit der Werbung" problematisiert, da eine Praxis mit drei Tierärztinnen und sieben Angestellten keineswegs eine überdurchschnittliche Größe aufweise, welche den Begriff „Zentrum", ohne dass darin eine unternehmensbezogene Irreführung vorliege, rechtfertige.[510]

Mit dem grundsätzlich zulässigen Werbeverbot wird einer gesundheitspolitisch unerwünschten Kommerzialisierung des Arztberufs vorgebeugt.[511] Der Patient soll darauf vertrauen können, dass ärztliches Handeln nicht von Gewinnstreben motiviert ist.[512] Allerdings hat das Bundesverfassungsgericht in wilder Kasuistik fast jeden von den Kammern der Freien Berufe monierten „Ausrutscher" in Richtung kommerzieller Reklame als Eingriff in die Berufsausübungsfreiheit gewertet und damit selbst dann für verfassungsrechtlich bedenklich, wenn es sich um einen „Eyecatcher" ohne jeglichen Informationswert handelt.[513]

278

> *Hinweis*
> Untersagt ist lediglich die berufswidrige Werbung, die weder sachangemessene noch interessengerechte Informationen übermittelt. Berufswidrig ist insbesondere anpreisende, irreführende, herabsetzende oder vergleichende Werbung.

279

Gleiches gilt für die Fremdwerbung, also beispielsweise den Hinweis auf Hersteller und Produkte, was im Regelfall Ausdruck eines rein am Gewinn orientierten Verhaltens ist und daher die Gefahr in sich birgt, „das Vertrauen des Patienten in den Arztberuf zu untergraben und dadurch langfristig negative Rückwirkungen auf die medizinische Versorgung der Bevölkerung zu haben".[514] Berufswidrig ist auch das Führen von Zusätzen, „die im Zusammenhang mit den geregelten Qualifikationsbezeichnungen und Titeln zu Irrtümern und damit zu einer Verunsicherung der Kranken führen können".[515]

280

Bei der Liberalisierung des zahnärztlichen Werberechts geht das Bundesverfassungsgericht vom Informationsbedürfnis des Patienten aus; Hinweise auf das „Leistungsangebot" des Zahnarztes sind damit als zulässige Werbung anerkannt.[516] Dies gilt insbesondere für den personenbezogenen „Tätigkeitsschwerpunkt", wenn der Zahnarzt in dem genannten Schwerpunkt über besondere Erfahrungen verfügt und auf diesem „Gebiet" (in der Diktion unterscheidet das Bundesverfassungsgericht nicht eindeutig zwischen Tätigkeitsbereich und Weiterbildungs-Gebiet) nachhaltig tätig ist.[517] Allerdings müssen entsprechende Angaben durch die Kammern überprüfbar bleiben.[518] § 21 Abs. 2 MBO-Z trägt dem Rechnung und erlaubt, auf besondere, personenbezogene Kenntnisse und Fertigkeiten in der Zahn-, Mund- und Kieferheilkunde (z.B. in Gestalt von Tätigkeitsschwerpunkten) ebenso wie auf eine nicht nur vorübergehende belegzahnärztliche oder konsiliarische Tätigkeit hinzuweisen, Abs. 3. Das Verfahren zur Überprüfung ist in den Länderkammern unterschiedlich geregelt, von völliger Freigabe, zahlenmäßiger

281

---

509 Unter Hinweis auf Hefermehl/Köhler/*Bornkamm*, § 5 UWG Rn 5.47.
510 Gerichtshof für die Heilberufe Niedersachsen, Beschl. v. 6.10.2004 – 3 S 2/04; Tierärztliches BG Niedersachsen – BG 1/04, n.v.
511 BVerfG – 1 BvR 873/00, NJW 2001, 2788.
512 BVerfGE 71, 162, 174.
513 BVerfG – 1 BvR 649/04, NJW 2004, 2659.
514 BVerfG – 1 BvR 1003/02, NJW 2003, 3470.
515 BVerfG – 1 BvR 873/00, NJW 2001, 2788.
516 BVerfG – 1 BvR 873/00, NJW 2001, 2788.
517 BVerfG – 1 BvR 873/00, NJW 2001, 2788.
518 BVerfG – 1 BvR 873/00, NJW 2001, 2788.

282 Der Zahnarzt darf eine berufswidrige Werbung durch Dritte weder veranlassen noch dulden und hat dem entgegen zu wirken, § 21 Abs. 1 S. 3 MBO-Z, wobei gerade in diesem Zusammenhang auch der Verbotskatalog des Heilmittelwerbegesetzes (HWG) für die Werbung außerhalb von Fachkreises, § 12 HWG, zu beachten ist. Eine allzu restriktive Auslegung des Fremdwerbungs-Verbotes ist angesichts einer auch in diesem Bereich zunehmend liberaleren Rechtsprechung nicht geboten; Gleiches gilt für das Duldungsverbot.

283 *Hinweis*
Bei Anfragen von Medien sollte der Zahnarzt auf standesrechtliche Regeln hinweisen. Berichte über den Zahnarzt, zahnärztliche Behandlungsmethoden und Werkstoffe sowie die Praxis dürfen nicht zur Reklame genutzt werden, sondern müssen objektiv und informativ sein. Völlige „Medienabstinenz" kann dem Zahnarzt berufsrechtlich nicht abverlangt werden.[519]

284 In § 22 MBO-Z trifft die zahnärztliche Musterberufsordnung Regelungen zum Praxisschild, das auf die Ausübung des zahnärztlichen Berufes aufmerksam machen muss (Abs. 1) und in Form, Gestaltung und Anbringung den örtlichen Gepflogenheiten entsprechen kann, Abs. 3. Mit dieser Formulierung verabschiedet sich die zahnärztliche Selbstverwaltung von einer Detail-Regelung, die ihr in der Vergangenheit häufig den Vorwurf kleinkarierter Gängelei des Berufsstandes eintrug. Die Neufassung der Musterberufsordnung zieht den Berufsträger nicht mehr *zur* Verantwortung, sie stellt ihn *in die* Verantwortung für eine an ethischen Grundsätzen und zahnmedizinisch-wissenschaftlichen Erkenntnissen orientierte Berufsausübung, die den Patienten im Mittelpunkt hat und von kollegialem und verantwortungsbewusstem Umgang mit anderen Heil- und Gesundheitsberufen, angestellten Zahnärzten und Mitarbeitern geprägt ist.

b) „Berufsordnung für Zahnärzte in der Europäischen Union"

285 Neben der zahnärztlichen Musterberufsordnung liegt ein Entwurf für eine „Berufsordnung für Zahnärzte in der Europäischen Union" vor, über die im Laufe des Jahres 2007 entschieden werden soll; vorgelegt wird die europäische Berufsordnung vom Council of European Dentists, dem die Bundeszahnärztekammer als Mitglied angehört. Daneben liegt seit 2002 eine e-commerce-Verhaltensrichtlinie für Zahnärzte in der EU, beschlossen vom Europäischen Dachverband der Zahnärzte, vor.

V. Berufsrecht der Apotheker

1. Geschichte

286 Siehe hierzu insbesondere Kapitel 32.

---

[519] BVerfG – 1 BvR 1531/90, NJW 1992, 2341.

2. Berufszugang

Das Berufsbild des Apothekers ist in der Bundesapothekerordnung (BAO)[520] geregelt. Wer den pharmazeutischen Beruf unter der Bezeichnung „Apotheker" ausüben möchte, bedarf einer Approbation. Diese wird auf Antrag erteilt, wenn der Bewerber den Nachweis eines mit Examen abgeschlossenen Studiums der Pharmazie an einer deutschen Universität oder gleichwertigen Abschlusses im Ausland erbringt. Das Studium selbst vollzieht sich nach der Approbationsordnung für Apotheker.[521] Die Aufgabe des Apothekers besteht darin, die Bevölkerung ordnungsgemäß mit Arzneimitteln zu versorgen (§ 1 BAO) und hierzu Arzneimittel zu entwickeln, herzustellen, zu prüfen oder abzugeben (§ 2 Abs. 3 BAO). Die Vorgehensweise und die dabei zu beachtenden Einzelschritte ergeben sich aus der Apothekenbetriebsordnung (ApBetrO)[522] sowie aus dem Arzneimittelbuch. Die Beratungspflicht des Apothekers über Arzneimittel folgt aus der BO der Apotheker.[523]

287

3. Berufsausübung

a) Berufsordnung

Die Berufspflichten der Apotheker sind in den einzelnen Berufsordnungen der Länder niedergelegt. Eine Musterberufsordnung auf Bundesebene existiert nicht.

288

> *Beispiel*
> BO für Apothekerinnen und Apotheker der Apothekerkammer Nordrhein v. 19.11.2003; nicht erlaubt sind insbesondere (Katalog § 9 Abs. 2) das kostenlose Abgeben von Arzneimitteln oder Arzneimittelproben, das Vortäuschen einer bevorzugten oder besseren Stellung der eigenen Apotheke,[524] der eigenen Person oder des Apothekenpersonals, die Erbringung von Dienstleistungen, die nicht mit der Ausübung des Apothekerberufs und den apothekenüblichen Waren in Zusammenhang stehen etc. Nach der BO der Apothekerkammer Baden-Württemberg ist z.B. auch die kostenlose Durchführung von Untersuchungen untersagt.

Nach einem Urteil des LG Hanau[525] ist auch die Zugabe von Vorteilen für den Verkauf verschreibungspflichtiger Arzneimittel unzulässig. Eine Apotheke bot ihren Kunden bei Einkäufen jedweder Art einen sog. „Family-Taler" anstatt der sonst üblichen Kalender, Notizblöcke etc. an. Mit diesen Talern konnten in der Apotheke oder bei Kooperationspartnern Prämien eingetauscht werden. Es bestand aber auch die Möglichkeit, diese Taler zu sammeln, um sie dann gegen höherwertige Prämien (z.B. einen Ölwechsel oder Audiokopfhörer) einzutauschen. Das LG hielt diese Praxis jedenfalls beim Verkauf preisgebundener verschreibungspflichtiger Arzneimittel für wettbewerbswidrig. Die beklagte Apotheke unterlaufe mit ihrer Aktion die Preisbindung gemäß § 78 AMG. Auf die unter der damaligen Geltung der Zugabeverordnung noch maßgebliche „Ge-

289

---

520 Gesetz v. 5.6.1968 (BGBl I, 601).
521 VO v. 19.7.1989, BGBl I, 1489, zuletzt geändert durch VO v. 14.12.2000, BGBl I, 1714.
522 In der Neufassung v. 26.9.1995, BGBl I, 1195, zuletzt geändert durch das Transfusionsgesetz v. 1.7.1998, BGBl I, 1752.
523 Z.B. § 8 Berufsordnung der Landesapothekerkammer Ba-Wü i.d.F. v. 4.7.2006, DAZ 2006, 3973 v. 21.9.2006.
524 Siehe aber LSG NRW, Beschl. v. 20.9.2004 – L 16 B 4/04 KR ER, n.v., Barmer-Hausapothekenvertrag zulässig.
525 LG Hanau – 6 O 68/04, ApoR 2005, 26 ff.

ringwertigkeitsgrenze" (ca. 1 DM bis 1,75 DM)[526] komme es nicht an. Entscheidend sei die Bewertung des Talers im Kundenverkehr. Notizblöcken oder 10 Tempotaschentüchern messe der Kunde keinen eigentlichen Wert bei; beim Family-Taler sei dies anders, zumal er zum Tausch höherwertiger Prämien gesammelt werden könne. Einen Verstoß gegen § 5 HWG sah das Landgericht hingegen nicht. Der Taler ziele nicht auf die Bevorzugung eines bestimmten Produkts ab, sondern diene der Kundenbindung im Allgemeinen.

b) Grenzen der Berufsausübung

290 Die Grenzen zu der dem Apotheker nicht erlaubten Ausübung der Heilkunde sind z.T. umstritten, wenn man das Beispiel der als „Service" angebotenen Messung von Körperzuständen betrachtet (Blutdruck, Blutzucker, Venen- und Knochendichtemessungen).[527] In Zeiten wachsenden Wettbewerbsdrucks suchen viele Gesundheitsberufe nach neuen Betätigungsfeldern bzw. Einnahmequellen. Bei den Ärzten sind es z.B. die IGeL-Leistungen, bei Apotheken u.a. das Angebot, Cholesterin und sonstige Blutwerte bestimmen zu lassen. Vermehrt werden in Apotheken aber auch Osteoporose-Messungen angeboten. Die Problematik bei derartigen Fällen liegt stets darin, ob mit diesen Messungen bereits Heilkunde ausgeübt wird. Denn es ist klar, dass derartige Messungen nicht zum Kerngeschäft des Apothekers gehören. Die Ausübung der Heilkunde ist ihm aber untersagt, es sei denn, er würde über eine Heilpraktikererlaubnis verfügen.

291 Die Rechtsprechung war hier viele Jahre sehr uneinheitlich. Mit einer Entscheidung vom 17.7.2000 hat das Bundesverfassungsgericht[528] jedoch eine deutliche Liberalisierung bewirkt. Es ging darum, ob Augenoptiker – ohne Heilpraktiker zu sein – Augeninnendruckmessungen, Gesichtsfeldprüfungen u.Ä. Dienstleistungen anbieten dürfen. Der Bundesgerichtshof hielt dies grundsätzlich nicht für zulässig. Das Bundesverfassungsgericht hob das Urteil des BGH jedoch mit der Begründung auf, dass die Wahrscheinlichkeit einer Aufdeckung von vorhandenen oder drohenden Augenerkrankungen nach Durchführung von Augeninnendruckmessungen und Gesichtsfeldprüfungen durch Augenoptiker – also der Nutzen – größer sei als die Gefahr, dass ein in Wahrheit erkrankter Kunde im Anschluss an eine bei ihm ohne Befund gebliebene Optiker-Untersuchung von einem – an sich geplanten – Besuch beim Augenarzt absehe.

292 Bezogen auf die Osteoporose-Messung gibt es eine ähnlich liberale Entscheidung des OLG Düsseldorf[529] vom 19.2.2002, das ebenfalls derartige Messverfahren durch Apotheker billigte, sofern sich der Apotheker auf die reine Messung beschränke. Das OLG ließ auch die Werbung der Apotheke „Osteoporose-Früherkennung" gerade „noch mal durchgehen", weil sie gleich im Anschluss durch die Ankündigung „Wir messen Ihre Knochen" auf den reinen Messvorgang ohne heilkundliche Weiterung reduziert worden sei.

293 Dass man das auch anders sehen kann, zeigt eine Entscheidung vom Bayer. Landesberufsgericht für die Heilberufe vom 15.4.2002. Dort hatte eine Apothekerin mit ganz-

---

526 BGH – I ZR 38/00, GRUR 2002, 1088.
527 OLG Düsseldorf – 20 U 127/01, GRUR-RR 2003, 14, „Osteoporose-Früherkennung"; siehe auch BVerfG – 1 BvR 254/99, NJW 2000, 2736, Zulässigkeit Augeninnendruckmessung durch Augenoptiker; anders Bay. LBG Heilberufe – LBG-Ap 3/01, NJW-RR 2002, 1643, „Messung Gesamtcholesterin", wenn dadurch Entscheidung über Notwendigkeit eines Arztbesuches getroffen wird.
528 BVerfG – 1 BvR 254/99, NJW 2000, 2736.
529 OLG Düsseldorf – 20 U 127/01, GRUR-RR 2003, 14.

seitigen Anzeigen für ihre Apotheke geworben, in denen sie Blutdruck- und Blutzuckermessungen, Messungen des Gesamtcholesterins u.Ä. mehr anbot. Dies wurde ihr allein jedoch nicht zum Verhängnis. Negativ werteten die Richter folgenden Satz: „Diese Tests sind nicht als Ersatz für einen Besuch beim Arzt zu sehen, sondern sollen vielmehr helfen, evtl. im verborgenen schlummernde Erkrankungen aufzudecken und auf einen evtl. Arztbesuch vorzugreifen." Die Apothekerin hatte diesen Satz wohl zur eigenen Absicherung verwendet, bewirkte jedoch genau das Gegenteil. Das Bayerische Landesberufsgericht für die Heilberufe stellte fest, dass damit der Eindruck erweckt werde, die Tätigkeit der beschuldigten Apothekerin verbleibe nicht im bloßen Messen von Körperfunktionen oder dem Analysieren von Körperflüssigkeit, sondern münde schließlich auch in die Wertung entsprechender Befunde als pathologisch oder nicht pathologisch. Damit hätte sie aber die Grenze zur Ausübung der Heilkunde eindeutig überschritten. Im Ergebnis wird es also immer auf die einzelnen Besonderheiten der jeweiligen Werbeaktion ankommen. In manchen Landesberufsordnungen[530] der Apotheker ist z.B. das kostenlose Anbieten von Messungen untersagt. Werden in Zusammenhang mit der Messaktion „hilfreiche Medikamente" vorgestellt, kann darin eine unzulässige Werbung für die Selbstmedikation[531] liegen (§ 11 Abs. 1 Nr. 10 HWG).

c) Nebengeschäfte

294
Die Zulässigkeit von Dienstleistungen und Nebengeschäften, die „apothekenfremd" sind, weil sie nicht traditionell zu den Tätigkeiten und zur Berufsausbildung des Apothekers zählen, wurde lange Zeit bezweifelt. Der Bundesgerichtshof[532] hat mittlerweile entschieden, dass auch die Abgabe von Kompressionsstrümpfen in der Apotheke statthaft ist, obwohl diese Abgabe stets eine individuelle Anpassung beim Kunden vorauszugehen hat, die als Dienstleistung nicht zu den typischen Tätigkeiten des Apothekers zählt. Art. 12 Abs. 1 S. 2 GG gebiete es, Nebengeschäfte, die nicht verboten seien, als erlaubt anzusehen. Da weder dem ApoG noch der ApBetrO insoweit Einschränkungen zur Berufsausübung zu entnehmen seien, sei das Anmessen und Anpassen von Kompressionsstrümpfen deshalb selbst dann nicht zu beanstanden, wenn darin nicht lediglich eine unselbständige Nebenleistung bei der Abgabe von Kompressionsstrümpfen, sondern ein eigenständiges Nebengeschäft zu sehen wäre. Jedenfalls solange sich die Leistungen im Kern nicht soweit von der eigentlichen Aufgabe des Apothekers trennen, dass das Vertrauen der Bevölkerung in die Integrität des Apothekerberufs gestört wird, bestehen auch berufsrechtlich keine Einwände gegen ihre Zulässigkeit.[533]

295
Darüber hinaus ist dem Apotheker in der Regel untersagt, durch werbliche Maßnahmen den Eindruck zu erwecken, er werde von Unternehmen der pharmazeutischen Industrie besonders bevorzugt beliefert oder im Gegenzug durch diese besondere Beziehung empfehle er aufgrund dieser werblichen Fixierung Produkte dieses Unternehmens vorrangig. Außerdem darf der Apotheker mit Ärzten oder anderen Personen, die sich mit der Behandlung von Krankheiten befassen, keine Rechtsgeschäfte vornehmen oder Absprachen treffen, die eine bevorzugte Lieferung bestimmter Arzneimittel, die Zuführung von Patienten oder die Zuweisung von Verschreibungen zum Gegenstand haben (§ 11 Abs. 1 ApoG). Nach einer Entscheidung des LG Köln vom 17.3.2005[534] wurde es

---

530 § 19 Nr. 6 9 BerufO Ba-Wü.
531 OLG Frankfurt – 6 U 23/01, WRP 2001, 1111.
532 BGH – I ZR 216/98, GRUR 2001, 352.
533 LBG für Heilberufe in Karlsruhe – LBG 1/01, DAZ 2004, 82 (Buchung von Wellness-Leistungen).
534 31 O 858/04.

als wettbewerbswidrig angesehen, dass ein Arzneimittelhersteller Apotheken vorformulierte Werbebriefe zur Verfügung stellt, in denen für nicht verschreibungspflichtige Arzneimittel dieses Unternehmens geworben wurde. Diese Briefe sollten mit dem Namen der Apotheken versehen und an potentielle Kunden verschickt werden. Dies sei irreführend. Anders als beim Direktmarketing bringe der Verbraucher „seiner" Apotheke ein besonderes Vertrauen entgegen, das der Arzneimittelhersteller ausnutze.

4. Berufsrecht der Psychologischen Psychotherapeuten und Kinder- und Jugendlichenpsychotherapeuten

a) Geschichte

296 Bei der Psychotherapie handelt es sich um eine vergleichsweise junge Form der Berufsausübung, die ihren Aufschwung in Deutschland erfahren hat, nachdem die Krankenkassen ab 1967 die Inanspruchnahme von tiefenpsychologisch fundierter oder psychoanalytischer Psychotherapie im Rahmen der kassenärztlichen Versorgung ermöglichte.[535] Ausschlaggebend dafür war die wissenschaftliche Erkenntnis, dass es sich bei Behandlungsmethoden der Psychotherapie um eine Behandlungsmethode handelte, die nach den „Regeln der ärztlichen Kunst" erfolgt. Im Gegensatz zur Psychoanalyse „entstand die tiefenpsychologisch fundierte Psychotherapie erst als Produkt der Auseinandersetzung um die Einführung von Psychotherapie als Regelleistung zwischen Kassenärztlicher Bundesvereinigung und gesetzlichen Krankenkassen" (*Helle*). Den „Aufschwung", den die Psychotherapie in der Praxis nahm, markiert auch die Zunahme der vertragsärztlich tätigen Psychotherapeuten, deren Zahl von 190 im Jahr 1969 auf mehr als 7600 im Jahr 1996 stieg.

297 Derzeit sind es nach Angaben der Bundespsychotherapeutenkammer rund 18.500 psychologische und ärztliche Psychotherapeuten, die in eigener Praxis arbeiten. Knapp 300.000 Patienten erhalten pro Jahr eine ambulante Psychotherapie. Die Zahl der stationär psychotherapeutisch behandelten Patienten beläuft sich auf ca. 400.000 jährlich.

298 1980 wurde die bereits 1976 neu gefasste „Psychotherapeuten-Richtlinie" als Behandlungsgrundlage für Diplompsychologen sowie Kinder- und Jugendlichen-Psychotherapeuten[536] um die Verhaltenstherapie ergänzt. 1987 wurde – neben der Anerkennung der Verhaltenstherapie als Richtlinienverfahren – die psychosomatische Grundversorgung eingeführt.[537] Nach der aktuellen Richtlinie wird seelische Krankheit verstanden als „krankhafte Störung der Wahrnehmung, des Verhaltens, der Erlebnisverarbeitung, der sozialen Beziehungen und der Körperfunktionen. Es gehört zum Wesen dieser Störung, dass sie der willentlichen Steuerung durch den Patienten nicht mehr oder nur zum Teil zugänglich ist".[538]

---

535 *Helle*, Psychotherapeutenjournal 3/98; S. 153 ff.
536 *Behnsen u.a.*, 28. Aktualisierung, Dezember 2006: Psychotherapeuten-Kammern: Die Kammern für Psychologische Psychotherapeuten und Kinder- und Jugendlichenpsychotherapeuten; *Gleiniger*, MedR 2007, 152 ff.
537 *Helle*, Psychotherapeutenjournal 3/98; S. 153 ff.
538 Richtlinien des Bundesausschusses der Ärzte und Krankenkassen über die Durchführung der Psychotherapie (Psychotherapie-Richtlinien) i.d.F. v. 3.1.2004, in Kraft getreten am 4.1.2004.

b) Berufszugang

299 Ausübung der Psychotherapie ist nach der Legaldefinition in § 1 Abs. 3 S. 1 des Gesetzes über die Berufe des Psychologischen Psychotherapeuten und des Kinder- und Jugendlichenpsychotherapeuten (Psychotherapeutengesetz – PsychThG) „jede mittels wissenschaftlich anerkannter psychotherapeutischer Verfahren vorgenommene Tätigkeit zur Feststellung, Heilung oder Linderung von Störungen mit Krankheitswert, bei denen Psychotherapie indiziert ist." Somit handelt es sich um eigenständige Heilberufe. Mit Inkrafttreten des Gesetzes am 31.1.1999[539] wurde die Approbation Voraussetzung für die Berufsausübung der Psychologischen Psychotherapeuten und Kinder- und Jugendlichenpsychotherapeuten.

300 Dabei erstreckt sich die Berechtigung zur Ausübung des Berufs des Kinder- und Jugendlichenpsychotherapeuten auf Patienten, die das 21. Lebensjahr noch nicht vollendet haben, § 1 Abs. 2 S. 1 PsychThG. Ausnahmen sind zulässig, „wenn zur Sicherung des Therapieerfolgs eine gemeinsame psychotherapeutische Behandlung von Kindern oder Jugendlichen mit Erwachsenen erforderlich ist oder bei Jugendlichen eine vorher mit Mitteln der Kinder- und Jugendlichenpsychotherapie begonnene psychotherapeutische Behandlung erst nach Vollendung des 21. Lebensjahres abgeschlossen werden kann", § 1 Abs. 2 S. 2 PsychThG.

301 Die fachliche Qualifikation der psychologischen Psychotherapeuten umfasst ein mit bestandener Abschlussprüfung absolviertes Hochschulstudium in Psychologie (eingeschlossen: klinische Psychologie), bei Kinder- und Jugendlichenpsychotherapeuten ein ebenso abgeschlossenes Hochschulstudium in Pädagogik oder Sozialpädagogik, in beiden Berufsgruppen ergänzt um eine (in Vollzeit dreijährige, in Teilzeit fünfjährige) postgraduierte Ausbildung, die mit Bestehen der staatlichen Prüfung abschließt, § 5 Abs. 1, 2 PsychThG.

302 Näheres regeln die Ausbildungs- und Prüfungsverordnungen für Psychologische Psychotherapeuten[540] und für Kinder- und Jugendlichenpsychotherapeuten.[541] Die praxisnahe und patientenbezogene Ausbildung umfasst jeweils 4200 Stunden und erfolgt auf der Grundlage von Ausbildungsplänen; sie erstreckt sich auf die Vermittlung von eingehenden Grundkenntnissen in wissenschaftlich anerkannten psychotherapeutischen Verfahren sowie auf eine vertiefte Ausbildung in einem dieser Verfahren.

303 Übergangsvorschriften (§ 12 PsychThG) regeln die Zugangsvoraussetzungen für Personen, die beim Inkrafttreten des Gesetzes bereits psychotherapeutisch tätig waren, jedoch nicht die nunmehr gesetzlich vorgeschriebene Ausbildung absolviert haben. Anknüpfungspunkt für die berufsrechtliche Erteilung der Approbation ist die frühere Mitwirkung bzw. die Qualifikation für eine solche Mitwirkung bei der psychotherapeutischen Behandlung von gesetzlich Krankenversicherten. Auch bei den in der Psychotherapie tätigen Absolventen eines Studiums der Sozialpädagogik/Pädagogik und der Psychologie nimmt der Gesetzgeber Bezug auf sozialversicherungsrechtliche Bestimmungen in Gestalt der Psychotherapie-Richtlinien der gesetzlichen Krankenversicherung.[542] Weitere Übergangsregelungen enthält § 12 Abs. 4 PsychThG für beamtete und

---

539 BGBl I 1998, 1311.
540 BGBl I 1998, 3749.
541 BGBl I 1998, 3761.
542 Psychotherapie-Richtlinien in der Neufassung v. 3.7.1987, BAnz Nr. 156 Beilage Nr. 156a, zuletzt geändert durch Bekanntmachung v. 12.3.1997, Band 49, S. 2946.

angestellte Psychologen in psychiatrischen, psychotherapeutischen, psychosomatischen oder neurologischen Einrichtungen je nach Dauer der Berufstätigkeit.

c) Berufsausübung

304 Das PsychThG regelt nicht allein die Berufsausübung, es schützt auch die Berufsbezeichnung. Die mit den gesetzlichen Berufsausübungsregeln der beiden (neuen) Heilberufe verbundene Einschränkung der Berufsfreiheit hat das Bundesverfassungsgericht in seinen Entscheidungen vom 28.7.1999 gebilligt. Ob im Hinblick auf die bis dato im Rahmen des Heilpraktiker-Gesetzes erlaubte Ausübung der Psychotherapie überhaupt der Schutzbereich des Art. 12 Abs. 1 GG berührt wird, hat das BVerfG in Zweifel gezogen, „da weder das Tätigkeitsspektrum von psychotherapeutisch tätigen Heilpraktikern noch das Kostenerstattungsverfahren durch das Psychotherapeutengesetz verändert worden ist."[543] Vielmehr blieben bestehende Zulassungen nach dem HeilPG bestehen. In einer weiteren Entscheidung hat das BVerfG es nicht beanstandet, wenn der Gesetzgeber aus Gründen des Patientenschutzes[544] „eine bisher nicht geschützte Berufsbezeichnung verwendet, um bestimmte Angehörige eines Berufs, die eine bestimmte Ausbildung aufweisen, klar zu kennzeichnen."[545]

aa) Musterberufsordnung

305 Die **Musterberufsordnung** für die Psychologischen Psychotherapeuten und Kinder- und Jugendlichenpsychotherapeuten vom 13.1.2006 (MBO-PP/KJP)[546] hat zum Ziel, „das Vertrauen zwischen Psychotherapeuten und ihren Patienten zu fördern, den Schutz der Patienten zu sichern, die Qualität der psychotherapeutischen Tätigkeit im Interesse der Gesundheit der Bevölkerung sicherzustellen, die freie Berufsausübung zu sichern, das Ansehen des Berufes zu wahren und zu fördern und auf berufswürdiges Verhalten hinzuwirken und berufsunwürdiges Verhalten zu verhindern." (Präambel) Die Formulierungen der allgemeinen Berufspflichten (§ 3 MBO-PP/KJP) nehmen Prinzipien der Gesundheits- und Biomedizinethik, hier vor allem die von Beauchamp und Childress formulierten Anforderungen „respect for autonomy, nonmaleficence, beneficence, justice" auf (§§ 3 Abs. 2, 7 Abs. 1 S. 1, 14 Abs. 2 S. 2 MBO-PP/KJP) und gewichten sie (Abs. 3 bis 6).[547]

bb) Regelungen im Einzelnen

306 § 1 MBO-PP/KJP beschreibt den Psychotherapeuten als Heilkundler (Abs. 1) und Freiberufler (Abs. 3) und formuliert (nicht abschließend)[548] eine Vielzahl von Tätigkeitsbereichen der Berufsträger. Mit dem Hinweis auf die Beteiligung der Psychotherapeuten „an der Erhaltung der soziokulturellen Lebensgrundlagen im Hinblick auf die Bedeutung für die psychische Gesundheit der Menschen" (Abs. 2 S. 2) wird ein Bezugs-

---

543 BVerfG – 1 BvR 1006/99, NJW 1999, 2729.
544 BT-Drucks 13/9212 S. 39.
545 BVerfG – 1 BvR 1006/99, NJW 1999, 2730; *Becker*, Berufsrecht, 540 Rn 11.
546 In der Fassung der Beschlüsse des 7. Deutschen Psychotherapeutentages in Dortmund am 13.1.2006, Psychotherapeutenjournal 2006, S. 37.
547 *Stellpflug/Berns*, Musterberufsordnung (MBO) für die Psychologischen Psychotherapeuten und Kinder- und Jugendlichenpsychotherapeuten, Präambel II Rn 7 unter Hinweis auf Beauchamp und Childress, Principle of Biomedical Ethics, 2001.
548 *Behnsen u.a.*, § 1 II Rn 13.

punkt zum Allgemeinwohl hergestellt, der in § 3 Abs. 8 im Hinblick auf die „psychosoziale Notfallversorgung" der Bevölkerung konkretisiert wird.

In § 2 MBO-PP/KJP werden die gesetzlich geschützten Begriffe „Psychologischer Psychotherapeut" oder „Psychologische Psychotherapeutin", „Kinder- und Jugendlichenpsychotherapeut" oder „Kinder- und Jugendlichenpsychotherapeutin" sowie „Psychotherapeutin" oder „Psychotherapeut" genannt. Nach § 1 Abs. 1 S. 4 PsychThG ist es anderen Personen als Ärzten, Psychologischen Psychotherapeuten oder Kinder- und Jugendlichenpsychotherapeuten untersagt, die Kurzbezeichnung Psychotherapeut zu führen. Zusatzbezeichnungen als Hinweise auf Verfahren, die Gegenstand vertiefter Ausbildung und Prüfung nach den für den Beruf einschlägigen Vorschriften waren, sind zulässig, Abs. 2. Gleiches gilt für Qualifikationen, etwa der sozialrechtliche Fachkundenachweis (§ 95 c SGB V)[549] und Tätigkeitsschwerpunkte, deren Voraussetzungen den Kammern „auf Verlangen" nachzuweisen sind (Abs. 3 S. 1, 2). Im Übrigen nimmt die Formulierung Bezug auf die Grundsätze, die das Bundesverfassungsgericht hierzu entwickelt hat. Sonstige Regelungen zur Führung von Zusatzbezeichnungen treffen die Länderkammern, Abs. 4.

307

Detaillierter als manch andere Berufsordnung beschreibt die MBO-PP/KJP in § 5 allgemeine Sorgfaltspflichten, die im Behandlungsverhältnis zu beachten sind. Dabei gehen die Pflichten über die zivilrechtlichen Bestimmungen (§ 276 Abs. 1 S. 2 BGB) hinaus und verlangen („sind sie gehalten") von Psychotherapeuten beispielsweise die Beendigung eines Behandlungsverhältnisses, wenn kein Heilerfolg mehr zu erwarten ist, § 5 Abs. 4 S. 1 MBO-PP/KJP. Dem Patienten ist dies zu erläutern; das weitere Vorgehen muss mit ihm erörtert werden, § 5 Abs. 4 S. 2 MBO-PP/KJP.

308

Eine besondere Bestimmung enthält die **Musterberufsordnung** der Psychotherapeuten zur Kontaktgestaltung mit Patienten und den Patienten nahe stehenden Personen, insbesondere Eltern und Sorgeberechtigte bei Kindern und Jugendlichen. So ist jeder sexuelle Kontakt unzulässig, § 6 Abs. 5, 6, 7 MBO-PP/KJP, und stellt sogar einen (haftungsbegründenden) Behandlungsfehler dar.[550] Beziehungen unterliegen daher dem Gebot der Abstinenz, § 6 MBO-PP/KJP.

309

Z.T. abweichende Bestimmungen gegenüber anderen Berufsordnungen enthält § 11 Abs. 2 MBO-PP/KJP. So kann die Einsicht in Behandlungsunterlagen ganz oder teilweise verweigert werden, „wenn dies den Patienten gesundheitlich gefährden würde oder wenn Rechte Dritter betroffen sind", S. 1. Gleiches gilt für die Einsichtnahme in „subjektive Daten" des Therapeuten, wenn dies dem Patienten, dem Therapeuten selbst oder Dritten schaden würde, S. 2. Das Bundesverfassungsgericht hat in einem Beschluss vom 9.1.2006 offen gelassen, ob die Rechtsprechung des BGH,[551] die den Anspruch des Patienten auf Einsicht in die betreffenden Krankenunterlagen grundsätzlich auf sog. objektive Befunde beschränkt, noch verfassungsgemäß ist.[552] Die Verweigerung ist gegenüber dem Patienten zu begründen, S. 3. Damit folgt die MBO-PP/KJP der Rechtsprechung des Bundesgerichtshofes, wonach sich das Einsichtsrecht des Patienten nur auf naturwissenschaftlich konkretisierbare Befunde und Aufzeichnungen über Be-

310

---

549 *Behnsen u.a.*, § 2 III Rn 41.
550 *Behnsen u.a.*, § 6 I Rn 108 unter Hinweis auf *Gründel*, Psychotherapeutisches Haftungsrecht, 2000, S. 121 ff. m.w.N.; OLG Düsseldorf – 8 U 10/88, NJW 1990, 1543 f.
551 BGH – VI ZR 222/79, NJW 1983, 328; BGH – VI ZR 177/81, NJW 1983, 330; BGH – VI ZR 76/88, NJW 1989, 764.
552 BVerfG – 2 BvR 443/02, NJW 2006, 1116.

handlungsmaßnahmen bezieht.[553] Allerdings wird für den Bereich der Psychotherapie in Frage gestellt, ob – zumindest am Beginn der Therapie – überhaupt „objektivierbare naturwissenschaftliche Befunde und Behandlungsfakten" vorliegen können.[554]

311 *Stellpflug/Berns* weisen in diesem Zusammenhang auf eine aktuelle Entscheidung des Bundesverfassungsgerichts[555] hin, wonach der „therapeutische Vorbehalt", den der Bundesgerichtshof insoweit zugelassen hatte,[556] „angesichts neuerer Entwicklungen und zwischenzeitlich veränderter Anschauungen aus verfassungsrechtlicher Sicht der Weiterentwicklung in dem Sinne bedarf, dass die Persönlichkeitsrechte des Patienten höher gewichtet werden."

312 Auch in Bezug auf den Umgang mit minderjährigen Patienten (§ 12 MBO-PP/KJP) enthält die **Musterberufsordnung** der Psychotherapeuten eine Sonderregelung, indem sie für die Einwilligungsfähigkeit eines minderjährigen Patienten in eine psychotherapeutische Behandlung eine „behandlungsbezogene natürliche Einwilligungsfähigkeit" voraussetzt, § 12 Abs. 2 S. 1 MBO-PP/KJP. Gemeint ist dabei die individuelle Fähigkeit eines Kindes in die Krankheitseinsicht, zur Entwicklung eines Wunsches nach Gesundung und zur Entwicklung des Vertrauens, dass dieses Ziel mit dem Therapeuten erreicht werden kann.[557] Den Umgang mit eingeschränkt einwilligungsfähigen Patienten regelt § 13 MBO-PP/KJP.

313 Eine weitere Besonderheit enthält die Regelung in § 14 Abs. 2 S. 2 MBO-PP/KJP, wonach ein Psychotherapeut das Honorar seinen Patienten in begründeten Ausnahmefällen ganz oder teilweise erlassen kann. Auf diese Weise soll vermieden werden, dass Patienten allein aus finanziellen Gründen psychotherapeutische Hilfe verweigert wird.[558] Ansonsten gilt, soweit gesetzlich nichts anderes bestimmt ist, die Gebührenordnung der Psychologischen Psychotherapeuten und Kinder– und Jugendlichenpsychotherapeuten (GOP) vom 8.6.2000,[559] die in § 1 Abs. 1 bestimmt, dass für die Abrechnung gegenüber Privatpatienten die ärztliche Gebührenordnung (GOÄ) gilt. Die Gebührensätze dürfen „nicht in unlauterer Weise" unterschritten werden; unzulässig ist ebenso eine sittenwidrig überhöhte Honorarvereinbarung, § 14 Abs. 2 S. 1 MBO-PP/KJP. Die Angemessenheit seines Honorars hat der Psychotherapeut auf Anfrage der Landespsychotherapeutenkammer zu begründen, § 14 Abs. 4 MBO-PP/KJP. Eine Möglichkeit, die GOP insgesamt abzudingen, besteht nicht, es kann nur eine abweichende Vereinbarung zum Steigerungssatz (Multiplikator) getroffen werden.[560]

314 Bei der Beschreibung von Berufspflichten zur Kollegialität – auch gegenüber anderen Heilberufen (!) – enthält § 17 Abs. 3 S. 1 MBO-PP/KJP eine (beispielgebende) Regelung, wonach Psychotherapeuten „sich in kollegialer Weise auf Vorschriften der Berufsordnung aufmerksam machen" können. Kein Verstoß gegen eine Berufspflicht liegt vor, wenn „nach Vorliegen eines begründeten Verdachts" die Landespsychotherapeutenkammer auf einen möglichen Verstoß gegen die Berufsordnung hingewiesen wird, § 17 Abs. 3 S. 2 MBO-PP/KJP. Die Vorschrift soll das ungerechtfertigte „Anschwärzen"

---

553 BGH – VI ZR 222/79, NJW 1983, 328.
554 *Behnsen u.a.*, § 11 III Rn 254.
555 BVerfG – 2 BvR 443/02, GesR 2006, 326.
556 BGHZ 106, 146, 148 ff.
557 *Behnsen u.a.*, § 12 III Rn 280.
558 *Behnsen u.a.*, § 14 III Rn 316.
559 BGBl I, 818, aktuelle Fassung v. 18.10.2001, BGBl I, 2721.
560 *Behnsen u.a.*, § 14 III Rn 312.

von Kollegen vermeiden helfen, indem eine solche Vorgehensweise selbst in die Nähe berufsunwürdigen Verhaltens gerückt wird.

§ 18 MBO-PP/KJP (Delegation) lässt die Übertragung diagnostischer Teilaufgaben und behandlungsbezogener Maßnahmen, z.B. die Verhaltensbeobachtung,[561] grundsätzlich zu, wobei die Gesamtverantwortung beim behandelnden Psychotherapeuten verbleibt, Abs. 2, der die Delegation standardisierter psychotherapeutischer Teilaufgaben und behandlungsergänzender Maßnahmen dabei regelmäßig zu kontrollieren hat, Abs. 3.[562]

315

Bei den Formen der **Berufsausübung** geht die **Musterberufsordnung** grundsätzlich von der Bindung an einen (nicht zwingend eigenen) Praxissitz aus, § 20 Abs. 1 S. 1 MBO-PP/KJP. Bis zu zwei Zweigstellen sind zulässig, wobei Vorkehrungen für die ordnungsgemäße Versorgung der Patienten an jedem Ort der Tätigkeit zu treffen sind, Abs. 2. Ort und Zeitpunkt der Aufnahme psychotherapeutischer Tätigkeiten sind ebenso wie Veränderungen der Landeskammer mitzuteilen, Abs. 3. Anforderungen an die Praxis, z.B. Präsenz und Erreichbarkeit, beschreibt § 22 MBO-PP/KJP. Bei Informationen über die Praxis und werbende Darstellungen gilt das Verbot berufswidriger Werbung, § 23 Abs. 3 MBO-PP/KJP. Andere Bezeichnungen als „Praxis" bedürfen der Genehmigung durch die jeweilige Landeskammer, Abs. 2.

316

Psychotherapeuten dürfen sich mit Angehörigen ihrer Berufsgruppe oder „anderer Gesundheits- und Beratungsberufe zusammenschließen", § 21 MBO-PP/KJP. Berufsrechtlich erlaubt ist auch die Beteiligung an Kooperationen, „deren Ziel ein anderer Versorgungsauftrag oder eine andere Form der Zusammenarbeit zur Patientenversorgung ist", Abs. 2. Dabei muss stets die freie Wahl des Psychotherapeuten durch den Patienten gewährleistet und die eigenverantwortliche und selbständige sowie nicht gewerbliche Berufsausübung gewährleistet bleiben, Abs. 3. Ausdrücklich schließt Abs. 6 eine Beteiligung an privatrechtlichen Organisationen aus, „die missbräuchlich die eigenverantwortliche Berufsausübung einschränken, Überweisungen an Leistungserbringer außerhalb der Organisation ausschließen oder in anderer Weise die Beachtung der Berufspflichten ... beschränken." Für alle Zusammenschlüsse besteht eine Anzeigepflicht gegenüber der Landeskammer, der auf Verlangen die entsprechenden Kooperationsverträge vorzulegen sind, Abs. 7.

317

Auch beim angestellten oder beamteten Psychotherapeuten geht die **Musterberufsordnung** vom Leitbild des Freiberuflers aus, der allgemeine Weisungen nur befolgen darf, soweit diese mit der Berufsordnung vereinbar sind oder „deren Befolgung er selbst verantworten kann", § 25 Abs. 1 MBO-PP/KJP. Fachliche Weisungen von Vorgesetzen dürfen nach Abs. 2 nur befolgt werden, „wenn diese über entsprechende psychotherapeutische Qualifikationen verfügen." Darüber hinaus enthält die **Musterberufsordnung** der Psychotherapeuten eigene Bestimmungen für Lehrende, Ausbilder, Lehrtherapeuten und Supervisoren (§ 26 MBO-PP/KJP), sowie Gutachter (§ 27 MBO-PP/KJP) und Psychotherapeuten in der Forschung (§ 28 MBO-PP/KJP). Letztere haben die in der Deklaration von Helsinki niedergelegten ethischen Grundsätze und international anerkannte Leitlinie für die medizinische Forschung am Menschen zu beachten, Abs. 1.[563] Außerdem müssen sie bei der Veröffentlichung von Forschungsergebnissen Auftraggeber und Geldgeber benennen, Abs. 4.

318

---

561 *Behnsen u.a.*, § 18 II Rn 369 f.
562 *Behnsen u.a.*, § 18 II Rn 371.
563 *Behnsen u.a.*, § 28 II Rn 593.

319 Schuldhafte Verstöße gegen die Berufsordnung können mit berufsrechtlichen Verfahren nach den Heilberufsgesetzen der Länder geahndet werden, § 30 Abs. 1 MBO-PP/KJP. Dies gilt nach Abs. 2 auch für ein außerhalb des Berufs liegendes Verhalten, „wenn es nach den Umständen des Einzelfalles in besonderem Maße geeignet ist, Achtung und Vertrauen in einer für die Ausübung oder das Ansehen dieses Berufes bedeutsamen Weise zu beeinträchtigen."

5. Berufsrecht der Tierärzte

a) Die Bundestierärztekammer

320 Die Anerkennung als akademischer Heilberuf erreichte der Berufsstand der Tierärzte erst im 20. Jahrhundert;[564] dazu beigetragen hatte die Gründung der Tierarzneischulen, die 1902 als Hochschulen – seit 1910 mit Promotionsrecht – anerkannt wurden. Mit dazu beigetragen hat auch ein differenziertes Tätigkeitsspektrum, so z.B. auf dem Gebiet der Tierseuchenbekämpfung und der Fleischbeschau. Bereits zu Beginn des 19. Jahrhunderts gründeten sich tierärztliche Vereinigungen in Württemberg, Baden, Bayern, Berlin und Hannover (1833).[565] 1874 erfolgte die Initiative zur Gründung eines Deutschen Veterinärrates, der sich auf bestehende Vereine und nicht auf Tierärzte als Einzelpersonen stützte.[566]

321 Die Gründung einer Standesvertretung der Tierärzte erfolgte in Preußen auf Erlass König *Wilhelms II.* vom 2.4.1911. Durch königliche allerhöchste Verordnung vom 11.2.1877 waren zuvor bereits die bestehenden tierärztlichen Kreisvereine in Bayern als Interessenvertretung des Berufsstandes im jeweiligen Regierungsbezirk anerkannt worden.[567] Schon im Jahr 1833 waren bei den Kreisregierungen ärztliche Ausschüsse eingerichtet worden, denen auch ein Tierarzt angehörte.

322 1927 trat das Bayerische Kammergesetz in Kraft, das fortan die Rechtsgrundlage für die Tierärztekammer bildet. Noch früher erfolgt die Gründung einer Tierärztekammer in Baden (1907). Die Rechte der Selbstverwaltung blieben jedoch beschränkt.[568] Noch während des 1. Weltkrieges erfolgte Anfang 1918 die Gründung des Reichsverbandes praktischer Tierärzte (RpT), in dem sich die Privattierärzte sammelten.[569] Daneben bestand seit 1911 der Reichsverband Deutscher Schlachthof- und Gemeindetierärzte (RDG), deren Tätigkeit durch das Reichsfleischbeschau-Gesetz aus dem Jahr 1900 ihre Rechtsgrundlage fand. Danach durfte die Fleischbeschau nur durch approbierte Tierärzte in Schlachthöfen ausgeführt werden. 1920 entstand aus den entsprechenden Landesverbänden der Reichsverband der deutschen Staatstierärzte (RDS).

323 1928 erhält die Preußische Tierärztekammer die gesetzliche Grundlage für die Einführung einer Standesgerichtsbarkeit.[570] Mit Gesetz vom 28.7.1933 wurden die bestehenden Tierärztekammern in Preußen aufgelöst; 1936 erfolgte die Gründung der Reichs-

---

564 *Seewald*, Entstehung der Tierärztekammern in Preußen, Bayern und Baden, Inaugural-Dissertation, S. 223.
565 *Enderle*, Die Geschichte der deutschen Veterinärmedizinischen Gesellschaft in der Zeit von 1949 – 1971, 1972, S. 14, 15.
566 *Seewald*, S. 191.
567 *Seewald*, S. 193.
568 *Seewald*, S. 86.
569 *Seewald*, S. 98.
570 Tierärztliche Mitteilungen 1928, S. 182 f.

tierärztekammer. Die bestehenden Verbände wurden in den Reichsverband deutscher Tierärzte (RDT) überführt. Zu den erwähnenswerten Entscheidungen jener Zeit zählt die Reichstierärzteordnung vom 1.4.1936, die als Ermächtigungsgrundlage der am 17.3.1937 erlassenen Berufsordnung der Deutschen Tierärzte diente.[571]

Nach dem Krieg entstand als Dachorganisation von Kammern und Berufsverbänden „Die Deutsche Tierärzteschaft", daraus wiederum im Jahr 1994 als Arbeitsgemeinschaft die Bundestierärztekammer e.V., der heute ausschließlich die Länderkammern angehören, § 1 Abs. 1, 2 Satzung BTK.

324

b) Berufszugang

Für den Zugang zum Beruf des Tierarztes gilt die Verordnung zur Approbation von Tierärztinnen und Tierärzten (TAppV) vom 27.7.2006.[572] Die Regelstudienzeit beträgt danach fünf Jahre und sechs Monate. Mit der Approbation wird dem Tierarzt auch die Befähigung zur Berufsausübung auf dem Fachgebiet der Schlachttier- und Fleischuntersuchung zugesprochen; die zuständige Behörde muss ihm jedoch die Durchführung der amtlichen Untersuchung übertragen. In diesem Fall führt er die Berufsbezeichnung „amtlicher Tierarzt".

325

c) Berufsausübung

Die am 24.11.1994 von der Delegiertenversammlung der Bundestierärztekammer beschlossene Musterberufsordnung (MBO-T) richtet sich als Empfehlung an die Tierärztekammern und damit mittelbar an deren Mitglieder. Dies sind nach § 1 Abs. 1 S. 1 MBO-T alle Personen, die nach §§ 2 und 3 der Bundes-Tierärzteordnung berechtigt sind, die Berufsbezeichnung „Tierarzt" oder „Tierärztin" zu führen und in der Bundesrepublik Deutschland den tierärztlichen Beruf auszuüben. Berufspflichten werden dabei (nur) für die Berufsausübenden formuliert.

326

§ 1 Abs. 2 MBO-T nimmt auf diese landesgesetzlichen Regelungen Bezug. Ausübung des tierärztlichen Berufes ist nach § 1 Abs. 1 S. 2 MBO-T „jede Tätigkeit, bei der die während eines abgeschlossenen veterinärmedizinischen Studiums erworbenen Kenntnisse und Fähigkeiten verwertet werden; dabei muss es sich nicht zwingend um eine Erwerbstätigkeit handeln." Bei dem letzten Halbsatz handelt es sich um eine Modifikation der 1985 von der Deutschen Tierärzteschaft vorgeschlagenen Definition, die an eine Erwerbstätigkeit anknüpfte.[573] Nur wenn die Tätigkeit in keinerlei Zusammenhang mit der (tier)ärztlichen Ausbildung und den medizinischen Fachkenntnissen steht, handelt es sich um eine „berufsfremde" Tätigkeit, die – soweit die Beitragsordnung der jeweiligen Tierärztekammer dies vorsieht – einen Anspruch auf Beitragsbefreiung gewährt. Dies ist z.B. nicht der Fall bei einem Veterinärmediziner in der pharmazeutischen Industrie, der seine im Studium erworbenen Kenntnisse bei seiner Tätigkeit (mit)verwertet.[574] Noch weiter ging der Bayerische Verwaltungsgerichtshof in seinem Beschluss vom 9.8.1996, der die Beitragspflicht auch für einen approbierten Tierarzt, der in einem humanpharmazentrischen Unternehmen tätig war, statuierte, soweit bei

327

---

571 *Taupitz*, S. 327.
572 BGBl I 2006, 1827 ff. v. 11.8.2006.
573 *Schlegel*, Deutsches Tierärzteblatt 1987, 7, 8; dazu *Scholz*, Deutsches Tierärzteblatt 1987, 420 ff.
574 VG Berlin, Urt. v. 14.9.1995 – VG 14 A 138.94, n.v.; unter Hinweis auf BVerwGE 92, 24, 25; BayVG München, Urt. v. 28.6.1994 – M 16 K 93.2035, n.v; VGH Kassel, Urt. v. 15.12.1977 – V OE 5/76, n.v.

seiner Tätigkeit Grundkenntnisse zur Anwendung kommen, die in einem tierärztlichen Studium erworben wurden.[575]

328 § 2 MBO-T (Grundsatz) formuliert eine besondere Verantwortung und Verpflichtung des Tierarztes gegenüber der Öffentlichkeit, verpflichtet zu einer gewissenhaften Berufsausübung und zur Kollegialität. Er übernimmt Mitverantwortung für die menschliche Gesundheit „und ist der berufene Schützer der Tiere" (Abs. 1 S. 2).

329 § 3 MBO-T (Zusammenarbeit mit der Tierärztekammer) regelt Melde- und Anzeigepflichtenpflichten. Darüber hinaus hat der Tierarzt „die berufsfördernden Bestrebungen und Einrichtungen der für ihn zuständigen Tierärztekammer zu unterstützen" und Anfragen der Tierärztekammer in angemessener Frist und Form zu beantworten (Abs. 3). § 4 MBO-T (Schweigepflicht) repetiert die einschlägige Strafnorm des § 203 Abs. 1 Nr. 1 StGB und enthält die Verpflichtung, auch bei Mitarbeitern für die Beachtung der Schweigepflicht Sorge zu tragen. § 5 MBO-T (Aufzeichnungspflicht, tierärztliche Zeugnisse und Gutachten) regelt Dokumentationspflichten innerhalb eines Zeitraumes von mindestens fünf Jahren (Abs. 1). Für tierärztliche Zeugnisse und Gutachten gilt, dass sie wahr, sachlich, sorgfältig, unparteiisch und formgerecht ausgestellt werden und als Formvoraussetzung den Zweck des Schriftstückes, den Empfänger und das Datum angeben (Abs. 2 S. 1, 2). Tierärztliche Gesundheitsbescheinigungen setzen eine vorherige Untersuchung nach den Regeln der tierärztlichen Wissenschaft und Erkenntnissen der tierärztlichen Praxis in angemessenem Umfang voraus (S. 3).

330 Die (zeitlich fixierte) Fortbildungspflicht als berufsethische Norm ergibt sich aus § 6 MBO-T, wobei ein Nachweis auf Anforderung der Kammer erfolgt. Eine erweiterte Fortbildungspflicht gilt für Tierärzte, welche Zusatz-, Gebiets- oder Teilgebietsbezeichnung führen (Abs. 3). Für die Qualitätssicherung gelten der Kodex „Gute veterinärmedizinische Praxis" oder andere Methoden, die von der Tierärztekammer anerkannt sind (Abs. 4). Nach § 7 MBO-T (Mitwirkungspflicht bei der Bekämpfung von Missständen) hat der Tierarzt bei der Bekämpfung von Missständen im Heilwesen mitzuwirken. Verstöße gegen das Arzneimittelrecht sind der Tierärztekammer mitzuteilen. (Abs. 1 S. 1, 2) Bei der Tätigkeit bekannt gewordene Arzneimittelnebenwirkungen bzw. -mängel sind der Arzneimittelkommission der Bundestierärztekammer mitzuteilen.

331 § 8 MBO-T (Verhalten gegenüber Berufskollegen) beschreibt die Kollegialitätspflichten des Tierarztes. Nach Abs. 3 S. 1 haben sich beamtete und angestellte Tierärzte von Körperschaften und Anstalten des öffentlichen Rechts sowie bei der Pharmaindustrie, bei Tiergesundheitsdiensten, Versicherungsgesellschaften, Zuchtverbänden oder ähnlichen Institutionen angestellte Tierärzte „strikt auf die Wahrnehmung ihrer dienstlichen Aufgaben zu beschränken." (Zu § 9 MBO-T (Werbung) und zur „tierärztlichen Klinik" (§ 27 MBO-T) siehe Rn 207, 277).

332 § 11 MBO-T (Entgelte für tierärztliche Leistungen) legt in Abs. 1 die Gebührenordnung für Tierärzte in der jeweils geltenden Fassung für die Höhe der Entgelte für tierärztliche Leistungen zugrunde. Gebühren unterhalb des Einfachsatzes des Gebührenverzeichnisses dürfen weder vereinbart noch gefordert werden (Abs. 1 S. 2). Inwieweit diese Bestimmung nach der Rechtsprechung des EuGH haltbar ist, entscheidet sich danach, ob damit tatsächlich den Zielen des Verbraucherschutzes und der Qualitätssicherung gedient ist.[576] Auch das generelle Verbot der Vereinbarung eines Erfolghonorars in Abs. 2 ist vor dem Hintergrund der Entscheidung des Bundesverfassungsgerichts zum Erfolgs-

---

575 BayVGH, Beschl. v. 9.8.1996 – 21 C2 94.2807, n.v.
576 EuGH – C-94/04 und C-202/04, NJW 2007, 281 (Cipolla/Macrina, Capodarte).

honorar bei Rechtsanwälten im Hinblick auf denkbare oder notwendige Ausnahmetatbestände überprüfbar,[577] wobei jedoch keine Einwände bestehen, grundsätzlich an dem Verbot festzuhalten. Auch an dieser Stelle hat sich die 2. Kammer des 1. Senats beim Bundesverfassungsgericht nicht zurückgehalten und die Berufsausübungsregelung der Tierärztekammern als verfassungswidrig aufgehoben, wenn sie erlaubtes Verhalten nicht mit genügender Klarheit von unlauterem Wettbewerb scheiden.[578]

§ 12 MBO-T (Niederlassung) verlangt für die Ausübung des tierärztlichen Berufes in eigener Praxis eine Niederlassung (Abs. 1 S. 1). i.e. „die Begründung einer selbständigen freiberuflichen tierärztlichen Tätigkeit an einem bestimmten Ort, der mit den notwendigen räumlichen, sachlichen und personellen Voraussetzungen ausgestattet ist (Praxissitz)", und durch ein Praxisschild (ggf. mit Logo) zu kennzeichnen ist, S. 2. Noch 1994 hatte das bayerische Staatsministerium für Arbeit und Soziales der Bayerischen Tierärztekammer die Genehmigung ihrer Berufsordnung versagt, weil sie ein „standardisiertes Veterinärlogo" am Praxiseingang erlaubte. Das Bayerische Verwaltungsgericht hob diese Entscheidung im Jahr 1996 als unzulässigen Eingriff in das Selbstverwaltungsrecht auf. Zudem mochte das Gericht keinen Gemeinwohlbelang erkennen, der durch den optischen Effekt eines Logos gefährdet sein könnte.[579] Ort und Zeitpunkt der Niederlassung sowie jede entsprechende Änderung sind der Tierärztekammer mitzuteilen, Abs. 2 S. 1. Vor der Niederlassung soll sich der Tierarzt von der Tierärztekammer beraten lassen, S. 2. Außerdem hat er die von der Tierärztekammer erlassenen Richtlinien über die Einrichtung und Ausstattung der tierärztlichen Praxis zu beachten, S. 3.

333

§ 16 MBO-T (Ausübung der tierärztlichen Praxis) beinhaltet ein Bekenntnis zum Freien Beruf, Abs. 2 S. 1. Angestellte (nicht niedergelassene) Tierärzte, die bei einem Unternehmen, einer BGB-Gesellschaft, einem Verein oder einer ähnlichen privatrechtlichen Institution angestellt sind, dürfen nur solche Tiere behandeln, die sich in deren unmittelbaren Haltung befinden. *Deutsch* sieht – bei restriktiver verfassungskonformer Auslegung – keine Bedenken gegen diese Berufsausübungs-Regelung, da diese im wohlverstandenen Interesse der Tierhalter wie des Tierschutzes liege und auch verhältnismäßig sei.[580]

334

§ 18 MBO-T (Tierarzt und Nichttierarzt) regelt die Vertretung (nur durch Tierärzte, Abs. 1) und verbietet das Untersuchen und Behandeln von Tieren sowie die Vornahme von Eingriffen an Tieren gemeinsam mit Nichttierärzten – ausgenommen Ärzte, Zahnärzte und andere Naturwissenschaftler sowie Studierende der Veterinärmedizin –, soweit durch Rechtsvorschriften nichts anderes bestimmt wird (Abs. 2). Die Mitwirkung von tierärztlichem Personal und Hilfspersonal ist nur für Tätigkeiten zulässig, die zum Ausbildungsberufsbild gehören, Abs. 2 S. 3.

335

§ 19 MBO-T (Behandeln von Patienten anderer Tierärzte) verlangt die Information des Erstbehandlers eines Tieres, Abs. 1, und verbietet, Entgelt oder sonstige Vorteile für die Überweisung von Patienten zuzuweisen oder sich selbst zuweisen zu lassen, Abs. 2 (kick back). Außerdem geregelt wird die Überweisungspflicht, Abs. 3. §§ 20, 21 MBO-T regeln die konsiliarische Tätigkeit und gegenseitige Vertretung, § 22 MBO-T

336

---

577 BVerfG – 1 BvR 2576/04, NJW 2007, 979.
578 BVerfG – 1 BvR 1644/01, NJW 2002, 3091 (Anzeigenwerbung).
579 BayVGH, Urt. v. 26.6.1996 – M 16 K 95.3630, n.v.
580 *Deutsch*, Deutsches Tierärzteblatt 1989, 81.

das Einstellen von Assistenten und sonstigen tierärztlichen Mitarbeitern. Vorgaben für die Weiterführung, Übergabe und Übernahme der Praxis enthalten §§ 23 und 24 MBO-T.

337 Die derzeit geltende Musterberufsordnung (Stand August 2006) beinhaltet in § 25 Regelungen zur Gemeinschaftspraxis, wobei eine tierärztliche Gemeinschaftspraxis nur von einem Praxissitz aus betrieben werden darf, Abs. 2 S. 1. Hinsichtlich der Übertragung amtlicher Aufgaben behält jeder Praxisangehörige die Stellung eines in Einzelpraxis niedergelassenen Tierarztes, S. 6. Daneben wird in Abs. 2 vom Berufsrechtvorbehalt für die Partnerschaftsgesellschaft Gebrauch gemacht: Tierärzten ist der Betrieb einer Gemeinschaftspraxis – auch in der Rechtsform der Partnerschaft – nur mit Tierärzten erlaubt, Abs. 2.

338 Eine tierärztliche Kooperation ist nach § 26 MBO-T auch in Gestalt einer Gruppenpraxis (analog zur ärztlichen Praxisgemeinschaft) gestattet. Es handelt sich um den „Zusammenschluss mehrerer Praxisinhaber zwecks fachlicher Zusammenarbeit, gegenseitiger Vertretung, gemeinsamer Benutzung von Praxiseinrichtungen und Instrumenten, gemeinsamen Einkaufs und/oder gemeinsamer Beschäftigung von tierärztlichen Mitarbeitern und Hilfspersonal", Abs. 1 S. 1. Die Gruppenpraxis ist nicht an einen Praxissitz gebunden.

339 Die Musterberufsordnung der Tierärzte schließt mit Bestimmungen zur Berufshaftpflichtversicherung, § 28, und zu Praktischen Tierärzten in Nebentätigkeit, § 29 MBO-T.

E. Berufsrecht anderer Heilberufe oder Heilhilfsberufe (Gesundheitsfachberufe)

I. Allgemeines

340 Die juristische Literatur spricht in Zusammenhang mit den „ärztlichen Heilberufen" von einem „gefestigten Berufsbild" (*Tettinger*). Wer bei der Erbringung medizinischer Dienstleistungen nicht darunter subsumiert werden kann, gilt als anderer Heilberuf oder Heilhilfsberuf.[581] Eine Definition des „anderen Heilberufes" nach Art. 74 Abs. 1 Nr. 19 GG wurde bislang auch in der Rechtsprechung nicht vorgenommen. Vielmehr sind die Übergänge fließend, wie die Entscheidung des Bundesverfassungsgerichts über das Altenpflegegesetz des Bundes zeigt. Bei weiter Auslegung des Heilkundebegriffes sieht das Bundesverfassungsgericht davon auch „die helfende Betreuung von Menschen mit gesundheitlichen Problemen" umfasst.[582] So ist der Gesetzgeber nicht starr an bestehende, traditionelle Vorprägungen gebunden, vielmehr kann er zur Durchsetzung wichtiger Gemeinschaftsinteressen die Ausrichtung des überkommenen Berufsbildes zeitgerecht verändern.[583] *Erdle* spricht von Gesundheitsfachberufen und differenziert nach anderen Heilberufen i.S.v. Art. 74 Abs. 1 Nr. 19 GG und Heilhilfsberufen als medizinischen Assistenzberufen.[584]

---

581 Sachs/*Degenhart*, Art. 74 Rn 73.
582 BVerfGE 106, 62.
583 BVerfGE 13, 97, 106; 75, 246, 265.
584 *Erdle*, Recht der Gesundheitsberufe und Heilpraktiker, Teil I, 1.

II. Andere Heilberufe im Einzelnen

1. Heilpraktiker

Wer berufsmäßig Heilkunde ausübt, ohne als Arzt bestallt zu sein, braucht hierzu eine Erlaubnis. So schreibt es das Gesetz über die berufsmäßige Ausübung der Heilkunde ohne Bestallung (Heilpraktikergesetz – HPG) vom 17.2.1939 vor.[585] Dabei enthält § 1 Abs. 2 HPG eine Legaldefinition: Heilkunde ist jede berufs- oder gewerbsmäßig vorgenommene Tätigkeit zur Feststellung, Heilung oder Linderung von Krankheiten, Leiden oder Körperschäden bei Menschen, auch wenn sie im Dienste von Anderen ausgeübt wird.

341

Die damit verbundene Beschränkung der Berufswahlfreiheit ist grundsätzlich mit Art. 12 Abs. 1 GG vereinbar.[586] Zum Schutz der Gesundheit als besonders wichtiges Gemeinschaftsgut steht die subjektive Berufszulassungsschranke nicht außer Verhältnis. Dabei geht es um eine präventive Kontrolle, die nicht nur die fachlichen Kenntnisse und Fähigkeiten, sondern auch die Eignung für den Heilkundeberuf im Allgemeinen erfasst.[587]

342

Die Unklarheit, welche Tätigkeiten durch diese Definition dem Arzt vorbehalten sind und welche für die Durchführung durch den Heilpraktiker übrig bleiben, hat zu einer umfangreichen, Einzelfälle entscheidenden Rechtsprechung[588] geführt. Das BVerfG[589] hat mittlerweile jedoch den Bereich des eher esoterischen „Geistheilens" aus dem Heilkundebereich „hinausdefiniert". Allerdings ist zu gewährleisten, die Patienten darauf hinzuweisen, dass die Maßnahme (im konkreten Fall „Handauflegen") eine ärztliche Behandlung nicht ersetzen kann. Geburtshilfliche Tätigkeit ist dem Heilpraktiker untersagt (§ 4 HebammenG). Die Ausübung der Zahnheilkunde ist ebenfalls nicht durch das HPG gedeckt. Will ein Zahnarzt aber jenseits seiner zahnärztlichen Approbation heilkundlich tätig sein, bedarf er einer Erlaubnis nach dem HPG.[590] Dürfen heilkundliche Tätigkeiten in anderen Ländern auch ohne Heilpraktikererlaubnis ausgeübt werden (weil der Heilpraktiker in der EU außerhalb Deutschlands weitgehend ungeregelt ist), führt dies nicht zu einer Erlaubnisfreiheit in Deutschland.[591] Nach herkömmlicher Auffassung sind Heilpraktikereigenschaft und Approbation miteinander unvereinbar.[592] Dem hat der VGH Kassel[593] aus Sicht des HPG für den Fall des Entzugs der Heilpraktikererlaubnis im Falle der späteren Erlangung der Approbation widersprochen. Mit der Frage des Entzugs der Approbation bei gleichzeitiger Tätigkeit als Heil-

343

---

585 RGBl I, 251; BGBl III 2122-2, zuletzt geändert durch Art. 15 des Gesetzes v. 23.10.2001, BGBl I, 2702.
586 BVerfGE 78, 179; BVerfG – 1 BvR 784/03, MedR 2005, 35; BVerfG – 2 BVR 1802/02, NJW 2004, 2890.
587 BVerfGE 78, 179; BVerfG – 1 BvR 784/03, MedR 2005, 35; BVerfG – 2 BVR 1802/02, NJW 2004, 2890.
588 Vgl. Rieger/*Hespeler*, Lexikon des Arztrechts, „Heilkunde" 2410 Rn 6 ff.; BayVGH, Beschl. v. 8.8.2001 – 21 ZS 00.29; VG Trier – 6 K 867/02.TR, MedR 2003, 464; VG Stuttgart – 4 K 2198/02, MedR 2003, 646, Raucherentwöhnung mittels Ohr-Akkupunktur; VGH Kassel – 8 TG 713/99, NJW 2000, 2760, Piercing; OVG Koblenz – 6 A 21/88, MedR 1990, 283, Fussreflexzonen-Massage.
589 BVerfG – 1 BvR 784/03, NJW-RR 2004, 705 = MedR 2005, 35 ff.
590 OVG NRW – 13 A 1781/96, MedR 1999, 187, Gesprächstherapie bei Zähneknirschen.
591 OVG NRW – 13 A 4973/94, MedR 1998, 571 (zulässiger Fall der Inländerdiskriminierung).
592 BVerwG – I C 52.64, NJW 1967, 1525; VG München – M 16 K 94.3604, MedR 1996, 229 m. Anm. *Taupitz*; BayVGH DVBl 1997, 959.
593 VGH Kassel – 11 UE 851/90, MedR 1993, 240.

praktiker hat sich der VGH jedoch nicht befasst.[594] Aus Sicht des ärztlichen Berufsrechts ist der Fall anders zu beurteilen. Heilpraktiker und Arzt erfüllen – auch aus Sicht der Patienten – unterschiedliche Anforderungsprofile. Während der Arzt zur Ausübung der gesamten Heilkunde (unter Einschluss naturheilkundlicher Verfahren) berechtigt ist, deckt der Heilpraktiker nur einen sehr kleinen Ausschnitt ab. Ob er dabei der sog. „Volksgesundheit"[595] dient, mag mit guten Gründen bezweifelt werden. Andere hoch entwickelte Gesundheitssysteme in Europa kommen sehr gut ohne dieses Relikt aus der Vorkriegszeit aus. Der Versorgung der Bevölkerung mit Gesundheitsleistungen tut dies keinen Abbruch.

344 Aus gutem Grund ist daher die gleichzeitige Bezeichnung als „Arzt und Heilpraktiker" unzulässig.[596] Dem entsprechend eingestellten Patienten würde durch diese Bezeichnung ein „mehr" an Kompetenz vorgespiegelt, das dieser Arzt gegenüber einem Arzt mit der Berechtigung zum Führen der Zusatzbezeichnung „Arzt für Naturheilverfahren" nicht hat. Der Einwand von *Taupitz*,[597] das bloße Innehaben der Heilpraktikererlaubnis ohne ihre praktische Ausübung könne alleine nicht zum Entzug der Approbation führen, schließlich dürfe ein Arzt ja auch Taxi fahren oder andere Berufe ausüben, hat einiges für sich. Dennoch spricht die Verwandtschaft beider Berufsbilder in der Laiensphäre gegen ein gleichzeitiges Bestehen beider Berufsbilder in einer Person. Während der Ärzteschaft insgesamt zu Recht die kompetente Betreuung der Bevölkerung überantwortet werden kann, gilt dies für die Heilpraktiker gerade nicht. Ein Arzt, der den Weg zum „Arzt für Naturheilverfahren" ablehnt, und für sich stattdessen die Option offen hält, „nicht-ärztlich" zu behandeln, muss sich entscheiden.

345 Die Durchführungsverordnung zum Gesetz über die berufsmäßige Ausübung der Heilkunde ohne Bestallung (Heilpraktikergesetz) vom 18.2.1939[598] enthält in § 2 eine Reihe von Ausschließungsgründen für die Erlaubniserteilung als Heilpraktiker. Keine Erlaubnis erhält demnach, wer das 25. Lebensjahr noch nicht vollendet hat, nicht mindestens eine abgeschlossene Volksschulbildung nachweisen kann, wem die sittliche Zuverlässigkeit fehlt, insbesondere wenn schwere strafrechtliche oder sittliche Verfehlungen vorliegen, wer in gesundheitlicher Hinsicht zur Ausübung des Berufes ungeeignet ist oder wenn sich aus einer Überprüfung der Kenntnisse und Fähigkeiten des Antragstellers durch das Gesundheitsamt ergibt, dass die Ausübung der Heilkunde durch den Betreffenden eine Gefahr für die Volksgesundheit bedeuten würde.

346 Wie die Überprüfung durch das zuständige Gesundheitsamt gestaltet wird, ist in der Durchführungsverordnung nicht geregelt und damit in das pflichtgemäße Ermessen des Gesundheitsamtes gestellt.[599] Entsprechende Vollzugsvorschriften haben die Länderministerien auf der Basis von Leitlinien für die Überprüfung von Heilpraktikeranwärtern erlassen. Der Überprüfung kommt der Charakter einer „Eignungsprüfung" zu; eine medizinische Fachprüfung erfolgt nicht. Allerdings können bei der Überprüfung der Kenntnisse und Fähigkeiten auch allgemein-heilkundliche und Grund-Kenntnisse abge-

---

594 *Taupitz*, MedR 1993, 219.
595 Ein überkommener und letztlich unsäglicher Begriff, siehe auch § 4 Rn 10.
596 Siehe auch *Heege*, Bay.ÄBl. 1990, 458; *Taupitz*, MedR 1993, 219; zur Verpflichtung einer in den USA ausgebildeten Chiropraktikerin die Berufsbezeichnung „Heilpraktiker" zu führen, VG Schleswig – 12 A 220/94 – MedR 1995, 85 (bejahend); psychotherapeutisch tätige Diplompsychologen müssen dies nicht, BVerwG – 3 C 34/90, DÖV 1993, 568.
597 *Taupitz*, MedR 1993, 219, 224.
598 RGBl I, 259 i.d. aktuellen Fassung der Verordnung v. 4.12.2002, BGBl I, 4456.
599 *Erdle*, 30.1.1, § 2 Rn 10 unter Hinweis auf BVerwGE 66, 367, 372.

fragt werden. Dabei werden u.a. hinreichende Kenntnisse in Anatomie, Physiologie, Pathologie sowie in Diagnostik und Therapie erwartet.[600]

Über die Zulassung entscheidet die untere Verwaltungsbehörde im Benehmen mit dem Gesundheitsamt. Im Übrigen haben die Länder durch entsprechende Verordnungen Zuständigkeiten ihrer Behörden bei der Erteilung der Heilpraktikererlaubnis festgelegt. 347

Heilpraktiker sind keine im Sinne des Sozialgesetzbuches zugelassenen Leistungserbringer. 348

2. Altenpfleger und Altenpflegehelfer

Auch beim Beruf der Altenpflegerin und des Altenpflegers handelt es sich um einen „anderen Heilberuf",[601] da er seinen Schwerpunkt im medizinisch-pflegerischen Bereich hat, der den sozial-pflegerischen Anteil überlagert. Die Kompetenz des Bundes für den Erlass eines Altenpflegegesetzes hat das Bundesverfassungsgericht grundsätzlich bejaht (Kompetenztitel Art. 74 Abs. 1 Nr. 19, 12 und 7 GG).[602] Keine Gesetzgebungskompetenz sah das Bundesverfassungsgericht hingegen für Regelungen zur Berufsausbildung der Altenpflegehelferin und des Altenpflegehelfers. 349

Das Berufsbild der Altenpflege habe sich in den fachlichen Anforderungen und praktischen Voraussetzungen so weit denjenigen der Heilberufe angenähert, dass der Bundesgesetzgeber „diese Entwicklung mit einfach gesetzlichen Vorgaben weiterführen durfte, indem er dem Berufsbild der Altenpfleger einen klaren heilkundlichen Schwerpunkt verleiht".[603] Folgerichtig ordnet das Bundesverfassungsgericht die pflegenden Berufe mit Schwerpunkt „Ersetzung, Ergänzung oder Unterstützung der ärztlichen Tätigkeit" als sog. Heilhilfsberufen den Heilberufen zu.[604] Der Schwerpunkt im medizinisch-pflegerischen Bereich zieht kompetenziell den sozial-pflegerischen Anteil aus Gründen des Sachzusammenhangs mit sich. Dies wird bereits in den gesetzlichen Bestimmungen zur Ausbildung in der Altenpflege deutlich. Ausbildungsgegenstände sind nach § 3 AltpflG „die sach- und fachkundige, den allgemein anerkannten pflegewissenschaftlichen, insbesondere den medizinisch-pflegerischen Erkenntnissen entsprechende, umfassende und geplante Pflege" (Nr. 1), „die Mitwirkung bei der Behandlung kranker Menschen einschließlich der Ausführung ärztlicher Verordnungen" (Nr. 2), „die Erhaltung und Wiederherstellung individueller Fähigkeiten im Rahmen geriatrischer und geronto-psychiatrischer Rehabilitationskonzepte" (Nr. 3), „die Gesundheitsvorsorge einschließlich der Ernährungsberatung" (Nr. 5) sowie „die umfassende Begleitung Sterbender" (Nr. 6). Neben der sozialpflegerischen Komponente des Berufs hat sich der Gesetzgeber für einen medizinisch-pflegerischen Schwerpunkt entschieden. 350

Das Berufsbild des Altenpflegegesetzes enthält damit sowohl Elemente der konkurrierenden Gesetzgebung nach Art. 74 Abs. 1 Nr. 19 GG, als auch solcher der ausschließlichen Gesetzgebung der Länder.[605] Für die Zuordnung der Regelungskompetenz ist daher der „Sachzusammenhang" maßgeblich, wobei der Bund bei der Festlegung des Berufsbildes der Altenpflege zwar nicht starr an bestehende traditionelle Vorprägungen gebunden war, wohl aber die Schranken des Art. 12 Abs. 1 GG sowie das schutzwürdige 351

---

600 *Kurtenbach*, Erläuterungen zum Heilpraktikergesetz in: Das deutsche Bundesrecht I K 11, S. 3 ff.
601 BVerfG – 2 BvF 1/01, NJW 2003, 41.
602 BVerfG – 2 BvF 1/01, NJW 2003, 41.
603 BVerfG – 2 BvF 1/01, NJW 2003, 41.
604 Anders noch Sachs/*Degenhart*, Art. 74 Rn 73.
605 BVerfG – 2 BvF 1/01, NJW 2003, 41.

Vertrauen der in den „überkommenen Berufen" Tätigen zu beachten hatte.[606] All diesen Belangen wurde mit dem Altenpflegegesetz in seiner Fassung vom 8.6.2005[607] Rechnung getragen. So sah es das Bundesverfassungsgericht als sachgerecht an, „das Berufsbild den veränderten Umständen anzupassen, es zu modernisieren, zu konkretisieren und dadurch aufzuwerten, um künftig in ausreichendem Maße qualifiziertes Personal in allen Tätigkeitsfeldern zur Verfügung zu haben".[608] Mit dem „ganzheitlichen" Ansatz bei Ausbildung in der Altenpflege werde auch „arbeitsmarktpolitischen Belangen" Rechnung getragen. Weitere Aspekte, die das Bundesverfassungsgericht in seiner grundlegenden Entscheidung berücksichtigt, sind die eigenverantwortlich und selbständig zu treffenden medizinisch relevanten Entscheidungen vor allem in Notsituationen sowie die in der Heim-Personalverordnung niedergelegten Anforderungen an das Heimpersonal und die Vorgabe des § 11 Abs. 1 SGB XI, wonach die Leistungen der Pflegeeinrichtungen „dem allgemein anerkannten Stand medizinisch-pflegerischer Erkenntnisse" entsprechen müssen.[609]

352 Anders verhält es sich beim Beruf des Altenpflegehelfers. Bereits in der Begründung des Gesetzentwurfs zum Altenpflegegesetz[610] war darauf hingewiesen worden, dass die Altenpflegeausbildung eine andere Zielsetzung und Qualität als die Helferausbildung habe. Zum einen lasse sich dieser Beruf „mangels eines klaren, abgrenzbaren Berufsprofils nicht von anderen Helfertätigkeiten in der Alten- oder Krankenpflege unterscheiden." Zum anderen solle der Bereich der gering oder nicht qualifizierten Hilfstätigkeiten zugunsten von qualifiziertem Pflegepersonal eingeengt werden. Regelungen des Bundesgesetzgebers für die Altenpflegehelfer sind durch die Kompetenztitel des Art. 74 Abs. 1 Nr. 19, 12, 7 GG daher nicht gedeckt.[611]

353 Die Berufsbezeichnung Altenpflegerin oder Altenpfleger darf nur führen, wem dazu die Erlaubnis erteilt wurde. Voraussetzung für die Erteilung sind nach § 2 Abs. 1 AltpflG zunächst die Ableistung der vorgeschriebenen Ausbildung und das Bestehen der vorgeschriebenen Prüfung, die persönliche Zuverlässigkeit sowie die gesundheitliche Eignung. Bei Gleichwertigkeit des Ausbildungsstandes oder Nachweis eines gleichwertigen Kenntnisstandes (Abs. 3) erfüllt auch eine außerhalb des Geltungsbereichs dieses Gesetzes erworbene abgeschlossene Ausbildung die Voraussetzung für die Erteilung einer entsprechenden Erlaubnis. Soweit die Ausbildung in einem anderen Vertragsstaat des europäischen Wirtschaftsraumes abgeschlossen wurde und belegt werden kann, gelten die sachlichen und fachlichen Voraussetzungen als erfüllt, soweit diese Ausbildung den Maßgaben der Richtlinie 2005/36/EG des Europäischen Parlamentes und des Rates über die Anerkennung von Berufsqualifikationen entspricht, die spätestens zum 20.10.2007 in nationales Recht umzusetzen ist. Die Bundesregierung hat hierzu im Dezember 2006 einen Gesetzesvorschlag vorgelegt.

354 Das Altenpflegegesetz regelt weiter Art und Umfang der Ausbildung, Grundzüge des Ausbildungsverhältnisses sowie die Kosten der Ausbildungsvergütung (§§ 24, 25 AltPflG). Entscheidungen über die Erlaubnis, die Berufsbezeichnung zu führen, treffen die zuständigen Landesbehörden (§ 26 AltpflG). Wer die Berufsbezeichnung „Alten-

---

606 BVerfG – 2 BvF 1/01, NJW 2003, 41.
607 BGBl I, 1530.
608 BVerfG – 2 BvF 1/01, NJW 2003, 41.
609 BVerfG – 2 BvF 1/01, NJW 2003, 41.
610 BT-Drucks 14/1578.
611 BVerfG – 2 BvF 1/01, NJW 2003, 41.

pflegerin" oder „Altenpfleger" ohne Erlaubnis führt, handelt ordnungswidrig und kann mit einer Geldbuße bis zu 3.000 EUR belegt werden (§ 27 AltpflG).

Weitere Vorgaben zur Ausbildung und Prüfung für den Beruf der Altenpflegerin und des Altenpflegers enthält die Altenpflege-Ausbildungs- und Prüfungsverordnung (AltpflAPrV) vom 23.3.2005.[612] Darin ist die Gesamtstundenzahl für den theoretischen und praktischen Unterricht in der Altenpflege auf insgesamt 2.500 Stunden festgesetzt worden.

3. Ergotherapeut

Rechtsgrundlage für die Berufsausübung der Ergotherapeutin/des Ergotherapeuten ist das Gesetz über den Beruf der Ergotherapeutin und des Ergotherapeuten (Ergotherapeuten-Gesetz – ErgthG) in seiner Fassung vom 25.11.2003. Danach bedarf, wer die Tätigkeit unter dieser Berufsbezeichnung ausüben will, der Erlaubnis. Erlaubnisfrei bleibt die Berufstätigkeit selbst.

Voraussetzung der Erlaubniserteilung nach § 1 ErgthG sind eine dreijährige Ausbildung mit anschließender staatlicher Prüfung für Ergotherapeuten, die berufliche Zuverlässigkeit und die gesundheitliche Eignung zur Ausübung des Berufes, § 2 Abs. 1 Nr. 1–3 ErgthG. Die Erlaubnis ist zurückzunehmen, wenn die persönliche Zuverlässigkeit bei Erteilung nicht vorgelegen hat, die staatliche Prüfung nicht bestanden oder die Ausbildung nicht abgeschlossen war, § 3 Abs. 1 S. 1 ErgthG. Lag die gesundheitliche Eignung nicht vor, kann die Erlaubnis zurückgenommen werden, § 3 Abs. 1 S. 2 ErgthG. Wenn nachträglich die persönliche Zuverlässigkeit zur Ausübung des Berufs weggefallen ist, muss die Erlaubnis widerrufen werden; sie kann widerrufen werden, wenn die gesundheitliche Eignung nachträglich entfällt, § 3 Abs. 3 ErgthG.

Die Ausbildung wird an staatlich anerkannten Schulen durchgeführt und setzt eine abgeschlossene Realschulbildung, eine andere gleichwertige Ausbildung oder eine nach Hauptschulabschluss abgeschlossene Berufsausbildung von mindestens zweijähriger Dauer voraus, § 4 Abs. 1, 2 ErgthG. Abweichungen vom Ausbildungsumfang sieht das Gesetz in § 4 Abs. 4 vor. Die Ausbildungs- und Prüfungsverordnung für Ergotherapeutinnen und Ergotherapeuten (Ergotherapeuten-Ausbildungs- und Prüfungsverordnung) – ErgthAPrV in ihrer Fassung vom 23.3.2005 sieht theoretischen und praktischen Unterricht von 2.700 Stunden und eine praktische Ausbildung von 1.700 Stunden als Mindestanforderung[613] für die Ausbildung vor.

4. Diätassistent

Wer die Berufsbezeichnung „Diätassistentin" oder „Diätassistent" führen will, bedarf der Erlaubnis, § 1 Gesetz über den Beruf der Diätassistentin und des Diätassistenten (Diätassistenten-Gesetz – DiätAssG) in seiner Fassung vom 25.11.2003.[614]

Die Erlaubnis ist auf Antrag zu erteilen, wenn die vorgeschriebene Ausbildung abgeleistet und die staatliche Prüfung bestanden wurden, die Zuverlässigkeit zur Ausübung des Berufes und die gesundheitliche Eignung gegeben sind. Dabei soll die Ausbildung insbesondere Kenntnisse, Fähigkeiten und Fertigkeiten vermitteln, die zur eigenverant-

---

612 BGBl I, 931.
613 *Erdle*, 10.2, § 1 Rn 1
614 BGBl I, 2304.

wortlichen Durchführung diättherapeutischer und ernährungsmedizinischer Maßnahmen auf ärztliche Anordnung oder im Rahmen ärztlicher Verordnung wie dem Erstellen von Diätplänen, dem Planen, Berechnen und Herstellen wissenschaftlich anerkannter Diätformen befähigen, § 3 DiätAssG. Außerdem soll die Ausbildung dazu befähigen, bei der Prävention und Therapie von Krankheiten mitzuwirken und ernährungstherapeutische Beratungen und Schulungen durchzuführen, § 3 DiätAssG.

361 Die dreijährige Ausbildung besteht aus theoretischem und praktischem Unterricht sowie einer praktischen Ausbildung. Sie wird durch staatlich anerkannte Schulen vermittelt und schließt mit einer staatlichen Prüfung ab, § 4 S. 1, 2 DiätAssG. Voraussetzung für den Zugang zur Ausbildung sind die gesundheitliche Eignung zur Ausübung des Berufes und der Realschulabschluss, ein qualifizierter Hauptschulabschluss oder ein nach dem Hauptschulabschluss oder einem gleichwertigen Abschluss abgeschlossene Berufsausbildung von mindestens zweijähriger Dauer, § 5 Nr. 1, 2 DiätAssG. Die zuständige Behörde kann auf Antrag eine andere Ausbildung auf die Dauer der Ausbildung anrechnen, wenn die Durchführung der Ausbildung und die Erreichung des Ausbildungszieles dadurch nicht gefährdet wird, § 7 DiätAssG.

362 Die Ausbildungs-Prüfungsverordnung für Diätassistentinnen und Diätassistenten (Diätass-APrV) in ihrer Fassung vom 23.3.2005 sieht für die dreijährige Ausbildung theoretischen und praktischen Unterricht von 3.050 Stunden sowie eine praktische Ausbildung von 1.400 Stunden vor, § 1 Abs. 1 S. 1 Diätass-APrV.

5. Hebammen und Entbindungspfleger

363 Rechtsgrundlagen sind das Gesetz über den Beruf der Hebammen und Entbindungspfleger vom 4.6.1985, sowie die Ausbildungs- und Prüfungsverordnung für Hebammen. Die Ausbildungszeit beträgt drei Jahre und umfasst mindestens 1600 Stunden theoretischen und praktischen Unterricht, mindestens 3000 Stunden praktische Ausbildung. Die Berufsaufsicht üben die Gesundheitsämter aus. Die Vergütung bei GKV-Patientinnen erfolgt direkt über die Kasse, die Vergütung privat versicherter Frauen gemäß Gebührenordnungen auf Landesebene. Das Berufsrecht der Hebammen richtet sich nach Berufsordnungen auf Landesebene. Schon der Vergleich zwischen ärztlicher Weiterbildungsordnung, Hebammengesetz sowie Ausbildungs- und Prüfungsordnung für Hebammen zeigt, dass es sich hier um zwei selbständige Heilberufe handelt. Hebamme ist kein Heilhilfsberuf, wie etwa die Arzthelferin (jetzt MFA), sondern vom gesetzlichen Leitbild her ein eigenständiger Medizinalberuf neben dem Arzt. Dies kommt besonders deutlich in Art. 4 der Richtlinie 80/155 EWG des Rates vom 21.1.1980 zum Ausdruck, der einen direkten Auftrag an die Mitgliedsstaaten enthält, dafür Sorge zu tragen, dass Hebammen bestimmte Aufgaben **in eigener** Verantwortung durchführen dürfen (z.B. Betreuung der Gebärenden während der Geburt und Überwachung des Fötus in der Gebärmutter mit Hilfe geeigneter klinischer und technischer Mittel, Durchführung von Normalgeburten bei Kopflage einschließlich – sofern erforderlich – des Scheidendammschnitts sowie im Dringlichkeitsfall von Steißgeburten.[615] Spätere Hebammen-Berufsordnungen wie die von Berlin (26.11.1989), Bremen (16.2.1990), Hessen (27.3.1991), Baden-Württemberg (25.11.1992), Mecklenburg-Vorpommern (14.12.1992), Niedersachsen (16.2.1995), Rheinland-Pfalz (14.3.1995) und Schleswig-Holstein (24.2.1997) betonen im Lichte der EG-Richtlinien 80/155 stärker die Eigen-

---

[615] Zum Ganzen: *Ratzel*, FRAUENARZT 1990,121 ff.; Empfehlungen der AG Medizinrecht der DGGG, http://www.dggg.de.

verantwortlichkeit von Hebammen. Wie immer muss man bei derartigen Normen jedoch nach ihrem Sinn und Zweck fragen. Die Hebammen-Berufsordnungen stecken den Rahmen ab, den die Hebamme nicht überschreiten darf. Sie bestimmen aber nicht, dass sie ihn ausfüllen muss. Dass bei Risikogeburten ein Über-/Unterordnungsverhältnis zwischen Arzt und Hebamme besteht, wird von keiner Seite bestritten. Alle bekannten Dienstordnungen beinhalten hier eine Hinzuziehungspflicht der Hebamme. Tut sie dies nicht und kommt es deswegen zu einem ansonsten vermeidbaren Schaden bei Mutter oder Kind, wird sie sich nahezu zwangsläufig gegen sie gerichteten Haftungsansprüchen ausgesetzt sehen.

6. Gesundheits- und Krankenpfleger/Gesundheits- und Kinderkrankenpfleger

Das Gesetz über die Berufe in der Krankenpflege (Krankenpflegegesetz – KrPflG) in seiner Fassung vom 22.10.2004[616] schützt die Berufsbezeichnung Gesundheits- und Krankenpflegerin/Gesundheits- und Krankenpfleger, Gesundheits- und Kinderkrankenpflegerin/Gesundheits- und Kinderkrankenpfleger. Die Ausbildung zu den Krankenpflegeberufen ist seit 1957 bundeseinheitlich im Krankenpflegegesetz geregelt; das Gesetz stützt sich auf den Kompetenztitel des Art. 74 Abs. 1 Nr. 19 GG, der auch für andere Heilberufe, hier den Heilhilfsberuf des Krankenpflegers gilt.[617] Nicht die Berufstätigkeit, sondern die Berufsbezeichnung wird damit geschützt.[618]

Voraussetzung für die Erteilung der Erlaubnis ist die Ableistung der gesetzlich vorgeschriebenen Ausbildungstätigkeit und das Bestehen einer staatlichen Prüfung (§ 2 Abs. 1 Nr. 1 KrPflG). Darüber hinaus darf sich der Antragsteller nicht eines Verhaltens schuldig gemacht haben, aus dem sich die Unzuverlässigkeit zur Ausübung des Berufs ergibt, (Nr. 2) und darf nicht in gesundheitlicher Hinsicht zur Ausübung des Berufs ungeeignet sein (Nr. 3). Ohne Bedeutung ist dabei die Staatsangehörigkeit des Antragstellers, soweit er die gesetzlichen Anforderungen erfüllt.[619] Bei der Prognoseentscheidung über die Zuverlässigkeit des Antragstellers ist das besondere Vertrauensverhältnis, das dem Krankenpfleger entgegen gebracht wird, besonders zu würdigen. Auch nicht berufsbezogene Verfehlungen können als Charakterschwäche des Krankenpflegers nach Auffassung des Bayerischen Verfassungsgerichtshofes dessen Zuverlässigkeit zur Berufsausübung ausschließen.[620]

Das Krankenpflegegesetz regelt in Abschnitt 2 das Ausbildungsziel (§ 3), Dauer und Struktur der Ausbildung (§ 4), Voraussetzungen für den Zugang zur Ausbildung (§ 5), Anrechnung gleichwertiger Ausbildungen (§ 6), Anrechnungen von Fehlzeiten (§ 7), und ermächtigt das zuständige Bundesministerium, mit Zustimmung des Bundesrates eine Ausbildung- und Prüfungsverordnung zu erlassen, wobei eine Mindeststundenzahl von 4.600 Stunden vorzusehen ist, von denen mindestens die Hälfte auf die praktische Ausbildung und nicht weniger als ein Drittel auf den theoretischen und praktischen Unterricht entfallen müssen (§ 8 Abs. 1 S. 1, 3).

Weitere Bestimmungen betreffen die Ausgestaltung des Ausbildungsverhältnisses (Abschnitt 3, §§ 9–18) sowie das Erbringen von Dienstleistungen durch Staatsangehörige

---

616 BGBl I, 2657.
617 Sachs/*Degenhart*, Art. 74 Rn 73.
618 *Erdle*, 40.1, § 1; BVerfG – 2 BvF 1/01, NJW 2003, 41 (Altenpfleger-Entscheidung).
619 *Erdle*, 40.1, § 2.
620 *Erdle*, 40.1, § 2; BayVGH v. 25.9.1996 – 7 b 95.2642, n.v.

eines Vertragsstaates des europäischen Wirtschaftsraums, die zur Ausübung des Berufs der Krankenschwester und des Krankenpflegers berechtigt sind (§ 19). Weiterhin enthält das Krankenpflegegesetz Zuständigkeitsregelungen (§ 20), Bußgeldvorschriften (§ 21), und Anwendungsvorschriften (§§ 22–25).

368 Die Ausbildungs- und Prüfungsverordnung für die Berufe in der Krankenpflege (KrPflAPrV) in ihrer Fassung vom 23.3.2005[621] beinhaltet Vorschriften zur Ausbildung und Prüfung, hier auch in der Krankenpflegehilfe, und regelt in Anlage 1 die Inhalte des theoretischen und praktischen Unterrichts.

7. Logopäde

369 Das Gesetz über den Beruf des Logopäden in seiner Fassung vom 25.11.2003[622] schützt die Berufsbezeichnung Logopäde/Logopädin (§ 1 LogopG). Danach bedarf, wer eine Tätigkeit unter dieser Berufsbezeichnung ausüben will, der Erlaubnis. Diese wird erteilt nach dreijähriger Ausbildung und Bestehen einer staatlichen Prüfung (§ 2 Abs. 1 Nr. 1 LogopG). Darüber hinaus muss die Zuverlässigkeit des Antragstellers und die gesundheitliche Eignung geprüft werden (Nr. 2, 3). Die Ausbildungs- und Prüfungsordnung für Logopäden (LogAPrO) in ihrer Fassung vom 21.6.2005[623] regelt den Ausbildungsgang sowie das Prüfverfahren und Durchführung der Prüfung. Insgesamt müssen im Rahmen einer dreijährigen Ausbildung 1.740 Stunden für den theoretischen und praktischen Unterricht sowie 2.100 für die praktische Ausbildung nachgewiesen werden (LogAPrO, Anlage 1).

8. Masseur/Medizinischer Bademeister und Physiotherapeut

370 Das Gesetz über die Berufe in der Physiotherapie (Masseur- und Physiotherapeutengesetz – MPhG) in seiner Fassung vom 25.11.2003[624] schützt die Berufsbezeichnung Masseurin und Medizinische Bademeisterin/Masseur und Medizinischer Bademeister, Physiotherapeutin/Physiotherapeut (ehemals: Krankengymnast). Die Bezeichnung „Krankengymnast" kann dabei weiter geführt werden. Andere Bezeichnungen wie „Sauna-Bademeister", „Kneipp-Bademeister", „Massage-Fachkraft" werden durch das MPhG nicht verboten.[625] Die Erlaubnis ist zu erteilen, wenn der Antragsteller die vorgeschriebene Ausbildung abgeleistet und die staatliche Prüfung bestanden hat (§ 2 Abs. 1 Nr. 1 MPhG), sowie die Zuverlässigkeit und die gesundheitliche Eignung nachgewiesen wurden (Nr. 2, 3). Die Zuverlässigkeit ist dann nicht gegeben, wenn berufsbezogene Verfehlungen vorliegen und aufgrund der charakterlichen Veranlagungen des Antragstellers davon auszugehen ist, dass es erneut zu derartigen Verfehlungen kommt.[626]

371 Die Ausbildung zum Masseur/Medizinischen Bademeister besteht aus einem zweijährigen Lehrgang, der theoretischen und praktischen Unterricht und eine praktische Ausbildung sowie eine praktische Tätigkeit umfasst (§ 4 Abs. 1, 2 MPhG) und mit einer staatlichen Prüfung abschließt (Abs. 2). Die praktische Tätigkeit nach bestandener Prüfung in zur Annahme von Praktikanten ermächtigten Krankenhäusern oder anderen geeigneten medizinischen Einrichtungen unter Aufsicht eines Masseurs und Medizi-

---

621 BGBl I, 931.
622 BGBl I, 2304.
623 BGBl I, 1818.
624 BGBl I, 2304.
625 *Erdle*, 50.1, § 1 Rn 4.
626 *Erdle*, 50.1, § 2 Rn 2.

nischen Bademeisters und, soweit ein solcher nicht zur Verfügung steht, eines Krankengymnasten oder Physiotherapeuten dauert sechs Monate (§§ 4 Abs. 3, 7 Abs. 1 MPhG).

Die Ausbildung zum Physiotherapeuten soll insbesondere dazu befähigen, durch Anwendung geeigneter Verfahren der Physiotherapie in Prävention, kurativer Medizin, Rehabilitation und im Kurwesen Hilfen zur Entwicklung, zum Erhalt oder zur Wiederherstellung aller Funktionen im somatischen und psychischen Bereich zu geben und bei nicht rückbildungsfähigen Körperbehinderungen Ersatzfunktionen zu schulen (§ 8 MPhG). Die Ausbildung geht über drei Jahre und besteht aus theoretischem und praktischem Unterricht und einer praktischen Ausbildung (§ 9 S. 1 MPhG). Voraussetzung für diese Ausbildung sind die Vollendung des 17. Lebensjahrs und die gesundheitliche Eignung (§ 10 S. 1 Nr. 1 MPhG) sowie ein Realschulabschluss und eine gleichwertige Ausbildung oder eine andere abgeschlossene zehnjährige Schulbildung, die den Hauptschulabschluss erweitert, oder eine nach Hauptschulabschluss oder einem gleichwertigen Abschluss abgeschlossene Berufsausbildung von mindestens zweijähriger Dauer (§ 10 S. 1 Nr. 2 MPhG).

372

Das MPhG ermächtigt das Bundesministerium für Gesundheit, im Benehmen mit dem Bundesministerium für Bildung und mit Zustimmung des Bundesrates in einer Ausbildungs- und Prüfungsverordnung Mindestanforderungen für die entsprechende Ausbildung zu regeln (§ 13 Abs. 1, 2 MPhG). Die entsprechenden Regelungen wurden durch Verordnung über die Ausbildung und Prüfung von Masseuren und Medizinischen Bademeistern und zur Änderung verschiedener Ausbildungs- und Prüfungsverordnungen betreffend andere Heilberufe (HeilBÄndV) durch Art. 5 des Gesetzes vom 23.3.2005[627] sowie durch Ausbildungs- und Prüfungsverordnung für Physiotherapeuten (PhysThAPrV) durch Art. 5 des Gesetzes vom 23.3.2005[628] vorgenommen.

373

Mit Urteil vom 21.11.2006 hat das OVG Koblenz[629] entschieden, dass Physiotherapeuten auf Antrag eine auf den Bereich der Physiotherapie beschränkte Erlaubnis zur Niederlassung als Heilpraktiker zu erteilen ist. Eine Überprüfung durch das Gesundheitsamt ist danach nicht erforderlich; die Berufsbezeichnung „Heilpraktiker" muss nicht geführt werden. Die Entscheidung trägt der zunehmenden Professionalisierung im Bereich der Gesundheitsberufe ebenso Rechnung wie den veränderten Versorgungsstrukturen. Wenn ärztliche Verordnungen für physiotherapeutische Behandlungen durch Entscheidungen des Gesetzgebers rationiert werden bzw. dem Arzt bei Budgetüberschreitung der persönliche Regress droht, ist die Forderung nach Öffnung eines direkten Zugangs der Patienten zum Physiotherapeuten zur Aufrechterhaltung des hohen Gesundheitsschutz-Niveaus – die entsprechende Kompetenz und Qualifikation, z.B. durch ein abgeschlossenes Fachhochschulstudium, unterstellt – nachvollziehbar, wenn nicht gar geboten. Diesem Gedanken wird auch der Gesetzgeber folgen müssen, der sein Augenmerk zwar einerseits dem schutzwürdigen Vertrauen der in den „überkommenen Berufen" Tätigen zu schenken hat, andererseits bei den gesetzlichen Festlegungen des Berufsbildes auch seinen „realen Veränderungen" entsprechen soll.[630] Der „Umweg" über das HPG mag im Einzelfall gangbar sein; einer eigenständigen gesetzlichen Regelung ist jedoch der Vorzug zu geben.

374

---

627 BGBl I, 931.
628 BGBl I, 931.
629 OVG Koblenz, Urt. v. 21.11.2006 – 6 A 10271/06, GesR 2007, 222 ff.
630 BVerfGE 106, 62.

9. Orthoptist

375 Das Gesetz über den Beruf der Orthoptistin/Orthoptist (Orthoptistengesetz – OrthoptG) in seiner Fassung vom 25.11.2003[631] schützt die Berufsbezeichnung „Orthoptistin" oder „Orthoptist". Wer diese Berufsbezeichnung führen will, bedarf einer Erlaubnis (§ 1 OrthoptG).

376 Voraussetzung hierfür ist, dass die vorgeschriebene Ausbildung abgeleistet und die staatliche Prüfung bestanden wurde (§ 2 Abs. 1 Nr. 1 OrthoptG). Darüber hinaus müssen die Zuverlässigkeit und gesundheitliche Eignung des Antragstellers gegeben sein (Abs. 1 Nr. 2, 3). Die Ausbildung zum Beruf soll dazu befähigen, insbesondere bei der Prävention, Diagnose und Therapie von Störungen des ein- und beidäugigen Sehens bei Schielerkrankungen, Sehschwächen und Augenzittern mitzuwirken (§ 3 OrthoptG). Die Ausbildung besteht aus theoretischem und praktischem Unterricht und einer praktischen Ausbildung (§ 4 S. 1 OrthoptG). Voraussetzung für den Zugang zur Ausbildung ist neben der gesundheitlichen Eignung ein Realschulabschluss oder eine gleichwertige Ausbildung oder eine andere abgeschlossene zehnjährige Schulbildung, die den Hauptschulabschluss erweitert, oder eine nach Hauptschulabschluss oder einem gleichwertigen Abschluss abgeschlossene Berufsausbildung von mindestens zweijähriger Dauer. Das Bundesgesundheitsministerium wird im Gesetz ermächtigt, im Benehmen mit dem Bundesministerium für Bildung und mit Zustimmung des Bundesrates einer Ausbildungs- und Prüfungsverordnung für den Beruf des Orthoptisten zu erlassen (§ 8 Abs. 1 OrthoptG). Von dieser Ermächtigungsgrundlage ist in Gestalt der Ausbildungs- und Prüfungsverordnung für Orthoptistinnen und Orthoptisten (OrthoptAPrV) durch Art. 73 des Gesetzes vom 21.6.2005[632] Gebrauch gemacht worden. Danach umfasst die dreijährige Ausbildung theoretischen und praktischen Unterricht (1.700 Stunden) sowie eine praktische Ausbildung (2.800 Stunden) (§ 1 OrthoptAPrV, Anlage 1). Die Ausbildungs- und Prüfungsverordnung regelt u.a. die Organisation, Zulassun und Inhalte der Prüfung.

10. Pharmazeutisch-technischer Assistent

377 Das Gesetz über den Beruf des pharmazeutisch-technischen Assistenten (PtAG) in seiner Fassung vom 15.6.2005[633] schützt die Berufsbezeichnungen „pharmazeutisch-technische Assistentin"/"pharmazeutisch-technischer Assistent". Wer diese Berufsbezeichnung führen will, bedarf der Erlaubnis (§ 1 PtAG).

378 Voraussetzungen der Erlaubnis sind die Vollendung des 18. Lebensjahres, die berufliche Zuverlässigkeit und gesundheitliche Eignung zum Beruf sowie das Bestehen einer staatlichen Prüfung nach Abschluss eines zweijährigen Lehrgangs und einer halbjährigen praktischen Ausbildung.

379 Das Bundesministerium für Gesundheit regelt im Benehmen mit dem Bundesministerium für Bildung und mit Zustimmung des Bundesrates in einer Ausbildung zur Prüfungsverordnung die Mindestanforderungen an den Lehrgang, das Nähere über die praktische Ausbildung in der Apotheke und die staatliche Prüfung (§ 7 Abs. 1 S. 1 PtAG). Der pharmazeutisch-technische Assistent ist befugt, in der Apotheke unter Aufsicht eines Apothekers pharmazeutische Tätigkeiten auszuüben (§ 8 S. 1 PtAG). Aus-

---

[631] BGBl I, 2304.
[632] BGBl I, 1818.
[633] BGBl I, 1645.

drücklich stellt das PtAG fest, dass der pharmazeutisch-technische Assistent nicht zur Vertretung in der Leitung einer Apotheke befugt ist (§ 8 S. 3 PtAG).[634] Der pharmazeutisch-technische Assistent zählt damit zum pharmazeutischen Personal (Apotheker, Personen, die sich in der Ausbildung zum Apothekerberuf befinden, Apotheker-Assistenten, Pharmazieingenieure, Personen, die sich in der Ausbildung zum Pharmazieingenieur befinden, Apothekenassistenten und pharmazeutische Assistenten (§ 3 Abs. 3 Nr. 1–9 ApBetrO).

Die Ausbildungs- und Prüfungsverordnung für pharmazeutisch-technische Assistentinnen und pharmazeutisch-technische Assistenten (PtA-APrV) vom 23.9.1997,[635] zuletzt geändert durch Art. 6 des Gesetzes vom 15.6.2005[636] definiert die Ausbildung, die einen zweijährigen Lehrgang an einer staatlich anerkannten Lehranstalt für pharmazeutisch-technische Assistenten, ein Praktikum von 160 Stunden in einer Apotheke, eine Ausbildung in Erster Hilfe von acht Doppelstunden außerhalb der schulischen Ausbildung und eine praktische Ausbildung von sechs Monaten in der Apotheke umfasst und mit einer staatlichen Prüfung abschließt (§ 1 Abs. 1 PtA-APrV). Darüber hinaus wird Ablauf und Organisation der Prüfung beschrieben. Nach Anlage 1 zu § 1 Abs. 2 S. 2 PtA-AprV beträgt der theoretische und praktische Unterricht 2.600 Stunden insgesamt.

11. Podologe

Das Gesetz über den Beruf der Podologin und des Podologen (Podologengesetz – PodG)[637] schützt die Berufsbezeichnung „Podologin" oder „Podologe" ebenso wie die Bezeichnung „Medizinische Fußpflegerin" oder „Medizinischer Fußpfleger". Die Ausbildung soll entsprechend der Aufgabenstellung des Berufs insbesondere dazu befähigen, durch Anwendung geeigneter Verfahren nach den anerkannten Regeln der Hygiene allgemeine und spezielle fußpflegerische Maßnahmen selbständig auszuführen, pathologische Veränderungen oder Symptome von Erkrankungen am Fuß, die eine ärztliche Abklärung erfordern, zu erkennen, unter ärztlicher Anleitung oder auf ärztliche Veranlassung medizinisch indizierte podologische Behandlungen durchzuführen und damit bei der Prävention, Therapie und Rehabilitation von Fußerkrankungen mitzuwirken, § 3 PodG. Ausdrücklich hat die Bundesregierung dem Ansinnen des Bundesrates widersprochen, allgemeine und spezielle fußpflegerische Maßnahmen aus der Beschreibung des Berufsbildes herauszunehmen und hat eine umfassende Beschreibung des Berufsbildes gefordert, um qualitätsgerechte podologische Maßnahmen bei Erkrankungen am Fuß durchführen zu können.[638]

Die Ausbildung kann in Vollzeitform (zwei Jahre) sowie in Teilzeitform (höchstens vier Jahre) geleistet werden, § 4 S. 1 PodG. Die Ausbildungsinhalte werden an staatlich anerkannten Schulen vermittelt; die Ausbildung schließt mit der staatlichen Prüfung ab, § 4 S. 2 PodG.

Voraussetzung für den Zugang zur Ausbildung ist die gesundheitliche Eignung zur Ausübung des Berufs und der Realabschluss oder eine gleichwertige Schulbildung oder ein

---

634 Vgl. § 3 und § 28 Abs. 3 Verordnung über den Betrieb von Apotheken (Apothekenbetriebsordnung – ApBetrO), i.d.F. v. 26.9.1995 (BGBl I, 95), zuletzt geändert durch Art. 35 des Gesetzes v. 26.3.2007 (BGBl I, 378).
635 BGBl I, 2352.
636 BGBl I, 1645.
637 Gesetz über den Beruf der Podologin und des Podologen (Podologengesetz – PodG) v. 4.12.2001, BGBl I, 3320, zuletzt geändert durch Art. 52 der Verordnung v. 31.10.2006, BGBl I, 2407.
638 *Erdle*, 18.1, § 3 Rn 2.

qualifizierter Hauptschulabschluss oder eine nach Hauptschulabschluss oder gleichwertiger Schulbildung erfolgreich abgeschlossene Berufsausbildung von mindestens zweijähriger Dauer, § 5 Nr. 1, 2 PodG. Auf Antrag kann eine andere abgeschlossene Ausbildung im Umfang ihrer Gleichwertigkeit auf die Dauer der Ausbildung angerechnet werden, wenn damit die Durchführung der Ausbildung und die Erreichung des Ausbildungsziels nicht gefährdet werden, § 6 Abs. 2 PodG.

384 Im Rahmen von Übergangs- und Schlussvorschriften stellt das Gesetz die auf der Basis einzelner Schulgesetze, Schulordnungen und Runderlasse zuständiger Landesministerien erteilten staatlichen Anerkennungen als „Medizinischer Fußpfleger" oder „Staatlich geprüfter medizinischer Fußpfleger/Staatlich geprüfte medizinische Fußpflegerin" der Erlaubnis nach § 1 PodG gleich. Weitere Übergangsbestimmungen dürften in der Praxis heute keine Rolle mehr spielen.

385 Die Ausbildungs- und Prüfungsverordnungen für Podologinnen und Podologen (PodAPrV) in ihrer Fassung vom 23.3.2005[639] sieht theoretischen und praktischen Unterricht von 2.000 Stunden und eine praktische Ausbildung von 1.000 Stunden als Mindestanforderung vor, § 1 Abs. 1.

III. Heilhilfsberufe

1. Rettungsassistent

386 Das Gesetz über den Beruf der Rettungsassistentin und des Rettungsassistenten (Rettungsassistentengesetz – RettAssG) vom 10.7.1989,[640] zuletzt geändert durch Art. 18 des Gesetzes vom 21.6.2005[641] schützt die Berufsbezeichnung „Rettungsassistentin"/„Rettungsassistent". Wer diese Berufsbezeichnung führen will, bedarf der Erlaubnis (§ 1 RettAssG). Voraussetzung der Erlaubnis ist, dass der Antragsteller an einem aus mindestens 1.200 Stunden bestehenden theoretischen und praktischen Lehrgang teilgenommen und die staatliche Prüfung bestanden hat sowie die praktische Tätigkeit, die mindestens 1.600 Stunden umfasst und sofern sie in Vollzeitform abgeleistet wird, zwölf Monate dauert, erfolgreich abgeleistet hat (§ 2 Abs. 1 Nr. 1, § 4, § 7 RettAssG). Außerdem darf der Antragsteller nicht in gesundheitlicher Hinsicht zur Ausübung des Berufs ungeeignet sein (§ 2 Abs. 1 Nr. 3 RettAssG).

387 Als Ausbildungsziel schreibt das RettAssG die Befähigung fest, am Notfallort bis zur Übernahme der Behandlung durch den Arzt lebensrettende Maßnahmen bei Notfallpatienten durchzuführen, die Transportfähigkeit solcher Patienten herzustellen, die lebenswichtigen Körperfunktionen während des Transports zum Krankenhaus zu beobachten und aufrecht zu erhalten sowie Kranke, Verletzte und sonstige hilfsbedürftige Personen, auch so weit sie nicht Notfallpatienten sind, unter sachgerechter Betreuung zu befördern (§ 3 RettAssG). Das Gesetz beschreibt weiterhin die Art der Ausbildung zum Rettungsassistenten. Das Bundesministerium für Gesundheit wird ermächtigt, im Benehmen mit dem Bundesministerium für Bildung und mit Zustimmung des Bundesrates durch Rechtsverordnung eine Ausbildungs- und Prüfungsverordnung für Rettungsassistentinnen und Rettungsassistenten zu erlassen (§ 10 RettAssG).

---

639 BGBl I, 139.
640 BGBl I, 1384.
641 BGBl I, 1818.

Die Ausbildungs- und Prüfungsverordnung für Rettungsassistentinnen und Rettungsassistenten (RettAssAPrV) vom 7.11.1989,[642] zuletzt geändert durch Art. 5 des Gesetzes vom 23.3.2005[643] beschreibt die Ausbildungserfordernisse und -inhalte sowie Organisation und Ablauf der Prüfung.

388

2. Medizinisch-technischer Laboratoriumsassistent, Medizinisch-technischer Radiologieassistent, Medizinisch-technischer Assistent für Funktionsdiagnostik, Veterinärmedizinisch-technischer Assistent

Das Gesetz über technische Assistenten in der Medizin (MTA-Gesetz – MTAG) vom 2.8.1993,[644] zuletzt geändert durch Art. 29 der Verordnung vom 25.11.2003[645] schützt die entsprechenden Berufsbezeichnungen. Wer diese Berufsbezeichnungen führen will, bedarf der Erlaubnis (§ 1 MTAG). Das Gesetz ist jedoch nicht alleine ein „Berufsbezeichnungs-Schutzgesetz", sondern schützt zugleich die Berufsausübung, indem es bestimmte Tätigkeiten auf dem Gebiet der Humanmedizin jenen Personen vorbehält, die über eine Berufserlaubnis nach § 1 Nr. 1 MTAG verfügen (§ 9 Abs. 1 Nr. 1 MTAG). Dazu zählen die technische Ausarbeitung des histologischen und zytologischen Untersuchungsmaterials, technische Beurteilung der Präparate auf ihre Brauchbarkeit zur ärztlichen Diagnose, die Durchführung von Untersuchungsgängen in der morphologischen Hämatologie, Immunhämatologie und Hamostaseologie einschließlich Ergebniserstellung, Qualitäts- und Plausibilitätskontrolle, die Durchführung von Untersuchungsgängen in der klinischen Chemie einschließlich Ergebniserstellung, Qualitäts- und Plausibilitätskontrolle sowie die Durchführung von Untersuchungsgängen in der Mikrobiologie, Parazytologie und Immunologie einschließlich Ergebniserstellung, Qualitäts- und Plausibilitätskontrolle, ausgenommen einfache klinisch-chemische Analysen sowie einfache qualitative und semi-quantitative Untersuchungen von Körperflüssigkeiten, Ausscheidungen und Blut (§ 9 Abs. 1 Nr. 1a–d MTAG).[646]

389

Auch für die medizinisch-technische Radiologieassistentin/den Medizinisch-technischen Radiologieassistenten, die Medizinisch-technische Assistentin für Funktionsdiagnostik/den Medizinisch-technischen Assistenten für Funktionsdiagnostik, die Veterinärmedizinisch-technische Assistentin, den Veterinärmedizinisch-technischen Assistenten nach § 1 Nr. 2–4 gelten entsprechende Tätigkeitsvoraussetzungen (§ 9 Abs. 1 Nr. 2, 3, Abs. 2 MTAG). Tätigkeiten, deren Ergebnisse der Erkennung einer Krankheit und der Beurteilung ihres Verlaufs dienen, dürfen von den genannten Personen nur auf ärztliche, zahnärztliche oder tierärztliche oder auf Anforderung einer Heilpraktikerin oder eines Heilpraktikers ausgeübt werden (§ 9 Abs. 3 MTAG). Ein Verstoß hiergegen stellt eine Ordnungswidrigkeit (keine Straftat) dar (§ 12 MTAG). Die Strafbewehrung erschien dem Gesetzgeber rechtspolitisch nicht sinnvoll, „da sie zu einer unerwünschten Kriminalisierung des Berufsstandes führen würde".[647]

390

---

642 BGBl I, 1966.
643 BGBl I, 931.
644 BGBl I, 1402.
645 BGBl I, 2304.
646 BVerfGE 106, 62.
647 BT-Drucks 12/3165.

391 Die Ausbildungs- und Prüfungsverordnung für technische Assistenten in der Medizin (MtA-APrV) vom 25.4.1994,[648] geändert durch Art. 5 des Gesetzes vom 23.3.2005,[649] nennt als Voraussetzung für den Beruf eine dreijährige Ausbildung, die nach § 1 Nr. 1 MTAG theoretischen und praktischen Unterricht von 3.170 Stunden sowie eine praktische Ausbildung von 1.230 Stunden umfasst, nach § 1 Nr. 2 MTAG theoretischen und praktischen Unterricht von 2.800 Stunden sowie eine praktische Ausbildung von 1.600 Stunden, nach § 1 Nr. 3 MTAG theoretischen und praktischen Unterricht von 2.370 Stunden sowie eine praktische Ausbildung von 2.030 Stunden und nach § 1 Nr. 4 MTAG theoretischen und praktischen Unterricht von 3.170 Stunden sowie praktische Ausbildung von 1.230 Stunden (§ 1 Abs. 1 Nr. 1–4 MtA-APrV) umfasst. Die Prüfungsverordnung regelt im Übrigen Ablauf und Organisation der Prüfung.

3. Medizinischer Fachangestellter

392 Bei der Medizinischen Fachangestellten bzw. dem Medizinischen Fachangestellten handelt es sich um einen staatlich anerkannten Ausbildungsberuf (§ 1 Verordnung über die Berufsausbildung zum Medizinischen Fachangestellten/zur Medizinischen Fachangestellten vom 26.4.2006.[650] Zielsetzung der Berufsausbildung ist die Vermittlung von Fertigkeiten, Kenntnissen und Fähigkeiten bezogen auf Arbeits- und Geschäftsprozesse, die zur Ausübung einer qualifizierten beruflichen Tätigkeit im Sinne von § 1 Abs. 3 Berufsbildungsgesetz befähigen, insbesondere geht es dabei um selbständiges Planen, Durchführen und Kontrollieren sowie Handeln im betrieblichen Gesamtzusammenhang (§ 3 S. 1 der Verordnung).

393 Ausbildungsberufsbild (§ 4), Ausbildungsrahmenplan (§ 5), Ausbildungsplan (§ 6), schriftlicher Ausbildungsnachweis (§ 7) sowie Organisation und Durchführung der Prüfung werden in der Ausbildungsverordnung des Bundes beschrieben. Zum Ausbildungsrahmenplan zählen neben rechtlichen Anforderungen insbesondere die Themen Umweltschutz, Gesundheitsschutz und Hygiene, Sicherheits- und Gesundheitsschutz bei der Arbeit, Maßnahmen der Arbeits- und Praxishygiene, Schutz vor Infektionskrankheiten. Daneben zählt Kommunikation, Patientenbetreuung und -beratung, Betriebsorganisation und Qualitätsmanagement, Verwaltung und Abrechnung, Information und Dokumentation, Durchführen von Maßnahmen bei Diagnostik und Therapie unter Anleitung und Aufsicht des Arztes, Grundlagen der Prävention und Rehabilitation sowie Handeln bei Not- und Zwischenfällen zu den Ausbildungsschwerpunkten.

394 *Wichtig*
Die fachliche Eignung für des Ausbilders den Ausbildungsberuf der medizinischen, zahnmedizinischen, tiermedizinischen und pharmazeutisch-kaufmännischen Angestellten haben nur approbierte Ärzte, Zahnärzte, Tierärzte und Apotheker im jeweiligen Berufsfeld.[651]

---

648 BGBl I, 922.
649 BGBl I, 931.
650 BGBl I, 1097.
651 § 1 Verordnung über die fachliche Eignung für die Berufsausbildung der Medizinischen, Zahnmedizinischen und Tiermedizinischen Fachangestellten sowie der Pharmazeutisch-kaufmännischen Angestellten v. 7.3.2007, BGBl I, 311.

4. Pharmazeutisch-kaufmännischer Angestellter

Der Ausbildungsberuf des Pharmazeutisch-kaufmännischen Angestellten ist staatlich anerkannt (§ 1 Verordnung über die Berufsausbildung zum Pharmazeutisch-kaufmännischen Angestellten/zur Pharmazeutisch-kaufmännischen Angestellten vom 3.3.1993).[652] Die Ausbildung dauert drei Jahre (§ 2). Gegenstand sind Fertigkeiten und Kenntnisse in Bezug auf den Ausbildungsbetrieb, Bürowirtschaft und Statistik, Rechnungswesen, Warenbewirtschaftung, Marketing in der Apotheke, Anwenden apothekenspezifischer Fachsprache, Arzneimittel, apothekenübliche Waren, Tätigkeiten nach der Apothekenbetriebsordnung, Gesundheitsschutz und erste Hilfe (§ 3). Diese Fertigkeiten und Kenntnisse sollen so vermittelt werden, dass der Auszubildende zur Ausübung einer qualifizierten beruflichen Tätigkeit i.S.d. § 1 Abs. 2 Berufsbildungsgesetz befähigt wird, die insbesondere selbständiges Planen, Durchführen und Kontrollieren einschließt (§ 4 Abs. 2 S. 1). Weiter regelt die hier genannte Ausbildungsverordnung den Ausbildungsrahmenplan und Ausbildungsplan (§§ 4, 5), Organisation und Inhalt der Prüfung.

395

5. Zahnmedizinische Fachangestellte

Der Ausbildungsberuf Zahnmedizinischer Fachangestellter/Zahnmedizinische Fachangestellte wird staatlich anerkannt (§ 1 Verordnung über die Berufsausbildung von Zahnmedizinischen Fachangestellten/Zahnmedizinische Fachangestellte vom 4.7.2001).[653] Die Ausbildungsdauer beträgt drei Jahre (§ 2). Gegenstand der Berufsausbildung sind mindestens die Vermittlung von Fertigkeiten und Kenntnissen in Bezug auf den Ausbildungsbetrieb, das Durchführen von Hygienemaßnahmen, Maßnahmen der Arbeits- und Praxishygiene, Arbeitsorganisation, Qualitätsmanagement, Kommunikation, Information und Datenschutz, Patientenbetreuung, Grundlagen der Prophylaxe, Durchführen begleitender Maßnahmen bei Diagnostik und Therapie unter Anleitung und Aufsicht des Zahnarztes, Hilfeleistungen bei Zwischenfällen und Unfällen, Praxisorganisation und -verwaltung sowie Abrechnung von Leistungen (§ 3 Nr. 1–10). Die weiteren Vorschriften der Verordnung beziehen sich auf den Ausbildungsrahmenplan und den Ausbildungsplan (§§ 4, 5) sowie Organisation und Durchführung der Prüfung.

396

6. Tiermedizinische Fachangestellte

Der Ausbildungsberuf Tiermedizinische Fachangestellter/Tiermedizinische Fachangestellte wird staatlich anerkannt (§ 1 Verordnung über die Berufsausbildung zum Tiermedizinischen Fachangestellten/zur Tiermedizinischen Fachangestellten vom 22.8.2005).[654] Die Ausbildung dauert drei Jahre (§ 2). Zielsetzung der Ausbildung ist die Vermittlung von Fertigkeiten, Kenntnissen und Fähigkeiten bezogen auf Arbeits- und Geschäftsprozesse, so dass die Auszubildenden zur Ausübung einer qualifizierten beruflichen Tätigkeit i.S.d. § 1 Abs. 3 Berufsbildungsgesetz befähigt werden, hier insbesondere zum selbständigen Planen, Durchführen und Kontrollieren sowie Handeln im betrieblichen Gesamtzusammenhang (§ 3 S. 1). Gegenstand der Berufsausbildung sind mindestens die Fertigkeiten, Kenntnisse und Fähigkeiten in Bezug auf den Ausbildungsbetrieb, Hygiene und Infektionsschutz, Tierschutz, Patientenbetreuung, Kom-

397

---

652 BGBl I, 292.
653 BGBl I, 1492.
654 BGBl I, 2522.

munikation, Information und Datenschutz, Betriebsorganisation und Qualitätsmanagement, Betriebsverwaltung und Abrechnung, tierärztliche Hausapotheke, Maßnahmen bei Diagnostik und Therapie unter Anleitung und Aufsicht des Tierarztes oder der Tierärztin, Prävention und Rehabilitation, Laborarbeiten, Röntgen- und Strahlenschutz (§ 4). Weiter regelt die Verordnung den Ausbildungsrahmenplan und Ausbildungsplan (§§ 5, 6) sowie Organisation und Ablauf der Prüfung.

7. Gesundheitshandwerk

398 Mehr als 25.400 Betriebe zählte das Gesundheitshandwerk in Deutschland im Jahr 2005.[655] Dazu gehören:

a) Hörgeräteakustiker

399 Rechtsgrundlage: Verordnung über die Berufsausbildung zum Hörgeräteakustiker/zur Hörgeräteakustikerin vom 12.5.1997.[656]

b) Augenoptiker

400 Rechtsgrundlage: Verordnung über die Berufsausbildung zum Augenoptiker/zur Augenoptikerin vom 4.3.1997.[657] In seiner Entscheidung vom 7.8.2000 hat die 2. Kammer des 1. Senats des Bundesverfassungsgerichts unter Aufhebung eines Urteils des Bundesgerichtshof vom 10.12.1998[658] entschieden, dass es sich beim Anbieten und Durchführen der Tonometrie und der automatischen Perimetrie durch diesen spezialisierten Heilhilfsberuf nicht um unerlaubte Ausübung der Heilkunde nach § 1 Abs. 2 HPG handelt. Die Weiterentwicklung der Medizintechnik verlange für die einzelne Verrichtung keine heilkundliche Fähigkeit mehr.[659] Auch der Augenoptiker übe seinen Beruf stets in Verantwortung für den ihm anvertrauten Teil der Volksgesundheit aus. Nicht einmal in der Möglichkeit, dass ein an sich gebotener Arztbesuch aufgrund dieses Dienstleistungsangebotes der Optiker unterbleibt, genügt dem Bundesverfassungsgericht für eine mittlere Gesundheitsgefährdung, die eine solche Tätigkeit als Heilkunde ausweist. Ohne Untersuchung des Optikers sei die „nahe liegende Gefahr", dass eine schwere Erkrankung des Auges unerkannt bleibt, noch größer. Einmal mehr offenbart die Entscheidung der 2. Kammer des 1. Senats des Bundesverfassungsgerichts eine Sichtweise, welche – wie auch die Entscheidungen zum Werberecht zeigen – die Berufsausübung und die sie einschränkenden Gesetze und Satzungen äußerst liberal definieren und auslegen.

---

[655] Bayerischer Handwerkstag, Handwerk 2006 aktuell, Daten über Handwerk und Wirtschaft 2005 und 2006 in Bayern und in der Bundesrepublik Deutschland, S. 11.
[656] BGBl I, 1019.
[657] BGBl I, 436.
[658] BGH – I ZR 137/96, MedR 1999, 462.
[659] BVerfG – 1 BvR 254/99, NJW 2000, 2736.

c) Orthopädiemechaniker und Bandagisten

Rechtsgrundlage: Verordnung über die Berufsausbildung zum Orthopädiemechaniker und Bandagisten/zur Orthopädiemechanikerin und Bandagistin vom 14.6.1996,[660] geändert durch Verordnung vom 25.8.1998.[661]

401

d) Orthopädieschuhmacher

Rechtsgrundlage: Verordnung über die Berufsausbildung zum Orthopädieschuhmacher/zur Orthopädieschuhmacherin vom 21.4.1999.[662]

402

e) Zahntechniker

Rechtsgrundlage: Verordnung über die Berufsausbildung zum Zahntechniker/zur Zahntechnikerin vom 11.12.997.[663]

403

Nach Anlage A Nr. 33–37[664] zu § 1 Abs. 2 Handwerksordnung[665] handelt es sich bei der selbständigen Ausübung dieser Berufe um zulassungspflichtiges Handwerk. In die Handwerksrolle wird eingetragen, wer in dem von ihm zu betreibenden oder in einem mit diesem verwandten zulassungspflichtigen Handwerk die Meisterprüfung bestanden hat, § 7 Abs. 1a Handwerksordnung. Bei der Ausübung dieser Berufe handelt es sich um gewerbliche Tätigkeiten.

404

8. Andere Dienstleistungsberufe im Gesundheitswesen

Hierzu werden – nach der Übersicht des Statistischen Bundesamtes – u.a. soziale Berufe (z.B. Heilpädagogen) und sonstige Gesundheitsfachberufe gerechnet, darunter gesundheitssichernde Berufe, Gesundheitstechniker, Pharmakanten und pharmazeutisch-kaufmännische Angestellte.

405

---

660 BGBl I, 847.
661 BGBl I, 2576.
662 BGBl I, 789.
663 BGBl I, 3182.
664 Verzeichnis der Gewerbe, die als zulassungspflichtige Handwerke betrieben werden können.
665 Handwerksordnung (HwO), BGBl I 1953, 1411, zuletzt geändert durch Art. 146 der Verordnung v. 31.10.2006, BGBl I, 2407.

§ 6 Das Leistungsrecht der gesetzlichen Krankenversicherung

Rainer Beeretz

Inhalt

A. Einleitung	1
I. Definition Leistungsrecht	2
II. Leistungsrecht und Leistungserbringungsrecht	9
B. Grundprinzipien des Leistungsrechts	14
I. Prinzip der umfassenden Versorgung	20
1. Der allgemein anerkannte Stand medizinischer Erkenntnisse nach § 2 Abs. 1 S. 3 SGB V	22
2. Die begrenzte Offenheit für besondere Therapiemethoden	26
3. Berücksichtigung des medizinischen Fortschrittes/Neue Untersuchungs- und Behandlungsmethoden	27
a) Grundsätze für die vertragsärztliche Versorgung	28
b) Grundsätze für die Krankenhausbehandlung	30
c) Arzneimittel	31
d) Sonstige Leistungsbereiche	32
4. Das Gebot der Wirksamkeit und Qualität	33
II. Prinzipien der Eingrenzung der Versorgung	36
1. Das Prinzip der Eigenverantwortlichkeit	37
2. Notwendigkeit, Zweckmäßigkeit	41
3. Das Prinzip der Wirtschaftlichkeit	43
4. Hierarchie der Leistungsarten	48
C. Leistungsarten	49
I. Das Sachleistungsprinzip des § 2 Abs. 2 S. 1 SGB V	51
1. Das Verhältnis Versicherter-Leistungserbringer	52
2. Leistungsverpflichtung	54
3. Kein Rückgriff	58
II. Die Kostenerstattung	60
1. Wahlrecht: Kostenerstattung, § 13 Abs. 2 SGB V	60
2. Kostenerstattung nach § 13 Abs. 3 SGB V – Systemversagen	63
3. Abgrenzung Selbstzahlerleistungen, IGEL	65
III. Geldleistungsansprüche	66
IV. Satzungsleistungen	67
D. System der Anspruchskonkretisierung durch untergesetzliches Recht	69
I. Anspruchskonkretisierung durch sonstige Rechtsnormen außerhalb des Rechts der gesetzlichen Krankenversicherung	71
II. Leistungsvoraussetzungen und -ausschlüsse durch Rechtsverordnungen	75
III. Untergesetzliche Normkonkretisierung	77
1. Richtlinien des Gemeinsamen Bundesausschusses (G-BA)	78
a) Richtlinien- und Regelungskompetenz	78
b) Verfassungsrechtliche Anforderungen	87
c) Verfassungsrechtliche Grenzen im Einzelfall	88
d) Exkurs: Grenze der Leistungsbegrenzungen am Beispiel des „off label use"	92
aa) Anspruch und Eingrenzungen	93
bb) Problemlage „off label use"	95
cc) Compassionate use	107
2. Normsetzungsverträge	110
a) Bundesmantelvertrag (BMV)	111

§ 6 Das Leistungsrecht der gesetzlichen Krankenversicherung

    b) Gesamtverträge 113
    c) Einheitlicher Bewertungsmaßstab (EBM) 114
    d) Sonstige Verträge 115
IV. Rahmenempfehlungen und sonstige Richtlinien der Spitzenverbände 116
    1. Rahmenempfehlungen ... 116
    2. Hilfsmittelverzeichnisse nach § 139 SGB V 117
    3. Begutachtungsrichtlinien – MDK 118

E. Anspruchsstruktur und Anspruchskonkretisierung im Einzelfall 121
  I. Allgemeines 121
  II. Bewilligungsentscheidungen durch die Krankenkasse 125
    1. Antragsbedürftige Leistungen 125
    2. Förmliche Anspruchsberechtigung 127
    3. Vorliegen des Versicherungsfalls 128

  III. Norm- und Anspruchskonkretisierung durch Inanspruchnahme 131
    1. Speziell: Der Versicherungsfall der Krankheit .. 133
    2. Kein Wahlrecht des Patienten 138
    3. Inanspruchnahme 139
    4. Auswirkungen im Verhältnis zur Krankenkasse 147
      a) Anspruchsprüfung durch den MDK 148
      b) Keine Auswirkungen im Verhältnis des Versicherten zum Leistungserbringer ... 150
      c) Ablehnung und/oder nachträgliche Überprüfung im Verhältnis Krankenkasse zu Leistungserbringer ... 151

Literatur

Fastabend-Schneider, Das Leistungsrecht der gesetzlichen Krankenversicherung, 2004; **Hauck/Noftz**, Sozialgesetzbuch V – Gesetzliche Krankenversicherung; **Kasseler Kommentar**, Sozialversicherungsrecht, Loseblatt; **Herzog**, Zwischen Budget und Haftung – faktische Rationalisierungsentscheidungen auf dem Rücken der Ärzte, GesR 2007, 8; **Knorr**, Die Rechtsstellung des Kassenpatienten im Rahmen der Abrechnung seiner stationären Krankenhausbehandlung, S. 94; **Laufs/Uhlenbruck**, Handbuch des Arztrechts, 3. Auflage 2002; **Peters**, Handbuch der Krankenversicherung, Teil II SGB V, Loseblatt, Stand: 2005; **Rieger**, Lexikon des Arztrechts, Loseblatt, Stand: 2007; **Schnapp/Wigge**, Handbuch des Vertragsarztrechts, 2. Auflage 2006; **Quaas/Zuck**, Medizinrecht, 2005.

A. Einleitung

1 Der Schwerpunkt der folgenden Darstellung des Leistungsrechts liegt nicht in der Vermittlung materieller Anspruchsnormen, sondern widmet sich den Grundstrukturen der Leistungsrechte gesetzlich Krankenversicherter und ihrer Integration in ein System der Normkonkretisierung von Leistungsansprüchen und der Anspruchskonkretisierung durch die Leistungserbringung.[1]

I. Definition Leistungsrecht

2 Eine sozialversicherungsrechtliche begriffliche Definition des Leistungsrechts existiert nicht. Aus § 11 SGB I ist zu entnehmen, dass die sozialen Rechte der Bürger durch So-

---

[1] Auf die entsprechenden Kapitel des Handbuchs (Ambulante Behandlung, Krankenhausbehandlung, Rehabilitation, Arzneimittelrecht u.a.) sei verwiesen, im Übrigen auf die umfassende Darstellung von *Fastabend-Schneider* sowie insbesondere auf die Kommentierung von Hauck/Noftz/*Noftz*, SGB V – Gesetzliche Krankenversicherung.

zialleistungen, d.h. durch Gewährung von Geld-, Sach- oder Dienstleistungen verwirklicht werden. Dabei sind Sozialleistungen die Vorteile, die nach den Vorschriften des SGB dem einzelnen Berechtigten zugute kommen.[2]

Das Leistungsrecht der gesetzlichen Krankenversicherung definiert die Teilhabe des gesetzlich Krankenversicherten an den Leistungen der gesetzlichen Krankenversicherung als ein Element des gesetzlichen Sozialversicherungssystems.

§ 4 Abs. 1 SGB I hält fest, dass der Krankenversicherte ein Recht auf die notwendigen Maßnahmen zum Schutz, zur Erhaltung, zur Verbesserung und zur Wiederherstellung der Gesundheit und der Leistungsfähigkeit und zur wirtschaftlichen Sicherung bei Krankheit und Mutterschaft hat. § 21 Abs. 1 SGG I und § 11 Abs. 1 und 2 SGB V thematisieren die Leistungsarten der gesetzlichen Krankenversicherung. Danach können in Anspruch genommen werden:
- Leistungen zur Förderung der Gesundheit, zur Verhütung und zur Früherkennung von Krankheiten,
- bei Krankheit, Krankenbehandlung, insbesondere
- ärztliche und zahnärztliche Behandlung,
- Versorgung mit Arznei-, Verband-, Heil- und Hilfsmitteln,
- häusliche Krankenpflege und Haushaltshilfe,
- Krankenhausbehandlung,
- medizinische und ergänzende Leistungen zur Rehabilitation,
- Betriebshilfe für Landwirte,
- Krankengeld,
- bei Schwangerschaft und Mutterschaft ärztliche Betreuung, Hebammenhilfe, stationäre Entbindung, häusliche Pflege, Haushaltshilfe, Betriebshilfe für Landwirte, Mutterschaftsgeld,
- Hilfe zur Familienplanung und Leistungen bei durch Krankheit erforderlicher Sterilisation und bei nicht rechtswidrigem Schwangerschaftsabbruch.

Das Recht der gesetzlichen Krankenversicherung übernimmt diese Elemente und gliedert sie in § 11 Abs. 1 und 2 SGB V in die Anspruchsblöcke auf Verhütung und Behandlung von Krankheiten sowie auf Rehabilitation und ergänzende Leistungen. Die §§ 20–68 SGB V regeln dann die materiellen Leistungen der sozialen Krankenversicherung.

Als eine Art Einweisungsnorm gibt § 2 SGB V den gemeinsamen Vorschriften des Leistungsrechts der §§ 11–19 SGB V sowie den speziellen Leistungsnormen der §§ 20–68 SGB V den rechtlichen Grundrahmen zu Umfang, Wirtschaftlichkeit und Eigenverantwortung vor. Diese Normen stellen das materielle Grundgerüst von Teilhabeansprüchen dar. Sie sind zusammen mit den übrigen Sozialleistungen des Rechts der Arbeitsförderung, der Unfallversicherung, der Rentenversicherung, der Sozialhilfe sowie der Leistungen zur Rehabilitation und Teilhabe behinderter Menschen zu sehen und im Einzelfall im Hinblick auf unterschiedliche Leistungs- und Kostenträgerschaften abzugrenzen.

Grundsätzlich bestimmt sich der Anspruch des Versicherten aus seinem (Gesundheits-)**Zustand** und dem (Maßnahme-/Behandlungs-)**Ziel**. Das Leistungsrecht der gesetzlichen Krankenversicherung stellt sich nicht als Element klassisch öffentlich-rechtlicher Leistungsgewährung dar, sondern als das Zurverfügungstellen von versicherten abrufbaren Sach- und Dienstleistungen sowie subsidiär Kostenerstattungen und Geldleistungen.

---

2 Schnapp/Wigge/*Neumann*, § 13 Rn 1.

8 Im Mittelpunkt der Ansprüche stehen die ärztliche Behandlung und die Krankenhausbehandlung. Der ärztlichen Behandlung kommt eine Art Schlüsselstellung zu, da Ärzte im weitestgehenden Umfang neben der eigentlichen Behandlung an der Verordnung von Krankenhausbehandlung, Arzneimitteln, Heil- und Hilfsmitteln sowie der Rehabilitation beteiligt sind. Die Krankenbehandlung umfasst die vertragsärztliche Behandlung einschließlich der Psychotherapie, die zahnärztliche Behandlung einschließlich Zahnersatz, die Versorgung mit Arznei-, Verband-, Heil- und Hilfsmitteln, Leistungen der häuslichen Krankenpflege und Haushaltshilfe, Krankenhausbehandlung, Leistungen der ambulanten und stationären medizinischen Rehabilitation sowie ergänzende Leistungen. Die Voraussetzungen der Inanspruchnahme dieser Leistungen werden in den §§ 11–68 SGB V, dem Leistungsrecht der gesetzlichen Krankenversicherung, konkretisiert.

II. Leistungsrecht und Leistungserbringungsrecht

9 Das Leistungsrecht selbst verwirklicht sich in den korrespondierenden und konkretisierenden Normen des Leistungserbringungsrechts des 4. Kapitels des SGB V, §§ 69–140h SGB V, d.h. in den Regelungen der Pflichten und Befugnisse von Leistungserbringern gegenüber der Krankenkasse und dem Versicherten. Auch das Leistungserbringungsrecht kann dabei mit Drittwirkung auf den Versicherten Leistungsrechte verschaffen oder begrenzen. Leistungsrecht und Leistungserbringungsrecht sind als untrennbare Einheit zu betrachten.[3]

10 Das Leistungserbringungsrecht definiert die formellen und materiellen Anforderungen an die Leistungserbringung. Zwar scheint dies unmittelbar nur auf das Binnenverhältnis zwischen Leistungserbringer und Krankenkasse bezogen zu sein, es konkretisiert aber unmittelbar wirksam auch den Teilhabeanspruch des gesetzlich Krankenversicherten. Ein Leistungsanspruch des Versicherten besteht nur im Rahmen des Sachleistungserbringungsrechts. Dieses wird grundsätzlich als Sachleistung normativ durch das Leistungserbringungsrecht und im Einzelfall im Rahmen der Inanspruchnahme von Leistungen durch Leistungserbringer konkretisiert. Der Vertragsarzt beispielsweise bestimmt nach erfolgter Diagnose die konkret zur Anwendung kommende und vom System geschuldete Therapie.

11 Das Verhältnis von Leistungsrecht und Leistungserbringungsrecht ist von erheblicher Bedeutung. Ginge man davon aus, dass das materielle Leistungsrecht die Verfahren der Leistungserbringung dominiert, so müssten die Voraussetzungen der Inanspruchnahme nach Art, Zeitpunkt und Umfang im Leistungsrecht abstrakt normiert sein. Dies ist aber durchgehend nicht der Fall. Das Leistungsrecht des 3. Kapitels des SGB V ist vielmehr in funktioneller Verknüpfung mit dem Recht der Leistungserbringung zu betrachten. Das Leistungsrecht enthält offene Wertungsnormen und Leistungsziele und bewegt sich zwischen subjektiven Rechten der Versicherten und normierten Zweckprogrammen. Das Leistungsrecht kann sich nur vermittels und im Rahmen des Leistungserbringungsrechts realisieren.[4] Nach der jüngeren Rechtsprechung des Bundessozialgerichts[5] ist dem Leistungserbringungsrecht Vorrang vor dem Leistungsrecht eingeräumt.[6] Vom ur-

---

[3] Hauck/Noftz/*Noftz*, § 2 Rn 4, 80; grundlegend BSGE 81, 54; 88, 20.
[4] *Noftz*, VSSR 1997, 393; *Neumann*, SGB 1998, 609; grundlegend *Schwerdtfeger*, NZS 1998, 49 ff. und 97 ff.
[5] BSGE 81, 54 und 81, 73.
[6] Schnapp/Wigge/*Jörg*, § 11.

sprünglichen Vorrang des Leistungsrechts, dem das Leistungserbringungsrecht nicht widersprechen dürfe, ging das BSG in der Metadon-Entscheidung[7] ab und postulierte einen Gleichrang der Bereiche in unauflösbarer Verquickung. Das Leistungsrecht sei Rahmenrecht. Die Entwicklung der Rechtsprechung führte dann zur Feststellung, dass das Leistungserbringungsrecht den Leistungsanspruch materiell und formell absteckt.[8] Zu Recht wird seither von einem **Vorrang des Leistungserbringungsrechtes** gegenüber dem rahmenrechtlichen Leistungsrecht gesprochen.[9] Die Grenzen dieser Entwicklung wiederum hat das Bundesverfassungsgericht[10] unter Hinweis auf die durch das Sozialversicherungssystem den Mitgliedern gegenüber gegebenen verfassungsrechtlichen Gewährleistungen des Art. 2 Abs. 2 S. 1 GG und das Grundrecht des Art. 2 Abs. 1 GG in Verbindung mit dem Sozialstaatsprinzip eingegrenzt und in besonderen Fällen lebensbedrohender oder regelmäßig tödlicher Erkrankung Anspruch des Versicherten über den Rahmen des Leistungserbringungsrechts hinaus gewährt.

Da das Leistungserbringungsrecht im Wesentlichen nur unter der Normebene von Parlamentsgesetzen durch Richtlinien des G-BA oder Normen der Selbstverwaltung erfolgt, stellt sich eine Vielzahl von Fragen, die insbesondere die untergesetzlichen Normsetzungsbefugnisse betreffen, mittels derer materielle Ansprüche der Versicherten geregelt werden oder in die Berufsausübung von Leistungserbringern regelnd eingegriffen wird. Dies ist Anlass, die Probleme der Normkonkretisierung im Leistungserbringungsrecht gesondert (siehe Rn 69 ff.) zu behandeln.

> *Praxistipp*
> Die aktuellste Rechtsprechung der Sozialgerichtsbarkeit kann im RID, dem Rechtsprechungsinformationsdienst der Deutschen Gesellschaft für Kassenarztrecht recherchiert werden: www.dg-kassenarztrecht.de jeweils mit Überblick über das Thema und Verweisen auf vorangegangene Rechtsprechung; umfassend für die Recherche auch die Rechtsprechung in „Sozialgerichtsbarkeit" siehe www.sozialgerichtsbarkeit.de und natürlich JURIS. Anhängige Rechtsfragen beim BSG sind ebenfalls im RID aufgeführt und vom BSG in das Internet gestellt – www.bsg-bund.de.

B. Grundprinzipien des Leistungsrechts

Der gesetzlich Krankenversicherte hat nach § 11 SGB V Anspruch auf eine umfassende medizinische Versorgung. Der Grundstruktur des § 2 Abs. 1 und 2 SGB V nach sind die Ansprüche auf Dienst- und Sachleistungen und nur ausnahmsweise auf Kostenerstattung oder Geldleistungen gerichtet. (Zu den Strukturen der Leistungsarten siehe Rn 60 ff.).

Anspruch auf Krankenversorgung und Rehabilitation zu haben, bedeutet indessen nicht, dass die Versicherten unbegrenzt Zugang zu den Leistungen der gesetzlichen Krankenversicherung hätten. Das gesetzliche Krankenversicherungsrecht hat verfassungsrechtlich lediglich einen staatlichen Gesundheitsauftrag zu beachten. Der Gesetzgeber hat dabei einen weiten Einschätzungs-, Wertungs- und Gestaltungsspielraum.[11] Die Gren-

---

7 BSGE 78, 70.
8 BSGE 81, 54.
9 Schnapp/Wigge/*Neumann*, § 13 Rn 10 ff.
10 BVerfG, Urt. v. 6.12.2005 – 1 BvR 347/98, MedR 2006, 164 f.
11 BVerfGE 77, 170, 214 st. Rspr.; allgemein *Quaas/Zuck*, § 2 Rn 24, 25.

16 Eine **Rationierung** von Leistungen ist im System grundsätzlich nicht vorgesehen, auch wenn nicht jede wirksame Leistung allein aus diesem Grunde in Anspruch genommen werden kann. Das Leistungsrecht lässt also durchaus und aus Gründen der Beitragsgerechtigkeit und -stabilität (§ 71 SGB V) und aus Gründen der Wirtschaftlichkeit Leistungsbegrenzungen und Leistungsausgrenzungen zu.[13]

zen des verfassungsrechtlich Gebotenen sind Gegenstand ständiger verfassungsgerichtlicher Konkretisierungen.[12]

17 Eine Vielzahl von medizinischen Leistungen sind nicht Gegenstand der sozialen Krankenversicherung, solange sie noch nicht oder nicht mehr im Leistungskatalog enthalten sind. Im 4. Kapitel des SGB V werden die Voraussetzungen der Leistungserbringung durch Zulassung als Erbringer und als erbringbare Leistungen, die Sicherstellungen der Versorgung und die Vergütung der Leistungen umfassend geregelt. Hier werden auch über die Breite der Normhierarchie untergesetzlicher Normen Leistungen konkretisiert und laufend den tatsächlichen (oder politisch) möglichen zur Verfügung stehenden Finanzmitteln angepasst. Die Konkretisierung der Leistungsnormen wird in Rn 69 ff. behandelt.

18 Sowohl das Leistungsrecht als auch das Leistungserbringungsrecht werden von Grundprinzipien geordnet, ohne die das Teilhaberecht des Versicherten nicht steuerbar und konkretisierbar wäre. Da die gesetzlich Krankenversicherten grundsätzlich Zugang auf Maßnahmen zur Lösung ihrer gesundheitlichen Probleme haben, setzt die gesetzliche Steuerung bei der Organisation eines zur Problemlösung „geeigneten Systems" an. Allen Normen voran gestellt sind dabei Grundprinzipien der gesetzlichen Krankenversicherung. Sie haben teils Einweisungscharakter, teils stellen sie verbindliche Strukturvorgaben dar.[14] Die Grundprinzipien verknüpfen die widerläufigen Ziele der gesetzlichen Krankenversicherung auf Effektivität und Effizienz, d.h. auf Gewährung und Begrenzung. Sie sind immer in einer Gesamtbetrachtung zu würdigen. Vorangestellt werden muss dabei das herausgehobene Gebot der Wirtschaftlichkeit in § 12 SGB V:

„Die Leistungen müssen ausreichend, zweckmäßig und wirtschaftlich sein; sie dürfen das Maß des Notwendigen nicht überschreiten. Leistungen, die nicht notwendig oder unwirtschaftlich sind, können Versicherte nicht beanspruchen, dürfen die Leistungserbringer nicht bewirken und die Krankenkassen nicht bewilligen."

19 Trotz des durchgängig zu beachtenden Wirtschaftlichkeitsgebotes wäre es falsch, das Leistungsrecht durch dieses Gebot dominiert zu sehen. Das Wirtschaftlichkeitsgebot grenzt vielmehr lediglich bestehende Leistungsansprüche der Versicherten ein.

I. Prinzip der umfassenden Versorgung

20 Das Prinzip umfassender Krankenversorgung der Versicherten in § 4 Abs. 2 SGB I i.V.m. § 11 SGB V ist final auf das Gesundungs- oder Gesunderhaltungsziel bezogen zu verstehen. § 4 Abs. 2 SGB I sowie § 11 SGB V geben den Versicherten Anspruch auf Leistungen mit den Zielen des Schutzes, der Erhaltung, der Besserung und Wiederherstellung der Gesundheit sowie der wirtschaftlichen Sicherung in diesen Fällen. Umfas-

---

12 Zuletzt BVerfG – 1 BvR 347/98, MedR 2006, 164.
13 *Franke,* GesR 2003, 97 beispielsweise Begrenzung bei Sehhilfen nach § 33 Abs. 2 SGB V, Lifestyle-Arzneimittel nach § 34 Abs. 1 Nr. 7 SGB V, Begrenzung auf verschreibungspflichtige Arzneimittel nach § 34 SGB V und weitere mehr.
14 Hauck/Noftz/*Noftz,* § 2 Rn 13, 15.

sende Versorgung ist also auf das Ziel bezogen und nicht instrumentell zu verstehen. Aus dem Sicherstellungsauftrag an die gesetzliche Krankenkasse[15] ergibt sich das gesetzliche Ziel der Gewährleistung einer bedarfsgerechten, gleichmäßigen, dem anerkannten Stand der medizinischen Erkenntnisse entsprechenden Versorgung.

Das System ist methodisch grundsätzlich offen, weil es den allgemein anerkannten Stand der medizinischen Erkenntnisse (d.h. nicht nur der wissenschaftlichen Erkenntnisse) zu berücksichtigen hat. Das System ist insoweit auch dynamisch. 21

1. Der allgemein anerkannte Stand medizinischer Erkenntnisse nach § 2 Abs. 1 S. 3 SGB V

Die von der gesetzlichen Krankenversicherung geschuldeten Leistungen haben „dem allgemein anerkannten Stand der medizinischen Erkenntnisse" zu entsprechen. Allgemein anerkannt muss dabei die medizinische Methode sein. Anerkennung bedeutet nicht, dass die Methode der absolut herrschenden Lehre entspricht, die Anerkennung muss aber deutlich intensiver sein als eine schlichte Vertretbarkeit.[16] Die Behandlungsart muss sich in einer für die sichere Beurteilung ausreichenden Zahl von Fällen als erfolgreich erwiesen haben.[17] Sie muss den Anforderungen der **evidenzbasierten Medizin** entsprechen.[18] Allein die Tatsache des konkreten Heilerfolges im Einzelfall ist nicht ausreichend.[19] Auf der Grundlage evidenzbasierter Medizin sollen und werden Leitlinien als fachlich-wissenschaftlicher Konsens entwickelt.[20] 22

Soweit **Leitlinien** bestehen, stellen diese den Stand der allgemein anerkannten Erkenntnisse dar. Die Leitlinien von Fachgesellschaften haben zwar keinen Rechtsnormcharakter, stellen aber in der Gewährung ärztlicher Leistungen zu berücksichtigende Standards dar.[21] Die Leitlinien werden auf der Grundlage der Beurteilungskriterien für Leitlinien der Kassenärztlichen Bundesvereinigung und der Bundesärztekammer[22] geschaffen. 23

Der G-BA hat die Leitlinienkompetenz des Koordinationsausschusses nach Streichung des § 137e SGB V übernommen. Leitlinien konzentrieren sich häufig in Richtlinien des Gemeinsamen Bundesausschusses zu bestimmten Therapieverfahren. So bewertet nach § 92 Abs. 1 SGB V der G-BA vorhandene und neue Methoden nach den Grundsätzen einer evidenzbasierten Medizin.[23] 24

Der G-BA bedient sich dabei nach § 139a SGB V des von ihm zu gründenden unabhängigen Instituts für Qualität und Wirtschaftlichkeit im Gesundheitswesen (IQIWI). Mit der Konzentration auf allgemein (aber nicht notwendig wissenschaftlich, d.h. metho- 25

---

15 § 2 Abs. 1 S. 1 und 3 i.V.m. § 70 Abs. 1 SGB V.
16 Hauck/Noftz/*Noftz*, Rn 62.
17 BSGE 76, 194 – Remedacen.
18 Hauck/Noftz/*Noftz*, § 2 Rn 64.
19 BSGE 93, 1.
20 *Hart*, MedR 2002, 321.
21 *Hart*, MedR 1998, 8; Laufs/Uhlenbruck/*Laufs*, § 5 Rn 11 m.w.N.
22 DÄBl 1997 A, 2154 ff.
23 Richtlinie zur Bewertung medizinischer Untersuchungen und Behandlungsmethoden für die ärztliche Versorgung des Gemeinsamen Bundesausschusses (BUB vom 1.12.2003, Stand 18.7.2006, www.g-ba.de).

denkonform) anerkannte Methoden werden Außenseitermethoden oder paramedizinische Methoden ausgeschlossen.[24]

2. Die begrenzte Offenheit für besondere Therapiemethoden

26 § 2 Abs. 1 S. 2 SGB V stellt klar, dass die Behandlungsmethoden, Arznei- und Heilmittel der besonderen Therapierichtung nicht ausgeschlossen sind. Der Gesetzgeber hat sie beispielhaft konkretisiert. Er geht in § 34 Abs. 2 S. 3 SGB V auf die Homöopathie, die Phytotherapie und anthroposophische Medizin ausdrücklich ein. Es handelt sich nicht um einen abgeschlossenen Katalog. Die gesetzliche Krankenversicherung geht davon aus, dass auch andere als schulmedizinische Methoden und Arzneimittel die Voraussetzungen des § 2 Abs. 1 S. 3 SGB V erfüllen können. Dabei müssen sie nach den Kriterien der besonderen Therapierichtung allgemein anerkannt sein[25] und unterliegen hinsichtlich der Qualität und Wirksamkeit grundsätzlich den gleichen Anforderungen wie die sog. schulmedizinischen Verfahren.[26] Die Therapiemethoden der besonderen Therapierichtungen haben auch bei der Beurteilung als neue Untersuchungs- und Behandlungsmethoden oder der Anerkennung als bereits praktizierte Methoden nach § 135 Abs. 1 S. 1, 2 und 3 SGB V keinen Sonderstatus.[27] Der Ausschluss nicht verschreibungspflichtiger Medikamente durch § 34 Abs. 1 S. 1 SGB V trifft auch homöopathische oder anthroposophische Arzneimittel.[28]

3. Berücksichtigung des medizinischen Fortschrittes/Neue Untersuchungs- und Behandlungsmethoden

27 Schon der Begriff „Berücksichtigung" in § 2 Abs. 1 S. 3 SGB V verdeutlicht, dass der Einsatz neuer Untersuchungs- und Behandlungsmethoden und die Verabreichung oder die Verordnung von neuen Arzneimitteln und Hilfsmitteln der Implementierung in das System bedürfen. Sie bedürfen der Anerkennung in Richtlinien des G-BA nach § 92 SGB V.[29] Nach dem GKV-WSG ist nunmehr auch der neutrale Vorsitzende des G-BA zum Antrag auf Untersuchung von Untersuchungs- und Behandlungsmethoden befugt.

a) Grundsätze für die vertragsärztliche Versorgung

28 Neue Untersuchungs- und Behandlungsmethoden in der vertragsärztlichen Versorgung stehen unter einem **Verbot mit Erlaubnisvorbehalt** des § 135 Abs. 1 S. 1 SGB V.[30] Sie können nur nach Anerkennung durch den gemeinsamen Bundesausschuss nach § 92

---

24 Anlage II der Richtlinie – Methoden vertragsärztliche Versorgung – ausgeschlossene Behandlungsmethoden.
25 § 92 Abs. 2 S. 5 und 6 SGB V zur Sonderstellung bei besonderer Therapierichtung bei der Erstellung von Richtlinien zu Arzneimittelverordnung.
26 Hauck/Noftz/*Noftz,* Rn 52 m.w.N.
27 BSG – B 1 KR 16/00 R, NZS 2003, 206.
28 SG Dresden, Urt. v. 29.6.2006 – S 18 KR 534/05, RID 2006/04, 143 Revision anhängig: B 1 KR 31/06R.
29 Zum Begriff der neuen Untersuchungs- und Behandlungsmethoden und zum Verfahren des G-BA siehe *Fastabend-Schneider,* S. 100 ff.; zur Rechtsprechung des BSG zu noch nicht anerkannten Behandlungsmethoden siehe *von Wulffen,* GesR 2006, 385 ff.
30 BSGE 81, 54; 82, 233; 86, 54.

Abs. 1 S. 2 Nr. 5 SGB V und Aufnahme in den einheitlichen Bewertungsmaßstab (EBM nach § 87 SGB V) zu Lasten der gesetzlichen Krankenkassen erbracht werden.[31]

Bereits erbrachte herkömmlich angewandte, aber nicht ausdrücklich positiv anerkannte Untersuchungs- und Behandlungsmethoden stehen nach § 135 Abs. 1 S. 2 und 3 SGB V unter dem Vorbehalt einer Überprüfung durch den gemeinsamen Bundesausschuss. Insoweit liegt eine **Erlaubnis mit Verbotsvorbehalt** vor.

b) Grundsätze für die Krankenhausbehandlung

In der Krankenhausbehandlung ist die Rechtslage demgegenüber umgekehrt. Hier gilt auch hinsichtlich der Anwendung neuer Untersuchungs- und Behandlungsmethoden die **generelle** Erlaubnis **unter Vorbehalt** der Überprüfung durch den G-BA. Dies folgt aus § 137c SGB V. Strukturell ist das Krankenhaus also für die Anwendung neuer Untersuchungs- und Behandlungsmethoden geöffnet, ohne dass damit auch die Forschung und die Entwicklung derartiger Methoden Finanzierungsgegenstand der gesetzlichen Krankenversicherung wäre. Die Anwendung im Krankenhaus setzt also ihre allgemeine Anerkennung voraus. Behandlungen im Rahmen von Forschungsvorhaben folgen anderen rechtlichen Zulassungskriterien des Krankenversicherungsrechtes bzw. des Arzneimittel- und Medizinprodukterechts. Eine entsprechende Regelung fehlt für den Rehabilitationsbereich. Hier öffnet § 137d SGB V den Spitzenverbänden der Krankenkasse und den Verbänden der Leistungserbringer ein erweitertes Gestaltungsfeld.

c) Arzneimittel

Die Zulassung neuer Arzneimittel richtet sich nach dem Arzneimittelgesetz. Zugelassene fertige Arzneimittel können im Rahmen der §§ 31, 34 SGB V, der hierauf aufbauenden Arzneimittelverordnungen und im Rahmen der Arzneimittelrichtlinien des G-BA eingesetzt werden. Unter dem Vorbehalt dieser Normen können neue Arzneimittel unbegrenzt eingesetzt werden.

d) Sonstige Leistungsbereiche

Neue **Heilmittel** nach § 32 SGB V können von Vertragsärzten nur nach Anerkennung durch den gemeinsamen Bundesausschuss verordnet werden. Dies folgt aus § 138 i.V.m. § 92 Abs. 1 S. 2 Nr. 6 SGB V. Die Aufnahme neuer **Hilfsmittel** nach § 33 SGB V erfolgt im Hilfsmittelverzeichnis der Krankenkassen nach dem durch das GKV-WSG neu gefassten § 139 SGB V. Das Hilfsmittelverzeichnis ist keine Rechtsnorm, es hat lediglich deklaratorische Wirkung im Sinne der Feststellung des Vorhandenseins entsprechender Wirkung.[32] Erforderlich für die Aufnahme in das Hilfsmittelverzeichnis ist der Nachweis der Funktionstüchtigkeit, des therapeutischen Nutzens und der Qualität nach § 139 Abs. 4 SGB V.

4. Das Gebot der Wirksamkeit und Qualität

In § 2 Abs. 1 S. 3 SGB V wird die Wirksamkeit und die Qualität von Leistungen hervorgehoben. Unter Wirksamkeit versteht man die indikationsbezogene Eignung. Die Qua-

---

31 § 2 Abs. 1 BUB-RL.
32 BSG, Urt. v. 28.9.2006 – B 3 KR 28/05 R.

lität der Leistungen muss dem Stand der medizinischen Erkenntnisse und dem medizinischen Fortschritt entsprechen. Nur wirksame und qualitätsvolle Leistung kann in diesem Sinne auch wirtschaftlich sein.

34 Mit der Pflicht, dem Stand der medizinischen Erkenntnisse zu entsprechen und den medizinischen Fortschritt zu berücksichtigen, ist das Gebot der Wirksamkeit und Qualität verknüpft. Dieses Gebot fand nach seiner allgemeinen Erwähnung in § 2 Abs. 1 S. 3 und § 70 SGB V immer größere gesetzgeberische Beachtung. Die Qualitätssicherung war gesetzgeberischer Schwerpunkt des GRG und wurde in allen folgenden Änderungsgesetzen aufrechterhalten. Die Qualitätssicherung ist weiter gestärkt worden.[33] Auf Qualitätssicherung gerichtet sind die Richtlinien nach § 92 SGB V und die qualitätssichernden Normen der §§ 135a bis 137 sowie der §§ 139 ff. SGB V. Das durch § 139 SGB V geschaffene Institut für Qualität und Wirtschaftlichkeit im Gesundheitswesen ist durch das GKV-WSG gestärkt worden. Es hat Nutzen- und Kostenuntersuchungen durchzuführen, hat eine eigenständige unabhängige Begutachtungsfunktion und Informationspflicht übertragen erhalten.

35 Soweit Qualitätsanforderungen gestellt werden, wird das Niveau der Leistungen angehoben und die Inanspruchnahme nicht qualitätsgesicherter Methoden begrenzt. Die hiermit verbundenen Kostenfolgen werden in Kauf genommen. Die Forderung nach bestmöglicher Qualität und Wirksamkeit bestimmt die Leistungsansprüche der gesetzlichen Krankenversicherung maßgeblich.

II. Prinzipien der Eingrenzung der Versorgung

36 Der Leistungsanspruch des Versicherten und die Erbringung der Leistung ist begrenzt. Filterfunktion haben dabei die Prinzipien der Eigenverantwortung, Zweckmäßigkeit, Notwendigkeit und Wirtschaftlichkeit. Das Gebot der Beitragssatzstabilität nach § 71 SGB V ist zu beachten. Mit diesen Filterfunktionen soll eine Beschränkung des Leistungsgeschehens auf von der Solidargemeinschaft tragbare Kosten des Gesundheitssystems bei Sicherstellung der generellen Effizienz bewirkt werden.

1. Das Prinzip der Eigenverantwortlichkeit

37 Dieser Grundsatz des § 2 Abs. 1 S. 1 SGB V ist aus § 1 SGB V abgeleitet. Er benennt die Verantwortung des Einzelnen für die eigene Gesundheit als Ausfluss des Solidarprinzips der gesetzlichen Krankenversicherung.

38 Trotz des umfassenden Sicherstellungssystems der gesetzlichen Krankenversicherung bleiben die Versicherten nicht von Einschränkungen verschont. Unter dem Begriff der Eigenverantwortung werden Leistungen nicht nur eingeschränkt, sondern wird auch gesteuert. Diese Steuerung soll den Umfang der Inanspruchnahme von Leistungen betreffen, aber auch Einfluss auf die Beitragshöhe der Krankenkassen haben. Der Rückgriff auf Eigenmittel des Versicherten erfolgt ebenso wie das Überborden von Kostenfolgen aus nicht gesundheitsbewusster Lebensführung. Somit nimmt die gesetzliche Krankenversicherung den Versicherten vielfältig durch Leistungsausgrenzungen Begrenzungen oder Zuzahlungen in die Pflicht.

39 Maßgebliche Bedeutung haben dabei begrenzte Kostenübernahmen (z.B. für künstliche Befruchtung nach § 27a III SGB V, Festbeträge für Hilfsmittel, § 36 SGB V). Im Einzel-

---

33 Hauck/Noftz/*Noftz*, Rn 18.

nen werden im 3. bis 10. Abschnitt des 3. Kapitels des SGB V vielfältige Begrenzungen genannt. Dort ist auch geregelt, dass Versicherte **Zuzahlungen** zu leisten haben. Derartige Zuzahlungen betreffen nicht nur die Praxisgebühr, sondern auch Leistungen für die Rehabilitationsbehandlung nach § 39 Abs. 4 SGB V oder die Krankenhausbehandlung nach § 40 Abs. 2 und Abs. 6 SGB V. Mit den Leistungsbegrenzungen wegen nicht gesundheitsbewussten Verhaltens korrespondiert die Ausgrenzung ganzer Leistungsbereiche beispielsweise des Zahnersatzes nach § 55 SGB V. Nach dieser Norm erhalten die Versicherten lediglich Festzuschüsse, deren Höhe vom nachweisbaren Umfang der vorangegangenen regelmäßigen Zahnpflege abhängig ist. Nach § 52 SGB V i.F.d. GKV-WSG haben Versicherte die durch Piercing, Tätowierung oder ästhetische Operationen verursachten Kosten ganz oder teilweise selbst zu tragen.

Die Belastungsgrenzen für Zuzahlungen wurden durch das GKV-WSG durch die Verknüpfung von § 62 mit § 25 SGB V in der Höhe für die Fälle beschränkt, in denen gesetzlich Krankenversicherte dokumentierte Vorsorgeleistungen in Anspruch genommen hatten. Neben Begrenzungen sieht die gesetzliche Krankenversicherung in § 65a SGB V Möglichkeiten vor, bei besonders gesundheitsbewusstem Verhalten Boni zu gewähren. 40

2. Notwendigkeit, Zweckmäßigkeit

Nur notwendige Leistungen für den prognostisch angestrebten medizinischen Behandlungserfolg können von der gesetzlichen Krankenversicherung in Anspruch genommen werden. Notwendig sind dabei alle Leistungen, die unvermeidlich und unentbehrlich einzusetzen sind. Diese Leistungen sind gleichzeitig auch ausreichend, wenn sie ihrem Zweck genügen, d.h. Mindesterfordernissen entsprechen. Sie dürfen die untere Grenze der Wirksamkeit und Zweckmäßigkeit nicht unterschreiten. Über das Ausreichende hinausgehende Leistungen wären weder geschuldet noch wirtschaftlich. Gleiches gilt für die nicht zweckmäßigen Leistungen. Hier zeigt sich die Verknüpfung der leistungsgewährenden und der leistungsbegrenzenden Elemente der Grundprinzipien. Die leistungsgewährenden Elemente der Notwendigkeit und Zweckmäßigkeit werden über die Beschränkung auf das Ausreichende zu einer dem Wirtschaftlichkeitsgebot entsprechenden Leistung geführt. 41

Auch die Wirksamkeit i.S.v. § 2 Abs. 4 SGB V ist Element der Notwendigkeit und Zweckmäßigkeit des Mitteleinsatzes und damit auch Voraussetzung der wirtschaftlichen Leistungserbringung. Wirksamkeit wiederum ist im Zusammenhang mit der Zweckmäßigkeit zu sehen. Die Zweckmäßigkeit der Prognose hängt von der Eignung zur Erreichung des therapeutischen Erfolgs ab. Die Leistung ist zweckmäßig, wenn andere medizinische Leistungen aus medizinischen Gründen ausgeschlossen sind.[34] Zwar wirksame, aber belastende Mittel und Behandlungen nach § 70 Abs. 2 SGB V i.V.m. Art. 1 Abs. 1 GG sind nur aus humanitären Gründen ausgeschlossen, wenn verträglichere Mittel zur Verfügung stehen. Die Erörterung der Begriffe der Notwendigkeit und Zweckmäßigkeit zeigt das im Ergebnis unauflösliche Zusammenwirken der Grundprinzipien. 42

---

34 BSGE 64, 255, 257 f.

3. Das Prinzip der Wirtschaftlichkeit

43 Der Wirtschaftlichkeitsgrundsatz des SGB trägt das gesamte soziale Versicherungssystem. Die wiederholte Aufnahme des Grundsatzes in § 2 Abs. 1 S. 1, Abs. 4 SGB V und die besondere Normierung in § 12 SGB V unterstreichen die Bedeutung dieses Gebotes. In § 12 Abs. 1 SGB V ist geregelt:

> „Die Leistungen müssen ausreichend, zweckmäßig und wirtschaftlich sein; sie dürfen das Maß des Notwendigen nicht überschreiten. Leistungen, die nicht notwendig oder unwirtschaftlich sind, können Versicherte nicht beanspruchen, sie dürfen die Leistungserbringer nicht bewirken und die Krankenkassen nicht bewilligen."

44 Das Wirtschaftlichkeitsgebot prägt gleichermaßen das Leistungs- und Leistungserbringungsrecht (bzw. in § 72 Abs. 2 SGB V für die vertragsärztliche Versorgung oder § 109 Abs. 3 S. 1 Nr. 1 SGB V für Versorgungsverträge mit Krankenhäusern). Auf die Verfahren der Wirtschaftlichkeitsprüfung nach § 106 SGB V sei verwiesen. Da das Gebot sich nicht nur an die Krankenkassen und die Leistungserbringer richtet, sondern nach § 2 Abs. 4 SGB V auch den Versicherten selbst auf die Inanspruchnahme von Leistungen nur im notwendigen Umfang beschränkt, stehen Leistungsansprüche des Versicherten unmittelbar unter der Einschränkung, nur beansprucht werden zu können, wenn sie zur Erreichung des Behandlungserfolges auch wirtschaftlich sind. Der Versicherte ist auf notwendige, zweckmäßige und ausreichende Alternativen ggf. zu verweisen.[35]

45 Als Oberbegriff umfasst das Gebot der Wirtschaftlichkeit das Gesamtgeschehen der medizinischen Leistungserbringung.[36] Es ist dementsprechend nicht ohne die Beurteilung der Frage zu fassen, ob Leistungen generell und im Einzelfall notwendig, zweckmäßig und ausreichend sind. Ohne Rückgriff auf den Stand der medizinischen Erkenntnisse und den medizinischen Fortschritt und ohne Aussage zur Wirksamkeit und Qualität der Leistungserbringung kann keine substanzielle Feststellung zur Wirtschaftlichkeit der geforderten medizinischen Leistung getroffen werden. Wenn medizinische Leistungen aber nur wirtschaftlich sind, wenn das angestrebte (zulässige und rechtmäßige) Ziel mit dem Einsatz möglichst geringer Dienst- und Sachmittel erreicht werden kann, so wird deutlich, dass keine rein wirtschaftliche Betrachtung erfolgen kann. Es hat eine Entscheidungsfindung innerhalb einer Mittel-Zweck-Relation unter Anwendung der oben entwickelten Entscheidungskriterien zu erfolgen. Dabei ist eine Auswahl zwischen vorhandenen Alternativen unter Kosten-Nutzen-Gesichtspunkten vorzunehmen. Es erfolgt keine schlichte betriebswirtschaftliche Betrachtung.[37]

46 Der Begriff der Wirtschaftlichkeit ist im Vorausgehenden eher einzelbehandlungsbezogen definiert worden. Feststellungen zur Wirtschaftlichkeit sind dabei auf das Behandlungsziel unter Beachtung des Rahmenrechts und der Leitlinien zu beziehen. Auf in diesem Sinne wirtschaftliche Leistungen hat der Krankenversicherte dann Anspruch, aber nur auf diese. Der Leistungserbringer schuldet diese Leistungen aufgrund eigener berufs-, straf- sowie zivilrechtlicher Pflichten und Haftung. **Der Strukturkonflikt zwischen Rationalisierung durch das Leistungserbringungsrecht** durch Wirtschaftlichkeitsprüfungen mit dem individuellen Behandlungsanspruch des gesetzlich Kranken-

---

35 Hauck/Noftz/*Noftz*, Rn 35 f.
36 *Quaas/Zuck*, § 9 Rn 26 f.
37 Auf die grundsätzlichen Überlegungen zum Wirtschaftlichkeitsprinzip von *Quaas/Zuck*, § 9 Rn 29–50 sei verwiesen.

versicherten kann an dieser Stelle nicht vertieft werden.³⁸ Auf die besonderen Kapitel dieses Handbuchs wird verwiesen.

Leistungsbegrenzung findet regelmäßig unter dem Begriff der Rationalisierung statt. Rationierung von Leistungen gibt es offiziell nicht. Rationierung wäre nämlich erst festzustellen, wenn sie sich konkret im individuellen Leistungsanspruch des Versicherten niederschlägt.³⁹

4. Hierarchie der Leistungsarten

Das grundlegende Gebot der Wirtschaftlichkeit führt in der gesetzlichen Krankenversicherung zu **Leistungshierarchien**. Bei abstrakt-genereller Betrachtung ist davon auszugehen, dass Leistungsarten gegenüber anderen unterschiedliche Kostenfolgen bewirken. So stehen die Ansprüche unter der Voraussetzung, dass effektive Leistungen nicht auf minder kostenintensiven Ebenen erbracht werden können.

- Die häusliche Krankenpflege dominiert nach § 37 Abs. 1 S. 1 SGB V, wenn damit Krankenhausbehandlung vermieden oder verkürzt werden kann.
- Die ambulante Behandlung geht nach § 39 Abs. 1 SGB V der teilstationären oder stationären Behandlung vor.
- Bei Rehabilitationsleistungen nach § 40 Abs. 2 SGB V besteht Vorrang der ambulanten Rehabilitation gegenüber der stationären Rehabilitation.
- Die teilstationäre Behandlungsmöglichkeit schließt nach § 39 Abs. 1 S. 2 SGB V die Übernahme des Patienten in die stationäre Behandlung aus.

C. Leistungsarten

Das Sozialversicherungsrecht stellt (siehe § 11 SGB I) grundsätzlich Dienst-, Sach- und Geldleistungen zur Verfügung. Nach § 2 Abs. 2 SGB V besteht nur ausnahmsweise bei abweichender gesetzlicher Regelung Anspruch auf Erstattung oder Geldleistungen, siehe § 13 Abs. 1 SGB V.

Unter dem Begriff des Sachleistungsprinzips werden Dienste (z.B. Behandlungen) und die Vergabe von Sachmitteln (z.B. Hilfsmittel oder Arzneimittel) erfasst. Eine Binnendifferenzierung zwischen Dienst- und Sachleistungen ist nicht zielführend, da sich praktisch keine rechtlich unterschiedlichen Konsequenzen oder Voraussetzungen ergeben.

I. Das Sachleistungsprinzip des § 2 Abs. 2 S. 1 SGB V

Der Versicherte kann Dienste der Leistungserbringer und Sachleistungen in Anspruch nehmen. Damit erhält er Leistungen **ohne Kostenlast, vorfinanzierungsfrei und risikolos**.⁴⁰ Die generelle Berechtigung zur Inanspruchnahme erhalten sie vermittels der Krankenversicherungskarte.⁴¹ Das Sachleistungsprinzip⁴²stellt als Strukturelement⁴³ die

---

38 Zu Rationierung, Rationalisierung und Haftung *Herzog*, zwischen Budget und Haftung, GesR 2007, 8.
39 Zentrale Ethikkommission bei der Bundesärztekammer: Prioritäten in der medizinischen Versorgung im System der gesetzlichen Krankenversicherung – www.zentrale-ethikkommission.de.
40 BVerfGE 11, 30 f.
41 Hauck/Noftz/*Noftz*, § 2 Rn 80.
42 Grundlegend hierzu: *Muckel*, SGb 1998; Hauck/Noftz/*Noftz*, § 2; Schnapp/Wigge/*Jörg*, § 11.
43 BSGE 69, 70.

Regelform der Leistungsgewährung in der gesetzlichen Krankenversicherung dar. Es ist in den §§ 2 Abs. 1 S 1, Abs. 2, 13 SGB V normiert. Das Sachleistungssystem setzt ein funktionierendes System der Leistungserbringung voraus. Eine besondere Ausprägung findet das Sachleistungsprinzip in der vertragsärztlichen Versorgung, in der Vertragsärzte und Krankenkassen nach § 72 Abs. 1 S. 1 SGB V die vertragsärztliche Versorgung der Versicherten gemeinsam sicherzustellen haben.

1. Das Verhältnis Versicherter-Leistungserbringer

52 Der Versicherte schließt im Rahmen des Sachleistungsrechts keinen die Honorierung umfassenden Behandlungsvertrag mit den Leistungserbringern.[44] Die Honorierung der Leistungserbringer für ihre Leistungen wird durch die Krankenkassen gegenüber den Leistungserbringern sichergestellt.

53 Nach wie vor strittig ist das Rechtsverhältnis zwischen Versicherten und Leistungserbringern. Während der BGH im Behandlungsvertrag ein Dienstverhältnis nach § 611 BGB ohne Honorierungspflicht des Dienstberechtigten sieht,[45] sieht das BSG lediglich ein gesetzliches Schuld-(und Haftungs-)Verhältnis.[46] Noch weiter gehend – aber in der Ableitung konsequent – sehen gewichtige Stimmen in der Literatur[47] die Vertragsärzte und Krankenhausärzte als **Beliehene**, die hoheitlich im Rahmen des Leistungserbringungsrechts den Anspruch des Versicherten nach Art, Umfang und Zeitpunkt konkretisieren.

2. Leistungsverpflichtung

54 Aus dem Sachleistungsgrundsatz, wonach die Krankenkassen den Versicherten Leistungen zur Verfügung stellen, folgt, dass die von den Krankenkassen zur Sicherstellung herangezogenen Leistungserbringer verpflichtet sind, die Versicherten zu behandeln. Diese Pflicht besteht, wenn sie zur Auffassung kommen, dass Behandlungs- oder Leistungsbedürftigkeit besteht. Dies folgt aus § 109 Abs. 4 S. 2 SGB V für die Krankenhäuser. Eine derartige Pflicht besteht gleichermaßen im Rahmen des Sachleistungssystems auch für die anderen Leistungserbringer. Ob letztendlich Behandlungsbedarf bestand, spiegelt sich in den Auswirkungen allein in der Behandlung des Honorierungsrisikos zwischen Krankenkasse und Leistungserbringer wider.

55 Der Versicherte schließt im Rahmen des Sachleistungsrechtes keinen die Honorierung umfassenden Behandlungsvertrag. Die Honorierung wird durch die Krankenkasse gegenüber den Leistungserbringern sichergestellt. Selbst wenn die Krankenkasse gegen den Versicherten die Übernahme der Behandlungskosten bestandskräftig verweigert, hat dieser gegenüber den Leistungserbringern nicht für den Honorarausfall aufzukommen.[48]

---

44 Zum Begriff siehe § 69 SGB V.
45 BGHZ 63, 306, 309; 97, 272; so auch Palandt/*Weidenkaff,* BGB, 66. Aufl. 2007, vor § 611 Rn 19.
46 BSGE 59, 172, 177.
47 *Schnapp,* NZS 2001, 337; *Neumann,* SGb 1998, 609; Schnapp/Wigge/*Neumann,* § 13 Rn 14 f. sowie *Franke,* SGb 1999, 5.
48 Grundsätzlich und über den Krankenhausbereich verallgemeinerungsfähig hat sich mit der Rechtsstellung des Kassenpatienten im Rahmen der Abrechnung seiner Behandlung *Knorr* in seiner Dissertation auseinandergesetzt: *Knorr,* S. 94, siehe hierzu auch BGHZ 140, 102, 104 sowie BSGE 73, 27, 274.

Zur Sicherstellung und zur Gewährleistung eines Systems von Leistungen, die die Versicherten abrufen können, schließen die Krankenkassen nach § 2 Abs. 2 S. 3 SGB V Verträge mit den Leistungserbringern ab. In den Verträgen über die ambulante Versorgung nach §§ 27, 28, 72 SGB V, die stationäre Krankenhausversorgung nach §§ 39, 109 f. SGB V, die belegärztliche Versorgung nach § 121 SGB V, die Erbringung von Heil- und Hilfsmitteln nach §§ 124 ff. SGB V sowie in Verträgen über die Rehabilitation und ergänzenden Leistungen nach unterstützenden Leistungen nach §§ 40, 111 SGB V verknüpfen sich Leistungsrecht und Leistungserbringungsrecht zu einer unauflöslichen Einheit. Die Verträge nach § 2 Abs. 2 S. 3 SGB V haben die Vergütung der Leistungserbringung zu regeln. Dies folgt für den Krankenhausbereich aus dem Krankenhausfinanzierungsgesetz, dem Krankenhausentgeltgesetz und der Pflegesatzverordnung. Die Regelung der Vergütung der vertragsärztlichen Leistungen erfolgt nach den Grundsätzen der §§ 82 und 83 SGB V durch Gesamtverträge nach § 85 SGB V. Teil dieser Gesamtverträge sind der Bundesmantelvertrag und einheitliche Bewertungsmaßstab nach § 87 SGB V.

56

Sachleistungen werden grundsätzlich nicht durch Einrichtungen der Krankenkassen selbst erbracht, sondern durch Leistungserbringer im Auftrag der Krankenkassen zur Verfügung gestellt. Es gilt der Grundsatz der Fremderbringung. Eigeneinrichtungen der Krankenkassen, die vor 1989 bestanden hatten, dürfen gem. § 140 SGB V weiter betrieben werden.

57

3. Kein Rückgriff

Selbst wenn die Krankenkasse gegenüber dem Versicherten Übernahme der Behandlungskosten bestandskräftig verweigert, hat er gegenüber den Leistungserbringern nicht für den Honorarausfall aufzukommen.

58

Selbst eine für den Fall der Verweigerung der Kosten durch die Krankenkasse in den Krankenhaus- oder in den Behandlungsvertrag aufgenommene Zahlungsverpflichtung begründet keine Leistungspflicht des Versicherten gegenüber dem Leistungserbringer. Sie ist unwirksam.[49] Die Unwirksamkeit einer Zahlungsverpflichtung für im Sachleistungssystem in Anspruch genommene Leistungen beruht nicht auf § 134 BGB, da kein Verbotsgesetz betroffen ist. Die Unwirksamkeit folgt auch nicht aus den §§ 305 f. BGB, sondern wie *Knorr*[50] zu Recht herausarbeitet, aus der sozialrechtlichen Nichtigkeitsklausel des § 32 SGB I. Nach dieser Norm sind privatrechtliche Vereinbarungen zum Nachteil des Sozialversicherungsberechtigten nichtig.

59

II. Die Kostenerstattung

1. Wahlrecht: Kostenerstattung, § 13 Abs. 2 SGB V

Nur ausnahmsweise gegenüber der Sachleistung lässt § 2 Abs. 2 S. 1 i.V.m. § 13 Abs. 1 SGB V die Kostenerstattung zu. Sie bedarf ausdrücklicher gesetzlicher Normierung durch das SGB V oder SGB IX.

60

---

49 Zum Krankenhausbehandlungsvertrag als Dienstvertrag nach § 611 BGB oder Dienstvertrag zugunsten Dritter nach § 328 BGB: *Knorr*, S. 84 Anm. 138 m.w.N.
50 *Knorr*, S. 178–192.

61 Nach wechselvoller Gesetzgebungsgeschichte bestimmt § 13 Abs. 2 SGB V heute, dass die Versicherten ausnahmsweise Kostenerstattung wählen können.[51] Eine Einschränkung der Wahl auf die ärztliche Versorgung, die zahnärztliche Versorgung, den stationären Bereich oder auf veranlasste Leistungen ist nach § 13 Abs. 2 S. 3 SGB V möglich. Die Leistungserbringer haben aber die Versicherten darüber zu informieren, dass die Kosten, die nicht von der Krankenkasse übernommen werden, von ihnen selbst zu tragen sind. Die Versicherten haben dies schriftlich zu bestätigen.

62 Das System lässt also einen Wechsel des Anspruchs auf unmittelbare, vertraglich zu vereinbarende Inanspruchnahme von Leistungen zu. Der Patient schließt einen Behandlungsvertrag mit dem Leistungserbringer, schuldet also die Gegenleistung selber. Er hat vorzufinanzieren. Die Ausnahme des Kostenerstattungsprinzips gegenüber dem Sachleistungsprinzip gibt eine gegenüber der unmittelbaren Inanspruchnahme für die Versicherten offensichtlich lästige Alternative vor, die praktisch kaum in Anspruch genommen wurde und wird.[52] Hieran dürfte sich auch durch die geringfügigen Änderungen durch das GKV-WSG nichts ändern.

2. Kostenerstattung nach § 13 Abs. 3 SGB V – Systemversagen

63 Die Kostenerstattung ist gesetzlich ausnahmsweise auch für den Fall des sog. **Systemversagens** vorgesehen. § 13 Abs. 3 SGB V regelt, dass der Versicherte dann Kostenerstattung erhält, wenn das Sicherstellungssystem dem Patienten die gebotene unaufschiebbare[53] Leistung ohne sachlichen Grund nicht oder nicht rechtzeitig zur Verfügung stellen konnte (oder wollte).[54] Es müssen Behandlungsalternativen fehlen.[55] Unter die Fälle des Systemversagens fällt auch die verfahrenswidrige oder offensichtlich willkürliche Verweigerung von Leistungen.[56] Der Kostenerstattungsanspruch setzt voraus, dass der Versicherte sich die Leistung selbst verschaffen musste und dass er – außer im Notfall – vorher an die Krankenversicherung herangetreten ist.[57]

64 Ein Systemversagen liegt auch dann vor, wenn allgemein anerkannte neue Untersuchungs- und Behandlungsmethoden nach § 135 Abs. 1 SGB V durch das Unterlassen von Anträgen (nach GKV-WSG nunmehr auch des neutralen Vorsitzenden) nicht anerkannt wurden oder ein offensichtlicher Fall der Weigerung vorliegt, zur Beurteilung der Methode vorhandene Informationen dem gemeinsamen Bundesausschuss zur Verfügung zu stellen.[58] Das Systemversagen führt zum Erstattungsanspruch nach § 13 Abs. 3 SGB V, wenn das therapeutische Konzept des behandelnden Arztes alternativlos ist. Der Anspruch setzt die zur rechtlichen Durchsetzung des Behandlungsanspruchs gebotene Verfolgung durch Antragstellung voraus. Ohne Antrag in Anspruch genommene Leistungen sind – außer im Notfall – nicht erstattungsfähig.[59]

Zu den Erstattungsleistungen gehören nach vorrangiger Antragstellung die Übernahme der Kosten für nicht anerkannte oder neue Untersuchungs- und Behandlungsmethoden,

---

51 Schnapp/Wigge/*Jörg*, § 11 Rn 2–7.
52 *Quaas/Zuck*, § 9 Rn 5 und 9.
53 BSGE 34, 172.
54 BSGE 81, 54 sowie allgemein Hauck/Noftz/*Noftz*, Rn 76.
55 LSG Bayern, 16.5.2006 – L 5 KR 72/05, RID 2006/03, 112.
56 BSGE 81, 73; 86, 54; 88, 51; zum Systemversagen siehe *Dahm*, MedR 2002, 6.
57 BSGE 34, 172.
58 Ablehnend BSG – B 1 KR 12/05 R, GesR 2006, 421.
59 LSG Bayern, Urt. v. 23.5.2006 – L 4 KR 207/03, RID 2006/04, 125 – sowie LSG Ba-Wü, Urt. v. 24.1.2006 – L 11 KR 5014/05, RID 2006/04, 126.

für den Einsatz nicht zugelassener oder die Zulassungsindikationen überschreitender Arzneimittel sowie der individuelle (Arzneimittel-)Heilversuch.

3. Abgrenzung Selbstzahlerleistungen, IGEL

Leistungen von medizinischen Leistungserbringern, die nicht vom Leistungsrecht der gesetzlichen Krankenversicherung erfasst sind, werden auf dienst- oder werkvertraglicher Grundlage erbracht und nach GOÄ oder nach Vereinbarung abgerechnet. Häufig treten aber auch im Rahmen geltend gemachter Kostenerstattung Grenzfälle auf, beispielsweise:

- Frage der Erstattung selbst beschaffter Leistungen nach zweifelhafter Beratung durch den Leistungserbringer nach § 13 Abs. 2 S. 2 und 3 SGB V. Offen ist, ob die Einholung einer schriftlichen Beratungsbestätigung durch den Patienten eine Abrechnungsvoraussetzung für den Vertragsarzt darstellt. Der Gesetzgeber wollte wohl nur eine leichtere Beweisführung schaffen;
- Zuzahlungen für – aus der Sicht der Vertragsärzte – unwirtschaftliche „vertragsärztliche Leistungen";
- Leistungen, für deren Inanspruchnahme die Leistungsberechtigung durch Versicherungsschein oder Chipkarte (binnen einer Frist von 10 Tagen nach § 18 Abs. 8 BMV-Ä, § 21 Abs. 8 EKV-Ä) nicht nachgewiesen wurde;
- für Selbstzahlerleistungen als Privatpatient, die eine schriftliche Zusicherung des Versicherten und den Hinweis auf die Kostentragungspflicht nach § 18 Abs. 1 Nr. 3 BMV-Ä voraussetzen;
- sei es für sog. IGEL-Leistungen, sog. **individuelle Gesundheitsleistungen,** die nicht oder noch nicht in die gesetzliche Krankenversicherung integrierte Verfahren oder ausgeschlossene Leistungen betreffen.[60]

III. Geldleistungsansprüche

Eine Ausnahme im Sachleistungssystem stellen die Ansprüche auf unmittelbare Geldleistung dar. Sie sind gerichtet auf Krankengeld nach §§ 44 f. SGB V (die Erweiterung des Versichertenkreises macht eine Begrenzung der Anspruchsberechtigung auf Krankengeld durch § 44 Abs. 1 S. 2 SGB V in der Fassung des GKV-WSG erforderlich) oder auf das Fahrgeld nach § 60 SGB V. Geldansprüche bestehen ausnahmsweise auch im Zusammenhang mit der Erbringung medizinischer Leistungen. Sie sind aber auf den Fall des Festbetrages für Zahnersatzleistungen nach §§ 55 f. SGB V beschränkt. Auf die hierzu ergangenen Richtlinien des G-BA nach § 56 SGB V, zuletzt vom 16.11.2006 (www.g-ba.de), wird verwiesen.

IV. Satzungsleistungen

Grundlage für die Inanspruchnahme von Leistungen können auch die Satzungen der Krankenkassen sein. Hierin können sich Leistungen beispielsweise für die primäre Prävention nach § 20 Abs. 1 SGB V finden. Das Gesetz hat im Rahmen einer Sollbestimmung in das sehr begrenzte Ermessen der Krankenkassen gestellt, Leistungen der Primärprävention den Versicherten zur Verfügung zu stellen. Das GKV-WSG wird den

---

60 IGEL-Liste in *Wetzel/Liebold*, Kommentar zum EBM und GOÄ, Teil 15; auch *Krimmel*, Kostenerstattung und individuelle Gesundheitsleistungen; *Krieger*, ZMGR 2005, 173 ff.

Krankenkassen ermöglichen, Kosten für Arzneien der besonderen Therapierichtung als Satzungsleistung aufzunehmen, § 53 Abs. 5 SGB V; dies setzte sich bereits für Leistungen der Homöopathie durch (trotz BSGE 94, 221 – Aufsichtsverfügung).

68 Öffnungsklauseln enthalten auch die §§ 63 Abs. 2 f. SGB V. für Modellvorhaben. Im Rahmen derartiger Modellvorhaben können Ansprüche der Versicherten begründet werden. Insoweit können auch Vereinbarungen mit Leistungserbringern nach § 64 SGB V geschlossen werden.

D. System der Anspruchskonkretisierung durch untergesetzliches Recht

69 Das Leistungsrecht der gesetzlichen Krankenversicherung ist in den §§ 20–68 SGB V festgelegt. Diese Normen bedürfen der Konkretisierung. Die offenen „Anspruchs"-Normen lassen als Rahmenbestimmungen keine unmittelbare Aussage zum konkreten Leistungsanspruch des Versicherten zu. Zum Teil erschöpfen sie sich in der Benennung eines Anspruchs auf eine Maßnahme, zum Teil nennen sie Ziele. Sie sind mit Begriffen wie „Krankenbehandlung", „Krankenhausbehandlung" etc. und mit Zielbeschreibungen „um zu" oder „wenn nicht erreichbar, dann" gekennzeichnet. Eine Subsumtion des Leistungsanspruchs ist auf dieser Grundlage von Konditional- und Zweckprogrammen nicht möglich.[61] Es bedarf einer Konkretisierung des materiellen Leistungsrechts durch untergesetzliche Normen und über das Verfahrensrecht hinausgehende Regelungen des Leistungserbringungsrechts der §§ 69–140h SGB V.

70 Auf der normativen Konkretisierung der Leistungsansprüche beruht dann die konkrete Anspruchskonkretisierung durch Vertragsärzte und Krankenhausärzte gegenüber den Versicherten. Dies wird im Folgenden unter Rn 121 ff. behandelt.

I. Anspruchskonkretisierung durch sonstige Rechtsnormen außerhalb des Rechts der gesetzlichen Krankenversicherung

71 Die Beschränkung und normative Konkretisierung von Leistungsansprüchen ist nicht auf das Recht der gesetzlichen Krankenversicherung beschränkt. Es finden sich zentrale Bestimmungen im Arzneimittelgesetz oder im Medizinproduktegesetz mit den jeweils hierzu im Zusammenhang stehenden Verordnungen. So sind grundsätzlich nur zugelassene Fertigarzneimittel verordnungsfähig. Gleiches gilt für Hilfsmittel oder Medizinprodukte. Dieser Bereich der Normkonkretisierung kann hier nicht weiter vertieft werden. Auf die Ausführungen in den speziellen Kapiteln des Handbuches wird verwiesen.

72 Hierzu gehören insbesondere die Rechtsverordnungen des Gesundheitswesens im weiten Sinne. Diese sind – über das Krankenversicherungsrecht hinausgehend – im Wesentlichen in den Bereichen des **Ausbildungs- und Zulassungsrechts**,[62] und der **Gefahrenabwehr**[63] angesiedelt.

---

61 Hauck/Noftz/*Noftz*, § 2 Rn 91.
62 Z.B. Approbationsordnung für Ärzte v. 27.6.2002, BGBl I, 2405, zuletzt geändert 21.6.2005, BGBl I, 1818; Zulassungsverordnung für Vertragszahnärzte v. 28.5.1957, BGBl I, 582, zuletzt geändert 22.12.2006, BGBl I, 3439.
63 Röntgenverordnung vom 30.4.2003, BGBl I, 604; Strahlenschutzverordnung v. 20.7.2001, BGBl I, 1714, zuletzt geändert 1.9.2005, BGBl I, 2618; Biostoffverordnung v. 27.1.1999, BGBl I, 50, zuletzt geändert 6.3.2007, BGBl I, 261.

D. System der Anspruchskonkretisierung durch untergesetzliches Recht § 6

Diese Rechtsverordnungen, deren Aufzählung den Rahmen des Leistungsrechts sprengen würde, spielen bei der unmittelbaren Konkretisierung der Leistungsansprüche der Versicherten keine unmittelbare Rolle. Sie regeln die Voraussetzungen, welcher Leistungserbringer unter welchen fachlich-qualitativen Voraussetzungen an welchen Orten mit welchem Personal welche Leistungen erbringen darf. Sie regeln die Anforderungen an die Ausbildung, an die Ausstattung von Räumen, die Voraussetzungen der Medizintechnik und des Einsatzes von Stoffen, speziell Gefahrstoffen. 73

Vornehmlich der Sicherheit dienen dabei Normen des Medizinprodukterechts,[64] des Arzneimittel- und Apothekenrechts oder des Betäubungsmittelrechts.[65] 74

II. Leistungsvoraussetzungen und -ausschlüsse durch Rechtsverordnungen

Auch das 3. Kapitel des SGB V ermächtigt in vielen Normen die Exekutive, Leistungsansprüche der Versicherten zu regeln, insbesondere zu begrenzen. Der Tendenz nach zieht das Bundesgesundheitsministerium immer mehr Regelungskompetenzen an sich. 75

Beispielhaft seien erwähnt: 76
- § 34 Abs. 2 gering wirksame Arzneimittel (comfort drugs), eine Bagatellarzneimittelliste liegt bislang nicht vor[66]
- § 34 Abs. 3 unwirtschaftliche Arzneimittel[67]
- § 34 Abs. 4 unwirksame Heil- und Hilfsmittel[68]
- § 35a Festbetragsverordnung für Arzneimittel.[69]

III. Untergesetzliche Normkonkretisierung

Die eigentliche Konkretisierung des materiellen Leistungsrechts der §§ 20 f. SGB V erfolgt durch Richtlinien des Gemeinsamen Bundesausschusses (G-BA) sowie durch Normverträge nach § 2 Abs. 2 S. 3 SGB V, die die Krankenkassenverbände mit den Verbänden der Leistungserbringer zu schließen haben. Richtlinien und Verträge bestimmen den Inhalt, den Umfang und den Zeitpunkt der Inanspruchnahme sowie die Art der Leistungen mit Wirkung auch für die Versicherten. Auf sie ist differenzierter einzugehen. 77

1. Richtlinien des Gemeinsamen Bundesausschusses (G-BA)

a) Richtlinien- und Regelungskompetenz

Nach § 91 Abs. 1 SGB V bilden die Kassenärztliche Bundesvereinigung, die Deutsche Krankenhausgesellschaft, die Bundesverbände der Krankenkassen, die Deutsche Ren- 78

---

64 Medizinprodukte-Sicherheitsplanverordnung v. 24.6.2002, BGBl I, 2131 zuletzt v. 31.10.2006, BGBl I S. 2407.
65 Betäubungsmittelverschreibungsverordnung vom 20.1.1998, BGBl I, 74, zuletzt geändert 10.3.2005, BGBl I, 757.
66 KassKomm/*Hess*, § 34 Rn 4.
67 VO v. 21.2.1990, BGBl I, 301, zuletzt geändert 9.12.2002, BGBl I, 4554.
68 Siehe VO über Hilfsmittel mit geringem therapeutischem Nutzen oder geringem Abgabepreis v. 13.12.1989, BGBl I, 2237, zuletzt geändert 17.1.1995, BGBl I, 44.
69 VO v. 21.1.2003, BGBl I, 93.

tenversicherung und die Verbände der Ersatzkassen einen Gemeinsamen Bundesausschuss. Das GKV-WSG hat entgegen ursprünglicher Planung den G-BA nicht wesentlich geschwächt, aber erkennbar unter Beobachtung gestellt. Der G-BA ist nach dem Gesetz rechtsfähig. Der G-BA ist eine rechtsfähige öffentlich-rechtliche Einrichtung, weder Körperschaft des öffentlichen Rechts noch Anstalt des öffentlichen Rechts, sondern eine eigene körperschaftlich strukturierte rechtsfähige Einrichtung des öffentlichen Rechts.[70] § 91 SGB V, aufgabenbezogen aber auch § 92 SGB V, regeln die Zusammensetzung des G-BA je nach den speziellen Aufträgen im Vertragsarztrecht, im Krankenhausrecht, im Arzneimittelrecht. Dabei werden Beteiligungsrechte sowie der Kreis der beschließenden Gremien des G-BA jeweils unterschiedlich bestimmt.

79 Das Aufgabenfeld des G-BA ist umfassend.
- § 92 Abs. 1 SGB V beauftragt den G-BA zur Sicherung der vertragsärztlichen Versorgung, **Richtlinien** über die Gewähr für eine ausreichende, zweckmäßige und wirtschaftliche Versorgung der Versicherten zu verabschieden. Die für die vertragsärztliche Versorgung wesentlichen Richtlinienfelder sind durch das GKV-WSG erweitert in § 92 Abs. 1 S. 2 Nr. 1–15 SGB V aufgeführt. Unter dem Aspekt der Regelung der vertragsärztlichen Versorgung werden hiermit im Zusammenhang stehende Leistungsbereiche in die Richtlinienkompetenz einbezogen, nämlich ärztliche Behandlung, zahnärztliche Behandlung einschließlich Zahnersatz und kieferorthopädische Behandlung, Maßnahmen zur Früherkennung von Krankheiten, ärztliche Betreuung bei Schwangerschaft und Mutterschaft, Einführung neuer Untersuchungs- und Behandlungsmethoden, Verordnung von Arznei-, Verband-, Heil- und Hilfsmitteln, Krankenhausbehandlung, häusliche Krankenpflege und Soziotherapie, Beurteilung der Arbeitsunfähigkeit, Verordnung von im Einzelfall gebotenen medizinischen Leistungen und die Beratung über die medizinischen, berufsfördernden und ergänzenden Leistungen zur Rehabilitation, Bedarfsplanung, medizinische Maßnahmen zur Herbeiführung einer Schwangerschaft, Maßnahmen nach § 24a und b SGB V sowie Richtlinien über die Verordnung von Krankentransporten, zur Qualitätssicherung, zur speziellen ambulanten Palliativversorgung und zu Schutzimpfungen.
- Die **Richtlinienziele** werden jeweils in den Absätzen 1a bis 7 des § 92 SGB V unter Darstellung spezieller Beteiligungsverfahren konkretisiert. Der Gesetzgeber hat den Richtlinienauftrag des G-BA im Leistungsrecht selbst niedergelegt (§§ 20d Abs. 1, 22 Abs. 5, 25 Abs. 5, 27a Abs. 4, 28 Abs. 3 S. 1, 29 Abs. 4, 33 Abs. 1, 34d Abs. 1, 37a Abs. 2, 37b Abs. 3 SGB V). Die Befugnis umfasst auch die Einschränkung oder den Ausschluss von Leistungen sowie die ausnahmsweise Aufnahme grundsätzlich ausgeschlossener Leistungen (§§ 31 Abs. 1 S. 2, 33 Abs. 3 S. 2 SGB V).

80 *Tipp*
Die aktuellen Veröffentlichungen des G-BA können im Anschluss an die Beschlussfassung, d.h. sogar noch vor der Genehmigung des Ministeriums, im Internet abgerufen werden unter www.g-ba.de.[71]

81 Neben der Richtlinienkompetenz hat der Gemeinsame Bundesausschuss auch eine umfassende **Regelungskompetenz**:
- § 101 SGB V: Der Gemeinsame Bundesausschuss hat auch die Aufgabe der Festlegung von Voraussetzungen und Verfahren der Bedarfsplanung.

---

70 KassKomm/*Hess*, § 91 Rn 3–7.
71 Übersicht der Richtlinien zur vertragsärztlichen und vertragszahnärztlichen Versorgung siehe KassKomm/*Hess*, § 92 Rn 10 und www.g-ba.de.

D. System der Anspruchskonkretisierung durch untergesetzliches Recht §6

- § 135 SGB V: Diese Normen erteilen dem G-BA weitere Aufträge zur Qualitätssicherung von Leistungen der gesetzlichen Krankenversicherung. Die Richtlinien nach § 92 Abs. 1 Nr. 5 SGB V zur Einführung neuer Untersuchungs- und Behandlungsmethoden werden durch § 135 SGB V konkretisiert und auf bereits vorhandene, bislang aber nicht überprüfte – Untersuchungs- und Behandlungsmethoden erstreckt. Über § 135 Abs. 1 S. 2 SGB V können vorhandene Leistungen der vertragsärztlichen Versorgung überprüft und ggf. aus der Versorgung ausgeschlossen werden.
- Nach § 137c SGB V hat der G-BA die Kompetenz, auf Antrag Überprüfungen von Untersuchungs- und Behandlungsmethoden des Krankenhauses vorzunehmen, unabhängig davon, ob sie bereits Gegenstand der Krankenhausversorgung sind oder neu eingeführt werden sollen.
- Nach § 136 a–c SGB V beschließt der G-BA Maßnahmen zur umfassenden Qualitätssicherung in der vertragsärztlichen, vertragszahnärztlichen und Krankenhausversorgung. Der G-BA wird bei seiner Arbeit durch das Institut für Qualität und Wirtschaftlichkeit im Gesundheitswesen (IQWiG) nach § 139a SGB V beraten.[72]

Die Richtlinien des G-BA werden nach § 92 Abs. 8 SGB V Teil des Bundesmantelvertrags. Dieser wiederum ist nach § 82 Abs. 1 S. 2 SGB V unmittelbar wirksamer Teil der Gesamtverträge. Die unmittelbare Wirksamkeit der Richtlinien in der vertragsärztlichen Versorgung ergibt sich auch aus § 72 Abs. 2 SGB V. Der Gesetzgeber hat in § 91 Abs. 9 SGB V die Richtlinien des G-BA gegenüber Versicherten, Krankenkassen, ambulanten und stationären Leistungserbringern für verbindlich erklärt. 82

Die **Grenzen** der Richtlinien und Maßnahmenkompetenz im Leistungsrecht bestimmen die allgemeine Auftragsnorm des § 92 SGB V sowie die speziellen Auftragsnormen des Leistungsrechts und des Rechts der Qualitätssicherung im Leistungserbringungsrecht.[73] Der Richtlinienauftrag soll dem Gebot der Wirtschaftlichkeit Geltung verschaffen. Gemeinsam mit dem IQWiG werden dabei der medizinische Nutzen und die Kosten von Methoden und Mitteln festgelegt. Die Entscheidungen des Gemeinsamen Bundesausschusses konkretisieren das Leistungsrecht. Grenzen hat die Rechtsprechung aber bei der Interpretation des Krankheitsbegriffs oder des Arzneimittelbegriffs gesetzt.[74] Der Leistungsanspruch des Versicherten wird durch die Maßnahmen und den Richtlinienrahmen eingegrenzt. Dabei darf der Anspruch des Versicherten auf notwendige und zweckmäßige Behandlung aber nicht eingeschränkt werden.[75] 83

Dies ist in der allgemeinen und abstrakten Aussage sicherlich richtig. Problem ist aber, dass die umfassende Kompetenz zur Leistungskonkretisierung, gerade auch die Zulassung und den Ausschluss von Leistungen bewirken kann. Die Entscheidungen des G-BA haben bezüglich des Anerkenntniserfordernisses neuer Untersuchungs- und Behandlungsmethoden und der Eingrenzung vorhandener Methoden auch Rationierungswirkung.[76] 84

Die Richtlinienkompetenz des G-BA ist in der Gesetzesentwicklung von Reform zu Reform bis hin zum GKV-Modernisierungsgesetz vom 14.11.2003[77] immer weiter gestärkt worden. Der Versuch, den gemeinsamen Bundesausschuss als Organ der Selbstverwal- 85

---

72 *Sawicki*, MedR 2005, 389, Publikationen abrufbar unter www.iqwig.publikationen.de.
73 KassKomm/*Hess*, § 92 Rn 4a.
74 BSGE 81, 240 – Diät; 85, 36 – SKAT; 85, 132 – Medizinische Fußpflege; 88, 62 – ICSI.
75 BSGE 63, 163.
76 *Dettling*, GesR 2006, 97 m.w.N.
77 BGBl I, 2190.

tung zu schwächen und die Kompetenz stärker der Exekutive zuzuordnen, ist im Gesetzgebungsverfahren des GKV-WSG gescheitert. So kann weiterhin von einer zentralen korporativen „Superorganisation" gesprochen werden.[78] Das Mandat des G-BA ist so umfassend und seine konkrete Gestaltungsmacht so groß, dass grundsätzliche Kritik hinsichtlich deren rechtsstaatlicher Legitimation laut wurde. Selbst nach der gesetzlichen Verbindlichkeitsweisung für Richtlinien des G-BA in § 91 Abs. 9 SGB V ist diese Kritik nicht verhallt.

86 Die Macht des G-BA zur Definition der Teilhaberrechte der gesetzlich Krankenversicherten und der Leistungsrechte und Pflichten der zugelassenen Leistungserbringer betreffen unmittelbar die Grundrechte nach Art. 1 und 2 GG sowie das Grundrecht der Berufsfreiheit nach Art. 12 Abs. 1 GG. Nach kritischen Auffassungen ist der G-BA weder demokratisch legitimiert noch auf einer ausreichenden Rechtsgrundlage bzw. Ermächtigung handelnd. Beschlüsse und Richtlinien greifen durch Leistungseinschränkungen gegenüber den Versicherten, durch erhöhte Anforderung an Qualität und Wirtschaftlichkeit der Leistungserbringung und durch Eingriffe in die Zulassungsfreiheit teilweise massiv in geschützte Grundrechtspositionen dieser Adressaten ein.[79] Die Entscheidungen bedürften der verfassungsrechtlichen Legitimation. Ob diese gegeben ist, ist zweifelhaft.

b) Verfassungsrechtliche Anforderungen

87 Folgende verfassungsrechtliche Bedenken gegenüber dem Normsetzungsinstrumentarium werden erhoben:
- Den Richtlinien des G-BA stehe nicht ein **Numerus clausus der Normsetzungsformen** gegenüber. Normen der Sozialversicherung seien formoffen möglich, es bestehe **kein Typenzwang** traditioneller Normsetzungsformen. *Axer* sieht eine ausreichende gesetzliche Ermächtigung zu Normverträgen oder Richtlinien.[80]
- Kritik wird wegen Verstoßes gegen das **Demokratieprinzip** geäußert.[81]
- **Demokratische Legitimation** verlangt eine personelle und materielle Legitimation. *Axer* hält diese personelle Legitimation gegenüber Versicherten und nichtärztlichen Leistungserbringern für defizitär.[82] Er sieht aber die Voraussetzungen aus Art. 87 Abs. 2 GG als gegeben an. Nach Art. 87 Abs. 2 GG sei die Normsetzung durch die Sozialversicherungsträger mit dem Demokratiegebot vereinbar.[83]
- Defizite werden auch wegen des Verstoßes gegen das **Bestimmtheitsgebot**, d.h. den Parlamentsvorbehalt der hinreichenden Bestimmtheit von Inhalt, Zweck und Ausmaß untergesetzlicher Normen nach Art. 80 Abs. 1 S. 2 GG benannt[84] Demgegenüber sieht *Haase*[85] keine verfassungsrechtlichen, insbesondere auch keine Defizite hinsichtlich des Bestimmtheitsgebots von Art. 80 Abs. 1 GG zum Gestaltungsspielraum des untergesetzlichen Normgebers.[86]

---

78 *Fischer,* MedR 2006, 509 f.; zu den Aufgaben des G-BA siehe *Hess,* MedR 2005, 385.
79 Hierauf weist KassKomm/*Hess,* § 91 Rn 27 ausdrücklich hin.
80 *Axer,* Normsetzung der Exekutive in der Sozialversicherung, S. 225 f.; Schnapp/Wigge/*Axer,* § 10 Rn 38 f.
81 *Schimmelpfeng-Schütte,* MedR 2006, 21: „Die Zeit ist reif für mehr Demokratie in der gesetzlichen Krankenversicherung"; *Schimmelpfeng-Schütte,* MedR 2006, 519.
82 Schnapp/Wigge/*Axer,* § 10 Rn 49 und 50.
83 Schnapp/Wigge/*Axer,* § 10 Rn 54.
84 Schnapp/Wigge/*Axer,* § 10 Rn 61–66; *Zuck,* MedR 2006, 515.
85 MedR 2005, 391.
86 Zur Verfassungsmäßigkeit der Bedarfsplanung siehe BSGE 82, 41.

c) Verfassungsrechtliche Grenzen im Einzelfall

Durch die Entscheidungen des G-BA werden unmittelbar Rechte der Versicherten, aber auch Berufsausübungsrechte der Leistungserbringer gestaltet. Rechte werden beispielsweise durch Aufnahme bestimmter Untersuchungs- und Behandlungsmethoden eröffnet oder (durch Ausschlüsse) versagt. Behandlungspflichten der Leistungserbringer werden normiert. Die Grundrechtsbetroffenheit der Versicherten und Leistungserbringer ist evident. Grundsätzlich haben Versicherte keinen unmittelbaren Anspruch auf Krankheitsbehandlung aus der Verfassungsnorm des Art. 2 Abs. 2 GG, dem Grundrecht auf Leben und körperliche Unversehrtheit.[87] Andererseits entfällt der Schutzanspruch des Versicherten nicht allein durch Einschränkungen des Leistungserbringungsrechts, nur weil es grundsätzlich vorrangig ist und den Anspruchsrahmen absteckt.

88

Die **Grenzen** hat das BVerfG jüngst **gegenüber den Leistungserbringern** aus dem Schutzanspruch des Grundrechts der Berufsfreiheit, Art. 12 Abs. 1 GG, entwickelt.[88] Unmittelbar zum **Leistungsausschluss** gegenüber Versicherten hat das Gericht[89] Grenzen aus dem Grundrecht der allgemeinen Handlungsfreiheit des Art. 2 Abs. 1 GG und aus Art. 2 Abs. 2 GG, dem Schutzauftrag zum Schutz von Leben und Gesundheit, entwickelt. Das BVerfG prüft also die Grenzen statusbeeinflussender Normen und die Grenzen von Leistungsausschlüssen im Einzelfall.

89

Das BSG hatte in verschiedenen Urteilen vom 16.9.1997[90] mit Hinweis auf den Vorrang des Leistungserbringungsrechts die Übernahme von Kosten für verschiedene nicht oder noch nicht anerkannte Krankheitsbehandlungen abgelehnt. Die Bioresonanztherapie z.B. sei keine anerkannte Untersuchungs- und Behandlungsmethode. Das Bundesverfassungsgericht hat das Urteil aufgehoben.[91] Es hat festgestellt, dass unter bestimmten Voraussetzungen bei lebensbedrohlichen oder regelmäßig tödlich endenden Erkrankungen und bei fehlender therapeutischer Alternative nicht anerkannte Untersuchungs- und Behandlungsmethoden als Leistung in Anspruch genommen werden könnten und von der gesetzlichen Krankenversicherung zu tragen seien.[92] Das Bundesverfassungsgericht hat mit diesem Urteil die verfassungsrechtlichen Grenzen der Beschränkung des Leistungsanspruchs herausgearbeitet. Das Urteil wirkt über den Einzelfall hinaus und umfasst das gesamte Leistungsrecht.[93] Die Versicherten haben also einen unverbrüchlichen Kernbestand an Leistungsansprüchen, die sich aus ihrem Status als Mitglied der gesetzlichen Krankenversicherung unmittelbar verwirklichen können, wenn den Mechanismen der Leistungsbegrenzung zu restriktiv wirken. Das Bundesverfassungsgericht leitet das Recht des Versicherten aus Art. 2 Abs. 1 GG – der allgemeinen Handlungsfreiheit als gesetzlich Krankenversicherter – und aus dem Schutzauftrag des Art. 2 Abs. 2 S. 1 GG auf körperliche Unversehrtheit ab. Mit dieser Entscheidung ist die gestalterische Kompetenz des G-BA wieder in den verfassungsrechtlich legitimierten Rahmen zurückgeführt, als solcher aber gleichzeitig bestätigt worden.[94]

90

---

87 BVerfGE 106, 275.
88 BVerfG – 1 BvR 378/00, MedR 2004, 680; 1 BvR 506/03, GesR 2004, 85 zu Art. 12 und zum Konkurrenzschutz von Vertragsärzten und Krankenhäusern.
89 BVerfG – 1 BvR 347/98, MedR 2006, 164.
90 BSGE 81, 73; 81, 54 f. – Duchenne'sche Muskeldystrophie/Bioresonanz.
91 BVerfG – 1 BvR 347/98, MedR 2006, 164.
92 *Kingreen*, NJW 2006, 877 f. und Urteilsbesprechung von *Franke/Hart*, MedR 2006, 131.
93 *Goecke*, NZS 2006, 291.
94 Siehe *von Wulffen*, GesR 2006, 385 sowie *Dettling*, GesR 2006, 97.

§ 6 Das Leistungsrecht der gesetzlichen Krankenversicherung

91 Die Rechtsprechung ist seither in einer Fülle von Entscheidungen der Sozialgerichtsbarkeit aufgegriffen und konkretisiert worden. Die Grenze zwischen normativer Leistungsbegrenzung und individuellem Leistungsanspruch sei im folgenden Exkurs zum Arzneimittelrecht beispielhaft dargestellt.

d) Exkurs: Grenze der Leistungsbegrenzungen am Beispiel des „off label use"

92 § 27 Abs. 1 Nr. 3 i.V.m. § 31 SGB V gewährt den Versicherten Anspruch auf die Verabreichung und Verordnung von Arzneimitteln und Verbandsmitteln. Was Arzneimittel sind, definiert allein das Arzneimittelgesetz. Dieses ist einer Interpretation durch den G-BA entzogen.[95] Obwohl die Vergabe von Medikamenten Element der Kranken- und Krankenhausbehandlung ist, bleibt im Hinblick auf die Besonderheiten des Arzneimittelrechts ein gesonderter Regelungsbedarf, den Arzneimitteleinsatz zu steuern.

aa) Anspruch und Eingrenzungen

93 Bei Vorliegen der arzneimittelrechtlichen Voraussetzung der Zulassung als Fertigarzneimittel haben Versicherte gem. § 31 Abs. 1 SGB V grundsätzlich Anspruch auf Verordnung dieser Arzneimittel. Der Anspruch des Versicherten ist nach § 34 Abs. 1 S. 1 SGB V grundsätzlich auf **verschreibungspflichtige Arzneimittel** begrenzt. Dies setzt die **Zulassung** der Arzneimittel voraus. Durch Richtlinien des G-BA können Ausnahmen zur Verordnungsfähigkeit nicht verschreibungspflichtiger Arzneimittel festgelegt werden.[96]

94 Nach § 34 Abs. 1 S. 4 SGB V in der Fassung des GKV-WSG hat der Gemeinsame Bundesausschuss eine Zusammenstellung der verordnungsfähigen Fertigarzneimittel vorzunehmen und zu aktualisieren (pharmazeutische Unternehmen sind antragsberechtigt zur Aufnahme in diese Liste).

bb) Problemlage „off label use"

95 Die Arzneimittelzulassung wird dem pharmazeutischen Unternehmer erteilt. Sie soll bewirken, dass zugelassene Fertigarzneimittel für die vorgesehene Indikation bei Beachtung der Verabreichungsvorgaben wirksam und ungefährlich sind. Die Entscheidung über den Zulassungsantrag und -bereich des Arzneimittels trifft der pharmazeutische Unternehmer nach erwerbswirtschaftlichen Erwägungen. So sind z.B. Arzneimittel, die in der Kinderheilkunde eingesetzt werden überwiegend noch nicht anerkannt.[97] Bei seltenen Erkrankungen fehlt es an systematischen Erforschungsmöglichkeiten und im Hinblick auf die Forschungskosten am Interesse der Pharmaindustrie, Zulassungsverfahren einzuleiten. Der Arzt ist im Einzelfall ggf. verpflichtet, Arzneimittel außerhalb der Zulassung einzusetzen, wenn er das Medikament für wirksamer, nebenwirkungsfreier oder alternativlos hält.[98]

---

95 BSGE 81, 240; zur Grunddefinition und Abgrenzung siehe *Fastabend-Schneider*, S. 134.
96 Anlage 8 der Arzneimittelrichtlinien (www.g-ba.de).
97 Schnapp/Wigge/*Wigge/Wille*, § 19 Rn 62.
98 OLG Köln VersR 1991, 186.

D. System der Anspruchskonkretisierung durch untergesetzliches Recht § 6

In der gesetzlichen Krankenversicherung sind Arzneimittel nur dann einsetzbar, wenn sie das Zulassungsverfahren nach den §§ 21 ff. AMG durchlaufen haben.[99] Die Arzneimittelzulassung nach dem Arzneimittelgesetz ist Voraussetzung für die Verordnungsfähigkeit in der gesetzlichen Krankenversicherung (Umkehrschluss aus § 34 SGB V, nach dem der G-BA arzneimittelrechtlich zugelassene Fertigarzneimittel von der Verordnungsfähigkeit ausschließen kann). 96

Mit Urteil vom 19.3.2002 hat das Bundessozialgericht[100] bei gleichzeitiger Präzisierung der Ausnahmevoraussetzungen gegenüber der Remedazenentscheidung[101] den „off label use", d.h. den zulassungsüberschreitenden Einsatz eines Arzneimittels, ausnahmsweise in bestimmten Fällen als erstattungsfähig anerkannt. 97

- Einsatz bei einer schwerwiegenden, entweder lebensbedrohlichen oder die Lebensqualität auf Dauer nachhaltig beeinträchtigenden Krankheit
- Fehlen einer vertretbaren anderen Behandlungsalternative
- Konsens in den einschlägigen Fachkreisen über den voraussichtlichen Nutzen des zulassungsüberschreitenden Einsatzes des Arzneimittels
- Nach dieser Rechtsprechung erfolgt der Einsatz mit Arzneimitteln, die für andere Indikationen zugelassen sind, also arzneimittelrechtlich unbedenklich sind.

Von derartigem Nutzen könne ausgegangen werden, wenn aufgrund der Datenlage die begründete Aussicht auf einen Behandlungserfolg bestehe. Dies sei dann der Fall, wenn die Zulassung für die neue Indikation beispielsweise beantragt oder die Ergebnisse einer klinischen Prüfung der Phase III veröffentlicht seien. Die Rechtsprechung verlangt letztlich aber zuverlässige, wissenschaftlich nachprüfbare Aussagen und Konsens in den einschlägigen Fachkreisen über den voraussichtlichen Nutzen. Auf dieser Grundlage ist durch die Bundesregierung die Expertengruppe „off label" beim Bundesinstitut für Arzneimittel und Medizinprodukte (BfArM) eingerichtet worden. Nach der Entscheidung des Bundessozialgerichts v. 18.5.2004[102] beschränkte sich der „off label use" auf Arzneimittel, die überhaupt eine – wenn auch auf andere Indikationen bezogene – Zulassung haben. Trotz dieser Entscheidung blieben viele Fragen speziell bei der Tumorbehandlung von Kindern offen. 98

Mit der Entscheidung des Bundessozialgerichts vom 19.10.2004[103] ist eine Öffnung des Arzneimitteleinsatzes erfolgt, und zwar für die Fälle, in denen eine systematische Erforschung der Krankheit wegen ihrer Seltenheit praktisch ausgeschlossen ist und weil in diesen Fällen regelmäßig auch nicht mit entsprechenden Empfehlungen des G-BA zu rechnen ist. 99

Auch der bislang bereits sehr begrenzte Einsatz nicht zugelassener Arzneimittel ist durch die Entscheidung des Bundesverfassungsgerichts vom 6.12.2005[104] weiter geöffnet worden. Versicherte können in notstandsähnlichen Situationen unter engen Voraussetzungen die Versorgung mit arzneimittelrechtlich in Deutschland und der EU nicht zugelassenen Arzneimitteln beanspruchen. Dieses Recht folgt unmittelbar aus dem Grundrecht der allgemeinen Handlungsfreiheit des Art. 2 Abs. 1 GG als der Versicherungspflicht unterworfenem Mitglied der gesetzlichen Krankenversicherung und der 100

---

99 BSGE 86, 54.
100 BSGE 89, 184 – Sandoglobolin.
101 BSGE 76, 194.
102 BSGE 93, 1 – Immucothel.
103 BSGE 93, 236 – Visudyne.
104 BVerfG – 1 BvR 347/98, MedR 2006, 164.

grundrechtlichen Schutzpflicht des Art. 2 Abs. 2 S. 1 GG auf Mindeststandards.[105] Die grundsätzlichen Annahmen für den Einsatz nicht zugelassener Arzneimittel dürften hiernach gegeben sein, wenn

- eine lebensbedrohliche oder regelmäßig tödlich verlaufende Krankheit vorliegt
- bezüglich dieser Krankheit keine allgemein anerkannte dem medizinischen Standard entsprechende Behandlung zur Verfügung steht
- der Einsatz des Arzneimittels beim Versicherten auf einer auf Indizien gestützten nicht ganz fern liegenden Aussicht auf Heilung oder spürbare positive Einwirkung auf den Krankheitsverlauf beruht. Auf den Konsens der einschlägigen Fachkreise kommt es nicht an.

101 Das BSG hat die Kriterien nach Maßgabe des Bundesverfassungsgerichts in einem außergewöhnlichen Verfahren zur Darstellung rechtlicher Voraussetzungen in einem Vergleich herausgearbeitet[106] und in weiteren Entscheidungen konkretisiert.[107]

- Es dürfe zur Annahme des ausnahmsweisen Einsatzes zu Lasten der gesetzlichen Krankenversicherung kein Verstoß gegen das Arzneimittelrecht vorliegen.
- Es bedürfe einer abstrakten und individuellen Betrachtung der gebotenen Wahrscheinlichkeit und einer konkreten Analyse und Abwägung von Chancen und Risiken des voraussichtlichen Nutzens.
- Zudem müsse die Behandlung regelmäßig fachärztlich nach den Regeln der ärztlichen Kunst durchgeführt und ausreichend dokumentiert sein.

102 Wenn nun aber ein Konsens der einschlägigen Fachkreise nicht mehr gefordert wird, dürfte es ausreichen, wenn die Entscheidung für den „off label use" auf besonderer ausgewiesener ärztlicher Fachkunde und Erfahrung beruht.[108]

103 Die untergerichtliche Rechtsprechung dehnt den Anwendungsbereich des „off label use" weiter aus,[109] und zwar auf Krankheiten, die zwar nicht lebensbedrohlich sind, die aber zu gravierenden Folgen führen. Dieser Ansatz ist nach der Rechtsprechung des BSG[110] aber nicht tauglich, da jede unterlassene Behandlung einmal zur Lebensbedrohung führen kann.[111]

104 *Tipp*

Bei Fragen des „off label use" wird empfohlen, aus dem Fundus der aktuellen Rechtsprechung zu schöpfen. Dazu dient in hervorragender Weise der RID Rechtsprechungsinformationsdienst der Deutschen Gesellschaft für Kassenarztrecht www.de-kassenarztrecht.de.

105 Die Rechtsprechung hat dazu geführt, dass nach § 36b Abs. 3 SGB V nunmehr der G-BA verpflichtet ist, in Beratung durch eine Expertengruppe des BfArM in den Arzneimittelrichtlinien nach § 92 Abs. 1 Nr. 6 i.V.m. § 139b Abs. 4 SGB V ein Verzeichnis

---

105 *Dettling*, GesR 2006, 97.
106 Siehe Terminbericht 20/06 des BSG v. 27.3.2006 – B 1 KR 28/05 R.
107 Z.B. Urt. v. 4.4.2006 – B 1 KR 12/04 R – Einfachzucker; B 1 KR 12/05 R – GesR 2006, 421 – Brachytherapie; Urt. v. 12.12.2006 – B 1 KR 12/06 R – Friedreich'sche Ataxie.
108 Zum „off label use" und zur Entscheidung des BVerfG vom 6.12.2005 *Goecke*, NZS 2006, 291; *Wölk*, ZMGR 2006, 3f.
109 SG Frankfurt, Beschl. v. 22.8.2006 – 21 KR 444/06 ER.
110 Urt. v. 19.6.2006 – B 1 KR 18/06 R.
111 Z.B. vermehrter Flüssigkeitsbedarf bei Wasserruhr, eingrenzend auch BSG, Beschl. v. 31.5.2006 – B 6 KA 53/05; v. 26.9.2006 – B 1 KR 1/06 R; v. 26.9.2006 – B 1 KR 14/06 R – wonach Phase 2 Studien bei RLS nicht den Einsatz des Medikaments Cabaseril außerhalb der zugelassenen Indikation eröffnen.

für off-label-Indikationen von Arzneimitteln zu schaffen. Der pharmazeutische Unternehmer muss aber der Aufnahme aus Gründen der damit verbundenen Haftungsübernahme zustimmen.

Tipp 106

Das Bundessozialgericht gibt Hinweise zum Prozedere bei „off label use".[112] Der Vertragsarzt kann bei nicht zugelassenen Arzneimitteln Privatrezepte ausstellen und es dem Versicherten überlassen, sich um Erstattung zu kümmern. Er kann aber auch sich selbst an die Krankenkasse wenden, um die Auffassung der Krankenkasse zu erfahren und dann ggf. ein Privatrezept auszustellen, andernfalls droht ihm ein Regress. Der Versicherte kann seinerseits einstweiligen Rechtsschutz beantragen. In der Abwägung stehen dann Grundrechtsschutz nach Art. 2 Abs. 2 gegen Kostenlast der Krankenkasse, was häufig zu einem Erfolg im einstweiligen Rechtsschutzverfahren führt.

cc) Compassionate use

Arzneimittel, die bei seltenen lebensbedrohenden oder schwerwiegenden Erkrankungen 107 eingesetzt werden, nennt man **orphan drugs**. Soweit Zulassungsanträge gestellt sind, können bei schweren oder lebensbedrohlichen Erkrankungen Arzneimittel auch schon während des Zulassungsverfahrens eingesetzt werden. Man spricht von „compassionate use". Nach europarechtlichen Vorgaben (Verordnung EG Nr. 141/2000 und EG Nr. 726/2004) soll nunmehr über § 21 Abs. 2 AMG ein compassionate-use-Programm ermöglicht werden, um unter engen Voraussetzungen den Einsatz noch nicht zugelassener Arzneimittel zu ermöglichen.[113] In einem vereinfachten Verfahren sollen nicht zugelassene Arzneimittel bei seltenen und seltensten Erkrankungen nach § 21 Abs. 2 SGB V in einer noch nicht erstellten Verordnung zum Einsatz freigegeben werden. Diese Arzneimittel dürfen dann auch in der gesetzlichen Krankenversicherung eingesetzt werden. Die arzneimittelrechtlichen und europarechtlichen Vorgaben entsprechen den Grundsätzen der Rechtsprechung des Bundesverfassungsgerichts vom 6.12.2005 und des BSG vom 4.4.2006.[114] Das Urteil des BSG,[115] welches nachdrücklich nur den Einsatz qualitativ kontrollierter Arzneimittel verlangt, wird ebenfalls im Ergebnis bestätigt. Das bisherige förmliche Zulassungsverfahren wird künftig für derartige Substanzen aber entfallen oder ersetzt.

Diesen Vorgaben hat nunmehr der Gesetzgeber im GKV-WSG durch Schaffung des 108 § 35c SGB V „zulassungsüberschreitende Anwendung von Arzneimitteln in klinischen Studien" entsprochen. Die Verabreichung von nicht zugelassenen Medikamenten in klinischen Studien ist dann zugelassen, wenn hierdurch eine therapierelevante Verbesserung der Behandlung einer schwerwiegenden Erkrankung im Vergleich zur bestehenden Behandlungsmöglichkeit zu erwarten ist und wenn die damit verbundenen Mehrkosten in einem angemessenen Verhältnis zum erwarteten medizinischen Zusatznutzen stehen. Die Verordnung kann nur im Rahmen ambulanter Behandlung im Krankenhaus oder durch Hochschulambulanzen erfolgen. Auf die zu erwartenden Richtlinien des G-BA wird verwiesen.

---

112 BSG, Urt. v. 31.5.2006 – B 6 KA 53/05 B.
113 Hinweis des BfArM vom 8.8.2006 zitiert nach www.bfarm.de und BPI – Positionspapier orphan drugs.
114 BVerfGE 115, 25 – Alternativmedizin; BSG, Urt. v. 4.4.2006 – B 1 KR 12/04 R – Einfachzucker.
115 BSG, Urt. v. 18.5.2004 – B 1 KR 21/02 R.

109 *Tipp*
Es wird empfohlen, wenn es um den Einsatz nicht zugelassener Arzneimittel im weiten Sinne geht, im Einzelfall die Indikationslisten „off label use" nach § 35b Abs. 3 SGB V und die zu erwartenden Listen für die compassionate use nach § 21 Abs. 2 AMG und Richtlinien nach § 35c SGB V heranzuziehen und bei individuellem Einsatz von orphan drugs den Empfehlungen des BfArM zu folgen. Auf die sich dynamisch entwickelnde Einzelfallrechtsprechung sei verwiesen.

2. Normsetzungsverträge

110 Es würde den Rahmen der Darstellung des Leistungsrechts sprengen, einen auch nur annähernd abschließenden Überblick über Normsetzungsverträge in der gesetzlichen Krankenversicherung zwischen den Kostenträgern und den verschiedenen Leistungserbringern sowie deren Verbänden vorzulegen. Deshalb wird nachfolgend ein knapper Überblick lediglich aus dem vertragsärztlichen Versorgungsbereich gegeben.

a) Bundesmantelvertrag (BMV)

111 Der Konkretisierung (Begründung und Begrenzung) von Leistungsansprüchen der Versicherten dient der Bundesmantelvertrag, der von der Kassenärztlichen Bundesvereinigung mit dem Spitzenverband Bund der Krankenkassen geschlossen wird (das GKV-WSG strafft das Verfahren und den Vertragsschluss durch Schaffung des Spitzenverbandes Bund der Krankenkassen und durch die Verkleinerung des Beschlussgremiums nach § 87 Abs. 3 SGB V). Der Bundesmantelvertrag nach § 87 SGB V wird über § 82 SGB V Inhalt der auf der regionalen Ebene der Krankenkassen und Kassenärztlichen Vereinigungen zu schließenden Gesamtverträge.

112 Der **BMV** ist Rechtsnorm. Der Bundesmantelvertrag ist zwar ein öffentlich rechtlicher Vertrag zwischen Körperschaften des öffentlichen Rechts. Er regelt aber nicht primär gegenseitige schuldrechtliche Verpflichtungen, sondern entfaltet Drittwirkung gegenüber den Gesamtverträgen und richtet sich an die KVen, die Vertragsärzte, die Landesverbände der Krankenkassen und die Krankenkassen selbst.[116] Als Rechtsnormen unterliegen sie nur einer Inzidentkontrolle und nicht der Normenkontrolle.

b) Gesamtverträge

113 Auch die **Gesamtverträge** nach § 83 SGB V sind öffentlich-rechtliche Verträge mit Normcharakter.[117] Gesamtverträge regeln die Vergütung für die durch die Kassenärztliche Vereinigung sicherzustellende Leistungserbringung und haben keine unmittelbare Auswirkung auf Inhalt und Umfang in Anspruch zu nehmender Leistungen der Versicherten.

---

116 KassKomm/*Hess*, § 82 Rn 7; BSGE 78, 70; zur Rechtsnatur der Normverträge siehe *Engelmann*, NZS 2000, 1 f. sowie den Überblick über rechtliche Handlungsformen im Krankenversicherungsrecht, *Quaas/Zuck*, § 8.
117 KassKomm/*Hess*, § 82 Rn 9; BSGE 95, 86.

c) Einheitlicher Bewertungsmaßstab (EBM)

Der EBM, der das wertmäßige Verhältnis der vertragsärztlichen Leistungen zueinander definiert, ist als Teil des BMV Rechtsnorm nach § 87 Abs. 2 SGB V. Er steuert neben seinen Vergütungsregelungen grundlegend das Spektrum erbringbarer und abrechenbarer Leistungen und der Mengenentwicklung auch gegenüber den Versicherten.[118] Leistungen, die im EBM nicht beschrieben sind, können zu Lasten der Krankenkassen von Vertragsärzten für nicht erbracht und von gesetzlich Krankenversicherten insoweit nicht in Anspruch genommen werden. Der EBM unterliegt nur eingeschränkter gerichtlicher Kontrolle.[119] Der Bewertungsausschuss hat einen weiten Gestaltungsspielraum.[120]

114

d) Sonstige Verträge

Leistungskonkretisierungen können auch auf regionaler Ebene durch Vereinbarungen der Gesamtvertragsparteien erfolgen. Bekanntestes Beispiel sind die Arzneimittelvereinbarungen nach § 84 SGB V. Zurzeit sehr umstritten sind hierbei sog. Me-Too-Listen. Zwar werden durch die Me-Too-Listen Arzneien nicht aus der Verordnungsfähigkeit ausgeschlossen, nach § 31 Abs. 2 SGB V trägt die Krankenkasse aber lediglich die Kosten von Arzneimitteln in Höhe vergleichbarer Referenzarzneimittel. Die Arzneimittelverordnungen werden auf KV-Ebene auf der Grundlage der Bewertung des Instituts für Qualität und Wirtschaftlichkeit im Gesundheitswesen geschlossen.[121] Es werden patentgeschützte Arzneimittel mit neuen Wirkstoffen aufgeführt, die keine oder lediglich marginale Unterschiede zu bereits zugelassenen Arzneimitteln haben. Die hierzu sich entwickelnde Rechtsprechung ist sehr umfangreich.[122]

115

IV. Rahmenempfehlungen und sonstige Richtlinien der Spitzenverbände

1. Rahmenempfehlungen

Die Rahmenempfehlungen des Spitzenverbandes Bund der Krankenkassen gemeinsam mit maßgeblichen Spitzenorganisationen der Leistungserbringer regelt § 125 SGB V. Die Rahmenempfehlungen beispielsweise zur einheitlichen Versorgung mit Heilmitteln[123] sind keine Rechtsnormen. Rechtsnormen sind insoweit nur die Heilmittelrichtlinien des G-BA.[124] Rahmenempfehlungen sind Grundlage für regionale Vereinbarungen.

116

2. Hilfsmittelverzeichnisse nach § 139 SGB V

Der Spitzenverband Bund der Krankenkassen erstellt nach § 139 SGB V Verzeichnisse von Hilfs- und Pflegmitteln (www.internet.ikk.de/himi/). Derartige Verzeichnisse sind

117

---

118 BSG SozR 3-2500, § 87 Nr. 5, 22, Nr. 14, 49, 73.
119 BSGE 88, 126.
120 BSG SozR 3, 2500, § 87 Nr. 14.
121 IQWiG nach § 35b SGB V und auf der Grundlage des § 84 i.V.m. § 92 Abs. 2.
122 Beispielhaft verwiesen sei auf SG Düsseldorf v. 27.8.2006 – S 13 KA 215/06 ER, RID 2006/04, 77; SG Wiesbaden v. 14.8.2006 – 17 KR 182/06 ER, RID 2006/03, 175.
123 V. 25.9.2006 – www.aok-gesundheitspartner.de.
124 BSG, Urt. v. 29.11.2006 – B 6 KA 7/06 R, Register-Nr. 27725.

keine Rechtsnormen. Es handelt sich um sachliche Feststellungen der Eignung der Hilfsmittel mit dem Ziel einer einheitlichen und wirtschaftlichen Versorgung.[125]

3. Begutachtungsrichtlinien – MDK

118 Nach § 282 Abs. 1 SGB V erlässt der Medizinische Dienst des Spitzenverbandes Bund der Krankenkassen Richtlinien über die Zusammenarbeit der Krankenkassen mit den Medizinischen Diensten zur Sicherstellung einer einheitlichen Begutachtung sowie über Grundsätze zur Fort- und Weiterbildung. Im Übrigen kann er Empfehlungen geben. Beispielhaft sei erwähnt die Begutachtungsrichtlinie Ambulante Soziotherapie (www.aok-gesundheitspartner.de) oder die Begutachtungsrichtlinie Vorsorge und Rehabilitation Oktober 2005 (www.gkv.info).

119 Diese Richtlinien haben lediglich verwaltungsinterne Wirkungen, ähnlich wie Verwaltungsvorschriften, oder empfehlenden Charakter. Sie entfalten aber mit dem Ziel der Vereinheitlichung der Rechtsanwendung mittelbar Wirkungen auch für die Versicherten.

120 *Tipp*
Die Begutachtungsrichtlinien und darüber hinaus generell die den geltend gemachten Anspruch des Versicherten betreffenden oder die Leistungserbringung behandelnden Richtlinien der Medizinischen Dienste der Krankenversicherung sollten immer herangezogen werden. Sie sind im Internet veröffentlicht, geben mit Begutachtungshinweisen durchaus die Möglichkeit, schon bei Antragstellung Fehler zu vermeiden. Ganz speziell gilt dies für die Bereiche Pflege und Rehabilitation.

E. Anspruchsstruktur und Anspruchskonkretisierung im Einzelfall

I. Allgemeines

121 Die Anspruchsnormen der §§ 20–68 SGB V sind entweder als Anspruch auf Leistungen, als Zielbeschreibung oder schlicht im Thema der Behandlung benannt. Sie sind ziel- oder programmbezogen, siehe hierzu die Ausführungen unter Rn 69 ff. Dort ist die Konkretisierung der Ansprüche auf Teilhabe durch untergesetzliche Normen behandelt worden.

122 Da aber selbst bei Berücksichtigung der untergesetzlichen Normen, Normverträge, Richtlinien und Beschlüsse nur selten ein zwingender Weg der Subsumtion der Anspruchsgrundlagen möglich ist, erfolgt die Zusprache anstehender medizinischer Maßnahmen auf unterschiedlichem Wege.

123 Entweder erfolgt eine konkrete Leistungsbewilligung durch die Krankenkasse oder eine Konkretisierung des Behandlungsanspruchs des Versicherten durch die Leistungserbringer in der Leistungserbringung selbst.

124 Grundsätzlich sieht § 19 SGB IV vor, dass Leistungen in der gesetzlichen Krankenversicherung auf Antrag erbracht werden, soweit nicht anderweitige gesetzliche Regelungen eine unmittelbare Inanspruchnahme vorsehen. § 15 SGB V nun stellt die Weiche in

---

125 BSG, Urt. v. 28.9.2006 – B 3 KR 28/05 R.

Richtung **Bewilligungsleistungen** oder Leistungen durch **unmittelbare Inanspruchnahme**.

II. Bewilligungsentscheidungen durch die Krankenkasse

1. Antragsbedürftige Leistungen

Regelmäßig auf Antrag des Versicherten nach § 19 SGB IV entscheidet die Krankenkasse über die **Bewilligung** von Krankengeld, häuslicher Hilfe, über die Gewährung von Hilfsmitteln oder über Rehabilitationsmaßnahmen. 125

Je nach Ausgestaltung der geltend gemachten Leistungen steht dem Versicherten ein Anspruch oder ein Anspruch auf Ermessensentscheidung zu. Bei Rehabilitationsleistungen beispielsweise hat der Versicherte regelmäßig Anspruch auf Rehabilitation, während die Entscheidung über die Art, den Zeitpunkt und den Umfang der Leistung unter Berücksichtigung von Wünschen des Versicherten nach § 40 SGB V zu einer Ermessensentscheidung befugt. Ein Antrag ist auch erforderlich vor Behandlung mit neuen Untersuchungs- und Behandlungsmethoden mit dem Ziel späterer Kostenerstattung nach § 13 Abs. 3 SGB V (siehe Rn 60) sowie beim Einsatz nicht zugelassener Arzneimittel – „off label use", „compassionate use" (siehe Rn 92 ff.). 126

2. Förmliche Anspruchsberechtigung

Die Krankenkasse hat die persönlichen Voraussetzungen für den Leistungsanspruch des Versicherten für die **Mitgliedschaft** oder Familienmitgliedschaft nach den §§ 5–10 SGB V oder sonstige Voraussetzungen wie z.B. Altersgrenzen etc. zu prüfen. Ebenso ist die vorrangige Leistungspflicht z.B. der gesetzlichen Renten-, Unfall- oder Pflegeversicherung auszuschließen. So gewährt § 27a SGB V Leistungen zur Herbeiführung einer Schwangerschaft (ICSI) nur verheirateten Personen.[126] 127

3. Vorliegen des Versicherungsfalls

Im Mittelpunkt der Prüfung steht der Versicherungsfall. Es müssen die subjektiven und die tatbestandlichen Voraussetzungen für die jeweils in Anspruch zu nehmenden Leistungen nach den materiellen Leistungskomplexen der §§ 20 ff. SGB V vorliegen. Medizinische Sachverhalte sind für die entscheidende Krankenkasse dabei gem. § 275 Abs. 2 SGB V durch den Medizinischen Dienst der Krankenversicherung zu prüfen. 128

Die Leistung erfolgt bei einem zugelassenen Leistungserbringer.[127] Bei der Entscheidung sind die Ortswahl und die religiösen Bedürfnisse des Versicherten bei der Auswahl von Leistungserbringern nach § 2 Abs. 2 S. 2 SGB V zu berücksichtigen. 129

Das sozial-verwaltungsrechtliche Verfahren endet mit einem Verwaltungsakt nach §§ 31 f. SGB X. 130

---

[126] BVerfG, Urt. v. 28.2.2007 – 1 BvL 5/03.
[127] Außer im Notfall: BSGE 89, 39; § 76 Abs. 1 S. 2 SGB V.

III. Norm- und Anspruchskonkretisierung durch Inanspruchnahme

131 Nach § 19 SGB IV und § 15 SGB V ist für die Leistungsbewilligung im Verhältnis des Krankenversicherten zur Krankenkasse grundsätzlich ein Antrag erforderlich. Das Problem aber ist, dass ambulante und stationäre Krankenbehandlung sowie die Anordnung und Verantwortung von Behandlungsleistungen sonstiger Leistungserbringer **Massengeschäfte** sind, die eine vorherige Bewilligung der Krankenbehandlung im Verhältnis des Krankenversicherten zur Krankenkasse ausschließen. Es handelt sich um Sach- und Dienstleistungen, deren Erbringung die Krankenversicherung dem Versicherungsnehmer gegenüber schuldet. Dies ist der Grund, warum § 15 Abs. 2–6 SGB V das Recht des Versicherten auf unmittelbare Inanspruchnahme der Leistung bei der Krankenbehandlung als Ausnahme von § 19 SGB IV regelt. So wird der Antrag des Versicherten konsequenterweise nicht mehr als eigenständige materiell-rechtliche Anspruchsvoraussetzung[128] angesehen. Ob überhaupt ein konkludenter Antrag vorliegt, kann bestritten werden.

132 Das Versorgungskrankenhaus und der Vertragsarzt sind bei Vorliegen der Voraussetzungen verpflichtet, den Behandlungsanspruch selbst oder durch Anordnung von Behandlungen zu erfüllen. § 15 Abs. 2–6 SGB V verlangt, dass sich der Krankenversicherte durch **Chipkarte als Krankenversicherungsnachweis** gem. § 291 SGB V gegenüber dem Vertragsarzt ausweist. Dieser hat dann selbst zu behandeln oder Leistungen beispielsweise des Krankenhauses zu verordnen. Die Verordnung von Krankenhausleistungen bindet das Krankenhaus nicht unmittelbar. Die Behandlungspflicht folgt vielmehr allein aus der Feststellung der Krankenhausbehandlungsbedürftigkeit durch den verantwortlichen Krankenhausarzt selbst.[129] Selbst eine entgegenstehende Entscheidung der Krankenkasse lässt die Leistungspflicht des Vertragsarztes oder des Krankenhauses[130] nicht entfallen.

1. Speziell: Der Versicherungsfall der Krankheit

133 Wegen der besonderen Bedeutung wird im Folgenden allein der Versicherungsfall der Krankheit[131] als Leistungsvoraussetzung knapp erörtert und der Leistungsanspruch auf Krankheitsbehandlung gegen Ansprüche auf Vorsorge, Rehabilitation und auf Pflege abgegrenzt.

134 In der anwaltlichen Praxis dürfte die Vertretung von gesetzlich Krankenversicherten mit dem Ziel der Leistungsgewährung sich regelmäßig mit den Voraussetzungen des Versicherungsfalls der Krankheit beschäftigen. Diese können sich bei Krankenhausbehandlungen beispielsweise auf Fragen der Inanspruchnahme von Krankenhäusern bei

---

128 KassKomm/*Höfler*, § 15 Rn 13 f.
129 BSGE 82, 158.
130 Siehe insoweit § 109 Abs. 4 S. 2 SGB V.
131 *Jörg*, § 11 Rn 10 f.

chronischen Leiden[132] beziehen, auf Leistung der ästhetischen Medizin/plastischen Chirurgie[133] oder auf Abgrenzungsfragen der ambulanten und stationären Rehabilitation gegenüber Krankenhausbehandlung einerseits oder vertragsärztlichen Behandlungen andererseits.

Krankheit kann als regelwidriger körperlicher oder geistiger Zustand mit der Folge der Behandlungsbedürftigkeit und/oder Arbeitsunfähigkeit definiert werden.[134] Sie kann auch auf den Alterungsprozess zurückzuführen sein.[135] Keine Krankheit im Sinne des Gesetzes ist die Befindlichkeitsstörung, z.B. subjektives Unwohlsein ohne pathologische Befunde, wohl aber die nicht selbst überwindbare seelische Störung.[136]

135

Die Krankenhausbehandlungsbedürftigkeit umfasst im Vorfeld die Diagnosebedürftigkeit.[137] Das Begriffsmerkmal der **Behandlungsbedürftigkeit** setzt die **Behandlungsfähigkeit** voraus. Behandlungsfähigkeit bedeutet dabei die zielgerichtete (kausale) Beseitigung einer körperlichen oder geistigen Beeinträchtigung, Linderung oder Besserung. Behandlungsbedürftigkeit und Behandlungsfähigkeit fehlen bei sonstigen medizinischen Behandlungen, selbst wenn sie zwingend von Ärzten auszuüben wären. Krankheiten im Sinne des sozialen Krankenversicherungsrechtes sind nur solche, deren Behandlung nicht vorrangig aus anderen Zielen (ästhetisch, kosmetisch, paramedizinisch) begründet werden.[138] Das **Behandlungsziel** wird ausdrücklich in § 27 Abs. 1 S. 1 SGB V gesetzlich benannt.

136

Auf Leistungen besteht dann kein Anspruch, wenn sie auf einem Arbeitsunfall beruhen oder einer Berufskrankheit im Sinne der gesetzlichen Unfallversicherung des SGB VII folgen.[139]

137

2. Kein Wahlrecht des Patienten

Der Patient hat bei der Entscheidung über die Auswahl der konkreten Leistungen kein eigenes Bestimmungsrecht,[140] wohl aber das grundsätzliche Recht der freien Arztwahl nach § 76 Abs. 1 SGB V und der freien Wahl des Krankenhauses.[141] Er ist bei der Bestimmung des Erbringers ver- oder angeordneter Leistungen ebenfalls grundsätzlich frei. Hausärztliche Steuerungsmodelle nach § 73b SGB V verpflichten weder zur Wahl eines Hausarztes noch eines bestimmten Hausarztes.[142] § 73b SGB V bindet den Versicherten aber bei Wahl der hausarztzentrierten Versorgung über mindestens ein Jahr an den gewählten teilnehmenden Hausarzt.

138

---

132 Zur Voraussetzung der Krankenhausbehandlungsbedürftigkeit bei chronischen Leistungen siehe BSGE 94, 139.
133 Siehe zur Verkleinerung/Vergrößerung der weiblichen Brust BSG, Urt. v. 19.10.2004 – B 1 KR 9/04 R; LSG NRW, Urt. v. 26.4.2006 – L 11 KR 24/05.
134 KassKomm/*Höfler*, § 27 Rn 9; BSGE 85, 56 – Amalgam; 90, 289 – Adipositas.
135 BSG – 3/8 RK 28/87, NZA 1989, 287.
136 BSGE 21, 189.
137 BSG, Urt. v. 4.5.1994 – 1 RK 3/93.
138 Zum Problem der Kleinwüchsigkeit BSGE 72, 96 und zum Problem der Fettleibigkeit – Stichwort Eigenverantwortlichkeit – siehe BSGE 90, 289.
139 Siehe § 11 Abs. 4 SGB V.
140 Hauck/Noftz/*Noftz*, § 2 Rn 94.
141 § 2 Abs. 3 S. 2, wonach den religiösen Bedürfnissen der Versicherten bei Auswahl der Leistungserbringung Rechnung zu tragen ist.
142 KassKomm/*Hess*, § 76 Rn 21.

3. Inanspruchnahme

139 Da die Inanspruchnahme von zur Verfügung zu stellenden Leistungen nach § 15 Abs. 2 ff. SGB V[143] grundsätzlich als Sachleistung erfolgt, obliegt den Leistungserbringern die u.U. entscheidende Beurteilung, Leistung oder Veranlassung.

140 Nur selten steht im hoch komplexen System aufgrund begrenzter Ressourcen, aber auch begrenzter (Zeit für) Diagnostik eindeutig fest, welche Behandlungsleistungen von wem wann und wie oft zu erbringen oder zu verordnen sind. Selbst bei der Notfallbehandlung steht nicht immer zwingend fest, welches Medikament zur welcher Zeit in welchem Umfang beispielsweise eingenommen werden muss.

141 So haben die Vertragsärzte und die verantwortlichen Krankenhausärzte ein – freilich auf medizinische Fragen beschränktes – Recht, den Behandlungsanspruch des Versicherten zu konkretisieren.[144] In ihrer Entscheidung zugunsten einer bestimmten Therapie haben sie die Hierarchie vorrangiger gegenüber nachrangigen Behandlungsalternativen zu beachten. Eine Krankenhausbehandlung kann z.B. nur veranlasst werden, wenn sie nach den Kriterien der Wirtschaftlichkeit notwendig, zweckmäßig und ausreichend ist und nicht kostengünstiger teilstationär oder ambulant oder als Rehabilitationsleistung erbracht werden kann.

142 Die **Normkonkretisierung bei Inanspruchnahme** mit leistungsgewährender Entscheidung setzt dabei voraus, dass der Vertragsarzt oder Krankenhausarzt die leistungsbestimmenden gesetzlichen Voraussetzungen und untergesetzlichen Normen und Richtlinien bis hin zu den krankheitsbezogenen Leitlinien in seiner Entscheidung berücksichtigt. Die Normkonkretisierung mit der Folge eines hierauf gerichteten Anspruchs des Versicherten setzt die Beachtung der Grundprinzipien der Wirtschaftlichkeit, Zweckmäßigkeit, Notwendigkeit, Wirksamkeit und Qualität voraus. Dies alles stellt einen in der Entscheidungssituation des Arztes hoch komplexen und ex post praktisch nicht mehr reproduzierbaren Vorgang dar.[145]

143 Dies bedeutet nun nicht, dass die Leistungserbringer im Sinne öffentlich-rechtlicher Verwaltungsakte gegenüber den Versicherten entscheiden, sondern dass sie – als Leistungsverpflichtete gegenüber den Versicherten, d.h. als ein Element des Sicherstellungssystems – den Leistungsanspruch des Versicherten durch Behandlung oder Verordnung konkretisieren. Es bedarf keiner vorangehenden Entscheidung und keiner nachträglichen Genehmigung der Krankenkasse.[146] Das Bundesverfassungsgericht[147] hat ausdrücklich das Recht des Vertragsarztes betont, die Leistungsverpflichtung der Krankenkasse im Einzelfall gegenüber dem Patienten zu konkretisieren. Dem Arzt komme dabei nicht nur die Feststellung des Eintrittes des Versicherungsfalles der Krankheit zu, sondern auch und gerade die von ihm zu verantwortende Entscheidung und Überwachung einer den Zielen des § 27 Abs. 1 SGB V gerecht werdenden Behandlung.[148] In der Konkretisierungsentscheidung des Vertragsarztes oder Krankenhausarztes verwirklicht sich gleichzeitig dessen ärztliche Therapiefreiheit.[149] Steigende bürokratische Erfordernisse, Honorierungsrisiken und Regressforderungen lassen befürchten, dass die Therapiefreiheit zunehmend zu einem wirkungslosen Postulat verkommt.

---

143 Grundsätzlich hierzu KassKomm/*Höfler*, § 15 Rn 13 ff., § 27 Rn 84 ff.
144 Schnapp/Wigge/*Jörg*, § 11 Rn 38–60.
145 Zur Kontrolle medizinischer Standards in der Sozialgerichtsbarkeit *Engelmann*, MedR 2006, 245.
146 BSGE 73, 271.
147 BVerfG – BvR 347/98, MedR 2006, 164.
148 Unter Bezug auf BSGE 82, 158, 161.
149 BSGE 73, 66; zur ärztliche Therapiefreiheit in der Konkretisierungsentscheidung *Welti*, GesR 2006, 1.

Die Spannung zwischen Leistungsbegrenzung einerseits und Haftungs- und Regressrisiken andererseits wächst.

Die gesetzlich krankenversicherten Patienten haben bei Feststellung der Behandlungs- oder Verordnungsbedürftigkeit einen Rechtsanspruch auf diese Dienst- und Sachleistungen. Dies ist die leistungsrechtliche Seite des als Dreiecksverhältnis ausgestalteten Sachleistungsanspruchs (siehe Rn 52). 144

Der Vertragsarzt oder das Krankenhaus, welches dieser Verpflichtung zuwiderhandelt, steht unter Regress und Schadensersatzandrohung der Krankenkassen bzw. ihrer Patienten. Vertragsarzt und verantwortlicher Krankenhausarzt (§ 39 SGB V sieht die Krankenhausbehandlung „nach Prüfung durch das Krankenhaus" vor) haben die Leistungspflicht der Krankenkasse zu konkretisieren. Nur dann, wenn die Leistung bei ex-ante-Betrachtung nicht erforderlich, d.h. nicht vertretbar war, entfällt die Bindungswirkung der ärztlichen Entscheidung. Dies gilt auch bei einer durch Täuschung erschlichenen Leistung.[150] 145

Die Verpflichtung durch Inanspruchnahme bedeutet, dass die Leistungserbringer keinen eigenen Honorierungsanspruch gegenüber dem gesetzlich Krankenversicherten haben. Diese sind frei, solange sie die Leistung nicht rechtswidrig erschlichen hatten. Sie sind gegenüber der Krankenkasse bei rechtswidriger Erschleichung erstattungspflichtig, der Vertragsarzt oder das Krankenhaus ist leistungsberechtigt, solange bei ex-ante-Betrachtung vertretbar davon ausgegangen werden konnte, dass ein Behandlungsfall vorlag und die erforderlichen Leistungen veranlasste. 146

4. Auswirkungen im Verhältnis zur Krankenkasse

Selbstverständlich kann die Krankenkasse die Leistungsberechtigung einzelfallbezogen substantiiert – speziell für die Zukunft – und mit Hilfe des MDK in Frage stellen. 147

a) Anspruchsprüfung durch den MDK

Da die Krankenkasse den Versicherungsfall, d.h. die medizinischen Voraussetzungen und die Geeignetheit von medizinischen Verfahren, häufig nicht beurteilen kann, hat sie sich bei Zweifeln insoweit des Medizinischen Dienstes der Krankenkassen zu bedienen. § 275 Abs. 1 und 2 SGB V normiert eine gesetzliche Pflicht. Das GKV-WSG hatte mit dem neuen § 275 Abs. 1c SGB V geregelt und festgelegt, dass die Prüfung der Krankenhausbehandlungsbedürftigkeit spätestens sechs Wochen nach Eingang der Abrechnung bei der Krankenkasse zu beantragen und durch den MDK anzuzeigen ist. Dem MDK allein obliegt im Innenverhältnis zur entscheidenden Krankenkasse die medizinische fachliche Konkretisierung des Leistungsrechts der Versicherten. In der anwaltlichen Praxis zeigt sich, dass die Krankenkassen diesen Grundsatz vornehmlich im Bereich des Rehabilitationswesens – aber sogar bei der „Bewilligung" von Krankenhausleistungen – missachten und eigene medizinisch-fachliche Kompetenzzentren einzurichten versuchen. Dies widerspricht grundsätzlich der strukturellen Überantwortung der Klärung fachlich medizinischer Leistungsvoraussetzungen auf fachkundige Gremien (MDK) oder die Leistungserbringer selbst. 148

Die Krankenkassen haben lediglich Anspruch auf die in § 301 SGB V genannten Sozialdaten, keine weiter gehenden Informationsansprüche. Weder Vertragsärzte noch 149

---

150 BSG – 3 RK 2/96 – NZS 1997, 198 – „Krankenhauswanderer".

Krankenhäuser haben eine Berichtspflicht gegenüber der Krankenkasse. Diese eingeschränkten Informationsmöglichkeiten sind strafbewehrt nach § 203 StGB. Die fachlich-medizinische Überprüfung der Behandlungsbedürftigkeit ist dem MDK überantwortet. Dieser kann nach § 276 Abs. 2 S. 1 Hs. 2 SGB V die entsprechenden Sozialdaten anfordern, Auskünfte einholen, Untersuchungen vornehmen und hat der Krankenkasse dann nach § 277 Abs. 1 SGB V die Prüfungsergebnisse zu übermitteln. Auch § 100 Abs. 1 S. 1 Nr. 1 SGB X gibt kein weiter gehendes Recht. Die **Krankenkassen haben kein Einsichtsrecht** in die Krankenunterlagen.[151] Soweit Krankenkassen also eigene Bewilligungsentscheidungen durch Verwaltungsakte treffen,[152] haben sie den MDK fachlich-medizinisch herbeizuziehen, wenn die ihnen vorliegenden Sozialdaten zur Beurteilung nicht ausreichen.

b) Keine Auswirkungen im Verhältnis des Versicherten zum Leistungserbringer

150 Die Ablehnung der Leistungsbewilligung durch die Krankenkasse wirkt sich nicht unmittelbar bei der Inanspruchnahme der Leistung aus. Erlässt beispielsweise die Krankenkasse gegen ihr Mitglied einen die Leistung ablehnenden Bescheid, so ändert sich hierdurch nichts an der Verpflichtung des Vertragsarztes oder des Krankenhauses, Leistungen zu erbringen, wenn sie vertretbar von der Erforderlichkeit der Kranken- bzw. Krankenhausbehandlung ausgingen oder die Behandlung keinen Aufschub zuließ. Der Patient ist insoweit geschützt, das Risiko einer nicht erforderlichen Krankenbehandlung trägt also entweder das Krankenhaus bzw. der Vertragsarzt oder die Krankenkasse.

c) Ablehnung und/oder nachträgliche Überprüfung im Verhältnis Krankenkasse zu Leistungserbringer

151 Grundsätzlich war die Anspruchskonkretisierung durch den Leistungserbringer im Recht der vertragsärztlichen Versorgung und der Krankenhausbehandlung auch gegenüber den Krankenkassen wirksam.

Diese auch für die **Krankenhausbehandlung** zuletzt unstrittige Beurteilung der Rechtslage[153] ist vom 1. Senat des Bundessozialgerichts in Frage gestellt worden. Der 1. Senat lehnt die „Vertretbarkeitsrechtsprechung" des 3. Senates ab und fordert eine vollständige (ex-post-)Beurteilung der Krankenhausbehandlungsbedürftigkeit.[154] Die Fragestellung liegt dem Großen Senat des Bundessozialgerichts zur Entscheidung vor. Sehr instruktiv sind insoweit die Ausführungen von *Thier und Flasbarth*[155] sowie von *Fechner/Klaan*).[156] Sollte der Große Senat im Sinne des 1. Senats die Vertretbarkeitslehre verwerfen, wäre das Normkonkretisierungsmodell gescheitert. Dies wäre ein Paradigmenwechsel, der auch das Normkonkretisierungsmodell der ambulanten vertragsärztlichen Versorgung grundsätzlich in Frage stellen könnte. Bislang ist als Kehrseite des Vergütungsanspruchs des Krankenhauses bei vertretbarer Entscheidung über die

---

151 BSGE 90, 1; BSG – B 3 KR 10/02 R, GesR 2003, 318, so ausdrücklich durch das GKV-WSG, § 276 Abs. 2a SGB V.
152 § 40 SGB V.
153 St. Rspr. des 3. Senats des BSG – B 3 KR 18/03 R, GesR 2004, 491; B 3 KR 9/03 R, BSGE 94, 139; B 3 KR 40/04 R, GesR 2005, 558.
154 BSG – B 1 KR 32/04 R, GesR 2006, 472; Beschl. v. 7.11.2006, Juris.
155 GesR 2006, 481 f.
156 GesR 2007, 355 f.

E. Anspruchsstruktur und Anspruchskonkretisierung im Einzelfall § 6

Krankenhausbehandlungsbedürftigkeit lediglich die allgemeine Wirtschaftlichkeitsprüfung des Krankenhauses nach § 113 SGB V vorgesehen. Die Regularien der Prüfung sind in zweiseitigen Verträgen nach § 112 SGB V – zeitlich konkretisiert durch § 275 Abs. 1c SGB V – durchgeführt worden. Bei vertretbarer Feststellung der Behandlungsbedürftigkeit lag das Kostenrisiko bei den Kostenträgern.

Die vertretbare Feststellung der Notwendigkeit der ambulanten Behandlung durch den **Vertragsarzt** wird demgegenüber lediglich im Rahmen der Abrechnungs- und Wirtschaftlichkeitsprüfung durch Honorarberichtigungen, Regress- oder Schadensersatzregularien des Vertragsarztrechtes beschränkt. Sollte das Vertretbarkeitsdogma fallen, besteht die Gefahr, dass das Kostentragungsrisiko den Leistungserbringern überantwortet wird. Dies würde die leistungsgewährende Entscheidung des Vertragsarztes im Zweifel zulasten des Versicherten ausgehen lassen. Die zeitnahe Behandlung von Krankheiten, die durch das Normkonkretisierungskonzept verwirklicht wurde, stünde zu Lasten der Gesamtheit der Krankenversicherten in Gefahr.

152

Im Rahmen der gesetzlichen und vertraglichen Überprüfungsmöglichkeiten hat die Krankenkasse nach Maßgabe der Regularien der zweiseitigen Verträge nach § 112 SGB V und des § 275 Abs. 1c SGB V die Möglichkeit und die Pflicht, unter Beiziehung des MDK eine zeitnahe Beurteilung der Krankenhausbehandlungsbedürftigkeit zu treffen. Derartig zeitnahe Feststellungen wird nach der Liberalisierung des Vertragsarztrechtes auch die parallele oder sukzessive Behandlung von Versicherten im Krankenhaus und in der Praxis durch den gleichen Arzt erforderlich machen.

153

Da die Versicherten selbst von diesen Überprüfungen nicht unmittelbar betroffen sind, bedarf es an dieser Stelle keiner weiteren Vertiefung im Rahmen des Leistungsrechts der gesetzlichen Krankenversicherung.

154

§ 7 Vertragsarztrecht

Karl Hartmannsgruber/Jörn Schroeder-Printzen

Inhalt

A. Einführung 1
   I. Rahmenbedingungen 1
   II. Begriffsdefinition 4

B. Historische Entwicklung ... 6
   I. Das Kassenarztrecht vor der RVO 6
   II. Die Zeit der RVO 7
   III. Das SGB V und die Gesundheitsreformen 9

C. Die Beteiligten im Vertragsarztrecht 22
   I. Die Krankenkassen und deren Verbände 22
   II. Die Kassen(zahn)ärztlichen Vereinigungen 29
      1. Rechtsstatus 29
      2. Organisationsstruktur 33
      3. Amtshaftung 38
      4. Korruptionsbekämpfungsstellen 43
      5. Aufgaben der KVen 47
      6. Dienstleistungsgesellschaften 48
   III. Die Gemeinsame Selbstverwaltung und ihre Gremien ... 51
      1. Der Gemeinsame Bundesausschuss 51
         a) Rechtsstatus 52
         b) Zusammensetzung ... 56
         c) Aufgaben 58
         d) Institut für Qualität und Wirtschaftlichkeit im Gesundheitswesen ... 61
      2. Der Bewertungsausschuss . 62
         a) Rechtsstatus 63
         b) Zusammensetzung ... 64
         c) Aufgaben 65
         d) Beschlussfassung 71
      3. Zulassungs- und Berufungsausschüsse 73
      4. Die Landesausschüsse ... 77
      5. Die Schiedsämter 80
      6. Prüfungs- und Beschwerdeausschuss 81
   IV. Die Leistungserbringer 82

D. Rechtsgrundlagen des Vertragsarztrechts 87
   I. Rechtsetzungsinstrumentarium . 87
      1. Gesetze 93
      2. Rechtsverordnungen 96
      3. Satzungen 98
      4. Verträge mit Normwirkung. 103
      5. Richtlinien 110
      6. Normenhierarchie 114
   II. Die Verträge auf Bundes- und Landesebene 117
      1. Die Bundesmantelverträge . 117
         a) Vertragspartner 117
         b) Inhalt 118
         c) Einheitlicher Bewertungsmaßstab (EBM) 122
      2. Die Gesamtverträge 123
         a) Vertragspartner 123
         b) Allgemeiner Inhalt ... 126
         c) Strukturverträge nach § 73a SGB V 130
         d) Hausarztzentrierte Versorgung nach § 73b SGB V 133
         e) Qualitätsförderungsprogramme nach § 73c SGB V 134
      3. Weitere Vereinbarungen auf Landesebene 141
         a) Honorarverteilungsmaßstäbe (HVM) 141
         b) Vereinbarungen nach § 84 SGB V 147
         c) Prüfvereinbarung 149
      4. Dreiseitige Verträge 150
      5. Vereinbarungen über zahntechnische Leistungen. 153
      6. Vergütungsvereinbarung zum Standard- und Basistarif der PKV 157
      7. Rechtsqualität der Verträge. 159
   III. Schiedswesen 164
      1. Die Funktion des Schiedswesens 164
      2. Die Schiedsämter 165
         a) Kompetenzbereich und Zuständigkeit 165
         b) Besetzung 170
         c) Rechtsnatur 171
         d) Rechtsstellung der Mitglieder 173

e) Schiedsstellen 174
3. Das Schiedsverfahren 176
   a) Verfahrenseinleitung .. 176
   b) Schiedsspruch 177
   c) Gestaltungsspielraum der Schiedsämter 178
4. Rechtsschutz der Betroffenen 179

E. Grundprinzipien des Vertragsarztrechts 182
I. Das Sachleistungsprinzip in der GKV 182
   1. Gesetzessystematik 182
   2. Das Rechtsverhältnis zwischen Arzt und Patient . 184
II. Das Recht des Versicherten auf freie Arztwahl 193
   1. Rechtsgrundlage 193
   2. Inhalt 194
   3. Überweisung 199
III. Die Verpflichtung zur persönlichen Leistungserbringung ... 201
   1. Rechtsgrundlagen 201
   2. Der Umfang der Verpflichtung 205
   3. Die ärztliche Vertretung .. 206
   4. Die Delegation ärztlicher Leistungen 209
   5. Gerätebezogene Leistungen 215
   6. Laborleistungen 220
IV. Das Wirtschaftlichkeitsgebot .. 223
   1. Begriffsdefinition 223
   2. Adressaten des Gebotes .. 227
V. Qualitätssicherung 229

F. Die vertragsärztliche Versorgung 235
I. Die Versorgungsbereiche 235
   1. Sektorale Versorgung 235
   2. Sektorenübergreifende Versorgungsformen 239
II. Inhalt der vertragsärztlichen Versorgung 244
   1. Allgemeine Beschreibung . 244
   2. Die ambulante ärztliche Versorgung 247
   3. Die zahnärztliche Versorgung 248
   4. Neue Untersuchungs- und Behandlungsmethoden ... 256
   5. Arzneimittelversorgung .. 259
III. Die Trennung hausärztlicher und fachärztlicher Versorgung . 261
   1. Die Intention des Gesetzgebers 261

2. Die Grenzen der Versorgungsbereiche 264
3. Die Folgen der Trennung . 274
IV. Die psychotherapeutische Versorgung 281
   1. Die Rechtslage vor Inkrafttreten des Psychotherapeutengesetzes 281
   2. Inhalt und Umfang der psychotherapeutischen Versorgung 284
V. Die Sicherstellung der vertragsärztlichen Versorgung 288
   1. Inhalt und Bedeutung der Sicherstellung 288
   2. Der besondere Sicherstellungsauftrag 292
      a) Verantwortlichkeit der KVen 292
      b) Umfang und Inhalt des besonderen Sicherstellungsauftrages 296
      c) Gewähr einer ordnungsgemäßen Versorgung .. 304
      d) Folgen unzureichender Sicherstellung 308

G. Teilnahme an der vertragsärztlichen Versorgung 309
I. Rechtsgrundlagen 309
II. Zuständige Behörden 315
III. Bedarfsplanung, §§ 99 ff. SGB V 320
   1. Grundstrukturen 322
   2. Bedarfsplan, § 99 SGB V . 323
   3. Bedarfsplanungs-Richtlinie 325
   4. Über-/Unterversorgung, §§ 100, 101 SGB V 328
IV. Zulassung Ärzte/Zahnärzte ... 338
   1. Fachliche Voraussetzungen. 339
   2. Persönliche Eignung 342
   3. Verfahrensvoraussetzungen 348
   4. Entscheidung durch den Zulassungsausschuss 350
   5. Vertragsarztsitz 352
   6. Altersgrenzen 355
   7. Sonderregelungen für Psychotherapeuten 356
   8. Ruhen der Zulassung ... 361
   9. Entziehung der Zulassung . 364
   10. Teilzulassung 378
   11. Sonderbedarfszulassung .. 382
      a) Lokaler Versorgungsbedarf 388

- b) Besonderer Versorgungsbedarf in speziellen fachlichen Teilbereichen 389
- c) Besonderer Versorgungsbedarf zur Bildung einer Gemeinschaftspraxis 390
- d) Besonderer Versorgungsbedarf ambulantes Operieren 391
- e) Besonderer Versorgungsbedarf bei der Dialyse 392
- f) Belegarzt 393
- 12. „Gnadenquartal/Praxisverweser" 396
- V. Ermächtigung 399
- VI. Ambulante Leistungserbringung durch das Krankenhaus 415
  - 1. Ambulante Behandlung durch Krankenhäuser bei Unterversorgung 416
  - 2. Ambulante Behandlung durch Krankenhäuser bei strukturierten Behandlungsprogrammen 420
  - 3. Ambulante Behandlung durch Krankenhäuser bei hochspezialisierten Leistungen 421
- VII. Sonderformen von zugelassenen Einrichtungen .. 427
  - 1. Hochschulambulanzen ... 428
  - 2. Psychiatrische Institutsambulanzen 432
  - 3. Sozialpädiatrische Zentren . 434
  - 4. Ambulante Behandlung in Einrichtungen der Behindertenhilfe 437
  - 5. Belegarztwesen 439
- VIII. Nachbesetzungsverfahren ... 444
  - 1. Ausschreibungsverfahren . 447
  - 2. Auswahlverfahren 452
  - 3. Verfahrensrechtliches 460
- IX. Kooperative Praxisformen 462
  - 1. Praxisgemeinschaft 463
  - 2. Berufsausübungsgemeinschaft 466
    - a) Örtliche Berufsausübungsgemeinschaft .. 470
    - b) Überörtliche Berufsausübungsgemeinschaft .. 471
    - c) Teilberufsausübungsgemeinschaft 477
    - d) Besonderheiten im zahnärztlichen Bereich . 480
    - e) Jobsharing 482
  - 3. Medizinische Versorgungszentren und Einrichtungen nach § 311 Abs. 2 SGB V . 485
- X. Anstellung von Ärzten/Assistenten/Vertretern 490
  - 1. Angestellter 491
    - a) Angestellter ohne „Zulassungssperre" ... 493
    - b) Angestellter mit „Zulassungssperre" ... 500
    - c) Hochschullehrer/ wissenschaftliche Mitarbeiter 502
    - d) Besonderheiten im zahnärztlichen Bereich . 503
  - 2. Assistenten 505
  - 3. Vertreter 510
- XI. Zweigpraxis/ausgelagerte Praxisräume 511
  - 1. Zweigpraxis im ärztlichen Bereich 516
  - 2. Zweigpraxis im zahnärztlichen Bereich 525
- XII. Fortbildungsverpflichtung ... 530

H. Das vertragsärztliche Vergütungssystem 536
- I. Die Struktur des Systems 536
  - 1. Sektorale Budgets 537
  - 2. Die Vergütung für die vertragsärztliche Versorgung 542
    - a) Strukturelle Bedingungen 542
    - b) Verhältnis der KVen zu den Krankenkassen ... 546
    - c) Die Vergütung des Vertragsarztes 549
- II. Die Gesamtvergütung 554
  - 1. Inhalt und Bedeutung 554
    - a) Begriff 555
    - b) Rechtliche Einordnung . 556
      - aa) Zahlungsanspruch . 559
      - bb) Abgeltungsprinzip . 560
    - c) Bestandteile der Gesamtvergütung 564
  - 2. Höhe der Gesamtvergütung 569
    - a) Beitragssatzstabilität .. 570
    - b) Berechnungsweise ... 573
    - c) Abzugsposten 577
  - 3. Veränderungsfaktoren 581

§ 7 Vertragsarztrecht

- a) Morbiditätsrisiko 582
- b) Beitragsaufkommen .. 584
- c) Veränderungsrate 585
- III. Honorarsteuerungsinstrumente . 586
  - 1. Der Einheitliche Bewertungsmaßstab (EBM) 587
    - a) Begriff und Bedeutung . 587
    - b) Funktion 590
    - c) Punktwertrelation 596
    - d) Auslegungsregeln 605
    - e) Inhalt und Systematik des EBM 2000 plus . . . 608
      - aa) Gliederung 609
      - bb) Leistungsinhalte .. 615
      - cc) Zeitvorgaben 628
  - 2. Ergänzende Vereinbarungen 630
    - a) Sachkosten 630
    - b) Ausgedeckelte Leistungen 631
  - 3. Die Praxisgebühr 632
  - 4. Honorarverteilungsmaßstab 634
    - a) Grundsätze 635
    - b) Rechtsqualität des HVM 636
    - c) Gestaltung der Honorarverteilung . . . 643
- IV. Interdependenzen und Reformversuche 650
  - 1. Interdependenzen 650
  - 2. Reform des Vergütungssystems 653
    - a) Einführung von Regelleistungsvolumen. 653
      - aa) Ziele 657
      - bb) Inhalt der Regelungen 660
    - b) Unterschied zur alten Rechtslage 665
  - 3. Neuregelung durch das GKV-Wettbewerbsstärkungsgesetz 666
- V. Besonderheiten der vertragszahnärztlichen Vergütung 675
  - 1. Degression 676
  - 2. BEMA-Z 686
  - 3. Zahnersatz 689

I. Das vertragsärztliche Honorar 703
- I. Der Anspruch auf Honorierung. 703
  - 1. Honoraranforderung ... 706
    - a) Honorarabrechnung .. 707
    - b) Garantieerklärung 709
  - 2. Die Honorarfestsetzung .. 718
    - a) Verfahren 719
    - b) Der Honorarbescheid . 722
    - c) Vorläufigkeit der Honorarfestsetzung ... 731
- II. Die nachträgliche Honorarberichtigung 737
  - 1. Rechtliche Befugnis 737
  - 2. Die Abrechnungsprüfung nach § 106a SGB V 741
    - a) Prüfungsrahmen 742
    - b) Prüfmethoden 746
      - aa) Prüfung nach Zeitprofilen 747
      - bb) Sonstige Prüfziele . 752
  - 3. Aufhebung und Änderung von Honorarbescheiden .. 757
    - a) Verfahren 758
    - b) Ausschlussfrist 762
    - c) Vertrauensschutz 765

J. Die Wirtschaftlichkeitsprüfung 772
- I. Einführung 772
  - 1. Allgemeine rechtliche Grundlagen 780
  - 2. Abgrenzung zu anderen, das Honorar betreffenden Prüfungen 782
- II. Gegenstand der Wirtschaftlichkeitsprüfung 789
- III. Allgemeine Ausführungen zu den Prüfverfahren 797
  - 1. Strenge Einzelfallmethode . 800
  - 2. Eingeschränkte Einzelfallprüfung 802
  - 3. Einzelfallprüfung mit Hochrechnung 804
  - 4. Statistische Vergleichsprüfung 809
- IV. Statistische Vergleichsprüfung . 810
  - 1. Prüfungsfolge 819
  - 2. Intellektuelle Prüfung 823
  - 3. Bildung der Vergleichsgruppe 827
  - 4. Offensichtliches Missverhältnis 834
  - 5. Vertikalvergleich 838
  - 6. Praxisbesonderheiten 842
  - 7. Kompensatorische Einsparungen 848
  - 8. Besonderheiten bei der Sparten- und Einzelleistungskürzung 852
  - 9. Darlegungs- und Beweislast 856
  - 10. Mitwirkungspflicht 858

11. Konsequenzen bei festgestellter Unwirtschaftlichkeit	860
a) Beratung vor Kürzung	861
b) Höhe der Kürzung/des Regresses	862
12. Wirtschaftlichkeitsprüfung und Budgetierung	865
V. Stichprobenprüfung	867
VI. Richtgrößenprüfung	871
1. Richtgrößenvereinbarung	872
2. Datenlage	877
3. Praxisbesonderheiten	884
4. Verfahrensrechtliche Regelungen	890
5. Stundung und Erlass des Regressbetrages	896
VII. Sonstiger Schaden	901
VIII. Bonus-Malus-Regelung	913
1. Malus-Regelung	918
2. Bonus-Regelung	922
3. Ausschluss der Bonus-Malus-Regelung	924
IX. Besonderheiten bei der zahnärztlichen Versorgung	926
X. Prüfvereinbarung	932
XI. Verwaltungsverfahren	936
1. Zusammensetzung der Ausschüsse	937
2. Verfahren bei der Entscheidungsfindung	939
3. Beurteilungs- und Ermessensspielräume	941
4. Begründung von Bescheiden	945
5. Ausschlussfrist	954
6. Beschwerdeverfahren	955
7. Vergleich	960
XII. Änderungen durch das GKV-WSG	961
1. Änderungen zum 1.1.2008	963
2. Änderungen zum 1.7.2008	970
K. Disziplinarrecht	971
I. Rechtsgrundlagen	971
1. Disziplinarbefugnis	972
2. Abgrenzung zu anderen Verfahren	976
a) Strafverfahren	980
b) Berufsgerichtsbarkeit	983
c) Entzug der Zulassung	987
d) Widerruf der Approbation	989
II. Verfahren	990
1. Verfahrensbeteiligte	991
2. Antragsgrundsatz	993
3. Ausschlussfrist	998
III. Verfahrensgegenstand	1009
1. Tatbestand	1009
a) Vertragsärztlicher Pflichtenbezug	1010
b) Vorwerfbarkeit	1012
c) Erforderlichkeit einer Maßnahme	1017
2. Ausgewählte Pflichten	1020
a) Statusbezogene Pflichten	1023
aa) Behandlungspflicht	1024
bb) Residenz- und Präsenzpflicht	1028
cc) Statusmissbrauch	1032
b) Pflichten im Zusammenhang mit der Behandlung	1036
aa) Dokumentationspflicht	1036
bb) Pflicht zur persönlichen Leistungserbringung	1043
cc) Pflicht zur peinlich genauen Abrechnung	1044
dd) Verstoß gegen das Wirtschaftlichkeitsgebot	1049
IV. Verfahrensabschluss	1051
1. Disziplinarbescheid	1051
2. Disziplinarmaßnahmen	1054
3. Rechtsschutz	1057
L. Verfahrensrecht	1058
I. Vorbemerkung	1058
II. Verwaltungsverfahren	1059
1. Ausgeschlossene Personen/ Besorgnis der Befangenheit	1061
2. Aufhebung von Verwaltungsakten	1063
3. Drittwiderspruch/Klagebefugnis Dritter	1066
4. Erstattung der Kosten für das Widerspruchsverfahren	1071
III. Gerichtliches Verfahren	1075
1. Örtliche Zuständigkeit	1076
2. Besetzung des Gerichts	1078
3. Einbeziehung weiterer Bescheide	1080
4. Einstweiliger Rechtschutz	1085
a) Aufschiebende Wirkung	1087
b) Anordnung der sofortigen Vollziehung	1089

§ 7 Vertragsarztrecht

Allgemeine Literatur

Hauck/Noftz (Hrsg.), Sozialgesetzbuch, SGB V, Loseblatt; **Heinemann/Liebold/Zalewski**, Kassenarztrecht, 5. Auflage, Stand Dez. 2005; **Jörg**, Das neue Kassenarztrecht, 1993; **Liebold**, Handlexikon für den Kassenarzt, 4. Auflage 1994; **Niesel**, Kasseler Kommentar, Sozialversicherungsrecht, 52. Ergänzungslieferung 2006 (zit: KassKomm/*Bearbeiter*); **Orlowski/Wasem**, Gesundheitsreform 2004, GKV-Modernisierungsgesetz (GMG), 2003; **dies.**, Gesundheitsreform 2007 (GKV-WSG), 2007; **Plagemann/Niggehof**, Vertragsarztrecht, 2. Auflage 2000; **Schirmer**, Vertragsarztrecht kompakt, 2006; **Schnapp/Wigge**, Handbuch vom Vertragsarztrecht, Das gesamte Kassenarztrecht, 2. Auflage 2006; **Schneider**, Handbuch des Kassenarztrechts, 1994; **Schulin**, Handbuch des Sozialversicherungsrechts, Band 1 Krankenversicherungsrecht, 1994; **Siewert**, Das Vertragsarztrecht, 5. Auflage 1994; **Wiegand**, Kassenarztrecht, Kommentar zu den §§ 69–106 SGB V mit dem Zulassungs- und Vertragsrecht, 3. Auflage 1995.

A. Einführung

Literatur

Bitter, Das GKV-Wettbewerbsstärkungsgesetz (GKV-WSG) im Überblick, GesR 2007, 152; **Butzer**, Verfassungsrechtliche Anmerkungen zum GKV-Modernisierungsgesetz 2004 (GMG), MedR 2004, 177; **Ellbogen**, Die Anzeigepflicht der KVen nach § 81a IV SGB V und die Voraussetzungen der Strafvereitelung gemäß § 258 I SGB V, MedR 2006, 457; **Hantel**, Dienstverhältnisse der hauptamtlichen Vorstandsmitglieder der ärztlichen Selbstverwaltung, NZS 2005, 580; **Hess**, Die Darstellung der Aufgaben des Gemeinsamen Bundesausschuss, MedR 2005, 385; **Jörg**, Das neue Kassenarztrecht, 1993; **Kluth**, Kassenärztliche Vereinigungen – Körperschaften des öffentlichen Rechtes, MedR 2003, 123; **Luckhaupt**, Das vertragsärztliche Vergütungssystem nach dem GMG, GesR 2004, 266; **Maaß**, Die Entwicklung des Vertragsarztrechts in den Jahren 2000 und 2001, NJW 2001, 3369; **ders.**, Die Entwicklung des Vertragsarztrechts in den Jahren 2001 und 2002, NZS 2002, 635; **ders.**, Die Entwicklung des Vertragsarztrechts in den Jahren 2002 und 2003, NZS 2004, 19; **ders.**, Die Entwicklung des Vertragsarztrechts in den Jahren 2003 und 2004, NZS 2005, 9 und 62; **ders.**, Die Entwicklung des Vertragsarztrechts in den Jahren 2004 und 2005, NZS 2006, 63; **ders.**, Die Entwicklung des Vertragsarztrechts in den Jahren 2005 und 2006, NZS 2007, 7; **Orlowski**, Ziele des GKV-Modernisierungsgesetzes (GMG), MedR 2004, 202; **Palsherm**, Das Vertragsarztrecht – die elementaren Grundzüge, ZfS 2006, 38; **Sawicki**, Aufgaben und Arbeit des Instituts für Qualität und Wirtschaftlichkeit im Gesundheitswesen, MedR 2005, 389; **Schiller**, Erhebung von Beiträgen und Gebühren durch die Kassenärztlichen Vereinigungen, MedR 2004, 348; **Sodan**, Gesundheitsreform 2006/2007 – Systemwechsel mit Zukunft oder Flickschusterei?, NJW 2006, 3617; **Steinhilper**, Stellen zur Bekämpfung von Fehlverhalten im Gesundheitswesen, MedR 2005, 131; **ders.**, Die Kassenärztlichen Vereinigungen ab 1.1.2005 – Zu einigen Grundzügen der Organisationsänderungen nach dem GMG, GesR 2003, 374; **ders./Schiller**, Maulkorb für KVen und Vertragsärzte?, MedR 2003, 661; **Tigges**, Aufbringung und Verwaltung von Mitteln Kassenärztlicher Vereinigungen, ZMGR 2005, 137.

I. Rahmenbedingungen

1 Die **medizinische Versorgung** ist Teil der **staatlichen Daseinsvorsorge** mit dem hervorragenden Ziel der Förderung und Bewahrung der Gesundheit der Bevölkerung. Die staatliche Organisation dieses Ziels folgt den grundgesetzlichen Zuständigkeitsregelungen, die dem Bund die gesamte Zuständigkeit für die Sozialversicherung, insbesondere die gesetzliche Krankenversicherung zuweist (Art. 74 Abs. 1 Nr. 12 GG).

2 Die gesetzliche Krankenversicherung beschränkt sich nicht auf die Versicherung der Kosten notwendiger Behandlungsleistungen in Form beitragsfinanzierter Kostenerstattungsleistungen ähnlich der privaten Krankenversicherung, sondern sie gewährt dem Versicherten auf solidarischer Basis einen Anspruch auf unmittelbaren Bezug der Krankenbehandlung in Form von **Sach- und Dienstleistung**, vgl. § 2 Abs. 2 S. 1 SGB V.

3 Infolgedessen organisiert die gesetzliche Krankenversicherung auch die Erbringung der Leistungen durch qualifizierte Ärzte, Zahnärzte, Psychotherapeuten und von diesen geleiteten Einrichtungen und die Bezahlung der selbigen aus den Beitragsmitteln. Das

Vertragsarztrecht regelt die Rechte und Pflichten dieser Leistungserbringer innerhalb des Systems der gesetzlichen Krankenversicherung.

II. Begriffsdefinition

Das Vertragsarztrecht entspricht dem früher als **Kassenarztrecht** bezeichneten Rechtsgebiet.[1] Noch bis zum 31.12.1992 wurde in dem mit dem GRG[2] zum 1.1.1989 geschaffenen SGB V zwischen der kassenärztlichen Versorgung im Bereich der Regionalkassen und der vertragsärztlichen Versorgung im Ersatzkassenbereich unterschieden. Mit dem GSG[3] wurde zum 1.1.1993 der Begriff des Vertragsarztes im SGB V vereinheitlicht, wodurch sich das Kassenarztrecht zum Vertragsarztrecht wandelte. In gleicher Weise wurde aus dem Kassenzahnarztrecht das Vertragszahnarztrecht, welches strukturell und in vielen Details identisch ist, aber eben auch in wesentlichen Punkten abweicht. Mit dem Psychotherapeutengesetz[4] wurde die Psychotherapie in das System der **vertragsärztlichen Versorgung** einbezogen und damit den Regelungen des Vertragsarztrechts unterworfen. Neben der vertragsärztlichen Versorgung gibt es noch das System der knappschaftlichen Versicherung, in dem nach § 75 Abs. 5 SGB V das Vertragsarztrecht analog gilt, soweit die ärztliche Versorgung nicht durch spezielle Knappschaftsärzte[5] erbracht wird.

4

Das Rechtsgebiet Vertragsarztrecht befasst sich damit einerseits mit den speziellen Rechtsfragen der Vertragsärzte, die im System der gesetzlichen Krankenversicherung tätig sind und wird andererseits auch als Oberbegriff verwendet, der das Vertragszahnarztrecht und die Rechtsbeziehungen der in der vertragsärztlichen Versorgung tätigen Psychotherapeuten und Knappschaftsärzte umfasst.

5

B. Historische Entwicklung

I. Das Kassenarztrecht vor der RVO

Die Entstehung des Kassenarztrechtes geht auf das von Bismarck geschaffene deutsche Sozialversicherungssystem zurück, welches er am 17.11.1881 in der „kaiserlichen Botschaft" erstmals vorstellte. Das Gesetz betreffend die Krankenversicherung der Arbeiter von 1883,[6] 1892 neu bekannt gemacht als Krankenversicherungsgesetz,[7] schaffte die erste gesetzliche Grundlage des heute noch bestehenden solidarischen Pflichtversicherungssystems. Auf die Darstellung der im Folgenden einsetzenden vielfältigen Rechtsentwicklung muss aus Platzgründen verzichtet werden.

6

---

1 Zum Begriff: *Schneider*, Rn 9.
2 Gesundheitsreformgesetz.
3 Gesundheitsstrukturgesetz.
4 Gesetz über die Berufe des psychologischen Psychotherapeuten und des Kinder- und Jugendlichenpsychotherapeuten vom 16.6.1998 (BGBl I, 1311).
5 Zum Begriff und zur knappschaftsärztlichen Versorgung: Rieger/*Dahm*, „Knappschaftsarzt" und „Bundesknappschaft".
6 RGBl S. 73.
7 RGBl S. 417.

II. Die Zeit der RVO

7 Von entscheidender Bedeutung war die Schaffung der **Reichsversicherungsordnung (RVO)**,[8] mit der das gesamte Sozialversicherungsrecht erstmals kodifiziert wurde. Die Regelung der Rechtsbeziehungen zwischen Krankenkassen und Ärzten wurde allerdings dem bestehenden Einzelvertragssystem überlassen. Unter dem Regime der RVO entstanden in den folgenden Jahren als Gegenpol der Krankenkassen und auf Druck der Ärzteschaft[9] die ersten Strukturen einer gemeinsamen Selbstverwaltung aus der auf Seiten der Ärzte regionale kassenärztliche Vereinigungen hervorgingen, die während des Dritten Reiches „gleichgeschaltet" wurden.[10] Auf die Darstellung der Einzelheiten dieser langjährigen und interessanten Rechtsentwicklung wird verzichtet.

8 Unter dem Geltungsbereich des Grundgesetzes wurde durch das Gesetz über Kassenarztrecht (GKAR)[11] zeitgleich mit dem Gesetz über Verbände der gesetzlichen Krankenkassen und der Ersatzkassen[12] das Kassenarztrecht und das Recht der gesetzlichen Krankenversicherung grundlegend im Sinne der heute noch vorhandenen Ausprägungen neu strukturiert. Die im Dritten Reich zentralisierten **kassenärztlichen Vereinigungen** wurden wieder föderalistisch ausgerichtet. Des Weiteren wurden die Selbstverwaltungskompetenzen der Beteiligten angelegt und das Vergütungssystem der kollektivvertraglichen Ausgestaltung überantwortet. Für die bisherigen Kassenärzte und Kassenzahnärzte wurde das Zulassungswesen einschließlich einer Bedarfsplanung eingeführt. Es folgten eine Reihe von gesetzlichen Änderungen, die vor allem in den 70er und 80er Jahren in erster Linie Kostendämpfungsmaßnahmen vorsahen.

III. Das SGB V und die Gesundheitsreformen

9 Das heutige Vertragsarztrecht ist maßgeblich durch das **Gesundheits-Reformgesetz (GRG)** vom 20.12.1988,[13] mit dem die gesetzliche Krankenversicherung aus der RVO ausgegliedert und das **SGB V** geschaffen wurde, geprägt. Mit dem Gesetz wurde inhaltlich der Grundsatz der Wirtschaftlichkeit der Versorgung in allen Bereichen in den Vordergrund gestellt.

10 Es folgte das **Gesundheitsstrukturgesetz (GSG)** vom 21.12.1992,[14] mit dem die **Ersatzkassen** vollständig in das System eingegliedert und den **Regionalkassen** gleichgestellt wurden. Der „Kassenarzt" wurde durch den „**Vertragsarzt**" ersetzt. Die Versicherten erhielten erstmals die Möglichkeit, ihre Krankenkasse auszuwählen. Das machte es notwendig, eventuelle dadurch eintretende Wettbewerbsverzerrungen durch einen **Risikostrukturausgleich** abzumildern. Ferner wurden die Grundlagen einer Budgetierung der Ausgaben geschaffen.

---

8 Vom 19.7.1911 (RGBl S. 507).
9 Vornehmlich des zu diesem Zweck schon 1900 gegründeten Hartmannbundes, der seine Aufgabe darin sah, die Interessen der Ärzteschaft mit gewerkschaftlichen Kampfmethoden gegen die Vormachtstellung der Krankenkassen wahrzunehmen.
10 Verordnung über die kassenärztliche Vereinigung Deutschlands v. 2.8.1933.
11 Vom 17.8.1955 (BGBl I, 513).
12 Vom 17.8.1955 (BGBl I, 524).
13 BGBl I, 2477.
14 BGBl I, 2266.

B. Historische Entwicklung §7

1996 folgte das Beitragsentlastungsgesetz[15] und 1997 die GKV-Neuordnungsgesetze vom 23.6.1997 (1. NOG)[16] und vom 23.6.1997 (2. NOG),[17] die im Ergebnis hinsichtlich der beabsichtigten Kostendämpfungen wirkungslos blieben.

11

Mit dem **Psychotherapeutengesetz** (PTG)[18] wurde zum 1.1.1999 das Berufsrecht der Psychotherapeuten kodifiziert. Approbierte Psychotherapeuten können erstmals die Zulassung zur vertragsärztlichen Versorgung beantragen.

12

Im Jahre 1998 folgte das Gesetz zur Stärkung der Solidarität in der gesetzlichen Krankenversicherung (GKV-SOLG) vom 19.12.1998.[19] Das Gesetz hatte zum Ziel, die Finanzierungsgrundlagen der GKV dauerhaft zu stabilisieren und einen Anstieg der Versicherungsbeiträge zu verhindern. Zu diesem Zweck wurden zeitlich befristete Ausgabenbegrenzungen eingeführt. Die Wirkung des Gesetzes war nur von kurzer Dauer, weshalb das **GKV-Reformgesetz** 2000 (**GRG**) vom 22.12.1999[20] umgehend folgte.

13

Dieses Gesetz brachte einige dauerhafte Neuerungen, so zum Beispiel in § 69 SGB V den Ausschluss der Anwendbarkeit des Wettbewerbs- und Kartellrechts auf die Krankenkassen.[21] Für die kollektivvertraglich zu vereinbarenden Gesamtvergütungen wurde eine jährlich festzustellende Veränderungsrate als Obergrenze eingeführt. Die **hausärztliche Versorgung** wurde ausgebaut und von der **fachärztlichen Versorgung** getrennt. Die Vorgaben für die Qualitätssicherung wurden ausdehnt und das Instrument der **integrierten Versorgung** (§ 140a ff. SGB V) erstmals eingeführt.

14

Auf diese Reform folgten 2001 die Reform des Risikostrukturausgleichs (RSA)[22] und das Gesetz zur Einführung des Wohnortprinzips im Einzugsbereich der GKV.[23] Mit dem Arzneimittelausgaben-Begrenzungsgesetz vom 15.2.2002 (AABG)[24] sollten die Arzneimittelausgaben gesenkt werden. Im Krankenhausbereich wurden die diagnoseorientierten **Fallpauschalen** eingeführt.[25] Nachdem die Ausgaben trotz aller Versuche nicht gesenkt werden konnten, wurden mit dem Beitragssicherungsgesetz (BSichG) vom 23.12.2002[26] nochmals für manche beteiligte Berufsgruppen, vornehmlich Apotheker und Zahntechniker, schmerzliche Einschnitte vollzogen.

15

Strukturelle Änderungen enthielt dann wieder das **Gesundheitsmodernisierungsgesetz** (**GMG**),[27] welches zum 1.1.2004 in Kraft trat. Die derzeit geltende Rechtslage beruht maßgeblich auf dem GMG. Das GMG hat erstmals eine **Patientenbeteiligung** in verschiedenen Selbstverwaltungsgremien im Bereich der gesetzlichen Krankenversicherung zur Pflicht gemacht. Die gesamte Organisation der Kassen(zahn)ärztlichen Vereinigungen wurde einer Neuordnung unterzogen. Die Patienten müssen in Form einer Zuzahlung zum Beitrag eine **Praxisgebühr** bei erstmaliger Inanspruchnahme eines

16

---

15 BGBl I, 1631.
16 BGBl I, 1518.
17 BGBl I, 1520.
18 Gesetz über die Berufe des psychologischen Psychotherapeuten und des Kinder- und Jugendlichenpsychotherapeuten sowie zur Änderung des Fünften Buches Sozialgesetzbuch und anderer Gesetze vom 16.6.1998 (BGBl I, 1311).
19 BGBl I, 3858.
20 BGBl I, 2626.
21 BT-Drucks 14/1245 S. 68.
22 BGBl I, 3465.
23 BGBl I, 3526.
24 BGBl I, 684.
25 Fallpauschalengesetz (FPG) vom 23.4.2002 (BGBl I, 1412).
26 BGBl I, 4637.
27 Vom 14.11.2003, BGBl I, 2190.

Arztes bezahlen. Die Versorgungsstrukturen wurden durch die Weiterentwicklung der integrierten Versorgung und Einführung einer **hausarztzentrierten Versorgung** reformiert. Ergänzend dazu wurde das medizinische Versorgungszentrum als weitere Zulassungsfigur geschaffen. Im Bereich des Vergütungsrechts wurden die Aufgaben des Bewertungsausschusses, um einheitliche Vorgaben für die Gesamtvergütungsvereinbarungen und für die Honorarverteilung zu schaffen, ausgeweitet. Neben Neuordnungen bei der Arznei- und Hilfsmittelversorgung wurden im Zahnersatzbereich **Festzuschüsse** nach §§ 55 ff. SGB V eingeführt.

17 Auch diese sog. „Große Gesundheitsreform", bei der manche Regelungen erst jüngst in Kraft getreten sind, so zum Beispiel die Vorgabe, **Regelleistungsvolumina** zum 1.1.2007 einzuführen, machten weitere Reformbemühungen des Gesetzgebers nicht entbehrlich. Am 26.4.2006 folgte das Gesetz zur Verbesserung der Wirtschaftlichkeit in der Arzneimittelversorgung (AVWG),[28] mit dem die Festbeträge für Arzneimittel abgesenkt wurden. Für die Vertragsärzteschaft wurde eine Bonus-Malus-Regelung hinsichtlich der verordneten Arzneimittel eingeführt (§ 84 Abs. 7a SGB V), mit dem die Ärzte zur Versorgung preisgünstiger Arzneimittel veranlasst werden sollen.

18 In Folge der Einführung der **neuen Versorgungsformen** und insbesondere des **medizinischen Versorgungszentrums** durch das GMG zeigte sich die Notwendigkeit, das ärztliche Berufsrecht durch Liberalisierung wettbewerbsfähig zu machen und an die geänderten Strukturen des Vertragsarztrechts anzupassen.[29] Der 107. Deutsche Ärztetag in Bremen ist dem im Jahre 2004 gefolgt und hat eine erheblich überarbeitete Musterberufsordnung verabschiedet. Der Gesetzgeber folgte diesen Tendenzen durch das **Vertragsarztrechtsänderungsgesetz** vom 27.10.2006 (**VÄndG**),[30] mit dem mit Wirkung ab 1.1.2007 einige durch die Einführung der medizinischen Versorgungszentren aufgetretenen Fragen gesetzlich klar gestellt wurden. Ferner wurden die zulassungsrechtlichen Möglichkeiten um die Gründung örtlicher und überörtlicher Berufsausübungsgemeinschaften einschließlich der Errichtung von Teil- und Zweigpraxen erweitert. Es wurde erstmals Vertragsärzten erlaubt, Ärzte anzustellen. Die Altersgrenze für die Zulassung zur vertragsärztlichen Versorgung von 55 Jahren wurde neben anderen Maßnahmen zur Behebung möglicher Unterversorgung abgeschafft.

19 Parallel zu dem im Laufe des Jahres 2006 entworfenen VÄndG[31] wurde auf politischer Ebene die Diskussion über die „große" Gesundheitsreform geführt,[32] die mit dem Erlass des Gesetzes zur Stärkung des Wettbewerbs in der gesetzlichen Krankenversicherung vom 26.3.2007 (**GKV-Wettbewerbsstärkungsgesetz – GKV-WSG**)[33] aus der 80. Sitzung des Deutschen Bundestags am 2.2.2007[34] in der vom Bundesrat angenommenen Fassung[35] mit Wirkung zum 1.4.2007 ihr vorläufiges Ende fand.

20 Das GKV-WSG bezweckt eine umfassende Reform der Finanzierungsstrukturen der gesetzlichen Krankenversicherung, die Ausweitung des Versicherungsschutzes auf alle Einwohner unter Einbeziehung der privaten Krankenversicherung, eine Qualitäts- und

---

28 BGBl I, 984.
29 Vgl. Mitteilung der Bundesärztekammer, DÄBl. 103, A 801.
30 BGBl I, 3439.
31 Vor dem Gesetzentwurf vom 30.8.2006 (BT-Drucks 16/2474) wurde bereits im Mai 2006 ein erster Referentenentwurf bekannt.
32 Vgl. dazu das sog. Eckpunktepapier vom 4.7.2006 (http://www.cdu.de/doc/pdfc/060704_eckpunkte_gesundheit.pdf)
33 BGBl I, 378.
34 BT-Drucks 16/3100.
35 BR-Drucks 75/07.

Effizienzsteigerung durch Wettbewerbsintensivierung auf Kassenseite, die durch Vertragsfreiheit mit Leistungserbringern und Organisationsreformen ermöglicht werden soll, ebenso eine Intensivierung des Wettbewerbs auf Seiten der Leistungserbringer durch mehr Vertragsfreiheit der ambulanten Versorgung. Neben der Schaffung des in der Öffentlichkeit heftig diskutierten Gesundheitsfonds auf der Einnahmenseite der gesetzlichen Krankenkassen sieht das GKV-WSG auf der Ausgabenseite die Einführung eines neuen Honorierungswesens, eine bessere Verzahnung des ambulanten und des stationären Sektors, den Ausbau der integrierten Versorgung neben erstmaliger Einführung von Direktverträgen zwischen Krankenkassen und Leistungserbringern und eine Straffung der Verbandsstrukturen, insbesondere eine Reformierung des Gemeinsamen Bundesausschusses und des Bewertungsausschusses, vor.[36]

Das Gesetz wird sowohl bei der GKV als auch in der privaten Krankenversicherung zu tief greifenden Veränderungen führen. Einige offen gebliebene Fragen bzw. Unrichtigkeiten dürften zu weiteren Änderungsgesetzen und umfassender Beschäftigung der Gerichte führen.[37]

C. Die Beteiligten im Vertragsarztrecht

I. Die Krankenkassen und deren Verbände

Die Träger der gesetzlichen Krankenversicherung sind die Krankenkassen. Diese sind nach § 4 Abs. 1 SGB V rechtsfähige **Körperschaften** des öffentlichen Rechts mit Selbstverwaltung. Sie gliedern sich nach § 4 Abs. 2 SGB V in sieben namentlich genannte **Kassenarten**, nämlich die allgemeinen Ortskrankenkassen, die Betriebskrankenkassen, die Innungskrankenkassen, die See-Krankenkasse, die landwirtschaftlichen Krankenkassen, die Deutsche Rentenversicherung Knappschaft-Bahn-See und die Ersatzkassen. Die Organisation der Krankenkassen ist im 6. Kapitel in den §§ 143 ff. SGB V mit strukturellen Unterschieden für die jeweiligen Kassenarten geregelt. Die Krankenkassen bilden nach den Vorschriften des 7. Kapitels der §§ 207 ff. SGB V Landesverbände, Bundesverbände und Spitzenverbände.

Zunächst werden nach § 207 Abs. 1 SGB V in jedem Bundesland für die Ortskrankenkassen, die Betriebskrankenkassen und die Innungskrankenkassen ein **Landesverband** gebildet, der ebenfalls den Status einer Körperschaft des öffentlichen Rechts hat. Besteht eine Kassenart innerhalb eines Bundeslandes nur aus einer einzigen Krankenkasse, so zum Beispiel die fusionierten AOKs oder Innungskrankenkassen, bildet die Krankenkasse gleichzeitig den Landesverband nach § 207 Abs. 4 SGB V.

Nach § 212 Abs. 1 SGB V bilden die Landesverbände der Orts-, Betriebs- und Innungskrankenkassen jeweils einen **Bundesverband**. Die bundesweit tätigen Ersatzkassen können sich zu Verbänden zusammenschließen. Die Ersatzkassen selbst und deren Verbände haben auf Landesebene einen Bevollmächtigten mit Befugnis zum Abschluss der **Kollektivverträge** zu benennen, § 212 Abs. 5 SGB V. Die Deutsche Rentenversicherung Knappschaft-Bahn-See ist sowohl Krankenkasse, Landesverband und Bundesverband, § 212 Abs. 3 SGB V. Sowohl Landesverbände wie auch Bundesverbände der

---

36 Ausführlich dazu *Sodan*, NJW 2007, 1313; *Bitter*, GesR 2007, 152; *Richter*, DStR 2007, 810.
37 Ebenso *Sodan*, NJW 2007, 1313.

Krankenkassen sind nach § 207 Abs. 1 S. 2, bzw. § 212 Abs. 4 SGB V **Körperschaften des öffentlichen Rechts**.

25 Nach § 213 SGB V sind die Bundesverbände der Krankenkassen gleichzeitig **Spitzenverbände**, welche sich über die von Gesetzes wegen zu treffenden Entscheidungen gemeinsam und einheitlich einigen sollen. Ist die Einigung nicht möglich, soll nach § 213 Abs. 2 SGB V ein Mehrheitsbeschluss durch die von den Bundesverbänden entsandten Vertreter erfolgen.

26 Das GKV-WSG sieht eine Organisationsreform der Krankenkassenverbände vor, wonach die Bundesverbände der Krankenkassen durch einen **einheitlichen Spitzenverband-Bund** abgelöst werden, welcher nach § 213 SGB V i.d.F. GKV-WSG Rechtsnachfolger der bis dahin bestehenden Bundesverbände ist. Die Bundesverbände selbst werden nicht mehr benötigt und verlieren ihren Status als Körperschaft des öffentlichen Rechts. Nach § 212 Abs. 1 SGB V i.d.F. GKV-WSG werden sie stattdessen zum 1.1.2009 kraft Gesetzes in BGB-Gesellschaften umgewandelt.

27 Der Spitzenverband-Bund hat sich in der Mitgliederversammlung am 21.5.2007 konstituiert. Er ist nach § 217a SGB V i.d.F. GKV-WSG Körperschaft des öffentlichen Rechts und wird durch die Krankenkassen gebildet. Er wird nach § 217b SGB V i.d.F. GKV-WSG durch einen 41-köpfigen Verwaltungsrat als Selbstverwaltungsorgan repräsentiert, dem jeweils Vertreter der Mitgliedskassen angehören müssen. Der Spitzenverband-Bund wird durch einen Vorstand verwaltet und nach außen vertreten.

28 Der Spitzenverband-Bund hat nach § 217f Abs. 1 SGB V i.d.F. GKV-WSG zum 1.7.2008 seine Arbeit aufzunehmen, die in der Unterstützung der Krankenkassen und der Landesverbände bei der Erfüllung der gesetzlichen Aufgaben und Wahrnehmung ihrer Interessen besteht. Im Bereich des Vertragsarztrechts übernimmt er in der gemeinsamen Selbstverwaltung der KVen und Krankenkassen die Aufgaben der früheren Spitzenverbände. Der Gesetzgeber will durch die Schaffung des Spitzenverband-Bundes ein einheitliches Beschlussgremium auf Krankenkassenseite schaffen, welches die schwierigen Einigungsverfahren mit den Vertretern der Vertragsärzte beschleunigen und erleichtern soll. Das wirkt sich bei der Besetzung des Gemeinsamen Bundesausschusses und des Bewertungsausschusses dadurch aus, dass die Vertreter der Kassenseite zukünftig nur noch von einem einzigen Verband entsandt werden.

II. Die Kassen(zahn)ärztlichen Vereinigungen

1. Rechtsstatus

29 Nach § 77 Abs. 1 S. 1 SGB V bilden die Vertragsärzte einschließlich der Vertragspsychotherapeuten ebenso wie die Vertragszahnärzte für den Bereich jedes Bundeslandes eine Kassenärztliche und eine Kassenzahnärztliche Vereinigung.[38] Diese **KVen** bzw. **KZVen** bilden nach § 77 Abs. 4 SGB V wiederum die Kassenärztlichen Bundesvereinigungen (KBV und KZBV). Die KVen/KZVen und die Kassenärztlichen Bundesvereinigungen sind nach § 77 Abs. 5 SGB V **Körperschaften des öffentlichen Rechts** mit dem Recht zur Selbstverwaltung. Sie sind nicht grundrechtsfähig.[39]

---

38 Gemäß § 77 Abs. 1 S. 2 SGB V i.d.F. GMG waren kleinere KVen bzw. KZVen in einem Bundesland zusammenzulegen. Betroffen waren Baden-Württemberg und Rheinland Pfalz. Die erforderlichen Organisationsänderungen waren bis Ende 2006 abzuschließen.
39 BVerfG – 1 BrR 597/95, NZS 1996, 237.

Organe der KVen sind die **Vertreterversammlung** und der **Vorstand**.

Die zugelassenen Ärzte, die in den zugelassenen medizinischen Versorgungszentren angestellten Ärzte und die an der vertragsärztlichen Versorgung teilnehmenden ermächtigten Krankenhausärzte bzw. Psychotherapeuten bzw. Zahnärzte werden nach § 77 Abs. 3 SGB V Zwangsmitglieder der kassenärztlichen Vereinigung, was sich ebenso aus § 95 Abs. 3 SGB V als Folge der Zulassung ergibt.

Die kassenärztlichen Vereinigungen stehen nach § 78 SGB V unter staatlicher Aufsicht, die hinsichtlich der Bundesvereinigungen durch das BMG und auf Länderebene durch die für die Sozialversicherung zuständigen obersten Verwaltungsbehörden wahrgenommen wird. Es handelt sich nach § 78 Abs. 3 SGB V um eine Rechtsaufsicht.[40] Mittels einer Verweisung auf die §§ 88 und 89 SGB IV erhalten die Aufsichtsbehörden die ihnen auch gegenüber den Krankenkassen zustehenden Aufsichtsbefugnisse.[41] Die Genehmigungs- und Beanstandungsbefugnisse sind an den maßgeblichen Stellen im Gesetz genannt, insbesondere in §§ 81 Abs. 1 S. 2, 78 Abs. 1 und 3, 79a SGB V.

2. Organisationsstruktur

Die KVen haben nach § 79 Abs. 1 SGB V eine Vertreterversammlung als **Selbstverwaltungsorgan**, deren Mitglieder nach dem in § 80 SGB V geregelten Verfahren in der in § 79 Abs. 2 SGB V bestimmten Anzahl gewählt werden.

Die Vertreterversammlung beschließt nach § 79 Abs. 3 Nr. 1 SGB V die Satzung mit dem in § 81 SGB V bestimmten Inhalt und das sonstige autonome Recht. Sie hat ferner die Aufgabe, den nach § 79 Abs. 1 SGB V zu bildenden **hauptamtlichen Vorstand** zu überwachen, Entscheidungen von grundsätzlicher Bedeutung zu treffen, den Haushaltsplan aufzustellen und die Körperschaft gegenüber Vorstand und dessen Mitgliedern zu vertreten.

Der hauptamtliche Vorstand besteht nach § 79 Abs. 4 S. 1 SGB V aus maximal drei Mitgliedern, die für vier Jahre von der Vertreterversammlung gewählt werden, sich gegenseitig vertreten und eine ärztliche Tätigkeit als Nebentätigkeit im begrenzten Umfang weiterführen dürfen. Der Vorstand verwaltet die Körperschaft und vertritt sie gerichtlich und außergerichtlich.

Kommt die Wahl zu den Selbstverwaltungsorganen nicht zustande oder erledigen diese ihre Geschäfte nicht, können die Aufsichtsbehörden nach Maßgabe von § 79a SGB V Ersatzvornahmen durchführen oder einen Staatsbeauftragten einsetzen, der die entsprechende Organstellung einnimmt.[42] Die interne Organisationsstruktur regeln die KVen nach § 81 SGB V durch Satzung. (Ausführlich dazu siehe Rn 98 ff.).

Nach § 79b SGB V sind bei den KVen und der KBV ein beratender Fachausschuss für Psychotherapie zu bilden, ferner nach § 79c SGB V bei der KBV ein beratender Fachausschuss für hausärztliche Versorgung. Weitere beratende Fachausschüsse können gebildet werden.

---

40 Schnapp/Wigge/*Schiller*, § 5 Rn 34.
41 Zu den Befugnissen der Aufsichtsbehörden siehe BSG – 1 RR 4/89, SozR 3-2400 § 89 Nr. 1; B 6 KA 64/98 R, MedR 2001, 95.
42 Die Vorschrift war die Reaktion auf „Blockadebeschlüsse" einiger KZVen bei Einführung des GSG 1993. Zur Einsetzung eines Staatsbeauftragten, wenn der Ausstieg aus dem Naturalleistungssystem betrieben wird, siehe BSG – B 6 KA 7/00 R, SozR 3-2500 § 79a Nr. 1.

3. Amtshaftung

38 Durch Verweis auf die für die Krankenkassenvorstände geltenden Vorschriften der §§ 42 Abs. 1 bis 3 SGB IV in § 79 Abs. 6 S. 1 SGB V werden die hauptamtlichen Vorstände der KVen hinsichtlich ihrer Verantwortung und internen Haftung gegenüber der Körperschaft diesen gleichgestellt.

39 Die Außenhaftung bei Verletzung von Amtspflichten gegenüber Dritten richtet sich nach § 839 BGB i.V.m. Art. 34 GG. Der Rückgriff der insoweit im Außenverhältnis eintrittspflichtigen KVen ist nach § 42 Abs. 2 SGB IV bei vorsätzlicher oder grob fahrlässiger Pflichtverletzung des handelnden Vorstandsmitglieds möglich. Die KVen haften auch für **Amtspflichtverletzungen**, die von den von ihnen bestellten Mitgliedern der Zulassungs- und Berufungsausschüsse begangen werden.[43] Dasselbe gilt für die Krankenkassen hinsichtlich der von ihnen entsandten Mitglieder. Mit den gleichen Erwägungen wird man auch eine Haftung dieser Körperschaften hinsichtlich Amtspflichtverletzungen der von ihnen in andere Selbstverwaltungsgremien, beispielsweise Prüfungs- und Beschwerdeausschüsse, entsandten Mitglieder annehmen müssen.

40 Eine besondere Form der Haftung für die Nichtumsetzung vom Gesetzgeber angeordneter Maßnahmen, sieht der mit dem GMG eingeführte § 84 Abs. 4b SGB V im Hinblick auf die Arznei-, Heilmittel- und Richtgrößenvereinbarungen nach § 84 Abs. 1 bis 4a SGB V vor, ebenso §§ 106 Abs. 4b und 106a Abs. 7 SGB V hinsichtlich der Durchführung der Wirtschaftlichkeits- und Abrechnungsprüfungen. Danach haftet der Vorstand für die ordnungsgemäße Erfüllung der gesetzlichen Aufgaben. Es handelt sich dabei nach dem Wortlaut der Vorschriften um eine verschuldensunabhängige **Gewährleistungshaftung**.

41 Diese Vorschriften zur Vorstandshaftung sind offensichtlicher Ausdruck des Misstrauens des Gesetzgebers gegenüber dem Funktionieren der Selbstverwaltung der Vertragsärzte.[44] § 84 Abs. 4b SGB V ist dabei schon deshalb verfehlt, weil er sich auf „Kann-" und „Sollvorschriften" bezieht, bei denen es um den Abschluss von Vereinbarungen und die Erledigung gemeinsamer Aufgaben mit den Krankenkassen geht.

42 Die Haftung für die ordnungsgemäße Durchführung der Wirtschaftlichkeitsprüfungen ist fragwürdig, weil dazu die Prüfungs- und Beschwerdeausschüsse nach § 106 Abs. 4 SGB V als autonome Gremien zuständig sind. Der Vorstand der KV kann nur für die von ihm selbst zu verantwortende Aufgabenerfüllung haften, nämlich die Abrechnungsprüfung nach § 106a SGB V. Auch dürfte es in allen Varianten kaum möglich sein, einen entsprechenden Nichtumsetzungsschaden zu errechnen.[45]

4. Korruptionsbekämpfungsstellen

43 Das GMG hat mit § 81a SGB V den KVen ein weiteres obrigkeitliches Überwachungsinstrument beschert. Danach mussten als organisatorische Einheiten so genannte **Stellen zur Bekämpfung von Fehlverhalten im Gesundheitswesen** eingerichtet werden, welche die Aufgabe haben, entsprechenden Hinweisen nachzugehen. Zu diesem Zweck sieht § 81a Abs. 2 SGB V ein anonymes Denunziationsrecht für jedermann vor.

---

43 H.M., vgl. zuletzt BGH – III ZR 35/05, MedR 2006, 535 m.w.N.
44 Ebenso Krauskopf/*Sproll*, § 84 Rn 30.
45 Ebenso Krauskopf/*Krauskopf*, § 106 Rn 77.

Ein Fremdkörper im Gesetz ist die in § 81a Abs. 4 SGB V angeordnete Pflicht, die **Staatsanwaltschaft** unverzüglich vom Anfangsverdacht einer strafbaren Handlung mit nicht nur geringfügiger Bedeutung für die gesetzliche Krankenversicherung zu unterrichten. Kommen die KVen dieser Aufgabe nicht nach, droht laut Gesetzesbegründung eine Verurteilung wegen Strafvereitelung nach § 258 StGB.[46] In der Regel sind die Korruptionsbekämpfungsstellen nicht in der Lage, einen Anfangsverdacht auf eine strafbare Handlung zu prüfen. Dazu fehlt in der Praxis neben dem Ermittlungsinstrumentarium auch die Erfahrung im Umgang mit dem Strafrecht. Der Gesetzgeber hat aus gutem Grunde die Prüfung eines Anfangsverdachts auf strafbare Handlungen in § 160 StPO grundsätzlich den Staatsanwaltschaften zugewiesen, wo diese Zuständigkeit auch bleiben sollte.

44

Die rechtspolitisch fragwürdige Vorschrift beinhaltet die Gefahr der Kriminalisierung eines ganzen Berufsstandes und birgt für die Praxis erhebliche Unwägbarkeiten. Zunächst bedürfen die Tatbestandsmerkmale der Unverzüglichkeit und der nicht nur geringfügigen Bedeutung für die GKV einer Auslegung, welche aus rechtsstaatlichen Gründen eigentlich einschränkend restriktiv sein müsste, aber wegen der Gefahr des Vorwurfs einer Strafvereitelung tatsächlich extensiv sein wird. In der Praxis gibt es Anhaltspunkte dafür, dass die von den KVen eingerichteten Stellen keinerlei Risiko eingehen und sehr schnell mit Strafanzeigen bei geringfügigen Anlässen operieren.

45

> *Praxishinweis*
>
> Die Akten der Prüfabteilungen der KVen enthalten in der Regel keine direkten Hinweise auf die Einschaltung der Stelle zur Bekämpfung von Fehlverhalten im Gesundheitswesen. Der Anwalt, der Ärzte gegenüber KV und Prüfungsausschüsse vertritt, muss daher selbst eine erhöhte Sensibilität hinsichtlich der strafrechtlichen Relevanz des Verhaltens des eigenen Mandanten entwickeln und entsprechenden „Signalen" aus der KV unbedingte Beachtung schenken. Ein Indiz eines Verdachtes auf strafbare Falschabrechnung ist die Durchführung einer Patientenbefragung in Zusammenarbeit mit der zuständigen Krankenkasse. Nur wenn nach einer Strafanzeige eine Kontaktaufnahme mit der zuständigen Staatsanwaltschaft gelingt, bevor die Durchsuchung der Praxisräume angeordnet wird, kann größerer Schaden für den Mandanten verhindert werden.

46

5. Aufgaben der KVen

Die Aufgaben der KVen und der Kassenärztlichen Bundesvereinigungen sind in den materiellen Regelungen des Vertragsarztrechtes niedergelegt und im Folgenden ausführlich beschrieben. Als wichtigste Aufgabe ist die in § 75 Abs. 1 SGB V angeordnete **Sicherstellung der vertragsärztlichen Versorgung** zu nennen, in deren Rahmen die KVen auch die Rechte der Vertragsärzte gegenüber den Krankenkassen wahrzunehmen haben. Die KVen haben ferner nach §§ 82 ff. SGB V die **Kollektivverträge** über Inhalt und Ausgestaltung der vertragsärztlichen Versorgung abzuschließen und nach § 85 Abs. 4 SGB V die **Honorarverteilung** unter ihre vertragsärztlichen Mitglieder zu besorgen. Die Einzelheiten werden thematisch in den zugehörigen Abschnitten erläutert. Die KVen haben nach § 136 Abs. 1 SGB V Maßnahmen zur Förderung der Qualität der vertragsärztlichen Versorgung durchzuführen und zu dokumentieren, ebenso die erbrachten Leistungen auf Qualität zu prüfen (Abs. 2).

47

---

46 BT-Drucks 15/1525 S. 99.

6. Dienstleistungsgesellschaften

48 Der durch das GKV-WSG neu eingeführte § 77a SGB V erlaubt den KVen und den Kassenärztlichen Bundesvereinigungen Dienstleistungsgesellschaften zu gründen, welche die vertragsärztlichen Leistungserbringer beim Abschluss von **Versorgungsverträgen**, namentlich Direktverträgen nach §§ 73a bis c SGB V und integrierten Versorgungsverträgen nach §§ 140a ff. SGB V inklusive der damit auftretenden Fragen der Datenverarbeitung beraten dürfen. Die Dienstleistungsgesellschaften dürfen die Vertragsärzte ferner in allgemeinen wirtschaftlichen Fragen beraten und Verwaltungsaufgaben für Praxisnetze übernehmen.

49 Damit kam der Gesetzgeber einem Wunsch der KVen nach, die sich an einer solchen privatwirtschaftlichen Betätigung als öffentlich-rechtliche Körperschaft mit gesetzlich begrenztem Aufgabenbereich gehindert sahen.[47] Es versteht sich von selbst, dass die KVen die von den Krankenkassen erhaltenen Gesamtvergütungen zweckgebunden für die Honorierung der ärztlichen Leistungen einzusetzen haben wie auch die von den Ärzten aufgebrachten Verwaltungskostenbeiträge der Finanzierung derselben dienen.

50 § 77a Abs. 3 SGB V verbietet folglich eine **Finanzierung** dieser Gesellschaften aus Mitteln der KVen.[48] Die Dienstleistungsgesellschaften müssen sich selbst finanzieren. Der Gesetzeswortlaut ist eindeutig und bezieht sich sowohl auf Fremdfinanzierungen durch Kredit als auch auf Finanzierungen durch Bereitstellung von Eigenkapital. Dies wirft die Frage auf, wie die KVen Dienstleistungsgesellschaften gründen können, wenn sie das bei Kapitalgesellschaften vorgeschriebene Stammkapital nicht aufbringen dürfen. Damit verbleiben als Organisationsstatut der Dienstleistungsgesellschaften nur Personengesellschaften des Handelsrechts nach § 105 ff. HGB, die keiner Eigenkapitalausstattung bedürfen. Andererseits kann die persönliche Haftung des Gesellschafters zum Rückgriff auf das Vermögen einer KV führen, wenn sie Gesellschafterin einer solchen Personengesellschaft ist. Die Nachschusspflicht des Gesellschafters einer Personengesellschaft wäre dann wieder eine unzulässige Finanzierung i.S.v. § 77a Abs. 3 SGB V. Das Finanzierungsverbot ist damit gleichbedeutend dem Verbot einer gesellschaftsrechtlichen Beteiligung.

III. Die Gemeinsame Selbstverwaltung und ihre Gremien

1. Der Gemeinsame Bundesausschuss

51 Nach § 91 Abs. 1 SGB V i.d.F. GMG bilden die KBV, die Deutsche Krankenhausgesellschaft, die Bundesverbände der Krankenkassen,[49] die Deutsche Rentenversicherung Knappschaft-Bahn-See, die Verbände der Ersatzkassen und Krankenkassen einen **Gemeinsamen Bundesausschuss (G-BA)**. Bis zum Inkrafttreten des GMG am 1.1.2004 gab es jeweils einen Bundesausschuss der Ärzte und Krankenkassen und einen Bundesausschuss der Zahnärzte und Krankenkassen.

---

47 Zur Frage der Zulässigkeit einer Beteiligung einer KV an einem Ärzteverbund: LSG SH – L 6 B 61/00 KA ER, SGb 2001, 995; LSG BW – L 5 KA 5097/00 ER-B, MedR 2002, 212.
48 Die Finanzmittel der KVen setzen sich zusammen aus den Gesamtvergütungsbestandteilen, die als Honorare an die Mitglieder weitergeführt werden müssen (§ 85 Abs. 1 und 4 SGB V), aus Verwaltungsbeiträgen und Gebühren der Mitglieder.
49 Ab 1.7.2008 der Spitzenverband Bund der Krankenkassen, vgl. § 91 Abs. 1 SGB V i.d.F. GKV-WSG i.V.m. Art. 46 Abs. 9 GKV-WSG.

C. Die Beteiligten im Vertragsarztrecht §7

a) Rechtsstatus

Der G-BA ist die maßgebliche Rechtsetzungseinrichtung der **gemeinsamen Selbstverwaltung**. Die Vereinheitlichung der früheren Bundesausschüsse sollte den sektorenübergreifenden Rechtsetzungsbezug fördern.[50]

52

Zum 1.8.2008[51] sieht das GKV-WSG nach dem GMG eine erneute Organisationsreform des G-BA vor, die nicht nur durch die Ersetzung der Bundesverbände der Krankenkassen durch den Spitzenverband Bund bedingt ist, sondern einer Effizienzsteigerung und Professionalisierung der Strukturen dienen soll.[52] Der G-BA ist nach § 91 Abs. 1 S. 2 SGB V rechtsfähig. Eine Regelung zur Rechtsqualität des G-BA als Träger öffentlicher Aufgaben fehlt. Er ist daher weder Körperschaft noch Anstalt des öffentlichen Rechts, sondern eine rechtsfähige Einrichtung sui generis.[53]

53

Er besteht aus einem **Plenum** (Beschlussgremium) und aus **Unterausschüssen**, welche die Entscheidungen des Beschlussgremiums vorbereiten. Beschlüsse werden mit Mehrheit gefasst. Die Vertreter der Patientenorganisationen nach § 140f SGB V haben ein Mitberatungsrecht. Das Verfahren bis zur Beschlussfassung ist in der Geschäftsordnung geregelt.[54] Der G-BA wird durch den Vorsitzenden des Beschlussgremiums gerichtlich und außergerichtlich vertreten.[55]

54

Die **Rechtsaufsicht** über den G-BA führt das BMG.[56] Diesem sind die beschlossenen Richtlinien zur Prüfung vorzulegen. § 94 Abs. 1 S. 2 SGB V gewährt dem BMG gegenüber beschlossenen Richtlinien zur vertragsärztlichen Versorgung ein Beanstandungsrecht bzw. nach Satz 3 der Vorschrift für unterbliebene Beschlüsse ein Ersatzvornahmerecht.

55

b) Zusammensetzung

Der G-BA besteht aus drei unparteiischen Mitgliedern, wovon einer den Vorsitz führt, und Mitgliedern der Leistungserbringer und der Krankenkassen in gleicher Zahl. Die bis zum 31.7.2008 geltende Fassung des § 91 Abs. 2 SGB V bestimmt für die Zusammensetzung des Plenums des G-BA vier Vertreter der KBV, einen Vertreter der KZBV, vier Vertreter der DKG und neun Vertreter der Bundesverbände der Krankenkassen. Die Mitgliederzusammensetzung des Plenums wechselt je nachdem, ob Beschlussgegenstand Richtlinien über ärztliche Angelegenheiten, zur vertragsärztlichen Versorgung oder zur vertragszahnärztlichen Versorgung sind, siehe dazu § 91 Abs. 4 bis 8a SGB V i.d.F. GMG. Ab 1.8.2008 reduziert sich die Mitgliederzahl auf fünf auf jeder Seite, wodurch sich die Vertreter der KBV und der DKG auf je zwei reduzieren. Die Zusammensetzung des Beschlussgremiums richtet sich nicht mehr wie derzeit noch nach dem Beschlussgegenstand, siehe § 91 Abs. 7 SGB V i.d.F. GKV-WSG.

56

---

50 BT-Drucks 15/1525 S. 106.
51 Art. 46 Abs. 9 GKV-WSG.
52 BT-Drucks 16/3100 S. 178.
53 Der G-BA bezeichnet sich in § 1 Abs. 2 der Geschäftsordnung selbst als juristische Personen des öffentlichen Rechts.
54 Vom 13.1.2004, BAnz 2004, S. 4276, i.d.F. v. 18.4.2006, BAnz 2006, 5361.
55 Diese Regelung gilt ab 1.7.2008 gem. § 91 Abs. 1 S. 3 SGB V i.d.F. GKV-WSG i.V.m. Art. 46 Abs. 9 GKV-WSG. Bis dahin fehlt eine Regelung der Vertretungsbefugnisse.
56 § 91 Abs. 10 SGB V i.d.F. GMG bzw. § 91 Abs. 7 SGB V i.d.F. GKV-WSG, jeweils i.V.m. §§ 67, 88, 89 SGB IV.

§ 7 Vertragsarztrecht

57 Die unparteiischen Mitglieder, über die sich die beteiligten Organisationen einigen sollen, andernfalls sie durch das BMG berufen werden, sollen dann anders als nach der derzeit geltenden Regelung für den G-BA hauptamtlich tätig sein und müssen dazu von ihren Anstellungskörperschaften freigestellt werden, § 91 Abs. 2 S. 4 SGB V i.d.F. GKV-WSG. Die sonstigen Mitglieder bleiben ehrenamtlich.

c) Aufgaben

58 Nach § 92 Abs. 1 SGB V hat der G-BA unter Beachtung der in der Vorschrift genannten Kriterien die zur **Sicherung der ärztlichen Versorgung** erforderlichen **Richtlinien** über die Gewähr für eine ausreichende, zweckmäßige und wirtschaftliche Versorgung der Versicherten zu beschließen.

59 Die methodischen Anforderungen an die **wissenschaftliche** sektorenübergreifende Bewertung des Nutzens, der Notwendigkeit und der Wirtschaftlichkeit von Maßnahmen als Grundlage für Beschlüsse sind in der **Verfahrensordnung** nach § 91 Abs. 4 Ziff. 1 SGB V geregelt.[57] Diese enthält auch Regelungen über die Anforderungen an den Nachweis der fachlichen Unabhängigkeit von Sachverständigen und das Verfahren der Anhörung zu den jeweiligen Richtlinien, insbesondere die Feststellung der anzuhörenden Stellen, die Art und Weise der Anhörung und deren Auswertung.

60 § 92 Abs. 1 S. 2 SGB V nennt folgende 15 durch **Richtlinien zu regelnde Themenkomplexe**, wobei Nr. 13 bis 15 durch das GKV-WSG neu hinzugekommen sind:
- ärztliche Behandlung,
- zahnärztliche Behandlung einschließlich der Versorgung mit Zahnersatz sowie kieferorthopädische Behandlung,
- Maßnahmen zur Früherkennung von Krankheiten,
- ärztliche Betreuung bei Schwangerschaft und Mutterschaft,
- Einführung neuer Untersuchungs- und Behandlungsmethoden,
- Verordnung von Arznei-, Verband-, Heil- und Hilfsmitteln, Krankenhausbehandlung, häuslicher Krankenpflege und Soziotherapie,
- Beurteilung der Arbeitsunfähigkeit,
- Verordnung von im Einzelfall gebotenen Leistungen zur medizinischen Rehabilitation und die Beratung über Leistungen zur medizinischen Rehabilitation, Leistungen zur Teilhabe am Arbeitsleben und ergänzende Leistungen zur Rehabilitation,
- Bedarfsplanung,
- medizinische Maßnahmen zur Herbeiführung einer Schwangerschaft nach § 27a Abs. 1,
- Maßnahmen nach den §§ 24a und 24b,
- Verordnung von Krankentransporten,
- Qualitätssicherung,
- spezialisierte ambulante Palliativversorgung,
- Schutzimpfungen.

Zum Inhalt, Bedeutung und Rechtsqualität der hierzu beschlossenen Richtlinien wird auf die Ausführungen bei Rn 110 ff. verwiesen.

---

[57] VO vom 20.9.2005, BAnz 2005, Nr. 242 (S. 16 998), i.d.F. v. 18.4.2006, BAnz 2006, Nr. 124 (S. 4876).

C. Die Beteiligten im Vertragsarztrecht § 7

d) Institut für Qualität und Wirtschaftlichkeit im Gesundheitswesen

Mittels § 139a SGB V wurde der G-BA durch das GMG verpflichtet, ein fachlich unabhängiges, rechtsfähiges, wissenschaftliches Institut zu gründen, das in Fragen von grundsätzlicher Bedeutung für die Qualität und Wirtschaftlichkeit der im Rahmen der gesetzlichen Krankenversicherungen erbrachten Leistungen tätig werden soll. Träger des zum 1.6.2004 gegründeten **IQWG** ist die gleichnamige Stiftung. Im Stiftungsrat sind die Träger des G-BA paritätisch repräsentiert.

61

2. Der Bewertungsausschuss

Nach § 87 Abs. 1 S. 1 SGB V vereinbaren die Kassenärztlichen Bundesvereinigungen (KBV und KZBV) mit den Spitzenverbänden der Krankenkassen durch Bewertungsausschüsse einen **einheitlichen Bewertungsmaßstab** (EBM, siehe Rn 587 ff.). Aus der Gesetzesformulierung ergibt sich zum einen, dass es sich beim Bewertungsausschuss um ein gemeinsames Gremium handelt, das den genannten Körperschaften angegliedert ist, und zum anderen, dass es sich beim EBM um eine kollektivvertragliche Vereinbarung handelt (ausführlich dazu vgl. Rn 117 ff.).

62

a) Rechtsstatus

Die Ausgestaltung des Bewertungsausschusses als **eigenständiges Gremium** im Bereich der gemeinsamen Selbstverwaltung bedingt eine organschaftliche Parteifähigkeit im Verhältnis zu den anderen Beteiligten im System der gesetzlichen Krankenversicherung, die jedoch nicht so weit geht wie die rechtliche Autonomie des Gemeinsamen Bundesausschusses (siehe Rn 52). Das ergibt sich aus der Formulierung des § 87 Abs. 1 S. 1 SGB V, wonach die KBV und die Spitzenverbände einen einheitlichen Bewertungsmaßstab durch den Bewertungsausschuss vereinbaren. Das Gesetz weist dem Bewertungsausschuss somit die Aufgabe der Körperschaften zu, den **EBM** als **Vertrag** abzuschließen. Er genießt deshalb gegenüber diesen Körperschaften keine rechtliche Autonomie. Die Ausschussmitglieder unterliegen daher den Weisungen der entsendenden Körperschaft.[58] Sie haben deren Vollmacht zum Abschluss des EBM als öffentlich-rechtlichen Vertrag.[59] Die Konstituierung des Bewertungsausschusses und der Beschluss einer Geschäftsordnung erfolgten noch nach den Bestimmungen der RVO, die mit Inkrafttreten des SGB V entfallen sind.[60]

63

b) Zusammensetzung

Der **Bewertungsausschuss** besteht gem. § 87 Abs. 3 SGB V aus sieben von der KBV bestellten Vertretern und je einem Vertreter für jede Krankenkassenart. Ab 1.7.2008 reduziert sich deren Zahl auf je drei von der KBV und vom Spitzenverband Bund der Krankenkassen gestellten Vertreter.[61] Den Vorsitz führt abwechselnd ein Vertreter der Ärzte und ein Vertreter der Krankenkassen. Kommt im Bewertungsausschuss eine Vereinbarung ganz oder teilweise nicht zu Stande wird nach § 87 Abs. 3 SGB V ein **Erwei-**

64

---

58 Ebenso KassKomm/*Hess*, SGB V, § 87 Rn 18.
59 *Heinemann/Liebold/Zalewski*, C 87–48.
60 *Heinemann/Liebold/Zalewski*, C 87–55.
61 Der durch das GKV-WSG geänderte § 87 Abs. 3 SGB V tritt nach Art. 46 Abs. 9 SGB V am 1.7.2008 in Kraft.

terter **Bewertungsausschuss** gebildet, in dem ein unparteiischer Vorsitzender und vier weitere unparteiische Mitglieder hinzutreten.

c) Aufgaben

65 Aufgabe des Bewertungsausschusses ist die Beschlussfassung über die erstmalige Schaffung eines **einheitlichen Bewertungsmaßstabes** und dessen Weiterentwicklung im Hinblick auf das Fortschreiten der medizinischen Wissenschaft und Technik und dem Erfordernis der Rationalisierung im Rahmen wirtschaftlicher Leistungserbringung, § 87 Abs. 2 S. 2 SGB V. Der Bewertungsausschuss soll ferner Regelungen zur Begrenzung veranlasster medizinisch-technischer Leistungen auf den medizinisch notwendigen Umfang treffen (§ 87 Abs. 2c SGB V).

66 In der Vergangenheit waren bis Ende 1993 eine Reform der Laborleistungen vorzunehmen (§ 87 Abs. 2b SGB V) und bis zum 31.3.2000 die Leistungen der vertragsärztlichen Versorgung in einen **hausärztlichen und einen fachärztlichen Versorgungsbereich** zu gliedern (§ 87 Abs. 2a S. 3 SGB V).[62] Bis zum 28.2.2000 musste der Bewertungsausschuss Kriterien zur Verteilung der Gesamtvergütungen bestimmen, insbesondere die Vergütungsanteile für die hausärztliche und die fachärztliche Versorgung und die dazugehörige Anpassung und **Veränderungsfaktoren** festlegen.

67 Nach § 84 Abs. 4 S. 7 SGB V hat der **Honorarverteilungsmaßstab** der KVen Regelungen zur Verhinderung einer übermäßigen Ausdehnung der vertragsärztlichen Tätigkeit vorzusehen. Zu diesem Zweck sind vom Bewertungsausschuss arztgruppenspezifische Grenzwerte festzulegen, zu denen die von einer Arztpraxis erbrachten Leistungen mit festen Punktwerten vergütet werden, so genannte **Regelleistungsvolumina**. Für den Fall der Überschreitung ist eine Abstaffelung vorzusehen. Die dazu erforderlichen Kriterien soll der Bewertungsausschuss bundeseinheitlich vorgeben (§ 84 Abs. 4a SGB V). Der Bewertungsausschuss ist dieser Aufgabe mit Wirkung zum 1.1.2005 mit seinen Beschlüssen vom 13.5.2004 (89. Sitzung) und 29.10.2004 (93. Sitzung) nachgekommen. Damit hat der Bewertungsausschuss den KVen die Grundzüge der Honorarverteilungsmaßstäbe vorgegeben, welche diese bis zur Einführung des GMG in autonomer Satzungshoheit nach § 85 Abs. 4 S. 1 SGB V selbst regeln durften (ausführlich dazu siehe Rn 142).

68 Bis zum 31.3.2007 hatte der Bewertungsausschuss nach § 85a Abs. 5 SGB V die Aufgabe, Verfahren zur Bestimmung der Morbiditätsstruktur und des damit verbundenen Behandlungsbedarfs und zur Aufteilung des Behandlungsbedarfs auf die Arztgruppen zu beschließen. Ferner hat er nach § 85b Abs. 4 S. 3 SGB V **arztbezogene Regelleistungsvolumina** einschließlich der Berechnungsverfahren festzulegen, die Arztgruppen zu definieren, Kriterien für Bestimmungen der Morbiditätsstruktur zu entwickeln und die zeitlichen Kapazitätsgrenzen eines Arztes zu ermitteln.

69 Da die §§ 85a und b SGB V durch das GKV-WSG zum 1.4.2007 abgeschafft wurden, verändert sich diese Aufgabenstellung. Jetzt muss der Bewertungsausschuss nach § 87b Abs. 4 SGB V i.d.F. GKV-WSG bis zum 31.8.2008 als Grundlage der zum 1.1.2009 zu schaffenden **Euro-Gebührenordnung**[63] ein Verfahren zur Berechnung **arztbezogener morbiditätsgewichteter Regelleistungsvolumina** entwickeln. Lediglich die arztgruppenbezogenen Regelleistungsvolumina fallen ganz weg. Stattdessen hat der Bewer-

---

62 Beschl. v. 20.6.2000 (63. Sitzung), DÄBl. 2000, A 1920.
63 § 87a Abs. 2 SGB V i.d.F. GKV-WSG.

tungsausschuss nach § 87 Abs. 5 SGB V i.d.F. GKV-WSG im Rahmen eines neu zu entwickelnden morbiditätsbasierten Gesamtvergütungssystems Verfahren zur Bestimmung des Umfangs des nicht vorhersehbaren Anstiegs des morbiditätsbedingten Behandlungsbedarfs, zur Bestimmung von Veränderungen der Morbiditätsstruktur und zur Bestimmung von Veränderungen von Art und Umfang der vertragsärztlichen Leistungen zu beschließen. Des Weiteren soll der EBM nach § 87 Abs. 2e SGB V i.d.F. GKV-WSG zukünftig um bundeseinheitliche Punktwerte als **Orientierungswerte** in EUR in den Kategorien Regelfall, festgestellte oder drohende Unterversorgung oder Überversorgung ergänzt werden. Dazu muss der Bewertungsausschuss nach § 87 Abs. 2f SGB V i.d.F. GKV-WSG auch Indikatoren zur Messung der regionalen Besonderheiten bei der Kosten- und Versorgungsstruktur entwickeln, auf deren Grundlage von den Orientierungswerten in den Punktwertvereinbarungen abgewichen werden kann.

Der Gesetzgeber will mit der Übertragung des Morbiditätsrisikos auf die Krankenkassen ab dem Jahre 2009 dem Bewertungsausschuss die Voraussetzungen zur Abschaffung der Budgetierung der Arzthonorare hin zur Einführung einer Gebührenordnung mit festen Preisen und bedarfsgerechter Mengensteuerung schaffen lassen.[64] Ob dies gelingt, bleibt abzuwarten.

70

d) Beschlussfassung

Der Verfahrensgang und die Entscheidungsfindung richten sich nach der **Geschäftsordnung**.[65] Nach § 3 Geschäftsordnung entscheidet der Bewertungsausschuss durch Beschlüsse, die entweder in Sitzungen oder im schriftlichen Beschlussverfahren getroffen werden. Aus der Formulierung des § 87 Abs. 4 S. 1 SGB V, wonach der erweiterte Bewertungsausschuss einberufen werden kann, wenn eine übereinstimmende Entscheidung des Bewertungsausschusses nicht zu Stande gekommen ist, ergibt sich das Erfordernis der Einstimmigkeit der Beschlussfassung. Daraus folgt, dass der Bewertungsausschuss nur beschlussfähig ist, wenn alle Mitglieder anwesend sind. Nach § 87 Abs. 5 S. 1 SGB V entscheidet der erweiterte Bewertungsausschuss mit Stimmenmehrheit. Da der erweiterte Bewertungsausschuss nicht paritätisch besetzt ist, wird die gegenseitige Blockierung der Vertragspartner ausgeschlossen.

71

Die Beschlüsse des Bewertungsausschusses haben den Charakter einer **bundesmantelvertraglichen Vereinbarung**, wie sich aus der Formulierung des § 87 Abs. 1 S. 1 SGB V ergibt. Bezüglich der Festsetzungen des Erweiterten Bewertungsausschusses ergibt der in § 87 Abs. 5 S. 2 SGB V enthaltene Verweis auf § 82 Abs. 1 SGB V nichts anderes, weil Bundesmantelverträge nach § 82 Abs. 1 S. 2 SGB V Bestandteil der **Gesamtverträge** sind (siehe Rn 107). Zur Vorbereitung der Beschlüsse wurde nach § 8 Geschäftsordnung ein **Arbeitsausschuss** eingerichtet, den der Bewertungsausschuss mit Beschluss vom 31.10.1995[66] ermächtigt hat, verbindlich über Auslegungsfragen des EBM zu entscheiden und die Leistungsbeschreibungen zu interpretieren. Die **Interpretationsbeschlüsse** des Arbeitsausschusses können trotzdem keine rechtliche Verbindlichkeit in Anspruch nehmen, da eine solche Verfahrensweise von den gesetzlichen Vorschriften nicht gedeckt ist.[67] Die Beschlussunterlagen sind dem BMG zur Prüfung vorzulegen, welches ein Beanstandungsrecht hat. Ergänzend dazu räumt § 87 Abs. 6

72

---

64 BT-Drucks 16/3100 S. 119.
65 Geschäftsordnung vom 20.12.1988 (BGBl I, 2477), geändert am 24.6.1994 (BGBl I, 1416).
66 DÄBl. 1996, A-851.
67 BSG – B 6 KA 80/03 R, SozR 4-2500 § 87 Nr. 10.

S. 1 SGB V i.d.F. GKV-WSG dem BMG ein Teilnahmerecht an den Sitzungen des Bewertungsausschusses ein.

3. Zulassungs- und Berufungsausschüsse

73 Zur Beschlussfassung und Entscheidung in **Zulassungssachen** nach §§ 95 ff. SGB V sind durch die KVen und die Landesverbände der Krankenkassen bzw. Verbände der Ersatzkassen gemeinsame **Zulassungsausschüsse** errichtet, die aus einer gleichen Anzahl von Vertretern der Vertragsärzte bzw. Vertragszahnärzte und der Krankenkassen bestehen, § 96 Abs. 1 und 2 SGB V.

74 Über Widersprüche gegenüber Entscheidungen der Zulassungsausschüsse entscheiden die nach § 97 Abs. 1 SGB V in gleicher Weise eingerichteten **Berufungsausschüsse**. Diese unterscheiden sich von den Zulassungsausschüssen nach § 97 Abs. 2 SGB V dadurch, dass zu den Vertretern der Ärzteschaft und der Krankenkassen noch ein unabhängiger Vorsitzender hinzu kommt, über den sich beide Seiten einigen müssen.

75 Die Geschäftsstellen der Zulassungs- und Berufungsausschüsse sind bei den KVen eingerichtet, § 96 Abs. 3 bzw. § 97 Abs. 2 S. 4 SGB V. Die Zulassungs- und Berufungsausschüsse sind **autonome Gremien** der Selbstverwaltung der Ärzte und Krankenkassen ohne körperschaftlichen Status. Für Pflichtverletzungen ihrer Mitglieder haften deshalb die entsendenden Körperschaften.

76 Die konkrete Aufgabenstellung über die grundlegende Zulassungsvorschrift des § 95 SGB V hinaus enthalten die auf Basis von § 98 SGB V erlassenen **Zulassungsverordnungen** für Ärzte und für Zahnärzte nebst den erforderlichen Verfahrensregelungen, welche Vorrang gegenüber den darüber hinaus anwendbaren allgemeinen Verfahrensregelungen des SGB X haben (ausführlich zum Zulassungsverfahren siehe Rn 338 ff.).

4. Die Landesausschüsse

77 Nach § 90 Abs. 1 SGB V bilden die KVen und die Landesverbände der Krankenkassen für jedes Bundesland einen **Landesausschuss** der Ärzte und Krankenkassen respektive der Zahnärzte und Krankenkassen. Diese Landesausschüsse bestehen nach Abs. 2 aus drei unparteiischen Mitgliedern, wovon einem der Vorsitz obliegt, acht Vertretern der Ärzteschaft, drei Vertretern der Ortskrankenkassen, zwei Vertretern der Ersatzkassen und je einem Vertreter der Betriebskrankenkassen, der Innungskrankenkassen und der landwirtschaftlichen Krankenkassen. Die Mitgliedschaft im Landesausschuss ist ein Ehrenamt und weisungsfrei, § 90 Abs. 3 S. 1 und 2 SGB V.

78 Die Landesausschüsse beraten nach § 99 Abs. 3 SGB V die von den KVen im Einvernehmen mit den Landesverbänden der Krankenkassen und den Verbänden der Ersatzkassen aufgestellten und angepassten Bedarfspläne zur Sicherstellung der vertragsärztlichen Versorgung. Einigen sich die KVen mit der Kassenseite nicht, entscheidet der Landesausschuss mit verbindlicher Wirkung nach § 99 Abs. 2 und 3 SGB V.

79 Der Landesausschuss hat ferner die notwendigen **Feststellungen zur Einführung von Zulassungsbeschränkungen**, sei es nach § 100 SGB V im Falle von **Unterversorgung** einiger Gebiete für andere Gebiete, sei es nach § 103 Abs. 1 SGB V im Falle von **Überversorgung** für das betroffene Gebiet festzustellen, wobei durch das GKV-WSG zum 1.4.2007 die Rechtsgrundlagen für die Anordnung von Zulassungssperren für die Vertragszahnärzte abgeschafft wurden, vgl. §§ 100 Abs. 4, 101 Abs. 6, 103 Abs. 8 und 104 Abs. 3 SGB V i.d.F. GKV-WSG. Nach § 105 Abs. 4 SGB V i.d.F. GMG obliegt dem

Landesausschuss auch die Entscheidung über die Gewährung von **Sicherstellungszuschlägen** an die Vertragsärzte, die bereit sind, in unterversorgten Gebieten zu arbeiten, vgl. § 105 Abs. 1 S. 1 Hs. 2 SGB V i.d.F. GMG. Ausführlich zur Bedarfsplanung siehe Rn 320 ff.

5. Die Schiedsämter

Ein weiteres Gremium der gemeinsamen Selbstverwaltung sind die nach § 89 Abs. 1 SGB V zu errichtenden Schiedsämter, denen nach § 89 Abs. 1a SGB V die Aufgabe zukommt, den Inhalt der gesetzlich vorgeschriebenen **Verträge über die vertragsärztliche Versorgung** mit verbindlicher Wirkung festzusetzen, wenn sich die Vertragsparteien nicht einigen können. Die Schiedsämter sind mit Vertretern der Vertragsärzteschaft und der Krankenkassen besetzt. Die Besetzung richtet sich nach den Vertragspartnern des streitgegenständlichen Vertrages (siehe Rn 164 ff.).

80

6. Prüfungs- und Beschwerdeausschuss

Nach § 106 Abs. 1 SGB V überwachen die Krankenkassen und die KVen gemeinsam die **Wirtschaftlichkeit** der vertragsärztlichen Versorgung. Zu diesem Zweck wird nach § 106 Abs. 4 SGB V i.d.F. GMG für jeden KV-Bezirk ein **gemeinsamer Prüfungsausschuss** und ein **gemeinsamer Beschwerdeausschuss** gebildet, der aus einer paritätischen Anzahl von Vertretern der KVen und der Krankenkassen und einem unparteiischen Vorsitzenden besteht.[68] Die Ausschüsse werden bei der Wahrnehmung ihrer Aufgaben gemäß § 106 Abs. 4a SGB V i.d.F. GMG durch eine **Geschäftsstelle** unterstützt, die in der Regel bei der KV errichtet wird, aber abweichend auch bei den Landesverbänden der Krankenkassen errichtet werden könnte. (Zu den weiteren Einzelheiten der **Wirtschaftlichkeitsprüfung** siehe Rn 772 ff.).

81

IV. Die Leistungserbringer

Unter dem Begriff Leistungserbringer werden diejenigen Personengruppen verstanden, die im Rahmen der gesetzlichen Krankenversicherung Leistungen selbständig oder auch unselbständig erbringen (dürfen).[69] Das SGB V erwähnt den Begriff in der Überschrift zum vierten Kapitel und in den §§ 2 Abs. 4, 69, 70 und 71 Abs. 1 SGB V.

82

Aus der Gliederung des Vierten Kapitels SGB V wird deutlich, dass der Begriff „**Leistungserbringer**" der Sammelbegriff für die in den Unterabschnitten des Kapitels genannten Berufsgruppen darstellt. Das sind die im Zweiten Abschnitt genannten **Ärzte, Zahnärzte** und **Psychotherapeuten**, die im Dritten Abschnitt genannten Krankenhäuser und andere Einrichtungen, speziell die Vorsorge- und Rehabilitationseinrichtungen (§ 107 Abs. 2 SGB V), die Einrichtungen des Müttergenesungswerks oder gleichartige Einrichtungen, die Hochschulambulanzen nach § 117 SGB V, die psychiatrischen Institutsambulanzen nach § 118 SGB V, die sozialpädiatrischen Zentren nach § 119 SGB V und die Einrichtungen der Behindertenhilfe nach § 119a SGB V, die im Fünften Abschnitt genannten Dienstleister, die Heilmittel abgeben (Physiotherapeuten, Sprachtherapeuten, Ergotherapeuten usw.), die im Sechsten Abschnitt genannten Hilfsmittelver-

83

---

68 Vor Inkrafttreten des GMG stand die Anzahl der zu bildenden Prüfungs- und Beschwerdeausschüsse im Ermessen der ständigen KV und der Landesverbände der Krankenkassen.
69 *Liebold*, Stichwort „Leistungserbringer".

sorger, die im Siebten Abschnitt genannten Apotheker und pharmazeutischen Unternehmer und die im Achten Abschnitt unter dem Begriff „Sonstige Leistungserbringer" zusammengefassten Haushaltshilfen (§ 132 SGB V), ambulanten Pflegedienste (§ 132a SGB V), die Soziotherapeuten (§ 132b SGB V), die Rettungsdienste (§ 133 SGB V) und die Hebammen (§ 134 SGB V).

84 Dem in diesem Kapital dargestellten Regelungskontext des **Vertragsarztrechts** nach §§ 72 ff. SGB V unterliegen die Ärzte, Zahnärzte, Psychotherapeuten und die an der vertragsärztlichen Versorgung teilnehmenden medizinischen Versorgungszentren. Hinsichtlich der übrigen aufgezählten Leistungserbringer gelten abweichende Regeln anderer Kapitel des SGB V.

85 Nach § 72 Abs. 1 S. 2 SGB V gelten die Vorschriften des gesamten Vierten Kapitels SGB V gleichermaßen für Ärzte, Zahnärzte und Psychotherapeuten, auch wenn in den einzelnen Bestimmungen nur die Vertragsärzte erwähnt werden. Sollen abweichende Regelungen für die drei genannten Berufsgruppen getroffen werden, wird dies in den einzelnen Vorschriften ausdrücklich erwähnt. Der Einfachheit halber wird in der folgenden Darstellung diese Terminologie beibehalten, d.h., dass die folgenden Ausführungen in der Regel für alle drei genannten Berufsgruppen gelten, auch wenn ausdrücklich nur die Vertragsärzte erwähnt werden. Wo es notwendig ist, werden in der Darstellung die Besonderheiten für die Vertragspsychotherapeuten und für die Vertragszahnärzte erwähnt bzw. in eigenen Abschnitten dargestellt.

86 Der Einfachheit halber wurde entsprechend der im SGB V verwendeten Terminologie nur die männliche Form der Berufsbezeichnung erwähnt, was aber weder die weiblichen Mitglieder der Berufsgruppen diskriminieren soll, noch besagt, dass die dargestellten Vorschriften für diese nicht gelten.

D. Rechtsgrundlagen des Vertragsarztrechts

Literatur

Axer, Normenkontrolle und Normenerlassklage in der Sozialgerichtsbarkeit, NZS 1997, 10 ff.; **Boerner**, Normenverträge im Gesundheitswesen, 2003; **Butzer**, Verfassungsrechtliche Anmerkungen zum GKV-Modernisierungsgesetz 2004 (GMG), MedR 2004, 177; **Clemens**, Verfassungsrechtliche Anforderungen an untergesetzliche Rechtsnormen, MedR 1996, 432; **Düring**, Das Schiedswesen in der gesetzlichen Krankenversicherung, 1992; **Eichenhofer**, Richtlinien der gesetzlichen Krankenversicherung und Gemeinschaftsrecht, NZS 2001, 1; **Engelmann**, Untergesetzliche Normsetzung im Recht der gesetzlichen Krankenversicherung, NZS 2000, 1 und 76; **Heinze**, Die rechtlichen Rahmenbedingungen der ärztlichen Heilbehandlung, MedR 1996, 252; **Hufen**, Inhalt und Einschränkbarkeit vertragsärztlicher Grundrechte, MedR 1996, 394; **Kingreen**, Legitimation und Partizipation im Gesundheitswesen, NZS 2007, 113; **Neumann**, Ursprung und Ausstrahlung der Konflikte im untergesetzlichen Vertragsarztrecht, MedR 1996, 389; **Schimmelpfeng-Schütte**, Demokratische und rechtsstaatliche Defizite in der gesetzlichen Krankenversicherung?, MedR 2006, 519; **Schirmer**, Verfassungsrechtliche Probleme der untergesetzlichen Normsetzung im Kassenarztrecht, MedR 1996, 1; **Schmiedl**, Das Recht des vertrags(zahn)ärztlichen Schiedswesens, 2002; **Schnapp** (Hrsg.), Handbuch des sozialrechtlichen Schiedsverfahrens, 2004; **Schrinner**, Normsetzung durch den Gemeinsamen Bundesausschuss aus Sicht der Krankenkassen, MedR 2005, 397; **Seeringer**, Der Gemeinsame Bundesausschuss nach dem SGB V, 2005; **Sickor**, Normenhierarchie im Arztrecht, 2005; **Simmler**, Ablehnung des Schiedsamtsvorsitzenden im Schiedsverfahren nach dem SGB wegen Besorgnis der Befangenheit, GesR 2007, 249; **Sodan**, Normsetzungsverträge im Sozialversicherungsrecht, NZS 1998, 305; **Weiß**, Der Vertragsarzt zwischen Freiheit und Bindung, NZS 2005, 67; **Wimmer**, Grenzen der Regelungsbefugnis in der vertragsarztrechtlichen Selbstverwaltung, NZS 1999, 113.

I. Rechtsetzungsinstrumentarium

Das Regelungsgefüge im Vertragsarztrecht ist sehr komplex, weshalb ohne Zweifel von einem besonders schwierigen Rechtsgebiet gesprochen werden kann.

Das Vertragsarztrecht ist historisch geprägt durch die **Selbstverwaltung** der Ärzte und der Krankenkassen, denen der Gesetzgeber unter anderem auch wegen der Schwierigkeit der zu regelnden Problemstellungen mehr oder weniger große Regelungskompetenzen überlassen hat. Daher hat sich im SGB V an vielen Stellen eine Rahmengesetzgebung ausgebildet, die von der Selbstverwaltung in **Richtlinien** (z.B. § 92 SGB V) und **Verträgen** (z.B. § 83 SGB V) konkretisiert werden muss.[70] Wichtiges materielles Recht ist in den **Satzungen** der KVen und der Krankenkassen, in den Richtlinien des Gemeinsamen Bundesausschuss und in Verträgen der beteiligten Körperschaften niedergelegt.

Formulierungstechnische Schwierigkeiten bei der Regelung medizinischer Sachverhalte und die ständige Notwendigkeit, einen Ausgleich der teilweise unvereinbaren Interessen der Beteiligten im Gesundheitswesen zu finden, sind Ursachen für unklare Regelungsinhalte, unzureichende Dogmatik und fehlende Kompatibilität mancher Regelungen, vor allem mit Vorschriften aus anderen Rechtskreisen. Daher müssen regelmäßig die Gerichte bemüht werden. Die Rechtssprechung des Bundessozialgerichts und der Landessozialgerichte ist daher zur Lösung vieler Rechtsfragen unverzichtbar.

Das Vertragsarztrecht erlaubt zahlreiche und weit reichende Eingriffe in die Berufsausübung der Ärzte, Zahnärzte und Psychotherapeuten, die am **System der gesetzlichen Krankenversicherung** teilhaben wollen. Nach der Rechtssprechung des Bundesverfassungsgerichts hat der Gesetzgeber die wesentlichen Regelungsvorgaben selbst zu treffen und muss bei grundrechtsrelevanten Eingriffen Umfang und Grenzen selbst vorgeben.[71]

> *Wichtig*
> Der Betroffene eines Eingriffs sollte daher regelmäßig das Vorhandensein einer ausreichenden gesetzlichen Ermächtigungsgrundlage der maßgeblichen untergesetzlichen Norm überprüfen.

> *Praxistipp*
> Da im Vertragsarztrecht alle relevanten Vorschriften ständig geändert werden, ist es unverzichtbare Aufgabe des betrauten Anwalts, zunächst den maßgeblichen Anwendungszeitraum und die dazugehörige Vorschriftenfassung und ggf. das Überleitungsrecht zu ermitteln.

1. Gesetze

Das Vertragsarztrecht ist im **Fünften Buch des Sozialgesetzbuches „Gesetzliche Krankenversicherung" (SGB V)** umfassend geregelt. Die wichtigsten Regelungen sind im 4. Kapitel des SGB V **„Beziehungen der Krankenkassen zu den Leistungserbringern"** enthalten. Die Zuständigkeit des Bundes beruht auf Art. 74 Abs. 1 Nr. 19 GG.

---

70 Zahlreiche Stimmen der Literatur sehen die untergesetzlichen Rechtssetzungsformen sehr kritisch. *Sodan*, NZS 1998, 305 und *Wimmer*, NJW 1995, 7, MedR 1996, 425, NZS 1999, 113 halten das gesamte Kassenarztrecht für verfassungswidrig.

71 Zuletzt BVerfG – 2 BvF 3/90, NJW 1999, 3253; zu den verfassungsrechtlichen Anforderungen einer Ermächtigung zur Festsetzung von Arzneimittelfestbeträgen: BVerfG – 1 BvL 28/95, 1 BvL 29/95 und 1 BvL 30/95, NJW 2003, 1232.

94 Das Vertragsarztrecht gehört zum Sozialrecht mit der Folge, dass für das Verwaltungsverfahren das SGB X Anwendung findet. Das gerichtliche Verfahren richtet sich nach den Bestimmungen des Sozialgerichtsgesetzes (SGG). Nicht zum Vertragsarztrecht gehören das Recht der Gesetzlichen Krankenversicherung und das Leistungsrecht, das ebenfalls im SGB V geregelt ist. Allerdings ist die Kenntnis des Krankenversicherungsrechts für das Verständnis wesentlicher Bestandteile des Vertragsarztrechtes unerlässlich. Im Krankenversicherungsrecht finden ergänzend das SGB I „Allgemeiner Teil" und das SGB IV „Gemeinsame Vorschriften für die Sozialversicherung" Anwendung.

95 Neben dem SGB V in der jeweils geltenden Fassung enthalten die zahlreichen Reformgesetze bis zurück zur RVO[72] noch einige wenige Vorschriften, die Bedeutung haben können. Es handelt sich meist um für einen bestimmten Zeitrahmen geltende Vorschriften zur Kostendämpfung oder Übergangsregelungen, die nicht in das SGB V aufgenommen wurden.

2. Rechtsverordnungen

96 Neben den genannten Gesetzen sind wesentliche Vorschriften des Vertragsarztrechts in Verordnungen enthalten, die im SGB V nach Inhalt, Zweck und Ausmaß (vgl. Art. 80 Abs. 1 GG) vorgegeben sein müssen. Das Zulassungsrecht auf Basis der Vorgaben der §§ 95 ff. SGB V ist in der **Zulassungsverordnung für Vertragsärzte**[73] bzw. der **Zulassungsverordnung für Vertragszahnärzte**[74] geregelt, die sowohl verfahrensrechtliche wie auch materiell-rechtliche Regelungen enthalten. Bei der in § 106 SGB V geregelten Wirtschaftlichkeitsprüfung ist die Geschäftsführung der Ausschüsse nach Abs. 4a S. 9 in der **Wirtschaftlichkeitsprüfungsverordnung**[75] geregelt. Weitere verfahrensrechtliche relevante Vorschriften enthalten die **Schiedsamtsverordnung**[76] nach § 89 Abs. 6 SGB V und die **Ausschussmitgliederverordnung**[77] nach §§ 90 Abs. 3 S. 4 bzw. 91 Abs. 2 S. 7 SGB V.

97 Sowohl zum Vertragsarztrecht wie auch zum Leistungsrecht der gesetzlichen Krankenversicherung gehören die **Verordnung über unwirtschaftliche Arzneimittel in der gesetzlichen Krankenversicherung**[78] auf Grundlage des § 34 Abs. 3 SGB V und die **Verordnung über Hilfsmittel von geringem therapeutischen Nutzen oder geringem Abgabepreis in der gesetzlichen Krankenversicherung**[79] auf Grundlage des § 34 Abs. 4 SGB V, weil sie einerseits den Vertragsärzten die Verordnung verbieten und ggf. Regresse darauf gestützt werden können, andererseits den Leistungsanspruch des Versicherten einschränken (ausführlich dazu siehe § 6 Rn 77 ff.).

---

[72] Reichsversicherungsordnung vom 19.7.1911. Das Kassenarztrecht war Teil des 2. Buches und wurde durch das GRG komplett in das SGB V übernommen. Es gelten nur noch wenige Bestimmungen des Krankenversicherungsrechts fort, z.B. §§ 195 ff. RVO für Leistungen bei Mutterschaft.
[73] Ärzte-ZV vom 28.5.1957 (BGBl I, 572).
[74] Zahnärzte-ZV vom 28.5.1957 (BGBl I, 582).
[75] WiPrüfVO vom 5.1.2004 (BGBl I, 29).
[76] Vom 28.5.1957 (BGBl I, 570).
[77] VO über die Amtsdauer, Amtsführung und Entschädigung der Mitglieder des Gemeinsamen Bundesausschusses und der Landesausschüsse der Ärzte (Zahnärzte) und Krankenkassen v. 10.11.1956 (BGBl I, 861).
[78] Vom 21.2.1990 (BGBl I, 301).
[79] Vom 13.12.1989 (BGBl I, 2237).

3. Satzungen

Im Vertragsarztrecht spielen Satzungen als Instrument der Normsetzung und als Organisationsstatut im Bereich der **Selbstverwaltung** der Ärzte eine Rolle. Sie werden innerhalb der KVen gem. § 79 Abs. 3 Nr. 1 SGB V von deren **Vertreterversammlung** beschlossen.

98

Die **Zulassung** zur vertragsärztlichen Versorgung bewirkt, dass der Arzt nach § 95 Abs. 3 S. 1 SGB V **Zwangsmitglied** der für seinen Kassenarztsitz zuständigen KV wird. Damit unterliegt er auch deren Satzungsgewalt; im Gegenzug erhält er die vollen mitgliedschaftlichen Rechte, u.a. das aktive und passive Wahlrecht zur Vertreterversammlung (§ 80 SGB V). Hieraus folgt die demokratische Legitimation der Vertreterversammlung hinsichtlich ihrer **autonomen Normsetzungsbefugnisse**.

99

Satzungen sind **Rechtsvorschriften im formellen Sinne**, mit denen dem Staat untergeordnete Körperschaften im Rahmen der ihnen verliehenen Autonomie ihre eigenen Angelegenheiten mit Wirkung für sich und ihre Mitglieder regeln.[80] Sie unterscheiden sich von einer Rechtsverordnung dadurch, dass sie von einer nichtstaatlichen Stelle erlassen werden. Daraus folgt, dass auch bei der Satzung eine gesetzliche Ermächtigungsgrundlage vorhanden sein muss, die den Anforderungen des Art. 80 GG entspricht. **Ermächtigungsgrundlage** für die Satzungen der KVen ist § 81 SGB V.[81] Diese Vorschrift gewährt den KVen keine über den gesetzlichen Aufgabenbereich hinausgehende Allzuständigkeit. Satzungsbestimmungen dürfen den grundsätzlichen Strukturprinzipien des Vertragsarztrechts nicht widersprechen.[82]

100

§ 81 Abs. 1 SGB V gibt die notwendigen Pflichtinhalte hinsichtlich Organschaften, Verwaltung und Haushalt vor. Nach Nr. 10 muss die Satzung auch die **vertragsärztlichen Pflichten** zur Ausfüllung des **Sicherstellungsauftrages** (§ 75 SGB V) benennen. Obwohl diese Bestimmung die Ermächtigungsgrundlage für Beschränkungen der Berufsausübungsfreiheit der Vertragsärzte sein kann und daher im Lichte von Art. 80 GG etwas weit formuliert ist, ergeben sich hieraus keine Rechtsprobleme, weil die Pflichten der Vertragsärzte auch an anderer Stelle im Gesetz, in den Richtlinien des G-BA und vor allem in den Bundesmantelverträgen normiert sind. Nach § 81 Abs. 5 SGB V müssen die Satzungen der KVen das **Disziplinarverfahren** wegen Verstößen gegen vertragsärztliche Pflichten regeln (ausführlich dazu siehe Rn 971 ff.), ebenso müssen Bestimmungen über die Fortbildung der Ärzte enthalten sein (Abs. 4).

101

Nach § 81 Abs. 3 SGB V müssen die Satzungen Bestimmungen enthalten, nach denen die von der KBV auf **Bundesebene abzuschließenden Verträge**[83] und die dazu gefassten Beschlüsse und die Bestimmungen über die überbezirkliche Durchführung der vertragsärztlichen Versorgung und den Zahlungsausgleich zwischen KV und ihrer Mitglieder verbindlich sind, ebenso die **Richtlinien** der KBV nach § 72 Abs. 7 SGB V und des G-BA nach §§ 92, 136a und 136b Abs. 1, 2 SGB V. Die Verbindlichkeit muss sowohl gegenüber der jeweiligen KV wie auch deren Mitgliedern hergestellt werden. Damit ist die Satzung dasjenige Instrument, mit dem die Bundesmantelverträge und die Richtlinien des G-BA in das Mitgliedschaftsverhältnis zwischen KV und Vertragsarzt in recht-

102

---

80 BVerfG, Urt. v. 14.7.1959 – 2 BvF 1/58 (E 10, 20).
81 Bis zum Jahrgang 2003 wurden auch die Honorarverteilungsmaßstäbe nach § 85 Abs. 4 SGB V von den KVen als Satzungen erlassen (siehe Rn 634 ff.).
82 Eine Satzungsbestimmung, die es jedem einzelnen Vertragsarzt erlaubt, sein Leistungsangebot davon abhängig zu machen, angemessen honoriert zu werden, ist wegen Verstoßes gegen das Sachleistungsprinzip rechtswidrig: BSG – B 6 KA 54/00 R, NJW 2002, 37.
83 Gemeint sind die Bundesmantelverträge.

lich verbindlicher Weise transportiert werden.[84] Die Satzungen der KVen müssen der staatlichen Aufsichtsbehörde zur Genehmigung vorgelegt werden, § 81 Abs. 1 S. 2 SGB V.

4. Verträge mit Normwirkung

103 Gemäß § 2 Abs. 2 S. 2 SGB V schließen die Krankenkassen über die Erbringung der **Sach- und Dienstleistungen** nach den Vorschriften des 4. Kapitels Verträge mit den Leistungserbringern. Nach § 72 Abs. 2 SGB V ist die **vertragsärztliche Versorgung** im Rahmen der gesetzlichen Vorschriften und der Richtlinien durch **schriftliche Verträge** der KVen mit den Verbänden der Krankenkassen zu regeln (siehe Rn 117 ff.).

104 *Wichtig*
Unmittelbare vertragliche Beziehungen zwischen Ärzten, Zahnärzten oder Psychotherapeuten und den Krankenkassen bzw. deren Verbänden sind grundsätzlich, abgesehen von im Vordringen befindlicher gesetzlich zugelassener Ausnahmen (Rn 108), nicht vorgesehen.

105 Die **Verträge zur Ausgestaltung der vertragsärztlichen und insofern gleichgerichtet der vertragszahnärztlichen Versorgung** zwischen KVen bzw. KZVen und Krankenkassen stellen das **Kernstück** des Vertragsarztrechts dar, weil darin wesentliche Rechte und Pflichten der Vertragsärzte und organisatorisch notwendige Details der Zusammenarbeit der Beteiligten, wie beispielsweise erforderliche Qualifikationen, Grundsätze der Praxisführung, die Vergütung der Leistungen, die Organisation der Honorarabrechnung und das Formularwesen, Fragen der technischen Ausstattung, der Qualität und der Zulässigkeit des Personaleinsatz etc. geregelt sind.

106 Zu unterscheiden ist zwischen Verträgen auf **Bundesebene** und auf **Landesebene**, zwischen Verträgen, die nur mit einzelnen Krankenkassen oder Krankenkassenarten, etwa den Ersatzkassen, abgeschlossen werden, Kombinationen derselben oder neuerdings zwischen Verträgen im Rahmen neuer Versorgungsformen, die von den Krankenkassen direkt mit den beteiligten Leistungserbringern, vornehmlich Vertragsärzten, mit oder ohne Beteiligung der zuständigen KVen geschlossen werden. Die Vereinbarungen bilden ein auf zwei Ebenen in sich verschränktes Vertragssystem, das auf der unteren Ebene unmittelbare Wirkung gegenüber den regionalen KVen und den ihr angehörenden Vertragsärzten entfaltet.

107 Zu den herkömmlichen umfassenden Vertragssystemen, die deshalb **Kollektivverträge**[85] genannt werden, zählen die **Bundesmantelverträge** nach § 82 Abs. 1 SGB V, deren Bestandteil die **einheitlichen Bewertungsmaßstäbe** für ärztliche (EBM) und zahnärztliche Leistungen (BEMA-Z) nach § 87 Abs. 1 SGB V sind. Ergänzt werden diese Verträge auf Landesebene durch die regionalen **Gesamtverträge**, die die Bundesmantelverträge beinhalten, durch die Strukturverträge nach § 73a SGB V und durch die Qualitätssicherungsvereinbarungen nach § 73c SGB V i.d.F. GMG.[86]

108 Zu den **neuen Versorgungsformen** (siehe § 8), über deren Inhalt abweichend von § 72 Abs. 2 SGB V direkte Verträge zwischen Krankenkassen und Leistungserbringen ge-

---

84 Die Verbindlichkeit der regionalen Gesamtverträge erfolgt für den einzelnen Vertragsarzt mit der Zulassung, mit der er Mitglied der KV wird, vgl. § 95 Abs. 3 SGB V.
85 Schulin/*Funk*, § 32 Rn 14.
86 § 73c SGB V ist durch das GKV-WSG zum 1.4.2006 inhaltlich neu gestaltet. Die Strukturverträge sind nicht mehr Regelungsgegenstand.

schlossen werden dürfen, zählen die **hausarztzentrierte Versorgung** nach § 73b SGB V und die **integrierte Versorgung** nach §§ 140a ff. SGB V.[87] Mit dem GKV-WSG werden zum 1.4.2007 in dem neu formulierten § 73c SGB V auch für die fachärztliche Versorgung weitere Möglichkeiten für die Krankenkassen geschaffen, Verträge mit den Leistungserbringern über besondere ambulante ärztliche Versorgungen in Form von Einschreibe-Modellen[88] abzuschließen.

Die vertragschliessenden Krankenkassen und deren Verbände und auf der anderen Seite die KVen und die KBV besitzen den Status von Körperschaften des öffentlichen Rechts. Daher sind die zur Erfüllung der gesetzlich übertragenen Aufgaben abgeschlossenen Verträge als **öffentlich-rechtliche Verträge** im Sinne von §§ 53 ff. SGB X zu qualifizieren. Die Verträge haben auch gegenüber den nicht unmittelbar vertragschließenden Vertragsärzten verbindlichen Charakter (siehe Rn 162). Man bezeichnet diese Verträge daher auch als **Normverträge**.[89]

5. Richtlinien

Große Bedeutung haben die vom **Gemeinsamen Bundesausschuss** (G-BA) zu beschließenden Richtlinien. (Zum Rechtsstatus und Organisation des G-BA siehe Rn 51 ff.). Nach § 92 Abs. 1 S. 1 SGB V hat dieser die Aufgabe, die zur Sicherung der ärztlichen Versorgung erforderlichen Richtlinien über die **Gewähr für eine ausreichende, zweckmäßige und wirtschaftliche Versorgung der Versicherten** zu erlassen.

Mit den Richtlinien können Leistungen oder Maßnahmen eingeschränkt oder ausgeschlossen werden, wenn nach dem allgemein anerkannten Stand der medizinischen Erkenntnisse der diagnostische oder therapeutische Nutzen, die medizinische Notwendigkeit oder die Wirtschaftlichkeit nicht nachgewiesen sind. Die Richtlinien konkretisieren damit einerseits den **Sachleistungsanspruch** des Versicherten und schränken andererseits die **Therapiefreiheit** der Vertragsärzte ein. Gleichzeitig legen sie im Detail fest, welche Leistungen als **wirtschaftlich** im Sinne des § 12 Abs. 1 SGB V zu gelten haben und welche nicht.

Einen beispielhaften Themenkatalog über die zu erlassenden Richtlinien enthält § 92 Abs. 1 S. 3 SGB V, auf dem folgende Richtlinien beruhen:
- **vertragsärztliche und psychotherapeutische Versorgung**:[90]
  Arzneimittel-RL, Chroniker-RL, Rehabilitations-RL, Arbeitsunfähigkeits-RL, Bedarfsplanungs-RL, Angestellte-Ärzte-RL,[91] Künstliche-Befruchtung-RL, Empfängnisregelung und Schwangerschaftsabbruch-RL, Gesundheitsuntersuchungs-RL,

---

87 Die Notwendigkeit, Rahmenvereinbarungen über die inhaltliche Ausgestaltung zwischen KV und Krankenkassen abzuschließen, wurde für die integrierte Versorgung durch das GMG und für die hausarztzentrierte Versorgung durch das GKV-WSG abgeschafft. Der Gesetzgeber sieht in der Mitwirkung der KVen ein wesentliches Hindernis für den Abschluss von Einzelverträgen (BT-Drucks 15/525).
88 Der Versicherte muss sich schriftlich gegenüber seiner Krankenkasse verpflichten, für einen bestimmten Zeitraum nur Leistungen der beteiligten Behandler in Anspruch zu nehmen, vgl. §§ 73b Abs. 1 SGB V a.F. bzw. Abs. 3 i.d.F. GKV-WSG und § 73c Abs. 3 SGB V i.d.F. GKV-WSG.
89 *Engelmann*, NZS 2000, 1, 3 m.w.N.
90 Einen Abdruck der RL enthält Engelmann/*Aichberger*, Sozialgesetzbuch Ergänzungsband, Loseblatt. Die aktuellen Fassungen der RL und die jeweiligen Beschlüsse sind über die Homepage des G-BA abrufbar: http://www.g-ba.de.
91 Werden in die wegen des VÄG neu zu fassenden Bedarfsplanungs-RL integriert.

Hilfsmittel-RL, Heilmittel-RL, Jugendgesundheitsuntersuchungs-RL, Kinder-RL, Krebsfrüherkennungs-RL, Krankenhausbehandlungs-RL, Krankentransport-RL, Psychotherapie-RL, Mutterschafts-RL, BUB[92]-RL, Radiologische-Diagnostik-RL, Häusliche-Krankenpflege-RL, Kernspintomographie-RL, Soziotherapie-RL.

- **vertragszahnärztliche Versorgung**:[93]
  Behandlungs-RL, Zahnersatz-RL, Kieferorthopädie-RL, Individualprophylaxe-RL, Früherkennungs-RL, BUB-RL, Bedarfsplanungs-RL.

113 Nach § 92 Abs. 8 SGB V sind die Richtlinien Bestandteile der **Bundesmantelverträge**. Sie haben daher dieselbe Rechtsnormqualität, wie die Verträge (siehe Rn 109). Anders als die Verträge werden die Richtlinien erst wirksam mit **Bekanntmachung im Bundesanzeiger**, § 94 Abs. 2 SGB V. Zuvor sind sie dem BMG vorzulegen, das nach § 94 Abs. 1 SGB V das Recht zur Beanstandung und Ersatzvornahme hat. Gewichtige Stimmen in der Literatur halten die Richtlinien des G-BA u.a. wegen unzureichender gesetzlicher Ermächtigungsgrundlagen und fehlender demokratischer Legitimation des G-BA selbst bzw. der Entsendekörperschaften für verfassungswidrig.[94] Diese Kritik hält auch nach der Neufassung des § 91 SGB V durch das GMG an.[95] Das BSG ist anders als einige LSG diesen Einwänden bisher nicht gefolgt.[96]

6. Normenhierarchie

114 Unterhalb der gesetzlichen Vorschriften ergibt sich aus der Systematik der auf Bundesebene bzw. auf Landesebene zu treffenden Vereinbarungen mit Normwirkung folgende **Rangfolge**:

115 Zunächst beanspruchen die Richtlinien des G-BA allgemeine Gültigkeit für die gesamte vertragsärztliche Versorgung. Sie sind Bestandteil der Bundesmantelverträge, welche wiederum den allgemeinen Inhalt aller Gesamtverträge vorgeben. In den Gesamtverträgen werden die regionalen Besonderheiten mit verbindlicher Wirkung gegenüber den der vertragsschließenden KV angehörenden Ärzten, Zahnärzten, Psychotherapeuten und MVZ geregelt. Die Satzungen dieser KVen enthalten Bestimmungen, mit denen die Verbindlichkeit der Vereinbarungen auf Bundesebene und der Richtlinien des G-BA im Verhältnis zu den Mitgliedern der KV hergestellt wird.[97]

116 Der Leistungserbringer (Arzt, Zahnarzt, Psychotherapeut) wird per Verwaltungsakt (Zulassung) Mitglied der KV bzw. KZV seines Bezirkes und untersteht damit deren Satzungshoheit, über die die Verbindlichkeit der vertraglichen Regelungen und Richtlinien hergestellt ist. Ergänzend ordnet § 95 Abs. 3 S. 3 SGB V die Verbindlichkeit der untergesetzlichen Vorschriften an. Besondere Bedeutung hat die für die ermächtigten Ärzte insoweit gleich lautende Vorschrift des § 95 Abs. 4 S. 2 SGB V, weil die ermächtigten Ärzte nicht Mitglied der KV werden.

---

92 Bewertung ärztlicher Untersuchungs- und Behandlungsmethoden gem. § 135 Abs. 1 SGB V.
93 Einen Abdruck der RL enthält Engelmann/*Aichberger*, Sozialgesetzbuch Ergänzungsband, Loseblatt. Die aktuellen Fassungen der RL und die jeweiligen Beschlüsse sind über die Homepage des G-BA abrufbar: http://www.g-ba.de.
94 *Papier*, VSSR 1990, 123; *Ossenbühl*, NZS 1997, 497; *Sodan*, NZS 1998, 305; a.A. *Engelmann*, NZS 2000, 1 und 76 m.w.N.
95 *Schimmelpfeng-Schütte*, MedR 2006, 519; *Kingreen*, NJW 2006, 877.
96 Zuletzt BSG, Urt. v. 31.5.2006 – B 6 KA 13/05 R und B 6 KA 69/04 R, GesR 2007, 90.
97 Gleiches gilt im Verhältnis der Landesverbände der Krankenkassen zu den Mitgliedskassen. Im Gesetz fehlt eine Übertragungsvorschrift, die die Verbindlichkeit der Vereinbarungen und der Richtlinien im Verhältnis der Krankenkassen zu den Mitgliedern herstellt.

II. Die Verträge auf Bundes- und Landesebene

1. Die Bundesmantelverträge

a) Vertragspartner

Die **Bundesmantelverträge** werden von der KBV und den Spitzenverbänden der Krankenkassen abgeschlossen. Die Spitzenverbände der Krankenkassen sind nach § 213 Abs. 1 SGB V die Bundesverbände der Krankenkassen, die Deutsche Rentenversicherung Knappschaft-Bahn-See, die Verbände der Ersatzkassen und See- Krankenkasse. Entsprechend den verschiedenen **Kassenarten**, die durch Spitzenverbände repräsentiert werden, wurden für die **Regionalkassen**[98] und für **die Ersatzkassen**[99] getrennte Verträge abgeschlossen. Für die vertragszahnärztliche Versorgung schließt die KZBV mit den Spitzenverbänden der Krankenkassen ebenfalls getrennte Verträge für die Regionalkassen[100] und für die Ersatzkassen[101] ab. Mit dem GKV-WSG werden zum Ende des Jahres 2008 die Spitzenverbände der Krankenkassen aufgelöst und durch den Spitzenverband Bund der Krankenkassen ersetzt,[102] der nach § 217f Abs. 1 SGB V i.d.F. GKV-WSG ab dem 1.7.2008 die Aufgaben der Spitzenverbände übernimmt und damit Vertragspartner der Bundesmantelverträge wird (§ 83 S. 1 SGB V i.d.F. GKV-WSG) (siehe auch Rn 26 ff.).

117

b) Inhalt

Nach § 82 Abs. 1 SGB V enthalten die Bundesmantelverträge den **allgemeinen Inhalt der Gesamtverträge**. Die Bundesmantelverträge konkretisieren die zur **vertragsärztlichen Versorgung** gehörenden Behandlungsleistungen und grenzen diese gegenüber den anderen Versorgungssektoren ab. Es werden ferner die **Behandlungspflichten** der Ärzte und die **Anspruchberechtigung** der Versicherten festgelegt. Auch werden der Umfang der **Verpflichtung zur persönlichen Leistungserbringung**, wie auch die Kriterien der Beschäftigung eines Vertreters oder eines Assistenten, sowie der Tätigkeit außerhalb der Praxisräume und die stationäre belegärztliche Behandlung definiert. Zentrale Bedeutung hat die **Definition des Behandlungsfalles**[103] bzw. des Krankheitsfalles.

118

Weitere Vorschriften regeln die von den Versicherten zu leistenden **Zuzahlungen** (Praxisgebühren), die Verwendung der **Krankenversichertenkarte** und die Überweisung zu anderen Leistungserbringern. Daran knüpfen Vorschriften über das **Abrechnungsverfahren** und die Datenverarbeitung einschließlich der Verwendung der **Vordrucke** an. Weitere Kapitel regeln das **Verordnungswesen** und die **Prüfung der Abrechnungen und Wirtschaftlichkeit** einschließlich Schadenersatz.

119

Die Richtlinien des G-BA werden über § 92 Abs. 8 SGB V in die Bundesmantelverträge und über diese in die Gesamtverträge einbezogen. Daneben wurden in einem besonderen Vertrag[104] der Inhalt und Umfang der **hausärztlichen Versorgung** nach § 73

120

---

98 Bundesmantelvertrag-Ärzte (BMV-Ä) v. 19.12.1994 (DÄBl. 1995, A-625).
99 Ersatzkassenvertrag-Ärzte (EKV-Ä) i.d.F. v. 1.7.1994 (DÄBl. 1994, A-1967).
100 Bundesmantelvertrag-Zahnärzte (BMV-Z) v. 17.1.1992 (ZM 1992, 156).
101 Ersatzkassenvertrag-Zahnärzte (EKV-Z) i.d.F. v. 1.1.2005.
102 § 217a SGB V i.d.F. GKV-WSG.
103 Alle Behandlungsleistungen eines Vertragsarztes innerhalb eines Quartals gegenüber demselben Versicherten zu Lasten derselben Krankenkasse, § 21 Abs. 1 S. 1 BMV-Ä/§ 25 Abs. 1 S. 1 EKV-Ä.
104 Vertrag über die hausärztliche Versorgung vom 1.10.2000, DÄBl. 2000, A-1925.

Abs. 1c SGB V[105] in Abgrenzung zur **fachärztlichen Versorgung** festgelegt, der ebenfalls Bestandteil des Bundesmantelvertrages ist (ausführlich dazu siehe Rn 267).

121 Nach § 135 Abs. 2 SGB V können die Partner der Bundesmantelverträge **Qualifikationsanforderungen** für die Ausübung und Abrechnung bestimmter Leistungen vereinbaren. Auf dieser Basis wurden einheitliche **Fachkundenachweise** für ärztliche Sachleistungen und hoch spezialisierte technische Leistungen geschaffen, mit denen die Erbringung und Abrechnung dieser Leistungen von bestimmten personellen Qualifikationen und apparativen Voraussetzungen abhängig gemacht werden. Die wichtigsten **Qualitätsvereinbarungen**, die als Anlagen zum BMV genommen wurden, betreffen arthroskopische Untersuchungen, Blutreinigungsverfahren (Dialyse), Herzschrittmacherkontrolle, invasive Kardiologie, Kernspintomographie, Langzeit-EKG-Untersuchungen, Strahlendiagnostik und -therapie, und die substitutionsgestützte Behandlung Opiatabhängiger.

c) Einheitlicher Bewertungsmaßstab (EBM)

122 Ebenfalls auf Bundesebene wird im **Einheitlichen Bewertungsmaßstab** der **Inhalt der ärztlichen und zahnärztlichen Leistungen** bestimmt. Der EBM ist nach § 87 Abs. 1 S. 1 SGB V Bestandteil der Bundesmantelverträge und über diese wiederum Bestandteil der Gesamtverträge. Anders als die Bundesmantelverträge wird der EBM nicht vereinbart, sondern durch ein institutionalisiertes Gremium, dem **Bewertungsausschuss**, dem Vertreter der Vertragspartner angehören, beschlossen (siehe Rn 64).[106]

2. Die Gesamtverträge

a) Vertragspartner

123 Jede KV schließt nach § 83 S. 1 SGB V für ihren Bezirk einen Gesamtvertrag mit den zuständigen **Landesverbänden der Krankenkassen** und den **Verbänden der Ersatzkassen**. Mehrere Landesverbände können auch gemeinsam einen Gesamtvertrag abschließen. Einzelne Krankenkassen sind nicht befugt, Gesamtverträge abzuschließen.[107] In allen KV-Bezirken existieren Gesamtverträge für die Regionalkassen und die Ersatzkassen, womit den strukturellen Unterschieden dieser Kassenarten Rechnung getragen wird. Inhaltliche Unterschiede hinsichtlich der die Vertragsärzte berührenden Berufsausübungsregeln sind kaum gegeben.

124 Die Landesverbände der Krankenkassen schließen die Gesamtverträge mit **Wirkung** für die beteiligten Krankenkassen. Dadurch ist dem Landesverband die Rechtsmacht zugewiesen, den Gesamtvertrag für jede einzelne Krankenkasse ihrer Kassenart verbindlich abzuschließen.[108] Mit der Einführung des **Wohnortsprinzips** und entsprechender Änderung des Wortlauts des § 83 S. 1 SGB V zum 1.1.2002 ist für den Vertrags-

---

[105] Die Vorschrift wird durch das GKV-WSG zum 1.7.2008 aufgehoben.
[106] Die gesetzliche Regelung bezüglich der Einheitlichen Bewertungsmaßstabes als Normsetzungsvertrag ist mit dem Demokratieprinzip des Grundgesetzes vereinbar, BSG – B 6 KA 44/03 R, MedR 2005, 538.
[107] KassKomm/*Hess*, SGB V, § 83 Rn 5a.
[108] BSG – B 6 KA 71/04 R, MedR 2006, 226.

abschluss nicht mehr der Sitz der Krankenkasse maßgeblich, sondern der Wohnort des Versicherten.[109] Dadurch erhält der regional zuständige Landesverband der jeweiligen Kassenart die Verhandlungskompetenz für alle Versicherten der jeweiligen Kassenart mit Wohnort in seinem Zuständigkeitsgebiet zugewiesen.

Die gesamtvertraglichen Regelungen müssen somit auch die sog. „einstrahlenden" Krankenkassen, die ihren Sitz außerhalb des Geltungsbereiches des Gesamtvertrages haben, hinsichtlich ihrer Mitglieder, deren Wohnsitz im Geltungsbereich des Gesamtvertrages liegt, gegen sich gelten lassen, ohne dass sie selbst Vertragspartner werden. Das galt wegen der normativen Bindungswirkung des Gesamtvertrages schon immer hinsichtlich der allgemeinen Rechte und Pflichten im Verhältnis zwischen KV und Krankenkasse. Hinsichtlich der vereinbarten Gesamtvergütung ergibt sich die Bindungswirkung de lege lata aus dem Wohnortprinzip.[110]

b) Allgemeiner Inhalt

Auf regionaler Ebene vereinbaren die KVen mit den Landesverbänden der Krankenkassen und den Verbänden der Ersatzkassen nach § 83 SGB V Gesamtverträge, deren wesentlicher Bestandteil die **Gesamtvergütungsvereinbarung** nach § 85 Abs. 2 SGB V ist (siehe Rn 556).

Die **Bundesmantelverträge**, deren Bestandteil nach § 87 Abs. 1 S. 1 SGB V der EBM ist, enthalten nach § 82 Abs. 1 SGB V den **allgemeinen Inhalt** der Gesamtverträge. Das betrifft vor allem die Fragen, die von bundesweiter Bedeutung sind und nicht nur im jeweiligen KV-Bezirk auftreten. Über die damit vorgegebenen Bestandteile hinaus regeln die Gesamtverträge das Abrechnungswesen zwischen KVen und Krankenkassen einschließlich Datenaufbereitung und Datenaustausch, die formellen Anforderungen an die Quartalsabrechnung der Vertragsärzte, die Abgrenzung von ambulanten und stationären Leistungen einschließlich Besonderheiten der Belegärzte, die Verordnung von Sprechstundenbedarf und Materialkostenerstattung, den ambulanten Notdienst und vieles mehr.

Die **Regelungsbefugnis** in den Gesamtverträgen erstreckt sich auf die gesamte **vertragsärztliche Versorgung** (ausführlich dazu siehe Rn 235 ff.). Innerhalb des gesetzlichen Aufgabenbereichs und der durch die Richtlinien des G-BA vorgegebenen Grenzen haben die Vertragspartner weitgehenden Gestaltungsspielraum. Die gesamtvertraglichen Regelungen dürfen aber den in den Bundesmantelverträgen und Richtlinien geregelten Sachverhalten vorbehaltlich darin explizit zugelassener Abweichungen nicht widersprechen.

Das gilt umso mehr für die strukturellen Regelungen des EBM, der seine gesetzlich gewollte Honorarsteuerungsfunktion nicht ausfüllen könnte, wenn in die Gesamtverträge, vornehmlich in die Gesamtvergütungsvereinbarungen, gegenläufige Regelungen aufgenommen werden dürften. Andererseits ist die **Steuerungsfunktion des EBM** auf die Sachverhalte beschränkt, die einer bundeseinheitlichen Regelung bedürfen.[111] Der Gesamtvertrag kann daher abweichende Regelungen vorsehen, soweit damit regionalen Besonderheiten Rechnung getragen wird. Grenzen werden insoweit wieder durch die gesondert zu vereinbarenden **Honorarverteilungsverträge** (siehe Rn 142) vorgegeben,

---

109 Gesetz zur Einführung des Wohnortprinzips bei Honorarvereinbarungen für Ärzte und Zahnärzte vom 11.12.2001, BGBl I, 3526.
110 BSG – B 6 KA 71/04 R, MedR 2006, 226.
111 BSG – 6 RKa 51/95, NZS 1997, 40.

die mit den gesamtvertraglichen Regelungen, insbesondere den Gesamtvergütungsvereinbarungen, in Einklang zu bringen sind.[112]

c) Strukturverträge nach § 73a SGB V

130　Mittels spezieller Verträge können **spezifische Versorgungs- und Vergütungsstrukturen**, unter Umständen auch die **Erprobung neuer Versorgungsformen** vereinbart werden. Diese Strukturverträge sind Bestandteil der Gesamtverträge und werden demgemäß über die **Gesamtvergütung**, aber regelmäßig außerhalb der vereinbarten Pauschalen, honoriert. Innerhalb des von § 73a Abs. 1 SGB V festgelegten Anwendungsbereiches haben die Beteiligten weitgehende Vertragsautonomie, die Abweichungen von allgemeinverbindlichen vertragsarztrechtlichen Regelungen erlaubt.[113]

131　In die Bundesmantelverträge sind nach § 73a Abs. 2 S. 2 SGB V Bestimmungen aufzunehmen, die notwendig sind, um die Voraussetzungen zur Durchführung der **Strukturverträge** zu schaffen (z.B. einheitliche Formulare, Anpassung der Überweisungsregeln, Kennzeichnung der Abrechnung usw.). Zur Vereinheitlichung der Strukturverträge können die Vertragspartner der Bundesmantelverträge nach Abs. 2 S. 1 wiederum Rahmenvereinbarungen abschließen. Soweit ersichtlich wurde hiervon jedoch kein Gebrauch gemacht.

132　§ 73a Abs. 2 SGB V ist durch das GKV-WSG zum 1.8.2008 aufgehoben worden. Der Gesetzgeber will durch den Wegfall einer bundesweiten Vereinheitlichung der Strukturverträge den Handlungsspielraum der Krankenkassen erweitern.[114] Erhalten bleiben trotzdem die Regelungskompetenzen der Gesamtvertragspartner, weshalb die speziellen Strukturverträge inhaltlich in den Gesamtverträgen fortgeführt werden dürfen.

d) Hausarztzentrierte Versorgung nach § 73b SGB V

133　Die Gesamtverträge mussten auch das Nähere über den Inhalt der hausarztzentrierten Versorgung und deren tatsächliche und personelle Ausstattung regeln. Mit dem GKV-WSG wurde der bisher maßgebliche § 73b Abs. 3 SGB V aufgehoben. Der zum 1.4.2007 völlig neu gefasste § 73b SGB V sieht eine obligatorische Mitwirkung der KVen an der hausarztzentrierten Versorgung nicht mehr vor. Die Krankenkassen haben ihren Versicherten anstelle der Regelversorgung nach § 73 Abs. 1 SGB V flächendeckend eine besondere hausärztliche Versorgung (= hausarztzentrierte Versorgung, § 73b Abs. 1 SGB V), welche die zusätzlichen vier in § 73b Abs. 2 SGB V aufgezählten Anforderungen erfüllt, anzubieten. Die Teilnahme der Versicherten ist freiwillig. Hinsichtlich ihrer eingeschriebenen Mitglieder übernehmen die Krankenkassen den **Sicherstellungsauftrag**. Folglich ist die Notwendigkeit inhaltlicher Vereinbarungen im Gesamtvertrag entfallen. Da aber nach § 73b Abs. 7 SGB V i.d.F. GKV-WSG die Gesamtvergütungen um die auf die Krankenkassen übergegangenen Leistungsanteile bereinigt werden müssen, bedarf es nunmehr einer gesamtvertraglichen Vereinbarung entsprechender **Bereinigungsverfahren** (vgl. Rn 580). Die Krankenkassen können den der hausarztzentrierten Versorgung zuzurechnenden **Notdienst** durch die KVen sicherstel-

---

112　BSG – 6 RKa 51/95, NZS 1997, 40.
113　*Krauskopf*, § 73a Rn 4.
114　BT-Drucks 16/3100 S. 319.

len lassen, wenn sie die entsprechenden Aufwendungen ersetzen. Dies erfordert wiederum eine Erweiterung der gesamtvertraglichen Regelungen über den Notdienst.[115]

e) Qualitätsförderungsprogramme nach § 73c SGB V

Die **bundeseinheitlichen Qualifikationsvereinbarungen** nach § 135 Abs. 2 SGB V waren auf Landesebene ergänzt durch die Möglichkeit nach § 73c SGB V i.d.F. GMG, in den Gesamtverträgen **besondere Versorgungsaufträge** zu vereinbaren, für deren Durchführung bestimmte qualitative oder organisatorische Anforderungen an die teilnehmenden Vertragsärzte gestellt werden. Die Verantwortlichkeit für die Durchführung der Versorgung übernahm die vertragsschließende KV. 134

Auf § 73c SGB V a.F. sind die **strukturierten Behandlungsprogramme** für Diabetes, Brustkrebs oder koronare Herzerkrankungen, die Schaffung besonderer Organisationsstrukturen im fachärztlichen Bereich in Form von Schwerpunktpraxen z.B. in der Schmerztherapie, Dialyse, Diabetologie oder Onkologie oder die Teilnahme an Kooperationen mit Krankenhäusern und Pflegeheimen gestützt. 135

Über diese besonderen Versorgungsaufträge können Leistungen in die vertragsärztliche Versorgung einbezogen und honoriert werden, die der teilnehmende Arzt zwar aufgrund seines allgemeinen Vertragsarztstatus erbringen könnte, aber dabei nicht an besondere Voraussetzungen gebunden wäre und nicht zusätzlich honoriert werden würde, wenn er einen wünschenswerten höheren Qualitätsstandard erfüllen würde. 136

> *Hinweis* 137
> § 73c SGB V wurde durch das GKV-WSG zum 1.4.2007 mit abweichendem Inhalt neu gefasst. Der Gesetzgeber will die Entwicklung neuer Versorgungsstrukturen ausschließlich dem dezentral, wettbewerblich organisierten Selektivvertragssystem überlassen.[116]

Inhaltlich unterscheidet sich die neue Regelung von der alten Rechtslage erheblich. Die Versorgungsaufträge können nunmehr die gesamte ambulante ärztliche Versorgung oder Teilbereiche hieraus umfassen, ohne dass die Schaffung besonderer Qualitätsanforderungen Voraussetzung ist. Auch stehen die einzelvertraglich definierten Versorgungsbereiche nicht mehr allen Versicherten offen. Die Krankenkassen übernehmen den **Sicherstellungsauftrag** in den definierten Versorgungsbereichen und bieten diese Versorgung ihren Mitgliedern als Alternative zur vertragsärztlichen Versorgung an. Die Versorgung der eingeschriebenen Mitglieder erfolgt dann durch selektiv unter Vertrag genommene Leistungserbringer oder deren Gemeinschaften. 138

Eine Mitwirkung der KVen ist nicht mehr erforderlich. Aus diesem Grunde bedarf es auch keiner inhaltlichen Vereinbarungen mehr in den Gesamtverträgen. Systemkonform sieht § 73c Abs. 6 SGB V i.d.F. GKV-WSG wiederum die Bereinigung der Gesamtvergütungen um die Leistungsanteile der vereinbarten Versorgungsbereiche vor, weshalb auch hier die gesamtvertragliche Vereinbarung eines Bereinigungsverfahrens notwendig ist (vgl. Rn 577). 139

Die den Vertragspartnern in § 83 SGB V zugebilligte **Vertragsautonomie** hinsichtlich der Ausgestaltung der vertragsärztlichen Versorgung bleibt durch das GKV-WSG grundsätzlich unangetastet und lässt daher die gesamtvertragliche Vereinbarung beson- 140

---

115 KassKomm/*Hess*, SGB V, § 83 Rn 3.
116 BT-Drucks 16/3100 S. 113.

derer Versorgungsaufträge auch nach Abschaffung des § 73c SGB V i.d.F. GMG weiterhin zu. Die in den Gesamtverträgen nach § 73c SGB V i.d.F. GMG vereinbarten besonderen Versorgungsaufträge gelten bis zum Ende der vereinbarten Laufzeit oder ihrer Kündigung fort.

3. Weitere Vereinbarungen auf Landesebene

a) Honorarverteilungsmaßstäbe (HVM)

141 Die **Honorarverteilung** ist eine Aufgabe der **(zahn-)ärztlichen Selbstverwaltung** (ausführlich dazu siehe Rn 634).[117] Demgemäß wurde der HVM von der KV als **Satzung** erlassen. Im Verhältnis zu den Krankenkassen musste nach § 85 Abs. 4 S. 2 SGB V i.d.F. vor Inkrafttreten des GMG nur das Benehmen hergestellt werden.[118]

142 Seit dem 1.7.2004 ist der **HVM** zwischen der KV und den Landesverbänden der Krankenkassen und Verbänden der Ersatzkassen zu vereinbaren (§ 85 Abs. 4 S. 2 SGB V i.d.F. GMG). Begründet wurde die Notwendigkeit einer über das bloße Benehmen hinausgehenden Einflussnahme der Krankenkassen in den Kernaufgabenbereich der KVen wenig überzeugend mit der regelmäßigen Benachteiligung kleiner Arztgruppen durch die größeren.[119] Es ist zu bezweifeln, dass die Krankenkassen in der Lage sind, den Verteilungskampf zwischen den Arztgruppen auszugleichen. Hierfür ist schon kein Interesse ersichtlich, weil Uneinigkeit auf Seiten der Vertragsärzteschaft deren Verhandlungsposition gegenüber den Krankenkassen schwächt.

143 An die Stelle der einseitigen Festsetzung des HVM als Satzung ist ein zweiseitiger **Normsetzungsvertrag** getreten, der keiner satzungsrechtlichen Umsetzung mehr bedarf.[120] Nach dem Wortlaut der Vorschrift bezieht sich das Vereinbarungserfordernis nur auf die Regelungen der Honorarverteilung. Die Regelungskompetenz der KVen bezüglich des formalen Abrechnungsverfahrens mit den Vertragsärzten ist davon nicht erfasst, kann also weiterhin durch Satzung oder Verwaltungsanweisung geregelt werden.[121] Der HVM ist gemeinsam und einheitlich zu vereinbaren. Daraus folgt, dass es anders als bei den Gesamtverträgen nach § 83 Abs. 1 SGB V im Bezirk einer KV nur einen einzigen HVM-Vertrag geben darf.

144 Aus dem Wechsel von einer Satzung zu einem Normsetzungsvertrag ergeben sich teils erhebliche verfahrensrechtliche Unterschiede.[122] Innerhalb der KVen wechselt die Zuständigkeit von der Vertreterversammlung auf den **Vorstand**. An Stelle der Aufhebung einzelner Satzungsbestimmungen wird zukünftig die **Kündigung** des Vertrages erfolgen müssen, der jedoch bis zum Inkrafttreten eines neuen Vertrages weiter gilt. Das hat erhebliche Auswirkungen hinsichtlich der Änderungs- und Reaktionsmöglichkeiten der KVen, wenn **Verwerfungen im Honorargefüge** erkannt werden.[123]

---

117 KassKomm/*Hess,* SGB V, § 85 Rn 50.
118 Zur Rechtsqualität des Benehmens als Mitwirkungsform: BSG – 6 RKa 15/93, SozR 3-2500 § 85 Nr. 7.
119 BT Drucks 15/1525 S. 101.
120 *Schirmer,* S. 453.
121 *Schirmer,* S. 461 ff.
122 Zur Frage des Fortbestandes der satzungsrechtlichen Bestimmungen bei erstmaliger Vereinbarung des HVM: *Luckhaupt,* GesR 2004, 266, 267.
123 Zur Pflicht auf Überprüfung und ggf. Nachbesserung der Honorarverteilungsregelungen: BSG – B 6 KA 55/97 R, MedR 2000, 150.

145 Schon bei den noch als Satzungen zu beschließenden HVM war das BSG der Ansicht, dass „deutliche Schieflagen" hingenommen werden müssen, es sei denn, die Struktur der Regelung stimmt von Anfang an nicht und kann auch nicht als **Anfangs- oder Erprobungsregelung** toleriert werden.[124] Davon sind zukünftig unzureichende Regelungen zu unterscheiden, die nicht durch sachliche Schwierigkeiten verursacht sind, sondern auf mangelnder Einigungsbereitschaft oder sprachlich bewusst unklar formulierten Kompromissen der Vertragspartner beruhen. Ist die Regelung nicht von Anfang an wegen grober Mängel unwirksam, wird im Rahmen der richterlichen Inhaltskontrolle der Versuch unternommen werden müssen, der Regelung mittels den herkömmlichen Vertragsauslegungstechniken innerhalb des den Vertragspartnern zuzubilligenden Ermessensspielraums einen praktikablen Sinn zu geben.

146 In den Honorarverteilungsvertrag sind obligatorisch die im Gesetz gemäß § 85 Abs. 4 S. 4, 6, 7 und 8 SGB V vorgegebenen und durch den Bewertungsausschuss nach § 85 Abs. 4a SGB V konkretisierten **Verteilungsregelungen**, insbesondere die **Regelleistungsvolumina** (siehe Rn 655) aufzunehmen. Ein von den gesetzlichen Vorgaben abweichender **Gestaltungsspielraum** besteht nicht.[125] Bei Nichteinigung der Vertragspartner kann das **Schiedsamt** angerufen werden (zum Schiedsverfahren siehe Rn 164 ff.).

b) Vereinbarungen nach § 84 SGB V

147 § 84 SGB V i.d.F. ABAG[126] verpflichtet die KVen und die Krankenkassen auf Landesebene **Arzneimittelvereinbarungen** abzuschließen, in der ein Ausgabenvolumen für die von den Vertragsärzten insgesamt veranlassten Leistungen, Versorgungs- und Wirtschaftlichkeitsziele und Sofortmaßnahmen zur Einhaltung der vereinbarten Ausgabenvolumen vereinbart werden (Abs. 1 bis 4). Ferner sind die Folgen der Über- oder Unterschreitung der vereinbarten Ziele festzulegen. Die Inhalte der Arzneimittelvereinbarungen haben sich nach den Rahmenvorgaben zu richten, die zwischen der KBV und den Spitzenverbänden der Krankenkassen bzw. in Zukunft mit dem Spitzenverband Bund der Krankenkassen vereinbart werden (Abs. 7). Ergänzend dazu vereinbaren die Vertragspartner **Richtgrößen** für die je Arzt verordneten Arznei-, Verband- (Abs. 6) und Heilmittel (Abs. 8). Überschreitungen der Richtgrößen lösen **Wirtschaftlichkeitsprüfungen** nach § 106 Abs. 5a SGB V aus (ausführlich hierzu siehe Rn 871 ff.). Ergänzend und über die gesetzliche Vorgabe hinausgehend können die Krankenkassen direkte Vereinbarungen mit den Ärzten treffen, § 84 Abs. 1 S. 5 SGB V i.d.F. GKV-WSG.

148 Nach § 84 Abs. 7a SGB V i.d.F. GKV-WSG sind für Arzneimittelgruppen in verordnungsstarken Anwendungsgebieten Durchschnittskosten je definierter Dosiereinheit (DDD.) zu vereinbaren, bei deren Überschreitung der Vertragsarzt nach einer pauschalen Staffelung die Hälfte des Überschreitungsbetrages den Krankenkassen ausgleichen muss (siehe Rn 918). Bei Unterschreitung entrichten die Krankenkassen einen Bonus an die zuständige KV, die diesen unter den wirtschaftlich verordnenden Vertragsärzten zu verteilen hat. Vertragsärzte, die Arzneimittel verordnen, über die nach § 130a SGB V Rabattverträge geschlossen wurden, werden nach § 84 Abs. 4a S. 2 SGB V i.d.F. GKV-WSG von der Begrenzung auf die DDD. freigestellt.

---

124 *Clemens*, MedR 2000, 17, 23 m.w.N.
125 BVerfG – 1 BvR 1491/99, NZS 2001, 486.
126 Gesetz zur Ablösung des Arznei- und Heilmittelbudgets vom 19.12.2001 (BGBl I, 3773).

c) Prüfvereinbarung

149 Nach § 106 Abs. 5 SGB V sind Inhalt und Durchführung der **Wirtschaftlichkeitsprüfungen** einschließlich Maßnahmen bei Verstößen gegen Abrechnungsbestimmungen zwischen den KVen und den Landesverbänden der Krankenkassen bzw. Verbänden der Ersatzkassen einheitlich zu vereinbaren (ausführlich hierzu siehe Rn 932 ff.). In einer weiteren Vereinbarung sind nach § 106a Abs. 5 SGB V i.d.F. GMG Inhalt und Durchführung der **Abrechnungsprüfungen** einschließlich Maßnahmen für den Fall von Verstößen gegen Abrechnungsbestimmungen und einer Überschreitung der Zeitrahmen niederzulegen. Die von KBV und den Spitzenverbänden der Krankenkassen nach §§ 106 Abs. 6 bzw. nach § 106a Abs. 6 SGB V vereinbarten **Richtlinien** zum Inhalt und zur Durchführung der Wirtschaftlichkeitsprüfungen bzw. Abrechnungsprüfungen sind Bestandteile der jeweiligen **Vereinbarung** (siehe auch Rn 745).

4. Dreiseitige Verträge

150 Zur Abgrenzung der Schnittstellen wie auch Überwindung der Trennung der ambulanten und stationären **Versorgungssektoren** sieht § 115 Abs. 1 SGB V den Abschluss von dreiseitigen Verträgen zwischen den Landesverbänden der Krankenkassen einerseits und den KVen und den **Landeskrankenhausgesellschaften** auf der anderen Seite vor. Der Vertrag soll eine nahtlose ambulante und stationäre Behandlung der Versicherten durch enge Zusammenarbeit zwischen Vertragsärzten und zugelassenen Krankenhäusern gewährleisten. Dazu enthält Abs. 2 Regelungen zur Förderung des **Belegarztwesens** und der Zusammenarbeit in Praxiskliniken, der gegenseitigen Unterrichtung in Bezug auf Krankenhauseinweisung und -entlassungen, der Zusammenarbeit beim Notdienst, der Abgrenzung vor- und nachstationärer Behandlungen und der allgemeinen Bedingungen ambulanter Behandlungen im Krankenhaus.

151 Das Nichtzustandekommen von Verträgen nach § 115 SGB V in den meisten Bundesländern einschließlich der Rahmenempfehlungen nach Abs. 5 veranlasste den Gesetzgeber zur Einführung der §§ 115a und 115b SGB V durch das GSG. § 115a SGB V öffnet die ambulante **vor- und nachstationäre Behandlung** für die Krankenhäuser und grenzt diese Leistungen gleichzeitig von der **stationären Krankenhausbehandlung** ab. Die hierfür anfallenden Vergütungen sind nach Abs. 3 von den Landesverbänden der Krankenkassen mit den KVen und den Landeskrankenhausgesellschaften zu vereinbaren.

152 Nach § 115b SGB V haben die Spitzenverbände der Krankenkassen mit der Deutschen Krankenhausgesellschaft und der KBV einen **Katalog ambulant durchführbarer Operationen und sonstiger stationsersetzender Eingriffe**, die Vergütung dieser Leistungen und Maßnahmen der Qualitätssicherung und Wirtschaftlichkeit vereinbart.[127] Nach Abs. 3 sind die Krankenhäuser zur ambulanten Durchführung der in dem Katalog aufgeführten Eingriffe automatisch zugelassen. Sie müssen allerdings in den Leistungsbereichen, in denen sie ambulant operieren, auch stationäre Krankenhausbehandlung erbringen.[128] Die Erweiterung der Krankenhausleistungen auf die ambulanten Leistungen der §§ 115a und 115b SGB V ist im Zusammenhang mit § 39 Abs. 1 SGB V zu sehen, der den Anspruch des Versicherten auf Krankenhausbehandlungen ausdrücklich auch auf diese ambulanten Leistungen ausdehnt.

---

127 Sog. AOP-Vertrag; nach Kündigung wurde der aktuelle Vertrag durch das erweiterte Bundesschiedsamt nach § 115b Abs. 3 SGB V am 17.8.2006 festgesetzt.
128 § 1 Abs. 1 AOP-Vertrag.

5. Vereinbarungen über zahntechnische Leistungen

Nach § 88 SGB V sind Vereinbarungen über die zahntechnischen Leistungen, die nach § 28 Abs. 2 S. 1 Hs. 2 SGB V zu der **vertragszahnärztlichen Behandlung** gehören, zu treffen. Die Vereinbarungen werden auf zwei Ebenen abgeschlossen. Zunächst vereinbaren die Spitzenverbände der Krankenkassen mit dem Verband Deutscher Zahntechnikerinnungen **ein bundeseinheitliches Verzeichnis der abrechnungsfähigen zahntechnischen Leistungen (BEL).**[129] Die Vertragszahnärzte sind an dieser Vereinbarung insoweit beteiligt, als dass das BEL im Benehmen mit der KZVB vereinbart werden muss.[130]

153

Für die verzeichneten Leistungen werden durch die Landesverbände der Krankenkassen die Vergütungen mit den **Innungsverbänden der Zahntechniker** festgelegt. Die regional vereinbarten Vergütungen sind **Höchstpreise**. Über die Höchstpreise hinausgehende Vergütungen darf der gewerbliche Laborunternehmer gegenüber dem auftraggebenden Zahnarzt nicht verlangen.[131] Die Höchstpreislisten sind keine **Taxe** i.S.v. § 632 BGB, weshalb unterhalb der Höchstpreise Preisvereinbarungen zwischen Zahnarzt und gewerblichem Labor zulässig und notwendig sind.[132] Zahnärzte, die im **eigenen Labor** technische Leistungen erbringen, müssen die Höchstpreise um 5 % unterbieten, § 88 Abs. 3 SGB V.

154

Regelungen über die Zusammenarbeit zwischen Zahnarzt und gewerblichem Zahnlabor enthalten die Vereinbarungen nicht.[133] Auch die Gesamtverträge der Landesverbände der Krankenkassen mit den KZVen enthalten nur Regelungen, die das Rechtsverhältnis der Vertragszahnärzte mit den KZVen bzw. Krankenkassen betreffen und insoweit auf das Rechtsverhältnis der Vertragszahnärzte zu den gewerblichen Laboren ausstrahlen, dieses aber nicht inhaltlich ausgestalten.[134]

155

Sowohl das BEL wie auch die Höchstpreisvereinbarungen sind öffentlich-rechtliche Verträge nach § 53 SGB X. Da die Vertragszahnärzte über die gesamtvertraglichen Regelungen hinsichtlich der von ihnen betriebenen **Praxislabore** auch an das BEL gebunden sind und nach § 88 Abs. 3 SGB V die Höchstpreise auch für sie gelten, ist die Nichtbeteiligung der KZVen am Abschluss der Verträge über zahntechnische Leistungen systemwidrig. Es handelt sich insofern um Verträge zu Lasten Dritter, deren Wirksamkeit gegenüber den Vertragszahnärzten nach § 57 Abs. 1 SGB X von deren Zustimmung abhängt.[135] Diese Zustimmung kann über die Gesamtverträge fingiert werden, wenn diese Regelungen über die Verbindlichkeit der Höchstpreislisten für die Vertragszahnärzte enthalten.

156

---

129 Seit Juli 1991 gilt das BEL II, abgedr. in *Liebold/Raff/Wissing*, BEMA-Z, Anhang A.
130 Zum „Benehmen" vgl. BSG – 6 RKa 15/93, SozR 3-2500 § 85 Nr. 7.
131 Die Höchstpreisvereinbarungen haben als öffentlich-rechtliche Verträge mit Normwirkung Verbotcharakter nach § 134 BGB.
132 BSG – 14a/6 RKa 67/91, NZS 1993, 412.
133 Der Vertrag zwischen Zahnarzt und Zahntechniker ist ein Werkvertrag nach § 631 BGB (BSG – 14a/6 RKa 67/91, NZS 1993, 412).
134 Z.B. das nur im GV-Nordrhein für die dortigen Regionalkassen eindeutig formulierte Verbot des Zahnarztes, Rückvergütungen, sog. Kick-backs vom Labor anzunehmen.
135 Ebenso *Heinemann/Liebold/Zalewski*, C 88-9.

6. Vergütungsvereinbarung zum Standard- und Basistarif der PKV

157 Das GKV-WSG sieht erstmals in § 75 Abs. 3b SGB V vor, dass die KVen und die KBV mit dem Verband der privaten Krankenversicherer einvernehmlich mit Wirkung für die Mitgliedsunternehmen und im Einvernehmen mit den beamtenrechtlichen Trägern der Beihilfe Vereinbarungen abschließen können, mit denen von den gesetzlich geregelten Vergütungssätzen des Standardtarifs nach § 257 Abs. 2a i.V.m. § 314 SGB V und nach § 257 Abs. 2a i.V.m. § 315 SGB V und des Basistarifs nach § 12 Abs. 1a VAG abgewichen werden kann.

158 Der Gesetzgeber geht von einer Bindungswirkung der getroffenen Vereinbarungen gegenüber allen Unternehmen der privaten Krankenversicherungswirtschaft aus, auch wenn diese gar nicht Mitglied des PKV-Verbandes sind.[136] Damit können Verträge zu Lasten Dritter geschlossen werden. Allerdings müssen die Mitgliedsunternehmen nach § 32 BGB die satzungsrechtlichen Voraussetzungen für den Abschluss solcher Verträge schaffen, andernfalls hätte der Vorstand kein entsprechendes Verhandlungsmandat.

7. Rechtsqualität der Verträge

159 Alle innerhalb des vom SGB V eröffneten Aufgabenbereichs von den unterschiedlichen Beteiligten geschlossenen Verträge sind **öffentlich-rechtlich** und unterliegen damit den formellen Bestimmungen der §§ 53 ff. SGB, soweit das insoweit vorrangige SGB V keine Abweichungen vorsieht. Die Verträge sind nach § 72 Abs. 2 S. 1 SGB V schriftlich abzuschließen.[137] Die Erstellung einer einheitlichen Vertragsurkunde ist bei den Kollektivverträgen nicht erforderlich und wegen deren vielfältigen Bestandteilen, die zu verschiedenen Zeiten vereinbart werden, auch gar nicht möglich. Bezugnahmen sind zulässig und im Hinblick auf die gesetzlich vorgegebenen Vertragsstrukturen auch ausreichend. Die Unwirksamkeit einzelner Regelungen führt abweichend von § 58 Abs. 3 SGB X in der Regel nicht zur Gesamtnichtigkeit, da die Vertragspartner gesetzlich verpflichtet sind, den Vertrag hinsichtlich der übrigen Bestandteile abzuschließen.[138]

160 Rechtsprechung[139] und Literatur[140] sind sich einig, dass den zur Ausgestaltung der vertragsärztlichen Versorgung nach § 2 Abs. 2 S. 3 i.V.m §§ 69 ff. SGB V geschlossenen Verträgen eine **normative Wirkung** zukommt. Auch der EBM ist ein solcher Vertrag mit Normwirkung.[141] Die Normwirkung der Verträge ist aus der im Gesetz angeordneten Verbindlichkeit für die Mitglieder der Vertragsparteien und teilweise auch für Dritte, die über die gesetzlichen **Transformationsmechanismen** in den Geltungsbereich der Verträge einbezogen werden, ableitbar. Darüber hinaus führt die traditionell „gemeinsame" Selbstverwaltung der vertragsärztlichen Versorgung durch die Krankenkassen und die KVen zur Notwendigkeit, über ihre Institutionen verbindliche Vereinbarungen für ihre Mitglieder abzuschließen.

161 Der moderne Gesetzgeber hat sich das historisch gewachsene System zu Nutze gemacht, indem er den Vertragspartnern die Regelung der Detailfragen insbesondere im Bereich der Aufteilung der durch das Beitragsaufkommen gedeckelten Gesamtvergütung und der damit im Zusammenhang stehenden Honorarverteilung aufgibt und da-

---

136 BT-Drucks 16/3100 S. 319.
137 Dieses Schriftformerfordernis ist wegen § 56 SGB X entbehrlich.
138 Ebenso *Heinemann/Liebold/Zalewski*, C 83-3.
139 Grundlegend BSG – 6 RKa 13/67, SozR § 368g RVO Nr. 6.
140 *Engelmann*, NZS 2000, 1 m.w.N.
141 BSG – 6 RKa 36/97, SozR 3-2500 § 87 Nr. 18.

mit gleichzeitig die Verantwortung für die unter den Beteiligten und der Öffentlichkeit wahrgenommenen Finanzierungsdefizite auf die Vertragspartner abschiebt. Auf der anderen Seite wird die Vertragsautonomie durch zunehmend komplexer und detaillierter werdende gesetzliche Vorgaben eingeschränkt und durch umfassende aufsichtsrechtliche Beanstandungs- und Ersetzungsbefugnisse sanktioniert.[142] Die inhaltliche Gestaltung der Norm liegt damit nur noch zum Teil in Händen der Vertragspartner.

Die vertraglichen Vereinbarungen können ihre normative Wirkung gegenüber den am Vertragsschluss nicht unmittelbar Beteiligten nur durch **öffentliche Bekanntgabe** erlangen.[143] Hierfür gelten die in den Satzungen der KVen und Krankenkassen festgelegten Bekanntmachungsverfahren.[144]

162

Abweichend von den vorstehenden Ausführungen handelt es sich bei den **Vereinbarungen** mit dem **Verband der privaten Krankenversicherer** nach § 75 Abs. 3b SGB V hinsichtlich der Vergütungen im Standard- bzw. Basistarif zwar um öffentlich-rechtliche Verträge, weil sie von dem auf freiwilliger Basis gebildeten PKV-Verband als beliehener Unternehmer kraft hoheitlicher Befugnis abgeschlossen werden.[145] Andererseits fehlen die für die Normwirkung der Verträge erforderlichen Transformationsmechanismen, weil der Verband der privaten Krankenversicherer keine öffentlich-rechtliche Körperschaft, sondern ein eingetragener Verein[146] ist und eine Verpflichtung zur Mitgliedschaft im Verband gesetzlich nicht vorgesehen ist.

163

III. Schiedswesen

1. Die Funktion des Schiedswesens

Nach § 89 Abs. 1 S. 1 SGB V setzen die Schiedsämter den **Vertragsinhalt** fest, wenn ein Vertrag über die vertragsärztliche Versorgung ganz oder teilweise nicht zu Stande kommt. Das Schiedswesen dient der **Streitschlichtung**, wenn sich die Vertragsparteien nicht einigen können. Der Gesetzgeber will damit **vertragslose Zustände** vermeiden.[147] Dies ist die Konsequenz, wenn er auf gesetzliche Regelungen verzichtet und die Ausgestaltung der vertragsärztlichen Versorgung der Selbstverwaltung überlässt.[148]

164

2. Die Schiedsämter

a) Kompetenzbereich und Zuständigkeit

§ 89 Abs. 1 S. 1 SGB V eröffnet die Zuständigkeit der Schiedsämter für alle Verträge über die **vertragsärztliche Versorgung** und greift damit die in § 72 Abs. 2 SGB V normierte Verpflichtung, die vertragsärztliche Versorgung durch schriftliche Verträge der KVen mit den Verbänden der Krankenkassen zu regeln, auf. Eine enumerative Aufzählung dieser Verträge enthält die Vorschrift nicht. Welche Verträge schiedsamtsfähig

165

---

142 Die Vorschrift mit der insoweit größten Bedeutung ist § 85 SGB V, der seit seiner Einführung von 4 auf 18 Absätze angewachsen ist.
143 BSG – 6 RKa 36/97, SozR 3-2500 § 87 Nr. 18.
144 I.d.R. Veröffentlichung im Amtsblatt.
145 *Orlowski/Wasem*, Gesundheitsreform 2007, S. 99.
146 AG Köln, Vereinsregister-Nr. 4391.
147 KassKomm/*Hess*, SGB V, § 89 Rn 2.
148 *Heinemann/Liebold/Zalewski*, C 89-1.

sind, muss daher aus dem Gesamtzusammenhang entschieden werden.[149] **Schiedsamtsfähig** sind die **Gesamtverträge** und die **Bundesmantelverträge** mit allen gesondert zu vereinbarenden Bestandteilen, ebenso die **Budget-** und **Richtgrößenvereinbarungen** nach § 84 SGB V und die **Prüfungsvereinbarungen** nach § 106 Abs. 3 S. 1 SGB V.[150]

166 Für die **einheitlichen Bewertungsmaßstäbe** sieht § 87 Abs. 4 SGB V im Falle der Nichteinigung die Einberufung des **erweiterten Bewertungsausschusses** vor, weshalb hier eine Zuständigkeit des Schiedsamtes nicht gegeben ist. Hinsichtlich der Richtlinien des G-BA, die Bestandteil der Bundesmantelverträge sind, sieht § 94 Abs. 1 SGB V eine vorrangige **Beanstandungs- und Ersetzungsbefugnis** des Bundesministeriums für Gesundheit und soziale Sicherung vor.

167 Eine Zuständigkeit der Schiedsämter ist auch für die **Versorgungsverträge**, die direkt zwischen Krankenkassen und Leistungserbringern vereinbart werden, nicht gegeben. Diese neuen Versorgungsformen gehören nicht zur vertragsärztlichen Versorgung. Auch sind die Leistungserbringer nicht an der Besetzung der Schiedsämter beteiligt, weshalb die **Bindungswirkung** einer Vertragsfestsetzung durch die Schiedsämter nicht gegeben wäre.

168 § 89 SGB V unterscheidet zwischen Landes- und Bundesschiedsämtern. Für die auf Bundesebene abzuschließenden Verträge bilden die KBV und die Bundesverbände der Krankenkassen nach § 89 Abs. 4 SGB V ein **Bundesschiedsamt**. In den Zuständigkeitsbereichen der regionalen KVen wird jeweils mit den Landesverbänden der Krankenkassen nach § 89 Abs. 2 SGB V ein **Landesschiedsamt** gebildet.

169 Für die nach § 88 SGB V zu schließenden Verträge über die **zahntechnischen Leistungen** und deren Höchstpreise bilden die Bundesverbände bzw. die Landesverbände der Krankenkassen mit dem **Verband Deutscher Zahntechnikerinnungen** bzw. die Innungsverbände der Zahntechniker jeweils ein Bundesschiedsamt und Landesschiedsämter. Eine Mitwirkung der Vertragszahnärzte ist nicht vorgesehen.[151]

b) Besetzung

170 Die Schiedsämter sind mit einer gleichen Anzahl von **Vertretern der Vertragspartner**, einem unparteiischen Vorsitzenden und zwei weiteren **unparteiischen Mitgliedern** besetzt. Die unparteiischen Mitglieder dürfen keiner das Schiedsamt bildenden Körperschaft angehören oder in einem Dienstverhältnis mit dieser stehen.[152] Nach § 1 Abs. 1 SchAVO[153] bestehen die Schiedsämter in der Regel aus je sieben Vertretern der Ärzteseite[154] und der Krankenkassen. Jeder Vertreter hat zwei Stellvertreter. Bei Entscheidungen über Verträge, die nicht alle Krankenkassenarten betreffen, verringert sich die Anzahl der Vertreter auf beiden Seiten um die Zahl der nicht beteiligten Kassenarten. Die Schiedsämter für Zahntechnik bestehen nach § 89 Abs. 7 und 8 SGB V aus je 17 Mit-

---

149 KassKomm/*Hess*, SGB V, § 89 Rn 4.
150 BSG – 6 RKa 28/86, SozR 2200 § 368h Nr. 4.
151 Die Vertragszahnärzte sind am Schiedsamt-Zahntechnik nicht beteiligt, weil sie nicht Partner der Verträge nach § 88 SGB V sind.
152 *Düring*, S. 92. Zur Ablehnung des Vorsitzenden wegen Besorgnis der Befangenheit: *Simmler*, GesR 2007, 249 ff.
153 Schiedsamtsverordnung v. 28.5.1957 (BGBl I, 570) i.d.F. v. 20.6.1977 (BGBl I, 1005) und v. 7.3.1978 (BGBl I, 384).
154 Inkl. Vertretern der Psychotherapeuten bzw. der Zahnärzteseite.

gliedern, davon drei Unabhängige und je sieben Vertreter der Innungsverbände der
Zahntechniker und der Krankenkassenverbände.

c) Rechtsnatur

Die Schiedsämter sind weder juristische Personen des öffentlichen Rechts noch Organe bestehender Körperschaften. Die gesetzlich angeordnete Festsetzung der Verträge über die vertragsärztliche Versorgung ist genauso wie der Aufgabenbereich der vertragsschließenden Körperschaften ein Teil der öffentlichen Verwaltung. Die Schiedsämter sind daher als **Behörden** im Sinne von § 1 Abs. 2 SGB X zu qualifizieren. Hieraus folgt die Beteiligtenfähigkeit im sozialgerichtlichen Verfahren nach § 70 Abs. 4 SGG.

171

Die beteiligten Körperschaften sind verpflichtet, die vorgesehenen Schiedsämter zu errichten. Kommen sie dieser Aufgabe nicht nach, wird dies aufsichtsrechtliche Maßnahmen der nach § 89 Abs. 5 SGB V zuständigen Aufsichtsbehörden zur Folge haben.

172

d) Rechtsstellung der Mitglieder

Die Mitglieder der Schiedsämter sind **ehrenamtlich** tätig und an Weisungen nicht gebunden, § 89 Abs. 3 S. 7 und 8 SGB V. Die Amtsdauer beträgt vier Jahre. Die Bestellung erfolgt formlos. Eine Verpflichtung zur Amtsübernahme besteht nicht. Die Übernahme des Amtes verpflichtet allerdings zur Teilnahme an den Sitzungen und zur Information des Stellvertreters im Verhinderungsfall. Verstöße gegen diese Pflichten können Amtshaftungsansprüche auslösen, wenn beispielsweise durch Verfahrensverzögerungen Mehrkosten entstehen.[155] Details zur Bestellung der Mitglieder, Amtsdauer und Auslagenersatz sind in der SchAVO geregelt.

173

e) Schiedsstellen

Bei den **dreiseitigen Verträgen** nach § 115 ff. SGB V, die auch zu den Verträgen über die vertragsärztliche Versorgung zählen, besteht die Besonderheit der Einbeziehung der Krankenhäuser, weshalb hierfür nach § 114 SGB V die Zuständigkeit einer eigens errichteten **Landesschiedsstelle** eröffnet ist.

174

Nach § 75 Abs. 3c SGB V i.d.F. GKV-WSG ist je eine **Schiedsstelle** hinsichtlich der Vergütungsvereinbarungen zum **Standard- bzw. Basistarif der PKV** zu bilden, die mit Vertretern der KVen und des Verbandes der privaten Krankenversicherer und der Beihilfeträger besetzt werden soll. Da es dabei nicht um Verträge über die vertragsärztliche Versorgung geht, gilt § 89 SGB V nicht. Hinsichtlich des Verfahrens wird vielmehr auf § 129 Abs. 9 SGB V verwiesen. Dem Wortlaut des § 75 Abs. 3c S. 1 SGB V ist zu entnehmen, dass mindestens zwei Schiedsstellen zu bilden sind, wobei sich die Notwendigkeit von mehr als einer Schiedsstelle aus dem Regelungskontext nicht erschließt. Auch ist nicht ersichtlich, woraus sich die Bindungswirkung eines Schiedsspruches gegenüber den privaten Krankenversicherungsunternehmen ergeben soll (vgl. Rn 163). Die Schiedsstellen unterscheiden sich von den Schiedsämtern und unterliegen nicht deren Regelungen, insbesondere gilt auch nicht die SchAVO.

175

---

[155] Schnapp/Wigge/*Düring*, § 8 Rn 20.

3. Das Schiedsverfahren

a) Verfahrenseinleitung

176 Kommt ein **schiedsamtsfähiger Vertrag** ganz oder teilweise nicht zu Stande, kann jede Vertragspartei einen **Antrag** auf Durchführung des Schiedsamtsverfahrens stellen. Der Antrag ist schriftlich mit einer umfassenden Darstellung des Sachverhalts an den **Vorsitzenden** zu richten. Die Punkte, über die keine Einigung erzielt werden konnte, sind zu benennen. Wird ein bestehender Vertrag **gekündigt**, ist die kündigende Vertragspartei nach § 89 Abs. 1 S. 2 SGB V verpflichtet, das zuständige Schiedsamt über die Kündigung schriftlich zu informieren. Dieses hat nach § 89 Abs. 1 S. 3 SGB V von Amts wegen einen neuen Vertrag festzusetzen, wenn bis zum Ablauf der Kündigungsfrist kein neuer Vertrag zustande gekommen ist. Der Verfahrensablauf richtet sich in formeller Hinsicht nach der SchAVO. Im Übrigen gilt das SGB X.

b) Schiedsspruch

177 Das Schiedsamt entscheidet durch **Beschluss** mit einfacher Mehrheit. Es ist beschlussfähig, wenn alle Mitglieder oder deren Stellvertreter anwesend sind. Schiedssprüche sind gegenüber den Verfahrensbeteiligten **Verwaltungsakte**,[156] die mit einer **Rechtsbehelfsbelehrung**[157] versehen bekannt zu machen sind. Insoweit gelten §§ 31 ff. SGB X. Die **Kostenentscheidung** ist nicht Bestandteil des Schiedsspruches, weil sie nach § 20 SchAVO vom Vorsitzenden alleine erlassen wird. Sie stellt damit einen selbständigen Verwaltungsakt dar.[158] Für die Mitglieder der Verfahrensbeteiligten hat der Schiedsspruch die gleiche **Normwirkung**, die der Vertrag, der damit festgesetzt wird, hätte (siehe Rn 160). Das Schiedsamt hat seine Entscheidung innerhalb von drei Monaten zu treffen. Die Fristen nach § 89 Abs. 1 S. 1 und 3 SGB V sind **Ordnungsfristen**, deren Überschreitung die Rechtmäßigkeit des Schiedsspruches nicht berührt.[159]

c) Gestaltungsspielraum der Schiedsämter

178 Der Gestaltungsspielraum für die Schiedsämter bei der Festsetzung der Verträge ergibt sich aus der Natur des festzusetzenden Vertragsinhaltes. Insoweit haben die Schiedsämter dieselbe **Gestaltungsfreiheit** wie die Vertragspartner, wenn sie den Vertrag selbst geschlossen hätten.[160] Die Grenzen des Gestaltungsspielraums ergeben sich aus den gesetzlichen Vorgaben, die auch für die Regelungskompetenzen der Vertragspartner gelten. Hinzu kommt ein nicht objektivierbarer **Beurteilungsspielraum**, der dem Umstand Rechnung trägt, dass auch das Schiedsamt sich für eine von ggf. mehreren vertretbaren Lösungen als Grundlage einer Prognose der zu regelnden Entwicklung entscheiden muss.[161]

---

156 BSG – 6 RKa 4/62, SozR § 368h RVO Nr. 1.
157 § 19 S. 2 SchAVO.
158 *Düring*, S. 153.
159 BSG – 6 RKa 4/62, SozR § 368h RVO Nr. 1.
160 St. Rspr. des BSG, vgl. B 6 KA 20/99 R, SozR 3-2500 § 85 Nr. 37 (Ziff. 37 m.w.N.).
161 BSG, Urt. v. 10.5.2000 – B 6 KA 20/99 R.

4. Rechtsschutz der Betroffenen

Schiedssprüche können von den Verfahrensbeteiligten per Klage angefochten werden.[162] Zuständig sind nach § 51 Abs. 1 Nr. 2 SGG die **Sozialgerichte**. Die Klage hat nach § 89 Abs. 1 S. 5, Abs. 1a S. 3 SGB V **keine aufschiebende Wirkung**. Ein Vorverfahren findet wegen der Eigenart des Schiedsamtsverfahrens nicht statt.[163] Einzelne Verfahrenshandlungen des Schiedsamtes, die der Vorbereitung der Entscheidung dienen, sind nicht selbständig anfechtbar.[164] Die Kostenentscheidung des Vorsitzenden ist isoliert anfechtbar und kann gerichtlich auf Ermessensfehler überprüft werden.

179

Vertragsärzte und einzelne Krankenkassen, die vom Schiedsspruch betroffen sind, sind nicht klagebefugt. Ein **Normenkontrollverfahren** ist gesetzlich nicht vorgesehen. Für die Drittbetroffenen besteht damit nur die Möglichkeit einer inzidenten gerichtlichen Überprüfung im Rahmen eines Prozesses, der eine auf dem vom Schiedsamt festgesetzten Vertrag beruhende Verwaltungsentscheidung zum Gegenstand hat. Insofern gilt nichts anderes, als für die gerichtliche Überprüfbarkeit der Normverträge selbst.

180

Entscheidungen der Schiedsämter über die Bemessung der Gesamtvergütung unterliegen nur in eingeschränktem Umfang gerichtlicher Kontrolle.[165]

181

E. Grundprinzipien des Vertragsarztrechts

Literatur

Gitter/Köhler, Der Grundsatz der persönlichen Leistungspflicht, 1989; **Heinze**, Die rechtlichen Rahmenbedingungen der ärztlichen Heilbehandlung, MedR 1996, 252; **Jolitz**, Zur Delegationsfähigkeit vertragsärztlicher Leistungen durch gemäß § 116 SGB V ermächtigte Krankenhausärzte, MedR 2003, 340; **Köhler-Fleischmann**, Der Grundsatz der persönlichen ärztlichen Leistungspflicht, 1991; **Kuhla**, Persönliche Leistungserbringung des Krankenhausarztes bei ambulanten Behandlungen sozialversicherter Patienten, MedR 2003, 25; **Neumann**, Der Anspruch auf Krankenbehandlung – ein Rahmenrecht?, SGb 1998, 609; **Neumann-Wedekind**, Delegation in der Zahnarztpraxis, MedR 2005, 81; **Peikert**, Persönliche Leistungserbringungspflicht, MedR 2000, 352; **Schmidt-DeCaluwe**, Das Behandlungsverhältnis zwischen Vertragsarzt und sozialversichertem Patienten, VSSR 1998, 207; **Schnapp**, Muss ein Vertragsarzt demokratisch legitimiert sein?, NZS 2001, 337; **Steinhilper**, Persönliche Leistungserbringung des ermächtigten Krankenhausarztes, MedR 2003, 339.

I. Das Sachleistungsprinzip in der GKV

1. Gesetzessystematik

Das Sachleistungsprinzip ist das zentrale Element des **Leistungsrechts**. Nach § 2 Abs. 1 S. 1 SGB V stellen die Krankenkassen den Versicherten die Leistungen zur Verfügung. Die Versicherten erhalten gemäß § 2 Abs. 2 S. 1 SGB V die Leistungen als **Sach- und Dienstleistungen**, soweit das Gesetz nichts Abweichendes vorsieht. Der Anspruch des Versicherten auf Verschaffung der Behandlungsleistungen richtet sich damit zunächst und vorrangig gegen seine Krankenkasse (ausführlich zum Leistungsrecht und zum Sachleistungsanspruch des Versicherten siehe § 6).

182

---

162 Eine Verpflichtungsklage auf Festsetzung eines bestimmten Vertragsinhalts ist unzulässig: BSG – 6 RKa 4/62, SozR § 368h RVO Nr. 1.
163 KassKomm/*Hess*, SGB V, § 89 Rn 18.
164 Schnapp/Wigge/*Düring*, § 8 Rn 64.
165 Dazu eingehend BSG, Urt. v. 29.11.2006 – B 6 KA 4/06 R.

183 Das Gegenstück zum Sachleistungsprinzip, welches den Krankenkassen überhaupt erst die Erfüllung desselben ermöglicht, ist die **Sicherstellungsverpflichtung** der Leistungserbringer und Krankenkassen nach § 72 Abs. 1 SGB V in Bezug auf die **vertragsärztliche Versorgung** und speziell der **besondere Sicherstellungsauftrag** der KVen nach § 75 Abs. 1 SGB V (ausführlich dazu siehe Rn 292 ff.).

2. Das Rechtsverhältnis zwischen Arzt und Patient

184 Grundsätzlich wird zwischen Arzt und Patient, häufig stillschweigend durch Inanspruchnahme der angebotenen Behandlung,[166] ein nach den Regeln des **Dienstvertrages**[167] zu beurteilender **Arztvertrag** geschlossen, aus dem sich die gegenseitigen Rechte und Pflichten ergeben.[168]

185 Das Sachleistungsprinzip verpflichtet den Vertragsarzt, seine Leistungen gegenüber dem durch **Behandlungsausweis** ausgewiesenen GKV-Patienten kraft gesetzlicher Anordnung zu erbringen, ohne dass es dazu einer vertraglichen Vereinbarung bedürfte. Gleichwohl verbleiben Teilaspekte des Behandlungsverhältnisses, wie z.B. das Recht auf **Therapiefreiheit** des Arztes und das **Selbstbestimmungsrecht** des Patienten, die medizinischen Aufklärungspflichten und die Haftung wegen fehlerhafter Behandlung, die nicht vollständig über den sozialrechtlich normierten Rechte- und Pflichtenkatalog lösbar sind und daher die Frage nach dem Bestehen eines Vertragsverhältnisses zwischen Vertragsarzt und Kassenpatient aufwerfen.

186 Die Frage, welche Rechtsqualität die Rechtsbeziehungen zwischen Vertragsarzt und gesetzlich versicherten Patienten hat, war lange umstritten.[169] Die Meinungen differierten zwischen zivilrechtlichem **Behandlungsvertrag** mit öffentlich-rechtlichen Modifikationen[170] und rein **öffentlich-rechtlichem Versorgungsverhältnis**.[171]

187 Einigkeit bestand insoweit, dass sich die **Behandlungspflicht** der Vertragsärzte ohne vertragliche Grundlage unmittelbar aus ihrer aus der Zulassung zur vertragsärztlichen Versorgung resultierenden Verpflichtung zur Sicherstellung der vertragsärztlichen Versorgung im Sachleistungssystem ergibt (§ 95 Abs. 3 i.V.m. § 72 Abs. 1 SGB V).[172] Das Sozialversicherungsrecht enthält zur Einordnung des Behandlungsverhältnisses nur den Hinweis in § 76 Abs. 4 SGB V, dass die Übernahme der Behandlung dem Versicherten gegenüber zur Sorgfalt nach den Vorschriften des bürgerlichen Vertragsrechtes verpflichtet.

188 Das BSG war der Auffassung, dieses Verweises bedürfte es nicht, wenn ein Behandlungsvertrag geschlossen werden würde.[173] Andererseits ist gerade dieser Vorschrift zu entnehmen, dass der Versicherte einen **Auftrag zur Behandlung** erteilen muss, da anders die wörtlich erwähnte Behandlungsübernahme und die daraus resultierenden Pflichten nicht mit dem **Selbstbestimmungsrecht des Versicherten** (vgl. Rn 193) in

---

166 *Quaas/Zuck*, § 13 Rn 2.
167 BGH – VI ZR 171/86, MedR 1988, 86.
168 Grundlegend dazu Rieger/*Kern*, „Arzt-, Behandlungsvertrag".
169 Zum Meinungsstand siehe *Schmidt-De Caluwe*, VSSR 1998, 207.
170 So der BGH in st. Rspr.: VI ZR 247/78, NJW 1980, 1452; VI ZR 90/85, MedR 1986, 321; VI ZR 171/86, MedR 1988, 86; VI ZR 180/04, MedR 2006, 346; ebenso *Schirmer*, S. 178.
171 BSG – 6 RKa 14/83, MedR 1986, 221; *Schnapp*, NZS 2001, 337; *Neumann*, SGb 1998, 609.
172 KassKomm/*Hess*, SGB V, § 76 Rn 23; *Schneider*, Rn 845 f.; *Schirmer*, S. 358; anders S. 175, wo er von einem sozialrechtlich determinierten Behandlungsvertrag spricht, zu dessen Abschluss der Vertragsarzt verpflichtet sei.
173 BSG – 6 RKa 14/83, MedR 1986, 221.

Einklang gebracht werden können. In Folge dessen bedarf es zumindest einer Festlegung, welcher Behandler, welche Art von Behandlung und welche Therapiemethode zum Einsatz kommen sollen. Trotzdem vertrat das BSG weiterhin die Auffassung, ein Vertragsverhältnis zwischen versichertem Patienten und Vertragsarzt komme nicht zu Stande.[174]

Obwohl die Auffassung des BSG noch immer in einigen sozialgerichtlichen Entscheidungen vertreten wird, ist der Meinungsstreit entschieden. Das BVerfG geht davon aus, dass es für das Zustandekommen eines privatrechtlichen Behandlungsvertrags ohne Belang ist, ob es sich um einen Privat- oder Kassenpatienten handelt.[175]

189

> *Hinweis*
> Immer da, wo es auf das Bestehen eines Behandlungsvertrages ankommt, nämlich in erster Linie bei der Haftung für fehlerhafte Behandlungsleistungen, hat die insoweit zuständige Zivilgerichtsbarkeit einen zivilrechtlichen Behandlungsvertrag angenommen. Die Sozialgerichte, innerhalb deren Zuständigkeitsbereich es regelmäßig nicht auf einen Vertragsschluss ankommt, haben die Frage entweder offen gelassen oder mit den vorangehend zitierten Schwächen in der Argumentation negativ entschieden. Praktische Auswirkungen hat in der Regel nur die Haltung der Zivilgerichte, deren Zuständigkeit nämlich schon gar nicht gegeben wäre, wenn nicht vom Bestehen eines Arztvertrages ausgegangen werden würde. Dagegen lassen sich die den Sozialgerichten vorgelegten öffentlich-rechtlichen Problemstellungen meist auch ohne weiteres lösen, ohne dass man auf das Rechtstatut eines zivilrechtlichen Behandlungsvertrages zurückgreifen müsste.

190

Die grundsätzliche Annahme eines privatrechtlichen Arztvertrages schließt nicht aus, dass notwendige Vertragsbestandteile durch die Vorschriften des Vertragsarztrechtes überwiegend nicht einer privatrechtlichen Vereinbarung zugänglich bzw. modifiziert sind.

191

Die Vorschriften des SGB V und die **Richtlinien** des G-BA begrenzen das Leistungsspektrum der vertragsärztlichen Versorgung und schließen einzelne (mögliche, aber ggf. unwirtschaftliche, siehe Rn 111) Behandlungsmaßnahmen und Therapiemittel aus. Auch die Honorierung der Leistungen ist einer vertraglichen Vereinbarung nicht zugänglich, da in der Regel kein unmittelbarer **Honoraranspruch** des Vertragsarztes gegenüber dem GKV-Patienten besteht (siehe Rn 703). Zu den Ausnahmen vom Sachleistungsprinzip wird auf die Darstellung in § 6 Leistungsrecht verwiesen. Zu den Festzuschüssen für Zahnersatz siehe Rn 689 ff., welche systematisch den Abschluss eines Zahnarztvertrages voraussetzen (vgl. Rn 693).

192

II. Das Recht des Versicherten auf freie Arztwahl

1. Rechtsgrundlage

Das Recht des Versicherten auf freie Arztwahl ist Ausfluss des Grundrechts der allgemeinen Handlungsfreiheit und des Rechts auf körperliche Unversehrtheit nach Art. 2 Abs. 1 und 2 GG und des daraus abzuleitenden **Selbstbestimmungsrechtes** des Patienten. Es findet seine Grundlage auch in der allgemeinen **Vertragsfreiheit**, wonach kein Patient verpflichtet ist, mit einem bestimmten Arzt zu kontrahieren. Entsprechend ist

193

---

174 BSG – 14a RKa 7/92, NZS 1994, 125.
175 BVerfG – 1 BvR 2315/04, MedR 2005, 91 unter Verweis auf Deutsch/*Spickhoff*, Medizinrecht, 5. Aufl., Rn 67; ebenso *Quaas/Zuck*, § 13 Rn 4 m.w.N.

§ 7 Vertragsarztrecht

der Patient auch frei, den Arzt zu wechseln. Die Ärzte sind nach § 7 Abs. 2 S. 1 MBO verpflichtet, dieses Recht ihrer Patienten zu achten. Im Gegensatz dazu können auch die Ärzte, abgesehen von Notfällen, eine Behandlung ablehnen.[176]

2. Inhalt

194 Im Vertragsarztrecht sind die geschilderten Rechte der Parteien eines **Behandlungsverhältnisses** erheblich eingeschränkt. Der Vertragsarzt ist aufgrund seiner Zulassung zur **Teilnahme** an der vertragsärztlichen Versorgung nicht nur berechtigt, sondern auch verpflichtet. Er muss gesetzlich versicherte Patienten, die ihn aufsuchen, behandeln.[177]

195 Im Gegenzug garantiert § 76 Abs. 1 SGB V zwar einerseits das Recht des Versicherten auf **freie Arztwahl**, schränkt es aber in den folgenden Absätzen gleichzeitig erheblich ein. Grundsätzlich bezieht sich das Recht nur auf den in Abs. 1 S. 1 aufgezählten Kreis der zur Teilnahme an der vertragsärztlichen Versorgung berechtigten Ärzte und ärztlichen Einrichtungen. Ein Recht auf die Inanspruchnahme von **Privatärzten** besteht nur in Notfällen.[178] Das gilt auch, wenn der Vertragsarzt in zulässiger Weise in Anspruch genommen wurde und während der noch andauernden Behandlung auf seine Zulassung verzichtet.[179]

196 Der Versicherte soll immer den nächst erreichbaren Arzt in Anspruch nehmen, andernfalls muss er die **Mehrkosten** tragen (Abs. 2). Auch soll der Arzt innerhalb eines **Quartals** nur bei Vorliegen eines wichtigen Grundes gewechselt werden (Abs. 3 S. 1).

197 Der Versicherte soll ferner einen **Hausarzt** wählen, der ihn über Inhalt und Umfang der hausärztlichen Versorgung zu unterrichten hat. Nach Auffassung des BSG ergibt sich hieraus eine Pflicht des Hausarztes, einer unkoordinierten Mehrfachinanspruchnahme anderer Ärzte entgegenzuwirken.[180] Hat sich der Versicherte schriftlich zur Teilnahme an der **hausarztzentrierten Versorgung** verpflichtet, darf er nach § 73b Abs. 1 SGB V ambulante fachärztliche Leistungen nur noch auf Überweisung des gewählten Hausarztes in Anspruch nehmen. Dieser Hausarzt darf ebenfalls nur aus wichtigem Grund gewechselt werden. Die Wahl des Hausarztes ist für ein Jahr bindend.

198 Versicherte der **Knappschaft** dürfen nach § 76 Abs. 5 SGB V nur Knappschaftsärzte in Anspruch nehmen.

3. Überweisung

199 Die Überweisung ist der rechtstechnische Begriff für die **Veranlassung** weiterer diagnostischer oder therapeutischer Leistungen durch andere Vertragsärzte seitens des behandelnden Arztes. Unterschieden wird zwischen Auftragsleistungen, Konsiliaruntersuchungen, Überweisungen zur Mitbehandlung oder Überweisungen zur Weiterbehandlung.[181]

---

176 § 7 Abs. 2 S. 2 MBO.
177 Wenn dieser eine gültige Krankenversicherungskarte vorlegt, die Praxisgebühr bezahlt und kein Notfall gegeben ist, vgl. § 13 Abs. 7 BMV-Ä/§ 13 Abs. 6 EKV-Ä bzw. bei Vertragszahnärzten § 4 Abs. 2 und 7 BMV-Z/§ 13 Abs. 9 EKV-Z.
178 § 13 Abs. 3 BMV-Ä/§ 7 Abs. 3 S. 2 EKV-Ä.
179 Zu den Folgen der Rückgabe einer Zulassung während bewilligter kieferorthopädischer Behandlung: BSG – 1 RK 22/95, NZS 1996, 390.
180 BSG – B 6 KA 76/04 R, MedR 2006, 611: Das BSG verlangt zumindest entsprechende Hinweise an den Patienten, die auch dokumentiert werden müssen. Wesentlich mehr darf man im Hinblick auf das Selbstbestimmungsrecht des Patienten auch nicht verlangen. Was dann unter „Entgegenwirken" zu verstehen ist, bleibt letztlich offen.
181 § 24 BMV-Ä/§ 27 EKV-Ä.

Die **freie Arztwahl** soll nach § 24 Abs. 5 BMV-Ä/§ 27 Abs. 5 EKV-Ä dadurch gewährleistet werden, dass eine Überweisung nicht auf den Namen eines bestimmten Arztes ausgestellt werden darf. In den Fällen, in denen der Patient mit dem auftragnehmenden Arzt (z.B. Laborarzt) nicht unmittelbar in Kontakt gelangt, soll der Behandlungsvertrag vom überweisenden Arzt als Stellvertreter des Patienten (§ 164 Abs. 1 BGB) geschlossen werden.[182] Konsequenterweise wird man dem überweisenden Arzt auch die Befugnis zur Stellvertretung bei der Ausübung des Rechts auf freie Arztwahl zusprechen müssen.

III. Die Verpflichtung zur persönlichen Leistungserbringung

1. Rechtsgrundlagen

Die persönliche, eigenverantwortliche und fachlich unabhängige Erbringung von Dienstleistungen höherer Art ist typisches Merkmal des **Freien Berufes**.[183] Selbständige Ärzte und Zahnärzte sind klassische Vertreter der Freien Berufe.[184] Der Arzt wird aufgrund eines besonderen Vertrauens i.S.v. § 627 BGB beauftragt. Die Berufsordnungen verpflichten die niedergelassenen Praxisinhaber deshalb zur **persönlichen Berufsausübung**.[185]

Das auf (zahn-)ärztliche Behandlungsverträge anwendbare Dienstvertragsrecht[186] verpflichtet den Schuldner im Zweifel, in Person zu leisten (§ 613 BGB).[187] Das ärztliche und zahnärztliche Liquidationsrecht[188] übernimmt diese vertragliche Pflicht und gestattet deshalb nur die Berechnung selbst erbrachter Leistungen.[189] Das SGB V erwähnt die Pflicht zur persönlichen Leistungserbringung nicht, enthält aber Hinweise darauf. Nach § 15 Abs. 1 SGB V ist die (zahn-)ärztliche Behandlung ausdrücklich (Zahn-)Ärzten vorbehalten (**Arztvorbehalt**). Sind Hilfeleistungen anderer Personen erforderlich, dürfen sie nur erbracht werden, wenn sie vom Arzt (Zahnarzt) angeordnet oder von ihm verantwortet werden, § 15 Abs. 1 S. 2 SGB V. Durch die Anordnung und Verantwortung der Hilfsleistungen müssen diese dem Arzt als **eigene Leistungen** zugerechnet werden. Das setzt offenkundig voraus, dass die unter dem Arztvorbehalt stehenden Leistungen im Übrigen vom Arzt persönlich erbracht werden müssen, andernfalls wäre die Notwendigkeit der Zurechnung der Hilfsleistungen nicht einsichtig.

Das Gegenstück zum Arztvorbehalt findet sich im Leistungsrecht. Nach § 28 Abs. 1 SGB V umfasst die ärztliche Behandlung die Tätigkeit des Arztes, die zur Verhütung, Früherkennung und Behandlung von Krankheiten nach den Regeln der ärztlichen Kunst ausreichend und zweckmäßig ist. Zur ärztlichen Behandlung gehören auch die Hilfe-

---

182 Rieger/*Kern*, „Arzt-, Behandlungsvertrag", Rn 28–30.
183 § 1 Abs. 2 PartGG definiert in dieser Weise die Freien Berufe.
184 Vgl. § 1 Abs. 2 PartGG und § 18 Abs. 1 Nr. 1 EStG; die nicht eigens aufgeführten psychologischen Psychotherapeuten und Kinder- und Jugendlichen Psychotherapeuten gehören zu den jeweils gleichgestellten ähnlichen Berufen.
185 § 19 Abs. 1 MBO-Ä, § 5 Abs. 1 MBO-ZÄ, § 5 Abs. 4 MBO-Pt.
186 Palandt/*Weidenkaff*, Einf. v. § 611 Rn 18.
187 Zur Delegation einzelner ärztlicher Aufgaben auf Hilfspersonal: *Hahn*, NJW 1981, 1977.
188 § 4 Abs. 2 GOÄ, § 4 Abs. 2 GOZ „eigene Leistungen".
189 Zum Umfang der persönlichen Leistungspflicht bei Chefärzten: *Miebach/Patt*, NJW 2000, 3377; *Biermann/Ulsenheimer/Weißauer*, NJW 2001, 3366.

leistungen anderer Personen, die von dem Arzt angeordnet und von ihm zu verantworten sind.[190] Der Behandlungsanspruch des Versicherten richtet sich somit unmittelbar gegen den Arzt, der die Leistungen primär selbst und durch **Hilfspersonen** nur nach seiner Anordnung und in seiner Verantwortung zu erbringen hat.

204 Nach § 95 Abs. 1 SGB V nehmen an der vertragsärztlichen Versorgung **zugelassene** oder **ermächtigte Ärzte** teil.[191] Der zugelassene Vertragsarzt hat die vertragsärztliche Tätigkeit persönlich in **freier Praxis** auszuüben, § 32 Abs. 1 S. 1 Ärzte-ZV.[192] Entsprechend hat der ermächtigte Arzt seine vertragsärztliche Tätigkeit nur persönlich auszuüben, § 32a Ärzte-ZV. § 15 Abs. 1 S. 1 BMV-Ä bzw. § 14 Abs. 1 S. 1 EKV-Ä wiederholen den sich aus dem Gesetz ergebenden Grundsatz und verpflichten den an der vertragsärztlichen Versorgung teilnehmenden Arzt, seine Tätigkeit persönlich auszuüben.[193] An dieser Stelle unterscheidet sich die vertragsärztliche ambulante Tätigkeit von der ärztlichen Tätigkeit im Krankenhaus, wo weitergehende **Delegationen** an das nichtärztliche Personal üblich sind. Dies wird von ermächtigten Krankenhausärzten häufig nicht erkannt.

2. Der Umfang der Verpflichtung

205 Die Verpflichtung des Vertragsarztes zur persönlichen Leistungserbringung umfasst das gesamte dem **Arztvorbehalt** unterliegende Leistungsspektrum im Rahmen des durch die Zulassung bzw. Ermächtigung konkretisierten **Versorgungsauftrages**. Das ergibt sich aus der aus der Zulassung oder Ermächtigung resultierenden Verpflichtung des Vertragsarztes zur persönlichen Teilnahme an der vertragsärztlichen Versorgung in Verbindung mit dem erwähnten Behandlungsanspruch des Versicherten. Als Ausnahmen von diesem Prinzip nennen die Zulassungsverordnungen die ärztliche **Vertretung** bei Krankheit, Urlaub oder Teilnahme an ärztlicher Fortbildung oder an einer Wehrübung, bzw. Entbindung bei Frauen,[194] die Beschäftigungen von **Assistenten**[195] oder die Beschäftigungen von **angestellten Ärzten**.[196]

3. Die ärztliche Vertretung

206 Bei Krankheit, Urlaub oder Teilnahme an ärztlicher Fortbildung oder an einer Wehrübung ist eine Vertretung **innerhalb von zwölf Monaten bis zur Dauer von drei Monaten** zulässig; bei Ärztinnen im unmittelbaren zeitlichen Zusammenhang mit einer Entbindung bis zur Dauer von sechs Monaten. § 32 Abs. 1 S. 2 und 3 ZV-Ä/ZV-ZÄ erlauben damit konkrete Ausnahmen von der ansonsten umfassenden Verpflichtung zur persönlichen Leistungserbringung.[197]

---

190 Insoweit gleich lautend für Zahnärzte ist § 28 Abs. 2 SGB V; für Psychotherapeuten § 28 Abs. 3 SGB V mit der Besonderheit, dass Hilfeleistungen anderer Personen nicht erlaubt werden.
191 Entsprechendes gilt für Vertragszahnärzte und Vertragspsychotherapeuten.
192 Die für niedergelassene Vertragsärzte geltende Vorschrift entspricht der Regelung für Praxisinhaber in den Berufsordnungen.
193 Entsprechendes gilt für Vertragszahnärzte: § 4 Abs. 1 S. 1 BMV-Z bzw. § 8 Abs. 1 S. 1 EKV-Z.
194 §§ 32 Abs. 1 S. 2 Ärzte-ZV/Zahnärzte-ZV.
195 §§ 32 Abs. 2 i.V.m. §§ 3 Abs. 3 Ärzte-ZV/Zahnärzte-ZV.
196 § 95 Abs. 9 SGB V i.V.m. §§ 32b Ärzte-ZV/Zahnärzte-ZV.
197 Die Vertretung bei genehmigungspflichtigen psychotherapeutischen Leistungen ist nach § 14 Abs. 3 BMV-Ä/§ 20 Abs. 4 EKV-Ä unzulässig.

Der Patient muss ungeachtet der rechtlichen Zulässigkeit einer Vertretung mit einer Behandlung durch den Vertreter einverstanden sein. Die Zustimmung ist anzunehmen, wenn der Patient in der Sprechstunde die Leistungen des Vertreters widerspruchslos in Anspruch nimmt. Bei operativen Leistungen oder Leistungen, bei denen der Patient vor Inanspruchnahme nicht mehr die Möglichkeit hat, sich für oder gegen die Inanspruchnahme eines ärztlichen Vertreters zu entscheiden, bedarf es einer Vereinbarung im Behandlungsvertrag, welche die Vertretung des verpflichteten Arztes erlaubt.

207

Für den **ärztlichen Vertreter** gelten dieselben rechtlichen Anforderungen wie für den vertretenen Vertragsarzt. Ärzte dürfen sich nach § 20 Abs. 1 S. 2 MBO grundsätzlich nur durch Fachärzte desselben Fachgebietes vertreten lassen. Der Vertreter hat diejenigen Leistungen persönlich zu erbringen, die auch der vertretende Praxisinhaber im Falle seiner Anwesenheit persönlich erbringen müsste. Dazu braucht der Vertreter nach § 14 Abs. 1 BMV-Ä/§ 20 Abs. 1 EKV-Ä dieselbe fachliche Qualifikation wie der vertretene Vertragsarzt. Verantwortlich für die Erfüllung der vertragsärztlichen Pflichten durch den Praxisvertreter bleibt nach §§ 32 Abs. 4 ZV-Ä/ZV-ZÄ[198] der Praxisinhaber, der die Leistungen des Vertreters als **eigene Leistungen** abrechnen darf.

208

4. Die Delegation ärztlicher Leistungen

Die grundsätzliche Verpflichtung des Vertragsarztes zur persönlichen Leistungserbringung schließt nicht aus, dass untergeordnete **Hilfsleistungen** an Personal delegiert werden dürfen.[199] Das ergibt sich bereits aus einer sachgemäßen Auslegung des **Behandlungsvertrages**, der den Einsatz des üblicherweise in einer Arztpraxis beschäftigten Personals nicht ausschließt, weil man nicht annehmen darf, dass der Arzt eine solche Selbstbindung eingehen will (§ 157 BGB).[200] Auch wird der Patient nicht erwarten dürfen, dass der ihm vertraglich verpflichtete Arzt alle im Rahmen der Therapie erforderlichen Verrichtungen selbst ausübt. Zu differenzieren ist allerdings, ob untergeordnete Verrichtungen dem Personal überlassen werden oder oben dieses bei der Erbringung ärztlicher Leistungen, die dem **Arztvorbehalt** unterliegen, weil sie **Heilkundequalität**[201] haben, eingesetzt werden soll.

209

Der vom Patienten erteilte Behandlungsauftrag ist dahingehend auszulegen, dass der Patient diejenigen Leistungen, die eine ärztliche Qualifikation voraussetzen, auch von einem Arzt erbracht haben möchte. Das schließt die Delegation der **wesentlichen ärztlichen Leistungsbestandteile**, wie zum Beispiel Diagnose und Therapieauswahl, die medizinische Beratung oder den operativen Eingriff, grundsätzlich aus.

210

Soweit die Übertragung von Leistungen auf nachgeordnetes Personal, im Rahmen des jeweiligen Behandlungsverhältnisses jedoch zulässig und möglich ist, unterliegt sie besonderen Anforderungen. Grundsätzlich müssen Hilfsleistungen **nichtärztlicher Mitarbeiter**, die Heilkundequalität haben, vom Arzt **angeordnet** und **verantwortet** werden.[202] Diese sowohl aus dem Behandlungsvertrag nach § 278 BGB wie auch aus dem

211

---

198 Ergänzend § 14 Abs. 2 BMV-Ä/§ 20 Abs. 2 EKV-Ä bzw. § 4 Abs. 1 S. 2 BMV-Z/§ 8 Abs. 2 EKV-Z.
199 Eine detaillierte Aufstellung delegationsfähiger Leistungen enthält die gemeinsame Erklärung der Bundesärztekammer und der KBV zur persönlichen Leistungserbringung, DÄBl 1988, A-2197.
200 Ebenso Ratzel/Lippert/*Lippert*, § 7 Rn 14.
201 Zur Begriffsdefinition, Inhalt und Grenzen der Heilkunde vgl. die Darstellung in Rieger/*Rieger/Hespeler*, „Heilkunde", m.w.N.
202 Bei der Beschäftigung von Diplompsychologen, die in der Praxis psychotherapeutische Leistungen erbringen, handelt es sich nicht um untergeordnete Hilfsleistungen, sondern um unzulässig delegierte persönlich zu erbringende ärztliche Leistungen, BSG – 6 RKa 28/88 – NJW 1990, 1556.

Arztvorbehalt für heilkundliche Leistungen abzuleitende Voraussetzung ist in § 15 Abs. 1 S. 2 SGB V ausdrücklich für das Vertragsarztrecht normiert. § 15 Abs. 1 S. 3 BMV-Ä bzw. § 14 Abs. 1 S. 3 EKV-Ä gehen über diese allgemeine Verpflichtung hinaus und verlangen zusätzlich die **fachliche Überwachung** der nichtärztlichen Mitarbeiter und deren spezielle Qualifikation für die entsprechenden Tätigkeiten.[203] Zusätzlich muss das Hilfspersonal für die jeweilige Verrichtung ausreichend qualifiziert sein. Unter diesen Voraussetzungen sind die delegierten Leistungen persönliche Leistungen des Vertragsarztes, mit der Folge, dass sie auch als solche abgerechnet werden dürfen.[204]

212 Generell delegationsfähig sind Injektionen, Infusionen, Blutentnahmen, Dauerkatheterwechsel und Wechseln einfacher Verbände. Bei Geräteleistungen kann der technische Teil, also Herstellen der Röntgenaufnahme, Anlegen der Dioden beim EKG, geeignetem Personal überlassen werden. Ferner sind physikalisch-medizinische Leistungen, Untersuchungen im Basislabor, Ton- und Sprachaudiometrie und ähnliche Messverfahren, delegierbar.[205]

213 Strittig ist, inwieweit der Arzt seiner **Überwachungspflicht** nachkommt, wenn er zum Zeitpunkt, in dem der Mitarbeiter die ihm aufgetragene Leistung ausführt, nicht in der Praxis anwesend ist. Man wird hierbei eine sachbezogene differenzierte Betrachtung anstellen müssen, die darauf abstellt, um welche Leistungen es geht.[206] Zweifellos wird es nicht zu beanstanden sein, wenn eine ausgebildete Arzthelferin in Abwesenheit des Praxisinhabers einen Verbandwechsel vornimmt oder Blut entnimmt für spätere Untersuchungen, wenn vorher abgeklärt ist, dass keine Risiken zu erwarten sind.

214 Die Leistungen der Assistenten und angestellten Ärzte werden dem Vertragsarzt als persönliche Leistungen zugerechnet, wenn deren Anstellung **genehmigt** ist, § 15 Abs. 1 S. 2 BMV-Ä bzw. § 14 Abs. 1 S. 2 EKV-Ä. Das schließt die Delegation ärztlicher Leistungen durch **ermächtigte Krankenhausärzte** auf nachgeordnete Krankenhausärzte grundsätzlich aus. Auch wird die Ermächtigung häufig aufgrund **besonderer Qualifikation** des Krankenhausarztes erteilt, die bei den nachgeordneten Krankenhausärzten unter Umständen nicht gegeben ist und daher zusätzlich einer Delegation entgegensteht.[207]

5. Gerätebezogene Leistungen

215 Eine **Ausnahme** von der Verpflichtung zur persönlichen Leistungserbringung enthalten § 15 Abs. 3 BMV-Ä bzw. § 14 Abs. 2 EKV-Ä für gerätebezogene Untersuchungsleistungen. Rechtsgrundlage ist § 105 Abs. 2 SGB V, wonach die wirtschaftliche Erbringung medizinisch-technischer Leistungen in Gemeinschaftseinrichtungen gefördert werden soll.

216 Hiernach können sich Vertragsärzte zur **gemeinschaftlichen Leistungserbringung** zusammenschließen (**Leistungserbringergemeinschaft**). In einer solchen Gemeinschaft können die Leistungen von einem der beteiligten Ärzte persönlich oder durch einen ge-

---

203 In den Bundesmantelverträgen für Zahnärzte fehlen entsprechende Bestimmungen. Es gilt stattdessen § 1 Abs. 5 ZHG, der abschließend die delegierbaren zahnärztlichen Leistungen benennt.
204 Eingehend zu den Anforderungen an eine zulässige Delegation: Ehlers/Hesral, Disziplinarrecht und Zulassungsentziehung, Rn 130 ff. m.w.N.
205 Stellpflug/Meier/Tadayon/*Schroeder-Printzen*, D-1000, Rn 5 f.
206 Literatur und Rechtsprechung vertreten unterschiedliche Auffassungen, vgl. *Peikert*, MedR 2000, 352, 357 und LSG NRW – 11 KA 41/96, NZS 1997, 195.
207 LSG Niedersachsen-Bremen – 3 KA 209/04 ER, MedR 2005, 60.

meinschaftlich angestellten Arzt erbracht werden. Voraussetzung ist eine **fachliche Weisung** durch einen der beteiligten Ärzte. Die angewiesenen Leistungen sind dann persönliche Leistungen des anweisenden Arztes. Ist für die Leistung eine **besondere fachliche Qualifikation** erforderlich, müssen alle beteiligten Ärzte über diese Qualifikation verfügen.

Gerätebezogene Untersuchungsleistungen erfordern einen die ärztliche Untersuchungsleistung überwiegenden **technischen Anteil**, wie das bei Röntgenleistungen, CTs oder MRTs der Fall ist. Durchleuchtungen z.B. Sonographie, Linksherzkatheder-Untersuchungen und Stress-Echokardiographien sind dagegen nicht gerätebezogen, weil die ärztliche Befundung parallel zum Durchleuchtungsvorgang vorgenommen werden muss und daher im Vordergrund steht.[208]

217

Die Leistungserbringergemeinschaft ist keine Kooperationsform, sondern eine **Rechtsfigur**, die die Abrechnung von Leistungen ermöglicht, die nicht persönlich erbracht wurden. Der Zusammenschluss der beteiligten Vertragsärzte zur Leistungserbringergemeinschaft bedarf einer gesonderten **gesellschaftsvertraglichen Vereinbarung**. In den Bundesmantelverträgen der **Zahnärzte** gibt es keine vergleichbare Rechtsfigur.

218

Die Leistungserbringergemeinschaft ist von der **Apparategemeinschaft** zu unterscheiden. Letztere ist eine berufsrechtlich[209] als **Organisationsgemeinschaft** definierte Gesellschaft, deren Zweck die gemeinsame Anschaffung und/oder Nutzung von medizinisch-technischem Equipment ist.[210] Sie kann Geräte betreffen, mit denen eine Leistungserbringergemeinschaft hinsichtlich gerätebezogener Untersuchungsleistungen besteht.

219

6. Laborleistungen

Für Laborleistungen enthalten § 25 Abs. 2 BMV-Ä/§ 28 Abs. 2 EKV-Ä ergänzende Anforderungen zu § 15 BMV-Ä/§ 14 EKV-Ä.[211] Danach kann der Untersuchungsanteil von Leistungen des **Basislabors**[212] bezogen und als eigene Leistung abgerechnet werden. Voraussetzung ist, dass der Vertragsarzt diese laboratoriumsmedizinischen Analysen selbst erbringen darf. Er kann sie unter dieser Voraussetzung von einem Laborarzt oder von einer Laborgemeinschaft, der er selbst angehören muss, beziehen.

220

Die Leistungen des **Speziallabors**[213] sind hinsichtlich der vier Teile der Befunderhebung[214] nicht beziehbar. Sie müssen von dem Vertragsarzt persönlich durchgeführt werden. Die **Delegation** dieser Leistungen an **ärztliche Mitarbeiter** ist unter Beachtung der allgemeinen Anforderungen an die Delegation ärztlicher Leistungen möglich. Voraussetzung ist, dass der delegierende Arzt zur Erbringung von Leistungen des Speziallabors berechtigt ist (sog. O III Genehmigung).

221

---

208 Rieger/*Steinhilper*, „Persönliche Leistungserbringung" Rn 32.
209 § 18 Abs. 1 MBO-Ärzte.
210 Rieger/*Peikert*, „Apparategemeinschaft" Rn 1.
211 Ausführlich dazu Rieger/*Peikert*, „Labargemeinschaft" Rn 18 ff.; *Schirmer*, S. 365 ff.
212 Kap. 32.2 EBM.
213 Kap. 32.3 EBM.
214 Ärztliche Untersuchungsentscheidungen, Präanalytik, laboratoriumsmedizinische Analyse unter Bedingungen der Qualitätssicherung, ärztliche Beurteilung der Ergebnisse.

222 Die **Hinzuziehung von qualifiziertem Hilfspersonal**[215] ist zulässig, wenn dieses persönlich überwacht wird und entweder in der Praxis selbst oder in räumlicher Nähe zur Praxis in der Praxis eines anderen Arztes oder in einer Laborgemeinschaft tätig wird. Sind diese Voraussetzungen nicht gegeben, muss der Vertragsarzt eine Überweisung an einen Laborarzt ausstellen.

IV. Das Wirtschaftlichkeitsgebot

1. Begriffsdefinition

223 Nach § 12 Abs. 1 S. 1 SGB V müssen die Leistungen in der gesetzlichen Krankenversicherung **ausreichend**, **zweckmäßig** und **wirtschaftlich** sein. Sie dürfen das **notwendige Maß** nicht überschreiten. Die Vorschrift beinhaltet mehrere unbestimmte Rechtsbegriffe, die ausgelegt werden müssen. Was nach § 12 Abs. 1 SGB V als ausreichend und zweckmäßig angesehen werden kann, ist nach medizinischen Kriterien und nicht nach betriebswirtschaftlichen Gesichtspunkten zu entscheiden. Es geht darum, den maximal möglichen therapeutischen Nutzen mit dem geringsten möglichen Leistungsaufwand zu erreichen, also um das Erreichen des optimalen Wirkungsgrades der eingesetzten medizinischen Mittel.[216] Eine Leistung kann nur dann als ausreichend angesehen werden, wenn sie nach Umfang und Qualität eine hinreichende Chance für einen Heilerfolg bietet. Der für die konkrete Behandlung **erforderliche medizinische Standard** darf nicht unterschritten werden. Das ergibt sich aus dem Verweis in § 70 Abs. 1 SGB V auf den fachlich gebotenen Standard.

224 § 2 Abs. 4 SGB V stellt die **Wirksamkeit** der Leistung gleichwertig neben deren Wirtschaftlichkeit. Unwirksame Leistungen sind immer auch unwirtschaftlich. Unwirksamkeit darf nicht mit Wirkungslosigkeit im Sinne eines erfolglosen Therapieversuches gleichgesetzt werden. War nämlich das eingesetzte Therapiemittel grundsätzlich als wirksam anerkannt und für den speziellen Fall auch indiziert, führt der Fehlschlag einer nach dem allgemein anerkannten medizinischen Standard geeigneten Maßnahme nicht zu deren Unwirtschaftlichkeit. Der Arzt schuldet seinem Patienten nur eine korrekte medizinische Vorgehensweise, nicht aber deren therapeutischen Erfolg im Sinne einer Heilung.[217] Nichts anderes gilt nach § 76 Abs. 4 SGB V für den Vertragsarzt.

225 Außenseitermethoden und Neulandmedizin sind im Zweifel nicht zweckmäßig, jedenfalls dann nicht, wenn die Wirksamkeit der Methode nicht feststeht oder ausreichend gesicherte schulmedizinische Vorgehensweisen zur Verfügung stehen. Gleichwohl ist deren Anwendung nicht ausgeschlossen, wenn sie nach den Regeln der ärztlichen Kunst indiziert sind.[218]

226 Die Frage, ob eine Leistung wirtschaftlich ist, kann nur über eine Gesamtbetrachtung aller Kriterien geklärt werden. Günstigere Kosten alleine sind nicht ausschlaggebend, wenn andere Faktoren Auswirkungen auf den Heilerfolg haben können.[219] Steht überhaupt nur eine einzige medizinisch vertretbare Therapiemethode zur Verfügung, kommt

---

215 Die Qualifikationsanforderungen ergeben sich aus dem MTA-Gesetz (Gesetz über technische Assistenten in der Medizin vom 2.8.1993 (BGBl I, 1402)).
216 *Quaas/Zuck*, § 9 Rn 46.
217 Rieger/*Kern*, „Arzt-, Behandlungsvertrag" Rn 2.
218 Arg. § 28 Abs. 1 S. 1 SGB V.
219 BSG – 8 RK 22/81, SozR 2200 § 257a Nr. 10.

es auf die Kosten nicht an.[220] Details der Ausgestaltung wirtschaftlicher Behandlungsweise hat der G-BA nach § 92 Abs. 1 SGB V in Richtlinien geregelt (siehe Rn 110). Die Richtlinien konkretisieren und interpretieren das Wirtschaftlichkeitsgebot.[221] Richtlinienkonformes Therapieverhalten spricht daher für dessen Wirtschaftlichkeit.

2. Adressaten des Gebotes

Das **Wirtschaftlichkeitsgebot** nach § 12 SGB V gilt für alle Beteiligten in der Gesetzlichen Krankenversicherung. Das ergibt sich aus der Stellung der Vorschrift im zweiten Abschnitt des SGB V. Auch Versicherte dürfen Leistungen, die nicht notwendig oder unwirtschaftlich sind, nicht beanspruchen. Ebenso wenig dürfen sie nach § 12 Abs. 2 S. 2 SGB V von Leistungserbringern bewirkt oder von Krankenkassen bewilligt werden (ausführlich dazu siehe § 6 Rn 43 ff.). Dasselbe ergibt sich schon aus § 2 Abs. 1 und 4 SGB V, der sich sowohl an Krankenkassen und deren Versicherte, als auch an die Leistungserbringer richtet.

227

§ 70 Abs. 1 S. 2 SGB V greift dieses Gebot nochmals auf, indem es dieses zum Grundprinzip der Gestaltung der **vertragsärztlichen Versorgung** erhebt, gleichwertig neben der Verpflichtung, eine bedarfsgerechte, gleichmäßige und dem anerkannten Stand der medizinischen Erkenntnisse entsprechende Versorgung zu gewährleisten. § 72 Abs. 2 SGB V formuliert ergänzend einen gesetzlichen Auftrag an die Vertragspartner der **Kollektivverträge** und an den G-BA, die vertragsärztliche Versorgung so zu regeln, dass eine ausreichende, zweckmäßige und wirtschaftliche Versorgung der Versicherten gewährleistet ist.[222] Die Überprüfung der Einhaltung des Wirtschaftlichkeitsgebotes erfolgt durch die **Prüfungsverfahren** nach § 106 SGB V (ausführlich dazu siehe Rn 772 ff.).

228

V. Qualitätssicherung

Damit durch die systembedingten ökonomischen Zwänge einer zunehmend effizienteren Leistungsgestaltung unter dem Diktat des Wirtschaftlichkeitsgebotes die Qualität der Leistungen nicht auf der Strecke bleibt, hat der Gesetzgeber in den letzten Reformen die Qualitätssicherung zu einem weiteren Strukturprinzip ausgebaut.

229

Neue Untersuchungs- und Behandlungsmethoden werden nach § 135 Abs. 1 SGB V erst zugelassen, wenn der G-BA deren diagnostischen und therapeutischen Nutzen sowie deren medizinische Notwendigkeit und Wirtschaftlichkeit auf Basis des Standes der wissenschaftlichen Erkenntnisse in der jeweiligen Therapierichtung anerkannt hat und Anforderungen an die notwendige Qualifikation der Ärzte mit den erforderlichen apparativen Ausstattungen definiert hat (siehe § 6 Rn 43 ff.). Mittels Strukturverträgen nach § 135 Abs. 2 SGB V haben die Partner der Bundesmantelverträge eine Reihe von Qualitätssicherungsvereinbarungen, beispielsweise zur Schmerztherapie, in der Onkologie und der Radiologie, getroffen (siehe Rn 130).

230

---

220 Ebenso *Quaas/Zuck*, Fn 216.
221 KassKomm/*Hess*, SGB V, § 92 Rn 3.
222 Die RL dienen nach st. Rspr. des BSG der Absicherung des Wirtschaftlichkeitsgebotes: 14a/6 RKa 17/90, SozR3-2500 § 106 Nr. 12, zuletzt Urt. v. 31.5.2006 – B 6 KA 13/05 R.

231 *Praxistipp*
Eine Auflistung mit Links zu den Vertragstexten enthält die Homepage der KBV unter http://www.kbv.de/qs/qualitaet_index.htm.

232 § 135a SGB V verpflichtet die Leistungserbringer zur permanenten Sicherung und Weiterentwicklung der Qualität ihrer Leistungen entsprechend dem Stand der wissenschaftlichen Erkenntnisse. Zu diesem Zweck sind sie verpflichtet, sich an einrichtungsübergreifenden Maßnahmen der Qualitätssicherung zu beteiligen und einrichtungsintern ein Qualitätsmanagement einzuführen und weiterzuentwickeln. Die verpflichtenden Maßnahmen und Anforderungen sind in der Qualitätsmanagement-Richtlinie des G-BA nach § 136a SGB definiert.[223] Eine Pflicht zur Zertifizierung der Praxen nach einem QM-System besteht nicht.

233 Das GKV-WSG verpflichtet den G-BA in § 136 Abs. 2 S. 2 SGB V, jetzt auch in Richtlinien Kriterien zur Beurteilung der Qualität der Leistungen zu entwickeln, welche die KVen nach S. 1 der Vorschrift durch Stichproben oder ausnahmsweise auch durch Vollerhebungen zu prüfen haben. Ergänzend haben die KVen nach § 136 Abs. 1 SGB V Maßnahmen zur Förderung der Qualität der vertragsärztlichen Versorgung durchzuführen, diese zu dokumentieren und jährlich zu veröffentlichen.

234 Weil qualitativ unzureichende Leistungen als nicht abrechenbar gelten können, sofern entsprechende Garantieerklärungen in der Quartalssammelerklärung abgegeben werden mussten (siehe Rn 709) wird sich in diesem Bereich ein weiteres Betätigungsfeld des anwaltlichen Beraters eines geprüften Vertragsarztes ergeben.

F. Die vertragsärztliche Versorgung

Literatur

Behnsen, Die Neuordnung der psychotherapeutischen Versorgung, SGb 1998, 565; **Butzer**, § 95 SGB V und die Neuausrichtung des ärztlichen Berufsrecht, NZS 2005, 334; **Ebsen**, Die Neuordnung der ambulanten psychotherapeutischen Versorgung und das Leistungsrecht in der gesetzlichen Krankenversicherung, VSSR 2000, 277; **Hess**, Die Zukunft des Sicherstellungsauftrages durch die KVen unter Berücksichtigung neuer Versorgungsformen – aus Sicht der Kassenärztlichen Vereinigungen, MedR 2003, 137; **Hiddemann/Muckel**, Das Gesetz zur Modernisierung der gesetzlichen Krankenversicherung, NJW 2004, 7; **Kamps**, Die hausarztzentrierte Versorgung gemäß § 73b SGB V, 2004; **Muschallik**, Die Zukunft des Sicherstellungsauftrages durch die KVen unter Berücksichtigung neuer Versorgungsformen – aus Sicht der Kassenzahnärztlichen Vereinigungen, MedR 2003, 139; **Orlowski**, Ziele des GKV-Modernisierungsgesetzes (GMG), MedR 2004, 202; **Rebscher**, Die Zukunft des Sicherstellungsauftrages durch die KVen unter Berücksichtigung neuer Versorgungsformen – aus Sicht der Krankenkassen, MedR 2003, 145; **Reiter**, Haus- und fachärztliche Versorgung: Statusfragen und Rechtsprobleme der Bedarfsplanung, MedR 2001, 163; **Salzl/Steege**, Psychotherapeutengesetz, 1999; **Schirmer**, Eingliederung der Psychologischen Psychotherapeuten und Kinder- und Jugendlichenpsychotherapeuten in das System der vertragsärztlichen Versorgung, MedR 1998, 435; **Schneider**, Rechtsfragen zur Hausarzt- und Facharztregelung, MedR 1995, 175; **Schrinner**, Bedeutung, Umfang und Grenzen des Sicherstellungsauftrages der kassenärztlichen Vereinigung gem. § 75 SGB V, 1996; **Steinhilper/Schiller**, Privatärztliche Liquidation – Möglichkeiten und Grenzen bei Leistungen für GKV-Patienten. MedR 1997, 59; **Wenner**, Maßnahmen zur Qualitätssicherung in der vertragsärztlichen Versorgung auf dem Prüfstand der Rechtsprechung, NZS 2002, 1.

---

[223] § 136a SGB V wurde durch das GKV-WSG zum 1.8.2008 durch § 137 SGB V n.F. ersetzt, der den Aufgabenbereich des G-BA im Rahmen der Qualitätssicherung erheblich erweitert.

I. Die Versorgungsbereiche

1. Sektorale Versorgung

Die Versorgung der Bevölkerung mit medizinischen Leistungen, Arzneien und Hilfsmitteln ist teils aus traditionellen, teils aufgrund unterschiedlicher gesetzlicher Zuständigkeiten, in getrennten Bereichen oder Sektoren organisiert.

235

Diese gliedern sich in die **ambulante Versorgung**, die traditionell durch niedergelassene Ärzte und Zahnärzte geleistet wird. Daneben steht eigenständig der Bereich der **stationären Versorgung** (§ 39 SGB V), die den zugelassenen Krankenhäusern und stationären Einrichtungen vorbehalten ist (§§ 107 Abs. 1, 108 SGB V).

236

Die **rehabilitative Krankenbehandlung** (§ 40 SGB V), die **geriatrische Rehabilitation** (§ 40a SGB V)[224] und die **Anschlussheilbehandlung** (§ 43 Abs. 2 SGB V) werden außerhalb der ambulanten Versorgung und neben der stationären Versorgung durch spezielle **Rehabilitationseinrichtungen** (§§ 107 Abs. 2, 111 ff. SGB V) sichergestellt, die auch in der **berufsgenossenschaftlichen Rehabilitation** (§ 33 SGB VII) und in der in der Zuständigkeit der Rentenversicherungsträger unterliegenden **Rehabilitation zur Wiederherstellung der Erwerbsfähigkeit** (§§ 15, 31 SGB VI) tätig sein können.

237

Die **vertragsärztliche Versorgung** umfasst die ambulante ärztliche und zahnärztliche Versorgung und die Psychotherapie. Sie beinhaltet auch Teile der Krankenhausbehandlung, soweit diese als sektorenübergreifende ärztliche Behandlungsleistung erbracht wird. Weitere eigenständige Versorgungsbereiche sind für die Versorgung mit **Heilmitteln** (§§ 124 f. SGB V), mit **Hilfsmitteln** (§§ 126 ff. SGB V) und mit **Arzneimitteln** (§§ 129 ff. SGB V) geschaffen. Da in den Sektoren jeweils unterschiedliche Leistungserbringer tätig sind, die auf unterschiedliche Weise organisiert sind, haben sich in den einzelnen Versorgungsbereichen voneinander abweichende Strukturen und Vergütungssysteme herausgebildet. Die Gemeinsamkeit aller Versorgungsbereiche ist reduziert auf die Finanzierung der Leistungen über die Beitragsmittel der Krankenkassen.

238

2. Sektorenübergreifende Versorgungsformen

Es liegt auf der Hand, dass sich die Notwendigkeit der medizinischen Versorgung nicht nach Sektorengrenzen richtet, sondern von der Art und Schwere der Erkrankung abhängig ist, die ggf. in fachübergreifender und interdisziplinärer Zusammenarbeit aller Leistungserbringer behandelt werden muss. Starre Sektorengrenzen können sowohl einen zweckmäßigen, an medizinischen Erfordernissen ausgerichteten Therapieverlauf behindern, als auch den medizinischen Fortschritt. Zur Überwindung der **Sektorengrenzen** sind übergreifende Versorgungsformen notwendig, die vom Gesetzgeber zunehmend weiterentwickelt werden.[225]

239

Traditionelle Formen, die sowohl die Teilnahme an der ambulanten vertragsärztlichen Versorgung, wie auch an der stationären Krankenhausbehandlung ermöglichen, sind der **Belegarztstatus** eines niedergelassenen Vertragsarztes nach § 121 SGB V (siehe Rn 439 ff.) und die **Ermächtigung von Krankenhausärzten** zur Teilnahme an der am-

240

---

224 § 40a SGB V ist neu eingeführt durch das GKV-WSG. Der Gesetzgeber will zur Entlastung der Pflegeversicherung die präventive und rehabilitative Behandlung pflegebedürftiger Menschen, vor allem auch in stationären Pflegeeinrichtungen, verbessern, siehe BT-Drucks 16/3100 S. 106.

225 Erhebliche Erweiterungen brachte vor allem das GMG, siehe dazu *Orlowski*, MedR 2004, 202, 203 und *Hiddemann/Muckel*, NJW 2004, 7 f.

bulanten vertragsärztlichen Versorgung nach § 116 SGB V (siehe Rn 399 ff.). Mit dem GMG wurden das **Medizinische Versorgungszentrum** als neuer sowohl fachübergreifender als auch sektorenübergreifender Kooperationsstatus eingeführt (ausführlich dazu § 8). Alle drei Formen haben gemein, dass die ärztlichen Leistungen zur vertragsärztlichen Versorgung gehören und demnach aus der Gesamtvergütung bezahlt werden und die ärztlichen Leistungserbringer mithin den Regelungen des Vertragsarztrechts unterworfen sind.

241 Neben der durch **dreiseitige Verträge** nach §§ 115 ff. SGB V zu regelnden **vor- und nachstationären Behandlung im Krankenhaus** und neben dem **ambulanten Operieren im Krankenhaus** wurde ebenfalls durch das GMG den Krankenhäusern nach § 116b SGB V zusätzlich die Möglichkeit eröffnet, ambulante Behandlungen bei **hochspezialisierten Leistungen**, bei **seltenen Erkrankungen** und bei **Erkrankungen mit besonderen Verläufen** zu erbringen (siehe Rn 421 ff.).[226]

242 Die genannten Leistungsbereiche ermöglichen die Öffnung der Krankenhäuser für ambulante ärztliche Leistungen. Diese bleiben jedoch, soweit sie nicht von Vertragsärzten außerhalb des Krankenhauses erbracht werden (§ 115a Abs. 2 S. 5 SGB V), Krankenhausleistungen und gehören mithin nicht in die vertragsärztliche Versorgung (vgl. §§ 115b Abs. 5, 116b Abs. 5 SGB V).

243 Weitere Möglichkeiten zur sektorenübergreifenden Zusammenarbeit sind in der sog. **integrierten Versorgung** nach § 140a ff. SGB V eröffnet (ausführlich dazu § 8), was durch den in § 140b Abs. 4 SGB V aufgezeigten vertraglichen Regelungsbereich zum Ausdruck kommt.[227]

II. Inhalt der vertragsärztlichen Versorgung

1. Allgemeine Beschreibung

244 Die **vertragsärztliche Versorgung** ist der Oberbegriff für das gesamte Tätigwerden der zugelassenen Leistungserbringer und für die Krankenkassen, namentlich der Ärzte, der Zahnärzte sowie der psychologischen Psychotherapeuten und Kinder- und Jugendlichenpsychotherapeuten.[228]

245 Gegenstand der vertragsärztlichen Versorgung ist der Anspruch des Versicherten auf **Krankenbehandlung** im Sinne von § 27 SGB V, soweit dieser von den Krankenkassen als **Sachleistung** unter Zuhilfenahme der KVen erfüllt werden muss. Vereinfacht ausgedrückt gehören zur vertragsärztlichen Versorgung diejenigen Leistungen, die gegen Vorlage der **Krankenversichertenkarte** („Chipkarte") nach § 15 Abs. 2 SGB V und ggf. gesetzlich angeordneter Zuzahlung zu bekommen sind. Daran ändert sich auch nichts, wenn der Versicherte diese Leistungen über den Weg der Kostenerstattung bezieht, weil § 13 Abs. 2 S. 1 SGB V die Kostenerstattung anstelle der Sach- oder Dienstleistung gewährt.

---

226 Da von der im GMG vorausgesetzten vertraglichen Regelung zwischen Krankenhäusern und Krankenkassen kaum Gebrauch gemacht worden ist, gewährt der durch das GKV-WSG geänderte § 116b Abs. 2 SGB V den Krankenhäusern ein antragsabhängiges Recht, diese Leistungen selbst zu erbringen, vgl. BT-Drucks 16/3100 S. 139.
227 *Hiddemann/Muckel*, NJW 2004, 7, Fn 224.
228 *Heinemann/Liebold/Zalewski*, C 73–1.

§ 73 Abs. 2 SGB V zählt abschließend **zwölf Leistungsbereiche** auf, die zu den versicherten **Leistungsarten** nach § 11 Abs. 1 Nr. 2–4 SGB V gehören und inhaltlich deckungsgleich sind mit den in §§ 20–52 SGB V definierten Leistungen. Leistungen, auf die der Versicherte keinen Anspruch hat, können nicht zur vertragsärztlichen Versorgung gehören. Leistungen, die infolge eines Arbeitsunfalls oder einer Berufskrankheit erforderlich werden, sind nach § 11 Abs. 4 SGB V von der vertragsärztlichen Versorgung ausgeschlossen und der **gesetzlichen Unfallversicherung** zugewiesen.

246

2. Die ambulante ärztliche Versorgung

Die ambulante ärztliche Versorgung besteht nach dem Katalog des § 73 Abs. 2 SGB V im Kern aus der herkömmlichen **ärztlichen Heilbehandlung**[229] einschließlich der **medizinischen Vorsorge** nach § 23 SGB V (Nr. 1). Dazu gehört auch die Anordnung der Hilfeleistung anderer Personen (Nr. 6) und die **Verordnungstätigkeit** des Arztes (Nr. 7), speziell die Verordnung von Arznei-, Verband-, Heil- und Hilfsmitteln, häuslicher Krankenpflege (Nr. 8) und von Leistungen zur medizinischen Rehabilitation (Nr. 5), ebenso Krankentransporte. Ebenfalls per Verordnung erfolgt die Einweisung ins Krankenhaus oder zur Behandlung in Vorsorge- oder Rehabilitationseinrichtungen (Nr. 7). Neu in den Katalog der verordnungsfähigen Leistungen wurde mit § 37a SGB V i.d.F. GRG zum 1.1.2000 die Verordnung von **Soziotherapie** aufgenommen (Nr. 12). Besonders genannt, da nicht zur Krankenbehandlung gehörend, werden die **Früherkennungsmaßnahmen** nach §§ 25 f. SGB V, die im Rahmen des vom G-BA in den Früherkennungs-RL geregeltem Umfang als vertragsärztliche Leistung erbracht werden (Nr. 3). Einen weiteren Bereich stellen die **(frauen-)ärztliche Betreuung** bei Schwangerschaft und Mutterschaft (Nr. 4) und medizinische Maßnahmen zur Herbeiführung einer Schwangerschaft in dem in § 27a Abs. 1 SGB V definierten Umfang (Nr. 10) dar, ebenso die Empfängnisverhütung und die Sterilisation nach §§ 24a und 24b SGB V (Nr. 11). Als gesonderte Leistungen werden in Nr. 9 die **Ausstellung von Bescheinigungen** und Erstellung von Berichten, die die Krankenkassen oder der Medizinische Dienst (§ 275 SGB V) zur Durchführung ihrer gesetzlichen Aufgaben oder die die Versicherten für den Anspruch auf Fortzahlung des Arbeitsentgelts benötigen,[230] aufgeführt.

247

3. Die zahnärztliche Versorgung

Die vertragszahnärztliche Versorgung nach § 73 Abs. 2 Nr. 2 und 2a SGB V umfasst die **zahnärztliche Behandlung** nach § 28 Abs. 2 SGB V, die **kieferorthopädische Behandlung** nach § 29 SGB V und die **Versorgung mit Zahnersatz** in dem in § 56 Abs. 2 SGB V beschriebenen Umfang.

248

In der zahnärztlichen Versorgung bestehen die vom ärztlichen Bereich abweichenden Besonderheiten, dass schon das Leistungsrecht und nicht erst der einheitliche Bewertungsmaßstab die vertragszahnärztlichen Leistungen relativ genau definiert bzw. einschränkt und der Behandler gleichwohl mit Einverständnis des Versicherten darüber hinausgehende Leistungen gegen **Zuzahlung** erbringen darf (z.B. Mehrkosten bei Füllungen, siehe § 28 Abs. 2 S. 2 SGB V).

249

---

[229] Nach § 48 Abs. 1 S. 1 SGB V ist ärztliche Behandlung die Tätigkeit des Arztes, die zur Verhütung, Früherkennung und Behandlung von Krankheiten nach den Regeln der ärztlichen Kunst ausreichend und zweckmäßig ist.

[230] Sog. „AU-Bescheinigungen".

250 Die **Zahnersatzversorgung** (einschließlich Zahnkronen und Supraversorgungen) gehört nach strenger Definition nicht zur Tätigkeit des Zahnarztes, die zur Verhütung, Früherkennung und Behandlung von Zahn-, Mund- und Kieferkrankheiten nach den Regeln der zahnärztlichen Kunst ausreichend und zweckmäßig ist (vgl. § 28 Abs. 2 S. 1 SGB V), sondern stellt ein eigenständiges Leistungsspektrum dar, das regelmäßig Gegenstand gesetzlicher Veränderung war.[231] Derzeit gehören noch konservierend-chirurgische und Röntgenleistungen, die im Zusammenhang mit Zahnersatz anfallen, zur vertragszahnärztlichen Behandlung (ausführlich dazu siehe Rn 689 ff.).

251 Für die **medizinisch notwendige Versorgung mit Zahnersatz** einschließlich Zahnkronen und Suprakonstruktionen gewährt die Krankenkasse nach § 55 Abs. 1 SGB V einen **befundbezogenen Festzuschuss**. Die Höhe des Festzuschusses richtet sich nach den vom G-BA in Richtlinien festgelegten **Regelversorgungen** (§ 56 SGB V). Den darüber hinausgehenden Aufwand muss der Versicherte mit eigenen Mitteln bestreiten.

252 Da sich der Anspruch des Versicherten gegenüber der Krankenkasse nur noch auf den Zuschuss und nicht mehr auf die Inanspruchnahme der Leistung richtet, handelt es sich um einen besonders geregelten Fall der **Kostenerstattung** nach § 13 Abs. 1 SGB V mit der Folge, dass Zahnersatz nicht mehr als **Sachleistung** bezogen wird.[232] Nur noch die Regelversorgungen nach § 56 Abs. 2 SGB V gehören kraft ausdrücklicher Einbeziehung in § 73 Abs. 2 Nr. 2a SGB V zur vertragszahnärztlichen Versorgung. Die dazu erforderlichen Verfahrensweisen sind nach Vorgaben des § 87 Abs. 1a SGB V in den **Bundesmantelverträgen** geregelt. Die Leistungen der **Zahntechniker**, die von den Zahnärzten betraut werden, gehören zur Zahnersatzversorgung und teilen insoweit deren rechtliches Schicksal.

253 Die über die Regelversorgungen hinausgehenden Leistungen und die **andersartigen Leistungen**[233] sind Privatbehandlungsleistungen kraft besonderer vertraglicher Vereinbarung und unterliegen damit nicht mehr den Regelungen des Vertragszahnarztrechts hinsichtlich Wirtschaftlichkeit, Abrechnungsprüfung, Qualität u.Ä. Maßgeblich ist insoweit der zwischen Patient und Zahnarzt geschlossene Behandlungsvertrag.

254 Trotz der weitgehenden Ausgliederung des Zahnersatzes aus dem Sachleistungssystem blieb die Verpflichtung in § 136b Abs. 2 S. 3 und 4 SGB V,[234] neben Füllungen auch für Zahnersatz eine zweijährige Gewähr in Form kostenfreier Erneuerungen zu übernehmen, erhalten. Diese Verpflichtung gilt nicht nur gegenüber den Krankenkassen, sondern auch gegenüber den Patienten, was aus S. 7 der Vorschrift folgt.

255 Ebenso wie der Vertragarzt verordnet der Vertragszahnarzt im Rahmen der vertragszahnärztlichen Versorgung Arzneimittel und Krankenhausbehandlung zu Lasten der Krankenkassen.

4. Neue Untersuchungs- und Behandlungsmethoden

256 Neue Untersuchungs- und Behandlungsmethoden sind nur dann Gegenstand der vertragsärztlichen Versorgung, wenn der **G-BA** nach § 135 Abs. 1 SGB V **Empfehlungen** über

---

231 Zum alten Rechtsstand bis 31.12.2004 vgl. den mehrfach veränderten und mit dem GMG abgeschafften § 30 SGB V, zuletzt i.d.F. GSG.
232 Ebenso *Quaas/Zuck*, § 29 Rn 16.
233 Vgl. § 55 Abs. 2 S. 1 Hs. 2 SGB V.
234 Ab 1.7.2008 § 137 Abs. 4 S. 3 f SGB V i.d.F. GKV-WSG.

- die Anerkennung des diagnostischen und therapeutischen Nutzens der neuen Methode sowie deren medizinische Notwendigkeit und Wirtschaftlichkeit – auch im Vergleich zu bereits zu Lasten der Krankenkassen erbrachten Methoden – nach dem jeweiligen Stand der wissenschaftlichen Erkenntnisse in der jeweiligen Therapierichtung,
- die notwendige Qualifikation der Ärzte, die apparativen Anforderungen sowie Anforderungen an Maßnahmen der Qualitätssicherung, um eine sachgerechte Anwendung der neuen Methode zu sichern, und
- die erforderlichen Aufzeichnungen über die ärztliche Behandlung

abgeben hat.[235]

Die gesetzliche Einschränkung und Delegation auf den G-BA hat den Zweck, den Versorgungsbereich der gesetzlichen Krankenversicherung nicht auf Behandlungsmethoden ausdehnen zu müssen, deren **medizinischer Nutzen** zweifelhaft bzw. nicht erprobt ist. Es handelt sich insofern um ein **Verbot mit Erlaubnisvorbehalt** (ausführlich dazu siehe § 6 Rn 121 ff.).

Die sog. neuen Untersuchungs- und Behandlungsmethoden begrenzen einerseits den **Leistungsanspruch des Versicherten**, was im Hinblick auf neue Erkrankungsformen und schulmedizinisch nicht therapierbare Symptomatiken regelmäßig die Sozialgerichte beschäftigen muss, anderseits beschränken sie auch die **Therapiefreiheit** des Vertragsarztes, der ggf. von ihm für wirksam und sinnvoll erachtete Therapien nicht zu Lasten der **Gesamtvergütung** erbringen darf.

5. Arzneimittelversorgung

Die Arzneimittelversorgung ist insofern Bestandteil der vertragsärztlichen Versorgung, als der Vertragsarzt berechtigt ist, zu Lasten der Krankenkassen Arzneimittel zu verordnen (§ 73 Abs. 2 Nr. 7 SGB V). Die generelle Verordnungspflichtigkeit von Arzneimitteln legt das Arzneimittelrecht fest. Die Verordnungsfähigkeit zu Lasten der gesetzlichen Krankenversicherung ist grundsätzlich frei, kann aber durch den GB-A in Richtlinien, in denen er die Verordnung einzelner Arzneimittel einschränken oder ausschließen kann (§ 92 Abs. 1 SGB V), geregelt werden. Die Wirtschaftlichkeit der Verordnungsweise des Vertragsarztes wird nachträglich auf Einhaltung von Richtgrößen oder nach Durchschnittswerten geprüft (§ 106 Abs. 2 Nr. 1 SGB V). Die hieraus den Ärzten drohenden Regressgefahren haben die tatsächlichen Verordnungsmöglichkeiten in den letzten Jahren faktisch sehr stark eingeschränkt.

Der GB-A hat nach § 73d SGB V i.d.F. GKV-WSG in Richtlinien das Nähere zur Verordnung besonderer Arzneimittel, das sind Spezialpräparate mit hohen Jahrestherapiekosten oder mit erheblichem Risikopotenzial, bei denen aufgrund ihrer besonderen Wirkungsweise zur Verbesserung der Qualität ihrer Anwendung besondere Fachkenntnisse erforderlich sind, zu beschließen. Diese darf der Arzt künftig nur noch nach Einholung einer Zweitmeinung eines für die besondere Arzneimitteltherapie qualifizierten Arztes verordnen. Alternativ dürfen diese besonderen Arzneimittel durch die für besondere Arzneimitteltherapien qualifizierten Ärzte verordnet werden. Die Anforderungen an diese Qualifikation sind ebenfalls noch in Richtlinien des GB-A festzulegen. Die Ärzte, welche diese Qualifikationsanforderungen erfüllen, werden einvernehmlich durch die KV und die Landesverbände der Krankenkassen und Verbände der Ersatzkassen be-

---

235 Siehe dazu die BuB-RL des G-BA.

stimmt, wenn sie ihre Beziehungen zur pharmazeutischen Industrie einschließlich Art und Höhe von Zuwendungen offen legen (§ 73d Abs. 2 S. 1 SGB V i.d.F. GKV-WSG). Welche Qualifikationen man für besondere Arzneimitteltherapien verlangen wird, bleibt abzuwarten. Das ärztliche Weiterbildungssystem enthält bisher noch keinen entsprechenden Ausbildungsgang.

III. Die Trennung hausärztlicher und fachärztlicher Versorgung

1. Die Intention des Gesetzgebers

261 Nach dem durch das GSG zum 1.1.1993 geschaffenen § 73 Abs. 1 SGB V gliedert sich die vertragsärztliche Versorgung in die **hausärztliche und die fachärztliche Versorgung**. Ergänzend dazu verlangt § 95a Abs. 1 Nr. 2 SGB V für die Eintragung in das **Arztregister** als Voraussetzung einer **Zulassung** entweder eine **Weiterbildung** zum **Arzt für Allgemeinmedizin** oder eines **anderen Fachgebietes** mit der Befugnis zur **Führung einer Gebietsbezeichnung**. Es gibt damit innerhalb der vertragsärztlichen Versorgung zwei Versorgungsbereiche, die inzwischen realiter auch weitgehend undurchlässige Grenzen aufweisen. Die Aufgliederung der vertragsärztlichen Versorgung in einen hausärztlichen und einen fachärztlichen Versorgungsbereich ist verfassungsgemäß.[236]

262 Der Gesetzgeber wollte mit der Aufgliederung zur **Qualitätssicherung** beitragen.[237] Er war dabei von der Vorstellung geleitet, dass sich in der ambulanten ärztlichen Versorgung zwei Grundfunktionen unterscheiden lassen. Die hausärztliche Versorgung ist charakterisiert durch inhaltlich intensivierte Betreuung des Patienten in seinem sozialen Umfeld einschließlich der Koordinierung und Dokumentation der Behandlungsabläufe. In die Zuständigkeit der fachärztlichen Versorgung fallen dagegen die spezialisierten Untersuchungen und speziellen diagnostischen und technischen Leistungen.

263 Letztlich bezweckt der Gesetzgeber mit der Gliederung der vertragsärztlichen Versorgung in eine hausärztliche Versorgung einerseits und eine fachärztliche Versorgung andererseits eine **fachliche Steuerung** des Arztsystems vor dem Hintergrund einer bestehenden Überversorgung.[238] Zur Beseitigung ökonomischer Fehlentwicklungen in der vertragsärztlichen Versorgung durch ungeregelte und vermeintlich teure Inanspruchnahme der Fachärzte, sollte die Funktion des Hausarztes gestärkt werden. Dieses gesetzgeberische Ziel rechtfertigt die damit verbundenen Eingriffe in die Rechte der Ärzte.[239]

---

[236] St. Rspr. vgl. BSG – 6 RKa 90/96, MedR 1998, 239; BSG – 6 RKa 58/96, NJW 1999, 888; BVerfG – 1 BvR 2507/97, MedR 1999, 560; zuletzt BSG, Urt. v. 6.9.2006 – B 6 KA 29/05 im Hinblick auf die Aufteilung der Gesamtvergütungen in einen für die hausärztliche und einen für die fachärztliche Versorgung bestimmten Anteil, siehe dazu auch Rn 634.
[237] *Wenner*, NZS 2002, 1. Der Gesetzgeber wollte ferner den schon mit dem GRG zum 1.1.1999 erteilten Auftrag an die Selbstverwaltung, die hausärztliche und fachärztliche Versorgung gemäß ihrer unterschiedlichen Funktionen zu strukturieren, konkretisieren und damit mehr Nachdruck verleihen (BT-Drucks 12/3608).
[238] *Schneider*, MedR 1995, 175.
[239] BSG – B 6 KA 74/04 R, GesR 2006, 496.

2. Die Grenzen der Versorgungsbereiche

Die Grenzziehung zwischen hausärztlicher und fachärztlicher Versorgung wird in § 73 Abs. 1a SGB V durch die Zuordnung der **ärztlichen Fachgebiete** zu den Bereichen dergestalt vorgenommen, dass **Allgemeinärzte, Kinderärzte, Internisten ohne Schwerpunktbezeichnung**, die die Teilnahme an der hausärztlichen Versorgung gewählt haben und **praktische Ärzte** (§ 95a Abs. 4 SGB V) den **Hausärzten** zugeordnet werden. Alle übrigen Fachgebiete zählen zur fachärztlichen Versorgung.

Nach § 73 Abs. 1a S. 3 SGB V kann der Zulassungsausschuss für Kinderärzte und Internisten ohne Schwerpunktbezeichnung bei Vorliegen eines entsprechenden Versorgungsbedarfs eine befristete Ausnahmeregelung von der grundsätzlichen Zuordnung gestatten. Für Allgemeinärzte sieht das Gesetz diese Möglichkeit in verfassungsrechtlich zulässiger Weise nicht vor, ebenso wenig gibt es eine gesetzliche Grundlage, Allgemeinärzten die Erbringung einzelner fachärztlicher Leistungen zu gestatten.[240]

Nach § 73 Abs. 1 S. 2 SGB V gehören zur hausärztlichen Versorgung die folgenden vier **Tätigkeitsfelder**:
- die allgemeine und fortgesetzte ärztliche Betreuung eines Patienten in Diagnostik und Therapie bei Kenntnis seines häuslichen und familiären Umfeldes, wobei Behandlungsmethoden, Arznei- und Heilmittel der besonderen Therapierichtungen nicht ausgeschlossen sind;
- die Koordination diagnostischer, therapeutischer und pflegerischer Maßnahmen;
- die Dokumentation, insbesondere Zusammenführung, Bewertung und Aufbewahrung der wesentlichen Behandlungsdaten, Befunde und Berichte aus der ambulanten und stationären Versorgung;
- die Einleitung oder Durchführung präventiver und rehabilitativer Maßnahmen sowie die Integration nichtärztlicher Hilfen und flankierender Dienste in die Behandlungsmaßnahmen.

Details der hausärztlichen Versorgung, insbesondere die Abgrenzung zur fachärztlichen Versorgung, die Zugangskriterien sowie Übergangsfristen bis Ende 2002 für die Abrechnung bisher erbrachter fachärztlicher Leistungen für vor Inkrafttreten der Neuregelung bereits zugelassene Ärzte, sind im sog. **Hausarztvertrag**,[241] der jeweils als Anlage 5 Bestandteil des BMV-Ä und des EKV-Ä ist, festgelegt. Mit dem GKV-WSG wurde zum 1.4.2007 § 73 Abs. 1c SGB V, der die Partner der Bundesmantelverträge zu dieser einheitlichen vertraglichen Ausgestaltung der hausärztlichen Versorgung verpflichtete, aufgehoben.[242] Der Gesetzgeber will damit mehr Vertragsfreiheit zulassen.[243] Gleichzeitig entfällt die hausärztliche Grundvergütung nach § 87 Abs. 2a S. 4 SGB V i.d.F. GMG.

§ 87 Abs. 2a SGB V verpflichtet den **Bewertungsausschuss** die Aufgliederung der Versorgungsbereiche unbeschadet einiger gemeinsam abrechenbarer Leistungen in den Leistungsdefinitionen des **EBM** abzubilden und entweder exklusiv den Hausärzten oder den Fachärzten vorzubehalten. Der Bewertungsausschuss ist diesem Auftrag zu-

---

240 Ausführlich dazu BSG – B 6 KA 74/04 R, GesR 2006, 496.
241 DÄBl. 1993, A 2174.
242 Die Regelungen des Hausarztvertrages bestehen bis zur Kündigung fort, weil die Organisation der vertragsärztlichen Versorgung, zu der die gesetzlich gewollte Trennung der haus- und fachärztlichen Versorgung gehört, Bestandteil der allgemeinen Vertragskompetenz des § 87 Abs. 1 SGB V ist.
243 BT-Drucks 16/3100 S. 111.

nächst mit dem sog. KO-Katalog[244] und aktuell mit dem zum 1.4.2005 in Kraft getretenen EBM 2000 plus konsequent wie folgt nachgekommen (ausführlich dazu siehe Rn 609 ff.):

269 Die abrechnungsfähigen Leistungen gliedern sich in folgende drei Bereiche:
- arztgruppenübergreifende allgemeine Leistungen;
- arztgruppenspezifische Leistungen;
- arztgruppenübergreifende spezielle Leistungen.[245]

270 Die arztgruppenspezifischen Leistungen unterteilen sich in hausärztliche und fachärztliche Leistungen.[246] Arztgruppenspezifische Leistungen können nur von den in der Präambel des entsprechenden Kapitels bzw. Abschnitts genannten Vertragsärzten, die die dort aufgeführten Kriterien erfüllen, berechnet werden.[247]

271 In den **Präambeln** der einzelnen Fachkapitel werden die Facharztgruppen aufgeführt, die berechtigt sind, die definierten Leistungen abzurechnen. Die im Abschnitt „III Arztgruppenspezifische Leistungen" für den hausärztlichen Versorgungsbereich (Abschnitt III.a 3) maßgebliche Präambel lautet:

Die in diesem Kapitel aufgeführten Leistungen können – unbescheidet der Regelung gemäß 6.2 der Allgemeinen Bestimmungen – ausschließlich von
- *Fachärzten für Allgemeinmedizin,*
- *Praktischen Ärzten,*
- *Ärzten ohne Gebietsbezeichnung,*
- *Fachärzten für Innere Medizin ohne Schwerpunktbezeichnung,*

die gegenüber dem Zulassungsausschuss ihre Teilnahme an der hausärztlichen Versorgung gemäß § 73 Abs. 1a SGB V erklärt haben, berechnet werden.

272 Die Präambeln für die einzelnen fachärztlichen Gebiete sind durchgehend entsprechend folgendem Beispiel des Kapitels „5 Anästhesiologische Leistungen" im Abschnitt „IIIb. Fachärztlicher Versorgungsbereich" formuliert:

Die in diesem Kapitel aufgeführten Leistungen können ausschließlich von Fachärzten für Anästhesiologie berechnet werden.

273 Wichtig

Anders als im früheren EBM 1996 ist es nicht mehr möglich, dass Ärzte Leistungen, die im EBM 2000 plus anderen Fachgebieten zugeordnet sind, aber nach den insoweit maßgeblichen Gebietsdefinitionen der Weiterbildungsordnung erbracht werden dürfen, abrechnen können. Auch gibt es keine in den Weiterbildungsordnungen definierten Fachgebiete mehr, wie früher beispielsweise die Fachärzte für physikalische und rehabilitative Medizin,[248] deren Leistungen nicht in einem eigenen Fachkapitel im EBM abgebildet sind.

---

244 Beschlüsse aus der 63. Sitzung vom 20.6.2000, DÄBl. 2000, A 1920, sowie 86. Sitzung, DÄBl. 2004, C 118 und 90. Sitzung, DÄBl. 2004, A 2559.
245 EBM I. Allgemeine Bestimmungen 1.2.
246 EBM I. Allgemeine Bestimmungen 1.2.1.
247 EBM I. Allgemeine Bestimmungen 1.5.
248 Jetzt EBM Abschnitt III, Kap. 27.

3. Die Folgen der Trennung

Die Folgen der Trennung der hausärztlichen von der fachärztlichen Versorgung waren nach der abrechnungstechnischen Umsetzung im EBM für die **Allgemeinärzte** und die **Internisten ohne Schwerpunktbezeichnung** fatal. Beide Fachgruppen haben einen erheblichen Leistungsanteil, vor allem im diagnostisch-technischen Bereich, beispielsweise Langzeit-EKG, laboratoriumsmedizinische Untersuchungen im Speziallabor (Kap. O III EBM), teilradiologische Diagnostik und Gastroskopien, der nach den Weiterbildungsordnungen zum Fachgebiet zählt, verloren. Damit hat die Aufgliederung der vertragsärztlichen Versorgung gegenüber den betroffenen Allgemeinärzten nicht nur vergütungsrechtliche Folgen, sondern führt zwangsläufig über die Beschränkung des ärztlichen Tätigkeitsfeldes zu einem veränderten Berufsstatus. Der Allgemeinarzt im Sinne eines ärztlichen Generalisten ist in der vertragsärztlichen Versorgung nicht mehr möglich.[249]

Die **gleichzeitige Teilnahme** an der hausärztlichen und fachärztlichen Versorgung ist grundsätzlich ausgeschlossen.[250] Gerade für die Internisten ohne Schwerpunktbezeichnung, die am 1.1.1993 an der vertragsärztlichen Versorgung teilgenommen haben, war die durch die gesetzliche Gliederung der Versorgungsbereiche notwendig gewordene Entscheidung, welchem Versorgungsbereich sie sich anschließen werden, sehr schwierig und mit existenziellen Folgen verbunden.[251] Die Mehrheit dieser Internisten hat sich innerhalb des bis zum 31.12.2000 letztmalig möglichen Wechsels der Versorgungsbereiche[252] für die Teilnahme an der hausärztlichen Versorgung entschieden, ohne dass sie dieser Entscheidung den zu diesem Zeitpunkt noch immer sich im Planungsstadium befindlichen neuen EBM 2000 zugrunde legen konnten. Die wirtschaftlichen Folgen dieser Entscheidung hinsichtlich des verbleibenden Abrechnungsspektrums waren daher nicht vorhersehbar.

Gerade Internisten, deren Praxisstruktur in gleichem Maße auf hausärztlichen wie auch fachinternistischen Leistungen beruhte, waren zu einem Vabanquespiel gezwungen. Vermutlich scheuen viele Internisten die vermuteten finanziellen Risiken einer mit größeren Investitionen in die technische Praxisausstattung verbundenen fachinternistischen Tätigkeit. Als Folge dieser Entwicklung fehlten plötzlich in manchen Zulassungsbezirken Fachinternisten, z.B. in der Kardiologie oder Gastroenterologie.

Hoffnungen auf eine verfassungsrechtlich gebotene Auflockerung der Trennlinie zwischen den Versorgungsbereichen haben sich nicht erfüllt,[253] insbesondere fehlt eine gesetzliche Grundlage, Allgemeinärzten die Erbringung einzelner fachärztlicher Leistungen zu genehmigen. Einer diesbezüglich analogen Anwendung der für Kinderärzte und Internisten ohne Schwerpunktbezeichnung geschaffenen Regelung des § 73 Abs. 1a S. 3 SGB V hat das BSG mangels planwidriger Lücke eine Absage erteilt.[254]

---

249 Das BSG vertritt dagegen die Auffassung, „die Zuordnung zum hausärztlichen oder fachärztlichen Versorgungsbereich bewirkt für den Vertragsarzt ausschließlich vergütungsrechtliche Konsequenzen, während sie seinen berufsrechtlichen Status unberührt lässt", Beschl. v. 11.11.2005 – B 6 KA 12/05 B.
250 BSG – B 6 KA 74/04 R, GesR 2006, 496.
251 Ebenso der Bewertungsausschuss im Beschluss aus der 63. Sitzung, siehe Fn 244.
252 KassKomm/*Hess*, SGB V, § 73 Rn 6.
253 BSG, Beschl. v. 11.11.2005 – B 6 KA 12/05 B.
254 BSG – B 6 KA 74/04 R, GesR 2006, 496. Allerdings sind die Fachärzte zur Teilnahme am hausärztlichen Notdienst verpflichtet, wenn kein fachärztlicher Notdienst eingerichtet ist, BSG, Urt. v. 6.9.2006 – B 6 KA 43/05 R.

278 Die verbleibende Möglichkeit, nach § 73 Abs. 1a S. 5 SGB V die **ausschließliche Teilnahme** an der fachärztlichen Versorgung zu beantragen, scheitert in den meisten Fällen an den weit verbreiteten Zulassungssperren für Fachinternisten oder daran, dass sich für die daran interessierten Allgemeinärzte kein wirtschaftlich tragfähiges Leistungsspektrum ergeben wird, das nach Wegfall der hausärztlichen Leistungen eine Auslastung der Praxis garantiert.

279 *Praxistipp*
In Gebieten, in denen ein nachweisbarer Versorgungsbedarf bei fachärztlichen Leistungen besteht, kann die KV im Rahmen ihrer allgemeinen Sicherstellungsverpflichtung nach §§ 72, 75 SGB V Hausärzten die Erbringung einzelner fachärztlicher Leistungen genehmigen, soweit diese noch zum Fachgebiet des Antragstellers gehören. Einen diesbezüglichen Hinweis enthält Ziff. 3 der „Ergänzenden Vereinbarung zur Reform des einheitlichen Bewertungsmaßstabes (EBM) zum 1.4.2005".[255]

280 Der Gesetzgeber wollte durch die Trennung der hausärztlichen von der fachärztlichen Versorgung keinen neuen Arzttyp im Sinne eines Berufsbildes schaffen.[256] Die aber inzwischen nicht nur abrechnungstechnisch, sondern auch in der Bedarfsplanung und bei der Honorarverteilung vollzogene Trennung hat aber faktisch zur Folge, dass sich der ursprüngliche allgemeinärztliche Generalist wie auch der Internist ohne Schwerpunktbezeichnung zu einem in seinem Tätigkeitsbereich erheblich eingeschränkten vertragsärztlichen Hausarzt wandeln mussten. Da bei der Ausschreibung hausärztlicher Praxissitze nach § 103 Abs. 4 S. 5 SGB V seit dem Jahre 2006 vorrangig Allgemeinärzte zu berücksichtigen sind, gehört der hausärztliche Internist ohne Schwerpunktbezeichnung auch noch einer aussterbenden Arztgattung an. Damit wird zwar nicht rechtlich verpflichtend, aber faktisch unumstößlich der Hausarzt als neuer Arzttyp manifestiert.

IV. Die psychotherapeutische Versorgung

1. Die Rechtslage vor Inkrafttreten des Psychotherapeutengesetzes

281 Nach § 28 Abs. 3 SGB V gehört die **psychotherapeutische Behandlung** zur vertragsärztlichen Versorgung. Zuständig waren mangels anderweitiger Leistungserbringer die Vertragsärzte, welche allerdings die Nachfrage mangels entsprechender Zusatzausbildungen nicht befriedigen konnten. Die Krankenkassen waren dadurch genötigt, die **psychotherapeutische Versorgung** ihrer Versicherten anderweitig zu ermöglichen, in der Regel durch Erstattung der Kosten der Inanspruchnahme psychologisch tätiger Heilpraktiker.[257]

282 Um dem eingetretenen Wildwuchs entgegen zu steuern, sahen die alten **Psychotherapie-Richtlinien** des Bundesausschusses der Ärzte und Krankenkassen[258] ein sog. **Delegationsverfahren** vor, wonach nichtärztliche Psychotherapeuten, die eine in den Richtlinien definierte Qualifikation aufzuweisen hatten, unter ärztlicher Aufsicht die Be-

---

255 DÄBl. 2005, A 77, S. 92.
256 Berufsrecht der Heilberufe ist Ländersache: *Butzer*, NZS 2005, 344.
257 Zum Rechtszustand vor Inkrafttreten des PTG vgl. *Salzl/Steege*, S. 17 ff.
258 BAnz. 1997, Nr. 49 S. 2946.

handlung der Versicherten übernehmen konnten. Mit Inkrafttreten des PTG[259] zum 1.1.1999 gibt es zum ersten Mal ein kodifiziertes Berufsrecht für die beiden neu geschaffenen nichtärztlichen Heilberufe, namentlich den **psychologischen Psychotherapeuten** und den **Kinder- und Jugendlichenpsychotherapeuten**.

Das Gesetz regelt die Anforderungen an die Erteilung der Approbation[260] und ermöglicht über die neu geschaffenen Abs. 10–13 des § 95 SGB V die Zulassung der approbierten Psychotherapeuten zur vertragsärztlichen Versorgung als gleichberechtigte Leistungserbringer neben den Ärzten und Zahnärzten[261] (ausführlich dazu siehe Rn 356 ff.).

2. Inhalt und Umfang der psychotherapeutischen Versorgung

§ 28 Abs. 3 SGB V ist eine im Vergleich zu den vorangehenden Absätzen der Vorschrift verunglückte Regelung, weil sie keinerlei inhaltliche Umschreibung der psychotherapeutischen Behandlung im Rahmen der vertragsärztlichen Versorgung enthält, sondern diese dadurch konkretisiert, dass festgestellt wird, dass die Behandlung durch die zugelassenen Psychotherapeuten gemäß den Richtlinien nach § 92 erbracht wird.

Was unter **Ausübung von Psychotherapie** zu verstehen ist, definiert Art. 1 § 1 Abs. 3 PTG als jede mittels wissenschaftlich anerkannter psychotherapeutischer Verfahren vorgenommene Tätigkeit zur Feststellung, Heilung oder Linderung von Störungen mit Krankheitswert, bei denen Psychotherapie indiziert ist. Da sich diese Definition letztlich darauf zurückführen lässt, dass Psychotherapie ausgeübt wird, wenn sie nach dem Krankheitsbild indiziert ist, hilft sie konkret nicht weiter.

Entscheidend für die Konkretisierung der psychotherapeutischen Leistungen als Bestandteil der vertragsärztlichen Versorgung sind die **Psychotherapie-Richtlinien** des G-BA.[262] Danach kann **Psychotherapie** erbracht werden, soweit und solange eine **seelische Krankheit**, die der willentlichen Steuerung durch den Patienten nicht mehr oder nur zum Teil zugänglich ist, vorliegt, unter der eine krankhafte Störung der Wahrnehmung, des Verhaltens, der Erlebnisverarbeitung, der sozialen Beziehungen und der Körperfunktionen oder auch eine geistige oder seelische Behinderung, bei der Rehabilitationsmaßnahmen notwendig werden, verstanden wird (A 1.2. RL).

Zur vertragsärztlichen Versorgung werden zwei Behandlungsrichtungen zugelassen, nämlich die **analytisch begründeten Verfahren**, namentlich die tiefenpsychologisch fundierte Psychotherapie oder die analytische Psychotherapie (B 1.1 RL), und die **Verhaltenstherapie** (B 1.2 RL). Als Anwendungsformen stehen Einzel- oder Gruppentherapie zur Verfügung (B II. RL). Des Weiteren gehört noch die **psychosomatische Grundversorgung** zum Leistungsspektrum innerhalb der vertragsärztlichen Versorgung (A 7. RL).

---

259 Gesetz über die Berufe des psychologischen Psychotherapeuten und des Kinder- und Jugendlichenpsychotherapeuten sowie zur Änderung des Fünften Buches Sozialgesetzbuch und anderer Gesetze vom 16.6.1998 (BGBl I, 1311).
260 Art. 1 PTG.
261 Art. 2 PTG.
262 Vom 11.12.1998 (BAnz. 1999, S. 249) i.d.F. vom 20.6.2006 (BAnz. 2006, Nr. 176).

V. Die Sicherstellung der vertragsärztlichen Versorgung

1. Inhalt und Bedeutung der Sicherstellung

288 Die Systematik der gesetzlichen Krankenversicherung führt zu der Notwendigkeit, quantitativ und qualitativ bedarfsgerechte Behandlungsangebote aller medizinischer Disziplinen vorzuhalten, um die auf Seiten der Krankenkassen bestehenden Verpflichtungen, ihren Versicherten die notwendigen Behandlungsleistungen zu verschaffen, abzusichern. Einen entsprechenden **qualifizierten Auftrag** an die Krankenkassen und die Leistungserbringer enthält § 70 SGB V, der gleichzeitig den **allgemeinen, anerkannten Stand der medizinischen Erkenntnisse** als Standard vorgibt.

289 § 72 Abs. 1 SGB V geht einen Schritt weiter und verpflichtet die dort namentlich aufgeführten Leistungserbringer und die Krankenkassen, zur **Sicherstellung** der **vertragsärztlichen Versorgung** der Versicherten zusammen zu wirken. Nach § 72 Abs. 2 SGB V ist die vertragsärztliche Versorgung durch Verträge zwischen KVen bzw. KZVen und Krankenkassen auszugestalten (vgl. Rn 103 ff.). Die Sicherstellung derselben ist damit grundsätzlich eine **gemeinsame Angelegenheit** der genannten Körperschaften. Das gilt im Zweifel für alle Angelegenheiten, für die nicht ausdrücklich die alleinige Zuständigkeit einer Körperschaft begründet ist.[263] Dieser Grundsatz findet seinen Niederschlag in der paritätischen Besetzung aller Gremien der gemeinsamen Selbstverwaltung und der daraus folgenden Aufgabenteilung (vgl. Rn 51 ff.).

290 Gegenstand der Sicherstellung ist die **vertragsärztliche, vertragszahnärztliche und psychotherapeutische Versorgung** in ihrer gesetzlichen und durch die **Gesamtverträge** und **Richtlinien** des G-BA konkretisierten Ausgestaltung (siehe Rn 110 ff.). Entsprechendes gilt für die Versorgung der Versicherten der Knappschaft, soweit diese nicht durch eigene Knappschaftsärzte geleistet wird (§ 72 Abs. 3 SGB V). Betroffen ist nur der ambulante Bereich, weil die für die stationäre Versorgung zuständigen Krankenhäuser in § 72 SGB V nicht genannt werden.

291 Aus dem Zusammenspiel der genannten Vorschriften ergibt sich, dass sich die Verpflichtung der Beteiligten nicht darin erschöpft, an der Schaffung eines Versorgungssystems mitzuarbeiten, sondern dass die **Sicherstellungsverpflichtung** darauf gerichtet ist, ein leistungsfähiges, dem anerkannten Stand der medizinischen Erkenntnisse entsprechendes Versorgungssystem, welches vom Versicherten in Anspruch genommen werden kann, jederzeit vorzuhalten.[264] Diese Verpflichtung setzt sich fort in der Verpflichtung des Vertragsarztes, die typischen Leistungen seines Fachgebiets, zu deren Ausführung er berechtigt und in der Lage ist, anzubieten und zu erbringen.[265] Auch soll die einseitige Einengung des vertragsärztlichen Leistungsspektrums zugunsten der Erweiterung des privatärztlichen Leistungsspektrums unzulässig sein.[266]

---

263 BSG – 6 RKa 20/90, SozR 3-2500 § 106 Nr. 8.
264 *Schneider*, Rn 296.
265 BSG – B 6 KA 54/00 R, MedR 2002, 37 und B 6 KA 67/00 R, MedR 2002, 47; a.A. *Wimmer*, NZS 2000, 588.
266 BSG – B 6 KA 67/00 R, MedR 2002, 47. Zu dieser Problematik: *Schiller/Steinhilper*, MedR 2001, 29.

2. Der besondere Sicherstellungsauftrag

a) Verantwortlichkeit der KVen

§ 75 Abs. 1 SGB V überträgt den KVen und der KBV die vorrangige Verantwortung auf der Versorgungsseite. Diese haben zum einen die **vertragsärztliche Versorgung** in dem in § 73 Abs. 2 SGB V beschriebenen Umfang **sicherzustellen** und zum anderen den Krankenkassen gegenüber die **Gewähr** zu übernehmen, dass die vertragsärztliche Versorgung den gesetzlichen und vertraglich vereinbarten Erfordernissen entspricht.

292

Die Übertragung der **Sicherstellungsverantwortung** auf die KVen ist die Konsequenz der Entscheidung des Gesetzgebers, die ambulante vertragsärztliche Versorgung in die Hände der freiberuflichen Ärzte zu legen, die kraft Zulassung zur Teilnahme an der vertragsärztlichen Versorgung berechtigt sind und damit Mitglied der jeweiligen KV werden (§ 95 Abs. 1, 3 SGB V).

293

§ 75 SGB V erwähnt die Krankenkassen nicht, welche über § 70 i.V.m § 72 SGB V ebenfalls verpflichtet sind, mit den KVen zusammen an der Sicherstellung **mitzuwirken**. Aus der Zusammenschau der Vorschriften ist deshalb abzuleiten, dass einerseits ein allgemeiner Sicherstellungsauftrag, bei dem alle Beteiligten zusammenwirken, besteht und dass andererseits den KVen ein darüber hinausgehender **besonderer Sicherstellungsauftrag** erteilt ist, den sie in eigener Verantwortung wahrnehmen.[267] Die Folge davon ist, dass in diesem Aufgabenbereich keine paritätisch besetzten Gremien der gemeinsamen Selbstverwaltung mit den Krankenkassen tätig werden, sondern die satzungsgemäßen Organe der KVen.[268]

294

Soweit den KVen die alleinige Verantwortlichkeit und die Gewähr für die vertragsärztliche Versorgung obliegt, haben sie nach § 75 Abs. 2 S. 1 SGB V die **Rechte ihrer Mitglieder** gegenüber den Krankenkassen zu vertreten. Das ist die notwendige Folge der fehlenden Rechtsbeziehung zwischen Vertragsärzten und Krankenkassen einerseits und andererseits der gesetzlichen Systematik, eine kongruente Deckung zwischen Leistungsanspruch des Versicherten und Behandlungspflicht des die Leistung erbringenden Arztes allein über die Rechtsbeziehung zwischen KV und Krankenkassen herzustellen.

295

b) Umfang und Inhalt des besonderen Sicherstellungsauftrages

Der Sicherstellungsauftrag der KVen umfasst die gesamte **vertragsärztliche Versorgung**, die von den Versicherten als **Sachleistung** bezogen werden kann. Dies geht aus der Verweisung des § 75 Abs. 1 S. 1 SGB V auf die Aufzählung in § 73 Abs. 2 SGB V hervor, welche an die Inhalte des Leistungsrechts im Dritten Kapitel SGB V anknüpft.[269] Vorsorgemaßnahmen und Rehabilitationsleistungen können nach § 75 Abs. 3 SGB V über die Gesamtverträge in die vertragsärztliche Versorgung einbezogen werden.[270]

296

---

267 *Schneider*, Rn 312.
268 Im Prozess führt dies zu einer unterschiedlichen Besetzung der Sozialgerichte, siehe § 12 Abs. 3 SGG.
269 Weitere Details regeln §§ 2 BMV-Ä/EKV-Ä bzw. §§ 2 BMV-Z/EKV-Z.
270 *Schirmer*, S. 90, unterscheidet deshalb zwischen obligatorischer und fakultativer vertragsärztlicher Versorgung.

297 Über § 75 Abs. 3 SGB V werden die Personen, die einen **Anspruch auf freie Heilfürsorge** haben, in den Sicherstellungsauftrag einbezogen.[271] Dasselbe gilt für die **Gefangenenbehandlung** in Justizvollzugsanstalten außerhalb der Dienstzeiten der Anstaltsärzte (Abs. 4). Über **Abkommen** nach Abs. 6 wurden ärztliche Versorgungsaufgaben von den Berufsgenossenschaften und von der Bundesbahn- und der Postbeamtenkrankenkasse übernommen. Auf regionaler Ebene gibt es auch noch weitere Abkommen mit den lokalen Trägern der Sozialhilfe.

298 Mit der Einführung **neuer Versorgungsformen**, speziell durch das GMG und aktuell durch das GKV-WSG, werden Teilbereiche der ambulanten Versorgung, z.B. die **integrierte Versorgung** und die **hausarztzentrierte Versorgung**, aus der Verantwortung der KVen herausgenommen.[272] Die Verantwortlichkeit der KVen ist immer dann durchbrochen, wenn unmittelbare Rechtsbeziehungen zwischen Leistungserbringern und Krankenkassen bestehen, z.B. über die erweiterten **Direktvertragskompetenzen** nach § 73c SGB V i.d.F. GKV-WSG, nicht aber, wenn nur bestimmte Vergütungsanteile direkt von den Krankenkassen bezahlt werden, die Leistung selbst aber noch zur vertragsärztlichen Versorgung gehört.[273]

299 Die Zielsetzung des besonderen Sicherstellungsauftrages ist, eine bedarfsgerechte und gleichmäßige ärztliche Versorgung in zumutbarer Entfernung unter Berücksichtigung des jeweiligen Standes der medizinischen Wissenschaft und Technik unter Berücksichtigung von Rationalisierung und Modernisierungsmöglichkeiten zur Verfügung zu stellen.[274] Dazu gehört expressis verbis auch die Organisation eines **ärztlichen Notdienstes** in sprechstundenfreien Zeiten.[275]

300 Vom ärztlichen Notdienst ist der landesrechtlich organisierte **Rettungsdienst** zu unterscheiden, dessen Aufgabe die Ersthilfe bei Notfallpatienten und deren fachgerechter Transport in zur Weiterversorgung geeignete Einrichtungen ist. Die notärztliche Versorgung ist nach § 75 Abs. 1 S. 2 SGB V nur dann Teil der von den KVen sicherzustellenden vertragsärztlichen Versorgung, wenn die KV durch Landesgesetz[276] damit betraut ist.[277]

301 Eine **bedarfsgerechte Versorgung** der Bevölkerung mit ärztlichen Leistungen wird in quantitativer Hinsicht durch die an der vertragsärztlichen Versorgung nach § 95 Abs. 1 SGB V teilnehmenden Ärzte, Zahnärzte, Psychotherapeuten und ermächtigte ärztlich geleitete Einrichtungen bewirkt. Für den Fall, dass der auf diese Weise erreichte Versorgungsgrad mangels teilnahmewilliger Ärzte nicht ausreicht, erweitert § 105 SGB V die Möglichkeiten der KVen, die vertragsärztliche Versorgung zu verbessern und zu för-

---

271 Das betrifft Angehörige der Bundeswehr, des Bundesgrenzschutzes, der Bereitschaftspolizeien der Länder und Zivildienstleistende.
272 *Schirmer*, S. 100, spricht zutreffend von Parallelsystemen.
273 Dazu gehört die zahnärztliche und kieferorthopädische Behandlung im Rahmen von § 28 Abs. 2 SGB V und die Zahnersatzbehandlung im Bereich der Regelversorgung nach § 56 Abs. 2 SGB V.
274 KassKomm/*Hess*, SGB V, § 75 Rn 7.
275 In der Regel werden alle Ärzte von den Ärztekammern auf Grundlage der Landesheilberufsgesetze zum Notdienst verpflichtet. Die KVen organisieren den Notdienst unter besonderer Verpflichtung der Vertragsärzte.
276 Z.B. ausdrücklich § 21 BayRDG und dazu BSG, Urt. v. 5.2.2003 – B 6 KA 11/02 R. Einige Rettungsdienstgesetze der Länder verpflichten die KVen mit den Trägern des Rettungsdienstes und den Krankenhäusern bei der Organisation des Notarztsystems zusammenzuarbeiten, z.B. § 10 Abs. 3 RDG Bad-Württ.; § 3 Abs. 2 HRDG.
277 Der Gesetzgeber ist der Meinung, beim Rettungsdienst handelt es sich um keine typische vertragsärztliche Aufgabe, vgl. BT-Drucks 13/7264 S. 102.

dern, z.B. durch Zahlung von Sicherstellungszuschlägen oder Übernahme von Umsatzgarantien für die Ärzte.[278]

Durch die mit dem GKV-WSG neu geschaffenen Abs. 3a bis 3c des § 75 SGB V kommt ab 1.7.2007[279] die Aufgabe hinzu, auch die ärztliche Versorgung der Versicherten des brancheneinheitlichen **Standardtarifs** nach § 257 Abs. 2a i.V.m. § 314 SGB V und nach § 257 Abs. 2a i.V.m. § 315 SGB V und zusätzlich ab 1.1.2009 des **Basistarifs** nach § 12 Abs. 1a VAG[280] der **privaten Krankenversicherer** sicherzustellen.

302

Der Gesetzgeber begeht damit erstmals offen einen Systembruch, weil die Versicherten der PKV nicht dem Normgefüge der gesetzlichen Krankenversicherung und die Unternehmen der privaten Krankenversicherungswirtschaft nicht dem Kollektivvertragssystem unterworfen sind. Es ist deshalb fraglich, ob die KVen mit den derzeit gegebenen gesetzlichen Möglichkeiten überhaupt dieser neuen Sicherstellungsverpflichtung nachkommen können.

303

c) Gewähr einer ordnungsgemäßen Versorgung

Neben dem Sicherstellungsauftrag hat die **Gewährleistungspflicht** eine eigenständige und herausragende Bedeutung. Die sicherzustellende vertragsärztliche Versorgung muss den gesetzlichen und den vertraglichen[281] Erfordernissen entsprechen. Hierfür haben die KVen den Krankenkassen und deren Verbänden gegenüber, die Gewähr zu übernehmen. Danach haben die KVen im Wesentlichen eine ordnungsgemäße Leistungserbringung und eine dem **Regelwerk** entsprechende Leistungsabrechnung zu gewährleisten. Sicherstellungspflicht und Gewährleistung derselbigen bedingen einander.

304

Zur ordnungsgemäßen Leistungserbringung gehört die Einhaltung des gebotenen **medizinischen Standards**, der durch die Richtlinien des G-BA vorgegeben und durch die Vorschriften zur Qualitätssicherung ausgestaltet wird. Aus der Gewährleistung einer regelkonformen Leistungsabrechnung folgt die Prüfungsbefugnis der KVen, insbesondere auf sachlich-rechnerische Richtigkeit und Plausibilität (§ 106a Abs. 2 S. 1 SGB V) (siehe Rn 741 ff.).[282] Auch haben die KVen die Einhaltung der vertragsärztlichen Pflichten ihrer Mitglieder zu überwachen und ggf. **disziplinarisch** zu ahnden (siehe Rn 972). Der Ahndung von **Pflichtverletzungen** geht die Pflicht zur Information und Beratung der Mitglieder aus Gründen der Verhältnismäßigkeit vor.[283]

305

> *Wichtig*
> Die Gewährleistungsverpflichtung der KVen gegenüber den Krankenkassen ist zweifellos Ermächtigungsgrundlage für Eingriffe in die Rechte der Vertragsärzte. Im Rahmen dessen muss der Vertragsarzt erhebliche Einschränkungen seiner verfassungsrechtlich geschützten Berufsfreiheit hinnehmen, wenn sie zur Aufrechterhaltung des Systems erforderlich sind.[284] Die Gewährleistungsverpflichtung dient aber

306

---

278 Der Maßnahmenkatalog des § 105 SGB V wurde durch das GMG speziell im Hinblick auf den Rückgang der Arztzahlen in einigen Regionen der neuen Bundesländer erweitert.
279 Inkrafttreten der Vorschrift gem. Art. 46 Abs. 5 GKV-WSG.
280 Gem. Art. 44 i.V.m. Art. 46 Abs. 10 GKV-WSG ist der Basistarif ab 1.1.2009 anzubieten.
281 Gemeint sind Kollektivverträge auf Bundes- und Landesebene.
282 Vor Einführung von § 106a SGB V durch das GMG leitete sich die Prüfungsbefugnis der KVen unmittelbar aus § 75 Abs. 1 SGB V i.V.m. § 45 BMV-Ä/§ 34 Abs. 4 EKV-Ä bzw. § 19 BMV-Z/§ 17 Abs. 1 EKV-Z ab.
283 *Schirmer*, S. 102.
284 St. Rspr., vgl. zuletzt BSG, Urt. v. 6.9.2006 – B 6 KA 43/05 R.

> den KVen häufig als umfassende Rechtfertigung jeglicher Maßnahmen gegenüber ihren Mitgliedern. Umso wichtiger ist im Einzelfall die Prüfung der Frage, ob es wirklich um die Gewährleistung der Einhaltung einer im Verhältnis zu den Krankenkassen relevanten Regelung geht und ob nicht die ergriffene Maßnahme über das Ziel hinaus schießt.

307 Nicht von der Gewährleistungspflicht umfasst sind Ansprüche wegen **Leistungsstörungen im Verhältnis zwischen Vertragsarzt und Kassenpatient**. Diese sind gemäß § 76 Abs. 4 SGB V über zivilrechtliche Schadenersatzansprüche, die gemäß § 116 SGB X auf die Krankenkasse übergehen, soweit sie Leistungen erbracht hat, unmittelbar zu liquidieren.[285] Nur wenn auch bei den Krankenkassen ein zusätzlicher Schaden eintritt, zu denken ist an die Kosten der für die fehlerhafte Behandlung vergeblich veranlassten weiteren Kosten für z.B. Arzneimittel u.Ä., kommt ein öffentlich-rechtlicher Schadensersatzanspruch in Betracht, der als sog. **sonstiger Schaden** von den Prüfungsinstanzen festzustellen ist (siehe dazu Rn 901 ff.).[286]

d) Folgen unzureichender Sicherstellung

308 Kommen die KVen ihrem Sicherstellungsauftrag aus von ihnen zu vertretenden Gründen nicht nach, steht den Krankenkassen nach § 75 Abs. 1 S. 3 SGB V ein **Zurückbehaltungsrecht** an den **Gesamtvergütungsbestandteilen** zu.[287] § 69 S. 3 SGB V verweist auf § 273 BGB. Danach bedarf es fälliger Gegenansprüche auf Seiten der Krankenkassen, z.B. bei einer unterbliebenen Versorgung auf Schadensersatz wegen vom Versicherten anderweitig beschaffter Leistungen (vgl. § 13 Abs. 3 SGB V). Für den Fall eines **kollektiven Zulassungsverzichtes** oder einer Versorgungsverweigerung von jeweils mehr als der Hälfte der in einem Zulassungsbezirk niedergelassenen Vertragsärzte kann der Sicherstellungsauftrag unter den Voraussetzungen der §§ 72a und 95b SGB V auf die Krankenkassen übergehen.

G. Teilnahme an der vertragsärztlichen Versorgung

Literatur

Cramer/Maier, Praxisübergabe und Praxiswert (1), MedR 2002, 549; **dies.**, Praxisübergabe und Praxiswert (2), MedR 2002, 616; **Dahm/Ratzel**, Liberalisierung der Tätigkeitsvoraussetzungen des Vertragsarztes und Vertragsarztänderungsgesetz – VÄndG, MedR 2006, 555; **Ehlers (Hrsg.)**, Fortführung von Arztpraxen, 2. Auflage 2001 (zitiert: Fortführung); **ders. (Hrsg.)**, Disziplinarrecht und Zulassungsentziehung, 2001 (zitiert: Disziplinarrecht); **Engelmann**, Zur rechtlichen Zulässigkeit einer (vertrags-)ärztlichen Tätigkeit außerhalb des Ortes der Niederlassung, MedR 2002, 561; **ders.**, Zweigpraxen und ausgelagerte Praxisräume in der ambulanten (vertrags-)ärztlichen Versorgung, GesR 2004, 113; **ders.**, Die Gemeinschaftspraxis im Vertragsarztrecht, ZMGR 2004, 3; **Fiedler/Fürstenberg**, Entwicklungen des Vertragsarztrechts, NZS 2007, 184; **Gleichner**, Job-Sharing in der Vertragsarztpraxis – Die geänderten Richtlinien, MedR 2000, 399; **Großbölting/Jaklin**, Zulassungsentzug, NZS 2002, 525; **Hess**, Darstellung der Aufgaben des gemeinsamen Bundesausschusses, MedR 2005, 385; **Kamps**, Die Fortführung der Praxis eines verstorbenen Arztes durch den Praxisverweser, NJW 1995, 2244; Gemeinsames Rundschreiben der **KZBV** und der **Spitzenverbände der gesetzlichen Krankenkassen** zu den bundesmantelvertraglichen Neuregelungen im SGB V und in der ZV-Z durch das Vertragsarztrechtsänderungsgesetz (VÄndG), www.kzbv.de/rechtsgrund/BMVZ_EKVZ_Rundschr_070701.pdf; **Orlowski/Halbe/Karch**, Vertragsarztrechtsänderungsgesetz (VÄndG), Heidelberg 2007; **Plagemann**, Sonderbedarfs-

---

[285] KassKomm/*Hess*, SGB V, § 75 Rn 11; a.A. BSG – 6 RKa 3/81, VersR 1983, 956.
[286] Schulin/*Clemens*, § 36 Rn 30 ff.
[287] Einzelheiten wurden bisher entgegen S. 4 nicht in den Bundesmantelverträgen geregelt.

zulassung, MedR 1998, 85; **Ratzel/Möller/Michels**, Die Teilgemeinschaftspraxis, MedR 2006, 377; **Rigizahn**, Der Rechtsbegriff „Vertragsarztsitz", NZS 1999, 427; **Schallen**, Zulassungsverordnung für Vertragsärzte, Vertragszahnärzte, Medizinische Versorgungszentren, Psychotherapeuten, 5. Auflage 2007; **Schiller**, Niederlassung, Praxissitz, Vertragsarztsitz, ausgelagerte Praxisräume, Zweigpraxis, – Fragen zum Ort der Tätigkeit des (Vertrags-)Arztes, NZS 1997, 103; **Schiller/Pavlovic**, Teilzulassung – neue Gestaltungsmöglichkeit ohne praktische Bedeutung?, MedR 2007, 86; **Schirmer**, Das Kassenarztrecht im 2. GKV-Neuordnungsgesetz, MedR 1997, 431; **Stellpflug/Maier/Tadayon** (Hrsg.), Handbuch Medizinrecht, Loseblatt, Stand 2007; **Wagner**, Die Sonderbedarfszulassung für Belegärzte gemäß § 103 Abs. 7 SGB V, MedR 1998, 410; **Weimer**, Die KV-Grenzen überschreitende überörtliche Berufsausübungsgemeinschaft – Die Wahlpflicht der Heimat-KV, GesR 2007, 204; **Wenner**, Vertragsarzt – Hauptberuf oder Nebenjob?, GesR 2004, 353; **Wenner**, Einbeziehung von Krankenhäusern in die ambulante ärztliche Versorgung – Auswirkungen des Vertragsarztrechtsänderungsgesetzes (VÄndG) und des GKV-Wettbewerbsstärkungsgesetzes (GKV-WSG), GesR 2007, 337; **Wigge**, Die Teigemeinschaftspraxis – Innovative Kooperationsform oder unzulässiges Kick-Back-Modell?, NZS 2007, 393.

I. Rechtsgrundlagen

Das Zulassungsrecht regelt den Zugang zur ärztlichen Versorgung der in der gesetzlichen Krankenversicherung Versicherten zu Lasten der gesetzlichen Krankenkassen.

309

Im Bereich des SGB V ist auf die Vorschriften der §§ 95–105 SGB V hinzuweisen. Zusätzlich ergibt sich aus § 98 SGB V die Berechtigung, Zulassungsverordnungen zu erlassen, die das Nähere über die Teilnahme an der vertragsärztlichen Versorgung und der Bedarfsplanung regeln. Vorliegend ist die **Ärzte-ZV** bzw. **Zahnärzte-ZV**[288] maßgeblich für viele konkrete Regelungen in diesem Bereich. Sie regeln die Einzelheiten des Verfahrens von Zulassungen wie der Bedarfsplanung innerhalb der vertragsärztlichen Versorgung.

310

Sprachlich stellen sie eine **Rechtsverordnung** dar, sie sind jedoch nach der Rechtsprechung des BSG[289] ein formelles Gesetz. Diese Auffassung dürfte sich jedoch durch die Entscheidung des BVerfG[290] in der Form erledigt haben, dass es sich weiterhin um Rechtsverordnungen handelt. Nach Auffassung des BVerfG bleibt die Stellung als Rechtsverordnung bestehen, auch wenn sie durch Gesetze geändert werden.[291]

311

Darüber hinaus beschließt gemäß § 92 Abs. 1 SGB V der Gemeinsame Bundesausschuss zur Sicherung der ärztlichen Versorgung erforderliche Richtlinien über die Gewährung einer ausreichenden, zweckmäßigen und wirtschaftlichen Versorgung der Versicherten.[292] Diese Richtlinien haben für jeden Vertragsarzt eine rechtliche Verbindlichkeit, da sie gemäß § 92 Abs. 8 SGB V Bestandteil der Bundesmantelverträge sind, die über § 81 Abs. 3 SGB V gegenüber den Vertragsärzten als Mitgliedern Verbindlichkeit entfalten.[293] Für das Zulassungsrechts sind folgende Richtlinien unter Berücksichtigung von § 101 SGB V zu beachten:

312

- Richtlinie des Gemeinsamen Bundesausschusses über die Bedarfsplanung sowie die Maßstäbe der Feststellung von Überversorgung und Unterversorgung in der vertragsärztlichen Versorgung (**Bedarfsplanungs-Richtlinie**)[294]

---

288 Inhaltlich sind die Ärzte-ZV und die Zahnärzte-ZV annährend identisch. Es soll daher nachfolgend lediglich die Ärzte-ZV näher dargestellt werden, wenn es darauf ankommt, werden die Besonderheiten für die Zahnärzte dargestellt.
289 BSG – B 6 KA 49/02 R, SozR 4-5520 § 33 Nr. 1.
290 BVerfG – 2 BvF 2/03, SozR 4-2500 § 266 Nr. 9 Rn 105.
291 So auch jurisPK-SGB V/*Pawlita*, § 98 Rn 9.
292 Zu den Aufgaben des G-BA vgl. *Hess*, MedR 2005, 385.
293 BSG – B 6 KA 73/00 R, MedR 2002, 480.
294 Vom 15.2.2007 – BAnz. Nr. 64 S. 3491.

§ 7 Vertragsarztrecht

- Angestellte-Ärzte-Richlinien[295]
- Bedarfsplanungs-Richtlinie-Zahnärzte

313 Ferner befinden sich in den **Bundesmantelverträgen** eine Vielzahl von Vorschriften, die die Fragen der Anstellung von Ärzten, die Berufsausübungsgemeinschaften sowie die Zweigpraxen betreffen. In den zum 1.7.2007 in Kraft getretenen Änderungen der Bundesmantelverträge wurde im jeweiligen § 1a auch ein ausführliches Glossar aufgenommen, in welchem Definitionen für die gesamte vertragsärztliche Versorgung enthalten sind; innerhalb der vertragszahnärztlichen Versorgung wurden entsprechende Regelungen nicht aufgenommen.

314 Hierbei sind folgende Definitionen von Interesse:
- **Teilzulassung**: In § 19a Ärzte-ZV geregelter hälftiger Versorgungsauftrag (§ 1a Nr. 4a BMV-Ä/§ 1a Nr. 4a EKV);
- **Ermächtigter Arzt** oder Psychotherapeut: Arzt oder Psychotherapeut im Ermächtigungsstatus gemäß § 116 SGB V (Krankenhausarzt) oder §§ 31, 31a Ärzte-ZV (ermächtigter Arzt) oder § 24 Abs. 3 S. 3 Ärzte-ZV (zur weiteren Tätigkeit ermächtigter Arzt) (§ 1a Nr. 5 BMV-Ä/§ 1a Nr. 5 EKV);
- **Ermächtigte ärztlich geleitete Einrichtung**: Eine ärztlich geleitete Einrichtung im Ermächtigungsstatus gemäß §§ 117 ff. SGB V bzw. § 31 Ärzte-ZV (§ 1a Nr. 7 BMV-Ä/§ 1a Nr. 7 EKV);
- **Angestellter Arzt**/angestellter Psychotherapeut: Arzt mit genehmigter Beschäftigung in einer Arztpraxis oder einem MVZ gemäß § 95 Abs. 9 SGB V bzw. § 95 Abs. 1 SGB V; dasselbe gilt für Psychotherapeuten (§ 1a Nr. 8 BMV-Ä/§ 1a Nr. 8 EKV);
- **Assistenten**: Weiterbildungs- oder Sicherstellungsassistenten gemäß § 32 Abs. 2 Ärzte-ZV; dasselbe gilt für Psychotherapeuten; sie können auch als Ausbildungsassistenten gemäß § 32 Abs. 2 Ärzte-ZV i.V.m. § 8 Abs. 3 PsychThG beschäftigt sein (§ 1a Nr. 9 BMV-Ä/§ 1a Nr. 9 EKV);
- **Belegarzt**: Vertragsarzt mit Versorgungsstatus am Krankenhaus gemäß § 121 Abs. 2 SGB V (§ 1a Nr. 10 BMV-Ä/§ 1a Nr. 10 EKV);
- **Berufsausübungsgemeinschaft**: Rechtlich verbindliche Zusammenschlüsse von Vertragsärzten oder/und Vertragspsychotherapeuten oder Vertragsärzten/Vertragspsychotherapeuten und MVZ oder MVZ untereinander zur gemeinsamen Ausübung der Tätigkeit. Hierzu zählen nicht Praxisgemeinschaften, Apparategemeinschaften oder Laborgemeinschaften und andere Organisationsgemeinschaften (§ 1a Nr. 12 f. BMV-Ä/§ 1a Nr. 12 f. EKV);
- **Teilberufsausübungsgemeinschaft**: Teilberufsausübungsgemeinschaften sind im Rahmen von § 33 Abs. 3 S. 2 Ärzte-ZV i.V.m. § 15a Abs. 5 BMV-Ä/§ 15a Abs. 5 EKV erlaubte auf einzelne Leistungen bezogene Zusammenschlüsse zu Berufsausübungsgemeinschaften bei Vertragsärzten, Vertragspsychotherapeuten und MVZ in Entsprechung zu § 1a Nr. 12 BMV-Ä/§ 1a Nr. 12 EKV (§ 1a Nr. 13 BMV-Ä/§ 1a Nr. 13 EKV);
- **KV-bereichsübergreifende Tätigkeit** (§ 1a Nr. 15 BMV-Ä/§ 1a Nr. 15 EKV): Eine KV-bereichsübergreifende Berufsausübung liegt vor, wenn der Arzt/der Vertragspsychotherapeut/der angestellte Psychotherapeut oder das MVZ
  gleichzeitig als Vertragsarzt mit zwei Teilzulassungen nach § 19a Ärzte-ZV oder als Vertragsarzt und gemäß § 24 Ärzte-ZV ermächtigter Arzt an einem weiteren Tätig-

---

[295] Diese Richtlinie wurde durch die Bedarfsplanungs-Richtlinie mit Wirkung zum 1.4.2007 aufgehoben.

keitsort (Zweigpraxis) in Bereichen von mindestens zwei KVen tätig ist; dasselbe gilt für ein MVZ, wenn es in Bereichen von mindestens zwei KVen an der vertragsärztlichen Versorgung teilnimmt;
- als Beteiligter einer Berufsausübungsgemeinschaft tätig ist, deren Vertragsarztsitze (Orte der Zulassung) in Bereichen von mindestens zwei KVen gelegen sind (§ 33 Abs. 2 S. 2 und Abs. 3 S. 2 Ärzte-ZV);
- als Beteiligter einer Teilberufsausübungsgemeinschaft (§ 33 Abs. 2 S. 3 Ärzte-ZV) an seinem Vertragsarztsitz und in einer Teilberufsausübungsgemeinschaft an einem weiteren Tätigkeitsort im Bereich einer weiteren KV tätig ist;
- als zugelassener Vertragsarzt gleichzeitig als angestellter Arzt in einem MVZ im Bereich einer weiteren KV tätig ist;
- als angestellter Arzt in einem MVZ in Bereichen von mindestens zwei KVen tätig ist.

- **Vertragsarztsitz**: Ort der Zulassung für den Vertragsarzt oder Vertragspsychotherapeuten oder das MVZ (§ 1a Nr. 16 BMV-Ä/§ 1a Nr. 16 EKV);
- **Zweigpraxis**: Genehmigter weiterer Tätigkeitsort des Vertragsarztes oder die Nebenbetriebsstätte eines MVZ (§ 1a Nr. 19 BMV-Ä/§ 1a Nr. 19 EKV);
- **Ausgelagerte Praxisstätte**: Ein zulässiger nicht genehmigungsbedürftiger, aber anzeigepflichtiger Tätigkeitsort des Vertragsarztes, Vertragspsychotherapeuten oder eines MVZ in räumlicher Nähe zum Vertragsarztsitz (vgl. § 24 Abs. 5 Ärzte-ZV); ausgelagerte Praxisstätte in diesem Sinne ist auch ein Operationszentrum, in welchem ambulante Operationen bei Versicherten ausgeführt werden, welche den Vertragsarzt an seiner Praxisstätte in Anspruch genommen haben (§ 1a Nr. 20 BMV-Ä/§ 1a Nr. 20 EKV);
- **Betriebsstätte**: Betriebsstätte des Vertragsarztes oder Vertragspsychotherapeuten oder des MVZ ist der Vertragsarztsitz. Betriebsstätte des Belegarztes ist auch das Krankenhaus. Betriebsstätte des ermächtigten Arztes ist nach § 1a Nr. 5 BMV-Ä/§ 1a Nr. 5 EKV der Ort der Berufsausübung im Rahmen der Ermächtigung. Betriebsstätte des angestellten Arztes ist der Ort seiner Beschäftigung. Betriebsstätte einer Berufsausübungsgemeinschaft sind die örtlich übereinstimmenden Vertragsarztsitze der Mitglieder der Berufsausübungsgemeinschaft, bei örtlich unterschiedlichen Vertragsarztsitzen der Mitglieder der Berufsausübungsgemeinschaft ist Betriebsstätte der gewählte Hauptsitz im Sinne von § 15a Abs. 4 BMV-Ä/§ 15a Abs. 4 EKV bzw. § 33 Abs. 3 Ärzte-ZV. (§ 1a Nr. 21 BMV-Ä/§ 1a Nr. 21 EKV);
- **Nebenbetriebsstätte**: Nebenbetriebsstätten sind in Bezug auf Betriebsstätten zulässige weitere Tätigkeitsorte, an denen der Vertragsarzt, der Vertragspsychotherapeut, der angestellte Arzt und die Berufsausübungsgemeinschaft oder ein MVZ neben ihrem Hauptsitz an der vertragsärztlichen Versorgung teilnehmen (§ 1a Nr. 22 BMV-Ä/§ 1a Nr. 22 EKV).

II. Zuständige Behörden

Zur Teilnahme an der vertragsärztlichen Versorgung muss ein Verwaltungsverfahren durchlaufen werden.
- Der **Zulassungsausschuss** (§ 96 SGB V) ist die zuständige Behörde für die Genehmigung der Teilnahme an der vertragsärztlichen Versorgung,
- der **Berufungsausschuss** (§ 97 SGB V) ist Widerspruchsbehörde im sozialgerichtlichen Sinn für Entscheidungen des Zulassungsausschusses,

- die **KV** erlässt für Zweigpraxen innerhalb ihres Planungsbereiches die Genehmigung; Gleiches gilt für die Fortführung einer Praxis nach § 4 Abs. 3 BMV-Ä/§ 8 Abs. 5 EKV.

316 Zulassungsausschuss und Berufungsausschuss sind eigenständige Behörden, die im Regelfall bei den KVen organisatorisch angegliedert sind. Es besteht jedoch keine rechtliche Identität zwischen KV und Zulassungsbehörde, was bei Antragstellung und Widerspruch unbedingt beachtet werden sollte.

317 Die **örtliche Zuständigkeit** der Zulassungsausschüsse richtet sich nach der örtlichen Zuständigkeit der KV. Das Gebiet einer KV ist regelmäßig in mehrere Zulassungsbezirke unterteilt, die zwar mit den Stadt- und Landkreisgrenzen übereinstimmen sollen, aber nicht müssen. Die Begriffe des Zulassungs- und Planungsbezirks sind inhaltlich identisch.

318 Die Zulassungsausschüsse bestehen aus sechs Mitgliedern, je drei Vertretern der Ärzte[296] und drei Vertretern der Krankenkassen, sowie aus Stellvertretern in der notwendigen Zahl, § 34 Abs. 1 Ärzte-ZV. Den Vorsitz im Zulassungsausschuss führt abwechselnd ein Vertreter der Ärzte und der Krankenkassen. Die Mitglieder werden von den jeweils entsendenden Behörden bestellt, § 96 Abs. 2 S. 2 SGB V.

319 Die Berufungsausschüsse bestehen zunächst aus einem Vorsitzenden mit der Befähigung zum Richteramt und weiter ebenfalls aus je drei Vertretern der Ärzte und drei Vertretern der Krankenkassen. Über den Vorsitzenden haben sich die übrigen Mitglieder des Berufungsausschuss zu einigen. Kommt eine Einigung nicht zustande, wird der Vorsitzende von der für die Sozialversicherung zuständigen obersten Verwaltungsbehörde im Benehmen mit der KV und den Krankenkassenverbänden berufen.[297]

III. Bedarfsplanung, §§ 99 ff. SGB V[298]

320 Ursprünglich sollte die Niederlassung von Ärzten dahingehend gesteuert werden, dass diese sich nicht ausschließlich in interessanteren Ballungsgebieten und Großstädten niederließen, sondern sich vermehrt in den bislang unterversorgten ländlichen Gebieten und Randlagen der Großstädte ansiedelten. Hierzu bestand und besteht auch heute die Möglichkeit, zugunsten von unterversorgten Gebieten in mit Ärzten gut abgedeckten Gebieten die Zulassung von Ärzten zu beschränken. Nach heutigem Verständnis dient die Bedarfsplanung im Wesentlichen dazu, die Finanzierbarkeit der GKV durch die Begrenzung der Ärzte wegen der angebotsinduzierten Nachfrage durch den Patienten sicher zu stellen. Wegen des in ländlichen Gebieten wieder beginnenden und sich in der Zukunft verstärkenden Ärztemangels erlangt die ursprüngliche Steuerungsfunktion wieder mehr Wichtigkeit.

321 Das grundlegende Instrument der Bedarfsplanung ist die Begrenzung der Neuzulassung von Ärzten, sofern in dem fraglichen Gebiet eine festgelegte Relation der Arztzahl im Verhältnis zu der Bevölkerungszahl überschritten wird.

---

[296] Hierbei kommen als Vertreter der Ärzte auch Nichtärzte in Betracht, BSG – B 6 KA 81/97, SozR 3-2500 § 116 Nr. 18.
[297] *Schallen*, § 35 Rn 1294.
[298] Ausführlich hierzu Schnapp/Wigge/*Schnath*, § 5 C Rn 1 ff.

G. Teilnahme an der vertragsärztlichen Versorgung §7

1. Grundstrukturen

Die Bedarfsplanung ist im Ergebnis die Prüfung, ob das statistisch „richtige" Mengenverhältnis zwischen der Anzahl der Ärzte und der vorhandenen Bevölkerung vorliegt. Ziel ist eine „optimale" Versorgung (im Regelfall als 100 % Versorgungsgrad angegeben). Hierzu sehen die §§ 9 ff. Bedarfsplanungs-Richtlinie für die unterschiedlichen Planungsbereiche gesonderte Verhältniszahlen vor. Organ der Bedarfsplanung ist der **Landesausschuss**, § 90 SGB V. Er überprüft die Abdeckung der Planungs-/Zulassungsbezirke mit Ärzten. Der Landesausschuss stellt im verwaltungsrechtlichen Innenverhältnis zu den Zulassungsgremien verbindlich fest, ob eine Über- oder Unterversorgung vorliegt und trifft ggf. verbindliche Maßnahmen.[299]

322

2. Bedarfsplan, § 99 SGB V

Gem. § 99 SGB V i.V.m. §§ 12–14 Ärzte-ZV ist durch die KVen im Einvernehmen – also mit Zustimmung[300] – mit den Landesverbänden der Krankenkassen, der Verbände der Ersatzkassen und im Benehmen mit den zuständigen Landesbehörden nach Maßgabe der Bedarfsplanungsrichtlinien ein Bedarfsplan aufzustellen. Dieser Bedarfsplan stellt aber nicht die Grundlage für den Ausspruch von Zulassungsbeschränkungen dar, diese werden vielmehr gesondert durch den Landesausschuss beschlossen.

323

Dieser Bedarfsplan stellt primär eine Bedarfsanalyse auf Basis der erhobenen Daten[301] wie z.B. Arztdichte und Bevölkerungszahl dar, nach der ein vorhandener Bedarf an zusätzlichen Ärzten unterteilt nach Fachgruppen ausgewiesen wird. Der Bedarfsplan hat vielmehr einen eher informatorischen Charakter, da er keinerlei Außenwirkung hat. Er ist weder Verwaltungsakt, noch Rechtsnorm. Durch seinen „orientierenden" Charakter ist die praktische Bedeutung des Bedarfsplanes nach § 99 SGB V eher gering. Der einzelne Arzt ist bei einer gerichtlichen Überprüfung darauf beschränkt, erst gegen eine ihn beschwerende Entscheidung des Zulassungsausschusses unter Hinweis auf einen gesetzeswidrigen Inhalt des Bedarfsplanes vorgehen zu können.[302]

324

3. Bedarfsplanungs-Richtlinie

Wesentlich relevanter für die Feststellung, ob ein Arzt im Einzelfall seine Zulassung verlangen kann, ist die Bedarfsplanungs-Richtlinie. Gem. § 101 Abs. 1 SGB V beschließt der Gemeinsame Bundesausschuss Richtlinien für die Bedarfsplanung, in denen die grundlegenden Faktoren der Bedarfsplanung festgelegt werden. Wichtigster Faktor dürften hierbei die Verhältniszahlen sein, die die optimale Anzahl der Ärzte auf eine festgelegte Anzahl der Bevölkerung definieren. § 101 Abs. 2 SGB V gibt hinsichtlich der in den Bedarfsplanungsrichtlinien bestimmten **Verhältniszahlen** zur Bestimmung des Versorgungsgrades vor, dass diese bei Änderungen der tatsächlichen Gegebenheiten anzupassen sind. Die Bedarfsplanungs-Richtlinie stellt die verbindliche Rechtsgrundlage für die vom Landesausschuss vorzunehmende Bedarfsprüfung dar.

325

---

299 Vgl. generell zur Bedarfsplanung Schnapp/Wigge/*Schnath*, § 5 C Rn 7 ff.
300 Siehe jurisPK/*Pawlita*, § 99 Rn 7.
301 Vgl. § 12 Abs. 3 Ärzte-ZV.
302 Vgl. BSG, Beschl. v. 13.8.1959 – 6 RKa 10/59.

326 Die grundsätzliche Recht- und Verfassungsmäßigkeit der Bedarfsplanungsrichtlinien als untergesetzliche Normen ist mittlerweile auch vom BSG[303] und durch das BVerfG[304] ausdrücklich bestätigt worden.

327 Durch die Änderungen von § 100 SGB V innerhalb des GKV-WSG sind für den **zahnärztlichen Bereich** die **Zulassungsbeschränkungen** mit Wirkung zum 1.4.2007 aufgehoben worden.[305] Daher entfällt für diesen Bereich auch die Frage des § 103 SGB V. Es besteht lediglich noch die Möglichkeit, wegen Unterversorgung in einzelnen Planungsbereichen Zulassungssperren auszusprechen.

4. Über-/Unterversorgung, §§ 100, 101 SGB V

328 Die Prüfung, ob eine Unter- oder Überversorgung vorliegt, obliegt dem Landesausschuss nach § 90 SGB V, die er unter Zugrundelegung der Bedarfsplanungs-Richtlinie vornimmt.

329 Nach § 29 Bedarfsplanungs-Richtlinie ist eine **Unterversorgung** zu vermuten, wenn der geplante Bedarf um 25 % bei der hausärztlichen Versorgung und um 50 % bei der fachärztlichen Versorgung unterschritten wird. Stellt der Landesausschuss entsprechendes fest, hat er die zuständige KV zu informieren, die dann alle zulässigen Mittel zu ergreifen hat, um die Unterversorgung abzuwenden. Hierzu gehört die Ausschreibung von freien Vertragsarztsitzen bis hin zur finanziellen Förderung zulassungswilliger Ärzte.[306] Über § 105 SGB V besteht noch zusätzlich die Möglichkeit der Förderung der vertragsärztlichen Versorgung im Falle der Unterversorgung durch Betreiben von Eigeneinrichtungen der KV oder durch Zahlung von Sicherstellungszuschlägen.

330 Soweit eine der KV durch den Landesausschuss gesetzte angemessene Frist fruchtlos ausläuft, hat letzterer gemäß § 100 Abs. 2 SGB V i.V.m. § 16 Abs. 3 Ärzte-ZV Zulassungsbeschränkungen in anderen, nicht unterversorgten Plangebieten anzuordnen; eine gleich lautende Regelung für den zahnärztlichen Bereich existiert nicht. Für die einzelnen Zulassungsausschüsse ist solch ein Beschluss verbindlich. Es besteht jedoch die Möglichkeit trotz Anordnung einer Zulassungssperre Ausnahmen zuzulassen, wenn die Ablehnung des Arztes eine unbillige Härte darstellen würde.[307]

331 Größere Bedeutung hat in der heutigen Praxis § 101 Abs. 1 S. 2 SGB V. Hiernach liegt eine **Überversorgung** vor, wenn anhand der Berechnungen gemäß den Richtlinien eine mehr als optimale Versorgung von 110 % festgestellt wird, also der bedarfsgerechte Versorgungsbedarf für eine Arztgruppe um 10 % überschritten ist. Ein zugelassener Vertragsarzt wird mit dem Faktor 1,0, ein Vertragsarzt mit einer Teilzulassung mit dem Faktor 0,5 in die Bedarfsplanung eingerechnet. Sofern Angestellte nur teilzeitbeschäftigt werden, so werden diese in der Bedarfsplanung entsprechend ihrer Arbeitszeit berücksichtigt (§ 38 Abs. 1 Bedarfsplanungs-Richtlinie).

332 Gem. § 103 SGB V i.V.m. § 16b Ärzte-ZV hat der Landesausschuss nach Feststellung der Überversorgung eine **Zulassungssperre** für den fraglichen Planungsbezirk für die entsprechende Arztgruppe auszusprechen. Eine solche Zulassungssperre ist für die Zulassungsausschüsse bindend, ein Antrag auf Zulassung in einem gesperrten Planungsbezirk ist zwingend abzuweisen. Der Zeitpunkt der Bindungswirkung ist die Beschluss-

---

303 BSG – B 6 KA 37/96 R, SozR 3-2500 § 103 Nr. 2.
304 BVerfG – 1 BvR 1282/99, MedR 2001, 639 ff.
305 BT-Drucks 16/3100 S. 135 – Zu Nummer 67 (§ 100).
306 Schnapp/Wigge/*Schnath*, § 5 C Rn 12.
307 Ausführlich dazu jurisPK/*Pawlita*, § 100 Rn 16.

fassung des Landesausschusses, auf die Veröffentlichung nach § 16b Abs. 4 Ärzte-ZV kommt es nicht an.[308] Der sonst bestehende Rechtsanspruch des Arztes auf Zulassung ist damit gesetzlich ausgeschlossen. Die Entscheidung des Landesausschusses ist nicht isoliert anfechtbar, es findet jedoch eine Inzidenterkontrolle durch einen Rechtsbehelf einer negativen Entscheidung der Zulassungsgremien statt.[309] Gegen diese Regelung der Bedarfsplanung konnten bisher verfassungsrechtliche Bedenken aus Art. 12 GG nicht durchgreifen (vgl. Rn 326). Ob sich aufgrund der Öffnung der Krankenhäuser über § 116b SGB V etwas anderes ergibt, bleibt abzuwarten.[310]

Die **Arztgruppe** ist nicht zwingend identisch mit dem Facharztgebiet im Sinne der landesrechtlichen Weiterbildungsordnung.[311] So werden beispielsweise unter die Gruppe der Nervenärzte auch Psychiater und Neurologen gefasst. 333

Entsprechend § 103 SGB V i.V.m. § 16b Abs. 3 Ärzte-ZV hat der Landesausschuss eine ausgesprochene Zulassungssperre alle sechs Monate auf das Vorliegen der Voraussetzungen von Amts wegen zu überprüfen. Wenn die Voraussetzungen nicht mehr vorliegen, ist eine Zulassungssperre aufzuheben. 334

Wenn sich die Verhältniszahlen ändern oder die Arztzahlen reduzieren, kann als Konsequenz ein Versorgungsgrad entstehen, der eine Zulassungssperre nicht mehr rechtfertigt. Nach § 23 Bedarfsplanungsrichtlinie kann die Zulassungsbeschränkung **partiell** in der Weise **geöffnet** werden, dass Zulassungen nur erfolgen, bis für die Arztgruppe eine Überversorgung eingetreten ist. Praktisch ist dies der Fall mit Zulassung eines Bewerbers. Zu berücksichtigen ist aber, vor der Erteilung einer Neuzulassung zunächst die Beschränkungen für Jobsharing (vgl. Rn 482) oder für Sonderbedarfszulassungen (vgl. Rn 382–395) aufzuheben, wobei das Verhältnis des Vorrangs von letztgenannten Zulassungsformen untereinander nicht abschließend geregelt ist. Im Ergebnis wird man davon ausgehen müssen, dass zuerst die beschränkte Zulassung in eine „Vollzulassung" umgewandelt wird, die am ältesten ist.[312] 335

Unter Verwerfung des früher existierenden „Windhundprinzips" verlangt das BSG ein förmliches Auswahlverfahren.[313] Dabei wurde ein Auswahlverfahren entsprechend der Grundsätze zu § 103 Abs. 4 SGB V (vgl. Rn 444–461) übernommen. Dies entsprach auch den Forderungen des BSG. 336

Unter Beachtung der Liberalisierung des Vertragsarztrechts über überörtliche Berufsausübungsgemeinschaften und Zweigpraxen, die auch über die KV-Grenzen hinweg gegründet werden können (§ 24 Abs. 3 Ärzte-ZV) wird die gesamte Bedarfsplanung nach der Bedarfsplanungs-Richtlinie nicht unerheblich verwässert.[314] 337

IV. Zulassung Ärzte/Zahnärzte

Rechtsgrundlage für die Teilnahme an der vertragsärztlichen Versorgung sind die §§ 95 ff. SGB V i.V.m. der jeweiligen Zulassungsverordnung, wobei § 95 Abs. 1 SGB V hierbei die Möglichkeiten der Teilnahme, Zulassung oder Ermächtigung, vorgibt. 338

---

308 BSG – 6 RKa 52/95, SozR 3-2500 § 103 Nr. 1.
309 JurisPK-SGB V/*Pawlita*, § 103 Rn 26.
310 Kritisch dazu auch *Wenner*, GesR 2007, 337, 342.
311 BSG – B 6 KA 37/98 R, SozR 3-2500 § 101 Nr. 3.
312 Ausführlich dazu jurisPK-SGB V/*Pawlita*, § 103 Rn 32–34.
313 BSG – B 6 KA 81/03 R, GesR 2005, 450.
314 *Dahm/Ratzel*, MedR 2006, 555, 563.

§ 7 Vertragsarztrecht

1. Fachliche Voraussetzungen

339 Gem. § 95 Abs. 2 SGB V setzt die Zulassung die Eintragung des Arztes in ein bei den KVen für jeden Zulassungsbezirk geführtes **Arztregister** (§ 95a SGB V) voraus. Eine solche Eintragung erfolgt auf Antrag bei der für den Wohnsitz des Arztes zuständigen KV. Der Arzt hat dabei die Nachweise der fachlichen Voraussetzungen des § 95a Abs. 1 Nr. 2 SGB V[315] beizubringen. Seit 1996 können nur noch Fachärzte einschließlich der Fachärzte für Allgemeinmedizin in das Arztregister eingetragen werden. Im zahnärztlichen Bereich ist es wegen § 3 Abs. 2 Zahnärzte-ZV erforderlich, dass der Zahnarzt neben der Approbation auch die Ableistung einer mindestens zweijährigen Vorbereitungszeit nachweist. Die Registereintragung entfaltet Tatbestandswirkung für die Zulassungsgremien, als diese das Vorliegen der Voraussetzungen der Eintragung nicht mehr zu überprüfen haben.[316] Auch sind die Zulassungsgremien an die durch die Approbationsbehörde erteilte Approbation gebunden.[317]

340 Zusätzlich hat der Arzt die gem. § 18 Abs. 2 Ärzte-ZV geforderten Erklärungen und Dokumente, beispielsweise ein polizeiliches Führungszeugnis, abzugeben. Eine positive Entscheidung über einen Zulassungsantrag setzt voraus, dass der Zulassung keine Gründe entgegenstehen.

341 Aufgrund der **Trennung der hausärztlichen von der fachärztlichen Versorgung** in § 73 SGB V müssen sich sowohl Kinderärzte als auch Internisten dazu entscheiden, ob sie an der hausärztlichen oder an der fachärztlichen Versorgung teilnehmen wollen. Lediglich in Ausnahmefällen – bei Vorliegen eines Versorgungsbedarfes – kann auch eine Tätigkeit im jeweils anderen Bereich gestattet werden, was jedoch nicht für Allgemeinmediziner gilt.[318]

2. Persönliche Eignung

342 Nach den §§ 20 und 21 Ärzte-ZV ist die Zulassung hingegen ausgeschlossen, wenn eine **Eignung** des Arztes nicht vorliegt. § 21 Ärzte-ZV umfasst den Bereich der geistigen oder sonstigen schwer wiegenden in der Person des Arztes begründeten Mängel. Als Regelbeispiel des schwer wiegenden Mangels nennt § 21 Ärzte-ZV insbesondere eine Rauschgift- oder Alkoholabhängigkeit;[319] gleichgestellt wird auch die Medikamentenabhängigkeit.[320] § 21 Ärzte-ZV zielt erkennbar auf „Extreme" ab, so dass die praktische Relevanz dieser Regelung relativ gering geblieben ist.[321] Allerdings kann die Eignung auch bei schweren charakterlichen Mängeln fehlen, etwa in der Vergangenheit über Jahre vorliegende umfangreiche Vermögensdelikte, da nicht das Vertrauen gegeben ist, dass der Arzt die Vermögensinteressen der am System der vertragsärztlichen Versorgung Beteiligten achten und nicht schädigen wird.[322] Kein Verlust der Eignung stellt jedoch die Einleitung eines Insolvenzverfahrens gegen den Arzt dar.[323]

---

315 Zu den europarechtlichen Regelungen siehe § 95a Abs. 4 ff. SGB V.
316 BSG – B 6 KA 26/00 R, SGb 2001, 122.
317 BSG – B 6 KA 42/02 R, SozR 4-2500 § 95 Nr. 4.
318 BSG – B 6 KA 74/04 R, SozR 4-2500 § 73 Nr. 1.
319 Vgl. hierzu SG Mainz, Beschl. v. 7.9.2005 – S 9 ER 126/05 – bestätigt durch LSG Mainz, Beschl. v. 27.9.2005 – L 5 ER 88/05 KA, wo auch die sofortige Vollziehung der Entscheidung als rechtmäßig angesehen wurde; SG Stuttgart, Beschl. v. 24.1.2003 – S 11 KA 6314/02 ER.
320 LSG Baden-Württemberg – L 5 KA 4663/03 ER-B, Der Kassenarzt 2004, Nr. 21, 47.
321 Vgl. auch KassKomm/*Hess,* SGB V, § 95 Rn 44 ff.; LSG Nordrhein-Westfalen, Urt. v. 29.3.2006 – L 11 KA 94/05.
322 LSG Nordrhein-Westfalen, Urt. v. 8.10.2003 – L 11 KA 165/02.
323 BSG – B 6 KA 67/98 R, SozR 3-5520 § 24 Nr. 4.

§ 20 Ärzte-ZV hat zwei Ausschlusstatbestände bzgl. der Geeignetheit des Arztes. Abs. 1 schließt die Geeignetheit aus, wenn der Arzt aufgrund einer **Nebentätigkeit**, sei es ein Beschäftigungsverhältnis oder eine ehrenamtliche Tätigkeit, für die vertragsärztliche Versorgung seiner Patienten nicht in dem erforderlichem Maße zur Verfügung steht.[324] § 20 Abs. 1 Ärzte-ZV stellt hierbei auf die zeitliche Verfügbarkeit ab. Dabei verlangt § 19a Abs. 1 Ärzte-ZV, dass der Arzt seine vertragsärztliche Tätigkeit vollzeitig auszuüben hat.

343

Der Bereich der Nebentätigkeiten des Arztes contra seine Verfügbarkeit für die Versicherten war immer wieder umstritten.[325] Die bisher vereinzelt gerichtlich vertretene Auffassung, dass der Arzt in seiner Vertragsarzttätigkeit für eine Arbeitszeit von mindestens 38–40 Stunden zur Verfügung stehen müsse,[326] wurde vom BSG nicht in einer solchen Tragweite bestätigt.[327]

344

Das BSG geht davon aus, dass Beschränkungen, denen ein ärztlicher Leistungserbringer als Folge einer anderen Tätigkeit unterliegt, grds. geeignet sind, sich auf die gleichzeitige Tätigkeit im System des SGB V hinderlich und störend auszuwirken.[328] Nach dem BSG können Dritten gegenüber eingegangene Bindungen unbedenklich nur sein, wenn von ihnen keine prägende Wirkung für den beruflichen Status ausgeht. Vergrößernd-typisierend sei dies der Fall, wenn die Arbeitszeit im Beschäftigungsverhältnis maximal ein Drittel der üblichen wöchentlichen Arbeitszeit, also ca. 13 Wochenstunden, ausmacht.[329]

345

§ 20 Abs. 2 Ärzte-ZV verneint die Geeignetheit des Arztes ferner, wenn dessen **Tätigkeit** dem Inhalt oder der Form nach nicht mit dem **Wesen der Tätigkeit eines Arztes am Vertragsarztsitz** vereinbar ist.[330] Die bisherige Rechtsprechung des BSG,[331] wonach eine gleichzeitige Tätigkeit in einem Krankenhaus und in der Niederlassung gegen § 20 Abs. 2 Ärzte-ZV verstößt, wurde durch das VÄndG ab 1.1.2007 aufgehoben, soweit der Arzt in einem zur vertragsärztlichen Versorgung zugelassen Krankenhaus oder Rehabilitationseinrichtung tätig ist. Geblieben ist jedoch die Rechtslage der Ungeeignetheit für Werksärzte,[332] eine Zulassung zu erhalten. Für Psychotherapeuten, die häufig eine Nebentätigkeit ausüben, wurde in folgenden Fällen der Tätigkeit eine Unvereinbarkeit festgestellt: jugendpsychiatrischer Dienst, der das Aufgabengebiet der Diagnostik von Leistungsdefiziten, Intelligenzdiagnostik, Diagnostik von Entwicklungsstörungen und Verhaltensauffälligkeiten sowie seelischen Behinderungen umfasst;[333] psychosoziale Kontaktstelle;[334] psychologische Beratungsstelle;[335] Suchtberatungsstelle;[336] Therapiezentrum für Suizidgefährdete;[337] Städtische Kinder-Jugend-Eltern-Beratungsstelle.[338]

346

---

324 Hierzu *Wenner*, GesR 2004, 353.
325 BSG – 6 RKa 52/97, SozR 3-2500 § 95 Nr. 16.
326 LSG Nordrhein-Westfalen, Urt. v. 7.2.1996 – L 11 Ka 78/95.
327 BSG – 6 RKa 52/97, SozR 3-2500 § 95 Nr. 16.
328 BSG – B 6 KA 20/01 R, SozR 3-5520 § 20 Nr. 3; BSG – B 6 KA 23/01 R, SozR 3-5520 § 20 Nr. 4.
329 BSG – B 6 KA 20/01 R, SozR 3-5520 § 20 Nr. 3; BSG – B 6 KA 23/01 R, SozR 3-5520 § 20 Nr. 4.
330 Hierzu *Wenner*, GesR 2004, 353, 357.
331 BSG – B 6 KA 22/02 R, SozR 4-2500 § 95 Nr. 2.
332 BSG – 6 RKa 39/96, SozR 3-5520 § 20 Nr. 2.
333 LSG Hamburg, Urt. v. 11.8.2004 – L 2 KA 4/01.
334 SG Hamburg, Urt. v. 10.12.2003 – S 3 KA 327/00.
335 SG Frankfurt/M., Urt. v. 12.9.2001 – S 27 KA 795/01.
336 SG Marburg, Urt. v. 6.6.2007 – S 12 KA 941/06.
337 SG Hamburg, Urt. v. 6.6.2002 – S 27 KA 248/99.
338 SG Frankfurt/M., Urt. v. 12.9.2001 – S 27 KA 59/01.

§ 7 Vertragsarztrecht

347 Bei der **Kooperation** zwischen einem **Arzt** und einem **Krankenhaus** muss außerhalb der nunmehr zulässigen Anstellung eine eigenverantwortliche Praxisausübung des Vertragsarztes gewährleistet bleiben.[339] Wie weit dies im Einzelfall noch gegeben ist, muss stets anhand der konkreten Gestaltung einer Kooperation überprüft werden. Als nicht mit § 20 Abs. 2 Ärzte-ZV kompatibel ist eine Vertragsausgestaltung anzusehen, wenn der Arzt keinerlei wirtschaftliches Risiko zu tragen hat und er keinen Einfluss auf die wesentlichen Entscheidungen innerhalb der Praxis auch bezogen auf sein Personal hat. Nicht erforderlich ist jedoch das Eigentum an den Praxisgegenständen.[340]

3. Verfahrensvoraussetzungen

348 Eine Zulassung wird nur auf Antrag des Arztes erteilt, § 18 Ärzte-ZV. Nach § 18 Ärzte-ZV muss der Antrag schriftlich unter Angabe des geplanten Vertragsarztsitzes und der Fachgebietsbezeichnung der Zulassung erfolgen. Eine Zulassung erfolgt für den Ort der Niederlassung als Arzt (**Vertragsarztsitz**). Hierbei handelt es sich nicht um einen Teil einer Ortschaft,[341] sondern es handelt sich um die genaue Praxisanschrift.[342]

349 Der Antrag muss ferner bei dem für den Zulassungsbezirk des geplanten Arztsitzes zuständigen Zulassungsausschuss gestellt werden. Auch muss auf die Besonderheit hingewiesen werden, dass sowohl der Antrag auf Eintragung in das Arztregister als auch der Zulassungsantrag selbst gebührenbelastet gem. § 46 Ärzte-ZV sind. Bei dem gleichfalls gebührenbelasteten Widerspruch gilt dieser als zurückgenommen, wenn diese Gebühr nicht rechtzeitig entrichtet wurde. Fällig wird die Gebühr mit Antragstellung. Nach § 45 Abs. 1 S. 2 Ärzte-ZV ist in der Anforderung der Gebühr für einen Widerspruch auf die Folgen hinzuweisen.

4. Entscheidung durch den Zulassungsausschuss

350 Entschieden wird gem. § 96 SGB V i.V.m. § 19 Ärzte-ZV durch den Zulassungsausschuss in einer Sitzung durch Beschluss, welcher dem betroffenen Arzt als rechtsmittelfähiger Bescheid zugestellt wird.

351 Die Entscheidung kann zudem mit **Nebenbestimmungen** i.S.v. § 32 SGB X versehen werden, beispielsweise über die Aufnahme der vertragsärztlichen Tätigkeit im gesperrten Planungsbereich innerhalb von drei Monaten nach Zustellung des Beschlusses oder der Bedingung einen seiner Eignung nach § 20 Ärzte-ZV entgegenstehenden Grund (Anstellungsverhältnis) spätestens nach drei Monaten nach Unanfechtbarkeit der Zulassung zu beseitigen (§ 20 Abs. 3 Ärzte-ZV).[343]

5. Vertragsarztsitz

352 Gem. § 24 Ärzte-ZV besteht die Pflicht des zugelassenen Arztes, am Vertragsarztsitz seine Sprechstunden abzuhalten (**Präsenzpflicht**) (vgl. Rn 1028 f.). Die Sprechstundenzeiten müssen hierbei dem Versorgungsauftrag angemessen sein, der Arzt kann seine Sprechstundenzeiten nicht derart reduzieren, dass eine Versorgung der Versicherten

---

339 BSG – 6 RKa 23/94, SozR 3–5520 § 20 Nr. 1.
340 BSG – 6 RKa 39/96, SozR 3–5520 § 20 Nr. 2.
341 So aber *Schiller*, NZS 1997, 103, 105; vgl. auch *Rigizahn*, NZS 1999, 427 ff.
342 BSG – B 6 KA 67/98 R, SozR 3-5520 § 24 Nr. 4; BSG – 6 RKa 55/94, SozR 3-2500 § 75 Nr. 7.
343 Zum Verhältnis einer niemals wirksam gewordenen Zulassung und deren Entziehung vgl. BSG – B 6 KA 22/02 R, SozR 4-2500 § 95 Nr. 2.

nicht mehr sichergestellt ist; ob dies der Fall ist, entscheidet sich nach den Gegebenheiten vor Ort.[344] Eingeschränkt ist die Präsenzpflicht bei Arztgruppen, die nur auf Überweisung tätig werden, ferner bei niedergelassenen Anästhesisten, die Narkosen bei ambulanten Operationen anderer Ärzte durchführen.[345] In § 17 Abs. 1a S. 1 BMV-Ä/§ 13 Abs. 7a S. 1 EKV ist nunmehr ausdrücklich vorgesehen, dass ein Vertragsarzt mindestens 20 Stunden wöchentlich in Form von Sprechstunden zur Verfügung stehen muss.

Die ebenfalls aus § 24 Ärzte-ZV sich ergebende **Residenzpflicht**[346] beruht auf der Tatsache, dass der Arzt auch außerhalb seiner Sprechstunden für Notfälle erreichbar sein muss, sofern nicht ein organisierter ärztlicher Notdienst (z.B. am Wochenende) eintritt. Der Wohnsitz darf nicht so weit entfernt liegen, dass z.B. ein Hausbesuch in angemessener Zeit nicht möglich ist. Dies ist immer anhand des konkreten Falls zu prüfen, wobei natürlich auch beispielsweise die vorliegenden Gegebenheiten (Verkehrsanbindung) berücksichtigt werden müssen (vgl. auch Rn 1031). 353

Ein Umzug der Praxis, auch innerhalb derselben Stadt, stellt eine genehmigungspflichtige Verlegung des Vertragsarztsitzes dar.[347] Hier ist unbedingt darauf zu achten, dass eine rückwirkende Genehmigung der Verlegung eines Vertragsarztsitzes nicht in Betracht kommt und damit bei ungenehmigter oder noch nicht genehmigter Verlegung auch keinerlei Honoraransprüche gegenüber der KV bestehen.[348] Lediglich der Umzug innerhalb des gleichen Hauses ist genehmigungsfrei.[349] 354

6. Altersgrenzen

Die Begrenzung der Erstzulassung auf den Zeitpunkt vor der Vollendung des **55. Lebensjahres**[350] wurde durch das VÄndG aufgehoben. Gem. § 95 Abs. 7 SGB V endet ab dem 1.1.1999 die Zulassung von Vertragsärzten mit dem **68. Lebensjahr**. Für den Fall, dass zugelassene Ärzte zu diesem Zeitpunkt noch nicht 20 Jahre zugelassen sind, bleibt die Zulassung nach einer Übergangsbestimmung bis zum Ablauf einer 20-jährigen Zulassung bestehen. Auf diesen Mindestzeitraum der Zulassung werden jedoch auch Zeiten angerechnet, in denen der Arzt eine Ermächtigung innehatte. Voraussetzung ist jedoch, dass der Umfang der Ermächtigung eine Vollzeittätigkeit ermöglicht, die der eines zugelassenen Vertragsarztes gleichkommt.[351] Diese Altersgrenze ist ebenfalls durch das BVerfG bestätigt worden[352] und verstößt auch nicht gegen EG-Recht.[353] Die Vertretung eines Vertragsarztes gemäß § 32 Ärzte-ZV durch einen über 68-jährigen Kollegen ist aber weiterhin möglich.[354] Diese Regelung hat durch das VÄndG in § 95 Abs. 7 S. 8 SGB V insofern eine Änderung erhalten, als in den Fällen, in denen der Lan- 355

---

344 *Schallen*, § 24 Rn 627.
345 Hierzu auch *Engelmann*, MedR 2002, 561 ff.
346 BSG – B 6 KA 2/03 R, MedR 2004, 405 prüft fachgruppenspezifisch die jeweils zulässige Entfernung zwischen Wohnort und Praxis anhand der Erreichbarkeit des Arztes; wobei 30 Minuten bis zur Praxis für einen psychotherapeutisch tätigen Arzt ausreichen sollen.
347 BSG – 6 RKa 55/94, SozR 3-2500 § 75 Nr. 7.
348 BSG – B 6 KA 7/05 R, GesR 2006, 455.
349 *Schallen*, § 24 Rn 554.
350 Zur alten Rechtslage vgl. BSG – 6 KA 90/00 R, SozR 3-5520 § 25 Nr. 5; BSG – B 6 KA 22/99 R, SozR 3-5520 § 25 Nr. 3; BSG – B 6 KA 9/03 R; BVerfG – 1 BvR 491/96, NJW 2001, 1779.
351 BSG – B 6 KA 45/00 R, SozR 3-2500 § 95 Nr. 32.
352 BVerfG – 1 BvR 2167/93, 2198/93, SozR 3-2500 § 95 Nr. 17.
353 Bayerisches LSG, Urt. v. 19.7.2006 – L 12 KA 9/06; SG Marburg, Beschl. v. 13.7.2006 – S 12 KA 829/06 ER; LSG Schleswig-Holstein – L 4 B 406/07 KA ER, GesR 2007, 413.
354 BSG – B 6 KA 11/04, SozR 4-5525 § 32 Nr. 1.

desausschuss der Ärzte und Krankenkassen feststellt, dass eine Unterversorgung eingetreten ist oder unmittelbar droht, die Altersgrenze nicht zur Anwendung gelangt. Wird diese Feststellung wieder aufgehoben, so endet die Zulassung spätestens ein Jahr nach Aufhebung der Entscheidung des Landesausschusses der Ärzte und Krankenkassen (§ 95 Abs. 7 S. 9 SGB V).

7. Sonderregelungen für Psychotherapeuten

356 Die psychologischen Psychotherapeuten und Kinder-/Jugendpsychotherapeuten sind zum 1.1.1999 mit den Vertragsärzten als zulassungsfähige Leistungserbringer gleichgestellt (ausführlich dazu siehe Rn 281 ff.).

357 Allgemein müssen die Psychotherapeuten die entsprechenden Voraussetzungen wie Ärzte erfüllen, insbesondere die Eintragung in das Arztregister. Hierfür sind in § 95c SGB V Sonderregelungen getroffen worden. Bei der Beurteilung ihrer persönlichen Eignung für die Leistungserbringung im System der gesetzlichen Krankenversicherung unterliegen sie zudem den gleichen Anforderungen, wie sie für Vertragsärzte gelten.[355]

358 Auf Grund der erstmaligen Einführung des Zulassungsrechts für die Gruppe der Psychotherapeuten wurden Übergangsregelungen geschaffen, die grundsätzlich die Art der Zulassung in die Gruppe der „übergangsweise **bedarfsunabhängigen**" und die der „regulären" **Zulassung** unterteilt.

359 Das reguläre Zulassungsverfahren richtet sich gem. § 72 Abs. 1 S. 2 SGB V hinsichtlich der Psychotherapeuten wie bei den Ärzten nach den Regeln der §§ 95 ff. SGB V. Lediglich bei der fachlichen Qualifikation bzw. der Eintragung in das Arztregister ist § 95c SGB V zu beachten. Hier wird die Approbation als Psychotherapeut sowie ein Fachkundenachweis verlangt, dessen Voraussetzungen genau definiert werden. Grund ist die Gewährleistung einer Qualifikation des approbierten Psychotherapeuten in denjenigen Behandlungsverfahren, die durch den Gemeinsamen Bundesausschuss in den Psychotherapierichtlinien anerkannt sind.[356]

360 Die zeitlich befristete Möglichkeit der bedarfsunabhängigen Zulassung ist in § 95 Abs. 10 SGB V normiert. Hierbei wurden in § 95 Abs. 11b–12 SGB V zusätzlich noch Sonderregelungen zu den Zugangsvoraussetzungen des § 95 Abs. 10 SGB V getroffen. Innerhalb des Zeitfensters des § 95 Abs. 10 Nr. 3 SGB V musste der Psychotherapeut annähernd halbtags tätig sein, um die Zulassung zu erhalten.[357]

8. Ruhen der Zulassung

361 § 95 Abs. 5 SGB V i.V.m. § 26 Ärzte-ZV sieht für den Fall, dass der Arzt seine Tätigkeit nicht aufnimmt, das Ruhen seiner Zulassung vor. Das Ruhen wird von dem Zulassungsausschuss durch Beschluss festgestellt, wobei der Zulassungsausschuss von Amts wegen oder auf Antrag tätig werden kann. Auch besteht seit dem 1.1.2007 die Möglichkeit, das Ruhen der Zulassung nur zur Hälfte anzuordnen. Dies soll eine flexible Handhabung des Ruhens der Zulassung unter Beachtung der Gründe ermöglichen.

---

355 BSG – B 6 KA 20/01 R, SozR 3-5520 § 20 Nr. 3.
356 KassKomm/*Hess*, SGB V, § 95c Rn 6.
357 BSG – B 6 KA 52/00 R, SozR 3-2500 § 95 Nr. 25; BVerfG – 1 BvR 704/00, SozR 3-2500 § 95 Nr. 24.

Das Ruhen ist für den Fall vorgesehen, dass der **Arzt noch nicht** oder **nicht mehr** seine **Tätigkeit ausübt**. Grundvoraussetzung ist jedoch, dass die Aufnahme der Tätigkeit in angemessener Zeit überhaupt zu erwarten ist. Welcher Zeitraum noch angemessen ist, eröffnet natürlich ein weites Feld der möglichen Betrachtungsweisen. Anhaltspunkte für die Angemessenheit des Zeitraums werden in § 81 Abs. 5 S. 2 SGB V gesehen, welcher die Möglichkeit einer disziplinarischen Anordnung des Ruhens der Zulassung für bis zu zwei Jahre vorsieht. Der **maximale Zeitraum** von bis zu zwei Jahren wird daher auch in dem Bereich des Ruhens nach § 95 Abs. 5 SGB V angewendet.[358] Eine absolute Aussage lässt sich hier aber nicht treffen. Unter Berücksichtigung der Tatsache, dass der Gesetzgeber für Arbeitnehmer einen Erziehungsurlaub bis zur Vollendung des 3. Lebensjahres eines Kindes vorgesehen hat, dürfte unter Sicht auf Art. 6 Abs. 2 GG einer Vertragsärztin/Vertragsarzt eine längere Ruhenszeit nicht versagt werden.[359] Zunächst kann sich eine Vertragsärztin ohnehin nach § 32 Abs. 1 S. 2 Ärzte-ZV bis zu einer Dauer von sechs Monaten vertreten lassen.

362

Nach § 26 Ärzte-ZV dürfen dem Ruhen der Zulassung jedoch nicht **Gründe der Sicherstellung** der vertragsärztlichen Versorgung entgegenstehen. Da diese Gründe sich faktisch auf eine bestehende oder drohende Unterversorgung beschränken, fallen diese zumindest in Stadtgebieten bei der heute weitestgehend bestehenden Überversorgung tatsächlich kaum ins Gewicht. Bei der jedoch in ländlichen Gebieten in letzter Zeit vermehrt beobachteten Unterversorgung insbesondere in den ostdeutschen Ländern kommt dieser Aspekt in der Zukunft wieder verstärkt zum Tragen.

363

9. Entziehung der Zulassung

Abgesehen von dem Fall des Erlöschen einer Zulassung kraft Gesetzes ist eine Zulassung nach Erteilung wieder zu entziehen,[360] wenn die Voraussetzungen des § 95 Abs. 6 SGB V i.V.m. § 27 Ärzte-ZV vorliegen. Der Zulassungsausschuss kann hierbei sowohl von Amts wegen als auch auf Antrag der KV oder der Landesverbände der Krankenkassen tätig werden. Seit dem 1.1.2007 besteht nach § 95 Abs. 6 S. 2 SGB V die Möglichkeit, die Zulassung nur zur Hälfte zu entziehen. Dadurch soll den Zulassungsgremien die Möglichkeit eingeräumt werden, flexibel auf die Gründe für die Entziehung der Zulassung zu reagieren.

364

Sobald die Voraussetzungen der Zulassung wegfallen, ist die Zulassung zwingend zu entziehen. Relevant wird dies insbesondere, wenn die Regelungen der §§ 20, 21 Ärzte-ZV zutreffen. Gerade § 20 Ärzte-ZV kann hierbei einschlägig werden, wenn der Arzt eine „praxisnahe" gewerbliche Tätigkeit aufnimmt. Hierbei wird die oben genannte Frage des „für die Versorgung der Versicherten erforderlichen Maß der Verfügbarkeit", sowie einer Tätigkeit, die ihrem „Wesen nach mit der Vertragsarzttätigkeit nicht vereinbar ist", wieder aktuell. Hinsichtlich der Angabe der Hinderungsgründe muss ausdrücklich auf §§ 20, 21 Ärzte-ZV hingewiesen werden. Sofern die Hinderungsgründe auch den Tatbestand der §§ 20, 21 Ärzte-ZV ausfüllen, muss der Zulassungsausschuss von Amts wegen ein Zulassungsentziehungsverfahren einleiten.

365

Sofern der Arzt nicht entsprechend der erteilten Zulassung seine ärztliche **Tätigkeit** (Praxisbetrieb) **aufnimmt**, ist die Zulassung ebenfalls gem. § 95 Abs. 6 SGB V zu ent-

366

---

358 Schnapp/Wigge/*Schiller*, § 5 D Rn 21; Ehlers/*Hesral*, Disziplinarrecht, Rn 478; jurisPK-SGB V/*Pawlita*, § 95 Rn 455 f. m.w.N. auch zur Gegenmeinung – kürzere Frist.
359 Vgl. hierzu LSG Hessen, Urt. v. 15.3.2006 – L 4 KA 29/05.
360 Einen guten Überblick hierzu geben *Großbölting/Jaklin*, NZS 2002, 525 ff.

ziehen. Der Termin, an dem die Tätigkeit aufzunehmen ist, bestimmt sich nach dem in dem Zulassungsbeschluss angegebenen Zeitpunkt.

367 Ausdrücklich muss in diesem Zusammenhang nochmals auf § 19 Abs. 3 Ärzte-ZV hingewiesen werden. Nach dieser Regelung erlischt eine für einen von Zulassungsbeschränkungen betroffenen Planungsbereich erteilte Zulassung, wenn nicht innerhalb von drei Monaten ab Zustellung des Zulassungsbeschlusses die ärztliche Tätigkeit aufgenommen wird. Bei dieser Vorschrift handelt es sich um eine gesetzliche Frist im Sinne einer Ausschlussfrist.[361] Diese Regelung wird zwar von der Literatur als rechtswidrig mangels Ermächtigungsgrundlage angesehen.[362] Zur Begründung wird angeführt, § 95 Abs. 6 SGB V sei hinsichtlich der Beendigungstatbestände abschließend.

368 Eine Zulassungsentziehung kommt auch in Betracht, wenn der Vertragsarzt seine Niederlassung aufgibt und sich in einer anderen Stadt niederlässt. Hierbei ist auf die objektiven Tatsachen abzustellen, nicht dagegen auf die Umstände, die den Arzt geleitet haben bzw. ob er gedenkt, sogar irgendwann einmal zurückzukehren.[363]

369 In Krankheitsfällen kann der Arzt die Aufnahme der ärztlichen Tätigkeit bzw. dessen Fortführung auch in den (zeitlichen) Grenzen des § 32 Abs. 1 Ärzte-ZV durch die Bestellung eines Vertreters sicherstellen.[364]

370 Sofern sich insbesondere bei Praxisneugründungen Verzögerungen ergeben, gibt es zwei Alternativen, eine Zulassungsentziehung zu vermeiden:
- Der Arzt stellt entweder bei dem Zulassungsausschuss gem. § 19 Abs. 2 S. 2 Ärzte-ZV einen Antrag auf Festsetzung einer späteren Aufnahme der Tätigkeit wegen wichtiger Gründe,
- er stellt den Antrag auf Ruhen der Zulassung gem. § 95 Abs. 5 SGB V i.V.m. § 26 Ärzte-ZV.

371 In beiden Fällen sind die entsprechenden Hinderungsgründe darzulegen und insbesondere anzugeben, wann die Aufnahme der Tätigkeit erfolgen kann. Da von den Zulassungsgremien oft das Argument der Möglichkeit einer Vertreterbestellung gebraucht wird, sollte man auch schon im Antrag die Gründe benennen, weshalb dies vorliegend nicht möglich ist.

372 Eine Zulassungsentziehung aufgrund einer **groben Pflichtverletzung** ist als äußerstes Mittel immer sehr restriktiv anzuwenden. Nach der anerkannten Definition des BSG[365] ist eine grobe Pflichtverletzung erst dann gegeben, wenn durch die Art und Schwere des Verstoßes das Vertrauensverhältnis zwischen Arzt und KV derart gestört ist, dass eine weitere Zusammenarbeit nicht mehr möglich erscheint.

373 Als grobe Verletzung der vertragsärztlichen Pflichten kommt insbesondere Folgendes in Betracht:[366]
- Ausstellung von Blankorezepten[367]
- unzulässige Delegation von Leistungen
- Abrechnung nicht erbrachter Leistungen[368]

---

361 LSG Berlin-Brandenburg, Urt. v. 20.6.2007 – L 7 KA 7/04.
362 *Schallen*, § 19 Rn 523; a.A. *Großbölting/Jacklin*, NZS 2002, 525, 527.
363 LSG Thüringen, Urt. v. 29.4.2003 – L 4 KA 703/02; BSG, Beschl. v. 5.11.2003 – B 6 KA 60/03 B.
364 *Großbölting/Jacklin*, NZS 2002, 525, 527.
365 BSG – B 6 KA 1/06 R – MedR 2007, 131; BSG – B 6 KA 67/03 R, SozR 4-2500 § 95 Nr. 9.
366 Vgl. auch KassKomm/*Hess*, SGB V, § 95 Rn 80 m.w.N.
367 LSG Bayern, Urt. v. 12.2.1980 – L 12 B 70/79.
368 BSG – 6 RKa 70/91, SozR 3-2500 § 95 Nr. 4.

- fortgesetzte unrichtige Abrechnung von Leistungen ohne Erstellung der erforderlichen Dokumentation[369]
- über Jahre fortgesetzte Verletzung des Wirtschaftlichkeitsgebot trotz erfolglos durchgeführter Disziplinarmaßnahmen[370]
- fortgesetzte Verstöße gegen administrative Pflichten[371]
- auch Verfehlungen außerhalb der eigentlichen vertragsärztlichen Tätigkeit können eine Zulassungsentziehung rechtfertigen.[372]

Selbst wenn eine gröbliche Pflichtverletzung aus der Vergangenheit zu bejahen ist oder wenn nach Rückgabe der Zulassung bzw. Zulassungsentziehung eine neue Zulassung beantragt wird, stellt sich immer wieder die Frage des zeitlichen Momentes. In der Rechtsprechung ist anerkannt, dass ein späteres **Wohlverhalten** des Vertragsarztes innerhalb des Zulassungsentziehungsverfahrens mit beachtet werden muss. Hierbei wird differenziert, ob das Wohlverhalten aus autonomen Gründen oder angesichts des Zulassungsentziehungsverfahrens ausgeübt wird. Während ersteres stärker zu beachten ist, spielt letzteres eher eine untergeordnete Rolle.[373] Bei der gerichtlichen Überprüfung der Rechtmäßigkeit einer Zulassungsentziehung kommt es auf den Zeitpunkt der Entscheidung durch den Berufungsausschuss an.[374]

374

Ferner ist die Frage zu berücksichtigen, wie lange die gröblichen **Pflichtverletzungen** und das Verfahren der Zulassungsentziehung **zeitlich auseinander** liegen. Nach der Rechtsprechung des BSG[375] ist grundsätzlich eine zeitliche Zäsur von fünf Jahren nach Durchführung der gröblichen Pflichtverletzung zu bejahen, wobei im Einzelfall bei besonders schweren gröblichen Pflichtverletzungen auch ein längerer Zeitraum möglich ist.

375

Eine Entziehung der Zulassung nach § 95 Abs. 6 SGB V ist zunächst losgelöst vom **Disziplinarrecht** zu sehen. Damit setzt der Entzug der Zulassung eine vorangegangene Disziplinarmaßnahme nicht zwingend voraus.[376] Eine Zulassungsentziehung gem. § 95 Abs. 6 SGB V kann aber im Einzelfall unverhältnismäßig sein, weil eine Disziplinarmaßnahme vorher nicht ausgesprochen wurde (vgl. Rn 988).[377] Das kann dann der Fall sein, wenn eine Disziplinarmaßnahme noch ausreichend ist, um ein zukünftiges pflichtgemäßes Verhalten des Betroffenen zu garantieren. Bei massiven Verstößen ist aber die Durchführung eines Disziplinarverfahrens vor Zulassungsentziehung nicht zwingende Voraussetzung.[378]

376

Gerade bei der gröblichen Pflichtverletzung wird sich nunmehr wegen der Änderungen aufgrund des VÄndG die Frage stellen, ob nicht auch nur eine **hälftige Entziehung der Zulassung** möglich ist. Durch die Änderung in § 95 Abs. 6 SGB V wird sich hier wegen der ausdrücklichen gesetzlichen Anordnung die Frage stellen, ob man innerhalb des Tatbestandsmerkmals der gröblichen Pflichtverletzung unterscheiden muss, wie stark sie ist, dass nur eine umfängliche Entziehung der Zulassung in Frage kommt oder

377

---

369 LSG Nordrhein-Westfalen – L 1 KA 19/70, DÄ 1972, 519.
370 BSG – 6 RKa 4/86 – SozR 2200 § 368a RVO Nr. 16.
371 LSG Hessen, Urt. v. 25.10.1978 – L 7 Ka 710/76.
372 BSG, Beschl. v. 31.3.2006 – B 6 KA 69/05 B; B 6 KA 1/06 R, MedR 2007, 131.
373 BSG – B 6 KA 67/03 R, SozR 4-2500 § 95 Nr. 9.
374 BSG – B 6 KA 67/03 R, SozR 4-2500 § 95 Nr. 9.
375 B 6 KA 1/06 R – MedR 2007, 131.
376 BSG – 6 RKa 28/88, SozR 2200 § 368a Nr. 24; siehe auch Schnapp/Wigge/*Schroeder-Printzen*, § 19 Rn 12 f.
377 BSG – 6 RKa 30/86, SozR 2200 § 368m Nr. 3; BSG, Beschl. v. 20.6.1989 – 6 BKa 6/89.
378 So LSG Bayern, 19.3.2003 – L 12 KA 84/02; vgl. auch BSG, Beschl. v. 5.11.2003 – B 6 KA 54/03 B.

ob nicht unter dem Gesichtspunkt der Verhältnismäßigkeit das Mittel als ausreichend angesehen werden muss, die Zulassung nur hälftig zu entziehen. Einer hälftigen Entziehung einer vollen Zulassung kann auch nicht entgegengehalten werden, diese Regelung beziehe sich nur auf die Fälle, in denen der Arzt eine hälftige Zulassung hat.[379] Durch die ausdrückliche Aufnahme in § 95 Abs. 3 SGB V hat der Gesetzgeber diese Möglichkeit geschaffen. Sie wäre ansonsten nicht erforderlich gewesen, denn eine hälftige Zulassung ist eine Zulassung.

10. Teilzulassung

378 Die Teilzulassung wurde durch das VÄndG eingeführt. Sie dient dazu, eine weitere Flexibilisierung innerhalb des Vertragsarztrechts zu ermöglichen.[380] Ein Vertragsarzt kann durch eine schriftliche Erklärung gegenüber dem Zulassungsausschuss auf die Hälfte der Zulassung verzichten, wobei das Gesetz in § 95 Abs. 3 S. 1 SGB V vom Versorgungsauftrag spricht (§ 19a Abs. 2 Ärzte-ZV). Diese Erklärung ist im Rahmen eines Beschlusses des Zulassungsausschusses festzuhalten. Die Beschränkung kann dann auch zu einem späteren Zeitpunkt wieder aufgehoben werden. Dabei ist die Bedarfsplanung zu beachten. Aufgrund der Teilzulassung ist der Arzt wegen § 17 Abs. 1a BMV-Ä/§ 13 Abs. 7a EKV verpflichtet, mindestens zehn Stunden für Sprechstunden zur Verfügung zu stehen.

379 Nach §§ 1a Nr. 23 BMV-Ä/§ 1a Nr. 23 EKV handelt es sich beim Versorgungsauftrag um den inhaltlichen und zeitlichen Umfang der Versorgungspflichten eines Leistungserbringers. Dies führt zu der Frage, ob dieser Teil nach § 103 Abs. 4 SGB V **ausgeschrieben** werden kann. Unproblematisch muss entsprechendes bejaht werden, wenn der Arzt nur eine Teilzulassung besitzt und sich ganz aus der vertragsärztlichen Versorgung zurückziehen will.[381] Gleiches ist aber auch zu bejahen, wenn der Vertragsarzt von einer Vollzulassung auf eine Teilzulassung „reduzieren" möchte. Bei dieser Entscheidung geht der vakant werdende „halbe" Vertragsarztsitz nicht unter, vielmehr besteht die Möglichkeit, diesen „halben" Vertragsarztsitz nach § 103 Abs. 4 SGB V in gesperrten Planungsbereichen auszuschreiben. Auch wenn in § 103 Abs. 4 SGB V „nur" von der Zulassung gesprochen und die Teilzulassung nicht ausdrücklich erwähnt wird, ergibt sich aus Sinn und Zweck von § 103 Abs. 4 SGB V die wirtschaftliche Verwertung einer Praxis. Da auch eine Praxis nur teilweise weiter betrieben werden kann und auch ein dem Grunde nach abgrenzbarer Teil der Praxis existiert, so muss dieser Teil auch in Hinblick auf Art. 14 GG ausschreibungsfähig sein. Ferner ist die Teilpraxis ein „Weniger" als die Praxis im Zusammenhang mit der Veräußerung im Rahmen des Nachbesetzungsverfahrens. Dieses Weniger wird von § 103 Abs. 4 SGB V vollständig erfasst.[382]

380 Wegen der **Nebentätigkeit** ist die oben beschriebene Rechtsprechung zu den 13 Stunden nicht vollständig übertragbar. Sicherlich ist die Grundaussage des BSG[383] weiterhin gültig, dass die überwiegende Tätigkeit – zu 2/3 – für die vertragsärztliche Versorgung zur Verfügung gestellt werden muss. Dies bezieht sich aber nur auf den zeitlichen Umfang für die vertragsärztliche Tätigkeit. Diese wäre dem Grunde nach unter 20 Stunden,

---

379 So aber jurisPK-SGB V/*Pawlita*, § 95 Rn 471 f.
380 *Orlowski/Halbe/Karch*, S. 13.
381 *Schallen*, § 19a Rn 541.
382 So auch *Orlowski/Halbe/Karch*, S. 85; Stellpflug/Meier/Tadayon/*Stellpflug*, C 2000 Rn 122c; jurisPK-SGB V/*Pawlita*, § 103 Rn 45.
383 B 6 KA 20/01 R – SozR 3-5520 § 20 Nr. 3; so auch *Wenner*, GesR 2007, 337, 344.

wenn man von einer 40 Stunden-Woche ausgeht.[384] Nimmt man davon ⅓, dann sind dieses knapp 7 Stunden. Daher ist eine Nebentätigkeit von 27 Stunden als zulässig anzusehen.[385]

Die Möglichkeit der Teilzulassung bezogen auf je **zwei Standorte** ist grundsätzlich zu bejahen, da der Vertragsarzt nach der neuen Rechtslage generell berechtigt ist, an mehreren Standorten tätig zu werden, sei es durch überörtliche Gemeinschaftspraxen oder durch die vereinfachten Regeln bei der Zweigpraxis. Daher muss ihm auch der Weg offen stehen, an zwei Standorten mit jeweils einer Teilzulassung tätig zu werden. Dem steht auch § 20 Ärzte-ZV nicht entgegen, da sich aus der Gesamtkonzeption der Liberalisierung des Vertragsarztrechts die Möglichkeit eröffnet, an mehreren Standorten tätig zu sein. Dieses Ergebnis wird auch durch die Streichung von § 4 Abs. 1 S. 3 Ärzte-ZV bestätigt.[386] Im Übrigen wird auch durch § 23m Bedarfsplanungs-Richtlinie deutlich, dass sogar die Anstellung als Teilzeitarzt mit einer Teilzulassung möglich ist. Daher ist davon auszugehen, dass alle möglichen Konstellationen der teilweisen Tätigkeit realisierbar sind, soweit sie sich auf eine jeweils hälftige vertragsärztliche Tätigkeit bezieht. Entsprechendes gilt für die hälftige Zulassung und die Tätigkeit als angestellter Arzt in einem MVZ.[387]

381

11. Sonderbedarfszulassung

Trotz einer bestehenden Zulassungssperre kann ein Arzt ggf. mittels einer erteilten Sonderbedarfszulassung an der vertragsärztlichen Versorgung teilnehmen.[388]

382

Die Sonderbedarfszulassung ist in § 24 Bedarfsplanungs-Richtlinie geregelt. Ermächtigungsgrundlage ist § 101 Abs. 1 Nr. 3 SGB V, eine Sonderbedarfszulassung dient demnach der Sicherung der Qualität der vertragsärztlichen Versorgung. Nach der Rechtsprechung des BSG[389] stellt § 101 Abs. 1 Nr. 3 SGB V eine Ausnahmeregelung zur Sicherstellung der Verhältnismäßigkeit einer angeordneten Zulassungssperre dar. Entgegen dem Wortlaut der Bedarfsplanungsrichtlinien, „darf", muss der Zulassungsausschuss bei Vorliegen einer Voraussetzung einer Sonderbedarfszulassung einem entsprechenden Antrag stattgeben. Voraussetzung für die Erteilung einer Sonderbedarfszulassung ist grundsätzlich, dass eine **wirtschaftlich tragfähige Praxis** erreicht wird, ansonsten ist an die Ermächtigung zu denken.[390] Des Weiteren muss wegen § 24 S. 2 Bedarfsplanungs-Richtlinie der Bedarf dauerhaft sein, eine nur vorübergehende Versorgungslücke ist durch die Ermächtigung zu schließen; eine Dauerhaftigkeit ist anzunehmen, wenn die Versorgungslücke im Rahmen einer Prognoseentscheidung länger als zwei Jahre eingeschätzt wird.[391]

383

---

384 Davon geht auch die Bedarfsplanungs-Richtlinie in § 38 aus, wo ein Beschäftigungsverhältnis von bis zu 20 Wochenstunden einen Anrechnungsfaktor von 0,5 in der Bedarfsplanung hat.
385 Aufgrund einer anderen Berechnungsweise gelangt *Schallen*, § 19a Rn 533 zu 30 Stunden zulässiger Nebentätigkeit; *Fiedler/Fürstenberg*, NZS 2007, 184, 185 gelangen aufgrund einer Verdoppelung der Zeiten zu 26 Stunden; wegen eines nicht überzeugenden Verständnisses der Entscheidung des BSG – B 6 KA 20/01 R, SozR 3-5520 § 20 Nr. 3 gelangt *Andreas*, ArztR 2007, 182 zu einer Nebentätigkeitszeit von 33 Stunden.
386 *Schiller/Pavlovic*, MedR 2007, 86, 88.
387 A.A. jurisPK-SGB V/*Pawlita*, § 103 Rn 290, obwohl in Rn 294 die Möglichkeit von zwei Teilzulassungen akzeptiert wird, was widersprüchlich ist.
388 Vgl. allgemein *Plagemann*, MedR 1998, 85 ff.
389 BSG – B 6 KA 35/99 R, SozR 3-2500 § 101 Nr. 5.
390 BSG – 6 RKa 43/96, SozR 3-2500 § 101 Nr. 1; BSG – B 6 KA 35/99 R, SozR 3-2500 § 101 Nr. 5.
391 JurisPK-SGB V/*Pawlita*, § 101 Rn 44.

384 Innerhalb der gerichtlichen Kontrolle wird keine vollständige Überprüfung vorgenommen, vielmehr beschränkt sich die Kontrolldichte wegen des existierenden Beurteilungsspielraumes lediglich auf die Frage, ob die Zulassungsgremien von dem Beurteilungsspielraum sachgerecht Gebrauch gemacht haben.[392] Überprüfbar ist jedoch, wie weit der Zulassungsausschuss seiner Ermittlungspflicht hinsichtlich des besonderen, aktuell vorliegenden Sonderbedarfs genüge getan hat.[393] Dabei ist es nicht ausreichend, auf die Aussagen der bereits niedergelassenen Ärzte zu vertrauen, erforderlich ist es vielmehr, dass die Zulassungsgremien anhand der Abrechnungsunterlagen diesen Sachverhalt verobjektivieren.

385 Die Leistungserbringung ist nur beschränkt möglich. Sofern eine Sonderbedarfszulassung wegen lokalem Sonderbedarf ausgesprochen wird, ist sie an den Ort der Niederlassung gebunden (§ 25 Abs. 1 S. 1 Bedarfsplanungs-Richtlinie). Wünscht der Arzt eine Verlegung des Vertragsarztsitzes, so hat er unter Beachtung von § 24 Abs. 7 Ärzte-ZV nicht die Möglichkeit, den Sitz relativ einfach zu verlegen, vielmehr muss von ihm eine neue Sonderbedarfszulassung beantragt werden.

386 Bei dem qualitativen Sonderbedarf nach § 24 S. 1 lit. b–d Bedarfsplanungs-Richtlinie wird nicht eine allgemeine Zulassung ausgesprochen, vielmehr wird aufgrund von § 25 Abs. 1 S. 1 Bedarfsplanungs-Richtlinie die Zulassung nur für die Leistungen ausgesprochen, die im Zusammenhang mit dem Ausnahmetatbestand stehen. Bei dem Sonderbedarf im Zusammenhang mit der Dialyse nach § 24 S. 1 lit. e Bedarfsplanungs-Richtlinie ist die Zulassung beschränkt auf den Versorgungsauftrag im Zusammenhang mit der Anlage 9.1 BMV-Ä/EKV.

387 Die **Beschränkung auf den Sonderbedarf** ist grundsätzlich unbefristet. Sie endet jedoch dann, wenn vom Landesausschuss festgestellt wird, dass eine Überversorgung nicht mehr besteht. Speziell für den Bereich der Dialyse findet insofern eine Modifikation wegen § 25 Abs. 2 Bedarfsplanungs-Richtlinie statt, als die Regeln von § 23 Abs. 2 S. 1 letzter Halbsatz sowie Abs. 4 Bedarfsplanungs-Richtlinie zur Anwendung gelangen. Danach ist die zeitliche Reihenfolge der gemeinsamen beruflichen Ausübung der Tätigkeit entscheidend (zur Frage des Verhältnisses zum Jobsharing siehe Rn 335).

a) Lokaler Versorgungsbedarf

388 Auf Grund der unterschiedlichen Niederlassungsdichte in großräumigen Landkreisen kann in einzelnen Bereichen immer wieder eine Unterversorgung entstehen, die eine weitere Zulassung für einen speziellen räumlichen Bereich erforderlich macht. Daher räumt § 24 S. 1 lit. a Bedarfsplanungs-Richtlinie die Möglichkeit eines lokalen Sonderbedarfs ein. Bei der Beurteilung, ob ein lokaler Versorgungsbedarf existiert, sind eine Vielzahl von Faktoren zu prüfen, nämlich wie sich das Leistungsangebot der niedergelassenen Ärzte ausgestaltet, ferner wie die Bevölkerungs- und Morbiditätsstruktur ist sowie der Umfang und die räumliche Verteilung der Nachfrage aufgrund der vorhandenen Verkehrsverbindungen.[394]

---

[392] BSG, Beschl. v. 28.4.2004 – B 6 KA 90/03 B.
[393] BSG – B 6 KA 35/99 R, SozR 3-2500 § 101 Nr. 5.
[394] BSG – 6 RKa 43/96, SozR 3-2500 § 101 Nr. 1.

b) Besonderer Versorgungsbedarf in speziellen fachlichen Teilbereichen

Mit dieser Regelung nach § 24 S. 1 lit. b Bedarfsplanungs-Richtlinie soll erreicht werden, dass eine Versorgungslücke geschlossen wird, sofern für einen Schwerpunkt, einer fakultativen Weiterbildung oder einer besonderen Fachkunde für das Facharztgebiet nach der Weiterbildungsordnung ein entsprechender Bedarf existiert. Insoweit ist eine Bedarfsanalyse durchzuführen, bei der eine mögliche Leistungserbringung im Krankenhaus außer Betracht bleibt. Diese Regelung findet für Psychotherapeuten keine Anwendung, weil es die erforderlichen Differenzierungen im Weiterbildungsrecht der Psychotherapeuten nicht gibt.[395] Die genaue Analyse der Versorgungssituation richtet sich nach den gleichen Regeln wie bei der Ermächtigung (vgl. Rn 399–406), zusätzlich muss ein dauerhafter Bedarf (vgl. Rn 383) existieren.

389

c) Besonderer Versorgungsbedarf zur Bildung einer Gemeinschaftspraxis

Sofern der Arzt spezielle ärztliche Tätigkeiten ausübt und gleichzeitig beabsichtigt, eine Gemeinschaftspraxis mit spezialisierten Versorgungsaufgaben zu übernehmen, so kann ein Sonderbedarf aufgrund von § 24 S. 1 lit. c Bedarfsplanungs-Richtlinie bejaht werden. Exemplarisch werden in diesem Zusammenhang kardiologische oder onkologische Gemeinschaftspraxen angesprochen. Voraussetzung ist dafür noch, dass ein tatsächlicher Bedarf existiert.

390

d) Besonderer Versorgungsbedarf ambulantes Operieren

Sofern ambulante Operationen nicht in einem ausreichenden Maß angeboten werden, kann eine entsprechende Sonderbedarfszulassung erteilt werden (§ 24 S. 1 lit. d Bedarfsplanungs-Richtlinie). Hierbei ist zu prüfen, in welcher Häufigkeit diese Leistungen im Einzugsbereich der zu gründenden Praxis erbracht werden und welche Wartezeiten für die Versicherten existieren.[396] Hierbei ist die Leistungserbringung durch Krankenhäuser nach § 115b SGB V nicht in die Versorgungsanalyse mit einzubeziehen. Weiter ist zu berücksichtigen, dass das ambulante Operieren einen Schwerpunkt der Tätigkeit ausmacht, wobei die Rechtsprechung davon ausgeht, das ambulante Operieren müsse 50 % der Praxistätigkeit ausmachen.[397]

391

e) Besonderer Versorgungsbedarf bei der Dialyse

Innerhalb der Versorgung von Versicherten mit dialysepflichtigen Leistungen ist Anlage 9.1 BMV-Ä/EKV zu beachten. Hier ist zum einen darauf hinzuweisen, dass eine wohnortnahe Dialyseversorgung für die Versicherten gewährleistet werden muss, da für die Krankenkassen regelmäßig Fahrtkosten nach § 60 SGB V i.V.m. der Krankentransport-Richtlinie anfallen;[398] um dieses Kostenrisiko zu vermeiden, soll immer eine wohnortnahe Versorgung sichergestellt werden. Da die Qualitätssicherungsvereinbarung zu den Blutreinigungsverfahren nach § 135 Abs. 2 SGB V für die Versorgung

392

---

395 LSG Baden-Württemberg – L 5 KA 3484/04, ArztR 2007, 105.
396 SG Marburg, 6.3.2006 – S 12 KA 97/06 ER.
397 LSG Baden-Württemberg – L 5 KA 2261/94, MedR 1996, 384.
398 Vgl. hierzu BSG, Urt. v. 26.9.2006 – B 1 KR 20/05 R.

einen Arzt-Patienten-Schlüssel vorsieht, der dazu führt, dass eine Praxis nicht unbeschränkt dialysepflichtige Patienten dialysieren darf, muss trotz einer Sperre für die fachärztlichen Internisten die Möglichkeit eingeräumt werden, eine Sonderbedarfszulassung zu erteilen. Dies geschieht nach § 24 S. 1 lit. e Bedarfsplanungs-Richtlinie aber nur dann, wenn durch die KV bereits ein entsprechender Versorgungsbedarf positiv festgestellt wurde.[399]

f) Belegarzt

393 Für das Belegarztwesen (allgemein zum Belegarzt siehe Rn 439–443) existiert eine Regelung über die Sonderbedarfszulassung nicht in der Bedarfsplanungs-Richtlinie, sondern in § 103 Abs. 7 SGB V. Systematisch handelt es sich hierbei auch um eine Sonderbedarfszulassung, da diese dann zur Anwendung gelangt, wenn Zulassungsbeschränkungen angeordnet worden sind. Voraussetzung hierfür ist zunächst, dass ein Krankenhausträger einen Belegarztvertrag ausgeschrieben hat. Dadurch wird die Sonderbedarfszulassung subsidiär zur Frage des Abschlusses eines Belegarztvertrages mit bereits niedergelassenen Ärzten. Das Krankenhaus hat zunächst die Verpflichtung, mit bereits niedergelassenen Ärzten, die auch „belegarztfähig" sind,[400] **Vertragsverhandlungen** aufzunehmen und auch ernsthaft zu verhandeln, wobei das Krankenhaus nicht verpflichtet ist, von seinen Vorstellungen über die Belegabteilung abzuweichen, sofern diese nicht rechtsmissbräuchlich sind.[401] Dies ist ggf. gegenüber den Zulassungsgremien nachzuweisen. Nur wenn diese Vertragsverhandlungen scheitern, besteht die Möglichkeit des Abschlusses eines Belegarztvertrages mit einem nicht niedergelassenen Arzt, der dann eine Zulassung nach § 103 Abs. 7 SGB V erhält.[402] Die Zulassungsgremien sind auch berechtigt, diese Frage sowie die Frage der ordnungsgemäßen Ausschreibung zu überprüfen.[403] Hierbei ist es nicht erforderlich, dass die Anzahl der Belegbetten innerhalb der Ausschreibung aufgeführt werden. Schon zehn Belegbetten ausreichend sind, um eine pro forma belegärztliche Tätigkeit zum Zwecke des Erhalts einer Zulassung zu verneinen.[404]

394 Wird dem Arzt eine Zulassung erteilt, so erhält er innerhalb der ambulanten Versorgung eine **Vollzulassung**, die jedoch für den Zeitraum von 10 Jahren akzessorisch zum Belegarztvertrag ist. Wird der Belegarztvertrag innerhalb dieser Zeit beendet, so erlischt die Zulassung automatisch.[405]

395 Ferner haben die Zulassungsgremien die Frage zu klären, ob die für das Krankenhaus verbindlichen Vorschriften der Krankenhausbedarfsplanung eingehalten worden sind und ob der Arzt auch eine ausreichende Nähe seines Wohnsitzes zum Krankenhaus genommen hat.[406] Diese Sonderregelung gilt auch für ein MVZ, wobei der Träger des MVZ den Vertrag mit dem Krankenhaus abschließen muss.[407]

---

399 Vgl. dazu LSG Sachsen-Anhalt, Beschl. v. 10.5.2004 – L 4 B 8/04 KA ER.
400 JurisPK/*Pawlita*, § 103 Rn 119.
401 LSG Baden-Württemberg, Urt. v. 22.3.2000 – L 5 KA 3059/99.
402 BSG – B 6 KA 34/00 R, SozR 3-2500 § 103 Nr. 6.
403 *Schirmer*, MedR 1997, 431, 442; *Wagner*, MedR 1998, 410.
404 Hessisches LSG – L 4 KA 5/07 ER, GesR 2007, 178 f.; speziell für den Bereich der Orthopädie vgl. auch LSG Baden-Württemberg, Urt. v. 22.3.2000 – L 5 KA 3059/99; siehe auch LSG Schleswig-Holstein – L 4 KA 38/00, NZS 2001, 558.
405 JurisPK-SGB V/*Pawlita*, § 103 Rn 124.
406 BSG – B 6 KA 34/00 R, SozR 3-2500 § 103 Nr. 6.
407 *Weddehage*, KH 2006, 772 ff.

12. „Gnadenquartal/Praxisverweser"

Die Zulassung eines Vertragsarztes endet immer durch seinen Tod (§ 95 Abs. 7 S. 1 SGB V). Dies hat zur grundsätzlichen Konsequenz, dass die Praxis ab diesem Zeitpunkt grundsätzlich nicht mehr betrieben werden kann, was gleichfalls Versorgungsprobleme für Versicherte mit sich bringen kann. Um diesen nicht wünschenswerten Zustand zu vermeiden, sieht § 4 Abs. 3 BMV-Ä/§ 8 Abs. 5 EKV eine Sonderregelung vor. Nach dieser Regelung ist die KV berechtigt, für die Dauer von bis zwei Quartalen die Fortführung der Praxis durch einen anderen Arzt zu genehmigen; hierüber sind die Krankenkassen zu informieren. Teilweise wird diese Fortführung der Praxis nicht durch eine Entscheidung der KV, sondern über den Weg der Ermächtigung durch den Zulassungsausschuss gewählt.[408] Bei letztgenanntem Weg wird in der Praxis jedoch nicht eine ernsthafte Prüfung des Bedarfs i.S.v. § 116 SGB V (vgl. Rn 402 – 406) gewählt, sondern aus praktischen Gründen gleich die Ermächtigung ausgesprochen.

396

Rechtsgrundlage für diese bundesmantelvertragliche Regelung ist wohl in § 31 Abs. 2 Ärzte-ZV zu sehen, wonach in den Bundesmantelverträgen Regelungen getroffen werden können, die über die Voraussetzungen des § 31 Abs. 1 Ärzte-ZV hinaus Ermächtigungen zur Erbringung bestimmter Leistungen im Rahmen der vertragsärztlichen Versorgung vorsehen. Wenn man sich dieser Auffassung anschließen will, dann wäre jedoch die KV nicht mehr zuständige Behörde, sondern die Zulassungsgremien müssten entsprechende Entscheidungen treffen, da in den Bundesmantelverträgen nur materiellrechtliche Regelungen, jedoch nicht Zuständigkeitsentscheidungen der Behörden getroffen werden dürfen.[409]

397

Inhaltlich ist zu fragen, ob der Praxisverweser „Vertreter" des Verstorbenen ist oder ob er nicht eine eigene Berechtigung hat, die Leistungen zu erbringen, mit der Konsequenz, dass dem Praxisverweser die Vergütung innerhalb der vertragsärztlichen Versorgung zusteht und nicht den Erben. Aus den Regelungen der Bundesmantelverträge lässt sich nichts Eindeutiges herleiten, denn die Genehmigung betrifft lediglich die Weiterführung der Praxis des verstorbenen Vertragsarztes. Im Ergebnis wird man dazu kommen müssen, dass wegen des Todes und dem damit verbundenen Verlust der Teilnahme an der vertragsärztlichen Versorgung die Erben keine direkte Beziehung mehr zur vertragsärztlichen Versorgung haben und deswegen der Praxisverweser eine eigene Berechtigung innerhalb der vertragsärztlichen Versorgung besitzt.[410] Dies hat zur Konsequenz, dass alle Rechte und Pflichten privatrechtlicher Natur zwischen den Erben und dem Praxisverweser vereinbart werden müssen. Letzterer ist dann auch innerhalb seiner Tätigkeit umfassend eigenverantwortlich, so dass Regresse, Honorarkürzungen und ähnliches zu seinen Lasten gehen.

398

V. Ermächtigung

Eine weitere Möglichkeit der Teilnahme an der vertragsärztlichen Versorgung besteht in Form einer Ermächtigung eines Arztes, einer ärztlich geleiteten Einrichtung oder eines Krankenhauses gem. §§ 116, 116a, 116b SGB V i.V.m. § 31 Ärzte-ZV. Eine Ermächtigung stellt den ermächtigten Arzt hinsichtlich der Rechte und Pflichten weitestgehend mit einem zugelassenen Arzt gleich. Der Ermächtigte kann Leistungen für

399

---

408 *Kamps*, NJW 1995, 2384.
409 JurisPK-SGB V/*Pawlita*, § 98 Rn 51 m.w.N.
410 So auch *Kamps*, NJW 1995, 2384, 2385 m.w.N.

GKV-Versicherte erbringen und Vergütung durch die KV verlangen, soweit er diese Leistungen persönlich erbracht hat (ausführlich zur persönlichen Leistungserbringung siehe Rn 201–222).[411] Des Weiteren kann eine Ermächtigung nur für Leistungen ausgesprochen werden, die in der ambulanten vertragsärztlichen Versorgung erbracht werden können und dürfen;[412] sie darf im Übrigen nicht rückwirkend erteilt werden.[413]

400 Bei der Ermächtigung von Ärzten gelten die gleichen Voraussetzungen an die persönlichen und fachlichen Voraussetzungen wie bei der Zulassung, mit der Ausnahme, dass die Tätigkeit als Krankenhausarzt sowie die Rechtsprechung zur Nebentätigkeit nicht zur Anwendung gelangen. Weder für einen Konsiliararzt noch einen Belegarzt kann eine Ermächtigung ausgesprochen werden, da beide Ärzte nicht in das Krankenhaus entsprechend eingegliedert sind.[414]

401 Ferner bedarf die Ermächtigung für den Arzt der Zustimmung des Krankenhausträgers. Unzulässig ist es für den Krankenhausträger jedoch diese Zustimmung zu verweigern, um dadurch eine Institutsermächtigung zu erhalten.[415]

402 Eine Ermächtigung ist nur bei einem bestehenden **Bedarf** nach der Leistung gem. § 116 S. 2 SGB V/§ 31 Abs. 1 S. 2 Ärzte-ZV möglich. Hierbei ist nach den Grundsätzen der Bedarfsplanung und Versorgungssicherstellung eine Ermächtigung gegenüber der Zulassung subsidiär.[416] Dieser Bedarf muss entweder quantitativ-allgemein oder qualitativ-speziell sein.[417] Beim quantitativ-allgemeinen Bedarf ist es nicht zwingend, auf Schwerpunktbezeichnungen[418] oder Zusatzbezeichnungen[419] die Prüfung durch die Zulassungsgremien zu verfeinern.

403 Einen **quantitativ-allgemeinen Bedarf** wird man nur bejahen können, wenn auf Grundlage der Bedarfsplanung nach § 99 SGB V keine Überversorgung[420] vorliegt, eine Unterversorgung im Sinne der Bedarfsplanungs-Richtlinie ist auf der anderen Seite auch nicht erforderlich.

404 Sofern ein so großer Versorgungsbedarf besteht, dass unter Berücksichtigung der Bedarfsplanung eine weitere Zulassung möglich ist, muss primär versucht werden, den Bedarf durch Erteilung einer neuen Zulassung eines Arztes zu decken. Dabei muss der fragliche unterversorgte Leistungsbereich aber auch für eine weitere Zulassung wirtschaftlich ausreichen. Erst wenn Vertragsarztsitze trotz Ausschreibung mangels Bewerber nicht vergeben werden können, kommt eine Ermächtigung in Frage. Insoweit geht für einen solchen Fall auch eine Sonderbedarfszulassung einer Ermächtigung vor.[421]

405 Zusätzlich gilt für den Bereich der ärztlich geleiteten Einrichtungen – **Institutsermächtigung** –, dass die Ermächtigung einer ärztlich geleiteten Einrichtung grundsätzlich subsidiär gegenüber der Ermächtigung eines Arztes ist.[422] Ferner entfällt die Mög-

---

411 Stellpflug/Meyer/Tadayon/*Schroeder-Printzen*, D 1000 Rn 9.
412 BSG, Urt. v. 11.10.2006 – B 6 KA 1/05 R.
413 BSG – 6 RKa 12/93, SozR 3-2500 § 116 Nr. 5.
414 JurisPK-SGB V/*Köhler-Hohmann*, § 116 Rn 20.
415 BSG – B 6 KA 43/97 R, SozR 3-5520 § 31 Nr. 9.
416 BSG – B 6 KA 86/00 R, SozR 3-2500 § 116 Nr. 20; zur Frage von Schadensersatzansprüchen gegen einen ermächtigten Arzt, der seinen Ermächtigungsumfang überschreitet vgl. BSG – B 6 KA 75/97 R, SozR 3-2500 § 116 Nr. 17.
417 BSG – 6 RKa 71/91, SozR 3-2500 § 116 Nr. 4; BSG – 6 RKa 22/93, SozR 3-5540 Nr. 1.
418 BSG – 6 RKa 71/91, SozR 3-2500 § 116 Nr. 4.
419 BSG – 6 RKa 46/93, SozR 3-2500 § 116 Nr. 10.
420 Vgl. *Wenner*, GesR 2007, 337, 338.
421 BSG – 6 RKa 43/96, SozR 3-2500 § 101 Nr. 1.
422 BSG – B 6 KA 51/98 R, SozR 3-5520 § 31 Nr. 10.

lichkeit einer Institutsermächtigung in den Fällen, in denen um qualitätsgebundene Leistungen im Sinne von § 135 Abs. 2 SGB V gestritten wird, da diese nur einem einzelnen Arzt übertragen werden kann.[423] Durch das Untersagen einer Nebentätigkeitserlaubnis für einen Krankenhausarzt kann die Subsidiarität der Institutsermächtigung im Verhältnis zur Ermächtigung eines Krankenhausarztes nicht unterlaufen werden.[424]

Die Prüfung des **qualitativ-speziellen Bedarfs** ist innerhalb eines komplexen Verfahrens vorzunehmen. Die abstrakte Aussage, als Krankenhausarzt sei man höher qualifiziert, ist keine Grundlage für die Erteilung einer Ermächtigung, da aufgrund einer generalisierenden Betrachtungsweise davon ausgegangen wird, alle Ärzte hätten aufgrund des Aus- und Weiterbildungsstandes die gleiche Qualifikation.[425] Grundsätzlich wird für die Prüfung des Versorgungsbedarfs auf das Versorgungsangebot innerhalb des Planungsbereichs geschaut; lediglich in Ausnahmefällen kann auch in angrenzenden Planungsbereichen geprüft werden, ob diese nicht den Versorgungsbedarf abdecken;[426] hierbei spielt der Bedarfsplan nach § 99 Abs. 1 SGB V nur eine untergeordnete Rolle.[427] Dabei rechtfertigt die „Monopolstellung" eines Vertragsarztes, der die entsprechenden Leistungen erbringt, nicht, einen Krankenhausarzt zu ermächtigen, um den Versicherten eine Behandlungsalternative zu gewährleisten.[428] Hierbei kommt es nicht darauf an, dass bei Ausländern die jeweilige Muttersprache beherrscht wird.[429] Nach der aus versorgungspraktischen Überlegungen fragwürdigen Rechtsprechung des BSG stellt es keinen Bedarf dar, wenn ein Radiologe für radiologische Leistungen ermächtigt werden soll, die auf Überweisung von ermächtigten Krankenhausärzten des gleichen Krankenhauses erbracht werden sollen.[430] Nicht zulässig ist es, bei der Bedarfsprüfung auf Rückfrage bei niedergelassenen Ärzten auf die Aussage zu vertrauen, dass sie noch freie Kapazitäten hätten. Hier besteht die Verpflichtung, ggf. auch anhand der Abrechnungsstatistiken zu prüfen, ob tatsächlich noch freie Kapazitäten existieren.[431]

406

Wird eine Ermächtigung erteilt, ist es zulässig den **Zugang zu dem ermächtigten Arzt** in der Form zu begrenzen, dass er nur auf Überweisung einer oder mehrerer Fachgruppen tätig werden kann.[432] Dies gilt dann nicht, wenn sich bereits bei der Bedarfsanalyse herausstellt, dass der zu ermächtigende Arzt der Einzige ist, der diese Leistungen erbringen kann. Wenn dies der Fall ist, ist die Beschränkung der Überweiser auf bestimmte Fachgruppen unzulässig.[433]

407

Auch ein steuerndes Verhalten des Krankenhauses im Zusammenhang mit ambulanten Operationen nach § 115b SGB V, wonach bestimmte ambulante Operationen nicht angeboten werden, um eine Ermächtigung eines Krankenhausarztes zu ermöglichen, rechtfertigt häufig eine Ermächtigung des Krankenhausarztes nicht.[434]

408

---

423 BSG – B 6 KA 32/01 R, SozR 3-1500 § 54 Nr. 47; BSG – 6 RKa 73/95, SozR 3-5520 § 31 Nr. 5.
424 BSG – B 6 KA 43/97, SozR 3-5520 § 31 Nr. 9; BSG – 6 RKa 73/95, SozR 3-5520 § 31 Nr. 5.
425 BSG – 6 RKa 37/90, SozR 3-2500 § 116 Nr. 1.
426 BSG – B 6 KA 14/05 R, MedR 2007, 127; BSG – 6 RKa 46/93, SozR 3-2500 § 116 Nr. 10.
427 Vgl. BSG – 6 RKa 33/94 – USK 95106.
428 BSG – B 6 KA 86/00 R, SozR 3-2500 § 116 Nr. 23.
429 BSG, Beschl. v. 19.7.2006 – B 6 KA 33/05 B.
430 BSG – B 6 KA 12/01 R, SozR 3-2500 § 116 Nr. 24.
431 JurisPK-SGB V/*Köhler-Hohmann*, § 116 Rn 32 m.w.N.
432 BSG – 6 RKa 21/92, SozR 3-2500 § 116 Nr. 6.
433 BSG – 6 RKa 33/68, SozR Nr. 32 zu § 368a RVO.
434 BSG – B 6 KA 25/98 R, SozR 3-2500 § 116 Nr. 19; vgl. auch – 6 RKa 15/95, SozR 3-2500 § 116 Nr. 13.

409 Die Prüfung des Versorgungsbedarfs führt dazu, dass eine Ermächtigung als „Notlösung" zu beenden ist, wenn zu einem späteren Zeitpunkt der Versorgungsbedarf durch eine Zulassung eines Arztes gedeckt wird. Dieses Ziel wird durch die Befristung der Ermächtigung erreicht, so dass diese nicht noch zusätzlich durch Bedingungen oder Vorbehalte vom Nichteintritt bestimmter, die Versorgungssituation verändernder Ereignisse abhängig gemacht werden kann.[435]

410 Die Ermächtigung ist zeitlich, räumlich und ihrem Umfang nach (gemeint ist der abrechenbare Leistungsbereich und ggf. die **Begrenzung** auf Tätigkeit nach Überweisung) zu bestimmen. Hierbei kann der Umfang auch auf einzelne Leistungen bzw. Abrechnungsziffern begrenzt werden. Auch ist es im Einzelfall zulässig, die Ermächtigung insoweit zu beschränken, dass sie nur von Ärzten desselben Fachgebietes ausgestellt werden dürfen,[436] dies führt jedoch nicht zur generellen Zulässigkeit der Beschränkung der Ermächtigung, ohne dass tatsächlich die Versorgungslücke festgestellt worden ist.[437] Die zeitliche Beschränkung – Befristung – ist zulässig und die Zulassungsgremien überschreiten ihren Beurteilungsspielraum in der Regel nicht, wenn die Ermächtigung für zwei Jahre befristet erteilt wird.[438]

411 Die Kontrolldichte durch die Gerichte bei Ermächtigungen ist eingeschränkt. Den Zulassungsgremien steht ein Beurteilungsspielraum zu, ob eine Versorgungslücke bzw. ein Bedarf festzustellen ist.[439]

412 Ohne eine Bedarfsprüfung besteht die Möglichkeit nach § 31 Abs. 2 Ärzte-ZV i.V.m. § 5 Abs. 2 BMV-Ä/§ 9 Abs. 2 EKV noch gesonderte Ermächtigungen auszusprechen. Dies betrifft folgende Leistungen:
- Zytologische Diagnostik von Krebserkrankungen, wenn der Arzt oder die Einrichtung mindestens 6000 Untersuchungen jährlich in der Exfoliativ-Zytologie durchführt und regelmäßig die zum Erwerb der Fachkunde in der zytologischen Diagnostik notwendigen eingehenden Kenntnisse und Erfahrungen vermittelt,
- ambulante Untersuchungen und Beratungen zur Planung der Geburtsleitung im Rahmen der Mutterschaftsvorsorge gemäß den Richtlinien des Gemeinsamen Bundesausschusses der Ärzte und Krankenkassen.

413 Auch diese Ermächtigung ist zeitlich zu befristen.[440]

414 Werden Leistungen von einem Krankenhausarzt an GKV-Versicherte erbracht, ohne dass eine Ermächtigung vorliegt, kann dies einen schadensersatzpflichtigen Verstoß gegen § 1 UWG darstellen.[441]

VI. Ambulante Leistungserbringung durch das Krankenhaus

415 Die Forderung an das Gesundheitswesen eine starke Verzahnung des ambulanten und stationären Bereichs vorzunehmen, hat sich im Laufe der letzten Jahre erheblich verstärkt. Neben den hier nicht zu behandelnden Möglichkeiten der vor- und nachstationären Behandlung im Krankenhaus gemäß § 115a SGB V und dem ambulanten Operieren

---

435 BSG – 6 RKa 15/95, SozR 3-2500 § 116 Nr. 13.
436 BSG – 6 RKa 27/94, SozR 3-2500 § 116 Nr. 12.
437 BSG – 6 RKa 42/93, SozR 3-2500 § 116 Nr. 11.
438 BSG – 6 RKa 15/91, SozR 3-2500 § 116 Nr. 2.
439 BSG – 6 RKa 14/86, SozR 5520 § 29 Nr. 8; BSG – 6 RKa 18/88, SozR 2200 § 368a Nr. 23.
440 JurisPK-SGB V/*Pawlita*, § 98 Rn 55.
441 BSG – B 6 KA 75/97 R, SozR 3-2500 § 116 Nr. 17.

im Krankenhaus nach § 115b SGB V[442] sind in den §§ 116a und 116b SGB V den Krankenhäusern weitere Möglichkeiten eingeräumt eine ambulante Behandlung durchzuführen.

1. Ambulante Behandlung durch Krankenhäuser bei Unterversorgung

Nach § 116a SGB V können Krankenhäuser durch den Zulassungsausschuss für das entsprechende Fachgebiet in dem Planungsbereich, in dem der Landesausschuss der Ärzte und Krankenkassen eine Unterversorgung festgestellt hat, das Krankenhaus ermächtigen, soweit und so lange dies zur Deckung der Unterversorgung erforderlich ist.

416

Hierfür ist ein in sich **mehrstufiges Verfahren** erforderlich. Zunächst muss durch den Landesausschuss für Ärzte und Krankenkassen unter Beachtung der Bedarfsplanungs-Richtlinien-Ärzte festgestellt werden, ob eine Unterversorgung vorliegt (vgl. Rn 328–337). Erst nach dieser Feststellung besteht überhaupt die Möglichkeit, dass ein Krankenhaus zur Leistungserbringung ermächtigt wird. Auf die Erteilung dieser Ermächtigung besteht kein Rechtsanspruch, vielmehr eine Ermessensentscheidung, da die Möglichkeit besteht, dass mehrere Krankenhäuser einen Antrag stellen oder dass die persönliche Ermächtigung eines Krankenhausarztes ausreichend ist.[443] Damit ist der Ermessensspielraum nicht unbegrenzt, denn eine generelle Bedarfsprüfung ist nicht mehr erforderlich, da diese bereits durch die Feststellung der Unterversorgung positiv determiniert ist. Lediglich in dem Fall, in dem mehrere Krankenhäuser einen entsprechenden Antrag stellen, ist eine Ermessensentscheidung zu treffen, dies bezogen auf eine Auswahlentscheidung zwischen den Krankenhäusern. Ferner hat der Zulassungsausschuss zu prüfen, ob nicht bereits durch eine Einzelermächtigung die Versorgungslücke geschlossen werden kann. Daraus ergibt sich jedoch, dass auch hier die bereits oben (siehe Rn 405) angesprochene Subsidiarität der Institutsermächtigung vor der Einzelermächtigung eine Rolle spielt. Diese Subsidiarität der Institutsermächtigung vor der Einzelermächtigung wird auch im Falle der Unterversorgung abermals bestätigt.

417

Ungeklärt ist in diesem Zusammenhang die weitere Frage, inwieweit die Rechtsprechung für die Institutsermächtigung bezogen auf die genehmigungspflichtigen Leistungen auch auf diese Form der Ermächtigung anwendbar ist. Dies dürfte grundsätzlich zu bejahen sein, denn speziell für diese Leistungen ist eine besondere Qualifikation erforderlich für die das Krankenhaus üblicherweise einen Facharzt mit weiteren Qualifikationen benötigt. Da jedoch nicht alle Krankenhausärzte eine entsprechende Qualifikation besitzen und gleichzeitig insbesondere aus §§ 135 ff. SGB V deutlich wird, dass die ärztliche Versorgung eine hohe Qualität haben soll, wird man davon ausgehen müssen, dass für genehmigungspflichtige Leistungen auch keine Ermächtigung des Krankenhauses ausgesprochen werden kann.

418

Die Ermächtigung ist zeitlich zu befristen; hier wird man unter Berücksichtigung der allgemeinen Rechtsprechung zur Ermächtigung davon ausgehen können, dass eine Ermächtigung von zwei Jahren als angemessen anzusehen ist. Die Vergütung für diese Krankenhausleistungen richten sich nach § 120 SGB V.

419

---

442 Siehe dazu *Wenner*, GesR 2007, 337, 340 f.
443 BT-Drucks 15/1525 S. 119 – zu Nr. 85 (§§ 116a und 116b) zu § 116a.

2. Ambulante Behandlung durch Krankenhäuser bei strukturierten Behandlungsprogrammen

420 Nach § 116b Abs. 1 SGB V besteht die Möglichkeit, dass die Krankenkassen mit zugelassenen Krankenhäusern (§ 108 SGB V) Verträge abschließen, die im Zusammenhang mit den strukturierten Behandlungsprogrammen nach § 137g SGB V stehen. Diese strukturierten Behandlungsprogramme bedürfen nach § 137g SGB V der Genehmigung des Bundesversicherungsamtes. Sie spielen zurzeit in der Versorgung durch Krankenhäuser bis auf den Bereich des Brustkrebses keine große Rolle, da entsprechende Behandlungsprogramme im Regelfall nur für die ambulante Tätigkeit mit niedergelassenen Ärzten oder mit KVen abgeschlossen werden.

3. Ambulante Behandlung durch Krankenhäuser bei hochspezialisierten Leistungen

421 Der Leistungskatalog ergibt sich zum einen aus § 116b Abs. 3 SGB V, zum anderen wird er durch die „Richtlinie über die ambulante Behandlung im Krankenhaus nach § 116b SGB V des G-BA" ergänzt. Dort sind weitere Leistungen aufgeführt, für die die Möglichkeit eingeräumt wird, Krankenhäuser an der ambulanten Versorgung zu beteiligen.

422 Die verschiedentlich wegen des Grundrechts auf Berufsfreiheit aus Art. 12 GG geäußerten verfassungsrechtlichen Bedenken gegen die Öffnung der Krankenhäuser durch § 116b SGB V sind nicht durchgreifend.[444]

423 Während vor Inkrafttreten des GKV-WSG eine Vertragskompetenz der Krankenkassen für diese Regelung existierte, um die ambulante Leistungserbringung durch die Krankenhäuser näher zu regeln, hat sich dieses zum 1.4.2007 geändert, wodurch die Struktur für das Zulassungsverfahren der Krankenhäuser umfassend neu gestaltet wurde. Nach der Neufassung des § 116b Abs. 2 SGB V ist nunmehr vorgesehen, dass auf Antrag des Krankenhausträgers, die für die Krankenhausplanung des jeweiligen Bundeslandes zuständige Behörde darüber entscheidet, ob das Krankenhaus zur ambulanten Versorgung zugelassen wird. Hierfür ist es erforderlich, dass das Krankenhaus bei seiner Antragstellung die betreffenden Leistungen und Erkrankungen aufführte, für die es eine positive Entscheidung haben möchte. Innerhalb der Planungsentscheidung für das Krankenhaus ist unter Berücksichtigung von § 7 Abs. 1 S. 2 KHG zwar das Ziel vorhanden, eine einvernehmliche Entscheidung der Beteiligten an der Versorgung der Versicherten anzustreben; das Einvernehmen ist ein Mehr als das „Benehmen"[445] und bedeutet den ernsthaften Versuch eine einstimmige Entscheidung zu treffen.[446] Dennoch trifft die jeweilige Landesbehörde eigenständig[447] die Entscheidung darüber, ob ein Krankenhaus nach § 116b SGB V an der ambulanten Versorgung der Versicherten beteiligt wird.

424 Inhaltlich sieht § 116b Abs. 2 SGB V zum einen die Geeignetheit des Krankenhauses vor, zum anderen ist die vertragsärztliche Versorgungssituation mit zu beachten. Aus der amtlichen Begründung[448] ist jedoch zu entnehmen, dass eine **Bedarfsprüfung** nicht

---

444 Vgl. hierzu ausführlich *Vollmöller*, NZS 2006, 572.
445 Zu dem Begriff des „Benehmens" siehe BSG – 6 RKa 68/94, SozR 3-2500 § 85 Nr. 11.
446 *Wenner*, GesR 2007, 337, 343.
447 Vgl. auch bezüglich des Hinweises auf § 7 Abs. 1 S. 2 KHG BT-Drucks 16/3100 – zu Nr. 85 (§ 116b) – zu Buchstabe a – zu den Buchstaben b und c – S. 139.
448 BT-Drucks 16/3100 – zu Nr. 85 (§ 116b) – zu Buchstabe a – zu den Buchstaben b und c – S. 139.

stattfinden soll, woraus geschlossen wird, eine Bedarfsprüfung habe überhaupt nicht stattzufinden, was verfassungsrechtlich unbedenklich sei.[449] Dies würde jedoch der Verpflichtung, die vertragsärztliche Versorgung zu beachten, nicht vollständig gerecht werden. In den Fällen, in denen für die hoch spezialisierten Leistungen tatsächlich eine ausreichende Versorgung vorhanden ist, wird ausnahmsweise auf die Beteiligung des Krankenhauses an der ambulanten Versorgung zu verzichten sein. Diese Frage kann jedoch nicht anhand der Vorschriften über die Bedarfsplanung geprüft werden, sondern es ist vielmehr anhand der tatsächlichen Versorgungssituation die Frage zu beantworten, ob ein entsprechender Bedarf existiert oder nicht. Bei dieser Entscheidung sind auch angrenzende Bereiche in anderen Bundesländern unbeachtlich, da sie für die Landeskrankenhausplanung nicht von Bedeutung sind. Kriterium ist in diesem Zusammenhang die konkrete Versorgungssituation unter Berücksichtigung der Wartezeiten für Patienten für einen Behandlungstermin.

Bezüglich der **Qualifikation** geht zumindest der Gesetzgeber davon aus, dass Krankenhäuser für die Grundversorgung nicht geeignet sind. Auf jeden Fall muss wegen § 116b Abs. 3 S. 2 SGB V gewährleistet sein, dass die qualitativen Anforderungen, die an die ambulante vertragsärztliche Versorgung üblicherweise gestellt werden, auch vom Krankenhaus erfüllt werden. In diesem Zusammenhang sind auch in den Richtlinien des G-BA Regelungen vorzusehen, die bestimmen, unter welchen tatsächlichen und personellen Anforderungen die ambulante Leistungserbringung des Krankenhauses möglich sein soll. Hierbei ist auch auf die Richtlinien nach § 135a i.V.m. § 137 SGB V zurückzugreifen, was sich aus § 116b Abs. 4 S. 4 SGB V ergibt. Schon jetzt sieht § 3 Abs. 1 Richtlinie der ambulanten Behandlung im Krankenhaus nach § 116b SGB V vor, dass die sich aus der Anlage der genannten Richtlinie ergebenen rechtlichen personellen Anforderungen erfüllt werden müssen. Diese sind für die jeweiligen Leistungen unterschiedlich. Sind keinerlei besondere Anforderungen aufgestellt worden, so ist im Mindestmaß gemäß § 3 Abs. 1 S. 2 der Richtlinie der ambulanten Behandlung im Krankenhaus nach § 116b SGB V der Facharztstandard zu erbringen. Der Facharztstandard bedeutet nicht, dass ausschließlich Fachärzte die Leistungen zu erbringen haben, vielmehr muss der allgemein anerkannte Standard der medizinischen Behandlung eines Facharztes erbracht werden. Ferner sind bei den Leistungen, die in der vertragsärztlichen Versorgung genehmigungspflichtige Leistungen sind, die fachlichen Qualifikationen aus den jeweiligen Vorschriften über die Qualitätssicherung zu erfüllen; nicht erforderlich ist die Vorlage der Genehmigung für genehmigungspflichtige Leistungen durch die KV. Die Forderung von **Mindestmengen**, was teilweise in der Richtlinie der Fall ist, ist rechtswidrig. Sie lässt sich aus § 116b SGB V nicht herleiten. Ferner ist gerade bei der Genehmigung durch die zuständige Behörde das Erfüllen dieser Bedingung nicht möglich, weil das Krankenhaus noch nicht zur ambulanten Versorgung zugelassen war.

425

Die Vergütung für die vom Krankenhaus erbrachten Leistungen wird von den Krankenkassen extra budgetär bezahlt, Grundlage für die Vergütung ist der EBM. Dabei teilen die Krankenhäuser den Krankenkassen mit, welche Leistungen und welche Gebührenziffern zur Abrechnung gelangen. Der Punktwert für diese Leistungen wird innerhalb von acht Wochen nach Quartalsbeginn durch die KV und durch die Krankenkassen festgelegt. Grundlage für die Berechnung des Punktwertes sind die durchschnittlichen Punktwerte aus der Vergangenheit.

426

---

449 *Wenner*, GesR 2007, 337, 342.

VII. Sonderformen von zugelassenen Einrichtungen

427 Als Sonderformen von zugelassenen Einrichtungen sind die Hochschulambulanzen gemäß § 117 SGB V, die psychiatrischen Institutsambulanzen nach § 118 SGB V, die sozialpädiatrischen Zentren nach § 119 SGB V sowie die ambulante Behandlung in Einrichtungen der Behindertenhilfe nach § 119a SGB V zu nennen.

1. Hochschulambulanzen

428 Die Hochschulambulanzen gemäß § 117 Abs. 1 SGB V sind die Verzahnung von Forschung und Lehre unter Beachtung von Art. 5 GG[450] mit der ambulanten Krankenversorgung. Gemäß § 117 Abs. 1 S. 1 SGB V ist der Zulassungsausschuss verpflichtet, auf Verlangen von Hochschulen oder Hochschulkliniken die Ambulanzen, Institute und Abteilungen der Hochschulen zur ambulanten ärztlichen Behandlung der Versicherten zu ermächtigen, wobei der Begriff der Hochschulambulanz weiter geht als der Vorgängerbegriff der Poliklinik.[451] Dabei besteht für die Hochschulkliniken auch ein Anspruch auf Wahrnehmung der allgemeinen Aufgaben der Krankenversorgung, selbst wenn dies nicht unbedingt für den Umfang für Forschung und Lehre erforderlich ist.[452]

429 Die Ermächtigung ist in diesem Zusammenhang nach § 117 Abs. 1 S. 2 SGB V in der Form zu gestalten, dass die Hochschulambulanzen die Untersuchungen und Behandlungen der Versicherten in dem für Forschung und Lehre erforderlichen Umfang durchführen können. Des Weiteren wird nach § 117 Abs. 1 S. 3 SGB V noch eine vertragliche Vereinbarung zwischen der KV und den Hochschulen bzw. Hochschulkliniken geschlossen, in denen das Einzelne vertraglich vereinbart wird, wie die Ermächtigung auszugestalten ist. Dieser Vertrag ist im Einvernehmen mit den Krankenkassen zu schließen. Damit erhalten letztlich die Krankenkassen eine unmittelbare Gestaltungshoheit innerhalb des Vertrages, denn ohne ihre Zustimmung kann der Ermächtigungsvertrag nicht geschlossen werden.

430 Die Beschränkung der Ermächtigung für Forschung und Lehre wird üblicherweise durch Fallzahlbegrenzungsregelungen vorgenommen. In diesem Zusammenhang ist jedoch die weitergehende Frage streitig, ob die Fallzahlbegrenzungsregelung ein Bestandteil des Ermächtigungsvertrages nach § 117 Abs. 1 S. 3 SGB V ist oder ob die Zulassungsgremien die hierfür zuständige Behörde sind. Die überwiegende Auffassung[453] geht davon aus, dass die Frage der Fallzahlbegrenzung Aufgabe der Zulassungsgremien ist. Diese Auffassung vermag jedoch nicht zu überzeugen. Nach hiesigem Verständnis ist vielmehr die Fallzahlbegrenzung innerhalb des Ermächtigungsvertrages festzulegen. Dieses ergibt sich daraus, dass speziell für die Hochschulambulanzen an psychologischen Universitätsinstituten gemäß § 117 Abs. 2 S. 2 SGB V vorgesehen ist, die Fallzahlbegrenzungen innerhalb der Ermächtigung festzusetzen. Eine gleich lautende Regelung ist hinsichtlich der Hochschulambulanzen i.S.d. Abs. 1 jedoch nicht vorhanden. Aus dem Umkehrschluss ergibt sich, dass es vielmehr die Aufgabe ist, innerhalb des Vertrages nach § 117 Abs. 1 S. 2 SGB V eine entsprechende Fallzahlbegrenzung zu vereinbaren.

---

450 Vgl. dazu ausführlich *Quaas/Zuck*, § 81.
451 Siehe jurisPK-SGB V/*Köhler-Hohmann*, § 117 Rn 17.
452 BSG – B 6 KA 43/97 R, SozR 3-5520 § 31 Nr. 9.
453 Siehe jurisPK-SGB V/*Köhler-Hohmann*, § 117 Rn 20 bezieht sich in diesem Zusammenhang zu Unrecht auf BSG – B 6 KA 43/97 R, SozR 3-5520 § 31 Nr. 9; KassKomm/*Hess*, § 117 Rn 3; Hauck/Noftz/*Hohnholz*, K § 117 Rn 7.

Speziell für die Hochschulambulanzen an einem psychologischen Universitätsinstitut bzw. für Ambulanzen an Ausbildungsstätten nach § 6 PsychThG ist es nach § 117 Abs. 2 SGB V erforderlich, dass eine entsprechende Untergliederung innerhalb des Faches bzw. Fachbereiches einer Universität mit dem Studiengang Psychologie existiert; des Weiteren muss diese Einrichtung auch eine Ausrichtung auf den Bereich von Forschung und Lehre auf dem Gebiet der Psychotherapie aufweisen.[454] Dabei ist es jedoch den Zulassungsgremien nicht zugestanden, innerhalb des Ermächtigungsverfahrens die hochschulbehördliche Anerkennung der Ausbildungsstelle zu überprüfen, es handelt sich hierbei vielmehr um einen präjudizierten Verwaltungsakt, der Bindungswirkung hat.[455] Bei der Ermächtigung sind innerhalb des Ermächtigungsbescheides durch die Zulassungsgremien für die Hochschulambulanz an psychologischen Universitätsinstituten Fallzahlbegrenzungen vorzusehen. Für die gesamten Einrichtungen nach § 117 SGB V wird über § 120 Abs. 2 SGB V die Vergütung von den Krankenkassen an diese Einrichtungen auf Grundlage einer gesonderten Vereinbarung direkt gezahlt.

431

2. Psychiatrische Institutsambulanzen

Bei den psychiatrischen Institutsambulanzen ist zwischen den Tatbeständen der § 118 Abs. 1 und Abs. 2 SGB V zu differenzieren. Psychiatrische Krankenhäuser haben einen Rechtsanspruch auf die Zulassung zur ambulanten psychiatrischen und psychotherapeutischen Versorgung der Versicherten. Sie sind von dem Zulassungsausschuss zu ermächtigen, wobei die Behandlung sich auf die Versicherten auszurichten hat, die wegen der Art, Schwere oder Dauer der Erkrankung aufgrund zu großer Entfernung zu geeigneten Ärzten auf die Behandlung durch diese Krankenhäuser angewiesen sind (z.B. schizophrene Psychosen, Suchterkrankungen und psychische Alterserkrankungen).[456] Dabei ist eine Prüfung des Bedarfs nicht durchzuführen, der bereits dargestellte Vorrang der Einzelermächtigung vor der Institutsermächtigung spielt hier keine Rolle.[457] Die Ermächtigung wird jedoch nicht umfassend erteilt, vielmehr ist es erforderlich, sie nur für die in § 118 Abs. 1 S. 1 SGB V aufgeführten Patientengruppen zu erteilen.[458]

432

Allgemeinkrankenhäuser mit selbständigen fachärztlich geleiteten psychiatrischen Abteilungen und regionalen Versorgungspflichten haben einen Rechtsanspruch auf Ermächtigung zur Behandlung von psychiatrischen und psychotherapeutischen Krankheitsbildern.[459] Die Ermächtigung betrifft nicht sämtliche Krankheitsbilder, vielmehr richten sich die Krankheitsbilder nach der „Vereinbarung gemäß § 118 Abs. 2 SGB V" zwischen den Spitzenverbänden der Krankenkassen, der Deutschen Krankenhausgesellschaft und der KBV.[460] Es handelt sich hierbei um Patientengruppen, bei denen einerseits in der Regel langfristige, kontinuierliche Behandlung medizinisch notwendig ist, und andererseits ein mangelndes Krankheitsgefühl und/oder mangelnde Krankheitseinsicht und/oder mangelnde Impulskontrolle der Wahrnehmung dieser kontinuierlichen Behandlung entgegenstehen. Dabei sollen diese psychiatrischen Institutsambulanzen in der Regel auf Überweisung tätig werden.

433

---

454 BSG – B 6 KA 52/02 R, SozR 4-2500 § 117 Nr. 2.
455 BSG – B 6 KA 26/02 R, SozR 4-2500 § 117 Nr. 1.
456 *Wenner*, GesR 2007, 337, 339.
457 BSG – 6 RKa 49/94, SozR 3-2500 § 118 Nr. 2.
458 BSG, 21.6.1995 – 6 RKa 3/95.
459 *Wenner*, GesR 2007, 337, 340 mit Hinweis auf die alte und überholte Rechtsprechung.
460 www.gkvev.de.

3. Sozialpädiatrische Zentren

434 Rechtsgrundlage für die Ermächtigung von Sozialpädiatrischen Zentren ist § 119 SGB V. Bei der Sozialpädiatrie handelt es sich um einen Bereich der Kinderheilkunde, bei dem es um die Erforschung und die soziale Eingliederung pränatal oder frühgeschädigter Kinder geht. Dabei ist das interdisziplinäre Zusammenwirken von Ärzten, Psychologen, Sozial- und Heilpädagogen, Physiotherapeuten, Ergotherapeuten, Heilpädagogen und ähnlichen Berufsgruppen erforderlich.[461]

435 Hinsichtlich der zu erteilenden Ermächtigung ist zunächst aufgrund von § 119 Abs. 1 S. 2 SGB V festzuhalten, dass sie befristet zu erteilen ist. Des Weiteren muss ein Bedarf existieren. Dabei ist höchstrichterlich noch nicht geklärt, wie die Bedarfslage zu bestimmen ist, wobei das BSG[462] die Überprüfung der quantitativen und qualitativen ausreichenden Versorgung durch Kinderärzte dem Grunde nach verlangt. Wegen der interdisziplinären Tätigkeit kann dies als nicht ausreichender Prüfungsmaßstab angesehen werden. Ein Teil der Rechtsprechung geht bei der Bedarfsprüfung innerhalb des § 119 Abs. 1 S. 2 SGB V davon aus, dass die Bedarfsprüfung zum einen im Verhältnis zu den niedergelassenen Kinderärzten und Frühförderstellen und zum anderen im Verhältnis zu anderen bereits existierenden Sozialpädiatrischen Zentren durchzuführen ist,[463] während das SG Dortmund[464] davon ausgeht, dass nur im Verhältnis zu anderen Sozialpädiatrischen Zentren die Bedarfsprüfung durchzuführen ist. Letztgenannte Auffassung ist insofern nicht überzeugend, da eine allgemeine Bedarfssituation nicht nur im Verhältnis zu anderen Sozialpädiatrischen Zentren, sondern zu den übrigen Leistungserbringern für diese Leistungen durchgeführt werden muss. Hinsichtlich der räumlichen **Bedarfsprüfung** ist davon auszugehen, dass für das geplante Sozialpädiatrische Zentrum der Bedarf in einem Umkreis von ca. einer Stunde Fahrtzeit existieren muss.[465] Bei der Erteilung der Ermächtigung ist es erforderlich, die Krankheitsbilder, für die das Sozialpädiatrische Zentrum ermächtigt wird, konkret anzugeben; ferner ist es zulässig, dass der Zugang vom Sozialpädiatrischen Zentrum auf bestimmte Fachgruppen beschränkt wird.[466]

436 Im Übrigen ist es erforderlich, dass eine Gewähr für eine fachlich medizinische und wirtschaftliche Leistungserbringung vorliegt. Hierbei kann sich an den „Gemeinsamen Empfehlungen zur Ermächtigung Sozialpädiatrischer Zentren" der KBV und der Spitzenverbände der Krankenkassen orientiert werden.[467]

4. Ambulante Behandlung in Einrichtungen der Behindertenhilfe

437 § 119a SGB V wurde durch das GMG in das SGB V implementiert und dient speziell der Zulassung von Einrichtungen der Behindertenhilfe, um die Lücke in der speziellen Versorgung von geistig Behinderten zu schließen. Aus Sinn und Zweck der Norm ergibt sich, dass die Einrichtungen keine formale Zulassung, vielmehr lediglich eine Ermäch-

---

461 JurisPK-SGB V/*Köhler-Hohmann*, § 119 Rn 17.
462 BSG – 6 RKa 32/93, SozR 3-2500 § 119 Nr. 1.
463 SG Baden-Württemberg – L 5 KA 644/94, MedR 1996, 89; SG Dresden, Urt. v. 7.6.2006 – S 15 KA 23/03.
464 S 26 KA 193/01 – GesR 2003, 218.
465 SG Dortmund – S 26 KA 193/01, GesR 2003, 218.
466 LSG Nordrhein-Westfalen, Urt. v. 12.1.2000 – L 11 KA 156/99.
467 LSG Baden-Württemberg – L 5 KA 2058/92, MedR 1994, 19.

tigung erhalten. Dies ergibt sich daraus, dass eine Versorgungslücke nur geschlossen werden soll, diese bezogen auf ein spezielles Versichertenklientel.[468]

In der Abgrenzung zu der klassischen Ermächtigung wird man hinsichtlich der Bedarfsprüfung lediglich die Frage zu stellen haben, ob für die geistig Behinderten eine ausreichende spezielle Versorgung existiert oder innerhalb einer zumutbaren Entfernung ein entsprechendes Leistungsangebot durch niedergelassene Ärzte vorhanden ist. Sollte dieses zu verneinen sein, besteht eine entsprechende Versorgungslücke. 438

5. Belegarztwesen

Die belegärztliche Tätigkeit des Vertragsarztes ist eine weitere Schnittstelle zwischen der ambulanten und stationären Tätigkeit. Hierbei sind zum einen § 121 SGB V und zum anderen die §§ 38–41 BMV-Ä/§§ 30–33 EKV zu beachten. Ein Belegarzt ist gemäß § 39 Abs. 1 BMV-Ä/§ 31 Abs. 1 EKV ein nicht am Krankenhaus angestellter vielmehr ein zur vertragsärztlichen Versorgung zugelassner Arzt, der gleichzeitig die Berechtigung inne hat, seine Patienten im Krankenhaus unter Inanspruchnahme der hierfür bereitgestellten Dienste, Einrichtungen und Mittel stationär und teilstationär zu behandeln.[469] Ein Anspruch des Belegarztes, ausschließlich Belegarzt zu sein, existiert nicht.[470] 439

Wichtig in diesem Zusammenhang ist, dass der Vertragsarzt keinerlei Vergütung für die ärztlichen Leistungen vom Krankenhaus erhält. Dies ist in Abgrenzung zu den häufig existierenden Konsiliararztverträgen zu sehen, wo ein nicht förmlich anerkannter Belegarzt Leistungen im Krankenhaus bei stationär aufgenommenen Patienten erbringt und hierfür vom Krankenhaus direkt eine Vergütung erhält. 440

Weitere Voraussetzung für die belegärztliche Tätigkeit ist, dass der Arzt in einem Krankenhaus gemäß § 108 SGB V tätig wird, weil es ausreichend ist, dass das Krankenhaus in dem Krankenhausbedarfsplan des Landes aufgenommen oder ein sonstig zugelassenes Krankenhaus ist. Nicht erforderlich ist, dass die Belegarztanerkennung mit den Zielen der Krankenhausplanung überstimmen muss.[471] Ferner ist es erforderlich, dass der Vertragsarzt gemäß § 39 Abs. 4 BMV-Ä/§ 31 Abs. 4 EKV keine anderweitigen Nebentätigkeiten ausübt, um somit eine ordnungsgemäße stationäre Versorgung der Patienten zu gewährleisten. Gemäß § 39 Abs. 4 Nr. 3 BMV-Ä/§ 31 Abs. 4 Nr. 3 EKV ist es zusätzlich erforderlich, dass der Belegarzt in ausreichender Nähe zum Krankenhaus seinen Wohnsitz wählt. Dabei ist gleichfalls unter der Residenzverpflichtung des Vertragsarztes (vgl. Rn 353) zu beachten, dass er in einer gewissen **räumlichen Nähe** zur Praxis seine Tätigkeit ausübt. In Übereinstimmung mit der Rechtsprechung des BSG zur Residenzpflicht[472] ist davon auszugehen, dass eine Fahrtzeit zur Belegklinik maximal dreißig Minuten betragen darf.[473] 441

Verfahrensrechtlich ist zu berücksichtigen, dass für die Entscheidung der Anerkennung als Belegarzt gemäß § 40 BMV-Ä/§ 32 EKV die KV zuständig ist. Sie hat ihre Ent- 442

---

468 KassKomm/*Hess*, § 119a Rn 4.
469 BSG – B 6 KA 43/02 R, SozR 4-2500 § 121 Nr. 1.
470 JurisPK-SGB V/*Pawlita*, § 103 Rn 121.
471 BSG – 6 RKa 11/90, ArztuR 1991, Nr. 21, 16.
472 BSG – B 6 KA 2/03 R, MedR 2004, 405 prüft fachgruppenspezifisch die jeweils zulässige Entfernung und Erreichbarkeit des Arztes; 30 Minuten bis zur Praxis sollen für einen psychotherapeutisch tätigen Arzt ausreichen.
473 LSG Schleswig-Holstein – L 6 KA 18/99, MedR 2000, 383; jurisPK/*Pawlita*, § 95 Rn 224.

scheidung im Einvernehmen mit den Krankenkassen zu treffen, wobei die Ziele der Krankenhausplanung zu berücksichtigen sind (§ 40 Abs. 2 BMV-Ä/§ 32 Abs. 2 EKV). Bei dem Einvernehmen handelt es sich im Rahmen der Belegarztanerkennung um eine öffentlich-rechtliche Willenserklärung. Wird das Einvernehmen nicht ausgesprochen, so ist die KV, selbst wenn sie die belegärztliche Tätigkeit anerkennen möchte, nicht berechtigt, diese auszusprechen.[474]

443 Des Weiteren ist es gemäß § 40 Abs. 1 BMV-Ä/§ 32 Abs. 1 EKV erforderlich, dass der die Belegarztanerkennung anstrebende Vertragsarzt die entsprechende Schwerpunktbezeichnung aus der Berufsordnung führt, für die eine belegärztliche Tätigkeit angestrebt wird. Die Anerkennung als Belegarzt endet automatisch mit der Beendigung der vertragsärztlichen Tätigkeit oder mit der Beendigung der Tätigkeit als Belegarzt in dem Krankenhaus, für welches er anerkannt wurde. Darüber hat die KV die Landesverbände der Krankenkassen und die Verbände der Ersatzkassen zu benachrichtigen. Sofern ein Ruhen der Zulassung angeordnet wurde, gilt dieses auch für die belegärztliche Tätigkeit (vgl. insgesamt § 40 Abs. 4 BMV-Ä/§ 32 Abs. 4 EKV). Eine die §§ 44 ff. SGB X verdrängende Regelung (ausführlich siehe Rn 1063–1065) besteht in § 40 Abs. 5 BMV-Ä/§ 32 Abs. 5 EKV, nach dem die Anerkennung als Belegarzt durch die KV zurückzunehmen oder zu widerrufen ist, wenn die Voraussetzungen nicht oder nicht mehr vorliegen. Kommen gröbliche Pflichtverletzungen bei der belegärztlichen Tätigkeit vor, besteht des Weiteren nach § 40 Abs. 5 S. 2 BMV-Ä/§ 32 Abs. 5 S. 2 EKV die Möglichkeit, die belegärztliche Tätigkeit zu widerrufen. Dies ist unabhängig von der Entziehung der Zulassung zur vertragsärztlichen Tätigkeit zu sehen, wobei sicherlich bei gröblichen Pflichtverletzungen der belegärztlichen Tätigkeit immer an die Entziehung der Zulassung insgesamt zu denken ist.

VIII. Nachbesetzungsverfahren

444 Das Nachbesetzungsverfahren betrifft die Möglichkeit, öffentlich-rechtlich eine Zulassung bei gleichzeitigem Ausscheiden aus der vertragsärztlichen Versorgung abzugeben und einen neuen Vertragsarzt in die vertragsärztliche Versorgung einzuführen, obwohl Zulassungsbeschränkungen angeordnet worden sind. Rechtsgrundlage hierfür ist § 103 Abs. 4 SGB V. Der Grund der Fortführungsberechtigung ist letztlich der **Eigentumsschutz** aus Art. 14 GG,[475] insbesondere haben viele Vertragsärzte früher die Veräußerung ihrer Praxis mit in die Altersrentenplanung einbezogen. Gleichzeitig ist innerhalb des Nachbesetzungsverfahrens zu vermeiden, dass ein „Zulassungshandel" stattfindet. Ein Vertrag, der nur die Veräußerung einer Zulassung beinhaltet, ist nichtig.[476] Das sich daraus ergebende Verwaltungsverfahren ist ein zweistufiges: zunächst ist eine Ausschreibung durch die KV durchzuführen (§ 103 Abs. 4 S. 1 SGB V), während anschließend der Zulassungsausschuss nach § 103 Abs. 4 S. 2 ff., Abs. 6 SGB V über die Nachfolge entscheidet. Im Übrigen ist eine privatrechtliche Vereinbarung mit dem abgabewilligen Arzt oder seinen Erben zu schließen (ausführlich dazu vgl. § 18).

445 Voraussetzung für das Nachbesetzungsverfahren ist zunächst, dass ein Vertragsarzt in einem Planungsbereich, für den Zulassungsbeschränkungen angeordnet worden sind, seine vertragsärztliche Tätigkeit beendet und er beabsichtigt, dass die Praxis fortgeführt werden soll. Die Beendigungstatbestände sind in § 103 Abs. 4 S. 1 SGB V abschließend

---

[474] SG Stuttgart – S 10 KA 2843/98, MedR 1998, 530.
[475] Siehe jurisPK-SGB V/*Pawlita*, § 103 Rn 36 f. mit Nachweisen aus dem Gesetzgebungsverfahren.
[476] OLG Hamm – 27 U 211/03, GesR 2005, 177.

aufgeführt, es handelt sich hierbei um das Erreichen der Altersgrenze (vgl. Rn 355), den Tod (da die Zulassung gemäß § 95 Abs. 7 S. 1 SGB V automatisch durch den Tod endet), die Zulassungsentziehung (vgl. § 95 Abs. 6 SGB V) und den Verzicht.

Während bei allen weiteren Tatbeständen des § 103 Abs. 4 S. 1 SGB V keine größeren juristischen Probleme auftauchen, gilt dieses jedoch nicht für die Frage des Verzichtes. Der **Verzicht** auf die Zulassung ist eine einseitige, empfangsbedürftige Willenserklärung, die keiner Annahme bedarf und deshalb mit Zugang beim Zulassungsausschuss wirksam wird,[477] unabhängig von der Frage, wann die Verzichtserklärung selbst wirksam wird. Der Verzicht selber wird nach § 28 Abs. 1 S. 1 Ärzte-ZV mit dem Ende des auf den Zugang der Verzichtserklärung des Vertragsarztes beim Zulassungsausschuss folgenden Kalendervierteljahres wirksam, wobei nach § 28 Abs. 1 S. 2 Ärzte-ZV die Frist verkürzt werden kann, sofern der Vertragsarzt nachweist, dass für ihn die weitere Ausübung der vertragsärztlichen Tätigkeit für die gesamte Dauer oder einen Teil der Frist unzumutbar ist. Der Verzicht selbst wird für den Arzt mit dem Zugang der Verzichtserklärung beim Zulassungsausschuss wirksam, eventuelle spätere Willensänderungen haben hierauf keinerlei Einfluss,[478] da die Verzichtserklärung selbst bedingungsfeindlich ist.[479] In der Praxis wird die Bedingungsfeindlichkeit des unmittelbaren Risikos des Nichtfindens eines Käufers bei einer entsprechenden Verzichtserklärung dadurch gelöst, dass die KV eine Ausschreibung schon dann durchführt, wenn diese unter der aufschiebenden Bedingung der bestandskräftigen Zulassung eines Nachfolgers abgegeben wird.[480] Der gegen diesen praktischen Weg geäußerten Auffassung, hierdurch würde die Gefahr auftreten, dass mehrere Zulassungen gleichzeitig existieren würden[481] bzw. dieser Weg der gesetzgeberischen Konzeption widerspräche,[482] ist folgendes entgegenzuhalten: Die doppelte Zulassung ist eher ein theoretisches Problem, da der Zulassungsausschuss in seinem „Nachbesetzungsbescheid" in aller Regel diese Frage durch Nebenbestimmungen löst. Auch die Gesamtkonzeption des Gesetzgebers muss in einer solchen Konstellation hinter den Gesichtspunkt im Verhältnis zur Praktikabilität zurücktreten, da für den ausschreibungswilligen Arzt ansonsten der Verlust der Zulassung droht, ohne einen begleitenden verbindlichen Vertrag mit dem Erwerber zu haben.

446

1. Ausschreibungsverfahren

Die KV ist verpflichtet, auf Antrag des Vertragsarztes oder seiner zur Verfügung gestellten praxisberechtigten Erben den Vertragsarztsitz, in den für amtliche Bekanntmachungen vorgesehenen Blättern auszuschreiben und eine Liste der eingehenden Bewerbungen zu erstellen, sofern die Zulassung wegen Erreichens der Altersgrenze, Todes, Verzichts oder Entziehung endet. § 103 Abs. 6 SGB V berechtigt auch die Partner einer Gemeinschaftspraxis, den Vertragsarztsitz auszuschreiben.[483] Wird auf die Ausschreibung verzichtet, geht der Vertragsarztsitz unter und er ist innerhalb der Bedarfsplanung herauszunehmen. Vertragsarztrechtlich kann der Arzt nicht gezwungen wer-

447

---

477 BSG, 8.5.1996 – 6 RKa 20/95, USK 96126; LSG Baden-Württemberg – L 5 KA 3191/04, MedR 2005, 671.
478 BSG – 6 RKa 16/95, SozR 3-5407 Art. 33 § 3a Nr. 1.
479 Schnapp/Wigge/*Schiller*, § 5 D Rn 29.
480 Vgl. *Schallen*, § 16b Rn 221; *Karst*, MedR 1996, 554, 555 m.w.N.
481 Ehlers/*Hesral*, Fortführung, Rn 225.
482 JurisPK/*Pawlita*, § 103 Rn 42.
483 BSG – B 6 KA 70/97 R, SozR 3-2500 § 103 Nr. 3; LSG Baden-Württemberg – L 5 KA 3191/04, MedR 2005, 671.

den, den Vertragsarztsitz auszuschreiben, dieser Anspruch ist gegen den Arzt zivilrechtlich durchzusetzen.[484]

448 Voraussetzung hierfür ist naturgemäß, dass überhaupt noch für eine Ausschreibung eine **Vertragsarztpraxis existiert**. Dabei ist zu berücksichtigen, dass nach der Rechtsprechung zwischen dem „Vertragsarztsitz" und der „Praxis" inhaltliche Unterschiede bestehen, wonach der Vertragsarztsitz in § 24 Ärzte-ZV Ort die Niederlassung ist und die Arztpraxis selbst die Gesamtheit der gegenständlichen und personellen Grundlagen der Tätigkeit des in freier Praxis niedergelassenen Arztes als Vermögensgegenstand beinhaltet.[485] Die Frage, wann noch eine ausschreibungsfähige Praxis existiert, ist in der Form zu beantworten, dass noch eine vertragsärztliche Tätigkeit am Vertragsarztsitz ausgeübt wird.[486] Dabei ist es erforderlich, die vertragsärztliche Tätigkeit zumindest in nennenswertem Umfang noch auszuüben. Das bedeutet nicht, dass in einem nennenswerten Umfang Patienten behandelt werden.[487] Vielmehr ist es im Mindestmaß erforderlich, dass der Arzt eigene Praxisräumlichkeiten mit besitzt, Sprechstundenzeiten werden angekündigt und auch eine ärztliche Tätigkeit unter Nutzung der erforderlichen Praxisinfrastruktur kann festgestellt werden. Fehlt es an alledem, existiert auch kein Patientenstamm mehr, dann liegt eine ausschreibungsfähige und nachbesetzungsfähige Arztpraxis nicht mehr vor.[488]

449 Fraglich ist jedoch, wie lange ein Vertragsarztsitz, der übergangsweise z.B. wegen Todes des Vertragsarztes nicht betrieben wird, nachbesetzungsfähig bleibt. Das Gesetz selbst geht grundsätzlich von einer **Nachbesetzungsfähigkeit** aus, ansonsten wäre es nicht verständlich, dass die Erben diese Praxis ausschreiben können. Entscheidende Frage ist jedoch, für welchen Zeitraum unter Berücksichtigung der obigen Ausführungen noch von einer Nachbesetzungsfähigkeit auszugehen ist. Bei einer Einzelpraxis wird die Nachbesetzungsfähigkeit trotz sich verflüchtigenden Patientenstamms bei gleichzeitigem Vorliegen der sonstigen Voraussetzungen – bis auf die unmittelbare Behandlung von Patienten – für einen Zeitraum von zwei Jahren zu bejahen sein. Diese Frist, die nicht unmittelbar im Gesetz zu finden ist, ergibt sich jedoch aus folgenden Überlegungen: § 81 Abs. 5 S. 2 SGB V sieht im Zusammenhang mit dem Disziplinarverfahren ein Ruhen von zwei Jahren der Zulassung als maximale Disziplinarmaßnahme vor. Wenn der Gesetzgeber in diesem Zusammenhang bei gleichzeitiger Gewährung der Zulassung davon ausgeht, dass eine Arztpraxis noch „betrieben" wird, wenn sie zwei Jahre ruht, dann handelt es sich hierbei um ein gewichtiges Indiz für die Einschätzung der Zeit, in der eine Praxis noch als bestehend angesehen wird. Auch bei einem nachvertraglichen Wettbewerbsverbot bei Ausscheiden aus einer Gemeinschaftspraxis wird allgemein ein Zeitrahmen von zwei Jahren zugrunde gelegt, der als zulässig angesehen wird. Innerhalb des Zeitfensters von zwei Jahren geht die Praxis davon aus, dass danach der Arzt-Patienten-Kontakt des ausscheidenden Arztes sich hinreichend verflüchtigt hat, weshalb dann eine weitere Schutzbedürftigkeit unter berufsbeschränkenden Wirkungen des Wettbewerbsverbots nicht mehr bestehen würde. Damit bestätigt die Rechtsprechung auch für diesen Bereich die Fortexistenz des entsprechenden Patientenstammes bei einem ausscheidenden Arzt. Diese Überlegungen übertragen auf

---

484 BGH – II ZR 90/01, NJW 2002, 3526; II ZR 265/00, NJW 2002, 3538.
485 BSG – B 6 KA 1/99 R, SozR 3-2500 § 103 Nr. 5.
486 LSG Rheinland-Pfalz, Urt. v. 15.2.2007 – L 5 KA 1/07 – Revision unter dem Az. B 6 KA 26/07 R anhängig; LSG Baden-Württemberg, Urt. v. 8.5.2002 – L 5 KA 382/02.
487 Vgl. SG Freiburg (Breisgau) – S 1 KA 3715/98, ArztuR 2001, 96.
488 BSG – B 6 KA 1/99 R, SozR 3-2500 § 103 Nr. 5; LSG Baden-Württemberg, Urt. v. 8.5.2002 – L 5 KA 382/02.

eine ausschreibungsbedürftige Praxis bedeutet, dass auch für diesen Zeitraum von einem existierenden Patientenstamm ausgegangen werden muss. Die fehlende Versorgung von Versicherten tritt bei Gemeinschaftspraxen in aller Regel nicht auf, da der oder die verbleibenden Ärzte die Versorgung sicherstellen können, so dass im Falle des Nachweises des Suchens eines Nachfolgers davon ausgegangen werden kann, dass dieser Sitz unbeschränkt nachbesetzbar ist.

Unter der Voraussetzung des Vorliegens einer nachbesetzungsfähigen Praxis besteht für die KV die Verpflichtung, diesen Vertragsarztsitz auszuschreiben. Diese Verpflichtung kann nicht auf eine **Anzahl von Ausschreibungen** begrenzt werden. Die KV hat nicht das Recht, Fristen für die Bewerbung auf den Vertragsarztsitz vorzugeben.[489] Die KV ist verpflichtet, die eingehenden Bewerbungen an den Zulassungsausschuss zu übergeben, der dann mit der Bewerbungsliste das Nachbesetzungsverfahren aus eigener Verpflichtung zu betreiben hat.

450

Auch hat die KV unter Beachtung von § 103 Abs. 4 SGB V nicht das Recht, die Frage zu prüfen, ob eine berücksichtigungsfähige Bewerbung vorliegt oder nicht. Diese Aufgabe fällt in die originäre Zuständigkeit des Zulassungsausschusses. Zur Begründung ist dafür anzuführen, dass weder in § 103 SGB V noch an einer anderen Stelle eine materielle Prüfungsberechtigung der KV mit Fristsetzung für die Bewerbung existiert. Auch kann das SGB X nicht mit herangezogen werden, denn die KV hat keine Berechtigung aus § 26 SGB X, Fristen jedweder Art zu setzen, da diese keine Bindungswirkung gegenüber dem Zulassungsausschuss haben kann. Die KV ist vielmehr verpflichtet, sämtliche eingehenden Bewerbungen an den Zulassungsausschuss weiterzuleiten, der dann Herr des Weiteren Verfahrens ist.

451

2. Auswahlverfahren

Gemäß § 103 Abs. 4 S. 3 SGB V hat der Zulassungsausschuss die verfassungsrechtlich unbedenkliche Aufgabe[490] nach pflichtgemäßem Ermessen den Bewerber auszuwählen, der die Praxis fortführen soll. Bei der Auswahl des Bewerbers sind berufliche Eignung, das Approbationsalter und die Dauer der ärztlichen Tätigkeit zu berücksichtigen, ferner, ob der Bewerber der Ehegatte, ein Kind, ein angestellter Arzt des bisherigen Vertragsarztes oder ein Vertragsarzt ist, mit dem die Praxis bisher gemeinschaftlich ausgeübt wurde. Dabei sind gemäß § 103 Abs. 6 SGB V bei der Gemeinschaftspraxis die Interessen des oder der in der Praxis verbleibenden Vertragsarztes/Vertragsärzte bei der Bewerberauswahl angemessen zu berücksichtigen. In den Fällen des Jobsharing in Form einer Gemeinschaftspraxis ist jedoch wegen § 101 Abs. 3 S. 4 SGB V die gemeinschaftliche vertragsärztliche Tätigkeit erst nach fünfjähriger Dauer zu beachten. Ist diese Frist noch nicht abgelaufen, so ist das **Jobsharing** nicht gesondert berücksichtigungsfähig, kann aber unter Umständen bei der beruflichen Eignung eine Rolle spielen.[491]

452

Des Weiteren sind die wirtschaftlichen Interessen des ausscheidenden Vertragsarztes und seiner Erben insoweit zu berücksichtigen, dass der Verkaufspreis die Höhe des Verkehrswertes nicht übersteigt. Bei der Auswahlentscheidung sind seit 1.1.2006 bei der Nachbesetzung von ausgeschriebenen Hausarztsitzen aufgrund von § 103 Abs. 4 S. 5 SGB V vorrangig Fachärzte für **Allgemeinmedizin** zu berücksichtigen. Dadurch erhal-

453

---

[489] SG Duisburg – S 19 KA 25/05 ER, MedR 2006, 447; jurisPK-SGB V/*Pawlita*, § 103 Rn 57 m.w.N.
[490] BSG – B 6 KA 81/03, SozR 4-2500 § 103 Nr. 2.
[491] JurisPK-SGB V/*Pawlita*, § 103 Rn 68.

ten Fachärzte für Allgemeinmedizin im Verhältnis zu Internisten ohne Schwerpunktbezeichnung eine privilegierte Stellung innerhalb der Auswahlentscheidung.[492]

454 Weiterhin ist es erforderlich, dass die Praxis, die erworben werden soll, auch tatsächlich fortgeführt wird. Dies ist nur dann möglich, wenn der Erwerber in der Lage ist, die **Praxis im Wesentlichen fortzuführen**, was auch eine gewisse fachliche Identität zwischen abgebendem Arzt und Erwerber voraussetzt.[493] Dies ist insoweit von Bedeutung als grundsätzlich verhindert werden muss, dass ein Handeln mit Zulassungen stattfindet. Im Übrigen geht der Gesetzgeber selbst davon aus, dass eine vorliegende Überversorgung abgebaut werden muss.[494] Damit steht des Weiteren das Problem im Raum, ob eine Praxisfortführung noch bejaht werden kann, wenn die Räumlichkeiten, in der die Praxis bisher geführt wurde, nicht übernommen werden sollen. Im Ergebnis wird man davon ausgehen müssen, dass dieses nicht zwingend ist. Zwar spricht das BSG[495] davon, es sei nicht erforderlich, wenn der übernehmende Arzt auf Dauer in denselben Praxisräumen tätig werden will, so dass sich der Umkehrschluss aus der Formulierung „auf Dauer" ergeben könnte, das BSG ginge zwingend von einer Fortführung der Praxis in den bisherigen Räumlichkeiten aus. Es ist aber in diesem Zusammenhang zu berücksichtigen, dass ein Vermieter nicht gezwungen werden kann, mit einem Mieter einen Mietvertrag zu schließen, des Weiteren kann auch der Erwerber einer Arztpraxis nicht gezwungen werden, unwirtschaftliche Räumlichkeiten anzumieten. Zudem besteht unter Berücksichtigung von § 24 Abs. 4 Ärzte-ZV für den Vertragsarzt die Möglichkeit, jederzeit seinen Vertragsarztsitz zu verlegen, was vom Zulassungsausschuss genehmigt werden muss, sofern die vertragsärztliche Versorgung nicht entgegensteht, was im Regelfall bei überversorgten Bereichen nicht der Fall sein dürfte.[496] Als ausreichend könnte dann jedoch zum Zwecke des Vermeidens des Handels von Zulassungen sein, dass der Praxissitz des Übernehmers in einer gewissen räumlichen Nähe zur alten Praxis ist, damit die Patienten, die bisher versorgt worden sind, auch weiterhin versorgt werden können.

455 Bei der Auswahlentscheidung selbst ist es zunächst erforderlich, dass der Erwerber der Praxis im Mindestmaß bereit ist, den **Verkehrswert** der Praxis zu bezahlen, so dass in einem Nachbesetzungsverfahren auf jeden Fall die Ärzte nicht berücksichtigungsfähig sind, die nicht bereit sind, den Verkehrswert zu zahlen.[497] Bei der Bestimmung des Verkehrswertes gibt es eine Vielzahl von Bewertungsmethoden, wobei die zivilrechtliche Rechtsprechung davon ausgeht, dass keine allseits verbindliche Methode zur Verkehrswertbestimmung existiert.[498] Insofern ist es grundsätzlich nicht zu beanstanden, wenn die klassische „Ärztekammermethode" zur Bestimmung des Verkehrswertes der Praxis gewählt wird.[499] Bei der Ermittlung des Verkehrswertes ist der abgebende Arzt mitwirkungspflichtig, indem er die erforderlichen Unterlagen zur Verfügung stellen muss.[500]

---

[492] JurisPK-SGB V/*Pawlita*, § 103 Rn 81.
[493] JurisPK-SGB V/*Pawlita*, § 103 Rn 53.
[494] BSG – B 6 KA 11/03 R, SozR 4-2500 § 103 Nr. 1.
[495] BSG – B 6 KA 1/99 R, SozR 3-2500 § 103 Nr. 5.
[496] Vgl. LSG Baden-Württemberg, Beschl. v. 25.4.2006 – L 5 KA 178/06 ER-B.
[497] BSG, 20.8.1999 – B 6 KA 14/99 B; SG Dortmund – S 9 KA 60/01, MedR 2002, 100; zu den unterschiedlichen Berechnungsmethoden des Praxiswertes ausführlich *Cramer/Maier*, MedR 2002, 549 ff.; 616 ff.
[498] BGH – XII ZR 101/89, NJW 1991, 1547 ff.; vgl. auch – XII ZR 84/97, NJW 1999, 784.
[499] SG Dortmund – S 9 KA 60/01, MedR 2002, 100.
[500] JurisPK-SGB V/*Pawlita*, § 103 Rn 76.

G. Teilnahme an der vertragsärztlichen Versorgung § 7

In der Rechtsprechung wird im Übrigen dem Kriterium der **Warteliste** eher ein zurückhaltender Wert zugeordnet,[501] was unter Berücksichtigung der fehlenden Gewichtung innerhalb von § 103 SGB V fragwürdig ist. Ansonsten ist zwischen den weitergehenden Kriterien der beruflichen Eignung, des Approbationsalters und der Dauer der ärztlichen Tätigkeit bei grundsätzlicher Gleichwertigkeit der Kriterien jedes Einzelnen eine umfassende Abwägung durchzuführen. Auch die **familiären Verhältnisse** des Bewerbers – Ehegatte oder Kinder – sind gleichwertig im Verhältnis zur beruflichen Eignung zu beachten.[502]

456

Im Rahmen der Berücksichtigung der **beruflichen Eignung** ist ebenfalls die Ausbildung der Bewerber abzuwägen. Hierbei spielt nicht nur die Facharztqualifikation eine Rolle, sondern auch die Frage von Schwerpunkt- oder Zusatzbezeichnungen. Im Übrigen sind gleichermaßen Genehmigungen zur Abrechnung von genehmigungsbedürftigen Leistungen zu berücksichtigen, insbesondere dann, wenn der abgebende Arzt auch diese Genehmigungen innehat.[503] Nicht berücksichtigungsfähig sind außerhalb der vertragsärztlichen Versorgung liegende Qualifikationen, wie die D-Arzt-Anerkennung, da diese nicht zur vertragsärztlichen Versorgung hinzugerechnet werden kann.[504]

457

Zu berücksichtigen ist hierbei des Weiteren, dass die Auswahlkriterien, wie sie in § 103 Abs. 4 S. 4 SGB V aufgeführt werden, nicht als abschließend zu bezeichnen sind.[505] Insbesondere sind die **Wünsche** des **abgebenden Arztes** von erheblichem[506] Gewicht. Diesem Gedanken, der sich weniger aus Rechtsgründen vielmehr aus rein praktischen Überlegungen ergibt, ist deswegen der Vorzug zu geben, weil dann zwar öffentlich-rechtlich möglicherweise eine Nachbesetzung durchgeführt werden könnte, zivilrechtlich jedoch der erforderliche Praxiskaufvertrag nicht umgesetzt werden könnte, weshalb die Konsequenz eintreten würde, dass das gesamte Abgabeverfahren scheitert und die Praxis nicht nachbesetzt werden kann.

458

Speziell für die Nachbesetzung innerhalb einer Gemeinschaftspraxis wird unter Beachtung von § 103 Abs. 6 SGB V dem Verbleibenden der ehemaligen Gemeinschaftspraxispartner eine besondere Position zugeordnet.[507] Die verbleibenden Gemeinschaftspraxispartner haben die Möglichkeit der Ablehnung des Bewerbers, so dass eine Nachbesetzung nicht möglich ist. Gleiches gilt, wenn der Bewerber nicht bereit ist, in die Gemeinschaftspraxis einzutreten.[508]

459

3. Verfahrensrechtliches

Innerhalb des Nachbesetzungsverfahrens besteht ein umfassendes **Akteneinsichtsrecht** nach § 25 SGB X, das auch den Anspruch beinhaltet, in die Unterlagen der Mitbewerber Einsicht zu nehmen. Dem kann nicht entgegengehalten werden, es lägen schutzwürdige Interessen rechtlicher, wirtschaftlicher oder ideeller Art der Konkurrenten vor. Für einen effektiven Rechtschutz in der Ausübung eines ausreichenden rechtlichen Gehörs

460

---

501 SG Baden-Württemberg, Beschl. v. 20.7.2006 – L 5 KA 3384/06 ER-B; LSG Schleswig-Holstein – L 4 B 269/06 KA ER, NZS 2007, 108.
502 JurisPK-SGB V/*Pawlita*, § 103 Rn 69.
503 LSG Schleswig-Holstein – L 4 B 269/06 KA ER, NZS 2007, 108.
504 A.A. KassKomm/*Hess*, § 103 Rn 24; jurisPK-SGB V/*Pawlita*, § 103 Rn 62.
505 LSG Nordrhein-Westfalen – L 10 KA 29/05, GesR 2006, 456; LSG Baden-Württemberg, Urt. v. 20.1.1993 – L 5 KA 2750/97.
506 LSG Baden-Württemberg, Urt. v. 20.1.1999 – L 5 KA 2750/97.
507 BSG – B 6 KA 11/03 R, SozR 4-2500 § 103 Nr. 1.
508 BSG – B 6 KA 1/99, SozR 3-2500 § 103 Nr. 5.

ist es erforderlich, sämtliche Verträge des abgebenden Arztes mit den Konkurrenten zu kennen.[509]

461 Des Weiteren ist zu berücksichtigen, dass das gesamte Verwaltungsverfahren in einer **einheitlichen Entscheidung** zu treffen ist, die in der Bestimmung des Nachfolgers endet.[510] Innerhalb des gerichtlichen Verfahrens wird mithin dann auch nur die Entscheidung getroffen, ob diese Auswahlentscheidung zutreffend war. Bei einem gerichtlichen Überprüfungsverfahren steht ausschließlich die Frage der Rechtmäßigkeit dieser Entscheidung im Raume, das Gericht entscheidet mithin nicht über die Frage, ob im Falle der Aufhebung der Auswahlentscheidung ein anderer Bewerber der richtige Kandidat ist. Diese Entscheidung hat ausschließlich der Zulassungsausschuss bzw. der Berufungsausschuss zu treffen. Daher ist auch immer ein Bescheidungsantrag zu stellen.

IX. Kooperative Praxisformen

462 Bezüglich der kooperativen Formen ist zu differenzieren zwischen der Praxisgemeinschaft, der Berufsausübungsgemeinschaft sowie der Teilberufsausübungsgemeinschaft.[511]

1. Praxisgemeinschaft

463 Bei der Praxisgemeinschaft handelt es sich um eine Organisationsgemeinschaft, die nicht der gemeinsamen – in der Regel jederzeit austauschbaren – ärztlichen Behandlung am gemeinsamen Patienten dient. Es handelt sich hierbei vielmehr um eine gemeinsame Nutzung von Praxisräumen, -einrichtungen sowie der gemeinsamen Beschäftigung von Hilfspersonal durch mehrere Ärzte mit dem vorrangigen Ziel, bestimmte Kosten zur besseren Ausnutzung der persönlichen und sachlichen Mittel auf mehrere Ärzte umzulegen.[512] Daraus ergibt sich, dass bei einer Praxisgemeinschaft beide Ärzte eigenständig bleiben und auch eigenständige Subjekte im Verhältnis zur KV sind. Die Praxisgemeinschaft muss nicht durch die Zulassungsgremien genehmigt werden.

464 Eine besondere (Unter-)Form der Praxisgemeinschaft ist die **Apparategemeinschaft**.[513] Sie wird betrieben, um einerseits gemeinschaftlich angeschaffte Geräte zur umfassenden Diagnostik und Therapie wirtschaftlich zu nutzen, andererseits um den Patienten eine effektivere Behandlung ohne weitere Wege und Wartezeiten anzubieten.[514]

465 Die **Laborgemeinschaften**,[515] die ihre gesetzliche Grundlage in § 105 Abs. 2 SGB V finden können, haben ihre weitere Rechtsgrundlage in § 25 BMV-Ä/§ 28 EKV. In den letztgenannten Regelungen sind jeweils in Abs. 3 S. 2 die Laborgemeinschaften Gemeinschaftseinrichtungen von Vertragsärzten, welche dazu dienen, laboratoriumsmedizinische Analysen des Kap. 32.2 EBM regelmäßig in derselben gemeinschaftlich genutzten Betriebsstätte zu erbringen.

---

509 LSG Nordrhein-Westfalen – L 10 KA 29/05, GesR 2006, 456.
510 BSG – B 6 KA 11/03 R, SozR 4-2500 § 103 Nr. 1.
511 Wegen der gesellschaftsrechtlichen Fragen vgl. ausführlich *Möller*, § 15.
512 BSG – B 6Ka 76/04 R, SozR 4-5520 § 33 Nr. 6; vgl. hierzu ausführlich Rieger/*Rieger*, „Praxisgemeinschaft".
513 Ausführlich dazu Rieger/*Peikert*, „Apparategemeinschaft".
514 *Schallen*, § 33 Rn 1129.
515 Ausführlich zur Laborgemeinschaft Rieger/*Peikert*, „Laborgemeinschaft".

2. Berufsausübungsgemeinschaft

Die Berufsausübungsgemeinschaft wird definiert in § 33 Abs. 2 Ärzte-ZV. Hierbei handelt es sich um die gemeinsame Ausübung vertragsärztlicher Tätigkeit unter allen zur vertragsärztlichen Versorgung zugelassenen Leistungserbringern, sei es in örtlicher, überörtlicher Form oder in der Gestalt der fachgleichen, fachübergreifenden Berufsausübungsgemeinschaft oder in der Ausgestaltung als Teilberufsausübungsgemeinschaft.[516] Dabei hat der Begriff der Berufsausübungsgemeinschaft in Angleichung an die berufsrechtlichen Vorschriften den Begriff der **Gemeinschaftspraxis** abgelöst.[517] Sie stellt im Übrigen einen besonderen vertragsärztlichen Status dar,[518] der zur Berechtigung der Tätigkeit nur in einer Berufsausübungsgemeinschaft führt, so dass eine Berufsausübungsgemeinschaft innerhalb einer Berufsausübungsgemeinschaft unzulässig bleibt.[519] Gleichfalls handelt es sich hierbei um einen statusbegründenden Verwaltungsakt, den der Zulassungsausschuss erlässt (§ 33 Abs. 3 S. 1 Ärzte-ZV; § 15a Abs. 4 S. 1 BMV-Ä/§ 15a Abs. 4 S. 1 EKV), der nicht rückwirkend erteilt werden kann.[520]

Es ist in diesem Zusammenhang zulässig, auf die gesamte Rechtsprechung zur Gemeinschaftspraxis zurückzugreifen. Die Definition der Berufsausübungsgemeinschaft in Anlehnung an die Rechtsprechung zur Gemeinschaftspraxis ist dadurch gekennzeichnet, dass sich mehrere Ärzte des gleichen Fachgebietes oder ähnlicher Fachgebiete zur gemeinsamen und gemeinschaftlichen Ausübung des ärztlichen Berufs in einer Praxis zusammenschließen, wobei die gemeinschaftliche Behandlung von Patienten, die gemeinschaftliche Karteiführung und Abrechnung im Vordergrund steht; hierfür wird gemeinsam die Praxiseinrichtung genutzt sowie gemeinschaftlich Personal beschäftigt. Einen Schwerpunkt bildet die Zusammenarbeit zur gemeinsamen Einnahmeerzielung.[521] Aus dieser Definition wird auch deutlich, dass eine fachübergreifende Berufsausübungsgemeinschaft dem Grunde nach zulässig ist,[522] dabei ist bei dieser die jeweilige Leistungserbringung des einzelnen Arztes zu kennzeichnen (§ 44 Abs. 6 BMV-Ä/§ 34 Abs. 11 S. 2 EKV). Diese **Kennzeichnungspflicht** dient der Überprüfung, ob sich der Vertragsarzt an seine berufsrechtliche Beschränkung, sich auf sein Fachgebiet zu beschränken, erfüllt. Des Weiteren kann dadurch auch selbst geprüft werden, ob der Vertragsarzt im Rahmen der Plausibilitätskontrolle seine Tätigkeitszeiten überschreitet. Im Übrigen kann damit auch gleichzeitig mit geklärt werden, ob der Arzt, der die Leistung erbringt, auch für die Leistungserbringung eine entsprechende Genehmigung innehat.

Bei einer Berufsausübungsgemeinschaft ist ein **schriftlicher Vertrag** erforderlich, der den Zulassungsgremien zur Prüfung vorgelegt werden muss.[523] Auch wird man den Zulassungsgremien ein Prüfungsrecht des Vertrages (zur Vertragsgestaltung ausführlich § 15) in einem gewissen Umfang nicht absprechen können. Dabei ist das Prüfungsrecht der Zulassungsgremien begrenzt, aufgrund ihrer Aufgabenstellung dürfen sie nur insoweit eine Prüfung vornehmen, soweit tatsächlich vertragsarztrechtliche Versagungsgründe für die Berufsausübungsgemeinschaft vorliegen.[524] Diese Frage dürfte im Wesentlichen darin liegen, zu klären, ob durch die Vertragsgestaltung formalrechtlich zwei

---

516 Kritisch zur Entwicklung auch aus zivilrechtlicher Sicht *Dahm/Ratzel*, MedR 2006, 555 ff.
517 *Orlowski/Halbe/Karch*, S. 47; vgl. dazu bereits BSG – B 6 KA 49/02 R, SozR 4-5520 § 33 Nr. 1.
518 BSG – B 6 KA 34/02 R, SozR 4-5520 § 33 Nr. 2.
519 Vgl. BSG – B 6 KA 49/02 R, SozR 4-5520 § 33 Nr. 1.
520 *Schallen*, § 33 Rn 1214.
521 BSG – B 6 KA 76/04 R, SozR 4-5520 § 33 Nr. 6.
522 BSG – 6 RKa 7/81, SozR 5520 § 33 Nr. 1.
523 BSG – B 6 KA 1/99 R, SozR 3-2500 § 103 Nr. 5.
524 Vgl. dazu ausführlich *Engelmann*, ZMGR 2004, 3 ff.

Gesellschafter vorliegen, materiellrechtlich jedoch ein verstecktes Anstellungsverhältnis zu bejahen wäre. Damit haben die Zulassungsgremien nicht das Recht, eine vertiefte Vertragsprüfung vorzunehmen, insbesondere ist eine Zweckmäßigkeitskontrolle der Verträge unzulässig. Inhaltlich ist dabei das Vorliegen eines unternehmerischen Risikos und auch Einfluss auf die unternehmerischen Entscheidungen zu verlangen. In einer Phase der Erprobung ist es jedoch nicht erforderlich, wenn eine volle Beteiligung am Unternehmen vorliegt.

469 Die Rechtsstellung der Mitglieder der Berufsausübungsgemeinschaft ist vertragsarztrechtlich genau so wie bei jedem einzelnen Vertragsarzt auch, er hat mithin die Berechtigung, Assistenten oder Vertreter zu beschäftigen oder sich die Anstellung von Ärzten genehmigen zu lassen.[525]

a) Örtliche Berufsausübungsgemeinschaft

470 Die örtliche Berufsausübungsgemeinschaft ist nach der Legaldefinition in § 33 Abs. 2 S. 1 Ärzte-ZV eine Berufsausübungsgemeinschaft, die an einem gemeinsamen Vertragsarztsitz tätig ist. Sie entspricht exakt der herkömmlichen Gemeinschaftspraxis, wobei aufgrund einer nach der Rechtslage vor dem VÄndG fragwürdigen Entscheidung des SG Nürnberg[526] auch eine intraurbane Gemeinschaftspraxis als zulässig angesehen wurde. Sofern die allgemeinen Voraussetzungen für eine Berufsausübungsgemeinschaft bestehen, ist diese durch den Zulassungsausschuss nach § 33 Abs. 3 S. 1 Ärzte-ZV zu genehmigen.

b) Überörtliche Berufsausübungsgemeinschaft

471 Die überörtliche Gemeinschaftspraxis war vor dem Inkrafttreten des VÄndG im Regelfall unzulässig, zulässig war sie lediglich bei Ärzten mit einem typischen Fachgebietsinhalt, der nicht unmittelbar patientenbezogen tätig ist (z.B. Laborärzte, Pathologen).[527] Ferner war es generell unzulässig, eine Berufsausübungsgemeinschaft über die Grenzen des KV-Bezirks zu betreiben.[528] Dieses wurde durch das VÄndG geändert, sie ist jetzt zulässig geworden, innerhalb des Genehmigungsverfahrens können Auflagen erteilt werden, wenn dies zur Sicherung der Anforderungen nach § 33 Abs. 2 Ärzte-ZV erforderlich ist (§ 33 Abs. 3 S. 5 Ärzte-ZV).

472 In § 33 Abs. 3 S. 2 Ärzte-ZV ist für die überörtliche innerhalb eines Zulassungsbezirks liegende Berufsausübungsgemeinschaft keine besondere Regelung getroffen worden. Daher verbleibt es bei dem für den Bezirk zuständigen Zulassungsausschuss. Werden jedoch **mehrere Zulassungsbezirke** des Bereichs einer KV angesprochen, so ist eine Vereinbarung zwischen der KV, den Landesverbänden der Krankenkassen und den Verbänden der Ersatzkassen zu schließen, in dem der zuständige Zulassungsausschuss bestimmt wird. In diesem Zusammenhang ist noch § 15a Abs. 4 S. 4 BMV-Ä/§ 15a Abs. 4 S. 4 EKV zu beachten, wonach auch bei dieser Form der überörtlichen Berufsausübungsgemeinschaft die Vertragsparteien dieser Gemeinschaft einen Vertragsarztsitz als Betriebsstätte zu bestimmen haben. Die **Wahlentscheidung** ist nach § 15a Abs. 4 S. 5 BMV-Ä/§ 15a Abs. 4 S. 5 EKV für die Dauer von zwei Jahren verbindlich und kann

---

525 *Schallen*, § 33 Rn 1263.
526 S 6 KA 14/05 – MedR 2006, 373.
527 BSG – B 6 KA 34/02 R, SozR 4-5520 § 33 Nr. 2.
528 BSG – B 6 KA 49/02 R, SozR 4-5520 § 33 Nr. 1.

nur zum Beginn eines Quartals getroffen werden (§ 15a Abs. 4 S. 6 BMV-Ä/§ 15a Abs. 4 S. 6 EKV). Wird von der Berufsausübungsgemeinschaft keine Entscheidung getroffen, so wird die Betriebsstätte durch die KV nach § 15a Abs. 4 S. 7 BMV-Ä/§ 15a Abs. 4 S. 7 EKV bestimmt. Durch diese Regelung lässt sich für den Vertrag nach § 33 Abs. 3 S. 2 Ärzte-ZV relativ einfach bestimmen, welcher Zulassungsausschuss zuständig ist, nämlich der, in dem die überörtliche Berufsausübungsgemeinschaft ihre **Betriebsstätte** hat.

Für die überörtliche Berufsausübungsgemeinschaft, die über KV-Grenzen hinweggeht, bestimmt § 33 Abs. 3 S. 3 Ärzte-ZV, dass die Gesellschaft die Verpflichtung hat, den Vertragsarztsitz zu wählen, der maßgeblich für die Genehmigungsentscheidung ist. Diese Wahlentscheidung ist für einen Zeitraum von mindestens zwei Jahren zu treffen (§ 33 Abs. 3 S. 4 Ärzte-ZV), bei der die KV keinerlei Einflussmöglichkeiten hat.[529] Durch diese Entscheidung wird der gewählte Ort der Hauptsitz der KV-bereichsüberschreitenden Berufsausübungsgemeinschaft (§ 15b BMV-Ä/§ 15b EKV). Auch wenn dieses nicht ausdrücklich erwähnt wird, kann eine entsprechende Entscheidung nur auf das Quartal bezogen getroffen werden. Dies ergibt sich aus der Tatsache, wonach aufgrund der Wahlentscheidung des Vertragsarztsitzes nach der Vorstellung der Ärzte-ZV das gesamte ortsgebundene Recht zur Anwendung gelangt, insbesondere die Vorschriften zur Vergütung, zur Abrechnung sowie zu den Abrechnungs-, Wirtschaftlichkeits- und Qualitätsprüfungen.

473

In diesem Zusammenhang ist § 75 Abs. 7 S. 3 SGB V zu beachten, wonach in der **Richtlinie nach § 75 Abs. 7 S. 1 Nr. 2 SGB V** durch die KBV auch Regelungen über die Abrechnungs-, Wirtschaftlichkeits- und Qualitätsprüfung sowie über Verfahren bei Disziplinarangelegenheiten bei überörtlichen Berufsausübungsgemeinschaften, die Mitglieder in mehreren KV-Bereichen sind, zu treffen sind, soweit es nicht in den Bundesmantelverträgen geregelt wurde. Die KBV hat von dieser Regelungsberechtigung Gebrauch gemacht.[530] Dort wurde für die überörtlichen Berufsausübungsgemeinschaften aber auch für die KV-bereichsübergreifenden Zweigpraxen Regelungen getroffen (§ 1 KV-übergreifende Berufsausübungs-Richtlinie). In 2 KV-übergreifende Berufsausübungs-Richtlinie ist vorgesehen, dass das anwendbare Recht für den Bereich der Vergütung und der Prüfung sowie der Leistung selbst sich immer nach dem Ort der Leistungserbringung richtet, es wird von der KV des Ortes der Leistungserbringung geprüft, und auch von der jeweiligen KV ein eigener Honorarbescheid erteilt, mit der Konsequenz, dass eine überörtliche Berufsausübungsgemeinschaft eine Vielzahl von Honorarbescheiden erhält. Innerhalb der Wirtschaftlichkeitsprüfung bestimmt § 7 Abs. 1 i.V.m. § 3 Nr. 2 KV-übergreifende Berufsausübungs-Richtlinie, dass der Prüfungsausschuss zuständig ist, in dem der Vertragsarztsitz bestimmt wurde. Dies wird jedoch über Abs. 2 in der Form wieder relativiert, wonach bei der Auffälligkeitsprüfung nach § 106 Abs. 2 S. 1 Nr. 1 SGB V wieder der Ort der Leistungserbringung für die Zuständigkeit des Prüfungsausschusses gewählt wird; für die Zufälligkeitsprüfung bleibt es bei dem Sitz der überörtlichen Berufsausübungsgemeinschaft. Innerhalb der Qualitätssicherung muss aufgrund von § 8 KV-übergreifende Berufausübungs-Richtlinie wieder für jede Betriebsstätte bzw. Nebenbetriebsstätte eine eigenständige Genehmigung der örtlich zuständigen KV eingeholt werden; Gleiches gilt für die Prüfung der Qualität. Für das Disziplinarverfahren gilt wieder die Zuständigkeit aus § 3 Nr. 2 KV-übergrei-

474

---

529 *Weimer*, GesR 2007, 204 ff.
530 Richtlinie der Kassenärztlichen Bundesvereinigung über die Durchführung der vertragsärztlichen Versorgung bei einer den Bereich einer Kassenärztlichen Vereinigung übergreifenden Berufsausübung (KV-übergreifende Berufsausübungs-Richtlinie), DÄ 2007, 1868.

fende Berufsausübungs-Richtlinie, sofern es sich um eine Pflichtverletzung durch die Berufsausübungsgemeinschaft als solche handelt (§ 9 KV-übergreifende Berufsausübungs-Richtlinie).

475 Es stellt sich jedoch die Frage, ob diese differenzierten Regelungen mit dem Grundsatz des anzuwendenden Rechts des Ortes der Leistungserbringung mit höherrangigem Recht in Einklang zu bringen ist. Bedenken ergeben sich aus der bereits oben angesprochenen Regelung in § 33 Abs. 3 S. 3 Ärzte-ZV, die eine andere Regelungsstruktur vorsieht, das jeweilige KV-Recht richtet sich nach dem Sitz[531] der überörtlichen Berufsausübungsgemeinschaft. Die KV-übergreifende Berufsausübungs-Richtlinie beruft sich nicht auf § 33 Ärzte-ZV, sondern auf § 75 Abs. 7 S. 3 SGB V, so dass sich daraus eine formale Legitimation für die Richtlinie herleiten lässt. Zu berücksichtigen ist jedoch das Normengefüge als solches. Die Richtlinie steht der Struktur nach unterhalb einer Rechtsverordnung und damit auch unterhalb der Ärzte-ZV, so dass sie die dortigen Vorschriften zu beachten hat. Dies ist hier nicht geschehen, so dass wegen eines Verstoßes gegen § 33 Abs. 3 S. 3 Ärzte-ZV erhebliche Bedenken hinsichtlich der Rechtmäßigkeit der KV-übergreifenden Berufsausübungs-Richtlinie bestehen. Sachlich, nicht jedoch rechtlich gerechtfertigt ist die Anwendung bei einer überörtlichen Berufsausübungsgemeinschaft für die Sicherstellung der Versorgung in sprechstundenfreien Zeiten (Notdienst) i.S.v. § 75 Abs. 1 S. 2 SGB V (ausführlich dazu vgl. Rn 299 f.), weil gerade in diesem Bereich sehr unterschiedliche Regelungen existieren, um die Versorgung sicher zu stellen und deswegen die jeweiligen Ärzte an ihrem Vertragsarztsitz für die Sicherstellung entsprechend der dort existierenden Regelungen eingeteilt werden müssen.

476 Innerhalb der überörtlichen Berufsausübungsgemeinschaft besteht die Möglichkeit, an den **jeweiligen Standorten** dieser Gemeinschaft **tätig** zu werden, ohne dass es dazu einer Genehmigung bedarf. Daher sehen § 15a Abs. 4 S. 1 BMV-Ä/§ 15a Abs. 4 S. 1 EKV vor, dass die Sprechstundenzeiten der § 17 Abs. 1a BMV-Ä/§ 13 Abs. 7a EKV einzuhalten sind, insbesondere ist zu gewährleisten, dass der Schwerpunkt der Tätigkeit am Vertragsarztsitz des einzelnen Arztes bleibt. Um dieses Ziel zu erreichen, kann die KV nach § 15a Abs. 4 S. 9 BMV-Ä/§ 15a Abs. 4 S. 9 EKV Nachweise hierfür verlangen oder auch Auflagen zum Zwecke des Einhaltens dieser Regelung erteilen.

c) Teilberufsausübungsgemeinschaft

477 Nach § 33 Abs. 2 S. 3 Ärzte-ZV besteht ferner die Möglichkeit, die Tätigkeit auf einzelne Leistungen zu beschränken. Dies verlangt für diesen Teilbereich das Erfüllen der allgemeinen Voraussetzungen der gemeinsamen Berufsausübung (vgl. Rn 467).[532] In der amtlichen Begründung wird als Musterbeispiel das Zusammenwirken eines Kardiologen und eines Kinderarztes angegeben, die im Bereich der Kinderkardiologie zusammenarbeiten wollen.[533] Mit dieser Regelung sollte die liberale Gestaltung der MBO und der Berufsordnungen der Länder in die vertragsärztliche Versorgung übernommen werden. Zwischenzeitig wurde jedoch – als Auswirkung der Regelung des § 33 Abs. 2 S. 3 Ärzte-ZV – die Liberalität bei einzelnen Ärztekammern wieder zurück genommen, was sicherlich innerhalb dieser Bereiche für die Frage der Zulässigkeit der Teilberufsausübungsgemeinschaft von Relevanz sein dürfte.[534]

---

531 Zwar spricht § 33 Abs. 3 S. 3 Ärzte-ZV vom „Vertragsarztsitz", der Vertragsarztsitz wird jedoch in § 1a Nr. 16 BMV-V/§ 1a Nr. 16 EKV anders definiert, so dass hier nur vom „Sitz" gesprochen wird.
532 *Wigge*, NZS 2007, 393, 395 f.
533 BR-Drucks 353/06 S. 70.
534 Einzelheiten bei *Wigge*, NZS 2007, 393, 397 sowie bei *Dahm/Ratzel*, MedR 2006, 555, 558 f.

Aus § 33 Abs. 2 S. 3 Ärzte-ZV wird als Verbot lediglich entnommen, dass eine Teilberufsausübungsgemeinschaft zwischen Leistungserbringern, die überweisungsberechtigt sind und Leistungserbringern, die auf **Überweisung medizinisch-technische Leistungen** erbringen, unzulässig sein soll. Hierdurch sollen „Kickback-Konstellationen" vermieden werden,[535] die berufsrechtlich unter dem Stichwort „Überweisung gegen Entgelt" zusammengefasst werden, obwohl es damit gleichzeitig für andere Bereiche ausdrücklich erlaubt wird.[536] Wie sich jedoch aus den Vorschriften über die Anstellung von Ärzten ergibt (siehe Rn 491–501) kann anstatt einer Teilberufsausübungsgemeinschaft auch die Anstellung eines entsprechenden Arztes gewählt werden, so dass damit ein rechtlich zulässiger Umgehungstatbestand innerhalb der vertragsärztlichen Versorgung geschaffen wurde. Dieser kann auch nicht durch Analogien innerhalb der Ärzte-ZV geschlossen werden, denn dem Gesetzgeber war diese Frage ausreichend bekannt.[537] Auch aus der Tatsache der Genehmigungspflicht einzelner Leistungen auf Grundlage der Richtlinien des Gemeinsamen Bundesausschusses nach § 135 Abs. 2 SGB V kann ein Verbot der Bildung einer Teilberufsausübungsgemeinschaft nicht hergeleitet werden.[538]

478

Enger gefasst wird diese Regelung durch § 15a Abs. 5 BMV-Ä/§ 15a Abs. 5 EKV. Dort wird für die Zulässigkeit dieser Teilberufsausübungsgemeinschaft verlangt, es müsse das zeitlich begrenzte Zusammenwirken der Ärzte erforderlich sein, um Patienten zu versorgen. Dies wäre bei strikter Betrachtung nur der Fall bei ambulanten Operationen. Dies ist jedoch abermals nicht durch die Ärzte-ZV gedeckt und damit rechtlich im höchsten Maße problematisch. Es ist vielmehr davon auszugehen, dass im Rahmen von § 33 Abs. 2 Ärzte-ZV keine weitergehenden Anforderungen an die Teilberufsausübungsgemeinschaft gestellt werden dürfen.[539]

479

d) Besonderheiten im zahnärztlichen Bereich

Innerhalb der zahnärztlichen Versorgung wird im Wesentlichen in § 6 Abs. 7–8 BMVZ/§ 8a Abs. 2–3 EKVZ der Normtext aus der Zahnärzte-ZV übernommen. Inhaltlich ist hier von Interesse, dass in § 6 Abs. 7 S. 4–5 BMVZ/§ 8a Abs. 2 S. 4–5 EKVZ inhaltliche Vorgaben für das Vorliegen einer Gemeinschaftspraxis in Abgrenzung zum Angestellten gemacht wurden. Die Pflicht zur Vorlage der Gemeinschaftspraxisverträge gegenüber den Zulassungsgremien wurde in § 6 Abs. 7 S. 3 BMVZ/§ 8a Abs. 2 S. 3 EKVZ aufgenommen, wobei diese Pflicht sich schon aus der Rechtsprechung des BSG[540] ergibt. Inhaltlich wird für eine gemeinsame Berufsausübung eine auf Dauer angelegte berufliche Kooperation selbständiger freiberuflich tätiger Zahnärzte verlangt. Genauer wird dieser allgemeine Grundsatz in § 6 Abs. 7 S. 5 BMVZ/§ 8a Abs. 2 S. 5 EKVZ ausformuliert. Verlangt wird eine Teilnahme aller Mitglieder der Berufsausübungsgemeinschaft an deren **unternehmerischem Risiko** und an unternehmerischen Entscheidungen sowie eine gemeinschaftliche Gewinnerzielungsabsicht. Diese Forderungen ergeben sich im Übrigen auch aus der Rechtsprechung (vgl. Rn 467). Nicht verlangt werden kann jedoch die zwingende Verpflichtung, an Fragen der Anstellung von

480

---

535 *Fiedler/Fürstenberg*, NZS 2007, 184, 189.
536 Vgl. *Ratzel/Möller/Michels*, MedR 2006, 377, 379.
537 *Wigge*, NZS 2007, 393, 399.
538 A.A. *Wigge*, NZS 2007, 393, 399.
539 Vgl. *Ratzel/Möller/Michels*, MedR 2006, 377, 379 f.
540 BSG – B 6 KA 1/99 R, SozR 3-2500 § 103 Nr. 5.

Personal – zumindest bezogen auf das nichtärztliche Hilfspersonal – mitzuwirken, da es zulässig ist, einen geschäftsführenden Gesellschafter zu haben.[541]

481 In § 6 Abs. 7 S. 6 BMVZ/§ 8a Abs. 2 S. 5 EKVZ wird im Gegensatz zum ärztlichen Bereich und in Übereinstimmung mit der Formulierung innerhalb von § 33 Abs. 3 Zahnärzte-ZV verlangt, sich für einen KZV-Bereich zu entscheiden, soweit eine die KZV-Grenzen überschreitende Berufsausübungsgemeinschaft vorliegt. Die Entscheidung kann nur quartalsweise geändert werden, wobei unter Berücksichtigung von § 33 Abs. 3 S. 3 Zahnärzte-ZV in noch vertretbarer Weise in § 6 Abs. 8 S. 4 BMVZ/§ 8a Abs. 3 S. 4 EKVZ eine Frist von mindestens sechs Monaten verlangt wird. Die Mitglieder einer überörtlichen Berufsausübungsgemeinschaft sind berechtigt auch an den weiteren Standorten der Gesellschaft tätig zu werden, ohne dass eine Zweigpraxis genehmigt werden muss (§ 6 Abs. 8 S. 1 BMVZ/§ 8a Abs. 3 S. 1 EKVZ). Die Tätigkeit an den weiteren Standorten der Berufsausübungsgemeinschaft ist nicht unbegrenzt möglich, vielmehr zeitlich auf ein Drittel der Zeit der vertragszahnärztlichen Tätigkeit beschränkt (§ 6 Abs. 8 S. 2 BMVZ/§ 8a Abs. 3 S. 2 EKVZ).

e) Jobsharing

482 Neben den dargestellten neuen Formen der Berufsausübungsgemeinschaft ist noch die sich aus der Bedarfsplanungs-Richtlinie i.V.m. § 101 Abs. 1 Nr. 5 SGB V ergebende Möglichkeit der gemeinsamen Berufsausübung in zulassungsgesperrten Bereichen zu erwähnen. Grundkonstruktion dabei ist die Situation der Zulassungssperre in einem Planungsbereich in Kombination mit dem Wunsch eines niedergelassenen Arztes, mit einem bisher noch nicht zugelassenen Arzt eine Gemeinschaftspraxis zu begründen. Da wegen der Zulassungssperre der neue Arzt keine Zulassung erhält, wird die Möglichkeit eingeräumt, sich eine Zulassung zu „teilen". Wird eine Zulassungssperre für die Fachgruppe in dem Planungsbereich aufgehoben, so fällt die Beschränkung weg. Dies gilt nicht für alle Jobsharing-Praxen, sondern die Reihenfolge richtet sich nach der Dauer des Jobsharings (§ 23 Abs. 2 S. 1 und Abs. 4 Bedarfsplanungs-Richtlinie) (zum Verhältnis zur Sonderbedarfszulassung siehe Rn 335).

483 Erforderlich hierfür ist eine Fachidentität der beiden Ärzte. Die Einzelheiten hierfür sind in § 23b Bedarfsplanungs-Richtlinie geregelt, der dem Grunde nach verlangt, dass eine Identität der Facharztbezeichnungen vorliegt. Sollten Schwerpunktbezeichnungen geführt werden, so müssen diese auch identisch sein. Ausnahmen von dem Erfordernis der sprachlichen Identität der Facharztbezeichnungen sieht § 23b Abs. 3–9 Bedarfsplanungs-Richtlinie in den Fällen vor, in denen aufgrund von Änderungen im Weiterbildungsrecht unterschiedliche Facharztbezeichnungen geführt werden, obwohl die Leistungserbringung zwischen den Ärzten identisch ist.

484 Weitere Voraussetzung ist die Verpflichtung der Ärzte, im Rahmen der gemeinsamen Berufsausübung den bisherigen **Praxisumfang** des bisherigen Einzelarztes **nicht wesentlich zu überschreiten** (§ 23a Nr. 4 Bedarfsplanungs-Richtlinie). Dies wird in der Form erreicht, dass vor der Zulassung des antragstellenden Arztes der Zulassungsausschuss verbindlich festlegt, in welcher Höhe sich das Gesamtpunktzahlvolumina für die Ärzte beläuft. Dies wird berechnet aus der Abrechnung der bisherigen Praxis aus den letzten vier Quartalen (§ 23c Bedarfsplanungs-Richtlinie). Dabei können auch außergewöhnliche Entwicklungen im Vorjahr wie z.B. Krankheit des Arztes berücksichtigt werden. Finden Veränderungen innerhalb des EBM statt, die eine Anpassung der Ge-

---

541 A.A. Gemeinsames Rundschreiben, S. 11.

samtpunktzahlvolumina rechtfertigen, so besteht nach § 23e Bedarfsplanungs-Richtlinie die Möglichkeit dazu. Wegen der Begrenzung der Vergütung hat sich das Jobsharing nicht durchgesetzt.

3. Medizinische Versorgungszentren und Einrichtungen nach § 311 Abs. 2 SGB V

Spezielle Formen der Zusammenarbeit von Ärzten sind die Medizinischen Versorgungszentren (ausführlich siehe § 8 Teil A) nach § 95 Abs. 1 S. 2 SGB V sowie die Einrichtungen nach § 311 Abs. 2 SGB V. Bei den Einrichtungen nach § 311 Abs. 2 SGB V handelt es sich zum einen um die historischen Vorläufer der Medizinischen Versorgungszentren, zum anderen wurde durch diese das ehemalige poliklinische Modell der Versorgung der Versicherten der DDR in das westliche Gesundheitssystem übertragen.[542]

485

Einrichtungen nach § 311 Abs. 2 S. 1 SGB V sind Gesundheitseinrichtungen der ehemaligen DDR, die sich in kommunaler, staatlicher oder freigemeinnütziger Trägerschaft befinden. Sie existieren heute noch im Wesentlichen in Berlin und Brandenburg, in den übrigen neuen Bundesländern sind sie weitestgehend verschwunden. Ferner sind Einrichtungen nach § 311 Abs. 2 SGB V auch ehemalige diabetologische, nephrologische, onkologische oder rheumatologische Fachambulanzen, die nicht – wie die anderen Einrichtungen – in einer bestimmten Trägerschaft sein müssen.[543] Dispensaireeinrichtungen sind solche, die innerhalb der ambulanten Versorgung im besonderen Maße auch die Prävention in dem jeweiligen Krankheitsbild förderten. Nicht erforderlich ist eine reine präventive Tätigkeit dieser Einrichtungen, sie konnten auch kurativ in die ambulante Versorgung eingebunden sein.[544]

486

Die Einrichtungen nach § 311 Abs. 2 SGB V – bis auf die Dispensaireeinrichtungen – müssen grundsätzlich eigenständig sein und können nicht als unselbständige Einheiten eines Krankenhauses geführt werden. Die Selbständigkeit bedeutet nicht eine vollständige Verselbständigung in Form einer eigenen Gesellschaft. Es ist vielmehr ausreichend aber auch erforderlich, wenn sie eine eigenständige Organisationseinheit mit eigener Verwaltung, eigenem Haushalts- und Stellenplan sowie einem hauptamtlichen ärztlichen Leiter und hauptamtlich tätigen Ärzten aufweisen.[545]

487

Diese Einrichtungen haben **Bestandsschutz** in der Form, dass sie in dem Umfang an der vertragsärztlichen Versorgung noch teilnehmen, im dem sie am 31.12.2003 zur vertragsärztlichen Versorgung zugelassen waren. Wenn eine Stelle zu diesem Zeitpunkt nicht vakant war, bleibt sie auch über diesen Zeitpunkt bestehen, sofern die Einrichtung sich darum nachweisbar bemüht hat, diese Stelle wieder zu besetzen. Auf eine Frist für die Nachbesetzung kommt es dabei nicht an.[546]

488

Aufgrund der Verweisungsvorschrift in § 311 Abs. 2 S. 2 SGB V gelten im Übrigen die Vorschriften für die Medizinischen Versorgungszentren entsprechend. In Praxi gibt es jedoch noch einige relevante Unterschiede:

489

---

542 Vgl. jurisPK-SGB V/*Freudenberg*, § 311 Rn 7.
543 BSG – B 6 KA 47/98 R, SozR 3-2500 § 311 Nr. 6.
544 BSG – 6 RKa 84/96, MedR 1998, 227.
545 BSG – 6 RKa 35/93, SozR 3-2500 § 311 Nr. 3.
546 A.A. jurisPK-SGB V/*Freudenberg*, § 311 Rn 18.

- Die Trägerschaft muss nicht bei einem zugelassen Leistungserbringer angegliedert sein. Wenn dieses der Fall ist, geht auf der anderen Seite der Status als Einrichtung nach § 311 Abs. 2 SGB V nicht unter.
- Sie müssen nicht fachübergreifend sein, um an der Versorgung teilzunehmen.
- Entgegen der älteren Rechtsprechung[547] ist es nunmehr auch nicht zulässig, diese Einrichtungen in einen eigenen Honorartopf zu isolieren.[548]

X. Anstellung von Ärzten/Assistenten/Vertretern

490 Die Beschäftigung von Ärzten ist nur in dem jeweils gesetzlich vorgesehenen Rahmen zu Lasten der GKV möglich.

1. Angestellter

491 Durch das VÄndG sind die Möglichkeiten der Anstellung von Ärzten erheblich erweitert worden. Während vor dem VÄndG lediglich die Anstellung von Ärzten in medizinischen Versorgungszentren, im Rahmen vom Jobsharing oder als Weiterbildungs- bzw. Entlassungsassistenten möglich war, wurde durch die Neufassung von § 95 Abs. 9 SGB V die Möglichkeit geschaffen, dass mit Genehmigung des Zulassungsausschusses Ärzte, die in das Arztregister eingetragen sind, angestellt werden, sofern für die Arztgruppe, der der anzustellende Arzt angehört, keine Zulassungsbeschränkungen angeordnet sind. Sollte mit angestellten Ärzten innerhalb von Planungsbereichen gearbeitet werden, in denen Zulassungsbeschränkungen zum Zeitpunkt der Antragstellung vorlagen, so ist dieses zwar grundsätzlich noch möglich, jedoch nur unter den Bedingungen des § 101 Abs. 1 S. 1 Nr. 5 SGB V i.V.m. der Bedarfsplanungs-Richtlinie.

492 Vorab ist zu beachten, dass nicht der angestellte Arzt eine Zulassung erhält oder bei einem Verzicht auf die Zulassung zum Zwecke der Anstellung der Vertragsarzt seine Zulassung behält, sondern **Inhaber der Zulassung** immer der Arbeitgeber ist. Der angestellte Arzt leitet seine Berechtigung, innerhalb der vertragsärztlichen Versorgung tätig werden zu können, ausschließlich aus seinem Beschäftigungsverhältnis ab. Endet das Beschäftigungsverhältnis, so verliert der angestellte Arzt automatisch seine Berechtigung, innerhalb der vertragsärztlichen Versorgung tätig zu werden.

a) Angestellter ohne „Zulassungssperre"

493 Für die Frage der Anstellung von Ärzten innerhalb von Planungsbereichen, in denen Zulassungsbeschränkungen nicht angeordnet sind, wird hinsichtlich der Einzelheiten auf die Vorschriften der Ärzte-ZV verwiesen. Dort sind die Einzelheiten in § 32b Ärzte-ZV geregelt, wonach grundsätzlich die Möglichkeit besteht, Ärzte anzustellen. Über § 32b Abs. 1 S. 2 Ärzte-ZV wird noch eine weitergehende Verweisung auf die Bundesmantelverträge vorgenommen, wo einheitliche Regelungen über den zahlenmäßigen Umfang der beschäftigten angestellten Ärzte unter Berücksichtigung der Versorgungspflicht des angestellten Vertragsarztes zu treffen sind. In § 14a Abs. 1 BMV-Ä/§ 20a Abs. 1 EKV ist bestimmt, dass ein Vertragsarzt nicht mehr als drei vollzeitbeschäftigte Ärzte anstellen darf. Wird die Anstellung durch teilzeitbeschäftigte Ärzte vorgenommen, so ist die **Anzahl** insoweit beschränkt, als die Anzahl von drei vollbeschäftigten

---

547 Vgl. LSG Berlin-Brandenburg, Urt. v. 28.6.2006 – L 7 KA 28/01-25.
548 Siehe jurisPK-SGB V/*Freudenberg*, § 311 Rn 22.

Ärzten nicht überschritten werden darf. Für die Fälle, in denen es um überwiegend medizinisch-technische Leistungen geht, wird die Anzahl von drei Ärzten auf vier Ärzte erhöht. Letztgenannte Gruppen dürften im Wesentlichen die Radiologen, Nuklearmediziner, Strahlentherapeuten, Laborärzte oder Ärzte für Transfusionsmedizin sein. Durch die Anstellung der Ärzte bleiben die von diesen Ärzten erbrachten Leistungen nach wie vor Leistungen im Rahmen der persönlichen Leistungserbringung. Hat ein Arzt nur eine Teilzulassung, so reduzieren sich die Beschäftigungsmöglichkeiten auf einen vollbeschäftigten oder zwei teilbeschäftigte Ärzte je Vertragsarzt. Dabei werden Weiterbildungsassistenten nicht angerechnet.

Diese generelle Beschränkung kann über § 14a Abs. 1 S. 5 BMV-Ä/§ 20a Abs. 1 S. 5 EKV überschritten werden, sofern der anstellende Vertragsarzt gegenüber dem Zulassungsausschuss nachweist, dass dennoch eine persönliche Leitung der Praxis gewährleistet ist. Hierbei sind insbesondere die entsprechenden Vorkehrungen näher darzustellen. Falls Entsprechendes bejaht werden kann, ist dies eine typische Einzelfallentscheidung, die sich nicht generalisierend vorgeben lässt. Anhaltspunkt für eine entsprechende persönliche Leitung ist sicherlich, dass der Arzt nicht nur organisatorische Maßnahmen trifft, sondern vielmehr auch im medizinischen Bereich Einfluss auf die Behandlung von Patienten hat. In diesem Zusammenhang bleibt abzuwarten, wie die Finanzgerichtsbarkeit und die Finanzämter unter dem Gesichtspunkt der Gewerbesteuer eine eigenständige Beurteilung der persönlichen Leistungserbringung vornehmen werden.[549]

494

Grundsätzlich ist es auch vertragsarztrechtlich zulässig, Ärzte anzustellen, die nicht das **gleiche Fachgebiet** oder auch eine andere Fachkompetenz haben, als der anstellende Arzt; ob dies auch berufsrechtlich zulässig ist, muss anhand der jeweiligen Berufsordnung geprüft werden. In § 14a Abs. 2 BMV-Ä/§ 20a Abs. 2 EKV wird hinsichtlich der Anstellung jedoch noch eine weitere Beschränkung vorgenommen. Unzulässig soll nämlich sein, dass Vertragsärzte andere Ärzte anstellen, die gemäß § 13 Abs. 4 BMV-Ä/§ 7 Abs. 4 EKV nur auf Überweisung in Anspruch genommen werden dürfen oder wenn dieser Facharzt Leistungen erbringen soll, die gleichfalls gemäß § 13 Abs. 5 BMV-Ä/§ 7 Abs. 5 EKV nur auf Überweisung in Anspruch genommen werden können. Bei den Ärzten nach § 13 Abs. 4 BMV-Ä/§ 7 Abs. 4 EKV handelt es sich um Ärzte für Laboratoriumsmedizin, Mikrobiologie und Infektionsepidemiologie, Nuklearmedizin, Pathologie, radiologische Diagnostik bzw. Radiologie, Strahlentherapie und Transfusionsmedizin. Bezüglich der Fachärzte für radiologische Diagnostik bzw. Radiologie sehen § 13 Abs. 4 S. 2 BMV-Ä/§ 7 Abs. 4 S. 2 EKV vor, dass im Rahmen des Programms zur Früherkennung von Brustkrebs durch Mammographie-Screening gemäß der Krebsfrüherkennungs-Richtlinien des G-BA in Verbindung mit Anlage 9.2 des Bundesmantelvertrages der Patient den Radiologen direkt kontaktieren darf. Insoweit wäre daher auch eine Anstellung möglich. § 13 Abs. 5 BMV-Ä/§ 7 Abs. 5 EKV sehen vor, dass auch innerhalb des EBM für hochspezialisierte Leistungen bestimmt werden kann, dass diese nur auf Überweisung in Anspruch genommen werden dürfen.

495

Fraglich ist jedoch, ob diese Regelungen in § 14a Abs. 2 BMV-Ä/§ 20a Abs. 2 EKV in § 32b Ärzte-ZV eine ausreichende Ermächtigungsgrundlage finden. Im Ergebnis ist dies zu verneinen, da § 32b Abs. 1 Ärzte-ZV nur von der Definition in den Bundesmantelverträgen über den zahlenmäßigen Umfang der Beschäftigung unter Berücksichtigung der Versorgungspflicht des angestellten Vertragsarztes umfasst werden darf. Da-

496

---

549 Vgl. hierzu *Orlowski/Halbe/Karch*, S. 75 ff.

mit ist für diese eben beschriebene Beschränkung aus Rechtsgründen keinerlei Raum mehr.[550] Des Weiteren kann die Regelung auch nicht auf § 82 Abs. 1 SGB V gestützt werden, denn § 32b S. 2 Ärzte-ZV ist hinsichtlich der Ermächtigungsgrundlage lex specialis und verdrängt damit § 82 Abs. 1 SGB V. Dieses Ergebnis wird ferner noch durch § 33 Abs. 2 S. 3 Ärzte-ZV bestätigt, wonach ausdrücklich die Teilgemeinschaftspraxis zwischen Vertragsärzten, die nicht auf Überweisung aufgesucht werden dürfen, und Ärzte, die nur auf Überweisung aufgesucht werden dürfen, unzulässig ist.[551] Hätte der Gesetzgeber für die Anstellung von Ärzten Entsprechendes ausdrücklich gewollt, so wäre dies von ihm auch ausdrücklich so geregelt worden. Da dies nicht der Fall ist, ergibt sich im Umkehrschluss daraus, dass gesetzgeberischer Wille gerade war, dass im Bereich der Anstellung von Vertragsärzten eine höhere Liberalität existiert. Daher ist die vorliegende Beschränkung rechtswidrig.

497 Vollkommen ungeklärt ist des Weiteren, ob die Möglichkeit besteht, die **Zulassung** als Angestellter wieder **umzuwandeln** in eine Zulassung als Vertragsarzt. Dieses Problem ist insbesondere deswegen von Bedeutung, weil sich immer wieder die Frage stellt, wie sinnvollerweise die „Erprobungsphase" zwischen mindestens zwei Ärzten durchgeführt werden soll, ob die Bildung einer Gemeinschaftspraxis möglich ist. Bisher wurde der Weg der Gemeinschaftspraxis gewählt, bei der der einsteigende Arzt sich nicht am Gesellschaftsvermögen beteiligt und sich gleichzeitig verpflichtet, auf seine Zulassung zugunsten der Gemeinschaftspraxis zu verzichten, sofern Zulassungssperren angeordnet worden sind. Diesen Weg hat der BGH grundsätzlich[552] für eine Übergangszeit für zulässig gehalten und hält in einer neueren Entscheidung diesen Weg für eine Übergangszeit von drei Jahren für möglich.[553] Der grundsätzlich einfachere Weg wäre der über die Anstellung mit der Möglichkeit, zu einem späteren Zeitpunkt den angestellten Arzt zum Gesellschafter zu machen.

498 Unproblematisch ist die Situation, wenn eine Zulassungssperre nicht angeordnet wurde, da auf die – sich vom Vertragsarzt abgeleitete – Zulassung des angestellten Arztes verzichtet werden könnte und der angestellte Arzt eine neue Zulassung beantragen würde. Anders ist jedoch die Situation, wenn zwischenzeitig Zulassungssperren angeordnet worden sind. Der angestellte Arzt hat dann nicht mehr die Möglichkeit, eine eigene Zulassung zu erhalten und der Vertragsarzt als Arbeitgeber hat in dieser Situation keinen Bedarf mehr, eine Zulassung für einen angestellten Arzt zu besitzen. Weder aus § 95 SGB V noch aus § 32b Ärzte-ZV lässt sich auf dieses Problem eine Antwort entnehmen. Der Gesetzgeber hat lediglich den Weg in die Anstellung, nicht jedoch den Weg aus der Anstellung in die Stellung eines Vertragsarztes geregelt. Daher ist auf den ersten Blick davon auszugehen, dieser Weg sei nicht möglich. Dies würde jedoch der Interessenlage der Ärzte nicht gerecht werden; ferner ist die Funktion der Bedarfsplanung und der Zulassungssperren zu berücksichtigen. Ziel der Zulassungsbeschränkungen ist die Sicherung der finanziellen Stabilität und damit die Funktionsfähigkeit der GKV; hierbei handelt es sich um einen Gemeinwohlbelang von hinreichendem Gewicht, der Regelungen der Berufsausübung und auch der Berufswahl rechtfertigt.[554] Durch die Vermehrung von Arztsitzen wird davon ausgegangen, dass auch eine Erhöhung der Kosten in der GKV verursacht wird. Wird jedoch mit Zustimmung des Vertragsarztes, der die Zulassung des angestellten Arztes innehat, diese Zulassung in eine nicht mehr

---

550 *Fiedler/Fürstenberg*, NZS 2007, 184, 187.
551 Vgl. dazu auch *Wigge*, NZS 2007, 393, 399.
552 BGH – II ZR 265/00, NJW 2002, 3538; BGH – II ZR 90/01, NJW 2002, 3536.
553 BGH – II ZR 281/05 – DB 2007, 1521.
554 BVerfG – 1 BvR 1282/99, MedR 2001, 639; BSG – B 6 KA 37/96, SozR 3-2500 § 103 Nr. 2.

abgeleitete Zulassung umgewandelt, dann findet auf tatsächlicher Ebene keine Vermehrung von Zulassungen statt. Damit würde auch das Ziel der Bedarfsplanung in keiner Weise tangiert. Aus dem grundrechtlich vorgesehenen Ziel der Verhältnismäßigkeit von Grundrechtseingriffen ist festzustellen, ein Bedarf für diesen Eingriff besteht nicht. Wegen des Fehlens von erheblichen Gründen des Gemeinwohls und wegen der vergleichbaren Lage bei Fehlen von Zulassungssperren wird man davon ausgehen müssen, dass eine Umwandlung der Tätigkeitsberechtigung als angestellter Arzt in eine Zulassung in analoger Anwendung von § 95 Abs. 9 SGB V möglich ist.

Auch besteht in zulassungsgesperrten Bereichen die Möglichkeit, dass ein Arzt zugunsten der Anstellung auf seinen Vertragsarztsitz verzichtet, § 103 Abs. 4b SGB V. Dadurch besteht regelmäßig nicht die Möglichkeit diese Praxis als Zweigpraxis fortzuführen, denn in diesem Bereich ist eine Überversorgung vorhanden, so dass in der Regel keine Verbesserung der Versorgung (§ 24 Abs. 3 S. 3 Ärzte-ZV) (ausführlich dazu siehe Rn 513) zu erwarten ist.[555]

499

b) Angestellter mit „Zulassungssperre"

Vollkommen anders ist die Situation, wenn eine Anstellung in einem gesperrten Bereich vorgenommen werden soll. Für diese Konstellation sieht § 101 Abs. 1 Nr. 5 SGB V vor, dass in der Bedarfsplanungs-Richtlinie des G-BA Vorschriften vorzusehen sind, wonach die Anstellung von Ärzten bei einem Facharzt desselben Fachgebietes bzw. derselben Facharztbezeichnung ermöglicht werden soll, dies verbunden mit der Verpflichtung, sich auf eine gewissen Menge der **Leistungserbringung zu beschränken**. Entsprechendes ist durch § 23i bis 23m Bedarfsplanungs-Richtlinie vorgesehen. § 23j Bedarfsplanungs-Richtlinie bestimmt hierbei unter Bezugnahme auf § 23b Abs. 2–7 der Bedarfsplanungs-Richtlinie, welche Fachgruppen als identisch anzusehen sind. Dabei wird insbesondere nach § 23b Abs. 3 Bedarfsplanungs-Richtlinie der Zusammenschluss von verschiedenen Fachärzten möglich. Hintergrund für diese normative Entscheidung ist die Tatsache, dass eine Vielzahl von Facharztbezeichnungen sich in der Vergangenheit aus anderen Fachärzten entwickelt hat, so dass wegen der fachlichen Nähe eine Fachidentität bedarfsplanerisch angenommen wird.

500

Des Weiteren ist zu beachten, dass gemäß § 23k Bedarfsplanungs-Richtlinie eine Beschränkung des Honoraranspruches vorgenommen wird.[556] Grund hierfür ist die Tatsache, dass letztlich aus der Bedarfsplanung heraus die Ärzte sich eine „Planungsstelle" teilen mit der Konsequenz, dass unter dem Gesichtspunkt der Überversorgung auch kein Mehr an Vergütung durch die Anstellung erreicht werden soll. Das Verfahren ist im Einzelnen so vorgesehen, dass gemäß § 23k Bedarfsplanungs-Richtlinie der Zulassungsausschuss die Leistungsbeschränkung der Arztpraxis festsetzt, die auch nur durch den Zulassungsausschuss selbst geändert werden kann, sofern Besonderheiten des Einzelfalles entsprechendes rechtfertigen.[557] Die Berechnung wird nach den § 23c bis § 23f Bedarfsplanungs-Richtlinie vorgenommen, es wird insoweit auf die Ausführungen zum Jobsharing (vgl. Rn 484) Bezug genommen.

501

---

555 *Fiedler/Fürstenberg*, NZS 207, 184, 188.
556 Vgl. hierzu *Kamps*, MedR 1998, 103; *Kuhlen*, ArztuR 2004, 129.
557 SG Marburg, Urt. v. 30.8.2006 – S 12 KA 637/05.

c) Hochschullehrer/wissenschaftliche Mitarbeiter

502 Eine weitere Besonderheit der Anstellung sieht im Übrigen § 95 Abs. 9a SGB V für Professoren im Zusammenhang mit der Allgemeinmedizin vor. Mindestens halbtagsbeschäftigte Professoren für Allgemeinmedizin, seien sie beamtet oder als Angestellte tätig, können als angestellte Ärzte unabhängig von Zulassungsbeschränkungen bei Hausärzten angestellt werden, wenn sie im Arztregister eingetragen sind. Die gleiche Privilegierung erhalten im Übrigen wissenschaftliche Mitarbeiter von angestellten bzw. beamteten Hochschullehrern. Diese Ärzte werden in der Bedarfsplanung auch nicht mit gerechnet.

d) Besonderheiten im zahnärztlichen Bereich

503 Im zahnärztlichen Bereich gibt es wegen des Fehlens von Zulassungssperren aufgrund der Änderungen durch das GKV-WSG (siehe Rn 327) keine Differenzierung zwischen Angestellten in zulassungsgesperrten und zulassungsfreien Planungsbereichen.

504 Wie auch im ärztlichen Bereich ist die Möglichkeit der Anstellung von Zahnärzten durch die Bundesmantelverträge beschränkt. § 4 Abs. 1 S. 7 BMVZ/§ 8 Abs. 3 S. 5 EKVZ sehen vor, dass die **Anzahl** der anzustellenden Ärzte auf zwei vollzeitbeschäftigte Zahnärzte begrenzt wird. Sollen nur „Teilzeit-Zahnärzte" angestellt werden, so erhöht sich die Anzahl auf vier halbzeitbeschäftige Zahnärzte. Bei einer Teilzulassung nach § 19a Abs. 2 Zahnärzte-ZV des anstellenden Zahnarztes reduziert sich daher entsprechend der Teilzeittätigkeit die Anzahl der anstellungsfähigen Zahnärzte auf einen vollzeittätigen Zahnarzt bzw. auf zwei halbzeitbeschäftigte Zahnärzte oder auf vier Zahnärzte, die insgesamt eine Beschäftigungsgesamtdauer von einem vollzeitig tätigen Zahnarzt haben (§ 4 Abs. 1 S. 8 BMVZ/§ 8 Abs. 3 S. 6 EKVZ). Interessant ist in diesem Zusammenhang die Tatsache, dass auch ein Zahnarzt damit eine sehr differenzierte Anzahl von Zahnärzten beschäftigen kann, die zeitlich sehr unterschiedlich arbeiten müssen. Weiterbildungs- oder Vorbereitungsassistenten können in diesem Zusammenhang nicht mit in die Berechnung einbezogen werden, da die jeweilige Anstellung auf Grundlage von unterschiedlichen Vorschriften vorgenommen wird.

2. Assistenten

505 Innerhalb der vertragsärztlichen Versorgung besteht auch die Möglichkeit der Beschäftigung von Assistenten. Nach § 32 Abs. 2 S. 2 Ärzte-ZV ist es zulässig, einen Assistenten zu beschäftigen, wenn dies im Rahmen der Aus- oder Weiterbildung oder aus Gründen der Sicherstellung der vertragsärztlichen Versorgung erfolgt. Hierfür bedarf es einer Genehmigung der KV, die Dauer der Beschäftigung ist zu befristen.

506 Der **Weiterbildungsassistent** ist ein Arzt nach Erteilung der Approbation, der jedoch noch kein Facharzt ist. Um ihm die Weiterbildung zum Facharzt zu ermöglichen, sieht im Übrigen die jeweilige Weiterbildungsordnung für die Facharztausbildung auch die Weiterbildung in einer ambulanten Einrichtung vor, so dass vertragsarztrechtlich eine entsprechende Einbindung geboten ist. Dafür ist berufsrechtlich im Übrigen erforderlich, dass der Arzt eine Weiterbildungsermächtigung besitzt und seine Praxis als Weiterbildungsstelle von der Ärztekammer anerkannt worden ist. Solange diese Voraussetzungen vorliegen, kann die Genehmigung der Beschäftigung eines Weiterbildungsassistenten nicht mit einer fehlenden Eignung innerhalb der vertragsärztlichen Versorgung untersagt werden.[558] Im Übrigen besteht ein Rechtsanspruch auf Genehmigung des Weiterbildungsassistenten, sofern die tatbestandlichen Voraussetzungen erfüllt sind.[559]

Der **Entlastungsassistent** wird dann genehmigt werden, wenn dies für die Sicherstellung der vertragsärztlichen Versorgung erforderlich ist, oder wenn der Vertragsarzt vorübergehend und nicht für einen langen unabsehbaren Zeitraum[560] verhindert ist, seinen vertragsärztlichen Pflichten in vollem Umfange nachzukommen.[561] Wegen der speziellen Versorgungssituation der Praxis im Einzelfall können auch Zulassungssperren einer Assistentengenehmigung nicht entgegen gehalten werden, denn es geht um die gebotene Fortführung der Praxis während eines vorübergehenden Ausfalls des Praxisinhabers.[562]

507

Bezüglich der **Genehmigung** von Assistenten ist darauf hinzuweisen, dass dieses immer im Voraus geschehen muss; wegen der Statusbegründetheit von Zulassungsentscheidungen sind rückwirkende Genehmigungen nicht zulässig.[563] Ferner ist darauf zu achten, dass die Assistentengenehmigung der Vergrößerung der Praxis oder der Aufrechterhaltung einer übergroßen Praxis nicht dienen darf.[564] Übergroß ist dann eine ärztliche Vertragspraxis, wenn sie zweieinhalb bis dreieinhalb soviel Scheine pro Quartal abrechnet, wie der Fachgruppendurchschnitt.[565]

508

Innerhalb des **zahnärztlichen Bereichs** ist auch noch der Vorbereitungsassistent gemäß § 32 Zahnärzte-ZV i.V.m. § 3 Abs. 2b Zahnärzte-ZV zu berücksichtigen. Nach § 3 Abs. 2b Zahnärzte-ZV ist für Zahnärzte vorgeschrieben, dass sie mindestens eine zweijährige Vorbereitungszeit bei einem oder mehreren Vertragszahnärzten ableisten. Für die Genehmigung des Weiterbildungsassistenten ist es nicht erforderlich, dass dieser bereits eine Approbation besitzt, eine Berufserlaubnis nach § 13 ZHG reicht aus.[566]

509

3. Vertreter

Der Vertragsarzt hat seine vertragsärztliche Tätigkeit grundsätzlich persönlich in freier Praxis auszuüben, was sich aus § 31 Abs. 1 Ärzte-ZV ergibt. Bei Krankheit, Urlaub oder Teilnahme an einer ärztlichen Fortbildung oder einer Wehrübung besteht die Möglichkeit, sich innerhalb von zwölf Monaten bis zur Dauer von drei Monaten vertreten zu lassen. Die zwölf Monate beziehen sich nicht auf ein Kalenderjahr, vielmehr auf ein Jahr, so dass regelmäßig Neuberechnungen erforderlich sind, ob die Dreimonatsfrist nicht überschritten wird. Sollte sich ein Vertragsarzt von einem anderen Vertragsarzt zeitweilig vertreten lassen, steht dies der Verfügbarkeit in der eigenen Praxis nicht entgegen.[567] Soll ein Nichtvertragsarzt einen Vertragsarzt vertreten, so ist im Mindestmaß erforderlich, dass er die Voraussetzungen des § 3 Abs. 2 Ärzte-ZV erfüllt. Für einen Ver-

510

---

558 SG Stuttgart, Urt. v. 30.9.1998 – S 10 KA 3365/98.
559 BSG – 14a/6 RKa 57/91 – MedR 1993, 358.
560 LSG Schleswig-Holstein, Beschl. v. 7.5.2001 – L 6 B 28/01 KA ER.
561 *Schallen*, § 32 Rn 982.
562 BSG – 6 Rka 21/57, BSGE 8, 256.
563 BSG, Urt. v. 28.3.2007 – B 6 KA 30/06 R.
564 Siehe auch im Zusammenhang mit der Honorarverteilung BSG – B 6 KA 14/04 R, SozR 4-5520 § 32 Nr. 2.
565 BSG – 6 RKa 7/61, SozR Nr. 3 zu § 368c RVO.
566 Hessisches LSG – L 4 Ka 21/05 ER, GesR 2005, 455.
567 BSG – B 6 Ka 15/99 R, SozR 3-5520 Nr. 1.

treter gilt die 68-Jahresgrenze nicht.[568] Damit die Leistungen des Vertreters auch vollständig abrechnungsfähig sind, ist es des Weiteren erforderlich, dass der Vertreter die gleiche Qualifikation innehat, wie der vertretene Arzt.[569] Bei der genehmigungsfreien Vertretung von § 32 Abs. 1 Ärzte-ZV besteht erst bei einer Vertretung von mehr als einer Woche die Verpflichtung, dieses der KV mitzuteilen. Soll die Vertretung insgesamt länger als drei Monate innerhalb eines Jahres durchgeführt werden, so bedarf dies der Genehmigung durch die KV, sollte eine Genehmigung nicht erteilt werden, so ist hilfsweise an das Ruhen der Zulassung zu denken.

XI. Zweigpraxis/ausgelagerte Praxisräume

511 Ein atypischer Bereich wird tangiert, wenn der Vertragsarzt in Teilen mit seinem Praxisbetrieb von dem zugelassenen Praxissitz (Vertragsarztsitz) abweichen will.[570] Unproblematisch ist, wenn der Arzt lediglich ausgelagerte Praxisräume betreiben will. Ausgelagerte Praxisräume nach § 24 Abs. 5 Ärzte-ZV liegen vor, wenn der Arzt einzelne Leistungen aus dem gesamten Diagnose- und Behandlungsspektrum ausschließlich in von der Praxis getrennten Räumlichkeiten anbietet. Diese ausgelagerten Praxisräume sind nicht genehmigungspflichtig. Dafür ist es erforderlich, dass der erste Arzt-Patienten-Kontakt in der Sprechstunde des Arztes stattfindet, was exemplarisch bei der Tätigkeit eines Arztes in einem ambulanten Operationszentrum der Fall ist.[571] Ferner können nur die Räumlichkeiten ausgelagerte Praxisräume sein, in denen Leistungen erbracht werden, die nicht am Vertragsarztsitz erbracht werden.[572] Liegen diese Voraussetzungen nicht vor, ist von einer Zweigpraxis auszugehen. An dieser Abgrenzung zwischen genehmigungsfreien ausgelagerten Praxisräumen und genehmigungspflichtigen Zweigpraxen hat das VÄndG nichts geändert.[573]

512 Während vor Inkrafttreten des VÄndG eine Zweigpraxis nur zulässig war, wenn ein entsprechender ausdrücklicher Versorgungsbedarf existierte, hat hier eine erhebliche Liberalisierung des Rechts stattgefunden, in dem auch die Regeln des Berufsrechts im Wesentlichen nachgezeichnet worden sind. Nunmehr sieht § 24 Abs. 3 Ärzte-ZV/§ 24 Abs. 3 Zahnärzte-ZV vor, dass eine vertragsärztliche Tätigkeit außerhalb des Vertragsarztsitzes an weiteren Orten zulässig ist, wenn und soweit dies die Versorgung der Versicherten an einem weiteren Ort verbessert und die ordnungsgemäße Versorgung der Versicherten am Ort des Vertragsarztsitzes nicht beeinträchtigt wird.

513 Eine **Verbesserung der Versorgung** der Versicherten liegt immer dann im Mindestmaß vor, wenn eine Bedarfslücke besteht, die zwar nicht unbedingt geschlossen werden muss, die aber nachhaltig eine durch Angebot oder Erreichbarkeit veränderte im Sinne der vertragsärztlichen Versorgung verbesserte Versorgungssituation herbeiführt.[574] Dies wird man in aller Regel immer dann bejahen können, wenn wir einen nicht gesperrten Planungsbereich haben. Dort wird man auf jeden Fall immer eine Verbesserung der Versorgungssituation der Versicherten annehmen können, denn dadurch wird die Versorgungssituation auf jeden Fall für die Patienten verbessert. Im Umkehrschluss hierzu

---

568 BSG – B 6 Ka 11/04 R, SozR 4-2500 § 103 Nr. 1.
569 BSG – B 6 Ka 93/96 R, NZS 1998, 540.
570 Hierzu *Engelmann*, GesR 2004, 113.
571 *Engelmann*, GesR 2004, 113, 115.
572 Vgl. zur Einordnung einer Betriebsstätte zur Erbringung von Limited-Care-Dialysen als Zweigpraxis BSG – B 6 KA 64/00 R, SozR 3-2500 § 135 Nr. 20; vgl. auch *Reiter*, GesR 2003, 196.
573 SG Marburg, Urt. v. 7.3.2007 – S 12 KA 7001/06.
574 SG Marburg, Urt. v. 7.3.3007 – S 12 Ka 7001/06.

wird man jedoch zu dem Ergebnis kommen können, dass in überversorgten Bereichen eine Verbesserung der Versorgungssituation durch eine Zweigpraxis nicht verbessert wird, da schon ein Überangebot an Vertragsärzten existiert. Diese Aussage lässt sich jedoch nicht vollumfänglich aufrechterhalten, denn auch in überversorgten Bereichen besteht die Möglichkeit, dass noch Versorgungslücken existieren. Daher ist unter Berücksichtigung der Grundsätze bei der Bedarfsplanung hinsichtlich eines lokalen quantitativen Versorgungsbedarfs (vgl. Rn 388) oder in den Fällen des qualitativen Versorgungsbedarfs (vgl. Rn 389–391) eine Verbesserung der Versorgungssituation zu bejahen.

Gleichzeitig darf eine **ordnungsgemäße Versorgung** der Versicherten im Ort des Vertragsarztsitzes nicht gefährdet werden. Dies ist dann der Fall, wenn der Vertragsarzt überwiegend seine vertragsärztliche Tätigkeit am Praxissitz ausübt. Diese Verpflichtung kann auch durch angestellte Ärzte erfüllt werden.[575] Des Weiteren ist es erforderlich, dass der Arzt auch in einer gewissen räumlichen Nähe zu seinem Vertragsarztsitz die Zweigpraxis ausübt. Diese räumliche Nähe lässt sich an den Kriterien der Residenzpflicht (vgl. Rn 353) orientieren.

514

Die Genehmigung der Zweigpraxis kann aufgrund von § 24 Abs. 4 S. 1 Ärzte-ZV/§ 24 Abs. 1 Zahnärzte-ZV mit Nebenbestimmungen (§ 32 SGB X) versehen werden, um die ordnungsgemäße Tätigkeit sowohl am Sitz des Arztes als auch im Bereich der Zweigpraxis zu gewährleisten. Wegen der ausdrücklichen Anordnung der Zulässigkeit von Nebenbestimmungen wird man davon ausgehen müssen, dass die Genehmigung der Zweigpraxis eine gebundene Entscheidung ist. Hätte es sich um eine Ermessensentscheidung gehandelt, hätte es einer ausdrücklichen Erlaubnis von Nebenbestimmungen nicht bedurft, was sich aus dem Zusammenspiel von § 32 Abs. 1 und Abs. 2 SGB X ergibt. Dennoch besteht ein gerichtlich nur eingeschränkter Beurteilungsspielraum bei der Entscheidungsfindung durch die KV im Zusammenhang mit der Verbesserung der Versorgung.[576]

515

1. Zweigpraxis im ärztlichen Bereich

Neben der Identität im ärztlichen und zahnärztlichen Bereich der Zulassungsverordnungen sind die Ausgestaltungen innerhalb der Bundesmantelverträge sehr unterschiedlich.

516

Eine Besonderheit wurde durch die Änderung der Bundesmantelverträge für **Anästhesisten** geschaffen. Nach § 15a Abs. 2 S. 2 BMV-Ä/§ 15a Abs. 2 S. 2 EKV ist es für Anästhesisten erforderlich, dass sie für jeden weiteren Tätigkeitsort, an dem sie anästhesiologische Leistungen erbringen wollen, wegen § 15a Abs. 2 S. 3 BMV-Ä/§ 15a Abs. 2 S. 3 EKV eine Genehmigung der KV benötigen. Ob diese neue und ohne Not eingeführte Genehmigungspflicht unter Berücksichtigung der Tatsache, dass bereits „gewohnheitsrechtlich" die Tätigkeit des Anästhesisten im Zusammenhang mit Narkosen im Umherziehen zulässig war,[577] erscheint fraglich. Diese Frage wird sich in der Praxis jedoch kaum stellen, da ein Rechtsanspruch auf Erteilung der Genehmigung besteht, soweit nicht durch die Anzahl der weiteren Tätigkeitsorte/Nebenbetriebsstätten die Versorgung gefährdet wird. Für rein schmerztherapeutische Leistungen gelten die Grundsätze wie für die Zweigpraxis, was nicht zu beanstanden ist.

517

---

575 Siehe jurisPK-SGB V/*Pawlita*, § 95 Rn 246.
576 Siehe jurisPK-SGB V/*Pawlita*, § 95 Rn 237.
577 Vgl. *Schiller*, NZS 1997, 103, 109 f.; *Kamps*, FS Narr 1988, 230 ff.

518 Bei der Zweigpraxis besteht des Weiteren die Verpflichtung gemäß § 15a Abs. 6 BMV-Ä/§ 15a Abs. 6 EKV, dass der Arzt die Behandlung persönlich zu erbringen hat. Eine Leistungserbringung durch einen angestellten Arzt ist nur dann möglich, wenn dies von der Genehmigung der Tätigkeit an diesem Ort umfasst ist. Über § 17 Abs. 1a BMV-Ä/§ 13 Abs. 7a EKV ist des Weiteren vorgesehen, dass der **Schwerpunkt der vertragsärztlichen Tätigkeit** immer am Vertragsarztsitz sein muss. Daraus folgt, dass ein Vertragsarzt, der eine volle Zulassung hat, über zehn Stunden Sprechstunden abhalten muss.

519 Im **Genehmigungsverfahren** für die Zweigpraxis ist zu differenzieren zwischen im Zuständigkeitsbereich einer KV bleibenden und die KV-Grenzen überschreitenden Zweigpraxen. Für den Fall, dass die Zweigpraxis im Bereich der KV bleibt, besteht ein Rechtsanspruch auf Erteilung der Genehmigung für die Zweigpraxis durch die KV (§ 24 Abs. 3 S. 2 Ärzte-ZV). Die Genehmigung wird in Form eines statusbegründenden Verwaltungsakts erteilt, der nicht rückwirkend erteilt werden kann.

520 Komplizierter ist die Situation, wenn die weiteren Orte außerhalb eines Bezirkes der KV liegen. Auch dort besteht dem Grunde nach ein Anspruch auf Genehmigung einer Zweigpraxis, die dann sprachlich jedoch als „Ermächtigung" bezeichnet wird. Diese Ermächtigung wird durch den Zulassungsausschuss ausgesprochen, in dessen Bezirk die Zweigpraxis betrieben werden soll. An diesem vor dem Zulassungsausschuss stattfindenden Verwaltungsverfahren ist nicht nur die KV beteiligt, in deren Bezirk die Zweigpraxis betrieben werden soll, vielmehr sieht § 24 Abs. 3 S. 2 Ärzte-ZV die Beteiligung sowohl des Zulassungsausschusses als auch der KV vor, in deren Bezirk der antragstellende Vertragsarzt seinen Sitz hat. Beide Behörden sind innerhalb des Verwaltungsverfahrens anzuhören. Die Anhörung bedeutet, dass sie in dem Verwaltungsverfahren mitzuwirken haben und auch – zumindest bezogen auf die KV – ein Widerspruchsrecht gegen die Entscheidung des Zulassungsschusses, der die Ermächtigung erteilt, besitzen. Eine insoweit klagende benachbarte KV kann sich nur darauf stützen, dass eine ordnungsgemäße Versorgung der Versicherten am Ort des Vertragsarztsitzes nicht mehr gewährleistet ist. Sie kann jedoch nicht die Frage der gerichtlichen Überprüfung zuführen, ob tatsächlich auch eine Verbesserung der Versorgung der Versicherten nach § 24 Abs. 3 S. 1 Nr. 1 Ärzte-ZV eintritt. Insoweit ist sie deswegen nicht klagebefugt, weil sie durch eine Verbesserung der Versorgung nicht in ihren Rechten beeinträchtigt wird und auch nicht beeinträchtigt werden kann. Eine Beeinträchtigung der Rechte könnte nur bezüglich der Versorgung in ihrem eigenen Bezirk eintreten, dies letztlich auch unter dem Gesichtspunkt des Sicherstellungsauftrages. Eine Widerspruchs- bzw. Klagebefugnis des Zulassungsausschusses, in dessen Bezirk der Vertragsarzt seinen Sitz hat, ist nicht erkennbar, denn es gibt den Zulassungsausschuss rechtlich schützende Vorschrift.

521 Der Genehmigungsbescheid bezüglich der Zweigpraxis kann auch mit Nebenbestimmungen versehen werden, wie § 24 Abs. 4 S. 1 Ärzte-ZV bestimmt. Nebenbestimmungen dürfen jedoch nur insoweit genutzt werden, soweit dies zur Sicherung der Erfüllung der Versorgungspflicht des Vertragsarztes am Vertragsarztsitz und an den weiteren Orten unter Berücksichtigung der Mitwirkung angestellter Ärzte erforderlich ist.

522 Für über den **KV-Bereich hinausragende Zweigpraxen** sieht § 24 Abs. 4 S. 4 Ärzte-ZV vor, dass für diese Tätigkeit auch ein angestellter Arzt beschäftigt werden kann, der dann nicht mehr die Verpflichtung inne hat, am Vertragsarztsitz selbst tätig zu werden. Ansonsten wird davon ausgegangen, dass auch ein angestellter Arzt immer am Sitz des Vertragsarztes tätig werden muss. Damit tritt eine Verwerfung innerhalb der Versorgungssystematik auf. Ein Vertragsarzt ist berechtigt, einen anderen **Arzt anzustellen**, der in einer Zweigpraxis außerhalb des KV-Bezirks, wo er selbst niedergelassen ist, vollumfänglich tätig wird, während dieses bei einer Zweigpraxis innerhalb eines Bezirks einer KV nicht möglich wäre. Eine Rechtfertigung für diese Differenzierung unter Berücksichtigung von Art. 3 GG ist nicht gegeben. Daher ist § 24 Abs. 3 Ärzte-ZV i.V.m. § 17 Abs. 1a BMV-Ä/§ 13 Abs. 7a EKV in der Form verfassungskonform auszulegen, dass auch innerhalb eines Bezirks mit einer Zweigpraxis ein Arzt angestellt werden kann, der nur an diesem Standort tätig wird, soweit im Vertragsarztsitz selbst mehr Sprechstunde angeboten wird als in der Zweigpraxis.

523 Abzugrenzen ist naturgemäß von einer Zweigpraxis die überörtliche Berufsausübungsgemeinschaft. Möchte ein Arzt in einer überörtlichen Berufsausübungsgemeinschaft an mehreren Standorten der Berufsausübungsgemeinschaft tätig werden, so bedarf es hierfür keinerlei Genehmigung oder Ermächtigung (§ 33 Abs. 3 Ärzte-ZV).

524 Hinsichtlich des anzuwendenden jeweiligen KV-Rechts bei die KV-Grenzen überschreitenden Zweigpraxen ist auf die KV-übergreifende Berufsausübungs-Richtlinie zu verweisen (ausführlich dazu siehe Rn 474 f.).

2. Zweigpraxis im zahnärztlichen Bereich

525 Auch hier haben wir die Regelung innerhalb der Zahnärzte-ZV, die in § 24 gleich lautend mit der Regelung im ärztlichen Bereich ist.

526 Für den zahnärztlichen Bereich sehen § 6 Abs. 6 BMV-Z/§ 8a Abs. 1 EKVZ die Möglichkeiten einer Zweigpraxis vor, wobei in dem jeweiligen Sätzen 1 bis 3 die Vorschrift des § 24 Zahnärzte-ZV übernommen wurde. Für die Frage der Verbesserung der Versorgung wird in den jeweiligen Sätzen 4 bis 6 auf eine bedarfsplanungsrechtliche Unterversorgung verwiesen. Dabei ist zu berücksichtigen, dass aufgrund der Änderungen durch das GKV-WSG die Bedarfsplanung mit Zulassungssperren innerhalb der zahnärztlichen Versorgung aufgehoben worden ist, daher kann nicht mehr unmittelbar auf die Daten einer Zulassungssperre zurückgegriffen werden. Dies ändert jedoch nichts daran, dass nach wie vor eine Bedarfsplanung existiert, aus der sich die Versorgungssituation ableiten lässt (ausführlich dazu siehe Rn 322 ff.). Die weitere Ausgestaltung in diesem Zusammenhang weist indirekt auf die Regelungen des lokalen Sonderbedarfs im ärztlichen Bereich (vgl. Rn 388) hin, so dass keine Bedenken bestehen, die Rechtsprechung dazu hier entsprechend anzuwenden.

527 Wegen des Umfangs der Tätigkeit in der Zweigpraxis verlangen § 6 Abs. 6 S. 7 BMV-Z/§ 8a Abs. 1 S. 7 EKVZ die Beschränkung der Tätigkeit auf 1/3 der Gesamttätigkeit des Zahnarztes, dies auch zum Zwecke der Sicherstellung der Versorgung am Vertragsarztsitz. Hierbei fand eine Orientierung an der Rechtsprechung zur Nebentätigkeit (vgl. Rn 343–345) statt.[578] Unklar ist in diesem Zusammenhang, wie eine Überprüfung durchgeführt werden kann, da die Angabe von Sprechstundenzeiten nur ein Indiz für den Umfang der Tätigkeit sein kann. Im BEMA sind keinerlei Zeitvorgaben für die zahnärztlichen Leistungen vorgesehen, somit besteht über den tatsächlichen Tätigkeitsumfang keine konkrete Kontrollmöglichkeit für die Beachtung der Zeitbeschränkung.

528 Nach § 6 Abs. 6 S. 10 BMV-Z/§ 8a Abs. 1 S. 10 EKVZ besteht die Möglichkeit, einen Vertragszahnarzt für die Zweigpraxis anzustellen (zur Anstellung von Zahnärzten siehe Rn 503 f.); dies sowohl für die Konstellation der Zweigpraxis innerhalb als auch außerhalb seines KZV-Bezirks. Dabei ist zu berücksichtigen, dass nach § 6 Abs. 6 S. 11

---

[578] Gemeinsames Rundschreiben, S. 5.

BMV-Z/§ 8a Abs. 1 S. 11 EKVZ die Dauer der Tätigkeit in der Zweigpraxis des angestellten Arztes die Tätigkeitsdauer des Vertragsarztes (Arbeitgebers) nur um 100 % übersteigen darf. Durch diese Regelung soll sichergestellt werden, dass der anstellende Zahnarzt den Angestellten ausreichend fachlich leiten und überwachen kann.[579] Die Überwachungs- und Leitungspflicht dürfte sich weniger aus der Tatsache der zwingenden Notwendigkeit ergeben, schließlich ist der Angestellte auch ein ausgebildeter Zahnarzt. Hintergrund hierfür dürfte im Wesentlichen die Angst vor der Gewerblichkeit sein, die die Gewerbesteuer nach sich ziehen würde. Diese Regelung hält sich nicht mehr im Rahmen des Gestaltungsspielraums für die Bundesmantelverträge, so dass aus Rechtsgründen erhebliche Bedenken gegen diese Regelung bestehen.[580]

529 Bei über den **KV-Bezirk hinausgehenden Zweigpraxen** im Rahmen ihrer Ermächtigung ist in Abweichung zu den Vorschriften innerhalb der Bundesmantelverträge im ärztlichen Bereich die Anwendung des örtlich geltenden Rechts im Rahmen der Abrechnung und ihrer Kontrolle vorgesehen (§ 6 Abs. 6 S. 14 f. BMV-Z/§ 8a Abs. 14 f. EKV-Z). Unklar sind die Vorgaben für die übrigen KZV-bezirklichen Vorschriften, insbesondere für den Notfalldienst und die Disziplinarordnung. Da dazu keinerlei Vorgaben existieren, wird wegen der abgeleiteten Stellung der zahnärztlichen Praxis von dem Vertragszahnarztsitz für den die Zweigpraxis betreibenden Zahnarzt im Übrigen das gesamte für ihn auf Grundlage seiner Zulassung geltende Satzungsrecht der entsprechenden KZV gelten.

XII. Fortbildungsverpflichtung

530 Obwohl die Fortbildungsverpflichtung schon eine berufsrechtliche Pflicht darstellt (vgl. § 4 MBO), hat der Gesetzgeber eine weitergehende Normierung der Fortbildungspflicht im SGB V für erforderlich gehalten. Gemäß § 95d Abs. 1 S. 1 SGB V ist der Vertragsarzt verpflichtet, sich in dem Umfang fachlich fortzubilden, wie es zur Erhaltung und Fortentwicklung der zu seiner Berufsausübung in der vertragsärztlichen Versorgung erforderlichen Fachkenntnisse notwendig ist. Hierbei müssen die Fortbildungsinhalte auf dem aktuellen wissenschaftlichen Stand und frei von wirtschaftlichen Interessen sein. Dass die Fortbildungsverpflichtung sich am aktuellen wissenschaftlichen Standard zu orientieren hat, ist kompatibel mit den Pflichten des Arztes, die sich aus dem Haftungsrecht für ihn ergeben. Auch der dem Patienten gegenüber einzuhaltende Facharztstandard orientiert sich an der zum Zeitpunkt der Behandlung nach dem gesicherten Stand der medizinischen Wissenschaft in dem jeweiligen ärztlichen Fachgebiet angewandten anerkannten medizinischen Praxis.[581]

531 Nach der Regelung des § 95d Abs. 3 SGB V hat der Vertragsarzt nunmehr alle fünf Jahre gegenüber seiner KV den Nachweis zu erbringen, dass er in dem zurückliegenden Zeitraum seiner Fortbildung nachgekommen ist. Dabei werden die Einzelheiten durch Regeln der KBV nach § 95d Abs. 6 SGB V vorgegeben. Diese befinden sich jetzt in der „Regelung der KBV zur Fortbildungsverpflichtung der Vertragsärzte und Vertragspsychotherapeuten nach § 95d SGB V" (nachfolgend „Regelung" genannt).[582]

---

579 Gemeinsames Rundschreiben, S. 7.
580 JurisPK-SGB V/*Pawlita*, § 95 Rn 234.
581 *Groß*, Ärztlicher Standard – Sorgfaltspflichten, Befundsicherung, Dokumentation und Beweislast, 1997, S. 1.
582 Deutsches Ärzteblatt vom 4.2.2005, S. A-306.

G. Teilnahme an der vertragsärztlichen Versorgung § 7

Für bereits zugelassene Ärzte sieht § 1 Abs. 1 Regelung vor, bis spätestens 30.6.2009 ein Fortbildungszertifikat der Ärztekammer oder der Psychotherapeutenkammer vorzulegen. Für nach dem 1.7.2004 neu zugelassene Ärzte beginnt der Fünfjahreszeitraum mit dem Beginn der Aufnahme der vertragsärztlichen Tätigkeit (§ 1 Abs. 4 Regelung). Für ermächtigte oder angestellte Ärzte ist der entsprechende Nachweis nach einer Gesamtdauer von fünf Jahren aufgrund § 1 Abs. 5 Regelung vorzulegen; ist der Zeitraum von fünf Jahren zum Zeitpunkt der Antragstellung erfüllt, so wird die Erfüllung der Fortbildungsverpflichtung mit dem Antrag auf Verlängerung der Ermächtigung/Anstellung des Arztes nachgewiesen. Für die Fälle des Verzichts auf eine Zulassung wird der Fünfjahreszeitraum für die Dauer des Verzichts bis zu einer Neuzulassung wegen § 1 Abs. 6 Regelung unterbrochen.

532

Das **Fortbildungszertifikat** muss dabei den Musterregelungen der Bundesärztekammer[583] oder der Bundespsychotherapeutenkammer[584] entsprechen. Die einzelnen Kammern haben hierzu eigene Vorschriften erlassen, die im Wesentlichen die jeweiligen Musterregelungen übernehmen. Die KV hat nach § 2 Regelung keine eigene Prüfung mehr vorzunehmen, wenn ein entsprechendes Zertifikat durch die Kammer vorgelegt wird. Über § 3 Regelung können jedoch auch andere Nachweise erbracht werden, bei denen dann die KV eine Überprüfungspflicht hat.

533

Soweit dieser Nachweis nicht erbracht wird, erfolgen Honorarkürzungen von 10 % für die nächsten vier Quartale, danach von 25 %, sofern drei Monate vor Ablauf der Fünfjahresfrist von der KV nicht darauf hingewiesen wurde (§ 4 Regelung). Diese notwendige Fortbildung kann der Vertragsarzt binnen zwei Jahren nachholen, allerdings wird die nachgeholte Fortbildung auf den folgenden Fünfjahreszeitraum nicht angerechnet (§ 5 Regelung). Die Honorarkürzung endet erst nach Ablauf des Quartals, in dem der vollständige Fortbildungsnachweis erbracht wird. Soweit der Fortbildungsnachweis nicht spätestens zwei Jahre nach Ablauf des Fünfjahreszeitraums erbracht ist, sind gemäß § 95d Abs. 3 S. 7 SGB V die KVen gehalten, unverzüglich einen Antrag auf Entziehung der Zulassung vor dem Zulassungsausschuss zu stellen, worauf die KV gesondert hinzuweisen hat (§ 5 Regelung). Dies wird vom Gesetzgeber damit begründet, dass die Nichterfüllung der Fortbildungspflicht in aller Regel eine gröbliche Verletzung der vertragsärztlichen Pflichten darstellen wird.[585] Sofern ein Zulassungsentziehungsverfahren eingeleitet wird, laufen die schon dargestellten Honorarkürzungen weiter. Bei Ablehnung der Zulassungsentziehung erhält der Vertragsarzt erst dann wieder das volle Honorar, wenn er die Erfüllung der Fortbildungsverpflichtung für den folgenden Fünfjahreszeitraum nachgewiesen hat (§ 95d Abs. 3 S. 8 SGB V).

534

Hinsichtlich der Normierung, dass die Fortbildungsinhalte nunmehr frei von wirtschaftlichen Interessen sein müssen (§ 95d Abs. 1 S. 3 SGB V) ist dies nicht der Fall, wenn ein Unternehmen der pharmazeutischen Industrie oder ein Medizinproduktehersteller eine produktbezogene Informationsveranstaltung durchführt oder den Teilnehmern an einer solchen Veranstaltung entsprechende Mittel zuwendet.[586] Damit will der Gesetzgeber die Teilnahme an einer Veranstaltung, die ein produktbezogenes Sponsoring darstellt, nicht als Erfüllung dieser Fortbildungspflicht anerkennen.

535

---

583 Deutsches Ärzteblatt vom 28.5.2004, S. A-1583.
584 Psychotherapeutenjournal 2004, S. 153 i.d.F. der Beschlüsse des 9. Deutschen Psychotherapeutentages, Psychotherapeutenjournal 2006, S. 395.
585 BT-Drucks 15/1525 S. 110.
586 Vgl. BT-Drucks 15/1525 S. 110.

H. Das vertragsärztliche Vergütungssystem

Literatur

Axer, Der Grundsatz der Honorarverteilungsgerechtigkeit im Kassenarztrecht – Zur neueren Judikatur des Bundessozialgerichts, NZS 1995, 536; **Boecken**, Mengensteuerung durch Budgetregelungen unter Einbeziehung des Globalbudgets, MedR 2000, 165; **Clemens**, Regelungen der Honorarverteilung, Stand der Rechtsprechung des BSG, MedR 2000, 17; **Harneit**, Die vertragszahnärztliche Vergütung, GesR 2002, 73; **Hesral**, Praxis- und Zusatzbudgets des EBM (Ärzte) in der gerichtlichen Praxis, NZS 2000, 596; **Hess/Köhler**, Kölner Kommentar zum EBM, 2. Auflage Stand 2002; **Isensee**, Das Recht des Kassenarztes auf angemessene Vergütung, VSSR 1995, 321; **Lang**, Die Vergütung der Vertragsärzte und Psychotherapeuten im Recht der gesetzlichen Krankenversicherung, 2001; **Liebold/Raff/Wissing**, Der Kommentar BEMA-Z, 83. Lieferung, Stand Aug. 2006; **Luckhaupt**, Das vertragsärztliche Vergütungssystem nach dem GMG, GesR 2004, 266; **Maaß**, Die Angemessenheit der Vergütung der vertragsärztlichen Leistung, NZS 1998, 13; **Möller**, Maßnahmen zur Verhütung der übermäßigen Ausdehnung der vertragsärztlichen Tätigkeit, MedR 1996, 176; **Muschallik**, Inhalt und Bindungswirkung des Grundsatzes der Beitragssatzstabilität in § 71 Abs. 1, § 141 Abs. 2 SGB V, NZS 1998, 7; **Plagemann**, Zahnersatz – Umbau eines Versorgungsbereichs – Festzuschuss und Beitragssatzstabilität gem. § 71 SGB V; **Scheuffler**, Honorarverteilungsmaßstab (HVM), MedR 1996, 153; **Schmiedl**, Das Recht des Vertrags(zahn)arztes auf angemessene Vergütung in Zeiten der Budgetierung, MedR 2002, 116; **Spellbrink**, Rechtsfolgen der Budgetüberschreitung nach § 84 SGB V; **von Stillfried/Gramsch**, Morbiditätsorientierung der vertragsärztlichen Vergütung, Gesundheits- und Sozialpolitik, 2003, 44; **Wehebrink**, Hat eine Kassenärztliche Vereinigung Anspruch auf Verzugszinsen, wenn die Krankenkasse die Gesamtvergütung gemäß § 85 SGB V verspätet leistet?, NZS 2003, 529; **Wenner**, Das Geld der niedergelassenen Ärzte, SozSich 2005, 399; **Wezel/Liebold**, Der Kommentar zu EBM und GOÄ, 7. Auflage Stand 2007; **Wigge**, Der degressive Punktwert in der vertragszahnärztlichen Versorgung, NZS 1995, 529.

I. Die Struktur des Systems

536 Das vertragsärztliche Vergütungssystem zeichnet sich durch große Komplexität aus. Die maßgeblichen Vorschriften sind umfangreich und regeln komplizierte Zusammenhänge, die ohne Kenntnisse der Finanzierungsgrundlagen der Krankenkassen, der Strukturen der KVen und des Aufkommens und der Kosten der ärztlichen Leistungen nicht verständlich sind. Die begrenzten Geldmittel der Krankenkassen und deren Interesse an stabilen Beiträgen müssen mit dem Interesse der Ärzteschaft auf angemessenes Einkommen bei steigenden Praxiskosten in Einklang gebracht werden. Zu berücksichtigen sind ferner gegenläufige Interessen, die sich aus der Konkurrenzsituation der Krankenkassen untereinander ergeben und ein mit der Begrenzung der Mittel schärfer werdender Verteilungskampf auf Seiten der Ärzteschaft. Ebenfalls nicht zu unterschätzen ist die demographische Alterung der Bevölkerung, welche zu vermehrtem Leistungsaufkommen bei rückläufigen Versicherungsbeiträgen führen wird und damit das größte Problem des umlagefinanzierten Versicherungssystems überhaupt darstellt.

1. Sektorale Budgets

537 Die medizinische Versorgung der gesetzlich versicherten Patienten wird in § 11 SGB V in verschiedene Leistungsbereiche unterteilt, für die die Krankenkassen aus ihrem gesamten **Beitragsaufkommen** die Vergütung der Leistungserbringer aufzubringen haben. Die dem Vertragsarztrecht zuzurechnenden **Vorschriften über die Vergütung** sind im Dritten Titel des Zweiten Abschnitts des Vierten Kapitels des SGB V, speziell in den §§ 85 ff., angesiedelt und können sich demgemäß nur auf die **vertragsärztliche Versorgung** beziehen.

H. Das vertragsärztliche Vergütungssystem **§ 7**

Die von den Krankenkassen gleichfalls zu vergütenden, stationären Leistungen der Krankenhäuser unterliegen einer abweichenden Regelungssystematik, die im Krankenhausfinanzierungsgesetz[587] und im Krankenhausentgeltgesetz[588] normiert ist.

538

Die für die **ambulante und stationäre Versorgung** erforderlichen Vergütungsanteile werden von unterschiedlichen Leistungserbringern in ihrem jeweiligen Sektor, nämlich von den Krankenhäusern auf der einen Seite und den KVen für die Gesamtheit der Vertragsärzte auf der anderen Seite, beansprucht. Sie sind folglich von den Krankenkassen getrennt aufzubringen. Man spricht daher von **sektoralen Budgets**.[589] Die in den jeweiligen Sektoren geltenden Vergütungsmechanismen und Berechnungsgrundlagen sind wegen ihrer völlig unterschiedlichen Ansätze nicht kompatibel. Die **Sektorengrenzen** stellen daher ein Hindernis für eine effiziente Verzahnung der ambulanten und stationären Leistungsbereiche dar.[590] Überschneidungen mit entsprechenden Abgrenzungsproblemen können sich bei der **vor- und nachstationären Behandlung**, bei der **belegärztlichen Behandlung** und beim **ambulanten Operieren** im Krankenhaus ergeben.

539

Das Vergütungssystem für den **vertragszahnärztlichen Versorgungsbereich** unterliegt abgesehen von einigen spezifischen Besonderheiten (siehe Rn 675 ff.) der gleichen Regelungssystematik. Da die Zahnärzteschaft nach § 77 SGB V in KZVen organisiert ist, kann die Vergütung der Vertragszahnärzte notwendigerweise nicht Bestandteil der vertragsärztlichen Vergütung sein. Für die vertragszahnärztliche Versorgung stellen die Krankenkassen somit einen eigenen Vergütungsanteil zur Verfügung.

540

Weitere sektorale Budgets bilden die Krankenkassen auf Basis von **Rahmenvereinbarungen** für die **Arzneimittelversorgung** (§ 129 Abs. 1 ff. SGB V), für die **Heilmittelversorgung** (§ 125 Abs. 1 S. 4 Nr. 5, 2 S. 1 SGB V) und die **Hilfsmittelversorgung** (§ 127 Abs. 1 S. 1 SGB V). Die Bildung getrennter Budgets für die verschiedenen Leistungsbereiche hat neben systematischen Gründen ihre Ursache auch in einer notwendigen Rationierung der begrenzten Ausgabenmittel in der gesetzlichen Krankenversicherung.[591]

541

2. Die Vergütung für die vertragsärztliche Versorgung

a) Strukturelle Bedingungen

Das Vergütungssystem innerhalb der vertragsärztlichen Versorgung ist auf **zwei Ebenen** angelegt, die wegen unterschiedlicher Beteiligter und unterschiedlichen Regelungsmechanismen getrennt voneinander zu betrachten sind. Bundesgesetzlich wird in §§ 85 bis 88 SGB V der rechtliche Rahmen für beide Ebenen vorgegeben.

542

Auf der Ebene der **gemeinsamen Selbstverwaltung** zwischen Krankenkassen und KVen wird im Gesamtvertrag regional für jeden KV-Bezirk die Höhe und Ausgestaltung der **Gesamtvergütung** vereinbart. Auf der Ebene der **ärztlichen Selbstverwaltung** erfolgt zwischen den KVen und deren Mitgliedern die Ausschüttung der Gesamtvergütung an die Vertragsärzte gemäß den internen **Verteilungsregelungen**. Die auf

543

---

587 BGBl 1991 I, 886.
588 BGBl 2002 I, 1412, 1422.
589 Zum Begriff und zur Verwendung von Budgets in der Gesetzlichen Krankenversicherung: *Boecken*, MedR 2000, 165.
590 Orlowski/Wasem/*Orlowski*, S. 98 f.
591 *Boecken*, MedR 2000, 165, 166.

§ 7 Vertragsarztrecht

544 Die **Bewertungsrelationen des EBM** (siehe Rn 587 ff.) kommen als Zumessungsgrößen auf beiden Ebenen zum Tragen, nämlich bei der Bestimmung der Höhe der Gesamtvergütung, wenn diese nach Einzelleistungen bemessen ist (§ 85 Abs. 2 S. 2 SGB V), wie auch als Grundlage einer leistungsgerechten Verteilung der Gesamtvergütung unter die Vertragsärzte (§ 85 Abs. 4 S. 3 SGB V).[592]

545 Neben der Regionalität der Vereinbarungen ist zu berücksichtigen, dass die Vereinbarungen für die jeweiligen **Krankenkassenarten** getroffen werden und daher auch insoweit regelmäßig Unterschiede anzutreffen sind, die in den Besonderheiten auf Krankenkassenseite begründet sind. Bei dem sieben Krankenkassenarten (§ 4 Abs. 2 SGB V) und 17 regionale KVen (§ 77 Abs. 1 SGB V) umfassenden Kombinationsspektrum wurden von den Vertragspartnern in der Vergangenheit sämtliche vom Gesetzgeber (noch) gelassenen Gestaltungsspielräume ausgenutzt.

b) Verhältnis der KVen zu den Krankenkassen

546 Das Verhältnis der KVen zu den Krankenkassen ist geprägt durch das **Sachleistungsprinzip** auf Seiten der Krankenkassen. Dem steht die Verpflichtung der KVen, die **Versorgung der Versicherten** durch ihre Vertragsärzte **sicherzustellen** und die **Gewähr** für eine **ordnungsgemäße Versorgung** der Versicherten zu übernehmen, deckungsgleich gegenüber (siehe Rn 296).[593] Demgemäß muss das Vergütungssystem einen finanziellen Ausgleich für die erbrachten Leistungen zwischen den Krankenkassen und den KVen vorsehen.

547 Nach dem Wortlaut von § 85 Abs. 1 S. 1 SGB V entrichten die Krankenkassen die Gesamtvergütung, die KVen verteilen diese nach § 85 Abs. 4 S. 1 SGB V unter ihren Mitgliedern. Die Zusammensetzung und Höhe der Gesamtvergütung soll im **Gesamtvertrag** vereinbart werden. Dieser ursprünglich weit reichenden Vertragsautonomie sind inzwischen durch zahlreiche gesetzliche Vorgaben im GMG[594] deutliche Grenzen gesetzt worden (zu den aktuellen Änderungen durch das GKV-WSG siehe Rn 666 ff.).

548 Ergänzend hat es der Gesetzgeber des GMG für notwendig erachtet, die den KVen originär obliegende Aufgabe der **Verteilung der Gesamtvergütung** unter ihre Vertragsärzte anstelle durch Satzung nunmehr in einem nach § 85 Abs. 4 S. 2 SGB V mit den Landesverbänden der Krankenkassen zu vereinbarenden **Honorarverteilungsmaßstab** zu regeln (ausführlich dazu siehe Rn 141 ff.). Alle Vereinbarungen der Kollektivvertragspartner, die Vergütungen zum Inhalt haben, sind nach § 71 Abs. 4 SGB V den zuständigen **Aufsichtsbehörden** vorzulegen, welche ein **Beanstandungsrecht** haben.

c) Die Vergütung des Vertragsarztes

549 Aus dem **Sachleistungsprinzip** folgt, dass der aus dem zivilrechtlich geschlossenen **Behandlungsvertrag** zwischen Arzt und Patienten resultierende Anspruch auf Hono-

---

592 BSG – 6 RKa 51/95, SozR 3-2500 § 87 Nr. 12.
593 Schnapp/Wigge/*Hess*, § 15 Rn 2.
594 Dazu *Luckhaupt*, GesR 2004, 266, 267.

rierung der ärztlichen Leistung letzten Endes kraft öffentlich-rechtlicher Derogation von der zuständigen Krankenkasse zu tragen ist.[595]

Gleichwohl richtet sich der **Honoraranspruch** des Vertragsarztes für seine vertragsärztliche Tätigkeit nicht gegen die Krankenkasse, sondern gegen seine **Kassenärztliche Vereinigung**. Das ergibt sich aus der in § 85 Abs. 4 S. 1 SGB V den KVen übertragenen Aufgabe, die von den Krankenkassen bezahlte Gesamtvergütung an die Vertragsärzte zu verteilen. Der Vertragsarzt nimmt Kraft seiner **Zulassung** an der vertragsärztlichen Versorgung teil, § 95 Abs. 1 S. 1, 3 S. 1 SGB V. Hieraus leitet sich ein **Recht auf Teilnahme an der Honorarverteilung** ab, woraus unter bestimmten Bedingungen ein konkreter Honoraranspruch resultiert (siehe Rn 718). 550

Eine Verpflichtung der Vertragsärzte zur Erbringung von Leistungen ohne entsprechende Vergütungsansprüche wäre ein Verstoß gegen das **Grundrecht der Berufsfreiheit** des Art. 12 Abs. 1 GG.[596] § 72 Abs. 2 SGB V verpflichtet die Partner der **Kollektivverträge**, darauf zu achten, dass in den Verträgen die ärztlichen Leistungen **angemessen** vergütet werden. Das impliziert aber **kein subjektives Recht des Vertragsarztes auf Vergütung** der von ihm erbrachten Leistungen in bestimmter Höhe.[597] Einen solchen Anspruch gewährt § 72 Abs. 2 SGB V nicht, weil er nur die Partner der Gesamtverträge objektiv-rechtlich verpflichtet, entsprechende Vereinbarungen abzuschließen. Damit wird deutlich, dass sich die **Angemessenheit** auf das Honorar insgesamt beziehen muss und nicht auf die Einzelleistung in dem Sinne, dass sie vom Vertragsarzt auch kostendeckend erbracht werden kann.[598] Folglich hat der Vertragsarzt das Risiko der Rentabilität seiner Praxis als Berufsrisiko selbst zu tragen. 551

Die **konkrete Höhe des Honorars** ergibt sich erst auf der **Grundlage der Bewertungen des EBM** und des **Verteilungsmaßstabes**. Im Rahmen dessen wird den erbrachten Leistungen eine bestimmte in **Punkten** ausgedrückte Werthaltigkeit zugemessen, deren wahrer finanzieller Wert nachträglich anhand des für die umgerechnete **Punktmenge** zur Verfügung stehenden **Gesamtvergütungsanteils** errechnet wird. 552

Subjektive Rechte können sich aus dem **Grundsatz der Angemessenheit des Honorars** nur in seltenen Ausnahmefällen ergeben, wenn sich das Tarifgefüge insgesamt als unangemessen erweist und sich zweifelsfrei feststellen lässt, dass der Bewertungsausschuss seinen Regelungsspielraum überschritten oder seine Bewertungskompetenz missbräuchlich ausgeübt hat.[599] Der Verpflichtung zur angemessenen Honorierung der Leistungen steht regelmäßig der **Grundsatz der Beitragssatzstabilität** nach § 71 Abs. 1 S. 1 SGB V entgegen, welcher nach der Rechtsprechung des BSG Vorrang genießt.[600] 553

---

595 Vgl. die schaubildliche Darstellung in *Quaas/Zuck*, § 13 Rn 4; ebenso *Heinemann/Liebold/Zalewski*, A 79 (sog. „Fünfeckverhältnis").
596 BVerfGE 88, 145, 159; *Heinze*, MedR 1996, 252.
597 BSG – 6 RKa 5/94, NZS 1995, 377.
598 BSG – 6 RKa 51/95, SozR 3-2500 § 87 Nr. 12.
599 BSG – 6 RKa 6/95, SozR 3-5533 Nr. 763 Nr. 1.
600 BSG – B 6 KA 20/99 R, SozR 3-2500 § 85 Nr. 37; für die Gleichwertigkeit der Parameter: *Schneider*, Rn 222.

II. Die Gesamtvergütung

1. Inhalt und Bedeutung

554 Die gesetzlichen Regelungen über die Gesamtvergütung sind in **§ 85 SGB V** zusammengefasst. Die Vorschrift wurde ursprünglich mit vier Absätzen in das SGB V eingeführt. Sie war bei den letzten Gesetzesreformen regelmäßig Gegenstand von Änderungen und ist dadurch auf 18 Absätze angewachsen, was die zentrale Bedeutung für das vertragsärztliche Vergütungssystem unterstreicht.

a) Begriff

555 Nach § 85 Abs. 2 S. 2 SGB V wird mit **Gesamtvergütung** das Ausgabenvolumen für die Gesamtheit der zu vergütenden vertragsärztlichen Leistungen bezeichnet. Die Gesamtvergütung entspricht damit der Summe aller Vergütungen, die eine Krankenkasse für sämtliche Leistungen zu entrichten hat, die von den an der **vertragsärztlichen Versorgung** teilnehmenden Ärzten, Psychotherapeuten bzw. Zahnärzten und ärztlich geleiteten Einrichtungen, den MVZ und ermächtigten Ärzten und Einrichtungen einschließlich der Notfallbehandlungen innerhalb des Vereinbarungszeitraumes[601] und des Geltungsbereiches des SGB V erbracht werden. Dazu zählen die ambulant-kurativen Behandlungen, die ambulanten Notfallbehandlungen, die stationären Behandlungen durch Belegärzte, die Mutterschaftsvorsorge und die Früherkennungsmaßnahmen.

b) Rechtliche Einordnung

556 Die Gesamtvergütung ist nach § 85 Abs. 2 S. 1 SGB V Bestandteil der **Gesamtverträge** nach § 83 SGB V (ausführlich dazu siehe Rn 123 ff.). Abgeschlossen wird der Gesamtvertrag mit den **Landesverbänden der Krankenkassen** mit Wirkung für und gegen ihre Mitgliedskassen, §§ 83 Abs. 1 S. 1 und 85 Abs. 2 S. 1 SGB V. Soweit die **Gesamtvergütungsvereinbarungen** über die für beide Vertragspartner obligatorischen Zahlungsregelungen hinausgehende Rechte und Pflichten, insbesondere für die den Körperschaften angehörenden Mitglieder, enthalten, haben sie **Normqualität** (siehe Rn 109).

557 Die einzelnen Vertragsärzte haben weder ein Anfechtungsrecht noch die Befugnis, die Rechtswidrigkeit der Gesamtvergütungsvereinbarung gerichtlich feststellen zu lassen, auch nicht inzident im Honorarstreit.[602] Nur im Rechtsstreit über die Rechtmäßigkeit eines **Honorarbescheides** ist den Gerichten eine inzidente Überprüfung der Rechtsgrundlagen erlaubt, auf die der Honorarbescheid gestützt wird.

558 Die Regelungen des vertragsärztlichen Vergütungssystems sind darauf ausgerichtet, einen Ausgleich der unterschiedlichen Interessen der verschiedenen Beteiligten zu ermöglichen. Die Gerichte haben deshalb bei der Prüfung der Rechtmäßigkeit Zurückhaltung zu üben und dürfen nur ausnahmsweise und in engen Grenzen in die vertraglichen Regelungen der Selbstverwaltung eingreifen, nämlich dann, wenn diese den gesetzlich eröffneten Spielraum überschritten hat, sich von sachfremden Erwägungen hat leiten lassen oder ihre Regelungskompetenz missbräuchlich ausgeübt hat.[603]

---

[601] Wegen § 76 Abs. 3 SGB V traditionell quartalsweise.
[602] BSG, Urt. v. 27.4.2005 – B 6 KA 23/04 R.
[603] Schulin/*Clemens*, § 32 Rn 97.

aa) Zahlungsanspruch

Der Gesamtvertrag weist dem einzelnen Vertragsarzt keinen **Honoraranspruch** gegenüber der KV zu, sondern bildet die Anspruchsgrundlage der KV gegenüber der Krankenkasse auf Entrichtung der Gesamtvergütung. Aus dem Gesamtvertrag ergibt sich damit ein einklagbarer Rechtsanspruch der KVen gegenüber den gesamtvertraglich verpflichteten **Krankenkassen** auf Zahlung der Gesamtvergütungsanteile.[604] Da sich der Gesamtvertrag auf die vertragsärztliche Versorgung der Mitglieder einer Krankenkasse mit **Wohnort** im Zuständigkeitsbereich der KV bezieht (siehe Rn 124), werden auch „einstrahlende" Krankenkassen, die ihren Sitz außerhalb der regionalen Zuständigkeit des vertragsschließenden Landesverbandes haben, zur Zahlung des auf sie entfallenden Gesamtvergütungsanteils an die KV verpflichtet.[605]

559

bb) Abgeltungsprinzip

Die Krankenkasse bezahlt die Gesamtvergütung nach § 85 Abs. 2 S. 1 SGB V mit befreiender Wirkung. Das bedeutet, dass mit der der Bezahlung der Gesamtvergütung im vereinbarten Umfang alle Leistungen, die aufgrund der **Sicherstellungsverpflichtung der KV** erbracht wurden und weswegen Vertragsärzte Honoraransprüche an sie richten können, abgegolten sind.

560

Gleiches gilt im Rahmen der **zahnärztlichen Versorgung** mit der Besonderheit, dass beim **Zahnersatz** die vom Versicherten über die nach § 55 SGB V von der Krankenkasse zu gewährenden **Festzuschüsse** hinaus zu erbringenden Eigenleistungen bzw. die zu tragenden Eigenanteile nach dem bis 31.12.2004 geltenden § 30 Abs. 2 und 3 SGB V nicht abgegolten werden.

561

Überzahlte Gesamtvergütungsbestandteile sind im Rahmen der gesamtvertraglichen Vereinbarungen von der KV auszugleichen. Direkte **Erstattungsansprüche** der Krankenkasse gegen die Vertragsärzte sind systemkonform nicht vorgesehen.[606] Die **befreiende Wirkung** tritt nicht nur im Verhältnis der Krankenkasse zur KV ein, sondern es wird gleichzeitig auch der versicherte Patient von der aus dem zivilrechtlichen **Behandlungsverhältnis** resultierenden Honorierungspflicht auf gesetzlichem Wege freigestellt. Folgerichtig ist gemäß § 1 Abs. 1 Hs. 2 GOÄ wegen dieser bundesgesetzlichen Regelung die ansonsten für ärztliche Leistungen umfassend gegebene Anwendbarkeit der GOÄ ausgeschlossen. Daraus folgt aber nicht, dass die KV die von den Krankenkassen empfangenen Gelder an ihre Vertragsärzte als durchlaufende Posten weiterzureichen hätte.[607]

562

Der im Gesetz verwendete Begriff der Gesamtvergütung verdeutlicht, dass die Abgeltungswirkung nur in Bezug auf die Gesamtheit der Leistungen im Verhältnis zu den Krankenkassen zu sehen ist. Die Honorierung der Vertragsärzte für ihre Leistungen erfolgt dagegen auf der zweiten Ebene auf Grundlage eines anderen Regelungskontextes.

563

---

604 BSG, Urt. v. 27.4.2005 – B 6 KA 23/04 R.
605 BSG, Urt. v. 27.4.2005 – B 6 KA 23/04 R.
606 KassKomm/*Hess*, SGB V, § 85 Rn 9.
607 KassKomm/*Hess*, SGB V, § 85 Rn 3.

c) Bestandteile der Gesamtvergütung

564 Die Bestandteile der Gesamtvergütung ergeben sich aus dem Umfang des von der **KV sicherzustellenden und zu gewährleistenden Leistungsspektrums**. Insoweit besteht ein direkter Sachbezug.[608]

565 Neben dem Ausgabenvolumen für die Gesamtheit der zu vergütenden **vertragsärztlichen bzw. vertragszahnärztlichen Leistungen** einschließlich der von ermächtigten Personen erbrachten Leistungen und dem organisierten Notdienst sind dem Gesetz folgende weitere Bestandteile der Gesamtvergütung zu entnehmen: nichtärztliche Leistungen im Rahmen sozialpädiatrischer und psychiatrischer Tätigkeit (§ 85 Abs. 2 S. 4 SGB V); Vorsorgeuntersuchungen und Früherkennungsleistungen (§ 85 Abs. 2 S. 5 SGB V). Ebenso werden Notfallbehandlungen aus der Gesamtvergütung bezahlt, soweit sie Bestandteil der vertragsärztlichen Versorgung sind.[609] Nach § 121 Abs. 3 S. 1 SGB V sind auch die belegärztlichen Leistungen einschließlich des belegärztlichen Bereitschaftsdienstes in der Gesamtvergütung enthalten.

566 Substitutionsbehandlungen bei Drogensüchtigen sind nach § 85 Abs. 2a SGB V ausdrücklich aus der Gesamtvergütung ausgenommen. Nichtärztliche Dialyseleistungen sind nach § 85 Abs. 3a S. 4 SGB V außerhalb der Gesamtvergütung nach vereinbarten Sätzen zu honorieren. **Kostenerstattungen** nach § 13 SGB V werden nach § 85 Abs. 2 S. 7 SGB V auf die Gesamtvergütung angerechnet, soweit es sich um Surrogate von Sachleistungen handelt.[610]

567 Wechselvoll ist die Behandlung des **Zahnersatzes** im Rahmen des Systems. Er ist jeweils insoweit in der Gesamtvergütung enthalten, als er den Versicherten als Sachleistung gewährt wird und demgemäß zwischen Vertragszahnarzt und KZVB abgerechnet werden muss. Nach der zeitweisen Ausgliederung des Zahnersatzes aus dem **Sachleistungskatalog** wurde mit dem GMG mit Wirkung zum 1.1.2005 eine Neuregelung in § 55 SGB V geschaffen, wonach Festzuschüsse als Sachleistung gewährt werden (siehe Rn 692), welche insoweit wieder Bestandteil der Gesamtvergütung sind.

568 Leistungen, die im Rahmen der **integrierten Versorgung**, von **Modellvorhaben** oder der **hausarztzentrierten Versorgung** erbracht werden, sind nicht mehr Bestandteil der mit der Gesamtvergütung abgegoltenen vertragsärztlichen Versorgung.

2. Höhe der Gesamtvergütung

569 Die Höhe der Gesamtvergütung ist im **Gesamtvertrag** zu vereinbaren (siehe Rn 126). Sie kann auf mehrfache Weise bestimmt werden, nämlich als **Einzelleistungsvergütung**, als **Pauschalvergütung** oder in Form eines Mischsystems. Zu den möglichen Pauschalvergütungsformen zählen die in § 85 Abs. 2 S. 2 Hs. 2 SGB V genannten **Kopfpauschalen** und **Fallpauschalen**.

a) Beitragssatzstabilität

570 Als Vergütung für die vertragsärztliche Versorgung steht auf Seiten der zahlungspflichtigen Krankenkassen nur das **Beitragsaufkommen der Versicherten** zur Verfügung (§ 220 Abs. 1 S. 1 SGB V). Nach § 71 Abs. 1 S. 1 i.V.m. § 85 Abs. 3 S. 2 SGB V sind die

---

608 KassKomm/*Hess*, SGB V, § 85 Rn 4.
609 KassKomm/*Hess*, SGB V, § 85 Rn 11.
610 KassKomm/*Hess*, SGB V, § 85 Rn 28.

Vergütungsvereinbarungen so zu gestalten, dass **Beitragssatzerhöhungen** bei den **Versicherten der Krankenkassen** ausgeschlossen sind. Hiervon darf nur abgewichen werden bei Aufnahme von zusätzlichen Leistungen in den Leistungskatalog oder wenn nach Ausschöpfung von **Wirtschaftlichkeitsreserven** die **notwendige medizinische Versorgung** nicht gewährleistet werden kann. Der **Grundsatz der Beitragssatzstabilität** ist stets zu beachtendes Ziel, unabhängig davon, ob die Beitragssatzstabilität konkret gefährdet ist.[611] Dadurch ist der Gestaltungsspielraum der **Gesamtvertragspartner** vor allem auf Seiten der Krankenkassen erheblich eingeschränkt.

571 Vor Inkrafttreten des GKV-Gesundheitsreformgesetzes am 1.1.2000 musste der Grundsatz der Beitragssatzstabilität nur beachtet werden und stand einem weiten Gestaltungsermessen der Vertragspartner nicht entgegen.[612] Die Verschärfung der Anforderungen zeigt, welche überragende Bedeutung der Gesetzgeber diesem Grundsatz beimisst. Damit dürfte auch die Diskussion über die Wertigkeit dieses Grundsatzes gegenüber gegenläufigen Prinzipien (siehe Rn 584) zugunsten der vom BSG[613] schon für die alte Rechtslage vertretenen Vorrangstellung entschieden sein.[614]

572 De facto führt der Grundsatz der Beitragssatzstabilität zu einer konsequenten **Deckelung der Gesamtvergütung** ohne Berücksichtigung der Fortentwicklung der medizinischen und technischen Möglichkeiten.[615] Die zuständigen Aufsichtsbehörden, denen die von den Vertragsparteien getroffenen Vereinbarungen nach § 71 Abs. 4 SGB V vorzulegen sind, überprüfen die Einhaltung des Grundsatzes.

b) Berechnungsweise

573 Die Gesamtvergütung umfasst das **Ausgabenvolumen** der in Zukunft erst noch zu erbringenden Leistungen mittels der noch einzuziehenden Beiträge. Aus diesem Grunde muss jede Gesamtvergütungsvereinbarung flexible Berechnungsgrößen auf Basis einer **Kalkulationsgrundlage**, meist den Vorjahreszahlen, vorsehen. Eine Verpflichtung zur Fixierung bestimmter Euro-Beträge besteht daher nicht. Die von den Krankenkassen insgesamt zu bezahlenden Beträge ergeben sich erst im Nachhinein aus dem vereinbarten Berechnungssystem. Die Krankenkassen zahlen deshalb **Abschlagszahlungen** an die KV, deren Höhe sich i.d.R. nach dem Umfang der den von den Vertragsärzten eingereichten **Quartalsabrechnungen** richtet. Wird die Gesamtvergütung nach Einzelleistungen berechnet, ist nach § 85 Abs. 2 S. 7 SGB V gleichzeitig ein bestimmter Ausgabenbetrag verbunden mit einer Regelung zur Vermeidung einer Überschreitung dieses Betrages zu treffen.

574 Üblich sind Berechnungssysteme auf Basis von **Kopfpauschalen**, häufig kombiniert mit anderen Elementen in bestimmten Teilbereichen. Die Gesamtvergütung ergibt sich aus dem Produkt der durchschnittlichen **Mitgliederzahl einer Krankenkasse** mit dem **Betrag der Kopfpauschale**. Die Höhe der Pauschale richtet sich meist nach den durchschnittlichen **Behandlungskosten** eines Versicherten auf Basis der Vorjahresdaten. Individuelle Besonderheiten des einzelnen Patienten werden nicht berücksichtigt. Die Krankenkassen tragen daher das Risiko eines Zuwachses der bei ihnen versicherten Patienten. Bei den KVen verbleibt dagegen das Risiko der Zunahme der Behandlungshäu-

---

611 BSG – B 6 KA 20/99 R, SozR 3-2500 § 85 Nr. 37.
612 *Muschalik*, NZS 1998, 7.
613 BSG – 6 RKa 51/95, SozR 3-2500 § 87 Nr. 12.
614 Zum Diskussionsstand siehe *Schmiedl*, MedR 2002, 121.
615 *Luckhaupt*, GesR 2004, 266, 268.

figkeit, auch **Morbiditätsrisiko** genannt. Wird die Kopfpauschale dagegen festgelegt, indem das für die vertragsärztliche Versorgung zur Verfügung stehende **Beitragsaufkommen** einer Krankenkasse auf die Zahl der Versicherten umgelegt wird, trägt die Krankenkasse noch nicht einmal das Risiko eines Mitgliederzuwachses.

575 Eine Alternative zu den Kopfpauschalen sind **Fallpauschalen**, die in der Regel aber nicht für die gesamte vertragsärztliche Versorgung vereinbart werden, sondern nur für ausgewählte Leistungsbereiche. Sie richten sich nach den durchschnittlichen Behandlungskosten eines **Behandlungsfalls**, mit der alle Leistungen innerhalb dieses Behandlungsfalles pauschal abgegolten werden. Bei dieser Variante trägt die Krankenkasse das Morbiditätsrisiko, wenn es zu einer Zunahme der Behandlungsfälle führt, die KV das Risiko eines Anstiegs der Kosten des einzelnen Behandlungsfalls. Eine weitere praktizierte Variante ist die Bestimmung der Gesamtvergütung nach **Festbeträgen**, die in der Regel je Quartal auf Basis der voraussichtlichen Leistungsmenge und der wirtschaftlichen Entwicklung der Krankenkassen und deren Mitgliederzahl kalkuliert werden.

576 *Hinweis*
Eine ausführliche Darstellung der verschiedenen Berechnungsmodelle enthält die Kommentierung des § 85 SGB V in Heinemann/Liebold/Zalewski, die zwar den Gesetzesstand von Oktober 1991 betrifft, aber in ihren grundlegenden Ausführungen noch immer Gültigkeit besitzt.

c) Abzugsposten

577 Soweit die Krankenkassen im Rahmen von **Modellvorhaben** oder der **integrierten Versorgung Direktverträge mit Leistungserbringern** abschließen, ist die Gesamtvergütung um die hierfür erforderlichen Vergütungsbestandteile zu **bereinigen**. Diese Folge ergibt sich aus der Gesamtvergütungssystematik, weil die Leistungen im Rahmen von Modellvorhaben oder der integrierten Versorgung nicht von der KV sicherzustellen sind und damit nicht mehr zu der mit der Gesamtvergütung abzugeltenden vertragsärztlichen Versorgung gehören. Eine entsprechende Regelung für Modellvorhaben enthält § 64 Abs. 3 S. 1 SGB V.

578 In den Jahren 2004 bis 2006 durften die Krankenkassen nach § 140d Abs. 1 S. 1 SGB V 1 % der vertragsärztlichen[616] Gesamtvergütung als **Anschubfinanzierung** für die integrierte Versorgung einbehalten (ausführlich dazu siehe § 8 Rn 345 ff.). Nach Satz 3 der Vorschrift sind die nicht verwendeten einbehaltenen Mittel an die KVen zurück zu bezahlen. Die Krankenkassen sind zur entsprechenden **Rechnungslegung** verpflichtet. Deren Spitzenverbände haben gemeinsam mit der KBV und der DKG[617] die Einrichtung einer gemeinsamen Registrierungsstelle zur Umsetzung des § 140d Abs. 1 SGB V vereinbart.[618]

579 Reichen die einbehaltenen Mittel nicht aus, lässt § 140d Abs. 2 SGB V weitere Einbehalte zu, die sich dann aber konkret auf die abgeschlossenen integrierten Versorgungsverträge, speziell auf den darin vereinbarten Versorgungsbedarf unter Berücksichtigung ergänzender Morbiditätskriterien, beziehen müssen. Ab dem Jahr 2007 soll nach § 140d Abs. 2 S. 2 SGB V der in die arztgruppenbezogenen **Regelleistungsvolumina**

---

616 Nach § 140d Abs. 1 S. 2 SGB V waren die vertragszahnärztlichen Gesamtvergütungen davon ausgenommen.
617 Deutsche Krankenhausgesellschaft.
618 Der Einbehalt zur Anschubfinanzierung der integrierten Versorgung darf auch von den Rechnungen der Krankenhäuser für die stationäre Versorgung abgezogen werden.

(siehe Rn 653 ff.) eingegangene Behandlungsbedarf um den Versorgungsanteil der integrierten Versorgung bereinigt werden.

In den Gesamtverträgen ist auch die Vergütung für die **hausarztzentrierte Versorgung** nach § 73b SGB V geregelt, im Rahmen derer die Krankenkassen mit den teilnehmenden Hausärzten Verträge schließen. Sehen diese Verträge eine Direktvergütung der Ärzte vor, wird dies nach § 73b Abs. 3 S. 2 SGB V zur Vereinbarung einer verminderten Gesamtvergütung führen.

580

3. Veränderungsfaktoren

Nach § 85 Abs. 3 S. 1 SGB V sind Änderungen der Gesamtvergütung zu vereinbaren. Dabei sind die Praxiskosten, die für die vertragsärztliche Tätigkeit aufzuwendende Arbeitszeit und die Art und der Umfang der ärztlichen Leistungen zu berücksichtigen, soweit sie auf einer Veränderung des gesetzlichen oder satzungsmäßigen Leistungsumfangs beruhen. Die genannten Kriterien haben hinsichtlich der sie bedingenden Einflussfaktoren keinerlei Gemeinsamkeiten, weshalb hieraus auch keine mathematische Formel entwickelt werden kann, mit deren Hilfe die **Veränderungsrate** der Gesamtvergütung berechnet werden könnte. Den Vertragspartnern ist daher bei der Anwendung der genannten Faktoren ein **Beurteilungsspielraum** zu zubilligen.[619] Gleiches gilt für die **Schiedsämter**, die mangels Einigung der Vertragsparteien häufig die Gesamtvergütung festsetzen müssen (dazu ausführlich siehe Rn 165 ff.).

581

a) Morbiditätsrisiko

Ein wichtiger **Veränderungsfaktor** ist die **Menge** der erbrachten vertragsärztlichen Leistungen. Diese ist u.a.[620] bedingt durch die **Morbiditätsentwicklung**, welche vereinfacht ausgedrückt das **Risiko** der Häufigkeit sämtlicher innerhalb der gesetzlichen Krankenversicherung zu behandelnden Krankheiten unter Berücksichtigung der Altersstruktur der Versicherten abbildet.[621]

582

Das **Morbiditätsrisiko** ist insofern von entscheidender Bedeutung, als die Zunahme von Krankheiten zur Vermehrung der Leistungen der Vertragsärzte führen kann. Solange die Krankenkassen im Rahmen einer **pauschalen Gesamtvergütung** hierfür nicht mehr Geld zur Verfügung stellen müssen, liegt das Morbiditätsrisiko voll und ganz auf der Ärzteseite.[622] Eine Ausweitung der **Leistungsmenge** bei einer begrenzten Gesamtvergütung führt zwangsläufig zur Entwertung der **Einzelleistungen** innerhalb des Systems. Die Bestrebungen der Ärzte müssen sich folglich darauf richten, das Morbiditätsrisiko loszuwerden. Ab 2007 haben die Krankenkassen das Morbiditätsrisiko nach dem neu geschaffenen § 85a Abs. 2 S. 2 Nr. 1 SGB V erstmals mitzutragen.

583

b) Beitragsaufkommen

Der **Grundsatz der Beitragssatzstabilität** nach § 71 Abs. 1 S. 1 SGB V (vgl. Rn 570) steht einer Anhebung der Gesamtvergütung entgegen, weil die Zunahme **vertragsärzt-**

584

---

619 KassKomm/*Hess*, SGB V, § 85 Rn 32.
620 Auf eine andere Ursache weist § 85 Abs. 4 S. 6 SGB V hin, nämlich die übermäßige Ausdehnung der vertragsärztlichen Tätigkeit, siehe dazu *Möller*, MedR 1996, 176.
621 *Liebold*, Stichwort „Morbidität".
622 *Schneider*, Rn 980.

licher Leistungen nicht an ein steigendes **Beitragsaufkommen** der versicherten Patienten gekoppelt ist.[623] Das Beitragsaufkommen ist vielmehr nur vom Einkommen der Versicherten abhängig (§§ 5 ff. i.V.m. §§ 226 ff. SGB V) und berücksichtigt das Morbiditätsrisiko überhaupt nicht. Ein stagnierendes Beitragsaufkommen steht damit einer Anhebung der Gesamtvergütung wegen morbidiätsbedingter Leistungszunahme entgegen.

c) Veränderungsrate

585 § 71 Abs. 2 S. 1 SGB V lässt ohne Verletzung des Grundsatzes der Beitragssatzstabilität eine Anhebung der Gesamtvergütung nur im Rahmen der für das gesamte Bundesgebiet geltenden **Veränderungsrate** zu, welche vom BMG jährlich bis zum 15.9. für das folgende Kalenderjahr festgestellt wird. Maßstab der Festlegung sind nach § 71 Abs. 3 SGB V die von den Krankenkassen vierteljährlich gemeldeten **beitragspflichtigen Einnahmen aller Mitglieder**. Die Daten des zweiten Halbjahres des Vorjahres und des ersten Halbjahres des laufenden Jahres werden dem Rechnungsergebnis des entsprechenden Vorjahreszeitraums gegenüber gestellt. Dieser Mechanismus wurde in den letzten Jahren durch vom Gesetzgeber kurzfristig angeordnete „Nullrunden" ausgesetzt, zuletzt durch das Beitragssicherungsgesetz vom 23.12.2002[624] für das Jahr 2003.

III. Honorarsteuerungsinstrumente

586 Die durch die Zunahme der Arztzahlen bedingte Entwicklung der Menge der erbrachten und damit vergütungspflichtigen vertragsärztlichen Leistungen bei stagnierendem Beitragsaufkommen und pauschalierter Gesamtvergütung ist regelmäßiger Gegenstand normativer Gestaltungen auf gesetzlicher und kollektivvertragliche Ebene. Dabei wurden die gesetzlichen Vorgaben zunehmend auf die traditionell der **Selbstverwaltung der Ärzte** vorbehaltenen Ebene der **Honorarverteilung** erstreckt.[625] Diese Entwicklung beruht auf der für die Vertragsärzte schmerzlichen Erfahrung, dass die Ausweitung der Leistungsmenge bei einer pauschalierten Gesamtvergütung auf den Wert der damit abzugeltenden Einzelleistungen inflationär wirkt. Um diesem Effekt entgegen zu wirken, mussten die ursprünglich anderen Zwecken dienenden **Bewertungs- und Honorarverteilungsmaßstäbe** (siehe Rn 634 ff.) nach und nach zu Honorarsteuerungsinstrumenten umgestaltet werden.

1. Der Einheitliche Bewertungsmaßstab (EBM)

a) Begriff und Bedeutung

587 Nach § 87 Abs. 1 S. 1 SGB V wird ein **einheitlicher Bewertungsmaßstab** für die ärztlichen und ein weiterer für die zahnärztlichen Leistungen vereinbart. Der EBM bestimmt den **Inhalt der abrechnungsfähigen Leistungen** und **ihr wertmäßiges, in Punkten ausgedrücktes Verhältnis** zueinander, § 87 Abs. 2 S. 1 SGB V. Der EBM ist ein **Leistungsverzeichnis** und gleichzeitig der **Maßstab für die Bewertung** der Leistungen.

---

623 Ebenso *Schirmer*, S. 450.
624 BGBl I, 4637.
625 *Schirmer*, S. 436.

Der EBM ist Bestandteil der **Bundesmantelverträge** (siehe Rn 122). Aufgrund der für den Abschluss der Bundesmantelverträge unterschiedlichen Zuständigkeiten der Spitzenverbände für den Bereich der Regionalkassen und für die Ersatzkassen entstanden anfangs mit BMÄ und E-GO unterschiedliche Abrechnungsbestimmungen, die gemäß der gesetzlichen Vorgabe nach einem einheitlichen Bewertungsmaßstab für die ärztlichen Leistungen im **EBM** zusammengefasst wurden.[626]

588

Seit dem 1.4.2005 gilt der in der 90. Sitzung des **Bewertungsausschusses** beschlossene EBM,[627] der ursprünglich für das Jahr 2000 angekündigt war, aber den vorangegangenen EBM erst nach mehrjährigen Diskussionen und Vorarbeiten ablösen konnte, daher auch EBM 2000 plus. Für die vertragszahnärztliche Versorgung gilt einheitlich der **Bewertungsmaßstab für zahnärztliche Leistungen** (BEMA-Z) in der ab 1.1.2004 geltenden Fassung.[628]

589

b) Funktion

Ursprünglich hatte der EBM die Funktion, die unterschiedlichen Vergütungssystematiken der verschiedenen Bewertungsmaßstäbe der **Primärkassen** und der **Ersatzkassen** einzuebnen, daher der Begriff „einheitlicher" Bewertungsmaßstab.[629] Der EBM hat nach den aktuellen gesetzlichen Vorgaben mehrere Funktionen.

590

In erster Linie bestimmt er den Inhalt der abrechnungsfähigen Leistungen. Damit konkretisiert er **Inhalt und Bestandteile** der vertragsärztlichen bzw. vertragszahnärztlichen Versorgung, wie sie § 72 Abs. 2 SGB V in Verbindung mit den **Vorschriften des Leistungsrechts** im Dritten Kapitel SGB V vorgibt. Gleichzeitig stellt das **Leistungsverzeichnis** den abschließenden Rahmen für Vertragsärzte und Versicherte dar, welche Leistungen dem System der **vertragsärztlichen Versorgung** unterliegen. Auf im EBM nicht aufgeführte Leistungen besteht deshalb grundsätzlich kein Anspruch,[630] ebenso wenig sind diese zu Lasten der gesetzlichen Krankenversicherung abrechenbar.[631]

591

Nach § 87 Abs. 2 S. 1 SGB V bestimmt der EBM das **wertmäßige Verhältnis** der Leistungen zueinander. Der Wert der Leistungen wird nicht über einen Geldbetrag, sondern mittels einer **Punktzahl** ausgedrückt.[632] Die relativen Wertigkeiten der Leistungen zueinander werden durch die Anzahl der Leistungspunkte dargestellt. Dadurch wird unter den Bedingungen einer pauschalierten Gesamtvergütung eine dem unterschiedlichen Leistungsaufkommen der Ärzte entsprechende Abrechnung ermöglicht. Gleichzeitig wird die Vergütung einzelner Leistungen (z.B. regelmäßig im BEMA-Z) mittels eines **festen Punktwertes** nicht ausgeschlossen. Der EBM kann damit auch Grundlage der Abrechnung zwischen Krankenkassen und KVen sein.

592

Aus der Verpflichtung des § 87 Abs. 2 S. 2 SGB V, die **Leistungsbeschreibungen** und ihre Bewertungen dem **Stand der medizinischen Wissenschaft und Technik** anzupassen, ergibt sich die Funktion des EBM, den medizinischen Fortschritt in die vertrags-

593

---

626 *Heinemann/Liebold/Zalewski*, C 87-9 f.
627 DÄBl. 2004, A 2553 f. Das ursprünglich zum 1.1.2005 vorgesehene Inkrafttreten des EBM wurde mit Beschluss des BA in der 93. Sitzung auf den 1.4.2005 verschoben.
628 ZM 2003 Nr. 24 S. 98.
629 *Schirmer*, S. 438.
630 BSG – 1 RK 28/95, NZS 1998, 331.
631 St. Rspr. seit BSG – 14a/6 RKa 1/90, SozR 3-2500 § 87 Nr. 4 (zum BEMA-Z) und 6 RKa 31/95, MedR 1997, 372 (zum EBM-Ä).
632 Mit dem GMG wurde § 87 Abs. 2 S. 1 SGB V um die Verpflichtung erweitert, den Zeitaufwand für die Leistung zu bestimmen.

ärztliche Versorgung zu transferieren.[633] Ferner sind gem. § 85 Abs. 4 S. 3 SGB V diejenigen Vergütungsgrundsätze, die für den gesamten Bereich der gesetzlichen Krankenversicherung einheitlich geregelt werden müssen, im EBM festzulegen.

594 In der Zusammenschau aller Funktionen kommt dem EBM die **zentrale Steuerungsfunktion** im komplexen **vertragsärztlichen Vergütungssystem** zu. Er kann zum einen als Vergütungsmaßstab die **Höhe der Gesamtvergütung** bestimmen, zum anderen schafft er die Voraussetzungen für eine **leistungsgerechte Verteilung** der Gesamtvergütung unter die Vertragsärzte.

595 Der Bewertungsausschuss darf sich daher nicht damit begnügen, die Leistungsbewertung nur nach betriebswirtschaftlichen oder kalkulatorischen Gesichtspunkten vorzunehmen, sondern muss über die Definition und Bewertung ärztlicher Leistungen auch eine **Steuerung des Leistungsverhaltens** bewirken.[634]

c) Punktwertrelation

596 Der Bewertungsmaßstab drückt das **wertmäßige Verhältnis** der abrechnungsfähigen Leistungen in **Punkten** aus. Aus diesem Grunde ist in EBM und BEMA zu jeder definierten Leistung eine Punktzahl angegeben, z.B. Nr. 02311 EBM: „Behandlung des diabetischen Fußes – je Bein, je Sitzung – 395 Punkte". Mangels Preisangabe ist der EBM keine Gebührentaxe, wie z.B. die GOÄ. Die Gewichtung des Wertes einer Leistung ergibt sich aus dem Vergleich mit der Bewertung anderer Leistungen.

597 Die **Punktzahl der Leistung** multipliziert mit einem als **Euro-Betrag** festgelegten **Punktwert** ergibt das **rechnerische Honorar** des die Leistung erbringenden Vertragsarztes. Nach § 85 Abs. 4 S. 9 SGB V können die von einer Arztpraxis in einem bestimmten Zeitraum erbrachten Leistungen mit zunehmender Menge **abgestaffelt** werden. Nach § 87 Abs. 2c SGB V soll der Bewertungsausschuss hierzu ergänzende **Regelungen zur Begrenzung** veranlasster medizinisch-technischer Leistungen auf den medizinisch notwendigen Umfang treffen. Damit will man ein Ausweichen auf nicht abgestaffelte Leistungsbereiche verhindern.[635]

598 Bei den Vereinbarungen der Gesamtvergütung legen die Vertragspartner einen sog. **Vertragspunktwert** fest. Dieser dient als **Rechengröße** zur Ermittlung der voraussichtlichen Höhe der Gesamtvergütung auf Basis einer kalkulatorischen Menge der zu erwartenden Leistungen. Der tatsächlich anzusetzende Punktwert wird im **HVM** bestimmt (§ 85 Abs. 4 S. 4 Hs. 2 SGB V). Ob dieser Punktwert an die Leistungserbringer ausbezahlt werden kann, hängt von der Menge der tatsächlich erbrachten Leistungen ab. Überschreitet die Leistungsmenge die Kalkulationsbasis führt dies bei einer begrenzten Gesamtvergütung zu einem Verfall des **Auszahlungspunktwertes**, sog. **floatender Punktwert**.

599 Die Bestrebungen der Vertragspartner wie auch der Reformgesetzgebung der letzten Jahre sind deshalb darauf gerichtet, **Mengenausweitungen** zu verhindern und die Punktwerte dadurch zu stabilisieren. Der Anstieg der Punktwerte soll dem einzelnen Arzt zu kalkulierbaren Praxiseinnahmen verhelfen und ihn vom Zwang, das eigene Leistungsvolumen auszudehnen, um das Umsatzvolumen erhalten zu können (sog.

---

633 *Schirmer*, S. 438.
634 BSG – 6 RKa 51/95, SozR 3-2500 § 87 Nr. 12.
635 Amtl. Begründung BT-Drucks 15/1525 S. 105.

Hamsterradeffekt), befreien. Hieraus entstand die Erkenntnis, dass eine **budgetierte Gesamtvergütung** auch nur in **Budgets** an die Vertragsärzte weitergegeben werden kann.[636] Diesem Ziel dienten die zum 1.7.1997 im EBM (1996) eingeführten **Praxisbudgets**.[637] Die Budgets verringerten das insgesamt **abgerechnete Punktzahlvolumen**.[638] Dadurch konnten **feste Punktwerte** bis zur Budgetobergrenze garantiert werden.

Im aktuellen Honorargefüge sollen die **Regelleistungsvolumina** die Aufgabe der zum 1.7.2003 abgeschafften[639] Praxisbudgets übernehmen.[640] 600

Die Punktbewertungen der einzelnen Leistungen des EBM 2000 plus beruhen auf einer **zeitlichen Bewertung** des **ärztlichen Leistungsanteils** und einer **betriebswirtschaftlichen Kostenkalkulation**. Das dafür angewandte Standardbewertungssystem (STABS) hat die Systematik des zu diesem Zweck zugekauften schweizerischen Tarifwerks (TarMed) weiterentwickelt und auf die speziellen Strukturen der vertragsärztlichen Versorgung in Deutschland angepasst. Der **erweiterte Bewertungsausschuss**[641] hat in den Beschlüssen vom 30.6. und 10.12.2003 die Kalkulationsgrundlagen für die Leistungsbewertung festgelegt. Er geht von einer Bruttoarbeitszeit des Arztes von 51 Stunden in der Woche bei einer Produktivität von 87,5 % aus. Die ärztliche Arbeitsminute wurde mit 77,9 Cent bewertet. Der ärztliche Leistungsanteil wurde um einen betriebswirtschaftlich kalkulierten technischen Anteil ergänzt. Aus beiden Anteilen zusammen ergeben sich die Punktbewertungen der einzelnen Leistung im EBM, wenn man das betriebswirtschaftliche Ergebnis auf Basis eines Wertes von 5,11 Cent umrechnet. 601

Mehrere Gutachten unterschiedlicher Auftraggeber haben die in die Leistungsbewertung eingeflossene Kostenkalkulation bestätigt. Die Gutachten haben alle die bei den verschiedenen Arztgruppen in Ansatz zu bringenden unterschiedlichen Betriebskostenanteile der Praxen zum Gegenstand. Die Sorge um die Richtigkeit des bei der Bewertung der Leistungen einzukalkulieren Kostensatzes entstand durch die Entscheidung des BSG[642] zu den Praxisbudgets des EBM 1996, die den Bewertungsausschuss zur Überprüfung und ggf. erneuten Festlegung des Kostensatzes für die Hautärzte verpflichtete.[643] 602

Ob und mit welchem Verfahren die im EBM in Ansatz gebrachten zeitlichen Bewertungen der Leistungen objektiviert worden sind, wurde nicht veröffentlicht. Eine standardi- 603

---

636 Mitteilung der KBV, DÄBl 1997, A-860.
637 Die Einführung der Praxisbudgets war nach BSG – B 6 KA 7/99 R, MedR 2000, 543, rechtmäßig.
638 Die rückwirkende Budgetierung ist nach BSG – 6 RKa 36/97 – SozR 3-2500 § 87 Nr. 18 u.a. deshalb verfassungswidrig.
639 Beschluss des erweiterten Bewertungsausschuss vom 19.12.2002.
640 Das BSG hatte im Urt. v. 15.5.2002 – B 6 KA 33/01 R, MedR 2003, 586, den Bewertungsausschuss verpflichtet, die in die Gebühren einkalkulierten Kostenansätze für die Gruppe der Dermatologen zu überprüfen und ggf. ab 1.1.2003 neu festzusetzen, andernfalls würden die darauf gestützten Honorarbescheide ab dem 3. Quartal 2003 als rechtswidrig angesehen werden.
641 Die Anrufung des erweiterten Bewertungsausschusses war notwendig, weil sich die ärztlichen Vertreter und die Vertreter der Krankenkassen erwartungsgemäß nicht auf gemeinsame Kalkulationsgrundlagen einigen konnten.
642 BSG – B 6 KA 33/01 R, MedR 2003, 586.
643 Der erweiterte Bewertungsausschuss hat dies zum Anlass genommen, mit Beschluss vom 19.12.2002 die Praxisbudgets zum 1.7.2003 insgesamt abzuschaffen, was letztlich den Weg zur Einführung eines völlig neuen EBMs freimachte.

sierte zeitliche Bewertung ärztlicher Leistungen ist aufgrund unterschiedlicher Arbeitsbedingungen in den verschiedenen Arztpraxen und differenzierter Spezialisierungen der Ärzte, höchst problematisch.[644]

604 Seit 1.1.1996 enthält der EBM für die üblicherweise von Hausärzten zu erbringenden Leistungen eine zusätzlich behandlungsfallbezogene **hausärztliche Grundvergütung** (§ 85 Abs. 4 S. 3 SGB V).

d) Auslegungsregeln

605 Die Gebührenregelungen des EBM sind einer **Auslegung** nur in sehr engen Grenzen zugänglich. Das hat seinen Grund zunächst darin, dass der EBM den gesamten Leistungskatalog der vertragsärztlichen Versorgung **abschließend** abbilden soll. Nicht aufgeführte Leistungen sind demnach nicht abrechnungsfähig.[645] Für die Einführung **neuer Untersuchungs- und Behandlungsmethoden** ist nach § 92 Abs. 1 S. 2 Nr. 5 SGB V der **Gemeinsame Bundesausschuss** zuständig. Nach § 87 Abs. 2 S. 2 SGB V sind die Bewertungsmaßstäbe in bestimmten Zeitabständen daraufhin zu überprüfen, ob die Leistungsbeschreibungen und ihre Bewertungen noch dem Stand der medizinischen Wissenschaft und Technik entsprechen. Dieser **Überprüfung** dürfen Gerichte und Verwaltung nicht vorgreifen. Aus diesem Grunde sind ergänzende Auslegungen der Leistungsbeschreibungen unzulässig, ebenso Analogien.[646]

606 Grundsätzlich ist der **Wortlaut der Gebührenbeschreibung** maßgeblich.[647] Nur wenn die wörtliche Auslegung zu keinen befriedigenden Ergebnissen führt, darf ergänzend eine grammatikalische Auslegung vorgenommen werden. Die systematische Auslegung darf nur dazu verwendet werden, das Verhältnis einzelner Gebührenvorschriften zueinander zu ermitteln.[648] Teleologische und historische Auslegungen sind generell unzulässig.[649]

607 Diese **Auslegungsgrundsätze** haben die Konsequenz, dass zu weit gefasste Begriffe, die Krankenkassen oder KVen mehr als erwünscht belasten, hingenommen werden müssen, ebenso zu enge Formulierungen, die einer Abrechnung bestimmter ärztlicher Leistungen entgegenstehen. Nur wenn eine sachgerechte Lösung wegen Missbrauchs oder Überschreitens des eingeräumten **Beurteilungsspielraums des Bewertungsausschusses** nicht gegeben ist, darf die Gebührenbestimmung vom Gericht aufgehoben werden. Das Gericht darf die Lücke allerdings nicht selbst ausfüllen, sondern muss die KV, die den Honorarbescheid erlassen hat, zur **Neubescheidung** verurteilen. Da diese KV ebenfalls nicht die rechtliche Kompetenz hat, die Gebührenbeschreibungen des EBM nachzubessern, ist der Bewertungsausschuss in einem solchen Prozess nach § 75

---

644 Die Unterschreitung der Mindestzeit hat die Nichtabrechenbarkeit der Leistung zur Folge, völlig unabhängig davon, ob die Leistung tatsächlich in kürzerer Zeit erbracht worden ist (Allgemeine Bestimmungen EBM Nr. 2. 1. 2). Ein überdurchschnittlich schnell arbeitender Spezialist kann durch zu hoch angesetzte Mindestzeiten benachteiligt werden.
645 St. Rspr., zuletzt BSG – B 6 KA 39/98 R, SozR 3-2500 § 135 Nr. 11.
646 BSG – 6 RKa 18/91, SozR 3-2500 § 87 Nr. 5; Urt. v. 21.10.1992 – 6 BKa 2/92; 6 RKa 2/93, SozR 3-5533 Nr. 2000 Nr. 1.
647 St. Rspr., zuletzt BSG, Urt. v. 11.10.2006 – B 6 KA 35/05 R m.w.N.
648 BSG, Urt. v. 20.12.1995 – 6 BKa 17/95.
649 BSG – 6 RKa 15/90, SozR 3-2500 § 87 Nr. 2; Urt. v. 3.12.1997 – 6 RKa 74/96.

Abs. 2 SGG notwendig beizuladen. Das Urteil erlangt damit Bindungswirkung gegenüber dem Bewertungsausschuss, der dann, zumindest, wenn er untätig bleibt, auch auf Schadenersatz in Anspruch genommen werden kann.[650] Ist für die Abgrenzung der Leistungsbeschreibungen des EBM ein Rückgriff auf die **Weiterbildungsordnungen** notwendig, dürfen für die Auslegung der darin enthaltenen Bestimmungen die traditionellen Auslegungsmethoden angewandt werden.[651]

e) Inhalt und Systematik des EBM 2000 plus

Praxistipp 608
Die KBV hat eine spezielle Internetseite[652] zum EBM eingerichtet. Darauf befinden sich neben wertvollen Informationen und Verweisen laufend aktualisierte Versionen des EBM zum Download.

aa) Gliederung

Der **EBM 2000 plus** gliedert sich in die Bereiche 609
- Allgemeine Bestimmungen,
- arztgruppenübergreifende allgemeine Leistungen,
- arztgruppenspezifische Leistungen, jeweils für den hausärztlichen und fachärztlichen Versorgungsbereich,
- arztgruppenübergreifende qualifikationsgebundene und spezielle Leistungen,
- Pauschalerstattungen,
- Anhänge.

Die allgemeinen Bestimmungen enthalten Begriffsdefinitionen, grundlegende Abrechnungsregeln und abrechnungsbezogene Pflichten. Sprache und Regelungstechnik sind für den Juristen gewöhnungsbedürftig. Neben zahlreichen (überflüssigen) Wiederholungen und Verweisungen auf Regelungen der Bundesmantelverträge sind für den Anwender vor allem die Auslegungshinweise (Ziff. 2 und 4 ff.) und die Abgrenzungsregelungen, zum Beispiel für fachübergreifende Gemeinschaftspraxen (Ziff. 5 ff.) oder mehrfach zugelassene Ärzte (Ziff. 6) wichtig. 610

Die **arztgruppenübergreifenden allgemeinen Leistungen** können von jedem Vertragsarzt entsprechend den für ihn gültigen Regelungen der Berufsordnung und des Weiterbildungsrechts abgerechnet werden. Zu diesen Leistungen gehören beispielsweise Notfallleistungen, Besuche und Visiten, schriftlichen Mitteilungen u.a. 611

Die **arztgruppenspezifischen Leistungen** sind in eigenständigen Kapiteln zusammengefasst. In der jedem Kapitel vorangestellten Präambel werden diejenigen Arztgruppen aufgeführt, die berechtigt sind, die im Kapitel aufgeführten Leistungen unter Berücksichtigung etwaiger weiterer genannter Kriterien abzurechnen. Die Arztgruppeneintei- 612

---

650 In realiter wird sich bei Untätigkeit des Bewertungsausschusses die Frage stellen, ob dem klagenden Arzt aus einer unzureichenden Gebührenbeschreibung überhaupt ein Schaden entsteht, weil der Bewertungsausschuss auch die Möglichkeit hat, die Leistungen, für die Honorar begehrt wird, nicht zu honorieren.
651 BSG, Beschl. v. 22.3.2006 – B 6 KA 46/05 B.
652 Siehe http://www.kbv.de/8144.html.

lung entspricht weitgehend den ärztlichen Fachgruppen nach Weiterbildungsrecht.[653] Die Kapitel enthalten die für die Fachgruppen typischen Leistungen.

613 Im Kapitel **arztgruppenübergreifende spezielle Leistungen** sind solche Leistungen aufgeführt, die nur aufgrund besonderer Fachkunde nach § 135 Abs. 2 SGB V erbracht werden dürfen, besondere apparative Anforderungen voraussetzen oder die Teilnahme an Qualitätssicherungsmaßnahmen nach § 136a SGB V. Die Leistungen beziehen sich entweder auf Therapie bzw. Versorgungsschwerpunkte z.B. Allergologie, Chirotherapie, Schmerztherapie u.Ä. oder besondere Leistungsbereiche wie z.B. ambulante und belegärztlichen Operationen, Laborleistungen, radiologische Leistungen oder Psychotherapie.

614 Die **Anhänge** beinhalten Verzeichnisse der nicht gesondert abrechnungsfähigen und in Leistungskomplexen enthaltenen Leistungen, der in den Leistungskomplexen für ambulante und belegärztliche **Operationen** enthaltenen operativen Verfahren (OPS[654]) und der **Plausibilitätszeiten**.

bb) Leistungsinhalte

615 Die im EBM aufgeführten Leistungen sind nach § 87 Abs. 2a S. 1 SGB V zu **Leistungskomplexen**[655] oder **Fallpauschalen**[656] zusammenzufassen. Die Besonderheiten **kooperativer Versorgungsformen** sollen dabei berücksichtigt werden, weil der Gesetzgeber davon ausgeht, dass der Behandlungsaufwand pro Patient in kooperativen Versorgungsformen höher ist, da regelmäßig mehrere Ärzte beteiligt sind.[657] Auch sollen damit für die Ärzte Anreize geschaffen werden, sich kooperativ zusammenzuschließen, beispielsweise in MVZ.

616 Die Leistungskomplexierung wurde nicht bei allen Arztgruppen gleich umgesetzt. Besonders bei den Leistungen des Kapitels 31 zum ambulanten Operieren kam das Prinzip der Fallpauschalierung zum Tragen.

617 Den einer Arztgruppe gewidmeten spezifischen Kapiteln sind spezielle **Ordinationsgebühren** vorangestellt, in denen die in einem Behandlungsfall bei den einzelnen Arztgruppen typischerweise anfallenden Grund- und Sonderleistungen zusammengefasst wurden. Diese Leistung ist jeweils einmal im **Quartal** abrechenbar. Für jeden weiteren Arztbesuch kann der in jedem arztgruppenspezifischen Kapitel enthaltene **Konsultationskomplex** berechnet werden. Die darüber hinaus nicht in jedem Fall notwendigen diagnostischen und therapeutischen Leistungen sind in speziellen Leistungskomplexen zusammengefasst.

618 Beispiel eines Leistungskomplexes aus dem fachärztlichen Versorgungsbereich, Kapitel 7 Chirurgie:

Nr. 07 330 „Behandlung eines Patienten mit einer Funktionsstörung der Hand", Mindestzeit 18 Minuten.

---

653 Zu den Gebietsdefinitionen siehe Abschn. B. der (Muster-)Weiterbildungsordnung der Bundesärztekammer, Stand 2006.
654 Operationen- und Prozedurenschlüssel (OPS) des Deutschen Instituts für Medizinische Dokumentation und Information (DIMDI).
655 Erstmals eingeführt durch das GSG; Der Gesetzgeber will mit den Leistungskomplexen einer Zergliederung des EBM durch eine ständig zunehmende Zahl von Einzelleistungen entgegenwirken.
656 Hinzugefügt durch das GMG; Die Fallpauschalen sollen dazu beitragen, den mit der Einzelleistungsvergütung verbundenen Anreiz zur Mengenausweitung zu begrenzen (BT-Drucks 15/1525 S. 105).
657 Amtl. Begründung zum GMG, BT-Drucks 15/1525 S. 105.

Obligater Leistungsinhalt:

- *Behandlung eines Patienten mit einer Funktionsstörung der Hand mit einer Leistungseinschränkung – mindestens in einer Funktionsebene,*
- *Dokumentation der Leistungseinschränkung mit Angabe des Bewegungsumfangs,*
- *Erstellung eines Behandlungsplanes und/oder*
- *Anlage und/oder Wiederanlage eines immobilisierenden Verbandes und/oder*
- *Anlage und/oder Wiederanlage eines Schienenverbandes und/oder*
- *Anlage und/oder Wiederanlage einer Orthese,*
- *mindestens drei Arzt-Patienten-Kontakte im Behandlungsfall,*

Fakultativer Leistungsinhalt:

- *Anleitung zur Durchführung von Bewegungsübungen,*
- *lokale Infiltrationsbehandlung,*

einmal im Behandlungsfall – 585 Punkte.

Die bei den einzelnen Leistungen jeweils aufgeführten **obligaten Leistungsinhalte** müssen vollständig erbracht werden. Alternativ zu erbringende Bestandteile werden mit „oder" gekennzeichnet. Auf **kumulativ** zu erbringende Bestandteile wird durch das Wort „und" hingewiesen. Wird die Kombination „und/oder" verwendet bedeutet dies, dass nur ein Bestandteil erbracht werden muss und dass die Erbringung beider Bestandteile die Gebühr nicht ein weiteres Mal auslöst.

Im Beispiel muss daher immer die Behandlung der Funktionsstörung des Patienten einschließlich der Dokumentation der Leistungseinschränkung erfolgen. Alternativ ist die Erstellung eines Behandlungsplanes oder die Anlage eines der genannten Verbände bzw. der Orthese erforderlich. Erforderlich sind in jedem Fall mindestens drei Arzt-Patienten-Kontakte im Quartal.[658] Damit wird auch klar, dass alle weiteren Verbände und zusätzlichen Behandlungsleistungen im Zusammenhang mit der Funktionsstörung der Hand in der Gebühr inbegriffen sind.

Problematisch ist im Beispiel das Tatbestandsmerkmal „Erstellung eines Behandlungsplanes", weil hier weder aus medizinischer noch aus rechtlicher Sicht ein eindeutiges Leistungserfordernis aufgestellt wird. Selbstverständlich hat der Behandler auf Grundlage seiner Diagnose ein therapeutisches Konzept, wie er vorgehen möchte. Ein schriftlicher Behandlungsplan wird nicht gefordert, weil dies nach den gültigen Auslegungsregeln zum Ausdruck gebracht hätte werden müssen. Damit bleibt offen, ob das zweifellos vorhandene therapeutische Konzept der Vorstellung des Bewertungsausschusses von einem Behandlungsplan entspricht und wie dieser Plan zu dokumentieren ist, damit die Nr. 07 330 abgerechnet werden darf.

Nr. 2.1.1. der Allgemeinen Bestimmungen enthält zu den **fakultativen Leistungsinhalten** folgende sprachlich verunglückte Erläuterung: „Fakultative Leistungsinhalte sind Bestandteil des Leistungskatalogs in der Gesetzlichen Krankenversicherung; deren Erbringung ist vom Einzelfall abhängig." Gemeint ist, dass fakultative Leistungsbestandteile nicht erbracht werden müssen. Der Arzt muss aber dazu in der Lage sein. Eine zusätzliche Gebühr fällt nicht an, wenn der fakultative Leistungsbestandteil erbracht wird.

---

658 Nach § 21 Abs. 1 S. 1 BMV-Ä bzw. § 25 Abs. 1 S. 1 EKV gilt die gesamte von demselben Vertragsarzt innerhalb desselben Kalendervierteljahres an demselben Kranken ambulant zu Lasten derselben Krankenkasse vorgenommene Behandlung jeweils als Behandlungsfall.

623 Beispiel einer Fallpauschale aus dem Kapitel 31.2 „Ambulante und belegärztlichen Operationen".

Nr. 31 132 „Eingriff an Knochen und Gelenken der Kategorie D 2"
Mindestzeit 36 Minuten – 4660 Punkte.

Obligater Leistungsinhalt:
- *chirurgische Eingriffe der Kategorie D 2 entsprechend Anhang 2.*

Fakultativer Leistungsinhalt:
- *ein postoperativer Art – Patienten – Kontakt.*

624 Nach Ziff. 7 der Präambel zu Kapitel 31 erfolgt die Zuordnung der Eingriffe entsprechend des Operationenschlüssels nach Anhang 2. Dabei gelten zusätzlich die in der Präambel zu Anhang 2 aufgelisteten Rahmenbedingungen. Nach Ziff. 9 ist die Leistungserbringung nur dann vollständig gegeben, wenn bei der Berechnung der gültige OPS-Schlüssel angegeben wird. Leistungsinhalt der Nr. 31 132 sind damit alle chirurgischen Eingriffe, die in dem im Anhang 2 enthaltenen OPS-Schlüssel in der Kategorie D 2 aufgezählt sind, beispielsweise „Amputation und Exartikulation Hand bzw. Fuß, gelenkplastische Eingriffe, Operationen am Thorax" u.Ä.

625 Der Unterschied zum ersten Beispiel besteht darin, dass der OPS-Schlüssel konkret bezeichnete operative Eingriffe auflistet, die von Anfang bis zum Ende durchgeführt werden müssen. Hinter jedem Eingriff steht eine medizinisch korrekte Vorgehensweise, weshalb es anders als im ersten Beispiel nicht erforderlich ist, alternativ ggf. zusätzliche Bestandteile der Leistung im Einzelnen zu benennen. Das führt allerdings auch dazu, dass eine operative Methode, für die kein Schlüssel vorhanden ist, nicht abrechenbar ist.

626 Durch die **Klassifizierung der operativen Eingriffe** mittels des OPS-Schlüssels wird die Vergleichbarkeit, bzw. Kompatibilität der ambulanten Operationen mit den stationären Eingriffen erreicht, die seit dem Jahr 2000 nach ICD-10[659] verschlüsselt werden.[660]

627 Der EBM 2000 plus enthält eine Reihe von Gebührenbeschreibungen mit aus rechtlicher Sicht nicht eindeutigen Tatbestandsmerkmalen, die häufig daraus resultieren, dass man die eigentliche ärztliche Leistung nur ungenau beschreiben konnte und deshalb die Dokumentation der Leistung zum zusätzlichen Leistungsinhalt gemacht hat. Auch ist zu kritisieren, dass viele Leistungsbeschreibungen aus zu vielen Bestandteilen bestehen, die genau das Gegenteil der mit der Komplexierung verfolgten Vereinfachung bewirken. Die Ursache liegt in einer fehlenden Abstrahierung der Leistungskomplexe. An Stelle allgemein gültiger Anforderungen für Untersuchungen und Diagnosen und klar definierter Dokumentationsregeln hat man die ärztlichen Leistungen um voneinander abweichende Untersuchungs- und Dokumentationsbestandteile angereichert. Auch die umfangreichen „Allgemeinen Bestimmungen" sind nicht durch Klarheit und Übersichtlichkeit gekennzeichnet. Neben der bereits erwähnten Nr. 2. 1.1 ist exemplarisch auf die sehr umfangreiche Nr. 2. 1.4 hinzuweisen, die die äußerst problematische Bestimmung enthält, dass zahlreiche einzeln aufgezählte fachärztliche Leistungen nur abrechnungsfähig sind, wenn ein Bericht oder Arztbrief an den Hausarzt erfolgt.

---

[659] International Statistical Classification of Diseases and Related Health Problems, erstellt von der WHO, ins Deutsche übertragen durch das DIMDI.
[660] §§ 295 Abs. 1 S. 2 und 301 Abs. 2 SGB V.

cc) Zeitvorgaben

628 § 87 Abs. 2 S. 1 Hs. 2 SGB V i.d.F. GMG verpflichtet den Bewertungsausschuss, im EBM die Leistungen mit Angaben für den zur **Leistungserbringung erforderlichen Zeitaufwand** zu versehen. Für jede Leistung bzw. jeden Leistungskomplex ist daher im Anhang 31 eine **Kalkulationszeit** und eine **Mindestzeit** hinterlegt. Die Kalkulationszeit gibt Aufschluss über die Bewertung der Leistung. Die Erbringung der Mindestzeit ist **obligatorischer Leistungsbestandteil**, wenn dies in der einzelnen Gebührenbeschreibung gefordert wird.

629 § 106a SGB V verpflichtet Krankenkassen und KVen bei den **arztbezogenen Plausibilitätsprüfungen** den Umfang der je Tag abgerechneten Leistungen im Hinblick auf den damit verbundenen Zeitaufwand zu prüfen (ausführlich dazu siehe Rn 741 ff.). Dazu muss ein Zeitrahmen für das pro Tag höchstens abrechenbare Leistungsvolumen zugrunde gelegt werden. Zu diesem Zweck benötigt man Zeitangaben für die Einzelleistungen und die in bestimmten Zeitperioden berechenbaren Leistungskomplexe. Aus diesem Grunde hat der Bewertungsausschuss aus den für die betriebswirtschaftliche Kalkulation des Leistungswertes angewandten Zeitrahmen (siehe Rn 601) Prüfzeiten für die Plausibilitätsprüfungen entwickelt, die im Anhang 3 ausgewiesen sind.

2. Ergänzende Vereinbarungen

a) Sachkosten

630 Die Regelungen zum Ersatz der **Sachkosten** sind im EBM ähnlich der GOÄ geregelt. Nach Ziff. 7.1 der Allgemeinen Bestimmungen sind die allgemeinen Praxiskosten, die Kosten die durch die **Anwendung von Instrumenten und Apparaten** entstanden sind, die Kosten für **Einmalartikel**, für Reagenzien und Laborbedarf, für Filmmaterial und für Versand und Transport von Arztbriefen in den berechnungsfähigen Leistungen enthalten. Nicht enthalten sind nach Ziffer 7.3 der Allgemeinen Bestimmungen die Kosten für **Arzneimittel**, Verbandmittel, Materialien, Instrumente, Gegenstände und Stoffe, die nach der Anwendung verbraucht sind oder die der Kranke zur weiteren Verwendung behält und Telefonkosten. Die Abrechnung dieser Kosten ist in den **Gesamtverträgen** geregelt. Meist gibt es spezielle Vereinbarungen der Gesamtvertragspartner über die Abrechnung von **Sprechstundenbedarf**. Spezielle Regelungen sind auch für den Bezug von Kontrastmitteln getroffen, wobei in der Regel nur die tatsächlichen Kosten der bezogenen Kontrastmittel an die Krankenkassen weiter verrechnet werden dürfen. Es gibt aber auch **Pauschalerstattungen**, wie z.B. in Bayern. Dasselbe gilt für die Kosten des Dialysematerials.

b) Ausgedeckelte Leistungen

631 Von **ausgedeckelten Leistungen** spricht man, wenn bestimmte Leistungen außerhalb der pauschalierten Gesamtvergütung bezahlt werden. Dabei handelt es sich meist auch um Leistungen, die nicht im EBM definiert sind. In der Regel sind dies Leistungen, die einen zusätzlichen Aufwand an Dokumentation oder besonderen Qualitätsmaßnahmen erfordern. Entsprechende Vereinbarungen zwischen KVen und Krankenkassen werden in der Regel in **Strukturverträgen** nach § 73a SGB V oder **in besonderen Versorgungsaufträgen** nach § 73c SGB V getroffen. Pauschalvergütungen mit festen Beträgen oder festen Punktwerten existieren in der Schmerztherapie, bei der Diabetiker-Behandlung, in der Onkologie und für diverse Vorsorge- und Präventionsbehandlungen.

3. Die Praxisgebühr

632 Volljährige Versicherte haben nach § 28 Abs. 4 SGB V in jedem **Behandlungsquartal** für die erste Inanspruchnahme eines Vertragsarztes, Vertragszahnarzt oder Psychotherapeuten, die nicht aufgrund Überweisung erfolgt, eine **Zuzahlung** zu entrichten, deren Höhe sich aus §§ 61, 62 SGB V ergibt, in der Regel aber **EUR 10,00** beträgt. Nach § 43b Abs. 1 SGB V hat der Vertragsarzt die Praxisgebühr einzuziehen, die daraufhin für jeden Behandlungsfall mit dem rechnerischen Gesamthonorar verrechnet wird.[661]

633 Bei der Praxisgebühr handelt es sich nicht um einen Honorarbestandteil, sondern um eine Zuzahlung des Versicherten zum **Krankenkassenbeitrag**. Die Praxisgebühr hat aber eine honorarsteuernde Wirkung und wird deshalb an dieser Stelle der Vollständigkeit halber erwähnt. Die Steuerungswirkung resultiert aus der zusätzlichen Belastung der Patienten, die sie davon abhält, ohne Anlass Behandlungen in Anspruch zu nehmen oder gleichzeitig mehrere Ärzte unkoordiniert nebeneinander aufzusuchen. Die Praxisgebühr hat deshalb zu einem Rückgang der Fallzahlen in den Praxen geführt und dadurch zur Stabilisierung der Honorare in den verbleibenden Behandlungsfällen beigetragen.

4. Honorarverteilungsmaßstab

634 Nach § 85 Abs. 4 S. 1 SGB V verteilt die KV bzw. KZV die **Gesamtvergütungen** an die Vertragsärzte bzw. Vertragszahnärzte. Da die Gesamtvergütungen pauschal für die gesamte vertragsärztliche Versorgung bezahlt werden (siehe Rn 555), liegt es auf der Hand, dass diese nicht ohne weitere Aufteilung, quasi als durchlaufender Posten, an die verschiedenen Arztgruppen mit Vertragsärzten mit unterschiedlichem Leistungsverhalten durchgereicht werden kann. Es bedarf insoweit eines sehr diffizilen Verteilungssystems, dass den unterschiedlichsten Anforderungen gerecht werden muss. Die Verteilungsregelungen werden daher in einem **Honorarverteilungsmaßstab** (HVM) festgelegt. Die Gesamtvergütung ist nach § 85 Abs. 4a S. 1 SGB V vorab in Anteile für die **hausärztliche** und die **fachärztliche Versorgung** aufzuteilen.[662]

a) Grundsätze

635 Für die inhaltliche Ausgestaltung des HVM schreibt § 85 Abs. 4 SGB V folgende Grundsätze vor:
- der Verteilung sind Art und Umfang der Leistungen zugrunde zu legen;
- für die von den Krankenkassen einer Kassenart gezahlten Vergütungsbeträge ist ein Punktwert in gleicher Höhe zugrunde zu legen;
- die Vergütung für psychotherapeutische Leistungen ist in angemessener Höhe nach Zeiteinheiten zu gewährleisten;
- eine gleichmäßige Verteilung der Gesamtvergütungen auf das ganze Jahr ist sicherzustellen;
- eine übermäßige Ausdehnung der Tätigkeit eines Vertragsarztes ist zu verhindern. Zu diesem Zweck sind Regelleistungsvolumina festzulegen, bis zu deren Grenzen

---

661 Die Neuregelungen des § 43b Abs. 2 bis 7 SGB V i.d.F. VÄndG ermöglichen nunmehr den KVen die Praxisgebühren bei Zahlungsunwilligkeit des Versicherten im Auftrag der Krankenkassen per Verwaltungsakt einzuziehen.
662 Die erforderlichen Kriterien wurden erstmals mit Beschluss des erweiterten Bewertungsausschusses am 19.12.2002 mit Wirkung zum 1.7.2003 festgelegt.

die erbrachten Leistungen mit festen Punktwerten vergütet werden; für den Fall der Überschreitung sind Abstaffelungen vorzusehen.

b) Rechtsqualität des HVM

636 Nach § 85 Abs. 4 SGB V i.d.F. GMG sind erstmalig ab dem 1.7.2004 die **Honorarverteilungsregelungen** zwischen KV und den Landesverbänden der Krankenkassen zu vereinbaren (ausführlich dazu siehe Rn 141 ff.). Es handelt sich dabei um einen **Normsetzungsvertrag** mit Verbindlichkeit für die Vertragspartner und deren Mitglieder.[663]

637 Die **rechtliche Bindung** der beteiligten **Krankenkassenverbände** an die Regelungen des HVM ist begrenzt, weil die eigentliche Honorarverteilung die Krankenkassen nur dann tangiert, wenn diese Einfluss auf die Höhe der **Gesamtvergütung** hat, was meist vertraglich ausgeschlossen ist. Inwieweit sich aus dem Honorarverteilungsvertrag eine Verpflichtung der Krankenkassenverbände ergibt, auf der Gesamtvergütungsebene nicht konträr laufende Vereinbarungen zu treffen, ist dem Gesetz nicht unmittelbar zu entnehmen, ergibt sich aber aus der Notwendigkeit, die **Funktionsfähigkeit des Gesamtsystems** aufrecht zu erhalten.

638 Der mit dem GMG eingeführte Wechsel des HVM von einer **Satzungsbestimmung** zu einer **Normsetzungsvereinbarung** hat gegenüber den Vertragsärzten inhaltlich keine besonderen Veränderungen zur Folge. Die von der Rechtsprechung zur Überprüfung der materiellen Honorarverteilungsregelungen entwickelten Grundsätze[664] lassen sich von Satzungen auf Normsetzungsverträge übertragen. Rechtswidrige Honorarverteilungsregelungen sind auch weiterhin grundsätzlich unwirksam.[665]

639 Verfahrensrechtlich ist dem einzelnen Vertragsarzt weiterhin eine Überprüfung der Honorarverteilungsregelungen mittels eines **Normenkontrollverfahrens** verwehrt. Er kann nur die ihn persönlich betreffende Honorarfestsetzung mit den dafür zur Verfügung stehenden verwaltungsrechtlichen Rechtsbehelfen angreifen. Im anschließenden sozialgerichtlichen Verfahren wird die Rechtswirksamkeit der Honorarverteilungsregelungen, soweit sie Rechtsgrundlage des angegriffenen Honorarbescheides sind, inzident überprüft. Da die gerichtliche Entscheidung nur einheitlich gegenüber den Vertragspartnern des Honorarverteilungsvertrages ergehen kann, sind die Krankenkassen zukünftig im Honorarstreit des Vertragsarztes mit der KV nach § 75 Abs. 2 SGG notwendig beizuladen.

640 Die vertragliche Vereinbarung des HVM führt dazu, dass die einer KV aus dem Gesichtspunkt der **Anfangs- und Erprobungsregelung** obliegenden Beobachtungspflichten auch auf die am Vertrag beteiligten Krankenkassen erstreckt werden müssen. Die Beobachtungspflicht wandelt sich nämlich in eine **Pflicht zur Korrektur** einer als fehlerhaft erkannten Regelung, die nur noch gemeinsam von KV und Krankenkassen erfüllt werden kann. Daher sind die rechtlichen und finanziellen Folgen einer pflichtwidrig unterbliebenen Korrektur eines rechtswidrigen HVM auch auf die Krankenkassen zu erstrecken. Ergeben sich hieraus beispielsweise Nachzahlungsverpflichtungen an eine unzureichend honorierte Arztgruppe, die nicht aus noch unverbrauchten Gesamtvergütungsbestandteilen bedient werden können, haften Krankenkasse und KV gesamtschuldnerisch. Daher tritt neben die bisher von den KVen praktizierte Methode, den

---

663 Bis zum GMG wurde der HVM von den KVen als Satzung erlassen; zur alten Rechtslage: *Scheuffler*, MedR 1996, 153.
664 Siehe dazu *Clemens*, MedR 2000, 17 ff.
665 St. Rspr. des BSG zur alten Rechtslage, siehe *Clemens*, MedR 2000, 17, 23 m.w.N.

Fehlbetrag in der Honorarverteilungsmasse durch eine Umlage der Vertragsärzte aufzubringen, eine Nachschusspflicht der Krankenkassen auf die bezahlten Gesamtvergütungsanteile.

641 Zu denken ist auch an eine Korrektur einer fehlerhaften Regelung im HVM im Wege einer **ergänzenden Vertragsauslegung** durch die Sozialgerichte im Rechtsstreit über die Honorarfestsetzung gegenüber einem Vertragsarzt. Wegen des den Vertragspartnern auch weiterhin verbleibenden **Beurteilungs- und Gestaltungsspielraums** und wegen den regelmäßig vom Gericht nicht übersehbaren Folgen eines Eingriffs in das Verteilungsgefüge wird man eine ergänzende Vertragsauslegung nur dann vornehmen können, wenn sich eine rechtlich fehlerfreie Regelung alternativlos aufdrängt.

642 Eine Kompetenz der KV, die Honorarverteilung selbst zu regeln, wenn eine Vereinbarung nicht zu Stande kommt oder Fehler der Verteilungsregelungen erkannt werden, wäre zum Zwecke einer schnelleren Reaktion wünschenswert, ist aber dem Gesetz nicht zu entnehmen.[666] Da die KV durch fehlerhafte Verteilungsregelungen nicht von ihrer grundsätzlichen **Verteilungspflicht** befreit wird, wird der Frage, inwieweit die den Vertragsärzten gegenüber zu erlassenden Honorarbescheide unter Vorbehalt gestellt werden und die Ärzte Vertrauensschutzgesichtspunkte geltend machen können, verstärkte Bedeutung zukommen (ausführlich dazu siehe Rn 765 ff.).

c) Gestaltung der Honorarverteilung

643 Ursprünglich war die Ausgestaltung der Honorarverteilungsregelungen im HVM Aufgabe der jeweiligen KV, die eine weitgehende Gestaltungsfreiheit in Anspruch nehmen konnte. Die KVen kommen dieser Aufgabe mittels der **Honorarverteilungsmaßstäbe** nach. Das BSG spricht vom Kernstück des Selbstverwaltungsrechts der KVen.[667]

644 Begrenzt wird die Gestaltungsfreiheit durch höherrangiges Verfassungsrecht, insbesondere von der aus Art. 12 Abs. 1 i.V.m. Art. 3 Abs. 1 GG abzuleitenden Forderung nach **Honorarverteilungsgerechtigkeit**. Eine weitere Gestaltungsgrenze beinhaltet die Formulierung in § 85 Abs. 4 S. 3 SGB V, wonach **Art und Umfang der Leistungen** des Vertragsarztes der Honorarverteilung zugrunde zu legen sind, – sog. **Grundsatz der leistungsproportionalen Vergütung**. § 85 Abs. 4 S. 5 SGB V enthält den Grundsatz, dass die Gesamtvergütungen **gleichmäßig** auf das ganze Jahr verteilt werden müssen. Hieraus wird gefolgert, dass auch ärztliche Leistungen prinzipiell gleichmäßig zu vergüten sind.[668] Ferner ist § 72 Abs. 2 SGB V zu beachten, wonach die ärztlichen Leistungen **angemessen** zu vergüten sind.[669] Verstöße gegen diese Prinzipien haben die Rechtswidrigkeit der maßgeblichen Verteilungsregelung zur Folge.

645 Die Gestaltungsfreiheit der KVen, die sich unterschiedlich entwickelnde **Mengendynamik** und die Schwierigkeit der Materie haben zu mannigfaltigen Verteilungsmodellen geführt, die letztlich alle eines gemeinsam haben, nämlich der Mengenzunahme unter einer gedeckelten Gesamtvergütung, genauer gesagt, dem durch den dadurch bedingtem **floatenden Punktwert** ausgelösten Hamsterradeffekt, entgegenzuwirken.

---

666 *Schirmer*, S. 453, hält eine „Notkompetenz" der KV für eher nicht gegeben.
667 BSG – B 6 KA 58/98, NZS 2000, 368.
668 BSG – 6 RKa 65/91, SozR 3-2500 § 85 Nr. 4.
669 Zur Angemessenheit des psychotherapeutischen Honorars siehe BSG – B 6 KA 46/97 R, SozR 3-2500 § 85 Nr. 29 und B 6 KA 14/98 R – SozR 3-2500 § 85 Nr. 33. Zur Existenzgefährdung durch zu niedrige Vergütung siehe BSG – 6 RKa 5/94, NZS 1995, 377.

Die KVen haben versucht, diesem Phänomen durch **Honorartöpfe** entgegenzuwirken. Die Töpfe enthalten Honorarkontingente, die für bestimmte Arztgruppen oder Leistungsbereiche reserviert sind. Die Töpfe verhindern, dass eine unterschiedliche Mengendynamik in anderen Bereichen das gesamte Honorargefüge beeinflusst oder ein Punktwertabfall in einem Bereich in andere Leistungsbereiche übergreift. Nach dem BSG bedarf die Topfbildung einer **sachlichen Rechtfertigung**,[670] die sich aus den genannten Gründen[671] ergeben kann.[672] Sie kann aber auch in einer sinnvollen Fortführung der im Gesetz oder im EBM vorgegebenen Strukturen begründet sein.[673] Für die Leistungen der unterschiedlichen Honorartöpfe können unterschiedliche Punktwerte bezahlt werden.[674]

646

Andere gängige Gestaltungsmittel in HVM sind **Fallzahl- und Fallwertbegrenzungen**. Diese verhindern ein unkontrolliertes Ansteigen der Leistungsmengen. Gleichzeitig kommt man damit dem gesetzlichen Auftrag, eine übermäßige Ausdehnung der Arztpraxis zu verhindern, nach. Fallwertgrenzen sind weniger problematisch als Fallzahlbegrenzungen. Einheitliche Fallwertgrenzen für eine gesamte Fachgruppe sind nicht anders zu sehen, als Fachgruppenbudgets. Spezifischen Praxisausrichtungen oder einem besonderen Versorgungsbedarf sind durch **Ausnahmeregelungen** Rechnung zu tragen.[675] Fallwertgrenzen ohne Berücksichtigung der Fallzahl und des Gesamthonorars sind dagegen unzulässig.[676]

647

Fallzahlgrenzen behindern den Wettbewerb der freiberuflichen Vertragsärzte und sind daher nur eingeschränkt zulässig. Sie müssen an den Vergangenheitswerten einer Praxis gemessen werden. Auch muss jedem Arzt die Möglichkeit belassen werden, seine Fallzahl jedenfalls bis zum **Fachgruppendurchschnitt** zu steigern.[677] Für Neugründungen und Umstrukturierungen müssen Ausnahmeregelungen vorhanden sein. Härtefallregelungen sind unverzichtbar.[678] Unzulässig dürfte es sein, Fallzahlbegrenzungen ohne Berücksichtigung individueller Praxisentwicklungen an den Fachgruppendurchschnitt zu binden.

648

Honorarbegrenzungsregelungen können auch **rückwirkend** in Kraft gesetzt werden, was aufgrund kurzfristiger gesetzlicher Änderungen oder verzögerter gesamtvertraglicher Regelungen häufig notwendig ist. Hinsichtlich der **Quartale**, bei denen die Honorarabrechnung noch nicht abgeschlossen ist, handelt es sich um Fälle zulässiger **unechter Rückwirkung**.[679] Fälle echter Rückwirkung sind nur ausnahmsweise zulässig. Maßgeblich ist der Zeitpunkt der Bekanntmachung der Norm.[680]

649

---

670 BSG – B 6 KA 55/97 R, MedR 2000, 150.
671 BSG – B 6 KA 15/98 R, MedR 2000, 153, zur vorsorglichen Topfbildung wegen erwarteter unterschiedlicher Mengenentwicklung.
672 Zur Differenzierung nach Fachgruppen: BSG – 6 RKa 68/94, NZS 1996, 636.
673 BSG – 6 RKa 65/91, SozR 3-2500 § 85 Nr. 4.
674 BSG – B 6 KA 15/98 R, MedR 2000, 153.
675 Keine generelle Berücksichtigung von Praxisbesonderheiten: BSG, Urt. v. 29.9.1999 – B 6 KA 42/98 R.
676 BSG – 6 RKa 21/97, MedR 1998, 275.
677 BSG – B 6 KA 71/97 R, SozR 3-2500 § 85 Nr. 28.
678 BSG – B 6 KA 71/97 R, SozR 3-2500 § 85 Nr. 28.
679 BSG, Urt. v. 19.7.2006 – B 6 KA 8/05 R; ebenso Urt. v. 29.11.2006 – B 6 KA 45/05 R.
680 BSG – B 6 KA 41/02 R, SozR 4-2500 § 85 Nr. 4 m.w.N.

IV. Interdependenzen und Reformversuche

1. Interdependenzen

650 Das Einkommen der Vertragsärzte ist letztlich begrenzt durch das **Beitragsaufkommen der Versicherten**, aus dem wiederum nur ein Teil für die ambulante Versorgung zur Verfügung steht. Der zur Verfügung stehende Anteil, aufgeteilt nach Krankenkassen und unterteilt in KV-Bezirke wird unter die Arztgruppen aufgeteilt, innerhalb deren die **Verteilung an die Vertragsärzte** nach Leistungsanteilen vorgenommen wird. Ein Absinken des Beitragsaufkommens führt zur einer **verminderten Gesamtvergütung**. Die **Zunahme der Arztzahlen** in der Vergangenheit verschärfte den Verteilungskampf innerhalb der Ärzteschaft bei unveränderter Gesamtvergütung. Sowohl die **Zunahme der Versicherten**, als auch deren **Morbidität** führen zu einem Ansteigen der Leistungen und damit zur **Inflation der Honorare**, wenn die Gesamtvergütungen gleich bleiben. Allenfalls wenn die Zunahme der Versicherten zu einem erhöhten Beitragsaufkommens führt, entlastet dies die Ärzteschaft über eine Erhöhung der Gesamtvergütung. Diese sich ständig im Fluss befindlichen Faktoren stehen einer **festen Honorierung** der ärztlichen Leistungen entgegen und verhindern eine verlässliche Umsatzkalkulation für die Arztpraxen mit daraus entstehenden negativen Folgen auf der betriebswirtschaftlichen Seite.

651 Ein weiteres Problem kam durch das GSG mit der Einführung der **Wahlfreiheit der Versicherten** unter den bestehenden Krankenkassen. Der damit ausgelöste Wechsel vieler Versicherten zu beitragsgünstigeren Krankenkassen führte zur Abkoppelung der **Versichertenstruktur** von den auf die Risiken einer **geschlossenen Versichertengemeinschaft** ausgerichteten **Kopfpauschalen**. Die Kopfpauschalen können der Fluktuation der Versicherten nicht Rechnung tragen. Daran ändert auch der ebenfalls mit dem GSG eingeführte **Risikostrukturausgleich** (§§ 266 ff. SGB V)[681] nichts, weil er nur die Einnahmenunterschiede der Krankenkassen beseitigt, soweit sie auf unterschiedlichen Grundlöhnen der Versicherten, deren Geschlecht und Durchschnittsausgaben für definierte Risikogruppen basieren. Auch die Umstrukturierung des RSA[682] mit der Zielsetzung, die Morbidität der Versicherten einzubeziehen (vgl. § 268 SGB V), änderte daran nichts.

652 Ziel der Vertragsärzte war und ist es deshalb, das Risiko einer Zunahme der Versicherten in verlässlicher Weise und das Morbiditätsrisiko der Versicherten erstmalig und grundsätzlich an die Krankenkassen abzugeben. Damit würden bei den Ärzten die Risiken inflationärer Vergütungsabwertungen durch eine Zunahme der Arztzahlen und einer Mengenausweitung wegen medizinisch nicht indizierter Leistungen verbleiben.

2. Reform des Vergütungssystems

a) Einführung von Regelleistungsvolumen

653 Das am 1.1.2004 in Kraft getretene GMG brachte eine umfassende **Reform** des vertragsärztlichen Vergütungssystems, die mit dem GKV-WSG fortgeführt wird. Der lange bestehenden Forderung der Ärzte auf Abschaffung der Kopfpauschalen und Übertra-

---

[681] Eine allgemein verständliche Darstellung des RSA enthält *http://de.wikipedia.org/wiki/Risikostrukturausgleich*.
[682] Gesetz zur Reform des RSA vom 14.12.2001 (BGBl I, 3465).

gung des Morbiditätsrisikos auf die Krankenkassen wurde abgeholfen. Mit Wirkung zum 1.1.2007 sollten die §§ 85a bis d SGB V die Regelungen über die Vereinbarungen der Gesamtvergütung in § 85 Abs. 1 bis 3 SGB V und der Honorarverteilung in § 85 Abs. 4 und 4a SGB V ablösen und stattdessen **arztgruppenbezogene** und **arztbezogene Regelleistungsvolumina** einführen. Im Bereich der vertragszahnärztlichen Versorgung ändert sich nichts, siehe § 85a Abs. 1 Hs. 2 und § 85b Abs. 1 S. 3 SGB V.

Regelleistungsvolumina zur Berechnung der Gesamtvergütung in Form vereinbarter Punktwerte innerhalb vereinbarter artgruppenbezogener Gesamtzahlvolumina gab es bereits während der Geltung des 2. GKV-NOG.[683]   654

Für die **Honorarverteilungsmaßstäbe** ordnen § 85 Abs. 4 S. 7 und 8 SGB V die Verteilung der Gesamtvergütung nach arztgruppenbezogenen Regelleistungsvolumina an. Durch das GMG wurde die anfangs als Sollvorschrift ausgestaltete Regelunge zu einer Verpflichtung bei der Gestaltung des HVM,[684] die der Bewertungsausschuss gem. § 85 Abs. 4a SGB V mit Wirkung zum 1.1.2005 verbindlich für die Honorarverträge umgesetzt hat.[685]   655

Bei den Vertragspartnern des HVV verbleiben nur noch Regelungsbefugnisse hinsichtlich etwaig verbleibender Vergütungsbestandteile und die Vereinbarung eines Punktwertes auf Basis der Vorgaben des § 85d SGB V. Bei der KV bleibt ferner die Aufgabe, das Auszahlungsverfahren zu regeln (§ 85b Abs. 1 S. 2 SGB V).   656

aa) Ziele

Die bisher praktizierten Berechnungs- und Budgetierungsmodelle werden sowohl auf Gesamtvergütungsebene wie auch bei der Honorarverteilung durch Regelleistungsvolumina ersetzt.   657

Die Bezeichnung **Regelleistungsvolumen** macht deutlich, dass das Leistungsvolumen, welches in der Regel erbracht wird, **Grundlage der Zumessung der Vergütung** sein soll. Damit erfolgt zumindest auf der Ebene der Gesamtvergütung eine deutliche Abwendung von den bisher üblichen Kopfpauschalen. Der Gesetzgeber verspricht sich dadurch auch die Beseitigung von Hindernissen für die Entwicklung **innovativer Versorgungsformen**,[686] die der Gesetzgeber zur **Förderung des Wettbewerbs** als Alternative zum **Sicherstellungsauftrag der KVen** voranbringen möchte.   658

Für den einzelnen Arzt soll **Kalkulationssicherheit** hinsichtlich der Höhe des für seine Leistungen zu erwartenden Honorars geschaffen werden. Dies will man durch die Einführung eines festen Vergütungspunktwerts im Rahmen der arztbezogenen Regelleistungsvolumina erreichen.[687] Auf beiden Vergütungsebenen sind die Regelleistungsvolumina Voraussetzung für eine durchgängige Verlagerung des **Risikos der morbiditätsbedingten Mengenausweitung** auf die Krankenkassen.   659

---

683 Der damalige § 85 Abs. 2 SGB V wurde durch das GKV-SolG wieder aufgehoben.
684 BT-Drucks 15/1525 S. 101.
685 Beschluss in der 89. Sitzung v. 13.5.2004 und schriftliche Beschlussfassung in der 90. Sitzung, DÄBl. 2004, A-2553; Beschluss in der 93. Sitzung am 29.10.2004, DÄBl. 2004, A-3129.
686 BT-Drucks 15/1525 S. 102.
687 BT-Drucks 15/1525 S. 103.

bb) Inhalt der Regelungen

(1) Arztgruppenbezogene Regelleistungsvolumina

660 Mit dem § 85a SGB V werden die bisherigen Gesamtvergütungen durch sog. arztgruppenbezogene Regelleistungsvolumina ersetzt. Der einer Krankenkasse für ihre Versicherten mit Wohnsitz im Bezirk der KV zuordenbare **Behandlungsbedarf** wird unter den einzelnen **Arztgruppen** aufgeteilt. Der von der Zahl und der Morbiditätsstruktur der **Versicherten** abhängige Behandlungsbedarf, die auf die jeweiligen Arztgruppen entfallenden Mengenkontingente und der anzuwendende Punktwert unterliegen nach § 85a Abs. 2 S. 2 SGB V der Vereinbarung der Gesamtvertragspartner.

661 Innerhalb der vereinbarten am Behandlungsbedarf ausgerichteten Regelleistungsvolumina sind die erbrachten Leistungen mit dem **vereinbarten Punktwert** zu vergüten (§ 85a Abs. 3 S. 1 SGB V). Das Risiko eines darüber hinausgehenden **Leistungsanstiegs** tragen die KVen, es sei denn, es gründet sich auf eine morbiditätsbedingte Behandlungszunahme. In diesem Falle sind die Mehrleistungen mit einem Zehntel des vereinbarten Punktwertes nach zu vergüten (§ 85a Abs. 3 S. 2 SGB V). Die Vereinbarungen der Punktwerte haben sich nach §§ 85c und 85d SGB V zu richten.

662 Dem Bewertungsausschuss ist in § 85a Abs. 5 SGB V die Aufgabe zugewiesen, Verfahren zur Bestimmung der **Morbiditätsstruktur** einschließlich deren Veränderung, den damit verbundenen Behandlungsbedarf und die Aufteilung des Behandlungsbedarfs auf die Arztgruppen zu beschließen. Der Bewertungsausschuss bzw. erweiterte Bewertungsausschuss hat zu diesem Zweck die Einführung eines international anerkannten **Risikoklassifizierungsverfahrens** zur Ermittlung der Morbiditätsstruktur der Versicherten einer Krankenkasse zu beschließen.

(2) Arztbezogene Regelleistungsvolumina

663 Der in der einzelnen **Praxis auftretende Behandlungsbedarf** soll ab 1.1.2007 abweichend von den bisherigen Honorarverteilungskriterien des § 85 Abs. 4 und 4a SGB V nach § 85b Abs. 1 SGB V entsprechend der Morbiditätsstruktur des Patientenklientels Grundlage des kalkulatorischen Honorarvolumens sein. Bis zur Grenze des Regelleistungsvolumens werden die **erbrachten Leistungen** nach § 85b Abs. 2 SGB V mit einem festen Punktwert vergütet. Darüber hinausgehende Leistungen werden um 90 % abgestaffelt.

664 Anstelle des bisherigen Honorarverteilungsvertrages sollen die KVen die Regelleistungsvolumina nach den in § 85b Abs. 3 SGB V aufgestellten Kriterien unter Einbeziehung der vom Bewertungsausschuss aufgestellten Regelungen mit den Krankenkassenverbänden einheitlich und gemeinsam vereinbaren.

b) Unterschied zur alten Rechtslage

665 Das neue System beruht auf der Vorstellung, dass für jeden Versicherten ein seinem Krankheitszustand entsprechender **Vergütungsanteil** in das Regelleistungsvolumen eingerechnet wird.[688] Innerhalb der Regelleistungsvolumina soll es dann erstmals möglich sein, feste Punktwerte zu bezahlen. Den Krankenkassen könnte dann erstmals der

---

[688] *Schirmer*, S. 450.

tatsächlich abgerechnete **Leistungsbedarf** in Rechnung gestellt werden. Dadurch würde sich das Risiko der Zunahme der Zahl der Erkrankten und der Zunahme der Morbidität in die Sphäre der Krankenkassen verlagern und die Ärzteschaft entsprechend entlasten.

3. Neuregelung durch das GKV-Wettbewerbsstärkungsgesetz

Bevor noch alle Reformbestandteile des GMG in Kraft getreten sind bzw. umgesetzt werden konnten, hat der Gesetzgeber weitere grundlegende Veränderungen mit dem GKV-WSG vorgenommen. 666

Danach ist eine Honorarreform in zwei Schritten vorgesehen: 667
- Bis zum 1.1.2008 muss der EBM erneut reformiert werden.
- Auf Basis des reformierten EBM soll ab 2009 ein EUR-Preissystem eingeführt werden.

Die §§ 85a und 85b SGB V werden wieder aufgehoben. Die arzt- bzw. praxisbezogenen Regelleistungsvolumina finden sich nunmehr in **modifizierter Form** in § 87b SGB V, die arztgruppenbezogenen Regelleistungsvolumina entfallen ersatzlos. 668

Die den Bewertungsausschuss betreffenden Vorgaben des § 87 Abs. 2 bis 2d SGB V zur Gestaltung des EBM werden mit inhaltlichen Änderungen neu gefasst und um die Abs. 2e bis 2g ergänzt. Darin ist vorgesehen, dass bis 31.10.2007 die Voraussetzungen für das Inkrafttreten eines **neuen EBM** zum 1.1.2008 geschaffen werden, der für die hausärztliche Versorgung **Versichertenpauschalen** (Abs. 2b) und für die fachärztliche Versorgung sog. **Facharztpauschalen** vorsehen muss, die aus Grund- und Zusatzpauschalen und diagnosebezogenen Fallpauschalen (Abs. 2c) bestehen sollen. Auch sollen Regelungen zur Mengenbegrenzung in Form von Abrechnungsausschlüssen, Abstaffelungen und Überweisungsvorbehalten aufgestellt werden. 669

Die Pauschalen sollen nach Morbiditätskriterien differenziert werden, ferner sollen die Merkmale kooperativer Berufsausübung berücksichtigt und Kriterien vorgesehen werden, anhand derer die Einhaltung der notwendigen Qualitätsstandards und Mindestanforderungen der institutionellen Ausgestaltung einer Kooperation überprüft werden können. Der Bewertungsausschuss wird erstmals verpflichtet, die Bewertung der vertragsärztlichen Leistungen auf betriebswirtschaftlicher Basis zu kalkulieren (§ 87 Abs. 2 S. 3 SGB V i.d.F. GKV-WSG).[689] 670

Nach § 87 Abs. 2e Nr. 1 SGB V i.d.F. GKV-WSG sind jährlich bis 31.8., erstmals im Jahr 2008 für das Jahr 2009, bundeseinheitliche Punktwerte als **Orientierungswerte in EUR** festzulegen, die differenziert werden müssen für **Regelfälle** und für Fälle in **über- oder unterversorgten Regionen**. Nach Abs. 2f sollen jährlich zum selben Zeitpunkt Indikatoren zur Messung der **regionalen Besonderheiten** bei der Kosten- und Versorgungsstruktur festgelegt werden, die als Basis für Abweichungen von den Orientierungswerten in den regionalen Punktwertvereinbarungen dienen sollen. Abs. 2g sieht ergänzend **Anpassungsfaktoren** für die Orientierungswerte vor. Der Gesetzgeber erhofft sich durch dieses Regelungsgefüge eine steuernde Wirkung auf das Niederlassungsverhalten der Vertragsärzte und deren Leistungsentwicklung. 671

Zu diesem Zweck soll der Bewertungsausschuss nach § 87 Abs. 2e Nr. 2 und 3 SGB V i.d.F. GKV-WSG bis zum 31.8.2010 mit Wirkung ab 2011 differenzierte **bundesein-** 672

---

689 Die dem EBM 2000 plus zugrunde gelegte betriebswirtschaftliche Kalkulation war gesetzlich noch nicht vorgeschrieben.

heitliche **Punktwerte** für unter- und überversorgte Gebiete festlegen, mit denen das **ärztliche Niederlassungsverhalten** gesteuert werden kann. Dadurch soll die mit dem GRG zum 1.1.1993 eingeführte und inzwischen als verfehlt angesehene **Bedarfsplanung** entbehrlich werden.[690]

673 Nach § 87 Abs. 3a SGB V i.d.F. GKV-WSG soll der Bewertungsausschuss die Auswirkungen seiner Beschlüsse analysieren und dem BMG Bericht erstatten. Dabei soll er nach Abs. 3b bis 3d der Vorschrift durch ein von der KBV und den Spitzenverbänden der Krankenkassen zum 30.4.2007 neu zu gründendes **Institut** unterstützt werden.

674 Die geschilderten sofort umzusetzenden Maßnahmen sollen der Vorbereitung der Einführung einer **regionalen EUR-Gebührenordnung** auf Basis einer **morbiditätsbedingten Gesamtvergütung** unter Berücksichtigung des Behandlungsbedarfs der Versicherten dienen, die nach § 87a Abs. 1 SGB V zum 1.1.2009 vorgesehen ist. In dieser Gebührenordnung sind zur **Verhinderung einer übermäßigen Ausdehnung** nach § 87b Abs. 2 SGB V **arzt- und praxisbezogene Regelleistungsvolumina** festzulegen. Diese sind anders als früher nach Morbidität zu gewichten und nach Arztgruppen und Versorgungsgraden zu differenzieren, ferner sollen kooperative Versorgungsformen berücksichtigt werden.

V. Besonderheiten der vertragszahnärztlichen Vergütung

675 Für das vertragszahnärztliche Vergütungssystem gelten die Ausführungen zur Gesamtvergütungsvereinbarung und zur Funktion des einheitlichen Bewertungsmaßstabes entsprechend (vgl. Rn 590 ff.). Soweit nach §§ 28 Abs. 2, 29 SGB V zahnärztliche und kieferorthopädische[691] Behandlungen als **Sachleistung** zu gewähren sind, gehen die Kosten in die Gesamtvergütungen ein. Systematische Besonderheiten sind durch Elemente der **Kostenerstattung** bzw. Kombinationen von Eigenanteilen der Versicherten mit Zuschusszahlungen der Krankenkassen bedingt, die in den Leistungsbereichen Zahnersatz und Kieferorthopädie[692] schon immer mehr oder weniger stark verankert waren.[693] Für diese Leistungsbereiche ist deshalb ein besonderes Abrechnungsverfahren zwischen KZVen und Krankenkassen notwendig, welches sich nach §§ 85 Abs. 4c bis 4f SGB V richtet. Änderungen durch das GKV-WSG sind in diesem Bereich nicht erfolgt.

1. Degression

676 Nach § 85 Abs. 4b SGB V wird die im Kalenderjahr erwirtschaftete **Gesamtpunktmenge** eines Vertragszahnarztes **degressiv abgestaffelt**. Das **Punktmengenkontingent**, ursprünglich 350.000, 450.000 und 550.000 Punkte, seit 1.1.2005[694] 262.500, 337.500

---

690 Orlowski/Wasem, Gesundheitsreform 2007, S. 69.
691 Die Kieferorthopädie ist nach § 1 Abs. 2 Gesetz über die Ausübung der Zahnheilkunde eine Teildisziplin der Zahnheilkunde. Sie ist in dem durch die KFO-RL des G-BA definierten Umfang Bestandteil der vertragszahnärztlichen Versorgung. Kieferorthopäden sind weitergebildete Zahnärzte mit Beschränkung auf das Teilgebiet Kieferorthopädie. Sie werden daher in der Bedarfsplanung als eigene Gruppe geführt (Abschn. B. Nr. 1 S. 3 BedarfsplRL-ZÄ).
692 Bei der Kieferorthopädie besteht die Besonderheit, dass die Behandlungen über einen sehr langen Zeitraum andauern, i.d.R. zwölf Quartale, und daher die Vergütung eines Behandlungsfalles in Abschlagszahlungen aufgeteilt werden muss (siehe § 29 SGB V i.V.m. Anlage 6 zum BMV-Z bzw. §§ 14 Abs. 3, 16 EKV-Z).
693 Zum Unterschied zwischen Zuschuss und Kostenerstattung: BSG – 1 RK 40/93, NZS 1994, 556.
694 Vgl. Art. 38 Abs. 8 GMG.

und 412.500 Punkte,[695] erhält jeder zugelassene Vertragszahnarzt, bei Gemeinschaftspraxen jeder Partner. Das Erfordernis der Gleichberechtigung der Partner[696] ist mit dem VÄndG ab 1.1.2007 entfallen. Assistenten werden mit 25 % und angestellte Zahnärzte mit einem vollen Kontingent[697] berücksichtigt.

Für Kieferorthopäden wurden erstmals zum 1.1.2004 die Punktmengenkontingente unter die der Zahnärzte abgesenkt.[698] Bei Überschreiten bestimmter Gesamtpunktmengen reduziert sich der Punktwert für die darüber hinaus gehenden Punkte um 20 %, 30 % und zuletzt um 40 %.

677

Begründet wird die Abstaffelung mit Kosteneinsparungen durch Rationalisierungseffekte in umsatzstarken Praxen, an denen die Krankenkassen beteiligt werden sollen.[699] Gegen die Degressionsregelungen erhobene verfassungsrechtliche Bedenken[700] hält das BSG für nicht begründet.[701]

678

Nach § 85 Abs. 4e SGB V haben die KZVen die Einsparungen aus den Vergütungsminderungen an die Krankenkassen weiterzugeben. Die Vergütungsminderung erfolgt durch **Absenkung der vertraglich vereinbarten Punktwerte** ab dem Zeitpunkt der Grenzwertüberschreitung.[702] Daraus folgt, dass gemeldete Kostenerstattungen und Eigenanteile der Versicherten zur vorzeitigen Grenzwertüberschreitung beitragen, dass diese Leistungen aber selbst nicht gemindert werden können, da sie nicht über die KZV ausbezahlt werden.

679

Führen die KZVen die Punktwertabsenkungen nicht durch, haben die Krankenkassen nach § 85 Abs. 4f SGB V das Recht, alle Forderungen der KZV um 10 % zu mindern. Die von den Krankenkassen gemachten Einbehalte verfallen, wenn die **Vergütungsminderungen** nicht spätestens bis zum vierten Quartal eines Jahres umgesetzt worden sind. Dieses Druckmittel führt in der Praxis dazu, dass die Degressionsabzüge noch vor Ablauf des Kalenderjahres bei den Honoraranforderungen der Vertragszahnärzte vorgenommen werden.

680

Probleme ergeben sich deshalb bei der endgültigen Ermittlung der vom Vertragszahnarzt abgerechneten Gesamtpunktmenge und der daran anknüpfenden wirklichen Vergütungsminderung. Zu erfassen ist die Gesamtmenge, also alle vom Vertragszahnarzt abgerechneten Punkte einschließlich der von den Krankenkassen gemeldeten Kostenerstattungen nach § 13 Abs. 2 SGB V zuzüglich der auf die Eigenanteile der Versicherten entfallenden Punkte.[703] Auch die Punkte für Leistungen gegenüber Krankenkassen,

681

---

695 Die Reduzierung der Gesamtpunktmengen ist durch die Herausnahme des Zahnersatzes aus der Gesamtvergütung mit Einführung der Festzuschüsse nach §§ 55 f. SGB V zum 1.1.2005 begründet (Art. 37 Abs. 8 GMG).
696 Zur Gleichberechtigung eines Partners siehe *Großbölting/Middendorf*, MedR 2003, 93 und LSG Berlin-Brandenburg, Urt. v. 10.1.2007 – L 7 KA 1006/05.
697 Vor Inkrafttreten des VÄndG nur mit 70 %, letztmalig im Jahrgang 2006.
698 Ursache hierfür war eine Abwertung der kieferorthopädischen Leistungen im BEMA-Z nach § 87 Abs. 2d S. 2 SGB V.
699 Amtl. Begründung zum GKV-SolG, BT-Drucks 14/24 S. 19.
700 *Wigge*, NZS 1995, 529.
701 BSG – 6 RKa 25/96, NZS 1998, 194; zuletzt Urt. v. 29.1.2006 – B 6 KA 47/06 B und B 6 KA 23/06 R.
702 Regelungen zur vorläufigen Berechnung der Minderungsbeträge im Gesamtvertrag sind zulässig, BSG, Urt. v. 15.5.2002 – B 6 KA 25/01 R.
703 BSG, Urt. v. 13.5.1998 – B 6 KA 39/97 R; ebenso Beschl. v. 22.11.2004 – B 6 KA 55/04 B.

die nicht am gesamtvertraglichen System beteiligt sind, sind einzubeziehen.[704] Nachträgliche Berichtigungen der Punktmenge sind abzuziehen.

682 Nach dem Gesetzeswortlaut ist das Kontingent des Vertragszahnarztes abweichend von der in § 85 Abs. 4b S. 8 SGB V ausdrücklich angeordneten zeitanteiligen Berücksichtigung nicht ganzjährig beschäftigter Assistenten für ein **Kalenderjahr** zu gewähren. Damit stellt sich die Frage, wie bei Statusänderungen während des Jahres, z.B. Neuzulassung oder Verlust der Zulassung oder Eintritt eines Partners in die Gemeinschaftspraxis, zu verfahren ist. Das BSG hat in dem Spezialfall der Abschaffung der Degressionsregelungen zum 1.7.1997 durch das 2.GKV-NOG, eine pro rata temporis Lösung angenommen.[705] Begründet wurde die zeitanteilige Kontingentierung mit dem Sinn und Zweck der Abstaffelungsregelungen, der nicht mehr gegeben wäre, wenn das Jahreskontingent auch für kürzere Zeiträume zur Verfügung gestellt werden müsste.

683 Über den genauen Zeitpunkt, ab dem die Punktmengengrenze überschritten wird, braucht der Vertragszahnarzt mangels gesetzlicher Regelungen nicht informiert zu werden.[706] Die Degression steht weiteren Honorarbeschränkungen aufgrund eines HVM nicht grundsätzlich entgegen.[707] Der Degressionsabzug ist wegen § 85 Abs. 4e SGB V vor Durchführung der Honorarverteilung zu berechnen und an die jeweiligen Krankenkassen abzuführen.

684 Die Kumulation verschiedener Belastungen ist nicht von vornherein unzulässig. Der Grundsatz der **Verteilungsgerechtigkeit** verbietet jedoch, **Degressionsabzüge** bei Leistungen vorzunehmen, die wegen **Budgetüberschreitung** nicht vergütet wurden.[708] Unter diesem Aspekt müssen die Degressionskontingente auch um die **sachlich-rechnerischen Berichtigungen** bereinigt werden. Ebenso sind die Punkte, die als Maßnahmen in **Wirtschaftlichkeitsprüfungen** nach § 106 Abs. 5 SGB V gestrichen werden, herauszurechnen. Anders ist dies zu beurteilen, wenn die Prüfungs- und Beschwerdeausschüsse Honorarkürzungen losgelöst von der Punktmenge aussprechen. Diese Honorarkürzungen dürfen auch Leistungen betreffen, auf die ein Degressionsabschlag vorgenommen wurde. Allerdings darf daraus keine Doppelbelastung entstehen.[709]

685 Probleme ergeben sich regelmäßig bei der Verrechnung verschiedener Honorarkürzungen, die denselben Zeitraum betreffen. In der Regel wird die zeitnah durchzuführende Degressionskürzung abgeschlossen sein, weshalb eine Anrechnung des Degressionsabschlages bei den nachfolgenden Honorarberichtigungen erfolgen muss.[710]

2. BEMA-Z

686 Der aktuelle BEMA-Z setzt den gesetzlichen Auftrag des § 87 Abs. 2h SGB V[711] um, die Leistungen entsprechend einer **ursachengerechten, zahnsubstanzschonenden und präventionsorientierten Versorgung** insbesondere nach dem Kriterium der erfor-

---

704 Zur Bundesknappschaft vgl. BSG – B 6 KA 53/97 R, SozR 3-2500 § 85 Nr. 25.
705 BSG – B 6 KA 18/04 R, SozR 4-2500 § 85 Nr. 15.
706 BSG, Urt. v. 29.1.2006 – B 6 KA 47/06 B und B 6 KA 23/06 R.
707 BSG – B 6 KA 25/02 R, MedR 2004, 168.
708 BSG – B 6 KA 25/02 R, MedR 2004, 168.
709 Zur insoweit vergleichbaren Berücksichtigung des Praxisbudgets bei nachfolgender Wirtschaftlichkeitsprüfung: BSG – B 6 KA 30/00 R, SozR 3-2500 § 87 Nr. 32; B 6 KA 55/02 R, SozR 4-2500 § 106 Nr. 4.
710 *Harneit*, GesR 2002, 73, 79, plädiert bei späteren Punktzahlreduzierungen für die Wiederholung einer vorangegangenen Degressionsberechnung.
711 Vor Inkrafttreten des GKV-WSG § 87 Abs. 2d SGB V.

derlichen Arbeitszeit gleichgewichtig in und zwischen den Leistungsbereichen für Zahnerhaltung, Prävention, Zahnersatz und Kieferorthopädie zu bewerten. Er wurde vom **Erweiterten Bewertungsausschuss** am 4.6. und 5.11.2003 beschlossen und gilt seit 1.1.2004.

Der **BEMA-Z** ist Bestandteil der **Bundesmantelverträge**, die wiederum Bestandteil der **Gesamtverträge** sind. Insoweit bestehen keine Unterschiede zum vertragsärztlichen System (vgl. Rn 591). Der BEMA-Z enthält neben den **Allgemeinen Bestimmungen** fünf **Teile**, die die Gebühren für folgende **Leistungsbereiche** definieren: Konservierende und chirurgische Leistungen und Röntgenleistungen (KCH) – Individualprophylaxe und Früherkennung (IP); Kieferbruchbehandlungen und Kiefergelenkserkrankungen (Aufbissbehelfe) (KB); Kieferorthopädische Behandlungen (KFO); Systematische Behandlung von Parodonthopathien (PAR); Versorgung mit Zahnersatz und Zahnkronen (ZE). Abweichend zum EBM definiert der BEMA-Z überwiegend Vergütungen für **Einzelleistungen**. Komplexgebühren gibt es nur in den Leistungsbereichen IP, KB und PAR. Besonderheiten ergeben sich aus den gesetzlichen **Zuzahlungs- und Mehrkostenregelungen** bzw. Leistungsausschlüssen in § 28 Abs. 2 SGB V sowie dem **Festzuschusssystem** für Zahnersatzversorgungen nach §§ 55 ff. SGB V.

687

Die Bundesmantelverträge enthalten **Genehmigungserfordernisse** für Leistungen aus den Bereichen KB, PAR, KFO und ZE, die die Vertragszahnärzte zur vorherigen Erstellung eines schriftlichen Behandlungsplanes verpflichten. Die Krankenkassen können die Plangenehmigung von einer vorherigen Begutachtung abhängig machen. Die Verfahren sind im Ersatzkassen- und Primärkassenbereich jeweils unterschiedlich geregelt.[712] Eine weitere Besonderheit enthält Ziff. 3 der Allgemeinen Bestimmungen, die für bestimmte Leistungen, meist kieferchirurgische, auf die GOÄ vom 12.11.1982 verweist.

688

3. Zahnersatz

Die Zahnersatzversorgung war regelmäßiger Gegenstand gesetzlicher Reformbemühungen, seit sie durch das GRG von 1989 in § 30 SGB V eigenständig geregelt worden ist.[713] Zuvor bedurfte es zweier Entscheidungen des BSG, wonach das Fehlen von Zähnen[714] als auch eine Zahn- oder Kieferfehlstellung[715] als Krankheit anzuerkennen sind, die der Leistungspflicht der GKV unterliegen.

689

Seit dem GRG bestand für die **Zahnersatzversorgung** im Wesentlichen folgendes System:

690

Der Zahnarzt plant die Versorgung mittels eines sog. **Heil- und Kostenplanes**, der der zuständigen Krankenkasse zur **Genehmigung**[716] vorgelegt wird. Diese bewilligt auf die voraus berechneten Gesamtkosten für die Kassenleistungen einen (einkommensabhängigen) **Zuschuss**. Die darüber hinausgehenden Kosten hat der Versicherte als Eigenanteil zu tragen. Daneben kann er mit dem Zahnarzt mehr oder weniger umfangreiche Zusatzversorgungen vereinbaren, für die er die Mehrkosten vollständig zu tragen hat.

691

---

712 Z.B. Anlage 12 zum BMV-Z und § 22 EKV-Z für Zahnersatzbegutachtungen.
713 Vgl. § 30 SGB V i.d.F. des GRG, des GSG, des 2. GKV-NOG (mit § 30a SGB V) und des GKV-SolG.
714 BSG – 6 RKa 6/72, NJW 1974, 1445.
715 BSG – 3 RK 93/71, Breithaupt 1973, 177.
716 Zur Klage eines Zahnarztes auf Genehmigung eines HuKP: BSG – B 1 KR 29/02 R, SozR 4-1500 § 55 Nr. 1.

§ 7 Vertragsarztrecht

692 Mit Wirkung zum 1.1.2005 wurde § 30 SGB V durch das GMG abgeschafft und durch ein in §§ 55 ff. SGB V geregeltes neues System ersetzt, welches das bereits mit 2. GKV-NOG für kurze Zeit eingeführte Kostenerstattungsprinzip mit Festzuschüssen wieder aufgreift und weiterentwickelt. Nach § 55 Abs. 1 SGB V müssen die Krankenkassen ihren Mitgliedern eine Zahnersatzversicherung als **Satzungsleistung** anbieten, die **Festzuschüsse** für notwendige, anerkannte Versorgungsformen vorsieht. Für über die Regelversorgung hinausgehende Versorgungsformen hat der Versicherte nach § 55 Abs. 4 SGB V die Mehrkosten zu tragen.

693 Der G-BA hat nach § 56 Abs. 1 SGB V in den **Festzuschuss-Richtlinien** vom 3.11.2004 unter Berücksichtigung der in § 56 Abs. 2 SGB V normierten Vorgaben die Befunde festgelegt, für die Festzuschüsse zu gewähren sind. Es handelt sich insofern um eine gesetzliche Ausnahme vom **Sachleistungsprinzip** in Form einer **Kostenerstattungsregelung**, die den Abschluss eines **Behandlungsvertrages** zwischen Vertragszahnarzt und Versicherten voraussetzt. Nach § 87 Abs. 1a S. 3 ff. SGB V i.V.m. den Bestimmungen im BMV-Z hat der Zahnarzt mittels eines Heil- und Kostenplanes die **Regelversorgung** und die tatsächlich geplante Versorgung zu kalkulieren, auf dem die Krankenkasse den Festzuschuss bewilligt.

694 Die Abrechnung der Zahnersatzversorgung ist nach § 87 Abs. 1a S. 1 SGB V gegenüber dem Versicherten vorzunehmen. Nur die Festzuschüsse werden gegenüber der KZV zu einem nach § 57 Abs. 1 SGB V von den Partnern der Bundesmantelverträge vereinbarten bundeseinheitlichen Punktwert abgerechnet (§ 87 Abs. 1a S. 8 SGB V). Abrechnungsgrundlage für die einzelnen Leistungen ist Teil 5 BEMA-Z. Die entstehenden **zahntechnischen Laborkosten** sind sowohl bei der Planung und als auch bei der Abrechnung des Zahnersatzes zu belegen.

695 Die Krankenkasse kann nach Anlage 12 BMV-Z bzw. § 25 EKV-Z die Zahnersatzplanung wie auch den fertigen Zahnersatz **begutachten** lassen. Im Falle von **Mängeln** ist ein für die Bereiche der Regionalkassen und Ersatzkassen unterschiedlich geregeltes Mängelrügeverfahren durchzuführen, das zum Regress der Zahnersatzkosten gegenüber dem Zahnarzt führen kann.

696 Die **abrechnungsfähigen zahntechnischen Leistungen** sind nach § 88 Abs. 1 SGB V in einem von den Spitzenverbänden der Krankenkassen und dem Verband Deutscher Zahntechnikerinnungen erstellten **bundeseinheitlichen Verzeichnisses** (BEL) festgelegt. Die Höhe der Preise für das Zahnlabor werden auf Landesebene zwischen den Verbänden der Krankenkassen und den **Innungsverbänden der Zahntechniker** nach § 88 Abs. 2 SGB V vereinbart. Durch die Notwendigkeit, die Festzuschüsse bundeseinheitlich festzulegen, wurde in § 57 Abs. 2 SGB V die Preisvereinbarungskompetenz für die Regelversorgungen mit Wirkung zum 1.1.2005 den Bundesverbänden übertragen.

697 Vertragszahnarzt und Zahntechniker schließen einen **Werkvertrag** nach § 632 ff. BGB mit öffentlich-rechtlich ausgestalteter Preisobergrenze.[717]

698 Unter Bezugnahme auf § 670 BGB wird vor allem von den Krankenkassen die Auffassung vertreten, die Zahnersatzkosten stellen beim Zahnarzt einen durchlaufenden Posten dar, der ohne Aufschlag weiter berechnet werden müsse.[718] Auftraggeber soll der

---

[717] BSG – 14a/6 RKa 67/91, NZS 1993, 412.
[718] Ebenso LG Duisburg, Urt. v. 22.9.2004 – 34 KLs 6/04 im Verfahren gegen die Verantwortlichen der Fa. Globudent.

H. Das vertragsärztliche Vergütungssystem § 7

Patient sein.[719] Die Auffassung übersieht, dass § 670 BGB dispositiv ist und dass der Zahnarzt beim Abschluss des Werkvertrages mit dem Zahntechniker nicht Vertreter des Patienten ist, sondern im eigenen Namen und auf eigene Rechnung handelt. Welche ihm aus dem Werkvertragsverhältnis entstehenden Kosten der Zahnarzt weiterberechnen darf, muss sich richtigerweise nach dem Inhalt des Behandlungsvertrages mit dem Patienten richten.

Da der Zahnarzt zivilvertraglich gegenüber dem Patienten und nach § 137 Abs. 4 S. 3 SGB V i.d.F. GKV-WSG[720] gegenüber der Krankenkasse die Gewährleistung für den Zahnersatz übernehmen muss, ohne dass ihm ein deckungsgleicher Rückgriffsanspruch gegenüber dem Zahntechniker zusteht, ist bei vernünftiger wirtschaftlicher Betrachtungsweise die Vereinbarung eines Risiko-Aufschlages auf die Fremdlaborkosten nicht per se ausgeschlossen. Der Preisaufschlag kann auch dadurch zu Stande kommen, dass später vom Zahnlabor eine Rückvergütung gewährt wird.[721] Die geltenden Höchstpreise bilden weiterhin die Obergrenze, wodurch die Interessen der Krankenkassen ausreichend gewahrt sind. Unterhalb der Obergrenzen haben die Beteiligten des konkreten Behandlungsverhältnisses Vertragsautonomie. **699**

Im **Heil- und Kostenplan** müssen Angaben zum Herstellungsort des Zahnersatzes gemacht werden. Ferner muss erkennbar sein, ob die zahntechnischen Leistungen von Zahnärzten erbracht werden. Außerdem ist die **Konformitätserklärung** nach Medizinprodukterecht beizufügen (§ 87 Abs. 1a S. 4–7 SGB V). Laut Gesetzesbegründung sollen durch diesen nicht unerheblichen bürokratischen Aufwand Abrechnungsmanipulationen mit im Ausland hergestelltem Zahnersatz zu Lasten Versicherter und Krankenkassen entgegen gewirkt werden. Damit soll eine „Verbesserung der Transparenz im Hinblick auf die Qualität des Zahnersatzes" erreicht werden.[722] **700**

Der Gesetzgeber übersieht, dass die Konformitätserklärung keinen Einfluss auf die Qualität haben kann, weil der Zahnersatz als Sonderanfertigung von der CE-Kennzeichnungspflicht ausgenommen ist und der Hersteller die Konformitätserklärung selbst ohne Drittbegutachtung ausstellen darf. Auch unterliegen ausländische Anbieter und Zwischenhändler weder den Bestimmungen des SGB V, noch können die Zahntechnikerinnungen zu deren Lasten Vereinbarungen mit den Krankenkassen abschließen.[723] **701**

Unberücksichtigt bleibt, dass der deutsche Importeur nach § 5 MPG als Hersteller gilt und dass es keine von den in Deutschland gültigen Höchstpreisen abweichende Preisregelungen für Importzahnersatz gibt. Ob der Importeur den Zahnersatz deshalb im eigenen Namen verkaufen darf, bemisst sich nach seinen Vertriebsrechten. Welchen Preis er für seinen Zahnersatz verlangen darf, unterliegt der Vereinbarung mit seinen **702**

---

719 Mit den Krankenkassen besteht kein Auftragsverhältnis, auch wenn man die Auffassung vertritt, zwischen Vertragszahnarzt und GKV-Patient besteht ein öffentlich-rechtliches Versorgungsverhältnis und kein Behandlungsvertrag, siehe dazu Rn 186.
720 Ehemals § 136b Abs. 4 S. 3 SGB V.
721 Das BSG hat die Frage, ob der Zahnarzt die ihm vom Zahntechniker gewährten Preisnachlässe, Rabatte o. Ä. an die Versicherten weitergeben muss, ausdrücklich offen gelassen (14a/6 RKa 22/91 – NZS 1993, 35). Von der Zivil- bzw. Strafgerichtsbarkeit wird der Einbehalt von „Kick-back"-Zahlungen ohne nähere Begründung als Betrug an den zahlungspflichtigen Krankenkassen gewertet (LG Duisburg, Urt. v. 22.9.2004 – 34 KLs 6/04). Entsprechende Vereinbarungen zwischen Zahnarzt und Zahntechniker sollen nach § 134 BGB nichtig sein (OLG Köln – 11 W 13/02 – GesR 2002, 40, ebenfalls ohne nähere Begründung des unterstellten Betrugstatbestandes).
722 BT-Drucks 15/1525 S. 104.
723 § 57 Abs. 1 SGB X.

Kunden. Dem Gesetz ist nicht zu entnehmen, dass die Verkaufspreise unterhalb der gültigen Höchstpreise angesetzt werden müssen, wenn die tatsächlichen Gestehungskosten der zahntechnischen Arbeiten niedriger waren.[724] Die Regelungen in § 87 Abs. 1a SGB V können allenfalls verhindern, dass Zahnärzte im Ausland bezogene zahntechnische Leistungen als eigene Laborleistungen zu den deutschen Höchstpreisen weiterberechnen.

I. Das vertragsärztliche Honorar

Literatur

Bäune/Dahm, Auswirkungen der Schuldrechtsreform auf den ärztlichen Bereich, MedR 2004, 645; **Beeretz**, Abrechnungsprüfung in der vertragsärztlichen Versorgung, ZMGR 2003, 103; **Ehlers/Igl**, Eckpfeiler der Gesundheitsreform – „Das Honorarkorsett der KV" – Die wesentlichen Neuerungen bei der Überprüfung der vertragsärztlichen Honorarabrechnung, ArztuR 2003, 155; **Jäger/Ehrismann**, Besonderheiten bei der Bemessung vertragsärztlicher Honorarforderungsbeträge nach durchgeführter sachlich-rechnerischer Richtigstellung, GesR 2002, 46; **Kuhlen**, Haben Klagen gegen Bescheide der Kassenärztlichen Vereinigungen bzw. der Prüfgremien aufschiebende Wirkung? ArztuR 2002, 65; **ders.**, Ist die Überschreitung des Praxisbudgets auch bei Plausibilitätsprüfungen zugunsten des Arztes zu berücksichtigen?, ArztuR 2006, 138; **Pollandt**, Plausibilitätsprüfung nach Zeitprofilen, ArztR 2005, 99; **Sodan**, Rückwirkende Korrekturen vertrags(zahn)ärztlicher Gesamtvergütungsverträge und Honorarbescheide als Rechtsproblem, NZS 2003, 57 und NZS 2003, 130; **Steinhilper**, Die Plausibilitätsprüfung nach neuem Recht (§ 106a SGB V), MedR 2004, 597; **Stiller**, Der Honoraranspruch des „überbeschäftigten" Kassenarztes, 1992; **Wehebrink**, Plausibilitätsprüfung – Die Praxisgemeinschaft als „faktische Gemeinschaftspraxis" – Zur Abrechnung ärztlicher Leistungen in einer Praxisgemeinschaft bei auffällig hoher Patientenidentität; NZS 2005, 400; **Wiesner**, Die Aufhebbarkeit von Honorarbescheiden im Vertragsarztrecht, SGb 1997, 150.

1. Der Anspruch auf Honorierung

703 Das SGB V definiert keinen Tatbestand eines **Honoraranspruches** für die erbrachten vertragsärztlichen Leistungen. Unmittelbare Erfüllungs- und Honorierungsansprüche entstehen auch nicht aus dem mit dem Patienten geschlossenen **Behandlungsverhältnis** (zum Behandlungsvertrag siehe Rn 184). Die Vertragsärzte nehmen lediglich kraft ihrer Zulassung nach § 95 Abs. 3 SGB V am **vertragsärztlichen Vergütungssystem** teil, aus dem sich erst auf Grundlage des EBM und nach Anwendung der Honorarverteilungsregelungen ein konkreter Honoraranspruch ergibt (ausführlich dazu siehe Rn 718 ff.).

704 Aus dem Gebot der **angemessenen Vergütung** der ärztlichen Leistungen resultiert kein Anspruch auf höhere Vergütung als die, die sich nach zutreffender Anwendung der Honorarverteilungsregelungen ergibt.[725]

705 Gläubiger des sich insoweit noch im Stadium einer **Anwartschaft** befindlichen Honoraranspruches ist der nach materiellem Recht Berechtigte, also derjenige Vertragsarzt, der die Leistung erbracht hat, oder die Berufsausübungsgemeinschaft oder das MVZ, deren Mitglieder im jeweiligen Quartal die Leistung erbracht haben. Dabei kommt ist nicht darauf an, dass die Zusammensetzung der Ärzte zum Abrechnungszeitpunkt unverändert ist, wenn die Gesellschaft, der der Anspruch zusteht, als solche noch fortbesteht oder die Rechtsnachfolge des ursprünglichen Anspruchsinhabers angetreten ist.

---

724 Ebenso LG Duisburg, Urt. v. 22.9.2004 – 34 KLs 6/04. Die gesetzlichen Regelungen verbieten nur die Überschreitung der Höchstpreise, vgl. BSG – 14a/6 RKa 22/91, NZS 1993, 35.
725 BSG – 6 RKa 5/94, NZS 1995, 377.

§ 7 I. Das vertragsärztliche Honorar

1. Honoraranforderung

Die Teilnahme des Vertragsarztes am Honorarverteilungsverfahren setzt hinsichtlich des Entstehens eines Honorierungsanspruches im konkreten Behandlungsfall nach § 15 Abs. 2 i.V.m. § 291 Abs. 1 SGB V[726] voraus, dass der GKV-Patient vor Beginn der Behandlung seine **Versichertenkarte** vorlegt und damit seine Berechtigung zum Bezug vertragsärztlicher Leistungen nachweist. Die auf der „Chipkarte" ausgewiesenen Versichertendaten[727] werden in die Praxis-EDV mittels von der KV lizenzierten Datenträgerlesegeräten eingelesen. Die auf der Versichertenkarte erfassten Daten des Patienten ermöglichen die Verwendung der für das weitere Abrechnungsverfahren vorgeschrieben Vordrucke, insbesondere des Abrechnungsscheins, der Überweisungsscheine und Rezepte.[728]

706

a) Honorarabrechnung

In der durch Einlesen der Chipkarte angelegten Datenstruktur sind zu jedem **Abrechnungsquartal** die in § 295 Abs. 1 SGB V geforderten Behandlungsdaten des Versicherten, vor allem die nach ICD10 verschlüsselten Diagnosen,[729] zu erfassen. Diese werden ergänzt um die den erbrachten Behandlungsleistungen zugeordneten Gebührenpositionen des EBM-Ä bzw. BEMA-Z. Die auf diese Weise gewonnenen Abrechnungsdaten der einzelnen Behandlungsfälle werden zu einer **Quartalsabrechnung** zusammengefügt, die in der Regel elektronisch mittels Diskette bei der zuständigen KV zu Abrechnungszwecken eingereicht wird. Die **Abrechnungsbestimmungen der KVen** sehen dazu **Abrechnungsfristen** vor. In der Regel muss die Quartalsabrechnung binnen elf Tagen nach Abschluss des jeweiligen Abrechnungsquartals eingereicht werden. Nachreichungsfristen sind für bestimmte Fälle normiert.

707

Die Fristen für die Abgabe der Quartalsabrechnung dürfen auch ohne gesetzliche Ermächtigung als **Ausschlussfrist** ausgestaltet werden.[730] Allerdings müssen sie im Hinblick auf den verfassungsrechtlich geschützten Honoraranspruch des Vertragsarztes je nach Grund der Fristversäumnis verhältnismäßig differenziert und abgestuft werden.

708

b) Garantieerklärung

§ 35 Abs. 2 BMV-Ä bzw. § 34 Abs. 1 EKV-Ä verlangen zusätzlich zu der entweder aus den Behandlungsausweisen oder der Abrechnungsdiskette bestehenden Quartalsabrechnung eine **schriftliche Bestätigung** des abrechnenden Vertragsarztes, wonach er die **sachliche Richtigkeit der Abrechnung** und ggf. die Einhaltung weiterer vertragsarztrechtlicher Bestimmungen garantiert.[731] Die Erklärung ist eine eigenständige Voraussetzung für die Entstehung des Vergütungsanspruchs.[732] Ohne unterzeichnete **Garantie-**

709

---

726 I.V.m. § 13 Abs. 1 BMV-Ä/§ 7 Abs. 1 EKV-Ä bzw. § 8 Abs. 1 BMV-Z/§ 12 Abs. 1 EKV-Z.
727 Siehe dazu § 291 Abs. 2 SGB V.
728 Die Bundesmantelverträge enthalten nach § 295 Abs. 3 SGB V sog. Vordruckvereinbarungen, z.B. Anlagen 2 und 2a BMV-Ä, in der die Verwendung bestimmter Formularmuster für das gesamte Abrechungsverfahren verbindlich vorgeschrieben ist.
729 Eine Darstellung des ICD10 enthält www.dimdi.de/static/de/klassi/diagnosen/icd10/.
730 BSG – B 6 KA 19/04 R, SozR 4-2500 § 85 Nr. 19.
731 Die Bezeichnung „Sammelerklärung" weist darauf hin, dass damit die früher auf jedem einzelnen Abrechnungsschein durch Unterschrift dokumentierte Richtigkeitsbestätigung ersetzt wurde.
732 BSG – 6 RKa 86/95, SozR 3-5550 § 35 Nr. 1 = MedR 1998, 338.

erklärung wird bei den KVen in der Regel die Quartalsabrechnung nicht weiter bearbeitet.

710 Der genaue Wortlaut der sog. Sammel- oder Garantieerklärungen wird gesamtvertraglich zwischen KVen und Krankenkassen vereinbart. Umfang und Formulierung der Erklärung sind daher in den einzelnen KV-Bezirken unterschiedlich. Neben der Richtigkeit der Abrechnung muss der Vertragsarzt zusätzlich versichern, dass er die grundsätzlichen Verpflichtungen zur **persönlichen Leistungserbringung**, die **Fachgebietsgrenzen** und alle möglichen sonstigen vertragsärztlichen Bestimmungen, die Einfluss auf die **Qualität** der Leistungen haben können, eingehalten hat.

711 Die Rechtsqualität einer **Sammelerklärung** ist nicht geklärt, lediglich die Folgen einer falschen Erklärung sind festgelegt. Da der Vertragsarzt in einem öffentlich-rechtlichen Mitgliedschaftsverhältnis zur KV steht, die ihn zur Abgabe einer solchen Erklärung verpflichtet, kann diese nicht als **selbständiges vertragliches Garantieversprechen** qualifiziert werden, wonach der Erklärende sich bereit erklärt, für einen bestimmten Erfolg einzustehen oder die Gefahr eines künftigen Schadens zu übernehmen.[733] Die Annahme einer vertraglichen Vereinbarung verbietet sich auch deshalb, weil der erklärende Vertragsarzt keine Möglichkeit hat, gestalterisch auf den Erklärungsinhalt einzuwirken, geschweige denn die Abgabe der Erklärung zu verweigern.

712 Geht man von der vom BSG schon früh aufgestellten **Grundpflicht** des Vertragsarztes zur **peinlich genauen Abrechnung** aus[734] und berücksichtigt man dabei die große Datenmenge einer Quartalsabrechnung, die hinsichtlich ihrer Richtigkeit nur mit erheblichem Aufwand und in letzter Konsequenz wahrscheinlich gar nicht geprüft werden kann, ergibt sich zwanglos die Notwendigkeit, die Richtigkeit und Vollständigkeit der eingereichten Abrechnungsunterlagen bzw. elektronischen Daten zu bestätigen und nach Meinung des BSG sogar zu garantieren.[735] Die Sammelerklärung dient diesem Zweck. Sie ist daher ein **Glaubhaftmachungsmittel** einfacher Art nach § 23 Abs. 1 SGB X. Folge dieser Einschätzung ist, dass die KV auf die Sammelerklärung verzichten kann, wenn sie sich anderweitig von der Ordnungsgemäßheit der Honoraranforderung überzeugt hat. Aus diesem Grunde reicht die Unterzeichnung durch einen vertretungsberechtigten Gesellschafter einer Berufsausübungsgemeinschaft aus.

713 Aus der **Garantiefunktion** der Sammelerklärung resultiert der Anspruch des Vertragsarztes auf Festsetzung seines Quartalshonorars in dem angemeldeten Umfang. Entfällt die Garantiewirkung, weil sich die Unrichtigkeit der Abrechnung teilweise oder im Ganzen herausstellt, führt dies zum Wegfall des Honoraranspruchs bzw. soweit das Honorar bereits festgesetzt ist, zur nachträglichen **Aufhebbarkeit des Honorarbescheides**.[736]

714 Folgenreich ist die Auffassung des BSG, dass die Garantiewirkung der Sammelerklärung grundsätzlich immer im Ganzen mit Wirkung für die gesamte Quartalsabrechnung entfällt. Das BSG hat dabei offen gelassen, ob die Garantiewirkung im Einzelfall auch nur für Teile der Abrechnung entfällt, wenn sich die Erklärung ausdrücklich darauf bezieht. Das ist zu bejahen, weil sonst der Erklärungsinhalt nicht berücksichtigt werden würde und damit der Erklärungswert der Garantie insgesamt in Frage gestellt werden müsste.

---

[733] Zur Garantierklärung allgemein vgl. BGH – IX ZR 172/95, NJW 1996, 2569.
[734] BSG – 6 RKa 4/76, SozR 2200 § 368a Nr. 3; zuletzt BSG – B 6 KA 67/03 R, MedR 2005, 311.
[735] BSG – B 6 KA 19/04 R, SozR 4-2500 § 85 Nr. 19.
[736] BSG – B 6 KA 19/04 R, SozR 4-2500 § 85 Nr. 19.

Damit die KV nicht nur einen einzigen falsch abgerechneten Fall aufdecken muss, um die gesamte Quartalsabrechnung Fall zu bringen, soll in Anlehnung an §§ 45 Abs. 2 S. 3 Nr. 2, 48 Abs. 1 S. 2 Nr. 2 SGB X, nach denen ein Begünstigter u.a. dann nicht auf die Bestandskraft eines begünstigenden Verwaltungsaktes vertrauen kann, soweit der Verwaltungsakt auf vorsätzlich oder grob fahrlässig unrichtig gemachten Angaben beruht, nur eine **vorsätzliche oder grob fahrlässig falsche Sammelerklärung** zur Aufhebung des gesamten Honorarbescheides führen. Die Sammelerklärung ist dann vorsätzlich oder grob fahrlässig falsch, wenn der erklärende Vertragsarzt den Abrechnungsfehler kennt oder kennen musste. Versehentlich unrichtige Angaben reichen dazu nicht.[737] Der Wegfall der Garantiefunktion der Sammelerklärung führt zur **Rechtswidrigkeit des Honorarbescheides** im Ganzen. Die KV kann das Honorar für die ordnungsgemäß erbrachten und abgerechneten Leistungen schätzen.[738]

715

Im Falle des Todes eines Vertragsarztes verlangen manche KVen, dass der Rechtsnachfolger der insoweit übergegangenen Honoraranwartschaft die Sammelerklärung als Abrechnungsvoraussetzung unterzeichnet. Dabei liegt es auf der Hand, dass die vom BSG der Sammelerklärung zuerkannte Garantiewirkung nicht eintreten kann, wenn der unterzeichnende Erbe keine eigene Kenntnis der Abrechnungsvorgänge hat. Andererseits wäre es unbillig, die Höhe des geerbten Honoraranspruches nur deswegen der Schätzung der KV zu überlassen. Gewährt man in diesem Fall allerdings dem Erben mangels erkennbarer Abrechnungsfehler einen ungeschmälerten Honoraranspruch, kann die Sammelerklärung offensichtlich nicht die Garantiewirkung entfalten, die das BSG ihr im Normalfall zumisst.

716

In diesem Zusammenhang ist auch zu berücksichtigen, dass der Vertragsarzt keinen Einfluss auf den Inhalt der Garantieerklärung hat. Gibt der Vertragsarzt die Garantieerklärung nicht ab oder macht er Vorbehalte, riskiert er die Vorenthaltung seines Quartals-Honorars. Deswegen darf einer solchen Erklärung nicht die gleiche Rechtswirkung zugemessen werden, wie einer freiwillig abgegebenen Erklärung.

717

2. Die Honorarfestsetzung

Die Honoraranforderung wandelt sich durch die in der Sammelerklärung abgegebenen Richtigkeitsgarantien zum **Honoraranspruch**.[739] Dieser Honoraranspruch kann durch Auszahlung im Verwaltungswege erfüllt werden. Er kann aber auch mit weiteren verwaltungsrechtlichen Feststellungen verbunden werden, die die Festsetzung des Honoraranspruches durch **Verwaltungsakt** erforderlich machen. Der Anspruch verjährt in vier Jahren.[740]

718

a) Verfahren

Das Verfahren der Honorarfestsetzung und Auszahlung ist in gesonderten **Abrechnungsbestimmungen** oder in den **Honorarverteilungsmaßstäben** der KVen geregelt. Aus der Verpflichtung der KVen nach § 75 Abs. 1 S. 1 SGB V, den Krankenkassen und deren Verbänden gegenüber die Gewähr dafür zu übernehmen, dass die vertragsärztliche Versorgung den gesetzlichen und vertraglichen Erfordernissen entspricht, folgt

719

---

737 BSG – B 6 KA 19/04 R, SozR 4-2500 § 85 Nr. 19.
738 BSG – B 6 KA 19/04 R, SozR 4-2500 § 85 Nr. 19.
739 BSG – B 6 KA 19/04 R, SozR 4-2500 § 85 Nr. 19.
740 BSG – 6 RKa 17/94, NJW 1996, 3103.

die Verpflichtung der KVen, die Honoraranforderungen der Vertragsärzte auf **Richtigkeit zu überprüfen und Fehler zu korrigieren**.[741] Entsprechende Befugnisse zur **sachlich-rechnerischen Richtigstellung** gewähren **die Bundesmantelverträge** (vgl. § 45 Abs. 1 und 2 BMV-Ä/§ 34 Abs. 4 EKV-Ä bzw. § 19 lit b BMV-Z/§ 17 Abs. 1 EKV-Z).

720 Unter ordnungsgemäßer Abrechnung ist die **Einhaltung des Regelwerks** zu verstehen. Die Abrechnungsregelungen für die Vertragsärzte sind im **EBM** und die für die Vertragszahnärzte im **BEMA-Z** enthalten, weshalb die Honoraranforderungen in erster Linie auf diesbezügliche Übereinstimmung zu prüfen sind. Wegen des Umfangs der Einzelleistungen kann nur eine formale und summarische Prüfung anhand standardisierter EDV-Programme erfolgen. In der Regel werden damit folgende Formalien abgeglichen:

- die aus der Zulassung oder Ermächtigung resultierende Teilnahmeberechtigung des abrechnenden Vertragsarztes;
- die Zuordnung der Behandlungsfälle/Abrechnungsscheine zu den Krankenkassen;
- das Vorliegen der Genehmigungen für genehmigungspflichtige Leistungen;
- die Einhaltung der Fachgebietsgrenzen;
- die Übereinstimmung der auf Überweisungsschein abgerechneten Leistungen mit dem Überweisungsauftrag;
- die gebührenordnungsgemäße Richtigkeit der abgerechneten Leistungen dahingehend, dass Diagnosen und Leistungen inhaltlich in Einklang stehen und dass Leistungsausschlüsse, Anzahl- oder Mengenbegrenzungen eingehalten sind.

721 Entdeckte Abrechnungsfehler werden von der Honoraranforderung abgesetzt bzw. in zutreffende Gebühren umgesetzt.

b) Der Honorarbescheid

722 Das vom Vertragsarzt mit der Quartalsabrechnung angeforderte Honorar wird nach summarischer Prüfung von der KV in einem eigenen **Honorarbescheid** festgesetzt. Der Honorarbescheid oder die Honorarfestsetzung sind Verwaltungsakte im Sinne von § 31 SGB X, die nach § 35 Abs. 1 SGB X zu begründen sind.

723 Die **Bekanntgabe** des Bescheides hat nach § 37 Abs. 1 SGB X an den Betroffenen zu erfolgen, also den Vertragsarzt, der den Honoraranspruch geltend macht. Bei einer Gemeinschaftspraxis genügt die Bekanntgabe an einen Gesellschafter.[742] Bei einem MVZ wenden sich die KVen unter Berufung auf § 95 Abs. 2 S. 2 SGB V an den ärztlichen Leiter. Bei einer juristischen Person hat die Bekanntgabe jedoch, soweit der ärztliche Leiter nicht bevollmächtigt ist (arg. § 37 Abs. 1 S. 2 SGB X) nach § 11 Abs. 1 Nr. 3 SGB X an den gesetzlichen Vertreter zu erfolgen.[743]

724 In der **Begründung** sind die Honoraranforderung, die der Berechnung zugrunde gelegt wurde, die angewandten Budgetierungs- oder Abstaffelungsmechanismen, die rech-

---

[741] Jörg, Rn 400; KassKomm/Hess, SGB V, § 75 Rn 9.
[742] Zur Bekanntgabe eines Honoraraufhebungsbescheides an nur einen Partner einer Gemeinschaftspraxis siehe BSG – B 6 KA 3/01 R, SozR 3-2500 § 82 Nr. 3.
[743] Von der Bekanntgabe zu unterscheiden ist die Frage, wer Inhaber des Honoraranspruches ist. Inhaber ist zunächst der hinter dem Vertragsarztstatus stehende Rechtsträger (natürliche Person bzw. Trägergesellschaft bei Berufsausübungsgemeinschaft oder MVZ) oder der Rechtsnachfolger, der zivilrechtlich den Honoraranspruch erworben hat.

nerisch angesetzten Punktwerte und die vorgenommenen Abzüge, insbesondere die Gebührenrichtigstellungen, anzugeben.[744]

Der Honorarbescheid kann aus mehreren Bestandteilen bestehen, die unter Umständen selbständig angreifbar sind. Neben der eigentlichen Honorarfestsetzung können die **sachlich-rechnerischen Richtigstellungen** einen eigenständigen Regelungscharakter aufweisen, was viele KVen zum Anlass nehmen, neben einem honorarfestsetzenden Verwaltungsakt einen eigenen **Richtigstellungsbescheid** zu erlassen. 725

Das **Rechtsbehelfsverfahren** richtet sich gemäß § 22 SGB X nach den Vorschriften des SGG. Danach ist gegen Honorarbescheide der Rechtsbehelf des **Widerspruchs** nach § 84 Abs. 1 SGG gegeben. Die Widerspruchsfrist beträgt einen Monat ab Bekanntgabe des Honorarbescheids, sofern dieser mit einer Rechtsbehelfsbelehrung nach § 66 Abs. 1 SGG versehen war. Andernfalls läuft eine Jahresfrist. 726

> *Hinweis* 727
> Nach § 84 Abs. 4 S. 9 SGB V haben Widersprüche gegen Honorarfestsetzungs-, Änderungs- oder Honoraraufhebungsbescheide keine aufschiebende Wirkung.

Widerspruchsgegenstand ist der gesamte Honorarbescheid, soweit sich dem Widerspruchsbegehren keine ausdrücklichen Einschränkungen entnehmen lassen.[745] Erlässt die KV neben oder im Anschluss an den Honorarbescheid **Mehr- oder Nachvergütungsbescheide**, sind diese vom Widerspruch gegen den Honorarbescheid nicht umfasst, weil § 86 SGG erfordert, dass in den Regelungssatz des früheren Honorarbescheides durch den späteren Bescheid eingegriffen wird und damit zumindest teilweise derselbe Streitgegenstand betroffen ist.[746] 728

Aus verwaltungsökonomischen Gründen werden den Honorarbescheiden in der Regel weitere Unterlagen beigefügt. So ist es gängige Praxis, dass die Leistungsstatistiken, welche nach §§ 296 und 297 SGB V Grundlage der Wirtschaftlichkeitsprüfungen nach § 106 SGB V sind, mit den Honorarbescheiden an die Ärzte versandt werden. Ferner werden Mitteilungen über das Verordnungsverhalten beigefügt. Auch nutzen manche KVen die postalische Versendung der Honorarbescheide dazu, Rundschreiben und Bekanntmachungen in anderer Sache den Unterlagen beizufügen. 729

> *Praxistipp* 730
> Für den Anwalt ist es wichtig zu wissen, dass sich die Honorarbescheide in der Regel nicht auf dasjenige Blatt beschränken, auf dem die Gesamtsumme ausgewiesen ist. Leider neigen viele Ärzte dazu, nur diesen Teil der Unterlagen zur Kenntnis zu nehmen, weshalb es in der Praxis häufig erforderlich ist, die Mandanten aufzufordern, auch die übrigen Bestandteile der postalischen Zusendung zeitnah zur Kenntnis zu nehmen, ggf. zur Analyse mitzubringen und in jedem Fall aufzuheben.

c) Vorläufigkeit der Honorarfestsetzung

Ein Honorarbescheid wird erst in vollem Umfang verbindlich, wenn die Honoraranforderung umfassend auf **sachlich-rechnerische Richtigkeit** und auf **Wirtschaftlichkeit** der Leistungserbringung (§ 106 SGB V) überprüft worden ist oder wenn sie wegen Ab- 731

---

744 BSG – B 6 KA 44/03 R, MedR 2005, 538.
745 BSG – B 6 KA 77/03 R, MedR 2005, 725.
746 BSG – B 6 KA 45/03 R, MedR 2006, 65.

laufs der jeweiligen Fristen zur Überprüfung nicht mehr überprüft werden kann (ausführlich dazu siehe Rn 762 ff.).[747]

732 Das folgt aus den sich aus dem vertragsärztlichen Vergütungssystem ergebenden Unwägbarkeiten. Zum einen kann die zur Honorierung der Vertragsärzte benötigte Gesamtvergütung erst nach abschließender Festsetzung aller Honoraranforderungen endgültig berechnet werden kann, woraus sich dann auch die endgültig bezahlbaren Punktwerte ergeben. Zum anderen stehen die fortwährend möglichen nachträglichen Honorarrichtigstellungen einer endgültigen Honorarfestsetzung entgegen. Da andererseits eine schnelle und möglichst umfassende Auszahlung der zur Honorarverteilung zur Verfügung stehenden Beträge den Interessen der Vertragsärzte entspricht, liegt eine den § 328 SGB III, § 165 AO vergleichbare Situation vor, der durch die Vorläufigkeit von Honorarbescheiden Rechnung zu tragen ist.[748]

733 Ergänzend ordnen die Honorarverteilungsmaßstäbe in der Regel ohnehin die **Vorläufigkeit** der Honorarfestsetzungen an. Ferner sind in deren allgemeinen Bestimmungen zahlreiche **Vorbehalte** bis hin zu Generalvorbehalten enthalten, die die Endgültigkeit der Honorarfestsetzung verhindern sollen. Manche KVen nehmen zusätzlich spezielle Vorbehalte in die Honorarbescheide auf.

734 Der Anbringung eines **Widerrufsvorbehalts** nach § 32 Abs. 2 Nr. 3 SGB X bedarf es nicht, weil damit nur die spätere Aufhebung eines rechtmäßigen begünstigenden Verwaltungsaktes für die Zukunft möglich wäre, aber nicht die Rückforderung der in der Vergangenheit auf Grundlage des Honorarbescheides ausbezahlten Leistungen.[749]

735 Der **Vorläufigkeit der Honorarbescheide** steht das **Interesse der Vertragsärzte** an einer Kalkulierbarkeit ihrer Einnahmen entgegen, weshalb die Vorläufigkeit nicht schrankenlos gegeben ist. Ein genereller Berichtigungsvorbehalt ohne konkreten Anlass würde dem Honorarbescheid seinen Regelungscharakter nehmen. Die KV muss daher angeben, unter welchen konkreten Voraussetzungen und in welchem ungefähren Umfang sie sich auf die Vorläufigkeit des Bescheides berufen will.[750] Diese Hinweise müssen nicht im Honorarbescheid enthalten sein, wenn die Vertragsärzte anderweitig informiert wurden, beispielsweise in Rundschreiben.[751] Aus dem gleichen Grunde darf die Vorläufigkeit nicht so weit reichen, dass damit das Gesamthonorar um erhebliche Anteile reduziert werden könnte.[752]

736 Der Vorläufigkeitscharakter und die Überprüfungsvorbehalte verdrängen die **Anwendbarkeit der allgemeinen Rücknahme- und Widerrufsvorschriften** nach §§ 44 ff. SGB X,[753] es sei denn der Vertragsarzt kann sich im Falle der Rücknahme eines bestandskräftigen Honorarbescheides auf **Vertrauensschutz** im Sinne von § 45 Abs. 2 SGB X berufen (ausführlich dazu siehe Rn 765 ff.).

---

[747] BSG – B 6 KA 16/00 R, NZS 2002, 552 = SozR 3-2500 § 85 Nr. 42; ebenso BSG – B 6 KA 3/01 R, SozR 3-2500 § 82 Nr. 3.
[748] BSG – B 6 KA 3/01 R, SozR 3-2500 § 82 Nr. 3.
[749] BSG – B 6 KA 16/00 R, NZS 2002, 552.
[750] BSG – B 6 KA 17/05 R, MedR 2006, 542.
[751] BSG – B 6 KA 17/05 R, MedR 2006, 542.
[752] BSG – B 6 KA 3/01 R, SozR 3-2500 § 82 Nr. 3.
[753] BSG – B 6 KA 3/01 R, SozR 3-2500 § 82 Nr. 3.

II. Die nachträgliche Honorarberichtigung

1. Rechtliche Befugnis

Auf die Notwendigkeit, den KVen rechtlich die Möglichkeit **nachträglicher Honorarberichtigungen** einzuräumen, wurde bereits hingewiesen. Das Instrument der sachlich-rechnerischen Richtigstellung beschränkt sich daher nicht nur auf den Zeitraum bis zum Erlass des Honorarbescheides, sondern besteht auch danach in unvermindertem Ausmaß fort.

737

Eine kompetenzielle Abgrenzung der Richtigstellungsbefugnisse der KVen muss gegenüber der **Wirtschaftlichkeitsprüfung** nach § 106 SGB V erfolgen, weil diese zum Bereich der gemeinsamen Selbstverwaltung mit den Krankenkassen gehört. Dabei können sich Überschneidungen hinsichtlich des Prüfungsgegenstandes „Quartalsabrechnung" ergeben. Unter der Prämisse, dass **Doppelberichtigungen** ein und desselben Honorars unzulässig sind, sind ausgesprochene Kürzungen gegenseitig anzurechnen. Dabei ist davon auszugehen, dass unrichtig abgerechnete Honorarbestandteile vorab zu kürzen sind. Einer Wirtschaftlichkeitsbeurteilung können nämlich nur vollständig erbrachte und ordnungsgemäß abgerechnete Leistungen unterzogen werden können.[754]

738

Für die Beurteilung der Wirtschaftlichkeit der Leistungserbringung besteht eine **besondere Zuständigkeit** der nach § 106 SGB V bestimmten Gremien. Diese haben aus verfahrensökonomischen Gründen eine **Annexkompetenz**, sachlich-rechnerische Gebührenberichtigungen in begrenztem Umfang mit zu erledigen[755] (vgl. Rn 784). Eine solche Zuständigkeit kann auch gesamtvertraglich eingeräumt werden.[756]

739

Im umgekehrten Falle besteht wegen der abschließenden Zuständigkeitsregelung in § 106 Abs. 4 SGB V keine Kompetenz der KV, entdeckte Unwirtschaftlichkeiten abzuhandeln.[757]

740

2. Die Abrechnungsprüfung nach § 106a SGB V

Neben der schon immer aus der Gewährleistungsverpflichtung der KVen abgeleiteten Berichtigungsbefugnis, aus der sich selbstverständlich auch die Befugnis zur Durchführung entsprechender Prüfungsverfahren ableitet, verpflichtet der mit dem GMG neu eingeführte § 106a SGB V die KVen und die **Krankenkassen** zur Prüfung der **Rechtmäßigkeit und Plausibilität der Abrechnungen** in der vertragsärztlichen Versorgung.[758] Das Prüfungsrecht wird somit um einen speziellen Auftrag ergänzt.

741

a) Prüfungsrahmen

§ 106a Abs. 2 S. 1 SGB V kodifiziert die bisher in den **Bundesmantelverträgen** geregelte Befugnis der KVen zur sachlich und rechnerischen Richtigstellung und stellt klar, dass dazu auch die **arztbezogene Prüfung** der Abrechnung auf Plausibilität und die

742

---

754 *Schirmer*, S. 490.
755 BSG – 6 RKa 27/84, SozR 2200 § 368n Nr. 42.
756 BSG – 6 RKa 56/94, SozR 3-2500 § 106 Nr. 29.
757 BSG – 6 RKa 85/95, SozR 3-5533 Nr. 3512 Nr. 1 und B 6 KA 48/97 R, SozR 3-2500 § 75 Nr. 10.
758 Plausibilitätsprüfungen waren auch vor Einführung von § 106a SGB V kein eigenständiges Verfahren, sondern Mittel der Aufdeckung von Abrechnungsfehlern, siehe BSG – B 6 KA 16/99 R, NZS 2001, 213; jetzt ebenso § 5 Abs. 2 RL zur Plausibilitätsprüfung.

Prüfung der abgerechneten Sachkosten gehört (§ 106a Abs. 2 S. 1 Hs. 2 SGB V). Es wird ferner klargestellt, dass zur **Plausibilitätsprüfung** auch eine **zeitbezogene Prüfung** des Leistungsumfangs je Tag gehört.[759] Mit dem GKV-WSG wurde in § 106a Abs. 2 SGB V ein Satz 5 eingefügt, mit dem die Abrechnungsprüfung auf Basis zeitbewerteter Leistungen für die Vertragszahnärzte ausgeschlossen wird.

743 Eine echte Neuerung enthält § 106a SGB V nur in Abs. 3, der den Krankenkassen gleich gelagerte Befugnisse zur Prüfung der Abrechnung der Vertragsärzte einräumt.[760] Ergänzend dazu können die Krankenkassen nach § 106a Abs. 4 SGB V **gezielte Prüfungen** durch die KVen beantragen.

744 Um den Krankenkassen die Abrechnungsprüfung nach § 106a Abs. 3 SGB V zu ermöglichen, wurde in § 295 Abs. 2 SGB V i.d.F. GMG die Verpflichtung der KVen aufgenommen, den Krankenkassen für jedes Quartal und jeden Behandlungsfall auch die Versichertendaten, die Arztnummern, die gesamten Behandlungsdaten und die abgerechneten Leistungspositionen mitzuteilen. Gleichwohl werden die Abrechnungsprüfungen nach wie vor größtenteils durch die KVen durchgeführt.

745 Zu Inhalt und Durchführung dieser Prüfungsverfahren hat die KV gemeinsam mit den Spitzenverbänden der Krankenkassen **Richtlinien** nach § 106a Abs. 6 SGB V erlassen, welche nach Abs. 5 Bestandteil der jeweiligen Prüfvereinbarung sind (vgl. Rn 149). In diesen Richtlinien wurden insbesondere die für die zeitbezogenen Prüfungen anzusetzenden **Tages-, Monats- und Quartalsarbeitszeiten** definiert. Ferner legen die Richtlinien die für die Einleitung von Abrechnungsprüfungen heranzuziehenden **Auffälligkeitskriterien** fest und regeln die Verfahrensweise.

b) Prüfmethoden

746 **Zeitbezogene Prüfungen** sollen nach § 7 Abs. 2 RL regelhaft durchgeführt werden, denen bei Entdeckung von Auffälligkeiten ergänzende Prüfungen folgen.[761] Unabhängig davon sind **Stichprobenprüfungen** und **anlassbezogene Prüfungen** zu vorher bestimmten Zielrichtungen vorgesehen (§ 7 Abs. 4–6 RL). Verbreitet sind Prüfungen von Praxisgemeinschaften auf gemeinsame Fälle, Praxen mit bestimmten Umsatzgrößen oder Spezialisierungen, insbesondere Praxen mit Laborgenehmigungen, oder die gezielte Prüfung spezieller Gebühren, von denen bekannt ist, dass sie abrechnungstechnische Schwierigkeiten aufweisen. § 106a Abs. 2 S. 6 SGB V gestattet **Vertikalprüfungen**, die die Entwicklung des Leistungsgeschehens einer Praxis sichtbar machen.

aa) Prüfung nach Zeitprofilen

747 Grundlage der Prüfung ist nach § 106a Abs. 2 S. 4 SGB V der im EBM zu den einzelnen Leistungen angegebene Zeitaufwand (siehe Rn 601 ff.). Anhand der **Prüfzeiten** gemäß **Anhang 3 EBM** wird für jeden Tag der ärztlichen Tätigkeit ein **Tagesprofil** erstellt und ergänzend die **Quartalsarbeitszeit** ermittelt, in die zusätzliche vom Arzt nicht persönlich zu erbringende Leistungen einfließen. Werden auf Grundlage dieser Auswertungen

---

759 Zum Beweiswert von Tagesprofilen bei Abrechnungsprüfungen: BSG – 6 RKa 70/91 R, MedR 1994, 206.
760 Der mit dem GMG abgeschaffte § 83 Abs. 2 SGB V verpflichtete die Gesamtvertragspartner lediglich zur Vereinbarung von Verfahren, die Abrechnungen auch auf Plausibilität unter Berücksichtigung des Zeitaufwandes zu kontrollieren.
761 Zum EBM (1996) gab es eine unverbindliche Liste der KBV der in Zeitprofilen ansetzbaren Zeiten.

an mindestens drei Tagen des Quartals mehr als zwölf Stunden oder insgesamt mehr als 780 Stunden im Quartal festgestellt, werden Abrechnungsprüfungen eingeleitet.[762] Leistungen, die nicht, nicht vollständig oder nicht in ausreichender Qualität erbracht, aber in großer Zahl abgerechnet wurden, werden durch auffällige Zeitprofile sichtbar und können auf diese Weise herausgefiltert werden. Mittels anschließender gezielter Überprüfung dieser Leistungen anhand der **Dokumentation** kann festgestellt werden, ob korrekt abgerechnet wurde oder nicht.

Da möglicherweise einige Leistungszeiten sehr großzügig bemessen wurden, können die vorgegebenen zeitlichen Obergrenzen für routinierte Spezialisten mit rationell organisierten Praxen faktisch zum Problem werden. Jeder Arzt, der einmal Bekanntschaft mit den Prüfabteilungen der KV gemacht hat, wird tunlichst vermeiden, mit seiner Abrechnung die zeitlichen Obergrenzen zu überschreiten, auch wenn er die Leistungen ordnungsgemäß erbracht hat. Unter Zuhilfenahme moderner Praxis-EDV ist das kein Problem. Auf diese Weise führen die Zeitvorgaben auch zu einer Mengenbegrenzung, die die Punktwerte der übrigen innerhalb des Zeitrahmens liegenden Leistungen stützt.

748

Die festgestellte Überschreitung der Zeitkontingente wirft die Frage auf, mit welchen Mitteln die Korrektheit der Leistungserbringung nachgewiesen werden kann.[763] Dabei ist zu berücksichtigen, dass die Feststellung von **Implausibilität** der Abrechnung nicht mit der Feststellung von Abrechnungsfehlern gleichgesetzt werden darf und dass deshalb nach wie vor die **Nachweispflicht** bei der KV liegt. Eine pauschale Kürzung nach bloßer Durchsicht der Abrechnung vor weitergehenden Prüfungen ist daher unzulässig.[764]

749

Im Falle eines erhöhten Stundenaufkommens hat die KV die in § 12 Abs. 3 RL genannten Faktoren von Amts wegen zu berücksichtigen. Eine Umkehr der Beweislast ist nicht zulässig, solange die Garantiewirkung der Sammelerklärung besteht (siehe Rn 709).[765]

750

Bedeutung wird die zeitbewertete Abrechnungsprüfung in Zukunft auch hinsichtlich der **zeitlichen Obergrenzen der beruflichen Tätigkeiten** in Filialpraxen (§ 24 Abs. 3 und 4 ZV-Ä bzw. ZV-Z) und innerhalb überörtlicher Berufsausübungsgemeinschaften am anderen Standort (§ 33 Abs. 2 S. 2 ZV-Ä bzw. ZV-Z) sowie hinsichtlich Teilzeitanstellungen und auf hälftigen Umfang reduzierter Zulassungen (§ 95 Abs. 3 S. 2 SGB V) bekommen. In diesem Zusammenhang wird zu klären sein, was unter vollzeitiger Tätigkeit i.S.v. § 19a ZV-Ä bzw. ZV-Z zu verstehen ist.[766]

751

---

762 Zu Prüfungspraxis der KVen und Rechtslage während des EBM (1996) vgl. *Beeretz*, ZMGR 2003, 103.
763 Der Vertragsarzt ist nicht generell zur Abgabe einer einzelfallbezogenen Begründung für jede Leistung verpflichtet, hat aber nach Wegfall der Garantiewirkung der Sammelerklärung letztlich aber auch keine andere Möglichkeit, will er die Honorarzumessung nicht gänzlich der Schätzung der KV überlassen, vgl. BSG – 6 RKa 86/95, SozR 3-5550 § 35 Nr. 1.
764 BSG – B 6 KA 16/99 R; BSG – B 6 KA 16/99 R, NZS 2001, 213.
765 Zur Rechtslage vor Inkrafttreten von § 106a SGB V, an der sich insoweit nichts geändert hat, siehe BSG – B 6 KA 16/99 R, NZS 2001, 213.
766 Bei üblicher Regelarbeitszeit von 40 Stunden pro Woche abzüglich des vom BSG für zulässig erklärten Umfangs einer Nebentätigkeit (13 Stunden, vgl. B 6 KA 20/01 R – MedR 2002, 660 und B 6 KA 23/01 R – SozR 3-5520 § 20 Nr. 4) verbleiben 27 Stunden, von denen noch Zeiten für Verwaltungsarbeiten und Notfälle abgezogen werden müssen, weshalb ein Sprechstundenangebot von mindestens 20 Stunden pro Woche einer vollzeitigen vertragsärztlichen Tätigkeit entspricht (siehe auch § 17 Abs. 1a BMV-Ä i.d.F. vom 1.7.2007).

bb) Sonstige Prüfziele

752 Die Beschäftigung **angestellter Ärzte** oder **Assistenten** ist nur im genehmigten Umfang berücksichtigungsfähig und darf nicht zur Aufrechterhaltung eines **übergroßen Praxisumfangs** dienen.[767] Bei MVZ verpflichtet § 11 Abs. 3 RL ausdrücklich zur Prüfung der Einhaltung der genehmigten Arbeitszeiten der angestellten Ärzte. Wegen der mit dem VÄndG ausgeweiteten Möglichkeiten der Anstellung von Ärzten nach § 95 Abs. 9 SGB V wird der Prüfung der Einhaltung der Arbeitszeiten in Zukunft deutlich mehr Relevanz zukommen als bisher.

753 **Fehlende Genehmigungen** führen in jedem Fall zum Wegfall des Honoraranspruches für die vom Angestellten erbrachten Leistungen,[768] ebenso wenn dieser nicht demselben **Fachgebiet** angehört.[769] Gleiches gilt, wenn die Voraussetzungen einer **Vertretung** nicht gegeben waren.[770]

754 Die **Richtlinien** enthalten in § 11 Abs. 2 auch Grenzwerte des Anteils **identischer Patienten bei Praxisgemeinschaften**. Wegen der grundsätzlichen Konzeption der Plausibilitätsprüfung als Verfahren zur Aufdeckung von Auffälligkeiten handelt es sich bei den angegebenen Werten nur um **Indizien** einer möglicherweise fehlerhaften Abrechnungsweise, nicht aber um absolute Obergrenzen des zulässigen Anteils gemeinsamer Patienten einer Praxisgemeinschaft. Dieser muss im Einzelfall nach den Besonderheiten der gegebenen Situation beurteilt werden. Dabei kann das Vorhalten der **Struktur einer Gemeinschaftspraxis** ohne erforderliche Genehmigung nach § 33 Abs. 2 ZV-Ä allein bereits ausreichen, das durch die Praxisgemeinschaft gegenüber einer Gemeinschaftspraxis erzielte **rechnerische Mehrhonorar** zu kürzen.[771] Im Umkehrschluss spricht das Nichtbestehen einer Gemeinschaftspraxis ähnlichen Struktur, also das Unterhalten getrennter Patientenstämme, dafür, dass die Überschneidungen beim Patientenklientel auf anderen Faktoren beruhen. Liegt die Ursache allein im Verhalten der Patienten, kann den beteiligten Ärzten keine fehlerhafte Abrechnungsweise vorgehalten werden.[772]

755 Nach Meinung des BSG gilt die Befugnis zur Honorarkürzung nicht nur bei gebührenordnungsmäßig falsch abgerechneten Leistungen, sondern auch dann, wenn Leistungen unter Verstoß gegen **formale und inhaltliche Voraussetzungen der Leistungserbringung** erbracht wurden.[773]

756 Damit ist auch die Zielrichtung künftiger Plausibilitätsprüfungen im Hinblick auf die Einhaltung von **Qualitätssicherungsvorschriften** vorgegeben. Zu befürchten ist dabei, dass bei Nichteinhaltung rein formaler Vorgaben, z.B. besonderer Anforderungen an die Dokumentation, der Einwand, dass die Leistungen im Einzelfall qualitativ ord-

---

[767] BSG – B 6 KA 14/04 R, MedR 2006, 307, mit rechtsstaatlich bedenklicher Begründung, die unter den gegebenen Umständen der Genehmigung keinerlei konstitutive Wirkung beimisst und die Kürzung des Leistungsumfangs dem Ermessen der KV überlässt, völlig unabhängig von der Frage, ob die Leistungen erbracht wurden oder nicht. Zur übermäßigen Ausdehnung siehe auch BSG – 6 RKa 51/86, NJW 1988, 2324.
[768] BSG – 6 RKa 30/94, NZS 1996, 134.
[769] BSG – 6 RKa 84/95, SozR 3-5520 § 32b Nr. 2.
[770] Der Vertreter muss dieselbe Qualifikation wie der Vertretene aufweisen, damit er dessen Leistungen abrechnen kann, vgl. BSG – B 6 KA 93/96 R, NZS 1998, 540.
[771] BSG – B 6 KA 76/04 R, MedR 2006, 611.
[772] A.A. LSG Bad.-Württ. – L 5 KA 94/99, ArztR 2000, 129, welches von einer Pflicht des Hausarztes ausgeht, grundlose Arztwechsel der Patienten zu verhindern.
[773] BSG – B 6 KA 14/03 R, MedR 2005, 609.

nungsgemäß erbracht worden seien, nicht zugelassen wird. Inwieweit eine solche Entwicklung der Förderung einer qualitativ besseren Medizin wirklich dienen wird, ist fraglich. In jedem Fall wird sie weiterer Bürokratie in den Arztpraxen Vorschub leisten.

3. Aufhebung und Änderung von Honorarbescheiden

Die Festsetzung eines Honoraranspruches ist ein begünstigender **Verwaltungsakt**. Die Rücknahme eines begünstigenden Verwaltungsaktes regelt § 45 SGB X, der damit auch grundsätzlich für die Änderung oder Aufhebung von Honorarbescheiden mit Wirkung für die Vergangenheit anwendbar ist.[774]

757

a) Verfahren

Auf Grund der Besonderheiten des Honorarfestsetzungsverfahrens im Vertragsarztrecht, insbesondere deren **Vorläufigkeit**, werden die einschränkenden Regelungen des § 45 Abs. 2 bis 4 SGB X im Vertragsarztrecht modifiziert und durch die **bundesmantelvertraglichen Regelungen** (vgl. Rn 719) bzw. durch § 106a Abs. 2 S. 1 SGB V verdrängt. Soweit dies der Fall ist, kommt § 45 Abs. 1 SGB X nur insoweit Bedeutung zu, als er Rechtsgrundlage für einen weiteren Verwaltungsakt ist, mit dem der honorarbewilligende frühere Verwaltungsakt zu Lasten des Begünstigten aufgehoben oder geändert wird.

758

Der **Honorarrücknahmebescheid** ist Grundlage eines **Honorarerstattungsanspruchs** nach § 50 Abs. 1 SGB X, der die KV berechtigt, die überzahlten Honorarbestandteile zurückzufordern.[775] Das gilt nach § 50 Abs. 2 SGB X auch für Leistungen, die ohne Verwaltungsakt zu Unrecht erbracht worden sind, also ohne vorherige Festsetzung ausgezahlte Honorare. Nach § 50 Abs. 3 SGB X ist die Erstattungsleistung wiederum durch Verwaltungsakt festzusetzen, der mit dem Aufhebungsbescheid verbunden werden kann. Die Verwaltungsakte sind durch **Widerspruch und Klage** anfechtbar.

759

> *Hinweis*
> Widerspruch und Klage gegen Honoraraufhebungs- und Honoraränderungsbescheide haben abweichend von § 86a Abs. 1 SGG nach § 85 Abs. 4 S. 9 SGB V[776] keine aufschiebende Wirkung!

760

Die **Rückforderung** wird i.d.R durch **Verrechnung** mit laufenden Honoraransprüchen umgesetzt. Die Verrechnung kann aber nur gegenüber Honoraransprüchen vorgenommen werden, die dem Schuldner des Rückforderungsanspruches zustehen.[777] Die fehlende Gegenseitigkeit der Forderungen verbietet die Verrechnung eines gegen einen einzelnen Vertragsarzt gerichteten Rückforderungsanspruchs mit Honoraransprüchen einer Gemeinschaftspraxis, der dieser später angehört.[778] Der nicht beteiligte Gemeinschaftspraxispartner würde sonst unweigerlich in Mithaftung genommen werden, wofür eine gesetzliche Grundlage fehlt. Der Schutz eines neuen Praxispartners spricht deshalb dafür, Einzel- und Gemeinschaftspraxis im Zeitablauf nicht als Einheit zu sehen.[779]

761

---

774 BSG – 6 RKa 5/89, MedR 1990, 363.
775 BSG, Urt. v. 10.5.1995 – 6/14a RKa 3/93.
776 Satz 9 wurde eingefügt durch das 6. SGG Änderungsgesetz (BGBl I 2001, 2144).
777 Die Partner einer Gemeinschaftspraxis haften als Gesamtschuldner: BSG – B 6 KA 3/01 R, SozR 3-2500 § 82 Nr. 3.
778 A.A. LSG NRW – L 11 KA 7/04 R, GesR 2006, 505, Revision beim BSG anhängig.
779 BSG – B 6 KA 33/02 R, MedR 2004, 172.

b) Ausschlussfrist

762 Die Aufhebung und Rücknahme von Honorarbescheiden ist zeitlich nicht schrankenlos möglich. Der das Verfahren abschließende Bescheid muss innerhalb einer **Ausschlussfrist** von **vier Jahren** seit Erlass des betreffenden Honorarbescheides ergehen.[780] Die Jahresfrist gilt nur für die Aufhebung auf Grundlage der bundesmantelvertraglichen Vorschriften. Eine längere Frist kann sich nach Maßgabe von § 45 Abs. 2 i.V.m. Abs. 4 S. 1 SGB X ergeben.

763 Die Frist beginnt mit **Bekanntgabe des Honorarbescheides**,[781] wenn man auf die insoweit vergleichbare Rechtsprechung zur vierjährigen Ausschlussfrist bei Wirtschaftlichkeitsprüfungen abstellt.[782] Die Berufung auf die Ausschlussfrist kann unzulässig sein, wenn dem Vertragsarzt die Tatsache seiner Falschabrechnung bekannt war.[783] Für die Berechnung der Ausschlussfrist gelten analog § 45 Abs. 2 SGB I die §§ 204 ff. BGB. Entsprechend der für die Verjährung im Verwaltungsverfahren geltenden Spezialvorschrift des § 52 Abs. 1 S. 1 SGB X wird auch die Ausschlussfrist durch den Erlass eines Verwaltungsaktes, speziell des **Berichtigungsbescheides**, nach § 209 BGB **gehemmt**.[784] Die Frist hinsichtlich einer rückwirkenden Verminderung des Honorars ist auch gehemmt bis zur abschließenden Entscheidung des **Schiedsamtes** über den **Punktwert**, in jedem Fall wenn die Vertragsärzte über die schwebenden Verhandlungen informiert wurden.[785]

764 Nach § 52 Abs. 1 S. 2 SGB X endet die **Hemmung** mit **Unanfechtbarkeit des Verwaltungsaktes** oder sechs Monate nach seiner anderweitigen Erledigung. Die bis zum Abschluss des Widerspruchsverfahrens **fortwirkende Hemmung** kann für die Vertragsärzte zu einer großen Belastung werden, weil nach § 85 Abs. 4 S. 9 SGB V Widerspruch und Klage keine aufschiebende Wirkung haben und daher die Honorarrückforderung sogleich mit laufenden Honoraransprüchen verrechnet werden darf. Verzögert die KV die Widerspruchsentscheidung, muss sie ggf. durch Untätigkeitsklage nach § 88 SGG zum Erlass des Widerspruchsbescheides gezwungen werden. Ein solcher Verfahrensablauf ist schwer vereinbar mit dem eigentlichen Zweck der Ausschlussfrist, nämlich Rechtssicherheit zu schaffen, indem die Behörde gezwungen wird, eine das Verfahren abschließende Entscheidung binnen eines bestimmten Zeitraumes zu treffen.[786] Sachgerecht wäre es daher, das Widerspruchsverfahren einer erneuten Ausschlussfrist zu unterwerfen.

c) Vertrauensschutz

765 Wegen des **vorläufigen Charakters der Honorarfestsetzung** (siehe Rn 731 ff.) kann sich eine Beschränkung der Befugnis zur Berichtigung oder Aufhebung von Honorar-

---

[780] Für den vertragsärztlichen Bereich: BSG – B 6 KA 3/01 R, SozR 3-2500 § 82 Nr. 3; für den vertragszahnärztlichen Bereich: BSG – B 6 KA 17/05 R, MedR 2006, 542.
[781] Ebenso *Bäune/Dahm*, MedR 2004, 645, die sich gegen eine analoge Anwendung von § 199 Abs. 1 Nr. 2 BGB aussprechen; a.A. LSG NRW – L 11 KA 150/03, GesR 2004, 525; Revision ist anhängig.
[782] Siehe dazu BSG – 6 RKa 63/95, SozR 3-2500 § 106 Nr. 39.
[783] BSG – B 6 KA 14/03 R, MedR 2005, 609.
[784] BSG, Urt. v. 6.9.2006 – B 6 KA 40/05 R, wobei in diesem Fall die Hemmung durch Bescheide, die in einer parallel laufenden Wirtschaftlichkeitsprüfung ergangen sind, zugelassen wurde. Voraussetzung hierfür ist, dass in beiden Verfahren dieselbe Honorarforderung betroffen ist.
[785] BSG, Beschl. v. 27.4.2005 – B 6 KA 46/04 B.
[786] BSG – 14a/6 RKa 37/91, NZS 1994, 39 mit grundlegenden Ausführungen zur Notwendigkeit einer Ausschlussfrist.

bescheiden abgesehen vom Ablauf der **Ausschlussfrist** nur unter **Vertrauensschutzgesichtspunkten** ergeben.[787] Dieser Rechtssatz ist aus dem an sich durch die speziellen Vorschriften im Vertragsarztrecht verdrängten § 45 Abs. 2 S. 1 SGB X abzuleiten. Die Folge davon ist, dass die Aufhebung des Honorarbescheides nur unter Beachtung der speziellen Anforderungen des § 45 Abs. 2 bis 4 SGB X möglich ist.

Auf **Vertrauensschutz** kann sich der Vertragsarzt dann berufen, wenn die KV ihre Befugnis zur sachlich-rechnerischen Richtigstellung im Rahmen eines vorangegangenen gleichgerichteten Verfahrens **verbraucht** hat, indem sie beispielsweise auf einen Rechtsbehelf einer zuvor vorgenommenen Richtigstellung abgeholfen hat.[788] In diesem Fall muss der Vertragsarzt nicht damit rechnen, nochmals mit einer gleichartigen Berichtigung überzogen zu werden. 766

Unter Umständen und in sehr eingeschränktem Maße kann Vertrauensschutz dadurch entstehen, dass die KV auf ihr bekannte **Ungewissheiten bezüglich bestimmter Gebührentatbestände** nicht hingewiesen hat, beispielsweise auf laufende Gerichtsverfahren. In diesen Fällen muss aber noch ein weiteres Moment hinzutreten, das den konkreten Vertrauensschutz auslöst.[789] Die bloße **Duldung bestimmter Abrechnungsweisen** in Kenntnis deren Fehlerhaftigkeit reicht nicht, ebenso wenig begründen fehlerhafte Abrechnungsempfehlungen der KV einen Vertrauensschutz.[790] 767

Vertrauensschutz kann auch darauf gestützt sein, dass die **Gründe**, die zur Rechtswidrigkeit des Honorarbescheides führten, aus Umständen **außerhalb des eigentlichen Bereichs einer sachlichen und rechnerischen Richtigstellung**, also aus vom Vertragsarzt nicht beeinflussbaren Sphären der KV stammen. Es dürfen dabei keine Umstände gegeben sein, die die Rechtsprechung als Gründe für die Verdrängung des § 45 SGB X durch die bundesmantelvertraglichen Vorschriften zur sachlich-rechnerischen Richtigstellung anerkannt hat.[791] Hierzu gehören auch Ungewissheiten hinsichtlich der Höhe des zur Ausschüttung zur Verfügung stehenden Honorarvolumens. Der Vertragsarzt muss wegen der Vorläufigkeit der Honorarfestsetzung im Interesse einer zeitnahen Auszahlung jederzeit mit Rückforderungen rechnen. Auf Vertrauensschutz kann er sich insoweit nur berufen, wenn bereits im Auszahlungszeitpunkt Bedenken gegen die Rechtmäßigkeit des angewendeten Regelwerks bekannt waren.[792] 768

Die in den genannten Entscheidungen herausgearbeiteten Fallkonstellationen, in denen Vertrauensschutz die schrankenlose Aufhebung der Honorarbescheide ausschließt, sind in der Praxis in den seltensten Fällen anzutreffen. Die ergangenen Entscheidungen haben gemeinsam, dass der Vertrauensschutz, dessen Voraussetzungen eingehend dargestellt wurden, überwiegend als nicht gegeben angesehen wurde. 769

Die restriktive Haltung des BSG wird vor allem im Urteil vom 8.2.2006[793] deutlich, worin **Abrechnungshinweise** einer KZV, an die sich der betroffene Vertragszahnarzt gehalten hat, als nicht geeignet angesehen werden, einen Vertrauensschutz im Hinblick auf spätere Richtigstellungen zu begründen. Das BSG stützt dabei seine Auffassung auf das Argument, einseitig nur von der KZV veröffentlichte Abrechnungshinweise zur 770

---

787 Zusammenfassend BSG – B 6 KA 17/05 R, MedR 2006, 542; B 6 KA 12/05 R, MedR 2006, 607; jeweils m.w.N.
788 BSG – B 6 KA 3/01 R, SozR 3-2500 § 82 Nr. 3.
789 BSG – B 6 KA 16/00 R, NZS 2002, 552.
790 BSG – B 6 KA 12/05 R, MedR 2006, 607.
791 BSG – B 6 KA 34/03 R, MedR 2005, 52.
792 BSG – B 6 KA 16/00 R, NZS 2002, 552.
793 BSG – B 6 KA 12/05 R, MedR 2006, 607.

Anwendung des Leistungsverzeichnisses hätten keine Rechtsqualität und wären daher nicht für den Vertragszahnarzt bindend, gleichgültig ob sie zu seinen Gunsten oder zu seinen Ungunsten fehlerhaft sind.

771 Dass BSG übersieht dabei, dass Rechtsqualität einer vorangegangenen Behördenhandlung zur Begründung von Vertrauensschutz nicht erforderlich ist. Es genügt ein **vertrauensbildendes Element**, das in einer Handlung oder Äußerung zu Tage treten kann und in Form von Abrechnungshinweisen sicher gegeben ist. Der in der gleichen Entscheidung hervorgehobene aus § 242 BGB abgeleitete Grundsatz des „venire contra factum proprium", der auch im öffentlichen Recht gelten soll, wird damit letztlich zur Phrase.

J. Die Wirtschaftlichkeitsprüfung

Literatur

Axer, Abrechnungs- und Wirtschaftlichkeitsprüfungen durch Kassenzahnärztliche Vereinigungen im vertragszahnärztlichen Festzuschusssystem, NZS 2006, 225; **Bartels/Brakmann**, Kostendämpfung und -kontrolle in der Arzneimittelversorgung, GesR 2007, 145; **Engelhard**, Änderungen der Wirtschaftlichkeitsprüfung im Vertragsarztrecht durch das GKV-Gesundheitsreformgesetz 2000, NZS 2001, 123; **ders.**, Zur Rückabwicklung von Arzneimittelregressen, NZS 2003, 248; **ders.**, Zur Zulässigkeit von Wirtschaftlichkeitsprüfungen im Bereich der Übergangszone, jurisPR-SozR 4/2005 Anm. 1; **ders.**, Die Richtgrößenprüfung im Vertragsarztrecht, NZS 2004, 572; **Franke**, Die regulatorischen Strukturen der Arzneiversorgung nach dem SGB V, MedR 2006, 683; **Filler**, Die Neugestaltung der Wirtschaftlichkeitsprüfung der vertragsärztlichen Versorgung durch das GMG ab dem 1.1.2004, GesR 2004, 502; **Goecke**, Der Regress gegen den Vertragsarzt wegen unwirtschaftlicher Verordnungen von Leistungen im Einzelfall, MedR 2002, 442; **Harneit**, Die vertragszahnärztliche Vergütung – Konkurrenz zwischen Degression, sachlich-rechnerischer Berichtigung, Wirtschaftlichkeitsprüfung, Honorarverteilung und Budgetüberschreitung, GesR 2002, 73; **Herzog**, Zwischen Budget und Haftung – Faktische Rationalisierungsentscheidungen auf dem Rücken der Ärzte, GesR 2007, 8; **Kuhlen**, Hat der Arzt einen Anspruch auf Abschluss einer Regressablösevereinbarung auch bei Wirtschaftlichkeitsprüfungen?, ArztuR 2006, 103; **Luckhaupt**, Vergleichsabschluss mit Kollegialorganen, GesR 2004, 464; **Nix**, Das Verfahren der Wirtschaftlichkeitsprüfung nach § 106 SGB V vor den neuen Prüfungs- und Beschwerdeausschüssen, MedR 2006, 152; **Schroeder-Printzen**, Konsequenzen aus dem „Gesetz zur Ablösung des Arznei- und Heilmittelbudgets – ABAG" für die Richtgrößenprüfung, NZS 2002, 629; **Schroeder-Printzen/Tadayon**, Die Zulässigkeit des Off-Label-Use nach der Entscheidung des BSG vom 19.3.2002, SGb 2002, 664; **Spellbrink**, Wirtschaftlichkeitsprüfung im Kassenarztrecht nach dem Gesundheitsstrukturgesetz, 1994; **Stelzl**, Wirtschaftlichkeitsprüfung in der vertragszahnärztlichen Paradontosebehandlung, MedR 1999, 173; **Stork**, Arzneikostenregress und Datengrundlagen, GesR 2005, 533; **Widemann/Wilaschek**, Das Arzneimittelversorgungswirtschaftlichkeitsgesetz – Motive, Inhalte, rechtliche Bewertung, GesR 2006, 298.

I. Einführung

772 Die Wirtschaftlichkeitsprüfung innerhalb der vertragsärztlichen Versorgung[794] findet ihre Rechtsgrundlage in § 106 SGB V. Diese Vorschrift ist innerhalb des Gesetzgebungsverfahrens vielfach geändert worden.[795] In § 106 SGB V wird der Begriff der „Wirtschaftlichkeit" nicht näher definiert, vielmehr vorausgesetzt. Ein Definitionsansatz der Wirtschaftlichkeit ist in § 12 Abs. 1 SGB V zu finden, ohne dort selbst eine konkrete Definition anzubieten.

---

794 Sie gilt für die vertragszahnärztliche Versorgung grundsätzlich identisch, daher wird nachfolgend immer nur von der vertragsärztlichen Versorgung gesprochen. Sofern Besonderheiten für den Bereich der Zahnärzte zu diskutieren sind, wird dieses deutlich gemacht.
795 Vgl. die Übersicht bei Hauck/Noftz/*Engelhard*, K § 106 Rn 3–16; allein durch das GMG wurde § 106 SGB V insgesamt 29 mal geändert, ohne die Vorschrift vollständig neu bekannt zu geben.

J. Die Wirtschaftlichkeitsprüfung § 7

Speziell für das Leistungserbringerrecht ist in § 70 Abs. 1 S. 2 SGB V das Wirtschaftlichkeitsgebot mit aufgenommen worden. Die Versorgung der Versicherten muss ausreichend und zweckmäßig sein, die Leistungen dürfen das Maß des Notwendigen nicht überschreiten und müssen in der fachlich gebotenen Qualität sowie wirtschaftlich erbracht werden. Aus dem Zusammenspiel von §§ 12 Abs. 1 und 70 Abs. 1 S. 2 SGB V mit § 106 Abs. 1 SGB V wird der Wirtschaftlichkeit der vertragsärztlichen Versorgung und damit auch der Wirtschaftlichkeitsprüfung innerhalb der vertragsärztlichen Versorgung eine besondere Stellung eingeräumt. Durch die Wirtschaftlichkeitsprüfung soll besonders die Funktionsfähigkeit der gesetzlichen Krankenversicherung gefördert werden.[796]

773

Für die ambulante vertragsärztliche Versorgung sieht § 72 Abs. 2 SGB V ergänzend vor, dass die vertragsärztliche Versorgung im Rahmen der gesetzlichen Vorschriften und der Richtlinien des Gemeinsamen Bundesausschusses durch schriftliche Verträge der KV mit den Verbänden der Krankenkassen so zu regeln ist, dass eine ausreichende, zweckmäßige und wirtschaftliche Versorgung der Versicherten unter Berücksichtigung des allgemein anerkannten Standes der medizinischen Erkenntnisse gewährleistet ist und die ärztlichen Leistungen angemessen vergütet werden.

774

Letztlich existieren in diesem Zusammenhang immer wieder die Begriffe „ausreichend, zweckmäßig, notwendig, wirtschaftlich", ohne dass konkrete Definitionen dieser Begriffe vorgenommen werden. Eine **ausreichende** Behandlung liegt vor, wenn sie nach Umfang und Qualität hinreichende Chancen für einen Heilerfolg bietet.[797] Die Frage der **Zweckmäßigkeit** richtet sich danach, ob die Behandlungsmaßnahme grundsätzlich geeignet ist, einen Behandlungserfolg zu ermöglichen. Sie ist auf die allgemein anerkannten Therapiemaßnahmen beschränkt.[798] Die **Notwendigkeit** der Behandlung ist zu bejahen, wenn sie erforderlich ist und kennzeichnet ein Übermaßverbot.[799]

775

Damit lässt sich die Frage der Wirtschaftlichkeit nur im Zusammenspiel der Leistungserbringung mit dem jeweiligen Krankheitsbild definieren. Eine Leistung ist als wirtschaftlich anzusehen, wenn sie objektiv zur diagnostischen Klärung oder zur Behandlung einer Krankheit geeignet ist, der erwartete Erfolg in einem angemessenen Verhältnis zum Aufwand steht und die Leistungen ihrer Anzahl nachnotwendig gewesen sind.[800]

776

Dieser Begriff der Wirtschaftlichkeit stellt einen unbestimmten Rechtsbegriff dar, der als solches im Streitfall einer vollen gerichtlichen Überprüfung unterliegt.[801] Das Wirtschaftlichkeitsgebot ist von jedem Vertragsarzt von Beginn seiner Tätigkeit an zwingend zu beachten[802] und umfasst die gesamte ärztliche Tätigkeit.[803] Für die Beurteilung der Wirtschaftlichkeit der Tätigkeit des Arztes ist die Gefährdung der beruflichen Existenz irrelevant.[804] Bei einer fortgesetzten Unwirtschaftlichkeit des Arztes besteht auch unabhängig von den Maßnahmen zur Wirtschaftlichkeitsprüfung noch die Möglichkeit

777

---

796 BSG – B 6 KA 32/02 R, SozR 4-2500 § 106 Nr. 1; BSG – B 6 KA 24/03 R, GesR 2004, 424.
797 JurisPK-SGB V/*Engelhard*, § 12 Rn 47.
798 JurisPK-SGB V/*Engelhard*, § 12 Rn 53 ff.
799 JurisPK-SGB V/*Engelhard*, § 12 Rn 79 ff.
800 BSG – 6 RKa 4/78, SozR 2200 § 368n Nr. 19.
801 BSG – 6 RKa 29/73, SozR 2200 § 368n Nr. 3; BSG – 6 RKa 32/89 – KURS 130-5200/1.
802 BSG – 6 RKa 45/95, SozR 3-2500 § 106 Nr. 35.
803 BSG – 6 RKa 1/97, SozR 3-2500 § 106 Nr. 42.
804 BSG – B 6 KA 21/98 R, SozR 3-2500 § 106 Nr. 53; zu den Besonderheiten bezüglich der Richtgrößenprüfung vgl. Rn 896–900.

Disziplinarmaßnahmen auszusprechen oder im Einzelfall auch dem Arzt die Zulassung zur vertragsärztlichen Versorgung zu entziehen.[805]

778 Auf der Grundlage der umfassenden Beachtung und Prüfung der Wirtschaftlichkeit der Behandlung darf keine Arztgruppe oder eine andere Gruppe von ärztlichen Leistungserbringern von der Wirtschaftlichkeitsprüfung ausgenommen werden.[806] Auch muss die Wirtschaftlichkeitsprüfung jederzeit in einem effektiven Verfahren durchgeführt werden können.[807] Das Wirtschaftlichkeitsgebot widerspricht auch seiner Grundstruktur nach nicht der **Therapiefreiheit** des Arztes. Der Grundsatz der Freiheit des Arztes in der Wahl seiner Untersuchungs- und Behandlungsmethoden darf im Rahmen der Versorgung innerhalb der GKV nur nicht dazu führen, dass die Grenzen des Zumutbaren überschritten werden.[808] Der Arzt ist nicht berechtigt, zu Lasten der Krankenkassen überflüssige Leistungen zu erbringen bzw. zu veranlassen und bei seiner Therapie verpflichtet, darauf zu achten, die kostengünstigste Therapie im Verhältnis zum zu erzielenden Erfolg auszuwählen.[809] Auf der anderen Seite ist aus haftungsrechtlicher Sicht zu berücksichtigen, dass der Patient in aller Regel die Forderung haben wird, möglichst schnell und sicher gesund zu werden. Dadurch wird der Vertragsarzt in einen gewissen Spagat zwischen Wirtschaftlichkeitsprüfung einerseits und zivilrechtlicher Haftung andererseits gebracht.[810]

779 Speziell für die Arzneimittelversorgung müssen nicht nur die Richtgrößenvereinbarungen berücksichtigt werden, vielmehr sind auch die nach § 84 SGB V existierenden Rahmenvorgaben, Zielvereinbarungen sowie die bonus-malus-Regelungen zu beachten, so dass wir in diesem Bereich starke Regulierungsmechanismen haben.[811] Diese Regulierungstendenzen werden auch aus der Gesetzgebung deutlich, denn der Gesetzgeber hat seit 1983 insgesamt 15 verschiedene Reformgesetze erlassen, die auch die Senkung der Arzneimittelkosten zum Ziel hatten.[812]

1. Allgemeine rechtliche Grundlagen

780 Die Pflicht zur Einhaltung des Wirtschaftlichkeitsgebotes ist Bestandteil der öffentlich-rechtlichen Ordnung, der der Vertragsarzt als Mitglied der KV unterliegt.[813] Die Wirtschaftlichkeitsprüfung führt zu einer **Beeinflussung der Berufsausübung**, ist aber grundsätzlich verfassungsrechtlich nicht zu beanstanden.[814] Die einfachgesetzliche Rechtsgrundlage der Wirtschaftlichkeitsprüfung ist – wie bereits erwähnt – § 106 SGB V. Des Weiteren wird das Wirtschaftlichkeitsprinzip auch durch die Richtlinien des Gemeinsamen Bundesausschuss konkretisiert. In diesem Zusammenhang muss man insbesondere die Arzneimittelrichtlinien sowie die Heil- und Hilfsmittelrichtlinien beachten. Seit dem 1.1.2004 ist außerdem die „Verordnung zur Geschäftsführung der Prüfungs- und Beschwerdeausschüsse sowie der Geschäftsstellen nach § 106 Abs. 4a des

---

805 Schnapp/Wigge/*Schroeder-Printzen*, § 17 Rn 9.
806 BSG – B 6 KA 46/99 R, SozR 3-2500 § 106 Nr. 51; BSG – B 6 KA 21/98 R, SozR 3-2500 § 106 Nr. 53.
807 BSG – B 6 KA 7/01 R, SozR 3-2500 § 106 Nr. 55.
808 BSG – 6 RKa 5/79, SozR 2200 § 368n Nr. 4; BSG – 6 RKa 18/92, SozR 3-2500 § 106 Nr. 23.
809 BSG – 6 RKa 21/82, SozR 2200 § 368n Nr. 31; BSG – 6 RKa 23/86, SozR 2200 § 368n Nr. 48.
810 *Herzog*, GesR 2007, 8 ff.
811 *Franke*, MedR 2006, 683 ff.
812 Ausführlich *Bartels/Brakmann*, GesR 2007, 145 f.
813 BSG – 14 a/6 RKa 37/91, SozR 3-2500 § 106 Nr. 19.
814 BSG – 6 RKa 37/93, SozR 3-2500 § 106 Nr. 26; BVerfG – 1 BvR 951/77, SozR 2200 § 368e Nr. 3; BVerfG – 1 BvR 1239/83, SozR 2200 § 386n Nr. 28.

Fünften Buches Sozialgesetzbuch (Wirtschaftlichkeitsprüfungsverordnung – WiPrüf-VO)" zu berücksichtigen. Hier werden im Wesentlichen die Aufgaben und Zusammensetzungen der Prüfgremien bundeseinheitlich gesetzlich vorgegeben.

In der Praxis spielt im Übrigen noch die Regelung des § 106 Abs. 3 S. 1 SGB V eine wichtige Rolle, wonach die KV mit den Landesverbänden der Krankenkassen und den Verbänden der Ersatzkassen gemeinsam und einheitlich **Prüfvereinbarungen** abzuschließen hat. Es ist daher zwingend geboten, sich jeweils nicht nur mit § 106 SGB V auseinander zu setzen, vielmehr müssen die jeweiligen Prüfvereinbarungen berücksichtigt werden. Bei den Prüfvereinbarungen handelt es sich um untergesetzliche Normen im Wege eines öffentlich-rechtlichen Vertrages mit Normsetzungscharakter. Den Gerichten steht eine vollständige Überprüfung der Rechtmäßigkeit anhand des Maßstabes von § 106 SGB V zu. 781

2. Abgrenzung zu anderen, das Honorar betreffenden Prüfungen

Die Prüfgremien als Behörde zur Prüfung der Wirtschaftlichkeit sind nicht die einzigen Beteiligten bei der Prüfung der ärztlichen Tätigkeit; insoweit ist zu berücksichtigen, dass auch die KVen einzelne Aufgaben haben, die von der Wirtschaftlichkeitsprüfung abzugrenzen sind. Hierbei ist insbesondere die sachlich-rechnerische Prüfung der Abrechnung, die Prüfung der Abrechnung auf Plausibilität, die Prüfung der Qualität der Leistungserbringung sowie die Prüfung auf übermäßige Ausdehnung der vertragsärztlichen Tätigkeit zu berücksichtigen. Grundsätzlich ist nach der gefestigten Rechtsprechung des BSG davon auszugehen, dass die Wirtschaftlichkeitsprüfung eine Aufgabe der gemeinsamen Selbstverwaltung zwischen KV und den Krankenkassen ist,[815] so dass im Zweifel die vertragsarztrechtlichen Aufgaben gemeinsam zu erfüllen sind.[816] Unmittelbar ergibt sich daraus das Ergebnis, dass die KVen nur für die Maßnahmen zuständig sind, die nicht den Gremien der gemeinsamen Selbstverwaltung unterliegen, wie dies beispielsweise bzgl. der Wirtschaftlichkeitsprüfung in § 106 Abs. 1 SGB V vorgesehen ist.[817] 782

Bei der **sachlich-rechnerischen Berichtigung** – mithin bei der Prüfung der ordnungsgemäßen Abrechnung der Leistungen (vgl. Rn 719) – haben wir primär eine Zuständigkeit der KVen. Dabei sind Honorarkürzungen dann dem Verfahren der sachlich-rechnerischen Berichtigung zuzuordnen, wenn die Erbringung der Leistung ganz oder teilweise im Zweifel steht, sie nicht den Anforderungen der Leistungslegende entspricht oder wenn die Erbringung oder Abrechnung der Leistung wegen Fehlens der erforderlichen Genehmigung, wegen Fachfremdheit oder wegen Fehlens eines ausreichenden Überweisungsauftrages als unzulässig angesehen wird.[818] 783

Bei der Wirtschaftlichkeitsprüfung geht es dagegen darum, ob die sachlich zutreffend abgerechneten Leistungen tatsächlich notwendig waren. Daraus ergibt sich, dass den Prüfgremien eine Zuständigkeit für die sachlich-rechnerische Berichtigung nicht zugewiesen ist. Diese Aussage gilt jedoch nicht uneingeschränkt, denn die Rechtspre- 784

---

815 BSG – 6 RKa 32/90, SozR 3-5540 § 38 Nr. 1; BSG – 6 RKa 20/90, SozR 3-2500 § 106 Nr. 8; BSG – 14a/6 RKa 17/90, SozR 3-2500 § 106 Nr. 12; BSG – 6 RKa 56/94, SozR 3-2500 § 106 Nr. 29.
816 BSG – 6 RKa 20/90, SozR 3-2500 § 106 Nr. 8.
817 BSG – 6 RKa 85/95, SozR 3-5533 Nr. 3512 Nr. 1; BSG – B 6 KA 85/97 R, SozR 3-5533 Allg. Nr. 2.
818 Hauck/Noftz/*Engelhard*, K § 106 Rn 44.

chung[819] geht von einer „Randzuständigkeit" bzw. **Annexkompetenz** bei den Prüfgremien für die Prüfung der sachlich-rechnerischen Berichtigung aus. Das bedeutet, dass in all den Fällen, in denen im Rahmen der Wirtschaftlichkeitsprüfung sich nachträglich ergibt, dass im Einzelfall eine Gebührenziffer unzutreffend abgerechnet wurde und diese Tatsachen keine im Verhältnis zu Wirtschaftlichkeit überragende Bedeutung zukommt, die Prüfgremien ausnahmsweise eine sachlich-rechnerische Berichtigung durchführen können.[820]

785 Aufgrund des Vorrangs der gemeinsamen Selbstverwaltung im Verhältnis zur Tätigkeit der KV steht jedoch im Umkehrschluss der KV eine Randzuständigkeit bzw. eine Annexkompetenz zur Wirtschaftlichkeitsprüfung nicht zu. Sollte sich jedoch innerhalb der Wirtschaftlichkeitsprüfung herausstellen, dass entweder die Leistungslegende falsch verstanden wurde oder bei zutreffendem Verständnis der Leistungslegende die Leistung aber unwirtschaftlich war, dann dürfen die Prüfgremien im Rahmen einer Wahlfeststellung dennoch eine Maßnahme aussprechen.[821]

786 Die **Plausibilitätsprüfung** (ausführlich dazu vgl. Rn 741–756), die keine eigenständige Wirtschaftlichkeitsprüfung beinhaltet und auch kein eigenständiges Prüfsystem bedeutet, beinhaltet letztlich die Prüfung, ob die Leistungen in sich schlüssig erbracht worden sind. Die Plausibilitätsprüfung wird in diesem Zusammenhang regelmäßig anhand von Zeitprofilen (vgl. § 106a SGB V mit der dazu vereinbarten Verfahrensordnung; die Zeitprofile sind nunmehr bundeseinheitlich im EBM 2000 plus geregelt) durchgeführt. Diese Plausibilitätsprüfung steht ausschließlich der KV, nicht den Prüfgremien zu. Die Prüfgremien müssen vielmehr davon ausgehen, dass die Leistungen, die der Wirtschaftlichkeitsprüfung unterliegen, auch tatsächlich vom Arzt erbracht worden sind.[822] Gelangen die Prüfgremien im Einzelfall zu dem Ergebnis, die Abrechnung des geprüften Arztes ist implausibel, so ist das Wirtschaftlichkeitsprüfungsverfahren auszusetzen und der KV zum Zwecke der Prüfung der Plausibilität vorzulegen. Entsprechende Vorgehensweisen sind in der Prüfvereinbarung regelmäßig normiert.

787 Die Prüfung ob bei einer Leistungserbringung ohne die nach den entsprechenden Richtlinien des Gemeinsamen Bundesausschusses der Ärzte und Krankenkassen genehmigungspflichtige Leistungen abgerechnet worden sind, fällt nicht in die Zuständigkeit der Prüfgremien. Bei dieser Abrechnungsprüfung handelt es sich um eine spezielle Form der sachlich-rechnerischen Berichtigung. Auch hinsichtlich der **übermäßigen Ausdehnung der vertragsärztlichen Tätigkeit** (§ 85 Abs. 4 S. 6 SGB V) sind die Prüfgremien kein zuständiges Organ. Dies ergibt sich schon aus den unterschiedlichen Zielsetzungen der Wirtschaftlichkeitsprüfung einerseits und der Maßnahmen zur Verhütung der übermäßigen Ausdehnung einer vertragsärztlichen Tätigkeit andererseits. Während bei ersterem es ausschließlich um die Frage der Notwendigkeit der einzelnen Leistungen geht, ist bei letzterem die Frage zu klären, ob tatsächlich eine gründliche und sorgfältige Behandlung des Versicherten vorliegt. Letztlich kann man im Übrigen die Maßnahmen zur Verhütung der übermäßigen Ausdehnung der vertragsärztlichen Tätigkeit als eine Grundregel der plausiblen Leistungserbringung ansehen.

788 Diese Ausführungen gelten nur für den Bereich des ärztlichen Honorares. Die Prüfgremien sind im Zusammenhang mit der Arzneimittelversorgung auch zuständige Gre-

---

819 BSG – 6 RKa 27/84, SozR 2200 § 368n Nr. 42; BSG – 14a/6 RKa 37/91, SozR 3-2500 § 106 Nr. 19; BSG – 6 RKa 56/94, SozR 3-2500 § 106 Nr. 29.
820 BSG – B 6 KA 39/04 R, SozR 4-2500 § 106 Nr. 10; BSG, 29.11.2006 – B 6 KA 39/05 R.
821 BSG – 14 a/6 RKa 37/91, SozR 3-2500 § 106 Nr. 19; BSG – 6 RKa 56/94, SozR 3-2500 § 106 Nr. 29.
822 BSG – 6 RKa 3/92, SozR 3-2500 § 106 Nr. 15; BSG – 6 RKa 18/92, SozR 3-2500 § 106 Nr. 23.

mien bei unzulässigen Verordnungen. Es muss in diesem Zusammenhang Berücksichtigung finden, dass sowohl durch § 34 SGB V als auch durch die Arzneimittelrichtlinien Arznei-, Heil- und Hilfsmittel aus der vertragsärztlichen Versorgung ausgegrenzt sind. Da auf die entsprechenden Daten die KVen keinerlei Zugriff haben, wird die Prüfung bei den unzulässigen Arzneimittelverordnungen durch die Prüfgremien durchgeführt. Dabei spielen weniger rechtliche als vielmehr pragmatische Überlegungen bezüglich der Zuständigkeit die entscheidende Rolle.

II. Gegenstand der Wirtschaftlichkeitsprüfung

Nach der Rechtsprechung[823] besteht nach § 106 Abs. 1 SGB V nicht nur die Befugnis, vielmehr die Verpflichtung der Krankenkassen und der KVen als Träger der gemeinsamen Selbstverwaltung von Ärzten und Krankenkassen, die Wirtschaftlichkeit der vertragsärztlichen Versorgung zu überwachen. Diese Verpflichtung der Prüfgremien zur Überwachung der Wirtschaftlichkeit bezieht sich auf alle an der vertragsärztlichen Versorgung teilnehmenden (Zahn-)Ärzte, Psychotherapeuten, Medizinischen Versorgungszentren, Einrichtungen nach § 311 Abs. 2 SGB V, ambulanten Leistungen von ermächtigten Krankenhausärzten und auch Hochschulambulanzen[824] sowie auch der stationären Leistungen von Belegärzten.

789

Gemäß § 106 Abs. 2 S. 3 SGB V umfasst die Wirtschaftlichkeitsprüfung auch die Häufigkeit von Überweisungen, Krankenhauseinweisungen und Feststellung der Arbeitsunfähigkeit sowie die Häufigkeit und den Umfang sonstiger veranlasster Leistungen insbesondere aufwendige medizinisch-technische Leistungen.

790

Bei der Prüfung von **Überweisungen** fällt lediglich der Zielauftrag (vgl. § 24 Abs. 3 S. 1 Nr. 1 BMV-Ä) aus der Wirtschaftlichkeitsprüfung beim Auftragsempfänger heraus. Dies ergibt sich daraus, dass § 24 Abs. 7 Nr. 1 S. 2 BMV-Ä ausdrücklich vorsieht, dass für die Notwendigkeit der Auftragserteilung der den Auftrag erteilende Vertragsarzt verantwortlich ist. Lediglich bei den Aufträgen, in denen die Auftragsausführung einen gewissen Spielraum beinhaltet, trifft die Wirtschaftlichkeit der Auftragsausführung den den Auftrag ausführenden Arzt.

791

Grundsätzlich ist der Prüfungsumfang der Prüfgremien als umfassend anzusehen. Eine **Begrenzung der Prüfung** auf die Behandlungs- und Verordnungsfälle einer einzelnen Kassenart oder Krankenkasse ist zwar nicht generell ausgeschlossen, jedoch nur unter besonderen Voraussetzungen zulässig.[825] Entsprechende Regelungen können auch durch Prüfvereinbarungen vereinbart werden.

792

Da aufgrund der Beschränkung der Prüfung auf den einzelnen Vertragsarzt oder die Krankenkasse die statistische Wirtschaftlichkeitsprüfung wegen der Vergleichsbasis verschlechtert wird,[826] muss eine ausreichende Fallzahl existieren, um dann eine Wirt-

793

---

823 BSG – 6 RKa 14/93, SozR 3-2500 § 106 Nr. 24; BSG – 6 RKa 1/97, SozR 3-2500 § 106 Nr. 42; BSG – B 6 KA 21/98 R, SozR 3-2500 § 106 Nr. 47; BSG – 6 RKa 43/94, SozR 3-2500 § 106 Nr. 53.
824 Durch das Fallpauschalengesetz wurden die „Polikliniken" durch „Hochschulambulanzen" sprachlich ersetzt, an der bisherigen Rechtsprechung, BSG – 6 RKa 33/89, SozR 3-2500 § 106 Nr. 5 sowie BSG – 6 RKa 27/86, SozR 2200 § 368e Nr. 10 ändert sich dadurch nichts.
825 BSG – B 6 KA 46/99 R, SozR 3-2500 § 106 Nr. 51; BSG – B 6 KA 24/99 R, SozR 3-2500 § 106 Nr. 50.
826 BSG – 6 RKa 27/84, SozR 2200 § 368n Nr. 42.

schaftlichkeit durchzuführen. Es müssen daher mindestens 20 % der **Durchschnittsfallzahl** der Fachgruppe der Wirtschaftlichkeitsprüfung unterliegen.[827]

794 Ferner ist eine Beschränkung der Wirtschaftlichkeitsprüfung dann zulässig, wenn sachliche Gründe dies rechtfertigen, etwa weil die Überschreitung im Wesentlichen die Versicherten einer Krankenkasse betreffen[828] oder weil einzelne Krankenkassen oder Kassenarten keine prüffähigen Unterlagen vorgelegt haben.[829] Auch ist es zulässig, den Prüfumfang auf eine Versichertengruppe zu beschränken.[830] Aus § 106 SGB V kann im Übrigen auch nicht abgeleitet werden, dass nur die Wirtschaftlichkeitsprüfung im engeren Sinne durchgeführt werden kann, vielmehr enthält diese Vorschrift eine generelle Überwachungspflicht zur Wirtschaftlichkeit. Es ist somit auch zulässig, wenn den Prüfgremien durch gesamtvertragliche Vereinbarung auch andere als die in § 106 SGB V angesprochenen Aufgaben zugewiesen werden.[831] Das BSG[832] geht sogar soweit, dass letztlich auch eine Übertragung völlig anderer Aufgaben auf die Prüfgremien zulässig ist, sofern die Aufgabenübertragung in den vertraglichen Bestimmungen deutlich zum Ausdruck kommt.

795 Ferner besteht die Möglichkeit, dass wegen mangelhafter prothetischer Behandlung der Zahnarzt über die Prüfgremien zum Schadensersatz herangezogen wird.[833]

796 Mit Bestandteil der Wirtschaftlichkeitsprüfung sind auch die Leistungen, die im Wege der Kostenerstattung nach § 13 Abs. 2 SGB V erbracht werden. Zwar sieht § 13 Abs. 2 S. 6 SGB V ausdrücklich vor, dass Abschläge wegen einer fehlenden Wirtschaftlichkeitsprüfung vorzunehmen sind, das BSG[834] geht jedoch davon aus, dass dennoch eine Wirtschaftlichkeitsprüfung grundsätzlich möglich sein muss.

III. Allgemeine Ausführungen zu den Prüfverfahren

797 Das SGB V unterscheidet innerhalb seines § 106 Abs. 2 SGB V zwischen zwei die Prüfung auslösenden Verfahrensarten, nämlich zwischen der Auffälligkeitsprüfung einerseits und der Zufälligkeitsprüfung andererseits. Die Auffälligkeitsprüfung beinhaltet nach § 106 Abs. 2 S. 1 Nr. 1 SGB V die Prüfung der Wirtschaftlichkeit bei Überschreitung der jeweiligen Richtgrößenvolumina nach § 84 SGB V. Die Stichprobenprüfung ist eine arztbezogene Prüfung ärztlicher und ärztlich verordneter Leistungen auf der Grundlage von arztbezogenen und versichertenbezogenen Stichproben, die mindestens zwei Prozent des ärztlichen Quartals umfassen muss (§ 106 Abs. 2 S. 1 Nr. 2 SGB V). Dadurch ist als gesondert aufgeführte Prüfungsart die Durchschnittswertprüfung aus § 106 Abs. 2 S. 1 Nr. 1 SGB V – auch für den Bereich des Honorares – weggefallen. Da wegen § 106 Abs. 2 S. 4 SGB V die Möglichkeit existiert weitere Prüfverfahren vertraglich zu vereinbaren, was bundesweit in den Prüfvereinbarungen auch wahrgenommen wurde, hat die Streichung der Durchschnittswertprüfung in § 106 Abs. 2 S. 1 Nr. 1 SGB V praktisch keine besondere Relevanz.

---

827 BSG – B 6 KA 50/97 R, SozR 3-2500 § 106 Nr. 45.
828 BSG – 6 RKa 8/94, MedR 1996, 134 f.
829 BSG – B 6 KA 46/99 R, SozR 3-2500 § 106 Nr. 51; BSG – B 6 KA 45/99 R, USK 2000-172.
830 BSG – 6 RKa 16/86, SozR 2200 § 368n Nr. 45.
831 BSG – 6 RKa 56/94, SozR 3-2500 § 106 Nr. 29; BSG – B 6 KA 85/97 R, SozR 3-5533 Allg. Nr. 2; BSG – B 6 KA 41/03 R, SozR 4-2500 § 106 Nr. 6.
832 BSG – 6 RKa 32/90, SozR 3-5540 § 38 Nr. 1.
833 BSG – B 6 KA 64/03 R, SozR 4-5555 § 12 Nr. 1.
834 BSG – B 1 KR 24/99 R, SozR 3-2500 § 13 Nr. 23.

Daneben sind noch die **prüfungsausfüllenden Prüfungsarten** zu berücksichtigen, hier spielen letztlich gewisse Beweismethoden eine Rolle.[835] Wir haben hier folgende Beweismethoden zu berücksichtigen:

- die strenge Einzelfallprüfung,
- die eingeschränkte Einzelfallprüfung,
- die Einzelfallprüfung mit Hochrechnung und
- die statistische Vergleichsprüfung.

798

Ferner können die Landesverbände der Krankenkassen und die Verbände der Ersatzkassen gemeinsam und einheitlich mit der KV über die vorgenannten Prüfmethoden hinaus noch weitere arztbezogene Prüfarten vereinbaren (§ 106 Abs. 2 S. 4 SGB V).

799

1. Strenge Einzelfallmethode

Die strenge Einzelfallmethode setzt bei der behandelten Erkrankung des Patienten an und versucht seinen im Zeitpunkt der jeweiligen Behandlung bestehenden Gesundheitszustand nachträglich aufzuklären. Die entsprechenden Ermittlungen sind entweder im Wege des Heranziehens des Patienten oder durch Nachuntersuchungen und/oder ihn betreffender, mehr oder weniger objektiver Unterlagen, wie Röntgenbilder und Befunde anderer Ärzte, durchzuführen.[836] Wird bei dieser Prüfung die Unwirtschaftlichkeit einzelner Behandlungsmaßnahmen festgestellt, so ist gleichzeitig auch die Unwirtschaftlichkeit dieser Behandlung bewiesen.[837]

800

Unter Berücksichtigung des in diesem Zusammenhang anzuwendenden Aufwandes geht die Rechtsprechung davon aus, dass diese Beweismethode wegen Unzumutbarkeit im Regelfall ausfällt.[838] Häufig könne wegen des Zeitablaufs die konkrete Behandlungssituation nicht mehr zuverlässig aufgeklärt werden; daher dürfe die strenge Einzelfallprüfung nur in Ausnahmefällen in Betracht gezogen werden.[839] Dieser Ansatz in der Rechtsprechung ist nicht überzeugend, denn innerhalb der Arzthaftung hat die Dokumentation eine ganz andere Bedeutung;[840] die Rechtsprechung[841] geht jedoch davon aus, einer ordnungsgemäßen Dokumentation ist Glauben zu schenken, bis der Beweis des Gegenteils erreicht wurde. Der Hauptanwendungsfall dieser strengen Einzelfallprüfung ist – wenn überhaupt – im zahnärztlichen Bereich zu sehen.

801

2. Eingeschränkte Einzelfallprüfung

Im Gegensatz zur strengen Einzelfallprüfung geht die eingeschränkte Einzelfallprüfung davon aus, dass die **Indikationsstellung** durch den zu prüfenden Arzt zutreffend ermittelt wurde.[842] Damit handelt es sich bei der eingeschränkten Einzelfallprüfung nicht um eine wirkliche und ernsthafte Prüfung des Einzelfalles, vielmehr lediglich um eine

802

---

835 BSG – 6 RKa 27/90, SozR 3-2500 § 106 Nr. 10.
836 BSG – 6 RKa 43/94, SozR 3-2500 § 106 Nr. 33.
837 BSG – 6 RKa 27/90, SozR 3-2500 § 106 Nr. 10.
838 BSG – 6 RKa 4/73, SozR 2200 § 368n Nr. 5; BSG – 6 RKa 4/83, SozR 2200 § 368n Nr. 33; BSG – 14a/6 RKa 4/90, SozR 3-2500 § 106 Nr. 13.
839 BSG – 6 RKa 27/90, SozR 3-2500 § 106 Nr. 10.
840 Zur zivilrechtlichen Begründung der Dokumentationsverpflichtung BGH – VI ZR 183/76, NJW 1978, 2337.
841 BGH – VI ZR 213/76, NJW 1978, 1681.
842 BSG – 6 RKa 43/94, SozR 3-2500 § 106 Nr. 33.

Schlüssigkeitsprüfung.[843] Es wird damit innerhalb der Wirtschaftlichkeitsprüfung nur die Frage geklärt, ob unter Zugrundelegung der Indikation durch den zu prüfenden Arzt die weiteren Behandlungsmaßnahmen in sich wirtschaftlich sind. Hierbei können die Ergebnisse der Prüfung eine geeignete Grundlage einer wertenden Entscheidung der Prüfgremien sein.[844]

803 Die eingeschränkte Einzelfallprüfung ist eine subsidiäre Prüfungsmethode,[845] da sie datentechnisch zu unsicher ist. Sie kommt nur dann in Betracht, wenn aussagekräftigere Beweismittel und -methoden nicht zur Verfügung stehen, also durch eine strenge Einzelfallprüfung oder durch eine statistische Vergleichsprüfung keine besseren Aussagen getroffen werden können.[846]

3. Einzelfallprüfung mit Hochrechnung

804 Bei der Einzelfallprüfung mit Hochrechnung handelt es sich um die auf einen Teil der Behandlungsfälle eines Arztes in einem Quartal bezogene beschränkte Einzelfallprüfung, aus deren Ergebnissen auf die gesamten Behandlungsfälle des Abrechnungsquartals geschlossen werden kann.[847]

805 Für den Ausspruch eines Regresses ist bei dieser Prüfmethode ferner erforderlich, dass auf Grundlage der Einzelfallprüfung eine ständig wiederkehrende Verhaltensweise des Arztes festgestellt wurde, die von den Prüfgremien als unwirtschaftlich beurteilt wird.

806 Hierbei ist es außerdem erforderlich, dass pro Quartal ein prozentualer Anteil von mindestens 20 % der abgerechneten Fälle geprüft wird, die zugleich mindestens 100 Behandlungsfälle umfassen müssen.[848] Darüber hinaus ist darauf zu achten, dass die zu prüfenden Einzelfälle nach generellen Kriterien ermittelt wurden und nicht etwa besondere Behandlungsfälle extra herausgesucht wurden.

807 Auch hier gilt die bereits oben angesprochene Subsidiarität der Einzellfallprüfung mit Hochrechnung, so dass diese Methodik nur dann zulässig ist, wenn aussagekräftigere Beweismittel und -methoden fehlen.[849] Ferner sind die Prüfgremien an die Regelungen der Prüfvereinbarung zur Durchführung einer repräsentativen Einzelfallprüfung gebunden, sofern nicht dadurch die bundesrechtlichen Vorgaben zur effektiven Überwachung der Wirtschaftlichkeit innerhalb der vertragsärztlichen Versorgung verstoßen wird.[850]

808 Bezüglich des unwirtschaftlichen Mehraufwandes bei der Hochrechnung verlangt die Rechtsprechung noch einen Sicherheitsabschlag von 25 %, da die Einzelfallprüfung mit Hochrechnung zu hohe Unsicherheiten in sich trägt.[851]

4. Statistische Vergleichsprüfung

809 Die statistische Vergleichsprüfung ist zurzeit noch die Regelprüfmethode innerhalb der Wirtschaftlichkeitsprüfung. Siehe im Übrigen dazu die nachfolgenden Ausführungen.

---

843 BSG – 6 RKa 21/82, SozR 2200 § 368n Nr. 31.
844 BSG – 6 RKa 21/82, SozR 2200 § 368n Nr. 31; BSG – 6 RKa 27/90, SozR 3-2500 § 106 Nr. 10.
845 BSG – 6 RKa 43/94, SozR 3-2500 § 106 Nr. 33.
846 BSG – 6 RKa 27/90, SozR 3-2500 § 106 Nr. 10; BSG – 6 RKa 43/94, SozR 3-2500 § 106 Nr. 33.
847 BSG – 6 RKa 27/90, SozR 3-2500 § 106 Nr. 10.
848 BSG – B 6 KA 50/97 R, SozR 3-2500 § 106 Nr. 45.
849 BSG – B 6KA 72/03 R, SozR 4-2500 § 106 Nr. 8.
850 BSG – B 6KA 72/03 R, SozR 4-2500 § 106 Nr. 8.
851 BSG – 6 RKa 27/90, SozR 3-2500 § 106 Nr. 10.

IV. Statistische Vergleichsprüfung

Die statistische Vergleichsprüfung ist eine Prüfung nach Durchschnittswerten und basiert auf einer **Gegenüberstellung der durchschnittlichen Fallkosten** des geprüften Arztes einerseits und der Gruppe der vergleichbaren Ärzte anderseits. Es wird damit der durchschnittliche Behandlungsaufwand des Arztes im Verhältnis zur Vergleichsgruppe in dem zu prüfenden Quartal geprüft.[852] Der Ansatz der Prüfung bezogen auf das Quartal war früher von der Rechtsprechung als übliche Methodik[853] vorgesehen, sie war bis 31.12.2003 nach § 106 Abs. 2 S. 1 SGB V ausdrücklich gesetzlich vorgesehen und kann nunmehr durch die Prüfvereinbarungen nach § 106 Abs. 2 S. 4 SGB V vertraglich vereinbart werden.

810

Die statistische Vergleichsprüfung ist die **Regelprüfmethode** innerhalb der Wirtschaftlichkeitsprüfung.[854] Sie gilt nicht nur für den Gesamtfallwertvergleich, sondern auch für die Sparten- und Einzelleistungsvergleiche.

811

An dieser Stelle ist auf die Abrechnungsunterlagen des Arztes näher einzugehen. Die ärztlichen Leistungen werden auf Grundlage des einheitlichen Bewertungsmaßstabes nach einzelnen Gebührenziffern – Einzelleistungen – abgerechnet und vergütet. Da die einzelnen Leistungen sich auch in Gruppen zusammenfassen lassen, werden danach die Abrechnungsunterlagen entsprechend der Gliederung des EBM in Leistungsgruppen bzw. Sparten zusammengefasst. Insoweit findet dann auch eine Prüfung der Wirtschaftlichkeit bei einzelnen Gebührenziffern oder eben von Leistungssparten statt. Eine Gesamtfallwertprüfung tritt in der Praxis immer mehr in den Hintergrund, weil in der Praxis die Gesamtfallwerte sich immer mehr nivelliert haben.

812

Generelle **Legitimation** für den **statistischen Vergleich**, der durch § 106 SGB V nunmehr ausdrücklich auch akzeptiert wurde, ist die – unwiderlegbare – Annahme, dass die Gesamtheit der Ärzte einer Vergleichsgruppe im Durchschnitt gesehen wirtschaftlich behandelt, jedenfalls das Maß des notwendigen und zweckmäßigen nicht unterschreitet und das deshalb der durchschnittliche Behandlungsaufwand einer Arztgruppe grundsätzlich ein geeigneter Maßstab für die Wirtschaftlichkeitsprüfung eines Angehörigen dieser Arztgruppe ist.[855] Selbst wenn der Eindruck bestehen sollte, dass die gesamte Fachgruppe hinsichtlich der Wirtschaftlichkeit eines Abrechnungsverhaltens nicht zwingend wirtschaftlich ist, so hindert dieses nicht eine Prüfung der Wirtschaftlichkeit nach statistischen Grundlagen.[856]

813

Die Rechtsprechung geht daher davon aus, dass ab einem gewissen Grad der Überschreitung die durchschnittlichen Fallkosten eines Arztes im Verhältnis zu seiner vergleichbaren Arztgruppe – offensichtliches Missverhältnis (vgl. Rn 834–837) – derart atypisch ist, dass sich die Mehrkosten nicht mehr durch Unterschiede in der Praxisstruktur und in Behandlungsnotwendigkeiten erklären lassen und deshalb zuverlässig auf eine unwirtschaftliche Behandlungs- und Verordnungsweise als Ursache der erhöhten Aufwendungen geschlossen werden kann.[857] Liegen entsprechende Werte, die ein offensichtliches Missverhältnis rechtfertigen können vor, so kann der sich daraus erge-

814

---

852 BSG – 6 RKa 37/93, SozR 3-2500 § 106 Nr. 26; BSG – 6 RKa 14/93, SozR 3-2500 § 106 Nr. 24.
853 BSG – 6 RKa 1/97, SozR 3-2500 § 106 Nr. 42.
854 BSG – B 6 KA 46/99 R, SozR 3-2500 § 106 Nr. 51; BSG – B 6 KA 24/03 R, GesR 2004, 424.
855 BSG – 6 RKa 21/87, SozR 2200 § 368n Nr. 54; BSG – 6 RKa 18/92, SozR 3-2500 § 106 Nr. 23; BSG – B 6 KA 50/97 R, SozR 3-2500 § 106 Nr. 45; BSG – B 6 KA 43/00 R, SozR 3-2500 § 106 Nr. 54.
856 BSG – B 6 KA 7/01 R, SozR 3-2500 § 106 Nr. 55.
857 BSG – 6 RKa 27/90, SozR 3-2500 § 106 Nr. 10; BSG – 6 RKa 37/93, SozR 3-2500 § 106 Nr. 26.

bende Anscheinsbeweis zur Unwirtschaftlichkeit lediglich durch Praxisbesonderheiten oder kompensatorische Einsparungen des geprüften Arztes entkräftet werden.[858]

815 Diese Aussage gilt jedoch nur dann, soweit eine hinreichend große Zahl **vergleichbarer Arztpraxen** existiert.[859] Die Rechtsprechung hat jedoch eine Mindestzahl von Praxen nicht festgelegt, wobei eine Vergleichsgruppe von 16 bzw. 9 Praxen mit dem Hinweis auf eine sehr spezialisierte, nur von einzelnen Ärzten einer größeren Arztgruppe abgerechneten Leistungen, als ausreichend angesehen wurde,[860] bei der Wirtschaftlichkeitsprüfung von Pathologen wurden bereits 7 bis 9 Praxen wegen der hohen Fallzahl als ausreichend große Vergleichsgruppe akzeptiert.[861] Bei der Beurteilung der Größe der Vergleichsgruppe ist insbesondere zu prüfen, ob nicht aufgrund von Zufällen und Unwägbarkeiten im ärztlichen Abrechnungsverhalten der Vergleichsgruppe die Gefahr entsteht, keine aussagekräftigen Ergebnisse mehr vorliegen zu haben, weshalb dann die statistisch-mathematischen Mittelwerte der Vergleichsgruppe nicht mehr ein ausreichendes Kriterium für den statistischen Vergleich sein kann.

816 Weiterhin ist es erforderlich, dass eine **hinreichende Zahl von Behandlungsfällen** des zu prüfenden Arztes existiert. Daher ist eine Vergleichsprüfung dann ausgeschlossen, wenn die Fallzahl des zu prüfenden Arztes gering ist und Fallzahlbereiche unterschreitet, unterhalb derer ein statistischer Vergleich nicht aussagkräftig ist.[862] Der Grenzwert hinsichtlich der Mindestfallquote ist nicht an absoluten Fallzahlen zu orientieren, sie beträgt vielmehr 20 % der Durchschnittsfallzahl der Vergleichsgruppe.[863]

817 Eine weitere Besonderheit gilt bei Mund-, Kiefer- und Gesichtschirurgen. Diese haben eine Wahlmöglichkeit bezüglich der Abrechnungsweise, ob sie nämlich über die vertragsärztliche Versorgung oder über die vertragszahnärztliche Versorgung abrechnen. Daher sind bei der Wirtschaftlichkeitsprüfung dieser Arztgruppe die jeweiligen Abrechnungswerte aus dem anderen Bereich mit einzubeziehen.[864]

818 Ferner besteht nach der gefestigten Rechtsprechung des BSG bei der Durchschnittswertprüfung kein Vorrang für ein bestimmtes **statistisches Verfahren**.[865] Es steht daher den Prüfgremien im Rahmen ihres Beurteilungsspielraumes frei, ob sie eine Prüfung nach arithmetischen Durchschnittszahlen oder nach der Gaußschen Normalverteilung[866] durchführen. Während die herkömmliche Methode vom arithmetischen Mittelwert der Vergleichsgruppe ausgeht, wird nach der Gaußschen Normalverteilung zusätzlich anhand der Häufigkeitsverteilung die Standardabweichung der mittleren Fallkosten ermittelt und auf ihrer Grundlage der Bereich der normalen Streuung und die Grenzen im offensichtlichen Missverhältnis festgelegt.

---

858 BSG – B 6 KA 32/02 R, SozR 4-2500 § 106 Nr. 1 = GesR 2003, 360; BSG – B 6 KA 24/03 R, GesR 2004, 424.
859 BSG – 6 RKa 5/79, SozR 2200 § 368e Nr. 4; BSG – 6 RKa 21/82, SozR 2200 § 368n Nr. 31; BSG – B 6 KA 50/97 R, SozR 3-2500 § 106 Nr. 45.
860 BSG – 6 RKa 7/79, USK 82196; BSG – B 6 KA 14/02 R, SozR 4-2500 § 106 Nr. 2.
861 BSG – B 6 KA 72/03 R, SozR 4-2500 § 106 Nr. 8.
862 BSG – B 6 KA 50/97 R, SozR 3-2500 § 106 Nr. 45.
863 BSG – B 6 KA 50/97 R, SozR 3-2500 § 106 Nr. 45.
864 BSG – B 6 KA 43/00 R, SozR 3-2500 § 106 Nr. 54.
865 BSG – 6 RKa 21/82, SozR 2200 § 368n Nr. 31; BSG – 6 RKa 23/86, SozR 2200 § 368n Nr. 48; BSG – 14a/6 RKa 2/90, SozR 3-2500 § 106 Nr. 13; BSG – 6 RKa 37/93, SozR 3-2500 § 106 Nr. 26.
866 Ausführlich dazu *Spellbrink*, Rn 554 ff.

1. Prüfungsfolge

Während die Rechtsprechung früher nicht eindeutig war, wo eventuelle Praxisbesonderheiten oder kompensatorische Aufwendungen zu berücksichtigen waren, geht die neue Rechtsprechung davon aus, dass die Praxisbesonderheiten bereits am Anfang der Wirtschaftlichkeitsprüfung zu berücksichtigen sind.

819

Es ist mithin zunächst zu prüfen, ob Praxisbesonderheiten bekannt sind oder anhand von Behandlungsausweisen oder Angaben des Arztes erkennbar sind; wenn solche vorliegen, sind sie zunächst aus den Abrechnungswerten des Arztes herauszunehmen. Nur so lässt sich letztlich eine verlässliche Aussage über die Wirtschaftlichkeit oder Unwirtschaftlichkeit der Behandlungs- oder Verordnungsweise treffen.[867]

820

Begründet wird dieser Weg damit, dass durch die **Herausnahme** von **Praxisbesonderheiten** und unter Berücksichtigung der Tatsache des Anscheinsbeweises des offensichtlichen Missverhältnisses zunächst eine Bereinigung der Abrechnungswerte des Arztes erreicht werden muss, anderenfalls kein typischer Geschehensablauf mehr existiere, der nach den allgemeinen Erfahrungen den Schluss auf eine unwirtschaftliche Behandlungsweise zulasse.[868] Ferner ist die Prüfung von Praxisbesonderheiten vorrangig vor der Prüfung von kompensatorischen Einsparungen,[869] da auf Praxisbesonderheiten beruhende Mehraufwendungen notwendigerweise Einsparungen in anderen Bereichen zur Folge haben können.

821

Halten sich jedoch die Prüfgremien nicht an diese soeben dargestellte Prüfungsfolge, so führt dieses – leider – nicht zwingend zur Rechtswidrigkeit des Kürzungsbescheides. Sofern sich die Prüfgremien, insbesondere der Beschwerdeausschuss erkennbar mit den vorgetragenen Praxisbesonderheiten in gründlicher und nachvollziehbarer Weise auseinander gesetzt hat und sie ggf. auch berücksichtigt, so ist dieses methodische „Vergehen" unschädlich.[870]

822

2. Intellektuelle Prüfung

Nach der ständigen Rechtsprechung des BSG ist neben der rein statistischen Betrachtungsweise noch eine zusätzliche intellektuelle Prüfung und Entscheidung erforderlich, bei der die für die Frage der Wirtschaftlichkeit relevanten medizinischen Gesichtspunkte mit geprüft werden.[871]

823

Begründet wird diese intellektuelle Prüfung damit, dass § 106 Abs. 2 S. 1 Nr. 1 SGB V a.F. nicht von einer statistischen Vergleichsprüfung, vielmehr von einer arztbezogenen Prüfung nach Durchschnittswerten sprach und somit rein statistische Bewertungen im Gesetzeswortlaut keine Stütze finden. Daneben wird zur Begründung angeführt, dass man bei einer rein statistischen Prüfung eine fachkundige und sachkundige Besetzung der Prüfgremien mit Vertretern der Ärzte und der Krankenkassen nicht notwendig bräuchte.

824

---

[867] BSG – 6 RKa 37/93, SozR 3-2500 § 106 Nr. 26; BSG – 6 RKa 35/94, SozR 3-2500 § 106 Nr. 27; BSG – B 6 KA 69/96 R, SozR 3-2500 § 106 Nr. 43; BSG – B 6 KA 43/00 R, SozR 3-2500 § 106 Nr. 54.
[868] BSG – 6 RKa 18/92, SozR 3-2500 § 106 Nr. 23.
[869] BSG – B 6 KA 69/96 R, SozR 3-2500 § 106 Nr. 43.
[870] BSG – B 6 KA 69/96 R, SozR 3-2500 § 106 Nr. 43 = NJW 1998, 3444.
[871] BSG – 6 RKa 18/92, SozR 3-2500 § 106 Nr. 23; BSG – 6 RKa 16/93, SozR 3-2500 § 106 Nr. 25; BSG – 6 RKa 37/93, SozR 3-2500 § 106 Nr. 26; BSG – 6 RKa 43/94, SozR 3-2500 § 106 Nr. 33; BSG – B 6 KA 43/00 R, SozR 3-2500 § 106 Nr. 54.

825 Bei der intellektuellen Prüfung sind die Prüfgremien verpflichtet, alle relevanten Umstände aus der Praxisführung des geprüften Arztes daraufhin zu überprüfen, ob sie den nach rein statistischer Betrachtungsweise gesetzten Anschein einer unwirtschaftlichen Behandlungsweise zu widerlegen geeignet sind.[872] Zu diesen relevanten **medizinischen Gesichtspunkten** gehören das Behandlungsverhalten und die unterschiedlichen Behandlungsweisen innerhalb der Arztgruppe und die bei dem geprüften Arzt vorliegenden Praxisbesonderheiten.[873] Damit dient die intellektuelle Prüfung dazu, die Aussagen der Statistik zu überprüfen und ggf. zu korrigieren. Erst aufgrund einer Zusammenschau von intellektueller Prüfung und statistischen Erkenntnissen kann überhaupt festgestellt werden, ob ein Schluss auf ein unwirtschaftliche Behandlungsweise gerechtfertigt ist.[874]

826 Diese intellektuelle Prüfung ist von Amts wegen – ungeachtet des Vortrages des Arztes – bereits auf der ersten Prüfungsstufe durchzuführen.[875]

3. Bildung der Vergleichsgruppe

827 Bei der Frage der Bildung der Vergleichsgruppe ist zunächst zu berücksichtigen, dass hier der zentrale Ansatzpunkt existiert, den Arzt mit einer Gruppe von anderen Ärzten zu vergleichen. Um einen entsprechenden Vergleich auf rein statistische Art und Weise durchführen zu können, benötigt man tatsächlich sowohl eine gewisse Größe als auch eine gewisse Homogenität der Vergleichsgruppe. Die Homogenität der Vergleichsgruppe bestimmt sich im Wesentlichen danach, dass der zu prüfende Arzt und die Gruppe, mit der der Arzt verglichen werden soll, mit den wesentlichen Leistungsbedingungen übereinstimmend ist.[876] Daher ist es erforderlich, dass die Vergleichsgruppe aus den Ärzten besteht, die ein annähernd gleiches Patientengut versorgen und im Wesentlichen dieselben Krankheiten behandeln.[877]

828 Hierbei ist es zulässig, die Bildung statistischer Vergleichsgruppen an die fachlichen Differenzierungen des **ärztlichen Berufsrechts** anknüpfen zu lassen[878] und damit die entsprechende Facharztgruppe zur Vergleichsgruppe zu machen. Folglich ist es zulässig, anhand der Weiterbildungsordnung der jeweiligen Landesärztekammer die Vergleichsgruppe aufzubauen, denn nach Auffassung des BSG[879] ist dann von einer ausreichenden Homogenität der Vergleichsgruppe auszugehen, in der Praxis wird daher auf den Zulassungsstatus des einzelnen Arztes abgestellt. Dies gilt dann jedoch nicht, wenn der Arzt nur ein spezielles Patientenklientel behandelt, dass von der Fachgruppe wesentlich abweicht.[880]

---

[872] BSG – 6 RKa 43/94, SozR 3-2500 § 106 Nr. 33.
[873] BSG – 6 RKa 18/92, SozR 3-2500 § 106 Nr. 23; BSG – 6 RKa 43/94, SozR 3-2500 § 106 Nr. 33; BSG – B 6 KA 43/00 R, SozR 3-2500 § 106 Nr. 54.
[874] BSG – 6 RKa 18/92, SozR 3-2500 § 106 Nr. 23; BSG – B 6 KA 43/00 R, SozR 3-2500 § 106 Nr. 54; BSG – B 6 KA 24/03 R, GesR 2004, 424.
[875] BSG – B 6 KA 43/00 R, SozR 3-2500 § 106 Nr. 54.
[876] BSG – 6 RKa 16/86, SozR 2200 § 368n Nr. 45, BSG – 6 RKa 4/95, SozR 3-2500 § 106 Nr. 31.
[877] BSG – 6 RKa 45/95, SozR 3-2500 § 106 Nr. 36; BSG – B 6 KA 25/99 R, SozR 3-2500 § 106 Nr. 49.
[878] BSG – 6 RKa 5/79, SozR 2200 § 368e Nr. 4; BSG – 6 RKa 21/82, SozR 2200 § 368n Nr. 31; BSG – 6 RKa 45/95, SozR 3-2500 § 106 Nr. 36.
[879] BSG – 6 RKa 34/90, SozR 3-2500 § 106 Nr. 11.
[880] BSG – B 6 KA 39/04 R, SozR 4-2500 § 106 Nr. 10.

Entgegen einer vereinzelt in der Literatur[881] vertretenen Auffassung geht die ständige Rechtsprechung davon aus, dass kein Rechtsanspruch des geprüften Arztes auf Bildung einer engeren Vergleichsgruppe besteht.[882] Allgemeinmediziner können mit praktischen Ärzten verglichen werden;[883] bei Internisten ist aufgrund der Trennung dieser Fachgruppe zwischen haus- und fachärztlichen Internisten grundsätzlich auch die Bildung entsprechender getrennter Fachgruppenfelder notwendig. Sollten im Einzelfall praktische Ärzte oder Ärzte für Allgemeinmedizin mit einer speziellen Praxisausrichtung den Wunsch haben, mit Gebietsärzten verglichen zu werden, so besteht hierauf kein Anspruch.[884]

829

Probleme tauchen bei **fachübergreifenden Gemeinschaftspraxen** oder **Medizinischen Versorgungszentren**/Einrichtungen nach § 311 Abs. 2 SGB V auf. Diese Praxen sind regelmäßig vergütungsrechtlich einer Gruppe von Ärzten zugeordnet, so dass hieraus sich die Vergütung ableitet; unabhängig von der Zulässigkeit im Bereich der Honorarverteilung kann dies nicht für die Wirtschaftlichkeitsprüfung gelten. Dort ist es erforderlich, dass zur Bildung der Vergleichsgruppe ggf. eine bundesweite Ermittlung durchgeführt werden muss, um entsprechende Praxen mit der gleichen ärztlichen Zusammensetzung zu finden. Eine „Mischung" aus den Fachgruppenwerten der in der ärztlichen Einrichtung beteiligten Arztgruppen ist nicht zulässig, weil es wegen der Bildung von Gebührenkomplexen innerhalb des EBM und des gebührenrechtlichen Ausschlusses der Abrechnung von Leistungen nebeneinander zu Verwerfungen in der Darstellung der Abrechnung führen kann, was die statistische Aussage verfälscht.

830

Auch ein erhöhter Anteil von Patienten mit ausländischer Staatsangehörigkeit ist kein Grund dafür, eine engere Vergleichsgruppe zu bilden,[885] zumal die vermehrte Behandlung von Aussiedlern und Ausländern keine Praxisbesonderheit darstellt.[886] Gleiches gilt auch für die Existenz einer Gemeinschaftspraxis oder Landarztpraxis.[887]

831

Die neuere Rechtsprechung geht davon aus, dass unter Berücksichtigung der vom Arzt geführten Zusatzbezeichnung die Bildung einer engeren Vergleichsgruppe nicht erforderlich ist.[888] Grundsätzlich kann die Bildung einer engeren und damit auch homogeneren Vergleichsgruppe ein sinnvoller Weg sein, um eine zuverlässigere und bessere Aussage über den statistischen Vergleich des Arztes zu erhalten.[889]

832

Selbst wenn die Prüfgremien zur Auffassung gelangen, es solle keine gesonderte Vergleichsgruppe gebildet werden, so sind dann entsprechende Besonderheiten ggf. als Praxisbesonderheiten zu berücksichtigen.[890] Damit gelangt man letztlich zu dem Ergebnis, dass es bei einer Gesamtschau der Dinge dahingestellt bleiben kann, ob entweder die Besonderheiten des zu prüfenden Arztes im Wege der Bildung einer verfeinerten Vergleichsgruppe berücksichtigt werden oder ob hier die Praxisbesonderheiten in die Wirtschaftlichkeitsprüfung mit einbezogen werden.

833

---

881 *Maaß*, NZS 2000, 109, 114 f.
882 BSG – 6 RKa 5/79, SozR 2200 § 368e Nr. 4; BSG – 6 RKa 37/93, SozR 3-2500 § 106 Nr. 26; BSG – B 6 KA 25/99 R, SozR 3-2500 § 106 Nr. 49.
883 BSG – 6 RKa 23/86, SozR 2200 § 368n Nr. 48.
884 BSG – 6 RKa 21/82, SozR 2200 § 368n Nr. 31; BSG, 9.5.1985 – 6 RKa 31/84, SozR 2200 § 368n Nr. 39.
885 BSG – B 6 KA 25/99 R, SozR 3-2500 § 106 Nr. 49.
886 BSG – B 6 KA 24/03 R, GesR 2004, 424.
887 BSG – B 6 KA 24/99 R, SozR 3-2500 § 106 Nr. 50.
888 BSG – B 6 KA 1/02 R, SozR 3-2500 §106 Nr. 57.
889 BSG – 6 RKa 34/90, SozR 3-2500 § 106 Nr. 11.
890 BSG – 6 RKa 45/95, SozR 3-2500 § 106 Nr. 36.

4. Offensichtliches Missverhältnis

834 Eine Unwirtschaftlichkeit der Tätigkeit des Arztes ist dann anzunehmen, wenn der Fallwert des geprüften Arztes so erheblich über dem Vergleichsgruppendurchschnitt liegt, dass sich die Mehrkosten nicht mehr durch Unterschiede in der Praxisstruktur und in den Behandlungsnotwendigkeiten erklären lassen und deshalb zuverlässig auf eine unwirtschaftliche Behandlungsweise als Grund der erhöhten Aufwendungen geschlossen werden kann.[891] Wann exakt dieser Grenzwert erreicht ist, lässt sich aufgrund der Tatsache, dass es sich bei dem offensichtlichen Missverhältnis um einen unbestimmten Rechtsbegriff mit Beurteilungsspielraum[892] handelt, nicht allgemein und generell festlegen.[893] Es hängt dem Grunde nach davon ab, wie groß das Leistungsspektrum der Arztgruppe ist, so dass deswegen bei einer Arztgruppe mit einem engen Leistungsspektrum niedrigere und im Umkehrschluss bei einer Gruppe mit einem weiteren Leistungsspektrum höhere Grenzwerte in Betracht zu ziehen sind.[894]

835 Um jedoch für die Praxis doch einen gewissen Grenzwert zu haben, wurde die Grenze zum offensichtlichen Missverhältnis bei einer Fallwertüberschreitung um 50 %[895] bzw. um einen Wert zwischen 40 % bis 60 %[896] als zutreffend und vertretbar angesehen. Diese Werte gelten im Übrigen auch für den statistischen Vergleich hinsichtlich der Verordnungsweise.[897]

836 Der **Grenzwert** kann dann **herabgesetzt** werden, wenn der Arzt über eine längere Zeit eine im Wesentlichen gleichartige unwirtschaftliche Behandlungs- oder Verordnungsweise aufzeigt, weil dadurch die Zufälligkeitsfaktoren, wie besonders schwere Erkrankungen einzelner Patienten praktisch ausgeschlossen werden.[898] Nicht unberücksichtigt bleiben darf in diesem Zusammenhang auch die neuere Rechtsprechung des BSG hinsichtlich der Eingruppierung der Praxisbesonderheiten. Während früher die Rechtsprechung davon ausging, dass Praxisbesonderheiten erst nach Feststellung des offensichtlichen Missverhältnisses zu berücksichtigen sind, sind jetzt schon bei der Feststellung des offensichtlichen Missverhältnisses bei der Angleichung des zu prüfenden Arztes zur Vergleichsgruppe die Praxisbesonderheiten zu beachten. Dies rechtfertige nach Auffassung des BSG,[899] den Grenzwert herabzusetzen. Daher ist nach der neueren Rechtsprechung davon auszugehen, dass der Grenzwert nunmehr bei 40 % Überschreitung im Verhältnis zu Vergleichsgruppe als Grenzwert zur Bejahung des offensichtlichen Missverhältnisses ausreichend ist.[900] Im Einzelfall kann auch das offensichtliche Missverhältnis unter dem Grenzwert von 40 % angenommen werden, wenn dies im Bescheid ausreichend begründet wird.[901]

---

[891] BSG – 6 RKa 34/90, SozR 3-2500 § 106 Nr. 11; BSG – 6 RKa 18/92, SozR 3-2500 § 106 Nr. 23; BSG – 6 RKa 37/93, SozR 3-2500 § 106 Nr. 26.
[892] BSG – 6 RKa 8/84, SozR 2200 § 368n Nr. 38.
[893] BSG – 6 RKa 34/90, SozR 3-2500 § 106 Nr. 11; BSG – 6 RKa 18/92, SozR 3-2500 § 106 Nr. 23; BSG – 6 RKa 37/93, SozR 3-2500 § 106 Nr. 26; BSG – B 6 KA 45/02 R, SozR 4-2500 § 106 Nr. 3.
[894] BSG – 6 RKa 23/86, SozR 2200 § 368n Nr. 48.
[895] BSG – 6 RKa 21/82, SozR 2200 § 368n Nr. 31; BSG – 6 RKa 8/84, SozR 2200 § 368n Nr. 38; BSG – 6 RKa 3/92, SozR 3-2500 § 106 Nr. 15; BSG – B 6 KA 45/02 R, SozR 4-2500 § 106 Nr. 3.
[896] BSG – 6 RKa 23/86, SozR 2200 § 368n Nr. 48; BSG – 6 RKa 22/87, SozR 2200 § 368n Nr. 57; BSG – 6 RKa 4/95, SozR 3-2500 § 106 Nr. 31.
[897] BSG – 6 RKa 10/77, SozR 2200 § 368n Nr. 14.
[898] BSG – 6 RKa 38/91, SozR 3-2500 § 106 Nr. 14.
[899] BSG – 6 RKa 52/96, SozR 3-2500 § 106 Nr. 41; BSG – B 6 KA 69/96 R, SozR 3-2500 § 106 Nr. 43.
[900] BSG – 6 RKa 35/94, SozR 3-2500 § 106 Nr. 27; BSG – 6 RKa 52/96, SozR 3-2500 § 106 Nr. 41.
[901] Vgl. hierzu etwa BSG – B 6 KA 24/99 R, SozR 3-2500 § 106 Nr. 50; BSG – B 6 KA 45/02 R, SozR 4-2500 § 106 Nr. 3.

837 Die rechtliche Bedeutung der Grenzziehung zum offensichtlichen Missverhältnis war in der Rechtsprechung nicht immer ganz eindeutig. Zum Teil[902] ist davon ausgegangen worden, bei Überschreitung des Grenzwertes sei der (Voll-)Beweis dafür erbracht worden, der Arzt habe unwirtschaftlich behandelt. Die überwiegende Rechtsprechung des BSG[903] geht jedoch davon aus, bei der Überschreitung der Grenze zum offensichtlichen Missverhältnis liege lediglich der Anscheinsbeweis für eine Unwirtschaftlichkeit vor. Dieser **Anscheinsbeweis** führt dazu, dass der Arzt nunmehr verpflichtet ist, Umstände aufzuzeigen, die es rechtfertigen, die statistische Wahrscheinlichkeitsaussage zu erschüttern.[904] Insoweit ist es jedoch nicht ausreichend, dass der Arzt besondere Umstände behauptet, sie müssen vielmehr bewiesen werden.[905] Damit ist eine Umkehr der Beweislast festzustellen, wobei auch insoweit die Grundsätze der Amtsermittlung noch eine Rolle spielen (ausführlich dazu siehe Rn 857). Kann der Beweis jedoch im Ergebnis nicht erbracht werden, so geht dies ausschließlich zu Lasten des Arztes.

5. Vertikalvergleich

838 Der Vertikalvergleich ist auch eine statistische Vergleichsprüfung. Sie wird jedoch nicht anhand der Abrechnungswerte der Vergleichsgruppe durchgeführt, vielmehr findet der Vertikalvergleich bei einem Vergleich mit den eigenen Abrechnungswerten aus den Vorquartalen statt.[906] Für diesen Vertikalvergleich bedarf es keiner speziellen Ermächtigungsgrundlage in der Prüfvereinbarung,[907] da die Prüfgremien berechtigt und verpflichtet sind, ggf. auch neue sachgerechte Prüfarten zu entwickeln – dies insbesondere dann, wenn die Wirtschaftlichkeitsprüfung andernfalls keine verwertbaren Ergebnisse zu erbringen vermag. Des Weiteren ist zu berücksichtigen, dass der Vertikalvergleich keine allgemeine Prüfmethode ist, denn sie stellt auf das den Arzt begünstigende Ergebnis ab, die Behandlungsweise in den Vorquartalen sei wirtschaftlich gewesen; hierfür bestehen jedoch nach Auffassung der Rechtsprechung keinerlei Anhaltspunkte.[908]

839 Daher kommt ein Vertikalvergleich als alleinige Prüfmethode nur dann in Betracht, wenn eine Prüfung nach anderen Prüfarten nicht durchführbar ist, sei es wegen der Unvergleichbarkeit des Leistungsspektrums[909] oder wegen zu kleiner Zahl der in Frage kommenden Ärzte oder einer zu geringen Fallzahl.[910] Auch ist der Vertikalvergleich dann als Prüfmethode der Wahl anzusehen, wenn sich die der statistischen Vergleichsprüfung zugrunde liegende Vermutung, dass der Durchschnitt der Fachgruppe wirtschaftlich gehandelt habe, wegen einer allgemeinen Steigerung der Leistungsmenge als nicht zutreffend erweist.[911]

840 Der Vertikalvergleich setzt voraus, dass sich sowohl das Patientengut als auch die Behandlungsstruktur in den zu vergleichenden Zeiträumen nicht wesentlich geändert hat, dass dem Vergleich mindestens vier aufeinander folgende Quartale zugrunde gelegt

---

902 BSG – 6 RKa 2/85, SozR 2200 § 368n Nr. 44; BSG – 6 RKa 38/91, SozR 3-2500 § 106 Nr. 14.
903 BSG – B 6 KA 66/00 R, SozR 3-2500 § 106 Nr. 53; BSG – B 6 KA 24/03, GesR 2004, 424.
904 BSG – 6 RKa 34/90, SozR 3-2500 § 106 Nr. 11.
905 BSG – 6 RKa 29/73, SozR 2200 § 368n Nr. 3; BSG – 6 RKa 34/90, SozR 3-2500 § 106 Nr. 11.
906 BSG – 6 RKa 14/93, SozR 3-2500 § 106 Nr. 24; BSG – B 6 KA 21/98 R, SozR 3-2500 § 106 Nr. 47.
907 BSG – B 6 KA 7/01 R, SozR 3-2500 § 106 Nr. 55.
908 BSG – 6 RKa 14/93, SozR 3-2500 § 106 Nr. 24.
909 BSG – 6 RKa 14/93, SozR 3-2500 § 106 Nr. 24; BSG – B 6 KA 21/98 R, SozR 3-2500 § 106 Nr. 47.
910 BSG – B 6 KA 50/97 R, SozR 3-2500 § 106 Nr. 45.
911 BSG – B 6 KA 21/98 R, SozR 3-2500 § 106 Nr. 47; BSG – B 6 KA 7/01 R, SozR 3-2500 § 106 Nr. 55; beispielsweise war dies die Einführung des neuen EBM im Jahre 1996.

werden und dass es sich bei den zu prüfenden Quartalen nicht um ein einzelnes aus der Reihe fallendes Spitzenquartal handelt.[912] Auch ist es erforderlich, dass die Leistungstatbestände im EBM im Wesentlichen unverändert geblieben sind.

841 Bei dem Vertikalvergleich ist insbesondere die bereits oben angesprochene intellektuelle Prüfung zwingend geboten. Die Prüfgremien müssen hierbei untersuchen, ob die Vermutung einer nicht in erster Linie medizinischen, vielmehr abrechnungstechnisch motivierten Änderung des Ansatzes von Gebührenziffern vorliegt, da ein Arzt grundsätzlich berechtigt ist, in der Vergangenheit nicht angefallene Gebührenpositionen in Ansatz zu bringen.[913] Dabei können beispielsweise auch die Anschaffung neuer medizinisch-technischer Geräte, die Schaffung der Voraussetzungen für ambulante Operationen und ähnliche Gesichtspunkte eine Rolle spielen. Die Höhe der Kürzung innerhalb des Vertikalvergleichs kann dazu führen, dass das Niveau erreicht wird, welches sich aus den Durchschnittswerten aus den Vergleichsquartalen ergibt.[914]

6. Praxisbesonderheiten

842 Sowohl die Praxisbesonderheiten als auch die kompensatorischen Einsparungen sind Einwendungen des Arztes, um trotz der statistischen Auffälligkeit die zunächst festgestellte statistische Aussagekraft der Unwirtschaftlichkeit zu widerlegen. Für Praxisbesonderheiten hat unter Berücksichtigung des Grundsatzes der Amtsermittlung der Arzt nach wie vor die Darlegungs- und Beweislast.

843 Aufgrund des Vergleiches des Arztes mit der Vergleichsgruppe und der insoweit zugrunde liegenden immanenten Voraussetzung der Übereinstimmung der wesentlichen Leistungsbedingungen des zu prüfenden Arztes und der Vergleichsgruppe[915] bedarf es noch der Korrektur. Der **Beweiswert der Statistik wird eingeschränkt**, wenn nicht sogar aufgehoben, wenn bei der geprüften Arztpraxis besondere, einen erhöhten Behandlungsaufwand rechtfertigende Umstände vorliegen, die im Verhältnis zur Vergleichsgruppe atypisch sind.[916]

844 Für die Anerkennung einer Praxisbesonderheit ist es nicht ausreichend, dass bestimmte Leistungen in der Praxis eines Arztes erbracht werden, vielmehr kommt es auch darauf an, dass sich dieses besondere Behandlungs- oder Verordnungsverhalten des Arztes statistisch auswirkt und in den Praxen der Vergleichsgruppe typischerweise nicht oder nicht in derselben Häufigkeit vorzufinden ist.[917] Praxisbesonderheiten sind regelmäßig durch ein bestimmtes Patientenklientel charakterisiert, etwa aufgrund einer Zusatzbezeichnung, die sich dann auch in der Abrechnung entsprechend dokumentiert[918] oder es liegt eine bevorzugte Anwendung bestimmter Untersuchungs- oder Behandlungsmethoden bzw. einer besonderen Praxisausrichtung vor.[919] Ab wann von den Prüfgremien ein **atypisches Patientenklientel** angenommen wird, steht im Beurteilungsspielraum der Prüfgremien,[920] sodass dies nicht Gegenstand einer Beweiserhebung durch

---

912 BSG – 6 RKa 14/93, SozR 3-2500 § 106 Nr. 24; BSG – B 6 KA 21/98 R, SozR 3-2500 § 106 Nr. 47.
913 BSG – B 6 KA 7/01 R, SozR 3-2500 § 106 Nr. 55.
914 BSG – B 6 KA 7/01 R, SozR 3-2500 § 106 Nr. 55.
915 BSG – 6 RKa 35/94, SozR 3-2500 § 106 Nr. 27.
916 BSG – 6 RKa 34/90, SozR 3-2500 § 106 Nr. 11; BSG – 6 RKa 18/92, SozR 3-2500 § 106 Nr. 23; BSG – B 6 KA 43/00 R, SozR 3-2500 § 106 Nr. 54.
917 BSG – 6 RKa 35/94, SozR 3-2500 § 106 Nr. 27.
918 BSG – B 6 KA 24/99 R, SozR 3-2500 § 106 Nr. 50.
919 BSG – 6 RKa 21/82, SozR 2200 § 368n Nr. 31.
920 BSG – B 6 KA 4/05 R, SozR 4-2500 § 106 Nr. 12.

Einholung eines Sachverständigengutachen sein kann.[921] Die Praxisbesonderheit selbst muss naturgemäß auch wirtschaftlich erbracht werden, sind bei den Praxisbesonderheiten selbst Unwirtschaftlichkeiten festzustellen, so können die Praxisbesonderheiten nur im Rahmen des Wirtschaftlichen anerkannt werden.[922]

Sofern Praxisbesonderheiten vorliegen, müssen ihre Auswirkungen quantifiziert, also bestimmt werden, in welchem Umfang der Mehraufwand hierauf zurückzuführen ist.[923]

845

Als **Praxisbesonderheiten** wurden bisher in der Rechtsprechung **anerkannt**:

846

- Besonderheiten in Zusammensetzung des Patientengutes, die durch eine spezifische Qualifikation des geprüften Arztes bedingt sein kann;[924]
- ein erhöhter Rentneranteil;[925] in der Praxis werden jedoch häufig die Fallwerte in der Statistik schon rentnergewichtet aufbereitet, so dass damit diese Praxisbesonderheit nicht mehr existiert;
- phlebologische Tätigkeit von Allgemeinärzten;[926]
- homöopathische Behandlungsweise;[927]
- anthroposophische Therapie;[928]
- Behandlung mehrfach behinderter Kinder mit der BOBATH-Methode;[929]
- operative Tätigkeit als Praxisschwerpunkt;[930]
- ein breites Leistungsspektrum, sofern dieses mit einem entsprechenden Patientenzuschnitt im Zusammenhang steht;[931]
- umfassende Erbringung der für die Diagnostik und Therapie erforderlichen Leistungen in eigener Praxis, anstatt Überweisung an andere Ärzte;[932]
- umfangreiche vorstationäre Diagnostik mit dem gleichzeitigen Ersparen von nachfolgender Befunderhebung durch Krankenhäuser;[933]
- erhöhter Behandlungsbedarf einer anlaufenden Praxis in den ersten Quartalen nach Aufnahme der Kassenpraxis, weil ausschließlich neue Patienten zu behandeln sind.[934]

Nicht als Praxisbesonderheiten kommen in **Betracht**:

847

- die Behauptung des Arztes, besser und gründlicher sowie sorgfältiger zu behandeln als andere Fachkollegen;[935]
- die Behauptung des Arztes, eine besondere persönliche Qualifikation zu besitzen;[936]
- ein breites Leistungsspektrum als solches ohne entsprechendes Patientenklientel;[937]

---

921 BSG, Beschl. v. 29.11.2006 – B 6 KA 49/06 B.
922 BSG – 6 RKa 22/87, SozR 2200 § 368n Nr. 57.
923 BSG – B 6 KA 69/96 R, SozR 3-2500 § 106 Nr. 43.
924 BSG – B 6 KA 69/96 R, SozR 3-2500 § 106 Nr. 43.
925 BSG – 6 RKa 18/80, SozR 2200 § 368n Nr. 27; BSG – 6 RKa 16/86, SozR 2200 § 368n Nr. 45.
926 BSG – 6 RKa 16/83, USK 84169.
927 Schulin/*Clemens*, Handbuch des Sozialversicherungsrechts, Band 1, Krankenversicherungen, § 35 Rn 92.
928 BSG – 6 RKä 5/79, SozR 2200 § 368e Nr. 4.
929 BSG – 6 RKa 13/84, MedR 1987, 64.
930 BSG – 6 RKa 2/85, SozR 2200 § 368n Nr. 44.
931 BSG – B 6 KA 69/96 R, SozR 3-2500 § 106 Nr. 43.
932 BSG – 6 RKa 24/86, SozR 2200 § 368n Nr. 49.
933 BSG – 6 RKa 21/82, SozR 2200 § 368n Nr. 31.
934 BSG – 6 RKa 2/85, SozR 2200 § 368n Nr. 44; BSG – 6 RKa 23/86, SozR 2200 § 368n Nr. 48.
935 BSG – 6 RKa 18/80, SozR 2200 § 368n Nr. 27.
936 BSG – 6 RKa 13/80, SozR 2200 § 368e Nr. 8.
937 BSG – 6 RKa 14/81, SozR 2200 § 368n Nr. 30; BSG – B 6 KA 69/96 R, SozR 3-2500 § 106 Nr. 43; BSG – B 6 KA 24/99 R, SozR 3-2500 § 106 Nr. 50.

- eine besondere Praxisausstattung als solche ohne das diesbezüglich erforderliche Patientenklientel;[938]
- schwere und behandlungsaufwendige Krankheitsfälle als solche, sofern die Häufigkeit nicht ihrerseits auf Praxisbesonderheiten beruht;[939]
- eine geringere Fallzahl im Verhältnis zur Vergleichsgruppe,[940] dies gilt jedoch dann nicht, wenn die Vergleichszahlen des zu prüfenden Arztes eine statistische Aussage beeinträchtigen können; dann stellt sich vielmehr die bereits oben angesprochene Frage, ob überhaupt eine Wirtschaftlichkeitsprüfung möglich ist;
- persönliche Anfängerschwierigkeiten des Arztes bei Praxisneugründung, da auch Praxisanfänger an das Wirtschaftlichkeitsgebot gebunden sind;[941] ggf. kann jedoch bei der Einschätzung des unwirtschaftlichen Mehraufwandes diese Tatsache eine Rolle spielen;
- Teilnahme am Notdienst, sofern hierzu alle Ärzte herangezogen werden;[942]
- hoher Anteil von Aussiedlern bzw. Ausländern;[943]
- besondere Öffnungszeiten einer Praxis;[944]
- das Führen einer Landarztpraxis.[945]

7. Kompensatorische Einsparungen

848 Sofern ein zu prüfender Arzt nicht in allen Leistungsbereichen, vielmehr nur in einzelnen Leistungssparten oder Leistungspositionen im Bereich des offensichtlichen Missverhältnisses liegt, kann zwar grundsätzlich noch eine Wirtschaftlichkeitsprüfung durchgeführt werden, es kann jedoch erreicht werden, dass die Vermutung der Unwirtschaftlichkeit durch einen Minderaufwand in anderen Leistungsbereichen entkräftet wird.[946] Dies geht jedoch nicht in einer pauschalen Betrachtungsweise im Sinne einer Gesamtaddition,[947] vielmehr ist erforderlich, dass zwischen dem Mehraufwand der einen und der Kostenunterschreitung auf der anderen Seite ein kausaler Zusammenhang besteht.[948] Ein **kausaler Zusammenhang** kann nur dann angenommen werden, wenn nachgewiesen wird, dass gerade durch den Mehraufwand die Einsparungen erzielt werden und das diese Behandlungsarten medizinisch gleichwertig sowie insgesamt Kosten sparend und damit wirtschaftlich sind.[949] Dabei sind auch die Einsparungen zu berücksichtigen, die außerhalb der Praxis des geprüften Arztes eintreten.[950]

---

938 BSG – 6 RKa 31/84, SozR 2200 § 368n Nr. 39; BSG– 6 RKa 24/86, SozR 2200 § 368n Nr. 49.
939 BSG – 6 RKa 2/85, SozR 2200 § 368n Nr. 44.
940 BSG – 6 RKa 8/87, SozR 2200 § 368n Nr. 50.
941 BSG – 6 RKa 18/80, SozR 2200 § 368n Nr. 27; BSG – 6 RKa 23/86, SozR 2200 § 368n Nr. 48; BSG – B 6 KA 24/03 R, GesR 2004, 424; siehe aber auch LSG Nordrhein-Westfalen – L 11 KA 213/01, GesR 2004, 21.
942 LSG Baden-Württemberg, Urt. v. 18.3.1998 – L 5 KA 2439/96.
943 BSG – 6 RKa 2/94, MedR 1996, 136; vgl. im Übrigen auch BSG – B 6 KA 25/99 R, SozR 3-2500 § 106 Nr. 49; BSG – B 6 KA 24/03 R, GesR 2004, 424.
944 BSG – B 6 KA 24/99 R, SozR 3-2500 § 106 Nr. 50.
945 BSG – B 6 KA 24/99 R, SozR 3-2500 § 106 Nr. 50.
946 BSG – B 6 KA 69/96 R, SozR 3-2500 § 106 Nr. 43.
947 Vgl. BSG – 6 RKa 1/97, SozR 3-2500 § 106 Nr. 42.
948 BSG – 6 RKa 29/73, SozR 2200 § 368n Nr. 3; BSG – 6 RKa 18/80, SozR 2200 § 368n Nr. 27; BSG – 6 RKa 38/84, SozR 2200 § 368n Nr. 43 = NJW 1997, 1511; BSG – 6 RKa 1/97, SozR 3-2500 § 106 Nr. 42.
949 BSG – 6 RKa 1/97, SozR 3-2500 § 106 Nr. 42; BSG – B 6 KA 69/96 R, SozR 3-2500 § 106 Nr. 43.
950 BSG – 6 RKa 21/82, SozR 2200 § 368n Nr. 31; BSG – 6 RKa 4/84, SozR 2200 § 368n Nr. 36.

Bei der Prüfung der kompensatorischen Einsparungen ist zunächst zu prüfen, ob nicht für in dem zunächst als statistisch auffälligen Bereich liegende Abrechnungswerte Praxisbesonderheiten existieren, die notwendigerweise Einsparungen in anderen Bereichen nach sich ziehen.[951] Es ist also unzulässig, einen bestimmten Lebenssachverhalt sowohl als Praxisbesonderheit als auch als kompensatorische Ersparnis anzuerkennen.

849

Die erbrachten Leistungen müssen medizinisch gleichwertig sein und schließlich muss auch ein Kostenvergleich ergeben, dass der Mehraufwand insgesamt nicht höher ist, als die anderweitig erzielten Einsparungen.[952] Sofern daher die für eine Kompensation geeigneten Therapieformen kostenaufwendiger sind, ist nur die Kostendifferenz als unwirtschaftlicher Mehraufwand anzusetzen.[953] Als denkbare kompensatorische Einsparung hat das BSG bisher zugelassen, dass beim höheren Sprechstundenbedarf und geringen Arzneimittelkosten[954] ein Ausgleich möglich ist, ferner bei Mehraufwendungen im Bereich der physikalischen Therapie im Verhältnis zu unterdurchschnittlichen Arzneimittelkosten.[955] Außerhalb dieser Rechtsprechung ist auch ein Ausgleich eines Mehr an veranlassten Heilmitteln im Verhältnis zu einem Weniger an selbst erbrachten physikalisch-medizinischen Leistungen als möglich anzusehen.

850

Speziell bei Einsparungen bei Arzneikosten sind Feststellungen zu den methodischen Zusammenhängen zwischen dem Mehraufwand und den angeblichen Einsparungen durchzuführen.[956] Die Rechtsprechung hat grundsätzlich anerkannt, dass die Feststellung kompensatorischer Einsparungen kaum nachweisbar ist.[957] Grund hierfür ist die Tatsache, dass letztlich die Kausalität medizinisch belegt werden muss, was in der Praxis sehr schwierig ist.

851

8. Besonderheiten bei der Sparten- und Einzelleistungskürzung

Die bisher gemachten Ausführungen bezogen sich im Regelfall auf den Gesamtfallwert, jedoch geht die Rechtsprechung davon aus, dass eine Wirtschaftlichkeitsprüfung auch bei Spartenwerten[958] oder bei Einzelleistungswerten[959] zulässig und auch geboten ist. Diese Prüfung von Teilbereichen hat zum einen den Vorteil, dass damit die Wirtschaftlichkeitsprüfung verbessert wird, des Weiteren besteht jedoch der Nachteil, dass eine Gefahr der Fehlinterpretation hinsichtlich der Behandlungsmethodik des Arztes existiert.[960] Daher wird es bei der Frage der **Grenze zum offensichtlichen Missverhältnis** möglicherweise im Einzelfall sinnvoll sein, den Grenzwert höher anzusetzen, zwingend ist dieses jedoch nicht. Letztlich ist in diesem Zusammenhang entscheidend die Frage, wie homogen die zu prüfende Leistungssparte oder die einzelne Gebührenziffer, also wie im Grunde das Abrechnungsverhalten der Vergleichsgruppe ist.

852

Innerhalb der Wirtschaftlichkeitsprüfung bei dem Sparten- oder Einzelleistungsvergleich dürfen die Gesamttätigkeit und die Gesamtfallkosten des Vertragsarztes nicht

853

---

951 BSG – 6 RKa 1/97, SozR 3-2500 § 106 Nr. 42.
952 BSG – 6 RKa 1/97, SozR 3-2500 § 106 Nr. 42.
953 BSG – 6 RKa 22/87, SozR 2200 § 368n Nr. 57.
954 BSG – 6 RKa 4/84, SozR 2200 § 368n Nr. 36.
955 KassKomm/*Hess*, SGB V, § 106 Rn 24.
956 BSG – 6 RKa 1/97, SozR 3-2500 § 106 Nr. 42.
957 BSG – 6 RKa 4/84, SozR 2200 § 368n Nr. 36; BSG – 6 RKa 1/97, SozR 3-2500 § 106 Nr. 42.
958 BSG – 6 RKa 4/78, SozR 2200 § 368n Nr. 19; BSG – B 6 KA 43/00 R, SozR 3-2500 § 106 Nr. 54.
959 BSG – 6 RKa 23/86 – SozR 2200 § 368n Nr. 48; BSG – B 6 KA 69/96 R, SozR 3-2500 § 106 Nr. 43; BSG – B 6 KA 43/00 R, SozR 3-2500 § 106 Nr. 54.
960 BSG – 6 RKa 34/90, SozR 3-2500 § 106 Nr. 11; BSG – B 6 KA 45/02 R, SozR 3-2500 § 106 Nr. 3.

gänzlich unberücksichtigt bleiben.[961] Dies soll der Gefahr vorbeugen, dass aus statistischen Auffälligkeiten in Teilbereichen vorschnelle Schlüsse gezogen werden.[962] Dies heißt jedoch nicht, dass selbst bei einem unauffälligen Gesamtkostendurchschnitt eine unwirtschaftliche Erbringung bei bestimmten Leistungsarten oder Leistungssparten ausgeschlossen ist.[963]

854 Speziell bei dem Einzelleistungsvergleich ist es wegen der geringen statistischen Aussagekraft entsprechender Leistungen zwingend erforderlich, dass es sich bei der Prüfung der Leistungen um fachgruppentypische Leistungen handelt.[964] Dies ist zumindest dann der Fall, wenn mindestens 50 % der Ärztevergleichsgruppe auch diese Leistungen erbracht haben.[965] Des Weiteren müssen die Leistungen von der Vergleichsgruppe regelmäßig in nennenswerter Zahl erbracht werden,[966] wobei es ausreichend ist, dass diese Leistungen in 5–6 % aller Behandlungsfälle angesetzt werden.[967] Dieser Wert ist jedoch kein absoluter Grenzwert, sofern eine zulässige Vergleichsbasis existiert, kann auch bei geringeren Werten von einer Vergleichbarkeit ausgegangen werden.[968]

855 Im Zusammenhang mit der intellektuellen Prüfung ist zunächst darauf hinzuweisen, dass die Grenze zum offensichtlichen Missverhältnis höher angesetzt werden muss. Die Rechtsprechung hat es unbeanstandet gelassen, wenn ein Prozentwert von 100 % über Fachgruppendurchschnitt zugrunde gelegt wird.[969] Bei sehr homogener Kostenverteilung und bei typischen Grundleistungen kann jedoch auch wieder ein Grenzwert um 50 % angesetzt werden,[970] wobei es gleichfalls nicht als rechtsfehlerhaft angesehen wird, wenn es sich um genau umrissene, nicht anders ersetzbare Einzelleistungen handelt, sofern eine hinreichend homogene Vergleichsgruppe existiert.[971]

9. Darlegungs- und Beweislast

856 Grundsätzlich gilt aufgrund des Anscheinsbeweises von statistischer Auffälligkeit, dass den Arzt die Darlegungs- und Beweislast für seine Einwendungen trifft.[972] Daher ist es nicht ausreichend, wenn der Arzt lediglich Behauptungen aufstellt, vielmehr müssen diese Behauptungen durch Tatsachen bewiesen werden.[973]

857 Diese Darlegungs- und Beweislast steht in einem gewissen Spannungsverhältnis zu dem sich aus § 20 Abs. 1 SGB X ergebenen Grundsatz für die Prüfgremien, den Sachverhalt von Amts wegen aufzuklären und alle für den Einzelfall bedeutsamen Umstände zu berücksichtigen.[974] Die Prüfgremien sind insbesondere verpflichtet, die bereits

---

961 BSG – 14a/6 RKa 2/90, SozR 3-2500 § 106 Nr. 13; BSG – 6 RKa 45/95, SozR 3-2500 § 106 Nr. 36.
962 BSG – 6 RKa 3/92, SozR 3-2500 § 106 Nr. 15.
963 BSG – B 6 KA 44/02 R, GesR 2004, 144.
964 BSG – 6 RKa 18/92, SozR 3-2500 § 106 Nr. 23; BSG – 6 RKa 37/93, SozR 3-2500 § 106 Nr. 26.
965 BSG – 6 RKa 18/92, SozR 3-2500 § 106 Nr. 23.
966 BSG – 6 RKa 3/92, SozR 3-2500 § 106 Nr. 15.
967 Vgl. hierzu BSG – B 6 KA 14/02 R, SozR 4-2500 § 106 Nr. 2 und B 6 KA 45/02 R, SozR 4-2500 § 106 Nr. 4.
968 BSG – B 6 KA 44/02 R, GesR 2004, 144.
969 BSG – 6 RKa 5/79, SozR 2200 § 368e Nr. 4; BSG – 6 RKa 18/92, SozR 3-2500 § 106 Nr. 23; BSG – B 6 KA 32/02 R, SozR 4-2500 § 106 Nr. 1.
970 BSG – 6 RKa 34/90, SozR 3-2500 § 106 Nr. 11; BSG – B 6 KA 45/02 R, SozR 4-2500 § 106 Nr. 3.
971 BSG – B 6 KA 79/03 R, ArztR 2005, 291.
972 BSG – 6 RKa 21/82, SozR 2200 § 368n Nr. 31; BSG – 6 RKa 1/97, SozR 3-2500 § 106 Nr. 42.
973 BSG – 6 RKa 34/90, SozR 3-2500 § 106 Nr. 11.
974 BSG – 6 RKa 21/82, SozR 2200 § 368n Nr. 31; BSG – 6 RKa 27/90, SozR 3-2500 § 106 Nr. 10; BSG – B 6 KA 46/99 R, SozR 3-2500 § 106 Nr. 51.

bekannten oder anhand der Abrechnungsunterlagen vorhandenen **Praxisbesonderheiten** zu berücksichtigen oder die Besonderheiten zu berücksichtigen, die auf Grundlage der Angaben des Arztes erkennbar sind.[975] Daher haben die Prüfgremien alle zulässigen Erkenntnisquellen für die Beweisführung heranzuziehen, die über die Ermittlung von Hilfstatsachen Schlüsse auf die Wirtschaftlichkeit bzw. Unwirtschaftlichkeit der Behandlungsweise bzw. Verordnungsweise eines Arztes zulassen.[976] Den Prüfgremien steht es in diesem Zusammenhang in ihrem pflichtgemäßen Ermessen frei, Prüfberichte einzuholen, eine Verpflichtung hierzu besteht aufgrund der Fachkundigkeit des Gremiums nicht.[977] Unzulässig ist es auf jeden Fall, wenn die Prüfgremien ohne eigene Prüfung sogleich wegen des Vorliegens eines offensichtlichen Missverhältnisses ohne eigene Ermittlungen auf die Darlegungs- und Beweislast zu Lasten des Arztes verweisen.

10. Mitwirkungspflicht

Im Zusammenhang mit der Darlegungs- und Beweislast sind auch die Mitwirkungspflichten des Arztes innerhalb der Wirtschaftlichkeitsprüfung zu berücksichtigen. Sie gehen über die allgemeinen Mitwirkungspflichten nach § 21 Abs. 2 SGB X hinaus.[978] Es ist Aufgabe des Arztes, seinen Vergütungsanspruch näher zu begründen und er ist ferner verpflichtet, all die für ihn günstigen Tatsachen näher vorzutragen, welche allein ihm bekannt sind oder nur mit seiner Hilfe aufgeklärt werden können.[979] Er kann sich in diesem Zusammenhang auch nicht auf die ärztliche Schweigepflicht berufen.[980]

858

Aufgrund dieser Mitwirkungspflichten des betroffenen Arztes können auch verspätete Einwendungen des Arztes, die erst im gerichtlichen Verfahren erstmalig vorgebracht werden, unberücksichtigt bleiben. Sollte jedoch für den Ausschuss erkennbar sein, dass noch weiterer Sachvortrag für den Arzt möglich ist, muss er auf die Möglichkeit der **Zurückweisung verspäteten Vorbringens** hinweisen.[981]

859

11. Konsequenzen bei festgestellter Unwirtschaftlichkeit

Einstieg für die Frage ist einerseits § 106 Abs. 5 S. 2 SGB V, wonach gezielte Beratungen weiteren Maßnahmen in der Regel vorangehen sollen. Ferner sieht § 106 Abs. 5 S. 1 SGB V abstrakt vor, dass die Prüfgremien darüber zu entscheiden haben, welche Maßnahmen bei einem festgestellten Verstoß gegen die Wirtschaftlichkeit zu ergreifen sind.

860

a) Beratung vor Kürzung

Wenn man den Gesetzestext in § 106 Abs. 5 S. 2 SGB V liest, könnte man den Gedanken haben, dass diese Regelung vorsieht, dass bei einem erstmaligen Verstoß gegen das Wirtschaftlichkeitsgebot der Arzt zunächst intensiv beraten werden muss, bevor eine

861

---

[975] BSG – 6 RKa 18/92, SozR 3-2500 § 106 Nr. 23; BSG – B 6 KA 46/99 R, SozR 3-2500 § 106 Nr. 51.
[976] BSG – 6 RKa 27/90, SozR 3-2500 § 106 Nr. 10; BSG – B 6 KA 21/98 R, SozR 3-2500 § 106 Nr. 53.
[977] BSG – B 6 KA 36/98 R, ArztR 2001, 107.
[978] BSG – 6 RKa 21/82, SozR 2200 § 368n Nr. 31.
[979] BSG – 6 RKa 21/82, SozR 2200 § 368n Nr. 31; BSG – 6 RKa 22/87, SozR 2200 § 368n Nr. 57.
[980] BSG – 6 RKa 13/80, SozR 2200 § 368e Nr. 8; BSG – 6 RKa 15/75, SozR 2200 § 368n Nr. 9.
[981] BSG – 6 RKa 22/87 – SozR 2200 § 368n Nr. 57.

Kürzung bzw. ein Regress überhaupt ausgesprochen werden kann. Die gefestigte Rechtsprechung[982] geht aber davon aus, dass diese Regelung keinen Grundsatz in der Form enthält, jeder Honorarkürzung bzw. jedem Regress wegen unwirtschaftlicher Behandlungs- und Verordnungsweise müsse eine gezielte Beratung im Sinne eines Rechtmäßigkeitserfordernisses vorausgehen. Insbesondere dann, wenn ein offensichtliches Missverhältnis bei der Behandlungs- und Verordnungsweise vorliegt, ist eine „Abmahnung" im Sinne einer Beratung nicht erforderlich.[983]

b) Höhe der Kürzung/des Regresses

862 Sofern die Unwirtschaftlichkeit festgestellt wurde, sind die Prüfgremien im Übrigen unter Berücksichtigung von § 106 Abs. 5 S. 1 SGB V verpflichtet, den Umfang des unwirtschaftlichen Mehraufwandes festzustellen. Hierbei haben die Prüfgremien die Höhe der Honorarkürzung bzw. des Regresses im Wege der Schätzung zu ermitteln, wenn sie den Umfang der unwirtschaftlichen Mehrkosten nicht exakt ermitteln können, was der Regelfall sein dürfte.[984] Allerdings sind die Prüfgremien – naturgemäß – nicht berechtigt, dass Honorar über den Umfang des unwirtschaftlichen Mehraufwandes hinaus zu kürzen.[985]

863 Grundsätzlich ist es bei der Wirtschaftlichkeitsprüfung unproblematisch, wenn nach der Kürzung/dem Regress ein Wert belassen wird, der sich nach wie vor noch im offensichtlichen Missverhältnis befindet. Dennoch sind die Prüfgremien auch berechtigt, in die Übergangszone hinein zu kürzen, also in den Bereich, der zwischen dem offensichtlichen Missverhältnis und der Streubreite liegt.[986] Dann ist es jedoch erforderlich, dass die Kürzung insoweit begründet wird, dass anhand von Beispielsfällen deutlich gemacht wird, warum eine so hohe Unwirtschaftlichkeit besteht.[987]

864 Häufig haben wir in der Praxis auch bei einem unauffälligen Gesamtfallwert und auffälligen Werten der Sparten- oder im Einzelleistungsbereich eine Kürzung dieser Fälle. Es ist in diesem Zusammenhang jedoch rechtlich nicht zu beanstanden, dass bei einer entsprechenden Kürzung der Sparten- und Einzelleistungen der Gesamtfallwert in den Bereich der normalen Streuung hinein oder darüber hinaus gekürzt wird.[988] Es ist mithin zulässig, dass sogar das gesamte Honorar des geprüften Arztes geringfügig unter den Fachgruppendurchschnitt sinkt.[989] Letztlich spielen hier eine Vielzahl von Gesichtspunkten innerhalb der Begründungspflichten eine beachtenswerte Rolle.

---

982 BSG – 6 RKa 45/95, SozR 3-2500 § 106 Nr. 35; BSG – 6 RKa 63/95, SozR 3-2500 § 106 Nr. 39; BSG – B 6 KA 21/98 R, SozR 3-2500 § 106 Nr. 53.
983 BSG – 6 RKa 45/95, SozR 3-2500 § 106 Nr. 35; BSG – 6 RKa 43/94, SozR 3-2500 § 106 Nr. 33 = NZS 1996, 394; BSG – B 6 KA 24/03 R, GesR 2004, 424.
984 BSG – 6 RKa 12/89, SozR 3-2500 § 106 Nr. 6; BSG – 6 RKa 3/92, SozR 3-2500 § 106 Nr. 15.
985 BSG – 6 RKa 23/86, SozR 2200 § 368n Nr. 48; BSG – 6 RKa 5/96, SozR 3-2500 § 106 Nr. 38.
986 BSG – 6 RKa 10/77, SozR 2200 § 368n Nr. 14; BSG – 6 RKa 23/86, SozR 2200 § 368n Nr. 48.
987 Vgl. BSG – 6 RKa 24/86, SozR 2200 § 368n Nr. 49; *Engelhard*, jurisPR-SozR 4/2500 Anm. 1.
988 BSG – 6 RKa 12/89, SozR 3-2500 § 106 Nr. 6; BSG – 6 RKa 2/94.
989 BSG – 6 RKa 3/92, SozR 3-2500 § 106 Nr. 15.

12. Wirtschaftlichkeitsprüfung und Budgetierung

Nach der Rechtsprechung des BSG[990] führt die Budgetierung der vertragsärztlichen Honorierung nicht dazu, dass eine Wirtschaftlichkeitsprüfung ausgeschlossen ist. Hintergrund hierfür ist die Tatsache, dass die Budgetierung von ärztlichen Leistungen durch honorarverteilungspolitische Gesichtspunkte getragen wird, während die Wirtschaftlichkeitsprüfung nur die Frage klärt, ob die jeweils erbrachten Leistungen tatsächlich notwendig sind. Es liegen mithin unterschiedliche Zielsetzungen vor, die auch innerhalb des Systems der GKV beachtet werden müssen. — 865

Hierbei ist im Übrigen zu berücksichtigen, dass die Budgetierung – so das BSG[991] – nicht dazu führt, dass die Leistungen, die sich über der Budgetierung befinden, nicht vergütet werden, vielmehr führt die Budgetierung aufgrund der Regelung des HVM bzw. des EBM nur dazu, dass die Höhe der Vergütung für die einzelne Leistung sinkt. Darauf aufbauend geht auch das BSG davon aus, dass auch bei einer Nichtausschöpfung des Praxisbudgets nicht davon ausgegangen werden kann, der Arzt habe wirtschaftlich behandelt. Das Wirtschaftlichkeitsgebot und die Wirtschaftlichkeitsprüfung einerseits und die Praxisbudgets andererseits haben aufgrund ihrer unterschiedlichen Zielsetzungen dem Grunde nach keinerlei Korrespondenz miteinander. Daher soll eine **Anrechnung von Honorarkürzungen** wegen Unwirtschaftlichkeit auf die Praxis- bzw. Zusatzbudgets nicht stattfinden, es müsse jedoch auch darauf geachtet werden, dass die Budgetierungsregelung und entsprechende Honorarkürzung keine doppelte Belastung des geprüften Arztes zur Konsequenz haben.[992] Gleiches gilt auch bei Regelleistungsvolumina. — 866

V. Stichprobenprüfung

Neben der Prüfung nach Richtgrößen im Sinne des § 106 Abs. 2 S. 1 Nr. 1 SGB V existiert noch eine Zufälligkeitsprüfung nach § 106 Abs. 2 S. 1 Nr. 2 SGB V. Sie erfolgt durch eine arztbezogene Prüfung ärztlicher Behandlungsweise und ärztlich verordneter Leistungen auf der Grundlage von arztbezogenen und versichertenbezogenen Stichproben, die 2 % der Ärzte je Quartal umfassen. Hintergrund hierfür ist die Tatsache, dass – gerade auch durch den Einsatz von Praxiscomputern – statistische Unauffälligkeiten eine Unwirtschaftlichkeit verdecken können. — 867

Bei der Wirtschaftlichkeitsprüfung nach § 106 Abs. 2 S. 1 Nr. 2 SGB V ist Gegenstand der Beurteilung der Wirtschaftlichkeit — 868
- die medizinische Notwendigkeit der Leistungen (Indikation);
- die Eignung der Leistung zur Erreichung des therapeutischen oder diagnostischen Zieles (Effektivität);
- die Übereinstimmung der Leistungen mit den anerkannten Kriterien für ihre fachgerechte Erbringung (Qualität), insbesondere mit den in den Richtlinien der Bundesausschüsse enthaltenen Vorgaben;
- die Angemessenheit der durch die Leistungen verursachten Kosten im Hinblick auf das Behandlungsziel;

---

990 BSG – B 6 KA 30/00 R, SozR 3-2500 § 87 Nr. 32; BSG – B 6 KA 79/03 R, ArztR 2005, 291; *Schneider*, MedR 2000, 540, 543 f.; zu den Besonderheiten im zahnärztlichen Bereich vgl. *Harneit*, MedR 2002, 73.
991 BSG – 6 RKa 51/95, SozR 3-2500 § 87 Nr. 12; BSG – 6 RKa 36/97, SozR 3-2500 § 87 Nr. 18.
992 BSG – B 6 KA 30/00 R, SozR 3-2500 § 87 Nr. 32; BSG – B 6 KA 55/02 R, SozR 4-2500 § 106 Nr. 4.

■ sowie bei Leistungen des Zahnersatzes und der Kieferorthopädie auch die Vereinbarkeit der Leistungen mit dem Heil- und Kostenplan.

869 Dieser in § 106 Abs. 2a SGB V aufgenommene Katalog hat letztlich zur Konsequenz, dass vorliegend eine reine Einzelfallprüfung durchgeführt werden muss, eine Prüfung in diesem Zusammenhang nach Durchschnittswerten ist unzulässig. Ferner ist zu berücksichtigen, dass durch die Formulierung „soweit dafür Veranlassung besteht" innerhalb des Gesetzgebungsverfahrens deutlich gemacht wurde, dass nicht sämtliche Kriterien des § 106 Abs. 2a SGB V geprüft werden müssen, vielmehr haben die Prüfgremien insoweit einen Beurteilungsspielraum.[993]

870 In der Praxis hat die Stichprobenprüfung – soweit ersichtlich – noch keinerlei Rolle gespielt, Rechtsprechung zu dieser Einzelfallprüfung existiert noch nicht. Es dürfte tatsächlich so sein, dass auch wegen des sich daraus ergebenden Verwaltungsaufwandes auf die Stichprobenprüfung in der Praxis verzichtet wurde.[994]

VI. Richtgrößenprüfung

871 Die Richtgrößenprüfung[995] findet ihre Grundlage in § 106 Abs. 2 S. 1 Nr. 1 SGB V und ist nunmehr durch das GMG als ausschließliche Auffälligkeitsprüfung vorgesehen. In ihren Einzelheiten ist sie in § 106 Abs. 5a SGB V im Zusammenhang mit der Wirtschaftlichkeitsprüfung geregelt, sie ist an dieser Stelle jedoch nicht isoliert zu betrachten, vielmehr kann diese Vorschrift nur im unmittelbaren Zusammenspiel mit § 84 SGB V verstanden werden. Nach der Vorstellung des BSG handelt es sich hierbei um eine Durchschnittswertprüfung, wobei der „Durchschnitt" in § 84 SGB V vertraglich vereinbart wird.[996]

1. Richtgrößenvereinbarung

872 Für die Praxis ist in diesem Zusammenhang weiter zwingend das „Gesetz zur Ablösung des Arznei- und Heilmittelbudgets (ABAG)" zu berücksichtigen.[997] Mit diesem Gesetz wurden im Übrigen die Kollektivregresse bei Budgetüberschreitung des Arzneimittelbudgets abgeschafft. Bei den Richtgrößen handelt es sich letztlich um vertraglich vereinbarte Beträge, die auf einzelne Arztgruppen bezogen sind und die das für den einzelnen Behandlungsfall in einem Kalenderjahr für die Verordnung von Arznei- und Verbandmitteln einerseits sowie Heilmitteln andererseits zustehende finanzielle Volumen beinhalten.[998] Üblicherweise orientiert man sich an den Fachgruppen, gerade bei den Internisten in der fachärztlichen Versorgung wird häufig aber noch differenziert zwischen etwaigen Spezialisierungen. Dabei wird davon ausgegangen, dass diese Beträge der Richtgrößen pro Behandlungsfall als wirtschaftlich angesehen werden. Es werden hierbei unter Berücksichtigung von § 84 Abs. 6 S. 1 und Abs. 8 SGB V jeweils für den

---

993 Vgl. BT-Drucks 14/1977 S. 166 zu § 106 Abs. 3 SGB V.
994 Diese Feststellung wird durch die amtliche Begründung zum GMG, BT-Drucks 15/1525 S. 115 bestätigt. Von den Prüfdiensten der gesetzlichen Krankenversicherung wurde festgestellt, dass trotz der eindeutigen Regelung in § 106 SGB V die Stichprobenprüfung im Regelfall nicht durchgeführt wird.
995 Zur historischen Entwicklung vgl. *Spellbrink*, Rn 186 ff.
996 *Bartels/Brakmann*, GesR 2007, 145, 147; zu den Auswirkungen des GKV-Gesundheitsreformgesetz vgl. *Engelhard*, NZS 2001, 123 ff.
997 Vom 19.12.2001 – BGBl I, 3773 ff.
998 *Engelhard*, NZS 2004, 572, 573.

Bereich der Arznei- und Verbandmittel einerseits und für den Bereich der Heilmittel andererseits Richtgrößen vereinbart.

Ferner existieren aufgrund der Regelung von § 84 Abs. 7 SGB V „Rahmenvorgaben gemäß § 84 Abs. 7 für das Jahr 2002 für Richtgrößen nach § 84 Abs. 6 S. 1 SGB V", die auf Bundesebene zwischen KBV und den Spitzenverbänden der Krankenkassen vereinbart wurden. Im Regelfall sollte von diesen Rahmenvorgaben nicht abgewichen werden,[999] die Möglichkeit hierzu besteht jedoch, sofern dies durch regionale Versorgungsbedingungen begründet ist. In diesen Rahmenvorgaben wurde eine Gliederung der Arztgruppen vorgenommen, des Weiteren wurde eine altersgemäße Gliederung durchgeführt, so dass wir nunmehr vier Altersgruppen haben: 0–15 Jahre, 16–49 Jahre, 50–64 Jahre und ab 65 Jahre. Diese Rahmenvorgaben gelten im Mindestmaß ab dem Prüfzeitraum, dem 1.1.2002. Problematisch ist in der Situation jedoch, wie mit Zeiträumen davor umgegangen werden soll. In Art. 3 § 2 S. 1 ABAG ist vorgesehen, dass Prüfungen nach Richtgrößen im Jahr 2002 entsprechend § 106 Abs. 5a SGB V i.d.F. des ABAG auf der Grundlage der Richtgrößenvereinbarung nach § 84 Abs. 3 SGB V in der bis zum Inkrafttreten dieses Gesetzes geltenden Fassung durchgeführt werden sollten.[1000]

873

Ferner ist darauf hinzuweisen, dass nach der Auffassung des BSG[1001] eine rückwirkende Vereinbarung von Richtgrößen nicht zulässig ist, denn das Gesetz sieht in § 84 SGB V immer eine prospektive Vereinbarung vor. Aus dem Gesichtspunkt des Vertrauensschutzes heraus, ist eine **rückwirkende Vereinbarung** von Richtgrößen daher unzulässig.

874

Die Richtgröße ist im Übrigen jeweils bezogen auf den Behandlungsfall zu berechnen. Der Behandlungsfall ist in § 21 Abs. 1 S. 1 BMV-Ä/§ 25 Abs. 1 S. 1 EKV definiert und betrifft die gesamte von demselben Vertragsarzt innerhalb desselben Kalendervierteljahres bei demselben Kranken ambulant zu Lasten derselben Krankenkasse vorgenommene Behandlung.

875

Damit dient die vereinbarte Richtgröße als Maßstab für eine Auffälligkeitsprüfung im Rahmen des § 106 Abs. 2 S. 1 Nr. 1 SGB V.[1002] Sie soll auch den Vertragsarzt zu einer sparsamen Verordnungsweise anleiten.

876

2. Datenlage

Innerhalb der Richtgrößenprüfung hat sich zwischenzeitlich eine vollkommen neue Problematik entwickelt, die mit der Datenlage zusammenhängt. Hierzu ist es erforderlich zu verstehen, wie der Weg eines Rezeptes tatsächlich ist, um darauf aufbauend auch die Probleme hinsichtlich der Datenlage verstehen zu können. Die hier anzusprechenden Probleme gelten im Übrigen auch für die Durchschnittswertprüfung von Arznei-, Verband- und Heilmitteln.

877

Der Arzt verordnet ein Arzneimittel auf einem Rezept, mit dem der Patient dann zur Apotheke geht und dort dieses Arzneimittel einlöst. Er hat in diesem Zusammenhang im Übrigen noch seine Zuzahlungen zu leisten. Der Apotheker rechnet dann im Regelfall über ein Apothekenrechenzentrum ab. Innerhalb des Apothekenrechenzentrums werden regelmäßig EDV-technisch die Rezepte, in denen dann auch bereits durch die

878

---

999 Vereinbarungen vom 31.1.2002, DÄ 2002, A-1536–1543.
1000 Vgl. *Schroeder-Printzen*, NZS 2002, 629, 630.
1001 B 6 KA 63/04 R – SozR 4-2500 § 106 Nr. 11.
1002 Vgl. BT-Drucks 13/7264 S. 55.

Apotheke die Preise eingetragen worden sind, erfasst. Lediglich die Rezepte, die nicht für die EDV leserlich sind, müssen manuell erfasst werden. Innerhalb des Lesevorganges wird das Arzneimittel, die Pharmazentralnummer, sowie der Preis und die Arztnummer des Arztes, der die Verordnung ausgestellt hat, eingelesen. Tatsächlich ist zurzeit noch unklar, in welchem Umfang die Apothekenrechenzentren in diesem Zusammenhang auch Prüfungen der Richtigkeit des Einlesens vornehmen. Anschließend rechnen dann die Apothekenrechenzentren mit den Krankenkassen die Arzneimittel ab und stellen auf Datenträgern die Verordnungen zur Verfügung.

879 Bei den Krankenkassen wird dann noch die Frage von Retaxierungen im Zusammenhang mit den Apotheken geprüft und gleichzeitig werden auch die entsprechenden Verordnungsdaten arztbezogen aufbereitet. Dies gilt jedoch nur, soweit die Arztnummer zutreffend erfasst wurde. Nachdem diese Arzneimittelkosten EDV-technisch aufbereitet worden sind, werden die Daten, den jeweiligen KVen zur Verfügung gestellt, damit dort die Prüfung nach Richtgrößen vorbereitet werden kann. Von den KVen werden üblicherweise die Fallzahlen mit eingespielt, um dann den entsprechenden Fallwert des Arztes zu haben.

880 Aus einer Vielzahl von Prüfverfahren ist jedoch bekannt, dass die von den Krankenkassen zur Verfügung gestellten Verordnungskosten nicht kongruent sind mit den vom Arzt selbst ermittelten Arzneimittelkosten. Hintergrund hierfür ist zum einen die Tatsache, dass teilweise die Ärzte nicht 100-prozentig in ihrer Praxis-EDV sämtliche Verordnungen erfassen oder nicht immer die aktuellen Arzneimittelkosten von der Praxis-EDV zur Verfügung gestellt werden. Daneben ist jedoch festzustellen, dass in einer nicht vernachlässigungsfähigen Größe von Fällen die erfassten Arzneimittelkosten unzutreffend sind. Es passiert des öfteren, dass tatsächlich falsche Arztnummern mit eingelesen werden, wodurch in diesem Zusammenhang dann eine unzutreffende Datenlage entsteht. Dies kann beispielsweise dadurch geschehen, dass ein Arzt ein schlechtes Farbband benutzt und die Apothekenrechenzentren dann eine falsche Nummer EDV-technisch erfassen. Es sind aber schon Fälle vorgekommen, wo ein Arzt – möglicherweise bewusst – eine falsche Arztnummer mit einspielt, weshalb dann ein anderer Arzt zu Unrecht mit den Arzneimittelkosten belastet wird.

881 Das BSG[1003] geht in seiner neueren Rechtsprechung davon aus, dass die Beiziehung von sämtlichen Verordnungen nicht erforderlich ist. Dies gilt sowohl für die Durchschnittswertprüfung als auch für die Richtgrößenprüfung. Bei der Datenlage geht das BSG zunächst davon aus, dass die Daten, die von den Krankenkassen geliefert werden, zutreffend sind. Sollte der Arzt hiergegen **substantiierte**[1004] **Einwendungen** erheben können, dann ist die Beiziehung von Rezepten bzw. Printimages erforderlich. Können die Rezepte bzw. die Printimages nicht vollständig beigezogen werden, dann ist bei einem Ausspruch eines Regresses ein Sicherheitsabschlag vorzunehmen, der sich an der Höhe der nicht vorliegenden Verordnungen orientieren kann.

882 Auf der anderen Seite hat der Arzt Anspruch auf Einsicht in die Daten, die die Krankenkassen für die Wirtschaftlichkeitsprüfung nach Abschnitt 5 § 2 des Vertrages über den Datenaustausch auf Datenträgern (Anlage 6 zum BMV-Ä) liefern müssen. Diese

---

1003 B 6 KA 1/04 R – GesR 2005, 522 zur Prüfung von Durchschnittswerten; B 6 KA 63/04 – SozR 4-2500 § 106 Nr. 11 zur Richtgrößenprüfung.
1004 Hier ist eine gewisse Nähe zu der Regelung von § 106 Abs. 2c SGB V festzustellen. Das BSG scheint davon auszugehen, dass die Inhalte des § 106 Abs. 2c SGB V dem Grunde nach schon anwendbar sind, jedoch wird die ausdrückliche Anwendung bisher abgelehnt; vgl. dazu noch *Stork*, GesR 2005, 533 ff.

Daten werden üblicherweise als Excel-Tabelle geliefert und der Arzt muss dann eine entsprechende Durchsicht dieser Daten vornehmen.

Ergeben sich bei einer dann durchzuführenden Überprüfung, dass Unrichtigkeiten in wenigstens 5 % der für den betroffenen Arzt gemeldeten Verordnungsbeträge ihm unberechtigt zugeordnet wurden, ist der Anscheinsbeweis der insgesamt zutreffend elektronisch erfassten Verordnungskosten die Grundlage entzogen. Dann müssen alle Verordnungen durch Originalrezepte oder Printimages nachgewiesen werden. Dieser Betrag dürfte dann zugrunde gelegt werden, wobei ggf. noch ein Sicherheitsabschlag für nicht vorliegende Rezepte erforderlich sein kann. 883

3. Praxisbesonderheiten

Nach § 106 Abs. 5a SGB V kommt die Einleitung eines Prüfverfahrens (§ 106 Abs. 5a S. 1 SGB V) bzw. einer Verpflichtung des Vertragsarztes zur Erstattung eines Mehraufwandes (§ 106 Abs. 5a S. 4 SGB V) dann in Betracht, wenn die Überschreitungen der Richtgrößen nicht durch Praxisbesonderheiten gerechtfertigt sind. Damit ist letztlich auch in einem gewissen Umfang ein Rückgriff auf die Frage der Praxisbesonderheiten bei der rein statistischen Vergleichsprüfung nach Durchschnittswerten zulässig. Bei der Richtgrößenprüfung handelt es sich bei genauerer Betrachtung um einen rein statistischen Vergleich, der Vergleichsmaßstab ist jedoch nicht mehr die Fachgruppe, vielmehr ein vertraglich vereinbarter Wert, nämlich die Richtgröße. 884

Auch hier gelten die Überlegungen zur Vergleichbarkeit des Arztes mit der Vergleichsgruppe (vgl. Rn 827–833). Wenn also der Arzt ein besonderes von der Fachgruppe abweichendes Patientengut hat, ist dieses als Praxisbesonderheit zu bewerten. Gleiches gilt auch für die Frage der Praxisausrichtung oder Durchführung bestimmter Behandlungsmethoden. 885

Als Praxisbesonderheit kommt dabei insbesondere ein hoher Anteil von Patienten, deren Versorgung mit einem extrem hohen Aufwand von Arzneimitteln verbunden ist, in Betracht.[1005] Ferner wurde auf Bundesebene eine Empfehlung zu Richtgrößen unter dem 21.2.2000 geschlossen, die eine Vielzahl von Besonderheiten als Praxisbesonderheiten aufführt.[1006] Es ist festzustellen, dass häufig die Richtgrößenvereinbarungen auf Landesebene entweder auf diese Bundes-Empfehlung zu Richtgrößen verweist oder dass dort besondere Arzneimittel oder Indikationsgruppen bzw. Verbindungen von beidem als Praxisbesonderheiten gekennzeichnet werden. 886

In diesem Zusammenhang taucht auch das Problem auf, in welchem Umfang tatsächlich Praxisbesonderheiten zu berücksichtigen sind. Teilweise versuchen die Prüfgremien nur die Werte als Praxisbesonderheit anzuerkennen, die über dem Fachgruppendurchschnitt liegen, teilweise werden sie auch zu 100 % als Praxisbesonderheit bewertet. 887

Für die Klärung der Richtigkeit des Weges der 100-prozentigen Berücksichtigung als Praxisbesonderheit bzw. nur der vom Fachgruppendurchschnitt abweichenden Werte ist ein Blick in die Richtgrößenvereinbarung geboten. Teilweise wurden nämlich im Zusammenhang mit dem Arzneimittelbudget bei der Richtgrößenvereinbarung schon eine Vielzahl von Besonderheiten herausgerechnet, die dann entsprechend in die Richtgrößenvereinbarung mit eingeflossen sind. In diesen Fällen ist es zwingend geboten, diese 888

1005 BT-Drucks 14/1245 S. 81.
1006 Ausführlich dazu Stellpflug/Meier/Tadayon/*Stellpflug*, C 4000 Rn 110 ff.

Arzneimittel insgesamt herauszunehmen. Selbst wenn man nur davon ausgeht, dass alle Kosten Praxisbesonderheiten sind, die über dem Fachgruppendurchschnitt liegen, so müssen sich dann die Prüfgremien mit der Frage auseinander setzen, wie hoch tatsächlich der Fachgruppendurchschnitt ist. Es wird dort lediglich in den Bescheiden häufig von „Erfahrungswissen" gesprochen, ohne feste Daten zu haben. Ob dieses tatsächlich so rechtmäßig ist, erscheint fraglich, da keine ausreichende Begründung (§ 35 Abs. 1 SGB X) gegeben wurde.

889 Selbstverständlich dürfen die Praxisbesonderheiten, die bei der Richtgrößenvereinbarung Einfluss gefunden haben, innerhalb der Wirtschaftlichkeitsprüfung nicht nochmals berücksichtigt werden. Entsprechendes ergibt sich im Übrigen aus § 106 Abs. 5a S. 2 SGB V. Auch sind kompensatorische Einsparungen, da sie im weitesten Sinne auch als Praxisbesonderheiten zu betrachten sind, zu berücksichtigen.[1007]

4. Verfahrensrechtliche Regelungen

890 In § 106 Abs. 5a SGB V wurden eigenständige verfahrensrechtliche Regelungen vorgenommen, die nur für die Richtgrößenprüfung gelten. Zunächst ist nach § 106 Abs. 5a SGB V eine Vorabprüfung durchzuführen, wenn der Arzt das Richtgrößenvolumen von mehr als 15 % übersteigt und die Überschreitungswerte hinsichtlich der dem Prüfungsausschuss vorliegenden Daten nicht bereits aufgrund von Praxisbesonderheiten eine Wirtschaftlichkeit der Verordnungsweise nahe liegt. Hintergrund hierfür ist eine Verbesserung der Praktikabilität der Wirtschaftlichkeitsprüfung auf der Grundlage von Richtgrößen.[1008] Dies kann insbesondere dazu führen, dass bei hochspezialisierten Praxen aufgrund der vorliegenden Abrechnungswerte keine Anzeichen für unwirtschaftliche Verordnungsweisen zu erkennen sind.[1009]

891 Haben wir dennoch noch ein Überschreitungsvolumen von über 15 % und unter 25 % wird die Wirtschaftlichkeitsprüfung weiter durchgeführt. Als Folge der Überschreitung ist eine Beratung nach § 106 Abs. 1a SGB V durchzuführen.

892 Der Vertragsarzt ist jedoch bei einer Überschreitung von mehr als 25 %[1010] nach § 106 Abs. 5a S. 3 SGB V verpflichtet, den sich aus der Überschreitung des Richtgrößenvolumens ergebenden Mehraufwand den Krankenkassen zu erstatten,[1011] soweit dieser nicht durch Praxisbesonderheiten begründet ist. Daraus ergibt sich, dass die Prüfgremien hinsichtlich der Höhe des Regresses keinerlei Ermessen mehr haben, es wird lediglich ein rein statistischer Vergleich durchgeführt. Dennoch sind vorab die Praxisbesonderheiten entsprechend in Abzug zu bringen.

893 Innerhalb der Prüfvereinbarung ist im Übrigen zusätzlich bei Regressen zu vereinbaren, wann und in welcher Art und Weise der Regressbetrag zurückzuerstatten ist. Üblicherweise wird der Regressbetrag in vier Quartalsraten zurückgezahlt.

894 Eine weitere verfahrensrechtliche Besonderheit ist in § 106 Abs. 5a S. 4 SGB V vorgesehen. Hier soll der Prüfungsausschuss vor etwaigem Erlass eines Verwaltungsaktes auf eine entsprechende **Vereinbarung** mit dem Vertragsarzt hinwirken, die im Fall des Regresses eine Minderung des Erstattungsbetrages um bis zu einem Fünftel zum Inhalt haben kann. Dieser Vertrag ist ein öffentlich-rechtlicher Vertrag im Sinne von § 53

1007 Hauck/Noftz/*Engelhard*, K § 106 Rn 193.
1008 BT-Drucks 14/1245 S. 81.
1009 BT-Drucks 14/6309 S. 10.
1010 Kritisch zu diesem Grenzwert *Spellbrink*, Rn 192 f.
1011 Zur Frage der Rückabwicklung eines Regresses *Engelhard*, NZS 2003, 248 ff.

Abs. 1 SGB X, der unter Berücksichtigung von § 56 SGB X zwingend der Schriftform bedarf. Letztlich sollte damit eine Verschlankung des Verwaltungsverfahrens erreicht werden.[1012] In der Praxis ist diese Regelung jedoch noch nicht zum Tragen gekommen, weil die Prüfungsausschüsse keine Vereinbarung angeboten haben.

Ferner besteht noch nach § 106 Abs. 5d SGB V die Möglichkeit, eine den Regress ablösende **individuelle Richtgröße** zu vereinbaren.[1013] Diese individuelle Richtgröße wird für die Dauer von vier Quartalen vereinbart und ist gültig ab dem Quartal, das auf die Vereinbarung folgt. Hier ist eine besondere Beratung des Arztes erforderlich, denn es ist mit ihm zu klären, ob er diese Richtgröße auch in der Zukunft einhalten kann. Dies ist deswegen von elementarer Bedeutung, weil der Arzt bei Überschreitung dieser individuellen Richtgröße verpflichtet ist, jeglichen Mehraufwand zu erstatten. Das Vorbringen von Praxisbesonderheiten ist dann nicht mehr möglich.

5. Stundung und Erlass des Regressbetrages

Nach § 106 Abs. 5c S. 4 SGB V kann auf gesonderten Antrag die KV den Anspruch entsprechend § 76 Abs. 2 Nr. 1 und 3 SGB IV stunden oder erlassen, soweit der Vertragsarzt nachweist, dass die Erstattung ihn wirtschaftlich gefährden würde. Voraussetzung ist hierfür zunächst, dass der Arzt den Nachweis erbringt, dass eine wirtschaftliche Gefährdung für ihn vorliegt. Der Arzt muss mithin vollständig darlegen und auch im Sinne eines Vollbeweises nachweisen,[1014] dass eine wirtschaftliche Existenzgefährdung vorliegt. Wann man von einer wirtschaftlichen Existenzgefährdung ausgehen kann, hat der Gesetzgeber nicht geregelt. Man wird jedoch davon ausgehen können, dass eine Existenzgefährdung des Arztes vorliegt, wenn er bei vollständiger Erstattung des Regressbetrages wirtschaftlich nicht mehr in der Lage ist, die Betriebskosten der Praxis zu bezahlen. Des Weiteren muss ihm aus dem Betrieb der Praxis noch ausreichend Geld für seine Lebensführung belassen werden.[1015] Sollte der Arzt die gesamten Voraussetzungen der wirtschaftlichen Gefährdung nicht nachweisen können, kommt auch nur ein teilweiser Erlass oder eine teilweise Stundung in Betracht.

Ferner müssen unter Berücksichtigung von § 76 Abs. 2 Nr. 1 S. 1 SGB IV erhebliche Härten für den Vertragsarzt existieren und der Anspruch darf durch die **Stundung** selbst nicht gefährdet werden. Bei der Stundung handelt es sich um eine Maßnahme, durch die die Fälligkeit eines Anspruches hinausgeschoben wird, sie wird jedoch dadurch selbst nicht vernichtet. Der Begriff „erhebliche Härten" dürfte jedoch tatsächlich mit der Formulierung der „wirtschaftlichen Existenzgefährdung" identisch sein, so dass dieses Merkmal in § 76 Abs. 2 Nr. 1 S. 1 SGB IV in der Praxis keine Rolle spielen dürfte. Des Weiteren ist es für die Stundung erforderlich, dass eine Gefährdung des Anspruches selbst nicht vorliegt.[1016] Eine Gefährdung ist immer dann zu bejahen, wenn tatsächliche Anhaltspunkte dafür vorliegen, dass der Anspruch nach Ablauf der Stundungsfrist nicht erfüllt wird.[1017] Des Weiteren muss unter Anwendung des § 76 Abs. 2 Nr. 1 S. 2 SGB IV Berücksichtigung finden, dass die Stundung nur gegen angemessene Verzinsung[1018] und in der Regel nur gegen Sicherheitsleistung gewährt werden kann.

1012 BT-Drucks 14/6309 S. 11.
1013 *Kuhlen*, ArztuR 2006, 103 ff.
1014 Hauck/Noftz/*Engelhard*, K § 106 Rn 240.
1015 *Schroeder-Printzen*, NZS 2002, 629, 634; enger Hauck/Noftz/*Engelhard*, K § 106 Rn 242.
1016 JurisPK-SGB IV/*von Boetticher*, § 76 Rn 18.
1017 *Hauck*, SGB IV, K § 76 Rn 10.
1018 BSG – 12 RK 50/86, SozR 2100 § 76 Nr. 2.

898 Der **Erlass** führt unter Berücksichtigung von § 76 Abs. 2 Nr. 2 SGB IV dazu, dass die Forderung, mithin der Regress aus der Richtgrößenprüfung erlischt, er vernichtet letztlich die Schuld des Vertragsarztes.[1019] An die Frage, wann die Realisierung der Regressforderung nach Lage des Einzelfalles unbillig ist, sind strenge Voraussetzungen zu stellen.[1020] Sie ist nur dann zu bejahen, wenn bei dem betroffenen Arzt nicht nur eine kurzfristige wirtschaftliche Notlage existiert, sie muss längerfristig sein; hierbei sind die gesamten persönlichen und wirtschaftlichen Verhältnisse des Arztes zu berücksichtigen,[1021] wobei auch die Gründe für die wirtschaftliche Zwangslage berücksichtigungsfähig sind.[1022]

899 Bei der Abwägung zwischen Stundung und Erlass hat die KV zunächst zu prüfen, ob eine Stundung in Betracht kommt. Wenn dies zu verneinen ist, stellt sich überhaupt erst die Frage des Erlasses.[1023] Insbesondere kommt es bei fortgesetzter Unwirtschaftlichkeit nicht mehr in Frage, ob eine Stundung bzw. ein Erlass ausgesprochen wird, denn Sinn und Zweck von § 106 Abs. 5c S. 4 SGB V ist nicht die wirtschaftliche Unterstützung von unwirtschaftlich tätigen Praxen.[1024]

900 Bei dem Verfahren der Stundung und des Erlasses handelt es sich um ein eigenständiges Verwaltungsverfahren, für dessen Bestandskraft der Regressbescheid keine Voraussetzung ist.[1025]

VII. Sonstiger Schaden

901 Aufgrund bundesmantelvertraglicher Regelungen (§ 48 Abs. 1 BMV-Ä, § 23 Abs. 1 BMV-Z) haben auch die Prüfgremien den sog. „sonstigen Schaden" zu überprüfen. Hintergrund hierfür ist die Tatsache, dass die Partner der Bundesmantelverträge nach §§ 72 Abs. 2 und 82 Abs. 1 SGB V berechtigt sind, den Prüfgremien eine innerhalb des Rechtszwecks der „Gewährleistung einer wirtschaftlichen Versorgung der Kranken" liegende Schadensfeststellungskompetenz zuzuweisen.[1026]

902 Für den sonstigen Schaden ist tatbestandliche Voraussetzung, dass der Vertragsarzt eine Verletzung seiner vertragsärztlichen Pflichten begangen hat und hieraus den Krankenkassen schuldhaft ein Schaden verursacht wurde.[1027]

903 Dieser damit sehr umfassende Begriff „sonstiger Schaden" bedarf einer Einschränkung, soweit er tatsächlich mit den Aufgaben der Überwachung der Wirtschaftlichkeit der vertragsärztlichen Versorgung verbunden ist; Hintergrund hierfür ist die Tatsache, dass die „normale" Wirtschaftlichkeitsprüfung kein Verschulden benötigt, um eine Forderung gegen den Arzt zu ermöglichen.

904 Daher fällt nicht unter den sonstigen Schaden die Verordnung von Arzneimitteln zu Lasten einer Krankenkasse, bei der der Versicherte nicht versichert war.[1028] Auch die

---

1019 *Brackmann*, Handbuch der Sozialversicherung, S. 201d.
1020 KassKomm/*Meier*, SGB IV, § 76 Rn 7.
1021 *Hauck*, SGB IV, K § 76 Rn 17.
1022 JurisPK-SGB IV/*von Boetticher*, § 76 Rn 29.
1023 KassKomm/*Meier*, SGB IV, § 76 Rn 7; a.A. *Hauck*, SGB IV, K § 76 Rn 17 und JurisPK-SGB IV/*von Boetticher*, § 76 Rn 14, die von einem Ermessen bei der Entscheidung zwischen Erlass und Stundung ausgehen.
1024 Hauck/Noftz/*Engelhard*, K § 106 Rn 245.
1025 Vgl. *Schroeder-Printzen*, NZS 2002, 629, 635.
1026 BSG – 6 RKa 3/81, SozR 2200 § 368n Nr. 26; BSG – 6 RKa 36/87, SozR 5545 § 24 Nr. 2.
1027 BSG – B 6 KA 19/00 R, SozR 3-2500 § 106 Nr. 52.
1028 BSG – 6 RKa 32/90, SozR 3-5540 § 38 Nr. 1.

J. Die Wirtschaftlichkeitsprüfung § 7

Abrechnung von nicht erbrachten Leistungen stellt keinen sonstigen Schaden dar, hierfür bleibt die KV zuständig.[1029] Bei Verstößen gegen die Arzneimittelrichtlinien bzw. bei der unzulässigen Verordnung unwirtschaftlicher Arzneimittel nach § 34 Abs. 1 SGB V liegt auch kein sonstiger Schaden vor, vielmehr ist insoweit ein „normaler" Verstoß gegen die Grundsätze der Wirtschaftlichkeit innerhalb der vertragsärztlichen Versorgung festzustellen, der gerade nicht schuldhaft sein muss. Auf der anderen Seite handelt es sich um einen sonstigen Schaden, wenn Sprechstundenbedarf verordnet wird, obwohl dieser in einer gesamtvertraglichen Regelung ausgeschlossen ist.[1030] Gleiches gilt in den Fällen, in denen ein Vertragsarzt fehlerhaft die Verteilung des Sprechstundenbedarfs zwischen Primär- und Ersatzkassen vornimmt.[1031]

Zu der Problematik, ob ein **ärztlicher Behandlungsfehler**, der zu Mehraufwendungen bei den Krankenkassen geführt hat, als sonstiger Schaden anzusehen ist,[1032] haben nunmehr die Vertragsparteien der Bundesmantelverträge in § 50 BMV-Ä ausdrücklich vorgesehen, dass hier ein sonstiger Schaden kraft vertraglicher Regelung nicht vorliegt, vielmehr die Krankenkassen auf den Zivilrechtsweg gegen den Arzt verwiesen werden. Bei den Zahnärzten haben wir eine entsprechende Regelung nicht, so dass bei mangelhaftem Zahnersatz[1033] bzw. für mangelhafte kieferorthopädische Behandlung[1034] die Zuständigkeit der Prüfgremien bestehen bleibt. 905

Für die Feststellung eines sonstigen Schadens ist es ferner Voraussetzung, dass die Krankenkassen einen Antrag gestellt haben. Bei der Überprüfung, ob ein sonstiger Schaden vorliegt, liegt ein nur gerichtlich eingeschränkt überprüfbarer Beurteilungsspielraum vor. 906

Speziell für unrichtige **Arbeitsunfähigkeitsbescheinigungen** sieht § 106 Abs. 3a SGB V vor, dass ein Arzt schadensersatzpflichtig ist, sofern er eine unrichtige Arbeitsunfähigkeitsbescheinigung ausgestellt hat. Der Arbeitgeber, der deswegen zu Unrecht Arbeitsentgelt gezahlt hat und die Krankenkasse, die zu Unrecht Krankengeld gezahlt hat, können dann von dem Arzt Schadensersatz verlangen, sofern die Arbeitsunfähigkeit grob fahrlässig oder vorsätzlich falsch bescheinigt wurde, obwohl die Voraussetzungen dafür nicht vorgelegen haben. Vollständig unklar ist jedoch, wie entsprechende Ansprüche realisiert werden können, denn der Arbeitgeber ist bei den Prüfgremien nicht antragsberechtigt, sondern lediglich die Krankenkassen, die KV oder die Landesverbände der Krankenkassen bzw. die Verbände der Ersatzkassen. 907

Auch stellt sich die weitergehende Frage, ob es sich bei dieser Schadensersatzvorschrift um einen zivilrechtlichen oder um einen öffentlich-rechtlichen Schadensersatzanspruch handelt. Letztlich können diese Fragen jedoch dahingestellt bleiben, weil diese Regelung bis zum heutigen Tage in der Praxis nicht zur Anwendung gelangt ist. 908

1029   BSG – 6 RKa 5/86, SozR 2200 § 368f Nr. 11.
1030   BSG – B 6 KA 41/03, SozR 4-2500 § 106 Nr. 6.
1031   BSG – B 6 KA 65/03, SozR 4-2500 §106 Nr. 7.
1032   BSG – 6 RKa 3/81, SozR 2200 § 368n Nr. 26.
1033   BSG – 6 RKa 36/87, SozR 5545 § 24 Nr. 2; BSG – B 6 KA 21/06 R, MedR 2007, 371.
1034   BSG – 14a/6 RKa 61/91, USK 92162.

909 Für die Praxis wichtig ist noch die Problematik des „off-label-use". Hierbei handelt es sich um die Verwendung eines zugelassenen Arzneimittels außerhalb der Indikation. Dieser ist nur in engen Grenzen zulässig,[1035] nämlich nur dann, wenn
- eine schwerwiegende Erkrankung vorliegt,
- keine andere Therapie verfügbar ist,
- aufgrund der Datenlage die begründete Aussicht besteht, dass mit dem betreffenden Präparat ein Behandlungserfolg (kurativ oder palliativ) zu erzielen ist.

910 Letzteres ist dann zu bejahen, wenn die Zulassung beantragt ist und die Ergebnisse einer kontrollierten klinischen Prüfung der Phase III veröffentlicht wurden, die einen klinisch relevanten Nutzen bei vertretbaren Risiken belegen, oder außerhalb eines Zulassungsverfahrens gewonnene und veröffentlichte Erkenntnisse vorliegen, die zuverlässige, wissenschaftlich nachprüfbare Aussagen über die Qualität und Wirksamkeit zulassen. Ferner muss noch ein Konsens in den einschlägigen Fachkreisen über einen voraussichtlichen Nutzen existieren.

911 Diese sehr restriktive Rechtsprechung wurde durch den Beschluss des BVerfG vom 6.12.2005[1036] stark relativiert. Es ist mit den Grundrechten aus Art. 2 Abs. 1 GG i.V.m. dem Sozialstaatsprinzip und Art. 2 Abs. 2 S. 1 GG nicht vereinbar, einen gesetzlich Krankenversicherten, für dessen lebensbedrohliche oder regelmäßig tödliche Erkrankung eine allgemein anerkannte, medizinischem Standard entsprechende Behandlung nicht zur Verfügung steht, von der Leistung einer von ihm gewählten, ärztlich angewandten Behandlungsmethode auszuschließen, wenn eine nicht ganz entfernt liegende Aussicht auf Heilung oder auf eine spürbare positive Entwicklung auf den Krankheitsverlauf besteht. Darauf aufbauend geht nunmehr der 1. Senat des BSG[1037] **davon aus, diese Entscheidung gelte auch für den Bereich der Arzneimittelversorgung und stellt für den off-label-use folgende – neue – Voraussetzungen auf:**
- Es darf kein Verstoß gegen das Arzneimittelrecht vorliegen.
- Unter Berücksichtigung des gebotenen Wahrscheinlichkeitsmaßstabes überwiegt bei der vor der Behandlung erforderlichen sowohl abstrakten als auch speziell auf den Versicherten bezogenen konkreten Analyse und Abwägung von Chancen und Risiken der voraussichtliche Nutzen.
- Die – in erster Linie fachärztliche – Behandlung muss auch im Übrigen den Regeln der ärztlichen Kunst entsprechend durchgeführt und ausreichend dokumentiert werden; ferner bedarf es einer umfassenden Aufklärung des Patienten.

912 Wird gegen diese Regeln verstoßen, so ist mit einem Regress wegen unwirtschaftlicher Verordnung zu rechnen.[1038]

VIII. Bonus-Malus-Regelung

913 Mit Wirkung zum 1.1.2007 hat der Gesetzgeber durch das AVWG[1039] in § 84 Abs. 7a SGB V die „Bonus-Malus-Regelung" eingeführt. Ziel des AVWG ist neben weiteren Regelungen die zusätzliche Reduzierung von Arzneimittelkosten, da diese stärker als

---

1035 BSG – B 1 KR 37/00 R, SozR 3-2500 § 31 Nr. 8 mit Besprechung von *Schroeder-Printzen/Tadayon*, SGb 2002, 664 ff.; a.A. noch BSG – 1 RK 6/95, SozR 3-2500 § 27 Nr. 5; zur Frage der Rückabwicklung bereits vollzogener Regresse vgl. *Engelhard*, NZS 2003, 248 ff.
1036 1 BvR 347/98 – SozR 4-2500 § 27 Nr. 5.
1037 B 1 KR 7/05 R – SozR 4-2500 § 31 Nr. 4.
1038 *Goecke*, MedR 2002, 442 ff.
1039 Vgl. allgemein dazu *Wiedemann/Willaschek*, GesR 2006, 298 ff.

"geplant" gestiegen sind und die Befürchtung bestand, dass die Beitragssatzstabilität verletzt wird. Ziel dieser Reglung ist die weitere Reduzierung der Arzneimittelkosten innerhalb der GKV. Aufgrund der tatsächlichen Entwicklung im Arzneimittelmarkt und den Möglichkeiten durch Änderungen der Struktur von Wirkstoffen einen Patentschutz und damit die fehlende Möglichkeit der Eingliederung eines Arzneimittels in die Festbeträge zu erreichen, was gleichfalls zu erheblichen Kostensteigerungen führt, wurde für bestimmte Arzneimittelgruppen das Bonus-Malus-System entwickelt.[1040]

In diesem Zusammenhang ist auch die Diskussion von Analogpräparaten – auch Me-Too-Präparat oder Scheininnovation genannt – zu berücksichtigen. Hierbei wird unter Zugrundelegung von primär pharmakologischen Überlegungen die Frage diskutiert, ob das Arzneimittel einen Mehrnutzen im Rahmen der therapeutischen Relevanz hat.[1041]

914

Nach § 84 Abs. 7a SGB V vereinbaren die Spitzenverbände der Krankenkassen mit der KBV jeweils bis zum 30.9. für das nachfolgende Kalenderjahr Durchschnittskosten je definierter Dosiereinheit für Arzneimittel in verordnungsstarken Anwendungsgebieten.[1042] Bei den Durchschnittskosten je definierter Dosiereinheit handelt es sich nicht um die sog. **defined daily dose** (DDD) nach der WHO, die die Frage der geschätzten durchschnittlichen Verschreibungsdosis eines Medikamentes bei Erwachsenen betrifft. Bei den Durchschnittskosten je definierter Dosiseinheit im Sinne des § 84 Abs. 7a SGB V sollen vielmehr die durchschnittlichen Kosten bei wirtschaftlicher Verordnungsweise eines Arzneimittels wiedergegeben werden. Hierbei sind die Besonderheiten unterschiedlicher Anwendungsgebiete der Arzneimittel zu berücksichtigen, so dass idealtypisch sehr differenzierte Vereinbarungen geschlossen werden müssten.

915

In den Rahmenvorgaben für 2007 wurden folgende Arzneimittelgruppen und Leitsubstanzen festgelegt, die für diese Form der Wirtschaftlichkeitsprüfung zugrunde zu legen sind:

916

- Statine (Simvastatin),
- Selektive Betablocker (Bisoprolol),
- Triptane (Sumatiptan),
- Bisphosphonate (Alendronsäure),
- Alpha-1-Blocker (Tamsulosin),
- Selektive Serotonin-Rückaufnahme-Inhibitoren (Citalopram).

Bei diesen Arzneimittelgruppen sollte der Arzt sich an den in Klammern aufgeführten Leitsubstanzen orientieren und die jeweils vorgesehene Quote der Verordnungen einhalten.

917

1. Malus-Regelung

Überschreitet ein Vertragsarzt den auf Landesebene vertraglich vereinbarten Durchschnittswert der Tagestherapiekosten um mehr als 10 bis maximal 20 %, hat dieser 20 % des Überschreitungsbetrages als Regress zu leisten. Liegt die Überschreitung zwischen 20 und 30 %, hat der Vertragsarzt 30 % des Überschreitungsbetrages als Regress zu leisten. Liegt jedoch der Überschreitungsbetrag über den 30 %, so hat der Vertragsarzt die Hälfte der Überschreitungskosten gegenüber den Krankenkassen auszuglei-

918

1040 *Bartels/Brakmann*, GesR 2007, 145, 149.
1041 *Bartels/Brakmann*, GesR 2007, 145, 150.
1042 Die erste Vereinbarung findet sich in den „Rahmenvorgaben nach § 84 Absatz 7 und Vereinbarung nach § 84 Abs. 7a SGB V – Arzneimittel – für das Jahr 2007, Deutsches Ärzteblatt 2007, A 1.

chen, § 84 Abs. 7a S. 6 SGB V. Eine Ermessensentscheidung hat hier nicht stattzufinden.[1043]

919 Für das Verfahren verweist § 84 Abs. 7a SGB V dem Grunde nach auf § 106 SGB V. Die Über- oder Unterschreitungen der Durchschnittskosten je definierter Dosiereinheit stellt der Prüfungsausschuss nach § 84 Abs. 7a S. 9 i.V.m. § 106 Abs. 4 SGB V quartalsweise fest. Die hierfür verwendete Datengrundlage ergibt sich entweder aufgrund der arztbezogenen Schnellinformation nach § 84 Abs. 5 S. 4 SGB V – GKV-Arzneimittel-Schnellinformation (GamSi) – oder aufgrund der Abrechnungsdaten nach § 300 Abs. 2 S. 4 SGB V, d.h. der elektronischen Daten, die anhand eines Kassenrezeptes erstellt werden. Hinsichtlich der Datenlage ist davon auszugehen, dass die Rechtsprechung des BSG zur Datenlage bei der Richtgrößenprüfung[1044] zur Anwendung kommt (vgl. ausführlich Rn 877–883).

920 Im Folgenden verweist der Gesetzgeber in § 84 Abs. 7a SGB V lediglich auf § 106 Abs. 5 und Abs. 5c SGB V; daher taucht hier die Frage auf, ob noch das Vorbringen von **Praxisbesonderheiten** möglich ist. Auch wenn nicht mehr auf Praxisbesonderheiten ausdrücklich verwiesen wird, wird man diese noch nach wie vor anerkennen müssen, denn bei der Ausgestaltung der Bonus-Malus-Regelung wird nicht auf die individuelle Situation innerhalb der Versorgung der Versicherten abgestellt, vielmehr liegen hier relativ undifferenzierte Strukturen vor. Sofern von *Engelhard*[1045] die Auffassung vertreten wird, Praxisbesonderheiten seien nicht anzuerkennen, da die Besonderheiten unterschiedlicher Anwendungsgebiete bereits bei der Festlegung der Grenzwerte zu berücksichtigen sind, so mag dieses auf der Ebene der Formulierung von § 84 Abs. 7a S. 2 SGB V zutreffend sein. Betrachtet man jedoch die konkrete Vereinbarung über die Grenzwerte unter Berücksichtigung der ausgewählten Leitsubstanzen, so wird man doch Praxisbesonderheiten anerkennen müssen.

921 Kommt es zu einer Regressfestsetzung aufgrund einer Überschreitung, so kann dagegen Widerspruch eingelegt werden, der aufschiebende Wirkung hat. Liegt dann eine Entscheidung des Beschwerdeausschusses vor, ist die Klage der statthafte Rechtsbehelf, die dann jedoch keine aufschiebende Wirkung mehr hat. Wegen der Frage der Stundung bzw. des Erlasses des Regressbetrages gelten die oben gemachten Ausführungen zur Richtgrößenprüfung.

2. Bonus-Regelung

922 Der Bonus-Teil kommt nur dann zum Tragen, wenn die Ausgaben aller Ärzte einer KV insgesamt hinsichtlich der betroffenen Arzneimittel die Durchschnittskosten je definierter Dosiereinheit unterschreiten. Sodann erfolgt eine Bonus-Ausschüttung von den Krankenkassen an die KV, welche dann unter die Vertragsärzte zu verteilen ist, deren Verordnungskosten die Durchschnittskosten je definierter Dosiereinheit nicht überschritten haben. Die Einzelheiten für das Verteilungsverfahren werden in der Prüfvereinbarung geregelt (§ 84 Abs. 7a S. 11 i.V.m. § 106 Abs. 3 SGB V).

923 Selbst wenn die Mehrzahl der Ärzte innerhalb eines KV-Bereiches einen Bonus erreicht hat, führt das – vorbehaltlich andersartiger vertraglicher Regelungen – nicht dazu, dass

---

1043 Hauck/Noftz/*Engelhard*, K § 84 Rn 173.
1044 BSG – B 6 KA 1/04 R, GesR 2005, 522; BSG – B 6 KA 63/04, SozR 4-2500 § 106 Nr. 11.
1045 In Hauck/Noftz/*Engelhard*, K § 84 Rn 175 i.V.m. Rn 171.

die überschreitenden Ärzte nicht mehr geprüft werden können. Dies ergibt sich daraus, dass § 84 Abs. 7a S. 7 SGB V einen solchen Schutz nicht vorsieht.

3. Ausschluss der Bonus-Malus-Regelung

Die Bonus-Malus-Regelung findet wegen § 84 Abs. 4a SGB V keine Anwendung, wenn in der Zielvereinbarung nach § 84 Abs. 1 SGB V Regelungen getroffen werden, die geeignet sind, die Kostenreduzierungen, die durch die Bonus-Malus-Regelung erreicht werden sollen, in gleicher Weise zugunsten der Krankenkassen zu realisieren. Von dieser Möglichkeit haben einige KVen Gebrauch gemacht. 924

Arzneimittel, die unter die Bonus-Malus-Regelung fallen, sind folglich nicht noch einmal Gegenstand der Richtgrößenprüfung für das entsprechende Prüfungsjahr. Daher ist bei einer Richtgrößenprüfung, immer zu prüfen, ob die Arzneimittel, die unter die Bonus-Malus-Regelung fallen, auch tatsächlich aus dem Verordnungsvolumen entfernt worden sind. 925

IX. Besonderheiten bei der zahnärztlichen Versorgung

Speziell bei **Zahnersatz**[1046] werden üblicherweise die zahnärztlichen Maßnahmen durch einen Heil- und Kostenplan genehmigt. Insoweit stellt sich die Frage, ob dann noch eine Wirtschaftlichkeitsprüfung zulässig ist. Die Prüfung von genehmigten Heil- und Kostenplänen ist dann rechtlich unzulässig, wenn untergesetzliche Normen eine vorherige Prüfung der Wirtschaftlichkeit vorschreiben[1047] und wenn dieser Ausschluss ausdrücklich vertraglich vereinbart gewesen ist.[1048] Dabei ist des Weiteren zu berücksichtigen, dass der Ausschluss der Wirtschaftlichkeitsprüfung nur so weit reicht, wie tatsächlich vorher die Notwendigkeit der zahnärztlichen Leistungen geprüft wurde. 926

Innerhalb des Zahnersatzes ist im Übrigen zu berücksichtigen, dass es noch ein weiteres Prüfverfahren gibt, bei dem es um einen Schadensregress[1049] geht, der mangelhaften Zahnersatz betrifft. Bei mangelhaften – also nicht dem zahnärztlichen Standard entsprechenden – Zahnersatz hat der Zahnarzt grundsätzlich die Möglichkeit der Nachbesserung bzw. der Neuerstellung, sofern es für den Versicherten zumutbar ist.[1050] Ist dieses nicht möglich, hat er der Krankenkasse Schadensersatz zu leisten. Eine Anwendung zivilrechtlicher Vorschriften ist in diesem Zusammenhang nicht gegeben.[1051] 927

Die Rechtsgrundlage für den Bereich der Primärkassen ist § 2 Abs. 3 BMV-Z i.V.m. Anlage 12 BMV-Z; für den Bereich der Ersatzkassen findet § 21 Abs. 2 EKV-Z Anwendung. Durch dieses Verfahren sollen die Mehrkosten für den Ersatz von Zahnersatzes ermöglicht werden. Dieses Verfahren gilt im Übrigen auch unter der Geltung der so genannten Festzuschussphase.[1052] 928

Für den Bereich der Primärkassen gilt auf Grundlage der Anlage 12 BMV-Z ein besonderes Prüfungsverfahren, welches vor dem Prothetik-Einigungsausschuss durchgeführt 929

1046 Speziell zu den Fragen der Wirtschaftlichkeitsprüfung im Festzuschusssystem *Axer*, NZS 2006, 225 ff.
1047 BSG – 14a/6 RKa 17/90, SozR 3-2500 § 106 Nr. 12; BSG – 14a RKa 9/92, SozR 3-5555 § 13 Nr. 1.
1048 BSG – 14a/6 RKa 17/90, SozR 3-2500 § 106 Nr. 12; BSG – 14a RKa 4/92, SozR 3-2500 § 106 Nr. 18.
1049 BSG – 6 RKa 40/96 – SozR 3-5555 § 12 Nr. 5.
1050 BSG – B 6 KA 21/06 R, MedR 2007, 371.
1051 BSG – B 6 KA 21/06 R, MedR 2007, 371.
1052 BSG – B 6 KA64/03 R, SozR 4-5555 § 12 Nr. 1; kritisch dazu *Tiemann*, ZMGR 2005, 14, 20.

wird, das Widerspruchsverfahren wird vor dem Prothetik-Widerspruchsausschuss geführt.[1053] Das gerichtliche Verfahren wird gegen den Prothetik-Widerspruchsausschuss geführt, wobei sowohl der Bescheid des Prothetik-Einigungsausschusses als auch der Bescheid des Prothetik-Einigungsausschuss angegriffen werden muss.[1054]

930 Bei Versicherten der Ersatzkassen wird nicht durch einen Ausschuss die Mangelhaftigkeit eines Zahnersatzes festgestellt, vielmehr wird dieser durch die KZV festgesetzt. Als Folge der Zuständigkeit der KZV als „allgemeine Vertragsinstanz"[1055] wird um einen Regressbescheid der KZV und nicht der Prüfgremien gerichtlich gestritten.[1056]

931 Auch die fehlerhafte **Paradontose-Behandlung** führt zu einer Wirtschaftlichkeitsprüfung. Zuständig hierfür sind die Prüfgremien, die einen Verstoß gegen die Paradontose-Richtlinien zu prüfen haben.[1057]

X. Prüfvereinbarung

932 Nach § 106 Abs. 3 SGB V besteht die Verpflichtung für die Verbände der Krankenkassen und die KV, die gesetzlichen Bestimmungen in Prüfvereinbarungen zu konkretisieren und zu ergänzen. Als zwingender Inhalt der Prüfvereinbarungen sind das Verfahren zur Prüfung der Wirtschaftlichkeit nach § 106 Abs. 3 S. 1 SGB V, die Voraussetzungen für die Durchführung von Einzelfallprüfungen (§ 106 Abs. 3 S. 3 SGB V) sowie über pauschale Honorarkürzungen (§ 106 Abs. 3 S. 3 und 4 SGB V) zu regeln. Ferner besteht die Möglichkeit, über § 106 Abs. 2 S. 4 SGB V in den Prüfvereinbarungen noch Regelungen über andere arztbezogene Prüfungsarten aufzunehmen. Das Vorliegen einer entsprechenden Prüfvereinbarung ist zwingende Voraussetzung für die Durchführung der Wirtschaftlichkeitsprüfung, ohne Prüfvereinbarung kann die Wirtschaftlichkeitsprüfung nicht durchgeführt werden.[1058]

933 Die Vereinbarung selbst ist einheitlich und gemeinsam auf Kassenseite mit der KV zu vereinbaren. Eine auf Bundesebene geschlossene Prüfvereinbarung ist nicht möglich, sie ist zwingend auf Landesebene zu vereinbaren. Die Prüfvereinbarung ist auch schiedsamtsfähig im Sinne des § 89 Abs. 1 SGB V.[1059]

934 Aus § 106 Abs. 3 S. 1 SGB V ergibt sich, dass nur die Verfahren zur Prüfung der Wirtschaftlichkeit zu vereinbaren sind. Damit haben die Vertragsparteien nicht das Recht, die Prüfungs- und Entscheidungsspielräume der Prüfgremien durch generelle Regelungen einzugrenzen. Insbesondere ist es unzulässig, zu vereinbaren, wann bei welchem Wert der Überschreitung der Vergleichsgruppendurchschnitte das offensichtliche Missverhältnis beginnt.[1060] Auch ist es unzulässig, einen Ausschluss von anderen Prüfarten neben der statistischen Vergleichsmethode bei dessen Scheitern zu vereinbaren.[1061] Zulässig ist es jedoch, Aufgreifkriterien zu vereinbaren, anhand derer vor Beginn der eigentlichen Prüfung ermittelt wird, welche Honorarabrechnungen einer Prüfung unter-

---

1053 BSG – B 6 KA 1/00 R, SozR 3-1500 § 78 Nr. 5.
1054 SG Marburg, 13.12.2006 – S 12 KA 700/05.
1055 BSG – B 6 KA 21/06 R, MedR 2007, 371.
1056 BSG – 6 RKa 40/96, SozR 3-5555 § 12 Nr. 5.
1057 Vgl. dazu ausführlich *Stelzl*, MedR 1999, 173 ff.
1058 BSG – 6 RKa 42/96, SozR 3-2500 § 106 Nr. 40.
1059 BSG – 6 RKa 28/86, SozR 2200 § 368h Nr. 4.
1060 BGS – 6 RKa 16/93, SozR 3-2500 § 106 Nr. 25.
1061 BSG – B 6 KA 46/99 R, SozR 3-2500 § 106 Nr. 51.

zogen werden sollen.[1062] Unzulässig sind Regelungen innerhalb der Prüfvereinbarung, die das Verwaltungsverfahren im Sinne des § 8 SGB X vor den Prüfungs- und Beschwerdeausschüssen regelt.[1063] Damit sind unzulässige Regelungen in einer Prüfvereinbarung die, die inhaltliche Anforderungen an einen wirksamen Prüfantrag aufnehmen.[1064] Zulässig bleiben hingegen Regelungen, welche die Bestimmung des SGB X lediglich für den Einzelfall konkretisieren oder ergänzen (z.B. Form der Anhörung oder Akteneinsicht).[1065]

Bei der Regelung nach § 106 Abs. 3 S. 3 SGB V, also bei der Frage, wann eine Einzelfallprüfung durchzuführen ist, sind die Grundsätze der Rechtsprechung zu berücksichtigen, die für die Einzelfallprüfung entwickelt wurden. Dabei ist es nicht zulässig, wenn in den entsprechenden Prüfvereinbarungen die Durchführung der Wirtschaftlichkeitsprüfung unzumutbar erschwert wird.[1066]

935

XI. Verwaltungsverfahren

Während früher die Prüfgremien immer bei der KV angesiedelt waren, sieht nunmehr § 106 Abs. 4 SGB V vor, dass sich die KVen mit den Verbänden der Krankenkassen darüber einigen müssen, wo der Sitz der Ausschüsse ist und wer den Vorsitz in den Prüfgremien zu übernehmen hat. Aufgrund von § 1 Abs. 1 S. 1 WiPrüfVO sind die Prüfgremien organisatorisch selbständige Einheiten.[1067] Daraus ergibt sich auch, dass den Prüfgremien kraft Gesetzes die Befugnis zusteht, im Einzelfall den Umfang der zu vergütenden ärztlichen Leistung zu bestimmen und insofern ergänzend den Honoraranspruch des Arztes rechtsgestaltend festzulegen.[1068]

936

1. Zusammensetzung der Ausschüsse

Den Prüfungs- und Beschwerdeausschüssen gehören gemäß § 106 Abs. 4 S. 2 SGB V Vertreter der KVen und Krankenkassen in gleich hoher Zahl an. Ferner haben wir ab 1.1.2004 in den Ausschüssen noch einen unabhängigen Vorsitzenden.[1069] Die Vertreter der KVen und Krankenkassen werden jeweils gemäß der Satzung in die zuständigen Organe der entsendenden Körperschaft berufen bzw. abberufen.[1070] Die früher schwache Rechtsstellung der Ausschussmitglieder wurde durch die WiPrüfVO verstärkt, da sie nunmehr innerhalb des Prüfungsverfahrens nicht mehr einem fachlichen Weisungsrecht der entsendenden Körperschaft unterliegen, soweit es sich um Fragen der Wirtschaftlichkeitsprüfung handelt (§ 1 Abs. 1 S. 5 WiPrüfVO). Die Vertreter können jederzeit von den entsendenden Körperschaften abberufen und ausgetauscht werden, des Weiteren ist gesetzlich eine Amtsdauer von 2 Jahren vorgesehen.

937

1062 BSG – 6 RKa 16/93, SozR 3-2500 § 106 Nr. 25.
1063 BSG – 6 RKa 10/96, SozR 3-1300 § 63 Nr. 10; BSG – B 6 KA 80/97 R, SozR 3-1300 § 63 Nr. 12.
1064 BSG – B 6 KA 21/98 R, SozR 3-2500 § 106 Nr. 53.
1065 BSG – B 6 KA 21/98 R, SozR 3-2500 § 106 Nr. 53.
1066 BSG – 6 RKa 4/83, SozR 2200 § 368n Nr. 33.
1067 So bereits zum alten Recht vor Inkrafttreten der WiPrüfV; BSG – 6 RKa 54/94, SozR 3-2500 § 106 Nr. 28.
1068 BSG – 6 RKa 5/92, SozR 3-2500 § 106 Nr. 22.
1069 *Filler*, GesR 2004, 502 f. weist zutreffend darauf hin, dass dadurch eine erhebliche Verzögerung der Verwaltungsverfahren verursacht wurde.
1070 BSG – 6 RKa 2/80, SozR 2200 § 368n Nr. 21.

938 Aufgrund der gesonderten Regelung in § 16 Abs. 2 S. 2 SGB X ist es unproblematisch, wenn Beschäftigte einer antragstellenden Körperschaft am Verwaltungsverfahren teilnehmen.[1071] Auch die Mitwirkung einer bei der KV angestellten Prüfärztin ist zulässig.[1072]

2. Verfahren bei der Entscheidungsfindung

939 Um die Tätigkeit innerhalb des Ausschusses zu Erleichtern, sieht § 106 Abs. 4a SGB V nunmehr vor, dass die Geschäftsstelle die Ausschussarbeit unterstützen soll. Die Geschäftsstelle bereitet die für die Prüfung erforderlichen Daten und sonstigen Unterlagen auf und gibt im Übrigen dem Ausschuss noch einen Entscheidungsvorschlag (vgl. zu den Einzelheiten § 4 WiPrüfVO).[1073]

940 Die Entscheidung des Prüfungs- und auch des Beschwerdeausschusses stellt gegenüber dem geprüften Arzt der KV und den Krankenkassen einen Verwaltungsakt dar.[1074] Er ist gemäß § 35 SGB X zu begründen und den Verfahrensbeteiligten gemäß § 37 SGB X bekannt zu geben. Sofern für das jeweilige Quartal bereits ein Honorarbescheid erlassen wurde, sind die Prüfgremien berechtigt, den Honorarbescheid – ggf. teilweise – aufzuheben, ohne an die Voraussetzungen des § 44 SGB X gebunden zu sein.[1075] Auch § 45 SGB X findet auf Honorarkürzungen im Rahmen der Wirtschaftlichkeitsprüfung keine Anwendung, da die **Honorarbescheide** unter dem immanenten Vorbehalt der Wirtschaftlichkeitsprüfung stehen.[1076]

3. Beurteilungs- und Ermessensspielräume

941 Den Prüfungs- und Beschwerdeausschüssen stehen bei der Prüfung der Wirtschaftlichkeit der Behandlungs- und Verordnungsweise erhebliche Spielräume zu, die nur eingeschränkt gerichtlich überprüfbar sind. Grund hierfür ist die Tatsache, dass die Gremien fachkundig beraten sind.[1077] Dabei werden den Prüfgremien sowohl Ermessens- als auch Beurteilungsspielräume eingeräumt.

942 Hinsichtlich der Beurteilungsspielräume hat die Rechtsprechung folgende Punkte aufgeführt:
- Wahl der im Einzelfall geeigneten Prüfmethode;[1078]
- bei der Beurteilung der Zulässigkeit einer Prüfmethode;[1079]
- bei der Auswahl der Vergleichsgruppe;[1080]
- bei der Festlegung des für das offensichtliche Missverhältnis maßgeblichen Grenzwertes;[1081]

1071 BSG – 6 RKa 35/95, SozR 3-1300 § 16 Nr. 2.
1072 BSG – 6 RKa 58/94, SozR 3-1300 § 16 Nr. 1.
1073 *Nix*, MedR 2006, 152 ff.
1074 BSG – 6 RKa 33/89, SozR 3-2500 § 106 Nr. 5.
1075 BSG – 6 RKa 13/91, USK 93115.
1076 BSG – 6 RKa 35/89, SozR 3-2500 § 85 Nr. 2; BSG – 14 a/6 RKa 37/91, SozR 3-2500 § 106 Nr. 19.
1077 BSG – 6 RKa 21/82, SozR 2200 § 368n Nr. 31.
1078 BSG – 6 RKa 4/83, SozR 2200 § 368n Nr. 33; BSG – 6 RKa 4/95, SozR 3-2500 § 106 Nr. 31.
1079 BSG – 6 RKa 3/92, SozR 3-2500 § 106 Nr. 15; BSG – B 6 KA 7/01 R, SozR 3-2500 § 106 Nr. 55.
1080 BSG – 6 RKa 8/87, SozR 2200 § 368n Nr. 50.
1081 BSG – 6 RKa 21/82, SozR 2200 § 368n Nr. 31; BSG – B 6 KA 24/99 R, SozR 3-2500 § 106 Nr. 50.

- bei der Feststellung oder Schätzung des Umfanges des unwirtschaftlichen Mehraufwandes;[1082]
- Feststellung des Vorliegens eines atypischen Patientenklientels.[1083]

Hinsichtlich des Ermessens geht das BSG davon aus, dass lediglich die Höhe der Honorarkürzung im Ermessen der Prüfgremien steht.[1084]

943

Die **Kontrolle der Gerichte** bei der Ausübung des Beurteilungsspielraumes beschränkt sich darauf,

944

- ob das Verwaltungsverfahren ordnungsgemäß durchgeführt worden ist,
- ob der Verwaltungsentscheidung ein richtiger und vollständig ermittelter Sachverhalt zugrunde liegt,
- ob die Verwaltung die durch die Auslegung des unbestimmten Rechtsbegriffes ermittelten Grenzen eingehalten und
- ob sie ihre Subsumtionserwägungen so verdeutlicht und begründet hat, dass im Rahmen des Möglichen die zu treffende Entscheidung der Beurteilungsmaßstäbe erkennbar und nachvollziehbar sind.[1085] Damit wird dem Grunde nach nur eine Überprüfung des Bescheides auf seine Vertretbarkeit und seine Vereinbarkeit mit Denk- und Erfahrungssätzen durchgeführt.[1086] Hinsichtlich der Ermessensentscheidung ist unter Berücksichtigung von § 54 Abs. 2 S. 2 SGG nur eine Überprüfung des Gerichts insoweit möglich, ob die Grenzen des Ermessens eingehalten und vom Ermessen in einer dem Zweck der Ermächtigung entsprechenden Weise Gebrauch gemacht worden ist.[1087] Insbesondere ist es den Gerichten untersagt, eine eigenständige Ermessensabwägung im Verhältnis zur Ermessensentscheidung der Verwaltung zu treffen.[1088]

4. Begründung von Bescheiden

Korrespondierend mit den „Freiräumen" für die Prüfgremien ist die Begründungspflicht des § 35 Abs. 1 SGB X zu sehen. Hierbei werden nach der Rechtsprechung[1089] besondere Anforderungen an die Begründung von entsprechenden Bescheiden gestellt.

945

Innerhalb des **Prüfungsbescheides** müssen ausdrücklich die Prüfmethode,[1090] **Angaben** zur Vergleichsgruppenbildung,[1091] die Angabe des Gesamtfallwertes,[1092] die einheitliche und eindeutige Angabe der Fallkosten und der Fallkostendifferenz bei den gekürzten Sparten- oder Leistungspositionen[1093] dargestellt sowie nähere Ausführungen zum Vor-

946

1082 BSG – 6 RKa 18/80, SozR 2200 § 368n Nr. 27; BSG – 14a RKa 11/92, SozR 3-1300 § 35 Nr. 5.
1083 BSG – B 6 KA 4/05 R, SozR 4-2500 § 106 Nr. 12.
1084 BSG – 6 RKa 10/77, SozR 2200 § 368n Nr. 14; BSG – 6 RKa 5/96, SozR 3-2500 § 106 Nr. 38; BSG – B 6 KA 24/03 R, GesR 2004, 424.
1085 BSG – 6 RKa 21/82, SozR 2200 § 368n Nr. 31; BSG – 6 RKa 8/84, SozR 2200 § 368n Nr. 38; BSG – 14a/6 RKa 4/90, SozR 3-2500 § 106 Nr. 13; BSG – 14a RKa 11/92, SozR 3-1300 § 35 Nr. 5.
1086 BSG – 6 RKa 21/82, SozR 2200 § 368n Nr. 31; BSG – 6 RKa 3/92, SozR 3-2500 § 106 Nr. 15.
1087 BSG – 6 RKa 21/82, SozR 2200 § 368n Nr. 31; BSG – 6 RKa 5/96, SozR 3-2500 § 106 Nr. 38.
1088 BSG – 6 RKa 18/80, SozR 2200 § 368n Nr. 27 = MedR 1984, 74; BSG – B 6 KA 45/02 R, SozR 4-2500 § 106 Nr. 3.
1089 BSG – 6 RKa 18/80, SozR 2200 § 368n Nr. 27 = MedR 1984, 74; BSG – 6 RKa 21/82, SozR 2200 § 368n Nr. 31; BSG – 14a RKa 11/92, SozR 3-1300 § 35 Nr. 5.
1090 BSG – 6 RKa 18/80, SozR 2200 § 368n Nr. 27 = MedR 1984, 74; BSG – 6 RKa 3/92, SozR 3-2500 § 106 Nr. 15.
1091 BSG – 6 RKa 34/90, SozR 3-2500 § 106 Nr. 11.
1092 BSG – 6 RKa 12/89, SozR 3-2500 § 106 Nr. 6.
1093 BSG – 6 RKa 18/80, SozR 2200 § 368n Nr. 27.

liegen von Praxisbesonderheiten und deren Auswirkungen[1094] gemacht werden. Ferner müssen die Überlegungen zur Grenzwertbestimmung zum offensichtlichen Missverhältnis im Bescheid genannt werden oder mindestens für die Beteiligten und das Gericht erkennbar sein.[1095] Dabei ist es nicht zwingend erforderlich, einen ausdrücklich bestimmten Grenzwert anzugeben, soweit aus der weitergehenden Begründung deutlich wird, dass die vorliegenden Überschreitungswerte nach Auffassung des Ausschusses ein offensichtliches Missverhältnis begründen lassen.[1096]

947 Bei den Praxisbesonderheiten ist des Weiteren auszuführen, in welchem Umfang diese Praxisbesonderheiten vorliegen und welche Auswirkungen diese auf den Fallwert haben.[1097] Dies ist insbesondere deswegen erforderlich, weil nach Berücksichtigung der Praxisbesonderheiten möglicherweise ein Überschreitungswert vorliegt, der ein offensichtliches Missverhältnis nicht mehr zulässt.

948 Sofern nach der Kürzung bzw. nach dem Regress ein Überschreitungswert belassen wird, der sich noch oberhalb der Grenze des offensichtlichen Missverhältnisses befindet, ist eine weitergehende Begründung des genauen Ausmaßes der Unwirtschaftlichkeit entbehrlich.[1098] Daraus ergibt sich gleichzeitig, dass erhöhte Begründungsaufwendungen erforderlich sind, wenn unterhalb der Grenze des offensichtlichen Missverhältnisses eine Unwirtschaftlichkeit angenommen wird.[1099] In solchen Fällen ist es daher erforderlich, dass besonders nachgewiesen und im Bescheid begründet wird, warum ein Umfang der Unwirtschaftlichkeit angenommen wird, der sich in die Übergangszone hineinstrahlt.[1100]

949 Speziell für die Einzelfallprüfung ist es erforderlich, sämtliche beanstandeten Fälle im Einzelfall aufzuführen und die jeweils getroffenen Feststellungen und Erwägungen mitzuteilen.[1101] Dies gilt ebenso für die Einzelfallprüfung mit Hochrechnung.[1102]

950 Diese doch sehr hohen Anforderungen an die Begründung von Honorarbescheiden bzw. Regressbescheiden werden jedoch vom BSG selbst wieder nivelliert. Es dürfen nämlich die Begründungsanforderungen nicht überspannt werden, da sich die im Verfahren der Wirtschaftlichkeitsprüfung ergebenden Bescheide an einen sachkundigen Personenkreis richten, der mit dem Abrechnungsverhalten der Ärzte und der Vergleichsgruppe vertraut ist.[1103] Ferner besteht für den Arzt die Verpflichtung, die Grundlage der wirtschaftlichen Praxisführung und der Abrechnung der vertragsärztlichen Leistungen unter Wahrung des Gebotes der Wirtschaftlichkeit zu berücksichtigen.[1104] Es ist mithin ausreichend, wenn die maßgebenden bzw. tragenden Erwägungen dargestellt werden. Erforderlich ist im Ergebnis daher nur die Erkennbarkeit und Nachvollziehbarkeit der Entscheidungsgründe der Prüfgremien.[1105]

951 Zwingend erforderlich ist jedoch, dass Angaben zur Höhe der Honorarkürzung und des Regresses gemacht werden. Der betroffene Arzt muss die Möglichkeit haben, anhand

---

1094 BSG – 6 RKa 21/82, SozR 2200 § 368n Nr. 31; BSG – 6 RKa 27/84, SozR 2200 § 368n Nr. 42.
1095 BSG – 6 RKa 18/92, SozR 3-2500 § 106 Nr. 23; BSG – 6 RKa 16/93, SozR 3-2500 § 106 Nr. 25.
1096 BSG – 6 RKa 52/96, SozR 3-2500 § 106 Nr. 41.
1097 BSG – 6 RKa 52/96, SozR 3-2500 § 106 Nr. 41.
1098 BSG – 6 RKa 24/86, SozR 2200 § 368n Nr. 49; BSG – 6 RKa 52/96, SozR 3-2500 § 106 Nr. 41.
1099 BSG – 6 RKa 24/86, SozR 2200 § 368n Nr. 49; BSG – 6 RKa 12/89, SozR 3-2500 § 106 Nr. 6.
1100 BSG – 6 RKa 45/95, SozR 3-2500 § 106 Nr. 36.
1101 BSG – 6 RKa 19/86, SozR 2200 § 368n Nr. 54.
1102 BSG – 6 RKa 27/90, SozR 3-2500 § 106 Nr. 10.
1103 BSG – B 6 KA 32/02 R, SozR 4-2500 § 106 Nr. 1.
1104 BSG – 6 RKa 18/92, SozR 3-2500 § 106 Nr. 23.
1105 BSG – B 6 KA 21/98 R, SozR 3-2500 § 106 Nr. 53.

der Angaben des Kürzungsbetrages in Eurobeträgen oder zumindest in Punktzahlen abschätzen können, in welchem Umfang er tatsächlich betroffen ist.[1106]

Selbst wenn im Einzelfall ein Bescheid diesen Begründungserfordernissen nicht entspricht, führt dies nicht zur Nichtigkeit, vielmehr lediglich zur Anfechtbarkeit des Bescheides.[1107] Dennoch besteht innerhalb des Klageverfahrens die Möglichkeit, eine fehlende Begründung noch nachzuschieben.[1108]

952

Der Bescheid selbst ist auch innerhalb einer Frist von fünf Monaten nach der Beschlussfassung abzufassen und zum Zwecke der Zustellung zur Post zu geben. Ein verspäteter Bescheid gilt als nicht mit Gründen versehen und ist deshalb wegen Verstoß gegen § 35 Abs. 1 SGB X rechtswidrig.[1109] Die **5-Monats-Frist** ergibt sich in Anlehnung an die Rechtsprechung zur Abfassung von Urteilen. Dort ist von dem gemeinsamen Senat der obersten Gerichtshöfe des Bundes die Frist von fünf Monaten ausdrücklich vorgesehen.[1110]

953

5. Ausschlussfrist

Der gegen den Vertragsarzt gerichtete Prüfungsanspruch unterliegt nicht der Verjährung.[1111] Der Arzt wird jedoch nach dem Gebot der Rechtssicherheit aus Art. 20 Abs. 3 GG dadurch geschützt, dass nach vier Jahren eine Ausschlussfrist für die Wirtschaftlichkeitsprüfung eingreift.[1112] Der Bescheid über die Honorarkürzung muss dem Vertragsarzt vier Jahre nach der Vorlage von Honorarbescheiden für jedes einzelne Quartal zugestellt worden sein;[1113] Gleiches gilt für die Frage des Ausspruches eines Regresses. Die Frist gilt selbst dann, wenn eine Kürzung bzw. ein Regress abgelehnt wurde oder der Bescheid durch den Beschwerdeausschuss oder in einem gerichtlichen Verfahren später aufgehoben wurde.[1114] Eine weitere Unterbrechung dieser Ausschlussfrist tritt dadurch ein, dass eine Krankenkasse oder ein Krankenkassenverband eine Untätigkeitsklage erhebt und der betroffenen Vertragsarzt von diesem Verfahren Kenntnis erhält, was regelmäßig durch die Zustellung des Beiladungsbeschlusses geschieht.[1115] Daneben ist zu beachten, dass die Wirtschaftlichkeitsprüfung gleichzeitig auch die Ausschlussfrist für die Berichtigung von Honorarbescheiden hemmt.[1116]

954

6. Beschwerdeverfahren

Aufgrund eines Widerspruches gegen die Entscheidung der Prüfungsausschüsse werden die Beschwerdeausschüsse tätig. Widerspruchsberechtigt sind der betroffene Arzt und die ärztlich geleitete Einrichtung, die Krankenkasse, die betroffenen Landesverbände der Krankenkassen sowie die KV (§106 Abs. 5 S. 3 SGB V). Der Beschwerdeausschuss

955

1106 BSG – 6 RKa 12/89, SozR 3-2500 § 106 Nr. 6.
1107 BSG – 6 RKa 21/82, SozR 2200 § 368n Nr. 31; BSG – 14a RKa 11/92, SozR 3-1300 § 35 Nr. 5.
1108 BSG – 6 RKa 4/78, SozR 2200 § 368n Nr. 19.
1109 BSG – 14a RKa 11/92, SozR 3-1300 § 35 Nr. 5; BSG – B 6 KA 79/97 R, SozR 3-1300 § 35 Nr. 8.
1110 GmSOGB – GmSOGB 1/92, SozR 3-1750 § 551 Nr. 4.
1111 BSG – 14 a/6 RKa 37/91, SozR 3-2500 § 106 Nr. 19.
1112 BSG – 14 a/6 RKa 37/91, SozR 3-2500 § 106 Nr. 19; BSG – B 6 KA 21/98 R, SozR 3-2500 § 106 Nr. 53; BSG – B 6 KA 24/03 R, GesR 2004, 424.
1113 BSG – 14 a/6 RKa 37/91, SozR 3-2500 § 106 Nr. 19.
1114 BSG – 6 RKa 63/95, SozR 3-2500 § 106 Nr. 39.
1115 BSG – 6 RKa 40/94, SozR 3-2500 § 106 Nr. 30.
1116 BSG, Urt. v. 6.9.2006 – B 6 KA 40/05 R.

hat in diesem Zusammenhang dieselben Prüfrechte wie der Prüfungsausschuss und ist durch die Verfahrensweise des Prüfungsausschusses in keiner Weise an die gewählten Prüfmethoden gebunden.

956 Aufgrund der Regelung des § 106 Abs. 5 S. 6 SGB V gilt das Verfahren vor dem Beschwerdeausschuss als Vorverfahren im Sinne des § 78 SGG. Hierauf aufbauend hat die Rechtsprechung festgestellt, dass das Verfahren vor dem Beschwerdeausschuss ein Verfahren eigener Art und Güte ist.[1117] Für dieses Verfahren gelten die §§ 84 Abs. 1 und 85 Abs. 3 SGG (§ 106 Abs. 5 S. 5 SGB V).

957 Der Widerspruch ist nach Auffassung des BSG[1118] beim Prüfungsausschuss einzulegen. Ein Abhilfeverfahren durch den Prüfungsausschuss vor dem Verfahren vor dem Prüfungausschuss ist nicht zulässig.[1119]

958 Innerhalb des Verfahrens vor dem Beschwerdeausschuss gilt das Verbot der **reformatio in peius**. Dies bedeutet jedoch nicht, dass die Kürzungen modifiziert werden können, es kommt lediglich darauf an, dass eine wirtschaftliche Schlechterstellung des Arztes nicht verursacht wird. Auch gilt dieser Grundsatz dann nicht, wenn beispielsweise auch die Krankenkassen gegen eine entsprechende Entscheidung des Prüfungsausschuss Widerspruch eingelegt haben.[1120]

959 Die **Kostenerstattung** nach § 63 SGB X für das sog. isolierte Vorverfahren gilt auch innerhalb der Wirtschaftlichkeitsprüfung.[1121] Insbesondere ist es nicht mehr zulässig, dass in den Gesamtverträgen oder Prüfvereinbarungen die Kostenerstattung dem Grunde nach ausgeschlossen wird.[1122] Auch bei der erfolgreichen Abwehr eines Drittwiderspruches findet § 63 SGB X Anwendung.[1123]

7. Vergleich

960 Grundsätzlich besteht auch die Möglichkeit, innerhalb des Prüfungsverfahrens einen Vergleich abzuschließen. Dieser Vergleich beendet jedoch nicht das Verfahren, vielmehr besteht die Möglichkeit, dass der Vergleich mit den Fristen für den Widerspruch bzw. für die Klage angegriffen wird, sofern einer der Verfahrensbeteiligten mit dem Inhalt des Vergleichs nicht einverstanden ist.[1124] Nicht erforderlich ist in diesem Zusammenhang beim Abschluss des Vergleichs, dass alle tatsächlich Beteiligten dem Vergleich zustimmen, da § 57 Abs. 1 SGB X nicht greift.

XII. Änderungen durch das GKV-WSG

961 Durch das GKV-WSG wurde abermals eine Vielzahl von Veränderungen für die Wirtschaftlichkeitsprüfung vorgenommen, die zu unterschiedlichen Zeitpunkten in Kraft treten werden. Dabei treten die inhaltlich wesentlichen Änderungen zum 1.1.2008 (Art. 46 Abs. 8 GKV-WSG) in Kraft, während weitere sich aus der Änderung der Ver-

---

1117 BSG – 6 RKa 5/92, SozR 3-2500 § 106 Nr. 22.
1118 BSG – 14a RKa 11/92, SozR 3-1300 § 35 Nr. 5.
1119 BSG – 14a RKa 11/92, SozR 3-1300 § 35 Nr. 5.
1120 BSG – B 6 KA 24/03 R, GesR 2004, 424.
1121 BSG – B 6 KA 80/97 R, SozR 3-1300 § 63 Nr. 12.
1122 BSG – 4 RA 20/91, SozR 3-1300 § 63 Nr. 3.
1123 BSG – B 6 KA 80/97 R, SozR 3-1300 § 63 Nr. 12.
1124 BSG – B 6 KA 8/03 R, SozR 4-2500 § 106 Nr. 5 mit kritischer Besprechung *Luckhaupt*, GesR 2004, 464 ff.

bandsstruktur ergebende Änderungen zum 1.7.2008 in Kraft treten werden (Art. 46 Abs. 9 GKV-WSG).

Zunächst ist bei diesen Änderungen die Frage zu diskutieren, ob sie noch für laufende Verfahren zur Anwendung gelangen oder ob diese Verfahren nach dem alten Recht vor Inkrafttreten des GKV-WSG weiter zu behandeln sind. Unter Berücksichtigung der neueren Rechtsprechung des BSG[1125] wird man davon ausgehen müssen, dass sämtliche Änderungen bezogen auf das Verfahrensrecht mangels spezieller Überleitungsvorschriften automatisch zum Zeitpunkt ihres Inkrafttretens auf laufende Verwaltungsverfahren zur Anwendung gelangten. Soweit materiell-rechtliche Änderungen in Kraft treten, wird es bei der Anwendung des Rechts bleiben, das zum Zeitpunkt der Leistungserbringung gegolten hat.

1. Änderungen zum 1.1.2008

Inhaltlich wird das Prüfungsverfahren gestrafft, denn der Prüfungsausschuss wird abgeschafft. Stattdessen wird die Wirtschaftlichkeitsprüfung durch die **Prüfungsstelle** durchgeführt. Bei dieser Stelle handelt es sich um die ehemalige Geschäftsstelle, die die Prüfungen vorzubereiten hatte, so dass die Aufgaben der Prüfungsstelle vermehrt werden. Für das Widerspruchsverfahren verbleibt es bei der Zuständigkeit des Beschwerdeausschusses.

Auch unter dem Gesichtspunkt der Straffung des Verwaltungsverfahrens ist die Änderung in § 106 Abs. 5 SGB V zu sehen. Dort wird ein S. 8 angefügt, wonach bei der Prüfung von Regressen bei – sei es aufgrund von Gesetz oder von Richtlinien – ausgeschlossenen Arzneimitteln ein Widerspruchsverfahren nicht durchgeführt wird, sondern gegen die Entscheidung der Prüfungsstelle **unmittelbar Klage** erhoben werden kann, die ausweislich der Begründung aufschiebende Wirkung hat.[1126]

Innerhalb der **Richtgrößenprüfung** sollen nicht mehr alle Ärzte, die die Grenze von 25 % Überschreitung überschritten haben, einer Wirtschaftlichkeitsprüfung unterzogen werden, vielmehr sollen lediglich 5 % der Ärzte einer Fachgruppe der Richtgrößenprüfung unterzogen werden. Damit sollen nur noch die besonders unwirtschaftlich handelnden Ärzte geprüft werden und eine unangemessene Ausweitung des Prüfgeschäfts vermieden werden.[1127] Betrachtet man diese Regelung im Verhältnis zu § 106 Abs. 5 S. 2 SGB V und die dazu ergangene Rechtsprechung,[1128] so handelt es sich hierbei um eine deutliche Anordnung des Gesetzgebers. Entscheidend wird dabei die Frage sein, ob die 5 %-Klausel sich auf die Überschreitungswerte mit oder ohne Praxisbesonderheiten bezieht. Im Ergebnis dürfte es sich um die Werte unter Beachtung der bekannten oder erkennbaren Praxisbesonderheiten handeln, da die Praxisbesonderheiten die statistischen Überschreitungswerte relativieren und das besondere Patientenklientel entsprechend würdigen.

Ferner kann in Abweichung zur Jahresprüfung bei der Richtgrößenprüfung auf eine quartalsmäßige Prüfung umgestiegen werden, wenn damit eine schnellere Prüfung ermöglicht wird oder eine Richtgrößenvereinbarung nicht rechtzeitig vereinbart wurde.

1125 BSG – B 6 KA 8/03 R, SozR 4-2500 § 106 Nr. 5 mit kritischer Besprechung *Luckhaupt*, GesR 2004, 464 ff.
1126 BT-Drucks 16/3100 S. 138, Zu Nummer 72 (§ 106), Zu Buchstabe j, zu Doppelbuchstabe cc.
1127 BT-Drucks 16/3100 S. 136, Zu Nummer 72 (§ 106), Zu Buchstabe b, zu Doppelbuchstabe bb.
1128 BSG – 6 RKa 45/95, SozR 3-2500 § 106 Nr. 35; BSG – 6 RKa 63/95, SozR 3-2500 § 106 Nr. 39; BSG – 6 RKa 95/96, SozR; BSG – B 6 KA 21/98 R, SozR 3-2500 § 106 Nr. 53.

Dadurch soll der Arzt zu einer schnelleren Umstellung in eine wirtschaftliche Leistungserbringung geführt werden bzw. vor übermäßig hohen Regressen geschützt werden.[1129] Mit dieser Begründung des Gesetzgebers dürfte damit die Fortgeltung einer Richtgrößenvereinbarung über den Zeitraum des vertraglich vereinbarten Jahreszeitraums hinaus, so wie sich das BSG[1130] dies gedacht hat, obsolet geworden sein, da wir nunmehr bereits überall Richtgrößenvereinbarungen haben. Wenn eine Richtgrößenprüfung nicht möglich ist, da eine Vereinbarung noch nicht vorliegt, wird eine Prüfung nach Durchschnittswerten durchgeführt, bei der dann auch die Grenze zum offensichtlichen Missverhältnis bei 25 % Überschreitung liegt.[1131]

967 Unter dem Gesichtspunkt der zeitlichen Straffung des Verfahrens und wegen der Zumutbarkeit für den Arzt[1132] wird in § 106 Abs. 5 SGB V die Verpflichtung neu aufgenommen, dass die Prüfungsstelle innerhalb von **zwei Jahren** nach Ende des geprüften Verordnungszeitraums eine Entscheidung über den Regress getroffen haben muss, soweit Arzneimittel betroffen sind; ansonsten ist eine Prüfung nicht mehr möglich.

968 Bei der Datenlage wird auch in Abweichung zu der bisherigen Rechtsprechung des BSG[1133] zur Richtgrößenprüfung unter dem Gesichtspunkt der Straffung des Verfahrens[1134] in § 106 Abs. 2 S. 2 SGB V vorgesehen, dass bei Unrichtigkeit der Datenlage eine Hochrechnung nach einem statistisch zulässigen Verfahren auf die Gesamtheit der Arztpraxis vorgenommen werden soll. Statt die Daten zu entfernen wird nunmehr eine **Hochrechnung** vorgenommen. Auch unter dem Gesichtspunkt der Datenlage werden die Arzneimittel aus der Richtgrößenprüfung genommen, für die der Arzt einem Rabattvertrag nach § 130a SGB V beigetreten ist; diese Arzneimittel werden bezüglich der Wirtschaftlichkeit in den Verträgen nach § 130a SGB V geregelt (§ 106 Abs. 2 S. 8 SGB V n.F.). Dafür werden von den Krankenkassen entsprechende Meldungen an die Prüfungsstellen vorgenommen, damit die Bereinigung der Daten ermöglicht wird.

969 An etwas versteckter Stelle (§ 106 Abs. 2 S. 9 SGB V n.F.) ist noch eine Modifikation der Zufälligkeitsprüfung versteckt. Der Gesetzgeber will im Rahmen der Zufälligkeitsprüfung durch Stichproben prüfen lassen, ob bei Arzneimitteln, die im Rahmen von **Anwendungsbeobachtungen** (§ 67 Abs. 6 AMG) verordnet werden, Unwirtschaftlichkeiten existieren. Hierdurch sollen Anreize zu einer unwirtschaftlichen Verordnung verhindert werden.[1135]

2. Änderungen zum 1.7.2008

970 Die zum 1.7.2008 in Kraft tretenden Änderungen betreffen im Wesentlichen nur die Umsetzung der Organisationsreform bei den Krankenkassen, da die Verbände der Ersatzkassen wegfallen und nunmehr die einzelnen Ersatzkassen innerhalb des Verfahrens beteiligt werden.

1129 BT-Drucks 16/3100 S. 136, zu Nummer 72 (§ 106), zu Buchstabe b, zu Doppelbuchstabe bb.
1130 BSG – B 6 KA 63/04 R, SozR 4-2500 § 106 Nr. 11.
1131 BT-Drucks 16/3100 S. 136, zu Nummer 72 (§ 106), zu Buchstabe b, zu Doppelbuchstabe bb.
1132 BT-Drucks 16/3100 S. 136, zu Nummer 72 (§ 106), zu Buchstabe b, zu Doppelbuchstabe cc.
1133 BSG – B 6 KA 63/04 R, SozR 4-2500 § 106 Nr. 11.
1134 BT-Drucks 16/3100 S. 137, zu Nummer 72 (§ 106), zu Buchstabe d, zu Doppelbuchstabe bb.
1135 BT-Drucks 16/3100 S. 137, zu Nummer 72 (§ 106), zu Buchstabe b, zu Doppelbuchstabe cc.

K. Disziplinarrecht

Literatur

Ehlers (Hrsg.), Disziplinarrecht und Zulassungsentziehung, 2001; **Heidelmann**, Das Disziplinarrecht der Vertragsärzte, Dissertation, Tübingen, 2002; **Langguth**, Vertragsarzt – mehrere Disziplinarmaßnahmen – Verbot der Kumulation, DStR 2001, 1266.

I. Rechtsgrundlagen

Nach § 75 Abs. 1 S. 1 SGB V haben die KVen die vertragsärztliche Versorgung der Versicherten sicherzustellen und die Gewähr für eine regelgerechte Leistungserbringung zu übernehmen. Diese gegenüber den Krankenkassen bestehende Gewährleistungspflicht muss von den KVen im Rahmen ihres Sicherstellungsauftrages gegenüber ihren vertragsärztlichen Mitgliedern durchgesetzt werden können. Neben der Möglichkeit, den Mitgliedern satzungsgemäß Ge- und Verbote mit dem Zweck der Einhaltung des vertragsärztlichen Regelwerks aufzuerlegen, bedarf es weiterer Sanktionsmöglichkeiten gegenüber denjenigen Vertragsärzten, die die Regeln nicht einhalten. Damit ist auch bereits der Hauptzweck des Disziplinarverfahrens beschrieben, nämlich präventiv die Vertragsärzte zur zukünftigen Einhaltung ihrer vertragsärztlichen Pflichten anzuhalten, indem ihnen durch eine Disziplinarstrafe ihr regelwidriges Verhalten vor Augen geführt wird.[1136] Entgegen einer sich ausbreitenden Praxis ist es nicht Zweck eines Disziplinarverfahrens, den KVen zusätzliche Einnahmen durch verhängte Geldstrafen zu verschaffen, beispielsweise um finanziell unergiebig gebliebene Abrechnungsprüfungsverfahren „nachzubessern".

971

1. Disziplinarbefugnis

Als Mitglied der KV unterliegt der Kassenarzt deren Hoheitsbefugnissen. Damit steht er vergleichbar – einem Beamten – zur KV in einem „Sonderverhältnis" oder auch „besonderem Gewaltverhältnis".[1137]

972

Neben den zugelassenen Vertragsärzten richtet sich die Disziplinargewalt der KV auch gegen alle anderen im Arzt-/Zahnarztregister eingetragenen Ärzte und Zahnärzte einschließlich der ermächtigten Ärzte und gegen die nach § 95 Abs. 9 SGB V i.V.m. § 32b Ärzte-ZV/Zahnärzte-ZV genehmigten angestellten Ärzte, Zahnärzte und Psychotherapeuten. Mangels Eintragung im Zahn-/Arztregister bestehen gegenüber zahnärztlichen Vorbereitungs- und ärztlichen Weiterbildungsassistenten keine disziplinarischen Befugnisse. Disziplinarrechtlich verantwortlich ist insofern der zugelassene Praxisinhaber.

973

§ 81 Abs. 5 SGB V verpflichtet die KVen und KZVen, in den Satzungen die Voraussetzungen und das Verfahren zur Verhängung von Maßnahmen gegen Mitglieder zu bestimmen, die ihre vertragsärztlichen Pflichten nicht oder nicht ordnungsgemäß erfüllen. Diese Vorschrift hat eine doppelte Qualität. Sie räumt nämlich den KVen einerseits unmittelbar die Befugnis zur Ausübung der Disziplinargewalt ein und ist andererseits Ermächtigungsnorm zur Schaffung autonomen Satzungsrechts, mit dem der vorgegebene Rahmen ausgefüllt wird. Alle KVen und KZVen haben das Disziplinarverfahren per Satzung geregelt.

974

1136 BSG – B 6 KA 62/98 R, NZS 2001, 50.
1137 BSG, Urt. v. 8.7.1981 – 6 RKa 17/80.

975 Die aus der Gewährleistungsverpflichtung der KVen und KZVen abgeleitete Disziplinarbefugnis gehört zum Bereich der ärztlichen Selbstverwaltung. Folglich bestehen auf Seiten der Krankenkassen keine Disziplinarbefugnisse gegenüber den Vertragsärzten. Die Bundesmantelverträge verleihen den Krankenkassen lediglich die Befugnis, die Einleitung eines Disziplinarverfahrens gegen bestimmte Ärzte anzuregen. Nur unter bestimmten Umständen sind die KVen verpflichtet, die Krankenkassen über die Einleitung und das Ergebnis eines Disziplinarverfahrens zu informieren.[1138] Einen über die Satzungsbefugnisse der KVen hinausgehenden Regelungsinhalt enthalten die bundesmantelvertraglichen Vorschriften nicht.

2. Abgrenzung zu anderen Verfahren

976 Die Notwendigkeit der Abgrenzung zu anderen Verfahren ergibt sich aus der Einbettung des Vertragsarztes in verschiedene andere Rechtskreise mit Berufsrechtsbezug, die ein eigenes Pflichten- und Sanktionssystem aufweisen. Innerhalb des Vertragsarztrechtes ist zu unterscheiden zwischen Disziplinarverfahren und Zulassungsentziehungsverfahren. Überschneidende Pflichtenkreise, die zur Einleitung paralleler Verfahren führen können, bestehen gegenüber dem Strafrecht, dem allgemeinen Berufs- oder auch Kammerrecht und dem Approbationsrecht.

977 Der verfassungsrechtlich in Art. 103 Abs. 3 GG zum Ausdruck gebrachte Grundsatz des Verbots der Doppelbestrafung gebietet, den Unrechtsgehalt einer Tat nur einer einmaligen strafrechtlichen Sanktion zu unterziehen.[1139] Er schließt aber nicht aus, verschiedene Sanktionen nebeneinander zu verhängen, wenn der Zweck der Sanktionen unterschiedliche Zielrichtungen hat.

978 Die Disziplinarbefugnis der KVen bezieht sich ausweislich des Wortlauts von § 81 Abs. 5 SGB V auf Verstöße gegen vertragsärztliche Pflichten. Die Ahndung außerberuflicher Pflichtenverstöße ist damit in jedem Fall ausgeschlossen. Die Abgrenzung des Disziplinarverfahrens zu anderen Verfahren mit Sanktionscharakter ist anhand der Qualifikation der verletzten Pflicht als vertragsärztliche Pflicht vorzunehmen. Nach Auffassung des BSG gehört zu den vertragsärztlichen Pflichten das Unterlassen jeglicher Gesetzesverstöße in Ausübung der vertragsärztlichen Tätigkeit, unabhängig davon, ob es sich um strafrechtliche oder um berufsrechtliche Vorschriften handelt.[1140]

979 Entgegen dem BSG ist der Begriff der vertragsärztlichen Pflicht wegen der Charakterisierung des Vertragsarztrechts als sozialrechtlich geprägtes Sonderrecht innerhalb des ärztlichen Berufsrechtes eng auszulegen.[1141] Auch ist der Tatsache, dass Disziplinarstrafen von den KVen als Ahndung abgeschlossener Pflichtverletzungen ohne Berücksichtigung des präventiven Zwecks der Disziplinarbefugnis gehandhabt werden, durch eine enge Auslegung des vertragsärztlichen Pflichtenbegriffs Rechnung zu tragen. Die Kumulation verschiedener Verfahren infolge von Rechtsverstößen mit Bezug zur ärztlichen Berufsausübung stellt für jeden betroffenen Vertragsarzt eine immense Belastung dar, die aus Gründen der Verhältnismäßigkeit und der Gleichbehandlung mit anderen

---

1138 Vgl. § 60 BMV-Ä/§ 51 EKV-Ä bzw. § 29 BMV-Z/§ 20 EKV-Z.
1139 Zum einheitlichen Tatbegriff siehe BVerfG – 2 BvR 873/80, BVerfGE 56, 22.
1140 BSG, Beschl. v. 25.9.1997 – 6 BKA 54/96. Das BSG vertritt in dieser Entscheidung eine unnötig weite und rechtsstaatlich bedenkliche Auffassung über Inhalt und Grenzen der vertragsärztlichen Pflichten, die die Einhaltung jeglicher gesetzlicher Norm zur vertragsärztlichen Pflicht macht, wenn sie in Ausübung der vertragsärztlichen Tätigkeit gebrochen wird.
1141 Ebenso *Heidelmann*, S. 92, wonach die Disziplinarbefugnis durch die Ermächtigung des § 81 SGB V auf den Aufgabenkreis der KVen beschränkt ist.

freien Berufen, die nicht einem sich mehrfach überlagernden Berufsrecht mit engmaschigem Pflichtensystem unterliegen, gering gehalten werden muss.

a) Strafverfahren

Zunächst unterliegt jeder Vertragsarzt als Bürger der allgemeinen Strafgewalt des Staates und kann bei Verfehlungen, die strafrechtlichen Unrechtsgehalt haben, Ziel eines staatsanwaltlichen Ermittlungsverfahrens und anschließender strafrechtlicher Verurteilung werden.

980

Zweck der Disziplinarbefugnis der KVen ist, die pflichtvergessenen Vertragsärzte durch Sanktionen wieder zur Einhaltung ihrer Pflichten anzuhalten.[1142] Die Kriminalstrafe dient dagegen in erster Linie der Vergeltung von vergangenem Unrecht. Strafverfahren und Disziplinarverfahren können daher selbständig nebeneinander bestehen. Das Verbot der Doppelbestrafung nach Art. 103 Abs. 3 GG wird dadurch nicht verletzt.[1143] Strafrechtliche Verurteilungen sind bei der Zumessung der Disziplinarstrafe zu berücksichtigen.[1144]

981

Entscheidend ist daher immer die Frage, inwieweit strafrechtlich relevante Vergehen auch vertragsärztliche Pflichtverstöße darstellen. Im Hinblick auf die vom BSG vertretene weite Auslegung des Begriffes der vertragsärztlichen Pflichten ist die Frage immer dann zu bejahen, wenn die Straftat in Ausübung der vertragsärztlichen Berufstätigkeit begangen wurde.[1145] Ein vertragsärztlicher Pflichtenbezug besteht nur dann nicht, wenn die Straftat ganz klar dem privaten Lebensbereich entspringt und nicht so gravierend ist, dass die Geeignetheit des Täters für den vertragsärztlichen Beruf insgesamt in Frage gestellt werden muss, wie etwa bei einem Kapitalverbrechen. In so einem Fall käme dann aber an Stelle eines Disziplinarverfahrens ein Zulassungsentziehungsverfahren in Betracht, vgl. § 95 Abs. 6 S. 1 SGB V i.V.m. §§ 18 Abs. 2b, 22 Ärzte-ZV bzw. Zahnärzte-ZV.

982

b) Berufsgerichtsbarkeit

Unabhängig von dem durch die Zulassung herbeigeführten Vertragsarztstatus wurde der Zahn-/Arzt/Psychotherapeut mit der Approbation Mitglied bei der zuständigen Berufskammer und unterliegt damit deren Berufsgerichtsbarkeit, welche in den Heilberufsgesetzen der Bundesländer angelegt ist (ausführlich dazu § 5). Von Bedeutung ist daher die Frage, in welchem Verhältnis das allgemeine ärztliche Berufsrecht zum vertragsärztlichen Disziplinarrecht steht.

983

Die gesetzliche Krankenversicherung bedient sich des freien Berufs der Ärzte zur Erfüllung ihrer Aufgaben. Das Kassenarztsystem baut daher auf dem Arztberuf als freiem Beruf auf.[1146] Das BSG spricht in diesem Zusammenhang von der „Gebundenheit der kassenärztlichen Tätigkeit an die Normen des allgemeinen Berufsrechts".[1147] Fraglos

984

1142 BSG – B 6 KA 62/98 R, NZS 2001, 50.
1143 Die Verhängung von Disziplinarstrafen neben strafrechtlichen Verurteilungen ist verfassungsgemäß: BVerfG – 2 BvL 1/66, BVerfGE 21, 391; 2 BvR 545/68, NJW 1970, 507.
1144 BVerfG – 2 BvR 391/64 und 2 BvR 263/66, BVerfGE 21, 378.
1145 BSG, Beschl. v. 25.9.1997 – 6 BKA 54/96.
1146 BVerfG – 1 BvR 216/51, BVerfGE 11, 30.
1147 BSG – 6 RKa 1/65, NJW 1965, 2030; 6 RKa 34/86, MedR 1988, 155.

gelten die allgemeinen ärztlichen Berufspflichten, wie sie in den Berufsordnungen der Kammern normiert sind, auch für die Vertragsärzte.

985 Berufsgerichtliche Sanktionsmöglichkeiten im Bereich der Heilberufe sind Strafvorschriften im Sinne des Art 103 Abs. 3 GG.[1148] Ihr Zweck ist in der Regel die Ahndung beruflicher Verfehlungen. Daher hat die strafrechtliche Verurteilung einen Strafklageverbrauch im Berufsgerichtsverfahren zur Folge, es sei denn, Straftatbestand und verletzte Berufspflicht sind inhaltlich nicht deckungsgleich und es verbleibt ein berufsrechtlicher Überhang.[1149] Im Verhältnis zur Disziplinarstrafe gilt wegen des unterschiedlichen Sanktionszwecks dasselbe wie im Verhältnis zum Strafrecht.

986 Auf Grund des Aufbaus und der Verschränkung des Vertragsarztrechts mit dem allgemeinen ärztlichen Berufsrecht wird in den allermeisten Fällen davon auszugehen sein, dass eine Verletzung einer allgemeinen ärztlichen Berufspflicht die vertragsärztliche Leistungserbringung nicht unberührt lässt und daher auch die Verletzung einer vertragsärztlichen Pflicht beinhaltet. Im umgekehrten Sinne wird jedoch die Verletzung einer speziellen vertragsärztlichen Pflicht nicht in jedem Falle auch einen Verstoß gegen eine allgemeine ärztliche Berufspflicht zur Folge haben. In verfahrensrechtlicher Hinsicht hat dies zur Konsequenz, dass vertragsärztliche Disziplinarverfahren häufig keine berufsgerichtlichen Folgeverfahren auslösen, dass aber andersherum Berufsgerichtsverfahren gegenüber Vertragsärzten in der Regel disziplinarrechtliche Maßnahmen der KVen nach sich ziehen.

c) Entzug der Zulassung

987 Nach § 95 Abs. 6 SGB V ist dem Vertragsarzt bei gröblichem Pflichtenverstoß die Zulassung zu entziehen (siehe Rn 372). Disziplinarverfahren und Zulassungsentziehungsverfahren können sich daher überschneiden. In diesen Verfahren besteht kein Ermessensspielraum der Zulassungsgremien, sondern ein Beurteilungsspielraum hinsichtlich der Einschätzung eines gröblichen Pflichtenverstoßes. Auch wenn das Zulassungsentziehungsverfahren ansonsten verfahrensrechtlich völlig anders geregelt ist und auch abläuft, besteht doch eine Übereinstimmung hinsichtlich der tatbestandlich notwendigen Pflichtverletzung dergestalt, dass es sich um eine vertragsärztliche Pflichtverletzung handeln muss.

988 In der Regel schließen sich die beiden Verfahren allerdings von ihrem Schutzzweck her aus. Das Disziplinarverfahren soll – wie ausgeführt – den pflichtvergessenen Vertragsarzt für die Zukunft disziplinieren. Im Gegensatz dazu ist die Zulassung bei gröblichen Pflichtverstößen zu entziehen, wenn das Vertrauensverhältnis zur KV und den Krankenkassen durch die gröbliche Pflichtverletzung irreparabel zerstört worden ist. In solchen Fällen wird in der Regel das Disziplinarverfahren seinen Zweck verfehlen, weshalb es gemäß dem rechtsstaatlichen Verhältnismäßigkeitsgrundsatz zu unterbleiben hat.

1148 St. Rspr., BVerfG – 1 BvR 1385/01, NJW 1969, 2192; 1 BvR 1385/01, NJW 2002, 3693.
1149 LandesberufsG Heilberufe, LBG-Ä 4/87, BayObLGSt 1988, 55 und LBG-Ä 001/04, LBG-Ä 1/04, BayObLGSt 2004, 75; a.A. Hess. Berufsgericht für Heilberufe – 21 BG 6932/04 – MedR 2006, 70 und Senat für Heilberufe OVG NRW – 6t A 1039/01.T, NJW 2003, 2332, die von unterschiedlichen Zweckrichtungen der Verfahren ausgehen, und daher entgegen BVerfG – 1 BvR 216/51, BVerfGE 11, 30 parallele Strafen für möglich halten.

d) Widerruf der Approbation

Die ärztliche Approbation ist nach § 5 Abs. 2 S. 1 BÄO zu widerrufen, wenn sich der Arzt eines Verhaltens schuldig gemacht hat, aus dem sich die Unwürdigkeit oder Unzuverlässigkeit zur Ausübung des ärztlichen Berufes ergibt.[1150] Die Voraussetzungen werden von den Gerichten i.d.R. dann als gegeben angenommen, wenn der Arzt strafrechtlich in nicht unerheblichem Ausmaß verurteilt worden ist.[1151] Abgrenzungsprobleme zum vertragsärztlichen Disziplinarrecht ergeben sich keine, weil die approbationsrechtliche Beurteilung der unbestimmten Rechtsbegriffe Unwürdigkeit und Unzuverlässigkeit in der Regel anhand vorangegangener Handlungen vorgenommen wird, die bereits strafrechtlich und/oder berufsrechtlich abgehandelt sind. Sind gleichzeitig vertragsärztliche Pflichten tangiert, richtet sich die Abgrenzung zum Disziplinarverfahren nach vorstehenden Ausführungen zum Strafverfahren und Berufsgerichtverfahren. Sicher ist, dass im Falle des Widerrufs der Approbation bei einem Vertragsarzt zwingend auch die Zulassung entzogen werden muss und der Zweck eines Disziplinarverfahrens keinesfalls erreicht werden kann.

II. Verfahren

Das in den Satzungen der KVen näher geregelte Disziplinarverfahren ist ein Verwaltungsverfahren, auf das die Vorschriften des SGB X Anwendung finden.[1152]

1. Verfahrensbeteiligte

Beteiligt am Verfahren ist neben dem eines Pflichtenverstoßes beschuldigten Vertragsarztes, Vertragszahnarztes oder Psychotherapeuten die KV bzw. die KZV als Körperschaft, der der Betroffene angehört. Untergliederungen der KV, denen ggf. per Satzung Antragsbefugnisse eingeräumt sind, sind nicht am Verfahren beteiligt. Ebenso wenig sind die in vielen KV-Bezirken satzungsgemäß installierten Disziplinarausschüsse verfahrensbeteiligt.[1153] Diese Disziplinarausschüsse sind nur entscheidende Stelle innerhalb der Organisation einer KV bzw. KZV, ohne dass sie selbständige Rechtspersönlichkeiten sind.

Wenn die Disziplinarordnung einer KV dem Vorstand das Recht einräumt, Klage gegen die Verweigerung der Eröffnung eines Disziplinarverfahrens zu erheben, ist ein In-Sich-Prozess verschiedener Behörden desselben Rechtsträgers statthaft und der Disziplinarausschuss im sozialgerichtlichen Verfahren beteiligtenfähig.[1154]

2. Antragsgrundsatz

Die Satzungen der KVen weichen in Detailregelungen des Verfahrens erheblich voneinander ab. Sie stimmen allerdings darin überein, dass Disziplinarmaßnahmen nur nach Durchführung eines förmlichen Verwaltungsverfahrens verhängt werden dürfen, das einen wirksamen Antrag auf Eröffnung voraussetzt.

1150 Entsprechendes gilt nach § 4 Abs. 2 S. 1 ZahnheilkundeG für die zahnärztliche Approbation.
1151 VGH Bad.-Württ. – 9 S 1138/03, GesR 2004, 148.
1152 BSG, Beschl. v. 9.12.2004 – B 6 KA 70/04 B.
1153 Die Übertragung der Disziplinarbefugnisse auf satzungsgemäß eingerichtete Disziplinarausschüsse ist zulässig: BSG – B 6 KA 4/03 R, SozR 4-1500 § 70 Nr 1.
1154 BSG – B 6 KA 4/03 R, GesR 2004, 422.

994 *Hinweis*
Wegen der stark abweichenden Verfahrensregelungen in den Satzungen bzw. in den aufgrund der Satzungsbestimmungen gesondert erlassenen Disziplinarordnungen ist die Ermittlung des geltenden Verfahrensrechts für den mit der Vertretung im Verfahren beauftragten Anwalt unerlässlich.

995 Schon der auf den Antrag folgende Beginn des Verfahrens ist unterschiedlich geregelt. Nach einigen Satzungen erfolgt er unmittelbar durch die Antragstellung, nach anderen Satzungen bedarf es noch zusätzlich eines gesonderten Eröffnungsbeschlusses der verfahrensführenden Stelle (vgl. § 6 Abs. 1 DO KVBW, § 59 Abs. 1 Satzung KVHH). Manchmal ist dem eigentlichen Disziplinarverfahren noch ein Vorermittlungsverfahren vorgeschaltet, dem dann die Einstellung oder Einleitung des förmlichen Disziplinarverfahrens folgt (vgl. § 22 DO-KZVB).

996 Antragsbefugt ist regelmäßig der Vorstand der KV. In größeren KV-Bezirken kann es zusätzlich Antragsbefugnisse der Vorstände regionaler Untergliederungen geben. Selten wird dem einzelnen KV-Mitglied die Befugnis zur Beantragung eines Disziplinarverfahrens gegen ein anderes KV-Mitglied eingeräumt. Die Krankenkassen sind weder nach SGB V noch nach bundesmantelvertraglichen Regelungen antragsbefugt. § 60 BMV-Ä sieht nur die Möglichkeit vor, dass die Krankenkassen gegenüber der KV die Einleitung eines Disziplinarverfahrens anregen. Die Antragsbefugnis bleibt dagegen bei der KV.

997 Der verfahrenseinleitende Antrag muss begründet werden. In der Begründung muss zwingend der dem Vorwurf der Pflichtverletzung zugrunde liegende Sachverhalt dargestellt werden. Dieses Erfordernis ergibt sich einerseits aus dem Grundsatz des rechtlichen Gehörs, das dem jeweiligen Vertragsarzt zu gewähren ist und das nur in Kenntnis des genauen Tatvorwurfs wahrgenommen werden kann und andererseits aus dem Antragsgrundsatz selbst, der die Konkretisierung des Vorwurfs gebietet. Der Antragsgrundsatz wäre verletzt, wenn Disziplinarmaßnahmen gegenüber vertragsärztlichen Pflichten verhängt werden, die nicht im Antrag genau bezeichnet worden sind.[1155]

3. Ausschlussfrist

998 Die Satzungen sehen regelmäßig Ausschlussfristen vor, nach deren Ablauf die Durchführung des förmlichen Disziplinarverfahrens nicht mehr beantragt werden kann. In der Regel betragen diese Fristen zwei Jahre ab Bekanntwerden der Verfehlung bzw. fünf Jahre als absolute Obergrenze. Beinhaltet die vertragsärztliche Pflichtverletzung gleichzeitig eine strafbare Handlung, wird auf die strafrechtlichen Verjährungsfristen abgestellt. Diese werden durch die Einleitung des Verfahrens unterbrochen.[1156] Die Fristunterbrechung tritt nur hinsichtlich der im verfahrenseinleitenden Antrag bezeichneten Pflichtverletzungen ein. In jedem Fall handelt es sich um verwaltungsrechtliche Aus-

---

1155 Ehlers/*Hesral*, Rn 27.
1156 BSG – 6 RKa 37/89, NJW 1992, 782. Infolge der Änderung des Verjährungsrechts durch das SchuldrechtsmodernisierungsG trat an die Stelle der Unterbrechung die Fristhemmung. Das führt zur Frage, wann die durch den Antrag auf Eröffnung des Disziplinarverfahrens eingetretene Hemmungswirkung wieder endet. Nach § 52 Abs. 2 S. 2 SGB X wäre dies sechs Monate nach Unanfechtbarkeit des Disziplinarbescheides. Ein solches Ergebnis ist mit dem Zweck einer verwaltungsrechtlichen Ausschlussfrist, nämlich für ein Ende des Verfahrens innerhalb eines Zeitraums zu sorgen, nicht vereinbar.

schlussfristen, die von Amts wegen zu berücksichtigen sind und im Falle der Fristüberschreitung ein absolutes Verfahrenshindernis darstellen.[1157]

Probleme bereitet regelmäßig die Ermittlung des Fristbeginnes, weil es dabei darauf ankommt, wann von einem Bekanntwerden der Verfehlung ausgegangen werden muss. Zwei Fragen sind in diesem Zusammenhang von Relevanz: 999

Welche tatsächlichen Umstände müssen bekannt sein, dass von einer disziplinarisch zu ahndenden Verfehlung ausgegangen werden kann und auf wessen Kenntnis innerhalb der KV-Organisation kommt es an? 1000

Das BSG stellt darauf ab, dass die KV die Tathandlung mit hinreichender Wahrscheinlichkeit als eine mit einer Disziplinarmaßnahme sanktionsfähige Verfehlung beurteilen können muss.[1158] Die Voraussetzungen sind dann erfüllt, wenn die KV bereits einen anderen Bescheid auf den die Disziplinarmaßnahme begründenden Sachverhalt gestützt hat, zum Beispiel einen Honorarregressbescheid wegen Falschabrechnung. Auf der anderen Seite ist ein bloßer Anfangsverdacht gegenüber einem Vertragsarzt hinsichtlich eines möglichen Pflichtenverstoßes noch nicht als Bekanntwerden einer Verfehlung zu werten. Hier wird es im Einzelfall darauf ankommen, welche tatsächlichen Anhaltspunkte bekannt sind, um die vom BSG geforderte hinreichende Wahrscheinlichkeit einer sanktionierungsfähigen Verfehlung annehmen zu können. 1001

Schwieriger zu beantworten ist die Frage, auf wessen Kenntnis innerhalb der KV-Organisation es ankommt. Unproblematisch ist die Kenntnis des antragsbefugten Vorstandes, weil dieser den Antrag in diesem Fall auch sofort stellen könnte. In der Regel wird allerdings gerade dieser, soweit er sich nicht zufällig mit Details der täglichen Verwaltungsarbeit beschäftigt, relativ spät Kenntnis von den relevanten Tatsachen erhalten. Ein Abstellen auf die Rechtsperson KV in ihrer Behördeneigenschaft ist aufgrund der zahlreichen Untergliederungen in der hauptamtlichen Verwaltung und der ebenso zahlreichen rechtlich unselbständigen und mit ehrenamtlichen Mitgliedern besetzten Ausschüssen und Kommissionen nicht zielführend. Allein sinnvoll ist somit ein Abstellen auf die Kenntnis der innerhalb der KV-Organisation zuständigen Fachabteilungen, wie dies im Anwendungsbereich von § 45 Abs. 4 SGB X anerkannt ist.[1159] 1002

Auf die Kenntnis paritätisch besetzter rechtlich selbständiger Ausschüsse (Prüfgremien, Zulassungsgremien) kommt es nicht an.[1160] Vielmehr ist es erforderlich, dass diese Gremien die KV über von ihnen festgestellte Pflichtenverstöße in Kenntnis setzen. Eine solche Information ist nicht schon dadurch gegeben, dass maßgebliche Mitarbeiter der KV auch Mitglied des Ausschusses sind. 1003

Bekannt sein müssen die Tatsachen im Hinblick auf die Tathandlung und das Verschulden einer Pflichtverletzung. Die Erkenntnis einer eventuellen Pflichtwidrigkeit der bekannten Tathandlung ist nicht erforderlich.[1161] Dies ist insofern bedeutsam, als die KVen in Kenntnis pflichtwidriger Handlungen häufig weitere, für das Disziplinarverfahren relevante Umstände abwarten, bevor der verfahrenseinleitende Antrag gestellt wird. In solchen Fällen muss die Wahrung der Ausschlussfrist sorgfältig geprüft werden. 1004

1157 BSG – 6 RKa 37/89, NJW 1992, 782; B 6 KA 9/02 R, MedR 2003, 422.
1158 BSG – 6 R KA 37/89, NJW 1992, 782.
1159 BSG – 7 RAr 14/93, NZS 1994, 527, ebenso von Wulffen/*Wiesner*, SGB X, § 45 Rn 33; nach BSG – 6 RKa 37/89, NJW 1992, 782, soll es auf die Kenntnis des Vorstandes ankommen; ebenso ausdrücklich § 5 Abs. 3 S. 1 DO KVBW.
1160 Ehlers/*Hesral*, Rn 36.
1161 Ehlers/*Hesral*, Rn 33.

1005 Die Annahme einer einzigen Tat, wenn derselbe Grundtatbestand durch Verletzung gleichartiger Rechtsgüter in gleichartiger Begehungsweise wie in engem zeitlichen und räumlichen Zusammenhang durch mehrfache Handlungen verwirklicht wurde und die Handlungen von einem Gesamtvorsatz umfasst werden (sog. Fortsetzungszusammenhang) ist für das Disziplinarverfahren aus denselben Gründen wie im Strafrecht abzulehnen.[1162] Die vom BGH normierte Ausnahme, bei der die fortgesetzte Handlung noch angenommen werden kann, wenn sie aus tatbestandsbezogenen Gründen zur sachgerechten Erfassung des verwirklichten Unrechts und der Schuld unumgänglich ist, ist auf das vertragsärztliche Disziplinarrecht nur eingeschränkt übertragbar.

1006 Bei Vorliegen einer fortgesetzten Tat beginnt die Ausschlussfrist erst mit Abschluss der letzten Tathandlung zu laufen. Ein solches Ergebnis ist beispielsweise bei Verstößen gegen Abrechnungsvorschriften, die sich in gleichartiger Weise über mehrere Quartale hinziehen, nicht tragbar. Die Ausschlussfrist hat den Zweck, die Einleitung des Disziplinarverfahrens hinsichtlich bekannter Verfehlungen zu forcieren, damit der Vertragsarzt zeitnah durch die Disziplinarstrafe wieder zur Einhaltung seiner Pflichten angehalten wird. Diese Zielrichtung ist nicht mehr gewährleistet, wenn zwischen Verfehlung und Ausspruch der Disziplinarstrafe ein besonders langer Zeitraum liegt. Aus diesem Grunde darf das Institut der fortgesetzten Tat nicht zu einem Hinauszögern des Beginns der Ausschlussfrist führen. Die Ausschlussfrist beginnt bei Abrechnungsverstößen zu dem Zeitpunkt, ab dem die maßgebliche Stelle in der KV Kenntnis von der fehlerhaften Quartalsabrechnung hat, unabhängig davon, dass noch weitere in gleicher Weise fehlerhafte Quartalsabrechnungen folgen.[1163]

1007 Nur bei Verstößen gegen das Wirtschaftlichkeitsgebot setzt der daraus abgeleitete Pflichtverstoß dauernder Unwirtschaftlichkeit eine fortgesetzte Handlung voraus. Dieser Vorwurf ist nämlich nur bei längere Zeit andauerndem, gleichartig unwirtschaftlichem Abrechnungsverhalten gegeben.[1164]

1008 *Praxistipp*
Beim Vorwurf dauernder Unwirtschaftlichkeit kommt es darauf an, durch Analyse der einzelnen Abrechnungsquartale eine zwischenzeitliche Verhaltensänderung aufzuzeigen, die den Fortsetzungszusammenhang unterbricht. Die auf ein einziges Abrechnungsquartal bezogene Unwirtschaftlichkeit ist kein Pflichtverstoß.

III. Verfahrensgegenstand

1. Tatbestand

1009 Die Satzungen der KVen haben nach § 81 Abs. 5 SGB V die Voraussetzungen und das Verfahren zur Verhängung von Maßnahmen gegen Mitglieder zu bestimmen, die ihre vertragsärztlichen Pflichten nicht oder nicht ordnungsgemäß erfüllen.

1162 Siehe dazu Großer Senat für Strafsachen des BGH, GSSt 2/93 und GSSt 3/93, NJW 1994, 1663.
1163 Dagegen ist bei der Strafzumessung ein Fortsetzungszusammenhang zugunsten des Vertragsarztes anzunehmen, mit der Folge, dass bei Abrechnungsfehlern über mehrere Quartale nicht jede Quartalsabrechnung einen eigenen Pflichtverstoß darstellt, sondern ein Serienfehler als einheitlicher Pflichtverstoß gewertet wird.
1164 Ausführlich Ehlers/*Hesral*, Rn 41 m.w.N.

a) Vertragsärztlicher Pflichtenbezug

Der Wortlaut der Vorschrift legt eindeutig fest, dass nicht jede beliebige Pflichtverletzung eines Vertragsarztes zur Ahndung kommen soll, sondern nur spezifische vertragsärztliche Pflichten. Gegenstand eines Disziplinarverfahrens ist somit die Frage, ob der Vertragsarzt bzw. der Vertragszahnarzt oder Psychotherapeut eine ihm durch das Vertragsarztrecht auferlegte Pflicht nicht oder nicht ordnungsgemäß erfüllt hat.

1010

Die maßgeblichen Pflichten sind nicht in einem Katalog zusammengestellt, sondern ergeben sich aus dem Vertragsarztstatus und den dadurch verbindlich gewordenen gesetzlichen und untergesetzlichen Normen des Vertragsarztrechts (vgl. § 95 Abs. 3 SGB V). Aufgabe des Disziplinarrechts ist es, in jedem Einzelfall anhand der für das konkrete Verhalten des Vertragsarztes maßgeblichen Rechtsvorschriften den geltenden Pflichtenkreis heraus zu arbeiten und anschließend die Frage zu stellen, ob der Vertragsarzt eine ihn treffende Pflicht verletzt hat. Die konkrete Pflichtenkonstellation wird sich dabei weniger aus den eher rahmenrechtlich formulierten gesetzlichen Bestimmungen ergeben, als aus den bundesmantelvertraglichen Regelungen, welche nach § 87 Abs. 1 S. 1 SGB V den allgemeinen Inhalt der vertragsärztlichen Versorgung, insbesondere deren Organisation, regeln.

1011

b) Vorwerfbarkeit

Ein weiteres Tatbestandsbestandsmerkmal, welches nicht ausdrücklich in § 81 Abs. 1 Nr. 5 SGB V erwähnt ist, ist der aus rechtsstaatlichen Gründen notwendige individuelle Schuldvorwurf. Es geht dabei weniger um die Frage, ob die pflichtwidrige Handlung vorsätzlich oder grob fahrlässig begangen wurde, was häufig der Fall sein wird, sondern ob dem Arzt ein Schuldvorwurf gemacht werden kann in dem Sinne, dass er die Pflichtwidrigkeit seiner Handlung kannte und es ihm im konkreten Fall auch möglich gewesen ist, den Pflichtenverstoß zu vermeiden. Die Pflichtverletzung setzt somit tatbestandlich den Schuldvorwurf voraus.[1165]

1012

Denkbar sind Konstellationen, in denen sich der Arzt vermeintlich richtig verhält, aber trotzdem objektiv gegen normierte Pflichten verstößt, z.B. bei Kollision gegenläufiger Pflichten. Die von der Rechtsprechung aufgestellte Pflicht des Hausarztes, der mehrfachen Inanspruchnahme von Ärzten durch Patienten entgegenzuwirken,[1166] kollidiert mit dem Selbstbestimmungsrecht des Patienten. Auch ist ein Abrechnungsfehler nach einer zuvor eingeholten falschen Auskunft der KV nicht vorwerfbar. Ein Verstoß gegen vertragsärztliche Pflichten darf einem Vertragsarzt auch dann nicht als Verschulden angerechnet werden, wenn ein überwiegend mit Berufsrichtern besetztes Kollegialgericht dessen Verhalten für objektiv berechtigt gehalten hat.[1167]

1013

Das BSG geht in ständiger Rechtsprechung davon aus, dass dem approbierten und zugelassenen Arzt die von ihm begangenen Pflichtwidrigkeiten regelmäßig auch als schuldhaft zuzurechnen sind.[1168] Unkenntnis oder Irrtum über die Rechtslage entlasten den Vertragsarzt nicht, wenn er damit rechnen muss, dass gegensätzliche Auffassungen bestehen.[1169] Diese sehr restriktive Haltung des BSG überfordert den tatsächlich zu er-

1014

1165 Ehlers/*Hesral*, Rn 181.
1166 Siehe dazu Rn 197.
1167 BSG – 6 RKa 8/71 – E 34, 248.
1168 BSG, Urt. v. 18.2.1998 – 6 RKA 27/87 und Beschl. v. 31.8.1988 – 6 BKA 18/88.
1169 BSG – B 6 KA 67/00 R, MedR 2002, 47.

wartenden Erkenntnishorizont der Vertragsärzte, sich in einem auch für den Spezialisten kaum mehr zu überblickenden Normengeflecht zurechtzufinden. Zweifellos hat das BSG mit seiner Erwartungshaltung Recht, was die ärztlichen Grundpflichten angeht, nämlich die Pflicht zur Behandlung nach den Regeln der ärztlichen Kunst, zur Aufklärung des Patienten, zur Erstellung einer Dokumentation und die Pflicht, nur diejenigen Leistungen abzurechnen, die auch erbracht worden sind. Schaut man sich die maßgeblichen Bestimmungen dazu im Einzelfall an, stößt man auf sehr viel auslegungsbedürftige Rechtsbegriffe und strittige Fragen, gerade was die richtige Abrechnung erbrachter Leistungen angeht. Das rechtfertigt häufig die Frage, ob dem Arzt in seiner konkreten Situation überhaupt ein Schuldvorwurf gemacht werden kann.

1015 *Praxistipp*
Die Bescheide der Disziplinarausschüsse enthalten zur Frage eines Schuldvorwurfes häufig substanzlose Plattitüden ohne konkreten Fallbezug. Ist ein Schuldvorwurf zweifelhaft, sollte dazu bereits im Disziplinarverfahren konkret Stellung genommen werden, damit im folgenden Sozialgerichtsverfahren zu dieser Frage eine unzureichende Sachverhaltsfeststellung gerügt werden kann.

1016 Folgt man dagegen der Auffassung des BSG, muss die fehlende Vorwerfbarkeit der Pflichtverletzung zumindest bei der Strafzumessung zu berücksichtigt werden.

c) Erforderlichkeit einer Maßnahme

1017 Ein weiteres ungeschriebenes Tatbestandsmerkmal der Verhängung einer Disziplinarmaßnahme ist die Erforderlichkeit derselben. Dieses Erfordernis ergibt sich aus dem Zweck des Disziplinarverfahrens, welches in der Verteidigung der Gewährleistungsverpflichtung der KVen mittels einzel- und generalpräventiver Einwirkung auf die Ärzteschaft im Hinblick auf eine künftige Pflichterfüllung besteht.[1170]

1018 Kann dieser Zweck von vornherein nicht erreicht werden, ist das Disziplinarverfahren nicht erforderlich. Das ist der Fall, wenn der Vertragsarzt aus der KV ausscheidet.[1171] Genauso fehlt die Erforderlichkeit einer Disziplinarmaßnahme, wenn die Gefahr zukünftiger Pflichtverletzungen restlos durch andere Maßnahmen abgewendet werden kann. Das kann zum Beispiel bei Abrechnungsfehlern durch die Absetzung des Honorars der Fall sein, welche den Arzt veranlasst, in Zukunft die Abrechnung der gestrichenen Leistungen zu unterlassen.[1172] Gerade im Hinblick auf die Strittigkeit vieler Abrechnungsbestimmungen, die durch die Einführung des EBM 2000 plus auch hinsichtlich bereits geklärter Fragen wieder neu aufgeworfen wurde, dürfen Disziplinarmaßnahmen nicht dazu missbraucht werden, den Arzt zu einem von der KV gewollten Abrechnungsverhalten zu veranlassen. Richtiges Mittel ist die Klärung der strittigen Abrechnungsfrage im Honorarfestsetzungsverfahren. Erst wenn der Vertragsarzt eine abschließende sozialgerichtliche Entscheidung ignoriert, kann von der Erforderlichkeit einer Disziplinarmaßnahme zur Herstellung zukünftig rechtskonformen Abrechnungsverhaltens ausgegangen werden.

1019 *Hinweis*
Die KVen betrachten das Disziplinarverfahren als Sanktionsinstrument für vergangenes Fehlverhalten. Die Frage der Erforderlichkeit wird regelmäßig übergangen,

---

1170 Ehlers/*Hesral*, Rn 13, vgl. auch Rn 971.
1171 BSG – 6 RKa 4/86, SozR 2200 § 368a Nr. 16.
1172 Ehlers/*Hesral*, Rn 68.

weshalb es Aufgabe des Rechtsvertreters des beschuldigten Vertragsarztes ist, bei fehlender Erforderlichkeit auf die hierfür maßgeblichen Umstände hinzuweisen.

2. Ausgewählte Pflichten

Wegen des Umfangs und der Komplexität der vertragsärztlichen Regelungen und der hieraus den Vertragsärzten erwachsenden vielfältigen Pflichtenstellungen können nachfolgend nur einige Pflichten dargestellt werden, die am häufigsten zur Einleitung von Disziplinarverfahren führen. Die Disziplinarverfahren folgen in der Regel anderen Verfahren, meist Abrechnungs- oder Wirtschaftlichkeitsprüfungen, in denen vertragsärztliche Verhaltensweisen beurteilt wurden, die die KVen zur Einleitung eines Disziplinarverfahrens veranlassen.

Hinweis
Aufgabe des anwaltlichen Vertreters ist es deshalb, schon im vorangehenden Verfahren im Interesse der Mandanten keine Pflichtverletzungen einzuräumen bzw. etwaige Einlassungen zum Sachverhalt so abzufassen, dass kein pflichtwidriges Verhalten entnommen werden kann.

Praxistipp
Manche KVen bieten im Abrechnungsprüfungsverfahren Rückzahlungsvergleiche an, die im Text ein Anerkenntnis einer fehlerhaften Abrechnungsweise oder eines Verstoßes gegen Abrechnungsbestimmungen enthalten. Solche Formulierungen dürfen nicht akzeptiert werden, weil diese unweigerlich Grundlage einer disziplinarischen Ahndung des Abrechnungsverhaltens sein werden.

a) Statusbezogene Pflichten

Mit dem Begriff statusbezogene Pflichten werden die im Zusammenhang mit der Zulassung zur vertragsärztlichen Versorgung erwachsenden Pflichten zusammengefasst.

aa) Behandlungspflicht

Die wichtigste Pflicht in diesem Zusammenhang ist die aus der Zulassung resultierende Pflicht zur Teilnahme an der vertragsärztlichen Versorgung, die den Arzt verpflichtet, die Versicherten, die sich durch Vorlage der Krankenversicherungskarte ausweisen, ohne Ansehung der Person zu behandeln. Die Behandlungspflicht umfasst alle Leistungen, die der vertragsärztlichen Versorgung zuzurechnen sind und die der Vertragsarzt unter Beachtung des Wirtschaftlichkeitsgebotes nach § 12 Abs. 1 SGB V und der für ihn gültigen Fachgebietsgrenzen und qualifikationsabhängigen Leistungsbefugnisse auch zulässigerweise erbringen darf. Hiervon umfasste Leistungen darf der Vertragsarzt nicht verweigern. Er darf in diesem Zusammenhang auch in der Praxis vorhandene Leistungsangebote nicht reduzieren, ohne gegen das der gesetzlichen Krankenversicherung strukturell zugrunde liegende Naturalleistungsprinzip zu verstoßen.[1173]

Die Behandlungspflicht bezieht sich nicht auf Leistungen, auf die der Versicherte keinen Anspruch hat. Unter mehreren, gleich geeigneten, erforderlichen und wirtschaftlich erscheinenden Behandlungsleistungen darf der Arzt im Rahmen seiner Therapiefreiheit

---

1173 BSG – B 6 KA 67/00 R, MedR 2002, 47; siehe dazu auch *Schiller/Steinhilper*, MedR 2001, 29.

unter Beachtung des Selbstbestimmungsrechts des Patienten die von ihm bevorzugte Methode auswählen.[1174]

1026 Die Ablehnung einer Behandlung ist nur in den in § 13 Abs. 7 BMV-Ä/§ 13 Abs. 6, 8 EKV-Ä genannten Fällen zulässig. Die Versorgung der Notfälle und akute Schmerzbehandlungen müssen immer sichergestellt sein. Die Ablehnung einer Behandlung wegen Auslastung der Praxis bzw. Fehlen geeigneter Behandlungstermine ist keine Pflichtverletzung, wenn die Aufnahmefähigkeit der Kassenpraxis tatsächlich überschritten ist. Keinem Arzt kann zugemutet werden, über seine persönliche Belastungsgrenze hinaus zu behandeln. Auch verbietet § 85 Abs. 4 S. 6 SGB V die übermäßige Ausdehnung der Praxis. Da es sich um eine vertragsärztliche Pflicht handelt und der Vertragsarzt zur umfassenden Teilnahme einer vertragsärztlichen Versorgung verpflichtet ist, darf das Überschreiten der Kapazitätsgrenze der Praxis nicht mit dem Vorhandensein einer größeren Zahl von Privatpatienten begründet werden.

1027 Unzureichende Honorierung bzw. ausgeschöpfte Budgets sind grundsätzlich keine zulässigen Gründe, eine ansonsten mögliche Behandlungsleistung abzulehnen oder von Zuzahlungen des Versicherten abhängig zu machen.[1175] Hierzu ist eine differenzierte Betrachtung angebracht. Wenn die Honorierung der Leistung aufgrund individueller Gründe nicht erfolgt, etwa weil bei einzelnen Leistungen die Honorarobergrenzen bereits überschritten wurden oder weil sie aufgrund Honorarkürzungen wegen insgesamt unwirtschaftlichen Verhaltens nicht mehr zu einer Honorarsteigerung beitragen, rechtfertigt dies keine Behandlungsablehnung. Unterliegt der Vertragsarzt dagegen mit seiner gesamten Praxis Budgetbedingungen dergestalt, dass ihm ein begrenztes Honoraraufkommen für alle Leistungen zugebilligt wird, kann man von ihm nicht verlangen, dass er einen Praxisumfang aufrecht erhält, bei dem von vornherein absehbar ist, dass ein Teil der erbrachten Leistungen nicht honoriert werden kann. In diesem Fall stellen die Budgetgrenzen die Kapazitätsgrenzen der Kassenpraxis dar und rechtfertigen die Ablehnung darüber hinausgehender Behandlungen (vorbehaltlich Notfällen, die in der Regel außerhalb des Budgets vergütet werden).

bb) Residenz- und Präsenzpflicht

1028 Aus der Pflicht zur Behandlungsübernahme resultiert die in § 24 Abs. 2 S. 1 Ärzte-ZV bzw. § 24 Abs. 2 Zahnärzte-ZV normierte Präsenzpflicht. Diese gebietet dem Vertragsarzt, in den Praxisräumen seine Sprechstunde abzuhalten und für die Versorgung der Versicherten zur Verfügung zu stehen[1176] (siehe dazu auch Rn 352). Ausfluss dieser Pflicht ist die Vorgabe in § 17 Abs. 1 und 2 BMV-Ä bzw. § 6 BMV-Z, auf dem Praxisschild genaue Sprechstunden anzugeben. Ferner steht damit im Zusammenhang die Verpflichtung nach § 32 Abs. 1 S. 2 Ärzte-ZV bzw. § 32 Abs. 1 S. 2 Zahnärzte-ZV, die Praxistätigkeit nur bei Krankheit oder Urlaub oder Teilnahme an einer ärztlichen Fortbildung oder einer Wehrübung sowie bei Frauen im Schwangerschaftsfall zu unterbrechen. Unterbrechungen aus anderen Gründen sind unzulässig und erfordern einen Antrag auf Ruhen der Zulassung. Im Falle zulässiger Unterbrechung ist der Arzt verpflichtet, für eine Vertretung zu sorgen.

1029 Von der Präsenzpflicht befreit sind diejenigen Ärzte, die nur auf Überweisung in Anspruch genommen werden können, so z.B. Laborärzte, Radiologen, Nuklearmediziner

---

1174 Ehlers/*Hesral*, Rn 75.
1175 BSG – B 6 KA 67/00 R, MedR 2002, 47; B 6 KA 36/00 R, SozR 3-2500 § 81 Nr. 7.
1176 Vgl. § 1a Nr. 26 BMV-Ä.

und Pathologen.[1177] Bei Gemeinschaftspraxen bezieht sich die Präsenzpflicht fachgebietsbezogen auf alle Partner zusammen, d.h., der Präsenzpflicht ist Genüge getan, wenn aus jedem der Gemeinschaftspraxis zugehörigen Fachgebiet ein Partner die Sprechstundentätigkeit ausübt.[1178] Erforderlich ist, dass jeder der Gemeinschaftspraxis angehörende Vertragsarzt die aus seinem Versorgungsauftrag resultierenden Verpflichtungen im Übrigen erfüllt.

Ergänzend ist auf §§ 19a Abs. 1 Ärzte-ZV/Zahnärzte-ZV hinzuweisen, wonach die Zulassung zur vollzeitigen Tätigkeit verpflichtet. Diese durch das VÄndG eingeführte Vorschrift steht im Zusammenhang mit den neuen Möglichkeiten der hälftigen Reduzierung einer Zulassung (§ 95 Abs. 3 S. 1 SGB V i.V.m §§ 19a Abs. 2 Ärzte-ZV/Zahnärzte-ZV i.d.F VÄndG), der Bildung überörtlicher Berufsausübungsgemeinschaften (§§ 33 Abs. 2 S. 2 Ärzte-ZV/Zahnärzte-ZV) und des Betriebs von Filialpraxen (§§ 24 Abs. 3 Ärzte-ZV/Zahnärzte-ZV). Die diesbezüglichen Versorgungsaufträge werden durch zeitliche Unter- und Obergrenzen in den Bundesmantelverträgen festgelegt werden.[1179] Die in solchen Praxen produzierten Leistungsmengen und die daraus resultierenden Budgetfragen werden die KVen zwingen, die Einhaltung der zulassungsrechtlichen Vorgaben auf das Genaueste zu überprüfen. Übertretungen werden disziplinarrechtlich geahndet.

1030

Nach § 24 Abs. 2 Ärzte-ZV bzw. § 24 Abs. 2 Zahnärzte-ZV muss der Vertragsarzt seine Wohnung so wählen, dass er für die ärztliche Versorgung der Versicherten am Vertragsarztsitz zur Verfügung steht (Residenzpflicht) (siehe auch Rn 353). Damit soll die Erreichbarkeit des Arztes außerhalb der regulären Sprechzeiten und in Notfällen sicher gestellt werden. Es kommt daher auf den regelmäßigen Aufenthaltsort des Vertragsarztes und nicht auf seinen Wohnsitz im Sinne der Meldevorschriften an. Die von manchen KVen bzw. Zulassungsausschüssen als Obergrenze propagierten Fahrzeiten von mehr als 30 Minuten zwischen Wohnsitz und Praxisstätte sind von den gesetzlichen Vorschriften nicht gedeckt. Welche Entfernung zulässig ist, richtet sich ausschließlich nach den Gegebenheiten im Einzelfall.[1180]

1031

cc) Statusmissbrauch

Nach §§ 33 Abs. 2 S. 1 Ärzte-ZV bzw. Zahnärzte-ZV bedürfen Berufsausübungsgemeinschaften der Genehmigung durch den Zulassungsausschuss. Diese Genehmigung hat Status begründende Wirkung. Berufsausübungsgemeinschaften, speziell die herkömmlichen Gemeinschaftspraxen, unterliegen sowohl nach dem EBM, als auch den meisten Honorarverteilungsmaßstäben abweichenden Abrechnungs- und Budgetbedingungen gegenüber Praxisgemeinschaften, in denen jeder Beteiligte auf eigene Rechnung abrechnet. Das BSG hat es deshalb als Pflichtverletzung angesehen, wenn die Organisation einer Gemeinschaftspraxis vorgehalten wird, die Genehmigung durch den Zulassungsausschuss aber unterbleibt.[1181] Nach der Entscheidung des BSG ist der Regress des durch den unterbliebenen Gemeinschaftspraxisstatus erzielten Mehrhonorars rechtmäßig. Entsprechend der Argumentation in der dem Fall zugrunde liegenden Plausibilitätsprüfung, kommt man auch zu einer vertragsärztlichen Pflichtverletzung, die

1032

1177 *Jörg*, Rn 293.
1178 BSG – B 6 KA 2/03 R, MedR 2004, 405.
1179 Vgl. § 17 Abs. 1a BMV-Ä: 20 Sprechstunden/Woche bei vollzeitigem Versorgungsauftrag bzw. 10 Sprechstunden bei halbzeitigem Versorgungsauftrag nach § 19a Ärzte-ZV.
1180 BSG – B 6 KA 2/03 R, MedR 2004, 405.
1181 BSG – B 6 KA 76/04 R, MedR 2006, 611.

darin zu sehen ist, dass der zulassungsrechtlichen Statusentscheidung kein konformes Verhalten folgte, oder anders ausgedrückt, dass für das praktizierte Verhalten, nämlich das einer Gemeinschaftspraxis, keine Genehmigung eingeholt wurde.

1033 Dem vom BSG entschiedenen Fall lag ein Sachverhalt zu Grunde, wo eine bestehende Gemeinschaftspraxis in eine Praxisgemeinschaft umgewandelt worden war, ohne dass dieser Statuswechsel durch Trennung des Patientenstamms auf der organisatorischen Ebene nachvollzogen wurde. Das BSG erkannte deshalb auf Formenmissbrauch.[1182] Anders ist aber die in der Praxis wesentlich häufiger anzutreffende Fallgestaltung zu beurteilen, wonach sich bei gewachsenen Praxisgemeinschaften, entweder durch eine Zusammenarbeit in Teilbereichen oder durch versetzte Sprechstundenzeiten ein gemeinsamer Teilpatientenstamm herausbildet, der Leistungen aller beteiligten Vertragsärzte in Anspruch nimmt. Wenn im Umkehrschluss der Argumentation des BSG keine einer Gemeinschaftspraxis vergleichbare Organisationsstruktur vorhanden ist, ist kein Verstoß gegen das Genehmigungserfordernis in §§ 33 Abs. 2 Ärzte-ZV/Zahnärzte-ZV gegeben. In Betracht können dann allenfalls noch Verletzungen der Überweisungsvorschriften und der Vertretungserfordernisse kommen.

1034 *Praxistipp*
Es kommt deshalb darauf an, frühzeitig, d.h. ggf. schon im Abrechnungsprüfungsverfahren, eine Organisationsstruktur darzulegen, bei der die Grenzen zwischen Praxisgemeinschaft und Gemeinschaftspraxis eingehalten sind.

1035 Aufgrund der durch das VÄndG ermöglichten Statusvielfalt sind zahlreiche weitere Fälle des Status- oder Formenmissbrauchs denkbar, die zu verstärkten Überprüfungen durch die KVen führen werden. Größte Vorsicht ist bei der Gestaltung von Teilberufsausübungsgemeinschaften nach §§ 33 Abs. 2 S. 3 Ärzte-ZV/Zahnärzte-ZV anzuraten. Bei Fehlen des Erfordernisses einer gemeinsamen Berufsausübung könnte ein Verstoß gegen das berufsrechtliche Verbot einer Zuweisung von Patienten gegen Entgelt gegeben sein, das sich vertragsarztrechtlich in einem Verstoß gegen die Überweisungsvorschriften und davon abgeleiteter Abrechnungsbestimmungen manifestiert.

b) Pflichten im Zusammenhang mit der Behandlung

aa) Dokumentationspflicht

1036 Eine in der Praxis an vielfältiger Stelle auftretende Frage lautet, ob der Arzt die von ihm erbrachten Leistungen in ausreichendem Maße dokumentiert hat. Die Pflicht, die erbrachten ärztlichen Leistungen in erforderlichem Umfang zu dokumentieren, ist einerseits allgemein berufsrechtlicher Art,[1183] sie ist aber speziell auch vertragsarztrechtlicher Natur. Nach § 57 Abs. 1 BMV-Ä sind Befunde, Behandlungsmaßnahmen sowie die veranlassten Leistungen einschließlich des Tages der Behandlung in geeigneter Weise zu dokumentieren. Spezielle Dokumentationsanforderungen enthalten der EBM in manchen Gebührenbeschreibungen und die speziellen Strukturverträge zur Qualitätssicherung, beispielsweise für Diabetes, Schmerztherapie u.a.

1037 Die Relevanz der Dokumentationspflicht ergibt sich aus § 295 SGB V, wonach der Vertragsarzt verpflichtet ist, den KVen und Krankenkassen zur Erledigung der ihnen oblie-

---

1182 In solch einer Konstellation sind Verstöße gegen Organisationspflichten, Dokumentationspflichten und Datenschutzbestimmungen, welche disziplinarisch geahndet werden können, unvermeidbar.
1183 Vgl. § 9 MBO-Ärzte, § 7 MBO-Zahnärzte.

genden Aufgaben zusammen mit der Leistungsabrechnung auch die erforderlichen Befundunterlagen vorzulegen. Der Arzt ist ferner zur Mitwirkung in Verfahren der Wirtschaftlichkeitsprüfung und Abrechnungsprüfung verpflichtet, die in der Regel dadurch erfüllt wird, dass die abgerechneten Leistungen anhand von Dokumentationsunterlagen belegt werden.

In all diesen Konstellationen bleibt in der Regel die Frage unbeantwortet, wie denn eine „erforderliche" Leistungsdokumentation auszusehen habe. Je nach Zielsetzung des Verfahrens, in dem die Dokumentationen von Bedeutung sind, werden unterschiedliche Anforderungen gestellt. Bei einer Abrechnungsprüfung wird in erster Linie das Augenmerk darauf gerichtet sein, ob die ärztlichen Aufzeichnungen Aussagen enthalten, denen sich die tatsächliche Erbringung der abgerechneten Leistungen entnehmen lassen. Geht es um die Wirtschaftlichkeit der Leistungserbringung, wird man zusätzlich nach Anhaltspunkten suchen müssen, aus denen sich die Notwendigkeit der Leistung ergibt. Dagegen ist im Haftungsprozess der Blickwinkel in der Regel darauf gerichtet, ob sich aus den Aufzeichnungen ein schlüssiges medizinisches Gesamtkonzept und eine den Regeln der ärztlichen Kunst entsprechende Vorgehensweise in allen Handlungsabschnitten gibt.

1038

Konkrete Vorgaben, wie der Arzt seine Aufzeichnungen anzufertigen hat, damit er der Erforderlichkeit im Einzelfall genügt, gibt es nicht. Sie lassen sich auch nicht verallgemeinern. Sicherlich nicht ausreichend ist es, wenn der Arzt sich damit begnügt, die zur Abrechnung gebrachten Gebührenziffern aufzuzeichnen. Insofern hätte eine solche Dokumentation keinen „Mehrwert" gegenüber der Leistungsabrechnung und könnte somit ganz unterbleiben. Da der Vertragsarzt, wie oben dargelegt, verpflichtet ist, die medizinischen Befunde zu den von ihm durchgeführten Leistungen darzulegen, muss er diese in jedem Fall unabhängig von der sich daran anschließenden Therapie aufzeichnen. Da eine Befunderhebung letztlich nur verständlich ist, wenn auch die Symptomatik bekannt ist, weshalb der Patient den Arzt aufsucht, sollte die Dokumentation auch dazu ein Wort enthalten. Zur Angabe der aus den Befunden abzuleitenden Diagnose ist der Arzt ohnehin verpflichtet. Im Ergebnis gilt der Grundsatz „viel hilft viel", allerdings nur, wenn die Aufzeichnungen auch fachlich richtig sind. Ob der Arzt die Aufzeichnungen handschriftlich oder EDV-technisch anfertigt, bleibt ihm überlassen.[1184]

1039

Verstöße gegen Dokumentationspflichten haben in der Regel abrechnungstechnische Konsequenzen. Nicht dokumentierte Leistungen können berichtigt werden, wenn ihre regelkonforme Erbringung nicht anderweitig nachgewiesen werden kann. Disziplinarrechtlich mündet dies häufig in den Vorwurf des Verstoßes gegen die Pflicht zur peinlich genauen Abrechnung, siehe Rn 1044 ff. Der Vorwurf eines Verstoßes gegen Dokumentationspflichten wird in der Regel nur dort erhoben, wo er eigenständige Bedeutung erlangen kann, z.B. bei der Qualitätssicherung. Insofern bedarf es dann aber auch konkreter über § 295 SGB V hinausgehender Vorgaben über den Inhalt der zu dokumentierenden Daten.

1040

Eigenständige Bedeutung hat i.d.R. die in den meisten Satzungen enthaltene Pflicht, den KVen alle Auskünfte zu erteilen und alle Unterlagen vorzulegen, die die KVen im Rahmen der Erfüllung ihrer Aufgaben für erforderlich halten.[1185] Problematisch ist das Kriterium der Erforderlichkeit, weil dieses durch die Art, wie eine KV eine Aufgabe wahrnimmt, bedingt wird. Führt die KV Abrechnungsprüfungen nicht zielgerichtet oder

1041

1184 Bei elektronischer Dokumentation ist deren Authentizität sicherzustellen, vgl. LSG Berlin-Brandenburg, Urt. v. 29.11.2006 – L 7 KA 80/06.
1185 Z.B. § 4 Abs. 3 Satzung KVB, § 4 Abs. 5 Satzung KVNo.

unsystematisch durch, verursacht sie damit selbst immer neuen Informationsbedarf, den der Vertragsarzt zu erfüllen hätte. Der Pflicht zur Auskunftserteilung wären damit letztlich keine Grenzen gesetzt. Eine solche Vorschrift ist daher grundrechtskonform einschränkend auszulegen.

1042 Die KV kann kraft Satzung von ihren Mitgliedern nur diejenigen Daten verlangen, die sie nach den spezifischen Datenschutzvorschriften auch erheben und verarbeiten darf. Für eine auf die Satzung gestützte Anforderung von Einkaufsbelegen und Lieferscheinen für Praxismaterial und Geräte besteht deshalb mangels gesetzlicher Ermächtigung keine Rechtsgrundlage. Das ergibt sich aus § 295 Abs. 1 Nr. 2 SGB V, wonach zu den Abrechnungsunterlagen die Behandlungsdaten, Diagnosen und Befunde gehören, deren Vorlage in der Abrechnungsprüfung nach § 106a SGB V verlangt werden kann (§ 295 Abs. 1a SGB V).

bb) Pflicht zur persönlichen Leistungserbringung

1043 Hinsichtlich des Umfangs und Inhalts dieser vertragsärztlichen Grundpflicht wird auf die Ausführungen in Rn 201 ff. verwiesen.

cc) Pflicht zur peinlich genauen Abrechnung

1044 Die vielleicht wichtigste, aber auch die am meisten strapazierte Pflicht ist die vom BSG sog. Pflicht zur peinlich genauen Leistungsabrechnung.[1186]

1045 Begründet wird diese Pflicht damit, dass die Überwachung der Abrechnungsweise der Ärzte systemimmanent nicht kontrolliert werden kann und daher die Funktionsfähigkeit des Systems auf dem unbedingten Vertrauen in die Sorgfalt der Ärzte in vertragsärztlichen Abrechnungsfragen beruht. Das System der vertragsärztlichen Versorgung muss aus präventiven Gründen vor unredlichen Vertragsärzten geschützt werden.[1187] Die an die Richtigkeit der Quartalsabrechnung gestellten Anforderungen sind sehr hoch. Vom Arzt wird erwartet, dass er die für seine Leistungen in Betracht kommenden Abrechnungsbestimmungen und Gebührenbeschreibungen des EBM kennt, dass er das für das Abrechnungswesen eingesetzte Personal anleitet und überwacht und dass er die zum Einsatz gebrachten Abrechnungsziffern kontrolliert.

1046 Relativ geringe Verstöße können deshalb empfindliche Disziplinarmaßnahmen bis hin zum Zulassungsentzug nach sich ziehen. Diese für die Ärzte existenzbedrohlichen Folgen nutzen manche KVen in Abrechnungsprüfungsverfahren bzw. Plausibilitätsprüfungen aus, um die Ärzte zum Abschluss „freiwilliger" Rückzahlungsvereinbarungen zu drängen, mit dem Argument, dass der Abschluss eines Vergleiches positive Berücksichtigung bei der Beurteilung eines Pflichtenverstoßes finden würde. Eine solche Praxis verkennt einerseits den Sinn und Zweck des Disziplinarverfahrens und andererseits den Wesensgehalt der Pflicht zur peinlich genauen Leistungsabrechnung. Eine disziplinarische Ahndung eines entsprechenden Pflichtenverstoßes kommt grundsätzlich nur dann in Betracht, wenn der Verstoß gegen Abrechnungsvorschriften eindeutig geklärt ist.

1047 Solange keine allgemein gültige Gebührenauslegung des Bewertungsausschusses publiziert oder von der Rechtsprechung entschieden ist, darf der Vertragsarzt vertretbaren

---

1186 BSG, Urt. v. 18.8.1972 – 6 RKa 27/71 und 6 R KA 28/71; 6 RKa 4/76, SozR 2200 § 368a Nr. 3; zuletzt BSG – B 6 KA 67/03 R, MedR 2005, 311.
1187 BSG – 6 RKa 28/88, NJW 1990, 1556; 6 RKa 70/91, MedR 1994, 206.

Auffassungen folgen, ohne dass ihm ein entsprechender Pflichtenverstoß zur Last gelegt werden darf, sollte sich seine Abrechnungsweise im Nachhinein als unrichtig herausstellen. Erst wenn der Vertragsarzt seine Abrechnungsweise weiter praktiziert, nachdem sie bestandskräftig oder rechtskräftig als unzutreffend festgestellt ist, kann von einem Pflichtenverstoß ausgegangen werden.

> *Praxistipp* 1048
> Wird zur Beendigung einer Abrechnungsprüfung ein Rückzahlungsvergleich geschlossen, kommt es im Hinblick auf eine disziplinarische Ahndung darauf an, ob mit dem Vergleich eine strittige Abrechnungsfrage beigelegt wird oder ob sich der Vergleich nur auf die Höhe des zurück zu zahlenden Betrages hinsichtlich eines festgestellten Abrechnungsverstoßes bezieht.

dd) Verstoß gegen das Wirtschaftlichkeitsgebot

Die Einhaltung des Wirtschaftlichkeitsgebots gehört zu den vertragsärztlichen Pflichten, deren Missachtung Disziplinarmaßnahmen bis zum Zulassungsentzug zur Folge haben.[1188] Zuständig für die Feststellung von Unwirtschaftlichkeit sind die Prüfungsgremien nach § 106 SGB V (vgl. Rn 936). Ist unwirtschaftliches Verhalten festgestellt, sind die mit der disziplinarrechtlichen Beurteilung betrauten Stellen der KV an diese Feststellung gebunden.[1189] 1049

Die Wirtschaftlichkeit der Abrechnungsweise wird quartalsbezogen festgestellt. Nur ein dauernder Verstoß gegen das Wirtschaftlichkeitsgebot begründet eine vertragsärztliche Pflichtverletzung.[1190] Ist die Unwirtschaftlichkeit nicht in allen Quartalen festgestellt, liegt kein dauernder Verstoß vor. Allerdings wird die Auffassung vertreten, dass ein Zeitraum von drei unwirtschaftlichen Quartalen ausreiche, einen dauernden Verstoß gegen das Wirtschaftlichkeitsgebot zu begründen.[1191] Diese Auffassung ist abzulehnen, weil in der Regel drei bis vier Quartale vorübergehen, bis der Vertragsarzt überhaupt von der Einleitung eines Prüfungsverfahrens erfährt. Anschließend dauert es nochmals weitere Quartale, bis die ersten Prüfbescheide ergehen. Bis dahin hat er in der Regel keine Gelegenheit, das ihm als unwirtschaftlich zur Last gelegte Verhalten zu korrigieren. Das schützt den Vertragsarzt zwar nicht vor Kürzungsmaßnahmen, weil es auf die objektive Unwirtschaftlichkeit ankommt und auf die Kenntnis des Arztes. Die Kenntnis des Arztes von der Unwirtschaftlichkeit seines Verhaltens ist allerdings erforderlich, um von einem vorwerfbaren Pflichtenverstoß ausgehen zu können. 1050

IV. Verfahrensabschluss

1. Disziplinarbescheid

Die von der KV satzungsrechtlich mit der Disziplinarentscheidung betrauten Stellen, in der Regel unselbständige besondere Ausschüsse ohne Weisungsabhängigkeit, entscheiden meist nach fakultativer mündlicher Verhandlung und geheimer Beratung mit Stimmenmehrheit der Ausschussmitglieder durch Beschluss. Die Disziplinarentscheidung 1051

1188 BSG – 6 RKa 6/85, SozR 2200 § 368a Nr. 15; Beschl. v. 9.12.2004, B 6 KA 70/04 B.
1189 Ehlers/*Hesral*, Rn 142 ff.
1190 BSG – 6 RKa 28/88, SozR 2200 § 368a Nr. 24; Beschl. v. 9.12.2004, B 6 KA 70/04 B.
1191 Ehlers/*Steinhilper*, Wirtschaftlichkeitsprüfung, Kap. 9 Rn 9.

stellt einen Verwaltungsakt dar, der gegenüber dem Betroffenen bekannt zu machen ist. Das gilt auch für die Entscheidung über die Einstellung des Verfahrens, wenn dieses auf Antrag förmlich eröffnet worden war.

1052 Verhängte Disziplinarmaßnahmen sind im Bescheid zu begründen. Dieses Erfordernis ergibt sich, soweit es nicht in den Satzungen der KVen geregelt ist, aus § 40 SGB X. Disziplinarbescheide sind gerichtlich voll überprüfbar. Dies setzt voraus, dass im Disziplinarbescheid der Sachverhalt, auf den die Disziplinarmaßnahme gestützt wird, soweit geschildert wird, dass die Übereinstimmung mit dem Sachverhalt des verfahrenseinleitenden Antrages überprüft werden kann. Wird die Entscheidung auf einen abweichenden Sachverhalt gestützt, ist sie wegen Fehlens eines förmlichen Eröffnungsantrages ohne weiteres rechtswidrig.

1053 Der Bescheid muss diejenigen Erwägungen aufführen, die für die Verhängung der konkreten Maßnahmen ausschlaggebend waren. Diesbezüglich besteht ein Auswahlermessen, welches ebenfalls gerichtlich voll überprüfbar ist. Eine häufig zu beobachtende Unsitte der Verwaltung der KVen liegt darin, dass die Stelle, die den verfahrenseinleitenden Antrag formuliert hat, auch dem zur Entscheidung berufenen Ausschuss bei der Formulierung des Disziplinarbescheides zuarbeitet oder diesen sogar ganz verfasst. Disziplinarbescheide beinhalten daher häufig wortidentische Bestandteile des Eröffnungsantrages von der Sachverhaltsdarstellung bis zur rechtlichen Würdigung des Vorwurfs als ahndungswürdige Pflichtverletzung. In diesen Fällen ist es nicht möglich, zu überprüfen, inwieweit die satzungsgemäß zur Entscheidung berufene Stelle den die Pflichtverletzung begründenden Sachverhalt eigenständig festgestellt hat, ebenso wenig, ob das Auswahlermessen hinsichtlich der verhängten Maßnahme ausgeübt worden ist. Solche Bescheide sind wegen fehlerhafter Begründung aufzuheben. Da den zur Disziplinarentscheidung berufenen Gremien der KV kein Ermessensspielraum zusteht, ist das Sozialgericht zur Entscheidung in der Sache verpflichtet, soweit der Bescheid durch Klage zur Überprüfung gestellt wird. Grundlage ist der Vorwurf im verfahrenseinleitenden Antrag. Im Rahmen des im sozialgerichtlichen Verfahren geltenden Untersuchungsgrundsatzes prüft das Sozialgericht eigenständig den Pflichtverstoß. Eine Verbesserung ist nicht möglich.

2. Disziplinarmaßnahmen

1054 Durch **Disziplinarbescheid** können dem Vertragsarzt die in § 81 Abs. 5 SGB V genannten Maßnahmen auferlegt werden. Es handelt sich um Verweis, Geldbußen bis zu 10.000 EUR und die Anordnung des Ruhens der Zulassung. Manche Satzungen sehen auch geringere Obergrenzen für Geldstrafen vor. Die Verhängung von Disziplinarmaßnahmen setzt voraus, dass der Vertragsarzt noch zur vertragsärztlichen Versorgung zugelassen ist.[1192] Die Höhe der Geldstrafe ist je nach Schwere des Pflichtverstoßes zu differenzieren. Zu berücksichtigen ist dabei auch, inwieweit ein Schaden für die Allgemeinheit der Vertragsärzte oder die KV eingetreten ist.

1055 Verweise sind in der Praxis selten anzutreffen, Geldstrafen stellen den Regelfall dar. Dies mag im zunehmenden Finanzbedarf der KVen begründet sein, was aber im Hinblick auf das notwendige Auswahlermessen hinsichtlich der zu verhängenden Disziplinarstrafe eine unzulässige Erwägung wäre.

1192 BSG – 6 R KA 6/85, SozR 2200 § 368a Nr. 15.

Das Ruhen der Zulassung wird vom BSG bereits bei erstmaligen schweren Verstößen oder generell bei Zweitmaßnahmen für angemessen gehalten.[1193] Die Sozialgerichte erachten relativ schnell drastische Maßnahmen für angemessen, weshalb hier wenig Hilfe zu erwarten ist, wenn es nur um die Höhe der verhängten Maßnahme geht. Andererseits korrigieren die Sozialgerichte immer wieder trotz weiter und sehr strenger Auslegung der Pflichtenstellungen fehlerhafte Entscheidungen der Disziplinargremien.

3. Rechtsschutz

Ein Vorverfahren findet nicht statt. Die Klage gegen den Disziplinarbescheid hat nach § 86a Abs. 1 SGG aufschiebende Wirkung. Die Anordnung der sofortigen Vollziehbarkeit der Disziplinarstrafe wird in der Regel daran scheitern, dass ein öffentliches Interesse an der sofortigen Vollziehbarkeit nicht begründet werden kann. Der Zweck des Disziplinarverfahrens, den Vertragsarzt wieder zur Einhaltung der vertragsärztlichen Pflichten anzuhalten, kann auch nach abschließender sozialgerichtlicher Entscheidung erreicht werden.

L. Verfahrensrecht

Literatur

Beeretz, Konkurrenzschutz bei Zulassungen, ZMGR 2005, 311; **Kuhlen**, Haben Klagen gegen Bescheide der Kassenärztlichen Vereinigung bzw. der Prüfgremien aufschiebende Wirkung?, NJW 2002, 3155; **Meyer-Ladewig/Keller/Leitherer**, SGG, 8. Auflage 2005; **Steinhilper**, Aufschiebende Wirkung von Widerspruch und Klage, MedR 2003, 433; **ders.**, Aufschiebende Wirkung von Widerspruch und Klage im Vertragsarztrecht, MedR 2004, 253.

I. Vorbemerkung

In einem Handbuch für Medizinrecht ist es innerhalb der vertragsärztlichen Versorgung nicht notwendig, sich mit Einzelheiten sowohl des Verfahrensrechts als auch des sozialgerichtlichen Verfahrens auseinanderzusetzen. Daher werden hier nur Spezifika, die Auswirkungen auf das Vertragsarztrecht haben, behandelt.

II. Verwaltungsverfahren

Generell ist im Zusammenhang mit den Vorschriften des SGB X zu beachten, dass diese Vorschriften durch spezialgesetzliche Vorschriften verdrängt werden können. Entsprechendes lässt sich zwar aus dem SGB X nicht entnehmen, jedoch bestimmt § 37 SGB I, dass das SGB X für alle Bereiche des SGB gilt, soweit sich aus den übrigen Büchern nichts Abweichendes ergibt. Daraus leitet das BSG in gefestigter Rechtsprechung[1194] ab, dass nicht nur innerhalb der Vorschriften des SGB V, sondern auch auf Grundlage der Vorschriften, die sich auf das SGB V stützen, besondere Abweichungen möglich sind. Namentlich im Bereich der sachlich-rechnerischen Berichtigung geht das

---

1193 BSG – 6 R KA 6/85, SozR 2200 § 368a Nr. 15.
1194 BSG, Urt. v. 29.11.2006 – B 6 KA 39/05 R; B 6 KA 17/05 R, SozR 4-2500 § 85 Nr. 22; B 6 KA 12/05 R – SozR 4-2500 § 106a Nr. 1.

BSG davon aus, dass die Vorschriften der Bundesmantelverträge die Vorschriften der §§ 44 ff. SGB X verdrängen.

1060 Auch aus anderen Gründen kann im Übrigen durch die Wirtschaftlichkeitsprüfung ein Honorarbescheid abgeändert werden. Generell wird man jedoch sagen müssen, dass das gesamte untergesetzliche Normengefüge jeweils daraufhin überprüft werden muss, ob nicht spezialgesetzliche Regelungen existieren, die die Möglichkeit einräumen, außerhalb des § 45 SGB X eine abweichende Regelung vorzusehen.

1. Ausgeschlossene Personen/Besorgnis der Befangenheit

1061 Der 6. Senat des BSG ist bei der Frage, ob Personen innerhalb des Verwaltungsverfahrens ausgeschlossen sind, eher zurückhaltend. So geht das BSG[1195] davon aus, es sei rechtlich unproblematisch, wenn ein Sozius eines Rechtsanwaltes, der gleichzeitig Vorsitzender des Disziplinarausschusses der KV sei, ein Gutachten zu dem streitigen Sachverhalt abgebe.

1062 Ferner wird es als unproblematisch angesehen, wenn eine bei der KV angestellte Prüfärztin in der Vorbereitung, Beratung und Abfassung von Entscheidungen der Prüfungseinrichtungen mitwirkt.[1196] Begründet wird dieses im Wesentlichen mit § 16 Abs. 2 S. 2 SGB X. In dieser Vorschrift haben wir bezüglich Vertretungsregelungen bzw. bei der Wahrnehmung von gutachterlichen Aufgaben einen Ausschluss des § 16 Abs. 1 Nr. 3 sowie Nr. 5 SGB X. Ferner wurde gleichfalls für den Bereich der Wirtschaftlichkeitsprüfung, nach diesseitigem Verständnis jedoch gleichbedeutend auch für den Bereich des Zulassungswesens, vom BSG[1197] entschieden, dass auch ein Krankenkassenbediensteter innerhalb des Ausschusses mit tätig sein kann, selbst wenn er das Verwaltungsverfahren in Gang gesetzt hat. Auch in diesen Fällen wird in der gleichen Entscheidung des BSG davon ausgegangen, dass eine Besorgnis der Befangenheit gemäß § 17 SGB X zu verneinen ist.

2. Aufhebung von Verwaltungsakten

1063 Hinsichtlich der Anwendbarkeit der §§ 44 ff. SGB X verbleibt es zunächst im Bereich der Honorarberichtigung aufgrund der § 45 BMV-Ä/§ 34 Abs. 4 EKV, dass im Rahmen der sachlich-rechnerischen Berichtigung grundsätzlich Vertrauenstatbestände des § 45 SGB X nicht zur Anwendung gelangen, weil die Vorschriften der Bundesmantelverträge als lex specialis verdrängend seien.

1064 Selbst in den Fällen, in denen die Behörde einen Vertrauenstatbestand durch ihr weitergehendes Verhalten im Zusammenhang mit Honorarbescheiden schafft, gelangt man nicht zur Anwendbarkeit des § 45 SGB X, vielmehr werden die in § 45 Abs. 2 SGB X aufgeführten Vertrauenstatbestände entsprechend angewandt.[1198] Daher ist dann im Einzelfall anhand des Kataloges des § 45 Abs. 2 SGB X zu prüfen, ob ein ausreichender Vertrauenstatbestand existiert. Dies ist nur dann der Fall, wenn die Richtigstellung bereits verbraucht war, wenn also beispielsweise die KV eine sachlich-rechnerische Be-

---

1195 BSG – 6 RKa 25/88, SozR 1300 § 16 Nr. 1.
1196 BSG – 6 RKa 58/94, SozR 3-1300 § 16 Nr. 1.
1197 BSG – 6 RKa 35/95, SozR 3-1300 § 16 Nr. 2.
1198 BSG – B 6 KA 12/05 R, SozR 4-2500 § 106a Nr. 1; BSG – B 6 KA 17/05 R, SozR 4-2500 § 85 Nr. 22; vgl. auch BSG – 6 RKa 34/95, SozR 3-2500 § 95 Nr. 9 sowie B 6 KA 3/01 R, SozR 3-2500 § 82 Nr. 3.

richtigung bereits aufgehoben hat und dann noch einmal eine solche Berichtigung vornehmen will.[1199]

Da es sich bei dem ärztlichen Honorar nicht um Sozialleistungen handelt,[1200] kann bei einem rechtswidrigen nicht begünstigenden Honorarbescheid § 44 SGB X keine Anwendung finden. Die Regelung spielt insbesondere dort eine Rolle, in denen der Arzt es verabsäumt hat, gegen einen rechtswidrigen Honorarbescheid Widerspruch einzulegen. Daher wird der Arzt im Regelfall auf den § 44 Abs. 2 SGB X verwiesen. Nach dieser Vorschrift kann ein rechtswidriger nicht begünstigender Verwaltungsakt auch für die Vergangenheit zurückgenommen werden. Das BSG[1201] geht jedoch bei der zu treffenden Ermessensentscheidung davon aus, es könne regelmäßig nicht ermessensfehlerhaft sein, einen entsprechenden Antrag mit der Begründung abzulehnen, die Gesamtvergütung sei bereits verteilt worden und deswegen sei kein Geld mehr vorhanden, das für eine Nachzahlung genutzt werden kann. Daher haben im Bereich der Honorarverteilung Anträge nach § 44 Abs. 2 SGB X in aller Regel keinen Erfolg. Anders zu beurteilen ist die Rechtslage jedoch in den Fällen, in denen im Bereich der Wirtschaftlichkeitsprüfung ein Antrag nach § 44 Abs. 2 SGB X gestellt werden soll. Hier greift die Argumentation des BSG nicht ein, mit der Konsequenz, dass es regelmäßig ermessensfehlerhaft sein dürfte, eine Überprüfung des ursprünglichen Bescheides grundsätzlich abzulehnen.

1065

3. Drittwiderspruch/Klagebefugnis Dritter

Unproblematisch ist die Klagebefugnis der KVen und der Krankenkassen in Zulassungsfragen oder innerhalb der Wirtschaftlichkeitsprüfung. In beiden Fällen sind beide Körperschaften aufgrund einer gesetzlichen Anordnung am Verfahren beteiligt, so dass auch der Widerspruch und die Klage zulässig sind.[1202] Speziell für die KVen ist ferner darauf hinzuweisen, dass sich die Widerspruchs- und Klagebefugnis auch aus dem Sicherstellungsauftrag nach § 72 SGB V ergibt.[1203]

1066

Unproblematisch ist auch die Klagebefugnis des innerhalb eines Nachbesetzungsverfahrens unterlegenen Bewerbers nach § 103 Abs. 4 SGB V,[1204] da es sich hierbei um eine offensive Konkurrentenklage handelt. Auch wird eine Klagebefugnis angenommen, wenn sich nach § 103 Abs. 7 SGB V mehrere Ärzte um einen Belegarztvertrag bewerben.[1205] Gegen diese Sonderbedarfszulassung haben Ärzte, die sich nicht um einen Belegarztvertrag beworben haben, keine Klagebefugnis.[1206]

1067

Für den Bereich der Ermächtigung war in der alten Rechtsprechung davon ausgegangen worden, dass diese regelmäßig unzulässig ist.[1207] Durch Beschluss des BVerfG vom 17.8.2004[1208] wurde diese Rechtsprechung verworfen, da sich aus Art. 12 GG herleite, dass die Vorschriften des § 116 S. 2 SGB V und § 31a Ärzte-ZV drittschützenden Cha-

1068

1199 BSG – B 6 KA 17/05 R, SozR 4-2500 § 85 Nr. 22.
1200 BSG – B 6 KA 16/97 R, SozR 3-1300 § 44 Nr. 23.
1201 B 6 KA 21/04 R, SozR 4-1300 § 44 Nr. 6.
1202 BSG – 6 RKa 46/95, SozR 3-2500 § 311 Nr. 4; 14a RKa 1/93, SozR 3-1500 § 88 Nr. 1.
1203 BSG – B 6 KA 76/97 R, SozR 3-5530 § 44 Nr. 1; 6 RKa 32/93, SozR 3-2500 § 119 Nr. 1.
1204 BSG – B 6 KA 11/03 R, SozR 4-2500 § 103 Nr. 1.
1205 BSG – B 6 KA 34/00 R, SozR 3-2500 § 103 Nr. 6.
1206 SG Marburg, 18.12.2006 – S 12 KA 1041/06 ER.
1207 BSG – B 6 KA 32/01 R, SozR 3-1500 § 54 Nr. 47.
1208 1 BvR 378/00 – SozR 4-1500 § 54 Nr. 4 mit Anm. *Steinhilper*, MedR 2004, 682; *Beeretz*, ZMGR 2005, 311 ff.

rakter haben. Dem hat sich auch das BSG[1209] angeschlossen; Es verlangt nunmehr für die Klagebefugnis, dass der Konkurrent im selben räumlichen Bereich die gleichen Leistungen anbieten muss, nicht erforderlich ist, dass derselbe Planungsbereich betroffen ist.[1210] Innerhalb des gerichtlichen Verfahrens ist wegen der Beiladung § 75 Abs. 2a SGG zu beachten.[1211]

1069 Im Bereich der Dialyse wird bei der Erteilung eines Versorgungsauftrages nach Anlage 9.1 BMV-Ä/EKV an einen dritten Arzt eine Klagebefugnis angenommen,[1212] um die wirtschaftliche Existenz der Dialysepraxen zu gewährleisten.

1070 Im Falle der Entziehung der Zulassung eines Vertragsarztes, der sich in einer Gemeinschaftspraxis befindet, haben die Gemeinschaftspraxispartner grundsätzlich kein Widerspruchsrecht; etwas anderes gilt nur dann, wenn die Zulassung rückwirkend entzogen werden soll.[1213]

4. Erstattung der Kosten für das Widerspruchsverfahren

1071 Bei einem erfolgreichen Widerspruch besteht gemäß § 63 SGB X die Möglichkeit, dass das anwaltliche Honorar erstattet wird. Hierzu ist darauf hinzuweisen, dass es lediglich erforderlich ist, dass der Widerspruch erfolgreich war;[1214] dass der Widerspruch erfolgreich war, weil eine „richtige Begründung" abgegeben wurde ist nicht erforderlich. Lediglich in den Fällen, in denen der Leistungserbringer innerhalb des Widerspruchsverfahrens eine notwendige Mitwirkungshandlung nachholt, kann eine Kostenerstattung ausgeschlossen werden.[1215]

1072 Bisher wurde in der Rechtsprechung[1216] die Frage kaum diskutiert, inwieweit eine Kostenerstattung nach § 63 Abs. 1 S. 2 SGB X stattzufinden hat, wenn der Widerspruch nur deswegen keinen Erfolg hatte, weil die Verletzung einer Verfahrens- oder Formvorschrift nach § 41 SGB X unbeachtlich ist. In der Praxis relevant ist in diesem Zusammenhang § 41 Abs. 1 Nr. 2 SGB X, wenn nämlich eine erforderliche Begründung nachträglich gegeben wird. Dieser Verfahrensfehler würde dann im Widerspruchsverfahren geheilt werden. Ist beispielsweise innerhalb der Wirtschaftlichkeitsprüfung ein Kürzungs-/Regressbescheid mit nicht ausreichender Begründung abgegeben worden und liefert dann der Beschwerdeausschuss eine ordnungsgemäße Begründung für die Maßnahme nach, so wäre in diesem Falle der Widerspruch zwar nicht erfolgreich, dennoch müssten wegen der dann ordnungsgemäßen Begründung des Bescheides auch die anwaltlichen Kosten übernommen werden.

1073 Die Gebühren und Auslagen eines Rechtsanwaltes sind immer dann erstattungsfähig, wenn die Zuziehung eines Bevollmächtigten notwendig war. In der älteren Rechtsprechung war diese Frage gerade im Bereich der Wirtschaftlichkeitsprüfung hoch umstritten. Bereits in den 90er-Jahren hat jedoch das BSG einen Wandel der Rechtsprechung

---

1209 B 6 KA 70/04 R – GesR 2006, 15.
1210 A.A. SG Karlsruhe, Urt. v. 27.10.2006 – S 1 KA 3241/05 – Revision unter B 6 KA 42/06 R anhängig.
1211 Siehe dazu *Meyer-Ladewig/Keller/Leitherer*, § 75 Rn 11d ff.
1212 LSG Sachsen-Anhalt, Urt. v. 10.5.2004 – L 4 B8/04 KA ER. Die Entscheidung des BSG, Urt. v. 7.2.2007 – B 6 KA 8/06 R betraf eine Vorgängerregelung zur Anlage 9.1 BMV-Ä/EKV und dürfte insoweit nicht mehr anwendbar sein.
1213 BSG – B 6 KA 69/03 R, SozR 4-2500 § 95 Nr. 10.
1214 BSG – B 12 KR 42/00 R, USK 2001-61.
1215 BSG – 4 RA 20/91, SozR 3-1300 § 63 Nr. 1.
1216 LSG Baden-Württemberg – L 5 KA 2481/00, NZS 2002, 277.

in der Form vorgenommen, als nunmehr angenommen wurde, dass innerhalb der Wirtschaftlichkeitsprüfung auch ein Anwalt trotz der medizinischen Fragen, die dort im Raume stehen, als notwendig anzusehen ist.[1217] Generell wird man innerhalb des Vertragsarztrechts davon ausgehen müssen, dass die Beiziehung eines Rechtsanwaltes als notwendig anzusehen ist. Wie sich aus den gesamten Ausführungen zum Vertragsarztrecht ergibt, sind die Rechtsbeziehungen schwierig und komplex, so dass deswegen ein Arzt regelmäßig rechtlich überfordert sein wird, hier seine eigene Vertretung vorzunehmen.

Im Bereich der Wirtschaftlichkeitsprüfung sowie im Zulassungswesen werden regelmäßig Dritte am Verwaltungsverfahren beteiligt, so dass sich dann die Frage stellt, ob und inwieweit bei einem erfolgreichen Widerspruch eines Dritten oder bei der Verteidigung eines Bescheides durch den Angriff eines Dritten insoweit entstehende anwaltliche Kosten erstattungsfähig sind. Hierzu hat das BSG eine differenzierte Rechtsprechung vorgenommen. Sofern und soweit Widersprüche einer Behörde zurückgewiesen werden und der betroffene Leistungserbringer sich anwaltlich hat vertreten lassen, sind diese Anwaltskosten erstattungsfähig.[1218] Anders jedoch ist die Konstellation dort, wo mehrere Leistungserbringer über die Rechtmäßigkeit eines Verwaltungsaktes streiten. Diese Konstellation tritt regelmäßig bei Drittwidersprüchen im Zusammenhang mit Ermächtigungen, Nachbesetzungsverfahren nach § 103 SGB V sowie bei Erteilung eines Versorgungsauftrages im Bereich der Versorgung niereninsuffizienter Patienten auf. In diesen Bereichen geht das BSG davon aus, dass wegen der in diesem Zusammenhang erforderlichen doppelten Analogie eine Kostenerstattung nach § 63 SGB X zwischen den betroffenen Leistungserbringern generell ausscheidet.[1219]

1074

III. Gerichtliches Verfahren

Auch innerhalb des gerichtlichen Verfahrens sind einige Besonderheiten zu beachten, die vom „normalen" sozialgerichtlichen Verfahren abweichen.

1075

1. Örtliche Zuständigkeit

Während im normalen sozialgerichtlichen Verfahren nach § 57 SGG immer das Sozialgericht örtlich zuständig ist, in dem der Kläger seinen Sitz oder Wohnsitz bzw. seinen Aufenthaltsort hat, sieht § 57a SGG für den Bereich des Vertragsarztrechts[1220] Besonderheiten vor. Nach § 57a Abs. 1 S. 1 SGG ist bei Klagen innerhalb des Vertragsarztrechts bis auf den Bereich von Zulassungsfragen, das Sozialgericht zuständig, in dem die KV ihren Sitz hat. Die Sitzbestimmung ergibt sich aus der Satzung. Eine Ausnahme existiert jedoch in Zulassungsangelegenheiten; nach dieser Vorschrift ist dann wieder das Sozialgericht zuständig, in dessen Bezirk der Vertragsarztsitz liegt. Davon existiert insoweit wieder eine weitergehende Ausnahme, soweit nämlich im Landesrecht nichts anderes bestimmt ist.

1076

In Praxi bedeutet das, dass innerhalb der Rechtsbehelfsbelehrung nachgesehen werden sollte, welches SG dort aufgeführt wurde, dort ist dann Klage zu erheben. Sollte im Einzelfall ein örtlich unzuständiges SG gewählt werden, wird gemäß § 98 SGG der

1077

1217 BSG – B 6 KA 78/04 R, ArztR 2007, 105.
1218 BSG – 6 RKa 33/95, SozR 3-1300 § 63 Nr. 9.
1219 BSG – B 6 KA 62/04 R, MedR 2007, 133.
1220 Siehe hierzu BSG – B 7 SF 6/04 S, SozR 4-1500 § 57a Nr. 2.

Rechtsstreit verwiesen. Die Anrufung des örtlich unzuständigen Gerichts ist bezüglich der Fristwahrung wegen § 91 Abs. 1 SGG unproblematisch.

2. Besetzung des Gerichts

1078 Bei der Besetzung des Gerichts ist unter Beachtung von § 12 Abs. 3 SGG die Differenzierung zwischen Angelegenheiten des Vertragsarztrechts einerseits und Angelegenheiten der Vertragsärzte, der Vertragszahnärzte und der Psychotherapeuten andererseits vorzunehmen. Die Differenzierung ist insofern von Bedeutung, weil gem. § 12 Abs. 3 S. 1 SGG in den Angelegenheiten des Vertragsarztrechts je ein ehrenamtlicher Richter aus den Kreisen der Krankenkassen und ein ehrenamtlicher Richter von den Vertragsärzten, Vertragszahnärzten und Psychotherapeuten (sog. paritätische Besetzung) bei der gerichtlichen Entscheidung mitwirkt, in den Angelegenheiten der Vertragsärzte, Vertragszahnärzte und Psychotherapeuten wirken zwei ehrenamtliche Richter aus der Leistungserbringerebene mit.

1079 Die Rechtsprechung des BSG[1221] geht von folgender Struktur aus: Sollte die Verwaltungsentscheidung durch eine Behörde getroffen werden, die sowohl aus Ärzten als auch aus Vertretern der Krankenkassen besetzt ist, so handelt es sich um eine Angelegenheit des Vertragsarztrechts. Ist die Behörde nur mit Ärzten besetzt, so handelt es sich hierbei dann um Angelegenheiten der Vertragsärzte, Vertragszahnärzte und Psychotherapeuten, so dass zwei Vertreter der Ärzte als ehrenamtliche Richter mitwirken.

3. Einbeziehung weiterer Bescheide

1080 Nach § 86 SGG wird bei Verwaltungsakten, die innerhalb des Widerspruchverfahrens geändert werden, dieser Verwaltungsakt automatisch Gegenstand des Widerspruchverfahrens. Er ist nicht gesondert mit einem Widerspruch anzufechten, vielmehr muss die Behörde, die den Bescheid erlässt, der Widerspruchstelle unverzüglich diesen Bescheid zur Verfügung stellen. Gemäß § 96 SGG gilt das Gleiche, wenn während eines Klageverfahrens der Verwaltungsakt durch einen neuen Verwaltungsakt abgeändert oder ersetzt wird. Auch dieser Bescheid wird automatisch Bestandteil des derzeit anhängigen gerichtlichen Verfahrens, wobei die Behörde verpflichtet ist, den Bescheid unverzüglich dem Gericht zur Verfügung zu stellen. Diese Regelung gilt für das Klage- und für das Berufungsverfahren. Für das Revisionsverfahren sieht § 171 Abs. 2 SGG vor, dass ein entsprechender Verwaltungsakt automatisch mit der Klage beim Sozialgericht als angefochten gilt, es sei denn, dass der Kläger durch den neuen Verwaltungsakt klaglos gestellt oder dem Klagebegehren durch die Entscheidung des Revisionsgerichts im ersten Verwaltungsakt in vollem Umfang genügt wird.

1081 Die Rechtsprechung des BSG ist mit der Anwendung der §§ 86, 96 SGG sehr großzügig, dies getragen unter dem Gesichtspunkt der Verfahrensökonomie. Es sollen daher grundsätzlich auch weitere Verwaltungsakte miteinbezogen werden, die zwar den ursprünglichen Verwaltungsakt nicht unmittelbar ändern, jedoch denselben Regelungsbereich betreffen. Speziell für den Bereich der Honorarbescheide lehnt das BSG jedoch ausdrücklich in Anwendung der §§ 86, 96 SGG Folgehonorarbescheide ab, selbst wenn diese dieselbe rechtliche Grundlage innerhalb des HVM/HVV haben.[1222] Begründet

---

1221 Urt. v. 29.11.2006 – B 6 KA 39/05 R und B 6 KA 21/06 R; B 6 KA 19/03 R, SozR 4-2500 § 87 Nr. 5; B 6 KA 21/06 R, MedR 2007, 371; vgl. im Übrigen *Wenner*, NZS 1999, 172 ff.
1222 BSG – 6 RKa 51/95, SozR 3-2500 § 87 Nr. 12; 6 RKa 21/97, SozR 3-2500 § 85 Nr. 23.

wird dieses damit, dass ansonsten das Ziel der Verfahrensökonomie konterkariert wird, weil das Gericht dann verpflichtet wäre, sich ggf. auch mit Veränderungen innerhalb des HVM/HVV auseinanderzusetzen.

Ungeachtet dessen bleiben die §§ 86, 96 SGG dennoch anwendbar, wenn derselbe Honorarbescheid, der sich bereits im Widerspruchsverfahren/Klageverfahren befindet, abgeändert wird.[1223] Dies gilt beispielsweise in der Fallkonstellation, dass innerhalb eines Klageverfahrens gegen einen Honorarbescheid mit dem Ziel der höheren Vergütung letztlich ein den Honorarbescheid abändernder Bescheid erlassen wird, weil eine noch sachlich-rechnerische Berichtigung durchgeführt wurde. Die Rechtsprechung des BSG ist in dieser Fallkonstellation nicht anwendbar, weil exakt nach dem Wortlaut der Norm ein entsprechender Verwaltungsakt erlassen worden ist.

1082

In der Praxis spielt diese Fragestellung insbesondere dann eine Rolle, wenn der den Honorarbescheid verändernde weitere Bescheid mit einer Rechtsbehelfsbelehrung versehen wurde und gegen diesen Bescheid dann Widerspruch eingelegt worden ist. Der Widerspruch selbst ist wegen anderweitiger Rechtshängigkeit als unzulässig anzusehen,[1224] dennoch wird man davon auszugehen haben, dass die KV die Kosten der anwaltlichen Tätigkeit für den Widerspruch zu tragen hat. Entsprechendes ergibt sich aus § 63 SGB X bzw. auch aus allgemeinen amtshaftungsrechtlichen Überlegungen.

1083

Innerhalb von Ermächtigungen findet § 96 SGG keine Anwendung, da jeweils neu die Versorgungssituation zu prüfen ist.[1225]

1084

4. Einstweiliger Rechtschutz

Der einstweilige Rechtschutz ist in den §§ 86a, 86b SGG geregelt. Die Grundregelung befindet sich in § 86a Abs. 1 SGG, wonach der Widerspruch und die Anfechtungsklage aufschiebende Wirkung haben. Durch die aufschiebende Wirkung besteht nicht mehr die Möglichkeit, dass der Verwaltungsakt für die Dauer der aufschiebenden Wirkung bzw. der Klage vollzogen werden kann; entsprechendes ergibt sich aus dem Suspensiveffekt.

1085

Zu beachten ist jedoch § 86a Abs. 2 SGG, wonach nämlich die aufschiebende Wirkung in dem dort aufgeführten Katalog entfällt. Während § 86a Abs. 2 Nr. 1–3 SGG für das Vertragsarztrecht keinerlei Bedeutung haben, ist insbesondere § 86a Abs. 2 Nr. 4 und 5 SGG zu beachten. Nach § 86a Abs. 2 Nr. 4 SGG entfällt die aufschiebende Wirkung in all den Fällen, in denen durch Bundesgesetz die aufschiebende Wirkung ausdrücklich ausgesetzt wird. Nach § 86a Abs. 2 Nr. 5 SGG entfällt die aufschiebende Wirkung, wenn die sofortige Vollziehung im öffentlichen Interesse oder im überwiegenden Interesse eines Beteiligten ist und die Stelle, die den Verwaltungsakt erlassen oder über den Widerspruch zu entscheiden hatte, die sofortige Vollziehung mit schriftlicher Begründung des besonderen Interesses an der sofortigen Vollziehung anordnet.

1086

1223 Vgl. BSG – B 6 KA 73/97, SGb 1999, 23.
1224 *Meyer-Ladewig/Keller/Leitherer*, § 96 Rn 11c.
1225 BSG – 6 RKa 27/94, SozR 3-2500 § 116 Nr. 12.

a) Aufschiebende Wirkung

1087 Für die vertragsärztliche Versorgung[1226] haben wir folgende gesetzliche Anordnungen der sofortigen Vollziehung:

- Honorarbescheid:
   Gemäß § 85 Abs. 4 S. 9 SGB V haben weder der Widerspruch noch die Klage gegen die Honorarfestsetzung sowie ihre Änderung oder Aufhebung aufschiebende Wirkung.
- Wirtschaftlichkeitsprüfung:
   Innerhalb der Wirtschaftlichkeitsprüfung ist zu differenzieren. Sofern eine Honorarkürzung ausgesprochen wird, hat der Widerspruch aufschiebende Wirkung, die Klage jedoch wegen § 106 Abs. 5 S. 7 SGB V nicht. Für die Richtgrößenprüfung bestimmt § 106 Abs. 5a S. 6 SGB V (ab 1.1.2008: § 106 Abs. 5a S. 11 SGB V), dass der Widerspruch, nicht jedoch die Klage aufschiebende Wirkung hat. Für die Übergangszeit zwischen Durchschnittswertprüfung bei ärztlich verordneten Leistungen zur Richtgrößenprüfung in den Jahren 2002–2003 bestimmt Art. 3 § 2 S. 4 ABAG, dass für die Prüfungen in den Jahren 2002 und 2003 der Widerspruch, nicht jedoch die Klage aufschiebende Wirkung hat. Hinsichtlich der weiteren Regresse, die sich im Bereich der Arzneimittelversorgung ergeben, dies insbesondere hinsichtlich von „sonstigen Schäden" oder Verstößen der Arzneimittelrichtlinien ist umstritten, ob eine aufschiebende Wirkung zu bejahen ist. Während das LSG Nordrhein-Westfalen[1227] dies verneint, wird zutreffender Weise unter Berücksichtigung von Art. 19 Abs. 4 GG in der überwiegenden Literatur[1228] die Auffassung vertreten, dass aufgrund der Regelanordnung in § 86a Abs. 1 S. 1 SGG eine analoge Anwendung von Art. 3 § 2 Abs. 4 ABAG, § 106 Abs. 5 S. 7 SGB V sowie § 106 Abs. 5a S. 9 SGB V (ab 1.1.2008: § 106 Abs. 5a S. 11 SGB V) als Ausnahmevorschriften eng auszulegen sind, weshalb auch in diesen Fällen eine aufschiebende Wirkung zu bejahen ist. Im Ergebnis wird diese Auffassung auch durch die Begründung zum GKV-WSG[1229] deutlich, wonach die direkte Klagemöglichkeit zum Sozialrecht bei Fällen des Verstoßes gegen die Arzneimittelrichtlinien oder sonstiger unzulässiger Verordnungen aufrecht erhalten bleiben soll. Daher ist in all den Fällen, in denen die § 106 SGB V bzw. Art. 3 § 2 S. 4 ABAG nicht eingreifen, eine aufschiebende Wirkung der Klage zu bejahen. Gleiches gilt auch für alle anderen Bereiche der Wirtschaftlichkeitsprüfung, z.B. für den Bereich der zahnärztlichen Gutachtenverfahren bei der Prothetik.

1088 In allen anderen Fällen, beispielsweise im Bereich des Disziplinarverfahrens,[1230] des Widerrufs von Genehmigungen bei genehmigungspflichtigen Leistungen, des Widerrufs von der Befreiung vom ärztlichen Notdienst, haben Widerspruch bzw. Klage aufschiebende Wirkung.

1226 Vgl. allgemein *Steinhilper*, MedR 2003, 433 ff.
1227 L 11 B 6/03 KA ER – GesR 2003, 176; *Wenzel/Plagemann*, Kapitel 11 Rn 552; *Steinhilper*, MedR 2004, 253 f.
1228 *Kuhlen*, NJW 2002, 3155 f.; Hauck/Noftz/*Engelhard*, K § 106 Rn 631.
1229 BT-Drucks 16/3100 S. 138 – zu Nummer 71 – zu Buchstabe j – zu Doppelbuchstabe cc.
1230 Schnapp/Wigge/*Schroeder-Printzen*, § 18 Rn 22 m.w.N.

b) Anordnung der sofortigen Vollziehung

Gemäß § 86a Abs. 2 Nr. 5 SGG kann im Übrigen noch die sofortige Vollziehung im öffentlichen Interesse oder im Interesse eines Beteiligten mit entsprechender schriftlicher Begründung angeordnet werden.

1089

Speziell für das Zulassungsrecht existiert in § 97 Abs. 4 SGB V die Möglichkeit, dass der Berufungsausschuss die sofortige Vollziehung seiner Entscheidung im öffentlichen Interesse anordnen kann. Damit steht im unmittelbaren Zusammenhang die Frage, ob auch bei Entscheidungen des Zulassungsausschusses nach § 86a Abs. 2 Nr. 5 SGG die sofortige Vollziehung angeordnet werden kann. Dies ist in der Rechtsprechung[1231] im Zusammenhang mit dem einstweiligen Rechtschutz bei Entscheidungen des Zulassungsausschusses umstritten. Zum Teil wird dies mit dem Grund verneint, eine Regelungslücke, die geschlossen werden könnte, existiere nicht, weil bei der Neuordnung des einstweiligen Rechtschutzes innerhalb des sozialgerichtlichen Verfahrens der Gesetzgeber die Regelung des § 97 Abs. 4 SGB V nicht geändert hat. Ob dies unter Berücksichtigung der Rechtsprechung des BVerfG zum effektiven Rechtschutz zu halten ist, erscheint fraglich.

1090

[1231] Die Möglichkeit des einstweiligen Rechtschutz von Entscheidungen des Zulassungsausschusses verneinend: LSG Nordrhein-Westfalen, Beschl. v. 25.10.2006 – L 10 B 15/06 KA ER; LSG Nordrhein-Westfalen – L 10 B 2/02 KA ER, GesR 2003, 76 mit kritischer Anmerkung von *Heinemann*, GesR 2003, 77; bejahend: Bayerisches LSG, Beschl. v. 8.9.2006 – L 12 B 277/05 KA ER (ohne weitere Begründung); SG Hamburg – S 3 KA 66/05 ER, MedR 2005, 429; LSG Nordrhein-Westfalen, Beschl. v. 9.9.2003 – L 11 B 30/03 KA ER; *Schallen*, § 44 Rn 1404.

§ 8 Neue Versorgungsformen (MVZ, integrierte Versorgung)

Dr. Karl-Heinz Möller/Dr. Franz-Josef Dahm/Dr. Stefan Bäune

Inhalt

A. Medizinisches Versorgungszentrum (MVZ) 1
  I. Entstehungsgeschichte, Rechtstatsachen 1
    1. Entstehungsgeschichte ... 1
    2. Vertragsarztrechtsänderungsgesetz (VÄndG) 5
    3. GKV-Wettbewerbsstärkungsgesetz (GKV-WSG) . 6
    4. Zahlen, Daten, Fakten ... 7
    5. Vor- und Nachteile 11
  II. Beschreibung und Gründungsvoraussetzungen 14
    1. Vorgaben des Gesetzgebers 14
    2. Merkmal der „Einrichtung" 16
    3. Das „fachübergreifende" Element der Einrichtung .. 20
       a) Fachgebietseinordnung . 20
       b) Modifizierung durch die Bedarfsplanungs-Richtlinien-Ärzte 28
       c) Sonderkonstellation: Zahnmedizin 31
       d) Zeitlicher Umfang der Tätigkeit 36
    4. Ärztliche Leitung 39
    5. Eintragung in das Arztregister 48
    6. Tätigkeit als angestellter Arzt oder als Vertragsarzt . 52
       a) Sichtweise des Gesetzgebers 52
       b) Sog. Angestelltenvariante 54
       c) Sog. Vertragsarztvariante 55
       d) Sog. „Mischvariante" . 64
    7. Anforderungen an die Gründer 65
       a) Gründerpluralität 65
       b) MVZ in der Trägerschaft von Krankenhäusern 72
    8. Ort der Niederlassung ... 74
    9. Überörtliches MVZ, Filialbildung 78
    10. Weitere Voraussetzungen für die MVZ-Zulassung oder die Anstellungsgenehmigung 84
       a) Keine Zulassungsbeschränkungen 84
       b) Neufassung des § 20 Abs. 2 Ärzte-ZV 88
       c) Aufhebung der Alterszugangsgrenze 92
    11. Selbstschuldnerische Gesellschafterbürgschaft .. 94
    12. Verlust der Gründereigenschaft 101
  III. Rechtsform des MVZ 104
    1. Gesetzliche Vorgaben, Gesetzgebungskompetenz . 104
    2. Kriterien für die Rechtsformwahl 106
    3. Gesellschaftszweck, eigenständige Gesellschaft . 107
    4. Unzulässige/unzweckmäßige Rechtsformen 109
    5. Zulässige Rechtsformen .. 113
       a) Natürliche Einzelperson 114
       b) Stiftung 115
       c) Gesellschaft bürgerlichen Rechts (GbR) .. 116
       d) Partnerschaftsgesellschaft 121
       e) Exkurs: Gesetzgebungskompetenz für die Heilkunde-GmbH . 125
       f) GmbH 129
       g) Exkurs: GmbH & Still . 134
       h) Aktiengesellschaft ... 137
       i) Limited (Ltd.) 139
    6. Änderung der Rechtsform . 141
    7. Gesellschafterwechsel ... 144
    8. Zusammenfassung 147
  IV. Erwerb und Verlust der MZV-Zulassung 148
    1. Zuständigkeiten 148
    2. Prüfungsumfang 152
    3. Widerspruchsverfahren ... 154

4. Klageverfahren	162
5. Beendigung der Zulassung	163
6. Sonderkonstellation: Vorgaben zur Qualitätssicherung	168
V. Rechte und Pflichten aus dem Zulassungsstatus	171
1. Gesetzliche Generalverweisung	171
2. Wichtige vertragsärztliche Pflichten	173
a) Präsenzpflicht	173
b) Residenzpflicht	176
c) Einhaltung der Fachgebietsgrenzen	178
d) Verbot der Behandlungsablehnung aus sachwidrigen Gründen	180
e) Pflicht zur persönlichen Leistungserbringung	182
f) Plausible und vollständige Honorarabrechnung	184
g) Wirtschaftlichkeitsgebot	185
h) Mitwirkungspflichten gegenüber der KV	186
i) Pflicht zur Fortbildung	187
j) Vertragsärztliche Rechte	188
VI. Der im MVZ angestellte Arzt	191
1. Status	191
2. Genehmigung, Widerruf	195
3. Arbeitszeitgestaltung	199
4. Privatärztliche Tätigkeit	204
5. Vergütung	205
6. Verbot der Zuweisung gegen Entgelt	208
7. Nachvertragliches Wettbewerbsverbot	209
8. Regelungen zum Vertragsarztsitz	211
VII. Haftung – insbesondere aus dem Behandlungsvertrag	214
1. Behandlungsvertrag	214
2. Sonstige Haftung	220
VIII. Abrechnung	224
1. Vertragsärztlicher Bereich	224
a) Förmlichkeit der Honorarabrechnung	225
b) Honorarverteilung	230
c) Abrechnungsprüfung	231
d) Wirtschaftlichkeitsprüfung	234
2. Privatärztlicher Bereich	239
a) Erbringung und Abrechnung von Leistungen	239
b) Sog. Individuelle Gesundheitsleistungen (IGeL)	244
IX. Beschaffung von Zulassungen	245
1. Grundsatz der Bedarfsplanungsneutralität	245
2. Umwandlung der Zulassung bei Verzicht	247
a) Zulassungsverzicht	249
b) Grundsatz der Personenidentität	254
c) Unerheblichkeit der Niederlassungsform	256
d) Teilzeittätigkeit	257
e) Aufnahme der Tätigkeit	260
3. Beendigung der Zulassung und Fortführung der Praxis	263
4. Nachbesetzung einer Arztstelle im MVZ	267
5. Reproduktion von Vertragsarztsitzen	271
a) Rechtslage bis zum 31.12.2006	271
b) Rechtslage ab dem 1.1.2007	275
X. Kooperation mit Dritten	276
1. Ermächtigte Krankenhausärzte	277
2. MVZ als Teil einer Berufsausübungsgemeinschaft	280
3. Das MVZ als Mitglied von Organisationsgemeinschaften	285
4. Apotheker	287
5. Krankenhausapotheke	291
6. Das MVZ in der integrierten Versorgung	293
7. Das MVZ als „Belegarzt"	295
B. Integrierte Versorgung	**296**
I. Entwicklung	296
II. Begriff	300
1. Leistungssektoren übergreifende Versorgung	301
a) Begriffsbestimmung	301
b) Einzelne Leistungssektoren	304
2. Interdisziplinär-fachübergreifende Versorgung	305
III. Vertragspartner in der integrierten Versorgung	307

IV.	Integrationsvertrag	311	2. Teilnahmebedingungen	342
1.	Rechtsnatur und Freiwilligkeit	311	3. Datenschutz	344
2.	Ausschreibung	312	VI. Anschubfinanzierung	345
3.	Vertragsinhalt	314	1. Allgemeines	345
	a) Leistungsspektrum und vertraglicher Versorgungsauftrag	314	2. Voraussetzungen des Einbehalts der Anschubfinanzierung	346
	b) Abweichungen vom Zulassungsstatus	320	3. Verwendung der Anschubfinanzierung	347
	c) Gewährleistungsregelungen und Garantieübernahmen	323	4. Rechtsschutzmöglichkeiten gegen den Einbehalt der Anschubfinanzierung	351
	d) Qualitätsvorgaben und -vereinbarungen	325	a) Rechtsschutzmöglichkeiten der Kassenärztlichen Vereinigungen und Krankenhausträger	352
	e) Grenzen der Abweichungsklausel	327		
4.	Vergütung	330	b) Rechtsschutzmöglichkeiten der einzelnen Vertragsärzte	354
5.	Beitritt Dritter zum Integrationsvertrag	335		
V.	Teilnahme der Versicherten	340	VII. Bereinigung der Gesamtvergütung	355
1.	Teilnahmeerklärung	341		

A. Medizinisches Versorgungszentrum (MVZ)

Literatur

Altendorfer/Merk/Jänsch, Das medizinische Versorgungszentrum, 2004; **Andreas**, Medizinische Versorgungszentren – Chancen oder Risiken für Krankenhaus und Chefarzt, ArztR 2005, 144; **ders.**, Chefarztrelevante Neuerungen durch das Gesetz zur Modernisierung der gesetzlichen Krankenversicherung, ArztR 2004, 38; **Bäune/Dahm**, Auswirkungen der Schuldrechtsreform auf den ärztlichen Bereich, MedR 2004, 645; **Bartmuß**, Wann sind medizinische Versorgungszentren gemeinnützig?, DÄBl 2007, 706; **Bausch**, Medizinische Versorgungszentren: Was ändert sich durch das Vertragsarztänderungsgesetz?, DÄBl 2007, A 621; **Behnsen**, Medizinische Versorgungszentren – die Konzeption des Gesetzgebers, das Krankenhaus 2004, 602; 698; **Bohle**, Vertragsgestaltung in der integrierten Versorgung, 2005; **Bohle/Grau**, Krankenhaus, Vertragsarzt und MVZ, das Krankenhaus 2004, 885; **Bonvie**, Ärztegesellschaft versus MVZ, Vortrag 6. Berliner Gespräche zum Gesundheitswesen, 21.10.2005; **Bundesministerium der Finanzen**, Umsatzsteuerliche Behandlung der Leistungen eines medizinischen Versorgungszentrums (§ 95 SGB V), GZ IV A 6 – S 7170-39/06; **Burghard/Dahm**, Investive Beteiligungen von Ärzten und Nichtärzten im Bereich der Heilberufe, MedR 1999, 485; **Cramer**, Das Medizinische Versorgungszentrum (MVZ): Für die Radiologie geeignet?, Der Radiologe 3/2004, M 46; **Cramer/Maier**, Praxisübergabe und Praxiswert, MedR 2002, 549; **Dahm**, Die „fehlerhafte" Gesellschaft der Gemeinschaftspraxis, Schriftenreihe der Arge Medizinrecht im DAV, Bd. 2, 2000, S. 39; **Dahm**, Medizinische Versorgungszentren. Groß gehandelt, aber klein geschrieben, ZMGR 2005, 56; **Dahm/Möller/Ratzel**, Rechtshandbuch Medizinische Versorgungszentren, 2005; **Dahm/Ratzel**, Liberalisierung der Tätigkeitsvoraussetzungen des Vertragsarztes und Vertragsarztrechtsänderungsgesetz – VÄndG, MedR 2006, 555; **Dieterich/Müller-Gloge/Schaub/Preis**, Erfurter Kommentar zum Arbeitsrecht, 6. Auflage 2006; **Ehlers** (Hrsg.), Fortführung von Arztpraxen, 2. Auflage 2001; **Eisenberg**, Ärztliche Kooperations- und Organisationsformen, 2002; **Engelmann**, Kooperative Berufsausübung von Ärzten und Vertragsärzten, in: von Wulffen/Krasney (Hrsg.), FS 50 Jahre Bundessozialgericht, 2004, 429; **Engelmann**, Die Gemeinschaftspraxis im Vertragsarztrecht, ZMGR 2004, 1; **Engelmann**, Zweigpraxen und ausgelagerte Praxisräume in der ambulanten (vertrags-)ärztlichen Versorgung, GesR 2004, 113; **Erman**, Bürgerliches Gesetzbuch, 11. Auflage 2005; **Fiedler/Weber**, Medizinische Versorgungszentren, NZS 2004, 358; **Frielingsdorf**, MVZ – ein Praxisleitfaden, Krankenhaus Umschau 2005, 95; **Goette**, Mindestanforderungen an die Gesellschafterstellung in der BGB-Gesellschaft, MedR 2002, 1; **Gummert/Meier**, Nullbeteiligungsgesellschaften, MedR 2007, 1; **Gummert/Riegger/Weipert** (Hrsg.), Münchener Handbuch des Gesellschaftsrechts, Bd. 1, 2. Auflage 2004; **Hahne**, Medizinische Versorgungszentren und Integrierte Versorgung, 2005; **Hanika**, Medizinische Versorgungszentren und Integrierte Versorgung, PflR 2004, 433; **Halbe/Schirmer** (Hrsg.), Handbuch Kooperationen im Gesundheitswesen, 1. Aktualisierung 2005;

§ 8 Neue Versorgungsformen (MVZ, integrierte Versorgung)

Harneit, Neuausrichtung der Kollisionsrechtsprechung des BSG, ZMGR 2006, 95; **Hess,** Auswirkung des Vertragsarztrechtsänderungsgesetzes auf die Bedarfsplanung. Vortrag anlässlich des Symposiums der Deutschen Gesellschaft für Kassenarztrecht am 9.11.2006; **Hiddemann/Muckel,** Das Gesetz zur Modernisierung der gesetzlichen Krankenversicherung, NJW 2004, 7; **Isringhaus/Kroel/Wendland,** Medizinisches Versorgungszentrum, MVZ-Beratungshandbuch, 2004; **Jonitz,** Sinnvolle Kooperationen in der Urologie, Der Urologe 2006, 928; **Kasseler Kommentar,** Sozialversicherungsrecht, Stand: August 2004; **Kirchhoff,** Die MVZ-Alternative, NiedersÄBl 5/2004, 72; **Koch,** Niederlassung und berufliche Kooperation – Neue Möglichkeiten nach der novellierten (Muster-)Berufsordnung für Ärzte, GesR 2005, 241; **Krauskopf,** Medizinische Versorgungszentren – ein schwieriger Akt, in: FS für Laufs, 953; **Krüger-Kalthoff/Reutershan,** Betriebsübergang – Unterrichtungspflichten des Arbeitgebers nach § 613a Abs. 5 BGB n.F., MDR 2003, 541; **Künnemann,** Medizinische Versorgungszentren – rechtliche Rahmenbedingungen, DÄBl 2004, 1151; **Kuhlmann,** Neue Versorgungsmöglichkeiten für Krankenhäuser durch das GMG, das Krankenhaus 2004, 13; **Laufs/Uhlenbruck,** Handbuch des Arztrechts, 3. Auflage 2002; **Lindenau,** Medizinische Versorgungszentren – Gesetzesanspruch und Zulassungswirklichkeit, GesR 2005, 494; **Lüngen/Plamper/Lauterbach,** Für welche Krankenhäuser lohnen sich Medizinische Versorgungszentren?, f&w 2004, 254; **Makoski/Möller,** Bürgschaftsprobleme bei der Errichtung von Medizinischen Versorgungszentren, MedR 2007; **Medizinrechtsausschuss im DAV,** Stellungnahme zum Änderungsbedarf beim GMG, ZMGR 2004, 206; **Meschke,** Der einfachgesetzliche Ausgleich zwischen kommunaler und privater Wirtschaftsbetätigung, 2003; **Meyer-Ladewig/Keller/Leitherer,** Sozialgerichtsgesetz, 8. Auflage 2005; **Michels/Ketteler-Eising,** Ertragsteuerliche Behandlung des Kaufpreises für Kassenarztpraxen, DStR 2006, 961; **Michels/Ketteler-Eising,** Umsatzsteuerliche Regelungen für medizinische Analysen und Abgrenzung zwischen § 4 Nr. 14 UStG und § 4 Nr. 16 UstG – Auswirkungen des EuGH-Urteils in der Rechtssache L. und P. GmbH-, UR 2006, 619; **Michels/Ketteler-Eising,** Steuerliche Fragestellungen bei der Gründung Medizinischer Versorgungszentren, MedR 2007, 28; **Möller,** Beitritt zur Gemeinschaftspraxis – persönliche Haftung für Altverbindlichkeiten, MedR 2004, 69; **ders.,** Aktuelle Probleme bei Gründung und Betrieb von Gemeinschaftspraxen, MedR 2006, 621; **ders.,** Der im zugelassenen medizinischen Versorgungszentrum (MVZ) angestellte Arzt, GesR 2004, 456; **ders.,** Rechtliche Probleme von „Nullbeteiligungsgesellschaften" – wie viel wirtschaftliches Risiko muss sein?, MedR 1999, 493; **Münchener Handbuch des Gesellschaftsrechts,** Bd. 2, Kommanditgesellschaft, Stille Gesellschaft, GmbH & Co. KG, Publikums-KG, 2. Auflage 2004; **Nauen,** Umsatzsteuerliche Behandlung medizinischer Leistungen im Rahmen von neuen Versorgungsformen, das Krankenhaus 2006, 692; **Ohlmann,** Die Stiftung als moderne Rechtsform für Krankenhäuser, ZMGR 2003, 14; **Orlowski,** Medizinische Versorgungszentren, Gesundheits- und Sozialpolitik 11-12/2004, 60; **Orlowski/Halbe/Karch,** Vertragsarztrechtsänderungsgesetz (VÄndG), Chancen und Risiken, 2007; **Orlowski/Wasem,** Gesundheitsreform 2004, GKV-Modernisierungsgesetz (GMG), 2003; **Palandt,** Bürgerliches Gesetzbuch, 66. Auflage 2007; **Peikert,** Erste Erfahrungen mit medizinischen Versorgungszentren, ZMGR 2004, 211; **Pestalozza,** Kompetentielle Fragen des Entwurfs eines Vertragsarztrechtsänderungsgesetzes, GesR 2006, 389; **Peters,** Handbuch der Krankenversicherung, Sozialgesetzbuch V, Loseblatt, Stand: Oktober 2006; **Plagemann** (Hrsg.), Münchener Anwalts-Handbuch Sozialrecht, 2. Auflage 2005; **Plagemann/Niggehoff,** Vertragsarztrecht, 2. Auflage 2000; **Quaas,** Medizinische Versorgungszentren als Bestandteil der integrierten Versorgung, f&w 2004, 302; **Quaas/Zuck,** Medizinrecht, 2005; **Ratzel,** Medizinische Versorgungszentren, ZMGR 2004, 63; **Ratzel/Lippert,** Kommentar zur Musterberufsordnung der Deutschen Ärzte, 4. Auflage 2006 (3. Auflage 2002); **Ratzel/Lippert,** Das Berufsrecht der Ärzte nach den Beschlüssen des 107. Deutschen Ärztetages in Bremen, MedR 2004, 525; **Ratzel/Möller/Michels,** Die Teilgemeinschaftspraxis – Zulässigkeit, Vertragsinhalte, Steuern, MedR 2006, 377; **Rau,** Offene Rechtsfragen bei der Gründung Medizinischer Versorgungszentren, MedR 2004, 667; **Rieger,** Verträge zwischen Ärzten in freier Praxis (Heidelberger Musterverträge), 7. Auflage 2002; **Rieger** (Hrsg.), Lexikon des Arztrechts, 2. Auflage 2001 (1. Auflage 1984); **Rieger,** Rechtsfragen beim Verkauf und Erwerb einer ärztlichen Praxis, 5. Auflage 2004; **Saenger,** Gesellschaftsrechtliche Binnenstruktur der ambulanten Heilkundegesellschaft, MedR 2006, 138; **Schäfer-Gölz,** Medizinisches Versorgungszentrum – Ärztegesellschaft, in: Baums/Wertenbruch (Hrsg.), FS für Ulrich Huber zum siebzigsten Geburtstag, 2006, 951; **Schallen,** Zulassungsverordnung für Vertragsärzte, Vertragszahnärzte, Medizinische Versorgungszentren, Psychotherapeuten, 5. Auflage 2007; **Scherff/Höche,** Gemeinnützigkeit für Medizinische Versorgungszentren, f&w 2005, 602; **Schiller/Pavlovic,** Teilzulassung – neue Gestaltungsmöglichkeit ohne praktische Bedeutung?, MedR 2007, 86; **Schirmer,** Vertragsarztrecht kompakt, 2005; **K. Schmidt,** Die Gesellschafterhaftung bei der Gesellschaft bürgerlichen Rechts als gesetzliches Schuldverhältnis, NJW 2003, 1897; **K. Schmidt,** Gesellschaftsrecht, 4. Auflage 2002; **Schnapp,** Konkurrenzschutz für niedergelassene Ärzte gegen medizinische Versorgungszentren, NZS 2004, 449; **Schnapp/Wigge,** Handbuch des Vertragsarztrechts, 2. Auflage 2006; **Schönke/Schröder,** Strafgesetzbuch, 27. Auflage 2006; **Scholz,** Neuerungen im Leistungserbringerrecht durch das GKV-Modernisierungsgesetz, GesR 2003, 369; **Schwarz/Helmrich,** Steuerbelastungsvergleich zwischen Personengesellschaften und Kapitalgesellschaften für Medizinische Versorgungszentren (MVZ), ZMGR 2005, 203; **Spindler,** Neue Versorgungsformen in der gesetzlichen Krankenversicherung und zivilrechtliche Folgen im (Arzt-)Haftungsrecht, VersR 2005, 4; **Steffen,** Formen der Arzthaftung in interdisziplinär tätigen Gesundheitseinrichtungen, MedR 2006, 75; **Steinbrück,** Liberalisierung des Vertragsarztrechts, Der Urologe 2006, 945; **ders.,** MVZ – Konkrete Anwendungsbeispiele aus der Beratungspraxis www.bdi.de; **Steinhilper,** Die

Plausibilitätsprüfung nach neuem Recht (§ 106a SGB V), MedR 2004, 597; **ders.**, Kriminogene Normgebung oder mangelnde Kontrolle, in: Feltes/Pfeiffer/Steinhilper (Hrsg.), FS für Schwind 2006, S. 151; **Steinhilper/ Weimer**, Zur Anpassung des Vertragsarztrechts an die Musterberufsordnung – Stand März 2006, GesR 2006, 200; **Taupitz**, Integrative Gesundheitszentren; neue Formen interprofessioneller Zusammenarbeit, MedR 1993, 367; **Thomas**, Wann lohnt sich ein MVZ, das Krankenhaus 2005, 865; **Tröndle/Fischer**, Strafgesetzbuch und Nebengesetze, 53. Auflage 2006; **Ulmer**, Gesellschaft bürgerlichen Rechts und Partnerschaftsgesellschaft, 4. Auflage 2004; **ders.**, Gläubigerschutz bei Scheinauslandsgesellschaften, NJW 2004, 1201; **Umbach/Clemens** (Hrsg.), Grundgesetz, 2002; **Wagener/Weddehage**, Die VÄndG: Ein zaghafter Schritt in die richtige Richtung, f&w 2007, 76; **Weddehage**, Können Medizinische Versorgungszentren belegärztlich tätig werden, das Krankenhaus 2006, 772; **Wenner**, Vertragsarzt: Hauptberuf oder Nebenjob? – Zur Zulässigkeit von beruflichen Betätigungen neben der vertragsärztlichen Tätigkeit, GesR 2004, 353; **Wenner/Bernard**, Der Gegenstandswert der anwaltlichen Tätigkeit in vertragsärztlichen Streitigkeiten (III), NZS 2006, 1; **Wenzel** (Hrsg.), Handbuch des Fachanwalts Medizinrecht, 2007; **Wigge**, Medizinische Versorgungszentren nach dem GMG. Zulassung, Rechtsform, Trägerschaft, MedR 2004, 123; **Wigge/Harney**, Doppeltätigkeit in Praxis und Krankenhaus – Chancen für Radiologen nach dem VÄndG, Mitteilungen der Deutschen Röntgengesellschaft 2006, 1267; **Ziermann**, Sicherstellung der vertragszahnärztlichen Versorgung durch Medizinische Versorgungszentren, MedR 2004, 540; **Zwingel/Preißler**, Das medizinische Versorgungszentrum, 2005.

I. Entstehungsgeschichte, Rechtstatsachen

1. Entstehungsgeschichte

Schon vor Einführung der medizinischen Versorgungszentren durch das GKV-Modernisierungsgesetz zum 1.1.2004 verfügten Krankenhausträger über **Kooperationsmodelle mit ambulanten Leistungserbringern**. Auch wenn die Rolle des Krankenhausträgers sich weitgehend auf die eines Initiators oder Vermieters beschränkt hatte, fanden häufig engere Kooperationen statt, indem niedergelassene Ärzte die Ressourcen des Krankenhauses (mit-)nutzten oder komplette Bereiche – z.B. Radiologie und/oder Labor – ausgelagert wurden. Selbst wenn die im Ärztehaus oder sogar in Räumen des Krankenhauses niedergelassenen Ärzte ihre Praxen selbständig ausübten, wurde die Trennung aufgrund praktizierter „Behandlungspfade" von weiten Teilen der Bevölkerung nicht immer wahrgenommen.

Die Bildung von „**Gesundheitszentren**", den Vorläufern der später als „medizinische Versorgungszentren" bezeichneten Einrichtungen, geht zurück auf eine Presseerklärung des Bundesministeriums für Gesundheit vom 18.9.2002.[1] Ziel des Ministeriums war ein vollständiger Umbau der vertragsärztlichen Versorgung. Im Entwurf eines Gesetzes zur Modernisierung des Gesundheitssystems[2] sollte die Möglichkeit der Berufsausübung in „Gesundheitszentren" noch ausschließlich Ärzten vorbehalten sein, die entweder als Hausärzte, Augenärzte oder Frauenärzte tätig sind. Krankenhäusern war danach die Beteiligung an Gesundheitszentren ausdrücklich verwehrt.[3] Zugleich war hinsichtlich der fachärztlichen Versorgung die Umstellung des bisherigen Zulassungssystems auf ein einzelvertragliches Zulassungsverfahren durch die Krankenkassen beabsichtigt. Der Übergang zu einem „wirklichen Vertragsarztrecht" hätte zu einer maßgeblichen Änderung der Struktur der fachärztlichen Versorgung geführt.

Die Umsetzung in der ursprünglichen geplanten Form scheiterte am Widerstand der CDU/CSU-Fraktion. Auf ihren Einfluss geht es zurück, dass medizinische Versorgungszentren allen ärztlichen Fachgruppen offen stehen und Krankenhäuser i.S.d.

---

1 Zur Entstehungsgeschichte ausführlich *Dahm* in: Dahm/Möller/Ratzel, Kap II Rn 1 f.; *Orlowski/Schirmer/Halbe* in: Halbe/Schirmer, B 1400 Rn 5 f.; *Quaas/Zuck*, § 47 Rn 2.
2 BT-Drucks 15/1170 v. 16.6.2003, S. 17.
3 Hierzu *Zwingel/Preißler*, Kap 2 Rn 16 f.; *Dahm* in: Dahm/Möller/Ratzel, Kap II Rn 9; *Orlowski*, Gesundheits- und Sozialpolitik 11–12/2004, 60, 62.

§ 108 SGB V und weitere Leistungserbringer MVZ **in eigener Regie** errichten oder sich an MVZ-Trägergesellschaften beteiligen dürfen. Auch wurde der Gesetzesentwurf dahingehend modifiziert, dass im MVZ nicht nur angestellte Ärzte, sondern **auch Vertragsärzte** tätig sein dürfen.[4] Wie hierbei die Einbindung von Vertragsärzten zu gestalten ist, wird in der Gesetzesbegründung nicht näher erläutert.

4 Erklärtes Ziel des Gesetzgebers für die Einführung von MVZ war – in Anlehnung an die ärztlich geleiteten poliklinischen Einrichtungen nach § 311 SGB V – die Verbesserung der Versorgungsstruktur, indem eine engere Verzahnung ärztlicher und nichtärztlicher Leistungserbringer erfolgen sollte, um den Patienten eine „**Versorgung aus einer Hand**" anzubieten. Außerdem – so die Gesetzesbegründung – sollte die Neuregelung insbesondere jungen Ärzten helfen, an der vertragsärztlichen Versorgung (als Angestellte) teilnehmen zu können, ohne die mit einer Praxisgründung verbundenen wirtschaftlichen Risiken eingehen zu müssen.

2. Vertragsarztrechtsänderungsgesetz (VÄndG)[5]

5 Bereits unmittelbar mit Inkrafttreten des GMG wurde in der rechtswissenschaftlichen Literatur auf eine **Vielzahl von Unklarheiten** in der Gesetzesformulierung verwiesen.[6] Mit dem VÄndG vom 22.12.2006[7] hat der Gesetzgeber einige von ihm als erforderlich angesehene Klarstellungen und Änderungen vorgenommen. Teilweise wurde die Schwelle der Gründungs- und Betriebsvoraussetzungen abgesenkt, teilweise aber auch erhöht.[8]

3. GKV-Wettbewerbsstärkungsgesetz (GKV-WSG)

6 Nicht unerhebliche Auswirkungen wird auch das GKV-WSG haben. In der vom Bundestag am 2.2.2007 beschlossenen Fassung führt es zur **Aufhebung** der Zulassungsbeschränkungen für die **vertragszahnärztliche Versorgung**. In § 87 Abs. 7 GKV-WSG findet sich zudem der Auftrag an den Bewertungsausschuss, dem Bundesministerium für Gesundheit bis zum 31.3.2011 zu berichten, ob auch für den **Bereich der ärztlichen Versorgung** auf die Steuerung des Niederlassungsverhaltens durch Zulassungsbeschränkungen verzichtet werden kann. Vor diesem Hintergrund ist es nicht auszuschließen, dass die Zulassungsbeschränkungen auch für den vertragsärztlichen Bereich **zur Disposition** gestellt werden.[9]

4. Zahlen, Daten, Fakten

7 Die Zahl von MVZ-Gründungen steigt allmählich. Bedauerlicherweise weichen die vom Bundesministerium für Gesundheit (BMG) einerseits und der Kassenärztlichen Bundesvereinigung (KBV) andererseits geführten Statistiken maßgeblich voneinander ab.[10]

---

4 Zum sog. „Berliner Konsens" v. 22.7.2003 vgl. *Orlowski/Halbe/Schirmer* in: Halbe/Schirmer, B 1400 Rn 22.
5 Hierzu *Dahm/Ratzel*, MedR 2006, 555; *Orlowski/Halbe/Schirmer*, Vertragsarztrechtsänderungsgesetz (VÄndG), 2006; Rieger/*Weimer*, Lexikon des Arztrechts, „Berufsausübungsgemeinschaften", Rn 2 ff.
6 Vgl. nur *Wigge*, MedR 2004, 123; *Fiedler/Weber*, NZS 2004, 358.
7 BGBl I, 3439.
8 Zu den Auswirkungen des VÄndG auf MVZ ausführlich *Möller*, MedR 2007, 263.
9 Zur Problematik Rieger/*Dahm*, Lexikon des Arztrechts, „Bedarfsplanung", Rn 157 ff.
10 Der Grund kann darin liegen, dass das BMG nach eigenen Angaben lediglich die MVZ erfasst, die ihre Tätigkeit aufgenommen haben. Wie das BMG seine Feststellungen trifft, wird nicht mitgeteilt.

A. Medizinisches Versorgungszentrum (MVZ) § 8

Als Antwort auf eine Kleine Anfrage der Fraktion DIE LINKE veröffentlichte die Bundesregierung die folgenden, auf Angaben der KBV beruhenden Zahlen[11]:

Bundesland/KV	Zahl (gesamt)	Anteil
Baden-Württemberg	33	4,50 %
Bayern	167	22,78 %
Berlin	84	11,46 %
Brandenburg	20	2,73 %
Bremen	5	0,68 %
Hamburg	17	2,32 %
Hessen	58	7,91 %
Mecklenburg-Vorpommern	10	1,36 %
Niedersachsen	67	9,14 %
NRW – Nordrhein	50	6,82 %
NRW – Westfalen-Lippe	47	6,41 %
Rheinland-Pfalz	26	3,55 %
Saarland	5	0,68 %
Sachsen	61	8,32 %
Sachsen-Anhalt	24	3,27 %
Schleswig-Holstein	26	3,55 %
Thüringen	33	4,50 %
Summe	733	100,00 %

Zur Information:

Alte Bundesländer	585	79,81 %
Neue Bundesländer	148	20,19 %

Überwiegend werden MVZ mit – lediglich – zwei Fachgebieten gegründet. Am häufigsten beteiligt sind Hausärzte, Internisten und Chirurgen.

Legt man die Ermittlungen der KBV zugrunde,[12] waren im Herbst 2006 2.183 Ärzte in MVZ tätig, davon 1.365 im Anstellungsverhältnis. Demgemäß haben etwa 40 % der MVZ-Ärzte ihren Vertragsarztstatus beibehalten. 65 % der MVZ befinden sich in der Trägerschaft von Vertragsärzten. Dieser Anteil betrug im Dezember 2005 noch 75 %. Da diese neben Krankenhäusern als die zahlenmäßig am stärksten vertretenen Gründer

---

11 BT-Drucks 16/6176 v. 31.7.2007. Die KBV gibt für Juni 2007 die Zahl von 807 MVZ an, vgl. DÄBl 2007, A 2228.
12 Siehe http://www.kbv.de/koop/7178.htm.

angegeben werden, dürfte die Anzahl der Krankenhausträger im Kreis der MVZ-Gründer inzwischen bei etwa 30 bis 35 % liegen. Als vorwiegend gewählte Rechtsformen werden die **Gesellschaft bürgerlichen Rechts** (GbR), die **GmbH** sowie die **Partnerschaftsgesellschaft** angegeben.

5. Vor- und Nachteile

11 Es wird wenig überraschen, dass Vor- und Nachteile unter Berücksichtigung der jeweils individuellen Situation unterschiedlich zu gewichten und abzuwägen sind.

12 Folgende Motive können aus der Sicht insbesondere von **Krankenhausträgern** und Vertragsärzten **für** die Errichtung eines MVZ sprechen:
- MVZ als wesentlicher Bestandteil des Behandlungspfades ambulant/stationär/ambulant,
- Ausbau der Patientenbeziehung bzw. Patientenbindung,
- Schaffung ambulanter Komplementärfunktionen,
- Verzahnung der Schnittstellen ambulant/stationär,
- MVZ als Nachbehandler bei verkürzten Liegezeiten,[13]
- unternehmerische Tätigkeit,
- dauerhafte und planungssichere Substitution der wegen Bedarfsabhängigkeit und Drittwiderspruchsmöglichkeit unsicheren Ermächtigungen von Krankenhausärzten,
- Tätigkeit (eventuell sogar ausschließlich) mit angestellten Ärzten,
- Unkomplizierte Nachbesetzung einer im MVZ geschaffenen Arztstelle,
- Aufteilung einer Arztstelle auf bis zu vier Teilzeitstellen,
- Erwerbsmöglichkeit von Vertragsarztzulassungen,
- Reproduktion von Vertragsarztsitzen (ab dem 1.1.2007 eingeschränkt),
- Teilnahme an der integrierten Versorgung,
- Durchsetzung einheitlicher Qualitätsstandards,
- Schaffung einer einheitlichen Marke,
- Teilzeittätigkeit von Krankenhausärzten oder Vertragsärzten im MVZ bzw. Krankenhaus.

13 Krankenhausträger und Vertragsärzte führen **gegen** die Gründung eines MVZ folgende Argumente an:
- Verprellung niedergelassener Vertragsärzte und befürchtete Umleitung von Einweisungen,
- finanzieller Aufwand durch Erwerb von Vertragsarztsitzen/Vertragsarztpraxen,
- Managementdefizite bei Vertragsarztpraxen,
- Unsicherheit der zukünftigen Struktur der ambulanten Versorgung,
- unsichere wirtschaftliche Kalkulationsgrundlage,
- krankenhausinterne Auseinandersetzungen mit Chefärzten wegen Wegfall/Beschränkung der Ermächtigung und konkurrierende Leistungserbringung bei ambulanter privatärztlicher Tätigkeit.

---

13 Vgl. KassKomm/*Hess*, SGB V, § 95 Rn 9e: „MVZ, die von Krankenhäusern gegründet werden, üben die Funktion einer Vorschaltambulanz und im Zusammenhang mit der Einführung von DRG die Funktion der ambulanten Nachbehandlung nach DRG-bedingt kurzzeitiger Krankenhausbehandlung aus."

II. Beschreibung und Gründungsvoraussetzungen

1. Vorgaben des Gesetzgebers

§ 95 Abs. 1 SGB V beschreibt medizinische Versorgungszentren als

„fachübergreifende ärztlich geleitete Einrichtungen, in denen Ärzte, die in das Arztregister nach [§ 95] Abs. 2 S. 3 Nr. 1 [SGB V] eingetragen sind, als Angestellte oder Vertragsärzte tätig sind."

Als Gründungsvoraussetzungen werden aufgeführt:

„Die medizinischen Versorgungszentren können sich aller zulässigen Organisationsformen bedienen; sie können von den Leistungserbringern, die aufgrund von Zulassung, Ermächtigung oder Vertrag an der medizinischen Versorgung der Versicherten teilnehmen, gegründet werden."

2. Merkmal der „Einrichtung"

Der Gesetzgeber hat nicht weiter erläutert, welche Anforderungen er an eine „Einrichtung" stellt. Der Begriff der ärztlich geleiteten Einrichtung ist dem Vertragsarztrecht auch vor dem 1.1.2004 jedenfalls nicht unbekannt gewesen, wie ein Blick auf die „Patenvorschrift" des § 311 Abs. 2 SGB V (poliklinische Einrichtungen) zeigt. Richtigerweise wird man von einer „Einrichtung" nur dann sprechen können, wenn eine gewisse *räumliche, personelle sowie ausstattungsmäßige* Struktur vorhanden ist, wie sie aus dem Betrieb von Arztpraxen oder Krankenhäusern als bekannt vorausgesetzt werden kann.[14]

Die räumliche Beziehung wird auch dadurch hervorgehoben, dass das MVZ die Zulassung für den Ort der Niederlassung als medizinisches Versorgungszentrum (Vertragsarztsitz) erhält. Das MVZ muss mithin ebenso wie die Vertragsarztpraxis über eine konkrete Anschrift verfügen. Nur so können die Patienten sich über Leistungsanbieter informieren und das ihnen zustehende Recht auf freie Arztwahl zwischen Vertragsärzten einerseits und dem MVZ andererseits auch tatsächlich ausüben (vgl. § 76 Abs. 1 S. 1 SGB V).

Für die Anerkennung der räumlichen, personellen und sachlichen Ausstattung als Einrichtung i.S.d. § 95 Abs. 1 SGB V sind die **Eigentumsverhältnisse an den Räumen und Gegenständen unerheblich**.

Fraglich ist, ob das MVZ räumlich von stationären Einrichtungen eines Krankenhauses – z.B. durch einen separaten Eingang – getrennt sein muss. Hier stellen KVen und Zulassungsgremien z.T. (noch) Hemmnisse auf, die in der Praxis nur mit unverhältnismäßigem Aufwand zu beseitigen sind. Dem Gesetz sind keine Anhaltspunkte für ein derartiges „Trennungsprinzip" zu entnehmen. Indem der Gesetzgeber die Träger zugelassener Krankenhäuser (§ 108 SGB V) in den Kreis der MVZ-Gründer aufgenommen hat, hat er diesen bewusst den Zugang zur vertragsärztlichen Versorgung eröffnet. Hinzu kommt, dass der Gesetzgeber in § 20 Abs. 2 Ärzte-ZV (i.d.F. VÄndG) ab dem 1.1.2007 ausdrücklich die Tätigkeit in oder die Zusammenarbeit mit einem zugelassenen Krankenhaus als mit der Tätigkeit des Vertragsarztes vereinbar erklärt hat, so dass

---

14 *Dahm* in: Dahm/Möller/Ratzel, Kap III Rn 3; *Orlowski/Schirmer/Halbe* in: Halbe/Schirmer, B 1400 Rn 17.

jedenfalls insoweit die Kollisionsrechtsprechung des BSG obsolet geworden ist.[15] Das Vertragsarztrecht enthält ohnehin keine Vorgaben zu baulichen Gegebenheiten, insbesondere schreibt es keine getrennten Eingänge vor. Vom Gesetz nicht getragene Anforderungen der Zulassungsgremien dürften ihre Motivation denn auch häufig in einer **Verhinderungstaktik** haben und sich als rechtswidrig erweisen.

3. Das „fachübergreifende" Element der Einrichtung

a) Fachgebietseinordnung

20 Ziel des Gesetzgebers ist, mit den medizinischen Versorgungszentren eine **ärztliche Versorgung „aus einer Hand"** zu ermöglichen.[16] Um insofern zumindest Minimalanforderungen zu schaffen, wird gefordert, dass ein MVZ fachübergreifend tätig sein muss.

21 Bis zum **31.12.2006** war eine „fachübergreifende Einrichtung" nur dann gegeben, wenn **mindestens zwei Ärzte verschiedener Fachgebiete** im MVZ arbeiten, wobei die Einbindung eines Psychologischen Psychotherapeuten die Voraussetzung erfüllt.

22 Fachgebiete sind diejenigen der (Muster-)Weiterbildungsordnung.[17] Diese wird vom Deutschen Ärztetag verabschiedet und auf Landesebene in Kammerrecht transformiert. Die Kooperation von Ärzten auf unterschiedlichen Fachgebieten ist seit vielen Jahren durch die Existenz fachübergreifender Gemeinschaftspraxen anerkannt. Die kooperative Tätigkeit eines Facharztes mit einem anderen GKV-Leistungserbringer (z.B. hausärztlicher Internist und Pflegedienst oder Facharzt für Gynäkologie und Hebamme) erfüllt das Kriterium der fachübergreifenden Einrichtung nicht.[18]

23 Angesichts der rein formalen Betrachtungsweise kommt es aber *nicht* darauf an, dass die beiden Fachgebiete sich im Sinne einer Komplementärfunktion ergänzen.[19] Insofern kann die Zulassung nicht versagt werden, wenn die beiden Fachgebiete z.B. durch einen Facharzt für Pathologie und einen Facharzt für Psychiatrie abgedeckt würden, obwohl dies im Hinblick auf die mit der Einführung von MVZ verfolgten gesetzgeberischen Absichten nur mühsam in Einklang zu bringen ist.[20]

24 Soweit Fachgebiete der Bedarfsplanung nicht unterliegen, wird trotz teilweiser inhaltlicher Deckungsgleichheit der Weiterbildungsinhalte die Eigenständigkeit der Fächer überwiegend bejaht. Dies ist z.B. der Fall bei der Kombination von Fachärzten für Laboratoriumsmedizin und Fachärzten für Mikrobiologie.[21] Die Praxis der Zulassungsausschüsse ist jedoch auch insofern nicht einheitlich.

25 Für viele MVZ ist die Einbindung fachärztlicher Internisten von Bedeutung. Im Bereich der fachärztlich tätigen Internisten gibt es eine Vielzahl von Schwerpunkten (z.B. Angiologie, Endokrinologie und Diabetologie, Gastroenterologie, Hämatologie und Onko-

---

15 Vgl. BSG, Urt. v. 5.2.2003 – B 6 KA 22/02 – SozR 4-2500, § 95 SGB V Nr. 2 S. 13 f.; *Wenner*, GesR 2004, 356, 359; *Zwingel/Preißler*, Kap 7, Rn 8 ff.; *Dahm* in: Dahm/Möller/Ratzel, Kap VI Rn 46 ff. m.w.N.; *Dahm/Ratzel*, MedR 2006, 566; *Dahm*, ZMGR 2006, 166; *Harneit*, ZMGR 2006, 95.
16 Ausführlich *Zwingel/Preißler*, Kap 2 Rn 1 f.
17 *Schirmer*, Kap I 3.1.3 (S. 308 f.).
18 Vgl. *Quaas/Zuck*, § 47 Rn 9 f.
19 *Orlowski/Schirmer/Halbe* in: Halbe/Schirmer, B 1400 Rn 41.
20 Kritisch *Dahm* in: Dahm/Möller/Ratzel, Kap III Rn 15.
21 So ausdrücklich *Schirmer*, Kap I 3.1.3, S. 309; vgl. BSG, Urt. v. 9.6.1999 – B 6 KA 37/98 R, SozR 3-2500 § 101 SGB V Nr. 3.

logie, Kardiologie, Nephrologie, Pneumologie, Rheumatologie). Da durch unterschiedliche Schwerpunkte kein eigenständiges Fachgebiet i.S.d. Weiterbildungsordnung begründet wird, war umstritten, ob ein MVZ mit ausschließlich fachärztlich tätigen Internisten auf unterschiedlichen Schwerpunkten als genehmigungsfähig angesehen werden konnte;[22] eine entsprechende Problematik ergab sich wegen des Fachgebietsbezugs für das Verhältnis von hausärztlich bzw. fachärztlich tätigen Internisten.

Ab dem **1.1.2007** gilt infolge der mit dem VÄndG vorgenommenen Änderung des § 95 Abs. 1 S. 3 SGB V Folgendes:

26

„Eine Einrichtung nach Satz 2 ist dann fachübergreifend, wenn in ihr Ärzte mit verschiedenen Facharzt- oder Schwerpunktbezeichnungen tätig sind; sie ist nicht fachübergreifend, wenn die Ärzte der hausärztlichen Arztgruppe nach § 101 Abs. 5 angehören und wenn die Ärzte oder Psychotherapeuten der psychotherapeutischen Arztgruppe nach § 101 Abs. 4 angehören. Sind in einer Einrichtung nach Satz 2 ein fachärztlicher und ein hausärztlicher Internist tätig, so ist die Einrichtung fachübergreifend."

Die Anknüpfung an die Vorgaben der Musterweiterbildungsordnung erleichtert die Errichtung von MVZ. So können auf dem Gebiet der Inneren Medizin die Schwerpunkte Kardiologie und der Gastroenterologie miteinander kombiniert werden. Gleiches gilt für das Fachgebiet Frauenheilkunde und Geburtshilfe und den Schwerpunkt „Gynäkologische Endokrinologie und Reproduktionsmedizin" oder das Fachgebiet Chirurgie und den Schwerpunkt „Gefäßchirurgie".[23]

27

b) Modifizierung durch die Bedarfsplanungs-Richtlinien-Ärzte

Zu beachten ist, dass die Bedarfsplanungs-Richtlinien-Ärzte speziell für das vertragsärztliche Zulassungsverfahren teilweise eine restriktivere Zuordnung vornehmen, indem verwandte Fachgebiete zusammengefasst werden.[24] Obwohl das Bundessozialgericht dies gebilligt hat,[25] wird die Anwendung der Bedarfsplanung wegen der nicht mehr überschaubaren Zuordnung von Fachgebieten und Facharztbezeichnungen zu den für die Bildung von Verhältniszahlen maßgeblichen Arztgruppen kritisch gesehen, da die vielfachen Änderungen im Weiterbildungsrecht nicht auf die Belange der Bedarfsplanung zugeschnitten sind, teilweise sogar zu willkürlichen Ergebnissen führen.[26] So gehören gem. Nr. 7 der Bedarfsplanungs-Richtlinien-Ärzte zulassungsrechtlich zum Gebiet der Chirurgie:

28

- Fachärzte für Chirurgie,
- Fachärzte für Allgemeine Chirurgie,
- Fachärzte für Kinderchirurgie,
- Fachärzte für Plastische Chirurgie,
- Fachärzte für Gefäßchirurgie,
- Fachärzte für Visceralchirurgie.

---

22 Hierzu *Schirmer*, Kap I 3.1.3, S. 309; a.A. *Dahm* in: Dahm/Möller/Ratzel, Kap III Rn 22.
23 *Schallen*, Rn 428.
24 Zur Bedarfsplanung und zur rechtlichen Bedeutung der Bedarfsplanungsrichtlinien ausführlich Rieger/Dahm, Lexikon des Arztrechts, „Bedarfsplanungsrichtlinien", Rn 17; ferner *Quaas/Zuck*, § 18 Rn 18 f.; *Schirmer*, Kap G 11, S. 250 ff.
25 Vgl. BSG, Urt. v. 9.6.1999 – B 6 KA 37/98 R, SozR 3-2500 § 101 SGB V Nr. 3.
26 Vgl. *Hess*, Auswirkungen des Vertragsarztrechtsänderungsgesetzes auf die Bedarfsplanung, Vortrag zum Symposium der Deutschen Gesellschaft für Kassenarztrecht am 9.11.2006.

29 Nicht zur Fachgruppe der Chirurgen, sondern jeweils als selbständiges Gebiet zählen:
- Fachärzte für Herzchirurgie,
- Fachärzte für Thoraxchirurgie,
- Fachärzte für Orthopädie und Unfallchirurgie (letztere zählen jedoch zu der Fachgruppe der Orthopäden!).

30 Für die zahlenmäßig stärksten Arztgruppen (bei mehr als 1.000 Ärzten in einer Arztgruppe, § 101 Abs. 2 S. 1 Nr. 2 SGB V) sind jeweils Verhältniszahlen im Hinblick auf die Anordnung von Zulassungsbeschränkungen im Falle der Überversorgung bestimmt. Es handelt sich dabei um die Fachgruppen der Anästhesisten, Augenärzte, Chirurgen, Frauenärzte, HNO-Ärzte, Hautärzte, fachärztliche Internisten, Kinderärzte, Nervenärzte, Orthopäden, Psychotherapeuten, Fachärzte für diagnostische Radiologie, Urologen und Allgemeinärzte. Bei diesen Arztgruppen ist zunächst zu prüfen, welche Fachgebiete ihnen i.S.d. Bedarfsplanung zugerechnet werden. Als nächstes gilt es festzustellen, ob auf regionaler Ebene, und zwar bezogen auf die konkrete Betriebsstätte des MVZ, Zulassungsbeschränkungen angeordnet sind.

c) Sonderkonstellation: Zahnmedizin[27]

31 Nicht zuletzt bedingt durch berufspolitische Widerstände ist die Anerkennungsquote zahnmedizinischer MVZ derzeit eher gering. Teilweise wird dahingehend argumentiert, der **Fachzahnarzt könne umfassend** tätig sein, so dass bei einer Kooperation z.B. mit einem Kieferorthopäden keine fachübergreifende Tätigkeit vorliege.[28] In der Tat ist eine große Anzahl der Allgemeinzahnärzte kieferorthopädisch tätig. Dieser Ansatz verkennt indes sowohl die berufs- als auch die bedarfsplanerischen Vorgaben, wonach die **Kieferorthopädie als selbständiges Fachgebiet** einzustufen ist.[29]

32 Einem berufsbildüberschreitenden MVZ, bestehend aus Humanmedizinern und Zahnärzten, wurde teilweise auch deswegen die Anerkennung versagt, weil §§ 33 Abs. 2 Ärzte-ZV/Zahnärzte-ZV die gemeinsame Ausübung vertragsärztlicher Tätigkeit nur unter Vertragsärzten bzw. Vertragszahnärzten für zulässig erklärt. Diese Interpretation war allerdings schon in der Vergangenheit keinesfalls zwingend.[30]

33 Die Begründung zum VÄndG erklärt nunmehr die **gemeinsame Anstellung von Humanmedizinern und Zahnmedizinern in einem MVZ** ausdrücklich für rechtmäßig.[31] Dies folgt aus der Neufassung von § 95 Abs. 1 S. 5 SGB V (i.d.F. VÄndG), wonach eine kooperative Leitung in einem medizinischen Versorgungszentrum möglich ist, in dem unterschiedliche Berufsgruppen tätig sind, die an der vertragsärztlichen Versorgung teilnehmen.

34 Es erscheint – wie schon vereinzelt praktiziert – durchaus zulässig zu sein, dass z.B. ein mit Humanmedizinern betriebenes MVZ einen Zahnarzt anstellt.[32] Dabei ist es – entgegen der Auffassung der KBV[33] – nur konsequent, das zahnärztliche Fachgebiet zur

---

27 Zur vertragszahnärztlichen Versorgung *Quaas/Zuck*, § 29 Rn 1 f.
28 *Ziermann*, MedR 2004, 540, 543.
29 *Schallen*, Rn 429; offen gelassen von LSG Bad.-Württ., Beschl. v. 26.6.2007 – LS KA 2542/07 ER-B.
30 Für eine teleologische Reduktion des § 33 Abs. 2 Ärzte-ZV sprechen sich in der Literatur u.a. aus *Fiedler/Weber*, NZS 2004, 359; *Zwingel/Preißler*, Kap 3 Rn 22; *Dahm* in: Dahm/Möller/Ratzel, Kap II Rn 71.
31 BT-Drucks 16/2474 v. 30.8.2006, S. 21.
32 So auch *Ziermann*, MedR 2004, 540, 543.
33 Im sog. „Schirmer-Papier" v. 10.1.2007, S. 65.

Darstellung des fachübergreifenden Charakters des MVZ anzuerkennen. Will ein bereits genehmigtes „humanmedizinisches MVZ" einen Zahnarzt anstellen, müsste dieses MVZ vom Zulassungsausschuss für Vertragszahnärzte zur Teilnahme an der vertragszahnärztlichen Versorgung zugelassen und dann von diesem die Anstellung des Zahnarztes genehmigt werden.[34]

Fraglich war, welche **Degressionsgrenze** dem MVZ-Träger für den angestellten Zahnarzt zuzuweisen ist.[35] Mit Einführung der MVZ hat der Gesetzgeber die Degressionsbestimmungen (§ 85 Abs. 4b–f SGB V) nicht angepasst. Vor dem Hintergrund, dass der angestellte Zahnarzt im MVZ eine volle Arztstelle besetzt, die bei Zulassungsbeschränkungen durch Umwandlung einer Vertragsarztzulassung entstanden sein kann, vertrat das BMG die Auffassung, dass die Degressionsgrenze von (ehemals) 350.000 Punkten zugrunde zu legen war.[36] Das MVZ wurde insofern gegenüber einer Vertragszahnarztpraxis, die einen angestellten Zahnarzt beschäftigt, ungleich besser gestellt! In der Literatur wurde es als sachgerecht angesehen, den im MVZ angestellten Zahnärzten in Analogie zu § 85 Abs. 4b S. 7 SGB V die für angestellte Zahnärzte in Vertragszahnarztpraxen geltende 70-prozentige Erhöhung zuzugestehen.[37] Das **VÄndG** hat insofern zu einer maßgeblichen Änderung des § 85 Abs. 4b SGB V geführt, als die **Degressionsgrenze** für Vertragszahnärzte und für angestellte Ärzte, und zwar unabhängig davon, ob die Anstellung in einer Vertragszahnarztpraxis oder in einem MVZ erfolgt, der Höhe nach gleichgestellt wird.

d) Zeitlicher Umfang der Tätigkeit

In der Praxis stellt sich im Zusammenhang mit der MVZ-Gründung häufig die Frage, ob beide Fachgebiete durch **vollzeitig tätige Ärzte** abgedeckt werden müssen. Die Auffassungen der KVen sowie der Zulassungsgremien sind in diesem Punkt uneinheitlich. Äußerst liberal jedenfalls ist es, wenn – wie in der Praxis erlebt – eine Teilzeittätigkeit von 10 Stunden wöchentlich als ausreichend angesehen wird. § 17 Abs. 2 BMV-Ä in der ab 1.7.2007 geltenden Fassung verlangt für den vollen Versorgungsauftrag 20 Stunden, für den hälftigen Versorgungsauftrag 10 Stunden „Sprechstundentätigkeit".

Die Problematik wird an Bedeutung dadurch gewinnen, dass § 19a Abs. 2 Ärzte-ZV (i.d.F. VÄndG) das Institut der sog. „**Teilzulassung**" eingeführt hat, so dass die Frage gerechtfertigt ist, ob mit zwei Teilzulassungen die gesetzlichen Errichtungsvoraussetzungen erfüllt werden.[38]

Diskutiert wird in diesem Zusammenhang ferner die Frage, ob das MVZ von vornherein einen **beschränkten Versorgungsauftrag** beantragen oder einen umfassenden nachträglich beschränken kann. Für diese Möglichkeit lässt sich immerhin anführen, dass mit dem VÄndG beabsichtigt gewesen ist, medizinische Versorgungszentren und ärztliche Berufsausübungsgemeinschaften weitgehend gleichzustellen, so dass man einem Versorgungszentrum nicht wird verwehren können, was einem Vertragsarzt (etwa

---

34 Zutreffend *Schirmer*, Kap I 3.3.1, S. 312.
35 Zur Degression Schnapp/Wigge/*Muschallik*, § 29 Rn 23 f.; *Quaas/Zuck*, § 29 Rn 25; speziell für den angestellten MVZ-Zahnarzt *Ziermann*, MedR, 2004, 540 f.
36 Schreiben vom 4.11.2005 an einen Kieferorthopäden.
37 So etwa von *Ziermann*, MedR 2004, 540, 547.
38 Ablehnend *Schallen*, Rn 542 unter Hinweis auf die BR-Drucks 353/06 v. 26.5.2006, S. 62. Allgemein *Schiller/Pavlovic*, MedR 2007, 86.

bei Gründung einer Berufsausübungsgemeinschaft mit zwei Vertragsärzten bei jeweils beschränktem Versorgungsauftrag gestattet ist.[39]

4. Ärztliche Leitung

39 Das MVZ muss unter ärztlicher Leitung stehen. Welche Funktion der ärztliche Leiter hat und wie seine Rechte und Pflichten ausgestaltet sind, hat der Gesetzgeber nicht einmal ansatzweise beschrieben. Gleichwohl kann das Ziel des Gesetzgebers dahingehend verstanden werden, dass er – vergleichbar der Funktion des Ärztlichen Direktors (vgl. z.B. § 35 Abs. 1 S. 2 KHG NRW) – eine **ärztliche Gesamtleitung** institutionalisiert wissen wollte.[40]

40 Die Zuweisung der ärztlichen Leitung separiert den ärztlichen vom kaufmännischen Bereich. Hierdurch soll sichergestellt werden, dass die medizinische Versorgung des MVZ sich an medizinischen Vorgaben orientiert.[41]

41 Entgegen der teilweise von Zulassungsgremien und KVen vertretenen Ansicht muss der ärztliche Leiter **nicht mit Geschäftsführungsbefugnissen** auf der Ebene der MVZ-Trägergesellschaft ausgestattet sein.[42] Insofern genügt eine individualvertragliche Vereinbarung zwischen MVZ-Trägergesellschaft und dem ärztlichen Leiter, durch welche die Rechte und Pflichten des Ärztlichen Leiters konkretisiert werden. Wesentlich ist, dass der ärztliche Leiter in medizinischen Angelegenheiten keinerlei Weisungen der Gesellschafter unterworfen wird.[43] Dieser Grundsatz ist so bedeutsam, dass er Gegenstand der MVZ-Satzung sein sollte.

42 Häufig wird dem ärztlichen Leiter die Verantwortung für die ordnungsgemäße Abrechnung, Führung der ärztlichen Unterlagen, rechtzeitige Erstellung von Arztberichten sowie insgesamt die Beachtung der einschlägigen Rechtsvorschriften übertragen. In diesem Zusammenhang wird der ärztliche Leiter meist der primäre Ansprechpartner der KV sein. Ob der ärztliche Leiter generell – also auch ohne individualvertragliche Regelung – für die Abrechnung zuständig ist und diese **gegenüber der KV verantwortet**, ist strittig.[44]

43 Keinesfalls ist es erforderlich, dem ärztlichen Leiter die Befugnis einzuräumen, eigenständig Personal einstellen zu dürfen. Ist das MVZ hierarchisch strukturiert, indem dem ärztlichen Leiter zumindest ein anderer Arzt nachgeordnet ist, wird man ein grundsätzliches Weisungsrecht des ärztlichen Leiters bejahen können. Das Weisungsrecht ist jedoch inhaltlich begrenzt durch die Ausgestaltung der Rechtsposition des nachgeordneten Arztes.[45] Ein fachliches Weisungsrecht gegenüber Ärzten eines anderen Fachgebiets kann dem ärztlichen Leiter nicht zustehen; hier ergibt sich dasselbe Problem wie bei der Anstellung fachgebietsverschiedener Ärzte.[46] Ein Verhalten, welches gegen

---

39 Vgl. *Orlowski/Halbe/Karch*, S. 92; *Möller*, MedR 2007, 263, 265.
40 *Wigge*, MedR 2004, 123, 126; *Dahm* in: Dahm/Möller/Ratzel, Kap III Rn 35; nach *Andreas*, ArztR 2005, 144, 145 trägt der ärztliche Leiter die Gesamtverantwortung für die von den angestellten Ärzten erbrachten vertragsärztlichen Leistungen; ebenso *Peikert*, ZMGR 2004, 211, 214.
41 *Orlowski/Schirmer/Halbe* in: Halbe/Schirmer, B 1400 87.
42 *Zwingel/Preißler*, Kap 4 Rn 41; *Dahm* in: Dahm/Möller/Ratzel, Kap III Rn 38.
43 *Behnsen*, das Krankenhaus 2004, 602, 604; *Dahm* in: Dahm/Möller/Ratzel, Kap III Rn 37.
44 Vgl. einerseits *Schirmer*, Kap I 12.2, S. 333 und andererseits *Dahm* in: Dahm/Möller/Ratzel, Kap III Rn 40.
45 *Möller* in: Dahm/Möller/Ratzel, Kap XIII Rn 54.
46 *Behnsen*, das Krankenhaus 2004, 602, 606; *Möller* in: Dahm/Möller/Ratzel, Kap XIII Rn 54; *Steinhilper/Weimer*, GesR 2006, 387; kritisch *Dahm/Ratzel*, MedR 2006, 563 f.

das Gewissen des nachgeordneten Arztes verstoßen oder diesen zur Verletzung von Rechtspflichten verleiten würde, ist generell unzulässig. Das Weisungsrecht des ärztlichen Leiters entbindet die nachgeordneten angestellten Ärzte nicht davon, im Wege der Remonstration eventuelle Bedenken gegen die Übertragung sowie Durchführung vorzubringen und entsprechende Handlungen abzulehnen.

Der ärztliche Leiter muss selbst **nicht** – weder als angestellter Arzt noch als Vertragsarzt – **ärztlich im MVZ tätig** sein.[47] Eine Vollzeittätigkeit wird nicht verlangt werden können. Wesentlich ist, dass der ärztliche Leiter seine Gesamtverantwortung für die Organisation auch tatsächlich ausüben kann, was zu hinterfragen ist, wenn er einer anderen Tätigkeit an entfernter Stelle nachgeht.[48]

44

Aus der Sicht eines Krankenhausträgers kann es wünschenswert sein, aus Renommégründen die ärztliche Leitung einem (ermächtigten) Krankenhausarzt zu übertragen. Dies ist grundsätzlich als zulässig anzusehen, auch wenn Zulassungsgremien entsprechenden Konstruktionen teilweise skeptisch gegenüberstehen und die Überantwortung der ärztlichen Leitung auf die im MVZ angestellten Ärzte oder dort tätigen Vertragsärzte beschränkt wissen wollen. Der Leiter muss nicht Facharzt der im MVZ vertretenen Gebiete sein.[49] Nicht erforderlich ist, dass der ärztliche Leiter die Qualifikationsvoraussetzungen nach § 95 Abs. 2 i.V.m. § 135 SGB V erfüllt, wenn einer der angestellten Ärzte oder ein im MVZ tätiger Vertragsarzt entsprechend qualifiziert sind.[50]

45

Hält das MVZ sowohl den ärztlichen als auch den zahnärztlichen Bereich vor, sind jeweils zumindest ein ärztlicher Leiter und ein zahnärztlicher Leiter zu bestellen.[51] In Betracht kommt ein System der kooperativen ärztlichen Leitung durch mehrere Ärzte oder durch einen Arzt und einen Zahnarzt, wobei jedoch die jeweigen Verantwortungsbereiche klar abzugrenzen sind. In der Gesetzesbegründung zum VÄndG heißt es insofern:[52]

46

> „Sind in einem medizinischen Versorgungszentrum sowohl Ärzte und Zahnärzte oder Ärzte und Psychotherapeuten oder Zahnärzte und Psychotherapeuten gemeinsam tätig, erscheint es sinnvoll, in diesen Fällen die Möglichkeit einer kooperativen Leitung einzuräumen, um deren Zusammenarbeit zu fördern. Möglich ist daher z.B. die gemeinsame Leitung eines Arztes und eines Zahnarztes, wenn in dem medizinischen Versorgungszentrum Angehörige beider Berufe tätig sind."

Der MVZ-Träger ist **vertragsarztrechtlich befugt**, die Bestellung zum ärztlichen Leiter **jederzeit** gegenüber dem Zulassungsausschuss zu widerrufen und einen anderen Leiter zu bestellen. Hiervon zu unterscheiden ist die arbeitsrechtliche Ebene. Vieles spricht dafür, den ärztlichen Leiter des MVZ in Analogie zu § 18 Abs. 1 Nr. 1 ArbZG wie einen Chefarzt einzuordnen und aus dem persönlichen Geltungsbereich des Arbeitszeitgesetzes herauszunehmen.[53]

47

---

47 *Dahm* in: Dahm/Möller/Ratzel, Kap III Rn 43; *Andreas*, ArztR 2005, 144, 145.
48 Hierzu *Peikert*, ZMGR 2004, 211, 214.
49 *Peikert*, ZMGR 2004, 211, 214.
50 Vgl. *Schirmer*, Kap. I 3.1.4, S. 309; *Möller*, MedR 2007, 263, 265.
51 *Quaas/Zuck*, Medizinrecht, § 47 Rn 7; *Orlowski/Schirmer/Halbe* in: Halbe/Schirmer, B 1400 Rn 87.
52 BT-Drucks 16/2474 v. 30.8.2006, S. 21.
53 *Möller* in: Dahm/Möller/Ratzel, Kap XIII Rn 68; a.A. *Andreas*, ArztR 2005, 144, 147.

5. Eintragung in das Arztregister

48 Im Versorgungszentrum dürfen nur Ärzte tätig werden, die in das Arztregister nach § 95 Abs. 2 S. 3 Nr. 1 SGB V eingetragen sind. Das Arztregister wird von der KV für jeden Zulassungsbezirk geführt (§ 1 Abs. 1 Ärzte-ZV). Voraussetzungen für die Eintragung sind:
- die Approbation als Arzt,
- der erfolgreiche Abschluss einer Weiterbildung.

49 Zuständig für die Eintragung ist das Arztregister des Zulassungsbezirks, in dem der Arzt seinen Wohnort hat. Die Eintragung in ein weiteres Arztregister ist – nach Modifizierung des § 4 Abs. 1 Ärzte-ZV durch das VÄndG – zulässig. Wird ein Arzt als Vertragsarzt zugelassen oder die Genehmigung als angestellter Arzt erteilt, so wird er automatisch in das für den Vertragsarztsitz geführte Arztregister umgeschrieben (§ 5 Abs. 2 Ärzte-ZV).

50 Der Antrag muss folgende Angaben enthalten:
- die Geburtsurkunde.
- die Urkunde über die Approbation als Arzt.
- den Nachweis über die ärztliche Tätigkeit nach bestandener ärztlicher Prüfung.

51 Die Zulassungsausschüsse sind an die von einer KV vorgenommene Eintragung in das Arztregister als Voraussetzung für die Zulassungsentscheidung gebunden. Die Eintragung in das Arztregister ist **Voraussetzung für die Eintragung in die Warteliste** (§ 103 Abs. 5 SGB V). Der Eintragung in die Warteliste kommt Bedeutung zu bei der Auswahl der Bewerber für die Übernahme eines Vertragsarztsitzes, da hierbei u.a. die Dauer der Eintragung in der Warteliste zu berücksichtigen ist. Vor diesem Hintergrund sollten sich für die Tätigkeit in einem MVZ in Betracht kommende Ärzte möglichst frühzeitig in die Warteliste eintragen lassen.

6. Tätigkeit als angestellter Arzt oder als Vertragsarzt

a) Sichtweise des Gesetzgebers

52 Das von einem Krankenhausträger betriebene MVZ wird aus Sicht des Krankenhauses idealerweise in der Form der sog. „**Angestelltenvariante**" geführt. Dem entsprach über lange Zeit die Sichtweise im Gesetzgebungsvorhaben.[54] Die Tatsache, dass Vertragsärzten der Zugang zu MVZ versagt werden sollte, wurde auf Seiten der Ärzteschaft als „Kampfansage" betrachtet. Auf deren Initiative wurde der Gesetzesentwurf um die Wörter „oder Vertragsärzte" ergänzt, ohne dass im Übrigen hinsichtlich Konstruktion und Statik Änderungen vorgenommen worden wären.

53 Folgerichtig werden nach der Zulassungspraxis MVZ ausschließlich mit angestellten Ärzten, ausschließlich mit Vertragsärzten oder gemischt mit angestellten Ärzten und Vertragsärzten betrieben. Die Einbindung der Vertragsärzte bereitet aufgrund der Beibehaltung des vertragsärztlichen Status erhebliche dogmatische, praktische und nicht zuletzt steuerliche Probleme.

---

54 *Zwingel/Preißler*, Kap 2 Rn 20.

b) Sog. Angestelltenvariante

Das MVZ wird ausschließlich mit angestellten Ärzten betrieben. Ein sog. freier Mitarbeitervertrag genügt dem nicht.

c) Sog. Vertragsarztvariante

Denkbar ist die Umwandlung einer in der Rechtsform der BGB-Gesellschaft oder Partnerschaftsgesellschaft geführten fachübergreifenden Gemeinschaftspraxis in ein MVZ. Teilweise werden derartige Modelle – nicht ganz zu Unrecht – als **Etikettenschwindel** bezeichnet,[55] da sich in der praktischen Handhabung nichts ändert. Es bedarf noch nicht einmal der Gründung einer neuen Gesellschaft, sondern allenfalls einer Änderung des Gesellschaftszwecks.

Dem Angebot von Krankenhausträgern an niedergelassene Vertragsärzte, ihre Praxen zu erwerben und eine Stellung als angestellter MVZ-Arzt auszuüben, stehen diese häufig kritisch gegenüber, da niedergelassene Vertragsärzte nur ungern die aus der Zulassung resultierende besondere Rechtsposition aufgeben wollen. Im Falle des Scheiterns der Zusammenarbeit könnten sie nicht mehr über ihre Vertragsarztzulassung verfügen und an anderer Stelle eine Praxis eröffnen.

Bei Einbindung des Vertragsarztes in das vom Krankenhausträger betriebene MVZ wird regelmäßig ein Kooperationsvertrag zwischen der MVZ-Trägergesellschaft und dem Vertragsarzt abgeschlossen.[56] Dieser Kooperationsvertrag enthält die Modalitäten zur Tätigkeit des Vertragsarztes und regelt dessen Vergütungsansprüche.

Eine dogmatisch saubere Einordnung der „Vertragsarztvariante" ist bisher nicht gelungen.[57] Dies liegt u.a. daran, dass die vertragsärztlichen Leistungen nicht durch den Vertragsarzt, sondern das MVZ abgerechnet werden. Der Vertragsarzt hat praktisch nur einen einzigen „Kunden", nämlich das MVZ. Ob seine Vertragsarztzulassung tatsächlich durch diejenige des MVZ überlagert wird,[58] ist umstritten. *Schirmer*[59] bezeichnet die Vertragsärzte in dieser Konstellation als „Subunternehmer" und hält diese Variante für unzulässig, obwohl sie sich in der Praxis durchzusetzen scheint.

Zum Teil tragen Zulassungsgremien und KVen der Besonderheit Rechnung, indem sie verlangen, dass der Vertragsarzt **Mitgesellschafter der MVZ-Trägergesellschaft** wird. In welchem Umfang er z.B. Geschäftsanteile an der MVZ-GmbH halten muss und welche Mitwirkungsrechte ihm gesellschaftsvertraglich eingeräumt werden müssen, ist indes vollkommen offen.

Die „Vertragsarzt-Lösung" ist für einen Krankenhausträger als Betreiber eines MVZ insofern eher ungünstig, als die rechtliche Zulässigkeit individualvertraglicher Absprachen mit dem Ziel, die Vertragsarztzulassung dauerhaft an das MVZ zu binden, nicht abschließend geklärt ist.

---

55 *Wigge*, MedR 2004, 123, 126; *Quaas/Zuck*, § 48 Rn 5.
56 *Quaas/Zuck*, § 48 Rn 6.
57 *Möller*, MedR 2007, 263, 269.
58 KassKomm/*Hess*, SGB V, § 95 Rn 9b; vgl. dazu auch *Dahm* in: Dahm/Möller/Ratzel, Kap III Rn 67; kritisch zur Überlagerungstheorie Rieger/*Rau*, Lexikon des Arztrechts „Das Medizinische Versorgungszentrum", Rn 70.
59 Kap I 3.4, S. 313.

61 In der Tat ist es fragwürdig, ob bei einer solchen Eingliederung noch von **freiberuflicher Tätigkeit**[60] ausgegangen werden kann. Dies gilt auch bei manchen Einbindungen eines Vertragsarztes in eine mit einem MVZ-Träger kooperierende Berufsausübungsgemeinschaft. Nach Auffassung der KBV (Stellungnahme vom 15.1.2003) ist es nicht erforderlich, dass sämtliche Gesellschafter am Vermögen der Gesellschaft beteiligt sind. Die nicht am Vermögen beteiligten Gesellschafter bringen hiernach ausschließlich ihre **Arbeitsleistung** in die Gesellschaft ein. In ihrer Ausarbeitung zur Niederlassung und beruflichen Kooperationen kommt die Bundesärztekammer[61] allerdings – und insoweit im Widerspruch zur KBV – zu dem Ergebnis, dass eine vermögensrechtliche „Nullbeteiligung" zwar nicht auf Dauer, jedoch zumindest für eine „Kennenlernphase" zulässig sei, wobei maßgeblich „vor allem eine Beteiligung am immateriellen Wert und weniger am materiellen Wert" sei.

62 Das BSG hat mit Urteil vom 22.3.2006[62] in einem obiter dictum festgestellt:

„Für die Annahme einer gemeinschaftlichen Berufsausübung im Rahmen einer Gemeinschaftspraxis ist neben der Beteiligung der Partner an den Investitionen und Kosten der Praxis grundsätzlich auch eine Beteiligung am immateriellen Wert der Praxis (dem sog „Goodwill") erforderlich, wobei die vertragliche Ausgestaltung im Einzelfall unterschiedlich sein kann (vgl. hierzu Engelmann in: von Wulffen/Krasney (Hrsg), Festschrift 50 Jahre BSG, 2004, S. 429, 451 f. m.w.N.)".

63 Es wäre wünschenswert gewesen, wenn sich das BSG bei dieser für die Zulassungsgremien wichtigen Aussage mit der wissenschaftlichen Literatur, insbesondere aber mit der Auffassung der KBV vom 15.1.2003 auseinandergesetzt hätte. Die Auswirkungen des Urteils auf die Praxis sind derzeit nicht abzuschätzen.[63]

d) Sog. „Mischvariante"

64 Zwischenzeitlich existieren MVZ, in denen sowohl angestellte Ärzte als auch Vertragsärzte tätig sind. Die innere Struktur dieser „Mischvariante" ist nur schwer mit den herkömmlichen Vorgaben der Freiberuflichkeit einerseits und den gesellschaftsrechtlichen Anforderungen andererseits in Einklang zu bringen. Dies gilt insbesondere, wenn das Versorgungszentrum in der Rechtsform einer GbR betrieben wird und – auch im Hinblick auf die geänderte Beurteilung der rechtlichen Einordnung der Gesellschaft bürgerlichen Rechts – daran festhält, dass sich Gesellschaftereigenschaft (als Merkmal der Freiberuflichkeit notwendige Voraussetzung) und gleichzeitige Anstellung gegenseitig ausschließen. Würde man hieran festhalten, wäre die Tätigkeit des Vertragsarztes (ohne Gesellschafterstellung) nur entsprechend der eines „freien Mitarbeiters" möglich.[64]

---

60 Hierzu *Schallen*, Rn 1168 f.
61 DÄBl. 2006, A-801.
62 B 6 KA 76/04 R, ZMGR 2006, 148.
63 Zur Problematik vgl. *Möller*, MedR 2006, 624; *Gummert/Meier*, MedR 2007, 1 ff.; *Haak*, MedR 2005, 631.
64 Zur Problematik *Dahm* in: Dahm/Möller/Ratzel, Kap III Rn 75; *Zwingel/Preißler*, Kap 8 Rn 12; sowie *Möller*, GesR 2004, 459 und *Rau*, MedR 2004, 671.

7. Anforderungen an die Gründer

a) Gründerpluralität

In der Gesetzesbegründung[65] sind als Gründer ausdrücklich erwähnt:
- Vertragsärzte,
- Krankenhäuser,
- Heilmittelerbringer,
- häusliche Krankenpflege,
- Apotheken.

Der Kreis potentieller MVZ-Gründer geht allerdings weiter darüber hinaus.[66] Immer dann, wenn **Missbrauchsgefahren** aufgezeigt werden sollen, wird die freiberuflich tätige Hebamme (§ 134 SGB V) genannt, die ein MVZ mit angestellten Gynäkologen betreibt. Auch der Taxiunternehmer, der mit einer bestimmten Krankenkasse einen Beförderungsvertrag abgeschlossen hat (§ 133 Abs. 1 SGB V), wird als „Gründungsgespenst" aufgebaut.

Folgende Leistungserbringer dürften in der Praxis als Gründer eine **besondere** Rolle spielen:
- **Vertragsärzte**,
- Vertragspsychotherapeuten,
- ermächtigte Krankenhausärzte,
- ermächtigte andere Ärzte, Psychotherapeuten,
- **Vertragszahnärzte**,
- ermächtigte Zahnärzte,
- **zugelassene MVZ-Träger**,[67]
- **zugelassene Krankenhausträger gemäß § 108 SGB V**,
- Vorsorge- und Rehabilitationseinrichtungen gemäß §§ 111, 111a SGB V
- ermächtigte Träger von Einrichtungen nach §§ 117, 118, 119a SGB V (Hochschulambulanzen, Psychiatrische Institutsambulanzen, Sozialpädiatrische Zentren),
- Hilfsmittellieferanten nach § 127 SGB V
- Apotheken gemäß § 129 SGB V,
- Krankenhausapotheken gemäß § 129a SGB V,
- Träger von Einrichtungen nach § 311 SGB V (Polikliniken, Ambulatorien, Gesundheitseinrichtungen sowie Fachambulanzen im Beitrittsgebiet).

Nicht als Träger eines MVZ kommen in Betracht:
- Privatkrankenanstalten,
- pharmazeutische Unternehmer gemäß §§ 130a, 130b SGB V,
- Krankenkassen oder deren Verbände (Ausnahme: Eigeneinrichtungen gemäß § 140 Abs. 1 S. 2 SGB V),
- Kassen(zahn)ärztliche Vereinigungen,
- Krankenhausgesellschaft,
- Träger von Managementgesellschaften,
- Zahntechniker.

---

65 BT-Drucks 15/1525 v. 8.9.2003, S. 107 f.
66 Zum unüberschaubar großen Kreis potentieller Gründer vgl. die Aufstellung von *Hanika*, PflR 2004, 433, 439.
67 *Schirmer*, Kap I 2.5.1, S. 304 f.

§ 8 Neue Versorgungsformen (MVZ, integrierte Versorgung)

69 In der Praxis ist die Tendenz festzustellen, dass nicht zu dem Gründerkreis zählende Investoren ein gemäß § 124 SGB V zugelassenes Unternehmen zur Heilmittelerbringung (z.B. Physiotherapeuten-GmbH) oder ein nach § 127 SGB V zugelassenes Hilfsmittelunternehmen (z.B. Sanitätshaus-GmbH) gründen und sich auf diese Weise mittelbar an der Errichtung eines MVZ beteiligen. Ob der Gesetzgeber dies dauerhaft dulden wird, bleibt vor dem Hintergrund abzuwarten, dass der Gesetzgeber nach der Begründung zu § 95 Abs. 1 SGB V „eine primär an medizinischen Vorgaben orientierte Führung der Zentren" gewährleistet sehen wollte.

70 Fraglich ist, ob jede gründungsberechtigte Person – quasi in Eigenregie – Ärzte anstellen und ein MVZ betreiben kann. *Schirmer*[68] führt hierzu aus:

> *„Weiter entscheidend ist, dass der Schuldner des Behandlungsvertrages nicht ein Nicht-Arzt ist, der persönlich für die Erfüllung haftet. Es kommen daher nur gesellschaftsrechtliche Formen in Betracht, bei denen der Berufsträger (= Arzt, Psychotherapeut) entsprechend § 1 BÄO/§ 1 PsychThG zwar für einen anderen (die Gesellschaft), aber im Verhältnis zum Patienten eigenverantwortlich und selbständig (bzw. als „Erfüllungsgehilfe" eines Berufsträgers) nicht gewerblich oder kaufmännisch handelt. In Betracht kommen daher nur juristische Personen des Privatrechts (GmbH, AG) ... Dies gilt auch für alle potentiellen nicht ärztlichen Gründer, sie bedürfen des „Rechtsmantels" der juristischen Person."*

71 Zwingend ist die Auffassung nicht, da primär maßgeblich die Leistungserbringung durch qualifizierte Ärzte und weniger die juristische Einordnung die Person des Vertragspartners ist.

b) MVZ in der Trägerschaft von Krankenhäusern

72 Krankenhausträger nach § 108 SGB V sind geborene MVZ-Gründer. Sie sind – ebenso wie die anderen anerkannten Leistungserbringer – nach verbreiteter Meinung berechtigt, allein oder gemeinsam mit anderen gründungsberechtigten Leistungserbringern MVZ bundesweit in unbegrenzter Anzahl an unterschiedlichen Stellen und in einfacher oder variantenreicher Fachgebietskombination zu errichten.[69] Es ist nicht erforderlich, dass für jedes MVZ eine separate Träger-Gesellschaft gegründet wird. Sämtliche MVZ können als selbständige Betriebsstätten einer einzelnen Gesellschaft geführt werden.[70] In jedem Einzelfall müssen die Zulassungsvoraussetzungen erfüllt sein. Folgt man dem, ist es beispielsweise einer bundesweit agierenden Krankenhauskette erlaubt, an jedem ihrer Krankenhausstandorte – ob darüber hinaus ist strittig – MVZ zu errichten. Denkbar wäre dann auch, dass mehrere MVZ in räumlicher Nähe zum Krankenhaus gegründet werden.

73 Im Vordergrund stehen bei derartigen Überlegungen häufig weniger die hehren Ziele, welche der Gesetzgeber mit der Einrichtung medizinischer Versorgungszentren verfolgt sehen wollte, als vielmehr eine Möglichkeit der „Einweiser"- (z.T. auch schon „Kunden-")Bindung an stationäre Einrichtungen, mit denen jedenfalls auf lange Sicht die

---

[68] Kap I 3.1.1, S. 307; vgl. ferner *Orlowski/Schirmer/Halbe* in: Halbe/Schirmer, B 1400 Rn 58.
[69] Str.: wie hier *Behnsen*, das Krankenhaus 2004, 602, 604; *Peikert*, ZMGR 2004, 211, 219; *Zwingel/Preißler*, Kap 6 Rn 41; *Möller* in: Dahm/Möller/Ratzel, Kap V Rn 18; a.A. *Dahm* in: Dahm/Möller/Ratzel, Kap IV Rn 22, Kap VI Rn 72 ff. sowie *Ratzel*, ZMGR 2004, 67; *Schirmer*, Kap I 8, S. 325; KassKomm/*Hess*, SGB V, § 95 Rn 53, die auf den örtlichen Schwerpunkt der jeweiligen Tätigkeit bzw. den Zulassungsstatus abstellen.
[70] *Schirmer*, Kap I 2.4, S. 304.

freie Arztwahl und das Wahlrecht der Patienten bei der Inanspruchnahme stationärer Einrichtungen unterlaufen werden können. Der Eindruck ist nicht unberechtigt, dass die Krankenhauspflege-Richtlinien des (Gemeinsamen) Bundesausschusses völlig in Vergessenheit geraten, obwohl dort Vorgaben dazu gemacht werden, nach welchen Kriterien die Verordnung von Krankenhauspflege zu erfolgen hat.

8. Ort der Niederlassung

Die Zulassung des MVZ erfolgt für den Ort der Niederlassung („Vertragsarztsitz", § 95 Abs. 1 S. 4 SGB V). Dieser Ort ist unter Angabe der konkreten Anschrift anzugeben. Außerhalb der „Betriebsstätte" (so jetzt § 15a Abs. 1 S. 2 BMV-Ä in der ab 1.7.2007 geltenden Fassung) dürfen keine Filialen betrieben werden. In der amtl. Begründung heißt es hierzu:[71]

74

„Die Zulassung eines Zentrums erfolgt durch den Zulassungsausschuss für den Ort der Betriebsstätte und nicht für den Ort des Sitzes des Trägers des medizinischen Versorgungszentrums. Über die Regelung des § 72 Abs. 1 [SGB V], wonach die Vorschriften, die für die Vertragsärzte gelten, auch auf die medizinischen Versorgungszentren Anwendung finden, gelten auch die vom Bundessozialgericht entwickelten Grundzüge zur Genehmigung von Zweigpraxen (BSGE 77, 188). Danach bedarf ein medizinisches Versorgungszentrum, das Leistungen nicht nur in seiner Betriebsstätte, sondern parallel auch in einer örtlich getrennten Betriebsstätte anbieten will, der Genehmigung zum Betrieb einer Zweigpraxis durch die KV. Dagegen sind ausgelagerte Praxisstätten ohne Genehmigung rechtlich zulässig."

Da der Vertragsarztsitz mit der MVZ-Anschrift identisch ist, stellt jeder Umzug eine Verlegung dar, die vom Zulassungsausschuss im Voraus zu genehmigen ist. Ein Anspruch auf rückwirkende Genehmigung besteht nicht.[72] Eine Verlegung ohne Genehmigung gefährdet daher den Vergütungsanspruch. Befindet sich das MVZ auf dem Krankenhausgelände und erfolgt ein Umzug in ein anderes Gebäude, ohne dass sich die Anschrift ändert, besteht keine Genehmigungsbedürftigkeit. Im Übrigen besteht auf die Erteilung der Genehmigung zur Verlegung des Sitzes ein Rechtsanspruch, wenn Gründe der vertragsärztlichen Versorgung nicht entgegenstehen (§ 24 Abs. 6 Ärzte-ZV).[73]

75

Praxisbezeichnungen mit dem Wortbestandteil Zentrum – z.B. Orthopädisches Behandlungszentrum[74] – wurden lange Zeit als unzulässig angesehen. Unabhängig von dem Postulat einer gewissen Größe wurde dieser Begriff – ebenso wie z.B. die Ankündigung als Institut – öffentlichen Einrichtungen vorbehalten. Diese restriktive Beurteilung wird sich vor dem Hintergrund der Rechtsprechung des BVerfG nicht aufrecht erhalten lassen. Fraglos wird sich auch das kleinste MVZ als solches bezeichnen können.[75] Der Begriff „Zentrum" hat für medizinische Einrichtungen damit eindeutig an Bedeutung verloren, zumal inzwischen auch die kleinste Praxis bemüht ist, die eigene Bedeutung durch Gebrauch entsprechender Begrifflichkeiten zumindest dem Anschein nach zu erhöhen.

76

---

71 BT-Drucks 15/1525 v. 8.9.2003, S. 108.
72 BSG, Urt. v. 31.5.2006 – B 6 KA 7/05 R, GesR 2006, 455.
73 *Schallen*, Rn 722.
74 BGHeilB OLG München, Urt. v. 25.4.2001 – BF-Ä 1/2001, zitiert nach *Ratzel* in: Dahm/Möller/Ratzel, Kap VII Rn 46 Fn 45.
75 *Ratzel* in: Dahm/Möller/Ratzel, Kap VII Rn 46.

§ 8 Neue Versorgungsformen (MVZ, integrierte Versorgung)

77 Die Firmierung kann recht flexibel gestaltet werden. Denkbar sind die Einbeziehung einer Ortsangabe – z.B. „MVZ Derendorf" –, eines Straßennamens – z.B. „MVZ Brunnenallee" – oder einer örtlichen Gegebenheit – z.B. „MVZ im Stadttor", „MVZ am Marienkrankenhaus". Auch gegen die Nennung des Namens des Gründers – z.B. „MVZ Dr. Müller GmbH" – dürften keine Bedenken bestehen. Wird das MVZ als Ärzte-Gesellschaft gemäß § 23a MBO geführt, darf die Firmierung nur die Namen der in der Gesellschaft tätigen Ärzte enthalten.[76]

9. Überörtliches MVZ, Filialbildung

78 Die Zulässigkeit eines überörtlichen MVZ wurde selbst für den Fall der Umwandlung einer überörtlichen Gemeinschaftspraxis verneint. Nach *Schirmer*[77] folgt unter dem Blickwinkel der institutionellen Zulassung am Ort der Niederlassung zwingend, „einer überörtlichen Gemeinschaftspraxis die simultane Bildung als MVZ mit entsprechender institutioneller Zulassung nicht gewähren zu können."

79 Demgemäß kann ein MVZ nicht dadurch errichtet werden, dass sich zwei Vertragsärzte mit unterschiedlichen Praxissitzen und Schwerpunkten – z.B. ein Kardiologe und ein Pneumologe – zu einem überörtlichen MVZ zusammenschließen. Die Gründungsvoraussetzungen müssen vielmehr für den **Sitz des MVZ** erfüllt sein.

80 Nach Inkrafttreten des VÄndG besteht aber auch für MVZ fraglos die Möglichkeit zur **Gründung von Filialen** (in § 15a Abs. 1 S. 3 BMV-Ä auch „Nebenbetriebsstätte" genannt) gem. § 24 Abs. 3 Ärzte-ZV (i.V.m. § 72 Abs. 1 SGB V; vgl. auch § 15a Abs. 3 BMV-Ä):

„*Vertragsärztliche Tätigkeiten außerhalb des Vertragsarztsitzes an weiteren Orten sind zulässig, wenn und soweit*

1. dies die Versorgung der Versicherten an den weiteren Orten verbessert und

2. die ordnungsgemäße Versorgung der Versicherten am Ort des Vertragsarztsitzes nicht beeinträchtigt wird."

81 Die Möglichkeit zur scheinbar unbeschränkten Filialbildung steht in Widerspruch zu den Grundsätzen der Bedarfsplanung.[78] Andererseits betragen die Wartezeiten für Untersuchungen z.B. für bildgebende Verfahren – nicht zuletzt wegen der budgetierten Vergütungssituation – teilweise mehrere Wochen. Jede Abkürzung der Wartezeit wäre unter diesen Umständen als qualitative Verbesserung der Versorgungssituation zu werten, würde dem nicht faktisch die Sperrwirkung des Budgets entgegenstehen. Dürfte nun jeder Vertragsarzt eine Filiale in einem gesperrten Planungsbereich eröffnen, würde dies zwangläufig zu einem **Unterlaufen der Bedarfsplanung** führen, was die KBV und die Spitzenverbände der Krankenkassen in den Bundesmantelverträgen mit größter Wahrscheinlichkeit verhindern werden.[79] In nicht zulassungsbeschränkten Fachgebieten – z.B. Strahlentherapie, Nuklearmedizin – wird aber ggf. eine großzügigere Betrachtungsweise erfolgen können.

82 Die Gründung der Filiale kann in dem Bezirk erfolgen, in welchem der Vertragsarzt seinen Vertragsarztsitz hat. In diesem Fall erfolgt die Genehmigung durch seine KV.

---

[76] *Häußermann/Dollmann*, MedR 2005, 255, 261.
[77] Kap I 3.2.4, S. 311 f.
[78] So KassKomm/*Hess*, SGB V, § 95 Fn 22.
[79] Restriktiv bei bestehenden Zulassungsbeschränkungen ebenfalls *Schallen*, Rn 648; *Dahm/Ratzel*, MedR 2006, 555, 563.

Soweit die weiteren Orte außerhalb des Bezirks seiner KV liegen, erteilt der Zulassungsausschuss, in dessen Bezirk er die Tätigkeit aufnehmen will, eine Ermächtigung. Auf die Erteilung der Genehmigung/Ermächtigung besteht bei Vorliegen der Voraussetzungen ein Rechtsanspruch.

Die Tätigkeit an den weiteren Orten kann durch Einbindung angestellter Ärzte erfolgen (zur Präsenzpflicht siehe Rn 173 ff.). Dabei kommt dem MVZ-Betreiber die Aufgabe zu, durch den ärztlichen Leiter die Leitungs- und Überwachungsfunktion auch hinsichtlich der Filiale ausüben zu lassen. Vom Grundsatz her kann der angestellte Arzt seine Tätigkeit relativ weisungsfrei verrichten. Das Bundessozialgericht hat bereits mit Urteil vom 20.9.1995[80] betont, dass die Stellung des angestellten Arztes trotz fehlender Vertragsarztzulassung eher derjenigen eines Partners in einer Gemeinschaftspraxis entspreche als derjenigen eines Assistenten. Der angestellte (Zahn-)Arzt dürfe selbständig und ohne Abhängigkeit von Weisungen und Aufsicht des Praxisinhabers Versicherte behandeln. Dies muss erst recht für ein MVZ gelten, sofern dieses in der sog. „Angestellten-Variante" betrieben wird.

83

10. Weitere Voraussetzungen für die MVZ-Zulassung oder die Anstellungsgenehmigung

a) Keine Zulassungsbeschränkungen

Die Gründung eines MVZ erfolgt grundsätzlich bedarfsplanungsneutral. Die Anstellung eines Arztes setzt voraus, dass für das entsprechende Fachgebiet keine Zulassungsbeschränkungen bestehen (§ 95 Abs. 2 S. 7 SGB V). Dies gilt selbstverständlich auch für Vertragsärzte, die in das MVZ eingebunden werden sollen.

84

Die Zulassungsbeschränkungen sind durch den Landesausschuss der Ärzte und Krankenkassen bei Überversorgung anzuordnen (§ 103 Abs. 1 S. 2 SGB V), räumlich zu begrenzen und arztgruppenbezogen und unter angemessener Berücksichtigung der Besonderheiten bei den Kassenarten vorzunehmen (§ 103 Abs. 2 SGB V). Die für die Anordnung von Zulassungsbeschränkungen maßgeblichen Verhältniszahlen werden nur für Arztgruppen ermittelt, in denen mehr als 1.000 Vertragsärzte bundesweit tätig sind. Überversorgung mit der Konsequenz der Anordnung von Zulassungsbeschränkungen ist dann anzunehmen, wenn der allgemeine bedarfsgerechte Versorgungsgrad um 10 % überschritten ist. Maßgeblich sind insofern die sich nach den Stadt- und Landkreisen richtenden regionalen Planungsbereiche. Hier müssen die Arztgruppen der Bedarfsplanung nicht mit den Fachgebieten der jeweiligen Weiterbildungsordnung übereinstimmen (siehe Rn 24). Die KVen veröffentlichen regelmäßig, welche Fachgebiete in welchen Planungsbereichen zulassungsgesperrt sind.

85

Trotz bestehender Zulassungsbeschränkungen kommt die Anstellung eines Arztes in einem MVZ gemäß § 101 Abs. 1 Nr. 4 SGB V in Betracht, wenn sich das MVZ gegenüber dem Zulassungsausschuss in Analogie zum 8. Abschnitt der Bedarfsplanungs-Richtlinien-Ärzte zu vergleichbaren Leistungsbeschränkungen wie bei „Job-Sharing-Praxen" verpflichtet.[81]

86

---

80 6 Rka 37/94, MedR 1996, 470.
81 *Dahm* in: Dahm/Möller/Ratzel, Kap VI Rn 94 f.; *Schirmer*, Kap I 4.5, S. 317.

87 Grundsätzlich in Betracht kommt auch eine Sonderbedarfszulassung gemäß Nr. 24 ff. der Bedarfsplanungs-Richtlinien-Ärzte.[82]

b) Neufassung des § 20 Abs. 2 Ärzte-ZV

88 Bis zum Inkrafttreten des VÄndG zum 1.1.2007 war es – soweit ersichtlich – einhellige Praxis der Zulassungsgremien, die **MVZ-Anstellungsgenehmigung zu versagen**, wenn der anzustellende Arzt sowohl im stationären Bereich des Krankenhausträgers als auch in dem dem Krankenhaus angegliederten MVZ tätig werden sollte. Dass die sektorenübergreifende Beschäftigung sinnvoll sein kann, versteht sich eigentlich von selbst. Die Zulassungsgremien stellten jedoch nach wie vor auf die als gefestigt anzusehende Rechtsprechung des Bundessozialgerichts ab,[83] wonach ein Vertragsarzt – von wenigen Ausnahmen abgesehen[84] – wegen der befürchteten Interessenskollision (§ 20 Abs. 2 Ärzte-ZV) nicht als angestellter Krankenhausarzt tätig sein durfte.

89 Das VÄndG hat den Meinungsstreit durch eine Ergänzung des § 20 Abs. 2 Ärzte-ZV beseitigt:

„Die Tätigkeit in oder die Zusammenarbeit mit einem zugelassenen Krankenhaus nach § 108 des Fünften Buches Sozialgesetzbuch oder einer Vorsorge- oder Rehabilitationseinrichtung nach § 111 des Fünften Buches Sozialgesetzbuch ist mit der Tätigkeit des Vertragsarztes vereinbar."

90 Die Gesetzesbegründung[85] qualifiziert die Neuerung als **Klarstellung** und hebt hervor, dass ein Arzt gleichzeitig in einem Krankenhaus und in einem MVZ tätig sein kann. Es ergeben sich folgende neue Konstellationen[86]:
- Der angestellte Krankenhausarzt kann teilzeitig als Vertragsarzt in eigener Praxis tätig sein,
- der angestellte Krankenhausarzt kann teilzeitig im MVZ als Vertragsarzt tätig sein,
- der angestellte Krankenhausarzt kann teilzeitig in einer Praxis als angestellter Arzt tätig sein,
- der angestellte Krankenhausarzt kann teilzeitig in einem MVZ als angestellter Arzt tätig sein,
- der Vertragsarzt oder der in einer Vertragsarztpraxis oder einem MVZ angestellte Arzt kann auch in anderer Form mit einem Krankenhaus kooperieren z.B. als Konsiliararzt.[87]

91 Auch nach der Änderung des § 20 Abs. 2 Ärzte-ZV kann jedoch nach wie vor eine **Interessen- und Pflichtkollision** vorliegen, die den Vertragsarzt für seine vertragsärztliche Tätigkeit **ungeeignet** macht.[88] Unzulässig wären z.B. eine Leistungsverlagerung aus nicht sachgerechten Gründen oder das Führen der vertragsärztlichen Praxis durch den Krankenhausträger (Vertragsarzt als „Strohmann").[89]

---

82 *Dahm* in: Dahm/Möller/Ratzel, Kap VI Rn 113 f.; *Schirmer*, Kap I 4.5, S. 317.
83 BSG, Urt. v. 5.2.2003 – B 6 KA 22/02 R, SozR 4-2500, § 95 SGB V Nr. 2; hierzu ausführlich *Wenner*, GesR 2004, 353; *Schallen*, 4. Auflage 2004, Rn 474; *Dahm* in: Dahm/Möller/Ratzel, Kap VI Rn 37; *Schirmer*, Kap I 5, S. 318 f.
84 Z.B. für Pathologen und Laborärzte.
85 BT-Drucks 16/2474 v. 30.8.2006, S. 29.
86 *Wigge/Harney*, Mitteilungen der Deutschen Röntgengesellschaft 2006, 1267 f.; *Dahm/Ratzel*, MedR 2006, 563.
87 Zu sektorübergreifenden Kooperationen *Dahm*, ZMGR 2006, 166.
88 *Schirmer*, Kap I 5, S. 318; allgemein zur Interessen- und Pflichtkollision *Quaas/Zuck*, § 18 Rn 8.
89 Ausführlich *Wigge/Harney*, Mitteilungen Deutsche Röntgengesellschaft 2006, 1267, 1279.

c) Aufhebung der Alterszugangsgrenze

Auf Initiative des Bundesrats hat das VÄndG die Alterszugangsgrenze von 55 Jahren durch die Streichung des § 25 Ärzte-ZV aufgehoben. Die Zulassung und ebenfalls die Anstellungsgenehmigung enden kraft Gesetzes grundsätzlich mit Ablauf des Kalendervierteljahres, in welchem der Vertragsarzt sein 68. Lebensjahr vollendet (§ 95 Abs. 7 S. 3 SGB V). Der Gesetzgeber hat die Beendigungsaltersgrenze im VÄndG nochmals ausdrücklich bestätigt. Ausnahmen sind in unterversorgten Gebieten möglich.

92

Das Bundesverfassungsgericht hat wiederholt entschieden, dass die Beendigungsaltersgrenze im **Allgemeinwohlinteresse** verfassungsgemäß ist.[90] Ob europarechtliche Vorgaben unter Altersdiskriminierungsgesichtspunkten zu einer Korrektur führen werden, bleibt abzuwarten.[91]

93

11. Selbstschuldnerische Gesellschafterbürgschaft

§ 95 Abs. 2 SGB V hat durch die Einfügung eines Satzes 6 zum 1.1.2007 eine maßgebliche Modifizierung erfahren, deren Auswirkungen auf die Praxis derzeit kaum übersehbar sind:

94

> *„Für die Zulassung eines medizinischen Versorgungszentrums in der Rechtsform einer juristischen Person des Privatrechts ist außerdem Voraussetzung, dass die Gesellschafter selbstschuldnerische Bürgschaftserklärungen für Forderungen von KVen und Krankenkassen gegen das medizinische Versorgungszentrum aus dessen vertragsärztlicher Tätigkeit abgeben; dies gilt auch für Forderungen, die erst nach Auflösung des medizinischen Versorgungszentrums fällig werden."*

Der Gesetzgeber hat durch diese Regelung die juristischen Personen haftungsrechtlich den als Personengesellschaften organisierten kooperativen Organisationsformen (Gemeinschaftspraxis, Berufsausübungsgemeinschaft, MVZ in der Freiberuflervariante) gleichstellen wollen.[92] Er weist ausdrücklich darauf hin, dass in Einzelpraxis oder in einer Berufsausübungsgemeinschaft niedergelassene Vertragsärzte mit ihrem Privatvermögen z.B. für Honorarrückforderungsansprüche oder Schadensersatzansprüche wegen Verursachung eines sonstigen Schadens (§ 48 BMV-Ä) haften.[93] Diese Haftungserstreckung soll zukünftig zum Schutz der Gemeinschaft der in den KVen durch Pflichtmitgliedschaft organisierten Leistungserbringer die Gesellschafter z.B. der MVZ-GmbH einbeziehen.

95

Die Vorlage der Bürgschaft ist nicht für bereits bestehende, sondern ausschließlich für die ab dem 1.1.2007 zuzulassenden MVZ in der Trägerschaft einer juristischen Person des Privatrechts **Zulassungsvoraussetzung**.[94] Stellt z.B. eine bereits zugelassene MVZ-GmbH den Antrag auf Genehmigung einer Anstellung, hat dies keinen Einfluss auf den Zulassungsstatus mit der Folge, dass **keine Bürgschaftserklärung** abgegeben werden muss. Gründet die als juristische Person des Privatrechts betriebene MVZ-Trägergesellschaft mehrere MVZ, muss die Bürgschaftserklärung selbständig für jedes MVZ abge-

96

---

90 Zuletzt mit Beschl. v. 26.1.2007 – 2 BvR 2408/06.
91 Die vertragsarztrechtliche Beendigungsaltersgrenze für europarechtswidrig hält *Boecken*, NZS 2005, 393.
92 *Möller*, MedR 2007, 263, 267.
93 BT-Drucks 16/2474 v. 30.8.2006, S. 21; ausführlich zur Entstehungsgeschichte *Dahm/Ratzel*, MedR 2006, 555, 565; *Schallen*, Rn 404 f.
94 Zur Rückwirkung *Möller*, MedR 2007, 263, 267.

geben werden; als offen geblieben ist die Frage zu behandeln, ob eine Erweiterung des MVZ die Forderung nach Abgabe einer Bürgschaft begründen kann.

97 Der Wortlaut des Gesetzes geht dahin, dass **die Gesellschafter** selbstschuldnerische Bürgschaftserklärungen abgeben. Dies wird in der Praxis der Zulassungsausschüsse derzeit so gehandhabt, dass eine Ersetzung der Person des Bürgen beispielsweise durch die Stellung einer Bankbürgschaft nicht möglich sein soll; der Hinweis auf die Art der Bürgschaft als „selbstschuldnerisch", hat allerdings nur insoweit Bedeutung, als damit der Bürge (wenn auch betragsmäßig nicht begrenzt) genau so haftet, als wäre in seiner Person die Verbindlichkeit begründet, insbesondere indem auf die Einrede der Vorausklage verzichtet wird (§ 773 Abs. 1 Nr. 1 BGB). Die Vermögenssituation des Bürgen ist unerheblich, was in der Praxis dazu führen kann, dass Scheinbürgern als (Einzel-)Gesellschafter institutionalisiert werden, um die gesetzlichen Voraussetzungen in formaler Hinsicht zu erfüllen. Die Bürgschaft soll betragsmäßig nicht beschränkt werden dürfen,[95] was unter dem Aspekt der Verhältnismäßigkeit als zweifelhaft anzusehen ist. Entsprechendes gilt hinsichtlich der Frage, ob die Bürgschaft auf den Zeitraum zu befristen ist, nach dem die Rechtsprechung des BSG Regressansprüche als verwirkt ansieht (vier Jahre nach Ablauf bzw. Abrechnung des betreffenden Quartals). Fraglich ist auch die Behandlung der Bürgschaft bei einem Gesellschafterwechsel (siehe Rn 146).

98 Ist Gesellschafterin der MVZ-Trägergesellschaft ihrerseits eine juristische Person, stellt sich die Frage, ob deren Übernahme einer Bürgschaft ausreicht, wenn die Gesellschafterin gleichermaßen für sich eine Haftungsbeschränkung gewählt hat. Der Gesetzgeber hat nicht bestimmt, dass in jedem Fall Rückgriff auf eine natürliche Person genommen werden muss.[96] Demgemäß sollte die Bürgschaftserklärung einer GmbH-Gesellschafterin jedenfalls dann ausreichend sein, wenn Gesellschafterin eine im Rahmen der Krankenhausplanung zugelassene Krankenhausträgergesellschaft ist, mag diese auch ihrerseits als in der Haftung beschränkte juristische Person geführt werden.[97] Bei diesen Einrichtungen wird prima facie vorausgesetzt, dass sie die „erforderliche Finanzkraft besitzen" (vgl. z.B. § 1 Abs. 3 KHG-NRW). Anders wird die Beurteilung bei teleologischer Betrachtung ausfallen können, wenn die Rechtsform der GmbH nur deshalb gewählt wird, um das gesetzgeberische Ziel zu konterkarieren, mit dem bezweckt wird, die Gemeinschaft der Leistungserbringer und die Solidargemeinschaft der Versicherten hinsichtlich eventueller Regressansprüche abzusichern.[98]

99 Nach Sinn und Zweck des Gesetzes stellt sich zudem die Frage, ob nicht eine durch die Gesellschafter beigebrachte Bankbürgschaft eher dem Sicherungsinteresse Rechnung trägt, als die nach zivilrechtlichen Grundsätzen eine neue Sicherheitsvariante darstellende Bürgschaft eines vermögenslosen Gesellschafters. Verfügt die juristische Person – wie etwa die Stiftung (siehe Rn 115) nicht über „Gesellschafter", geht die Forderung nach einer persönlichen „Gesellschafter"-Bürgschaft ohnehin ins Leere.

100 Das Bürgschaftspostulat könnte zudem gemeinnützige Krankenhausträger vor erhebliche Probleme stellen. Teilweise vertreten Steuerberater die Auffassung, möglicherweise schon bei Abgabe einer Bürgschaftserklärung zugunsten einer selbst als Alleingesellschafterin betriebenen MVZ-GmbH, auf jeden Fall aber bei Inanspruchnahme aus dem

---

95 Vgl. sog. „Schirmer-Papier" zum VÄndG, Stand 10.1.2007, S. 68; str. a.A. *Dahm/Ratzel*, MedR 2006, 566; *Orlowski/Halbe/Karch*, S. 89; *Wagener/Weddehage*, f&w 2007, 78.
96 *Möller*, MedR 2007, 263, 267.
97 So auch BMG (*Behnsen*), Schreiben v. 9.5.2007, AZ. 224 – 44720; zu praktischen Problemen vgl. *Kuhla*, das Krankenhaus 2007, 460.
98 Vgl. die Begründung zu § 95 Abs. 2 SGB V, BT-Drucks 16/2474 v. 30.8.2006, S. 21.

Bürgschaftsvertrag sei der Verlust der Gemeinnützigkeit zu befürchten.[99] Als Reaktion sind die ersten („Umgehungs-")Modelle bekannt geworden, in denen die Krankenhaus-GmbH das MVZ nicht in der Rechtsform der GmbH, sondern als GbR gemeinsam mit einem ermächtigten Chefarzt gründet. Letzterer ist mit lediglich 1 % an der GbR beteiligt und wird durch die Krankenhaus-GmbH von allen Verbindlichkeiten freigestellt (siehe Rn 116).[100]

12. Verlust der Gründereigenschaft

Die Aufrechterhaltung der Gründereigenschaft ist Voraussetzung für den Fortbestand des MVZ. Fallen die Gründungsvoraussetzungen weg, ist dem MVZ die Zulassung zu entziehen (§ 95 Abs. 6 S. 2 SGB V). Der Gesetzgeber will durch diese Regelung verhindern, dass nach Gründung eines MVZ ein Gesellschafterwechsel auf Personen erfolgt, welche nicht zum zugelassenen Gründerkreis gehören; nach der Begründung zu § 95 Abs. 6 S. 2 soll gewährleistet werden, dass sich die Führung des Zentrums dauerhaft primär an den medizinischen Vorgaben orientiert, womit wohl entgegen allen politischen Aussagen nach mehr „Wettbewerb" im Gesundheitswesen gemeint ist, dass sich die Ausrichtung nicht in erster Linie an kommerziellen Vorgaben orientiert. Demgegenüber hatte noch der erste Arbeitsentwurf zum Vertragsarztänderungsgesetz (VÄG) vom 8.8.2005 vorgesehen, dass ein altersbedingtes Ausscheiden des Vertragsarztes dem Fortbestand der Gründereigenschaft nicht entgegensteht.

101

§ 95 Abs. 6 S. 2 SGB V sieht in der ab dem 1.1.2007 geltenden Fassung für die Nachbesetzung eine **Schonfrist von sechs Monaten** vor. Liegen die Gründungsvoraussetzungen länger als sechs Monate nicht mehr vor, ist dem MVZ die Zulassung kraft Gesetzes zu entziehen.

102

Auch ein Vertragsarzt verliert seine Gründerfähigkeit mit dem Verlust der Vertragsarztzulassung.[101] Umstritten ist, ob dies auch dann gilt, wenn der Vertragsarzt z.B. Gründer einer MVZ-GmbH ist und sich **anschließend unter Verzicht auf seine Vertragsarztzulassung bei dieser Gesellschaft als Arzt** – ggf. mit dem Status als Geschäftsführer und ärztlicher Leiter – **anstellen** lässt.[102]

103

III. Rechtsform des MVZ

1. Gesetzliche Vorgaben, Gesetzgebungskompetenz

Nach § 95 Abs. 1 S. 3 SGB V können medizinische Versorgungszentren sich aller zulässigen Organisationsformen bedienen. Die Gesetzesbegründung[103] führt dazu aus, dass

104

> „Medizinische Versorgungszentren (auch) als juristische Personen, z.B. als GmbH oder als Gesamthandsgemeinschaft (BGB-Gesellschaft) betrieben werden können."

---

99 *Wagener/Weddehage*, f&w 2007, 76, 78.
100 Vgl. dazu auch *Makoski/Möller*, MedR 2007.
101 *Schirmer*, Kap I 2.5.2, S. 305.
102 Für die Zulässigkeit *Schirmer*, Kap I 2.5.2, S. 305; *Dahm* in: Dahm/Möller/Ratzel, Kap IV Rn 17 f.; *Zwingel/Preißler*, Kap 5 Rn 8 f.; a.A. *Schallen*, 4. Auflage 2004, Rn 367.
103 BT-Drucks 15/1525 v. 8.9.2003, S. 107.

105 Nach Auffassung von *Orlowski*[104] beinhaltet dies die Zulässigkeit der Errichtung in allen Rechtsformen, die eine Zulassung von Zentren zur vertragsärztlichen Versorgung tragen; die Arzt- oder Zahnarzt-GmbH wäre hiernach sozialversicherungsrechtlich vorgegeben mit der Folge, dass berufsrechtliche Regelungen unbeschadet der landesrechtlichen Zuständigkeit anzupassen wären.[105]

2. Kriterien für die Rechtsformwahl

106 Bei der Entscheidung für die richtige Rechtsform sind mannigfache Aspekte zu berücksichtigen:
- Der Betrieb des MVZ muss in der konkreten Konstellation gesetzlich zugelassen sein.
- Berufsrechtliche Vorschriften dürfen nicht entgegenstehen.
- Die Rechtsform muss vertragsarztrechtlich anerkannt sein.
- Die Konzeption darf nicht zu steuerlichen Nachteilen führen.
- Die Rechtsform muss zur Gesamtkonzeption passen und eine Abbildung der gewollten Einflussmöglichkeiten zulassen.
- Die Haftung der Gesellschafter mit dem Privatvermögen soll möglichst vermieden werden.
- Einzuhaltende Formalitäten, Registerpflichtigkeit sowie Publizitätswirkung werden als nachteilig empfunden.
- Die Form des Jahresabschlusses (Überschussrechnung oder Bilanzierung) stellt je nach Sichtweise einen Vor- oder Nachteil dar.
- Imageaspekte dürfen nicht außer Acht gelassen werden.
- Bei kommunalen Krankenhäusern sind die Vorgaben des Kommunalrechts zu beachten.[106]

3. Gesellschaftszweck, eigenständige Gesellschaft

107 Wer die Gründungsvoraussetzungen erfüllt, darf ein (oder mehrere) MVZ errichten. Wird ein Plankrankenhaus (§ 108 SGB V) durch eine GmbH betrieben, ist die GmbH anerkannte Gründerin eines MVZ. Die GmbH muss sich **keiner neuzugründenden Gesellschaft** bedienen. Soweit Zulassungsausschüsse eine andere Auffassung vertreten, existiert hierfür keine Rechtsgrundlage.

108 Zu berücksichtigen ist indes, dass der gesellschaftsvertraglich vorgegebene Gesellschaftszweck die Tätigkeit des Krankenhausträgers im ambulanten Bereich umfassen muss. Dieser Aspekt wird von den Zulassungsgremien regelmäßig geprüft. Man wird nicht verlangen können, dass der Fachterminus „Betrieb eines medizinischen Versorgungszentrums" in der Formulierung des Gesellschaftszwecks Erwähnung findet, da derartige Versorgungseinrichtungen erst ab dem 1.1.2004 existieren konnten. Bestimmt die Satzung, dass der Krankenhausträger Aufgaben der ambulanten Patientenversorgung zu erfüllen hat, umfasst diese Formulierung den Betrieb eines MVZ.

---

104 Gesundheits- und Sozialpolitik 11–12/2004, 60 f.
105 Zur Kompetenzproblematik *Dahm/Ratzel*, MedR 2006, 555; *Pestalozza*, GesR 2006, 389 ff.; *Butzer*, NZS 2005, 344.
106 Vgl. hierzu *Möller* in: Dahm/Möller/Ratzel, Kap V Rn 82 f.

4. Unzulässige/unzweckmäßige Rechtsformen

Die offene Handelsgesellschaft (oHG) wird derzeit nicht als MVZ-Trägerin anerkannt. Begründet wird dies damit, dass der Gesellschaftszweck auf den „Betrieb eines Handelsgewerbes" ausgerichtet sei (§ 105 Abs. 1 HGB) und die Ausübung ärztlicher Tätigkeit nicht unter den Begriff des Handelsgewerbes falle. Auch wenn diese Auffassung zu eng erscheint,[107] prägt sie die Auffassung der KVen und die Praxis der Zulassungsgremien.[108]

109

Verwehrt man der oHG die Funktion als Gründerin eines MVZ, gilt dies zwangsläufig gleichermaßen für die KG und die GmbH & Co. KG. Trotz der restriktiven Auffassung der Zulassungsgremien sollte solchen Krankenhausträgern, die in der Rechtsform der oHG oder KG betrieben werden, die Gründung eines MVZ in eigener Trägerschaft, also ohne zwischengeschaltete Gesellschaft, gestattet werden.

110

Der eingetragene Verein (e.V.) scheidet als Träger eines MVZ aus, da der Gesellschaftszweck mit dem Betrieb eines MVZ auf einen **wirtschaftlichen Geschäftsbetrieb** ausgerichtet ist.[109]

111

Eine eingetragene Genossenschaft (e.G.) wäre gegebenenfalls im Rahmen einer Produktivgenossenschaft als Betreiberin eines MVZ denkbar. Die zu beachtenden Formalien sind indes dermaßen umfassend, dass kaum ein MVZ-Gründer bereit sein wird, diese Vorgaben zu erfüllen.

112

5. Zulässige Rechtsformen

Es kommen folgende Rechtsformen für die Gründung und den Betrieb eines MVZ in Betracht:

113

- Natürliche Einzelperson,
- Stiftung,
- Gesellschaft bürgerlichen Rechts (GbR),
- Partnerschaftsgesellschaft (PartG),
- Stille Gesellschaft,
- Gesellschaft mit beschränkter Haftung (GmbH),
- Aktiengesellschaft (AG),
- Europäische Kapitalgesellschaften (insbesondere „Ltd.").

a) Natürliche Einzelperson

Grundsätzlich kann auch eine **Einzelperson** ein MVZ errichten. Voraussetzung ist allerdings, dass man ihr zugesteht, Partei des Behandlungsvertrages zu werden.[110] Der Gründung und dem Betrieb eines MVZ durch eine Einzelperson kommt bisher in der Praxis – soweit ersichtlich – weniger Bedeutung zu.

114

---

107 *Möller* in: Dahm/Möller/Ratzel, Kap V 4.6.
108 *Schirmer*, Kap I 13.1, S. 334.
109 A.A. *Schirmer*, Kap I 13.1, S. 334, der sowohl den Idealverein als auch den wirtschaftlichen Verein für zulässig ansieht, jedoch einschränkend darauf hinweist, dass der e.V. wegen der damit verbundenen Probleme in der Praxis keine Rolle spielen dürfte.
110 Ablehnend *Schirmer*, Kap I 3.1.1, S. 307.

b) Stiftung

115 Die Stiftung (§§ 80 ff. BGB) ist eine mit Rechtsfähigkeit ausgestattete Einrichtung, die einen vom Stifter bestimmten Zweck mit Hilfe eines dazu gewidmeten Vermögens dauerhaft fördern soll. Ihre nicht verbandsmäßige Struktur – sie hat weder Mitglieder noch Gesellschafter – unterscheidet sie von anderen juristischen Personen des Privatrechts.[111] In der Rechtsform einer Stiftung betriebene Krankenhäuser können selbst – ohne Zwischenschaltung einer anderen juristischen Person – Gründer/Betreiber eines MVZ sein.

c) Gesellschaft bürgerlichen Rechts (GbR)

116 Die GbR wird in der amtlichen Begründung – neben der GmbH – ausdrücklich als zulässige Rechtsform zum Betrieb eines MVZ aufgeführt.[112] Die Rahmenbedingungen zur Gründung und zum Betrieb einer BGB-Gesellschaft finden sich in §§ 705 ff. BGB. Gesellschafter der MVZ-GbR können – unabhängig von der Rechtsform – sämtliche anerkannte Leistungserbringer werden, und zwar unabhängig davon, ob sie selbst im MVZ tätig sind. Bei Personen des öffentlichen Rechts ergeben sich oftmals Einschränkungen. So ist es z.B. Kommunen in NRW untersagt, sich an einer Gesellschaft zu beteiligen, bei der die Haftung nicht durch die Rechtsform beschränkt ist (§ 108 Abs. 1 Gemeindeordnung NRW). Wird das kommunale Krankenhaus in der Rechtsform der GmbH betrieben, bestehen diese Beschränkungen nicht (beachte aber § 109 Abs. 5 S. 1 GO NRW). Die Krankenhaus-GmbH kann mithin Gesellschafterin einer MVZ-GbR werden, muss sich aber mit der Problematik der Bürgschaftsstellung nach § 95 Abs. 2 S. 5 SGB V auseinandersetzen, auch wenn das Versorgungszentrum nicht unmittelbar in der Rechtsform einer juristischen Person des Privatrechts geführt wird, wenn man eine Umgehung des legislatorischen Zwecks vermieden sehen will.

117 Bei der Gründung sind keine besonderen Formvorschriften zu beachten. Es besteht **keine Registerpflichtigkeit**. Der Gesellschaftsvertrag ist allerdings schriftlich abzuschließen, da er dem Zulassungsausschuss im Zulassungsverfahren vorzulegen ist.[113] Auch unabhängig von der Vorlagepflicht empfiehlt sich die Einhaltung der Schriftform aufgrund der Komplexität des Zusammenschlusses.

118 Bei der inhaltlichen Gestaltung des Gesellschaftsvertrages besteht weitestmögliche Flexibilität. Keinesfalls ist es erforderlich, dass sämtliche Gesellschafter gleichberechtigt an der Gesellschaft, deren Vermögen, Verwaltungsrechten und -pflichten sowie dem Ergebnis teilhaben. Eine Mindesteinlage ist nicht vorgesehen.

---

111 *K. Schmidt*, § 7 II 1, 173.
112 BT-Drucks 15/1525 v. 8.9.2003, S. 107.
113 *Möller* in: Dahm/Möller/Ratzel, Kap V Rn 23 f.; ein Vertragsmuster für eine GbR zwischen einem Krankenhausträger und einem Vertragsarzt ist abgedr. bei Deutsche Krankenhausgesellschaft, Hinweise zur Gründung Medizinischer Versorgungszentren, 2. Auflage 2004, 54 f.

Die Außen-GbR ist – obwohl nicht juristische Person – **rechts- und parteifähig** und kann eigenständige Trägerin von Rechten und Pflichten sein.[114] Als Nachteil ist anzusehen, dass die Gesellschafter für Gesellschaftsverbindlichkeiten akzessorisch und unbeschränkt mit ihrem Privatvermögen haften. Dies gilt auch für beitretende Gesellschafter hinsichtlich der Altverbindlichkeiten der Gesellschaft[115] (ausgenommen sind hiervon Forderungen im KV-Bereich, da hier dem jeweiligen Status Vorrang zukommt[116]).

119

Bei der MVZ-GbR besteht **keine Pflicht zur kaufmännischen Rechnungslegung**. Die GbR ist nicht kraft Rechtsform gewerbesteuerpflichtig, kann es jedoch aufgrund ihrer Tätigkeit werden. Steuersubjekt bei der Gewerbesteuer ist die GbR und der einzelne Gesellschafter. Ertragssteuerlich ist die GbR kein Steuersubjekt. Einkommensteuerrechtlich wird nicht die Gesellschaft, sondern der jeweilige Gesellschafter besteuert (§ 15 Abs. 1 Nr. 2 EStG).

120

d) Partnerschaftsgesellschaft

Die Partnerschaftsgesellschaft ist im Partnerschaftsgesellschaftsgesetz (PartGG) geregelt. Sie ist eine **Sonderform der GbR**, weist jedoch in vielen Bereichen Ähnlichkeiten mit der oHG auf.[117]

121

Gesellschafter können nur Angehörige freier Berufe (Aufzählung in § 1 Abs. 2 PartGG) zur Ausübung **ihrer** Berufe und keine juristischen Personen sein (§ 1 Abs. 1 S. 3 PartGG). Sie ist eine **Berufsausübungsgemeinschaft** und setzt grundsätzlich die aktive Berufsausübung sämtlicher Partner in der Gesellschaft voraus.[118] Für die Gründung und den Betrieb eines MVZ bedeutet dies, dass die Partnerschaftsgesellschaft nur dort als Rechtsform in Betracht kommt, wo sich zugelassene Vertragsärzte zur freiberuflichen Ausübung ihrer Tätigkeit zusammenschließen.[119] **Krankenhausträger können nicht Gesellschafter werden**. Der Betrieb einer MVZ-Partnerschaft durch angestellte Ärzte kommt ebenfalls nicht in Betracht.

122

Für den Abschluss des Gesellschaftsvertrages ist Schriftform erforderlich (§ 3 Abs. 1 PartGG), Die Partnerschaftsgesellschaft ist rechts- und parteifähig (§ 7 Abs. 2 PartGG). Es gilt der Grundsatz der gesamtschuldnerischen persönlichen Haftung der Gesellschafter für Gesellschaftsverbindlichkeiten. Für berufliche Fehler enthält § 8 Abs. 2 PartGG ein Haftungsprivileg: Waren nur einzelne Partner mit der Behandlung eines Patienten befasst, haften nur sie persönlich neben der Gesellschaft (Haftungskonzentration).

123

---

114 BGH, Beschl. v. 18.2.2002 – II ZR 331/00, NJW 2002, 1207, Palandt/*Sprau*, § 705 Rn 24; ausführlich *Gummert* in: Gummert/Riegger/Weipert, (Hrsg.), § 25 Rn 20.

115 Aktuell: BGH, Urt. v. 12.12.2005 – II ZR 283/03, NJW 2006, 765 f. Leitsatz: „Der Neugesellschafter ist in seinem Vertrauen auf den Fortbestand der vor der Publikation des Senatsurteils vom 7.4.2003 (BGHZ 154, 370 = NJW 2003, 1803 = NZG 2003, 577) bestehenden Rechtslage nicht geschützt, sondern haftet analog § 130 HGB, wenn er die Altverbindlichkeiten, für die er in Anspruch genommen wird, bei seinem Eintritt in die Gesellschaft kennt oder wenn er deren Vorhandensein bei auch nur geringer Aufmerksamkeit hätte erkennen können. Letzteres ist bei einer BGB-Gesellschaft hinsichtlich der Verbindlichkeiten aus Versorgungsverträgen (Gas, Strom, Wasser) für in ihrem Eigentum stehende Mietshäuser der Fall."

116 BSG, Urt. v. 7.2.2007 – B 6 KA 6/06 R; *Dahm/Ratzel*, MedR 2006, 560 ff. m.w.N. für Gemeinschaftspraxen bzw. Berufsausübungsgemeinschaften.

117 *Ulmer*, § 1 PartGG Rn 4.

118 *Ulmer*, § 1 PartGG Rn 11.

119 *Möller* in: Dahm/Möller/Ratzel, Kap V Rn 34.

124 Bei „Umwandlung" einer in der Rechtsform der GbR betriebenen Gemeinschaftspraxis in eine MVZ-Partnerschaft handelt es sich um einen identitätswahrenden Rechtsformwechsel. Die PartG wird im Hinblick auf ihre steuerliche Einordnung wie die GbR behandelt.

e) Exkurs: Gesetzgebungskompetenz für die Heilkunde-GmbH

125 Durch Inkrafttreten des GMG zum 1.1.2004 und die ausdrückliche Erlaubnis, MVZ in der Rechtsform der GmbH gründen zu können, ist bei der Diskussion um die Zulässigkeit der Heilkunde-GmbH ein neues Zeitalter angebrochen.[120] Zu diesem Zeitpunkt enthielten die Heilberufe-Kammergesetze einiger Bundesländer (z.B. Bayern und Sachsen) uneingeschränkte Verbote, eine ärztliche Praxis in der Rechtsform einer juristischen Person auszuüben. Die Aufsichtsbehörden haben in diesen Ländern – anders als in Niedersachsen[121] – die Errichtung von MVZ-GmbHs gleichwohl nicht beanstandet, weil es sich hierbei nicht um ärztliche Praxen handele.[122]

126 In verfassungsrechtlicher Hinsicht fraglich ist die Kompetenz des Bundesgesetzgebers zur Einführung der Heilkunde-GmbH in das GKV-System.[123] Für die Gesetzgebungszuständigkeit des Bundes spricht der Kompetenzbereich „Sozialversicherung" (Art. 74 Abs. 1 Nr. 12 GG).[124] Jedenfalls das Normensystem des Vertragsarztrechts ist unter das Tatbestandsmerkmal der Sozialversicherung zu subsumieren, da es sich insoweit um einen umfassenden verfassungsrechtlichen Gattungsbegriff handelt.[125] Gesetzgeberisches Ziel der Einführung medizinischer Versorgungszentren ist die Patientenversorgung „aus einer Hand", indem die

> „Möglichkeit der engen Kooperation unterschiedlicher ärztlicher Fachgebiete untereinander sowie mit nichtärztlichen Leistungserbringern"

erleichtert wird.[126] Dem Gesetzgeber geht es in diesem Zusammenhang um die Verbesserung der Struktur des Leistungserbringungsrechts im GKV-System, wofür ihm eine originäre Kompetenz zusteht. Ob der 6. Senat des BSG, sollte er sich mit dem Problem befassen (dürfen), in Fortsetzung seiner bisherigen Rechtsprechung die Regelungskompetenz des Bundes bestätigen wird, bleibt indes abzuwarten.

127 Es darf nämlich nicht verkannt werden, dass das ärztliche Berufsrecht als solches gem. Art. 70 GG der Gesetzgebungszuständigkeit der Länder zugewiesen ist.[127] Der Geltungsrahmen des ärztlichen Berufsrechts ist umfassend und bezieht die Behandlung von GKV-Patienten ein. Die MVZ-GmbH erbringt ihre Leistungen regelmäßig – auch – durch angestellte Ärzte. Untersagt ein Heilberufe-Kammergesetz einem Arzt die ärztliche Tätigkeit als Angestellter einer Heilkunde-GmbH, ist es in der Tat fraglich, wa-

---

120 Zum Diskussionsstand *Eisenberg*, S. 233 f.; instruktiv *Taupitz*, NJW 1995, 3033 f.
121 Nachweise bei *Wigge* in: Schnapp/Wigge, § 2 Rn 32.
122 Zur Interpretation der Rechtslage durch die Praxis *Butzer*, NZS 2005, 344, 350.
123 Vgl. *Butzer*, MedR 2004, 177, 179 ff.; *ders.* in: *Schnapp* (Hrsg.), Rechtsfragen der gemeinschaftlichen Berufsausübung, 2002, S. 28 f.; kritisch *Ratzel*, ZMGR 2004, 63, 67.
124 A.A. mit ausführlichen Nachweisen *Butzer*, NZS 2005, 344, 347 f.; kritisch *Quaas/Zuck*, § 14 Rn 37; *Pestalozza*, GesR 2006, 389, 393.
125 BSG, Urt. v. 18.6.1997 – 6 KA 58/96, BSGE 80, 257, 258 f. – fachärztlicher Internist; Umbach/Clemens/*Clemens*, Anhang zu Artikel 12, Rn 19, 35 f.; *Schnapp* in: Schnapp/Wigge, § 4 Rn 2; *Wenner*, NZS 2002, 1 f.
126 BT-Drucks 15/1525 v. 8.9.2003, S. 303; die Gesetzgebungskompetenz bejahend *Häußermann/Dollmann*, MedR 2005, 255, 258 m.w.N.
127 Vgl. Rieger/*Weimer*, Lexikon des Arztrechts, „Berufsausübungsgemeinschaften", Rn 33.

rum der Arzt dieses Verbot nicht beachten muss.[128] Das Problem stellt sich besonders pointiert bei der Behandlung von Privatpatienten!

Erstaunlicherweise kommt der Kompetenzfrage – soweit ersichtlich – in der Praxis bislang keine signifikante Bedeutung zu. Über die Gründe kann nur gemutmaßt werden. Letztlich wird der Kompetenzstreit abschließend nur durch das BVerfG entschieden werden können – und das wissen die Beteiligten.

128

f) GmbH

Die GmbH spielt bei der Gründung von MVZ insbesondere durch Krankenhausträger eine besondere Rolle, sei es, dass der Träger selbst in der Rechtsform der GmbH tätig ist oder dass er zur Errichtung des MVZ eine MVZ-GmbH gründet. Die GmbH kann durch **eine Person** (Ein-Personen-GmbH) oder **mehrere Personen** zu jedem gesetzlich zulässigen Zweck gegründet werden. Jeder Gesellschafter muss die Gründungsvoraussetzungen des § 95 Abs. 1 SGB V erfüllen. Die GmbH ist eine selbständige juristische Person des Privatrechts (§ 13 Abs. 1 GmbHG). Sie haftet grundsätzlich nur mit ihrem Gesellschaftsvermögen und die Gesellschafter – von Ausnahmefällen der sog. Durchgriffshaftung abgesehen – nur mit ihrer Stammeinlage. Der Gesellschaftsvertrag bedarf der notariellen Beurkundung (§ 2 Abs. 1 GmbHG). Gleiches gilt für die Abtretung von Geschäftsanteilen (§ 15 GmbHG).

129

Das Stammkapital der Gesellschaft muss derzeit (eine Reduzierung auf 10.000 EUR ist vorgesehen) mindestens 25.000 EUR, die Stammeinlage eines jeden Gesellschafters mindestens 100 EUR betragen. Jeder Gesellschafter kann durchaus unterschiedliche Stammeinlagen leisten. Neben der Bargründung kommen eine Sachgründung oder eine gemischte Bar- und Sachgründung in Betracht. Gläubigerschutzaspekte erschweren diesen Weg. So können sich der Krankenhausträger und Vertragsärzte an der MVZ-GmbH beteiligen. Die Einbringung einer Arztpraxis mit allen Aktiva und Passiva in eine MVZ-GmbH ist denkbar. Übertragen wird dann auch der ideelle Wert. Der Vertragsarztsitz als solcher kann nicht Gegenstand der Bewertung sein, da ihm kein eigenständiger Wert zukommt. Das Vorgehen bei einer Sachgründung bedarf eingehender steuerlicher Begleitung. Schnell wird eine sog. **„verschleierte" Sachgründung** angenommen, wenn zunächst eine Bareinlage erfolgt und von dem Einlagebetrag der Kaufpreis für die eingebrachte Praxis gezahlt wird.[129]

130

Die Eintragung ins Handelsregister erfolgt erst dann, wenn auf jede Stammeinlage, soweit nicht Sacheinlagen vereinbart sind, ein Viertel eingezahlt ist. Insgesamt muss aber wenigstens die Hälfte des Mindestkapitals bei der Anmeldung geleistet sein. Bei Gründung einer Ein-Personen-GmbH muss zusätzlich, falls Zahlung nicht erfolgt ist, Sicherheit geleistet werden (§ 7 Abs. 2 GmbHG). Anders als im Falle des § 95 Abs. 2 S. 6 SGB V werden für diese Bürgschaft keine besonderen Vorgaben gemacht.

131

Im Normalfall hat die GmbH mit der Gesellschafterversammlung und dem/den Geschäftsführer(n) **zwei notwendige Organe**. Durch Satzung können weitere Organe – z.B. Aufsichtsrat, Beirat – vorgesehen werden. Ob sämtliche Mitglieder eines (fakultativen) Beirats über die Gründungsvoraussetzungen verfügen müssen, erscheint rechtlich zweifelhaft[130] und wirtschaftlich unvernünftig. Nach außen handelt die GmbH durch ih-

132

---

128 *Wigge* in: Schnapp/Wigge, § 2 Rn 33.
129 Hierzu *Hueck/Fastrich* in: Baumbach/Hueck, GmbHG, § 19 Rn 30c.
130 So aber *Schirmer*, Kap I 13.2.7, S. 336.

ren Geschäftsführer (§ 35 Abs. 1 GmbHG). **Der Geschäftsführer der MVZ-GmbH muss nicht Arzt sein.** Auch muss der ärztliche Leiter nicht Geschäftsführer sein. Die Gesellschafterversammlung überwacht und kontrolliert den Geschäftsführer (§ 46 Nr. 6 GmbHG). Sie ist ihm gegenüber weisungsbefugt und kann ihn jederzeit abberufen (§ 38 Abs. 1 GmbHG). Die Beendigung des Anstellungsvertrages kann nach eigenen Kriterien zu beurteilen sein (Trennungsprinzip). Bei der Erfüllung von Auskunftsansprüchen (§ 51a GmbHG) sind Vorgaben des medizinischen Datenschutzes strikt zu beachten.[131] Der Gesellschaftsvertrag der GmbH kann flexibel gestaltet werden. So können die Gesellschafter den Gewinn der Gesellschaft unabhängig von der Beteiligungsquote verteilen.

133 Die GmbH ist eigenes Steuersubjekt. Der von der GmbH erzielte Gewinn unterliegt im Regelfall sowohl der Körperschaftssteuer als auch der Gewerbesteuer. Medizinisch indizierte Leistungen der MVZ-GmbH sind regelmäßig umsatzsteuerbefreit. An die Gewerbesteuerpflichtigkeit der MVZ-GmbH ist die automatische Mitgliedschaft in der zuständigen Industrie- und Handelskammer geknüpft (§ 2 Abs. 1 IHKG). *Schwarz/Helmreich*[132] haben in einer ausführlichen Gegenüberstellung einen Steuerbelastungsvergleich zwischen Personengesellschaften und Kapitalgesellschaften speziell für den Betrieb eines MVZ vorgenommen. Sie gelangen zu dem Ergebnis, dass **Personengesellschaften** eine im Ergebnis um **8,5 % günstigere Steuerbelastung** aufzuweisen haben.

g) Exkurs: GmbH & Still

134 Wie bereits ausführt, geht die Praxis der Zulassungsausschüsse dahin, Handelsgesellschaften – also oHG, KG, GmbH & Co. KG – nicht als MVZ-Träger anzuerkennen.

135 In der Rechtspraxis wird das – teilweise schon realisierte – Modell diskutiert, wonach z.B. der Krankenhausträger gemeinsam mit Vertragsärzten eine MVZ-GmbH gründet. Die Vertragsärzte und die MVZ-GmbH schließen einen atypisch stillen Gesellschaftsvertrag, auf dessen Grundlage die Vertragsärzte ihre Praxen in das Vermögen der MVZ-GmbH einbringen und sich auf der Ebene des atypisch stillen Gesellschaftsvertrages Mitbestimmungs- und Gewinnbeteiligungsrechte einräumen lassen.

136 Die stille Gesellschaft ist geregelt in §§ 230-236 HGB. Sie ist eine Innengesellschaft (§§ 705 ff. BGB). Aufgrund des schuldrechtlichen Vertrages verpflichtet sich der „Stille" gegenüber dem Inhaber des Handelsgewerbes (hier: MVZ-GmbH) zur Beteiligung an dessen Handelsgewerbe an diesen eine Vermögensbeteiligung zu leisten (§ 230 Abs. 1 HGB). Die stille Gesellschaft verfügt über kein eigenes Vermögen und ist weder rechts- noch parteifähig.[133] Sie ist keine Handelsgesellschaft und wird nicht in das Handelsregister eingetragen. Die auch als stille Gesellschafter handelnden Vertragsärzte hoffen, im Falle des Ausscheidens aus der stillen Gesellschaft eine Abfindung zu erhalten, die durch Anwendung personengesellschaftsrechtlicher Vorschriften steuerlich privilegiert ist.

h) Aktiengesellschaft

137 Die Rechtsverhältnisse der AG sind geregelt im Aktiengesetz. Die AG ist juristische Person und Kapitalgesellschaft. Das Grundkapital beträgt mindestens 50.000 EUR. Die

---

131 *Schirmer*, Kap I 13.2.6, S. 336.
132 ZMGR 2005, 203 f.; vgl. ferner *Michels/Ketteler-Eising*, MedR 2007, 29, 31 f.
133 *K. Schmidt*, § 62 III 1, 1852; *Bälz* in: Gummert/Riegger/Weipert, § 100 Rn 341.

Einmanngründung ist zulässig. Für Verbindlichkeiten der Gesellschaft haftet dem Gläubiger nur das Gesellschaftsvermögen. Die AG ist börsenfähig. Wird die AG Trägerin eines MVZ, müssen sämtliche Aktionäre die in § 95 Abs. 1 SGB V vorgegebenen Voraussetzungen erfüllen, mithin aufgrund von Zulassung, Ermächtigung oder Vertrag an der medizinischen Versorgung der GKV-Patienten teilnehmen. Organe der AG sind die Hauptversammlung, der Aufsichtsrat und der Vorstand. Der Aufsichtsrat besteht aus mindestens drei Personen. Er wählt und überwacht den Vorstand, dem die Geschäftsführung sowie die Vertretung der AG nach außen obliegen. Der Vorstand ist in Belangen der Geschäftsführung grundsätzlich nicht weisungsabhängig, wodurch die Einflussmöglichkeiten der Gesellschafter zwangsläufig beschränkt sind.

Das Prinzip der Satzungsstrenge lässt die Aktiengesellschaft für den Betrieb eines MVZ in den meisten Fällen als wenig geeignet erscheinen. Die geringen Mitwirkungs- und Kontrollrechte der einzelnen Gesellschafter können allenfalls aus der Sicht des Mehrheitsaktionärs ein Argument für die Wahl dieser Rechtsform sein.[134]

138

i) Limited („Ltd.")

In Beratungsgesprächen wird nicht selten die Frage aufgeworfen, anstelle einer GmbH oder Aktiengesellschaft eine englische Limited (Ltd.) – genaue Bezeichnung: **„private company limited by shares"** – zu gründen und so die Anforderungen an die Eigenkapitalausstattung noch einmal zu reduzieren und den Gründungsaufwand zu minimieren. Bekanntlich kann eine solche Gesellschaft für „Kleingeld" gegründet werden. Der Europäische Gerichtshof[135] und der Bundesgerichtshof[136] haben wiederholt hervorgehoben, dass der Zuzugstaat die Tätigkeit einer solchen Gesellschaft nicht behindern und beispielsweise keine erhöhten Anforderungen an die Mindestkapitalausstattung stellen darf.

139

Auch wenn eine Ltd. grundsätzlich als MVZ-Trägergesellschaft in Betracht kommt, ist von einem solchen Modell gleichwohl abzuraten. Viele Zulassungsausschüsse stehen den von Krankenhausträgern initiierten oder betriebenen MVZ ohnehin kritisch gegenüber. Durch die Wahl einer wenig bekannten Rechtsform wird das Zulassungsverfahren unnötig verkompliziert. Unabhängig von diesen eher pragmatischen Aspekten muss berücksichtigt werden, dass z.B. in England strenge Publizitätsvorschriften gelten und die Beratungskosten die vermeintlichen finanziellen Vorteile schnell aufzehren können. Die ab dem 1.1.2007 geltende Verpflichtung, eine selbstschuldnerische Bürgschaft beibringen zu müssen, dürfte die Diskussion um die „MVZ-Ltd." endgültig beenden.

140

6. Änderung der Rechtsform

Denkbar ist, dass die Gründungsberechtigen zunächst eine MVZ-GbR errichten und diese später in eine MVZ-GmbH „umwandeln" möchten. Theoretisch denkbar wäre auch der umgekehrte Weg.

141

Erfolgt der Rechtsformwechsel von der Personengesellschaft zur Kapitalgesellschaft oder umgekehrt oder im Bereich der Kapitalgesellschaften von der GmbH zur AG – oder umgekehrt – hat dies zwangsläufig Auswirkungen auf den Zulassungsstatus. Eine „Umschreibung" der MVZ-Zulassung erscheint aufgrund der unterschiedlichen Gesell-

142

---

134 *Möller* in: Dahm/Möller/Ratzel, Kap V Rn 76.
135 Hervorzuheben Urt. v. 30.9.2003 – C-167/01, NJW 2003, 3331 („Inspire Art").
136 Nachweise bei *Goette*, DStR 2006, 139, 146.

schaftsstruktur nicht sachgerecht, so dass in diesen Fällen ein (neuer) Zulassungsantrag zu stellen ist.

143 Auch die Gründung einer atypischen stillen Gesellschaft sollte dem Zulassungsausschuss bekannt gegeben werden, zumal der Gesellschaftsvertrag in der Regel zur Vorlage verlangt wird. Die „Umwandlung" einer MVZ-GbR in eine MVZ-Partnerschaftsgesellschaft ist angesichts der Gesellschaftsidentität zulassungsrechtlich unerheblich.

7. Gesellschafterwechsel

144 Tritt ein Gesellschafter der MVZ-Trägergesellschaft bei, ist dies dem Zulassungsausschuss mitzuteilen, damit dieser prüfen kann, ob der Beitretende die Voraussetzungen des § 95 Abs. 1 SGB V erfüllt.

145 Scheidet ein oder scheiden mehrere Gesellschafter aus der MVZ-GbR aus, ändert dies regelmäßig nichts an der Trägeridentität. Insbesondere ist keine erneute Zulassung erforderlich. Dies gilt auch beim Ausscheiden eines Gesellschafters aus einer Kapitalgesellschaft. Der Zulassungsausschuss hat die Gründerfähigkeit des (ehemaligen) Gesellschafters im Zusammenhang mit der Erteilung der MVZ-Zulassung überprüft.

146 Wandelt sich die MVZ-Trägergesellschaft von einer GbR in ein „Einzelunternehmen", besteht kein sachlicher Grund für die Erteilung einer erneuten Zulassung. Die Zulassung ist vielmehr von Amts wegen entsprechend zu berichtigen, sofern die Gründungsvoraussetzungen als solche nicht tangiert werden. Folgt man der hier vertretenen Auffassung, wonach für die Haftung gegenüber der KV der jeweilige Status von Bedeutung ist, kann eine „Enthaftung" nur dann bewirkt werden, wenn der Gesellschafterwechsel durch entsprechende Änderung des Zulassungsbescheides berücksichtigt worden ist. Hiervon unabhängig ist damit zu rechnen, dass unter den Voraussetzungen des § 95 Abs. 2 S. 5 SGB V neu eintretende Gesellschafter ebenfalls selbstschuldnerische Bürgschaftserklärungen für Forderungen der KVen und Krankenkassen gegen das medizinische Versorgungszentrum abgeben, die sich auf die Zeit ihrer Zugehörigkeit zum Versorgungszentrum beziehen. Zwar sieht das Gesetz grundsätzlich eine Befristung der Bürgschaftsübernahme nicht vor, da die ständige Rechtsprechung des BSG[137] für Honorarrückforderungen und sonstige Prüfungen eine Ausschlussfrist von vier Jahren vorsieht und hieraus eine zeitliche Begrenzung der Inanspruchnahme eines Gesellschafters resultiert (im Gegensatz zur fünfjährigen Anspruchsverjährung nach § 160 Abs. 1 HGB), ist jedenfalls insoweit vertragsarztrechtlich eine zeitliche Grenze für die Inanspruchnahme vorgegeben.

8. Zusammenfassung

147 Für den Krankenhausträger kommen in erster Linie die MVZ-GbR, MVZ-GmbH sowie MVZ-AG in Betracht. Probleme der persönlichen Haftung und insbesondere die Gefahren der Beitrittshaftung für ggf. neue Gesellschafter stellen erhebliche Nachteile dar. Viel spricht für die Gründung einer MVZ-GmbH. Die MVZ-GmbH & Still könnte bei entsprechender Billigung eine attraktive Gestaltungsalternative darstellen. Die MVZ-AG dürfte in den meisten Fällen aufgrund der Formenstrenge des Aktienrechts und der fehlenden Flexibilität ausscheiden.

---

137 Zuletzt BSG, Urt. v. 28.3.2007 – B 6 KA 22/06 R; Rieger/*Dahm*, Lexikon des Arztrechts, „Honorarberichtigung", Rn 21; BSG, Urt. v. 12.5.2005 – B 3 KA 32/04 KR.

IV. Erwerb und Verlust der MVZ-Zulassung

1. Zuständigkeiten

Zuständig für die Zulassung des MVZ sowie die Genehmigung der Anstellungsverhältnisse ist der für den Sitz des MVZ zuständige Zulassungsausschuss.

In Zulassungsbeschlüssen für Versorgungszentren finden sich regelmäßig Auflagen folgenden Inhalts:
- Gebot der Beschränkung auf das jeweilige Fachgebiet,
- Verpflichtung, die Versicherten auf deren Recht zur freien Arztwahl hinzuweisen,
- Kennzeichnungspflicht der erbrachten Leistungen im Rahmen der Abrechnung.

Der Zulassungsbescheid wird den Verfahrensbeteiligten förmlich zugestellt. Im Antragsverfahren werden folgende, durch das VÄndG deutlich angehobene Gebühren erhoben (§ 46 Abs. 1 Ärzte-ZV):
- für die MVZ-Zulassung –   100 EUR
- für die Anstellungsgenehmigung – 120 EUR.

Darüber hinaus werden nach unanfechtbar gewordener Zulassung und nach erfolgter Genehmigung der Anstellung **jeweils** 400 EUR als Verwaltungsgebühren erhoben.

2. Prüfungsumfang

Bei Beantragung der Zulassung des MVZ sind die Gründungsvoraussetzungen durch Vorlage der entsprechenden Unterlagen (ggf. Gesellschaftsvertrag, Registereintragung,[138] Feststellungsbescheid zur Aufnahme in den Krankenhausplan) nachzuweisen. Soweit Registerrichter die Eintragung der MVZ-GmbH erst nach erfolgter Zulassung vornehmen wollen, verkennt dies die Rechtslage.

Regelmäßig prüft der Zulassungsausschuss, ob der Gesellschaftszweck die Errichtung eines MVZ trägt. Auch im Übrigen wird man den Zulassungsgremien eine Prüfungskompetenz zugestehen müssen, die darin besteht, dass der vorgelegte Gesellschaftsvertrag **vertragsarztrechtlich** unbedenklich ist. Eine umfassende Prüfungskompetenz – z.B. bezüglich der Ausgewogenheit einzelner Vertragsklauseln[139] – steht den Zulassungsgremien nicht zu, auch wenn sie diese in der Vergangenheit bei der Überprüfung von Gemeinschaftspraxisverträgen zu Unrecht für sich in Anspruch genommen haben.

3. Widerspruchsverfahren

Gegen die Versagung der Zulassung/Ablehnung der Anstellungsgenehmigung oder in den Beschluss aufgenommene Nebenbestimmungen kann der MVZ-Träger **Widerspruch zum Berufungsausschuss** einlegen. Die übrigen Verfahrensbeteiligten (KV, Krankenkassen) können Widerspruch gegen die MVZ-Zulassung oder die erteilte Anstellungsgenehmigung erheben.

Ob Dritte – z.B. niedergelassene Vertragsärzte, Krankenhausträger – widerspruchsbefugt sind, ist gerichtlich bisher nicht entschieden.[140] Vieles spricht dafür, eine Wider-

---

138 Kritisch hinsichtlich dieser Anforderung *Peikert*, ZMGR 2004, 211, 219.
139 So ausdrücklich *Schirmer*, Kap H 3.1.7, S. 273, und zwar bezogen auf die Überprüfung von Gemeinschaftspraxisverträgen. Die Aussage trifft aber auch auf die Bewertung von MVZ-Verträgen zu.
140 *Schnapp*, NZS 2004, 449, 451 hält die rechtliche Situation für „entwicklungsoffen"; ebenso *Quaas*, f&w 2004, 640 f.

spruchsbefugnis auch vor dem Hintergrund des Beschlusses des Bundesverfassungsgerichts vom 17.8.2004[141] zu verneinen und einen erhobenen Widerspruch als unzulässig zu qualifizieren.[142] Vor dem Hintergrund einer budgetierten Gesamtvergütung führt nahezu jede Zulassung eines Vertragsarztes zu einer wirtschaftlichen Beeinträchtigung der Gesamtheit der Vertragsärzte, auch wenn diese für den Einzelnen nicht immer spürbar ist. Verlegt ein Vertragsarzt seinen Sitz in ein Gebiet mit einer ihm besser erscheinenden Patientenstruktur, hat dies regelmäßig wirtschaftliche Auswirkungen für die bisher dort tätigen Ärzte, die möglicherweise Patienten verlieren. Auch durch die Rechtsprechung des Bundesverfassungsgerichts hat sich nichts daran geändert, dass kein Vertragsarzt die bedarfsunabhängige Zulassung eines anderen Vertragsarztes oder die Verlegung eines Vertragsarztsitzes mit Rechtsmitteln unterbinden kann. Bei Vorliegen der gesetzlichen Voraussetzungen besteht ein uneinschränkbarer Zulassungs- bzw. Verlegungsanspruch. Art. 12 Abs. 1 GG gewährt keinen Schutz vor Konkurrenz. Auch haben die Vertragsärzte aufgrund ihres Zulassungsstatus keinen Rechtsanspruch auf die Sicherung einer wirtschaftlich ungefährdeten Tätigkeit – so ausdrücklich das Bundesverfassungsgericht in der zitierten Entscheidung vom 17.8.2004. Auch wenn das MVZ gegenüber Vertragsärzten „Platzvorteile"[143] hatte, die das VÄndG allerdings weitestgehend beseitigt hat, beruht dessen institutionelle Einführung auf dem Willen des Gesetzgebers, die Struktur der ambulanten Versorgung zu verbessern. Mit der bedarfsabhängigen Ermächtigung eines Krankenhausarztes hat diese Konstellation nicht das Geringste zu tun. Im Ergebnis wird man eine Drittbetroffenheit und damit eine Widerspruchs- und Klagebefugnis in Zulassungsangelegenheiten – von dem in der Rechtsprechung anerkannten Ausnahmefall einer rechtsmissbräuchlichen Entscheidung abgesehen – allenfalls in Fällen bedarfsabhängiger Zulassungen oder Ermächtigungen bejahen können.[144]

156 Das BSG hat mit Urteil vom 7.2.2007[145] hervorgehoben, dass eine **defensive Konkurrentenklage** im Vertragsarztrecht voraussetzt, dass dem Normprogramm, welches dem angefochtenen Verwaltungsakt zugrunde liegt, zu entnehmen sein muss, dass auf die Interessen betroffener Konkurrenten Rücksicht zu nehmen ist. Bei **Abrechnungsgenehmigungen**, für die allein eine bestimmte Qualifikation des Vertragsarztes nachgewiesen werden müsse (hier: Dialysegenehmigung), sei das nicht der Fall. Dies könnte aber der Fall sein bei Gründung einer Zweigpraxis (Betriebsstätte) in einem gesperrten Planungsbereich (siehe Rn 81).

157 Für die Einlegung des Widerspruchs besteht eine Rechtsbehelfsfrist von einem Monat. Der Widerspruch muss seit dem 1.1.2007 nicht mehr innerhalb der Rechtsbehelfsfrist begründet werden.[146] Die Rechtsbehelfsfrist beginnt regelmäßig mit Zustellung des Beschlusses. Der Widerspruch gilt als zurückgenommen, wenn die **Widerspruchsgebühr** nicht innerhalb der vom Berufungsausschuss gesetzten Frist entrichtet wird (§ 45 Ärzte-ZV).[147]

---

141 1 BvR 378/00, MedR 2004, 680 f. m. Anm. *Steinhilper*; dazu auch *Szabados*, GesR 2007, 97.
142 So auch *Plagemann*, Wettbewerbs- und Konkurrenzschutz in der ambulanten Versorgung (einschließlich MVZ/IV) aus anwaltlicher Sicht, Skript S. 27; *Orlowski/Schirmer/Halbe* in: Halbe/Schirmer, B 1400 Rn 106.
143 So die Formulierung von *Steinhilper* in: der Anmerkung zur Entscheidung des BVerfG vom 17.8.2004, MedR 2004, 680, 684.
144 So auch *Schirmer*, S. 247; ein Widerspruchsrecht verneinend *Plagemann*, Skript, S. 27; *Beeretz*, ZMGR 2005, 311, 313 f.
145 B 6 KA 8/06 R, GesR 2007, 369.
146 Zur früheren Rechtslage: BSG, Urt. v. 23.2.2005 – B 6 KA 69/03 R, ArztR 2006, 76.
147 Zu Recht kritisch *Quaas/Zuck*, § 18 Rn 55.

Der Widerspruch hat **aufschiebende Wirkung** (§ 86a Abs. 1 S. 1 SGG). Dies bedeutet, dass ab Bekanntgabe des Widerspruchs von der Zulassung/Anstellungsgenehmigung kein Gebrauch gemacht werden darf. Die aufschiebende Wirkung tritt allerdings nicht ein bei einem **evident unzulässigen** Widerspruch.[148] In die Kategorie der evidenten Unzulässigkeit fällt das Fehlen einer Widerspruchs- bzw. Klagebefugnis.[149]

158

Nach ständiger Rechtsprechung des Bundessozialgerichts wirkt ein Widerspruch rückwirkend (ex tunc) auf den Zeitpunkt des Erlasses des angefochtenen Bescheides zurück. **Für bereits erbrachte vertragsärztliche Leistungen entfällt demgemäß die Abrechnungsgrundlage.**[150] Es besteht kein Vergütungsanspruch, so dass ein MVZ Gefahr läuft, verfügungslos zu bleiben.

159

Der Berufungsausschuss kann die **sofortige Vollziehung** seiner Entscheidung im öffentlichen Interesse anordnen (§ 97 Abs. 4 SGB V). Wird die sofortige Vollziehung einer Zulassungsentziehung angeordnet, sind angesichts der häufig irreparablen grundrechtseingreifenden Wirkung (Art. 12 Abs. 1 GG) strengste Anforderungen zu stellen.

160

Von praktischer Relevanz ist die Frage, inwieweit die Durchführung des Widerspruchsverfahrens mit einem **besonderen Kostenrisiko** für den Widerspruchsführer verbunden ist. Nach Auffassung des BSG[151] besteht im Widerspruchsverfahren unter widerspruchsführenden Ärzten wechselseitig kein Kostenerstattungsanspruch, da eine analoge Anwendung von § 63 SGB X mangels Vergleichbarkeit der Voraussetzungen ausscheidet. Allerdings ist die Möglichkeit des Bestehens eines materiellen Kostenerstattungsanspruchs gegen den Zulassungsausschuss – etwa wegen unzureichender Begründung – unter den Voraussetzungen des § 839 BGB i.V.m. Art. 34 GG oder gegen den Widerspruchsführer gem. § 826 BGB, z.B. wegen Rechtsmissbrauchs, nicht ausgeschlossen; im Übrigen besteht bei einem Widerspruch der KV oder der beteiligten Krankenkassenverbände bei Zurückweisung ein Kostenerstattungsanspruch des von der Entscheidung Begünstigten. Da sich der Gegenstandswert in Zulassungsverfahren regelmäßig nach der Höhe des typisiert zu ermittelnden Gewinns bemisst, den der MVZ-Träger im Falle der MVZ-Zulassung innerhalb eines Zeitraums von **drei** (früher: fünf) **Jahren** erwirtschaften kann,[152] ist die wirtschaftliche Bedeutung erheblich.

161

4. Klageverfahren

Für Klagen gegen die Entscheidung des Berufungsausschusses sind die Sozialgerichte zuständig. Die Klage hat **aufschiebende Wirkung**. Die Verfahrensdauer bis zur letztinstanzlichen Entscheidung durch das Bundessozialgericht kann ohne Weiteres einen Zeitraum von zwei bis fünf Jahren umfassen. Vor diesem Hintergrund wird es verständ-

162

---

148 LSG Thüringen, Beschl. v. 23.4.2002 – L 6 RJ 113/02 ER, LS in SGb 2002, 449; *Keller* in: Meyer-Ladewig/Keller/Leitherer, § 86a Rn 10; *Jansen/Düring*, (Hrsg.), Sozialgerichtsgesetz, 2003, § 86a Rn 1; *Kopp/Schenke*, Verwaltungsgerichtsordnung, 14. Auflage 2006, § 80 Rn 50; a.A. *Schiller* in: Schnapp/Wigge, 1. Auflage 2002, § 5 Rn 128.
149 So ausdrücklich *Keller* in: Meyer-Ladewig/Keller/Leitherer, § 86a Rn 10.
150 BSG, Urt. v. 28.1.1998 – B 6 KA 41/96 R; SozR 3-1500 § 97 SGB V Nr. 3; *Schallen*, Rn 984; a.A. mit beachtlichen Argumenten *Bracher*, MedR 2001, 452, 455.
151 Beschl. v. 31.5.2006 – B 6 KA 62/04 R, GesR 2007, 19.
152 Zu den Anwaltskosten Rieger, Lexikon des Arztrechts, „Rechtsfragen", Rn 83a; zum Gegenstandswert in Zulassungsverfahren vgl. *Wenner/Bernard*, NZS 2006, 1; *Schallen*, Rn 1430; in Verfahren des einstweiligen Rechtsschutzes kann der Gegenstandswert die Hälfte des Werts der Hauptsache betragen, vgl. LSG Schleswig-Holstein, Beschl. v. 4.12.2003 – L 4 KA 2/03 ER, ZMGR 2004, 34; zum Ansatz einer vollen Gebühr nach der BRAO vgl. LSG Rheinland-Pfalz, Urt. v. 13.9.1995 – L 5 Ka 10/95.

5. Beendigung der Zulassung

163 Liegt das MVZ in einem von Zulassungsbeschränkungen betroffenen Planungsbereich und nimmt es die Tätigkeit nicht innerhalb von drei Monaten nach Zustellung des Beschlusses über die Zulassung auf, endet die Zulassung kraft Gesetzes (§ 19 Abs. 3 Ärzte-ZV). Eine solche Konstellation kann vorliegen, wenn sich z.B. die Fertigstellung der Räume verzögert. Um die Beendigung abzuwenden, sollte rechtzeitig beim Zulassungsausschuss eine Verlängerung der Frist beantragt werden, obwohl diese nur in § 19 Abs. 2 Ärzte-ZV ausdrücklich vorgesehen ist.

164 Generell endet die Zulassung des MVZ mit dem Wirksamwerden eines Verzichts, der Auflösung oder mit dem Wegzug des zugelassenen MVZ aus dem Bezirk des Vertragsarztsitzes (§ 95 Abs. 7 S. 2 SGB V).

165 Ein MVZ ist aufgelöst, wenn die Betriebsstätte aufgegeben oder die MVZ-Trägergesellschaft liquidiert wird. Von derartigen Umständen wird anders als bei der Anstellung eine Zulassung der im MVZ tätigen Vertragsärzte grundsätzlich nicht berührt. Die Vertragsärzte können ihre Zulassung „aktivieren" und nach entsprechender Verlegung an anderer Stelle vertragsärztlich tätig werden.

166 Problematischer stellt sich die Situation bei angestellten Ärzten dann dar, wenn Zulassungsbeschränkungen angeordnet sind. Das Gesetz sieht **weder die Möglichkeit der Rückumwandlung** der MVZ-Arztstelle in eine Vertragsarztzulassung **noch die Übertragung** der Arztstelle auf ein anderes MVZ vor. Immerhin hat § 95 Abs. 6 S. 3 SGB V (i.d.F. VÄndG) insofern eine Erleichterung gegenüber der stringenteren früheren Rechtslage gebracht, als einem medizinischen Versorgungszentrum die Zulassung auch (bzw. erst) dann zu entziehen ist, wenn die Gründungsvoraussetzungen nach § 95 Abs. 1 S. 6 Hs. 2 SGB V länger als sechs Monate nicht mehr vorliegen. Im Übrigen entfallen die Gründungsvoraussetzungen dann, wenn sich eine nicht zum befugten Gründerkreis gehörende Person an einer MVZ-Gesellschaft beteiligt oder das Merkmal der „fachübergreifenden" Tätigkeit nicht mehr dargestellt werden kann. Auch dann, wenn eines von zwei Fachgebieten vorübergehend wegfällt, ist dem MVZ eine Übergangsfrist von sechs Monaten zur Beseitigung des Betriebshindernisses einzuräumen und wird das MVZ für diesen Zeitraum als wirksam fingiert, obwohl – jedenfalls in einem „Zweier"-MVZ – keine fachübergreifende Tätigkeit mehr stattfindet.

167 Weiter kann die Entziehung der Zulassung immer dann erfolgen, wenn Umstände vorliegen, die bei einem Vertragsarzt die Zulassungsentziehung rechtfertigen würden. Es ist eine Gesamtabwägung der Schwere des Fehlverhaltens vorzunehmen. Bewusste Falschabrechnungen[153] können stets eine Zulassungsentziehung rechtfertigen.[154] Ob bei einem Fehlverhalten für MVZ eine **Teilentziehung**[155] (§ 27 Ärzte-ZV) in Betracht kommt, erscheint zweifelhaft.

---

153 Rieger/*Dahm*/*J. Schmidt*, Lexikon des Arztrechts, „Falschabrechnung" (Abrechnungsbetrug), Rn 24, 83.
154 Zum Ganzen *Schirmer*, Kap I 10.4, S. 328 f.
155 Dazu *Dahm/Ratzel*, MedR 2006, 564; *Schiller/Pavlovic*, MedR 2007, 86 ff.

6. Sonderkonstellation: Vorgaben zur Qualitätssicherung

Das „moderne" Vertragsarztrecht wird geprägt durch Vorgaben zur Gewährleistung und Förderung der Qualitätssicherung. Von zentraler Bedeutung für die Erbringung vertragsärztlicher Leistungen im MVZ ist § 135 Abs. 2 SGB V. Danach können die Partner der Bundesmantelverträge einheitlich Voraussetzungen für die Ausführung und Abrechnung für ärztliche und zahnärztliche Leistungen vereinbaren, welche wegen der Anforderungen an ihre Ausführung oder wegen der Neuheit des Verfahrens besondere Kenntnisse und Erfahrungen (Fachkundenachweis) sowie einer besonderen Praxisausstattung oder weiterer Anforderungen an die Strukturqualität bedürfen.

168

Für die Erbringung und Abrechnung bestimmter Leistungen ist mithin neben der erteilten Zulassung zusätzlich eine Genehmigung nach den jeweiligen Qualitätssicherungs-Richtlinien erforderlich. Die Genehmigung ist bei der zuständigen KV – nicht dem Zulassungsausschuss! – zu beantragen. Beispielhaft sei auf folgende Leistungen hingewiesen:

169

- bestimmte Laboratoriumsuntersuchungen,
- Ultraschalldiagnostik,
- Strahlendiagnostik/-therapie,
- kernspintomographische Untersuchungen,
- Langzeit-EKG-Untersuchungen,
- zytologische Untersuchungen.

Wegen der „statusähnlichen" Wirkung der Genehmigungen werden diese grundsätzlich nicht rückwirkend erteilt. Das Vorliegen der jeweiligen Genehmigung, und zwar in der Person des jeweiligen Leistungserbringers, ist Voraussetzung für den Vergütungsanspruch.

170

V. Rechte und Pflichten aus dem Zulassungsstatus

1. Gesetzliche Generalverweisung

Nach § 95 Abs. 3 S. 3 SGB V bewirkt die Zulassung des medizinischen Versorgungszentrums, dass die in dem Versorgungszentrum angestellten Ärzte Mitglieder der für den Vertragsarztsitz des Versorgungszentrums zuständigen KV sind und dass das zugelassene medizinische Versorgungszentrum insoweit zur Teilnahme an der vertragsärztlichen Versorgung berechtigt und verpflichtet ist; die vertraglichen Bestimmungen über die vertragsärztliche Versorgung sind auch für MVZ verbindlich.

171

Die für Vertragsärzte geltenden Rechte und Pflichten bestimmen danach den Rahmen auch der MVZ-Tätigkeit. Zudem wird – jedenfalls derzeit – der angestellte Arzt und nicht die MVZ-Trägergesellschaft Mitglied der zuständigen KV und ist insofern deren Disziplinargewalt unterworfen.

172

2. Wichtige vertragsärztliche Pflichten

a) Präsenzpflicht

Der Vertragsarzt ist gemäß § 24 Abs. 2 S. 1 Ärzte-ZV verpflichtet, in den Praxisräumen seines Vertragsarztsitzes zu den auf dem Praxisschild anzugebenden Zeiten Sprechstun-

173

den abzuhalten und zur Versorgung der GKV-Patienten zur Verfügung zu stehen. Im Falle seiner Verhinderung muss er für Vertretung sorgen.[156]

174 Im Rahmen der Diskussion um die Liberalisierung des Vertragsarztrechts durch das VÄndG ist vielfach übersehen worden, dass das VÄndG nicht nur Erleichterungen, sondern auch Verschärfungen hinsichtlich der vertragsärztlichen Pflichten mit sich gebracht hat. Ein Beispiel hierfür ist § 19a Ärzte-ZV, wonach die Zulassung den Arzt verpflichtet, die vertragsärztliche Tätigkeit **vollzeitig** auszuüben, d.h. nach dem ab 1.7.2007 geltenden § 17 Abs. 1a BMV-Ä mit mindestens 20 Stunden „Sprechstundentätigkeit". Soll die Tätigkeit nicht vollzeitig ausgeübt werden, ist es notwendig, die vertragsärztliche Tätigkeit gem. § 19a Abs. 2 Ärzte-ZV zu beschränken, was allerdings entsprechende Folgen im Rahmen der Honorarverteilung nach sich zieht.[157] Gemäß § 85 Abs. 4 S. 6 SGB V i.d.F. GKV-WSG hat der Verteilungsmaßstab den Umfang des Versorgungsauftrags nach § 95 Abs. 3 S. 1 SGB V zu berücksichtigen.

175 Die Pflicht zum Anbieten von Sprechstunden trifft den jeweiligen MVZ-Träger. Der im MVZ angestellte Arzt darf unbeschadet der Voll- bzw. Teilzulassung nur in dem Umfang tätig werden, der arbeitsvertraglich vorgegeben und durch den Zulassungsausschuss genehmigt wurde.[158] Bei überörtlicher Tätigkeit des MVZ sollen nach § 17 Abs. 1a S. 6 BMV-Ä (Nebenbetriebsstätten) festgelegt werden.

b) Residenzpflicht

176 Der Vertragsarzt muss seinen Wohnsitz so wählen, dass er für die vertragsärztliche Versorgung zur Verfügung steht (§ 24 Abs. 2 S. 2 Ärzte-ZV). Den Zulassungsgremien steht das Recht zu, die Beachtung dieser Pflicht mittels einer Auflage als Nebenbestimmung zur Zulassung – bei angestellten Ärzten zur Genehmigung der Anstellung – durchzusetzen. Welche Entfernung zwischen Wohnsitz und Vertragsarztsitz akzeptabel erscheint, hängt von einer Vielzahl von Faktoren – z.B. Notfallhäufigkeit des jeweiligen Fachgebiets des anzustellenden Arztes, örtliche Verhältnisse, Verkehrsanbindung etc. – ab. Das Bundessozialgericht[159] hat es als ausreichend angesehen, dass ein Psychotherapeut seine Praxis innerhalb von 30 Minuten erreichen kann.

177 Bei einem genehmigten angestellten Arzt wird man einen noch größeren Maßstab an die Erreichbarkeit dann anlegen können, wenn die Leistungserbringung im MVZ durch andere angestellte Ärzte oder durch Vertragsärzte gewährleistet ist.

c) Einhaltung der Fachgebietsgrenzen

178 Das MVZ nimmt nur für die Fachgebiete an der vertragsärztlichen Versorgung teil, für welches es Leistungen durch genehmigte angestellte Ärzte oder Vertragsärzte erbringen darf. Regelmäßig wird die MVZ-Zulassung mit der Auflage versehen, konkret zu bezeichnen, welcher Arzt die Leistungen erbracht hat. Bei Überschreitung der Fachgebietsgrenzen besteht kein Vergütungsanspruch. Darüber hinaus kann dieses Verhalten disziplinarrechtlich geahndet werden.[160]

---

156 *Schirmer*, Kap K 2.2, S. 359 f.
157 *Dahm/Ratzel*, MedR 2006, 564; *Schiller/Pavlovic*, MedR 2007, 86 ff.
158 *Zwingel/Preißler*, Kap 7 Rn 37.
159 Urt. v. 5.11.2003 – B 6 KA 2/03 R, GesR 2004, 242.
160 *Quaas/Zuck*, § 18 Rn 39.

Im privatärztlichen Bereich führt ein Überschreiten der Fachgebietsgrenzen nicht zwingend zum Verlust des Vergütungsanspruchs.[161]

d) Verbot der Behandlungsablehnung aus sachwidrigen Gründen

Mit der Zulassung zur Teilnahme an der vertragsärztlichen Versorgungstätigkeit besteht für den MVZ-Träger die Verpflichtung, im MVZ gesetzlich versicherte Patienten zu behandeln (§ 13 Abs. 3 BMV-Ä, § 17 Abs. 3 EKV-Ä).[162] Die Behandlungspflicht erstreckt sich auf alle Leistungen, die Bestandteil der vertragsärztlichen Versorgung sind, soweit der Leistungserbringung nicht das Wirtschaftlichkeitsgebot sowie sonstige Verbote in Richtlinien oder Verträgen entgegenstehen. Das Argument, die Behandlung wegen nicht kostendeckender Vergütung nicht erbringen zu müssen, wird nicht akzeptiert.[163] Bei Verlust des Vertrauensverhältnisses oder Erreichen der Kapazitätsgrenzen kann die Behandlung allerdings abgelehnt werden.

Unzulässig ist es, das Leistungsangebot aus wirtschaftlichen Gründen zu beschränken, dem Patienten die Behandlung jedoch als Privatleistung anzubieten (Differenzierungsverbot).[164] Auch das Verlangen einer Zuzahlung ist mit dem vertragsärztlichen System nicht vereinbar.

e) Pflicht zur persönlichen Leistungserbringung

Im Vertragsarztrecht ist es anerkannt, dass der Vertragsarzt die ärztlichen Leistungen grundsätzlich persönlich zu erbringen hat.[165] Delegationen und Vertretungen sind nur unter Berücksichtigung strenger Kriterien zulässig.

Übertragen auf das MVZ bedeutet dieser Grundsatz, dass das MVZ die Leistungen nur mit Ärzten erbringen darf, die eine Anstellungs- und Leistungserbringungsgenehmigung haben oder als Vertragsärzte im MVZ tätig sind. Der Einsatz anderer Ärzte ist nur bei Vorliegen eines Ausnahmetatbestandes (z.B. genehmigte Assistenten, angestellte Ärzte im Rahmen des sog. Job-Sharing, Vertreter) zulässig.

Die Beachtung dieses Grundsatzes wird insbesondere für Krankenhausträger von Bedeutung sein, die nur zu schnell der Versuchung unterliegen könnten, Krankenhausärzte bei Bedarf auch im MVZ einzusetzen.

---

161 *Möller* in: Dahm/Möller/Ratzel, Kap XIII Rn 15.
162 Ausführlich *Quaas/Zuck*, § 18 Rn 41.
163 Grundlegend die Urt. des BSG v. 14.3.2001 – B 6 KA 54/00 R, MedR 2002, 37; B 6 KA 36/00 R, MedR 2002, 42; B 6 KA 67/00 R, MedR 2002, 47; ferner *Schirmer*, Kap K 2.1, S. 358; kritisch *Quaas/Zuck*, § 18 Rn 41.
164 *Quaas/Zuck*, § 18 Rn 41; *Steinhilper/Schiller*, MedR 2001, 29; siehe aber auch SG Düsseldorf, Urt. v. 21.7.2004 – 1 S 14 KA 260/02, MedR 2005, 112 zu Auswirkungen von Budgets auf die Terminsvergabe.
165 Ausführlich *Schirmer*, Kap K 2.4, S. 362 f.; ferner *Möller* in: Dahm/Möller/Ratzel, Kap XIII Rn 23; Rieger/*Steinhilper*, Lexikon des Arztrechts, „Persönliche Leistungserbringung", Rn 13, 28 ff; *Steinhilper*, in: Wenzel, Handbuch des Fachanwalts Medizinrecht, 1062 ff.

f) Plausible und vollständige Honorarabrechnung

184 Zu den vertragsärztlichen Grundpflichten gehört es, die erbrachten Leistungen „peinlich genau abzurechnen".[166] Angesichts der Massenhaftigkeit der abgerechneten Leistungen muss das System dem Leistungserbringer Vertrauen hinsichtlich einer sorgfältigen und richtigen Abrechnung entgegenbringen können. Vielfach unbeachtet ist, dass gegen das Erfordernis einer „peinlich genauen Abrechnung" auch verstößt, wer tatsächlich erbrachte Leistungen oder Leistungsfälle nicht oder nicht vollständig abrechnet, da auch hiervon die Funktionsfähigkeit des kassenärztlichen Systems abhängt.[167] Bei Einsatz von Hilfspersonal ist der Leistungserbringer verpflichtet, dieses hinsichtlich der ordnungsgemäßen Erfüllung der Pflicht zur peinlich genauen Abrechnung anzuleiten und zu überwachen. Plausibilitätsprüfungen gem. § 106a SGB V finden kontinuierlich statt. Bei Verdachtsfällen ist die KV zur Meldung an die Staatsanwaltschaft verpflichtet (§ 81a SGB V).

g) Wirtschaftlichkeitsgebot

185 Für den Betrieb des MVZ ist die Beachtung des Gebots der Wirtschaftlichkeit von zentraler Bedeutung. Der Leistungsanspruch des Versicherten ist gemäß § 12 Abs. 1 SGB V beschränkt auf „notwendige, erforderliche und wirtschaftliche Leistungen". Unwirtschaftliche Leistungen dürfen nicht erbracht bzw. erstattet werden und lösen Regresse nach Maßgabe der Wirtschaftlichkeitsprüfung[168] gemäß § 106 SGB V aus (siehe Rn 234 ff.).

h) Mitwirkungspflichten gegenüber der KV

186 Die KVen sind zur Erfüllung ihrer Aufgabe auf die Mitwirkung ihrer Leistungserbringer angewiesen.[169] Neben der Beantwortung von Anfragen sind im Rahmen der Überprüfung der Abrechnung Unterlagen vorzulegen, Auskünfte zu erteilen und Erläuterungen zu geben. Ein nachhaltiger Verstoß gegen die Mitwirkungspflicht kann Disziplinarmaßnahmen gegenüber dem angestellten Arzt und, sofern der MVZ-Träger primär verantwortlich ist, ggf. sogar einen Zulassungsentziehungsantrag nach sich ziehen.

i) Pflicht zur Fortbildung

187 Die Fortbildungspflicht gewinnt im vertragsärztlichen Bereich an Bedeutung.[170] § 95d Abs. 1 SGB V verpflichtet den Vertragsarzt, sich in dem Umfang fachlich fortzubilden, wie es zur Erhaltung und Fortentwicklung der zu seiner Berufsausübung in der vertragsärztlichen Versorgung erforderlichen Fachkenntnisse notwendig ist. Die Fortbildungsverpflichtung gilt unmittelbar auch für im MVZ angestellte Ärzte. Folge einer Verletzung der Fortbildungsverpflichtung können Honorarkürzungen, Disziplinarmaßnahmen und auch hier die Zulassungsentziehung sein.

---

166 Rieger/*Dahm*/*J. Schmidt*, Lexikon des Arztrechts, „Falschabrechnung (Abrechnungsbetrug)", Rn 2; Ehlers/*Hesral*, Disziplinarverfahren und Zulassungsentziehung, Rn 168 f.
167 LSG NRW, Urt. v. 28.4.1999 – L 11 KA 16/99, MedR 2001, 103.
168 Rieger/*Dahm*, Lexikon des Arztrechts, „Wirtschaftlichkeitsprüfung", Rn 144.
169 Ehlers/*Hesral*, Disziplinarverfahren und Zulassungsentziehung, Rn 159 f.
170 *Dahm* in: Dahm/Möller/Ratzel, Kap VIII Rn 125 f.

j) Vertragsärztliche Rechte

Von vielen Vertragsärzten wird der Vertragsarztstatus angesichts unbefriedigender Budgetierungen und Zunahme des bürokratischen Aufwands als Last empfunden. Gleichwohl – und auf diesen Aspekt weist insbesondere das BSG[171] ständig hin – kann kaum eine Arztpraxis und wird auch kein MVZ von der ausschließlichen Behandlung von Privatpatienten existieren. Durch die Zulassung erhält das MVZ die Berechtigung, GKV-Patienten behandeln und insgesamt am vertragsärztlichen System teilhaben zu dürfen.

Als wichtigstes Recht ist die Teilnahme an der Honorarverteilung zu nennen. Des Weiteren hat das MVZ das Recht, auf gleicher Basis wie Vertragsärzte an bestimmten Verträgen der KV teilzunehmen, insbesondere sich bei besonderen Formen der vertragsärztlichen Versorgung einzubringen. Die Ärzte haben nicht nur die Pflicht, am Notdienst teilzunehmen, sondern auch das Recht dazu.

Schließlich steht den im MVZ tätigen Ärzten das Wahlrecht zu den Organen sowie Gremien der KV zu. Dieses umfasst auch das passive Wahlrecht, so dass das MVZ versuchen kann, durch Einbringung eigener Mitarbeiter in Gremien der KV die eigene Position zu stärken.

VI. Der im MVZ angestellte Arzt

1. Status

Der Gesetzgeber geht davon aus, dass das MVZ die vertragsärztlichen Leistungen primär durch angestellte Ärzte erbringt.[172] Diese müssen in einem Anstellungsverhältnis zum MVZ-Träger stehen. Insofern finden auf ihn die arbeitsrechtlichen Vorgaben Anwendung. Tarifliche Bedingungen für das Arbeitsverhältnis bestehen je nach Tarifgebundenheit der Parteien.[173]

Erwirbt der MVZ-Träger eine Arztpraxis, wird regelmäßig ein Betriebsübergang gemäß § 613a BGB vorliegen mit der Konsequenz, dass der MVZ-Träger in die bestehenden Arbeitsverhältnisse eintritt, sofern die Mitarbeiter nicht widersprechen.

Vertragsarztrechtlich wichtig ist, dass der Arzt – nicht der MVZ-Träger! – für die Dauer des Anstellungsverhältnisses Mitglied der für den Vertragsarztsitz des MVZ zuständigen KV wird,[174] sofern er mindestens halbtags tätig ist (§ 77 Abs. 3 S. 2 SGB V i.d.F. VÄndG). Hinsichtlich seiner Tätigkeit ist der angestellte Arzt einem Vertragsarzt grundsätzlich gleichgestellt. Für ihn sind die „vertraglichen Bestimmungen über die vertragsärztliche Versorgung" verbindlich (§ 95 Abs. 3 S. 3 SGB V).[175]

Der im MVZ angestellte Arzt unterliegt der Satzungsmacht seiner KV. Im Falle des Verstoßes gegen vertragsarztrechtliche Pflichten kann die KV den angestellten Arzt disziplinarrechtlich belangen.

---

171 Z.B. in den Urt. v. 14.3.2001 – B 6 KA 54/00 R, MedR 2002, 37; B 6 KA 36/00 R, MedR 2002, 42; B 6 KA 67/00 R, MedR 2002, 47.
172 *Behnsen*, das Krankenhaus 2004, 698 spricht vom „von den Regierungsparteien intendierten Prototyp".
173 Allgemein *Steinhilper*, in: Halbe/Schirmer, A 1300.
174 Im Eckpunktepapier war dies genau umgekehrt vorgesehen.
175 *Möller* in: Dahm/Möller/Ratzel, Kap XIII Rn 6 f.

2. Genehmigung, Widerruf

195 Auf die Erteilung der Anstellungsgenehmigung besteht bei Vorliegen der gesetzlichen Voraussetzungen ein **Rechtsanspruch**. Die Anstellungsgenehmigung ist von dem MVZ-Träger und nicht von dem angestellten Arzt zu beantragen. Der schriftlich abzufassende Arbeitsvertrag kann befristet, unbefristet, als Probe- oder Aushilfsarbeitsverhältnis abgeschlossen werden. Er ist dem Zulassungsausschuss vorzulegen, damit dieser insbesondere den zeitlichen Umfang der Tätigkeit bestimmen und insofern eine Anrechnung auf die Bedarfsplanung vornehmen kann. Erhöhungen der Arbeitszeit bedürfen der vorherigen Genehmigung durch den Zulassungsausschuss. Kommt es zu einer Verringerung der Arbeitszeit, so ist dies dem Zulassungsausschuss lediglich **anzuzeigen** (vgl. Nr. 38d Bedarfsplanungs-Richtlinien-Ärzte).

196 Die in einem MVZ angestellten Ärzte werden im Rahmen der Bedarfsplanung entsprechend ihrer Arbeitszeit, also zeitanteilig, berücksichtigt (§ 101 Abs. 1 S. 6 SGB V). Eine in ein MVZ eingebrachte „Vollzeitstelle", die im Rahmen der Bedarfsplanung mit dem Faktor 1,0 zählt, kann mit bis zu vier Teilzeitstellen mit einem Anrechnungsfaktor von jeweils 0,25 besetzt werden. Dies bedeutet, dass sich maximal vier Ärzte eine Arztstelle teilen können.[176] Diese Regelung gilt aber nur für die im MVZ angestellten Ärzte, nicht jedoch für die MVZ-Vertragsärzte.

197 Für einen Krankenhausträger ergeben sich interessante Gestaltungsmöglichkeiten, nachdem der Gesetzgeber § 20 Abs. 2 Ärzte-ZV dahingehend geändert hat, dass eine Teilzeittätigkeit sowohl im MVZ als auch im stationären Bereich als zulässig anerkannt wird. Nicht nur aus Image-Gesichtspunkten kann es vorteilhaft sein, wenn der Chefarzt einer Abteilung und/oder sein Oberarzt teilzeitig im MVZ angestellt werden. Bei dieser Konstellation ist die Schaffung eines identischen Standards im ambulanten und stationären Bereich leichter zu gewährleisten als bei strikter personeller Trennung.

198 In begründeten Fällen kommt der **Widerruf der Anstellungsgenehmigung** durch den Zulassungsausschuss in Betracht. Geregelt hat dies der Gesetzgeber in § 95d Abs. 5 SGB V für den Fall, dass der angestellte Arzt die Pflicht zur fachlichen Fortbildung hartnäckig missachtet. Generell wird man sagen können, dass bei einem erheblichen Pflichtenverstoß der Widerruf der Genehmigung – wie bei Vertragsärzten die Entziehung der Zulassung – in Betracht kommt.

3. Arbeitszeitgestaltung

199 Die Arbeitszeiten der MVZ-Ärzte wird durch § 3 S. 1 ArbZG auf acht Stunden pro Tag begrenzt. Eine Verlängerung auf bis zu zehn Stunden ist möglich, wenn durch Freizeitausgleich innerhalb von sechs Kalendermonaten die durchschnittliche Arbeitszeit nur acht Stunden – anders als bei Freiberuflern – beträgt (§ 3 S. 2 ArbZG).[177]

200 Den Arbeitnehmern stehen gemäß § 4 ArbZG Ruhepausen zu, wobei eine Ruhepause spätestens nach sechs Stunden zu erfolgen hat. Eine weitere Beschränkung der Arbeitszeit ist die Mindestruhezeit von elf Stunden nach Beendigung der Arbeitszeit (§ 5 Abs. 1 ArbZG) mit der Maßgabe, dass die Ruhezeit in Einrichtungen zur Behandlung von Personen um eine Stunde verlängert werden kann, solange diese Verkürzung innerhalb von vier Wochen ausgeglichen wird (§ 5 Abs. 2 ArbZG).

---

176 *Dahm* in: Dahm/Möller/Ratzel, Kap VI Rn 94 f.
177 Vgl. *Bruns*, ArztR 2004, 272.

Anders als ein Krankenhaus hat ein MVZ keine Rund-um-die-Uhr-Versorgung sicherzustellen. Die Sonderregelung zum Ausgleich der Rufbereitschaft (§ 5 Abs. 2 ArbZG) spielt regelmäßig keine Rolle.

Der im **MVZ angestellte Arzt** ist zur Teilnahme am ärztlichen Notdienst verpflichtet (§ 75 Abs. 1 S. 2 SGB V). Es ist davon auszugehen, dass diese Verpflichtung den angestellten Arzt unmittelbar aufgrund seines Status als Mitglied der KV trifft (zweifelhaft bei angestellten Ärzten ohne Mitgliedschaft in der KV wegen lediglich unterhalbtägiger Tätigkeit). Gleichwohl sollte die Pflicht zur Teilnahme am ärztlichen Notfalldienst als Dienstpflicht in den Arbeitsvertrag aufgenommen werden.[178] Für die Teilnahme am Notfalldienst ist dem MVZ-Arzt ein Freizeitausgleich zu gewähren.

§ 18 Abs. 1 Nr. 1 ArbZG nimmt Chefärzte von dem persönlichen Geltungsbereich des Gesetzes aus. Ob diese Vorschrift auf den ärztlichen Leiter eines MVZ entsprechend anwendbar ist, ist umstritten.[179] Die Beantwortung dieser Frage hängt davon ab, ob man das Tätigkeitsbild des ärztlichen Leiters eher dem eines „ärztlichen Direktors" im Krankenhaus gleich achtet oder ob man mit dem Begriff „Chefarzt" an die (stationäre) Patientenversorgung anknüpft.

4. Privatärztliche Tätigkeit

Bis zur definitiven Anerkennung der Abrechnungsfähigkeit der im MVZ erbrachten Leistungen gegenüber privaten Krankenversicherungen sollte arbeitsvertraglich geregelt werden, dass der im MVZ angestellte Arzt die Behandlung von Privatpatienten im Rahmen einer genehmigten Nebentätigkeit freiberuflich ausüben kann. Gleiches gilt, wenn der MVZ-Träger eine Kapitalgesellschaft ist und das jeweilige Heilberufe-Kammergesetz eine Tätigkeit im ambulanten – privatärztlichen – Bereich untersagt.

5. Vergütung

Der wirtschaftliche Erfolg des MVZ hängt maßgeblich von der Akzeptanz der erbrachten ärztlichen Leistungen ab. Verträge mit im MVZ anzustellenden Ärzten enthalten deshalb nicht selten neben einem Festgehalt eine Bonusregelung, die sich u.a. an der Anzahl der behandelten Patienten oder der erbrachten Leistungen bemisst.

Die Beteiligung von angestellten Ärzten am Gewinn des MVZ oder einzelner Bereiche sollte wegen der damit einhergehenden Pflicht zur Rechnungslegung gut überlegt sein. Umsatzbezogene Vergütungsanreize sind praktikabler.

Probleme der sog. Poolbeteiligung, verstanden als Beteiligung der nachgeordneten Abteilungsärzte an den Liquidationseinnahmen des Chefarztes, dürften im MVZ regelmäßig nicht auftreten, da primär der MVZ-Träger die erbrachten Leistungen als Vertragspartner des Behandlungsvertrages abrechnet.

---

178 Vgl. *Schirmer*, Kap I 8, S. 325.
179 Dagegen *Andreas*, ArztR 2005, 144, 147.

6. Verbot der Zuweisung gegen Entgelt

208 Vergütungsanreize des Inhalts, dass der MVZ-Arzt eine Prämie für jeden Patienten erhält, den er zur stationären Behandlung in das ein MVZ betreibende Krankenhaus überweist, sind berufsrechtlich unzulässig und zivilrechtlich unwirksam.[180]

7. Nachvertragliches Wettbewerbsverbot

209 Je nach Konstellation kann es dem Wunsch des MVZ-Trägers entsprechen, den angestellten Arzt daran zu hindern, nach Beendigung des Dienstverhältnisses im Einzugsbereich des MVZ eine Praxis zu betreiben. In einem derartigen Fall können die Vertragsparteien ein nachvertragliches Wettbewerbsverbot vereinbaren. Dieses unterliegt der Schriftform. Dabei ist zu berücksichtigen, dass die Zulässigkeit von der Verpflichtung zur Zahlung einer **Karenzentschädigung** abhängt. Darüber hinaus muss das Wettbewerbsverbot angemessen sein. In zeitlicher Hinsicht ist es maximal für zwei Jahre wirksam. Die örtliche Reichweite des Verbots darf den Einzugsbereich des MVZ nicht überschreiten.

210 Stellt sich heraus, dass der Arzt ohnehin keinen Wettbewerb betreiben will, kann der Arbeitgeber das Wettbewerbsverbot nicht einseitig aufheben. Selbst im Falle des Verzichts hat dieses eine Mindestlaufzeit von einem Jahr.

8. Regelungen zum Vertragsarztsitz

211 Im Regelfall liegt es bei bestehenden Zulassungsbeschränkungen im Interesse des MVZ-Trägers, dass ein Arzt im Zusammenhang mit dem abzuschließenden Praxisübergabevertrag auf seine Vertragsarztzulassung verzichtet und sich beim MVZ-Träger anstellen lässt.

212 § 103 Abs. 4a S. 4 SGB V (in der bis zum 31.12.2006 geltenden Fassung) hat denjenigen Ärzten, die durch ihre Anstellung und die Übertragung ihrer Zulassung auf das MVZ dessen Gründung oder die Erweiterung des ärztlichen Behandlungsangebots ermöglicht haben, nach Ablauf von fünf Jahren einen Rechtsanspruch auf (Wieder-)Zulassung zur vertragsärztlichen Versorgungstätigkeit gegeben. Aus der Sicht des Krankenhausträges wäre es wünschenswert, nicht nur die so geschaffene Arztstelle nachzubesetzen, sondern auch die reproduzierte Vertragsarztzulassung an das MVZ zu binden.

213 Ein derartiger Anspruch dürfte arbeitsvertraglich bei Beginn der Zusammenarbeit kaum rechtssicher zu begründen sein, da die gesetzlichen Befristungsvoraussetzungen unterlaufen würden. Nichts spricht jedoch dagegen, den angestellten Arzt durch für ihn interessante Angebote zu bewegen, einer Beendigung des Arbeitsverhältnisses zuzustimmen, die Vertragsarztzulassung zu beantragen und anschließend mit dem MVZ zu kooperieren, sei es durch Verzicht auf die Zulassung und Abschluss eines Dienstvertrages, sei es als Vertragsarzt. Praktische Erfahrungen in der Handhabung bestehen naturgemäß derzeit noch nicht![181] Eine allzu große Bedeutung wird diesem Problem nicht (mehr) zukommen, da das VÄndG das „**Reproduktions-Privileg**" durch Streichung von § 103 Abs. 4a S. 4 SGB V beseitigt hat (siehe Rn 275).

---

180 *Möller* in: Dahm/Möller/Ratzel, Kap XIII Rn 76 m.w.N.
181 Ausführlich *Möller* in: Dahm/Möller/Ratzel, Kap XIII Rn 89.

VII. Haftung – insbesondere aus dem Behandlungsvertrag

1. Behandlungsvertrag[182]

Der „Behandlungsvertrag"[183] kommt stets zwischen dem MVZ-Träger einerseits und dem Patienten andererseits zustande. Wird das MVZ z.B. in der Rechtsform der GmbH betrieben, wird die GmbH Vertragspartnerin. Für den Abschluss des Behandlungsvertrages ist es unerheblich, ob das MVZ mit angestellten Ärzten und/oder mit Vertragsärzten betrieben wird; entscheidend ist die Außenankündigung bzw. Außenwirkung.

214

Erbringt das MVZ nichtärztliche Leistungen – z.B. Physiotherapie durch angestellte Physiotherapeuten – werden diese ebenso wenig Partner des Behandlungsvertrages wie die im MVZ angestellten Ärzte.

215

Der Arztvertrag ist grundsätzlich Dienstvertrag.[184] Das MVZ schuldet regelmäßig keine Wiederherstellung der Gesundheit im Sinne einer Erfolgsgewähr, sondern nur eine Behandlung nach Maßgabe des ärztlichen Standards. § 280 Abs. 1 S. 2 BGB hat keine Gefährdungshaftung geschaffen. Auch nach Maßgabe des „neuen Schuldrechts"[185] hat der Patient, abgesehen von der ihm auch schon nach der früheren Rechtsprechung eingeräumten Beweiserleichterung, nach wie vor Fehler und Ursächlichkeit ärztlichen Handelns für den geltend gemachten Gesundheitsschaden nachzuweisen.

216

Der MVZ-Träger haftet für hinzugezogene Leistungserbringer – z.B. Konsiliarärzte – über § 278 BGB ohne Exkulpationsmöglichkeit.[186]

217

Für die angestellten Ärzte kann sich eine deliktsrechtliche Haftung auf Schadensersatz und Schmerzensgeld gemäß § 823 Abs. 1 BGB ergeben. Auch bei Vertragspflichtverletzungen hat ein geschädigter Patient neben dem Schadenersatz Anspruch auf Schmerzensgeld (§ 253 Abs. 2 BGB), sofern die Geringfügigkeitsgrenze überschritten ist.

218

Hervorzuheben ist, dass die Sorgfaltsanforderungen an den Arzt bei der Behandlung von GKV- und Privatpatienten inhaltlich identisch sind (§ 76 Abs. 4 SGB V). Auch Vertragshaftung und Deliktshaftung unterscheiden sich nicht nach dem Versichertenstatus des jeweiligen Patienten.

219

2. Sonstige Haftung

Der MVZ-Träger ist regelmäßig Partner sämtlicher den Betrieb des MVZ treffenden Verträge und hat für deren Erfüllung einzustehen. Dies gilt z.B. für die Anmietung der Räumlichkeiten, Beschaffung der Einrichtung und Ausstattung u.a. mit medizinischen Geräten.

220

Der jeweilige MVZ-Träger erhält die Zulassung für ein oder mehrere MVZ, mit denen er an der vertragsärztlichen Versorgung teilnimmt. Dem MVZ-Träger steht der Anspruch auf Teilhabe an der Honorarverteilung zu. Umgekehrt haben sich Rückforderungsansprüche der KV oder Regressansprüche **ausschließlich** an den Träger zu richten, soweit nicht aus unerlaubter Handlung eine persönliche Haftung begründet wird.

221

---

182 Speziell zur Haftung auch im MVZ *Steffen*, MedR 2006, 75 f.
183 Ob es sich im GKV-Bereich tatsächlich um ein „Vertragsverhältnis" handelt, soll an dieser Stelle dahinstehen.
184 Detailliert *Ratzel* in: Dahm/Möller/Ratzel, XI 2 f. m.w.N.
185 *Bäune/Dahm*, MedR 2004, 645.
186 *Ratzel* in: Dahm/Möller/Ratzel, Kap XI 15.

Auch wenn – teilweise – die Auffassung vertreten wird, der ärztliche Leiter verantworte die Abrechnung, besagt dies nicht zwingend, dass er für Rückforderungsansprüche persönlich haftet.

222 Der mehr als halbtags angestellte Arzt ist – anders als z.B. die MVZ-GmbH – Mitglied der für den Sitz des MVZ zuständigen KV. Der angestellte Arzt, der die ärztlichen Leistungen erbracht hat und intern für deren ordnungsgemäße Abrechnung verantwortlich sein mag, haftet – von Fällen der unerlaubten Handlungen abgesehen (z.B. vorsätzliche Falschabrechnung) – selbst nicht gegenüber der KV. Dies ändert nichts daran, dass er ggf. disziplinarrechtlich zur Verantwortung gezogen werden kann.

223 Handelt es sich bei der MVZ-Trägerin um eine juristische Person, kommt eine Haftung ihrer Gesellschafter – von den Ausnahmefällen einer Durchgriffshaftung abgesehen – **grundsätzlich nicht in Betracht**, so dass im Falle der Insolvenz die Gesellschafter der juristischen Person persönlich nicht in Anspruch genommen werden können. Bei einer Haftung aus einem Richtgrößenregress ist der Ausfall prinzipiell von der Gesamtheit der Vertragsärzte zu tragen,[187] da sich der Ausgleich im Falle der Festsetzung eines Richtgrößenregresses gemäß § 105 Abs. 5c S. 2 SGB V dadurch vollzieht, dass sich die nach Maßgabe der Gesamtverträge zu entrichtende Gesamtvergütung um die Regresssumme vermindert.[188] Der Gesetzgeber hat dem insofern Rechnung getragen, als die Gründung eines MVZ in der Trägerschaft einer juristischen Person des Privatrechts die Beibringung einer **selbstschuldnerischen Bürgschaft** erfordert (§ 95 Abs. 2 S. 7 SGB V, siehe Rn 94 ff.).

VIII. Abrechnung

1. Vertragsärztlicher Bereich

224 Das MVZ ist bei der Honorarabrechnung gegenüber Vertragsärzten nicht privilegiert. Soweit teilweise behauptet wird, die für Maßnahmen der integrierten Versorgung vorgesehene Anschubfinanzierung komme generell auch jedem MVZ zugute, ist dies unzutreffend. Diese Aussage ist nur dann richtig, wenn das MVZ auch an der integrierten Versorgung teilnimmt.

a) Förmlichkeit der Honorarabrechnung

225 Die Abrechnung der im MVZ erbrachten Leistungen erfolgt auf der Grundlage des Einheitlichen Bewertungsmaßstabes (EBM 2000 plus) im ärztlichen und nach Maßgabe des Bewertungsmaßstabes vertragszahnärztlicher Leistungen (BEMA) im vertragszahnärztlichen Bereich.[189]

226 Bei der Abrechnung sind die Vorgaben der Bundesmantelverträge-Ärzte zu beachten. Abrechnungsbestimmungen finden sich in den §§ 42 ff. BMV-Ä sowie in §§ 295 ff. SGB V sowie den Richtlinien der KBV zum EDV-Einsatz.

227 Besondere Bedeutung kommt der sog. „Sammelerklärung" zu, die Gegenstand der Quartals-Abrechnungsunterlagen ist (§§ 35 Abs. 2, 42 Abs. 3 BMV-Ä).[190] Mit Unter-

---

187 *Schirmer*, Kap O 34.4, S. 502 f.; *Dahm/Ratzel*, MedR 2006, 566.
188 Rieger/*Dahm*, Lexikon des Arztrechts, „Wirtschaftlichkeitsprüfung", Rn 99.
189 Zur Vergütung der Leistungen in der vertragsärztlichen Versorgung ausführlich *Quaas/Zuck*, § 20.
190 Ausführlich *Dahm* in: Dahm/Möller/Ratzel, KapVIII Rn 19 m.w.N.

zeichnung der Sammelerklärung bestätigt das MVZ die sachliche Richtigkeit der Abrechnung. Ohne Unterzeichnung der „Sammelerklärung" besteht kein Anspruch auf Teilnahme an der Honorarverteilung. Der Sammelerklärung kommt eine Art Garantiefunktion zu. Sie ist Grundlage des Vorwurfs einer Fehlabrechnung, wenn entgegen der Erklärung die Vorgaben des Vertragsarztrechts (z.B. Grundsatz der persönlichen Leistungserbringung, Einhaltung der Fachgebietsgrenzen, vollständige Leistungserbringung etc.) nicht beachtet wurden. Die Sammelerklärung wird von dem ärztlichen Leiter des MVZ zu unterzeichnen sein. Dies kann indes nicht so verstanden werden, dass der ärztliche Leiter persönlich für Fehler haftet. Im Übrigen gelten hinsichtlich der Abrechnung keine Unterschiede zur Abrechnung von Vertragsärzten.

228 Ebenso wie bei fachübergreifenden Gemeinschaftspraxen wird angesichts der fachübergreifenden Tätigkeit des MVZ regelmäßig eine Kennzeichnung dahingehend verlangt, dass anzugeben ist, welcher der im MVZ beschäftigten Ärzte die entsprechende Leistung erbracht hat (§ 44 Abs. 6 BMV-Ä in der bis 31.12.2007 geltenden Fassung).

229 Von erheblicher Bedeutung für die Abrechnung im vertragsärztlichen Bereich ist der Umstand, dass die Leistungserbringung und deren Abrechnung durch eine Vielzahl von Richtlinien des Gemeinsamen Bundesausschusses gemäß § 135 SGB V normiert sind. Enthalten diese Vorgaben eine Genehmigungspflicht, muss die Genehmigung im Zeitpunkt der Leistungserbringung vorliegen. Eine bloße Antragstellung genügt mangels Rückwirkung der späteren Erteilung einer Genehmigung nicht den Anforderungen. Die Abrechnung des MVZ erfolgt regelmäßig über eine einheitliche Abrechnungsnummer (§ 44 Abs. 6 S. 1 BMV-Ä). Soweit einzelne KVen nicht nur den im MVZ tätigen Vertragsärzten, sondern auch allen angestellten Ärzten jeweils eine eigene Abrechnungsnummer zuweisen, ergibt sich die Rechtsgrundlage ab dem 1.1.2008 aus § 44 Abs. 6 S. 3 in der ab 1.7.2007 gültigen Fassung des BMV-Ä.

b) Honorarverteilung

230 Die Honorarverteilung erfolgt auf der Ebene der jeweiligen KV. Grundlage ist der gemeinsam mit den Verbänden der Krankenkassen abzuschließende Honorarverteilungsvertrag (früher: Honorarverteilungsmaßstab). Bei der Verteilung der Gesamtvergütungen sind Art und Umfang der Leistungen zugrunde und arztgruppenspezifische Grenzwerte festzulegen. Soweit § 85a SGB V (i.d.F. GMG) für die Zeit ab dem 1.1.2007 eine Honorarverteilung nach arztbezogenen Regelleistungsvolumina[191] vorgesehen hatte, ist die Einführung nach § 87b Abs. 4 i.d.F. GKV-WSG[192] insofern aufgeschoben worden, als der Bewertungsausschuss erstmalig bis zum 31.8.2008 das Verfahren zur Berechnung und zur Anpassung der Regelleistungsvolumina bestimmt.

c) Abrechnungsprüfung

231 Gemäß § 106a Abs. 1 SGB V prüfen die KVen und die Krankenkassen die Rechtmäßigkeit und Plausibilität der Abrechnungen in der vertragsärztlichen Versorgung.[193] Die KV stellt die sachliche und rechnerische Richtigkeit der Abrechnungen der Vertragsärzte fest. Im Rahmen der zu treffenden Feststellungen werden auch die abgerechneten Sachkosten überprüft. Gegenstand der arztbezogenen Plausibilitätsprüfung ist insbeson-

---

191 *Dahm* in: Dahm/Möller/Ratzel, Kap VIII Rn 29; *Quaas/Zuck*, § 20 Rn 52 f.
192 GKV-Wettbewerbsstärkungsgesetz (GKV-WSG), BR-Drucks 75/07 v. 2.2.2007, S. 29.
193 Rieger/*Steinhilper*, Lexikon des Arztrechts, „Plausibilitätsprüfungen", Rn 9 ff.

232 Plausibilitätsprüfungen werden im vertragsärztlichen Bereich seit vielen Jahren durchgeführt. Inzwischen richten sie sich nach den von der KBV mit den Spitzenverbänden der Krankenkassen vereinbarten Richtlinien „Zu Inhalt und Durchführung der Abrechnungsprüfung der KVen und Krankenkassen".[194] Die Richtlinien berücksichtigen die Einbeziehung medizinischer Versorgungszentren in die Leistungserbringung. § 8 Abs. 5 der Richtlinien erklärt die Prüfung unter Zuhilfenahme von Tageszeitprofilen für MVZ (gleichgestellt den fachübergreifenden Gemeinschaftspraxen) für ausdrücklich anwendbar. In der Praxis findet nicht selten eine umfassende Überprüfung der Leistungserbringung, deren Abrechnung sowie der Dokumentation statt.

dere der Umfang der je Tag abgerechneten Leistungen im Hinblick auf den damit verbundenen Zeitaufwand (§ 106 Abs. 2 S. 2 SGB V).

233 Da Plausibilitätsprüfungen rückwirkend für einen Zeitraum von bis zu vier Jahren nach dem Tag der Bekanntgabe des entsprechenden Honorarbescheides erfolgen können,[195] stehen bei festgestellten Abrechnungsfehlern hohe Rückforderungsbeträge im Raum. Adressat des Rückforderungsbescheids ist der MVZ-Träger, nicht der ärztliche Leiter und auch nicht die im MVZ tätigen angestellten Ärzte oder dort tätigen Vertragsärzte.

d) Wirtschaftlichkeitsprüfung

234 Die Quartalsabrechnung wird nicht nur auf Plausibilität, sondern auch auf ihre Wirtschaftlichkeit überprüft.[196]

235 Nach § 12 Abs. 1 SGB V wird das (allgemeine) Wirtschaftlichkeitsgebot dahin umschrieben, dass die Leistungen ausreichend, zweckmäßig und wirtschaftlich sein müssen und das Maß des Notwendigen nicht überschreiten dürfen. Leistungen, die nicht notwendig oder unwirtschaftlich sind, können Versicherte nicht beanspruchen, dürfen die Leistungserbringer nicht bewirken und die Krankenkassen nicht bewilligen.

236 Die Überprüfung der Wirtschaftlichkeit umfasst neben den ärztlichen Leistungen, für welche der Arzt eine Vergütung beansprucht, sämtliche von ihm verordneten oder sonst veranlassten Leistungen (z.B. Überweisungen, Krankenhauseinweisungen, Feststellung der Arbeitsunfähigkeit, Medikamentenverordnungen, Verordnungen von Heil- und Hilfsmitteln sowie Sprechstundenbedarf[197]).

237 Das Wirtschaftlichkeitsprüfungsverfahren ist stark statistisch geprägt. Die Überprüfung kann einzelne Leistungen, Leistungssparten oder auch die Gesamtanforderung des Honorars betreffen.

238 Ist ein Wirtschaftlichkeitsverfahren anhängig, sollte detailliert bereits gegenüber den Prüfgremien zu bestehenden Praxisbesonderheiten vorgetragen werden, soweit diese nach § 106 Abs. 5a S. 6 SGB V i.d.F. GKV-WSG von den Prüfungsstellen nicht vorab festgelegt und berücksichtigt werden. Nur der Sachvortrag, der Gegenstand des Verwaltungsverfahrens war, wird Gegenstand der gerichtlichen Überprüfung.

---

194 DÄBl. 2004, A2555; vgl. § 46 BMV-Ä.
195 Vgl. BSG, Urt. v. 28.3.2007 – B 6 KA 22/06 R.
196 *Dahm* in: Dahm/Möller/Ratzel, Kap VIII Rn 82 m.w.N.; Rieger/*Dahm*, Lexikon des Arztrechts, „Wirtschaftlichkeitsprüfung", Rn 4 ff.
197 Rieger/*Dahm*, Lexikon des Arztrechts, „Sprechstundenbedarf", Rn 26 ff.

2. Privatärztlicher Bereich

a) Erbringung und Abrechnung von Leistungen

Die Erbringung und Abrechnungen privatärztlicher Leistungen durch die MVZ-GmbH setzt voraus, dass das jeweilige Heilberufe-Kammergesetz die ambulante Heilbehandlung in der Form einer juristischen Person des Privatrechts für zulässig erklärt.

239

Die Gebührenordnung für Ärzte (GOÄ) gilt nur für die Abrechnung der beruflichen Leistungen durch Ärzte (§ 1 Abs. 1 GOÄ), die mit dem Patienten einen Behandlungsvertrag geschlossen haben.[198] Die GOÄ kann, muss aber nicht zugrunde gelegt werden für sonstige nichtärztliche Leistungserbringer, die sich der Ärzte zur Erbringung heilkundlicher Leistungen bedienen, was z.B. bei der MVZ-GmbH der Fall ist. Die MVZ-GmbH ist demgemäß nicht an die GOÄ gebunden, kann sich jedoch der GOÄ als „üblicher Taxe" i.S.v. § 612 BGB bedienen.[199] Falls die GOÄ zum Ansatz gelangt, sollte ein Hinweis auf die analoge Anwendung erfolgen.

240

Die Erstattungsfähigkeit von MVZ-Rechnungen gegenüber Privatpatienten ist noch immer nicht abschließend geklärt. § 4 Abs. 2 MB/KK enthält einen **Niederlassungsvorbehalt**. Im Rahmen der Inanspruchnahme ambulanter Heilkunde sind grundsätzlich nur Rechnungen niedergelassener Ärzte zu erstatten. Der Begriff der Niederlassung knüpft an § 17 MBO an und verlangt nach ständiger Rechtsprechung z.B. die Ankündigung von Sprechstunden.

241

Die im MVZ angestellten Ärzte sind formal nicht niedergelassen, so dass die Gefahr besteht, dass derartige Rechnungen nicht erstattet werden. Sofern die Leistungen qualitätsgesichert erbracht und in Anlehnung an die GOÄ abgerechnet werden, dürfte die PKV die Rechnungen regelmäßig erstatten. Ablehnungsfälle sind bisher nicht bekannt geworden. Es scheint sich die Tendenz abzuzeichnen, dass die Rechnungen von **zugelassenen MVZ-GmbHs** akzeptiert werden, wenn diese nach **Maßgabe der GOÄ** erstellt werden.

242

Wer den „absolut" sicheren Weg bevorzugen möchte, kann dem angestellten Arzt den „widerruflichen" Betrieb einer Privatpraxis in den Räumen des MVZ gestatten. Dass für die Inanspruchnahme der Ressourcen des MVZ ein Nutzungsentgelt zu zahlen ist, versteht sich von selbst. Die Umsetzung sollte durch den Steuerberater begleitet werden.

243

b) Sog. Individuelle Gesundheitsleistungen (IGeL)[200]

GKV-Patienten haben einen Leistungsanspruch nur auf solche Untersuchungs- und Behandlungsmaßnahmen, die im Einheitlichen Bewertungsmaßstab enthalten sind. Darüber hinausgehende Wunschleistungen des Patienten, mögen sie sowohl von den Patienten als auch dem Arzt als noch so sinnvoll angesehen werden, dürfen nicht im GKV-System erbracht werden. Es hat sich ein weites Feld sog. Individueller Gesundheitsleistungen (IGeL) herausgebildet. Hierzu gehören z.B. bestimmte Vorsorgeuntersuchungen, Sport-/Tauchmedizin, Umweltmedizin, Reisemedizin, Lifestyle-Medizin etc. Die Abrechnung dieser Leistungen erfolgt bei Leistungserbringung durch Ärzte un-

244

---

198 *Ratzel* in: Dahm/Möller/Ratzel, Kap XII Rn 3 f.
199 *Orlowski*, Gesundheits- und Sozialpolitik, 11-12/ 2004, 72.
200 Zum Ganzen *Hess/Klakow-Franck*, IGeL-Kompendium für die Arztpraxis, Köln 2005.

IX. Beschaffung von Zulassungen

1. Grundsatz der Bedarfsplanungsneutralität

245 Das Versorgungszentrum bedarf zur Zulassung bzw. zur Leistungserbringung der Mitwirkung von angestellten Ärzten und/oder Vertragsärzten. Soweit für das jeweilige Fachgebiet keine Zulassungsbeschränkungen gelten, ist das Antrags- und Zulassungs- bzw. Genehmigungsverfahren relativ unproblematisch. Ist der Arzt zulassungsfähig, kann er eine Vertragsarztzulassung beantragen und auf dieser Grundlage im MVZ tätig werden. Stattdessen kann das MVZ unmittelbar auch die Genehmigung der Anstellung des Arztes beantragen. Durch die Genehmigung der Anstellung wird eine **Arztstelle im MVZ** geschaffen.

246 Der Gesetzgeber hat die MVZ im Übrigen zulassungsrechtlich nicht privilegiert. Bei bestehenden Zulassungsbeschränkungen muss die Besetzung der Fachgebiete im MVZ bedarfsplanungsneutral durch Umwandlung einer Vertragsarztzulassung in eine Arztstelle oder durch Einbindung eines Vertragsarztes erfolgen.

2. Umwandlung der Zulassung bei Verzicht

247 Die Generalnorm zur Umwandlung einer Vertragsarztzulassung ist § 103 Abs. 4a S. 1 SGB V sieht vor, dass wenn ein Vertragsarzt in einem Planungsbereich, für den Zulassungsbeschränkungen angeordnet sind, auf seine Zulassung errichtet, um in einem medizinischen Versorgungszentrum tätig zu werden, der Zulassungsausschuss die Anstellung zu genehmigen hat.

248 Der Gesetzgeber räumt den Vertragsärzten die Möglichkeit ein, ihren Status zu ändern – weg von der Freiberuflichkeit, hin zur Anstellung. In der Praxis erfolgt die Statusveränderung regelmäßig nicht unentgeltlich, sondern auf der Grundlage eines Praxiskaufvertrages.

a) Zulassungsverzicht

249 Der Statuswechsel setzt den Verzicht auf eine „Zulassung" voraus.[201] Umwandlungsfähig sind demgemäß nicht sog. Job-Sharing-Zulassungen (§ 101 Abs. 1 S. 1 Nr. 4 SGB V) oder Ermächtigungen. Ob Sonderbedarfszulassungen umwandlungsfähig sind, ist streitig, obwohl diese gegenüber bedarfsunabhängigen Zulassungen kein Aliud darstellen.[202] Allerdings bedarf auch die Nachfolgebesetzung nach § 103 Abs. 4 S. 5 SGB V der erneuten Genehmigung mit erneuter Bedarfsprüfung und zeitlicher Leistungsbeschränkung.[203]

250 Der Zulassungsverzicht ist eine einseitige, an den Zulassungsausschuss gerichtete Willenserklärung, die auf die Beendigung der Mitgliedschaft in der KV abzielt. Grundsätz-

---

201 *Möller* in: Dahm/Möller/Ratzel, Kap IX Rn 6.
202 Siehe BSG, Urt. v. 11.9.2002 – B 6 KA 23/01 R, GesR 2003, 149; *Schallen*, Rn 205; vgl. *Dahm* in: Dahm/Möller/Ratzel, Kap VI Rn 120.
203 Vgl. Nr. 25 S. 4 BPRL i.d.F. v. 21.2.2006, BAnz Nr. 68 v. 6.4.2006, S. 2541.

lich wird der Verzicht auf die Zulassung mit dem Ende des auf den Zugang der Verzichtserklärung beim Zulassungsausschuss folgenden Kalendervierteljahres wirksam (§ 28 Abs. 1 S. 1 Ärzte-ZV). Regelmäßig kann mit den Zulassungsgremien eine Verkürzung vereinbart werden. Es empfiehlt sich, die Verzichtserklärung mit der **Bedingung** zu versehen, dass die Genehmigung der Anstellung (= Umwandlung der Vertragsarztzulassung in eine Arztstelle) **bestandskräftig** wird.

251 Um für den Fall der Einlegung eines Widerspruchs gewappnet zu sein, sollte – vorsorglich – die **Verlegung des Vertragsarztsitzes** an den Sitz des MVZ beantragt werden. Auf diese Weise ist zumindest eine Leistungserbringung als Vertragsarzt möglich.

252 Das VÄndG hat in § 19a Abs. 2 Ärzte-ZV die Möglichkeit einer Beschränkung des Versorgungsauftrages auf ein Halb (sog. **Teilzulassung**) eingeführt.[204] Im Zusammenhang mit der gewünschten Tätigkeit als **teilzeitig angestellter** MVZ-Arzt stellt sich die Frage, ob ein „vollzugelassener" Vertragsarzt auf die eine Hälfte seiner Zulassung verzichten kann, um sich beim MVZ anstellen zu lassen, wohingegen der Verzicht auf die andere Hälfte der Zulassung mit dem Ziel der Nachbesetzung erfolgt.

253 Grundsätzlich ist die Teilzulassung dann als nachbesetzungsfähig anzusehen, wenn der Status als (teilzugelassener) Vertragsarzt endet,[205] wobei in diesem Fall ein hälftiger Versorgungsauftrag ausgeschrieben wird. Eine künstliche Aufspaltung der „Vollzulassung" in zwei „Teilzulassungen" mit unterschiedlichem Schicksal (Umwandlung einerseits in eine Teilzeitarztstelle und andererseits Nachbesetzung) ist gesetzlich nicht ausdrücklich zugelassen.[206] Von daher sprechen durchaus Argumente dafür, dass ein einmal abgeteilter Versorgungsauftrag automatisch der Bedarfsplanung unterfällt und – sofern eine Überversorgung besteht – in Wegfall gerät.[207] Andererseits ist auch die durch Art. 14 GG geschützte Rechtsposition des bisher vollzugelassenen Vertragsarztes zu berücksichtigen.[208] Dieser kann auch jenseits des Job-Sharing nach § 101 Abs. 1 Nr. 4 SGB V ein legitimes Interesse daran haben, z.B. seinen Nachfolger durch eine aus seiner Vollzulassung abgespaltene Teilzulassung in seine Praxis einzubinden. Da diese Lösung zudem bedarfsplanungsneutral erfolgt, sollten die Zulassungsgremien nicht zu restriktiv sein.

b) Grundsatz der Personenidentität

254 Insbesondere aus Altersgründen auf ihre Zulassung verzichtende Vertragsärzte möchten häufig aus nachvollziehbaren Gründen keine Angestelltentätigkeit im MVZ ausüben. Von daher fragt es sich, ob der Verzicht auch zugunsten eines anderen anzustellenden Arztes erklärt werden kann.

255 Für den Verzicht zugunsten eines anderen Arztes können zwar Praktikabilitätsgesichtspunkte sprechen, hierdurch darf aber das im Falle des Verzichts gesetzlich vorgesehene Ausschreibungsverfahren nicht unterlaufen werden (siehe Rn 263). Angesichts des eindeutigen Gesetzeswortlauts empfiehlt es sich, bis zum Vorliegen einer gesicherten ge-

---

204 Hierzu *Orlowski/Halbe/Karch*, S. 13; *Möller*, MedR 2007, 263, 265.
205 Ebenso *Schallen*, Rn 541.
206 So wohl auch *Schallen*, Rn 535.
207 So *Steinbrück*, Der Urologe 2006, 947; *Hess*, Auswirkungen des Vertragsarztrechtsänderungsgesetzes auf die Bedarfsplanung, Vortrag beim Symposium der Deutschen Gesellschaft für Kassenarztrecht am 9.11.2006; *Dahm/Ratzel*, MedR 2006, 564.
208 *Orlowski/Halbe/Karch*, S. 14 sprechen sich bei Beschränkung der Vollzulassung für eine Nachbesetzung des anderen Teils der Zulassung aus; ebenso *Möller*, MedR 2007, 263, 266.

richtlichen Spruchpraxis vom Grundsatz der Personenidentität zwischen verzichtendem und anzustellendem Arzt auszugehen, da andernfalls die Gefahr besteht, dass die Umwandlung der Vertragsarztzulassung in eine Arztstelle fehlschlägt.

c) Unerheblichkeit der Niederlassungsform

256 Für den Statuswechsel ist es unerheblich, ob der Vertragsarzt in einer Einzelpraxis, Berufsausübungsgemeinschaft (Gemeinschaftspraxis, Partnerschaftsgesellschaft) oder in einer Praxisgemeinschaft tätig war. Maßgeblich ist das Vorhandensein einer Vertragsarztzulassung und nicht der Umfang der Vermögensbeteiligung an einer Berufsausübungsgemeinschaft, sofern nicht im Anschluss an *Engelmann*[209] gefordert wird, dass das für eine Nachbesetzung notwendige materielle Praxissubstrat spätestens nach Ablauf von drei Jahren im Sinne einer Vermögensbeteiligung dargestellt wird, da es andernfalls an einer schützenswerten Vermögensposition für die Durchführung des Nachbesetzungsverfahrens fehlen kann;[210] als ausreichend wird jedenfalls eine immaterielle Vermögensbeteiligung des betreffenden Gesellschafters angesehen.[211]

d) Teilzeittätigkeit

257 Nr. 38 Bedarfsplanungs-Richtlinien-Ärzte bestimmt, dass vollzeitig im MVZ beschäftigte Ärzte mit dem Faktor 1 bei der Bedarfsplanung zu berücksichtigen sind. Bei Ärzten, die bis zu 10 Stunden pro Woche beschäftigt sind, beträgt der Faktor 0,25. Das MVZ kann die volle Arztstelle mithin in bis zu vier Teilzeitstellen splitten.

258 Zumindest mit dem Gesetzeswortlaut wäre es zu vereinbaren, dass der auf seine Zulassung verzichtende Vertragsarzt von Anfang an auf Teilzeitbasis im MVZ tätig wird und das verbleibende Zeitkontingent durch die Anstellung zumindest eines weiteren, ebenfalls teilzeitig arbeitenden Arztes ausgefüllt wird. Die Praxis ist insofern uneinheitlich.

259 Auf jeden Fall zulässig ist ein Job-Sharing mit der Konsequenz, dass der verzichtende Arzt nur noch in zeitlich beschränktem Umfang tätig sein muss.

e) Aufnahme der Tätigkeit

260 Bei der Umwandlung der Vertragsarztzulassung in eine Arztstelle ist Vorsicht in zeitlicher Hinsicht geboten.

261 Für Vertragsärzte gilt, dass deren Zulassung endet, wenn die vertragsärztliche Tätigkeit in einem von Zulassungsbeschränkungen betroffenen Planungsbereich nicht innerhalb von drei Monaten nach Zustellung des Beschlusses über die Zulassung aufgenommen wird (§ 95 Abs. 6 SGB V i.V.m. § 19 Abs. 3 Ärzte-ZV). Es spricht viel dafür, dass diese Regelung uneingeschränkt auf die Umwandlung einer Vertragsarztzulassung anzuwenden ist. Der angestellte Arzt muss seine Tätigkeit mithin innerhalb von drei Monaten ab Wirksamwerden der Anstellungsgenehmigung aufnehmen, wobei Einzelheiten im Falle der Einlegung von Rechtsmitteln gegen den Zulassungsbeschluss ungeklärt sind.

---

209 *Engelmann*, ZMGR 2004, 1, 8; *ders.*, in: FS 50 Jahre Bundessozialgericht, 2004, S. 429, 455 f.
210 Kritisch *Gummert/Meier*, MedR 2007, 7.
211 *Möller*, MedR 1999, 493, 497; *Ratzel* in: Ratzel/Lippert, § 18/18a Rn 6.

Ob sich bei Vorliegen der gesetzlichen Voraussetzungen der angestellte Arzt vertreten lassen kann, ist nicht unproblematisch, obwohl es im Übrigen Ausnahmen vom Grundsatz der Personenidentität geben kann.[212]

3. Beendigung der Zulassung und Fortführung der Praxis

§ 103 Abs. 4a S. 2 SGB V sieht die Möglichkeit vor, dass bei Beendigung der Vertragsarztzulassung die Fortführung der Praxis durch einen beim MVZ angestellten Arzt erfolgt. Als Beendigungstatbestände kommen in Betracht: Erreichen der Altersgrenze, Tod, Verzicht, Entziehung der Zulassung, Wegzug aus dem Zulassungsbezirk. Bei dieser Konstellation erfolgt die Umwandlung der Vertragsarztzulassung in eine Arztstelle auf der Grundlage des Verwaltungsverfahrens nach § 103 Abs. 4 S. 1 SGB V. Der Vertragsarztsitz wird zunächst auf Antrag durch die KV ausgeschrieben. Die Auswahlentscheidung unter ggf. mehreren Bewerbern trifft der Zulassungsausschuss unter Beachtung von sog. Eignungskriterien: Berufliche Eignung, Approbationsalter, Dauer der ärztlichen Tätigkeit, Gemeinschaftspraxispartner des Abgebers als Bewerber, Dauer der Eintragung in die Warteliste.

Ein Problem ergibt sich daraus, dass der Gesetzestext mehrfach von der „Weiterführung der Praxis" spricht.[213] Häufig wird die MVZ-Trägergesellschaft Interesse ausschließlich an der Vertragsarztzulassung haben. Erfolgt in unmittelbarem zeitlichen Zusammenhang mit der Nachfolgezulassung die Verlegung des Vertragsarztsitzes, kann dies – u.a. – ein Indiz für die fehlende Praxisfortführung sein.

Innerhalb des Bewerberauswahlverfahrens dürften künftig von Krankenhäusern betriebene Versorgungszentren in erheblicher Weise bevorteilt sein, da diese in der Regel in der Lage sind, Bewerber in das Auswahlverfahren zu senden, die über einen hohen „Eignungsgrad" im Hinblick auf das Approbationsalter und die Dauer der ärztlichen Tätigkeit verfügen; dies ist eine Folge des Wegfalls der Alterszugangsgrenze von 55 Lebensjahren infolge der Streichung des § 25 Ärzte-ZV. Hierdurch wird gleichzeitig für jüngere Ärzte – soweit diese nicht in ein Anstellungsverhältnis eintreten wollen – der Weg zur freiberuflichen vertragsärztlichen Versorgung erheblich erschwert.

Bei Durchführung des Nachbesetzungsverfahrens ist als erheblicher Nachteil hinzunehmen, dass bei mehreren vorhandenen Bewerbern jeder abgelehnte Interessent Widerspruch zum Berufungsausschuss einlegen kann. Dem Widerspruch kommt aufschiebende Wirkung zu. Während des Widerspruchsverfahrens können keine vertragsärztlichen Leistungen erbracht werden; der Anspruch auf Vergütung entfällt in diesem Fall rückwirkend.

4. Nachbesetzung einer Arztstelle im MVZ

Die Nachbesetzung einer bereits im MVZ befindlichen Arztstelle gestaltet sich in Anlehnung an § 103 Abs. 4a S. 5 SGB V relativ unproblematisch, da medizinische Versorgungszentren die Nachbesetzung einer Arztstelle möglich ist, auch wenn Zulassungsbeschränkungen angeordnet sind.

Hat ein MVZ eine Arztstelle für ein bestimmtes Fachgebiet akquiriert, verfügt es über relative Planungssicherheit. Die Arztstelle ist eng an den Bestand des MVZ und nicht –

---

212 Hierzu *Möller* in: Dahm/Möller/Ratzel, Kap IX Rn 21 f.
213 *Möller* in: Dahm/Möller/Ratzel, Kap IX Rn 60 m.w.N.

wie bei der Vertragsarztzulassung – an die Person des Vertragsarztes gebunden.[214] Der die Arztstelle besetzende angestellte Arzt kann diese bei Beendigung des Anstellungsverhältnisses nicht in ein anderes MVZ oder eine Praxis „mitnehmen". Auch kommt **eine Rückumwandlung** in eine Vertragsarztzulassung **nicht** in Betracht.[215]

269 Es versteht sich von selbst, dass die Nachbesetzung nur im zeitlichen Umfang der vorherigen genehmigten Beschäftigung zulässig ist. Besonderheiten gelten für die Nachbesetzung von Sonderbedarfszulassung (erneute Genehmigung erforderlich, vgl. Nr. 38b Bedarfsplanungs-Richtlinien-Ärzte).

270 Praktisch läuft die Nachbesetzung der Arztstelle so ab, dass der MVZ-Träger dem Zulassungsausschuss die Beendigung des Dienstverhältnisses anzeigt und die Genehmigung für die Anstellung einer anderen Ärztin/eines anderen Arztes beantragt. Die Nachbesetzung der Arztstelle sollte zeitnah erfolgen. Entfällt mit Beendigung des Anstellungsverhältnisses eine Gründungsvoraussetzung für das MVZ infolge Wegfalls des zweiten Fachgebiets, besteht ab dem 1.1.2007 eine Übergangsfrist von **sechs Monaten**, um den Mangel zu heilen (§ 95 Abs. 6 S. 3 SGB V).

5. Reproduktion von Vertragsarztsitzen

a) Rechtslage bis zum 31.12.2006

271 Der Gesetzgeber gewährt den MVZ zwar keine Anschubfinanzierung, hatte den Vertragsärzten, die sich unter Verzicht auf ihre Vertragsarztzulassung beim MVZ haben anstellen lassen, einen Anspruch auf „Neuzulassung" nach Ablauf von fünf Jahren eingeräumt, sofern die Voraussetzungen des § 103 Abs. 4a S. 4 SGB V erfüllt sind.[216]

272 Hiernach erhält ein Arzt nach einer Tätigkeit von mindestens fünf Jahren in einem medizinischen Versorgungszentrum, dessen Sitz in einem Planungsbereich liegt, für den Zulassungsbeschränkungen angeordnet sind, unbeschadet der Zulassungsbeschränkungen auf Antrag eine Zulassung in diesem Planungsbereich, soweit der Arzt nicht aufgrund einer Nachbesetzung tätig ist.

273 Wie die Gesetzesbegründung verdeutlicht,[217] wollte der Gesetzgeber die Vervielfältigungsmöglichkeit von Vertragsarztzulassungen daran geknüpft wissen, dass der Arzt durch seine Tätigkeit zur Gründung des MVZ oder zur Erweiterung seines medizinischen Leistungsangebots beigetragen hat.[218]

274 Welche Voraussetzungen für die Annahme einer Erweiterung des medizinischen Leistungsangebots erfüllt sein müssen, erläutert die Gesetzesbegründung nicht näher. Die Privilegierung greift nur dann ein, wenn der Arzt fünf Jahre als angestellter Arzt im MVZ tätig war. Eine Tätigkeit im MVZ als Vertragsarzt wird nicht angerechnet. Nr. 39 Bedarfsplanungs-Richtlinien-Ärzte schränkt den Anspruch auf Erteilung einer Zulassung ein, indem verlangt wird, dass der angestellte Arzt im zurückliegenden Zeitraum von fünf Jahren mindestens mit dem Faktor 0,75 auf den Versorgungsgrad angerechnet wurde. Macht der angestellte Arzt von der Zulassungsmöglichkeit Gebrauch, kann das

---

214 Hierzu *Möller* in: Dahm/Möller/Ratzel, Kap IX Rn 74; *Dahm*, a.a.O. Kap VI Rn 112.
215 *Dahm* in: Dahm/Möller/Ratzel, Kap VI Rn 107 m.w.N.; a.A. *Peikert*, ZMGR 2004, 211, 219, der sich für eine extensive Auslegung ausspricht.
216 *Schirmer*, Kap I 11.2, S. 331 spricht von der „erdienten Freiheit zur Niederlassung".
217 BT-Drucks 15/1525 v. 8.9.2003, S. 112.
218 Ausführlich *Möller* in: Dahm/Möller/Ratzel, Kap XIII Rn 37 f.

MVZ die frei werdende Arztstelle komplikationslos nachbesetzen, indem die Genehmigung zur Anstellung eines Nachfolgers beantragt wird.

b) Rechtslage ab dem 1.1.2007

Im VÄndG ist die Bevorzugung für den einen Vertragsarztsitz erstmals zur Anstellung in ein Versorgungszentrum einbringenden Arzt dadurch beseitigt worden, dass der Ausschluss der Reproduktion des Vertragsarztsitzes in § 103 Abs. 4a S. 4 Hs. 2 SGB V auf diejenigen Ärzte ausgedehnt worden ist, die den Vertragsarztsitz nach dem 1.1.2007 einbringen. Damit können nur die Ärzte den Neuerwerb eines Vertragsarztsitzes erwarten, die ihren Vertragsarztsitz bis zum 31.12.2006 in das Versorgungszentrum eingebracht haben. Wer daher zum 31.12.2006 zwar den Vertragsarztsitz eingebracht hatte, seine Tätigkeit aber erst am 1.1.2007 aufgenommen hat, fällt nicht mehr unter die Alt-, sondern unter die Neuregelung. Der Gesetzgeber hat sich nach der Begründung davon leiten lassen, dass durch dieses Privileg für Versorgungszentren zum einen die Überversorgung gefördert, zum anderen aber auch eine Ungleichbehandlung zu den Ärzten hergestellt wird, die nicht als Angestellte in einem MVZ, sondern als Angestellte in einer Arztpraxis tätig werden.[219]

275

X. Kooperation mit Dritten

Gesetzgeberisches Ziel ist es, den Patienten durch zugelassene MVZ eine Versorgung „aus einer Hand" zu bieten. Aus der Sicht des Betreibers eines Versorgungszentrums, insbesondere solchen in der Hand von Krankenhausträgern, stellt sich deshalb die Frage, inwieweit Dritte eingebunden werden können.

276

1. Ermächtigte Krankenhausärzte

Unstreitig zählen ermächtigte Krankenhausärzte zum Kreis der **gründungsberechtigten Leistungserbringer** (vgl. Rn 67).

277

Fraglich ist allerdings, ob der ermächtigte Krankenhausarzt seine Ermächtigung quasi in das MVZ einbringen kann mit der Maßgabe, dass die Leistungserbringung durch den ermächtigten Krankenhausarzt im MVZ erfolgt und die Leistungen gegenüber der KV durch das MVZ abgerechnet werden. Der ermächtigte Krankenhausarzt ist hinsichtlich seiner vertragsärztlichen Tätigkeit einem Vertragsarzt weitestgehend gleichgestellt. Er könnte daher auf der „Vertragsarztschiene" oder im Rahmen eines Anstellungsvertrags im MVZ tätig werden.

278

Insgesamt spricht einiges dafür, dass die Einbindung der Tätigkeit des ermächtigten Arztes in das MVZ den gesetzlichen Vorgaben entspricht,[220] zumal wenn man eine Leistungserbringergemeinschaft gem. § 15 Ab. 3 BMV-Ä zwischen Vertragsärzten und ermächtigten Ärzten als zulässig ansieht.

279

---

219 Beschlussempfehlung und Bericht 14. Ausschuss, BT-Drucks 16/3157 v. 25.10.2006, S. 24; dazu *Orlowski/Halbe/Karch*, S. 90; *Möller*, MedR 2007, 263, 268.
220 *Dahm* in: Dahm/Möller/Ratzel, Kap IV Rn 37; im Ergebnis enger *Zwingel/Preißler*, Kap 4 Rn 10.

2. MVZ als Teil einer Berufsausübungsgemeinschaft

280 Das MVZ ist kein Vertragsarzt, sondern eine ärztlich geleitete Einrichtung, in der ggf. Vertragsärzte tätig sind. An dieser Feststellung ändert sich nichts dadurch, dass die vertragsärztlichen Rechte und Pflichten auch für das MVZ gelten. Aus dem andersartigen Status wurde zu Recht abgeleitet, dass das MVZ als solches **nicht gemeinschaftspraxisfähig** war.[221]

281 Das VÄndG ermöglicht durch Änderung von § 33 Abs. 2 Ärzte-ZV in der ab dem 1.1.2007 geltenden Fassung die Einbeziehung von Versorgungszentren in Berufsausübungsgemeinschaften, da die gemeinsame Ausübung vertragsärztlicher Tätigkeit nunmehr unter allen zur vertragsärztlichen Versorgung zugelassenen Leistungserbringern an einem gemeinsamen Vertragsarztsitz (örtliche Berufsausübungsgemeinschaft) zulässig ist.

282 Zweifelsfrei ist das MVZ ein zur vertragsärztlichen Versorgung zugelassener Leistungserbringer und damit berechtigt, Gesellschafter einer Berufsausübungsgesellschaft zu werden[222] (so jetzt auch § 15c BMV-Ä). In der Gesetzesbegründung[223] wird darauf verwiesen, dass anstelle des Begriffs „Vertragsarzt" der umfassendere Begriff „zur vertragsärztlichen Versorgung zugelassener Leistungserbringer" gewählt wird, um zu verdeutlichen, dass vertragsarztrechtlich nicht nur Berufsausübungsgemeinschaften zwischen Ärzten, sondern zwischen allen zur vertragsärztlichen Versorgung Leistungserbringern, also Ärzten, Psychotherapeuten und medizinischen Versorgungszentren zulässig sind; bezüglich der medizinischen Versorgungszentren auch unabhängig davon, ob sie als juristische Person oder als Personengesellschaft organisiert sind.

283 Unerheblich ist, ob die einzelnen Leistungen der Gesellschafter austauschbar sind oder sich sinnvoll ergänzen[224] oder zumindest eine gewisse Nähe der Fachgebiete besteht.[225] Da eine MVZ-GmbH durchaus kapitalistisch organisiert sein kann, hat der Gesetzgeber eine völlig neue, **sozialrechtlich geprägte Begriffsbestimmung** der Berufsausübungsgemeinschaft vorgenommen.[226]

284 Kompetenzrechtlich stellt sich natürlich die Frage, ob eine MVZ-GmbH Gesellschafterin einer Berufsausübungsgemeinschaft sein darf, wenn das Berufsrecht der jeweiligen Landesärztekammer – so z.B. in Nordrhein – die Ärzte-GmbH nicht anerkennt oder unter Genehmigungsvorbehalt stellt.

3. Das MVZ als Mitglied von Organisationsgemeinschaften

285 Die Bildung einer Organisationsgemeinschaft (Praxisgemeinschaft, Apparategemeinschaft) zwischen mehreren MVZ mit oder ohne Einbindung von Vertragsärzten oder ggf. einem Krankenhaus ist unstreitig zulässig.[227]

286 Die Beteiligung an einer Laborgemeinschaft[228] dürfte problematisch sein, da es sich hierbei um den Zusammenschluss von Ärzten zum Zwecke der Erbringung von Labora-

---

221 So *Schirmer*, Kap I 9, S. 326.
222 *Rieger/Weimer*, Lexikon des Arztrechts, „Berufsausübungsgemeinschaften", Rn 30 f.
223 BT-Drucks 16/2474 v. 30.8.2006, S. 31.
224 *Schallen*, Rn 1164.
225 *Orlowski/Halbe/Karch*, S. 30.
226 Vgl. *Dahm/Ratzel*, MedR 2006, 555, 557 mit kritischen Anmerkungen.
227 *Schirmer*, Kap I 9, S. 326.
228 Vgl. zu Laborgemeinschaften *Schirmer*, Kap K 2.5.2, S. 366.

toriumsuntersuchungen handelt. Die Beteiligung z.B. einer GmbH kann den gesamten Zusammenschluss – nicht nur steuerlich – „infizieren".

4. Apotheker

Eine Apotheke kann nur durch eine Einzelperson oder als Gesellschaft in der Rechtsform der GbR oder oHG geführt werden, wobei sämtliche Gesellschafter approbierte Apotheker sein müssen.

287

Die MVZ-GmbH oder MVZ-AG kommt demgemäß nicht als Apothekengesellschaft in Betracht. Wird die Apotheke in der Form der oHG betrieben, können sich Ärzte und Zahnärzte hieran nicht beteiligen, da sie nicht über den Status als Apotheker verfügen.

288

Grundsätzlich ist es einem Apotheker nicht verwehrt, z.B. eine MVZ-GmbH zu gründen und mit angestellten Ärzten zu betreiben. Zu berücksichtigen ist allerdings, dass § 11 ApoG dem Betreiber einer Apotheke untersagt, mit Ärzten oder anderen Personen, die sich mit der Behandlung von Krankheiten befassen, Rechtsgeschäfte oder Absprachen zu treffen, die eine bevorzugte Lieferung von Arzneimitteln, die Zuführung von Patienten, die Zuweisung von Verschreibungen zum Gegenstand haben. Aus § 12 ApoG folgt, dass derartige Rechtsgeschäfte nichtig sind.

289

Von Bedeutung ist ferner § 8 S. 2 ApoG. Hiernach sind Beteiligungen an einer Apotheke in Form einer stillen Gesellschaft oder Gewinnbeteiligungsmodelle unzulässig.[229] Mit Beschl. v. 10.10.2006[230] hat das VG Berlin die Versagung einer Apothekenbetriebserlaubnis wegen der Vereinbarung einer Umsatzmiete bestätigt und hervorgehoben, dass § 8 S. 2 ApoG uneingeschränkt auch bei Einbindung einer Apotheke in einen MVZ-Komplex gilt.

290

5. Krankenhausapotheke

§ 14 ApoG erlaubt dem Krankenhausträger auf Antrag den Betrieb einer Krankenhausapotheke, wenn er die erforderlichen personellen und sachlichen Voraussetzungen erfüllt. Die Krankenhausapotheke ist – anders als die öffentliche Apotheke – kein eigenständiger Leistungserbringer, sondern eine Funktionseinheit des Krankenhauses (§ 26 ApoBetrO).

291

Bis zum Inkrafttreten des GMG zum 1.1.2004 war die Arzneimittelversorgung durch die Krankenhausapotheke grundsätzlich auf die Versorgung von Krankenhauspatienten beschränkt.[231] Inzwischen hat der Gesetzgeber die Versorgungsmöglichkeiten der Krankenhausapotheke im ambulanten Bereich erweitert (vgl. § 14 Abs. 4 S. 2, 3 ApoG). So ist es der Krankenhausapotheke erlaubt, Arzneimittel u.a. auch an ermächtigte Krankenhausärzte zur unmittelbaren Anwendung abzugeben. Eine Abgabe an Ärzte im MVZ ist hingegen nicht erlaubt. Obwohl der Gesetzgeber das Rechtsinstitut MVZ durch das GMG geschaffen hat, hat er es nicht in den Kreis der Privilegierten aufgenommen und damit bewusst von einer Öffnung der Krankenhausapotheken für den gesamten ambulanten Bereich abgesehen.[232] Die Einbeziehung der MVZ, nicht jedoch

292

---

229 Zum Ganzen *Ratzel* in: Dahm/Möller/Ratzel, Kap VII Rn 22 f.
230 14 A 28.06, MedR 2007, 56 f.
231 Vgl. *Quaas/Zuck*, § 42 Rn 60.
232 BT-Drucks 15/1525 v. 8.9.2003, S. 161; vgl. hierzu den Bericht über das 13. Kasseler Symposium für Krankenhausapotheker, f&w 2006, 176 f.

der Vertragsarztpraxen hätte zudem einen Verstoß gegen den Gleichheitsgrundsatz (Art. 3 Abs. 1 GG) bedeutet.

6. Das MVZ in der integrierten Versorgung

293 Die Träger medizinischer Versorgungszentren sind berechtigt, mit den Krankenkassen Verträge zur integrierten Versorgung abzuschließen (§ 140b Abs. 1 Nr. 3 i.V.m. § 140a Abs. 1 SGB V). Versorgungszentren werden dabei als „geborene" Teilnehmer der integrierten Versorgung bezeichnet.[233]

294 Betreibt ein Krankenhaus ein MVZ, ist es in der Lage, mit den Krankenkassen einen Integrationsvertrag abzuschließen. Auf diesem Wege kann das Ziel des Gesetzgebers, durch MVZ eine „Versorgung aus einer Hand" zu ermöglichen, optimal umgesetzt werden, zumal wenn zusätzliche Leistungserbringer (Pflegedienste, Heilmittelerbringer, Apotheken, Zahnärzte) an der Integrationsversorgung beteiligt sind.[234]

7. Das MVZ als „Belegarzt"

295 Teilweise wird vertreten, das MVZ könne durch seine angestellten Ärzte **keine belegärztliche Tätigkeit** i.S.d. § 121 SGB V, § 39 f. BMV-Ä ausüben.[235] Da das MVZ mit seinen angestellten Ärzten gem. § 1 Abs. 3 Ärzte-ZV einem Vertragsarzt gleichgestellt ist und wie dieser an der vertragsärztlichen Versorgung teilnimmt, ist nicht ersichtlich, warum dem MVZ bei Erfüllung der objektiven und subjektiven Voraussetzungen die Belegarztanerkennung versagt werden soll.[236] Insofern ist zu beachten, dass das VÄndG nun ausdrücklich die Möglichkeit vorsieht, dass ein MVZ die Genehmigung zur Durchführung künstlicher Befruchtungsmaßnahmen erhalten kann (§ 121a SGB V).

B. Integrierte Versorgung

Literatur

Bäune, Rechtsschutzfragen in der integrierten Versorgung, GesR 2006, 289; **Becker**, Rechtliche Rahmenbedingungen der integrierten Versorgung, NZS 2001, 505; **Berghöfer**, Erste Erfahrungen mit der integrierten Versorgung an einem Universitätsklinikum, das Krankenhaus 2005, 274; **Beule**, Rechtsfragen der integrierten Versorgung (§§ 140a bis 140h SGB V), 2003; **dies.**, Integrierte Versorgung nach neuem Recht, GesR 2004, 209; **Bohle**, Vertragsgestaltung in der Integrierten Versorgung, 2005; **Dahm**, Vertragsgestaltung bei Integrierter Versorgung am Beispiel „Prosper – Gesund im Verbund", MedR 2005, 121; **Degener-Hencke**, Integration von ambulanter und stationärer Versorgung, NZS 2003, 629; **Dietz**, Die Finanzierung der stationären Krankenhausleistungen in der integrierten Versorgung, f&w 2004, 417; **Ebsen**, Kartell- und vergaberechtliche Aspekte des vertraglichen Handelns der Krankenkassen, KrV 2004, 95; **Fischer**, Integrierte Versorgung: Chancen und Anforderungen, KrV 2005, 11; **Genzel**, Die Durchbrechung der sektoralen Grenzen bei der Erbringung von Gesundheitsleistungen durch die Reformgesetzgebung insbesondere durch das GKV-Modernisierungsgesetz 2003, FS für Laufs, 2006, 817; **Kingreen**, Wettbewerbsrechtliche Aspekte des GKV-Modernisierungsgesetzes, MedR 2004, 188; **Koenig/Engelmann/Hentschel**, Die Anwendbarkeit des Vergaberechts auf die Leistungserbringung im Gesundheitswesen, MedR 2003, 562; **Krüger**, Haftungsrecht im Rahmen der integrierten Versorgung, VersR 2006, 192; **Kuhlmann**, Vertragliche Regelungen und Strukturen bei der Integrierten Versorgung,

---

233 Vgl. *Ratzel* in: Dahm/Möller/Ratzel, Kap XIV Rn 4; *Rieger/Bäune*, Lexikon des Arztrechts, „Integrierte Versorgung", Rn 28 ff.
234 *Quaas/Zuck*, § 11 Rn 99. Hinweise, Checklisten und Muster zur Vertragsgestaltung finden sich bei *Bohle*.
235 *Kallenberg* in: Halbe/Schirmer, C 1500 Rn 19.
236 *Möller* in: Dahm/Möller/Ratzel, Kap IX Rn 8, 81; *Weddehage*, das Krankenhaus 2006, 772.

das Krankenhaus 2004, 417; **ders.**, Die Finanzierung stationärer Krankenhausleistungen als Bestandteil einer Integrationsversorgung, das Krankenhaus 2004, 607; **Orlowski**, Integrationsversorgung, Die BKK 2000, 191; **ders**, Ziele des GKV-Modernisierungsgesetzes (GMG), MedR 2004, 202; **Quaas**, Vertragsgestaltungen zur integrierten Versorgung aus der Sicht der Krankenhäuser, VSSR 2004, 175; **ders.**, Ungelöste Rechtsfragen der Vergütung in der Integrierten Versorgung, das Krankenhaus 2005, 967 ff.; **Quaas/Zuck**, Medizinrecht, 2004; **Rehborn**, Erweiterte Vertragskompetenz der Krankenkassen unter besonderer Berücksichtigung der Verträge zur hausarztzentrierten und integrierten Versorgung – Vertragsgestaltungen aus der Sicht niedergelassener Vertragsärzte, VSSR 2004, 157; **Rieger**, Lexikon des Arztrechts, Loseblatt, 2. Auflage Stand Mai 2007 (zit: Rieger/*Bearbeiter*, „Integrierte Versorgung" bzw. „Praxisnetz"); **Rixen**, Vergaberecht oder Sozialrecht in der gesetzlichen Krankenversicherung?, GesR 2006, 49; **Schirmer**, Vertragsarztrecht kompakt, 2006; **Schnapp/Wigge**, Handbuch des Vertragsarztrechts, 2. Auflage 2006; **Schwanenflügel**, Moderne Versorgungsformen im Gesundheitswesen, NZS 2006, 285; **Stellpflug**, Vertragsarztrecht/Vertragszahnarztrecht, 2005; **Stopper/Schillhorn/Dietze**, Gemeinnützige Krankenhäuser: rechtliche Umsetzung einer Integrierten Versorgung, das Krankenhaus 2005, 281; **Udsching**, Probleme der Verzahnung von ambulanter und stationärer Krankenbehandlung, NZS 2003, 411; **Vössing**, Integrierte Versorgung am Beispiel der PROSPER-Netze, ZMGR 2004, 158; **Vollmöller**, Integrierte Versorgung und Rehabilitation, ZMGR 2005, 97; **Wallhäuser**, Verträge in der Integrierten Versorgung, 2005; **Wigge**, Integrierte Versorgung und Vertragsarztrecht, NZS 2001, 17, 66; **Windthorst**, Die integrierte Versorgung in der gesetzlichen Krankenversicherung, 2002.

I. Entwicklung

Mit dem GKV-Gesundheitsreformgesetz 2000 vom 22.12.1999[237] hat der Gesetzgeber die integrierte Versorgung als neue Versorgungsform in das Recht der gesetzlichen Krankenversicherung eingeführt (§§ 140a–140h SGB V a.F.). Der Gesetzgeber wollte mit dieser Versorgungsform die „*starre Aufgabenteilung zwischen der ambulanten und stationären Versorgung*" gezielt durchbrechen, um die Behandlung der Versicherten stärker an deren Versorgungsbedürfnissen auszurichten.[238] Um dieses Ziel zu erreichen, sollte die integrierte Versorgung eine verschiedene Leistungssektoren übergreifende und interdisziplinäre Versorgung ermöglichen.[239] Dadurch sollten die Qualität, die Wirksamkeit und die Wirtschaftlichkeit der medizinischen Versorgung verbessert werden.[240]

296

Zunächst konnte die integrierte Versorgung in der Praxis jedoch keine Bedeutung erlangen, da es auf Seiten von Krankenkassen und Leistungserbringern an Anreizen fehlte, integrierte Versorgungsformen zu entwickeln. Der Gesetzgeber hat die gesetzlichen Rahmenbedingungen der integrierten Versorgung daher durch das GKV-Modernisierungsgesetz – GMG vom 14.11.2003[241] grundlegend neu gestaltet.[242]

297

Die für die Entwicklung der integrierten Versorgung bedeutsamste Neuregelung war die Einführung einer Anschubfinanzierung zur Förderung der integrierten Versorgung (§ 140d SGB V). Danach hatte jede Krankenkasse in den Jahren 2004 bis 2006 finanzielle Mittel bis zu 1 % von der Gesamtvergütung sowie von den Krankenhausrechnungen für voll- und teilstationäre Versorgung einzubehalten, soweit die einbehaltenen Mittel zur Umsetzung der Integrationsverträge erforderlich waren (§ 140d Abs. 1 SGB V). Angetrieben von dieser Anschubfinanzierung, deren mögliche Gesamthöhe

298

---

237 BGBl 1999 I, 2626.
238 BT-Drucks 14/1245, 91.
239 BT-Drucks 14/1245, 91.
240 BT-Drucks 14/1245, 92.
241 BGBl 2003 I, 2190.
242 Zur alten Rechtslage vgl. *Becker*, NZS 2001, 505 ff.; *Beule*, Rechtsfragen der integrierten Versorgung; Schnapp/Wigge/*Knieps*, Handbuch des Vertragsarztrechts, 1. Auflage 2002, § 11 Rn 25 ff.; *Orlowski*, Die BKK 2000, 191 ff.; *Wigge*, NZS 2001, 17 ff., 66 ff.; *Windthorst*, Die integrierte Versorgung in der gesetzlichen Krankenversicherung.

mit etwa 680 Mio. EUR angegeben wurde,[243] kam es bald zu einer wahren Flut von Integrationsverträgen. Zum 31.12.2006 bestanden 3309 Verträge zur integrierten Versorgung.[244]

299 Durch das Vertragsarztrechtsänderungsgesetz vom 22.12.2006[245] ist die Dauer der Anschubfinanzierung bis zum 31.12.2008 verlängert worden. Es ist daher damit zu rechnen, dass die Anzahl der Integrationsverträge weiter steigen wird. Die hohe Zahl von Integrationsverträgen lässt allerdings noch keine Aussage darüber zu, ob der Gesetzgeber die von ihm angestrebte Verbesserung der medizinischen Versorgung durch das Überwinden sektoraler Grenzen tatsächlich erreicht hat. Insoweit verbietet sich ohnehin eine pauschale Antwort, da der Abschluss von Integrationsverträgen auf eine Vielzahl unterschiedlichster Gründe zurückzuführen sein kann. Dabei ist nicht immer die Verbesserung der medizinischen Versorgung im Blick der Beteiligten. Nicht selten gewinnt man als anwaltlicher Berater den Eindruck, dass auf Seiten der Leistungserbringer mittels integrierter Versorgung eine Verschiebung der Einnahmeströme von einem Sektor in den anderen Sektor erfolgen soll. Dies soll jedoch den Blick nicht dafür verstellen, dass bis heute bereits eine Vielzahl von erfolgreichen Integrationsmodellen entwickelt worden ist.

II. Begriff

300 Die integrierte Versorgung ist in §§ 140a ff. SGB V geregelt. Nach § 140a Abs. 1 SGB V ist unter integrierter Versorgung eine verschiedene Leistungssektoren übergreifende oder interdisziplinär-fachübergreifende Versorgung außerhalb des Sicherstellungsauftrags der Kassenärztlichen Vereinigungen auf der Grundlage von Einzelverträgen zwischen einzelnen Krankenkassen und Leistungserbringern zu verstehen.[246] Grundvoraussetzung der integrierten Versorgung ist mithin das Vorliegen einer verschiedene Leistungssektoren übergreifenden oder einer interdisziplinär-fachübergreifenden Versorgung der Versicherten.

1. Leistungssektoren übergreifende Versorgung

a) Begriffsbestimmung

301 Der Begriff der Leistungssektoren übergreifenden Versorgung ist durch den Gesetzgeber nicht näher definiert worden, so dass er durch Auslegung zu ermitteln ist.[247] Dabei ist maßgeblich auf die Gesetzesbegründung abzustellen. In der einleitenden Gesetzesbegründung zum GKV-Gesundheitsreformgesetz 2000, durch das die integrierte Versorgung in das SGB V eingefügt worden ist, nennt der Gesetzgeber ausdrücklich integrierte Versorgungsformen zwischen Haus- und Fachärzten, zwischen ärztlichen und

---

243 BT-Drucks 15/1525, 131; *Pfeiffer*, VSSR 2004, 149, 150.
244 Diese Angabe beruht auf der statistischen Auswertung der gemeinsam von der Deutschen Krankenhausgesellschaft, der Kassenärztlichen Bundesvereinigung und den Spitzenverbänden der Krankenkassen eingerichteten Registrierungsstelle, s. dazu www.bqs-register140d.de.
245 BGBl 2006 I, 3439.
246 Krauskopf/*Knittel*, SGB V, § 140a Rn 3; *Kingreen*, MedR 2004, 188, 191.
247 Vgl. dazu auch Rieger/*Bäune*, „Integrierte Versorgung", Rn 4 ff.

nichtärztlichen Leistungserbringern und zwischen dem ambulanten und stationären Bereich.[248] Bereits dieser Aufzählung ist zu entnehmen, dass es dem Gesetzgeber darum ging, den gesamten (medizinischen) Versorgungsbereich abzudecken.

302 Dagegen wird teilweise die Ansicht vertreten, eigenständige Leistungssektoren seien lediglich die vertrags(zahn)ärztliche Versorgung unter Einschluss der psychotherapeutischen Versorgung, die Krankenhausversorgung sowie die ambulante und stationäre Vorsorge nebst der ambulanten und stationären Rehabilitation.[249] Nach noch restriktiverer Ansicht sollen lediglich die vertrags(zahn)ärztliche Versorgung und die Krankenhausversorgung einen eigenständigen Leistungssektor darstellen.[250]

303 Gegen diese restriktiven Auffassungen spricht aber nicht nur die offene Aufzählung verschiedener Versorgungsbereiche in der Gesetzesbegründung zum GKV-Gesundheitsreformgesetz 2000, sondern insbesondere auch der Gesetzeszweck. So ist es vor allem Sinn und Zweck der integrierten Versorgung, bei vorrangiger Ausrichtung am medizinischen Leistungsgeschehen die bisherige Abschottung der einzelnen Leistungsbereiche zu überwinden, Substitutionsmöglichkeiten über verschiedene Leistungssektoren hinweg zu nutzen und Schnittstellenprobleme besser in den Griff zu bekommen.[251] Die vom Gesetzgeber bewusst vorgenommene Ausrichtung am tatsächlichen medizinischen Leistungsgeschehen zeigt auf, dass sämtliche medizinischen Versorgungsbereiche, die von den an der medizinischen Versorgung der Versicherten teilnehmenden Leistungserbringern abgedeckt werden, als Leistungssektoren i.S. des § 140a Abs. 1 SGB V zu verstehen sind.[252]

b) Einzelne Leistungssektoren

304 Einzelne Leistungssektoren innerhalb der integrierten Versorgung sind nach hier vertretener Ansicht damit die

- hausärztliche Versorgung,
- fachärztliche Versorgung,[253]
- vertragszahnärztliche Versorgung,[254]
- Krankenhausversorgung,[255]
- Versorgung mit stationären Vorsorgeleistungen,[256]

---

248 BT-Drucks 14/1245, 91.
249 *Bohle*, S. 13 ff.
250 LSG Baden-Württemberg, Urt. v. 13.12.2006 – L 5 KA 758/06, MedR 2007, 318, 321 ff.
251 BT-Drucks 15/1525, 130.
252 *Liebold/Zalewski*, SGB V, § 140a Rn 5; KassKomm/*Hess*, SGB V, § 140b Rn 4; *Beule*, S. 25 ff.; Rieger/ *Bäune*, „Integrierte Versorgung", Rn 7 ff.; so wohl auch *Schirmer*, S. 151.
253 Da die Gesetzesbegründung zum GKV-Gesundheitsreformgesetz 2000 ausdrücklich auch integrierte Versorgungsformen zwischen Haus- und Fachärzten nennt, stellen die haus- und fachärztliche Versorgung jeweils eigenständige Leistungssektoren i.S. des § 140a Abs. 1 SGB V dar. Ebenso Rieger/*Bäune*, „Integrierte Versorgung", Rn 8; *Beule*, S. 31 f.; a.A. KassKomm/*Hess*, SGB V, vor § 140a Rn 6; *Liebold/Zalewski*, SGB V, § 140a Rn 5; *Bohle*, S. 15 f. Diese Streitfrage ist nach In-Kraft-Treten des GKV-Modernisierungsgesetzes – GMG jedoch ohne Bedeutung, da seit dem 1.1.2004 auch die fachübergreifend-interdisziplinäre Versorgung eine zulässige Form der Integrationsversorgung darstellt, s. dazu unten Rn 305 f.
254 KassKomm/*Hess*, SGB V, § 140b Rn 4; Maaßen/*Orlowski*, SGB V, § 140a Rn 6; Rieger/*Bäune*, „Integrierte Versorgung", Rn 9; *Bohle*, S. 13.
255 Vgl. zum Umfang des Leistungssektors der Krankenhausversorgung Rieger/*Bäune*, „Integrierte Versorgung", Rn 11.
256 *Beule*, S. 42 ff.

- medizinische Rehabilitation,[257]
- Arznei- und Verbandmittelversorgung,[258]
- Heilmittelversorgung,[259]
- Hilfsmittelversorgung,[260]
- Versorgung mit Krankentransportleistungen,[261]
- Soziotherapie,[262]
- Hebammenleistungen[263] und
- Pflegeleistungen des SGB V.[264]

2. Interdisziplinär-fachübergreifende Versorgung

305 Die interdisziplinär-fachübergreifende Versorgungsform ist durch das GKV-Modernisierungsgesetz – GMG in § 140a Abs. 1 S. 1 SGB V aufgenommen worden. Der Begriff „fachübergreifend" ist im Sinne des ärztlichen Weiterbildungsrechts zu verstehen.[265] Der Begriff „interdisziplinär" lässt sich hingegen nicht zuordnen, da der Begriff „Disziplin" im Gegensatz zu den Begriffen „Fach" oder „Fachgebiet" im Gesundheitswesen keinen Anknüpfungspunkt findet. Nach allgemeinem Sprachverständnis wird unter dem Begriff „Disziplin" – soweit hier von Bedeutung – das Fach bzw. der Teilbereich einer Wissenschaft zu verstehen sein. Die einzelnen Fachgebiete der medizinischen Wissenschaft lassen sich unter Zugrundelegung dieses Verständnisses als verschiedene Disziplinen einordnen. Damit erfüllt eine fachübergreifende Versorgungsform grundsätzlich auch das Tatbestandsmerkmal „interdisziplinär", so dass diesem Merkmal regelmäßig keine gesonderte Bedeutung zukommt.[266]

306 *Hinweis*
Das Anknüpfen an das ärztliche Weiterbildungsrecht hat zur Folge, dass die Frage, ob eine interdisziplinär-fachübergreifende Versorgung vorliegt, in verschiedenen Kammerbezirken aufgrund unterschiedlicher Weiterbildungsordnungen auch zu unterschiedlichen Antworten führen kann.

---

257 KassKomm/*Hess*, SGB V, § 140b Rn 4; *Beule*, S. 43 f.
258 Maaßen/*Orlowski*, SGB V, § 140a Rn 6; KassKomm/*Hess*, SGB V, § 140b Rn 4; *Liebold/Zalewski*, SGB V, § 140a Rn 5; Rieger/*Bäune*, „Integrierte Versorgung", Rn 14; *Beule*, S. 38 f.; *Schirmer*, S. 151; *Windhorst*, S. 117; *Kuhlmann*, das Krankenhaus 2004, 417, 419.
259 Maaßen/*Orlowski*, SGB V, § 140a Rn 6; KassKomm/*Hess*, SGB V, § 140b Rn 4; Rieger/*Bäune*, „Integrierte Versorgung", Rn 14.
260 Maaßen/*Orlowski*, SGB V, § 140a Rn 6; KassKomm/*Hess*, SGB V, § 140b Rn 4; Rieger/*Bäune*, „Integrierte Versorgung", Rn 14.
261 KassKomm/*Hess*, SGB V, § 140b Rn 4; Rieger/*Bäune*, „Integrierte Versorgung", Rn 14; *Beule*, S. 38 ff.
262 KassKomm/*Hess*, SGB V, § 140b Rn 4; Rieger/*Bäune*, „Integrierte Versorgung", Rn 14; *Beule*, S. 38 ff.
263 KassKomm/*Hess*, SGB V, § 140b Rn 4; Rieger/*Bäune*, „Integrierte Versorgung", Rn 14; *Beule*, S. 38 ff.
264 KassKomm/*Hess*, SGB V, § 140b Rn 4; Rieger/*Bäune*, „Integrierte Versorgung", Rn 14; *Beule*, S. 38 ff.
265 Maaßen/*Orlowski*, SGB V, § 140a Rn 10; Rieger/*Bäune*, „Integrierte Versorgung", Rn 16; *Kuhlmann*, das Krankenhaus 2004, 417, 420; vgl. zur „fachübergreifenden" Tätigkeit bei medizinischen Versorgungszentren *Dahm*, Rechtshandbuch Medizinische Versorgungszentren, Kap III Rn 5 ff.
266 Vgl. dazu Rieger/*Bäune*, „Integrierte Versorgung", Rn 16; im Ergebnis ebenso auch *Beule*, GesR 2004, 209, 210; *Bohle*, S. 16; *Orlowski/Wasem*, Gesundheitsreform 2004, S. 91; a.A. *Liebold/Zalewski*, SGB V, § 140a Rn 6, die davon ausgehen, der Begriff „interdisziplinär" beschreibe eine Kooperation von Leistungserbringern aus verschiedenen Bereichen. Da *Liebold/Zalewski* weitergehend auch stets das Zusammenwirken von Haus- und Fachärzten voraussetzen, liegt nach ihrer Ansicht eine interdisziplinär-fachübergreifende Versorgung nur dann vor, wenn sowohl Haus- und Fachärzte als auch ein weiterer nichtärztlicher Leistungserbringer beteiligt sind.

III. Vertragspartner in der integrierten Versorgung

Der Abschluss von Integrationsverträgen kann nur zwischen Krankenkassen und den in § 140b Abs. 1 SGB V genannten Leistungserbringern erfolgen. Dies sind

- zur vertragsärztlichen Versorgung zugelassene Ärzte und Zahnärzte sowie sonstige nach dem Vierten Kapitel des SGB V zur Versorgung der Versicherten berechtigte Leistungserbringer oder deren Gemeinschaften,
- Träger von zur Versorgung der Versicherten zugelassenen bzw. berechtigten Krankenhäusern, von Vorsorge- und Rehabilitationseinrichtungen sowie von ambulanten Rehabilitationseinrichtungen oder deren Gemeinschaften,
- Träger medizinischer Versorgungszentren oder deren Gemeinschaften,
- Träger von Einrichtungen, die eine integrierte Versorgung nach § 140a SGB V durch Versorgung der Versicherten durch zugelassene Leistungserbringer anbieten (sog. Managementgesellschaften),
- Pflegekassen und Träger zugelassener Pflegeeinrichtungen[267] sowie
- Gemeinschaften der vorgenannten Leistungserbringer oder deren Gemeinschaften.[268]

307

Die **Kassenärztlichen Vereinigungen** sind nach den Änderungen durch das GKV-Modernisierungsgesetz – GMG nicht mehr als Vertragspartner im Gesetz genannt. Dies beruht auf der vom Gesetzgeber gezogenen Erkenntnis, dass die Kassenärztlichen Vereinigungen nicht in ein System einzelvertraglicher Vereinbarungen über die Durchführung der Versorgung der Versicherten einzupassen sein sollen.[269] Hintergrund ist hier, dass die auf Einzelverträgen basierende integrierte Versorgung letztlich ein Konkurrenz- bzw. Alternativmodell zum Kollektivvertragssystem darstellt. Über Tochtergesellschaften oder Beratungstätigkeiten versuchen die Kassenärztlichen Vereinigungen jedoch nicht selten, auch Einfluss auf Modelle der integrierten Versorgung zu nehmen.[270]

308

Werden **Managementgesellschaften** in den Integrationsvertrag eingebunden, so werden diese dadurch nicht selbst zum Leistungserbringer. Die im Integrationsvertrag festgelegten Leistungen werden vielmehr von zugelassenen Leistungserbringern erbracht, mit denen die Managementgesellschaften entsprechende Verträge abgeschlossen haben. Die zugelassenen Leistungserbringer verpflichten sich also gegenüber der Managementgesellschaft zur Erbringung der Leistungen des Integrationsvertrages. Sie werden damit nicht selbst Partner des Integrationsvertrages.[271]

309

Berufsverbände stellen regelmäßig keine Gemeinschaft von ärztlichen Leistungserbringern i.S. des § 140b Abs. 1 Nr. 1 SGB V dar. Schließlich wird man eine „Gemeinschaft" i.S. des § 140b Abs. 1 Nr. 1 SGB V nur dann annehmen können, wenn der Gemeinschaftszweck zumindest auch auf die Teilnahme an dem jeweiligen Integrationsvertrag gerichtet ist. Darüber hinaus müssen sämtliche Mitglieder einer „Gemeinschaft" nach § 140b Abs. 1 Nr. 1 SGB V auch bereit sein, die Leistungen des Integrationsvertrags zu erbringen.[272] An diesen Voraussetzungen wird es bei Berufsver-

310

---

267 Siehe dazu auch die Sonderregelung in § 92b SGB XI.
268 Siehe ausführlich zu den möglichen Vertragspartnern Rieger/*Bäune*, „Integrierte Versorgung", Rn 18 ff.
269 BT-Drucks 15/1525, 130.
270 Siehe dazu Rieger/*Bäune*, „Integrierte Versorgung", Rn 40 f.; *Schirmer*, S. 160 ff.
271 Vgl. zur Beteiligung von Managementgesellschaften auch *Schirmer*, S. 148 f.
272 A.A. *Schirmer*, S. 148, der lediglich fordert, dass der im Integrationsvertrag festgelegte Versorgungsauftrag von sämtlichen Mitgliedern des Berufsverbandes erfüllt werden kann.

bänden regelmäßig fehlen.[273] Es bleibt den Berufsverbänden jedoch die Möglichkeit, als Managementgesellschaft einen Integrationsvertrag abzuschließen.

IV. Integrationsvertrag

1. Rechtsnatur und Freiwilligkeit

311 Integrationsverträge sind als **öffentlich-rechtliche Verträge** i.S. des § 53 Abs. 1 S. 1 SGB X einzuordnen.[274] Beim Abschluss von Integrationsverträgen sind die Krankenkassen – ebenso wie die Leistungserbringer – frei. Es besteht insbesondere keine Verpflichtung auf Seiten der Krankenkassen, von Leistungserbringern unterbreitete Integrationsvorhaben umzusetzen. Ein Rechtsanspruch der Leistungserbringer auf den Abschluss bestimmter Integrationsverträge besteht nicht.[275] Es besteht allerdings ein Anspruch auf ermessensfehlerfreie Entscheidung der Krankenkassen.[276] In der Praxis ist dies jedoch nicht von Relevanz, da eine Ermessensreduzierung auf Null kaum denkbar scheint.

2. Ausschreibung

312 Die von den Krankenkassen im Rahmen der integrierten Versorgung nachgefragten Leistungen sind nicht nach den vergaberechtlichen Vorschriften auszuschreiben. Zwar sind die vergaberechtlichen Vorschriften des GWB (§§ 97 ff.) trotz der Regelung in § 69 SGB V, wonach die Rechtsbeziehungen der Krankenkassen und ihrer Verbände zu den Leistungserbringern – mit Ausnahme der Regelungen in §§ 19–21 GWB – abschließend dem Vierten Kapitel des SGB V, dem KHG, dem KHEntgG sowie den danach erlassenen Vorschriften unterfallen, anwendbar, da die §§ 97 ff. GWB die Umsetzung des EG-Vergaberechts darstellen, über das der nationale Gesetzgeber nicht disponieren kann.[277] Eine Ausschreibungspflicht besteht dennoch nicht, da die Voraussetzungen der §§ 97 ff. GWB bei Leistungen innerhalb der integrierten Versorgung grundsätzlich nicht vorliegen. Zwar sind die Krankenkassen als öffentliche Auftraggeber anzusehen,[278] doch fehlt es regelmäßig an einem öffentlichen Auftrag i.S. des § 99 Abs. 1 GWB. Danach sind öffentliche Aufträge entgeltliche Verträge zwischen einem öffentlichen Auftraggeber und einem Unternehmer über Liefer-, Bau- oder Dienstleistungen. Dabei ist

---

273 Vgl. dazu auch Rieger/*Bäune*, „Integrierte Versorgung", Rn 35, 44.
274 Krauskopf/*Knittel*, SGB V, § 140b Rn 15; *Quaas*, VSSR 2004, 175, 193; *Beule*, S. 115 f.; Maaßen/*Orlowski*, SGB V, § 140a Rn 13; Rieger/*Bäune*, „Integrierte Versorgung", Rn 72; *Becker*, NZS 2001, 505, 510; *Windthorst*, S. 76 ff.; *Kuhlmann*, das Krankenhaus 2004, 417, 424; a.A. *Wigge*, NZS 2001, 66, 66.
275 Hauck/*Engelhard*, SGB V, § 140b Rn 4; *Quaas*/*Zuck*, § 11 Rn 92; *Rehborn*, VSSR 2004, 157, 170; Rieger/*Bäune*, „Integrierte Versorgung", Rn 71; *Bäune*, GesR 2006, 289, 290; a.A. wohl *Bohle*, S. 35 ff., der unter bestimmten Voraussetzungen einen Rechtsanspruch auf den Abschluss von Integrationsverträgen annimmt.
276 In diese Richtung wohl auch *Rehborn*, VSSR 2004, 157, 170.
277 Rieger/*Bäune*, „Integrierte Versorgung", Rn 50; *Beule*, GesR 2004, 209, 214; *Kingreen*, MedR 2004, 188, 192; *Koenig/Engelmann/Hentschel*, MedR 2003, 562, 564; *Quaas*, VSSR 2004, 175, 190; *Quaas*/*Zuck*, § 11 Rn 94; *Ebsen*, KrV 2004, 95, 97; *Boldt*, NJW 2005, 3757, 3758; a.A. wohl *Bohle*, S. 34; Hesselmann/*Motz*, MedR 2005, 498, 499; Otting/*Sormani-Bastian*, ZMGR 2005, 243, 247 f.
278 VK Lüneburg, Beschl. v. 21.9.2004 – 203-VgK 42/2004, n.v.; Immenga/*Dreher*, GWB, § 98 Rn 75; Rieger/*Bäune*, „Integrierte Versorgung", Rn 52; *Beule*, GesR 2004, 209, 214; *Koenig/Engelmann/Hentschel*, MedR 2003, 562, 564; *Quaas*, VSSR 2004, 175, 190 f.; Hesshaus/*Bertram*, Krankenhausrecht in Wissenschaft und Praxis, 2004, 48, 68; Hesselmann/*Motz*, MedR 2005, 498, 501; *Boldt*, NJW 2005, 3757, 3759; *Bäune*, GesR 2006, 289, 292; a.A. BayObLG – Verg 6/04 – MedR 2004, 687, 688 ff.; *Kingreen*, MedR 2004, 188, 194; offen gelassen von Otting/*Sormani-Bastian*, ZMGR 2005, 243, 248.

maßgeblich, ob durch den öffentlichen Auftraggeber eine bindende Auswahl zwischen verschiedenen, miteinander im Wettbewerb um die zu vergebende Leistung stehenden Unternehmern stattfindet. An einer solchen bindenden Auswahl fehlt es bei Dienstleistungskonzessionen. Darunter versteht man Verträge eines öffentlichen Auftraggebers mit einem Unternehmer, die einerseits eine Gestattung des Konzessionsgebers – unter Umständen verbunden mit einer Vergütungspflicht gegenüber dem Konzessionär – und andererseits das Recht sowie ggf. die Verpflichtung des Konzessionärs zur entgeltlichen Erbringung einer Dienstleistung zum Vertragsgegenstand haben.[279] Derartige Verträge über Dienstleistungskonzessionen unterfallen nicht dem Vergaberecht.[280] Da Verträge über Leistungen der integrierten Versorgung als Dienstleistungskonzessionen einzuordnen sind, besteht für Leistungen der integrierten Versorgung keine Ausschreibungspflicht.[281] Schließlich wird dem Leistungserbringer durch die Beteiligung an Integrationsverträgen lediglich die Teilnahmemöglichkeit eingeräumt. Eine entgeltliche Leistungserbringung ist mit dem Abschluss eines Integrationsvertrages grundsätzlich nicht verbunden. Der Versicherte hat es vielmehr selbst in der Hand, ob er an dem jeweiligen Integrationsmodell teilnimmt und inwieweit er Leistungen einzelner beteiligter Leistungserbringer in Anspruch nimmt.

Etwas anderes gilt allerdings für die Beteiligung von Apotheken an der integrierten Versorgung. Nach § 129 Abs. 5b S. 1 SGB V sind Angebote an Apotheken zur Teilnahme an der integrierten Versorgung öffentlich auszuschreiben.[282]

313

3. Vertragsinhalt

a) Leistungsspektrum und vertraglicher Versorgungsauftrag

Durch den Abschluss von Integrationsverträgen werden Krankenkassen und Leistungserbringer in die Lage versetzt, von den Vorschriften des Vierten Kapitels des SGB V, des KHG, des KHEntgG sowie den nach diesen Vorschriften getroffenen Regelungen abzuweichen, soweit die abweichende Regelung dem Sinn und der Eigenart der integrierten Versorgung entspricht, die Qualität, die Wirksamkeit und die Wirtschaftlichkeit der integrierten Versorgung verbessert oder aus sonstigen Gründen zu ihrer Durchführung erforderlich ist (§ 140b Abs. 4 S. 1 SGB V). Dadurch soll den Krankenkassen und Leistungserbringern ein für innovatives und unternehmerisches Handeln notwendiger Verhandlungs- und Gestaltungsspielraum gewährleistet werden.[283] Dieser Gestaltungsspielraum endet allerdings bei den Leistungsansprüchen der Versicherten. Da die Ver-

314

---

279 Immenga/*Dreher*, GWB, § 98 Rn 141.
280 Immenga/*Dreher*, GWB, § 98 Rn 140 f.; *Bechthold*, Kartellgesetz, § 99 Rn 8; *Hesselmann/Motz*, MedR 2005, 498, 500; offen gelassen von OLG Düsseldorf – Verg 7/00 – WuW/E Verg 350.
281 Rieger/*Bäune*, „Integrierte Versorgung", Rn 53 f.; *Beule*, GesR 2004, 209, 214; *Koenig/Engelmann/Hentschel*, MedR 2003, 562, 564; Bohle, S. 67 f.; *Schirmer*, S. 351; *Ebsen*, KrV 2004, 95, 99; *Bäune*, GesR 2006, 289, 292; i.E. ebenso *Hesselmann/Motz*, MedR 2005, 498, 500 f.; a.A. *Hesshaus/Bertram*, Krankenhausrecht in Wissenschaft und Praxis, 2004, 48, 79 f.; *Kuhlmann*, das Krankenhaus 2004, 417, 424; *Boldt*, NJW 2005, 3757, 3759 f.; a.A. auch *Kingreen*, MedR 2004, 188, 192 ff., der zwar eine Ausschreibungspflicht nach §§ 97 ff. GWB verneint, jedoch über das europäische Kartellrecht (Art. 81, 82, 86 EGV) eine Verpflichtung zur Ausschreibung begründet wissen will. Dem ist jedoch entgegenzuhalten, dass die deutschen Krankenkassen keine Unternehmen i.S. des europäischen Kartellrechts sind (EuGH – Rs. C-264/01, C-306/01, C-354/01, C-355/01 – NJW 2004, 2723, 2724); offen gelassen von *Otting/Sormani-Bastian*, ZMGR 2005, 243, 249.
282 Siehe dazu näher Bohle, S. 63 ff.; Rieger/*Bäune*, „Integrierte Versorgung", Rn 56 f.
283 BT-Drucks 15/1525, 129.

sorgung der Versicherten durch die integrierte Versorgung verbessert werden soll, ist es den Vertragspartnern nicht möglich, die Leistungsansprüche der Versicherten einzuschränken. Die Vertragsbeteiligten haben nach § 140b Abs. 3 S. 2 SGB V vielmehr die Erfüllung der nach den §§ 2, 11–62 SGB V bestehenden Leistungsansprüche der Versicherten zu gewährleisten.[284]

315 Eine Erweiterung des Leistungsspektrums ist hingegen grundsätzlich möglich. Zu beachten ist dabei lediglich die Einschränkung des § 140b Abs. 3 S. 4 SGB V, wonach nur solche Leistungen Gegenstand des Integrationsvertrages sein können, über die der Gemeinsame Bundesausschuss keine ablehnende Entscheidung getroffen hat.[285]

316 Die an der Integrationsversorgung teilnehmenden Leistungserbringer haben sich in den Integrationsverträgen zu einer qualitätsgesicherten, wirksamen, ausreichenden, zweckmäßigen und wirtschaftlichen Versorgung zu verpflichten (§ 140b Abs. 3 S. 1 SGB V).

317 Innerhalb der vorstehenden Grenzen kann der Versorgungsauftrag des Integrationsvorhabens frei festgelegt werden. Dabei sind die Krankenkassen nach § 140a Abs. 1 S. 2 SGB V nicht an den Sicherstellungsauftrag (§ 75 Abs. 1 SGB V) gebunden. Der Versorgungsauftrag muss daher nicht sämtliche Leistungsansprüche der Versicherten abbilden. Zwingend ist lediglich eine Leistungssektoren übergreifende oder fachübergreifend-interdisziplinäre Ausgestaltung des vertraglichen Versorgungsauftrags.

318 In der Praxis wird die medizinische Hauptleistung vom Integrationsvertrag häufig nicht erfasst. In einer Vielzahl von Integrationsverträgen werden lediglich medizinische Begleitleistungen sowie Dokumentations- und Kooperations- bzw. Kommunikationspflichten als Versorgungsauftrag definiert.[286] Dies findet seine Ursache darin, dass nach § 140c Abs. 1 S. 2 SGB V sämtliche Leistungen, die von den teilnehmenden Versicherten im Rahmen der integrierten Versorgung in Anspruch genommen werden, aus der von der Krankenkasse für den Integrationsvertrag bereit gestellten Vergütung zu finanzieren sind. Bei ambulanten ärztlichen Leistungen drängt es sich aus Sicht der Krankenkassen mithin geradezu auf, die medizinische Hauptleistung außerhalb der integrierten Versorgung über die Gesamtvergütung nach § 85 Abs. 1 SGB V zu vergüten.[287]

319 *Wichtig*
Die vom Integrationsvorhaben erfassten Leistungen sind im Integrationsvertrag genauestens festzulegen. Dabei ist insbesondere darauf zu achten, dass sämtliche vom Integrationsvertrag erfassten Leistungen auch aus der für den Integrationsvertrag bereit gestellten Vergütung zu finanzieren sind. Eine zusätzliche Abrechnung der vom Versorgungsauftrag des Integrationsmodells erfassten Leistungen über die Kassenärztlichen Vereinigungen ist nicht zulässig.

---

284 Peters/*Hencke*, SGB V, § 140b Rn 4; Krauskopf/*Knittel*, SGB V, § 140b Rn 13; Liebold/*Zalewski*, SGB V, § 140b Rn 3; Rieger/*Bäune*, „Integrierte Versorgung", Rn 74.
285 Rieger/*Bäune*, „Integrierte Versorgung", Rn 75; Maaßen/*Orlowski*, SGB V, § 140b Rn 14; Hauck/*Engelhard*, SGB V, § 140b Rn 42; Schirmer, S. 151; a.A. Krauskopf/*Knittel*, SGB V, § 140b Rn 8, 13; Peters/*Hencke*, SGB V, § 140b Rn 4; Liebold/*Zalewski*, SGB V, § 140b Rn 3.
286 Zweifel an der Zulässigkeit derartiger Verträge ohne Einbeziehung der medizinischen (Haupt)Leistung äußert *Schirmer*, S. 152.
287 Dies gilt zumindest solange, wie die von den einzelnen Krankenkassen zu entrichtende Gesamtvergütung nicht um die Ausgaben der integrierten Versorgung bereinigt wird (vgl. dazu Rn 355).

b) Abweichungen vom Zulassungsstatus

Nach § 140b Abs. 4 S. 3 SGB V können die Vertragspartner der integrierten Versorgung sich darüber verständigen, dass die einzelnen Leistungserbringer innerhalb der integrierten Versorgung Leistungen auch außerhalb ihres jeweiligen Zulassungs- oder Ermächtigungsstatus erbringen dürfen, sofern die Leistung zumindest vom Zulassungs- bzw. Ermächtigungsstatus eines teilnehmenden Leistungserbringers gedeckt ist. Das Leistungsspektrum wird damit durch den Zulassungs- bzw. Ermächtigungsstatus abgegrenzt, den sämtliche Vertragsbeteiligten gemeinsam „mitbringen". Die Begründung eines zusätzlichen Zulassungsstatus durch den Abschluss von Integrationsverträgen ist hingegen nicht möglich; ärztliche Bedarfsplanung und Krankenhausbedarfsplanung können durch die integrierte Versorgung nicht unterlaufen werden.[288]

320

> *Wichtig*
> Durch die Lockerung des § 140b Abs. 4 S. 3 SGB V werden die berufsrechtlichen Vorgaben nicht berührt. Die an der integrierten Versorgung teilnehmenden Ärzte haben also weiterhin ihre Fachgebietsgrenzen zu beachten.[289]

321

Unabhängig vom „eingebrachten" Zulassungsstatus der Vertragspartner haben Krankenhäuser im Rahmen der integrierten Versorgung die Möglichkeit zur ambulanten Erbringung bzw. Behandlung der im Katalog nach § 116b Abs. 3 SGB V genannten hochspezialisierten Leistungen, seltenen Erkrankungen und Erkrankungen mit besonderen Behandlungsverläufen (§ 140b Abs. 4 S. 4 SGB V).

322

c) Gewährleistungsregelungen und Garantieübernahmen

Im Rahmen von Verhandlungen über den Abschluss von Integrationsverträgen fordern Krankenkassen – insbesondere bei operativen Leistungen – von den Leistungserbringern häufig besondere Gewährleistungsregelungen oder sogar Garantieübernahmen.[290] Die Vereinbarung derartiger Regelungen ist für den Leistungserbringer besonders risikobehaftet, da der Eintritt der Gewährleistungspflicht bzw. des Garantiefalls auf vielen Ursachen beruhen kann, die sich dem Einflussbereich des Leistungserbringers entziehen. Es sollten daher stets – wenn überhaupt besondere Gewährleistungspflichten oder Garantien festgelegt werden – Risikoeinschränkungen und Mitwirkungspflichten der Versicherten vereinbart werden.

323

Darüber hinaus ist auf Seiten der Leistungserbringer zu beachten, dass besondere Gewährleistungsvereinbarungen oder Garantieübernahmen zu Lücken im **Versicherungsschutz** führen können. Der Haftpflichtversicherungsschutz beschränkt sich nach § 1 Nr. 1 AHB auf Schadenersatzansprüche auf der Grundlage gesetzlicher Haftpflichtbestimmungen privatrechtlichen Inhalts. Davon werden grundsätzlich auch vertragliche Ansprüche erfasst, die ihre Grundlage im Gesetz selbst finden (z.B. § 280 BGB).[291] Haftpflichtansprüche, die aufgrund vertraglicher Vereinbarungen über den Umfang der gesetzlichen Haftpflicht hinausgehen, sind nach § 4 Abs. 1 Nr. 1 AHB ausdrücklich vom Versicherungsschutz ausgenommen. Eine Lücke im Versicherungsschutz besteht danach insbesondere in den Fällen, in denen nach den gesetzlichen Vorschriften ein An-

324

---

288 Maaßen/*Orlowski*, SGB V, § 140b Rn 17 f.
289 Maaßen/*Orlowski*, SGB V, § 140b Rn 18; Peters/*Hencke*, SGB V, § 140b Rn 7; Rieger/*Bäune*, „Integrierte Versorgung", Rn 92.
290 Vgl. dazu auch Rieger/*Bäune*, „Integrierte Versorgung", Rn 80 ff.
291 Prölls/*Voit*, VVG, § 1 AHB Rn 4 ff. m.w.N.

spruch gar nicht erst entstanden wäre, der Anspruch nicht mehr durchsetzbar wäre (z.B. wegen Verjährung) oder aber die Nichterweislichkeit der anspruchsbegründenden Tatsachen aufgrund einer vereinbarten Beweislastumkehr zu Lasten des Leistungserbringers geht.

d) Qualitätsvorgaben und -vereinbarungen

325 Bei der Ausgestaltung des Integrationsvertrages haben die Vertragspartner die gesetzlichen Qualitätsvorgaben zu beachten. Nach § 140b Abs. 3 S. 3 SGB V haben die am Vertrag teilnehmenden Leistungserbringer die Gewähr dafür zu übernehmen, dass sie die organisatorischen, betriebswirtschaftlichen sowie medizinischen und medizinisch-technischen Voraussetzungen für die vereinbarte integrierte Versorgung entsprechend dem allgemein anerkannten Stand der medizinischen Erkenntnisse und des medizinischen Fortschritts erfüllen und eine am Versorgungsbedarf der Versicherten orientierte Zusammenarbeit zwischen allen an der Versorgung Beteiligten einschließlich der Koordination zwischen den verschiedenen Versorgungsbereichen und einer ausreichenden Dokumentation, die allen an der integrierten Versorgung Beteiligten im jeweils erforderlichen Umfang zugänglich sein muss, sicherstellen. Dieser Mindeststandard kann durch den Integrationsvertrag nicht unterschritten werden.

326 An die Qualitätsvorgaben der §§ 135 ff. SGB V sind die Vertragsbeteiligten nicht gebunden.[292] Dies gilt ebenfalls für die danach festgelegten Qualitätsvereinbarungen der Gesamtvertragspartner. Sind nach einzelnen Vereinbarungen gemäß § 135 Abs. 2 SGB V für die Erbringung und Abrechnung bestimmter Leistungen gesonderte Genehmigungen erforderlich, so kann davon innerhalb der integrierten Versorgung abgewichen werden. Maßgeblich ist insoweit lediglich, dass der jeweilige Leistungserbringer die Leistung berufsrechtlich erbringen darf.

e) Grenzen der Abweichungsklausel

327 Vertragliche Abweichungen von den Vorschriften des Vierten Kapitels des SGB V, des KHG, des KHEntgG sowie den nach diesen Vorschriften getroffenen Regelungen erfordern nach § 140b Abs. 4 S. 1 SGB V stets, dass die abweichende Regelung dem Sinn und der Eigenart der integrierten Versorgung entspricht, die Qualität, die Wirksamkeit und die Wirtschaftlichkeit der integrierten Versorgung verbessert oder aus sonstigen Gründen zu ihrer Durchführung erforderlich ist. Den Begriff der „Erforderlichkeit" wird man in diesem Zusammenhang nicht i.S. des öffentlich-rechtlichen Verhältnismäßigkeitsgrundsatzes zu verstehen haben, wonach „Erforderlichkeit" stets voraussetzt, dass kein milderes Mittel zur Zweckerreichung zur Verfügung steht. Ein derart restriktives Verständnis kollidiert mit der Vorstellung des Gesetzgebers, den Vertragspartnern bei der Vertragsgestaltung möglichst freie Hand zu lassen, um ihnen den zur Überwindung der starren Sektorengrenzen notwendigen Gestaltungs- und Beurteilungsspielraum zu gewähren.[293] Der Begriff der „Erforderlichkeit" ist hier daher so zu verstehen, dass die im Integrationsvertrag festgelegte Abweichung der Zielerreichung des Versorgungsmodells dienlich sein muss. Dabei wird man den Vertragspartnern eine Einschätzungsprärogative zubilligen müssen.

---

[292] So auch *Zuck/Quaas*, § 11 Rn 78.
[293] Vgl. zu den gesetzgeberischen Vorstellungen insbesondere BT-Drucks 15/1525, 129.

Neben der Einschränkung der „Erforderlichkeit" sind von den Vertragspartnern insbesondere folgende Grenzen zu beachten, die auch durch die integrierte Versorgung nicht ausgehebelt werden können:

- Die gesetzlichen Leistungsansprüche der Versicherten können durch die integrierte Versorgung nicht eingeschränkt werden (vgl. Rn 314).
- Die wesentlichen Vorgaben des ärztlichen Berufsrechts (z.B. die Pflicht zur Einhaltung der Fachgebietsgrenzen oder das Verbot der Zuweisung gegen Entgelt) können nicht durch Integrationsverträge umgangen werden.[294]
- Der Grundsatz der persönlichen Leistungserbringung (§ 613 BGB, § 19 MBO, § 4 Abs. 2 GOÄ, § 15 BMV-Ä) kann durch die integrierte Versorgung ebenfalls nicht eingeschränkt werden.[295]
- Die Leistungserbringung ist nur durch zur Versorgung der gesetzlich Versicherten nach dem Vierten Kapitel des SGB V berechtigte Leistungserbringer zulässig. Andere Leistungserbringer können nicht – auch nicht im Wege von Unteraufträgen – in die integrierte Versorgung einbezogen werden.[296]

Wichtig
Bei der Festlegung von Abweichungen im Integrationsvertrag ist zu beachten, dass solche nur innerhalb des vom Integrationsvertrag erfassten Versorgungsauftrags zulässig sind. Ist z.B. bei einem Integrationsvertrag über eine ambulante operative Leistung diese selbst gar nicht vom Versorgungsauftrag erfasst, sondern sind im Integrationsvertrag nur Begleitleistungen wie prä- oder postoperative Leistungen vereinbart, erfolgt die operative Hauptleistung außerhalb der integrierten Versorgung, so dass für diese Leistung keine Abweichungen zum Zulassungsstatus vereinbart werden können.

4. Vergütung

Nach § 140c Abs. 1 S. 1 SGB V ist die Vergütung der Leistungserbringer für die Erbringung der vertraglich vereinbarten Integrationsleistungen im Integrationsvertrag festzulegen. Dabei sind die Vertragspartner bei der Festlegung von Vergütungsform und -höhe grundsätzlich frei. Sie können sich sowohl an den vorhandenen Vergütungsregelungen (z.B. EBM, GOÄ, Bema, GOZ, KHEntgG etc.) orientieren als auch davon vollkommen losgelöste Vergütungsvereinbarungen treffen.

Nach § 140c Abs. 1 S. 2 SGB V sind aus der Vergütung für die integrierte Versorgung sämtliche Leistungen, die von den teilnehmenden Versicherten im Rahmen des vertraglichen Versorgungsauftrags in Anspruch genommen werden, zu vergüten. Dies gilt auch für die Inanspruchnahme von Leistungen, die vom Versorgungsauftrag erfasst und bei teilnehmenden Versicherten auf Überweisung von an der integrierten Versorgung beteiligten Leistungserbringern von externen Leistungserbringern erbracht werden (§ 140c Abs. 1 S. 3 SGB V). Die Abrechnung der Leistungen des Integrationsvertrages hat daher ausschließlich zu Lasten der Integrationsvergütung zu erfolgen. Dies bedeutet jedoch nicht, dass die Vertragspartner im Integrationsvertrag ein Integrationsbudget zu vereinbaren hätten. Die Gesamthöhe der Vergütungen für Leistungen der integrierten

---

[294] *Schirmer*, S. 145.
[295] *Quaas/Zuck*, § 11 Rn 79.
[296] *Schirmer*, S. 147.

Versorgung muss durch die Vertragspartner nicht festgelegt werden.[297] Eine faktische Einschränkung ergibt sich allerdings aus dem Grundsatz der Beitragssatzstabilität (§ 71 SGB V), der nach § 140b Abs. 4 S. 2 SGB V nur für Integrationsverträge keine Anwendung findet, die bis zum 31.12.2008 abgeschlossen werden.

332 Für die Vergütung der durch Krankenhäuser erbrachten Leistungen der integrierten Versorgung ist die Sonderregelung des § 140d Abs. 4 SGB V zu beachten. Danach werden aus der Integrationsvergütung bis zum 31.12.2008 nur die Leistungen finanziert, die über die im Gesamtbetrag nach den §§ 3, 4 KHEntgG oder § 6 BPflV enthaltenen Leistungen hinaus vereinbart werden.[298] Die im Krankenhausbudget enthaltenen Leistungen dürfen daher nicht über die integrierte Versorgung vergütet werden. Eine gesonderte Vergütung für Leistungen der integrierten Versorgung ist im Krankenhausbereich z.B. bei zusätzlichen Leistungsmengen sowie erhöhtem Dokumentations- oder Koordinierungsaufwand möglich.[299]

333 Bei der Festlegung der Vergütung im Integrationsvertrag ist zu beachten, dass der Vergütung des Vertragsarztes auch eine tatsächliche Gegenleistung gegenüber stehen muss. Erhält der Vertragsarzt die Vergütung nach dem Integrationsvertrag z.B. lediglich für die Einweisung des Patienten in das am Integrationsvertrag teilnehmende Krankenhaus, stellt dies eine nach § 31 MBO unzulässige Zuweisung gegen Entgelt dar. Die Vergütung des Arztes muss daher in einem angemessenen Verhältnis zu den von ihm erbrachten ärztlichen Leistungen stehen. Über den Abschluss von Integrationsverträgen lassen sich keine sog. „Einweiserpauschalen" rechtfertigen.[300]

334 Erhält der Arzt die Vergütung ausschließlich für ärztliche Leistungen bzw. arzttypische Begleitleistungen handelt es sich um Einkünfte aus freiberuflicher Tätigkeit, so dass aus steuerlicher Sicht keine Besonderheiten zu beachten sind. Erhält der Arzt hingegen einen Teil seiner Vergütung (z.B. bei Komplexpauschalen) auch für die Abgabe von Arzneien oder Hilfsmitteln, so handelt es sich insofern um gewerbliche Einkünfte. Nach Auffassung der Finanzverwaltung führt eine solche Gestaltung bei Gemeinschaftspraxen zur gewerblichen Infizierung der gesamten Tätigkeit der Gemeinschaftspraxen, sofern die Geringfügigkeitsgrenze von 1,25 v.H. überschritten ist.[301]

5. Beitritt Dritter zum Integrationsvertrag

335 Nach § 140b Abs. 5 SGB V ist ein Beitritt weiterer Krankenkassen oder Leistungserbringer nur mit der Zustimmung sämtlicher Vertragspartner möglich.[302] Dieses Zustimmungserfordernis wirft in der Beratungspraxis die Frage auf, ob einzelnen Leistungserbringern, die an einem bestimmten Integrationsvertrag teilnehmen möchten, ein **Teilnahmeanspruch** zustehen kann.

---

297 *Quaas*, das Krankenhaus 2005, 967, 970; *Rieger/Bäune*, „Integrierte Versorgung", Rn 117; a.A. Hauck/ *Engelhard*, SGB V, § 140c Rn 5.
298 Vgl. dazu ausführlich *Quaas*, das Krankenhaus 2005, 967, 970 f.
299 BT-Drucks 15/1525, 131; *Quaas*, das Krankenhaus 2004, 967, 971; *Rieger/Bäune*, „Integrierte Versorgung", Rn 118; *Dahm*, MedR 2005, 121, 123; *Kuhlmann*, das Krankenhaus 2004, 607, 608; *Dietz*, f&w 2004, 417, 418 f.
300 *Rieger/Bäune*, „Integrierte Versorgung", Rn 117.
301 OFD Rheinland, Kurzinformation Einkommensteuer Nr. 032/2006 v. 9.6.2006, StuB 2006, 600.
302 In den Integrationsverträgen können allerdings auch davon abweichende Vereinbarungen getroffen werden, vgl. dazu *Rieger/Bäune*, „Integrierte Versorgung", Rn 101.

336 Durch das GKV-Wettbewerbsstärkungsgesetz[303] hat die Regelung des § 69 SGB V eine Änderung erfahren, als nunmehr die §§ 19–21 GWB auf die Rechtsbeziehungen zwischen den Krankenkassen und den Leistungserbringern entsprechend Anwendung finden. Teilnahmewilligen Leistungserbringern kann damit nach § 20 Abs. 1 GWB gegenüber einer Krankenkasse ein Teilnahmeanspruch zustehen. Dies setzt jedoch stets eine marktbeherrschende Stellung der Krankenkasse voraus, die nur in seltenen Fällen gegeben sein dürfte. Ein Teilnahmeanspruch nach § 20 Abs. 1 GWB dürfte daher zumeist ausscheiden. Sollte ausnahmsweise ein Teilnahmeanspruch in entsprechender Anwendung des § 20 Abs. 1 GWB bestehen, so ist dieser nach § 51 Abs. 1 Nr. 2 SGG vor den Sozialgerichten geltend zu machen.

337 Als weitere Anspruchsgrundlage kommen die Grundrechte in Betracht, an deren Beachtung die Krankenkassen als Körperschaften des öffentlichen Rechts unmittelbar gebunden sind. Richtet ein Leistungserbringer ein Teilnahmebegehren an eine Krankenkasse, hat diese daher bei der Entscheidung über das Teilnahmebegehren insbesondere die Grundrechte des Leistungserbringers aus Art. 3, 12 GG zu beachten. Die Ablehnung eines Teilnahmebegehrens ist mithin nur bei Vorliegen eines sachlich rechtfertigenden Grundes möglich.[304] Beruht die Verweigerung einer Krankenkasse nicht auf einem solchen sachlichen Grund, so steht dem teilnahmewilligen Leistungserbringer ein Teilnahmeanspruch gegenüber der Krankenkasse zu, der im Wege der Leistungsklage vor den Sozialgerichten geltend zu machen ist.

338 Ein Teilnahmeanspruch gegenüber anderen Leistungserbringern, die bereits Vertragspartner eines Integrationsvertrages sind und ihre Zustimmung zum Beitritt des teilnahmewilligen Leistungserbringers verweigern, dürfte letzterem nur in seltenen Ausnahmefällen zustehen. Ein kartellrechtlicher Teilnahmeanspruch nach § 20 Abs. 1 GWB dürfte in den meisten Fällen bereits an der erforderlichen marktbeherrschenden Stellung scheitern. Ein öffentlich-rechtlicher Teilnahmeanspruch ist ausgeschlossen, da die anderen Leistungserbringer als Privatrechtssubjekte nicht unmittelbar an die Grundrechte gebunden sind.[305] Es bleibt schließlich noch § 826 BGB als mögliche Anspruchsgrundlage. Danach kann nur dann ein Teilnahmeanspruch bestehen, wenn dem teilnahmewilligen Leistungserbringer durch die Teilnahmeverweigerung in sittenwidriger Weise vorsätzlich ein Schaden zugefügt wird. Es ist also nicht ausreichend, dass die Weigerungshaltung nicht durch sachliche Gründe gerechtfertigt ist. Vielmehr muss – neben dem Schädigungsvorsatz – noch das besondere Merkmal der Sittenwidrigkeit hinzukommen. Nur in diesen Fällen kann dem teilnahmewilligen Leistungserbringer ein Anspruch aus § 826 BGB zustehen. Dieser Anspruch wäre dann – ebenso wie ein Anspruch in entsprechender Anwendung des § 20 Abs. 1 GWB – auf den Abschluss des Integrationsvertrages bzw. die Abgabe der notwendigen Zustimmungserklärung gerichtet.[306]

339 Ist weder eine marktbeherrschende Stellung der Gruppe der am Integrationsvertrag teilnehmenden Leistungserbringer gegeben noch die Grenze der Sittenwidrigkeit durch die Teilnahmeverweigerung eines Leistungserbringers überschritten, kann dem betroffenen teilnahmewilligen Leistungserbringer ggf. ein **öffentlich-rechtlicher Abwehranspruch** gegenüber den beteiligten Krankenkassen zustehen. Schließlich haben diese als Körperschaften des öffentlichen Rechts darauf zu achten, dass der Integrationsvertrag

---

303 BGBl 2007 I, 378.
304 Vgl. dazu näher *Bäune*, GesR 2006, 289, 290.
305 *Bäune*, GesR 2006, 289, 291.
306 *Bäune*, GesR 2006, 289, 291.

als öffentlich-rechtlicher Vertrag die Wertungen der Art. 3, 12 GG beachtet. Dazu dürfte auch gehören, dass die teilnehmenden Leistungserbringer ihre Zustimmung zum Beitritt eines weiteren Leistungserbringers nur aus sachlichem Grund verweigern können. Wird dies durch den Integrationsvertrag nicht sichergestellt, kann dem teilnahmewilligen Leistungserbringer ein öffentlich-rechtlicher Abwehranspruch gegenüber den beteiligten Krankenkassen zustehen, der darauf gerichtet ist, diesen die Fortführung des insoweit rechtswidrigen Integrationsmodells zu untersagen.[307]

V. Teilnahme der Versicherten

340   Die Teilnahme an Modellen der integrierten Versorgung ist für die Versicherten nach § 140a Abs. 2 S. 1 SGB V **freiwillig**. Die Versicherten sind im Falle ihrer Teilnahme nicht selbst Partner des Integrationsvertrages. Die Versicherten haben lediglich ein Wahlrecht, ob sie an den von ihrer Krankenkasse angebotenen Versorgungsmodellen teilnehmen möchten. Eine Teilnahme an integrierten Versorgungsmodellen, bei denen die jeweilige Krankenkasse des Versicherten nicht Vertragspartner ist, ist nicht möglich.

1. Teilnahmeerklärung

341   Die Versicherten haben ihre Teilnahmeerklärung[308] gegenüber ihrer Krankenkasse abzugeben. Eine Abgabe der Teilnahmeerklärung gegenüber einem anderen Vertragspartner des Integrationsmodells ist grundsätzlich nicht ausreichend.[309] Da der Versicherte – zumindest bei indikationsbezogenen Versorgungsmodellen – zumeist erst bei Aufsuchen des Arztes und Erhebung einer entsprechenden Diagnose vom Bestehen des Integrationsmodells erfahren wird, ist es zur Vermeidung von Behandlungsverzögerungen sinnvoll, den Arzt seitens der Krankenkasse mit Vollmacht zur Entgegennahme der Teilnahmeerklärungen auszustatten oder aber in den Teilnahmebedingungen (siehe Rn 342 f.) einen rückwirkenden Beitritt vorzusehen.

2. Teilnahmebedingungen

342   Die Teilnahmebedingungen für die Versicherten können in den Satzungen der Krankenkassen oder in den Integrationsverträgen selbst festgelegt werden.[310] Bei der Festlegung der Teilnahmebedingungen sind die Krankenkassen als Körperschaften des öffentlichen Rechts an Art. 3 GG gebunden. Ein Ausschluss bestimmter Versichertengruppen muss daher stets durch sachliche Gründe gerechtfertigt sein.

343   In den Teilnahmebedingungen werden neben den Teilnahmevoraussetzungen regelmäßig auch die Rechte und Pflichten der Versicherten festgelegt. Neben der Verpflichtung des Versicherten, ausschließlich die an dem Integrationsmodell teilnehmenden Leistungserbringer in Anspruch zu nehmen, ist hier insbesondere an Mitwirkungs-

---

307 *Bäune*, GesR 2006, 289, 291.
308 Zur Rechtsnatur der Teilnahmeerklärung siehe Rieger/*Bäune*, „Integrierte Versorgung", Rn 60 ff.
309 Rieger/*Bäune*, „Integrierte Versorgung", Rn 101; Hauck/*Engelhard*, SGB V, § 140a Rn 17; a.A. wohl Maaßen/*Orlowski*, SGB V, § 140a Rn 28.
310 Maaßen/*Orlowski*, SGB V, § 140a Rn 28; Rieger/*Bäune*, „Integrierte Versorgung", Rn 64; *Windthorst*, S. 139.

pflichten zu denken. Darüber hinaus sollte auch die Beendigung des Teilnahmeverhältnisses in den Teilnahmebedingungen geregelt werden.[311]

3. Datenschutz

Durch die integrierte Versorgung werden **Sozialdatenschutz** und **ärztliche Schweigepflicht** nicht aufgeweicht. § 140a Abs. 2 S. 2 SGB V bestimmt ausdrücklich, dass ein behandelnder Leistungserbringer aus der gemeinsamen Dokumentation nach § 140b Abs. 3 S. 3 SGB V die den jeweiligen Versicherten betreffenden Behandlungsdaten und Befunde nur dann abrufen darf, wenn der Versicherte ihm gegenüber seine Einwilligung erteilt hat, die Information für den konkret anstehenden Behandlungsfall genutzt werden soll und der Leistungserbringer zu dem Personenkreis gehört, der nach § 203 StGB zur Geheimhaltung verpflichtet ist. Diese datenschutzrechtliche Einschränkung läuft den Zielen der integrierten Versorgung allerdings geradezu zuwider. Schließlich gehört es zu den Hauptanliegen der integrierten Versorgung, Reibungsverluste an den Schnittstellen der einzelnen Leistungssektoren durch verbesserte Kommunikation und Kooperation zu vermeiden. Daher haben die Vertragspartner der integrierten Versorgung nach § 140b Abs. 3 S. 3 SGB V die Gewähr dafür zu übernehmen, dass sie eine am Versorgungsbedarf der Versicherten orientierte Zusammenarbeit zwischen allen an der Versorgung Beteiligten einschließlich der Koordination zwischen den verschiedenen Versorgungsbereichen und einer ausreichenden Dokumentation, die allen an der integrierten Versorgung Beteiligten in dem jeweils erforderlichen Umfang zugänglich sein muss, sicherstellen. Wird diese gesetzliche Verpflichtung ernst genommen, ist eine integrierte Versorgung kaum denkbar, ohne dass die teilnehmenden Versicherten gemäß § 140a Abs. 2 S. 2 SGB V in die Weitergabe und Nutzung ihrer Behandlungsdaten eingewilligt haben. Aus praktischen Erwägungen bietet es sich daher an, die Teilnahme der Versicherten an die Abgabe einer solchen Einwilligungserklärung zu binden. Eine derart pauschale Einwilligungserklärung, die sich ausschließlich auf die Behandlung innerhalb des konkreten Integrationsmodells bezieht, ist wirksam. Schließlich steht es dem Versicherten jederzeit frei, die von ihm erteilte Einwilligung zu widerrufen.[312]

344

VI. Anschubfinanzierung

1. Allgemeines

Mit dem GKV-Modernisierungsgesetz – GMG hat der Gesetzgeber zur Förderung der integrierten Versorgung die sog. Anschubfinanzierung eingeführt. Nach § 140d Abs. 1 S. 1 SGB V hat jede Krankenkasse im Zeitraum vom 1.1.2004 bis zum 31.12.2008[313] jeweils 1 % von der nach § 85 Abs. 2 SGB V an die Kassenärztlichen Vereinigungen zu entrichtenden Gesamtvergütung sowie den Krankenhausrechnungen für voll- und teilstationäre Versorgung einzubehalten, soweit die einbehaltenen finanziellen Mittel zur Umsetzung von abgeschlossenen Integrationsverträgen erforderlich sind. Auf der

345

---

311 Vgl. dazu Rieger/*Bäune*, „Integrierte Versorgung", Rn 101.
312 Hauck/*Engelhard*, SGB V, § 140a Rn 26; Rieger/*Bäune*, „Integrierte Versorgung", Rn 67; vgl. zum Datenschutz in der integrierten Versorgung auch *Rieger*, „Praxisnetz", Rn 73.
313 Durch das GKV-Modernisierungsgesetz – GMG ist die Anschubfinanzierung zunächst bis zum 31.12.2006 befristet worden. Durch das Vertragsarztrechtsänderungsgesetz (VÄndG) v. 22.12.2006 ist dieser Zeitraum bis zum 31.12.2008 verlängert worden.

Grundlage der Daten für das Jahr 2002 stehen damit als Anschubfinanzierung jährlich etwa 680 Mio. EUR zur Verfügung.[314]

2. Voraussetzungen des Einbehalts der Anschubfinanzierung

346 Nach § 140d Abs. 1 S. 1 SGB V hat jede Krankenkasse die Anschubfinanzierung einzubehalten, soweit die einbehaltenen Mittel zur Umsetzung der geschlossenen Integrationsverträge erforderlich sind. Streitig ist bereits, ob ein Mitteleinbehalt stets auch den Abschluss entsprechender Integrationsverträge voraussetzt. Das LSG Brandenburg hat dazu die Auffassung vertreten, die gesetzlichen Krankenkassen seien berechtigt, ohne weitere Nachweise über konkret beabsichtigte Vertragsabschlüsse vorläufig die Anschubfinanzierung einzubehalten.[315] Im Gegensatz dazu setzt der Einbehalt der Anschubfinanzierung nach einem Beschluss des SG Saarland einen Nachweis über ordnungsgemäß abgeschlossene Integrationsverträge voraus.[316] Dieser Ansicht ist zuzustimmen, da das Gesetz im letzten Halbsatz des § 140d Abs. 1 S. 1 SGB V ausdrücklich davon spricht, dass ein Einbehalt der Anschubfinanzierung nur zulässig ist, soweit die einbehaltenen Mittel zur Umsetzung von nach § 140b SGB V „geschlossenen" Verträgen erforderlich sind. Bereits nach dem Gesetzeswortlaut geht es also um die Finanzierung abgeschlossener Integrationsverträge.[317]

3. Verwendung der Anschubfinanzierung

347 Die von den Krankenkassen einbehaltenen Mittel sind nach § 140d Abs. 1 S. 3 SGB V ausschließlich zur Finanzierung der Vergütung der Integrationsleistungen zu verwenden. Eine anderweitige Mittelverwendung durch die Krankenkassen ist nicht zulässig. Durch das GKV-Wettbewerbsstärkungsgesetz[318] ist die Mittelverwendung weiter eingeschränkt worden. Bei ab dem 1.4.2007 abgeschlossenen Integrationsverträgen darf die Anschubfinanzierung nur noch für voll- oder teilstationäre und ambulante Leistungen der Krankenhäuser und für ambulante vertragsärztliche Leistungen verwendet werden (§ 140d Abs. 1 S. 2 SGB V). Diese Einschränkung gilt nach § 140d Abs. 1 S. 2 Hs. 2 SGB V nicht für besondere Integrationsaufgaben. Damit sind Begleitleistungen wie erhöhter Koordinationsaufwand, case management etc. gemeint.[319] Durch diese Einschränkung soll sichergestellt werden, dass die über die Anschubfinanzierung erfolgenden Kürzungen im vertragsärztlichen Bereich und im Krankenhaussektor auch ausschließlich diesen Bereichen zugute kommen. Eine Querfinanzierung anderer Leistungssektoren ist damit ausgeschlossen, sofern der Vertragsschluss nicht vor dem 1.4.2007 erfolgt ist.

348 Bei der Mittelverwendung ist auf Seiten der Krankenkassen weiter zu beachten, dass die Anschubfinanzierung nach § 140d Abs. 1 S. 7 SGB V in dem Bezirk der Kassenärztlichen Vereinigung verwendet werden soll, in dem der Einbehalt vorgenommen worden

---

314 BT-Drucks 15/1525, 131.
315 LSG Brandenburg – L 5 B 105/04, GesR 2005, 272; ebenso Krauskopf/*Knittel*, SGB V, § 140d Rn 5; *Beule*, GesR 2004, 209, 213.
316 SG Saarland – S 2 ER 89/04 KA, ZMGR 2005, 62.
317 Ebenso LSG Baden-Württemberg – L 5 KA 758/06, MedR 2007, 318, 320; SG Gotha – S 7 KA 2784/05, GesR 2006, 257, 258 f.; *Dahm*, MedR 2005, 121, 122; *Degener-Hencke*, NZS 2003, 629, 633; *Orlowski*, MedR 2004, 202, 204 f.; *Quaas*, VSSR 2004, 175, 186.
318 BGBl 2007 I, 378.
319 BT-Drucks 755/06, 414.

ist. Da es sich hier um eine „Sollvorschrift" handelt, ist eine Verwendung der Anschubfinanzierung innerhalb des Bezirks einer anderen Kassenärztlichen Vereinigung nicht gänzlich ausgeschlossen,[320] doch ist zu beachten, dass nach allgemeinen Grundsätzen eine Abweichung von „Sollvorschriften" nur in atypischen Fällen in Betracht kommt.[321] Dies bedeutet umgekehrt, dass die Krankenkassen grundsätzlich nur bei den Kassenärztlichen Vereinigungen einen Einbehalt zur Anschubfinanzierung vornehmen können, deren Bezirk zur Versorgungsregion des jeweiligen Integrationsvorhabens gehört.

Entsprechendes gilt auch für den Einbehalt bei Krankenhausrechnungen. Zwar fehlt es hier an einer gesetzlichen Regelung, doch käme es ansonsten zu einer nicht gerechtfertigten Mehrbelastung des Krankenhaussektors. Eine Krankenkasse kann daher grundsätzlich nur bei den Krankenhäusern einen Mitteleinbehalt vornehmen, die innerhalb der Versorgungsregion des Integrationsvertrages liegen.[322] Eine entsprechende Regelung findet sich auch in der Vereinbarung zwischen der Deutschen Krankenhausgesellschaft, der Kassenärztlichen Bundesvereinigung und den Spitzenverbänden der Krankenkassen über die Einrichtung einer gemeinsamen Registrierungsstelle.

349

Die Verwendung der einbehaltenen Mittel hat nach § 140d Abs. 1 S. 8 SGB V innerhalb von drei Jahren zu erfolgen. Nicht verwendete Mittel sind an die Kassenärztlichen Vereinigungen sowie an die einzelnen Krankenhäuser entsprechend ihrem Anteil an den jeweils einbehaltenen Beträgen zurückzuzahlen. Durch das GKV-Wettbewerbsstärkungsgesetz[323] hat der Gesetzgeber allerdings nachträglich eine Einschränkung vorgenommen, als die Rückzahlungspflicht nur die in den Jahren 2007 und 2008 einbehaltenen Mittel betrifft (§ 140d Abs. 1 S. 8 SGB V). Für die zuvor einbehaltenen Mittel kommt es mithin nicht mehr darauf an, ob sie tatsächlich zur Finanzierung der integrierten Versorgung verwendet werden.

350

4. Rechtsschutzmöglichkeiten gegen den Einbehalt der Anschubfinanzierung

Die Anschubfinanzierung als solche ist aus rechtlicher Sicht nicht zu beanstanden. Kürzungen der Gesamtvergütung bzw. der Krankenhausrechnungen können daher nur dann erfolgreich abgewehrt werden, wenn im konkreten Fall die Voraussetzungen für einen Mitteleinbehalt nicht vorliegen oder aber die einbehaltenen Mittel nicht gesetzeskonform verwendet werden.

351

a) Rechtsschutzmöglichkeiten der Kassenärztlichen Vereinigungen und Krankenhausträger

Kassenärztliche Vereinigungen und Krankenhausträger können gegen die vorgenommenen Kürzungen vor dem Sozialgericht **Leistungsklage** erheben.[324] Im Rahmen eines solchen gerichtlichen Verfahrens ist in einem ersten Schritt zu prüfen, ob der die Grundlage für den Einbehalt bildende Integrationsvertrag den gesetzlichen Vorgaben entspricht. Ist der Integrationsvertrag nach § 58 SGB X nichtig, so erfolgt der Einbehalt

352

---

320 A.A. *Schirmer*, S. 151, der eine Verpflichtung i.S. einer „Muss-Vorschrift" annimmt.
321 Vgl. zur Abweichung bei „Sollvorschriften" BVerwG – 1 C 28/81, NJW 1984, 70, 71; *Kopp/Ramsauer*, VwVfG, § 40 Rn 44 m.w.N.
322 I.E. ebenso Peters/*Hencke*, SGB V, § 140d Rn 2; *Degener-Hencke*, NZS 2003, 629, 633.
323 BGBl 2007 I, 378.
324 *Bäune*, GesR 2006, 289, 296.

der Anschubfinanzierung ohne rechtliche Grundlage, so dass die einbehaltenen Mittel auszuzahlen sind. Ist der Integrationsvertrag zwar fehlerhaft, nicht aber zugleich nichtig, bleibt er als öffentlich-rechtlicher Vertrag grundsätzlich wirksam. Eine Inanspruchnahme der Anschubfinanzierung durch die Krankenkassen kann auf dieser Grundlage allerdings nicht erfolgen, da insofern ein rechtmäßiger Integrationsvertrag Voraussetzung ist. Die Art des rechtlichen Mangels ist insoweit unbeachtlich. Ist der Integrationsvertrag rechtmäßig, so ist in einem zweiten Schritt zu prüfen, ob die gesetzlichen Vorgaben zum Einbehalt und zur Verwendung der Anschubfinanzierung eingehalten sind.[325]

353 Im Rahmen eines **einstweiligen Rechtsschutzverfahrens** dürften weder die Kassenärztlichen Vereinigungen noch die betroffenen Krankenhausträger erfolgreich gegen einen Mitteleinbehalt vorgehen können, da nach § 86b Abs. 2 SGG die Abwendung wesentlicher Nachteile für den Erlass einer einstweiligen Anordnung Voraussetzung ist. Diese Voraussetzung dürfte grundsätzlich nicht gegeben sein, da die einzelnen Einbehalte regelmäßig nur einen geringen Bruchteil der Gesamtvergütung bzw. der Krankenhausvergütung darstellen.[326]

b) Rechtsschutzmöglichkeiten der einzelnen Vertragsärzte

354 Der einzelne Vertragsarzt hat keine Möglichkeit, gegen die Krankenkassen vorzugehen, die einen Einbehalt von der Gesamtvergütung vornehmen. Zwar werden durch den Mitteleinbehalt auch die der jeweiligen Kassenärztlichen Vereinigung angehörenden Vertragsärzte mittelbar betroffen, da eine Kürzung der Gesamtvergütung regelmäßig zu einem niedrigeren Auszahlungsquotienten führt, doch haben die Kassenärztlichen Vereinigungen nach § 75 Abs. 2 SGB V die wirtschaftlichen Interessen der Vertragsärzte gegenüber den Krankenkassen wahrzunehmen. Soweit die vertragsärztliche Gesamtvergütung betroffen ist, ist diese Norm abschließend zu verstehen. Für Streitigkeiten im Zusammenhang mit der Gesamtvergütung sind daher die Kassenärztlichen Vereinigungen ausschließlich zuständig und klagebefugt.[327]

VII. Bereinigung der Gesamtvergütung

355 Nach § 140d Abs. 2 SGB V haben die Gesamtvertragspartner die Gesamtvergütungen in den Jahren 2004 bis 2008 zu bereinigen, soweit die zur Förderung der integrierten Versorgung aufgewendeten Mittel die einbehaltene Anschubfinanzierung übersteigen. Nach dem Auslaufen der Anschubfinanzierung, also ab dem 1.1.2009, ist der nach § 87c Abs. 3 SGB V für die Berechnung der Gesamtvergütung ab 2009 festzulegende Behandlungsbedarf entsprechend der Zahl und der Morbiditätsstruktur der an der integrierten Versorgung teilnehmenden Versicherten sowie dem im Integrationsvertrag vereinbarten Versorgungsauftrag zu bereinigen.[328] Kommt eine Einigung über die Verringerung der Gesamtvergütung nicht zu Stande, so kann nach § 140d Abs. 2 S. 4 SGB V das Schiedsamt angerufen werden.

---

325 Vgl. dazu ausführlich *Bäune*, GesR 2006, 289, 296 f.
326 Vgl. dazu LSG Niedersachsen-Bremen – L 4 KR 193/04 ER – GesR 2004, 421.
327 Siehe dazu *Bäune*, GesR 2006, 289, 297.
328 Vgl. zu den damit verbundenen Schwierigkeiten Rieger/*Bäune*, „Integrierte Versorgung", Rn 150 ff.

§ 9 Der Behandlungsvertrag

Dirk Griebau

Inhalt

A. Rechtsnatur 1
   I. Werkvertrag versus Dienstvertrag 1
   II. Vertrag zugunsten Dritter 4
B. Zustandekommen des Behandlungsvertrages 6
   I. Übereinstimmende Willenserklärungen 6
   II. Notfallbehandlung 9
   III. GKV-Patient 10
   IV. Hinziehung von Ärzten 13
      1. Behandlung durch angestellte Ärzte 15
      2. Überweisung an Weiterbehandler 19
      3. Überweisung an Mitbehandler 20
         a) Ärzte mit Patientenkontakt 21
         b) Ärzte ohne Patientenkontakt 25
   V. Abschlussfreiheit 31
   VI. Pflichten aus dem Behandlungsvertrag 33
      1. Pflichten des Arztes 34
      2. Pflichten des Patienten ... 35

Literatur

Deutsch, Medizinrecht. Arztrecht, Arzneimittelrecht und Medizinprodukterecht, 4. Auflage 1999; **Narr**, Ärztliches Berufsrecht, Loseblatt Stand: 2005; **Rehborn**, Arzt – Patient – Krankenhaus, 3. Auflage 2000; **RGRK – Kommentar zum Bürgerlichen Gesetzbuch**, hrsg. von Mitgliedern des BGH, 12. Auflage 1974 ff.

A. Rechtsnatur

I. Werkvertrag versus Dienstvertrag

Der Vertrag über die ärztliche Behandlung zwischen Patienten und Arzt stellt nach herrschender Meinung regelmäßig einen **Dienstvertrag**, auf den die §§ 611 ff. BGB anwendbar sind, dar.[1] Der menschliche Organismus ist aufgrund seiner Komplexität auch für den Arzt nicht vollständig beherrschbar, so dass ein Heilerfolg grundsätzlich nicht garantiert werden kann. Die Einordnung des Behandlungsvertrages als Werkvertrag i.S.d. §§ 631 ff. BGB wäre daher verfehlt. Geschuldet wird vom Arzt vielmehr nur eine den Regeln der ärztlichen Kunst entsprechende Durchführung der Behandlungs- oder Untersuchungsmaßnahmen.

Die Gegenleistung des Patienten besteht gemäß §§ 611 Abs. 1, 612 BGB in der Zahlung der vereinbarten oder üblichen Vergütung. Behandlungsanspruch und Vergütungspflicht stehen sich daher in einem synallagmatischen Verhältnis gegenüber. Gleichwohl ist der Behandlungsvertrag rechtlich auch dann als Dienstvertrag einzuordnen, wenn im Einzelfall kein Honorar für die ärztlichen Leistungen entrichtet wird, so z.B. bei Behandlung von Verwandten, Kolleginnen und Kollegen, deren Angehörigen oder mittellosen

---

1 MüKo/*Müller-Glöge*, § 611 Rn 79; Palandt/*Weidenkaff*, Einf v. § 611 Rn 18; *Laufs/Uhlenbruck*, § 41 Rn 1; *Narr*, Rn B269; Rieger/*Kern*, „Arzt-, Behandlungsvertrag" Rn 2.

Patientinnen und Patienten, denen gegenüber der Arzt gemäß § 12 Abs. 2 MBO die Vergütung ganz oder teilweise erlassen kann. Auch in diesen Fällen liegt nicht lediglich ein Gefälligkeitsverhältnis vor.[2] Selbst in Konstellationen, in denen der Patient – außerhalb von Heilungswünschen – einen konkreten Erfolg erwartet (wie z.B. bei der Schönheitsoperation), schuldet der Arzt kein Werk i.S.d. § 631 BGB, sondern die sachverständige Ausführung des Eingriffes, so dass auch solche ärztlichen Maßnahmen Dienstvertragscharakter haben.[3]

3   Das Gleiche gilt für den zahnärztlichen Behandlungsvertrag, auch wenn die Behandlung keinen Heilzwecken dient, sondern nur zur Verschönerung des Gebisses erfolgt.[4] Dementsprechend wird auch der Vertrag zwischen Zahnarzt und Patient über die Herstellung einer Zahnbrücke nicht als Werkvertrag, sondern als Dienstvertrag angesehen, da es sich trotz des in ihm liegenden technischen Elements im Wesentlichen um eine medizinische Heilbehandlung handele. Werkvertragliche Gewährleistungsansprüche stehen dem Patienten daher nicht zu.[5] Demgegenüber ist die rein technische Anfertigung der Prothesen im Rahmen eines Zahnarztvertrages nach Werkvertragsrecht zu beurteilen.[6]

II. Vertrag zugunsten Dritter

4   Soweit der Behandlungsvertrag die ärztliche Versorgung Minderjähriger zum Gegenstand hat, wird er zwischen dem Arzt und den Erziehungsberechtigten abgeschlossen. Schuldner des Vergütungsanspruches ist in diesem Falle nicht der Patient, dem die ärztliche Leistung zugute kommt, sondern der Erziehungsberechtigte als Vertragspartner des Arztes. Das privatärztliche Gebührenrecht berücksichtigt diesen Umstand beispielsweise in § 2 GOÄ (vgl. § 10 Rn 108) dadurch, dass bei Abweichung von den gesetzlichen Gebühren die Honorarvereinbarung mit „dem Zahlungspflichtigen" und nicht stets nur mit dem Patienten zu treffen ist. Der Behandlungsvertrag zwischen den Erziehungsberechtigten und dem Arzt wird zugunsten des Kindes als berechtigtem Dritten i.S.d. § 328 BGB[7] abgeschlossen; zumindest jedoch mit Schutzwirkung zugunsten Dritter.

5   Bei der Behandlung von **Minderjährigen** sind für das Zustandekommen des Behandlungsvertragsverhältnisses grundsätzlich die §§ 104 ff. BGB zu beachten. Dies gilt jedoch nicht uneingeschränkt. Vielmehr stellen die im Rahmen der gesetzlichen Krankenversicherung als Sachleistung (§ 2 SGB V) zur Verfügung gestellten ärztlichen Behandlungen Sozialleistungen dar, die ein Minderjähriger aufgrund gesetzlich vorverlagerter Handlungsfähigkeit bereits ab vollendetem 15. Lebensjahr selbst gemäß § 36 Abs. 1 S. 1 SGB I beziehen kann.[8]

---

2   BGH – VI ZR 77/76, VersR 1977, 819 ff.
3   OLG Köln – 7 U 58/87, VersR 1988, 1049 ff.
4   OLG Zweibrücken – 4 U 76/82, NJW 1983, 2094.
5   OLG Koblenz – 5 U 1289/92, VersR 1993, 1486 f.; OLG Frankfurt – 2 U 210/00, OLGR 2004, 65.
6   OLG München – 1 U 4802/95, OLGR 1998, 306 f.
7   BGH – VI ZR 214/91, NJW 1992, 2962 ff.; Rieger/*Kern*, „Arzt-, Behandlungsvertrag" Rn 17.
8   BSG – B 9 a/9 VG 1/04 R, BSGE 94, 282 ff.

B. Zustandekommen des Behandlungsvertrages

I. Übereinstimmende Willenserklärungen

Besonderheiten für den Abschluss des Behandlungsvertrages bestehen im Regelfall nicht. Durch Angebot und Annahme (§§ 145 ff. BGB) wird das Behandlungsverhältnis zwischen Arzt und Patient begründet.

Für den Abschluss des Vertrages sind **keine Formvorschriften** vorgesehen. Eines schriftlichen, von den Parteien zu unterzeichnenden Behandlungsvertrages bedarf es daher nicht. Schriftliche Behandlungsverträge dürften auch – jedenfalls im ambulanten Bereich – eher die Ausnahme sein. In der Regel kommt der ärztliche Behandlungsvertrag **konkludent** zustande, indem der Patient durch Erscheinen in der Sprechstunde und Schilderung seiner körperlichen oder psychischen Beschwerden die ärztliche Leistung nachfragt und damit das Angebot auf Abschluss des Behandlungsvertrages abgibt, während der Arzt das Angebot durch Anamnese konkludent annimmt und die Untersuchungs- und Behandlungsleistungen zum Zwecke der Vertragserfüllung durchführt.

> *Praxistipp*
> Im Einzelfall kann der Abschluss eines schriftlichen Behandlungsvertrages empfehlenswert sein. So z.B. im Rahmen von individuellen Gesundheitsleistungen (vgl. auch § 10 Rn 124) oder bei einer auf ausdrücklichen Wunsch zu erfolgenden privatärztlichen Behandlung eines gesetzlich versicherten Patienten (vgl. auch § 10 Rn 11).

II. Notfallbehandlung

Der Behandlungsvertrag kann auch ohne ausdrücklich oder konkludent abgegebene Willenserklärungen zustande kommen, beispielsweise wenn der Patient infolge Bewusstlosigkeit keine Erklärungen abzugeben vermag. In diesen Fällen beurteilt sich die Rechtslage nach den Regeln der **Geschäftsführung ohne Auftrag** gemäß §§ 677 ff. BGB. Für den Abschluss des Behandlungsvertrages ist in Fällen dieser Art Voraussetzung, dass der Patient den Vertrag selbst nicht schließen kann, die ärztlichen Leistungen jedoch in seinem Interesse erbracht werden und angenommen werden kann, dass diese seinem mutmaßlichen Willen entsprechen.[9]

III. GKV-Patient

Die Frage, ob Grundlage der Behandlung eines gesetzlich versicherten Patienten (GKV-Patient) ebenfalls ein Dienstvertrag nach § 611 BGB ist, wird kontrovers diskutiert. Die Lager spalten sich auf in eine zivilrechtliche Betrachtungsweise einerseits und eine vertragsarztrechtliche Einstufung andererseits.

Letztere stützt sich auf systematisch bedingte Gründe, da der Vertragsarzt mit seiner Zulassung zur vertragsärztlichen Versorgung die öffentlich-rechtliche Pflicht zur Behandlung gegenüber seiner Kassenärztlichen Vereinigung (KV) übernehme, während der Kassenpatient die aus seinem Versichertenstatus herrührende Berechtigung, zum Abrufen der ärztlichen Sachdienstleistung gemäß §§ 2, 27 Abs. 1 SGB V ausübe. Des

---

[9] MüKo/*Müller-Glöge*, § 611 Rn 87; *Narr*, Rn B269.

Weiteren schlössen die gesetzlichen Krankenkassen gemäß §§ 69 ff. SGB V mit den zur vertragsärztlichen Versorgung zugelassenen Leistungserbringern Verträge über die Sach- und Dienstleistungen ab, deren Erbringung der Vertragsarzt auch nicht gegenüber seinem Patienten, sondern gegenüber seiner KV abrechne.[10]

12 Demgegenüber vertritt die zivilrechtliche Literatur und Rechtsprechung die Ansicht, dass auch zwischen Vertragsarzt und GKV-Patient ein zivilrechtlicher Behandlungsvertrag zustande komme, da die Übernahme der Behandlung den Vertragsarzt verpflichte, dem Versicherten gegenüber die Sorgfalt nach den Vorschriften des bürgerlichen Vertragsrechtes walten zu lassen. Im Übrigen gebe es im Vergleich zum Selbstzahler (sog. Privatpatient) keine wesentlichen Unterschiede mit Ausnahme der Besonderheit, dass aufgrund des mit dem Sachleistungsprinzip verknüpften Gesamtvergütungssystems der Vertragsarzt seine Vergütung nicht unmittelbar vom Patienten, sondern über die KV, der er angehört, erhalte.[11]

IV. Hinzuziehung von Ärzten

13 Die Patientenfälle, in denen neben dem Erstbehandler weitere Ärzte eingeschaltet werden, lassen sich grob in drei Kategorien aufteilen:

14 Der Arzt beauftragt mit der Weiter- oder Mitbehandlung einen in seiner Praxis angestellten ärztlichen Mitarbeiter, der Arzt überweist seinen Patienten zur alleinigen Weiterbehandlung an einen anderen Arzt oder der Arzt zieht für diagnostische Zwischenleistungen einen weiteren Arzt zur Mitbehandlung hinzu.

1. Behandlung durch angestellte Ärzte

15 Übernimmt ein angestellter Arzt der Praxis die Behandlung, kommt mit diesem kein eigener Behandlungsvertrag zustande. Bei der ambulanten Behandlung wird mit dem Praxisinhaber der Behandlungsvertrag abgeschlossen, der sich zur Erfüllung der von ihm eingegangenen Behandlungspflicht seines angestellten Arztes als **Erfüllungsgehilfen** gemäß § 278 BGB bedient.

16 Dies gilt nicht nur hinsichtlich des dauernd beschäftigten ärztlichen Assistenzpersonals, sondern auch für den **Urlaubsvertreter**, der während der vorübergehenden Abwesenheit des Praxisinhabers mit der Verwaltung der Praxis beauftragt wird. Der Urlaubsvertreter bezieht eine Position, in deren Rahmen ihm der auftraggebende Praxisinhaber als Geschäftsherr gegenüber steht, nach dessen Wünschen sich der Urlaubsvertreter im Allgemeinen zu orientieren hat. Dass der Urlaubsvertreter im Einzelfall die Behandlung eines Patienten nach eigener Entschließung und aufgrund eigener ärztlicher Sachkunde vornimmt, führt nicht zur Annahme eines mit dem Vertreter geschlossenen Behandlungsvertrages.[12]

17 Die Beurteilung ist auch durch Vorschriften des allgemeinen Zivilrechtes über die Vertretung gedeckt. Gemäß § 164 Abs. 1 BGB wirkt die konkludente Annahmeerklärung des Behandlungsvertrages durch den Urlaubsvertreter unmittelbar für und gegen den vertretenen Praxisinhaber.

---

10 *Laufs/Uhlenbruck*, § 25 Rn 7.
11 MüKo/*Müller-Glöge*, § 611 Rn 84; *Laufs/Uhlenbruck*, § 25 Rn 5.
12 OLG Saarbrücken – 1 U 653/98, OLGR 2001, 240 ff.; *Deutsch*, Medizinrecht, Rn 59.

Die auf diesen delegierten Leistungen rechnet der Praxisinhaber aufgrund des mit ihm zustande gekommenen Behandlungsvertrages unter den Voraussetzungen des § 4 Abs. 2 S. 1 GOÄ (vgl. § 10 Rn 80) im eigenen Namen und auf eigene Rechnung ab. Dementsprechend sieht § 4 Abs. 3 S. 2 GOÄ (vgl. § 10 Rn 60) auch vor, dass die dem Praxisinhaber entstandenen Kosten für die Inanspruchnahme Dritter, die nach der GOÄ selbst nicht liquidationsberechtigt sind, mit den vom Praxisinhaber berechneten Gebühren abgegolten sind.

2. Überweisung an Weiterbehandler

Kann beispielsweise der Hausarzt aufgrund seiner ärztlichen Fähigkeiten eine von ihm diagnostizierte Erkrankung nicht behandeln, weil sie in das Fachgebiet eines anderen Arztes fällt, stellt er seinem Patienten eine entsprechende Überweisung für diese fachärztlichen Leistungen aus. Mit der Inanspruchnahme des Arztes (Überweisungsempfänger), den der Patient aufgrund der Überweisung aufsucht, kommt nach allgemeiner Meinung ein **neuer Behandlungsvertrag** zwischen diesem und dem Patienten zustande.[13] Das privatärztliche Gebührenrecht sieht aus diesem Grunde in § 4 Abs. 5 GOÄ (vgl. § 10 Rn 95) vor, dass der behandelnde Arzt seinen Patienten respektive den Zahlungspflichtigen zu informieren hat, sofern Leistungen durch Dritte erbracht werden sollen, die für ihre Leistungen selbst liquidationsberechtigt sind.

3. Überweisung an Mitbehandler

Bei der Einschaltung von Ärzten zur Mitbehandlung geht es in der Regel darum, dass der Erstbehandler die weiteren Ärzte nicht für die Behandlung der Krankheit hinzuzieht. Diese bleibt vielmehr in seinen Händen. Von den Mitbehandlern erwartet sich der Arzt spezielle diagnostische Untersuchungsbefunde, die er für die weitere Behandlung der Krankheit benötigt. Auch hier stellt der Erstbehandler dem Patienten eine Überweisung für die benötigte Untersuchungsleistung aus, nach deren Erbringung der Patient zum Erstbehandler jedoch wieder zurückkehrt. Für die dogmatische Herleitung ist in Fällen dieser Art zu differenzieren zwischen einer Überweisung an Ärzte mit und an solche ohne Patientenkontakt.

a) Ärzte mit Patientenkontakt

Hier gilt das oben zu Rn 19 Gesagte entsprechend. Benötigt beispielsweise ein Orthopäde zur Festlegung der weiteren Behandlungsschritte eine kernspintomographische Untersuchung des von Krankheit betroffenen Gebietes des Patienten, wird er eine Überweisung für eine Magnetresonanztomographie ausstellen, mit der der Patient bei einem von ihm ausgewählten Radiologen in dessen Praxis zur Durchführung der Untersuchungsmaßnahme erscheinen wird. Auch für diese Fälle hat der BGH entschieden, dass sich das Zustandekommen des Behandlungsvertrages durch Inanspruchnahme des Überweisungsempfängers nicht darauf beschränkt, dass dieser die Behandlung des Patienten vollständig übernimmt, sondern auch dann gilt, wenn dieser lediglich Zwischenleistungen erbringt und der Patient im Übrigen in der Behandlung des überweisenden Arztes verbleibt, wie dies bei der Überweisung an einen Radiologen typisch ist.[14]

---

13 BGH – VI ZR 171/86, MedR 1988, 86 f.; BGH – VI ZR 237/92, MedR 1994, 111 ff.; *Rehborn*, Arzt-Patient-Krankenhaus, S. 37; Rieger/*Kern*, „Arzt-, Behandlungsvertrag" Rn 28.
14 BGH – VI ZR 24/98, NJW 1999, 2731.

§ 9 Der Behandlungsvertrag

22 Zwar ist der Erstbehandler im Zweifel grundsätzlich gemäß § 613 BGB verpflichtet, die ärztliche Behandlung persönlich durchzuführen, so dass er die Erfüllung seiner Vertragspflicht nicht uneingeschränkt Dritten überlassen kann. Allerdings ergibt sich aus den Heilberufs- und Kammergesetzen (für Bayern z.B. Art. 34 BayHKaG), dass ein Arzt regelmäßig keine Tätigkeiten auf einem Gebiet ausführen darf, für das er nicht zugelassen ist. Nach ständiger Rechtsprechung des Bundessozialgerichtes hat sich ein Arzt auch in seiner Eigenschaft als Vertragsarzt daher grundsätzlich auf das Gebiet zu beschränken, für das er zugelassen wurde.[15]

23 Hieraus folgt bereits, dass der Erstbehandler mit seinem Behandlungsvertrag von vornherein keine ärztlichen Leistungen versprochen hat, die von seinem Fachgebiet nicht umfasst werden. Schließlich kann ein Patient in redlicher Weise nicht annehmen, ein Arzt wolle sich ihm gegenüber zu Untersuchungsmaßnahmen verpflichten, die er selbst weder fachlich erbringen noch abrechnen kann.[16] Deshalb resultiert aus dem Behandlungsvertrag mit dem Erstbehandler nicht die Pflicht zur eigenständigen Durchführung für ihn fachfremder Untersuchungsmaßnahmen, sondern in medizinisch indizierten Fällen deren Veranlassung durch qualifizierte Dritte.

24 Der **Überweisungsempfänger** ist aus diesem Grunde auch **nicht Erfüllungsgehilfe** des veranlassenden Arztes, da er aufgrund eigenen Behandlungsvertrages tätig wird und seine Leistungen unmittelbar gegenüber dem Patienten erbringt und infolge dessen diesem gegenüber selbst liquidieren darf bzw. gegenüber seiner KV aufgrund des Überweisungsscheines abrechnet.

b) Ärzte ohne Patientenkontakt

25 Problematisch scheint auf den ersten Blick, wie mit ärztlichen Berufsgruppen, die üblicherweise keinen unmittelbaren Patientenkontakt haben, der Behandlungsvertrag zustande kommen soll, wenn dies nach den bisherigen Ausführungen von der tatsächlichen Inanspruchnahme des Überweisungsempfängers durch das Erscheinen des Patienten in der Praxis des hinzugezogenen Arztes abhängt, Patienten jedoch Laborärzte, Pathologen, Virologen, Mikrobiologen und ähnliche Fachgruppen üblicherweise nicht in deren Praxis aufsuchen.

26 So wurde früher im Schrifttum deshalb teilweise auch vertreten, vertragliche Beziehungen zwischen dem Patienten und dem Überweisungsempfänger kämen nicht zustande, wenn der Überweisungsempfänger zu diagnostischen Zwecken lediglich Untersuchungsmaterial übersandt erhielte. Gestützt wurde diese Auffassung gerade auf den fehlenden Arzt-Patienten-Kontakt. Anders könne man es nur beurteilen, wenn der Patient selbst beim Laborarzt, Pathologen, etc. erscheine.[17]

27 Demgegenüber vertritt die überwiegende Ansicht zu Recht, dass es für eine differenzierte Behandlung solcher ärztlichen Berufsgruppen, die ohne Patientenkontakt ihre Leistungen erbringen, in Ansehung des Zustandekommens eines Behandlungsvertrages keinen rechtfertigenden Grund gibt.[18] Deshalb komme bei den Facharztgruppen ohne

---

15 BSGE 62, 224, 226 ff.; BSG – 6 RKa 84/95, MedR 1997, 132, 133.
16 LG Mönchengladbach VersR 1953, 488.
17 *Spann*, Ärztliche Rechts- und Standeskunde, 1962, S. 94 f.; *Uhlenbruck*, Arztrecht, 1972, S. 69, 76.
18 *Rieger*, DMW 1978, 769, 770; RGRK/*Nüssgens*, § 823 Anh. II Rn 10; *Laufs*, Arztrecht, 5. Auflage, Rn 97; inzwischen auch *Laufs/Uhlenbruck*, § 41 Rn 17.

B. Zustandekommen des Behandlungsvertrages §9

unmittelbaren Patientenkontakt der Behandlungsvertrag zwischen Überweisungsempfänger und Patient mit der Übersendung des Untersuchungsmaterials konkludent zustande.

Der BGH schloss sich der überwiegenden Meinung an.[19] Allein eine solche Handhabe entspreche dem Willen und Interesse der Beteiligten sowie den Bedürfnissen der Praxis. Der Wille des behandelnden Arztes bei Übersendung der Gewebeproben an einen anderen Arzt zur histologischen Untersuchung ginge im Zweifel nicht dahin, mit diesem ein Vertragsverhältnis einzugehen, denn ein erkennbares Interesse seinerseits, eigene Ansprüche gegen den hinzugezogenen Arzt zu erwerben oder gar eigene Verpflichtungen gegenüber dem Patienten hinsichtlich der Leistungen des Pathologen begründen zu wollen, bestehe nicht, zumal er dessen ärztliche Leistungen nicht selbst liquidieren könne. Auch das wohlverstandene Interesse des Patienten erfordere es, unmittelbar einen Vertrag mit dem Pathologen einzugehen, denn nur auf diese Weise könne er Auskunfts-, Einsichts- und Herausgaberechte gegen diesen geltend machen. Aus den Umständen müsse daher entnommen werden, dass der behandelnde Arzt bei Übersendung des Untersuchungsmaterials als **Vertreter des Patienten** handelt und für diesen mit dem Arzt für Pathologie einen Vertrag abschließen will, wozu ihn der Patient mit seinem Einverständnis, sich Gewebeproben zum Zwecke der Untersuchung durch einen Spezialisten entnehmen zu lassen, stillschweigend **bevollmächtigt** und ihm die Auswahl des Spezialisten überlassen habe. Gerade bei der histologischen Untersuchung hat der Patient im Allgemeinen kein besonderes Interesse daran, den die Untersuchung durchführenden Arzt selbst auszuwählen. Umgekehrt verstehe auch der Überweisungsempfänger den an ihn gerichteten Untersuchungsauftrag in diesem Sinne und sehe deshalb selbst den Patienten als seinen Vertragspartner an, da er die Untersuchungsleistungen ihm gegenüber bzw. beim GKV-Patienten mit seiner KV, nicht hingegen mit dem überweisenden Arzt abrechnen wolle.

Aus Sicht der Verfechter der zivilrechtlich orientierten Meinung zum Zustandekommen eines Behandlungsvertrages auch mit Kassenpatienten (vgl. Rn 12) muss für die Richtigkeit der BGH-Entscheidung zusätzlich sprechen, dass in der vertragsärztlichen Versorgung die eingebundenen Fachärzte ohne Patientenkontakt ihre Leistungen für einen am GKV-Patienten durchgeführten Untersuchungsauftrag im eigenen Namen und auf eigene Rechnung gegenüber der KV seit jeher in Abrechnung bringen, der Vergütungsanspruch zivilrechtlich jedoch einen Behandlungsvertrag voraussetzt.

Der BGH hat seine Rechtsprechung jüngst im Rahmen der Hinzuziehung eines externen Laborarztes bei wahlärztlicher Behandlung bestätigt.[20] Treffe ein Patient mit einem Krankenhausträger eine Vereinbarung über wahlärztliche Leistungen, entspreche es im Regelfall am ehesten der Interessenlage des Patienten, einen totalen Krankenhausaufnahmevertrag mit Arztzusatzvertrag anzunehmen. Einer abschließenden Beurteilung bedürfe es insoweit allerdings nicht, da sich die Vereinbarung über wahlärztliche Leistungen mit dem Krankenhaus auf alle an der Behandlung des Patienten beteiligten Ärzte des Krankenhauses, soweit diese ein eigenes Liquidationsrecht haben, und die von diesen liquidationsberechtigten Ärzten veranlassten Leistungen von Ärzten und ärztlich geleiteten Einrichtungen außerhalb des Krankenhauses erstrecke. Als ein solcher Arzt außerhalb des Krankenhauses habe der betroffene Laborarzt prinzipiell die von ihm erbrachten Leistungen gegenüber dem Krankenhauspatienten liquidieren dürfen.

---

19 BGH – VI ZR 24/98, NJW 1999, 2731.
20 BGH – III ZR 291/06, GesR 2007, 380 = NJW-RR 2007, 1122.

V. Abschlussfreiheit

31 Mit dem Sicherstellungsauftrag gemäß § 75 Abs. 1 SGB V haben die KVen und die Kassenärztliche Bundesvereinigung (KBV) die Gewähr übernommen, dass die Versorgung der gesetzlich versicherten Patienten auch zu sprechstundenfreien Zeiten (Notdienst) sichergestellt ist. Um dies gewährleisten zu können, wirken Ärzte, Zahnärzte, Psychotherapeuten, Medizinische Versorgungszentren und Krankenkassen gemäß § 72 Abs. 1 SGB V zusammen. Voraussetzung für die Mitwirkung am **Sicherstellungsauftrag** ist die Zulassung bzw. Ermächtigung des entsprechenden Leistungserbringers zur vertragsärztlichen Versorgung (§ 95 Abs. 1 S. 1 SGB V). Die Zulassung bewirkt nach § 95 Abs. 3 S. 1 SGB V im Hinblick auf die Abschlussfreiheit von Behandlungsverträgen, dass der Vertragsarzt zur Teilnahme an der vertragsärztlichen Versorgung im Umfang seines aus der Zulassung folgenden zeitlich vollen oder hälftigen Versorgungsauftrages nicht nur berechtigt, sondern auch verpflichtet ist. Hieraus folgt, dass für den Vertragsarzt ein **Kontrahierungszwang** für die Behandlung von GKV-Patienten besteht. Eine Weigerung, den Behandlungsauftrag anzunehmen oder eine laufende Behandlung fortzusetzen, kommt nur in sachlich begründeten Einzelfällen in Betracht.[21]

32 Demgegenüber existieren gesetzliche Beschränkungen der Abschlussfreiheit im Rahmen der privatärztlichen Versorgung nicht. Diese ist Teil der **Privatautonomie**, so dass es dem Arzt frei steht, einen privatärztlichen Behandlungsvertrag abzuschließen.[22] Allerdings wird teilweise vertreten, es bestehe bei der Bitte um Behandlung durch einen langjährigen Patienten, der über erhebliche Symptome klage, eine Abschlusspflicht kraft öffentlicher Aufgabe, die der Arzt zu erfüllen habe.[23] In dieser Allgemeinheit lässt sich die Auffassung nicht bestätigen. Der für sie angeführte Beispielsfall[24] ist nicht repräsentativ. Dort hatte der Arzt einen Hausbesuch trotz mehrfach mitgeteilter erheblicher Beschwerden, an denen der Patient erlag, unterlassen. Allerdings hatte der Arzt, um dessen Hausbesuch gebeten wurde, bereits Medikamente zur Behandlung oder Linderung der aufgetretenen Beschwerden verschrieben und telefonische Beratungen durchgeführt, mithin den Behandlungsvertrag ohnehin schon angenommen, nur nicht den Regeln der ärztlichen Kunst entsprechend, ausgeführt.

VI. Pflichten aus dem Behandlungsvertrag

33 Die Rechte und Pflichten aus dem Behandlungsvertrag beschränkten sich nicht auf Durchführung der ärztlichen Behandlung, auf die der Patient Anspruch hat, und Zahlung des ärztlichen Honorars, das der Arzt beanspruchen kann. Vielmehr treffen beide Seiten weitere Pflichten bzw. Obliegenheiten.

1. Pflichten des Arztes

34 Neben der kunstgerechten **Behandlung** schuldet der Arzt vor allem eine ordnungsgemäße **Aufklärung** als Basis dafür, dass sich der Patient für eine Behandlungsmaßnahme nach seinem freien Willensentschluss entscheiden kann. Nachdem die ärztliche Behandlung regelmäßig einen Eingriff in die körperliche Unversehrtheit darstellt, benötigt der Arzt, um dem Strafvorwurf einer Körperverletzung (§§ 223 ff. StGB) zu ent-

---

21 Rieger/*Kern*, „Arzt-, Behandlungsvertrag" Rn 7b.
22 *Laufs/Uhlenbruck*, § 41 Rn 2.
23 *Deutsch*, Medizinrecht, Rn 59.
24 BGH – VI ZR 48/78, VersR 1979, 376.

gehen, der **Einwilligung** des Patienten, deren Wirksamkeit bei unzutreffender oder unzureichender Aufklärung entfallen kann.[25] Ferner treffen den Arzt gemäß § 203 StGB **Verschwiegenheitspflichten**, die sich nicht nur auf den Namen des Patienten, sondern auf alles, was ihm anlässlich der Behandlung über den Patienten bekannt wird, erstreckt. In Einzelfällen, wenn die Einhaltung der Schweigepflicht lebensbedrohliche Auswirkungen für Dritte hat, kann die Schweigepflicht ausnahmsweise durchbrochen werden.[26] Auf Verlangen des Patienten hat der Arzt – von Ausnahmen abgesehen[27] – dem Patienten **Einsicht in die Krankenunterlagen** zu gewähren. Ein Auskunftsanspruch des Patienten ist hiermit nicht verbunden. Im Gegensatz zur Auskunftserteilung, die ein aktives Tun des Auskunftspflichtigen erfordert, stellt das Einsichtsrecht lediglich eine Duldung der zur Einsichtsgewährung verpflichteten Partei dar.[28]

2. Pflichten des Patienten

Den Patienten trifft neben der Vergütungspflicht die Verantwortung, zu vereinbarten Terminen pünktlich zu erscheinen.[29]

35

Im Übrigen hat der Patient aufgrund des Selbstbestimmungsrechtes aus Art. 2 Abs. 1 GG keine Pflicht, eine begonnene Behandlungsmaßnahme bis zu ihrem Ende durchführen zu lassen. Ihn treffen vielmehr insoweit lediglich Obliegenheitspflichten, an der ärztlichen Behandlung mitzuwirken, bei deren Verletzung dem Arzt keine Schadensersatzansprüche zustehen, sondern deren wegen sich der Arzt ggf. vom Behandlungsvertrag wegen Nichteinhaltung der Therapie lösen kann und sich der Patient bei der Geltendmachung von Ersatzansprüchen wegen eingetretener Gesundheitsschäden ein Mitverschulden anrechnen lassen muss.[30]

36

---

25 MüKo/*Müller-Glöge*, § 611 Rn 90.
26 OLG Frankfurt – 8 U 67/99, MedR 2000, 196 ff.
27 BVerfG – 1 BvR 162/89, MedR 1993, 232.
28 OLG Jena, Beschl. v. 27.3.1996 – 2 U 606/95, n.v.
29 Rieger/*Kern*, „Arzt-, Behandlungsvertrag" Rn 57.
30 Rieger/*Kern*, „Arzt-, Behandlungsvertrag" Rn 65.

§ 10 Die ärztliche Abrechnung gegenüber Selbstzahlern

Dirk Griebau

Inhalt

A. Das Arzthonorar 1
  I. Gegenstand des Honoraranspruches 1
    1. Gebühren 2
    2. Entschädigungen/Wegegeld 3
      a) Wegegeld (Zahnarzt) .. 3
      b) Entschädigungen (Arzt) 4
    3. Auslagen 5
      a) Nach der GOZ 5
      b) Nach der GOÄ 7
      c) GOÄ-Auslagen für Zahnärzte/GOZ-Auslagen für Ärzte ... 8
  II. Verbindlichkeit der Gebührenordnung 10
    1. Geltung von GOÄ und GOZ 10
    2. Abdingbarkeit 15
    3. GOÄ für Zahnärzte 17
    4. GOZ für Ärzte 18
  III. Struktur der Gebühren 19
    1. Einzelleistungsvergütung . 19
    2. Punktzahl 20
    3. Punktwert 23
    4. Gebührensatz 25
    5. Steigerungssatz 27
  IV. Entstehen des Gebührenanspruches 29
    1. Medizinische Indikation .. 29
    2. Versorgung nach medizinischem Erkenntnisstand .. 33
    3. Verlangensleistungen 38

B. Berechnungsfähigkeit von Gebühren und Auslagen 41
  I. Gebühren und Gebührenverzeichnis 42
    1. Gebührenabschnitte 43
    2. Leistungslegende 45
    3. Prinzip der Kostenabgeltung 59
    4. Selbständigkeit von Leistungen (Zielleistungsprinzip) 65
  II. Analogziffern 69
  III. Eigene Leistungen 79
    1. Persönlich erbrachte Leistungen und Basislabor . 80
    2. Delegierte Leistungen und fachfremde Angestellte ... 82
    3. Leistungen des Wahlarztes . 88
    4. Hinweispflicht auf Liquidation Dritter 95
    5. Gebührenhöhe 96
      a) Steigerungskriterien .. 97
      b) Vereinbartes Honorar . 105
      c) Gebührenminderung stationärer Leistungen . 111
  IV. Berechnung von Kosten 115
  V. IGeL 124

C. Die Arztrechnung 129
  I. Inhalt 130
  II. Schriftform 135
  III. Inkasso/Klageverfahren 136

Literatur

Brück/Hess/Klakow-Franck/Warlo, Kommentar zur Gebührenordnung für Ärzte (GOÄ), 3. Auflage 2006, Loseblatt; **Hess/Klakow-Franck**, IGeL-Kompendium für die Arztpraxis, 2005; **Hoffmann/Kleinken**, Gebührenordnung für Ärzte (GOÄ), 3. Auflage 2006, Loseblatt; **Lang/Schäfer/Stiel/Vogt**, Der GOÄ-Kommentar, 2. Auflage 2002; **Liebold/Raff/Wissing**, Der Kommentar GOZ Loseblatt, Stand: 2006; **Narr**, Ärztliches Berufsrecht, 2. Auflage 2005, Loseblatt; **Wezel/Liebold**, Der Kommentar zu EBM und GOÄ, 7. Auflage 2007, Loseblatt.

§ 10 Die ärztliche Abrechnung gegenüber Selbstzahlern

A. Das Arzthonorar

I. Gegenstand des Honoraranspruches

1 Dem Arzt/Zahnarzt stehen gemäß § 3 Gebührenordnung für Ärzte (GOÄ) / Gebührenordnung für Zahnärzte (GOZ) als Vergütungen **Gebühren**, **Entschädigungen** (beim Zahnarzt: Wegegeld) und Ersatz von **Auslagen** zu. Der Vorschrift kommt nach wohl einhelliger Meinung[1] kein eigenständiger Regelungsgehalt zu. Es handelt sich vielmehr nur um eine Aufzählung der dem Arzt/Zahnarzt zustehenden Vergütungsarten für seine eigentliche Berufstätigkeit, zu denen das Nähere in den folgenden Bestimmungen der Gebührenordnung geregelt ist.[2]

1. Gebühren

2 Die Gebühren ergeben sich gemäß § 4 Abs. 1 GOÄ/GOZ aus dem als Anlage der Gebührenordnung beigefügten **Gebührenverzeichnis** für die darin im Einzelnen aufgeführten Leistungen bzw. aus einer analogen Anwendung dieser Gebührenpositionen nach § 6 Abs. 2 GOÄ/GOZ (vgl. Rn 69 ff.) für neue ärztliche Untersuchungs- und Behandlungsmethoden, die aufgrund ihrer Neuartigkeit noch nicht in das Gebührenverzeichnis aufgenommen worden sind.

2. Entschädigungen/Wegegeld

a) Wegegeld (Zahnarzt)

3 Als **Wegegeld** kann der Zahnarzt nach § 8 GOZ 0,26 EUR für jeden zurückgelegten Kilometer bei Benutzung des eigenen Kraftfahrzeuges, bei Benutzung anderer Verkehrsmittel angemessenen Fahrtkostenersatz verlangen. Daneben steht ihm eine **Aufwandsentschädigung** von 1,02 EUR bzw. 1,53 EUR (zwischen 20.00 und 8.00 Uhr) pro Kilometer zu. Das Wegegeld ist bei Besuchen mehrerer Patienten auf diese anteilig zu verteilen.

b) Entschädigungen (Arzt)

4 Demgegenüber definiert sich die dem Arzt zustehende Entschädigung nach § 7 GOÄ als **Wegegeld** (§ 8 GOÄ) und **Reiseentschädigung** (§ 9 GOÄ), die – wie beim Zahnarzt – die durch den Besuch bedingten Mehrkosten und Zeitversäumnisse abgelten. Allerdings kann der Arzt im Verhältnis zum Zahnarzt weitaus mehr an Entschädigungen verlangen. Zwar bleibt bei beiden Berufsgruppen das Kilometergeld von 0,26 EUR gleich (§ 9 Abs. 2 Nr. 1 GOÄ), jedoch bezieht der Arzt ein zusätzliches **Abwesenheitsgeld** von 51,13 EUR (bis zu 8 Stunden) bzw. von 102,26 EUR (von mehr als 8 Stunden je Tag). Zusätzlich kann er je nach Besuchsort abhängig vom Radius um seine Praxisstelle bzw. bei Besuchsantritt von der Wohnung aus von dieser Stelle Wegegelder zwischen 3,58 EUR (bis zu 2 km) und 15,34 EUR (bis zu 25 km) berechnen, die sich zwischen 20.00 und 8.00 Uhr auf bis zu 25,56 EUR erhöhen. Auch der Arzt muss seine Entschä-

---

[1] *Brück u.a.*, § 3 Rn 1; *Hoffmann/Kleinken*, § 3 Rn 4; *Lang u.a.*, § 3 Rn 1; *Liebold/Raff/Wissing*, § 3; *Wezel/Liebold*, § 3 – 1.
[2] BGH – III ZR 264/03, GesR 2004, 379 ff. = NJW-RR 2004, 1198 ff.

digungen nach §§ 8, 9 GOÄ auf mehrere Patienten aufteilen, die er besucht hat. § 7 GOÄ hat – ähnlich wie § 3 GOÄ – keinen eigenständigen Regelungsinhalt, sondern zählt lediglich die Entschädigungsarten auf.

3. Auslagen

a) Nach der GOZ

Für Auslagen erhält der **Zahnarzt** – vorbehaltlich der ergänzenden Auslegung durch die Rechtsprechung (vgl. Rn 123) – nach der GOZ nur dann Kosten erstattet, wenn sich dies ausdrücklich aus dem **Gebührenverzeichnis** ergibt (§ 4 Abs. 3 S. 1, Abs. 4 GOZ). Lediglich die dem Zahnarzt tatsächlich entstanden Aufwendungen für zahntechnische Leistungen kann er dem Patienten gemäß § 9 GOZ weiterberechnen.

> *Beispiel*
> Die GOZ-Ziffer 214 beschreibt das Präparieren einer Kavität und Füllen mit Metallfolie (gehämmerte Füllung) einschließlich Unterfüllung, Polieren und Materialkosten und erklärt die Kosten für die Metallfolie für gesondert berechnungsfähig.

b) Nach der GOÄ

Im Unterschied dazu enthält die ärztliche Gebührenordnung mit § 10 GOÄ für **Ärzte** eine **gesonderte Auslagenvorschrift** (vgl. Rn 115 ff.), die nur ergänzend auf vereinzelt im **Gebührenverzeichnis** selbst genannte Kostenerstattungen verweist.

c) GOÄ-Auslagen für Zahnärzte/GOZ-Auslagen für Ärzte

Soweit für Zahnärzte durch § 6 Abs. 1 GOZ für bestimmte Leistungen die GOÄ (vgl. Rn 17) und für bestimmte Arztgruppen durch § 6 Abs. 1 GOÄ teilweise die GOZ Anwendung finden (vgl. Rn 18), sind die Auslagenregelungen der jeweiligen Gebührenordnung, auf die verwiesen wurde, zu beachten (ausführlich hierzu Rn 115 ff.).[3]

> *Wichtig*
> Der Auslagenersatz richtet sich akzessorisch nach der Gebührenordnung (GOÄ oder GOZ), nach der die Leistung, in deren Zusammenhang die Auslagen entstanden sind, abgerechnet wurde.

II. Verbindlichkeit der Gebührenordnung

1. Geltung von GOÄ und GOZ

Ärzte und Zahnärzte – das sind alle (auch die nicht approbierten) Ärzte bzw. Zahnärzte, die aufgrund der BÄO bzw. des ZHG ihren Beruf zumindest mit vorübergehender Berufserlaubnis in der Bundesrepublik Deutschland ausüben[4] – sind an ihre jeweilige Gebührenordnung stets gebunden. Insoweit legt § 1 Abs. 1 GOÄ/GOZ den generellen Anwendungsbereich der Gebührenordnung für auf berufliche Leistungen des Arztes/Zahn-

---
[3] BGH – III ZR 264/03, GesR 2004, 379 ff. = NJW-RR 2004, 1198 ff.
[4] *Brück u.a.*, § 1 Rn 4; *Lang u.a.*, § 1 Rn 1; *Hoffmann/Kleinken*, § 1 Rn 8; *Wezel/Liebold*, § 1 – 5.

arztes beruhende Vergütungsansprüche fest und lässt Abweichungen nur zu, soweit dies durch ein **Bundesgesetz** (vgl. etwa §§ 85, 87 SGB V für die Vergütung von Leistungen in der vertrags(zahn)ärztlichen Versorgung nach Einheitlichem Bewertungsmaßstab aus der Gesamtvergütung) ausdrücklich bestimmt ist.

11 Da alle beruflichen Leistungen – soweit bundesgesetzlich nicht anders bestimmt – nach der GOÄ bzw. GOZ abzurechnen sind, bedeutet dies zugleich, dass auch bei der Behandlung von GKV-Patienten die GOÄ anzuwenden ist, wenn ausnahmsweise eine vertragsärztliche Abrechnung über die KV nicht statthaft ist. Dies ist beispielsweise der Fall, wenn der Patient anstelle des Sachleistungsprinzips (§ 2 SGB V) die Kostenerstattung nach § 13 SGB V gewählt hat oder seinen Sozialversichertenstatus nicht oder nicht fristgerecht gemäß § 18 Abs. 8 Nr. 1 BMV-Ä nachweist, ausdrücklich eine privatärztliche Behandlung verlangt (§ 18 Abs. 8 Nr. 2 BMV-Ä) oder eine außerhalb der vertragsärztlichen Versorgung liegende, individuelle Gesundheitsleistung (vgl. Rn 40) nach Maßgabe des § 18 Abs. 8 Nr. 3 BMV-Ä bezieht.[5] Für eine vom Patienten gewünschte Privatbehandlung empfiehlt sich aus Dokumentationsgründen der Abschluss eines schriftlichen Behandlungsvertrages.

12 Die GOÄ gilt damit auch uneingeschränkt für die beruflichen Leistungen der **liquidationsberechtigten Krankenhausärzte**, soweit diese wahlärztliche Leistungen i.S.v. § 17 KHEntgG (früher nach § 22 BPflV) erbringen.[6] Soweit durch § 17 Abs. 3 S. 7 KHEntgG auf die entsprechende Anwendung der GOÄ im wahlärztlichen Bereich ausdrücklich hingewiesen wird, betrifft diese Vorgabe zur Abrechnung nach der GOÄ solche Krankenhäuser, die Wahlarztleistungen selbst als Institutsleistungen anbieten, nicht jedoch den liquidationsberechtigten Krankenhausarzt. Für ihn als „Arzt" gilt nämlich die GOÄ schon unmittelbar über § 1 Abs. 1 GOÄ und nicht nur entsprechend, was durch den Halbsatz „soweit sich deren Anwendung nicht bereits aus ihr selbst ergibt" vom Gesetzgeber klargestellt wurde.

13 Ferner kommt es für die Anwendbarkeit der Gebührenordnung auch nicht auf das Vorliegen einer medizinischen Notwendigkeit der erbrachten Leistung an (argumentum e contrario aus § 1 Abs. 2 GOÄ), so dass auch nicht indizierte Schönheitsoperationen nach Maßgabe der GOÄ abzurechnen sind.[7]

14 *Wichtig*
Die GOÄ/GOZ gilt immer, wenn kein Bundesgesetz etwas anderes vorgibt.

2. Abdingbarkeit

15 Die Geltung der Gebührenordnung kann auch nicht durch Vertrag zwischen Arzt und Zahlungspflichtigem abbedungen werden.[8] Frei **verhandelte Honorare** für zahn- oder ärztliche Leistungen sind daher nur in den engen Grenzen des § 2 GOÄ/GOZ möglich (hierzu näher siehe Rn 105 ff.).

16 *Wichtig*
Die Geltung von GOÄ und GOZ kann nicht abbedungen werden.

---

5 *Hess/Klakow-Franck*, Anm. 7.1.
6 *Wezel/Liebold*, § 1 – 5.
7 BGH – III ZR 223/05, ZMGR 2006, 193 ff.
8 LSG Berlin, Urt. v. 19.5.2004 – L 9 KR 51/03, n.v.; BSG, Urt. v. 27.3.2007 – B 1 KR 25/06 R, n.v.; BVerfG – 1 BvR 1301/89, NJW 1992, 737; *Brück u.a.*, § 2 Rn 1; *Narr*, Rn B687; *Wezel/Liebold*, § 2 – 1.

3. GOÄ für Zahnärzte

Die Gebührenordnung für Ärzte ist nach § 6 Abs. 1 GOZ auch für Zahnärzte anwendbar, soweit diese Leistungen erbringen, die in den Abschnitten B I und II, C, D, E V und VI, J, L, M unter den Nummern 4113 und 4700, N sowie O des Gebührenverzeichnisses für ärztliche Leistungen aufgeführt sind (§ 6 Abs. 1 GOZ).

4. GOZ für Ärzte

Umgekehrt lässt § 6 Abs. 1 GOÄ für die Facharztgruppen der Chirurgen, der Mund-Kiefer-Gesichtschirurgen sowie der Hals-Nasen-Ohrenärzte den Anwendungsbereich der Gebührenordnung für Zahnärzte zu, sofern diese Ärzte Behandlungs- oder Untersuchungsmaßnahmen durchführen, die im Gebührenverzeichnis für zahnärztliche Leistungen enthalten sind.

III. Struktur der Gebühren

1. Einzelleistungsvergütung

Die GOÄ/GOZ basiert mit ihren jeweiligen Gebührenverzeichnissen auf einem Einzelleistungsvergütungssystem, bei dem jedes ärztliche Handeln durch eine Gebührenordnungsposition abgebildet wird.[9] Daneben enthält das Gebührenverzeichnis auch Komplexleistungen (z.B. Operationsziffern), die im Gebührenverzeichnis als einzelne Leistungen abgebildete Gebührentatbestände mit umfassen können. Solche in einer Komplexleistung beinhalteten Einzelleistungsziffern sind neben der Komplexziffer aufgrund des sog. **Zielleistungsprinzips** nicht nochmals gesondert berechnungsfähig (§ 4 Abs. 2a GOÄ).

2. Punktzahl

Die Wertigkeit der einzelnen Leistungen im Verhältnis zueinander wird dadurch zum Ausdruck gebracht, dass jede im Gebührenverzeichnis abgebildete Leistung einschließlich der Zuschläge bei Erstellen des Gebührenverzeichnisses bzw. bei der späteren Aufnahme der Gebührenordnungsposition mit einer **Punktzahl** bewertet wurde. In die Kalkulation der jeweiligen Punktzahlen fließt unter anderem ein, ob die Leistung als solche im Verhältnis zu anderen Leistungen kostenintensiv, schwierig und/oder zeitaufwendig ist.

Anhand der **Punktzahlrelation** lässt sich ermessen, in welchem Verhältnis eine Leistung wertmäßig zu einer anderen Leistung steht. Dies gibt häufig auch Aufschluss darüber, ob eine im Gebührenverzeichnis abgebildete Einzelleistung Gegenstand einer Komplexziffer sein kann und wegen des Zielleistungsprinzips damit einer gesonderten Berechnung nicht zugänglich ist. Wurde hingegen eine Einzelleistung mit einer höheren Punktzahl bewertet als die komplexe Operationsziffer, wäre vernünftigerweise nicht nachzuvollziehen, dass die höher bewertete Einzelziffer bereits mit der geringer bewerteten Komplexziffer abgegolten sein soll.[10]

---

9 BGH – III ZR 344/03, NJW-RR 2004, 1202 ff. = GesR 2004, 341 ff.
10 BGH – III ZR 217/05, NJW-RR 2006, 919 f. = GesR 2006, 310 f.

§ 10 Die ärztliche Abrechnung gegenüber Selbstzahlern

22 *Praxistipp*
Bei Streit um das Zielleistungsprinzip sollte die Punktzahlrelation der betroffenen Einzelleistung zur vermeintlichen Zielleistung untersucht werden.

3. Punktwert

23 Für einen Punkt erhielt der Arzt 11,4 Pfennige, die infolge des EUR-Umrechnungskurses nun gemäß § 5 Abs. 1 GOÄ 5,82873 Cent entsprechen. Der **Punktwert** der Zahnärzte beläuft sich nach § 5 Abs. 1 GOZ nur auf 5,62421 Cent, da die ärztliche Gebührenordnung einmal öfter eine Gebührenanpassung erfahren hat, als die zahnärztliche.

24 Der Punktwert wird als **feste Größe** von der Verordnung vorgegeben. Er ändert sich – anders als in der vertragsärztlichen Versorgung – nicht in Abhängigkeit von der Menge der erbrachten Leistungen des einzelnen Arztes oder seiner Fachgruppe, da es im privatärztlichen Sektor an einer Gesamtvergütungsregelung mit befreiender Wirkung, wie sie für die gesetzlichen Krankenkassen in § 85 SGB V vorgesehen ist, fehlt.

4. Gebührensatz

25 Bei gleich bleibendem Punktwert kann der Arzt daher seinen Honoraranspruch für eine bestimmte ärztliche Leistung konkret in EUR-Beträgen errechnen, indem er die im Gebührenverzeichnis für die Leistung ausgewiesene Punktzahl mit dem Punktwert nach § 5 Abs. 1 GOÄ multipliziert. Das Produkt hieraus ist der **Gebührensatz** (vgl. § 5 Abs. 1 S. 2 GOÄ).

26 *Wichtig*
Punktzahl × Punktwert = Gebührensatz

5. Steigerungssatz

27 Die im Einzelfall konkret zu bemessene Gebührenhöhe der einzelnen Leistung ergibt sich unter Anwendung des **Steigerungssatzes** nach § 5 Abs. 2 GOÄ. Dem Arzt steht insoweit grundsätzlich ein **Gebührenrahmen** vom 1-fachen bis 3,5-fachen des Gebührensatzes zur Verfügung.

28 *Wichtig*
Gebührensatz × Steigerungssatz = Gebühr

IV. Entstehen des Gebührenanspruches

1. Medizinische Indikation

29 Vergütungen dürfen Arzt und Zahnarzt nach § 1 Abs. 2 GOÄ/GOZ nur für solche Leistungen verlangen, die den Regeln zahn- bzw. ärztlicher Kunst entsprechen und für eine medizinisch notwendige Versorgung erforderlich sind. Zwar kann der Arzt/Zahnarzt wirtschaftliche Belange der Behandlungsweise wegen des Erforderlichkeitsgebots nicht gänzlich zum Nachteil des Patienten vernachlässigen, jedoch gilt – anders als in der vertragsärztlichen Versorgung (vgl. § 12 SGB V) – **kein Wirtschaftlichkeitsgebot** bei der Privatbehandlung, die das Maß des Notwendigen auf die noch gerade ausreichende

Versorgung reduziert. Vielmehr hat hier grundsätzlich die Therapiefreiheit des Arztes/ Zahnarztes Vorrang.

Der Vergütungsanspruch setzt daher im Regelfall eine medizinische Indikation voraus, soweit nicht der Patient im Wissen darum, dass er möglicherweise keinen Erstattungsanspruch gegenüber seiner privaten Krankenversicherung hat, eine medizinisch nicht notwendige Behandlung als sog. Verlangensleistung (vgl. Rn 124 ff.) begehrt.

Nach ständiger Rechtsprechung des BGH[11] liegt die **medizinische Notwendigkeit** vor, wenn es nach den objektiven medizinischen Befunden und wissenschaftlichen Erkenntnissen im Zeitpunkt der Behandlung vertretbar war, sie als medizinisch notwendig anzusehen. Das ist im Allgemeinen dann der Fall, wenn eine wissenschaftlich anerkannte Behandlungsmethode zur Verfügung steht, die geeignet ist, die Krankheit zu heilen oder zu lindern.

Hinweis
Im Streitfall ist der Arzt beweispflichtig für das Vorliegen der medizinischen Indikation.

2. Versorgung nach medizinischem Erkenntnisstand

Weitere Voraussetzung für das Auslösen von Gebührenansprüchen ist eine Behandlung de lege artis. Für nicht kunstgerechte Maßnahmen steht dem Arzt auch keine Vergütung zu.

Den **Regeln ärztlicher Kunst** entspricht eine Heilbehandlung, wenn der Arzt Maßnahmen ergriffen hat, die von einem verantwortungsvollen Arzt seines Fachgebietes nach dem Stand der medizinischen Wissenschaft zum Zeitpunkt der Vornahme der ärztlichen Behandlung erwartet werden konnten. Dies schließt Außenseitermethoden nicht aus, da der Arzt in § 1 Abs. 2 GOÄ gerade nicht nur auf Leistungen der Schulmedizin beschränkt, ihm vielmehr die Therapiefreiheit eröffnet wird.[12]

Die **Methodenfreiheit** hat zum Inhalt, dass Behandlungsweisen, die sich in der Praxis für die zu behandelnde Krankheit als erfolgversprechend bewährt haben, den Regeln ärztlicher Kunst entsprechen. Hierbei handelt es sich aber nicht nur solche Methoden, die eine wissenschaftlich allgemeine, d.h. zumindest überwiegende Anerkennung in der **Schulmedizin** gefunden haben. In der Praxis von Ärzten mit schulmedizinischer Ausbildung werden vermehrt auch Behandlungsmethoden der **Alternativ-Medizin** als erprobt und aufgrund der Erfahrung mit Erfolg angewandt, selbst wenn diese alternativen Methoden an den medizinischen Hochschulen (noch) nicht allgemein anerkannt sind.[13] Diese genügen vergütungsrechtlich ebenfalls dem Merkmal de lege artes, da es auf eine wissenschaftliche Anerkennung nicht ankommt.

Hinweis
Im Streitfall ist der Arzt beweispflichtig für das Vorliegen einer den Regeln ärztlicher Kunst entsprechenden Behandlungsweise.

Bei kostspieligen Außenseitermethoden, deren Wirksamkeit durch nichts erwiesen ist, trifft den Arzt allerdings eine besondere **wirtschaftliche Aufklärungspflicht** gegen-

---

11 BGH – IV ZR 278/01, NJW 2003, 1596 ff.; BGH – IVa ZR 78/85, NJW 1987, 703 ff.; BGH – IV ZR 175/77, NJW 1979, 1250.
12 *Hoffmann/Kleinken*, § 1 Rn 29.
13 BGH – IV ZR 135/92, NJW 1993, 2369 zur Wissenschaftlichkeitsklausel in den MB/KK.

über dem Patienten, die nicht allein mit dem allgemeinen Hinweis auf eine ggf. fehlende Erstattungsfähigkeit durch den privaten Krankenversicherer erfüllt werden kann.[14]

3. Verlangensleistungen

38 Ein Anspruch auf Vergütung entsteht damit grundsätzlich nicht für ärztliche Leistungen, die über das Maß einer medizinisch notwendigen ärztlichen Versorgung hinausgehen (§ 1 Abs. 2 S. 2 GOÄ). Etwas anders gilt nur, wenn der Zahlungspflichtige solche medizinisch nicht indizierten Leistungen gerade verlangt.

39 *Hinweis*
Im Streitfall ist der Arzt beweispflichtig, dass die Leistung auf Verlangen des Zahlungspflichtigen erbracht wurde.

40 Zu diesen Leistungen auf Verlangen zählen auch die **individuellen Gesundheitsleistungen** – IGeL (vgl. Rn 124 ff.). Hierunter sind Leistungen zu verstehen, auf die ein sozialversicherter Patient gegenüber seiner Krankenkasse keinen Anspruch hat, weil sie außerhalb des GKV-Leistungskataloges liegen oder aus Gründen der Unwirtschaftlichkeit gemäß § 12 SGB V nicht zu Lasten der Krankenkassen erbracht und abgerechnet werden dürfen, dennoch von den GKV-Patienten nachgefragt werden und deren Erbringung ärztlich empfehlenswert, jedenfalls unter Berücksichtigung der Intensität des Patientenwunsches ärztlich vertretbar sind.[15]

B. Berechnungsfähigkeit von Gebühren und Auslagen

41 Die Geltendmachung eines Vergütungsanspruches nach der GOÄ erfordert – von Ausnahmen abgesehen – den Abschluss eines Behandlungsvertrages (vgl. § 9 Rn 6 ff.), während die GOÄ selbst nur – wenngleich verbindlich – die berechenbaren Leistungen, deren Höhe und die Art und Weise ihrer Abrechnung beschreibt.[16]

I. Gebühren und Gebührenverzeichnis

42 Das Gebührenverzeichnis der GOÄ ist in die Abschnitte A. bis P. unterteilt und enthält insgesamt 6.018 Gebührenordnungsziffern. Das der GOZ gliedert sich mit insgesamt 909 Gebührenordnungsziffern in die Abschnitte A. bis K.

1. Gebührenabschnitte

43 Wenngleich die Gebührenabschnitte – mit Ausnahme der Gebührenabschnitte „A. Gebühren in besonderen Fällen", „B. Grund- und allgemeine Leistungen" und „C. Sonderleistungen" nach den Fachgebieten „D. Anästhesieleistungen", „E. Physikalisch-medizinische Leistungen", „F. Innere Medizin, Kinderheilkunde, Dermatologie", „G. Neurologie, Psychiatrie und Psychotherapie", „H. Geburtshilfe und Gynäkologie", „I. Augenheilkunde", „J. Hals-, Nasen-, Ohrenheilkunde", „K. Urologie", „L. Chirurgie, Orthopädie", „M. Laboratoriumsuntersuchungen", „N. Histologie, Zytologie und Zytogene-

---

14 OLG Hamm – 3 U 31/94, MDR 1994, 1187 f.
15 *Brück u.a.*, Kap. (IGEL) A II., *Hess/Klakow-Franck*, Anm 2.1; *Hoffmann/Kleinken*, § 1 Rn 16.
16 *Brück u.a.*, § 1 Rn 4; *Lang u.a.*, § 1 Rn 5; *Hoffmann/Kleinken*, § 1 Rn 11.

tik", "O. Strahlendiagnostik, Nuklearmedizin, Magnetresonanztomographie und Strahlentherapie", "P. Sektionsleistungen" aufgeteilt sind, führt dies nicht zugleich dazu, dass sich Fachärzte bei der Liquidation nach der GOÄ auf ihren jeweiligen Abschnitt zu beschränken haben. Vielmehr folgt diese Gliederung nicht der Weiterbildungsordnung, sondern ist historisch gewachsen.[17] Dennoch bleiben Ärzte nach den Heilberufekammergesetzen der Länder (vgl. beispielsweise für Bayern Art. 34 BayHKaG) gehalten, die Fachgebietsgrenzen nach der Weiterbildungsordnung (WBO) zu beachten.

Beispiel 44

Nach Abschnitt B. 3 Gebiet Augenheilkunde WBO-Bayern zählen bei Augenerkrankungen erforderliche Lokal- oder Regionalanästhesien zum Fachgebiet des Augenarztes. Der gesamte Abschnitt I. Augenheilkunde des Gebührenverzeichnisses der GOÄ enthält hingegen keine Abrechnungsziffern für die Anästhesie. Der Augenarzt liquidiert erbrachte Lokal- oder Regionalanästhesien vielmehr nach Abschnitt D. Anästhesieleistungen ohne das Erfordernis einer Fachgebietsbezeichnung für Anästhesiologie erfüllen zu müssen.

2. Leistungslegende

Für die Abrechenbarkeit einer Leistung kommt es – von Auslegungsfragen abgesehen – auf den Wortlaut der Leistungslegende an. Die Feststellung, ob eine Leistung unter die Gebührenordnungsziffer zu subsumieren ist, erfordert in der Regel genaues Lesen, wie die Leistung mit welchen Bestandteilen in der Leistungslegende beschrieben ist. Auch durch vergleichende Lektüre ähnlicher Gebührenordnungsziffern lassen sich Rückschlüsse auf die Abrechenbarkeit der in Frage stehenden Leistung ziehen. 45

Beispiel 46

Die GOÄ-Ziffern 2250, 2256 und 2263 beziehen sich nach der jeweiligen Leistungslegende ausdrücklich auf Behandlungen an kleinen Knochen. Dem gegenüber setzen die GOÄ-Ziffern 2251, 2257 und 2265 Leistungen an großen Knochen voraus. Die GOÄ-Ziffer 2255 wiederum beinhaltet die freie Verpflanzung eines Knochens oder von Knochenteilen (Knochenspäne), so dass es verfehlt wäre, die Abrechenbarkeit dieser Ziffer nur anzunehmen, wenn eine Verpflanzung in große Knochen erfolgt ist, da die Leistungslegende eine solche Beschränkung nicht enthält, das Gebührenverzeichnis wohl aber zwischen kleinen und großen Knochen zu differenzieren weiß.

Berechnungsfähig ist eine Leistung, wenn alle nach der Leistungsbeschreibung erforderlichen Bestandteile erfüllt sind. Insoweit gibt es zwingende (obligatorische) und mögliche (fakultative) Leistungsbestandteile. 47

Beispiel 48

Die GOÄ-Ziffer 1217 verlangt nach einer qualitativen und quantitativen Untersuchung des binokularen Sehaktes. Erfolgte nur eine qualitative oder nur eine quantitative Untersuchung ist der obligatorische Leistungsinhalt nicht erfüllt; die Ziffer kann nicht abgerechnet werden.

Nach der GOÄ-Ziffer 1216 wird eine Untersuchung auf Heterofie bzw. Strabismus – ggf. einschließlich qualitativer Untersuchung des binokularen Sehaktes – abgerechnet. Bleibt die qualitative Untersuchung des binokularen Sehaktes (fakulta-

---

17 *Hoffmann/Kleinken*, Vorbem. C II Nr. 3.

tiver Leistungsinhalt) aus, ist die Ziffer gleichwohl berechenbar, weil der obligatorische Leistungsinhalt in der Untersuchung auf Heteroforie bzw. Strabismus besteht. Ist auch eine qualitative Untersuchung des binokularen Sehaktes durchgeführt worden, kann die Ziffer gleichwohl nur einmal angesetzt werden, weil dadurch nur ihr möglicher zusätzlicher Leistungsinhalt erfüllt wurde.

49 Daneben enthalten einige Leistungslegenden zum obligatorischen Leistungsinhalt Alternativen, von denen nur eine erfüllt sein muss, um die Liquidationsfähigkeit auszulösen.

50 *Beispiel*
Nach der GOÄ-Ziffer 1202 wird die objektive Refraktionsbestimmung mittels Skiasskopie oder Anwendung eines Refraktometers abgerechnet. Die Leistung ist berechenbar, wenn entweder der Refraktometer eingesetzt wurde oder die Refraktionsbestimmung durch Skiasskopie erfolgte.

51 Weitere Beschränkungen der Berechnungsfähigkeit von Leistungen können sich z.B. aus Zeitangaben (vgl. GOÄ-Ziffer 654 „mindestens 18 Stunden") oder anderen Angaben wie „je Sitzung" (vgl. GOÄ-Ziffer 781), „je Tag" (vgl. GOÄ-Ziffer 793) oder „bis zu 24 Stunden Dauer" (vgl. GOÄ-Ziffer 435) ergeben. Die letztgenannte Gebührenordnungsziffer fällt sodann zu Beginn der 25. Stunden, zu Beginn der 49. Stunde usw. erneut an.

52 Neben der Leistungsbeschreibung als solcher sind zusätzlich die im Gebührenverzeichnis enthaltenen Abrechnungshinweise bzw. -beschränkungen zu beachten. Solche befinden sich nicht nur im Anschluss an die Leistungsbeschreibung.

53 *Beispiel*
Die GOÄ-Ziffer 562 enthält nach der Leistungsbeschreibung die Abrechnungsbeschränkung, dass neben der Ziffer 562 die Leistungen nach den Nummern 538, 560, 561 und 562 nicht berechnungsfähig sind.

54 Vielmehr enthalten auch die den jeweiligen Abschnitten A. bis O. vorangestellten Allgemeinen Bestimmungen Abrechnungshinweise für den jeweiligen Gebührenabschnitt.

55 *Beispiel*
Die Allgemeinen Bestimmungen zu Abschnitt L. Chirurgie, Orthopädie bestimmen in Absatz 2, dass bei im zeitlichen Zusammenhang durchgeführten mehreren Eingriffen in der Brust- oder Bauchhöhle, die jeweils in der Leistung die Eröffnung der Körperhöhlen enthalten, diese nur einmal berechnet werden dürfen.

56 Teilweise sind Allgemeine Bestimmungen auch nur Unterabschnitten zugeordnet, daher auch nur bei einem solchen Unterabschnitt zu beachten.

57 *Beispiel*
Im Unterabschnitt I. Strahlendiagnostik des Abschnittes O. Strahlendiagnostik, Nuklearmedizin, Magnetresonanztomographie und Strahlentherapie wird in Nummer 2 der Allgemeinen Bestimmungen vorgesehen, dass mit Ausnahme der Durchleuchtungen nach Ziffer 5295 die Leistungen für Strahlendiagnostik nur bei Bilddokumentation auf einem Röntgenfilm oder einem anderen Langzeitdatenträger berechnungsfähig sind.

58 Der Umgang mit dem Gebührenverzeichnis erfordert daher nicht nur einen Blick in die konkret abgerechnete Leistungsziffer, sondern auch eine Interpretation der übrigen Abrechnungsbestimmungen.

3. Prinzip der Kostenabgeltung

Wie eingangs (vgl. Rn 20) erwähnt, hängt die Höhe der Punktzahl einer im Gebührenverzeichnis enthaltenen Leistung unter anderem von Kostengesichtspunkten ab. In der ausgewiesenen Punktzahl sind daher nicht nur Vergütungsbestandteile für die ärztliche Leistung als solche, sondern auch kalkulatorisch Aufwendungen für Personal- und Raumkosten, Kosten für Instrumente und Geräte, Sprechstundenbedarf, Einrichtungs- und Reparaturkosten, etc., die dem Arzt bei Erbringen der Leistung zwangsläufig entstehen, enthalten. Allerdings werden solche Kostenbestandteile im Rahmen der Punktzahlbewertung nicht anhand der dem Arzt im Einzelfall tatsächlich entstehenden Kosten ermittelt. Vielmehr handelt es sich um eine pauschale Größe in unbekannter Höhe.[18] Dieser Ansatz korreliert auch mit § 6 Abs. 2 GOÄ (vgl. Rn 71), wonach Teil der Analogbewertung auch die Vergleichbarkeit der Kostenintensivität ist.

59

Nachdem in die einzelne Leistung pauschaliert Kostenbestandteile eingerechnet sind, sieht § 4 Abs. 3 GOÄ vor, dass mit den für die erbrachten Leistungen berechneten Gebühren die dem Arzt entstandenen Kosten insgesamt abgegolten sind. Dies gilt auch hinsichtlich der ihm entstandenen Aufwendungen für Leistungen nicht liquidationsberechtigter Dritter (vgl. § 9 Rn 18).

60

Von diesem Grundsatz der **Kostenabgeltung** gibt es nur **zwei Ausnahmen**. Dem Arzt kann nach § 670 BGB[19] Aufwendungsersatz für Kosten, die nicht im Zusammenhang mit ärztlichen Leistungen angefallen sind, zustehen oder aus der GOÄ selbst ergibt sich ausdrücklich, dass der Arzt den Ersatz von Auslagen verlangen kann (vgl. Rn 7; ausführlich hierzu siehe Rn 115 ff.).

61

§ 4 Abs. 3 GOÄ differenziert auch nicht zwischen ambulanter und stationärer Leistungserbringung, weshalb sich die generelle Kostenabgeltung auch auf außerhalb der Praxis dem Arzt entstehende Kosten (z.B. OP-Saalmiete) erstreckt, wie sich auch aus § 6a Abs. 2 Hs. 1 GOÄ ergibt.

62

In Fällen, in denen beispielsweise der Krankenhausträger die den Praxiskosten vergleichbaren Kosten der Chefarztambulanz trägt, sind auch diese durch § 4 Abs. 3 S. 2 GOÄ abgegolten. Eine gesonderte Berechenbarkeit ist nach § 4 Abs. 4 S. 1 GOÄ ebenso ausgeschlossen, wie die Abtretung des Vergütungsanspruches in Höhe solcher Kosten gegenüber dem Zahlungspflichtigen nach § 4 Abs. 4 S. 2 GOÄ unwirksam ist.

63

Im Falle stationärer privatärztlicher Behandlung durch den liquidationsberechtigten Chefarzt liquidiert das Krankenhaus die Krankenhausentgelte nach § 7 KHEntgG, mit denen auch die dem Krankenhaus entstandenen Kosten vergütet werden. Daneben berechnet der Chefarzt seine Gebühren nach der GOÄ, die ihrerseits kalkulatorische Praxiskosten (vgl. Rn 59) enthalten mit der Folge, dass der Selbstzahler die Kosten des Krankenhauses über die Entgelte nach § 7 KHEntgG bereits bezahlt hat und über die GOÄ-Gebühren des Chefarztes zu ihm nicht entstehenden kalkulatorischen Praxiskosten herangezogen würde. Um einer solchen doppelten Kostenbelastung entgegenzuwirken, hat der Chefarzt seinen Honoraranspruch für stationäre privatärztliche Leistungen um 25 % nach § 6a Abs. 1 S. 1 GOÄ zu mindern (ausführlich hierzu siehe Rn 111 ff.).[20]

64

---

18 *Hoffmann/Kleinken*, § 4 Rn 8; *Lang u.a.*, § 4 Rn 44; insoweit missverständlich *Brück u.a.*, § 4 Rn 15.
19 *Lang u.a.*, § 4 Rn 49; *Hoffmann/Kleinken*, § 4 Rn 8; *Brück u.a.*, § 4 Rn 15.
20 *Brück u.a.*, § 4 Rn 19; dies verkennen BGH – III ZR 186/01, MedR 2002, 582 ff. sowie BVerfG – 1 BvR 1319/02, ZMGR 2004, 120 ff. = GesR 2004, 347 ff.

4. Selbständigkeit von Leistungen (Zielleistungsprinzip)

65 Der BGH[21] hat mehrfach entschieden, dass der Arzt gemäß § 4 Abs. 2 S. 1 GOÄ Gebühren nur für selbständige ärztliche Leistungen berechnen kann. Auch soweit das Gebührenverzeichnis eine bestimmte Leistung nicht aufführe, sei die in § 6 Abs. 2 GOÄ vorgesehene Analogberechnung, d.h. die Heranziehung einer nach Art, Kosten- und Zeitaufwand gleichwertigen Leistung des Gebührenverzeichnisses, nur für selbständige ärztliche Leistungen eröffnet. Für die Frage, welche von mehreren gleichzeitig oder im zeitlichen Zusammenhang erbrachten Leistungen selbständig berechnungsfähig seien, müsse vor allem § 4 Abs. 2a GOÄ in den Blick genommen werden, da nach dieser Vorschrift für eine Leistung, die Bestandteil oder eine besondere Ausführungsform einer anderen Leistung nach dem Gebührenverzeichnis ist, eine Gebühr nicht berechnet werden darf, wenn der Arzt für die andere Leistung eine Gebühr berechnet. Dies gelte auch für die zur Erbringung der im Gebührenverzeichnis aufgeführten operativen Leistungen methodisch notwendigen operativen Einzelschritte (§ 4 Abs. 2a S. 2 GOÄ).

66 Dieses sog. Zielleistungsprinzip wird nach Inhalt und Tragweite durch die Allgemeinen Bestimmungen zu Abschnitt L. Chirurgie, Orthopädie präzisiert. Ob eine Leistung als methodisch notwendiger Einzelschritt einer anderen Leistung anzusehen sei, könne aber nicht allein anhand der Begrifflichkeit der Operation (dort: Hallux valgus-Operation) beantwortet werden. Vielmehr ist zu eruieren, in welchem Sinnzusammenhang die Leistungslegenden zueinander stehen und mit welcher Punktzahl (vgl. Rn 20 ff.) sie im Gebührenverzeichnis versehen wurden. Im BGH-Fall der Hallux valgus-Operation kam hinzu, dass die vermeintlich unselbständige Teilleistung erst mit der 3. Änderungsverordnung zur GOÄ[22] in das Gebührenverzeichnis aufgenommen worden war, so dass mit logischen Ansätzen nicht zu vertreten ist, der Verordnungsgeber sehe in der neu aufgenommenen Gebührenordnungsposition eine nur unselbständige, nicht abrechenbare Teilleistung einer bereits vorhandenen Operationsziffer, die zudem noch geringer bewertet ist, als die neu aufgenommene Leistung.

67 *Praxistipp*
Bei Streit um das Zielleistungsprinzip sollte auch geprüft werden, ob die betroffene Einzelleistung erst nachträglich in das Gebührenverzeichnis als selbständige Leistung aufgenommen wurde.

68 Problematisch sind die Fälle, in denen ein operativer Einzelschritt grundsätzlich der Zielleistung zuzuordnen wäre, die Zielleistung selbst aber bei ihrer Bewertung durch den Verordnungsgeber die ihr methodisch zuzurechnende Teilleistung nicht mit berücksichtigt hat, beispielsweise weil bei Schaffung der Zielleistung der ihr methodisch zuzuordnende Einzelschritt nach dem Stand der medizinischen Wissenschaft noch nicht bekannt war.[23] Bei solchen Konstellationen entsteht ein im Einzelfall zu lösendes Spannungsverhältnis zwischen der Ausschöpfung des Gebührenrahmens nach § 5 Abs. 2 GOÄ und einer Analogbewertung gemäß § 6 Abs. 2 GOÄ. Dabei kommt dem Gebührenrahmen jedenfalls nicht die Aufgabe zu, für eine angemessene Honorierung solcher Leistungen zu sorgen, für eine Analogberechnung in Betracht kommt.[24] Bei der Beurteilung, ob ein Zwischenschritt **methodisch** zur Zielleistung gehört, kommt es nicht auf

---

21 BGH – III ZR 217/05, NJW-RR 2006, 919 ff. = GesR 2006, 310 ff.; BGH – III ZR 344/03, NJW-RR 2004, 1202 ff. = GesR 2004, 341 ff.
22 3. Verordnung zur Änderung der Gebührenordnung für Ärzte vom 9.6.1988, BGBl I S. 797.
23 *Brück u.a.*, § 4 Rn 6.
24 BGH – III ZR 344/03, NJW-RR 2004, 1202 ff. = GesR 2004, 341 ff.; BGH – III ZR 561/02, NJW-RR 2003, 636 f.

die medizinische Indikation zur Durchführung dieses Einzelschrittes an, da es um **methodisch, nicht medizinisch notwendige Teilschritte** geht.[25]

II. Analogziffern

Die Berechnung analoger Gebührenordnungsziffern kommt für Leistungen in Betracht, die nicht gemäß § 4 Abs. 1 GOÄ in das Gebührenverzeichnis aufgenommen sind und nicht lediglich Teilleistungen anderer im Gebührenverzeichnis bereits enthaltener Leistungen darstellen. Insofern schließt sich der Kreis wieder zum Zielleistungsprinzip (siehe Rn 65 ff.), da die Analogberechnung gemäß § 6 Abs. 2 GOÄ die **Selbständigkeit** der Leistung voraussetzt.

69

Eine infolge medizinischen Fortschrittes von der im Gebührenverzeichnis bereits enthaltenen Leistung lediglich abweichende Modalität der Art und Weise der Leistungserbringung rechtfertigt nicht automatisch den Ansatz einer Analogziffer. Vielmehr muss nach den Umständen des Einzelfalles entschieden werden, ob nur eine besondere Ausführungsform der bisherigen Leistung vorliegt, die über den Gebührenrahmen des § 5 Abs. 2 GOÄ gesteigert werden kann, oder ab eine neuartige Leistung vorliegt, die den Anwendungsbereich des § 6 Abs. 2 GOÄ eröffnet.[26]

70

Kann nach den vorstehenden Ausführungen eine Regelungslücke für eine neue selbständige Leistung festgestellt werden, ist der Arzt berechtigt, das Gebührenverzeichnis quasi selbst zu ergänzen, indem er eine nach **Art, Kosten- und Zeitaufwand** gleichwertige Leistung des Gebührenverzeichnisses für die neue Leistung berechnet.[27] Nachdem der Arzt schon bei der Liquidation von Leistungen nach dem Gebührenverzeichnis nicht auf den Abschnitt, der seinem Fachgebiet entspricht, beschränkt ist (vgl. Rn 43, kann die entsprechend heranzuziehende, nach Art, Kosten- und Zeitaufwand gleichwertige Leistung ebenfalls aus jedem Abschnitt des Gebührenverzeichnisses gebildet werden.

71

> **Beispiel**
> Der Netzhaut-Glaskörper-chirurgische Eingriff eines Augenarztes bei anliegender oder abgelöster Netzhaut ohne netzhautablösende Membranen, einschließlich Pars-Plana-Vitrektomie, Retinotexie, ggf. einschließlich Glaskörper-Tamponade, ggf. einschließlich Membran-Peeling wird analog der GOÄ-Ziffer 2551, also nach dem Abschnitt L. Chirurgie, Orthopädie, Unterabschnitt VIII. Neurochirurgie berechnet.

72

Hilfestellungen hierzu bietet das Verzeichnis der analogen Bewertungen (GOÄ) der Bundesärztekammer und des Zentralen Konsultationsausschusses für Gebührenordnungsfragen bei der Bundesärztekammer.[28] Das Verzeichnis ist nicht abschließend und wird in unregelmäßigen Abständen ergänzt.

73

Voraussetzung für die Analogabrechnung ist das Finden einer **gleichwertigen, nicht gleichartigen** Leistung. Naturgemäß kann es deshalb nicht darauf ankommen, dass die analog zu bewertende Leistung die Leistungsbeschreibung der entsprechend herangezo-

74

---

25 *Schulte-Nölke*, NJW 2004, 2273 ff.; *Wezel/Liebold*, § 4 – 5; *Hoffmann/Kleinken*, § 4 Rn 1a; LG Karlsruhe – 1 S 106/02, MedR 2004, 63 ff.; VG Stuttgart, Urt. v. 9.10.2006 – 17 K 1503/06, n.v.; a.A. *Miebach*, MedR 2003, 88 ff.
26 *Wezel/Liebold*, § 6 – 2; BGH – III ZR 344/03, NJW-RR 2004, 1202 ff. = GesR 2004, 341 ff.
27 LG Hanau – 2 S 204/03, MedR 2005, 245 f.; *Brück u.a.*, § 6 Rn 3; *Hoffmann/Kleinken*, § 6 Rn 2; *Lang u.a.*, § 6 Rn 5 ff.
28 Siehe www.bundesaerztekammer.de/downloads/analogempfehlungen-1.pdf.

genen Ziffer erfüllt. Wie aus vorstehendem Beispiel ersichtlich, stellt die analog nach GOÄ-Ziffer 2551 zu berechnende Augenoperation keine Extirpation eines Kleinhirnbrückenwinkel- oder Stammhirntumors – so die Leistungsbeschreibung der Ziffer 2551 – dar.

75 Vermag die Heranziehung einer Einzelleistung die analog abzurechnende neue Leistung nach Art, Kosten- und Zeitaufwand nicht hinreichend darzustellen, kann die Analogbewertung auch durch Ansatz mehrerer unterschiedlicher Ziffern oder durch Mehrfachansatz der herangezogenen Ziffer erfolgen.

76 *Beispiel*
Die zweidimensionale Laserdoppler-Untersuchung der Netzhautgefäße mit Farbcodierung, ggf. beidseits wird analog durch Addition der GOÄ-Ziffern 424 und 406 bewertet.

Die radiochirurgisch stereotaktische Bestrahlung benigner Tumore mittels Linearbeschleuniger – einschließlich Fixierung mit Ring oder Maske –, einschließlich vorausgegangener Bestrahlungsplanung, einschließlich Anwendung eines Simulators und Anfertigung einer Körperquerschnittszeichnung oder Benutzung eines Körperquerschnittes anhand vorliegender Untersuchungen, einschließlich individueller Berechnung der Dosisverteilung mit Hilfe eines Prozessrechners, wird durch 6-fache Multiplikation analog der Ziffer 5855 berechnet.

77 Auch Analogziffern können nach Maßgabe des Gebührenrahmens in § 5 GOÄ gesteigert werden, da dem Arzt auch bei Analogleistungen die Möglichkeit, den Gebührenrahmen z.B. wegen einer vergleichsweisen schwierigen oder zeitaufwendigen Behandlung auszuschöpfen, erhalten bleiben muss.[29]

78 *Wichtig*
Analogziffern, denen eine eigene ärztliche Leistung zugrunde liegen, sind keine Technikzuschläge, die nur mit dem einfachen Gebührensatz abgerechnet werden könnten.

III. Eigene Leistungen

79 Gemäß § 4 Abs. 2 S. 1 GOÄ kann der Arzt Gebühren nur für selbständige ärztliche Leistungen berechnen, die er selbst erbracht hat oder die unter seiner Aufsicht nach fachlicher Weisung erbracht wurden (eigene Leistungen). Demgemäß erhält der Arzt – wie § 4 Abs. 2a S. 3 GOÄ ausdrücklich klarstellt – keine Vergütung für die Rufbereitschaft sowie das Bereitstehen eines Arztes, da hiermit das Erbringen ärztlicher Leistungen noch nicht verbunden ist. Durch die Bezugnahme auf die so definierten eigenen Leistungen ist es rechtlich nicht statthaft, dass der Arzt Leistungen liquidiert, die von anderen, nicht seiner Aufsicht und fachlichen Weisung unterstehenden Ärzten erbracht wurden. Die GOÄ billigt dem Arzt für solche Leistungen kein Liquidationsrecht zu, weshalb sie auch nicht dadurch als berechtigt liquidiert angesehen werden können, dass der Arzt ausdrücklich in seiner Rechnung auf die Fremdleistung hinweist. Vielmehr müssen, sofern diese anderen Ärzte über eine eigene Liquidationsbefugnis verfügen, diese ihre Leistungen selbst in Abrechnung bringen.[30]

---

29 BGH – III ZR 344/03, NJW-RR 2004, 1202 ff. = GesR 2004, 341 ff.; LG Köln – 25 S 19/04, ZMGR 2005, 368 ff.
30 *Hoffmann/Kleinken*, § 4 Rn 2; *Wezel/Liebold*, § 4 – 2.

1. Persönlich erbrachte Leistungen und Basislabor

Zu den eigenen Leistungen zählen insbesondere nach der gesetzlichen Definition die vom Arzt **eigenhändig** durchgeführten Beratungen, Untersuchungen, Behandlungen und dergleichen. Hierzu zählen auch die gemäß § 164 BGB erbrachten Leistungen des Urlaubsvertreters. Abgrenzungsschwierigkeiten für die eigenhändig erbrachten Leistungen existieren naturgemäß nicht.

Abweichend vom Grundsatz der persönlichen Leistungserbringung kann der Arzt von ihm nicht erbrachte Laborleistungen des Abschnittes M. II des Gebührenverzeichnisses (Basislabor) selbst abrechnen, wenn diese in einer Laborgemeinschaft unter der Aufsicht und nach fachlicher Weisung eines anderen Arztes erbracht wurden. Gleiches gilt auch, wenn die Leistungserbringung in einem Krankenhauslabor stattgefunden haben, das von Ärzten ohne eigene Liquidationsberechtigung geleitet wird (vgl. § 4 Abs. 2 S. 2 GOÄ). Damit ist ausgeschlossen, dass ein Arzt fremdvergebene Untersuchungsaufträge aus dem Bereich des Speziallabors im eigenen Namen und auf eigene Rechnung liquidieren kann.[31] Die Abrechnung von Speziallaborleistungen setzt daher voraus, dass der liquidierende Arzt diese nicht nur selbst erbracht hat bzw. unter seiner Aufsicht nach seiner fachlichen Weisung hat erbringen lassen, sondern dass er auch über die erforderliche Fachkunde verfügt.[32]

2. Delegierte Leistungen und fachfremde Angestellte

Der Praxisinhaber muss jedoch – insoweit unterscheidet er sich wesentlich vom Wahlarzt – nicht höchstpersönlich tätig werden, sondern kann soweit medizinisch, nicht gebührenrechtlich, zulässig, die Leistungen auf nachgeordnete Mitarbeiter delegieren, die er zu beaufsichtigen und denen er fachliche Weisungen zu erteilen hat, um die Abrechenbarkeit der entsprechenden Leistungen aufrechtzuerhalten. Hierfür reichen generelle Anweisungen nicht aus. Vielmehr muss die Weisung grundsätzlich leistungsbezogen erteilt werden, damit eine die Behandlung prägende Mitwirkung des liquidierenden Praxisinhabers angenommen werden kann. Hierfür ist in der Regel seine Anwesenheit in der Praxis bzw. seine kurzfristige Erreichbarkeit Voraussetzung.[33]

Soweit in der Stellungnahme der Bundesärztekammer und der Kassenärztlichen Bundesvereinigung aus dem Jahr 1988[34] unter Ziffer II/1 von nicht delegationsfähigen, vom Arzt persönlich zu erbringenden Leistungen die Rede ist, handelt es sich hierbei nicht um einen generellen Ausschluss der Delegationsfähigkeit. Vielmehr sind solche Leistungen in jedem Fall von einem Arzt – damit auch von einem ärztlichen Mitarbeiter der Praxis – zu erbringen, so dass der Ausschluss der Delegationsfähigkeit sich nur auf nichtärztliches Personal bezieht. Allerdings wird der Praxisinhaber hier zu beurteilen haben, ob er selbst tätig werden muss oder die beruflichen Kenntnisse und Fähigkeiten seines ärztlichen Mitarbeiters genügen.[35]

Als problematisch erweist sich, dass die Reformen des Bundesgesetzgebers nicht kongruent einhergehen mit einer Anpassung auch des privatärztlichen Gebührenrechts. So ist durch das Vertragsarztrechtsänderungsgesetz (VÄndG)[36] die Anstellung fachfremder

---

31 *Lang u.a.*, § 4 Rn 12.
32 *Wezel/Liebold*, § 4 – 2.
33 *Lang u.a.*, § 4 Rn 5; *Hoffmann/Kleinken*, § 4 Rn 2; *Brück u.a.*, § 4 Rn 9.
34 Deutsches Ärzteblatt 85 (1988) Nr. 38, S. A-2604-2605.
35 *Brück u.a.*, § 4 Rn 9.
36 BGBl I, 3439 ff.

Ärzte neben Medizinischen Versorgungszentren (§ 95 Abs. 1 S. 2 SGB V) nun auch in der Vertragsarztpraxis gemäß § 95 Abs. 9 SGB V zugelassen worden. Daneben wurde durch Änderung des § 24 Abs. 3 Ärzte-ZV die vertragsärztliche Tätigkeit außerhalb des Vertragsarztsitzes erleichtert. Aus diesen Gründen legt der seit 1.7.2007 geltende § 15 Abs. 1 Bundesmantelvertrag-Ärzte (BMV-Ä) nun fest, dass dem Praxisinhaber Leistungen als eigene auch dann zugerechnet werden, wenn sie vom angestellten Arzt in Abwesenheit des Praxisinhabers in dessen Praxis oder einer Nebenbetriebsstätte erbracht werden. Dasselbe gilt auch für für den Praxisinhaber fachgebietsfremde Leistungen, an denen der Praxisinhaber selbst nicht mitgewirkt oder diese beaufsichtigt hat.

85 Der von der Kassenärztlichen Bundesvereinigung mit den Krankenkassen vereinbarte BMV-Ä hat Regelungskompetenz jedoch nur für die vertragsärztliche Versorgung, so dass infolge des unveränderten § 4 Abs. 2 S. 1 GOÄ, der für die Abrechenbarkeit einer delegierten Leistung Aufsicht und fachliche Weisung verlangt, eine unbefriedigende Regelungslücke enthält, wenn Leistungen in Abwesenheit des Praxisinhabers durch angestellte Ärzte oder für den Praxisinhaber fachfremde Leistungen von seinen Angestellten erbracht werden.

86 Mangels Zuständigkeit kann diese Regelung auch nicht durch Anpassung der Berufsordnungen der Länder überwunden werden, indem die Anstellung fachfremder Ärzte oder deren Tätigkeit in Abwesenheit des Praxisinhabers gestattet werden, da eine Änderung der Gebührenordnung wegen der sich aus § 11 BÄO ergebenden Kompetenz der Bundesregierung mit Zustimmung des Bundesrates damit nicht automatisch verbunden ist.

87 *Hinweis*
In der privatärztlichen Versorgung lässt der Wortlaut des § 4 Abs. 2 S. 1 GOÄ die Abrechnung von durch fachfremde angestellte Ärzte erbrachte Leistungen nicht zu; problematisch erscheint auch die Abrechnung von Leistungen Angestellter, die in Abwesenheit des Praxisinhabers (z.B. in einer Nebenbetriebsstätte) erbracht wurden.

3. Leistungen des Wahlarztes

88 Mit einer wahlärztlichen Vereinbarung nach § 17 Abs. 3 KHEntgG stellt der Krankenhauspatient sicher, durch eine Person seines Vertrauens ärztlich behandelt zu werden, die ihre Leistungen nach der GOÄ berechnen darf.[37] Ohne die wahlärztliche Vereinbarung erhielte der Krankenhauspatient ebenso alle für seinen Krankheitsfall erforderlichen Leistungen als allgemeine Krankenhausleistungen i.S.d. § 2 Abs. 2 KHEntgG, allerdings ohne zusätzliche Zahlung der GOÄ-Gebühren, jedoch auch ohne die Gewissheit, durch einen von ihm auserwählten Arzt behandelt zu werden.

89 Dies verlangt nach höheren Anforderungen an die persönliche Leistungserbringungspflicht, weshalb die Delegationsfähigkeit der Chefarzt-Leistungen auf nachgeordnete Ärzte durch § 4 Abs. 2 S. 3 GOÄ für die dort genannten Leistungen eingeschränkt ist. Werden diese nicht durch den Wahlarzt oder dessen vor Abschluss des Wahlarztvertrages dem Patienten benannten ständigen ärztlichen Vertreter, mit dem Fachgebietsidentität zum Wahlarzt bestehen muss, persönlich erbracht, entfällt deren Berechnungsfähigkeit vollständig. Nicht die Delegationsfähigkeit als solche wird bei diesen Leistungen

---

37 BGH – III ZR 291/06, NJW-RR 2007, 1122 ff. = GesR 2007, 380 ff.

tangiert, sondern das Recht, eine Vergütung hierfür zu verlangen, wenn sie unterhalb der Ebene des ständigen ärztlichen Wahlarztvertreters erbracht werden.[38]

Überdies können nach § 4 Abs. 2 S. 4 GOÄ Leistungen der physikalischen Medizin, die unter der Aufsicht und nach fachlicher Weisung des Wahlarztes oder seines ständigen ärztlichen Vertreters durch staatlich anerkannte Krankengymnasten oder Masseure erbracht werden, nur abgerechnet werden, wenn der Wahlarzt oder sein ständiger ärztlicher Vertreter berechtigt ist, entweder die Zusatzbezeichnung „Physikalische Therapie" zu führen oder er selbst Facharzt für Physikalische und Rehabilitative Medizin ist. 90

Die dritte Einschränkung, delegierte Leistungen unterhalb der Ebene des ständigen ärztlichen Vertreters erbringen zu lassen, findet sich in § 5 Abs. 5 GOÄ, wonach die Ausschöpfung des Gebührenrahmens auf das 2,3-fache des Gebührensatzes, bei Gebühren nach den Abschnitten A., E. und O. auf das 1,8-fache des Gebührensatzes reduziert wird.[39] 91

Außerdem kann gemäß § 2 Abs. 3 S. 2 GOÄ für wahlärztliche Leistungen ein Honorar nur vereinbart werden, wenn der Wahlarzt höchstpersönlich tätig wird. Eine Vertretung durch seinen ständigen ärztlichen Vertreter ist danach ausgeschlossen.[40] 92

Das volle Liquidationsrecht bleibt dem Wahlarzt bei Einschaltung seines ständigen ärztlichen Vertreters grundsätzlich auch nur bei ungeplanter Verhinderung des Wahlarztes erhalten.[41] Allerdings kann im Einzelfall durch Individualabrede eine Stellvertretervereinbarung getroffen werden, aufgrund derer trotz planmäßiger Abwesenheit des Wahlarztes dessen Liquidationsrecht uneingeschränkt besteht bleibt.[42] Dies gilt jedenfalls dann, wenn dem Patienten die freie Wahl belassen wurde, aufgrund der bekannten Abwesenheit des Wahlarztes die Krankenhausaufnahme auf einen Zeitpunkt nach dessen Rückkehr zu verschieben, die stationäre Behandlung ohne Wahlarztvereinbarung als allgemeine Krankenhausleistung zu beziehen oder aber sich mit der Behandlung durch den Stellvertreter einverstanden zu erklären.[43] Nach dem LG Kiel[44] sind Stellvertretervereinbarungen zulässig, beschränken den Gebührenrahmen jedoch gemäß § 5 Abs. 5 GOÄ, sofern der Stellvertreter nicht mit dem ständigen ärztlichen Vertreter des Wahlarztes identisch ist. Die Zulässigkeit der Stellvertretervereinbarung ergebe sich unter anderem daraus, dass ein (privat versicherter) Selbstzahler anderenfalls aufgrund der gesetzlich geregelten Wahlarztkette des § 17 Abs. 3 KHEntgG nur vor die Wahl gestellt würde, auf die privatärztliche Behandlung im Ganzen zu verzichten, um die stationäre Versorgung als allgemeine Krankenhausleistung ohne gesonderte Entgelte nach der GOÄ zu beziehen. Dies sei dann jedenfalls nicht hinnehmbar, wenn sich der Patient für die Operation einen Wahlarzt ausgewählt habe, für die Anästhesieleistungen der liquidationsberechtigte Chefarzt und dessen ständiger ärztlicher Vertreter jedoch nicht zur Verfügung stehen. 93

Die zwingende Wahlarztkette beinhaltet, dass sich eine Vereinbarung über wahlärztliche Leistungen auf alle an der Behandlung des Patienten beteiligten, liquidationsberechtigten Ärzte des Krankenhauses einschließlich der von diesen Ärzten veranlassten Leistungen von Ärzten und ärztlich geleiteten Einrichtungen außerhalb des Kran- 94

---

38 *Hoffmann/Kleinken*, § 4 Rn 4; *Lang u.a.*, § 4 Rn 22; *Wezel/Liebold*, § 4 – 3; *Brück u.a.*, § 4 Rn 13.
39 *Hoffmann/Kleinken*, § 5 Rn 9; *Wezel/Liebold*, § 5 – 11; *Lang u.a.*, § 5 Rn 35; *Brück u.a.*, § 5 Rn 16.
40 *Brück u.a.*, § 2 Rn 5.
41 LG Marburg – 1 O 263/99, VersR 2001, 1565 f.; OLG Stuttgart – 2 U 147/01, MedR 2002, 411 ff.
42 LG Bonn, Urt. v. 4.2.2004 – 5 S 207/03, n.v.
43 Noch weitergehender LG Hamburg – 332 O 305/04, ZMGR 2003, 65 ff.
44 LG Kiel – 10 S 108/04, ArztR 2007, 94 ff.

kenhauses erstreckt. Dies bedeutet, dass die wahlärztliche Behandlung nicht auf einzelne Leistungen beschränkt werden kann, indem die Operation als Wahlleistung, die Anästhesie als allgemeine Krankenhausleistung bezogen wird. Dies verkennt m.E. auch der BGH in seinen Entscheidungen zur GOÄ-Ziffer 437 und zu § 6a GOÄ,[45] indem er Leistungen, die aufgrund der Wahlarztkette des § 17 Abs. 3 KHEntgG (bzw. früher: § 22 Abs. 3 BPflV) zur wahlärztlichen Behandlung zählen, künstlich aus der Wahlarztkette herausnimmt, um sie zu allgemeinen Krankenhausleistungen nach § 2 Abs. 2 KHEntgG (bzw. früher: BPflV) umzufunktionieren. Denn der Selbstzahler hat sich mit seiner Wahlarztvereinbarung schließlich gerade gegen allgemeine Krankenhausleistungen und für die zwingende Wahlarztkette entschieden. Beide Vorschriften (§ 17 Abs. 3 und § 2 Abs. 2 KHEntgG) sehen Drittleistungen vor, gehen dabei aber unterschiedliche Wege. Die Drittleistungen nach § 2 KHEntgG sind mit dem Pflegesatz abgegolten, die nach § 17 KHEntgG zusätzlich nach der GOÄ zu vergüten sind.

4. Hinweispflicht auf Liquidation Dritter

95 § 4 Abs. 5 GOÄ postuliert das Gebot an den Arzt, seinen Patienten zu unterrichten, wenn er beabsichtigt, Leistungen durch Dritte, die ihrerseits liquidationsberechtigt sind, zu veranlassen. Fraglich ist, welche Konsequenzen bei einem Verstoß gegen die Unterrichtungspflicht einhergehen. Das Zustandekommen des Behandlungsvertrages mit dem Dritten (vgl. § 9 Rn 13 ff.) wird hiervon nicht tangiert. Die fehlende Information kann dem Grunde nach jedoch Schadensersatzansprüche gegen den zur Unterrichtung verpflichteten Arzt auslösen. Ob angenommen werden kann, dass dem Patienten auch der Höhe nach ein Schaden entstanden ist, wird wohl von seiner Einlassung, wie er sich bei Kenntnis der Liquidationsberechtigung des Dritten verhalten hätte, abhängen.[46]

5. Gebührenhöhe

96 Sofern die Vergütung des Arztes nicht wirksam durch Honorarvereinbarung festgelegt wurde, ergibt sich die konkrete Höhe einer Gebühr aus dem Gebührensatz (vgl. Rn 25) ggf. vervielfacht um den Steigerungssatz (vgl. Rn 27).

a) Steigerungskriterien

97 Die Gebühren sind nach billigem **Ermessen** i.S.v. §§ 315 Abs. 1, 316 BGB[47] durch den Arzt unter Zugrundelegung dreier abschließender Steigerungskriterien zu bemessen. Diese sind nach § 5 Abs. 2 GOÄ die **Schwierigkeit**, der **Zeitaufwand** sowie die **Umstände bei der Ausführung** der Leistung.

98 Die **Schwierigkeit** kommt als Bemessungskriterium nur dort in Betracht, wo die besondere Schwierigkeit der Leistung nicht bereits Eingang in die Punktzahlbewertung (vgl. Rn 20) gefunden hat bzw. über die für diese Leistung besondere Schwierigkeit im Einzelfall noch hinausging. Maßgeblich sind deshalb die individuellen Umstände des Patienten, die eine (ohnehin schwierige Behandlung) im Verhältnis zu vergleichbaren Eingriffen noch schwieriger gestaltet haben.[48]

---

45 BGH – III ZR 291/06, NJW-RR 2007, 1122 ff.; BGH – III ZR 186/01, NJW 2002, 2948 ff.
46 BGH – IX ZR 89/06, NJW 2007, 2332 ff. zum Aufklärungsverstoß nach § 49b BRAO.
47 BGH – III ZR 389/02, GesR 2003, 398 ff.
48 *Hoffmann/Kleinken*, § 5 Rn 6; *Wezel/Liebold*, § 5 – 5.

Ähnliches gilt auch für den **Zeitaufwand**, der gebührensteigernd nur angesetzt werden kann, wenn er über das übliche Maß, das teilweise von der Leistungsziffer selbst bereits vorgegeben ist, überschritten wird. 99

Beispiel 100
Ein Beratungsgespräch von 50-minütiger Dauer in Gruppen von vier bis zwölf Teilnehmern im Rahmen der Behandlung von chronischen Krankheiten erfüllt das Bemessungskriterium des besonderen Zeitaufwandes nicht, da bereits die Leistungslegende der GOÄ-Ziffer 20 eine Dauer von mindestens 50 Minuten vorschreibt.

Nach der amtlichen Begründung zur GOÄ 1982 kann wegen **besonderer Umstände bei der Ausführung** die Gebühr gesteigert werden, wenn der Arzt auf besondere Wünsche des Patienten eingeht und damit ein besonderer Aufwand verbunden ist. Auch typische Erschwernisse durch Behandlung an ungewöhnlichen Orten (z.B. Hilfeleistung nach Verkehrsunfall am Unfallort) rechtfertigen eine Gebührenerhöhung.[49] 101

Der generelle Gebührenrahmen des 1-fachen bis 3,5-fachen des Gebührensatzes gemäß § 5 Abs. 1 GOÄ wird durch eine Reihe von Vorschriften eingeschränkt. Auf einen ggf. reduzierten Gebührenrahmen bei wahlärztlicher Behandlung wurde bereits eingegangen (vgl. Rn 91). Weitere Kürzungen finden sich in § 5 Abs. 3 GOÄ für Leistungen aus den Abschnitten A., E. und O. sowie in § 5 Abs. 4 GOÄ für die Laborpauschale und die Leistungen aus Abschnitt M. Ferner kommt nach § 5a GOÄ bei unter den Voraussetzungen des § 218a Abs. 1 StGB vorgenommenen Schwangerschaftsabbrüchen ein reduzierter Gebührenrahmen zur Anwendung. Die Herabsetzung des Gebührenrahmens gilt auch bei Bemessung der Gebühren gegenüber Versicherten des Standardtarifes der privaten Krankenversicherung gemäß § 5b GOÄ. Zuletzt wurde mit dem Gesetz zur Stärkung des Wettbewerbes in der gesetzlichen Krankenversicherung (GKV-WSG)[50] durch den neuen Abs. 3a zu § 75 SGB V ein weiterer ermäßigter Gebührenrahmen für in den brancheneinheitlichen Standardtarifen nach §§ 257 Abs. 2a, 314, 315 SGB V vorübergehend geschaffen, bis durch Verträge der Kassenärztlichen Vereinigungen oder der Kassenärztlichen Bundesvereinigung mit dem Verband der privaten Krankenversicherung einheitliche Verträge nach § 75 Abs. 3b SGB V geschlossen sind. 102

Soweit kein eingeschränkter Gebührenrahmen gilt, bestimmt § 5 Abs. 2 S. 4 GOÄ einen **Schwellenwert** des 2,3-fachen des Gebührensatzes, der sich bei eingeschränktem Gebührenrahmen entsprechend auf die Mittelgebühr ermäßigt. Dieser Schwellenwert stellt zugleich eine **Beweislastgrenze** dar, so dass der Arzt das Vorliegen der Voraussetzungen für die Überschreitung des Schwellenwertes nachzuweisen hat, während der Patient dafür beweispflichtig ist, wenn er eine unterhalb des Schwellenwertes anzusetzende Gebühr durchsetzen will.[51] 103

Wichtig 104
Die Beweislast einer Gebühr oberhalb des Schwellenwertes trägt der Arzt, darunter der Patient.

b) Vereinbartes Honorar

Die Vereinbarung einer **pauschalierten Vergütung** steht nicht im Einklang mit § 2 GOÄ. Die Einschränkung freier Honorarvereinbarungen durch die Bindung an die Ab- 105

---

49 *Lang u.a.*, § 5 Rn 20; *Hoffmann/Kleinken*, § 5 Rn 8; *Wezel/Liebold*, § 5 – 4.
50 BGBl I, 378 ff.
51 OLG Koblenz – 6 U 286/97, NJW 1988, 2309 f.; LG Bochum – 6 S 11/01, MedR 2002, 639.

rechnungstatbestände der Gebührenordnung für Ärzte verstößt auch nicht gegen Art. 12 GG.[52]

106 Soweit eine Honorarvereinbarung nicht ohnehin nach § 2 Abs. 3 GOÄ für die Abschnitte A., E., M. und O., nach § 2 Abs. 1 GOÄ für Schwangerschaftsabbrüche i.S.v. § 5a GOÄ sowie für Notfall- und akute Schmerzbehandlungen unzulässig sind, kann eine abweichende Vereinbarung nur über die Höhe des Steigerungssatzes erfolgen, da von Punktzahl und Punktwert nicht abgewichen werden darf (vgl. § 2 Abs. 1 S. 3 GOÄ).

107 *Hinweis*
Honorarvereinbarungen können – wenn überhaupt – nur eine geänderte Höhe des Steigerungssatzes beinhalten.

108 Die förmlichen Anforderungen an die Honorarvereinbarung legt § 2 Abs. 2 GOÄ abschließend fest. Die Honorarvereinbarung darf weder weniger als diese Inhalte enthalten noch darüber hinausgehen, anderenfalls ist sie nichtig. Sie ist mit dem Zahlungspflichtigen abzuschließen.

109 *Wichtig*
§ 2 Abs. 2 GOÄ stellt zugleich den Mindest- und Maximalinhalt einer Honorarvereinbarung dar.

110 Gerade wegen der eingeschränkten Möglichkeit, den Inhalt einer ärztlichen Honorarvereinbarung individuell stets anders zu gestalten, dürfen an das Vorliegen einer allgemeinen Geschäftsbedingung keine zu hohen Anforderungen gestellt werden.[53]

c) Gebührenminderung stationärer Leistungen

111 Die Höhe der ärztlichen Gebühr hängt nach der – wenngleich zu kritisierenden (vgl. Rn 64) – durch das Bundesverfassungsgericht bestätigen BGH-Rechtsprechung auch vom Umstand ab, ob die berechnete Leistung im zeitlichen Zusammenhang zu einer stationären Behandlung des Patienten steht.[54]

112 Die BGH-Entscheidung basiert auf der Begründung, dass der Wahlleistungspatient dem Krankenhaus Pflegesätze in gleicher Höhe schuldet wie der Regelleistungspatient, ersterer aber bei Inanspruchnahme von Leistungen von Ärzten außerhalb der Krankenhauseinrichtung über die Wahlarztkette zusätzliche GOÄ-Gebühren zu entrichten hat, die beim Regelleistungspatienten bereits mit dem Pflegesatz abgegolten sind. Dadurch finanziere der Wahlleistungspatient über den von ihm entrichteten Pflegesatz die Behandlung von Regelleistungspatienten durch externe Leistungserbringer mit, ohne diesen Teil des Pflegesatzes wieder gutgebracht zu erhalten. Deshalb müsse ein niedergelassener Arzt, auch wenn er die Sach- und Personalmittel des Krankenhauses nicht in Anspruch nimmt, seine Gebühren nach § 6a GOÄ mindern.

113 Träfe es zu, dass § 6a GOÄ einen Ausgleich für einen an sich zu hohen Pflegesatz schaffen soll, unterlägen entgegen des Wortlautes des § 6a Abs. 1 S. 2 GOÄ belegärztliche Behandlungen nicht dieser Honorarkürzung, weil die belegärztliche Behandlung gemäß § 2 Abs. 1 S. 2 KHEntgG nicht zu den Krankenhausleistungen zählen, die Leistungen der Belegärzte gemäß § 18 Abs. 1 Nr. 4 KHEntgG jedoch die von ihm veranlassten Leistungen von Ärzten und ärztlich geleisteten Einrichtungen außerhalb des Kran-

---

52 BVerfG – 1 BvR 1301/89, NJW 1992, 737.
53 BVerfG – 1 BvR 1437/02, GesR 2005, 79 ff.
54 BGH – III ZR 186/01, NJW 2002, 2948 ff.; BVerfG – 1 BvR 1319/02, ZMGR 2004, 120 ff.

kenhauses beinhalten, so dass deren Vergütungsansprüche nicht in den Krankenhausentgelten enthalten sind. Regelleistungs- und Wahlleistungspatient zahlen daher dieselben belegärztlichen Krankenhausentgelte und erhalten hierfür dieselben belegärztlichen Leistungen, so dass nach der Begründung des BGH ein Minderungsbedarf nicht bestünde.

Dieses Ergebnis widerspricht hingegen der eindeutigen Regelung in § 6a Abs. 1 S. 2 GOÄ, weshalb das BGH-Urteil in seiner Begründung nicht akzeptabel ist. Dabei hatte der BGH in seinen zwei vorangegangenen Entscheidungen[55] die richtigen Maßstäbe gesetzt, nämlich die Honorarminderungspflicht daran geknüpft, ob der externe Arzt für das Erbringen seiner Leistungen auf die Dienste, der Sach- oder Personalmittel des Krankenhauses angewiesen war.

114

IV. Berechnung von Kosten

Wie oben bereits erwähnt (vgl. Rn 61) kann ein Arzt neben den Gebühren Kosten nur berechnen, wenn die Gebührenordnung dies ausdrücklich zulässt, da im Übrigen alle dem Arzt entstandenen Kosten bereits mit der Gebühr abgegolten sind (§ 4 Abs. 3 GOÄ).

115

Insgesamt kommt ein Ersatz von Auslagen nur in Frage, wenn diese unter § 10 Abs. 1 Nr. 1–3 GOÄ subsumiert werden können oder als gesondert berechnungsfähige Kosten im Gebührenverzeichnis ausgewiesen wurden (§ 10 Abs. 1 Nr. 4 GOÄ). Ferner muss hinzukommen, dass die Berechnungsfähigkeit von Auslagen i.S.d. § 10 Abs. 1 GOÄ nicht durch dessen Abs. 2 oder 3 wieder ausgeschlossen wurde.

116

Auch beim Ansatz von berechnungsfähigen Kosten sind Pauschalen gemäß § 10 Abs. 1 S. 2 GOÄ unzulässig.

117

Im Wesentlichen muss es sich um **Arzneimittel, Verbandmittel oder sonstige Materialien** handeln, die der Patient zur **weiteren Verwendung behält** oder die mit der einmaligen Anwendung verbraucht sind (§ 10 Abs. 1 Nr. 1 GOÄ). Dabei werden insbesondere geringwertige Kleinmaterialien beispielhaft (§ 10 Abs. 2 Nr. 1 GOÄ) und konkret genannte Einmalartikel (§ 10 Abs. 2 Nr. 5 GOÄ) von der Berechenbarkeit ausgenommen. Kleinmaterialien, die mit den ausdrücklich Genannten vergleichbar sind, können ebenfalls nicht berechnet werden.[56] Einmalartikel hingegen, die nicht explizit aufgeführt sind, unterfallen dem Abrechnungsausschluss nicht,[57] weil im umgekehrten Falle § 10 Abs. 1 Nr. 1 GOÄ, der gerade auf Einmalartikel abstellt, seinen Sinn verlöre. Zu den Einmalartikeln zählen nur solche, die nach ihrer bestimmungsmäßigen Anwendung bereits mit der **einmaligen Anwendung verbraucht** sind.[58]

118

Die Abrechnung von **Versand- und Portokosten** werden nur demjenigen Arzt zugebilligt, der die Gesamtkosten für Versandmaterial, -gefäße sowie für den Versand oder Transport unter den zusätzlichen Voraussetzungen des § 10 Abs. 3 GOÄ getragen hat. Damit kommt eine Aufteilbarkeit von Versand- und Portokosten zwischen Einsender und Empfänger des Versandmaterials nicht in Betracht.[59]

119

---

55 BGH – III ZR 222/97, NJW 1999, 868 ff.; BGH – IV ZR 61/97, NJW 1998, 1790 ff.
56 *Hoffmann/Kleinken*, § 10 Rn 3.
57 *Hoffmann/Kleinken*, § 10 Rn 2.
58 *Brück u.a.*, § 10 Rn 6.
59 *Lang u.a.*, § 10 Rn 12; *Brück u.a.*, § 10 Rn 8.

120 An der Weiterberechnung von Auslagen gegenüber dem Zahlungspflichtigen darf der Arzt nichts verdienen. Er kann daher von erhaltenen **Preisnachlässen** ebenso wenig wirtschaftlich profitieren wie von zusätzlich zur berechneten Menge unentgeltlich gelieferten Arzneimitteln, Verbandmitteln oder sonstigen Materialien. Er muss daher die von ihm tatsächlich getragenen Aufwendungen auf die tatsächlich gelieferte Menge aufteilen und darf vom Zahlungspflichtigen Ersatz von Auslagen nur in der Höhe verlangen, wie sie dem Arzt auch tatsächlich entstanden sind.[60]

121 *Wichtig*

Wer als Arzt höhere Kosten berechnet, als ihm tatsächlich entstanden sind, setzt sich dem Vorwurf des Abrechnungsbetruges (§ 263 StGB) aus, muss mit bereicherungsrechtlicher Inanspruchnahme durch den Zahlungspflichtigen rechnen und ggf. Gewerbesteuer auf den erzielten Verkaufsgewinn entrichten.

122 Ein Preisnachlass für kurzfristige Begleichung der Lieferantenrechnung (Skonto) stellt keinen Herstellerrabatt auf die gelieferten Waren dar und muss daher nicht beim Auslagenersatz gegenüber dem Patienten in Abzug gebracht werden.[61]

123 Nachdem sowohl das Landgericht Köln als auch das OVG Nordrhein-Westfalen[62] die Erstattungsfähigkeit für Implantatbohrer mit der Begründung abgelehnt haben, es fehle insoweit an einem Auslagen- und Gebührentatbestand, hat der BGH[63] eine ergänzende Auslegung der Allgemeinen Bestimmungen zum Abschnitt K. Implantologische Leistungen des Gebührenverzeichnisses der GOZ vorgenommen, weil dort nur die Kosten verwendeter Implantate und Implantatteile als gesondert berechnungsfähig ausgewiesen sind, die Implantatbohrerkosten jedoch die zahnärztliche Gebühr zum 1,0-fachen Gebührensatz bereits überschritten und von einer Regelungslücke des Verordnungsgebers auszugehen sei.

V. IGeL

124 Die Erbringung und Abrechnung individueller Gesundheitsleistungen (vgl. zur Definition Rn 40) setzt gemäß § 18 Abs. 8 Nr. 3 BMV-Ä die schriftliche Zustimmung des GKV-Patienten voraus, die vor Ausführung der Leistung einzuholen ist. IGeL-Leistungen dürfen dem Patienten nicht aufgedrängt werden, vielmehr muss die Initiative, solche Leistungen in Anspruch nehmen zu wollen, vom Patienten ausgehen.[64]

125 Im Übrigen bleibt der Vertragsarzt aufgrund seines besonderen Zulassungsstatus verpflichtet, seinen sozialversicherten Patienten vorrangig die vertragsärztlichen Leistungen als Sachleistungen nach § 2 SGB V anzubieten bzw. vorzuhalten,[65] es sei denn, der Patient sucht den Arzt von vornherein nur auf, um eine nicht zum Umfang der gesetzlichen Krankenversicherung zählende Leistung abzurufen (z.B. Taucherzeugnis für den Sommerurlaub). In solchen Fällen liegt auch kein Aufdrängen durch den Arzt vor, weil die Patienteninitiative schon bei Erscheinen des Patienten gegeben war.

---

60 *Brück u.a.*, § 10 Rn 13; *Wezel/Liebold*, § 10 – 1.
61 *Wezel/Liebold*, § 10 – 1.
62 LG Köln – 23 S 100/94, RuS 1995, 313; OVG Nordrhein-Westfalen – 1 A 358/01, NVwZ-RR 2004, 123 f.
63 BGH – III ZR 264/03, NJW-RR 2004, 1198 ff. = GesR 2004, 379 ff.
64 *Krieger*, ZMGR 2005, 173 ff.
65 BSG – B 6 KA 54/00 R, MedR 2002, 37 ff.

Nachdem das Bundesverfassungsgericht in mehreren Entscheidungen[66] festgestellt hat, dass auch Angehörige von Heilberufen Anspruch auf interessengerechte und sachangemessene Information über ihr Leistungsangebot haben, müssen sie auch auf die von ihnen angebotenen individuellen Gesundheitsleistungen hinweisen dürfen.

126

Ist der Patient aufgrund einer sachangemessenen Information an IGeL-Leistungen interessiert, hat ihn der Arzt vor der Erbringung der Leistungen nicht nur darüber aufzuklären, dass er eine auch teilweise Kostenerstattung durch die Krankenkasse nicht erwarten kann und deshalb die für die IGeL-Leistung anfallenden Gebühren nach der GOÄ selbst zu begleichen hat. Vielmehr muss der Patient wissen, ob anstelle der individuellen Gesundheitsleistung eine vergleichbare Sachleistung im GKV-System von ihm bezogen werden könnte.[67]

127

Der Vertragsarzt darf deshalb keineswegs Leistungen, die dem Sachleistungsprinzip unterfallen, dem Patienten als IGeL-Leistungen anpreisen, da per definitionem IGeL-Leistungen gerade solche sind, die nicht dem Sachleistungsanspruch unterfallen (vgl. Rn 40). Dies gilt auch, soweit eine tatsächlich zum GKV-Katalog gehörende Sachleistung nur von dem aufgesuchten Arzt aus Gründen seiner persönlichen Qualifikation von ihm nicht zu Lasten der Krankenkassen erbracht und abgerechnet werden darf.

128

C. Die Arztrechnung

Die teils umstrittene Frage zu § 12 Abs. 1 GOÄ, ob das ärztliche Honorar nur fällig wird, wenn eine auch dem materiellen[68] Gebührenrecht entsprechende Rechnung erteilt wurde oder eine formell[69] ordnungsgemäße Liquidation ausreicht, hat der BGH nun endgültig entschieden.[70]

129

I. Inhalt

Demnach löst eine Arztrechnung die Fälligkeit aus, wenn sie die in § 12 Abs. 2 bis 4 GOÄ geforderten formellen Angaben enthält. Hierbei handelt es sich um das Datum der Leistungserbringung sowie Nummer und Bezeichnung der einzelnen berechneten Leistung nebst jeweiligem Betrag und Angabe des Steigerungssatzes. Wenn der Leistungsinhalt an eine Mindestdauer gebunden ist, ist auch die Mindestdauer anzugeben.

130

Wird der Schwellenwert (vgl. Rn 103) überschritten, muss eine schriftliche Kurzbegründung hierfür geliefert werden. Die schlichte Wiederholung der Steigerungskriterien des § 5 Abs. 2 GOÄ reicht hierfür allerdings nicht aus. Vielmehr müssen diese anhand des Einzelfalles mit Leben erfüllt werden, mithin durch die stichwortartige Angabe nachvollziehbar werden, warum beispielsweise eine besonders schwierige Leistung anzunehmen ist.

131

Analogziffern sind als solche zu kennzeichnen. Dies gilt auch, soweit eine Leistung auf Verlangen des Zahlungspflichtigen erbracht worden ist, damit der Privatversicherer bei Einreichung der Rechnung bereits erkennen kann, dass insoweit ggf. ein Versicherungs-

132

---

66 BVerfG – 1 BvR 547/99, NJW 2000, 2734 f.; BVerfG – 1 BvR 1147/01, NJW 2002, 1331 ff.; BVerfG – 1 BvR 873/00, NJW 2001, 2788 ff.
67 *Krieger*, ZMGR 2005, 173 ff.; *Hess/Klakow/Franck*, Anm. 5.3.2.
68 LG München I, Urt. v. 5.4.2006 – 9 S 22030/05, n.v.
69 *Brück u.a.*, § 12 Rn 1; *Hoffmann/Kleinken*, § 12 Rn 2.
70 BGH – III ZR 117/06, NJW-RR 2007, 494 ff. = GesR 2007, 117 ff.

schutz nicht besteht. Bei Leistungen i.S.d. § 6a Abs. 1 GOÄ ist auch der Minderungsbetrag auszuweisen.[71]

133 Die Auslagen sind konkret nach der Art der Auslage und dem jeweils hierfür aufgewendeten Betrag zu spezifizieren. Eine Addition aller berechnungsfähigen Auslagen ohne Einzeldarstellung ist unzulässig. Soweit für eine Auslage mehr als 25,56 EUR aufgewendet wurden, ist über diese der Beleg der Arztrechnung beizufügen.

134 Ist eine diesen Anforderungen entsprechende Rechnung erteilt worden, wird die Vergütung des Arztes fällig mit der Folge, dass auch die Verjährungsfrist in Lauf gesetzt wird. An der Fälligkeit ändert sich auch dann nichts, wenn sich in einem späteren Prozess herausstellt, dass eine GOÄ-Ziffer nicht, dafür aber eine andere hätte abgerechnet werden müssen.[72]

II. Schriftform

135 Nachdem der Katalog zu § 12 Abs. 2 bis 4 GOÄ als formale Voraussetzung die Unterschrift des Arztes nicht enthält, ist die Unterzeichnung der Liquidation nicht Voraussetzung für die Fälligkeit des ärztlichen Vergütungsanspruches.[73]

III. Inkasso/Klageverfahren

136 Der BGH hat in ständiger Rechtsprechung[74] entschieden, dass die ärztliche Gebührenforderung an Dritte – wie privatärztliche Abrechnungsstellen – wirksam nur abgetreten werden kann, wenn der Patient hierzu konkret sein Einverständnis erteilt hat.

137 *Wichtig*
Die Einziehung des ärztlichen Honorars durch Dritte ohne Zustimmung des Patienten ist nicht lediglich Berufsrechtsverstoß (§ 9 MBO), sondern erfüllt auf Seiten des Arztes den Straftatbestand des § 203 StGB.

138 Der Arzt, der seine Privatabrechnung nicht selbst durchführen möchte, ist daher gehalten, sich zuvor eine schriftliche Zustimmungserklärung des Patienten erteilen zu lassen. Ohne Vorliegen einer solchen kann er seine Vergütungsansprüche nur selbst liquidieren.

139 Kommt sodann der Patient dem Rechnungsausgleich nicht nach, ist der Arzt zwar weiterhin nicht berechtigt, ein Inkassobüro einzuschalten, darf aus berechtigtem Eigeninteresse jedoch die ärztliche Schweigepflicht dadurch brechen, dass er die an sich geschützten Patientendaten durch Klageerhebung oder Mahnbescheidsantrag publik macht, da ihm ein anderer, rechtlich zulässiger Weg, seine Gebührenforderung durchzusetzen, nicht zur Seite steht.[75]

---

71 *Brück u.a.*, § 12 Rn 2.
72 BGH – III ZR 117/06, NJW-RR 2007, 494 ff. = GesR 2007, 117 ff.
73 *Hoffmann/Kleinken*, § 12 Rn 3.
74 BGH – VIII ZR 296/90, NJW 1991, 2955 ff.; BGH – VIII ZR 240/91, NJW 1992, 2348 ff.; BGH – VIII ZR 226/92, NJW 1993, 2371 ff.
75 *Ratzel/Lippert*, § 9 Rn 54.

§ 11 Erstattungsfragen gegenüber PKV und Beihilfe

Dirk Griebau

Inhalt

A. Beihilfe ... 1
    I. Gegenstand der Beihilfe ... 1
    II. Beihilfefähige Aufwendungen bei Krankheit ... 5
    III. Beihilfefähigkeit ... 7
    IV. Vorgreiflichkeit ... 10
    V. Widerspruchsfristen ... 13
    VI. Verwaltungsgerichtlicher Schwellenwert ... 15
    VII. Fürsorgepflicht ... 16
B. PKV ... 17
    I. Anspruchsvoraussetzungen ... 17
    II. Forderungsübergang ... 27
        1. Auf den Arzt ... 27
        2. Auf die PKV ... 28
        3. Nach der VVG-Reform ... 32
    III. Inanspruchnahme von Leistungserbringern im Gesundheitswesen ... 35
    IV. Folgen der Vertragsverletzung . 40
        1. Anzeigepflicht von Risiken (derzeit) ... 40
        2. Anzeigepflicht von Risiken (künftig) ... 41

Literatur

Hoffmann/Kleinken, Gebührenordnung für Ärzte (GOÄ), 3. Auflage 2006, Loseblatt; **Zwingel/Preißler,** Medizinisches Versorgungszentrum, 2004.

A. Beihilfe

I. Gegenstand der Beihilfe

Die Beihilfevorschriften (BhV) der Bundesbeamten und Richter im Bundesdienst sowie Versorgungsempfänger des Bundes regeln die Gewährung von Beihilfen in Krankheits-, Pflege- und Geburtsfällen sowie bei Maßnahmen zur Früherkennung von Krankheiten und bei Schutzimpfungen.

> *Hinweis*
> Die Beihilfevorschriften der Länder können von denen für Bundesbeamte Abweichungen enthalten.

§ 1 Abs. 1 S. 2 BhV hält ausdrücklich fest, dass die für die oben genannten Fälle zu gewährenden Beihilfen nur den Charakter einer Ergänzung haben, im Übrigen der Beamte aus seinen laufenden Bezügen **Eigenvorsorge** zu betreiben habe. Jedoch besteht nach § 1 Abs. 3 BhV ein nicht abtretbarer, nicht verpfändbarer, nicht pfändbarer und auch nicht vererblicher **Rechtsanspruch auf Beihilfe**.

Die beihilfeberechtigten Personen werden in unterschiedlichen Personengruppen zusammengefasst, denen gemäß § 14 BhV differenziert gestaffelte Vomhundertsätze der beihilfefähigen Aufwendungen (Bemessungssatz) zustehen.

II. Beihilfefähige Aufwendungen bei Krankheit

5 Ähnlich wie in der privaten Krankenversicherung erstreckt sich die Beihilfefähigkeit aus Anlass einer Krankheit auf ärztliche, zahnärztliche und psychotherapeutische Leistungen sowie auf Leistungen von Heilpraktikern, wobei Anlagen 1 und 2 der BhV für psychotherapeutische Behandlungen und zahnärztliche sowie kieferorthopädische Leistungen Einschränkungen enthalten.

6 *Beispiel*
Nach Anlage 2 Nr. 4 sind in der Regel nur zwei Implantate pro Kiefer beihilfefähig.

III. Beihilfefähigkeit

7 Nach § 5 BhV setzt die Beihilfefähigkeit die **Notwendigkeit der Aufwendungen** sowie deren Angemessenheit voraus, soweit die Beihilfefähigkeit nicht ohnehin ausdrücklich ausgeschlossen ist. Die **Angemessenheit** richtet sich ausschließlich **nach dem Gebührenrahmen (§ 10 Rn 102) der GOÄ**, der GOZ bzw. der GOP (Gebührenordnung für psychologische Psychotherapeuten und Kinder- und Jugendlichen-Psychotherapeuten) und sind in der Regel nur **bis zum Schwellenwert** (§ 10 Rn 103) als angemessen anzusehen (§ 5 BhV).

8 Zu den **beihilfefähigen Aufwendungen** zählen ferner sowohl allgemeine Krankenhausleistungen als auch Wahlleistungen, insbesondere **wahlärztliche** Leistungen, die bei Inanspruchnahme eines nicht der Bundespflegesatzverordnung bzw. dem Krankenhausentgeltgesetz unterliegenden Krankenhauses bis zur Höhe der Aufwendungen für Krankenhäuser der Maximalversorgung beihilfefähig sind.

9 Zu den ausdrücklich **nicht beihilfefähigen Aufwendungen** zählen nach § 6 Abs. 1 Nr. 2a BhV verschreibungspflichtige Arzneimittel, die nach den Arzneimittelrichtlinien des gemeinsamen Bundesausschusses von der Verordnung zu Lasten der gesetzlichen Krankenversicherung ausgeschlossen sind, sowie nach § 6 Abs. 1 Nr. 2b BhV die nicht verschreibungspflichtigen Arzneimittel.

IV. Vorgreiflichkeit

10 Das Bundesverwaltungsgericht[1] hat entschieden, dass es sich um eine vorgreifliche Rechtsfrage der Beihilfegewährung handele, ob der Arzt seine Forderung zu Recht geltend mache. Diese sei nach der Natur des Rechtsverhältnisses zwischen Arzt und Patient dem Zivilrecht zuzuordnen. Den Streit über die Berechtigung einer ärztlichen Liquidation entschieden daher letztverbindlich die **Zivilgerichte**. Deren Beurteilung **präjudiziere** die **Angemessenheit der Aufwendungen** für ärztliche Leistungen im beihilferechtlichen Sinne.

11 Aufgrund seiner **Fürsorgepflicht** habe der Dienstherr die Beihilfe nach den Aufwendungen zu bemessen, die dem Beihilfeberechtigten wegen der notwendigen Inanspruchnahme eines Arztes in Übereinstimmung mit der Rechtslage tatsächlich entstehen. Ist eine Entscheidung im ordentlichen Rechtsweg nicht ergangen, hat der Dienstherr zu prüfen, ob die Abrechnung des Arztes den Vorgaben des Beihilferechtes entspricht, insbesondere ob die vom Arzt geltend gemachten Ansprüche nach materiel-

---

1 BVerwG – 2 C 34/03, NVwZ 2005, 710 ff.

lem Recht begründet sind. Die behördliche Entscheidung darüber, ob die Aufwendungen notwendig und angemessen sind, ist keine Ermessensentscheidung und unterliegt uneingeschränkt verwaltungsgerichtlicher Kontrolle. Aus diesem Grund kann regelmäßig mit Entscheidungen zum privatärztlichen Gebührenrecht durch die Verwaltungsgerichtsbarkeit nur gerechnet werden, wenn durch die ordentliche Gerichtsbarkeit noch kein Präjudiz geschaffen wurde.

Gleichwohl behält sich die Verwaltungsgerichtsbarkeit vor, über die präjudizielle Wirkung einer Zivilgerichtsentscheidung zu befinden. So nahm das OVG Nordrhein-Westfalen[2] an, dass die BGH-Entscheidung über die gesonderte Berechnungsfähigkeit von Einmalbohrern bei der Implantologie keine vorgreifliche Wirkung für den vom OVG entschiedenen Fall hatte, weil bei ihm die **Einmalbohrerkosten** nur etwa 18 % der 3,5-fachen Gebühr für die zahnärztliche Leistung aufgezehrt hatten, während im BGH-Fall die Bohrerkosten rund 58 % der implantologischen Leistungen verbrauchten.

V. Widerspruchsfristen

Zudem sind Beihilfeangelegenheiten häufig – ungeachtet der präjudiziellen Wirkung von Zivilgerichtsentscheidungen – schon allein deshalb ungeeignet für gebührenrechtliche Grundsatzfragen, weil zumeist der Arzt, der an der Klärung einer solchen Grundsatzfrage interessiert ist, von der ganz oder teilweisen Streichung einer abgerechneten Gebührenziffer durch die Beihilfestelle erfahrungsgemäß von seinem Patienten erst erfährt, wenn die Widerspruchsfristen gegen den Beihilfebescheid bereits abgelaufen sind.

> *Wichtig*
> In Beihilfesachen muss fristwahrend Widerspruch eingelegt werden.

VI. Verwaltungsgerichtlicher Schwellenwert

Das Bundesverwaltungsgericht[3] stellt ferner eigene, über § 5 Abs. 2 GOÄ hinausgehende Anforderungen an die Möglichkeit der Überschreitung des Schwellenwertes auf. Es misst dem Überschreiten des Schwellenwertes einen **Ausnahmecharakter** bei, der einen höheren Steigerungssatz nur noch bei selten auftretenden exotischen Besonderheiten[4] zuließe. Demgegenüber hatte das OLG Koblenz bereits 1988[5] festgestellt, dass die Regelspanne vom Arzt nach unten auszuschöpfen ist, wenn ein Mittelfall noch nicht vorliegt. Unter Bezugnahme auf die präjudizielle Wirkung von Entscheidungen der ordentlichen Gerichtsbarkeit (vgl. Rn 10) hätte die spätere Bundesverwaltungsgerichtsentscheidung zu den Bemessungskriterien so nicht ergehen können.

VII. Fürsorgepflicht

Obergerichtlich ist geklärt, dass die aus Art. 33 Abs. 5 GG resultierende **Fürsorgepflicht des Dienstherrn** im Bereich der Krankenvorsorge durch die Beihilferegelungen konkretisiert wird.[6] Hinsichtlich der Regelung im Einzelnen steht dem Dienstherrn

---

2 OVG NRW – 1 A 3633/04, ZBR 2007, 175.
3 BVerwG – 2 C 10/92, NJW 1994, 3023 f.
4 *Hoffmann/Kleinken*, § 5 Rn 5.
5 OLG Koblenz – 6 U 286/87, NJW 1988, 2309 f.
6 BVerfGE 83, 89 ff.

hingegen ein **Gestaltungsspielraum** zu, innerhalb dessen er Art und Weise der speziellen Fürsorge sowie deren Umfang bestimmen kann. Aus verfassungsrechtlichen Gründen fordert die Fürsorgepflicht nicht den Ausgleich jeglicher aus Anlass von Krankheits- und sonst in den BhV genannten Fällen entstandenen Aufwendungen und auch nicht deren Erstattung in jeweils vollem Umfang.[7]

B. PKV

I. Anspruchsvoraussetzungen

17   Die Versicherungsleistung in der privaten Krankheitskostenversicherung wird durch den Versicherungsfall ausgelöst, sofern ein wirksamer **Krankenversicherungsvertrag** zustande gekommen ist und die in § 3 Musterbedingungen 1994 Krankheitskosten- und Kankenhaustagegeldversicherung (MB/KK) geregelten **Wartezeiten** abgelaufen bzw. entfallen sind. Die Versicherungsleistung beinhaltet den Ersatz von Aufwendungen für Heilbehandlungen und sonst vereinbarte Leistungen (§ 1 Abs. 1a MB/KK).

18   **Versicherungsfall** ist definitorisch die medizinisch notwendige Heilbehandlung einer versicherten Person wegen Krankheit oder Unfallfolgen. Er erstreckt sich auch auf Untersuchung und medizinisch notwendige Behandlung wegen Schwangerschaft und Entbindung, ambulante Untersuchungen zur Früherkennung von Krankheiten nach gesetzlich eingeführten Programmen (gezielte Vorsorgeuntersuchung), auf Tod jedoch nur, sofern hierfür Leistungen gesondert vereinbart wurden (§ 1 Abs. 2 MB/KK).

19   Im Versicherungsvertragsgesetz (VVG) ist der Versicherungsfall derzeit in § 178b Abs. 1 VVG geregelt. Infolge der zum 1.1.2008 in Kraft tretenden **VVG-Reform** haben sich die Vorschriften über die Krankheitskostenversicherung verschoben und befinden sich nun in den **§§ 192 ff. VVG n.F.**

20   Unter **Krankheit** im versicherungsrechtlichen Sinne ist ein – ungeachtet der subjektiven Vorstellungen des Versicherungsnehmers – objektiv nach ärztlichem Urteil bestehender anormaler Körper- oder Geisteszustand zu verstehen, der weit auszulegen ist.[8]

21   Nach der Definition des BGH[9] ist unter den Begriff der **Heilbehandlung** jegliche ärztliche Tätigkeit zu subsumieren, die durch die betreffende Krankheit verursacht worden ist, sofern die Leistung des Arztes von ihrer Art her in den Rahmen der medizinisch notwendigen Krankenpflege fällt und auf die Heilung oder Linderung der Krankheit abzielt, mag auch dieses Endziel erst nach Unterbrechungen oder mit Hilfe weiterer Ärzte erreicht werden.

22   Mit dem Begriff „medizinisch notwendige" Heilbehandlung wird ein vom Behandlungsvertrag zwischen Arzt und Patient unabhängiger Maßstab eingeführt. Diese objektive Anknüpfung bedeutet zugleich, dass es für die Annahme der **medizinischen Notwendigkeit** der Heilbehandlung nicht auf die Auffassung des Patienten und auch nicht auf die seines Arztes ankommt, sondern von den objektiven medizinischen Befunden und Erkenntnissen im Zeitpunkt der Vornahme der Behandlung abhängt. Steht danach die Eignung einer Behandlung, eine Krankheit zu heilen oder zu lindern, nach medizinischen Erkenntnissen fest, folgt daraus grundsätzlich die Eintrittspflicht des Versiche-

---

7   BVerwGE 60, 212 ff.
8   BGH – IVa ZR 78/85, NJW 1987, 703 f.
9   BGH – IV ZR 12/76, NJW 1978, 1197 f.

rers. Medizinisch notwendig kann eine Behandlung auch dann sein, wenn ihr Erfolg nicht sicher vorhersehbar ist. Es genügt insoweit, wenn die medizinischen Befunde und Erkenntnisse zum Zeitpunkt der Behandlung vertretbar erscheinen lassen, die Behandlung als notwendig anzusehen.[10]

Da Anspruchsvoraussetzung das Vorliegen einer medizinisch notwendigen Heilbehandlung ist, trägt der Versicherungsnehmer hierfür die **Beweislast**. Beruft sich bei unstreitiger oder festgestellter medizinischer Notwendigkeit der Versicherer darauf, die Heilbehandlung übersteige das Maß des medizinisch notwendigen, um seine Leistungen auf einen angemessenen Betrag gemäß § 5 Abs. 2 MB/KK herabsetzen zu können, trägt der Versicherer insoweit die Beweislast. Lässt sich eine Übermaßbehandlung wegen unzureichender Dokumentation des Arztes nicht nachweisen, geht dieses Beweislastrisiko nicht zu Lasten des Versicherungsnehmers, sondern zu Lasten der PKV.[11]

> *Wichtig*
> Der Versicherungsnehmer muss die medizinisch notwendige Heilbehandlung beweisen; der Versicherer trägt die Beweislast für das Vorliegen einer Übermaßbehandlung.

In diesem Zusammenhang hat der BGH[12] die medizinische Notwendigkeit nicht im Sinne der PKV dahingehend verstanden, dass mit § 1 Abs. 2 S. 1 MB/KK aus dem Jahre 1976 eine Beschränkung auf die kostengünstige Behandlung verbunden ist. Dies könne ein Versicherungsnehmer ohne versicherungsrechtliche Spezialkenntnisse der Regelung nicht entnehmen. Die aktuelle Fassung der Regelung in den MB/KK von 1994 ist insoweit unverändert.

> *Wichtig*
> Für die Beurteilung der medizinischen Notwendigkeit kommt es auf Kostengesichtspunkte nicht an.

II. Forderungsübergang

1. Auf den Arzt

So, wie Ansprüche auf Beihilfe (vgl. Rn 3) nicht übertragbar sind, können auch Ansprüche des Patienten auf Versicherungsleistungen gemäß § 6 Abs. 6 MB/KK weder abgetreten noch verpfändet werden. Im Streit um die grundsätzliche Klärung einer gebührenrechtlichen Frage kann der Prozess daher nicht zwischen Arzt und PKV unmittelbar ausgetragen werden, da der Arzt einerseits in keiner vertraglichen Beziehung zur PKV steht und ihm andererseits Erstattungsansprüche des Patienten gegenüber der PKV nicht abgetreten werden können.

2. Auf die PKV

Hier wird teilweise vertreten, bereicherungsrechtliche Ansprüche des Patienten gegen den Arzt wegen Gebührenüberhöhung gingen gemäß § 67 VVG automatisch auf die

---

10 BGH – IV ZR 131/05, NJW-RR 2006, 678 ff.
11 BGH – IV ZR 42/03, NJW-RR 2004, 1399.
12 BGH – IV ZR 278/01, GesR 2003, 179 ff.

PKV über, wenn diese die vom Arzt abgerechneten Gebühren an den Versicherungsnehmer erstattet.

29 Das AG Esslingen[13] hat hierzu entschieden, dass ein eventuell bestehender Anspruch des Versicherungsnehmers aus **ungerechtfertigter Bereicherung** gegen den Arzt nicht gemäß **§ 67 VVG** auf die Klägerin übergehe, da diese Vorschrift einen Anspruch auf Ersatz des Schadens gegen einen Dritten voraussetze. Sinn der Vorschrift sei, dass die Leistung des Versicherers weder den Ersatzpflichtigen von seiner Verbindlichkeit befreie noch zu einer Bereicherung des Geschädigten führe. Der behandelnde Arzt kann jedoch nicht Dritter im Sinne dieser Vorschrift sein, da dem Versicherungsnehmer in diesem Zusammenhang **keine** Ansprüche aufgrund einer **Schadensverursachung** durch den Arzt zustehen.

30 Weiter führt das AG Esslingen aus, dass auch eine **Abtretung** der bereicherungsrechtlichen Ansprüche an die PKV gemäß § 134 BGB **nichtig** sei, weil diese gegen Art. 1 § 1 RBerG verstoße. Indem sich die PKV die Rückerstattungsansprüche ihres Versicherungsnehmers zum Zwecke der gerichtlichen Geltendmachung hat abtreten lassen, habe sie ohne Erlaubnis **geschäftsmäßig fremde Rechtsangelegenheiten** besorgt.

31 Das OLG Düsseldorf[14] teilt die Ansicht, dass bereicherungsrechtliche Ansprüche des Patienten nicht auf die PKV gemäß § 67 VVG übergehen, sieht jedoch in der im Wege der Abtretung verfolgten Durchsetzung der Rückforderungsansprüche keinen Verstoß gegen das Rechtsberatungsgesetz.

3. Nach der VVG-Reform

32 Vermutlich da im Zuge gezielter, größerer Abtretungswellen erfahrungsgemäß immer wieder Formfehler des Abtretungsgeschäftes entstehen oder einige Versicherungsnehmer auf das Abtretungsbegehren ihres Versicherers nicht reagieren, muss es im Interesse der PKV gewesen sein, dass als Inhalt der Krankheitskostenversicherung künftig gemäß § 192 Abs. 3 Nr. 3 VVG n.F. auch die **Abwehr unberechtigter Entgeltansprüche** der Erbringer von Leistungen im Gesundheitswesen vereinbart werden können. Gemäß Nr. 4 dieser Vorschrift darf die PKV künftig Versicherungsnehmer auch bei der Durchsetzung von **Ansprüchen wegen fehlerhafter Erbringung** von Gesundheitsleistungen und der sich hieraus ergebenden Folgen unterstützen.

33 Es bleibt daher abzuwarten, ob die Privatversicherer diese Unterstützungs- und Abwehrleistungen automatisch in ihre Tarife aufnehmen oder von einem zusätzlichen Entgelt abhängig machen werden. Jedenfalls im ersten Fall wird künftig um die Aktivlegitimation der PKV bei Rückforderungsansprüchen nicht mit zu streiten sein.

34 Inwieweit dieser Umstand mit Rücksicht auf die **Waffengleichheit im Prozess** das Abtretungsverbot in § 6 Abs. 6 MB/KK noch gerechtfertigt erscheinen lassen kann, ist fraglich. Denn der Leistungserbringer im Gesundheitswesen muss mit (auch unberechtigten) Klageverfahren gegen sich durch die PKV rechnen, kann jedoch selbst aus seiner Sicht berechtigte, vom Patienten noch unerfüllte Ansprüche nur diesem gegenüber im Klagewege geltend machen. Dies belastet ohne sachlichen Grund die erforderliche Vertrauensbeziehung zwischen Arzt und Patient.

---

13 AG Esslingen – 1 C 2218/05, ZMGR 2006, 36 ff.
14 OLG Düsseldorf – 8 U 119/06, GesR 2007, 333 f.

III. Inanspruchnahme von Leistungserbringern im Gesundheitswesen

Der Versicherungsnehmer ist berechtigt, medizinisch notwendige Heilbehandlungen von jedem niedergelassenen approbierten Arzt oder Zahnarzt sowie von Heilpraktikern nach dem Deutschen Heilpraktikergesetz gemäß § 4 Abs. 2 MB/KK zu beziehen. Chefärzte einer Krankenhausambulanz werden hierunter ebenfalls subsumiert,[15] obwohl diese dem Wortlaut nach nicht über eine Niederlassung im klassischen Sinne verfügen.

35

Aus diesem Grunde sind auch Leistungen von angestellten Ärzten in **Medizinischen Versorgungszentren** von der Erstattungspflicht umfasst, da sie im Verhältnis zum angestellten Chefarzt nach Sinn und Zweck nicht anders behandelt werden können.[16] Die **freie Arztwahl** erstreckt sich nicht auf Leistungserbringer, deren Rechnungen der Versicherer aus wichtigem Grund von der Erstattung ausgeschlossen hat, sofern die Information nach Maßgabe des § 5 Abs. 1c MB/KK an den Versicherungsnehmer erfolgt ist. Ferner erstreckt sich die freie Arztwahl nicht auf psychologische Psychotherapeuten, auch wenn diese in der GKV-Versorgung den Vertragsärzten gleichgestellt sind.[17]

36

Auch im Falle stationärer Behandlungsbedürftigkeit hat die versicherte Person **freie Wahl** unter den **öffentlichen und privaten Krankenhäusern**, sofern sie unter ständiger ärztlicher Leitung stehen, über ausreichende diagnostische und therapeutische Möglichkeiten verfügen und Krankengeschichten führen (§ 4 Abs. 4 MB/KK). Krankenhausbehandlung ist binnen zehn Tagen anzuzeigen.

37

Bei Auswahl einer solchen stationären Einrichtung, die auch Kuren bzw. Sanatoriumsbehandlungen durchführen, hängt die Kostenübernahme von einer vor Behandlungsbeginn erteilten **schriftlichen Zusage** des Versicherers ab (§ 4 Abs. 5 MB/KK). Für das Vorliegen der Voraussetzungen einer „**gemischten Anstalt**" ist die PKV beweispflichtig.[18] Hat der Versicherer eine Leistungszusage nach § 4 Abs. 5 S. 1 MB/KK erteilt, hat er damit sein Entscheidungsermessen endgültig ausgeübt mit der Folge, dass eine gleichwohl vorgenommene **Befristung** oder ein Widerruf der Zusage **unwirksam** sind.[19]

38

Des Weiteren sieht § 5 MB/KK weitere **Risikoausschlüsse** vor, nach denen keine Leistungen für Pflegebedürftigkeit, für ambulante Heilbehandlungen in Heilbädern oder Kurorten – außer bei Akuterkrankung –, bei vorsätzlicher Herbeiführung des Versicherungsfalles und für Kur- und Sanatoriumsbehandlung sowie Rehabilitationsmaßnahmen bestehen. Bei der Behandlung naher Angehöriger beschränkt sich die Leistungspflicht auf die Erstattung der berechnungsfähigen Kosten.

39

---

15 *Wagner*, das Krankenhaus 2005, 85 ff.; BGH – IV ZR 69/76, NJW 1978, 598 ff.
16 *Zwingel/Preißler*, Kap. 12 Rn 22 ff.
17 BGH – IV ZR 192/04, NJW 2006, 1876 ff.
18 OLG Karlsruhe – 12 U 244/05, VersR 2006, 1203 ff.
19 BGH – IV ZR 257/01, VersR 2003, 360 f.; OLG Zweibrücken – 1 U 154/87, NJW-RR 1991, 607 f.; LG Landshut – 12 S 2792/92, MDR 1994, 141 f.

IV. Folgen der Vertragsverletzung

1. Anzeigepflicht von Risiken (derzeit)

40 Bis zum Abschluss des Vertrages hat der Versicherungsnehmer alle bedeutsamen Gefahrumstände subjektiver wie objektiver Art dem Versicherer anzuzeigen, damit dieser sich Gewissheit verschaffen kann, ob für ihn der Abschluss des Krankenversicherungsvertrages in Frage kommt. Erfüllt der Versicherungsnehmer diesen Anzeigepflichten nicht oder meldet er ihm nachträglich bekannt gewordene Gefahrumstände nicht nach, steht dem Versicherer ab Vertragsschluss **drei Jahre** lang das Rücktrittsrecht aus § 178k VVG zur Seite.

2. Anzeigepflicht von Risiken (künftig)

41 Der vorvertraglichen Anzeigepflicht unterliegt der Versicherungsnehmer gemäß § 19 VVG n.F. zwar weiterhin, soweit diese für den Entschluss des Versicherers, den Vertrag einzugehen, erheblich sind. Die Anzeigepflicht beschränkt sich jedoch auf solche Gefahrumstände, nach denen der Versicherer **in Textform gefragt** hat. Dies gilt auch für die Zeit zwischen Vertragserklärung des Versicherungsnehmers und Vertragsannahme durch den Versicherer.

42 Im Gegenzug erlischt das Rücktrittsrecht in der Regel erst **fünf Jahre** nach Vertragsabschluss; bei Vorsatz oder Arglist des Versicherungsnehmers nach zehn Jahren. Jedoch wurde die Rücktrittsmöglichkeit in § 19 Abs. 3 VVG n.F. für den Versicherer ausgeschlossen, wenn die Anzeigepflichtverletzung weder vorsätzlich noch grob fahrlässig erfolgt ist. In diesem Fall hat der Versicherer die Möglichkeit, den Vertrag binnen Monatsfrist zu kündigen. Das sog. **„Alles oder Nichts"-Prinzip** wurde mit der VVG-Reform aufgegeben. Auch erfolgt der Abschluss des Versicherungsvertrages nicht mehr im Policemodell, sondern durch Vertragserklärung und Annahme.

§ 12 Arzthaftungsrecht

Steffen Kaiser

Inhalt

A. Die Haftung wegen eines Behandlungsfehlers 1
  I. Grundlagen 1
  II. Der Begriff des Behandlungsfehlers 5
  III. Einzelne Fallgruppen 16
    1. Das Übernahmeverschulden 17
    2. Organisationsverschulden 23
    3. Diagnosefehler 25
    4. Nichterhebung diagnostischer Kontrollbefunde . 28
    5. Therapieauswahlverschulden 31
    6. Therapiefehler 38
    7. Therapeutische Sicherungsaufklärung .. 39
  IV. Besondere Fälle 43
    1. Die Haftung des Arztanfängers 43
    2. Die Haftung des Heilpraktikers 47
    3. Die fehlerhafte Sterilisation und die fehlerhafte Behandlung mit Kontrazeptiva 50
      a) Grundlagen 50
      b) Haftung 52
      c) Besonderheiten bei der Schadensbestimmung 55
        aa) Der Anspruch der Mutter auf Schmerzensgeld 55
        bb) Der Anspruch auf Ersatz des Unterhaltsschadens 56
      d) Beweislast 67
  V. Kausalität 71
    1. Die haftungsbegründende Kausalität 73
    2. Die haftungsausfüllende Kausalität 76
  VI. Beweislast und Beweiserleichterungen 84
    1. Grundsatz 84
    2. Der Anscheinsbeweis ... 85
    3. Das voll beherrschbare Risiko 87
    4. Dokumentationsmängel . 98
    5. Der grobe Behandlungsfehler 99
    6. Der fundamentale Diagnosefehler 107
    7. Die behandlungsfehlerhaft unterlassene Diagnosemaßnahme 110

B. Die ärztliche Aufklärungspflicht 115
  I. Dogmatischer Ausgangspunkt 115
  II. Grundlagen 123
  III. Umfang und Inhalt der Aufklärungspflicht 134
    1. Die Diagnoseaufklärung . 138
    2. Die Behandlungsaufklärung 144
    3. Risikoaufklärung 156
    4. Die Aufklärung über Behandlungsalternativen . 190
    5. Die Hinweispflicht auf weitere diagnostische und therapeutische Möglichkeiten 214
    6. Die Aufklärung bei und über Neulandmethoden und Maßnahmen in der klinischen Erprobung ... 220
    7. Die wirtschaftliche Aufklärung 225
  IV. Das so genannte „therapeutische Privileg" 236
  V. Die therapeutische Sicherungsaufklärung 240
  VI. Die Organisationsaufklärung . 265
    1. Die Aufklärung über mögliche zukünftige Behandlungsfehler 267
    2. Die Aufklärung über die Qualifikation des behandelnden Arztes und über von diesem in der Vergangenheit begangene Behandlungsfehler 280
    3. Die Aufklärung nach der Behandlung über einen hierbei eingetretenen Behandlungsfehler oder ein verwirklichtes Risiko . 287

a) Die Aufklärungspflicht als Hauptleistungspflicht 288
b) Die Aufklärungspflicht unter dem Gesichtspunkt der therapeutischen Sicherungsaufklärung 290
c) Die Aufklärungspflicht unter dem Gesichtspunkt des allgemeinen Persönlichkeitsrechts 295
d) Die Aufklärungspflicht unter dem Gesichtspunkt der wirtschaftlichen Aufklärung 297
4. Die Aufklärung über die Beteiligung eines Arztanfängers 303
5. Die Aufklärung über ein Unterschreiten des medizinischen Standards . 308
6. Die Aufklärung über eigene suboptimale Behandlungsbedingungen und „bessere" Konkurrenzbehandler 314
VII. Die Form der Aufklärung . . 326
VIII. Der Zeitpunkt der Aufklärung 333
IX. Fehlende Aufklärungsfähigkeit und mutmaßliche Einwilligung 352
X. Der Aufklärungspflichtige . . 358
XI. Die Aufklärung von minderjährigen Patienten 359
 1. Der Grundsatz der Einwilligungsfähigkeit . . 360
 2. Die Bestimmung der Einwilligungsfähigkeit . . 366
 3. Die rechtlichen Konsequenzen der Einwilligungsfähigkeit . 378
 4. Die Rechte von einwilligungsunfähigen Minderjährigen 388
 5. Die Einwilligung durch die gesetzlichen Vertreter in der Praxis 396
XII. Die Aufklärung von psychisch kranken Patienten 398
XIII. Die Aufklärung von fremdsprachigen Patienten . . 400
XIV. Ärztliche Eingriffe nach dem Tod des Patienten 403
XV. Die Person des Haftungsschuldners 405
XVI. Kausalität und Schutzzweck . 406
 1. Fehlende Aufklärungsbedürftigkeit 407
 2. Rechtmäßiges Alternativverhalten 409
 3. Aufklärungsmangel und Schutzzweck 417
XVII. Beweislast 422

C. Die ärztliche Dokumentationspflicht 427
I. Definition 427
II. Rechtlicher Ausgangspunkt . 429
III. Zweck der Dokumentation . . 431
 1. Therapiesicherung 431
 2. Rechenschaftspflicht . . . 433
 3. Beweissicherung 436
IV. Inhalt und Umfang der Dokumentation 446
V. Form der Dokumentation . . . 455
VI. Zeitpunkt der Dokumentation 458
VII. Die dokumentationspflichtige Person 463
VIII. Folgen einer Verletzung der Dokumentationspflicht 466

D. Patientenverfügung und Vorsorgevollmacht 475
I. Ausgangspunkt 475
II. Die Patientenverfügung 484
 1. Begriff und Inhalt der Patientenverfügung 484
 2. Die rechtliche Bedeutung der Patientenverfügung . 486
 3. Die Voraussetzungen einer Patientenverfügung 496
  a) Persönliche Voraussetzungen 497
  b) Form 499
  c) Gültigkeitsdauer 501
  d) Aufklärung 506
 4. Widerruf 512
III. Die Vorsorgevollmacht 514
 1. Die Bedeutung der Vorsorgevollmacht 514
 2. Die Voraussetzungen der Vorsorgevollmacht 518
  a) Persönliche Voraussetzungen des Vollmachtgebers . . . 518
  b) Persönliche Voraussetzungen des Bevollmächtigten 520

c) Form 522
d) Widerruf 524
e) Aufklärung 525
3. Die Entscheidung des Bevollmächtigten 526
4. Die Überprüfbarkeit der Entscheidung 527
IV. Zusammenfassung 531

Literatur

Ahrens, Ärztliche Aufzeichnungen und Patienteninformationen, NJW 1983, 2609; **Amelung**, Über die Einwilligungsfähigkeit, ZStW 104 (1992), 525; **Andres**, Zur Ergänzung und Berichtigung von Krankenunterlagen, ArztR 1994, 133; **Ankermann**, Verlängerung sinnlos gewordenen Lebens?, MedR 1999, 387; **Bäumler**, Medizinische Dokumentation und Datenschutzrecht, MedR 1998, 400; **Barnikel**, Zum Einsichtsrecht in die Krankenunterlagen in der höchstrichterlichen Rechtsprechung, VersR 1989, 23; **Baumann/Hartmann**, Die zivilrechtliche Absicherung der Patientenautonomie am Ende des Lebens aus der Sicht der notariellen Praxis, DNotZ 2000, 594; **Bavasto**, Das Hirnversagen und das Transplantationsgesetz, ZRP 1999, 114; **Berger**, Privatrechtliche Gestaltungsmöglichkeiten zur Sicherung der Patientenautonomie am Ende des Lebens, JZ 2000, 797; **Bäumler**, Medizinische Dokumentation und Datenschutzrecht, MedR 1998, 400; **Bender**, Creutzfeldt-Jakob-Erkrankung und ärztliche Aufklärungspflicht vor der Anwendung von Blutprodukten, MedR 2001, 221; **ders.**, Organtransplantation und AMG, VersR 1999, 419; **ders.**, Das postmortale Einsichtsrecht in Krankenunterlagen, 1998; **ders.**, Der Umfang der ärztlichen Dokumentationspflicht, VersR 1997, 918; **Berger**, Privatrechtliche Gestaltungsmöglichkeiten zur Sicherung der Patientenautonomie am Ende des Lebens, JZ 2000, 797; **Berg-Winters**, Der Anscheinsbeweis im Arzthaftungsrecht, 2004; **Bruns/Debong/Andreas**, Das neue Transplantationsgesetz. Was müssen die Krankenhausärzte beachten, ArztR 1998, 283; **Damm**, Prädikative Medizin und Patientenautonomie, MedR 1999, 437; **Dettmayer/Madea**, Zur Aufklärungsproblematik bei geplanten intraoperativen Schnellschnitt-Untersuchungen und intraoperativen Zufallsbefunden mit Operationserweiterung, MedR 1998, 247; **Deutsch**, Medizinrecht, 4. Auflage 1999; **ders.**, Die Anfängeroperation: Aufklärung, Organisation, Haftung und Beweislastumkehr, NJW 1984, 650; **Eberbach**, Staatliche Genehmigung zum Sterben?, MedR 2000, 267; **ders.**, Grundsätze zur Aufklärungspflicht bei nicht voll Geschäftsfähigen, MedR 1986, 14; **ders.**, Familienrechtliche Aspekte der Humanforschung an Minderjährigen, FamRZ 1982, 450; **Eibach**, Künstliche Ernährung um jeden Preis?, MedR 2002, 123; **ders.**, „Du sollst Menschenleben nicht töten!" – Zwischen aktiver und passiver Sterbehilfe, MedR 2000, 10; **Eibach/Schaefer**, Patientenautonomie und Patientenwünsche, MedR 2001, 21; **Eisenbart**, Die Stellvertretung in Gesundheitsangelegenheiten, MedR 1997, 305; **Hessler**, Das Ende des Selbstbestimmungsrechts?, MedR 2003, 13; **Franzki**, Von der Verantwortung des Richters für die Medizin – Entwicklung und Fehlentwicklungen der Rechtsprechung zur Arzthaftung, MedR 1994, 171; **Fuchs**, Das Beweismaß im Arzthaftungsprozess, 2004; **Gehrlein**, Grundriss der Arzthaftpflicht, 2. Auflage 2006; **ders.**, Neuere Rechtsprechung zur Arzt-Berufshaftung, VersR 2004, 1488; **ders.**, Anmerkung zu BGH vom 30.1.2001, VersR 2001, 593; **Geiß/Greiner**, Arzthaftpflichtrecht, 5. Auflage 2006; **Giebel/Wienke** u.a., Das Aufklärungsgespräch zwischen Wollen, Können und Müssen, NJW 2001, 863; **Giesen**, Arzthaftungsrecht, 4. Auflage 1994; **Grafe**, Praktische Erfahrungen mit der Patientenverfügung, ArztR 2006, 284; **Grupp**, Rechtliche Probleme alternativer Behandlungsmethoden, MedR 1992, 256; **Hart**, Organisationsaufklärung, MedR 1999, 47; **ders.**, Heilversuch, Entwicklung therapeutischer Strategien, klinische Prüfung und Humanexperiment, MedR 1994, 94; **Heilmann**, Der Stand der deliktischen Arzthaftung, NJW 1990, 1513; **Hesse**, Grundzüge des Verfassungsrechts der Bundesrepublik Deutschland, 20. Auflage 1999; **Hoppe**, Der Zeitpunkt der Aufklärung des Patienten, NJW 1978, 782; **Jakobi/May/Kielstein/Bienwald**, Ratgeber Patientenverfügungen, 2002; **Jorzig**, Der Amtsermittlungsgrundsatz im Arzthaftungsprozess, 2001; **Katzenmeier**, Aufklärung über neue medizinische Behandlungsmethoden – Robodoc, NJW 2006, 2738; **Kendel/Debong**, Aktuelles Gespräch zur Dokumentation der Krankenhausbehandlung, ArztR 1991, 239; **Kern**, Fremdbestimmung bei der Einwilligung in ärztliche Eingriffe, NJW 1994, 753; **Kloesel/Cyran**, Arzneimittelrecht, Kommentar Loseblatt Stand 2007; **Kloppenborg**, Ärztliche Aufklärungspflicht beim alten Menschen, MedR 1986, 18; **Knöpfel**, Zur Neuordnung des elterlichen Sorgerechts, FamRZ 1977, 600, 605; **Koenig**, Haftung der Krankenanstalt für Pflegefehler, VersR 1972, 914; **Kothe**, Die rechtfertigende Einwilligung AcP 185 (1985), 104; **Kullmann**, Schadensersatzpflicht bei Verletzung der ärztlichen Aufklärungspflicht bzw. des Selbstbestimmungsrechts des Patienten in der Entstehung eines Eingriffsschadens, VersR 1999, 1190; **Kutzer**, Sterbehilfeproblematik in Deutschland: Rechtsprechung und Folgen für die klinische Praxis, MedR 2001, 77; **ders.**, Wir brauchen keine neuen Gesetze zur Sterbehilfe, ZRP 1997, 117; **Laufs/Uhlenbruck**, Handbuch des Arztrechts, 3. Auflage 2002; **Lenkaitis**, Krankenunterlagen aus juristischer, insbesondere zivilrechtlicher Sicht, 1979; **Lesch**, Die strafrechtliche Einwilligung beim HIV-Antikörpertest an Minderjährigen, NJW 1989, 2309; **Mangelsdorf**, Anmerkung zu AG Leipzig vom 30.5.2003, MedR 2003, 583; **Mittenzwei**, Anmerkung zu AG Celle vom 9.2.1987, MedR 1988, 43; **Nixdorf**, Befunderhebungspflicht und voll beherrschbare Risiken in der Arzthaftung: Beweislastverteilung im Fluss, VersR 1996, 160; **Nicke/Schmidt-Preisigke/Sengler**, Transplantationsgesetz, 2001; **Oehler**,

Arzthaftpflichtverfahren mutieren zum Glaubensprozess, VersR 2000, 1078; **Opderbecke/Weissauer**, Ärztliche Dokumentation und Pflegedokumentation, MedR 1984, 211; **Pannek/Oppel/Wolf**, Die Patientenaufklärung vor epilepsiechirurgischen Operationen, ArztR 2001, 200; **Peter**, Die Beweissicherungspflicht des Arztes, NJW 1988, 751; **Pfeffer**, Patientenrechte und Bürgerbeteiligung – Stand und Perspektiven der Umsetzung individueller Patientenrechte, MedR 2002, 250; **Pflüger**, Patientenaufklärung über Behandlungsqualität und Versorgungsstrukturen – Erweiterte Haftungsrisiken für Arzt und Krankenhaus?, MedR 2000, 6; **Pollandt**, Juristische Anmerkungen zum Umgang mit Patientenverfügungen, ArztR 2006, 287; **Potrett**, Selbstbestimmungsaufklärung in der Orthopädie und Traumatologie – eine Standortbestimmung, ArztR 2007, 88; **Reiserer**, Schwangerschaftsabbruch durch Minderjährige im vereinten Deutschland, FamRZ 1991, 1136; **Reiter**, Zwischen Ärztepflicht und Patientenautonomie – Neuer Richtlinienentwurf der Bundesärztekammer zur Sterbehilfe, MedR 1997, 412; **Rixen/Höfling/Kuhlmann/Westhofen**, Zum rechtlichen Schutz der Patientenautonomie in der ressourcenintensiven Hochleistungsmedizin: Vorschläge zur Neustrukturierung des Aufklärungsgespräches, MedR 2003, 191; **Rothärmel/Wolfslast/Fegert**, Informed consent, ein kinderfeindliches Konzept?, MedR 1999, 293; **Rouka**, Das Selbstbestimmungsrecht des Minderjährigen bei ärztlichen Eingriffen, 1996; **Saenger**, Die Arzthaftpflicht im Prozess, VersR 1991, 743; **Saliger**, Sterbehilfe und Betreuungsrecht, MedR 2004, 237; **Sass/Kielstein**, Patientenverfügung und Betreuungsvollmacht, 2001; **Schellenberg**, Non-Compliance und Arzthaftung, VersR 2005, 1620; **Schimmelpfeng-Schütte**, Entgegnung zu Klaus Kutzer: Sterbehilfeproblematik in Deutschland: Rechtsprechung und Folgen für die klinische Praxis (MedR 2001, 77 ff.), MedR 2002, 146; **Schaffer**, Die Aufklärungspflicht des Arztes bei invasiven medizinischen Maßnahmen, VersR 1993, 1458; **Schelling/Erlinger**, Die Aufklärung über Behandlungsalternativen, MedR 2003, 331; **Scherer**, Schwangerschaftsabbruch bei Minderjährigen und elterliche Zustimmung, FamRZ 1997, 589; **Schmid**, Über den notwendigen Inhalt ärztlicher Dokumentation, NJW 1987, 681; **Schmidt/Madea**, Grenzen ärztlicher Behandlungspflicht am Ende des Lebens, MedR 1998, 406; **Schmidt-Beck**, Die Dokumentationspflichtverletzung und ihre Folgen im Arzthaftungsprozess, 1994; **Solbach**, Aufklärung des Patient über wirtschaftliche Aspekte der Behandlung?, JA 1986, 419; **Stackmann**, Rechtliche Problem der Behandlung Schwerkranker und Sterbender, MedR 2003, 490; **Steffen**, Mehr Schutz für die Patientenrechte durch ein Patienten-Schutzgesetz oder eine Patienten-Charta?, MedR 2002, 190; **Steffen/Dressler/Pauge**, Arzthaftungsrecht, 10. Auflage 2006; **Stegers/Hansis/Alberts/Scheuch**, Der Sachverständigenbeweis im Arzthaftungsrecht, 2002; **Stöhr**, Aufklärungspflichten in der Zahnheilkunde, MedR 2004, 156; **Storr**, Der rechtliche Rahmen für die Entscheidung zum Therapieabbruch, MedR 2002, 436; **Strätling/Fieber/Sedemund-Adib/Schmucker**, Mittelbare Folgen der BGH-Sterbehilfeentscheidung zum „Lübecker Fall" für das Deutsche Medizin- und Betreuungsrecht, MedR 2004, 433; **Strätling/Lipp/May/Kutzer/Glogner/Schlaudraff/Neumann/Simon**, Passive und indirekte Sterbehilfe – Eine praxisorientierte Analyse des Regelungsbedarfs gesetzlicher Rahmenbedingungen in Deutschland, MedR 2003, 483; **Strätling/Eisenbart/Scharf**, Stellvertreterentscheidungen in: Gesundheitsfragen unter epidemiologischen Gesichtspunkten: Wie realistisch sind die Vorgaben des deutschen Betreuungsrechts?, MedR 2000, 251; **Strätling/ScharfWedel/Oehmichen/Eisenbart**, Möglichkeiten zur Verminderung rechtlicher und ethischer Probleme bei der Behandlung einwilligungsfähiger oder von Einwilligungsunfähigkeit bedrohter Patienten, MedR 2001, 385; **Taupitz**, Die Vertretung kollektiver Patienteninteressen, MedR 2003, 7; **ders.**, Aufklärung über Behandlungsfehler: Rechtspflicht gegenüber dem Patienten oder ärztliche Ehrenpflicht, NJW 1992, 713; **Terbille/Schmitz-Herscheidt**, Zur Offenbarungspflicht bei ärztlichen Behandlungsfehlers, NJW 2000, 1749; **Tolmein**, Der Entwurf der Richtlinien zur Sterbehilfe der Bundesärztekammer – Absage an die Rechtsprechung des Bundesgerichtshofes oder Rückzug aus der Auseinandersetzung?, MedR 1997, 534; **Trockel**, Die Einwilligung Minderjähriger in den ärztlichen Heileingriff, NJW 1972, 1493, 1496; **Verrel**, Zivilrechtliche Vorsorge ist besser als strafrechtliche Kontrolle, Zum Stellenwert von Patientenverfügung, Betreuungsverfügung, Vorsorgevollmacht und vormundschaftsgerichtlicher Genehmigung, MedR 1999, 547; **ders.**, Der BGH legt nach: Zulässigkeit der indirekten Sterbehilfe, MedR 1997, 248; **Vossler**, Bindungswirkung von Patientenverfügungen?, ZRP 2002, 295; **Walter**, Organentnahme nach dem Transplantationsgesetz – Befugnise der Angehörigen, FamRZ 1998, 203; **Weber**, Die Patientenverfügung – eine Hilfe für Mediziner und Juristen?!, ArztR 2004, 300; **Weissauer/Opderbecke**, ein Vorschlag für Leitlinien – Grenzen der intensivmedizinischen Behandlungspflicht, MedR 1998, 395; **Wendt**, Die ärztliche Dokumentation, 2001; **Wertenbruch**, Der Zeitpunkt der Patientenaufklärung, MedR 1995, 306; **ders.**, Die Aufklärung über das intraoperative Schnellschnittverfahren bei Tumoroperationen, MedR 1993, 457; **Wölk**, Der minderjährige Patient in der ärztlichen Behandlung, MedR 2001, 80; **Wunder**, Medizinische Entscheidungen am Lebensende und der mutmaßliche Wille, MedR 2004, 319.

A. Die Haftung wegen eines Behandlungsfehlers

I. Grundlagen

1 Der Arzt haftet grundsätzlich für Qualitätsmängel der von ihm erbrachten ärztlichen Behandlung. Diese Haftung besteht sowohl unter vertraglichen (§ 280 BGB) als auch

unter deliktischen Gesichtspunkten (§ 823 Abs. 1 BGB). Der Arzt schuldet dem Patienten sowohl vertraglich als auch deliktisch eine sachgerechte ärztliche Versorgung.[1] Die den Arzt aus dem Behandlungsvertrag treffenden Behandlungspflichten sind dabei mit den ihn deliktisch treffenden Sorgfaltspflichten identisch.[2] Es besteht insoweit eine Strukturgleichheit.[3] Beide Pflichten richteten sich auf eine den Regeln der ärztlichen Kunst entsprechende Versorgung des Patienten mit dem Ziel der Wiederherstellung seiner körperlichen und gesundheitlichen Integrität.[4]

Da nunmehr auch der vertragliche Schadensersatzanspruch die Zahlung von Schmerzensgeld umfasst (§ 253 Abs. 2 BGB) und sowohl vertragliche als auch deliktische Ansprüche einheitlich in drei Jahren verjähren (§ 195 BGB), beschränkt sich der Unterschied zwischen beiden Rechtsinstituten auf die Haftung für Hilfspersonen. Während der Arzt vertraglich uneingeschränkt für das Verschulden seiner Erfüllungsgehilfen haftet (§ 278 BGB), bleibt dem bloßen Deliktsschuldner die Exkulpationsmöglichkeit für das Verschulden der von ihm beauftragten Verrichtungsgehilfen (§ 831 BGB).

Die Haftung des Arztes unter dem Gesichtspunkt des Behandlungsfehlers erfordert, dass der Patient aufgrund eines Behandlungsfehlers des Arztes einen Gesundheitsschaden erlitten hat. Diese Haftung ist damit an drei Voraussetzungen geknüpft:
- einen Behandlungsfehler des Arztes
- einen Gesundheitsschaden des Patienten und
- die Kausalität zwischen dem Behandlungsfehler und dem Schaden.

Der Arzt haftet nicht für solche Folgen, die dem Patienten auch bei einer Behandlung lege artis entstanden wären. Zu beachten ist insoweit, dass der Patient regelmäßig durch seine Krankheit vorgeschädigt ist. Dieses Krankheitsrisiko verbleibt auch nach der Übernahme der Behandlung beim Patienten.[5] Das Risiko, dass die Behandlung fehlschlägt oder dass sich Komplikationen einstellen, hat grundsätzlich der Patient zu tragen. Der Behandlungsvertrag (ein Vertrag sui generis[6]) entspricht seiner Natur nach dem Dienstvertrag, nicht dem Werkvertrag. Der Arzt schuldet eben nicht den Behandlungserfolg, sondern nur eine Behandlung lege artis.[7] Ohne die Behandlung hat der Patient das Risiko seiner unbehandelten Krankheit zu tragen. Dieses Krankheitsrisiko setzt sich nach Übernahme der Behandlung in dem Behandlungsrisiko fort. Der Patient hat sozusagen das Krankheitsrisiko gegen das Behandlungsrisiko eingetauscht.[8]

II. Der Begriff des Behandlungsfehlers

Unter einem Behandlungsfehler ist ein Unterschreiten des ärztlichen Qualitätsstandards zu verstehen. Ausschlaggebend ist damit der ärztliche Standard und nicht der unter Umständen weiter gehende und nur in einigen Forschungseinrichtungen erreichte Stand der medizinischen Wissenschaft.[9] Der medizinische Standard hat Bedeutung für Be-

---

1 BGH v. 20.9.1988 – NJW 1989, 767 ff.
2 BGH v. 20.9.1988 – NJW 1989, 767 ff.
3 *Gehrlein*, B Rn 3.
4 BGH v. 20.9.1988 – NJW 1989, 767 ff.
5 *Geiß/Greiner*, B Rn 1; *Steffen/Dressler/Pauge*, Rn 128.
6 *Geiß/Greiner*, A Rn 4.
7 *Steffen/Dressler/Pauge*, Rn 129.
8 *Geiß/Greiner*, B Rn 1; *Steffen/Dressler/Pauge*, Rn 128.
9 So ausdrücklich *Gehrlein*, B Rn 4.

handlungszeit, Behandlungsort und die vom Arzt konkret zu erbringende Behandlungsmaßnahme.[10] Ausschlaggebend für die vom Arzt geschuldeten Sorgfaltspflichten sind damit in erster Linie die Maßstäbe der Medizin. Der medizinische Standard wird damit grundsätzlich von den Medizinern selbst festgelegt und nicht von den Juristen.[11] Zur Bestimmung des medizinischen Standards bedarf es deshalb der Hinzuziehung eines medizinischen Sachverständigen.[12] Eigene Maßstäbe setzen die Gerichte grundsätzlich nur dann, wenn es nicht um die medizinische Behandlung im engeren Sinne geht, sondern um die Rahmenbedingungen der Behandlung.[13] Solche originär rechtlich zu beantwortenden Fragen betreffen etwa die Organisation des Krankenhaus- oder Praxisbetriebes (z.B. Einrichtung und Organisation eines Wochenend- und Nachtdienstes), die Überwachung und Sicherung des Patienten (z.B. Schutz suizidgefährdeter Patienten, Bettgitter, Klingel an den Krankenhausbetten) die Verkehrssicherungspflichten (z.B. nächtliche Beleuchtung auf den Gängen einer Station) oder die therapeutische Sicherungsaufklärung (z.B. Hinweis auf das Versagerrisiko nach einer Sterilisation, Hinweis auf die eingeschränkte Fahrtüchtigkeit nach einer Anästhesie). In diesem Bereich gilt, dass auch dem vielfach Üblichen mit dem Maß des rechtlich Erforderlichen entgegen getreten werden kann.[14] Besonders bei diesen Rahmenbedingungen des medizinischen Handelns hat das Recht die Aufgabe, den medizinischen Standard zu kontrollieren und gegebenenfalls zu korrigieren.[15]

6 Bei dem medizinischen Standard handelt es sich nicht um ein starres, festgeschriebenes Regelwerk, sondern um die täglich neu festzustellende medizinische Praxis. Diese befindet sich im Fluss und ist fortlaufenden Änderungen unterworfen. Jedem Arzt verbleibt dabei grundsätzlich ein gewisser Beurteilungs- und Entscheidungsspielraum. Im Einzelfall kann der Arzt deshalb mit Rücksicht auf die Besonderheiten des Patienten und dessen individuellen Bedürfnisse auch vom medizinischen Standard abweichen, ohne damit notwendigerweise behandlungsfehlerhaft zu handeln.[16]

7 Bei der Bestimmung des medizinischen Standards ist jeweils der in dem betreffenden Fachkreis **objektiv** bestehende Sorgfaltsmaßstab zugrunde zu legen. Der jeweils behandelnde Arzt muss den für ihn geltenden Standard einhalten. Der Standard begrenzt den anzulegenden Sorgfaltsmaßstab dabei in beide Richtungen, nach oben und nach unten. Das bedeutet zum einen, dass der Arzt behandlungsfehlerhaft handelt, wenn er den objektiven Standard unterschreitet. Zum anderen bedeutet die Begrenzung auf den Standard, dass der Arzt nicht verpflichtet ist, therapeutische oder diagnostische Maßnahmen anwenden, die derzeit nur in wenigen Spezialeinrichtungen praktiziert werden.[17] Der Patient hat damit grundsätzlich keinen Anspruch darauf, dass bei ihm die neusten, modernsten, schonendsten und mit am wenigsten Risiken verbundenen Diagnose- und Therapiemaßnahmen eingesetzt werden.[18] Er hat allein Anspruch auf eine Behandlung

---

10 *Gerda Müller*, Neue Entwicklungen in der Arzthaftungsrechtsprechung, Vortrag vor dem 4. Deutschen Medizinrechtstag der Stiftung Gesundheit v. 26.–27. September 2003.
11 *Geiß/Greiner*, B Rn 9; *Gerda Müller*, Neue Entwicklungen in der Arzthaftungsrechtsprechung, Vortrag vor dem 4. Deutschen Medizinrechtstag der Stiftung Gesundheit v. 26.–27. September 2003.
12 *Geiß/Greiner*, B Rn 9; *Gerda Müller*, Neue Entwicklungen in der Arzthaftungsrechtsprechung, Vortrag vor dem 4. Deutschen Medizinrechtstag der Stiftung Gesundheit v. 26.–27. September 2003.
13 *Gerda Müller*, Neue Entwicklungen in der Arzthaftungsrechtsprechung, Vortrag vor dem 4. Deutschen Medizinrechtstag der Stiftung Gesundheit v. 26.–27. September 2003.
14 *Geiß/Greiner*, B Rn 2.
15 *Steffen/Dressler/Pauge*, Rn 151.
16 So auch *Steffen/Dressler/Pauge*, Rn 153.
17 *Geiß/Greiner*, B Rn 9.
18 BGH v. 22.9.1987 – NJW 1988, 763; *Geiß/Greiner*, B Rn 9.

A. Die Haftung wegen eines Behandlungsfehlers § 12

entsprechend dem ärztlichen Standard. Das Landgericht Nürnberg-Fürth hat in einer jüngeren Entscheidung[19] folgerichtig entschieden, dass ein Patient einen „Off-Label-Use" eines Medikaments nicht mit der Konsequenz beanspruchen kann, dass eine unterbliebene Verordnung des Medikaments einen ärztlichen Behandlungsfehler darstellen würde. Dies ergibt sich bereits daraus, dass der Arzt eine Behandlung nach dem zum Zeitpunkt der Behandlung zugänglichen und verfügbaren Stand der medizinischen Wissenschaft schuldet. Der Arzt hat daher im Normalfall, den jeweiligen Standard der Schulmedizin zu gewährleisten."[20]

Bei Aufkommen einer neuen, „besseren" Technik gibt es Übergangsfristen, in denen die herkömmliche Methode zunächst den alleinigen Standard darstellt, dann alte und neue Methode nebeneinander angewendet werden können und schließlich die Anwendung der alten Methode nicht mehr dem Standard entspricht und ihre Verwendung damit behandlungsfehlerhaft ist. Dem Arzt wird also eine gewisse Karenzzeit für die Einführung und Erprobung der neuen Methode bzw. die Anschaffung des neuen oder die Umrüstung des vorhandenen Geräts zugebilligt.[21] Ist eine neue Methode 8

- wissenschaftlich erprobt und
- bietet sie entweder bei gleichen Risiken bessere Heilungschancen oder bei gleichen Heilungschancen geringere Risiken und
- hat sie sich in der Praxis nicht nur auf wenige Spezialeinrichtungen beschränkt durchgesetzt

dann begründet die Verwendung der alten Methode einen Behandlungsfehler. Dies gilt auch dann, wenn die alte Methode nach wie vor an zahlreichen Kliniken angewendet wird.[22] Der BGH führt hierzu wörtlich aus:

> *„Nach der Rechtsprechung des erkennenden Senates ist zwar die Wahl der Behandlungsmethode primär Sache des Arztes. Er braucht deshalb auch nicht das jeweils neueste Therapiekonzept zu verfolgen. Eine bestimmte Behandlungsmethode genügt aber von dem Zeitpunkt ab nicht mehr dem einzuhaltenden Qualitätsstandard, wenn es neue Methoden gibt, die risikoärmer oder für den Patienten weniger belastend sind und/oder bessere Heilungschancen versprechen und in der medizinischen Wissenschaft im Wesentlichen unumstritten sind."*[23]

Bietet die neue Methode zwar die größeren Heilungschancen, ist sie jedoch mit wesentlich größeren oder mit anderen, nicht vergleichbaren Risiken verbunden, dann können unter dem Gesichtspunkt des Behandlungsfehlers grundsätzlich beide Methoden angewendet werden. Es ist dann Inhalt des Selbstbestimmungsrechts des Patienten, sich nach ausführlicher Beratung und Aufklärung durch den behandelnden Arzt für eine der Methoden zu entscheiden. Hierauf wird unter Rn 190 ff. näher eingegangen. 9

Im Arzthaftungsrecht wird ausschließlich ein **objektiver** Fahrlässigkeitsbegriff zugrunde gelegt.[24] Das bedeutet, dass der behandelnde Arzt sich **nicht** darauf berufen kann, dass er aufgrund seiner individuellen Situation (Überarbeitung, Übermüdung, fehlende Erfahrung, fehlende Vertrautheit mit einem medizinischen Gerät) subjektiv entschuld- 10

---

19 LG Nürnberg-Fürth v. 27.10.2005 – 4 O 10813/02, ZMGR 2006, 142–147.
20 So LG Nürnberg-Fürth v. 27.10.2005 – 4 O 10813/02, ZMGR 2006, 142–147.
21 *Gehrlein*, B Rn 11; *Steffen/Dressler/Pauge*, Rn 147.
22 *Steffen//Dressler/Pauge*, Rn 147.
23 BGH – VI ZR 389/90, NJW 1992, 754–756.
24 BGH – VI ZR 206/90, BGHZ 113, 297–309 = NJW 1991, 1535–1538 = MDR 1991, 519–520.

bar gehandelt hat.[25] Eine objektive Sorgfaltspflichtverletzung des Arztes ist unter zivilrechtlichen Gesichtspunkten damit stets auch subjektiv vorwerfbar.[26]

11 Obwohl ein objektiver Fahrlässigkeitsbegriff gilt, ist bei der Bestimmung des anzuwendenden Sorgfaltsmaßstabs eine Differenzierung unter dem Gesichtspunkt der Gruppenfahrlässigkeit geboten.[27] Es ist nach dem Standard der einzelnen Fachkreise zu unterscheiden. Hierzu gilt Folgendes: Bei Allgemeinmedizinern ist deren Standard zugrunde zu legen. Höher als der Standard des Allgemeinmediziners ist der so genannte Facharztstandard, den alle anderen Fachärzte erfüllen müssen. Ein Arzt für Allgemeinmedizin schuldet damit grundsätzlich ein geringeres Maß an Sorgfalt und Können als ein Facharzt einer anderen Sparte.[28] In jedem Krankenhaus muss die ärztliche Behandlung zumindest den Standard eines erfahrenen Facharztes einhalten. Der erforderliche Standard kann auch darüber hinausgehen. Dabei ist zwischen den einzelnen Krankenhauskategorien zu differenzieren. Auszugehen ist zunächst vom Standard des kommunalen Krankenhauses. Darüber liegt der Standard der Landesklinik. Am höchsten schließlich ist der anzulegende Standard in Universitätskliniken und Spezialkrankenhäusern.

12 Soweit der behandelnde Arzt über spezielle Kenntnisse verfügt, die den anzulegenden (Facharzt-)Standard übersteigen, ist er verpflichtet, diese Spezialkenntnisse einzusetzen.[29] Dasselbe gilt, wenn der behandelnde Arzt diagnostische Maßnahmen ergreift, die den Standard übersteigen. Gewinnt der Arzt durch derartige Maßnahmen weitere Erkenntnisse, muss er auch diese berücksichtigen, sonst liegt ein Behandlungsfehler vor.[30] Besitzt der niedergelassene, behandelnde Arzt oder das Krankenhaus seltene oder ungewöhnlich teure medizinische Geräte oder Medikamente, die über den anzulegenden Standard hinausgehen, dann sind diese auch zum Wohle des Patienten anzuwenden, wenn ihre Anwendung medizinisch indiziert ist.[31]

13 Maßgeblicher Zeitpunkt für die Beurteilung des Standards ist der Zeitpunkt der Durchführung der Behandlung. Nachträgliche gewonnene Erkenntnisse der medizinischen Wissenschaft gehen nicht zu Lasten des Arztes. Rechtfertigen spätere wissenschaftliche Erkenntnisse dagegen die von dem Arzt gewählte Vorgehensweise, wirkt sich dies zu seinen Gunsten aus.[32] Eine aus der ex-ante Sicht behandlungsfehlerhafte Maßnahme des Arztes kann durch spätere Befunde gerechtfertigt werden, wenn sich daraus ergibt, dass das ärztliche Handeln aus der ex-post Sicht richtig gewesen ist. Zu beachten ist allerdings, dass nachträgliche Befunde nichts an der Rechtswidrigkeit eines Eingriffs ändern, der ohne die erforderliche Aufklärung und damit ohne wirksame Einwilligung vorgenommen worden ist.[33]

14 Mit der Übernahme der Behandlung übernimmt der Arzt zugleich auch die Verantwortung für die Gesundheit des Patienten. Es entsteht sowohl vertraglich als auch deliktisch eine so genannte Garantenstellung. Aus rechtlicher Sicht macht es deshalb keinen Unterschied, ob der Arzt dem Patienten einen Schaden durch die Vornahme einer fehler-

---

25 *Geiß/Greiner*, B Rn 2; *Gehrlein*, B Rn 5a und 9.
26 *Gehrlein*, B Rn 9.
27 BGH – VI ZR 206/90, BGHZ 113, 297–309 = NJW 1991, 1535–1538 = MDR 1991, 519 f.
28 BGH – VI ZR 94/96, NJW 1997, 3090; BGH – VI ZR 206/90, BGHZ 113, 297–309 = NJW 1991, 1535–1538 = MDR 1991, 519–520.
29 BGH – VI ZR 94/96, NJW 1997, 3090; BGH – VI ZR 68/86, NJW 1987, 1479; *Geiß/Greiner*, B Rn 4; *Gehrlein*, B Rn 9.
30 OLG Düsseldorf VersR 1992, 494.
31 BGH – VI ZR 217/87, NJW 1988, 2949; *Gehrlein*, B Rn 11.
32 *Gehrlein*, B Rn 12.
33 Eindrucksvoll BGH v. 18.3.2003 – VI ZR 266/02, NJW 2003, 1862; *Geiß/Greiner*, B Rn 9.

haften Behandlung oder durch das Unterlassen der richtigen Behandlung zufügt. Unter dem Aspekt der Garantenstellung begründen beide Begehungsformen (das aktive Tun und das Unterlassen) gleichermaßen eine Haftung des Arztes.[34]

Der BGH führt in diesem Zusammenhang wörtlich aus:

> *„Ist, wovon das Berufungsgericht ausgeht, bei der ärztlichen Behandlung des Klägers im Kreiskrankenhaus M. gegen diese Sorgfaltsanforderungen verstoßen worden, so hat der Beklagte sowohl vertraglich als auch deliktisch grundsätzlich sämtliche dem Kläger daraus erwachsenen Nachteile für seine körperliche und gesundheitliche Befindlichkeit zu verantworten, auch soweit sie als „Verhinderung einer nach ärztlicher Kunst voraussichtlich möglichen besseren Heilung" erscheinen. Dabei kommt es entgegen der Auffassung des Berufungsgerichts nicht darauf an, ob das Schwergewicht des vom Beklagten zu verantwortenden Behandlungsfehlers in der Vornahme einer sachwidrigen oder in dem Unterlassen einer sachlich gebotenen Heilmaßnahme zu sehen ist. Da die vom Beklagten geschuldete ärztliche Behandlung ganz der Herstellung der Gesundheit des Klägers verbunden war, geboten sowohl die vertragliche als auch die deliktische Garantenstellung, die der Beklagte insoweit übernommen hatte, die Vornahme aller Behandlungsmaßnahmen, die nach den Regeln der ärztlichen Kunst zur Wiederherstellung der Gesundheit des Klägers erforderlich und möglich waren. Soweit dieses Ziel schuldhaft verfehlt worden ist, ist der Beklagte für den schlechten Gesundheitszustand des Klägers verantwortlich, auch wenn dieser Zustand primär auf der Unfallverletzung beruht."*[35]

III. Einzelne Fallgruppen

In der Rechtsprechung haben sich einzelne Fallgruppen von Behandlungsfehlern gebildet, für welche jeweils besondere Regeln gelten. Diese einzelnen Fallgruppen und ihre Besonderheiten werden im Folgenden dargestellt.

1. Das Übernahmeverschulden

Der Arzt hat die Pflicht, nur solche Behandlungen durchzuführen, deren Standards er kennt und beherrscht. Ein Verschulden des Arztes kann sich deshalb daraus ergeben, dass er eine Behandlung übernimmt, für die ihm die erforderlichen Fachkenntnisse fehlen oder für die er räumlich, personell oder sachlich unzureichend ausgestattet ist.[36] Den Arzt trifft dabei die Pflicht, sich auf seinem Fachgebiet fortwährend auf dem neuesten Stand zu halten. Dazu gehört, dass er sich ständig fortbildet und die auf seinem Fachgebiet einschlägige Fachliteratur regelmäßig liest. Diese Pflicht ist grundsätzlich auf die Lektüre der inländischen Spezialliteratur beschränkt. Wendet der Arzt indes neue Behandlungsmethoden an oder gar Methoden, die sich noch im Stadium der Erprobung befinden, dann ist er darüber hinaus auch verpflichtet, das methodenspezifische ausländische Schrifttum zu berücksichtigen.[37]

Ein Arzt ist dabei nicht darauf beschränkt, die zu seinem Fachgebiet gehörenden Behandlungsmethoden anzuwenden. Allein die Tatsache, dass ein Arzt eine Therapie anwendet, die in ein fremdes Spezialgebiet fällt, führt deshalb nicht zu seiner Haftung.

---

34 BGH v. 20.9.1988 – VI ZR 37/88, NJW 1989, 767 ff.; *Steffen/Dressler/Pauge*, Rn 131.
35 BGH v. 20.9.1988 – VI ZR 37/88, NJW 1989, 767 ff.
36 *Gehrlein*, B Rn 31; *Geiß/Greiner*, B Rn 11.
37 *Gehrlein*, B Rn 32; *Geiß/Greiner*, B Rn 12; *Steffen/Dressler/Pauge*, Rn 169.

Übernimmt der Arzt indes Behandlungsmethoden eines fremden Fachgebiets, dann hat er für die dort herrschenden Qualitätsstandards einzustehen.[38]

19 Jeder Arzt hat vor Übernahme einer Behandlung gewissenhaft zu prüfen, ob er aufgrund seiner Kenntnisse und Fähigkeiten, seiner Erfahrung und seiner apparativen Ausstattung zu einer fachgerechten Behandlung des Patienten in der Lage ist. Bei der Frage, mit welchen Risiken, Gefahren und Komplikationen ein Arzt rechnen musste, ist ein objektiver Maßstab unter Zugrundelegung seines konkreten Ausbildungsstandes anzulegen. Die danach vorauszusetzenden Kenntnisse des jeweiligen Arztes sind mit Hilfe eines medizinischen Sachverständigen zu ermitteln.

20 *Beispiel*
Hätte ein Arzt im zweiten Ausbildungsjahr zum Facharzt für Orthopädie mit dem Auftreten der später aufgetretenen Komplikation rechnen müssen und deshalb einen erfahrenen Facharzt hinzuziehen müssen?

21 Auch dann, wenn ein Arzt die Behandlung eines Patienten zulässigerweise übernimmt, muss er im Laufe der Behandlung fortlaufend selbstkritisch prüfen, ob und inwieweit eine Änderung der Bewertung eingetreten ist und er den Patienten nunmehr nicht weiter alleine behandeln kann. Die Prüfung kann beispielsweise zu dem Ergebnis führen, dass ein Allgemeinmediziner den Patienten zum Facharzt überweisen muss, dass ein Facharzt einen Konsiliarius hinzuziehen muss, dass eine Hebamme den Gynäkologen herbeirufen muss, dass das Krankenhaus den Patienten in eine Spezialklinik überweisen muss oder dass der niedergelassene Arzt die Einweisung des Patienten in ein Krankenhaus veranlassen muss. Behandelt der Arzt den Patienten weiter, obwohl er ihn hätte überweisen müssen, liegt ein so genanntes Übernahmeverschulden vor. Die Unterlassung der Überweisung oder der Hinzuziehung begründet einen Behandlungsfehler.

22 Des Weiteren liegt ein Übernahmeverschulden vor, wenn eine Behandlung übernommen wird, obwohl die hierfür erforderliche technische oder apparative Ausstattung fehlt. Ist die räumliche oder apparative Ausstattung nicht ausreichend, hat der Arzt oder das Krankenhaus den Patienten an einen anderen geeigneten Behandler zu überweisen.[39] So liegt etwa ein Übernahmeverschulden vor, wenn ein Krankenhaus eine Zwillingsgeburt durchführt, obwohl nur ein CTG-Gerät zur Verfügung steht.[40]

2. Organisationsverschulden

23 Arzt und Krankenhaus sind verpflichtet, die Behandlungsabläufe sachgerecht zu organisieren, zu koordinieren und zu überwachen. Wird gegen diese Pflicht verstoßen, kommt eine Haftung unter dem Gesichtspunkt des Organisationsverschuldens in Betracht.[41] Es besteht insoweit die Pflicht, eine Qualitätssicherung zu betreiben, die es gewährleistet, dass der Patient jederzeit und überall entsprechend des anzulegenden Facharztstandards behandelt wird. Dies hat der Behandlungsträger durch entsprechende Richtlinien, Weisungen und organisatorische Maßnahmen sicherzustellen.[42]

---

38 *Gehrlein*, B Rn 33; *Geiß/Greiner*, B Rn 13.
39 *Laufs/Uhlenbruck*, § 43 Rn 8; *Gehrlein*, B Rn 35.
40 BGH – VI ZR 284/93, VersR 1995, 195; *Laufs/Uhlenbruck*, § 43 Rn 8.
41 *Laufs/Uhlenbruck*, § 102 Rn 1; *Geiß/Greiner*, B Rn 18 ff.
42 *Geiß/Greiner*, B Rn 24.

Im Einzelnen: 24

- Es besteht die Pflicht, in den Behandlungsräumen und den Krankenzimmern den hygienischen Standard einzuhalten. Darüber hinaus müssen geeignete Vorkehrungen getroffen werden, dass die verwendeten Materialien den hygienischen Anforderungen genügen. So muss dafür Sorge getragen werden, dass Infusionsflüssigkeiten nicht unsteril werden[43] und dass der zur Desinfektion vorgesehene Alkohol nicht verunreinigt wird.[44]

- Es ist für eine ausreichende Bevorratung der erforderlichen Medikamente und Blutkonserven zu sorgen.[45] Gewinnt ein Krankenhaus die bevorrateten Blutkonserven durch selbst abgenommene Blutspenden, dann muss es alle notwendigen Maßnahmen ergreifen, um sicherzustellen, dass Bluttransfusionen frei von Erregern sind.[46] Die Gefahr für den Patienten, die von Blutkonserven ausgeht, welche mit Hepatitis oder HIV kontaminiert sind, muss auf das unvermeidbare Restrisiko beschränkt werden.[47] Bezieht das Krankenhaus die Blutkonserven von dritter Seite, hat es sicherzustellen, dass es sich um einen zuverlässigen Lieferanten handelt, der die Gewähr dafür bietet, dass der erforderliche Standard und alle gesetzlichen Vorgaben eingehalten werden. In diesem Fall muss die Behandlungsseite die Blutkonserven vor ihrem Einsatz nicht noch einmal selbst durch ihr Labor auf eine mögliche Kontaminierung überprüfen.[48]

- Das Krankenhaus bzw. der niedergelassene Arzt haben die Funktionstüchtigkeit und die ordnungsgemäße Handhabung durch das eingesetzte Personal in geeigneter Weise zu gewährleisten.[49] So sind die medizinischen Geräte regelmäßig auf ihre Funktionsfähigkeit zu überprüfen und zu warten.[50] Sowohl für die Anwendung als auch für die Wartung ist Personal einzusetzen, welches hierfür speziell unterwiesen und geschult worden ist.[51] Auch einfache Materialien (Wärmflasche, Schlauch, Kanüle, Tubus) müssen vor dem Gebrauch zumindest durch äußeren Aspekt vor jedem Einsatz geprüft werden. Diese Kontrolle muss nicht vom Arzt selbst vorgenommen werden, sondern er kann sich hierbei – bei den einfachen! Materialien und Geräten – auf seine Hilfspersonen verlassen. Allerdings muss der Arzt sich zuvor von der charakterlichen und fachlichen Eignung der Hilfsperson überzeugt haben.[52]

- Das Krankenhaus bzw. der niedergelassene Arzt haben geeignetes Personal bereitzustellen und zu überwachen. Der Chefarzt führt die fachliche Aufsicht über den nachgeordneten ärztlichen und nichtärztlichen Dienst und hat dafür zu sorgen, dass seine Mitarbeiter (Oberärzte, Assistenzärzte, MTA, Pflegepersonal) die erforderliche fachliche Qualifikation besitzen.[53] Hierfür müssen die organisatorischen Voraussetzungen geschaffen werden. So müssen Fortbildungsmaßnahmen veranlasst werden und durch Einsatzpläne, Urlaubsvertretungen und Nachtdienste dafür gesorgt werden, dass jederzeit entsprechend dem gebotenen medizinischen Facharztstandard ausreichendes Personal zur Verfügung steht. Auch nachts und an Sonn- und

---

[43] BGH – VI ZR 119/80, NJW 1982, 699.
[44] BGH – VI ZR 81/77, NJW 1978, 1683.
[45] BGH – VI ZR 102/90, NJW 1991, 1541.
[46] BGH – VI ZR 178/90, NJW 1991, 1948; vgl. hierzu auch *Gehrlein*, B Rn 38.
[47] *Gehrlein*, B Rn 38.
[48] *Gehrlein*, B Rn 38; BGH – VI ZR 40/91, NJW 1992, 743.
[49] *Gehrlein*, B Rn 39.
[50] Vgl. *Gehrlein*, B Rn 39.
[51] *Gehrlein*, B Rn 39.
[52] *Gehrlein*, B Rn 39; BGH – VI ZR 65/93, NJW 1994, 1594.
[53] *Gehrlein*, B Rn 40; *Steffen/Dressler/Pauge*, Rn 191.

Feiertagen hat der Krankenhausträger für einen ausreichenden Notdienst zu sorgen und sicherzustellen, dass auch dann ein Facharzt bereitsteht.[54] Es sind klare Regelungen über Kompetenzen, Zuständigkeiten, Aufgabenverteilung und Vertretungen aufzustellen.[55] Insbesondere hat der Behandlungsträger durch organisatorische Maßnahmen sicherzustellen, dass ein Arztanfänger nur mit solchen Aufgaben betraut wird, die seinem Ausbildungsstand und seinen individuellen Fähigkeiten entsprechen (zur Anfängeroption siehe ausführlich Rn 43 ff.).

- Sowohl niedergelassener Arzt als auch Krankenhaus haben dafür Sorge zu tragen, dass ein Arzt und nicht eine Sprechstundenhilfe über die Notwendigkeit und Dringlichkeit einer sofortigen Behandlung oder Aufnahme des Patienten entscheidet.[56]
- Besondere Anforderungen bestehen bei der Behandlung von psychisch kranken oder suizidgefährdeten Patienten. Hier hat das Krankenhaus besondere Vorkehrungen zum Schutz des Patienten vor sich selbst zu treffen. Wie weit diese Pflicht zur Sicherung und Überwachung geht, hängt von den Umständen des konkreten Einzelfalles ab. Unter Umständen ist es erforderlich, dass die Fenster des Krankenzimmers vergittert sind, der Patient den Balkon nicht betreten kann oder die Zimmertür abgeschlossen wird.[57]
- Kann der Behandlungsträger den Patienten nicht entsprechend dem Standard behandeln, hat er schnellstmöglich für eine Verlegung des Patienten in eine geeignete Klinik zu sorgen.[58]
- Die allgemeinen Verkehrssicherungspflichten sind einzuhalten. Daneben bestehen in einem Krankenhaus und in einer Arztpraxis besondere Verkehrssicherungspflichten. So ist für eine ausreichende Beleuchtung auf den Krankenhausfluren zu sorgen. Patienten sind vor Stürzen zu schützen. Dies kann es erforderlich machen, das Krankenbett durch Sicherungsvorkehrungen (Bettgitter) zu sichern. An Toiletten und Duschen sind besondere Haltevorrichtungen anzubringen. Das Pflegepersonal hat durch geeignete Maßnahmen dafür Sorge zu tragen, dass ein Patient bei einer Pflegedienstleistung durch eine Krankenschwester oder eine mit dem Patienten vorgenommenen Bewegungs- oder Transportmaßnahme nicht zu Fall kommt.[59]

3. Diagnosefehler

25 Unter Diagnose ist eine ärztliche Beurteilung zu verstehen, eine Krankheitsbestimmung seitens eines Mediziners. Der Arzt ist verpflichtet, den Patienten darüber aufzuklären, woran er leidet. Die Pflicht zur Diagnosestellung ist Inhalt des ärztlichen Behandlungsvertrages.[60] Das aus dem Behandlungsvertrag resultierenden Recht des Patienten auf Diagnosestellung umfasst insbesondere auch die Pflicht des Arztes zur **rechtzeitigen** Diagnose.[61] Es stellen sich insoweit indes zwei Schwierigkeiten: Zum einen lassen bestimmte Symptome oft nicht nur auf eine einzige mögliche Erkrankung schließen, sondern sie können Ausdruck ganz verschiedener Krankheiten sein. Zum anderen ist jeder

---

54 Vgl. *Gehrlein*, B Rn 40.
55 *Laufs/Uhlenbruck*, § 102 Rn 7.
56 *Geiß/Greiner*, B Rn 28.
57 *Gehrlein*, B Rn 40.
58 *Geiß/Greiner*, B Rn 23; BGH – VI ZR 212/03 – NJW 2005, 888; OLG Köln – 5 U 84/01, NJW-RR 2003, 1032.
59 *Gehrlein*, B Rn 44.
60 *Laufs/Uhlenbruck*, § 63 Rn 13; *Geiß/Greiner*, B Rn 55.
61 BGH – VI ZR 270/83, NJW 1985, 2749; BGH – VI ZR 83/85, NJW 1986, 2367; BGH – VI ZR 185/87, NJW 1988, 2304; BGH – VI ZR 175/88, NJW 1989, 2318; *Laufs/Uhlenbruck*, § 50 Rn 9.

A. Die Haftung wegen eines Behandlungsfehlers § 12

Mensch ein Individuum. Aufgrund der individuellen Unterschiede im Organismus und den anatomischen Besonderheiten jedes einzelnen Menschen kann dieselbe Krankheit bei jedem Menschen ein bis zu einem bestimmten Maße unterschiedliches Krankheitsbild hervorrufen. Dies bringt es regelmäßig mit sich, dass eine zunächst gestellte Verdachtsdiagnose mit fortschreitender Erkrankung immer wieder korrigiert werden muss.[62] Aus diesem Grund ist eine zunächst vom Arzt gestellte Diagnose, die sich im späteren Krankheitsverlauf als objektiv falsch herausstellt, nicht notwendigerweise ein vorwerfbarer Behandlungsfehler. Entscheidend ist nicht, ob objektiv eine Fehldiagnose vorliegt, sondern ob die von dem Arzt vorgenommene Deutung der Befunde vertretbar war oder nicht.[63]

Die Rechtsprechung ist bei der Annahme von Behandlungsfehlern im Bereich der Diagnosestellung aus den vorgenannten Gründen eher zurückhaltend.[64] Zu unterscheiden ist dabei zwischen einfachen und groben Diagnosefehlern. Ein einfacher Diagnosefehler liegt dann vor, wenn die von dem Arzt gestellte Diagnose objektiv falsch ist und die von ihm unrichtig gestellte Diagnose aus der ex-ante Sicht eines sorgfältigen Arztes nicht vertretbar erscheint.[65] Das ist etwa dann der Fall, wenn ein Krankheitsbild vorliegt, welches für eine bestimmte Erkrankung symptomatisch ist, aber von dem Arzt nicht ausreichend berücksichtigt worden ist. Insbesondere dann, wenn die sorgfältige Auswertung der erhobenen Befunde nur den Schluss auf eine einzige Erkrankung zulässt, begründet eine Fehlinterpretation einen Diagnosefehler. Ein grober Diagnosefehler besteht dann, wenn eine aus der ex-ante Sicht völlig unvertretbare diagnostische Fehlleistung vorliegt, also ein so genannter fundamentaler Diagnosefehler vorliegt. Die gestellte Diagnose ist in diesem Fall völlig unbrauchbar.[66] Entgegen einer vereinzelt missverständlichen Darstellung in Literatur und Rechtsprechung haftet der Arzt auch für einfache Diagnosefehler.[67] In diesem Fall trägt der Patient indes die Beweislast dafür, dass die verzögerte Stellung der richtigen Diagnose adäquat kausal zu einem Gesundheitsschaden bei ihm geführt hat. Der Patient muss also beweisen, dass bestimmte Schäden nicht eingetreten wären, wenn der behandelnde Arzt die richtige Diagnose zu einem Zeitpunkt gestellt hätte, zu dem sie von einem sorgfältig handelnden Arzt gestellt worden wäre. Dieser Nachweis ist nur sehr schwer zu führen, so dass der einfache Diagnosefehler in der forensischen Praxis kaum Bedeutung hat. Dagegen führt der fundamentale Diagnosefehler ebenso wie der grobe Behandlungsfehler zu einer Beweislastumkehr bezüglich der Kausalität. Liegt ein fundamentaler Diagnoseirrtum vor, muss die Behandlungsseite beweisen, dass bei dem Patienten derselbe Gesundheitsschaden auch dann eingetreten wäre, wenn der Arzt zum gebotenen Zeitpunkt die richtige Diagnose gestellt hätte.

26

Die Trennung zwischen einfachen und fundamentalen Diagnosefehler ist ausgesprochen schwierig und muss im Einzelfall mit Hilfe eines medizinischen Sachverständigen getroffen werden. Die Übergänge sind fließend. Wird von dem Arzt ein deutlicher, unverwechselbarer und eindeutig auf dem Röntgenbild erkennbarer Bruch übersehen, liegt ein fundamentaler Diagnosefehler vor. Ist die Fraktur dagegen zwar auf dem Rönt-

27

---

62 So etwa *Gehrlein*, B Rn 16; *Geiß/Greiner*, B Rn 55.
63 OLG Hamm VersR 2002, 315; OLG Köln VersR 2004, 794; BGH VersR 1981, 1033; BGH NJW 2003, 2827.
64 *Gehrlein*, B Rn 16; *Steffen/Dressler/Pauge*, Rn 154; *Geiß/Greiner*, B Rn 55.
65 *Steffen/Dressler/Pauge*, Rn 155a.
66 Beispiele für fundamentale Diagnosefehler siehe bei *Gehrlein*, B Rn 18 und *Steffen/Dressler/Pauge*, Rn 154.
67 So zu Recht *Steffen/Dressler/Pauge*, Rn 155a; *Gehrlein*, B Rn 16.

genbild erkennbar, allerdings nur bei besonders sorgfältiger Betrachtung, liegt ein einfacher Diagnosefehler vor.[68]

4. Nichterhebung diagnostischer Kontrollbefunde

28 Von den Diagnosefehlern streng zu unterscheiden, ist die unterlassene Durchführung weiterer gebotener diagnostischer Maßnahmen bzw. die unterlassene Erhebung von Kontrollbefunden. Die von der Rechtsprechung angelegte Zurückhaltung bei der Bewertung von Fehldiagnosen als Behandlungsfehler besteht in diesem Bereich nicht. Gerade weil die bei einem Patienten aufgetretenen Symptome in der Regel mehrere Ursachen haben können, ist der Arzt verpflichtet, eine von ihm zunächst gestellte Verdachtsdiagnose selbstkritisch zu überprüfen. So kann eine zunächst ausreichende Diagnosestellung angesichts persistierender Beschwerden oder angesichts eines nach wie vor unklaren Krankheitsbildes die Durchführung weiterer differenzialdiagnostischer Maßnahmen erforderlich machen. Dazu gehören etwa Laboruntersuchungen, Sonographie, Röntgenaufnahmen, Kernspintomographie, mikroskopische Untersuchungen, palpatorische Untersuchungen. Je weniger invasiv eine Untersuchung ist (z.B. Laboruntersuchung), umso eher ist sie durchzuführen. Je belastender, schmerzhafter und/oder riskanter die diagnostische Maßnahme ist, desto größer müssen die Gefahren sein, die dem Patienten aufgrund des auszuräumenden Krankheitsbildes drohen könnten und desto mehr Zurückhaltung ist geboten. Der Umfang der Diagnostik hat sich dabei am jeweiligen Krankheitsbild zu orientieren. Auch hier ist wiederum der ärztliche Standard maßgebend. Beispiel: Im Anschluss an einen Muskelfaserriss in der Wade treten nunmehr Schwellungen auf. Differentialdiagnostisch muss der Arzt nunmehr eine Venenthrombose in Betracht ziehen und eine Phlebographie veranlassen.[69] Die von dem Patienten beklagte Heiserkeit bessert sich über einen geraumen Zeitraum nicht. Jetzt muss der Arzt differentialdiagnostisch der Möglichkeit eines Kehlkopfkarzinoms nachgehen.[70]

29 Verzögert sich die Heilung eines Patienten, weil der Arzt gebotene Untersuchungen zunächst unterlassen hat und deshalb erst zeitlich später zu der richtigen Diagnose gelangt, so haftet er auch für diese Verzögerung.[71]

30 Nicht nur die Unterlassung gebotener diagnostischer Maßnahmen kann dabei einen Behandlungsfehler darstellen, sondern auch die Vornahme nicht gebotener weiterer Untersuchungen. Es liegt dann eine so genannte „Überdiagnostik" vor, die ebenfalls zu einer Haftung des Arztes führt.[72] Eine solche Überdiagnostik liegt insbesondere dann vor, wenn es an objektiven Anhaltspunkten für die mit der betreffenden Maßnahme auszuschließende Krankheit fehlt oder die mit der diagnostischen Maßnahme verbundenen Risiken und Belastungen außer Verhältnis zu den Gefahren der potentiellen Erkrankung stehen. Darüber hinaus sind die Erkenntnisse einer diagnostischen Untersuchung nie Selbstzweck, sondern es muss sich daraus stets ein therapeutischer Nutzen ergeben. Eine behandlungsfehlerhafte Überdiagnostik liegt deshalb auch dann vor, wenn zwar unklar ist, welche von zwei verschiedenen Krankheiten bei dem Patienten vorliegt, die anzuwendende Therapie allerdings unabhängig von der pathologischen Ursache in beiden Fällen identisch ist. Schließlich liegt eine Überdiagnostik auch dann vor, wenn es

---

68 Siehe z.B. OLG Saarbrücken NJW-RR 1999, 176.
69 OLG Hamm VersR 1990, 660.
70 OLG München VersR 1996, 379.
71 *Geiß/Greiner*, B Rn 65; OLG Düsseldorf VersR 1990, 432; AG Jever NJW 1991, 760.
72 Siehe dazu auch *Gehrlein*, B Rn 20.

für die aufgrund der Diagnosemaßnahme festzustellende Erkrankung überhaupt keine Therapie gibt.

5. Therapieauswahlverschulden

Ein Behandlungsfehler kann schon deshalb vorliegen, weil der behandelnde Arzt sich für eine therapeutische oder diagnostische Methode entscheidet, die medizinisch nicht indiziert ist. Gerade in dem Bereich der Therapiewahl ist besonders strikt zwischen dem Vorliegen eines Behandlungsfehlers und der Begehung einer Aufklärungspflichtverletzung zu differenzieren. Im Einzelnen gilt Folgendes: Es gilt der Grundsatz der Therapiefreiheit des Arztes.[73] Die Auswahl der geeigneten Behandlungsmethode ist grundsätzlich Sache des Arztes, der frei zwischen den zur Verfügung stehenden Methoden auswählen darf. 31

Ein Behandlungsfehler liegt insoweit dann vor, wenn die ausgewählte diagnostische oder therapeutische Behandlungsmethode von vornherein ungeeignet war. Zwischen Behandlungsfehler und Aufklärungspflichtverletzung ist dabei strikt zu trennen. Das bedeutet, der Arzt haftet unter dem Gesichtspunkt des Behandlungsfehlers selbst dann, wenn er den Patienten ausdrücklich über die Nutzlosigkeit der medizinischen Maßnahme aufgeklärt hat und die nicht indizierte Methode nur auf ausdrücklichen Wunsch des Patienten anwendet.[74] 32

Beim Aufkommen neuer medizinischer Behandlungsmethoden ist zu unterscheiden: Der Arzt schuldet dem Patienten eine Behandlung entsprechend dem medizinischen Standard. Der Arzt ist also nicht verpflichtet, jeweils die neuste Methode und die neueste Therapiemöglichkeit anzuwenden. Ist eine neue Methode wissenschaftlich erprobt und bietet sie entweder bei gleichen Risiken bessere Heilungschancen oder bei gleichen Heilungschancen geringere Risiken und hat sie sich in der Praxis nicht nur auf wenige Spezialeinrichtungen beschränkt durchgesetzt, dann begründet die Verwendung der alten Methode einen Behandlungsfehler.[75] 33

Ist die vom Arzt gewählte Behandlungsmethode zwar grundsätzlich geeignet, im konkreten Fall jedoch eine konkurrierende Methode zwingend indiziert, weil sie der gewählten Methode eindeutig überlegen ist, endet die Therapiefreiheit des Arztes. In diesem Fall liegt ein Behandlungsfehler vor.[76] 34

Existieren mehrere verschiedene geeignete und bewährte Behandlungs-methoden, besteht grundsätzlich Methodenfreiheit. Der Arzt kann die Behandlungsmethode auswählen, die er für geeigneter hält oder in der er besser geübt ist. Diese Wahlfreiheit ist jedoch in zwei Fällen begrenzt: Bieten die zur Auswahl stehenden Behandlungsmethoden die gleichen Heilungschancen, dann hat der Arzt die Methode zu wählen, die mit den geringeren Risiken verbunden ist. Sind die zur Auswahl stehenden Methoden mit denselben Risiken verbunden, hat der Arzt die Methode zu wählen, welche die günstigere Heilungsprognose bietet.[77] Eine hiervon abweichende Wahl des Arztes muss medizi- 35

---

73 So auch *Gehrlein*, B Rn 24; *Geiß/Greiner*, B Rn 34.
74 *Geiß/Greiner*, B Rn 34; BGH v. 22.2.1978 – 2 StR 372/77, NJW 1978, 1206.
75 *Steffen/Dressler/Pauge*, Rn 147; *Geiß/Greiner*, B Rn 6; *Gehrlein*, B Rn 26.
76 *Gehrlein*, B Rn 28; *Geiß/Greiner*, B Rn 38.
77 *Gehrlein*, B Rn 28.

nisch-sachlich begründet sein.[78] Eine sachliche Rechtfertigung kann sich aus den besonderen Sachzwängen des konkreten Falles ergeben.[79]

36 Stehen mehrere bewährte und geeignete Methoden zur Verfügung, die sich in ihren Erfolgschancen, Risiken und Belastungen für den Patienten nicht oder nur unwesentlich unterscheiden, kann der Arzt frei und uneingeschränkt zwischen ihnen wählen.[80]

37 Möglich ist auch, dass die Methoden sich hinsichtlich der mit ihrer Anwendung verbundenen Risiken oder der Belastung für den Patienten wesentlich von einander unterscheiden, ohne dass eine Methode der anderen offensichtlich überlegen ist. Das ist etwa der Fall, wenn die eine Methode zwar mit mehr Risiken behaftet ist als die andere, dafür jedoch die besseren Heilungschancen bietet oder wenn sich die mit den verschiedenen Methoden verbundenen Risiken ihrer Art nach wesentlich von einander unterscheiden, ohne dass eine Methode objektiv riskanter ist als die andere. Die verschiedenen Risiken der betreffenden Maßnahmen sind weder größer noch kleiner, sondern einfach nicht vergleichbar. Auch in diesen Fällen hat der Arzt unter dem Gesichtspunkt des Behandlungsfehlers die freie Wahl. Er kann insbesondere auch eine riskantere Methode wählen, ohne behandlungsfehlerhaft zu handeln.[81] Allerdings muss der Arzt den Patienten in den vorgenannten Fällen über die bestehenden Behandlungsalternativen aufklären und beraten.[82] Hierbei hat der Arzt dem Patienten die mit den jeweiligen Methoden verbundenen Vor- und Nachteile darzulegen. Es ist Sache des Patienten, darüber zu entscheiden, welche höheren Risiken und Belastungen er auf sich nehmen will, um eine höhere Erfolgschance zu erzielen. An dieser Stelle greift das Selbstbestimmungsrecht des Patienten ein. Nur der Patient kann eigenverantwortlich und selbstbestimmt die erforderliche Abwägung anhand seiner eigenen Wertungen und seiner persönlichen Risikobereitschaft vornehmen (vgl. hierzu ausführlich Rn 134 ff.).

6. Therapiefehler

38 Der Therapiefehler ist der klassische Behandlungsfehler schlechthin. Hierzu gibt es mittlerweile eine kaum noch zu überblickende Vielzahl gerichtlicher Entscheidungen.[83] Der Therapiefehler unterscheidet sich vom Therapieauswahlfehler dadurch, dass der Behandler hier eine an sich indizierte und sachgerechte Behandlungsmethode ausgewählt hat, jedoch bei der konkreten Durchführung der therapeutischen oder diagnostischen Maßnahme den anzulegenden medizinischen Standard verletzt hat. Der Arzt führt also die richtige Maßnahme in fehlerhafter Art und Weise durch. In diesem Bereich geht es nahezu ausschließlich um medizinische Fragestellungen, die im Rahmen eines Arzthaftungsprozesses mithilfe eines medizinischen Sachverständigen zu beantworten sind. Für eigene rechtliche Wertungen des Juristen bleibt kaum Raum.

7. Therapeutische Sicherungsaufklärung

39 Eine weitere sowohl vertragliche als auch deliktische Pflicht des Arztes ist die Pflicht zur Erteilung der so genannten therapeutischen Sicherungsaufklärung des Patienten.

---

78 *Gehrlein*, B Rn 28; *Geiß/Greiner*, B Rn 35; *Steffen/Dressler/Pauge*, Rn 157a.
79 *Steffen/Dressler/Pauge*, Rn 157a.
80 *Gehrlein*, B Rn 27; *Geiß/Greiner*, B Rn 35.
81 *Geiß/Greiner*, B Rn 35; *Gehrlein*, B Rn 28; *Steffen/Dressler/Pauge*, Rn 157a.
82 *Gehrlein*, B Rn 29.
83 Vgl. etwa die Rspr.-Übersicht bei *Geiß/Greiner*, B Rn 76 ff.

Darunter versteht man die zur Sicherung des Behandlungserfolgs nötigen Hinweise des Arztes an den Patienten.

Beispiel

Der Hinweis, dass ein Patient nach der Operation nicht schwer heben darf, dass er eine Diät einzuhalten hat, dass er sich in bestimmten Abständen zu Kontrolluntersuchungen begeben muss, dass der Patient sich bei Beschwerdepersistenz nochmals vorstellen soll.

Die therapeutische Sicherungsaufklärung ist dogmatisch strikt von der Selbstbestimmungsaufklärung zu unterscheiden. Während letztere Ausdruck des Selbstbestimmungsrechts des Patienten ist und es diesem erst ermöglichen soll, darüber zu entscheiden, ob er sich einer bestimmten Behandlung unterziehen will oder nicht, dient die therapeutische Sicherungsaufklärung der Sicherung des Heilungserfolgs.[84] Die Unterscheidung zwischen therapeutischer Sicherungsaufklärung und Selbstbestimmungsaufklärung ist in der Praxis von erheblicher Tragweite, denn die Verletzung der therapeutischen Aufklärungspflicht stellt einen Behandlungsfehler dar. Das bedeutet, dass der Patient für eine Verletzung der therapeutischen Aufklärungspflicht beweisbelastet ist, während die Behandlungsseite die Beweislast für eine ordnungsgemäße Selbstbestimmungsaufklärung des Patienten trägt.

Wegen der tatsächlichen Nähe zur Selbstbestimmungsaufklärung wird die therapeutische Sicherungsaufklärung im Zusammenhang mit der Aufklärungspflichtverletzung unter Rn 240 ff. dargestellt.

IV. Besondere Fälle

1. Die Haftung des Arztanfängers

Auch der **Arztanfänger** hat den für sein Fachgebiet geltenden Facharztstandard einzuhalten. Es gelten **keine** geminderten Sorgfaltsanforderungen. Unterschreitet er den anzulegenden Facharztstandard, liegt ein Behandlungsfehler vor. Dabei kommt es nicht auf die individuellen Fähigkeiten des Anfängers an. Es ist ein objektiver Maßstab zugrunde zu legen, so dass die Frage der subjektiven Vorwerfbarkeit unbeachtlich ist. Unabhängig von der Frage, ob der Arztanfänger bei der Durchführung der Behandlung fehlerhaft gehandelt hat, liegt zusätzlich ein Übernahmeverschulden vor, wenn er nach den bei ihm aufgrund seines Ausbildungsstandes vorauszusetzenden Kenntnissen (nicht nach seinen tatsächlichen Kenntnissen!) Bedenken gegen die Übernahme der Behandlung hätte haben müssen. Das Vorliegen eines Übernahmeverschuldens hängt davon ab, ob der Arztanfänger entsprechend seines Ausbildungsstandes hätte voraussehen müssen, dass die Behandlung des Patienten seine Fähigkeiten übersteigen wird.[85] Bezüglich der Frage des Übernahmeverschuldens wird der objektive Sorgfaltsmaßstab also relativiert und auf den „objektiven" Anfänger abgestellt. Der Sorgfaltsmaßstab bleibt auch hier objektiv, da auf die Gruppe der Anfänger in dem entsprechenden Ausbildungsjahr abgestellt wird und nicht auf den subjektiven Ausbildungstand des individuellen Arztes. In einer Grundsatzentscheidung hat der BGH hierzu Folgendes ausgeführt:

---

84 *Geiß/Greiner*, B Rn 95 ff.; *Gehrlein*, B Rn 45 ff.; *Laufs/Uhlenbruck*, § 62 Rn 1.
85 BGH v. 27.9.1983 – VI ZR 230/81, NJW 1984, 655 ff. = VersR 1984, 60 ff.; *Gehrlein*, B Rn 34; weitere Nachweise bei *Geiß/Greiner*, B Rn 16.

> *„Der in der Ausbildung befindliche Assistenzarzt ist nicht schon deswegen von jeder haftungsrechtlichen Verantwortung für einen Gesundheitsschaden des von ihm operierten Patienten frei, weil ihn ein weisungsberechtigter Facharzt für die selbständig durchzuführende Operation eingeteilt hat. Auch er hat, wenn er einen Patienten behandelt, ihm gegenüber die Pflicht wie jeder andere Arzt, mit der gebotenen Sorgfalt vorzugehen und ihn im Rahmen der von ihm zu fordernden Kenntnisse und Fähigkeiten vor Gesundheitsschäden zu bewahren. Erkennt er oder hätte er erkennen müssen, dass der Patient, der Anspruch auf den Operationsstandard eines erfahrenen Facharztes hat, bei der von ihm eigenverantwortlich durchgeführten Operation einem höheren Gesundheitsrisiko ausgesetzt ist, darf er nicht gegen sein ärztliches Wissen und gegen bessere Überzeugung handeln und die Anweisungen des übergeordneten Facharztes befolgen. Ihm ist zuzumuten dagegen seine Bedenken zu äußern und notfalls eine Operation ohne Aufsicht abzulehnen."*[86]

44 Neben der Haftung des Arztanfängers wegen eines Übernahmeverschuldens kommt auch eine Haftung des Chefarztes, des aufsichtführenden Arztes bzw. des Krankenhausträgers in Betracht. Das ist dann der Fall, wenn der Arztanfänger unzureichend auf die fragliche Operation vorbereitet worden ist oder für den entsprechenden Dienst oder die jeweilige Behandlungsmaßnahme, mit der er betraut worden ist, aufgrund seines konkreten Ausbildungsstandes ungeeignet war oder nicht ausreichend überwacht worden ist. In diesem Fall liegt ein so genanntes Organisationsverschulden (siehe Rn 23 ff.) vor. Die Frage, ob und welche Behandlungsmaßnahmen einem Arztanfänger übertragen werden dürfen, welcher Ausbildungsstand für eine bestimmte Maßnahme erforderlich ist und wie der Arztanfänger zu überwachen ist, hat das Gericht grundsätzlich mit Hilfe eines medizinischen Sachverständigen zu klären. Generell gilt, dass ein in der Facharztausbildung stehender Assistenzarzt erst nach gründlicher Unterweisung und Einarbeitung sowie nach Feststellung seiner Zuverlässigkeit operieren darf und dann bei seinen ersten Schritten streng von einem erfahrenen Facharzt überwacht werden muss.[87] Der ausbildende (Ober-)Arzt muss die Geeignetheit des Anfängers vorher anhand von objektiven Kriterien prüfen und danach zu dem vertretbaren Ergebnis kommen, dass dem Patienten durch den Einsatz des Anfängers kein zusätzliches Risiko entsteht. Dabei muss immer der Standard eines erfahrenen Chirurgen gewährleistet sein.[88] Die Sicherheit und das Wohl des Patienten haben stets Vorrang vor einer bequemeren Organisation des Klinikdienstes oder der Ausbildung von Assistenzärzten.[89]

45 Der Patient trägt die volle Beweislast für das Vorliegen eines Überwachungsverschuldens, eines Organisationsverschuldens oder eines Übernahmeverschuldens. Allein die Tatsache, dass der Anfänger in der konkreten Situation den Anforderungen nicht mehr gewachsen war, lässt weder den Schluss auf ein Übernahmeverschulden noch auf ein Organisationsverschulden zu. Der BGH hat hierzu in einem Fall Stellung genommen, in dem eine Assistenzärztin im zweiten Jahr ihrer Facharztausbildung im Nachtdienst eingesetzt wurde. Während ihres Dienstes erschien eine Schwangere mit Wehen. Das Kind befand sich in komplizierter Beckenendlage. Bei der Geburt, welche die Assistenzärztin durchführte, erlitt das Kind schwere Schäden. Der BGH führte wörtlich aus:

---

86 BGH v. 27.9.1983 – VI ZR 230/81, NJW 1984, 655 ff. = VersR 1984, 60 ff.
87 BGH v. 27.9.1983 – VI ZR 230/81, NJW 1984, 655 ff. = VersR 1984, 60 ff.; BGH v. 15.6.1993 – VI ZR 175/92, NJW 1993, 2989 ff. = VersR 1993, 1231 ff.
88 BGH v. 27.9.1983 – VI ZR 230/81, NJW 1984, 655 ff. = VersR 1984, 60 ff.
89 BGH v. 27.9.1983 – VI ZR 230/81, NJW 1984, 655 ff. = VersR 1984, 60 ff.

„Schließlich hat das Berufungsgericht auch keine tatsächlichen Feststellungen getroffen, nach denen die personelle Besetzung des Nachtdienstes in der geburtshilflichen Abteilung als Verstoß gegen den zu wahrenden Facharztstandard fehlerhaft gewesen wäre mit der Folge, dass dem Kläger die vom Senat für den Einsatz eines Anfängers entwickelten Beweiserleichterungen zukommen könnten. Allerdings hat das Berufungsgericht festgestellt, dass die Beklagte zu 4) als Ärztin im zweiten Weiterbildungsjahr nach bloßer Teilnahme an drei oder vier Beckenendlagegeburten die für die Leitung der Problemgeburt des höchsten Schwierigkeitsgrades erforderliche umfassende Erfahrung und manuelle Übung damals nicht besessen hat. Das genügt jedoch nicht zur Annahme, dass die Einteilung der Ärztin in Weiterbildung für den Nachtdienst fehlerhaft war. Die Mutter des Klägers war unerwartet in der Klinik erschienen, so dass sich diese hierauf nicht einstellen musste. Dementsprechend hat der Sachverständige ausgeführt, dass es grundsätzlich vertretbar gewesen sei, die geburtshilfliche Abteilung der Beklagten im nächtlichen Bereitschaftsdienst mit einer Assistenzärztin im zweiten Weiterbildungsjahr zu besetzen. Feststellungen dahin, es sei bei unerwarteten geburtshilflichen Problemfällen nicht gewährleistet gewesen, dass sofort ein erfahrener Facharzt hinzugezogen werden und sich unverzüglich einfinden konnte, hat das Berufungsgericht nicht getroffen. Hiernach ist zugunsten der Revision davon auszugehen, dass die Beklagte zu 4) als Anfängerin im Nachtdienst eingesetzt werden durfte und ihr Einsatz kein Fehler war. Kommt es in einem solchen Fall zu einem die Fähigkeiten des in der Weiterbildung befindlichen Arztes übersteigenden Problem, so liegt ein organisatorischer Fehler nicht vor. Dann aber ist eine Beweislastumkehr zu Lasten des Klinikträgers nicht berechtigt. Die Beweislastumkehr ist für Fälle fehlerhaften Einsatzes eines Arztes in Weiterbildung oder Ausbildung in der Klinik entwickelt worden."[90]

Grundsätzlich gilt für den Einsatz eines Anfängers Folgendes:

1. Der Chefarzt führt die fachliche Aufsicht über den nachgeordneten ärztlichen und nichtärztlichen Dienst. Er hat dafür zu sorgen, dass die Mitarbeiter seiner Abteilung die erforderliche fachliche Qualifikation besitzen.[91] Darüber hinaus muss der Chefarzt auch auf die charakterliche Qualifikation des Personals achten.[92] Der Chefarzt hat die Assistenzärzte dabei gezielt zu kontrollieren.[93] Die bloße Durchführung der gemeinsamen Visite reicht dazu nicht aus.[94] Der Chefarzt hat dabei auch die Teilnahme an den erforderlichen Fortbildungsmaßnahmen zu veranlassen.[95] Der Krankenhausträger wiederum hat den Chefarzt hinsichtlich der ihm übertragenen organisatorischen Aufgaben zu überwachen.[96]

2. Krankenhäuser haben stets den Facharztstandard einzuhalten.[97] Bei Operationen muss stets der Standard eines erfahrenen Chirurgen eingehalten werden.[98] Dies gilt auch dann, wenn ein Arztanfänger mit einer Aufgabe betraut wird. Damit der Fach-

---

90 BGH v. 3.2.1998 – VI ZR 356/96, VersR 1998, 634 ff.
91 *Gehrlein*, B Rn 40; *Steffen/Dressler/Pauge*, Rn 191.
92 *Steffen/Dressler/Pauge*, Rn 191.
93 *Gehrlein*, B Rn 40; *Geiß/Greiner*, B Rn 30.
94 *Geiß/Greiner*, B Rn 30.
95 *Gehrlein*, B Rn 40.
96 *Gehrlein*, B Rn 40.
97 *Geiß/Greiner*, B Rn 3; BGH v. 10.3.1992 – VI ZR 64/91, NJW 1992, 1560 f. = VersR 1992, 745 ff.; BGH v. 15.6.1993 – VI ZR 175/92, NJW 1993, 2989 ff. = VersR 1993, 1231 ff.
98 BGH v. 10.3.1992 – VI ZR 64/91, NJW 1992, 1560 f. = VersR 1992, 745 ff.; BGH v. 26.4.1988 – VI ZR 246/86, VersR 1988, 723 ff.

arztstandard auch bei der Beteilung eines Arztanfängers gewährleistet ist, muss vor der Übertragung einer Aufgabe kontrolliert werden, ob der Anfänger das theoretische Wissen hierfür besitzt.[99] Sodann ist er Schritt für Schritt an die entsprechenden Tätigkeiten heranzuführen. Erst wenn der Anfänger hierbei seine Zuverlässigkeit unter Beweis gestellt hat, darf ihm die eigenständige Durchführung einer Operation übertragen werden.[100] Um auch hierbei den Facharztstandard zu gewährleisten, bedarf es der Präsenz eines Facharztes. Dieser muss nicht nur gegenwärtig sein, sondern ständig eingriffsbereit und eingriffsfähig.[101] Der Facharzt hat dabei als Operationsassistent zu fungieren und den Anfänger unmittelbar zu überwachen. Bei der Anfängernarkose hängt es von den Umständen des Einzelfalles ab, ob die unmittelbare Präsenz des überwachenden Facharztes am Operationstisch erforderlich ist, ob oder Ruf- und/oder Blickkontakt ausreichend ist.[102] Vor der Operation hat der Facharzt die Vorgehensweise mit dem Anfänger zu besprechen.[103]

3. Diese Grundsätze gelten ausnahmsweise dann nicht, wenn der in der Ausbildung befindliche Arzt zwar nicht Facharzt ist, aber von seinen Kenntnissen und Fähigkeiten her dem Facharztstandard genügt. In diesem Fall darf der Assistenzarzt ausnahmsweise ohne Assistenz eines Facharztes tätig werden.[104] Diese Ausnahme gilt aber nur dann, wenn dieser Noch-nicht-Facharzt selbst operiert. Unter keinen Umständen darf er einen Anfänger bei der Operation anleiten und überwachen. Die hierfür erforderliche Autorität hat der auszubildende Arzt – unabhängig von seiner tatsächlichen Erfahrung – nur dann, wenn er auch die formale Berechtigung zur Führung der Facharztbezeichnung erworben hat.[105]

4. Selbstverständlich dürfen einem Assistenzarzt jederzeit auch ohne Präsenz eines Facharztes Aufgaben übertragen werden, welche die Qualifikation eines Facharztes nicht erfordern.[106]

5. Die Anforderungen an die Dokumentation sind bei einem Arztanfänger viel schärfer als bei einem Facharzt. Auch Banalitäten und Routinemaßnahmen, die bei einem Facharzt selbstverständlich sind und deshalb nicht dokumentiert werden müssen, hat der Anfänger zu dokumentieren. „Bei ihm ist es nicht selbstverständlich, dass er von vornherein die medizinisch richtige und übliche Operationstechnik anwendet und beherrscht. Um wenigstens eine gewisse Kontrolle im Interesse seiner Ausbildung und vor allem auch im Interesse des Patienten zu gewährleisten, muss von ihm verlangt werden, dass er den Gang der Operation genau aufzeichnet."[107]

6. Aufgrund des zugrunde zu legenden objektiven Sorgfaltsmaßstabs muss auch ein Anfänger, selbst der Assistenzarzt, der seine erste Operation durchführt, den Facharztstandard einhalten. Aus diesem Grund ist der Patient **nicht** über die Beteiligung

---

[99] *Geiß/Greiner*, B Rn 3.
[100] BGH v. 27.9.1983 – VI ZR 230/81, NJW 1984, 655 ff. = VersR 1984, 60 ff.; BGH v. 10.3.1992 – VI ZR 64/91, NJW 1992, 1560 f. = VersR 1992, 745 ff.; *Gehrlein*, B Rn 42.
[101] *Geiß/Greiner*, B Rn 3; *Gehrlein*, B Rn 42; BGH v. 10.3.1992 – VI ZR 64/91, NJW 1992, 1560 f. = VersR 1992, 745 ff.
[102] Siehe hierzu BGH v. 15.6.1993 – VI ZR 175/92, NJW 1993, 2989 ff. = VersR 1993, 1231 ff.; BGH v. 30.11.1982 – VI ZR 77/81, VersR 1983, 244 ff.
[103] *Geiß/Greiner*, B Rn 3.
[104] *Geiß/Greiner*, B Rn 4; *Gehrlein*, B Rn 42; OLG Zweibrücken VersR 1997, 1103; OLG Düsseldorf VersR 1994, 603; OLG Oldenburg VersR 1994, 180; BGH NJW 1993, 2989; 1985, 2193; 1984, 655.
[105] BGH v. 10.3.1992 – VI ZR 64/91, NJW 1992, 1560 f. = VersR 1992, 745 ff.
[106] *Geiß/Greiner*, B Rn 3; OLG Oldenburg VersR 2000, 191.
[107] So BGH v. 7.5.1985 – VI ZR 224/83, NJW 1985, 2193 f. = VersR 1985, 782 ff.

eines Anfängers **aufzuklären** (siehe hierzu ausführlich Rn 303 ff.).[108] Da auch der Anfänger den Facharztstandard einzuhalten hat und für eine Unterschreitung dieses Standards unter dem Gesichtspunkt des Behandlungsfehlers haftet, ist der Patient insoweit ausreichend geschützt.

2. Die Haftung des Heilpraktikers

Der Heilpraktiker haftet grundsätzlich ebenso wie der Arzt für Schäden des Patienten, die er aufgrund einer fehlerhaften Behandlung verursacht hat. Fraglich ist indes, welcher Maßstab bei einer Überprüfung der Behandlung eines Heilpraktikers anzulegen ist. Es erscheint problematisch, einer Überprüfung ohne weiteres die wissenschaftlich anerkannten Regeln der ärztlichen Kunst zugrunde zu legen. Denn ein Patient sucht in der Regel gerade deshalb einen Heilpraktiker auf, weil er nicht nach den gefestigten Grundsätzen der Schulmedizin behandelt werden will, sondern auf alternative Wege vertraut. Heilpraktiker arbeiten oftmals mit Methoden, deren medizinische Wirksamkeit wissenschaftlich nicht nachgewiesen ist oder zumindest nicht anerkannt. Dazu gehören etwa Rutengängerei, Kinesiologie, Freie Energie, Reinkarnationstherapie, Feng Shui, Bioresonanztherapie, Bioenergetik, Reiki oder Astrologie. Es erscheint widersprüchlich, wenn ein Patient, der sich von der Schulmedizin abgewandt hat und stattdessen durch Alternativmethoden oder esoterische Therapien behandelt werden möchte und deshalb einen Heilpraktiker aufsucht, diesen dann mit Erfolg verklagen kann, weil der Heilpraktiker keine wissenschaftlich anerkannten Methoden anwendet. In diesem Konfliktfeld hat die Rechtsprechung die folgenden Grundsätze entwickelt:

47

Ein Heilpraktiker ist verpflichtet, „sich eine ausreichende Sachkunde über die von ihm angewendeten Behandlungsweisen einschließlich ihrer Risiken, vor allem die richtigen Techniken für deren gefahrlose Anwendung anzueignen. Dem gemäß verstößt er in gleicher Weise wie ein Arzt gegen die gebotene Sorgfalt, wenn er eine Therapie wählt, mit deren Handhabung, Eigenarten und Risiken er sich zuvor nicht im erforderlichen Maße vertraut gemacht hat. Über die ihm durch den Gesetzgeber ausdrücklich verbotenen Behandlungsmaßnahmen hinaus darf der Heilpraktiker Methoden, deren Indikationsstellung oder Risiken die medizinisch-wissenschaftliche Ausbildung und Erfahrung eines approbierten Arztes verlangen, nicht anwenden, solange er sich nicht ein entsprechendes Fachwissen und -können erworben hat. Zur Beachtung der im Verkehr erforderlichen Sorgfalt gehört ferner, dass er sich im Einzelfall jeweils selbstkritisch prüft, ob seine Fähigkeiten oder Kenntnisse ausreichen, um eine ausreichende Diagnose zu stellen und eine sachgemäße Heilbehandlung einzuleiten und bei etwaigen diagnostischen oder therapeutischen Eingriffen alle erforderlichen Vorsichtsmaßnahmen beachten zu können. Sind diese Kenntnisse und Fähigkeiten nicht vorhanden, dann muss er den Eingriff unterlassen."[109] Allerdings kann von einem Heilpraktiker nicht dasselbe Maß von allgemeiner Ausbildung und Fortbildung verlangt werden wie von einem Facharzt.[110] Nimmt der Heilpraktiker aber invasive Eingriffe vor, hat er den Sorgfaltsmaßstab eines Allgemeinmediziners einzuhalten.[111]

48

---

108 Grundlegend hierzu BGH v. 27.9.1983 – VI ZR 230/81, NJW 1984, 655 ff. = VersR 1984, 60 ff.
109 So wörtlich BGH v. 29.1.1991 – VI ZR 206/90, NJW 1991, 1535 ff.
110 BGH v. 29.1.1991 – VI ZR 206/90, NJW 1991, 1535 ff.
111 *Geiß/Greiner*, B Rn 13; *Gehrlein*, B Rn 32; BGH v. 29.1.1991 – VI ZR 206/90, NJW 1991, 1535 ff.

49 Zu den Grenzen, in denen ein Heilpraktiker Außenseitermethoden, Methoden, deren Wirksamkeit wissenschaftlich nicht belegt ist oder ungeeignete Methoden anwenden darf, hat die Rechtsprechung Folgendes entschieden:

- Ebenso wie ein Arzt, der bei der Behandlung eines Patienten an die Grenzen seiner therapeutischen Möglichkeiten stößt, sich der Weiterbehandlung zu enthalten hat und dafür sorgen muss, dass die Behandlung von einem fachlich dazu geeigneten anderen Arzt oder Krankenhaus übernommen wird, hat dies auch ein an die Grenze seiner Fachkompetenz stoßender Heilpraktiker zu tun.[112] Eine Haftung kann darauf jedoch nur dann gestützt werden, wenn durch die Tätigkeit des Heilpraktikers eine Behandlung durch einen Facharzt unterblieben ist und dem Patienten hieraus ein Schaden entstanden ist.[113]

- Hat der Patient sich bewusst gegen eine fachärztliche Behandlung und für einen Heilpraktiker entschieden, der keine fachmedizinische Kompetenz besitzt, da er ausdrücklich die Anwendung von Heilmethoden wünscht, die von fachlich qualifizierten Ärzten nicht angewendet werden, dann ist der Heilpraktiker in dieser Situation nicht mehr verpflichtet, auf seine mangelnde fachärztliche Kompetenz hinzuweisen.[114] Wendet sich der Patient ausdrücklich und bewusst von der Schulmedizin ab, muss der Heilpraktiker nicht auf die überlegenen Diagnose- und Therapiemöglichkeiten der Fachärzte hinweisen.[115]

- Allein die Tatsache, dass ein Heilpraktiker von der Schulmedizin nicht anerkannte Methoden anwendet, führt nicht zu einem Behandlungsfehler. Die Anwendung solcher nicht allgemein anerkannter Therapieformen und sogar ausgesprochen paraärztlicher Behandlungsformen ist rechtlich regelmäßig erlaubt.[116] Es gelten hier die Grundsätze der Vertragsfreiheit und der Patientenautonomie. Auch insoweit ist eine – aus wissenschaftlicher Sicht -unvernünftige Entscheidung des Patienten durch sein Selbstbestimmungsrecht geschützt. Entscheidend ist, dass jeder Patient, bei dem eine von der Schulmedizin nicht oder noch nicht anerkannte Methode angewendet wird, innerhalb der Grenzen der Sittenwidrigkeit (siehe § 138 BGB, § 226a StGB) eigenverantwortlich entscheiden kann, welchen Behandlungen er sich unterziehen will. Schließt aber das Selbstbestimmungsrecht eines informierten und über die Tragweite seiner Entscheidung aufgeklärten Patienten die Befugnis ein, jede nicht gegen die guten Sitten verstoßende Behandlungsmethode zu wählen, kann umgekehrt die Tatsache, dass der Heilbehandler eine derartige Methode anwendet, nicht automatisch zu deren Beurteilung als Behandlungsfehler führen.[117]

- Grundsätzlich darf auch ein Heilpraktiker eine Behandlungsmethode dann nicht anwenden, wenn er keinerlei Anhaltspunkte für deren Wirksamkeit hat. Allerdings darf hier nicht mit den Maßstäben der Fachmedizin gemessen werden. Wer sich in die Behandlung eines Heilpraktikers begibt, wünscht ja gerade eine Therapie jenseits der üblichen Methoden der Fachmedizin. Da die Fachmedizin als wirksam erkannte Heilmethoden selbst anwendet, legt der Patient eines Heilpraktikers Wert auf solche Behandlungsmethoden, deren Wirksamkeit von der Fachmedizin nicht, noch nicht oder nur zum Teil anerkannt wird. Eine Hinweispflicht des Heilpraktikers auf die aus fachmedizinischer Sicht unzureichende Erfolgskontrolle seiner

---

112 So OLG München v. 26.4.1989 – 27 U 68/88, VersR 1991, 471 ff.
113 OLG München v. 26.4.1989 – 27 U 68/88, VersR 1991, 471 ff.
114 OLG München v. 26.4.1989 – 27 U 68/88, VersR 1991, 471 ff.
115 OLG München v. 26.4.1989 – 27 U 68/88, VersR 1991, 471 ff.
116 So ausdrücklich BGH v. 29.1.1991 – VI ZR 206/90, NJW 1991, 1535 ff.
117 BGH v. 29.1.1991 – VI ZR 206/90, NJW 1991, 1535 ff.

Heilmethoden besteht infolgedessen nicht.[118] Die genaue Grenze zwischen den Therapiemethoden, die auch ein Heilpraktiker nach dem geschlossenen Behandlungsvertrag nicht mehr anwenden darf, und den Therapiemethoden, die ein Heilpraktiker noch verwenden darf, ist deshalb schwierig zu ziehen und unterliegt einer Bewertung im Einzelfall.

3. Die fehlerhafte Sterilisation und die fehlerhafte Behandlung mit Kontrazeptiva

a) Grundlagen

50 Unter Sterilisation ist ein medizinischer Eingriff zu verstehen, der die Zeugungsfähigkeit des Mannes oder der Frau dauerhaft aufhebt. Die Zulässigkeit der Sterilisation eines Patienten (selbstverständlich mit seiner Einwilligung!) ist heute allgemein anerkannt.[119] Dabei ist es rechtlich belanglos, ob es um die Sterilisation eines Mannes oder einer Frau geht. Die früher in Literatur und Rechtsprechung teilweise vertretene Ansicht, dass angesichts des irreversiblen Verlustes der Fortpflanzungsfähigkeit nur ein eingeschränktes Selbstbestimmungsrecht besteht, ist überholt.[120] Die Durchführung einer Sterilisation bedarf zu ihrer Zulässigkeit insbesondere auch nicht der Zustimmung des Ehepartners des betroffenen Patienten.[121]

51 Kontrazeptiva sind Medikamente oder sonstige Mittel mit empfängnisverhütender Wirkung.

b) Haftung

52 Im Bereich der Sterilisation bzw. der Kontrazeptiva haftet der Arzt wie auch sonst für Behandlungsfehler und Aufklärungspflichtverletzungen. Dabei kommen insbesondere zwei mögliche Behandlungsfehler in Betracht: Der behandelnde Arzt begeht einen Fehler bei der Ausübung der konkreten Therapie.

53 *Beispiel*
Ein solcher Fehler liegt etwa dann vor, wenn der Arzt das Mutterband mit dem Eileiter verwechselt und so das Mutterband statt des Eileiters durchtrennt.[122]

54 Der Fehler, der die forensische Praxis am häufigsten beschäftigt, ist das Unterlassen einer angemessenen Aufklärung des Patienten über die Versagerquote. Die Rechtsprechung behandelt den Fall der unterlassenen oder mangelhaften Aufklärung über das Versagerrisiko nicht als Aufklärungspflichtverletzung, sondern als einen Fall der therapeutischen Sicherungsaufklärung und damit als einen Behandlungsfehler. Jede der zur Verfügung stehenden Sterilisationsmethoden und jede mögliche Verhütungsmethode ist mit einer geringen Misserfolgsquote verbunden. Bei der Sterilisation der Frau liegt dies in der besonderen Regenerationsfähigkeit des Tubengewebes begründet. Bei der Sterili-

---

118 OLG München v. 26.4.1989 – 27 U 68/88, VersR 1991, 471 ff.
119 Ausdrücklich klargestellt in BVerfG v. 12.11.1997 – 1 BvR 479/92 und 1 BvR 307/94, NJW 1998, 519 ff.; *Gehrlein*, B Rn 78; *Geiß/Greiner*, B Rn 180; *Steffen/Dressler/Pauge*, Rn 262.
120 *Gehrlein*, B Rn 78.
121 *Gehrlein*, B Rn 78; *Steffen/Dressler/Pauge*, Rn 262.
122 BGH v. 18.3.1980 – VI ZR 247/78, BGHZ 76, 259–273 = NJW 1980, 1452–1456; BGH – VI ZR 105/78, BGHZ 76, 249 ff. = NJW 1980, 1450–1452.

sation des Mannes kann es zu einer Rekanalisation des Samenstranges kommen. Der Patient hat ein offenkundiges Interesse daran, auf diese trotz der Sterilisation weiterhin bestehende Möglichkeit einer Schwangerschaft hingewiesen zu werden.[123] Dieser Beratungspflicht wird der Arzt nur gerecht, wenn er nach einer Aufklärung sicher sein darf, dass dem Patienten das fortbestehende Risiko einer Zeugungsfähigkeit bewusst geworden ist. Der Mann ist nach einer Sterilisation zusätzlich darüber aufzuklären, dass der Erfolg der Operation erst sechs Wochen nach dem Eingriff durch ein Spermiogramm sicher festgestellt werden kann.[124] Erst nach einer umfassenden Aufklärung über die konkrete Misserfolgsquote kann der Patient darüber entscheiden, ob ihm die (hohe) Sicherheitsquote einer Sterilisation ausreicht oder ob er seinem Sicherheitsbedürfnis durch die Anwendung zusätzlicher Verhütungsmittel Rechnung trägt.[125]

c) Besonderheiten bei der Schadensbestimmung

aa) Der Anspruch der Mutter auf Schmerzensgeld

55 Die Herbeiführung einer ungewollten Schwangerschaft stellt auch dann einen Schmerzensgeld auslösenden Schaden der Frau dar, wenn die Schwangerschaft ohne pathologische Begleiterscheinungen verläuft.[126] Der BGH führt hierzu wörtlich aus:

> *„Der erkennende Senat ist aber vor allem entgegen dem Berufungsgericht der Ansicht, dass die Herbeiführung einer Schwangerschaft und Geburt gegen den Willen der betroffenen Frau, auch wenn es sich um einen normalen physiologischen Ablauf ohne Komplikationen handelte, als Körperverletzung ein Schmerzensgeld rechtfertigen kann. Eine Verletzung des Körpers, die § 823 Abs. 1 BGB ausdrücklich neben der Verletzung der Gesundheit erwähnt, muss nämlich im zivilrechtlichen Sinne schon in jedem unbefugten Eingriff in die Integrität der körperlichen Befindlichkeit erblickt werden, da anders das Recht am eigenen Körper als gesetzlich ausgeformter Teil des allgemeinen Persönlichkeitsrechts nicht angemessen geschützt wäre. Dass möglicherweise aus strafrechtlicher Sicht etwas anderes gilt, steht dem nicht entgegen."*[127]

bb) Der Anspruch auf Ersatz des Unterhaltsschadens

56 In Literatur und Rechtsprechung war lange Zeit heftig umstritten, ob den Eltern des Kindes den ihnen durch die ungewollte Schwangerschaft und die ungeplante Geburt des Kindes entstehenden Unterhaltsaufwand als Schaden geltend machen können. Das Problem wurde unter dem Schlagwort „Kind als Schaden" diskutiert. Der BGH hat diese Frage in zwei am selben Tag verkündeten Grundsatzurteilen entschieden.[128]

57 Der BGH hat zunächst klar gestellt, dass es nicht um die Frage geht, ob ein Kind einen Schaden darstellen kann. „Die Formulierung ‚Kind als Schaden' ist nicht mehr als eine schlagwortartige, daher juristisch untaugliche Vereinfachung." Fraglich ist offensicht-

---

123 BGH – VI ZR 202/79, VersR 1981, 730 ff.; *Gehrlein*, B Rn 80; *Geiß/Greiner*, B Rn 181.
124 *Gehrlein*, B Rn 80.
125 *Gehrlein*, B Rn 80.
126 BGH – VI ZR 202/79, VersR 1981, 730 ff.; BGH v. 18.3.1980 – VI ZR 247/78, BGHZ 76, 259–273 = NJW 1980, 1452–1456.
127 So wörtlich BGH v. 18.3.1980 – VI ZR 247/78, BGHZ 76, 259–273 = NJW 1980, 1452–1456.
128 BGH v. 18.3.1980 – VI ZR 247/78, BGHZ 76, 259–273 = NJW 1980, 1452 ff.; BGH v. 18.3.1980 – VI ZR 105/78, BGHZ 76, 249 ff. = NJW 1980, 1450 ff. = VersR 1980, 555 ff.

lich nicht, ob das Kind an sich einen Schaden darstellen kann, sondern nur die durch seine planwidrige Geburt ausgelöste Unterhaltsbelastung der Eltern.

Die Kausalität zwischen der fehlerhaften Sterilisation bzw. der unterlassenen Aufklärung über das Versagerrisiko wird auch nicht dadurch aufgehoben, dass nachfolgend von den Eltern des Kindes der Geschlechtsverkehr ausgeübt worden ist und dieser die Schwangerschaft und die Geburt ausgelöst hat. Denn der Geschlechtsverkehr wurde gerade im Vertrauen auf die Wirksamkeit der vorgenommenen Sterilisation vollzogen. Dieses Vertrauen der Eltern auf die Wirksamkeit der von ihnen ergriffenen Verhütungsmaßnahmen ist geschützt. 58

Die Geltendmachung einer Unterhaltsbelastung als Schaden der Eltern kann auch nicht durch das (kaum nachvollziehbare und trotzdem immer wieder vorgebrachte) Argument ausgeschlossen werden, das Kind könne ein seelisches Trauma erleiden, wenn es erfahre, dass es nur durch Drittverschulden, also von den Eltern ungewollt, zur Welt gekommen sei und die Eltern seine Existenz als ersetzbaren Schaden angesehen hätten. Der BGH führt hierzu zu Recht aus: 59

„Das angeblich zu erwartende Trauma mag möglich sein, ist aber wohl kaum überwiegend wahrscheinlich. Dagegen sind Schadensersatzleistungen, die eine durch die ‚unerwünschte' Geburt herbeigeführte wirtschaftliche Einengung der Familie neutralisieren, unter Umständen sehr geeignet, eine positive Einstellung der Eltern zu dem zusätzlichen Kind zu fördern. Auf all dies kommt es aber deshalb nicht an, weil die Vermeidung eines solchen Traumas, wo es etwa befürchtet wird, Sache der Eltern selbst wäre. Dem Schädiger steht es auf keinen Fall an, sich unter dem Vorwand einer solchen psychologischen Rücksichtnahme auf das Kind seinen Verpflichtungen zu entziehen."[129]

Nach ständiger Rechtsprechung[130] sind die mit der Geburt eines nicht gewollten Kindes für die Eltern verbundenen wirtschaftlichen Belastungen, insbesondere die Aufwendungen für dessen Unterhalt, als ersatzpflichtiger Schaden auszugleichen, wenn der Schutz vor solchen Belastungen Gegenstand des jeweiligen Behandlungs- oder Beratungsvertrages war. Der BGH hat die Haftung des Arztes oder Krankenhausträgers in den Fällen einer fehlgeschlagenen Sterilisation aus Gründen der Familienplanung, bei fehlerhafter Beratung über die Sicherheit der empfängnisverhütenden Wirkungen eines vom Arzt verordneten Hormonpräparates sowie in den Fällen einer fehlerhaften genetischen Beratung vor Zeugung eines genetisch behinderten Kindes bejaht.[131] 60

Der BGH stellt weiterhin klar, dass dem Arzt der Unterhaltsaufwand für das Kind als Schadensfolge rechtlich nur zugerechnet werden, „wenn dadurch tatsächlich eine Familienplanung durchkreuzt worden ist, wenn also die Empfängnis nicht nur angesichts der vermeintlich wirksamen Sterilisation unerwartet, sondern den Eltern aus diesen Gründen unerwünscht war."[132] Daran kann kein Zweifel bestehen, wenn die Sterilisation gerade deshalb ausgeführt wurde, weil weiterer Nachwuchs vermieden werden sollte. Aber auch dann, wenn die Sterilisation aus anderen Gründen als der Familienplanung durchgeführt worden ist, insbesondere aus medizinischen Erwägungen zum Schutz der Mutter vor möglichen mit einer weiteren Schwangerschaft und/oder Geburt verbundenen gesundheitlichen Beeinträchtigungen ist es „nicht ausgeschlossen, sondern eher 61

---

129 BGH v. 18.3.1980 – VI ZR 105/78, BGHZ 76, 249 ff. = NJW 1980, 1450 ff. = VersR 1980, 555 ff.
130 Vgl. die Zusammenfassung in BGH v. 14.11.2006 – ZR VI 48/06, NJW 2007, 989 ff.
131 Siehe BGH v. 14.11.2006 – ZR VI 48/06, NJW 2007, 989 ff.
132 BGH v. 18.3.1980 – VI ZR 105/78, BGHZ 76, 249 ff. = NJW 1980, 1450 ff. = VersR 1980, 555 ff.

nahe liegend, dass das unerwartete Kind aus Gründen der Familienplanung ‚unerwünscht' war. Oft werden Eltern, die – etwa aus wirtschaftlichen Gründen – keine weiteren Kinder wollten, nur im Vertrauen auf die Effektivität des Eingriffs auf andere Maßnahmen zur Verhütung der Empfängnis verzichten. Von einer Störung der Familienplanung, die grundsätzlich im Ermessen der Eltern steht, kann aber selbst dann gesprochen werden, wenn die Eltern zwar zunächst gegen weiteren Kindersegen keine Vorbehalte gehabt hatten, sich aber dann im Glauben an die vermeintliche Sterilisation in ihrem Lebenszuschnitt darauf eingestellt hatten, dass weitere Kinder ausbleiben würden.

62 *Beispiel*
Ein besonders sinnfälliges Beispiel, aber keineswegs das Einzige, ist der Fall, dass die Eltern angesichts der vermeintlichen Unfruchtbarkeit der Frau inzwischen fremde Kinder adoptiert haben.[133]

63 Komplizierter ist die Frage der Durchkreuzung der Familienplanung bei Behandlungsfehlern oder Aufklärungspflichtverletzungen des Arztes im Zusammenhang mit Kontrazeptiva. Dann anders als bei der Sterilisation indiziert der Gebrauch von Kontrazeptiva nicht, dass die Familienplanung der Eltern endgültig abgeschlossen ist. Der BGH[134] führt dazu Folgendes aus:[135]

„Die Haftung des Arztes ist nach den dargestellten Grundsätzen nicht davon abhängig, dass die Familienplanung der Eltern oder eines Elternteils ‚abgeschlossen' ist in dem Sinne, dass auch die hypothetische Möglichkeit eines späteren Kinderwunsches, etwa nach beruflicher Konsolidierung und mit einem anderen Partner, völlig ausgeschlossen werden muss. Zwar hat der erkennende Senat in seinem Urteil vom 18. März 1980 beiläufig ausgeführt, in den nicht seltenen Fällen, in denen ein junges Ehepaar ... nur zunächst ein Kind nicht haben wolle, könne aus der Durchkreuzung des derzeitigen Zeitplans nicht schon auf eine nachhaltige Planwidrigkeit des demnach zur Unzeit geborenen Kindes geschlossen werden. Zutreffend nimmt das Berufungsgericht aber an, dass auch eine aus persönlichen oder wirtschaftlichen Gründen auf längere Zeit geplante Kinderlosigkeit Grundlage dafür sein kann, die unerwünschte Belastung mit einer Unterhaltsverpflichtung der ärztlichen Vertragsverletzung zuzurechnen, wenn eine zukünftige Planung noch nicht absehbar ist. In einem solchen Fall kann die Haftung nicht davon abhängen, dass der Geschädigten ein ohnehin nicht verifizierbarer Vortrag über ihre spätere Lebensplanung abverlangt wird. In Fällen der vorliegenden Art geht es ... lediglich darum, dass eine von den Eltern nicht gewünschte Belastung der wirtschaftlichen Verhältnisse durch die Vertragsverletzung des Arztes herbeigeführt wird und diesem zuzurechnen ist. Der Arzt, der einen vom Patienten gewünschten Erfolg verspricht, diesen aber durch fehlerhafte Behandlung vereitelt, soll für die dadurch verursachte wirtschaftliche Belastung haften. ... Der Einwand, das schädigende Verhalten beeinträchtige die Lebensplanung des Vertragspartners nur auf Zeit, kann allenfalls für die Schadenshöhe, nicht aber für die grundsätzliche Haftungsfrage von Bedeutung sein. Eine Mutter, die den – gesellschaftlich weitgehend akzeptierten – Entschluss fasst, auf ein Kind zu verzichten, um beispielsweise ihr berufliches Fortkommen zu sichern, kann nicht mit Erfolg darauf verwiesen werden, sie müsse die Vereitelung ihrer Lebensplanung entschädigungslos hinnehmen, weil sie sich in Zukunft möglicherweise

---

133 BGH v. 18.3.1980 – VI ZR 105/78, BGHZ 76, 249 ff. = NJW 1980, 1450 ff. = VersR 1980, 555 ff.
134 BGH v. 14.11.2006 – ZR VI 48/06, NJW 2007, 989 ff.
135 BGH v. 18.3.1980 – VI ZR 105/78, BGHZ 76, 249 ff. = NJW 1980, 1450 ff. = VersR 1980, 555 ff.

doch einmal entschlossen haben würde, Kinder zu bekommen. Die Haftung des Arztes entfällt nur dann, wenn im Einzelfall der innere Grund der haftungsrechtlichen Zurechnung, nämlich die Störung der Familienplanung, nachträglich weggefallen ist, was der beklagte Arzt darzulegen und zu beweisen hat. Auch ein auf Zeit angelegter Verzicht auf einen Kinderwunsch kann mithin die Haftung auslösen."[136]

Auch aus der Tatsache, dass die Eltern des Kindes keinen Schwangerschaftsabbruch vornehmen lassen, kann nicht geschlossen werden, dass es sich doch um ein erwünschtes Kind handelt und die Familienplanung der Eltern somit nicht durchkreuzt worden ist. „Die Vernichtung werdenden Lebens ist keine selbstverständliche Alternative zur Empfängnisverhütung. Jedenfalls ist insoweit die persönliche Gewissensentscheidung der Klägerin zu respektieren."[137] Ebenso wenig kann aus der Tatsache, dass die Eltern das Kind nicht zur Adoption freigeben wollen, auf die Erwünschtheit des Kindes geschlossen werden.[138] Es liegt auf der Hand, dass die Ablehnung eines weiteren, noch nicht gezeugten Kindes und die Freigabe eines tatsächlich bereits geborenen Kindes zur Adoption in keiner Weise vergleichbar sind. Zuletzt kann auch aus der Tatsache, dass das der Familienplanung widersprechende Kind nach seiner Geburt von seinen Eltern die ihm gebührende elterliche Liebe und Zuwendung erfährt, nicht geschlossen werden, dass aus dem „unerwünschten" gewesenen Kind nachträglich ein „erwünschtes" Kind geworden ist mit der Folge, dass dem Schädiger der Unterhaltsaufwand für das Kind nicht mehr als Schadensfolge zugerechnet werden könnte.[139] Aus diesen Gründen ist weder in dem Unterlassen eines Schwangerschaftsabbruchs noch einer Freigabe des Kindes zur Adoption ein den Eltern anrechenbares Mitverschulden zu sehen.[140]

64

Der Anspruch auf Ersatz des Unterhaltsschadens steht dabei nicht nur der Mutter des Kindes zu, sondern grundsätzlich auch dem Vater. Dieser wird unter dem Gesichtspunkt des Vertrages mit Schutzwirkung für Dritte in den Schutzbereich des abgeschlossenen Behandlungsvertrages, der gerade der Familienplanung dient, mit einbezogen. Der BGH hat dies zunächst nur für den ehelichen Vater entschieden.[141] In einer neueren Entscheidung[142] hat er auch dem nichtehelichen Kindesvater einen eigenen Schadensersatzanspruch zugebilligt. Wörtlich führt er hierzu Folgendes aus:

65

„Sofern die Arztleistung – wie hier – auch der wirtschaftlichen Familienplanung dient, ist ihr wesenseigen, dass der vertragliche Schutz denjenigen zukommt, die für den Unterhalt aufzukommen haben. Dies gilt nicht nur bei ehelicher Vaterschaft, sondern auch bei nichtehelichen Lebensgemeinschaften und Partnerschaften, die bei Durchführung der Behandlung bestehen und deren auch wirtschaftlichem Schutz die Behandlung gerade dienen soll. Diese Voraussetzungen hat das Berufungsgericht für den Streitfall rechtsfehlerfrei bejaht. Entgegen den Ausführungen der Revision war es nicht erforderlich, dass die Klägerin dem Beklagten den Kindesvater als ihren festen Partner vorstellte oder namentlich benannte. Die Leistungsnähe des Dritten, das Interesse der Klägerin an dessen Schutz, sein Schutzbedürfnis und die Erkennbarkeit des geschützten Personenkreises lagen nach den Umständen des Streitfalls auch aus Sicht des Beklagten selbst dann vor, wenn ihm nähere Informa-

---

136 BGH v. 14.11.2006 – ZR VI 48/06, NJW 2007, 989 ff.
137 BGH v. 18.3.1980 – VI ZR 105/78, BGHZ 76, 249 ff. = NJW 1980, 1450 ff. = VersR 1980, 555 ff.
138 BGH v. 18.3.1980 – VI ZR 105/78, BGHZ 76, 249 ff. = NJW 1980, 1450 ff. = VersR 1980, 555 ff.
139 BGH v. 18.3.1980 – VI ZR 105/78, BGHZ 76, 249 ff. = NJW 1980, 1450 ff. = VersR 1980, 555 ff.
140 BGH v. 18.3.1980 – VI ZR 105/78, BGHZ 76, 249 ff. = NJW 1980, 1450 ff. = VersR 1980, 555 ff.
141 Siehe BGH v. 18.3.1980 – VI ZR 247/78, BGHZ 76, 259 ff. = NJW 1980, 1452 ff.
142 BGH v. 14.11.2006 – ZR VI 48/06, NJW 2007, 989 ff.

tionen zur Person des damaligen Lebenspartners der Klägerin und späteren Kindesvaters fehlten."[143]

66 Für den Fall, dass ein Schwangerschaftsabbruch aufgrund eines Behandlungsfehlers oder einer Aufklärungspflichtverletzung unterbleibt, hat das OLG Koblenz[144] ausgeführt, dass eine Haftung des Arztes wegen der vermögensrechtlichen Folgen des unterbliebenen Schwangerschaftsabbruchs nur dann in Betracht kommt, wenn der Abbruch gem. § 218a Abs. 2 und 3 StGB rechtmäßig gewesen wäre. Das OLG Koblenz betont insoweit, dass eine bloße Straffreiheit im Sinne des § 218a Abs. 1 StGB nicht ausreicht, um eine Haftung des Arztes zu begründen. Denn auch in diesem Fall sei die Abtreibung nach der Wertung des Gesetzgebers nur straflos, nicht aber rechtmäßig. Die Abtreibung bleibe auch im Fall des § 218a Abs. 1 StGB rechtswidrig. Die Nachteile, die sich daraus ergeben, dass eine rechtswidrige Handlung unterblieben sei, müssten nicht kompensiert werden.[145]

d) Beweislast

67 Wenn der Patient bestreitet, dass der Arzt die vereinbarte Sterilisation überhaupt durchgeführt hat, ist der Arzt für die Vornahme dieses Eingriffs beweisbelastet.[146] Dagegen trägt der Patient die Beweislast dafür, dass die Sterilisation fehlerhaft durchgeführt worden ist.[147] Allein aus der Tatsache einer späteren Schwangerschaft ergibt sich kein Anschein dafür, dass der Sterilisationseingriff im konkreten Fall fehlerhaft durchgeführt worden ist. Denn die Grundsätze des Anscheinsbeweises greifen hierfür nicht ein.[148] Ein solcher Schluss von der Schwangerschaft auf einen Behandlungsfehler verbietet sich nämlich schon deshalb, weil infolge der besonderen Regenerationsfähigkeit des Tubengewebes alle Verfahren der Tubensterilisation eine (wenn auch geringe) Versagerquote aufweisen. Deshalb kann aus dem Misserfolg einer Sterilisation nicht auf eine fehlerhafte Durchführung derselben geschlossen werden.[149] Der Patient ist nach ständiger Rechtsprechung auch für eine von ihm behauptete unterlassene Aufklärung über das Versagerrisiko beweisbelastet. Nach Ansicht des BGH fällt die Aufklärung über die Möglichkeit des Misserfolgs nicht unter die Selbstbestimmungsaufklärung, da es nicht es nicht um „unmittelbare gesundheitliche Risiken des Sterilisationseingriffes" geht.[150] „Vielmehr bildete der Hinweis auf die der Sterilisationsmethode zwangsläufig innewohnende Unvollkommenheit nur eine vertragliche Nebenpflicht, wie sie auch sonst eine vertragliche Leistung oder Lieferung begleiten kann. Der Beweis dafür, dass er eine von möglicherweise zahlreichen Nebenpflichten nicht versäumt hat, kann aber nicht allgemein dem Schuldner eines Dienstvertrages auferlegt werden, da er sonst in eine kaum zu beherrschende Beweislage geriete. Will also der Gläubiger (hier: der Patient) aus der Verletzung einer bloßen Nebenpflicht Ansprüche herleiten, dann hat nach allgemeinen Grundsätzen er die Verletzung zu beweisen."[151]

---

143 So BGH v. 14.11.2006 – ZR VI 48/06, NJW 2007, 989 ff.
144 OLG Koblenz v. 20.3.2006 – 5 U 255/06, MedR 2006, 540 ff.
145 So OLG Koblenz v. 20.3.2006 – 5 U 255/06, MedR 2006, 540 ff.
146 So BGH – VI ZR 202/79, VersR 1981, 730 ff.; OLG Saarbrücken – 1 U 97/85, VersR 1988, 831 ff.
147 So OLG Saarbrücken – 1 U 97/85, VersR 1988, 831 ff.; BGH – VI ZR 202/79, VersR 1981, 730 ff.
148 OLG Saarbrücken – 1 U 97/85, VersR 1988, 831 ff.
149 OLG Saarbrücken – 1 U 97/85, VersR 1988, 831 ff.
150 So etwa BGH – VI ZR 202/79 = VersR 1981, 730 ff.
151 BGH – VI ZR 202/79, VersR 1981, 730 ff.

Die Rechtsprechung des BGH steht im Licht der strikten Trennung zwischen der Selbstbestimmungsaufklärung und der therapeutischen Sicherungsaufklärung. Gerade aber die Aufklärung über das Versagerrisiko zeigt, dass insoweit eine künstliche und bei genauerer Betrachtung nicht haltbare Differenzierung vorgenommen wird. Denn die Kenntnis des Versagerrisikos ist nicht nur für die Frage der postoperativen zusätzlichen Verhütung von Relevanz, sondern bereits für den Entscheidungsfindungsprozess des Patienten. Es liegt auf der Hand, dass ein Patient sich bei der Frage, ob er einen Sterilisationseingriff überhaupt vornehmen lässt, insbesondere auch von der Frage leiten lässt, welche Sicherheit ihm der Eingriff bietet. Reicht ihm dieser Schutz nach seinem individuellen Sicherheitsbedürfnis nicht aus, wird er möglicherweise von der Sterilisation insgesamt Abstand nehmen. Nach den allein maßgebenden individuellen Wertmaßstäben des Patienten ist es möglich, dass er nicht bereit ist, die mit einer Sterilisation verbundenen gesundheitlichen Gefahren auf sich zu nehmen, wenn er auch danach noch zusätzliche Verhütungsmaßnahmen ergreifen muss.

68

Die Aufklärung über das Versagerrisiko ist also durchaus ein maßgebender Faktor für eine selbstbestimmte Entscheidung des Patienten über das „ob" des Eingriffs. Hinzu kommt, dass aus grundsätzlichen Erwägungen heraus die rechtlichen Konsequenzen, welche die Rechtsprechung an die Differenzierung zwischen der Selbstbestimmungsaufklärung und der therapeutischen Sicherungsaufklärung knüpft, abzulehnen sind. Während der Arzt nämlich die Beweislast für die Durchführung einer ordnungsgemäßen Selbstbestimmungsaufklärung trägt, bürdet die Rechtsprechung dem Patienten bei der therapeutischen Sicherungsaufklärung die Beweislast dafür auf, dass er nicht aufgeklärt worden ist. Einen solchen Negativbeweis kann der Patient indes kaum führen. Wie soll er beweisen, dass etwas nicht passiert ist? Dagegen wäre es für den Arzt ein Leichtes, durch entsprechende Dokumentation, insbesondere durch eine vom Patienten unterschriebene Aufklärungsbestätigung den Nachweis einer vorgenommenen Aufklärung zu führen. Aus grundsätzlichen Erwägungen heraus sind deshalb sowohl die Trennung zwischen der therapeutischen Sicherungsaufklärung und der Selbstbestimmungsaufklärung als auch die daran geknüpften Konsequenzen bei der Beweislastverteilung abzulehnen.

69

Auch der BGH erkennt indes die Unbilligkeit der von ihm entwickelten Beweislastverteilung und er versucht dieses Ergebnis durch eine dogmatisch schwer begründbare rechtliche Konstruktion zu korrigieren. Danach muss ein Arzt damit rechnen, dass es nach einer fehlgeschlagenen Sterilisation zu einem Arzthaftungsprozess kommt, in dem die ordnungsgemäße therapeutische Sicherungsaufklärung überprüft wird.[152] „Bei dieser Sachlage liegt es heute für den Arzt, der eine Sterilisation aus Gründen der Familienplanung vornimmt, so nahe, sich seinen Hinweis auf die Versagerquote schriftlich bestätigen zu lassen, dass die Unterlassung dieser Vorsichtsmaßnahme (der ersichtlich therapeutische Bedenken nicht entgegenstehen können) ein Beweisanzeichen dafür bilden mag, dass die Erfüllung dieser aus dem Behandlungsvertrag folgenden Nebenpflicht versäumt worden ist."[153] Es würde der Rechtsklarheit dienen und wäre sachgerechter und folgerichtiger, die unterschiedliche Beweislastverteilung bei der Selbstbestimmungsaufklärung und der therapeutischen Sicherungsaufklärung aufzugeben.

70

---

152 BGH – VI ZR 202/79, VersR 1981, 730 ff.
153 BGH – VI ZR 202/79, VersR 1981, 730 ff.

V. Kausalität

71 Wie bereits in Rn 3 ausgeführt, wird die Haftung des Arztes nicht schon durch das Vorliegen eines Behandlungsfehlers begründet. Erforderlich ist vielmehr darüber hinaus, dass der Behandlungsfehler ursächlich und in zurechenbarer Art und Weise zu einem bestimmten Schaden geführt hat. Auch bezüglich der Kausalität trägt der Patient die Beweislast. Hier (und nicht beim Nachweis eines Behandlungsfehlers) liegt in der forensischen Praxis die höchste Hürde des Arzthaftungsprozesses, an der die meisten Klagen scheitern.

72 Bei der Kausalität ist zunächst zwischen der **haftungsbegründenden** und der **haftungsausfüllenden** Kausalität zu unterscheiden.

1. Die haftungsbegründende Kausalität

73 Die haftungsbegründende Kausalität erfordert, dass der Behandlungsfehler zu einem körperlichen und/oder gesundheitlichen Primärschaden des Patienten geführt hat. Der Arzt hat dabei für den Schaden einzustehen, der dem Patienten aus der fehlerhaften Behandlung erwächst. Auch nach der Übernahme der Behandlung durch einen Arzt hat der Patient indes das Risiko seiner Krankheit zu tragen. Deshalb hat der Patient alle Schäden zu tragen, die aus seiner Grunderkrankung herrühren.[154] Der Arzt haftet also nur in dem Maße, in dem seine fehlerhafte Behandlung zu einem **zusätzlichen** Schaden des Patienten geführt hat. Es ist damit der tatsächliche Zustand mit dem Zustand zu vergleichen, der bestehen würde, wenn der Arzt den Patienten lege artis behandelt hätte. Der Patient hat auch hierfür grundsätzlich den vollen Beweis zu erbringen. Für die haftungsbegründende Kausalität gilt dabei der Beweismaßstab des § 286 ZPO.[155]

74 Liegt der Behandlungsfehler darin, dass der behandelnde Arzt eine medizinisch nicht indizierte Maßnahme vorgenommen hat oder eine medizinisch geeignete Therapie in fehlerhafter Art und Weise ausgeführt hat, dann liegt die haftungsbegründende Kausalität nur dann vor, wenn die Körperverletzung oder die Gesundheitsbeeinträchtigung gerade durch diesen Behandlungsfehler verursacht worden ist. Wäre der entsprechende Primärschaden auch bei einer Behandlung lege artis eingetreten, ist eine Haftung des Arztes ausgeschlossen.[156] Nicht ausreichend ist insoweit, dass der eingetretene Schaden auch bei einer Behandlung lege artis hätte entstehen können.[157] Verweist der Arzt darauf, dass der gleiche Schaden auch dann eingetreten wäre, wenn er den Patienten ordnungsgemäß behandelt hätte, stellt er damit auf ein mögliches rechtmäßiges Alternativverhalten ab. Ein solches rechtmäßiges Alternativverhalten schließt die Haftung nur dann aus, wenn sicher feststeht, dass es – über die in den Raum gestellte bloße Möglichkeit hinaus – mit Sicherheit dieselben Schadensfolgen gehabt hätte.[158] Verwendet der Arzt etwa eine nicht indizierte Behandlungsmethode und wird dadurch ein Körperschaden des Patienten herbeigeführt, so wird die Haftung nicht dadurch ausgeschlossen, dass auch bei der Wahl der gebotenen Behandlungsmethode dieselbe Verletzung hätte eintreten können. Es muss mit an Sicherheit grenzender Wahrscheinlichkeit feststehen, dass eben dieser Schaden auch bei einer Behandlung mit der indizierten Methode eingetreten wäre.

---

154 *Geiß/Greiner*, B Rn 190.
155 Vgl. hierzu *Gehrlein*, B Rn 99; *Geiß/Greiner*, B Rn 188 ff.
156 *Geiß/Greiner*, B Rn 190;
157 So auch OLG Koblenz v. 12.10.2006 – 5 U 456/06, VersR 2007, 111 f.
158 So ausdrücklich OLG Koblenz v. 12.10.2006 – 5 U 456/06, VersR 2007, 111 f.

Besteht der Behandlungsfehler dagegen in dem Unterlassen einer aus medizinischer Sicht gebotenen Therapie, so liegt die haftungsbegründende Kausalität dann vor, wenn der fragliche Primärschaden bei Vornahme der gebotenen Therapie mit an **Sicherheit grenzender Wahrscheinlichkeit** ausgeblieben wäre. Die bloße Möglichkeit oder selbst die überwiegende Wahrscheinlichkeit reicht **nicht** aus, um eine Haftung zu begründen.[159] Liegt der Behandlungsfehler in der Unterlassung einer erforderlichen diagnostischen Maßnahme, dann ist die haftungsbegründende Kausalität nur dann erfüllt, wenn die Vornahme der gebotenen diagnostischen Maßnahme zu einem richtungweisenden Befund und dieser Befund wiederum zu einer geeigneten Therapie geführt hätte und der fragliche Primärschaden durch diese therapeutische Maßnahme vermieden worden wäre.[160]

2. Die haftungsausfüllende Kausalität

Die haftungsausfüllende Kausalität betrifft die Frage, ob dem Patienten aus dem adäquat kausal herbeigeführten Primärschaden ursächlich weitere Schäden (Gesundheitsschäden oder Vermögensschäden) entstanden sind. Hierzu zählen etwa materielle Folgeschäden wie ein aufgrund des Primärschadens eingetretener Verdienstausfall, Anschaffungskosten für Heilmittel (Medikamente, Massagen) oder Hilfsmittel (Rollstuhl, Krücken, Brille) oder sonstige Folgekosten (Fahrtkosten zum Arzt oder zu anderen Nachbehandlern, behindertengerechter Wohnungsumbau, Anschaffung eines Kraftfahrzeugs mit spezieller behindertengerechter Ausstattung). Darüber hinaus gehören hierzu auch weitere gesundheitliche Beeinträchtigungen, die auf dem Primärschaden beruhen. In Abgrenzung zum Primärschaden werden diese Schäden Folgeschäden oder auch Sekundärschäden genannt.

Die Abgrenzung zum Primärschaden kann im Einzelfall sehr schwierig sein.

> *Beispiel*
> Verkennt der Arzt das Vorliegen einer Lungen-Tuberkulose und tritt durch das Ausstreuen von Tuberkelbakterien eine Hodenentzündung auf, so gehört auch die Hodenentzündung noch zum Primärschaden.[161]
>
> Übersieht der herbeigerufenen Arzt das Vorliegen eines Hinterwandinfarkts und unterlässt er es behandlungsfehlerhaft, den Patienten zur weiteren diagnostischen Abklärung in ein Krankenhaus einzuweisen, so soll ein durch den Hinterwandinfarkt ausgelöster Vorderwandinfarkt, den der Patient kurz darauf erleidet, nicht mehr zum Primärschaden gehören, sondern einen Folgeschaden darstellen.[162]

Für die haftungsausfüllende Kausalität gilt § 287 ZPO. Gegenüber dem bei der haftungsbegründenden Kausalität anwendbaren § 286 ZPO verlangt § 287 ZPO ein reduziertes Beweismaß. § 286 ZPO erfordert die persönliche Überzeugung des Richters von der Wahrheit. Es reicht nicht aus, dass der Richter die zu beweisende Tatsache nur für sehr wahrscheinlich hält. Erforderlich ist die persönliche Gewissheit, welche den Zweifeln Schweigen gebietet ohne sie völlig auszuschließen.[163] Gegenüber diesem so genannten Vollbeweis mindert § 287 ZPO das Beweismaß erheblich. Ausreichend ist insoweit, dass die Folgeschäden „überwiegend wahrscheinlich" auf den Behandlungsfehler

---

159 *Gehrlein*, B Rn 100.
160 *Geiß/Greiner*, B Rn 190.
161 BGH NJW 1988, 2948.
162 BGH VersR 1994, 52, 54.
163 BGH NJW 1970, 946 ff.; 1973, 1925 ff.; 1993, 935 ff.

zurückzuführen sind.¹⁶⁴ Zu beachten ist auf der anderen Seite, dass die von der Rechtsprechung entwickelten Beweiserleichterungen beim so genannten „groben Behandlungsfehler" oder beim „voll beherrschbaren Risiko" nur für die haftungsbegründende Kausalität und nicht für die haftungsausfüllende Kausalität gelten.¹⁶⁵

79 Häufig führt ein Primärschaden (zum Beispiel eine aufgrund eines Behandlungsfehlers eingetretene Gehbehinderung des Patienten) zu psychischen Folgeschäden (zum Beispiel einer schweren Depression), die wiederum weitere materielle Folgeschäden verursacht (Berufsunfähigkeit des Patienten). Hiefür gilt das Folgende: Hat jemand schuldhaft eine Körperverletzung oder eine Gesundheitsbeschädigung eines anderen verursacht, dann haftet er auch für daraus resultierende Folgeschäden. Das gilt unabhängig davon, ob es sich um organische oder psychische Folgen handelt. Voraussetzung für eine Haftung des Schädigers ist nicht, dass die psychischen Auswirkungen eine organische Ursache haben, sondern es genügt die hinreichende Gewissheit, dass die psychischen Ausfälle ohne den Unfall nicht aufgetreten wären. Es ist auch nicht erforderlich, dass die aus der Verletzungshandlung resultierenden (haftungsausfüllenden) Folgeschäden für den Schädiger vorhersehbar waren.¹⁶⁶

80 Zu beachten ist, dass regelmäßig eine Diskrepanz zwischen dem medizinischen und dem rechtlichen Kausalitätsbegriff besteht. Aus medizinischer Sicht ist die eigentliche Ursache für die psychischen Folgeschäden oft in einer pathologischen Persönlichkeitsstruktur des Patienten zu sehen, die bereits vor dem schädigenden Ereignis vorlag. Rechtlich relevant ist jedoch allein, ob die fraglichen psychischen Gesundheitsbeeinträchtigungen in ihrer konkreten Gestalt auch ohne die verursachte Primärverletzung aufgetreten wären. Das ist indes nicht der Fall, wenn der Primärschaden als „Auslöser" der aktuellen psychischen Gesundheitsbeeinträchtigungen gewirkt hat.

81 Der Primärschaden ist rechtlich damit conditio sine qua non für die Folgeschäden. Es kann dahin gestellt bleiben, ob diese Beschwerden auch durch ein anderes Ereignis hätten ausgelöst werden können. Denn ausgelöst wurden sie eben durch das konkrete Ereignis und Reserveursachen, die sich tatsächlich nicht ausgewirkt haben, bleiben außer Betracht. In dem Sachverhalt, welcher der Grundsatzentscheidung des BGH vom 30.4.1996 zugrunde lag, ging es um einen Verkehrsunfall, bei dem der Geschädigte ein HWS-Schleudertrauma erlitten hat. Diese Verletzung ist ohne objektiv fassbare Folgen ausgeheilt. Aufgrund einer psychischen Fehlverarbeitung des Unfalls bildete sich eine chronifizierte psychosomatische Schmerzkrankheit, die zur Erwerbsunfähigkeit des Geschädigten führte. Grundsätzlich hätte in diesem Fall auch jedes subjektiv bedeutsame andere seelische oder körperliche Trauma die gleichen Folgen haben können wie der Verkehrsunfall. Der BGH hat ausgeführt, dass der Unfall schon dann als Ursache im haftungsrechtlichen Sinne anzusehen ist, wenn er nur der „Auslöser für die psychischen Fehlreaktionen" gewesen ist.¹⁶⁷ Es spielt keine Rolle, ob es neben dem Primärschaden noch andere Ursachen für die Folgeschäden gegeben hat. Die Kausalität entfällt nur dann oder ist nur dann zeitlich begrenzt, wenn der durch den Primärschaden ausgelöste Folgeschaden aufgrund von Vorschäden auch ohne den konkreten Primärschaden früher oder später eingetreten wäre.¹⁶⁸ Dies muss von der Behandlungsseite indes substantiiert

---

164 BGH NJW 1996, 775 ff.; 1970, 1970 ff.; BGH JZ 1973, 427 ff.; *Gehrlein*, B Rn 112.
165 BGH VersR 1994, 52, 54; 1978, 764, 765; OLG Düsseldorf VersR 1989, 192, 193.
166 So ausdrücklich der BGH in seiner Grundsatzentscheidung v. 30.4.1996 – BGHZ 132, 341 ff. = VersR 1996, 990 ff.; ebenso BGH v. 25.2.1997 – VersR 1997, 752 f.; BGH v. 16.3.2004 – VersR 2004, 874 f.
167 So ausdrücklich BGH v. 30.4.1996 – BGHZ 132, 341 ff. = VersR 1996, 990 ff.
168 So BGH v. 30.4.1996 – BGHZ 132, 341 ff. = VersR 1996, 990 ff.

dargelegt und bewiesen werden. Die bloße Möglichkeit oder Wahrscheinlichkeit eines späteren Schadenseintritts aufgrund anderer Ursachen ist nicht ausreichend, um die Haftung zu begrenzen.

Die Rechtsprechung nimmt eine Begrenzung der Haftung in besonderen Extremfällen durch das Kriterium der Zurechenbarkeit vor. Insoweit gilt, dass die Zurechnung von Schäden grundsätzlich nicht daran scheitert, dass sie auf einer besonderen konstitutiven Schwäche des Geschädigten beruhen.[169] Die Behandlungsseite kann sich nicht darauf berufen, dass der Schaden nur deshalb eingetreten ist oder nur deshalb ein bestimmtes Ausmaß angenommen hat, weil der Verletzte infolge von körperlichen Anomalien oder Dispositionen für diese Krankheit besonders anfällig gewesen ist.[170] Wer einen körperlich geschwächten Menschen verletzt, kann nicht verlangen, so gestellt zu werden, wie wenn der Betroffene gesund gewesen wäre.[171] Dieser Grundsatz gilt auch für die Entstehung psychischer Schäden, die nur aufgrund einer besonderen psychischen Labilität des Patienten entstehen konnten. Hieraus ergibt sich, dass die Behandlungsseite auch dann für seelisch bedingte Folgeschäden haftet, wenn diese auf einer psychischen Prädisposition oder einer neurotischen Fehlverarbeitung beruhen.[172]

82

Freilich sind der Zurechenbarkeit in Extremfällen Grenzen gesetzt. Die Rechtsprechung hat die Zurechenbarkeit und damit die Haftung in zwei Fallgruppen abgelehnt:

83

- Dies ist zum einen der Fall, wenn das schädigende Ereignis ganz geringfügig ist, es sich also um eine reine Bagatelle handelt, und die psychische Reaktion des Verletzten in einem so groben Missverhältnis zum Anlass steht, dass sie nicht mehr verständlich ist.[173] Bagatellverletzungen in diesem Sinne sind ganz geringfügige Beeinträchtigungen, die auch im Alltagsleben typisch sind und häufig auch aus anderen Gründen als einem besonderen Schadensfall entstehen. Es handelt sich um Verletzungen, die von ganz geringer Intensität sind und üblicherweise den Verletzten nicht nachhaltig beeindrucken, weil er schon aufgrund des Zusammenlebens mit anderen Menschen daran gewöhnt ist, vergleichbaren Störungen seiner Befindlichkeit ausgesetzt zu sein.[174]
- Weiterhin scheidet ein Zurechnungszusammenhang dann aus, wenn die bestehenden Beeinträchtigungen auf einer vom Geschädigten entwickelten Renten- oder Begehrensneurose beruhen. Es sind dies die Fälle, in denen der Geschädigte den Primärschaden lediglich zum Anlass nimmt, in dem neurotischen Streben nach Versorgung und Sicherheit den Schwierigkeiten des Erwerbslebens auszuweichen.[175] Die Versagung von Schadensersatz bei derartigen Neurosen beruht auf der Erwägung, dass bei ihnen zwar ein unmittelbarer ursächlicher Zusammenhang mit dem vorangegangenen Primärschaden besteht, die psychische Störung jedoch ihr Gepräge durch die bewusste oder unbewusste Begehrensvorstellung nach einer Lebenssicherung oder

---

169 So ausdrücklich der BGH in seiner Grundsatzentscheidung v. 30.4.1996 – BGHZ 132, 341 ff. = VersR 1996, 990 ff.; ebenso BGH v. 25.2.1997 – VersR 1997, 752 f.
170 *Gehrlein*, B Rn 113; BGH NJW 2000, 862; 1998, 810; 1996, 2425; *Laufs/Uhlenbruck*, § 103 Rn 17.
171 So ausdrücklich der BGH in seiner Grundsatzentscheidung v. 30.4.1996 – BGHZ 132, 341 ff. = VersR 1996, 990 ff.; BGHZ 20, 137, 139; 107, 359, 363.
172 So ausdrücklich der BGH in seiner Grundsatzentscheidung v. 30.4.1996 – BGHZ 132, 341 ff. = VersR 1996, 990 ff.; ebenso BGH v. 25.2.1997 – VersR 1997, 752 f.; BGH v. 11.11.1997 – BGHZ 137, 142 ff. = VersR 1998, 201 ff.; BGH v. 16.3.2004 – VersR 2004, 874 f.
173 So BGH v. 30.4.1996 – VersR 1996, 990 ff.; BGH v. 16.3.2004 – VersR 2004, 874 ff.; BGH v. 25.2.1997 – VersR 1997, 752; BGH v. 11.11.1997 – VersR 1998, 201 ff.
174 So BGH v. 16.3.2004 – VersR 2004, 874 ff.; BGH v. 11.11.1997 – VersR 1998, 201 ff.
175 So BGH v. 30.4.1996 – VersR 1996, 990 ff.; BGH v. 16.3.2004 – VersR 2004, 874 ff.; BGH v. 25.2.1997 – VersR 1997, 752; BGH v. 11.11.1997 – VersR 1998, 201 ff.

die Ausnutzung einer vermeintlichen Rechtsposition erhält und derart im Vordergrund steht, dass der erforderliche Zurechnungszusammenhang mit dem Unfallereignis nicht mehr bejaht werden kann.[176] Die Frage, ob eine derartige Begehrensneurose vorliegt, kann nicht ohne besondere Sachkunde beantwortet werden. Es bedarf hierzu der Feststellungen eines ärztlichen Gutachters.[177]

VI. Beweislast und Beweiserleichterungen

1. Grundsatz

84 Grundsätzlich trägt der Patient die Beweislast für das Vorliegen eines Behandlungsfehlers, für seinen Schaden und für die Ursächlichkeit des Behandlungsfehlers. Im Folgenden werden die möglichen Beweiserleichterungen dargestellt.

2. Der Anscheinsbeweis

85 Eine Möglichkeit der Beweiserleichterung für den Patienten ist der so genannte Anscheinsbeweis oder auch prima facie Beweis. Der Anscheinsbeweis knüpft an typische Geschehensabläufe an. Entscheidend dafür ist die allgemeine Lebenserfahrung. Hat eine bestimmte Ursache nach den Erfahrungen des Lebens typischerweise eine bestimmte Folge oder lässt eine bestimmte Folge typischerweise auf eine bestimmte Ursache rückschließen, dann wird von der feststehenden Folge auf die nicht bewiesene Ursache oder von der feststehenden Ursache auf die nicht bewiesene Folge geschlossen. Der Patient muss insoweit lediglich den Sachverhalt darlegen und beweisen, der den Rückschluss auf das nicht bewiesene Tatbestandsmerkmal zulässt. Der Arzt hat die Möglichkeit, diesen Anscheinbeweis zu erschüttern, in dem er die ernsthafte Möglichkeit eines atypischen Verlaufs darlegt. Gelingt ihm dies, trifft den Patienten wiederum der Vollbeweis.[178] Entscheidend ist, dass es einen typischen Geschehensablauf gibt.[179] In der Regel geht es indes um Abläufe in einem individuellen, durch Krankheit vorgeschädigten menschlichen Organismus. Gerade diese Individualität führt dazu, dass es regelmäßig an einer Typisierung fehlt, so dass dem Anscheinsbeweis im Arzthaftungsprozess kaum Bedeutung zukommt.[180]

86 *Beispiel*

Kommt es nach einer Injektion in das Kniegelenk zu einer Sepsis, lässt dies keinen Anscheinsbeweis dafür zu, dass die Injektion nicht steril gewesen ist.[181]

Wird die Patientin nach Durchführung einer Tubensterilisation erneut schwanger, gibt es keinen Beweis des ersten Anscheins dafür, dass die Sterilisation behandlungsfehlerhaft durchgeführt worden ist.[182]

Tritt nach einer Injektion ein Spritzenabszess auf, lässt dies nicht den Rückschluss auf einen Behandlungsfehler zu.[183]

---

176 So BGH v. 30.4.1996 – VersR 1996, 990 ff.
177 So BGH v. 25.2.1997 – VersR 1997, 752.
178 *Gehrlein*, B Rn 118.
179 *Gehrlein*, B Rn 118; *Steffen/Dressler/Pauge*, Rn 495.
180 *Gehrlein*, B Rn 118; *Steffen/Dressler/Pauge*, Rn 495.
181 OLG Oldenburg v. 7.3.1986 – VersR 1987, 390.
182 OLG Düsseldorf v. 3.6.1985 – VersR 1987, 412; OLG Düsseldorf v. 14.12.2000 – VersR 2001, 1117.
183 LG Bremen v. 20.12.2001 – VersR 2003, 2001.

Ein Patient, der keiner besonderen HIV-gefährdeten Risikogruppe angehört und bei dem es keine Anhaltspunkte für eine bestehende HIV-Infektion gibt, erhält die Bluttransfusion eines HIV-infizierten Spenders. Erkrankt dieser Patient später an Aids, spricht der Beweis des ersten Anscheines dafür, dass die spätere Aids-Erkrankung auf diese Bluttransfusion zurückzuführen ist. Der Ursachenzusammenhang wird insoweit im Wege des Anscheinsbeweises festgestellt. Es wird dabei zum einen vermutet, dass die erhaltene Bluttransfusion bei dem Patienten zu einer HIV-Infektion geführt hat und dass diese Infektion wiederum die Aids-Erkrankung ausgelöst hat.[184]

Kein Anscheinsbeweis besteht indes dann, wenn ein Patient, der durch seine konkrete Lebensführung keinem erhöhten HIV-Risiko ausgesetzt ist, eine Bluttransfusion erhält und später eine HIV-Infektion auftritt, wenn nicht feststeht, dass die betreffende Blutkonserve Blut eines HIV-infizierten Spenders enthielt.[185]

3. Das voll beherrschbare Risiko

Grundsätzlich muss der Patient nicht nur das Vorliegen eines Behandlungsfehlers sowie den Eintritt eines Primärschadens, sondern vor allen Dingen auch das Bestehen eines Ursachenzusammenhangs zwischen Fehler und Schaden beweisen. Dieser ohnehin schwer zu führende Kausalitätsnachweis stößt in manchen Bereichen auf zusätzliche Schwierigkeiten. Werden beispielsweise in einem Krankenhaus die hygienischen Anforderungen nicht eingehalten, so liegt ein Behandlungsfehler in Form eines Organisationsverschuldens vor. Erleidet der dort behandelte Patient eine Wundinfektion, so kann dies auf die Verletzung des Hygienestandards zurückzuführen sein. Allerdings ist eine Wundinfektion eine typische Komplikation, die auch bei größter Sorgfalt und Beachtung aller Anforderungen nicht mit Sicherheit vermeidbar ist. Es wird sich deshalb im Nachhinein kaum aufklären lassen, ob die Infektion gerade auf die Nichteinhaltung der hygienischen Bestimmungen zurückzuführen ist. Dasselbe gilt, wenn ein in der Ausbildung stehender Arzt eine Behandlungsmaßnahme durchführt, für welche die Qualifikation und Erfahrung eines Facharztes erforderlich gewesen wäre. Treten dabei Komplikationen auf, ist es oft nur schwer feststellbar, ob diese gerade darauf zurückzuführen sind, dass ein Anfänger die Operation durchgeführt hat oder ob diese auch eingetreten wären, wenn ein Facharzt behandelt hätte.

87

Der BGH hat für diesen Bereich die Rechtsfigur des so genannten „vollbeherrschbaren Risikos" entwickelt, die zu weit reichenden Beweiserleichterungen für den Patienten führt. Erstmals hat der BGH hierzu in einer Grundsatzentscheidung[186] zur Anfängeroperation Stellung genommen. Die Ausgangsüberlegungen des BGH sind folgende: Der Patient weiß in der Regel zuvor nicht, dass er von einem Anfänger behandelt wird. Er muss darüber vorab im Rahmen des durchzuführenden Aufklärungsgespräches auch nicht aufgeklärt werden, obwohl das mit der Behandlungsmaßnahme verbundene Risiko für ihn dadurch erheblich erhöht wird. Es ist Sache der Behandlungsseite, durch entsprechende Vorsichtsmaßnahmen dafür Sorge zu tragen, dass der einzuhaltende Facharztstandard auch bei dem Einsatz eines Arztanfängers stets gewahrt bleibt. Diese Organisation stellt für die Behandlungsseite ein so genanntes „voll beherrschbares Risiko"

88

---

184 BGH v. 30.4.1991 – NJW 1991, 1948; BGH v. 14.6.2005 – NJW 2005, 2616.
185 Gegen einen Anscheinsbeweis: OLG Düsseldorf v. 7.3.1996 – VersR 1996, 1240; OLG Düsseldorf v. 19.12.1996 – VersR 1998, 103; *Steffen/Dressler/Pauge*, Rn 497a; *Gehrlein*, B Rn 119.
186 BGH v. 27.9.1983 – NJW 1984, 655 ff. = VersR 1984, 60 ff.

dar. Werden die Organisationspflichten verletzt und ein Arztanfänger entweder nicht ausreichend überwacht oder mit einer Aufgabe betraut, der er von seinem Ausbildungsstand nicht gewachsen ist, ist für den Patienten damit ein deutlich erhöhtes Risiko verbunden. Kommt es bei dem pflichtwidrigen Einsatz dieses Arztanfängers zu einem Primärschaden bei dem Patienten, tritt zu seinen Gunsten eine Beweislastumkehr ein.

89 Diese Beweislastumkehr betrifft ausschließlich den Kausalitätsnachweis. Der Patient trägt die Beweislast dafür, dass ein Organisationsverschulden vorliegt und dass ihm ein Schaden entstanden ist. Für beide Tatbestandsmerkmale hat er den Vollbeweis zu führen. Hat der Patient diesen Nachweis erbracht, hat die Behandlungsseite zu beweisen, dass die eingetretene Schädigung des Patienten nicht auf der unzureichenden Ausbildung und Erfahrung des Anfängers beruht. Die Behandlungsseite muss hierzu darlegen und beweisen, dass der Patient dieselben Schäden erlitten hätte, wenn er von einem erfahrenen Facharzt behandelt worden wäre.[187]

90 Wörtlich hat der BGH in der zitierten Grundsatzentscheidung[188] Folgendes ausgeführt:

„Die Darlegungs- und Beweislast dafür, dass ein Misslingen der Operation oder eine eingetretenen Komplikation nicht auf der mangelnden Erfahrung und Übung des nicht ausreichend qualifizierten Operateurs beruht, tragen der Krankenhausträger und die für die Übertragung der Operation verantwortlichen Ärzte. Es geht dabei nicht darum, dem Patienten schon für das den Schaden auslösende Fehlverhalten von Krankenhausträger und Ärzten die Beweislast abzunehmen. Der Behandlungsfehler, an den die Haftung anknüpft, liegt in diesen Fällen nicht in einem falschen oder unsorgfältigen Vorgehen bei der Operation selbst, sondern in deren selbständiger Übertragung auf den nicht qualifizierten Anfänger. Die dafür anspruchsbegründenden Tatsachen hat wie üblich der Geschädigte dazulegen und zu beweisen. Ob sich aber die vorwerfbar für den Patienten erhöhte Verletzungsgefahr in dem eingetretenen Gesundheitsschaden verwirklicht hat, ist eine Frage des Kausalverlaufs, zu dem auch die Frage gehört, ob das Fehlschlagen der Operation ein unvermeidbares Behandlungsrisiko ist oder ob dem Operateur ein ärztlicher Fehler anzulasten ist und sich somit die erhöhte Gefahr der Behandlung durch den Anfänger ausgewirkt hat. Der Senat hält es auch im Falle der Gesundheitsschädigung des Patienten bei Behandlung durch einen nicht ausreichend qualifizierten Arzt für gerechtfertigt, die im Allgemeinen dem Geschädigten obliegende Beweislast für den ursächlichen Zusammenhang auf den Schädiger zu verlagern. Die vielfach nicht zu lösenden Schwierigkeiten bei der Aufklärung des Kausalverlaufs in Arzthaftungsprozessen machen es dem Patienten sehr oft unmöglich, den Beweis dafür zu erbringen, dass sich bei ihm das erhöhte Risiko der Anfängeroperation verwirklicht hat. Diese Schwierigkeiten können sich noch infolge der mangelnden Qualifikation des Arztes erhöhen, weil dieser anders als der erfahrende Facharzt vielleicht aufgetretene Komplikationen gar nicht erst bemerkt und sie deshalb nicht dokumentieren kann. Schon das verschlechtert unzumutbar die Prozesssituation des Patienten. Vor allem aber ist das Risiko der Anfängeroperation, das Krankenhausträger und ausbildende Ärzte setzen und das geeignet ist, den Schaden beim Patienten zu verursa-

---

187 *Gehrlein*, B Rn 43; BGH v. 10.3.1992 – NJW 1992, 1560 f. = VersR 1992, 745 ff.; BGH v. 15.6.1993 – NJW 1993, 2989 ff. = VersR 1993, 1231 ff. stellt klar, dass diese Grundsätze, die für die Anfängeroperation entwickelt worden sind, ebenso für die Anfängernarkose sowie für alle anderen Bereiche der ärztlichen Versorgung gelten.

188 BGH v. 27.9.1983 – NJW 1984, 655 ff. = VersR 1984, 60 ff.; ebenso BGH v. 7.5.1985 – NJW 1985, 2193 f. = VersR 1985, 782 ff.

chen, für sie voll beherrschbar. Dann müssen sie auch die Gefahr der Unaufklärbarkeit der Kausalität der vorwerfbar geschaffenen Risikoerhöhung für den eingetretenen Schaden tragen."[189]

Diese Beweislastumkehr wurde von der Rechtsprechung von der Anfängeroperation und der Anfängernarkose[190] auf alle anderen Bereiche ausgedehnt, in denen es nicht um das mit der Krankheit notwendigerweise verbundene Behandlungsrisiko geht, sondern um Risiken, die von der Behandlungsseite voll beherrschbar sind. So tritt eine Beweislastumkehr auch in den Fällen des Übernahmeverschuldens ein.[191] Des Weiteren nimmt die Rechtsprechung in allen Fällen eine Beweislastumkehr an, in denen es um Risiken des Krankenhausbetriebs geht, die von dem Krankenhausträger und dem dort tätigen Personal voll beherrscht werden können.[192] In diesen Fällen trägt die Behandlungsseite die Beweislast für eine sachgemäße und gefahrlose Behandlung.[193]

91

Beispiele aus der Rechtsprechung, in denen eine Beweislast der Arztseite angenommen worden ist:

92

Beispiele
- der ordnungsgemäße Zustand eines verwendeten Tubus[194]
- die Funktionstüchtigkeit eines eingesetzten Narkosegerätes[195]
- die Sterilität des benutzten Desinfektionsmittels[196]
- die unbemerkt gebliebene Entkopplung eine Infusion[197]
- das Zurückbleiben eines Tupfers im Operationsgebiet[198]
- die richtige Lagerung des Patienten auf dem Operationstisch[199]
- der Sturz eines halbseitig gelähmten Patienten bei einer Pflegemaßnahme[200]
- unterlassene Sicherungsmaßnahmen am Bett einer verwirrten Patientin.[201]
- Verletzungen eines auf einer Liege befindlichen Patienten beim Einschieben in einen Krankenwagen[202]
- der technisch ordnungsgemäße Zustand eines Röntgengerätes.[203]

93

Im Bereich der einzuhaltenden Hygiene sind die von der Rechtsprechung entwickelten Beweislastregeln ausgesprochen subtil. Der Standardfall ist, dass ein Patient nach einer

94

---

189 So ausdrücklich BGH v. 27.9.1983 – NJW 1984, 655 ff. = VersR 1984, 60 ff.; ebenso BGH v. 7.5.1985 – NJW 1985, 2193 f. = VersR 1985, 782 ff.; BGH v. 10.3.1992 – NJW 1992, 1560 f. = VersR 1992, 745 ff.; BGH v. 15.6.1993 – NJW 1993, 2989 ff. = VersR 1993, 1231 ff.
190 Vgl. etwa BGH v. 15.6.1993 – NJW 1993, 2989 ff. = VersR 1993, 1231 ff.
191 BGH v. 27.9.1983 – NJW 1984, 655 ff. = VersR 1984, 60 ff.; BGH v. 10.3.1992 – NJW 1992, 1560 f. = VersR 1992, 745 ff.
192 So BGH v. 18.12.1990 – NJW 1991, 1540 f. = VersR 1991, 310 f.
193 BGH v. 18.12.1990 – NJW 1991, 1540 f. = VersR 1991, 310 f.
194 BGH v. 24.6.1975 – VersR 1975, 952 ff.
195 BGH v. 11.10.1977 – VersR 1978, 82 ff.
196 BGH v. 9.5.1978 – VersR 1978, 764 ff.
197 BGH v. 10.1.1984 – VersR 1984, 356 ff.
198 BGH v. 27.1.1981 – VersR 1981, 462 ff.
199 BGH v. 24.1.1984 – VersR 1984, 386 ff.
200 BGH v. 18.12.1990 – VersR 1991, 1540 ff.
201 Die Rspr. hierzu differenziert im Hinblick auf die Grundrechte des Patienten aus Art. 1 und Art. 2 Abs. 2 GG sehr stark. Vgl. BGH v. 14.7.2005 – NJW 2005, 2613 f. = VersR 2005, 1443 f.; OLG Koblenz v. 21.3.2002 – MedR 2002, 472; OLG Schleswig v. 6.6.2003 – NJW-RR 2004, 3 ff.
202 OLG Hamm v. 1.2.2006 – 3 U 182/05, MedR 2006, 584.
203 Thüringer OLG v. 12.7.2006 – 4 U 705/05, MedR 2006, 584.

Operation eine Wundinfektion erleidet und behauptet, diese sei auf unzureichende hygienische Vorkehrungen im Operationssaal oder im Krankenzimmer oder nicht ausreichend sterilisiertem Operationsmaterial zurückzuführen. Hier gilt Folgendes: Ergibt die Beweisaufnahme, dass die Infektion nicht durch Hospitalismuskeime, sondern durch einen menschlichen Keimträger während der Operation verursacht worden ist, dann ist zu beachten, dass eine absolute Keimfreiheit der Ärzte und des weiteren Operationspersonals nicht erreichbar ist.[204] Auch die Wege, auf denen sich die einem Operationsbeteiligten notwendigerweise anhaftenden Keime verbreiten können, sind im Einzelnen nicht kontrollierbar. „Keimübertragungen, die sich aus solchen, nicht beherrschbaren Gründen, trotz Einhaltung der gebotenen hygienischen Vorkehrungen ereignen, gehören zum entschädigungslos bleibenden Krankheitsrisiko des Patienten. Soweit sich dieses verwirklicht, kann von einer vertrags- oder rechtswidrigen Gesundheitsverletzung nicht gesprochen werden." Eine Haftung des Krankenhausträgers für die Infizierung der Operationswunde durch von einem Mitglied des Operationsteams ausgegangene Keime kommt hiernach nur dann in Betracht, wenn die Keimübertragung durch die gebotene hygienische Vorsorge hätte verhindert werden können.

95 Steht allerdings fest, dass die Infektion aus einem hygienisch beherrschbaren Bereich hervorgegangen ist, dann hat der Krankenhausträger für die Infektion sowohl vertraglich als auch deliktisch einzustehen, sofern er sich nicht dahingehend zu entlasten vermag, dass ihn an der Nichtbeachtung der Hygieneerfordernisse kein Verschulden trifft, er also beweist, dass alle organisatorischen und technischen Vorkehrungen gegen von dem Operationspersonal ausgehende vermeidbare Keimübertragungen getroffen waren. Insoweit gilt § 282 BGB analog. Zwar findet diese Beweisregel nach der Rechtsprechung des Senats im Bereich des ärztlichen Handelns im Allgemeinen keine Anwendung. Die Vorgänge im lebenden Organismus lassen sich nicht so sicher beherrschen, dass ein Misserfolg der Behandlung bereits den Schluss auf ein Verschulden zuließe.

96 Anderes gilt jedoch, wo sich Risiken verwirklichen, die nicht vorrangig aus den Eigenheiten des menschlichen Organismus erwachsen, sondern durch den Krankenhausbetrieb gesetzt werden und von dem Träger des Krankenhauses und dem dort tätigen Personal beherrscht werden können. Kommt es in diesem Bereich zu einem Schaden des Patienten, wäre es unbillig, den Patienten, der den Krankenhausbetrieb in den Einzelheiten nicht zu überschauen vermag, einer praktisch nicht behebbaren Beweisnot auszusetzen. Hier ist es vielmehr dem Krankenhausträger zuzumuten, sich zu entlasten. Diesem einer Beweislastumkehr zugänglichen Bereich ist die vermeidbare Keimübertragung durch ein Mitglied des Operationsteams zuzurechnen. Sie ereignet sich in der Sphäre des Krankenhausträgers. Dieser hat dafür zu sorgen, dass vermeidbare Keimübertragungen durch Operationsbeteiligte unterbleiben."[205]

97 Zusammengefasst bedeutet dies Folgendes: Steht fest, dass die Infektion während der Operation durch die Keimbelastung eines Mitglieds des Operationsteams verursacht worden ist, trägt die Behandlungsseite die Beweislast dafür, dass sie die hygienischen Anforderungen erfüllt hat und alle erforderlichen hygienischen Vorkehrungsmaßnahmen getroffen hat. Anhaltspunkte für die hygienischen Zustände in einem Krankenhaus ergeben sich aus einem Vergleich der in dem fraglichen Krankenhaus ermittelten Infektionsrate zu der durchschnittlichen Infektionsrate in vergleichbaren Krankenhäusern. Insoweit besteht gem. § 23 Abs. 1 des Infektionsschutzgesetzes eine Verpflichtung des

---

204 So BGH v. 8.1.1991 – NJW 1991, 1541 ff. = VersR 1991, 467 ff.; OLG Zweibrücken v. 27.7.2004 – NJW-RR 2004, 1607 f.
205 So BGH v. 8.1.1991 – NJW 1991, 1541 ff. = VersR 1991, 467 ff.

Krankenhausträgers zur fortlaufenden gesonderten Erfassung von nosokominalen[206] Infektionen.[207]

4. Dokumentationsmängel

Der Arzt ist zur ausführlichen, sorgfältigen, richtigen und vollständigen Dokumentation der ärztlichen Behandlung und der Pflegemaßnahmen verpflichtet. Eine Verletzung der Dokumentationspflicht begründet keine eigenständige Anspruchsgrundlage, kann aber zu deutlichen Beweiserleichterungen zugunsten des Patienten führen. Insbesondere wird grundsätzlich vermutet, dass dokumentationspflichtige, aber gleichwohl nicht dokumentierte Vorgänge, Handlungen oder Tatsachen auch nicht vorgelegen haben. Wegen der erheblichen Bedeutung, die der Verletzung der Dokumentationspflicht in der forensischen Praxis zukommt, wird der gesamte Komplex ausführlich unter Rn 466 ff. dargestellt.

98

5. Der grobe Behandlungsfehler

Die weitaus größte Bedeutung kommt in der forensischen Praxis dem so genannten „groben Behandlungsfehler" zu. Ein grober Behandlungsfehler ist ein ärztliches Fehlverhalten, welches aus objektiver ärztlicher Sicht nicht mehr verständlich erscheint und einem Arzt schlechterdings nicht unterlaufen darf. Das ist dann der Fall, wenn der Arzt gegen elementare medizinische Behandlungsstandards oder gegen grundlegende medizinische Erkenntnisse verstoßen hat.[208] Mehrere einfache Behandlungsfehler, die jeweils für sich betrachtet (noch) keinen groben Behandlungsfehler darstellen, können zusammen genommen zu einer Beurteilung als grob behandlungsfehlerhaft führen.[209]

99

Das Vorliegen eines groben Behandlungsfehlers führt zu einer Beweislastumkehr zugunsten des Patienten bezüglich des Nachweises des Ursachenzusammenhangs zwischen dem Behandlungsfehler und dem eingetretenen Gesundheitsschaden. Grund für diese erhebliche Beweiserleichterung ist nicht, die Arztseite für ein etwaiges schweres Verschulden zu sanktionieren, sondern einen Ausgleich dafür zu schaffen, dass sich durch einen groben Behandlungsfehler die Beweislage hinsichtlich der Ursächlichkeit des Behandlungsfehlers regelmäßig verschlechtert.[210] Da es nicht um die Sanktion eines besonders schuldhaften Verhaltens geht, ist im subjektiven Bereich kein erschwerter Vorwurf etwa im Sinne einer groben Fahrlässigkeit erforderlich.[211] Entscheidend ist allein die Bewertung des Fehlers unter objektiven Gesichtspunkten. Maßgebend ist deshalb, ob aus objektiver ärztlicher Sicht gegen elementare medizinische Behandlungsstandards oder gegen grundlegende medizinische Erkenntnisse verstoßen worden ist, ohne dass es auf möglicherweise subjektiv entlastende Umstände ankommt.

100

---

206 Bezeichnet werden hiermit Infektionen, die bei der Behandlung und Pflege im Krankenhaus übertragen werden, wobei die Verbreitungswahrscheinlichkeit durch den Bau und die Organisation des Krankenhauses beeinflusst werden. Hauptursache ist die Vernachlässigung der klassischen Hygienevorschriften.
207 Vgl. hierzu auch OLG Zweibrücken v. 27.7.2004 – NJW-RR 2004, 1607 f.
208 BGH NJW 1999, 862; 1999, 860; 1998, 814; 1997, 798; 1996, 2428; *Geiß/Greiner*, B Rn 252; *Gehrlein*, B Rn 137; *Laufs/Uhlenbruck*, § 119 Rn 5.
209 *Geiß/Greiner*, B Rn 253; *Gehrlein*, B Rn 138; BGH NJW 1998, 1782; 1988, 1511.
210 So *Geiß/Greiner*, B Rn 251; *Gehrlein*, B Rn 137.
211 *Geiß/Greiner*, B Rn 252; *Gehrlein*, B Rn 137.

101 Der BGH führt hierzu wörtlich aus:

> „*Bei der Beurteilung der Frage, ob ein grober Behandlungsfehler vorliegt, der zugunsten des Patienten zu Beweiserleichterungen für den Kausalitätsbeweis führen kann, geht es nicht um den Grad subjektiver Vorwerfbarkeit gegenüber dem Arzt. Auf die subjektive Seite des Fehlers ist dabei nicht zu sehen. Die Beweiserleichterungen, welche die höchstrichterliche Rechtsprechung bei groben Behandlungsfehlern gewährt, sind keine Sanktion für ein besonders schweres Arztverschulden. Sie knüpfen vielmehr daran an, dass die Aufklärung des Behandlungsgeschehens wegen des Gewichts des Behandlungsfehlers und seiner Bedeutung für die Behandlung in besonderer Weise erschwert worden ist, so dass der Arzt nach Treu und Glauben dem Patienten den (vollen) Kausalitätsbeweis nicht zumuten kann. Bei einem groben Behandlungsfehler in diesem Sinne muss deshalb ein Fehlverhalten vorliegen, das nicht aus subjektiven, in der Person des handelnden Arztes liegenden Gründen, sondern aus objektiver ärztlicher Sicht nicht mehr verständlich erscheint, weil ein solcher Fehler dem behandelnden Arzt aus dieser Sicht ‚schlechterdings' nicht unterlaufen darf. Es kommt also nur darauf an, ob das ärztliche Verhalten eindeutig gegen gesicherte und bewährte medizinische Erkenntnisse und Erfahrungen verstieß.*"[212]

102 Bei der Beurteilung, ob ein Behandlungsfehler als grob zu bewerten ist, geht es um eine Rechtsfrage. Die Bewertung obliegt damit dem Richter und nicht dem Sachverständigen.[213] Gleichzeitig geht es jedoch um die Frage, in welchem Maß die berufsspezifische, medizinische Sorgfaltspflicht objektiv verletzt worden ist. Hierzu bedarf der Richter der Ausführungen eines Sachverständigen zu der medizinischen Bewertung des Geschehens. Die juristische Bewertung muss sich danach an der medizinischen Bewertung des Sachverständigen orientieren und diese zur Grundlage haben. Erforderlich ist nicht, dass der Sachverständige den Behandlungsfehler seinerseits als grob behandlungsfehlerhaft bewertet. Entscheidend ist vielmehr, dass sich aus den Feststellungen des Sachverständigen ergibt, dass gegen elementare medizinische Regeln verstoßen worden ist.[214]

103 Der Patient ist für Vorliegen eines groben Behandlungsfehlers beweisbelastet. Kann er diesen Nachweis führen, führt dies zu einer Beweisumkehr zugunsten des Patienten bezüglich des von ihm zu erbringenden Kausalitätsnachweises.[215] Soweit der BGH in früheren Entscheidungen davon gesprochen hat, dass es bei Vorliegen eines groben Behandlungsfehlers zu einer Beweiserleichterung bis hin zur Beweislastumkehr kommt, ist diese Rechtsprechung mittlerweile überholt. Der BGH hat nunmehr klar gestellt, dass ein grober Behandlungsfehler generell eine völlige Beweislastumkehr bezüglich des Ursachenzusammenhangs zwischen Behandlungsfehler und Schaden zur Folge hat.[216]

---

212 BGH – VI ZR 389/90, NJW 1992, 754–756.
213 *Gehrlein*, B Rn 139; *Geiß/Greiner*, B Rn 255.
214 *Geiß/Greiner*, B Rn 255; *Gehrlein*, B Rn 139; BGH NJW 2000, 2741; 1999, 860; 1999, 862; 1995, 659; 1996, 2428; *Laufs/Uhlenbruck*, § 110 Rn 4.
215 *Gehrlein*, B Rn 140; *Geiß/Greiner*, B Rn 257; BGH NJW 1995, 778; 1986, 1540; *Laufs/Uhlenbruck*, § 110 Rn 3.
216 *Gehrlein*, B Rn 140; *Geiß/Greiner*, B Rn 257; BGH v. 27.4.2004 – NJW 2004, 2011 ff. = VersR 2004, 909 ff.; BGH v. 16.11.2004 – NJW 2005, 427 ff. = VersR 2005, 228 ff.

104 Voraussetzung für diese Beweislastumkehr ist zunächst, dass der Behandlungsfehler seiner Art nach grundsätzlich geeignet ist, den tatsächlich eingetretenen Schaden herbeizuführen.[217] Es ist nicht erforderlich, dass der grobe Behandlungsfehler die einzige Ursache für den eingetretenen Schaden ist. Darüber hinaus bedarf es auch keiner überwiegenden Wahrscheinlichkeit dafür, dass der eingetretene Schaden auf den groben Behandlungsfehler zurückzuführen ist.[218] Unbeachtlich ist auch, ob der grobe Behandlungsfehler typischerweise zu einem derartigen Schaden führt.[219] Erforderlich ist alleine seine generelle Eignung hierzu.

105 Die Beweislastumkehr führt dazu, dass bei Vorliegen eines groben Behandlungsfehlers, der generell geeignet ist, den eingetretenen Schaden herbeizuführen, die Kausalität zwischen dem (groben) Behandlungsfehler und dem Schaden **vermutet** wird. Die Behandlungsseite muss dann den Nachweis dafür führen, dass der fragliche Behandlungsfehler nicht kausal geworden ist. Sie muss darlegen und beweisen, dass derselbe Schaden auch dann eingetreten wäre, wenn die Behandlung lege artis erfolgt wäre.[220] Ausreichend für diesen von der Behandlungsseite zu führenden Nachweis ist, dass ein Ursachenzusammenhang zwischen dem groben Behandlungsfehler und eingetretenen Schaden **gänzlich unwahrscheinlich** ist.[221] Da die **Mitursächlichkeit** des groben Behandlungsfehlers für das Eingreifen der Beweislastumkehr ausreichend ist, reicht es nicht aus, dass die Arztseite beweist, dass es gänzlich unwahrscheinlich ist, dass der grobe Behandlungsfehler den eingetretenen Schaden **allein** verursacht hat. Es muss vielmehr bewiesen werden, dass auch die bloße Mitursächlichkeit des groben Behandlungsfehlers für den Schaden gänzlich unwahrscheinlich ist.[222]

106 Das Vorliegen eines groben Behandlungsfehlers führt nur bei der **haftungsbegründenden** Kausalität zu einer Beweislastumkehr. Für die Frage, ob der vom Arzt verursachte Primärschaden zu weiteren Folgeschäden (Sekundärschäden) geführt hat (so genannte **haftungsausfüllenden** Kausalität), hat der grobe Behandlungsfehler keine Bedeutung. Im Hinblick auf die Folgeschäden bleibt es bei den allgemeinen Beweislastregeln. Hinsichtlich der Ursächlichkeit des (groben) Behandlungsfehlers für diese Folgeschäden trägt somit der Patient die Beweislast, wobei er nicht den Vollbeweis des § 286 ZPO zu führen hat, sondern gem. § 287 ZPO ein geringerer Beweismaßstab anzulegen ist.[223]

6. Der fundamentale Diagnosefehler

107 Wie in Rn 25 ff. dargelegt ist die Rechtsprechung bei der Annahme eines Diagnosefehlers sehr zurückhaltend.[224] Dies liegt zum einen daran, dass ein bei einem Patienten bestehendes Krankheitsbild oft mehrdeutig ist und Ausdruck ganz verschiedener Erkrankungen sein kann. Zum anderen liegt die Zurückhaltung darin begründet, dass ein und dieselbe Krankheit bei verschiedenen Menschen eine ganz andere Symptomatik hervor-

---

217 *Gehrlein*, B Rn 141; *Geiß/Greiner*, B Rn 258; BGH NJW 1997, 794; BGH NJW 1988, 2949; 1986, 1540; *Laufs/Uhlenbruck*, § 110 Rn 13.
218 *Geiß/Greiner*, B Rn 258.
219 *Gehrlein*, B Rn 141.
220 *Gehrlein*, B Rn 140; *Geiß/Greiner*, B Rn 257.
221 *Gehrlein*, B Rn 143 f.; *Geiß/Greiner*, B Rn 259; BGH NJW 1998, 1780; 1997, 794; 1995, 778; OLG Stuttgart MedR 2000, 35.
222 *Geiß/Greiner*, B Rn 260.
223 *Gehrlein*, B Rn 146; *Geiß/Greiner*, B Rn 262; BGH VersR 1994, 1067; BGH NJW 1994, 801; 1993, 2383; 1988, 2948.
224 *Geiß/Greiner*, B Rn 55.

ruft. Aufgrund der Individualität des menschlichen Organismus reagiert jeder Mensch unterschiedlich auf eine Krankheit. Diese Zurückhaltung der Rechtsprechung setzt sich auch bei der Differenzierung zwischen einfachen und groben Diagnosefehlern fort.[225]

108 Ein grober Diagnosefehler führt ebenso wie der grobe Behandlungsfehler zu einer Beweislastumkehr zugunsten des Patienten bezüglich des zu erbringenden Kausalitätsnachweises. Grundsätzlich muss der Patient beweisen, dass die behandlungsfehlerhaft gestellte, objektiv falsche Diagnose den erlittenen Gesundheitsschaden verursacht hat. Der Patient muss also nachweisen, dass der fragliche Primärschaden ausgeblieben wäre, wenn der Arzt zum gebotenen Zeitpunkt die richtige Diagnose gestellt hätte. Liegt ein grober Diagnosefehler vor, tritt eine Beweislastumkehr ein und die Behandlungsseite muss beweisen, dass der Schaden ebenso eingetreten wäre, wenn der Arzt die richtige Diagnose gestellt hätte.

109 In diesem Bereich ist die Beweislast für die Kausalität regelmäßig entscheidend für den Ausgang des Rechtsstreits, so dass der Frage, ob ein einfacher (Patient trägt die Beweislast) oder ein grober (Arzt trägt die Beweislast) Diagnosefehler vorliegt, erhebliche Bedeutung zukommt. Ein grober Diagnosefehler liegt nur bei einem **fundamentalen** Diagnoseirrtum vor.[226] Ein solcher Fehler ist im höchsten Bereich des groben Behandlungsfehlers anzusiedeln.[227] Erforderlich hierfür ist ein massiver Verstoß gegen medizinische Erkenntnisse und Erfahrungen.[228] Es muss eine solche Fehlinterpretation des erhobenen Befundes vorliegen, dass dies aus objektiver ärztlicher Sicht nicht mehr verständlich erscheint. Es muss eine Verletzung grundlegender medizinischer Erkenntnisse vorliegen, ein Fehler der einem Arzt schlechterdings nicht unterlaufen darf.[229]

7. Die behandlungsfehlerhaft unterlassene Diagnosemaßnahme

110 Im Rahmen der Darstellung der einzelnen Arten von Behandlungsfehlern wurde dargelegt, dass zwischen dem Diagnoseirrtum und der behandlungsfehlerhaft unterlassenen Durchführung weiterer Diagnosemaßnahmen zu differenzieren ist.

111 *Beispiel*
Der Patient klagt nach einem schweren Sturz vom Fahrrad über heftige Schmerzen in der linken Hand. Zur Abklärung nimmt er Röntgenaufnahmen vor. Er kommt zu dem Ergebnis, dass eine harmlose Prellung vorliegt und verschreibt eine Salbe. Ist auf den Röntgenbildern eine Fraktur erkennbar, die von dem betreffenden Arzt indes übersehen worden ist, liegt ein Diagnosefehler vor. Ist auf den Röntgenbildern keine Fraktur erkennbar, liegt möglicherweise ein Behandlungsfehler in Form einer fehlerhaften Nichterhebung weiterer diagnostischer Maßnahmen vor. Das ist etwa dann der Fall, wenn der Arzt angesichts der bestehenden Symptomatik entweder sofort oder jedenfalls nach einer gewissen Zeit der Beschwerdepersistenz eine Kernspintomographie hätte veranlassen müssen.

112 Während das Bestehen eines Diagnosefehlers oft deutlich feststellbar ist (das Gericht legt dem medizinischen Sachverständigen die fraglichen Röntgenbilder zur Bewertung vor), bestehen bei der unterlassenen Befundserhebung weitreichende Beweisprobleme für den Patienten. Denn der Patient muss nicht nur nachweisen, dass der Arzt in vor-

---

225 *Geiß/Greiner*, B Rn 265.
226 *Gehrlein*, B Rn 17.
227 *Gehrlein*, B Rn 16.
228 *Geiß/Greiner*, B Rn 265.
229 *Geiß/Greiner*, B Rn 265.

A. Die Haftung wegen eines Behandlungsfehlers § 12

werfbarer Weise weitere diagnostische Maßnahmen unterlassen hat, sondern dass ihm dadurch auch kausal ein Schaden entstanden ist. Das setzt indes erstens voraus, dass die unterlassene Diagnosemaßnahme einen positiven Befund erbracht hätte, also auf einen behandlungsbedürftigen Zustand hingewiesen hätte und zweitens dass der Schaden bei Durchführung einer geeigneten, aufgrund des positiven Befundes zu veranlassenden Therapie ausgeblieben wäre. Hier stößt der Patient regelmäßig an die Grenzen des Nachweisbaren. Der Ursachenzusammenhang zwischen dem Behandlungsfehler einerseits (nämlich der fehlerhaft unterlassenen Befunderhebung) und dem später eingetretenen Gesundheitsschaden des Patienten lässt sich im Nachhinein kaum mit der gem. § 286 ZPO erforderlichen Sicherheit nachweisen. Da die diagnostische Maßnahme ja gerade nicht durchgeführt worden ist, wird sich oft nicht mit an Sicherheit grenzender Wahrscheinlichkeit eine Aussage darüber treffen lassen, welchen Befund die unterlassene Diagnosemaßnahme erbracht hätte. Doch selbst dann, wenn sich im Nachhinein beweisen lässt, dass die diagnostische Maßnahme einen positiven (d.h. behandlungsbedürftigen) Befund erbracht hätte, muss der Patient noch nachweisen, welchen Verlauf und welches Ergebnis die ebenfalls unterlassene therapeutische Maßnahme gehabt hätte, die auf die unterlassene Befunderhebung hätte erfolgen müssen.

Der Patient muss also nachweisen, dass die unterbliebene Therapie dazu geführt hätte, dass der später entstandene Gesundheitsschaden ausgeblieben wäre. Das ist in diesen Fällen besonders schwierig zu beweisen, da die für eine solche Prognose relevanten Daten (Labor, radiologischer Befund, Kernspintomographie) eben nicht erhoben worden sind. Da der Arzt diese tatsächlichen Unsicherheiten und Ungewissheiten durch das behandlungsfehlerhafte Unterlassen der Diagnosemaßnahme zu verantworten und dadurch die Beweisschwierigkeiten des Patienten erst herbeigeführt hat, darf dies nicht zu Lasten des Patienten gehen.[230] Deshalb hat die Rechtsprechung zugunsten des Patienten in diesem Bereich Beweiserleichterungen entwickelt, die sehr komplex sind. 113

- Hat der Arzt die Erhebung gebotener und so grundlegender Diagnosebefunde unterlassen, dass dieses Versäumnis als grob behandlungsfehlerhaft zu bewerten ist, liegt ein grober Behandlungsfehler vor, der zu einer Beweislastumkehr bezüglich der Kausalität führt.[231] Die Arztseite muss in diesem Fall nachweisen, dass der Behandlungsfehler (nämlich die Nichterhebung der gebotenen Befunde) nicht kausal für den Gesundheitsschaden des Patienten geworden ist.
- Begründet die unterlassene Befunderhebung dagegen nur einen einfachen Behandlungsfehler, ist zu differenzieren:
- Kann der Patient beweisen, dass die behandlungsfehlerhaft unterbliebene Diagnosemaßnahme einen positiven Befund erbracht hätte und dass die Therapie, die nach diesem Befund erfolgt wäre, dazu geführt hätte, dass der ihm nunmehr entstandene Gesundheitsschaden ausgeblieben wäre, haftet der Arzt.

Steht nach der Beweisaufnahme, insbesondere einem eingeholten medizinischen Sachverständigengutachten, nicht fest, welches Ergebnis die unterlassene Befunderhebung gehabt hätte, wird zugunsten des Patienten **vermutet**, dass der fragliche Befund ein aus medizinische Sicht **positives**, d.h. reaktionspflichtiges Ergebnis ergeben hätte, wenn hierfür eine **hinreichende Wahrscheinlichkeit** besteht.[232] In diesem Fall muss der Patient nur nachweisen, dass die Erhebung eines medizinisch gebotenen Befundes unterlassen worden ist und die Befunderhebung mit hinreichen-

---

230 BGH NJW 1987, 1482; 1983, 333; *Gehrlein*, B Rn 152.
231 BGH NJW 1998, 1782; 1998, 1780; *Gehrlein*, B Rn 151; *Geiß/Greiner*, B Rn 266.
232 BGH NJW 1999, 3408; 1999, 862; 1999, 860; 1998, 1782; *Geiß/Greiner*, B Rn 295 ff.; *Gehrlein*, B Rn 155 ff.

der Wahrscheinlichkeit ein positives Ergebnis gehabt hätte. Der Patient soll aber im Fall der unterlassenen Befundserhebung nicht besser stehen, als er bei ordnungsgemäßer Einholung der gebotenen Befunde stehen würde. Durch die Beweiserleichterung soll der Patient nur so gestellt werden, wie er stünde, wenn die Befunde tatsächlich eingeholt worden wären und ein reaktionspflichtiges Ergebnis aufgewiesen hätten.[233] Die Beweiserleichterung bezieht sich deshalb grundsätzlich nur auf das Ergebnis der unterlassenen Befundserhebung, nicht aber auf die Kausalität für den später eingetretenen Schaden. Der Patient trägt deshalb die Beweislast dafür, dass seine Gesundheitsbeeinträchtigung ausgeblieben wäre, wenn auf den (nicht eingeholten) Befund in der gebotenen Art und Weise reagiert worden wäre.

In vielen Fällen kann der Patient zwar beweisen, dass eine gebotene diagnostische Maßnahme (einfach) behandlungsfehlerhaft unterlassen worden ist und dass die Befundserhebung mit hinreichender Wahrscheinlichkeit einen positiven Befund erbracht hätte, nicht aber, dass die aufgrund der fehlenden Befundserhebung unterbliebene Therapie dazu geführt hätte, dass der Gesundheitsschaden nicht eingetreten wäre. Der Patient soll hier so gestellt werden, wie er stünde, wenn die fehlerhaft unterbliebene Diagnosemaßnahme durchgeführt worden wäre.[234] Auch in diesem Fall müsste der Patient indes nachweisen, dass die Unterlassung der gebotenen Therapie, die dem reaktionspflichtigen Befund bei einer Behandlung lege artis hätte folgen müssen, adäquat kausal den eingetretenen Gesundheitsschaden herbeigeführt hat. Denn der Patient trägt nach wie vor sein Krankheitsrisiko. Ist unklar, ob die Vornahme der erforderlichen Therapie den Eintritt des fraglichen Primärschadens vermieden hätte, geht dies deshalb zu Lasten des Patienten.[235] Das offene und im Nachhinein nicht feststellbare Ergebnis der unterlassenen Therapie geht nur dann zu Lasten des Arztes, wenn die Nichtreaktion auf den mit hinreichender Wahrscheinlichkeit zu erwartenden positiven Befund einen groben Behandlungsfehler darstellen würde.[236] Dann greift die unter Rn 99 ff. dargestellte Beweislastumkehr ein, die sich an einen groben Behandlungsfehler anknüpft. Ist also unklar, welchen Verlauf die Krankheit des Patienten bei der Vornahme der gebotenen diagnostischen Maßnahmen genommen hätte, ist die Haftung des Arztes an drei Voraussetzungen geknüpft:

– eine gebotene diagnostische Maßnahme muss (einfach) behandlungsfehlerhaft unterblieben sein
– der unterbliebene Befund hätte mit hinreichender Wahrscheinlichkeit einen positiven, reaktionspflichtigen Befund erbracht,
– eine unterlassene Reaktion auf diesen Befund stellt einen groben Behandlungsfehler dar.[237]

114 In der forensischen Praxis ist diese Beweiserleichterung von ganz erheblicher Bedeutung. Greift die oben dargestellte Beweislastumkehr zugunsten des Patienten ein, kann die Behandlungsseite sich dadurch entlasten, dass sie den Nachweis erbringt, dass der erlittene Gesundheitsschaden auch dann eingetreten wäre, wenn der Arzt auf den (nicht eingeholten) Befund lege artis reagiert hätte. Das ist dann der Fall, wenn entweder eine Therapie überhaupt nicht möglich gewesen wäre oder wenn der eingetretene Schaden

---

233 *Gehrlein*, B Rn 154; *Geiß/Greiner*, B Rn 297.
234 *Geiß/Greiner*, B Rn 297.
235 *Geiß/Greiner*, B Rn 297.
236 *Geiß/Greiner*, B Rn 297; *Gehrlein*, B Rn 154 und 157.
237 BGH NJW 1999, 862; 1996, 1589; 1998, 1780; 1999, 860; *Geiß/Greiner*, B Rn 296 f.; *Gehrlein*, B Rn 154 ff.

auch bei Durchführung der gebotenen therapeutischen Maßnahmen eingetreten wäre. Das ist dann der Fall, wenn die Therapie keinen Einfluss auf den eingetretenen Primärschaden gehabt hätte. Ausreichend ist insoweit, dass es gänzlich unwahrscheinlich ist, dass die Therapie zu einer Vermeidung der Gesundheitsschäden geführt hätte.[238]

B. Die ärztliche Aufklärungspflicht

I. Dogmatischer Ausgangspunkt

In den letzten Jahren hat das Verhältnis zwischen Arzt und Patient eine grundlegende Wandlung erfahren. Bis weit in die Nachkriegszeit bestand ein Selbstverständnis der Ärzte, das ihnen die halb-spöttische, halb-bewundernde Bezeichnung der „Götter in weiß" eingebracht hat. Eine Information des Patienten als gleichberechtigter Behandlungspartner und als derjenige, der letztendlich über seine Behandlung zu entscheiden hat, fand nicht statt. Im Gegenteil bestand in der Regel die Auffassung, dass ein Patient mit einer Aufklärung und einer eigenverantwortlichen Entscheidung überfordert sei[239] und er die Erklärungen des Arztes sowieso nicht verstehen könne.[240] Eine Aufklärung des Patienten wurde auch deshalb für überflüssig erachtet, weil der Arzt ohnehin zum Wohl des Patienten handele und aufgrund seiner Ausbildung, seines Wissens und seiner Erfahrung besser als dieser wisse, was gut für ihn sei. Darüber hinaus bestand die Befürchtung, dass eine Aufklärung dem Patienten schaden könne, dass sie den Patienten in Verzweifelung stürzen, ihm den Mut und den Lebenswillen rauben und dadurch seine Heilungschancen verschlechtern könne.[241] Außerdem sei die Vorstellung eines verständigen und mündigen Patienten ein von Juristen entwickeltes Wunschbild. In Wirklichkeit wolle ein Patient gar nicht aufgeklärt werden und die Risiken und Nebenwirkungen lieber gar nicht kennen.[242]

115

Gegen den heftigen Widerstand der Ärzteschaft[243] hat die höchstrichterliche Rechtsprechung einen Wertewandel herbeigeführt. Ausgangspunkt sind die Prinzipien des Grundgesetzes, vor allem Art. 1 Abs. 1, Art. 2 Abs. 1 und Art. 2 Abs. 2 GG. Aus dem Recht auf Menschenwürde, dem Recht auf körperliche Unversehrtheit und dem allgemeinen Persönlichkeitsrecht leitet die Rechtsprechung das Selbstbestimmungsrecht des Patienten ab.[244] Dieses Selbstbestimmungsrecht gehört zum Kernbereich der genannten Verfassungsprinzipien.[245] Danach ist der Patient Subjekt und nicht Objekt der medizi-

116

---

238 *Geiß/Greiner*, B Rn 297; BGH NJW 1998, 1782; 1998, 1780.
239 *Giebel/Wienke u.a.*, NJW 2001, 863, 866.
240 So etwa *Giebel/Wienke u.a.*, NJW 2001, 863, 865.
241 Siehe hierzu Rn 236 ff. Zu dieser Ansicht tendierend auch *Baumann/Hartmann*, DNotZ 2000, 594 ff., die das Heil des Patienten (salus aegroti suprema lex) gegenüber dem Selbstbestimmungsrecht des Patienten (voluntas aegroti suprema lex) abwägen und meinen, dass das Selbstbestimmungsrecht des Patienten im Einzelfall zu seinem eigenen Wohl zurücktreten müsse. *Baumann/Hartmann* übersehen dabei indes, dass es hier um höchstpersönliche Rechtsgüter geht, bei denen es gerade keine objektiven Wertmaßstäbe gibt, sondern es allein um subjektive Wertungen nach den individuellen Präferenzen des Einzelnen geht.
242 *Giebel/Wienke u.a.*, NJW 2001, 863, 867.
243 Dieser von einer Ignoranz gegenüber dem Selbstbestimmungsrecht des Patienten geprägte Widerstand besteht nach wie vor, vgl. exemplarisch nur *Giebel/Wienke u.a.*, NJW 2001, 863 ff.
244 BVerGE 52, 131, 175; BVerfG v. 16.9.1998 – 1 BvR 1130/98, MedR 1999, 180; BVerfG v. 18.11.2004 – 1 BvR 2315/04, MedR 2005, 91.
245 So auch *Vossler*, ZRP 2002, 295.

nischen Behandlung.²⁴⁶ Über seinen Körper darf der Patient selbst bestimmen. Er ist in diesem Selbstbestimmungsrecht in keiner Weise gegenüber den Ärzten eingeschränkt.²⁴⁷ Auch ihnen gegenüber besitzt der Patient ein uneingeschränktes Verfügungsrecht über seinen Körper.²⁴⁸ Es ist seine Sache, zu entscheiden, ob er sich der in Frage stehenden diagnostischen oder therapeutischen Maßnahme unterziehen will oder nicht.

117 Diese Patientenautonomie gilt auch für den Fall, dass ein einsichtsfähiger Patient eine lebenserhaltende Maßnahme ablehnt, deren Unterlassung zu seinem sicheren Tod führt.²⁴⁹ Auch eine solche Entscheidung des Patienten ist als Ausdruck des Selbstbestimmungsrechts zu akzeptieren.²⁵⁰ Eine freie und selbstbestimmte Entscheidung des Patienten über die Vornahme oder Nichtvornahme einer ärztlichen Maßnahme setzt aber grundsätzlich voraus, dass der Patient die Bedeutung und Tragweite des betreffenden Eingriffs überblicken kann. Aus dem Selbstbestimmungsrecht des Patienten folgt, dass die Einwilligung in den Eingriff nur dann wirksam ist, wenn er zuvor „vom sachkundigen Arzt über die für seine Entschließung wesentlichen Gesichtspunkte, in der Regel also über den ärztlichen Befund und die danach drohenden Folgen für Leib und Leben, über die Art des vorgesehenen Eingriffs, über die dadurch erwarteten Heilungschancen und über die mit dem Eingriff verbundenen Gefahren und Risiken aufgeklärt worden ist."²⁵¹ Es gilt der Grundsatz des sogenannten „informed consent".

118 **Stellungnahme**: Es ist arrogant, wenn eine Aufklärungspflicht des Arztes mit dem Argument abgelehnt wird, der Patient verstehe die medizinische Begrifflichkeit ohnehin nicht. In unserer hochgradig arbeitsteiligen Gesellschaft wird fast jeder Arbeitende zum Spezialisten mit dem entsprechenden beruflichen Ausdrucksvermögen. Das gilt für den Arzt ebenso wie Steuerberater, Lebensmittelchemiker oder Elektroinstallateur. Ein Arzt, der nicht in der Lage ist, sich gegenüber seinen Patienten verständlich auszudrücken und seine Fachsprache (deren übertriebene Unverständlichkeit gerade von Medizinern sorgfältig gepflegt wird) ins allgemein Verständliche zu übersetzen, ist seinen beruflichen Anforderungen nicht gewachsen und verfehlt seine Aufgaben. Auch das Argument, der Arzt wisse besser als der Patient, was für diesen gut ist und solle deshalb an seiner Stelle entscheiden, zeugt von Überheblichkeit. So hat auch ein Architekt gegenüber seinem Bauherrn und ein Autoverkäufer gegenüber seinem Kunden ein überlegenes Wissen, ohne dass jemand auf die Idee käme, die Entscheidung über die Auswahl des Hauses oder des neuen Autos dem Kunden vorzuenthalten und sie dem Architekten oder Verkäufer zu überlassen. Es war deshalb dringend an der Zeit, die selbstgerechte Fremdbestimmung durch gerechte Selbstbestimmung zu ersetzen. Nur der Patient selbst darf darüber entscheiden, was mit ihm, seinem Körper und seiner Gesundheit geschehen soll. Nur er kann darüber bestimmen, welchen Risiken er sich unterwerfen will, welche Nebenwirkungen er bereit ist, in Kauf zu nehmen. Es handelt sich um eine individuelle Entscheidung, die von subjektiven Erwägungen geprägt ist, es geht um höchstpersönliche Rechtsgüter, so dass es insoweit keine objektiv richtige oder objektiv falsche Entscheidung gibt, sondern nur eine persönliche, individuelle Beurteilung. Das Medizinstudium berechtigt den Arzt nicht dazu, seine eigenen subjektiven Wertungen an die Stelle der Wertmaßstäbe des Patienten zu setzen. Vielmehr soll der

---

246 *Geiß/Greiner*, C Rn 1; *Gehrlein*, C Rn 4; BVerfG v. 18.11.2004 – 1 BvR 2315/04, MedR 2005, 91.
247 *Wendt*, S. 99.
248 So BGH v. 12.2.1974 – NJW 1974, 1422 ff.
249 So auch *Vossler*, ZRP 2002, 295; *Weber*, ArztR 2004, 300, 304.
250 Ebenso *Vossler*, ZRP 2002, 295.
251 BVerfGE 52, 131, 175. Ebenso die st. Rspr. vgl. etwa BGH v. 12.2.1974 – NJW 1974, 1422 ff.

Arzt den Patienten über die objektiven Chancen und Risiken einer Behandlung informieren, so dass dieser aufgrund seiner persönlichen Präferenzen eigenverantwortlich entscheiden kann.

Die Aufklärungspflicht des Arztes ist damit Ausdruck des Selbstbestimmungsrechts des Patienten. Jede ärztliche Maßnahme, welche die Gesundheit oder die körperliche Unversehrtheit des Patienten berührt, ist rechtswidrig, wenn sie nicht im konkreten Einzelfall durch eine Einwilligung des Patienten gedeckt ist. Die Einwilligung des Patienten wiederum ist nur dann wirksam, wenn dieser zuvor ordnungsgemäß aufgeklärt worden ist.[252]

Jeder ärztliche Eingriff (d.h. auch jeder kunstgerechte Eingriff und jede nach den Regeln der ärztlichen Kunst durchgeführte Heilmaßnahme) in den Körper oder die Gesundheit des Patienten stellt damit eine Verletzung des Behandlungsvertrages und eine rechtswidrige Körperverletzung im Sinne von § 823 Abs. 1 BGB dar, wenn er nicht durch eine wirksame Einwilligung des Patienten gerechtfertigt ist.[253] Darüber hinaus erfüllt auch jeder ärztliche Heileingriff diagnostischer oder therapeutischer Art nach ständiger höchstrichterlicher Rechtsprechung den Straftatbestand der Körperverletzung.[254] Die in der Literatur vereinzelt vertretene Ansicht, dass ein lege artis durchgeführter, medizinisch indizierter Heileingriff bereits begrifflich keine Körperverletzung oder Tötung darstellt, hat sich in der Rechtsprechung nicht durchsetzen können. Die Strafbarkeit des ärztlichen Heileingriffs kann deshalb erst auf der Rechfertigungsebene ausscheiden. Als Rechtfertigungsgrund kommt die wirksame Einwilligung des Patienten in Betracht.[255]

Der BGH hierzu wörtlich:

„*Es ist in der höchstrichterlichen Rechtsprechung seit langem anerkannt, dass ein Eingriff in die körperliche Unversehrtheit auch dann eine Körperverletzung darstellt, wenn er durch einen Arzt in heilender Absicht erfolgt und objektiv als Heilmaßnahme allgemein geeignet ist. Er kann daher im Regelfall nur durch eine wirksame Einwilligung des Patienten gerechtfertigt sein.*"[256]

Die Verletzung der Aufklärungspflicht tritt damit als selbständiger Haftungstatbestand neben die Haftung für Behandlungsfehler.

II. Grundlagen

Die Zustimmung des Patienten und die Aufklärung haben grundsätzlich vor **jeder** diagnostischen oder therapeutischen Maßnahme zu erfolgen: z.B. Operation, Narkose, Injektion, chiropraktischer Eingriff, Bestrahlung, Medikation, Impfung, Zahnextraktion, Zahnüberkronung.[257]

---

252 BVerfGE 52, 131, 175; st. Rspr. des BGH und des RG vgl. etwa BGH v. 16.3.1978 – NJW 1978, 1690 ff.; *Geiß/Greiner*, C Rn 1; *Gehrlein*, C Rn 3; *Heilmann*, NJW 1990, 1513, 1514.
253 BVerfGE 52, 131, 175; st. Rspr. des BGH und des RG vgl. etwa BGH v. 16.3.1978 – NJW 1978, 1690 ff.; OLG Stuttgart v. 16.1.1973 – NJW 1973, 660; OLG Köln v. 16.3.1978 – NJW 1978, 1690 f.; *Geiß/Greiner*, C Rn 1; *Gehrlein*, C Rn 3; *Weber*, ArztR 2004, 300, 305.
254 So BGH v. 16.3.1978 – NJW 1978, 1690 ff.; BGH v. 22.2.1978 – NJW 1978, 2344 ff.; *Heilmann*, NJW 1990, 1513, 1514; *Weber*, ArztR 2004, 300, 305.
255 *Heilmann*, NJW 1990, 1513, 1514.
256 BGH v. 16.11.1971 – NJW 1972, 335 = VersR 1972, 153;
257 BGH v. 22.4.1980 – NJW 1980, 1905 ff. = VersR 1981, 456 ff.; *Geiß/Greiner*, C Rn 5; *Gehrlein*, C Rn 7; zu den Einzelheiten bei zahnärztlichen Eingriffen siehe *Stöhr*, MedR 2004, 156 ff.

124 Aufschlussreich für die Tragweite des Selbstbestimmungsrechts des Patienten ist die höchstrichterliche Rechtsprechung zu Entbindungsfällen. Der BGH betont dabei, dass auch bei absoluter Indikation für eine Schnittentbindung eine solche gegen den Willen der Frau nicht durchgeführt werden darf.[258] Allerdings liege auch dann eine Verletzung des Selbstbestimmungsrechts der Schwangeren vor, wenn die Ärzte wegen der fehlenden Einwilligung der Frau auf eine Schnittentbindung verzichteten, ohne sie eindringlich über die Gefahren der vaginalen Entbindung aufzuklären. Umgekehrt liege auch dann eine Verletzung des Selbstbestimmungsrechts der Schwangeren vor, wenn aufgrund besonderer Gefahren die Schnittentbindung eine medizinisch verantwortbare Alternative zur vaginalen Entbindung darstelle, die Schwangere eine Schnittentbindung wünsche, die Ärzte gleichwohl eine vaginale Entbindung durchführten.[259] Die beiden Entscheidungen werden ausführlich in Rn 190 ff. dargestellt.

125 Der genaue Inhalt und Umfang der Aufklärung richtet sich nach dem Einzelfall. Die Rechtsprechung hat insoweit folgende Grundsätze entwickelt: Je dringlicher und zwingender ein Eingriff medizinisch indiziert ist, desto begrenzter ist die Aufklärungspflicht. Je weniger dringlich eine Operation in zeitlicher und sachlicher Hinsicht ist, desto umfangreicher und weitergehender ist die Aufklärungspflicht.[260] Anlässlich einer Fersenoperation führt der BGH hierzu wörtlich aus:

> *„Eine besonders gründliche Erörterung des Für und Wider des geplanten Eingriffs war im Falle des Klägers geboten, um ihm eine eigenverantwortliche Entscheidung darüber zu ermöglichen, ob er sich der Operation unterziehen sollte. Das folgt schon aus dem Fehlen jeder dringenden Indikation zur Operation."*[261]

126 Bei medizinisch zwingend erforderlichen und dringend indizierten Eingriffen zur Abwehr einer lebensbedrohlichen Gesundheitsgefährdung (z.B. Notoperationen) sind die Anforderungen danach besonders niedrig, bei Schönheitsoperationen und kosmetischen Eingriffen dagegen besonders hoch.[262] Aber auch dann, wenn für einen Eingriff eine absolute medizinische Indikation besteht, der Eingriff etwa zur Erhaltung des Lebens des Patienten zwingend erforderlich ist und keine Behandlungsalternativen bestehen, entfällt die Aufklärungspflicht nicht. Lediglich ihr Ausmaß und ihre Intensität mildern sich.[263] Das Selbstbestimmungsrecht des Patienten beinhaltet nämlich auch das Recht eine aus ärztlicher Sicht unvernünftige Entscheidung zu treffen und aus welchen Gründen auch immer eine ärztliche Maßnahme, für die eine absolute medizinische Indikation besteht, abzulehnen. Es kommt stets auf die Maßstäbe des konkreten Patienten an, nicht etwa auf die eines „vernünftigen Durchschnittspatienten".[264]

127 Der BGH hierzu wörtlich:

> *„Der Anspruch des Patienten auf eine angemessene Aufklärung über die Gefahren des Eingriffs, in welchen er einwilligen soll, ist Ausfluss des Selbstbestimmungsrechts über seine Person. Er soll ihn davor schützen, dass sich der Arzt ein ihm nicht*

---

258 So BGH v. 12.11.1991 – NJW 1992, 741 ff. = VersR 1992, 237 f.
259 So BGH v. 6.12.1988 – NJW 1989, 1538 ff. = VersR 1989, 253.
260 Siehe etwa die Entscheidung des BGH v. 23.9.1980 = NJW 1981, 633 f. = VersR 1980, 1145 ff.
261 BGH v. 23.9.1980 – NJW 1981, 633 f. = VersR 1980, 1145 ff.
262 BGH NJW 1991, 2349; *Geiß/Greiner*, C Rn 8 f.
263 Vgl. etwa die Entscheidung des BGH v. 22.4.1980 – NJW 1980, 1905 ff. = VersR 1981, 456 ff., in welcher er betont, dass bei einer vitalen Indikation „geringere Anforderungen an die Intensität der ärztlichen Aufklärungspflicht" zu stellen sind. So auch OLG Oldenburg v. 3.6.1987 – VersR 1988, 695.
264 BGH v. 14.2.1989 = NJW 1989, 1533 ff. = VersR 1989, 514 ff.; BGH v. 14.6.1994 – NJW 1994, 3009 ff. = VersR 1994, 1235 f.; OLG Stuttgart v. 14.4.1988 – VersR 1988, 695, 696.

zustehendes Bevormundungsrecht anmaßt, und auch sein Recht gewährleisten, bezüglich seines Körpers und seiner Gesundheit wissentlich sogar Entscheidungen zu treffen, die nach allgemeiner Meinung verfehlt sind."[265]

Instruktiv ist insoweit die Entscheidung des BGH[266] zu dem Fall einer Patientin, die unter einer Lymphogranulomatose (Hodgkin'sche Krankheit) litt und sich deshalb einer Strahlentherapie unterzog, ohne die sie innerhalb kurzer Zeit verstorben wäre. Die Möglichkeit einer alternativen Therapie bestand nicht. Als Folge dieser Strahlenbehandlung erlitt die Patientin eine Querschnittslähmung. Über dieses Risiko war sie zuvor nicht aufgeklärt worden. Hierzu hat der BGH ausgeführt:

„Der Zweitbeklagte durfte die Strahlentherapie nicht ohne Einwilligung der Klägerin in die Behandlung anwenden, auch wenn nach den Feststellungen des Berufungsgerichts diese Methode damals die allein erfolgversprechende gewesen ist und die Klägerin ohne eine Behandlung nur noch eine verhältnismäßig kurze Lebenserwartung hatte. Auch bei vitaler Indikation eines Eingriffs verlangt das Selbstbestimmungsrecht des Patienten, dass sein Arzt ihm die Möglichkeit lässt, über den Eingriff selbst zu entscheiden und ihn gegebenenfalls abzulehnen, auch wenn ein solcher Entschluss medizinisch unvernünftig ist."[267]

Der BGH betont in dieser Entscheidung darüber hinaus, dass der Patient selbst dann über die Möglichkeit einer Querschnittslähmung als Folge der Therapie aufzuklären sei, wenn die Querschnittslähmung mit **höherer** Wahrscheinlichkeit als Folge der Krankheit im Falle des Unterlassens der fraglichen Therapie eingetreten wäre. Der BGH wörtlich:

„Wegen der besonders schweren Belastung der Lebensführung durch eine Querschnittslähmung kann der Stellenwert dieses Risikos für die Einwilligung des Patienten in die Behandlung nicht verneint werden, auch wenn es sich sehr selten verwirklicht. Auch dann muss er selbst, nicht sein Arzt, darüber entscheiden, ob er sich diesem Risiko aussetzen will. Das gilt im Prinzip selbst dann, wenn eine andere erfolgversprechende Behandlungsmethode nicht in Betracht kommt und der Patient ohne die Behandlung nur noch eine verhältnismäßig kurze Zeit zu leben hat; dies gilt auch dann, wenn eine unbehandelte Lymphogranulomatose mit einem höheren Wahrscheinlichkeitsgrad als die Therapie zu einer Querschnittslähmung führen kann. Auch ein verständiger Patient kann gleichwohl beachtenswerte persönliche Gründe haben, auf die Behandlung wegen der mit ihr möglicherweise verbundenen schwerwiegenden Folgen zu verzichten und dem Schicksal seinen Lauf zu lassen. ... Das Selbstbestimmungsrecht des Patienten, das die Aufklärung sichern soll, schützt auch eine Entschließung, die aus medizinischen Gründen unvertretbar erscheint."[268]

Besteht somit auch in den Fällen einer absoluten und vitalen Indikation ohne Behandlungsalternative die Pflicht des Arztes zur Aufklärung des Patienten, so können die rechtlichen Konsequenzen aus einer Verletzung der Aufklärungspflicht doch unter Umständen anders ausfallen. Dies gilt etwa, wenn der Arzt sich darauf beruft, die Verletzung der Aufklärungspflicht sei nicht kausal geworden, weil der Patient sich auch bei ordnungsgemäßer Aufklärung für die Durchführung des Eingriffs entschieden hätte, so

---

265 BGH v. 22.1.1980 – NJW 1980, 1333 f. = VersR 1980, 428 ff.
266 BGH v. 7.2.1984 – NJW 1984, 1397 ff. = VersR 1984, 465 ff.
267 BGH v. 7.2.1984 – NJW 1984, 1397 ff. = VersR 1984, 465 ff.
268 BGH v. 7.2.1984 – NJW 1989, 1533 ff. = VersR 1989, 514 ff., in dem der BGH betont, dass es auf die eigenen Maßstäbe des Patienten ankommt und nicht auf die „eines vernünftigen Durchschnittspatienten".

genanntes „rechtmäßiges Alternativverhalten" (siehe Rn 409 ff.). In solchen Fällen muss der Patient plausibel darlegen, dass und warum er bei Kenntnis der aufklärungsbedürftigen Umstände die Behandlung abgelehnt hätte. An die Darlegung des Entscheidungskonflikts sind dann besondere Anforderungen zu stellen. Siehe hierzu im Einzelnen die Ausführungen unter Rn 409 ff.

131 Zusammenfassend lässt sich damit feststellen, dass auch in den Fällen, in denen eine Therapie zur Abwehr schwerster gesundheitlicher Gefahren, vielleicht sogar mit letalen Folgen für den Patienten dringend erforderlich ist und ein Verzicht des Patienten auf die Therapie aus ärztlicher Sicht unverständlich erscheint, die Aufklärungspflicht bestehen bleibt. Allerdings ist hier das Bestehen eines Entscheidungskonflikts kritisch zu prüfen, so dass trotz Vorliegens einer Aufklärungspflichtverletzung eine Haftung wegen fehlender Kausalität der unterlassenen Aufklärung ausscheiden kann.

132 In mehreren Entscheidungen hat der BGH darüber hinaus die Ansicht vertreten, dass bei diagnostischen Eingriffen ohne therapeutischen Eigenwert an die Aufklärung des Patienten über die damit verbundenen Risiken deutlich strengere Anforderungen zu stellen sind als bei therapeutischen Eingriffen.[269] Diese vom BGH vorgenommene Differenzierung zwischen therapeutischen und diagnostischen Eingriffen ist jedoch weder sinnvoll noch geboten. Ist eine gestellte Diagnose bereits gesichert, weil bestimmte Symptome zwingend auf eine bestimmte Erkrankung hindeuten, verbieten sich weitere diagnostische Maßnahmen ohnehin. Führt ein Arzt trotz gesicherter Diagnose weitere diagnostische Maßnahmen durch, liegt eine so genannte „Überdiagnostik" vor, die einen Behandlungsfehler darstellt.[270] Ebenso behandlungsfehlerhaft wäre es, wenn ein Arzt eine diagnostische Maßnahme durchführt, obwohl es für den Fall ihrer Bestätigung keine geeignete Therapiemöglichkeit gibt.[271] In beiden Fällen haftet der Arzt nach den Grundsätzen über den Behandlungsfehler. Eine diagnostische Maßnahme darf also ohnehin nie Selbstzweck sein, sondern sie ist Voraussetzung dafür, dass mit einer Heilbehandlung des Patienten begonnen werden kann. Darf und kann eine Therapie sinnvoller Weise aber erst nach gestellter Diagnose begonnen werden, ist es widersinnig, an die Durchführung einer diagnostischen Maßnahme strengere Anforderungen zu stellen, als an die Durchführung einer therapeutischen Maßnahme, die ja das vorherige Stellen einer Diagnose gerade voraussetzt. Für diagnostische und therapeutische Maßnahme müssen danach einheitliche Maßstäbe gelten. In beiden Fällen kommt es für die Frage der erforderlichen Intensität der Aufklärung auf die Dringlichkeit der Maßnahme und den Grad der Indikation an.

133 Erteilt ein Patient nach erfolgter Aufklärung seine Einwilligung in den geplanten Eingriff, so entfaltet diese Zustimmung **keine** irgendwie geartete **Bindungswirkung**. Der Patient bleibt auch nach erteilter Zustimmung vollkommen uneingeschränkt in seiner Entscheidungsfreiheit. Auch dann, wenn die Operationsvorbereitungen bereits in Gang gesetzt worden sind, selbst wenn er schon auf dem Operationstisch liegt, kann er weitere Bedenkzeit verlangen, sich nochmals über Vor- und Nachteile vergewissern, ein weiteres Aufklärungsgespräch fordern und/oder seine Einwilligung frei **widerrufen**. Die Möglichkeit des Widerrufs besteht unabhängig von der Geschäftsfähigkeit des Patienten. Auch Geschäftsunfähige können somit eine erteilte Einwilligung wirksam wi-

---

269 So BGH v. 15.5.1979 – NJW 1979, 1933 ff. = VersR 1979, 833; OLG Koblenz v. 29.11.2001 – ArztR 2002, 308; *Gehrlein*, C Rn 24; ebenso *Heilmann*, NJW 1990, 1513, 1517.
270 Vgl. auch *Laufs/Uhlenbruck*, § 50 Rn 9 ff.
271 OLG Köln MedR 1985, 290, 291.

derrufen.[272] Voraussetzung ist allein, dass der Patient eine natürliche Einsichtsfähigkeit (die so genannte Einwilligungsfähigkeit) besitzt (siehe Rn 352 ff. und Rn 360 ff.).

III. Umfang und Inhalt der Aufklärungspflicht

Wie bereits festgestellt, wurden die Grundsätze der ärztlichen Aufklärungspflicht von der Rechtsprechung entwickelt. Dabei ist es geblieben. Nach wie vor ist das Arzthaftungsrecht – sowohl bezüglich der Haftung für Behandlungsfehler als auch bezüglich der Haftung für Aufklärungspflichtverletzungen – eine Domäne der Rechtsprechung. Eine generelle gesetzliche Regelung fehlt. Allerdings finden sich in Spezialgesetzen Normierungen, welche die von der Rechtsprechung entwickelten Grundsätze wiedergeben. Zu nennen ist hier vor allem § 3 Abs. 1 Kastrationsgesetz. Dort heißt es wörtlich: 134

> *„Die Einwilligung ist unwirksam, wenn der Betroffene nicht vorher über Grund, Bedeutung und Nachwirkungen der Kastration, über andere in Betracht kommende Behandlungsmöglichkeiten sowie über sonstige Umstände aufgeklärt worden ist, denen er erkennbar eine Bedeutung für die Einwilligung beimisst."*

Aus dieser Norm lässt sich der Inhalt der Aufklärungspflicht gut erkennen.[273] Danach ist der Patient zunächst über den „Grund" zu informieren, d.h. über die gestellte Diagnose. Weiterhin ist er über die „Bedeutung" aufzuklären, d.h. über das, was geschehen soll. Ihm muss die ärztliche Behandlungsmaßnahme erklärt werden. Darüber hinaus ist er über die „Nachwirkungen" zu informieren. Der Patient muss also über Risiken, Nebenwirkungen und Folgen, die mit dem Eingriff notwendigerweise verbunden sind oder möglicherweise verbunden sein können, aufgeklärt werden. Schließlich ist er „über andere in Betracht kommende Behandlungsmöglichkeiten" aufzuklären. Der Arzt muss dem Patienten damit ungefragt auf Behandlungsalternativen hinweisen und ihm die Vor- und Nachteile der jeweiligen Methode erklären. 135

Bei alledem ist auf die Umstände abzustellen, „denen er erkennbar eine Bedeutung für die Einwilligung beimisst". Inhalt und Umfang der Aufklärung richten sich demgemäß nach den Besonderheiten des Einzelfalles. Eine pauschale Betrachtungsweise verbietet sich. Vielmehr kommt es auf die (für den Arzt erkennbaren) Bedürfnisse des einzelnen Patienten an. So hat eine dauerhafte leichte Heiserkeit als mögliche Folge der geplanten Operation für den Opernsänger eine ganz andere Bedeutung als für einen Schreiner, während der Schreiner umgekehrt dem Risiko einer Versteifung der Hand mehr Beachtung schenken wird als der Opernsänger. Der Inhalt der gebotenen Aufklärung richtet sich demnach nach der individuellen Situation des betreffenden Patienten, insbesondere auch nach Beruf, Alter, Hobby und weiteren für ihn persönlich wichtigen Kriterien, die er ihm Rahmen der Anamnese oder durch Fragen während des Aufklärungsgespräches zum Ausdruck bringt. Entscheidend für die Aufklärungsbedürftigkeit sind der Stellenwert und die Bedeutung, welche eine Tatsache für den Entschluss des konkreten Patienten haben kann.[274] 136

Die Selbstbestimmungsaufklärung beinhaltet demgemäß die Diagnoseaufklärung (siehe Rn 138 ff.), die Behandlungsaufklärung (siehe Rn 144 ff.), die Risikoaufklärung (siehe Rn 156 ff.) und die Aufklärung über Behandlungsalternativen (siehe Rn 190 ff.). 137

---

272 So etwa Palandt/*Diederichsen*, § 1904 Rn 1.
273 Zum Aufbau eines Aufklärungsgespräches siehe im Einzelnen *Rixen/Höfling/Kuhlmann/Westhofen*, MedR 2003, 191 ff.
274 BGH v. 7.2.1984 – NJW 1984, 1397, 1399 = VersR 1984, 465 ff.

1. Die Diagnoseaufklärung

138 Der Patient hat das Recht, über den medizinischen Befund informiert zu werden. Er hat einen Anspruch darauf zu erfahren, ob und dass er krank ist und an welcher Krankheit er leidet.[275] Hierzu gehört auch, dass er über den zukünftigen Krankheitsverlauf informiert wird.[276]

139 Hier besteht ein gewisses Spannungsverhältnis zwischen dem Ansatz der Mediziner, welche die Gesundheit des Patienten in den Vordergrund stellen und dem Ansatz der Juristen, die das Persönlichkeitsrecht und das Selbstbestimmungsrecht des Patienten zur Grundlage machen. Aus medizinischer Sicht kann eine Aufklärung des Patienten über sein (mögliches) Schicksal und die Art seiner Erkrankung seinen Lebenswillen brechen und ihm jede Hoffnung rauben. Gerade Lebenswille und Hoffnung des Patienten sind jedoch ein besonders wichtiges Heilmittel. Hier gilt Folgendes:

140 Die Selbstbestimmungsaufklärung soll die freie und selbstverantwortliche Entscheidung des Patienten gewährleisten. Es ist besonders darauf zu achten, dass kranke Menschen nicht nach ihrer Gesundheit auch noch ihre Selbstverantwortung verlieren. Es ist der Patient, der seine Krankheit und deren Folgen zu ertragen hat. Deshalb hat er auch das Recht, über Diagnose und Therapie informiert zu werden und dann unter den bestehenden Möglichkeiten zu entscheiden. Auch die Diagnose einer letalen Erkrankung darf der Arzt dem Patienten nicht verschweigen. Der Patient muss die Möglichkeit haben, seine persönlichen, familiären und beruflichen Angelegenheiten zu regeln, sich gedanklich auf den Tod vorzubereiten, ein Testament zu errichten, die Art seiner Bestattung festzulegen, einen Unternehmensnachfolger einzusetzen oder andere letzte rechtsgeschäftliche oder persönliche Vorbereitungen zu treffen. Es sind allenfalls eng umgrenzte, extreme Ausnahmefälle denkbar, in denen die aus dem Behandlungsvertrag resultierende Fürsorgepflicht des Arztes gerade dessen Schweigen gebietet. Hier ist etwa an psychisch labile Patienten zu denken, bei denen die Offenbarung der Diagnose einen völligen Zusammenbruch herbeiführen würde und es aus therapeutischen Gründen zwingend geboten ist, dem Patienten die Wahrheit vorzuenthalten.

141 Hierzu der BGH:

> *„Entgegen der Auffassung der Revision hätte eine Aufklärung über das Risiko der Bestrahlung auch nicht die Klägerin einer therapeutisch nicht zu verantwortenden Belastung ausgesetzt. Fälle, in denen aus diesem Grund eine Aufklärung unterbleiben kann, müssen die Ausnahme bleiben, damit das durch die Aufklärung zu wahrende Selbstbestimmungsrecht des Patienten nicht unterlaufen wird. Deshalb sind strenge Anforderungen an die therapeutische Unzumutbarkeit einer Aufklärung zu stellen."*[277]

142 Nur eine offene Aufklärung des Patienten trägt auch seiner Stellung als eigenverantwortliches Subjekt der Behandlung Rechung. Die grundrechtlichen Prinzipien, insbesondere die Menschenwürde, das Persönlichkeitsrecht und das Selbstbestimmungsrecht verlangen, dass der Patient über seine Erkrankung, und deren (mögliche) Folgen informiert wird. Das Bundesverfassungsgericht meint dazu wörtlich: „Der Anspruch

---

[275] *Laufs/Uhlenbruck*, § 63 Rn 13; offen gelassen in OLG Stuttgart v. 14.4.1988 – VersR 1988, 695, 696, welches eine Pflicht des Arztes zur Diagnoseaufklärung jedenfalls für den Fall annimmt, dass die Kenntnis der Diagnose für die Entscheidung des Patienten für oder gegen den Eingriff erkennbar von Bedeutung ist.
[276] So *Laufs/Uhlenbruck*, § 63 Rn 16, *Heilmann*, NJW 1990, 1513, 1516.
[277] BGH v. 7.2.1984 – NJW 1984, 1397, 1399 = VersR 1984, 465 ff.

des Patienten auf Unterrichtung über Befunde und Prognosen ist Ausdruck des durch grundrechtliche Wertungen geprägten Selbstbestimmungsrechts und der personalen Würde des Patienten (Art. 1 Abs. 1 und Art. 2 Abs. 1 GG), die es verbieten, ihm im Rahmen er Behandlung die Rolle des bloßen Objekts zuzuweisen."[278]

In der forensischen Praxis spielt die Diagnoseaufklärung kaum eine Rolle. Ganz im Vordergrund steht die Risikoaufklärung. 143

2. Die Behandlungsaufklärung

Aufgrund der Behandlungsaufklärung, teilweise auch „Verlaufsaufklärung" genannt, ist der Patient über den Inhalt und die Bedeutung des Eingriffs selbst zu informieren. Die Behandlungsaufklärung beinhaltet eine Aufklärung über die Art des Eingriffs, seinen Umfang und seine Durchführung („was wird getan und wie wird es getan"). Die Aufklärung ist indes keine medizinische Lehrveranstaltung. Es ist nicht erforderlich, dem Patienten die medizinischen Einzelheiten des vorgesehenen Eingriffs darzulegen. Nach der ständigen höchstrichterlichen Rechtsprechung ist es ausreichend, dass dem Patienten das Wesen des Eingriffs **„im Großen und Ganzen"** vermittelt wird, so dass er weiß, worin er einwilligt.[279] Die Behandlungsaufklärung soll dem Patienten ein **allgemeines** Bild darüber vermitteln, was geplant ist und was der konkrete Eingriff für seine persönliche Situation bedeuten kann.[280] Dazu gehört zunächst einmal der Hinweis des Arztes, dass überhaupt ein Eingriff geplant ist.[281] 144

Angesichts der Selbstverständlichkeit der eine derartige absolute Mindestaufklärung aus heutiger Sicht zukommt, ist die Lektüre von Sachverhalten, die älteren BGH-Entscheidungen zugrunde lagen, umso haarsträubender. Exemplarisch sei hier auf die Entscheidung des BGH vom 27.6.1978 verwiesen, in der eine Patientin mit kolikartigen Bauchschmerzen ein Krankenhaus aufsuchte und die aufnehmende Ärztin bat, „sie von ihren Schmerzen zu befreien". Daraufhin wurde ohne jede Labordiagnostik und ohne jede Aufklärung sogleich eine Appendektomie durchgeführt, von welcher die narkotisierte Patientin überhaupt nichts wusste.[282] Diese Entscheidung zeigt deutlich, mit welchem Selbstverständnis Ärzte früher Behandlungen durchgeführt haben und was für ein – höchst begrüßenswerter!! – Bewusstseinswandel (der nicht zuletzt durch die höchstrichterliche Rechtsprechung herbeigeführt worden ist) seit dem eingetreten ist. 145

Über die Tatsache hinaus, dass und welcher ein Eingriff vorgenommen werden soll, muss der Arzt dem Patienten auch „im Großen und Ganzen" deutlich machen, wie diese Maßnahme durchgeführt wird und was dies für seine persönliche Situation bedeutet. Dabei soll kein spezielles medizinisches Wissen vermittelt werden. Allerdings hat der Arzt auch über diese Einzelheiten aufzuklären, wenn der Patient nachfragt und medizinisches Detailwissen verlangt. Der BGH wörtlich: 146

---

278 So BVerfG v. 18.11.2004 – 1 BvR 2315/04 – MedR 2005, 91; ähnlich auch BVerfG v. 16.9.1998 – 1 BvR 1130/98, MedR 1999, 180.
279 So BGH v. 16.11.1971 – NJW 1972, 335 ff. = VersR 1972, 153 ff.; BGH v. 2.11.1976 – NJW 1978, 1684 = VersR 1977, 255; BGH v. 27.6.1978 – NJW 1978, 2337 ff. = VersR 1978, 1022 ff.; BGH v. 14.2.1989 – NJW 1989, 1533 ff. = VersR 1989, 514 ff.; BGH v. 8.5.1980 – NJW 1990, 2929 ff. = VersR 1990, 1010; BGH v. 7.4.1992 – NJW 1992, 2351 ff. = VersR 1992, 960 ff.; BGH v. 12.2.1974 – NJW 1974, 1422, 1423; BGH v. 22.12.1987 – NJW 1988, 1514 ff. = VersR 1988, 493 ff.; *Gehrlein*, C Rn 18 und 40; *Geiß/Greiner*, C Rn 86;
280 *Steffen/Dressler/Pauge*, Rn 329.
281 So BGH v. 27.6.1978 – NJW 1978, 2337 ff. = VersR 1978, 1022 ff.
282 So BGH v. 27.6.1978 – NJW 1978, 2337 ff. = VersR 1978, 1022 ff.

> „Sonst aber darf der Arzt, wenn keine Umstände entgegen stehen, davon ausgehen, dass der Patient, der von sich aus nicht weiter nachfragt, seiner ärztlichen Entscheidung vertraut und nicht eine eingehende fachliche Unterrichtung über spezielle medizinische Fragen erwartet; diese kann er als Nichtfachmann ohnehin nicht beurteilen."[283]

147 Was unter einer „Aufklärung über den Eingriff im Großen und Ganzen" zu verstehen ist, kann nur für den Einzelfall beantwortet werden. Es kommt auf den jeweiligen Eingriff und auf den individuellen Patienten an.[284] So hat der BGH bei der Aufklärung von Jugendlichen sehr strenge Maßstäbe angelegt. Im konkreten Fall ging es um die Entfernung von Warzen durch Röntgenstrahlen von der Hand einer 16-jährigen, die ohne Begleitung ihrer Eltern zum Hautarzt gegangen ist. Der Arzt klärte sie nur darüber auf, dass sie zur Beseitigung der Warzen bestrahlt wird.

148 Der BGH wörtlich:

> „Schon eine angemessene Aufklärung über das Wesen des Eingriffs hat der Beklagte nach den Feststellungen des Berufungsgerichts nicht vorgenommen. Dem angefochtenen Urteil ist insoweit nur zu entnehmen, dass die 16-jährige Klägerin nicht gegen ihren Willen behandelt worden ist. Es ist aber nicht ersichtlich, dass ihr das Wesen des Eingriffs im Großen und Ganzen erläutert worden ist. Darauf kann verzichtet werden, wenn schon die landläufige Bezeichnung des Eingriffs auch den Laien hinreichend ins Bild setzt. Bezüglich der Wirkungsweise eines Eingriffs durch Anwendung von Röntgenstrahlen kann aber ein solches Wissen vor allem bei einem jungen Mädchen ohne wissenschaftliche Ausbildung nicht erwartet werden. Dies gilt umso mehr, als der gängige Begriff der „Bestrahlung" von und gegenüber medizinischen Laien auch für ungleich harmlosere Anwendungen (z.B. Ultraviolett- oder Infrarotbestrahlungen) ohne Unterscheidung verwendet zu werden pflegt. Der Beklagte hätte also sicherstellen müssen, dass die Klägerin wenigstens den Eingriff als einen gleich einem chirurgischen gewebszerstörenden erkannte und auch wusste, dass dadurch bleibende Narben gesetzt würden."[285]

149 Demgegenüber setzte der BGH in einer Grundsatzentscheidung zur Appendektomie (Blinddarmoperation) die an die aufklärenden Ärzte zu stellenden Anforderungen deutlich herab. In dem Fall hat der Operateur den Patienten über die Blinddarmoperation mit den Worten aufgeklärt: „Eine Operation ist halt eine Operation". Hierzu der BGH wörtlich:

> „Es handelt sich dabei um einen Eingriff, welcher sowohl nach seinem Verlauf als auch hinsichtlich seines Schweregrades wegen seiner Häufigkeit der Allgemeinheit in besonderem Maße vertraut ist. Deshalb kann sich der Arzt bei der Aufklärung über Natur und Risiko dieses Eingriffs im Allgemeinen kurz fassen. Es wird in der Regel genügen, wenn er sich davon überzeugt, dass der Patient nicht irrig davon ausgeht, dass dieser Eingriff wegen seiner Alltäglichkeit ganz ungefährlich sei. Das hat der Beklagte aber getan mit seinem Hinweis, eine Operation sei eben eine Operation."[286]

---

283 BGH v. 11.5.1982 – NJW 1982, 2121 f. = VersR 1982, 771 f.
284 So etwa auch BGH v. 4.11.1975 – NJW 1976, 363 ff.
285 So BGH v. 16.11.1971 – NJW 1972, 335 ff. = VersR 1972, 153 ff.
286 So BGH v. 23.10.1978 – NJW 1980, 633 ff. = VersR 1980, 68 ff.; siehe auch BGH v. 27.6.1978 – NJW 1978, 2337 ff. = VersR 1978, 1022 ff.

B. Die ärztliche Aufklärungspflicht **§ 12**

Der BGH setzt sich in dieser Entscheidung auch mit der oben dargelegten Warzenentscheidung auseinander und betont, „dass bei alledem die allgemeine Erkenntnisfähigkeit, insbesondere der Bildungsstand des Patienten, eine entscheidende Rolle spielen für die Anforderungen, die billigerweise an die Pflicht des Arztes" zu spontanen Belehrungen gestellt werden dürfen.[287]

150

Der BGH stellte in den Entscheidungsgründen darauf ab, dass es sich bei der Patientin anders als im Warzenfall nicht um eine Jugendliche, sondern um eine erwachsene Beamtin des gehobenen Dienstes mit überdurchschnittlicher Allgemeinbildung handele. Angesichts dessen sei die Aufklärung „eine Operation ist halt eine Operation" ausreichend.[288]

151

Beide Fälle stellen sicherlich Extrempositionen dar. Entscheidend ist, dass es stets auf die Besonderheiten des Einzelfalles ankommt und hierbei insbesondere auf die Natur des Eingriffs und die Erkenntnisfähigkeit des individuellen Patienten. So darf die Aufklärung eines intelligenten, gebildeten und interessierten Patienten „mit dem Bild einer informierten und aktiven Persönlichkeit" deutlich weniger intensiv sein, als die Aufklärung eines geistig einfachen Patienten, denn ersterem kann zugetraut und zugemutet werden, dass er „durch Fragen selbst auf eine Vervollständigung der Belehrung hinwirkt, falls sie ihm zu knapp und unvollständig erscheint."[289] Gerade die Appendektomie ist indes ein Beispiel dafür, dass auch bei häufigen und geradezu alltäglichen Routineeingriffen eine Grundaufklärung, in der auch die typischen Risiken beschrieben werden, unverzichtbar ist. Die forensische Praxis zeigt, dass gerade bei Alltagsoperationen das Gefahrbewusstsein eines Patienten schwindet. Jeder Patient kennt aus dem Familien-, Freundes- oder Bekanntenkreis einige Fälle, bei denen der Eingriff problem- und komplikationslos vonstatten ging. Das unvermeidbare Restrisiko, welches auch bei Routineeingriffen verbleibt, wird deshalb von dem Patienten nicht mehr wahrgenommen. Um so mehr ist es Aufgabe des Arztes, im Rahmen des Aufklärungsgespräches, das Risikopotential auch dieses Eingriffs wieder ins Bewusstsein zurückzurufen.

152

Allgemein kann gesagt werden, dass der Arzt einen Patient über den Art und Ablauf des Eingriffs insoweit informieren muss, als dies vernünftigerweise einen Patient in der fraglichen Lage interessiert. Will der Patient weitergehende Informationen, muss er fragen.[290]

153

Über die Natur des Eingriffs hinaus muss bei der gebotenen Behandlungsaufklärung auch über den zu erwartenden postoperativen Zustand des Patienten (z.B. Inkontinenz, Unfruchtbarkeit, Berufsunfähigkeit, Dauerschmerz, Verlust eines Körpergliedes, Verlust der Gehfähigkeit, notwendige Folgeoperationen, sichtbare Narben) aufgeklärt werden. Auf Folgen, die ganz selbstverständlich sind und bei denen der Arzt im Hinblick auf den konkreten Patienten davon ausgehen kann, dass dieser die Folgen kennt, muss nicht hingewiesen werden.[291]

154

---

287 So BGH v. 23.10.1978 – NJW 1980, 633 ff. = VersR 1980, 68 ff.; ähnlich bereits BGH v. 4.11.1975 – NJW 1976, 363 ff. = VersR 1976, 293 ff., wo der BGH betont, dass der Grad der Aufklärung sich nach der Intelligenz und dem Bildungsgrad des betroffenen Patienten richtet sowie nach dessen eigenen Erfahrungen aus seiner Kranken-Vorgeschichte. Bei einer Appendektomie meint der BGH, dass der Arzt die Kenntnis von Inhalt und Risiken einer Appendektomie „als Allgemeinwissen bei einem normal informierten Patienten voraussetzen" darf, so BGH v. 27.6.1978 – NJW 1978, 2337 ff. = VersR 1978, 1022 ff.
288 Dieser Fall würde heute sicherlich vom BGH anders entschieden werden.
289 So BGH v. 4.11.1975 – NJW 1976, 363 ff. = VersR 1976, 293 ff.
290 So BGH v. 12.2.1974 – NJW 1974, 1422.
291 *Laufs/Uhlenbruck*, § 63 Rn 18.

155 Oft ergibt sich erst intraoperativ, was genau vorliegt und wie weiter vorgegangen wird. Dem gemäß sind der genaue Umfang der Operation und die weitere Vorgehensweise präoperativ oft unbekannt. Allerdings ist für den behandelnden Arzt in aller Regel vorhersehbar, welche Ursachen oder Folgen, neuen Umstände oder Entwicklungen sich intraoperativ oder postoperativ ergeben können. Auf diese ernsthaft in Betracht kommenden möglichen weiteren Abläufe hat der Arzt bereits präoperativ hinzuweisen. Folgerichtig hat er im Rahmen der Risikoaufklärung (siehe Rn 156 ff.) auch über die mit den möglichen weiteren Eingriffen oder möglichen Operationserweiterungen verbundenen Folgen und Risiken aufzuklären. So hat der Arzt einen Patienten darüber aufzuklären, dass es möglicherweise erforderlich ist, einen bei dem Eingriff eingetretenen Blutverlust nötigenfalls durch eine Bluttransfusion auszugleichen. In diesem Zusammenhang hat er dann auch über das Risiko einer HIV-Infektion und einer Hepatitis-Infektion aufzuklären (Risikoaufklärung). Zusätzlich ist der Patient auf die Möglichkeit einer Eigenblutspende als Alternative zu einer Fremdbluttransfusion hinzuweisen (Aufklärung über Behandlungsalternativen).[292]

3. Risikoaufklärung

156 Wie bereits dargelegt, ist die Risikoaufklärung im Arzthaftungsprozess von kaum zu überschätzender praktischer Bedeutung. Auch im Rahmen der Risikoaufklärung gilt zunächst der Grundsatz der Aufklärung im Großen und Ganzen.[293] Der BGH meint hierzu wörtlich:

> *„Nach gefestigten Rechtsprechungsgrundsätzen war die Klägerin, damit sie wirksam in die Operation einwilligen konnte, nicht nur über die Art des Eingriffs, sondern auch über seine Risiken ins Bild zu setzen, soweit diese sich für sie als medizinischen Laien aus der Art des Eingriffs nicht ohne weiteres ergaben und für ihre Entschließung von Bedeutung sein konnten. Zwar mussten sie ihr nicht in allen denkbaren Erscheinungsformen aufgezählt werden; aber ihr musste – wenn auch nur im Großen und Ganzen – eine allgemeine Vorstellung von der Schwere des Eingriffs und den spezifisch mit ihm verbundenen Risiken vermittelt werden."*[294]

157 Entscheidend für die Risikoaufklärung ist ihr Schutzzweck, nämlich das Selbstbestimmungsrecht des Patienten. Der Patient muss danach insoweit über Komplikationen und Risiken aufgeklärt werden, als das Wissen von solchen möglichen Auswirkungen für seine Entscheidung über die Einwilligung in die Operation von Bedeutung ist. Ebenso wenig wie im Rahmen der Behandlungsaufklärung entfällt auch bei der Risikoaufklärung die Notwendigkeit der Aufklärung bei Bestehen einer absoluten Indikation zur Operation. In einem vom BGH entschiedenen Fall litt die Patientin unter heftig verstärkten Regelblutungen. Als Blutungsursache wurde eine unter der Schleimhaut liegende Geschwulst diagnostiziert und die Entfernung der Gebärmutter angeraten (Hys-

---

292 So BGH v. 17.12.1991 – NJW 1992, 743 f. = VersR 1992, 314 ff.
293 St. Rspr., siehe etwa BGH v. 14.3.2006 – VI ZR 279/04, BGHZ 166, 136 ff. = NJW 2006, 2108 ff. = VersR 2006, 838 ff.; BGH v. 7.4.1992 – NJW 1992, 2351 ff. = VersR 1992, 960 ff.; *Steffen/Dressler/Pauge*, Rn 394.
294 So BGH v. 28.2.1984 – NJW 1984, 1807 ff. = VersR 1984, 538 ff., ebenso BGH v. 14.2.1989 – NJW 1989, 1533 ff. = VersR 1989, 514 ff.; BGH v. 8.5.1990 – NJW 1990, 2929 ff. = VersR 1990, 1010 ff.; BGH v. 7.4.1992 – VI ZR 192/91, NJW 1992, 2351 ff. = VersR 1992, 960 ff.; ähnlich BGH v. 10.10.2006 – VI ZR 74/05, NJW 2007, 217, 218; BGH v. 14.3.2006 – VI ZR 279/04, BGHZ 166, 136 ff. = NJW 2006, 2108 ff. = VersR 2006, 838 ff.; diese Aufklärungspflicht im Großen und Ganzen gilt auch auf dem Gebiet der Zahnheilkunde. Dazu im Einzelnen: *Stöhr*, MedR 2004, 156, 158 f.

terektomie). Diese Operation war medizinisch absolut indiziert. Bei der Operation wurde der linke Harnleiter verletzt und es bildete sich eine Harnleiter-Scheidenfistel, wodurch die Patientin unkontrolliert Harn über die Scheide abführte. Die Revisionsoperation schlug fehl und der Patientin musste die linke Niere entfernt werden. Sie litt seither unter einem chronischen Harnwegsinfekt. Über die Möglichkeit einer Harnleiterverletzung war die Patientin nicht aufgeklärt worden. Der BGH führt in seinen Entscheidungsgründen aus, dass die Verletzung des Harnleiters ein spezifisches Risiko der Hysterektomie sei, welches für die Patientin nicht von vornherein erkennbar sei und für ihre Entscheidungsfindung von Bedeutung sein könne. Deshalb habe die Patientin ein schutzwürdiges Interesse daran gehabt, über das Verletzungsrisiko unterrichtet zu werden. Zwar sei die Operation absolut indiziert gewesen und hätte vorgenommen werden müssen, aber nicht sofort. Die Patientin hätte sich bei Kenntnis der Risiken nach einer besonders renommierten Klinik und besseren Operationsbedingungen umsehen können.[295]

Die Risikoaufklärung erfordert somit grundsätzlich, dass der Patient über die mit dem Eingriff **typischerweise** verbundenen Risiken und Komplikationen aufgeklärt wird, die auch bei Aufwendung der erforderlichen Sorgfalt und bei fehlerfreier medizinischer Behandlung nach den Regeln der ärztlichen Kunst auftreten können.[296]

158

Der Patient ist danach über alle **behandlungstypischen, eingriffsspezifischen** Risiken aufzuklären.[297] Dies gilt auch dann, wenn sie statistisch gesehen selten und unwahrscheinlich sind.[298] So hat der BGH entschieden, das auch dann über ein dem Eingriff innewohnendes **spezifisches** Risiko aufzuklären ist, wenn die Wahrscheinlichkeit seiner Verwirklichung bei nur 0,1 Promille liegt.[299] Entscheidend ist allein, dass es sich um ein Risiko oder eine Komplikation handelt, die mit dem fraglichen Eingriff **typischerweise** verbunden ist. Etwas anderes gilt nur dann, wenn das Risiko so selten und außergewöhnlich ist, dass es für die Entscheidung des Patienten keine Bedeutung haben kann.[300] Das Gegenstück zu den **eingriffsspezifischen** Risiken bilden die **allgemeinen Risiken**, die mit jeder Operation verbunden sind. Über diese allgemeinen Risiken muss der Patient in aller Regel **nicht** aufgeklärt werden. Der Arzt darf grundsätzlich bei jedem Patienten die Kenntnis der allgemeinen Risiken operativer Eingriffe voraussetzen.[301] Zu diesem medizinischen Basiswissen, welches der Arzt auch bei einem Laien

159

---

295 So BGH v. 28.2.1984 – NJW 1984, 1807 ff. = VersR 1984, 538 ff.
296 *Gehrlein*, C Rn 19; *Geiß/Greiner*, C Rn 41; zu den Aufklärungspflichten bei zahnärztlichen Eingriffen siehe *Stöhr*, MedR 2004, 156 ff.
297 St. Rspr., siehe etwa BGH v. 10.10.2006 – VI ZR 74/05 – NJW 2007, 217, 218; *Gehrlein*, C Rn 18; *Geiß/Greiner*, C Rn 42 ff.
298 Vgl. OLG Hamm v. 29.11.2001 – ArztR 2002, 308, 309: „Über Risiken, die mit dem Eingriff spezifisch verbunden sind, ist unabhängig von der Komplikationsrate aufzuklären." Ebenso *Steffen/Dressler/Dressler*, Rn 333; *Geiß/Greiner*, C Rn 43.
299 So BGH v. 28.2.1989 – NJW 1989, 1533 ff. = VersR 1989, 514 ff.; ebenso bejaht auch OLG Oldenburg v. 3.6.1987 – VersR 1988, 695 eine Aufklärungspflicht über ein spezifisches Risiko, wenn sich die Gefahr mit einer Wahrscheinlichkeit von „unter 1 %" verwirklicht. Der BGH betont in seiner Entscheidung v. 4.11.1975 – NJW 1976, 363 ff., dass die Entscheidungsfreiheit des Patienten auch bei extrem seltenen Risiken (1 : 1.000 oder 1 : 2.000) durch Aufklärung gewahrt werden muss.
300 So *Geiß/Greiner*, C Rn 45: *Stöhr*, MedR 2004, 156, 158; OLG Stuttgart v. 17.11.1998 – VersR 1999, 1500 bei einem Risiko mit einer Wahrscheinlichkeit von 1 : 400.000; OLG Zweibrücken v. 22.2.2000 – VersR 2000, 892.
301 So BGH v. 17.12.1991 – NJW 1992, 743 f. = VersR 1992, 314 ff., BGH v. 14.2.1989 – NJW 1989, 1533 ff. = VersR 1989, 514 ff.; BGH v. 23.10.1979 – NJW 1980, 633 ff. = VersR 1980, 68 ff.; BGH v. 24.10.1995 – NJW 1996, 788 f. = VersR 1996, 211 f.; OLG Köln v. 16.3.1978 – NJW 1978, 1690 f.; *Steffen/Dressler/Pauge*, Rn 404.

als vorhanden voraussetzen darf, gehören z.B. das Infektionsrisiko,[302] das Risiko von Nachblutungen, Narbenbrüchen, Embolien.[303] Etwas anderes kann gelten, wenn ein Patient ausnahmsweise mit dem Eintritt der allgemeinen Risiken nicht rechnen musste oder von einem Laien die tatsächliche Tragweite dieses allgemeinen Risikos verkannt wird oder sich die Komplikation in eine Richtung entwickeln kann, die für einen Laien überraschend ist. So hat der BGH im Fall einer intraartikulären Injektion eines kortisonhaltigen Präparates in das Schultergelenk, bei der es zu einer Infektion des Schultergelenkes und als Folge davon zu einer tödlichen Sepsis kam, Folgendes ausgeführt:

„Über das allgemeine Risiko einer Wundinfektion nach Operationen, das zu den allgemeinen Gefahren gehört, mit denen der Patient rechnet, braucht zwar nicht aufgeklärt zu werden. Der Arzt, der eine Injektion setzt, kann aber nicht ein solches allgemeines Gefahrenbewusstsein bei seinem Patienten voraussetzen. Gerade weil es sich um einen ärztlichen Routineeingriff handelt, wird ihn der Patient im Allgemeinen als ungefährlich ansehen. Jedenfalls dann, wenn wie hier der Injektion ein spezifisches Infektionsrisiko mit möglichen schweren Folgen anhaftet, das dem Patienten verborgen ist und mit dem er nicht rechnet, hat er ein Anrecht darauf, darüber informiert zu werden, um selbst abwägen zu können, ob er sich dem Eingriff unterziehen will."[304]

160 Auch in anderen Entscheidungen hat der BGH betont, dass unter bestimmten Umständen auch über **allgemeine, nicht eingriffsspezifische** Risiken aufzuklären ist. Dies gilt vor allem in den Fällen, in denen die geplante Operation nur relativ indiziert ist, also nicht nur Abwendung einer akuten, schwerwiegenden Gefahr erforderlich ist. Hier sind an die Aufklärungspflicht des Arztes besonders strenge Anforderungen zu stellen. Der BGH führt hierzu wörtlich aus:

„Um dem Patienten eine eigene Entscheidung darüber zu ermöglichen, ob er den Eingriff wagen oder besser von der Operation Abstand nehmen soll, ist es in solchen Fällen erforderlich, ihm in einer detaillierten, für den medizinischen Laien verständlichen Darlegung die Chancen und Risiken der Operation darzulegen, um sicherzugehen, dass er sich auch keine Illusionen macht, was er im Falle eines Fehlschlages unter Umständen auf sich nehmen muss. Das trifft vor allem auf die Fälle zu, in denen die Gefahr besteht, dass sich durch die Operation, die – wie hier – dem Patienten weitgehende Befreiung von Gelenkschmerzen bringen soll, diese Beschwerden erheblich verschlimmern können. In diesem Zusammenhang kann dann auch über Risiken aufzuklären sein, bei denen es sich nicht um eingriffsspezifische Gefahren handelt, sondern um Risiken, die generell mit einer Operation verbunden sein können."[305]

161 Angesichts der teilweise widersprüchlichen Rechtsprechung empfiehlt es sich für den Arzt, jedenfalls bei nur relativ indizierten Operationen den betroffenen Patienten über **alle** Risiken aufzuklären, die mit der geplanten Operation einhergehen. Im Lichte des Selbstbestimmungsrechts betrachtet, muss der Patient **alle** mit dem Eingriff verbundenen Risiken kennen und bewerten können, bevor er unter Abwägung aller Vor- und Nachteile eine selbstbestimmte Entscheidung für oder gegen den Eingriff treffen kann.

---

302 „Dass bei einer Operation eine Infektion möglich ist, gehört zum Allgemeinwissen eines jeden Einsichtigen" so ausdrücklich OLG Köln v. 16.3.1978 – NJW 1978, 1690, 1691.
303 So BGH v. 17.12.1991 – NJW 1992, 743 f. = VersR 1992, 314 ff.; BGH v. 24.10.1995 – NJW 1996, 788 f. = VersR 1996, 211 f.
304 So BGH v. 14.2.1989 – NJW 1989, 1533 ff. = VersR 1989, 514 ff.
305 So BGH v. 22.7.1987 – NJW 1988, 1514 ff. = VersR 1988, 493 ff.

Der Patient hat ein erkennbares Interesse daran, das Gesamtrisiko einschätzen zu können. Dazu gehören auch allgemeine Faktoren wie das Infektionsrisiko, Narkoserisiko sowie das Risiko von Nachblutungen oder Thrombosen. Selbst wenn dem Patienten diese Risiken abstrakt bekannt sein mögen, weiß er damit noch nicht, wie hoch gerade bei diesem betreffenden Eingriff in dem konkreten Krankenhaus die Gefahr ihrer Verwirklichung ist.

Die Aufklärung muss dabei so detailliiert sein, dass der Patient sich eine korrekte Vorstellung über die wirklichen Gefahren des Eingriffs machen kann. Die möglichen Komplikationen müssen der Sache nach korrekt beschrieben werden. Hierfür ist es weder erforderlich noch ausreichend, den medizinisch richtigen Begriff zu erwähnen.[306] Macht gerade erst ein bestimmter medizinischer oder allgemein sprachlicher Begriff dem Patienten die möglichen weit reichenden Folgen des Eingriffs für sein späteres Leben deutlich, dann muss genau dieses Wort im Aufklärungsgespräch fallen.[307] So reicht es nicht aus, Bewegungsbeeinträchtigungen oder Lähmungserscheinungen zu erwähnen, wenn es zu einer Querschnittslähmung kommen kann. Ebenso wenig reicht der Hinweis auf eine Sehverschlechterung aus, wenn als Folge Blindheit in Betracht kommt.

162

Kommen **Dauerschäden** in Betracht, so muss der Arzt auch dies deutlich machen. Keinesfalls darf der Eindruck erweckt werden, die Folgen seien ihrer Art nach nur vorübergehend oder behebbar. Dagegen ist es **nicht** erforderlich, dass der Arzt ausdrücklich auf ein bestehendes **Letalitätsrisiko** hinweist. Ausreichend ist vielmehr, dass der Patient über die einzelnen Komplikationsmöglichkeiten (Peritonitis, Verletzung von Nachbarorganen, Verletzung der Hauptschlagader, Thrombose) aufgeklärt wird. Aus der Erwähnung dieser Risiken ergibt sich ohne weiteres, dass mit dem Eingriff in unglücklich verlaufenden Fällen die Gefahr schwerer Gesundheitsrisiken und sogar des Todes verbunden ist.[308] Nach der Rechtsprechung muss weder über das Letalitätsrisiko als solches geschweige denn über die statistische Sterblichkeitsrate aufgeklärt werden, solange die Operation nicht verharmlost wird und alle (auch die lebensbedrohlichen Komplikationsmöglichkeiten) offenbart werden.[309] Dem ist mit der Einschränkung zuzustimmen, dass dies gilt, soweit es sich bei dem Letalitätsrisiko um eine abstrakte, eher fern liegende Möglichkeit handelt. Ist mit der Operation hingegen eine akute Lebensbedrohung verbunden und die Gefahr des Todes nahe liegend oder sogar wahrscheinlich, ist dem Patienten dies deutlich zu machen.[310] Bei einer Lokalanästhesie oder eine Allgemeinnarkose handelt es sich um eigenständige Eingriffe, die rechtswidrig sind, wenn sie nicht im Einzelfall durch eine wirksame Einwilligung des Patienten rechtfertigt sind.[311] Die Aufklärung über die Operation und die insoweit erteilte Einwilligung des Patienten beinhaltet damit **nicht** automatisch auch die Einwilligung in die Narkose. Die Anästhesie hat vielmehr im Rahmen einer selbständigen Aufklärung den Patienten über die Art und Weise der Anästhesie und die damit verbundenen Eigenrisiken aufzuklären.[312]

163

---

306 So BGH v. 14.6.1994 – NJW 1994, 3009 ff. = VersR 1994, 1235 f.
307 So ausdrücklich OLG Oldenburg v. 3.6.1987 – VersR 1988, 695.
308 So ausdrücklich OLG Nürnberg v. 29.5.2000 – MedR 2002, 29 ff. = ArztR 2001, 327 ff.
309 So ausdrücklich OLG Nürnberg v. 29.5.2000 – MedR 2002, 29 ff. = ArztR 2001, 327 ff.
310 Das OLG Nürnberg v. 29.5.2000 – MedR 2002, 29 ff. = ArztR 2001, 327 ff. hält einen Hinweis auf die Sterblichkeitsrate für entbehrlich, wenn diese statistisch unter 10 % liegt.
311 So BGH v. 12.2.1974 – NJW 1974, 1422.
312 So BGH v. 12.2.1974 – NJW 1974, 1422, 1423.

164 Sehr problematisch und bislang in Literatur und Rechtsprechung kaum diskutiert, ist die Frage, wie genau und präzise die möglichen Risiken in dem Aufklärungsgespräch bezeichnet werden müssen. Fraglich ist darüber hinaus, ob und inwieweit über weitere mögliche gesundheitliche Folgen, die sich ihrerseits aus der Verwirklichung eines Risikos ergeben können, aufgeklärt werden muss.

165 *Beispiel*
Bei einem Patienten klärt der Arzt vor einer Endoskopie über das Risiko auf, dass es zu einer Organverletzung kommen kann. Tatsächlich kommt es zu einer Darmperforation und als weitere Folge erleidet der Patient Pleuraergüsse und eine Peritonitis. Hier ist problematisch, ob der Arzt konkret auf das Risiko einer Darmverletzung hätte hinweisen müssen und dabei auch die Peritonitis und die Pleuraergüsse als Folge dieser Darmverletzung hätte erwähnen müssen. Auch dies ist wiederum eine Frage des Einzelfalles. Entscheidend ist auch hier, dass der Patient sich eine korrekte Vorstellung über die wirklichen Gefahren des Eingriffs machen kann. Wenn ein Arzt vor einer Darmuntersuchung auf das Risiko einer Organverletzung hinweist, liegt es für den Patienten auf der Hand, dass dies jedenfalls das Risiko einer Darmverletzung beinhaltet. Kann es dagegen auch zu einer Verletzung der Blase kommen, dann ist dies für den Patienten so fern liegend und so wenig erkennbar, dass der Arzt auf dieses Risiko ausdrücklich hätte hinweisen müssen.

166 Der BGH hatte in seiner Blutspendeentscheidung[313] jüngst Gelegenheit auf diese Problematik einzugehen. Er führt dort wörtlich Folgendes aus:

„Bei dieser Sachlage genügt der Hinweis ... auf ‚Schädigungen von Nerven' den oben dargelegten Anforderungen an eine ausreichende Risikoaufklärung entgegen der Ansicht der Revision nicht. Gerade angesichts der Tatsache, dass eine Nervschädigung je nach betroffenem Nerv ein breites Spektrum möglicher Folgen von einer vorübergehenden Schmerzempfindung, kurzfristigen Lähmung, Taubheitsgefühl bis hin zu chronischen, unbeherrschbaren Schmerzen oder andauernder Lähmung nach sich ziehen kann, vermittelt ein bloßer Hinweis auf ‚Nervschädigungen' dem Patienten als medizinischem Laien keine allgemeine Vorstellung von den mit dem Eingriff verbundenen Gefahren. Die Risikoaufklärung ‚im Großen und Ganzen' erfordert auch, dass der Patient allgemeinverständlich über die möglichen Folgen des Risikoeintritts aufgeklärt wird. Wie das Berufungsgericht zutreffend ausgeführt hat, war im vorliegenden Fall der bloße Hinweis auf die Möglichkeit der Beschädigung eines Nervs nicht ausreichend, weil die Gefahr bestand, dass diese irreversibel ist, chronifizierte Schmerzen zur Folge hat und damit die Lebensführung des Spenders in erheblichem Maße beeinträchtigen kann."[314]

167 In dem oben dargestellten Fall des infizierten Schultergelenkes führt der BGH dazu Folgendes aus:

„Die Aufklärung, die der Beklagte dem Patienten gegeben haben will, reichte nicht aus. Der bloße Hinweis darauf, es könne in seltenen Fällen nach der Injektion zu einer Infektion kommen, sagt über die Gefahren des Eingriffs in Wahrheit nichts aus. Mit dem Wort Infektion verbindet der Patient im Allgemeinen die Vorstellung einer vorübergehenden und alsbald zu behebenden Entzündung ohne schwerwiegende Folgen. Um die wirkliche Gefahr des Eingriffs selbst abwägen zu können gegenüber dem zu erwartenden therapeutischen Erfolg und gegenüber anderen zur Ver-

---

313 BGH v. 14.3.2006 – VI ZR 279/04, BGHZ 166, 136 ff. = NJW 2006, 2108 ff. = VersR 2006, 838 ff.
314 So BGH v. 14.3.2006 – VI ZR 279/04, BGHZ 166, 136 ff. = NJW 2006, 2108 ff. = VersR 2006, 838 ff.

fügung stehenden therapeutischen Maßnahmen, selbst unter Inkaufnahme von sonst vermeidbaren, aber subjektiv erträglichen Schmerzen, musste der Patient wissen, welche schweren Folgen die Injektion für ihn haben konnte."[315]

Weiterhin gilt, dass über eine mögliche Komplikation umso eher aufzuklären ist, je schwerwiegender ihr Eintritt für den Patienten wäre. Der BGH führt in einer Entscheidung zu einer Ohrenoperation, bei der der nervus facialis verletzt wurde und der Patient dadurch eine halbseitige Gesichtslähmung erlitt, wörtlich aus: 168

"Außerdem ist es, was das Berufungsgericht nicht genügend berücksichtigt, von besonderer Bedeutung, dass die Verletzung des nervus facialis bei einer Mittelohroperation ein zwar recht seltener, aber immerhin gerade für diese Operation typischer Zwischenfall ist, dessen Kenntnis bei einem Laien nicht vorausgesetzt werden kann. Über solche typischen, dem Patienten nicht erkennbare Risiken ist grundsätzlich auch dann aufzuklären, wenn sie sehr selten sind; dies vor allem dann, wenn ihre Folgen bei der Verwirklichung des Risikos schwerwiegend sind. Das ist bei einer Verletzung des nervus facialis der Fall, die häufig nicht reversibel ist und daher zu erheblichen Entstellungen des Gesichts führen kann."[316]

Instruktiv ist auch die Entscheidung des BGH vom 15.5.1979. In diesem Fall war es bei einem Patienten im Anschluss an eine Nierenbiopsie zu Nierenblutungen gekommen, die nicht zum Stillstand gebracht werden konnten, so dass schließlich die Niere entfernt werden musste. Der Operator hatte den Patienten zuvor darüber aufgeklärt, dass er mit einer Nadel in die Niere einstechen und ein Stück Gewebe entnehmen werde und in diesem Zusammenhang ausgeführt, dass es bei dem Eingriff zu Nierenblutungen kommen könne, die in der Regel jedoch wieder abklingen. Auf das Risiko des Verlustes der Niere hatte er den Patienten nicht hingewiesen, jedoch allgemein erklärt, „dass dieser Eingriff wie jeder Eingriff ein Risiko mit sich bringt". Der BGH führte hierzu Folgendes aus: 169

"Ein solcher allgemeiner Hinweis, der dem Patienten gegebenenfalls weitere Fragen anheim stellt, kann nach den vom Tatrichter zu würdigenden Gesamtumständen im Einzelfall genügen, wenn er auch in dieser knapper Form jedenfalls nicht empfehlenswert ist. Der allgemeine Hinweis kann vor allem dann unter Umständen hingenommen werden, wenn er sich auf ein dem Eingriff eigenes Risiko bezieht, das nach dessen Natur auch dem Laien nicht fern liegend erscheinen kann. Hier war dem Kläger der Eingriffsvorgang genau bekannt. Damit lag es nicht fern, dass ein mit hinreichendem Ernst angesprochenes Risiko sich gerade auf eine nachhaltige Schädigung des durch den Eingriff unmittelbar betroffenen Organs beziehen konnte."[317]

Danach kann auch ein allgemeiner Hinweis auf mit dem Eingriff verbundene Risiken ausreichen, ohne die jeweiligen Komplikationsmöglichkeiten im Einzelnen aufzuführen, wenn es sich um ein dem Eingriff eigenes Risiko handelt, welches auch für einen Laien seiner Art nach erkennbar ist. Diese Entscheidung erscheint mittlerweile überholt und steht im Widerspruch zu der oben dargestellten Entscheidung zu der Injektion in das Schultergelenk, bei welcher der BGH den viel konkreteren Hinweis des Arztes auf die Möglichkeit einer Infektion für unzureichend gehalten hat.[318] Der BGH differenziert 170

---

315 So BGH v. 14.2.1989 – NJW 1989, 1533 ff. = VersR 1989, 514 ff.
316 So BGH v. 22.4.1980 – NJW 1980, 1905 ff. = VersR 1981, 456 ff.
317 So BGH v. 15.5.1979 – NJW 1979, 1933 ff. = VersR 1979, 720 ff.
318 So BGH v. 14.2.1989 – NJW 1989, 1533 ff. = VersR 1989, 514 ff.

ganz entscheidend danach, wie erkennbar und wie nahe liegend das eingetretene Risiko für den Patienten ist. Über Risiken muss deshalb insbesondere dann aufgeklärt werden, wenn ihre Verwirklichung für den Laien überraschend ist.[319] Diese Abgrenzung ist dabei sehr einzelfallbezogen und kasuistisch.

171 Der Patient muss aufgrund der Aufklärung des Arztes seine Chancen richtig einschätzen können. Hierzu muss er wissen, mit welcher Wahrscheinlichkeit der geplante Eingriff fehlschlagen kann.[320] Eine ausreichende Aufklärung liegt unter diesem Gesichtspunkt dann vor, wenn der Patient zumindest eine „ungefähre Vorstellung" von der Risikohöhe bekommt.[321] Um ihm eine derartige allgemeine Vorstellung von der Schwere des Eingriffs zu geben, ist es nicht erforderlich, ihm genaue oder annähernd genaue Prozentzahlen über die Möglichkeit der Verwirklichung eines Behandlungsrisikos mitzuteilen.[322] Der Arzt darf auch unbestimmte Begriffe wie „selten", „gelegentlich" verwenden, um die Risikohöhe zu beschreiben. Allerdings liegt dann eine Aufklärungspflichtverletzung vor, wenn ein Arzt ein verhältnismäßig häufig auftretendes Operationsrisiko verharmlost und dadurch bei dem Patienten unrichtige Vorstellungen über das Ausmaß der Gefahr erweckt. Das ist etwa der Fall, wenn eine Komplikation als „selten" bezeichnet wird, die sich in bis zu 15 % aller Fälle verwirklicht.[323]

172 Bringt der Eingriff mehrere verschiedene Risiken mit sich, dann ist der Patient über jedes einzelne Risiko aufzuklären. Es reicht insbesondere nicht aus, den Patienten nur über das schwerste eingriffsspezifische Risiko aufzuklären. Die Aufklärung über das Hauptrisiko macht die Aufklärung über gegenüber dem Hauptrisiko weniger schwere Risiken in keiner Weise entbehrlich.[324] Dies gilt zum einen deshalb, weil die Gewichtung der Risiken nicht nach objektiven Maßstäben vorzunehmen ist, sondern alleine nach der subjektiven Beurteilung des Patienten. Ein objektiv weniger schweres Risiko kann deshalb einen Patienten durchaus nach seinen individuellen Maßstäben stärker belasten. Zum anderen tritt das weniger schwere Risiko möglicherweise häufiger auf als das schwerere Risiko und die zusätzliche Kenntnis des geringeren Risikos ist deshalb auch nach objektiven Kriterien geeignet, eine andere Entscheidung des Patienten herbeizuführen.[325]

173 Darüber hinaus muss ein Patient auch auf das bloße Risiko des Fehlschlagens des Eingriffs hingewiesen werden. Gerade die Möglichkeit, dass ein mit Risiken behafteter Eingriff nicht den gewünschten Erfolg bringt, ist ein Umstand, der für die Entscheidungsfindung des Patienten von entscheidender Bedeutung ist. Der Arzt muss den Patienten deshalb unmissverständlich darüber aufklären, dass mit einem Fehlschlag zu rechnen ist.[326] Besonders eindringlich muss hierüber bei kosmetischen Operationen aufgeklärt werden.[327] Der BGH meint hierzu:

> *„Je weniger ein ärztlicher Eingriff medizinisch geboten ist, umso ausführlicher und eindrücklicher ist der Patient, dem dieser Eingriff angeraten wird oder den er selbst wünscht, über dessen Erfolgsaussichten und etwaige schädliche Folgen zu informieren. Das gilt in besonderem Maße für kosmetische Operationen, die nicht, jedenfalls*

---

319 BGH v. 10.10.2006 – VI ZR 74/05, NJW 2007, 217, 218.
320 So BGH v. 8.5.1990 – NJW 1990, 2929 ff. = VersR 1990, 1010 ff.
321 BGH v. 7.4.1992 – NJW 1992, 2351 ff. = VersR 1992, 960 ff.
322 BGH v. 7.4.1992 – NJW 1992, 2351 ff. = VersR 1992, 960 ff.
323 BGH v. 7.4.1992 – NJW 1992, 2351 ff. = VersR 1992, 960 ff.
324 Siehe hierzu BGH v. 10.10.2006 – VI ZR 74/05, NJW 2007, 217, 218 f.
325 Instruktiv hierzu die Entscheidung des BGH v. 10.10.2006 – VI ZR 74/05, NJW 2007, 217, 218 f.
326 *Gehrlein*, C Rn 45.
327 *Gehrlein*, C Rn 45.

B. Die ärztliche Aufklärungspflicht § 12

nicht in erster Linie der Heilung eines körperlichen Leidens dienen, sondern eher einem psychischen und ästhetischen Bedürfnis. Der Patient muss in diesen Fällen darüber unterrichtet werden, welche Verbesserungen er günstigstenfalls erwarten kann, und ihm müssen etwaige Risiken deutlich vor Augen gestellt werden, damit er genau abwägen kann, ob er einen etwaigen Misserfolg des ihn immerhin belastenden Eingriffs und darüber hinaus sogar bleibende Entstellungen oder gesundheitliche Beeinträchtigungen in Kauf nehmen will, selbst wenn diese auch nur entfernt als eine Folge des Eingriffs in Betracht kommen. Noch weniger als sonst ist es selbstverständlich, dass er in Unkenntnis dessen, worauf er sich einlässt, dem ärztlichen Eingriff zustimmt, und es gehört andererseits zu der besonderen Verantwortung des Arztes, der eine kosmetische Operation durchführt, seinem Patienten das Für und Wider mit allen Konsequenzen vor Augen zu stellen."[328]

Besonders eindrucksvoll ergeben sich die Anforderungen an eine ordnungsgemäße Aufklärung bei kosmetischen Eingriffen aus einer aktuellen Entscheidung des OLG Hamm,[329] welches wörtlich Folgendes ausführt: **174**

„Es entspricht gefestigter Rechtsprechung, dass Patienten vor kosmetischen Operationen über die Erfolgsaussichten und Risiken des Eingriffs wie etwa bleibende gesundheitliche Beinträchtigungen besonders sorgfältig und umfassend aufzuklären sind. Dem Patienten sind bei kosmetischen Operationen etwaige Risiken deutlich vor Augen zu stellen, damit er genau abwägen kann, ob er einen etwaigen Misserfolg oder sogar bleibende gesundheitliche Beeinträchtigungen in Kauf nehmen will, selbst wenn diese auch nur entfernt als eine Folge des Eingriffs in Betracht kommen. Weil derartige Eingriffe eher einem psychischen oder ästhetischen Bedürfnis dienen, ist es noch weniger als sonst selbstverständlich, dass der Patient in Unkenntnis dessen, auf was er sich einlässt, dem ärztlichen Eingriff zustimmt, so dass es bei kosmetischen Eingriffen der besonderen Verantwortung des Arztes obliegt, ihm das Für und Wider mit allen Konsequenzen vor Augen zu stellen. An die Aufklärung eines Patienten vor kosmetischen Operationen stellt die ständige höchstrichterliche und obergerichtliche Rechtsprechung – der der Senat folgt – deshalb sehr strenge Anforderungen."

Nach Ansicht des OLG Hamm muss die Aufklärung deshalb „hinreichend drastisch und schonungslos" sein.[330] Das OLG Frankfurt verlangt bei kosmetischen Operationen, dass der Patient „umfassend und schonungslos über die Erfolgsaussichten und Risiken des Eingriffs" aufgeklärt" wird.[331] **175**

In seiner Blutspendeentscheidung[332] hat der BGH nunmehr die Rechtsprechung zur Aufklärung vor kosmetischen Operationen auf fremdnützige Eingriffe übertragen. Auch insoweit bestehe aus Sicht des Spenders keine medizinische Indikation. Wörtlich führt der BGH aus: **176**

„Hinsichtlich des Umfangs der Aufklärungspflicht kann die Situation des fremdnützigen Spenders insoweit nicht schlechter sein als diejenige eines Patienten, der sich einem rein kosmetischen Eingriff unterzieht. Für solche Fälle hat der erkennende Senat den Grundsatz aufgestellt, dass ein Patient umso ausführlicher und eindrücklicher über Erfolgsaussichten und etwaige schädliche Folgen eines ärztlichen Ein-

---

328 BGH v. 6.11.1990 – VI ZR 8/90, NJW 1991, 2349.
329 OLG Hamm v. 29.3.2006 – 3 U 263/05, VersR 2006, 1511 ff.
330 OLG Hamm v. 29.3.2006 – 3 U 263/05, VersR 2006, 1511 ff.
331 OLG Frankfurt v. 11.10.2005 – 8 U 47/04, MedR 2006, 294 ff.
332 BGH v. 14.3.2006 – VI ZR 279/04, BGHZ 166, 136 ff. = NJW 2006, 2108 ff. = VersR 2006, 838 ff.

griffs zu informieren ist, je weniger dieser medizinisch geboten ist. ... Diese Grundsätze gelten erst recht bei einer Blutspende, die dem Spender weder gesundheitliche noch sonstige Vorteile körperlicher Art bringen kann, sondern allein zugunsten der Allgemeinheit erfolgt. Auch und gerade in solchen Fällen besteht eine besondere Verantwortung des Arztes, dem Spender als seinem Patienten das Für und Wider mit allen Konsequenzen vor Augen zu stellen, damit dieser voll informiert sein Selbstbestimmungsrecht ausüben kann, ob er zum Wohle der Allgemeinheit bereit ist, auch ein – wenn auch seltenes – Risiko bleibender Schäden für seine Gesundheit auf sich zu nehmen."[333]

177 Nimmt der Arzt mehrere Eingriffe vor und tritt dadurch neben den Risiken, die mit dem einzelnen Eingriff verbunden sind, eine besondere Risikokumulation ein, so ist der Patient auch hierüber aufzuklären.[334]

178 Das Bestehen einer Aufklärungspflicht setzt stets voraus, dass das jeweilige Risiko, um das es geht, nach dem medizinischen Kenntnisstand zum Zeitpunkt der Vornahme des Eingriffs bereits bekannt war. Hierbei ist es nicht erforderlich, dass zu diesem Zeitpunkt die wissenschaftliche Diskussion bereits abgeschlossen war. Ausreichend ist vielmehr, dass es zum Zeitpunkt der Behandlung bereits ernsthafte Stimmen in der medizinischen Wissenschaft gegeben hat, die auf bestimmte, mit der Behandlung verbundene Gefahren hinweisen. Einzelne Außenseitermeinungen sind dabei unbeachtlich.[335] Aufgeklärt werden muss jedoch nur nach dem jeweiligen Stand des Wissens der betreffenden Facharztrichtung. So muss eine niedergelassene Kinderärztin nicht über wissenschaftlich diskutierte, schädliche Folgen einer Diphterieimpfung aufklären, wenn es sich hierbei um eine Spezialistendiskussion handelt.[336]

179 Allgemein kann festgestellt werden, dass für die Intensität und den Umfang der Risikoaufklärung entscheidend abzustellen ist auf
- die typische Verbundenheit des Risikos mit dem Eingriff,
- die Nichterkennbarkeit des Risikos für einen medizinischen Laien,
- die Schwere des Risikos für den Fall seiner Verwirklichung,
- die medizinische Dringlichkeit des Eingriffs und
- (insbesondere bei allgemeinen, d.h. nicht eingriffsspezifischen Risiken) die Häufigkeit des Komplikationseintritts.

180 Die dargestellten Entscheidungen lassen erkennen, dass auch im Rahmen der Risikoaufklärung stark auf die Besonderheiten des Einzelfalles abzustellen ist.[337] Der BGH hierzu wörtlich:

„Darüber hinaus folgt das Berufungsgericht bei der Feststellung der Komplikationsdichte zu Unrecht dem Gutachten der gerichtlichen Sachverständigen, die sich auf allgemeine Durchschnittswerte in Spezialkliniken, also unter optimalen Verhältnisse bezogen haben. Dabei übersieht es nämlich, worauf im Übrigen der Kläger im Rechtsstreit mehrfach hingewiesen hat, dass der Umfang der Aufklärungspflicht von den konkreten Umständen des Falles abhängt, es mithin darauf ankommt, mit wel-

---

333 So BGH v. 14.3.2006 – VI ZR 279/04, BGHZ 166, 136 ff. = NJW 2006, 2108 ff. = VersR 2006, 838 ff.
334 OLG Hamm v. 29.11.2001 – ArztR 2002, 308 f.
335 So BGH v. 21.11.1995 – NJW 1996, 776 f. = VersR 1996, 233; BGH v. 12.12.1989 – VersR 1990, 522 ff.; *Bender*, MedR 2001, 221, 222 mit dem Hinweis, dass aufgrund der vorgenannten Rspr. auch ein Hinweis auf eine Creutzfeldt-Jakob-Erkrankung bei der Gabe von Blutprodukten erforderlich ist.
336 So OLG Koblenz v. 11.2.2002 – ArztR 2003, 24.
337 BGH v. 22.4.1980 – NJW 1980, 1905 ff. = VersR 1981, 456 ff.; BGH v. 15.5.1979 – NJW 1979, 1933 ff. = VersR 1979, 720 ff.; BGH v. 4.11.1975 – NJW 1976, 363 ff.

cher Komplikationsdichte gerade in der Klinik der Erstbeklagten aufgrund des Könnens und der Erfahrung der dort tätigen und für die Operation des Klägers in Betracht kommenden Chirurgen zu rechnen war."[338]

Besonders streng sind die Anforderungen, welche die höchstrichterliche Rechtsprechung in den Fällen einer nur relativen Indikation einer Operation oder einer anderen Behandlungsmaßnahme an die erforderliche Aufklärung stellt. Das sind die Fälle, in denen die Operation aus medizinischer Sicht nicht zwingend geboten ist, aber gute Gründe für ihre Durchführung sprechen, allerdings auch ein Operationsverzicht oder zumindest ein weiteres Zuwarten möglich und medizinisch gut vertretbar ist. Der Arzt ist hier verpflichtet, den Patienten auf die nur relative Indikation hinzuweisen und die bestehenden Möglichkeiten für das weitere Vorgehen mit dem Patienten ausführlich zu besprechen.[339] Es reicht **nicht** aus, dass der Arzt nur auf die Möglichkeit des Abwartens hinweist und die Operationsrisiken zutreffend beschreibt. Der Arzt muss dem Patienten vielmehr ausführlich das Für und Wider sowohl des Eingriffs als auch des weiteren Abwartens darlegen und dem Patienten dabei auch die Risiken eines weiteren Abwartens oder eines gänzlichen Unterlassens der Operation erklären.[340] Ist die nur relativ indizierte Operation mit einem hohen Risiko des Fehlschlagens behaftet ist, muss der Arzt nicht nur sachlich richtig auf das Misserfolgsrisiko hinweisen, sondern ist sogar verpflichtet, die „Bedenken des Patienten zu wecken." Der BGH wörtlich:

181

„Allenfalls hat der Zweitbeklagte dem Kläger erklärt, er wage schlimmstenfalls den Operationsmisserfolg, nicht aber die Verschlechterung seines bisherigen Zustandes. Selbst wenn diese Auskunft aus ärztlicher Sicht sachlich zutreffend war oder mindestens verantwortet werden konnte, entsprach sie nicht den oben erwähnten Anforderungen, die an eine Aufklärung des Klägers zu stellen waren. Wenn sie in dieser Angelegenheit ohne weitere Erläuterung geäußert worden sein sollte, war sie eher eine Verschleierung des wahren Sachverhaltes. Sie musste auf einen Patienten, der die Autorität des Arztes nicht in Frage stellte und dessen Fachwissen und Verantwortungsgefühl vertraute, letztlich nur beruhigend wirken und weitere Fragen von seiner Seite als überflüssig erscheinen lassen, wo angesichts der schwierigen Entscheidung, ob sinnvoller Weise überhaupt operiert werden sollte, eher die Bedenken des Patienten hinsichtlich des zu erwartenden Erfolges und die von ihm in Kauf zu nehmenden Beschwerden zu wecken waren."[341]

Ähnlich strenge Anforderungen stellte der BGH in einem Fall, in dem die Klägerin mehr als 25 Jahre mit einer Beinverkürzung des rechten Beines gegenüber dem linken um 14 cm lebte und sich dann zu einer Verkürzungsosteotomie des linken Oberschenkels entschloss. Hierbei sollte durch Entfernung eines Knochens im linken Oberschenkel ein Ausgleich der Beinlängendifferenz erzielt werden. Die Klägerin war postopera-

182

---

338 BGH v. 22.4.1980 – NJW 1980, 1905 ff. = VersR 1981, 456 ff.
339 So BGH v. 14.1.1997 – NJW 1997, 1637 f. = VersR 1997, 451 f., bestätigend BGH v. 17.2.1998 – NJW 1998, 1784 ff. = VersR 1998, 716 ff.
340 So BGH v. 14.1.1997 – NJW 1997, 1637 f. = VersR 1997, 451 f.; BGH v. 17.2.1998 – NJW 1998, 1784 ff. = VersR 1998, 716 ff. Hier überschneidet sich die Risikoaufklärung mit der therapeutischen Sicherungsaufklärung. Die Sicherungsaufklärung gebietet unter anderem, dass der Arzt einen behandlungsunwilligen Patienten auf die damit verbundenen Folgen hinweist. Bei der Risikoaufklärung steht die Darlegung von Chancen und Risiken der Behandlung im Vordergrund und bei dieser Abwägung des Für und Wider müssen naturgemäß auch die Folgen der Krankheit ohne Behandlung zur Sprache kommen. Auch in diesem Punkt wird deutlich, wie zweifelhaft die von der herrschenden Meinung vorgenommene strenge Differenzierung zwischen Risikoaufklärung und therapeutischer Sicherungsaufklärung ist. Vgl. hierzu im Einzelnen Rn 240 ff.
341 So BGH v. 23.9.1980 – NJW 1981, 633 f. = VersR 1980, 1145 ff.

tiv stark gehbehindert und musste zahlreiche Folgeoperationen über sich ergehen lassen. Der BGH nahm eine Haftung des Operateurs wegen einer Aufklärungspflichtverletzung an und begründete dies wie folgt:

> *„Die Klägerin hatte jahrzehntelang mit ihrer Behinderung gelebt und sich auf diese eingerichtet. Der Versuch einer operativen Korrektur war von vornherein mit einem erheblichen Risiko des Misserfolgs behaftet. Ein Fehlschlag der Operation konnte schwere Komplikationen und Leiden für die Klägerin mit sich bringen, und es bestand die ernsthafte Gefahr, die sich bei der Klägerin auch verwirklicht hat, dass ihr Zustand sich im Ergebnis deutlich verschlechtern würde. Davon muss jedenfalls nach den Behauptungen der Klägerin und den Feststellungen des Berufungsgerichts aufgrund des vom Landgericht eingeholten Sachverständigengutachtens ausgegangen werden. Unter diesen Umständen genügt nicht ein allgemeiner Hinweis darauf, dass die Operation möglicherweise ‚schief gehen' könne, wie ihn der Beklagte gemacht haben soll. Um dem Patienten eine eigne Entscheidung darüber zu ermöglichen, ob er den Eingriff wagen soll, ist es in solchen Fällen vielmehr erforderlich, ihm nicht nur den technischen Ablauf der Operation zu erklären und ihn ganz allgemein auf die Gefahr eines Misslingens hinzuweisen, vielmehr bedarf es einer detaillierten, medizinischen Laien verständlichen Darlegung des Für und Wider, um sicher zu gehen, dass sich der Patient über die Erfolgschancen der geplanten Operation und über das, was er im Falle eines Fehlschlags unter Umständen auf sich nehmen muss, keine Illusionen macht."*[342]

183 Zusammenfassend kann festgestellt werden: Einer besonders intensiven und eingehenden Aufklärung über die Operationsrisiken bedarf es,
- wenn die geplante Operation nur relativ indiziert ist,
- wenn der Zustand, zu dessen Beseitigung die Operation durchgeführt werden soll, schon lange Zeit andauert und der Patient sich darauf eingerichtet hat,
- wenn ein hohes Misserfolgsrisiko besteht.

184 In diesen Fällen reicht die sachliche Information über die Risiken der Operation unter Umständen nicht aus, sondern der Arzt muss dem Patienten vielmehr auch die Möglichkeit eines Operationsverzichts vor Augen führen und ihm die Argumente gegen die Durchführung des Eingriffs darlegen.

185 Umgekehrt ist der Patient auch ausführlich und eindringlich über die Gefahren und Risiken aufzuklären, wenn er gegen den Rat des Arztes auf eine empfohlene Therapie verzichtet oder eine angefangene Therapie abbricht.[343] Der Arzt hat hier die Entscheidung aufgrund des Selbstbestimmungsrechts des Patienten zu respektieren. Gerade aber das Selbstbestimmungsrecht des Patienten erfordert, dass der Arzt dem Patienten „die mit seiner Entscheidung verbundenen Risiken eindringlich vor Augen" stellt.[344]

186 Verändert sich während einer Therapie das Verhältnis von Nutzen und Risiken der Behandlung oder treten neue Risiken hinzu, muss der Arzt auch hierüber aufklären.[345]

187 Es versteht sich von selbst, dass der Arzt eine korrekt erteilte Risikoaufklärung nicht selbst wieder relativieren und die Risiken verharmlosen darf. In der forensischen Praxis berichten Patienten bei ihrer Anhörung im Rahmen der mündlichen Verhandlung regel-

---
342 So BGH v. 24.2.1981 – NJW 1981, 1319 f. = VersR 1981, 532 f.; sehr ähnlich BGH v. 22.7.1987 – NJW 1988, 1514 ff. = VersR 1988, 493 ff.
343 *Steffen/Dressler/Pauge*, Rn 374a.
344 So BGH v. 12.11.1991 – NJW 1992, 741 ff. = VersR 1992, 237 f.
345 *Steffen/Dressler/Pauge*, Rn 374a.

mäßig davon, dass der Arzt ihnen im Anschluss an das Aufklärungsgespräch mitgeteilt habe, er habe den Patienten nur aus „rechtlichen Gründen" über diese Risiken aufklären müssen. In der Praxis kämen diese Risiken nie vor. Damit entwertet der Arzt die erteilte Aufklärung wieder und die aus dem Selbstbestimmungsrecht des Patienten resultierende Entschlussfreiheit wird unterlaufen. Auch hier kommt es wieder auf den Einzelfall an. Selbstverständlich darf der Arzt den Patienten im Rahmen des Aufklärungsgespräches darüber informieren, wie häufig eine bestimmte Komplikation in der Praxis tatsächlich eintritt („statistisch gesehen in weniger als 1 % der Fälle") oder wie oft sich bei ihm das betreffende Risiko verwirklicht hat („ich praktiziere seit 25 Jahren und ich habe dies erst einmal selbst erlebt"). Umgekehrt darf der Arzt auch die Dringlichkeit des Eingriffs nicht überzeichnen oder unzutreffend dramatisieren. Auch hierin liegt einer Verletzung der Entschließungsfreiheit des Patienten, der sich durch die unzutreffende Aufklärung davon abbringen lässt, sich seinen Entschluss gründlich zu überlegen und möglicherweise noch anderweitigen Rat einzuholen. Auch insoweit liegt dann eine Aufklärungspflichtverletzung vor.[346]

So stellt es etwa eine Verletzung der Aufklärungspflicht dar, wenn ein Arzt eine zwar notwendige, aber nicht vital indizierte Operation empfiehlt und bei einem Operationsverzicht von „höchster Lebensgefahr" spricht. Damit wird der Entscheidungsspielraum des Patienten unzulässig eingeengt und dadurch sein Selbstbestimmungsrecht verletzt. Denn angesichts einer (fälschlicherweise) prognostizierten „höchsten Lebensgefahr" „hat der Patient praktisch keine Chance mehr, sich gegen die vorgeschlagene Operation zu entscheiden."[347] Eine Verletzung der Entscheidungsfreiheit des Patienten liegt auch vor, wenn der Arzt eine von ihm gestellte unsichere Verdachtsdiagnose als gesichert darstellt.[348]

188

Aus dem Recht auf Selbstbestimmung folgt auch, dass ein Patient nicht gegen seinen Willen aus dem kommunalen Krankenhaus in die für die Behandlung kompetente Spezialklink verlegt werden darf. Verweigert der Patient seine Zustimmung zu der gebotenen Verlegung, ist er auf die damit verbundenen Konsequenzen und insbesondere das höhere Behandlungsrisiko nachdrücklich hinzuweisen. Gerade das Selbstbestimmungsrecht des Patienten erfordert hier, dass der Arzt den Patienten umfassend und nachdrücklich über die Folgen seiner verweigerten Zustimmung informiert. Unter diesem Aspekt besteht eine Aufklärungspflicht des Arztes, wie sie auch sonst in den Fällen besteht, in denen der Patient eine Empfehlung des Arztes ablehnt oder seine Zustimmung zu einer vorgeschlagenen Therapie verweigert.[349]

189

---

346 Siehe hierzu auch BGH v. 7.4.1992 – NJW 1992, 2354 ff. = VersR 1992, 747 ff.; OLG Stuttgart v. 14.4.1988 – VersR 1988, 695 ff; *Steffen/Dressler/Pauge*, Rn 398.
347 So ausdrücklich OLG Stuttgart v. 14.4.1988 – VersR 1988, 695 ff., bestätigt durch den Nichtannahmebeschluss des BGH v. 29.11.1988 – VersR 1989, 478.
348 So ausdrücklich OLG Stuttgart v. 14.4.1988 – VersR 1988, 695 ff., ausdrücklich offen gelassen in der Entscheidung des BGH v. 29.11.1988 – VersR 1989, 478. Ablehnend *Steffen/Dressler/Pauge*, Rn 401, welche die Entscheidung des OLG Stuttgart v. 14.4.1988 – VersR 1988, 695 ff. offensichtlich missverstehen.
349 Siehe etwa so BGH v. 12.11.1991 – NJW 1992, 741 ff. = VersR 1992, 237 f.; vgl. auch Rn 156 ff. Nach h.A. besteht insoweit eine Überschneidung zwischen Selbstbestimmungsaufklärung und therapeutischer Sicherungsaufklärung. Die Selbstbestimmungsaufklärung verlangt, dass der Patient umfassend über die Chancen und Risiken einer Behandlung informiert wird. Hierzu gehört auch, der Rat eine Spezialklinik aufzusuchen. Verweigert der Patient seine Mitwirkung bei einer therapeutischen Maßnahme oder einer Verlegung in eine andere Klinik gebietet es die therapeutische Sicherungsaufklärung, dass der Arzt den Patient nachdrücklich auf die daraus resultierenden Gefahren und Konsequenzen hinweist. Siehe im Einzelnen dazu Rn 240 ff.

4. Die Aufklärung über Behandlungsalternativen

190 Der Arzt muss dem Patienten grundsätzlich nicht ungefragt erläutern, welche Behandlungsmethoden theoretisch in Betracht kommen und was für oder gegen die eine oder die andere dieser Methoden spricht. Die Wahl der Behandlungsmethode ist vielmehr Sache des Arztes.[350] Solange er eine Methode anwendet, die dem medizinischen Standard entspricht, kann er die Methode wählen, die er für die geeignetste hält und in welcher er am besten geübt ist.[351] Es gilt der Grundsatz der Therapiefreiheit.[352] Allein die Vielseitigkeit und Autonomie in der Methodenauswahl gewährleistet die notwendige Weiterentwicklung ärztlicher Therapien.[353] Soweit der Arzt sich für eine bestimmte Therapiemethode entscheidet, darf er grundsätzlich davon ausgehen, dass der Patient seiner ärztlichen Entscheidung vertraut und keine eingehende sachliche Unterrichtung über spezielle medizinische Fragen erwartet.[354]

191 Abweichend von diesem Ausgangspunkt ist eine Aufklärung über eine **Behandlungsalternative** aber dann erforderlich, wenn es 1. mehrere gleichermaßen sinnvolle, medizinische indizierte Therapien gibt und 2. sich die beiden Behandlungsmöglichkeiten in ihrer Belastung für den Patienten und/oder den möglichen Risiken und Komplikationen **wesentlich** unterscheiden.[355] Die beiden Behandlungsalternativen müssen sich in der Art der Risiken oder der mit dem Eingriff verbundenen Belastungen wesentlich von einander unterscheiden oder eine Methode muss gegenüber der anderen eine wesentlich günstigere Risikoquote oder deutlich bessere Erfolgsaussicht bieten.[356] Der Patient soll eigenständig (beraten durch den Arzt) darüber entscheiden können, welche Risiken und Belastungen er unter Berücksichtigung der unterschiedlichen Erfolgsaussichten auf sich nimmt. Ist die von dem Arzt vorgeschlagene Möglichkeit hingegen in jeder Hinsicht besser, geeigneter und risikoloser als die bestehende Alternative, besteht keine Hinweispflicht auf die schlechtere Behandlungsmöglichkeit.[357]

192 In einer Grundsatzentscheidung[358] hatte der BGH über einen Fall zu entscheiden, bei dem der Patient nach einem Verkehrsunfall mit einem Oberschenkeltrümmerbruch und einem Kniescheibentrümmerbruch in ein Krankenhaus eingeliefert wurde. Zum damaligen Zeitpunkt standen sich in Deutschland zum angemessenen Richten diese Frakturen zwei verschiedenen Operationsmethoden gegenüber: Die Einrichtung und Fixierung mittels Trochanter-Nagelung auf der einen Seite und die Verplattung auf der anderen Seite. Der behandelnde Chirurg entschied sich für die Vernagelung, ohne den Patienten auf die Möglichkeit der Verplattung hinzuweisen. Beide Operationsmethoden

---

350 So die st. Rspr. Siehe hierzu etwa BGH v. 22.9.1987 – NJW 1988, 763 ff. = VersR 1988, 179, 180; so BGH v. 22.7.1987 – NJW 1988, 1514 ff. = VersR 1988, 493 ff.; OLG Karlsruhe v. 26.6.2002 – MedR 2003, 229, 230; siehe auch *Schelling/Erlinger*, Die Aufklärung über Behandlungsalternativen, MedR 2003, 331 ff.
351 So BGH v. 22.9.1987 – NJW 1988, 763 ff. = VersR 1988, 179 ff.; BGH v. 11.5.1982 – NJW 1982, 2121 ff. = VersR 1982, 771 f.; *Gehrlein*, C Rn 31; *Steffen/Dressler/Pauge*, Rn 375; *Geiß/Greiner*, C Rn 22.
352 So *Schelling/Erlinger*, MedR 2003, 331.
353 So *Schelling/Erlinger*, MedR 2003, 331.
354 So BGH v. 22.7.1987 – NJW 1988, 1514 ff. = VersR 1988, 493 ff.
355 So die st. Rspr., siehe etwa BGH v. 14.3.2006 – VI ZR 279/04, BGHZ 166, 136 ff. = NJW 2006, 2108 ff. = VersR 2006, 838 ff.; BGH v. 22.9.1987 – NJW 1988, 763 ff. = VersR 1988, 179, 180; OLG Karlsruhe v. 26.6.2002 – MedR 2003, 229, 230; *Gehrlein*, C Rn 33; *Geiß/Greiner*, C Rn 23.
356 So st. Rspr., siehe etwa BGH v. 14.3.2006 – VI ZR 279/04, BGHZ 166, 136 ff. = NJW 2006, 2108 ff. = VersR 2006, 838 ff.; *Schelling/Erlinger*, MedR 2003, 331 ff.
357 So OLG Nürnberg v. 6.11.2000 – MedR 2001, 577 , 578; *Stöhr*, MedR 2004, 156, 157.
358 Siehe so BGH v. 11.5.1982 – NJW 1982, 2121 ff. = VersR 1982, 771 f.

hatten Vor- und Nachteile und ein jeweils spezifisches Risiko des Fehlschlagens. Bei der Vernagelung bestand als mögliche Komplikation die Entstehung einer sogenannten Außendrehung. In dem vom BGH zu entscheidenden Fall verwirklichte sich dieses Risiko und der Patient erlitt eine Außendrehstellung am linken Bein, eine Beinverkürzung um 4 cm und eine Bewegungsbeeinträchtigung. Nachdem der BGH das Vorliegen eines Behandlungsfehlers abgelehnt hatte, weil beide Operationsmethoden anerkannt und gleichermaßen erfolgversprechend waren, beschäftigte er sich mit dem Vorliegen einer Aufklärungspflichtverletzung. Der BGH wörtlich:

> *„Auch andere theoretisch in Betracht kommende Operationsmethoden brauchte der Beklagte dem Kläger **nicht**[359] zu erörtern. Die Wahl der Behandlungsmethode ist primär Sache des Arztes. Er ist, sofern es mehrere, gleich erfolgversprechende und übliche Behandlungsmöglichkeiten gibt, **nicht** stets verpflichtet, dem Patienten alle medizinischen Möglichkeiten darzustellen und seine Wahl ihm gegenüber zu begründen. Das kann etwa dann geboten sein, wenn jeweils unterschiedliche Risiken für den Patienten entstehen. Ihm muss dann die Entscheidung überlassen bleiben, auf welches er sich einlassen will. Es muss ihm etwa auch überlassen bleiben, ob er eine langwierige konservative Behandlung oder einen operativen Eingriff vorzieht, wenn beides zur Wahl steht. Ist die vom Arzt vorgeschlagene Behandlungsmethode ernsthaft umstritten, ist der Patient auch darüber aufzuklären. Abgesehen davon, dass die Wahl eines riskanteren Eingriffs unter Umständen schon einen Behandlungsfehler darstellen kann, besteht in solchen Fällen eine echte Wahlmöglichkeit für den Patienten, dem dann die Entscheidung auch überlassen bleiben muss. Sonst aber darf der Arzt, wenn keine Umstände entgegenstehen, davon ausgehen, dass der Patient, der von sich aus nicht weiter nachfragt, seiner ärztlichen Entscheidung vertraut und nicht eine eingehende fachliche Unterrichtung über spezielle medizinische Fragen erwartet; diese kann er in der Regel als Nichtfachmann ohnehin nicht beurteilen, jedenfalls nicht besser als der Arzt, der ihm seine Meinung erläutert."*[360]

Im Ergebnis lehnte der BGH deshalb das Bestehen einer Aufklärungspflichtverletzung ab.

Eine aufzuklärende Behandlungsalternative hat der BGH dagegen in einem Fall bejaht, in welchem sich während einer Operation, bei welcher aus einer Oberschenkelschlagader Thromben entfernt wurden, intraoperativ die Diagnose eines thrombosierten Aneurysmas in der Kniekehlenschlagader ergab. Für die Durchführung einer Bypass-Operation sprach hier das reale Bestehen eines Amputationsrisikos für das Bein, gegen die Vornahme das Fehlen der speziellen Operationsvorbereitung und die bereits bestehende physische und psychische Vorbelastung des Patienten durch zwei soeben in Lokalanästhesie durchgeführte Operationen und die damit verbundene erhöhte Gefahr für das Leben des Patienten. Soweit nun sowohl der Abbruch der Operation als auch das Weiteroperieren als vertretbare medizinische Behandlungsalternativen bestanden haben, hätte der Patient über beide Alternativen mit ihren verschiedenen Risiken und

---

359 Die Hervorhebungen stammen nicht vom BGH, sondern vom Autor dieses Kapitels.
360 So BGH v. 11.5.1982 – NJW 1982, 2121 ff. = VersR 1982, 771 f.; ebenso etwa BGH v. 22.9.1987 – NJW 1988, 763 ff. = VersR 1988, 179 ff.

Chancen aufgeklärt werden müssen, um ihm eine eigene Entscheidung darüber zu ermöglichen.[361]

195 Ist die Operation aus medizinischer Sicht gleichwertig sowohl unter Lokalanästhesie (besonders durch Leitungsanästhesie) als auch unter Allgemeinnarkose möglich, ist der Patient auch über diese beiden Alternativen, ihre grundlegenden Unterschiede und ihre jeweils typischen und unterschiedlichen Risiken aufzuklären.[362] „Die Wahl zwischen zweierlei Gefahrengruppen, die Leben und Wohlbefinden wesentlich betreffen, darf dem Patienten nicht ohne triftige Gründe vorenthalten werden. Seine Entscheidungsfreiheit ist vielmehr selbst dann zu beachten, wenn seine Entscheidung selbst rational nicht ohne weiteres begründbar und richtig erscheint."[363]

196 Grundsätzlich stellt auch die Laparotomie gegenüber der Laparoskopie eine aufzuklärende Alternative mit gänzlich anderen Belastungen und Erfolgschancen dar. Deshalb hat der Arzt einen Patienten über beide möglichen Vorgehensweisen aufzuklären. Etwas anderes gilt nur dann, wenn eine dieser beiden Operationsmethoden im konkreten Einzelfall von vornherein die Methode der Wahl war und die von dem Arzt gewählte Methode die standardmäßige Verfahrensweise darstellt.[364]

197 Kann eine nach dem Stand der medizinischen Wissenschaft indizierte Behandlungsmaßnahme medizinisch sinnvoll sowohl ambulant als auch stationär durchgeführt werden, dann muss der Arzt den Patienten auch über das Bestehen dieser beiden Alternativen aufklären und ihm das Für und Wider beider Möglichkeiten darlegen. „Das ist schon deswegen erforderlich, um dem Patienten eine eigene Entscheidung darüber zu ermöglichen, ob er sich einem in seine körperlichen und seelischen Belange in der Regel viel tiefer einschneidenden Krankenhausaufenthalt unterziehen oder eine ambulante Behandlung vorziehen will, die für ihn mit ganz anderen Belastungen verbunden ist."[365]

198 Eine aufzuklärende Behandlungsalternative besteht stets dann, wenn eine Operation nur relativ indiziert ist und stattdessen auch der Beginn oder die Fortsetzung einer konservativen Behandlung in Betracht kommt. Der BGH hierzu wörtlich:

„Dem liegt das Gebot zugrunde, dass der Patient aufgeklärt werden muss, wenn es mehrere medizinisch indizierte und übliche Behandlungsmethoden gibt, die unterschiedliche Risiken oder Erfolgschancen haben. Dies muss auch dann gelten, wenn eine Operation durch eine konservative Behandlung vermieden werden kann oder erst nach deren erfolgloser Vorschaltung indiziert ist. Auch in einem solchen Fall besteht nämlich eine echte Wahlmöglichkeit für den Patienten, so dass dieser nach der ständigen Rechtsprechung des Senats zur Wahrung seines Selbstbestimmungsrechts durch die gebotene vollständige ärztliche Belehrung in die Lage versetzt werden muss, eigenständig zu entscheiden, auf welchem Weg die Behandlung erfolgen soll und in welchem Zeitpunkt er sich auf dieses Risiko einlassen will."[366]

---

361 So BGH v. 10.3.1987 – NJW 1987, 2291 ff. = VersR 1987, 770 ff. Der BGH kommt in diesem Fall allerdings zu dem Ergebnis, dass die Kausalität der Aufklärungspflichtverletzung zweifelhaft ist, da es sehr fraglich ist, ob der unter Lokalanästhesie stehende Patient physisch und psychisch in der Lage gewesen wäre, eine Aufklärung über das Für und Wider des weiteren ärztlichen Vorgehens zu erfassen. Der BGH hat insoweit die Sache zurück verwiesen.
362 So BGH v. 12.2.1974 – NJW 1974, 1422.
363 So BGH v. 12.2.1974 – NJW 1974, 1422.
364 OLG Koblenz v. 12.10.2006 – 5 U 456/06, VersR 2007, 111 f.
365 So BGH v. 1.2.1983 – NJW 1983, 2630 f. = VersR 1983, 443 ff.; OLG Karlsruhe v. 26.6.2002 – MedR 2003, 229, 230; AG Pforzheim v. 7.5.2002 – MedR 2003, 234.
366 So ausdrücklich BGH v. 22.2.2000 – NJW 2000, 1788 f. = VersR 2000, 766 f.

Eine konservative Behandlung in diesem Sinn liegt dabei nicht nur bei einer rein medikamentösen Therapie vor. Die Rechtsprechung versteht unter einer konservativen Therapie vielmehr auch eine im Vergleich zu der vorgeschlagenen operativen Vorgehensweise deutlich schonendere oder das Gliedmaß erhaltende Maßnahme. Dies kann auch eine weniger invasive operative Maßnahme sein.[367] So hat der Zahnarzt[368] einen Patienten darüber aufzuklären, dass neben der Extraktion des Zahnes alternativ eine zahnerhaltende Wurzelspitzenresektion in Betracht kommt[369] oder statt eines chirurgischen Vorgehens durch Wurzelspitzenresektion auch ein Aufbohren des Zahnes (Trepanation) und anschließende Wurzelkanalbehandlung.[370] Eine aufklärungsbedürftige konservative Alternative besteht auch dann, wenn der Zeitpunkt der Durchführung einer per se unvermeidbaren Operation durch eine konservative Behandlung, zeitlich noch hinaus gezögert werden kann.[371]

199

Schließlich kann als ernsthafte Alternative im konkreten Fall auch das weitere Abwarten in Betracht kommen. Auch auf diese Möglichkeit ist der Patient vom Arzt ausdrücklich hinzuweisen.[372] Dabei sind ihm das Für und Wider beider möglichen Vorgehensweisen ausführlich darzulegen. Hierbei ist der Patient nicht nur über die Risiken der Operation, sondern auch die Risiken des weiteren Abwartens ausführlich aufzuklären.[373] Es kann dahin gestellt bleiben, ob man der Rechtsprechung folgend das weitere Abwarten oder den weniger eingreifenderen Eingriff als „konservative Behandlung" bezeichnen sollte. Entscheidend ist, dass der Arzt den Patienten in jedem Fall über diese Möglichkeit unter dem Gesichtspunkt der Behandlungsalternative aufklären muss.

200

Problematisch ist dagegen der umgekehrte Fall, in dem der Arzt eine konservative Behandlung vorschlägt und zu der vorgeschlagenen konservativen Therapie als gleichwertige Behandlungsalternative die Möglichkeit der Operation besteht. Hierzu gibt es bislang kaum Rechtsprechung. Der BGH hat sich mit dieser Problematik noch nicht befasst. Nach einer Entscheidung des OLG Nürnberg[374] muss der Arzt den Patienten zwar auf die Möglichkeit einer operativen Vorgehensweise hinweisen, allerdings handele es sich insoweit nicht um eine Aufklärung im Sinne der Selbstbestimmungsaufklärung, für welche der Arzt die Beweislast trage, sondern, um eine Beratungspflicht als vertragliche Nebenpflicht, für die der Patient beweisbelastet sei.[375] Vom dogmatischen Ausgangspunkt der Aufklärung aus ist diese Argumentation folgerichtig: Ein Eingriff ist eine rechtswidrige Körperverletzung, wenn er nicht im Einzelfall durch einen Rechtfertigungsgrund gedeckt ist. Das Bestehen dieses Rechtfertigungsgrundes muss der Arzt, der sich auf sein Vorliegen beruft, beweisen. Greift der Arzt dagegen gar nicht in die körperliche Unversehrtheit des Patienten ein, sondern setzt auf die Selbstheilungskräfte des Körpers und wartet die weitere Entwicklung ab und leistet allenfalls flankierende Unterstützung (Massagen, Gehhilfe oder wie im vom OLG Nürnberg entschiedenen Fall das Anlegen eines Gilchristverbandes), dann fehlt es bereits an einem tatbestandsmäßigen Eingriff in den Körper, so dass es auf das Bestehen eines Rechtfertigungsgrun-

201

---

367 Siehe hierzu im Einzelnen *Schelling/Erlinger*, MedR 2003, 331, 332 f.
368 Zu den Aufklärungspflichten eines Zahnarztes im Einzelnen: *Stöhr*, MedR 2004, 156 ff.
369 So LG Hannover NJW 1981, 1320, 1321.
370 So OLG Koblenz v. 4.4.2000 – OLGR Koblenz 2000, 529.
371 So BGH v. 9.11.1993 – NJW 1994, 799 = VersR 1994, 682 ff.; BGH v. 7.4.1992 – NJW 1992, 2354 ff. = VersR 1992, 747 ff.; BGH v. 26.6.1990 – NJW 1990, 2829, 2830 = VersR 1990, 1238, 1239
372 So BGH v. 7.4.1992 – NJW 1992, 2354 ff. = VersR 1992, 747 ff.; BGH v. 17.2.1998 – NJW 1998, 1784 ff. = VersR 1998, 716 ff.
373 So BGH v. 14.1.1997 – NJW 1997, 1637 f. = VersR 1997, 451 f.
374 OLG Nürnberg v. 6.11.2000 – MedR 2001, 577 ff.
375 So ausdrücklich OLG Nürnberg v. 6.11.2000 – MedR 2001, 577 ff.

des aus rechtlicher Sicht überhaupt nicht ankommt. Kann es bei einer konservativen Behandlung im Vergleich zu einer operativen Vorgehensweise zu einem verzögerten Heilungsverlauf kommen, ist dies keine Folge der Therapie, sondern eine Folge der Grunderkrankung.

202 Zu einem anderen Ergebnis könnte man dann gelangen, wenn man den Schwerpunkt seiner Betrachtungsweise auf das Selbstbestimmungsrecht des Patienten legt. Der Patient soll selbstbestimmt und eigenverantwortlich darüber entscheiden, welcher Therapie er sich unterzieht. Gibt es mehrere unterschiedliche Vorgehensweisen, die aus medizinischer Sicht gleichermaßen indiziert sind, sich aber in ihren Auswirkungen grundlegend unterscheiden, ist es grundsätzlich Sache des Patienten darüber zu entscheiden, welchen Risiken er sich aussetzt. So kann ein Patient gute berufliche oder private Gründe dafür haben, sich einer im Verhältnis riskanteren Operation zu unterziehen, statt eine äußerst langwierige, wenn auch risikolose konservative Behandlung zu versuchen. Unter dem Gesichtspunkt des Selbstbestimmungsrechts spielt es für das Bestehen einer Aufklärungspflicht daher keine Rolle, ob der Arzt die konservative oder die operative Behandlungsalternative vorschlägt: Beide Fallgruppen sind gleich zu behandeln. Auch nach Auffassung des OLG Nürnberg besteht in diesem Fall indes eine Aufklärungspflicht des Arztes, nur dass der Patient bezüglich der Beweislast nicht privilegiert ist.

203 Richtiger Ansicht nach folgt aus dem Selbstbestimmungsrecht des Patienten eine Aufklärungspflicht des Arztes über das Bestehen von Behandlungsalternativen; die Beweislastumkehr zugunsten des Patienten folgt jedoch aus dem Eingriff in seine körperliche Integrität. Die Auffassung des OLG Nürnberg ist daher überzeugend: Der Arzt, der eine konservative Vorgehensweise befürwortet, muss den Patienten über die Möglichkeit einer operativen Therapie aufklären, wenn diese gleichermaßen indiziert ist. Der Patient muss die Verletzung dieser Aufklärungspflicht durch den Arzt beweisen.[376] Folge der Aufklärungspflichtverletzung ist allerdings nicht, dass der Eingriff rechtswidrig ist (denn es liegt ja gerade kein Eingriff vor), sondern dass der Arzt dem Patienten den Schaden zu ersetzen hat, der diesem daraus entstanden ist, dass er den Patienten nicht auf die Möglichkeit der Operation hingewiesen hat.

204 Daraus folgt, dass der Patient zunächst darlegen muss, dass er sich für die Operation entschieden hätte. Es reicht hier nicht aus, dass der Patient in einen ernsthaften Entscheidungskonflikt geraten wäre. Voraussetzung ist weiterhin, dass er durch die Nichtvornahme der Operation einen Schaden erlitten hat. In Betracht kommt hier etwa ein Verdienstausfall, den der Patient dadurch erlitten hat, dass er durch die gewählte konservative Behandlung seinen Beruf längere Zeit nicht ausüben konnte, als dies bei einer operativen Vorgehensweise der Fall gewesen wäre. Bietet die operative Vorgehensweise dagegen im konkreten Fall gegenüber der konservativen Vorgehensweise auch bezüglich des Heilungsverlaufs und der Heilungschancen keinerlei Vorteile, sondern bringt nur zusätzliche Risiken mit sich, dann fehlt es sowohl an einem Schaden als auch an einer Verletzung einer Aufklärungspflicht. In einem solchen Fall ist der Arzt nämlich schon gar nicht verpflichtet, den Patient auf die Möglichkeit der Operation hinzuweisen.[377] In einer neuen Entscheidung hat sich dem auch das OLG Naumburg angeschlossen.[378]

> „Ist die Behandlung einer ... mit mehreren medizinisch gleichermaßen indizierten Methoden konservativ und operativ möglich, ist aber die konservative Behandlung

---

376 Ebenso *Schelling/Erlinger*, MedR 2003, 331, 332 f.
377 So auch OLG Nürnberg v. 6.11.2000 – MedR 2001, 577, 578.
378 OLG Naumburg v. 6.6.2005 – 1 U 7/05, VersR 2006, 979.

weitaus üblicher und hat sie gleiche oder zumindest nahezu gleiche Erfolgschancen, so stellt die Möglichkeit einer operativen Therapie für den Patienten keine Alternative dar, über die er vernünftiger Weise mitentscheiden muss."[379]

Das OLG Oldenburg hat entschieden, dass die Möglichkeit einer Arthrodese gegenüber der Implantation eines künstlichen Kniegelenkes im Wege der Endoprothese keine aufzuklärende Behandlungsalternative darstellt.[380] Zwar sei sowohl die Implantation einer Endoprothese als auch die Arthrodese geeignet, um den Schmerzen des Patienten abzuhelfen. Während die Arthrodese aber mit einer völligen Einsteifung des Gelenks verbunden sei, könne mit Hilfe einer Endoprothese die Beweglichkeit des Gelenks sogar verbessert werden. Die Beseitigung der Schmerzen erfolge zudem durch eine Arthrodese nicht sicherer als durch eine Endoprothese.[381]

Zu betonen ist noch Folgendes: Die Aufklärungspflicht wird **nicht** dadurch eingeschränkt, dass in der Praxis des betreffenden niedergelassenen Arztes oder in dem fraglichen Krankenhaus die Behandlungsalternative aus organisatorischen oder personellen Gründen oder wegen fehlender Ausstattung oder fehlendem Know-how nicht durchgeführt werden kann. Es kommt auf das grundsätzliche Bestehen der Alternative an. Die konkreten Möglichkeiten des betreffenden Arztes oder Krankenhauses sind unbeachtlich. Der BGH meint hierzu wörtlich:

„Wenn sich der Beklagte wirklich durch die besonderen Verhältnisse im Krankenhaus und die Einseitigkeit seiner eigenen praktischen Erfahrung an der Anwendung der Narkose gehindert sah, hatte er umso mehr Anlass, den Kläger hiervon zu unterrichten, wobei es ihm natürlich freistand, ihn von etwaigen Vorzügen der von ihm vorgeschlagenen Methode zu überzeugen. Indem er dies nicht tat, hinderte er den Kläger an der eigenen Entscheidung darüber, ob er sich überzeugen lassen oder die ohne weiteres mögliche Überweisung in ein mit Narkose arbeitendes Krankenhaus bevorzugen wollte."[382]

Da die Aufklärung über Behandlungsalternativen kein Selbstzweck ist, sondern dem Patienten eine selbstbestimmte Entscheidung darüber ermöglichen soll, welche Risiken er auf sich nehmen will, scheidet eine Aufklärungspflicht über eine Behandlungsalternative dann aus, wenn im konkreten Einzelfall die Durchführung der alternativen Therapiemöglichkeit aus welchen Gründen auch immer **tatsächlich** ausgeschlossen ist, etwa weil eine Verlegung des Patienten wegen der besonderen Dringlichkeit nicht in Betracht kommt.

Es gelten also folgende Grundsätze:
- Die Wahl der Behandlungsmethode ist Sache des Arztes.
- Ausnahmsweise hat eine Aufklärung des Patienten über die verschiedenen Behandlungsmöglichkeiten dann zu erfolgen
  - wenn die vom Arzt vorgeschlagene Methode ernsthaft umstritten ist oder
  - wenn zu der vom Arzt vorgeschlagenen Methode eine **gleichwertige** alternative Behandlungsmethode mit **wesentlich** anderen Risiken oder einer deutlich anderen Risikoquote und/oder Erfolgsquote für den Patienten existiert. Der BGH nennt exemplarisch hier die Möglichkeit einer konservativen Vorgehensweise gegenüber einer Operation.[383]

---

379 OLG Naumburg v. 6.6.2005 – 1 U 7/05, VersR 2006, 979.
380 OLG Oldenburg v. 30.3.2005 – 5 U 66/03, VersR 2006, 517 f.
381 OLG Oldenburg v. 30.3.2005 – 5 U 66/03, VersR 2006, 517 f.
382 So BGH v. 12.2.1974 – NJW 1974, 1422, 1423.
383 Siehe etwa BGH v. 22.2.2000 – NJW 2000, 1788 f. = VersR 2000, 766 f.

209 Den Fällen zweier gleichwertiger Behandlungsmethoden mit unterschiedlichen Risiken, über die aufzuklären ist, stellt die höchstrichterliche Rechtsprechung die vaginale Entbindung einerseits und die Schnittentbindung andererseits gleich, wenn aus medizinischer Sicht die Schnittentbindung als ernsthafte Alternative zur vaginalen Entbindung in Betracht kommt. In diesen Fällen verlangt es das Selbstbestimmungsrecht der Schwangeren, dass diese über das Für und Wider beider Möglichkeiten sorgfältig aufgeklärt wird.

210 Der Entscheidung des BGH vom 12.11.1991 lag folgender Fall zugrunde: Bei der Klägerin bestand wegen Übergewichts und eines übergroßen Kindes eine erkennbare Risikogeburt, so dass eine Schnittentbindung indiziert war. Gleichwohl führten die Ärzte eine vaginale Entbindung durch, da die Klägerin in einen Kaiserschnitt nicht einwilligte. Der BGH betont, dass gegen den Willen der Patientin eine Schnittentbindung nicht durchgeführt werden kann. Allerdings meint der BGH Folgendes:

> *„Gerade weil die vaginale Geburt im Streitfall mit besonderen Risiken verbunden war, schuldete der Behandlung vor ihrer Durchführung der Erstklägerin zur Ausübung ihres Selbstbestimmungsrechts eine sorgfältige Beratung über die unterschiedlichen Verläufe und Risiken der vaginalen und der Schnittentbindung. Wenn es, wie der Beklagte behauptet, an der Entscheidung der Erstklägerin gelegen haben sollte, dass entgegen medizinischer Vernunft auf eine Schnittentbindung verzichte wurde, so war die Belastung der Gesundheit von Mutter und Kind mit den besonders hohen Gefahren dieses Verzichts nur gerechtfertigt, wenn der Erstklägerin die mit ihrer Entscheidung verbundenen Risiken eindringlich vor Augen gestellt wurden."*[384]

211 Genau umgekehrt verhielt sich der Sachverhalt, welcher der Entscheidung des BGH vom 6.12.1988 zugrunde lag. Die Klägerin stand hier vor der Niederkunft eines Kindes, welches sich in Beckenendlage befand. Aus diesem Grund sollte im Einverständnis mit der Klägerin eine Schnittentbindung durchgeführt werden. Dies war mit dem Chefarzt so abgestimmt. Zum Zeitpunkt der Geburt war der Chefarzt indes abwesend und die zuständige Oberärztin lehnte eine Schnittentbindung ab, so dass das Kind vaginal entbunden wurde. Der BGH hält auch in dieser Konstellation das Selbstbestimmungsrecht der Patientin für verletzt. Der BGH wörtlich:

> *„Die Abwicklung der Geburt auf vaginalem Weg bedurfte unter den hier gegebenen Umständen, nämlich angesichts der Beckenendlage des Kindes sowie der Anamnese der Mutter und ihrer bereits eingeholten Zustimmung zur Schnittentbindung, der Einwilligung der Klägerin. Lag eine solche nicht vor, war die Verletzung des Kindes als Folge des dann eigenmächtigen Verhaltens der Zweitbeklagten rechtswidrig. Allerdings ist die Entscheidung über das ärztliche Vorgehen primär Sache des Arztes selbst. Der geburtsleitende Arzt braucht daher in einer normalen Entbindungssituation ohne besondere Veranlassung nicht etwa die Möglichkeit einer Schnittentbindung zur Sprache zu bringen. Vielmehr kann er, wenn er in einer solchen Lage das Kind auf vaginalem Weg zur Welt kommen lässt und dabei keine Fehler macht, auch von Seiten des Kindes schadensersatzrechtlich nicht zur Verantwortung gezogen werden. Anders liegt es jedoch, wenn für den Fall, dass die Geburt vaginal erfolgt, für das Kind ernstzunehmende Gefahren drohen, daher im Interesse des Kindes gewichtige Gründe für eine Kaiserschnittentbindung sprechen und diese unter Berücksichtigung auch der Konstitution und der Befindlichkeit der Mutter in der konkreten*

---

384 So BGH v. 12.11.1991 – NJW 1992, 741 ff. = VersR 1992, 237 f.

Situation eine medizinisch verantwortbare Alternative darstellt. In einer solchen Lage darf sich der Arzt nicht eigenmächtig für eine vaginale Geburt entscheiden. Vielmehr muss er die Mutter über die für sie und das Kind bestehenden Risiken aufklären und sich ihrer Einwilligung für die Art der Entbindung versichern. Es verhält sich dann ebenso wie für den Fall, dass für die Behandlung einer Krankheit medizinisch gleichermaßen in Betracht kommende Behandlungsmethoden mit unterschiedlichen Risiken und Erfolgschancen zur Wahl stehen. Auch hier muss nach der Rechtsprechung des Senats dem Patienten durch vollständige ärztliche Aufklärung und Belehrung die Entscheidung darüber überlassen bleiben, auf welchem Wege die Behandlung erfolgen soll und auf welches Risiko er sich einlassen will. Andernfalls ist das Vorgehen des Arztes, dem die Schädigung, die der Patient erleidet, zuzurechnen ist, mangels wirksamer Einwilligung rechtswidrig. Diese Grundsätze sind auf eine Situation, in der sich wegen bei einer Vaginalentbindung drohender Gefahren für das Kind ernstlich die Frage der Schnittentbindung stellt, mit der Maßgabe übertragbar, dass der Arzt der Einwilligung der Mutter bedarf, wenn die Geburt vaginal erfolgen soll.[385]

Ein weiteres Beispiel für eine aufzuklärende Behandlungsalternative: Der Arzt hat im Rahmen der Selbstbestimmungsaufklärung darüber aufzuklären, dass bei der Operation unter Umständen ein Blutverlust auftreten kann, der die Verabreichung von Blutkonserven erforderlich macht. In diesem Zusammenhang muss der Arzt auch über das damit verbundene Infektionsrisiko (HIV, Hepatitis) aufklären. Gleichzeitig hat er den Patienten auch darüber aufzuklären, dass die Möglichkeit der Eigenblutspende besteht, um dieses Infektionsrisiko zu vermeiden.[386] Die Eigenblutspende ist insoweit gegenüber der Transfusion von fremdem Spenderblut der sicherere und risikoärmere Weg der Blutübertragung und insoweit wünschenswert und eine aufklärungsbedürftige Behandlungsalternative.[387]

212

Zuletzt soll als besonders eindrucksvolles Beispiel für das Ausmaß der Pflicht zur Aufklärung über alternative Behandlungsmethoden noch auf eine aktuelle höchstrichterliche Entscheidung hingewiesen werden. Der BGH[388] hatte dabei über einen Fall zu entscheiden, dem folgender Sachverhalt zugrunde lag: Der beklagte Gynäkologe stellte anlässlich einer Krebsvorsorgeuntersuchung durch einen Abstrich eine Präkanzerose an der Gebärmutter der Klägerin fest. Es bestand nun zunächst die Indikation für einen weiteren diagnostischen Eingriff, nämlich die sog. Konisation. Dabei handelt es sich um eine Methode, bei welcher unter einer leichten Narkose eine Gewebeprobe für eine histologische Untersuchung entnommen wird. Erst dann, wenn dieser Befund den Krebsverdacht bestätigt hätte, hätte die absolute Indikation zu einer Gebärmutterentfernung (Hysterektomie) bestanden. Die Konisation war eindeutig die Methode der Wahl und die sofortige Durchführung der Hysterektomie nur vertretbar, um der Klägerin eine weitere Operation zu ersparen. Der Beklagte hat der Klägerin beide Alternativen dargestellt und ihr die sofortige Durchführung der Hysterektomie dringend empfohlen. Die Klägerin entschied sich aufgrund der Empfehlung des Beklagten für die Hysterektomie. Als postoperative Komplikation des Eingriffs erlitt sie einen Schlaganfall und ist seitdem halbseitig gelähmt. Die histologische Untersuchung der Gebärmutter ergab

213

---

385 So BGH v. 6.12.1988 – NJW 1989, 1538 ff. = VersR 1989, 253.
386 BGH v.17.12.1991 – NJW 1992, 743 ff. = VersR 1992, 314 ff.; OLG Köln v. 17.2.1997 – VersR 1997, 1534 ff.
387 So BGH v. 17.12.1991 – NJW 1992, 743 ff. = VersR 1992, 314 ff.
388 Siehe BGH v. 18.3.2003 – MedR 2003, 685 f.

das Vorliegen eines Plattenepithelkarzinoms. Die Klägerin rügt eine Aufklärungspflichtverletzung. Der BGH führte hierzu Folgendes aus:

> *„Der Beklagte hat danach die Klägerin auf die Alternativen Konisation und Hysterektomie hingewiesen und ihr empfohlen, sich die Gebärmutter bis spätestens Herbst 1995 entfernen zu lassen. Selbst wenn aufgrund der persönlichen Situation und der gesundheitlichen Verfassung der Klägerin möglicherweise eine Hysterektomie auch schon zum Zeitpunkt der Operation in Betracht gezogen werden konnte, hätte der Beklagte jedenfalls darauf hinweisen müssen, dass die Hysterektomie nicht die Methode der Wahl sei, sondern zuerst der Befund durch eine Konisation abzuklären sei. War die Hysterektomie nur vertretbar, um der Klägerin eine weitere Operation zu ersparen, hätte sie in Wahrung ihres Selbstbestimmungsrechts darüber aufgeklärt werden müssen, dass und mit welchem Risiko ein Aufschieben oder gänzliches Unterlassen des Eingriffs verbunden ist. Indem der Beklagte der Klägerin zwar die Konisation und die Hysterektomie als Alternativen dargestellt hat, zu letzterem Eingriff aber geraten und dabei Herbst 1995 als zeitlichen Rahmen genannt hat, hat er erkennbar den Kern der gebotenen Aufklärung verfehlt und insbesondere die Klägerin darüber im Unklaren gelassen, dass diese Operation nach dem vorliegenden Befund aus medizinischer Sicht nicht zwingend durchgeführt werden musste. Entgegen der Auffassung des Berufungsgerichts wird dieser Mangel der Aufklärung auch nicht dadurch beseitigt, dass die Empfehlung zur Entfernung der Gebärmutter durch den nachoperativen histologischen Befund bestätigt wurde. Selbst bei einem aus ärztlicher Sicht sinnvollen Eingriff bleibt es stets dem Patienten überlassen, ob er sich für ihn entscheidet und ihm zustimmt. Ergeben – wie im Streitfall – nachträgliche Befunde eine Indikation für den Eingriff, rechtfertigt dieser Umstand regelmäßig nicht einen medizinischen Eingriff, der ohne wirksame Einwilligung vorgenommen wurde und deshalb rechtswidrig ist. Dies verbietet die Wahrung der persönlichen Entscheidungsfreiheit des Patienten, die nicht durch das, was aus ärztlicher Sicht oder objektiv erforderlich und sinnvoll wäre, begrenzt werden darf."*[389]

5. Die Hinweispflicht auf weitere diagnostische und therapeutische Möglichkeiten

214   Ergeben die ersten Befunde oder die Anamnese den Verdacht auf das Vorliegen einer Erkrankung, hat der Arzt eine Diagnose zu stellen. Sind zur Diagnosestellung aus medizinischer Sicht weitere diagnostische Maßnahmen erforderlich, bevor eine geeignete Therapie ausgewählt und durchgeführt werden kann, muss der Arzt diese Diagnosemaßnahme durchführen. Maßgebend dafür, welche diagnostischen Maßnahmen der Arzt durchzuführen hat, ist der medizinische Standard. Das Unterlassen diagnostischer Maßnahmen, deren Durchführung der medizinische Standard gebietet, stellt einen Behandlungsfehler dar. Was ist aber, wenn es weitere diagnostische Erkenntnismöglichkeiten gibt, die nicht zum medizinischen Standard gehören? Muss der Arzt auf das Bestehen dieser Möglichkeiten hinweisen? Haftet der Arzt unter dem Gesichtspunkt der Aufklärungspflichtverletzung, wenn es weitere geeignete diagnostische Maßnahmen gibt, die nicht zum medizinischen Standard gehören und der Arzt diese Diagnosemaßnahmen weder durchführt noch auf sie hinweist?

---

[389] So wörtlich BGH v. 18.3.2003 – MedR 2003, 685 f.

B. Die ärztliche Aufklärungspflicht §12

Beispiel 215

Beispiel 1: Eine Patientin sucht ihren Gynäkologen auf, um eine Krebsvorsorgeuntersuchung durchführen zu lassen. Der Arzt untersucht die Brust palpatorisch und stellt keine Auffälligkeiten fest. Nach den entsprechenden Leitlinien und dem medizinischen Standard ist in diesem Fall weder eine Sonographie noch eine Mammographie zwingend geboten. Muss der Gynäkologe auf das Bestehen dieser weiteren Erkenntnismöglichkeiten hinweisen? Hat die Patientin Ansprüche gegen den Arzt, wenn sich später herausstellt, dass trotz unauffälligem palpatorischen Befund ein Mammakarzinom bestand, welches bei einer Sonographie hätte erkannt werden können?

Beispiel 2: Ein beim Fußball Spielen verunfallter Patient sucht mit starken Schmerzen im Bein die chirurgische Ambulanz des Krankenhauses auf. Dort werden eine palpatorische Untersuchung sowie eine zweischichtige Röntgenaufnahme durchgeführt. Knöcherne Verletzungen sind nicht feststellbar und der Arzt stellt die Diagnose einer Sprunggelenksdistorsion. Auf die Möglichkeit einer Kernspintomographie oder von Quartettaufnahmen weist der Arzt nicht hin. Diese gehören auch nicht zum medizinischen Standard und sind nicht zwingend indiziert. Später stellt sich heraus, dass der Patient unter einer Sprunggelenksfraktur litt, die bei einer Kernspintomographie erkennbar gewesen wäre.

Hier gilt Folgendes: Der Arzt hat den medizinischen Standard einzuhalten. Das bedeutet, der Arzt haftet, wenn er den medizinischen Standard unterschreitet. Es bedeutet umgekehrt aber auch, dass der Arzt nicht haftet, wenn er den medizinischen Standard einhält. Jede über den medizinischen Standard hinausgehende Maßnahme wäre überobligationsmäßig. Die Frage, ob und welche Maßnahmen ein Arzt ergreifen muss, bestimmen sich allein nach dem medizinischen Standard (der unterschiedlich sein kann, je nachdem, ob es sich um einen Allgemeinmediziner, einen spezialisierteren Facharzt, ein Krankenhaus der Allgemeinversorgung oder eine Universitätsklinik handelt). Hält der Arzt den geschuldeten Standard ein, liegt kein Behandlungsfehler vor. Dies gilt auch dann, wenn ein anderer überdurchschnittlich sorgfältiger Arzt an seiner Stelle eine weitere Diagnostik veranlasst hätte.[390] 216

Diese Haftungsbegrenzung kann grundsätzlich nicht dadurch umgangen werden, dass der Arzt verpflichtet wird, auf nicht geschuldete (weil über den Standard hinaus gehende) Maßnahmen hinzuweisen, so dass er im Falle eines fehlenden Hinweises unter dem rechtlichen Gesichtspunkt der Aufklärungspflichtverletzung haftet. Der Schwerpunkt liegt hier eindeutig auf der Frage, welche medizinischen Maßnahmen ein Arzt ergreifen muss und damit auf der Frage des Behandlungsfehlers und eben gerade nicht auf dem Gebiet der Aufklärungspflichtverletzung. Ist eine Diagnosemaßnahme deshalb nach dem ärztlichen Standard nicht geboten, muss der Patient auch nicht über die Existenz und die Möglichkeit weiterer Diagnostik aufgeklärt werden.[391] Im Beispiel 2 haftet der Arzt deshalb nicht unter dem Gesichtspunkt der Aufklärungspflichtverletzung. Bei der Beurteilung des ersten Beispielsfalls bedarf es dagegen einer differenzierteren Betrachtung. Anders als im zweiten Fall geht es hier nicht um die Behandlung einer bestimmten Erkrankung, sondern die Patientin suchte den Gynäkologen lediglich vorsorglich auf, um bestimmte Risiken auszuschließen. Hier muss der Arzt das Sicherheitsbedürfnis des Patienten ermitteln und klarmachen, welche Sicherheit mit der von ihm ergriffenen Maßnahme erreichbar ist und welche weiteren Maßnahmen es gibt, um einen höhe- 217

---

390 So OLG Nürnberg v. 6.11.2000 – ArztR 2002, 78.
391 So OLG Nürnberg v. 6.11.2000 – ArztR 2002, 78.

ren Grad der Sicherheit zu erreichen. In der höchstrichterlichen Rechtsprechung ist diese Fallkonstellation bislang soweit ersichtlich noch nicht entschieden. Einigen Entscheidungen lässt sich jedoch eine Tendenz im Hinblick auf eine derartige Beratungspflicht des Arztes entnehmen:

218 In einem vom BGH entschiedenen Fall[392] wurde bei einer Patientin anlässlich einer Probeexzision in der linken Brust an drei Stellen ein carcinoma in situ festgestellt. Die halbjährlich durchgeführten Kontrolluntersuchungen ergaben keine Anzeichen für eine Malignität. 1983 wurde eine neu aufgetretene Zyste festgestellt und der behandelnde Gynäkologe hielt deren histologische Abklärung für erforderlich. Es wurde Probeexzision durchgeführt. Die Patientin und Klägerin behauptet, dass zwischen dem Arzt und ihr vereinbart war, dass ein Schnellschnitt durchgeführt wird und je nach dem Ausgang der histologischen Untersuchung dann eine subkutane Mastektomie. Tatsächlich wurde die subkutane Mastektomie jedoch ohne Schnellschnittuntersuchung durchgeführt. Der BGH führt in den Entscheidungsgründen aus, dass die Operation aus medizinischer Sicht relativ indiziert war. Als weitere Möglichkeit bestand jedoch auch ein Abwarten bei engmaschiger Kontrolle. Nach Auffassung des BGH erfordert es das Selbstbestimmungsrecht des Patienten, dass dieser auch darauf hingewiesen wird, dass und mit welchem Risiko ein Aufschieben oder gänzliches Unterlassen der Operation möglich ist. Bei einer (nur) relativen Indikation hängen die zu ergreifenden Maßnahmen von dem Sicherheitsbedürfnis der Patientin ab.[393] Für die rechtliche Bewertung ist nach dem BGH allein das Sicherheitsbedürfnis des Patienten ausschlaggebend.

219 Der Arzt muss im ersten Beispielsfall somit das Sicherheitsbedürfnis der Patientin ermitteln und bei bestehender Krebsangst auf die Begrenztheit der Erkenntnismöglichkeiten einer palpatorischen Untersuchung hinweisen und die Möglichkeit der Sonographie bzw. der Mammographie mit weiteren Erkenntnismöglichkeiten vorstellen.

6. Die Aufklärung bei und über Neulandmethoden und Maßnahmen in der klinischen Erprobung

220 Unter dem Gesichtspunkt der Aufklärung sind im Zusammenhang mit Neulandmethoden zwei unterschiedliche Fragestellungen relevant:

1. Welche Anforderungen sind an eine ordnungsgemäße Aufklärung zu stellen, wenn der Arzt beabsichtigt, eine Neulandmethode anzuwenden?

2. Muss ein Arzt, der ein Standardverfahren anwenden will, auch auf eine alternative Behandlungsmethode hinweisen, wenn sich diese noch in der Erprobung befindet?

1. Die Aufklärung vor der Anwendung eines Neulandverfahrens: Der Arzt hat sorgfältig darüber aufzuklären, dass die von ihm gewählte Methode sich noch in der Erprobung befindet und Langzeiterfahrungen fehlen.[394] Er muss einen Patienten umso eindringlicher und umfassender aufklären, je weniger erprobt und neuartiger eine Behandlungsmethode ist.[395]

2. Die Aufklärung vor der Anwendung eines Standardverfahrens, wenn es einer alternative, noch in der Erprobung befindliche Neulandmethode gibt: Nach der

---

[392] BGH v. 17.2.1998 – NJW 1998, 1784 ff. = VersR 1998, 716 ff.
[393] So BGH v. 14.1.1997 – NJW 1997, 1637 f. = VersR 1997, 451; BGH v. 17.2.1998 – NJW 1998, 1784 ff. = VersR 1998, 716 ff.
[394] *Gehrlein*, C Rn 39; *Steffen/Dressler/Pauge*, Rn 171.
[395] So *Wendt*, S. 99 f.; *Grupp*, MedR 1992, 256, 259 f.

herrschenden Meinung muss der Arzt **nicht** auf alternative Behandlungsmethoden hinweisen. die sich noch in der Erprobung oder der Einführungsphase befinden und die (noch) nicht zum medizinischen Standard gehören.[396] Dies gilt selbst dann, wenn die neuartige Methode nach den bisher gesammelten Erfahrungen mit geringeren Risiken verbunden ist und höhere Erfolgsaussichten bietet als die Standardmethode.[397]

Das OLG Nürnberg hat anlässlich eines Urteils zu einer schweren Bauchspeicheldrüsenoperation, bei welcher der Patient verstorben ist, Folgendes ausgeführt:

> *„Auf die Duodenum erhaltende Pankreaskopfresektion musste nicht hingewiesen werden. Zwar handelte es sich dabei um eine weniger große Operation mit geringerem operativem Risiko und wäre heute wohl das eher gewählte Verfahren. Im Jahr 1996 war diese Operationsmethode in ihrer Bedeutung allerdings noch nicht ausreichend untersucht, als dass sie als Standardverfahren von allen Autoren empfohlen wurde. An deutschen Kliniken war sie zu diesem Zeitpunkt noch nicht das Verfahren der Wahl. ... Im vorliegenden Fall geht es um die Frage, ob der Patient auf ein Operationsverfahren, welches nicht ausreichend untersucht und deshalb an deutschen Kliniken nicht das Verfahren der Wahl war, hätte hingewiesen werden müssen, wenn andererseits die in Betracht kommende Operationsmethode (Whipple) das an deutschen Kliniken praktizierte Verfahren war. Der Senat vertritt die Auffassung, dass in diesem Fall über die Duodenum erhaltende Pankreaskopfresektion nicht aufgeklärt werden musste."*[398]

Stellungnahme: Die Frage, ob bei der Anwendung einer Standardmethode über alternative, noch in der Erprobung befindliche Neulandmethoden aufgeklärt werden muss, wird in der Rechtsprechung abweichend beantwortet von der Frage, ob über Risiken aufgeklärt werden muss, die zwar in der medizinischen Literatur diskutiert werden, allerdings noch umstritten sind. Für das Bestehen einer Aufklärungspflicht über derartige, noch umstrittene Risiken reicht es nach der Rechtsprechung aus, dass das jeweilige Risiko, um das es geht, nach dem medizinischen Kenntnisstand zum Zeitpunkt der Vornahme des Eingriffs bereits bekannt war. Hierbei ist es nicht erforderlich, dass zu diesem Zeitpunkt die wissenschaftliche Diskussion bereits abgeschlossen war. Ausreichend ist vielmehr, dass es zum Zeitpunkt der Behandlung bereits ernsthafte Stimmen in der medizinischen Wissenschaft gegeben hat, die auf bestimmte, mit der Behandlung verbundene Gefahren hingewiesen haben.[399] Unter dem Gesichtspunkt der Patientenautonomie ist nicht ersichtlich, warum beide Fragen von der Rechtsprechung unterschiedlich beantwortet werden.

Soweit in der medizinischen Literatur neue Operationsmethoden ernsthaft diskutiert und in der Praxis versucht werden, die sich in Bezug auf die damit verbundenen Risiken wesentlich von den Standardmethoden unterscheiden, ist der Patient auf diese Möglichkeit hinzuweisen. Es obliegt dem Selbstbestimmungsrecht des Patienten, zu entscheiden, ob er sich für die Aussicht eines weniger eingreifenderen Eingriffs im Gegenzug dem ganz anders gelagerten Risiko einer noch nicht ausgereiften und noch nicht abschließend untersuchten Operationsmethode aussetzen will oder nicht. Um eine selbstbestimmte Interessenabwägung vornehmen zu können, muss der Patient jedoch zunächst einmal über das Bestehen dieser alternativen Behandlungsmöglichkeit auf-

---

396 *Geiß/Greiner*, C Rn 23; *Steffen/Dressler/Pauge*, Rn 171, 172.
397 So ausdrücklich OLG Nürnberg v. 29.5.2000 – MedR 2002, 29 ff. = ArztR 2001, 327 ff.
398 So ausdrücklich OLG Nürnberg v. 29.5.2000 – MedR 2002, 29 ff. = ArztR 2001, 327 ff.
399 So BGH v. 21.11.1995 – NJW 1996, 776 f. = VersR 1996, 233; BGH v. 12.12.1989 – VersR 1990, 522 ff.

geklärt werden.⁴⁰⁰ Entscheidend für die Frage, ob eine Aufklärungspflicht besteht, ist dabei, dass es sich bei diesem neuartigen Verfahren um eine in der medizinischen Literatur ernsthaft diskutierte Methode handelt, von der zu erwarten ist, dass sie sich über kurz oder lang zu einer Standardmethode entwickeln wird und dass sie sich in ihren Risiken wesentlich von der (derzeitigen) Standardmethode unterscheidet. Auf Außenseitermethoden muss der Patient indessen nicht hingewiesen werden.

224 Noch weitergehender ist die Aufklärungspflicht, wenn der Patient an einer bislang unheilbaren Krankheit leidet. Anders als im Fall des OLG Nürnberg vom 29.5.2000⁴⁰¹ gibt es hier keine bewährte Standardmethode, mit welcher der Patient behandelt wird. Er hat ein vitales Bedürfnis an neuen Behandlungsmöglichkeiten und ist in besonderem Maße darauf angewiesen, über jede medizinische Neuerung, die ihm eine Heilung bieten kann, aufgeklärt zu werden. Der Arzt muss deshalb auf jede neue Behandlungsmöglichkeit hinweisen, die in der medizinischen Wissenschaft diskutiert wird und die möglicherweise eine begründete Heilungschance bietet.⁴⁰²

7. Die wirtschaftliche Aufklärung

225 Nicht zum Selbstbestimmungsrecht des Patienten gehört das Erfordernis der so genannten wirtschaftlichen Aufklärung. Es handelt sich hierbei vielmehr um eine unselbständige Nebenpflicht aus dem Behandlungsvertrag. Durch das Gebot der wirtschaftlichen Aufklärung wird der Patient vor finanziellen Überraschungen geschützt. Danach muss der Arzt den Patienten vor Beginn einer Behandlung darauf hinweisen, wenn die Behandlungsmaßnahme nicht von der Krankenkasse des Patienten übernommen wird. Damit kommt es nicht darauf an, ob die ablehnende Praxis des Krankenversicherers berechtigt oder unberechtigt ist. Bereits die dem Arzt bekannte Nichtanerkennungspraxis des Krankenversicherers begründet eine entsprechende Aufklärungspflicht des Arztes.⁴⁰³ Verletzt der Arzt die wirtschaftliche Aufklärungspflicht hat der Patient einen Anspruch auf Befreiung von den anfallenden Kosten.⁴⁰⁴

226 Der BGH betont in ständiger Rechtsprechung, dass es für den Arzt auf der Hand liegt, dass für die Entscheidung eines Patienten für oder gegen eine Behandlungsmaßnahme auch die von ihm zu tragenden Kosten eine Rolle spielen.⁴⁰⁵ Auch bezüglich der Frage ob und welche Kosten von der Krankenkasse übernommen werden, ist der Arzt Fach-

---

400 A.A.: *Schelling/Erlinger*, MedR 2003, 331, 334, welche die Ansicht vertreten, ein noch nicht erprobtes Verfahren stelle keine Alternative dar, da es für den Patienten mangels gefestigter Daten über den Therapieerfolg und über die möglicherweise auftretenden Risiken nicht möglich sei, die Neulandtherapie mit der Standardmethode zu vergleichen. Diese Argumentation ist jedoch nicht überzeugend. Die Tatsache der Existenz der Neulandmethode zeigt doch, dass es aus medizinischer Sicht gewichtige Gründe dafür gegeben hat sie zu entwickeln und dass sich Ärzte bereits für ihre Anwendung entschieden haben. Auch bei zwei Standardmethoden weiß der Patient nicht, welche Komplikationen tatsächlich bei ihm eintreten werden und wie gerade sein Körper auf den Eingriff reagiert. Der Patient muss die Chance haben, an der neuen medizinischen Errungenschaft zu partizipieren. Soweit es an einer Langzeitstudie fehlt, obliegt es seiner Entscheidung, inwieweit er sich den damit verbundenen Risiken aussetzen will.
401 OLG Nürnberg v. 29.5.2000 – MedR 2002, 29 ff. = ArztR 2001, 327 ff.
402 So ausdrücklich OLG Nürnberg v. 27.5.2002 – ArztR 2003, 168; ebenso *Schelling/Erlinger*, MedR 2003, 331, 334.
403 So etwa LG Karlsruhe, Urt. v. 15.7.2005 – 5 S 124/04 – VersR 2006, 1217 ff.
404 Vgl. etwa *Steffen/Dressler/Pauge*, Rn 323a und 323b mit zahlreichen Rspr.-Nachweisen; so *Stöhr*, MedR 2004, 156, 159 f.
405 So BGH v. 1.2.1983 – NJW 1983, 2630 f. = VersR 1983, 443 ff.; ebenso AG Pforzheim v. 7.5.2002 – MedR 2003, 234.

mann, der dem Patienten Entscheidungshilfen geben kann und muss. Bei der Behandlung eines Privatpatienten muss der Arzt nach der Lebenserfahrung zum einen davon ausgehen, dass der Patient eine private Krankenversicherung abgeschlossen hat, zum anderen davon, dass diese Krankenversicherung im Rahmen des Versicherungsvertrages nur die Kosten einer **notwendigen** Behandlung erstattet.[406] Ist eine vom Arzt vorgeschlagene Behandlungsmaßnahme medizinisch nicht notwendig oder ist ihre Notwendigkeit jedenfalls für den Arzt erkennbar zweifelhaft, muss er den Patient nach Treu und Glauben auf das damit verbundene Kostenrisiko hinweisen.[407] Eine derartige Aufklärungspflicht besteht auch dann, wenn die Behandlung an sich zwar notwendig ist, sie aber nicht nur stationär, sondern aus ärztlicher Sicht zumindest in vertretbarer Weise auch ambulant erfolgen kann.[408] Das Krankenhaus kann sich von dieser wirtschaftlichen Aufklärungspflicht auch nicht durch Klauseln in Allgemeinen Geschäftsbedingungen freizeichnen, wonach der Patient für den Fall, dass die Krankenkasse die Kosten nicht übernimmt, als Selbstzahler haftet. Derartige Klauseln wären zum einen überraschend, zum anderen verstießen sie gegen Treu und Glauben, da der Patient aufgrund seines fehlenden Expertenwissens in der Regel die vom Arzt vorgeschlagene Behandlungsmaßnahme nicht eigenständig auf ihre medizinische Notwendigkeit überprüfen kann.[409]

Aus dem Behandlungsvertrag resultiert über die wirtschaftliche Aufklärungspflicht hinaus sogar eine wirtschaftliche Fürsorgepflicht der Behandlungsseite gegenüber dem Patienten. Der BGH wörtlich:

227

„Die Klägerin war als Krankenhausträger dem Beklagten wie jedem anderen von ihr aufgenommenen Patienten gegenüber aus dem Krankenhausaufnahmevertrag verpflichtet, soweit sie aus ihrer Expertenstellung heraus über bessere Kenntnisse und ein besseres Wissen dazu verfügte, ihn vor unnötigen Behandlungskosten und unverhältnismäßigen finanziellen Belastungen zu bewahren. Der von einem Krankenhausträger auch im öffentlichen Interesse übernommene Heilauftrag kann sich gegenüber dem häufig körperlich und seelisch durch seine Krankheit und die äußeren Umstände der Krankenhausunterbringung besonders beanspruchten und daher in seiner Entscheidungs- und Bewegungsfreiheit eingeschränkten Patienten nicht auf die reinen ärztlichen und pflegerischen Verrichtungen beschränken. Der Patient hat vielmehr Anspruch darauf, dass ihm auch da geholfen und geraten wird, wo er solchen Rat und solche Hilfe offensichtlich benötigt und wo andererseits die Bediensteten des Krankenhauses aus ihrer beruflichen Stellung heraus ein Expertenwissen haben."[410]

Diese Fürsorgepflicht wird von der Rechtsprechung ausgesprochen weit ausgelegt. In einem vom BGH entschiedenen Fall war der Patient nicht länger stationär behandlungsbedürftig. Als Querschnittsgelähmter benötigte er jedoch eine entsprechende Pflege. Der Patient weigerte sich ausdrücklich, das Krankenhaus zu verlassen. Daraufhin verblieb er im Krankenhaus. Der Krankenhausträger begehrte nunmehr den vollen Pflegesatz vom Patienten. Die Krankenkasse lehnte die Kostenerstattung ab, da der Patient nicht behandlungsbedürftig war. Der BGH hat entschieden, dass dem Krankenhaus kein Anspruch auf Zahlung der Krankenhauspflegekosten zusteht. Er begründet dies

228

---

406 So BGH v. 1.2.1983 – NJW 1983, 2630 f. = VersR 1983, 443 ff.
407 So BGH v. 1.2.1983 – NJW 1983, 2630 f. = VersR 1983, 443 ff.; ebenso *Stöhr*, MedR 2004, 156, 159.
408 So AG Pforzheim v. 7.5.2002 – MedR 2003, 234.
409 So OLG Köln VersR 1987, 792 ff.; AG Pforzheim v. 7.5.2002 – MedR 2003, 234, 235.
410 BGH v. 27.10.1987 – NJW 1988, 759 ff. = VersR 1988, 272 ff.

damit, dass der Krankenhausträger die Pflicht hatte, sich mit dem Sozialhilfeträger in Verbindung zu setzen und die Entlassung des Patienten aus dem Krankenhaus in eine Pflegehilfe organisatorisch sicherzustellen. Um den Patienten vor unverhältnismäßigen Kosten zu schützen, hätte das Krankenhaus die Fortsetzung des Vertragsverhältnisses mit dem Patienten nach Ende seiner Behandlungsbedürftigkeit ablehnen und den Patienten mit den rechtlich zulässigen Mitteln auch gegen seinen Willen aus dem Krankenhaus entfernen müssen.[411]

229 **Stellungnahme**: Dem Ausgangspunkt des BGH ist zuzustimmen. Als Nebenpflicht aus dem Behandlungsvertrag folgt eine wirtschaftliche Fürsorgepflicht der Behandlungsseite gegenüber dem Patienten. Diese Fürsorgepflicht ergibt sich aus Treu und Glauben und zwar einerseits im Hinblick auf die Zwangslage, in der sich der Patient befindet, und andererseits im Hinblick auf den überlegenen Kenntnis- und Wissensstand der Arztseite. Mit seiner oben genannten Entscheidung überspannt der BGH aber nicht nur den Umfang dieser Fürsorgepflicht, sondern er setzt sich auch in Widerspruch zu den Wertungen des Selbstbestimmungsrechtes des Patienten, welches Grundlage der ganzen Behandlung ist.

230 Es kann nicht auf der einen Seite die Eigenverantwortlichkeit und Mündigkeit des Patienten als selbständiger Behandlungspartner betont werden und auf der anderen Seite der Krankenhausträger verpflichtet werden, den ausdrücklichen Willen des Patienten auf Verlängerung des Vertragsverhältnisses zu ignorieren und ihn gegen seinen Willen aus dem Krankenhaus zu entfernen. Von der so oft in anderem Zusammenhang betonten Selbstbestimmung, Eigenverantwortlichkeit und Mündigkeit des Patienten bleibt dann nicht viel übrig. Wenn der Patient aufgrund seines Selbstbestimmungsrechtes auf dem viel elementareren Gebiet seines Lebens und seiner Gesundheit unvernünftige Entscheidungen mit möglicherweise letalen Folgen treffen darf, so muss dies erst recht für rein wirtschaftliche Entscheidungen gelten. Die Fürsorgepflicht der Behandlungsseite findet ihre Grenze in der Eigenverantwortlichkeit des Patienten. Dem BGH ist jedoch insoweit zuzustimmen, dass eine wirtschaftliche Aufklärungspflicht besteht, wenn aus medizinischer Sicht zwei Behandlungsalternativen in Betracht kommen und eine davon für den Patienten mit einer finanziellen Mehrbelastung verbunden ist. Kann also z.B. eine Behandlung sowohl ambulant als auch stationär erfolgen dann spricht viel dafür, dass die private Krankenkasse die durch eine stationäre Behandlung anfallenden Mehrkosten nicht übernehmen wird. Der Patient muss deshalb nicht nur auf das Bestehen beider Möglichkeiten hingewiesen werden, sondern auch auf die daran anknüpfenden finanziellen Konsequenzen.[412]

231 In diesem Sinne legt der dritte Senat des BGH die wirtschaftliche Hinweispflicht der Behandlungsseite auch deutlich restriktiver aus, als der für Arzthaftungsfragen zuständige sechste Senat. Aufschlussreich ist insoweit die Entscheidung vom BGH vom 19.12.1995.[413] Der Patient wurde in dem der Entscheidung zugrunde liegenden Fall als Notfallpatient in die Klinik der Klägerin überwiesen und unterzeichnete dort ein von einer Mitarbeiterin der Klinikverwaltung vorgelegtes Formular. Entsprechend dem Wortlaut des Formulars wünschte der Patient die Unterbringung in einem Zweibettzimmer in Verbindung mit gesondert berechenbaren ärztlichen Leistungen (Wahlleistungsvereinbarung). In dem Formular befand sich ein Hinweis darauf, dass die Verpflichtung des Patienten zur Entrichtung des Entgelts unabhängig von einer Kostenübernahme

---

411 BGH v. 27.10.1987 – NJW 1988, 759 ff. = VersR 1988, 272 ff.
412 BGH v. 1.2.1983 – NJW 1983, 2630 f. = VersR 1983, 443 f.
413 BGH v. 19.12.1995 – NJW 1996, 781 f. = VersR 1996, 1157 ff. (dritter Senat).

durch die private Krankenkasse besteht. Nachdem die Krankenkasse des Patienten diese Kosten nicht übernommen hat, rügte der Patient eine Verletzung der Hinweispflicht des Krankenhauses. Der BGH erklärte hierzu wörtlich:

> *„Über diesen Hinweis (im Formular) hinaus war das Krankenhaus nicht verpflichtet, den Patienten darauf aufmerksam zu machen, dass seine Krankenversicherung möglicherweise die Kosten bestimmter Wahlleistungen nicht erstattete. Die Frage der Kostenerstattung durch eine Krankenversicherung gehört bei Selbstzahlern in deren Verantwortungsbereich. Sie müssen sich in ihrem eigenen Interesse selbst vergewissern, inwieweit die Kosten von Wahlleistungen von ihrer Krankenversicherung übernommen werden. Das Krankenhaus trifft insoweit auch dann keine weitergehende Hinweis-, Warn- oder Nachfragepflicht, wenn es den Unterlagen des Patienten entnehmen kann, dass von ihm zusätzlich gewählte Leistungen voraussichtlich nicht von der grundsätzlich erstattungspflichtigen Versicherung getragen werden. Dies gilt auch bei Notfallpatienten jedenfalls dann, wenn – wovon hier nach den tatrichterlichen Feststellungen auszugehen ist – kein Anhaltspunkt dafür besteht, dass sie infolge ihres Krankheitszustandes in ihrer Erkenntnis- und Entscheidungsfähigkeit eingeschränkt sind."*[414]

Dieser Entscheidung ist für den stationären Bereich zuzustimmen. Sie entspricht dem Grundsatz der Eigenverantwortlichkeit des Patienten. Ein Privatpatient muss selbst wissen, welche Leistungen seine Krankenversicherung beinhaltet.[415] Wenn ein Privatpatient sich für Einbett- oder Zweibettzimmer oder Chefarztbehandlung entscheidet, ohne zu wissen und ohne sich darum zu kümmern, ob seine private Krankenversicherung diese Kosten übernimmt, liegt dies (auch ohne Hinweis in einem Formularvertrag!) alleine in seinem Verantwortungsbereich. Etwas anderes gilt bei der Behandlung durch einen niedergelassenen Arzt. Da hier in aller Regel die gesamten Kosten einer Behandlungsmaßnahme von der Krankenversicherung übernommen werden, rechnet weder der gesetzlich krankenversicherte Patient noch der Privatpatient damit, dass eine bestimmte Therapie- oder Diagnosemaßnahme nicht erstattungsfähig ist. Hier gebietet es die sich aus dem Behandlungsvertrag ergebende Fürsorgepflicht des Arztes unter Berücksichtigung seines insoweit bestehenden Wissensvorsprungs, dass er den Patienten über seine Kostentragungspflicht aufklärt.

232

Die Grundsätze über die wirtschaftliche Aufklärung gelten auch auf dem Gebiet der Zahnheilkunde. Der Arzt kommt hier in der Regel seiner Aufklärungspflicht nach, in dem er vor Beginn der Behandlung einen Heil- und Kostenplan aufstellt, an dem sich der Patient orientieren kann.[416] Es ist dann grundsätzlich Sache des Patienten abzuklären, ob seine Krankenversicherung die Kosten übernimmt.[417] Der Zahnarzt muss den Patienten jedoch auch hier explizit darauf hinweisen, dass die Krankenkasse die Behandlungskosten möglicherweise nicht übernimmt, wenn es erkennbar zweifelhaft ist, ob eine von ihm vorgeschlagenen Behandlung medizinisch notwendig ist oder nicht.[418] Dasselbe gilt, wenn einem Zahnarzt bekannt ist, dass der von ihm in einer Honorarver-

233

---

414 So BGH v. 19.12.1995 – NJW 1996, 781 f. = VersR 1996, 1157 ff.
415 So OLG Düsseldorf v. 20.5.1999 – NJW-RR 2000, 906 = MedR 1999, 531; *Stöhr*, MedR 2004, 156, 159.
416 So *Stöhr*, MedR 2004, 156, 159.
417 So OLG Düsseldorf v. 20.5.1999 – NJW-RR 2000, 906 = MedR 1999, 531; *Stöhr*, MedR 2004, 156, 159.
418 KG v. 21.9.1999 – VersR 2000, 89; *Stöhr*, MedR 2004, 156, 159.

einbarung festgelegte Betrag von der Beihilfestelle oder der privaten Krankenversicherung nicht ersetzt wird.[419]

234 Kein Fall der wirtschaftlichen Aufklärung ist dagegen die Frage, ob der Arzt einen Patienten auf die Möglichkeit einer weiteren Behandlungsmaßnahme hinweisen muss, die von seiner Krankenkasse nicht gezahlt wird. Hier geht es nicht um den finanziellen Schutz des Patienten, sondern vielmehr um sein Selbstbestimmungsrecht. Diese Frage wird deshalb weiter oben unter Rn 214 ff. behandelt.

235 Zusammengefasst kann festgestellt werden, dass den Arzt als Nebenpflicht des Behandlungsvertrages die Rechtspflicht trifft, den Patienten nach Treu und Glauben vor vermeidbaren Vermögensnachteilen zu schützen. Diese Pflicht ergibt sich daraus, dass der Arzt aufgrund seiner Erfahrung und seiner Ausbildung auch insoweit Fachmann ist und auch die finanziellen Konsequenzen besser als der Patient überblicken kann. Ihre Grenzen findet diese Nebenpflicht indes in dem Selbstbestimmungsrecht des Patienten und in den Bereichen, in denen der Patient als mündiger Bürger für sein Handeln und die sich daraus ergebenden Folgen selbst verantwortlich ist und der Arzt kein überlegenes Wissen besitzt. Will der Patient ausdrücklich eine Chefarztbehandlung oder ein Einbettzimmer, dann muss er selbst wissen ob und inwieweit seine Krankenversicherung diese Kosten abdeckt. Es ist nicht Sache des Arztes hier Nachforschungen anzustellen.[420]

IV. Das so genannte „therapeutische Privileg"

236 Wie ein nicht auszulöschender Spuk taucht in der Literatur immer wieder der Begriff des „therapeutischen Privilegs" auf.[421] Mit diesem akademischen Gespenst hat es folgende Bewandtnis: Wie in Rn 115 ff. beschrieben gab und gibt es von Seiten der Ärzteschaft zum Teil heftigen Widerstand gegen die von der Rechtsprechung entwickelte ärztliche Aufklärungspflicht. Ein Argument, welches von Medizinern immer wieder gegen die Aufklärungspflicht angeführt wird, ist, dass eine wahrheitsgemäße Diagnose und eine realistische Beschreibung der Erfolgsaussichten dem Patienten seinen Lebenswillen und seine Hoffnung rauben könnten, deren Bestehen aber für eine Gesundung des Patienten gerade erforderlich seien. Beispielhaft sei folgender Ausspruch zitiert: „An einem Punkt nun entzündet sich der Widerspruch der Ärzte gegen die rechtliche Auffassung und dieser Punkt betrifft gerade das Zentrum des ärztlichen Tuns: Die Möglichkeit, durch eine Aufklärung dem Patienten zu schaden, seinen Gesundheitswillen zu schwächen, Angst und Sorge hervorzurufen, ja unter Umständen ihn zur Verzweifelung zu bringen. Es wird immer die Aufgabe des Arztes sein müssen, etwa den schwerkranken Patienten soweit wie notwendig über seinen Krankheitszustand zu täuschen."[422]

237 Hierzu ist Folgendes zu sagen: Es lassen sich Fälle denken, in denen eine Aufklärung kontraindiziert ist, weil der Patient alleine durch die Information bereits schwerwiegende physische oder psychische Schäden erleiden würde. In diesen seltenen Ausnahme-

---

419 So *Stöhr*, MedR 2004, 156, 159.
420 Siehe etwa OLG Köln NJW-RR 1991, 1141 ff.; OLG Köln NJW 1987, 2304; *Terbille/Schmitz-Herscheidt*, NJW 2000, 1749, 1754.
421 Siehe hierzu etwa *Laufs/Uhlenbruck*, § 61 Rn 5 ff.; *Steffen/Dressler/Pauge*, Rn 389; *Gehrlein*, C II Rn 15; *Geiß/Greiner*, C II Rn 81; *Kern*, NJW 1994, 753, 757.
422 So *Hallermann*, in: Engisch/Hallermann, Die ärztliche Aufklärungspflicht aus rechtlicher und medizinischer Sicht, 1970, S. 61, zitiert bei *Laufs/Uhlenbruck*, § 61 Rn 7.

fällen entfällt die Aufklärungspflicht.[423] Auch ist es in diesen Fällen nicht geboten, statt des Patienten einen Betreuer oder die Angehörigen des Patienten aufzuklären.[424] Da der Patient einwilligungsfähig ist, kommt die Bestellung eines Betreuers nicht in Betracht. Der Arzt hat sich stattdessen nach dem mutmaßlichen Willen des Patienten zu richten.[425] **Keinesfalls** gibt es aber ein „therapeutisches Privileg", welches dem Arzt einen Ermessensspielraum über die Sinnhaftigkeit oder Schädlichkeit der Aufklärung einräumen würde.[426] Schon gar nicht gibt es ein Recht des Arztes zur Täuschung des Patienten.

Eine derartige Forderung kann nur einem gänzlich verqueren und missverstandenen Berufsbild des Arztes entspringen. Die Grundlage des Arzt-Patienten-Verhältnisses ist gerade Vertrauen. Der Patient begibt sich in die Hände des Arztes, dem er vertraut und sich anvertraut. Diese fundamentale Basis wird zerstört, wenn der Patient stets damit rechnen muss, dass der Arzt ihn gerade „nur zu seinem Besten" schonen will und deshalb von seiner „Lizenz zum Lügen" Gebrauch macht. Im Übrigen verstößt die Annahme eines derartigen „therapeutischen Privilegs" offensichtlich gegen elementare Verfassungsgrundsätze, allen voran Art. 1 und Art. 2 Abs. 1 GG. Der „belogene" Patient wird vom gleichberechtigten Behandlungspartner, der autonom über seinen eigenen Körper entscheiden darf, zum bloßen Behandlungsobjekt. Von seinem Selbstbestimmungsrecht und seiner Menschenwürde bleibt nichts übrig. Sowohl aus rechtlicher als auch aus medizinischer Sicht ist das geforderte Lügerecht deshalb anzulehnen. Im Übrigen gebietet gerade der verantwortungsvolle Umgang mit der Aufklärungspflicht, dass der Arzt einen Patienten einfühlsam, sensibel und rücksichtsvoll aufklärt. Wahrheitsgemäße Aufklärung bedeutet noch lange nicht schonungslos, rücksichtslos und brutal.[427] Die Tatsache, dass ein Patient durch die Erlangung der erforderlichen Informationen über seine Krankheit, ihre möglichen Folgen und/oder die Risiken der Behandlung belastet wird oder sein Allgemeinbefinden drückt, ist hinzunehmen und Teil des Lebens. Dadurch wird es keinesfalls gerechtfertigt, einem Patienten, der seine Gesundheit verloren hat, nun auch noch seine Selbstbestimmung, seine Entscheidungsfreiheit und seine Würde zu nehmen.

238

Zusammengefasst bleibt festzustellen, dass ein „therapeutisches Privileg" **nicht** existiert. Rein theoretisch ist aber denkbar, dass in ganz besonders gelagerten extremen Ausnahmefällen eine Aufklärungspflicht entfallen kann. Die Rechtsprechung hat in den wenigen bislang entschiedenen Fällen den Wegfall der Aufklärungspflicht indes stets abgelehnt.[428]

239

---

423 So *Kern*, NJW 1994, 753, 757.
424 So *Kern*, NJW 1994, 753, 757.
425 So wohl auch *Gehrlein*, C II Rn 15.
426 Ablehnend zu Recht auch *Steffen/Dressler/Pauge*, Rn 389; *Geiß/Greiner*, C II Rn 81; *Gehrlein*, C II Rn 15.
427 So auch *Steffen/Dressler/Pauge*, Rn 389, die im Gegenteil bei einer schonungslosen Darstellung einen Behandlungsfehler annehmen; für das Vorliegen eines Behandlungsfehlers bei einer unangebracht drastischen Aufklärung auch *Gehrlein*, C II Rn 15.
428 OLG Köln v. 18.3.1986 – NJW 1987, 2302 ff.; OLG Frankfurt v. 24.3.1983 – MedR 1984, 194 ff.; BGH v. 10.3.1981 – NJW 1981, 2002 ff. = VersR 1981, 730 ff.; BGH v. 7.2.1984 – NJW 1984, 1397 ff. = VersR 1984, 465 ff.; BGH v. 14.4.1981 – VersR 1981, 677 f.; BGH v. 25.4.1989 – NJW 1989, 2318 ff. = VersR 1989, 702 f. = MedR 1989, 320 ff.

V. Die therapeutische Sicherungsaufklärung

240 Die therapeutische Sicherungsaufklärung (auch Sicherheitsaufklärung genannt) betrifft alle ärztlichen Hinweise, Empfehlungen und Anweisungen an den Patienten im Hinblick auf dessen für den Heilungserfolg notwendige Mitwirkung.[429] Die therapeutische Sicherungsaufklärung ist danach von der Selbstbestimmungsaufklärung zu unterscheiden. Während letztere Ausdruck des Selbstbestimmungsrechts des Patienten ist und es diesem ermöglichen soll, darüber zu entscheiden, ob er sich einer bestimmten Behandlung unterziehen will oder nicht, dient die therapeutische Sicherungsaufklärung der Sicherung des Heilungserfolgs.[430] Die Verletzung der therapeutischen Aufklärungspflicht stellt nach der herrschenden Meinung einen Behandlungsfehler dar, so dass der Patient (anders als bei der Selbstbestimmungsaufklärung) die Beweislast für ihre ungenügende Erfüllung trägt.

241 Die therapeutische Sicherungsaufklärung gebietet es zunächst einmal, dass der Arzt den Patienten über die **Notwendigkeit** einer bestimmten diagnostischen oder therapeutischen Maßnahme aufklärt. Dies gilt besonders dann, wenn der Patient zu erkennen gibt, dass er eine bestimmte – aus medizinischer Sicht erforderliche – Maßnahme nicht durchführen möchte. Hier gebietet es die therapeutische Sicherungsaufklärung, dass der Arzt den Patienten eindringlich über die ihm drohenden Gesundheitsschäden aufklärt und versucht auf den Patienten einzuwirken, damit er seine Weigerung aufgibt.[431] Die Weigerung eines Patienten, weitere erforderliche diagnostische Maßnahmen vorzunehmen, kann den Arzt damit nur dann entlasten, wenn dieser den Patienten eindringlich auf die Notwendigkeit und Dringlichkeit der Untersuchung hingewiesen und ihm die medizinischen Folgen seines Verhaltens vor Augen geführt hat.[432]

242 Behauptet der Arzt, der Patient habe eine ihm vorgeschlagene Behandlungsmaßnahme abgelehnt und bestreitet der Patient dies, ist sehr umstritten, wer beweisbelastet ist. Nach einer Auffassung bestreitet der Arzt mit der Behauptung, der Patient habe die Durchführung der indizierten Maßnahme verweigert, die Fehlerhaftigkeit der Unterlassung. Da der Patient das Vorliegen eines Behandlungsfehlers beweisen müsse, trage er den Beweisnachteil, wenn das Vorliegen der behaupteten Weigerung unaufklärbar bleibe.[433] Nach der Gegenmeinung ist die Behandlungsseite für die von ihr behauptete Ablehnung durch den Patienten beweisbelastet.[434] Dieser Auffassung ist zuzustimmen. Dies ergibt sich bereits aus den allgemeinen Beweisregeln, wonach jede Partei das für sie günstige Vorbringen beweisen muss. Darüber hinaus ergibt sich die Beweislast des Arztes aus folgender Erwägung: Die Unterlassung der indizierten diagnostischen oder therapeutischen Maßnahme stellt einen Behandlungsfehler dar. Für die Tatsache der Behandlungsunterlassung ist der Patient beweisbelastet. Steht fest, dass der Arzt die gebotene Behandlung unterlassen hat und damit den erforderlichen Standard verletzt hat, dann hat der Arzt darzulegen und zu beweisen, warum ausnahmsweise seine Haftung gleichwohl ausgeschlossen sein soll. Es handelt sich um einen ungewöhnlichen Ausnahmetatbestand, der vom Arzt substantiiert vorgetragen und bewiesen werden muss. Allein diese Verteilung der Beweislast trägt auch den tatsächlichen Gegebenheiten

---

[429] So etwa *Wendt*, S. 92.
[430] *Geiß/Greiner*, B Rn 95; *Gehrlein*, B Rn 45; *Laufs/Uhlenbruck*, § 62 Rn 1.
[431] *Laufs/Uhlenbruck*, § 62 Rn 3; *Gehrlein*, B Rn 47; *Geiß/Greiner*, B Rn 98; *Wendt*, S. 93.
[432] OLG Düsseldorf v. 21.7.2005 – I-8 U 33/05, MedR 2006, 537–540.
[433] So etwa OLG Düsseldorf v. 21.7.2005 – I-8 U 33/05, MedR 2006, 537–540; *Geiß/Greiner*, B Rn 220.
[434] Etwa OLG Hamm v. 24.4.2002 – 3 U 8/01, VersR 2003, 1312; OLG Hamm v. 19.3.2001 – 3 U 193/00, NJW-RR 2002, 814.

Rechnung. Der Arzt hat die Möglichkeit, eine Behandlungsverweigerung des Patienten zu dokumentieren, Zeugen hinzuzuziehen oder sich vom Patienten dessen Ablehnung schriftlich bestätigen zu lassen. Dagegen kann der Patient kaum nachweisen, dass er eine erforderliche Behandlung nicht abgelehnt hat.

Zu den therapeutischen Aufklärungspflichten zählt auch die Pflicht des Arztes, einen Patienten auf die Notwendigkeit einer erneuten Vorstellung, einer Nachsorge- oder Kontrolluntersuchung hinzuweisen.[435]

243

Weiterhin gehört zur therapeutischen Sicherungsaufklärung, dass der Arzt den Patienten über die von dem Patienten selbst ausgehende Ansteckungsgefahr für seine Angehörigen und seinen Partner informiert.[436] Dies gilt nicht nur bei Infektionskrankheiten des Patienten (z.B. positiver HIV-Befund).[437] So hat der Arzt etwa auch gesteigerte Informations- und Hinweispflichten bei der Vornahme von Impfungen. Ein Arzt, der einen Patienten mit Lebendviren gegen Kinderlähmung impft, hat danach die Pflicht, diesen auf das von ihm nunmehr ausgehende Ansteckungsrisiko hinzuweisen.[438] Gegebenenfalls gebietet es die therapeutische Aufklärungspflicht, dass der Arzt trotz seiner ärztlichen Schweigepflicht auch Dritte (Eltern, Lebenspartner oder andere Personen, bei denen mit einer Verwirklichung des gesteigerten Infektionsrisikos zu rechnen ist) von der Infektionsgefahr informiert.[439]

244

Darüber hinaus beinhaltet die therapeutische Sicherungsaufklärung, dass der Arzt den Patienten ausreichend über Dosis, Unverträglichkeit und Nebenwirkungen eines von ihm verordneten Medikamentes informiert.[440] Die therapeutische Sicherungsaufklärung verlangt auch einen Hinweis auf zur zeitlichen Höchstanwendungsdauer des Medikaments.[441] Nach Verabreichung eines Medikamentes ist der Patient über seine eingeschränkte Fahrtüchtigkeit aufzuklären.[442] Dies gilt unabhängig davon, ob dem Arzt bekannt ist, dass der Patient mit dem Kraftwagen gekommen ist. „Es ist nicht Sache des Patienten, den Arzt darauf hinzuweisen, dass er mit dem Wagen gekommen sei, und zu fragen, ob der Wegfahrt damit aufgrund der durchgeführten Behandlung Bedenken entgegenstünden. Es ist vielmehr Sache des Arztes, dem Patienten die entsprechenden Hinweise zu geben."[443]

245

---

435 BGH VersR 1991, 308 ff.; BGH NJW 1997, 3090 f.; OLG Nürnberg VersR 1995, 1057 f.; *Wendt*, S. 93.
436 BGH NJW 1994, 3012; OLG Frankfurt NJW 2000, 875 ff.; *Laufs/Uhlenbruck*, § 62 Rn 7.
437 Siehe hierzu OLG Düsseldorf VersR 1995, 339 ff.
438 BGH NJW 1994, 3012; *Wendt*, S. 93.
439 So OLG Frankfurt v. 5.10.1999 – ArztR 2000, 80 unter Hinweis auf § 34 StGB, der die Durchbrechung der ärztlichen Schweigepflicht im Interesse eines höherrangigen Rechtsgutes rechtfertige. Dieses Argument ist allerdings nicht überzeugend. § 34 StGB stellt lediglich einen Rechtfertigungsgrund dar, begründet aber keine Rechtspflicht zum Handeln. Anders ausgedrückt: Verletzt ein Arzt seine Schweigepflicht kann seine Handeln durch § 34 StGB gerechtfertigt sein. Das bedeutet aber noch lange nicht, dass der Arzt rechtswidrig handelt, wenn er die ärztliche Schweigepflicht beachtet. Im Hinblick auf die gem. § 203 StGB grundsätzlich bestehende Strafbarkeit einer Verletzung der ärztlichen Schweigepflicht erscheint die Auffassung des OLG Frankfurt sehr bedenklich, da sie den Arzt in ein kaum lösbares Dilemma bringt und jeder Fehler in der von ihm vorzunehmenden Güterabwägung zu seiner Strafbarkeit führen würde. BGH v. 15.2.2000 – NJW 2000, 1784 ff. = VersR 2000, 725 ff. = MedR 2001, 42 ff.
440 *Gehrlein*, B Rn 49; *Laufs/Uhlenbruck*, § 62 Rn 8; OLG Köln v. 22.5.1995 – VersR 1996, 1278 f.; *Wendt*, S. 93; *Solbach*, JA 1986, 419.
441 So *Geiß/Greiner*, B Rn 96.
442 LG Konstanz v. 14.2.1972 – NJW 1972, 2223 f.; *Laufs/Uhlenbruck*, § 62 Rn 14; *Gehrlein*, B Rn 49; *Wendt*, S. 93; *Solbach*, JA 1986, 419.
443 LG Konstanz v. 14.2.1972 – NJW 1972, 2223 f.

246 Der Arzt hat den Patienten darauf hinzuweisen, dass der Heilungserfolg einer Therapie von der Einhaltung einer bestimmten Lebensweise abhängig ist (z.B. Einhaltung einer Diät, Einstellung des Rauchens, gymnastische Übungen).[444]

247 Ferner hat der Arzt den Patienten darüber aufzuklären, dass er vor bestimmten Untersuchungen und Operationen auf die Einnahme von Nahrungsmitteln und Flüssigkeiten verzichten muss.[445]

248 Bleibt nach der Operation ein Fremdkörper im Körper des Patienten zurück, so hat der Arzt den Patienten auch hierauf hinzuweisen, damit der Patient sich bei später möglicherweise auftretenden Beschwerden zielgerichtet behandeln lassen kann.[446] Ebenso ist der Patient postoperativ über Komplikationen und Zwischenfälle, die sich bei der Operation ereignet haben, zu informieren.[447]

249 Gegebenenfalls ist ein Patient darauf hinzuweisen, wie er sich bei Notfällen, die infolge seiner Krankheit auftreten können, verhalten soll. Handelt es sich bei dem Patienten um ein Kind, so ist den gesetzlichen Vertretern im Rahmen der Sicherungsaufklärung ein Hinweis zur richtigen Reaktion bei Auftreten von Lebensgefahr zu geben (z.B. Erstickungsanfälle bei Asthma, Pseudokrupp oder Allergien).[448] Zu der therapeutischen Sicherungsaufklärung gehört auch die Pflicht des Arztes, dem Patienten sicherstellende Verhaltensanweisungen[449] im Hinblick auf den etwaigen Eintritt von Komplikationen oder verwirklichten Risiken einer von ihm vorgenommenen Behandlungsmaßnahme zu geben.[450] Der Arzt hat den Patienten darüber aufzuklären, welche Symptome auftreten können und wie er sich in dem Fall ihres Auftretens verhalten soll. Diese Pflicht kann ausgesprochen weit reichend sein. In einem vom OLG Oldenburg entschiedenen Fall hat der behandelnde Arzt die Eltern eines unter Pseudo-Krupp leidenden Kindes darauf hingewiesen, dass sie „sich bei Verschlechterung des Zustandes an einen Notarzt oder ein Krankenhaus wenden" sollen. Das OLG Oldenburg entschied, dass dieser Hinweis im Hinblick auf die Bedeutung der therapeutischen Sicherungsaufklärung zu allgemein gewesen ist.

250 Wörtlich führt das OLG aus:

> *„Das Unterlassen dieser therapeutischen Aufklärung ist ein Behandlungsfehler. Sind dramatische bis hin zu lebensbedrohliche Veränderungen eines Beschwerdebildes in kurzer Zeit – hier nur eine Stunde – möglich, so hat der Arzt dafür Sorge zu tragen, dass darauf entsprechend reagiert werden kann. Er musste daher die Eltern jedenfalls darüber in Kenntnis setzen, wann das Erscheinungsbild von ihnen sofortiges Handeln erforderte. Die von ihm nach den eigenen Bekundungen erteilten allgemeinen Ratschläge, sich bei Verschlechterung des Zustandes an einen Notarzt oder ein Krankenhaus zu wenden, reichen nicht aus. Sie waren nicht geeignet, den*

---

[444] *Laufs/Uhlenbruck*, § 62 Rn 1; *Gehrlein*, B Rn 50.
[445] So *Debong*, ArztR 1995, 71, 74; *Wendt*, S. 93 f.
[446] OLG Stuttgart VersR 1989, 632 ff.; *Wendt*, S. 92.
[447] OLG Saarbrücken v. 4.7.1984 – AHRS 6450/22; OLG Koblenz NJW 2000, 3435 ff.; *Wendt*, S. 92 f.
[448] OLG Oldenburg VersR 1998, 729 ff.; *Geiß/Greiner*, B Rn 99.
[449] OLG Oldenburg VersR 1998, 720 f.
[450] OLG Oldenburg VersR 1998, 720 f.

medizinisch nicht vorgebildeten Eltern das mögliche Auftreten einer Situation zu beschreiben und deutlich zu machen, die eine umgehende klinische Versorgung gebietet."[451]

251 Im Falle einer Kontrazeption ist der Patient auf das Versagerrisiko hinzuweisen.[452] Nach ständiger Rechtsprechung handelt es sich bei der dem Arzt obliegenden Aufklärungspflicht über das auch bei einer Sterilisation bestehende Versagerrisiko nicht um einen Fall der Selbstbestimmungsaufklärung, insbesondere nicht um einen Fall der Risikoaufklärung, sondern einen Fall der therapeutischen Sicherungsaufklärung. Der Patient ist deshalb in zweifacher Hinsicht aufzuklären: Einmal auf das mit dem Sterilisationseingriff selbst unmittelbar verbundene Operationsrisiko, d.h. auf alle Komplikationen, die mit dem Eingriff selbst in Verbindung stehen und einmal auf die Möglichkeit einer späteren Schwangerschaft trotz Sterilisation. Bei einer späteren Schwangerschaft liegt keine Komplikation des ärztlichen Eingriffs vor. Es handelt sich deshalb nicht um eine Frage der Selbstbestimmungsaufklärung, welche Voraussetzung für die Wirksamkeit der erteilten Einwilligung des Patienten ist, sondern um eine vertragliche Nebenpflicht, für deren Verletzung nach herrschender Meinung der Patient beweisbelastet ist.[453]

252 Ebenso wie die Selbstbestimmungsaufklärung muss in diesem Fall jedoch auch die Sicherungsaufklärung **vor** dem Eingriff erfolgen. Denn nur dann, wenn der Patient die einzelnen Verhütungsmethoden und die mit ihnen verbundenen Fehlermöglichkeiten kennt, kann er sich für die eine oder andere Methode entscheiden. Gerade die Kenntnis von der Sicherheit der einzelnen Maßnahmen ist ein wesentlicher Entscheidungsfaktor.[454] Dagegen muss der Arzt dem Patienten die genaue statistische Misserfolgsquote nur auf dessen ausdrückliche Nachfrage hin mitteilen. Ohne Nachfrage des Patienten ist es ausreichend, wenn der Arzt den Patienten auf das grundsätzliche Versagerrisiko hinweist.[455]

253 Schließlich hat der Arzt einen Patienten auch präventivmedizinisch auf Gesundheitsgefahren hinzuweisen und insoweit erzieherisch zu wirken. In diesem Rahmen soll der Arzt seine Patienten zu einer gesunden Lebensweise ermuntern (z.B. mehr Bewegung, Einschränkung des Alkoholkonsums, Verzicht auf Nikotin, fettarme, vitaminreiche Ernährung).[456]

254 Ebenso wie die erfolgte Selbstbestimmungsaufklärung ist auch eine Aufklärung im Rahmen der therapeutischen Sicherungsaufklärung dokumentationspflichtig.[457] Das OLG Saarbrücken meint hierzu wörtlich:

„Zutreffend hat das LG zunächst ausgeführt, dass der Beklagte verpflichtet war, die Klägerin darüber zu unterrichten, dass die Operation nicht komplikationslos verlaufen war. Der Beklagte hat zwar vorgetragen, ein solcher Hinweis sei bei der Entfer-

---

451 OLG Oldenburg VersR 1998, 720 f.
452 So BGH v. 27.6.1995 – NJW 1995, 2407 ff. = VersR 1995, 1099 ff.; BGH v. 10.3.1981 – NJW 1981, 2002 ff. = VersR 1981, 730 ff.; BGH v. 2.12.1980 – NJW 1981, 630 ff. = VersR 1981, 278 ff.; OLG Schleswig-Holstein v. 24.4.1985 – VersR 1987, 419 ff.; OLG Köln v. 23.6.1994 – VersR 1995, 967 f.; OLG Hamburg v. 26.6.1987 – VersR 1989, 147; *Steffen/Dressler/Pauge*, Rn 327; *Geiß/Greiner*, B Rn 96 und Rn 104.
453 So BGH v. 10.3.1981 – NJW 1981, 2002 ff. = VersR 1981, 730 ff.
454 So auch BGH v. 2.12.1980 – NJW 1981, 630 ff. = VersR 1981, 278 ff.
455 BGH v. 2.12.1980 – NJW 1981, 630 ff. = VersR 1981, 278 ff.; OLG Schleswig-Holstein v. 24.4.1985 – VersR 1987, 419 ff.
456 *Laufs/Uhlenbruck*, § 62 Rn 16.
457 So OLG Saarbrücken v. 4.7.1984 – AHRS 6450/22; OLG Koblenz NJW 2000, 3435 ff.; *Wendt*, S. 92 ff.

> nung der Magensonde erfolgt. Mit Recht hat das LG wegen der fehlenden ärztlichen Dokumentation über diese therapeutische Aufklärung der Klägerin hinsichtlich der intraoperativen Komplikation die Ansicht vertreten, dass der Beklagte infolge der Verletzung seiner Dokumentationspflicht für die behauptete Aufklärung beweisbelastet ist und er diesen Beweis nicht erbracht hat."[458]

255 Dieser Auffassung hat sich auch der BGH angeschlossen. Für den Fall, dass der Arzt sich darauf beruft, der Patient habe trotz Aufklärung eine vom Arzt vorgeschlagene Diagnosemaßnahme abgelehnt, hat der BGH Folgendes entschieden:

> „Der Beklagte hat nach den insoweit nicht angegriffenen Feststellungen des Berufungsgerichts nicht bewiesen, dass die Erstklägerin oder ihre Mutter eine vorgeschlagene Röntgenkontrolluntersuchung verweigert haben. Dabei hat es entgegen der Ansicht der Revisionserwiderung die Beweislast nicht verkannt: Es war jedenfalls wegen des Fehlens einer Dokumentation der Weigerung auf dem Krankenblatt Sache des beklagten Arztes darzulegen und zu beweisen, dass der feststehende Behandlungsfehler, nämlich das Unterlassen weiterer Röntgenuntersuchungen, wegen des Verhaltens der Patientin ausnahmsweise nicht zu seinen Lasten gehen dürfe."[459]

256 **Stellungnahme**: Die unterschiedliche Behandlung von Selbstbestimmungsaufklärung und therapeutischer Sicherungsaufklärung, welche die herrschende Literatur sowie die Rechtsprechung bei der Beweislast vornehmen, überzeugt weder vom Ergebnis noch vom dogmatischen Ansatz. Beide Aufklärungspflichten überschneiden sich, gehen ineinander über und lassen sich oft nur schwer von einander abgrenzen.

257 So muss der Arzt einen Patienten, der nach einer Augenoperation die Fäden gezogen bekommt, im Rahmen der Selbstbestimmungsaufklärung zuvor darüber aufklären, dass es nach dem Fäden ziehen zu einer Wundsprengung kommen kann. Nach dem Ziehen der Fäden ist der Patient dann darüber aufzuklären, dass die Gefahr einer Wundsprengung durch Druck auf den Augapfel, insbesondere auch durch Reiben des Auges erhöht wird.[460] Auf der einen Seite muss der Arzt beweisen, dass er den Patienten auf die Gefahr einer durch das Ziehen der Fäden bedingte Gefahr der Wundsprengung hingewiesen hat, auf der anderen Seite muss der Patient beweisen, dass der Arzt nicht darauf hingewiesen hat, dass sich diese Gefahr durch das Reiben des Auges verstärkt.

258 Im Rahmen der Selbstbestimmungsaufklärung muss der Arzt den Patienten auf die Risiken hinweisen, die mit der von ihm empfohlenen Behandlungsmethode verbunden sind. Entscheidet sich der Patient aufgrund dieser Aufklärung gegen die empfohlene Therapie muss der Arzt den Patienten nunmehr im Rahmen der Sicherungsaufklärung darüber aufklären, welche Folgen eine Nichtbehandlung hätte und ihm mit dem gebotenen Ernst die Dringlichkeit der Behandlung deutlich machen. Der Arzt muss nachweisen, dass er über die Risiken der Behandlung aufgeklärt hat, der Patient, dass der Arzt nicht über die Risiken der Nichtbehandlung aufgeklärt hat. Es handelt sich dabei in beiden Fällen um dasselbe Aufklärungsgespräch.

259 Darüber hinaus lassen sich Selbstbestimmungsaufklärung und therapeutische Sicherungsaufklärung unter dem Gesichtspunkt des Hinweises des Patienten auf die Folgen einer Nichtbehandlung vernünftigerweise nicht von einander trennen. Die Sicherungsaufklärung gebietet unter anderem, dass der Arzt einen Patienten, der die Behandlung ablehnt oder verweigert, auf die damit verbundenen Folgen hinweist. Bei der Risikoauf-

---

458 OLG Saarbrücken v. 4.7.1984 – AHRS 6450/22.
459 BGHZ 99, 391, 394 f.
460 OLG Celle VersR 1987, 591 ff.

klärung steht die Darlegung von Chancen und Risiken der Behandlung im Vordergrund und bei dieser Abwägung des Für und Wider müssen naturgemäß auch die Folgen der Krankheit ohne Behandlung zur Sprache kommen. Die Selbstbestimmungsaufklärung ist nur dann ordnungsgemäß durchgeführt, wenn der Patient zunächst darüber informiert wird, welche Folgen ihm drohen, wenn er sich nicht der vorgeschlagenen Therapie unterzieht.[461] Selbstbestimmungsaufklärung und Sicherungsaufklärung sind also insoweit inhaltsgleich, nur der Ansatzpunkt ist verschieden. Im Rahmen der Selbstbestimmungsaufklärung wird jeder Patient darüber informiert, welchen Verlauf die Krankheit nehmen wird oder nehmen könnte, wenn sie unbehandelt bleibt. Im Rahmen der Sicherungsaufklärung wird der Patient, der eine vorgeschlagene Behandlungsmaßnahme ablehnt, vor den möglichen Folgen gewarnt. Auch in diesem Punkt wird deutlich, wie zweifelhaft die von der herrschenden Meinung vorgenommene strenge Differenzierung zwischen Risikoaufklärung und therapeutischer Sicherungsaufklärung ist.

Dasselbe gilt für den Fall, dass eine Verlegung von einem Krankenhaus der Allgemeinversorgung in eine Spezialklinik oder eine Universitätsklinik aus medizinischer Sicht empfehlenswert ist. Eine derartige Verlegung kann nicht gegen den Willen des betroffenen Patienten stattfinden. Also ist der Patient zunächst im Rahmen der Selbstbestimmungsaufklärung darüber aufzuklären, dass und warum die Verlegung medizinisch geboten ist. Lehnt der Patient dies ab, ist er im Rahmen der Sicherungsaufklärung darüber aufzuklären, welche gesundheitlichen Konsequenzen und Gefahren sich für ihn aus dieser Ablehnung ergeben. Auch hier ist zeigt sich, dass die Differenzierung unsinnig ist. 260

Zu den typischen im Rahmen der Selbstbestimmungsaufklärung zu nennenden Risiken gehört regelmäßig auch die Möglichkeit des Fehlschlagens der Operation. Der Arzt hat den Patienten darüber aufzuklären, dass die Operation möglicherweise nicht den erhofften Erfolg hat. Dagegen meint die ständige höchstrichterliche Rechtsprechung, dass der Hinweis auf das Versagerrisiko bei einer Sterilisation zu der therapeutischen Sicherungsaufklärung gehört.[462] 261

Die oben genannten Beispiele machen deutlich, dass die Differenzierung zwischen der Sicherungsaufklärung und der Selbstbestimmungsaufklärung konstruiert und wenig überzeugend ist. Eine vernünftige Abgrenzung ist weder praktisch noch dogmatisch möglich. Umso unverständlicher erscheinen die weit reichenden rechtlichen Konsequenzen, welche die herrschende Meinung aus dieser künstlichen Unterscheidung zieht. Gerade in den Aufklärungsfällen entscheidet oft die Beweislast über Obsiegen und Unterliegen in einem Arzthaftungsprozess. Unabhängig von dem zweifelhaften dogmatischen Ausgangspunkt ist die Ungleichbehandlung von Selbstbestimmungsaufklärung und Sicherungsaufklärung auch vom Ergebnis her verfehlt. Ebenso wenig wie bei der Selbstbestimmungsaufklärung kann auch bei der Sicherungsaufklärung der Patient vernünftigerweise den Beweis erbringen. Wie soll der Patient bei einem Arzt-Patienten-Gespräch, welches regelmäßig ohne Zeugen stattfindet, beweisen, dass der Arzt etwas **nicht** gesagt hat. Dagegen hat es der Arzt bei der Selbstbestimmungsaufklärung ebenso wie bei der Sicherungsaufklärung in der Hand, durch eine sorgfältige Dokumentation eine erfolgte Aufklärung nachzuweisen. Ebenso wie bei der Selbstbestimmungsaufklärung kann sich der Arzt auch bei der Sicherungsaufklärung schriftlich bestätigen 262

---

461 So *Laufs/Uhlenbruck*, § 63 Rn 16; *Heilmann*, NJW 1990, 1513, 1514.
462 BGH v. 27.6.1995 – NJW 1995, 2407; BGH v. 30.6.1992 – VersR 1992, 1229; BGH v. 10.3.1981 – VersR 1981, 730; OLG Saarbrücken VersR 1988, 831; OLG Schleswig VersR 1987, 419; OLG Koblenz VersR 1994, 3016; OLG Köln NJW 1994, 3016; *Geiß/Greiner*, B Rn 96; *Steffen/Dressler/Pauge*, Rn 325 und 327.

oder gegenzeichnen lassen, dass ein entsprechender Hinweis erteilt worden ist. Es bleibt somit festzuhalten, dass die Unterscheidung von Sicherungsaufklärung und Selbstbestimmungsaufklärung sowohl dogmatisch verfehlt als auch vom Ergebnis her unangemessen ist und darüber hinaus eine Abgrenzung zwischen beiden Instituten in der Praxis undurchführbar ist. Richtigerweise sollte die Differenzierung aufgegeben und beide gleichbehandelt werden, mit dem Ergebnis, dass auch für die Sicherungsaufklärung der Arzt beweisbelastet ist.

263 Bei der Hinweispflicht auf das Versagerrisiko bei einer Sterilisation geht der BGH einen richtigen Schritt in diese Richtung.[463] Der BGH geht davon aus, dass es auch dem Arzt bekannt sein muss, dass es angesichts der unvermeidlichen Fehlschläge, die in der Praxis in gewissem Umfang bei Sterilisationen vorkommen, auch regelmäßig Arzthaftungsprozesse wegen späterer ungewollter Schwangerschaften gibt. Daraus zieht der BGH folgende Schlussfolgerung:

> „Bei dieser Sachlage liegt es heute für den Arzt, der eine Sterilisation aus Gründen der Familienplanung vornimmt, so nahe, sich seinen Hinweis auf die Versagerquote schriftlich bestätigen zu lassen, dass die Unterlassung dieser Vorsichtsmaßnahme ein Beweiszeichen dafür bilden mag, dass die Erfüllung dieser aus dem Behandlungsvertrag folgenden Nebenpflicht versäumt worden ist."[464]

264 Damit gibt der BGH der Sache nach die bisherige Beweislastverteilung bei der therapeutischen Sicherungsaufklärung zu mindestens in diesem Bereich faktisch auf und gleicht sie der Beweislastverteilung bei der Selbstbestimmungsaufklärung an. Auch das OLG Köln wendet insoweit die Beweislastregeln der Selbstbestimmungsaufklärung ohne weiteres auf die therapeutische Sicherungsaufklärung an.[465]

VI. Die Organisationsaufklärung

265 Unter dem Begriff der Organisationsaufklärung werden in der Literatur verschiedenen Fallgestaltungen diskutiert. Während es bei der Risikoaufklärung um Informationen geht, die für die Entscheidung des Patienten über das „ob" eines Eingriffs wesentliche Bedeutung haben, betrifft die Organisationsaufklärung andere Umstände, die für die Entscheidung des Patienten über das „wo" und das „von wem" von großer Relevanz sind und die dem Krankenhaus bzw. dem niedergelassenen Arzt bekannt, dem Patienten aber unbekannt sind. Muss der Krankenhausträger darauf hinweisen, dass es andere Krankenhäuser gibt, in denen bereits eine bessere, modernere Methode mit geringeren Komplikationsraten eingesetzt wird? Muss das Krankenhaus darüber informieren, dass andernorts eine geringere Zwischenfallrate besteht? Dass in ihrem Haus die medizinischen Behandlungsstandards oder Hygienestandards unterschritten werden? Muss darüber informiert werden, dass die Standards zwar eingehalten werden, sich aber im Rahmen der Bandbreite am unteren Rand bewegen und fortgeschrittenen Anforderungen nicht standhalten? Muss über die Qualifikation des Operators aufgeklärt werden? Muss darauf hingewiesen werden, dass der zuständige Arzt noch unerfahren ist, wenig Praxiserfahrung besitzt oder es sich gar um einen Arztanfänger handelt? Muss der Patient darüber informiert werden, dass der zuständige Arzt in der Vergangenheit suboptimal gehandelt hat, dass bei ihm oft Komplikationen eingetreten sind oder dass er gegen medizinische Standards verstoßen hat oder sogar wegen eines Behandlungsfehlers

---

463 Siehe etwa BGH v. 10.3.1981 – NJW 1981, 2002 ff. = VersR 1981, 730 ff.
464 So ausdrücklich BGH v. 10.3.1981 – NJW 1981, 2002 ff. = VersR 1981, 730 ff.
465 OLG Köln v. 23.6.1994 – VersR 1995, 967 f.

verurteilt ist? Muss darauf hingewiesen werden, dass die Ausstattung mit sachlichen Mitteln (ältere Medizinprodukte, seltene Wartungsintervalle) oder personellen Mitteln (wenig Fortbildungen, schwach besetzter Nachtdienst, fehlende Ausbildung in schulmedizinischen – z.B Mikrochirurgie – oder alternativen – z.B. Akupunktur – Behandlungsmethoden, keine Verfügbarkeit bestimmter Spezialisten wie z.B. Kinderchirurg oder Neonatologe) suboptimal ist oder jedenfalls andernorts besser ausgestaltet ist?

Die Frage, ob über die oben genannten Punkte aufzuklären ist, wird in Literatur und Rechtsprechung kontrovers diskutiert. Viele dieser Aspekte wurden von der Rechtsprechung bislang noch gar nicht entschieden. Im Folgenden sollen die vorgenannten Fallgestaltungen einzeln behandelt werden. Unabhängig davon, wie die Antwort auf die Frage nach dem Bestehen einer Aufklärungspflicht aussieht, muss eines vorab klargestellt werden: Unter dem Aspekt einer umfassenden Information des Patienten über alle Umstände, die für eine selbstbestimmte Auswahlentscheidung relevant sind, ist die Kenntnis des Patienten von allen vorgenannten Umständen und Faktoren von wesentlicher Bedeutung. Im Licht des Selbstbestimmungsrechtes eines Patienten ist das Wissen über die ihn erwartende Qualität der Behandlung und über die andernorts bestehende möglicherweise bessere Behandlungsqualität von ganz erheblicher Wichtigkeit. 266

1. Die Aufklärung über mögliche zukünftige Behandlungsfehler

Die Aufklärung erstreckt sich grundsätzlich nur auf eine **lege artis** durchgeführte Maßnahme. Der Arzt muss **nicht** auf die Möglichkeit von Behandlungsfehlern hinweisen.[466] Im Falle eines späteren Behandlungsfehlers haftet der Arzt nur unter dem Gesichtspunkt des Behandlungsfehlers, wenn die hierfür erforderlichen Voraussetzungen erfüllt sind, nicht aber unter dem Gesichtspunkt der Aufklärungspflichtverletzung.[467] Der BGH wörtlich: 267

*„Der Arzt hat den Patienten nicht darüber aufzuklären, dass ihm etwaige Behandlungsfehler unterlaufen können, die bei Anwendung der gebotenen Sorgfalt vermeidbar sind, und die dann möglicherweise zu einem Gesundheitsschaden führen. Sinn der Risikoaufklärung ist es vielmehr, den Patienten über ihm nicht bekannte Risiken bei einer **ordnungsgemäßen** Behandlung zu informieren."*[468]

Umgekehrt befreit eine Aufklärung über mögliche Behandlungsfehler und eine daraufhin erfolgte Einwilligung des Patienten nicht von der Haftung wegen eines Behandlungsfehlers.[469] Der Arzt kann seine rechtliche und medizinische Verantwortung dafür, dass eine Behandlung nach den Regeln der ärztlichen Kunst durchgeführt wird, nicht dadurch auf den Patienten abwälzen, dass er diesen auf mögliche Fehler hinweist.[470] Eine medizinisch nicht indizierte oder behandlungsfehlerhaft durchgeführte ärztliche Maßnahme führt sogar dann zu einer Haftung des Arztes wegen eines Behandlungsfehlers, wenn er die Maßnahme nur aufgrund des ausdrücklichen Wunsches des Patienten und unter Hinweis auf die fehlende medizinische Indikation oder die Möglichkeit des 268

---

466 So etwa *Terbille/Schmitz-Herscheid*, NJW 2000, 1749, 1753.
467 *Geiß/Greiner*, C Rn 12; *Gehrlein*, C Rn 12; BGH v. 19.3.1985 – NJW 1985, 2193 = VersR 1985, 736; BGH VersR 1992, 358, 359; *Steffen/Dressler/Pauge*, Rn 374.
468 BGH v. 19.3.1985 – NJW 1985, 2193 = VersR 1985, 736.
469 *Geiß/Greiner*, C Rn 13; *Wendt*, 2001, 102.
470 *Steffen/Dressler/Pauge*, Rn 329.

Behandlungsfehlers durchgeführt hat.[471] Weitergehend nimmt die höchstrichterliche Rechtsprechung in derartigen Fällen, in denen der Patient den Arzt zu einer fehlerhaften Maßnahme veranlasst, sogar an, dass die erteilte Einwilligung des Patienten unwirksam ist und der Arzt sich wegen Körperverletzung strafbar macht.[472] Auch das nachhaltige Verlangen eines Patienten nach einer kontraindizierten Behandlung darf den Arzt nicht dazu veranlassen, eine solche Therapie vorzunehmen.[473]

269 Auch dann, wenn ein Patient ordnungsgemäß vom Arzt darüber aufgeklärt worden ist, dass der von ihm gewünschte Eingriff kontraindiziert ist und er gleichwohl auf der Durchführung der fraglichen Maßnahme beharrt, begründet dies kein Mitschulden des Patient. Zum Mitverschulden des Patienten gilt Folgendes:

> *„Grundsätzlich kann sich zwar auch der Arzt gegenüber dem Patienten, der ihn wegen ärztlicher Versäumnisse in Anspruch nimmt, darauf berufen, dass dieser den Schaden durch sein eigenes schuldhaftes Verhalten mitverursacht hat, weil er diejenige Sorgfalt außer Acht gelassen hat, die jeder verständige Mensch zur Vermeidung eigenen Schadens anzuwenden pflegt. Mit Rücksicht auf den Wissens- und Informationsvorsprung des Arztes gegenüber dem medizinischen Laien ist jedoch bei der Bejahung ein Mitverschulden begründender Obliegenheitsverletzungen des Patienten grundsätzlich Zurückhaltung geboten Wenn der Arzt auf ausdrücklichen Wunsch des Patienten eine Therapie anwendet, von der er als medizinischer Fachmann weiß, dass sie kontraindiziert ist, kann das Verlangen des Patienten nach Durchführung dieser Behandlung kein Mitverschulden begründen."*[474]

270 *Beispiele*
Die auf ausdrücklichen Wunsch des Patienten vorgenommene Extraktion aller noch vorhandener 18 Zähne ist behandlungsfehlerhaft, wenn 3 bis 7 der Zähne aus zahnmedizinischer Sicht sinnvoller Weise zu erhalten gewesen wären. Wegen insoweit fehlender Extraktionsindikation haftet der Arzt trotz ausdrücklicher Einwilligung des Patienten auch bei ordnungsgemäßer Aufklärung über die Möglichkeit der Zahnerhaltung unter dem Gesichtspunkt des Behandlungsfehlers.[475]

Der beklagte Augenarzt nahm auf ausdrücklichen Wunsch des Klägers bei diesem eine Laserbehandlung zur Behebung der Weitsichtigkeit vor. Diese war im konkreten Fall kontraindiziert und führte zu einer erheblichen, mit Sehhilfen nicht mehr korrigierbaren Beeinträchtigung der Sehfähigkeit. Das OLG Karlsruhe führte hierzu wörtlich aus: *„Ist eine Behandlung kontraindiziert, darf sie auch auf nachhaltigen Wunsch des Patienten nicht vorgenommen werden. ... Auch wenn die Operation auf den ausdrücklichen Wunsch des Klägers erfolgt sein sollte, begründet dies kein den Schmerzensgeldanspruch des Klägers minderndes Mitverschulden. Mit Rücksicht auf den Wissens- und Informationsvorsprung des Arztes gegenüber dem medizinischen Laien ist bei der Bejahung von ein Mitverschulden begründender Obliegenheitsverletzungen des Patienten grundsätzlich Zurückhaltung geboten. Aufgrund seiner Stellung und seines Wissensvorsprunges oblag es hier dem Beklagten, dem Klä-*

---

471 *Geiß/Greiner*, C Rn 13 und 3; BGH v. 22.2.1978 = NJW 1978, 1206; OLG Karlsruhe VersR 1987, 1147; OLG Nürnberg, VersR 1988, 299; OLG Oldenburg NJW-RR 1999, 1329; OLG Stuttgart VersR 1999, 1017.
472 So BGH v. 22.2.1978 – NJW 1978, 1206.
473 OLG Düsseldorf v. 16.11.2000 – 8 U 101/99, VersR 2002, 611.
474 OLG Düsseldorf v. 16.11.2000 – 8 U 101/99, VersR 2002, 611.
475 OLG Oldenburg VersR 1999, 1499, 1500.

ger nicht nur von einer weiteren Operation abzuraten, sondern diese auch zu verweigern."[476]

Ein Behandlungsfehler besteht auch dann, wenn die Indikation für den geplanten Eingriff zwar grundsätzlich gegeben ist, der gewählte Zeitpunkt aber auf Wunsch des Patienten aus medizinischer Sicht zu früh ist. 271

Beispiel 272
Der Patient leidet unter einer so genannten induratio penis plastica (Penisverkrümmung), die ihm eine Kohabitation unmöglich macht. Er begehrt deshalb die sofortige operative Korrektur. Der behandelnde Urologe weist den Patienten darauf hin, dass der Krankheitsprozess noch nicht abgeschlossen ist und deshalb bei einer Operation zum jetzigen Zeitpunkt mit aller Wahrscheinlichkeit ein Rückfall erfolgen wird. Aus ärztlicher Sicht sei es deshalb dringend ratsam, noch mehrere Wochen abzuwarten. Der Patient besteht jedoch nachdrücklich auf einer sofortigen Operation. Wenn der Arzt nunmehr auf Wunsch des Patienten operiert, haftet er unter dem Gesichtspunkt des Behandlungsfehlers, obwohl er den Patienten ordnungsgemäß über den zu frühen Zeitpunkt und das damit verbundene erhöhte Risiko hingewiesen und der Patient ausdrücklich eingewilligt hat.

Es bleibt zusammenfassend Folgendes festzuhalten: Die Haftung wegen eines Behandlungsfehlers und die Haftung wegen einer Aufklärungspflichtverletzung bestehen unabhängig von einander. Der Patient wird im Falle einer aus medizinischer Sicht fachlich unzulänglicher Behandlung ausreichend durch die Haftung für Behandlungsfehler geschützt.[477] Einer Haftung wegen eines Aufklärungsmangels bedarf es hierzu nicht. Die Haftung wegen eines Behandlungsfehlers wird nicht dadurch ausgeschlossen, dass der Arzt ordnungsgemäß aufgeklärt und auf die Regelwidrigkeit der Behandlung oder auf die Möglichkeit eines Behandlungsfehlers hingewiesen hat. Umgekehrt wird die Haftung wegen eines Aufklärungsmangels nicht dadurch ausgeschlossen, dass der Arzt nach den Regeln der ärztlichen Kunst behandelt und „alles richtig gemacht" hat. Es bedarf somit zweierlei um der medizinischen Maßnahme ihre Rechtswidrigkeit zu nehmen: Der medizinischen kunstgerechten Behandlung **und** der wirksamen Einwilligung. 273

In Ausnahmefällen besteht abweichend von der soeben dargestellten Unabhängigkeit von Behandlungsfehler und medizinischer Indikation auf der einen Seite und Einwilligung und ordnungsgemäßer Aufklärung auf der anderen Seite, eine situationsbedingte Verknüpfung zwischen beiden: 274

Es sind dies die Fälle, in denen die geplante Operation medizinisch indiziert ist, der Patient vor der Operation ordnungsgemäß aufgeklärt worden ist und eingewilligt hat, der Operateur dann jedoch intraoperativ vor eine ganz neue Situation gestellt wird. Hier stellt sich die Frage, wie der Operateur weiter vorgehen soll. Es gibt zwei Möglichkeiten: Er kann die Operation fortsetzen (soweit eine Fortsetzung medizinisch indiziert ist und er sie lege artis durchführt) oder er kann die Operation abbrechen, warten, bis der Patient aus der Narkose erwacht und sodann den Patienten über die geänderten Umstände und die mögliche neue Risikolage aufklären und sich die Einwilligung des Patienten für die Durchführung des Eingriffs unter den geänderten Voraussetzungen einholen. 275

---

476 OLG Karlsruhe v. 11.9.2002 – ArztR 2003, 253.
477 So *Terbille/Schmitz-Herscheid*, NJW 2000, 1749, 1753; BGH v. 27.9.1983 – NJW 1984, 655 ff. = VersR 1984, 60 ff.

276 Es ist hier zu differenzieren: Grundsätzlich hat der Arzt die Operation ohne die indizierte Erweiterung durchzuführen, denn für die Erweiterung der Operation fehlt die erforderliche Einwilligung des Patienten, die mangels Aufklärung über die geänderten Voraussetzungen unwirksam ist. Dies gilt jedenfalls dann uneingeschränkt, wenn die Operation ohne Gefahr für den Patienten unterbrochen bzw. abgebrochen werden kann. Wird der Patient durch den Abbruch oder die Unterbrechung der Operation hingegen mindestens ebenso gefährdet wie durch ein Operationsfortsetzung oder wäre der Abbruch oder die Unterbrechung medizinisch kontraindiziert, ist von einer sog. **„mutmaßlichen Einwilligung"** des Patienten auszugehen und der Eingriff fortzusetzen. Es hat somit eine Abwägung im Einzelfall zwischen dem Selbstbestimmungsrecht des Patienten und seiner damit verbundenen Entscheidungsfreiheit auf der einen Seite und der Mehrbelastung durch einen wiederholten Eingriff auf der anderen Seite zu erfolgen. In dieser Situation findet eine Verquickung zwischen Behandlungsfehler und Aufklärungspflicht statt: Wenn der Abbruch einer Operation behandlungsfehlerhaft wäre, entfällt die Aufklärungspflicht und das Selbstbestimmungsrecht des Patienten tritt hinter seinem Recht auf körperliche Unversehrtheit zurück.

277 Aufschlussreich hierzu ist die Entscheidung des BGH in folgendem Fall: Der Patient litt unter Schwerhörigkeit des rechten Ohrs. Der behandelnde Arzt stellte die Diagnose einer Otosklerose, bei welcher im weiteren Krankheitsverlauf auch das linke Ohr in Mitleidenschaft gezogen werden könnte. Nach ordnungsgemäßer Aufklärung und Einwilligung nahm der Arzt die besprochene Operation (Tympanotomie und Tympanoplastik) vor und stellte dann intraoperativ fest, dass keine Otosklerose bestand, sondern eine angeborene knöcherne Missbildung. Diese versuchte er nunmehr zu beseitigen und durchtrennte dabei versehentlich den atypisch verlaufenden Gesichtsnerv (nervus facialis). De Patient erlitt eine dauerhafte halbseitige Gesichtslähmung. Der BGH wörtlich:

> *„Das Berufungsgericht hat durchaus bedacht, welche Belastungen unter Umständen für den Patienten durch eine Unterbrechung oder einen Abbruch der Operation entstehen können, die aus Sicht des Arztes sinnvoller Weise fortgesetzt werden könnte. Es hat darin Recht, dass der Arzt, der während der Operation auf ein erhöhtes Operationsrisiko stößt, den Eingriff abbrechen muss, wenn er für seine Fortsetzung nunmehr mangels Aufklärung darüber keine wirksame Einwilligung des Patienten hat und die Operation ohne dessen Gefährdung unterbrochen oder abgebrochen werden kann, um die Einwilligung einzuholen. Allerdings mag es Fälle geben, in denen der Arzt die Einwilligung des Patienten voraussetzen kann, weil von ihm im Einzelfall vernünftigerweise unter Berücksichtigung der Belastungen, die ein wiederholter Eingriff für ihn bringen könnte, selbst bei Kenntnis des erhöhten Risikos keine andere Entscheidung erwartet werden kann, als die, dass er die Fortsetzung der Operation wünschen werde. Ein Abbruch der Operation wird deshalb dann nicht in Betracht kommen, wenn dies den Patienten mindestens ebenso gefährden würde, wie das Risiko, das in der Fortsetzung des Eingriffs liegt, wenn also der Abbruch der Operation medizinisch kontraindiziert ist. Im vorliegenden Fall kann indessen ein solcher Ausnahmefall nicht angenommen werden. Vielmehr hätte die Operation ohne schwerwiegende Folgen für den Kläger abgebrochen werden können. Es bestand kein Grund, seiner Entscheidung vorzugreifen, ob er das, wenn auch nur geringfügig, erhöhte Operationsrisiko eingehen wollte."*[478]

---

[478] BGH 2.11.1976 – NJW 1977, 337 = VersR 1977, 255.

Von diesen Ausnahmefällen abgesehen, hat es bei einer strikten Trennung zwischen den beiden Haftungsgründen „Behandlungsfehler" und „Aufklärungspflichtverletzung" zu bleiben. Behandlungsfehler und Aufklärungspflichtverletzung sind wesensverschieden und haben einen ganz anderen Schutzzweck. Abzulehnen ist deshalb die vom BGH teilweise beiläufig in Erwägung gezogene Vermischung beider Rechtsinstitute. So führte der BGH etwa im Falle einer Fersenoperation, die jedenfalls eine ernsthaft in Betracht kommende Behandlungsmethode darstellte und lege artis durchgeführt worden ist, bei welcher aber ein hohes (und nachher auch eingetretenes) Fehlschlagsrisiko bestand, über das unzureichend aufgeklärt worden ist, wörtlich Folgendes aus:

> „Gerade hier war der Erfolg der Operation durchaus zweifelhaft. Es handelt sich, wie der vom Berufungsgericht gehörte Sachverständige vor allem noch bei seiner mündlichen Anhörung ausgeführt hat, um eine von vornherein sehr schwierige Ausgangsposition, bei der ernsthaft zu überlegen war, ob man wegen des bestehenden Risikos auf eine Korrektur verzichten und den Zustand an der Ferse des Klägers belassen sollte. In einem solchen Falle muss der Operationsentschluss in besonderem Maße dem Patienten anheim gegeben werden. Dabei kommt das Wagnis der Operation ohne vorherige Diskussion aller für den gemeinsamen Entschluss von Arzt und Patient erheblicher Fakten schon einem ärztlichen Behandlungsfehler nahe: Fragen ärztlicher Kunst und Anforderungen an die Aufklärung des Patienten berühren sich hier."[479]

Diese Verquickung von Behandlungsfehler und Aufklärungspflichtverletzung ist weder dogmatisch nachvollziehbar noch besteht ein rechtliches Bedürfnis hierfür. War die Fersenoperation trotz des hohen Risikos eines Fehlschlags medizinisch indiziert (wie dies der medizinische Sachverständige festgestellt hat) und wurde sie lege artis durchgeführt, dann stellte ihre Durchführung keinen Behandlungsfehler dar. Die Frage der vom BGH – zu Recht – geforderten „ausführlichen Diskussion" zwischen Arzt und Patient betrifft allein die gebotene Aufklärung über die mit der Operation verbundenen Risiken. Je wahrscheinlicher die Gefahr des Fehlschlagens der Operation ist, desto intensiver ist der Patient aufzuklären und auf eben diesen Umstand hinzuweisen.

2. Die Aufklärung über die Qualifikation des behandelnden Arztes und über von diesem in der Vergangenheit begangene Behandlungsfehler

Viel problematischer als die (zu verneinende) Frage, ob der Patient über mögliche **zukünftige** Behandlungsfehler seines Operateurs oder eines anderen in seine Behandlung eingebundenen Arztes aufgeklärt werden muss (siehe Rn 265 ff.), ist die Frage, inwieweit der Patient ein Recht darauf hat, über die Qualifikation und mögliche **vergangene** Fehler des Operateurs aufgeklärt zu werden. Es ist evident, dass der Patient ein besonderes Interesse daran hat, über die Qualifikation, das Behandlungsgeschick und die Erfahrung des ihn behandelnden Arztes informiert zu werden. Nach ständiger Rechtsprechung ist der Patient im Rahmen der Risikoaufklärung über alle eingriffsspezifischen Risiken aufzuklären. Viel aufschlussreicher als die abstrakte Information, welche Risiken sich generell bei dem fraglichen Eingriff verwirklichen können, ist aber die Information, wie oft in der Vergangenheit gerade bei dem konkreten Operateur eine mögliche Komplikation eingetreten ist, wie oft dieser Operateur bereits gegen medizinische

---

[479] So BGH v. 23.9.1980 – NJW 1981, 633 f. = VersR 1980, 1145 ff.

Standards verstoßen hat. Für die Auswahlentscheidung des Patienten, ob er sich gerade von diesem Arzt operieren lassen will, ist die Antwort auf diese Frage von entscheidender Bedeutung.

281 In der Literatur wird diese Frage ebenso heftig wie kontrovers diskutiert.[480] Nach einer Ansicht, hat der Patient einen Anspruch darauf, von dem Arzt über frühere Behandlungsfehler aufgeklärt zu werden. Diese Ansicht stützt sich auf das Selbstbestimmungsrecht des Patienten. Danach will ein verständiger Patient darüber unterrichtet werden, ob dem mit seiner Behandlung betrauten Arzt zuvor Fehler unterlaufen sind, bevor er in eine Behandlung durch diesen Arzt einwilligt. Der Kenntnis des Patienten über die eingriffsbefugte Person und deren eingriffsrelevantes bisheriges Verhalten komme eine über den Normalfall hinausgehende Bedeutung zu.[481] Nur im Wissen um die Richtigkeit oder Unrichtigkeit der von dem Arzt bislang durchgeführten ärztlichen Maßnahmen könne der Patient eine wirksame Zustimmung erteilen. Eine mangelnde Aufklärung in dieser Hinsicht führe zur Unwirksamkeit der erteilten Einwilligung.[482]

282 Gegen diese Ansicht spricht Folgendes: Aus früheren Komplikationen kann zunächst nicht auf eine fehlende fachliche Qualifikation geschlossen werden.[483] Zunächst einmal gibt es eine Vielzahl von Risiken und Komplikationen, die der Arzt auch bei größtmöglicher Sorgfalt nicht vermeiden kann. Selbst dann, wenn bei einem Arzt besonders häufig Komplikationen aufgetreten sind, spricht dies nicht ohne weiteres gegen seine fachliche Qualifikation. Ursache dafür kann vielmehr sein, dass der betreffende Arzt gerade häufig mit besonders schwierigen und komplikationsträchtigen Fällen betraut wurde.

283 Weiterhin ist das Persönlichkeitsrecht des Arztes gegenüber dem Informationsrecht des Patienten abzuwägen. Kein Jurist würde auf die Idee kommen, von einem Rechtsanwalt zu verlangen, dass er einen Mandanten darüber informiert, wie viele Fälle er bislang vor Gericht verloren hat, wie viele Fristen er schuldhaft versäumt oder einen Sachverhalt rechtsfehlerhaft beurteilt hat und wie oft er in der Vergangenheit von seinen Mandanten erfolgreich unter dem Gesichtspunkt der Anwaltshaftung auf Schadensersatz in Anspruch genommen worden ist und wie viele Fälle er seiner Haftpflichtversicherung melden musste. Das Persönlichkeitsrecht des Arztes begrenzt hier den Auskunftsanspruch des Patienten. Wenn selbst ein verurteilter Straftäter sich nach Ablauf bestimmter Fristen als „nicht vorbestraft" bezeichnen darf und eine Verurteilung verschweigen darf, kann ein Arzt nicht dazu verpflichtet sein, jedem Patienten einen lückenlosen Bericht seines beruflichen Werdegangs und seiner fachlichen Erfolge oder Misserfolge abzuliefern und jeden etwaigen früheren Verstoß gegen ärztliche Standards zu offenbaren. Auf die Spitze getrieben: Selbstverständlich ist es für die Auswahlentscheidung des Patienten, wo und vom wem er sich behandeln lässt, von erheblicher Bedeutung, ob der betreffende Arzt derzeit gut in Form ist oder alkoholabhängig oder drogenabhängig ist, psychisch besonders unter Druck steht, in einer Ehekrise steckt oder

---

480 Vgl. etwa *Solbach*, JA 1986, 419 ff.; *Taupitz*, NJW 1992, 713 ff.; *Heilmann*, NJW 1990, 1513 ff.; *Hart*, MedR 1999, 47 ff.; *Terbille/Schmitz-Herscheidt*, NJW 2000, 1749 ff.
481 So *Taupitz*, NJW 1992, 713, 717.
482 So ausdrücklich *Solbach*, JA 1986, 419, 420 und 421; zögerlich bejahend *Taupitz*, NJW 1992, 713, 717 mit der Einschränkung, dass der Arzt nur ein früheres Fehlverhalten zu offenbaren hat, „wenn das Fehlverhalten ein Glied in einer Kette gleichartiger Vorfälle darstellt, woraus sich eine generelle Unfähigkeit des Arztes zur ordnungsgemäßen Behandlung des entsprechenden Zustandes oder zumindest ein signifikant übernormal großes Risiko für den Patienten ableiten ließe." Dagegen *Terbille/Schmitz-Herscheidt*, NJW 2000, 1749, 1753.
483 So auch *Terbille/Schmitz-Herscheidt*, NJW 2000, 1749, 1753.

suizidgefährdet ist. Das Persönlichkeitsrecht des Arztes begrenzt hier das Selbstbestimmungsrecht des Patienten.

Darüber hinaus ist zu beachten, dass ein Arzt sich durch die Offenlegung eines Behandlungsfehlers dem Risiko einer strafrechtlichen Verfolgung wegen fahrlässiger Körperverletzung aussetzen würde. Es gilt jedoch auch für Ärzte der Grundsatz des nemo tenetur se ipsum accusare, wonach niemand verpflichtet ist, sich selbst zu belasten.[484]

Entscheidend ist aber folgender Gesichtspunkt: Der Patient bedarf zu seinem rechtlichen Schutz keiner entsprechenden Aufklärungspflicht des Arztes über dessen Qualifikation und über vergangene Behandlungsfehler. Ist der Arzt fachlich für einen bestimmten Eingriff nicht ausreichend qualifiziert und führt er den Eingriff trotzdem durch, haftet er unter dem Gesichtspunkt des Übernahmeverschuldens. Ein Arzt der für eine bestimmte Operation nicht ausreichend qualifiziert ist, soll den Patienten nicht über seine Minderqualifikation aufklären, sondern den Eingriff überhaupt nicht durchführen. Verstößt der Arzt bei der Behandlung des Patienten gegen medizinische Standards, haftet er unter dem rechtlichen Aspekt des Behandlungsfehlers.[485] Es gilt insoweit dasselbe, was bereits unter Rn 265 ff. zur Frage einer Aufklärungspflicht des Arztes über zukünftige Behandlungsfehler ausgeführt wurde: Vor Behandlungsfehlern des Arztes wird der Patient ausreichend durch das Rechtsinstitut der Haftung für Behandlungsfehler geschützt. Es bedarf zum Schutz des Patienten nicht der fragwürdigen Konstruktion einer Aufklärungspflichtverletzung.

Der BGH hat dies ausdrücklich in einem vergleichbaren Fall entschieden. Dabei wurde ein noch in der Facharztausbildung befindlicher, unerfahrener Assistenzarzt ohne Aufsicht mit einer Lymphknotenoperation am Hals betraut. Bei der Exstirpations des Lymphknotens wurde der nervus accessorius verletzt, was eine Rückbildung der Schultermuskulatur der Patientin zur Folge hatte. Die Patientin rügte eine Aufklärungspflichtverletzung. Sie machte geltend, dass sie der Operation nie zugestimmt hätte, wenn sie zuvor über den Ausbildungsstand des erstbeklagten Assistenzarztes aufgeklärt worden wäre. Der BGH stellt fest, dass im Vordergrund hier nicht die mangelnde Aufklärung steht. „In erster Linie liegt vielmehr in einer solchen Maßnahme, wenn sie den Patienten zusätzlich gefährden kann, ein Verstoß gegen die bei der Behandlung des Patienten geschuldete ärztliche Sorgfaltspflicht; in diesem Sinne steht ein ärztlicher Behandlungsfehler in Frage."[486] Mit dieser Begründung hat der BGH eine Haftung unter dem Gesichtspunkt der Aufklärungspflichtverletzung abgelehnt. Dem ist mit der obigen Begründung vollumfänglich zuzustimmen. Dasselbe gilt für alle anderen Ausbildungsmängel oder Qualitätsdefizite des behandelnden Arztes. Eine Aufklärungspflicht besteht hier nicht. Hält der Arzt die medizinischen Standards nicht ein, haftet er ausschließlich unter dem rechtlichen Gesichtspunkt des Behandlungsfehlers.

3. Die Aufklärung nach der Behandlung über einen hierbei eingetretenen Behandlungsfehler oder ein verwirklichtes Risiko

Während es in den beiden vorherigen Abschnitten um die Frage einer zeitlich **vor** der Behandlung zu erfolgenden Aufklärung über Behandlungsfehler ging, wird in diesem Abschnitt dargestellt, ob der Patient **nach** durchgeführter Behandlung darüber aufgeklärt werden muss, dass sich **bei** der Behandlung ein Behandlungsfehler ereignet hat.

---

484 So etwa *Laufs/Uhlenbruck*, § 65 Rn 14 und 15.
485 So *Terbille/Schmitz-Herscheidt*, NJW 2000, 1749, 1753.
486 So wörtlich BGH v. 27.9.1983 – NJW 1984, 655 ff. = VersR 1984, 60 ff.

In den ersten beiden Abschnitten geht es somit um Informationen, die für die Entscheidung des Patienten, **ob** und **wo** er sich einer bestimmten Behandlung unterziehen soll, von Bedeutung sind. Es geht damit um Inhalt und Umfang des Selbstbestimmungsrechtes. Vorliegend hat der Patient sich bereits für die Durchführung der Behandlungsmaßnahme entschieden und die Maßnahme ist schon durchgeführt. Die Information über dabei stattgefundene Behandlungsfehler kann folglich offensichtlich **nicht** mehr die Frage betreffen, ob der Patient die Maßnahme durchführen lassen soll. Es geht somit anders als in den beiden vorherigen Abschnitten weder um die Entscheidungsfreiheit des Patienten noch um sein Selbstbestimmungsrecht. Mithin kann eine entsprechende Aufklärungspflicht des Arztes auch nicht aus dem Selbstbestimmungsrecht abgeleitet werden. Fraglich ist, ob es aus einem anderen Rechtsgrund eine Anspruchsgrundlage für eine Aufklärungspflicht des Arztes gibt. Hierbei sind mehrere Fallkonstellationen zu unterscheiden:

a) Die Aufklärungspflicht als Hauptleistungspflicht

288
Beispiel
Der Hausarzt überweist einen Patienten zum Radiologen. Dieser entdeckt bei der von ihm durchgeführten Röntgenuntersuchung eine abgebrochene Injektionsnadel.[487]

289
In diesen Fällen ist nicht nur die Durchführung der Röntgenaufnahme vom Radiologen geschuldet, sondern auch deren Auswertung. Inhalt des zwischen Patient und Radiologen abgeschlossenen Behandlungsvertrages ist es gerade, dass dieser einen Befund erhebt und dann eine Diagnose stellt. Hier geht es also gerade um die mit jedem Behandlungsvertrag einhergehende Diagnoseaufklärung. Aus dieser Pflicht zur Diagnosestellung und Aufklärung des Patienten über die gestellte Diagnose folgt somit, dass der Radiologe den Patienten darüber aufzuklären hat, dass sich in seinem Körper eine abgebrochene Injektionsnadel befindet. Eine rechtliche Bewertung dieser Tatsache schuldet der Radiologe indes nicht. Die Aufklärungspflicht beschränkt sich auf die Mitteilung des Befundes und die sich daraus ergebenden medizinischen Konsequenzen. Eine Rechtsberatung ist dagegen nicht Gegenstand des Behandlungsvertrages.

b) Die Aufklärungspflicht unter dem Gesichtspunkt der therapeutischen Sicherungsaufklärung

290
Bei Durchführung einer Behandlungsmaßnahme kann sich eine Komplikation ereignen, die ihrerseits behandlungsbedürftig ist oder werden kann.

291
Beispiel
Nach einer Operation bleibt ein Fremdkörper im Körper des Patienten zurück. In diesem Fall hat der Arzt den Patienten auf diese Tatsache hinzuweisen, damit der Patient sich bei später möglicherweise auftretenden Beschwerden zielgerichtet behandeln lassen kann.[488]

---

487 Fallbeispiel von *Solbach*, JA 1986, 419, 420.
488 OLG Stuttgart VersR 1989, 632 ff.; *Wendt*, S. 92; *Laufs/Uhlenbruck*, § 100 Rn 33; OLG Saarbrücken v. 4.7.1984, AHRS 6450/22.

292 Hier geht es um einen Fall der therapeutischen Sicherungsaufklärung (siehe Rn 240 ff.). Eine Information des Patienten durch den Arzt ist hier unter dem Aspekt der therapeutischen Sicherungsaufklärung erforderlich, da der ärztliche Hinweis aus medizinischen Gründen für das gesundheitliche Wohl des Patienten erforderlich ist.[489] Dies gilt unabhängig davon, ob es sich um einen eigenen Behandlungsfehler handelt oder um den Fehler eines Kollegen. „Kein Arzt, der es besser weiß, darf sehenden Auges eine Gefährdung seines Patienten hinnehmen, wenn ein anderer Arzt seiner Ansicht nach etwas falsch gemacht hat oder er jedenfalls den dringenden Verdacht haben muss, es könne ein Fehler vorgekommen sein. Das gebietet der Schutz des dem Arzt anvertrauten Patienten."[490]

293 Für diese Aufklärungspflicht des Arztes spielt es indes **keine** Rolle, ob die weitere Behandlungsbedürftigkeit des Patienten aus einem Behandlungsfehler resultiert oder aus einer eingetretenen Komplikation, die auch bei größtmöglicher Sorgfalt unvermeidbar war. Ist bei einer vorherigen Behandlung ein Umstand eingetreten, der eine weitere Behandlung erforderlich macht, ist der Patient unter dem Gesichtspunkt der therapeutischen Sicherungsaufklärung darüber aufzuklären. Diese Aufklärungspflicht beschränkt sich aber auf die Mitteilung der eingetretenen Tatsachen und der sich hieraus ergebenden Behandlungsbedürftigkeit. Der Patient hat keinen Anspruch auf eine rechtliche Bewertung, d.h. er muss nicht darüber informiert werden, dass die eingetretene Komplikation auf einem ärztlichen Fehlverhalten beruht und als Behandlungsfehler zu qualifizieren ist. Sinn und Zweck der therapeutischen Sicherungsaufklärung ist allein die Wahrung des gesundheitlichen Wohls des Patienten. Sie bezweckt hingegen nicht den Schutz seiner rechtlichen und wirtschaftlichen Interessen. Unter medizinischen Gesichtspunkten spielt es indes keine Rolle, ob der bestehende Gesundheitszustand des Patienten bei einem anderen Verhalten des Arztes vermeidbar gewesen wäre.[491] Aus der therapeutischen Sicherungsaufklärung kann sich daher keine Aufklärungspflicht des Arztes über Umstände ergeben, die für das gesundheitliche Wohl des Patienten irrelevant sind.[492]

294 *Beispiel*
Anhand der histologischen Diagnostik ergibt sich, dass ein Karzinom operativ nicht vollständig ausgeräumt wurde. Unter dem Gesichtspunkt der therapeutischen Sicherungsaufklärung hat der Arzt den Patienten darüber aufzuklären, dass sich ein Teil des Tumors noch im Körper befindet, welche gesundheitlichen Gefahren sich hieraus ergeben und welche medizinischen Maßnahmen nunmehr indiziert sind. Dagegen hat der Arzt den Patienten nicht darüber zu informieren, ob von vornherein hätte weiträumiger operiert werden müssen und hierdurch gegen die Regeln der ärztlichen Kunst verstoßen worden ist.[493]

---

489 *Laufs/Uhlenbruck*, § 100 Rn 33; OLG Saarbrücken v. 4.7.1984, AHRS 6450/22; OLG Koblenz NJW 2000, 3435 ff.; *Terbille/Schmitz-Herscheidt*, NJW 2000, 1749, 1753.
490 So wörtlich BGH v. 8.11.1988 – NJW 1989, 1536 ff. = VersR 1989, 186 ff.; ebenso *Terbille/Schmitz-Herscheidt*, NJW 2000, 1749, 1753.
491 So *Taupitz*, NJW 1992, 713, 715.
492 Ebenso *Terbille/Schmitz-Herscheidt*, NJW 2000, 1749, 1753; *Taupitz*, NJW 1992, 713.
493 Beispiel nach *Taupitz*, NJW 1992, 713, 715.

c) Die Aufklärungspflicht unter dem Gesichtspunkt des allgemeinen Persönlichkeitsrechts

295 Die therapeutische Sicherungsaufklärung betrifft die Fälle, in denen sich bei der Durchführung einer Behandlungsmaßnahme ein Behandlungsfehler oder eine Komplikation ereignet und deswegen eine weitere Behandlung erforderlich wird. Fraglich ist, ob der Patient einen Anspruch auf Aufklärung darüber hat, dass bei seiner Behandlung ein Behandlungsfehler vorgekommen ist oder sich ein Risiko verwirklicht hat, wenn sich daraus keine weitere Behandlungsbedürftigkeit ergibt oder zumindest der Hinweis auf die Ursache zum gesundheitlichen Wohl des Patienten nicht erforderlich ist. Hier gilt Folgendes: Aus dem allgemeinen Persönlichkeitsrecht des Patienten folgt, dass der Patient vom Arzt Auskunft über den Behandlungsverlauf verlangen kann. Der Patient hat das Recht, vom Arzt zu erfahren, wie eine Operation abgelaufen ist und was mit seinem Körper passiert ist. Aus dem allgemeinen Persönlichkeitsrecht des Patienten lässt sich deshalb eine Anspruch des Patienten auf Einsicht die Krankenunterlagen des Arztes ableiten. Es macht aus rechtlicher Sicht jedoch keinen Unterschied, ob der Arzt verpflichtet ist, den Operationsverlauf einschließlich aller Zwischenfälle und Komplikationen zu dokumentieren und der Patient sodann Einblick in diese Dokumentation verlangen kann[494] oder ob der Patient vom Arzt unmittelbar mündliche Auskunft verlangt.

296 Sachlich entsprechen sich beide Fallvarianten, so dass sie rechtlich gleich zu behandeln sind.[495] Es ist somit festzuhalten, dass der Arzt rechtlich verpflichtet ist, dem Patienten auf dessen Nachfrage hin Auskunft über alle bei seiner Behandlung eingetretenen Komplikationen und Zwischenfälle zu geben. Diese Auskunftspflicht umfasst indes wiederum lediglich eine Information über den objektiven Behandlungsverlauf. Das Persönlichkeitsrecht gewährt dem Patienten das Recht, darüber informiert zu werden, was **tatsächlich** passiert ist. Der Patient hat damit ein Recht auf Mitteilung der Fakten, nicht aber auf eine rechtliche Bewertung der Fakten. Mithin besteht unter dem Blickwinkel des **Persönlichkeitsrechts** keine Pflicht des Arztes auf Offenbarung, dass der Zwischenfall einen Verstoß gegen die Regeln der ärztlichen Kunst darstellt oder durch einen Behandlungsfehler verursacht worden ist.[496]

d) Die Aufklärungspflicht unter dem Gesichtspunkt der wirtschaftlichen Aufklärung

297 Wie in Rn 225 ff. dargelegt, folgt aus dem Behandlungsvertrag in beschränktem Umfang auch eine Pflicht des Arztes zur Wahrung der Vermögensinteressen des Patienten. Dies folgt daraus, dass der Arzt auch bezüglich der finanziellen Folgen der Behandlung gegenüber dem Patienten über ein überlegenes Wissen verfügt. Aufgrund dieses Informationsgefälles beschränkt sich aus Treu und Glauben die Pflicht des Arztes nicht nur

---

[494] Siehe zur Dokumentationspflicht und zum Einsichtsrecht OLG Saarbrücken v. 4.7.1984 – AHRS 6450/22; OLG Koblenz NJW 2000, 3435 ff.; *Wendt*, S. 92 f.
[495] Ebenso *Terbille/Schmitz-Herscheidt*, NJW 2000, 1749, 1753.
[496] Anderer Ansicht *Terbille/Schmitz-Herscheidt*, NJW 2000, 1749, 1753 mit dem Hinweis darauf, dass gerade diese Information entscheidend für das Bestehen eines Behandlungsfehlers ist. Dem ist jedoch zu entgegnen, dass aus der Tatsache, dass eine Information für eine Partei von Bedeutung ist noch lange nicht folgt, dass diese Partei auch einen entsprechenden Auskunftsanspruch besitzt. Daraus kann allenfalls geschlossen werden, dass ein Auskunftsanspruch nicht mangels Rechtsschutzinteresses ausscheidet. Das Interesse alleine kann keinen Anspruch begründen. Das Persönlichkeitsrecht des Patienten stellt jedenfalls keine ausreichende Anspruchsgrundlage für einen derartigen Auskunftsanspruch dar.

auf die kunstgerechte Behandlung, sondern umfasst auch in gewissem Umfang eine Beratung über die wirtschaftlichen Folgen der Behandlung. Der BGH hierzu wörtlich: „Der Patient hat vielmehr Anspruch darauf, dass ihm auch da geholfen und geraten wird, wo er solchen Rat und solche Hilfe offensichtlich benötigt und wo andererseits die Bediensteten des Krankenhauses aus ihrer beruflichen Stellung heraus ein Expertenwissen haben."[497] Fraglich ist, ob diese aus Treu und Glauben resultierende partielle finanzielle Fürsorgepflicht auch eine Auskunftspflicht des Arztes umfasst, dem Patienten ungefragt einen von ihm begangenen Behandlungsfehler zu offenbaren, damit der Patient in die Lage versetzt wird, die ihm zustehenden Schadensersatzansprüche geltend zu machen. Diese Frage ist in der Literatur heftig umstritten,[498] während sich die Rechtsprechung soweit ersichtlich bislang kaum mit dieser Fragestellung befasst hat.[499]

Eine Ansicht befürwortet eine Offenbarungspflicht des Arztes und begründet dies mit den Pflichten der Angehörigen anderer freier Berufe.[500] Diese Meinung verweist darauf, dass bei Architekten, Steuerberatern und Rechtsanwälten in Rechtsprechung und Literatur seit langem anerkannt ist, dass eine vertragliche Nebenpflicht besteht, den Vertragspartner auf eigene Fehler hinzuweisen. Das Informationsinteresse des Patienten als Geschädigten sei bei einer vorzunehmenden Güterabwägung höher zu bewerten, als das Geheimhaltungsinteresse des Arztes, sich der eigenen Haftung möglichst zu entziehen. Aus Treu und Glauben sei der Arzt deshalb verpflichtet, den Patienten ungefragt über eigene Behandlungsfehler zu informieren.[501]

298

Die Gegenmeinung lehnt eine derartige Fehleroffenbarungspflicht des Arztes dagegen ab. Sie meint, dass die Rechtsprechung zu Hinweispflichten von Architekten, Rechtsanwälten und Steuerberatern auf Ärzte nicht anwendbar sei. Zur Begründung verweist sie zu Recht darauf, dass Ärzte sich anders als Architekten, Rechtsanwälte und Steuerberater durch die Offenlegung eines **Behandlungsfehlers** dem Risiko einer strafrechtlichen Verfolgung wegen fahrlässiger Körperverletzung aussetzen. Es gelte jedoch auch für Ärzte der Grundsatz des nemo tenetur se ipsum accusare, wonach niemand verpflichtet ist, sich selbst zu belasten.[502] Gegen die Übertragung der Rechtsprechung zu Offenbarungspflichten von Rechtsanwälten und Steuerberatern auf Ärzte wird darüber hinaus eingewandt, dass bei ersteren die rechtliche Beratung des Mandanten gerade zum Kernbereich der Vertragsbeziehung gehöre, während beim Arzt-Patienten-Verhältnis die Behandlung die Hauptleistungspflicht des Arztes sei und die Vermögensbetreuungspflicht des Arztes allenfalls eine ganz untergeordnete und weit entrückte Nebenpflicht darstelle. Insoweit seien die Vertragsverhältnisse von Rechtsanwälten und Steuerberatern einerseits und Ärzten andererseits nicht vergleichbar.[503] Beiden Argumenten ist zuzustimmen. Entscheidend gegen die Annahme einer Offenbarungspflicht ist jedoch, dass eine derartige Pflicht des Arztes für den tatsächlichen Schutz des Patienten in der Praxis bedeutungslos ist. Ein Arzt kann einer Pflicht zur Offenbarung eines von

299

---

497 BGH v. 27.10.1987 – NJW 1988, 759 ff. = VersR 1988, 272 ff.
498 Vgl. *Solbach*, JA 1986, 419 ff.; *Taupitz*, NJW 1992, 713 ff.; *Heilmann*, NJW 1990, 1513 ff.; *Hart*, MedR 1999, 47 ff.; *Terbille/Schmitz-Herscheidt*, NJW 2000, 1749 ff.; *Laufs/Uhlenbruck*, § 65 Rn 14 ff.
499 Das OLG Hamm hat in einer Entscheidung v. 19.9.1984 – VersR 1985, 348, 349 ausgeführt, ein Arzt auch unter Berücksichtigung des besonderen, zwischen Arzt und Patient bestehenden Vertrauensverhältnisses „nicht treuwidrig handelt, wenn er, ohne die Tatsachen zu verschweigen oder zu verdrehen, ein schuldhaftes Fehlverhalten leugnet. Eine Begründung hierfür enthält die Entscheidung indes nicht.
500 So *Terbille/Schmitz-Herscheidt*, NJW 2000, 1749, 1754 ff.
501 So *Terbille/Schmitz-Herscheidt*, NJW 2000, 1749, 1755 f.
502 So etwa *Laufs/Uhlenbruck*, § 65 Rn 14 und 15.
503 So *Solbach*, JA 1986, 419, 422; *Taupitz*, NJW 1992, 713, 716 f.

ihm begangenen Behandlungsfehlers nämlich nur nachkommen, wenn er selbst positiv weiß, dass er durch sein Verhalten gegen medizinische Standards oder gegen medizinische Erkenntnisse verstoßen hat. Wer die forensische Praxis des Arzthaftungsrechts kennt, weiß, dass dies nie der Fall ist. Kein Arzt handelt bewusst behandlungsfehlerhaft, sondern er ist davon überzeugt, dass er zumindest aus der ex ante Sicht korrekt behandelt hat. Ansonsten hätte er nämlich nicht die tatsächlich getroffene Vorgehensweise gewählt, sondern den Patienten anders behandelt.

300

Beispiel

Ein Arzt untersucht einen verunfallten Patienten und kommt nach einer Röntgenkontrolle zu dem Ergebnis, dass lediglich eine Distorsion vorliegt. Nach zwei Wochen veranlasst der Arzt wegen anhaltender Beschwerden eine Kontrollröntgenaufnahme. Diese zeigt, dass eine Fraktur vorliegt.

301

Unter drei Aspekten kommt hier ein Behandlungsfehler in Betracht: Bereits auf den ersten Röntgenaufnahmen wäre die Fraktur nach dem anzuwendenden Facharztstandard ersichtlich gewesen, der behandelnde Arzt hat die Aufnahmen indes fehlerhaft ausgewertet (Diagnoseirrtum). Aufgrund des klinischen Erscheinungsbildes hätte statt oder zusätzlich zu der normalen Röntgenkontrolle eine Quartettaufnahme oder eine Kernspintomographie vorgenommen werden müssen (Unterlassung gebotener Diagnosemaßnahmen). Der behandelnde Arzt hätte früher als tatsächlich geschehen eine Kontrolldiagnostik einleiten müssen.

302

Der behandelnde Arzt wird die Ansicht vertreten, dass er lege artis behandelt hat: Die Fraktur sei auf den ersten Röntgenbildern nicht erkennbar. Wäre sie erkennbar gewesen, hätte er selbstverständlich eine entsprechende Behandlung vorgenommen. Eine Kernspintomographie sei nach dem anzuwendenden Facharztstandard nicht geboten gewesen und die normale zweischichtige Röntgenkontrolle ausreichend. Eine frühzeitigere Kontrolluntersuchung sei nicht erforderlich gewesen und selbst wenn sie durchgeführt worden wäre, hätte sie keinen Aufschluss gebracht, da eine entsprechende Auswirkung auf die Knochen erst nach zwei Wochen auf dem Röntgenbild manifest werde. Unabhängig vom Ergebnis eines späteren Sachverständigengutachtens und von der Vorgehensweise anderer Mediziner ist gerade dieser behandelnde Arzt überzeugt davon, nach dem Stand der medizinischen Wissenschaft gehandelt zu haben. Genau so sind alle Arzthaftungsstreitigkeiten gelagert, so dass eine Offenbarungspflicht des Arztes in der Praxis leer laufen würde.

4. Die Aufklärung über die Beteiligung eines Arztanfängers

303

Es ist evident, dass der Patient an Interesse daran hat, über die Qualifikation des Operateurs oder sonst wie in seine Behandlung eingebundenen Arztes informiert zu werden. Jeder Patient wird sich wünschen, von einem besonders erfahrenen und kompetenten Arzt behandelt zu werden und kein Patient möchte als Versuchskaninchen für die ersten Übungsschnitte eines Berufsanfängers dienen. Unter dem Aspekt des Selbstbestimmungsrechts des Patienten besteht deshalb in jedem Fall ein berechtigtes Interesse an einer entsprechenden Aufklärung.[504] Fraglich ist deshalb, ob der Patient ungefragt über die Qualifikation und Erfahrung des behandelnden Arztes aufgeklärt werden muss bzw.

---

[504] Eine Aufklärungspflicht wird deshalb von *Hart*, MedR 1999, 47, 48 bejaht: „Es geht um die Gewährleistung der informationellen Voraussetzungen der Entscheidung über eine angemessene Behandlung und dazu gehört auch die Information über die persönliche – nur: unterstandardgemäße – Qualifikation des behandelnden Arztes."

B. Die ärztliche Aufklärungspflicht § 12

ob er zumindest darauf hinzuweisen ist, wenn ein Arztanfänger mit seiner Behandlung, insbesondere seiner Operation betraut werden soll. Das Problem ähnelt der oben behandelten Fragestellung nach einer Aufklärungspflicht über frühere Behandlungsfehler des Arztes.

Der BGH hat eine Aufklärungspflicht ausdrücklich in abgelehnt. In einem vom BGH entschiedenen Fall wurde ein noch in der Facharztausbildung befindlicher, unerfahrener Assistenzarzt ohne Aufsicht mit einer gefahrträchtigen Operation am Hals betraut, bei deren Ausführung es zu einer Nervverletzung kam. Die Patientin rügt eine Aufklärungspflichtverletzung. Sie macht geltend, dass sie der Operation nie zugestimmt hätte, wenn sie zuvor über den Ausbildungsstand des erstbeklagten Assistenzarztes aufgeklärt worden wäre. Der BGH stellt fest, dass im Vordergrund hier nicht die mangelnde Aufklärung steht. „In erster Linie liegt vielmehr in einer solchen Maßnahme, wenn sie den Patienten zusätzlich gefährden kann, ein Verstoß gegen die bei der Behandlung des Patienten geschuldete ärztliche Sorgfaltspflicht; in diesem Sinne steht ein ärztlicher Behandlungsfehler in Frage."[505] Mit dieser Begründung hat der BGH eine Haftung unter dem Gesichtspunkt der Aufklärungspflichtverletzung abgelehnt. 304

Dem BGH ist zuzustimmen. Der Patient wird im Falle einer aus medizinischer Sicht fachlich unzulänglicher Behandlung ausreichend durch die Haftung für Behandlungsfehler geschützt.[506] Durch die Tatsache, dass ein unerfahrener Berufsanfänger die fragliche Behandlungsmaßnahme durchführt, wird der anzulegende Maßstab nicht gesenkt. Auch der Anfänger hat den Standard eines erfahrenen Facharztes einzuhalten. Der BGH führt hierzu wörtlich aus: 305

> „Die ausbildenden Ärzte müssen aber, bevor sie dem jungen Arzt die eigenverantwortliche Durchführung der Operation übertragen, vorher nach objektiven Kriterien prüfen und danach zu dem ärztlich vertretbaren Ergebnis kommen können, dass für den Patienten dadurch kein zusätzliches Risiko entsteht. Immer muss der Standard eines erfahrenen Chirurgen gewährleistet sein."

Hält der Arzt (auch der Anfänger) die medizinischen Standards nicht ein, haftet er ausschließlich unter dem rechtlichen Gesichtspunkt des Behandlungsfehlers. Die Haftung wegen eines Behandlungsfehlers und die Haftung wegen einer Aufklärungspflichtverletzung sind strikt von einander zu trennen. Der Patient muss deshalb nicht auf die Beteiligung eines Arztanfängers hingewiesen werden. Vor einer mangelnden Qualifikation des Anfängers wird der Patient hinreichend durch die Haftung für Behandlungsfehler geschützt.[507] 306

Hinzu kommt folgende Überlegung: Wenn ein Patient im vorhinein darüber informiert werden müsste, dass bei mit seiner Operation ein Berufsanfänger betraut werden soll, wäre kaum ein Patient damit einverstanden. Jeder Patient möchte, dass er von einem besonders erfahrenen Arzt behandelt wird. Das gilt besonders für Operationen, denn hierbei ist der in der Narkose befindliche Patient dem Arzt in besonderem Maße hilflos und schutzlos ausgeliefert. Wenn aber nur noch erfahrene Ärzte operieren, werden noch unerfahrene Ärzte daran gehindert, ihrerseits Erfahrungen zu sammeln. Eine ordnungsgemäße Ausbildung der nachfolgenden Ärztegenerationen wäre ausgeschlossen und mit dem Ruhestand der derzeit noch erfahrenen Ärzte, stünden keine erfahrenen 307

---

[505] So wörtlich BGH v. 27.9.1983 – NJW 1984, 655 ff. = VersR 1984, 60 ff.
[506] So *Terbille/Schmitz-Herscheidt*, NJW 2000, 1749, 1753; BGH v. 27.9.1983 – NJW 1984, 655 ff. = VersR 1984, 60 ff.
[507] BGH v. 27.9.1983 – NJW 1984, 655 ff. = VersR 1984, 60 ff.; *Geiß/Greiner*, C Rn 14; *Gehrlein*, C Rn 12.

Kräfte mehr zur Verfügung. Ein funktionierende Gesundheitsversorgung ist deshalb darauf angewiesen, dass irgendwann jeder hierfür qualifizierte Berufsanfänger (wenn auch unter sachkundiger Überwachung seines Ausbilders) die ersten Schritte unternimmt. Die Verpflichtung zur Aufklärung über eine mangelnde berufliche Erfahrung des für die Behandlung vorgesehenen Arztes würde somit eine geordnete Medizinerausbildung unmöglich machen.

5. Die Aufklärung über ein Unterschreiten des medizinischen Standards

308 Fraglich ist, ob der Patient darauf hingewiesen werden muss, dass ein Arzt oder ein Krankenhaus den zu fordernden anerkannten medizinischen Standard nicht einhält. Die ältere Rechtsprechung hat dies in mehreren Entscheidungen bejaht.[508] In dem haarsträubenden, vom OLG Köln entschiedenen Fall wurde die Klägerin wegen einer beidseitigen habituellen Patellaluxation (anlagebedingten Kniescheibenverrenkung) operiert. Während des stationären Aufenthaltes erkitt sie eine eitrige Zellgewebsentzündung im Bereich des rechten Beins, eine Knochenmarksentzündung, einen schweren Leberschaden und ein Nierenversagen. Ausgelöst wurde dies durch eine Infektion mit dem Erreger staphylococcus aureus. Die Klägerin macht geltend, dass die Gesundheitsschäden darauf zurückzuführen sind, dass wegen stattfindender Umbauarbeiten unhygienische Verhältnisse geherrscht haben und sich sowohl im Operationssaal als auch im Krankenzimmer Ratten, Tauben, Kakerlaken und sonstiges Ungeziefer befunden haben. Das OLG hat festgestellt, dass die Klägerin durch die nicht ausreichenden hygienischen Bedingungen einer unzumutbaren Infektionsgefahr ausgesetzt war. Nach Auffassung des OLG liegt deshalb eine Aufklärungspflichtverletzung vor, denn der Krankenhausträger „war verpflichtet, dafür zu sorgen, dass die Klägerin unmissverständlich auf die beschränkten und beanstandeten Verhältnisse des Krankenhauses hingewiesen wurde, zumal die Operation nicht dringend notwendig war und ohne weiteres hätte verschoben werden können."[509]

309 Ein ähnlicher Sachverhalt lag dem vom BGH entschiedenen Fall zugrunde. Die Mutter der Klägerin wurde im Krankenhaus der Beklagten zur Entbindung aufgenommen. Die Entbindung der Klägerin erfolgte ohne Probleme. In den ersten Lebenstagen fügte die Klägerin sich leichte Kratzwunden zu, die mit Penatencreme behandelt wurden. Ausgelöst durch den Erreger staphylococcus aureus zog die Klägerin sich eine Infektion dieser leichten Kratzwunden zu. Es kam zu einem schweren septischen Zustand mit akuten Knochenmarkseiterungen und Gelenkergüssen. Als Dauerschaden erlitt die Klägerin eine Verkrüppelung des linken Beines und eine Behinderung des rechten Armes. Die Klägerin führt die Infektion darauf zurück, dass die hygienischen Verhältnisse bei der Beklagten unzureichend waren, insbesondere keine Abtrennung der Neugeborenen von septischen Patienten erfolgt ist. Genau dies war schon zuvor vom Gesundheitsamt wiederholt beanstandet worden, wobei auch die Möglichkeit einer polizeilichen Schließung angedroht wurde. Der BGH nahm insoweit eine Aufklärungspflichtverletzung an und führte aus, dass „Pflegebedingungen geschuldet waren, die nach dem damaligen stand der Hygiene in jeder Hinsicht befriedigen konnten. Wenn die Beklagte aus Gründen ihrer sachlichen und personellen Mittel dem nicht genügen vermochte, war sie verpflichtet, dafür zu sorgen, dass in Geburtsfällen vor Vertragsabschluss unmissverständ-

---

508 So etwa BGH v. 10.11.1970 – VersR 1971, 227 ff.; OLG Köln v. 16.3.1978 – NJW 1978, 1690 f.
509 So ausdrücklich OLG Köln v. 16.3.1978 – NJW 1978, 1690, 1691.

lich auf die beschränkten und beanstandeten Verhältnisse des Krankenhauses hingewiesen wurde."[510]

Auch in der Literatur wird eine Aufklärungspflicht über organisatorische Mängel in einem Krankenhaus oder einer Praxis mit Hinweis auf das Selbstbestimmungsrecht des Patienten teilweise bejaht. Für die Entscheidung des Patienten sei jede Information über Umstände, die zu einer Erhöhung des Risikos für den Patienten führen, erforderlich.[511]

310

Hierzu ist Folgendes auszuführen: Der Patient wird vor einem Unterschreiten des zu fordernden medizinischen Standards durch das Rechtsinstitut der Haftung wegen eines Behandlungsfehlers ausreichend geschützt. Übernimmt ein Arzt die Behandlung eines Patienten, für dessen Betreuung und Therapie ihm das nötige Fachwissen fehlt, haftet er wegen eines Behandlungsfehlers unter dem Gesichtspunkt des Übernahmeverschuldens. Dasselbe gilt, wenn ein Krankenhaus einen Patienten übernimmt, obwohl das für seine ordnungsgemäße Behandlung erforderliche geschulte und erfahrene Personal oder die spezielle benötigte Apparatur fehlt. In diesen Fällen haftet der Krankenhausträger unter dem Gesichtspunkt des Übernahmeverschuldens.

311

Für eine Haftung wegen einer Aufklärungspflichtverletzung besteht hingegen kein Raum. Zum Schutz des Patienten ist eine derartige gegen die Dogmatik des Arzthaftungsrechts verstoßende Ausdehnung der Aufklärungspflichtverletzung auch nicht erforderlich, da die Behandlungsseite bei einem Unterschreiten des Standards bereits unter dem rechtlichen Aspekt des Behandlungsfehlers haftet. Gerade die oben entschiedenen Fälle[512] zeigen mehr als deutlich, dass es eigentlich nicht um eine Aufklärung des Patienten geht: Werden die hygienischen Standards nicht eingehalten, soll der Patient nicht etwa darüber aufgeklärt werden, sondern die Behandlung soll **unterbleiben**.

312

Dasselbe gilt, wenn einem Arzt die persönliche Qualifikation für die Behandlung des Patienten fehlt. Der Patient ist dann nicht darüber aufzuklären, dass der für seine Behandlung vorgesehene Arzt dafür fachlich ungeeignet ist, sondern der betreffende Arzt ist fortzubilden und bis dahin hat er die entsprechende Behandlung zu **unterlassen**. Wird eine Behandlung gleichwohl vorgenommen, haftet der betreffenden Arzt und der Krankenhausträger unter dem Gesichtspunkt des Behandlungsfehlers. Die anzulegenden Sorgfaltsanforderungen werden nicht dadurch herabgesetzt, dass der jeweils behandelnde Arzt unterdurchschnittlich befähigt ist oder wenig Praxiserfahrung besitzt. Auch ein Arzt, der die Behandlung eines für ihn fremden Fachgebietes übernimmt, haftet für die Einhaltung des dort bestehenden Facharztstandards. Darüber hinaus haftet der Krankenhausträger, wenn er nicht die erforderlichen personellen, sachlichen oder organisatorischen Voraussetzungen für eine standardgemäße Behandlung schafft unter dem Gesichtspunkt des Organisationsverschuldens. Es bleibt also dabei, dass ein Patient nur über die Risiken aufzuklären ist, die mit einer **ordnungsgemäßen** Behandlung verbunden sind. Bei einem Verstoß gegen derartige Hinweispflichten haftet die Behandlungsseite unter dem Gesichtspunkt der Aufklärungspflichtverletzung. Wird der Patient dagegen nicht nach dem Stand der medizinischen Wissenschaft behandelt, besteht aus-

313

---

510 So ausdrücklich BGH v. 10.11.1970 – VersR 1971, 227, 228.
511 So *Hart*, MedR 1999, 47, 48 f., der eine Aufklärungspflicht bejaht sowohl bei einer persönlichen Unterqualifizierung des zur Behandlung vorgesehenen Arztes als auch bei einem Unterschreiten des Standards an Hygiene, Technik und Methoden als auch bei Einhaltung des Standards, soweit es andernorts eine qualitativ höherwertige Behandlung gibt.
512 BGH v. 10.11.1970 – VersR 1971, 227 ff.; OLG Köln v. 16.3.1978 – NJW 1978, 1690 f.

schließlich eine Haftung der Behandlungsseite unter dem Gesichtspunkt des Behandlungsfehlers.

6. Die Aufklärung über eigene suboptimale Behandlungsbedingungen und „bessere" Konkurrenzbehandler

314 Während es im vorherigen Abschnitt um die Frage ging, ob darüber aufzuklären ist, wenn der zu fordernde medizinische Standard nicht eingehalten wird, geht es hier um die Frage, ob eine Hinweispflicht besteht, wenn die Behandlungsqualität zwar den derzeitigen Standards genügt, sich aber innerhalb der Bandbreite des möglichen Standards am unteren Rand bewegt oder es jedenfalls in anderen Krankenhäusern eine modernere Ausstattung gibt. Die medizinische Entwicklung ist ständig im Fluss und es gibt auf jedem medizinischem Gebiet fortlaufend Verbesserungen herkömmlicher Techniken oder Neuentwicklungen, ohne dass dadurch sofort alles bisherige nicht mehr angewendet werden dürfte. Die Umsetzung neuer Methoden und die Einführung neuer Geräte kann nicht überall zeitgleich erfolgen, sondern es bedarf gewisser Übergangsfristen.

315 Eine Aufklärungspflicht bei einem **Unterschreiten** des medizinischen Standards konnte wie bereits ausgeführt unter Hinweis darauf verneint werden, dass die Behandlungsseite bei Nichteinhaltung der medizinischen Standards wegen eines Behandlungsfehlers haftet. Wer einen zu fordernden Standard nicht einhält, soll nicht auf diesen Umstand hinweisen, sondern die Behandlung ganz unterlassen. Diese Argumentation hilft bei der vorliegenden Fallkonstellation nicht weiter: Die Behandlungsqualität entspricht hier (noch) dem Standard, so dass kein Behandlungsfehler vorliegt. Allerdings gibt es personell, methodisch oder sachlich anderswo bereits eine höhere Behandlungsqualität. Fraglich ist, ob die Behandlungsseite darauf hinweisen muss, dass ihre eigene Behandlungsqualität suboptimal ist und es andernorts eine qualitativ höherwertige Behandlung mit günstigeren Heilungschancen gibt.[513]

316 In seiner Grundsatzentscheidung vom 27.9.1983 zum Anfängerfehler betont der BGH zugleich, dass die Arztseite einen Patienten auf alle Umstände hinweisen muss, durch die das konkrete Operationsrisiko für den Patienten bei einer Behandlung im fraglichen Krankenhaus gegenüber einer Behandlung in anderen Krankenhäusern erhöht wird. Der BGH wörtlich:

> „Richtig an den Erwägungen des Berufungsgerichts ist zwar, dass Krankenhausträger und Ärzte dem Patienten, der sich in das Krankenhaus begibt, Aufklärung über Umstände schulden, die das Risiko der Behandlung aus besonderen Gründen erhöhen. Solch ein Umstand kann etwa auch der für die in Betracht kommenden ärztlichen Maßnahmen und die medizinische Versorgung im Vergleich zu anderen Krankenhäusern niedrigere Standard in der apparativen Ausstattung und in der Ausbildung und Erfahrung der behandelnden Ärzte sein."[514]

317 Auch in neueren Entscheidungen betont der BGH immer wieder, dass selbst dann, wenn die Qualifikation der behandelnden Ärzte und die medizinisch-technische Appa-

---

[513] Bejahend *Hart*, MedR 1999, 47, 48 f., der eine umfassende Aufklärungspflicht unter dem Aspekt des Selbstbestimmungsrechts des Patienten befürwortet. Eine solche Aufklärungspflicht besteht nach seiner Ansicht sowohl bei einer persönlichen Unterqualifizierung des zur Behandlung vorgesehenen Arztes als auch bei einem Unterschreiten des Standards an Hygiene, Technik und Methoden. Wird der derzeit zu fordernde medizinische Standard eingehalten, gibt es aber andernorts eine Behandlung mit weniger Risiken für den Patienten, sei auch darauf hinzuweisen.

[514] BGH v. 27.9.1983 – NJW 1984, 655 ff. = VersR 1984, 60 ff.

ratur dem zu fordernden Standard entspricht, der Patient darüber aufgeklärt werden muss, wenn es in einem größeren Krankenhaus eine bessere Ausstattung oder erfahrenere Ärzte gibt und sich für den Patienten dadurch bessere Heilungschancen ergeben.[515]

Diese Ansicht, dass über das Bestehen einer höherwertigeren medizinischen Ausstattung aufzuklären ist, hält der BGH indes nicht uneingeschränkt aufrecht. Zumindest in akuten Fällen, etwa bei Patienten, die nach einem Unfall ins Krankenhaus eingeliefert werden, gilt keine diesbezügliche Aufklärungspflicht. Der BGH wörtlich: 318

> *„Schließlich ist darauf hinzuweisen, dass einem Notfallpatienten, der in das nächstgelegene Krankenhaus eingewiesen wird, zunächst keine Wahl bleibt, wo und von wem er behandelt werden will. Er muss die personellen und technischen Verhältnisse hinnehmen, wie er sie vorfindet, und kann nicht den Standard einer Spezialklinik erwarten, wenn er wie hier in ein kleineres Krankenhaus kommt. Darüber braucht er ebenfalls nicht besonders aufgeklärt zu werden, weil die äußeren Umstände offenbar sind, sofern der Patient noch aufnahmefähig ist. Nur dann, wenn eine Behandlung gerade durch einen Spezialisten angezeigt ist, weil eine ausreichende Versorgung und Behandlung im Einweisungskrankenhaus nicht gewährleistet ist, und eine Verlegung des Patienten verantwortet werden kann, ist dessen Entscheidung darüber einzuholen. So liegt es im Streitfall aber nach den Feststellungen des Berufungsgerichts nicht. Der Behandlung war nach dem zugrunde zu legenden Sachverhalt fachlich in der Lage, die Oberschenkelfraktur zu behandeln; die technischen Einrichtungen des Krankenhauses reichten dafür aus. Er durfte daher abwarten, ob der Kläger von sich aus den Wunsch äußern werde, in eine andere Klinik verlegt zu werden."*[516]

Auch in der Literatur wird das Bestehen einer Aufklärungspflicht teilweise bejaht. Nach *Hart*[517] ist ein Patient darüber zu informieren, wenn die Ausstattung in einem Krankenhaus oder einer Praxis zwar standardgemäß ist, es aber andernorts qualitativ bessere Behandlungsmöglichkeiten gibt. Nur durch diesen Hinweis könne eine selbstbestimmte Auswahlentscheidung des Patienten gewährleistet werden.[518] Begründet wird dies mit einer Parallele zur Aufklärung über Behandlungsalternativen: Soweit die Behandlung in unterschiedlichen Einrichtungen für den Patienten mit einem anderen Risikoprofil verbunden sei, stelle die Behandlung dort eine echte Alternative dar über die aufzuklären sei.[519] 319

Hierzu ist Folgendes zu sagen: Es wird immer irgendwo (einer Universitätsklinik oder einer Spezialklinik, einer besonderen Klinik in einer anderen Stadt, einem anderen Land, einem anderen Kontinent) einen Arzt geben, der noch erfahrener ist oder ein Krankenhaus, welches noch moderner ausgestattet ist und eine besondere technische Finesse aufweist. Einem Patienten muss indes nicht vor jedem Eingriff die gesamte medizinische Konkurrenz vorgestellt werden. Dies ist zur Wahrung des Selbstbestimmungsrechtes des Patienten weder geeignet noch erforderlich. Dem gemäß liegt keine Aufklärungspflichtverletzung vor, wenn die Behandlungsseite nicht auf eine bessere personelle oder apparative Ausstattung anderer Einrichtungen hinweist. Solange der Arzt sich im Rahmen der einzuhaltenden medizinischen Standards bewegt und den Stand der medizinischen Wissenschaft einhält, liegt auch kein Behandlungsfehler vor. 320

---

515 So ausdrücklich BGH v. 30.5.1989 – NJW 1989, 2321 ff. = VersR 1989, 851 f.
516 So BGH v. 11.5.1982 – NJW 1982, 165 f. = VersR 1982, 771 f.
517 *Hart*, MedR 1999, 47 ff.
518 So *Hart*, MedR 1999, 47, 49.
519 So *Hart*, MedR 1999, 47, 49.

321 In diese Richtung geht auch die Entscheidung des BGH vom 22.9.1987. In diesem Fall wurde bei der Klägerin eine laparoskopische Tubensterilisation mittels Elektrokoagulation (Unterbrechung der Eileiter durch Verkochung mittels Strom) durchgeführt. Seinerzeit wurden in der Klinik der Beklagten diese Elektrokoagulationen ausschließlich mit monopolarem Hochfrequenzstrom durchgeführt. In anderen Kliniken bestand indes bereits die Möglichkeit der Verwendung von bipolarem Hochfrequenzstrom, bei welchem die Gefahr von Darmverletzungen deutlich geringer ausfällt. Die Klägerin wurde vor dem Eingriff nicht auf die Möglichkeit der Verwendung von bipolarem Hochfrequenzstrom in anderen Kliniken hingewiesen. Sie erlitt bei der Koagulation eine Darmverletzung und rügte nunmehr das Vorliegen eines Behandlungsfehlers sowie einer Aufklärungspflichtverletzung. Nachdem der BGH in der Verwendung von monopolarem Hochfrequenzstrom keinen Behandlungsfehler gesehen hat, da dies für eine Übergangsfrist – noch – dem medizinischen Standard entsprach befasste er sich mit der Aufklärungspflichtverletzung. Der BGH wörtlich:

> *„Der Arzt schuldet seinem Patienten neben einer sorgfältigen Diagnose die Anwendung einer Therapie, die dem jeweiligen Stand der Medizin entspricht. Indessen bedeutet das nicht, dass jeweils das neueste Therapiekonzept verfolgt werden muss, wozu dann auch eine stets auf dem neuesten Stand gebrachte apparative Ausstattung gehören müsste. Der Zeitpunkt, von dem ab eine bestimmte Behandlungsmaßnahme veraltet und überholt ist, so dass ihre Anwendung nicht mehr dem einzuhaltenden Qualitätsstandard genügt und damit zu einem Behandlungsfehler wird, ist jedenfalls dann gekommen, wenn neue Methoden risikoärmer sind und/oder bessere Heilungschancen versprechen, in der medizinischen Wissenschaft unumstritten sind und deshalb nur ihre Anwendung von einem sorgfältigen und auf Weiterbildung bedachten Arzt verantwortet werden kann. Da aber schon aus Kostengründen, anfangs möglicherweise auch wegen eines noch unzureichenden Angebotes auf dem Markt, nicht sofort jede technische Neuerung, die den Behandlungsstandard verbessern kann, von den Kliniken angeschafft werden kann, muss es für eine gewisse Übergangszeit gestattet sein, nach älteren bis dahin bewährten Methoden zu behandeln, sofern das nicht schon wegen der Möglichkeit, den Patienten an eine besser ausgestattete Klinik zu überweisen, unverantwortlich erscheint. Der rasche Fortschritt in der medizinischen Technik und die damit einhergehende Gewinnung immer neuer Erfahrungen und Erkenntnisse bringt es mit sich, dass es zwangsläufig zu Qualitätsunterschieden in der Behandlung von Patienten kommt, je nachdem, ob sie sich etwa in eine größere Universitätsklinik oder in eine personell und apparativ besonders gut ausgestattete Spezialklinik oder aber in ein Krankenhaus der Allgemeinversorgung begeben. In Grenzen ist deshalb der zu fordernde medizinische Standard je nach den personellen und sachlichen Möglichkeiten verschieden. ... Das hat Auswirkungen auf den Umfang der geschuldeten Aufklärung über die Wahl der Behandlungsmethode. Der Patient, mit dem Verlauf und Risiken des geplanten, dem im jeweiligen Krankenhaus zu erwartenden medizinischen Standard entsprechenden Eingriffs zutreffend erörtert worden sind, hat damit im Allgemeinen eine ausreichende Entscheidungsgrundlage, um eine wirksame Einwilligung nach Abwägung des Für und Wider abzuwägen. Dass es häufig personell und apparativ besser ausgestattete Kliniken gibt, dass der medizinische Fortschritt sich zunächst in der Hand von Spezialisten und anfangs nur in wenigen Kliniken entwickelt und durchsetzt, bevor gesicherte medizinische Kenntnisse und Erfahrungen die neuen Therapiemöglichkeiten zum medizinischen Standard werden lassen, der dann freilich jedem Patienten zu gewähren ist, darf als allgemein bekannt vorausgesetzt werden. Selbstverständlich kann nicht jederzeit jedem Patienten eine Behandlung nach den neuesten Erkennt-*

nissen mit den modernsten Apparaten und durch ausgesuchte Spezialisten geboten werden. Solche, möglicherweise überzogene Erwartungshaltungen können im medizinischen Alltag nicht befriedigt werden. Ihnen muss auch nicht dadurch entgegengekommen werden, dass der Patient auf solche, andernorts gebotene, vielleicht dann bessere und risikoärmere Therapiemöglichkeiten hingewiesen wird."[520]

Heilmann hat Bedenken gegen die Ansicht, es könne als allgemein bekannt vorausgesetzt werden, dass es regelmäßig noch personell und apparativ besser ausgestattete Kliniken, mit moderneren Geräten und Methoden gibt.[521] Diese Bedenken werden jedoch in keiner Weise begründet oder argumentativ untermauert. In der Tat weiß jeder Patient durch eine Fülle von Berichten in Presse, Fernsehen, Radio und Internet, dass es Kliniken gibt, die neuartige Methoden versuchen oder eine neue Technik ausprobieren. Selbstverständlich ist es allgemein bekannt, dass einem kommunalen Krankenhaus der Allgemeinversorgung nicht dieselben Spezialisten und dieselbe Medizintechnik zur Verfügung stehen wie einer Universitätsklinik. Jeder Patient kennt über seine Familie, Freunde, Bekannte, Nachbarn oder Arbeitskollegen Fälle, in denen ein Patient aus einem Krankenhaus der Allgemeinversorgung in eine Universitätsklinik oder eine Spezialklinik verlegt werden musste, weil dort eben andere Behandlungsmöglichkeiten zur Verfügung stehen. Jedem Patienten ist damit generell bekannt, dass es in den verschiedenen Krankenhäusern eine unterschiedliche Behandlungsqualität gibt und die Güte von therapeutischen und diagnostischen Möglichkeiten differieren kann.

322

Das entscheidende Argument gegen eine Aufklärungspflicht ist jedoch folgendes: Es gibt keine allgemeine Behandlungshierarchie. Wer entscheidet denn darüber, ob der Patient im Krankenhaus x „besser" behandelt worden wäre als im Krankenhaus y? Muss jeder Arzt die Behandlungsqualität in allen anderen Krankenhäusern kennen? Worauf erstreckt sich die vom Arzt vorzunehmende Vergleichsbetrachtung: Auf die Krankenhäuser der Umgebung, des betreffenden Bundeslandes, Deutschlands, Europas, der Welt? Was ist, wenn der Arzt darauf hinweist, dass die Klinik x für die fragliche Operation besonders geeignet ist? Kann der Patient den Arzt dann wegen einer Aufklärungspflichtverletzung in Anspruch nehmen mit der Begründung, dass die Klinik y noch besser qualifiziert gewesen wäre? Was ist, wenn der Arzt den Patienten über die besondere Qualität des Krankenhauses x informiert und der Patient sich dorthin begibt, aber dort nicht von dem Prof. Dr. Meier operiert wird, der das hohe Renommee der Klink begründet hat, sondern von dem unerfahrenen Assistenzarzt Müller?

323

Es gibt unterschiedliche Behandlungsqualitäten und es wird sie immer geben. Dies ist zwangsläufig so und diese Tatsache ist jedem Patienten bekannt. Was es dagegen nicht gibt ist eine anerkannte Rankingliste aller medizinischen Einrichtungen, Abteilungen oder gar Ärzte. Niemand kann wissen, wo gerade dieser Patient mit dem größten Erfolg unter den besten Bedingungen und den geringsten Komplikationen behandelt werden würde. Auf das Bestehen einer differierenden personellen, sachlichen oder methodischen Ausstattung muss der Arzt somit nicht hinweisen, da dies **allgemein** bekannt ist. Auf den Ort der optimalen Behandlung kann der Arzt nicht hinweisen, da dies nie-

324

---

520 BGH v. 22.9.1987 – NJW 1988, 763 ff. = VersR 1988, 179 ff.
521 So *Heilmann*, NJW 1990, 1513, 1518.

mandem bekannt ist. Entscheidend ist, dass der Arzt den zu fordernden medizinischen Standard einhält. Tut er dies nicht, haftet er unter dem Aspekt des Behandlungsfehlers. Tut er dies jedoch, haftet er insoweit auch nicht unter dem Aspekt der Aufklärungspflichtverletzung.[522]

325 Fragen des Patienten nach der Ausstattung und den ‚Behandlungsmöglichkeiten in anderen Kliniken hat der Arzt allerdings entsprechend seinem Kenntnisstand wahrheitsgemäß zu beantworten.[523]

VII. Die Form der Aufklärung

326 Nach ständiger Rechtsprechung und ganz herrschender Meinung steht das Gespräch zwischen Arzt und Patient im Mittelpunkt der Aufklärung. Im Rahmen eines Dialogs hat der Arzt hierbei den Patienten im Großen und Ganzen über die konkreten Maßnahmen und über Chancen und Risiken zu informieren und dem Patienten eine allgemeine Vorstellung über Schwere und Tragweite des Eingriffs zu vermitteln.[524] Die Aushändigung von schriftlichen Aufklärungsbögen oder Merkblättern und eine schriftliche Erklärung des Patienten, in welcher er bestätigt, die Risiken zur Kenntnis genommen zu haben, ordnungsgemäß aufgeklärt worden zu sein und in die Operation einzuwilligen, ist dabei aus der Sicht der herrschenden Meinung und der einhelligen Rechtsprechung weder erforderlich noch ausreichend. Das persönliche Aufklärungsgespräch, in welchem dem Patienten die Gelegenheit zu weiteren Fragen gegeben wird, soll durch kein noch so ausführliches Formular ersetzt werden können.[525] Soweit der Patient eine weitere Aufklärung begehrt, hat der Arzt seine Fragen dabei vollständig und korrekt zu beantworten und hierbei auf konkrete Nachfrage auch medizinische Details zu erläutern, die über die grundsätzlich ausreichende Aufklärung im Großen und Ganzen hinausgehen.[526]

327 **Stellungnahme**: Der Ausgangspunkt der herrschenden Meinung, in dem gerade der persönliche Kontakt zwischen dem Arzt und dem Patienten im Vordergrund steht und der Arzt den Patienten fürsorglich und ein wenig väterlich berät, hängt ein einer überkommenen Landarztidylle, die weder den Anforderungen der modernen Medizin, noch der eingetretenen Verrechtlichung des Behandlungsverhältnisses, noch dem neuen Leitbild des selbstbestimmten und eigenverantwortlichen Patienten entspricht. Diese Fokussierung auf die Mündlichkeit der Aufklärung führt zu enormen Problemen in der forensischen Praxis und zu einer erheblichen Rechtsunsicherheit. Der Arzt muss dabei stets einen Spagat versuchen: Einerseits muss er den Patienten ehrlich, offen und voll-

---

522 Im Ergebnis ebenso OLG Köln v. 19.8.1998 – ArztR 2001, 24 f.: „Ein Patientenanspruch auf die denkbar beste apparative Ausstattung kann auch in einer Universitätsklinik nicht bejaht werde. Die Beklagten waren auch nicht gehalten, die Klägerin auf eine eventuell bei anderen Kliniken oder in Privatpraxen niedergelassener Radiologen vorhandene Möglichkeit zur Durchführung einer CT-gestützten Bestrahlungsplanung hinzuweisen. Außerdem erstreckt sich die ärztliche Hinweispflicht nicht auf eine Aufklärung darüber, dass mangels optimaler Ausstattung nicht die modernsten Methoden angewendet werden können oder in anderen Krankenhäusern gegebenenfalls modernere Apparaturen zur Verfügung stehen, wenn und soweit der Standard guter ärztlicher Behandlung gewährleistet ist und eine anderweitige Behandlung in Ansehung der konkreten Umstände des Falles nicht dringend geboten erscheint."
523 So *Pannek/Oppel/Wolf*, ArztR 2001, 200, 204.
524 BGH NJW 1992, 754, 755; *Gehrlein*, C Rn 41; *Geiß/Greiner*, C Rn 86;
525 *Gehrlein*, C Rn 47.
526 *Geiß/Greiner*, C Rn 96.

ständig über alle Risiken aufklären, andererseits muss er es vermeiden, einen Patienten durch eine unsensible und schonungslose Aufklärung vor einer medizinisch dringend indizierten Maßnahme abzuschrecken oder doch erheblich zu beunruhigen. Im medizinischen Alltag ist es oft so, dass ein Arzt versuchen wird, einen auch ohne Aufklärung bereits besonders unsicheren und ängstlichen Patienten zu beruhigen und ihn von der aus objektiver medizinischer Sicht Vorteilhaftigkeit der geplanten Maßnahme zu überzeugen. Er wird es (aus seiner Sicht im wohlverstandenen Interesse des Patienten) tunlichst vermeiden, in einer solchen Situation den nervösen Patienten durch die Aufzählung unzähliger äußerst seltener, wenn auch typischer Komplikationen weiter einzuschüchtern. Menschlich ist dies verständlich, rechtlich möglicherweise fatal.

Auch für den Patienten bietet die mündliche Aufklärung entscheidende Nachteile. Er ist nervös, unkonzentriert, unaufmerksam, durch das spezifische Umfeld, die medizinischen Gerätschaften, den Geruch von Desinfektionsmitteln und die typische Krankenhausatmosphäre abgelenkt und eingeschüchtert. Er verpasst entscheidende Passagen, überhört etwas, versteht ein Fremdwort nicht, möchte aber den Redefluss des Arztes nicht unterbrechen. Vielleicht spricht der Arzt mit einem für den Patienten schwer verständlichen Akzent, nuschelt, spricht zu schnell, zu monoton, ohne den nötigen Ernst. **328**

Oft hängt es von den Einleitungsworten des aufklärenden Arztes ab, ob dieser den Patienten inhaltlich erreicht. So kann die Risikoaufklärung wie folgt eingeleitet werden: „Sie wissen jetzt, wie der wichtige Eingriff, den Sie machen lassen müssen, abläuft. Aus rein rechtlichen Gründen muss ich Ihnen jetzt noch ein paar Sachen aufzählen. Sie wissen ja wie die Juristen sind." Der Patient wird unter diesen Umständen nichts mehr von den nachfolgenden Ausführungen aufnehmen. **329**

Interessant wird es dann, wenn sich ein Risiko verwirklicht, der Patient einen Behandlungsfehler, für dessen Vorliegen er beweisbelastet ist, nicht nachweisen kann und er sich jetzt auf eine Aufklärungspflichtverletzung beruft. Der Richter hört dann den Arzt und den Patienten zu diesem ohne Zeugen geführten Aufklärungsgespräch an. Es kommt darauf an, ob ein bestimmtes Wort in der oben geschilderten Situation in dem zwei Jahre zuvor geführten Dialog gefallen ist oder nicht. Der Patient erinnert sich nicht daran, dass der Arzt dieses eine Risiko erwähnt hat – zumindest behauptet er, sich nicht zu erinnern. Der Arzt erinnert sich ebenfalls nicht an dieses Aufklärungsgespräch – zumindest behauptet er, sich nicht daran zu erinnern. Aber er weiß, dass er üblicherweise gerade auf dieses Risiko immer hinweist – zumindest behauptet er dies. Der Richter muss dann entscheiden, wem er glaubt. Doch selbst die unbedingte Glaubwürdigkeit einer Partei hilft nicht viel weiter. Die Tatsache, dass ein äußerst glaubwürdiger Patient aussagt, dass er auf ein bestimmtes Risiko nicht hingewiesen worden ist, kann bedeuten, dass der Arzt es eben nicht erwähnt hat, kann aber auch bedeuten, dass der Patient gerade in diesem Moment abgelenkt war, es überhört hat, es einfach wieder vergessen oder verdrängt hat. Die Tatsache, dass ein Arzt glaubhaft machen kann, dass er üblicherweise auf ein bestimmtes Risiko hinweist, heißt nicht, dass er es auch gerade in diesem konkreten Fall getan hat. Wie oft vergisst man im Alltag etwas? Der Richter hat jetzt zwei Jahre später darüber zu entscheiden, ob der Arzt zu schnell gesprochen hat oder sich zu unverständlich ausgedrückt hat, ob er ein bestimmtes Wort gebraucht hat oder einen Hinweis später wieder verharmlost hat. **330**

Diese beweisrechtlichen Unsicherheiten werden in Zukunft noch deutlich zunehmen, wenn die herkömmliche Krankenakte mit ihren chronologischen, vor nachträglichen Verfälschungen und Veränderungen weitgehend geschützten Eintragungen zukünftig durch die elektronische Patientenakte ersetzt wird, die jederzeit problemlos ergänzt, **331** korrigiert, entfernt oder verändert werden kann. Zu Recht spricht *Oehler*[527] deshalb davon, dass der Arzthaftungsprozess insoweit zum Glaubensprozess mutiert. Die Rechtsprechung sollte deshalb von der Forderung nach einer mündlichen Aufklärung abkommen. Es wäre im Interesse von Arzt und Patient und im Interesse der Rechtssicherheit und der Justiz, wenn für Aufklärung und Einwilligung die Schriftform erforderlich aber auch ausreichend wäre. Der Patient kann in Ruhe und ungestört die Hinweise studieren und sie dabei so oft und so intensiv lesen wie er will und bei allen verbleibenden Unsicherheiten immer noch nachfragen.

332 Der gesamte Gedanke der Notwendigkeit der Aufklärung basiert darauf, dass der Patient selbständig, eigenverantwortlich und autonom in Ausübung seines Selbstbestimmungsrechtes entscheiden kann. Dies sollte man auch ernst nehmen und einem Patienten zutrauen, ein ihn betreffendes schriftliches Aufklärungsformular auch zu lesen und bei Zweifeln nachzufragen. Die Aufklärungsbögen können umfassend, aktuell, verständlich und ausführlich formuliert sein, ohne dass es auf die Tagesform, das Wissen, die sprachlichen oder pädagogischen Fähigkeiten des einzelnen Arztes ankommt. Und die Rechtslage wäre für alle Beteiligten klar und einfach zu erkennen: Wird das entsprechende Risiko auf dem Aufklärungsbogen verständlich aufgeführt, liegt keine Aufklärungspflichtverletzung vor. Handelt es sich um ein typisches Risiko und fehlt es auf dem Aufklärungsbogen, fehlt es an einer wirksamen Aufklärung. Die derzeit bestehende erhebliche Rechtsunsicherheit hinsichtlich des Nachweises einer ordnungsgemäßen Aufklärung und hinsichtlich des Ausgangs eines auf der Aufklärungsrüge gestützten Rechtsstreites wäre ebenso beendet wie der kaum überschaubare Anstieg von Prozessen, die mit einer Aufklärungspflichtverletzung begründet werden.[528]

VIII. Der Zeitpunkt der Aufklärung

333 Der Patient muss vor dem geplanten Eingriff so rechtzeitig über dessen Erfolgsaussichten und Risiken aufgeklärt werden, „dass er durch hinreichende Abwägung der für und gegen den Eingriff sprechenden Gründe seine Entscheidungsfreiheit und damit sein Selbstbestimmungsrecht in angemessener Weise wahren kann."[529] Erforderlich ist, dass der Patient eine angemessene und ausreichende Überlegensfrist zu seiner freien Willensbildung erhält.[530] Die Rechtsprechung differenziert einerseits zwischen „einfachen" bzw. „normalen" Eingriffen und „schweren" Eingriffen und andererseits zwischen ambulanten und stationären Eingriffen.

334 Im Einzelnen gilt Folgendes: Es gilt der Grundsatz, dass die Aufklärung so früh wie irgend möglich zu erfolgen hat.[531] Grundsätzlich soll die Aufklärung bereits zu dem Zeitpunkt vorgenommen werden, zu dem der Arzt dem Patienten zu der Operation rät

---

527 *Oehler*, VersR 2000, 1078 ff.
528 Ebenso *Oehler*, VersR 2000, 1078 ff.
529 So ausdrücklich BGH v. 14.6.1994 – NJW 1994, 3009 ff. = VersR 1994, 1235 f.; BGH v. 25.3.2003 – MedR 2003, 567 f.; OLG Stuttgart v. 8.1.2002 – MedR 2003, 413, 415; ebenso BGH v. 7.4.1992 – VI ZR 192/91, NJW 1992, 2351 ff. = VersR 1992, 960 ff.
530 So *Weber*, ArztR 2004, 300.
531 OLG Stuttgart v. 8.1.2002 – MedR 2003, 413, 415.

und einen festen Operationstermin vereinbart.[532] Bereits in diesem Augenblick verlangt der Arzt von dem Patienten eine Vorentscheidung.[533] Organisatorische Schwierigkeiten des Klinikbetriebs stellen keine Rechtfertigung für ein Aufschieben der Aufklärung dar.[534] So darf sich die Aufklärung des Patienten nicht deshalb verzögern, weil sich der Chefarzt die Entscheidung über die Operation vorbehalten hat und die Chefarztvisite erst am Tag der Operation stattfindet.[535] Bei einfachen Eingriffen oder Eingriffen mit einem geringen Risiko muss die Aufklärung nicht zwingend bei der Terminsvereinbarung erfolgen, sondern es reicht unter Umständen auch eine spätere Aufklärung aus, wobei es auf den Einzelfall ankommt. Bei operativen Eingriffen, die im Rahmen eines stationären Aufenthaltes durchgeführt werden sollen, muss die Aufklärung jedenfalls **spätestens** am Tag vor der Operation und **vor** der stationären Aufnahme erfolgen.[536] Ist der Patient nämlich erst einmal durch die stationäre Aufnahme in den Krankenhausbetrieb eingegliedert worden, hat er regelmäßig Hemmungen, sich noch gegen den Eingriff zu entscheiden.[537] Er steht dann unter einem gewissen psychischen Druck und kann sein Selbstbestimmungsrecht nicht mehr uneingeschränkt ausüben. Eine Aufklärung am **Vorabend** der Operation ist verspätet und reicht grundsätzlich nicht aus.[538]

Durch den Fortschritt in der Medizin ist es in zunehmendem Maße möglich, Operationen auch ambulant durchzuführen. Mittlerweile können auch größere Operation mit beträchtlichen Risiken ambulant durchgeführt werden. Grundsätzlich ist deshalb auch bei größeren ambulanten Operationen eine Aufklärung spätestens am Tag vor der geplanten Operation erforderlich. Eine Aufklärung am Operationstag selbst ist regelmäßig nicht mehr rechtzeitig.[539] Bei kleineren ambulanten Eingriffen reicht es hingegen aus, wenn die Aufklärung am Tag des Eingriffs erfolgt.[540] In keinem Fall (auch nicht bei kleineren ambulanten Operationen) darf der Patient so kurzfristig aufgeklärt werden, dass er „schon während der Aufklärung mit der anschließenden Durchführung des Eingriffs rechnen muss und deshalb unter dem Eindruck stehen kann, sich nicht mehr aus einem bereits in Gang gesetzten Geschehensablauf lösen zu können."[541] Die Aufklärung sozusagen vor der Tür des Operationssaals ist stets zu spät.[542] Das Selbstbestimmungsrecht des Patienten ist damit in keinem Fall mehr gewahrt, wenn die Aufklärung zu einem Zeitpunkt stattfindet, in dem der Patient bereits auf die Operation vorbereitet

335

---

[532] BGH v. 14.6.1994 – NJW 1994, 3009 ff. = VersR 1994, 1235 f.; BGH v. 25.3.2003 – MedR 2003, 567 f.; *Steffen/Dressler/Pauge*, Rn 413; ebenso *Wertenbruch*, MedR 1995, 306, 309; ebenso aus medizinischer Sicht *Pannek/Oppel/Wolf*, ArztR 2001, 200, 202: „Eine Aufklärung erst am Vortag des Eingriffs kann bei langfristig planbaren Operationen daher nicht als rechtzeitig gelten, selbst wenn die Möglichkeit besteht, dass der Patient bis zur Operation wesentliche Inhalte des frühzeitigen Aufklärungsgespräches vergessen hat. Der Patient muss Gelegenheit haben, das Für und Wider der Operation abzuwägen, mit seinen Angehörigen zu besprechen und andere Ärzte zu konsultieren."
[533] So BGH v. 7.4.1992 – VI ZR 192/91, NJW 1992, 2351 ff. = VersR 1992, 960 ff.
[534] OLG Stuttgart v. 8.1.2002 – MedR 2003, 413, 415.
[535] OLG Stuttgart v. 8.1.2002 – MedR 2003, 413, 415.
[536] So BGH v. 25.3.2003 – MedR 2003, 567 f.
[537] So BGH v. 14.6.1994 – NJW 1994, 3009 ff. = VersR 1994, 1235 f.; *Steffen/Dressler/Pauge*, Rn 409.
[538] So BGH v. 25.3.2003 – MedR 2003, 567 f.
[539] BGH v. 14.6.1994 – NJW 1994, 3009 ff. = VersR 1994, 1235 f.
[540] BGH v. 14.6.1994 – NJW 1994, 3009 ff. = VersR 1994, 1235 f.; *Steffen/Dressler/Pauge*, Rn 412.
[541] So ausdrücklich BGH v. 14.6.1994 – NJW 1994, 3009 ff. = VersR 1994, 1235 f.; ebenso BGH v. 14.11.1995 – NJW 1996, 777 ff. = VersR 1996, 195 ff.; *Steffen/Dressler/Pauge*, Rn 412b.
[542] Sehr eindrucksvoll ist der Sachverhalt, welcher der Entscheidung des BGH v. 17.2.1998 – NJW 1998, 1784 ff. = VersR 1998, 716 ff. zugrunde lag. Die Patientin stand dort bereits unter dem Einfluss einer Beruhigungsspritze und wurde zum Operationssaal geschoben, als sie die Einwilligungserklärung in eine beidseitige Brustamputation (!!!) unterschrieb, weil der Arzt ihr drohend sagte, entweder sie unterschreibe jetzt oder man werde die Operation ganz unterlassen.

wird, sich schon auf dem Operationstisch befindet oder bereits Medikamente zur Durchführung der Operation verabreicht bekommen hat.[543]

336 Bei plötzlich erforderlich werdenden Notoperationen gelten die soeben dargelegten Grundsätze nicht, da eine Aufklärung in diesen Fällen naturgemäß nicht früher erfolgen kann.[544]

337 An die Aufklärung vor Schönheitsoperationen stellt die Rechtsprechung besonders hohe Anforderungen. Das OLG Frankfurt[545] führt hierzu Folgendes aus:

> „Ein Patient muss vor einer medizinisch nicht dringlich gebotenen Operation so rechtzeitig über den Umfang des Eingriffs und die damit verbundenen Risiken aufgeklärt werden, dass er in der Lage ist, eine eigenständige Entscheidung über das Für und Wider der Operation zu treffen. Deshalb muss das Aufklärungsgespräch grundsätzlich schon bei der Vereinbarung eines Termins für die stationäre Aufnahme erfolgen. ... Bei kosmetischen Operationen müssen strenge Maßstäbe angelegt werden. Wenn dort verlangt wird, dass der Patient umfassend und möglicherweise sogar schonungslos über sämtliche Risiken aufgeklärt wird, dann muss sich diese Zweck-Mittel-Relation auch auf den Zeitpunkt der Aufklärung auswirken, denn hier gewinnen die Risiken einer medizinischen Behandlung wegen deren fehlender Indikation ein ganz anderes Gewicht."

338 Unter diesen Gesichtspunkten hält das OLG Frankfurt eine Aufklärung am Vortag einer kosmetischen Operation auch dann für verspätet, wenn es nur um die Aufklärung von „erheblichen kosmetischen Folgen" geht.

339 Zusammengefasst gilt somit Folgendes:
Stationäre Behandlung:
1. Kleiner Eingriff
Die Aufklärung hat spätestens am **Vortag** der Operation zu erfolgen.[546] Eine Aufklärung am **Vorabend** der Operation ist regelmäßig zu spät.[547] Kumulativ hierzu muss die Aufklärung spätestens am Tag der stationären Aufnahme erfolgen. Befindet sich der Patient nämlich erst einmal im wahrsten Sinne des Wortes fest eingebettet in das Krankenhaus, verliert er die für eine freie Ausübung seines Selbstbestimmungsrechts erforderliche nötige Distanz und Eigenständigkeit.
2. Schwerer Eingriff
Die Aufklärung hat bereits bei Festlegung des Operationstermins zu erfolgen.[548]

340 **Ambulante Behandlung**:
1. Kleiner Eingriff
Die Aufklärung kann noch am Tag der Operation erfolgen.[549] Sie muss zeitlich jedoch so deutlich von dem Eingriff getrennt sein, dass der Patient nicht den Eindruck

---

543 BGH v. 7.4.1992 – VI ZR 192/91, NJW 1992, 2351 ff. = VersR 1992, 960 ff.
544 BGH v. 7.4.1992 – VI ZR 192/91, NJW 1992, 2351 ff. = VersR 1992, 960 ff.
545 OLG Frankfurt v. 11.10.2005 – 8 U 47/04, MedR 2006, 294 ff.
546 So BGH v. 14.6.1994 – NJW 1994, 3009 ff. = VersR 1994, 1235 f.; BGH v. 7.4.1992 – NJW 1992, 2351 ff. = VersR 1992, 960 ff.
547 So BGH v. 7.4.1992 – NJW 1992, 2351 ff. = VersR 1992, 960 ff.
548 So BGH v. 14.6.1994 – NJW 1994, 3009 ff. = VersR 1994, 1235 f.; BGH v. 7.4.1992 – NJW 1992, 2351 ff. = VersR 1992, 960 ff.; in eine jüngeren Entscheidung aus dem Jahr 2006 hat der BGH ohne Weiteres angenommen, dass bei einer Operation, welche das Risiko einer Querschnittslähmung mit sich bringt, eine Aufklärung am Vortag der Operation verspätet ist – BGH v. 10.10.2006 – VI ZR 74/05, NJW 2007, 217, 218.
549 So BGH v. 14.6.1994 – NJW 1994, 3009 ff. = VersR 1994, 1235 f.

gewinnt, der Geschehensablauf sei bereits unaufhaltsam in Gang gesetzt. Eine Aufklärung vor der Tür des Operationssaals ist stets zu spät.[550] Dem Patienten muss stets genügend Zeit für eine selbstbestimmte Entscheidung verbleiben.[551]

2. Schwerer Eingriff
Die Aufklärung hat bereits bei Festlegung des Operationstermins zu erfolgen, spätestens aber am Vortag der Operation.[552]

Narkoserisiko: Die Aufklärung über Narkoserisiken muss abweichend von den obigen Ausführungen auch bei schweren ambulanten oder stationären Eingriffen erst am **Vorabend** der Operation erfolgen.[553] Die Rechtsprechung begründet dies damit, dass es dem Patienten im Allgemeinen auch zu diesem Zeitpunkt noch möglich ist, „normale Narkoserisiken abzuschätzen und zwischen den unterschiedlichen Risiken ihm alternativ vorgeschlagener Narkoseverfahren abzuwägen".[554] Eine am Operationstag erfolgte anästhesiologische Aufklärung ist verspätet.[555]

341

Notoperationen: Auch vor Notoperationen muss eine Aufklärung erfolgen. Die oben dargestellten Fristen können hierbei jedoch naturgemäß nicht eingehalten werden.[556] Ausreichend ist deshalb, dass die Aufklärung so früh wie möglich erfolgt und insbesondere bevor der Patient unter dem Einfluss von Medikamenten steht und bevor er auf die Operation vorbereitet wird. Die Rechtsprechung ist bei der Annahme eines derartigen Notfalls eher restriktiv.[557] Es reicht insbesondere dafür nicht aus, dass in der betreffenden Klinik die Entscheidung für die Vornahme der Operation solange hinausgezögert wird, bis die Operation dringend indiziert ist und eilt. Maßgebend ist vielmehr, wann aus objektiv-medizinischen Gründen die Operationsentscheidung zu treffen war. Das ist bereits dann der Fall, wenn deutliche Anzeichen dafür bestehen, dass eine Operation erforderlich werden kann.[558] Ein Notfall liegt dem gemäß nur dann vor, wenn die Operation dringend indiziert ist und dies früher aus objektiver Sicht nicht absehbar war.[559]

342

Stellungnahme: Die Differenzierung zwischen einfachen und schwereren Eingriffen stellt für die medizinische Praxis eine erhebliche Rechtsunsicherheit dar und begründet ein nicht zu unterschätzendes Haftungsrisiko bei verspäteter Aufklärung. Bevor man die Rechtsprechung deshalb jedoch voreiliger Kritik unterzieht, sollte man sich auf den Sinn und Zweck der Aufklärung zurückbesinnen: Die Einwilligung eines Patienten in eine Operation ist nur wirksam, wenn der Patient zuvor ordnungsgemäß über Inhalt, Chancen, Risiken und Alternativen aufgeklärt worden ist. Nur der aufgeklärte Patient kann wirksam einwilligen. Begibt sich ein Patient zur Durchführung einer geplanten Operation ins Krankenhaus und wird er dann erst aufgeklärt, hat er die Einwilligung zur Operation bereits **zuvor** bei der Terminsvereinbarung abgegeben.

343

Eine Aufklärung, die zeitlich nach der Einwilligung erfolgt, kann ihren Zweck, die Entscheidung des Patienten vorzubereiten und sie erst rechtswirksam möglich zu machen,

344

---

550 So BGH v. 14.6.1994 – NJW 1994, 3009 ff. = VersR 1994, 1235 f.; BGH v. 7.4.1992 – NJW 1992, 2351 ff. = VersR 1992, 960 ff.
551 So BGH v. 25.3.2003 – MedR 2003, 567 f.
552 So BGH v. 14.6.1994 – NJW 1994, 3009 ff. = VersR 1994, 1235 f.; BGH v. 7.4.1992 – NJW 1992, 2351 ff. = VersR 1992, 960 ff.; BGH v. 25.3.2003 – MedR 2003, 567 f.
553 So BGH v. 7.4.1992 – NJW 1992, 2351 ff. = VersR 1992, 960 ff.
554 BGH v. 7.4.1992 – VI ZR 192/91, NJW 1992, 2351 ff. = VersR 1992, 960 ff.
555 So OLG Hamm v. 17.9.2001 – ArztR 2002, 252.
556 So BGH v. 7.4.1992 – NJW 1992, 2351 ff. = VersR 1992, 960 ff.
557 Vgl. hierzu die sehr instruktive Entscheidung des OLG Stuttgart v. 8.1.2002 – MedR 2003, 413 ff.
558 So ausdrücklich OLG Stuttgart v. 8.1.2002 – MedR 2003, 413, 415 f.
559 So OLG Stuttgart v. 8.1.2002 – MedR 2003, 413, 416.

jedoch nicht mehr erfüllen.⁵⁶⁰ Darüber hinaus hat der Patient bei einer Aufklärung erst nach erfolgter Aufnahme im Krankenhaus aufgrund des dann bestehenden Zeitdrucks nicht mehr die Möglichkeit, sich eine andere ärztliche Meinung einzuholen oder sich mit Freunden oder Angehörigen in Ruhe über die (aus seiner Sicht bereits getroffene) Entscheidung zu beraten.⁵⁶¹ Schließlich entsteht bei einem Patienten auch dann, wenn er nach erfolgter Aufklärung unsicher geworden ist, eine psychische Hemmung, die mit der Terminsfestlegung in Gang gesetzte medizinische Maschinerie wieder zu stoppen. Es bleibt deshalb dabei, dass die Aufklärung zeitlich vor der Einwilligung und damit vor der Terminsbestimmung zu erfolgen hat.

345 Für den Behandlungsablauf ergeben sich dabei kaum Änderungen.⁵⁶² Wenn der Arzt nach abgeschlossener Diagnostik einen Operationstermin mit dem Patienten vereinbart, tut er dies, weil er eine Operation für indiziert hält. Es stellt keinen großen Aufwand dar, wenn er den Patienten bei dieser Operationsempfehlung vor der Vereinbarung des Termins zugleich auch über die damit verbundenen Chancen und Risiken aufklärt. Die Entscheidungsfreiheit des Patienten wäre damit zweifelsfrei gewahrt und die bestehende Rechtsunsicherheit für die Ärzteschaft beseitigt. Im Übrigen verlangt der Arzt mit der Vereinbarung eines Termins von dem Patienten eine Vorentscheidung, die er redlicherweise von dem Patienten aber nur dann fordern kann, wenn er ihn auch zuvor über die damit verbundenen Risiken aufgeklärt hat.⁵⁶³ Der BGH führt insoweit wörtlich aus: „Soll ein Patient einem Arzt gegenüber definitiv seine Bereitschaft erklären, sich bei ihm zu einem genau festgelegten und in absehbarer Zeit liegenden Termin einem bestimmten operativen Eingriff zu unterziehen, ohne dass dies noch von dem Vorliegen wichtiger Untersuchungsbefunde abhängig gemacht wird, dann hat das auch Einfluss auf die rechtliche Verpflichtung des Arztes zur Wahrung des Selbstbestimmungsrechts dieses Patienten durch Aufklärung. Manche Patienten bauen dadurch schon psychische Barrieren auf, die es ihnen schwer machen, später, etwa nach einer erst am Tag vor der Operation erfolgenden Risikoaufklärung, die Operationseinwilligung zu widerrufen. Zum Schutz des Selbstbestimmungsrechts des Patienten ist es deshalb erforderlich, dass ein Arzt, der einem Patienten eine Entscheidung über die Duldung eines operativen Eingriffs abverlangt und für diesen Eingriff bereits einen Termin bestimmt, diesen nicht nur umfassend über die Vorteile der Operation gegenüber einer Nichtbehandlung oder einer konservativen Behandlungsmethode bzw. über andere in Betracht kommende Operationsmethoden informiert, sondern ihm auch die Risiken aufzeigt, die mit diesem Eingriff verbunden sind. Es sind keine medizinischen Interessen erkennbar, die es generell geboten erscheinen lassen, mit der Risikoaufklärung zu warten, etwa bis zur Aufnahme des Patienten ins Krankenhaus zu dem vorbestimmten Termin."⁵⁶⁴

346 Das gegen die Durchführung einer frühen Aufklärung gerichtete Argument, „ein großer Teil der Patienten wird dankbar sein, wenn die Aufklärung nicht so früh erfolgt, damit ihnen die Qual der Wahl erspart bleibt"⁵⁶⁵ ist nicht überzeugend und richtet sich in Wahrheit weniger gegen die Frühzeitigkeit der Aufklärung als vielmehr gegen eine Aufklärung überhaupt. Sinn und Zweck der Aufklärung wird vollends ad absurdum geführt, wenn verlangt wird, dass „zugunsten des ängstlichen Patienten die Bedenkzeit

---

560 So auch *Wertenbruch*, MedR 1995, 306, 309.
561 Ebenso *Pannek/Oppel/Wolf*, ArztR 2001, 200, 202.
562 So auch *Wertenbruch*, MedR 1995, 306, 309, 310.
563 So auch BGH v. 7.4.1992 – NJW 1992, 2351 ff. = VersR 1992, 960 ff.
564 So BGH v. 7.4.1992 – VI ZR 192/91, NJW 1992, 2351 ff. = VersR 1992, 960 ff.
565 So aber *Hoppe*, NJW 1978, 782, 785.

abgekürzt werden kann und muss, damit er den erforderlichen Eingriff so schnell wie möglich ohne die mit längeren Überlegungen verbundenen Qualen hinter sich zu bringen."[566]

Das Selbstbestimmungsrecht des Patienten und die Patientenautonomie wird von dieser Meinung in seiner Bedeutung als elementares Grundrecht verkannt und stattdessen als Last verstanden, welche dem Patienten am besten erspart werden sollte nach dem bevormundenden Motto: „Besser der Patient weiß von nichts". Eine „verfrühte Aufklärung"[567] kann es indes per se nicht geben. Je frühzeitiger die Aufklärung erfolgt, desto eher hat der Patient die Möglichkeit, sich über die Bedeutung des Eingriffs klar zu werden, Vor- und Nachteile des Eingriff gründlich abzuwägen,[568] in der Fachliteratur nachzulesen, anderweitigen (ärztlichen oder sonstigen) Rat einzuholen und ohne den Druck einer bereits in Gang gesetzten Gesundheitsmaschinerie und einer unmittelbar bevorstehenden Operation eigenverantwortlich und selbstbestimmt eine Entscheidung zu treffen. 347

Der Gedanke, einen Patienten vor der Entscheidungsfreiheit und der damit verbundenen Information, was mit ihm geschieht, schützen zu müssen, ist zum einen verfassungswidrig und stellt einen Verstoß gegen die Menschenwürde dar, weil der Patient dadurch zum bloßen Behandlungsobjekt herabgesetzt wird. Zum anderen ist das Argument auch rechtlich nicht stichhaltig, denn kein Patient muss gegen seinen Willen aufgeklärt werden. Der angeführte ängstliche Patient kann nämlich jederzeit auf die Aufklärung verzichten.[569] Auch das gehört nämlich zum Selbstbestimmungsrecht des Patienten. Nur ist dies eben dann seine Entscheidung und nicht die patriarchalisch und den Patienten entmündigende Entscheidung des väterlich bestimmenden Arztes, der besser als der Patient weiß, was gut für diesen ist. Nur durch eine frühzeitige Aufklärung kann somit das Selbstbestimmungsrecht des Patienten gewährleistet werden.[570] 348

Rechtsfolgen einer verspäteten Aufklärung (siehe hierzu auch Rn 409 ff. und 417 ff.): Erfolgt die Aufklärung vor einem Eingriff verspätet, ist die erteilte Einwilligung des Patienten nicht per se unwirksam, sondern die Wirksamkeit hängt vielmehr von den Umständen des Einzelfalles ab, insbesondere davon, „ob unter den jeweils gegebenen Umständen der Patient noch ausreichend Gelegenheit hatte, sich in den ihm dafür ohnehin infolge seiner Krankheit begrenzten Möglichkeiten innerlich frei zu entscheiden."[571] Entscheidend ist, dass der Patient gerade durch die Verspätung der Aufklärung in seinem Selbstbestimmungsrecht beeinträchtigt ist. Hierzu muss der Patient substantiiert vortragen, falls sich die Arztseite auf das Vorliegen einer hypothetischen Einwilligung und damit auf ein rechtmäßiges Alternativverhalten beruft.[572] Der Patient muss dabei deutlich machen, dass ihn die verspätete Aufklärung in seiner Entscheidungsfreiheit beeinträchtigt hat und er vor einem echten Entscheidungskonflikt gestanden hätte, wenn ihm die Risiken der Operation rechtzeitig verdeutlicht worden wären.[573] 349

---

566 So *Hoppe*, NJW 1978, 782, 785.
567 So *Hoppe*, NJW 1978, 782, 785.
568 Gerade dies ist nämlich der entscheidende Zweck der Aufklärung, vgl. BGH v. 7.4.1992 – NJW 1992, 2351 ff. = VersR 1992, 960 ff.
569 *Geiß/Greiner*, C Rn 16; *Gehrlein*, C Rn 14; *Steffen/Dressler/Pauge/Dressler*, B Rn 390.
570 So richtig BGH v. 7.4.1992 – NJW 1992, 2351 ff. = VersR 1992, 960 ff.
571 So BGH v. 7.4.1992 – NJW 1992, 2351 ff. = VersR 1992, 960 ff.; ebenso BGH v. 25.3.2003 – MedR 2003, 567 f.
572 So BGH v. 7.4.1992 – NJW 1992, 2351 ff. = VersR 1992, 960 ff. Siehe hierzu im Einzelnen Rn 409 ff. und 417 ff.
573 So BGH v. 25.3.2003 – MedR 2003, 567 f.

350 *Beispiel*
Der Arzt vereinbart mit dem Patienten einen Operationstermin, der in fünf Wochen stattfinden soll. Es handelt sich um eine schwere Operation mit erheblichen Risiken. Eine Woche später (und damit noch vier Wochen vor dem Termin) findet ein umfassendes Aufklärungsgespräch statt. Die Aufklärung hätte hier bereits zum Zeitpunkt der Terminsvereinbarung erfolgen müssen und war mithin verspätet. Nach den Umständen des konkreten Falles hat sich diese Verspätung allerdings nicht ausgewirkt, da der Patient gleichwohl noch ausreichende Zeit hatte, selbstbestimmt (insbesondere ohne bereits stationär aufgenommen zu sein und ohne durch bereits in Gang gesetzte Operationsvorbereitungen unter psychischen Druck zu stehen) Nutzen und Risiken des Eingriffs gründlich abzuwägen.

351 Liegt angesichts der konkreten Umstände eine Beeinträchtigung des Selbstbestimmungsrechts auf der Hand (z.B. Patient liegt beim Aufklärungsgespräch bereits auf dem Operationstisch) oder hat der Patient substantiiert vorgetragen, dass sich die Verspätung auf seine Entscheidungsfreiheit ausgewirkt hat, muss der Arzt nachweisen, dass sich die Verspätung nicht ausgewirkt hat und sich der Patient trotz der verspäteten Aufklärung frei und selbstbestimmt für den Eingriff entschieden hat.[574] An einer Kausalität der Verspätung fehlt es danach insbesondere dann, wenn der Patient auch bei rechtzeitiger Aufklärung in den Eingriff eingewilligt hätte.[575] Dies kommt etwa dann in Betracht, wenn der Patient schon vor der Aufklärung fest entschlossen war, den Eingriff vornehmen zu lassen, z.B. weil dieser die einzige Möglichkeit ist, von seinen massiven Schmerzen befreit zu werden, der Eingriff absolut indiziert ist und es keine Behandlungsalternativen gibt.[576]

IX. Fehlende Aufklärungsfähigkeit und mutmaßliche Einwilligung

352 Es stellt sich die Frage, wie zu verfahren ist, wenn ein Patient bewusstlos eingeliefert wird oder er etwa in Folge starker Schmerzen oder eines akuten lebensbedrohlichen Zustandes physisch oder psychisch gar in der Lage ist, ein Aufklärungsgespräch zu führen. Entscheidend ist hier aus rechtlicher Sicht zunächst, ob der Patient für den Fall seiner Unfähigkeit eine wirksame Einwilligung zu erteilen, eine konkrete Patientenverfügung getroffen hat. Existiert eine solche, liegt eine verbindliche Erklärung des Patienten vor, welche für die Ärzte bindend und allein maßgeblich ist.[577] Fehlt es an einer Patientenverfügung kommt es darauf an, ob der Patient eine so genannte **Vorsorgevollmacht**[578] erteilt hat. Besteht eine Vorsorgevollmacht ist die Einwilligung des Bevollmächtigten einzuholen. Besteht keine Vorsorgevollmacht ist zu unterscheiden, ob eine notfallmäßige Versorgung des Patienten erforderlich ist oder ob es um einen zeitlich nicht absolut drängenden Eingriff geht. Bei letzterem hat die Behandlungsseite beim Vormundschaftsgericht einen Antrag auf Errichtung einer vorläufigen Betreuung zu stellen. Dies ist in Eilfällen durch einstweilige Anordnung gem. § 69f FGG möglich. Sobald ein vorläufiger Betreuer bestellt worden ist, hat der Arzt den Betreuer aufzuklären und dessen Einwilligung einzuholen. Nur dann, wenn weder eine Patientenver-

---

574 So BGH v. 7.4.1992 – NJW 1992, 2351 ff. = VersR 1992, 960 ff.
575 So OLG Stuttgart v. 8.1.2002 – MedR 2003, 413, 415.
576 Siehe etwa OLG Stuttgart v. 8.1.2002 – MedR 2003, 413, 416 f.
577 So etwa *Weber*, ArztR 2004, 300, 306; *Berger*, JZ 2000, 797, 801; *Wunder*, MedR 2004, 319, 321 f.
578 Hierzu siehe im Einzelnen Rn 475 ff.

fügung noch eine Vorsorgevollmacht vorliegt noch die Einrichtung einer vorläufigen Betreuung in Betracht kommt, da eine zeitlich keinen Aufschub duldende, notfallmäßige Versorgung des Patienten erforderlich ist, kommt es auf das Bestehen einer so genannten **„mutmaßlichen Einwilligung"** an.

Rechtlich liegt hier in dem Handeln des Arztes eine so genannte „Geschäftsführung ohne Auftrag". Kann in diesen Fällen der Patient seinen Willen nicht äußern, kommt es gem. § 677 BGB auf den **mutmaßlichen** Willen des Patienten an. Zu beachten ist folgendes: Hat der Patient in einer Patientenverfügung im Vorhinein seinen Willen zu der vorliegenden Situation klar geäußert, kommt es nicht auf seinen mutmaßlichen Willen an. Wenn der wirkliche Wille feststeht, muss er nicht gemutmaßt werden.[579] Nur in dem Fall, dass der Patient seinen Willen weder derzeit äußern kann noch im **Vorhinein** geäußert hat, kommt es also auf den mutmaßlichen Willen an. Der mutmaßliche Wille bestimmt sich dabei nach dem, was der konkrete Patient im Einzelfall vermutlich wollte, wenn er seinen Willen äußern könnte. Der Arzt muss also etwa durch Befragung der Angehörigen oder frühere Äußerungen des Patienten oder auch durch Heranziehung einer Patientenverfügung ermitteln, wie der Patient selbst angesichts der aktuell vorliegenden medizinischen Befunde entscheiden würde.[580] Der mutmaßliche Wille ist sozusagen der schwächere Bruder des wirklichen Willens.[581] Erst dann, wenn sich aus einer derartigen Ermittlung keine weiteren Erkenntnisse ziehen lassen oder wenn die Gefahrenlage keine derartigen Ermittlungen zulässt, ist darauf abzustellen, was ein vernünftiger Patient in derselben Lage nach angemessener und ordnungsgemäßer Aufklärung entschieden hätte.[582] Hätte ein verständiger Patient anstelle des bewusstlosen Patienten in die zu ergreifenden Maßnahmen eingewilligt, kann der Arzt von einer **mutmaßlichen** Einwilligung ausgehen. Diese steht in ihrer rechtlichen Bedeutung der tatsächlichen Einwilligung gleich.

353

Bei der mutmaßlichen Einwilligung hat stets eine Abwägung zwischen dem Interesse des Patienten an einer sofortigen medizinischen Versorgung einerseits und dem Selbstbestimmungsrecht des Patienten andererseits zu erfolgen.[583] Beispiel: Ein Patient ist aufgrund starker Schmerzen nicht in der Lage, die Aufklärung zu erfassen und eine selbstbestimmte Entscheidung zu treffen. Eine (operative) Therapie der den Schmerzen zugrunde liegenden Erkrankung ist indiziert, allerdings zeitlich betrachtet nicht ganz dringend. Eine Abwägung ergibt hier, dass die mutmaßliche Einwilligung die Verabreichung von Schmerzmitteln abdeckt, nicht aber die Operation. Ergeben sich aus einer zeitlichen Verzögerung keine gesundheitlichen Nachteile für den Patienten, ist zunächst ein schmerzfreier Zustand des Patienten herbeizuführen, in dem dieser aufgeklärt werden und sein Selbstbestimmungsrecht ausüben kann.

354

Oft ergibt sich während einer Operation die Indikation zu einer Operationserweiterung. Hier gilt Folgendes: Der Operateur hat eine Operation sorgfältig zu planen und vorzubereiten. Hierbei hat er den Patienten vor der Operation auch auf nahe liegende, sich intraoperativ möglicherweise ergebende Befunde hinzuweisen, ihn über die sich daraus ergebenden Chancen und Risiken aufzuklären und seine Einwilligung über die zu ergreifenden Maßnahmen herbeizuführen. Soll etwa im Rahmen eines diagnostischen

355

---

579 So *Weber*, ArztR 2004, 300, 306; ebenso BGH, Beschl. v. 17.3.2003 – NJW 2003, 1588 ff. = MedR 2003, 512 ff.; *Berger*, JZ 2000, 797, 801; *Wunder*, MedR 2004, 319, 321 f.
580 So *Weber*, ArztR 2004, 300 305 f.; *Wunder*, MedR 2004, 319, 321; BGH, Beschl. v. 17.3.2003 – NJW 2003, 1588 ff. = MedR 2003, 512 ff.
581 So *Weber*, ArztR 2004, 300, 305 f.
582 *Laufs/Uhlenbruck*, § 64 Rn 11.
583 *Laufs/Uhlenbruck*, § 64 Rn 12.

Eingriffs ein Tumor entfernt und dann bereits intraoperativ durch einen Schnellschnitt untersucht werden, muss der Operateur bereits vorher darauf hinweisen, dass sich ein maligner Befund ergeben kann und darüber aufklären welche Maßnahmen dann in Betracht kommen und hierfür die Einwilligung des Patienten einholen. Dagegen muss der Arzt nicht auf entfernte Möglichkeiten hinweisen, mit denen er nicht ernsthaft rechnen musste.

356 Ergibt sich intraoperativ die Indikation für eine Operationserweiterung gilt folgendes: Grundsätzlich hat der Arzt die Operation ohne die Operationserweiterung durchzuführen, denn für die Erweiterung der Operation fehlt die erforderliche Einwilligung des Patienten. Der Patient muss sich dann möglicherweise nach dem Aufwachen aus der Narkose und einer Aufklärung über die neuen Umstände einer weiteren Operation aussetzen, die ihn unter Umständen deutlich mehr belastet, als dies eine Erweiterung der ersten Operation getan hätte. Es hat deshalb wiederum eine Abwägung zwischen dem Interesse des Patienten an einer sofortigen Durchführung der indizierten Maßnahme einerseits und dem Selbstbestimmungsrecht des Patienten andererseits zu erfolgen. Wird der Patient durch den Abbruch oder die Unterbrechung der Operation mindestens ebenso gefährdet wie durch eine Operationsfortsetzung oder wäre der Abbruch oder die Unterbrechung medizinisch kontraindiziert und würde einen Behandlungsfehler darstellen, ist von einer „**mutmaßlichen Einwilligung**" des Patienten auszugehen und der Eingriff fortzusetzen. Kann die Operation dagegen ohne schwerwiegende Folgen für den Patienten abgebrochen werden, besteht kein Grund, seiner Entscheidung vorzugreifen, und es ist ihm zu überlassen, ob er das zusätzliche Operationsrisiko eingehen will.[584] Bei großen Bauchoperationen, die per se mit einem erheblichen Risiko verbunden sind, kann der Operateur grundsätzlich von einer „mutmaßlichen Einwilligung" des Patienten in eine dringend indizierte Operationserweiterung ausgehen.[585] Bei ganz belanglosen Operationserweiterungen (Beispiel: Intraoperativ ergibt sich die Notwendigkeit zur Setzung eines Zentralvenenkatheders) darf der Arzt ohne weiteres von einer mutmaßlichen Einwilligung des Patienten ausgehen.[586]

357 Ein besonderes Problem stellt die mutmaßliche Einwilligung bei lebensverlängernden Maßnahmen in der letzten Phase des Lebens dar.[587] Hier ist durch die Befragung von Angehörigen und die Auslegung einer etwaigen Patientenverfügung besonders gründlich zu ermitteln, welche Entscheidung der Patient selbst treffen würde. Im Zweifelsfall muss der Arzt sich mangels anderer Anhaltspunkte an einer objektiven Interessenabwägung orientieren.[588] Dabei ist auf die allgemeinen Wertvorstellungen zurückzugreifen. Grundsätzlich hat dabei der Schutz des Lebens Vorrang vor den persönlichen Überlegungen des Arztes oder der Angehörigen.[589] Dies gilt besonders unter dem Aspekt, dass die Unterlassung lebenserhaltender oder lebensverlängernder Maßnahmen irreversibel ist.[590] Bei Zweifeln bleibt es deshalb bei dem Grundsatz „in dubio pro vita".[591]

---

584 BGH v. 2.11.1976 – NJW 1977, 337 = VersR 1977, 255.
585 So *Laufs/Uhlenbruck*, § 64 Rn 13.
586 So OLG Hamm v. 17.9.2001 – ArztR 2002, 252.
587 Einzelheiten hierzu siehe Rn 475 ff.
588 *Berger*, JZ 2000, 797, 798; BGH v. 13.9.1994 – BGHSt 40, 257, 263 = NJW 1995, 204.
589 *Berger*, JZ 2000, 797, 799; BGH v. 13.9.1994 – BGHSt 40, 257, 263 = NJW 1995, 204.
590 *Weber*, ArztR 2004, 300, 306; *Berger*, JZ 2000, 797, 799.
591 So *Verrel*, MedR 1999, 547, 548.

X. Der Aufklärungspflichtige

Aufklärungspflichtig ist grundsätzlich der den Eingriff vornehmende Arzt, soweit sein Fachgebiet betroffen ist. Danach hat der Chirurg über den chirurgischen Eingriff und die damit verbundenen Risiken, der Anästhesist über die Narkose und das Narkoserisiko aufzuklären. Die Aufklärungspflicht kann (etwa aus Gründen der Klinikorganisation) auch auf einen anderen Arzt übertragen werden, z.B. auf den Stationsarzt. Es ist also nicht erforderlich, dass der Operateur selbst aufklärt.[592] Eine Delegation der Aufklärung auf nichtärztliche Mitarbeiter ist ausgeschlossen.[593]

358

XI. Die Aufklärung von minderjährigen Patienten

Empfänger der Aufklärung ist grundsätzlich der Patient. Fraglich ist jedoch, wie die Aufklärung zu erfolgen hat, wenn der Patient minderjährig ist. In den letzten Jahren hat über die Stellung von Minderjährigen in der ärztlichen Behandlung eine lebhafte Diskussion eingesetzt. Gleichwohl sind selbst die wesentlichen Fragen nach wie vor umstritten und weitgehend ungeklärt.[594] Der Gesetzgeber hat in wenigen Spezialgesetzen Regelungen über die Mitwirkungsrechte des Minderjährigen getroffen[595] und die Ausgestaltung der Rechte der Minderjährigen im Übrigen der Rechtsprechung überlassen. Die bestehenden gesetzlichen Regelungen sind indes teilweise widersprüchlich und so speziell, dass eine Übertragung auf die allgemeine Rechtsstellung des Minderjährigen auf Bedenken stößt. Die Rechtsprechung wiederum hat bislang nur ganz vereinzelt zu den sich hierbei stellenden Problemen Stellung nehmen müssen. Im Einzelnen gilt Folgendes:

359

1. Der Grundsatz der Einwilligungsfähigkeit

Entscheidend ist, dass jeder Eingriff in die körperliche Integrität und damit auch jeder ärztliche Heileingriff, eine rechtswidrige Körperverletzung darstellt, wenn er nicht im Einzelfall durch eine Einwilligung des Betroffenen gerechtfertigt ist. Der BGH hat in einem Grundsatzurteil aus dem Jahr 1958[596] entschieden, dass die Fähigkeit, eine derartige Einwilligung zu erteilen nicht an die Geschäftsfähigkeit geknüpft ist. Nach Auffassung des BGH handelt es sich bei der Einwilligung nicht um eine Willenserklärung, da sie nicht auf eine Rechtsfolge gerichtet sei. Der BGH führt wörtlich aus: „Bei der Einwilligung zu einem Eingriff in die körperliche Integrität handelt es sich nicht um eine Einwilligung im Sinne des § 183 BGB, nicht um eine Zustimmung zu einem Rechtsgeschäft, also nicht um einen rechtsgeschäftliche Willenserklärung, sondern um

360

---

592 *Geiß/Greiner*, C Rn 108.; *Gehrlein*, C Rn 56 f.
593 So auch *Steffen/Dressler/Pauge*, Rn 429; *Gehrlein*, C Rn 56.
594 So auch *Wölk*, MedR 2001, 80.
595 So z.B. in §§ 40 Abs. 4, 41 Abs. 2 AMG, § 20 Abs. 4 MPG, § 36 Abs. 1 SGB I.
596 BGH v. 5.12.1958 – BGHZ 29, 33 ff.; bestätigt durch BGH v. 16.11.1971 – NJW 1972, 335 ff. = VersR 1972, 153 ff.; so auch AG Celle v. 9.2.1987 – MedR 1988, 41 ff.

eine Gestattung oder Ermächtigung zur Vornahme tatsächlicher Handlungen."[597] Die Wirksamkeit einer Einwilligung bemesse sich deshalb nach einer von der Geschäftsfähigkeit zu trennenden besonderen Einwilligungsfähigkeit.[598] Dieser Auffassung folgt die ganz herrschende Ansicht in der Literatur.[599] Die Gegenmeinung lehnt das Bestehen einer speziellen Einwilligungsfähigkeit ab und stellt die Einwilligung der rechtsgeschäftlichen Willenserklärung gleich, mit der Folge, dass die §§ 104 ff. BGB unmittelbar oder analog auf die Einwilligung anwendbar sind.[600] Begründet wird diese Ansicht vor allem mit zwei Argumenten: Die Ermittlung einer individuellen Einwilligungsfähigkeit führe zu einer Rechtsunsicherheit. Insbesondere werde der Arzt mit dem Risiko einer Fehleinschätzung belastet. Zudem bestehe ein Wertungswiderspruch, wenn ein Minderjähriger nicht einmal das kleinste Kreditgeschäft abschließen könne, aber die Fähigkeit habe, rechtswirksam in lebensgefährliche Operationen einzuwilligen.[601]

361 **Stellungnahme**: Auch der Minderjährige ist Träger des Grundrechts[602] auf körperliche Unversehrtheit gem. Art. 2 Abs. 2 GG und des Grundrechts auf freie Entfaltung der Persönlichkeit gem. Art. 2 Abs. 1 GG.[603] Dem Grundrecht des Minderjährigen auf körperliche Unversehrtheit kann dadurch Rechnung getragen werden, dass statt ihm selbst seine Eltern als seine gesetzlichen Vertreter treuhänderisch für ihn sein Grundrecht wahrnehmen. Anders verhält es sich dagegen bei dem Selbstbestimmungsrecht des Minderjährigen, welches aus dem Allgemeinen Persönlichkeitsrecht der Art. 1 und 2 Abs. 1 GG folgt. Die treuhänderische Wahrnehmung des Selbstbestimmungsrechts für einen anderen stellt einen systemimmanenten Antagonismus dar.

362 Denn auch wenn der gesetzliche Vertreter noch so sehr zum Wohle des Minderjährigen handelt, bedeutet die stellvertretende Wahrnehmung des Selbstbestimmungsrechts aus Sicht des Minderjährigen doch stets Fremdbestimmung.[604] Das Selbstbestimmungsrecht ist somit ein höchstpersönliches Rechtsgut, welches seiner Natur nach nicht stellvertretungsfähig ist.[605] Soweit der Minderjährige somit trotz seines Alters aufgrund seiner Persönlichkeit in der Lage ist, sein Selbstbestimmungsrecht eigenverantwortlich auszuüben, ist eine Beschränkung seines Allgemeinen Persönlichkeitsrechts und seiner

---

597 So wörtlich BGH v. 5.12.1958 – BGHZ 29, 33 ff.; bestätigt durch BGH v. 16.11.1971 – NJW 1972, 335 ff. = VersR 1972, 153 ff. Die Rspr. ist hier indes nicht widerspruchsfrei. Während der BGH in seinen Entscheidungen v. 5.12.1958 und v. 16.11.1971 betont, dass die Einwilligung keine Willenserklärung darstellt, führt der BGH in den Urteilen BGHZ 67, 48, 50 und BGH NJW 1980, 1903 aus, dass die Einwilligung mit der rechtsgeschäftlichen Willenserklärung verwandt sei und die Vorschriften über die Willenserklärung deshalb auf die Einwilligung analog anwendbar seien. In der Entscheidung vom BGH NJW 1984, 1395 hat der BGH die Einwilligung wiederum lapidar als Willenserklärung angesehen.
598 So BGH v. 5.12.1958 – BGHZ 29, 33 ff.; bestätigt durch BGH v. 16.11.1971 – NJW 1972, 335 ff. = VersR 1972, 153 ff.
599 So etwa *Wölk*, MedR 2001, 80, 82; *Kothe*, AcP 185 (1985), 104, 145; *Deutsch*, Rn 444; *Lesch*, NJW 1989, 2309, 2310; Palandt/*Diederichsen*, § 1929 Rn 8; Staudinger/*Peschel-Gutzeit*, § 1626 BGB Rn 90; *Laufs/Uhlenbruck*, § 66 Rn 9; *Rothärmel/Wolfslast/Fegert*, MedR 1999, 293 ff.; *Eberbach*, FamRZ 1982, 450 ff.; *Schlund*, JR 1999, 334; *Eberbach*, MedR 1986, 14 f.; *Kern*, NJW 1994, 753 ff., 755; MüKo/*Huber*, § 1626 BGB Rn 39.
600 *Mittenzwei*, Anmerkung zu AG Celle v. 9.2.1987 – MedR 1988, 43, 44 f.; *Scherer*, FamRZ 1997, 589, 592; *Zitelmann*, AcP 99 (1906), 1, 47 ff.
601 So *Mittenzwei*, MedR 1988, 43, 44 f.; *Scherer*, FamRZ 1997, 589, 592.
602 Vgl. zur Frage des Kindes als Grundrechtsträger etwa BVerfG FamRZ 1968, 578, 584.
603 So auch *Rothärmel/Wolfslast/Fegert*, MedR 1999, 293 294; *Wölk*, MedR 2001, 80, 82; *Eberbach*, FamRZ 1982, 450, 451.
604 So auch *Rothärmel/Wolfslast/Fegert*, MedR 1999, 293 296; *Wölk*, MedR 2001, 80, 82 f.
605 So auch *Rothärmel/Wolfslast/Fegert*, MedR 1999, 293 296; *Wölk*, MedR 2001, 80, 82 f.

Grundrechte aus Art. 1 und Art. 2 Abs. 1 GG weder geboten noch akzeptabel. Entscheidend für die Ausübung seines Selbstbestimmungsrechts ist deshalb das Bestehen einer im Einzelfall festzustellenden Einwilligungsfähigkeit.

Auch die hiergegen vorgebrachten Argumente vermögen nicht zu überzeugen. Die Fähigkeit eines Minderjährigen, sein Allgemeines Persönlichkeitsrecht selbstbestimmt auszuüben, ist nicht an die starren Altersgrenzen der Geschäftsfähigkeit gebunden. Auch das Interesse des Rechtsverkehrs an Rechtssicherheit ist nicht geeignet, ein so hohes Rechtsgut wie das Allgemeine Persönlichkeitsrecht und die Menschenwürde einzuschränken. Im Übrigen besteht vielleicht bei den Massengeschäften des täglichen Lebens ein Interesse des Rechtsverkehrs an den festen Altersregeln der §§ 104 ff. BGB. Bei dem Arzt-Patienten-Verhältnis besteht jedoch eine individuelle, auf umfassende Kommunikation und Vertrauen angelegte Beziehung, bei welcher der Arzt ein individuelles Aufklärungsgespräch mit dem Patienten führen muss und sich hierbei an der Erkenntnisfähigkeit des konkreten Patienten im Einzelfall orientieren muss.[606]

363

Anders als bei den Massengeschäften des Alltags besteht hier deshalb ein solcher Grad der Individualisierung, dass gerade der Arzt zur Beurteilung der Einwilligungsfähigkeit des Minderjährigen bestens in der Lage ist.[607] Auch der Hinweis auf die fehlende Möglichkeit des Minderjährigen, Kreditgeschäfte zu schließen, ist nicht stichhaltig. Zum einen ist bei derartigen Rechtsgeschäften anders als bei der Ausübung des Selbstbestimmungsrechts ohne weiteres eine Stellvertretung möglich. Die enge Verbundenheit zum Allgemeinen Persönlichkeitsrecht und die Höchstpersönlichkeit fehlen bei Kreditgeschäften völlig, so dass sich das oben dargestellte Dilemma der Unmöglichkeit der Grundrechtsausübung durch Stellvertretung überhaupt nicht stellt. Zum anderen gilt das Argument gerade umgekehrt: Gerade weil eine Operation viel eingreifender und bedeutender für den Minderjährigen als Grundrechtsträger ist und gerade weil ein medizinischer Eingriff unter Umständen weitreichende Auswirkungen auf die zukünftige Lebensführung des Minderjährigen hat, kommt eine Fremdbestimmung des Minderjährigen nicht in Betracht, wenn dieser einwilligungsfähig ist und sein verfassungsrechtlich garantiertes Selbstbestimmungsrecht eigenverantwortlich ausüben kann.

364

Das Allgemeine Persönlichkeitsrecht verbietet grundsätzlich auch bei Minderjährigen, dass diese zum bloßen Objekt der Behandlung gemacht werden.[608] Minderjährige sind ebenso Träger der Grundrechte aus Art. 2 Abs. 1 und Abs. 2 GG.

365

2. Die Bestimmung der Einwilligungsfähigkeit

Die entscheidende Frage in diesem Zusammenhang ist, wonach sich im konkreten Einzelfall bemisst, ob ein Minderjähriger einwilligungsfähig ist oder nicht. Hier ist in Literatur und Rechtsprechung bereits im Ansatz alles umstritten.

366

---

606 So BGH v. 23.10.1978 – NJW 1980, 633 ff. = VersR 1980, 68 ff; ähnlich bereits BGH v. 4.11.1975 – NJW 1976, 363 ff. = VersR 1976, 293 ff., wo der BGH betont, dass der Grad der Aufklärung sich nach der Intelligenz und dem Bildungsgrad des betroffenen Patienten richtet sowie nach dessen eigenen Erfahrungen aus seiner Kranken-Vorgeschichte.
607 So *Wölk*, MedR 2001, 80, 82.
608 So *Wölk*, MedR 2001, 80, 82 f.

367 In seiner oben erwähnten Grundsatzentscheidung meint der BGH, dass ein Minderjähriger dann einwilligungsfähig ist, „wenn er nach seiner geistigen und sittlichen Reife die Bedeutung und Tragweite des Eingriffs und seiner Gestattung zu ermessen vermag."[609] In einer anderen Entscheidung stellt der BGH auf das Vorliegen einer entsprechenden „geistigen Entwicklung und allgemeinen Reife" des Minderjährigen ab.[610] In seiner jüngsten Entscheidung zur Einwilligungsfähigkeit von Minderjährigen spricht der BGH schlicht davon, dass der Minderjährige über eine „ausreichende Urteilsfähigkeit" verfügen muss.[611]

368 In der Literatur werden teilweise konkrete Altersgrenzen für die Einwilligungsfähigkeit festgelegt, etwa in Anlehnung an die Religionsmündigkeit nach § 5 RelKEG 14 Jahre[612] oder in Anlehnung an die Ehefähigkeit gem. § 1303 Abs. 2 BGB 16 Jahre.[613] Begründet wird dies in erster Linie damit, dass durch die Festlegung konkreter Altersgrenzen Rechtssicherheit geschaffen werde. Für den Arzt sei es schwierig, im Einzelfall die Einwilligungsfähigkeit des Minderjährigen zu beurteilen, wodurch bei einer altersunabhängigen Einzelfallabwägung Unsicherheit und Konfliktstoff geschaffen werde.[614]

369 Teilweise stellt die Literatur aber ebenso wie die Rechtsprechung auf die Verstandesreife des Minderjährigen im Einzelfall ab.[615] Dabei müsse der Minderjährige die natürliche Urteils- und Einsichtskraft hinsichtlich der Bedeutung und Tragweite des ärztlichen Eingriffs besitzen.[616]

370 Andere Meinungen vertreten die Ansicht, dass eine abgestufte Einwilligungsfähigkeit je nach der Schwere des Eingriffs bestehe. So sollen 12- bis 15-Jährige **alleine** über die Einnahme risikoloser Medikamente, Grippeschutzimpfungen und routinemäßige Blutkontrollen entscheiden können, wohingegen sie bei Eingriffen wie Mandeloperationen, Blinddarmoperationen und Warzenentfernungen **neben** ihren Eltern mitsprechen können, ohne dass die Einwilligung der Eltern entbehrlich ist und bei besonders schweren Eingriffen wie Herzoperationen sollen allein die Eltern einwilligungsfähig sein.[617] „Die Einsichtsfähigkeit des Minderjährigen steht immer in Relation zur Schwere und den möglicherweise weitreichenden Folgen der Maßnahme."[618] Auch der BGH stellt zum Teil darauf ab, ob der Eingriff „nicht ganz unwichtig"[619] ist.[620]

---

609 So BGH v. 5.12.1958 – BGHZ 29, 33, 36; ebenso auch AG Celle v. 9.2.1987 – MedR 1988, 41 ff., welches allerdings bei einer nahezu 17-Jährigen die Einwilligungsfähigkeit zu einem von der Minderjährigen gewünschten Schwangerschaftsabbruch ablehnte und der Minderjährigen unter Androhung eines Zwangsgeldes untersagte, das Kind abzutreiben.
610 So BGH v. 16.11.1972 – NJW 1972, 335 ff. = VersR 1972, 153 ff.
611 Siehe BGH v. 10.10.2006 – VI ZR 74/05, NJW 2007, 217, 218.
612 So *Reiserer*, FamRZ 1991, 1136, 1140 f.; *Knöpfel*, FamRZ 1977, 600, 605 f.; *Kern*, NJW 1994, 753, 755.
613 So *Trockel*, NJW 1972, 1493, 1496; *Rouka*, S. 1, 123 ff.
614 So *Knöpfel*, FamRZ 1977, 600, 605 f.; für den Heileingriff ebenso *Eberbach*, FamRZ 1982, 450, 452 f.
615 So etwa Staudinger/*Peschel-Gutzeit*, § 1626 Rn 94; *Eberbach*, FamRZ 1982, 450, 452 für das Humanexperiment; MüKo/*Huber*, § 1626 BGB Rn 41.
616 So *Lesch*, NJW 1989, 2309, 2310; ebenso *Kern*, NJW 1994, 753; gegen starre Altersgrenzen und für eine Einzelfallprüfung auch MüKo/*Huber*, § 1626 BGB Rn 41.
617 So *Eberbach*, MedR 1986, 14, 15.
618 So *Eberbach*, MedR 1986, 14, 15; ähnlich auch *Kern*, NJW 1994, 753, 755.
619 So BGH v. 16.11.1972 – NJW 1972, 335 ff. = VersR 1972, 153 ff.
620 Ebenso MüKo/*Huber*, § 1626 BGB Rn 41, der meint, dass man überhaupt nur bei unbedeutenden Eingriffen davon ausgehen könne, dass ein Minderjähriger die nötige Einsichtsfähigkeit besitze; so auch *Eberbach*, FamRZ 1982, 450, 453.

Schließlich wird die Einwilligungsfähigkeit des Minderjährigen noch davon abhängig gemacht, ob der Eingriff aufschiebbar ist und „der Einholung der elterlichen Zustimmung keine Hindernisse entgegenstehen".[621]

371

Stellungnahme: Gegen die Annahme fester Altersgrenzen für die Einwilligungsfähigkeit sprechen dieselben Argumente, die bereits gegen die Anwendbarkeit der starren Vorschriften der §§ 104 ff. BGB aufgeführt wurden: Soweit der Minderjährige trotz seines Alters aufgrund seiner Persönlichkeit in der Lage ist, sein Selbstbestimmungsrecht eigenverantwortlich auszuüben, ist eine Beschränkung seines Allgemeinen Persönlichkeitsrechts und seiner Grundrechte aus Art. 1 und Art. 2 Abs. 1 GG verfassungsrechtlich nicht akzeptabel.[622] Das Interesse des Arztes an einer zweifelsfreien, eindeutigen Regelung muss hinter dem grundrechtlich geschützten Interesse des Minderjährigen an einer eigenverantwortlichen Ausübung seines Selbstbestimmungsrechtes zurücktreten.[623] Im Übrigen ist gerade der Arzt aufgrund seiner Berufserfahrung und aufgrund des besonderen Nähe- und Vertrauensverhältnis zu seinem Patienten besonders geeignet, die Einsichtsfähigkeit und die Reife des Minderjährigen im Einzelfall zu beurteilen. Bei jedem Aufklärungsgespräch muss der Arzt die Erkenntnisfähigkeit seines konkreten Patienten im Einzelfall ermitteln und sich bei der Art und Weise der Aufklärung dem individuellen Horizont des Patienten anpassen.

372

Ganz abzulehnen ist die Verbindung der Einwilligungsfähigkeit mit der Frage der Dringlichkeit des Eingriffs oder der Frage der Erreichbarkeit der Eltern.[624] Die individuelle Einsichtsfähigkeit des Minderjährigen ist nicht davon abhängig, ob der Eingriff aufschiebbar ist oder nicht oder ob die gesetzlichen Vertreter sich zu Hause oder im Urlaub befinden. Es ist nicht ersichtlich, wieso ein Minderjähriger die erforderliche Reife dadurch erlangen soll, dass ein Eingriff keinen Aufschub duldet. Die Argumentation ist nicht nachvollziehbar. Ist der Minderjährige einwilligungsfähig, dann spielt es keine Rolle, ob der Eingriff dringlich oder aufschiebbar ist oder ob die gesetzlichen Vertreter erreichbar oder unerreichbar sind, denn dann kommt es auf die Einwilligung des Minderjährigen an. Besitzt der Minderjährigen dagegen nicht die erforderliche Einwilligungsfähigkeit, dann kann er auch im Falle der Nichterreichbarkeit seiner gesetzlichen Vertreter deren Einwilligung nicht ersetzen. Der Arzt hat dann bei Gefahr im Verzug mit dem Instrument der mutmaßlichen Einwilligung zu arbeiten oder eine Entscheidung des Vormundschaftsgerichts herbeizuführen.

373

Auch die Schwere des Eingriffs ist nur bedingt als Kriterium für die Einwilligungsfähigkeit des Minderjährigen geeignet. Zum einen liegt der Antwort auf die Frage, ob ein Eingriff schwer ist oder nicht, eine Wertung zugrunde. Entscheidend für die Gewichtung bestimmter möglicher Folgen oder Risiken eines Eingriffs ist aber stets das subjektive Wertesystem des jeweiligen Betrachters. Zum anderen entwickeln gerade Ju-

374

---

621 So BGH v. 16.11.1972 – NJW 1972, 335 ff. = VersR 1972, 153 ff.
622 Interessant bei der Frage, inwieweit die wenigen spezialgesetzlich normierten Altersgrenzen analogiefähig sind, ist auch die Vorschrift des § 2 Abs. 1 Nr. 3 Kastrationsgesetz. Danach bedarf ein Patient für die Einwilligung in eine operative Entfernung der Keimdrüsen eines Mindestalters von 25 Jahren. Selbst die unbeschränkte Geschäftsfähigkeit gibt nach dem Willen des Gesetzgebers somit nicht die Fähigkeit in sämtliche Eingriffe einzuwilligen. Die Widersprüchlichkeit der spezialgesetzlichen Regelungen zeigt deutlich, dass dort jeweils eng umgrenzte Ausnahmesituationen geregelt worden sind und keine der dort aufgestellten Altersgrenzen entsprechend für die Beantwortung der generellen Frage der Einwilligungsfähigkeit herangezogen werden kann. *Amelung*, ZStW 104 (1992), 525, 535 bezeichnet die gesetzlichen Spezialregelungen deshalb zu Recht als „großenteils unbestimmt und uneinheitlich".
623 So auch *Wölk*, MedR 2001, 80, 86.
624 Gegen diese Verknüpfung auch MüKo/*Huber*, § 1626 BGB Rn 42.

gendliche, die schon längere Zeit an schweren Erkrankungen leiden, zum Beispiel aus dem Bereich der pädiatrischen Onkologie, eine besonders fundierte Kompetenz bei der Beurteilung ihrer Krankheit und den bestehenden Behandlungsmöglichkeiten.[625] So mag ein 15-jähriger Tumorpatient bei der Frage einer weiteren Chemotherapie durchaus einwilligungsfähig sein, wohingegen einer 17-Jährigen, die sich für eine kosmetische Operation interessiert, die erforderliche Reife noch fehlen mag. Es führt deshalb kein Weg daran vorbei, jeweils im Einzelfall die individuellen Fähigkeiten des Minderjährigen, eine selbstbestimmte Entscheidung zu treffen, festzustellen. Entscheidend ist, dass der Minderjährige in der Lage ist, die vom Arzt zu erteilende (und seinem Horizont angepasste!!) Aufklärung zu verstehen, die entscheidungsrelevanten Tatsachen über die Art seiner Erkrankung, die Folgen einer Nichtbehandlung und die mit dem Eingriff verbundenen Risiken zu erfassen, im Anschluss daran anhand seiner persönlichen Werteordnung zu bewerten und sich schließlich entsprechend seiner Einsicht zu verhalten.[626]

375 Ebenso wenig wie bei einem volljährigen Patienten kommt es auch bei einem Minderjährigen darauf an, dass er sich „vernünftig" verhält, also im Sinne des Wertsystems eines objektiven, rational denkenden Dritten handelt. Das Selbstbestimmungsrecht zeichnet sich gerade dadurch aus, dass jeder Patient **selbstbestimmt**, d.h. also anhand seiner eigenen Wertmaßstäbe entscheiden kann.[627] Der Minderjährigen muss also in der Lage sein, sich im Sinne seiner eigenen **subjektiven** Wertmaßstäbe zu verhalten. Ein Minderjähriger kann deshalb nicht allein deswegen als einwilligungsunfähig abgestempelt werden, weil er Entscheidung trifft, die der Präferenzordnung der Allgemeinheit widerspricht und bei Anlegung gängiger Wertmaßstäbe unvernünftig ist.[628] Das Selbstbestimmungsrecht von Minderjährigen wäre dann nämlich de facto wertlos. Gerade die von den Wertvorstellungen der Allgemeinheit abweichende Entscheidung kann Ausdruck einer autonomen, selbstbestimmten Entscheidung sein. Ein 17-jähriger Tumorpatient, der nach einer schweren Operation eine qualvolle und belastende Chemotherapie durchgestanden hat, kann deshalb durchaus eigenverantwortlich eine weitere Heilbehandlung ablehnen, wenn bei ihm ein Rezidiv auftritt und sich in Ausübung seines Selbstbestimmungsrechts für die Nichtbehandlung und damit den sehr wahrscheinlichen Tod entscheiden. Es ist gerade der Sinn des Selbstbestimmungsrechts eine derartige autonome Entscheidung zu schützen.

376 Die Schwierigkeit besteht allerdings darin, dass eine von den Wertvorstellungen der Allgemeinheit abweichende Entscheidung nicht notwendig Ausdruck der Autonomie des Abweichenden sein **muss**, sondern gerade auch auf der Unreife des Minderjährigen beruhen kann. Entscheidend ist aber, dass allein die Tatsache der Abweichung nicht dazu führen darf, dass der Abweichende deshalb für einigungsunfähig erklärt wird. Ebenso wie bei Erwachsenen gilt, dass auch der Minderjährige eine „unvernünftige"

---

625 So auch *Wölk*, MedR 2001, 80, 88.
626 Ebenso *Amelung*, ZStW 104, 525, 551 ff.; *Wölk*, MedR 2001, 80, 88.
Eine ähnliche Regelung trifft auch § 81c StPO. In dieser Bestimmung wird die körperliche Untersuchung, insbesondere auch die Entnahme von Blutproben von Zeugen geregelt. Die Vornahme dieser Untersuchungen ist grundsätzlich an die Einwilligung der Betroffenen geknüpft. Auch Minderjährige sind dabei einwilligungsfähig, es sei denn sie haben „wegen mangelnder Verstandsreife ... keine genügende Vorstellung ... von der Bedeutung". Auch nach dieser strafprozessualen Norm hängt die Einwilligungsfähigkeit somit von der individuellen Einsichtsfähigkeit des Minderjährigen ab.
627 *Amelung*, ZStW 104 (1992), 525, 546 f.
628 So *Amelung*, ZStW 104 (1992), 525, 551.

Entscheidung entsprechend den Maßstäben seines **subjektiven** Wertsystems treffen darf.[629] Dagegen kommt es bei der Beurteilung der Fakten darauf an, dass der Minderjährigen die Fähigkeit besitzt, diese **objektiv** richtig zu erfassen. Er muss die Vor- und Nachteile der Behandlung, die mit der Behandlung verbundenen Risiken und die möglichen Konsequenzen einer Nichtbehandlung objektiv vernünftig abschätzen können.[630] Der Minderjährigen muss hierzu zunächst das zu einer objektiven Beurteilung erforderliche Wissen haben und in der Lage sein, es auf den konkreten Fall anzuwenden. „Wer nicht weiß, was die Milz ist und nicht versteht, welche Funktionen sie erfüllt, kann schwerlich über ihre Entfernung entscheiden."[631]

Ausreichend ist dabei, dass der Minderjährige das erforderliche Wissen und Verständnis **nach** der ärztlichen Aufklärung besitzt. Hierzu gehört auch, dass der Minderjährige in der Lage sein muss, seinen Zustand objektiv richtig zu bewerten. Er muss dabei die Fähigkeit besitzen, die künftige Entwicklung (mit und ohne Behandlung) realistisch zu beurteilen.[632] Neben der Erkenntnisfähigkeit und der Beurteilungsfähigkeit bedarf es schließlich als dritte Voraussetzung für die Einwilligungsfähigkeit der Fähigkeit, sich entsprechend seiner Erkenntnis und Beurteilung zu verhalten. Daran fehlt es etwa, wenn sich ein Minderjähriger wider bessere Einsicht einer notwendigen Behandlung aus einer kindlichen Furcht heraus verschließt.[633]

377

3. Die rechtlichen Konsequenzen der Einwilligungsfähigkeit

Fraglich ist, welche Rechtsfolgen sich aus dem Bestehen der Einwilligungsfähigkeit des Minderjährigen ergeben. Auch hierüber besteht lebhafter Streit.

378

Nach einer Ansicht hat der einwilligungsfähige Minderjährige ein Mitspracherecht. Im Konfliktfall steht jedoch den gesetzlichen Vertretern die letzte Entscheidung zu.[634] Diese Meinung stützt sich auf § 1626 Abs. 2 BGB. Danach haben die Eltern zu versuchen, eine einvernehmliche Entscheidung mit ihrem Kind herbeizuführen, wenn dies nach dem Entwicklungsstand des Kindes angezeigt ist. Gelingt es jedoch nicht, dieses Einvernehmen mit dem Kind herzustellen, bleibt es dabei, dass die Eltern gem. § 1626 Abs. 1 BGB das Recht zur Personensorge haben und die Eltern entscheiden.[635] Es gilt das Prinzip des Vorrangs des elterlichen Willens.[636]

379

Nach einer anderen Auffassung gilt für den Fall, dass der Minderjährige einwilligungsfähig ist, „das Prinzip der kumulativen Einwilligung".[637] Das bedeutet, dass der Minderjährige ein Vetorecht[638] gegen einen von den Eltern befürworteten Eingriff hat und umgekehrt die Eltern ihre erforderliche Zustimmung zu einem von dem Minderjährigen

380

---

629 So *Amelung*, ZStW 104 (1992), 525, 551 ff.
630 So *Amelung*, ZStW 104 (1992), 525, 548 f.
631 So zu Recht *Amelung*, ZStW 104 (1992), 525, 553 f.
632 So etwa auch *Amelung*, ZStW 104 (1992), 525, 554, der von „prognostischen Fähigkeiten" spricht.
633 *Amelung*, ZStW 104 (1992), 525, 556 nennt als Beispiel einen Minderjährigen, der die Notwendigkeit einer Zahnextraktion erkennt und einsieht, aber aus Furcht vor den damit verbunden Schmerzen nicht zu einer Einwilligung im Stande ist.
634 So *Scherer*, FamRZ 1997, 589, 591.
635 So *Scherer*, FamRZ 1997, 589, 591; Palandt/*Diederichsen*, § 1626 Rn 23.
636 So *Scherer*, FamRZ 1997, 589, 591.
637 So *Pawlowski*, in: Festschrift für Horst Hagen, 1999, 13, 17 f.
638 So *Eberbach*, FamRZ 1982, 450, 454, der sich für ein Vetorecht der Eltern und des Minderjährigen ausspricht; *Wölk*, MedR 2001, 80, 83, der allerdings nur ein Vetorecht des Minderjährigen annimmt, ein Vetorecht der gesetzlichen Vertreter hingegen ablehnt; BGH v. 10.10.2006 – VI ZR 74/05, NJW 2007, 217, 218.

gewünschten Eingriff verweigern können. Diese Ansicht findet eine Stütze in der gesetzlichen Regelung der §§ 40 Abs. 4 Nr. 4, 41 Nr. 3 AMG und des § 20 Abs. 4 Nr. 4 MPG. Danach bedarf es zur Erprobung von Diagnostika und Prophylaktika an Minderjährigen sowie für den therapeutischen Arzneimittelversuch sowohl der Einwilligung des Minderjährigen als auch der Einwilligung des gesetzlichen Vertreters.[639] Das Personensorgerecht der Eltern und das Persönlichkeitsrecht des Minderjährigen stehen sich danach gleichberechtigt gegenüber. Sowohl die gesetzlichen Vertreter als auch der Minderjährige können also einen ärztlichen Heileingriff alleine und unabhängig von der ausdrücklichen Zustimmung des jeweils anderen zulassen. Allerdings können sowohl der Minderjährige als auch seine gesetzlichen Vertreter die Durchführung eines Eingriffs durch Ausübung eines Vetorechts verhindern. Die Grenze findet die Möglichkeit der Zustimmungsverweigerung des gesetzlichen Vertreters in § 1666 BGB. Danach kann das Familiengericht gem. § 1666 Abs. 3 BGB die erforderliche Einwilligung der gesetzlichen Vertreter ersetzen, wenn sich die Ausübung der elterlichen Sorge gem. § 1666 Abs. 1 BGB als Missbrauch darstellt.

381 Die wohl herrschende Ansicht in Literatur und Rechtsprechung geht vom Ansatz her von einem alleinigen Entscheidungsrecht der Eltern aus, billigt dem Minderjährigen indes ein Vetorecht zu.[640] Dieser Meinung hat sich auch der BGH in seiner jüngsten Entscheidung angeschlossen, wobei er dieses Vetorecht des Minderjährigen allerdings auf „nur relativ indizierte Eingriffe mit der Möglichkeit erheblicher Folgen für die Lebensgestaltung des Minderjährigen" beschränkt.[641]

382 Schließlich wird noch die Auffassung vertreten, dass im Konfliktfall der Entscheidung des einwilligungsfähigen Minderjährigen gegenüber dem Willen seiner gesetzlichen Vertreter der Vorrang zukommt. Diese Ansicht nimmt de facto also ein Alleinentscheidungsrecht des einwilligungsfähigen Minderjährigen an.[642]

---

639 Siehe hierzu *Kloesel/Cyran*, Arzneimittelrecht, § 40 AMG Anm. 23 f. und § 41 Anm. 2 ff.
640 *Geiß/Greiner*, C Rn 115; *Steffen/Dressler/Pauge*, Rn 432; BGH v. 10.10.2006 – VI ZR 74/05, NJW 2007, 217, 218.
641 BGH v. 10.10.2006 – VI ZR 74/05 – NJW 2007, 217, 218. Der BGH hat es allerdings bislang sowohl unterlassen, sich mit den dogmatischen Grundlagen eines Entscheidungsrechts des Minderjährigen zu befassen als auch zu dem Problem eines Konflikts zwischen dem Selbstbestimmungsrechts des Minderjährigen und den Entscheidungsrechten der Eltern Stellung zu nehmen. In seiner Entscheidung v. 10.10.2006 – VI ZR 74/05, NJW 2007, 217, 218 heißt es lapidar: „Zwar kann minderjährigen Patienten bei einem nur relativ indizierten Eingriff mit der Möglichkeit erheblicher Folgen für ihre künftige Lebensgestaltung ein Vetorecht gegen die Fremdbestimmung durch die gesetzlichen Vertreter zuzubilligen sein, wenn sie über eine ausreichende Urteilsfähigkeit verfügen. Um von diesem Vetorecht Gebrauch machen zu können, sind auch minderjährige Patienten entsprechend aufzuklären..." Es fehlt jede Begründung und jede inhaltliche Bestimmung der Reichweite der beiden sich gegenseitig ausschließenden Rechte von Eltern und Minderjährigen. In einer anderen Entscheidung hat sich der BGH indirekt mit der Frage eines (Mit-)Entscheidungsrechts des minderjährigen Patienten befasst. Dabei ging es um die Frage einer hypothetischen Einwilligung. Der BGH (Urt. v. 16.4.1991 – ZR VI 176/90, NJW 1991, 2344 = VersR 1991, 812, 813) führte hierzu wörtlich aus: *„Und hier hat außer den Eltern auch der Kläger selbst, der bei der Operation fast 18 Jahre alt war und auf dessen Willen es deshalb für die Annahme einer hypothetischen Einwilligung ebenfalls ankam, bei seiner Anhörung erklärt, dass er sich wohl dafür entschieden hätte, so wie bisher (d.h. ohne Operation) weiterzumachen."* Es ergibt sich daraus ohne nähere Begründung nur, dass es „ebenfalls" auf die Entscheidung des einwilligungsfähigen Minderjährigen ankommt, ohne dass der BGH auf das Verhältnis zwischen den Rechten der Eltern und den Rechten des Minderjährigen auch nur mit einem Wort eingeht, geschweige denn die dogmatischen Grundlagen für dieses Verhältnis darlegt. Ausdrücklich offen gelassen hat der BGH die Frage des Verhältnisses von Minderjährigenrechten und Elternrechten in seiner Entscheidung v. 22.6.1971 – VI ZR 230/69, VersR 1971, 929.
642 So *Wölk*, MedR 2001, 80, 83 f.; MüKo/*Huber*, § 1626 BGB Rn 42 und 43; *Kern*, NJW 1994, 753, 755.

Stellungnahme: Ausgangspunkt der rechtlichen Lösung muss die Tatsache sein, dass auch der Minderjährige Grundrechtsträger ist. Nur soweit der Minderjährige aufgrund seines Alters und der damit verbundenen fehlenden Einsichtsfähigkeit nicht in der Lage ist, sein Grundrecht auch **tatsächlich** in seinem Interesse auszuüben, ist es gerechtfertigt, die Ausübung seiner Grundrechte stattdessen seinen gesetzlichen Vertretern zu überlassen. Unter Zugrundelegung dieser verfassungsrechtlichen Prämisse ist die Ansicht, die im Falle einer Divergenz zwischen der Entscheidung des einwilligungsfähigen (!!) Minderjährigen und seiner Eltern einen Vorrang des Willens seiner gesetzlichen Vertreter annimmt, abzulehnen. De facto bliebe dann von dem Grundrecht des Minderjährigen aus Art. 2 Abs. 1 GG nichts übrig und von einem Selbstbestimmungsrecht kann redlicherweise schon gar nicht gesprochen werden. Ein Selbstbestimmungsrecht, welches nur dann zum Zuge kommt, wenn der Minderjährigen sich so entscheidet, wie seine gesetzlichen Vertreter sich ohnehin entschieden hätten, stellt nur ein rechtliches Placebo dar. Seinen eigentlichen Inhalt gewinnt das Selbstbestimmungsrecht des einwilligungsfähigen Minderjährigen gerade erst im Konfliktfall.

383

Im Hinblick darauf, dass der Minderjährige selbst Träger der Grundrechte aus Art. 1 GG und Art. 2 Abs. 1 GG ist, besteht ein Entscheidungsrecht der Eltern für den Minderjährigen aber nur insoweit, wie der Minderjährigen seine Rechte altersbedingt faktisch nicht ausüben kann. Das Selbstbestimmungsrecht des Minderjährigen und das Elternrecht zur Personensorge verhalten sich damit umgekehrt proportional zueinander: Wo das Selbstbestimmungsrecht des Minderjährigen beginnt, endet das Entscheidungsrecht der Eltern.[643] Dem Elternrecht wohnt damit die Tendenz inne, überflüssig zu werden.[644] Bei Berücksichtigung der eigenständigen Grundrechtsträgerschaft des Minderjährigen kommt demgemäß auch ein Vetorecht seiner gesetzlichen Vertreter nicht in Betracht.[645] Soweit der Minderjährige einwilligungsfähig ist, steht eben ihm und nur ihm das Selbstbestimmungsrecht zu und das Erziehungsrecht der Eltern tritt insoweit hinter dem Allgemeinen Persönlichkeitsrecht und dem Selbstbestimmungsrecht des Minderjährigen zurück.[646] Auch ist nicht einzusehen, warum ein Minderjähriger zwar einen geplanten medizinischen Eingriff verhindern, nicht aber eigenständig eine Behandlung veranlassen können soll. Unter dem Blickwinkel seiner Grundrechtsträgerschaft besteht insoweit für die Wahrnehmung seines Selbstbestimmungsrechts kein Unterschied.[647] Somit besteht im Fall der Einwilligungsfähigkeit ein Alleinentscheidungsrecht des Minderjährigen.[648]

384

Die Tatsache, dass dem Minderjährigen das alleinige Entscheidungsrecht zusteht, bedeutet jedoch nicht, dass die Eltern damit völlig von der Behandlung ausgeschlossen sind. Aus ihrem gem. Art. 6 GG grundrechtlich geschütztem Erziehungsrecht folgt vielmehr, dass den Eltern ihrerseits gegenüber den Ärzten ein eigenständiges Informationsrecht zusteht.[649] Die Eltern haben damit neben dem Minderjährigen einen eigenständigen Aufklärungsanspruch. Durch das Informationsrecht der Eltern wird das Selbstbestimmungsrecht des Minderjährigen nicht eingeschränkt; die Eltern können somit

385

---

643 So *Wölk*, MedR 2001, 80, 83.
644 So *Wölk*, MedR 2001, 80, 84.
645 Anders BGH v. 10.10.2006 – VI ZR 74/05, NJW 2007, 217, 218.
646 So *Wölk*, MedR 2001, 80, 84.
647 So zu Recht *Wölk*, MedR 2001, 80, 84.
648 Im Ergebnis ebenso MüKo/*Huber*, § 1626 BGB Rn 42; *Wölk*, MedR 2001, 80, 84.
649 So auch MüKo/*Huber*, § 1626 BGB Rn 42; *Wölk*, MedR 2001, 80, 84.

ihrem Erziehungsauftrag und ihrer Sorgepflicht nachkommen und dem Minderjährigen durch Beratung und Beistand zur Seite stehen.[650]

386 Auch die Gegenmeinung, die ein Entscheidungsrecht der Eltern und ein Vetorecht des Minderjährigen annimmt, kommt bei der Frage, wer aufgeklärt werden muss, zu dem gleichen Ergebnis.

387 Die Tatsache, dass die Eltern aufgeklärt werden müssen, ergibt sich bei dieser Meinung ohne weiteres bereits daraus, dass ihnen als gesetzliche Vertreter des Minderjährigen das Entscheidungsrecht zusteht. Da die Eltern die Entscheidungsträger sind, muss sich die Aufklärung auch an sie richten. Aber auch der einwilligungsfähige Minderjährige selbst muss vor dem Eingriff ordnungsgemäß aufgeklärt werden, um von dem ihm zustehenden Vetorecht Gebrauch machen zu können.[651]

4. Die Rechte von einwilligungsunfähigen Minderjährigen

388 Ist der Minderjährige nicht einwilligungsfähig, kann er seine ihm zustehenden Rechte, insbesondere auch seine Grundrechte aus Art. 1, 2 Abs. 1 und 2 Abs. 2 GG nicht selbst wahrnehmen, sondern seine Rechte werden dann stellvertretend für ihn von seinen gesetzlichen Vertretern wahrgenommen. In dem hier interessierenden Bereich der Aufklärung und Einwilligung in ärztliche Eingriffe greifen die familienrechtlichen Regeln der Personensorge ein. Gem. §§ 1616 Abs. 1, 1629 Abs. 1 BGB sind danach die Eltern vom Arzt aufzuklären und die Vornahme des Eingriffs hängt von ihrer Einwilligung ab. Bei ihrer Entscheidung sind die Eltern dabei gem. § 1627 BGB an das Wohl des Kindes gebunden. Im Fall des Sorgerechtsmissbrauchs, d.h. einer Ausübung des Sorgerechtes, die das Kindeswohl konkret gefährdet, kann gem. §§ 1666 Abs. 1 und Abs. 3 BGB statt der Eltern das Familiengericht die erforderlichen Entscheidungen treffen und insbesondere die Einwilligung in einen ärztlichen Heileingriff erteilen.

389 *Beispiel*
Beispiele[652] für einen derartigen Missbrauch des Sorgerechts sind etwa das Versagen von Impfschutz bei Reisen in seuchengefährdet Gebiete, die positive Weigerung eine erforderliche Operation oder eine Bluttransfusion vornehmen zu lassen,[653] die Uneinsichtigkeit bei der Befolgung einer ärztlich angeordneten Medikamentierung[654] oder die Ablehnung einer psychiatrischen Untersuchung bei einem offensichtlich verhaltensauffälligen 10-Jährigen.[655]

390 Durch diese Bindung an das Kindeswohl ist auch der Kreis der Maßnahmen eingeengt, in welche die gesetzlichen Vertreter überhaupt einwilligen dürfen: Eine Einwilligung kommt nur in ärztliche Eingriff in Betracht, die zum Wohl des Kindes medizinisch indiziert sind. Die Eltern können damit nicht in medizinisch nicht indizierte Operationen

---

650 So *Wölk*, MedR 2001, 80, 84.
651 So BGH v. 10.10.2006 – VI ZR 74/05, NJW 2007, 217, 218.
652 Siehe hierzu auch Palandt/*Diederichsen*, § 1666 Rn 25.
653 So BayObLG FamRZ 1976, 43.
654 KG NJW-RR 1990, 716.
655 So BayObLG FamRZ 1991, 214.

(z.B. reine Schönheitsoperationen[656]) einwilligen und nicht in rein fremdnützige Operationen (z.B. Blutspenden, Knochenmarkspenden, Organspenden).[657]

Auf den ersten Blick scheinen die Rechte des Kindes dadurch ausreichend gewahrt. Wie oben bereits dargelegt ist die Ausübung des Selbstbestimmungsrechts für einen anderen jedoch ein Widerspruch in sich: Das Selbstbestimmungsrecht kann nur höchstpersönlich ausgeübt werden. Jede noch so wohlgemeinte Ausübung durch einen anderen bedeutet eine Fremdbestimmung.[658]

Dieses Problem ist rechtlich wie folgt zu lösen: In Rn 361 ff. wurde begründet, dass die Grundrechte des Minderjährigen aus Art. 1 GG und Art. 2 Abs. 1 GG es verbieten, die Einwilligungsfähigkeit an die Geschäftsfähigkeit zu knüpfen. Soweit ein Minderjähriger die erforderliche Einsichtsfähigkeit und Reife besitzt, muss er als Grundsrechtsträger sein Allgemeines Persönlichkeitsrecht und damit auch das daraus abgeleitetes Selbstbestimmungsrecht eigenständig ausüben können. Fehlt dem Minderjährigen dagegen die nötige Einsichtsfähigkeit, so gebietet gerade der Schutz seiner körperlichen Integrität und damit der Schutz des Grundrechts des Minderjährigen aus Art. 2 Abs. 2 GG, dass seine gesetzlichen Vertreter über die Vornahme des Eingriffs in seinem Interesse entscheiden. Auch der einwilligungsunfähige Minderjährige ist indes Träger des Grundrechts aus Art. 2 Abs. 1 GG.[659] Die Verdrängung des Grundrechts des Minderjährigen aus Art. 2 Abs. 1 GG rechtfertigt sich somit nur dadurch, dass andernfalls das Grundrecht des Minderjährigen aus Art. 2 Abs. 2 GG beeinträchtigt werden würde.

Für das Ausmaß der Begrenzung des Allgemeinen Persönlichkeitsrechts des Minderjährigen aus Art. 2 Abs. 1 GG gilt indessen ebenso wie für alle anderen Grundrechtsbegrenzungen der von *Hesse*[660] entwickelte Grundsatz der „praktischen Konkordanz". Nach diesem Grundsatz der praktischen Konkordanz sind beide miteinander kollidierenden Grundrechte so zu interpretieren, dass sie beide zu optimaler Wirksamkeit gelangen. Ein Grundrecht darf deshalb nur insoweit eingeschränkt werden, wie es zum Schutz des anderen Grundrechts erforderlich ist.[661] Im vorliegenden Fall gebietet es der Schutz des Grundrechts auf körperliche Unversehrtheit aus Art. 2 Abs. 2 GG, dass nicht der Minderjährige, sondern dessen gesetzliche Vertreter die Entscheidung über die Vornahme des Eingriff treffen.

Zum Schutz des Grundrechts aus Art. 2 Abs. 2 GG ist es jedoch nicht erforderlich und damit verfassungsrechtlich auch nicht zulässig, dass Selbstbestimmungsrecht des Minderjährigen ganz auszuschließen. Das Grundrecht des Minderjährigen aus Art. 2 Abs. 1 GG verlangt vielmehr, dass auch der Minderjährige eine seinem Alter und seiner Einsichtsfähigkeit angepasste Aufklärung erlangt.[662] Der Arzt hat den Minderjährigen über seine Krankheit, seinen konkreten Zustand, die Art der vorgesehenen Behandlung, das Behandlungsziel und die voraussichtliche Dauer des stationären Aufenthaltes angemessen zu informieren.[663] Soweit mit einer Therapie Nebenwirkungen verbunden sein kön-

---

656 Eine Schönheitsoperation kann allerdings auch aus psychischen Gründen medizinisch indiziert sein, weil die Missbildung zwar keine körperlichen Beschwerden verursacht, das Kind aber psychisch darunter leidet, etwa weil es von anderen Kindern deshalb gehänselt wird.
657 So *Kern*, NJW 1994, 753, 756; Palandt/*Diederichsen*, § 1626 Rn 12; siehe auch *Walter*, FamRZ 1998, 203.
658 So *Rothärmel/Wolfslast/Fegert*, MedR 1999, 293, 296; *Wölk*, MedR 2001, 80, 82 f.
659 So *Wölk*, MedR 2001, 80, 88.
660 Vgl. *Hesse*, S. 317 ff.
661 So *Hesse*, S. 318.
662 Im Ergebnis ebenso *Rothärmel/Wolfslast/Fegert*, MedR 1999, 293, 297.
663 So auch *Rothärmel/Wolfslast/Fegert*, MedR 1999, 293, 297.

nen, ist der Minderjährigen auch hierauf hinzuweisen.[664] Da die Einwilligungsbefugnis bei den Eltern liegt und sich diese für oder gegen die Behandlung bzw. zwischen mehreren bestehenden Behandlungsalternativen entscheiden müssen, ist eine vollständige Aufklärung des Minderjährigen, welche die Grundlage für eine Entscheidung schaffen soll, nicht erforderlich. Der Minderjährige muss deshalb nicht über Operationsrisiken oder Behandlungsalternativen aufgeklärt werden. Sein Selbstbestimmungsrecht verlangt jedoch, dass er altersentsprechend über seinen Zustand und die vorgesehene Behandlung informiert wird.

395 Auch der einwilligungsunfähige Minderjährige darf nicht zum bloßen Behandlungsobjekt gemacht werden.[665] Er hat ein Recht darauf, in angemessener Weise zu erfahren, was ihm fehlt und was mit ihm passiert. Nur dadurch wird seine Subjektsstellung berücksichtigt und er an seiner Behandlung beteiligt.[666] Durch ein derartiges Informationsrecht wird den Grundrechten des einwilligungsunfähigen Minderjährigen aus Art. 1 GG und Art. 2 Abs. 1 GG im Sinne der praktischen Konkordanz, soweit es die beschränkte Einsichtsfähigkeit des Minderjährigen erlaubt, Rechnung getragen.

5. Die Einwilligung durch die gesetzlichen Vertreter in der Praxis

396 Bei minderjährigen, einwilligungsunfähigen Patienten ist statt der Aufklärung und Einwilligung des Minderjährigen, die seiner gesetzlichen Vertreter erforderlich. Dies sind in der Regel **beide** Eltern. Um eine unbürokratische, alltagstaugliche und praktikable Lösung zu ermöglichen hat die Rechtsprechung insoweit ein Dreistufenschema entwickelt[667]:

- Bei **Routineeingriffen** ist es ausreichend, dass der behandelnde Arzt einen erschienenen Elternteil aufklärt und derjenige einwilligt. Hat der Arzt keine Anhaltspunkte für das Gegenteil, darf er (ungefragt) davon ausgehen, dass auch das andere Elternteil einverstanden ist und im Rahmen der familiären Arbeitsteilung den anderen zur Entscheidung ermächtigt hat.[668]
- Handelt es sich dagegen um **schwerere Eingriffe** muss sich der Arzt darüber vergewissern, dass der erschienene Elternteil die Ermächtigung des anderen Teils besitzt. Der Arzt darf insoweit darauf vertrauen, dass die mündliche Auskunft des erschienenen Elternteiles wahrheitsgemäß ist.[669]
- Bei **gravierenden Eingriffen** mit erheblichen und schweren Risiken ist die Aufklärung und Einwilligung **beider** Elternteile erforderlich. Der Arzt muss hier nicht nur bei dem erschienenen Elternteil nachfragen, ob der andere Elternteil mit dem geplanten Eingriff einverstanden ist, sondern er muss sich über das Einverständnis des nichterschienenen Elternteils Gewissheit verschaffen.[670]

397 Handelt es sich um dringende Eilentscheidungen und Notmaßnahmen ist die Einwilligung des anwesenden Elternteils ausreichend.[671]

---

664 So auch *Rothärmel/Wolfslast/Fegert*, MedR 1999, 293, 297.
665 So *Wölk*, MedR 2001, 80, 88.
666 So auch *Wölk*, MedR 2001, 80, 88.
667 BGH NJW 1988, 2946 ff.
668 So auch *Kern*, NJW 1994, 753, 756.
669 So *Kern*, NJW 1994, 753, 756.
670 *Gehrlein*, C Rn 60 ff.; *Geiß/Greiner*, C Rn 114; *Kern*, NJW 1994, 753, 756; BGH NJW 1988, 2946.
671 So auch *Kern*, NJW 1994, 753, 756.

XII. Die Aufklärung von psychisch kranken Patienten

Für psychisch kranke Patienten gilt dasselbe wie für Minderjährige. Auch hier kommt es nicht auf die Geschäftsfähigkeit des Patienten an, sondern auf das Vorliegen der im Einzelfall zu prüfenden Einwilligungsfähigkeit. Entscheidend ist, ob der Patient trotz seiner psychischen Erkrankung oder seiner Altersdemenz in der Lage ist, die vom Arzt zu erteilende Aufklärung zu verstehen, die entscheidungsrelevanten Tatsachen über die Art seiner Erkrankung, die Folgen einer Nichtbehandlung und die mit dem Eingriff verbundenen Risiken zu erfassen, im Anschluss daran anhand seiner persönlichen Werteordnung zu bewerten und sich schließlich entsprechend seiner Einsicht zu verhalten. Es gelten die obigen Ausführungen zur Einwilligungsfähigkeit von Minderjährigen entsprechend (siehe Rn 359 ff.). Ist der Patient danach einwilligungsfähig, kommt es trotz seiner psychischen Erkrankung **allein** auf das Vorliegen seiner Einwilligung an.

398

Ist er dagegen einwilligungsunfähig, ist aus rechtlicher Sicht entscheidend, ob der Patient für den Fall seiner Einwilligungsunfähigkeit rechtswirksam eine **Vorsorgevollmacht** (siehe Rn 475 ff.) erteilt hat. Problematisch ist in diesem Fall, ob diese Vorsorgevollmacht wirksam ist. Dabei handelt es sich um eine Willenserklärung für deren Wirksamkeit die Geschäftsfähigkeit des Patienten zum Zeitpunkt der Errichtung der Vorsorgevollmacht Voraussetzung ist. Besteht eine wirksame Vorsorgevollmacht, ist die Einwilligung des Bevollmächtigten einzuholen. Besteht keine Vorsorgevollmacht ist zu unterscheiden, ob eine notfallmäßige Versorgung des Patienten erforderlich ist oder ob es um einen zeitlich nicht absolut drängenden Eingriff geht. Bei letzterem hat der Arzt beim Vormundschaftsgericht einen Antrag auf Errichtung einer vorläufigen Betreuung zu stellen. Sobald ein vorläufiger Betreuer bestellt worden ist, hat der Arzt den Betreuer aufzuklären und dessen Einwilligung einzuholen. Nur dann, wenn weder eine Vorsorgevollmacht vorliegt noch die Einrichtung einer vorläufigen Betreuung in Betracht kommt, da eine zeitlich keinen Aufschub duldende, notfallmäßige Versorgung des Patienten erforderlich ist, kommt es auf das Bestehen einer so genannten „**mutmaßlichen Einwilligung**" an (siehe Rn 352 ff.).

399

XIII. Die Aufklärung von fremdsprachigen Patienten

Hat der Arzt Anhaltspunkt dafür, dass ein ausländischer Patient der deutschen Sprache nicht hinreichend mächtig ist und die Erläuterungen des Arztes nicht versteht, muss der Arzt von sich aus eine sprachkundige Person als Dolmetscher hinzuziehen.[672] Bei fremdsprachigen Patienten muss der das Aufklärungsgespräch führende Arzt dabei eine gesteigerte Aufmerksamkeit aufwenden.[673] Er muss sich gegebenenfalls durch Rückfragen darüber versichern, dass der fremdsprachige Patient dem Inhalt des Aufklärungsgespräches folgen kann und die Hinweise auch versteht. Auch in diesem Zusammenhang trägt der Arzt die Beweislast.[674] Entscheidend ist, welchen Eindruck ein Arzt im Rahmen des Aufklärungsgespräches von der Qualität des Sprachverständnisses bekommen musste. Es handelt sich dabei um eine Wertungsfrage und nicht um eine Tatsachenfeststellung, so dass diese Frage einem Zeugenbeweis oder Sachverständigenbeweis über die grundsätzlichen Sprachkenntnisse des Patienten unzugänglich ist.[675]

400

---

[672] So OLG Düsseldorf v. 12.10.1989 – VersR 1990, 852 ff.; *Laufs/Uhlenbruck*, § 162 Rn 25; *Geiß/Greiner*, C Rn 113.
[673] So *Laufs/Uhlenbruck*, § 66 Rn 5.
[674] So OLG Nürnberg v. 30.10.2000 – MedR 2003, 172 f. = ArztR 267 f.
[675] So OLG Nürnberg v. 30.10.2000 – MedR 2003, 172 f. = ArztR 267 f.

Wenn der Patient die Fragen eines vorgedruckten Anamnesebogens ordnungsgemäß beantwortet oder seinerseits Fragen stellt, die keinen Hinweis auf bestehende Verständigungsschwierigkeiten bieten, stellt dies ein gewichtiges Indiz dafür da, dass der Patient die Aufklärung verstanden hat. Dasselbe gilt, wenn sich aus der Dokumentation des Aufklärungsgespräches ein Hinweis darauf ergibt, dass der Patient die Hinweise des Arztes verstanden hat.[676]

401 Zu betonen ist, dass es nicht darauf ankommen kann, ob der Patient tatsächlich alles verstanden hat, sondern darauf, welchen Eindruck sich für einen sorgfältig und gewissenhaft aufklärenden Arzt, der sich in seiner Wortwahl der Fremdsprachigkeit des Patienten anpasst und sich angemessen über das Verständnis des Patienten vergewissert, aufgrund des gesamten Ablaufs des Gespräches ergeben musste.

402 Auch der umgekehrte Fall, die Betreuung eines Patienten durch einen fremdsprachigen Arzt, gewinnt in der medizinischen Praxis zunehmend an Bedeutung. Das Krankenhaus muss hier dafür sorgen, dass mit der Führung eines Aufklärungsgespräches nur ein Arzt betraut wird, welcher der deutschen Sprache hinreichend mächtig ist. Setzt das Krankenhaus für das Aufklärungsgespräch einen Arzt mit hierfür unzulänglichen Sprachkenntnissen ein, liegt insoweit ein Organisationsverschulden vor. In Arzt, der sich nur mit erheblichen Schwierigkeiten in der deutschen Sprache auszudrücken vermag, ist per se zur Führung eines gewissenhaften Aufklärungsgespräches ungeeignet. Neben den ohnehin schon bestehenden Schwierigkeiten für einen Laien, komplexe medizinische Abläufe zu verstehen, kommen überflüssige und leicht vermeidbare Verständigungsprobleme hinzu. Der Patient wird nach einem Gespräch in gebrochenem Deutsch grundsätzlich nicht in die Lage versetzt, eine eigenständige und selbstbestimmte Entscheidung unter Abwägung des Für und Wider der Behandlung zu treffen.[677] Auch aus einem vom Patienten unterzeichneten Aufklärungsbogen ergibt sich kein Indiz dafür, dass der Patient ordnungsgemäß aufgeklärt worden ist, wenn ein Arzt mit unzureichenden Sprachkenntnissen das Gespräch geführt hat.[678]

XIV. Ärztliche Eingriffe nach dem Tod des Patienten

403 Das Selbstbestimmungsrecht des Patienten wirkt auch über seinen Tod hinaus fort. So darf eine Obduktion der Leiche (wenn dies nicht aufgrund besonderer Vorschriften gestattet ist) der vorherigen Einwilligung des Patienten oder aber der späteren Einwilligung des Totensorgeberechtigten.[679] Auch diese Einwilligung ist wie jede andere Zustimmung zu ärztlichen Eingriffen nur wirksam, wenn zuvor eine Aufklärung über die Tragweite des Eingriffs stattgefunden hat. Der Einwilligende muss dabei über die Tragweite der Obduktion im Großen und Ganzen informiert werden. Insbesondere ist dabei ein Hinweis darauf erforderlich, dass vor der Bestattung unter Umständen nicht alle entnommenen Organe dem Leichnam wieder beigefügt werden können.[680] Mit Rücksicht auf die Gefühle des Einwilligenden und die gegenüber ärztlichen Heileingriffen anderweitige Interessenlage bedarf es indes keiner Behandlungsaufklärung, d.h. der Pa-

---

676 So OLG Nürnberg v. 30.10.2000 – MedR 2003, 172 f. = ArztR 267 f.
677 So AG Leipzig v. 30.5.2003 – MedR 2003, 582 f.; ebenso *Mangelsdorf*, MedR 2003, 583 f.; die Entscheidung des AG Leipzig ist soweit ersichtlich die einzige zu dieser Problematik veröffentlichte Entscheidung. Obergerichtliche oder höchstrichterliche Entscheidungen fehlen bislang vollständig.
678 So AG Leipzig v. 30.5.2003 – MedR 2003, 582 f.
679 So etwa OLG Karlsruhe v. 26.7.2001 – ArztR 2002, 109.
680 So etwa OLG Karlsruhe v. 26.7.2001 – ArztR 2002, 109.

thologe muss den Einwilligenden nicht über die technischen Details einer Obduktion aufklären.

404
Dasselbe gilt für eine Entnahme von Organen oder Organteilen eines toten Spenders zu Heilzwecken für Dritte (sog. Organtransplantation bzw. Organspende). Seit dem 5.11.1997 wird die Organentnahme, Organvermittlung und Organübertragung durch das Gesetz über die Spende, Entnahme und Übertragung von Organen, kurz Transplantationsgesetz (TPG) geregelt. Die Entnahme von Organen eines toten Spenders ist dabei zulässig, wenn der Organspender der Entnahme zu Lebzeiten zugestimmt hat und der Tod des Organspenders nach dem Erkenntnisstand der medizinischen Wissenschaft festgestellt worden ist (§ 3 Abs. 1 Nr. 2 TPG). Dies ist der Fall, wenn beim Organspender der Verlust der Gesamtfunktion von Großhirn, Kleinhirn und Stammhirn endgültig und unwiederbringlich eingetreten ist. Die Organentnahme ist unzulässig, wenn der Organspender einer Organentnahme widersprochen hat (§ 3 Abs. 2 TPG). Liegt weder eine ausdrückliche Zustimmung noch ein Widerspruch des Organspenders vor, kommt es zunächst darauf an, ob der Verstorbene durch eine Vorsorgevollmacht einen Bevollmächtigten eingesetzt hat. Ist dies der Fall, entscheidet der Bevollmächtigte im Namen des Verstorbenen über die Organentnahme, § 4 Abs. 3 TPG (siehe im Einzelnen Rn 475 ff.). Fehlt es an einer Vorsorgevollmacht, kommt es gem. § 4 Abs. 1, 2 TPG auf die Entscheidung der nächsten Angehörigen als Totensorgeberechtigte an. Nächste Angehörige sind der Ehegatte, volljährige Kinder, Eltern, volljährige Geschwister und Großeltern. Bei ihrer Entscheidung haben die Angehörigen den mutmaßlichen Willen des Organspenders zu beachten, § 4 Abs. 1 S. 3 TPG.[681]

XV. Die Person des Haftungsschuldners

405
Zu klären bleibt, wer haftet, wenn der Patient vor einem ärztlichen Eingriff nicht ordnungsgemäß aufgeklärt worden ist. Der BGH stellt insoweit klar, dass zum einen der oder die Operateure haften und zwar unabhängig davon, ob sie die fragliche Operation nach den Regeln der ärztlichen Kunst vorgenommen haben oder nicht. Denn ohne ordnungsgemäße Aufklärung ist die Einwilligung des Patienten unwirksam und der durchgeführte Eingriff stellt eine rechtswidrige Körperverletzung dar. Daneben haftet aber auch der Arzt, der seine Aufklärungspflicht schuldhaft verletzt hat. Es spielt insoweit keine Rolle, dass der aufklärende Arzt die Körperverletzung nicht **unmittelbar** begangen hat, sondern der aufklärende Arzt ist als Gesamtschuldner neben den Operateuren mitverantwortlich, da er die Verletzung des Patienten mittelbar verursacht hat.[682] Daneben hat auch der Behandlungsträger (Krankenhausträger oder selbst liquidierender Arzt) aus dem geschlossenen Behandlungsvertrag für die Erfüllung der Aufklärungspflichten einzustehen.[683] Für das Verschulden seiner Mitarbeiter haftet der Behandlungsträger insoweit vertraglich gem. § 278 BGB ohne die Möglichkeit der Exculpation.

---

681 Wegen der Einzelheiten siehe *Laufs/Uhlenbruck*, § 131; *Bavasto*, ZRP 1999, 114 ff.; *Bender*, VersR 1999, 419 ff.; *Bruns/Debong/Andreas*, ArztR 1998, 283 ff.; *Edelmann*, VersR 1999, 1065 ff.; *Kintzi*, DRiZ 1997, 499 ff.; *Klinge/Schlette*, Jura 1997, 499 ff.; *Kühn*, MedR 1998, 455 ff.; *Nicke/Schmidt-Preisigke/Sengler*, Transplantationsgesetz; *Rittner/Besol/Wandel*, MedR 2001, 118 ff.; *Schachtschneider/Siebold*, DÖV 2000, 129 ff.
682 So BGH v. 22.4.1980 – NJW 1980, 1905 ff. = VersR 1981, 456 ff.
683 So auch *Steffen/Dressler/Pauge*, Rn 429.

XVI. Kausalität und Schutzzweck

406 Die Verletzung einer Aufklärungspflicht führt nicht von selbst zu einem Anspruch des Patienten, sondern sie muss darüber hinaus in einem ursächlichen Zusammenhang zu dem geltend gemachten Schaden stehen, damit eine Haftung des Arztes eintritt. Ein derartiger adäquat kausal auf der Aufklärungspflichtverletzung beruhender Schaden kann bereits in der Operation selbst zu sehen sein. Dabei kommt es nicht darauf an, ob die Behandlung lege artis durchgeführt worden ist oder nicht. Wurde der Patient nicht ordnungsgemäß und vollständig aufgeklärt, fehlt es an einer wirksamen Einwilligung, so dass der Eingriff per se rechtswidrig ist und die Arztseite für alle Folgen und Schmerzen haftet, die auf diesen Eingriff zurückzuführen sind.

1. Fehlende Aufklärungsbedürftigkeit

407 Die mangelhafte Aufklärung muss **ursächlich** für die erteilte Einwilligung des Patienten geworden sein. An diesem Kausalzusammenhang zwischen der Aufklärungspflichtverletzung und dem Erteilen der Einwilligung fehlt es, wenn der Patient bereits von anderer Seite aus (z.B. dem einweisenden Arzt) hinreichend aufgeklärt worden ist oder aufgrund eigener Sachkenntnis (Patient ist selbst Arzt) mit dem Eingriff und den damit verbundenen Risiken vertraut ist.[684] In diesen Fällen hat sich der Aufklärungsmangel nicht ausgewirkt.[685] In der Praxis bedeutsam sind in diesem Zusammenhang vor allen die Fälle, in denen sich der Patient zeitlich hintereinander mehreren identischen Eingriffen unterziehen muss, wobei sich aus den Folgeeingriffen gegenüber der ersten Operation kein neues Risiko ergibt. Hier reicht eine ordnungsgemäße Aufklärung vor dem ersten Eingriff aus.[686] Es wäre ein unnötiger Formalismus, wenn der Patient vor jedem Eingriff erneut auf die ihm bereits bekannten Risiken hingewiesen werden müsste.

408 Schließlich ist zu beachten, dass das Selbstbestimmungsrecht des Patienten auch das Recht umfasst, auf eine Aufklärung ganz oder teilweise zu verzichten.[687] Hierbei handelt es sich um eine Willenserklärung des Patienten, an deren Vorliegen strenge Aufforderungen zu stellen sind.[688] Insbesondere muss die Erklärung **ausdrücklich** und **unmissverständlich** erfolgen. Sie darf keinesfalls aus konkludentem Verhalten geschlossen werden.

2. Rechtmäßiges Alternativverhalten

409 Bei der Haftung für Aufklärungsmängel besteht ein grundsätzliches Dilemma: Die Aufklärung dient dem Selbstbestimmungsrecht des Patienten, der sich eigenverantwortlich

---

[684] So *Steffen/Dressler/Pauge*, B Rn 390; *Geiß/Greiner*, C Rn 112; *Gehrlein*, C Rn 58. Nach Auffassung von *Geiß/Greiner*, C Rn 112 und *Gehrlein*, C Rn 58 fehlt es in diesen Fällen bereits an der Verletzung einer Aufklärungspflicht. Dies kann aber allenfalls in den Fällen gelten, in denen der behandelnde Arzt die fehlende Aufklärungsbedürftigkeit des Patienten kannte und die Aufklärung deshalb bewusst unterlassen hat. Ansonsten bleibt der Arzt zur Aufklärung verpflichtet, nur ist die Verletzung der Aufklärungspflicht nicht kausal geworden.
[685] Vgl. etwa die Entscheidung des BGH v. 24.10.1995 – NJW 1996, 788 f. = VersR 1996, 211 f., indem der BGH feststellt, dass die fehlende Aufklärung über das Infektionsrisiko jedenfalls dann unschädlich ist, wenn es sich bei der Patientin um eine Krankenschwester handelt, der dieses Risiko bekannt ist.
[686] So BGH v. 14.6.1994 – NJW 1994, 3009 ff. = VersR 1994, 1235 f.
[687] So *Steffen/Dressler/Pauge*, B Rn 390; *Geiß/Greiner*, C Rn 16; *Gehrlein*, C Rn 12.
[688] So *Geiß/Greiner*, C Rn 16.

für oder gegen den Eingriff entscheiden können soll. Verstößt der Arzt gegen seine Aufklärungspflicht, in dem er beispielsweise auf ein bestimmtes Risiko des Eingriffs nicht hinweist, liegt eine Verletzung des Selbstbestimmungsrechts des Patienten vor. Auf der anderen Seite vertraut ein Patient regelmäßig der Empfehlung seines Arztes und verlässt sich darauf, dass sich das (in der Regel statistisch gesehen seltene) Risiko bei ihm nicht verwirklicht. Tritt das Risiko wider Erwarten doch ein, stellt sich dies aus der expost Sicht des Patienten unter dem Eindruck der eingetretenen Folgen ganz anders dar, als aus der ex-ante Sicht. Hätte ein Patient im Vorhinein gewusst, dass sich die abstrakte Gefahr bei ihm realisieren würde, hätte er dem Eingriff sicherlich nicht zugestimmt. Aus rechtlicher Sicht entscheidend ist aber die ex-ante Sicht des Patienten. Es kommt darauf an, wie der Patient sich vor dem Eingriff entschieden hätte, wenn er über die unerwähnt gebliebenen Risiken ordnungsgemäß aufgeklärt worden wäre. Der Aufklärungsfehler muss also relevant geworden sein, um eine Haftung des Arztes zu begründen.[689] Es soll damit verhindert werden, dass ein Patient die Folgen seines eigenen Entschlusses über das Vehikel der Aufklärungspflichtverletzung im Nachhinein auf den Arzt ablädt.[690] Dieses Korrektiv ist das von der Rechtsprechung entwickelte Rechtsinstitut des „rechtmäßigen Alternativverhaltens". Im Einzelnen gilt Folgendes:

Erforderlich ist, dass der Patient bei ordnungsgemäßer Aufklärung in einen **ernsthaften Entscheidungskonflikt** geraten wäre.[691] Für den Arzthaftungsprozess gilt dabei Folgendes: Für das Vorliegen eines Entscheidungskonfliktes trifft den Patienten die Darlegungslast. Es gilt insoweit eine abgestufte Darlegungs- und Beweislast. Zunächst ist es völlig ausreichend, wenn der Patient das Bestehen eines Entscheidungskonfliktes einfach behauptet. Bestreitet die Arztseite dies und behauptet sie, der Patient hätte auch bei ordnungsgemäßer und vollständiger Aufklärung in den Eingriff eingewilligt, erhebt sie damit den so genannten „Einwand des rechtmäßigen Alternativverhaltens". Nunmehr muss der Patient plausibel machen, dass er sich bei einer ordnungsgemäßen Aufklärung in einem ernsthaften Entscheidungskonflikt befunden hätte. Es ist also nicht erforderlich, dass der Patient den Eingriff bei ordnungsgemäßer Aufklärung abgelehnt hätte, sondern ausreichend ist, dass sich der Patient ernsthaft in Abwägungsnöte zwischen dem Für und Wider geraten wäre.[692] Es reicht aus, dass der Patient die Entscheidung über die Einwilligung in den fraglichen Eingriff „ernsthaft kritisch überdacht hätte".[693] Der Patient muss dabei den konkreten Entscheidungskonflikt nicht beweisen, sondern lediglich **plausibel** machen, dass und warum er nach seinen persönlichen Verhältnissen bei ordnungsgemäßer Aufklärung vor einem echten Entscheidungskonflikt gestanden hätte.[694] Hierzu bedarf es zunächst eines substantiierten Vortrags. Der Patient muss zunächst zum Vorliegen eines Entscheidungskonflikts im Einzelnen vortragen. Beispielsweise muss er darlegen, dass er die Operation bei ordnungsgemäßer Aufklärung verschoben hätte, um sich die Sache noch einmal in Ruhe zu überlegen, dass er eine zweite Meinung eingeholt hätte, dass er bei Kenntnis der unerwähnt gebliebenen Risiken eine zweite Meinung eingeholt hätte, sich in eine Spezialklinik begeben hätte oder eine andere Art der Behandlung (konservative Therapie statt Operation) gewählt

---

689 *Steffen/Dressler/Pauge*, Rn 441.
690 So ausdrücklich BGH v. 4.11.1975 – NJW 1976, 363 ff.
691 St. Rspr.; siehe etwa BGH v. 10.10.2006 – VI ZR 74/05, NJW 2007, 217, 219; BGH v. 7.4.1992 – VI ZR 192/91, NJW 1992, 2351 ff. = VersR 1992, 960 ff.; *Steffen/Dressler/Pauge*, Rn 442; *Gehrlein*, C Rn 72 ff.; *Geiß/Greiner*, C Rn 138.
692 *Gehrlein*, C Rn 74.
693 So OLG Hamm v. 29.3.2006 – 3 U 263/05, VersR 2006, 1511 ff.
694 So BGH v. 14.6.1994 – NJW 1994, 3009 ff. = VersR 1994, 1235 f.; *Geiß/Greiner*, C Rn 138; *Gehrlein*, C Rn 74.

hätte. Es ist zu betonen, dass sich die Substantiierungspflicht des Patienten auf die Darlegung eines Entscheidungskonfliktes beschränkt und er nicht darlegen muss, wie er sich bei ordnungsgemäßer Aufklärung tatsächlich entschieden hätte.[695] Hat der Patient substantiiert vorgetragen, ist er zu dem Vorliegen eines Entscheidungskonfliktes grundsätzlich **persönlich anzuhören** und die von ihm hierzu benannten Zeugen sind zu vernehmen.[696] Da es bei dem Vorliegen eines Entscheidungskonfliktes gerade auf die persönlichen Umstände des Patienten ankommt, kann das Tatgericht diese Frage grundsätzlich nicht ohne eine persönliche Anhörung des Patienten gem. § 141 ZPO beantworten.[697] Lehnt das Tatgericht das Bestehen eines Entscheidungskonfliktes aufgrund objektiver, äußerer Umstände ab, ohne den Patienten hierzu anzuhören, liegt insoweit ein Verfahrensfehler vor. Denn es kommt grundsätzlich auf die subjektive Wertung des Patienten und seine individuellen Präferenzen und Maßstäbe an, die das Gericht nicht in unzulässiger Weise durch seine eigene Beurteilung des Konfliktes ersetzen darf.[698] Dabei ist zu beachten, dass er seinen Entscheidungskonflikt nicht beweisen, sondern lediglich **plausibel** machen muss.[699]

411 Hierbei ist es aus rechtlicher Sicht unbeachtlich, wie „ein verständiger Patient" sich entschieden hätte. Das Selbstbestimmungsrecht des Patienten schützt auch und gerade seine Freiheit, sich unvernünftig zu entscheiden.[700] An die Darlegungspflicht des Patienten dürfen deshalb keine allzu hohen Anforderungen gesetzt werden.[701] Die persönlichen Gründe des Patienten müssen jedoch erkennen lassen, dass er bei ordnungsgemäßer Aufklärung aus seiner Sicht vor einem echten Entscheidungskonflikt gestanden hätte, aus dem heraus eine Ablehnung der Behandlung zum damaligen Zeitpunkt verständlich wird. Es muss deutlich werden, dass der Patient das Aufklärungsversäumnis nicht nur ausschließlich zur Begründung seiner Schadensersatzklage nutzt.[702] Erhebt die Arztseite dagegen nicht den Einwand des rechtmäßigen Alternativverhaltens, ist es dem Gericht nicht gestattet, den vom Patienten behaupteten Entscheidungskonflikt von Amts wegen auf seine Plausibilität hin zu überprüfen.[703]

412 Soweit die Arztseite sich darauf beruft, dass der Patient auch bei ordnungsgemäßer Aufklärung in den Eingriff eingewilligt hätte, sie also den Einwand des rechtmäßigen Alternativverhaltens erhebt, ist die Arztseite hierfür beweisbelastet.[704] Da es insoweit nicht darauf ankommt, wie ein verständiger Durchschnittspatient sich voraussichtlich entschieden hätte, sondern es nur auf die Entscheidung des konkreten Patienten an-

---

695 St. Rspr. und h.M. Siehe etwa *Gehrlein*, C Rn 74.
696 So etwa BGH v. 10.10.2006 – VI ZR 74/05, NJW 2007, 217, 219; BGH v. 7.4.1992 – VI ZR 192/91, NJW 1992, 2351 ff. = VersR 1992, 960 ff.
697 Ebenso *Gehrlein*, C Rn 75; *Geiß/Greiner*, C Rn 142; *Steffen/Dressler/Pauge*, Rn 442a.
698 Siehe etwa BGH v. 10.10.2006 – VI ZR 74/05, NJW 2007, 217, 219; *Steffen/Dressler/Pauge*, Rn 443.
699 St. Rspr., siehe etwa BGH v. 10.10.2006 – VI ZR 74/05 – NJW 2007, 217, 219; BGH v. 7.4.1992 – VI ZR 192/91, NJW 1992, 2351 ff. = VersR 1992, 960 ff.
700 So ausdrücklich BGH v. 22.1.1980 – NJW 1980, 1333 ff. = VersR 1980, 428 ff.; BGH v. 7.2.1984 – BGHZ 90, 103, 111 = NJW 1984, 1397 ff. = VersR 1984, 465 ff.; ebenso *Steffen/Dressler/Pauge*, Rn 443.
701 *Geiß/Greiner*, C Rn 140; *Gehrlein*, C Rn 74; st. Rspr., vgl. etwa BGH v. 7.4.1992 – VI ZR 192/91, NJW 1992, 2351 ff. = VersR 1992, 960 ff.
702 So ausdrücklich BGH v. 7.2.1984 – BGHZ 90, 103, 111 = NJW 1984, 1397 ff. = VersR 1984, 465 ff.
703 BGH NJW 1996, 3073, 3074; BGH NJW 1994, 2414, 2415; BGH v. 7.4.1992 – VI ZR 192/91, NJW 1992, 2351 ff. = VersR 1992, 960 ff.; BGH v. 10.10.2006 – VI ZR 74/05, NJW 2007, 217, 219; *Geiß/Greiner*, C Rn 139; *Gehrlein*, C Rn 73.
704 Allg. Meinung; siehe etwa BGH v. 7.4.1992 – VI ZR 192/91, NJW 1992, 2351 ff. = VersR 1992, 960 ff.; BGH v. 4.11.1975 – NJW 1976, 363 ff.; *Steffen/Dressler/Pauge*, Rn 441.

kommt, kann die Arztseite ihren Beweis nur auf Umstände stützen, die gerade die persönliche Willenslage des bestimmten Patienten betreffen.[705]

> *Beispiel*
> „Der Patient erklärte bei der Aufklärung, ihm sei alles egal, er wolle nur von seinen Schmerzen befreit werden". Oder: „Dem Patienten war es wichtig, in jeden Fall sofort operiert zu werden, damit er bis zu seinem Urlaub wieder laufen konnte."

413

Ergibt sich, dass der Patient in den Eingriff auch bei ordnungsgemäßer Aufklärung eingewilligt hätte, ist die Aufklärungspflichtverletzung nicht kausal geworden. Eine Haftung des Arztes für die Aufklärungspflichtverletzung scheidet dann aus.

414

Diese Grundsätze gelten nicht nur für die Ordnungsmäßigkeit und Vollständigkeit[706] der Aufklärung, sondern auch für die Rechtzeitigkeit. Auch hier muss der zu spät aufgeklärte Patient (wenn sich die Arztseite auf eine hypothetische Einwilligung beruft) substantiiert darlegen, dass er bei rechtzeitiger Aufklärung in einen ernsthaften Entscheidungskonflikt geraten wäre. Die Arztseite muss dann beweisen, dass der Patient dem Eingriff auch bei rechtzeitiger Aufklärung zugestimmt hätte.[707] Das Gebot einer rechtzeitigen Aufklärung hat allerdings gerade den Sinn, die Entscheidungsfreiheit des Patienten zu sichern. Der Grund dafür liegt darin, dass bei einer Aufklärung unmittelbar vor dem Eingriff ein ruhiges und sachliches Abwägen des Für und Wider aufgrund des Situationsdrucks nicht mehr möglich ist.

415

Liegt im konkreten Einzelfall eine Situation vor, aus welcher sich nach allgemeiner Lebenserfahrung ein psychischer Druck für den Patienten ergibt, so folgt gerade aus der Tatsache der Verspätung bereits aus der Lebenserfahrung eine Einschränkung der Entscheidungsfreiheit, ohne dass es hierzu eines näheren Vortrags des Patienten bedarf.[708] Grundsätzlich gilt, dass die Annahme einer hypothetischen Einwilligung restriktiv zu handhaben und sehr streng zu prüfen ist, damit nicht auf diesem Weg das Aufklärungsrecht des Patienten unterlaufen werden kann.[709] Ist der Patient beispielsweise über ein aufklärungsbedürftiges Risiko nicht aufgeklärt worden, welches sich dann später verwirklicht hat, so kann nicht alleine deshalb unterstellt werden, dass der Patient auch bei Kenntnis dieses Risikos in den Eingriff eingewilligt hätte, weil er über vergleichsweise schwerere Risiken aufgeklärt war. In einer neuen Entscheidung führt der BGH[710] hierzu wörtlich aus:

416

> *„Entgegen der Auffassung des Berufungsgerichts lässt sich aus der Tatsache, dass die Eltern der Klägerin in das Risiko einer Querschnittslähmung eingewilligt haben, nicht schließen, die Aufklärung über die hier in Rede stehenden weniger schweren Risiken hätte keinen Einfluss auf die Einwilligung in die Operation gehabt. Es kann nicht außer Acht gelassen werden, dass nach den insoweit revisionsrechtlich nicht zu beanstandenden Feststellungen des Berufungsgerichts in verschiedenen Gesprä-*

---

705 So ausdrücklich BGH v. 22.1.1980 – NJW 1980, 1333 ff. = VersR 1980, 428 ff.
706 Die Grundsätze des rechtmäßigen Alternativverhaltens gelten auch für den Fall, dass eine gebotene Aufklärung über eine Behandlungsalternative unterblieben ist. Eine Haftung scheidet dann trotz der Aufklärungspflichtverletzung aus, wenn der Patient sich auch bei Kenntnis der Behandlungsalternative für die tatsächlich durchgeführte Therapie entschieden hätte. Vgl. hierzu die Entscheidung des OLG Koblenz v. 17.12.2001 – MedR 2002, 518 ff.
707 BGH v. 7.4.1992 – VI ZR 192/91, NJW 1992, 2351 ff. = VersR 1992, 960 ff.
708 So ausdrücklich auch BGH v. 14.6.1994 – NJW 1994, 3009 ff. = VersR 1994, 1235 f. Insoweit ist die Entscheidung des BGH v. 7.4.1992 zumindest missverständlich.
709 *Hoppe*, NJW 1998, 782, 784.
710 Siehe BGH v. 10.10.2006 – VI ZR 74/05, NJW 2007, 217, 219.

chen vor der Operation das Risiko der Querschnittslähmung als äußerst gering dargestellt worden ist. Im Hinblick darauf könnte der Eindruck entstanden sein, dass dieses Risiko zu vernachlässigen sei. Zu berücksichtigen ist aber auch, dass die Operation ohnehin nur einen Teilerfolg erwarten ließ und deswegen selbst bei geglückter Operation nicht mit völliger Beschwerdefreiheit gerechnet werden konnte. Hingegen waren bei Verwirklichung der unerwähnt gebliebenen Risiken erhebliche weitere Belastungen für die Lebensführung der jugendlichen Klägerin gegeben. Nach den bisherigen Feststellungen des Berufungsgerichts ist danach nicht auszuschließen, dass die Eltern der Klägerin bei Kenntnis der möglichen Folgen, die mit der konkreten Operationstechnik verbunden waren, Bedenken bekommen und von dem Eingriff Abstand genommen hätten, um Zeit zu gewinnen und sich in Ruhe über ihre Einwilligung in den Eingriff schlüssig zu werden oder um ihn bis zur Volljährigkeit der Klägerin aufzuschieben."

3. Aufklärungsmangel und Schutzzweck

417 Sehr problematisch ist die Kausalität einer Aufklärungspflichtverletzung, wenn vor einem ärztlichen Eingriff über ein aufklärungspflichtiges Risiko nicht aufgeklärt worden ist, sich dann jedoch ein anderes, **nicht** aufklärungspflichtiges oder ordnungsgemäß aufgeklärtes Risiko verwirklicht. Die Behandlung dieser Fälle war in Literatur und Rechtsprechung heftig umstritten.[711] In einer Grundsatzentscheidung hat der BGH zu dieser Frage Stellung genommen:

„Im Grundsatz gilt deshalb, dass Aufklärungsdefizite, unabhängig davon, ob sich ein aufklärungspflichtiges Risiko verwirklicht hat oder nicht, den Eingriff insgesamt wegen der fehlenden Einwilligung des Patienten rechtswidrig machen und deswegen bei Vorliegen eines Verschuldens des Arztes im Grundsatz zur Haftung für alle Schadensfolgen aus der Behandlung führen. Der eigenmächtige Eingriff durfte nicht vorgenommen werden. Wäre er pflichtgemäß unterblieben, hätte der Patient nicht den aus der Behandlung hervorgegangenen Körper- oder Gesundheitsschaden erlitten. Allerdings findet diese Einstandspflicht, wie auch sonst im Haftungsrecht, ihre Grenzen am Schutzbereich der verletzten Verhaltensnorm. Hat diese Verhaltensnorm ihrem Inhalt und Zweck nach nicht auch die Verhinderung des konkret eingetretenen Schadens im Blick, kann sie selbst bei einer Verletzung durch den Schädiger nicht Grundlage einer Haftung für diesen Schaden sein. Der Schutz des Patienten, der sich der ärztlichen Behandlung im Vertrauen auf Besserung und Linderung seiner Krankheit unterwirft, gebietet in jedem Fall eine Aufklärung über Verlauf, Chancen und Risiken der Behandlung ‚im Großen und Ganzen'. Ihm muss als medizinischem Laien eine zutreffende Vorstellung darüber vermittelt werden, wie ihm nach medizinischer Erfahrung durch Diagnosemaßnahmen und Therapie geholfen werden kann, aber auch welchen Gefahren er sich dabei aussetzt. Dazu müssen nicht alle denkbaren Risiken des Eingriffs medizinisch exakt beschrieben werden. Es genügt, dass der Patient einen zutreffenden Eindruck erhält von der Schwere des Eingriffs, und dass er erfährt, welche Art von Belastungen für seine Integrität und Lebensführung auf ihn zukommen. Auch diese Risiken müssen nur angesprochen werden, wenn der Patient sie nicht ohnehin mit Art und Umfang des Eingriffs verbindet. Er muss dann nach seinen eigenen Maßstäben, nicht nach denen eines „vernünftigen" Durch-

---

711 Vgl. die zahlreichen Rechtssprechungs- und Literaturnachweise in der Entscheidung des BGH v. 14.2.1989 – NJW 1989, 1533 ff. = VersR 1989, 514 ff.

schnittspatienten, entscheiden, ob er die ihm angebotenen ärztlichen Maßnahmen auf sich nehmen will oder nicht. Fehlt es an dieser Grundaufklärung, dann hat der Arzt dem Patienten die Möglichkeit genommen, sich auch gegen den Eingriff zu entscheiden und dessen Folgen zu vermeiden. Er muss nach Sinn und Zweck der verletzten Verhaltensnorm dann für alle Schäden aus dem Eingriff haften, auch wenn sich dabei ein äußerst seltenes, nicht aufklärungsbedürftiges Risiko verwirklicht hat.

Anders kann es allerdings sein, wenn das Aufklärungsdefizit sich wie folgt darstellt: Es hat sich ein nicht aufklärungspflichtiges Risiko verwirklicht, das mit den mitzuteilenden Risiken hinsichtlich der Richtung, in der sich diese auswirken können, und nach der Bedeutung für die künftige Lebensführung des Patienten nicht vergleichbar ist; gleichzeitig besteht das Aufklärungsversäumnis des Arztes, auf das der Patient seine Klage stützt, etwa nur im Unterlassen einer genaueren Beschreibung eines Einzelaspektes im Rahmen des gesamten Risikospektrums, der zwar dem Patienten besonders hätte dargestellt werden müssen, ohne dessen Kenntnis der Patient aber dennoch wenigstens über den allgemeinen Schweregrad des Eingriffs nicht im unklaren gelassen worden ist. ... Zwar wird auch dann seine körperliche Integrität durch den Verstoß gegen die Verhaltensnorm verletzt, wenn sich das aufklärungspflichtige Risiko nicht verwirklicht. Indessen drückt sich diese Rechtsverkürzung, derentwegen der Eingriff rechtswidrig ist, bei wertender Betrachtung des Schutzzwecks der Aufklärungspflicht nur äußerlich und eher zufällig in dem Schaden aus, den der Patient ersetzt verlangt. Allgemein sind derartige Fälle, in denen aus Schutzzweckerwägungen eine Haftung des Arztes trotz unvollständiger Aufklärung entfällt, dadurch gekennzeichnet, dass es an einer sachlichen Rechtfertigung dafür fehlt, dem Patienten seinen Schaden nur wegen des in eine ganz andere Richtung zielenden Aufklärungsdefizits vom Arzt abnehmen zu lassen."[712]

In einem weiteren Fall hat der BGH verdeutlicht, was er unter einer Grundaufklärung versteht und welche Folgen eine unterlassene Grundaufklärung nach sich zieht. Eine wirksame Grundaufklärung setzt dabei in jedem Fall voraus, dass der Patient auch einen Hinweis auf das **schwerste** in Betracht kommende Risiko erhalten hat, welches dem Eingriff spezifisch anhaftet.[713]

Beispiel

Vor einer Myelographie (röntgendiagnostisches Verfahren zur Darstellung des Spinalkanals) wird ein Patient nicht über das dringend aufklärungsbedürftige schwere Risiko einer Querschnittslähmung aufgeklärt. Es tritt bei Vornahme des Eingriffs ein Krampfanfall ein. Dabei handelt es sich um eine untypische, nicht aufklärungsbedürftige Komplikation. Da auf das schwere und typische Risiko einer Querschnittslähmung nicht hingewiesen worden ist, fehlt es an einer wirksamen Grundaufklärung. Der Eingriff ist damit insgesamt rechtswidrig und die Arztseite haftet auch für den (nicht aufklärungsbedürftigen) Krampfanfall und dessen Folgen.[714]

Diese Rechtsprechung zur Grundaufklärung hat der BGH in einer weiteren Entscheidung präzisiert.[715] Dieser Entscheidung lag folgender Sachverhalt zugrunde: Der Kläger litt unter einem Bandscheibenprolaps. Der beklagte Arzt nahm daraufhin eine Dis-

---

712 So ausdrücklich BGH v. 14.2.1989 – NJW 1989, 1533 ff. = VersR 1989, 514 ff. und seit dem die st. höchstrichterliche Rspr. Siehe etwa BGH v. 14.11.1995 – NJW 1996, 777 ff. = VersR 1996, 195 ff.
713 So BGH v. 14.11.1995 – NJW 1996, 777 ff. = VersR 1996, 195 ff.
714 So BGH v. 14.11.1995 – NJW 1996, 777 ff. = VersR 1996, 195 ff.
715 BGH v. 30.1.2001 – VersR 2001 592 f. = NJW 2001, 2798 f. m. Anm. *Gehrlein*, MedR 2001, 421 f.

kographie sowie eine Laser-Nervenwurzeldekompression vor. Als Folge der Operation erlitt der Kläger eine Peronaeusparese (Fußheberschwäche) sowie Impotenz. Der Beklagte war zuvor von dem Beklagten über das Risiko der Peronaeusparese, nicht aber über das Risiko der Impotenz aufgeklärt worden. Beide Risiken waren aus medizinischer Sicht typische Komplikationen der Operation und damit aufklärungsbedürftig. Ebenso wenig war der Kläger vor der Operation über das aufklärungsbedürftige (bei ihm aber nicht eingetretene) Risiko der Querschnittslähmung aufgeklärt worden. Vorinstanzlich vertraten das LG Münster und das OLG Hamm die Auffassung, dass der Kläger nicht auf das schwerste Risiko, nämlich die Querschnittslähmung hingewiesen worden sei und es deshalb an einer wirksamen Grundaufklärung fehle. Allein deshalb sei die Einwilligung unwirksam und der Beklagte hafte für alle Folgen der Operation. Der BGH stellt in der Entscheidung vom 30.1.2001 ausdrücklich klar, „dass es bei Verwirklichung eines Risikos, über das der Patient aufgeklärt worden ist, regelmäßig keine Rolle spielt, ob daneben auch andere Risiken – die sich nicht verwirklicht haben – der Erwähnung bedurften; vielmehr habe der Patient in Kenntnis des später verwirklichten Risikos seine Einwilligung erteilt. Hat also der Patient bei seiner Einwilligung das später eingetretene Risikos in Kauf genommen, so kann bei einer wertenden Betrachtungsweise nach dem Schutzzweck der Aufklärungspflicht aus der Verwirklichung dieses Risikos keine Haftung hergeleitet werden." Sodann führt der BGH aus:

„Angesichts der Besonderheiten des Falles geht es entgegen der Auffassung des Berufungsgerichts auch nicht um einen Mangel der Grundaufklärung. Der Senat hat diesen Begriff bisher zur Begründung der Haftung aus einem Aufklärungsfehler nur für eine ganz besondere Fallgruppe herangezogen, wenn es um ein äußerst seltenes, nicht aufklärungspflichtiges Risiko ging, das sich dann aber doch bei dem Eingriff verwirklicht hat. Ist in einem solchen Fall der Patient über das betreffende Risiko nicht aufgeklärt worden, so kann sich ein Mangel der Grundaufklärung auswirken, wenn nämlich dem Patienten nicht einmal ein Hinweis auf das schwerstmögliche Risiko gegeben worden ist, so dass er sich von der Schwere und Tragweite des Eingriffs keine Vorstellung machen konnte. Bei einer solchen Fallkonstellation kann es unter dem Blickwinkel der fehlenden Grundaufklärung gerechtfertigt sein, dem Arzt die Haftung zuzurechnen, obwohl der Schaden, für den er einstehen soll, aus einem Risiko entstanden ist, über das er nicht hätte aufklären müssen."[716]

421 Dieser Ansicht des BGH ist zuzustimmen. Es sind somit die folgenden Fallkonstellationen zu unterscheiden:

1. Der Patient wird über ein aufklärungspflichtiges Risiko nicht aufgeklärt und (nur) dieses Risiko verwirklicht sich. **Folge**: Die Aufklärung ist mangelhaft, so dass die Einwilligung unwirksam ist. Der Eingriff ist insgesamt rechtswidrig und der Arzt haftet für **alle** Folgen der Operation.

2. Der Patient wird über ein (aufklärungspflichtiges oder nicht aufklärungspflichtiges) Risiko aufgeklärt, nicht aber über ein anderes, aufklärungsbedürftiges Risiko und nur das Risiko, über welches aufgeklärt worden ist, verwirklicht sich. **Folge**: Unter dem Gesichtspunkt des Schutzzwecks kommt eine Haftung des Arztes nicht in Betracht. Der Patient kannte das später eingetretene Risiko und hat dieses bei seiner Einwilligung in Kauf genommen. Auf die Frage einer Grundaufklärung kommt es nicht an.[717]

---

[716] So BGH v. 30.1.2001 – VersR 2001, 592 f. = NJW 2001, 2798 f.
[717] So ausdrücklich BGH v. 30.1.2001 – VersR 2001, 592 f. = NJW 2001, 2798 f.; siehe hierzu auch *Geiß/Greiner*, C Rn 156; *Gehrlein*, C Rn 83.

3. Der Patient wird über ein aufklärungspflichtiges Risiko nicht aufgeklärt. Über andere Risiken wird er dagegen ordnungsgemäß aufgeklärt. Es verwirklicht sich das aufklärungsbedürftige Risiko, über welches er nicht aufgeklärt worden ist und zusätzlich noch Risiken, über die er aufgeklärt worden ist. **Folge**: Da der Arzt über ein aufklärungsbedürftiges Risiko nicht aufgeklärt hat, ist die Aufklärung mangelhaft und die Einwilligung unwirksam. Der Eingriff ist damit **insgesamt** rechtswidrig und der Arzt haftet für **alle** Folgen der Operation, d.h. auch für die Folgen, über die er ordnungsgemäß aufgeklärt hat.[718]

4. Der Patient wird ordnungsgemäß aufgeklärt und es verwirklicht sich ein nicht aufklärungsbedürftiges Risiko. **Folge**: Keine Haftung, da keine Aufklärungspflichtverletzung vorliegt.

5. Der Patient wird nicht ordnungsgemäß aufgeklärt und es verwirklicht sich (nur) ein nicht aufklärungsbedürftiges Risiko. **Folge**: Die Aufklärung ist mangelhaft und die Einwilligung somit unwirksam. Allerdings hat sich ein Risiko verwirklicht, über das ohnehin nicht hätte aufgeklärt werden müssen, so dass nach dem Schutzzweck der Aufklärungspflicht die Haftung fraglich ist. Hier (und nur hier!) kommt es darauf an, ob der Patient wenigstens eine Grundaufklärung erhalten hat. Hat der Patient eine Aufklärung erhalten, durch die er sich eine zutreffende Vorstellung von der Schwere und Tragweite des Eingriffs machen konnte[719] und ist ihm dabei ein Hinweis auf das schwerstmögliche Risiko gegeben worden, scheidet eine Haftung des Arztes unter dem Aspekt des Schutzzwecks der Aufklärungspflicht aus. Fehlt es dagegen an dieser Grundaufklärung, dann haftet der Arzt und zwar für alle Folgen des Eingriffs, d.h. auch für Schäden, die aus einem Risiko entstanden sind, über das er nicht hätte aufklären müssen.[720]

XVII. Beweislast

Entsprechend der dogmatischen Einordnung des ärztlichen Eingriffs als Körperverletzung, die rechtswidrig ist, wenn nicht im konkreten Fall ein Rechtfertigungsgrund vorliegt, muss der Arzt, der sich auf das Bestehen eines Rechtfertigungsgrundes beruft, dessen Vorliegen beweisen. Der Arzt ist somit für das Vorliegen einer Einwilligung des Patienten beweisbelastet. Da die Wirksamkeit der Einwilligung wiederum davon abhängig ist, dass der Patient ordnungsgemäß und vollständig aufgeklärt worden ist, hat der Arzt auch die Richtigkeit und Vollständigkeit der Aufklärung zu beweisen.[721] Gibt es Unklarheiten über den Zeitpunkt der Aufklärung, ist die Arztseite auch für die Rechtzeitigkeit der Aufklärung beweisbelastet.[722]

422

Die Anforderungen an die Beweisführung des Arztes für die Aufklärung dürfen indes nicht überspannt werden.[723] Zunächst einmal hat der Arzt nachzuweisen, dass überhaupt ein Aufklärungsgespräch stattgefunden hat. Hier steht dem Arzt etwa der Zeugenbeweis offen. Gibt es (wie im Regelfall) keine Zeugen für das Aufklärungsgespräch,

423

---

718 So ausdrücklich BGH v. 30.1.2001 – VersR 2001, 592 f. = NJW 2001, 2798 f.; ebenso BGH v. 10.10.2006 – VI ZR 74/05, NJW 2007, 217, 219.
719 So die Definition der Grundaufklärung vgl. BGH v. 30.1.2001 – VersR 2001, 592 f. = NJW 2001, 2798 f.; BGH v. 14.11.1995 – NJW 1996, 777 ff. = VersR 1996, 195 ff.
720 So ausdrücklich BGH v. 30.1.2001 – VersR 2001, 592 f. = NJW 2001, 2798 f.
721 So BGH v. 14.6.1994 – NJW 1994, 3009 ff. = VersR 1994, 1235 ff.
722 BGH v. 7.4.1992 – NJW 1992, 2354 ff. = VersR 1992, 747 ff.; BGH v. 14.6.1994 – NJW 1994, 3009 ff. = VersR 1994, 1235 ff.; *Hoppe*, NJW 1998, 782, 784.
723 Siehe BGH v. 14.6.1994 – NJW 1994, 3009 ff. = VersR 1994, 1235 f.; *Geiß/Greiner*, C Rn 134; *Gehrlein*, C Rn 71.

hat das Gericht beide Parteien zur Sachverhaltsaufklärung gem. § 141 ZPO anzuhören. Soweit ein vom Patienten unterzeichnetes Aufklärungsformular (z.B. Perimed) oder eine sonstige vom Patienten unterschriebene Erklärung, wonach er vollständig und umfassend aufgeklärt worden ist, existiert, kommt dieser Erklärung regelmäßig Indizwert zu, so dass in der Regel die erforderliche Wahrscheinlichkeit für eine Parteivernehmung des Arztes vom Amts wegen gem. § 448 ZPO gegeben ist.[724]

424 Hat der Arzt bewiesen, dass überhaupt ein Aufklärungsgespräch zwischen ihm und dem Patienten geführt worden ist, muss er grundsätzlich auch den Inhalt dieses Gespräches und die Vollständigkeit und Ordnungsmäßigkeit der Aufklärung beweisen. Für den Inhalt des Aufklärungsgespräches kommen Beweiserleichterungen in Betracht. Angesichts der Vielzahl der von einem Arzt regelmäßig geführten Aufklärungsgespräche und der insoweit bestehenden Routine, wird der Arzt oft an die Einzelheiten des konkreten Aufklärungsgespräches keine genauen Erinnerungen mehr haben. Grundsätzlich ist es in diesen Fällen zum Nachweis einer ordnungsgemäßen Aufklärung ausreichend, wenn der Arzt die ständige und ausnahmslos von ihm geübte Aufklärungspraxis darlegt.[725] Das gilt jedoch nur dann, wenn die Arztseite nachgewiesen hat, dass überhaupt ein Aufklärungsgespräch geführt worden ist. Sind die mit dem Eingriff verbundenen Risiken in einem vorgedruckten Aufklärungsbogen zusätzlich **handschriftlich** aufgeführt und existieren weitere handschriftliche Ergänzungen etwa durch Skizzen spricht dafür, dass eine Aufklärungsgespräch durchgeführt worden ist und der Patient auf die handschriftlich aufgeführten Komplikationsmöglichkeiten hingewiesen worden ist.[726] Dagegen ist die teilweise in Literatur und Rechtsprechung vertretene Auffassung, dass im Zweifel dem Arzt geglaubt werden soll,[727] abzulehnen.

425 Im Ergebnis würde diese Ansicht die bestehende Beweislastverteilung gerade wieder umdrehen. Hierfür besteht weder ein Grund noch eine Notwendigkeit. Zum einen hat sich in der forensischen Praxis nicht herausgestellt, dass ein Arzt wahrheitsliebender ist als ein Patient. Zum anderen kann der Patient den Negativbeweis, dass keine Aufklärung stattgefunden hat, nicht führen, wohingegen es der Arzt in der Hand hat, durch eine vollständige ärztliche Dokumentation oder durch eine vom Patienten unterschriebene Aufklärungserklärung eine Grundlage für eine spätere Beweisführung zu schaffen.[728]

426 Behauptet der Patient, dass der aufklärende Arzt für die Durchführung eines ordnungsgemäßen Aufklärungsgespräches nicht erfahren genug gewesen sei, muss er für diese Behauptung Tatsachen oder Indizien benennen.[729] Ein bloßes Bestreiten der ausreichenden Erfahrung mit Nichtwissen reicht nicht aus.[730] Fehlt es an einer ordnungsgemäßen Aufklärung und beruft sich der Arzt darauf, dass der Patient auch bei ordnungsgemäßer Aufklärung den Eingriff hätte durchführen lassen (Einwand des rechtmäßigen Alterna-

---

724 *Gehrlein*, C Rn 71; *Geiß/Greiner*, C Rn 88 und 134.
725 So BGH v. 14.6.1994 – NJW 1994, 3009 ff. = VersR 1994, 1235 f.; OLG Karlsruhe v. 26.6.2002 – MedR 2003, 229; OLG Stuttgart v. 8.1.2002 – MedR 2003, 413, 415; *Laufs/Uhlenbruck*, § 66 Rn 16; *Geiß/Greiner*, C Rn 134; *Gehrlein*, C Rn 70.
726 So OLG Nürnberg v. 29.5.2000 – MedR 2002, 29 ff. = ArztR 2001, 327 ff.
727 So aber BGH v. 10.3.1981 – NJW 1981, 2002 ff. = VersR 1981, 730 ff.; OLG Nürnberg v. 29.5.2000 – MedR 2002, 29 ff. = ArztR 2001, 327 ff.; OLG Karlsruhe v. 26.6.2002 – MedR 2003, 229; *Gehrlein*, C Rn 70; *Laufs/Uhlenbruck*, § 66 Rn 16.
728 *Geiß/Greiner*, C Rn 132.
729 So ausdrücklich OLG Nürnberg v. 29.5.2000 – MedR 2002, 29 ff. = ArztR 2001, 327 ff.
730 So ausdrücklich OLG Nürnberg v. 29.5.2000 – MedR 2002, 29 ff. = ArztR 2001, 327 ff.

tivverhaltens) ist die Arztseite auch für diese Behauptung beweisbelastet.[731] Behauptet der Patient, dass er eine früher erteilte Einwilligung vor dem Eingriff widerrufen hat, obliegt dem Patienten hierfür die Beweislast.[732]

C. Die ärztliche Dokumentationspflicht

I. Definition

Ursprünglich wurde unter Dokumentation nur die schriftliche Wiedergabe des Krankheits- und Behandlungsverlaufs verstanden. Die heute herrschende Meinung begreift den Begriff der Dokumentation viel umfassender. Danach ist Dokumentation eine Zusammenstellung von Beweisstücken, die der Arzt oder eine Hilfsperson des Arztes im Zuge der Behandlung entweder selbst erzeugt oder vom Patient oder einem Dritten erhalten hat.[733]

427

Unter Dokumentation sind somit insbesondere zu verstehen: Ärztliche Niederschriften, Krankenkarteikarten, Operationsberichte, Skizzen, Ausdrucke, EKG-, EEG-, CTG-Streifen, Audiogramme, Szintigramme, Röntgenaufnahmen, Sonographieaufnahmen, MRT-Bilder, aus dem Körper des Patienten entfernte Fremdkörper, histologische Präparate, Mutterpass, Marcumar-Ausweis, Impfausweis, Videoaufnahmen von einer Operation, Lichtbilder, die den präoperativen, intraoperativen oder postoperativen Zustand zeigen.[734]

428

II. Rechtlicher Ausgangspunkt

In den letzten dreißig Jahren ist ein grundlegender Meinungswandel bei der Bewertung der ärztlichen Dokumentation und der Frage nach einer Dokumentationspflicht des Arztes gegenüber dem Patienten eingetreten. Ursprünglich lehnten Rechtsprechung und Literatur eine Pflicht des Arztes zur Dokumentation der Behandlung grundsätzlich ab. Der BGH hat in ständiger Rechtsprechung die Auffassung vertreten, die Aufzeichnungen des Arztes dienten nur seiner „Gedächtnisstütze" und der Dokumentation diene lediglich der Arbeitserleichterung des Arzte und ihr käme eine reine „interne Hilfsfunktion"[735] zu. Dementsprechend wurde ein Anspruch des Patienten gegenüber dem Arzt auf sorgfältige und vollständige Dokumentation von der Rechtsprechung abgelehnt.[736]

429

Anfang der siebziger Jahre hat der BGH hier eine Kehrtwende vollzogen[737] und diese Ansicht ausdrücklich als „überholte ärztliche Berufsauffassung" fallen lassen.[738] Nach

430

---

731 BGH v. 4.11.1975 – NJW 1976, 363 ff.; *Geiß/Greiner*, C Rn 131; *Gehrlein*, C Rn 68 f.; *Hoppe*, NJW 1998, 782, 784.
732 So BGH v. 18.3.1980 – NJW 1980, 1903 f. = VersR 1980, 676 ff.; *Geiß/Greiner*, C Rn 136.
733 So *Bender*, VersR 1997, 918; *ders.*, Das postmortale Einsichtsrecht in Krankenunterlagen, 1998, S. 49; *Lenkaitis*, S. 19 ff.; *Wendt*, S. 23.
734 So *Wendt*, S. 23.
735 So BGH v. 4.12.1962 – DÄ 1963, 2052 ff.
736 Vgl. BGH v. 4.12.1962 – VersR 1963, 168 ff.; siehe auch BGH v. 6.11.1962 – NJW 1963, 389 ff. = VersR 1963, 65 ff., in dem der BGH sowohl ein Einsichtsrecht des Patienten in die Behandlungsdokumentation als auch einen Herausgabeanspruch des Patienten ablehnt.
737 BGH v. 16.5.1972 – VersR 1972, 887 ff.; BGH v. 14.3.1978 – VersR 1978, 542 ff.; BGH v. 27.6.1978 – NJW 1978, 2337 ff. = VersR 1978, 1022 ff.
738 BGH v. 27.6.1978 – NJW 1978, 2337 ff. = VersR 1978, 1022 ff.

nunmehr allgemeiner Meinung sowohl in der Rechtsprechung als auch in der medizinischen und juristischen Literatur schuldet der Arzt bzw. das Krankenhaus dem Patienten die ausführliche, sorgfältige, richtige und vollständige Dokumentation der ärztlichen Behandlung und der Pflegmaßnahmen. Dogmatisch wird diese Dokumentationspflicht unterschiedlich begründet: Als vertragliche Nebenpflicht aus dem Behandlungsvertrag,[739] als „selbstverständliche therapeutische Pflicht"[740] oder als Ausfluss des Persönlichkeitsrechts.[741] Entscheidend ist, dass die Dokumentationspflicht als unverzichtbare Grundlage für die Sicherheit des Patienten unabhängig von ihrer dogmatischen Herleitung sowohl vertraglich als auch deliktisch begründet ist.[742] Die Dokumentationspflicht ist damit eine eigenständige Pflicht, unabhängig vom Vorliegen vertraglicher Beziehungen.[743]

III. Zweck der Dokumentation

1. Therapiesicherung

431   Wie in Rn 430 dargelegt, bezeichnet der BGH die Dokumentationspflicht als eine „selbstverständliche therapeutische Pflicht"[744] des Arztes gegenüber dem Patienten. Dies hat folgenden Hintergrund: Die sichere Weiterbehandlung des Patienten ist in weitem Maße davon abhängig, dass Befunde gesichert und gewonnene Erkenntnisse festgehalten werden. Dies gilt nicht nur für eine Weiterbehandlung durch denselben Arzt, sondern verstärkt noch für eine Weiterbehandlung durch einen anderen Arzt, sei es durch einen vom Patienten frei gewählten Nachfolger sei es durch einen Facharzt oder ein Krankenhaus, an welches der behandelnde Arzt den Patienten überweist. Durch eine unzulängliche Dokumentation wird diese Weiterbehandlung entscheidend erschwert.[745] So müssen Röntgenbefunde gesichert werden, um dem Patienten eine zweite oder mehrfache Belastung durch weitere Röntgenuntersuchungen zu ersparen. Die Dokumentation von aufgetretenen allergischen Reaktionen auf bereits applizierte Medikamente kann lebensrettend sein. Der Behandlungsverlauf muss dokumentiert werden, um festzuhalten, welche Maßnahmen mit welchem Ergebnis bereits durchgeführt worden sind. Es wäre sinnlos, überflüssig, verzögernd und gefährlich, wenn der Nachfolger dem Patienten Antibiotika verschreibt, welche bereits vom Behandlungsvorgänger erfolglos verordnet worden sind, wenn eine Untersuchung durchgeführt wird, welche bereits ohne Befund durchgeführt worden ist oder wenn gar vom vorbehandelnden Arzt ein pathologischer Befund erhoben worden ist, von dem der Nachbehandler keine Kenntnis erlangt und der deshalb unberücksichtigt und unbehandelt bleibt. Insoweit schafft erst die Dokumentation der ergriffenen diagnostischen und therapeutischen Maßnahmen die Voraussetzung für eine Behandlung des Patienten durch einen mitbehandelnden oder nachbehandelnden Arzt. Die Dokumentation ist in diesem Umfang mithin aus dringenden medizinischen Gründen notwendig. Soweit aus medizinischen Gründen eine Dokumentation erforderlich ist, besteht auch aus rechtlichen Gründen

---

739 So *Laufs/Uhlenbruck*, § 59 Rn 1.
740 BGH v. 27.6.1978 – NJW 1978, 2337 ff. = VersR 1978, 1022 ff.
741 BGH NJW 1983, 328 ff.; NJW 1985, 674 ff. = VersR 1984, 1171 ff.; BGH NJW 1987, 1482 ff. = VersR 1987, 1089 ff.; *Steffen/Dressler/Pauge*, B Rn 456.
742 So auch *Geiß/Greiner*, B Rn 202; *Steffen/Dressler/Pauge*, B Rn 455.
743 Siehe *Laufs/Uhlenbruck*, § 59 Rn 2.
744 So etwa BGH v. 27.6.1978 – NJW 1978, 2337 ff. = VersR 1978, 1022 ff.
745 So etwa BGH v. 27.6.1978 – NJW 1978, 2337 ff. = VersR 1978, 1022 ff.

eine Dokumentationspflicht und der Patient hat einen entsprechenden Rechtsanspruch darauf.

Der Patient kann umgekehrt auch nicht (etwa zur Wahrung des Datenschutzes) auf die Dokumentation verzichten. Die Vornahme der ärztlichen Dokumentation ist vielmehr **unverzichtbar**. Der Arzt kann angesichts der Vielzahl der von ihm betreuten Patienten unmöglich alle Daten der Anamnese und alle erhobenen Befund im Kopf behalten. Ebenso wenig kann er sich die Ergebnisse jeder Diagnose und jeder Therapie merken. Ohne Dokumentation ist eine ordnungsgemäße Behandlung deshalb nicht möglich. Der Arzt darf dem Wunsch des Patienten auf einen Verzicht der Dokumentation deshalb nicht entsprechen. Äußert ein Patient einen entsprechenden Wunsch, muss der Arzt den Patienten zunächst darauf hinweisen, dass ohne Dokumentation eine den Regeln der ärztlichen Kunst entsprechende Behandlung nicht möglich ist. Beharrt der Patient gleichwohl auf einem Dokumentationsverzicht, muss der Arzt die Behandlung ablehnen.[746]

432

2. Rechenschaftspflicht

Darüber hinaus trifft den Arzt eine Rechenschaftspflicht. Der BGH meint, dass der Zweck der Dokumentationspflicht es rechtfertigt, dem Arzt die Dokumentation „als eine Art Rechenschaftspflicht aufzuerlegen, ähnlich der, die bei der Verwaltung fremden Vermögens seit langem selbstverständlich ist. Ein Vergleich der Interessenlagen kann hier mindestens nicht zu einer verminderten Aufzeichnungspflicht des Arztes im Vergleich zum Vermögensverwalter führen."[747]

433

Eine derartige Rechenschaftspflicht des Arztes entspricht nicht nur der üblichen Pflicht desjenigen, der es vertraglich übernimmt, fremde Interessen wahrzunehmen (z.B. des Architekten, des Steuerberaters, des Wirtschaftsprüfers, des Rechtsanwalts, Anlageberaters, des Treuhänders, des Handelsvertreters jeweils gem. § 675 BGB und sogar des Beauftragten beim unentgeltlichen Auftrag gem. § 666 BGB), sondern ist nach Treu und Glauben mit Rücksicht auf die Interessenlage auch sachlich geboten. So hat kann naturgemäß ein narkotisierter Patient den Verlauf einer Operation nicht mitbekommen, hat aber ein berechtigtes Interesse daran zu erfahren, was mit ihm passiert ist. Gerade bei schwerwiegenden Erkrankungen hat ein Patient darüber hinaus ein schutzwürdiges und nachvollziehbares Bedürfnis nach einer zweiten Meinung. Dann muss er jedoch die Möglichkeit haben, die bisherigen diagnostischen und therapeutischen Schritte durch einen anderen Arzt überprüfen lassen zu können.[748]

434

Schließlich besteht eine derartige Rechenschaftspflicht auch gegenüber dem Kostenträger der Behandlung (Privatpatient, private Krankenkasse, gesetzliche Krankenkasse). Dieser muss überprüfen können, inwieweit und welche erstattungsfähigen Leistungen erbracht worden sind.[749]

435

---

746 So auch *Kendel/Debong*, ArztR 1991, 239; *Wendt*, S. 50.
747 So etwa BGH v. 27.6.1978 – NJW 1978, 2337 ff. = VersR 1978, 1022 ff.; *Laufs/Uhlenbruck*, § 59 Rn 6.
748 So zu Recht *Laufs/Uhlenbruck*, § 59 Rn 7.
749 BGH v. 24.1.1989 – NJW 1989, 2330 f. = VersR 1989, 512 ff.; BGH NJW 1993, 2375;1994, 799; *Laufs/Uhlenbruck*, § 59 Rn 6.

3. Beweissicherung

436 So sehr Einigkeit über die Dokumentationszwecke der Therapiesicherung und der Rechenschaft besteht, so sehr ist umstritten, ob und inwieweit die Dokumentation dem Zweck der Beweissicherung dient oder dienen darf.

437 Nach außen hin beteuern Rechtsprechung und weite Teile der Literatur immer wieder, dass Ziel und Zweck der Dokumentation nicht die forensische Beweissicherung ist.[750] Diese Meinung wiederholt formelartig den folgenden Satz: „Eine Dokumentation, die medizinisch nicht erforderlich ist, ist auch aus Rechtsgründen nicht geboten."[751] So konsequent dieser Standpunkt bei formaler Betrachtung vertreten wird, so inkonsequent erweist er sich bei einer genaueren inhaltlichen Analyse. Dieselben Autoren und Gerichte, die eine Dokumentation zum Zweck der Beweissicherung kategorisch ablehnen, vertreten die Ansicht, dass ein geführtes Aufklärungsgespräch dokumentiert werden muss,[752] dass die Ablehnung einer vom Arzt empfohlenen therapeutischen oder diagnostischen Maßnahme durch den Patienten zu dokumentieren ist,[753] dass in die Krankendokumentation aufgenommen werden muss, wenn ein Patient das Krankenhaus gegen den ärztlichen Rat auf eigenen Wunsch verlässt,[754] dass dokumentiert werden muss, wenn an der Operation ein Arztanfänger bzw. ein in der Ausbildung befindlicher Arzt beteiligt war[755] und ebenso zu dokumentieren ist, wie dieser Anfänger überwacht worden ist,[756] dass die Kontrolle des Blutdrucks einer Schwangeren bei der Geburt auch dann dokumentiert werden muss, wenn die Messung Normalwerte ergeben hat[757] und dass die Erteilung einer therapeutischen Sicherheitsaufklärung zu dokumentieren ist.[758]

438 Auch legt der BGH unterschiedliche Maßstäbe an, wenn mit der Operation ein Berufsanfänger betraut ist. Dann muss nach der Rechtsprechung die Dokumentation nämlich viel sorgfältiger erfolgen als bei einem erfahrenen Operateur.[759] Eine Dokumentationspflicht kann in keinem einzigen der vorgenannten Fälle mit medizinischen Notwendigkeiten erklärt werden. Für den nachbehandelnden Arzt spielt es keine Rolle, aus welchen Gründen ein Patient einen früheren stationären Aufenthalt beendet hat, ob ein Patient vor einem in der Vergangenheit liegenden Eingriff aufgeklärt worden ist oder ob ein Arztanfänger bei einer längst abgeschlossenen Operation ausreichend überwacht

---

750 BGH v. 6.7.1999 – NJW 1999, 3408 ff. = VersR 1999, 1282 ff.; BGH v. 19.2.1995 – NJW 1995, 1611 ff. = VersR 1995, 706 ff.; BGH v. 23.3.1993 – NJW 1993, 2375 ff. = VersR 1993, 836 ff.; BGH v. 24.1.1989 – NJW 1989, 2330 f. = VersR 1989, 512 ff.; *Geiß/Greiner*, B Rn 202; *Steffen/Dressler/Pauge*, B Rn 457.
751 So wörtlich BGH v. 23.3.1993 – NJW 1993, 2375 ff. = VersR 1993, 836 ff.; BGH v. 6.7.1999 – NJW 1999, 3408 ff. = VersR 1999, 1282 ff.; ebenso BGH v. 24.1.1989 – NJW 1989, 2330 f. = VersR 1989, 512 ff.; BGH v. 14.2.1995 – NJW 1995, 1611 ff. = VersR 1995, 706 ff.; *Geiß/Greiner*, B Rn 202; *Steffen/Dressler/Pauge*, B Rn 457.
752 So *Laufs/Uhlenbruck*, § 59 Rn 9; OLG Saarbrücken v. 4.7.1984 – AHRS 6450/22; OLG Koblenz NJW 2000, 3435 ff.; OLG Oldenburg v. 12.4.1994 – AHRS 6450/109; *Wendt*, S. 92 ff.
753 So *Gehrlein*, B Rn 123; *Geiß/Greiner*, B Rn 205; BGHZ 99, 391 f.; *Wendt*, S. 92 ff.
754 So *Gehrlein*, B Rn 123; *Laufs/Uhlenbruck*, § 59 Rn 9.
755 So *Geiß/Greiner*, B Rn 205.
756 So *Geiß/Greiner*, B Rn 205; *Laufs/Uhlenbruck*, § 59 Rn 9.
757 So BGH v. 14.2.1995 – NJW 1995, 1611 ff. = VersR 1995, 706 ff.
758 So BGH v. 10.3.1981 – NJW 1981, 2002 ff. = VersR 1981, 730 ff.; *Geiß/Greiner*, B Rn 205.
759 So ausdrücklich BGH v. 7.5.1985 – VersR 1985, 782 ff. = NJW 1985, 2193 f.

worden ist. Unter rein medizinischen Gesichtspunkten ist eine Dokumentation dieser Punkte überflüssig. Die (auch von der Rechtsprechung und Literatur ausdrücklich anerkannte) Dokumentationspflicht in diesen vorgenannten Fällen hat allein den Zweck der Beweissicherung und kann auch nur mit diesem Zweck begründet werden.[760]

Unter dem Gesichtspunkt, dass im Rechtsleben und in unserer gesellschaftlichen Wirklichkeit jeder Urkunde und jeder Dokumentation zugleich auch eine Beweisfunktion zukommt, erscheint es wenig verständlich, warum hiervon gerade die für einen Patienten oft entscheidende ärztliche Dokumentation ausgenommen sein soll.[761] Eine derartige Dokumentationspflicht aus Gründen der Beweissicherung ist dem Arzt auch zumutbar. Sie erscheint unter Berücksichtigung der Interessen vom Arzt und Patient angemessen und trägt der ohnehin schwierigen Beweissituation des Patienten im Arzthaftungsprozess Rechnung. Wie kann der Patient den Negativbeweis führen, dass er nicht darauf hingewiesen worden ist, dass er eine Diät einzuhalten hat, dass er das Rauchen einzustellen hat, dass er zur Thromboseprophylaxe das Bein belasten muss, dass bei Abbruch einer Therapie gesundheitliche Risiken bestehen oder dass auch nach einer Sterilisation die Möglichkeit besteht, schwanger zu werden? Der Arzt hat es demgegenüber in der Hand, sich durch einen kurzen Vermerk in der Krankenakte (vier Worte: „Patient auf Diät hingewiesen") oder indem er sich in besonderen Fällen sogar die Kenntnisnahme von einem erteilten ärztlichen Hinweis vom Patienten schriftlich bestätigen lässt, eine Grundlage für eine spätere Beweisführung zu schaffen.

439

Kommt der Arzt dieser (aus Gründen der Beweissicherung bestehenden) Dokumentationspflicht nach und hat er einen entsprechenden Hinweis dokumentiert, bleibt es bei der Beweislast des Patienten für die Verletzung der therapeutischen Aufklärungspflicht.[762] Fehlt dagegen der gebotene Hinweis in der Dokumentation, ist es gerechtfertigt, an die Verletzung der Dokumentationspflicht Beweiserleichterungen bis hin zur Beweislastumkehr zu knüpfen. Auch die Beweissicherung ist damit ein legitimer und erforderlicher Zweck der Dokumentation. Der Sache nach kommen Literatur und Rechtsprechung zu ähnlichen Ergebnissen, allerdings ohne ihren damit unvereinbaren Ausgangspunkt aufzugeben. So hat sich der BGH in einer Grundsatzentscheidung[763] mit der Frage der Aufklärung über das „Versagerrisiko" bei einer Sterilisation (nämlich der Möglichkeit einer Rekanalisierung der Eileiter) und der Beweislast für die Erteilung eines derartigen Hinweises befasst.

440

Der BGH stellte zunächst klar, dass es sich hierbei nicht um eine Frage der Selbstbestimmungsaufklärung handelt (für welche der Arzt beweisbelastet ist), sondern um einen Fall der therapeutischen Sicherheitsaufklärung (und damit nach herrschender Meinung[764] um einen Behandlungsfehler, für den der Patient beweisbelastet ist). Sodann verweist der BGH darauf, dass wegen der Fehlschläge, die in einem gewissen Umfang bei Sterilisationen für den Arzt unvermeidbar sind, es regelmäßig gerichtliche Auseinandersetzungen gibt. Daran anknüpfend führt der BGH wörtlich aus: „Bei dieser Sachlage liegt es heute für den Arzt, der eine Sterilisation aus Gründen der Familien-

441

---

760 Ähnlich *Wendt*, S. 74. *Wendt* verweist darauf, dass auch beim Auftreten von Komplikationen eine gesteigerte Dokumentationspflicht besteht und meint wörtlich: „Diese Besonderheit ist nur verständlich, wenn man davon ausgeht, dass Zweck der ärztlichen Dokumentationspflicht auch die Sicherung der Beweisführung des Patienten einschließlich der Schaffung eines Beweismittels zu seinen Gunsten ist."
761 Ähnlich auch *Laufs/Uhlenbruck*, § 59 Rn 8.
762 Anders als die Verletzung der Selbstbestimmungsaufklärung stellt die Verletzung der therapeutischen Sicherungsaufklärung einen Behandlungsfehler dar, vergleiche hierzu im Einzelnen Rn 240 ff.
763 BGH v. 10.3.1981 – NJW 1981, 2002 ff. = VersR 1981, 730 ff.
764 Siehe zum Streitstand und der richtigerweise hiervon abweichenden Mindermeinung Rn 240 ff.

planung vornimmt, so nahe, sich seinen Hinweis auf die Versagerquote schriftlich bestätigen zu lassen, dass die Unterlassung dieser Vorsichtsmaßnahme ein Beweisanzeichen dafür bilden mag, dass die Erfüllung dieser aus dem Behandlungsvertrag folgenden Nebenpflicht versäumt worden ist."[765]

442 Auch insoweit sind Rechtsprechung und herrschende Lehre inkonsequent, wenn sie auf der einen Seite die Beweissicherung als Zweck der Dokumentation ablehnen, auf der anderen Seite aber im Fall des Nichtdokumentierens (einer aus medizinischen Gründen nicht dokumentationspflichtigen Maßnahme!) aber gerade beweisrechtliche Nachteile für den Arzt annehmen.[766] Es ist jedoch nur dann gerechtfertigt, Beweiserleichterungen zu Lasten des Arztes vorzunehmen, wenn dem Arzt auch der Vorwurf gemacht werden kann, eine ihm obliegende Dokumentationspflicht verletzt zu haben.[767] Es bleibt also dabei, dass auch die Beweissicherung ein erforderlicher und dem Arzt zumutbarer Zweck der Dokumentation ist.

443 In wenigen Entscheidungen hat der BGH dies auch beiläufig zugestanden, ohne allerdings seinen damit unvereinbaren dogmatischen Ausgangspunkt aufzugeben. Nach Auffassung des BGH hat ein Operateur, der Berufsanfänger ist, viel detaillierter zu dokumentieren als ein erfahrener Operateur. Der BGH begründet dies wörtlich wie folgt: „Um wenigstens eine gewisse Kontrolle im Interesse seiner Ausbildung und vor allem auch im Interesse des Patienten zu gewährleisten, muss von ihm verlangt werden, dass er den Gang der Operation genau aufzeichnet. Das Fehlen eines Operationsberichtes über einen von einem Berufsanfänger selbständig durchgeführten Eingriff **erschwert die Beweissituation** des geschädigten Patienten zusätzlich unbilliger Weise, und zwar um so mehr, je schwieriger und risikoreicher ein solcher Eingriff ist."[768]

444 Zur Begründung der gesteigerten Dokumentationspflicht eines Berufsanfängers, die mit medizinischen Gründen gerade nicht erklärbar ist, stellt der BGH somit ausdrücklich auf die Beweissicherungsfunktion der Dokumentation zugunsten des Patienten ab.

445 In einer anderen Entscheidung[769] hat der BGH darauf hingewiesen, dass in der Geburtsphase eine vorgenommene Blutdruckkontrolle auch dann zu dokumentieren ist, wenn die Messung Normalwerte ergibt. Der BGH vertritt die Ansicht, dass der Fehlen einer derartigen Dokumentation dazu führt, „dass dem Patienten zum Ausgleich der hierdurch eingetretenen Erschwernis, einen ärztlichen Behandlungsfehler nachzuweisen, eine entsprechende Beweiserleichterung zugute kommt."[770] Auch in dieser Entscheidung stellt der BGH somit ausdrücklich auf die Beweissicherungsfunktion der Dokumentation ab.

---

765 So ausdrücklich BGH v. 10.3.1981 – NJW 1981, 2002 ff. = VersR 1981, 730 ff.; ähnlich BGH v. 9.11.1982 – NJW 1983, 332 f.
766 So etwa BGH v. 10.3.1981 – NJW 1981, 2002 ff. = VersR 1981, 730 ff.; BGH v. 9.11.1982 – NJW 1983, 332 f.; BGH v. 10.1.1984 – NJW 1984, 1408 f. = VersR 1984, 354 ff.; BGH v. 24.1.1984 – NJW 1984, 1403 ff. = VersR 1984, 386 ff.; BGH v. 18.3.1986 – NJW 1986, 2365 ff. = VersR 1986, 788 ff.; BGH v. 24.1.1989 – NJW 1989, 2330 f. = VersR 1989, 512 ff.; BGH v. 23.3.1993 – NJW 1993, 2375 ff. = VersR 1993, 836 ff.; BGH v. 14.2.1995 – NJW 1995, 1611 ff. = VersR 1995, 706 ff.; ähnlich auch *Geiß/Greiner*, B Rn 206, die meinen, das Nichtdokumentieren führe zu der Vermutung, dass die nicht dokumentierte Maßnahme unterblieben ist; so auch *Steffen/Dressler/Pauge*, Rn 465, die ein Indiz für das Unterbleiben der nicht dokumentierten Maßnahme annehmen.
767 So auch *Laufs/Uhlenbruck*, § 59 Rn 9; *Bender*, VersR 1997, 918 f.
768 So ausdrücklich BGH v. 7.5.1985 – VersR 1985, 782 ff. = NJW 1985, 2193 f.
769 BGH v. 14.2.1995 – NJW 1995, 1611 ff. = VersR 1995, 706 ff.
770 So wörtlich BGH v. 14.2.1995 – NJW 1995, 1611 ff. = VersR 1995, 706 ff.

IV. Inhalt und Umfang der Dokumentation

Inhalt und Umfang der Dokumentation bestimmen sich nach ihrem Zweck. Dokumentationspflichtig sind danach zunächst Anamnese, Diagnose und Therapie und alle relevanten Informationen über den Therapieverlauf. Dies beinhaltet auch die erhobenen Befunde, die Krankenpflege, die angeordnete Medikation, Narkoseprotokoll, Operationsmethode, Operationsverlauf, die Person des Operators, den Wechsel des Operateurs, eingetretene Zwischenfälle, präoperativer Allgemeinzustand, getroffene Vorkehrungen gegen Selbstverletzungen des Patienten, jede Abweichung von Standardmethoden und Standardvorgängen. Selbstverständlichkeiten und Routinemaßnahmen sind dagegen nicht dokumentationspflichtig, es sei denn wiederum die Routinemaßnahme ergibt einen dokumentationspflichtigen Befund.[771]

So ist die Desinfektion der Haut vor einer Injektion eine nicht dokumentationspflichtige Routinemaßnahme.[772] Die Tatsache, dass während eines stationären Aufenthaltes routinemäßige Fieber gemessen worden ist, ist nicht dokumentationspflichtig, wenn das Messen ohne Befund bleibt. Hatte der Patient dagegen Fieber, muss die Temperatur dokumentiert werden. Instruktiv für den Umfang der Dokumentationspflicht ist die Entscheidung des BGH[773] zur Lagerung eines Patienten während einer Operation. Der BGH führt zunächst aus, dass die Methode, nach welcher der Patient gelagert wird, für einen Fachmann verständlich dokumentiert werden muss. Sodann führt der BGH wörtlich aus:

> *„Steht die Art der Lagerung des Patienten während der Operation allgemein fest, ergibt sich die technische Durchführung der Lagerung aus den allgemein anerkannten, dabei einzuhaltenden medizinischen Regeln. Diese brauchen nicht jedes Mal schriftlich fixiert zu werden. Anders wäre es nur, wenn im Einzelfall von der Norm abgewichen werden soll oder wenn es während der Operation zu nicht ganz unbedeutenden Korrekturen kommt. Ebenso brauchen solche Routinemaßnahmen wie die Kontrolle der ordnungsgemäßen Lagerung des Patienten nicht jedes Mal besonders dokumentiert zu werden. Die Aufzeichnungen über den Verlauf einer Operation und über die dabei angewandte Anästhesie haben die wesentlichen Fakten wiederzugeben. Ins Detail müssen sie dabei nur dann gehen, wenn anders der Operationsverlauf und die dabei angewandten Techniken nicht verständlich sind."*[774]

Diese Ausführungen des BGH sind allgemein auf jede Dokumentation übertragbar. Es müssen die Grundlagen dokumentiert werden und alle sich im Verlauf ergebenden Besonderheiten, Auffälligkeiten, Änderungen, Abweichungen oder Unregelmäßigkeiten. Medizinische Selbstverständlichkeiten,[775] die Einhaltung der Routine und das Fehlen besonderer Vorkommnisse müssen hingegen nicht protokolliert werden.[776] Es wäre ein unnötiger, unzumutbarer und zeitraubender Formalismus, müsste ein Arzt bei jeder Operation die für diesen Eingriff bestehenden Richtlinien, Leitlinien oder Empfehlungen erneut abschreiben.

---

771 *Laufs/Uhlenbruck*, § 59 Rn 11; *Gehrlein*, B Rn 123.
772 OLG Köln NJW 1999, 1790, 1791.
773 BGH v. 24.1.1984 – NJW 1984, 1403 ff. = VersR 1984, 386 ff.
774 So wörtlich BGH v. 24.1.1984 – NJW 1984, 1403 ff. = VersR 1984, 386 ff.
775 So muss ein Operateur etwa nicht vermerken, das er besonders vorsichtig gearbeitet hat und sorgfältig darauf geachtet hat, den Nerv nicht zu beschädigen, so BGH v. 24.1.1989 – NJW 1989, 2330 f. = VersR 1989, 512 ff.
776 So etwa BGH v. 24.1.1989 – NJW 1989, 2330 f. = VersR 1989, 512 ff. für das situationsbedingte Abweichen von der üblichen Operationstechnik.

449 Allgemein gilt, dass Inhalt und Umfang der medizinischen Dokumentation von der medizinischen Praxis geprägt werden.[777] Das Gericht hat über die Frage, ob eine bestimmte Tatsache aus medizinischer Sicht zu dokumentieren ist, gegebenenfalls ein medizinisches Sachverständigengutachten einzuholen.[778] Üblich ist es in der medizinischen Praxis etwa, nur einen positiven Untersuchungsbefund zu dokumentieren, einen negativen Befund hingegen nicht.[779] Auch insoweit kann es jedoch im Einzelfall einen abweichenden medizinischen Standard geben. So ist im Entbindungsstadium der Blutdruck der Schwangeren aus medizinischen Gründen auch dann zu dokumentieren, wenn sich bei der Messung ein Normalwert ergibt.[780]

450 Der BGH verweist bezüglich dieser Dokumentationspflicht auf die aus medizinischer Sicht bestehende Wichtigkeit des Parameters im Entbindungsstadium. Die Bedeutung der medizinischen Praxis für die Dokumentation muss sich aber auf Dokumentationspflichten beschränken, deren Zweck die Therapiesicherung ist. Hier geht es um rein medizinische Fragestellungen und Maßstäbe, wenn zu beurteilen ist, welche Informationen, Daten und Feststellungen der nachbehandelnde Arzt im Interesse einer regelrechten und effektiven Weiterbehandlung des Patienten benötigt. Soweit eine Dokumentation allerdings den Zweck der Beweissicherung verfolgt, ist es naturgemäß nicht die Aufgabe der Medizin, Dokumentationsstandards zu entwickeln. Hier geht es um originär rechtliche Fragestellungen und es ist insoweit allein Aufgabe der Gerichte, die nötigen (rechtlichen) Maßstäbe zu entwickeln.[781]

451 Im Einzelnen ist Folgendes zu dokumentieren:[782]
- Medikation[783]
- Anamnese

---

777 *Laufs/Uhlenbruck*, § 59 Rn 11.
778 BGH v. 28.6.1988 – NJW 1988, 2949 ff. = VersR 1989, 80 f.; BGH v. 24.1.1989 – NJW 1989, 2330 f. = VersR 1989, 512 ff.; BGH v. 6.7.1999 – NJW 1999, 3408 ff. = VersR 1999, 1282 ff. (die medizinische Praxis ist ausschlaggebend dafür, ob im Operationsbericht die Weichteilverletzungen des Unfallpatienten zu dokumentieren sind. Hierüber ist ein Sachverständigengutachten einzuholen.); *Gehrlein*, B Rn 123; *Laufs/Uhlenbruck*, § 111 Rn 3.
779 BGH v. 23.3.1993 – NJW 1993, 2375 ff. = VersR 1993, 836 ff.
780 So BGH v. 14.2.1995 – NJW 1995, 1611 ff. = VersR 1995, 706 ff. In Wahrheit geht es bei der Pflicht zur Dokumentation insoweit nicht um medizinische Gründe, sondern um die Beweissicherung zugunsten des Patienten. Dies macht der BGH an anderer Stelle in der Entscheidung deutlich.
781 Ähnlich *Bender*, VersR 1998, 918, 920.
782 Einen ganz anderen Ansatz wählt *Bender*, VersR 1998, 918 ff. Er meint, eine Dokumentationspflicht fällt immer dann weg, wenn der Arzt für eine bestimmte Tatsache beweisbelastet ist. Wenn der Arzt aufgrund fehlender Dokumentation seiner Beweislast nicht nachkommen könne und beweisfällig bleibe, verliere er eben den Prozess. Es gebe aber keine Rechtspflicht des Arztes, nicht beweisfällig zu bleiben und einen Prozess zu gewinnen. Dieser Ausgangspunkt, von der Beweislast auf den Umfang der Dokumentationspflicht zu schließen, ist aus zwei Gründen verfehlt: Zum einen hat die ärztliche Dokumentation nicht nur den Zweck der Beweissicherung, sondern sie dient auch der Therapiesicherung und der Rechenschaft. Es kann keinesfalls die zur Erhaltung der Gesundheit des Patienten unter dem Gesichtspunkt der Therapiesicherung bestehende Dokumentationspflicht mit der Begründung abgelehnt werden, eine Dokumentationspflicht bestehe nicht, denn der Arzt verliere ja dafür den Prozess. Zum anderen erweist sich die Argumentation auch bei einer Dokumentation, deren Zweck (alleine) die Beweissicherung ist, als kurzsichtig. Lehnt man mit Bender in den Fällen, in denen der Arzt für eine bestimmte Maßnahme beweisbelastet ist eine Dokumentationspflicht ab, dann können aus dem Fehlen der Dokumentation auch keine Schlüsse gezogen werden. Der Arzt kann andere Beweismittel (etwa seine Sprechstundenhilfe als Zeugin) anbieten und man kann ihm nicht entgegenhalten, dass die Tatsache des Nichtdokumentierens gegen ihn spricht. Denn ohne Dokumentationspflicht verbietet es sich, aus einem Unterlassen der Dokumentation Rückschlüsse auf eine Nichtvornahme der betreffenden Maßnahme zu ziehen.
783 BGH v. 18.3.1986 – NJW 1986, 2365 ff. = VersR 1986, 788 ff.

- Operationsmethode und Operationsverlauf einschließlich einer Beschreibung des Operationssitus, der gelegten Drainagen, des verwendeten Nahtmaterials, der verwendeten Tücher und Tupfer, der Person des Operateurs und eines Wechsels des Operateurs (Operationsbericht)
- Narkose einschließlich Art, Zeitraum und Verlauf der Anästhesie, präoperativem Allgemeinzustand, Angaben zur Prämedikation, Herzfrequenz, Blutdruck, Lagerung des Patienten während der Operation und in Bezug auf Lagerschäden ergriffene Vorbeugemaßnahmen (Anästhesie- oder Narkoseprotokoll)
- Allergien, Medikamentenunverträglichkeiten
- durchgeführte Diagnosemaßnahmen mit positivem Ergebnis
- die ärztliche Feststellung, dass der Patient für eine bestimmte Erkrankung ein Risikopatient ist und deshalb eine besondere Prophylaxe erforderlich ist oder für den Patienten eine besondere Gefahrenlage besteht, auf die zu achten ist[784]
- die erfolgte Selbstbestimmungsaufklärung des Patienten[785]
- vom Patienten geäußerte Beschwerden
- auftretende Symptome[786]
- Behandlungsverweigerungen des Patienten und der Widerruf einer erteilten Einwilligung[787]
- der Behandlungsabbruch durch den Patienten
- das eigenmächtige Verlassen des Krankenhauses gegen den ärztlichen Rat[788]
- die fehlende Bereitschaft des Patienten, therapeutischen Anweisungen zu folgen (non compliance)
- eine erfolgte therapeutische Sicherungsaufklärung[789]
- die Beteiligung eins Arztanfängers an einer Operation
- die Überwachung des Arztanfängers
- über die Routinemaßnahmen hinausgehende Sicherungsmaßnahmen zum Schutz des Patienten vor Unfällen oder Selbstschädigungen (z.B. Bettgitter)
- die gewonnenen Befunde (Röntgenbilder, MRT-Bilder, Ultraschallbilder, CTG-Streifen, Gewebeproben, Laborwerte)
- die getroffenen Pflegemaßnahmen, jedenfalls soweit sie nicht die normale Grundpflege betreffen[790]
- erfolgte vorbeugende Maßnahmen (Dekubitusprophylaxe,[791] Thromboseprophylaxe)
- aufgetretene Zwischenfälle und Komplikationen.[792]

Ein weiterer wichtiger Aspekt der Dokumentationspflicht ist die **Befundsicherung**.[793] Die Befunde (z.B. Röntgenbilder, MRT-Bilder, Ultraschallbilder, CTG-Streifen, Gewebeproben, EKG) müssen gesichert werden, d.h. aufbewahrt, verwaltet, vor dem Zugriff

452

---

784 So BGH v. 18.3.1986 – NJW 1986, 2365 ff. = VersR 1986, 788 ff. für das Bestehen eines Dekubitus-Risikos.
785 *Laufs/Uhlenbruck*, § 59 Rn 9.
786 BGH v. 23.3.1993 – NJW 1993, 2375 ff. = VersR 1993, 836 ff. (Morbus Sudeck).
787 *Laufs/Uhlenbruck*, § 111 Rn 3.
788 So BGH v. 19.5.1987 – NJW 1987, 2300 f. = VersR 1987, 1091 f.; *Gehrlein*, B Rn 123.
789 So BGH v. 10.3.1981 – VersR 1981, 730 (Hinweis auf das Versagerrisiko bei einer Sterilisation); BGH v. 19.5.1987 – NJW 1987, 2300 f. = VersR 1987, 1091 f. (Hinweis auf die Risiken, die ein gegen den ärztlichen Rat durchgeführter Behandlungsabbruch nach sich ziehen kann).
790 So BGH v. 18.3.1986 – NJW 1986, 2365 ff. = VersR 1986, 788 ff.
791 BGH v. 18.3.1986 – NJW 1986, 2365 ff. = VersR 1986, 788 ff.
792 Siehe hierzu im Einzelnen *Wendt*, S. 61 ff.
793 *Geiß/Greiner*, B Rn 212.

Dritter geschützt und vor Witterungseinflüssen (Feuchtigkeit, Sonneneinstrahlung, Hochwasser) gesichert werden. Die Aufbewahrungsfrist beträgt dabei 10 Jahre.[794]

453 Der BGH hat insoweit mehrfach entscheiden, dass es zu den Aufgaben des niedergelassenen Arztes[795] bzw. des Krankenhausträgers[796] gehört, die Unterlagen, die Auskunft über das Behandlungsgeschehen geben können, zu sichern.

> „Es gehört zu den Organisationsaufgaben des Krankenhausträgers, Unterlagen, die Auskunft über das Behandlungsgeschehen geben, zu sichern. Erweist es sich als geboten, die Behandlungsunterlagen an eine andere Stelle herauszugeben, dann ist es Aufgabe des Krankenhausträgers zu dokumentieren, wann er an welche Stelle für welchen Zweck die Unterlagen weitergeleitet hat. Erhält der Krankenhausträger die Unterlagen zurück, dann hat er auch dies zu vermerken. Erhält er sie in angemessener Zeit nicht zurück, dann ist er gehalten, für ihre Rücksendung zu sorgen. Auch diese Bemühungen und ihr Erfolg sind zu dokumentieren. In jedem Fall hat der Krankenhausträger dafür zu sorgen, dass über den Verbleib der Behandlungsunterlagen jederzeit Klarheit besteht."[797]

454 Verschwinden Krankenunterlagen aus ungeklärten Gründen oder aus von der Behandlungsseite zu vertretenden Gründen, geht dies beweismäßig zu Lasten der Behandlungsseite.[798] Ein Verstoß gegen die Sicherungspflicht führt deshalb zu ganz erheblicher Beweiserleichterung zugunsten des Patienten.[799]

V. Form der Dokumentation

455 Die Dokumentationspflicht erfordert nicht, dass ein medizinischer Laie die Aufzeichnungen versteht. Es ist vielmehr ausreichend, dass die Dokumentation für einen Fachmann hinreichend klar ist.[800]

456 Die medizinische Praxis ist auch ausschlaggebend dafür, in welcher Form eine Dokumentation erfolgen muss: Abkürzungen, Stichworte, Zeichnungen oder Skizzen können ausreichend sein. Wurde der Patient vor einer Wirbelsäulenoperation auf dem Operationstisch in Knie-Ellenbogen-Lage (so genannte „Häschenstellung") gelagert, so kann zur Dokumentation der gewählten Lagerungsart ein zeichnerisches Symbol (zwei Hasenohren) ausreichen, wenn für einen Fachmann dadurch erkennbar wird, nach welcher Methode gelagert worden ist.[801]

457 Aus dem Zweck der Dokumentation folgt jedoch, dass sie in nachvollziehbarer Form erfolgen muss. Eine digitale Dokumentation ist dabei ausreichend.[802] Dasselbe gilt für die Dokumentation in Form von Videoaufzeichnungen. Auch Röntgen- und Sonographieaufnahmen können dabei in elektronischer Form dokumentiert und gespeichert werden. Für Röntgenaufnahmen gilt dies allerdings gem. § 28 Abs. 5 S. 2 RöntgenV

---

794 § 3 der Musterberufsordnung für Ärzte.
795 So BGH v. 13.2.1996 – NJW 1996, 1589 ff. = VersR 1996, 633 f.
796 So BGH v. 21.11.1995 – NJW 1996, 779 ff. = VersR 1996, 330 ff.
797 So BGH v. 21.11.1995 – NJW 1996, 779 ff. = VersR 1996, 330 ff.
798 So BGH v. 21.11.1995 – NJW 1996, 779 ff. = VersR 1996, 330 ff.
799 So BGH v. 13.2.1996 – NJW 1996, 1589 ff. = VersR 1996, 633 f.; BGH v. 21.11.1995 – NJW 1996, 779 ff. = VersR 1996, 330 ff.; siehe hierzu im einzelnen Rn 98 und 466 ff.
800 So BGH v. 24.1.1989 – NJW 1989, 2330 f. = VersR 1989, 512 ff.; BGH v. 24.1.1984 – NJW 1984, 1403 ff. = VersR 1984, 386 ff.; *Gehrlein*, B Rn 122; *Laufs/Uhlenbruck*, § 59 Rn 11.
801 So BGH v. 24.1.1984 – NJW 1984, 1403 ff. = VersR 1984, 386 ff.
802 *Gehrlein*, B Rn 122 und 123; *Laufs/Uhlenbruck*, § 59 Rn 11; *Laufs/Uhlenbruck*, § 111 Rn 9.

nur mit der Maßgabe, dass diese erst dann in elektronischer Form aufbewahrt werden dürfen, wenn eine dreijährige Wartezeit nach Durchführung der Röntgenaufnahme abgelaufen ist. Diese Wartefrist betrifft nur die Röntgenaufnahmen selbst, nicht aber Aufzeichnungen über die Anwendung von Röntgenstrahlen.[803] Die Wartefrist des § 28 Abs. 5 RöntgenV gilt nicht für die neue Technik der digitalen Radiographie. Deren Vorteil, nämlich die Möglichkeit von Röntgenaufnahmen ohne teures Ausdrucken der Aufnahmen und ohne platzraubendes und anfälliges Aufbewahren eines körperlichen Ausdrucks, wäre ansonsten nämlich obsolet.[804]

VI. Zeitpunkt der Dokumentation

Der Zeitpunkt, zu dem die ärztliche Dokumentation spätestens vorliegen muss, ergibt sich aus dem Zweck der Dokumentation. Aus dem Dokumentationszweck der Therapiesicherung ergibt sich, dass die Dokumentation spätestens zum Zeitpunkt der Weiterbehandlung vorliegen muss. Wann sie erstellt worden ist, ist unter diesem Aspekt dagegen belanglos, solange die Dokumentation alle medizinisch erforderlichen Informationen enthält. Entscheidend ist hier vor allem die Gedächtniskapazität des Arztes. Ärzte in einer großen Krankenhausambulanz oder niedergelassene Ärzte in einer Praxis, die täglich mit einer Vielzahl von Fällen und Patienten (etliche davon dem Arzt bislang unbekannt) konfrontiert werden, haben die Dokumentation noch während der Behandlung oder jedenfalls unmittelbar im Anschluss an jede einzelne Behandlung vorzunehmen. Aufgrund der Begrenztheit des Gedächtnisses gehen sonst wichtige Informationen verloren oder werden durch die Erinnerung verfälscht oder mit anderen Krankengeschichten vermischt oder verwechselt.[805] Behandelt der Arzt dagegen eine überschaubare Patientenzahl und hat er sich Notizen gemacht, ist es ausreichend, wenn er die Reinschrift am Abend eines jeden Behandlungstages anfertigt.[806]

458

Neben dem therapeutischen Sinn der Dokumentation dient diese auch dem Patienten zur Beweisführung. Hier ist entscheidend, dass der Arzt zu einem Zeitpunkt dokumentiert, zu dem sein Erinnerungsvermögen noch frisch ist und noch ungetrübt durch spätere Ereignisse. Je später dokumentiert wird, desto eher besteht die Gefahr, dass die medizinisch möglicherweise unwichtigen, aber rechtlich relevanten Fakten verloren gehen oder unrichtig aufgezeichnet werden und desto wertloser wird die Dokumentation. Insbesondere dann, wenn eine Dokumentation erst zu einem Zeitpunkt vorgenommen wird, zu dem bereits ein Behandlungsfehler vom Patienten geltend gemacht wird oder der Patient Einsicht in die Dokumentation begehrt oder sich gar ein Arzthaftungsprozess abzeichnet, liegt es nahe, dass der Arzt bewusst oder unbewusst versucht, sich zu rechtfertigen und zu exkulpieren. Je später dokumentiert wird, desto eher besteht eine Selbstbegünstigungstendenz des Aufzeichnenden.[807] Mit zunehmendem Zeitablauf verliert die Dokumentation damit ihren Wert als Beweismittel, so dass sie unter diesem Aspekt dann verspätet ist. Ebenso leidet die Beweissicherungsfunktion der Dokumentation bei nachträglichen Änderungen, Streichungen, Neufassungen oder Ergänzungen der Dokumentation. Unter diesem Aspekt ist jeder nachträgliche Eingriff in die Doku-

459

---

803 *Wendt*, S. 120.
804 So *Ortner/Geis*, MedR 1997, 337 f.; *Wendt*, S. 120.
805 So auch *Wendt*, S. 65.
806 Siehe *Wendt*, S. 65.
807 So richtig *Wendt*, S. 64.

mentation eine unzulässige Manipulation und damit eine Dokumentationspflichtverletzung.[808]

460 Die Rechtsprechung hat bislang zu einigen Extremfällen Stellung genommen. Das OLG Köln hat einen Fall entschieden, in welchem der Operationsbericht zwei Jahre nach der Operation verfasst worden ist.[809] Dabei hat es diesen verspäteten Operationsbericht ohne weiteres ebenso wie eine vollständig fehlende Dokumentation behandelt. Wörtlich führt das OLG aus:

> *„Nach dem Gutachten des Sachverständigen Prof. Th. sind bei Nasenscheidewandoperationen Schutzmaßnahmen zur Erhaltung des Geruchssinns in der Weise zu treffen, dass bei der Ablösung des Mukoperichondriums von Septumknorpel und Septumknochen die Schleimhaut nicht verletzt werden kann. Die Anwendung der dazu erforderlichen Technik ist – so der Sachverständige – im Operationsbericht zu dokumentieren. Da eine zeitnahe Dokumentation des aufzuzeichnenden operativen Vorgehens fehlt, wird zugunsten der Klägerin vermutet, dass der Beklagte die zum Schutz des Geruchssinns notwendigen operationstechnischen Maßnahmen unterlassen und daher fehlerhaft gehandelt hat."*[810]

461 Das OLG Saarbrücken will demgegenüber eine verspätete Dokumentation nicht per se einer fehlenden Dokumentation gleichstellen, sondern die Tatsache der Verspätung lediglich bei der Beweiswürdigung gem. § 286 Abs. 1 S. 1 ZPO berücksichtigen.[811] Der Entscheidung lag ein Fall zugrunde, bei welcher der Operationsbericht zehn Monate nach der Operation erstellt worden ist. Wörtlich heißt es dort:

> *„Zwar gibt der vom HNO-Arzt unter dem 10.3.1987 erstellte Operationsbericht den Eingriff vom 26.5.1986, und zwar auch hinsichtlich der dabei aufgetretenen Blutungen, in einer Weise wieder, die auf die wesentlichen Punkte eingeht und daher nicht als lückenhaft oder unzulänglich bezeichnet werden kann, und die ersichtlich auch vom Sachverständigen Prof. B als hinreichend und brauchbar gewertet wurde. Wohl aber ist dieser Operationsbericht erst am 20.3.1987 und somit erst annähernd ein Jahr nach dem Eingriff erstellt worden und genügt insoweit nicht dem Erfordernis, wonach die Dokumentation in unmittelbarem zeitlichem Zusammenhang mit dem dokumentierten Eingriff zu erfolgen hat. Ob man einen Fall wie den vorliegenden, in dem der Operationsbericht betreffend einen recht häufigen und an und für sich verhältnismäßig unkomplizierten Eingriff erst cirka zehn Monate nach dem Eingriff erstellt wird, ohne dass allerdings Anhaltspunkte für eine dem zugrunde liegende Vertuschungsabsicht ersichtlich sind, dem Fall gleichsetzen kann, dass ein Operationsbericht überhaupt nicht oder nur lückenhaft erstellt worden ist, erscheint zweifelhaft. Näher liegen weil fallangebrachter dürfte es sein, in einem solchen Fall die verspätete Anfertigung des Operationsberichts bei der Würdigung der inhaltlichen Richtigkeit dieses Berichts gem. § 286 Abs. 1 S. 1 ZPO zu berücksichtigen."*

462 Auch wenn beide Entscheidungen auf den ersten Blick widersprüchlich erscheinen, ist beiden zuzustimmen. Der Ausgangspunkt des OLG Saarbrücken ist dogmatisch richtig und die Einordnung unter § 286 Abs. 1 ZPO trägt dem Zweck der Dokumentation als Beweismittel Rechnung. Eine schematische Behandlung der Fälle, in denen die Dokumentation verspätet erstellt worden ist, ist nicht sachgerecht und verbietet sich. Der

---

808 So ausdrücklich *Wendt*, S. 65 f.; vgl. hierzu OLG Frankfurt VersR 1992, 578 ff.; OLG Oldenburg VersR 1993, 1021 ff.
809 OLG Köln v. 17.2.1993 – AHRS 6450/67.
810 OLG Köln v. 17.2.1993 – AHRS 6450/67.
811 OLG Saarbrücken v. 14.7.1993 – AHRS 6450/105.

Weg über § 286 Abs. 1 ZPO ermöglichst es dem Richter in einem Arzthaftungsprozess den Besonderheiten des Einzelfalles Rechnung zu tragen. Nach Ablauf bestimmter Fristen wird eine Dokumentation indes schlechterdings wertlos. Angesichts der begrenzten menschlichen Gedächtniskapazitäten ist eine Dokumentation, die nach mehr als sechs Monaten erstellt wird, unbrauchbar.[812] In der Erinnerung des Aufzeichnenden hat sich dann zumindest unbewusst ein Bild verfestigt, bei welchem zahlreiche Details verloren, andere verändert oder entstellt und neue, tatsächlich nicht geschehene Tatsachen hinzugekommen sind. Insoweit ist dem OLG Köln zuzustimmen, dass nach Ablauf mehrerer Monate eine dann erst verspätet erstellte Dokumentation einer fehlenden Dokumentation gleichzusetzen ist.

VII. Die dokumentationspflichtige Person

Schuldner der Dokumentationspflicht ist diejenige natürliche oder juristische Person, welche die Behandlung des Patienten rechtlich übernommen hat.[813] Eine juristische Person bedient sich dabei ihres Personals. Es stellt sich insbesondere innerhalb eines Krankenhauses die Frage, wer konkret für die Dokumentation der Behandlung zuständig ist. Es lassen sich hierzu vor allem zwei Meinungen vertreten: Einerseits kann die Dokumentationspflicht denjenigen treffen, der für die gesamte Behandlung verantwortlich ist. Dies ist in der Regel der Leiter der betroffenen Krankenhausabteilung. Andererseits kann die Verantwortung für die Dokumentation bei der Person liegen, welche für den einzelnen Behandlungsabschnitt zuständig ist. Dann wäre die Krankenschwester, die eine Pflegmaßnahme durchführt rechtlich auch für deren Dokumentation verantwortlich und der einzelne Arzt für den jeweils ihn betreffenden Behandlungsabschnitt.[814] 463

Wie in Rn 430 dargestellt gilt die Dokumentationspflicht unabhängig von ihrer dogmatischen Herleitung auch im deliktischen Bereich. Ebenso wie ein Krankenpfleger oder ein Stationsarzt deliktisch für Verstöße gegen die Regeln der Kunst haften, haften sie deliktisch auch für Dokumentationspflichtverletzungen. Jeder Arzt und jede ärztliche Hilfskraft, die eine dokumentationspflichtige Maßnahme durchführt, trägt auch die rechtliche Verantwortlichkeit für deren Dokumentation. Jeder Beteiligte, der für eine einzelne Behandlungsmaßnahme verantwortlich oder mitverantwortlich ist, ist auch für die entsprechende Dokumentation (mit-)verantwortlich.[815] Dementsprechend kann ein Dokumentationsmangel und die sich daraus ergebenden rechtlichen Folgen (Beweiserleichterungen, Beweislastumkehr) auch nur dem einzelnen Mitarbeiter zugerechnet werden, der für die Dokumentation verantwortlich ist.[816] Dagegen sind dem Krankenhausträger die Versäumnisse seiner Mitarbeiter ohne weiteres gem. § 278 BGB bzw. gem. §§ 831, 31 BGB zurechenbar.[817] 464

Die Person, die nach den oben genannten Grundssätzen für die Dokumentation verantwortlich ist, muss diese aber nicht eigenhändig anfertigen, sondern kann sich hierfür vielmehr seiner Hilfskräfte oder Kollegen bedienen. So kann der operierende Oberarzt den OP-Bericht von dem assistierenden, in der Facharztausbildung befindlichen Arzt 465

---

812 So ähnlich auch *Wendt*, S. 64.
813 So *Schmidt-Beck*, S. 57 f.; *Wendt*, S. 50 f.
814 Vgl. zum Meinungsstand *Wendt*, S. 51 f.
815 So OLG München v. 24.11.1988 – AHRS 6450/47; *Schmid*, NJW 1987, 681 ff.
816 So OLG München v. 24.11.1988 – AHRS 6450/47; OLG Hamm v. 16.12.1992 – AHRS 6450/74; *Wendt*, S. 52 f.
817 So auch *Wendt*, S. 52.

schreiben lassen. Der niedergelassene Arzt kann die Dokumentation seinen Sprechstundenhilfen übertragen.[818] Stets muss aber klar erkennbar bleiben, wer die Behandlungsmaßnahme durchgeführt hat.[819]

VIII. Folgen einer Verletzung der Dokumentationspflicht

466 Eine Verletzung der Dokumentationspflicht begründet keine eigenständige Anspruchsgrundlage.[820] Nach ständiger Rechtsprechung führt die Unterlassung einer rechtlich gebotenen Dokumentation aber zu Beweiserleichterungen für den Patienten im Arzthaftungsprozess. Ist eine dokumentationspflichtige Maßnahme nicht dokumentiert, so spricht danach zugunsten des Patienten eine Vermutung dafür, dass diese Maßnahme auch nicht erfolgt ist.[821] Der unterlassenen Dokumentation ist eine verschwundene Dokumentation gleichzustellen.[822]

467 Ein Dokumentationsmangel wirkt sich somit nachhaltig auf den vom Patienten zu erbringenden Nachweis für das Vorliegen eines Behandlungsfehlers aus. Dagegen hat der Dokumentationsmangel keinen Einfluss auf den vom Patienten nachzuweisenden Kausalzusammenhang (es sei denn, der Behandlungsfehler, der durch den Dokumentationsmangel vermutet wird, ist ein so genannter grober Behandlungsfehler, vgl. hierzu Rn 99 ff.).[823]

468 Die Vermutung, dass die nicht dokumentierte Maßnahme auch nicht vorgenommen worden ist, kann jedoch von der Behandlungsseite widerlegt werden. Insoweit kommt es somit zu einer Umkehr der Beweislast. Kann der Arzt die Vornahme der nicht dokumentierten Maßnahme auf andere Art und Weise (z.B. Zeugenbeweis oder Parteivernehmung) nachweisen, bleibt der Dokumentationsmangel unschädlich.[824] Das OLG Oldenburg[825] führt hierzu wörtlich Folgendes aus:

> „Der Mangel der Dokumentation stellt für sich allein zwar keinen Haftungsgrund dar. Zugunsten der Klägerin können aber Beweiserleichterungen bis hin zur Beweislastumkehr in Betracht kommen, da dem Patienten im Falle einer Gesundheitsschädigung die Aufklärung des Sachverhalts unzumutbar erschwert wird. Den Beklagten ist es in einer solchen Situation aber unbenommen, die fehlende oder unzureichende schriftliche Dokumentation nachträglich zu ergänzen. Können sie das und vermögen sie ihren Vortrag zu beweisen, stellt ein etwaiger Dokumentationsmangel kein Aufklärungshindernis mehr dar. Beweiserleichterungen oder eine Beweislastumkehr kommen dann nicht mehr in Betracht."

---

818 So BGH v. 29.5.1990 – AHRS 6450/53; *Wendt*, S. 53.
819 So auch *Wendt*, S. 54.
820 So BGH v. 6.7.1999 – NJW 1999, 3408 ff. = VersR 1999, 1282 ff.; BGH v. 23.3.1993 – NJW 1993, 2375 ff. = VersR 1993, 836 ff.; BGH v. 28.6.1988 – NJW 1988, 2949 ff. = VersR 1989, 80 f.; BGH v. 14.2.1995 – NJW 1995, 1611 ff. = VersR 1995, 706 ff.; *Geiß/Greiner*, B Rn 206; *Gehrlein*, B Rn 124; *Laufs/Uhlenbruck*, § 111 Rn 3.
821 BGH v. 14.2.1995 – NJW 1995, 1611 ff. = VersR 1995, 706 ff.; BGH v. 23.3.1993 – NJW 1993, 2375 ff. = VersR 1993, 836 ff.; BGH v. 24.1.1989 – NJW 1989, 2330 f. = VersR 1989, 512 ff.; BGH v. 28.6.1988 – NJW 1988, 2949 ff. = VersR 1989, 80 f.; *Laufs/Uhlenbruck*, § 111 Rn 8; *Gehrlein*, B Rn 125; *Geiß/Greiner*, B Rn 206.
822 OLG Oldenburg v. 25.10.2006 – 5 U 29/06 – GesR 2007, 66 f.
823 *Gehrlein*, B Rn 127; *Laufs/Uhlenbruck*, § 111 Rn 8; *Geiß/Greiner*, B Rn 206.
824 *Geiß/Greiner*, B Rn 209; *Gehrlein*, B Rn 125 und 126.
825 OLG Oldenburg v. 25.10.2006 – 5 U 29/06, GesR 2007, 66 f.

Beispiel 469

Der Patient behauptet, um 16.10 Uhr sei keine Kontrolle durch Vornahme eines CTG erfolgt. Die Arztseite behauptet das Gegenteil. Dokumentiert ist erst eine CTG-Kontrolle um 16.50 Uhr. In diesem Fall wird vermutet, dass auch erst um 16.50 Uhr eine CTG-Kontrolle durchgeführt worden ist und eine Kontrolle um 16.10 Uhr unterblieben ist. Der Arzt kann nunmehr durch Vernehmung der Hebamme als Zeugin nachweisen, dass trotz der fehlenden Dokumentation eine CTG-Kontrolle um 16.10 Uhr erfolgt ist. Behauptet der Patient dagegen, um 16.10 Uhr sei ebenfalls eine CTG-Kontrolle erfolgt und das CTG habe insoweit einen pathologischen Befund aufgewiesen und die Arztseite behauptet, es sei keine CTG-Kontrolle, so greifen keine Beweiserleichterungen ein. Es besteht nämlich kein Widerspruch zwischen dem Vortrag der Arztseite und der erfolgten Dokumentation. Der Arzt kann nicht verpflichtet sein, etwas zu dokumentieren, was (nach seinem eigenen Vortrag) gar nicht erfolgt ist. Der Patient muss hier den vollen Beweis dafür erbringen, dass bereits um 16.10 Uhr ein CTG geschrieben worden ist.[826]

Der Kläger erlitt bei einem Unfall eine Fraktur des Oberarms. Noch am selben Tag wurde er daraufhin vom Beklagten operativ versorgt. Der Beklagte nahm dabei eine so genannte „Küntscher-Marknagelung" vor. Der Operationsbericht enthielt dabei keinen Hinweis auf Auffälligkeiten oder Besonderheiten. Postoperativ erfolgte noch am selben Tag eine Röntgenkontrolle. Der radiologische Befund ergab, dass ein etwa 5,5 cm langer Knochenteil herausgesprengt worden war. Der Kläger behauptet, dass diese Schaftsprengung erst durch den Beklagten infolge mangelnder Sorgfalt beim Einschlagen des Nagels verursacht worden ist. Der Beklagte behauptet dagegen, die Abspaltung des Bruchstücks sei auf den Unfall zurückzuführen.

Der Kläger erlitt bei seiner Geburt eine Hirnschädigung, die auf eklamptische Anfälle seiner Mutter in der Phase unmittelbar vor der Entbindung zurückzuführen ist. Bei dem Beklagten handelt es sich um den die Geburt betreuenden Gynäkologen. Der Kläger behauptet, der Beklagte habe die Gefahr drohender eklamptischer Anfälle der Mutter des Klägers nicht erkannt, weil er es pflichtwidrig unterlassen habe, deren Blutdruck regelmäßig zu messen. Der Beklagte behauptet dagegen, er habe den Blutdruck regelmäßig überprüft. Da dieser Normalwerte aufgewiesen habe, hätten die Messungen insoweit indes nicht dokumentiert werden müssen.

Der BGH entschied im letzten Beispiel, dass „wegen der Wichtigkeit dieses Vitalparameters im Entbindungsstadium aus medizinischer Sicht geboten gewesen sei, Blutdruckwerte auch dann zu dokumentieren, wenn sie einen Normalwert ergeben hätten."[827] Zu den Folgen der fehlenden Dokumentation der Blutdruckkontrolle führt der BGH anschließend folgendes aus: „Auf dieser Grundlage konnte das Berufungsgericht ohne Rechtsfehler annehmen, dass dem Beklagten der Nachweis obliege, dass er tatsächlich die erforderliche Blutdruckmessung durchgeführt habe. Das Berufungsgericht hat insoweit auch nicht verkannt, dass das Vorliegen eines Behandlungsfehlers grundsätzlich vom Patienten zu beweisen ist und dass ein Dokumentationsmangel keine eigenständige Anspruchsgrundlage bildet. Indessen kann ein solcher Mangel dazu führen, dass dem Patienten zum Ausgleich der hierdurch aufgetretenen Erschwernis, einen ärztlichen Behandlungsfehler nachzuweisen, eine entsprechende Beweiserleichterung zugute kommt, um auch für die Prozessführung eine gerechte Rollenverteilung im Arzt-Patienten-Verhältnis zu schaffen. Nach gefestigter Rechtsprechung des erkennenden 470

---

826 *Gehrlein*, B Rn 125.
827 So BGH v. 14.2.1995 – NJW 1995, 1611 ff. = VersR 1995, 706 ff.

Senats kann der Tatrichter aus der Nichtdokumentation einer aufzeichnungspflichtigen Maßnahme bis zum Beweis des Gegenteils durch die Behandlungsseite darauf schließen, dass die Maßnahme unterblieben ist."[828]

471 Neben der Vermutung, dass eine nicht dokumentierte, aber dokumentationspflichtige Maßnahme nicht vorgenommen worden ist bzw. eine nicht dokumentierte, aber dokumentationspflichtige Tatsache nicht vorgelegen hat, kann ein Dokumentationsmangel auch noch in anderer Hinsicht zu Beweiserleichterungen führen.

472 Der BGH hatte mehrere Fälle zu entscheiden, in denen aus ungeklärten Gründen Röntgenaufnahmen[829] oder EKG-Auswertungen[830] aus den Behandlungsunterlagen verschwunden sind. In dem ersten Fall hatte sich der Kläger einer Gallenblasenoperation unterzogen. Dabei entfernte der Beklagte operativ einen Gallenstein. Intraoperativ wurden dabei Röntgenaufnahmen gefertigt. Bei einer Röntgenkontrolle vier Tage später wurde ein weiterer Gallenstein im Gallengang entdeckt und der Kläger musste erneut operiert werden. Der Kläger behauptet nunmehr, der Beklagte habe bei der Erstoperation den später festgestellten Gallenstein behandlungsfehlerhaft übersehen. Die intraoperativ gefertigten Röntgenaufnahmen sind aus ungeklärten Gründen verschwunden, so dass der beauftragte Sachverständige objektiv nicht mehr feststellen kann, ob der Beklagte den zweiten Gallenstein hätte erkennen und entfernen müssen.

473 Der BGH führte hierzu wörtlich aus:

„Diese Unklarheit darf sich aber nicht zum Nachteil des Klägers auswirken. Vielmehr geht es grundsätzlich beweismäßig zu Lasten des Krankenhausträgers, wenn Krankenunterlagen, die Auskunft über das Behandlungsgeschehen geben, aus ungeklärten Gründen verschwunden sind. ... Daraus folgt, dass der Kläger des Beweises seiner Behauptung, dass der Reststein auf den während der Operation gefertigten Röntgenaufnahmen erkennbar gewesen ist, enthoben ist."[831]

474 Die fehlende Dokumentation führt hier also nicht entsprechend den oben dargestellten Fallgestaltungen zu dem Ergebnis, dass eine Röntgenaufnahme als nicht vorgenommen gilt, sondern vielmehr wird weitergehend vermutet, dass die Röntgenaufnahme einen für den Kläger günstigen Befund ergeben hat.

D. Patientenverfügung und Vorsorgevollmacht

I. Ausgangspunkt

475 Die Entwicklung in der Medizin hat in den letzten Jahren einen rasanten Verlauf genommen und bietet eine Vielzahl neuer Behandlungsmöglichkeiten und Techniken. Patienten, die noch vor wenigen Jahren an ihrer Grunderkrankung und den daraus resultierenden Komplikationen rasch gestorben wären, können nunmehr aufgrund der neuen technischen Möglichkeiten am Leben gehalten werden.[832] Dadurch werden nunmehr Fragen aufgeworfen, die sich aufgrund der fehlenden medizinischen Möglichkeiten früher in dieser Weise erst gar nicht gestellt haben. In einer Vielzahl von Fällen führt die

---

828 So BGH v. 14.2.1995 – NJW 1995, 1611 ff. = VersR 1995, 706 ff.
829 BGH v. 21.11.1995 – NJW 1996, 779 ff. = VersR 1996, 779 ff.
830 BGH v. 13.2.1996 – NJW 1996, 1589 ff. = VersR 1996, 633 f.
831 So BGH v. 21.11.1995 – NJW 1996, 779 ff. = VersR 1996, 779 ff.
832 So auch *Weber*, ArztR 2004, 300.

moderne Medizintechnik dazu, dass Leben zwar gerettet werden kann, dessen weitere Fortsetzung jedoch mit einer ganz erheblichen Beeinträchtigung der Lebensqualität des Patienten einhergeht. Kritiker sprechen in diesem Zusammenhang von einer Leidensverlängerung statt einer Lebensverlängerung oder von einer „aufgedrängten Lebensverlängerung".[833] Mit der Chance des „am Leben bleiben könnens" geht die Angst vor dem „am Leben bleiben müssen" einher, die Angst, nicht Sterben zu dürfen und ein leidvolles Leben ohne jede Lebensqualität führen zu müssen.

Es stellt sich in diesem Zusammenhang die Frage, wann eine weitere Behandlung überhaupt wünschenswert ist, wann ein Behandlungsübermaß vorliegt und wann es gerechtfertigt ist, auf lebenserhaltende Maßnahmen zu verzichten bzw. bereits ergriffene lebenserhaltende Maßnahmen wieder zu beenden. Vor dem historischen Hintergrund des nationalsozialistischen Euthanasieprogramms und der „Vernichtung lebensunwerten Lebens" ist diese Thematik gerade in Deutschland besonders sensibel und prekär. In diesem Zusammenhang hat eine breite Diskussion über das Lebensende des Menschen eingesetzt. Betroffen ist hier ein Bereich, der unter moralischen, ethischen, rechtlichen, theologischen, medizinischen und philosophischen Gesichtspunkten derzeit heftig umstritten ist. Die Diskussion wird durch Begriffspaare wie aktiver Sterbehilfe gegenüber passiver oder indirekter Sterbehilfe, Verlängerung des Sterbens gegenüber Verkürzung des Lebens, Hilfe beim Sterben (Sterbehilfe im engeren Sinn) oder Hilfe zum Sterben (Sterbehilfe im weiteren Sinn)[834] geprägt. Es geht hier um grundlegende Wertungsfragen, die jeden Menschen unmittelbar betreffen. Der noch vor wenigen Jahrzehnten herrschende gesellschaftliche Grundkonsens ist weggebrochen. Im Nachfolgenden wird darauf verzichtet, zu den in diesem Zusammenhang aufkommenden diskussionswürdigen theologischen, ethischen und philosophischen Fragen Stellung zu nehmen. Die Darstellung beschränkt sich auf die Darstellung der Rechtslage.

476

Der dogmatische Ausgangspunkt für alle rechtlichen Überlegungen liegt bei den Prinzipien des Grundgesetzes, vor allem Art. 1 Abs. 1 GG, Art. 2 Abs. 1 GG und Art. 2 Abs. 2 GG. Aus dem Recht auf Menschenwürde, dem Recht auf körperliche Unversehrtheit und dem allgemeinen Persönlichkeitsrecht folgt das Selbstbestimmungsrecht des Patienten, welches zum unantastbaren Kernbereich der genannten Verfassungsprinzipien gehört.[835] Diese grundgesetzlichen Wertungen verbieten, dass der Patient zum bloßen Objekt der medizinischen Behandlung wird.[836] Der Patient darf eigenverantwortlich, selbstbestimmt und frei darüber entscheiden, was mit ihm passiert. Er ist auch gegenüber den Ärzten in seinem Selbstbestimmungsrecht in keiner Weise eingeschränkt.[837] Es ist allein Sache des Patienten, zu entscheiden, ob er sich einer therapeutischen oder diagnostischen Maßnahme unterziehen will oder nicht. Daraus folgt, dass jeder ohne Einwilligung des Patienten vorgenommene Heileingriff als Körperverletzung strafbar

477

---

833 *Weber*, ArztR 2004, 300.
834 Siehe zu dieser Abgrenzung BGH v. 17.11.2003 – XII ZB 2/03, NJW 2003, 1588 ff. = MedR 2003, 512 ff.
835 BVerfG v. 25.7.1979 – BVerfGE 52, 131, 175; BVerfG v. 16.9.1998 – 1 BvR 1130/98, MedR 1999, 180; BVerfG v. 18.11.2004 – 1 BvR 2315/04, MedR 2005, 91; so auch *Vossler*, ZRP 2002, 295; *Weber*, ArztR 2004, 300, 303.
836 *Geiß/Greiner*, C Rn 1; *Gehrlein*, Leitfaden zur Arzthaftpflicht, 1. Auflage 2000, C Rn 4; *Baumann/Hartmann*, DNotZ 2000, 594, 596 f.; BVerfG v. 25.7.1979 – BVerfGE 52, 131, 175; BVerfG v. 16.9.1998 – 1 BvR 1130/98, MedR 1999, 180; BVerfG v. 18.11.2004 – 1 BvR 2315/04, MedR 2005, 91.
837 *Wendt*, S. 99.

ist.[838] Das Selbstbestimmungsrecht umfasst auch den Fall, dass ein einsichtsfähiger Patient eine aus medizinischer Sicht unvernünftige Entscheidung trifft. Der BGH sagt insoweit wörtlich:

> „*Das Selbstbestimmungsrecht des Patienten schützt auch eine Entschließung, die aus medizinischen Gründen unvertretbar erscheint.*"[839] *Diese uneingeschränkte Selbstbestimmung des Patienten über seinen Körper besteht selbst dann, wenn der Patient eine lebensrettende, lebenserhaltende oder lebensverlängernde Maßnahme ablehnt, deren Unterlassung zu seinem sicheren Tod führt.*[840] *Auch diese Entscheidung ist als Ausdruck des Selbstbestimmungsrechts zu akzeptieren.*"[841]

478 Die vorgenannten Überlegungen setzen indes voraus, dass ein einwilligungsfähiger Patient eine eigenverantwortliche und selbstbestimmte Entscheidung trifft. Sehr schwierig gestaltet sich die Situation jedoch dann, wenn dem Patienten entweder die erforderliche Einsichtsfähigkeit fehlt oder er aufgrund seiner physischen oder psychischen Konstitution nicht oder nicht mehr in der Lage ist, seinen Willen zu bekunden, der Patient also nicht oder nicht mehr einwilligungsfähig ist. Diese Probleme entstehen meist bei der Behandlung Sterbender oder bei der Vornahme oder Unterlassung lebenserhaltender, lebensverlängernder oder lebensrettender Maßnahmen im Vorfeld der eigentlichen Sterbephase. Aus den Grundrechten der Art. 1, 2 Abs. 1 und 2 Abs. 2 GG und dem daraus resultierenden Selbstbestimmungsrecht des Patienten folgt auch insoweit, dass jede lebenserhaltende oder lebensverlängernde ärztliche Maßnahme unzulässig und strafbar, wenn sie nicht oder nicht mehr von dem Willen des Patienten gedeckt ist.[842] Es ist deshalb kein Veto des Patienten gegen eine ärztliche Maßnahme erforderlich, sondern es bedarf umgekehrt einer legitimierenden Einwilligung des Patienten zur Rechtfertigung des ärztlichen Eingriffs.[843]

479 Gerade in der letzten Phase seines Lebens gewinnt die Würde des Menschen dabei ganz besondere Bedeutung. Sie ist das letzte Recht, das dem Patienten de facto noch verbleibt und welches als Ausdruck seines Menschseins gerade in diesem Moment besonders zu schützen und zu achten ist. Das Sterben lässt den Menschen nicht würdelos werden.[844] Das Selbstbestimmungsrecht des Patienten besteht auch dann fort, wenn er seine Einwilligungsfähigkeit verloren hat.[845] Die Verfassung verbietet es, dass ein ein-

---

838 So etwa *Schimmelpfeng-Schütte*, MedR 2002, 146; *Kutzer*, MedR 2001, 77; *Weber*, ArztR 2004, 300, 302 f.; *Baumann/Hartmann*, DNotZ 2000, 594, 596 f.
839 So BGH v. 7.2.1984 – BGHZ 90, 103, 111 = NJW 1984, 1397 ff. = VersR 1984, 465 ff.
840 So auch *Vossler*, ZRP 2002, 295; *Weber*, ArztR 2004, 300, 304; BGH v. 17.11.2003 – XII ZB 2/03, NJW 2003, 1588 ff. = MedR 2003, 512 ff.; Palandt/*Diederichsen*, Einführung vor § 1896 Rn 9; *Baumann/Hartmann*, DNotZ 2000, 594, 598, der plastisch formuliert: „Das negative Weisungsrecht vermittelt insoweit ein zivilrechtliches Recht auf den eigenen Tod."
841 BGH v. 17.11.2003 – XII ZB 2/03, NJW 2003, 1588 ff. = MedR 2003, 512 ff.; *Weber*, ArztR 2004, 300, 303; ebenso *Vossler*, ZRP 2002, 295; *Berger*, JZ 2000, 797, 801.
842 So *Kutzer*, MedR 2001, 77; *Weber*, ArztR 2004, 300, 303; Palandt/*Diederichsen*, Einführung vor § 1896 Rn 10, der aber zu Unrecht einschränkend nur lebenserhaltende oder lebensverlängernde Maßnahmen bei „irreversiblem tödlichem Verlauf" nennt. Diese Einschränkung ist mit der dogmatischen Einordnung jedes ärztlichen Eingriffs als tatbestandsmäßige Körperverletzung nicht vereinbar.
843 *Weber*, ArztR 2004, 300, 303; *Berger*, JZ 2000, 797, 799; BGH v. 17.11.2003 – XII ZB 2/03, NJW 2003, 1588 ff. = MedR 2003, 512 ff.
844 So *Weber*, ArztR 2004, 300, 301; ähnlich *Vossler*, ZRP 2002, 295.
845 So etwa *Strätling/Lipp/May/Kutzer/Glogner/Schlaudraff/Neumann/Simon*, MedR 2003, 483, 485; *Weber*, ArztR 2004, 300, 303; *Berger*, JZ 2000, 797; *Kutzer*, MedR 2001, 77; *Vossler*, ZRP 2002, 295; BGH v. 17.11.2003 – XII ZB 2/03, NJW 2003, 1588 ff. = MedR 2003, 512 ff.; *Baumann/Hartmann*, DNotZ 2000, 594, 599 und 602.

willigungsunfähiger Patient, selbst wenn er komatös, intubiert und beatmet ist, zum bloßen fremdbestimmten Behandlungsobjekt wird.[846]

Auch im einwilligungsunfähigen Zustand wird dem Selbstbestimmungsrecht des Patienten und dem daraus abgeleiteten Einwilligungserfordernis Rechung getragen. Der Wille des Patienten wird dann durch einen Vertreter geäußert, der das Selbstbestimmungsrecht des Patienten für diesen ausübt. Das Vormundschaftsgericht bestellt hierzu einen so genannten Betreuer, der gem. § 69f FGG in Eilfällen auch durch einstweilige Anordnung bestellt werden kann. Gem. § 1901 Abs. 2 S. 1 BGB hat der Betreuer die Angelegenheiten des Betreuten so zu besorgen, wie es dessen Wohl entspricht. § 1901 Abs. 2 S. 2 BGB stellt klar, dass das Wohl des Betreuten nicht rein objektiv zu bestimmen ist. Vielmehr richtet sich das Wohl des Betreuten vorrangig nach seinen eigenen subjektiven Wünschen und Vorstellungen.[847] Das Fortbestehen der Menschenwürde und des daraus abgeleiteten Selbstbestimmungsrechts des Patienten verlangt, dass die Entscheidungskriterien des Betreuers subjektiv nach dem Willen des individuellen Patienten ausgerichtet sind.[848] Diese grundsätzliche Maßgeblichkeit des Willens des Betreuten hat im Bereich der Heilbehandlung zur Folge, dass der Betreuer bei der Entscheidung über die Einwilligung zu ärztlichen Behandlungsmaßnahmen in erster Linie die Wünsche des einwilligungsunfähigen Betreuten zu beachten hat.[849] Dies gilt auch dann, wenn der Wille des Betreuten darauf gerichtet ist, bestimmte lebensverlängernde oder lebenserhaltende Maßnahmen zu unterlassen.[850]

480

Der Betreuer hat somit nicht nach seinen eigenen Wertmaßstäben und Überzeugungen zu entscheiden, sondern ausschließlich nach den subjektiven und individuellen Wünschen des Betreuten.[851] Dadurch wird das Selbstbestimmungsrecht des Patienten auch im Fall seiner Einwilligungsunfähigkeit gewahrt. Dasselbe gilt für den Fall, dass Gefahr im Verzug ist und der Patient notfallmäßig behandelt werden muss, bevor die Bestellung eines Betreuers (und sei es auch im Wege der einstweiligen Anordnung) in Betracht kommt. Auch hier bedarf der Arzt der Einwilligung des Patienten zur Vornahme des Eingriffs. Zum Schutz des Patienten dient hier das Rechtsinstitut der mutmaßlichen Einwilligung. Handelt der Arzt ohne ausdrückliche Einwilligung des Patienten bzw. seines Vertreters liegt rechtlich eine so genannte „Geschäftsführung ohne Auftrag" vor. Gem. § 677 BGB kommt es dabei auf den wirklichen Willen und, wenn dieser nicht feststellbar ist, auf den mutmaßlichen Willen des Patienten an. Ebenso wenig wie der Begriff „Wohl des Betreuten" in § 1901 Abs. 2 BGB bestimmt sich auch der „mutmaßliche Wille" des § 677 BGB nach objektiven Kriterien. Maßgebend und entscheidend ist vielmehr der subjektive Wille des individuellen Patienten. Der mutmaßliche Wille bestimmt sich danach, was der konkrete Patient im Einzelfall vermutlich wollte, wenn er seinen Willen äußern könnte.[852]

481

Der Arzt muss also etwa durch Befragung der Angehörigen oder frühere mündliche oder schriftliche Äußerungen des Patienten ermitteln, wie der Patient selbst angesichts

482

---

846 So *Berger*, JZ 2000, 797 ff.; *Weber*, ArztR 2004, 300, 303.
847 So ausdrücklich BGH v. 17.11.2003 – XII ZB 2/03, NJW 2003, 1588 ff. = MedR 2003, 512 ff.; *Baumann/Hartmann*, DNotZ 2000, 594, 602; MüKo/*Schwab*, § 1901 BGB Rn 10.
848 *Baumann/Hartmann*, DNotZ 2000, 594, 602.
849 Palandt/*Diederichsen*, § 1901 Rn 7; *Berger*, JZ 2000, 797, 805.
850 So BGH v. 17.11.2003 – XII ZB 2/03, NJW 2003, 1588 ff. = MedR 2003, 512 ff.; Palandt/*Diederichsen*, § 1901 Rn 7.
851 So etwa BGH v. 17.11.2003 – XII ZB 2/03, NJW 2003, 1588 ff. = MedR 2003, 512 ff.; *Berger*, JZ 2000, 797, 805.
852 So auch *Berger*, JZ 2000, 797, 798; MüKo/*Schwab*, § 1901 Rn 10.

der aktuell vorliegenden medizinischen Befunde entscheiden würde.[853] Durch diesen Willensvorrang des Patienten wird sein Selbstbestimmungsrecht auch im Fall seiner Einwilligungsunfähigkeit gewahrt. Nur dann, wenn sich der Wille des Patienten nicht ermitteln lässt oder wenn die Gefahrenlage keine derartigen Ermittlungen zulässt, ist darauf abzustellen, was ein vernünftiger Patient in derselben Lage nach angemessener und ordnungsgemäßer Aufklärung entschieden hätte.[854] Hätte bei Anlegung objektiver Kriterien ein verständiger Patient anstelle des bewusstlosen Patienten in die zu ergreifenden Maßnahmen eingewilligt, kann der Arzt in dieser Situation von einer mutmaßlichen Einwilligung ausgehen. Diese steht in ihrer rechtlichen Bedeutung der tatsächlichen Einwilligung gleich.

483 Sowohl im Falle der Bestellung eines Betreuers als auch im Falle von Gefahr im Verzug und dem Eingreifen der mutmaßlichen Einwilligung kommt es deshalb primär auf die subjektiven Vorstellungen und Wünsche des Patienten an. Die Gefahr für den einwilligungsunfähigen Patienten besteht nun darin, dass sein Wille den Entscheidungsträgern nicht bekannt ist oder missverstanden wird und es deshalb zu Entscheidungen kommt, die im Widerspruch zu seinen Wünschen stehen. Das deutsche Rechtssystem bietet dem Patienten deshalb verschiedene Gestaltungsmöglichkeiten an, wie er dieser Gefahr vorbeugen kann und bereits im Zustand der Einwilligungsfähigkeit Regelungen für den Fall seiner späteren Einwilligungsunfähigkeit treffen kann. Es handelt sich hierbei um die Institute der Patientenverfügung, der Vorsorgevollmacht und der Betreuungsverfügung. Durch die Patientenverfügung trifft der Patient im einwilligungsfähigen Zustand eine Anordnung über seine medizinische Versorgung für den Fall seiner späteren Einwilligungsunfähigkeit. Durch die Vorsorgevollmacht beauftragt der Patient einen Bevollmächtigten damit, im Fall seiner späteren Einwilligungsunfähigkeit an seiner Statt seinen Willen zu bekunden und in seinem Namen und mit Wirkung für ihn die erforderlichen Erklärungen abzugeben. Durch die Betreuungsverfügung trifft der Patient für den Fall der Anordnung der Betreuung bestimmte Anordnungen hinsichtlich der Person des Betreuers oder hinsichtlich der Art und Weise der Ausübung der Betreuung.

II. Die Patientenverfügung

1. Begriff und Inhalt der Patientenverfügung

484 Der Begriff der Patientenverfügung ist gleichbedeutend mit dem Begriff des Patiententestaments, wobei letzterer in der Literatur zum Teil kritisiert wird.[855] Unter Patientenverfügung ist die abgegebene Erklärung eines Menschen für den Fall seiner späteren

---

853 So *Weber*, ArztR 2004, 300 305 f.; *Wunder*, MedR 2004, 319, 321; BGH v. 17.3.2003 – NJW 2003, 1588 ff. = MedR 2003, 512 ff.
854 *Laufs/Uhlenbruck*, § 64 Rn 11.
855 Dagegen etwa *Verrel*, MedR 1999, 547, der den Begriff des Patiententestaments für abschreckend hält, da er in ihm die Vorwegnahme eines Misserfolgs der Behandlung mitschwinge. Hiergegen wiederum *Weber*, ArztR 2004, 300, 302, der es für erforderlich hält, die „lebensbedrohliche Reichweite" klarzustellen, sich aber auch gegen den Begriff des Patiententestaments wendet, da es sich um keine letztwillige Verfügung im Sinne des § 1937 BGB handele. Gegen den Begriff des Patiententestaments auch *Baumann/Hartmann*, DNotZ 2000, 594, 603, der den Begriff für „irreführend" hält.

Einwilligungsunfähigkeit über die Zulässigkeit, Reichweite und Intensität seiner eigenen möglicherweise in Zukunft erforderlich werdenden medizinischen Behandlung zu verstehen.[856] Die Patientenverfügung ist ihrem Inhalt nach nicht beschränkt auf Anweisungen zur Unterlassung bestimmter lebensverlängernder oder lebenserhaltender Maßnahmen (auch wenn dies in der Praxis der weitaus häufigste Fall ist),[857] sondern sie kann jeden denkbaren behandlungsbezogenen Inhalt haben.[858] Sie kann beispielsweise die Anweisung eines vollständigen Behandlungsverzichts, die Beschränkung der Behandlung auf eine schmerzstillende Medikation oder andere schmerzlindernde Maßnahmen oder auch den Wunsch nach einer intensivmedizinischen Maximaltherapie zum Inhalt haben.[859] Nicht verzichtbar ist lediglich eine Grundversorgung, wozu das Benetzen der Lippen mit Wasser, ein notwendiges Maß der Schmerzlinderung und grundlegende Pflegemaßnahmen gehören. Das Legen einer Magensonde oder einer PEG stellt dagegen einen einwilligungspflichtigen Eingriff dar, der nicht zu dieser unverzichtbaren Grundversorgung gehört.[860]

Die Patientenverfügung richtet sich somit zunächst direkt an die behandelnden Ärzte, aber auch an spätere Betreuer oder Bevollmächtigte.[861]

485

2. Die rechtliche Bedeutung der Patientenverfügung

Die entscheidende Frage ist, ob und welche Bindungswirkung einer Patientenverfügung zukommt. Im Mittelpunkt steht auch hier das Selbstbestimmungsrecht des Patienten. Jeder ärztliche Eingriff ist rechtswidrig, wenn er nicht im Einzelfall von einer Einwilligung des Patienten gedeckt ist. Hat ein Patient im einwilligungsfähigen Zustand für eine bestimmte Situation eine klare Erklärung abgegeben, dann wirkt diese Erklärung auch für den Fall seiner späteren Einwilligungsunfähigkeit fort.[862] Die fortdauernde Maßgeblichkeit eines früher geäußerten Willens ergibt sich bereits aus § 130 Abs. 2 BGB.[863] Unabhängig von dieser einfachgesetzlichen Regelung folgt der Grundsatz der weiteren Geltung des Willens des Patienten jedoch auch aus den Prinzipien der Grundrechte der Art. 1, 2 Abs. 1 und 2 Abs. 2 GG. Das Selbstbestimmungsrecht und die Patientenautonomie verlangen, dass ein Patient die Möglichkeit haben muss, eine selbstbestimmte, eigenverantwortliche Entscheidung für den Fall seiner späteren Einwilligungsunfähigkeit zu treffen. Diese Freiheit des Menschen, sein Selbstbestimmungsrecht für die Zukunft auszuüben, ist grundrechtlich geschützt.[864]

486

---

856 *Berger*, JZ 2000, 797, 800; *Weber*, ArztR 2004, 300, 301; ähnlich auch *Baumann/Hartmann*, DNotZ 2000, 594, 603, der die Patientenverfügung jedoch zu Unrecht auf schriftlich fixierte Weisungen beschränkt.
857 So *Weber*, ArztR 2004, 300, 301; *Verrel*, MedR 1999, 547.
858 So auch *Baumann/Hartmann*, DNotZ 2000, 594, 603; *Weber*, ArztR 2004, 300, 301.
859 *Weber*, ArztR 2004, 300, 301.
860 So ausdrücklich BGH v. 17.3.2003 – XII ZB 2/03, BGHZ 154, 205 ff.; OLG Frankfurt v. 15.7.1998 – FamRZ 1998, 1137 f.; *Strätling/Fieber/Sedemund-Adib/Schmucker*, MedR 2004, 433, 437; dagegen *Weber*, ArztR 2004, 300, 309.
861 *Vossler*, ZRP 2002, 295, 296; *Baumann/Hartmann*, DNotZ 2000, 594, 604.
862 So ausdrücklich BGH v. 17.3.2003 – NJW 2003, 1588 ff. = MedR 2003, 512 ff.; *Weber*, ArztR 2004, 300, 303; *Berger*, JZ 2000, 797, 800 f.; MüKo/*Schwab*, § 1904 BGB Rn 13; Palandt/*Diederichsen*, Einführung vor § 1896 Rn 10.
863 BGH v. 17.3.2003 – NJW 2003, 1588 ff. = MedR 2003, 512 ff.
864 *Baumann/Hartmann*, DNotZ 2000, 594, 603; *Berger*, JZ 2000, 797, 801; *Weber*, ArztR 2004, 300, 307.

487 Aus dem Selbstbestimmungsrecht folgt zwingend, dass ein Mensch die Möglichkeit haben muss, eine antizipierte Entscheidung für bestimmte zukünftige Situationen zu treffen.[865] Ein einwilligungsfähiger Mensch kann damit für den Fall seiner späteren Einwilligungsunfähigkeit rechtsverbindlich eine antizipierte Erklärung abgeben. Diese Entscheidung kann sowohl in einer Einwilligung zu bestimmten späteren ärztlichen Maßnahmen bestehen als auch in der Verweigerung der Zustimmung zu einer Maßnahme.[866] Sowohl die antizipierte Einwilligung als auch die antizipierte Behandlungsverweigerung sind rechtlich bindend.[867] Diese vorweggenommene Entscheidung des Patienten ist unbedingt zu respektieren. Sie unterliegt insbesondere auch keiner Inhaltskontrolle unter ethischen, moralischen, sittlichen oder religiösen Gesichtspunkten.[868] Es handelt sich um eine im Zustand der Einwilligungsfähigkeit abgegebene wirksame und rechtsverbindliche Erklärung.

488 Folgerichtig sagte Bundesjustizministerin Frau *Brigitte Zypries* anlässlich der konstituierenden Sitzung der Arbeitsgruppe des Bundesjustizministeriums „Patientenautonomie am Lebensende" in Berlin am 8.9.2003 wörtlich: „Wenn jemand seinen Willen schriftlich in einer Patientenverfügung festlegt, muss er Gewissheit haben, dass diesem Willen auch dann entsprochen wird, wenn er selbst nicht mehr bei Bewusstsein ist."[869] Hier wie auch sonst ist allein der Wille des Patienten maßgebend und entscheidend und von Seiten der Ärzte und Betreuer unbedingt zu beachten, selbst dann wenn diese Entscheidung „objektiv" unvernünftig ist.[870] Dabei ist zu berücksichtigen, dass es gerade bei der Frage der Behandlung in der letzten Lebensphase überhaupt keine „objektiv" richtige oder falsche Entscheidung gibt, sondern nur Entscheidungen aufgrund der eigenen individuellen und subjektiven Wertmaßstäbe des Einzelnen.

489 Diese rechtliche Bindungswirkung des in einer Patientenverfügung geäußerten Willens hat folgende Konsequenzen: Liegt eine klare und eindeutige Erklärung des Patienten selbst in einer Patientenverfügung vor, verbietet es sich für die Ärzte, auf den mutmaßlichen Willen des Patienten zurückzugreifen. Ist der wirkliche Wille des Patienten bekannt, bedarf es keiner Mutmaßung über seinen Willen.[871] Haben Ärzte eine medizinische Behandlung im Hinblick auf das Bestehen einer mutmaßlichen Einwilligung des Patienten eingeleitet und erhalten sie danach Kenntnis von einer Patientenverfügung, welche sich gegen diese medizinische Maßnahme richtet, gebietet das Selbstbestimmungsrecht des Patienten den Abbruch dieser eingeleiteten Maßnahme.[872] Soweit die Patientenverfügung eines nunmehr behandlungsbedürftigen, einwilligungsunfähigen Patienten eine medizinisch anstehende Situation eindeutig regelt, sei es die Einwilligung in eine Behandlungsmaßnahme erteilt oder verweigert, bedarf es unter diesem

---

865 BGH v. 17.3.2003 – NJW 2003, 1588 ff. = MedR 2003, 512 ff.; *Baumann/Hartmann*, DNotZ 2000, 594, 603 und 606 ff.; *Weber*, ArztR 2004, 300, 303; Palandt/*Diederichsen*, Einführung vor § 1896 Rn 6.
866 BGH v. 17.3.2003 – NJW 2003, 1588 ff. = MedR 2003, 512 ff.; Palandt/*Diederichsen*, Einführung vor § 1896 Rn 9.
867 *Weber*, ArztR 2004, 300, 307; *Berger*, JZ 2000, 797, 800 f.; *Wunder*, MedR 2004, 319, 321 f.; *Kutzer*, MedR 2001, 77; Palandt/*Diederichsen*, Einführung vor § 1896 Rn; *Vossler*, ZRP 2002, 295 f.
868 So richtig *Berger*, JZ 2000, 797, 801; *Weber*, ArztR 2004, 300, 310.
869 Zitiert nach *Strätling/Fieber/Sedemund-Adib/Schmucker*, MedR 2004, 433, 434 Fn 6.
870 So *Berger*, JZ 2000, 797, 801; BGH v. 17.11.2003 – XII ZB 2/03, NJW 2003, 1588 ff. = MedR 2003, 512 ff.; *Weber*, ArztR 2004, 300, 303; ebenso *Vossler*, ZRP 2002, 295.
871 *Weber*, ArztR 2004, 300, 306; *Berger*, JZ 2000, 797, 801; *Wunder*, MedR 2004, 319, 321 f.; Palandt/*Diederichsen*, Einführung vor § 1896 Rn 10.
872 *Berger*, JZ 2000, 797, 801.

Gesichtspunkt nicht der Bestellung eines Betreuers.[873] Es liegt dann eine verbindliche und wirksame Erklärung des (damals noch) einwilligungsfähigen Patienten vor. Eine Entscheidung des Betreuers wäre unter diesen Voraussetzungen nicht nur überflüssig, sondern unzulässig.[874] Der wirksam kundgegebene Wille des Patienten verdrängt den Willen des gewillkürten oder gerichtlich bestimmten Vertreters.[875] Zulässig bleibt indes die Bestellung eines Betreuers mit dem Ziel der Durchsetzung des in der Patientenverfügung geäußerten Willens gegenüber den Ärzten und Angehörigen.[876]

Die gegen die Bindungswirkung einer Patientenverfügung zum Teil vorgebrachten Argumente greifen nicht durch: Eine Ansicht verweist darauf, dass nicht auszuschließen sei, dass der Patient vor dem Eintritt der konkreten Situation seine in der Patientenverfügung geäußerte Meinung wieder geändert habe oder jedenfalls nunmehr unter dem Eindruck des aktuellen Geschehens seine Meinung ändern und abweichend entscheiden würde. Nach dieser Meinung ist nie vorhersehbar, wie sich ein Mensch in einer konkreten Krankheitssituation entscheiden wird, da sich gerade im Krisenfall seine eigenen Präferenzen ändern. Die Fähigkeit zu leiden, nehme mit dem Leiden selbst zu und das, was jemand in gesunden Tagen als nicht mehr lebenswert ansehe, ändere sich häufig mit Eintritt der Situation und es bestehe der Wunsch, an dem defizitären Lebensrest festzuhalten.[877]

490

Diese Argumentation ist indes weder dogmatisch haltbar noch vom Ergebnis überzeugend und abzulehnen.[878] Die faktische Unsicherheit über den tatsächlichen aktuellen Willen des Betroffenen ist keine Besonderheit der Patientenverfügung, sondern sie durchzieht das gesamte Rechtsleben. Bei jedem Testament besteht die theoretische Möglichkeit, dass der Erblasser seinen Willen vor seinem Tod noch einmal geändert hat, ohne dass irgendjemand auf die Idee käme, die Bindungswirkung letztwilliger Verfügungen grundsätzlich in Frage zu stellen. Bei der vergleichbaren Problematik der Betreuung hat der Gesetzgeber in § 1901 Abs. 3 S. 2 BGB entschieden, dass der Betreuer grundsätzlich an die zuvor geäußerten Wünsche des Betreuten gebunden ist. Die Unsicherheit über den aktuellen Willen des Patienten ist auch im Rahmen der ärztlichen Behandlung kein spezifisches Problem der Patientenverfügung.[879] Bei jeder ärztlichen Versorgung von bewusstlosen, narkotisierten, komatösen, dementen oder aus anderen Gründen einwilligungsunfähigen Patienten ist der gerade aktuelle Wille unbekannt. Bei konsequenter Befolgung der sich gegen die Bindungswirkung aussprechenden Ansicht würde die bloße Möglichkeit, dass der Patient aktuell gegen die Behandlungsmaßnahme sein könnte, deren Durchführung verbieten.

491

Zu beachten ist in diesem Zusammenhang, dass jeder ärztliche Eingriff den Tatbestand der Körperverletzung erfüllt und entsprechend strafbar ist, wenn nicht im Einzelfall ein wirksamer Rechtfertigungsgrund vorliegt. Nicht die Unterlassung einer ärztlichen Maßnahme muss deshalb gerechtfertigt werden, sondern vielmehr bedarf deren Vornahme des Vorliegens eines Rechtfertigungsgrundes. Das Vorliegen einer aktuellen, wirksamen

492

---

873 So MüKo/*Schwab*, § 1904 BGB Rn 14; *Berger*, JZ 2000, 797, 800; Palandt/*Diederichsen*, Einführung vor § 1896 Rn 6; *Vossler*, ZRP 2002, 295, 296.
874 So ausdrücklich Palandt/*Diederichsen*, Einführung vor § 1896 Rn 10; *Vossler*, ZRP 2002, 295, 296.
875 MüKo/*Schwab*, § 1904 BGB Rn 13; *Berger*, JZ 2000, 797, 800.
876 So zu Recht *Berger*, JZ 2000, 797, 800; *Vossler*, ZRP 2002, 295, 296.
877 So etwa *Spann*, MedR 1983, 84; *Coeppicus*, NJW 1998, 3381, 3384; *Weissauer/Opderbecke*, MedR 1995, 459.
878 So zu Recht *Berger*, JZ 2000, 797, 801; *Baumann/Hartmann*, DNotZ 2000, 594, 608 ff.; *Weber*, ArztR 2004, 300, 308; *Verrel*, MedR 1999, 547, 548.
879 Darauf weist zu Recht *Verrel*, MedR 1999, 547, 548 hin.

Einwilligung ist deshalb Voraussetzung für die Durchführung des ärztlichen Eingriffs und nicht etwa das Bestehen einer aktuellen Verweigerung Voraussetzung für die Nichtbehandlung.

493 Entscheidend muss letztlich das Ziel sein, den Grundrechten des Patienten zu größtmöglicher Wirksamkeit zu verhelfen. Im Licht der Bedeutung des Selbstbestimmungsrechts ist es unvertretbar, die Bindungswirkung des eindeutig und ernsthaft geäußerten Willens wegen der nur vagen, unbestimmten und rein abstrakten Möglichkeit einer Willensänderung zu verneinen. Es wäre widersinnig und absurd, wollte man den rein hypothetischen Willen des Patienten schützen, indem man seinen tatsächlich geäußerten Willen missachtete.[880] De facto wäre eine wirksame Ausübung des Selbstbestimmungsrechts für die Zukunft dann ausgeschlossen.

494 Es soll nicht bestritten werden, dass es in der Praxis in Einzelfällen vorkommen kann, dass auch ein Patient mit infauster Prognose, der sich zuvor in einer Patientenverfügung für diesen Fall gegen eine weitere Behandlung ausgesprochen hat, seinen Willen ändert und nunmehr weitere therapeutische Maßnahmen wünscht. Dies spricht jedoch nicht gegen die grundsätzliche Bindungswirkung einer Patientenverfügung. Einer möglichen Willensänderung des Patienten wird nämlich zunächst dadurch Rechnung getragen, dass die Patientenverfügung jederzeit frei widerruflich ist (siehe dazu im Einzelnen Rn 512). Doch auch bei Patienten, die nicht mehr in der Lage sind, ihren Willen in irgendeiner Art und Weise zu äußern, kann die bloße theoretische Möglichkeit einer Willenänderung kein Grund dafür sein, ihren zuvor klar geäußerten Willen zu missachten. Es bedarf jedenfalls konkreter Anhaltspunkte für das Vorliegen einer Willensänderung gerade bezogen auf die vorliegende Situation.[881] Nur dann ist es unter dem Aspekt der Selbstbestimmung gerechtfertigt, von einem „hypothetischen Widerruf"[882] der Patientenverfügung auszugehen. Die Annahme eines derartigen hypothetischen Widerrufs ist jedoch ausgesprochen restriktiv zu handhaben und nur in besonderen Ausnahmefällen anzunehmen. Ein Mensch, der seinen Willen in einer Patientenverfügung zum Ausdruck bringt, hat sich zuvor mit seinem Lebensende und dem Sterben ernsthaft auseinander gesetzt und eine grundlegende Entscheidung getroffen.[883] Nunmehr befindet sich eben dieser Mensch gerade in der Situation, für die er eine klare Regelung getroffen und eine selbstbestimmte Entscheidung gefällt hat und in der er keine Möglichkeit mehr hat, seinen Willen zu äußern. Es bedarf schon außergewöhnlicher Umstände dafür, die Ernsthaftigkeit der getroffenen Entscheidung jetzt zu bezweifeln und den zum Ausdruck gebrachten Willen zu ignorieren.[884]

495 Abschließend soll noch etwas eigentlich Selbstverständliches festgestellt werden: Die Patientenverfügung kann Dritte, insbesondere Ärzte, Angehörige und Betreuer nur soweit binden, als sie ein legales Handeln verlangt. Soweit in der Patientenverfügung hingegen eine rechtswidrige Handlung verlangt wird, etwa eine gegen § 216 StGB versto-

---

[880] Ähnlich *Weber*, ArztR 2004, 300, 308; *Baumann/Hartmann*, DNotZ 2000, 594, 608; *Verrel*, MedR 1999, 547, 548.
[881] So *Baumann/Hartmann*, DNotZ 2000, 594, 610; *Vossler*, ZRP 2002, 295, 296.
[882] So *Baumann/Hartmann*, DNotZ 2000, 594, 610; ähnlich *Vossler*, ZRP 2002, 295, 296, der von „mutmaßlichen Widerruf" spricht.
[883] *Baumann/Hartmann*, DNotZ 2000, 594, 613 empfehlen, in einer Patientenverfügung folgende Formulierung aufzunehmen: „Ich wünsche nicht, dass mir in der akuten Situation eine Änderung meines hiermit bekundeten Willens unterstellt wird. Sollte ich meine Meinung ändern, werde ich dafür sorgen, dass mein geänderter Wille erkennbar zum Ausdruck kommt." Ein derartiger Zusatz ist in der Tat sehr empfehlenswert.
[884] Im Ergebnis ebenso *Baumann/Hartmann*, DNotZ 2000, 594, 610.

ßende Maßnahme der aktiven Sterbehilfe, ist die Patientenverfügung unbeachtlich.[885] Das Selbstbestimmungsrecht beinhaltet nur die Freiheit über sich selbst zu bestimmen, nicht aber über andere.[886]

3. Die Voraussetzungen einer Patientenverfügung

In der Literatur ist derzeit heftig umstritten, von welchen rechtlichen Voraussetzungen die Errichtung einer Patientenverfügungen und vor allem die damit verbundene Bindungswirkung abhängig gemacht werden soll. Es ist dabei zwischen den Voraussetzungen in der Person des Patienten und den äußeren Erfordernissen zu unterscheiden.

496

a) Persönliche Voraussetzungen

Fraglich ist hier vor allem, ob die Geschäftsfähigkeit des Betroffenen Voraussetzung für die Wirksamkeit der Patientenverfügung ist. Es geht hierbei nicht um die Geschäftsfähigkeit des Patienten zum Zeitpunkt des **Anstehens** der ärztlichen Maßnahme. Sinn der Patientenverfügung ist es ja gerade, eine Regelung für den Fall der späteren Einwilligungsunfähigkeit zu treffen. Nur für diesen Fall erlangt die Patientenverfügung überhaupt Bedeutung. Ist der Patient zum Zeitpunkt der Entscheidung über die ärztliche Behandlungsmaßnahme einwilligungsfähig, so ist ausschließlich sein aktueller Wille entscheidend und von den Ärzten zu erfragen. Auf einen früher in einer Patientenverfügung festgelegten Willen kommt es dann zweifelsfrei nicht an. Fraglich kann deshalb allein sein, ob der Betroffene zum Zeitpunkt der **Errichtung** seiner Patientenverfügung geschäftsfähig sein muss.

497

Der Sache nach geht es hierbei um die Einwilligung in einen ärztlichen Heileingriff. Die Einwilligung in eine ärztliche Behandlungsmaßnahme setzt nach der ständigen höchstrichterlichen Rechtsprechung sowie nach der herrschenden Lehre gerade nicht die Geschäftsfähigkeit des Patienten voraus, sondern es reicht das Vorliegen der so genannten Einwilligungsfähigkeit aus, wofür ausreichend ist, dass der Patient die Bedeutung und Tragweite des Eingriffs verstehen und nach dieser Erkenntnis handeln kann.[887] Die herrschende Meinung geht deshalb zu Recht davon aus, dass es auch für die Wirksamkeit einer Patientenverfügung nicht auf die Geschäftsfähigkeit des Patienten zum Zeitpunkt ihrer Errichtung ankommt, sondern lediglich seine Einwilligungsfähigkeit erforderlich ist.[888]

498

b) Form

Bei der Patientenverfügung handelt es sich weder um eine letztwillige Verfügung noch um eine Vorsorgevollmacht, so dass die Formvorschriften der §§ 2247 und 1904 Abs. 2 S. 2 BGB keine Anwendung finden. Im Lichte des Selbstbestimmungsrechts des Patien-

499

---

885 Ganz h.M. Etwa *Weber*, ArztR 2004, 300, 313 f.
886 So zu Recht *Weber*, ArztR 2004, 300, 316.
887 So etwa *Wölk*, AcP 185 (1985), 104, 145; *Deutsch*, Rn 444; *Lesch*, NJW 1989, 2309, 2310; Palandt/*Diederichsen*, § 1929 Rn 8; *Staudinger/Peschel-Gutzeit*, § 1626 BGB Rn 90; *Laufs/Uhlenbruck*, § 66 Rn 9; *Rothärmel/Wolfslast/Fegert*, MedR 1999, 293 ff.; *Eberbach*, FamRZ 1982, 450 ff.; *ders.*, MedR 1986, 14 f.; *Kern*, NJW 1994, 753 ff., 755; MüKo/*Huber*, § 1626 BGB Rn 39.
888 So *Berger*, JZ 2000, 797, 802; *Weber*, ArztR 2004, 300, 311; *Wunder*, MedR 2004, 319, 322, der statt von „Einwilligungsfähigkeit" von „Entscheidungsfähigkeit" spricht; *Baumann/Hartmann*, DNotZ 2000, 594, 606, die von „natürlicher Einsichtsfähigkeit" sprechen.

ten, welches sich unmittelbar aus seiner Menschenwürde ableitet, wäre es mehr als unbefriedigend, wenn einer eindeutigen und zweifelsfreien Erklärung des Patienten aus rein formalen Gründen die rechtliche Anerkennung verweigert werden würde. Eine derartige Einschränkung der Grundrechte durch ein formales Wirksamkeitserfordernis bedürfte aus verfassungsrechtlicher Sicht zumindest einer Regelung durch ein Gesetz im formellen Sinn.

500 Solange der Gesetzgeber insoweit auf eine Regelung verzichtet, bleibt es bei der Formfreiheit der Patientenverfügung, so dass insbesondere auch **mündliche** Patientenverfügungen uneingeschränkt wirksam sind.[889] Klar ist jedoch, dass es bereits aus Beweisgründen sehr ratsam ist, eine Patientenverfügung schriftlich abzufassen.[890] Die mündliche Form birgt erhebliche Unsicherheiten über die inhaltliche Reichweite der Patientenverfügung, über die Ernstlichkeit der abgegebenen Erklärung und die Ernstlichkeit der Willensbildung, über die erforderliche Einwilligungsfähigkeit des Patienten und über die konkreten Voraussetzungen unter denen die Patientenverfügung mit welchen Folgen eingreifen soll. Gerade dann, wenn man im Interesse der Patientenautonomie der Patientenverfügung eine weitreichende Bindungswirkung zuspricht, empfiehlt es sich im eigenen Interesse für den Patienten, seine Erklärung wohlüberlegt und präzise mit der erforderlichen juristischen und medizinischen Eindeutigkeit schriftlich zu formulieren.[891]

c) Gültigkeitsdauer

501 In der Literatur wird derzeit heftig darum gestritten, ob eine Patientenverfügung nach bestimmten Zeitabläufen ihre Gültigkeit verliert, wenn sie nicht bestätigt oder sogar neu erstellt wird. Als Gültigkeitsgrenze werden dabei Zeiträume von sechs Monaten bis zu fünf Jahren diskutiert.[892] Dahinter steht der Gedanke, dass sich die Lebenseinstellung des Verfassers der Patientenverfügung im Laufe der Zeit ändern kann und er mit zunehmendem Alter Gebrechen, Krankheit und den Wert des Lebens an sich trotz erheblicher gesundheitlicher Einschränkungen anders bewertet als zuvor in jungen, gesunden Jahren.[893]

502 Diese Argumentation ist aus drei Gründen abzulehnen: Erstens ist ein derartiges „rechtliches Verfallsdatum" dogmatisch nicht begründbar. Warum soll eine klare, eindeutige und verbindliche Erklärung nach Ablauf einer willkürlich bestimmten Frist abrupt ihre Rechtswirksamkeit verlieren? Niemand käme auf die Idee, einem Testament die rechtliche Bedeutung abzusprechen, weil der Erblasser es bereits 10, 20 oder auch 30 Jahre vor seinem Tod errichtet hat.[894] Bei der Patientenverfügung bleiben die Rechtswirkungen wie bei jeder anderen rechtlichen Erklärung so lange bestehen, bis sie wieder aufgehoben werden.[895]

---

[889] Ebenso *Weber*, ArztR 2004, 300, 311; *Berger*, JZ 2000, 797, 802; Palandt/*Diederichsen*, Einführung vor § 1896 Rn 9; *Baumann/Hartmann*, DNotZ 2000, 594, 611, die jedoch aus ihrer Sicht als Notare für eine notarielle Beurkundung der Erklärung werben.
[890] *Weber*, ArztR 2004, 300, 311; so auch *Baumann/Hartmann*, DNotZ 2000, 594, 611 f.
[891] So auch *Baumann/Hartmann*, DNotZ 2000, 594, 611 f.
[892] Vergleiche hierzu die Literaturnachweise bei *Weber*, ArztR 2004, 300, 314.
[893] So *Weber*, ArztR 2004, 300, 314.
[894] Anderer Ansicht *Weber*, ArztR 2004, 300, 314, der die Meinung vertritt, das Alter der Patientenverfügung müsse jedenfalls dahingehend berücksichtigt werden, dass diese um so mehr an Gewicht verliert, je älter sie wird.
[895] So auch *Berger*, JZ 2000, 797, 802.

503 Zweitens kann der Patient die von ihm erstellte Patientenverfügung jederzeit ohne weiteres ändern, ergänzen, vernichten oder widerrufen, wenn sich seine Lebenseinstellung im Laufe der Zeit ändert. Die Tatsache, dass er von dieser Freiheit keinen Gebrauch gemacht hat, zeigt, dass seine in der Patientenverfügung geäußerten Entscheidungen nach wie vor Geltung haben sollen.

504 Entscheidend ist aber folgende Überlegung: Wenn ein Mensch einwilligungsunfähig wird und mehrere Jahre im Zustand der Einwilligungsunfähigkeit bleibt, bevor sich sein Gesundheitszustand so entwickelt, dass sich die Frage eines Behandlungsabbruchs stellt, hat er nach der Auffassung der Gegenmeinung keine Möglichkeit, sein Selbstbestimmungsrecht auszuüben und eigenverantwortlich über seine Behandlung am Lebensende zu entscheiden. Eine früher im einwilligungsfähigen Zustand getroffene selbstbestimmte Entscheidung hätte durch Zeitablauf ihre Gültigkeit verloren und eine später konnte von ihm aufgrund der zwischenzeitlich eingetretenen Einwilligungsunfähigkeit keine wirksame Entscheidung mehr getroffen werden. Eine Vielzahl von Patienten wäre damit de facto ihres Selbstbestimmungsrechtes beraubt. Dies widerspricht indes eindeutig den Geboten unserer Verfassung, insbesondere einem wirksamen Schutz der Grundrechte der Art. 1, Art. 2 Abs. 1 und Art. 2 Abs. 2 GG. Die grundrechtlich geschützte Patientenautonomie verlangt, dass jeder einwilligungsfähige Mensch für den Fall seiner späteren Einwilligungsunfähigkeit seinen Willen bestimmen und durchsetzen kann.[896]

505 Nach alledem gelten Patientenverfügungen zeitlich unbeschränkt fort.[897]

d) Aufklärung

506 Nach einer Auffassung ist eine Patientenverfügung nur wirksam, wenn der Patient zuvor über deren medizinischen Konsequenzen durch einen Arzt aufgeklärt worden ist.[898] Auch die Aufklärung durch einen Notar oder Rechtsanwalt könne die ärztliche Aufklärung nicht ersetzen.[899] Ohne eine vorherige ärztliche Aufklärung könne ein Patient aufgrund fehlender Kenntnisse weder wissen, welche Behandlungsmöglichkeiten oder palliativ-medizinischen Maßnahmen es gebe noch die Folgen einer unterlassenen Behandlung richtig einschätzen. Es gelte auch insoweit die Rechtsprechung zur Aufklärungspflicht vor ärztlichen Maßnahmen. Nach dieser Rechtsprechung setzt eine freie selbstbestimmte Entscheidung des Patienten über die Vornahme oder Nichtvornahme einer ärztlichen Maßnahme aber grundsätzlich voraus, dass der Patient die Bedeutung und Tragweite des betreffenden Eingriffs überblicken kann. Aus dem Selbstbestimmungsrecht des Patienten folgt, dass seine Einwilligung in den Eingriff nur dann wirksam ist, wenn er zuvor „vom sachkundigen Arzt über die für seine Entschließung wesentlichen Gesichtspunkte, in der Regel also über den ärztlichen Befund und die danach drohenden Folgen für Leib und Leben, über die Art des vorgesehenen Eingriffs, über die dadurch erwarteten Heilungschancen und über die mit dem Eingriff verbundenen Gefahren und Risiken aufgeklärt worden ist."[900] Nach dieser Auffassung hat eine fehlende Aufklärung die Konsequenz, dass die Patientenverfügung ihre Bindungswirkung ver-

---

[896] So auch *Berger*, JZ 2000, 797, 798.
[897] Im Ergebnis ebenso *Berger*, JZ 2000, 797, 802.
[898] So etwa *Berger*, JZ 2000, 797, 801.
[899] *Berger*, JZ 2000, 797, 801.
[900] BVerfG v. 25.7.1979 – BVerfGE 52, 131, 175. Ebenso die st. Rspr. vgl. etwa BGH v. 12.2.1974 – NJW 1974, 1422 ff.

liert und nunmehr der Betreuer oder Bevollmächtigte aufgeklärt werden muss und statt des Patienten über die Fortsetzung oder den Abbruch der Behandlung entscheidet.[901]

507 Diese Auffassung ist aus mehreren Gründen abzulehnen: Zum einen ist nach der Rechtsprechung eine ordnungsgemäße Aufklärung nur für die Wirksamkeit einer Einwilligung für einen ärztlichen Eingriff erforderlich. Nicht hingegen bedarf es der Aufklärung zur Wirksamkeit einer Entscheidung des Patienten gegen einen Eingriff. Dieser Unterschied folgt aus der Qualifizierung des ärztlichen Heileingriffs als Körperverletzung. Die Vornahme eines Eingriffs bedarf deshalb eines Rechtfertigungsgrundes. Als solcher kommt die Einwilligung des Patienten in Betracht. Die Einwilligung ist aber ihrerseits nur wirksam, wenn der Patient auch weiß, worin er einwilligt. Das wiederum setzt eine ordnungsgemäße Aufklärung des Patienten voraus. Die Entscheidung des Patienten gegen einen Eingriff bedarf dagegen keines Rechtfertigungsgrundes und damit auch keiner Aufklärung. Das ärztliche Unterlassen eines Eingriffs auf Wunsch des Patienten erfüllt nicht den Tatbestand der Körperverletzung und ist deshalb auch nicht rechtfertigungsbedürftig.[902]

508 Zum zweiten kann jeder Patient auf eine Aufklärung verzichten.[903] Das Selbstbestimmungsrecht des Patienten umfasst auch das Recht auf Nichtwissen und Nicht-fragen-müssen.[904] In der klaren Anweisung eines Patienten, bestimmte ärztliche Maßnahmen bei Eintritt einer näher bezeichneten Situation zu unterlassen, ist jedenfalls ein solcher konkludenter Verzicht auf eine Aufklärung zu sehen.[905]

509 Zum dritten ist es in dem Zeitpunkt, in welchem der Patient die Patientenverfügung aufsetzt, regelmäßig ungewiss, aufgrund welcher genauen Umstände und mit welchen Erkrankungen im Einzelnen oder welchen exakten Unfallfolgen der Patient in den einwilligungsunfähigen konkreten Zustand geraten wird. Angesichts dieser Umstände kann rein praktisch eine Aufklärung, die diesen Namen auch verdient, gar nicht erfolgen. Der Patient müsste über eine unübersehbare Vielzahl hypothetischer Möglichkeiten mit unzähligen Krankheitsbildern aufgeklärt werden. Abgesehen von der faktischen Unmöglichkeit einer derartigen umfassenden Präventivaufklärung, wären damit sowohl Arzt als auch Patient überfordert.[906]

510 Zum vierten ist aus dem Hinweis des aufklärenden Arztes auf der Patientenverfügung auf eine erfolgte ärztliche Aufklärung nicht zu erkennen, ob und in welchem Umfang der Patient tatsächlich über die nunmehr anstehende zum Behandlungsabbruch führende Situation aufgeklärt worden ist. Für den jetzt behandelnden Arzt ist in keiner Weise erkennbar, ob der betreffende Patient im Voraus über die jetzt konkrete Diagnose, die derzeit bestehenden Behandlungsmöglichkeiten und den später bestenfalls zu erreichenden Zustand aufgeklärt worden ist und der Patient dies in seiner gesamten Komple-

---

901 So *Berger*, JZ 2000, 797, 801.
902 *Baumann/Hartmann*, DNotZ 2000, 594, 607.
903 Siehe etwa *Geiß/Greiner*, C Rn 16; *Gehrlein*, C Rn 14; *Steffen/Dressler/Pauge*, B Rn 390.
904 So *Weber*, ArztR 2004, 300, 312.
905 Ebenso *Baumann/Hartmann*, DNotZ 2000, 594, 607; *Weber*, ArztR 2004, 300, 312.
906 So auch *Weber*, ArztR 2004, 300, 313, der zu Recht von einem „unerfüllbaren Wunschbild" spricht. Dagegen *Berger*, JZ 2000, 797, 802, der übertriebenermaßen sogar fordert, dass der Arzt den Patienten über Behandlungsmöglichkeiten aufklären muss, die derzeit noch nicht einsatzfähig sind, es möglicherweise zukünftig jedoch werden. Gerade diese Überlegung zeigt indes, wie verfehlt die Forderung nach einer vorherigen Aufklärung ist.

xität auch verstanden hat. Insoweit handelt es sich bei der Forderung nach einer vorherigen Aufklärung um ein „Autonomie-Placebo".[907]

Eine vorherige Aufklärung ist damit nicht zur Wirksamkeit der Patientenverfügung erforderlich.[908]

4. Widerruf

Aus dem Selbstbestimmungsrecht des Patienten und den verfassungsrechtlichen Prinzipien der Menschenwürde und des allgemeinen Persönlichkeitsrechts folgt, dass ein Patient nicht gegen seinen Willen an einer Patientenverfügung festgehalten werden kann. Der Patient darf nicht zum Gefangenen seines einmal geäußerten Willens werden.[909] Aus den Grundrechten des Patienten aus Art. 1 GG und Art. 2 Abs. 1 GG ergibt sich deshalb unzweifelhaft, dass dieser eine Patientenverfügung jederzeit ganz oder teilweise auch noch in geschäftsunfähigem Zustand widerrufen kann. Bis zu letzten Sekunde kann der Patient sozusagen einen Notschalter drücken, mit dessen Hilfe er jede erforderliche medizinische Behandlung und lebensverlängernde Maßnahme erhält.[910] Der Widerruf ist formfrei möglich und setzt weder Geschäftsfähigkeit noch Einwilligungsfähigkeit voraus. Der Patient muss nur in der Lage sein, seine Willensänderung in irgendeiner Art und Weise zum Ausdruck zu bringen.[911]

In der Praxis können vor allen Dingen deshalb Probleme auftreten, weil es der Patientenverfügung an der erforderlichen Eindeutigkeit fehlt.[912] So wird die strikte Beachtung des in der Patientenverfügung zum Ausdruck gebrachten Willens durch die Verwendung auslegungsbedürftiger, mehrdeutiger oder eine subjektive Wertung erfordernde Begriffe erschwert. Formulierungen wie „Nur kein unnötiges Leiden!" oder „Ich möchte für den Fall, dass mein Leben nicht mehr lebenswert ist, nicht künstlich am Leben erhalten werden" fehlt die erforderliche Klarheit. Eine unmittelbare Bindungswirkung kann die Patientenverfügung nur dann entfalten, wenn die dort enthaltene Regelung präzise und bestimmt ist.[913] Auch eine unbestimmte oder wertungsbedürftige Patientenverfügung, der deshalb keine direkte Bindungswirkung zukommt, ist jedoch bei der Ermittlung des mutmaßlichen Willens des Patienten heranzuziehen. Die dort zum Ausdruck gebrachten subjektiven Wertvorstellungen und Wünsche des Patienten sind zwar nicht geeignet, den Ärzten als klare Anweisung für die Vornahme oder Unterlassung bestimmter Heilmaßnahmen zu dienen. Sie können jedoch Rückschlüsse auf den hypothetischen Willen des Patienten zulassen und sind insoweit auszulegen und zu beachten. So kommt einer Patientenverfügung in jedem Fall ein beachtlicher Indizwert zu.[914]

---

[907] So *Weber*, ArztR 2004, 300, 313.
[908] Im Ergebnis ebenso *Baumann/Hartmann*, DNotZ 2000, 594, 607.
[909] So *Baumann/Hartmann*, DNotZ 2000, 594, 608.
[910] Ebenso *Weber*, ArztR 2004, 300, 311.
[911] So etwa *Berger*, JZ 2000, 797, 802.
[912] Siehe hierzu auch *Verrel*, MedR 1999, 547 f.
[913] So auch *Baumann/Hartmann*, DNotZ 2000, 594, 608; *Weber*, ArztR 2004, 300, 313; *Vossler*, ZRP 2002, 295, 296.
[914] So auch *Weber*, ArztR 2004, 300, 310 f.; ähnlich *Wunder*, MedR 2004, 319, 322.

III. Die Vorsorgevollmacht

1. Die Bedeutung der Vorsorgevollmacht

514 In der medizinischen und juristischen Literatur war die Frage der Stellvertretung in Gesundheitsangelegenheiten lange Zeit heftig umstritten. Gegen die Möglichkeit einer rechtsgeschäftlichen Übertragung der Entscheidungsbefugnis durch Vollmacht auf einen Dritten wurde eingewandt, dass es sich bei dem Selbstbestimmungsrecht und dem Recht auf körperliche Unversehrtheit um höchstpersönliche Rechte handele, deren Übertragung auf Dritte schlechterdings ausgeschlossen sei.[915] Diese Diskussion hat durch das Betreuungsrechtsänderungsgesetz vom 25.6.1998[916] ihren Abschluss gefunden. Der Gesetzgeber hat in den §§ 1904 Abs. 2 und 1906 Abs. 5 BGB die Möglichkeit einer Vorsorgevollmacht auch für die Entscheidung über ärztliche Eingriffe und Untersuchungen ausdrücklich anerkannt.[917]

515 In einer Patientenverfügung trifft der Patient selbst eine Entscheidung über die Vornahme oder Unterlassung einer ärztlichen Maßnahme. Durch eine Vorsorgevollmacht überträgt der Patient die Entscheidungsbefugnis auf einen Dritten.[918] Aus rechtlicher Sicht handelt es sich bei der Vorsorgevollmacht um eine Vollmacht, die unter der aufschiebenden Bedingung des Verlustes der Geschäftsfähigkeit bzw. bezüglich der Zustimmung zu ärztlichen Maßnahmen des Verlustes der Einwilligungsfähigkeit steht.[919] Der Vollmachtgeber hat die Möglichkeit, die Wirksamkeit der Vorsorgevollmacht von weiteren Voraussetzungen abhängig zu machen, etwa davon, dass der Verlust der Geschäftsfähigkeit und/oder Einwilligungsfähigkeit von einem Arzt gutachtlich festgestellt wird.

516 Der Betroffene hat durch das Institut der Vorsorgevollmacht die Möglichkeit, einer bestimmten Person, die sein unbedingtes Vertrauen genießt und seine Wünsche und Vorstellungen kennt und respektiert und auch bereit ist, sie durchzusetzen, die Entscheidungsbefugnis zu übertragen. Die Möglichkeit der Vorsorgevollmacht ist damit Ausdruck der Patientenautonomie.[920] Die Betreuung ist gegenüber der rechtsgeschäftlichen Bestellung eines Bevollmächtigten durch eine Vorsorgevollmacht gem. § 1896 Abs. 2 S. 2 BGB subsidiär. Durch die Bevollmächtigung einer von ihm frei ausgewählten Person kann der Patient somit verhindern, dass der Staat durch das Vormundschaftsgericht einen Betreuer bestellt, der die anfallenden Entscheidungen für ihn trifft.

517 Zwar bleibt auch die Entscheidung durch einen gewählten Bevollmächtigten für den Patienten immer noch Fremdbestimmung. Im Vergleich zu der Entscheidung durch einen staatlich bestellten Betreuer enthält die Entscheidung durch einen vom Patienten selbst frei bestimmten Bevollmächtigten aber noch ein großes Stück Selbstbestimmung.[921] Darüber hinaus liegt bei Eintritt der Einwilligungsunfähigkeit oft dringender medizinischer Handlungsbedarf vor. Wegen der Dringlichkeit der vorzunehmenden ärztlichen Eingriffe verbleibt regelmäßig auch nicht genügend Zeit für die Bestellung eines Betreuers. Der Arzt hat deshalb nach dem mutmaßlichen Willen des ihm in der

---

915 Siehe zum Diskussionsstand sehr ausführlich *Eisenbart*, MedR 1997, 305 ff.
916 BGBl I 1998, 1580.
917 So auch *Baumann/Hartmann*, DNotZ 2000, 594, 601.
918 *Berger*, JZ 2000, 797, 803.
919 So Palandt/*Diederichsen*, Einführung vor § 1896 Rn 7.
920 So zu Recht *Baumann/Hartmann*, DNotZ 2000, 594, 601.
921 So *Baumann/Hartmann*, DNotZ 2000, 594, 601; *Berger*, JZ 2000, 797, 803.

Regel fremden Patienten vorzugehen. Will der Patient verhindern, dass ein unbekannter Arzt, der seinen tatsächlichen Willen nicht kennt und auch nicht kennen kann, die anstehenden Entscheidungen über die zu ergreifenden Maßnahmen trifft, kann er dem durch eine Vorsorgevollmacht vorbeugen. Zum Zeitpunkt des Eintritts der Einwilligungsunfähigkeit ist dann bereits ein Bevollmächtigter präsent, der den Willen des Patienten kennt und flexibel auf unvorhergesehene Situationen reagieren kann.[922] Durch die Vorsorgevollmacht ist der Bevollmächtigte gegenüber den behandelnden Ärzten legitimiert.[923] Er ist als Vertreter des Patienten über die Diagnose, die bestehenden Behandlungsmöglichkeiten und die damit verbundenen Chancen und Risiken ebenso aufzuklären wie sonst der Patient. Sodann hat der Bevollmächtigte das Selbstbestimmungsrecht für den Patienten auszuüben und eigenständig über die Vornahme oder Unterlassung der ärztlichen Maßnahme zu entscheiden. Seine Entscheidung ist für die Ärzte verbindlich.

2. Die Voraussetzungen der Vorsorgevollmacht

a) Persönliche Voraussetzungen des Vollmachtgebers

Fraglich ist zunächst, ob es sich bei der Vorsorgevollmacht um eine durch Rechtsgeschäft erteilte Vertretungsmacht im Sinne von § 166 Abs. 2 BGB handelt. Dieser Streit hat durchaus praktische Konsequenzen: Läge ein Rechtsgeschäfts im Sinne des § 166 Abs. 2 BGB vor, bedürfte der Vollmachtgeber zur wirksamen Erteilung der Vorsorgevollmacht der Geschäftsfähigkeit.[924] Die Vorsorgevollmacht ist indes ein rechtliches Instrument, mit welchem der Patient sein grundrechtlich geschütztes Selbstbestimmungsrecht ausüben kann. Soweit ein geschäftsunfähiger oder beschränkt geschäftsfähiger Patient in der Lage ist, sein Selbstbestimmungsrecht eigenverantwortlich auszuüben, ist eine Beschränkung seines Allgemeinen Persönlichkeitsrechts und seiner Grundrechte aus Art. 1 und Art. 2 Abs. 1 GG weder geboten noch akzeptabel.

518

Entscheidend für die Ausübung seines Selbstbestimmungsrechts ist deshalb das Bestehen einer im Einzelfall festzustellenden Einwilligungsfähigkeit. Die Fähigkeit eines Menschen, sein Allgemeines Persönlichkeitsrecht selbstbestimmt auszuüben, ist nicht an die starren Altersgrenzen der Geschäftsfähigkeit gebunden. Im Interesse eines wirksamen Grundrechtschutzes ist es deshalb verfehlt, die Geschäftsfähigkeit des Vollmachtgebers zu verlangen. Wenn ein Patient eigenständig in einen medizinischen Eingriff einwilligen bzw. die Einwilligung untersagen kann, muss er diese Entscheidungsbefugnis auch auf einen Dritten übertragen können. Auch für die Errichtung einer Vorsorgevollmacht ist deshalb die Einwilligungsfähigkeit des Patienten erforderlich, aber auch ausreichend.[925] Die Vorsorgevollmacht bleibt bestehen, wenn der Vollmachtgeber nach ihrer Erteilung Einwilligungsunfähigkeit wird.[926] Gerade darin liegt ja ihr Zweck.

519

---

922 So etwa *Eisenbart*, MedR 1997, 305 f.
923 So *Berger*, JZ 2000, 797, 803.
924 So Palandt/*Diederichsen*, § 1904 Rn 7.
925 Im Ergebnis ebenso *Berger*, JZ 2000, 797, 803.
926 Siehe auch *Berger*, JZ 2000, 797, 803.

b) Persönliche Voraussetzungen des Bevollmächtigten

520 Ebenso wenig wie der Vollmachtgeber muss auch der Bevollmächtigte geschäftsfähig sein. Auch ein geschäftsunfähiger Bevollmächtigter kann wirksam für den Vollmachtgeber einwilligen oder die Einwilligung verweigern. Da der Bevollmächtigte indes eine eigenständige Zustimmung zu der ärztlichen Maßnahme erteilt oder verweigert, muss er einwilligungsfähig sein.[927]

521 Fraglich ist, ob die in § 1897 Abs. 2 BGB aufgezählten Personen wirksam bevollmächtigt werden können. Sinn der Norm ist es, Interessenkonflikte zwischen Betreuer und Betreutem zu vermeiden.[928] Dazu kann es insbesondere dann kommen, wenn über einen Aufenthaltswechsel des Betreuten zu entscheiden ist oder wenn es darum geht, Rechte des Betreuten gegenüber dem Heim durchzusetzen. Dieser Gedanke gilt gleichermaßen auch für die Vorsorgevollmacht. Die Vorschrift ist insoweit auf die Vorsorgevollmacht analog anwendbar.[929]

c) Form

522 Die Vorsorgevollmacht ist grundsätzlich formfrei wirksam. Für bestimmte Fälle schreiben §§ 1904 Abs. 2, 1906 Abs. 5 BGB indes die Schriftform vor. Soll der Bevollmächtigte auch in besonders gravierende ärztliche Eingriff einwilligen können, bei denen die Gefahr besteht, dass der Patient aufgrund ihrer Durchführung stirbt oder einen schweren und länger andauernden gesundheitlichen Schaden erleidet, bedarf die Vorsorgevollmacht gem. § 1904 Abs. 2 i.V.m. § 1904 Abs. 1 BGB der Schriftform. Außerdem muss die Vorsorgevollmacht diese Maßnahmen ihrem Wortlaut nach **ausdrücklich** umfassen.

523 In der Literatur ist dabei umstritten, ob die Vollmacht nur die Maßnahme selbst ausdrücklich erwähnen muss[930] oder ob auch die Folgen des Sterbens bzw. des schweren gesundheitlichen Schadens ausdrücklich genannt werden müssen.[931] Da die Vorsorgevollmacht der Ausübung des grundrechtlich geschützten Selbstbestimmungsrechtes des Patienten dient, sollten die formalen Hürden möglichst gering ausgestaltet werden. Der Wortlaut des § 1904 Abs. 2 BGB verlangt nur, dass die Maßnahmen selbst ausdrücklich genannt werden. Die Folgen der Maßnahmen müssen dem gemäß nicht explizit in der Vollmacht aufgeführt werden. Gem. § 1906 Abs. 5 BGB ist die Schriftform darüber hinaus erforderlich, wenn die Vollmacht auch die mit einer Freiheitsentziehung einhergehende Unterbringung in einer Anstalt, einem Heim oder einer sonstigen Einrichtung umfassen soll. Dasselbe gilt für die Einwilligung in andere freiheitsentziehende Maßnahmen mechanischer (Bettgitter, Abschließen des Zimmers) oder medikamentöser (Beruhigungsmittel) Art (§ 1906 Abs. 5 i.V.m. Abs. 6 BGB).

---

927 So *Berger*, JZ 2000, 797, 803.
928 So Palandt/*Diederichsen*, § 1897 Rn 12.
929 So Palandt/*Diederichsen*, Einführung vor § 1896 Rn 7; dagegen wohl *Berger*, JZ 2000, 797, 803 f.
930 So Palandt/*Diederichsen*, § 1904 Rn 7.
931 So *Berger*, JZ 2000, 797, 803.

d) Widerruf

Die Vorsorgevollmacht kann vom Vollmachtgeber jederzeit formfrei widerrufen werden. Aus den Grundrechten des Patienten aus Art. 1 GG und Art. 2 Abs. 1 GG ergibt sich zwingend, dass dieser eine Vorsorgevollmacht jederzeit ganz oder teilweise auch noch in geschäftsunfähigem Zustand widerrufen kann.[932] Das gilt selbst dann, wenn die Vorsorgevollmacht ausdrücklich als „unwiderruflich" bezeichnet worden ist.[933] Die Vorsorgevollmacht soll das Selbstbestimmungsrecht des Patienten schließlich ausfüllen und nicht begrenzen. Darüber hinaus kann auch ein einwilligungsunfähiger Vollmachtgeber nicht nur die Vollmacht widerrufen, sondern – trotz erteilter Zustimmung des Bevollmächtigten – auch seine Zustimmung zu einer ärztlichen Maßnahme verweigern. Der Widerspruch des Vollmachtgebers gegen die Durchführung einer ärztlichen Maßnahme ist rechtlich stets beachtlich und von den Ärzten zu berücksichtigen.[934]

524

e) Aufklärung

Eine Aufklärung des Vollmachtgebers ist nicht erforderlich, da gerade nicht der Vollmachtgeber, sondern der Bevollmächtigte die Einwilligung in den ärztlichen Eingriff erteilt oder verweigert.[935] Da die Entscheidung des Bevollmächtigten an die Stelle der Entscheidung des Vollmachtgebers tritt, muss jedoch statt des Vollmachtgebers nunmehr der Bevollmächtigte vor dem ärztlichen Eingriff vollumfänglich und ordnungsgemäß aufgeklärt werden, so als ob er selbst der Patient wäre. Ist der Vollmachtgeber zu dem Zeitpunkt, zu dem über die ärztliche Maßnahme zu entscheiden ist, selbst einwilligungsfähig, kommt es selbstverständlich nur auf seine Zustimmung an. Die Vorsorgevollmacht soll ihre Wirkung ja gerade nur für den Fall der Einwilligungsunfähigkeit des Vollmachtgebers entfalten. Ist der Vollmachtgeber einwilligungsfähig, fehlt es also bereits an der erforderlichen Prämisse für das Eingreifen der Vorsorgevollmacht. In diesem Fall hat allein der Vollmachtgeber zu entscheiden und ist allein der Vollmachtgeber aufzuklären.

525

3. Die Entscheidung des Bevollmächtigten

Inhalt und Reichweite der Vorsorgevollmacht werden ausschließlich und individuell durch den Vollmachtgeber bestimmt. Der Bevollmächtigte hat die Vollmacht entsprechend der mit dem Vollmachtgeber getroffenen Vereinbarungen auszuüben. Fehlt es hinsichtlich einer anstehenden Entscheidung an Vorgaben des Vollmachtgebers, sind dessen geäußerten Wünsche relevant. Hat der Vollmachtgeber auch keine bestimmten Wünsche geäußert, ist der mutmaßliche Wille des Vollmachtgebers entscheidend.[936]

526

---

932 Ebenso *Berger*, JZ 2000, 797, 803; Palandt/*Diederichsen*, § 1904 Rn 7.
933 So *Berger*, JZ 2000, 797, 803.
934 So *Berger*, JZ 2000, 797, 803; Palandt/*Diederichsen*, § 1904 Rn 7.
935 So auch *Berger*, JZ 2000, 797, 803.
936 *Berger*, JZ 2000, 797, 804.

4. Die Überprüfbarkeit der Entscheidung

527 Der BGH hat in seiner Grundsatzentscheidung vom 17.3.2003 ausführlich dargelegt, dass nicht nur die Vornahme von das Leben des Patienten gefährdenden Maßnahmen gem. § 1904 Abs. 1 BGB der Genehmigung durch das Vormundschaftsgericht bedürfen, sondern auch die Verweigerung lebenserhaltender oder lebensverlängernder Maßnahmen und deren Abbruch. Der BGH lehnt insoweit allerdings eine analoge Anwendung von § 1904 Abs. 1 BGB auf diese Fälle ab:

> „Der Schutz eines heilungsfähigen Patienten vor dem Einsatz riskanter medizinischer Mittel ist etwas völlig anderes als die medizinische Versorgung eines tödlich und unheilbar kranken Menschen. § 1904 BGB will – anders ausgedrückt – dem Betroffenen Leben und Gesundheit erhalten, der geforderte Behandlungsabbruch will sein Leben gerade beenden. Beide Ziele stehen sich nicht im Verhältnis von ‚maius' und ‚minus' gegenüber; sie sind miteinander inkomparabel und deshalb einem ‚erst recht' Schluss nicht zugänglich."[937]

528 Der BGH kommt jedoch im Wege der Rechtsfortbildung zu dem Ergebnis, dass auch die verweigerte Einwilligung des Betreuers in eine lebensverlängernde oder lebenserhaltende Behandlung oder Weiterbehandlung der Zustimmung des Vormundschaftsgerichts bedarf. Der BGH schließt dies „aus einer Gesamtschau des Betreuungsrechts und dem unabweisbaren Bedürfnis, mit den Instrumenten dieses Rechts auch auf Fragen im Grenzbereich menschlichen Lebens und Sterbens für alle Beteiligten rechtlich verantwortbare Entscheidungen zu finden."[938] Dieser Entscheidung des BGH ist im Ergebnis zuzustimmen.[939] Es dient gerade dem Grundrechtsschutz des Patienten, wenn die Entscheidung des Betreuers gegen eine lebensverlängernde oder lebenserhaltende ärztliche Maßnahme durch ein Gericht daraufhin überprüft werden kann, ob diese Entscheidung des Betreuers in Übereinstimmung mit dem Willen des Patienten steht. Das Vormundschaftsgericht nimmt dabei keine an eigenen Maßstäben orientierte Inhaltskontrolle vor, sondern überprüft die Entscheidung des Betreuers lediglich anhand des Selbstbestimmungsrechts des Patienten. Das Vormundschaftsgericht muss einer Entscheidung des Betreuers gegen eine lebensverlängernde oder lebenserhaltende ärztliche Maßnahme zustimmen, wenn diese Behandlung dem ausdrücklich erklärten oder – wenn es an einer ausdrücklichen Äußerung fehlt – dem mutmaßlichen Willen des Patienten widerspricht.[940] Eine derartige gerichtliche Kontrolle ist geeignet, das Vertrauen in eine Vorsorgevollmacht zu stärken, den Patienten vor Missbrauch zu schützen und das Selbstbestimmungsrecht des Patienten zu gewährleisten.[941]

529 Unabhängig von seiner Herleitung gilt das Erfordernis der vormundschaftsgerichtlichen Genehmigung für die Verweigerung und den Abbruch lebensverlängernder oder lebenserhaltender Maßnahmen auch für eine entsprechende Entscheidung des Bevollmächtig-

---

937 BGH v. 17.3.2003 – NJW 2003, 1588 ff. = MedR 2003, 512 ff.
938 BGH v. 17.3.2003 – NJW 2003, 1588 ff. = MedR 2003, 512 ff.
939 Dagegen Palandt/*Diederichsen*, Einführung vor § 1896 Rn 10, der offensichtlich die Grenzen der Rechtsfortbildung für überschritten hält und eine vormundschaftsgerichtliche Genehmigung ohne gesetzliche Grundlage ablehnt.
940 Einschränkend insoweit zu Unrecht BGH v. 17.3.2003 – NJW 2003, 1588 ff. = MedR 2003, 512 ff., der eine derartige Entscheidungspflicht des Vormundschaftsgericht nur unter der weiteren Voraussetzung annimmt, dass „die Krankheit des Betroffenen einen irreversiblen tödlichen Verlauf angenommen hat." Eine derartige Einschränkung ist dogmatisch nicht begründbar und widerspricht dem Selbstbestimmungsrecht des Patienten.
941 Ebenso zu Recht BGH v. 17.3.2003 – NJW 2003, 1588 ff. = MedR 2003, 512 ff.; *Berger*, JZ 2000, 797, 804.

ten im Rahmen der Vorsorgevollmacht:[942] Ergibt sich das Erfordernis der vormundschaftsgerichtlichen Genehmigung aus einem „unabweisbaren Bedürfnis" nach einer derartigen Kontrolle bei einer „Gesamtschau des Betreuungsrechts", dann gilt das ebenso unmittelbar für die Vorsorgevollmacht. Wendet man dagegen mit einer starken Meinung in der Literatur[943] § 1904 Abs. 1 BGB durch einen „erst recht" Schluss analog auf die Fälle der Verweigerung und des Abbruchs lebensverlängernder Maßnahmen an, dann gilt dies über § 1904 Abs. 2 S. 1 BGB, der ausdrücklich eine entsprechende Anwendbarkeit von § 1904 Abs. 1 BGB für die Vorsorgevollmacht anordnet, ebenfalls für die Vorsorgevollmacht.

Zusammengefasst lässt sich somit feststellen, dass die Einwilligung des Bevollmächtigten in das Leben des Vollmachtgebers gefährdende ärztliche Maßnahmen gem. § 1904 Abs. 1 i.V.m. § 1904 Abs. 2 S. 1 BGB der Genehmigung des Vormundschaftsgerichts bedarf. Dasselbe gilt aus einer Gesamtschau des Betreuungsrechts heraus für die Ablehnung oder den Abbruch lebensverlängernder oder lebenserhaltender Maßnahmen durch den Bevollmächtigten.   530

IV. Zusammenfassung

Zusammengefasst gilt Folgendes: Ist der Patient einwilligungsfähig, kommt es sowohl für die Aufklärung als auch für die Entscheidung über die Vornahme oder Unterlassung der medizinischen Maßnahme allein auf den Willen des Patienten an. Ein Betreuer muss nicht bestellt werden. Ist aus anderen Gründen ein Betreuer bereits bestellt, ist nur der Wille des Patienten maßgebend. Der Wille des Betreuers oder der Wille eines möglicherweise bestellten Bevollmächtigten hat daneben keine Bedeutung.[944]   531

Ist der Patient einwilligungsunfähig ist zu unterscheiden: Hat der Patient die anstehende Situation bereits zuvor im Zustand der Einwilligungsfähigkeit geregelt oder seinen Willen für den Fall der Einwilligungsunfähigkeit in einer Patientenverfügung antizipiert geäußert, ist diese Entscheidung rechtlich bindend. Die eingetretene Einwilligungsunfähigkeit ändert nichts an der Wirksamkeit der zuvor abgegebenen Erklärungen. Die Bestellung eines Betreuers zur Entscheidung über die Vornahme oder Unterlassung der medizinischen Maßnahme ist weder erforderlich noch zulässig.   532

Fehlt es an einer Patientenverfügung oder ist diese auf den vorliegenden Fall nicht anwendbar oder ihr Inhalt zu unbestimmt, kommt es darauf an, ob der Patient eine Vorsorgevollmacht aufgesetzt hat. Hat er dies, ist die Bestellung eines Betreuers insoweit gem. § 1896 Abs. 2 S. 2 BGB nicht erforderlich. Es gilt der Grundsatz der Subsidiarität der Betreuung. Maßgebend ist dann allein die Entscheidung des Bevollmächtigten.   533

Gibt es weder eine wirksame Patientenverfügung noch eine Vorsorgevollmacht kommt es auf die Entscheidung des Betreuers an. Ist noch kein Betreuer bestellt, hat der Arzt die Bestellung eines Betreuers durch das Vormundschaftsgericht zu veranlassen. In Eilfällen kann die Bestellung eines Betreuers auch durch einstweilige Anordnung gem. § 69f FGG erfolgen. Der Betreuer hat dabei so zu entscheiden, wie es den Wünschen und Vorstellungen des Patienten entspricht.   534

---

942   Ähnlich *Berger*, JZ 2000, 797, 804, der jedoch meint, der Vollmachtgeber könne den Bevollmächtigten in der Vorsorgevollmacht von dem Genehmigungsverfahren freistellen.
943   So etwa *Berger*, JZ 2000, 797, 803.
944   So etwa Palandt/*Diederichsen*, § 1904 Rn 2.

535 Nur wenn keine den Fall regelnde Patientenverfügung existiert und dringender ärztlicher Handlungsbedarf besteht und entweder ein Betreuer noch nicht bestellt ist und seine Bestellung auch im Wege der einstweiligen Anordnung zu viel Zeit erfordern würde oder der Betreuer bzw. der Bevollmächtigte nicht erreichbar sind, die Entscheidung aber keinen weiteren Aufschub duldet, hat der Arzt selbst zu entscheiden. Maßgebend sind jedoch nicht die Wertmaßstäbe des Arztes, sondern für das Vorliegen einer mutmaßlichen Einwilligung ist allein entscheidend, wie der Patient selbst sich in der konkreten Situation entscheiden würde, wenn er einwilligungsfähig wäre. Ist der hypothetische Wille des Patienten für den Arzt nicht ersichtlich und auch nicht ermittelbar, kommt es unter Bezugnahme auf objektive Wertmaßstäbe darauf an, wie ein vernünftiger Dritter anstelle des Patienten in der konkreten Situation entscheiden würde.

§ 13 Haftpflichtversicherungsrecht

Dr. Rudolf Ratzel

Inhalt

A. Einführung 1	8. Räumlicher Schutz und sachlicher Umfang 14
I. Notwendigkeit der Haftpflichtversicherung 1	a) Räumlicher Umfang .. 14
II. Berufsrecht 2	b) Sachlicher Umfang ... 15
III. Keine Ausnahmen 3	9. Persönlicher Umfang 17
B. Der Deckungsumfang 4	II. Die Haftpflicht des angestellten und/oder beamteten Krankenhausarztes 18
I. Das zu versichernde Risiko ... 4	
1. VVG und AHB 4	III. Der geschützte Versicherungszeitraum 19
2. Off-Label-Use 5	
3. Haftung des pharmazeutischen Unternehmens ... 7	**C. Obliegenheiten des Versicherungsnehmers** 21
4. Erstattungsfähigkeit in der GKV 8	I. Anzeige- und Mitwirkungspflichten des Arztes 21
5. Regelungsmodelle 10	II. Regulierungshoheit des Versicherers 22
6. Neues Prüfschema 11	
7. Konsequenzen für die Praxis 13	III. Keine Passivlegitimation des Haftpflichtversicherers 23

Literatur

Bäune/Dahm, Auswirkungen der Schuldrechtsreform auf den ärztlichen Bereich, MedR 2004, 645; **Bergmann**, Arzthaftpflichtversicherung in: van Bühren (Hrsg.) Handbuch Versicherungsrecht, 3. Aufl. 2007, § 11 S. 967; **ders.**, in: Bergmann/Kienzle, Krankenhaushaftung, Rn 671; **Flatten**, Die Arzthaftpflichtversicherung, VersR 1994, 1019; **Franzki**, Verhalten des Arztes im Konfliktfall, MedR 2000, 464; **Goecke**, Der zulassungsüberschreitende Einsatz von Arzneimitteln (Off-Label-Use), NZS 2002, 620; **Hanau**, Haftungssystem und Haftpflichtversicherung der medizinischen Einrichtungen der Universitäten und ihrer Mitarbeiter im stationären Bereich, MedR 1992, 18; **Katzenmeier**, Arzthaftung 2002, 194; **ders.**, Schuldrechtsmodernisierung und Schadensersatzrechtsänderung – Umbruch in der Arzthaftung, VersR 2002, 1066; **Lippert**, Strategien bei der Abwicklung von Medizinschadensfällen in Universitätsklinika, Die Personalvertretung 1992, 342; **Rolfes**, Der Versicherungsfall nach den AHB 02 und den AHB 04 am Beispiel der Arzthaftpflichtversicherung, VersR 2006, 1162; **Sedlaczek**, in: Bergmann/Kienzle, Krankenhaushaftung, Rn 698; **Schimmelpfeng-Schütte**, Der Vertragsarzt zwischen ärztlichem Eid und seinen Pflichten als Leistungserbringer – unter Berücksichtigung der Beschlüsse des BVerfG zum Off-Label-Use und zum Ausschluss neuer Behandlungsmethoden, GesR 2004, 361; **Späte**, Haftpflichtversicherung: AHB, 1993; **Taupitz/Krpic-Mocilar**, Deckungsvorsorge bei klinischen Prüfungen unter Anwendung radioaktiver Stoffe oder ionisierender Strahlung, VersR 2003, 533; **Teichner/Schröder**, Rechtsfragen im Zusammenhang mit der ärztlichen Berufshaftpflichtversicherung am Beispiel der sog. kosmetischen Chirurgie, MedR 2005, 127; **Weidinger**, Aus der Praxis eines Heilwesenversicherers, Aktuelle Entwicklungen in der Arzt- und Krankenhaushaftpflicht, MedR 2004, 289; **Wölk**, „Off-Label-Use" in der ambulanten Versorgung in der gesetzlichen Krankenversicherung – Öffnung der GKV für individuelle Heilversuche?!, ZMGR 2006, 3; **Wussow**, Umfang und Grenzen der Regulierungsvollmacht des Versicherers in der Haftpflichtversicherung, VersR 1994, 1014.

A. Einführung

I. Notwendigkeit der Haftpflichtversicherung

Jeder Arzt, gleichgültig ob in eigener Praxis niedergelassen oder angestellt, muss damit rechnen, wegen beruflicher Versehen persönlich auf Ersatz des dadurch entstandenen

1

Schadens in Anspruch genommen zu werden. Denn die Unterschiede zwischen vertraglicher und deliktischer Haftung verschwimmen im Arzthaftungsrecht weitgehend. Dies gilt erst recht seit Inkrafttreten des 2. Schadensrechtsänderungsgesetzes zum 1.8.2002 und der damit eröffneten Möglichkeit, Schmerzensgeldansprüche auch auf eine vertragliche Anspruchsgrundlage zu stützen.[1] Es gibt – anders als im Bereich des Kraftfahrzeugverkehrs oder der Anwaltstätigkeit – keine Rechtsvorschrift, die den Abschluss einer Haftpflichtversicherung zwangsweise als **Zulassungsvoraussetzung**[2] vorschreibt. Der Arzt könnte sich aus wirtschaftlichen Erwägungen heraus auf den Standpunkt stellen, einen Schaden, so er denn eintritt, aus eigenen Mitteln zu regulieren, sich also als Selbstversicherer zu verstehen. Wäre der Arzt hierzu finanziell nicht in der Lage, so würde das Risiko, Schadenersatz zu bekommen oder nicht, auf den Geschädigten (und seinen Kranken- oder Pflegeversicherer) verlagert.

II. Berufsrecht

2   Daher begründet § 21 MBO die berufsrechtliche Verpflichtung, für einen hinreichenden Versicherungsschutz zu sorgen.[3] Was hinreichend im Sinne der Vorschrift ist, lässt sich nur unter Beachtung der fachspezifischen Risiken ärztlicher Tätigkeit bestimmen. Während man zu Beginn der achtziger Jahre noch eine Deckungssumme von 1 bis 2 Mio. DM für ausreichend hielt, gilt dies heute nicht mehr. Viele Fachgruppen, insbesondere die operativen Fächer, empfehlen heute Mindestdeckungssummen für Personenschäden in Höhe von 2,5 bis 5 Mio. EUR. Für Sachschäden werden heute i.d.R. Deckungssummen in Höhe von mindestens 150.000 EUR und für Vermögensschäden Deckungssummen in Höhe von mindestens 50.000 EUR empfohlen. Vermögensschäden sind u.a. Unterhaltsansprüche für familienplanungswidrig geborene Kinder.[4] Die früher wegen der Höhe dieser Ansprüche geführte Diskussion ist versicherungsrechtlich heute dadurch gelöst, dass alle einschlägigen Arzthaftpflichtversicherer für diese Ansprüche trotz ihrer Qualifikation als Vermögensschaden die Deckungssummen für Personenschäden zur Verfügung stellen. Nicht angepasste Verträge können jedoch auch heute noch Probleme aufwerfen. War ein Versicherungsmakler mit der Vertragsbetreuung befasst, muss dieser den Arzt über Wechsel in der Rechtsprechung, die seinen Versicherungsschutz als nicht mehr ausreichend erscheinen lässt, zeitnah informieren.[5] Diese Verpflichtung gilt auch für den Versicherer, wenn anzunehmen ist, dass der Versicherungsnehmer (Arzt) umfassenden Berufshaftpflichtversicherungsschutz wünscht,[6] was regelmäßig der Fall sein dürfte.

III. Keine Ausnahmen

3   Kündigt ein Haftpflichtversicherer das Versicherungsverhältnis mit dem Arzt, etwa aus Anlass eines regulierten Schadensfalles oder einer bloßen Schadensmeldung, was nach den Versicherungsbedingungen möglich ist, so ist der Arzt verpflichtet, bei einem anderen Versicherer eine neue Haftpflichtversicherung – und sei es auch zu einer höheren

---

1 *Ratzel*, DAnwBl. 2002, 485 ff.; *Bäune/Dahm*, MedR 2004, 645, 652 m.w.N.
2 Vgl. § 51 BRAO; für eine entsprechende Regelung im Bereich der Humanmedizin, *Teichner/Schröder*, MedR 2005, 127.
3 Siehe auch Rieger/*Ratzel*, Lexikon des Arztrechts, „Berufshaftpflichtversicherung", Nr. 880.
4 Siehe hierzu LG Bielefeld – 22 O 176/85, VersR 1987, 193.
5 OLG Hamm – 18 U 57/94, MedR 1997, 463.
6 LG Karlsruhe – 7 O 670/97, MedR 2000, 486.

Prämie – abzuschließen. Ob diese Verpflichtung entfällt, wenn die geforderte Prämie wirtschaftlich in keinem vernünftigen Verhältnis zum Risiko steht, dürfte eher zweifelhaft sein. Die Erfahrungen aus den USA zeigen, dass die risikobeladene Tätigkeit eher eingeschränkt oder aufgegeben werden muss. Die **Berufsordnung** sieht jedenfalls keine Ausnahme von der Versicherungspflicht vor. Verstößt ein Arzt gegen die Pflicht zur Versicherung, verliert er zwar anders als etwa der Anwalt, nicht seine Zulassung. Kann wegen fehlender Haftpflichtversicherung ein festgestellter Schaden nicht reguliert werden, sind aber berufsrechtliche Sanktionen oder auch Zwangsmaßnahmen der Approbationsbehörde denkbar. Eine drittschützende Wirkung des berufsrechtlichen Gebots, sich ausreichend gegen Haftpflichtansprüche zu versichern, mit der Maßgabe, dass dann Ansprüche gegen die zuständige Ärztekammer als aufsichtsführende Körperschaft geltend gemacht werden können, wird jedoch überwiegend verneint.[7]

B. Der Deckungsumfang

I. Das zu versichernde Risiko

1. VVG und AHB

Die Berufshaftpflichtversicherung der Ärzte richtet sich nach den Bestimmungen des VVG und den AHB,[8] die ihrerseits wiederum in einigen Teilbereichen durch besondere Haftpflichtbedingungen für Ärzte (BHB/Ärzte) modifiziert werden. Gemäß § 1 Nr. 1 AHB gewährt der Versicherer dem Versicherungsnehmer Versicherungsschutz für den Fall, dass dieser wegen eines während der Wirksamkeit der Versicherung eingetretenen **Schadensereignisses**,[9] das den Tod, die Verletzung oder Gesundheitsschädigung von Menschen (Personenschäden) oder die Beschädigung oder Vernichtung von Sachen (Sachschäden) zur Folge hat, wenn der Versicherungsnehmer wegen dieser Folgen aufgrund gesetzlicher Haftpflichtbestimmungen privatrechtlichen Inhalts von einem Dritten auf Schadensersatz in Anspruch genommen wird. In den besonderen Haftpflichtbedingungen für Ärzte ist dieser Schutz regelmäßig auf **Vermögensschäden** ausgedehnt. Nicht gedeckt ist regelmäßig der sog. Erfüllungsschaden (z.B. entgangenes oder vom Patienten zurückgefordertes Honorar). Der Umfang des Versicherungsschutzes richtet sich nach den im Versicherungsschein angegebenen Tätigkeiten. Erstes Kriterium ist in der Regel die vom Arzt geführte Fachgebietsbezeichnung. Gedeckt ist dann jede ärztliche Tätigkeit, soweit sie sich noch im **Rahmen des Fachgebiets** hält. Führt z.B. ein Gynäkologe kosmetische Operationen durch, und hat er dies nicht seinem Versicherer gemeldet, kann der Versicherer sich möglicherweise auf seine Leistungsfreiheit berufen, da es sich nicht um eine Gefahrerhöhung,[10] sondern um ein neues Risiko handelt. Eine Verpflichtung auf Einhaltung der „Schulmedizin" im Rahmen der AHB gibt es allerdings nicht. Der Arzt ist berechtigt, im Rahmen der ihm zustehenden **Methodenfreiheit** auch Außenseiter- oder Neulandmedizin zu betreiben, ohne dadurch grundsätzlich seinen Versicherungsschutz zu gefährden.[11] Die Kosten einer Heraus-

---

7   LG Dortmund – 8 O 428/03, GesR 2005, 72; LG Düsseldorf – 2b O 265/01, MedR 2003, 418, 419; KG – 9 W 8/02, OLGReport 2003, 8, 9.
8   Allgemeine Versicherungsbedingungen für die Haftpflichtversicherung.
9   Zum Begriff des Schadensereignisses: BGHZ 25, 34 ff.
10 Diese wäre unter den Voraussetzungen von § 1 Nr. 2b AHB gedeckt.
11 Hierzu *Rumler-Detzel*, VersR 1989, 1008.

gabe- und/oder Auskunftsklage bezüglich der Krankenunterlagen bzw. entsprechender Kopien sind nicht vom Deckungsschutz der Berufshaftpflicht umfasst, weshalb der Arzt ein hohes Eigeninteresse daran haben muss, entsprechende Ansprüche zeitnah zu erfüllen.

2. Off-Label-Use

5   Wendet ein Arzt ein Arzneimittel außerhalb seines Zulassungsbereichs an, ist von besonderem Interesse, ob er dadurch den Deckungsschutz im Rahmen seiner Berufshaftpflichtversicherung gefährdet oder gar gänzlich verliert. In den meisten Heilwesenbedingungen der in der Bundesrepublik Deutschland tätigen Haftpflichtversicherungen heißt es: „Versichert ist die gesetzliche Haftpflicht aus Behandlungen..., soweit diese in der Heilkunde anerkannt sind."

6   Deckungsschutz besteht danach in all denjenigen Off-Label-Use-Anwendungen, in denen die Voraussetzungen, die das Bundessozialgericht für die Erstattungsfähigkeit im Rahmen der GKV aufgestellt hat (siehe Rn 11) vorliegen. Anders als im Falle der restriktiven Haltung im Rahmen der Frage der Erstattungsfähigkeit dürfte es sogar ausreichen, dass über den Off-Label-Use in einschlägigen Fachkreisen ein Konsens über den voraussichtlichen Nutzen des zulassungsüberschreitenden Einsatzes des Arzneimittels besteht. Dies ist in vielen Anwendungssituationen z.B. in der Anästhesie oder auch der Kinderonkologie gegeben.

3. Haftung des pharmazeutischen Unternehmens

7   Eine andere Situation liegt allerdings bei der Haftpflichtversicherung der pharmazeutischen Unternehmen im Rahmen der Gefährdungshaftung des § 84 AMG vor. Zwar vertritt das Bundesministerium für Gesundheit (BMG) die Auffassung, die Deckung müsse sich jedenfalls auf solche Fälle des Off-Label-Use erstrecken, in denen die Anwendung allgemein konsentiert wird. Die Hersteller und ihre Versicherer wenden jedoch zu Recht ein, dass sie im Wege der beantragten Zulassung die Verkehrsfähigkeit ihres Produktes bestimmen.

4. Erstattungsfähigkeit in der GKV

8   Von der grundsätzlichen Zulässigkeit einer Anwendung eines Arzneimittels außerhalb seines Zulassungsbereichs ist die Frage der Erstattungsfähigkeit im Rahmen der gesetzlichen Krankenversicherung zu unterscheiden. Mit Urteil vom 19.3.2002 hatte das BSG[12] entschieden, dass im Rahmen der gesetzlichen Krankenversicherung grundsätzlich nur dann Kosten für Arzneimittel getragen werden können, wenn sie im Rahmen der Indikationen, für die die Zulassung erteilt worden ist, verabreicht werden. Das BSG hält einen zulassungsüberschreitenden Einsatz von Fertigarzneimitteln nur dann für gerechtfertigt, wenn folgende drei Voraussetzungen **kumulativ** gegeben sind:
- Das Fertigarzneimittel soll zur Behandlung einer schwerwiegenden Krankheit eingesetzt werden. Dabei versteht das BSG unter einer schwerwiegenden Krankheit solche Krankheiten, die entweder lebensbedrohlich sind oder die Lebensqualität auf Dauer nachhaltig beeinträchtigen.
- Es darf keine vertretbare andere Behandlungsalternative verfügbar sein.

---

12 BSG – B 1 KR 37/00 R, NZS 2002, 645; in diesem Sinne jetzt auch LSG NRW – L 16 KR 79/03.

- In einschlägigen Fachkreisen muss ein Konsens über den voraussichtlichen Nutzen des zulassungsüberschreitenden Einsatzes des Arzneimittels bestehen.

Trotz der scheinbaren Klarheit dieser drei Voraussetzungen hat die Entscheidung des BSG zahlreiche Folgefragen aufgeworfen (z.B. bei Tumorbehandlung von Kindern), die in der Praxis immer noch einer befriedigenden Lösung harren.[13] Eine gewisse Öffnung folgt aus einer Entscheidung des BSG.[14] Danach kann eine Kostentragungspflicht im Rahmen der GKV angenommen werden, wenn das Arzneimittel im Ausland zugelassen ist und für einen seltenen Einzelfall, also nicht für eine abstrakte Indikationsgruppe, über die erlaubte Apothekeneinfuhr (§ 73 Abs. 3 AMG a.F.) importiert wird.

5. Regelungsmodelle

Infolge der Entscheidung des BSG hat das BMG (damals noch BMGS) eine Expertengruppe „Off-Label-Use" eingerichtet. Die Expertengruppe soll Feststellungen darüber treffen, ob die – nicht in einem Zulassungsverfahren getestete – Anwendung eines Arzneimittels „medizinisch sinnvoll" erscheint. Dadurch sollen Rechtssicherheit und Rechtsklarheit gefördert werden. Der Gesetzgeber hat diese Überlegungen aufgegriffen und in dem seit dem 1.1.2004 geltenden neuen § 35b Abs. 3 SGB V umgesetzt. Danach beruft das Bundesministerium für Gesundheit Expertengruppen beim Bundesinstitut für Arzneimittel und Medizinprodukte, die Bewertungen zum Stand der wissenschaftlichen Erkenntnis über die Anwendung von zugelassenen Arzneimitteln für Indikationen und Indikationsbereiche, für die sie nach dem Arzneimittelgesetz nicht zugelassen sind, abgeben sollen. Diese Bewertungen sollen dann dem gemeinsamen Bundesausschuss als Empfehlung zur Beschlussfassung gemäß § 92 Abs. 1 S. 2 Nr. 6 SGB V zugeleitet werden. Eine entsprechende Bewertung soll im Übrigen nur mit Zustimmung des pharmazeutischen Unternehmens erstellt werden. Diese Einschränkung erfolgte offensichtlich im Hinblick auf die Befugnis des Herstellers, das Ausmaß der Verkehrsfähigkeit des von ihm zu verantwortenden Produkts zu bestimmen (siehe Rn 7). Aus der Gesetzesbegründung ergibt sich, dass der Gesetzgeber eine derartige Zustimmung bzw. Billigung der Ausweitung der Verkehrsfähigkeit offenbar auch als Haftungsvoraussetzung im Rahmen der Gefährdungshaftung nach § 84 AMG betrachtet. Der § 25 Abs. 7a AMG, eingeführt durch das 12. Änderungsgesetz, sieht mittlerweile vor, dass die beim BfArM gebildete Kommission für Arzneimittel für Kinder und Jugendliche zu Arzneimitteln, die nicht für die Anwendung bei Kindern und Jugendlichen zugelassen sind, den anerkannten Stand der Wissenschaft dafür feststellen kann, unter welchen Voraussetzungen diese Arzneimittel bei Kindern oder Jugendlichen angewendet werden können (§ 25 Abs. 7a S. 7 AMG).

6. Neues Prüfschema

Nach einer Entscheidung des BVerfG vom 6.12.2005,[15] durch die eine die Leistungspflicht der GKV für eine nicht anerkannte Arzneimitteltherapie ablehnende Entscheidung des BSG aufgehoben wurde, bekam die Diskussion neuen Auftrieb. Danach sind

---

13 Zu den rechtlichen Folgefragen *Goecke*, NZS 2002, 620 ff.; *Schimmelpfeng-Schütte*, GesR 2004, 361, 364; *dies.*, MedR 2004, 655 ff.; *Wölk*, ZMGR 2006, 3 ff.; BVerfG – 1 BvR 1586/02, NJW 2003, 1236; BVerfG – 1 BvR 131/04, GesR 2004, 246 ff.; *Niemann*, NZS 2004, 254 ff.
14 BSG – B 1 KR 27/02 R, GesR 2005, 322; Visudyne (zugelassen in der Schweiz und den USA) zur Therapie des Aderhautkoloms im Kindesalter; siehe auch BVerfG – 1 BvR 347/98, GesR 2006, 72.
15 BVerfG – 1 BvR 347/98, GesR 2006, 72.

innerhalb der GKV auch Kosten für nicht anerkannte Methoden oder Off-Label-Anwendungen zu erstatten, wenn

- eine lebensbedrohliche oder regelmäßig tödlich verlaufende Erkrankung vorliegt,
- bzgl. dieser Krankheit eine allgemein anerkannte, medizinischem Standard entsprechende Behandlung nicht zur Verfügung steht,
- bzgl. der beim Versicherten ärztlich angewandten (neuen, nicht allgemein anerkannten) Behandlungsmethode eine „auf Indizien gestützte" nicht ganz fern liegende Aussicht auf Heilung oder wenigstens auf eine spürbare positive Einwirkung auf den Krankheitsverlauf besteht.

12   Die grundsätzliche Bindung an den Leistungskatalog der GKV und die Kompetenz des G-BA zur Konkretisierung und Prüfung neuer Behandlungsmethoden hat das BVerfG nicht angetastet.[16] Dementsprechend hat das BSG in aktuellen Entscheidungen[17] seine Rechtsprechung unter Beachtung der vom BVerfG aufgestellten Grundsätze fortentwickelt, ohne dass jedoch damit die Off-Label-Problematik deutlich „liberalisiert" worden wäre. Praktische Hilfe wird eine neu geschaffene Anlage V zu den Arzneimittel-Richtlinien zu anerkannten Off-Label-Use Indikationen solcher Arzneimittel bringen, nachdem der Aufnahme ein positives Votum der Expertengruppe und eine Anerkennung dieses Off-Label-Use durch den pharmazeutischen Unternehmer als bestimmungsgemäßen Gebrauch vorausgegangen ist. Die abschließende Beschlussfassung hierfür erfolgt durch den G-BA.

7. Konsequenzen für die Praxis

13
- Die Anwendung von Fertigarzneimitteln außerhalb der bestehenden Zulassung ist im Rahmen der gesetzlichen Krankenkassen nur verordnungsfähig, wenn die vom BSG gegebenen Voraussetzungen erfüllt sind. Verordnungen zulasten der GKV, die nicht unter diese Voraussetzungen fallen, können zu einem Regress der KVen gegenüber dem verordnenden Arzt führen. Dabei haben die KVen wegen der erschöpfenden Vorgaben des BSG keinen Ermessensspielraum.
- Die Expertengruppen beim BMG haben bisher nur für ganz wenige Arzneimittel Stellungnahmen für die Anwendung außerhalb ihrer zugelassenen Indikation oder Indikationsgebiete abgegeben. Wenn für ein Arzneimittel eine derartige Stellungnahme fehlt, besteht keine Gefährdungshaftung des Herstellers nach § 84 AMG. Für den Arzt besteht aber Deckungsschutz im Rahmen seiner Berufshaftpflicht, wenn für die Anwendung eines Arzneimittels die Voraussetzungen gegeben sind, die das BSG gezogen hat. Es besteht auch Deckungsschutz, wenn ein Präparat nach gesicherter wissenschaftlicher Kenntnis im Rahmen einer nicht zugelassenen Indikation sinnvoll eingesetzt werden kann.
- Problematisch dürfte die Deckung allerdings in den Fällen sein, in denen es zugelassene Alternativ-Arzneimittel gibt und der Einsatz eines nicht zugelassenen Arzneimittels ausschließlich oder überwiegend aus Kostengesichtspunkten erfolgt.

---

16 Deshalb erscheinen erste Bewertungen der Entscheidung in der Publikumspresse zu allgemein. Dies hat das BSG im anschließenden Vergleich, mit dem das Verfahren nach der Aufhebung durch das BVerfG abgeschlossen wurde, deutlich herausgearbeitet, siehe hierzu veröffentlichtes Sitzungsprotokoll vom 27.3.2006, B 1 KR 28/05 R, Termin-Bericht des BSG Nr. 20/06.
17 BSG – B 1 KR 12/05 R, GesR 2006, 421; BSG – B 1 KR 12/04 R, NZS 2007, 88 (beide ablehnend); BSG – B 1 KR 7/05 R, GesR 2007, 24 (zustimmend).

- Über die beabsichtigte Anwendung eines für die geplante Indikation nicht zugelassenen Fertigarzneimittels muss der Patient entsprechend aufgeklärt werden und er muss seine Einverständniserklärung zu der Behandlung geben.
- Die Weiterverordnung eines Arzneimittels, das z.B. wegen bestimmter Nebenwirkungen durch den Hersteller vom Markt genommen worden ist, ist auch haftungsrechtlich nicht vertretbar. Es besteht weder durch den Hersteller eine Gefährdungshaftung noch besteht Deckung durch den Haftpflichtversicherer des Arztes.

8. Räumlicher Schutz und sachlicher Umfang

a) Räumlicher Umfang

In räumlicher Hinsicht sind zunächst alle Schadensfälle im Inland[18] gedeckt. Abweichend von den AHB sehen die besonderen Haftpflichtbedingungen für Ärzte in der Regel vor, dass auch im Ausland vorkommende Schadensereignisse abgedeckt sind, sofern diese auf die Ausübung der beruflichen Tätigkeit im Inland oder auf eine Erste-Hilfe-Leistung bei Unglücksfällen im Ausland zurückzuführen sind. Viele große Arzthaftpflichtversicherer erweitern im Übrigen mittlerweile ihren Versicherungsschutz für den Einsatz im Rahmen der internationalen Katastrophenhilfe, wobei zum Teil Deckungsschutz nur für ambulante Heilbehandlung, nicht aber für Operationen gewährt wird. Hilfsorganisationen verfügen darüber hinaus oftmals über zusätzliche Gruppenversicherungsverträge. Vom Beginn der Hilfsaktion an haben ehrenamtliche Helfer im Übrigen gesetzlichen Unfallversicherungsschutz, der auch arbeitsbedingte Erkrankungen umfasst.

b) Sachlicher Umfang

In sachlicher Hinsicht muss der Arzt schließlich mitteilen, ob er im Rahmen seiner Berufstätigkeit z.B. ambulant operiert, belegärztlich tätig ist oder z.B. Geburtshilfe ausübt. Dabei sind besondere Definitionen zu beachten. Nicht jeder Hautschnitt ist gleichzeitig eine ambulante Operation. **Operative Eingriffe** sind diagnostische und/oder therapeutische Maßnahmen, die sowohl durch konventionelle schnittchirurgische Verfahren als auch minimalinvasive Techniken durchgeführt werden. Nach den Hinweisen großer Haftpflichtversicherer zu den Versicherungsbedingungen zählen nicht als operative Eingriffe:
- das Abnehmen von Blut zu Untersuchungszwecken,
- das Setzen von Spritzen als Therapie,
- Warzenentfernung,
- Entfernen von Fuß- und Fingernägeln,
- Wundversorgung,
- Abszessbehandlung,
- Abstriche.

Der Einsatz von Röntgen- und Laserstrahlen ist heutzutage üblicherweise mitversichert. Angesichts neuer Kooperationsformen zwischen Klinik und Praxis (Stichwort: „Vernetzung" oder „Verzahnung") stellen sich neue Fragen. Angenommen, ein in eigener Praxis tätiger Radiologe oder Pathologe schließt mit einem Krankenhaus einen Ko-

---

18 Zunehmend bieten manche Gesellschaften jedoch schon automatisch EU- oder sogar weltweite Deckung an.

operationsvertrag, wonach er sämtliche Patienten des Krankenhauses – also auch die stationären Fälle – betreut, mag es zweifelhaft sein, ob diese Tätigkeit noch von seiner Haftpflichtversicherung für ärztliche Tätigkeit in eigener – ambulanter – Praxis umfasst ist. Manche sehen ein wesentliches Kriterium darin, wo der Ort der Leistungserbringung ist und welche Regeln der Kooperationsvertrag enthält.[19] Gliedert ein Krankenhaus eine bisherige stationäre Funktionseinheit – in zulässiger Art und Weise – aus, wobei der Aufgabenbereich im Wesentlichen unverändert bleibt, dürfte kaum ein Zweifel daran erlaubt sein, dass auch die stationäre Tätigkeit mitzuversichern ist. Gleiches gilt dann, wenn der niedergelassene Arzt für und im Krankenhaus tätig ist. In jedem Falle sollte der Arzt seinem Versicherer den Abschluss des Kooperationsvertrages unter Vorlage der Einzelheiten anzeigen, um seinen Informations- und Mitwirkungspflichten (siehe Rn 21) zu genügen.

9. Persönlicher Umfang

17 In persönlicher Hinsicht gilt die Haftpflichtversicherung zunächst für den versicherten Arzt. Mitversichert ist regelmäßig die gesetzliche Haftpflicht des Versicherungsnehmers (Arztes) für die Beschäftigung eines vorübergehend bestellten Vertreters (z.B. Urlaub, Erkrankung, ärztliche Fortbildungskurse) oder die Vertretung eines vorübergehend verhinderten Arztes. Die persönliche gesetzliche Haftpflicht dieses vorübergehenden Vertreters ist nicht mitversichert. Versicherungsschutz besteht allerdings in der Regel für den ständigen Vertreter, die Beschäftigung für Assistenzärzte (z.B. in der Weiterbildung) sowie nachgeordnetes nichtärztliches Praxispersonal einschließlich der persönlichen gesetzlichen Haftpflicht dieser Personen für Schäden, die sie in Ausführung ihrer dienstlichen Verrichtungen für den Versicherungsnehmer verursachen. Die heute mögliche Anstellung von Fachärzten (§ 32b Zulassungsordnung-Ärzte) ist hingegen normalerweise nicht automatisch im Versicherungsumfang des Praxisinhabers enthalten. Sie löst bei den meisten großen Arzthaftpflichtversicherern in Deutschland einen Prämienzuschlag aus.

II. Die Haftpflicht des angestellten und/oder beamteten Krankenhausarztes

18 In der Praxis sind angestellte/beamtete Krankenhausärzte über ihren Träger gegen Haftpflichtansprüche versichert. Der Träger schließt üblicherweise für seine Einrichtung und zugunsten des bei ihm beschäftigten Personals eine Betriebshaftpflichtversicherung ab, die Haftpflichtschäden aus dem Bereich der Dienstaufgaben der angestellten/beamteten Ärzte abdeckt. Mitversichert werden zumeist auch die Aufgaben der leitenden Krankenhausärzte im Nebentätigkeitsbereich. Die leitenden Ärzte beteiligen sich an den Kosten der Versicherung hierfür anteilig. Diese Versicherung deckt dann auch nachgeordnetes Personal, soweit es im Nebentätigkeitsbereich eingesetzt wird. Für die gelegentliche außerdienstliche Tätigkeit muss der angestellte Arzt Vorsorge treffen. Ist dessen Tätigkeit nicht über das Haus der Versicherung des leitenden Arztes abgedeckt, benötigt der angestellte Krankenhausarzt eigenen Versicherungsschutz. Bis vor kurzem schlossen Träger der Universitätskliniken, also die Länder, für die bei ihnen beschäftigten Ärzte und das nachgeordnete Personal keine Haftpflichtversicherung ab, sondern

---

19 *Hufnagl/Cramer*, Der Radiologe 2001, 84 ff., Abgrenzung ambulanter und stationärer Tätigkeiten von Radiologen.

regelten Schadensfälle nach dem Grundsatz der Selbstversicherung selbst.[20] Dies hat sich geändert. Die meisten **Universitätskliniken** haben nunmehr ebenfalls eine Haftpflichtversicherung für das bei ihnen tätige ärztliche und nichtärztliche Personal abgeschlossen. Nicht so in Bayern, wo man nach wie vor das Prinzip der „Selbstversicherung" verfolgt. Dies wird allerdings seit 2006 dadurch abgemildert, dass die angestellten Mitarbeiter seitdem einen verbrieften **Freistellungsanspruch** gegenüber dem Träger des Uniklinikums haben, wobei im Falle grober Fahrlässigkeit ein Regress nur in Höhe von maximal drei Bruttomonatsgehältern vollzogen werden kann.[21] Hat ein Krankenhausträger keine Betriebshaftpflichtversicherung (und gelten auch keine Sonderregelungen wie für die bayerischen Universitätskliniken) kann nach allgemeinen arbeitsrechtlichen Grundsätzen regressiert werden.[22] Bei leichter Fahrlässigkeit stellt der Krankenhausträger den Arzt ohne Rückgriff frei. Bei mittlerer Fahrlässigkeit beschränkt sich der Regress auf eine Quote, die unter Berücksichtigung aller Umstände einzelfallbezogen ermittelt wird. Bei grober Fahrlässigkeit kann grundsätzlich in vollem Umfang regressiert werden, es sei denn es käme aufgrund eines Missverhältnisses von Arbeitsverdienst zum Haftungsrisiko zu einer unmittelbaren Existenzgefährdung. Mitarbeiter der **Caritas**[23] sind ebenso wie Beamte[24] haftungsprivilegiert. Sie haften intern nur bei grober, nicht bei mittlerer Fahrlässigkeit. Mitarbeiter der **Diakonie** haften intern nach allgemeinen arbeitsrechtlichen Grundsätzen, also anteilig auch bei mittlerer Fahrlässigkeit.[25] Bei den leitenden Ärzten (Professoren) ist regelmäßig nur die Dienstaufgabe versichert, nicht dagegen die Nebentätigkeit. In diesem Bereich, für den ihnen das Liquidationsrecht eingeräumt ist, müssen sie sich selbst versichern und dem Dienstherrn hierüber einen Nachweis führen. Das Land verpflichtet die leitenden Ärzte überdies dazu, die im Bereich der Nebentätigkeit eingesetzten Ärzte mit in diese Haftpflichtversicherung einzubeziehen.

III. Der geschützte Versicherungszeitraum

Gemäß § 149 VVG ist der Versicherer verpflichtet, dem Versicherungsnehmer die Leistung zu ersetzen, die dieser aufgrund seiner Verantwortlichkeit für eine während der Versicherungszeit eintretende Tatsache an einen Dritten zu bewirken hat. Gemäß § 3 Ziff. I AHB beginnt der Versicherungsschutz in der Regel mit der Einlösung des Versicherungsscheins durch Zahlung der Prämie. Regelmäßig ist in den Versicherungsscheinen aber ein fester Zeitpunkt vereinbart, ab dem auch dann schon Versicherungsschutz besteht, wenn die Prämie erst später angefordert und dann unverzüglich gezahlt wird (§ 3 Ziff. I Abs. 3 AHB). Versicherungsschutz besteht zunächst für die im Versicherungsvertrag vereinbarte Zeitdauer. Beträgt diese mindestens ein Jahr, verlängert sich der Vertrag jeweils um ein weiteres Jahr, wenn er nicht zuvor rechtswirksam gekündigt wurde (§ 9 Ziff. I AHB). Versicherungsschutz besteht für die während der Ver-

19

---

20 *Lippert*, Die Personalvertretung 1992, 342.
21 Im Falle einfacher Fahrlässigkeit gibt es überhaupt keinen Regress. Bei Voratz und Beteiligung von Drogen und Alkohol kann ohne Begrenzung regressiert werden.
22 BAG (GS), Beschl. v. 27.9.1994 – GS 1/89 (A), NJW 1995, 210; BAG, Urt. v. 25.9.1997 – 8 AZR 288/96, NJW 1998, 1810.
23 § 5 Abs. 5 AVR Caritas.
24 § 46 BRRG, ebenso die Beamtengesetze der Länder.
25 § 3 Abs. 5 AVR Diakonie.

sicherungszeit „eintretenden" Tatsachen. Darunter versteht man nach überwiegender Auffassung[26] das sog. **„Schadensereignis bzw. die Folgenereignistheorie"**.[27] Dies ist umstritten, nachdem der BGH[28] Anfang der achtziger Jahre auf den Zeitpunkt des Verstoßes – unabhängig vom Schadenseintritt – abstellte. Dieses Urteil hat jedoch insoweit keine weitreichende Bedeutung mehr, als die AHB mit Unterstützung des BAV 1982 entsprechend präzisiert und die Schadensereignistheorie in den Bedingungen festgeschrieben wurde. Nach einer Entscheidung des OLG Nürnberg[29] kommt dieser Änderung der AHB jedoch keine entscheidende Bedeutung zu. Maßgeblich sei, wie ein durchschnittlicher Versicherungsnehmer derartige Klauseln verstehe. Gerade ein Arzt gehe beim Abschluss einer Berufshaftpflichtversicherung davon aus, dass sie diejenigen Schäden abdecke, für die er während des Versicherungszeitraums die Ursache gesetzt habe (Kausalereignistheorie im Gegensatz zur Folgeereignistheorie). Für eine Notwendigkeit zum Abschluss einer sog. **Nachhaftungsversicherung** bleibt nach dem Urteil des OLG Nürnberg daher i.d.R. kein Raum. Da dieses Urteil aber einen Strahlenschaden und damit die damals anders gefassten AHBStr betraf, ist eine zu unkritische Übernahme für die geänderten AHB problematisch. Für den Versicherungsnehmer kann jede der beiden Theorien Vor- und Nachteile haben.[30] Im konkreten Fall (Strahlenschaden) war die Entscheidung des OLG Nürnberg für den versicherten Arzt vorteilhaft (er hatte entgegen der Auffassung seiner Berufshaftpflichtversicherung doch Versicherungsschutz). Die Folgeereignistheorie kann aber z.B. dann vorteilhaft sein, wenn sich seit dem maßgeblichen Kausalereignis und dem Schadenseintritt die Deckungssummen zugunsten des Arztes verbessert haben. Fallen Verstoß und Schadenseintritt zusammen, ist diese ganze Diskussion überflüssig. Gerade im Bereich des Heilwesens ist es jedoch gar nicht so selten, dass die später einen Schaden auslösende Ursache zu einem Zeitpunkt gesetzt wird, in dem man noch nicht von einem Schadenseintritt sprechen kann. Typisches Beispiel ist die unzureichende durchgeführte Sterilisation bzw. Konzeptionsberatung. Verstoß ist die fehlerhafter Operation bzw. Beratung, Schadenseintritt aber erst die später stattfindende Geburt des familienplanungswidrig gezeugten Kindes. Ähnliche Beispiele lassen sich im Bereich der Dauer- und/oder Fehlmedikation oder auch im Rahmen der Strahlentherapie bilden (siehe Rn 4). Das Schadensereignis ist aber nicht erst dann eingetreten, wenn sich der Schaden „fulminant" im Körper des Patienten manifestiert, sondern bereits bei den ersten Merkmalen.[31] Mit der Änderung der AHB 2004 wird die Folgenereignistheorie nach Auffassung der Versicherungswirtschaft klar definiert (Versicherungsfall = Schadensereignis).

20 Scheidet der niedergelassene Arzt aus dem Berufsleben aus, so können gegen ihn auch nach diesem Zeitpunkt noch Haftpflichtansprüche geltend gemacht werden. Ist der Schaden noch während des versicherten Zeitraums eingetreten, aber erst nach Beginn

---

26 *Späte*, Vorbem Rn 12; a.A. OLG Nürnberg – 8 U 4755/99, VersR 2000, 1490, das Urteil betraf zwar eine Klausel aus den AHBStr (und nicht aus den AHB), in der noch von „Ereignis" und nicht von „Schadensereignis" die Rede war; insofern kam es nicht auf die Änderung des BAV aus dem Jahre 1982 an. Das OLG hatte aber ohnehin Bedenken, ob diese Neuformulierung die Kausalereignistheorie zugunsten der Folgeereignistheorie verdrängen könne.
27 *Späte*, § 1 Rn 26.
28 BGHZ 79, 76.
29 OLG Nürnberg – 8 U 4755/99, VersR 2000, 1490.
30 Zu den Nachteilen der Claims-Made-Regelung siehe unten; zur Rechtsentwicklung im Übrigen *Späte*, § 1 Rn 40.
31 Siehe hierzu die „Erste-Tropfen-Theorie" des BGH; LG Hamburg – 405 O 129/90, VersR 1992, 1349; OLG Saarbrücken – 5 W 96/92, VersR 1993, 876; BGH – IV ZR 36/73, VersR 1974, 741; BGH – IVa ZR 63/82, VersR 1984, 630.

des Ruhestands geltend gemacht worden, ist eine Deckung unproblematisch. Da es bei bestimmten Konstellationen jedoch vorkommen kann, dass der Schaden erst geraume Zeit nach dem Verstoß bzw. der schädigenden Handlung eintritt, empfiehlt die Versicherungswirtschaft den Abschluss einer sog. **Nachhaftungsversicherung**, die normalerweise von dem Versicherer angeboten wird, bei dem der Arzt zuletzt versichert war. Nach der oben dargestellten Entscheidung des OLG Nürnberg[32] kann dies überflüssig sein. In diesem Zusammenhang ist auf die Problematik unterschiedlicher Haftpflichtversicherungssysteme in Europa hinzuweisen. Während die deutschen AHB auf den Schadenseintritt als maßgebliches Kriterium abstellen, ist es bei vielen angelsächsischen Versicherungen der Zeitpunkt der Geltendmachung[33] („**claims-made**"). Dies muss sich ein Arzt, der die neuen Möglichkeiten des liberalisierten Versicherungsmarktes nutzen will, gut überlegen. Angenommen er will später von seinem englischen Versicherer wieder zu einem deutschen Versicherer wechseln, kann nämlich eine nicht mehr schließbare **Deckungslücke** eintreten. Wird er nach dem Versicherungswechsel zu dem deutschen Unternehmen mit einem Anspruch konfrontiert, dessen Grund während seiner Versicherungszeit bei dem englischen Versicherer eingetreten ist, wird dieser sich darauf berufen, die Geltendmachung sei nach Vertragsende erfolgt. Der deutsche Versicherer wird einwenden, der Schadenseintritt falle in den Vorversicherungszeitraum.

C. Obliegenheiten des Versicherungsnehmers

I. Anzeige- und Mitwirkungspflichten des Arztes

Das Schadensereignis, das Haftpflichtansprüche begründen könnte, ist dem Versicherer unverzüglich, spätestens innerhalb einer Woche schriftlich anzuzeigen (§ 5 Ziff. II Abs. 1 AHB). Dabei besteht die Anzeigepflicht nicht erst, wenn konkret Schadensersatzansprüche erhoben werden, sondern bereits dann, wenn der versicherte Arzt Kenntnis von Umständen erlangt, die geeignet sind, Haftpflichtansprüche gegen ihn auszulösen. Auch wenn ein Ermittlungsverfahren gegen den Versicherungsnehmer eingeleitet wird, muss der Haftpflichtversicherer umgehend informiert werden. Dies gilt auch dann, wenn er bereits über die zivilrechtliche Geltendmachung Kenntnis hat. Im Rahmen der Sachbearbeitung hat der Versicherungsnehmer **Mitwirkungspflichten**. Hierzu gehört, dem Versicherer alle Unterlagen, Informationen und Auskünfte zu übermitteln, die dieser zur Anspruchsprüfung benötigt. Eine Bindung an die Schweigepflicht besteht insoweit nicht. Die Verletzung der **Obliegenheit** zur rechtzeitigen Meldung des Schadensereignisses kann erhebliche negative Auswirkungen haben. Der Versicherer ist nämlich leistungsfrei, wenn er konkretisieren kann, dass ihm durch die verspätete Schadensmeldung Möglichkeiten zur Feststellung des Versicherungsfalles oder zur **Minderung des Schadens** durch eigene Verhandlungen mit dem Geschädigten entgangen sind.[34] Dieselbe Leistungsfreiheit kann bei mangelnder Mitwirkung des Versicherungsnehmers im Verlauf der Schadensbearbeitung eintreten. Verweigert z.B. der Versicherungsnehmer trotz wiederholter Mahnung seines Haftpflichtversicherers und trotz Hinweises auf die Gefahr der Versagung des Deckungsschutzes die Mitwirkung an der Abwehr von Haftpflichtansprüchen, in dem er Fragen des Versicherers nicht be-

21

---

32 OLG Nürnberg – 8 U 4755/99, VersR 2000, 1490.
33 Siehe hierzu *Flatten*, VersR 1994, 1019 ff.
34 OLG München – 3 U 3919/80, VersR 1982, 1089.

antwortet, so verstößt er vorsätzlich gegen die in § 5 Ziff. III und IV AHB festgelegten Obliegenheiten.[35] Sein Schweigen ist dann ebenso geeignet, das Aufklärungsinteresse des Versicherers zu gefährden, wie die unrichtige Beantwortung von Fragen.[36]

II. Regulierungshoheit des Versicherers

22   Der Versicherungsnehmer ist gemäß § 5 Ziff. V S. 1 AHB nicht berechtigt, ohne vorherige Zustimmung des Versicherers ganz oder teilweise anzuerkennen oder zu befriedigen. Der Versicherer hat sowohl außergerichtlich als auch während des Prozesses die Regulierungsvollmacht und **Regulierungshoheit**.[37] Dies bringt es mit sich, dass der Versicherte ohne Zustimmung des Versicherers keinen Anwalt mit der Abwehr der Ansprüche betrauen könnte, da dieser keine Erklärungen abgeben dürfte, die dem Versicherer vorbehalten sind. Verstößt der Versicherungsnehmer gegen diese Obliegenheit, ist der Versicherer nicht verpflichtet, die zusätzlichen Kosten dieses „auf eigene Faust" mandatierten Anwalts zu übernehmen. Ein häufiges Missverständnis besteht allerdings hinsichtlich der Frage, ob der Versicherte nach einem Schadensfall mit dem Patienten oder seinen Angehörigen sprechen und welche Erklärungen er abgeben darf. Dieses vermeintliche „Äußerungsverbot" kann nicht selten zu einer Zuspitzung der Situation führen, weil der Patient befürchtet, es werde „gemauert". Dem Arzt ist es nicht verwehrt, mit dem Patienten oder seinen Bevollmächtigten den Geschehensablauf durchzugehen. Es ist ihm auch nicht verwehrt, einen Fehler zuzugeben, wenn er es mit der Bemerkung verknüpft, dass damit noch nichts über die Berechtigung des geltend gemachten Anspruchs verknüpft ist (z.B. Kausalität). Eindeutig untersagt ist nur die Ankündigung, der Anspruch werde anerkannt oder es werde gezahlt. Derartige Erklärungen sind ausschließlich dem Versicherer vorbehalten. Gibt sie der Versicherte dennoch ab, ohne sich deswegen zuvor das Einverständnis seines Versicherers vorlegen zu lassen, kann er seinen Versicherungsschutz gefährden. Übernimmt der Arzt im Rahmen des Behandlungsvertrages oder eines integrierten Versorgungskonzepts **Garantieleistungen**, wird die Versicherung ebenfalls von ihrer Leistungspflicht befreit.[38] Der Leistungsausschluss betrifft dabei nicht nur die eigentliche Garantieleistung, sondern den gesamten Behandlungsfall einschließlich ggf. notwendig werdender Revisionsoperationen.

III. Keine Passivlegitimation des Haftpflichtversicherers

23   Anders als im Rahmen der Kfz-Pflichtversicherung ist der Berufshaftpflichtversicherer nicht passiv legitimiert und kann daher im Haftungsprozess (Aktivprozess) nicht als Partei verklagt werden. Der Anspruchsteller hat keinen Anspruch auf Nennung der Berufshaftpflichtversicherung des Arztes.[39] Dies ist deshalb wichtig, weil es durchaus Konstellationen geben kann, in denen ein Arzt ein Interesse haben kann, einen erkennbar unbegründeten Anspruch selbst abzuwehren, ohne seine Berufshaftpflichtversicherung zu involvieren, um dieser nicht die Möglichkeit einer Vertragskündigung oder Prämienanpassung zu verschaffen.

---

35 OLG Saarbrücken – 5 U 165/05-14, GesR 2006, 565.
36 OLG München – 19 U 2334/79, VersR 1980, 570.
37 *Wussow*, VersR 1994, 1014 ff.; BGH – IV ZR 329/05, VersR 2006, 1676.
38 § 4 Abs. 1 Nr. 6 AHB.
39 AG Dorsten – 3 C 70/02, MedR 2005, 102.

§ 14 Arztstrafrecht

Dr. Jens Schmidt/Dr. Joachim Giring

Inhalt

A. Einleitung	1
B. Das materielle Arztstrafrecht	4
I. Bedeutung des materiellen Arztstrafrechts	4
II. Die einzelnen Straftatbestände des materiellen Arztstrafrechts	5
1. Fahrlässige Körperverletzung bzw. fahrlässige Tötung	5
a) Sorgfaltspflichtmaßstab	5
aa) Facharztstandard	6
bb) Zeitpunkt der Bestimmung	10
cc) Grundsatz der Methodenfreiheit	11
dd) Übernahmeverschulden	12
ee) Berücksichtigung von Sonderwissen	13
ff) Bedeutung des groben Behandlungsfehlers	14
b) Strafbarkeit durch Unterlassen	15
c) Behandlungsfehler	19
d) Aufklärungsmängel	21
aa) Einwilligung	22
bb) Besondere Probleme der ärztlichen Aufklärungspflicht	29
cc) Durchführung der Aufklärung	33
dd) Die mutmaßliche Einwilligung	38
ee) Wegfall der Aufklärungspflicht	40
ff) Fortfall der Haftung trotz Verletzung der Aufklärungspflicht	43
gg) Irrtumsprobleme im Rahmen der Einwilligung	44
e) Organisationsfehler im Rahmen der Delegation	46
aa) Vertrauensgrundsatz	47
bb) Vertrauensgrundsatz bei typischen Fallkonstellationen	49
f) Kausalität zwischen Sorgfaltspflichtverletzung und Erfolg	59
2. Vorsätzliche, gefährliche und schwere Körperverletzung	62
3. Unterlassene Hilfeleistung	63
4. Ärztliche Sterbehilfe	69
a) Aktive und passive Sterbehilfe	71
b) Weiterbehandlung	73
c) Neugeborene	74
5. Organentnahme	75
6. Schwangerschaftsabbruch	78
7. Strafbarkeit von Kastration und Sterilisation	85
a) Kastration	85
aa) Begriff und Strafbarkeit	85
bb) Voraussetzungen der §§ 2, 3 KastrG	86
cc) Andere Behandlungsmethoden gemäß § 4 KastrG	90
b) Sterilisation	92
aa) Begriff und Strafbarkeit	92
bb) Rechtfertigende Einwilligung	95
8. Straftaten nach dem Embryonenschutzgesetz	99
9. Ausstellen unrichtiger Gesundheitszeugnisse (§ 278 StGB) und Urkundenfälschung (§ 267 StGB)	101
10. Verletzung der ärztlichen Schweigepflicht	106
a) Tatbestand des § 203 StGB	106
aa) Schutzbereich und Täterkreis	106
bb) Schutz fremder Geheimnisse	108

cc) Begriff des Offenbarens 111
dd) Zeitliche Geltung der Verschwiegenheitspflicht 115
ee) Subjektiver Tatbestand 117
ff) Rechtfertigungsgründe 118
b) Qualifikation gemäß § 203 Abs. 5 StGB ... 128
c) Verwertung fremder Geheimnisse gemäß § 204 StGB 129
d) §§ 203, 204 StGB als Sonderdelikte 130
e) Antragserfordernis gemäß § 205 Abs. 1 StGB 131
f) Zeugnisverweigerungsrecht aufgrund §§ 53, 53a StPO 132
11. Vorteilsannahme/Bestechlichkeit 136
a) Vorteilsannahme (§ 331 StGB) 137
b) Bestechlichkeit (§ 332 StGB) 143
c) Bestechlichkeit im geschäftlichen Verkehr (§ 299 Abs. 1 StGB) .. 144
d) Präventivberatung 146
12. Abrechnungsbetrug 147
a) Typische Fallkonstellationen des Abrechnungsbetruges 148
aa) Vertragsärztlicher Bereich 149
bb) Privatärztlicher Bereich 160
b) Verhältnis mehrerer Tathandlungen 164
c) Schadensberechnung .. 165
13. Strafbare Werbung 166
a) Liberalisierung des Werbeverbots 166
b) Strafbare Umgehung des Werbeverbots 170
aa) Strafbarkeit nach § 16 Abs. 1 UWG . 170
bb) Strafbarkeit gemäß §§ 3 Nr. 3a, 14 HWG 172

c) Strafbarkeit gemäß § 148 Nr. 1 GewO 176
d) Werbung für den Abbruch der Schwangerschaft gemäß § 219a StGB 177
14. Strafbare Verschreibung von Betäubungsmitteln ... 178
a) Allgemeines 178
b) Strafbarkeit wegen des Verstoßes gegen das BtMG 180
aa) § 29 Abs. 1 Nr. 6 lit. a BtMG i.V.m. § 13 Abs. 1 BtMG . 180
bb) Vorsatz, Fahrlässigkeit und Versuch 186
c) Strafbarkeit nach dem StGB 187
15. Straftatbestände und Ordnungswidrigkeiten nach dem Arzneimittelgesetz .. 191
a) Überblick 191
b) Strafbarkeit nach § 95 AMG 192
c) Strafbarkeit nach § 96 AMG 195
d) Bußgeldvorschriften nach § 97 AMG 201
e) Strafbarkeit nach dem StGB 202

C. Die Verteidigung in Arztstrafsachen 203

I. Die Verteidigung des Beschuldigten 204
1. Allgemeine Hinweise 204
2. Verteidigung im Ermittlungsverfahren 217
a) Stellungnahme 218
b) Durchsuchung 220
c) Einstellungsmöglichkeiten 224
d) Strafbefehl 232
3. Verteidigung im Zwischenverfahren 235
4. Verteidigung in der Hauptverhandlung 236
II. Die Beratung von Geschädigten und Hinterbliebenen 239
III. Der Zeugenbeistand 246
IV. Rechtsfolgen arztstrafrechtlichen Fehlverhaltens 251

Literatur

Dahs, Handbuch des Strafverteidigers, 7. Auflage 2005; **Eberth/Müller**, Verteidigung in Betäubungsmittelsachen, 4. Auflage 2004; **Jung/Meiser/Müller (Hrsg.)**, Die juristische Problematik in der Medizin, Band 2, 1971; **Karlsruher Kommentar zur Strafprozessordnung und zum Gerichtsverafssungsgesetz**, hrsg. von Pfeiffer, 5. Auflage 2003, zit: KK/*Bearbeiter*; **Kleist/Hess/Hoffmann**, Heilmittelwerbegesetz, 2. Auflage 1998; **Körner**, Betäubungsmittelgesetz, Arzneimittelgesetz: BtMG, 6. Auflage 2007; **Lackner/Kühl**, Strafgesetzbuch, 26. Auflage 2007; **Lang/Schäfer/Stiel**, Der GOÄ-Kommentar, 2. Auflage 2002; **Leipziger Kommentar**, hrsg. von Jähnke/Laufhütte/Odersky, Strafgesetzbuch, 12. Auflage 2007, zit: LK/*Bearbeiter*; **Malek**, Verteidigung in der Hauptverhandlung, 3. Auflage 1999; **Nomos Kommentar**, hrsg. von Kindhäuser/Neumann/Paeffgen, Strafgesetzbuch, 2. Auflage 2005, zit: NK/*Bearbeiter*; **Peters**, Der strafrechtliche Arzthaftungsprozess, 2000; **Schönke/Schröder**, StGB, 27. Auflage 2006 (zit: Schönke/Schröder/*Bearbeiter*); **Systematischer Kommentar zur Strafprozessordnung und zum Gerichtsverfassungsgericht**, hrsg. von Rudolphi/Wolter, Loseblatt, zit: SK/*Bearbeiter*; **Tröndle/Fischer**, Strafgesetzbuch, 54. Auflage 2007; **Ulsenheimer**, Arztstrafrecht in der Praxis, 3. Auflage 2003; **Wabnitz/Janovsky (Hrsg.)**, Handbuch des Wirtschafts- und Steuerstrafrechts, 2. Auflage 2004.

A. Einleitung

Bereits der Begriff des „Arztstrafrechts" löst Diskussionen um dessen Grenzen aus. Wurden ursprünglich nur solche Straftaten dem Arztstrafrecht zugeordnet, die aus der spezifisch ärztlichen Tätigkeit im Arzt-Patienten-Verhältnis resultieren, wird heute der Begriff in der Regel wesentlich weiter gefasst und auch die Tatbestände des (Abrechnungs-)Betrugs, der Untreue, der Vorteilsnahme und der Bestechlichkeit darunter subsumiert. Teils wird insoweit zwischen dem „klassischen" oder „traditionellen Arztstrafrecht" bzw. dem „Arztstrafrecht im weiteren Sinne" differenziert.[1]

Letztlich ist der aufgezeigte Streit jedoch rein akademischer Natur, da Ermittlungsverfahren gegen Ärzte – gleich welcher Art – in dem einem wie dem anderen Fall regelmäßig mit erheblichen Beeinträchtigungen der betroffenen Mediziner verbunden sind. Strafverfahren und die damit einhergehende Publizität sind nicht selten existenzgefährdend, mitunter sogar existenzvernichtend. Die Suspendierung bis hin zur Kündigung bei angestellten Ärzten bzw. die mangelnde Frequentierung des niedergelassenen Arztes stellen ebenso typische Begleiterscheinungen des Strafverfahrens dar, wie z.B. vorläufige Maßnahmen betreffend die kassenärztliche Zulassung oder Approbation. Die mit dem Strafverfahren verbundene Stigmatisierung hinterlässt somit nicht selten negative Folgen, die oftmals selbst im Falle der Einstellung oder des Freispruchs erhalten bleiben, so dass der Arzt bereits nach Einleitung des Ermittlungsverfahrens eingehender Beratung bedarf.

Verschärft wird die aufgezeigte Problematik durch eine stetige Zunahme von „Arztstrafsachen", welche ihre Ursache in einer zunehmenden „Verrechtlichung" der Arzt-Patienten-Beziehung findet. Der atemberaubende Forschritt der Medizin führt nicht selten zu einem übersteigerten Anspruchsdenken seitens der Patienten und damit zu einer fehlenden Bereitschaft schicksalhafte (Krankheits-)Verläufe hinzunehmen.[2] Dies erklärt auch die allergischen Reaktionen vieler Mediziner, die Strafverfahren häufig als „persönliche Ungerechtigkeit" auffassen; bisweilen werden Strafanzeigen sogar als „bloße Schikane" des Patienten eingestuft und daher anwaltlicher Rat gar nicht oder verspätet eingeholt. Die besonderen Herausforderungen im Grenzbereich von Recht und Medizin erfordern somit nicht nur besonderes Fingerspitzengefühl im Umgang mit dem Man-

---

[1] *Ulsenheimer*, Rn 7.
[2] *Ulsenheimer*, Rn 5.

danten, sondern auch fundiertes Wissen des materiellen und formellen Strafrechts, welches hier praxisgerecht dargestellt werden soll. Der Schwerpunkt liegt somit in der Darstellung der obergerichtlichen Judikatur, so dass hinsichtlich einer Vertiefung der Thematik hier nur auf weiterführende (Kommentar-)Literatur verwiesen werden kann.

B. Das materielle Arztstrafrecht

I. Bedeutung des materiellen Arztstrafrechts

4 Die Bedeutung des materiellen Arztstrafrechts wird in der Praxis oftmals unterschätzt. Praktiker, insbesondere Rechtsanwälte, vertreten nicht selten die Auffassung, die Praxis habe ihre „eigenen Gesetze", das materielle Recht sei weitgehend bedeutungslos. Dass dies einen Trugschluss darstellt, belegt ein Blick auf die Statistik bzgl. der Häufigkeit einzelner Einstellungsgründe. Demnach werden im materiellen Arztstrafrecht häufig beachtliche Verteidigungserfolge erzielt, so z.B. im Bereich der Kausalität.

II. Die einzelnen Straftatbestände des materiellen Arztstrafrechts

1. Fahrlässige Körperverletzung bzw. fahrlässige Tötung

a) Sorgfaltspflichtmaßstab

5 Voraussetzung der Fahrlässigkeitstat ist – nicht nur im Arztstrafrecht – die Verletzung der im Verkehr erforderlichen Sorgfalt, die Vorhersehbarkeit der Tatbestandsverwirklichung und die Erkennbarkeit der Rechtswidrigkeit.[3] Für das Arztstrafrecht ergeben sich u.a. folgende Besonderheiten:

aa) Facharztstandard

6 Die ständige Rechtsprechung[4] stellt bei Prüfung des Sorgfaltspflichtverstoßes auf das Leitbild des besonnen und umsichtigen Angehörigen des betreffenden Verkehrskreises, in concreto auf den „Standard des erfahrenen Facharztes" ab. Erforderlich ist das Maß an Sorgfalt, welches von einem **durchschnittlich** befähigten Facharzt erwartet werden kann.[5] Daraus folgt, dass eine ärztliche Betreuung nicht bereits deshalb sorgfaltspflichtwidrig ist, wenn sie nicht optimal war; gefordert ist lediglich eine Durchschnittsleistung. Die Erfüllung des Facharztstandards setzt grundsätzlich nicht die Tätigkeit eines Arztes voraus, der die Facharztprüfung abgelegt hat. Der Facharztstandard ist nicht formell bestimmt, sondern umschreibt ein materielles Kriterium.[6]

7 **Leit- oder Richtlinien** medizinischer Fachgesellschaften konkretisieren zusätzlich den gebotenen ärztlichen Standard, haben aber im Falle des Abweichens nicht stets haf-

---

3 Vgl. *Tröndle/Fischer*, § 15 Rn 14 m.w.N.
4 BGHSt 43, 306, 311; vgl. auch Schönke/Schröder/*Cramer/Sternberg-Lieben*, § 15 Rn 219 m.w.N.
5 BGH NJW 2000, 2754, 2758; Schönke/Schröder/*Cramer/Sternberg-Lieben*, § 15 Rn 219; *Ulsenheimer*, Rn 18 m.w.N.; vgl. auch BGH VersR 1994, 480, 482.
6 *Ulsenheimer*, Rn 20; *Steffen*, MedR 1995, 360.

tungsbegründenden Charakter; umgekehrt entfällt die strafrechtliche Verantwortung nicht zwingend, sofern entsprechende Vorgaben eingehalten werden.[7] Wörtlich heißt es z.B. in einer Entscheidung des OLG Stuttgart:[8]

> *„Dass die Thrombozytenkontrollen auch in den Leitlinien der Deutschen Gesellschaft für Chirurgie empfohlen waren, führt nicht dazu, dass ihr Unterlassen als schwerer, nicht mehr verständlicher Behandlungsfehler zu werten ist. Der Verstoß gegen in Leitlinien niedergelegte Behandlungsstandards ist nicht zwingend als unverständlicher Fehler zu werten .... Allein aus der Aufnahme einer Behandlungsregel in eine Leitlinie ergibt sich noch nicht, dass eine Behandlungsmaßnahme zu den elementaren medizinischen Standards gehört und ein Unterlassen medizinisch schlechterdings unverständlich ist."*

Die Verletzung von Leit- oder Richtlinien führt demnach zwar regelmäßig aber nicht zwingend zur Annahme eines Sorgfaltspflichtverstoßes.

8

Zu beachten ist insofern auch, dass angesichts der unterschiedlichen Zweckrichtung von zivil- und strafrechtlichem Haftungsrecht, der zivilrechtlich festgeschriebene Standard zwar die Obergrenze strafrechtlicher Verantwortlichkeit vorgibt, dieser jedoch nicht zwingend zugleich einen strafrechtlich erheblichen Sorgfaltsmangel darstellt.[9] Die Verletzung von Dokumentationspflichten wirkt sich schließlich – ungehindert der zivilrechtlichen Bedeutung – strafrechtlich nur dann aus, wenn ein hierdurch verursachtes Informationsdefizit anderer Ärzte zu einem Behandlungsfehler führt.[10]

9

bb) Zeitpunkt der Bestimmung

Da der ärztliche Standard von den Entwicklungen des jeweiligen Fachgebietes abhängig ist, unterliegt auch die rechtliche Bewertung einem steten Wandel. Der ärztliche Standard ist daher „ex ante" zu bestimmen, so dass z.B. nachträglich bekannt gewordene Umstände, nachträgliche wissenschaftliche Erkenntnisse und Forschungsergebnisse außer Betracht zu bleiben haben.[11] Die ärztliche Behandlung entspricht erst dann nicht mehr dem ärztlichen Standard, wenn neue, bessere Heilungsmethoden unbestritten sind, so dass nur ihre Anwendung von einem sorgfältigen Arzt verantwortet werden kann.[12] In der Übergangsphase entspricht somit sowohl die noch anerkannte als auch die schon akzeptierte Methode dem Sorgfaltspflichtmaßstab,[13] was insbesondere dann erhebliche Bedeutung gewinnen kann, wenn das Verfahren – wie so oft – über mehrere Jahre hinweg geführt wird. Immer wieder gerät nämlich diese Tatsache in Vergessenheit, wenn nach mehreren Jahren Ermittlungstätigkeit ein (weiteres) Sachverständigengutachten in Auftrag gegeben wird, der (neue) Sachverständige jedoch nicht nach dem Stand der Medizin zum Zeitpunkt der Behandlung und dem zum Zeitpunkt der Begutachtung differenziert.

10

---

7 Schönke/Schröder/*Cramer/Sternberg-Lieben*, § 15 Rn 219; *Hart*, MedR 1998, 8, 12.
8 OLG Stuttgart MedR 2002, 650, 652 f.
9 Schönke/Schröder/*Cramer/Sternberg-Lieben*, § 15 Rn 219a m.w.N.
10 Schönke/Schröder/*Cramer/Sternberg-Lieben*, § 15 Rn 219a m.w.N.
11 BGH NJW 1961, 600; BGH NJW 1963, 393, 394.
12 BGH MedR 1992, 214, 215.
13 Schönke/Schröder/*Cramer/Sternberg-Lieben*, § 15 Rn 219c m.w.N.

cc) Grundsatz der Methodenfreiheit

11 Die Wahl der Therapie ist primär Sache des Arztes.[14] Gibt es mehrere medizinisch anerkannte Heilmethoden oder hat sich noch kein „medizinischer Standard" durchgesetzt, ist dem Arzt folglich ein Ermessensspielraum einzuräumen. Die rechtliche Anerkennung der Methodenfreiheit bedeutet jedoch umgekehrt keinen „Freibrief für Gewissenlosigkeit"; dem Grundsatz sind dort Grenzen gesetzt, wo die Überlegenheit eines anderen Verfahrens allgemein anerkannt ist;[15] etwas anderes gilt nur dann, wenn sich der Arzt „aus sachlichen Gründen" und „wohlerwogen" für den Einsatz einer anderen Methode entschließt, da er andernfalls erhebliche anderweitige Gefahren für den Kranken befürchtet.[16] Betritt der Arzt „medizinisches Neuland", hat er zunächst alle patientenfernen Übungsmöglichkeiten auszuschöpfen. Wer neue Behandlungsmöglichkeiten einführt, muss nämlich von anderen lernen, Fachliteratur lesen, Einzelschritte gründlich erproben, usw.[17] Der Arzt ist – umgekehrt – aber nicht verpflichtet eine neue, noch nicht etablierte Behandlungsmethode einzusetzen; die freie Therapiewahl steht nur dem Arzt, nicht jedoch dem Patienten zu.[18]

dd) Übernahmeverschulden

12 Pflichtwidrig handelt auch derjenige Arzt, der eine Behandlung – ohne Not – übernimmt, der er mangels eigener persönlicher Fähigkeiten nicht gewachsen ist oder trotz vorhandenen Könnens aus anderen Gründen, z.B. Übermüdung oder Trunkenheit, nicht sachgerecht erfüllen kann.[19] Voraussetzung für einen Schuldvorwurf ist jedoch, dass der Arzt den Mangel seiner Kenntnisse und Fähigkeiten kennt.[20] Aus dem Gesichtspunkt des Übernahmeverschuldens ergibt sich zugleich eine Verpflichtung zur regelmäßigen Fortbildung.[21] Existieren in einem Krankenhaus keine ausreichenden personellen Ressourcen bzw. technische Vorrichtungen, ist der Patient zu verlegen; andernfalls liegt in der Übernahme der Behandlung eine Verletzung der ärztlichen Sorgfaltspflicht.[22]

ee) Berücksichtigung von Sonderwissen

13 Nach h.M.[23] ist größeres individuelles Leistungsvermögen bei der Prüfung der Sorgfaltspflichtverletzung zu berücksichtigen; unter dem Gesichtspunkt des bestmöglichen Rechtsgüterschutzes sei der Arzt gehalten auch Sonderwissen einzusetzen, so dass er die ihm auferlegte Sorgfaltspflicht verletzt, wenn er hinter seinen Fähigkeiten zurückbleibt.

---

14 BGH NJW 1982, 2121, 2122; vgl. auch Schönke/Schröder/*Cramer/Sternberg-Lieben*, § 15 Rn 219d.
15 BGH MedR 1992, 214, 215.
16 *Ulsenheimer*, Rn 19c m.w.N.
17 Vgl. BGH NJW 1984, 654, 657.
18 *Ulsenheimer*, Rn 19d.
19 *Tröndle/Fischer*, § 15 Rn 16; Schönke/Schröder/*Cramer/Sternberg-Lieben*, § 15 Rn 219i jeweils m.w.N.
20 BGHSt 43, 306, 311.
21 BGHSt 43, 306, 311.
22 BGH MedR 1989, 322.
23 BGHSt 14, 54; Schönke/Schröder/*Cramer/Sternberg-Lieben*, § 15 Rn 139 m.w.N.

ff) Bedeutung des groben Behandlungsfehlers

Anregungen aus dem Schrifttum,[24] dem Vorbild anderer Staaten – z.B. USA, Frankreich oder Österreich – folgend, nur grobe Behandlungsfehler unter Strafe zu stellen, ist der deutsche Gesetzgeber bis heute nicht gefolgt, so dass nach deutschem Strafrecht auch das kleinste Fehlverhalten den Tatbestand des Fahrlässigkeitsdeliktes erfüllt,[25] d.h. die Schwere des Fehlers für die Frage der Strafbarkeit bedeutungslos ist; gleichwohl spielt diese im Rahmen der Strafzumessung sowie der Art der Erledigung des Strafverfahrens – z.B. Anklage, Strafbefehl oder Einstellung gemäß §§ 153, 153a StPO (vgl. Rn 224 ff.) – eine erhebliche Rolle, so dass die Frage des „groben Behandlungsfehlers" im Ergebnis auch im Strafrecht eine nicht unerhebliche Bedeutung besitzt. Maßgebend ist dabei, ob der Arzt „eindeutig gegen gesicherte und bewährte medizinische Erkenntnisse und Erfahrungen" verstoßen hat,[26] „auf eindeutige Befunde nicht nach gefestigten Regeln der ärztlichen Kunst reagiert",[27] oder „grundlos Standardmethoden zur Bekämpfung möglicher, bekannter Risiken nicht angewandt hat und besondere Umstände fehlen, die den Vorwurf des Behandlungsfehlers mildern können."[28]

14

b) Strafbarkeit durch Unterlassen

Da die Strafbarkeit wegen Unterlassens – anders als beim aktiven Tun – u.a. das Vorliegen einer Garantenstellung voraussetzt, ist die Abgrenzung zwischen aktivem Tun und Unterlassen von erheblicher praktischer Relevanz.

15

Die Rechtsprechung stellt seit jeher auf den „Schwerpunkt der Vorwerfbarkeit" ab.[29] So stellt z.B. die Übernahme der Behandlung aktives Tun dar, so dass die fehlerhafte Behandlung regelmäßig auch dann als aktives Tun zu werten sein wird, wenn im Rahmen der Diagnose relevante Untersuchungen unterbleiben. Umgekehrt soll z.B. eine Unterlassungstat vorliegen, wenn der Arzt die Behandlung eines unheilbar Kranken dadurch beendet, dass er das Pflegepersonal anweist, statt der erforderlichen künstlichen Ernährung nur noch Tee zu verabreichen.[30] Gleiches gilt für den Abbruch der künstlichen Beamtung oder andere lebensverlängernde Maßnahmen, da diese normativ dem Unterlassen der weiteren Behandlung gleichstehen.[31] Das Abgrenzungsproblem ist somit vorrangig eine Wertungsfrage, so dass im Übrigen auf die hierzu ergangene, umfangreiche Kasuistik zu verweisen ist.[32]

16

Die Garantenstellung des Arztes wird regelmäßig durch die Übernahme der Behandlung begründet.[33] Insoweit gilt zu beachten, dass auch die telefonische Erstberatung die Verantwortlichkeit des Arztes begründet, so dass insbesondere der niedergelassene Arzt ein nicht unerhebliches (strafrechtliches) Risiko eingeht, wenn er den Patienten telefonisch berät, um ihn zu späterem Zeitpunkt persönlich aufzusuchen. Führt nämlich der Arzt eine telefonische Erstberatung durch, lässt er sich beispielsweise die vorhandenen Symptome nennen und unterbreitet er Behandlungsvorschläge, geht der Bundes-

17

---

24 *Ulsenheimer*, Rn 6 m.w.N.
25 BGH NJW 2000, 2754, 2758.
26 BGH NJW 1986, 1541.
27 BGH NJW 1983, 2080.
28 BGH NJW 1983, 2080.
29 BGHSt 6, 46, 59; BGH NStZ 1999, 607; OLG Düsseldorf MedR 1984, 28, 29.
30 BGHSt 40, 257, 266.
31 *Ulsenheimer*, Rn 281 m.w.N.
32 Vgl. Schönke/Schröder/*Cramer/Sternberg-Lieben*, vor § 13 Rn 158 m.w.N.
33 BGHSt 7, 211.

gerichtshof in ständiger Rechtsprechung davon aus, dass er durch diese Maßnahme die Behandlung übernommen hat, d.h. die Verantwortlichkeit des „behandelnden Arztes" begründet wird.[34]

18 Die allgemeine Hilfepflicht gemäß § 323c StGB löst – vielfach verkannt – keine Garantenpflicht des Arztes aus[35] (vgl. Rn 63 ff.).

c) Behandlungsfehler

19 Ein Behandlungsfehler ist jeder Verstoß gegen den fachärztlichen Standard, d.h. jede ärztliche Maßnahme, die nach dem jeweiligen Stand der medizinischen Wissenschaft unsachgemäß ist.[36]

20 Obwohl es nahezu unmöglich ist, die Vielzahl ärztlicher Behandlungsfehler im Detail zu erfassen, kann auf folgende typische Fallgruppen verwiesen werden, die in der praktischen Tätigkeit von besonderem Gewicht sind:[37]

- **Diagnosefehler**; streng zu trennen ist zwischen einem „Diagnosefehler" und einer „Fehldiagnose", da nicht jede Fehldiagnose als strafrechtlich erhebliches Fehlverhalten zu qualifizieren ist.[38] „Irrtümer bei der Diagnosestellung kommen in der Praxis häufig vor; sie sind oft nicht einmal die Folge eines vorwerfbaren Versehens des Arztes, da „die Symptome der Erkrankungen nicht immer eindeutig sind, sondern auf die verschiedensten Ursachen hinweisen können" und die vorläufige Diagnose daher „mit hohen Unsicherheitsfaktoren belastet" ist.[39] Im diagnostischen Bereich liegt daher nur dann ein Behandlungsfehler vor, wenn der Arzt ein eindeutiges, klares Krankheitsbild infolge Unachtsamkeit oder mangels ausreichender Erfahrung verkennt, Kontrollbefunde unterlässt bzw. eine vorläufige Diagnose nicht ausreichend überprüft.[40]
- **Kontroll- und Überwachungsfehler**
- **Zurücklassen von Fremdkörpern im Operationsgebiet**; nach ständiger Rechtsprechung kann beim Zurückbleiben von Fremdkörpern in einer Operationswunde nicht stets von einem Behandlungsfehler ausgegangen werden.[41] Entscheidend ist nicht nur welcher Art der zurückgebliebene Gegenstand war oder ob besondere Umstände bzw. Zwischenfälle während der Operation eintraten, sondern vor allem, ob der Operateur alle „möglichen und zumutbaren Sicherungsvorkehrungen gegen ein solches Missgeschick" – z.B. Zählen der verwandten Tupfer bzw. Kontrolle der Vollzähligkeit von Instrumenten, Bauchtücher und Kompressen – ergriffen hat.
- **Fehlende bzw. unzureichende Anamnese**[42]
- **Nichterhebung von (Kontroll-)befunden bzw. Nichtüberprüfung der ersten Arbeitshypothese**[43]
- **Unzutreffende Wahl der Heilmethode**[44]

---

34 BGH VersR 1979, 376, 377.
35 BGHSt 3, 66; BGH JZ 1983, 151.
36 BGH NJW 1987, 2292; BGH NJW 2000, 2754, 2758.
37 Vgl. *Ulsenheimer*, Rn 40 ff.
38 BGH AHRS 2002/8, S. 18.
39 BGH MedR 1983, 108.
40 Vgl. BGH AHRS 2002/8, S. 13; OLG Köln VersR 1989, 631; OLG Köln VersR 2000, 102.
41 BGH VersR 1955, 344; BGH VersR 1956, 714, 715; OLG Koblenz VersR 1999, 1420 ff.; vgl. auch OLG Düsseldorf MDR 1958, 34.
42 Vgl. BGHSt 3, 91.
43 Vgl. BGH NJW 1987, 1482; BGH NJW 1988, 2949; BGH NJW 1995, 778; BGH VersR 1998, 457.
44 BGH NJW 1968, 1181.

- **Therapeutische Beratungs- und Hinweisfehler** (z.B. nicht schwer tragen)
- **Fehlerhafte Medikation**
- **Missachtung von Hygienebestimmungen**
- **Nichterkennen von Komplikationen**
- **Fehlerhafte Operations- bzw. Reanimationstechnik**
- **Lagerungsfehler**[45]
- **Fehler beim Einsatz medizinisch-technischer Geräte**
- **Fehlerhafte Vornahme von Injektionen, Infusionen und Transfusionen**
- **Verspätete Hinzuziehung von Spezialisten bzw. Einweisung ins Krankenhaus**

d) Aufklärungsmängel

Die praktische Bedeutung von Aufklärungsmängeln im Strafrecht ist sehr umstritten. Während einige Autoren der eigenmächtigen Behandlung – unter Hinweis auf die „Beweislast" im Strafverfahren – noch nicht einmal untergeordnete Bedeutung beimessen,[46] vertritt insbesondere *Ulsenheimer* die Ansicht, dass die praktische Bedeutung bei weitem unterschätzt werde.[47] Die fehlerhafte Aufklärung diene oftmals als „Auffangtatbestand", wenn der Nachweis eines Behandlungsfehlers misslinge. Wie so oft dürften die unterschiedlichen Feststellungen nicht zuletzt mit regionalen Besonderheiten, d.h. der Verfolgungsintensität einzelner Staatsanwaltschaften, zusammenhängen. Letztlich verdient jedoch *Ulsenheimer* insoweit Zustimmung, als die Problematik des „Aufklärungsmangels" auch im Strafrecht nicht vernachlässigt werden darf. Sollte die Frage der erfolgten Aufklärung Beweisthema sein, ist insbesondere auf empirische Untersuchungen zu verweisen, wonach bereits einen Tag nach Durchführung der Aufklärung mehr als die Hälfte der Teilnehmer nicht mehr wusste, überhaupt aufgeklärt worden zu sein.[48]

21

aa) Einwilligung

Ausgangspunkt der Problematik ist die ständige obergerichtliche Rechtsprechung,[49] wonach jeder ärztliche Heileingriff eine tatbestandsmäßige Körperverletzung darstellt; folglich bedarf es zur Rechtfertigung des Eingriffs einer wirksamen Einwilligung des Patienten.

22

Die Einwilligung muss frei von Willensmängeln sein, so dass Drohung, Zwang, Täuschung, Irrtum oder Missachtung der Personenbezogenheit zur Unwirksamkeit der Einwilligung führen.[50] Auch wenn es keine allgemein gültige Formel gibt, worüber aufzuklären ist, folgt hieraus, dass der Patient über Anlass, Dringlichkeit, Umfang, Schwere, Risiken, Art und Folgen, mögliche Nebenwirkungen des Eingriffs, Erfolgsaussichten, Folgen der Nichtbehandlung, Behandlungs- und Kostenalternativen, u.U. auch den

23

---

45 BGH NJW 1984, 1403.
46 Vgl. *Peters*, Der strafrechtliche Arzthaftungsprozess, S. 31; *Lilie/Orben*, ZRP 2002, 154 ff.
47 *Ulsenheimer*, Rn 53.
48 Vgl. *Ulsenheimer*, Rn 122 m.w.N.
49 BGHZ 29, 46, 56 f.; BGH NStZ 1996, 34, 35; BGHSt 11, 111, 112; entsprechende Gesetzesinitiativen zur Änderung dieser Rechtslage sind bislang gescheitert vgl. *Ulsenheimer*, Rn 56 m.w.N.
50 BGHSt 4, 88; BGHSt 4, 113, 119; BGHSt 16, 309, 311; BGHSt 19, 201, 206. BGH MedR 1998, 516; zur Problematik des heimlichen Aidstests vgl. *Ulsenheimer*, Rn 59 m.w.N.

Namen des Operateurs, dessen Ausbildungsstand sowie die Ausstattung der Klinik aufzuklären ist.[51]

24 Dem folgend wird zwischen verschiedenen Aufklärungsformen unterschieden:

25 Im Rahmen der **therapeutischen Aufklärung** hat der Arzt die Verhaltensregeln bzgl. der Behandlung zu vermitteln, umso Schaden durch den Eingriff abzuwehren, z.B. auf ein Ansteckungsrisiko hinzuweisen.[52]

26 Die **Diagnoseaufklärung** dient der Information des Patienten über den ärztlichen Befund, wobei diese nicht zu verwechseln ist mit der Aufklärung vor einem Eingriff zu diagnostischen Zwecken. Die Diagnoseaufklärung verursacht nicht selten Interessenkollisionen, wenn der Patient z.B. über eine tödlich verlaufende Krankheit aufzuklären ist; gleichwohl genießt das Selbstbestimmungsrecht des Patienten grundsätzlich den Vorzug, so dass nur in eng umgrenzten Ausnahmefällen eine Aufklärung unterbleiben kann, so z.B. wenn das Leben oder die Gesundheit des Patienten durch die Mitteilung ernstlich gefährdet würde.[53]

27 Die **Verlaufsaufklärung** ist prinzipiell Bestandteil der Risikoaufklärung (siehe Rn 28); der Patient ist ferner über (Neben-)Folgen sowie Erfolgschancen des Eingriffs aufzuklären.[54] Ist das Gelingen der Operation fraglich, bedarf es zusätzlich einer Aufklärung, die den Patienten als Laien in die Lage versetzt das „Für und Wider" sachgerecht abzuwägen.[55]

28 Die **Risikoaufklärung** bildet den juristischen Schwerpunkt der Aufklärungsproblematik. Es hat insbesondere eine Aufklärung über Dringlichkeit, Nebenwirkungen, Gefahr des Fehlschlages, Art des Eingriffs, Behandlungsalternativen, die damit verbundenen Vor- und Nachteile, einschließlich der Kosten zu erfolgen.[56] Bzgl. der **Risikoaufklärung** ist weiter nach folgenden Faktoren zu differenzieren:
- grundsätzlich ist nur bzgl. allgemein **bekannter Risiken** aufzuklären; „eine Pflicht zur Aufklärung der Operationsfolgen besteht nur insoweit, als eine gewisse Wahrscheinlichkeit dafür spricht, dass diese sich verwirklichen können."[57] Sind bestimmte Risiken zwar statistisch äußerst selten, für den Betroffenen jedoch von erheblichem Gewicht – z.B. Infektionsrisiko AIDS bei Fremdbluttransfusion –, kann ausnahmsweise auch in solchen Fällen eine Aufklärung geboten sein;[58] umgekehrt sinkt der Grad der Aufklärungspflicht bei solchen Risiken – z.B. Blutverlust während der OP –, die dem Laien hinlänglich bekannt sind.[59]
- je **eilbedürftig**er die ärztliche Maßnahme ist, desto geringer sind die Anforderungen bzgl. der Aufklärung des Patienten;[60] je weniger dringlich und notwendig der Eingriff – z.B. ästhetische Chirurgie,[61] Sterilisation[62] oder Wunschsectio[63] –, desto hö-

---

51 *Ulsenheimer*, Rn 60 m.w.N.
52 Vgl. BGH MedR 1995, 25, 26.
53 BGHZ 29, 176, 184 f.; OLG Köln NJW 1987, 2936.
54 BGH JZ 1991, 983, 984.
55 BGH NJW 1981, 1319, 1320.
56 BGH JZ 1991, 983 ff.; OLG Stuttgart MedR 1996, 82.
57 OLG Köln AHRS 1987, 4475/3.
58 BGH NJW 1992, 743.
59 Vgl. BGH NJW 1992, 743; BGH NJW 1990, 633; BGH NJW 1986, 780; BGH VersR 1981, 456, 457.
60 Schönke/Schröder/*Eser*, § 223 Rn 40c m.w.N.
61 OLG München MedR 1988, 187, 188; OLG München VersR 1993, 1529; OLG Düsseldorf NJW 1963, 1679 f.; OLG Düsseldorf VersR 1985, 552; OLG Oldenburg MedR 1997, 508.
62 Vgl. OLG München VersR 2002, 417, 418.
63 *Ulsenheimer*, Rn 72b m.w.N.

her und strenger ist die Aufklärungspflicht.[64] Im Falle vital indizierter Maßnahmen wird der Aufklärungsumfang regelmäßig „gegen Null" tendieren.[65]

- je **schwere**r die **Folgen** – z.B. Gefahr von Tod oder Dauerschäden –, umso größere Anforderungen sind an die Aufklärungspflicht zu stellen.[66]
- die Aufklärungspflicht ist von der aufzuklärenden **Person**, deren **Verhalten** sowie dem **körperlichen Zustand** abhängig;[67] grundsätzlich wird die so genannte „Stufenaufklärung" gefordert, d.h. die schriftliche Grundinformation sowie das anschließende Aufklärungsgespräch.[68]
- da die Wahl der Behandlungsmethode Sache des Arztes ist (vgl. Rn 11), bedarf es grundsätzlich keiner Aufklärung bzgl. etwaiger Behandlungsalternativen;[69] eine Aufklärungspflicht besteht jedoch, sofern eine ernsthafte wissenschaftliche Kontroverse vorliegt oder die gewählte Behandlungsmaßnahme vom medizinischen Standard – so z.B. bei **neuen Therapieverfahren**[70] oder **Außenseitermethoden**[71] – abweicht.[72]

bb) Besondere Probleme der ärztlichen Aufklärungspflicht

Besondere Probleme werfen Fälle auf, in denen der ärztliche Heilauftrag in Widerspruch zum Selbstbestimmungsrecht des Patienten steht. 29

Probleme können auftreten, wenn der Patient **Bluttransfusionen** aus **Glaubens- und Gewissensgründen** ablehnt. Eindeutig ist die Rechtslage bei **Kindern oder Minderjährigen**, die auch gegen den (ausdrücklichen) Willen der Eltern zu behandeln sind. Die Weigerung der Eltern stellt einen Missbrauch des elterlichen Sorgerechts dar und ist daher unbeachtlich. Soweit möglich ist jedoch vor dem ärztlichen Eingriff die Zustimmung des Vormundschaftsrichters – notfalls im Wege der vorläufigen Anordnung – einzuholen.[73] Bei der Bestimmung der Einwilligungsfähigkeit ist nach wohl überwiegender Meinung nicht auf die Religionsmündigkeit, sondern die allgemeine Urteils- und Einsichtsfähigkeit des Minderjährigen abzustellen, so dass diese Frage stets im konkreten Einzelfall zu entscheiden ist.[74] 30

Bei **erwachsenen Patienten** wird allgemein zwischen vital indizierten und solchen Eingriffen zu differenzieren sein, die vital nicht indiziert sind. Während bei vital nicht indizierten Eingriffen die Ablehnung der Behandlung jedenfalls dann gefordert wird, wenn der Eingriff zwingend mit einer Bluttransfusion verbunden ist,[75] ist die Rechtslage bei vital indizierten Eingriffen nach wie vor umstritten.[76] Zwar geht die h.M.[77] von der Eigenverantwortlichkeit des Patienten aus, d.h. sie räumt dem Selbstbestimmungsrecht des Patienten den Vorrang ein; andererseits ist jedoch der Konfliktsituation des Arz- 31

---

64 *Tempel*, NJW 1980, 611 ff.; *Ulsenheimer*, Rn 71 jeweils m.w.N.
65 Vgl. BGHSt 12, 382; Schönke/Schröder/*Eser*, § 223 Rn 40c.
66 Vgl. BGH MDR 1996, 1015 f.; BGH VersR 1996, 330 f.
67 *Ulsenheimer*, Rn 78 f. m.w.N.
68 BGH JZ 2000, 898, 901.
69 BGH NStZ 1996, 34; *Tröndle/Fischer*, § 223 Rn 13; *Ulsenheimer*, Rn 82 m.w.N.
70 OLG Köln VersR 1992, 754; OLG Oldenburg VersR 1997, 491.
71 Vgl. OLG Celle VersR 1992, 794; OLG Köln VersR 1992, 32.
72 Vgl. BGH MedR 1996, 271; BGH MDR 1988, 145, 146; BGH NJW 2000, 1788 f.
73 OLG Celle NJW 1995, 792.
74 *Ulsenheimer*, Rn 96 m.w.N.
75 OLG München MedR 2003, 174, 176.
76 *Ulsenheimer*, Rn 93 ff. m.w.N.
77 Vgl. BGHSt 32, 367, 378.

tes dadurch Rechnung getragen worden, dass ein unvermeidbarer Verbotsirrtum angenommen worden ist, wenn der Arzt den Eingriff trotz anders lautendem Wunsch des Patienten durchführt.[78] Ob dem die Rechtsprechung insgesamt folgen wird, ist indes fraglich, da die Problematik in Arztkreisen zwischenzeitlich durchaus bekannt ist. Ist jedoch der behandelnde Arzt mit der rechtlichen Problematik vertraut, erscheint es schwerlich möglich, einen (un-)vermeidbaren Verbotsirrtum anzunehmen. Da Weisungen unzulässig sind, sofern sie in den Kernbereich der ärztlichen Berufsfreiheit eingreifen (vgl. § 2 Abs. 2 BÄO), sind schließlich schriftliche Dienstanweisungen, Bluttransfusionen im Falle vitaler Indikation vorzunehmen bzw. zu unterlassen rechtlich unverbindlich.[79] Interessenskollisionen kann auch der Wunsch des Suizidpatienten und Moribunden auslösen, die Behandlung abzubrechen; insoweit sei auf die Darstellung der Sterbehilfe (vgl. Rn 69 ff.) verwiesen.

32 Die dritte Fallgruppe betrifft schließlich die **Erweiterungsoperation** bei unvorhersehbaren Abweichungen vom Behandlungsplan. Insoweit handelt es sich dogmatisch um die Problematik der mutmaßlichen Einwilligung. Hierbei ist auf den Grad der Gefährdung abzustellen, der besteht, sofern die begonnene Operation zunächst abgebrochen wird, um die Einwilligung des Patienten einzuholen. Regelmäßig wird die Erweiterungsoperation daher nur zulässig sein, sofern der Abbruch der Operation eine erhebliche Gefahr für Leben oder Gesundheit des Patienten bedeutet.[80]

cc) Durchführung der Aufklärung

33 Die Aufklärung hat im Regelfall der **behandelnde Arzt** durchzuführen.[81] Gleichwohl ist die **Delegation** auf erprobte ärztliche Mitarbeiter zulässig;[82] eine Übertragung auf nicht-ärztliches Personal ist unzulässig.[83] Wird die Aufklärungspflicht unzureichend delegiert, kommt bzgl. des behandelnden Arztes ein Organisationsverschulden (vgl. Rn 56 ff.), bzgl. des aufklärenden Arztes ein Übernahmeverschulden in Betracht.[84]

34 Grundsätzlich ist der Patient selbst aufzuklären; ist dieser nicht nur vorübergehend einwilligungsunfähig – z.B. **Kinder** – ist der gesetzliche Vertreter aufzuklären. Die Einwilligungsfähigkeit bei Kindern beurteilt sich nach der individuellen geistlichen und sittlichen Reife, wobei auch die Schwere des Eingriffes zu berücksichtigen ist; ist das Kind einwilligungsunfähig, stellt sich jedoch sogleich die Frage, ob die Aufklärung beider Elternteile erforderlich ist. Insoweit differenziert die Rechtsprechung[85] nach der Schwierigkeit des Eingriffs; im Falle leichter Erkrankungen und Verletzungen kann der Arzt grundsätzlich davon ausgehen, dass der eine Elternteil den anderen ermächtigt hat; bei mittelschweren Eingriffen hat er sich darüber hinaus zu vergewissern, ob die Ermächtigung des nicht erschienen Elternteils vorliegt; bei schwerwiegenden Eingriffen muss sich der Arzt die notwendige Gewissheit verschaffen, dass beide Elternteile

---

78 Generalstaatsanwaltschaft Stuttgart Gebfra 1994, M 83 f.
79 *Ulsenheimer*, Rn 96a m.w.N.
80 BGHSt 45, 223; *Tröndle/Fischer*, § 223 Rn 16.
81 OLG Hamburg NJW 1975, 603, 604; OLG Hamm VersR 1994, 815; Schönke/Schröder/*Eser*, § 223 Rn 40d.
82 *Ulsenheimer*, Rn 104a m.w.N.
83 OLG Celle VersR 1981, 1184; BGH VersR 1992, 1142.
84 *Ulsenheimer*, Rn 105.
85 BGH NJW 1988, 2946 ff.

einwilligen. Lehnen die Eltern eine Erfolg versprechende und zumutbare Behandlung ab, kann auch dies einen Missbrauch des elterlichen Sorgerechts darstellen.[86]

Besondere Probleme wirft in diesem Zusammenhang die Frage auf, ob der Arzt befugt ist, die Pille zu verschreiben, wenn die Patientin das 14. Lebensjahr noch nicht vollendet hat; insofern kommt eine Beihilfe zum sexuellen Missbrauch in Betracht, sofern die Patientin als Grund ihrer Bitte die Aufnahme oder Fortsetzung des Geschlechtsverkehrs mit ihrem Freund nennt. Da der Arzt jedoch der Patientin letztlich eine Notlage ersparen will, dürfte das Verhalten des Arztes außerhalb des Normzweckes liegen, d.h. nicht zur Strafbarkeit führen.[87]

35

Ist der volljährige Patient infolge Bewusstlosigkeit, Unfallschock oder erheblicher Schmerzen nur **vorübergehend einwilligungsunfähig**, gelten die Grundsätze der mutmaßlichen Einwilligung (siehe Rn 38 f.).

36

Die Aufklärung hat grundsätzlich zu einem **Zeitpunkt** zu erfolgen, in dem der Patient noch im Vollbesitz seiner Erkenntnis- und Entscheidungsfähigkeit ist; daneben ist dem Patienten ausreichend Gelegenheit zu geben das Für und Wider des Eingriffes abzuwägen, um eine eigenverantwortliche Entscheidung zu treffen.[88] Eine Aufklärung einen Tag vor der Operation ist daher nur in Ausnahmefällen – z.B. Notoperation oder einfacher Eingriff – ausreichend.[89]

37

dd) Die mutmaßliche Einwilligung

Ist der Patient vorübergehend einwilligungsunfähig, gelten die Grundsätze der mutmaßlichen Einwilligung. Hiernach ist der vermeintliche Wille des Patienten zu ermitteln. Die Aufklärung eines nahen Angehörigen ersetzt daher nicht die Aufklärung des Patienten.[90] Die Äußerung von Familienangehörigen hat lediglich Indizwirkung bei Ermittlung des mutmaßlichen Willens. Beachtung verdient insoweit die Entscheidung des BGH[91] vom 17.3.2003 zur Verbindlichkeit sog. „**Patientenverfügungen**". Wörtlich heißt es dort:

38

> „Die Willensbekundung des Betroffenen für und gegen bestimmte medizinische Maßnahmen darf deshalb vom Betreuer nicht durch einen „Rückgriff auf den mutmaßlichen Willen" des Betroffenen „korrigiert" werden, es sei denn, dass der Betroffene sich von seiner früheren Verfügung mit erkennbarem Widerrufswillen distanziert oder die Sachlage sich nachträglich so erheblich geändert hat, dass die frühere selbstverantwortlich getroffene Entscheidung die aktuelle Sachlage nicht umfasst..."

Die Patientenverfügung hat demnach bei Bestimmung des mutmaßlichen Willens tatsächliches Gewicht, hat jedoch umgekehrt ausgedrückt keinen bindenden Charakter, da sich die Ansicht des Patienten in Zeiten der Krankheit verändert haben könnte; sind

39

---

86 *Ulsenheimer*, Rn 111c m.w.N.
87 *Ulsenheimer*, Rn 109h m.w.N.; insbesondere StA Düsseldorf, Vfg. v. 10.1.1995 – 810 Js 26/95; a.A. offenbar *Lackner/Kühl*, § 176 Rn 8.
88 BGH NJW 1987, 2293; OLG Stuttgart VersR 2002, 1428.
89 BGH VersR 1992, 960, 961; BGH MedR 1998, 516, 517; wobei der BGH NJW 1992, 2351 eine zusätzliche Differenzierung zwischen Eingriffs- und Narkoserisiko vornimmt. Während die Anästhesieaufklärung noch am Abend vor der Operation erfolgen kann, hat die Eingriffsaufklärung wesentlich früher zu erfolgen.
90 OLG Köln NJW 1987, 2302.
91 BGH, Beschl. v. 17.3.2003 – XII ZB 2/03.

keine Umstände erkennbar, die ein Abrücken des Patienten erkennen lassen, besitzt die Verfügung dagegen bindende Wirkung.[92] Ist der mutmaßliche Wille nicht eindeutig zu ermitteln, soll nach wohl herrschender Rechtsprechung[93] dem Grundsatz „pro Vita" folgend die Behandlung geboten sein.

ee) Wegfall der Aufklärungspflicht

40 Die Aufklärungspflicht entfällt ausnahmsweise, wenn besondere Umstände vorliegen, die eine Aufklärung des Patienten nicht erforderlich erscheinen lassen.

41 Nach dem „Fürsorgeprinzip" bedarf es daher keiner Aufklärung, wenn diese zu einer „ernsten und nicht behebbaren Gesundheitsschädigung" des Patienten führt,[94] so dass das „bloße Herabdrücken der Stimmung oder des Allgemeinbefindens" also nicht genügen,[95] die Aufklärung als kontra indiziert erscheinen zu lassen.

42 Eine Aufklärung ist auch dann entbehrlich, wenn der Patient bereits **anderweitig** hinreichend **aufgeklärt** worden ist bzw. informiert ist,[96] so z.B. aufgrund eigner Sachkunde,[97] der vorausgegangenen Konsultation anderer Ärzte[98] oder sonstiger Erfahrungen aus der Krankenvorgeschichte.[99] Erforderlich ist jedoch insoweit die zuverlässige Kenntnis des Patienten, so dass bei einem Medizinstudent nicht ohne weiteres das erforderliche Fachwissen unterstellt werden kann.[100] Ebenso wenig ausreichend sind folglich auch „beiläufige Hinweise" von Mitpatienten.[101] Die Aufklärungspflicht entfällt schließlich auch dann, wenn der Patient auf die Aufklärung **verzichtet**.[102] Ein Verzicht darf indes nicht vorschnell unterstellt werden, da dieser seinen Ursprung in Angst oder Unsicherheit des Patienten haben kann, so dass an den Aufklärungsverzicht zu Recht strenge Anforderungen zu stellen sind.[103]

ff) Fortfall der Haftung trotz Verletzung der Aufklärungspflicht

43 Besondere praktische Bedeutung hat der Fortfall der (strafrechtlichen) Haftung aufgrund fehlender Kausalität des Aufklärungsmangels. Verwirklicht sich nicht das Risiko über das hätte aufgeklärt werden müssen, liegt der Erfolg außerhalb des „Schutzbereiches der Norm", so dass die strafrechtliche Haftung entfällt.[104] Ebenso entfällt die Haftung, wenn der Patient auch bei fehlerfreier Aufklärung in die Behandlung eingewilligt hätte (sog. „**hypothetische Kausalität**"). Im Strafrecht wird die praktische Relevanz der Aufklärung daher bestritten (vgl. Rn 21). Während im Zivilprozess der Arzt die Beweislast trägt, wirkt sich im Strafprozess der Grundsatz „in dubio pro reo" aus, so dass

---

92 *Ulsenheimer*, Rn 115 m.w.N.
93 OLG Frankfurt MDR 1998, 1483; OLG Frankfurt NJW 2002, 689; OLG Karlsruhe NJW 2002, 685; OLG Düsseldorf NJW 2001, 2807.
94 BGHZ 29, 176, 185; BGHZ 29, 46, 57; OLG München VersR 1961, 1036, 1037; LG Köln VersR 1980, 491.
95 BGH NJW 1956, 1106; differenzierend Schönke/Schröder/*Eser*, § 223 Rn 42 m.w.N.
96 OLG Karlsruhe NJW 1966, 399, 400.
97 Vgl. OLG Hamm VersR 1989, 480, 481; OLG Karlsruhe VersR 1979, 58, 59.
98 Schönke/Schröder/*Eser*, § 223 Rn 42; vgl. jedoch BGH NJW 1984, 1807, 1809.
99 BGH NJW 1973, 556, 558; BGH NJW 1976, 363, 364; OLG Hamm MedR 1986, 105.
100 LG Duisburg MedR 1984, 196.
101 OLG München NJW 1983, 2642.
102 BGH NJW 1959, 811, 813; BGH NJW 1973, 556, 558; BGH NJW 1976, 363, 364.
103 BGH NJW 1973, 556, 558.
104 BGH NJW 1989, 1533, 1535.

B. Das materielle Arztstrafrecht § 14

im Zweifel davon auszugehen ist, dass die Einwilligung bei ordnungsgemäßer Aufklärung erfolgt wäre.[105]

gg) Irrtumsprobleme im Rahmen der Einwilligung

Wer bei Begehung der Tat einen Umstand nicht kennt, der zum gesetzlichen Tatbestand gehört, handelt nicht vorsätzlich (§ 16 StGB). Gleiches gilt nach h.M.,[106] wenn der Handelnde über die Voraussetzungen eines Rechtfertigungsgrundes irrt (sog. Erlaubnistatbestandsirrtum), so dass der Arzt ohne Vorsatz handelt, wenn er sich tatsächliche Umstände vorstellt, die sein Handeln rechtfertigen würden, sofern sie tatsächlich vorliegen, so z.B. wenn der Arzt davon ausgeht, der Patient sei aufgeklärt worden bzw. habe darauf verzichtet[107] oder der Arzt über die Einwilligungsfähigkeit des Patienten irrt;[108] der Arzt kann in diesem Falle allenfalls wegen fahrlässiger nicht jedoch vorsätzlicher Körperverletzung bzw. Tötung bestraft werden.

44

Demgegenüber liegt lediglich ein Verbotsirrtum vor, wenn der Arzt bei voller Sachverhaltskenntnis lediglich eine fehlerhafte Subsumtion vornimmt, so z.B. eine unwirksame Einwilligung – z.B. infolge einer Drohung – für wirksam hält,[109] der Arzt glaubt die Aufklärung sei überflüssig, da sie dem Patienten schade,[110] der Arzt den Eingriff trotz fehlendem Einverständnis vornimmt, da ihm dieser aus medizinischer Sicht sinnvoll und geboten erscheint[111] oder er die Sittenwidrigkeit der Einwilligung fehlerhaft beurteilt.[112]

45

e) Organisationsfehler im Rahmen der Delegation

Obwohl Arbeitsteilung in allen Bereichen der Medizin seit Jahrzehnten an der Tagesordnung ist und die effektive Behandlung der Patienten ohne Delegation der Verantwortung schlechterdings unvorstellbar wäre, sind insbesondere Probleme im Zusammenhang mit fehlerhafter Delegation im Praxisalltag der Juristen weitgehend unbekannt. Gerade hier können jedoch beachtliche Verteidigungserfolge erzielt werden, insbesondere dann, wenn ein Behandlungsfehler nachweisbar ist, d.h. die strafrechtliche Haftung nicht bereits aus diesem Grunde entfällt.

46

aa) Vertrauensgrundsatz

Aus dem Prinzip der Arbeitsteilung folgt der Vertrauensgrundsatz als tragendes Prinzip der Delegation.

47

„Jeder Arzt hat denjenigen Gefahren zu begegnen, die in seinem Aufgabengebiet entstehen. Solange keine offensichtlichen Qualifikationsmängel oder Fehlleistungen erkennbar werden, muss er sich aber darauf verlassen dürfen, dass auch der Kollege

---

105 BGH MedR 1996, 23, 24; Schönke/Schröder/*Eser*, § 223 Rn 40e m.w.N.
106 Vgl. Schönke/Schröder/*Cramer/Sternberg-Lieben*, § 16 Rn 14 ff. m.w.N.
107 *Ulsenheimer*, Rn 136 m.w.N.
108 *Ulsenheimer*, Rn 136 m.w.N.
109 BGHSt 12, 379; BGH NJW 1978, 1206.
110 *Ulsenheimer*, Rn 137.
111 BGHSt 45, 219, 225.
112 OLG Hamm JMBl NRW 1964, 128.

des anderen Fachgebietes seine Aufgaben mit der gebotenen Sorgfalt erfüllt. Eine gegenseitige Überwachungspflicht besteht insoweit nicht."[113]

48 Die Gesamtverantwortung entsteht somit nur, wenn der Partner seiner Aufgabe, z.B. wegen Übermüdung oder Trunkenheit, ersichtlich nicht gewachsen ist.

bb) Vertrauensgrundsatz bei typischen Fallkonstellationen

49 Im Bereich der Delegation wird üblicherweise zwischen **horizontaler** und **vertikaler Arbeitsteilung** unterschieden.[114] Während die horizontale Arbeitsteilung die Regelung zwischen gleichberechtigten Partnern betrifft, wird im Bereich der vertikalen Arbeitsteilung Verantwortung im Über- bzw. Unterordnungsverhältnis verteilt.

50 Im Bereich der **horizontalen Arbeitsteilung** wird als Beispiel häufig die Zusammenarbeit zwischen Chirurgen und Anästhesisten[115] genannt; die insoweit entwickelten Grundsätze sind jedoch allgemeiner Natur, d.h. gelten auch im Verhältnis anderer Fachärzte; entsprechendes gilt für die Zusammenarbeit von Arzt für Allgemeinmedizin und Facharzt, niedergelassenem Arzt und Krankenhausarzt sowie Krankenhausarzt und Konsiliarius.[116]

51 Für die Arbeitsteilung zwischen Chirurg und Anästhesist gilt demnach Folgendes:

52 Die **präoperative Versorgung** obliegt dem Anästhesisten, der die Narkosefähigkeit zu prüfen hat; der Chirurg dagegen entscheidet, ob, wo und wann der Eingriff durchgeführt werden soll.

53 *Beispiel*
Die Anästhesistin wurde zu einer 18-jährigen Patientin gerufen, als diese bereits auf dem Operationstisch lag. Da der Operateur aufgrund seiner Voruntersuchung eine „normale, akute Blinddarmentzündung" diagnostiziert hatte, fragte die Anästhesistin lediglich, ob die Patientin nüchtern sei, unterließ es aber, ihren Bauch abzutasten und die Darmgeräusche abzuhören. Da die Patientin zusätzlich an einer Darmlähmung litt, befanden sich im Magen und Darm mehrere Liter unverdaute Speisereste, die sie bei Einleitung der Narkose vor Einführung des Tubus erbrach. Hierdurch kam es zu einer Aspirationspneumonie, an deren Folge die Patientin zwei Tage später starb. Da die Anästhesistin weder berechtigt noch verpflichtet war, die Diagnose des Chirurgen zu überprüfen, bestätigte der BGH[117] den ausgeurteilten Freispruch.

54 Für die **postoperative Überwachung** ist grundsätzlich die im Krankenhaus geltende Aufgabenteilung maßgebend; existieren keine ausdrücklichen Regelungen, können hilfsweise die von den beteiligten Berufsverbänden getroffenen Vereinbarungen heranzuziehen sein. Danach ist der Anästhesist für die postnarkotische Phase bis zur Wiederherstellung der Vitalfunktionen verantwortlich, der Chirurg dagegen für Komplikationen, die sich aus der Operation selbst ergeben, wie z.B. das Nachbluten.

---

113 BGH VersR 1991, 695.
114 Umfassend *Ulsenheimer*, Rn 146 ff. m.w.N.
115 Vgl. BGH NJW 1980, 649, 651; vgl. auch Chirurg/Radiologe OLG Düsseldorf VersR 1989, 191; Neurologe/Neurochirurg OLG Oldenburg MedR 1999, 36; Gynäkologe/Pathologe BGH NJW 1999, 2731 ff.
116 Vgl. *Ulsenheimer*, Rn 159 ff.
117 BGH NJW 1980, 649, 651.

Auch in der **vertikalen Arbeitsteilung**, d.h. im Über-/Unterordnungsverhältnis gilt der Vertrauensgrundsatz; dieser wird jedoch begrenzt durch Auswahlverschulden, Überwachungsfehler, Instruktions- bzw. Informationsmängel sowie Delegationsfehler.

Den Chefarzt trifft insoweit die **Allzuständigkeit** (sog. „Chefarztprinzip"); durch geeignete Maßnahmen hat er sicherzustellen, dass die ärztliche Dokumentation zeitnah und sachgerecht erfolgt; gleiches gilt für die Aufklärung. Durch Einsatzpläne und Vertreterregelungen hat er auch die ordnungsgemäße Funktion des Bereitschaftsdienstes zu gewährleisten. Ebenso ist er für die gewissenhafte Auswahl seiner Mitarbeiter, deren Weiterbildung und Überwachung verantwortlich. Fehlleistungen in diesen Bereichen gehen zu seinen Lasten.[118]

Der Vertrauensgrundsatz gilt sowohl im Bereich der ärztlichen Zusammenarbeit als auch beim Zusammenwirken von Arzt und medizinischem Assistenzpersonal;[119] eine Aufhebung erfolgt lediglich bei Vorliegen von Delegationsfehlern. Bzgl. der Überwachung des nachgeordneten Personals gilt daher z.B., dass ein sorgfältig ausgewählter Mitarbeiter, der sich jahrelang bewährt hat, grundsätzlich nicht überwacht werden braucht; gleichwohl sind regelmäßige Stichproben erforderlich;[120] umgekehrt ist besondere Vorsicht geboten, wenn unerfahrenen Assistenzärzten Aufgaben übertragen werden sollen.[121]

Werden Aufgaben übertragen, denen der nachgeordnete Mitarbeiter nicht gewachsen ist, haftet neben dem Chefarzt – Delegationsfehler – regelmäßig auch der Mitarbeiter unter dem Gesichtspunkt des Übernahmeverschuldens.[122] Ein Delegationsfehler liegt schließlich unabhängig vom ärztlichen Erfolg vor, sofern es sich um originär ärztliche Tätigkeiten – z.B. Blutübertragung – handelt, d.h. ein **Delegationsausschluss** vorliegt.[123]

f) Kausalität zwischen Sorgfaltspflichtverletzung und Erfolg

Die bloße Sorgfaltspflichtverletzung erfüllt nicht den Tatbestand der Fahrlässigkeitstat; erforderlich ist daneben die Kausalität der Sorgfaltspflichtverletzung, d.h. der Täter muss den Erfolg durch seine Fehlleistung verursacht haben. Nach ständiger Rechtsprechung findet eine zweistufige Kausalitätsprüfung statt; zum einen ist die – im Regelfall einfache – Frage zu prüfen, ob die Handlung des Beschuldigten im mechanisch-naturwissenschaftlichen Sinne erfolgsursächlich war – „conditio sine qua non" –; zum anderen ist die – in der Praxis häufig übersehene – Frage zu beantworten, ob der Erfolg auch bei ordnungsgemäßem Verhalten des Beschuldigten eingetreten wäre, sog. **Pflichtwidrigkeitszusammenhang**.[124]

Die Bedeutung des Pflichtwidrigkeitszusammenhangs ist in Literatur und Rechtsprechung nach wie vor umstritten. **Einigkeit** besteht insoweit, als eine Haftung des Betroffenen ausscheidet, sofern der tatbestandliche Erfolg bei ordnungsgemäßem Handeln

---

118 Vgl. BGH JZ 1987, 879.
119 Vgl. zur Abgrenzung der Verantwortungsbereiche zwischen Arzt/Hebamme und Arzt/Krankenschwester, *Ulsenheimer*, Rn 185 ff. m.w.N.
120 Vgl. OLG Köln VersR 1989, 708.
121 Vgl. BGH NJW 1984, 655 f.
122 BGH NJW 1984, 655, 657.
123 *Ulsenheimer*, Rn 196 m.w.N.
124 Ausführlich Schönke/Schröder/*Cramer/Sternberg-Lieben*, § 15 Rn 173 ff. m.w.N.

mit an Sicherheit grenzender Wahrscheinlichkeit ebenso eingetreten wäre.[125] Umstritten ist jedoch wie zu entscheiden ist, sofern bei sachgemäßem Handeln der tatbestandliche Erfolg mit „hoher Wahrscheinlichkeit" ausgeblieben wäre. Die Befürworter der **Risikoerhöhungslehre**[126] nehmen in diesem Falle eine Haftung an, wogegen die Rechtsprechung[127] eine Verurteilung unter dem Gesichtspunkt des Grundsatzes **„in dubio pro reo"** nicht zulässt. Würde nämlich bereits eine „Risikoerhöhung" den Tatbestand erfüllen, würde die fahrlässige Körperverletzung bzw. Tötung als Erfolgsdelikt in ein Gefährdungsdelikt uminterpretiert, so dass dem Zweifelssatz folgend, eine an Sicherheit grenzende Wahrscheinlichkeit zu fordern sei. Nach ständiger Rechtsprechung kommt eine Verurteilung somit nur in Betracht, wenn bei korrektem Handeln der tatbestandliche Erfolg mit an Sicherheit grenzender Wahrscheinlichkeit ausgeblieben wäre.

61 Da sich in der Praxis der Nachweis oftmals nicht führen lässt, dass bei sachgemäßem Handeln der Erfolg mit an Sicherheit grenzender Wahrscheinlichkeit ausgeblieben wäre, beruhen viele **Verfahrenseinstellungen oder Freisprüche** auf dem fehlenden Nachweis des Pflichtwidrigkeitszusammenhangs. Die neuere Rechtsprechung[128] hat jedoch eine Einschränkung dahingehend vorgenommen, dass eine Verurteilung auch dann möglich sein soll, wenn das Fehlverhalten des Beschuldigten das Leben des Patienten wesentlich verkürzt hat; m.a.W. haftet der Arzt, wenn das Leben im Falle ordnungsgemäßen Handelns wesentlich verlängert worden wäre. Erforderlich ist insoweit jedoch wiederum der Nachweis, dass das Leben im Falle ordnungsgemäßen Handelns mit an Sicherheit grenzender Wahrscheinlichkeit wesentlich verlängert worden ist, da andernfalls auch hier der erforderliche Pflichtwidrigkeitszusammenhang entfällt.

2. Vorsätzliche, gefährliche und schwere Körperverletzung

62 Eher selten ist im Praxisalltag die vorsätzliche, gefährliche und schwere Körperverletzung anzutreffen. Zwar stellt nach – immer noch – ständiger Rechtsprechung jede ärztliche, die Integrität des Körpers berührende Maßnahme eine tatbestandliche Körperverletzung dar;[129] diese ist jedoch in der Regel durch die Einwilligung des Patienten gerechtfertigt, so dass vorsätzliches Handeln grundsätzlich nur dann in Betracht kommt, wenn der Arzt in Kenntnis der fehlenden Einwilligung operiert; da der Arzt das medizinische Instrumentarium – z.B. Skalpell – regelmäßig bestimmungsgemäß verwendet, fehlt insoweit der „Angriffs- oder Verteidigungscharakter", weshalb eine Haftung wegen gefährlicher Körperverletzung grundsätzlich ausscheidet;[130] anderes gilt im Falle der „Heilkunde ohne Erlaubnis"[131] oder nicht indizierter Röntgenaufnahmen,[132] die das Qualifikationsmerkmal einer „das Leben gefährdenden Behandlung" erfüllen können; die ohne Einwilligung der Patientin vorgenommene Sterilisation im Rahmen einer Erweiterungsoperation erfüllt schließlich regelmäßig den Tatbestand der schweren Körperverletzung.[133]

---

125 *Ulsenheimer*, Rn 207 m.w.N.
126 SK/*Rudolphi*, vor § 13 Rn 15 f. m.w.N.
127 Grundlegend BGHSt 11, 1 ff.
128 BGH NStZ 1981, 218.
129 Vgl. Schönke/Schröder/*Eser*, § 223 Rn 29 m.w.N.
130 BGH MDR 1987, 445.
131 Vgl. *Ulsenheimer*, Rn 246 f. m.w.N.
132 BGH MedR 1998, 326, 329.
133 BGHSt 45, 219, 225 f.

3. Unterlassene Hilfeleistung

§ 323c StGB statuiert eine allgemeine Nothilfepflicht, d.h. keine Sonder- oder erweiterte Berufspflicht für Ärzte; gleichwohl ist in der Praxis zu beobachten, dass die Vorschrift als „Auffangtatbestand" missbraucht wird, sofern der Nachweis der fahrlässigen Körperverletzung bzw. Tötung misslingt. Insoweit gilt es auf zwei Problemkreise besonders hinzuweisen:

Wer eine bestimmte Therapie nicht bzw. eine verfehlte Behandlung vornimmt, begeht damit noch keine unterlassene Hilfeleistung.[134]

Die unterlassene Hilfeleistung stellt ein **reines Vorsatzdelikt** dar, so dass mindestens bedingter Vorsatz erforderlich ist. Irrt der Arzt über das Vorliegen eines Unglücksfalles, da er die Erkrankung für harmlos oder vorgeschoben erachtet, liegt ein Tatbestandsirrtum vor, der die Haftung des Arztes entfallen lässt;[135] dieser Umstand wird in der Praxis – insbesondere im Rahmen des erbetenen, aber abgelehnten Hausbesuchs – häufig übersehen. Die Ablehnung wird nämlich durch den verärgerten Patienten – häufig zu Unrecht – als „unterlassene Hilfeleistung" qualifiziert und als solche zur Anzeige gebracht. Geht der Arzt aber davon aus, dass es sich bei seinem Patienten um einen „Querulanten" handelt, entfällt die Strafbarkeit wegen unterlassener Hilfeleistung also auch dann, wenn der Mediziner irrt, d.h. einen echten Unglücksfall nicht erkennt. Dem Grundsatz „in dubio pro reo" folgend, wird dies oftmals jedenfalls nicht auszuschließen sein.

Bzgl. der einzelnen **Tatbestandsmerkmale** gilt es ferner folgende Besonderheiten zu beachten:

„**Unglücksfall**" ist ein plötzlich eintretendes Ereignis, welches erhebliche Gefahren für Personen oder Sachen verursacht bzw. zu verursachen droht. Da selbst schwere Erkrankungen nicht stets „plötzlich" auftreten, entfällt im Falle ärztlichen Unterlassens nicht selten das Tatbestandsmerkmal;[136] nimmt die Krankheit eine plötzliche Wendung bzw. liegt eine akute Verschlechterung des Gesundheitszustandes vor, wie z.B. bei schwerer andauernden Atemnot,[137] sich steigernden und unerträglichen Schmerzen in der Bauchhöhle[138] oder einer akuten Gastroenterokolitis, kommt dagegen ein „Unglücksfall" in Betracht.[139] Der Versuch der Selbsttötung stellt nach ständiger Rechtsprechung dagegen stets einen „Unglücksfall" i.S.d. § 323c StGB[140] dar.

Schwierigkeiten – insbesondere nach Verständnis des Arztes – löst schließlich das Merkmal der **Erforderlichkeit** aus. Der Arzt ist nämlich grundsätzlich auch in „aussichtslosen" Fällen gehalten medizinische Hilfe zu gewähren, so z.B. dem Sterbenden oder dem schwer Verletzten, dessen Überweisung in ein Krankenhaus zweifelsfrei geboten ist; denn auf die Erfolgsaussichten kommt es grundsätzlich nicht an, da vom Arzt auch die Linderung von Schmerzen und Qualen gefordert wird;[141] diese Problematik tritt insbesondere im Bereich des erbetenen **Hausbesuchs** auf, wenn der Arzt den Besuch ablehnt, da die sofortige Einweisung in ein Krankenhaus geboten sei. Selbst wenn

---

134 BGHSt 21, 50.
135 *Ulsenheimer*, Rn 250 m.w.N.
136 Vgl. OLG Hamm NJW 1975, 605; OLG Düsseldorf NStZ 1991, 531.
137 OLG Düsseldorf NJW 1995, 799.
138 OLG Hamm NJW 1975, 604, 605.
139 BGH JZ 1983, 152; BGH NStZ 1985, 122; OLG Düsseldorf NJW 1995, 799.
140 BGHSt 6, 147; BGHSt 13, 162 ff.
141 BGHSt 14, 213, 217; OLG Köln StraFo 1997, 54 f.

der Arzt der Meinung ist, dass eine stationäre Behandlung erforderlich ist, darf er sich nämlich nur in geeigneten Fällen darauf beschränken, ohne weitere Untersuchungen eine Einweisung in ein Krankenhaus vorzunehmen bzw. den Notarzt zu alarmieren. Zum einen bedarf nämlich die Einweisung, soll sie vom Patienten akzeptiert werden, der persönlichen Beratung, die ohne vorherige Untersuchung in den seltensten Fällen erfolgreich sein wird. Zum anderen ist es gerade Sinn und Zweck des Notfallarztes, den Krankenhausarzt von solchen Aufgaben freizustellen, die der zum Dienst berufene Arzt selbst vornehmen kann.[142] War die Hilfeleistung entgegen der Annahme des Arztes erforderlich, ist die Frage des Tatbestandsirrtums besonders sorgfältig zu prüfen (vgl. Rn 65).

4. Ärztliche Sterbehilfe

69 Die ärztliche Sterbehilfe gehört zweifelsfrei zu den juristisch, medizinisch, berufsethisch und menschlich schwierigsten Problemen;[143] entsprechend umfangreich – zum Teil auch unübersichtlich – ist die hierzu ergangene Judikatur und das veröffentlichte Schrifttum. Nicht zuletzt aus Raumgründen können hier also lediglich die „Leitlinien" aufgezeigt werden; im Übrigen sei auf die zahlreich vorhandene, weiterführende Literatur[144] verwiesen.

70 Im Einzelnen gilt Folgendes:

a) Aktive und passive Sterbehilfe

71 Bzgl. der Sterbehilfe wird zwischen **aktiver** und **passiver** Sterbehilfe unterschieden, wobei es Folgendes zu beachten gilt:

72 Sterbehilfe ist nur entsprechend dem erklärten oder mutmaßlichen Willen des Patienten durch Nichteinleitung oder Abbruch lebensverlängernder Maßnahmen, d.h. durch Unterlassen zulässig (sog. **passive Sterbehilfe**);[145] bzgl. des mutmaßlichen Willens bzw. der Problematik des „Patiententestaments" gilt das oben Gesagte entsprechend[146] (vgl. Rn 38 ff.). Sterbehilfe darf nicht durch gezieltes Töten geleistet werden (sog. **direkte aktive Sterbehilfe**);[147] eine Ausnahme bildet der Abbruch der künstlichen Beatmung, die im Falle ärztlichen Handelns – nach h.M. – als Unterlassen gewertet wird;[148] da die eigenverantwortliche Selbsttötung straflos ist, kann auch **straflose Beihilfe** geleistet werden, so z.B. das Überlassen zum Tode führender Medikamente;[149] ggf. sind hier jedoch **berufsrechtliche Folgen** zu beachten.[150] Tritt durch die Behandlung – z.B. Gabe von Morphium – als Nebenfolge eine unbeabsichtigte Lebensverkürzung ein, ist das Handeln als **indirekte aktive Sterbehilfe** nach fast einhelliger Ansicht straflos.[151]

---

142 BGH MedR 1985, 229, 230.
143 *Ulsenheimer*, Rn 270 m.w.N.
144 Vgl. die sehr umfassenden Literaturhinweise bei *Ulsenheimer*, Rn 300 m.w.N.
145 BGHSt 37, 376, 379.
146 Vgl. BGH, Beschl. v. 17.3.2003 – XII ZB 2/03.
147 BGHSt 37, 376, 379; *Tröndle/Fischer*, vor § 211 Rn 17; Schönke/Schröder/*Eser*, vor § 211 Rn 24; *Ulsenheimer*, Rn 275 jeweils m.w.N.
148 BGHSt 40, 257, 265/266; *Ulsenheimer*, Rn 281 m.w.N.; a.A. *Tröndle/Fischer*, vor §§ 211 Rn 20 m.w.N.; zum Behandlungsabbruch durch den Nichtarzt vgl. LG Ravensburg NStZ 1987, 229.
149 BGHSt 32, 367, 371.
150 Vgl. OLG München JA 1987, 584; *Ulsenheimer*, Rn 298 m.w.N.
151 Schönke/Schröder/*Eser*, vor § 211 ff. Rn 26 m.w.N.

b) Weiterbehandlung

Probleme löst in diesem Zusammenhang die Frage nach der Weiterbehandlung eines „Suizidpatienten" aus. Bzgl. des bewusstlosen Patienten hat der BGH mehrfach entschieden, dass nicht allein der vor Eintritt der Bewusstlosigkeit geäußerte Wille maßgebend ist, da sich dieser nach Verlust der Handlungsfähigkeit geändert haben kann. Im Regelfall ist der Wille des Suizidpatienten daher – nach Ansicht des BGH[152] – unbeachtlich, so dass eine Strafbarkeit des Arztes wegen unterlassener Hilfeleistung bzw. Tötung durch Unterlassen in Betracht kommt, sofern er die notwendige und zumutbare ärztliche Hilfe nicht leistet; offen gelassen hat der BGH[153] dagegen die Frage, ob diese Ausführungen auch für den bewusstseinsklaren Suizidanten Geltung beanspruchen.

c) Neugeborene

Für die Behandlungspflicht von schwerstgeschädigten Neugeborenen gelten die unter a) dargestellten Grundsätze entsprechend.[154] Auch insoweit existiert keine Rechtsverpflichtung zur Erhaltung eines erlöschenden Lebens um jeden Preis. Die Grenze der ärztlichen Behandlungspflicht wird nicht durch die Effizienz der Apparatur, sondern nach Maßgabe einer an der Achtung des menschlichen Lebens und der Menschenwürde ausgerichteten Einzelfallentscheidung bestimmt.[155]

5. Organentnahme

Nach Einführung des Transplantationsgesetzes hat die rechtliche Problematik weitgehend an Bedeutung verloren. Das Gesetz bezieht sich nicht auf Blut und Blutbestandteile sowie Gewebe, die innerhalb ein und desselben chirurgischen Eingriffs einer Person entnommen werden, um auf diese rückübertragen zu werden (§ 1 Abs. 2 TPG), sondern gilt ausschließlich für die Spende und Entnahme von menschlichen Organen oder Geweben zum Zwecke der Übertragung auf andere Menschen; daneben regelt es auch das Verbot des Organhandels (§ 1 Abs. 1 S. 2 TPG). Besonders hinzuweisen ist auf § 8 Abs. 1 S. 2 TPG:

> „Die Entnahme einer Niere, des Teils einer Leber oder anderer nicht regenerierungsfähiger Organe ist darüber hinaus nur zulässig zum Zwecke der Übertragung auf Verwandte ersten oder zweiten Grades, Ehegatten, eingetragene Lebenspartner, Verlobte oder andere Personen, die dem Spender in besonderer persönlicher Verbundenheit offenkundig nahe stehen."

Fraglich ist danach, ob die sog. „**Cross-over-Lebendspende**" zulässig ist, wenn zwischen Spender und Empfänger kein „Näheverhältnis" besteht; die Streitfrage ist bislang nicht entschieden, die besseren Gründe dürften jedoch dafür sprechen, ein aus der Schicksalsgemeinschaft resultierendes Näheverhältnis anzunehmen.[156]

Im Falle der Organentnahme **bei Toten** hat das Gesetz die „erweiterte Zustimmungslösung" in geltendes Recht umgesetzt; danach ist zunächst der Wille des Organspenders maßgeblich; liegt weder eine ausdrückliche Einwilligung noch ein schriftlicher Wider-

---

152 Vgl. BGHSt 32, 367 ff.
153 BGHSt 32, 367, 378.
154 *Ulsenheimer*, Rn 299a ff. m.w.N.
155 BGHSt 32, 367, 379 f.
156 So auch *Ulsenheimer*, Rn 302a m.w.N.

spruch vor, ist dessen „nächster Angehörige" zu befragen, ob ihm von diesem eine Erklärung zur Organ- oder Gewebespende bekannt ist. Bringt die Befragung keine weitere Aufklärung, ist die Entnahme nur zulässig, sofern der Arzt den nächsten Angehörigen über eine beabsichtigte Entnahme unterrichtet und dieser zustimmt, wobei dieser jedoch zur Entscheidung nur befugt ist, sofern er in den letzten zwei Jahren vor dem Tod des möglichen Organ- oder Gewebespenders zu diesem persönlichen Kontakt gehabt hat. Bei mehreren gleichrangigen Angehörigen genügt die Beteiligung eines von ihnen; der Widerspruch jedes Einzelnen bleibt jedoch beachtlich. Kann ein vorrangiger Angehöriger in angemessener Zeit nicht erreicht werden, genügt die Beteiligung und Entscheidung des zuerst erreichbaren Angehörigen. Dem „nächsten Angehörigen" steht schließlich eine volljährige Person gleich, die dem potentiellen „Organ- oder Gewebespender bis zu seinem Tode in besonderer persönlicher Verbundenheit offenkundig nahe gestanden hat." (vgl. § 4 TPG). Die unbefugte Organentnahme, deren Strafbarkeit vor In-Kraft-Treten des TPG umstritten war,[157] ist gemäß § 19 Abs. 1 TPG unter Strafe gestellt.

6. Schwangerschaftsabbruch

78 Das geltende Recht zum Schwangerschaftsabbruch geht auf eine wechselvolle Geschichte,[158] begleitet von emotional geführten Diskussionen und mehreren Entscheidungen des Bundesverfassungsgerichts[159] zurück; die lebhafte Diskussion steht in krassem Widerspruch zu der praktischen Bedeutung des Schwangerschaftsabbruchs im eigentlichen Sinne. Statistisch gesehen ist die praktische Bedeutung des illegalen Schwangerschaftsabbruchs gering,[160] so dass hier nur die wesentlichen Grundzüge dargestellt werden sollen.

79 Von § 218 Abs. 1 S. 1 StGB werden alle **nidationshindernden Maßnahmen** nicht erfasst (§ 218 Abs. 1 S. 2 StGB), also faktisch alle Eingriffe innerhalb eines Zeitraums von vier Wochen nach der letzten Periode. Die früher straffreie Pränidationsphase wird jedoch seit dem 1.1.1991 durch das Embryonenschutzgesetz erfasst (vgl. Rn 99 f.).

80 Im Übrigen steht der Schwangerschaftsabbruch unter Strafe (§ 218 StGB), wobei die Tatbestandsmäßigkeit ausnahmsweise entfällt, wenn der Abbruch innerhalb von 12 Wochen seit der Empfängnis – nach ordnungsgemäßer Beratung – mit Einwilligung der Schwangeren erfolgt (§ 218a Abs. 1 S. 1 StGB). Die Rechtswidrigkeit entfällt, soweit die Schwangere einwilligt und eine medizinisch-sozialen oder kriminologischen Indikation (§ 218a Abs. 2, Abs. 3 StGB) vorliegt, wobei wie bei allen übrigen ärztlichen Eingriffen die Wirksamkeit der Einwilligung von der geistigen und sittlichen Reife der Patientin abhängig ist (vgl. Rn 34 f.) und diese bei Patientinnen unter 16 Jahren in Regel zu verneinen sein wird.[161] Einen persönlichen Strafausschluss für die Schwangere normiert schließlich § 218a Abs. 4 S. 2 StGB für den Fall, dass der Abbruch nach ordnungsgemäßer Beratung durch einen Arzt innerhalb der ersten 22 Schwangerschaftswochen vorgenommen wird.

81 Die **Strafbarkeit des Arztes** ist – je nach seiner Funktion – in den §§ 218–218c StGB geregelt. Die §§ 218, 218a StGB erfassen den behandelnden Arzt, der den Abbruch

---

157 Vgl. *Ulsenheimer*, Rn 305 m.w.N.
158 Vgl. *Tröndle/Fischer*, vor §§ 218-219b Rn 3 ff. m.w.N.
159 BVerfGE 39, 1 ff.; BVerfGE 88, 203 ff.
160 Vgl. *Ulsenheimer*, Rn 312 m.w.N.
161 Schönke/Schröder/*Eser*, § 218a Rn 58.

ohne vorherige Einwilligung der Schwangeren, ohne Nachweis einer ordnungsgemäßen Beratung oder ohne rechtfertigende Indikationslage vornimmt bzw. eine der vorgesehenen Fristen nicht beachtet. § 218b StGB erweitert die Strafbarkeit, soweit es an einer Indikationsfeststellung durch einen anderen Arzt fehlt. Der „Indikationsarzt" macht sich gemäß § 218b Abs. 1 S. 2 StGB strafbar, wenn er die Indikationsvoraussetzungen „wider besseres Wissen" feststellt. Der „Beratungsarzt" wird schließlich gemäß § 218c Abs. 1 Nr. 4 StGB bestraft, wenn er den Abbruch selbst vornimmt, womit das gesetzliche Verbot des § 219 StGB sanktioniert wird.

Vermittelt der deutsche Arzt eine Arztpraxis im Ausland, um den Schwangerschaftsabbruch zu ermöglichen, gilt § 9 Abs. 2 S. 2 StGB, d.h. die Strafbarkeit des Arztes bleibt erhalten, soweit der Abbruch nicht nach § 218a Abs. 1 StGB straflos bzw. § 218a Abs. 2 oder Abs. 3 StGB gerechtfertigt ist.[162]

82

Praktische Relevanz erhält der Schwangerschaftsabbruch vor allem dann, wenn pränatale Eingriffe zum **unbeabsichtigten Abbruch** der Schwangerschaft führen. Da nur der vorsätzliche Schwangerschaftsabbruch unter Strafe steht, eine fahrlässige Körperverletzung bzw. Tötung jedoch nur am lebenden Menschen, d.h. nach der Geburt, begangen werden kann, kommt eine Strafbarkeit regelmäßig nicht in Betracht, wenn der Arzt durch fahrlässige Eingriffe – während der Schwangerschaft – den Fötus (irreversibel) schädigt. Maßgebender Zeitpunkt ist insoweit der der Handlung, so dass ein späterer Wandel der Rechtsqualität des Opfers von der Leibesfrucht zum Menschen rechtlich irrelevant ist.[163]

83

Der rechtliche Wandel von der Leibesfrucht zum Menschen vollzieht sich mit Beginn der Geburt, der nach h.M. mit dem **Zeitpunkt der Eröffnungswehen** gleichgesetzt wird.[164] Weiß der Arzt nicht, dass die Eröffnungswehen bereits eingesetzt haben, befindet er sich in einem Tatbestandsirrtum.[165] Bilden andere Vorgänge als die Wehen den Auftakt der Geburt – z.B. Kaiserschnitt –, ist die Frage des Beginns der Geburt höchstrichterlich bislang nicht entschieden. Zum Teil wird auf die Narkose[166] oder den Beginn des Eingriffs,[167] zum Teil aber auch auf die Öffnung des Uterus[168] abgestellt.

84

7. Strafbarkeit von Kastration und Sterilisation

a) Kastration

aa) Begriff und Strafbarkeit

Nach der **Legaldefinition** des § 1 Kastrationsgesetz (KastrG) ist Kastration „eine gegen die Auswirkungen eines abnormen Geschlechtstriebes gerichtete Behandlung, durch welche die Keimdrüsen eines Mannes absichtlich entfernt oder dauernd funktionsunfähig gemacht werden". Straflos ist ausschließlich die freiwillige Kastration. Die zwangsweise Kastration verstößt gegen die Menschenwürde nach Art. 1 und 2 GG. Ohne Vorliegen der Voraussetzungen der §§ 2 und 3 KastrG ist die Kastration als **Körperverlet-**

85

---

162 Schönke/Schröder/*Eser*, vor § 218 Rn 42.
163 OLG Karlsruhe NStZ 1985, 314, 315.
164 BGHSt 32, 194, 197.
165 BGHSt 32, 194, 197.
166 *Cremer*, MedR 1993, 421 ff.
167 *Tröndle/Fischer*, vor § 211 Rn 2.
168 Schönke/Schröder/*Eser*, vor § 211 Rn 13.

zung gemäß §§ 223 ff. StGB strafbar. Nach § 7 KastrG macht sich wegen eines **Verstoßes gegen das KastrG** strafbar, wer als Arzt unter den Voraussetzungen des §§ 2 und 3 KastrG einen anderen kastriert oder i.S.d. § 4 KastrG behandelt, ohne dass die Gutachterstelle die nach § 5 KastrG notwendige Bestätigung oder das Vormundschaftsgericht die nach § 6 KastrG erforderliche Genehmigung erteilt hat.[169] Der Verstoß gegen § 7 KastrG ist mit bis zu einem Jahr Freiheitsstrafe oder Geldstrafe bedroht.

bb) Voraussetzungen der §§ 2, 3 KastrG

86 Gemäß § 2 KastrG ist eine Kastration durch einen Arzt dann **nicht als Körperverletzung strafbar**, wenn der Betroffene einwilligt, die Behandlung nach den Erkenntnissen der medizinischen Wissenschaft angezeigt ist, um bei dem Patienten schwerwiegende Krankheiten, seelische Störungen oder Leiden, die mit einem abnormen Geschlechtstrieb zusammenhängen, zu verhüten, zu heilen oder wenigstens zu lindern, der Patient das 25. Lebensjahr vollendet hat, für den Betroffenen keine Nachteile zu erwarten sind, die zu dem mit der Behandlung erstrebten Zweck außer Verhältnis stehen und die Behandlung nach den Erkenntnissen der medizinischen Wissenschaft vorgenommen wird. Die medizinischen Indikationen gemäß § 3 Abs. 1 KastrG werden durch kriminologische i.S.d. § 3 Abs. 2 KastrG ergänzt. Aus kriminologischen Gründen kann die Kastration zur Verhinderung von Taten nach den §§ 175 bis 179, 183, 211, 212, 223 bis 227 StGB straflos sein, wenn der Eingriff nach Erkenntnissen der medizinischen Wissenschaft und unter Wahrung des Verhältnismäßigkeitsgrundsatzes erfolgt. Auch in diesen Fällen ist indes die Einwilligung des Patienten oder seines Betreuers erforderlich. Bei medizinischer Indikation entfällt der Tatbestand der Körperverletzung, die kriminologische Indikation ist Rechtfertigungsgrund.[170]

87 Die **Einwilligung** ist in § 3 KastrG ausdrücklich geregelt. Danach ist die Einwilligung unwirksam, wenn der Betroffene nicht vorher über Grund, Bedeutung und Nachwirkungen der Kastration aufgeklärt wurde. Eine rechtmäßige Einwilligung setzt zudem die Aufklärung über sonstige Behandlungsmöglichkeiten sowie über Umstände voraus, denen der Betroffene Bedeutung beimisst. Bei Einwilligungsunfähigen ist die Kastration nach § 3 Abs. 3 Nr. 2 KastrG nur dann zulässig, wenn der Betroffene einen **Betreuer** hat, zu dessen Aufgabenbereich die Angelegenheit gehört, und dieser in die Behandlung einwilligt, nachdem er i.S.d. Abs. 1 aufgeklärt worden ist. Nach § 6 KastrG bedarf die Einwilligung des Pflegers der Genehmigung des **Vormundschaftsgerichts**.

Zur rechtfertigenden Einwilligung ist § 228 StGB gesondert zu beachten.

88 Im Fall einer lebensbedrohlichen Erkrankung eines nicht voll einwilligungsfähigen Patienten ist bei medizinischer Indikation auch vor Vollendung des 25. Lebensjahres gemäß § 3 Abs. 4 KastrG die Kastration straffrei möglich.

89 Die Kastration darf erst vorgenommen werden, nachdem gemäß § 5 KastrG eine **Gutachterstelle** bestätigt hat, dass die Voraussetzungen der §§ 2 und 3 KastrG vorliegen. Zudem muss die Gutachterstelle bestätigt haben, dass ein ärztliches Mitglied der Gutachterstelle den Betroffenen untersucht sowie die Aufklärung des Betroffenen und anderer Personen vorgenommen hat.

---

169 *Uhlenbruck/Ulsenheimer*, in: Handbuch des Arztrechts, § 127 Rn 7 ff.
170 Siehe hierzu *Ulsenheimer*, Rn 348 m.w.N.

cc) Andere Behandlungsmethoden gemäß § 4 KastrG

Die Regelungen über die Kastration gelten gemäß § 2 und § 3 Abs. 1 bis 3 KastrG entsprechend für eine gegen die Auswirkung eines abnormen Geschlechtstriebes gerichtete ärztliche Behandlung eines Mannes oder einer Frau mit der nicht beabsichtigt ist, die Keimdrüsen funktionsunfähig zu machen, die aber eine solche Folge haben kann. Hierbei geht es um medikamentöse Behandlung durch **Östrogene und Antiandrogene**. Bei medikamentöser Behandlung durch Östrogene oder Antiandrogene bedarf es bei Personen vor Erreichen des 21. Lebensjahres gemäß §§ 5 Abs. 2, 6 KastrG der Einschaltung der Gutachterstelle und der Genehmigung des Vormundschaftsgerichts. Das Vormundschaftsgericht hat den Betroffenen gemäß § 6 Abs. 2 KastrG persönlich zu hören. 90

Auf Eingriffe, die **nicht unmittelbar in den Anwendungsbereich des KastrG** fallen, sind dessen Regelungen auch nicht entsprechend anwendbar. Die Strafbarkeit richtet sich dann nach allgemeinen Regelungen. Verletzungshandlungen durch medizinisch indizierte Eingriffe, wie beispielsweise Krebsoperationen, durch die es zu einem Verlust der Keimdrüsen kommt, sind auch ohne Einschaltung der Gutachterstelle straflos. 91

b) Sterilisation

aa) Begriff und Strafbarkeit

Sterilisation ist ein chirurgischer Eingriff, der die Samen- oder Eileiter undurchgängig macht und dadurch die Zeugungs- oder Empfängnisfähigkeit aufhebt. Unumstritten ist die **zwangsweise Sterilisation** eine absichtliche schwere Körperverletzung gemäß §§ 223, 226 Abs. 2 StGB und demnach mit einer Mindeststrafbarkeit von einem und einem Höchstmaß von 15 Jahren Freiheitsstrafe bedroht. Weniger klar ist das Bild bei der **freiwilligen Sterilisation**. 92

Die **herrschende Literatur** sieht in der freiwilligen Sterilisation eine tatbestandliche Körperverletzung. Als anerkannte Rechtfertigungsgründe, die zur Straflosigkeit führen, sind danach insbesondere medizinische Indikationen zur Abwehr von Lebens- und Gesundheitsgefahren und eugenische Indikationen zur Verhinderung erbgeschädigten Nachwuchses zu nennen; ebenso werden medizinisch-soziale Indikationen, etwa bei hoher Kinderzahl oder häuslicher Not, erwähnt.[171] In diesem Zusammenhang kann auf die Muster-Berufsordnung für deutsche Ärzte verwiesen werden, die nach § 6 freiwillige Sterilisationen nur als zulässig bezeichnet, „wenn sie aus medizinischen, genetischen oder schwerwiegenden sozialen Gründen indiziert sind", wenngleich sich hieraus – selbstredend – kein bindender Maßstab für Strafbarkeit oder Straflosigkeit ableiten lässt. Die Problematik der Gefälligkeitssterilisation – der Sterilisation ohne „gewichtige Gründe" – fällt zwar standesrechtlich nicht unter § 6 der Muster-Berufsordnung, ist jedoch – auch nach in der Literatur vertretener Ansicht – nicht zwingend strafbar: entscheidende Frage ist die nach der Sittenwidrigkeit der Einwilligung als Rechtfertigungsgrund. 93

Nach der **Rechtsprechung** sieht das Strafrecht für die freiwillige Sterilisation keinen Tatbestand vor.[172] Wann eine freiwillige Sterilisation, die weder medizinisch, kriminologisch oder genetisch, noch sozial indiziert ist, zu missbilligen ist, sei einer Entschei- 94

---

171 Schönke/Schröder/*Eser*, § 223 Rn 61 m.w.N.; siehe auch LK/*Hirsch*, § 228 Rn 41.
172 BGHSt 20, 81 ff.

dung des Einzelfalles vorbehalten.[173] Auf Indikationen kommt es danach nicht an. Allerdings besteht kein Freibrief für jedwede Gefälligkeitssterilisation. Erst eine wirksame **Einwilligung** in die Sterilisation macht diese zu einer freiwilligen, für die ein Strafverfolgungsrisiko nicht besteht. Strafbarkeit steht und fällt bei freiwilliger Sterilisation mit der Wirksamkeit der Einwilligung.

bb) Rechtfertigende Einwilligung

95 Die Rechtswirksamkeit der Einwilligung in eine freiwillige Sterilisation beurteilt sich nach § 228 StGB.[174] Aufseiten des Arztes erfordert sie eine **umfassende Aufklärung** über Art, Umfang, Bedeutung, Folgen und Risiken des Eingriffs[175] und aufseiten der oder des Betroffenen die Einsichts- und Urteilsfähigkeit. Aufgrund der Intensität und Irreversibilität des Eingriffs sind an die Einwilligung **hohe Anforderungen** zu stellen. Die Anforderungen sind umso höher, je weniger der Eingriff aus medizinischen, eugenischen, kriminologischen oder sozialen Gründen erforderlich erscheint. An die reine Gefälligkeitssterilisation werden höchste Aufklärungsansprüche gestellt.[176] Der Arzt hat dem oder der Betroffenen das Für und Wider umfassend darzulegen. Zur Aufklärung gehört die Erörterung der verschiedenen Sterilisationsmethoden ebenso, wie der Endgültigkeit der Maßnahme, der Erfolgaussichten einer Refertilisierungsoperation, wie auch der möglichen psychischen Folgen. Der Arzt hat das Fehlen von Indikationen klarzustellen und der oder dem Betroffenen vor Augen zu führen.

96 Die Entscheidung hat der oder die Betroffene ohne jedweden Zeitdruck, jedoch in **zeitlichem Zusammenhang** zur Aufklärung durch den Arzt zu fällen. Das OLG München bezeichnet einen Tag Bedenkzeit als „extrem knapp".[177] Aufgrund der nicht selten schwierigen Beweissituation zur Frage ausreichender Aufklärung empfiehlt sich von Fall zu Fall aus Sicht des Arztes, die Aufklärung in Gegenwart eines Dritten durchzuführen. Bei psychisch auffälligen Personen sind aufseiten des Aufklärenden **Fachwissen** und eine genauere Kenntnis der psychischen und psychiatrischen Hintergründe erforderlich. Der Operateur darf auf eine ordnungsgemäße Aufklärung durch einen Psychiater nicht blind vertrauen. Bieten sich aus seiner Sicht Anzeichen für fehlende Einsichts-, Urteils- oder Verständnisfähigkeit des oder der Betroffenen und demnach für eine möglicherweise rechtsunwirksame Einwilligung, hat er diese anzusprechen. Der Arzt ist letztverantwortlich für die Prüfung der Wirksamkeit der Einwilligung.

97 Sehr problematisch sind die Fälle der **mutmaßlichen Einwilligung**, d.h. Fälle, in denen der Wille – etwa wegen Bewusstlosigkeit von Patienten – nicht selbst geäußert werden kann. Der Bundesgerichtshof bejaht die Rechtfertigung aufgrund mutmaßlicher Einwilligung z.B. im Fall der Operationserweiterung bei drohender erheblicher Gesundheits- oder Lebensgefahr.[178] Irrt sich der Arzt über das Vorliegen der Voraussetzungen der mutmaßlichen Einwilligung, indem er denkt, im Willen des oder der Betroffenen zu handeln, entfällt entsprechend § 16 StGB die Vorsatzschuld, so dass lediglich eine Strafbarkeit wegen fahrlässiger Körperverletzung in Betracht kommt.

---

173 BGH NJW 1976, 1790, 1791.
174 Siehe hierzu NK/*Paeffgen*, § 228 Rn 100.
175 OLG München VersR 2002, 717, 718.
176 Vgl. *Ulsenheimer*, Rn 72a m.w.N.
177 Vgl. wieder OLG München VersR 2002, 717, 718.
178 BGHSt 45, 219, 222 m.w.N. auf BGHSt 35, 246, 249.

Bei **Minderjährigen** ist die Einsichtsfähigkeit mit Verweis auf § 1631c BGB als nicht gegeben anzunehmen.[179] Die Altersgrenze zur Einsichtsfähigkeit – entsprechend § 2 Abs. 1 Nr. 3 KastrG – auf 25 Jahre festzulegen, ist abzulehnen. Das Gesetz kennt eine solche Grenze für die Sterilisation nicht. Ebenfalls nicht herangezogen werden kann § 5 KastrG, da eine Gutachterstelle nach dem KastrG für Fragen der Sterilisation nicht eingerichtet ist. Das OLG Zweibrücken bejahte indes in einer Entscheidung aus dem Jahr 1979 eine analoge Anwendung des KastrG dahingehend, dass das Vormundschaftsgericht im Fall einer medizinisch-prohylaktisch oder der eugenisch indizierten Sterilisation auf Antrag einen Pfleger mit dem Wirkungskreis „Einwilligung in die Vornahme der Sterilisation" zu bestellen und die Einwilligungserklärung des Pflegers zu genehmigen.[180] Der Gesetzgeber habe mit dem KastrG zum Ausdruck gebracht, welche (formellen) Erfordernisse an die Einwilligung und die Einschaltung des Vormundschaftsgerichts zu stellen seien. Dies gelte für einen in den Folgen und möglichen Risiken der Kastration vergleichbaren Eingriff wie die Sterilisation entsprechend.

8. Straftaten nach dem Embryonenschutzgesetz

Durch Einführung des Embryonenschutzgesetzes ist der fortschreitenden medizinischen Forschung und den daraus resultierenden ethisch-moralischen Problemen Rechnung getragen worden. Danach ist u.a. die Mitwirkung an Leih- oder Ersatzmutterschaft (§ 1 Abs. 1 Nr. 1 EschG), die gezielte Erzeugung menschlicher Embryonen zu Forschungszwecken (§ 1 Abs. 1 Nr. 2), jegliche missbräuchliche Verwendung menschlicher Embryonen zu Zwecken, die nicht ihrer Erhaltung dienen (§§ 1 Nr. 6, 2 EschG) sowie die intatubare Befruchtung bzw. Übertragung von mehr als drei Eizellen bzw. Embryonen (§ 1 Abs. 1 Nr. 3 und 4 EschG) unter Strafe gestellt. Wegen der Einzelheiten sei auf den Gesetzestext verwiesen.

Besonders umstritten ist die Frage der Strafbarkeit der **Präimplantationsdiagnostik**. Die ablehnenden Stimmen berufen sich vor allem auf Art. 1 und 2 Abs. 2 S. 2 GG;[181] die Befürworter halten dem entgegen, dass selbst das geltende Abtreibungsrecht keinen uneingeschränkten Schutz des Embryos garantiere.[182] Praktische Bedeutung hat die Frage dadurch erlangt, dass die Rechtslage im benachbarten Ausland – anders als in Deutschland – eindeutig ist, und deutsche Ärzte bei der Vermittlung ausländischer Arztpraxen behilflich waren. Auch hier wäre nämlich eine Strafbarkeit des deutschen Arztes gegeben (§ 9 Abs. 2 S. 2 StGB). Mangels einer höchstrichterlichen Entscheidung bleibt die weitere Entwicklung abzuwarten.

9. Ausstellen unrichtiger Gesundheitszeugnisse (§ 278 StGB) und Urkundenfälschung (§ 267 StGB)

Nimmt der Arzt fehlerhafte Eintragungen im Krankenblatt vor, stellt dies auch dann keine Urkundenfälschung dar, wenn dies den Nachweis eines Behandlungsfehlers vereiteln soll; die bloße „**schriftliche Lüge**" bleibt grundsätzlich straflos[183] (vgl. Rn 102 ff.). Ändert der Arzt Eintragungen nachträglich, stellt sich jedoch die Frage,

---

179 Siehe *Kern/Hiersche*, MedR 1995, 463, 465.
180 Vgl. hierzu OLG Zweibrücken MDR 1979, 758, 758 f.
181 *Renzikowski*, NJW 2001, 2753 ff.; *Beckmann*, MedR 2001, 169 ff.
182 *Ulsenheimer*, Rn 358f m.w.N.
183 Vgl. *Tröndle/Fischer*, § 267 Rn 18a m.w.N.

wann die Dispositionsbefugnis verloren geht, d.h. wann ein Verfälschen einer echten Urkunde gegeben ist. Während ein Teil der Literatur den vollständigen Abschluss der Dokumentation, d.h. eine gewisse Außenwirkung voraussetzt,[184] sieht das OLG Koblenz[185] – sehr weitreichend – jede nachträgliche Änderung als Urkundenfälschung an, da nur so den Beweisinteressen des Patienten ausreichend Rechnung getragen werden könne.

102 Einen Spezialfall der „schriftlichen Lüge" stellt § 278 StGB unter Strafe.[186] Danach sind Ärzte[187] oder andere approbierte Medizinalpersonen – z.B. Hebammen, Heilpraktiker oder Krankenpfleger[188] – strafbar, wenn sie ein formell echtes, inhaltlich jedoch unrichtiges Gesundheitszeugnis ausstellen. Die Vorschrift stellt ein echtes Sonderdelikt dar, so dass der Anstifter oder Gehilfe die gemäß § 49 Abs. 1 StGB i.V.m. § 28 Abs. 1 StGB vorgesehene Strafmilderung beanspruchen kann.

103 **Gesundheitszeugnisse** sind Erklärungen über den aktuellen, früheren oder künftigen Gesundheitszustand eines Menschen,[189] so z.B. Krankenscheine,[190] Impfscheine[191] oder Blutalkoholberichte,[192] nicht jedoch der Totenschein[193], wobei bzgl. letzterem ggf. landesrechtliche Bußgeldvorschriften oder andere Strafbestimmungen (z.B. § 258 StGB) eingreifen.

104 **Unrichtig** ist ein Gesundheitszeugnis nach h.M., wenn wesentliche Feststellungen nicht in Einklang mit den Tatsachen oder dem allgemein anerkannten Stand der medizinischen Wissenschaft stehen, so dass die Gesamtbeurteilung nicht ausschlaggebend ist, d.h. auch Einzelbefunde den Tatbestand begründen können.[194] Demnach wird auch das Zeugnis ohne vorangegangene Untersuchung als „unrichtig" qualifiziert, da das Vertrauen in das Zeugnis darauf beruht, dass eine ordnungsgemäße Untersuchung stattgefunden hat.[195]

105 Die subjektiven Tatseite verlangt „wider besseres Wissen", so dass bzgl. der Unrichtigkeit des Zeugnisses dolus directus erforderlich ist;[196] soweit hinsichtlich des Gesundheitszeugnisses der Gebrauch bei einer Behörde oder Versicherungsgesellschaft erforderlich ist, genügt indes bedingter Vorsatz.[197]

---

184 *Ulsenheimer*, Rn 391b.
185 OLG Koblenz MedR 1995, 29, 31.
186 Vgl. *Tröndle/Fischer*, § 278 Rn 2.
187 Beim beamteten Arzt geht § 348 StGB als lex specialis vor.
188 *Ulsenheimer*, Rn 387; Schönke/Schröder/*Cramer/Heine*, § 277 Rn 3 m.w.N.
189 Schönke/Schröder/*Cramer/Heine*, § 277 Rn 2; *Ulsenheimer*, Rn 388.
190 BGHSt 6, 90.
191 RGSt 24, 284 f.
192 BGHSt 5, 76, 78.
193 Schönke/Schröder/*Cramer/Heine*, § 277 Rn 2 m.w.N.
194 *Ulsenheimer*, Rn 389a m.w.N.
195 BGHSt 6, 90; OLG Zweibrücken JR 1982, 294; OLG München NJW 1950, 796.
196 Schönke/Schröder/*Cramer/Heine*, § 278 Rn 6.
197 Schönke/Schröder/*Cramer/Heine*, § 278 Rn 6; zu Irrtumsfragen vgl. *Ulsenheimer*, Rn 390 m.w.N.

10. Verletzung der ärztlichen Schweigepflicht

a) Tatbestand des § 203 StGB

aa) Schutzbereich und Täterkreis

Die ärztliche Schweigepflicht gehört zu den essentiellen Berufspflichten des Arztes. Der Wille des Patienten, Höchstpersönliches vor Offenbarung durch Dritte zu schützen, ist Bestandteil des allgemeinen Persönlichkeitsrechts nach Art. 1 Abs. 1, Art. 2 Abs. 1 GG und damit der Menschenwürde. Das Interesse an der Verschwiegenheit des Arztes dient in erster Linie dem Schutz der **Geheimsphäre des Einzelnen**.[198] **Nach weit verbreiteter Ansicht ist zum Zweiten das Interesse der Allgemeinheit** daran geschützt, dass das Vertrauen zwischen Arzt und Patient nicht beeinträchtigt wird und sich Kranke nicht aus Zweifeln an der Verschwiegenheit des Arztes entscheiden, ärztliche Hilfe nicht in Anspruch zu nehmen.[199]

106

Die Schweigepflicht erfährt durch § 203 Abs. 1 Nr. 1 StGB strafrechtlichen Schutz. Nach 203 Abs. 1 S. 1 Nr. 1 StGB macht sich strafbar, wer unbefugt ein fremdes Geheimnis, namentlich ein zum persönlichen Lebensbereich gehörendes Geheimnis, offenbart, das ihm als Zahnarzt, Tierarzt, Apotheker oder Angehöriger eines anderen Heilberufs, der für die Berufsausübung oder die Führung der Berufsbezeichnung eine staatlich geregelte Ausbildung erfordert, anvertraut oder sonst bekannt geworden ist. Zu den Angehörigen eines Heilberufs zählen Hebammen und Entbindungspfleger (vgl. §§ 1, 2 HebG), nicht jedoch Heilpraktiker, da für sie keine staatliche Berufsausbildung gefordert ist. Ein besonderes Vertrauensverhältnis ist nicht Voraussetzung der Verschwiegenheitspflicht nach § 203 StGB, so dass das strafbewehrte ärztliche Schweigegebot auch für im Strafvollzug tätige Ärzte gilt.[200] Den in Abs. 1 Genannten stehen nach Abs. 3 deren berufsmäßig tätige Gehilfen und die Personen gleich, die bei ihnen zur Vorbereitung auf den Beruf tätig sind. Hierzu gehören Krankenschwestern, Pfleger, Arzthelferinnen etc. Im Krankenhaus ist das für die Aufnahme zuständige Personal Gehilfe.[201] Zum Täterkreis zählen auch in Ausbildung befindliche Personen wie hospitierende Medizinstudenten und Lernschwestern. Damit ist der Täterkreis erheblich erweitert. Nicht vom Tatbestand erfasst sind Personen, die lediglich in die Praxisorganisation eingebunden sind, jedoch keine unmittelbaren Gehilfen der eigentlichen Berufsausübung des Arztes sind, wie Sekretärinnen und Sprechstundenhilfen. Gleiches gilt für Küchen-, Reinigungs- und Wartungspersonal für medizinische Geräte in der Praxis oder Klinik.[202]

107

---

198 Vgl. allgemein hierzu SK/*Jung*, § 203 Rn 3, und auch *Müller-Dietz*, in: Jung/Meiser/Müller (Hrsg.), Die juristische Problematik in der Medizin, S. 39, 41; *Marx*, GA 1983, 160, 168.
199 Vgl. schon BGH NJW 1968, 2290; kritisch zum Allgemeingüterschutz LK/*Schünemann*, § 203, Rn 14 f. m.z.w.N. Nach *Jung*, in: GS Constantinesco, S. 355, 360, ist das allgemeine Vertrauen in die Verschwiegenheit des Arztes nichts anderes als ein generalpräventives Interesse an Bestrafung.
200 Vgl. OLG Karlsruhe MDR 1993, 998 f.; siehe hierzu § 22 Rn 5.
201 Siehe hierzu konkret BGHSt 33, 148 ff.
202 Ebenso zu behandeln sind externe Mitarbeiter von EDV-Unternehmen; vgl. hierzu *Otto*, wistra 1999, 201, 203.

bb) Schutz fremder Geheimnisse

108 Geheimnis i.S.d. Gesetzes sind **Privatgeheimnisse**, d.h. Tatsachen, die nur einem beschränkten Personenkreis bekannt sind, die der Betroffene nicht außerhalb seines Bereichs sehen will, und nach objektiv anzuerkennendem Interesse des Geheimnisträgers nicht weiter bekannt werden sollen.[203] Schutzwürdig ist demnach nur das sachlich begründete Interesse an Geheimhaltung. Eine Tatsache verliert den Geheimnischarakter nicht zwingend, wenn sie bereits kundgetan wurde. Bloße **Meinungsäußerungen** wie persönliche Einschätzungen und Wertungen, fallen nicht unter den Schutz des Tatbestandes.[204] Die Verschwiegenheitspflicht erstreckt sich auf den Patientennamen,[205] die Krankheit,[206] die Diagnose, die Therapie, sonstige psychische oder körperliche Auffälligkeiten,[207] Röntgenaufnahmen,[208] Untersuchungsmaterialien, Medikamentierungen und auf sämtliche Angaben über persönliche, berufliche, wirtschaftliche oder finanzielle Umstände des Patienten.[209] Der Arzt ist auch verpflichtet, über die näheren Umstände bei der Aufnahme eines Straftäters im Krankenhaus zu schweigen, sofern sich aus den Angaben Anhaltspunkte für die Identifizierung des Patienten ergeben können.[210] Beispielsweise muss der Arzt auch über die Heroinspritze eines bewusstlosen Unfallopfers schweigen, die er bei diesem findet.[211]

109 Durch § 203 StGB sind solche Informationen geschützt, die der Geheimnisträger **in seiner beruflichen Eigenschaft wahrgenommen** hat, gleichgültig, ob die Wahrnehmungsmöglichkeit auf einem besonderen Vertrauensakt beruht oder nicht.[212] Die Form, in der das Geheimnis dem Arzt anvertraut wurde – schriftlich, mündlich, stillschweigend etc. – ist unerheblich. Die Abgrenzung, ob die Kenntniserlangung in innerem Zusammenhang mit der Berufstätigkeit steht, ist mitunter schwierig. Der Patient kann im Rahmen des bestehenden Arzt-Patient-Verhältnisses dem Arzt ein Geheimnis während der Behandlung in der Arztpraxis ebenso anvertrauen wie bei einem zufälligen Treffen. An einem inneren Zusammenhang zwischen ärztlicher Berufsausübung und der Kenntniserlangung fehlt es bei Eigenmächtigkeit des Arztes z.B. durch Lektüre von nicht an den Arzt adressierten Briefen des Patienten; Straftaten, auch Beihilfehandlungen zu Straftaten, sind berufsfremd.[213] Der ärztliche Journalist, der in einer Leserbriefecke medizinische Fragen beantwortet, erfährt Geheimnisse nicht in der von § 203 Abs. 1 geforderten Eigenschaft.[214] Der innere Zusammenhang ist dagegen zu bejahen, wenn der Arzt als **Sachverständiger im Auftrag eines Dritten**, der Staatsanwaltschaft, des Gerichts oder der Verteidigung tätig wird. Soweit der Arzt auftragsgemäß dem Auftraggeber das Untersuchungsergebnis mitteilt, verletzt er seine Verschwiegenheitspflicht nicht, wenn der Patient oder Proband in die Untersuchung oder Exploration zugestimmt hat oder zur Duldung der Untersuchung verpflichtet ist.

---

[203] Vgl. BGHZ 40, 288, 292, und schon *Tiedemann*, ZStW 86 (1974), 1030 f.
[204] Vgl. Schönke/Schröder/*Lenckner*, § 203 Rn 5; siehe hierzu auch LK/*Schünemann*, § 203 Rn 20 f.
[205] Vgl. wieder BGHSt 33, 148, 151 und OLG Bremen MedR 1984, 112 f.
[206] Siehe RGSt 53, 315, 316, zu Geschlechtskrankheiten.
[207] Siehe z.B. zur Defloration BGHZ 40, 288, 292, und zur Sterilisation schon OLG Celle NJW 1963, 406.
[208] *Kilian*, NJW 1987, 695.
[209] Siehe hierzu *Ulsenheimer*, Rn 262 m.w.N. aus der Rechtsprechung.
[210] Vgl. wieder BGHSt 33, 148, 151.
[211] *Lackner/Kühl*, § 203 Rn 16.
[212] BGHSt 38, 369, 370; Schönke/Schröder/*Lenckner*, § 203 Rn 16.
[213] LK/*Schünemann*, § 203 Rn 35.
[214] LK/*Schünemann*, § 203 Rn 36, 40 mit zahlreichen weiteren Beispielen.

Fremd ist ein Geheimnis dann, wenn es eine andere Person als den zur Verschwiegenheit Verpflichteten betrifft. Umstritten ist indes, ob § 203 Abs. 1 StGB auch **Drittgeheimnisse**, also die nicht den Patienten, sondern eine dritte Person betreffen, umfasst. Nach überwiegender Auffassung sollen Drittgeheimnisse, in deren Verletzung nur der Dritte einwilligen kann, grundsätzlich von § 203 StGB geschützt sein. Demnach sei nicht nur der Patient, sondern auch derjenige, über dessen Geheimnisse der Patient berichtet, Träger des geschützten Rechtsguts.[215] Die Fragen, ob und wie weit Drittgeheimnisse vom Tatbestand des § 203 StGB erfasst werden, hängen wesentlich davon ab, ob der allgemeine Schutzbereich auf die Interessen des Einzelnen in einer bestimmten Vertrauensbeziehung beschränkt ist. Gegen eine Einbeziehung von Drittgeheimnissen oder zumindest für eine **restriktive Anwendung** des § 203 StGB spricht, dass die Bemühungen zur Einführung eines allgemeinen Indiskretionsdelikts „sämtlich gescheitert" sind.[216] Zur Sicherung des Vertrauensverhältnisses zwischen Arzt und Patient sollen die Geheimnisse Dritter gewahrt werden, die innerhalb eines Verschwiegenheitsverhältnisses mitgeteilt werden, beispielsweise, wenn der Arzt den Patienten über Krankheiten von Familienangehörigen befragt, um die Informationen seiner Diagnose zugrunde legen zu können. Dies gilt nicht, wenn der Arzt zufällig erfährt, wie sein Patient im Wartezimmer von Krankheiten im Verwandtenkreis oder Freundeskreis berichtet oder der Patient erkennbar ein privates Gespräch mit dem Arzt führt.[217]

cc) Begriff des Offenbarens

Offenbaren ist jede Hingabe von Tatsachen aus dem **Kreis der Wissenden** oder derjenigen, die nach dem Willen des Rechtsgutsträgers das Geheimnis erfahren dürfen.[218] Dem Empfänger muss Wissen vermittelt werden, das er so noch nicht hat. Die zur ordnungsgemäßen Berufsausübung hinzuzuziehenden Hilfskräfte gehören zu den zum Wissen Berufenen. Es ist davon auszugehen, dass der Patient will, dass der Arzt Helferinnen und Helfer einsetzt, um seine Tätigkeit ordnungsgemäß auszuüben.

Die Verschwiegenheitspflicht **gilt** selbstverständlich gegenüber Familienangehörigen des Patienten. Erscheint der Patient allerdings mit **Angehörigen** in der Arztpraxis, ist bei einem gemeinsamen Beratungsgespräch davon auszugehen, dass der Arzt das Beratungsgespräch gemeinsam führen soll. Es entfällt bereits der Tatbestand aufgrund eines tatbestandsausschließenden Einverständnisses zur Offenbarung.[219] Zur Vermeidung von Missverständnissen ist anzuraten, vor dem Gespräch die Frage der Verschwiegenheitspflicht mit den Anwesenden zu klären.

Die Pflicht gilt unabhängig davon, ob der **Empfänger selbst schweigepflichtig** ist,[220] also für Mediziner untereinander und beispielsweise auch gegenüber ärztlichen Verrechnungsstellen.[221] Die Schweigepflicht gilt auch gegenüber der Krankenhausverwaltung, deren Angehörige keine berufsmäßig tätigen Gehilfen des Arztes sind.[222] Die Weitergabe von Geheimnissen **innerhalb einer Behörde** durch einen als Arzt appro-

---

215 Vgl. nur *Lackner/Kühl*, § 203 Rn 14, und *Rogall*, NStZ 1983, 413, jeweils m.w.N.
216 LK/*Schünemann*, § 203 Rn 39; ablehnend auch SK/*Jung*, § 203 Rn 10.
217 Siehe hierzu Schönke/Schröder/*Lenckner*, § 203 Rn 18.
218 Vgl. *Langkeit*, NStZ 1994, 6 f.
219 So schon RGSt 38, 62, 66; siehe aber auch BGH JZ 1983, 151 ff.
220 BGHZ 116, 268 m.w.N.; BayObLG StV 1996, 484 mit Anm. *Fabricius*, StV 1996, 485 ff.
221 Dies gilt nach der Rechtsprechung unabhängig von der Rechtsform; vgl. OLG Stuttgart NJW 1987, 1490 f.
222 Vgl. *Ulsenheimer*, Rn 373d.

bierten Amtsträger soll ebenfalls durch § 203 Abs. 1 StGB verboten sein. Abs. 1 gehe Abs. 2 grundsätzlich vor.[223] Ärzte in Krankenhäusern öffentlicher Träger haben demnach Geheimnisse gegenüber Verwaltung, Träger und Aufsichtsbehörde zu wahren. Für den Amtsarzt, den Arzt in der Justizvollzugsanstalt und den Anstaltspsychologen soll sich demnach der Geheimnisschutz nach Abs. 1 bestimmen.[224] Allerdings soll beim Geheimnisschutz innerhalb der Behörde grundsätzlich auf Rechtfertigungsebene eher von einer Einwilligung des Rechtsgutsträgers oder einer eher extensiveren Anwendung des rechtfertigenden Notstandes nach § 34 StGB ausgegangen werden können, um notwendige Einschränkungen der Schweigepflicht Rechnung tragen zu können. Entscheidend sind die Umstände des Einzelfalles, namentlich u.a. der Dienstauftrag und die Einbindung in den Aufgabenbereich der Behörde, so dass einerseits wenigstens Mindestanforderungen an den Geheimnisschutz gewahrt und andererseits notwendige dienstliche Maßnahmen nicht unangemessen vereitelt oder erschwert werden.

114 Die Verschwiegenheitspflicht gilt grundsätzlich nicht im **Verhältnis zum Patienten**,[225] unabhängig davon, ob dieser das Geheimnis selbst kennt. Korrespondierend zur Pflicht, steht dem Patienten ein Informationsanspruch zu.[226] Bei **minderjährigen Patienten** hat die Schweigepflicht grundsätzlich Vorrang gegenüber dem Informationsrecht der Eltern, wobei die Einsichts- und Urteilsfähigkeit des Kindes ausschlaggebend ist.[227] Bei einer jugendlichen Patientin, die sich in eine gynäkologische Behandlung begibt, geht grundsätzlich die Verschwiegenheitspflicht dem Informationsbedürfnis der Eltern vor. Entscheidend sind auch hier die Umstände des Einzelfalles. Das Informationsbedürfnis der Sorgeberechtigten ist dem Wunsch nach Geheimhaltung des Patienten abzuwägen. Bei vorrangigen Interessen der Sorgeberechtigten darf der Arzt zum Schutz höherrangiger Rechtsgüter sein Schweigen gemäß § 34 StGB brechen, wenn dadurch als einzige Möglichkeit die Gefahr für den Minderjährigen abgewendet werden kann.

dd) Zeitliche Geltung der Verschwiegenheitspflicht

115 Die Verschwiegenheitspflicht beginnt mit der Anbahnung des Vertrauensverhältnisses zwischen Arzt und Patient, d.h. grundsätzlich mit dem ersten im Zusammenhang mit der ärztlichen Tätigkeit stehenden Kontakt. Sie geht nach dem Tode des Patienten weiter. Die **postmortale Geltung** ergibt sich ausdrücklich aus § 203 Abs. 4 StGB.[228] Die Verfügungsbefugnis des Verstorbenen über das Geheimnis ist dessen höchstpersönliches Recht und geht daher nicht auf die Erben über. Eine Entbindung von der ärztlichen Schweigepflicht ist daher nach dem Tod des Patienten nicht mehr möglich. Zu Lebzeiten kann die Schweigepflicht durch den Patienten jedoch aufgrund dessen ausdrücklich geäußerten Willens aufgehoben sein. Die Aufhebung der Schweigepflicht des Arztes

---

223 Vgl. zum Meinungsstand LK/*Schünemann*, § 203 Rn 45 m.w.N. u.a. auf *Marx*, GA 1983, 160, 170; OVG Lüneburg NJW 1975, 2263, und auch *Lackner/Kühl*, § 203 Rn 20 m.w.N. Nach *Schünemann* a.a.O. liegt dann innerhalb der Behörde kein Offenbaren vor, wenn durch die Kundgabe der Zweck der Informationsgewinnung gewahrt ist; zum Verhältnis von § 203 Abs. 2 S. 2 zu Abs. 2 S. 1 vgl. ebenfalls LK/*Schünemann*, a.a.O., Rn 48.
224 Näher zur Verschwiegenheitspflicht des Anstaltsarztes § 22 Rn 4 f.
225 *Lackner/Kühl*, § 203 Rn 17.
226 Vgl. zu Anspruch auf Einsicht in Krankenunterlagen BGHZ 85, 327 ff.
227 Demnach kein Offenbaren bei der Kundgabe eines Geheimnisses an den sorgeberechtigten Vertreter eines nicht Einsichtsfähigen vgl. nur *Jung*, in: GS Constantinesco, S. 355, 366.
228 Eingehend hierzu *Spieckhof*, NJW 2005, 1982, 1983 ff.

aufgrund des mutmaßlichen Willens des Patienten – etwa zur Sicherung von Versorgungs- oder Rentenansprüchen – ist ebenfalls möglich.[229]

Entscheidend sind auch hier die **Umstände des Einzelfalles**. Welchen Einfluss der Zeitablauf im Einzelfall auf den Geheimnisschutz hat, ist fraglich. Zwar schwindet das Geheimhaltungsinteresse üblicherweise mit der Zeit, je nach der Persönlichkeit des Verstorbenen. Eine fixe Grenze, nach der der Geheimnisschutz nicht mehr gelten soll, gibt es indes nicht. Ist der mutmaßliche Wille des Verstorbenen zweifelhaft, ist unter Berücksichtigung der Umstände auf seinen mutmaßlichen Willen zu schließen und nach gewissenhafter Prüfung zu entscheiden. Der Arzt ist zur gewissenhaften Prüfung verpflichtet, wobei der Entscheidungsspielraum durch die Gerichte nur eingeschränkt überprüfbar ist.[230] Im Zweifel muss sich der Arzt für die postmortale Schweigepflicht entscheiden. Erlangt ein Schweigepflichtiger jedoch erst nach dem Tod des Rechtsgutsträgers Kenntnis von dessen Geheimnissen, kann er nicht mehr als dessen Vertrauensperson tätig werden. Eine Tatbestandserfüllung scheidet dann aus.

116

ee) Subjektiver Tatbestand

Die Strafbarkeit nach § 203 StGB setzt Vorsatz voraus, wobei bedingter Vorsatz genügt. Der Täter muss wissen, dass er ein fremdes, ihm aufgrund der beruflichen Stellung anvertrautes Geheimnis preisgibt, obwohl der Patient ein Geheimhaltungsinteresse hat; er muss die Umstände des Offenbarens kennen oder zumindest billigend in Kauf nehmen. Irrt der Arzt über das Vorliegen eines Geheimnisses oder Umstände des Offenbarens, ist ein vorsatzausschließender **Tatbestandsirrtum** i.S.d. § 16 StGB gegeben.[231] Ein **Verbotsirrtum** ist indes gegeben, wenn der Arzt in Kenntnis der Umstände irrig die Voraussetzungen eines Rechtfertigungsgrundes, d.h. insbesondere einer Einwilligung oder mutmaßlichen Einwilligung des Patienten, annimmt.[232] Gemäß §§ 17 S. 2, 49 StGB kann dann die Strafe gemildert werden.

117

ff) Rechtfertigungsgründe

Die Rechtswidrigkeit entfällt dann, wenn der Arzt nicht **unbefugt** handelt. Nach herrschender Ansicht ist das Merkmal unbefugt kein eigenes Tatbestandsmerkmal sondern deutet lediglich auf die Befugnis als Rechtfertigungsgrund.[233] Rechtfertigungsgründe sind insbesondere die Einwilligung sowie die mutmaßliche Einwilligung des Patienten, wie auch der rechtfertigende Notstand gemäß § 34 StGB und gesetzliche Offenbarungspflichten aus Spezialgesetzen.

118

(1) Ausdrückliche und stillschweigende Einwilligung

Die rechtfertigende Einwilligung liegt dann vor, wenn der Patient den Arzt **ausdrücklich** oder **stillschweigend** von der Schweigepflicht entbindet.

119

---

229 Vgl. hierzu kritisch *Kern*, MedR 2006, 205 ff. mit Verweis auf OLG Naumburg NJW 2005, 2017 ff.
230 Vgl. BayObLG NJW 1987, 1492 f.
231 *Tröndle/Fischer*, § 203 Rn 48.
232 Vgl. *Tröndle/Fischer*, § 203 Rn 48 m.w.N. auf BayObLG NStZ 1995, 187, 188.
233 Vgl. *Tröndle/Fischer*, § 203 Rn 32; *Langkeit*, NStZ 1994, 6, 7; a.A. Schönke/Schröder/*Lenckner*, § 203 Rn 21.

120 Von einer stillschweigenden Einwilligung des Patienten gegenüber den in die Behandlung eingebundenen Personen ist auszugehen. Hervorzuheben ist indes, dass die in die Behandlung des Patienten eingebundenen Ärzte verschiedener Fachrichtungen und insbesondere **Schwestern und Pfleger** zu den Wissenden gehören, gegenüber denen ein Geheimnis durch den Arzt nicht offenbart wird, so dass § 203 Abs. 1 StGB bereits tatbestandlich nicht gegeben ist. Der Patient ist indes grundsätzlich daran interessiert, den Kreis der Mitwissenden möglichst klein zu halten. Gegenüber Ärzten und Pflegekräften in anderen Abteilungen des Krankenhauses, die nicht in das Behandlungsgeschehen eingebunden sind, besteht daher eine Verschwiegenheitspflicht. Die Zustimmung des Patienten zum **Konsil** wird wiederum überwiegend als Einwilligung gewertet.[234] Bei einer Weiter- oder Nachbehandlung des Patienten durch einen anderen Arzt ist grundsätzlich von einem stillschweigenden Einverständnis auszugehen, da der Informationsaustausch zwischen den behandelnden Ärzten im Interesse des Patienten an einem größtmöglichen Heilungserfolg liegt. Die Weitergabe von Patientendaten durch Weiterleitung der Honorarrechnung an **Verrechnungsstellen** verstößt gegen die ärztliche Schweigepflicht.[235] In diesem Zusammenhang ist es Sache des Arztes, die Zustimmung des Patienten zur Weiterleitung von Daten einzuholen, und nicht des Patienten, der Weiterleitung der Daten zu widersprechen.[236] Gegenüber privaten Kranken-, Unfall- oder Lebensversicherungen sollte der Arzt in Zweifelsfällen zugunsten der Schweigepflicht entscheiden.

121 **Krankenhausträger** dürfen Namen und Daten von Patienten grundsätzlich nicht ohne ausdrücklich erklärte Einwilligung des Patienten weiterleiten.[237] Mit der Aushändigung der Krankenversicherungskarte an den behandelnden Arzt erklärt der Patient indes, dass er in die Übermittlung der Daten an die **Krankenkassen** einverstanden ist. Dies ergibt sich aus § 16 SGB I.

122 Problematisch sind Fälle des **Verkaufs einer Arztpraxis** mit allen zugehörigen Patientenkarteien. Nach der Rechtsprechung ist der Verkauf einer Arztpraxis mitsamt Patientenkarteien ohne Zustimmung der Patienten grundsätzlich rechtswidrig.[238]

(2) Mutmaßliche Einwilligung

123 Die mutmaßliche Einwilligung kommt insbesondere dort zum Tragen, wo eine ausdrückliche Einwilligung, etwa von Bewusstlosen oder geisteskranken Patienten, nicht eingeholt werden kann. Voraussetzung ist, dass der Patient zweifelsfrei und erkennbar kein Interesse an der Wahrnehmung des Geheimnisschutzes hat oder nicht rechtzeitig befragt werden kann und auch kein konkludentes Einverständnis vorliegt.[239] Kann der Patient zu seinem Einwilligungswillen verlässlich Auskunft geben, scheidet eine mutmaßliche Einwilligung aus.

---

234 Vgl. *Lackner/Kühl*, § 203 Rn 19; SK/*Samson*, § 203 Rn 40; a.A. Schönke/Schröder/*Lenckner*, § 203 Rn 27.
235 Vgl. BGH NJW 1993, 2371, und hierzu *Schlund*, JR 1993, 25 f.
236 Vgl. BGH NJW 1991, 2955, 2957.
237 Vgl. LG Frankfurt NJW 1985, 2767 f.
238 Vgl. zu diesem Komplex LK/*Schünemann*, § 203 Rn 110 f. m.w.N. u.a. auf BGHZ 122, 115, 116; BGH NJW 1993, 2795 f., sowie OLG Hamburg NJW 1993, 1335 f.
239 Vgl. BGH NJW 1991, 2955, 2956.

(3) Rechtfertigender Notstand gemäß § 34 StGB

Die Offenbarung ist dann nicht rechtswidrig, wenn dies zum Schutz eines höherrangigen Rechtsguts geschieht. Der Eingriff in das Persönlichkeitsrecht des Patienten muss zur Abwendung einer gegenwärtigen Gefahr notwendig sein. Voraussetzung ist weiter, dass das geschützte Rechtsgut – etwa die Gesundheit oder das Leben anderer – das durch Preisgabe des Geheimnisses beeinträchtigte Rechtsgut wesentlich überwiegt. Schließlich muss der Eingriff zur Abwendung der gegenwärtigen Gefahr von sich oder einem anderen zwingend notwendig sein. Letztlich entscheidend für die Rechtfertigung der Preisgabe eines Geheimnisses ist der Grundsatz der Verhältnismäßigkeit.

Fraglich ist, ob die beim **Arzt befindlichen Patientenunterlagen** durchsucht, beschlagnahmt und verwertet werden dürfen. Erfolgt die Beschlagnahme ohne oder gegen den Willen des Patienten, liegt nach der Rechtsprechung des Bundesverfassungsgerichts eine Verletzung des dem Patienten zustehenden Grundrechts auf Achtung seines privaten Bereichs gemäß Art. 2 Abs. 1 i.V.m. Art. 1 Abs. 2 GG nahe.[240] Die Patientenpapiere sind danach dem Zugriff der öffentlichen Gewalt grundsätzlich entzogen und unterliegen einem Beweisverwertungsverbot wenn sich die Beschlagnahme lediglich auf einen allgemeinen – nicht hinreichend konkretisierten – Verdacht stützt. Der Bundesgerichtshof vertritt die Auffassung, dass der Beschlagnahme, Durchsicht und Verwertung von Krankenunterlagen Dritter das Persönlichkeitsrecht des Patienten nicht von vornherein entgegensteht, da § 97 StPO das Vertrauensverhältnis zwischen dem zeugnisverweigerungsberechtigten Arzt und dem Beschuldigten, nicht das zwischen beschuldigtem Arzt und einem Dritten betreffe;[241] in Fällen schwerer Kriminalität sei die Beschlagnahme von Krankenakten Dritter grundsätzlich zulässig.[242] Festzuhalten bleibt, dass der Schutz des Einzelnen in der Abwägung deutliches Gewicht haben muss. Die Beschlagnahme von Patientendaten ist unzulässig, sofern die Strafverfolgung mit milderen Mitteln auskommt. Zeigen sich etwa Anhaltspunkte für den Verdacht eines Abrechnungsbetruges durch den Arzt, muss das Vertrauensverhältnis zwischen Arzt und Patient im Sinne der Wahrung des Verhältnismäßigkeitsgrundsatzes nach Möglichkeit geschützt werden.

Als weitere bedeutende Fallgruppe des rechtfertigenden Notstandes kommt die **Offenbarung von Krankheiten** zum Schutz von Leben und Gesundheit Dritter in Betracht. Bei der Frage der Rechtmäßigkeit der Aufklärung des Partners über die Erkrankung oder Infizierung seines Patienten mit **Aids** ist das Persönlichkeitsrecht des Patienten mit der Gesundheit des Ehe- bzw. Lebenspartners andererseits abzuwägen. Bedenkt man die Schwere der Krankheit und die Gefahren, die durch die Preisgabe des Geheimnisses abgewendet werden können, lässt sich ein deutliches Überwiegen des geschützten vom beeinträchtigten Interesse des Patienten an Geheimhaltung grundsätzlich gut vertreten. Eine sinnvolle Einschränkung des Grundsatzes zeigt sich indes darin, dass sich der Arzt nur dann auf § 34 StGB berufen kann, wenn er vorher das für ihn Mögliche getan hat, um den infizierten oder erkrankten Patienten zur Aufklärung des Partners zu veranlassen.[243] Entsprechendes gilt für die Offenbarung von Geschlechtskrankheiten zum Schutz vor erheblicher Gesundheitsbeeinträchtigungen des Partners.[244]

---

240 Vgl. hierzu BVerfG NJW 1972, 1233 ff., NJW 1977, 1489 ff.
241 Vgl. BGHSt 38, 144, 146 f. m.w.N.
242 Vgl. BGHSt 43, 300, 303 f.
243 *Ulsenheimer*, Rn 376.
244 Vgl. OLG Frankfurt NJW 2000, 875 m. Anm. *Bender*, VersR 2000, 322, 323.

(4) Spezielle gesetzliche Offenbarungspflichten

127 Gesetzliche Offenbarungspflichten können nicht durch untergesetzliche Rechtsnormen oder Verordnungen erlassen werden. Offenbarungspflichten sind zulässig geregelt, beispielsweise im Bundesseuchengesetz zur Bekämpfung von Seuchen, in Vorschriften des Sozialrechts zur Eingliederung behinderter Menschen – §§ 124, 125 BSHG – und des Wehrrechts zur Sicherung der Wehrerfassung. Der Kassenarzt kann gehalten sein, sich der Prüfung durch Organe der Sozialversicherung zu stellen. Die Pflichten des Kassenarztes nach §§ 202, 203 SGB VII, § 100 SBG X, den Sozialleistungsträgern erforderliche Auskünfte zu erteilen, wirken losgelöst von einem Einverständnis oder einer Einwilligung des Patienten als Offenbarungsbefugnis.[245]

b) Qualifikation gemäß § 203 Abs. 5 StGB

128 Nach § 203 Abs. 5 StGB wird mit Freiheitsstrafe bis zu zwei Jahren oder mit Geldstrafe bestraft, wer gegen Entgelt oder in der Absicht, sich oder einen anderen zu bereichern oder einen anderen zu schädigen, handelt. Die Strafandrohung entspricht § 204 StGB, der das unbefugte Verwerten eines fremden Geheimnisses unter Strafe stellt. Handeln **gegen Entgelt** erfordert eine Abrede mit dem Empfänger des offenbarten Geheimnisses, wonach dem Arzt für die Offenbarung ein vermögenswerter Vorteil versprochen ist. Ob es zur Leistung des Entgeltes kommt, ist unerheblich. **Bereicherungsabsicht** ist die Absicht, sich oder einem anderen einen Vermögensvorteil zu verschaffen. Hier gilt grundsätzlich das Gleiche wie beim Betrug gemäß § 263 StGB, wobei der Tatbestand des § 203 Abs. 5 StGB allerdings keinen rechtswidrigen Vermögensvorteil verlangt.[246] Das ergibt sich aus dem Wortlaut der Regelung. Nach der Qualifikation kann sich demnach derjenige strafbar machen, der ein Geheimnis offenbart, um einen fälligen Anspruch durchzusetzen. **Schädigungsabsicht** muss sich nach zutreffender Absicht nicht auf eine Vermögensschädigung beziehen.[247] Absicht setzt den zielgerichteten Willen der Schädigung voraus; bedingter Vorsatz genügt nicht.

c) Verwertung fremder Geheimnisse gemäß § 204 StGB

129 Nach § 204 StGB wird mit Freiheitsstrafe bis zu zwei Jahren oder mit Geldstrafe bestraft, wer unbefugt ein fremdes Geheimnis, zu dessen Geheimhaltung er nach § 203 StGB verpflichtet ist, verwertet. **Verwerten** ist das wirtschaftliche Ausnutzen zur Gewinnerzielung.[248] Vollendet ist die Tat, wenn Handlungen vorgenommen sind, die eine Gewinnerzielung unmittelbar erwarten lassen, ohne dass diese tatsächlich eintreffen muss.[249] **Subjektiv** muss der Täter den Zweck verfolgen, Gewinn zu erzielen. Der Täter braucht nur zu wissen, dass er zum Täterkreis gehört und dass er ein Geheimnis verwertet, dass ihm in seiner Eigenschaft als Arzt etc. bekannt geworden ist. Wer dies weiß aber aufgrund fehlerhafter rechtlicher Einschätzungen meint, er sei zu einer Geheimhaltung nicht verpflichtet, unterliegt einem bloßen Verbotsirrtum nach § 17 S. 1 StGB, der einer Strafbarkeit nur bei Unvermeidbarkeit entgegensteht. Insoweit gilt das zu

---

245 Siehe hierzu LK/*Schünemann*, § 203 Rn 120, 124 m.w.N.
246 *Tröndle/Fischer*, § 203 Rn 50 m.w.N.
247 Siehe wieder *Tröndle/Fischer*, § 203 Rn 50 m.w.N.
248 BayObLG NStZ 1984, 169, 170.
249 Schönke/Schröder/*Lenckner*, § 203 Rn 10.

§ 203 StGB Gesagte. Auf Rechtfertigungsebene kann sich die **Befugnis** zur Verwertung vor allem aus der Einwilligung des Rechtsgutsträgers ergeben.

d) §§ 203, 204 StGB als Sonderdelikte

Die §§ 203, 204 StGB sind Sonderdelikte. Täter können nur die im Gesetz Genannten sein. Die Tätereigenschaft ist **täterbezogenes persönliches Merkmal** i.S.d. § 28 Abs. 1 StGB mit der Folge, dass bei dessen Fehlen eine zwingende Strafmilderung erfolgt.[250]

e) Antragserfordernis gemäß § 205 Abs. 1 StGB

Gemäß § 205 StGB wird eine Verletzung der Geheimhaltungspflicht nur auf Antrag verfolgt. Antragsberechtigt ist der Verletzte i.S.d. § 77 Abs. 1 StGB. Verletzter ist der Geheimnisgeschützte. Dies gilt nach zutreffender Ansicht auch bei Drittgeheimnissen.[251] Ist der Antragsberechtigte verstorben, geht das Antragsrecht nach § 205 Abs. 2 StGB auf die Angehörigen über. §§ 203, 204 StGB gehören nicht zu den Privatklagedelikten nach § 374 StPO. D.h., ist ein wirksamer Strafantrag gestellt, muss die Staatsanwaltschaft die Strafverfolgung durchführen und kann den Anzeiger nicht auf den Privatklageweg verweisen, § 376 StPO.

f) Zeugnisverweigerungsrecht aufgrund §§ 53, 53a StPO

Gemäß § 53 Abs. 1 StPO kann sich der Arzt auf ein Zeugnisverweigerungsrecht berufen. Steht in Frage, ob ein Angeklagter bei einem bestimmten Arzt in Behandlung war, hat der Arzt nach Ansicht des Bundesgerichtshofes ein Zeugnisverweigerungsrecht, gleich, ob er den Patienten tatsächlich behandelte oder nicht.[252] Demnach genügt – vergleichbar zum Auskunftsverweigerungsrecht nach § 55 StPO – die Möglichkeit des Rechts, da andernfalls Sinn und Zweck des Zeugnisverweigerungsrechts verfehlt würden.

Macht der Arzt als zeugnisverweigerungsberechtigte Person ohne Entbindung von der Schweigepflicht nach § 54 StPO eine Aussage, handelt er unbefugt i.S.d. § 203 StGB und verstößt gegen seine Geheimnispflicht. Die Aussage ist prozessual dennoch verwertbar.[253] Entbindet der Patient den Arzt von seiner Schweigepflicht, handelt dieser zur Aussage angesichts der Einwilligung des Patienten nicht unbefugt i.S.d. § 203 StGB. Die Schweigepflichtentbindung kann widerrufen werden und lässt das Zeugnisverweigerungsrecht des Arztes wieder aufleben.[254] Die Aussage des Arztes trotz fehlender Entbindung von der Schweigepflicht ist indes dann unverwertbar, wenn der Arzt vom Gericht irrtümlich auf eine Entbindung von der Verschwiegenheitspflicht hingewiesen wird.[255]

---

250 Vgl. *Tröndle/Fischer*, § 203 Rn 49 m.w.N. auch zur Gegenansicht.
251 So *Tröndle/Fischer*, § 203 Rn 3, und *Lackner/Kühl*, § 203 Rn 2. Nach Schönke/Schröder/*Lenckner*, § 203 Rn 5 soll auch derjenige antragsberechtigt sein, der das Geheimnis dem Täter anvertraut habe, da er in seiner Vertrauensbeziehung zum Täter betroffen sei.
252 BGHSt 45, 363, 365 f.
253 BGHSt 15, 200, 202; zu a.A. aus der Lit. vgl. *Freund*, GA 1993, 49 ff., sowie *Welp*, in: FS Gallas, S. 391, 405.
254 Vgl. BGHSt 42, 73, 75.
255 Vgl. wieder BGHSt 42, 73, 75 f.

134 Es obliegt grundsätzlich der freien Entscheidung des zeugnisverweigerungsberechtigten Arztes, ob er von seinem Zeugnisverweigerungsrecht Gebrauch macht oder sich nach Abwägung der widerstreitenden Interessen zur Aussage entschließt. D.h., dass weder der beschuldigte Rechtsgutsträger einen Anspruch darauf hat, dass der Arzt von seinem Zeugnisverweigerungsrecht Gebrauch macht, noch darf das Gericht den Arzt durch Empfehlungen oder Hinweise beeinflussen.[256]

135 Dogmatisch schwierig ist die Einordnung des Schweigerechts bei Beauftragung eines Arztes oder Psychologen durch Ermittlungsbehörden. Geht man davon aus, dass der Arzt seinen Probanden nicht als Arzt, sondern als beauftragter **medizinischer Sachverständiger** gegenübertritt, fehlt es an einer Vertrauensbeziehung zwischen Arzt und Patient als eine die Geheimnispflicht begründende Voraussetzung.[257] Sowohl § 203 StGB als auch § 53 StPO wären unanwendbar. Nach der heute vorherrschenden Ansicht fällt hingegen das unter den Tatbestand des § 203 StGB und § 53 StPO, „was der Arzt in dieser seiner Eigenschaft wahrgenommen hat, gleichgültig ob die Wahrnehmungsmöglichkeit auf einem besonderen Vertrauensakt beruht oder nicht".[258] Die Weitergabe des Geheimnisses durch Erstattung des Gutachtens ist demnach eine tatbestandliche Handlung, die indes im Rahmen des Gutachtenauftrages gerechtfertigt ist.[259] Bei Freiwilligkeit der Begutachtung ist auf die prozessual als Schweigepflichtsentbindung nach § 53 Abs. 2 StPO wirkende Einwilligung des Rechtsgutsträgers abzustellen.[260] Zuzustimmen ist der einschränkenden Ansicht, wonach der Sachverständige den Betroffenen ordnungsgemäß belehrt haben muss.[261] In Ausnahmefällen räumt die StPO aufgrund bestimmter Duldungspflichten dem Strafverfolgungsinteresse Vorrang vor den Interessen des Arztes und des Patienten an der Geheimhaltung ein. Solche Duldungspflichten sind beispielsweise in §§ 81 ff. StPO und § 126a StPO geregelt. Der auf polizeiliche Anordnung eine **Blutprobe entnehmende Arzt** ist demnach zum einen berechtigt, die im Zusammenhang mit der Blutprobe gewonnenen Erkenntnisse preiszugeben. Zum anderen liegt prozessual in der Duldung eine Entbindung von der Schweigepflicht.[262] Ist der aufgrund § 126a StPO einstweilig untergebrachte Beschuldigte zur Duldung einer Untersuchung verpflichtet, steht dem behandelnden **Arzt in einem psychiatrischen Krankenhaus** kein Zeugnisverweigerungsrecht zu, da das staatliche Interesse an der Sachverhaltsaufklärung vorgeht.[263]

11. Vorteilsannahme/Bestechlichkeit

136 Die sog. „Herzklappenverfahren" haben große Teile der Ärzteschaft erheblich verunsichert. War es jahrzehntelang „üblich" z.B. Kongressreisen auf Kosten der Pharmaindustrie durchzuführen, Studienverträge betreffend die klinische Erprobung von Arzneimitteln oder medizinischen Gräten abzuschließen oder Spenden für medizinische Einrichtungen oder Fördervereine einzuwerben, ist diese Praxis nach Einleitung der ersten Strafverfahren in den 90er Jahren zunehmend ins Blickfeld der Staatsanwaltschaften

---

256 Vgl. BGHSt 42, 73 ff. m. Anm. *Welp*, JR 1997, 35 ff. sowie BGHSt 18, 146, 147; 9, 59, 61.
257 So schon RGSt 61, 384.
258 BGHSt 38, 369, 370.
259 So zutreffend LK/*Schünemann*, § 203 Rn 125 m.w.N. u.a. auf BGHZ 40, 288, 297, und *Müller-Dietz*, in: Jung/Meiser/Müller (Hrsg.), Die juristische Problematik in der Medizin, S. 39, 48.
260 BGHZ 40, 288, 294.
261 BGHSt 35, 32, 35; *Schmidt-Recla*, NJW 1998, 800, 801; kritisch hierzu KK/*Boujong*, § 136 Rn 16.
262 Vgl. BGHSt 38, 369, 371; Nach *Meyer-Goßner*, StPO, § 53 Rn 20, besteht kein Zeugnisverweigerungsrecht, da eine Vertrauensbeziehung zwischen Arzt und Patient nicht bestehe.
263 So BGH StV 2002, 633 mit ablehnender Anm. *Bosch*, StV 2002, 633 ff.

geraten. Mit den Verfahren ging eine erhebliche Verunsicherung seitens der Ärzteschaft einher, da nicht nur solche Ärzte in das Visier der Strafverfolgungsbehörden gerieten, die eindeutig korrupte Verhaltensweisen an den Tag legten, z.B. als Spenden deklarierte Rabatte annahmen oder fiktive Studien abwickelten, sondern auch solche Mediziner, die Drittmittel zu Forschungszwecken einwarben oder finanzielle Zuwendungen annahmen, um an Tagungen teilzunehmen, welche ausschließlich der Fortbildung dienten. Obwohl die anfängliche Verunsicherung zwischenzeitlich – insbesondere in Folge der Grundsatzentscheidung des Bundesgerichtshofs[264] – weitgehend gewichen ist, haben die Korruptionsdelikte nach wie vor eine nicht zu unterschätzende Bedeutung, so z.B. im Bereich vorhandener „Grauzonen" oder dem Bereich der Präventivberatung von Ärzten, Kliniken und Pharmafirmen.

a) Vorteilsannahme (§ 331 StGB)

Taugliche Täter, d.h. Amtsträger i.S.d. § 331 StGB sind nicht nur Beamte, sondern auch angestellte Ärzte, Pflegekräfte und sonstige Mitarbeiter in Universitätskliniken, Kreis-, Bezirks- oder städtischen Krankenhäusern;[265] die **Organisationsform** ist unerheblich, so dass es gleichgültig ist, ob die Klinik als GmbH, unselbständiger Eigenbetrieb einer Kommune oder in Gestalt einer öffentlichen Körperschaft oder Stiftung betrieben wird. **Keine Amtsträger** sind dagegen der niedergelassene Arzt sowie Belegärzte;[266] gleiches gilt für Ärzte, Pflegekräfte und Mitarbeiter von Privatkliniken oder Krankenhäusern, deren Träger die Großkirchen[267] sind. „Nicht-Amtsträger" – mit Ausnahme der niedergelassenen und freiberuflich tätigen Ärzte – können sich jedoch gemäß § 299 Abs. 1 StGB strafbar machen; ggf. kommt auch eine Strafbarkeit gemäß § 266 StGB bzw. § 263 StGB zum Nachteil der Krankenkasse in Betracht, sofern die entgegengenommenen Vorteile als Rabatte zu qualifizieren sind. Insoweit sei auf die nachstehenden Ausführungen (siehe Rn 147 ff.) verwiesen.

137

Vorteil i.S.d. § 331 StGB ist „jede Leistung, auf die der Amtsträger keinen Anspruch hat und die seine wirtschaftliche, rechtliche oder auch nur persönliche Lage objektiv verbessert."[268] Nach der Neufassung des Tatbestands ist der alte Streit obsolet geworden, ob auch mittelbare Vorteile den Tatbestand erfüllen,[269] da nunmehr der sog. „**Drittvorteil**" zweifelsfrei von der Norm erfasst wird, d.h. auch solche Zuwendungen erfasst werden, von denen zwar nicht der Arzt, dafür aber der Klinikträger oder einzelne Mitarbeiter profitieren. Zu beachten ist insoweit aber auch, dass der Vorteil, der soeben zitierten Definition folgend, nicht zwingend entfällt, wenn der Arzt auf die empfangene Leistung einen Anspruch hat, da der BGH[270] davon ausgeht, dass auch der Abschluss eines Vertrages für sich genommen einen (wirtschaftlichen) Vorteil darstellen, d.h. den Tatbestand erfüllen kann; andernfalls – so der BGH – könnten die Bestechungstatbestände stets durch die Vereinbarung eines Vertragsverhältnisses unterlaufen werden. Zuwendungen unterhalb der 25-EUR-Grenze[271] oder Leistungen aus Höflichkeit bzw.

138

---

264 BGHSt 47, 295 ff.
265 OLG Karlsruhe NJW 1983, 352.
266 *Ulsenheimer*, Rn 13/6 m.w.N.
267 BGHSt 37, 191, 196.
268 BGHSt 47, 295, 304; BGH NStZ 2001, 425, 426; BGHSt 31, 264, 279.
269 Zum damaligen Meinungsstand vgl. *Ulsenheimer*, Rn 13/9 f. m.w.N.
270 BGHSt 31, 264, 280; *Tröndle/Fischer*, § 331 Rn 12.
271 Vgl. OLG Hamburg MedR 2000, 374.

Gefälligkeit stellen dagegen keinen Vorteil i.S.d. § 331 StGB dar, sofern sie sich im Rahmen der Sozialadäquanz halten.

139 Erforderlich ist weiter ein Bezug zur Dienstausübung, so dass also rein private Handlungen des Arztes, die nichts mit seiner dienstlichen Funktion und Stellung zu tun haben, aus der Anwendung des Tatbestands herausfallen.[272]

140 Wurde früher daneben das Vorliegen einer sog. „Unrechtsvereinbarung" gefordert, ist dies zwar durch Neufassung des Tatbestands gelockert worden; gleichwohl wird auch heute noch eine Übereinstimmung zwischen Nehmer und Geber dergestalt gefordert, dass der Amtsträger innerhalb seines Aufgabenbereichs als Gegenleistung für die Zuwendung irgendeine dienstliche Tätigkeit vorgenommen hat oder vornehmen werde und dadurch ein „Nähe- und Abhängigkeitsverhältnis" i.S.d. Vorteilsnahme sichtbar wird.[273]

141 Diese Grundsätze sind insbesondere im Bereich der **Drittmittelforschung** von besonderem Gewicht; jahrelang rügten Ärzte und Juristen gleichermaßen, dass der Arzt dienstlich gehalten sei Drittmittel einzuwerben, andererseits aber Gefahr laufe wegen Vorteilsannahme verurteilt zu werden, wenn er seiner „Dienstpflicht" nachkomme. In seinem Grundsatzurteil[274] entschied der BGH nunmehr, dass das unrechte „Beziehungsverhältnis" zwar nicht allein deshalb entfalle, weil die eingeworbenen Mittel zur Forschung verwendet würden; eine strafrechtliche Haftung entfalle jedoch, sofern das im Hochschulrecht vorgeschriebene Verfahren für die Einwerbung von Drittmitteln eingehalten worden sei. Wörtlich heißt es in den Entscheidungsgründen:

> *„Solche Fördermittel Dritter sind ... in der Regel materielle Vorteile. An der Bewertung der Zuwendung als Vorteil und als Gegenleistung im Rahmen des tatbestandlichen Beziehungsverhältnisses ... vermag sich durch den Einsatz der Mittel für Wissenschaft und Forschung nichts zu ändern. Da dort, wo Produktlieferanten Forschung und Lehre durch Zuwendungen fördern, die Höhe der Förderung auch von Umfang und Intensität der geschäftlichen Beziehung zum Zuwendungsempfänger abhängt, bis hin zur Umsatzorientierung oder gar zur Umsatzabhängigkeit, kann sich für den Hochschullehrer, der dienstlich zur Einwerbung solcher Mittel angehalten ist, ein Spannungsfeld zum strafbewehrten Verbot der Vorteilsannahme ergeben. Straftatbestand und die hochschulrechtlich verankerte Aufgabe der Drittmitteleinwerbung sind deshalb in einen Einklang zu bringen, der dem Gedanken der Rechtssicherheit und dem Schutzgut der Strafvorschrift angemessen Rechnung trägt.*
>
> *Der Wertungsgleichklang zwischen hochschulrechtlicher Aufgabenstellung und der Strafvorschrift über die Vorteilsannahme ist auf der Tatbestandsebene, nicht auf der Rechfertigungsebene zu suchen. ... **Allerdings erfordert dies, dass das für die Einwerbung solcher Drittmittel hochschulrechtlich vorgeschriebene Verfahren eingehalten und nicht umgangen wird.** ... Das Vertrauen der Allgemeinheit ... in die Lauterkeit des öffentlichen Dienstes ist gerade im Bereich der von Amtsträgern ausgeübten medizinischen Forschung und wahrgenommenen klinischen Versorgung in besonderer Weise schutzbedürftig, weil sich hier die Verantwortung für Auswahl und Beschaffung medizintechnischer Produkte und von Medikamenten einerseits sowie die Verantwortung für die Einwerbung von Forschungsmitteln andererseits personell*

---

[272] *Lackner/Kühl*, § 331 Rn 9 m.w.N.
[273] *Tröndle/Fischer*, § 331 Rn 18.
[274] BGHSt 47, 295 ff.

*oft nicht trennen lassen wird. Gerade hier soll auch der Patient, der sich in eine Universitätsklinik oder in eine sonst von einem Amtsträger geleitete Klinik begibt, das Vertrauen haben können, dass die Auswahl eines etwa zu implantierenden medizintechnischen Produkts allein nach medizinischen Kriterien, allenfalls bei gleicher Eignung auch unter weiteren aufgabengerechten Gesichtspunkten erfolgt. Es liegt darüber hinaus auch im Interesse der jeweiligen Verantwortungsträger, ihre Unbefangenheit bei der jeweiligen Entscheidung zu schützen und die abstrakte Gefahr einer unbewussten Beeinflussung der Auswahlentscheidung durch etwaige hohe, ja direkt umsatzabhängige Gewährung von Forschungsmitteln durch bestimmte Produktlieferanten unter Vernachlässigung medizinischer Gesichtspunkte zu minimieren. Das kann nach Lage der Dinge nur durch ein größtmögliches Maß an Durchschaubarkeit (Transparenz) und durch die Gewährleistung von Kontrollmöglichkeiten sichergestellt werden. **Eine solche Kontrolle wird durch Dokumentation und institutionalisierte Befassung von Aufsichtsinstanzen, namentlich über Anzeige- und Genehmigungspflicht erreicht. Damit wird einem Interessenkonflikt von vornherein entgegengewirkt.*"**

Die Vorteilsannahme ist gemäß § 331 Abs. 3 StGB nicht strafbar, wenn der Täter einen nicht von ihm geforderten Vorteil sich versprechen lässt oder annimmt und die zuständige Behörde im Rahmen ihrer Befugnisse entweder die Annahme vorher genehmigt hat oder der Täter unverzüglich bei ihr Anzeige erstattet und sie die Annahme genehmigt. Erforderlich ist demnach eine ausdrückliche Genehmigung der zuständigen Behörde, so dass Urlaubs-, Dienstreise- oder Nebentätigkeitsgenehmigungen – aufgrund ihrer völlig anderen Zielrichtung – grundsätzlich keinen Ausnahmefall i.S.d. § 331 Abs. 3 StGB normieren.[275] Die zuständige Behörde ist dem Organisationsstatut der jeweiligen klinischen Einrichtung zu entnehmen, in der Regel also die Behördenspitze, z.B. der Verwaltungsdirektor bzw. Geschäftsführer eines Krankenhauses, nicht aber der Ärztliche Direktor.[276] Die irrige Annahme einer wirksamen Genehmigung lässt den Vorsatz entfallen,[277] wogegen lediglich ein Verbotsirrtum vorliegt, wenn der Arzt eine wegen Verschweigens wichtiger Tatsachen unwirksame Genehmigung für wirksam oder eine Nebentätigkeits- oder Dienstreisegenehmigung als ausreichend ansieht.[278]

142

b) Bestechlichkeit (§ 332 StGB)

Bestechlichkeit liegt vor, bei Annahme eines Vorteils für eine pflichtwidrige Diensthandlung (§ 332 StGB) – z.B. Einkauf zu nicht marktüblichen Preisen – oder nicht sachgemäßer, d.h. durch den Vorteil beeinflusster Ermessensausübung (§ 332 Abs. 1 StGB). Ob der Vorteil bei der Entscheidung eine Rolle spielte, ist für die Erfüllung des Tatbestands unerheblich, da bereits der Eindruck der Käuflichkeit ausreicht.[279] Demnach nützten Hinweise des Beschuldigten, die Kaufentscheidung sei letztlich ausschließlich aufgrund sachlicher Kriterien gefallen, in der Regel nichts. Allerdings wird in diesen Fällen oftmals der Nachweis der Pflichtwidrigkeit nicht gelingen, wenn der Arzt sachliche Gründe angeben kann.[280]

143

---

275 *Ulsenheimer*, Rn 13/28.
276 *Ulsenheimer*, Rn 13/31.
277 BGHSt 31, 264, 286 f.
278 OLG Hamburg MedR 2000, 371, 375; *Lackner/Kühl*, § 331 Rn 18.
279 BGHSt 15, 239, 251.
280 Vgl. BGHSt 15, 239, 251.

c) Bestechlichkeit im geschäftlichen Verkehr (§ 299 Abs. 1 StGB)

144 Krankenhäuser sind „geschäftliche Betriebe" i.S.d. § 299 Abs. 1 StGB, so dass Mitarbeiter von Privatkliniken taugliche Täter i.S.d. Vorschrift sind.[281] Dagegen entfällt eine Strafbarkeit des Geschäftsinhabers, so dass sich der niedergelassene Arzt weder gemäß §§ 331, 332 StGB noch gemäß § 299 StGB strafbar macht, wenn er Vorteile annimmt.[282] Ggf. kommt jedoch eine Strafbarkeit wegen Betruges zum Nachteil der jeweiligen Krankenkasse in Betracht, sofern sich der Vorteil als verdeckter Rabatt darstellt (vgl. Rn 159).

145 Bzgl. des Begriffs „Vorteil" ist auf die obigen Ausführungen zu verweisen; das Tatbestandsmerkmal „in unlauterer Weise" entspricht weitgehend dem ungeschriebenen Tatbestandsmerkmal der „Unrechtsvereinbarung".[283] § 299 StGB ist ein **Antragsdelikt**; seit der gesetzlichen Neufassung kann der Strafantrag jedoch durch das besondere öffentliche Interesse an der Strafverfolgung ersetzt werden. Da die Auslegung der Staatsanwaltschaft unüberprüfbar ist, spielt das Verfolgungshindernis keine praktische Rolle mehr.

d) Präventivberatung

146 Insbesondere im Bereich des Korruptionsstrafrechts hat die Präventivberatung erhebliche Bedeutung. Die Praxis lehrt, dass eine Vielzahl von Ärzten mit dem Rechtsproblem zwar vertraut ist, Einzelheiten jedoch nicht kennt, insbesondere keine Maßnahmen unternimmt ein etwaiges Risiko auszuschließen; gerade im Hinblick auf die immer noch nicht gefestigte Rechtsprechung empfiehlt sich ein besonders vorsichtiges Handeln. Insoweit sind dem Arzt folgende Sicherheitsvorkehrungen dringend zu empfehlen:[284]

- **Trennungsprinzip**: Es empfiehlt sich eine strikte Trennung zwischen Zuwendung und Umsatzgeschäft; die Trennung ist am besten dadurch zu erreichen, dass der Vorteilsempfänger keinen Einfluss auf die Bestellung hat.
- **Transparenzprinzip**: Alle Kontakte zwischen Industrie und Krankenhausmitarbeitern sollten offen gelegt werden. Die erforderliche Genehmigung gemäß § 331 Abs. 3 StGB ist einzuholen; bei Drittmitteln ist die Offenlegung, Anzeige und Genehmigung entsprechend dem jeweiligen hochschulrechtlichen Verfahren erforderlich, um im Einklang mit der Rechtsprechung des Bundesgerichtshofes zu handeln.[285]
- **Dokumentationsprinzip**: Alle Absprachen, die den Zuwendungen zugrunde liegen, sind schriftlich und vollständig zu dokumentieren.
- **Prinzip der Bargeldlosigkeit**: Barzahlungen sind unbedingt zu vermeiden.
- **Prinzip der Kontendistanz**: Der Arzt, der in Umsatzgeschäfte eingebunden ist, darf keinen Zugriff auf die Konten haben, auf die Zuwendungen eingezahlt werden; dies gilt auch für Zahlungen an Fördervereine oder ähnliche Institutionen.
- **Prinzip der Fremdnützigkeit**: Privatinteressen sind zu eliminieren, um bereits den Anschein der Unlauterkeit zu vermeiden.

---

[281] *Tröndle/Fischer*, § 299 Rn 4 m.w.N.
[282] *Ulsenheimer*, Rn 13/41; a.A. *Tröndle/Fischer*, § 299 Rn 10b jeweils m.w.N.
[283] *Tröndle/Fischer*, § 299 Rn 16 m.w.N.
[284] Vgl. *Ulsenheimer*, Rn 13/49 ff.
[285] BGHSt 47, 295 ff.

- **Prinzip der Verhältnismäßigkeit**: Bestehen vertragliche Beziehungen – z.B. Arzneimittelstudie –, müssen Leistung und Gegenleistung in einem angemessenen Verhältnis zueinander stehen.

12. Abrechnungsbetrug

Die Bedeutung des Abrechnungsbetruges hat in den letzten 20 Jahren in erheblichem Maße zugenommen; einige sprechen inzwischen von einem „wahren Massendelikt".[286] Abgesehen von der statistischen Häufigkeit hat das Delikt für den betroffenen Arzt aber auch deshalb eine besondere Bedeutung, da jedenfalls im Falle der Verurteilung Folgeverfahren bis hin zum Verlust der kassenärztlichen Zulassung und Approbation drohen, die nicht selten mit dem Verlust der gesamten Existenz verbunden sind. Zudem ist die Materie außerordentlich kompliziert, da sie in der Regel neben strafrechtlichem Sachverstand fundierte Kenntnisse im Kassenarztrecht voraussetzt. Der Dschungel von Abrechnungsvorschriften ist häufig nicht nur für den Arzt undurchdringbar, weshalb es häufig sinnvoll ist spezialisierte Verteidigungsteams – bestehend aus Strafverteidiger und Vertragsarztrechtler – zu bilden.[287] Im Team ist dann jeder Schritt, insbesondere mit Blick auf mögliche Folgeverfahren abzustimmen, da Erklärungen im Strafverfahren nicht selten in Folgeverfahren (unbeabsichtigt) Einzug erhalten.

147

a) Typische Fallkonstellationen des Abrechnungsbetruges

Die Vielfalt verschiedener Fallkonstellationen macht es nahezu unmöglich eine erschöpfende Darstellung zu liefern; gleichwohl sind im Praxisalltag bestimmte Variationen des Abrechnungsbetruges besonders häufig anzutreffen. Insoweit gilt es folgende Besonderheiten zu beachten:

148

aa) Vertragsärztlicher Bereich

Da der Patient die Abrechnung des Kassenarztes grundsätzlich nicht zu Gesicht erhält, ist die falsche Abrechnung ärztlicher Leistungen im Bereich der vertragsärztlichen Tätigkeit besonders häufig anzutreffen. Zu nennen sind insoweit insbesondere folgende Fallgruppen:

149

(1) „Luftleistungen"

Die Abrechnung tatsächlich nicht erbrachter Leistungen – „Luftleistungen" – stellt üblicherweise kein besonderes juristisches Problem dar; in der Regel wird sich hier die Verteidigung auf die Fragen der Nachweisbarkeit bzw. **Strafzumessung** beschränken. Hinsichtlich der Strafzumessung ist zu beachten, dass der BGH in ständiger Rechtsprechung vor allem auf die angewandte kriminelle Energie, die Schwere des Vertrauensbruchs, den Tatzeitraum und die Höhe des entstandenen Schadens abstellt. Bei einer sich über zahlreiche Quartale erstreckenden Falschabrechnung soll nach Ansicht des BGH in der Regel eine Freiheitsstrafe ausgeurteilt werden; die Festsetzung einer Geld-

150

---

286 *Ulsenheimer*, Rn 14/1.
287 *Ulsenheimer*, Rn 14/8.

strafe soll in diesen Fällen nur bei Vorliegen außergewöhnlicher Umstände in Betracht kommen.[288]

(2) „Leistunggssplitting"

151 Gleiches gilt für nicht vollständig erbrachte Leistungen, einschl. des sog. „Leistungssplittings", welches z.B. vorliegt, wenn hinsichtlich nebeneinander nicht abrechenbarer Leistungen eine fiktive zeitliche Zäsur geschaffen wird, um diese als gesonderte Leistung abrechnen zu können.

(3) Auslegung bestimmter Leistungsziffern

152 Von der Abrechnung tatsächlich nicht erbrachter Leistungen ist die unterschiedliche Auslegung bestimmter Leistungsziffern streng zu unterscheiden. Hierher gehört **u.a.** das Problem der Abrechnung von sog. **„Analogziffern"**. Dem liegt die Tatsache zugrunde, dass bestimmte ärztliche Leistungen zwar erbracht werden (dürfen), diesen aber keine spezielle Abrechnungsziffer zugewiesen ist. Rechnet der Arzt die Leistung unter einer ähnlichen Ziffer, d.h. Analogziffer ab, stellt sich die Frage, ob dies eine Täuschungshandlung i.S.d. § 263 StGB darstellt. Eine höchstrichterliche Entscheidung liegt bislang nicht vor; in der Regel fehlt es jedoch an einer unwahren Tatsachenbehauptung, da die unterschiedliche Auslegung verschiedener Leistungsziffern eine Rechtsansicht darstellt und aus diesem Grunde nicht dem Anwendungsbereich des § 263 StGB unterfällt. Im Falle der Analogziffern sind jedoch auch individuelle Absprachen mit der jeweiligen KV und entsprechende Stellungnahmen der KBV zu berücksichtigen; liegen ablehnende Stellungnahmen vor, stellt die Abrechnung von Analogziffern in der Regel eine falsche Tatsachenbehauptung dar.[289] Umgekehrt entfällt die Betrugsstrafbarkeit jedenfalls dann, wenn die Abrechnung von Analogziffern mit der jeweiligen KV zuvor erörtert worden ist bzw. die Art der Abrechnung kenntlich gemacht wird.[290] Dem Arzt sind also – präventiv – erläuternde Zusätze zu empfehlen.

(4) Medizinisch nicht indizierte Leistungen

153 Werden Leistungen erbracht, die medizinisch nicht indiziert sind, ist der Tatbestand des Betruges erfüllt; im Falle der medizinisch nicht indizierten Behandlung ist in der Regel daneben – mangels wirksamer Einwilligung – eine (gefährliche) Körperverletzung gegeben (vgl. Rn 62).

(5) Medizinisch nicht indizierte Medikamente

154 Zu trennen davon ist die Verschreibung von medizinisch nicht indizierten Medikamenten, die der BGH[291] neuerdings als strafbare Untreue einstuft. Wurde die Verschreibung medizinisch nicht notwendiger Medikamente bislang ebenfalls als Betrug gewertet, sieht der BGH entsprechendes Verhalten nunmehr als strafrechtlich erhebliche Untreue (§ 266 StGB) an. Der Apotheker sei nämlich grundsätzlich nicht gehalten eine ärztliche Verschreibung auf deren Richtigkeit hin zu überprüfen, so dass der Arzt beim verfügen-

---

288 BGH wistra 1992, 296.
289 *Krause/Caspary*, in: Anwalts-Handbuch Strafrecht, Arztstrafrecht, Rn 144 m.w.N.
290 *Krause/Caspary*, a.a.O.
291 BGH StV 2004, 422 ff.; zustimmend *Taschke*, StV 2005, 406 ff.

den Apotheker keinen tatbestandsrelevanten Irrtum erregen könne. Mangels Irrtum entfalle somit die Strafbarkeit wegen Betruges. Da der Kassenarzt bei Erfüllung seiner Aufgaben jedoch kraft Gesetzes (§ 12 Abs. 1 SGB V) verpflichtet sei, nicht notwendige bzw. unwirtschaftliche Leistungen zu unterlassen, verletze dieser die hierdurch begründete Vermögensbetreuungspflicht, wenn er medizinisch nicht indizierte Medikamente gleichwohl verschreibe. Kritiker[292] sehen in dieser Rechtsprechung eine Ausuferung der Vermögensbetreuungspflicht; die Verpflichtung der gegenseitigen Rücksichtnahme stelle keine spezifische Treuepflicht, d.h. keine Hauptpflicht im Verhältnis Vertragsarzt – Krankenkasse dar, so dass der Kassenarzt letztlich contra legem zum Sachwalter der Vermögensinteressen der gesetzlichen Krankenkasse gemacht werde. Daneben bestehe zugleich die Gefahr, dass künftig auch die bloße „Unwirtschaftlichkeit" als Untreue gewertet werde, was den strafrechtlich erheblichen Bereich ärztlichen Handels unzulässig ausdehne.[293]

(6) „Scheingesellschafter"

Besondere Probleme wirft bzw. warf bis zum In-Kraft-Treten des Vertragsarztrechtsänderungsgesetzes (VÄG) am 1.1.2007 auch die Beschäftigung von sog. „Scheingesellschaftern" auf; insbesondere im Bereich der technisch aufwendigen Medizinsparten – z.B. Radiologie – sind junge Ärzte in der Regel nicht in der Lage sich in bestehende Arztpraxen einzukaufen. Umgekehrt konnten der Zulassungsverordnung folgend nur selbständige Ärzte zur kassenärztlichen Tätigkeit zugelassen werden, so dass junge Ärzte häufig vor dem Problem standen keinen Kassenarztsitz zu erhalten, wenn diese lediglich angestellt waren. Aus dieser Zwangslage heraus sind in der jüngeren Vergangenheit viele Ärzte dazu übergegangen „Scheingesellschaftsverträge" abzuschließen; der tatsächlich angestellte Arzt wird der KV gegenüber als Gesellschafter ausgegeben, was dazu führt das die Abrechnung des angestellten Arztes sozialversicherungsrechtlich fehlerhaft ist. Insoweit stellt sich jedoch vor allem die Frage, ob der formelle Verstoß gegen Sozialversicherungsrecht einem strafbaren Betrug gleichsteht; oder anders ausgedrückt, ob ein strafrechtlich erheblicher Schaden vorliegt. Zum Teil[294] wird nämlich eingewandt, es liege kein Schaden vor, da die KV ein angemessenes Äquivalent erhalten habe, indem sie durch die Behandlung einen Vermögensvorteil erlangt. Das OLG Koblenz[295] ist dieser Argumentation nicht gefolgt und führt unter Hinweis auf frühere Entscheidungen des BGH u.a. wörtlich aus:

155

„Dabei steht der Annahme eines Schadens nicht entgegen, dass die Honorare für tatsächlich erbrachte Leistungen berechnet wurden und auch dann zu zahlen gewesen wären, wenn die Behandlung der Patienten durch ordnungsgemäß zugelassene Vertragsärzte erfolgt wäre. Dies beruht auf einer für den Bereich des Sozialversicherungsrechts geltenden streng formalen Betrachtungsweise, nach der eine Leistung insgesamt nicht erstattungsfähig ist, wenn sie in Teilbereichen nicht den gestellten Anforderungen genügt. Daher findet auch eine Kompensation in der Form, dass die Krankenkassen infolge der tatsächlich erbrachten Leistungen Aufwendungen erspart haben, die ihnen bei Inanspruchnahme eines anderen Arztes durch die behan-

---

292 *Ulsenheimer*, MedR 2005, 622, 626; *Geis*, GesR 2006, 345 ff.
293 *Weidhaas*, ZMGR 2005, 52, 55.
294 Vgl. LG Lübeck GesR 2006, 176 ff.; *Volk*, NJW 2000, 3388 ff. m.w.N.; *Stein*, MedR 2001, 124 ff.; *Grunst*, NStZ 2004, 533 ff.; *Ulsenheimer*, Rn 14/32 ff.; *Wessing/Dann*, GesR 2006, 150 ff.; *Gaidzik*, wistra 1998, 329.
295 OLG Koblenz MedR 2001, 144 f.

delnden Patienten entstanden wären, in Rahmen der Schadensberechnung nicht statt", vielmehr „muss dieser beachtliche Umstand im Rahmen der Strafzumessung" zugunsten des Angeklagten berücksichtigt werden (BGH NStZ 1995, 85)."

156 Ob dieser Ansicht auch der Bundesgerichtshof folgen würde ist offen. In einer neueren Entscheidung[296] zur Abrechnung einer **Strohmanntätigkeit** heißt es nämlich u.a. wörtlich:

„Dabei spielt es keine Rolle, dass den Kassen infolge der Behandlung ihrer Patienten durch den Angeklagten Aufwendungen in möglicherweise gleicher Höhe erspart blieben, die ihnen durch die Behandlung durch einen anderen, bei der Kasse zugelassenen Arzt entstanden wären. Denn eine solche Kompensation findet bei der Schadensberechnung nicht statt, zumal ein anderer hypothetischer Sachverhalt zugrunde gelegt und offen bleiben muss, ob ein anderer Arzt die gleiche Behandlungsweise gewählt hätte.

Soweit der Beschwerdeführer Bedenken gegen diese streng formale sozialversicherungsrechtliche Betrachtungsweise anmeldet und unter Bezugnahme auf Stimmen aus dem strafrechtlichen Schrifttum (vgl. Volk, NJW 2000, 3385 ff.) Einschränkungen verlangt, kann offen bleiben, ob dem zu folgen ist. Die Notwendigkeit von Einschränkungen wird diskutiert für Fälle des Abrechnungsbetruges begangen durch Ärzte, die sich als Partner einer zugelassenen Arztpraxis ausgaben, in Wahrheit aber lediglich Angestellte waren und denen deshalb vorgeworfen wurde, sich die Zulassung erschlichen zu haben (vgl. OLG Koblenz MedR 2001, 144 f.). In solchen Fällen mag tatsächlich zweifelhaft sein, ob der Irrtum der Verantwortlichen bei der Kassenärztlichen Vereinigung nicht allein eine „Statusfrage", nicht aber die Abrechnungsvoraussetzungen betrifft und ob nicht die Auszahlung des Honorars deswegen auch keinen Vermögensschaden begründet. Daraus lässt sich aber für die Beurteilung der Strafbarkeit des Angeklagten nichts ableiten. Anders als die Ärzte in den genannten Fällen, die immerhin wirksam zugelassen waren und im Übrigen – nach Genehmigung – auch als Angestellte eines Kassenarztes hätten tätig werden dürfen, gehört der Angeklagte nicht zum Kreis der Anspruchsberechtigten; mit den Abrechnungen, die er und der Mittäter R. vorgelegt haben, ist nicht lediglich über berufsständische „Statusfragen" getäuscht worden."

157 Eine abschließende höchstrichterliche Entscheidung liegt also bis heute nicht vor, so dass der Meinungsstreit insbesondere in der Praxis auch weiterhin ungeklärt ist; mit In-Kraft-Treten des VÄG zum 1.1.2007 dürfte dies jedoch allenfalls für „Altfälle" relevant bleiben, da seit diesem Zeitpunkt angestellte Ärzte einen Kassenarztsitz erhalten können und dadurch der „wirtschaftliche Sinn" der Scheinselbständigkeit entfällt.

(7) Strohmanntätigkeit

158 Die „Strohmanntätigkeit" stellt nach Ansicht des BGH[297] einen Abrechnungsbetrug dar, obwohl auch in diesem Falle tatsächliche Leistungen erbracht worden sind; gleiches gilt für **nicht persönlich erbrachte Leistungen**.[298]

---

296 BGH GesR 2003, 87, 90.
297 Vgl. BGH GesR 2003, 87 ff.
298 BGH NStZ 1995, 85 ff.

(8) Nichtberücksichtigung von Rabatten

Die Nichtberücksichtigung von Rabatten kann ebenfalls einen strafrechtlich erheblichen Verstoß darstellen.[299] So hat z.B. das OLG Hamm[300] jüngst entschieden, dass der Tatbestand der Beihilfe zum Betrug oder des Betrugs durch Unterlassen erfüllt sein kann, wenn der Arzt bei Bestellung von Sprechstundenbedarf – hier: Röntgenkontrastmittel – die kostenlose Entsorgung von Praxissondermüll angeboten bekommt, die erhaltene Sonderleistung jedoch im Rahmen der Abrechnung gegenüber der Krankenkasse verschweigt.

159

bb) Privatärztlicher Bereich

Auch im privatärztlichen Bereich wird Falschabrechnung unter betrügerischen Aspekten zunehmend diskutiert. Sofern man die Abrechnung von Leistungen, die unter Verstoß gegen das Wirtschaftlichkeitsgebot erbracht werden, zu den Erscheinungsformen der Falschabrechnung zählt, gilt dies unmittelbar auch für den privatärztlichen Bereich; ist dem Patienten die fehlende Notwendigkeit bekannt und wird die Leistung entgegen § 12 Abs. 3 S. 5 GOÄ nicht „auf Verlangen" gekennzeichnet, so begehen Arzt und Patient in der Regel einen mittäterschaftlichen Betrug zum Nachteil der Beihilfestelle und privater Krankenversicherung. Zu den missbilligenden Absprachen zwischen Arzt und Patienten gehört auch die Verabredung eines Honorarerlasses, soweit die Erstattung durch die Versicherung oder Beihilfe geringer als erwartet ausfällt.

160

Die Zwischenschaltung von privatärztlichen Verrechnungsstellen verringert einerseits die mit der Abrechnung verbundene Arbeit, erhöht aber auch das Risiko fehlerhafter Abrechnung wegen fehlender Abstimmung, da die Abrechnungsstelle die Umsetzung der Leistungen in das Gebührenspektrum in aller Regel losgelöst vom Behandlungsgeschehen und ohne Rückkopplung mit dem Arzt vornimmt. Dies gilt umso mehr, wenn derartige Verrechnungsstellen nicht nur gewinnorientiert, sondern gewinnmaximiert arbeiten. Von strafrechtlicher Relevanz sind Falschabrechnungen jedoch nur dann, wenn der Arzt über Tatsachen täuscht. Wird lediglich eine abweichende Rechtsansicht vertreten, ist die Abrechnung strafrechtlich solange nicht zu beanstanden, wie sich die rechtliche Wertung des Betroffenen – z.B. Bewertung einer bestimmten Abrechnungsziffer – im Rahmen des vertretbaren hält.[301]

161

Zum Teil wird eine strafrechtlich erhebliche Täuschung auch dann angenommen, wenn bei Abrechnung nach der GOÄ ein zu hoher Gebührenfaktor, etwa durch automatisches Ansetzen des 2,3-fachen Satzes, gewählt wird.[302] Hierbei wird jedoch verkannt, dass der Verordnungsgeber dem Arzt einen Beurteilungsspielraum eröffnet hat, für den es trotz der in § 5 Abs. 2 GOÄ genannten Parameter eine Begründungspflicht nicht bzw. erst nach Überschreiten des Schwellenwertes von 2,3 gibt (§ 12 Abs. 3 GOÄ). Im Übrigen entscheidet für die Anwendung des Steigerungsfaktors nicht nur der (vom Arzt zu ermessende) Schwierigkeitsgrad,[303] sondern auch die dem Patienten regelmäßig bekannten Verhältnisse, wie der Zeitaufwand der einzelnen Leistung – der nirgendwo festgelegt ist – sowie die sonstigen Umstände der Ausführung. In diesem Zusammenhang darf auch nicht unbeachtet bleiben, dass die Gebühren der GOÄ, die gemäß § 4

162

---

299 Vgl. BGH NStZ 1994, 585 f.; BGH wistra 1992, 95 ff.; BGH wistra 1994, 22 ff.
300 OLG Hamm NStZ-RR 2006, 13; kritisch *Bernsmann/Schoß*, GesR 2005, 193 ff.
301 Ausführlich StA Saarbrücken, Vfg. v. 10.6.2002 – 33 Js 319/97.
302 *Janovsky*, in: Handbuch des Wirtschafts- und Steuerstrafrechts, Kap. 11 Rn 56.
303 So aber offenbar *Janovsky*, in: Handbuch des Wirtschafts- und Steuerstrafrechts, Kap. 11 Rn 38.

Abs. 3 einen Kostenfaktor beinhalten, seit 1988 praktisch nicht bzw. nur marginal der allgemeinen Lohn- und Preisentwicklung angepasst worden sind.

163 Auch das „rechtswidrige Abdingen der Regelsätze" soll als Abrechnungsbetrug anzusehen sein, wenn die Abdingung durch mangelhafte Aufklärung erschlichen wurde.[304] Richtig ist nur, dass der Arzt – jedenfalls solange ärztliche Leistungen ihren Niederschlag in der GOÄ gefunden haben – an deren Leistungskatalog gebunden ist und nach h.M. insofern keine Pauschalen vereinbaren kann; dies gilt aber nicht für Leistungen außerhalb des Katalogs der GOÄ,[305] da der Arzt eine Analogbewertung vornehmen kann, aber nicht muss.[306] Sofern er also eine Abdingung – über die abweichende „Höhe" – an § 2 Abs. 2 GOÄ ausrichtet, ist nicht ersichtlich, weshalb ihm dies als betrügerisch vorgehalten werden soll. Dass der Patient die Differenz aus eigenen Mitteln zu tragen hat, ist Inhalt der Vereinbarung und ergibt sich unmittelbar aus der Verordnung selbst, wobei deren Bekanntheit als gesetzliche Norm nach der Rechtsprechung[307] durchaus erwartet werden kann.

b) Verhältnis mehrerer Tathandlungen

164 Nach Aufgabe des Fortsetzungszusammenhangs stellt jede unrichtige Quartalsabrechnung eine selbständige Tat dar.[308]

c) Schadensberechnung

165 Die Schadensberechnung kann im Einzelfall erhebliche Schwierigkeiten bereiten, weshalb der Bundesgerichtshof[309] bereits vor etlichen Jahren eine „Hochrechnung" gebilligt hat; danach ist lediglich der konkrete Schaden eines Quartals exakt zu errechnen und im Anschluss daran hochzurechnen. Der Bundesgerichtshof hat jedoch auch hervorgehoben, dass eine solche Hochrechnung nur als zureichende Grundlage in Betracht kommt, wenn gesichert ist, dass der Arzt sein Verhalten über den untersuchten Zeitraum hinweg gleichmäßig beibehalten hat, bzw. wenn Veränderungen in seinem Verhalten zuverlässigen Eingang in die Hochrechnung finden. Hierzu bedarf es als Grundlage umfangreicher tatsächlicher Ermittlungen hinsichtlich des Verhaltens des Arztes bezüglich aller Quartale, auf die sich die Hochrechnung erstreckt. In aller Regel verlangt dies die detaillierte Vernehmung einer repräsentativen Anzahl von Patienten und des Praxispersonals.[310]

13. Strafbare Werbung

a) Liberalisierung des Werbeverbots

166 Seit dem **105. Deutschen Ärztetag** 2002 in Rostock ist das zuvor herrschende Werbeverbot für Ärzte – gestützt auf Entscheidungen des EGMR und Urteile des BVerfG[311] –

---

304 *Janovsky*, in: Handbuch des Wirtschafts- und Steuerstrafrechts, Kap. 11 Rn 64.
305 Ungeklärt für Mischformen.
306 A.A. *Lang/Schäfer/Stiel*, GOÄ, § 2 Rn 9, § 6 Rn 3.
307 OLG Köln, Urt. v. 18.3.1998 – 5 U 144/96.
308 Vgl. *Ulsenheimer*, Rn 14/26 m.w.N.
309 BGH NStZ 1990, 197, 198.
310 *Krause/Caspary*, in: Anwalts-Handbuch Strafrecht, Arztstrafrecht, Rn 152.
311 Vgl. EGMR NJW 2003, 497 ff.; BVerfG NJW 2002, 3091 ff.; NJW 2003, 879 ff. m.w.N.

gelockert. Die Liberalisierungen dienen wesentlich der Transparenz, letztlich auch vor dem Hintergrund zunehmender Spezialisierung der einzelnen Tätigkeitsfelder des Arztes. In diesem Sinn ist es dem Arzt erlaubt, nach der Weiterbildungsordnung erworbene Bezeichnungen oder nach sonstigen öffentlich-rechtlichen Vorschriften erworbene Qualifikationen und Tätigkeitsschwerpunkte zu nennen; in Verzeichnisse dürfen sich Ärzte dann eintragen lassen, wenn diese allen Ärzten in gleicher Weise offen stehen.[312] Unbestritten darf der Arzt wissenschaftliche Beiträge in Fachzeitschriften unter seinem Namen veröffentlichen sowie an Veröffentlichungen medizinischen Inhalts in Medien mitwirken.[313]

167 Von einem „Ende des Werbeverbots" kann allerdings nicht gesprochen werden.[314] Berufswidrige, insbesondere anpreisende, irreführende oder vergleichende Werbung ist nach wie vor untersagt; Werbeverbote aufgrund des **Gesetzes gegen den unlauteren Wettbewerb** (UWG) und nach dem **Heilmittelwerbegesetz** (HWG) bleiben von den Rostocker Beschlüssen unberührt.[315] Ärztliche Werbung kann als eine das Standesrecht verletzende Tätigkeit gleichzeitig auch gegen das allgemeine Wettbewerbsrecht und das Heilmittelwerberecht verstoßen.

168 Durch das Werbeverbot sollen zum Ersten eine Verfälschung des Berufsbilds durch die in der Wirtschaft üblichen Werbemethoden verhindert und zum Zweiten das Vertrauen der Bevölkerung vor einer Verfälschung des Berufsbildes geschützt werden.[316] Bei aller Liberalisierung muss der Arzt darauf hinwirken, dass eine berufswidrige Werbung unterbleibt. Bei der Darstellung gesundheitspolitischer oder medizinischer Themen steht eine **sachliche Darstellung** der jeweiligen Problematik im Vordergrund und nicht die Person des Arztes. Der Arzt hat „nach Kräften darauf hinzuwirken, dass jegliche standeswidrige Werbung unterbleibt".[317] Wann Werbung berufswidrig ist, entscheidet sich nach Prüfung des Einzelfalls. Abzuwägen sind die Interessen des Arztes an ungehinderter Berufsausübung i.S.d. Art. 12 GG einer- und die Interessen der Allgemeinheit andererseits.

169 Grundsätzlich ausgenommen von standesrechtlichen Werbebeschränkungen sind **Krankenhäuser, Sanatorien und Kliniken**, um deren wirtschaftlichen Interessen Rechnung zu tragen. Standesrechtlich erlaubt ist, in Anzeigen den Inhaber sowie den leitenden Arzt und dessen Tätigkeitsfeld anzugeben. Da Ärzte der Betrieb derartiger Einrichtungen erlaubt ist, ist ihnen aufgrund ihrer Doppelstellung als Unternehmer und Arzt mittelbar Werbung ermöglicht. Unzulässig ist indes eine **Umgehung des ärztlichen Werbeverbots** durch zu Werbezwecken verwandte Bezeichnungen wie Krankenhaus, Sanatorium oder Klinik, während tatsächlich lediglich Ärzte in einer Arzt- oder Facharztpraxis tätig sind.[318] In diesem Zusammenhang hat sich in der Rechtsprechung eine nur schwer zu systematisierende Kasuistik herausgebildet. Nach einer Entscheidung des OLG Düsseldorf ist ein Arzt grundsätzlich durch Betrieb eines auf Wirtschaftlichkeit ausgerichteten Sanatoriums oder einer Klinik zur Werbung befugt.[319] Das OLG Hamburg untersagt hingegen die Werbung eines Arztes im Rahmen des Betriebs einer am-

---

312 Vgl. § 28 MBO-Ä.
313 BVerfG NJW 1986, 1533, 1534.
314 *Ratzel/Lippert*, MedR 2002, 607 ff.
315 Siehe § 27 Nr. 3 MBO-Ä.
316 BVerfG MedR 1996, 511, 512.
317 VG Münster ArztR 1995, 253, 255.
318 Vgl. *Ulsenheimer*, Rn 407 ff.
319 OLG Düsseldorf MedR 1992, 46 ff.

bulanten ärztlichen Praxis in Form einer GmbH anstelle des Arztes, der von der GmbH als Vertragsarzt angestellt ist.[320]

b) Strafbare Umgehung des Werbeverbots

aa) Strafbarkeit nach § 16 Abs. 1 UWG

170 Die Strafvorschriften des UWG sind durch das am 8.7.2004 in Kraft getretene UWG-Reformgesetz reformiert worden. Wesentlich für den Arzt ist § 16 Abs. 1 UWG. Die Vorschrift greift den bis dahin geltenden § 4 UWG auf. Grundvoraussetzung der Strafbarkeit ist nach wie vor die irreführende Werbung. Die Norm schützt Mitbewerber vor unlauterer Werbung und i.S.d. Verbraucherschutzes das Interesse der Allgemeinheit an der Erhaltung eines leistungsfähigen Wettbewerbs.[321] Nach § 16 Abs. 1 UWG macht sich strafbar, wer in der Absicht, den Anschein eines besonders günstigen Angebots hervorzurufen, in öffentlichen Bekanntmachungen oder in Mitteilungen, die für einen größeren Kreis von Personen bestimmt sind, durch unwahre Angaben irreführend wirbt. Das Höchstmaß der Strafbarkeit beträgt zwei Jahre Freiheitsstrafe, das Mindestmaß Geldstrafe, die im Fall der Bereicherungsabsicht i.S.d. § 41 StGB zusätzlich zur Freiheitsstrafe verhängt werden kann.

171 Ob **objektiv** eine Irreführung vorliegt, entscheidet die „Durchschnittsauffassung des angesprochenen Patientenkreises".[322] Unwahr ist eine Angabe, wenn objektiv eine falsche Tatsache behauptet wird.[323] **Subjektiv** muss sich der Arzt bewusst sein, dass seine Angaben unwahr sind. Hierzu genügt bedingter Vorsatz. Als weiteres Merkmal verlangt der subjektive Tatbestand die Absicht, den Anschein eines besonders günstigen Angebots zu erwecken. Absicht ist dann gegeben, wenn es dem Arzt darauf ankommt, durch unwahre Tatsachenangaben ein Therapiekonzept als besonders positiv erscheinen zu lassen.[324] Vorsatz entfällt infolge eines **Tatbestandsirrtums**, wenn der Arzt die Unrichtigkeit der Angabe nicht erkennt. Weiß der Arzt, dass die Bezeichnung seiner Praxis als „Klinik" nicht den Tatsachen entspricht, hält er indes die Verwendung der Bezeichnung strafrechtlich nicht für verboten oder glaubt er aufgrund anwaltlicher Beratung, die Werbung sei erlaubt, so liegt darin ein **Verbotsirrtum** nach § 17 S. 1 StGB. Bei Vermeidbarkeit kommt nach S. 2 eine Strafmilderung in Betracht. Unvermeidbarkeit führt zur Straflosigkeit. Schließlich ist der **Versuch** nicht strafbar. Die **Verjährung** gemäß § 78 Abs. 3 Nr. 4 StGB beginnt mit der Beendigung des Delikts zu laufen. Die Frist beträgt gemäß § 78 Abs. 3 StGB fünf Jahre.

bb) Strafbarkeit gemäß §§ 3 Nr. 3a, 14 HWG

172 Das HWG schützt Verbraucher und geht davon aus, dass diese als medizinische Laien nicht die notwendige Sachkunde besitzen, um Werbeaussagen über Arzneimittel und Medizinprodukte zutreffend beurteilen zu können, und dass diese bei Erkrankungen häufig Werbeaussagen blind vertrauen.[325] Nach §§ 3 Nr. 3a, 14 HWG wird mit Freiheitsstrafe bis zu einem Jahr oder mit Geldstrafe bestraft, wer Arzneimitteln, Verfahren,

---

320 OLG Hamburg MedR 1992, 280, und hierzu wieder *Ulsenheimer*, Rn 408 f.
321 Siehe in diesem Sinne BGHSt 27, 293, 294.
322 Vgl. *Ulsenheimer*, Rn 412.
323 *Möbbens*, WRP 2005, 552, 553 m.w.N.
324 Vgl. *Baumbach/Hefermehl*, Wettbewerbsrecht, § 4 Rn 9a zu § 4 UWG a.F.
325 OLG Saarbrücken OLGR 2006, 831, 831.

Behandlungen, Gegenständen oder anderen Mitteln eine therapeutische Wirksamkeit beilegt, die diese nicht haben, § 3 Nr. 1 HWG. Wer i.S.d. § 3 Nr. 2 HWG fälschlich den Eindruck erweckt, dass ein Heilerfolg mit Sicherheit erwartet werden kann oder bei bestimmungsgemäßem oder längerem Gebrauch keine schädlichen Wirkungen auftreten können, macht sich ebenso strafbar. § 3 Nr. 3 HWG schützt vor unwahren oder zur Täuschung geeigneten Angaben über die Zusammensetzung oder Beschaffenheit von Arzneimitteln, Gegenständen oder anderen Mitteln, über die Art und Weise der Verfahren oder Behandlungen oder über die Person, Vorbildung, Befähigung oder Erfolge des Herstellers, Erfinders oder für sie tätige oder tätig gewesene Personen.[326]

Der sich in der Praxis in erster Linie an den werbetreibenden pharmazeutischen Unternehmer richtende Tatbestand setzt **objektiv** eine irreführende Werbung nach § 3 HWG voraus. **Irreführend** ist eine Werbung dann, wenn ein durchschnittlich begabter, ungeschulter Patient irrige Vorstellungen über die Wirkung, die Brauchbarkeit oder den Wert der angepriesenen Mittel oder der Behandlung hat.[327] Irreführung verlangt keine Täuschung oder Schädigung des Verbrauchers.[328] Wer Werbung betreibt, hat zu beweisen, dass die Angaben nach dem Stand gesicherter wissenschaftlicher Erkenntnis zutreffend sind.[329] Die Rechtsprechung stellt gerade im Bereich der Gesundheitswerbung strenge Anforderungen an die Richtigkeit und Klarheit von Wirkungsaussagen.[330]

173

Strafbar ist nur die **vorsätzliche**, d.h. bewusste und gewollte Irreführung. Bedingter Vorsatz genügt. Demnach muss der Arzt es für möglich halten, dass er für die in §§ 1, 3 HWG genannten Mittel, Verfahren, Behandlungen oder Gegenstände Werbung betreibt, die nicht nur von Einzelnen falsch verstanden werden können, und dies zumindest billigend in Kauf nehmen. Der Irrtum über den Werbecharakter der Maßnahme ist Tatbestandsirrtum, sodass in diesem Fall gemäß § 16 Abs. 1 S. 1 StGB der Vorsatz entfällt. Ohne Vorsatz kann bei Vermeidbarkeit des Irrtums nach § 3 HWG i.V.m. § 16 Abs. 1, S. 2 StGB, § 15 Abs. 2 HWG eine Ordnungswidrigkeit begangen sein.

174

Fahrlässige Verstöße gegen § 3 HWG sowie vorsätzliche und fahrlässige Zuwiderhandlungen gegen §§ 4 bis 13 HWG sind gemäß § 15 Abs. 1 und Abs. 2 HWG als **Ordnungswidrigkeiten** mit Geldbuße bedroht.[331]

Der **Versuch** ist nicht strafbar. Das Delikt ist vollendet, wenn die irreführende Werbemaßnahme dem angesprochenen Adressatenkreis zugänglich gemacht wurde. Die Ver-

175

---

326 Siehe hierzu OLG Hamburg PharmaR 2006, 222 ff., zur Frage der Irreführung durch Erweckung des Eindrucks uneingeschränkter Wirkstoffidentität zwischen verschiedenen Medikamenten „Amplodipin Sandoz" und „Norvasc".
327 Siehe hierzu *Kleist/Hess/Hoffmann*, HWG, § 3 Rn 18.
328 *Doepner*, HWG, § 14 Rn 1.
329 Vgl. allgemein BGH NJW-RR 1991, 1391 f.
330 Vgl. nur BGH GRUR 1980, 797, 799. In diesem Sinne hat beispielsweise das OLG Köln OLGR 2006, 543, 543 f., die Werbung für ein Magnetfeld-Therapiegerät aufgrund des in Fachkreisen umstrittenen Therapieerfolges als irreführend angesehen; dabei ist es nicht Sache des Wettbewerbsgerichts, die medizinische Wirksamkeit oder Unwirksamkeit festzustellen. Das Gericht kann lediglich Feststellungen zum Stand der medizinischen Wissenschaft treffen. Das OLG Saarbrücken OLGR 2006, 831 ff., hielt jüngst die Werbung mit einem „Schwingungstherapeuten" als medizinisches Gerät für irreführende Heilmittelwerbung.
331 Nach VG Meiningen ThürVBl 2006, 135 ff., verstößt ein Apotheker gegen die ihm obliegende Unterrichtungspflicht, wenn er die Verschreibungspflicht eines Medizinprodukts fahrlässig nicht zur Kenntnis genommen hat, deshalb sein Personal nicht entsprechend unterrichten kann und es daher zur Abgabe des Heilmittels ohne Vorlage einer Verschreibung kommt; der fehlende Hinweis auf die Verschreibungspflicht eines Medizinprodukts bei der Werbung durch einen Apotheker stellt indes keine irreführende Werbung und auch sonst keinen Berufspflichtverstoß dar.

jährungsfrist beträgt nach § 78 Abs. 3 Nr. 5 StGB drei Jahre. § 14 HWG und § 4 UWG können tateinheitlich verwirklicht sein. Zwischen § 14 HWG und §§ 8, 96 Abs. 2 AMG ist Tatmehrheit anzunehmen.

c) Strafbarkeit gemäß § 148 Nr. 1 GewO

176 Der Arzt ist Gewerbetreibender, wenn und soweit er eine Privatkrankenanstalt als selbständiges Mittel zur Erzielung einer dauernden Einnahmequelle einrichtet oder unterhält.[332] Das Betreiben einer Privatkrankenanstalt mit Gewinnerzielungsabsicht ist für den Arzt nach der Gewerbeordnung (GewO) **konzessionspflichtig**. Der beharrlich wiederholte Verstoß gegen § 144 Abs. 1 GewO kann gemäß § 148 Nr. 1 GewO als Straftat und der vorsätzliche oder fahrlässige Verstoß nach § 144 Abs. 1 Nr. 1b, Abs. 4 GewO als Ordnungswidrigkeit geahndet werden.

d) Werbung für den Abbruch der Schwangerschaft gemäß § 219a StGB

177 Gemäß § 219a Abs. 1 StGB ist die Werbung für Schwangerschaftsabbruch mit Strafe bedroht. Durch den Straftatbestand soll verhindert werden, dass der Schwangerschaftsabbruch in der Öffentlichkeit als etwas Normales dargestellt wird.[333] Der Tatbestand ist erfüllt, wenn der Betroffene mit Bereicherungsabsicht oder in grob anstößiger Weise öffentlich, in einer Versammlung oder durch Verbreiten von Schriften (§ 11 Abs. 3 StGB) eigene oder fremde Dienste zur Vornahme oder Förderung eines Schwangerschaftsabbruchs (Abs. 1 Nr. 1) oder Mittel, Gegenstände oder Verfahren, die zum Abbruch einer Schwangerschaft geeignet sind (Abs. 1 Nr. 2), anbietet, ankündigt, anpreist oder Erklärungen solchen Inhalts bekannt gibt. Die Werbung für rechtswidrige Schwangerschaftsabbrüche ist immer grob anstößig.[334] Der Tatbestand ist damit nicht auf Ärzte beschränkt, sondern betrifft auch Vermittlungsbüros. Nicht erfasst ist das Anbieten von Medikamenten mit abortiven Nebenwirkungen, wenn in der Gebrauchsanweisung auf derartige Gefahren hingewiesen wird.[335] Die Tatbestandsmäßigkeit des Abs. 1 Nr. 1 ist nach Abs. 2 ausgeschlossen, wenn Ärzte oder anerkannte Beratungsstellen darüber unterrichtet werden, welche Ärzte, Krankenhäuser oder Einrichtungen bereit sind, einen Schwangerschaftsabbruch durchzuführen. Abs. 1 Nr. 2 ist gemäß Abs. 3 ausgeschlossen, wenn die Tat durch eine Veröffentlichung in ärztlichen oder pharmazeutischen Fachblättern oder gegenüber Ärzten begangen wird. Diesem Adressatenkreis gegenüber, ist auch grob anstößige Werbung nicht strafbar, da dieser für die Werbung nicht empfänglich oder nicht anfällig erscheint.[336] Der subjektive Tatbestand verlangt wenigstens bedingten Vorsatz. Wer die angepriesenen oder angebotenen Mittel irrtümlich für tauglich hält, kann aufgrund § 219a StGB nicht belangt werden. Der Versuch ist nicht strafbar.

---

[332] Siehe hierzu *Ulsenheimer*, Rn 416.
[333] *Tröndle/Fischer*, § 219a Rn 1.
[334] Siehe LK/*Kröger*, § 219a Rn 6.
[335] SK/*Rudolphi*, § 228 Rn 5.
[336] LK/*Kröger*, § 219a Rn 8.

14. Strafbare Verschreibung von Betäubungsmitteln

a) Allgemeines

Das Verschreiben von Betäubungsmitteln zu Therapiezwecken gehört in vielen Arztpraxen zum Alltag. Ungeachtet von Erfolgen in der Suchtbehandlung wird indes in der **gesellschaftspolitischen Diskussion** das Verschreiben nach wie vor nicht selten mit der Behauptung abgelehnt, es fördere weitere Abhängigkeit und wirke daher dem Willen des Sucht- und Betäubungsmittelkranken zur Entgiftungs- und Entwöhnungsbehandlung entgegen.[337] Abhängige seien zudem selbst nur schwer in der Lage, Gefährdungen durch eine die Sucht verlängernde Therapie zu erkennen. Vor diesen Hintergründen stellen sich Fragen nach der Strafbarkeit bei der Verschreibung von Betäubungsmitteln und dem **Schutzzweck des Betäubungsmittelrechts**. Je mehr bei der Bekämpfung von Drogensucht auf Substitute gesetzt wird, die ihrerseits Abhängigkeit hervorrufen oder zumindest fördern können, umso häufiger zeigen sich Konflikte mit dem Betäubungsmittelgesetz (BtMG). Der Gesetzgeber sieht das durch das BtMG verfolgte Ziel, die Gesellschaft vor Drogen zu schützen, mit der Verschreibung einerseits Sucht lindernder und andererseits Sucht fördernder Stoffe grundsätzlich gefährdet. Schutzgut der betäubungsmittelrechtlichen Strafnormen ist nicht in erster Linie das Leben und die körperliche Unversehrtheit des Einzelnen, wie dies bei Körperverletzungs- und Tötungsdelikten des StGB der Fall ist. Verschärfungen des BtMG wurden in der Vergangenheit regelmäßig mit dem gesteigerten Bedürfnis nach dem **„Schutz der Volksgesundheit"** begründet.[338] Verstöße gegen das durch das BtMG geschützte öffentliche Interesse der Abwehr von Schäden an der „Volksgesundheit" sind **nicht einwilligungsfähig**. D.h., die Einwilligung des Patienten rechtfertigt das tatbestandliche Handeln des Arztes nicht. Grundsätzlich kann jedoch die Abwehr konkreter Gefahren – z.B. durch lebensbedrohliche Entzugserscheinungen – das Handeln des Arztes entsprechend § 34 StGB rechtfertigen.

Zwar erkennt der Gesetzgeber das Bemühen, den Zugang zu bestimmten Therapien zu erleichtern, und die Notwendigkeit, Abhängigen eine Perspektive zu eröffnen. Dennoch setzt das BtMG zulässigen Verschreibungen von Betäubungsmitteln enge Grenzen. Verstöße gegen das BtMG und damit Verletzungen des Schutzgutes „Volksgesundheit" stehen deutlich im Widerspruch zum Tätigwerden des Arztes, Leben zu erhalten, die Gesundheit zu schützen und wieder herzustellen.[339] Abgesehen vom verwaltungsrechtlichen Ruhen und dem Entzug der **Approbation** nach § 5 BÄO stellt sich im Falle der Strafbarkeit aufgrund einer Verletzung des BtMG strafrechtlich grundsätzlich die Frage nach einem möglichen **Berufsverbot**. Das Berufsverbot nach § 70 StGB ist zu verhängen, wenn es der Schutz der Allgemeinheit vor weiterer Gefährdung im Fall der fortgesetzten Berufsausübung erforderlich macht. Die Skala reicht in diesem Zusammenhang bei lediglichen Beanstandungen zur Behandlung Suchtkranker von dem Verbot, keine suchtkranken Patienten mehr behandeln zu dürfen, über das vorläufige und das befristete bis hin zum lebenslänglichen Berufsverbot, wenn Straftaten eine fehlerhafte Grundeinstellung des Arztes zu seinem Beruf und zum Verhältnis zu seinen Patienten

---

337 Vgl. beispielsweise konkret zu Methadon *Körner*, BtMG, C 1 Rn 117 ff., und zum allgemeinen Kontext a.a.O. Rn 110 bis 112.
338 Hierzu näher *Eberth/Müller*, Rn 19.
339 Unwürdigkeit oder Unzuverlässigkeit zur Ausübung des ärztlichen Berufs sind nahe liegend, bei einem ärztlicherseits nicht hinreichend überwachten Turbo-Entzug mit Naltrexon oder bei medizinisch nicht indiziertem Verschreiben von Drogen an Abhängige; vgl. hierzu *Körner*, BtMG, § 29 Rn 1246 m.w.N.

b) Strafbarkeit wegen des Verstoßes gegen das BtMG

aa) § 29 Abs. 1 Nr. 6 lit. a BtMG i.V.m. § 13 Abs. 1 BtMG

180 Das Verschreiben und Verabreichen von Betäubungsmitteln zur Substitution gilt grundsätzlich als Behandlung für Betäubungsmittelabhängige und ist nach § 13 Abs. 1 BtMG nicht strafbar. Der Arzt macht sich gemäß § 29 Abs. 1 Nr. 6 lit. a BtMG strafbar, wenn er Betäubungsmittel zur Therapie entgegen § 13 Abs. 1 BtMG verschreibt, verabreicht oder dem Patienten zum unmittelbaren Gebrauch überlässt. Der Strafrahmen reicht von Geldstrafe bis zu vier Jahren Freiheitsstrafe.

181 Nach § 13 Abs. 1 S. 1 BtMG dürfen die in Anlage III zum BtMG aufgeführten **verschreibungsfähigen Betäubungsmittel** nur verschrieben, verabreicht oder dem Patienten überlassen werden, wenn ihre Anwendung am oder im menschlichen Körper begründet ist.[340] Hierzu führte der Bundesgerichtshof in einer bedeutenden Entscheidung aus dem Jahr 1991 aus, dass der Wortlaut der Regelung die Auslegung zulasse, wonach die Anwendung nicht zwingend mit **Heilzwecken** begründet sein müsse. Eine Verschreibung könne unter Inkaufnahme einer fortbestehenden Abhängigkeit unter Umständen auch aufgrund **sozialmedizinischer Indikationen** erfolgen, etwa um den Patienten von dem Zwang zur Beschaffungskriminalität zwecks Finanzierung des eigenen Drogenkonsums zu befreien und einen Ausstieg aus der Kriminalität zu finden.[341] Diese Auslegung erweitert den Grundsatz, wonach Betäubungsmittel nur bei „unumgänglicher medizinischer Notwendigkeit zum Zweck der Heilung – einschließlich der Schmerzlinderung – verschrieben werden dürfen."[342] Das Verschreiben von Betäubungsmitteln bei erkennbarer Gefahr missbräuchlicher Verwendung ist indes nach wie vor unabhängig von einer medizinischen Indikation verboten. Damit soll der Entstehung einer Sucht entgegengewirkt und ferner verhindert werden, dass eine bereits bestehende Sucht durch Verschreibungen unter Nichtbeachtung oder nicht hinreichender Beachtung des Standes der ärztlichen Wissenschaft oder durch Vorratsverschreibungen gefördert wird.[343]

182 Die Verabreichung oder Überlassung ist dann **medizinisch indiziert**, wenn der Einsatz des Betäubungsmittels „nach den allgemeinen oder überwiegend anerkannten Regeln der ärztlichen Wissenschaft" zur Heilung „geeignet" ist und der Heilzweck „nicht auf andere Weise mit weniger gefährdenden Mitteln erreicht" werden kann.[344] Dies heißt mit anderen Worten, dass jede Therapie ohne Einsatz eines in Anlage III des BtMG enthaltenen Betäubungsmittels, mit der eine Abhängigkeit beendet werden kann, einer Therapie mit Einsatz eines genannten Betäubungsmittels vorgeht, unabhängig davon, ob mit der Ersatzdroge gute Heilungserfolge erzielt werden. Zur Vermeidung einer Kri-

---

340 Die Verschreibung, Verabreichung oder Überlassung der in den Anlagen I und II zum BtMG bezeichneten Betäubungsmittel ist gemäß § 13 Abs. 1 S. 3 BtMG untersagt.
341 Vgl. BGHSt 37, 383, 384, und hierzu *Andreas*, ArztR 1995, 183, 183.
342 Vgl. BGHSt 29, 6, 11.
343 Vgl. BGHSt 29, 6, 11; die Verschreibung oder Verwendung von Drogen zum Doping, zur Gewichtsabnahme etc. ist unzulässig; vgl. hierzu *Eberth/Müller*, Rn 68 m.w.N.
344 Vgl. BGHSt 29, 6, 9; *Kühne*, ZRP 1989, 4; vgl. in diesem Zusammenhang bereits BayObLG NJW 1970, 529, 529.

minalisierung medizinisch vertretbarer abweichender Auffassungen liegt der Tatbestand des unerlaubten Verschreibens von Betäubungsmitteln allerdings nicht schon deshalb vor, weil der Arzt durch die Verordnung einer Ersatzdroge gegen die Regeln der Schulmedizin verstößt. In einem medizinisch umstrittenen Gebiet, wie dem der Verschreibung von Ersatzdrogen für Abhängige, ist dem Arzt eine Risikogrenze zuzubilligen. Die Strafbarkeit nach § 29 Abs. 1 Nr. 6 lit. a BtMG fordert, dass diese Grenze eindeutig überschritten ist.[345] Empfehlungen der ärztlichen Berufsorganisationen zu § 13 Abs. 1 BtMG sind für den Richter eine mögliche Entscheidungshilfe, entbinden diesen jedoch nicht, im Einzelfall – sachverständig beraten – zu prüfen, ob die Verschreibung des Betäubungsmittels begründet war oder nicht.

In welchen Fällen im Rahmen einer Substitutionsbehandlung die Verbrauchsüberlassung von Betäubungsmitteln straflos erlaubt ist, ist in der **Betäubungsmittelverschreibeverordnung** (BtMVV) näher mitbestimmt. § 5 BtMVV stellt klar, dass Substitution im Sinne der Verordnung die Anwendung eines ärztlich verschriebenen Betäubungsmittels bei einem opiatabhängigen Patienten darstellt. Primärer Zweck der Substitution ist die gesundheitliche Stabilisierung. Nach § 5 Abs. 5 BtMVV darf der Arzt Substitutionsmittel unter den Voraussetzungen des § 13 Abs. 1 BtMG verschreiben, wenn er die **ärztlichen Sorgfaltspflichten** einhält. Hierzu zählt gemäß § 5 Abs. 7 BtMVV konkret, dass Substitutionsmittel erst nach einer sechsmonatigen Erprobungsphase zur eigenverantwortlichen Einnahme als „Take-home-Verschreibung" in einer Menge für maximal sieben Tage überlassen werden dürfen.[346]

183

Zudem setzt das Verschreiben von Betäubungsmitteln immer **besondere Informationspflichten** des Arztes voraus. Er darf sich insbesondere dann, wenn er den zu behandelnden Patienten nicht kennt, nicht auf dessen Angaben zu bisherigem Konsumverhalten oder auch zum persönlichen und sozialen Umfeld verlassen.[347] Er darf vielmehr nur dann verschreiben, wenn das Risiko einer Selbstgefährdung nicht außer Verhältnis zum Heilzweck auf der Grundlage einer persönlichen Untersuchung des Patienten und der Feststellung der Krankheit steht. Die Diagnostik und Therapie des behandelnden Arztes kann nur sinnvoll sein, wenn der Arzt über **spezielle ärztliche Kenntnisse** auf dem Gebiet der Suchtkrankheiten verfügt. Das Fehlen von Spezialkenntnissen ist ein Indiz für eine unbegründete Betäubungsmittelbehandlung.[348] Zu den besonderen Sorgfaltspflichten zählt die Einbeziehung von psychotherapeutischen, psychiatrischen oder psychosozialen Behandlungs- und Betreuungsmaßnahmen. Vor der Aufnahme in ein Methadon-Programm ist demnach die Betäubungsmittelabhängigkeit besonders sorgfältig zu prüfen.[349] Hierbei sind alternative Entzugsmodelle einzubeziehen. Insbesondere bei **minderjährigen Patienten** sollten zunächst andere Entzugsmodelle versucht werden, bevor auf einem in hohem Maße abhängig machenden Suchtstoff wie Methadon entzogen wird.[350]

184

In einer mangelhaften Untersuchung des Patienten ohne Feststellung bevorstehender Entzugssymptomatiken sieht der Bundesgerichtshof eine Strafbarkeit gemäß §§ 13, 29 Abs. 1, Nr. 6 lit. a, Abs. 4 BtMG i.V.m. § 2a BtMVV.[351] Kontrolliert der Arzt entgegen

185

---

345 Vgl. BGHSt 29, 6, 11.
346 Vgl. hierzu speziell wieder *Körner*, BtMG, § 29 Rn 1211.
347 So schon BayObLG NJW 1970, 529.
348 *Körner*, BtMG, § 29 Rn 1201.
349 Vgl. BGH NStZ 1998, 414. Die Verschreibung von Codeinpräparaten zur Substitution von Opiatabhängigen ist nur in Ausnahmefällen zugelassen.
350 Vgl. LG Hechingen, Urt. v. 11.3.2004 – 1 KLs 11 Js 7658/02, AK 20/03.
351 Vgl. BGH NStZ 1998, 414.

§ 5 Abs. 2 BtMVV nicht in unregelmäßigen Abständen den tatsächlichen Verbrauch und führt er keinerlei Drogensuchttests, Urinkontrollen oder andere geeignete labordiagnostische Verfahren zu einem möglichen Drogenmissbrauch durch, kann er sich wegen unbegründeter Betäubungsmittelbehandlung nach § 29 Abs. 1 Nr. 6 lit. a BtMG strafbar machen. Erweist sich ein festgestellter **Beikonsum** als nicht beherrschbar, hat der Arzt die Therapie sofort abzubrechen.[352] Die Erfüllung seiner Pflichten hat er in erforderlichem Umfang nach dem Stand der medizinischen Wissenschaft zu dokumentieren. Ohne jede Dokumentation ist eine ärztliche Suchtbehandlung unerlaubt nach § 13 Abs. 1 BtMG, eine lediglich unzureichende Dokumentation indes nicht strafbar.[353]

bb) Vorsatz, Fahrlässigkeit und Versuch

186 Ein Verstoß ist gemäß § 29 Abs. 1 Nr. 6 lit. a und b, Abs. 3, Abs. 4 BtMG strafbar. Der Tatbestand erfordert im Hinblick auf das Verschreiben Vorsatz, d.h., den Willen des Arztes zur Verschreibung mit dem Wissen der Umstände; Verabreichung und Überlassung von Betäubungsmitteln zum unmittelbaren Verbrauch sind bereits bei fahrlässigem Verhalten, d.h. bei Außerachtlassung der im Verkehr erforderlichen Sorgfalt – etwa der Verwechslung von Spritzen – strafbar. Ist der Arzt von seiner Behandlung überzeugt, da er die tatsächlichen Voraussetzungen einer erlaubten Verschreibung verkannt hat, liegt ein Vorsatz ausschließender Tatbestandsirrtum vor.[354] Die versuchte Verabreichung und Verbrauchsüberlassung sind gemäß § 29 Abs. 2 BtMG mit Strafe bedroht.

c) Strafbarkeit nach dem StGB

187 Das ärztlich nicht begründete Verschreiben von Betäubungsmitteln kann in Tateinheit insbesondere mit der einfachen und der gefährlichen **Körperverletzung** nach § 223 StGB und § 224 StGB stehen, wie auch mit der Körperverletzung mit Todesfolge nach § 226 StGB. Die missbräuchliche Verschreibung kann auch in Tateinheit stehen mit fahrlässiger oder vorsätzlicher **Tötung** nach § 229 StGB oder § 212 StGB. Der Tatbestand der Körperverletzung beurteilt sich unabhängig davon, ob sich der Patient mit der Verabreichung des Betäubungsmittels subjektiv „wohler fühlt".[355] Hat ein Arzt mit einer gegen das BtMG verstoßenden Verschreibung zwar Heil- und Linderungszwecke verfolgt, aber gewusst, dass der Patient einen Gesundheitsschaden davon tragen wird, konkurriert mit der Verschreibung eine Körperverletzung.[356]

188 Maßgebliche Voraussetzung für Strafbarkeit bei einem sich selbst gefährdenden Opfer ist der **Grundsatz der Selbstverantwortung**. Auszugehen ist grundsätzlich davon, dass der Tatbestand der Körperverletzung dann nicht gegeben ist, wenn sich das mit der Gefährdung vom Opfer selbst bewusst eingegangene Risiko realisiert.[357] Dieser Grundsatz ist indes nicht ohne weiteres auf das Betäubungsmittelrecht übertragbar, da das durch das BtMG geschützte Rechtsgut nicht nur die Gesundheit des Einzelnen, sondern auch die Volksgesundheit ist, die dem Einzelnen nicht zur Disposition steht.[358]

---

352 So wieder *Körner*, BtMG, § 29 Rn 1213.
353 *Körner*, BtMG, § 29 Rn 1204.
354 Vgl. BGHSt 37, 383, 388.
355 Vgl. nur BGH JR 1979, 429.
356 Vgl. *Körner*, BtMG, § 29 Rn 1249.
357 Vgl. hierzu BGHSt 32, 262 ff.; BGH NStZ 1985, 319 ff.
358 Vgl. BGH NJW 2001, 1802, 1804.

Eine Körperverletzung ist trotz medizinischer Indikation gegeben, wenn der Patient bei der Einnahme der Droge nicht selbstverantwortlich handelt. Das ist in der Regel zu bejahen, wenn der Arzt über ein **überlegenes Sachwissen** verfügt und der Patient die Gesundheitsgefahren und -schädigungen durch die Therapie nicht hinreichend kennt.[359] Hat der Arzt Einfluss auf den sich selbst schädigenden Patienten und beherrscht er durch sein überlegenes Wissen den Geschehensablauf, spricht dies für Strafbarkeit.[360] Zwar werden einem Drogenkonsumenten, der sich in ärztliche Behandlung begibt, bei erster Betrachtung nur selten die schädigende Wirkung von Drogen oder Medikamenten unbekannt sein. Es ist indes immer besonderes Augenmerk darauf zu richten, ob der Patient möglicherweise – suchtbedingt – nicht mehr in der Lage ist, seinen Willen frei zu bilden und so zum Werkzeug des, das Geschehen beherrschenden, Arztes werden kann.[361]

189

Liegt hingegen eine eigenverantwortliche Selbstschädigung des wissenden und freiverantwortlich handelnden Patienten vor, indem dieser die Droge einnimmt, und beschränkt sich das Handeln des Arztes auf die Förderung der Einnahme, ist der Arzt allenfalls **Gehilfe einer Selbstschädigung**. Da die Selbstschädigung des Patienten für diesen keine strafbare Körperverletzung darstellt, ist mangels vorsätzlicher, rechtswidriger Haupttat auch die Gehilfenhandlung des Arztes straflos.[362] Dies gilt entsprechend für die **Anstiftungshandlung** des Arztes, der einen Patienten zu dessen eigenverantwortlicher Selbstschädigung bestimmt, solange sich das Opfer frei zur Einnahme der Droge entschließt.[363] Ist positives Tun nicht strafbar, ist auch ein dem Tun entsprechendes **Unterlassen** nicht strafbewehrt. Die Mitwirkung eines Garanten an der vorsätzlichen oder fahrlässigen Selbstgefährdung wird vom Schutzweck der §§ 223, 230 StGB nicht erfasst.[364]

190

15. Straftatbestände und Ordnungswidrigkeiten nach dem Arzneimittelgesetz

a) Überblick

Das Arzneimittelgesetz (AMG) enthält in § 95 und § 96 Straf- und in § 97 zahlreiche Bußgeldvorschriften zum Schutz einer ordnungsgemäßen Versorgung und der Sicherheit im Verkehr mit Arzneimitteln. Die zwölf Tatbestände des § 95 AMG, wonach die Tathandlung die Gesundheit in besonders hohem Maße gefährdet, führen zu einer Strafbarkeit von bis zu drei Jahren Freiheitsstrafe oder Geldstrafe. Wer die Gesundheit von einer großen Zahl von Menschen gefährdet, wer andere in die Gefahr des Todes oder der schweren Schädigung an Körper und Gesundheit bringt, aus grobem Eigennutz für sich oder einen anderen einen Vermögensvorteil großen Ausmaßes erlangt oder Arzneimittel zu Dopingzwecken im Sport an Personen unter 18 Jahren abgibt, macht sich wegen eines besonders schweren Falles nach § 95 Abs. 3 AMG strafbar; die Qualifikation

191

---

359 Vgl. BGH JR 1979, 429.
360 Vgl. BGH NJW 2001, 1804, 1805.
361 Vgl. OLG München NJW 1987, 2940 m.w.N.
362 Vgl. hierzu BayObLG NJW 1995, 797, 798.
363 Vgl. OLG Zweibrücken MedR 1995, 331, 332 m.w.N. u.a. auf BGHSt 24, 234, 242; 32, 282 ff. Die Entscheidung des OLG Zweibrücken befasst sich mit der Langzeitverordnung von Psychopharmaka an eine alkohol- und medikamentenabhängige Patientin, deren Medikamentenabhängigkeit durch die medizinisch nicht indizierte Verordnung aufrechterhalten wurde.
364 Vgl. wieder OLG Zweibrücken MedR 1995, 331, 332.

ist mit Freiheitsstrafe von einem bis zu zehn Jahren bedroht. Handelt der Täter in den Fällen des Abs. 1 fahrlässig, ist die Strafe gemäß § 95 Abs. 4 AMG Geldstrafe oder Freiheitsstrafe bis zu einem Jahr. Der Verstoß gegen einen der 16 Tatbestände des § 96 AMG kann mit Geldstrafe oder mit Freiheitsstrafe bis zu einem Jahr geahndet werden. Schließlich droht bei den 35 Tatbeständen des § 97 AMG eine Geldbuße bis zu 25.000 EUR. Jeder der Straf- und Ordnungswidrigkeitentatbestände enthält mehrere Begehungsweisen. Fahrlässige Verstöße nach § 95 AMG sind gemäß Abs. 4 mit Geldstrafe oder Freiheitsstrafe bis zu einem Jahr zu bestrafen. Fahrlässige Verstöße nach § 96 AMG begründen eine Ordnungswidrigkeit nach § 97 Abs. 1 AMG.

b) Strafbarkeit nach § 95 AMG

192 § 95 AMG schützt die Bevölkerung vor nicht sorgfältig entwickelten und erprobten, geprüften und zugelassenen, vom Arzt verordneten und verschriebenen Pharmaprodukten, wobei die Arzneimittel mit ihren Nebenwirkungen zu einer „Intoxikation der Bevölkerung" führen können.[365] Für den Arzt besonders relevante Tatbestände des § 95 AMG sind das Inverkehrbringen eines Arzneimittels, bei dem der begründete Verdacht auf schädliche Wirkung besteht (Nr. 1), das Inverkehrbringen, Verschreiben oder Anwenden von Arzneimitteln zu Dopingzwecken im Sport (Nr. 2a), das Inverkehrbringen von radioaktiven Arzneimitteln (Nr. 3) sowie das Handeltreiben mit Arzneimitteln, die nur auf Verschreibung an Verbraucher abgegeben werden dürfen (Nr. 4). Im Gegensatz zum BtMG enthält das AMG keinen allgemeinen Straftatbestand der unerlaubten Verschreibung von Arzneimitteln.

193 Nr. 1 gilt auch für den verschreibenden Arzt, wenn dieser sich mit einem Apotheker zusammengeschlossen und durch Rezeptur und Rezeptausstellung seinen Tatbeitrag zur gemeinschaftlichen Herstellung und zum Inverkehrbringen der bedenklichen Rezepturarznei geleistet hat.[366] Wer als Arzt gemeinschaftlich mit mehreren Apothekern entgegen dem Verbot des § 5 AMG bedenkliche, d.h. im Verdacht schädlicher Wirkung stehende Arzneimittel ohne Zulassung in den Verkehr bringt, hat mit sofort zu vollziehendem Ruhen der ärztlichen Approbation zu rechnen.[367] Vorrätig haben zum Verkauf, feilhalten und feilbieten sowie die Abgabe von Arzneimitteln erfüllen dann nur einmal den Tatbestand des § 95 Abs. 1 Nr. 1 AMG, wenn der Verkaufsvorrat später verkauft wird. Unter den Tatbestand fällt auch die Abgabe nicht zugelassener **Schlankheitskapseln**.[368] Die Lieferung von Anabolika als **Dopingmittel** oder von Anabolikawirkstoffen zur Arzneimittelherstellung verstößt ebenfalls gegen § 95 Abs. 1 Nr. 1 i.V.m. § 5 AMG.[369] Das unerlaubte Inverkehrbringen, Verschreiben und Anwenden von Arzneimitteln zu Dopingzwecken im Sport nach § 95 Abs. 1 Nr. 2a AMG dient dem Schutz der Gesundheit und nicht der Gewährleistung sportlicher Fairness. Nach dem Zweck der Regelung schützt diese vor dem Inverkehrbringen, der Verschreibung oder der Anwendung oder beabsichtigten Verwendung, die auf eine Steigerung der Leistung im Zusammenhang mit sportlichen Aktivitäten abzielt.[370] Nicht vom Verbot erfasst wird die Anwendung von Arzneimitteln zum Zweck der Behandlung von Krankheiten oder außerhalb sportlicher Betätigungen. Eine Legaldefinition von Doping findet sich aller-

---

365 *Körner*, AMG, § 95 Rn 1.
366 Siehe hierzu eingehend OVG Münster NJW 1997, 2470, 2471.
367 Vgl. wieder OVG Münster NJW 1997, 2470, 2471.
368 Vgl. BGH NStZ 1999, 625.
369 Vgl. BGH StV 1998, 663 f.
370 *Körner*, AMG, § 95 Rn 24.

dings im AMG nicht.³⁷¹ Bei der Abgabe von **Ärztemustern** durch Ärzte ist zu unterscheiden. Hat ein Arzt sich aus Ärztemustern, die von pharmazeutischen Unternehmern nach § 47 Abs. 3 und 4 AMG nur in geringer Zahl zur Erprobung ausgegeben werden dürfen, ein umfangreiches Lager angelegt, so macht er sich gemäß § 95 Abs. 1 Nr. 4 AMG strafbar, wenn er diese **entgeltlich** an Kassenpatienten aushändigt und er anschließend eine Rezeptgebühr kassiert. Hat er die Arzneimittelrezepte auf den Namen von Patienten ausgestellt und lässt er sich die Arzneimittel von bestimmten Apothekern nicht an den Patienten, sondern an sich zur Ergänzung seiner Bestände liefern, so macht er sich zudem wegen Betruges zum Nachteil der Krankenkasse strafbar, da die kostenlosen Ärztemuster unverkäuflich sind und daher nicht zu den Sachleistungen gehören, die eine Krankenkasse zu vergüten hat.³⁷² Die **unentgeltliche** Anwendung von Ärztemustern an Patienten durch Ärzte ist indes grundsätzlich zulässig, ebenso wie das Verabreichen, Anwenden und zum unmittelbaren Verbrauch Überlassen, sofern Apothekenpflichtigkeit nach § 42 Abs. 1 AMG nicht besteht.

§ 95 Abs. 1 AMG verlangt subjektiv **Vorsatz**. **Fahrlässig** i.S.d. § 95 Abs. 4 AMG handelt, wer die Sorgfalt außer Acht lässt, die zu beobachten er verpflichtet und nach seinen persönlichen Kenntnissen und Fähigkeiten in der Lage ist.³⁷³ Der **Versuch** ist nach § 95 Abs. 2 AMG strafbar. 194

c) Strafbarkeit nach § 96 AMG

Von den Tatbeständen des § 96 ist die Sorgfaltspflichtverletzung bei der klinischen Prüfung eines Arzneimittels i.S.d. § 96 Nr. 10 AMG hervorzuheben. Strafbar macht sich danach derjenige, der die klinische Prüfung eines Arzneimittels entgegen §§ 40, 41 AMG durchführt. 195

Nach § 40 AMG ist die **klinische Prüfung der Wirkungen und Nebenwirkungen** eines noch nicht zugelassenen Arzneimittels zur Ergänzung von Laborversuchen und Experimenten mit Tieren erforderlich. Vor der Genehmigung eines klinischen Versuches muss sorgfältig geprüft werden, ob die Anwendung an Menschen zu verantworten ist, ob erkannte Risiken und Nebenwirkungen vermeidbar, beherrschbar oder abzuschwächen sind, so dass für Probanden kein Schaden entsteht. Zwingende Voraussetzung ist, dass der Proband vor seiner Einverständniserklärung ausreichend über die Risiken des klinischen Versuchs aufgeklärt wird und vom Prüfleiter während des Versuchs ständig auf den Nichteintritt von Risiken geachtet wird. Die Erkenntnisse über die Wirksamkeit und Verträglichkeit eines Arzneimittels sind zu sammeln und auszuwerten. Im Vordergrund steht der Therapieerfolg. 196

Nach § 40 AMG darf die Prüfung bei Menschen nur durchgeführt werden, wenn und so lange
- die Risiken ärztlich vertretbar sind (§ 40 Abs. 1 Nr. 1 AMG),
- die Probanden nach ausreichender Aufklärung in der Lage waren, die Risiken zu erkennen, und in rechtsverbindlicher schriftlicher Form ihre Einwilligung erteilt haben (§ 40 Abs. 1 Nr. 2, § 40 Abs. 2 AMG),
- es sich nicht um gerichtlich oder behördlich in einer Anstalt untergebrachte Personen handelt (§ 40 Abs. 1 Nr. 3 AMG), 197

---

371 Die Gruppen der Dopingwirkstoffe und Dopingmethoden gemäß dem Anhang des europäischen Übereinkommens gegen Doping von 1989 finden sich bei *Körner*, AMG, § 95 Rn 25.
372 Vgl. BayOLG NJW 1977, 1501 ff.
373 Vgl. *Körner*, AMG, § 95 Rn 12.

- die klinische Prüfung von einem erfahrenen Arzt geleitet wird (Prüfleiter) (§ 40 Abs. 1 Nr. 4 AMG),
- eine ausreichende pharmakologische, toxikologische Prüfung der Prüfarznei stattgefunden und in einem wissenschaftlich fundierten Prüfplan Eingang gefunden hat (§ 40 Abs. 1 Nr. 5 AMG),
- sowohl der Prüfplan als auch ein positives Votum der zuständigen Ethikkommission und der zuständigen Bundesoberbehörde vorgelegt worden sind (§ 40 Abs. 1 Nr. 6 AMG),
- der Leiter der klinischen Prüfung über alle wissenschaftlichen Ergebnisse und Risiken informiert worden ist (§ 40 Abs. 1 Nr. 7 AMG),
- für die an der klinischen Prüfung teilnehmenden Probanden eine ausreichende Versicherung abgeschlossen worden ist (§ 40 Abs. 1 Nr. 8, § 40 Abs. 3 AMG).

198 Die Nichtbeachtung der §§ 40 Abs. 1 Nr. 1 bis 5, 8, 40 Abs. 4 Nr. 1 AMG ist nach § 96 Nr. 10 AMG strafbar. Die Nichtbeachtung von § 40 Abs. 1 Nr. 6 und 7 AMG ist nach § 97 Abs. 2 Nr. 9 AMG mit einem Bußgeld bedroht. Ist die Aufklärung über die Risiken unvollständig oder objektiv für den Probanden unverständlich oder ist seine Einwilligung oder die eines gesetzlichen Vertreters unwirksam, liegt ein Verstoß nach § 96 Nr. 10 AMG i.V.m. § 40 Abs. 1 Nr. 2 AMG vor.[374]

199 Nach § 96 Nr. 10a AMG ist daneben die Abgabe von Schwangerschaftsabbruchmitteln ohne ärztliche Verschreibung strafbar. § 96 Nr. 11 AMG betrifft die unerlaubte Abgabe von verschreibungspflichtigen Arzneimitteln ohne Vorlage der erforderlichen Verschreibung durch Berechtigte. Täter sind hier insbesondere Apotheker, insbesondere Apothekenleiter und das pharmazeutische Personal in der Apotheke, aber auch pharmazeutische Unternehmer und Großhändler.

200 Nach § 96 AMG werden lediglich vorsätzliche Delikte als Vergehen bestraft. Fahrlässige Verstöße nach § 96 AMG stellen eine Ordnungswidrigkeit nach § 97 Abs. 1 AMG dar.

d) Bußgeldvorschriften nach § 97 AMG

201 Gemäß § 97 AMG handelt ordnungswidrig, wer eine der in § 96 AMG bezeichneten Handlungen fahrlässig begeht. Als Ordnungswidrigkeiten nach § 97 AMG gelten überdies insbesondere das Inverkehrbringen von Arzneimittel mit abgelaufenem Verfallsdatum, ohne Angabe des verantwortlichen pharmazeutischen Unternehmers und ohne die vorgeschriebene Kennzeichnung oder ohne die vorgeschriebene Packungsbeilage. Die Tatbestände richten sich indes in erster Linie an Arzneimittelhändler (vgl. Abs. 2 Nr. 2) und an Apotheker (vgl. Abs. 3 Nr. 4). Zu beachten ist § 97 Abs. 2 Nr. 10 AMG, wonach das berufs- oder gewerbsmäßige Inverkehrbringen, das Handeltreiben oder das Abgeben von apothekenpflichtigen Arzneimitteln außerhalb von Apotheken als Ordnungswidrigkeit geahndet wird. Die unerlaubte Arzneimittelmusterabgabe nach § 97 Abs. 2 Nr. 12a AMG betrifft in erster Linie Pharmaunternehmer. Als Täter des § 97 Abs. 2 Nr. 28 AMG – wer entgegen § 75 Abs. 1 S. 1 AMG eine Person als Pharmaberater beauftragt – kommt nur der pharmazeutische Unternehmer in Betracht.

---

374 Vgl. BayOLG, NStE 1990, Nr. 1 zu § 40 AMG.

e) Strafbarkeit nach dem StGB

Das Arzneimittelgesetz enthält – anders als das BtMG – keine Strafbestimmungen, wonach medizinisch nicht indizierte Verschreibungen oder Verabreichungen von suchterzeugenden Medikamenten mit Strafe oder Bußgeld bedroht sind. Ein Arzt, der durch eine unsachgemäße Behandlung einen Patienten an Leben oder Gesundheit schädigt, macht sich demnach nicht aufgrund des AMG, sondern nach den Körperverletzungs- und Tötungsdelikten des StGB strafbar.[375] Mögliche Tathandlung ist auch das Verschreiben von Arzneimitteln, die Patienten den Bezug von Suchtmitteln ermöglichen und zu Gesundheitsbeschädigungen führen. Die Applikation ist demnach nicht erforderlich. In diesem Sinne verurteilte der Bundesgerichtshof einen Nervenarzt wegen fahrlässiger Tötung, da er zwei drogenabhängige Patientinnen fünf Ampullen eines betäubungsmittelhaltigen Medikamentes zur Selbstinjektion verschrieb.[376] Der **Zurechnungszusammenhang** zwischen Verschreiben und dem Tod der Patientinnen ist nicht durch deren Selbstinjektion zu verneinen, da der Arzt über ein erhöhtes Sachwissen hinsichtlich des Gesundheitsrisikos verfügte.[377] Die Verschreibung von suchterzeugenden oder suchtfördernden Arzneimitteln zur Linderung schwerster Krankheiten, zur Beruhigung, bei Schlafstörungen etc., muss in einem angemessen Verhältnis zur Suchtgefahr liegen, die durch Einnahme der Arzneimittel begründet wird. Sind derart schwerwiegende Nebenwirkungen zu erwarten, dass sie im Verhältnis zur Schmerzlinderung oder Beruhigung außer Verhältnis stehen, kann ein Arzneimittel nicht mehr als Heilmittel betrachtet werden. Problematisch ist nach wie vor die ärztliche Verschreibung von Anabolika. Nach einer Untersuchung von *Boos* erfolgen 14 % der Verschreibungen von Dopingmitteln an Sportler ohne erforderliche Aufklärung über die Nebenwirkungen.[378] Liegt eine Aufklärung des Arztes vor, ist der Tatbestand der Körperverletzung nicht erfüllt, sofern das gesundheitliche Risiko des Patienten von diesem eigenverantwortlich überblickt werden kann und eine bewusste Selbstschädigung vorliegt.

C. Die Verteidigung in Arztstrafsachen

Der Strafverteidiger wird arztstrafrechtlich regelmäßig mit drei Komplexen betraut: der Verteidigung des Beschuldigten, der Beratung und Vertretung des Geschädigten sowie als Beistand des Zeugen. Bzgl. der vorgenannten Themenkomplexe sind – neben den in allen Strafsachen zu beachtenden Grundsätzen – folgende Besonderheiten zu beachten:

I. Die Verteidigung des Beschuldigten

1. Allgemeine Hinweise

In Arztstrafsachen ist es oftmals üblich sog. (polizeiliche) **„Vorermittlungen"** zu führen; so wird beispielsweise bei ungeklärten Todesfällen regelmäßig ein „Todesermittlungsverfahren" eingeleitet, in dem keine konkrete Person beschuldigt ist, da zunächst geklärt werden soll, ob überhaupt der Verdacht einer Straftat besteht. Liegt ein entsprechender Verdacht vor, ist insbesondere zu Beginn eines Ermittlungsverfahrens häufig –

---

375 Vgl. BGH JR 1979, 429.
376 BGH JR 1979, 429.
377 Vgl. hierzu auch *Körner*, AMG, Teil 6, Rn 2.
378 Vgl. *Boos*, DÄBl. 1998, 774 ff.

ebenfalls – keine konkrete Person beschuldigt, da aufgrund des arbeitsteiligen Zusammenwirkens von (mehreren) Ärzten und dem beteiligten Assistenzpersonal die Frage oftmals schwierig zu beantworten ist, in wessen Zuständigkeitsbereich der vermeintliche Fehler fällt.

205 In diesem Zusammenhang ist die Form der **informatorischen Befragung** weit verbreitet. Da Angaben im Zusammenhang mit einer informatorischen Befragung auch ohne Belehrung uneingeschränkt verwertet werden können, ist nicht selten ein Missbrauch dergestalt zu verzeichnen, dass die Belehrung auch dann (noch) unterbleibt, wenn bereits augenfällig der Anfangsverdacht einer Straftat besteht. Instruktiv zu dieser Thematik ist die Kommentierung von *Rogall*,[379] in der es unter anderem wörtlich heißt:

> *„Die Feststellung des Beginns der Beschuldigtenstellung wirft besonders im Anfangsstadium des Ermittlungsverfahrens schwierige Probleme auf. Die Beamten des Polizeidienstes, die Straftaten im ersten Zugriff verfolgen (§ 163 Abs. 1 StPO) finden nicht immer eine Situation vor, aus der sich ein mehr oder weniger deutlicher Anfangsverdacht und damit eine Pflicht zum Einschreiten ergibt. Häufig werden die zur Verfügung stehenden Informationen keinen Aufschluss darüber geben, ob überhaupt der Verdacht einer Straftat besteht, welche Beweise gegebenenfalls erhoben und gesichert werden müssen und wie die Aufklärung des Sachverhalts am Besten gefördert werden kann. In diesem Falle ist das strafrechtliche Ermittlungsverfahren noch nicht – auch nicht gegen unbekannt – in Gang gesetzt. Es entspricht aber dem gesetzlichen Auftrag zur Strafverfolgung, wenn die zuständigen Strafverfolgungsorgane den Sachverhalt daraufhin überprüfen, ob und in welcher Weise er ein Einschreiten rechtfertigt … Bei diesen **Maßnahmen der Verdachtsermittlung** handelt es sich um **Initiativ- oder Vorermittlungen** … mit **Sondierungscharakter** …, die auch die Anhörung oder Befragung von Personen einschließt, von denen sachdienliche Angaben erwartet werden können. Insoweit spricht man von **informatorischer Anhörung** oder **Befragung** …. **Informatorische Befragungen** sind demnach nur insoweit zulässig als sie der (freibeweislichen) Feststellung dienen, ob ein Geschehensablauf den Verdacht einer Straftat begründet und welche Personen gegebenenfalls Angaben zu diesem Geschehensablauf machen können …"*

206 Nicht ganz so weitreichend, aber ebenso instruktiv sind die Ausführungen des Bundesgerichtshofes in einer Grundsatzentscheidung,[380] der hierzu u.a. ausführt:

> *„Deshalb kann sich der Senat in diesem Zusammenhang auf die folgenden Hinweise beschränken:*
>
> *Der Polizeibeamte, der am Tatort oder in seiner Umgebung Personen fragt, ob sie ein bestimmtes Geschehen beobachtet haben, vernimmt keine Beschuldigten, mag er auch hoffen bei seiner Tätigkeit neben geeigneten Zeugen den Täter zu finden. Er braucht nicht den Hinweis nach § 136 Abs. 1 S. 2 StPO zu geben … Bedeutsam ist die Stärke des Tatverdachts, den der Polizeibeamte gegenüber dem Befragten hegt. Hierbei hat der Beamte einen Beurteilungsspielraum …, den er freilich nicht mit dem Ziel missbrauchen darf, den Zeitpunkt der Belehrung nach § 136 Abs. 1 S. 2 StPO möglichst weit hinaus zu schieben … Neben der Stärke des Verdachts ist auch von Bedeutung, wie sich das Verhalten des Beamten nach außen, auch in der Wahrnehmung des Befragten darstellt … Diese Kombination objektiver und subjektiver Merkmale liegt der Vorschrift des § 397 Abs. 1 AO zugrunde … Es gibt polizeiliche*

---

379 SK/*Rogall*, vor § 133 Rn 42 ff.
380 BGHSt 38, 214, 227 f.

> *Verhaltensweisen, die schon nach ihrem äußeren Befund belegen, dass der Polizeibeamte dem Befragten als Beschuldigten begegnet, mag er dies auch nicht zum Ausdruck bringen. Das wird etwa für Gespräche gelten, die der Beamte mit einem Verdächtigen führt, den er im Kraftfahrzeug der Polizei mit zur Polizeiwache nimmt; hier wird selbst bei einem vergleichsweise geringen Grad des Verdachts vor jeder Befragung ein Hinweis nach § 136 Abs. 1 S. 2 StPO anzubringen sein. Dasselbe gilt selbstverständlich, sobald der Betroffene vorläufig festgenommen worden ist oder bei einer beim Verdächtigen vorgenommenen Durchsuchung."*

Auf das Problem der „informatorischen Befragung" ist insbesondere der Mandant aufmerksam zu machen, sofern dieser zeitnah nach einem (möglichen) Behandlungsfehler, aber noch vor Erscheinen der Polizei bzw. Staatsanwaltschaft beim Verteidiger erscheint.

Bei **Todesfällen** stellt sich demnach häufig die Frage, ob bzw. von wem die Polizei oder Staatsanwaltschaft zu informieren ist. Die Antwort hängt von der Qualifikation der Todesursache als „natürlich" oder „nicht natürlich" ab; insoweit ist wie folgt zu differenzieren:[381]
- verwirklicht sich das Risiko der Grunderkrankung bzw. das aufgrund ordnungsgemäßer Aufklärung erlaubte Risiko und liegen keine Anhaltspunkte für ein Fehlverhalten des Arztes bzw. dessen Mitarbeiter vor, handelt es sich um einen natürlichen Tod;
- eine Ausnahme besteht, sofern die Grunderkrankung bereits auf unnatürliche Umstände, z.B. Unfall, hindeutet;
- lässt sich der Tod weder aus dem Krankheitsbild noch dem typischen Operationsrisiko erklären oder liegen Anhaltspunkte für ein ärztliches Fehlverhalten vor, ist auf dem Leichenschauschein „ungeklärt" bzw. „ungewiss" anzugeben; daneben ist in der Regel die Polizei oder Staatsanwaltschaft zu informieren (vgl. § 159 StPO).

Dringend zu warnen ist vor falschen Angaben im Leichenschauschein, da dies eine selbständige Strafbarkeit begründen kann (§ 271 StGB). Zu beachten ist insoweit auch, dass der Arzt grundsätzlich nicht verpflichtet ist, den Patienten über eigene Behandlungsfehler zu informieren; eine Ausnahme besteht, sofern eine Verschlechterung des Gesundheitszustands zu befürchten ist und Gegenmaßnahmen – z.B. eine weitere Operation – angezeigt sind. Informiert der Arzt den Patienten in diesem Falle nicht, droht eine Haftung wegen Unterlassens – Ingerenz.[382]

Dem Arzt sind ferner nach Übernahme des Mandates diverse **Verhaltensempfehlungen** an die Hand zu geben:

Die Praxis lehrt, dass viele Patienten oftmals von der Reaktion des Arztes bitter enttäuscht sind; mitunter werden Strafanzeigen ausschließlich deshalb erstattet, da sich der Arzt bei den **Hinterbliebenen** nie **entschuldigt** habe. Oftmals wünscht der Arzt bereits von sich aus ein entsprechendes Vorgehen. Juristisch kann dies jedoch zum Verlust des Versicherungsschutzes führen – Schuldeingeständnis – und daneben die Verteidigungschancen im Strafverfahren erheblich schmälern. Ob zu gegebener Zeit eine entsprechende Äußerung abgegeben werden soll, ist somit stets eine Frage des Einzelfalls und vorher mit dem Verteidiger abzustimmen.[383]

---

381 *Ulsenheimer*, Rn 423a m.w.N.
382 *Ulsenheimer*, Rn 423 m.w.N.
383 *Ulsenheimer*, Rn 425.

212 Nach einem (tödlichen) Zwischenfall sollte dem Arzt daneben empfohlen werden, **persönliche Aufzeichnungen** über den Ablauf der Behandlung zu fertigen; diese stellen keinen Bestandteil der Krankenakte dar und dürften nach zutreffender Ansicht als Verteidigungsunterlagen dem Beschlagnahmeverbot unterliegen.[384] Nach der Rechtsprechung des Bundesgerichtshofes ist der Beschuldigte nämlich in der Wahl seiner Verteidigung frei, so dass er zur Vorbereitung der Verteidigung auch schriftliche Aufzeichnungen anfertigen kann, ohne deren Beschlagnahme fürchten zu müssen.[385] Nach zutreffender Ansicht gilt dies auch dann, wenn der Arzt den Rechtsanwalt zunächst (ausschließlich) zivilrechtlich mandatiert, d.h. ein Strafverfahren noch nicht anhängig ist.[386] Sucht der Beschuldigte nämlich anwaltlichen Rat, stellt sich der Lebenssachverhalt regelmäßig einheitlich dar und lässt eine Trennung nicht zu, so dass das verfassungsrechtlich geschützte Verteidigungsrecht nur wirksam geschützt werden kann, wenn auch solche Unterlagen dem Beschlagnahmeverbot unterfallen, die zwar im zivilrechtlichen Verfahren entstanden sind, aber denselben Lebenssachverhalt betreffen und daher auch der Verteidigung im Strafverfahren dienen. Besondere Beachtung verdient insoweit schließlich die Tatsache, dass es – entgegen dem Wortlaut des § 97 Abs. 2 S. 1 StPO – unbeachtlich ist, ob sich die Unterlagen im Gewahrsam des betroffenen Arztes oder seines Verteidigers befinden.[387] Die einschlägige Rechtsprechung des Bundesverfassungsgerichts[388] ist jedoch in der Praxis häufig nicht bekannt, so dass der Verteidiger insoweit in besonderem Maße gefordert ist.

213 Bisweilen wird auch empfohlen **potenzielle Zeugen** zu bitten entsprechende Aufzeichnungen anzufertigen;[389] diesen steht jedoch regelmäßig kein Zeugnisverweigerungsrecht zu,[390] d.h. dass sie auch zu „Zeugen der Anklage" werden können, so dass stets im Einzelfall entschieden werden sollte, ob von dieser Möglichkeit Gebrauch gemacht wird.

214 Daneben sollten die **Krankenblattunterlagen** – sofern noch nicht beschlagnahmt – schnellstmöglich vollständig **fotokopiert** werden; die Praxis lehrt, dass es andernfalls sehr aufwendig sein kann, die Krankenblattunterlagen zu späterem Zeitpunkt einzusehen;[391] da diese als Beweismittel regelmäßig nicht – zusammen mit der Akte – dem Verteidiger im Rahmen der Akteneinsicht zugänglich gemacht werden, wird dieser nämlich dann darauf verwiesen die Krankenblattunterlagen – vor Ort – bei der ermittelnden Staatsanwaltschaft einzusehen oder kostenpflichtig Kopien anfertigen zu lassen.

215 Zur Vermeidung weiterer Rechtsnachteile ist nach einem Zwischenfall unverzüglich die **Krankenhausverwaltung**, der **Vorgesetzte** sowie die **Haftpflichtversicherung** des Arztes wahrheitsgemäß zu **informieren**; insoweit können sich Spannungsverhältnisse zwischen der Wahrheitspflicht einerseits und der Obliegenheitspflicht anderseits ergeben, was ebenfalls mit dem Mandanten zu erörtern ist.[392] Werden nach einem tödli-

---

[384] A.A. *Ulsenheimer*, Rn 426.
[385] BGH NStZ 1998, 309 ff.; vgl. auch BVerfG NStZ 2002, 377.
[386] LG Frankfurt a.M. StraFo 2004, 239 f.
[387] BVerfG NStZ 2002, 377; vgl. auch KK/*Nack*, § 97 Rn 24 m.w.N.
[388] BVerfG NStZ 2002, 377.
[389] So z.B. *Ulsenheimer*, Rn 427.
[390] Eine Ausnahme gilt, sofern der Zeuge gemäß § 55 StPO die Auskunft verweigern kann und das Auskunftsverweigerungsrecht in concreto zu einem totalen Aussageverweigerungsrecht erstarkt oder das Praxispersonal mit dem betroffenen Arzt verwandt ist, z.B. die Ehefrau als Arzthelferin beschäftigt ist.
[391] *Ulsenheimer*, Rn 429.
[392] Vgl. *Ulsenheimer*, Rn 431 m.w.N.

chen Zwischenfall von Angehörigen grundlos Vorwürfe erhoben, empfiehlt es sich häufig eine **Sektion** zu beantragen; oftmals enthält auch der Krankenhausaufnahmevertrag entsprechende Klauseln.[393]

In einer neueren Entscheidung des Bundesgerichtshofs[394] hat dieser das **Recht des Verteidigers auf eigene Erhebungen** in der gebotenen Deutlichkeit herausgestellt; die Beauftragung eines „eigenen" Sachverständigen hat in Arztstrafsachen vor allem deshalb Bedeutung, da entgegen Nr. 70 RiStBV nur selten Gelegenheit gegeben wird, zur Auswahl des Sachverständigen Stellung zu nehmen. Oftmals ist es allerdings schwierig Sachverständige zu einem „Parteigutachten" zu bewegen, da diese – zu Unrecht – um ihren Ruf fürchten, sofern sie nicht im Auftrage des Gerichts bzw. der Staatsanwaltschaft tätig werden. Hilfreich können hier der eigene Mandant sein bzw. die Landesärztekammern oder Schlichtungsstellen, die auf Anfrage geeignete Sachverständige mitteilen. Hat der Verteidiger einen Sachverständigen beauftragt, können diesem Fotokopien der Ermittlungsakten bedenkenlos ausgehändigt werden. Die Einholung eines „eigenen" Gutachtens hat insbesondere dann wichtige Bedeutung, wenn ein anderer Gutachter bereits negativ votiert hat. Die Argumente des Beschuldigten bzw. seines Verteidigers mögen noch so überzeugend sein; in der Regel wird die Staatsanwaltschaft – wenn überhaupt – allein den Ausführungen eines Sachverständigen folgen.[395] Unabhängig davon liefern Sachverständige all zu oft wichtige Anhaltspunkte für die weitere Verteidigung, die auch in einem gemeinsamen Gespräch erarbeitet werden können.

216

2. Verteidigung im Ermittlungsverfahren

Nicht nur in Arztstrafsachen gilt der Grundsatz das Fehler im Ermittlungsverfahren in späteren Verfahrensabschnitten nicht bzw. kaum rückgängig zu machen sind;[396] zudem hat der Verteidiger bereits in diesem Verfahrensabschnitt größtmögliche Aktivität zu entfalten, um eine Anklage zu verhindern. So sind z.B. Einstellungen gemäß §§ 153 ff. StPO nach Erhebung der öffentlichen Klage weitaus schwerer zu erreichen. Der Schwerpunkt der Verteidigung liegt also – nicht nur in Arztstrafsachen – im Ermittlungsverfahren.

217

a) Stellungnahme

Auch hier gilt somit der nahezu uneingeschränkte Grundsatz, dass eine Stellungnahme nur nach vorheriger **Akteneinsicht** erfolgen sollte. Eine Stellungnahme ohne vorherige Akteneinsicht steht einem „Blindflug" gleich, da der Verteidiger auf (Zeugen-)aussagen, Gutachten, Krankenblattunterlagen oder andere Beweismittel nicht sachgerecht eingehen kann. Nicht selten stellt sich zudem die Sachlage nach erfolgter Akteneinsicht völlig anders dar, da der Mandant z.B. wichtige Einzelheiten aus Aufregung, Scham, Unwissenheit oder anderen Gründen schlicht vergessen hat. Auch wenn das Mitteilungsbedürfnis des Mandanten groß und die Akteneinsicht oftmals erst nach mehreren Wochen oder Monaten gewährt wird, ist es also dringend geboten diese wichtige Erkenntnisquelle vollständig auszuschöpfen.

218

---

[393] *Ulsenheimer*, Rn 432.
[394] BGH NJW 2000, 1277.
[395] *Ulsenheimer*, Rn 469.
[396] *Ulsenheimer*, Rn 453 m.w.N.

§ 14 Arztstrafrecht

219 Hat der Verteidiger Akteneinsicht erhalten, empfiehlt sich – nahezu ausschließlich – die Abgabe einer **schriftlichen** Stellungnahme. Gerade Arztstrafsachen sind in der Regel von einer außerordentlichen Komplexität gekennzeichnet, so dass es in der Regel kaum möglich sein wird den komplexen Sachverhalt in einer Vernehmung darzustellen. Zudem ist die Vernehmungssituation von zahlreichen Unwägbarkeiten geprägt; die Anzahl möglicher Fragen ist nahezu grenzenlos, so dass nicht jede denkbare Frage mit dem Mandanten vorbereitet werden kann, d.h. die Gefahr droht, den Mandanten unvorbereitet „ins Messer laufen zu lassen." Nicht zuletzt können die aufgezeigten Probleme zu gravierenden, irreversiblen Missverständnissen führen, so dass von einer Vernehmung des Mandanten im Regelfall dringend abzuraten ist.

b) Durchsuchung

220 Findet eine Durchsuchung statt, gilt es in Arztstrafsachen grundsätzlich keine weiteren Besonderheiten zu beachten. Häufig ist es angezeigt den Rechtscharakter der Durchsuchung bei Dritten (§ 103 StPO) herauszustellen; gleiches gilt für die Tatsache, dass die Krankenblattunterlagen entgegen § 97 StPO beschlagnahmt werden können, sofern sich der Verdacht gegen den behandelnden Arzt richtet.[397] Die Durchsuchung von Arztpraxen und die Sicherstellung/Beschlagnahme von Praxisunterlagen stellen Ermittlungshandlungen der Strafverfolgungsbehörden dar, die im Rahmen eines Ermittlungsverfahrens der – weiteren – Sachverhaltsaufklärung dienen sollen. Das Ermittlungsverfahren kann sich gegen den Arzt oder Dritte, z.B. einen Patienten, richten.

221 Durchsuchungen erfolgen in der Regel aufgrund eines richterlichen Durchsuchungsbeschlusses, in dem formuliert wird, gegen wen sich das Verfahren richtet, welcher konkrete Vorwurf erhoben wird und welche Unterlagen als Beweismittel in Betracht kommen.

222 In der Praxis bewährt haben sich folgende **Verhaltensrichtlinien**, die auch im Rahmen einer Präventivberatung von großem Nutzen sein können; sie dienen einem reibungslosen Ablauf und dem Schutz der Patienten ebenso wie dem des Arztes und seiner Mitarbeiter:

223 *Praxistipp*
Verhaltensrichtlinien

Erscheinen der Ermittlungsbeamten

Die Beamten erscheinen üblicherweise unangemeldet, melden sich am Empfang und geben ihre Absicht bekannt.

Der/die Mitarbeiter/in vom Empfang

- setzt sofort den Arzt in Kenntnis;
- bittet die Beamten, das Eintreffen des Arztes abzuwarten; sofern dieser nicht direkt erreichbar ist;

  Eine Wartezeit von 5 bis 10 Min. wird in der Regel akzeptiert.

- informiert einen vom Arzt zuvor bestimmten Rechtsanwalt, sofern der Arzt kurzfristig nicht erreichbar ist.

---

397 *Meyer-Goßner*, StPO, § 97 Rn 10 m.w.N.

Der Arzt

- informiert telefonisch einen Rechtsanwalt, der gebeten wird, unverzüglich in die Praxis zu kommen;

  Da die Durchsuchung auch ohne Anwesenheit des Rechtsanwalts beginnen kann, falls dieser kurzfristig nicht erscheinen kann, soll seine Rufbereitschaft sichergestellt werden. Üblicherweise wird jedoch das Eintreffen des Rechtsanwaltes abgewartet.

- hält (telefonisch) Kontakt zum Rechtsanwalt, dessen Empfehlungen zu befolgen sind; er bittet die Ermittlungsbeamten, das Eintreffen des Rechtsanwaltes abzuwarten. Sind diese nicht bereit, das Eintreffen des Rechtsanwaltes abzuwarten, sind die unaufschiebbaren Maßnahmen durch den Arzt zu veranlassen.

Der Rechtsanwalt

- bittet die Beamten in einen Besprechungsraum;
- erfragt den Leiter der Durchsuchungsaktion – als Hauptansprechpartner;
- bittet um Aushändigung des Durchsuchungsbeschlusses, der mehrmals kopiert werden sollte;

  Wird die Aushändigung des Beschlusses verweigert, was zu Beginn der Durchsuchungsaktion rechtlich zulässig ist, sind die folgenden Informationen einzuholen und schriftlich festzuhalten:

  1. Wer ist die ermittelnde Behörde, der zuständige Staatsanwalt oder Steuerfahnder?
  2. Betrifft die Durchsuchung den Arzt als Beschuldigten (§ 102 StPO) oder sind dritte Personen, z.B. Patienten (§ 103 StPO), betroffen?
  3. Ist der Beschuldigte des Ermittlungsverfahrens bereits namentlich bekannt?
  4. Welcher konkrete Vorwurf wird erhoben?
  5. Welche Unterlagen kommen als Beweismittel in Betracht, sind also Gegenstand der Durchsuchung?

- stellt den telefonischen Kontakt zwischen dem Hauptansprechpartner und dem Rechtsanwalt her;
- hält die Namen der Beamten und deren Dienststellen fest;
- schlägt dem Leiter der Durchsuchung ein Organisationsgespräch vor, in dem über Ziel Umfang und Ablauf der beabsichtigten Durchsuchung informiert wird;

  Ziel ist es hierbei, die Maßnahme räumlich und zeitlich einzugrenzen, z.B. den Aufbewahrungsort gesuchter Unterlagen oder bestimmte Arbeitsplätze zu bezeichnen. Dem Durchsuchungsbeschluss sind auch Art und Umfang der gesuchten Geschäftsunterlagen zu entnehmen.

Verhalten während der Durchsuchung

Jede(r) betroffene Mitarbeiter/in soll

- Gespräche mit den Beamten vermeiden oder auf das unumgängliche – z.B. Fragen nach den örtlichen Gegebenheiten – beschränken;
- sich auf rein informatorische Befragungen, z.B. über Verfahrensabläufe, Verantwortlichkeiten, Betriebsklima, An- oder Abwesenheit bestimmter Personen, nicht einlassen;

  Solche Befragungen werden meist durch die Ermittlungsbeamten nachträglich in einem Aktenvermerk festgehalten und nehmen somit Einfluss auf das Verfahren.

- im Fall einer Aufforderung zu einer förmlichen Vernehmung zunächst um Mitteilung bitten, ob er als Beschuldigter oder Zeuge vernommen werden soll und auf eine spätere Vorladung bestehen, um einen Rechtsanwalt konsultieren zu können;

Weder der Beschuldigte noch ein (unbeteiligter) Zeuge sind verpflichtet, ohne den Beistand eines Rechtsanwaltes Angaben **zur Sache** zu machen. Das Berufen auf dieses auch durch das Bundesverfassungsgericht bestätigte Recht ist keinerlei Schuldeingeständnis. Deshalb haben persönliche Rechtfertigungen und Erläuterungen mit den Ermittlungsbeamten hierzu zu unterbleiben.

- im Fall des Bestehens auf einer Vernehmung nur Angaben zur eigenen Person (Name, Wohnort, Familienstand, Geburtsdatum) machen;
- im Fall der Androhung von Zwangsmaßnahmen einen Rechtsanwalt telefonisch konsultieren, der sich mit dem ermittelnden Beamten in Verbindung setzt, um die Rechte des Mitarbeiters zu wahren.

Der Arzt

- achtet darauf, dass Polizeibeamte keine Durchsicht von Unterlagen vornehmen, sondern diese in Behältnisse geben, die versiegelt (Praxisstempel) werden;
- Grundsätzlich sind nur Beamte der Staatsanwaltschaft und Steuerfahndung zur Durchsicht von Unterlagen berechtigt. Bei Versiegelung wird in der Regel die Durchsicht erst von den zuständigen Beamten, z.B. dem Staatsanwalt – evtl. im Beisein des Rechtsanwaltes – vorgenommen.
- bittet darum, dringend benötigte Praxisunterlagen in Anwesenheit eines Ermittlungsbeamten kopieren zu dürfen.

Da für eine Arztpraxis die Mitnahme von Unterlagen häufig einen schwerwiegenden Eingriff in den geordneten Praxisbetrieb darstellen kann, ist anerkannt, dass von solchen Unterlagen Kopien vor Ort angefertigt werden können. Meist wird nur gestattet, von den dringend notwendigen Praxisunterlagen Kopien vor Ort anfertigen zu lassen, da ansonsten der zeitliche Rahmen nicht ausreicht. Insoweit ist eine Übereinkunft mit dem Leiter der Durchsuchungsaktion herbeizuführen. Wird das Kopieren vollständig abgelehnt, muss dies zu einem späteren Zeitpunkt beantragt werden. Auch insoweit empfiehlt sich die Einschaltung eines Rechtsanwaltes.

Verhalten beim Abschluss der Ermittlungen

Nach Abschluss der Ermittlungen sollte

- darauf geachtet werden, dass ein Verzeichnis der beschlagnahmten Gegenstände ausgehändigt wird. In diesem sind sämtliche Gegenstände, die mitgenommen werden, festzuhalten. Die Aufzeichnung muss so genau sein, dass die einzelnen Unterlagen identifizierbar sind. Die Bezeichnung jedes einzelnen Blattes kann jedoch nicht verlangt werden. Jedoch ist die Bezeichnung nach Inhalten von Leitzordnern/Akten, z.B. nach Registerblättern und darin enthaltenen Seitenzahlen, einzufordern;
- formell Widerspruch gegen die Beschlagnahme erhoben werden, was im Durchsuchungsprotokoll zu vermerken ist;
- die Aushändigung des Durchsuchungsbeschlusses verlangt werden, falls dessen Übergabe zu Beginn der Durchsuchung verweigert worden war (siehe oben).

Verhalten nach Abschluss der Durchsuchung

Der Arzt und jeder betroffene **Mitarbeiter** sollte nach Abschluss der Durchsuchung ein detailliertes Gedächtnisprotokoll fertigen, in dem der Name der ermittelnden Beamten, die durchsuchten Örtlichkeiten, Fragen und Antworten sowie sonstige wesentliche Vorkommnisse festzuhalten sind.

c) Einstellungsmöglichkeiten

Kann im Ermittlungsverfahren eine Einstellung mangels Tatnachweises (§ 170 Abs. 2 StPO) nicht erreicht werden, sind stets alternative Einstellungsmöglichkeiten in Erwägung zu ziehen. Dies insbesondere deshalb, weil bereits die Anklageerhebung und die damit verbundene Stigmatisierung des Arztes irreversible Schäden – bis hin zum Verlust der beruflichen Existenz – verursachen kann, d.h. Einstellungen aus Opportunitätsgründen nicht selten einen (angemessenen) Kompromiss darstellen können. 224

In diesem Zusammenhang sind insbesondere folgende Vor- und Nachteile zu beachten: 225

Als **Vorteil** ist vor allem die Tatsache zu nennen, dass Verfahrenseinstellungen gemäß **§ 153 ff. StPO** keine Verurteilung darstellen. Da **kein Schuldnachweis** erfolgt, bleibt die Unschuldsvermutung unangetastet, so dass sowohl ein Eintrag im Bundeszentralregister als auch im Führungszeugnis unterbleibt, d.h. der Arzt insoweit als „**nicht vorbestraft**" gilt. Erfolgt die Einstellung – wie so oft – außerhalb der Hauptverhandlung, bleibt dem Arzt zudem eine **öffentliche Hauptverhandlung** und die daraus resultierende negative Publizität erspart, was – wie bereits ausgeführt – nicht selten ein wesentliches Argument für eine Verfahrenseinstellung darstellen kann. 226

Wird das Verfahren eingestellt, werden die zuständige **Ärztekammer** oder **Bezirksregierung** – anders als im Falle der Anklage oder des Antrages auf Erlass eines Strafbefehls (vgl. Nr. 26 MiStra) – in der Regel **nicht informiert**, was insbesondere in solchen Fällen von Vorteil ist, in denen die Strafbarkeit des in Rede stehenden Verhaltens zwar umstritten, die berufs- oder disziplinarrechtliche Relevanz jedoch offensichtlich gegeben ist. Dann droht nämlich selbst im Falle des Freispruchs aufgrund des „disziplinar- bzw. berufsrechtlichen Überhangs" eine „Sanktion", die im Falle der „lautlosen Einstellung" vermieden worden wäre. Dies gilt es insbesondere zu beachten, wenn der Patient – wie so oft – ausschließlich Strafanzeige erstattet hat, d.h. die Ärztekammer oder Bezirksregierung vom laufenden Verfahren keinerlei Kenntnis erhalten hat. 227

Wird das Verfahren gemäß **§ 153a StPO** eingestellt, führt dies ferner zu einem beschränkten **Strafklageverbrauch** (vgl. § 153a Abs. 1 S. 5 StPO), was insbesondere bei Serienstraftaten – wie z.B. dem Abrechnungsbetrug – von erheblicher Bedeutung sein kann.[398] Schließlich gilt es zu beachten, dass eine langwierige Hauptverhandlung **erhebliche Kosten** – z.B. Verdienstausfall, Verteidigerkosten bei Vergütungsvereinbarungen, etc. – verursachen kann, die selbst im Falle eines Freispruchs nur unvollständig kompensiert werden können. Erfolgt die Einstellung gegen Auflage (§ 153a StPO), stellt sich die **Zahlung der Geldauflage** regelmäßig nachteilig dar, wobei dieser **Nachteil** jedoch nicht selten durch die Vermeidung weiterer Kosten zum Teil oder sogar vollständig ausgeglichen werden kann. 228

In zunehmendem Maße wird auch der entstehende Druck seitens der Staatsanwaltschaft als Nachteil genannt. Bisweilen wird in diesem Zusammenhang sogar vom „Gefühl ei- 229

---

[398] Ausführlich vgl. LG Zweibrücken NJW 2003, 2695 ff.

nes Nötigungsdrucks" gesprochen,[399] da dem Beschuldigten unter Androhung einer rufschädigenden Anklage die Zustimmung zur Einstellung abgepresst worden sei. Obwohl diese Sicht der Dinge stark überzeichnet ist, darf sicher nicht verkannt werden, dass viele Verfahren mittels Einstellung (§ 153a StPO) erledigt werden, die im Ernstfall eine realistische Freispruchschance gehabt hätten, wie z.B. die Erledigungen vieler Verfahren im Zusammenhang mit dem sog. „Herzklappenskandal" belegen. Letztlich nehmen insoweit jedoch alle Beteiligten eine Risikobewertung vor, so dass der vermeintliche Druck bei Frage der Zustimmung von eher untergeordneter Bedeutung ist.

230 Soweit schließlich auch der Verzicht auf einen möglichen Freispruch, die Wertung der Geldauflage als „Quasi-"Geständnis oder die präjudizierende Wirkung für das Zivilverfahren als Nachteile genannt[400] werden, ist zu berücksichtigen, dass z.B. ein Freispruch mangels Nachweisbarkeit oder fehlender Kausalität in aller Regel keine besseren Rehabilitationchancen eröffnet, der „Freispruch erster Klasse" dagegen aber eine seltene Ausnahme darstellt; da die Einstellung keinen Schuldnachweis begründet, ist aus juristischer Sicht auch kein Grund ersichtlich negative Präjudizwirkungen zu befürchten, mag dies psychologisch im Einzelfall auch nachvollziehbar sein.

231 Obwohl im Rahmen einer Opportunitätsentscheidung keine Schuldfeststellung erfolgt (vgl. Rn 226), spielen strafzumessungsrechtliche Erwägungen im Zusammenhang mit der Entscheidung eine nicht unerhebliche Rolle. Als **Strafmilderungsgesichtspunkte**, die eine Einstellung rechtfertigen können, sind u.a. folgende zu nennen:[401]
- keine (einschlägigen) Vorstrafen;
- kein grober Behandlungsfehler (vgl. Rn 14);
- Risikoaffinität der ärztlichen Tätigkeit;
- finanzielle, psychische und physische Belastung durch das Ermittlungsverfahren;
- drohende Folgeverfahren (Disziplinar-, Verwaltungs- oder Standesrecht);
- unterbliebene Beförderungen oder Behinderung bei Bewerbung aufgrund des strafrechtlichen Ermittlungsverfahrens;
- überlange Verfahrensdauer, die in Anlehnung an die Rechtsprechung des EGMR die Einstellung selbst in Fällen schwerer Straftaten rechtfertigen kann;[402]
- Schadenswiedergutmachung, wobei diese auch noch während eines laufenden Strafverfahrens erfolgen kann, so dass diese in geeigneten Fällen – z.B. durch Verhandlungen mit der KV beim Verdacht des Abrechnungsbetrugs[403] – stets in Erwägung zu ziehen ist.

d) Strafbefehl

232 Ist eine Verurteilung, d.h. ein Schuldspruch unvermeidbar, ist schließlich – als geringeres Übel – stets die Erledigung im Strafbefehlsverfahren in Erwägung zu ziehen. Als Vor- und Nachteile des Strafbefehlsverfahrens sind u.a. zu nennen:

233 Die Verurteilung im Strafbefehlsverfahren (vgl. §§ 407 ff. StPO) erfolgt im schriftlichen Verfahren, so dass als **Vorteil** vor allem die fehlende Publizität durch **Vermeidung** einer **Hauptverhandlung** zu erwähnen ist. Zudem erfolgt der Schuldnachweis in einem **summarischen Verfahren**, d.h. es unterbleibt eine Klärung in allen Einzelheiten, was

---
399 *Ulsenheimer*, Rn 480 m.w.N.
400 *Ulsenheimer*, Rn 480.
401 *Ulsenheimer*, Rn 483.
402 *Tröndle/Fischer*, § 46 Rn 61a ff. m.w.N.
403 *Krause/Caspary*, in: Anwalts-Handbuch Strafrecht, Arztstrafrecht, Rn 158.

ebenfalls negativen Auswirkungen durch Publizität vorbeugen kann. Einher damit geht eine drastische Abkürzung der Verfahrensdauer, welche eine (geständige) Einlassung des betroffenen Arztes nicht zwingend voraussetzt. Anders als die Verständigung in einer Hauptverhandlung ist nämlich im Rahmen der Absprache eines Strafbefehls ein **Geständnis nicht erforderlich**, was psychologisch die Akzeptanz eines unvermeidbaren Schuldspruchs erheblich erhöhen kann. Nicht zuletzt ist das **Strafmaß**[404] **begrenzt**, so dass die Sanktion kalkulierbarer wird; daneben werden auch im Strafbefehlsverfahren zusätzlich Kosten vermieden, die im Falle einer Hauptverhandlung erheblich sein können (vgl. Rn 228).

Da der Strafbefehl einem rechtskräftigen Urteil gleichsteht (§ 410 Abs. 3 StPO), sind als wesentliche **Nachteile** die Eintragung der Entscheidung in das **Bundeszentralregister** sowie die Auswirkungen auf mögliche **Folgeverfahren** – z.B. Verlust der kassenärztlichen Zulassung oder Approbation (vgl. Rn 251 ff.) – zu nennen. Ob daneben eine Eintragung im **Führungszeugnis** erfolgt, d.h. der Arzt auch im Rechtsverkehr als vorbestraft gilt, hängt indes von der Höhe der ausgeurteilten Strafe ab. So werden beispielsweise Verurteilungen nicht aufgenommen, durch die auf Geldstrafe von nicht mehr als 90 Tagessätzen oder Freiheitsstrafe von nicht mehr als drei Monaten erkannt worden ist, sofern im Register keine weitere Strafe eingetragen ist (§ 32 Abs. 2 Nr. 5a, b BZRG). Da die Nachteile somit von ganz erheblicher Natur sein können, sind also vor Absprache eines Strafbefehls sämtliche möglichen (außer-)strafrechtlichen Konsequenzen eingehend zu prüfen.

234

3. Verteidigung im Zwischenverfahren

Wurde früher das Zwischenverfahren oft als „nutzlose Formalität" angesehen, schien sich dies durch Umgestaltung des Eröffnungsbeschlusses durch das StPÄG 1964 grundlegend geändert zu haben. Dass das Zwischenverfahren gleichwohl auch heute noch ein „Schattendasein" fristet, d.h. oftmals als reine „Durchlaufstation" missverstanden wird, liegt nicht zuletzt daran, dass viele Verteidiger dessen Bedeutung bei weitem unterschätzen.[405] Zwar ist die Ablehnung der Eröffnung – prozentual gesehen[406] – verhältnismäßig selten zu erreichen, in absoluten Zahlen – ca. 4.000 pro Jahr – jedoch von einigem Gewicht, weshalb die kritische Prüfung von Anklageschriften nicht vernachlässigt werden darf.[407] Gerade in Arztstrafsachen sind in diesem Verfahrensabschnitt oftmals – z.B. durch Vorlage eines weiteren Gutachtens, d.h. neuen Sachvortrag oder Ausführungen zur materiellen Rechtslage (vgl. Rn 4 ff.) – erhebliche Verteidigungserfolge zu erzielen,[408] so dass sich eine umfassende Prüfung stets empfiehlt.

235

---

404 Im Strafbefehlsverfahren kann max. eine Freiheitsstrafe von einem Jahr verhängt werden (vgl. § 407 Abs. 2 StPO).
405 Vgl. *Dahs*, Handbuch des Strafverteidigers, Rn 383 ff.
406 Vgl. *Ulsenheimer*, Rn 492, wonach die Quote bei ca. 3 % liegt.
407 *Müller*, in: Beiträge zum Strafprozessrecht (1969 – 2001), S. 59, 72 f. m.w.N.; *Ulsenheimer*, Rn 490d ff.
408 *Ulsenheimer*, Rn 492.

4. Verteidigung in der Hauptverhandlung

236 Die Hauptverhandlung in Arztstrafsachen weist keine Besonderheiten auf, weshalb – bereits aus Platzgründen – auf die einschlägige Fachliteratur verwiesen werden darf.[409]

237 Besonders hervorzuheben ist die Empfehlung in der Hauptverhandlung gegen Ärzte regelmäßig eine schriftliche Einlassung vorzubereiten, sofern der Mandant sich zur Sache einlassen will; die Materie ist oftmals kompliziert, so dass sich insbesondere bei der Beteiligung von Schöffen eine exakte Formulierung empfiehlt,[410] die im Rahmen einer „freien Einlassung" in den seltensten Fällen zu bewerkstelligen ist

238 Von besonderem Interesse ist daneben das Selbstladungsrecht des Verteidigers (vgl. § 245 Abs. 2 StPO), wenn z.B. im Auftrag der Verteidigung ein (weiteres) Gutachten erstattet worden ist, und der Sachverständige im Rahmen der Hauptverhandlung gehört werden soll. Während die Staatsanwaltschaft formlos, z.B. mündlich oder telefonisch, laden kann, muss der Verteidiger jedoch förmlich laden (vgl. § 38 StPO), so dass mit der Zustellung der Ladung der Gerichtsvollzieher zu beauftragen ist.[411]

II. Die Beratung von Geschädigten und Hinterbliebenen

239 Berät der Anwalt den Geschädigten bzw. dessen Hinterbliebene wird häufig die Frage zu entscheiden sein, ob gegen den Arzt **Strafanzeige** erstattet wird; insoweit ist die Meinung weit verbreitet, dass diese stets sinnvoll sei, da z.B. die Staatsanwaltschaft ohne Kostenrisiko Sachverständigengutachten einholen müsse und daher im Gegensatz zum Zivilrecht erhebliche (Kosten-)vorteile zu verzeichnen seien. Obwohl die Kostenvorteile nicht von der Hand zu weisen sind, ist jedoch stets zu beachten, dass die Strafanzeige nicht ausschließlich mit Vorteilen verbunden ist. Die Strafanzeige bringt regelmäßig folgende Vor- und Nachteile mit sich:

240 **Vorteile:**
- Amtsermittlung ohne Kostenrisiko;
- Zugang zu allen wesentlichen Unterlagen, Beschlagnahme.

241 **Nachteile:**
- lange Dauer des Strafverfahrens;
- in der Regel Aussetzung des Zivilprozesses;
- größer Widerstand des betroffenen Arztes;
- größere Zurückhaltung von Sachverständigen.

242 Bei Abwägung der Vor- und Nachteile ist ferner zu berücksichtigen, dass es in jedem Bundesland **ärztliche Schlichtungsstellen** gibt, denen der Patient sein Anliegen vortragen kann; diese erstatten – in der Regel – ebenfalls kostenlose Gutachten, so dass die Vorteile der Strafanzeige auf diesem Wege kompensiert werden können. Auch wenn das Einschalten der Schlichtungsstelle die Zustimmung des Arztes voraussetzt, ist dies in aller Regel der Strafanzeige vorzuziehen.[412] Diese Verfahrensweise garantiert nämlich eine verhältnismäßig kurze Verfahrensdauer, die dem Mandanten zusätzliche Frustrationserlebnisse ersparen kann. Nicht selten sind nämlich Patienten – zu Recht – maßlos enttäuscht, wenn nach mehreren Jahren Verfahrensdauer ein (weiteres) Gutachten

---
409 Vgl. *Malek*, Verteidigung in der Hauptverhandlung; *Dahs*, Handbuch des Strafverteidigers, Rn 462 ff.
410 So auch *Ulsenheimer*, Rn 502.
411 *Malek*, Verteidigung in der Hauptverhandlung, Rn 257.
412 *Ulsenheimer*, Rn 438.

eingeholt wird, und das Verfahren anschließend mangels – strafrechtlich erheblicher – Kausalität oder wegen „geringer Schuld" eingestellt wird. Dies gilt es im Beratungsgespräch mit dem gebotenen Fingerspitzengefühl herauszustellen, da der Mandant gerade zu Beginn des Mandates – nachvollziehbar – die notwendige Weitsicht vermissen lässt.

Wirkt der Arzt an diesem Verfahren mit, ist schließlich zu berücksichtigen, dass seine Angaben nach zutreffender Ansicht wegen Verstoßes gegen den Grundsatz des fairen Verfahrens nicht verwertet werden dürfen, sofern der Patient nach Durchführung des Schlichtungsversuchs gleichwohl Strafanzeige erstattet.[413]

243

Begehrt der Mandant den **Anschluss als Nebenkläger** sind neben den Kostenrisiken – die Rechtsschutzversicherung übernimmt in der Regel keinen Deckungsschutz! – zu berücksichtigen, dass die Nebenklage im Falle einer fahrlässigen Körperverletzung nur zulässig ist, sofern besondere Gründe, namentlich schwere Folgen der Tat, d.h. erhebliche Verletzungen vorliegen (§ 395 Abs. 3 StPO).[414] Soll das Verfahren gegen den betroffenen Arzt gemäß **§§ 153 ff. StPO** eingestellt werden, ist die Zustimmung des Nebenklägers bzw. Verletzten zwar nicht erforderlich; gleichwohl ist dieser jedenfalls dann zu hören, sofern er sich dem Verfahren als Nebenkläger angeschlossen hat; die Gelegenheit zum rechtlichen Gehör sollte stets genutzt werden, da Richter oftmals entsprechenden Lösungen nicht „über den Kopf" des Geschädigten hinweg zustimmen; insoweit besteht also häufig die Chance auf die Gestaltung der Einstellung Einfluss zu nehmen.

244

Ist die Durchführung eines **Klageerzwingungsverfahrens** beabsichtigt, ist ferner zu beachten, dass dieses im Falle der (fahrlässigen) Körperverletzung unzulässig ist, da in diesen Fällen der Privatklageweg offen steht (§ 172 Abs. 2 S. 3 i.V.m. § 374 Abs. 1 Nr. 4 StPO).

245

Im Übrigen sei auf die einschlägige Kommentarliteratur verwiesen.[415]

III. Der Zeugenbeistand

Wird der Anwalt als Zeugenbeistand tätig, hat er zunächst zu beachten, dass eine ordnungsgemäße Belehrung über ein etwaiges Auskunftsverweigerungsrecht (§ 55 StPO) fast nie rechtlich fehlerfrei erfolgt. Oftmals lautet die Belehrung lediglich: „ Sie können die Auskunft auf solche Fragen verweigern, wenn sie sich selbst einer Straftat bezichtigten müssten." Dabei wird übersehen, dass der Gesetzeswortlaut allein auf die **Gefahr der eigenen Strafverfolgung** abstellt, so dass die Rechte aus § 55 StPO bereits bestehen, sofern die Gefahr besteht, dass durch wahrheitsgemäße Angaben der Anfangsverdacht einer Straftat entsteht.[416] Für die Annahme der Verfolgungsgefahr genügt es, dass der Zeuge bestimmte Tatsachen angeben müsste, die mittelbar den Verdacht einer Straftat ergeben,[417] so dass das Auskunftsverweigerungsrecht – bezogen auf einzelne Fragen – zu einem totalen Aussageverweigerungsrecht erstarken kann, wenn eine sinnvolle Trennung einzelner Fragenkomplexe nicht möglich ist. Da die Schwelle des Anfangsverdachts sehr niedrig ist, liegen die Rechte aus § 55 StPO somit weit häufiger vor, als dies viele Praktiker bisweilen annehmen.

246

---

413 Vgl. *Ulsenheimer*, Rn 244 m.w.N.
414 Vgl. *Meyer-Goßner*, StPO, § 395 Rn 11.
415 Vgl. *Meyer-Goßner*, StPO, § 172 Rn 1 ff.
416 Vgl. *Ulsenheimer*, Rn 449 m.w.N.
417 KK/*Senge*, § 55 Rn 10 m.w.N.

247 Bereits aus diesem Grunde wird sich in Arztstrafsachen häufig die Hinzuziehung von Zeugenbeiständen empfehlen, zumal im Anfangsstadium oftmals nicht ersichtlich ist, ob überhaupt der Verdacht einer Straftat vorliegt bzw. wer als Beschuldigter in Betracht kommt (vgl. Rn 205 zum Problem der „informatorischen Befragung").

248 Insoweit gilt es weiter zu beachten, dass nicht nur dem Beschuldigten, sondern auch dem Zeugen das Recht zuzubilligen ist, sich vor der Vernehmung zur Sache mit einem Rechtsanwalt seines Vertrauens zu beraten.[418] Wird also der Zeuge, z.B. die Arzthelferin, – wie so oft – bereits im Rahmen der Durchsuchung mit dem „Wunsch" der ermittelnden Beamten konfrontiert, eine (richterliche) Vernehmung durchzuführen, darf der Zeuge die Angaben zur Sache auch dann verweigern, wenn ihm die vorherige Konsultation eines Rechtsanwalts verweigert worden ist (vgl. Rn 223).[419]

249 Will der Zeugenbeistand seinen Mandanten sachgerecht beraten, hat er sich schließlich auf die bislang h.M.[420] einzustellen, wonach dem Zeugenbeistand grundsätzlich kein Akteneinsichtsrecht zusteht. Da der Zeugenbeistand – so die h.M. – seine Rechte aus denen des Zeugen ableite, könne der Zeugenbeistand nicht mehr Rechte beanspruchen, als dem Zeugen selbst zustünden. Die h.M. kollidiert mit den Anforderungen einer sachgerechten Beratung;[421] gleichwohl wird sich der Zeugenbeistand regelmäßig auf die abweichende, unbefriedigende Rechtsprechung einstellen müssen, sofern ihm keine Akteneinsicht gewährt bzw. die wesentlichen Aktenteile – z.B. Anklageschrift – zugänglich gemacht werden.

250 Wird der Zeugenbeistand im Rahmen der Hauptverhandlung tätig, ist ihm nach ebenfalls h.M.[422] die Anwesenheit im Gerichtssaal ausschließlich während der Vernehmung seines Mandanten gestattet. Die h.M. beruft sich auch insoweit auf die Feststellung, dass dem Zeugenbeistand nicht mehr Rechte zustünden, als dem Zeugen selbst, so dass dieser ein umfassendes Anwesenheitsrecht nicht herleiten könne. Diese Ansicht verkennt die Rolle des Zeugenbeistands als „Organ der Rechtspflege",[423] weshalb die besseren Gründe für eine abweichende Betrachtung sprechen.

IV. Rechtsfolgen arztstrafrechtlichen Fehlverhaltens

251 Neben der Strafe kann gemäß § 70 StGB ein **Berufsverbot** verhängt werden, wenn eine grobe Pflichtverletzung vorliegt, d.h. „die jeweilige Pflicht in besonders schwerem Maße verletzt wird oder der Verstoß sich gegen eine besonders wichtige Pflicht richtet."[424] Daneben muss aufgrund einer „Gesamtwürdigung des Täters und der Tat" die Gefahr der Begehung weiterer erheblicher Straftaten bestehen; die bloße Wiederholungsmöglichkeit reicht nicht, vielmehr müssen neue Rechtsverletzungen mit Wahrscheinlichkeit prognostiziert werden.[425] Wird die Berufsausübung untersagt, entscheidet

---

[418] BVerfGE 38, 105, 112.
[419] A.A. *Meyer-Goßner*, StPO, vor § 48 Rn 11 m.w.N., im Falle der Verhinderung des beauftragten Rechtsanwalts.
[420] *Meyer-Goßner*, StPO, vor § 48 Rn 11 m.w.N.
[421] Ausführlich *Schiag*, Die Rechte des Zeugenbeistands, in: Opuscula Honoraria für Egon Müller, S. 23, 31 ff.
[422] *Meyer-Goßner*, StPO, vor § 48 Rn 11 m.w.N.
[423] So zutreffend OVG Berlin StraFo 2001, 375, 377 f.; vgl. auch LG Heilbronn NStZ 2004, 101 m. Anm. *Wagner*; AG Neuss StraFo 1999, 139, 140.
[424] Schönke/Schröder/*Stree*, § 70 Rn 7.
[425] Schönke/Schröder/*Stree*, § 70 Rn 10.

die Approbationsbehörde in einem gesonderten Verfahren über den Fortbestand der Approbation.

Die Einleitung eines **berufsgerichtlichen Verfahrens** setzt ein Berufsvergehen voraus; das Verbot der Doppelbestrafung greift nicht, so dass weder ein Freispruch noch eine Verurteilung im Strafverfahren der Fortführung des berufsgerichtlichen Verfahrens entgegensteht. Erforderlich ist jedoch ein **„berufsrechtlicher Überhang"**, der insbesondere gegeben ist, wenn das dem Arzt zur Last gelegte Verhalten „den Kernbereich seiner beruflichen Pflicht betrifft."[426] Ein entsprechender Überhang kommt somit z.B. in Betracht, wenn das Ermittlungsverfahren mangels Kausalität oder aufgrund eines Tatbestandsirrtums eingestellt wird, der Pflichtverstoß jedoch ein „unärztliches" Verhalten darstellt.[427] Behandlungsfehler stellen nicht per se einen berufsrechtlich erheblichen Pflichtverstoß dar, da jedem Arzt Fehler unterlaufen; eine Ahndung wird jedoch regelmäßig im Bereich der Vorsatzdelikte erfolgen oder im Falle krassen Fehlverhaltens.[428]

252

Die **Approbation kann entzogen** bzw. deren **Ruhen** angeordnet werden, sofern sich aus dem Pflichtverstoß die Unwürdigkeit oder Unzuverlässigkeit zur Ausübung des ärztlichen Berufs ergibt (§§ 5 Abs. 1, Abs. 2, Abs. 6 Nr. 1 BÄO). „Unwürdigkeit" liegt vor, wenn der Arzt durch sein Verhalten das notwendige Ansehen und Vertrauen bei der Bevölkerung nicht mehr besitzt;[429] „unzuverlässig" ist der Arzt, der nicht die Gewähr für die zukünftige gewissenhafte Pflichterfüllung bietet.[430]

253

Schließlich kommt der **Entzug der Kassenarztzulassung** bzw. die **Anordnung** deren **Ruhens** in Betracht. Eine gröbliche Pflichtverletzung allein rechtfertigt die Entziehung nicht. Verlangt wird vielmehr, dass der Arzt nicht (mehr) geeignet erscheint, an der kassenärztlichen Versorgung teilzunehmen.[431] Ein **Verschulden** ist **nicht erforderlich**, da die Zulassungsentziehung das vertragsärztliche Versorgungssystem vor ungeeigneten Ärzten bewahren soll.[432] Somit kommt der Entzug z.B. auch dann in Betracht, wenn das Verfahren wegen des Verdachts des Abrechnungsbetruges eingestellt wird, da lediglich (bewusste) Fahrlässigkeit festzustellen sei. Eine mögliche Konsequenz, die es im Strafverfahren – insbesondere bei jeder Einlassung zur Sache oder Urteilsabsprachen – stets im Auge zu behalten gilt.

254

---

426 OVG Münster MedR 1987, 50.
427 *Ulsenheimer*, Rn 515 m.w.N.
428 *Ulsenheimer*, Rn 515 m.w.N.
429 *Ulsenheimer*, Rn 516 m.w.N.
430 BVerwG NJW 1999, 3425 f.; BVerwG NJW 1993, 806.
431 BSGE 15, 177.
432 *Ulsenheimer*, Rn 520 m.w.N.

§ 15 Kooperationen im Gesundheitswesen, Ärztliches Gesellschaftsrecht

Dr. Karl-Heinz Möller

Inhalt

A. Kooperationsrahmen		1
B. Berufsausübungsgemeinschaften		6
I. Begriff		6
II. Gemeinschaftspraxis als besonders praxisrelevante Gestaltungsform		15
1. Allgemeines		15
a) Definition		15
b) Rechtstatsachen		18
c) Motive		19
d) Gesellschaftsrechtliche Vorgaben		20
e) Gesellschaftsrechtlich relevante Vorgaben des ärztlichen Berufsrechts		24
f) Vertragsarztrechtliche Vorgaben		27
g) Rechtsnatur der Gemeinschaftspraxis		31
2. Entstehung		36
a) Abschluss eines Gesellschaftsvertrages		36
b) Formerfordernisse		40
c) Schriftformerfordernis im Vertragsarztrecht		44
3. Gründungskonstellation		46
a) „Eintritt" in eine Einzelpraxis		47
b) Zusammenschluss mehrerer Praxen		49
c) Beitritt zu einer bestehenden Gemeinschaftspraxis		51
4. Gesellschafter		52
5. Gesellschaftszweck, Förderpflicht		55
a) Zweck		55
b) Förderpflicht		58
c) Einlagen, Beiträge		61
aa) Sacheinlagen		62
bb) Geldeinlagen		70
cc) Dienstleistungen		71
6. Sitz		72
7. Firmierung, Außenauftritt		76
8. Gesellschafterbeschlüsse		83
a) Rechtsnatur		83
b) Durchführung		84
c) Ablauf von Gesellschafterversammlungen		85
d) Stimmrechte		88
e) Mehrheiten		92
f) Beschlussmängel		97
9. Geschäftsführung		99
10. Vertretung der Gesellschaft		107
11. Vermögensbeteiligung		110
a) Allgemein		110
b) Nullbeteiligungsgesellschaft		112
12. Buchführung/Überschussrechnung/Bilanzierung		120
13. Ergebnisverteilung		122
14. Haftung		127
a) Grundsätze der Haftung		127
b) Beitrittshaftung		130
c) Nachhaftung		135
d) Interne Ausgleichsansprüche		136
15. Kündigung, Ausscheiden, Auflösung		137
a) Ordentliche Kündigung		137
b) Außerordentliche Kündigung		138
c) Vereinbarung von Festlaufzeiten		139
d) Anschlusskündigung		145
e) Ausschluss		147
f) Hinauskündigung ohne wichtigen Grund		150
g) Ausscheiden aufgrund sonstiger Umstände (Berufsunfähigkeit, Altersgrenze)		154
h) Tod		156
i) Insolvenz		160
j) Ausscheiden aus der Zwei-Personen-Gesellschaft		162
16. Abfindung		164
a) Abfindungsanspruch		164
b) Abfindungsbilanz		170

17. Auseinandersetzung/ Liquidation 173
18. Gesellschafterwechsel . . . 180
   a) Übertragung des Gesellschaftsanteils . . 180
   b) Aufnahme eines neuen Gesellschafters 187
19. Spezielle vertragliche Regelungen 190
   a) Vereinbarungen zum Vertragsarztsitz 190
   b) Regelungen zur Budgetaufteilung 196
   c) Nachvertragliches Wettbewerbsverbot . . . 198
      aa) Grundsätzliches . . 198
      bb) Gegenständliche Grenzen 201
      cc) Zeitliche Grenze . . 202
      dd) Örtliche Grenze . . 204
      ee) Ausnahmen 206
      ff) Auswirkungen auf den Abfindungsanspruch 207
      gg) Beschäftigungsverbot 210
      hh) Vertragsstrafe 211
      ii) Keine unzulässige Rechtsausübung . . 213
   d) Ehevertrag 214
   e) Schlichtung 218
   f) Schiedsgerichts-, Schiedsgutachterverfahren 220
   g) Bedingungen 224
   h) Salvatorische Klausel . 226
III. Sonderformen der Gemeinschaftspraxis 227
   1. Job-Sharing-Gemeinschaftspraxis 227
      a) Rechtsgrundlage 227
      b) Zulassungsvoraussetzungen 229
      c) Status, Wegfall der Beschränkung 236
      d) Zivilrechtliche Besonderheiten 240
   2. Teilgemeinschaftspraxis . . 242
      a) Berufsrechtliche Entwicklung 242
      b) Vertragsarztrecht 245
      c) Gestaltungsmissbrauch 247
      d) Rechtsformen 248
      e) Anmerkungen zur gesellschaftsrechtlichen Binnenstruktur 249
         aa) Gesellschaftszweck . 250
         bb) Gesellschafterbeiträge 251
         cc) Vermögensbeteiligung 252
         dd) Ergebnisverteilung . 254
      f) Außenauftritt 256
   3. Überörtliche Gemeinschaftspraxis 257
      a) Entwicklung 257
      b) § 18 Abs. 3 MBO-Ä 2004 260
      c) Vertragsarztrechtliche Vorgaben 263
      d) Gesellschaftsvertragliche Aspekte 268
      e) Haftungsfragen 273
      f) Wettbewerbsicherung . 274
   4. So genannte „gemischte Gemeinschaftspraxis" 278
IV. Partnerschaftsgesellschaft 287
   1. Allgemeines 287
   2. Partnerschaftsfähigkeit . . 289
   3. Vertragsgestaltung 291
      a) Schriftformerfordernis . 291
      b) Firmierung 293
      c) Vertragsfreiheit 294
   4. Haftung 297
   5. Registerpflichtigkeit 301
   6. Umwandlung 303
V. Ärztegesellschaft 304
   1. Allgemeines 304
   2. Berufsrechtliche Vorgaben . 306
   3. Vertragsarztrechtlicher Status 313
VI. Medizinische Kooperationsgemeinschaft 314
   1. Definition 314
   2. Berufsrechtliche Vorgaben . 316
   3. Vertragsarztrechtlicher Status 320

C. Organisationsgemeinschaften 322
   I. Praxisgemeinschaft 322
   1. Definition, Abgrenzung . . 322
   2. Datenlage, Motive 326
   3. Genehmigung/Anzeige . . . 328
   4. Berufsrechtliche Vorgaben . 329
   5. Vertragsarztrechtliche Vorgaben 333
   6. Nachbesetzungsverfahren (§ 103 Abs. 4–6 SGB V) . . 334

7. Rechtsform, Vertragsinhalt .	335	5. Exkurs: Speziallabor	353
8. Haftung	337	IV. Praxisverbund	356
9. Umwandlung	341	1. Definition	356
II. Apparategemeinschaft	342	2. Formalien	360
1. Definition	342	3. Vertragsarztrechtliche	
2. Rechtsform	344	Besonderheiten	361
3. Gesellschafterstatus	346	4. Beziehungen der Ärzte	
III. Laborgemeinschaft	347	untereinander	365
1. Definition	347	5. Beziehungen zu den	
2. Rechtsgrundlagen	348	Patienten	369
3. Rechtsform	351	V. Betriebsgesellschaft	370
4. Kooperation mit		1. Definition	370
Laborärzten	352	2. Zulässigkeitsgrenzen	375

Literatur

Ahrens, Praxisgemeinschaft in Ärztehäusern mit Fremdgeschäftsführung – Voraussetzungen und Grenzen ärztlichen Unternehmertums, MedR 1992, 143; **Bahner**, Das neue Werberecht für Ärzte, 2. Auflage 2004; **Benecke**, Inhaltskontrolle im Gesellschaftsrecht oder: „Hinauskündigung" und das Anstandsgefühl aller billig und gerecht Denkenden, ZIP 2005, 1437; **Blaurock**, Gestaltungsmöglichkeiten der Zusammenarbeit von Vertrags- und Privatarzt, MedR 2006, 643; **Boecken**, Die Altersgrenze von 68 Jahren für Vertragsärzte aus EG-rechtlicher Sicht, NZS 2005, 393; **Boos**, Bewertung von Arztpraxen im Rahmen des Zugewinnausgleichs, MedR 2005, 203; **Braun**, U.K. Limited – eine Rechtsform für Ärzte?, MedR 2007, 218; **Braun/Richter**, Gesellschaftsrechtliche und steuerrechtliche Grundfragen der Ärzte-GmbH, MedR 2005, 685; **dies.**, Vertragsärztliche Gemeinschaftspraxis: zivil-, steuer- und sozialrechtliche Aspekte der Nachfolge von Todes wegen, MedR 2005, 446; **Butzer**, § 95 SGB V und die Neuausrichtung des ärztlichen Berufsrechts, NZS 2005, 344; **Cramer**, Praxisgemeinschaft versus Gemeinschaftspraxis – Auf den Gesellschaftszweck kommt es an, MedR 2004, 552; **Cramer/Maier**, Praxisübergabe und Praxiswert, MedR 2002, 549; **Dahm**, Die „fehlerhafte" Gesellschaft der Gemeinschaftspraxis, in Schriftenreihe im DAV, Band 2, 2000, 39; **ders.**, Ärztliche Kooperationsgemeinschaften und Beteiligungsmodelle – im Spannungsfeld der Berufsordnung („MRT-Koop" u.a.), MedR 1998, 70; **ders.**, Die überörtliche Berufsausübungsgemeinschaft, AusR 2000, 134; **Dahm/Möller/Ratzel**, Rechtshandbuch Medizinische Versorgungszentren, 2005; **Dahm/Ratzel**, Liberalisierung der Tätigkeitsvoraussetzungen des Vertragsarztes und Vertragsarztrechtsänderungsgesetz – VÄndG, MedR 2006, 555; **Ehlers** (Hrsg.), Fortführung von Arztpraxen, 2. Auflage 2001; **Eisenberg**, Ärztliche Kooperations- und Organisationsformen, 2002; **Engelmann**, Die Gemeinschaftspraxis im Vertragsarztrecht, ZMGR 2004, 1; **Engelmann**, Kooperative Berufsausübung von Ärzten und Vertragsärzten, in von Wulffen/Krasney (Hrsg.), Festschrift 50 Jahre Bundessozialgericht, 2004, S. 429; **Gehrlein**, Neue Tendenzen zum Verbot der freien Hinauskündigung eines Gesellschafters, NJW 2005, 1969; **Goette**, Mindestanforderungen an die Gesellschafterstellung in der BGB-Gesellschaft, MedR 2002, 1; **ders.**, Zur jüngeren Rechtsprechung des II. Zivilsenats zum Gesellschaftsrecht, DStR 2006, 139; **Gollasch**, Die fachübergreifende Gemeinschaftspraxis, 2003; **Großbölting/Jacklin**, Formen ärztlicher Tätigkeit im Vertragsarztrecht, Zulassung und Konkurrentenstreit, NZS 2002, 130; **Gummert/Meier**, Nullbeteiligungsgesellschaften, MedR 2007, 1; **dies.**, Beteiligung Dritter an den wirtschaftlichen Ergebnissen ärztlicher Tätigkeit, MedR 2007, 75; **dies.**, Zulässigkeit von Vereinbarungen der Gesellschafter einer Gemeinschaftspraxis zur Nachbesetzung und zur Hinauskündigung, MedR 2007, 400; **Gummert/Riegger/Weipert** (Hrsg.), Münchener Handbuch des Gesellschaftsrechts, Band 1, 2. Auflage 2004; **Häußermann/Dollmann**, Die Ärzte-Gesellschaft mbH, MedR 2005, 255; **Halbe/Schirmer** (Hrsg.), Handbuch Kooperationen im Gesundheitswesen, 3. Aktualisierung 2007; **Heimann**, Der Ehevertrag für Ärzte, Frankfurter Schriftenreihe, Band 7, 2003; **Heller**, Die Beendigung feiberuflicher Sozietätsverhältnisse, 2000; **Heussen**, Handbuch Vertragsverhandlung und Vertragsmanagement, 2. Auflage 2002; **ders.**, Gewinnverteilung – Strategie – Unternehmenskultur. Ein Gesamtkonzept, AnwBl. 2007, 169; **Hülsmann**, Anwaltssozietät: Rechtsprechungsreport zu Austrittsfolgen, NZG 2001, 625; **Katzenmeier**, Kapitalgesellschaften auf dem Gebiet der Heilkunde, MedR 1998, 113; **Kilian**, Die Trennung vom „missliebigen" Personengesellschafter – Neue Ansätze in Sachen Ausschluss, Hinauskündigung und Kollektivaustritt?, WM 2006, 1567; **Koch**, Niederlassung und berufliche Kooperation – Neue Möglichkeiten nach der novellierten (Muster-)Berufsordnung für Ärzte, GesR 2005, 241; **Kraus/Kunz u.a.**, Sozietätsrecht, 2. Auflage 2006; **Krieger**, Partnerschaftsgesellschaftsgesetz. Eine neue Möglichkeit in freier Praxis partnerschaftlich zusammenzuarbeiten, MedR 1995, 96; **Kröll**, Die Entwicklung des Rechts der Schiedsgerichtsbarkeit 2005/2006, NJW 2007, 743; **Lang/Burhoff**, Besteuerung der Ärzte, Zahnärzte und sonstiger Heilberufe, 5. Auflage 2004; **Laas**, Die überörtliche Gemeinschaftspraxis, 2006; **Lux**, Gesellschaftsrechtliche Abfindungsklauseln – Feststellung der Unwirksamkeit oder Anpassung an veränderte Verhältnisse?,

§ 15 Kooperationen im Gesundheitswesen, Ärztliches Gesellschaftsrecht

MDR 2006, 1203; **Luxenburger**, Praxisgemeinschaft – sinnvolle Kooperationsform – Gestaltungsmissbrauch und Folgen, in Schriftenreihe der Arge Medizinrecht im DAV, Band 2, 2000, S. 67; **Marsch-Barner**, Münchener Vertragshandbuch Gesellschaftsrecht, 6. Auflage 2005; **Möller**, Gründung und Betrieb privatärztlicher Laborgemeinschaften, MedR 1994, 10; **ders.**, Rechtliche Probleme von „Nullbeteiligungsgesellschaften" – wie viel wirtschaftliches Risiko muss sein?, MedR 1999, 493; **ders.**, Gemeinschaftspraxis zwischen Privatarzt und Vertragsarzt, MedR 2003, 195; **ders.**, Beitritt zur Gemeinschaftspraxis – persönliche Haftung für Altverbindlichkeiten, MedR 2004, 69; **ders.**, Aktuelle Probleme bei Gründung und Betrieb von Gemeinschaftspraxen, MedR 2006, 621; **Monßen**, Mediationsklauseln als Standard in Sozietätsverträgen, Mitteilungen der Rechtsanwaltskammer Düsseldorf 2006, 163; **Nentwig/Pfisterer**, Ausgewählte Probleme der Partnerschaftsgesellschaft, in Schriftenreihe der Arbeitsgemeinschaft Medizinrecht im DAV, Band 2, 2000, 147; **Pestalozza**, Kompetentielle Fragen des Entwurfs eines Vertragsarztrechtsänderungsgesetzes, GesR 2006, 389; **Plagemann**, Anwaltshandbuch Sozialrecht, 2. Auflage 2005; **Plagemann/Niggehoff**, Vertragsarztrecht, 2. Auflage 2000; **Preißler**, Das verfassungswidrige Verbot der überörtlichen Ärztesozietät, MedR 2001, 543; **Preißler/Sozietät Dr. Rehborn**, Ärztliche Gemeinschaftspraxis versus Scheingesellschaft, 2002; **Preusker**, Kommen die Apotheken-Kette und der Franchise-Arzt?, Die Gesundheitswirtschaft 2/2007, 10 f.; **Quaas**, Konkurrentenschutz im Gesundheitsmarkt, f&w 2004, 640; **Ratajczak**, Rechtliche Ausgestaltung eines Praxisnetzes, in Schriftenreihe der Arbeitsgemeinschaft Medizinrecht im DAV, Band 2, 2000, 105 ff.; **Ratzel**, Zivilrechtliche Konsequenzen von Verstößen gegen die ärztliche Berufsordnung, MedR 2002, 492; **ders.**, Medizinische Versorgungszentren, ZMGR 2004, 63; **ders.**, Zusammenarbeit von Ärzten mit Orthopädietechnikern und Sanitätshäusern, GesR 2007, 200; **Ratzel/Lippert**, Das Berufsrecht der Ärzte nach den Beschlüssen des 107. Deutschen Ärztetags in Bremen, MedR 2004, 525; **Ratzel/Möller/Michels**, Die Teilgemeinschaftspraxis – Zulässigkeit, Vertragsinhalte, Steuern, MedR 2006, 377; **Reiling**, Die Gestaltung von Verträgen für die so genannte „Job-Sharing-Gemeinschaftspraxis", in Schriftenreihe der Arbeitsgemeinschaft Medizinrecht im DAV, Band 2, 2000, 83 ff.; **Reiter**, Ärztliche Berufsausübungsgemeinschaften vs. Organisationsgemeinschaft – Ist die wirtschaftliche Beteiligung Dritter an einer Arztpraxis statthaft?, GesR 2005, 6; **Rieger**, Vernetzte Praxen. Rechtsbeziehungen zwischen den Beteiligten – berufs-, vertragsarzt- und wettbewerbsrechtliche Aspekte, MedR 1998, 75; **ders.**, Verträge zwischen Ärzten in freier Praxis (Heidelberger Musterverträge), 7. Auflage 2002; **ders.**, Rechtsfragen beim Verkauf und Erwerb einer Arztpraxis, 5. Auflage 2005; **ders.**, Lexikon des Arztrechts, 2. Auflage 2001; **Saenger**, Gesellschaftsrechtliche Binnenstruktur der ambulanten Heilkundegesellschaft, MedR 2006, 138; **Schäfer-Gölz**, Medizinisches Versorgungszentrum – Ärztegesellschaft, in Baums/Wertenbruch (Hrsg.), Festschrift für Ulrich Huber zum siebzigsten Geburtstag, 2006, S. 951 ff.; **Schallen**, Zulassungsverordnung für Vertragsärzte, Vertragszahnärzte, Medizinische Versorgungszentren, Psychotherapeuten, 5. Auflage 2007 (4. Auflage 2004); **Schirmer**, Berufsrechtliche und kassenarztrechtliche Fragen der ärztlichen Berufsausübung in Partnerschaftsgesellschaften, MedR 1995, 341 (Teil 1), 383 (Teil 2); **ders.**, Vertragsarztrecht kompakt, 2005; **K. Schmidt**, Gesellschaftsrecht, 4. Auflage 2002; **ders.**, Die Gesellschafterhaftung bei der Gesellschaft bürgerlichen Rechts als gesetzliches Schuldverhältnis, NJW 2003, 1897; **Steffen**, Formen der Arzthaftung in interdisziplinär tätigen Gesundheitseinrichtungen, MedR 2006, 75; **Steinhilper/Weimar**, Zur Anpassung des Vertragsarztrechts an die Musterberufsordnung – Stand März 2006, GesR 2006, 200; **Taupitz**, Integrative Gesundheitszentren: neue Formen interprofessionaler Zusammenarbeit, MedR 1993, 367; **Trautmann**, Die vertragsarztrechtlichen Voraussetzungen der gemeinschaftlichen Berufsausübung von Ärzten nach § 33 Abs. 2 Ärzte-ZV, NZS 2004, 238; **Uleer/Miebach/Patt**, Abrechnung von Arzt- und Krankenhausleistungen, 3. Auflage 2006; **Ulmer**, Gesellschaft bürgerlichen Rechts und Partnerschaftsgesellschaft, 4. Auflage 2004; **ders.**, Die Haftungsverfassung der BGB-Gesellschaft, ZIP 2003, 1113; **van Zwoll/Mai/Eckardt/Rehborn**, Die Arztpraxis in Krise und Insolvenz, 2007; **Weimar**, Ärztliche Praxisnetze – Anwaltliche Gestaltung des Gesellschaftsvertrages, MDR 2000, 866; **Weimar**, Die KV-Grenzen überschreitende überörtliche Berufsausübungsgemeinschaft – Die Wahlpflicht der Heimat-KV, GesR 2007, 204; **Wendland**, Zur ertragssteuerlichen Behandlung von ärztlichen Laborleistungen, ArztR 2004, 17; **Wenner/Bernard**, Der Gegenstandswert der anwaltlichen Tätigkeit in vertragsärztlichen Streitigkeiten (III), NZS 2006, 1; **Wenzel** (Hrsg.), Handbuch des Fachanwalts Medizinrecht, 2007; **Werner**, Kautelarjuristische Strategien zur Trennung zerstrittener Gesellschafter, GmbHRundschau 2005, 155; **Wiebke**, Die Auswirkungen des GKV-WSG-Gesetzentwurfs, des VÄG und des AGG auf die verfassungsrechtliche Rechtfertigung der Altersgrenze im Vertrags(zahn)arztrecht, MedR 2007, 143; **Zöller** (Hrsg.), Zivilprozessordnung, 26. Auflage 2007.

A. Kooperationsrahmen

1 Die wirtschaftlichen Rahmenbedingungen für die berufliche Situation von niedergelassenen Ärzten sind in den vergangenen Jahren mit zunehmender Tendenz schwieriger geworden. Heute ist es aufgrund systembedingter Umstände (z.B. Budgets im vertragsärztlichen Bereich) keine Selbstverständlichkeit mehr, dass selbst ein fachlich hoch

qualifizierter Arzt mit seiner Praxis ein überdurchschnittliches Einkommen erwirtschaftet. Steigende Patientenzahlen führen im vertragsärztlichen Bereich nicht zu höheren Umsätzen, sondern aufgrund zusätzlicher Kosten zu Ertragseinbußen.

Die Liberalisierung des ärztlichen Berufsrechts mit der Möglichkeit der Eröffnung von Niederlassungen und die Lockerung des Werbeverbots haben dazu geführt, dass in bestimmten Regionen der Kampf um die Privatpatienten entbrannt ist. Aber nicht immer gelingt es, die Ergebnisminderungen durch zusätzlich akquirierte Privatpatienten oder das Angebot von IGeL-Leistungen zu kompensieren. 2

Auf der anderen Seite ist festzustellen, dass die Betriebskosten der Praxis ständig steigen. Auch werden immer neue, oftmals kostenintensive Technologien angeboten, deren Vorhaltung gerade in einer Konkurrenzsituation von den Leistungserbringern für unverzichtbar gehalten wird. Bei diesen Verhältnissen liegt es nahe, die Investition gemeinschaftlich zu tätigen und die Ressourcen zwecks besserer Auslastung gemeinsam zu nutzen oder die medizinische Leistung gegebenenfalls sogar gemeinschaftlich anzubieten. Die Bildung einer eigenen größeren Einheit kann vor der Übernahme durch Konkurrenzpraxen schützen und bietet die Chance, als Kooperationspartner für Dritte – z.B. Krankenhäuser – interessant zu werden. 3

Der Arzt kommt ohne eine unternehmerische Praxisführung regelmäßig nicht mehr aus. Selbst innovative Ärzte können sich nicht wie in der freien Wirtschaft entfalten. Trotz der in den vergangenen Jahren erfolgten Liberalisierung auf vielen Gebieten, gilt es, eine Vielzahl von Reglementierungen zu beachten. Neben allgemeinen zivilrechtlichen Vorgaben sind dies primär die Normen des Berufsrechts. Sollen vertragsärztliche Leitungen erbracht werden, ist das Vertragsarztrecht mit seiner unüberschaubaren und keinesfalls logisch strukturierten Normenhierarchie zu beachten. Vertragsarzt- und Vertragszahnarztrecht weichen oftmals deutlich voneinander ab. Vieles ist Neuland. So ist das Verhältnis von Berufs- und Vertragsarztrecht nicht geklärt. Sind Vertragskonstruktionen zulässig, die ein liberales Vertragsarztrecht erlaubt, eine Berufsordnung aber untersagt? 4

Bei Kooperationen unter der Einbeziehung von Krankenhäusern ist das Krankenhausrecht zu beachten. Nicht selten scheitern gute Ideen an steuerlichen Implikationen. Daher gilt: Keine Kooperation ohne Mitwirkung von entsprechend qualifizierten Steuerberatern! 5

B. Berufsausübungsgemeinschaften

I. Begriff

Das ärztliche Berufsrecht kennt als Formen der Berufsausübungsgemeinschaft die Gemeinschaftspraxis in der Rechtsform der BGB-Gesellschaft, die Partnerschaftsgesellschaft, die ärztliche Kooperationsgemeinschaft (§ 23b MBO-Ä) sowie die Ärztegesellschaft als juristische Person des Privatrechts (§ 23a MBO-Ä), die allerdings nicht in alle Kammersatzungen übernommen wurde. 6

Der Begriff „Berufsausübungsgemeinschaft" ist jedoch weder im ärztlichen Berufsrecht noch im Vertragsarztrecht definiert. Die MBO-Ä enthielt zeitweise lediglich das Postulat, dass der Zusammenschluss von Ärzten zur „gemeinsamen Berufsausübung" 7 der Ärztekammer anzuzeigen sei.[1] Ab 1995 verwandte die MBO-Ä die Bezeichnung Berufsausübungsgemeinschaft und trug damit der Tatsache Rechnung, dass ab dem 1.7.1995 die gemeinschaftliche ärztliche Tätigkeit nicht nur in der Rechtsform der BGB-Gesellschaft (Gemeinschaftspraxis), sondern auch im rechtlichen Gewand der Partnerschaftsgesellschaft erfolgen konnte.

8   Das SGB V sowie die Ärzte-ZV kannten bis zum Inkrafttreten des VÄndG ausschließlich den Terminus „Gemeinschaftspraxis" (vgl. nur § 85 Abs. 4b SGB V sowie die Überschrift zu Abschnitt IX Ärzte-ZV). § 103 Abs. 6 SGB V – eingeführt zum 1.1.1993 durch das GSG – spricht allerdings nach wie vor von der „gemeinsamen Berufsausübung", ohne einen bestimmten Gesellschaftstyp zu nennen. Die durch das VÄndG vorgenommene sprachliche Anpassung durch Verwendung des Oberbegriffs Berufsausübungsgemeinschaft war insbesondere deshalb überfällig, weil Partnerschaftsgesellschaften keine Gemeinschaftspraxen sind.[2] Allerdings ist die Gemeinschaftspraxis mit deutlichem Abstand die ausgeprägteste Gestaltungsform gemeinschaftlicher ärztlicher Berufsausübung,[3] was es rechtfertigt, ihr ein eigenes ausführliches Kapitel zu widmen (siehe Rn 15 ff.).

9   Eine Begriffsbestimmung[4] wird dadurch erschwert, dass – über die terminologische Anpassung hinaus – der Kanon der Kooperationsmöglichkeiten durch Teilberufsausübungsgemeinschaften und standortübergreifende Berufsausübungsgemeinschaften ergänzt wurde. In §§ 1a Nr. 12 BMV-Ä/EKV-Ä,[5] jeweils in Kraft getreten zum 1.7.2007 ist die Berufsausübungsgemeinschaft – wenig konkret – definiert als:

„Rechtlich verbindliche Zusammenschlüsse von Vertragsärzten oder/und Vertragspsychotherapeuten oder Vertragsärzten, Vertragspsychotherapeuten und Medizinischen Versorgungszentren oder Medizinischen Versorgungszentren untereinander zur gemeinsamen Ausübung der Tätigkeit."

10 § 1a Nr. 12a BMV-Ä/EKV-Ä nimmt darüber hinaus eine – ebenfalls kaum hilfreiche – Negativabgrenzung vor:

*„**Berufsausübungsgemeinschaften** sind **nicht** Praxisgemeinschaften, Apparategemeinschaften oder Laborgemeinschaften oder andere Organisationsgemeinschaften."*

11 Es wäre wünschenswert gewesen, wenn auf bundesmantelvertraglicher Ebene eine Festlegung der Mindestvoraussetzungen gerade der gemeinsamen Berufsausübung vorgenommen worden wäre. Auch in einer Organisationsgemeinschaft wird auf der Grundlage eines regelmäßig verbindlich abgeschlossenen Vertrages ein gemeinsamer Zweck verfolgt. Dieser ist vor allem auf die gemeinschaftliche Nutzung von Ressourcen gerichtet. Nicht selten erfolgt – darüber hinausgehend – eine mehr oder weniger enge Abstimmung bei Organisationsmaßnahmen, die unmittelbar Auswirkungen auf die ärztliche Tätigkeit haben wie z.B. die Festlegung von Sprechstundenzeiten. Auch in einer Praxisgemeinschaft mit unterschiedlichen Fachgebieten kann die Festlegung des Behandlungsplans für Patienten gemeinsam erfolgen, selbst wenn kein einheitlicher

---

1   Zur historischen Entwicklung ärztlicher Kooperations- und Organisationsformen *Eisenberg*, S. 52 f.; speziell zur Gemeinschaftspraxis *Laas*, S. 9 f.
2   Zutreffend *Rieger/Weimer*, „Berufsausübungsgemeinschaft" Rn 6.
3   *Ratzel/Lippert/Ratzel*, §§ 18/18a Rn 3: Gemeinschaftspraxis als „Normalfall".
4   Vgl. kritisch hierzu *Dahm/Ratzel*, MedR 2006, 555, 556; *Rieger/Weimer*, „Berufsausübungsgemeinschaft" Rn 11 f.; speziell für die Teilberufsausübungsgemeinschaft *Ratzel/Möller/Michels*, MedR 2006, 377, 379.
5   DÄBl. 2007, A-1684 ff., 1691 ff.

Behandlungsvertrag besteht und die Leistungen getrennt abgerechnet werden. Andererseits können Berufsausübungsgemeinschaften deutliche Elemente getrennter Berufsausübung aufweisen, was in der Praxis nicht selten der Fall ist, wenn unterschiedliche Fachgebiete vorgehalten werden. Insbesondere bei überörtlichen Berufsausübungsgemeinschaften ist es denkbar, dass jede Betriebsstätte in organisatorischer und wirtschaftlicher Hinsicht völlig autonom geführt wird.

Im Einzelfall wird man bei der Abgrenzung eine individuelle Bewertung vornehmen müssen, die sich an den nachfolgend aufgeführten Kriterien orientieren kann, wobei diese nicht notwendigerweise kumulativ vorliegen müssen und den tatsächlichen Abläufen ein größeres Gewicht als schriftlichen Vertragsklauseln zukommt:[6]

- Abschluss der Behandlungsverträge durch die Gesellschaft,
- gemeinsame Patientenkartei,
- planmäßige Durchführung gemeinsamer Untersuchungs- und Behandlungsmaßnahmen von nicht nur untergeordneter Bedeutung,
- gemeinsame Abrechnung,
- einheitlicher Außenauftritt,
- Gewinnpool.

Soweit als zusätzliches Merkmal der Wille zur gemeinschaftlichen Berufsausübung angeführt wird,[7] handelt es sich um eine innere Tatsache, die durch den tatsächlichen Geschehensablauf bestätigt werden muss. Auch wenn die jederzeit austauschbare ärztliche Leistung sicherlich nicht für die Annahme einer Berufsausübungsgemeinschaft verlangt werden kann,[8] hilft eine patientenorientierte Betrachtung: Je mehr Gemeinsamkeit bei der Patientenbetreuung vorliegt, desto eher wird eine Berufsausübungsgemeinschaft zu bejahen sein.[9] Ob bei der Anerkennung von Berufsausübungsgemeinschaften generell auf das Merkmal eines – zumindest potentiellen – gemeinsamen Patientenstamms verzichtet werden wird, bleibt abzuwarten.[10]

Die Abgrenzungsproblematik wird dadurch erschwert, dass gemäß § 33 Abs. 2 Ärzte-ZV in der ab dem 1.1.2007 geltenden Fassung vertragsärztliche Berufsausübungsgemeinschaften nicht nur unter Vertragsärzten, sondern zwischen sämtlichen zugelassenen vertragsärztlichen Leistungserbringern gegründet werden können.[11] Die Gesetzesbegründung hebt ausdrücklich die Beteiligtenfähigkeit einer juristischen Person hervor.[12] Demgemäß kann die MVZ-GmbH Berufsausübungsgemeinschaften im vertragsärztlichen Bereich in unbegrenzter Anzahl z.B. mit anderen MVZ-Trägern und/oder Vertragsärzten errichten und maßgeblichen Einfluss auf die Gesellschaftsbelange/Geschäftspolitik nehmen. Der Gesetzgeber hat auf dem Gebiet der – vertragsärztlichen – Berufsausübungsgemeinschaft eine neue Dimension an Gestaltungsmöglichkeiten eröffnet und faktisch den Weg zur legalen Praxis- oder MVZ-Kette frei gemacht. Ob die Verdrängung berufsrechtlich relevanter Vorgaben einer Überprüfung durch das Bundesverfassungsgericht standhalten wird, bleibt allerdings abzuwarten!

---

6 Vgl. Stellungnahme der *Bundesärztekammer*, DÄBl. 2006, A-801; ferner Rieger/*Weimer*, „Berufsausübungsgemeinschaft" Rn 11 f.
7 *Bundesärztekammer*, DÄBl. 2006, A-801; Rieger/*Weimer*, „Berufsausübungsgemeinschaft" Rn 13.
8 So aber *Trautmann*, NZS 2004, 238, 239 für die Gemeinschaftspraxis.
9 In diesem Sinne auch *Dahm/Ratzel*, MedR 2006, 555, 557.
10 Für einen Verzicht Rieger/*Weimer*, „Berufsausübungsgemeinschaft" Rn 18; anders *Schallen*, 5. Aufl., Rn 1158.
11 Hierzu *Fiedler/Fürstenberg*, NZS 2007, 184, 188 f.
12 BT-Drucks 16/2474 S. 31.

II. Gemeinschaftspraxis als besonders praxisrelevante Gestaltungsform

1. Allgemeines

a) Definition

15 In ständiger Rechtsprechung definiert der BGH die Gemeinschaftspraxis als

> *„gemeinsame Ausübung ärztlicher Tätigkeit durch mehrere Ärzte der gleichen oder verwandter Fachgebiete in gemeinsamen Räumen mit gemeinschaftlichen Einrichtungen und mit einer gemeinsamen Büroorganisation und Abrechnung, wobei die Leistungen für den Patienten während der Behandlung von einem wie von dem anderen Partner erbracht werden können."*[13]

16 Es ist offensichtlich, dass diese, die gemeinsame Nutzung der Ressourcen und Verwandtschaft der beteiligten Fachgebiete betonende Begriffsbestimmung vor dem Hintergrund der Bildung standortübergreifender Berufsausübungsgemeinschaften der Realität nicht (mehr) gerecht wird.[14] Wie im Einzelnen die Abgrenzung zu Organisationsgemeinschaften vorzunehmen ist, wird derzeit in der medizinrechtlichen Wissenschaft intensiv diskutiert, ohne dass überzeugende Lösungen erkennbar wären.

17 Fest steht jedenfalls, dass es sich bei Gemeinschaftspraxen um teilweise hochkomplexe Gebilde mit einer Vielzahl von Gesellschaftern und vertretenen Fachgebieten handelt. Größere Gemeinschaftspraxen ähneln von ihrer Struktur her mittelständischen Unternehmen und bedürfen einer kaufmännisch ausgerichteten Leitung. Gleichwohl sind auch diese Einrichtungen an die Vorgaben des Berufs- und Vertragsarztrechts gebunden, was sie und ihre Berater vor oftmals erhebliche Schwierigkeiten stellt.

b) Rechtstatsachen

18 In Deutschland waren Ende 2005 insgesamt 307.557 Ärzte berufstätig. Davon waren 134.798 im ambulanten Bereich tätig, 146.511 im stationären Bereich. Im ambulanten Bereich waren 126.252 Ärzte niedergelassen, also freiberuflich tätig. In den 17 KVen waren 131.800 Ärzte und 15.200 psychologische Psychotherapeuten Mitglied. Diese Ärzte waren in 76.895 Einzelpraxen und 17.704 Gemeinschaftspraxen sowie 420 Medizinischen Versorgungszentren tätig. Die Zahl der in Gemeinschaftspraxen tätigen Ärzte stieg von 29.731 in 1993 auf 40.385 in 2004.[15] Etwa 30 % der Vertragsärzte üben ihre Tätigkeit in Gemeinschaftspraxen aus. Die Tendenz ist steigend.

c) Motive

19 Die Gründe für die Errichtung einer Gemeinschaftspraxis sind vielfältig. Einige seien aufgeführt:
- breiteres medizinisches Angebot,
- Spezialisierungsmöglichkeit,

---

13 VI ZR 319/04 – MedR 2006, 290.
14 Zutreffend *Fiedler/Fürstenberg*, NZS 2007, 184, 188 f. m.w.N.
15 Zahlen nach *Kassenärztlicher Bundesvereinigung*, http://www.kbv.de/presse/7479.html und *Bundesärztekammer*, http://www.baek.de > Themen A-Z > Ärztestatistik.

- kollegialer Gedankenaustausch,
- Stabilität: Vertretung bei Urlaub und Krankheit,
- wirtschaftlichere Nutzung der Ressourcen,
- umfassendere Sprechstundenzeiten,
- Einbindung des Nachfolgers („Übergangsgemeinschaftspraxis"),
- Aufbau überörtlicher Strukturen,
- Systemvorteile z.B. Mitwirkungsrecht bei Auswahl eines Nachfolgers gemäß § 103 Abs. 6 SGB V,
- Abrechnungsvorteile.

d) Gesellschaftsrechtliche Vorgaben

Im Bereich des BGB-Gesellschaftsrechts gilt weitgehende Vertragsfreiheit. Die Gesellschafter sind in der Gestaltung der Binnenstruktur der Gesellschaft nur an rudimentäre Einschränkungen gebunden.[16]

Als zwingendes Innenrecht sind beispielsweise die §§ 716 f. BGB anzusehen, die den von der Geschäftsführung ausgeschlossenen Gesellschaftern unverzichtbare Kontrollrechte einräumen.[17] Gleiches gilt für bestimmte Kündigungsregelungen (§§ 723 Abs. 3, 724 BGB). Selbstverständlich sind daneben die allgemeinen zwingenden gesetzlichen Vorschriften zu beachten. So darf der Vertragsinhalt nicht gegen ein gesetzliches Verbot (§ 134 BGB) oder die guten Sitten (§ 138 BGB) verstoßen. Ein Gesellschaftsvertrag, der unter Ausnutzung der Vertragsfreiheit einem Gesellschafter eine sachlich nicht gerechtfertigte und völlig unausgewogene Sonderstellung einräumt, kann nichtig sein.[18]

Da die Gemeinschaftspraxis Berufsausübungsgemeinschaft ist, können sich Beschränkungen für die Gestaltung der Binnenstruktur aus Vorgaben insbesondere des Berufsrechts ergeben.[19] Allgemein gilt, dass Vertragsklauseln nicht die ordnungsgemäße Berufsausübung gefährden dürfen. Praxisrelevant sind vor allem die Einhaltung des Grundsatzes der freien Arztwahl (§ 7 Abs. 2 S. 1 MBO-Ä), der ärztlichen Schweigepflicht (§ 9 MBO-Ä) sowie das Verbot der Zuweisung gegen Entgelt (§ 31 MBO-Ä).

Zu beachten ist, dass die zentralen Normen der Berufsordnung Verbotsgesetze i.S.d. § 134 BGB sind und Verletzungen zur Nichtigkeit des gesamten Rechtsgeschäfts führen können.[20] Dies gilt insbesondere dann, wenn einzelne unzulässige Klauseln unmittelbar den Gesellschaftszweck betreffen.[21] Insoweit kommen die Grundsätze der fehlerhaften Gesellschaft nicht zur Anwendung.[22]

---

16 Rieger/*Rieger*, „Gemeinschaftspraxis" Rn 22; speziell zur Gemeinschaftspraxis *Goette* (Vorsitzender des für Gesellschaftsrecht zuständigen II. Senats des BGH), MedR 2002, 1; Kraus/Kunz/*Peres*, § 3 Rn 2.
17 Palandt/*Sprau*, BGB, § 705 Rn 2.
18 *Goette*, MedR 2002, 1 f.; Gummert/Meier, MedR 2007, 1, 3.
19 *Möller*, MedR 1999, 493; *Goette*, MedR 2002, 1, 4.
20 BGH – VIII ZR 10/85, NJW 1986, 2360, 2361; BayObLG – 1 ZR 612/98, MedR 2001, 206; Ratzel/Lippert/*Lippert*, § 2 Rn 34; *Ratzel*, MedR 2002, 492.
21 *Ulmer*, BGB, § 705 Rn 334.
22 Rieger/*Rieger*, „Gemeinschaftspraxis" Rn 24 ff.

e) Gesellschaftsrechtlich relevante Vorgaben des ärztlichen Berufsrechts

24 Berufsrechtlich sind – unabhängig von der Niederlassungsform – die Voraussetzungen freiberuflicher Tätigkeit zu erfüllen (§ 1 Abs. 2 BÄO, § 1 Abs. 1 S. 3 MBO-Ä). Wesentliche Kriterien sind die „wirtschaftliche Selbständigkeit" und die „ärztliche Weisungsfreiheit".[23]

25 Spezielle Regelungen zum ärztlichen Gesellschaftsrecht finden sich in §§ 18–23d MBO-Ä. Gemäß § 18 Abs. 1 MBO-Ä dürfen Ärzte sich zu Berufsausübungsgemeinschaften – auch beschränkt auf einzelne Leistungen – zusammenschließen. Sie dürfen dabei alle zulässigen Gesellschaftsformen nutzen, wenn ihre eigenverantwortliche, medizinisch unabhängige sowie nicht gewerbliche Berufsausübung gewährleistet ist (§ 18 Abs. 2 MBO-Ä).

26 Die Bundesärztekammer hat im März 2006 Hinweise und Erläuterungen zu Niederlassungen und für berufliche Kooperationen (Stand: 17.2.2006) veröffentlicht.[24] Unter der Rubrik „Kriterien der gemeinsamen Berufsausübung" findet sich als erster Punkt der Hinweis, dass die Gesellschafter den Willen zu gemeinsamen Berufungsausübung in einer auf Dauer angelegten systematischen Kooperation haben müssen. Es wird als unzureichend angesehen, lediglich Ressourcen gemeinsam zu nutzen. Von einer gemeinsamen Berufsausübung könne ebenfalls nicht gesprochen werden, wenn sich die Zusammenarbeit z.B. auf die Bildung von Qualitätszirkeln zu Fortbildungszwecken, einen gemeinsamen Vertretungs- oder Notdienstplan oder reine Managementtätigkeit beschränkt. Auch ein reines Gewinnpooling genüge nicht den Anforderungen, die an eine gemeinsame Tätigkeit zu stellen seien. Zur Ausgestaltung des Gesellschaftsvertrages wird verlangt, dass die beteiligten Ärzte über mehr oder minder gleiche Rechte und Pflichten verfügen müssen. Jeder Gesellschafter müsse an den unternehmerischen Chancen und Risiken beteiligt sein.

f) Vertragsarztrechtliche Vorgaben

27 Das SGB V enthält keine konkreten Vorgaben über die gemeinschaftliche vertragsärztliche Berufsausübung, sondern bestimmt in § 98 Abs. 2 Nr. 13, dass die Zulassungsverordnung Voraussetzungen enthalten muss, wonach die gemeinsame vertragsärztliche Tätigkeit nach Maßgabe der Grundsätze eines freien Berufes erfolgt. Zentralnorm war bis zum 31.12.2006 § 33 Abs. 2 Ärzte-ZV.[25] Mit Inkrafttreten des VÄndG und Einführung weiterer Formen der Berufsausübungsgemeinschaft finden sich die maßgeblichen Bestimmungen nunmehr in § 33 Abs. 2, 3 Ärzte-ZV.

28 § 33 Abs. 2 S. 2 Ärzte-ZV in der bis zum 31.12.2006 geltenden Fassung sah im Zusammenhang mit der Erteilung einer Genehmigung vor, dass diese nur versagt werden durfte, wenn die Versorgung der Versicherten beeinträchtigt wurde oder landesrechtliche Vorschriften über die ärztliche Berufsausübung entgegenstanden.[26] In der Zulassungs-

---

23 *Gummert/Meier*, MedR 2007, 1, 3; Wenzel/*Hoppe/Schirmer*, S. 840.
24 DÄBl. 2006, A-801.
25 Ausführlich *Trautmann*, NZS 2004, 238, 240.
26 Zum Vorrang des ärztlichen Berufsrechts BSG – 6 Ka 34/86, BSGE 62, 224; *Trautmann*, NZS 2004, 238, 246; *Engelmann*, ZMGR 2004, 1, 5 f.

praxis wurde primär geprüft, ob ein „echtes Gesellschaftsverhältnis" oder eine Scheingemeinschaftspraxis vorlag.[27]

Das Vertragsarztrecht hat mit Inkrafttreten des VÄndG die Musterberufsordnung an einigen zentralen Stellen an Liberalität übertroffen und das sich hieraus ergebende verfassungsrechtliche Umsetzungsproblem deutlich erkannt.[28] Ausweislich der Gesetzesbegründung[29] hielt der Gesetzgeber die Form der dynamischen Verweisung auf das – aus seiner Sicht zu restriktive – jeweils geltende Berufsrecht zur Realisierung der von ihm eröffneten liberalen Kooperationsmöglichkeiten für hinderlich, so dass eine Aufhebung des Berufsrechtsvorrangs erfolgte. Die Zulassungsgremien müssen nun selbst bei entgegenstehenden Stellungnahmen der Ärztekammer von der verfassungsrechtlichen Zulässigkeit des Kooperationsvorhabens ausgehen und die Genehmigung erteilen, wenn deren Voraussetzungen im Übrigen vorliegen.[30] So können die Zulassungsgremien selbstverständlich nach wie vor im Rahmen des Genehmigungsverfahrens überprüfen, ob die allgemeinen vertragsarztrechtlichen Vorgaben – z.B. Präsenzpflicht, Tätigkeit am Vertragsarztsitz, Grundsatzes der persönlichen Leistungserbringung – erfüllt sind und bei Verstößen die Erteilung der Genehmigung aus diesen Gründen versagen. Besteht ein verdecktes Anstellungsverhältnis, so wird die vertragsärztliche Tätigkeit nicht – wie von § 32 Abs. 1 S. 1 Ärzte-ZV vorausgesetzt – in „freier Praxis" ausgeübt mit der Folge, dass die Gemeinschaftspraxis nicht genehmigungsfähig ist. Maßgebend für die Abgrenzung, ob jemand abhängig beschäftigt oder selbständig ist, ist dabei das Gesamtbild.[31] Dabei kommt es weniger auf etwa getroffene Vereinbarungen als vielmehr auf das tatsächliche Gesamtbild der Tätigkeit an.[32]

29

Die Ärzte-ZV wird von der Rechtsprechung als formelles Gesetz eingestuft.[33] Verstöße gegen § 33 Abs. 2, 3 Ärzte-ZV können zur Nichtigkeit des Gesellschaftsvertrages führen.[34] Werden später strengere Anforderungen an eine Genehmigung gestellt, muss die Behörde die Möglichkeit der Mängelheilung einräumen. Außerdem bleibt auch bei einem statusvernichtenden Verwaltungsakt der Status der bestandskräftig genehmigten Berufsausübungsgemeinschaft für die Vergangenheit erhalten.[35] Dies schließt allerdings mögliche Honorarrückforderungsansprüche der Kassenärztlichen Vereinigung nicht notwendigerweise aus.[36]

30

---

27 Hierzu Rieger/*Weimer*, „Berufsausübungsgemeinschaft" Rn 62 f.; zum Tatbestandsmerkmal der Beeinträchtigung der Versorgung der Versicherten *Trautmann*, NZS 2004, 238, 245 m.w.N. zur Rechtsprechung; *Engelmann*, ZMGR 2004, 1, 10 f.
28 BT-Drucks 16/2474 S. 16. Der Bundesrat hatte demgegenüber die Beibehaltung des Berufsrechtsvorbehalts aus kompetenzrechtlichen Erwägungen gefordert, BR-Drucks 06/353(B) S. 6 f.; krit. zur Gesetzgebungskompetenz des Bundes *Butzer*, NZS 2005, 344, 347; speziell zum Entwurf des VÄndG *Pestalozza*, GesR 2006, 389, 393.
29 BT-Drucks 16/2474 S. 16; hierzu *Fiedler/Fürstenberg*, NZS 2007, 184.
30 *Schallen*, 4. Aufl., § 33 Rn 1161.
31 Zur Dogmatik der Scheinsozietät ausführlich Kraus/Kunz/*Peres/Depping* § 9; Rieger/*Rieger*, „Gemeinschaftspraxis" Rn 35 f.; Rieger/*Weimer*, „Berufsausübungsgemeinschaft" Rn 62 f.
32 Vgl. LSG Bayern – L 12 KA 14/03 B, Juris (rechtskräftig nach Rücknahme der Nichtzulassungsbeschwerde).
33 BSG – B 6 KA 34/02 R, MedR 2004, 118, 121.
34 OLG München – 21 U 2982/05, MedR 2006, 172 m. substantiierter Anm. *U. Cramer*.
35 LSG NRW – L 11 KA 30/06, Juris; *Spoerr/Fenner*, MedR 2002, 109 f.
36 *Engelmann*, ZMGR 2004, 1, 13; *Gummert/Meier*, MedR 2007, 1, 10.

g) Rechtsnatur der Gemeinschaftspraxis

31 Mit seinem Grundsatzurteil vom 29.1.2001[37] hat der BGH entschieden, dass die im Rechtsverkehr als Außengesellschaft auftretende GbR selbst Trägerin von eigenen Rechten und Pflichten sein kann.[38] Es unterliegt keinem Zweifel, dass die in der Rechtsform der GbR betriebene Gemeinschaftspraxis eine Außengesellschaft ist und die vom Bundesgerichtshof aufgestellten Kriterien erfüllt und ihr demgemäß Rechtsfähigkeit zukommt. Dies hat zur Folge, dass die Gemeinschaftspraxis gesetzliche und vertragliche Rechte und Pflichten erwerben kann.

32 Von besonderer Bedeutung ist insofern, dass der Behandlungsvertrag nicht mit dem einzelnen Arzt, sondern mit der Gemeinschaftspraxis zustande kommt.[39] Eine Ausnahme von diesem Grundsatz wird allenfalls dann vorliegen, wenn ein Patient definitiv erklärt, ausschließlich von einem bestimmten Arzt behandelt werden zu wollen.[40]

33 Die Grundbuchfähigkeit einer GbR ist allerdings nach wie vor ungeklärt, da die fehlende Eintragung der Gesellschaft in ein Register als unüberwindbares Problem hinsichtlich der Feststellung der Identität der Gesellschafter und der Vertretungsbefugnis angesehen wird.[41]

34 Konsequenz der Rechtsfähigkeit der Gemeinschaftspraxis ist weiterhin, dass sie aktiv und passiv prozessfähig ist (§ 50 ZPO).[42] Die Gemeinschaftspraxis kann – auch im Sozialrecht[43] – als Gesellschaft klagen und verklagt werden, obwohl sie über keine eigene Vertragsarztzulassung verfügt. Dies gilt auch nach dem Ende der Gemeinschaftspraxis.[44] Im Verhältnis zur KV ist die genehmigte Gemeinschaftspraxis Adressat von Verwaltungsakten, z.B. den Honorarbescheiden. Im Falle des Passivprozesses kann sich die Klage bei Zahlungsverpflichtungen sowohl gegen die Gesellschaft als auch gegen deren akzessorisch haftende Gesellschafter richten.[45]

35 In vertragsarztrechtlicher Hinsicht wird die Gemeinschaftspraxis – selbst nach Beendigung der Auseinandersetzung/Liquidation – als fortbestehend angesehen, solange sie noch Pflichten aus ihrem Status zu erfüllen hat oder ihr hieraus noch Rechte zustehen.[46]

---

37 II ZR 331/00 – BGHZ 146, 341; zur Entstehungsgeschichte und zur Entwicklung der Diskussion um die Rechtsfähigkeit der GbR vgl. Gummert/Riegger/Weipert/*Gummert*, § 17 Rn 3 f.
38 Zu den Ausnahmen Gummert/Riegger/Weipert/*Gummert*, § 17 Rn 47 f.
39 Ausführlich Rieger/*Rieger*, „Gemeinschaftspraxis" Rn 13.
40 Vgl. zu diesem Aspekt auch *Schirmer*, S. 273.
41 Zuletzt OLG Celle – 4 W 47/06, NJW 2006, 2194; vgl. aber auch BGH – II ZR 218/05, NJW 2006, 3716, wonach die Gesellschaft Eigentümerin eines Grundstücks ist, wenn sämtliche Gesellschafter mit dem Zusatz „als Gesellschafter bürgerlichen Rechts" im Grundbuch eingetragen sind.
42 Zur Prozessführungsbefugnis ausführlich Gummert/Riegger/Weipert/*Gummert*, § 19 Rn 21 f.; BGH – V ZB 158/05, DB 2006, 2114: Der Vollstreckungstitel, aufgrund dessen die Zwangsvollstreckung in das Vermögen einer Gesellschaft bürgerlichen Rechts erfolgen soll, muss an ihren Geschäftsführer oder, wenn ein solcher nicht bestellt ist, an einen ihrer Gesellschafter zugestellt werden. Die GbR ist auch dann Klägerin, wenn ihre Gesellschafter eine gemeinsam erworbene Gesamthandsforderung geltend machen, auch wenn die einzelnen Gesellschafter als Kläger aufgeführt sind; vgl. auch OLG Naumburg – 6 U 74/06, ZIP 2007, 1135 (LS).
43 Das BSG – B 6 KA 19/04 R – SGb 2006, 370 – hat im Hinblick auf die Rechtsprechung des BGH zur Partei- bzw. Beteiligtenfähigkeit klargestellt, dass die Gemeinschaftspraxis (und nicht die ihr angehörenden Ärzte) als Klägerin im Rubrum zu führen ist; ferner *Engelmann*, in: FS 50 Jahre Bundessozialgericht, S. 429, 433.
44 BSG – B 6 KA 6/06 R, SGb 2007, 222.
45 Gummert/Riegger/Weipert/*Gummert*, § 19 Rn 25.
46 B 6 KA 6/06 R, SGb 2007, 222.

2. Entstehung

a) Abschluss eines Gesellschaftsvertrages

Die BGB-Gesellschaft entsteht durch schuldrechtlichen Vertrag. Auf ihn sind –mit gewissen Modifizierungen – die §§ 145 f. BGB anzuwenden.[47] Der Gesellschaftsvertrag wird wirksam mit Zustandekommen des Vertrages oder zu dem im Vertrag bestimmten Zeitpunkt.[48] Die Wirksamkeit kann mit dem Eintritt einer – aufschiebenden oder auflösenden – Bedingung oder einer Zeitbestimmung verknüpft werden.[49] Da die vertragsärztlich tätige Gemeinschaftspraxis der Genehmigung durch den Zulassungsausschuss bedarf (§ 33 Abs. 2 S. 2 Ärzte-ZV), wird der Zeitpunkt des Entstehung der Gesellschaft regelmäßig von der Genehmigung der Gemeinschaftspraxis oder sogar vom Eintritt der Bestandskraft des Genehmigungsbescheides abhängig gemacht. 36

Vor Abschluss des Gesellschaftsvertrages müssen die Gesellschafter sich wechselseitig auf Umstände hinweisen, die wesentlichen Einfluss auf die zukünftige Zusammenarbeit haben – wie z.B. eine zu erwartende vorzeitige Berufsunfähigkeit.[50] 37

Die Anfechtung abgegebener Willenserklärungen richtet sich nach den allgemeinen Vorschriften. Ein vertraglicher Ausschluss der Anfechtung wegen arglistiger Täuschung ist unwirksam, wenn die Täuschung von dem Vertragspartner selbst oder von einer Person verübt worden ist, die nicht Dritter i.S.d. § 123 Abs. 2 BGB ist.[51] 38

Die Gesellschaft kann im Außenverhältnis nicht rückwirkend gegründet werden. Die Gesellschafter können den Zeitpunkt der Entstehung im Innenverhältnis vor- oder zurückverlegen. Sie sind dann verpflichtet, sich im Innenverhältnis so zu stellen, als sei die Gesellschaft zu dem im Innenverhältnis vereinbarten Zeitpunkt entstanden.[52] 39

b) Formerfordernisse

Bestimmte Formerfordernisse sind beim Abschluss des Gesellschaftsvertrages regelmäßig nicht zu beachten, insbesondere ist keine Schriftform einzuhalten.[53] Allerdings versteht es sich von selbst, dass gerade bei komplizierteren Gesellschaftsverhältnissen ein schriftlicher, möglichst professionell begleiteter Vertrag unabdingbar ist.[54] Eine Registerpflichtigkeit existiert bei der GbR nicht. Gemäß § 24 MBO-Ä sollen die Verträge der Ärztekammer vorgelegt werden, damit diese prüfen kann, ob die beruflichen Belange gewahrt sind. In einzelnen Landesärztekammern besteht bereits seit längerem eine Vorlagepflicht (z.B. § 24 BO Niedersachsen). Nach Änderung des § 18 MBO-Ä durch den Vorstand der Bundesärztekammer[55] und Einführung einer Vorlagepflicht ist mit einer entsprechenden Ergänzung der einzelnen Kammer-Satzungen zu rechnen. Ein Verstoß gegen die Vorlagepflicht ist zivilrechtlich unerheblich, kann jedoch berufsrechtliche Konsequenzen nach sich ziehen. 40

---

47 *Ulmer*, BGB, § 705 Rn 20.
48 Gummert/Riegger/Weipert/*Happ*, § 5 Rn 7.
49 *Ulmer*, BGB, § 705 Rn 31.
50 OLG Frankfurt a.M. – 2 U 208/03, NJW-RR 2005, 1437.
51 BGH – VIII ZR 37/06, NJW 2007, 1058 für den Fall der Anfechtung des Erwerbs eines Gesellschaftsanteils.
52 Gummert/Riegger/Weipert/*Happ*, § 5 Rn 8; *Ulmer*, BGB, § 705 Rn 7; *K. Schmidt*, S. 1737.
53 OLG Oldenburg – 9 U 43/04, MedR 2005, 355 m. Anm. *Dahm*.
54 So auch die *Bundesärztekammer*, DÄBl. 2006, A-801, 802 f.
55 Beschl. v. 24.11.2006, DÄBl. 2007, A-1613.

41 Verpflichtet sich ein Gesellschafter im Gesellschaftsvertrag gegenüber der Gesellschaft zur Veräußerung oder zum Erwerb eines Grundstücks, ergibt sich die notarielle Beurkundungspflicht auch des Gesellschaftsvertrages aus § 311b Abs. 1 BGB.[56] Gleiches gilt bei einem Schenkungsversprechen auf unentgeltliche Beteiligung eines Gesellschafters (§ 518 BGB). Auch wenn ein aufzunehmender Gesellschafter keine unmittelbare finanzielle Gegenleistung für die Übertragung eines Gesellschaftsanteils zu leisten hat, liegt in der Praxis regelmäßig keine Schenkung vor, da der Aufzunehmende häufig auf Gewinnanteile verzichtet oder aufgrund seiner ärztlichen Tätigkeit eine Beteiligung am ideellen Wert aufbaut.

42 Praxisrelevant sein kann das aus § 15 Abs. 4 S. 1 GmbHG resultierende notarielle Formerfordernis bei Betriebsgesellschaften. Im Falle des § 15 Abs. 4 S. 1 GmbHG führt ein Formmangel nicht zur Nichtigkeit von solchen Teilen der Vereinbarung, die für sich allein nicht formbedürftig gewesen wären und von denen anzunehmen ist, dass sie auch ohne die Verpflichtung zur Abtretung des Geschäftsanteils abgeschlossen worden wären.[57]

43 Die Bundesärztekammer erwähnt in ihren Hinweisen zur Vertragsgestaltung bei Kooperationen zu Recht, dass die schriftliche Fixierung des Willens der gemeinsamen Berufsausübung nicht allein über die Rechtmäßigkeit des Zusammenschlusses entscheidet. Maßgeblich ist stets die praktische Handhabung.[58] Insofern ist es anerkannt, dass Gesellschaftsverträge auch durch eine abweichende Handhabung geändert werden können, sofern sich aus den Umständen ergibt, dass die Gesellschafter einvernehmlich und dauerhaft von den Vorgaben im Gesellschaftsvertrag abgewichen sind. Der konkludent praktizierten Vertragsänderung steht im Übrigen die Schriftformklausel nicht entgegen![59]

c) Schriftformerfordernis im Vertragsarztrecht

44 Im Vertragsarztrecht sind die formalen Anforderungen strenger. § 33 Abs. 3 S. 1 Ärzte-ZV bestimmt, dass die gemeinsame vertragsärztliche Tätigkeit der vorherigen Genehmigung durch den Zulassungsausschuss bedarf. Seit der grundlegenden Entscheidung des BSG vom 16.7.2003[60] kann eine Gemeinschaftspraxis nur auf der Grundlage eines schriftlichen Vertrages genehmigt werden.

45 Auch wenn eine ungeschriebene Verpflichtung zur Vorlage des Gesellschaftsvertrages besteht, haben die Zulassungsgremien keine umfassende zivilrechtliche Prüfungskompetenz hinsichtlich der gesellschaftsrechtlichen Binnenstruktur (z.B. zur Wirksamkeit von Kündigungsbestimmungen oder Wettbewerbsabreden).[61] Hiergegen wird in der Zulassungspraxis massiv verstoßen. Zeitdruck und – teilweise – mangelnde Konfliktbereitschaft der Ärzte sind die Ursache für fehlende korrigierende gerichtliche Entscheidungen. Die Mitglieder der Zulassungsgremien können sich – was ihnen oftmals

---

56 *Ulmer*, BGB, § 705 Rn 33 f.
57 BGH – II ZR 155/85, NJW 1986, 2642.
58 DÄBl. 2006, A-801, 804.
59 *Ulmer*, BGB, § 705 Rn 49 f.; Kraus/Kunz/*Peres*, § 3 Rn 12.
60 BSG – B 6 KA 34/02 R, MedR 2004, 118, 121; zu den Auswirkungen bei Nichteinhaltung des Schriftformerfordernisses vgl. OLG Oldenburg – 9 U 43/04, MedR 2005, 355.
61 *Schirmer*, S. 273.

nicht bewusst sein dürfte – Amtshaftungsansprüchen aussetzen.[62] Aus der beschränkten Prüfungskompetenz der Zulassungsgremien folgt andererseits, dass Vertragsteile oder -passagen, die für die Beurteilung des Gesellschafterstatus unerheblich sind, geschwärzt werden dürfen. So besteht z.B. keine Verpflichtung zur Offenlegung der erwirtschafteten Einnahmen und der hierauf basierenden Ermittlung des Praxiswerts. In diesem Zusammenhang ist zu bedenken, dass Mitbewerber nach dem Urteil des 10. Senats des LSG Nordrhein-Westfalen[63] vom 30.11.2005 im Nachbesetzungsverfahren – ohne einer besonderen Verschwiegenheitsverpflichtung zu unterliegen – ein umfassendes Akteneinsichtsrecht (§ 25 Abs. 1 SGB X) haben und auf diesem Wege von dem Vertragsinhalt Kenntnis erlangen können.

3. Gründungskonstellation

Im Zusammenhang mit der rechtlichen/steuerlichen Beratung ärztlicher Gemeinschaftspraxen sind – mit unterschiedlichen Varianten – folgende Fallgestaltungen von Bedeutung: 46

a) „Eintritt" in eine Einzelpraxis

Nicht selten ist Grundlage der Kooperation die Tatsache, dass ein Arzt bereits eine Praxis betreibt und gemeinsam mit einem Kollegen beschließt, die ärztliche Tätigkeit zukünftig gemeinschaftlich auszuüben. Regelmäßig erfolgt die Gründung einer Gemeinschaftspraxis, in welche der „Seniorgesellschafter" die bisherige Praxis mit ihren materiellen und immateriellen Werten einbringt. Ob der „Juniorgesellschafter" sich „einkauft" oder zunächst keine Beteiligung am materiellen und immateriellen Vermögen erwirbt, bleibt bei Einhaltung des Gestaltungsrahmens der individuellen Entscheidung der Beteiligten vorbehalten. 47

Ein derartiges Modell erfährt in der Praxis großen Zuspruch im Rahmen einer sog. Übergangsgemeinschaftspraxis, bei der die Dauer der Zusammenarbeit zeitlich befristet ist und zugleich vereinbart wird, dass der „Juniorgesellschafter" nach dem Ausscheiden des „Seniorgesellschafters" die Praxis allein oder mit einem anderen Arzt fortführt. Da die Bedingungen des Ausstiegs bereits zu einem frühen Zeitpunkt festgelegt werden und das ordentliche Kündigungsrecht für den „Juniorgesellschafter" ausgeschlossen wird, ergibt sich für den „Seniorgesellschafter" im Hinblick auf seine berufliche Zukunft und die Verwertungsmöglichkeit der Praxis eine recht große Planungssicherheit. 48

b) Zusammenschluss mehrerer Praxen

Die Zulässigkeit der Bildung standort- und ortsübergreifender Berufsausübungsgemeinschaften führt häufig zur Gründung einer **neuen Gesellschaft**. In diese werden die bisher selbständig geführten Praxen eingebracht. Die Beteiligungsverhältnisse an der Gemeinschaftspraxis bilden häufig den Wert der bisherigen Praxen ab. 49

---

62 Jedenfalls bei einstimmigen Entscheidungen haftet trotz der Weisungsfreiheit des jeweiligen Amtsträgers die Körperschaft, die dem Amtsträger die Aufgabe, bei deren Wahrnehmung die Amtspflichten verletzt wurden, übertragen hat, BGH – III ZR 35/05 – NJW-RR 2006, 966.
63 L 10 KA 29/05 – GesR 2006, 456; kritisch zu Recht Rieger/*Weimer*, „Berufsausübungsgemeinschaft" Rn 163.

50 Großer Beliebtheit erfreut sich dieses Vorgehen ferner bei Ärzten, die vor der Abgabe ihrer Praxis stehen. Häufig sind andere Praxen in besonderem Maße an der Zulassung des zukünftigen Praxisabgebers interessiert. Durch Bildung einer ortsverschiedenen Gemeinschaftspraxis werden die aus § 103 Abs. 6 SGB V resultierenden Vorteile der Einflussnahme der Mitgesellschafter auf die Auswahlentscheidung des Zulassungsausschusses und die Möglichkeit des Betriebs eines weiteren Standorts genutzt.

c) Beitritt zu einer bestehenden Gemeinschaftspraxis

51 Praxisrelevant sind ferner Konstellationen, dass ein Arzt oder eine Gruppe von Ärzten einer bestehenden Gemeinschaftspraxis beitreten. Durch den Beitritt eines weiteren Gesellschafters ändert sich die Identität der Gesellschaft nicht. Da die Außen-GbR Vertragspartnerin ist, bedarf es insofern keiner Änderung der mit Dritten abgeschlossenen Verträge.

4. Gesellschafter

52 Ein Gesellschaftsverhältnis setzt die Beteiligung von mindestens zwei Gesellschaftern voraus. Die Einpersonengesellschaft hat im Personengesellschaftsrecht keine Anerkennung gefunden. Scheidet ein Gesellschafter ohne Nachfolge aus einer Zwei-Personen-Gemeinschaftspraxis aus und findet keine Liquidation statt, wird die Praxis als Einzelpraxis fortgeführt.

53 Fraglich ist, welche subjektiven Voraussetzungen für die Innehabung der Gesellschafterstellung erfüllt sein müssen. § 18 Abs. 1 MBO-Ä bestimmt, dass Ärztinnen und Ärzte sich zu Berufsausübungsgemeinschaften zusammenschließen dürfen. Berufsrechtlich ist die Berufsausübungsgemeinschaft mithin approbierten natürlichen Personen vorbehalten. Dem Begriff Berufsausübungsgemeinschaft ist immanent, dass der Gesellschaftszweck in der gemeinsamen – ärztlichen – Berufsausübung besteht. Die Förderung des Gesellschaftszwecks ausschließlich durch sonstige Beiträge genügt nicht. Nichtberufsträger können zur Erfüllung des Zwecks nichts beitragen. In welchem – auch zeitlichen – Umfang Gesellschafter in der Gesellschaft mindestens tätig sein müssen, ist ungeklärt. Gleiches gilt für die Frage, ob ein Gesellschafter mit Eintritt der Berufsunfähigkeit automatisch die Eignung als Gesellschafter verliert.[64] Ärztegesellschaften gemäß § 23a MBO-Ä sind ebenso wenig taugliche Gesellschafter wie MVZ-GmbHs.

54 § 23a MBO-Ä untersagt die Beteiligung Dritter am Gewinn der als juristischen Person tätigen Ärzte-Gesellschaft. Eine entsprechende Bestimmung fehlt für die Einzelpraxis und die Berufsausübungsgemeinschaft. Hieraus wird gefolgert, dass die Beteiligung von Dritten an Arztpraxen, die nicht in der Form einer juristischen Person geführt werden, bei Beachtung des Postulats der beruflichen Unabhängigkeit grundsätzlich[65] oder zumindest bei Berufsträgern zulässig sei.[66] Vor dem Hintergrund, dass § 33 Abs. 2 Ärzte-ZV die Bildung einer Berufsausübungsgemeinschaft zwischen einer von Nichtärzten betriebenen MVZ-GmbH und einem Vertragsarzt oder mehreren Vertragsärzten zulässt, wird in der Diskussion um die zulässige Grenze von Beteiligungsmodellen ein neues Kapitel aufgeschlagen.

---

64 Für die Partnerschaftsgesellschaft wird dies verneint u.a. von *Ulmer*, PartGG, § 1 Rn 13 f.
65 *Reiter*, GesR 2005, 6, 11.
66 *Gummert/Meier*, MedR 2007, 75, 85; ablehnend Rieger/*Rieger*, „Gemeinschaftspraxis" Rn 9 m.w.N.; *Burghardt/Dahm*, MedR 1999, 485, 490.

5. Gesellschaftszweck, Förderpflicht

a) Zweck

Von konstitutiver Bedeutung für jede Gemeinschaftspraxis ist § 705 BGB: 55

„Durch den Gesellschaftsvertrag verpflichten sich die Gesellschafter gegenseitig, die Erreichung eines gemeinsamen Zweckes in der durch den Vertrag bestimmten Weise zu fördern, insbesondere die vereinbarten Beiträge zu leisten."

Die Gesellschafter legen als Vertragspartner die gemeinsam zu verfolgenden Interessen fest und verpflichten sich, ein bestimmtes Ziel zu erreichen.[67] Der Gesellschaftszweck ist auch das entscheidende Abgrenzungsmerkmal der Berufsausübungsgemeinschaft zur Organisationsgemeinschaft.[68] 56

Zweck einer Berufsausübungsgemeinschaft ist naturgemäß, dass deren Gesellschafter sich verpflichten, durch ihre Tätigkeit den auf gemeinsame Berufsausübung ausgerichteten Gesellschaftszweck zu unterstützen. Die Bundesärztekammer hat im März 2006 Hinweise und Erläuterungen zu Niederlassungen und für berufliche Kooperationen[69] veröffentlicht. Unter der Rubrik „Kriterien der gemeinsamen Berufsausübung" findet sich als erster Punkt der Hinweis, dass die Gesellschafter den Willen zur gemeinsamen Berufungsausübung in einer auf Dauer angelegten systematischen Kooperation haben müssen. Es wird als unzureichend angesehen, lediglich Ressourcen gemeinsam zu nutzen. Von einer gemeinsamen Berufsausübung könne ebenfalls nicht gesprochen werden, wenn sich die Zusammenarbeit z.B. auf die Bildung von Qualitätszirkeln zu Fortbildungszwecken, einen gemeinsamen Vertretungs- oder Notdienstplan oder reine Managementtätigkeit beschränkt. Auch ein reines Gewinnpooling genüge nicht den Anforderungen, die an eine gemeinsame Tätigkeit zu stellen seien. 57

b) Förderpflicht

Die Förderungspflicht des Gesellschafters ist ein weiteres zentrales Merkmal der BGB-Gesellschaft.[70] Insofern kommen alle Arten von Handlungen in Betracht.[71] 58

Berufsrechtlich ist es zulässig, an mehreren Stellen (§ 17 Abs. 2 MBO-Ä) ärztlich tätig zu sein und mehreren Berufsausübungsgemeinschaften (§ 18 Abs. 3 MBO-Ä) anzugehören. Gerade hoch spezialisierte Ärzte werden zukünftig immer häufiger den Wunsch äußern, Leistungen außerhalb der „Stammpraxis" erbringen zu können. Vor diesem Hintergrund empfiehlt sich eine Klarstellung im Gesellschaftsvertrag, ob die Gesellschafter der Gesellschaft ihre gesamte Arbeitskraft schulden und welche Tätigkeiten zulässigerweise anderweitig – z.B. allein auf eigene Rechnung oder in einer anderen Berufsausübungsgemeinschaft oder als angestellter Krankenhausarzt[72] – ausgeübt werden dürfen.[73] 59

---

67 *Ulmer*, BGB, § 705 Rn 142.
68 Zutreffend *Cramer*, MedR 2004, 552
69 DÄBl. 2006, A-801.
70 *Ulmer*, BGB, § 705 Rn 142.
71 *Ulmer*, BGB, § 705 Rn 154.
72 Zur Änderung des § 20 Abs. 2 Ärzte-ZV *Wigge/Harney*, Mitteilungen der Deutschen Röntgengesellschaft 2006, 1267.
73 Halbe/Schirmer/*Halbe/Rothfuß*, A 1100 Rn 142; *Ratzel/Möller/Michels*, MedR 2006, 377, 383.

60 Enthält der Gesellschaftsvertrag keine Regelungen, ist aus der gesellschaftsrechtlichen Treuepflicht abzuleiten, dass **während der Zugehörigkeit** zur Gemeinschaftspraxis deren Interessen nicht durch eine konkurrierende Tätigkeit beeinträchtigt werden dürfen.[74]

c) Einlagen, Beiträge

61 Die Begriffe Einlagen und Beiträge sind nicht klar voneinander abgegrenzt. Von Einlagen sollte man nur dann sprechen, wenn Beiträge in das Gesellschaftsvermögen übergehen und bei der Gesellschaft aktivierbar sind.[75] Den Gesellschaftern steht es frei, gesellschaftsvertraglich festzulegen, welche Art von Vermögenswerten als Beitrag geschuldet wird. Die Beiträge sind von den Gesellschaftern grundsätzlich mit Wirksamwerden des Gesellschaftsvertrages zu leisten (§ 271 Abs. 1 BGB). Die wesentlichen Beiträge bei Berufsausübungsgemeinschaften sind:

aa) Sacheinlagen

62 Insbesondere in den Fällen, in denen eine neue Gesellschaft gegründet wird, sei es, dass ein Arzt in eine Einzelpraxis eintritt oder aber mehrere Praxen auf eine neue Gesellschaft übertragen werden, wird die Erbringung von Sacheinlagen vereinbart. Es sind folgende Konstellationen zu unterscheiden:

(1) Übertragung zu Eigentum

63 Der Normalfall ist die Übertragung der Gegenstände nach Maßgabe der allgemeinen sachenrechtlichen Grundsätze zum Eigentum der Gesellschaft (quoad dominium).[76] Übertragen wird das Eigentum an die Gesamthand. Die Einbringung kann im Gesellschaftsvertrag oder aber in einem separaten Einbringungsvertrag geregelt werden. Da auch nach der Schuldrechtsreform Uneinigkeit über die Rechtsfolgen von Leistungsstörungen besteht,[77] sollten Störungen bei der Abwicklung vertraglich geregelt werden. Das sachenrechtliche Bestimmtheitsgebot ist zu beachten. Gegenstand der Einbringung kann neben den materiellen Werten auch der Goodwill einer Praxis sein.[78] Meist übersteigt der Wert des Goodwill den des materiellen Vermögens.

64 Bei der Einbringung ist größte Vorsicht geboten, wenn auf zu steuerlichen Zwecken gefertigte Verzeichnisse verwiesen wird. Nicht selten finden sich dort Gegenstände (z.B. PKW, Kunstobjekte), die nicht Gegenstand der Einbringung sein sollen. Weiterhin ist es unabdingbar zu regeln, ob Forderungen und Verbindlichkeiten (besonders wichtig für Verpflichtungen gegenüber der Kassenärztlichen Vereinigung und den Prüfgremien!!) ebenfalls eingebracht werden. Regelmäßig sollen bis zum Zeitpunkt der Einbringung erwirtschaftete ärztliche Honorare dem einbringenden Arzt zustehen, der die bis zu diesem Zeitpunkt entstandenen Verbindlichkeiten zu tragen hat. Bei Leistungen, die vor dem Einbringungszeitpunkt erbracht wurden, jedoch auch die Zeit nach der Einbringung erfassen, ist eine zeitanteilige Aufteilung vorzunehmen.[79]

---

[74] *Ulmer*, BGB, § 705 Rn 226, 235; Kraus/Kunz/*Schmid*, § 8 Rn 86.
[75] Gummert/Riegger/Weipert/*v. Falkenhausen/C. Schneider*, § 60 Rn 2.
[76] *Ulmer*, BGB, § 706 Rn 11.
[77] *Ulmer*, BGB, § 706 Rn 11.
[78] Gummert/Riegger/Weipert/*v. Falkenhausen/C. Schneider*, § 60 Rn 21.
[79] Vgl. Halbe/Schirmer/*Halbe/Rothfuß*, A 1100 Rn 69.

(2) Sacheinlage dem Werte nach

Theoretisch in Betracht kommt eine Sacheinlage dem Werte nach (quoad sortem).[80] Diese Konstellation ist bei Arztpraxen jedoch von untergeordneter Bedeutung.

65

(3) Einbringung zur Gebrauchsüberlassung

Praxisrelevant ist die Einbringung zur Gebrauchsüberlassung (quoad usum).[81] Bei dieser Variante gehen der einzelne Gegenstand oder die Sachgesamtheit (Praxis) nicht in das Vermögen der Gesellschaft über. Überlassen wird nur das Nutzungsrecht. Die Überlassung hat mietähnlichen Charakter, obwohl der Rechtsgrund für die Überlassung gesellschaftsrechtlicher Natur ist. Demgemäß hat der überlassende Gesellschafter keinen Anspruch auf Mietzahlung. Tunlichst wird ein solcher zwecks Vermeidung von Mehrwertsteuern auch nicht ausgewiesen. Die Überlassung ist vielmehr mit dem Gewinnanteil abgegolten. Gesellschaftsvertraglich ist zu bestimmen, wer die Unterhaltungskosten (Wartung, Reparaturen, Versicherung etc.) zu tragen hat. Auch die eventuelle Verpflichtung zur Tätigung von Ersatzbeschaffungen sollte vertraglich konkretisiert werden. Im Falle seines Ausscheidens aus der Gesellschaft kann der Eigentümer die Rückgabe der Sache verlangen.[82] Eine Kündigung der Überlassung während der Dauer der Mitgliedschaft des Eigentümers in der Gesellschaft wird regelmäßig zu verneinen sein, sofern vertraglich nichts anderes bestimmt ist. Eine vertragliche Klarstellung empfiehlt sich gleichwohl.

66

In ärztlichen Kooperationsverträgen erfreut sich die Gebrauchsüberlassung einer außerordentlich großen Beliebtheit.[83] In der Vertragssprache wird häufig die steuerrechtliche Terminologie übernommen, in dem der Begriff des **Sonderbetriebsvermögens** verwandt wird.[84] Die Ursache für die große Akzeptanz ist darin zu sehen, dass für einen Fall der Trennung Vorsorge getroffen werden kann. Häufig behält sich der Seniorpartner das Recht vor, den Mietvertrag im eigenen Namen zugunsten der Gemeinschaftspraxis fortzuführen. Bei Fallgestaltungen, in denen ein Sonderkündigungsrecht z.B. wegen Überschreiten der zulässigen Erprobungsdauer unzulässig wäre, führt die Kündigung des Seniorpartners dazu, dass die Gesellschaft beendet und der kündigende Gesellschafter weiterhin über die Ressourcen der Praxis verfügen kann. Faktisch handelt es sich hierbei um eine Hinauskündigung!

67

Ein weiterer Grund, diese Gestaltung zu wählen, liegt darin, dass viele Zulassungsgremien eine Vermögensbeteiligung sämtlicher Gesellschafter verlangen. Diese wird dann auf zukünftige Anschaffungen beschränkt, so dass den Anforderungen der Zulassungsgremien formal Folge geleistet wird.

68

Auch wenn sich derartige Regelungen auf den Goodwill beziehen, fällt es insbesondere bei langjähriger Dauer der Gebrauchsüberlassung schwer nachzuvollziehen, dass der Goodwill der Praxis sich ausschließlich im Sonderbetriebsvermögen eines Gesellschafters befindet. Regelmäßig wird die Mitarbeit des oder der anderen Gesellschafter dazu führen, dass die Existenz z.B. der ehemaligen Einzelpraxis aus dem Bewusstsein der Patienten schwindet und durch das Ansehen der neuen Gruppierung ersetzt wird. Vor

69

---

80 *Ulmer*, BGB, § 706 Rn 12.
81 *Ulmer*, BGB, § 706 Rn 13.
82 *Ulmer*, BGB, § 706 Rn 13.
83 Halbe/Schirmer/*Halbe/Rothfuß*, A 1100 Rn 67.
84 Hierzu Kraus/Kunz/*Mäder/Senft*, § 24 Rn 41; Gummert/Riegger/Weipert/*Schmidt*, § 24 Rn 40.

diesem Hintergrund ist es durchaus nachvollziehbar, dass die Bundesärztekammer in ihren Hinweisen und Erläuterungen zu Niederlassungen und beruflichen Kooperationen[85] hervorhebt, dass grundsätzlich eine Beteiligung sämtlicher Gesellschafter am immateriellen Wert und weniger am materiellen Wert der Berufsausübungsgemeinschaft zu verlangen sei. Die Goodwillbeteiligung des eintretenden Gesellschafters sollte sich zumindest auf den zusätzlich geschaffenen Goodwill beziehen.

bb) Geldeinlagen

70 Bei der entgeltlichen Aufnahme eines Gesellschafters in eine bestehende Gemeinschaftspraxis gegen Abtretung von Gesellschaftsanteilen ist zu regeln, ob der Aufzunehmende in das Gesellschaftsvermögen oder das Privatvermögen des den Gesellschaftsanteil abtretenden Altgesellschafters leistet. Bei Leistung in das Gesellschaftsvermögen findet auf den Vorgang § 24 UmwStG Anwendung.[86]

cc) Dienstleistungen

71 Aus § 706 Abs. 3 BGB ergibt sich, dass die Förderungspflicht auch durch die Erbringung von Dienstleitungen erfüllt werden kann. Die Einbringung der Arbeitsleistung der Gesellschafter ist für den Erfolg einer ärztlichen Gemeinschaftspraxen von zentraler Bedeutung. Daneben kann als Dienstleistung z.B. die Übernahme von Geschäftsaufgaben treten.

6. Sitz

72 Das BGB enthält – anders als z.B. § 106 Abs. 2 Nr. 2 HGB für die OHG – keine Regelungen zum Sitz der Gesellschaft. Als Sitz der Gemeinschaftspraxis werden gesellschaftsvertraglich im Normalfall die Räume der Gemeinschaftspraxis bestimmt. Diese sind identisch mit dem Ort der Niederlassung (§ 17 Abs. 1 MBO-Ä). Oftmals nimmt der Gesellschaftsvertrag Bezug auf den Sitz der Gemeinschaftspraxis, etwa als dem für die Abhaltung von Gesellschaftsversammlungen maßgeblichen Ort. Wichtig ist die Frage des Sitzes ferner für die Konkretisierung des Gerichtsstandes. § 17 Abs. 1 S. 1 ZPO sieht vor, dass juristische Personen diesen an ihrem Sitz haben. Auch wenn die GbR keine juristische Person ist, wird sie entsprechend behandelt.[87]

73 Für die vertragsarztrechtlich tätige Gemeinschaftspraxis ist § 24 Abs. 1 Ärzte-ZV von Bedeutung. Hiernach erfolgt die Zulassung des Vertragsarztes für den Ort der Niederlassung als Arzt (Vertragsarztsitz).[88] §§ 1a Nr. 16 BMV-Ä/EKV-Ä haben diese Definition übernommen. Unter dem Vertragsarztsitz ist die konkrete Praxisanschrift zu verstehen, so dass selbst der nur wenige Meter betragende Umzug der vorherigen Genehmigung des Zulassungsausschusses bedarf.[89]

74 Zwischenzeitlich ist die überörtliche Berufsausübungsgemeinschaft sowohl berufsrechtlich (§ 18 Abs. 3 S. 2 MBO-Ä) als auch vertragsarztrechtlich (§ 33 Abs. 3 S. 3, 4

---

85 DÄBl. 2006, A-801.
86 Gummert/Riegger/Weipert/*Fabian*, § 77 Rn 96.
87 OLG Köln – 5 W 54/03, NJW 2004, 862.
88 Zum Begriff der Niederlassung vgl. *Schiller*, NZS 1999, 103.
89 Dezidiert BSG – B 6 KA 7/05 R, SozR 4-5520 § 24 Nr. 2 = GesR 2006, 455; *Schallen*, 5. Aufl., § 24 Rn 609 f.

Ärzte-ZV) anerkannt. Hat die Berufsausübungsgemeinschaft Mitglieder in mehreren Kassenärztlichen Vereinigungen, so hat sie den Vertragsarztsitz zu wählen, der maßgeblich ist für die Genehmigungsentscheidung sowie für die auf die gesamte Leistungserbringung anzuwendenden ortsgebundenen Regelungen. Die Wahl hat jeweils mindestens für einen Zeitraum von zwei Jahren unwiderruflich zu erfolgen.[90] Regelmäßig – aber nicht notwendigerweise – wird es sich bei dem zulassungsrelevanten Wahlsitz um den Gesellschaftssitz handeln.

Klagen gegen die Gesellschaft, z.B. auf Schadensersatz, sind am Sitz jeder Betriebsstätte zulässig. Dies ergibt sich zum einen aus § 21 Abs. 1 ZPO, wonach Klagen mit Bezug auf den Geschäftsbetrieb einer „Niederlassung" auch am Ort der Niederlassung zulässig sind.[91] Zum anderen kann der Kläger meist nicht wissen, welcher Ort als Hauptstelle der Berufsausübungsgemeinschaft festgelegt wurde. Schließlich ist es im Regelfall sachgerecht, die Klage so nah wie möglich am Ort des Geschehens zu verhandeln.

75

7. Firmierung, Außenauftritt

Die Vorgaben der MBO-Ä zum zulässigen Außenauftritt einer Arztpraxis – und damit auch zur Firmierung – sind nach wie vor asketisch.[92] Für jeden niedergelassenen Arzt besteht die Verpflichtung, seine Tätigkeit durch ein Praxisschild zu dokumentieren. Gemäß § 17 Abs. 4 MBO-Ä muss das Praxisschild den Namen, die (Fach-)Arztbezeichnung, die Sprechstundenzeiten sowie gegebenenfalls die Zugehörigkeit zu einer Berufsausübungsgemeinschaft angeben.

76

Praxisbezeichnungen mit dem Wortbestandteil „Zentrum" – z.B. Orthopädisches Behandlungszentrum[93] – oder die Ankündigung als „Institut"[94] wurden im ärztlichen Bereich lange Zeit wegen des Anscheins der damit verbundenen Größe und Bedeutung als unzulässig angesehen.[95] § 21 Abs. 5 MBO-Z verbietet es dem in Einzelpraxis oder Berufsausübungsgemeinschaft niedergelassen Zahnarzt, die Praxis als Institut, Akademie oder Zentrum zu bezeichnen oder eine sonstige auf ein gewerbliches Unternehmen hindeutende Bezeichnung zu verwenden. Diese restriktive Beurteilung wird sich vor dem Hintergrund der Rechtsprechung des BVerfG[96] nicht aufrecht erhalten lassen. Was die Bezeichnung „Zentrum" betrifft, ist zudem durch die Einführung Medizinischer Versorgungszentren gemäß § 95 Abs. 1 SGB V eine Aufweichung eingetreten, da zwei Fachgebiete und damit lediglich zwei Ärzte zur Errichtung genügen. Die Bewerbung einer Arztpraxis als Klinik setzt eine gewisse personelle und apparative Mindestvoraussetzung für die stationäre Betreuung sowie das Vorliegen einer Konzession nach § 30 Abs. 1 GewO voraus.[97]

77

---

90 Zur Wahlpflicht *Weimer*, GesR 2007, 204; allgemein zur überörtlichen Berufsausübungsgemeinschaft Rieger/*Rieger*, „Berufsausübungsgemeinschaft" Rn 41 f.
91 Diese Vorschrift ist auch auf freie Berufe anzuwenden, vgl. BGH – I ARZ 334/83 – BGHZ 88, 331, 336; Zöller/*Vollkommer*, § 21 Rn 2.
92 Vgl. aber auch die Hinweise und Erläuterungen der *Bundesärztekammer* vom 12.8.2003 zu den §§ 27 ff. MBO-Ä 2002 „Arzt – Werbung – Öffentlichkeit", DÄBl. 2004, A-292.
93 BG HeilB OLG München, Urt. v. 25.4.2001 – BF-Ä 1/2001, zitiert nach Dahm/Möller/Ratzel/*Ratzel*, Kap. VII Rn 46, Fn 45.
94 Vgl. LandesberufsG Ärzte Stuttgart – 1/1978 – HeilBGE A 1.14 Nr. 4.5.
95 Vgl. VG Düsseldorf – 3 K 6673/98, NRWE, für eine aus vier Gynäkologen bestehende Gemeinschaftspraxis; zu Recht kritisch zu dieser Entscheidung *Bahner*, S. 232.
96 1 BvR 2751/04 – NVwZ 2005, 683.
97 LG Düsseldorf – 12 O 366/04, AZR 2007, 84.

78 Zwischenzeitlich kann die Firmierung bei Beachtung wettbewerbsrechtlicher Vorgaben – insbesondere dem Alleinstellungsverbot – durchaus flexibel gestaltet werden. Denkbar sind die Einbeziehung einer Ortsangabe – z.B. „Gemeinschaftspraxis für Radiologie Stadt-Ortsteil"[98] –, eines Straßennamens – z.B. „Gemeinschaftspraxis Brunnenallee" – oder einer örtlichen Gegebenheit – z.B. „Gemeinschaftspraxis im Stadttor",[99] „Gemeinschaftspraxis für Kardiologie am Marienkrankenhaus". Erforderlich ist aber, dass – zusätzlich – die Namen der Berufsträger genannt werden, damit im Rechtsverkehr erkennbar ist, wer Vertragspartner wird.

79 Sofern bei der Bezeichnung § 17 Abs. 4 MBO-Ä Rechnung getragen wird und sämtliche Ärzte namentlich aufgeführt werden, müsste auch eine Bezeichnung zulässig sein wie „Dr. X und Kollegen – Fachärzte für ..." oder „Dr. X et al. – Fachärzte für ...".[100]

80 Allerdings gilt es zu bedenken, dass § 18a Abs. 1 S. 3 MBO-Ä die Fortführung des Namens eines nicht mehr berufstätigen ausgeschiedenen oder verstorbenen Partners für unzulässig erklärt. Eine namensbezogene Marke mit dauerhafter Wirkung kann so nicht gebildet werden. Das OVG Nordrhein-Westfalen hat mit Beschluss vom 29.8.2006[101] die Verfassungsmäßigkeit des Verbots bestätigt und die zuständige Ärztekammer zum Erlass einer auf Unterlassung gerichteten Ordnungsverfügung für berechtigt gehalten. In seiner Anmerkung zu der Entscheidung kommt *Rieger*[102] zu dem Ergebnis, dass das Verbot der Namensfortführung jedenfalls insoweit mit Art. 12 Abs. 1 S. 1 GG nicht vereinbar sei, als auch großen Einsendepraxen die Namensfortführung eines ausgeschiedenen Gesellschafters untersagt sei. Da eine verfassungskonforme Auslegung angesichts des Wortlauts der Norm nicht in Betracht komme, sei das Verbot insgesamt nichtig. Fraglich ist, ob – neben einer sachlichen Bezeichnung – auch ein Fantasiename oder eine Kurzbezeichnung als Unterscheidungsmerkmal geführt werden darf. Für den anwaltlichen Bereich ist dies inzwischen unstreitig.[103] Auch im ärztlichen Bereich sind keine zwingenden Gründe gegen ein Verbot von Zusatzbezeichnungen erkennbar, sofern die Unterscheidbarkeit und Erkennbarkeit der in ihr tätigen Ärzte gewährleistet ist.[104] Das OLG Düsseldorf hatte,[105] bezogen auf eine zahnärztliche Praxisgemeinschaft, keine berufs- und wettbewerbsrechtlichen Bedenken gegen die Verwendung des Wortzeichens „die + Zahnärzte".

---

98 Es darf keine Verwechslungsgefahr mit anderen Praxen und keinesfalls der Eindruck einer Alleinstellung entstehen, vgl. OLG Stuttgart – 2 U 147/05, NJW 2006, 2273, für die als unzulässig angesehene Bezeichnung „Bodenseekanzlei".
99 Vgl. OLG Düsseldorf – I-20 U 67/03, MedR 2005, 97 („Zahnarzt im Stadttor").
100 Nach Auffassung des AnwGH NRW – 2 ZU 17, 18/05 AGH NW, NJW-RR 2006, 1143 setzt die Bezeichnung bei Rechtsanwaltskanzleien voraus, dass mindestens zwei weitere Gesellschafter, Angestellte oder freie Mitarbeiter namentlich aufgeführt werden.
101 13 A 3968/04, MedR 2007, 188; in diese Richtung auch *Eisenberg*, S. 151 f.
102 MedR 2007, 190.
103 BGH – AnwZ (B) 12/01, NJW 2002, 608 (zu CMS); I ZR 64/01, NJW 2004, 1099 (zu KPMG); I ZR 62/01, NJW 2004, 1651 (Fantasiename „artax" neben den Gesellschafternamen für eine Partnerschaftsgesellschaft von Rechtsanwälten und Steuerberatern zulässig).
104 § 23a Abs. 2 MBO-Ä bestimmt für die Ärztegesellschaft, dass die Firmierung nur die Namen der Gesellschafter enthalten darf. Fantasienahmen und Zusätze werden deshalb teilweise als unzulässig angesehen, so von *Häußermann/Dollmann*, MedR 2005, 255, 261. Bei grundrechtskonformer Auslegung ist für ein solches Verbot jedoch kein Raum.
105 I-20 U 63/03, MedR 2004, 622; aufgehoben und zurückverwiesen durch BGH – I ZR 272/03, NJW 2006, 2481.

B. Berufsausübungsgemeinschaften § 15

Die Verwendung eines Logos dürfte heute nicht mehr zu beanstanden sein.[106] Hilfreich ist es, wenn das Logo einen grafischen Bezug zum Tätigkeitsbereich der Gemeinschaftspraxis aufweist.

§ 19 Abs. 3 MBO-Ä enthält die Verpflichtung, dass die Patienten über die in der Praxis tätigen angestellten Ärzte informiert werden müssen. Hieraus folgt, dass ein entsprechender Hinweis auf das Praxisschild aufgenommen werden kann.[107]

8. Gesellschafterbeschlüsse

a) Rechtsnatur

Das Gesetz schweigt zu der Frage, auf welche Weise die BGB-Gesellschafter ihre Kollektiventscheidungen treffen. Aus § 712 Abs. 1 BGB ergibt sich indes, dass die Willensbildung durch Beschlüsse stattfindet. Insbesondere bei aus mehreren Gesellschaftern bestehenden Gemeinschaftspraxen sollte eine detaillierte Regelung zur Beschlussfassung nicht fehlen. Der Beschluss wird als mehrseitiges Rechtsgeschäft sui generis qualifiziert. Hat ein Beschluss die Änderung des Gesellschaftsvertrages zum Inhalt, kommt ihm die Rechtsnatur eines Vertrages zu.[108] Ein Beschluss kommt dadurch zustande, dass zu einem Antrag die nach Gesetz oder Vertrag erforderliche Anzahl von Zustimmungen (positive Stimmabgabe) erklärt wird.[109] Die einzelne Stimmabgabe ist eine Willenserklärung und daraus folgt, dass die §§ 104 ff. BGB sowie die §§ 164 bis 166 BGB Anwendung finden.

b) Durchführung

Der Gesetzgeber stellt die Modalitäten zur Durchführung des Beschlussverfahrens in die Entscheidungsfreiheit der Gesellschafter. Vor diesem Hintergrund ist grundsätzlich jede Form der Abstimmung zulässig.[110] Allerdings ist in wesentlichen Fragen der Gesellschaft und bei grundlegenden Angelegenheiten der Gesellschafter ein Verfahren durchzuführen, das eine ausreichende Information und Absprache über die zu entscheidenden Sachfragen gewährleistet. Hieraus folgt, dass bei Beschlussgegenständen von erheblicher Bedeutung ein Anspruch auf Entscheidung in Gesellschafterversammlungen besteht. Auch insoweit gilt das Prinzip des rechtlichen Gehörs.[111]

c) Ablauf von Gesellschafterversammlungen

Der Ablauf der Gesellschafterversammlungen sollte ausdrücklich geregelt werden. Hierzu zählt, wer zur Einladung berechtigt ist und welche Formen und Fristen einzuhalten sind. Auch ist zu konkretisieren, wo die Gesellschafterversammlungen stattfinden und wer die Versammlung leitet. Unabdingbar ist eine Regelung zur Beschlussfähig-

---

106 Vgl. BVerfG – 1 BvR 1863/96, NJW 1997, 2510; zu Logos bei Anwaltsnotaren Kraus/Kunz/*Kunz*, § 2 Rn 14; OLG München – 6 U 1845/98, ArztR 2000, 71: Logo in Form eines freigelegten Zahnes mit Wurzeln mit drei darübergelegten verschiedenfarbigen, in Z-Form aneinander gefügten Strichen.
107 *ÄK Nordrhein*, Informationen zu Praxisschildern, Stand: 1. September 2005.
108 Vgl. hierzu Kraus/Kunz/*Peres*, § 6 Rn 147 m.w.N.
109 Kraus/Kunz/*Peres*, § 6 Rn 171.
110 Kraus/Kunz/*Peres*, § 6 Rn 180; *Ulmer*, BGB, § 709 Rn 72.
111 Vgl. hierzu Kraus/Kunz/*Peres*, § 6 Rn 175.

keit. Insofern ist zu bestimmen, bei Vertretung wie vieler Stimmen Beschlüsse gefasst werden können (sog. Teilnahmequorum).[112]

86 Jedem Gesellschafter sollte das Recht zugestanden werden, sich durch einen anderen Gesellschafter oder durch einen von Berufs wegen zur Verschwiegenheit verpflichteten Angehörigen der steuer- oder rechtsberatenden Berufe begleiten oder vertreten zu lassen.[113] Auch kommt die Vertretung durch einen Mitgesellschafter in Betracht. Insofern ist indes zu überlegen, ob die Anzahl der Vertretungen beschränkt wird.

87 Wird einem GbR-Gesellschafter die Teilnahme an einer Gesellschafterversammlung, in der ihn persönlich betreffende Beschlüsse gefasst werden sollen, dadurch erschwert, dass sein urlaubsbedingter Wunsch auf Verlegung ohne anerkennenswerten Grund ignoriert wird, sind die gefassten Beschlüsse nichtig.[114] Es gilt das Gebot der Rücksichtnahme.

d) Stimmrechte

88 § 709 Abs. 1 BGB geht vom Einstimmigkeitsprinzip aus.[115] Stimmenthaltungen gelten als Ablehnung.[116] Gerade bei mitgliederstarken Gemeinschaftspraxen kann ein konsequentes Einstimmigkeitsprinzip zur Handlungsunfähigkeit der Gesellschaft führen. Insofern ist zu berücksichtigen, dass die Gesellschafter grundsätzlich nicht zur Zustimmung verpflichtet sind. Etwas anderes gilt nur dann, wenn die Durchführung der zur Abstimmung gestellten Maßnahme im Interesse der Gesellschaft geboten ist.[117] Bei Selbstbetroffenheit kann ein Stimmrechtsausschluss des jeweiligen Gesellschafters bestehen (vgl. §§ 712, 715, 737 S. 2 BGB).[118]

89 Finden sich im Gesellschaftsvertrag keine Regelungen, erfolgt die Abstimmung nach Köpfen. Demgemäß hat jeder Gesellschafter eine Stimme. Häufig findet man Bestimmungen, wonach die Stimmenverhältnisse anhand der prozentualen Vermögensbeteiligung abgebildet werden etwa mit der Maßgabe, dass 0,1 % Vermögensbeteiligung eine Stimme gewährt. Denkbar sind auch Kombinationen, wonach jeder Gesellschafter, und zwar unabhängig von seiner Vermögensbeteiligung, eine bestimmte Anzahl von Stimmen erhält und die Vermögensbeteiligung darüber hinaus zusätzliche Stimmen gewährt. Ist ein dominierender Mehrheitsgesellschafter vorhanden, kann es für die anderen Gesellschafter von Vorteil sein, wenn bei besonders wichtigen Entscheidungen neben der Stimmenanzahl zusätzlich ein bestimmtes Quorum der Anzahl der Gesellschafter zu ermitteln ist.

90 Bei Festlegung eines Abstimmungsquorums sollte vorgegeben werden, ob sich dieses auf sämtliche vorhandene oder lediglich auf die abgegebenen Stimmen bezieht.

91 Grundsätzlich ist jeder Gesellschafter bei der Stimmabgabe frei. Eine Klage auf Zustimmung zu einer Geschäftsführungsmaßnahme kann nur Erfolg haben, wenn es sich um eine notwendige Geschäftsführungsmaßnahme handelt oder wenn sich der betroffene Gesellschafter weigert, obwohl der Gesellschaftszweck und das Interesse der Gesellschaft es erfordern und eine Verweigerung der Zustimmung unvertretbar ist oder wenn

---

112 Kraus/Kunz/*Peres*, § 6 Rn 196; *Ulmer*, BGB, § 709 Rn 82.
113 Zur Zulässigkeit von Bevollmächtigung und Vertretung *Ulmer*, BGB, § 709 Rn 77 f.
114 OLG Saarbrücken – 4 U 382/05, ZIP 2007, 870.
115 *Ulmer*, BGB, § 709 Rn 50; Kraus/Kunz/*Peres*, § 6 Rn 183.
116 *Ulmer*, BGB, § 709 Rn 39.
117 *Ulmer*, BGB, § 709 Rn 42.
118 Ausführlich *K. Schmidt*, S. 610.

die Maßnahme im Interesse der Gesellschaft geboten ist und den Geschäftsführern keinerlei Entscheidungsspielraum zusteht. Die interne Willensbildung der Gesellschafter ist vorrangig gegenüber einer Klage, da es nicht Aufgabe des Gerichts ist, an Stelle der Gesellschafter nach Zweckmäßigkeitsgesichtspunkten zu entscheiden.[119]

e) Mehrheiten

§ 709 Abs. 2 BGB lässt Mehrheitsentscheidungen zu. Mehrheitsklauseln reduzieren das Mitverwaltungsrecht derjenigen Gesellschafter, die mit dem jeweiligen Beschlussantrag nicht einverstanden sind, auf das Teilnahmerecht an der Beschlussfassung und auf die Möglichkeit, die übrigen Gesellschafter von ihrer abweichenden Meinung zu überzeugen.[120] Die Tatsache, in Beschlüssen überstimmt zu werden, widerspricht weder Vorgaben des ärztlichen Berufsrechts noch des Vertragsarztrechts.[121]

92

Mit der Anerkennung von Mehrheitsbeschlüssen wird die Gefahr akzeptiert, dass Minderheiten dominiert und deren Privatautonomie aufgehoben wird. Für die Minderheit können gegen deren Willen in erheblichem Umfang haftungsauslösende oder sonstige nachteilige Konsequenzen entstehen. Von daher drängt sich die Frage nach den Grenzen der Mehrheitsmacht und der Wirksamkeit minderheitsschützender Kontrollmechanismen geradezu auf.

93

Eine stringente Definition der gegenüber Mehrheitsentscheidungen festen Rechtsposition einzelner Gesellschafter ist bis heute nicht gelungen. Strittig ist, ob ein katalogmäßiges Aufzählen der mehrheitsfähigen Entscheidungen im Gesellschaftsvertrag zum Schutz der Minderheit ausreicht (sog. Bestimmtheitsgrundsatz).[122] Auch wenn die Rechtsprechung in diese Richtung zu gehen scheint, hat der BGH[123] hervorgehoben, dass selbst die Beachtung des Bestimmtheitsgrundsatzes nicht zu sämtlichen Eingriffen in den Gesellschafterstatus berechtigt.

94

In der Literatur wird zunehmend die sog. Kernbereichslehre vertreten,[124] wonach Mehrheitsklauseln dann unzulässig sein können, wenn sie in den Kernbereich der Mitgliedschaft des einzelnen Gesellschafters eingreifen. Was zum Kernbereich gehört, ist unter Berücksichtigung der individuellen Gegebenheiten der Gesellschaft zu ermitteln. Regelmäßig dürften hierzu zählen:[125]
- das Stimmrecht,
- das Gewinnrecht,
- das Belastungsverbot (Erhöhung der vereinbarten Einlage),[126]
- das Geschäftsführungsrecht,
- das Recht auf Beteiligung am Liquidationserlös,
- das gesellschaftsvertragliche Informationsrecht,
- Zustimmung zur Aufnahme neuer Gesellschafter bei personenbezogenen Arbeits- und Haftungsgemeinschaften.[127]

95

---

119 OLG Stuttgart – 14 U 62/04, NJOZ 2006, 2215 = ZIP 2006, 1908 (LS); *Ulmer*, BGB, § 709 Rn 42 f.
120 Kraus/Kunz/*Peres*, § 6 Rn 185.
121 Halbe/Schirmer/*Halbe/Rothfuß*, A 1100 Rn 62.
122 Befürwortend *K. Schmidt*, S. 472; krit. *Ulmer*, BGB, § 709 Rn 87.
123 II ZR 18/94, NJW 1995, 194, 195.
124 *Ulmer*, BGB, § 709 Rn 91 m.w.N.
125 Vgl. BGH – II ZR 18/94, NJW 1995, 194, 195; *Ulmer*, BGB, § 709 Rn 93.
126 Hierzu *K. Schmidt*, S. 473.
127 *Ulmer*, BGB, § 709 Rn 93.

96 Innerhalb des Kernbereichs wird zwischen verzichtbaren und unverzichtbaren Angelegenheiten differenziert. Die – oftmals schwierige – Abgrenzung ist im Wege der einzelfallorientierten Wertung vorzunehmen.[128] Auf jeden Fall empfiehlt es sich, konkrete Kataloge der Gegenstände der Beschlussfassung in den Gesellschaftsvertrag aufzunehmen und das Quorum der Bedeutung der Angelegenheit anzupassen. Auch vertragsarztrechtlich ist es unproblematisch, wenn ein Gesellschafter oder mehrere Gesellschafter durch Mehrheitsbeschluss überstimmt werden.[129]

f) Beschlussmängel

97 Fehler der Beschlussfassung können das Zustandekommen und/oder den Inhalt eines Beschlusses betreffen. Im Regelfall ist von der Nichtigkeit eines fehlerhaft gefassten Beschlusses auszugehen.[130]

98 Die Heilung eines nichtigen Beschlusses durch Neuvornahme oder konkludente Bestätigung ist möglich. Eine über einen längeren Zeitraum unterbliebene Geltendmachung der Nichtigkeit eines bekannten Mangels kann ebenfalls zu dessen Heilung führen, sofern nicht ein Verstoß gegen § 134 BGB oder § 138 BGB vorliegt.[131] Um im Falle einer Auseinandersetzung um die Wirksamkeit eines Gesellschafterbeschlusses zeitnah Rechtssicherheit zu erhalten, sollte gesellschaftsvertraglich bestimmt werden, innerhalb welcher Fristen eine gerichtliche Überprüfung eingeleitet werden muss. Die Bestimmung in einer GmbH-Satzung, wonach die Anfechtung eines Gesellschafterbeschlusses binnen – lediglich – eines Monats nach Absendung des Beschlussprotokolls zu erfolgen hat, ist unwirksam.[132] Entsprechendes dürfte für eine Gemeinschaftspraxis gelten.

9. Geschäftsführung

99 Der Gesetzgeber ging seinerzeit davon aus, Regelungen für Gesellschaften von geringer Dauer oder für Gelegenheitsgesellschaften zu schaffen. Für längere Zeit konzipierte Freiberuflersozietäten hatte er nicht vor Augen. Die §§ 709 ff. BGB enthalten allgemeine Regelungen zur Geschäftsführung und Vertretung. Eine Legaldefinition, was der Gesetzgeber unter Geschäftsführung versteht, fehlt. Der Gesetzgeber stellt die „Führung der Geschäfte der Gesellschaft" (§ 709 BGB) der „Vertretung der anderen Gesellschafter Dritten gegenüber" (§ 714 BGB) gegenüber. Die Bestimmungen sind dispositiv. Bei Zusammenschlüssen zur gemeinschaftlichen Ausübung der ärztlichen Tätigkeit sind die gesetzlichen Vorgaben nur teilweise anwendbar. Bezogen auf die Eingehung und Erfüllung des Behandlungsvertrages muss der Arzt einzelgeschäftsführungs- und vertretungsberechtigt sein.[133]

---

128 Kraus/Kunz/*Peres*, § 6 Rn 192, 194 m.w.N.
129 LSG NRW – L 11 KA 30/06, Juris: Vetorecht eines Gesellschafters unproblematisch; *Schirmer*, S. 267: „Davon zu unterscheiden sind bei einer Gesellschaft gesellschaftsrechtliche Mehrheitsentscheidungen, denen sich ein Gesellschafter zu beugen hat. Denn die rechtliche Möglichkeit, Mehrheitsentscheidungen gegenüber einem Gesellschafter durchzusetzen, begründet allen noch nicht das Recht, diesem Gesellschafter Einzelheiten der zu erbringenden Dienstleistungen vorzuschreiben."; Halbe/Schirmer/*Halbe/Rothfuß*, A 1100 Rn 62.
130 *Ulmer*, BGB, § 709 Rn 105 f.; Kraus/Kunz/*Peres*, § 6 Rn 197 f.
131 *Ulmer*, BGB, § 709 Rn 110; Kraus/Kunz/*Peres*, § 6 Rn 201.
132 OLG Düsseldorf – 16 U 104/04, DB 2005, 2237.
133 So für die Anwaltssozietät Kraus/Kunz/*Peres*, § 6 Rn 1.

100 Unter Geschäftsführung versteht man heute alle Vorgänge, die für die Gesellschaft zur Förderung des Gesellschaftszwecks wahrgenommen werden und nicht die Grundlagen der Gesellschaft betreffen.[134] Die Geschäftsführung umfasst tatsächliche interne Organisation (z.B. Personalplanung und -überwachung, Buchführung, Rechnungslegung) wie auch rechtsgeschäftliche Maßnahmen mit und ohne Außenwirkung (z.B. Widerspruchsverfahren gegenüber der KV, Abschluss von Beschaffungsverträgen etc.).[135] Die Vertretung bezieht sich auf das Rechtsverhältnis zu Dritten. Sie ist ein Teilaspekt solcher Geschäftsführungshandlungen, denen eine rechtsgeschäftliche Außenwirkung zukommt.[136] Im BGB-Gesellschaftsrecht **gilt der Grundsatz der Selbstorganschaft**, wonach die Geschäftsführung und organschaftliche Vertretung ausschließlich den Gesellschaftern obliegt. Selbstverständlich können Dritten auf der Grundlage eines separaten Vertrages beschränkt oder umfassend Geschäftsführungsaufgaben zur selbständigen Erledigung übertragen werden. Diese Dritten können ggf. sogar mit einer weitreichenden Generalvollmacht ausgestattet werden.[137]

101 Die Geschäftsführung resultiert aus der Gesellschafterstellung. Es bedarf keines gesonderten Vertrages. Demgemäß steht grundsätzlich jedem Gesellschafter das Recht auf Geschäftsführung zu. Leitbild des Gesetzgebers ist die Gesamtgeschäftsführung, und zwar zu verstehen als einvernehmliches Handeln aller geschäftsführungsbefugten Gesellschafter.[138]

102 Bei ärztlichen Berufsausübungsgemeinschaften konkretisieren berufsrechtliche Vorgaben die Grenzen einer an Selbstverantwortlichkeit und Weisungsunabhängigkeit orientierten tätigkeitsbezogenen Geschäftsführungsbefugnis. Bei der Patientenbehandlung muss der Arzt zumindest im Kern weisungsunabhängig sein. Die Gesellschafterversammlung mag bestimmte Standards und praxisübliche Schemata festlegen, vermag jedoch nicht, den einzelnen im Kernbereich der Berufsausübung zu einem mit dessen Gewissen nicht vereinbaren Verhalten zu zwingen. Insofern ist Gesamtgeschäftsführung mit dem freiberuflichen Charakter unvereinbar.[139] Im Rahmen der aufgezeigten Grenzen, wonach die Geschäftsführungsbefugnis in Berufsangelegenheit unentziehbar ist, können die Gesellschafter der Gemeinschaftspraxis im Gesellschaftsvertrag frei regeln, dass die Geschäftsführung einzelnen Mitgesellschaftern übertragen wird.[140] In diesem Fall sind die übrigen Gesellschafter von der Geschäftsführung ausgeschlossen (vgl. § 716 BGB).[141] Gerade bei größeren Gemeinschaftspraxen ist es üblich, die Geschäftsführung nach Bereichen aufzuteilen. Teilweise wird ein Geschäftsführungsgremium installiert, welches in allen Fragen, die nicht der Zuständigkeit der Gesellschafterversammlung vorbehalten sind, entscheidet. Im Einzelfall sind klare vertragliche Abgrenzungen erforderlich, um die Befugnisse der Geschäftsführung deutlich von derjenigen der Gesellschafterversammlung abzugrenzen.

---

134 *Ulmer*, BGB, § 709 Rn 7; Gummert/Riegger/Weipert/*v. Ditfurth*, § 7 Rn 3.
135 *Ulmer*, BGB, § 709 Rn 7; Gummert/Riegger/Weipert/*v. Ditfurth*, § 7 Rn 3.
136 *Ulmer*, BGB, § 709 Rn 7; Gummert/Riegger/Weipert/*v. Ditfurth*, § 7 Rn 3.
137 *Ulmer*, BGB, § 709 Rn 5; Gummert/Riegger/Weipert/*v. Ditfurth*, § 7 Rn 9; Kraus/Kunz/*Peres*, § 6 Rn 4.
138 *Ulmer*, BGB, § 709 Rn 38.
139 Gummert/Riegger/Weipert/*Schmid*, § 24 Rn 31, ausführlich Kraus/Kunz/*Peres*, § 6 Rn 12.
140 Auch das LSG NRW hält dies für zulässig, L 11 KA 30/06 – Juris; BGH – V ZB 158/05, NJW 2006, 2191: Der Vollstreckungstitel, aufgrund dessen die Zwangsvollstreckung in das Vermögen einer Gesellschaft bürgerlichen Rechts erfolgen soll, muss an ihren Geschäftsführer oder, wenn ein solcher nicht bestellt ist, an einen ihrer Gesellschafter zugestellt werden.
141 *Ulmer*, BGB, § 710 Rn 8; vgl. Gummert/Riegger/Weipert/*v. Ditfurth*, § 7 Rn 48.

103 Den von der Geschäftsführung ausgeschlossenen Gesellschaftern steht ein im Kern unentziehbares Kontrollrecht zu, welches die Einsichtnahme in Geschäftsunterlagen umfasst und sich ggf. auf das Recht erstreckt, sich auf eigene Kosten Kopien zu fertigen.[142] Neben dem Einsichtsrecht steht das Recht auf Auskunftserteilung.[143]

104 Die Tätigkeit als Geschäftsführer hat ihre Wurzeln im Gesellschafterstatus. Von daher ist gesetzlich eine gesonderte Vergütung für die Durchführung von Geschäftsführungsaufgaben nicht vorgesehen. Die Geschäftsführungstätigkeit ist demgemäß Beitragspflicht und mit dem Gewinnanteil abgegolten. Sieht der Gesellschaftsvertrag gleichwohl eine separate Vergütung für die Geschäftsführertätigkeit vor, handelt es sich regelmäßig um Gewinnvorab, der auf den Jahresgewinn des Geschäftsführer-Gesellschafters nicht anrechenbar ist.[144]

105 § 712 Abs. 1 BGB bildet die Rechtsgrundlage für die Entziehung der durch Gesellschaftsvertrag oder Gesellschafterbeschluss übertragenen Geschäftsführungsbefugnis. Für die Entziehung muss ein wichtiger Grund vorliegen. Als einen solchen nennt das Gesetz – beispielhaft – die grobe Pflichtverletzung oder die Unfähigkeit zur ordnungsgemäßen Geschäftsführung. Die Pflichtverletzung muss schuldhaft sein.[145] Der Beschluss bedarf – sofern der Gesellschaftsvertrag nichts anderes bestimmt – der Einstimmigkeit, wobei der betroffene Gesellschafter nicht stimmberechtigt ist. In der Zweipersonengesellschaft wird der Beschluss durch die einseitige Erklärung des Mitgesellschafters ersetzt.[146]

106 Der geschäftsführende Gesellschafter haftet für die Nicht- oder Schlechterfüllung. Das Verhalten von Erfüllungsgehilfen wird ihm zugerechnet (§ 278 BGB). Er haftet in vollem Umfang für angestellte Ärzte oder sonstige Mitarbeiter, die in Erfüllung des Behandlungsvertrages eingesetzt werden. Als Haftungsmaßstab gilt § 708 BGB. Dieser sollte gesellschaftsvertraglich abgedungen werden.

10. Vertretung der Gesellschaft

107 Die BGB-Gesellschaft besitzt eigene Rechtsfähigkeit. Sie wird von den geschäftsführenden Gesellschaftern vertreten. Die Vertretungsmacht ist nicht rechtsgeschäftlicher, sondern organschaftlicher Natur.[147] Es ist unerheblich, ob die geschäftsführenden Gesellschafter die anderen Mitgesellschafter ausdrücklich vertreten. In analoger Anwendung des § 128 HGB haften die einzelnen Gesellschafter kraft Gesetzes akzessorisch für die Gesellschaftsverbindlichkeiten.[148]

108 Die Vertretungsmacht umfasst einen Teil der Geschäftsführungsbefugnis. Sind sämtliche Gesellschafter gesamtgeschäftsführungsbefugt, bedarf es zur Vertretung grundsätzlich gemeinschaftlichen Handelns aller Gesellschafter.[149] Der Gesellschaftsvertrag kann die Vertretungsmacht konkretisieren. Geschäftsführungsbefugnis und Vertretungsmacht

---

142 *Ulmer*, BGB, § 716 Rn 11; Gummert/Riegger/Weipert/*v. Ditfurth*, § 7 Rn 49 f.; Kraus/Kunz/*Peres*, § 6 Rn 73.
143 *Ulmer*, BGB, § 716 Rn 12.
144 So die Tendenz in der jüngeren Rechtsprechung und Literatur; vgl. Gummert/Riegger/Weipert/*v. Ditfurth*, § 7 Rn 22.
145 *Ulmer*, BGB, § 712 Rn 9; Kraus/Kunz/*Peres*, § 6 Rn 64.
146 *Ulmer*, BGB, § 716 Rn 14.
147 Gummert/Riegger/Weipert/*v. Ditfurth*, § 7 Rn 77; Kraus/Kunz/*Peres*, § 6 Rn 91.
148 BGH – II ZR 371/98, NJW 1999, 3483.
149 *Ulmer*, BGB, § 714 Rn 21.

können unterschiedlich geregelt werden.[150] Die BGB-Gesellschaft muss sich gemäß § 166 Abs. 1 BGB Motive und Wissen ihrer Vertreter zurechnen lassen. Bei Gesamtvertretungsbefugnis genügt das Wissen eines Vertreters. Dies gilt auch für die Entgegennahme empfangsbedürftiger Willenserklärungen.[151] Nicht anerkannt wird eine Beschränkung der Vertretungsmacht im Außenverhältnis durch den Zusatz „BGB-Gesellschaft mit beschränkter Haftung".[152]

Verstößt ein Gesellschafter gegen die ihm im Innenverhältnis eingeräumte Vertretungsmacht, ändert dies regelmäßig nichts an der Verpflichtung der BGB-Gesellschaft, die jedoch bei dem Gesellschafter Regress nehmen kann.

109

11. Vermögensbeteiligung

a) Allgemein

§ 718 Abs. 1 BGB geht davon aus, dass das Gesamthandsvermögen der Gesellschaft den Gesellschaftern sachenrechtlich als Sondervermögen zusteht.[153] Das Vorhandensein von Gesamthandsvermögen ist für das Bestehen einer GbR indes nicht konstitutiv.[154] Zivilrechtlich ist es nicht zu beanstanden, wenn ein Gesellschafter von der Vermögensbeteiligung ausgeschlossen wird.[155] Zulässig ist die Bildung von Bruchteilseigentum mit unterschiedlich hohen Anteilen.

110

Der vollständige Ausschluss eines Arztes vom Vermögen einer Gemeinschaftspraxis wurde als unvereinbar mit den ursprünglich in der MBO-Ä enthaltenen Merkmalen „Niederlassung in freier Praxis" sowie „Niederlassung in eigener Praxis" angesehen. Nachdem die auf dem 107. Deutschen Ärztetag in Bremen beschlossene Musterberufsordnung die Anforderungen gesenkt hat und lediglich von der Niederlassung „in einer Praxis" spricht, kann diesem Umstand bei der Formulierung der Beteiligungsanforderungen Rechnung getragen werden.

111

b) Nullbeteiligungsgesellschaft

Bis in die jüngste Zeit hat die Frage der „**Nullbeteiligungs-Gesellschaft**" das Bundesverfassungsgericht,[156] die Sozial-[157] und Strafgerichte,[158] insbesondere aber die medizin-

112

---

150 *Ulmer*, BGB, § 714 Rn 21; Kraus/Kunz/*Peres*, § 6 Rn 93.
151 Gummert/Riegger/Weipert/*v. Ditfurth*, § 7 Rn 83.
152 Ausführlich hierzu *Möller*, MedR 2004, 69.
153 *Gummert/Meier*, MedR 2007, 1, 5 weisen zutreffend darauf hin, dass angesichts der Rechtsfähigkeit der BGB-Gesellschaft diese Trägerin des Gesellschaftsvermögens ist.
154 *Goette*, MedR 2002, 1, 3; *Ulmer*, BGB, § 718 Rn 11.
155 *Goette*, MedR 2002, 1, 2; Gummert/Riegger/Weipert/*Gummert*, § 25 Rn 39; *Gummert/Meier*, MedR 2007, 1, 2.
156 2 BvR 1822/04, MedR 2006, 54 zu den Grenzen der Vermögenssicherstellung bei Verdacht des Abrechnungsbetruges durch Tätigkeit eines Scheingesellschafters.
157 LSG Niedersachsen-Bremen – L 3 KA 161/02 ER, MedR 2002, 540; LSG NRW – L 11 KA 30/06, Juris: keine Vermögensbeteiligung erforderlich.
158 OLG Koblenz – 2 Wa 747/00, MedR 2001, 144; kritisch hierzu mit Recht Rieger/*Rieger*, „Gemeinschaftspraxis" Rn 30; vgl. auch LG Lübeck – 6 KLs 22/04, GesR 2006, 176; dazu *Wessing/Dann*, GesR 2006, 150.

rechtliche Literatur[159] und auch die KBV intensiv beschäftigt. In ihrer Stellungnahme vom 15.1.2003[160] hat die KBV hervorgehoben, dass es nicht erforderlich sei, dass sämtliche Gesellschafter am Vermögen der Gesellschaft beteiligt sind. Die nicht am Vermögen beteiligten Gesellschafter bringen hiernach ausschließlich ihre Dienstleistung in die Gesellschaft ein.[161]

113 In ihrer Ausarbeitung zur Niederlassung und beruflichen Kooperationen[162] kommt die Bundesärztekammer allerdings zu dem Ergebnis, dass eine vermögensrechtliche Nullbeteiligung zwar nicht auf Dauer, jedoch zumindest für eine „Kennenlernphase" zulässig sei. Maßgeblich sei „vor allem eine Beteiligung am immateriellen Wert und weniger am materiellen Wert".

114 Dass eine Beteiligung sämtlicher Gesellschafter am materiellen Vermögen der Gesellschaft nicht Voraussetzung der Anerkennung einer Gemeinschaftspraxis ist, wird inzwischen allgemein anerkannt.[163] Der in Einzelpraxis niedergelassene Arzt muss ebenso wenig Eigentümer der Praxisgegenstände sein wie die Gesellschafter einer Gemeinschaftspraxis.[164] Insofern ist es durchaus zulässig, dass die gesamten materiellen Ressourcen z.B. auf der Grundlage eines Leasing-Vertrages genutzt werden. Nicht verkannt werden darf auch, dass sich gerade bei geräteintensiven Praxen die Geräte häufig im (Sicherungs-)eigentum der finanzierenden Bank befinden.[165]

115 In der Praxis wird man häufig mit der Auffassung von *Engelmann*[166] konfrontiert, wonach die Beteiligung eines Gesellschafters an der Gemeinschaftspraxis am materiellen Vermögen zumindest nach Ablauf eines Zeitraums von drei Jahren gegeben sein müsse, um im Falle des Ausscheidens die Nachbesetzung des Vertragsarztsitzes (§ 103 Abs. 4 SGB V) zu ermöglichen.[167] In der Tat wird man vor dem Hintergrund der gesetzgeberischen Motive[168] zur Schaffung der Ausnahmeregelung des § 103 Abs. 4 SGB V das Vorhandensein eines Vermögenssubstrats für die Durchführung des Nachbesetzungsverfahrens verlangen müssen. Insofern genügt indes eine Beteiligung am immateriellen Vermögen der Praxis.[169] Dem kommt es gleich, wenn ein Gesellschafter im Falle seines Ausscheidens aus der Gesellschaft keinem Wettbewerbsverbot unterliegt und so in der Lage ist, „seinen Goodwill" zu verwerten.

116 Im Urteil vom 22.3.2006[170] formuliert das BSG:

„Für die Annahme einer gemeinschaftlichen Berufsausübung im Rahmen einer Gemeinschaftspraxis ist neben der Beteiligung der Partner an den Investitionen und

---

159 *Butzer*, MedR 2001, 604; *Engelmann*, ZMGR 2004, 3, 11; *Gummert/Meier*, MedR 2007, 1; *Möller*, MedR 1999, 493; krit. *Haack*, MedR 2005, 631, 632; weitere Nachweise bei Gummert/Riegger/Weipert/*Gummert*, § 25 Rn 44a.
160 „Gemeinsame und arbeitsteilige Berufsausübung in der vertragsärztlichen Versorgung" = sog. „Schirmer-Papier", S. 19.
161 Ebenso *Schirmer*, S. 271; *Rieger/Rieger*, „Gemeinschaftspraxis" Rn 41: „Erlaubt ist daher heute die Nullbeteiligungspartnerschaft auf Dauer".
162 DÄBl. 2006, A-801, 804.
163 Vgl. ausführlich Gummert/Riegger/Weipert/*Gummert*, § 25 Rn 44.
164 Im Ergebnis ebenso *Engelmann*, ZMGR 2004, 3, 12.
165 Zutreffend Gummert/Riegger/Weipert/*Gummert*, § 25 Rn 44a.
166 ZMGR 2004, 3, 11.
167 Kritisch hierzu Gummert/Riegger/Weipert/*Gummert*, § 25 Rn 44a.
168 *Möller*, MedR 2000, 555, 558 unter Hinweis auf den Bericht des *Ausschusses für Gesundheit*, BT-Drucks 12/3937 S. 7.
169 Ratzel/Lippert/*Ratzel*, §§ 18/18a Rn 6.
170 B 6 KA 76/04 R, BSGE 96, 99, 102 f.

Kosten der Praxis grundsätzlich auch eine Beteiligung am immateriellen Wert der Praxis (dem sog. „Goodwill") erforderlich, wobei die vertragliche Ausgestaltung im Einzelfall unterschiedlich sein kann (vgl. hierzu Engelmann in: von Wulffen/ Krasney (Hrsg.), Festschrift 50 Jahre BSG, 2004, S. 429, 451 f. m.w.N.".

Die Auswirkungen des Urteils auf die Praxis sind derzeit nicht abzuschätzen. 117

Soweit ersichtlich hat das von *Haack*[171] vorgeschlagene Beteiligungsmodell wenig Akzeptanz gefunden. Hiernach erwirbt der in eine Gemeinschaftspraxis eintretende Gesellschafter bereits zum Beitrittszeitpunkt einen Gesellschaftsanteil, wobei der Kaufpreis für die Dauer der zu vereinbarenden Kennenlernphase gestundet wird. Während der Kennenlernphase erhält der Gesellschafter einen festen Mindestgewinnanspruch im Wege eines Gewinnvorab. Wird von dem für die Dauer der Kennenlernphase vereinbarten Sonderkündigungsrecht Gebrauch gemacht, entfällt der Abfindungsanspruch. 118

In steuerlicher Hinsicht ist es von besonderer Bedeutung, dass die Rechtsposition selbst des nicht am Gesellschaftsvermögen beteiligten Gesellschafters als Mitunternehmerschaft ausgestaltet ist, er mithin gemeinschaftlich mit den anderen Gesellschaftern Mitunternehmerinitiative entfalten kann und Mitunternehmerrisiko trägt.[172] 119

12. Buchführung/Überschussrechnung/Bilanzierung

Freiberuflern steht ein Wahlrecht zwischen der Gewinnermittlung durch Einnahmen-Überschussrechnung (§ 4 Abs. 3 EStG) oder durch Betriebsvermögensvergleich (Bilanzierung – § 4 Abs. 1 EStG) zu. Welcher Methode der Vorzug gegeben wird, ist im Gesellschaftsvertrag zu regeln. Die meisten ärztlichen Gemeinschaftspraxen ermitteln den Gewinn im Rahmen einer Einnahmen-Überschussrechnung gemäß § 4 Abs. 3 EStG. Dies gilt insbesondere bei weniger mitgliederstarken Gesellschaften. 120

In Abstimmung mit dem Steuerberater der Gesellschaft sollte die Frist zur Aufstellung des Jahresabschlusses bestimmt werden. Regelmäßig wird vereinbart, dass der Jahresabschluss bis zum 30. Juni oder 30. September des Folgejahres aufzustellen ist. Besondere Bedeutung kommt der Feststellung des Jahresabschlusses zu. Durch ihn wird das Jahresergebnis und die hieraus resultierende individuelle Gewinn- und Verlustverteilung verbindlich festgelegt. Man spricht demgemäß auch von einem kausalen Schuldanerkenntnis.[173] Sofern der Gesellschaftsvertrag keine anderen Regelungen enthält, bedarf die Feststellung des Rechnungsabschlusses der Einstimmigkeit.[174] Für die Feststellung ist keine besondere Form vorgesehen; sie kann konkludent erklärt werden.[175] 121

13. Ergebnisverteilung

Die gerechte Ergebnisverteilung stellt einen der schwierigsten Aspekte bei der Abfassung des Gesellschaftsvertrages dar. Die in § 722 BGB vorgesehene Gewinnverteilung 122

---

171 MedR 2005, 631, 634; Wenzel/*Haack*, S. 923 f.; kritisch hierzu *Bridts,* MedR 2006, 102 f.
172 *L. Schmidt*, EStG, 26. Aufl. 2007, § 15 Rn 262; FG Baden-Württemberg – 3 K 101/01, EFG 2005, 1539 (Revisionsentscheidung des BFH – XI R 40/05, noch nicht veröffentlicht); *Gummert/Meier*, MedR 2007, 1, 8; zu den Rechtsfolgen fehlender Mitunternehmerschaft *Ratzel/Möller/Michels*, MedR 2006, 377, 386 f.
173 Vgl. Gummert/Riegger/Weipert/*Gummert*, § 14 Rn 34 m.w.N.
174 *Ulmer*, BGB, § 721 Rn 8; Gummert/Riegger/Weipert/*Gummert*, § 14 Rn 36.
175 Gummert/Riegger/Weipert/*Gummert*, § 15 Rn 37.

nach Köpfen wird in der Praxis häufig modifiziert. Die Gesellschafter sind hierzu in den Grenzen der Vertragsfreiheit berechtigt.[176]

123 Nach der Vorstellung der Bundesärztekammer richtet sich die typische Ergebnisverteilung einer Berufsausübungsgemeinschaft nach einem prozentualen Verteilungsschlüssel.[177] Diese Annahme trifft sicherlich auf viele Gemeinschaftspraxen zu. Es ist jedoch festzustellen, dass diese statische Regelung häufig durch eine Vielzahl anderer – oftmals mehr oder weniger leistungsbezogener – Faktoren wie z.B.

- individuell erwirtschafteter Umsatz,[178]
- zeitlicher Einsatz,
- Übernahme von Geschäftsführungsaufgaben,
- besondere Qualifikationen,

ergänzt oder ersetzt wird.[179]

124 Allerdings darf das Verteilungsprinzip nach individuell erarbeiteten Umsätzen nicht dazu führen, dass praxisintern Streit über die Patientenzuordnung entsteht.

125 Weiterhin kann es im Rahmen der Ergebnisverteilung der Berufsausübungsgemeinschaft selbstverständlich berücksichtigt werden, wenn ein Gesellschafter der Gesellschaft bestimmte Ressourcen zur Verfügung stellt. Oftmals wird die Ressourcenüberlassung durch Gewährung eines Vorabgewinns erfasst, so dass lediglich der bereinigte Gewinn nach Maßgabe des vereinbarten Schlüssels zur Verteilung gelangt. Die Vereinbarung eines festen Gewinnbetrages (Fixums) ist grundsätzlich zulässig,[180] darf aber bei einer vorzunehmenden Gesamtbewertung der Rechtsstellung nicht zur Annahme eines „verkappten Anstellungsverhältnisses" führen.

126 Im Binnenverhältnis der Gemeinschaftspraxis findet § 31 MBO-Ä grundsätzlich keine Anwendung. Es erfolgt keine Überweisung, da ein einheitlicher Behandlungsvertrag abgeschlossen wird. Dabei entspricht es dem Prinzip der Arbeitsteilung, dass der die Leistung veranlassende Arzt an deren von einem anderen Gesellschafter der Gemeinschaftspraxis erfolgten Durchführung partizipieren kann. So ist es grundsätzlich nicht zu beanstanden, dass z.B. der ausschließlich konventionell tätige Augenarzt im Rahmen der Gewinnverteilung an der Vergütung von Katarakt-Operationen teilnimmt, bei denen er die Eingriffsindikation gestellt hat. Etwas anderes kann gelten, wenn der Zusammenschluss erfolgte, um das Zuweisungsverbot zu umgehen und/oder der Gewinnanteil eines Arztes wesentlich von ausschließlich von ihm veranlassten Leistungen abhängt und hierdurch eine sachwidrige Motivation besteht, nicht indizierte Leistungen zu veranlassen.

---

176 *Gummert/Meier*, MedR 2007, 1, 2.
177 DÄBl. 2006, A-801, 804.
178 Zur Zulässigkeit ausdrücklich *Schirmer*, S. 271.
179 Vgl. *Möller*, MedR 1999, 493, 497; Halbe/Schirmer/*Halbe/Rothfuß*, A 1100 Rn 71; zur Kombination verschiedener Gewinnverteilungsschlüssel Gummert/Riegger/Weipert/*Gummert*, § 15 Rn 17 f., 29.
180 *Schirmer*, S. 271 f.

14. Haftung

a) Grundsätze der Haftung

Seit der Entscheidung des BGH vom 29.1.2001[181] ist es anerkannt, dass die Außen-GbR Trägerin von Rechten und Pflichten sein kann. Haftungssubjekt ist die Gesellschaft; diese ist zu verklagen. Haftungsobjekt ist das Gesellschaftsvermögen.[182] Die Gesellschafter haften entsprechend § 128 HGB für Gesellschaftsverbindlichkeiten gesamtschuldnerisch in unbeschränktem Umfang mit ihrem Privatvermögen. Abweichende Absprachen der Gesellschafter untereinander betreffen ausschließlich das Innenverhältnis und können – lediglich – Freistellungsansprüche begründen.[183] Hinweise im Außenauftritt, wonach eine Haftung nur mit dem Gesellschaftsvermögen erfolgt („GbR mbH"), erkennt die Rechtsprechung nicht an.[184] Die Ausgleichspflicht der Gesellschafter im Innenverhältnis richtet sich grundsätzlich nach §§ 420 f. BGB. 127

Keine Gesellschaftsverbindlichkeiten sind aus dem Gesellschaftsverhältnis resultierende Verbindlichkeiten der Gesellschafter untereinander (sog. Sozialverbindlichkeiten).[185] Allerdings haften die Gesellschafter – mangels anders lautender vertraglicher Abmachungen – akzessorisch für Abfindungsansprüche ausgeschiedener Gesellschafter.[186] 128

Der Grundsatz der gesamtschuldnerischen Haftung gilt auch bei Honorarrückforderungen der KV. Ein Gesamtschuldner ist berechtigt, Forderungen, die – allein oder auch – ihm gegenüber geltend gemacht werden, allein abzuwehren.[187] 129

b) Beitrittshaftung

In haftungsrechtlicher Sicht grundlegend war das Urteil des BGH vom 7.4.2003,[188] durch welches klargestellt wurde, dass der einer **bestehenden** Freiberuflersozietät beitretende Gesellschafter in entsprechender Anwendung des § 130 HGB für die vor seinem Eintritt begründeten Verbindlichkeiten der Gesellschaft grundsätzlich auch persönlich und als Gesamtschuldner gemeinsam mit den Altgesellschaftern haftet.[189] Hatte der BGH in seiner Entscheidung vom 7.4.2003 aus Vertrauensschutzgründen noch betont, die Haftung solle sich nur auf zukünftige Beitrittsfälle erstrecken, stellte er mit Urteil vom 12.12.2005[190] fest, dass Neugesellschafter für Altverbindlichkeiten schon dann vollumfänglich privat haften, wenn sie diese bei Eintritt in die Gesellschaft kannten oder deren Vorhandensein bei auch nur geringer Aufmerksamkeit hätten erkennen können. Die Beitrittshaftung umfasst Ansprüche aus Vertrags- und Deliktsrecht (für Ärzte relevant: Behandlungsfehler – vom BGH aber ausdrücklich offen gelassen![191]), Bereicherungsrecht, Produkt- oder Gefährdungshaftung, Steuerverbindlichkeiten etc.[192] 130

---

181 II ZR 331/00, BGHZ 146, 341; Gummert/Riegger/Weipert/*Gummert*, § 18 Rn 11.
182 Gummert/Riegger/Weipert/*Gummert*, § 18 Rn 25.
183 Vgl. Rieger/*Rieger*, „Gemeinschaftspraxis" Rn 17.
184 Nachweise bei *Möller*, MedR 2004, 69; Gummert/Riegger/Weipert/*Gummert*, § 18 Rn 73; Rieger/*Rieger*, „Gemeinschaftspraxis" Rn 20.
185 *Ulmer*, BGB, § 705 Rn 217, § 714 Rn 39.
186 *Ulmer*, BGB, § 705 Rn 218.
187 LSG Bayern – L 12 KA 14/03, Juris (rechtskräftig nach Rücknahme der Nichtzulassungsbeschwerde).
188 II ZR 56/02, MedR 2003, 634.
189 Ausführlich *Lange*, ZMGR 2003, 18; *Möller*, MedR 2004, 69.
190 II ZR 283/03, MedR 2006, 427; hierzu *Goette*, DStR 2006, 139.
191 Ablehnend *K. Schmidt*, NJW 2003, 1897, 1902.
192 Gummert/Riegger/Weipert/*Gummert*, § 18 Rn 25.

131 Regressansprüche der Prüfgremien oder Honorarrückforderungen der KV zählen indes aufgrund der Besonderheiten des vertragsärztlichen Zulassungssystems nicht zu den von der Beitrittshaftung umfassten Verbindlichkeiten (äußerst strittig!).[193] Das BSG hat dies in seinem ausführlich begründeten Urteil vom 7.2.2007[194] für die Konstellation der Neugründung einer Gemeinschaftspraxis ausdrücklich bestätigt und betont, dass keine Rechtsgrundlage dafür bestehe, dass die (neu gegründete) Gemeinschaftspraxis auch für Altverbindlichkeiten eines der Gesellschafter hafte. Allein die öffentlich-rechtliche Prägung und Zweckbindung der von den KVen an die Vertragsärzte als Honorar zu verteilenden Gesamtvergütungen genüge hierfür nicht.

132 Nach Auffassung des OLG Saarbrücken haftet ein Scheingesellschafter nicht in analoger Anwendung des § 130 BGB für solche Altverbindlichkeiten der BGB-Gesellschaft, die vor Setzung des Rechtsscheins einer Gesellschafterstellung entstanden sind.[195]

133 Der Grundsatz der Beitrittshaftung findet **keine** Anwendung, wenn die Gesellschaft erst gegründet wird, indem z.B. ein Arzt in die Einzelpraxis eines anderen Arztes „eintritt"[196] oder durch mehrere Ärzte eine (neue) Gemeinschaftspraxis gegründet wird.

134 Die Beitrittshaftung kann wirksam nur durch individuelle Vereinbarungen mit den Gläubigern ganz oder teilweise beschränkt werden. Freistellungen im Innenverhältnis sind indes eine unerlässliche Hilfsmaßnahme. Dem Beitritt sollte eine ausführliche due-diligence-Überprüfung vorausgehen.[197] Der – möglichst fachkundig beratene – Beitrittswillige sollte sich hierdurch einen genauen Überblick über die wirtschaftliche und rechtliche Situation der Gesellschaft verschaffen und seinen Beitrittsentschluss von einem positiven Prüfungsergebnis abhängig machen.

c) Nachhaftung

135 Für die Nachhaftung im Falle des Ausscheidens eines Gesellschafters verweist § 736 Abs. 2 BGB auf § 160 HGB. Das Ausscheiden aus der Gesellschaft hat grundsätzlich keine rechtlichen Auswirkungen auf die zwischen der Gesellschaft und Dritten abgeschlossenen Verträge. Der Ausgeschiedene haftet auch insofern nach seinem Ausscheiden akzessorisch.[198] Der Anspruch gegen ihn verjährt allerdings nach fünf Jahren (§ 160 Abs. 1 HGB). Für den Beginn der Verjährung kommt es darauf an, wann der Gläubiger von dem Ausscheiden Kenntnis erlangt.[199] Für nach seinem Ausscheiden begründete Verbindlichkeiten kann der Ausgeschiedene haften, wenn ein entsprechender Rechtsschein gesetzt wurde (z.B. Fortführung des Namens auf dem Geschäftspapier).[200]

---

193 Rieger/*Dahm*, „Honorarberichtigung" Rn 35 f.; *Engelmann*, ZMGR 2004, 3, 12; *Möller*, MedR 2004, 69, 71; in diese Richtung scheint auch die Tendenz des BSG zu gehen – so das obiter dictum in – B 6 KA 33/02 R, MedR 2004, 172, 173; *Dahm/Ratzel*, MedR 2006, 555. Überholt ist inzwischen die Entscheidung des LSG NRW – L 11 KA 7/04, MedR 2006, 310 = GesR 2006, 505 mit krit. Anm. *Ureta*, wonach die KV berechtigt sei, den Schuldsaldo einer Einzelpraxis nach Gründung der Gemeinschaftspraxis mit dem Guthaben der Gemeinschaftspraxis zu verrechnen.
194 B 6 KA 6/06 R, SGb 2007, 222.
195 8 U 91/05, NJW 2006, 2862.
196 BGH – IX ZR 65/01, NJW 2004, 836; Kraus/Kunz/*Peres*, § 6 Rn 141d; a.A. OLG Naumburg – 9 U 86/05, MedR 2006, 725; *K. Schmidt*, NJW 2003, 1897, 1903.
197 Ausführlich *Möller*, MedR 2004, 69.
198 Gummert/Riegger/Weipert/*Gummert*, § 18 Rn 46.
199 *Ulmer*, BGB, § 736 Rn 27.
200 Ausführlich zu weiteren Fallgestaltungen und den Auswirkungen des Schuldrechtsmodernisierungsgesetzes Gummert/Riegger/Weipert/*Gummert*, § 18 Rn 46 f.

d) Interne Ausgleichsansprüche

Problematisch ist die Frage interner Ausgleichsansprüche. Diese bestehen nur in engen Grenzen, da ein in Anspruch genommener Gesellschafter nur von der Gesellschaft Ersatz verlangen kann, notfalls bis zur Liquidation der Gesellschaft, aber nicht von seinen Mitgesellschaftern. § 426 BGB ist insoweit eingeschränkt, da für Verbindlichkeiten der Gesellschaft vorwiegend diese haftet und nur subsidiär die Gesellschafter.[201] Etwas anderes gilt, wenn von vornherein absehbar ist, dass das Gesellschaftsvermögen zur Begleichung des Ausgleichsanspruchs nicht ausreichen wird oder z.B. keine Haftpflichtversicherung besteht.

136

15. Kündigung, Ausscheiden, Auflösung

a) Ordentliche Kündigung

§ 723 Abs. 1 BGB sieht das jederzeitige Kündigungsrecht als Regelfall vor. Erfolgt die Kündigung zur Unzeit (§ 723 Abs. 2 BGB), führt dies nicht zu ihrer Unwirksamkeit oder zu einem Wirksamwerden zu einem späteren Zeitpunkt. Eine solche Kündigung kann allenfalls Schadensersatzansprüche auslösen. Die Kündigungserklärung muss, sofern gesellschaftsvertraglich nichts anderes bestimmt ist, allen Mitgesellschaftern und nicht lediglich den geschäftsführungs- und/oder vertretungsberechtigten Gesellschaftern zugehen.[202]

137

b) Außerordentliche Kündigung

§ 723 Abs. 1 S. 2 BGB lässt bei Verträgen mit bestimmter Zeitdauer die Kündigung vor dem Ablauf der Zeit zu, wenn ein wichtiger Grund vorliegt. Ein wichtiger Grund liegt vor, „wenn ein anderer Gesellschafter eine ihm nach dem Gesellschaftsvertrag obliegende wesentliche Verpflichtung vorsätzlich oder aus grober Fahrlässigkeit verletzt hat oder wenn ihm die Erfüllung einer solchen Verpflichtung unmöglich wird." Die Störung muss die Fortsetzung des Gesellschaftsverhältnisses für den außerordentlich Kündigenden unzumutbar machen. Maßgeblich ist eine Würdigung der Gesamtumstände im Einzelfall. Stets ist zu prüfen, ob nicht mildere Mittel – z.B. Entzug der Geschäfts- oder Vertretungsbefugnis – ausreichen.[203]

138

c) Vereinbarung von Festlaufzeiten

Gemeinschaftspraxen als Erwerbsgesellschaften grenzen sich in erheblichem Umfang von losen Personenverbindungen ab, wie sie dem Gesetzgeber vorschwebten.[204] In dem Maße, in welchem sich die Organisationsstrukturen verfestigen, nimmt – mit zunehmender Anzahl der Gesellschafter – die Bedeutung des individuellen Freiraums ab. Gerade wenn es Ziel der Gesellschaft ist, ggf. im Wettbewerb mit anderen Arztkooperationen zu bestehen und den Bekanntheitsgrad der Praxis zu fördern, wird dieses Ziel nicht auf der Grundlage eines losen Verbundes erreicht werden können, sondern bedarf einer gewissen Kontinuität. Die Umsetzung der gesetzgeberischen Vorstellung der je-

139

---

201 OLG Koblenz – 1 U 1026/04, ZIP 2006, 1999.
202 *Ulmer*, BGB, § 723 Rn 11; Kraus/Kunz/*Peres*, § 7 Rn 18 m.w.N.
203 *Ulmer*, BGB, § 723 Rn 29.
204 Kraus/Kunz/*Peres*, § 7 Rn 2; Gummert/Riegger/Weipert/*Schmid*, § 24 Rn 1 f.

derzeit möglichen Kündigung mit der Folge der Auseinandersetzung der Gesellschaft hätte vielfach existenzvernichtende Folgen.

140 Die Interessen eines oder sämtlicher Gesellschafter, die ordentliche Kündbarkeit des Gesellschaftsverhältnisses für eine bestimmte Dauer auszuschließen, kann vielfältiger Natur sein. Häufig gilt es, Investitionen gemeinsam zu tätigen oder bestimmte Kooperationsvorhaben – z.B. Erbringung von Leistungen für einen Krankenhausträger – durchzuführen, weshalb eine Mindestanzahl von Gesellschaftern erforderlich ist oder die bestimmte Qualifikation eines Gesellschafters benötigt wird.

141 Denkbar ist auch die Situation, dass der Seniorgesellschafter durch die Festlaufzeit des Vertrages sein Ausscheiden aus der Gesellschaft sowie die Realisierung des Abfindungsanspruchs absichern möchte.[205] Schutzwürdig gegen eine Kündigung ist insbesondere der Job-Sharing-Partner, der erst nach zehnjähriger Gesellschaftszugehörigkeit einen Anspruch auf eine „Vollzulassung" hat (§ 101 Abs. 1 Nr. 4 SGB V).

142 Soweit ersichtlich, hat sich die Rechtsprechung bisher mit der festen Laufzeit **ärztlicher Gemeinschaftspraxisverträge** nicht befasst.[206] Mit Urteil vom 18.9.2006[207] hat der BGH den Ausschluss des ordentlichen Kündigungsrechts für die Dauer von 30 Jahren als unzulässige Kündigungsbeschränkung i.S.d. § 723 Abs. 3 BGB auch für den Fall angesehen, dass die Klausel in einem Rechtsanwalts-Sozietätsvertrag der Alterssicherung der Seniorpartner dient. Der BGH billigte die Entscheidung des OLG Düsseldorf,[208] welches die Bindungsfrist von 14 Jahren als zu lang beurteilt hatte.

143 Es erscheint nicht sachgerecht, Höchstfristen anderer Kündigungsregelungen zu Dauerschuldverhältnissen (vgl. § 624 BGB: fünf Jahre) entsprechend anzuwenden.[209] Richtig ist es vielmehr, eine auf die konkreten gesellschaftsvertraglichen Verhältnisse abstellende Betrachtung vorzunehmen, indem die wechselseitigen Interessen der Gesellschafter gegeneinander abgewogen werden. Die Freiheitsinteressen des ausscheidenswilligen Gesellschafters sind den schutzwürdigen Belangen der Gesellschaft und der Mitgesellschafter gegenüber zu stellen.[210] Die Interessenlagen sollten im Vertrag Erwähnung finden.

144 Eine feste Vertragslaufzeit von fünf Jahren dürfte regelmäßig nicht zu beanstanden und bei Vorliegen sachlicher Gründe eine Bindung von bis zu zehn Jahren durchaus zulässig sein.[211] Dabei müssen die Kündigungsfristen nicht bei allen Gesellschaftern gleich lang sein. Eine überlange Zeitbestimmung ist regelmäßig nichtig. An die Stelle der nichtigen Vereinbarung tritt im Wege der ergänzenden Vertragsauslegung oder der geltungserhaltenden Reduktion eine den Vorstellungen der Gesellschafter möglichst nahe kommende Befristungsregelung.[212]

---

205 Vgl. OLG München – 19 U 5020/98, NZG 1999, 821; die Revision hat der BGH mit Beschl. v. 27.3.2000 – II ZR 130/99, n.v. nicht angenommen.
206 Zu Anwaltssozietäten vgl. OLG Düsseldorf – U (Kart) 20/98, NJWE-WettbR 1999, 41; U (Kart) 36/03, NJW-RR 2005, 288, 291.
207 II ZR 137/04, NJW 2007, 295 f. m. Anm. *Römermann*.
208 VI-U (Kart) 36/03, NRWE.
209 Vgl. hierzu Halbe/Schirmer/*Halbe/Rothfuß*, A 1100, Rn 49; *Ulmer*, BGB, § 723 Rn 64.
210 Kraus/Kunz/*Peres*, § 7 Rn 30 m.w.N.
211 Strikter *Schäfer-Gölz*, S. 188, der für die Vertragsgestaltung speziell bei ärztlichen Berufsausübungsgemeinschaften periodische Kündigungsmöglichkeiten von vier Jahren empfiehlt.
212 So ausdrücklich Kraus/Kunz/*Peres*, § 7 Rn 31.

d) Anschlusskündigung

Gesellschaftsvertraglich kann geregelt werden, dass ein Gesellschafter sich innerhalb einer bestimmten Frist der Kündigung des anderen Gesellschafters anschließen kann. In diesem Fall werden beide Kündigungen zum selben Zeitpunkt wirksam. Bei der Zwei-Personengesellschaft hat dies die Beendigung (Liquidation, Auseinandersetzung) der Gesellschaft zur Folge. Verfügt ein Gesellschafter über die Ressourcen der Praxis, kann er seine berufliche Tätigkeit möglicherweise fortsetzen, ohne den Abfindungsanspruch des anderen Gesellschafters erfüllen zu müssen.[213] Ob dies in jedem Fall als treuwidrig anzusehen ist, erscheint zweifelhaft.

145

Auch ohne ausdrückliches Nachkündigungsrecht, steht es jedem Gesellschafter, dem eine Kündigung zugegangen ist, frei, seinerseits zu kündigen, sofern die Kündigungsfrist eingehalten wird. Will man dieses Recht beschränken, muss der Gesellschaftsvertrag bestimmen, dass mit Zugang der Erstkündigung die Verpflichtung zur Übernahme des Gesellschaftsanteils des Erstkündigenden besteht.[214]

146

e) Ausschluss

Enthält der Gesellschaftsvertrag, was bei Gemeinschaftspraxen regelmäßig der Fall ist, eine Fortsetzungsklausel, „so kann ein Gesellschafter, in dessen Person ein die übrigen Gesellschafter nach § 723 Abs. 1 S. 2 zur Kündigung berechtigender Umstand eintritt, aus der Gesellschaft ausgeschlossen werden." (§ 737 S. 1 BGB) Ein solcher wichtiger Grund kann vorliegen, wenn ein Gesellschafter eine ihm nach dem Gesellschaftsvertrag obliegende wesentliche Verpflichtung verletzt oder wenn ihm deren Erfüllung unmöglich geworden ist.[215] Ein schuldhaftes Verhalten ist nicht erforderlich.

147

Die Ausschließung stellt die Ultima Ratio dar. Ob die Fortsetzung des Gesellschaftsverhältnisses unzumutbar erscheint, ist stets unter Berücksichtigung der individuellen Verhältnisse zu beurteilen. Im Rahmen einer Berufsausübungsgemeinschaft dürfen keine allzu hohen Anforderungen an den Ausschlussgrund gestellt werden.[216] Regelmäßig wird bei verhaltensbedingten Störungen eine Abmahnung vorausgehen müssen. Bei einer Störung des gesellschaftsrechtlichen Vertrauensverhältnisses kommt eine Ausschließung eines missliebigen Gesellschafters nur dann in Betracht, wenn dieser das Zerwürfnis überwiegend verursacht hat.[217]

148

In einer Berufsausübungsgemeinschaft erscheint es unabdingbar, dem betroffen Gesellschafter vor der Ausschlussentscheidung rechtliches Gehör einzuräumen.[218] Der Ausschluss wird wirksam durch Zugang des Ausschließungsbeschlusses bei dem auszuschließenden Gesellschafter, wobei die Mitteilung durch einen Gesellschafter genügt.

149

---

213 Rieger/*Rieger*, „Gemeinschaftspraxis" Rn 54; *Möller*, AG MedR im DAV, Bd. 2, S. 51, 56; Halbe/Schirmer/*Halbe/Rothfuß*, A 1100 Rn 102.
214 Rieger/*Rieger*, „Gemeinschaftspraxis" Rn 54; *Möller*, AG MedR im DAV, Bd. 2, S. 51, 56; Halbe/Schirmer/*Halbe/Rothfuß*, A 1100 Rn 102.
215 *Ulmer*, BGB, § 723 Rn 30 f.; *Kilian*, WM 2006, 1567, 1568.
216 *Kilian*, WM 2006, 1567, 1568.
217 BGH – II ZR 8/01, MedR 2003, 510; *Ulmer*, BGB, § 705 Rn 8.
218 Anders *Ulmer*, BGB, § 737 Rn 15.

f) Hinauskündigung ohne wichtigen Grund

150 Gesellschaftsvertragliche Regelungen, die einem oder mehreren Gesellschaftern das Recht einräumen, einen oder mehrere Mitgesellschafter **nach freiem Ermessen**, also ohne Vorliegen eines wichtigen Grundes, aus der Gesellschaft auszuschließen, verstoßen grundsätzlich gegen § 138 BGB und sind deshalb nichtig.[219] Nach der Rechtsprechung ist der von der Ausschließung oder Kündigung bedrohte Gesellschafter zu schützen. Das freie Kündigungsrecht der anderen Gesellschafter könnte von ihm als Disziplinierungsmittel empfunden werden („Damoklesschwert") und ihn veranlassen, ihm zustehende Gesellschafterrechte nicht oder nur in beschränktem Umfang auszuüben.[220]

151 Mit Urteil vom 8.3.2004[221] hat der BGH der besonderen Situation von Berufsausübungsgemeinschaften Rechnung getragen und es für einen Ausschluss ohne wichtigen Grund als ausreichend angesehen, dass die Altgesellschafter den hinzukommenden Gesellschafter kennen lernen müssen.[222] Fraglich ist, ob das Recht zum Kennenlernen das alleinige anzuerkennende Motiv für ein Hinauskündigungsrecht ohne Vorliegen eines wichtigen Grundes ist.[223] In der Literatur wird zu Recht auch eine wirtschaftliche Erprobungsphase des Inhalts anerkannt, dass für einen bestimmten Zeitraum abgewartet wird, ob die Gesellschaft eine ausreichende wirtschaftliche Grundlage erarbeitet, um auch dem eintretenden Gesellschafter einen auskömmlichen Gewinnanteil zu ermöglichen.[224] Die Ausnahmen von dem Grundsatz, dass der kündigende Gesellschafter aus der Gemeinschaftspraxis ausscheidet, lassen sich angesichts der Komplexität der Lebenssachverhalte nicht auf enumerative Fallgruppen beschränken.

152 Der BGH hatte in der „Laborarzt-Entscheidung" allerdings die zeitlichen Grenzen für ein derartiges Hinauskündigungsrecht offen gelassen, einen Zeitraum von zehn Jahren jedoch zu Recht für bei weitem zu lang angesehen. Mit Urteil vom 7.5.2007[225] hat er die Dauer der Kennenlern- oder Erprobungsphase nach Auswertung der medizinrechtlichen Literatur im Sinne einer geltungserhaltenden Reduktion auf **drei Jahre** beschränkt.[226] Dies erscheint grundsätzlich sachgerecht[227] und deckt sich mit dem Zeitraum, den *Engelmann*[228] im Rahmen des § 103 Abs. 4 SGB V für eine Nichtvermögensbeteiligung eines Gesellschafters für zulässig erachtet.

153 Im Interesse einer fairen Vertragsgestaltung sollte der während der Erprobungsphase ohne Vorliegen eines wichtigen Grundes aus der Gesellschaft hinausgekündigte „Juniorgesellschafter", sofern er am Gesellschaftsvermögen beteiligt ist, zumindest seine

---

219 Nach st. Rspr. des BGH gilt dies sowohl für Personengesellschaften als auch für die GmbH, vgl. BGH – II ZR 173/04, NJW 2005, 3641; II ZR 342/03, NJW 2005, 3644; II ZR 300/05, NZG 2007, 422 für die KG; OLG Hamm – 8 U 29/03, MedR 2005, 234; *Goette*, DStR 2006, 139, 142 f.; kritisch *Luxenburger*, ZMGR 2004, 134; *Marsch-Barner*, S. 54; allgemein *Gummert/Meier*, MedR 2007, 400, 410 ff.
220 *Gehrlein*, NJW 2005, 1969.
221 II ZR 165/02, MedR 2004, 563 m. Anm. *Dahm*; kritisch zur Gesamtproblematik *Benecke*, ZIP 2005, 1437.
222 Zur Situation, dass ein „neuer" Gesellschafter bereits zuvor als Angestellter tätig war vgl. *Kilian*, WM 2006, 1567, 1572.
223 So Halbe/Schirmer/*Halbe/Rothfuß*, A 1100 Rn 131 f.
224 Rieger/*Rieger*, „Gemeinschaftspraxis" Rn 51.
225 II ZR 281/05, ZIP 2007, 1309.
226 S auch das OLG Frankfurt a.M. als Vorinstanz – 16 U 3/05, NJW-RR 2006, 2006.
227 Vgl. Rieger/*Rieger*, „Gemeinschaftspraxis" Rn 51; Halbe/Schirmer/*Halbe/Rothfuß*, A 1100 Rn 130; *Dahm*, MedR 2004, 565: In Ausnahmefällen bis zu fünf Jahren!
228 ZMGR 2004, 3, 12.

Abfindung für den Gesellschaftsanteil zeitgleich oder zumindest zeitnah mit dem Ausscheiden erhalten und von den Gesellschaftsverbindlichkeiten freigestellt werden.[229]

g) Ausscheiden aufgrund sonstiger Umstände (Berufsunfähigkeit, Altersgrenze)

154 Mit Eintritt der Berufsunfähigkeit – möglicherweise schon im Stadium einer vorgelagerten Erkrankung – ist der Gesellschafter i.d.R. nicht mehr zur Förderung des Gesellschaftszwecks in der Lage. Die übrigen Gesellschafter wären berechtigt, ihn gemäß § 737 BGB auszuschließen. Gemeinschaftspraxisverträge enthalten häufig Regelungen zur Definition der Berufsunfähigkeit (Anknüpfung an öffentlich-rechtliche Feststellungs- oder Leistungsbescheide). Oftmals vergeht bis zur Bestandskraft solcher Bescheide eine erhebliche Zeit, während der der betroffene Gesellschafter keine Leistungen für die Gemeinschaftspraxis erbringt, was – z.B. im Rahmen der Ergebnisverteilung – bei der Vertragsgestaltung berücksichtigt werden sollte.

155 Es unterliegt der Vertragsfreiheit der Gesellschafter, individuelle Altersgrenzen zu vereinbaren, bei deren Erreichen der betroffene Gesellschafter automatisch aus der Gemeinschaftspraxis ausscheidet. Ist der Gesellschaftszweck auf die gemeinschaftliche Erbringung auch vertragsärztlicher Leistungen gerichtet, werden die Gesellschafter zu entscheiden haben, ob ein Gesellschafter mit Ablauf des Quartals, in welchem er sein 68. Lebensjahr vollendet, aus der Gesellschaft ausscheidet (§ 95 Abs. 7 SGB V).[230]

h) Tod

156 § 727 Abs. 1 BGB enthält den Grundsatz, dass die Gesellschaft mit dem Tod eines Gesellschafters aufgelöst wird. Der Gesellschaftsvertrag kann abweichende Bestimmungen enthalten. Gerade bei ärztlichen Berufsausübungsgemeinschaften wird bei fehlender ausdrücklicher Fortsetzungsregelung im Gesellschaftsvertrag zu überprüfen sein, ob die Gesellschafter eine stillschweigende Vereinbarung zur Fortsetzung im Falle des Todes eines Mitgesellschafters getroffen haben.[231] Problematisch ist allerdings, dass die Erben eines Gesellschafters regelmäßig dessen Stellung in der Berufsausübungsgemeinschaft nicht übernehmen können, weil sie meist die erforderlichen subjektiven Voraussetzungen nicht erfüllen.

157 Gesellschaftsvertraglich kann bestimmt werden, dass die verbleibenden Gesellschafter – mit oder ohne Stimmrecht der Erben – im Falle des Todes eines Mitgesellschafters einen Fortsetzungsbeschluss fassen. Enthält der Gesellschaftsvertrag keine Regelung und gelangt man im Wege der Auslegung zu dem Ergebnis, dass die Erben Gesellschafter geworden sind, obwohl sie die berufsrechtlichen Voraussetzungen nicht erfüllen, sind die verbleibenden Gesellschafter berechtigt, die Erben aus der Gesellschaft auszuschließen, sofern diese den Gesellschaftsanteil nicht freiwillig auf die verbleibenden Gesellschafter gegen Zahlung der Abfindung übertragen (§ 738 BGB).

158 Enthält der Gesellschaftsvertrag eine Fortsetzungsklausel, wächst der Anteil des Verstorbenen am Gesellschaftsvermögen den Gesellschaftern kraft Gesetzes an (§ 738

---

229 So auch Rieger/*Rieger*, „Gemeinschaftspraxis" Rn 53; Ratzel/Lippert/*Ratzel*, §§ 18/18a Rn 5.
230 Die Verfassungsmäßigkeit und Europarechtskonformität der Beendigungsaltersgrenze ist umstritten, vgl. *Boecken*, NZS 2005, 393; ferner *Wiebke*, MedR 2007, 143.
231 Vgl. hierzu *Ulmer*, BGB, § 705 Rn 275 ff., § 730 Rn 12 ff.; Gummert/Riegger/Weipert/*Klein*, § 11 Rn 4.

Abs. 1 S. 1 BGB). Dies gilt auch bei einer zweigliedrigen Gesellschaft.[232] Durch den Tod des Gesellschafters erlischt dessen Mitgliedschaft in der Gesellschaft. Deren Identität und der Bestand des Gesamthandsvermögens bestehen unberührt fort.[233]

159 Treten die Erben in die Gesellschafterstellung des durch Tod ausgeschiedenen Gesellschafters ein, geht dessen Haftungsverpflichtung in vollem Umfang auf sie über. Den Erben soll die Möglichkeit der Haftungsbeschränkung auf den Nachlass zustehen, wobei mehrere Erben gesamtschuldnerisch haften.[234] Im Übrigen gelten die Grundsätze der Nachhaftung. Insofern gilt die Fünfjahresfrist des § 736 Abs. 2 BGB i.V.m. § 160 HGB. Im Einzelfall wird auch zu prüfen sein, inwiefern eine Haftungsbegrenzung aus der entsprechenden Anwendung des § 139 Abs. 3 HGB herbeigeführt werden kann, wobei es allerdings zu berücksichtigen gilt, dass eine Umwandlung in eine Kommanditgesellschaft nach derzeit herrschender Meinung bei Berufsausübungsgemeinschaften ausscheidet.[235]

i) Insolvenz

160 § 728 BGB in der durch Art. 33 EGInsO vom 5.10.1994 modifizierten Fassung sieht vor, dass mit Eröffnung des Insolvenzverfahrens über das Vermögen der GbR oder durch Eröffnung des Insolvenzverfahrens über das Vermögen eines Gesellschafters die GbR aufgelöst wird. Den wirtschaftlich gesunden Gesellschaftern wird die Insolvenz der Gemeinschaftspraxis aufgezwungen, obwohl diese meist die wirtschaftliche Grundlage ihrer Existenz bildet. In der insolvenzrechtlichen Literatur wird diese Situation zu Recht als „Mega-Gau" bezeichnet,[236] da hierdurch die Insolvenz der anderen Gesellschafter verursacht werden kann. Um eine solche Situation zu vermeiden, sollte gesellschaftsvertraglich bestimmt werden, dass der von der Insolvenz betroffene Gesellschafter mit Eröffnung des Insolvenzverfahrens aus der ohne ihn fortgeführten Gesellschaft ausscheidet.

161 Mit Zustimmung des Insolvenzverwalters können die übrigen Gesellschafter die Fortsetzung der Gesellschaft ohne den von der Insolvenz betroffenen Gesellschafter beschließen.[237] Nach herrschender Meinung liegt ein Auflösungs- oder Ausscheidensgrund nicht vor, wenn der Insolvenzantrag mangels Masse abgelehnt wird (§ 26 InsO).[238] Im Gesellschaftsvertrag kann Abweichendes bestimmt werden.

j) Ausscheiden aus der Zwei-Personen-Gesellschaft

162 Besteht eine Berufsausübungsgemeinschaft aus lediglich zwei Gesellschaftern, führt das Ausscheiden eines Gesellschafters automatisch zur Auflösung der Gesellschaft und deren sofortigen Vollbeendigung.[239] Verbleibt nur ein Gesellschafter, vereinigen sich sämtliche Gesellschaftsanteile in seiner Hand. Es entsteht ein „Einzelunternehmen". Das Gesellschaftsvermögen geht automatisch im Wege der Gesamtrechtsnachfolge auf

---

[232] Gummert/Riegger/Weipert/*Klein*, § 11 Rn 17.
[233] Gummert/Riegger/Weipert/*Klein*, § 11 Rn 18.
[234] Gummert/Riegger/Weipert/*Klein*, § 11 Rn 31.
[235] Zu § 139 HGB vgl. Gummert/Riegger/Weipert/*Klein*, § 79 Rn 38 f.
[236] *Van Zwoll/Mai/Eckard/Rehborn*, Rn 33.
[237] *Ulmer*, BGB, § 728 Rn 43; Kraus/Kunz/*Peres*, § 7 Rn 105.
[238] *Ulmer*, BGB, § 728 Rn 35; Gummert/Riegger/Weipert/*Piehler/Schulte*, § 10 Rn 52.
[239] *Ulmer*, BGB, vor § 723 Rn 17; Gummert/Riegger/Weipert/*Gummert*, § 21 Rn 80 f.; Gummert/Riegger/Weipert/*Piehler/Schulte*, § 10 Rn 54.

den Gesellschafter über, in dessen Person sich sämtliche Gesellschaftsanteile vereinigen.[240] Aufgrund der kraft Gesetzes eintretenden Gesamtrechtsnachfolge bedarf es keiner rechtsgeschäftlichen Übertragung der einzelnen Vermögensgegenstände.

Konsequenz der Gesamtrechtsnachfolge ist, dass der allein verbleibende Gesellschafter die zuvor mit der Gesellschaft abgeschlossenen Verträge fortführt. Gesonderter rechtsgeschäftlicher Vereinbarungen bedarf es nicht. Die Rechtsposition des Ausscheidenden ergibt sich aus den gesellschaftsvertraglichen Bestimmungen. Fehlen diese, finden die §§ 738 bis 740 BGB Anwendung. 163

16. Abfindung

a) Abfindungsanspruch

Die Rechtsfolgen des Ausscheidens aus der GbR ergeben sich aus den §§ 738 bis 740 BGB, sofern ein Ausscheiden mit Anwachsungsfolge bei dem oder den verbleibenden Gesellschaftern vorliegt. Bei fehlender anders lautender Regelung findet die Anwachsung im Verhältnis der bestehenden Gesellschaftsbeteiligung statt.[241] Erfolgt das Ausscheiden auf der Grundlage der Anteilsübertragung, finden §§ 738 f. BGB keine Anwendung.[242] 164

Seit Anerkennung der Rechtsfähigkeit der GbR ist es allgemein anerkannt, dass Schuldner des Abfindungsanspruchs die Gesellschaft ist.[243] Die Gesellschafter haften gesamtschuldnerisch für die Erfüllung des Abfindungsanspruchs.[244] Die Bestimmungen der §§ 738 bis 740 BGB enthalten weitestgehend dispositives Recht.[245] Grenzen für die Beschränkung des Abfindungsanspruchs ergeben sich aus § 138 BGB sowie aus § 723 Abs. 3 BGB, wonach die Abfindungsmodalitäten nicht die Wirkung einer kündigungsbeschränkenden Klausel haben dürfen.[246] Der anteilige Praxiswert ist meist die wichtigste Position des Abfindungsanspruchs. Bei ärztlichen Berufsausübungsgemeinschaften ist festzustellen, dass – zumal in zulassungsbeschränkten Fachgebieten – der ideelle Praxiswert regelmäßig deutlich höher ist als der materielle.[247] Um insofern zu praktikablen Ansätzen für die Bewertung des materiellen Vermögens zu gelangen, werden nicht selten die um einen bestimmten Prozentsatz erhöhten Buchwerte zugrunde gelegt.[248] Hinsichtlich der Bewertung des immateriellen Praxiswerts (Goodwill) wird häufig ein bestimmter Prozentsatz des gewichteten Gewinns oder Umsatzes in Ansatz gebracht. Derartige statische Berechnungsmethoden haben den Vorteil der Planungssicherheit und zeitnahen Berechnungsmöglichkeit, vermögen indes aufgrund ihrer Vergangenheitsbezogenheit zukünftige Entwicklungen kaum zu berücksichtigen. 165

Alternativ kommt die Bewertung durch Sachverständige in Betracht. Da viele Sachverständige sich durch Anwendung individueller Bewertungsmethoden auszeichnen, weichen die Gutachten im Ergebnis häufig nicht unerheblich voneinander ab. Vor diesem 166

---

240 Gummert/Riegger/Weipert/*Gummert*, § 21 Rn 81; Gummert/Riegger/Weipert/*Piehler/Schulte*, § 10 Rn 54.
241 Gummert/Rieger/Weipert/*Piehler/Schulte*, § 13 Rn 27; Kraus/Kunz/*Peres*, § 8 Rn 39.
242 Gummert/Riegger/Weipert/*Piehler/Schulte*, § 10 Rn 74.
243 *Ulmer*, BGB, § 738 Rn 16.
244 BGH – II ZR 304/00, NJW 2001, 2718.
245 *Ulmer*, BGB, § 738 Rn 12; Kraus/Kunz/*Peres*, § 8 Rn 63 f.
246 *Ulmer*, BGB, § 738 Rn 44 f.; zu Abfindungsklauseln und ihren Grenzen *Lux*, MDR 2006, 1203.
247 Zutreffend BGH – II ZR 308/98, NJW 2000, 2584.
248 Zu Buchwertklauseln vgl. Kraus/Kunz/*Peres*, § 8 Rn 72 f.

Hintergrund ist zu empfehlen, dass die Bewertungsmethode bereits im Gesellschaftsvertrag festgelegt wird.[249] Angesichts der beschränkten Anzahl von öffentlich bestellten und vereidigten Sachverständigen für die Bewertung von Arztpraxen ist nicht selten mit einer mehrmonatigen Bearbeitungsdauer zu rechnen.[250]

167 Gesellschaftsvertraglich wird häufig eine Realteilung hinsichtlich des ideellen Praxiswerts vorgenommen. Lässt sich der ausscheidende Gesellschafter im Einzugsbereich der Praxis nieder, wird fingiert, dass er seine ehemaligen Patienten auch zukünftig betreuen wird und hierdurch seinen anteiligen Goodwill realisiert.[251] Nach *Goette*[252] geht die Überzeugung des II. Senats des BGH dahin, „dass die Teilung der Sachwerte und das rechtlich nicht eingeschränkte Werben um die bisherigen Patienten, Klienten oder Mandanten der Sozietät die „natürliche Art der Auseinandersetzung" einer solchen Partnerschaft ist." Zwischen Abfindungsanspruch und Wettbewerbsverbot bestehe eine Wechselbeziehung: Der Ausgeschiedene könne nicht eine Abfindung beanspruchen und darüber hinaus seine Patienten „mitnehmen".

Goette: „Man kann den Kuchen nicht essen und zugleich behalten wollen."

168 Enthält der Gesellschaftsvertrag kein Wettbewerbsverbot und lässt sich der ausscheidende Gesellschafter im Einzugsbereich der Praxis nieder, erlischt der Anspruch auf Abfindung für den anteiligen immateriellen Wert.[253] Bestimmt der Gesellschaftsvertrag, dass der Abfindungsanspruch für den anteiligen immateriellen Wert entfällt, wenn sich der ausscheidende Gesellschafter innerhalb der vereinbarten Wettbewerbszone niederlässt, sind die verbleibenden Gesellschafter nicht berechtigt, die Abfindung für den anteiligen immateriellen Praxiswert zu kürzen, wenn die Niederlassung knapp außerhalb der vertraglich vereinbarten Wettbewerbszone erfolgt.[254]

169 Von der Rechtsprechung bisher nicht geklärt ist die Frage, ob durch die Chance, Patienten mitnehmen zu können, der gesetzliche Abfindungsanspruch ersetzt werden kann. Grundsätzlich wird man von der Zulässigkeit einer derartigen Klausel ausgehen können. Etwas anderes gilt für den Fall des Ausscheidens wegen Berufsunfähigkeit, aus Altersgründen oder wegen Todes, da der Ausscheidende durch den faktischen Abfindungsausschluss unbillig benachteiligt wird.[255]

---

[249] Zu den unterschiedlichen Methoden vgl. nur *Boos*, MedR 2005, 203 f.
[250] Die Liste der öffentlich bestellten und vereidigten Sachverständigen kann bei der für den Praxissitz zuständigen Industrie- und Handelskammer angefordert werden.
[251] *Heller*, S. 117 geht – bezogen auf Rechtsanwaltssozietäten – davon aus, dass die „mitgenommen" Mandate generell nicht zum Goodwill der Sozietät gehören!
[252] MedR 2002, 1, 5; vgl. auch BGH – II ZR 308/98, NJW 2000, 2584 m.w.N.; vgl. ferner *Hülsmann*, NZG 2001, 625, 627.
[253] BGH – IX ZR 265/01, NZG 2002, 861, 864; OLG Celle – 9 U 310/01, MedR 2003, 102; OLG Schleswig – 5 U 46/97, GesR 2004, 226; LG Kiel – 4 O 130/04, MedR 2005, 419; ausführlich hierzu *Frehse/Schwarz*, A/ZusR 2006, 73; Kraus/Kunz/*Peres*, § 8 Rn 68.
[254] LG Nürnberg-Fürth – 4 O 10124/03, ZMGR 2005, 191; die Entscheidung ist zutreffend, da es den Vertragsparteien unbenommen ist, eine Kumulation von einer den „good will" einbeziehenden Abfindungszahlung und des Rechts des Zugriffs auf den Mandantenstamm zu vereinbaren, hierzu BGH – II ZR 308/98, NJW 2000, 2584.
[255] Kraus/Kunz/*Peres*, § 8 Rn 69.

b) Abfindungsbilanz

Die Feststellung des Abfindungsanspruchs ist häufig mit tatsächlichen und rechtlichen Komplikationen verbunden.[256] Für den Ausscheidenden regelmäßig nachteilig ist der **Grundsatz der Gesamtabrechnung**.[257] Die Forderungen der Gesellschaft gegen den Ausgeschiedenen sowie dessen Forderungen gegen die Gesellschaft werden unselbständige Rechnungspositionen in der Bilanz[258] und können grundsätzlich nicht selbständig geltend gemacht werden. Etwas anderes gilt nur dann, wenn feststeht, dass ein Gesellschafter einen Anspruch auf einen bestimmten Betrag hat.[259]

170

Sämtliche Gesellschafter – einschließlich des Ausgeschiedenen – haben das Recht, an der Erstellung der Ausscheidensbilanz mitzuwirken.[260] Die Pflicht zur Aufstellung der Abschichtungsbilanz trifft nach h.M. die Gesellschaft, da diese Schuldnerin des Abfindungsanspruchs ist.[261] Im Falle des Ausscheidens des vorletzten Gesellschafters aus einer zweigliedrigen GbR müsste angesichts der kraft Gesetzes eintretenden Gesamtrechtsnachfolge die Verpflichtung zur Aufstellung der Ausscheidensbilanz den verbleibenden Gesellschafter treffen. Die Feststellung der Abschichtungsbilanz ist durch die Gesellschaft bzw. den allein verbleibenden Gesellschafter und den Ausgeschiedenen als Berechtigten des Abfindungsanspruchs vorzunehmen.[262] Bei Streit über Grund und/oder Höhe des Abfindungsanspruchs wird eine einvernehmliche Feststellung der Abschichtungsbilanz häufig scheitern. Anerkannt ist, dass der Ausgeschiedene den Anspruch auf Zahlung der Abfindung klageweise ohne vorherige Feststellung der Bilanz geltend machen kann.[263] Im Rahmen der zu erhebenden Leistungsklage muss der ausgeschiedene Gesellschafter substantiiert darlegen, aus welchen Gründen die vorgelegte Bilanz falsch ist.[264] Kommt die Gesellschaft trotz Aufforderung mit der Erstellung der Abschichtungsbilanz in Verzug, kann der Ausgeschiedene Leistungsklage auf Aufstellung der Bilanz erheben. Die Klage kann im Wege der Stufenklage nach § 254 ZPO mit Geltendmachung des Abfindungsanspruchs verbunden werden.[265]

171

Der Abfindungsanspruch entsteht im Ausscheidenszeitpunkt. Wann der Abfindungsanspruch fällig wird, ist höchstrichterlich bisher nicht geklärt. Viel spricht dafür, die Fälligkeit – ebenfalls – mit dem Ausscheiden eintreten zu lassen (vgl. § 271 BGB).[266] Teilweise wird vertreten, dass die Fälligkeit erst mit Berechenbarkeit des Abfindungsanspruchs eintritt.[267] Viele Gemeinschaftspraxisverträge enthalten im Interesse der Liquidität der verbleibenden Gesellschafter Regelungen, wonach Teilbeträge zu unterschiedlichen Zeitpunkten fällig werden. Dabei ist zu bedenken, dass die Steuerpflicht von derartigen Stundungsabreden unabhängig ist (vgl. § 16 Abs. 2 EStG i.V.m. Nr. 4.5

172

---

256 Zur Abfindungsberechnung bei fortgeführten freiberuflichen Praxen *Heller*, S. 62 f.
257 *Ulmer*, BGB, § 738 Rn 18, § 730 Rn 49; Gummert/Riegger/Weipert/*Piehler/Schulte*, § 10 Rn 83.
258 Maßgeblich ist die Auseinandersetzungsbilanz. Die Einreichung einer Steuerbilanz zu Darlegungs- und Beweiszwecken reicht regelmäßig nicht aus, da die Auseinandersetzungsbilanz im Gegensatz zur Steuerbilanz die Aufdeckung der stillen Reserven zum Gegenstand hat, OLG Brandenburg, Urt. v. 30.3.2007 – 7 U 177/05, n.v.
259 OLG Hamm – 27 U 224/03, NZG 2005, 175; Kraus/Kunz/*Peres*, § 8 Rn 46.
260 Gummert/Riegger/Weipert/*Piehler/Schulte*, § 10 Rn 680.
261 Gummert/Riegger/Weipert/*Piehler/Schulte*, § 10 Rn 86 m.w.N.
262 Vgl. OLG Brandenburg – 7 U 166/06, Juris.
263 *Ulmer*, BGB, § 738 Rn 28; Gummert/Riegger/Weipert/*Piehler/Schulte*, § 10 Rn 86.
264 Gummert/Riegger/Weipert/*Piehler/Schulte*, § 10 Rn 88.
265 *Ulmer*, BGB, § 738 Rn 30; Gummert/Riegger/Weipert/*Piehler/Schulte*, § 10 Rn 88.
266 *Hülsmann*, NZG 2001, 625, 628.
267 Vgl. hierzu *Ulmer*, BGB, § 739 Rn 20; zum Meinungsstreit ausführlich Gummert/Riegger/Weipert/*Piehler/Schulte*, § 10 Rn 87; vgl. OLG Brandenburg – 7 U 166/06, Juris.

EStR). Die erste Teilrate sollte deshalb zumindest in Höhe der zu erwartenden Steuern vereinbart werden. Weiterhin kann es sich empfehlen, laufende monatliche Zahlungen in Höhe eines zu bestimmenden Prozentsatzes des bisherigen monatlichen Gewinnvorabs zu vereinbaren, um den finanziellen Interessen des Ausgeschiedenen bzw. dessen Rechtsnachfolgern Rechnung zu tragen. Je länger die Fälligkeit hinausgeschoben wird, desto eher ist eine Verpflichtung zur Verzinsung vorzusehen.[268] Zinsen sind nicht ab Entstehen oder Fälligkeit des Anspruchs, sondern erst ab Mahnung zu zahlen (§ 286 Abs. 1 BGB).

17. Auseinandersetzung/Liquidation

173 Bestimmungen zur Auseinandersetzung der GbR finden sich in §§ 730 bis 735 BGB. Der Begriff der Auseinandersetzung ist mit demjenigen der Liquidation identisch (vgl. §§ 145 ff. HGB für die OHG). Nach der Vorstellung des Gesetzgebers ist Ziel der Auseinandersetzung die vermögensrechtliche Abwicklung der Gesellschaft. Insofern bestimmt § 733 Abs. 1 BGB, dass aus dem Gesellschaftsvermögen zunächst die Gesellschaftsschulden sowie diejenigen Schulden, die ihren Grund in der Betätigung der Gesellschaft haben, nach dem Willen der Gesellschafter von der Gesamthand getragen werden sollen, zu begleichen sind. Bleibt Gesellschaftsvermögen nach Berichtigung der Verbindlichkeiten übrig, sind die Einlagen zurückzuerstatten (§ 733 Abs. 2 BGB). Grundlage der vermögensmäßigen Auseinandersetzung ist die Erstellung einer Auseinandersetzungsbilanz. Dabei stellt sich stets die Frage, ob die Zerschlagung der unternehmerischen Einheit als wirtschaftliche Art der Verwertung anzusehen ist. Im Einzelfall kann die Gesamtveräußerung zu einem besseren Verwertungsergebnis führen.[269]

174 Die Gesellschafter sind frei, das Auseinandersetzungsverfahren zu regeln. Im Rahmen der Vertragsfreiheit obliegt es ihnen zu bestimmen, dass ein Gesellschafter oder mehrere Gesellschafter gegen Zahlung einer Abfindung das Gesellschaftsvermögen übernehmen. Im Grunde handelt es sich dann um dieselben Rechtsfolgen wie bei dem Ausscheiden eines Gesellschafters aus der ohne ihn fortgesetzten Gesellschaft. Denkbar ist eine Einigung der Gesellschafter dahingehend, eine Realteilung des materiellen und immateriellen Praxisvermögens vorzunehmen, indem die Gegenstände aufgeteilt werden und jeder Gesellschafter berechtigt ist, seine berufliche Tätigkeit fortzuführen.

175 Nach den Vorstellungen des Gesetzgebers sind sämtliche Gesellschafter geborene Abwickler. Demgemäß endet, sofern nichts anderes vereinbart ist, die Geschäftsführungsbefugnis einzelner Gesellschafter und wird durch die Gesamtgeschäftsführungsbefugnis ersetzt. Mit der Auflösung ändert sich der Gesellschaftszweck mit dem Ziel der Abwicklung, ohne dass Identität und rechtliche Selbständigkeit der Gesellschaft beeinträchtigt werden.[270]

176 Während der Auseinandersetzung gilt – vergleichbar dem Ausscheiden eines Gesellschafters gegen Abfindung – der Grundsatz der Durchsetzungssperre. Insofern soll ein Hin- und Herzahlen vermieden werden. Einzelansprüche stellen unselbständige Rechnungsposten in der Auseinandersetzungsbilanz dar.[271] Die Durchsetzungssperre betrifft

---

268 *Ulmer*, BGB, § 738 Rn 65.
269 Vgl. hierzu Kraus/Kunz/*Peres*, § 7 Rn 137 unter Verweis auf BGH – II ZR 171/02, NZG 2005, 131.
270 Gummert/Riegger/Weipert/*Gummert*, § 21 Rn 90.
271 Gummert/Riegger/Weipert/*Gummert*, § 21 Rn 96.

sämtliche Ansprüche, die eine Schlussabrechnung voraussetzen.[272] Bei Gemeinschaftspraxen ist des Öfteren die Situation festzustellen, dass die Auflösung der Gesellschaft eintritt, weil z.B. ein Gesellschafter kündigt, ohne dass der Gesellschaftsvertrag eine Fortsetzungsklausel enthält oder sämtliche Gesellschafter auf denselben Zeitpunkt kündigen. Teilweise erfolgen Nachkündigungen mit dem Motiv, den Abfindungsanspruch des zuerst Kündigenden ins Leere laufen zu lassen. Nutzen einzelne Gesellschafter die Ressourcen der Abwicklungsgesellschaft im Rahmen ihrer zukünftigen Berufsausübung, müssen sie mit der Geltendmachung von Unterlassungsansprüchen rechnen.[273]

Teilweise erfolgen Nachkündigungen mit dem Ziel, den Abfindungsanspruch des Erstkündigenden leer laufen zu lassen. Es kann sich anbieten zu regeln, dass die Nutzung der Ressourcen der Liquidationsgesellschaft nur mit Zustimmung sämtlicher Gesellschafter zulässig ist.

Ist in einer zweigliedrigen GbR kein zu liquidierendes Gesellschaftsvermögen mehr vorhanden, können Ausgleichsansprüche unmittelbar gegen den ausgleichspflichtigen Gesellschafter geltend gemacht werden, ohne dass es einer – von den Gesellschaftern festgestellten – Auseinandersetzungsbilanz bedarf.[274]

Die Umwandlung einer Gemeinschaftspraxis in eine Praxisgemeinschaft stellt regelmäßig keine Auseinandersetzung dar. Der Gesellschaftszweck der gemeinsamen Berufsausübung wird lediglich dahingehend modifiziert, dass Ressourcen gemeinschaftlich vorgehalten werden. In den meisten Fällen wird dieselbe Gesellschaft fortgeführt werden, indem – von dem immateriellen Vermögen abgesehen – das materielle Vermögen der Gesellschaft nach wie vor gemeinschaftlich genutzt wird.[275]

18. Gesellschafterwechsel

a) Übertragung des Gesellschaftsanteils

Grundsätzlich ist die Mitgliedschaft in der GbR übertragbar. Heute ist es anerkannt, dass die Gesellschafterstellung auch unmittelbar von dem ausscheidenden Gesellschafter auf den Neugesellschafter übertragen werden kann. Grundlage des Verpflichtungsgeschäfts ist regelmäßig ein Kaufvertrag, in welchem die Einzelheiten des Übergangs geregelt werden. Neben der Kaufpreisbestimmung gehören hierzu Regelungen zur Rechnungsabgrenzung und Freistellung; auch sollte klargestellt werden, dass der Gewinnanspruch für bis zum Ausscheidenszeitpunkt erbrachte ärztliche Leistungen dem Ausscheidenden zustehen und von der Übertragung der Mitgliedschaft nicht umfasst sind.[276]

Rechtsgrundlage für die Übertragung ist § 413 BGB.[277] Da die Mitgliedschaft als Ganzes übertragen wird, stehen dem Ausscheidenden keine Auseinandersetzungsansprüche

---

272 Zu den Ausnahmen vom Grundsatz der Durchsetzungssperre ausführlich Gummert/Riegger/Weipert/*Gummert*, § 21 Rn 98.
273 Vgl. OLG Hamm – 8 U 254/98, MedR 1999, 376; OLG Oldenburg – 9 U 43/04, MedR 2005, 355.
274 BGH – II ZR 192/05, NZG 2007, 19.
275 Zur Aufteilung einer Gemeinschaftspraxis vgl. BGH – II ZR 242/93, NJW 1994, 796.
276 Vgl. *Ulmer*, BGB, § 719 BGB Rn 43.
277 Zum Ganzen Gummert/Riegger/Weipert/*Piehler/Schulte*, § 10 Rn 111; Kraus/Kunz/*Schmid*, § 8 Rn 116 f.; Rieger/*Rieger*, „Gemeinschaftspraxis" Rn 76.

gegen die Gesellschaft zu, da §§ 736 ff. BGB das Erlöschen der Mitgliedschaft voraussetzen.[278]

182 Die Übertragung der Mitgliedschaft erfolgt aufgrund eines Vertrages zwischen dem Ausscheidenden und dem Eintretenden. Die übrigen Gesellschafter müssen zustimmen, werden jedoch nicht Vertragspartei.[279] Eine besondere Form ist gesetzlich nicht vorgesehen. Der Verkauf eines Gesellschaftsanteils an einer Gemeinschaftspraxis ist Rechtskauf i.S.d. § 453 BGB. Kaufgegenstand ist nicht das Praxisinventar als Summe der Einzelgegenstände sowie der Goodwill, sondern der Gesellschaftsanteil. Ein zur Haftung des Veräußerers führender Rechtsmangel liegt demgemäß nicht vor, wenn der Wert des Gesellschaftsanteils nicht den Vorstellungen des Erwerbers entspricht oder ein medizinisches Gerät defekt ist.[280]

183 Besonders praxisrelevant ist die Frage, ob der Erwerber das ggf. negative Kapitalkonto des Veräußerers übernimmt. Findet sich im Übertragungsvertrag keine Regelung, gilt der Grundsatz, dass sämtliche Rechte und Pflichten aus der Mitgliedschaft übergehen. Vor diesem Hintergrund empfiehlt sich häufig eine Klarstellung, wonach das (variable) Kapitalkonto durch den Ausscheidenden auszugleichen ist oder im Falle eines negativen Kapitalkontos eine Kaufpreisreduzierung in entsprechender Höhe erfolgt.[281]

184 Mit Vollzug der Übertragung wird der Erwerber Vollmitglied der GbR, und zwar mit allen Rechten und Pflichten, die der übertragende Gesellschafter aufgrund des Gesellschaftsvertrages besaß.[282]

185 Gerade bei vertragsärztlich tätigen Gemeinschaftspraxen kommt es häufig vor, dass z.B. die zuständige KV Rückforderungsansprüche geltend macht, die den Zeitraum vor dem Beitrittsdatum betreffen. Auch ist es nicht selten, dass Widerspruchsverfahren erst später entschieden werden und zu Nachzahlungen führen. Findet sich im Gesellschaftsvertrag keine Regelung und ist das Gewollte auch nicht durch Auslegung zu ermitteln, ist regelmäßig der Erwerber berechtigt bzw. verpflichtet.

186 Bei ärztlichen Gemeinschaftspraxen erfolgt die Aufnahme, sofern nicht zunächst eine Kennenlernphase vereinbart wird, auf der Grundlage eines Kaufvertrages, durch welchen der Beitretende durch einen oder mehrere Gesellschafter Gesellschaftsanteile erwirbt. In diesen Fällen ist zu differenzieren, ob das Entgelt für die Aufnahme in das Gesellschaftsvermögen oder in das Privatvermögen eines oder mehrerer Altgesellschafter geleistet wird. Leistet der Neugesellschafter in das Gesellschaftsvermögen, findet nach herrschender Meinung auf den Vorgang § 24 UmwStG Anwendung.[283] Die Gestaltung bedarf der Mitwirkung eines in Steuerangelegenheiten versierten Beraters.

b) Aufnahme eines neuen Gesellschafters

187 Der Eintritt erfolgt durch einen Aufnahmevertrag, dem die Qualität eines Gesellschaftsvertrages zukommt und der zwischen dem Eintretenden und allen bisherigen Gesell-

---

278 *Ulmer*, BGB, § 719 Rn 25, § 738 Rn 14; Kraus/Kunz/*Schmid*, § 8 Rn 123.
279 *Ulmer*, BGB, § 719 Rn 25; Gummert/Riegger/Weipert/*Piehler/Schulte*, § 10 Rn 113.
280 Rieger/*Rieger*, „Gemeinschaftspraxis" Rn 79.
281 Zum Kapitalanteil und den Gesellschafterkonten vgl. Gummert/Riegger/Weipert/*v. Falkenhausen/ C. Schneider*, § 61 Rn 23 f.
282 *Ulmer*, BGB, § 719 Rn 40 f.; Kraus/Kunz/*Schmid*, § 8 Rn 126.
283 Vgl. ausführlich Gummert/Riegger/Weipert/*Fabian*, § 77 Rn 97; *Haack*, MedR 2005, 631, 634 f.

schaftern – nicht der Gesellschaft! – abgeschlossen wird (Gesellschafterwechsel durch Doppelvertrag).[284] Ein rückwirkender Beitritt ist rechtlich unmöglich, jedoch können die Gesellschafter sich verpflichten, sich wirtschaftlich so zu stellen, als sei der Beitritt zu einem früheren Zeitpunkt erfolgt.[285]

Das Verpflichtungsgeschäft für die Aufnahme und die Abtretung der Gesellschaftsanteile liegt regelmäßig in einem Kaufvertrag. Für den Aufnahmevertrag gibt es keine speziellen Formvorschriften. Sieht der Gesellschaftsvertrag Schriftformen vor, ist diese auch hinsichtlich des Aufnahmevertrages einzuhalten.

188

Durch den Beitritt eines weiteren Gesellschafters ändert sich die Identität der Gesellschaft nicht. Da die Außen-GbR Vertragspartnerin ist, bedarf es insofern keiner Änderung der Verträge. Mit Wirksamwerden des Beitritts wächst das Gesellschaftsvermögen dem Eintretenden entsprechend der im Gesellschaftsvertrag getroffenen Regelung an und den anderen Gesellschaftern ab.

189

19. Spezielle vertragliche Regelungen

a) Vereinbarungen zum Vertragsarztsitz

Die Zulassung als Vertragsarzt stellt ein höchstpersönliches öffentliches Recht dar.[286] Dieser öffentlich-rechtliche Status („Zulassung, Vertragsarztsitz") unterliegt nicht der Verfügungsberechtigung des Rechtsinhabers und kann demgemäß nicht Gegenstand eines Kaufvertrages sein.[287] Der Gesetzgeber hat diesem Umstand Rechnung getragen, indem über eine Nachfolgezulassung der zuständige Zulassungsausschuss nach Maßgabe gesetzlicher Vorgaben zu entscheiden hat (§ 103 Abs. 4, 6 SGB V). Die Feststellung, wonach es sich bei der Vertragsarztzulassung um ein höchstpersönliches unveräußerliches Recht handelt, darf aber nicht den Blick dafür verstellen, dass zwar die Verfügungsbefugnis des Vertragsarztes über seine Vertragsarztzulassung beschränkt ist, nicht jedoch die zivilrechtliche Befugnis zur Disposition über seinen Gesellschaftsanteil. Verpflichtungen im Zusammenhang mit der Mitwirkung an der Nachbesetzung des Vertragsarztsitzes – ggf. einschließlich der Erklärung des Verzichts auf die Vertragsarztzulassung[288] – sind hiervon unabhängig und können grundsätzlich wirksam begründet werden.[289]

190

Die Instanzgerichte haben sich mit unterschiedlichen Fallkonstellationen befasst, in denen aus der Gemeinschaftspraxis ausscheidende Vertragsärzte vertraglich zur Nach-

191

---

284 *Ulmer*, BGB, § 714 Rn 56, § 719 Rn 36 f.; Rieger/Rieger, „Gemeinschaftspraxis" Rn 83; Gummert/Riegger/Weipert/*Piehler/Schulte*, § 10 Rn 2.
285 Gummert/Riegger/Weipert/*Piehler/Schulte*, § 10 Rn 2.
286 BSG – B 6 KA 67/98 R, MedR 2001, 160.
287 Ausführlich zu vertraglichen Vereinbarungen im Nachbesetzungsverfahren Schnapp/Wigge/*Wigge*, § 6 Rn 60; zum „Kauf" von Zulassungen vgl. *Großbölting/Jacklin*, NZS 2002, 130, 136; Gummert/Riegger/Weipert/*Gummert*, § 25 Rn 62.
288 OLG Zweibrücken – 4 U 73/04, GesR 2005, 423; die Nichtzulassungsbeschwerde hat der BGH mit Beschl. v. 10.7.2006 – II ZR 175/05, n.v. zurückgewiesen.
289 Vgl. hierzu *Rieger*/Rieger, „Gemeinschaftspraxis" Rn 89; Halbe/Schirmer/*Halbe/Rothfuß*, A 1100 Rn 159; *Gummert/Meier*, MedR 2007, 400; *Möller*, MedR 2006, 621, 626 ff.

besetzung ihrer Vertragsarztsitze verpflichtet wurden. Sie sind dabei zu diametral entgegengesetzten Ergebnissen gelangt.[290]

192 Der BGH hat mit zwei Urteilen vom 22.7.2002[291] zumindest für etwas Erhellung gesorgt. Die Entscheidungen können als Grundsatzaussage dahingehend verstanden werden, dass Vereinbarungen zur Nachbesetzung des Vertragsarztsitzes nicht generell unzulässig sind. Bei relativ kurzer Dauer der Gesellschaftszugehörigkeit (im Verfahren II ZR 90/01 betrug die Dauer der Gesellschaftszugehörigkeit sechs Monate, im Verfahren II ZR 265/00 waren es 21 Monate) geht der BGH von einer fehlenden Möglichkeit aus, die Praxis maßgeblich geprägt zu haben. Für den BGH ist erheblich, dass die ausscheidenden Ärzte ihre Vertragsarztzulassung jeweils nicht „mitgebracht" hatten, sondern in bestehende Gemeinschaftspraxen eintraten, indem sie dort vorhandene Zulassungen erhielten – im Falle des OLG Stuttgart entgeltlich, im Falle des OLG Zweibrücken unentgeltlich. In beiden Fällen ließen sich die ausscheidenden Gesellschafter im Planungsbereich der ehemaligen Gemeinschaftspraxis nieder.[292]

193 Der BGH hat allerdings zu erkennen gegeben, dass seine Wertung dann anders ausfallen könne, wenn das Ausscheiden auf Gründen beruhe, die der aufnehmende Arzt zu verantworten habe und der Verbleib in der Gemeinschaftspraxis für den Aufgenommenen unzumutbar sei.[293] In diesem Zusammenhang drängt sich die Frage auf, ob die Hinauskündigung während einer rechtmäßig vereinbarten Kennenlernphase zum Verlust der Vertragsarztzulassung für die Praxis führt.[294] Richtigerweise wird man die Verpflichtung zur Durchführung des Nachbesetzungsverfahrens auch bei Vereinbarung eines Hinauskündigungsrechts während der Kennenlernphase für zulässig ansehen müssen, sofern der ausscheidende Gesellschafter die Vertragsarztzulassung von einem Vorgänger aus der Praxis übernommen hat. Eine derartige Vereinbarung ist weder sittenwidrig noch verletzt sie den Ausscheidenden in seinem Grundrecht aus Art. 12 Abs. 1 GG. Häufig kennen sich die Gesellschafter vor dem Zusammenschluss nicht oder nur unzureichend. Dem Bestand der Praxis ist dabei im Interesse einer unternehmenserhaltenden Bewertung eindeutig der Vorzug vor den Interessen des Hinausgekündigten zu geben. Falls der Hinausgekündigte Gesellschaftsanteile entgeltlich erworben hat, sollte der Abfindungsanspruch allerdings zeitgleich oder zumindest zeitnah mit dem Ausscheidenszeitpunkt fällig werden.

194 In Fällen, in denen der Ausscheidende von seiner Vertragsarztzulassung keinen Gebrauch machen kann – z.B. Eintritt von Berufsunfähigkeit, Tod, Wegzug aus dem Planungsbereich – bestehen gegen die Wirksamkeit von Mitwirkungsklauseln an der Nachbesetzung keine Bedenken,[295] wonach das Ausschreibungsrecht jedenfalls dem/den verbleibenden Gesellschafter(n) zusteht.

---

290 OLG Hamm – 8 W 71/97, MedR 1998, 565 m. Anm. *Dahm*; 8 U 91/99, MedR 2000, 427 m. Anm. *Wigge/Kleinke*; OLG Köln – 13 U 47/99, AusR 2000, 3; OLG Stuttgart – 20 U 57/2000, MedR 2001, 519; LG Bochum – 4 O 25/99, NZS 1999, 409; LG Essen – 4 O 554/96; 3 O 136/97, beide MedR 1998, 565 m. Anm. *Dahm*.
291 II ZR 265/00, MedR 2002, 647 (Vorinstanz OLG Zweibrücken; vgl. hierzu die diese Auseinandersetzung betreffende Nachfolgeentscheidung OLG Zweibrücken – 4 U 73/04, GesR 2005, 423); II ZR 90/01 (Vorinstanz OLG Stuttgart – 20 U 57/2000, MedR 2001, 519).
292 Kritisch Rieger/*Rieger*, „Gemeinschaftspraxis" Rn 71 f.
293 II ZR 265/00, MedR 2002, 647.
294 Vgl. hierzu Halbe/Schirmer/*Halbe/Rothfuß*, A 1100 Rn 158.
295 In diese Richtung geht auch die Entscheidung des BSG – B 6 KA 70/97 R, MedR 1999, 382, wonach das Ausschreibungsrecht bei Beendigung der Zulassung eines Mitgesellschafters den anderen Gesellschaftern zusteht; ebenso LSG Baden-Württemberg – L 5 KA 3191/04, MedR 2005, 671.

Letztlich hängt die Beantwortung vieler Fragen davon ab, ob man die Interessen des einzelnen Vertragsarztes an seiner Berufsausübungsfreiheit höher einstuft als diejenigen der Berufsausübungsgemeinschaft und deren Gesellschaftern.[296] Insoweit sollte nicht unberücksichtigt bleiben, dass der beitretende Gesellschafter die gesellschaftsvertragliche Verpflichtung zur Durchführung des Nachbesetzungsverfahrens im Falle des Ausscheidens bei Vertragsabschluss akzeptiert hat. Er hat damit – teilweise – auf seine individuelle Rechtsposition zugunsten der Berufsausübungsgemeinschaft in zulässigem Umfang verzichtet. Ob demgegenüber ein Interessenausgleich durch Zahlung einer Karenzentschädigung erforderlich ist,[297] erscheint fraglich. Dass die vorzunehmende Wertung im Einzelfall aufgrund besonderer Umstände zu dem Ergebnis führen kann, die Verpflichtung zur Mitwirkung an der Nachbesetzung sei unbillig (§ 242 BGB), bedarf keiner besonderen Hervorhebung. Bei Gestaltung des Gesellschaftsvertrages empfiehlt es sich, die Verpflichtung zur Mitwirkung an der Nachbesetzung mit einer Vertragsstrafe zu unterlegen.[298]

195

b) Regelungen zur Budgetaufteilung

Die vertragsärztliche Versorgung erfolgt unter dem Deckel einer budgetierten Gesamtvergütung. Viele KVen haben die Vorgaben der Budgetierung/Regelleitungsvolumina in mehr oder minder ausgeprägter Form auf den einzelnen Vertragsarzt „heruntergebrochen". Da viele Praxen in erheblichem Umfang gesetzlich versicherte Patienten betreuen, ist die Anzahl der Budgets/Regelleistungsvolumina oftmals von erheblicher Bedeutung. Scheidet ein Gesellschafter aus der Gemeinschaftspraxis aus, indem er seinen Vertragsarztsitz und das daran anknüpfende Budget mitnimmt, kann dies für die verbleibenden Gesellschafter angesichts der häufig nicht in demselben Verhältnis reduzierbaren Fixkosten existentielle Auswirkungen haben.

196

Die Honorarverteilungsverträge sehen regelmäßig vor, dass die Gemeinschaftspraxis ein einheitliches Budget hat. Dieses setzt sich bei Gründung einer Gemeinschaftspraxis durch Zusammenschluss mehrerer Einzelpraxen aus der Summe der Einzelbudgets zusammen.[299] Im Falle des Ausscheidens könnten bei kopfanteiliger Aufteilung des Gesamtbudgets ungerechte Verwerfungen entstehen. Aus diesem Grunde empfehlen sich individuelle Regelungen im Gesellschaftsvertrag, um von der ggf. im Honorarverteilungsvertrag[300] vorgesehenen Möglichkeit Gebrauch zu machen, von der kopfanteiligen Zurechnung abzuweichen. Teilweise sehen Honorarverteilungsverträge vor, dass die Gesellschafter sich auf die Aufteilung mit verbindlicher Wirkung für die KV verständigen können. Eine zu starke Beschränkung des Budgetanteils kann allerdings zu einer Aushöhlung des Vertragsarztstatus führen. Bedenken an der Rechtswirksamkeit erge-

197

---

296 *Möller*, MedR 2006, 621, 627.
297 So Halbe/Schirmer/*Halbe/Rothfuß*, A 1100 Rn 159, unter Hinweis auf OLG Stuttgart – 20 U 57/2000 – MedR 2001, 519; vgl. aber auch OLG Düsseldorf – I-9 U 46/07, NRWE, wonach die Höhe der Abfindung ein Kriterium für die Beurteilung der Zulässigkeit sein kann.
298 Halbe/Schirmer/*Halbe/Rothfuß*, A 1100 Rn 160.
299 Zur Aufteilung der Budgets vgl. ausführlich Halbe/Schirmer/*Halbe/Rothfuß*, A 1100 Rn 161 f.; Gummert/Riegger/Weipert/*Gummert*, § 25 Rn 64; *Möller*, AG MedR im DAV, Bd. 2, S. 51, 60.
300 Der Honorarverteilungsvertrag wird gemäß § 85 Abs. 4 S. 2 SGB V zwischen den Landesverbänden der Krankenkassen und den Verbänden der Ersatzkassen einerseits und der KV andererseits abgeschlossen. Der Honorarverteilungsvertrag ersetzt den durch Satzungsautonomie der KV beschlossenen Honorarverteilungsmaßstab.

ben sich insofern aus § 138 BGB (Sittenwidrigkeit) sowie § 723 Abs. 3 BGB (Kündigungsbeschränkung).[301]

c) Nachvertragliches Wettbewerbsverbot

aa) Grundsätzliches

198 Nachvertragliche Wettbewerbsverbote unter Ärzten sind grundsätzlich zulässig. Die Rechtsprechung anerkennt ein schutzwürdiges Interesse daran, dass die Erfolge der Arbeit des Berechtigten nicht illoyal verwertet werden.[302] Die Gemeinschaftspraxis kann ein erhebliches Interesse daran haben zu verhindern, dass Patienten, die die Grundlage des wirtschaftlichen Erfolgs bilden, abgezogen werden und damit die Existenzgrundlage der Gesellschaft beeinträchtigt wird.

199 Nachvertragliche Wettbewerbsverbote können nicht aus der gesellschaftsrechtlichen Treuepflicht abgeleitet werden, da diese grundsätzlich an die Mitgliedschaft in der Gesellschaft geknüpft ist,[303] sondern erfordern eine ausdrückliche Vereinbarung.[304] Wegen ihrer einschneidenden Auswirkungen auf die grundrechtlich gewährleistete Berufsfreiheit können sie nach § 138 BGB i.V.m. Art. 12 Abs. 1 GG jedoch unwirksam sein, wenn sie nicht durch ein schutzwürdiges Interesse des Berechtigten gerechtfertigt sind und das erforderliche Maß in gegenständlicher, örtlicher und zeitlicher Hinsicht überschreiten.[305]

200 Während bei Rechtsanwälten Mandantenschutzklauseln anerkannt sind,[306] dürften entsprechende Regelungen – insbesondere bezogen auf gesetzlich versicherte Patienten wegen der insofern grundsätzlich bestehenden Behandlungspflicht – im ärztlichen Bereich nichtig sein.[307] Speziell aus Gesellschaftsverhältnissen sich ergebende Wettbewerbsverbote werden als „kartellrechtsneutral" beurteilt, wenn sie dem Bestand und der Erhaltung des Unternehmens dienen und „seine Aushöhlung von innen her" verhindern sollen.[308] Das Wettbewerbsverbot darf allerdings nicht dazu eingesetzt werden, den früheren Mitgesellschafter als Wettbewerber auszuschalten. Der Wunsch, den ausgeschlossenen Gesellschafter einer besonderen Sanktion zu unterwerfen, rechtfertigt es nicht, die räumlichen, gegenständlichen und zeitlichen Grenzen eines nachvertraglichen Wettbewerbsverbotes auszuweiten.[309]

bb) Gegenständliche Grenzen

201 Bei Bestimmung der gegenständlichen Grenzen ist das Interesse des Berechtigten an Unterbindung der Konkurrenztätigkeit in besonderem Maße zu überprüfen. Es darf nur der tatsächlich gegebenen Gefahr von Wettbewerb begegnet werden. Unzulässig ist

---

301 Zu diesem Aspekt Halbe/Schirmer/*Halbe/Rothfuß*, A 1100 Rn 164.
302 St. Rspr., vgl. BGH – II ZR 159/03, NJW 2005, 3061.
303 *Ulmer*, BGB, § 705 Rn 237.
304 OLG Celle – 9 U 6/06, NJW-RR 2007, 65.
305 St. Rspr., vgl. BGH – II ZR 159/03, NJW 2005, 3061 m.w.N.; OLG Düsseldorf – I-9 U 46/07, NRWE; Rieger/*Rieger*, „Wettbewerbsverbot" Rn 9.
306 Vgl. nur BGH – II ZR 308/98, NJW 2000, 2584; Gummert/Riegger/Weipert/*Schmid*, § 24 Rn 83.
307 Gummert/Riegger/Weipert/*Schmid*, § 24 Rn 88; Halbe/Schirmer/*Halbe/Rothfuß*, A 1110 Rn 143 Fn 256.
308 *Ulmer*, BGB, § 705 Rn 237.
309 BGH – II ZR 159/03, NJW 2005, 3061.

z.B. eine Klausel, die einem aus einer ausschließlich im ambulanten Bereich tätigen Gemeinschaftspraxis ausscheidenden Gesellschafter eine Tätigkeit im stationären Bereich (Krankenhaus) verbieten würde.[310] Verfügt ein Gesellschafter über mehrere Facharztbezeichnungen, darf das Wettbewerbsverbot nur den Bereich der ärztlichen Tätigkeit umfassen, mit welchem der Gesellschafter in der Gemeinschaftspraxis tätig ist. Einem Facharzt darf die Tätigkeit als „Allgemeinarzt" nicht generell untersagt werden.[311] Dies muss aber mit der Einschränkung versehen werden, dass über die nicht vom Wettbewerbsverbot umfasste Tätigkeit die Patienten der Praxis nicht abgeworben werden dürfen. Eine unzulässige gegenständliche Überschreitung führt zur Nichtigkeit des gesamten Wettbewerbsverbots; eine geltungserhaltende Reduktion findet nicht statt.[312] Eine Beschränkung im Wege der Auslegung ist allerdings zulässig.[313]

cc) Zeitliche Grenze

Die zulässige Dauer eines Wettbewerbsverbots lässt sich nicht mit starren Grenzen festlegen. Zu berücksichtigen ist u.a., wie lange die Gesellschafter zusammengearbeitet haben. Der BGH hat die zeitliche Obergrenze allerdings auf zwei Jahre festgelegt und im Urteil vom 29.9.2003 hierzu ausgeführt:[314]

> „Ein über zwei Jahre hinausgehendes nachvertragliches Wettbewerbsverbot für einen aus einer Freiberuflersozietät ausgeschiedenen Gesellschafter verstößt in zeitlicher Hinsicht gegen § 138 BGB, weil sich nach einem Zeitraum von zwei Jahren die während der Zugehörigkeit zur Gesellschaft geknüpften Mandantenverbindungen typischerweise so gelöst haben, dass der ausgeschiedene Partner wie jeder andere Wettbewerber behandelt werden kann."

Ein lediglich in zeitlicher Hinsicht übermäßiges Verbot wird von der Rechtsprechung geltungserhaltend reduziert.[315]

dd) Örtliche Grenze

Die räumlichen Grenzen eines rechtmäßigen Wettbewerbsverbots hängen von dem jeweiligen Einzugsbereich der Praxis ab. Dieser ist bei einer großstädtischen Allgemeinarztpraxis geringer und meist auf den betreffenden Stadtteil begrenzt.[316] Der Einzugsbereich einer Facharztpraxis im ländlichen Bereich wird regelmäßig deutlich größer sein. Bei Laborärzten und Pathologen, die mittels ihres Botendienstes einen überörtlichen Einzugsbereich abdecken, kann die Verbotszone deutlich umfassender sein. Kilometerangaben in der Wettbewerbsklausel werden als Luftlinie ausgelegt.[317] Verstößt ein Wettbewerbsverbot gegen die zulässigen räumlichen Grenzen, erfolgt keine geltungserhaltende Reduktion. Das gesamte Wettbewerbsverbot ist unwirksam.[318]

---

310 BGH – II ZR 238/96, NJW 1997, 3089, 3090.
311 OLG Düsseldorf – I-9 U 46/07, NRWE.
312 BGH – II ZR 159/03, NJW 2005, 3061.
313 OLG Düsseldorf – I-9 U 46/07, NRWE.
314 II ZR 59/02, NJW 2004, 66; früher bereits II ZR 308/98, NJW 2000, 2584.
315 BGH – II ZR 159/03, NJW 2005, 3061; Rieger/*Rieger*, „Wettbewerbsverbot" Rn 19.
316 Nachweise zur Rspr. bei Rieger/*Rieger*, „Wettbewerbsverbot" Rn 14; OLG Düsseldorf, Urt. v. 21.6.2002 – 17 U 248/01, n.v.
317 OLG Koblenz – 9 U 1007/93, MedR 1994, 450.
318 BGH – II ZR 159/03, NJW 2005, 3061.

205 Es kann sachgerecht sein, in dem Gesellschaftsvertrag eine relativ eng begrenzte, den Haupteinzugsbereich abdeckende örtliche Verbotszone vorzusehen und bei einer Niederlassung außerhalb dieser Verbotszone, jedoch innerhalb eines näher beschriebenen Umkreises eine Beschränkung der Höhe des Abfindungsanspruchs vorzusehen.

ee) Ausnahmen

206 Unter Verhältnismäßigkeitsaspekten sollten Ausnahmen von der strikten Unterlassungsverpflichtung etwa für eine zeitlich beschränkte Vertreterzeit vorgesehen werden. Dabei empfiehlt es sich, den zeitlichen Umfang genau festzulegen und eine Auskunftspflicht vorzusehen.

ff) Auswirkungen auf den Abfindungsanspruch

207 Wettbewerbsverbote ohne Karenzentschädigung i.S.d. § 74 Abs. 2 HGB sind zulässig.[319] Ein Wettbewerbsverbot ohne Zahlung einer Abfindung ist problematisch und bedarf zumindest der besonderen Rechtfertigung im Einzelfall.[320]

208 Andererseits ist die Abfindung für den immateriellen Wert ein Ausgleich für den zu unterlassenden Wettbewerb.[321] Auch wenn ein ausdrückliches Wettbewerbsverbot nicht vereinbart wurde, kann die inhaltliche Ausgestaltung der Abfindungsregelung die Pflicht zur Unterlassung von Konkurrenztätigkeit begründen.[322] Die Aufnahme von Wettbewerb führt dann zum teilweisen oder vollständigen Verlust des Abfindungsanspruchs für den immateriellen Wert. Gesellschaftsvertraglich kann allerdings eine Begünstigung des Ausgeschiedenen vereinbart werden, dass dieser eine Abfindung für den anteiligen immateriellen Wert erhält und – zusätzlich – den Zugriff auf den Patientenstamm behält, sich mithin im Einzugsbereich der Praxis niederlassen darf.[323]

209 In diesem Zusammenhang ist auch die Frage zu diskutieren, wie sich die Information der Patienten durch den ausscheidenden Gesellschafter über dessen neuen Tätigkeitsort auf den Abfindungsanspruch auswirkt. Grundsätzlich wird man von der Zulässigkeit der Patienteninformation selbst bei Existenz eines nachvertraglichen Wettbewerbsverbots ausgehen müssen, da die Patienten andernfalls ihr Recht auf freie Arztwahl nicht sachgerecht ausüben können. Allerdings kann es geboten sein, den Abfindungsanspruch für den anteiligen immateriellen Wert angemessen zu reduzieren.[324]

gg) Beschäftigungsverbot

210 Bei der Vertragsgestaltung ist daran zu denken, ein ausdrückliches Verbot aufzunehmen, wonach es dem Ausscheidenden untersagt ist, für einen bestimmten Zeitraum Personal der bisherigen Praxis zu beschäftigen.[325]

---

319 OLG Düsseldorf, Urt. v. 21.6.2002 – 17 U 248/01, n.v.
320 Halbe/Schirmer/*Halbe/Rothfuß*, A 1110 Rn 146; OLG Celle – 9 U 46/07, OLGR Celle 2007, 482 für Mandantenschutzklauseln in einem anwaltlichen Partnerschaftsgesellschaftsvertrag.
321 Vgl. *Frehse/Schwarz*, A/ZusR 2006, 73 m.w.N.
322 BGH – II ZR 308/98, NJW 2000, 2584; *Ulmer*, BGB, § 738 Rn 68; Halbe/Schirmer/*Halbe/Rothfuß*, A 1110 Rn 143.
323 BGH – II ZR 308/98, NJW 2000, 2584; *Ulmer*, BGB, § 738 Rn 69; *Hülsmann*, NZG 2001, 625, 627 f.; *Frehse/Schwarz*, A/ZusR 2006, 73, 77.
324 Hierzu ausführlich Rieger/*Rieger*, „Gemeinschaftspraxis" Rn 86 f.
325 Zur unzulässigen Abwerbung Gummert/Riegger/Weipert/*Schmid*, § 24 Rn 88.

hh) Vertragsstrafe

Ein Wettbewerbsverbot ohne Vertragsstrafe ist häufig ein schwaches Instrument.[326] Die Vertragsstrafe muss angemessen sein, da sie ansonsten durch ein Gericht herabgesetzt werden kann (§ 343 BGB).[327]

211

§ 340 Abs. 1 S. 1 BGB gibt dem Gläubiger ein Wahlrecht, ob er die Vertragsstrafe verlangt oder den Unterlassungsanspruch geltend macht. Vertragsstrafe neben Unterlassung kann nach der Vorstellung des Gesetzgebers mithin nicht verlangt werden! Allerdings ist die Vorschrift dispositiv.[328] Dies umsetzend, enthalten viele Gesellschaftsverträge eine Bestimmung, wonach die Vertragsstrafe und zusätzlich Unterlassung sowie Schadensersatz wegen Nichterfüllung (teilweise pauschaliert) verlangt werden können.[329] Im Einzelfall kann die Gesamtwürdigung der vereinbarten Rechtsfolgen allerdings zu dem Ergebnis gelangen, dass eine Verstoß gegen §§ 242, 138 BGB vorliegt.

212

ii) Keine unzulässige Rechtsausübung

Grundsätzlich kann sich auch derjenige Gesellschafter auf die Nichtigkeit des Wettbewerbsverbots berufen, der die Klausel in den Vertrag eingeführt hat. Etwas anderes gilt nur bei „misslicher" Ausnutzung der Situation des Vertragspartners.[330]

213

d) Ehevertrag

Gesellschaftsverträge insbesondere kapitalintensiver Gemeinschaftspraxen verlangen häufig von den am Gesellschaftsvermögen beteiligten Gesellschaftern den Abschluss eines Ehevertrages, durch welchen die Zugewinnansprüche des jeweiligen Partners, zumindest bezogen auf den Gesellschaftsanteil an der Gemeinschaftspraxis, ausgeschlossen werden (sog. modifizierter Zugewinnausgleich[331]). Naturgemäß gibt es in der Praxis eine Vielzahl von Gestaltungsmöglichkeiten.

214

Als Alternative wird die Vereinbarung einer notariell beurkundeten Vollstreckungsverzichtserklärung vorgeschlagen,[332] in welcher sich der Partner zur Unterlassung von Vollstreckungsmaßnahmen in den Gesellschaftsanteil oder in Rechte aus der Mitgliedschaft verpflichtet. Ein effektiver Schutz hängt allerdings davon ab, dass der Anspruch ebenfalls nicht an Dritte abgetreten werden darf!

215

Bei Eheverträgen ist zu beachten, dass die Parteien nicht volle Vertragsfreiheit genießen, auch wenn der Zugewinnausgleich sich ehevertraglicher Disposition am weitesten zugänglich erweist.[333] Der BGH[334] hat in Umsetzung mehrerer Entscheidungen des Bundesverfassungsgerichts eine zweistufige Kontrolle von Eheverträgen entwickelt: Zunächst wird geprüft, ob die Vereinbarung bereits zum Zeitpunkt des Zustandekommens zu einer einseitigen Lastenverteilung im Scheidungsfall führt, wobei eine Ge-

216

---

326 Kraus/Kunz/*Schmid*, § 8 Rn 98.
327 Zu den maßgeblichen Kriterien vgl. Rieger/*Rieger*, „Wettbewerbsverbot" Rn 29.
328 Palandt/*Grüneberg*, BGB, § 340 Rn 3.
329 Das OLG Köln – 8 U 29/06, OLGR Köln 2007, 327 bejaht bei einer Steuerberaterkanzlei einen Auskunftsanspruch bei einer nachvertraglichen Mandantenschutzklausel.
330 OLG Düsseldorf – I-9 U 46/07, NRWE.
331 Hierzu *Heimann*, S. 14 f. mit Formulierungsvorschlägen; Palandt/*Brudermüller*, BGB, § 1408 Rn 18.
332 Halbe/Schirmer/*Halbe/Rothfuß*, A 1100 Rn 169.
333 So ausdrücklich BGH – XII ZR 296/01, NJW 2005, 2386, 2388.
334 Vgl. nur – XII ZR 265/02, NJW 2004, 930.

samtwürdigung vorzunehmen ist. In einem zweiten Schritt wird geprüft, ob und inwieweit ein Partner seine durch den Vertrag eingeräumte Rechtsmacht missbraucht, wenn er sich auf die vertraglichen Regelungen beruft; dabei sind die Verhältnisse bei der Scheidung maßgeblich.

217 Die Rechtmäßigkeit von Regelungen zum modifizierten Zugewinnausgleich wird insbesondere dann anzuerkennen sein, wenn für einen Verzicht ein angemessener Ausgleich geleistet wird.

e) Schlichtung

218 Es kann sinnvoll sein zu vereinbaren, dass vor Anrufung der ordentlichen Gerichte oder Einleitung eines Schiedsgerichtsverfahrens zunächst ein Schlichtungsversuch durchgeführt wird.[335] Als Schlichter kommt ein professioneller Mediator[336] oder ggf. der Justitiar der Ärztekammer in Betracht.

219 Wird trotz der Schlichtungsabrede sofort Klage erhoben, ist diese als – derzeit – unzulässig abzuweisen (§ 1032 Abs. 1 ZPO).[337] Ist nach dem Gesellschaftsvertrag vor einer schiedsgerichtlichen Auseinandersetzung die Durchführung eines kollegialen Schlichtungsverfahrens erforderlich, so ist bei Unwirksamkeit der Schiedsabrede vor einer Anrufung staatlicher Gerichte trotzdem ein kollegiales Schlichtungsverfahren durchzuführen.[338] Der Kläger kann nicht einseitig erklären, er halte die Durchführung des Schlichtungsverfahrens für nicht Erfolg versprechend.[339]

f) Schiedsgerichts-, Schiedsgutachterverfahren

220 In vielen Kooperationsverträgen finden sich Klauseln, wonach Rechtsstreitigkeiten nicht durch die ordentlichen Gerichte, sondern durch ein Schiedsgericht zu entscheiden sind. Das Schiedsgerichtsverfahren richtet sich nach §§ 1025 f. ZPO, wenn die Parteien nichts anders vereinbaren.[340] Die Schiedsgerichtsvereinbarung bedarf der Schriftform. Eine gesonderte Urkunde ist nicht – mehr – erforderlich.[341] Liegt eine wirksame Schiedsgerichtsvereinbarung vor, ist die Zuständigkeit staatlicher Gerichte verdrängt.[342] Bei Vorliegen einer wirksamen Schiedsabrede kann auch kein Urkundsprozess vor den ordentlichen Gerichten geführt werden.[343]

221 Schiedsvereinbarungen sind, auch wenn sie in einen anderen Vertrag eingebunden sind, als rechtlich selbständige Verträge zu behandeln. Die Aufhebung des Hauptvertrages führt nicht automatisch zum Wegfall auch der Schiedsklausel (§ 1040 Abs. 1 ZPO).[344] Geht der Streit um die Nichtigkeit des Hauptvertrages, ist die Schiedsklausel hiervon

---

335 *Werner*, GmbHR 2005, 1554; *Monßen*, Mitt. RAK Düsseldorf 2006, 163.
336 Zur Mediation im Wirtschaftsrecht *Kraft*, VersR 2000, 935; ein lesenswerter Überblick zu den rechtlichen Grundlagen der Mediation gibt *Hensseler*, Mitt. RAK Düsseldorf 2007, 98.
337 BGH – VIII ZR 344/97, NJW 1999, 647; II ZR 55/76, NJW 1977, 2263; LG Tübingen – 3 O 127/06, MedR 2007, 308; zu den Möglichkeiten außergerichtlicher Streitbeilegung ferner Kraus/Kunz/*Schmid*, § 3 Rn 89.
338 LG Tübingen – 3 O 127/06, MedR 2007, 308.
339 LG Tübingen – 3 O 127/06, MedR 2007, 308.
340 Regeln für Schiedsklauseln finden sich bei *Hamann/Lennarz*, BB 2007, 1009.
341 Zu den Voraussetzungen *Kröll*, NJW 2007, 743, 744; ferner *Rieger*, Rechtsfragen, Rn 198.
342 Vgl. Zöller/*Geimer*, vor § 1025 Rn 2.
343 *Kröll*, NJW 2007, 743, 746 m.w.N.
344 Ausführlich *Kröll*, NJW 2007, 743.

regelmäßig nicht umfasst. Hinsichtlich ihres sachlichen Geltungsbereichs sind Schiedsklauseln weit auszulegen.[345] Die Zweckmäßigkeit einer Schiedsgerichtsvereinbarung in ärztlichen Kooperationsverträgen ist umstritten. Als Vorteile sind zu nennen: Nichtöffentlichkeit, abschließende Entscheidung, Sachkunde, Beschleunigung, hohe Vergleichsquote. Nachteilig sind primär die hohen Kosten sowie die fehlende gerichtliche Korrekturmöglichkeit. Ein Schiedsspruch kann als Vollstreckungsgrundlage dienen, wenn er vom zuständigen OLG für vollstreckbar erklärt wurde (§§ 1060, 1062 ff. ZPO). Bei einer Schiedsklage gegen eine GbR hat der Kläger zu entscheiden, ob er die Gesellschaft oder die Gesellschafter verklagt; das Schiedsgericht kann die Passivlegitimation nicht ändern.[346]

Ein Arzt, der einen Vertrag zum Eintritt in eine Gemeinschaftspraxis unterschreibt, ist kein Verbraucher gemäß § 13 BGB. Existenzgründer sind Unternehmer i.S.d. § 14 BGB. Eine Schiedsvereinbarung bedarf deshalb keiner besonderen, von den Parteien unterzeichneten Urkunde, die nur auf das schiedsrichterliche Verfahren bezogene Vereinbarungen enthält. Es genügt vielmehr eine Schiedsklausel im Gemeinschaftspraxisvertrag.[347]

222

Schiedsgutachterklauseln sind strikt von Schiedsgerichtsklauseln zu unterscheiden. Der Schiedsgutachter hat nicht – wie das Schiedsgericht – einen Rechtsstreit zu entscheiden, sondern Tatsachen festzustellen und Tatfragen zu entscheiden, ohne darüber zu befinden, welche Verpflichtungen sich daraus ergeben.[348]

223

g) Bedingungen

Für die vertragsärztlich tätige Gemeinschaftspraxis ist die (vorherige) Genehmigung durch den Zulassungsausschuss (§ 33 Abs. 2 Ärzte-ZV) erforderlich. Da Gemeinschaftspraxen ihre Tätigkeit nicht selten vor Eintritt der Bestandskraft des Genehmigungsbescheides aufnehmen, bedarf es insofern der Vereinbarung einer – aufschiebenden[349] – Bedingung. Da der Bedingungseintritt nicht sicher ist, sollte bestimmt werden, dass die Gesellschafter sich im Innenverhältnis wirtschaftlich so stellen, als sei die Bedingung eingetreten.

224

Neben der bestandskräftigen Genehmigung der Gemeinschaftspraxis kommen als Bedingungen u.a. in Betracht: Bestandskraft einer Zulassung, Bestandskraft einer Verlegungsgenehmigung, Zustandekommen eines Anteilskaufvertrages, Finanzierungszusage.

225

h) Salvatorische Klausel

Keinesfalls fehlen darf eine sog. salvatorische Klausel. Hierdurch versuchen die Parteien, ein in Teilen nichtiges Rechtsgeschäft in den nicht von der Nichtigkeit erfassten Teilen zu retten. Die Vereinbarung einer Erhaltens- oder Ersetzungsklausel entbindet nicht von der nach § 139 BGB vorzunehmenden Prüfung, ob die Parteien das teilnichtige Geschäft als Ganzes verworfen oder den Rest hätten gelten lassen. Die Darlegungs-

226

---

345 *Kröll*, NJW 2007, 743, 745.
346 Vgl. OLG München – 34 Sch 23/06, NJW 2007, 2129, 2130.
347 BGH – III ZB 36/04, ArztR 2006, 72; *Kröll*, NJW 2007, 743, 746.
348 Zöller/*Geimer*, § 1029 Rn 4.
349 Halbe/Schirmer/*Halbe/Rothfuß*, A 1100 Rn 171.

und Beweislast trifft dabei die Partei, die den Vertrag entgegen der Erhaltensklausel als Ganzes für unwirksam hält.[350]

III. Sonderformen der Gemeinschaftspraxis[351]

1. Job-Sharing-Gemeinschaftspraxis

a) Rechtsgrundlage

227 Die Zulassungsbeschränkungen in der im Wesentlichen noch heute geltenden Fassung wurden zum 1.1.1993 eingeführt. Es zeigte sich bald, dass das System zu starr war. Um den Bedürfnissen vieler Ärzte nach individueller Festlegung ihres Arbeitseinsatzes nachzukommen und zusätzliche Beschäftigungschancen für Ärzte zu schaffen, ohne damit die Gefahr einer Leistungsausweitung auszulösen, schuf der Gesetzgeber zum 1.7.1997 das Rechtsinstitut des sog. Job-Sharings. Die Bildung einer Gemeinschaftspraxis in einem zulassungsgesperrten Planungsbereich wurde gemäß § 101 Abs. 1 Nr. 4 SGB V zulässig, wenn ein Vertragsarzt sich mit einem Arzt desselben Fachgebiets zusammenschloss und beide Ärzte sich gegenüber dem Zulassungsausschuss zur Einhaltung eines Leistungsumfangs verpflichteten, der denjenigen der bisherigen Praxis nicht wesentlich überschritt.

228 Man spricht davon, dass der hinzukommende Arzt eine „Job-Sharing-Zulassung" oder auch eine „eingeschränkte" oder „beschränkte" oder „vinkulierte" Zulassung erhält, während sich im Zulassungsstatus des bisherigen Praxisinhabers nichts ändert. Dieser bleibt auch zukünftig Inhaber einer unbeschränkten Vollzulassung.[352]

b) Zulassungsvoraussetzungen

229 Die Details zur Zulassung einer Job-Sharing-Gemeinschaftspraxis ergeben sich aus Abschnitt IV a der Bedarfsplanungs-Richtlinien-Ärzte.

230 Der „Job-Sharing-Gesellschafter" muss in seiner Person die Zulassungsvoraussetzungen erfüllen. Hierzu zählt, dass er in das Arztregister eingetragen sein und auch im Übrigen vollumfänglich zulassungsfähig sein muss.

231 Bereits der Begriff „Job-Sharing" deutet darauf hin, dass eine Arbeitsplatzteilung erfolgt.[353] Der über eine Vollzulassung verfügende Vertragsarzt und der Job-Sharing-Gesellschafter teilen sich – in der Terminologie des Vertragsarztrechtsänderungsgesetzes – einen Versorgungsauftrag. Die Ärzte in ihrer Gesamtheit haben die erforderlichen Sprechstunden abzuhalten und für Notfallbehandlungen zur Verfügung zu stehen. Inso-

---

350 BGH – KZR 10/01, NJW 2003, 347.
351 Auch im Folgenden wird der Begriff der Gemeinschaftspraxis anstelle der Berufsausübungsgemeinschaft verwandt. Damit wird der Rechtstatsache Rechnung getragen, dass die Gemeinschaftspraxis die am häufigsten gewählte Kooperationsform zur Ausübung gemeinschaftlicher Berufsausübung ist. Ferner war zu berücksichtigen, dass auch die Ärztegesellschaft und die medizinische Kooperationsgemeinschaft Berufsausübungsgemeinschaften sind, für die jeweils spezielle Regelungen gelten. Die Ausführungen sind jedoch grundsätzlich auf die Ärzte-Partnerschaft zu übertragen.
352 Halbe/Schirmer/*Halbe/Rothfuß*, A 1100 Rn 25.
353 Der Begriff findet sich bereits in der Begründung des *Ausschusses für Gesundheit* zum 2. GKV-NOG, BT-Drucks 13/7264 S. 65.

fern ist es zulässig, dass sich der vollzugelassene Vertragsarzt primär um die Privatpatienten der Praxis kümmert.

Für die Zulassung der Job-Sharing-Gemeinschaftspraxis ist es ferner erforderlich, dass dem Zulassungsausschuss ein Gemeinschaftspraxisvertrag vorgelegt wird. Der Job-Sharing-Gesellschafter ist in Abgrenzung zum Job-Sharing-Assistenten oder Job-Sharing-Angestellten (vgl. § 101 Abs. 1 Nr. 5 SGB V) „echter Gesellschafter". Demgemäß muss sein gesellschaftsrechtlicher Status sich von dem eines Angestellten oder Scheingesellschafters abgrenzen. In der Praxis ist festzustellen, dass die Zulassungsgremien an die Ausgestaltung der Rechtsposition des Job-Sharers geringere Anforderungen stellen als bei einem Gesellschafter mit einer Vollzulassung.

232

Die Beteiligten müssen bedarfsplanungsrechtlich derselben Arztgruppe angehören. Ob dies der Fall ist, richtet sich nach Nr. 23b Bedarfsplanungs-Richtlinien-Ärzte. So ist es zulässig, dass z.B. ein Facharzt für Allgemeinmedizin und ein Facharzt für Innere Medizin im Rahmen der hausärztlichen Versorgung eine Job-Sharing-Gemeinschaftspraxis gründen können. Ein versorgungsbereichsübergreifender Zusammenschluss wäre unzulässig.

233

Die Einbindung als Job-Sharing-Gesellschafter ist auch bei einer fachübergreifenden Gemeinschaftspraxis zulässig. In diesem Fall wird die Zulassung des Job-Sharers an diejenige des Vertragsarztes seiner Arztgruppe gebunden. Auch wenn hierzu noch keine gerichtlichen Entscheidungen vorliegen, sollte es bei einer fachübergreifenden Gemeinschaftspraxis für zulässig angesehen werden, dass in die Gemeinschaftspraxis nicht nur ein Job-Sharer aufgenommen wird, sondern so viele Job-Sharer zulässig sind wie Arztgruppen in der Gemeinschaftspraxis vertreten sind.[354]

234

Voraussetzung für die Genehmigung der Job-Sharing-Gemeinschaftspraxis ist ferner, dass sich sämtliche Gesellschafter gegenüber dem Zulassungsausschuss schriftlich bereit erklären, während des Bestands der Gemeinschaftspraxis den zum Zeitpunkt der Antragstellung bestehenden Praxisumfang nicht wesentlich zu überschreiten und in diesem Zusammenhang die vom Zulassungsausschuss festgelegte Leistungsbeschränkung anerkennen. Die Leistungsbeschränkung basiert auf dem Abrechnungsvolumen des Vertragsarztes vor Errichtung der Gemeinschaftspraxis bzw. dem Beitritt zu einer bestehenden Gemeinschaftspraxis. Im letzteren Fall wird nicht etwa das Abrechnungsvolumen lediglich des Vertragsarztes festgeschrieben, mit welchem das Job-Sharing praktiziert wird, sondern betroffen ist das gesamte Abrechnungsvolumen der gesamten Gemeinschaftspraxis. Dies ist der maßgebliche Grund dafür, dass das Job-Sharing in der Praxis nur von untergeordneter Bedeutung ist. Hieran ändert auch der Umstand nichts, dass der Job-Sharing-Gemeinschaftspraxis ein 3-prozentiges jährliches Wachstum zugestanden wird. Bei einer Gemeinschaftspraxis ist Grundlage des Wachstums der Honoraranteil lediglich des Gesellschafters, mit welchem das Job-Sharing praktiziert wird und nicht das Abrechnungsvolumen der gesamten Praxis. Bedenkt man, dass das Abrechnungsvolumen der gesamten Praxis – einschließlich auch der unbudgetierten (!) Leistungen – faktisch eingefroren wird, erscheint die auf einen Arzt beschränkte Wachstumsmöglichkeit ungerecht.

235

---

354 So zutreffend Halbe/Schirmer/*Halbe/Rothfuß*, A 1100 Rn 29.

c) Status, Wegfall der Beschränkung

236 Der im Rahmen des Job-Sharings zugelassene Gesellschafter ist Mitglied der KV und deren Disziplinargewalt unterworfen. Insofern ergeben sich keine Unterschiede zum Status des uneingeschränkt zugelassenen Vertragsarztes. Die Beschränkung der Zulassung bedeutet, dass die Job-Sharing-Zulassung akzessorisch zur Vollzulassung ist. Endet die Vollzulassung, teilt die Job-Sharing-Zulassung dieses Schicksal. Die Job-Sharing-Zulassung wird nicht bei der Bedarfsplanung berücksichtigt.

237 Nach zehnjährigem Bestand der Job-Sharing-Zulassung erstarkt diese automatisch mit allen Konsequenzen wie z.B. der Nachbesetzungsfähigkeit zur Vollzulassung (§ 101 Abs. 4 S. 2 SGB V). Nach wie vor ungeklärt ist die Frage, ob es im Rahmen einer Gemeinschaftspraxis erforderlich ist, dass das Job-Sharing mit ein und demselben Partner praktiziert wird. Würde man diese Frage verneinen, bedeutete dies eine unzumutbare Härte für den Job-Sharer, der für seine zehnjährige vertragsärztliche Tätigkeit belohnt werden soll.[355]

238 Bei einer Entsperrung des Planungsbereichs erstarken so viele beschränkte Zulassungen zu Vollzulassungen wie durch die Entsperrung frei wurden. Dabei wird eine Auswahl nach der Dauer des Bestehens der Job-Sharing-Zulassungen vorgenommen.

239 Im Nachbesetzungsverfahren gilt folgende Besonderheit: Gemäß § 101 Abs. 3 S. 4 SGB V ist der Job-Sharer bei der Bewerberauswahl erst nach **fünfjähriger** gemeinsamer vertragsärztlicher Tätigkeit mit dem voll zugelassenen Vertragsarzt privilegiert.[356] Dies hat Auswirkungen primär auf die Nachfolge in der Einzelpraxis, da bei einer Gemeinschaftspraxis regelmäßig der Sondertatbestand des § 103 Abs. 6 SGB V einschlägig sein dürfte.

d) Zivilrechtliche Besonderheiten

240 Die Job-Sharing-Gemeinschaftspraxis unterscheidet sich zivilrechtlich nicht von einer Gemeinschaftspraxis mit unbeschränkt zugelassenen Vertragsärzten.[357] Dies gilt insbesondere hinsichtlich der Abgrenzung des Scheingesellschafters zum „echten" Gesellschafter.

241 Andererseits bedarf die zulassungsbedingte Unsicherheit der Rechtsposition des Job-Sharers der besonderen Berücksichtigung bei der Vertragsgestaltung. Der über die Vollzulassung verfügende Vertragsarzt hat es rechtlich in der Hand, durch Gestaltungserklärungen gegenüber dem Zulassungsausschuss (z.B. Beendigung der Gemeinschaftspraxis oder Verzicht auf seine Vertragsarztzulassung) der Tätigkeit des Job-Sharers die Rechtsgrundlage zu entziehen. Hat der Job-Sharer Gesellschaftsanteile erworben, kann er diese oftmals ohne Vertragsarztzulassung nicht veräußern. Diesen Besonderheiten ist durch Bestimmungen zur Laufzeit Rechnung zu tragen, indem z.B. das ordentliche Kündigungsrecht des voll zugelassenen Vertragsarztes ausgeschlossen wird. Ungerechtfertigte Kündigungen gilt es mit Vertragsstrafen zu unterbinden. Auch muss die Rechtsposition des Job-Sharers durch Ausgestaltung von Vollmachten so gefestigt werden, dass dieser Einfluss auf das Nachbesetzungsverfahren nehmen kann. Hilfsweise sind zugunsten des Job-Sharers Entschädigungsregelungen für den Fall vorzusehen, dass

---

[355] So zu Recht Halbe/Schirmer/*Halbe/Rothfuß*, A 1100 Rn 31.
[356] Kritisch Rieger/*Reiling*, „Job-Sharing" Rn 25 f.
[357] Zum Regelungsinhalt des Gesellschaftsvertrages einer Job-Sharing-Gemeinschaftspraxis ausführlich Rieger/*Reiling*, „Job-Sharing" Rn 31 f.

Störungen in der Gesellschaft auftreten, die ihn wegen der fehlenden Vertragsarztzulassung benachteiligen.

2. Teilgemeinschaftspraxis

a) Berufsrechtliche Entwicklung

Der 107. Deutsche Ärztetag fasste 2004 u.a. § 18 Abs. 1 MBO-Ä neu. Hiernach kann sich eine Berufsausübungsgemeinschaft auf Teile der gemeinsamen Berufsausübung (im Extremfall sogar auf eine einzelne Leistung) beschränken, die sog. Teilgemeinschaftspraxis.[358]

242

Nach Anerkennung dieser neuen Kooperationsform durch das regionale Kammerrecht war eine regelrechte „Teilgemeinschaftseuphorie" mit unterschiedlichen Motiven und Modellen zu verzeichnen.[359] Teilweise initiierten Angehörige von Methodenfächern (z.B. Radiologen, Laborärzte[360]) „Kooperationen", um Zuweiser an sich zu binden und diese an den eigenen Überweisungsumsätzen partizipieren zu lassen. Entsprechendes galt für Teilgemeinschaftspraxen zwischen Zuweisern und Operateuren. Teilweise wurden unter dem Etikett der Teilgemeinschaftspraxis Gesellschaften mit einer Vielzahl von Haus- und Fachärzten gegründet.[361] Als Ziel solcher „virtuellen Gemeinschaftspraxen" wurde die Förderung der Kooperation unter den beteiligten Ärzten durch gezielte Überweisungen bei Individuellen Gesundheitsleistungen (IGeL) und bei Privatpatienten formuliert. Der Zusammenschluss sollte Klinikambulanzen und Medizinischen Versorgungszentren Patienten abwerben, indem die Zusammenarbeit zwischen Haus- und Fachärzten intensiviert und der Patient auf der ambulanten Schiene geführt, statt ins Krankenhaus eingewiesen wurde. Die Initiatoren erwarteten einen zusätzlichen jährlichen Umsatz von 15.000 EUR bis 20.000 EUR für Hausärzte und von bis zu 45.000 EUR für Fachärzte.[362]

243

Um den Dammbruch[363] berufsrechtswidriger Zusammenschlüsse zu beschränken, beschloss der Vorstand der Bundesärztekammer am 24.11.2006 eine Änderung des § 18 Abs. 1 MBO-Ä:[364]

244

> „Ärztinnen und Ärzte dürfen sich zu Berufsausübungsgemeinschaften, Organisationsgemeinschaften, Kooperationsgemeinschaften und Praxisverbünden zusammenschließen. Der Zusammenschluss zur gemeinsamen Ausübung des Arztberufs kann zum Erbringen einzelner Leistungen erfolgen, sofern er nicht lediglich einer Umgehung des § 31 dient. Eine Umgehung liegt insbesondere vor, wenn sich der Beitrag der Ärztin oder des Arztes auf das Erbringen medizinisch-technischer Leitungen auf Veranlassung der übrigen Mitglieder der (Teil-)Berufsausübungsgemeinschaft beschränkt oder der Gewinn ohne Grund in einer Weise verteilt wird, die nicht dem Anteil der von ihnen persönlich erbrachten Leistungen entspricht. Die Anordnung

---

358 Hierzu Stellungnahme der *Bundesärztekammer* „Niederlassung und berufliche Kooperation", DÄBl. 2006, A-801, 804.
359 Ausführlich *Ratzel/Möller/Michels*, MedR 2006, 377.
360 Vgl. LG Mainz, Beschl. v. 25.10.2005 – 12 HK.O 108/05, juris; zur Problematik des Speziallabors ausführlich *Ratzel/Möller/Michels*, MedR 2006, 377, 381.
361 ÄrzteZeitung v. 31.3./1.4.2006, S. 12.
362 ÄrzteZeitung v. 13.12.2005, S. 1.
363 So wörtlich *Dahm/Ratzel*, MedR 2006, 555, 558.
364 DÄBl. 2007, A-1613; zu ähnlichen Regelungen in Hamburg und Rheinland-Pfalz vgl. *Dahm/Ratzel*, MedR 2006, 555, 558.

insbesondere einer Leistung aus den Bereichen der Labormedizin, der Pathologie und der bildgebenden Verfahren, stellt keinen Leistungsanteil im Sinne des Satzes 3 dar. Verträge über die Gründung von (Teil-)Berufsausübungsgemeinschaften sind der Ärztekammer vorzulegen."

b) Vertragsarztrecht

245 § 33 Abs. 2 S. 3 Ärzte-ZV i.d.F. des VÄndG lässt die gemeinsame vertragsärztliche Berufsausübung, bezogen auf einzelne Leistungen zu, sofern diese Berufsausübungsgemeinschaft nicht zur Erbringung überweisungsbezogener medizinisch-technischer Leistungen mit überweisungsberechtigten Leistungserbringern gebildet wird. Der Gesetzgeber sah sich zu dieser Einschränkung veranlasst, um berufsrechtswidrige „kick-back-Konstellationen" zu unterbinden.[365]

246 Die Teilgemeinschaftspraxis bedarf zur Erbringung und Abrechnung vertragsärztlicher Leistungen der vorherigen Genehmigung durch den Zulassungsausschuss. Bei überörtlichen und KV-übergreifenden Gesellschaften richten sich die Zuständigkeiten nach § 33 Abs. 3 Ärzte-ZV. Die Teilgemeinschaftspraxis erhält eine eigene Abrechnungsnummer, die neben diejenige der „Stammpraxen" tritt.[366]

c) Gestaltungsmissbrauch

247 Trotz zwischenzeitlich festzustellender Sensibilisierung der Ärztekammern für unzulässige Gestaltungsmodelle ist bei vielen Ärzten das Bemühen ungebrochen, an den von ihnen veranlassten ärztlichen – und nichtärztlichen – Leistungen zu profitieren. Rechtlich verstoßen derartige Konstruktionen gegen § 31 MBO-Ä[367] mit der Folge, dass hierauf beruhende Gesellschaftsverträge nichtig sind.[368] Die Konsequenzen sind weitreichend: Abwicklung nach Bereicherungsrecht, nicht nach den Grundsätzen einer fehlerhaften Gesellschaft.

d) Rechtsformen

248 Zur Bildung einer Teilberufsausübungsgemeinschaft stehen den Ärzten die Rechtsformen der Gemeinschaftspraxis (BGB-Gesellschaft), der Partnerschaftsgesellschaft sowie – je nach Kammerrecht – der Ärzte-Gesellschaft in der Form der Kapitalgesellschaft zur Verfügung.

e) Anmerkungen zur gesellschaftsrechtlichen Binnenstruktur

249 Die Teilgemeinschaftspraxis ist Berufsausübungsgemeinschaft. Von daher ist der Gesellschafterkreis auf Ärzte beschränkt, die im Verbund der Gesellschaft ärztliche Leistungen erbringen. Die gesetzlichen Vorgaben für die Gestaltung der Binnenstruktur so-

---

365 BT-Drucks 16/2474 S. 35; *Dahm/Ratzel*, MedR 2006, 555, 557.
366 Kritisch *Schallen*, 5. Aufl., § 33 Rn 1192.
367 In der Fassung der jeweiligen Länderberufsordnungen.
368 Vgl. BGH – VIII ZR 10/85, NJW 1986, 2360, 2361; BayObLG – 1 ZR 612/98, MedR 2001, 206, Ratzel/Lippert/*Lippert*, § 2 Rn 34, *Ratzel*, MedR 2002, 492; *Ratzel/Möller/Michels*, MedR 2006, 377, 381 f.

wohl der BGB-Gesellschaft als auch der Partnerschaftsgesellschaft sind im Wesentlichen dispositiv und können durch den Gesellschaftsvertrag individuell gestaltet werden.[369] So ist es zivilrechtlich grundsätzlich zulässig, den Gesellschaftern unterschiedliche Rechte und Pflichten zuzuweisen.[370] Andererseits verlangt die Bundesärztekammer nicht nur für die „Voll-Berufsausübungsgemeinschaft", sondern ausdrücklich auch für die Teilberufsausübungsgemeinschaft, dass „die beteiligten Ärzte mehr oder minder gleiche Rechte und Pflichten haben" müssen.[371]

aa) Gesellschaftszweck

Gerade bei Teilgemeinschaftspraxen kommt der Festlegung des Gesellschaftszwecks eine besondere Bedeutung zu. Da die Ärzte sich lediglich zur Erbringung einzelner Leistungen zusammenschließen, ist eine Abgrenzung zum Leistungsangebot der „Stammpraxis" besonders wichtig. Es ist unbedingt zu regeln, ob eine Verpflichtung besteht, bestimmte Untersuchungen nicht in der „Stammpraxis", sondern ausschließlich in der Teilgemeinschaftspraxis zu erbringen und über diese abzurechnen. Erst durch Festlegung des Gesellschaftszwecks kann auch eine Bestimmung der zur Zweckerreichung notwendigen oder zumindest hilfreichen Fachgebiete vorgenommen werden.

250

bb) Gesellschafterbeiträge

Jeden Gesellschafter trifft eine Zweckförderungspflicht[372] (Beitragspflicht). Bei der Teilgemeinschaftspraxis als Berufsausübungsgemeinschaft besteht die Förderpflicht primär in der (ärztlichen) Mitwirkung zur Erreichung eines diagnostischen oder therapeutischen Zwecks, also der Patientenbetreuung im weiteren Sinne. Hiervon unabhängig kann die Bereitstellung von Ressourcen (Räume, Geräte, Personal) ebenso von der Beitragspflicht umfasst sein wie die Mitwirkung an der Organisation. So kann z.B. ein Gesellschafter verpflichtet sein, die Abrechnung gegenüber den Patienten durchzuführen.

251

cc) Vermögensbeteiligung

Die im Zusammenhang mit dem Gesellschafterstatus diskutierten Postulate zur Vermögensbeteiligung (vgl. Rn 110 ff.) passen regelmäßig nicht für Teilgemeinschaftspraxen. Meist erbringt der einzelne Gesellschafter „seine Leistungen" nicht mit den Ressourcen der Teilgemeinschaftspraxis, sondern mit denjenigen seiner eigenen Praxis. Weder die Teilgemeinschaftspraxis noch die einzelnen Gesellschafter werden sachenrechtlich hieran beteiligt. Größere Einheiten werden möglicherweise über eine separate kaufmännische Organisation verfügen. Gleichwohl dürften sich die insofern zu tätigenden Investitionen im Rahmen halten. Ob ein Arzt hieran vermögensmäßig beteiligt ist, dürfte für seinen gesellschaftsrechtlichen Status unerheblich sein.

252

Aber auch die Beteiligung am immateriellen Wert kann keine entscheidende Voraussetzung für die Zulässigkeit des Vorhabens sein. Der immaterielle oder ideelle Wert einer

253

---

369 Ausführliche praxisrelevante Hinweise zur Vertragsgestaltung finden sich bei Halbe/Schirmer/*Halbe*/*Rothfuß*, A 1100 Rn 41-189; ferner bei Rieger/*Rieger*, „Gemeinschaftspraxis" Rn 47 f.
370 *Goette*, MedR 2002, 1.
371 DÄBl. 2006, A-801, 804.
372 *Ulmer*, BGB, § 705 Rn 153 f.; informativ, allerdings bezogen auf Beratungspraxen, Kraus/Kunz/*Kunz*/*Schmid*, § 5 Rn 1 f.

ärztlichen Praxis wird regelmäßig verstanden als die Chance, mit dem Ansehen und dem guten Ruf der Einrichtung Patienten zu werben und hierdurch Einkommen zu erzielen. Bisher liegen keine Erkenntnisse zur Marktfähigkeit von Teilgemeinschaftspraxen vor. Es ist zu bezweifeln, dass es den meisten Teilgemeinschaftspraxen gelingen wird, bei den Patienten als eigenständiges Rechtssubjekt mit der für die Entstehung eines „Goodwill" gebotenen Deutlichkeit wahrgenommen zu werden. Dies gilt insbesondere dann, wenn die einzelnen Ärzte die ärztlichen Leistungen in ihrer angestammten Praxis erbringen. Dann kann ggf. der ideelle Wert dieser Praxis von der Einbindung in die Teilgemeinschaftspraxis profitieren, ohne dass ein eigenständiger immaterieller Wert der Teilgemeinschaftspraxis entsteht.

dd) Ergebnisverteilung

254 Bei Überprüfung der rechtlichen Zulässigkeit von Kooperationsmodellen kommt den finanziellen Regelungen eine zentrale Bedeutung zu, da bei kaum einem anderen Punkt unlautere Motive deutlicher zutage kommen.[373] Die in § 722 BGB vorgesehene Gewinnverteilung nach Köpfen wird in der Praxis häufig modifiziert (vgl. Rn 122 ff.). Der Gestaltungsrahmen wird einerseits vom Grundsatz der Vertragsfreiheit (§ 311 BGB) und andererseits von berufsrechtlichen Vorgaben wie dem Verbot unzulässiger Honorarbeteiligung[374] sowie dem Verbot der Zuweisung gegen Entgelt geprägt. Beide Verbote sind – und hierauf kann nicht oft genug hingewiesen werden – durch die Zulässigkeit von (Teil-)Berufsausübungsgemeinschaften nicht aufgehoben. Allerdings wird es schwieriger werden, gesellschaftsrechtlich korrekt als „Gewinnzuweisung" bezeichnete Zahlungen als kaschierte unzulässige Zuwendungen zu entlarven.

255 Der Gewinnanteil muss – so § 18 Abs. 1 MBO-Ä[375] – dem Anteil der von dem jeweiligen Arzt persönlich erbrachten Leistungen entsprechen, wobei die Anordnung von Leistungen unberücksichtigt zu bleiben hat. Als leistungsbezogene Faktoren sind neben der ärztlichen Tätigkeit z.B. die Übernahme von Geschäftsführungsaufgaben oder die Überlassung von Ressourcen anzuerkennen.

f) Außenauftritt

256 Gemäß § 18a Abs. 1 MBO-Ä sind bei Berufsausübungsgemeinschaften die Namen und Arztbezeichnungen aller beteiligten Ärzte anzukündigen. Diese Regelung ist zwingend. Sie gilt nicht nur für Praxisschilder (am jeweiligen Ort der „Teil-"leistungserbringung), sondern für alle Tätigkeiten im Rahmen eines Außenauftritts, also auch für Briefbögen, Praxisstempel, Homepage (der Teilgemeinschaftspraxis). Bei größeren überörtlichen Teilgemeinschaftspraxen wird ein erheblicher bürokratischer und finanzieller Aufwand entstehen. Umgehungsversuche, diesen Aufwand durch Phantasienamen oder Bezeichnungen wie „Dr. A. und Partner" zu vermeiden, sind unzulässig und können wettbewerbsrechtlich abgemahnt werden.

---

373 Zutreffend *Dahm/Ratzel*, MedR 2006, 555, 558.
374 Ausführlich Gummert/Riegger/Weipert/*Gummert*, § 25 Rn 54.
375 I.d.F. des Vorstandsbeschlusses der Bundesärztekammer vom 24.11.2006, DÄBl. 2007, A-1613; vgl. ferner Beschluss der *Berufsordnungsgremien der Bundesärztekammer* vom 2.4.2007, DÄBl. 2007, A-1607, 1611.

3. Überörtliche Gemeinschaftspraxis

a) Entwicklung

Bis zur Änderung der MBO-Ä durch den 2004 in Bremen abgehaltenen 107. Deutschen Ärztetag bestimmte Kapitel D II Nr. 8 Abs. 2 MBO-Ä, dass die Berufsausübungsgemeinschaft nur an einem einzigen Praxissitz zulässig war. Lediglich für solche Ärzte, die ihrem typischen Fachgebietsinhalt nach nicht regelmäßig unmittelbar patientenbezogen tätig waren, sah die MBO-Ä eine Ausnahme vor. Betroffen hiervon waren insbesondere Ärzte für Pathologie, Laboratoriumsmedizin und Mikrobiologie.[376]

257

Mit Urteil vom 16.7.2003[377] entschied das BSG, dass eine bezirksübergreifende überörtliche Gemeinschaftspraxis zwischen Laborärzten unzulässig sei, sofern die Gesellschafter unterschiedlichen KVen angehörten. Der 6. Senat des BSG führte detailliert aus, dass das grundsätzliche Verbot der überörtlichen Gemeinschaftspraxis die freie ärztliche Berufsausübung schütze. Ungerechtfertigte Einflüsse Dritter auf die Berufsausübung gelte es zu verhindern. Ärztliche Praxen sollten nicht im Wege franchiseähnlicher Modelle durch Dritte, zu denen gesellschaftsrechtliche Beziehungen bestehen, betrieben werden können. In einer anderen Entscheidung, ebenfalls vom 16.7.2003,[378] erklärte das BSG eine Konstellation für zulässig, in welcher zwei Laborarztpraxen ihren Sitz im Bereich derselben KV hatten.

258

Gegen die Verfassungsmäßigkeit des berufs- und vertragsarztrechtlichen Verbots der überörtlichen Gemeinschaftspraxis für patientenbezogene ärztliche Tätigkeit wurden erhebliche Bedenken vorgetragen.[379] Höchstrichterlich ungeklärt ist nach wie vor die Frage, ob Vertragskonstruktionen, die – unter einer unverdächtigen Bezeichnung – das Ziel einer überörtlichen Berufsausübungsgemeinschaft erreichen wollten, wegen Verstoßes gegen § 134 BGB nichtig waren.[380]

259

b) § 18 Abs. 3 MBO-Ä 2004

§ 18 Abs. 3 S. 3 MBO-Ä bildet die berufsrechtliche Grundlage für die (privatärztliche) überörtliche Gemeinschaftspraxis:

260

> *„Eine Berufsausübungsgemeinschaft mit mehreren Praxissitzen ist zulässig, wenn an dem jeweiligen Praxissitz verantwortlich mindestens ein Mitglied der Berufsausübungsgemeinschaft hauptberuflich tätig ist."*

Die Bundesärztekammer sieht das Merkmal der hauptberuflichen Tätigkeit als erfüllt an, wenn die überwiegende Arbeitszeit an dem Praxissitz verbracht werde und die Tätigkeit an anderen Orten nicht mehr als 13 Stunden wöchentlich betrage.[381] Die Bundesärztekammer hebt ferner hervor, dass auch bei einer überörtlichen Gemeinschaftspraxis die an eine Gemeinschaftspraxis zu stellenden allgemeinen Voraussetzungen erfüllt sein müssten. Unverzichtbar seien ferner ein gemeinsamer Patientenstamm sowie eine

261

---

376 Vgl. Ratzel/Lippert/*Ratzel*, 3. Aufl., D 8 (S. 334); Schnapp/Wigge/*Wigge*, § 6 Rn 49 f.; ferner *Engelmann*, MedR 2002, 561, 571, der angesichts der vielfältigen Kooperationsformen ein Bedürfnis für überörtliche Berufsausübungsgemeinschaften zu verneinen scheint.
377 B 6 KA 49/02 R, MedR 2004, 114; hierzu Gummert/Riegger/Weipert/*Gummert*, § 25 Rn 26.
378 B 6 KA 34/02 R, MedR 2004, 119.
379 Vgl. insbesondere die Dissertation von *Laas*, S. 21 f.; ferner *Preißler*, MedR 2001, 543 f.
380 Zweifelnd Rieger/*Rieger*, „Gemeinschaftspraxis" Rn 26.
381 DÄBl. 2006, A-801, 804.

(gemeinsame) Patientenkartei[382] sowie die Übernahme eines wirtschaftlichen Risikos durch die Gesellschafter.[383]

262 Da sämtliche Ärztekammern die Vorgaben der MBO-Ä in ihre jeweiligen Satzungen übernommen haben,[384] steht die überörtliche Berufsausübungsgemeinschaft allen Arztgruppen bundesweit offen. Die Anzahl der Gesellschafter und/oder der Standorte/Betriebsstätten ist nicht begrenzt. Die einzelnen Standorte/Betriebsstätten können sich in den unterschiedlichsten Kammerbezirken befinden. Eine kammerrechtliche Genehmigung ist nicht erforderlich. Jeder Arzt ist verpflichtet, die für ihn zuständige Kammer über den Zusammenschluss unter Hinweis auf die übrigen beteiligten Ärzte zu informieren (§ 18 Abs. 6 MBO-Ä). Nach Umsetzung des Beschlusses des Vorstands der Bundesärztekammer vom 24.11.2006 zur Änderung des § 18 Abs. 1 MBO-Ä in regionales Satzungsrecht[385] besteht eine Pflicht zur Vorlage des Gesellschaftsvertrages bei der Ärztekammer.

c) Vertragsarztrechtliche Vorgaben

263 Mit Inkrafttreten des VÄndG zum 1.1.2007 hat der Gesetzgeber die Möglichkeit geschaffen, auch im vertragsärztlichen Bereich bundesweit überörtliche Berufsausübungsgemeinschaften zu errichten. § 33 Abs. 2 Ärzte-ZV bestimmt:

> *„Sie [die Berufsausübungsgemeinschaft] ist auch zulässig bei unterschiedlichen Vertragsarztsitzen der Mitglieder der Berufsausübungsgemeinschaft (überörtliche Berufsausübungsgemeinschaft), wenn die Erfüllung der Versorgungspflicht des jeweiligen Mitglieds an seinem Vertragsarztsitz unter Berücksichtigung der Mitwirkung angestellter Ärzte und Psychotherapeuten in dem erforderlichen Umfang gewährleistet ist sowie das Mitglied und die bei ihm angestellten Ärzte und Psychotherapeuten an den Vertragsarztsitzen der anderen Mitglieder nur in zeitlich begrenztem Umfang tätig werden."*

264 Auch im Vertragsarztrecht ist die Anzahl der Mitgliedspraxen sowie diejenige der ihr angehörenden Ärzte nicht begrenzt. Von Bedeutung ist, dass jedes Mitglied der Berufsausübungsgemeinschaft nach wie vor einen eigenen Vertragsarztsitz hat. Dieser wird durch die Praxisanschrift konkretisiert (§ 24 Abs. 1 Ärzte-ZV). Außerhalb des Vertragsarztsitzes dürfen vertragsärztliche Leistungen nur in den gesetzlich vorgesehenen Fällen erbracht werden. Bei einem Verstoß gegen diesen Grundsatz drohen der Verlust des Honoraranspruchs sowie disziplinarische Ahndungen!

265 § 17 Abs. 1a BMV-Ä/§ 13 Abs. 7a S. 1 AEVK bestimmen, dass der „vollzugelassene" Vertragsarzt an seinem Praxissitz wöchentlich mindestens 20 Stunden Sprechstunden anzubieten hat. Von daher ist der zeitliche Tätigkeitsumfang an weiteren Betriebsstätten zwangsläufig eingeschränkt.

266 Die überörtliche Berufsausübungsgemeinschaft darf Standorte in unterschiedlichen KV-Bereichen haben (§ 33 Abs. 3 Ärzte-ZV). In diesem Fall hat sie – gemäß § 15a Abs. 4 BMV-Ä unter Berücksichtigung des Versorgungsschwerpunktes ihrer Tätigkeit – den Vertragsarztsitz[386] zu wählen, der maßgeblich ist für die Genehmigungsentschei-

---

382 Vgl. *Dahm/Ratzel*, MedR 2006, 555, 562.
383 DÄBl. 2006, A-801, 805.
384 Der abweichende Wortlaut der bayerischen Satzung ist abgedr. bei *Ratzel/Lippert*, 4. Aufl., S. 236.
385 DÄBl. 2007, A-1613; zu ähnlichen Regelungen in Hamburg und Rheinland-Pfalz vgl. *Dahm/Ratzel*, MedR 2006, 555, 558 f.
386 Dieser muss nicht notwendigerweise identisch mit dem zivilrechtlichen Sitz der Gesellschaft sein!

dung sowie die auf die gesamte Leistungserbringung dieser Gesellschaft anzuwendenden ortsgebundenen Regelungen, insbesondere zur Vergütung, zur Abrechnung sowie zu den Wirtschaftlichkeits- und Qualitätsprüfungen.[387] Die Wahl hat jeweils für die Dauer von zwei Jahren zu erfolgen.[388] Die Regelungen der Details ist den Richtlinien der KBV,[389] insbesondere aber den Bundesmantelverträgen vorbehalten.[390]

Letztlich darf bei der vielerorts anzutreffenden Liberalisierungseuphorie nicht vergessen werden, dass die Neuausrichtung unter den überkommenen finanziellen Rahmenbedingungen erfolgt, da die Gesamtvergütung nach wie vor budgetiert ist. Darüber hinaus entfällt der Aufschlag von 60 Punkten für arztgruppen- und schwerpunktgleiche Gemeinschaftspraxen bei Berufsausübungsgemeinschaften mit mehreren Praxissitzen (vgl. Nr. 5.1 Allgemeine Bestimmungen des EBM 2000 plus).[391]

267

d) Gesellschaftsvertragliche Aspekte

Als Rechtsform kommen auch hier primär die BGB-Gesellschaft und die Partnerschaftsgesellschaft in Betracht. Die Ärztegesellschaft (§ 23a MBO-Ä) ist nicht in allen Ärztekammern und darüber hinaus generell nicht im Vertragsarztrecht zugelassen (siehe Rn 306 ff.). Gerade bei bundesweit verstreuten Praxen wird sich vor dem Hintergrund des § 705 BGB vielfach die Frage stellen, inwiefern tatsächlich der Zweck der gemeinschaftlichen Berufsausübung verfolgt wird (vgl. Rn 55 ff.).

268

Im Rahmen des Zusammenschlusses ist eine Sensibilität für Belange des Patientendatenschutzes unabdingbar. Insofern kann es sich anbieten zu regeln, dass die Patientendaten der einzelnen Praxen nicht in die neu gegründete Gesellschaft eingebracht werden.

269

Die Gesellschafter sind in der Bestimmung des Sitzes der Gesellschaft frei. Beim Außenauftritt (Praxisschild, Briefbögen, Stempel) sind die Namen sämtlicher der Gesellschaft angehörenden Ärzte anzugeben (§ 17 Abs. 4 MBO-Ä), wobei die Reihenfolge der Namensnennung nicht an jeder Betriebsstätte identisch sein muss.[392]

270

Gesellschaftsvertraglich sind Regelungen zulässig, wonach die einzelnen Betriebsstätten im Rahmen der bestehenden einheitlichen Gesellschaft durchaus selbständig geführt werden. Dies wird primär bei der Beschlussfassung zu Investitionen und Personalentscheidungen umgesetzt werden. Die Bundesärztekammer verlangt die betriebsstättenbezogene Mitwirkungsmöglichkeit bei Personalentscheidungen, sofern ein Gesellschafter an dieser Betriebsstätte ärztlich tätig ist.[393] Auch gegen eine betriebsstättenbezogene Aufteilung des Gesamtergebnisses wird nichts einzuwenden sein. Je selbständiger die einzelnen Betriebsstätten rechtlich und tatsächlich sind, desto eher wird auch insofern die Frage nach der Gemeinschaftlichkeit der Berufsausübung gestellt werden müssen. Es ist die zunehmende Tendenz festzustellen, dass beitretende Gesellschafter kein Interesse haben, sich an der Gesellschaft insgesamt zu beteiligen. Sie bevorzugen eine Beteiligung ausschließlich an der Betriebsstätte, an welcher sie tätig sind oder an dem

271

---

387 *Dahm/Ratzel*, MedR 2006, 555, 559 f.
388 Zur rechtlichen Qualität der Wahlentscheidung *Weimer*, GesR 2007, 204; Rieger/*Weimer*, „Berufsausübungsgemeinschaft" Rn 41 f.
389 Vom 29.5.2007, DÄBl 2007, A-1868.
390 Stand 1.7.2007, DÄBl. 2007, A-1684 ff., 1691 ff.
391 Zu Recht kritisch Rieger/*Weimer*, „Berufsausübungsgemeinschaft" Rn 48.
392 Zur Ankündigung und Haftung *Dahm/Ratzel*, MedR 2006, 555, 561.
393 DÄBl. 2006, A-801, 805.

medizinischen Bereich, auf welchen sie mittels ihrer eigenen ärztlichen Tätigkeit Einfluss haben. Sofern eine solche Regelung nicht etwa nur im Rahmen der Ergebnisverteilung erfolgt, kann es durchaus zweifelhaft sein, ob angesichts einer solchen „Zerfaserung" noch von einer einheitlichen Gesellschaft gesprochen werden kann.[394]

272 Besondere Aufmerksamkeit wird der Abfassung des nachvertraglichen Wettbewerbsverbots zu widmen sein. Man mag zunächst geneigt sein, bei der Bestimmung des räumlichen Geltungsbereichs primär zu berücksichtigen, an welcher konkreten Betriebsstätte der jeweilige Gesellschafter ärztlich tätig war. Aber: Steht dem ausscheidenden Gesellschafter ein Abfindungsanspruch zu, ist Schuldnerin die Gesellschaft. Der ausgeschiedene Arzt ist dieser gegenüber verpflichtet, ihr keinen Schaden durch illoyale Tätigkeit zuzufügen. Deshalb dürfen grundsätzlich auch Standorte in den räumlichen Geltungsbereich einbezogen werden, an denen der Ausgeschiedene selbst nicht ärztlich tätig war. Stets erforderlich sein wird eine ausgewogene Einzelfallregelung, die die schutzwürdigen Belange sowohl der Gesellschaft als auch des ausgeschiedenen Gesellschafters angemessen berücksichtigt.

e) Haftungsfragen

273 Die überörtliche Gemeinschaftspraxis ist rechtsfähig. Sie wird Partei des Behandlungsvertrages. Die Berufshaftpflichtversicherungen sind unbedingt anzupassen. Im Übrigen gelten die im Zusammenhang mit der Gemeinschaftspraxis dargestellten Maximen – auch zur Beitrittshaftung.

f) Wettbewerbsicherung

274 Die Bildung größerer Wirtschaftseinheiten im ärztlichen Bereich kann es notwendig machen, kartellrechtliche Vorgaben zu berücksichtigen. § 1 GWB verbietet Vereinbarungen zwischen Unternehmen, Beschlüsse von Unternehmensvereinigungen und aufeinander abgestimmte Verhaltensweisen, die eine Verhinderung, Einschränkung oder Verfälschung des Wettbewerbs bezwecken. Der Begriff des Unternehmens ist weit auszulegen und umfasst auch Ärzte.[395]

275 § 19 Abs. 1 GWB untersagt die missbräuchliche Ausnutzung einer marktbeherrschenden Stellung. „Marktbeherrschend" ist, wer auf dem sachlich und räumlich relevanten Markt keinen Wettbewerbern oder keinem wesentlichen Wettbewerb ausgesetzt ist oder eine überragende Marktstellung besitzt (§ 19 Abs. 2 S. 1 GWB). Nach § 19 Abs. 3 S. 1 GWB wird vermutet, dass ein Unternehmen marktbeherrschend ist, wenn es einen Marktanteil von mindestens einem Drittel hat. Die Voraussetzungen können bei flächendeckenden Ärztekooperationen schnell erfüllt sein.

276 Verstöße gegen das GWB können gemäß § 134 BGB zur Nichtigkeit entsprechender Verträge und neben speziellen kartellrechtlichen Maßnahmen (vgl. §§ 32 Abs. 1, Abs. 2, 32a, 34 GWB) zu Unterlassungs- und/oder Schadensersatzansprüchen (vgl. § 33 Abs. 1, 3 GWB) sowie zu einer Ahndung als Ordnungswidrigkeit (§ 81 Abs. 2 Nr. 1, Abs. 4 S. 1 GWB) führen.

---

[394] Die *Bundesärztekammer*, DÄBl. 2006, A-801, 805 betont, dass die wirtschaftliche Beteiligung auf die Beibehaltung des individuellen Praxisstandorts modifiziert werden dürfe; kritisch *Dahm/Ratzel*, MedR 2006, 555, 556, die – nicht ganz zu Unrecht – Elemente der Bruchteilsgemeinschaft gem. § 741 BGB sehen.

[395] *Emmerich*, Kartellrecht, 10. Aufl. 2006, § 3 Rn 34 m.w.N.

B. Berufsausübungsgemeinschaften

Darüber hinaus hat das BSG dem Aspekt der Wettbewerbssicherung ebenfalls eine Rolle bei der Frage der vertragsarztrechtlichen Zulässigkeit eingeräumt. Der Sicherstellungsauftrag der KV könnte durch ein Angebotskartell von z.B. Laborpraxen gefährdet sein, weswegen ein derartiger Verbund nicht zugelassen werden könne.[396] Eine Fusionskontrolle wird allenfalls bei Laborkooperationen in Betracht kommen, da die maßgebliche Umsatzerlösgrenze des § 35 Abs. 1 GWB (25 Mio. EUR für ein Inlandsunternehmen) bei anderen Fachgruppen kaum überschritten werden dürfte.

4. So genannte „gemischte Gemeinschaftspraxis"

§ 33 Abs. 2 S. 2 Ärzte-ZV in der bis zum 31.12.2006 geltenden Fassung bestimmte:

> „Die gemeinsame Ausübung vertragsärztlicher Tätigkeit ist nur zulässig unter Vertragsärzten."

Mit Wirkung zum 1.1.2007 hat im vertragsarztrechtlichen Sinne eine Begriffserweiterung stattgefunden. § 33 Abs. 2 S. 1 Ärzte-ZV erklärt die gemeinsame Ausübung vertragsärztlicher Tätigkeit nunmehr „unter allen zur vertragsärztlichen Versorgung zugelassenen Leistungserbringern ..." für zulässig. Ausweislich der Gesetzesbegründung kann die Berufsausübungsgemeinschaft auch unter Einbindung einer MVZ-GmbH errichtet werden.[397]

Sowohl das SGB V als auch § 33 Abs. 2 Ärzte-ZV schweigen zu der Frage, ob eine vertragsärztliche Berufsausübungsgemeinschaft auch dann gebildet werden darf, wenn nicht sämtliche Leistungserbringer an der vertragsärztlichen Versorgung teilnehmen. Fraglich ist mithin, ob im Rahmen einer Berufsausübungsgemeinschaft unterschiedliche Bereiche vorgehalten werden können. So wäre es denkbar, dass der Gesellschaftszweck darauf ausgerichtet ist, dass sämtliche Gesellschafter gemeinschaftlich privatärztliche Leistungen erbringen, wohingegen lediglich ein Teil der Gesellschafter vertragsarztrechtlich tätig ist.

Derartige Modelle sind für die Beteiligten in vielfacher Hinsicht vorteilhaft.[398] So könnte z.B. der Vertragsarzt, dessen Zulassung mit Ablauf des Quartals endet, in welchem er sein 68. Lebensjahr vollendet, trotz des Verlustes der Vertragsarztzulassung weiterhin in der Gesellschaft verbleiben. Vorteile könnten sich für sämtliche Gesellschafter auch dadurch ergeben, dass ein Arzt, der noch über keine eigene Vertragsarztzulassung verfügt, der Gesellschaft beitritt und zunächst primär privatärztlich tätig ist, wobei er die übrigen Ärzte im Rahmen des vertragsarztrechtlich Zulässigen vertritt. Im Falle des Ausscheidens eines Vertragsarztes aus der Gemeinschaftspraxis könnte er dessen Gesellschaftsanteil inklusive Vertragsarztsitz übernehmen.

Teilweise wird die Auffassung vertreten, § 33 Abs. 2 S. 1 Ärzte-ZV enthalte ein Verbot einer Berufsausübungsgemeinschaft zwischen einem Privat- und einem Vertragsarzt. Es wird befürchtet, dass ein Arzt, dem die Vertragsarztzulassung entzogen wurde, auf diesem Wege selbständig eine Vertragsarztpraxis betreiben könnte.[399]

Bei der rechtlichen Beurteilung ist zunächst hervorzuheben, dass § 33 Abs. 2 S. 1 Ärzte-ZV nicht organisations-, sondern primär tätigkeitsbezogen auszulegen ist. Die Regelung besagt nur Selbstverständliches, dass nämlich eine gemeinsame vertragsärztliche

---

396 BSG – B 6 KA 49/02 R, MedR 2004, 114, 118.
397 BT-Drucks 16/2474 S. 31.
398 *Möller*, MedR 2003, 195; *Quaas/Zuck*, § 14 Rn 6; *Blaurock*, MedR 2006, 643.
399 *Schirmer*, S. 277.

Tätigkeit ausschließlich vertragsärztlich zugelassenen Leistungserbringern vorbehalten bleibt.[400]

284 Die Diskussion über die Zulässigkeit einer sog. „gemischten Berufsausübungsgemeinschaft" kann durch ein Urteil des OLG München vom 12.9.2005[401] neu entfacht werden. Das Gericht hat eine Klausel in einem Gemeinschaftspraxisvertrag, wonach ein Vertragsarzt und ein Nichtvertragsarzt sich zur gemeinsamen vertragsärztlichen Tätigkeit verpflichtet haben, wegen Verstoßes gegen § 33 Abs. 2 Ärzte-ZV als nichtig beurteilt. Der Entscheidung ist im Ergebnis zuzustimmen, da der Wille der Gesellschafter unzulässigerweise auf die gemeinschaftliche Erbringung vertragsärztlicher Leistungen ausgerichtet war. Mit dieser Feststellung ist jedoch keine Aussage über die generelle Unzulässigkeit des Modells getroffen. Bei sauberer vertraglicher und tatsächlicher Trennung des privatärztlichen und des vertragsärztlichen Bereichs liegt kein Verstoß gegen vertragsarztrechtliche Bestimmungen vor.[402] Maßgeblich ist, dass der Privatarzt keinen sachwidrigen Einfluss auf die vertragsärztliche Berufsausübung nehmen kann. Ob es dabei – wie teilweise gefordert[403] – erforderlich ist, dass für Privatpatienten und GKV-Patienten getrennte Dokumentationssysteme geführt werden, erscheint überzogen.

285 Einzelne KVen haben dem Modell ausdrücklich ihre Zustimmung erteilt.[404] Eine obergerichtliche oder höchstrichterliche Entscheidung steht jedoch nach wie vor aus.

286 Der privatärztlich tätige Arzt haftet nicht nach den Grundsätzen der Duldungs- oder Anscheinsvollmacht für gegen seine vertragsärztlich zugelassenen Mitgesellschafter gerichteten Forderungen der KV oder der Krankenkassen.[405] Aufgrund des formalisierten Zulassungsverfahrens haben die Körperschaften Kenntnis von dem Status der in der Praxis tätigen Ärzte,[406] so dass für eine Rechtsscheinhaftung kein Raum ist.

IV. Partnerschaftsgesellschaft

1. Allgemeines

287 Die Partnerschaftsgesellschaft (Partnerschaft) steht den Angehörigen freier Berufe seit dem 1.7.1995 zur Verfügung. Sie ist im Partnerschaftsgesellschaftsgesetz (PartGG) geregelt und stellt eine Sonderform der GbR dar, weist jedoch in vielen Bereichen strukturelle Ähnlichkeiten mit der OHG auf.[407] Gesetzgeberische Anliegen waren primär die Einführung einer institutionellen Haftungsbeschränkung sowie die Förderung einer erweiterten interprofessionellen Zusammenarbeit. Die Partnerschaftsgesellschaft ist rechts- und parteifähige Personengesellschaft (§ 7 Abs. 2 PartGG i.V.m. § 124 HGB). Sie kann Rechte und Pflichten erwerben und unter ihrem Namen klagen und verklagt werden.

---

400 *Schallen*, 5. Aufl., § 33 Rn 1194 f.; *Kleinke/Frehse*, AusR 2003, 69 f.
401 21 U 2982/05, MedR 2006, 172.
402 Zur Vertragsgestaltung *Möller*, MedR 2003, 195, 198; *Blaurock*, MedR 2006, 643.
403 *Trautmann*, NZS 2004, 238, 245.
404 Vgl. *KV Nordrhein* in KVNO aktuell online 5/03.
405 So aber Rieger/*Weimer*, „Berufsausübungsgemeinschaft" Rn 41.
406 Vgl. zu diesem Aspekt BSG – B 6 KA 6/06 R, SGb 2007, 222 (Rn 22).
407 *Ulmer*, PartGG, vor § 1 Rn 13, § 1 Rn 4.

In der Beratungspraxis spielt die Ärzte-Partnerschaftsgesellschaft keine bedeutende Rolle, da regelmäßig ausreichende Berufshaftpflichtversicherungen abgeschlossen sind[408] und die Förmlichkeiten wie Registerpflichtigkeit eher abschrecken. Die Bildung von überörtlichen (Teil-)Berufsausübungsgemeinschaften kann hier zu einem Wandel und zu höherer Akzeptanz führen.

2. Partnerschaftsfähigkeit

Gesellschafter einer Partnerschaftsgesellschaft können nur Angehörige freier Berufe (nicht abschließende Aufzählung in § 1 Abs. 2 PartGG) zur Ausübung **ihrer** Berufe sein.[409] Jeder Gesellschafter muss partnerschaftsfähig i.S.d. § 1 Abs. 1 PartGG sein. Angehörige einer Partnerschaft können nur natürliche Personen sein (§ 1 Abs. 1 S. 3 PartGG). Würden Gesellschaftsanteile z.B. an eine MVZ-GmbH übertragen, führte dies gemäß § 134 BGB zur Nichtigkeit der Abtretung.[410] Darüber hinaus folgt für Ärzte aus § 23a Abs. 1 S. 3 MBO-Ä, dass einem Arzt im Zusammenhang mit der Ausübung der Heilkunde ein Zusammenschluss nur mit solchen Berufsangehörigen gestattet ist, die in ihrer Verbindung mit dem Arzt einen gleichgerichteten oder integrierenden diagnostischen oder therapeutischen Zweck bei der Heilbehandlung, auch auf dem Gebiet der Prävention und Rehabilitation, durch räumlich nahes und koordiniertes Zusammenwirken aller beteiligten Berufsangehörigen erfüllen können. Unabhängig hiervon ist es einem Arzt als Freiberufler nicht untersagt, Partner einer aus Nichtärzten bestehenden Dienstleistungsgesellschaft zu werden, die sich z.B. auf die allgemeine Beratung von medizinischen Einrichtungen spezialisiert hat.

Das PartGG verlangt grundsätzlich die aktive Berufstätigkeit sämtlicher Partner in der Partnerschaftsgesellschaft, wobei der zeitliche Umfang frei vereinbart werden kann und nicht für sämtliche Partner gleich sein muss. Da die Partnerschaft Berufsausübungsgesellschaft ist, kann diese Rechtsform nicht gewählt werden, wenn Vertragsärzte ein MVZ gründen, in welchem sie selbst nicht ärztlich tätig sind. Die Erbringung ausschließlich einer Geldeinlage oder eine stille Beteiligung werden als unzulässig angesehen.[411] Verliert ein Partner die Approbation als Arzt, scheidet er kraft Gesetzes aus der Partnerschaftsgesellschaft aus (§ 9 Abs. 3 PartGG). Dies gilt nicht für den Fall des Ruhens der Zulassung oder bei Verlust etwa der Vertragsarztzulassung. Ebenso wenig führt der Eintritt der Berufsunfähigkeit automatisch zum Ausscheiden.[412] Gesellschaftsvertraglich sollte deshalb detailliert bestimmt werden, bei Vorliegen welcher Voraussetzungen ein Partner ausscheidet oder die anderen Partner zum Ausschluss berechtigt sind.

---

408 Vgl. Ratzel/Lippert/*Ratzel*, §§ 18/18a Rn 8; zu den Gründen Rieger/*Rieger*, „Gemeinschaftspraxis" Rn 21; ferner *Ulmer*, PartGG, vor § 1 Rn 12.
409 Zum Kreis der Freien Berufe ausführlich *Ulmer*, PartGG, § 1 Rn 33 f.
410 Vgl. *Ulmer*, PartGG, § 9 Rn 33.
411 *Ulmer*, PartGG, § 1 Rn 11; Gummert/Rieger/Weipert/*Salger*, § 36 Rn 12; *Eisenberg*, S. 208 unter Hinweis auf die Entstehungsgeschichte.
412 *Ulmer*, PartGG, § 9 Rn 21.

3. Vertragsgestaltung

a) Schriftformerfordernis

291 § 3 Abs. 1 PartGG verlangt den Abschluss eines schriftlichen Gesellschaftsvertrages, der zumindest die in § 3 Abs. 2 PartGG aufgeführten Minimalvoraussetzungen (Name und Sitz der Partnerschaft, den Namen und Vornamen, den in der Partnerschaftsgesellschaft ausgeübten Beruf, den Wohnort jedes Partners sowie den Gegenstand der Partnerschaft) enthalten muss.

292 Bei Einhaltung des Schriftformerfordernisses ist § 126 BGB zu beachten. Sämtliche getroffenen Vereinbarungen – also auch Nebenabreden – sind vollständig in die Vertragsurkunde aufzunehmen und – regelmäßig – eigenhändig durch Namensunterschrift zu unterzeichnen. Die Schriftform ist auch bei späteren Änderungen oder Ergänzungen zu beachten, sofern diese Wirksamkeit erhalten sollen.[413]

b) Firmierung

293 Der Name der Partnerschaft muss den Namen mindestens eines Partners, den Zusatz „und Partner" („+ Partner", „& Partner") oder „Partnerschaft" sowie die Berufsbezeichnung sämtlicher in der Partnerschaft vertretenen Berufe (§ 2 Abs. 1 PartGG) aufführen. Enthält das Berufsrecht strengere Anforderungen zur Firmierung, sind diese – ebenfalls – zu beachten (sog. Berufsrechtsvorbehalt – § 1 Abs. 3 PartGG). So gilt gemäß § 18a Abs. 1 S. 1 MBO-Ä, dass die Namen sämtlicher Gesellschafter aufzuführen sind. Der Name eines verstorbenen Gesellschafters darf – anders als z.B. im anwaltlichen Bereich[414] – nicht weiter geführt werden (§ 18a Abs. 1 S. 3 MBO-Ä). Ob dieses Verbot verfassungsgemäß ist, erscheint zweifelhaft (vgl. Rn 80).

c) Vertragsfreiheit

294 Soweit das PartGG nichts anderes bestimmt, sind auf das Gesellschaftsverhältnis die §§ 705 ff. BGB anzuwenden (§ 1 Abs. 4 PartGG). Im Rahmen der gesetzlichen Bestimmungen, wozu gemäß § 1 Abs. 3 PartGG ausdrücklich die vorrangigen Regelungen des Berufsrecht zählen, sind die Partner bei der Ausgestaltung ihres Binnenverhältnisses – von geringfügigen Ausnahmen abgesehen – ebenso frei wie bei der BGB-Gesellschaft (vgl. § 6 Abs. 3 PartGG).[415] Faktisch unterscheiden sich die Gesellschaftsverträge von Ärztepartnerschaften und Gemeinschaftspraxen substantiell nicht. Für den Rechnungsabschluss und die Gewinnfeststellung gelten ohnehin die §§ 721, 722 BGB.

295 Hervorzuheben ist § 6 Abs. 2 PartGG, wonach einzelne Partner im Partnerschaftsvertrag nur von den sonstigen Geschäften ausgeschlossen werden können. Im Rahmen der freiberuflichen Tätigkeit muss jeder Arzt in der Lage sein zu entscheiden, ob er den Behandlungsvertrag abschließt und darf bei dessen Erfüllung in medizinischer Hinsicht keinen Weisungen der anderen Partner unterworfen sein. Dies schließt nicht aus, dass im Wege des Beschlusses verbindlich für alle Partner einheitliche Standards festgelegt

---

413 *Ulmer*, PartGG, § 3 Rn 1, 5.
414 Vgl. § 10 Abs. 4 BORA.
415 *Ulmer*, PartGG, § 6 Rn 23.

werden oder entschieden wird, einzelne Behandlungen nicht oder nur unter bestimmten Voraussetzungen durchzuführen.[416]

§ 6 Abs. 3 S. 2 PartGG verweist hinsichtlich der Kündigungsregelungen auf § 132 HGB. Hiernach ist eine Kündigung bei einer auf unbestimmte Zeit eingegangenen Gesellschaft nur mit einer Mindestfrist von sechs Monaten zum Jahresende möglich.

296

4. Haftung

Es gilt ebenfalls der Grundsatz der gesamtschuldnerischen persönlichen Haftung der Gesellschafter für Gesellschaftsverbindlichkeiten. Ein der Partnerschaftsgesellschaft beitretender Gesellschafter haftet ab Eintragung in das Partnerschaftsregister für Altverbindlichkeiten unbegrenzt mit seinem Privatvermögen.[417] Ob dies auch für Verbindlichkeiten gilt, die ihren Rechtsgrund in dem Vertragsarztstatus haben, ist noch ungeklärt. Das BSG hat dies mit Urteil vom 7.2.2007[418] nur für den Eintritt in eine Einzelpraxis verneint (vgl. ausführlich Rn 131).

297

Lediglich für **berufliche Fehler** enthält § 8 Abs. 2 PartGG in der Fassung ab dem 1.8.1998 ein Haftungsprivileg:

298

> *„Waren nur einzelne Partner mit der Behandlung eines Patienten befasst, haften nur sie persönlich für Behandlungsfehler neben der Gesellschaft (Haftungskonzentration)."*

Deliktische Ansprüche, die aus der Verletzung des Behandlungsvertrages entstanden sind, werden gemäß § 31 BGB auf die Gesellschaft übergeleitet und unterfallen so dem Haftungsprivileg. Die Haftungskonzentration ist beschränkt auf Fälle fehlerhafter Berufsausübung und erstreckt sich nicht auf die Erfüllung von Verwaltungs- und Steuerschulden sowie sonstiger Verpflichtungen wie z.B. Honorarrückzahlungen gegenüber der KV.

299

Für die Nachhaftung gilt – wie bei der OHG – eine Fünfjahresfrist, die mit Eintragung des Ausscheidens in das Partnerschaftsregister beginnt (§ 10 Abs. 2 PartGG i.V.m. § 159 HGB).

300

5. Registerpflichtigkeit

Die Partnerschaft bedarf der Registrierung bei dem für den Sitz der Partnerschaft zuständigen Amtsgericht. Die Anmeldung ist durch einen Notar zu beglaubigen. Einzelheiten zur Anmeldung ergeben sich aus §§ 4, 5 PartGG sowie der Partnerschaftsregisterverordnung (PRV). Die Partnerschaftsregister halten für die Anmeldung hilfreiche Formblätter bereit, die regelmäßig über das Internet zur Verfügung stehen. Der schriftliche Vertrag ist indes nicht beim Partnerschaftsregister einzureichen, so dass insofern keine inhaltliche Überprüfung stattfindet und Dritte keinen Einblick erhalten können. Im Verhältnis zu Dritten wird die Partnerschaft erst mit der Eintragung in das Partnerschaftsregister wirksam (§ 7 Abs. 1 PartGG). Bis zu diesem Zeitpunkt liegt eine BGB-Gesellschaft vor.

301

---

416 Zu den Abgrenzungsproblemen *Ulmer*, PartGG, § 6 Rn 13 f.
417 *Ulmer*, PartGG, § 8 Rn 9.
418 B 6 KA 6/06 R – SGb 2007, 222.

302 Scheidet einer von zwei verbleibenden Partnern aus einer Partnerschaftsgesellschaft aus, geht das Vermögen und gehen die Verbindlichkeiten der Gesellschaft im Wege der Gesamtrechtsnachfolge auf den letzten Partner über. Die Gesellschaft erlischt. Eine allein auf das Ausscheiden des vorletzten Partners und nicht auch auf das Erlöschen der Gesellschaft gerichtete Anmeldung ist nicht eintragungsfähig.[419]

6. Umwandlung

303 Die Umwandlung einer als BGB-Gesellschaft geführten Gemeinschaftspraxis in eine Partnerschaftsgesellschaft ist identitätswahrend möglich (§ 2 Abs. 2 PartGG i.V.m. § 24 Abs. 2 HGB).[420] Regelmäßig wird der Gesellschaftsvertrag den Mindestanforderungen des § 3 PartGG ohnehin entsprechen, so dass die Registereintragung ohne großen Änderungsaufwand erfolgen kann. Umgekehrt gilt: Mit Löschung der Partnerschaftsgesellschaft aus dem Register, besteht die Gesellschaft als BGB-Gesellschaft fort.[421]

V. Ärztegesellschaft

1. Allgemeines

304 Es entspricht einem seit Jahren geäußerten Wunsch der Ärzteschaft, sich zur gemeinsamen Berufsausübung „moderner Gesellschaftsformen" bedienen zu können. Die OHG und KG kommen als rechtlicher Mantel einer Berufsausübungsgemeinschaft nach herrschender Meinung generell wegen deren gewerblichen Gesellschaftszwecks nicht in Betracht.[422] Die Zulässigkeit der sog. Heilkunde-GmbH war lange Zeit umstritten.[423] § 23a Abs. 1 MBO-Ä hat dem von vielen Ärzten geäußerten Wunsch auf Möglichkeiten der Haftungsbegrenzung Rechnung getragen, indem Ärzte „auch in der Form der juristischen Person des Privatrechts ärztlich tätig sein" können,[424] sofern sie die berufsordnungsspezifischen Vorgaben zum Gestaltungsrahmen beachten.

305 In der Praxis dürften die meisten Ärzte-Gesellschaften als GmbH und nicht als AG oder als „Limited"[425] gegründet werden. In jedem Fall müssen neben den berufrechtlichen Vorgaben die Voraussetzungen des GmbH-Gesetzes beachtet werden.[426] Einer gesonderten Zulassung durch die Ärztekammer bedarf es nicht. Die Gründung der Ärzte-GmbH ist lediglich anzeigepflichtig (§ 18 Abs. 6 MBO-Ä).[427]

---

419 KG – 1 W 305/06, DStR 2007, 1177 (LS).
420 *Ulmer*, PartGG, § 1 Rn 31.
421 Zum Formwechsel in oder aus einer Kapitalgesellschaft vgl. *Ulmer*, PartGG, § 1 Rn 28.
422 Gummert/Riegger/Weipert/*Gummert*, § 25 Rn 13; *Koch*, GesR 2005, 241, 244.
423 Vgl. die Nachweise bei Gummert/Riegger/Weipert/*Gummert*, § 25 Rn 14; Ratzel/Lippert/*Ratzel*, § 23a–d Rn 2. Im Gegensatz zur Ärzte-GmbH ist die Heilkunde-GmbH definitionsgemäß keine Berufsausübungsgemeinschaft, so dass sich an ihr auch sonstige Investoren beteiligen können, vgl. *Saenger*, MedR 2006, 138.
424 Ausführlich zur Gründung und Struktur *Braun/Richter*, MedR 2005, 685; ferner *Saenger*, MedR 2006, 138.
425 Private limited company by shares, Gesellschaft britischen Rechts; vgl. nur *Römermann*, NJW 2006, 2065; speziell zur grundsätzlichen Zulässigkeit der Limited als Rechtsform für Ärzte, jedoch mahnend hinsichtlich möglicher Risiken *Braun*, MedR 2007, 218.
426 Zu den Gründungsvoraussetzungen der Ärzte-GmbH vgl. *Braun/Richter*, MedR 2005, 685.
427 *Saenger*, MedR 2006, 138, 141.

2. Berufsrechtliche Vorgaben

Gemäß § 23a Abs. 1 MBO-Ä dürfen Gesellschafter nur Ärzte und Ärztinnen und solche Personen sein, mit welchen der Arzt einen gleichgerichteten oder integrierenden diagnostischen oder therapeutischen Zweck bei der Heilbehandlung erfüllen kann (§ 23b Abs. 1 MBO-Ä = zur eigenverantwortlichen Berufsausübung befugte Angehörige anderer akademischer Heilberufe oder staatlicher Ausbildungsberufe im Gesundheitswesen sowie andere Personen mit naturwissenschaftlicher Ausbildung und Angehörige sozialpädagogischer Berufe: Physiotherapeuten, Sprachtherapeuten, Ergotherapeuten oder Hebammen[428]), wobei weitere Vorgaben zur eigenverantwortlichen und selbständigen Berufsausübung zu beachten sind. Als potentielle Gesellschafter ausgeschlossen sind z.B. Krankenhausträger,[429] MVZ-GmbHs und sogar andere Ärztegesellschaften.

306

§ 23a Abs. 1 S. 3 MBO-Ä postuliert mit aller Deutlichkeit, dass die Ärzte-Gesellschafter ihren ärztlichen Beruf in der Gesellschaft ausüben müssen. Die Ärztegesellschaft ist somit unzweifelhaft Berufsausübungsgemeinschaft. Die ausschließliche kapitalmäßige Beteiligung eines Arztes ist ebenso unzureichend wie die ausschließliche Übernahme von Geschäftsführungsaufgaben. Der zeitliche Umfang der Tätigkeit ist allerdings nicht vorgegeben. Im Einzelfall kann die Abgrenzung zur Durchführung reiner Verwaltungsaufgaben schwierig sein.

307

Erforderlich ist ferner, dass die Gesellschaft verantwortlich von einem Arzt geführt wird und Geschäftsführer mehrheitlich Ärzte sind (§ 23a Abs. 1 S. 3 lit. a MBO-Ä). Hieraus ist zu folgern, dass die Gesellschaft, sofern auch Nicht-Ärzte Gesellschafter sind, zumindest zwei Ärzte-Gesellschafter-Geschäftsführer haben muss. Daneben sind angestellte Fremdgeschäftsführer grundsätzlich zulässig.[430] Entsprechende Regelungen sind in den Gesellschaftsvertrag aufzunehmen.[431]

308

Wie sehr Fremdeinflüsse befürchtet wurden, erschließt sich aus § 23a Abs. 1 S. 3 lit. c MBO-Ä. Hiernach dürfen Dritte nicht am Gewinn der Gesellschaft beteiligt sein. Bei den sonstigen Bestimmungen der Berufsordnung, die Vorgaben zur Form der ärztlichen Tätigkeit enthalten, findet sich ein solches – ausdrückliches – Verbot nicht.[432]

309

Gesellschaftsvertraglich ist zu regeln, dass ein Gesellschafter mit Beendigung seiner beruflichen Tätigkeit automatisch aus der Gesellschaft ausscheidet. Gleiches gilt beim Verlust der staatlichen Berufserlaubnis z.B. dem Widerruf der Approbation als Arzt.[433] Eine Übertragung von Geschäftsanteilen ist nur an solche Personen zulässig, die die berufsrechtlichen Voraussetzungen erfüllen. Bei Abtretung an eine unbefugte Person ist der zugrunde liegende Vertrag gemäß § 134 BGB nichtig.[434] Kommt ein Gesellschafter, in dessen Person die subjektiven Gesellschaftervoraussetzungen nicht mehr vorliegen, der Aufforderung nicht nach, seinen Geschäftsanteil an die Mitgesellschafter oder eine von diesen benannte geeignete Person abzutreten, ist sein Geschäftsanteil einzuziehen (§ 34 GmbHG). Für den Erbfall kann im Gesellschaftsvertrag bestimmt werden, dass die Erben durch die Gesellschafterversammlung angewiesen werden können, den Gesellschaftsanteil auf einen neu eintretenden Gesellschafter zu übertragen.[435]

310

---

428 *Häußermann/Dollmann*, MedR 2005, 255, 259; *Saenger*, MedR 2006, 138, 140.
429 *Braun/Richter*, MedR 2005, 685, 688 unter Hinweis auf *Ratzel/Lippert*, MedR 2004, 259.
430 *Braun/Richter*, MedR 2005, 685, 687.
431 *Häußermann/Dollmann*, MedR 2005, 255, 260.
432 *Gummert/Meier*, MedR 2007, 75, 75 f.
433 *Häußermann/Dollmann*, MedR 2005, 255, 259.
434 *Saenger*, MedR 2006, 138, 141.
435 *Braun/Richter*, MedR 2005, 685, 686.

311 Darüber hinaus sollte der Gesellschaftsvertrag bestimmen, dass die in der Gesellschaft tätigen Ärzte in medizinischen Angelegenheiten keinesfalls Weisungen von Nicht-Ärzte-Geschäftsführern unterworfen sind.[436]

312 Nicht alle Landesärztekammern haben die Ärztegesellschaft in ihre jeweiligen Berufsordnungen aufgenommen.[437] In Nordrhein-Westfalen hat die Ärztekammer Westfalen-Lippe die Ärztegesellschaft anerkannt – anders als ihre nordrheinische Schwesterkammer. Deutschland gleicht insofern einem Flickenteppich!

3. Vertragsarztrechtlicher Status

313 Hervorzuheben ist, dass das Vertragsarztrecht die Ärzte-Gesellschaft als Leistungserbringerin nicht anerkennt. Eine Änderung sieht auch VÄndG nicht vor. Bei Erfüllung der gesetzlichen Voraussetzungen kann die Ärzte-Gesellschaft jedoch als Medizinisches Versorgungszentrum an der vertragsärztlichen Versorgung teilnehmen.[438]

VI. Medizinische Kooperationsgemeinschaft

1. Definition

314 § 23b S. 1 MBO-Ä definiert die medizinische Kooperationsgemeinschaft als Zusammenschluss von Ärzten mit anderen selbständig tätigen und zur eigenverantwortlichen Berufsausübung befugten Berufsangehörigen anderer akademischer Heilberufe im Gesundheitswesen oder staatlicher Ausbildungsberufe im Gesundheitswesen sowie anderen Naturwissenschaftlern und Angehörigen sozialpädagogischer Berufe – auch beschränkt auf einzelne Leistungen – zur kooperativen Berufsausübung.

315 Auch wenn statistische Angaben fehlen, kann festgestellt werden, dass die praktische Bedeutung von medizinischen Kooperationsgemeinschaften gering ist,[439] obwohl sich interessante integrative Versorgungsmodelle gestalten ließen. Viele Ärzte stehen Kooperationsmodellen insbesondere mit Nichtakademikern skeptisch gegenüber, da sie die mit der Vergesellschaftung der Berufsausübung verbundene wirtschaftliche Transparenz ablehnen. Teilweise wird auch die Aufweichung hierarchischer Strukturen als negativ beurteilt.

---

436 *Saenger*, MedR 2006, 138, 145.
437 Nachweise bei Ratzel/Lippert/*Ratzel*, Vorbem. zu § 17. Das OLG Düsseldorf – I-3 Wx 107/06, MedR 2007, 249 hat die Führung einer Tierarztpraxis in der Rechtsform der GmbH für unzulässig erklärt, weil die Tierärztekammer Nordrhein die in § 29 Abs. 2 S. 3 HeilBG NRW geforderten berufsrechtlichen Regelungen noch nicht in die Berufsordnung aufgenommen hat.
438 Zum Verhältnis MVZ – Ärztegesellschaft siehe *Schäfer-Gölz*, in: FS Huber, S. 951, 967.
439 Ratzel/Lippert/*Ratzel*, § 23a–d Rn 7.

2. Berufsrechtliche Vorgaben

Im Gegensatz zur Vorgängerregelung Kap. D Nr. 9 Abs. 2 MBO-Ä 1997 enthält § 23b MBO-Ä 2004 keinen Katalog der kooperationsfähigen Berufe.[440] Die Einbindung von Heilpraktikern wird als unzulässig angesehen.[441]

316

Gemäß § 23b Abs. 1 S. 2 MBO-Ä kommen als Rechtsform für die Kooperation nur die Partnerschaftsgesellschaft, die BGB-Gesellschaft oder die Ärztegesellschaft gemäß § 23a MBO-Ä in Betracht. Bei der BGB-Gesellschaft wird ausdrücklich ein schriftlicher Vertrag vorausgesetzt, was bei den anderen Gesellschaftsformen kraft Gesetzes Gründungsvoraussetzung ist. Ein Genehmigungserfordernis besteht nach der MBO-Ä nicht mehr. Abweichendes ist nach wie vor in manchen Berufsordnungen bestimmt.[442]

317

§ 23b Abs. 1 S. 3 MBO-Ä hebt hervor, dass Ärzten die Bildung einer medizinischen Kooperationsgemeinschaft nur mit solchen anderen Berufsangehörigen und in der Weise erlaubt ist, dass diese mit dem Arzt einen gleichgerichteten oder integrierenden diagnostischen oder therapeutischen Zweck bei der Heilbehandlung durch räumlich nahes und koordiniertes Zusammenwirken erfüllen können. Hierdurch soll das Entstehen medizinischer „Gemischtwarenläden" verhindert werden.[443]

318

§ 23b Abs. 1 S. 4 MBO-Ä konkretisiert die Anforderungen an die Vertragsgestaltung, um insbesondere die eigenverantwortliche und selbständige ärztliche Berufsausübung zu gewährleisten.[444] Vorgaben zur Ergebnisverteilung finden sich nicht. Es erscheint gleichwohl sachgerecht, die Kriterien anzuwenden, die der Vorstand der Bundesärztekammer in seinem Beschluss vom 24.11.2006 zur Änderung des § 18 Abs. 1 MBO-Ä gefasst hat.[445] Hiernach darf der Gewinn ohne Vorliegen eines sachlichen Grundes nicht in einer Weise verteilt werden, die nicht dem Anteil der persönlich erbrachten Leistungen entspricht. Die – bloße – Anordnung einer Leistung stellt dabei keinen bei der Ergebnisverteilung berücksichtigungsfähigen Beitrag dar.

319

3. Vertragsarztrechtlicher Status

Das Vertragarztrecht kennt das Institut der medizinischen Kooperationsgemeinschaft nicht. Hieran hat auch das VÄndG nichts geändert, obwohl es einen sozialrechtlich geprägten Begriff der Berufsausübungsgemeinschaft in das Vertragsarztrecht eingeführt hat. § 33 Abs. 2 Ärzte-ZV ermöglicht die Errichtung einer Berufsausübungsgemeinschaft zwischen allen zur vertragsärztlichen Versorgung zugelassenen Leistungserbringern. Hierzu zählen neben Vertragsärzten zugelassene Psychologische Psychotherapeuten und Kinder- und Jugendlichen-Psychotherapeuten.[446] Selbst die MVZ-GmbH kann auf diese Weise Mitglied einer Berufsausübungsgemeinschaft werden. Dies gilt allerdings nicht für die von § 23b Ärzte-ZV umfassten nichtärztlichen Berufsgruppen. Dem-

320

---

440 Eine Aufzählung der möglichen Kooperationspartner ist abgedr. bei Halbe/Schirmer/*Broglie*, A 1500 Rn 6 f.
441 Halbe/Schirmer/*Broglie*, A 1500 Rn 14; zum Problem des „ärztlichen Heilpraktikers" Ratzel/Lippert/*Ratzel*, § 30 Rn 3.
442 Ratzel/Lippert/*Ratzel*, § 23a–d Rn 7.
443 Ratzel/Lippert/*Ratzel*, § 23a–d Rn 8.
444 Ausführlich *Eisenberg*, S. 195 f.
445 DÄBl. 2007, A-1613; zu ähnlichen Regelungen in Hamburg und Rheinland-Pfalz vgl. *Dahm/Ratzel*, MedR 2006, 555, 558.
446 *Schallen*, 5. Aufl., § 33 Rn 1162.

gemäß kann die medizinische Kooperationsgemeinschaft keine Genehmigung zur Teilnahme an der vertragsärztlichen Versorgung erhalten.

321 Allerdings erscheint es grundsätzlich zulässig, das Modell der sog. gemischten Gemeinschaftspraxis (vgl. Rn 278 ff.) auf medizinische Kooperationsgemeinschaften zu übertragen. Hiernach ist es rechtlich zulässig, dass ein Arzt vertragsärztlich tätig ist oder sogar mehrere Vertragsärzte im Rahmen der medizinischen Kooperationsgemeinschaft eine vertragsärztliche Gemeinschaftspraxis führen.

C. Organisationsgemeinschaften

I. Praxisgemeinschaft

1. Definition, Abgrenzung

322 Die Praxisgemeinschaft wird definiert als Zusammenschluss zweier oder mehrerer Ärzte gleicher und/oder verschiedener Fachrichtungen, die gemeinsam Praxisräume und/oder Praxiseinrichtungen nutzen und/oder gemeinsam Praxispersonal in Anspruch nehmen.[447] Die vom Ansatz her zutreffende Definition ist insofern zu eng, als nicht nur einzelne Ärztinnen/Ärzte, sondern auch Berufsausübungsgemeinschaften einer Praxisgemeinschaft angehören können. Nach richtiger Ansicht[448] ist die Bildung einer Praxisgemeinschaft nicht nur zwischen Ärzten möglich. Zulässigerweise können an ihr auch Angehörige nichtärztlicher Heil(hilfs)berufe oder eine MVZ-Trägergesellschaft oder ein Krankenhausträger beteiligt sein. Die Praxisgemeinschaft zwischen einem Arzt und Zahnarzt ist ebenfalls nicht zu beanstanden. Der Zugehörigkeit zu mehreren – ggf. auch überörtlichen – Praxisgemeinschaften stehen keine Bedenken entgegen.

323 In der Literatur spricht man von Praxisgemeinschaften im engeren Sinne, wenn ausschließlich Ärzte beteiligt sind und von einer Praxisgemeinschaft im weiteren Sinne, wenn ihr sonstige Dritte angehören. Bei der Ankündigung insbesondere neurologischer oder psychiatrischer Praxisgemeinschaften findet man die Bezeichnung „Praxengemeinschaft". Dies ist im Grunde eine präzisere Beschreibung des identischen Kooperationsmodells. Im Folgenden wird dieser Begriff nicht mehr verwandt werden.

324 Das wesentlichste Kriterium einer Praxisgemeinschaft ist die **gemeinsame Raumnutzung**. Dabei ist diese nicht so zu verstehen, dass jeder angehörige der Praxisgemeinschaft Mitbesitz an sämtlichen Räumlichkeiten hat. Die Räumlichkeiten können durchaus individuell zugeteilt sein. Gemeinsam genutzt werden regelmäßig der Eingangsbereich, Wartezonen, Sanitärbereiche etc. Die gemeinsame Nutzung von Geräten und/oder Personal ist fakultativ. Bei der Praxisgemeinschaft ist es unerheblich, ob deren Angehörige privatärztlich oder vertragsärztlich tätig sind.

325 Die Praxisgemeinschaft als Organisationsgemeinschaft ist abzugrenzen von der Berufsausübungsgemeinschaft. Bei der Abgrenzung kommt es – wie *U. Cramer*[449] zutreffend herausgearbeitet hat – auf den Gesellschaftszweck an. In der Praxisgemeinschaft übt

---

[447] Dogmatisch grundlegend Halbe/Schirmer/*Schäfer-Gölz*, A 1200 Rn 6; Rieger/*Rieger*, „Praxisgemeinschaft" Rn 1; Gummert/Riegger/Weipert/*Gummert*, § 25 Rn 5 f.; vgl. auch BSG – B 6 KA 76/04 R, BSGE 96, 99.
[448] Halbe/Schirmer/*Schäfer-Gölz*, A 1200 Rn 8.
[449] MedR 2004, 552.

jedes Mitglied seinen ärztlichen Beruf grundsätzlich getrennt von den anderen Gesellschaftern aus. Etwas anderes gilt nur dann, wenn eine Berufsausübungsgemeinschaft Mitglied der Praxisgemeinschaft ist. In diesem Fall üben die Mitglieder dieser Berufsausübungsgemeinschaft ihre ärztliche Tätigkeit gemeinschaftlich aus. Bei der Praxisgemeinschaft ist das Gemeinsame der Berufsausübung im Gegensatz zur Berufsausübungsgemeinschaft gerade nicht vergesellschaftet.[450] Der Begriff der Berufsausübungsgemeinschaft wird indes immer konturenloser (vgl. ausführlich Rn 6 ff.), die Abgrenzung mithin immer schwieriger.

2. Datenlage, Motive

Angaben zur Anzahl von Praxisgemeinschaften sind nicht bekannt, da insofern weder bei den einzelnen Ärztekammern noch bei der Bundesärztekammer noch den KVen oder der KBV Register geführt werden. 326

Die Motivationen zur Bildung einer Praxisgemeinschaft sind vielfältig.[451] Meist tragen wirtschaftliche Aspekte den Zusammenschluss. Die Praxisressourcen können gemeinschaftlich angeschafft und genutzt werden. Mancher Beteiligter weiß es zu schätzen, dass er im eigenen Namen und auf eigene Rechnung tätig ist und gleichwohl räumlich und fachlich in der Nähe zu anderen Ärzten tätig sein kann. Auch werden Gemeinschaftspraxen – häufig bei Differenzen über die Ergebnisverteilung – umgewandelt. Nicht verschlossen werden können die Augen vor dem Phänomen, dass Praxisgemeinschaften anstelle von Gemeinschaftspraxen bewusst gebildet werden, um Abrechnungsvorteile durch künstliche Steigerung der Fallzahlen auszunutzen (sog. „faktische Gemeinschaftspraxen").[452] 327

3. Genehmigung/Anzeige

Ab Umsetzung der MBO-Ä 2004 ist nicht nur der Zusammenschluss zu einer Berufsausübungsgemeinschaft, sondern auch die Bildung einer Organisationsgemeinschaft sowie deren Änderung und Beendigung der zuständigen Ärztekammer anzuzeigen (§ 18 Abs. 6 MBO-Ä). § 33 Abs. 1 S. 2 Ärzte-ZV bestimmt, dass die KV von der gemeinsamen Nutzung von Praxisräumen und Praxiseinrichtungen sowie der gemeinsamen Beschäftigung von Hilfspersonal zu unterrichten ist. 328

4. Berufsrechtliche Vorgaben

Bei Berufsausübungsgemeinschaften gilt, dass die Eigentumsverhältnisse für die Zulässigkeit der Berufsausübung unerheblich sind.[453] Dies gilt erst recht bei Praxisgemeinschaften. Die Gestaltungsmöglichkeiten sind vielfältig. So können die Gesellschafter der Praxisgemeinschaft z.B. Gesamthandseigentümer der Einrichtungsgegenstände sein, diese können sich jedoch auch im Eigentum nur eines Gesellschafters oder einer Berufsausübungsgemeinschaft befinden oder auf der Grundlage z.B. eines Leasingvertrages genutzt werden. 329

---

450 Halbe/Schirmer/*Schäfer-Gölz*, A 1200 Rn 14.
451 Zum Ganzen Halbe/Schirmer/*Schäfer-Gölz*, A 1200 Rn 2.
452 Vgl. den Sachverhalt des Urteils des BSG – B 6 KA 76/04 R, BSGE 96, 99, 100: durchschnittlich 58 % sog. Doppelbehandlungsfälle im Quartal!
453 Vgl. Ausführungen und Hinweise in diesem Beitrag zur Gemeinschaftspraxis.

330 Jeder der der Praxisgemeinschaft angehörenden Ärzte hat seinen Beruf eigenverantwortlich und unabhängig auszuüben. Vertragliche Abreden oder praktizierte Handhabungen, die die Mitglieder zu nicht indizierten Leistungen motivieren, sind unzulässig. So liegt ein Verstoß gegen den Grundsatz des Verbots der Zuweisung gegen Entgelt (§ 31 MBO-Ä) vor, wenn ein „Überweisungskartell" gebildet wird. So wäre es unzulässig, wenn z.B. die Kostenbeteiligungsquote eines Mitglieds der Praxisgemeinschaft davon abhängig gemacht wird, in welchem Umfang er einem oder mehreren anderen Mitgliedern Patienten zuweist.[454] Es versteht sich von selbst, dass derartige Modelle den Grundsatz der freien Arztwahl (§ 7 Abs. 2 MBO-Ä) unterlaufen.

331 Bei der Durchführung von Praxisgemeinschaftskonzepten ist die Beachtung der ärztlichen Schweigepflicht (§ 9 MBO-Ä, § 203 StGB, §§ 27 f. BDSG) von elementarer Bedeutung. Nicht immer wird beachtet, dass die Patientenkartei grundsätzlich nach Praxen getrennt zu führen ist.[455] Etwas anderes gilt nur dann, wenn die Patienten wirksam in die gemeinsame Datenführung eingewilligt haben. Verstöße sind besonders häufig nach Umwandlung einer Gemeinschaftspraxis in eine Praxisgemeinschaft festzustellen. Jede Praxis müsste darüber hinaus über eigene Kommunikationseinrichtungen erreichbar sein. Bei einer gemeinsam genutzten Telefonanlage müssen Durchwahlnummern individuell zugeordnet sein. Telefax und E-Mail-Adresse sind getrennt vorzuhalten. Problematisch ist die gemeinsame Nutzung von Warteeinrichtungen. Lange Zeit umstritten war die Zulässigkeit gemeinsamer Nutzung von Wartebereichen. Es entspricht der Natur der Sache, dass die Patienten Informationen darüber erhalten, wer welchen Arzt aufsucht. Richtigerweise wird man den Patienten das Recht einräumen müssen, zu entscheiden, ob sie eine Praxisgemeinschaft aufsuchen. Mit Betreten der Praxisräume willigen sie konkludent darin ein, dass dieser Vorgang zumindest teilöffentlich wird. Vom Ansatz her stellt sich das Problem ähnlich beim Aufsuchen jeder ärztlichen Einrichtung.[456]

332 Bei der Vertragsgestaltung müssen sich die Beteiligten darüber bewusst sein, dass Verstöße gegen berufsrechtliche und/oder vertragsarztrechtliche Vorgaben zur Nichtigkeit der Verträge gemäß § 134 oder § 138 BGB führen können.[457]

5. Vertragsarztrechtliche Vorgaben

333 Insbesondere im Zusammenhang mit der Ausübung vertragsärztlicher Tätigkeit verbieten sich Gestaltungsmodelle, in denen die Praxisgemeinschaft als „faktische Gemeinschaftspraxis" geführt wird.[458] Das Phänomen ist vor dem Hintergrund zu verstehen, dass Gemeinschaftspraxen – bei Beibehaltung der Binnenstruktur – in Praxisgemeinschaften umgewandelt wurden. Wesentliches Motiv der Trennung war die Möglichkeit, durch Gestaltung der Praxiszeiten und/oder durch Überweisungen die Fallzahlen zu erhöhen. Derartige Modelle werden zu Recht unter der Rubrik „Gestaltungsmissbrauch" kritisch beurteilt.[459] Üben die Angehörigen der Praxisgemeinschaft ihre vertragsärztliche Tätigkeit im Grunde wie in einer Gemeinschaftspraxis aus, verstößt dies gegen

---

454 Halbe/Schirmer/*Schäfer-Gölz*, A 1200 Rn 31 f.
455 BSG – B 6 KA 76/04 R, BSGE 96, 99, 103; Ratzel/Lippert/*Ratzel*, §§ 18/18a Rn 9.
456 Ausführlich hierzu Halbe/Schirmer/*Schäfer-Gölz*, A 1200 Rn 33; *Taupitz*, MedR 1993, 369.
457 Ratzel/Lippert/*Lippert*, § 2 Rn 34; *Ratzel*, MedR 2002, 492; Halbe/Schirmer/*Schäfer-Gölz*, A 1200 Rn 36, 47.
458 Ausführlich hierzu *Wehebrink*, NZS 2005, 400.
459 BSG – B 6 KA 76/04 R, BSGE 96, 99, 105; *Krafczyk*, MedR 2003, 313; Halbe/Schirmer/*Schäfer-Gölz*, A 1200 Rn 43.

§ 33 Abs. 2 Ärzte-ZV, da die erforderliche vorherige Genehmigung des Zulassungsausschusses fehlt.[460] Die KVen führen gegen die beteiligten Ärzte Plausibilitätsüberprüfungen durch. Aufgreifkriterien sind 20 % Patientenidentität in (teil-)gebietsgleichen/versorgungsbereichsidentischen und 30 % bei gebietsübergreifenden/versorgungsübergreifenden Praxisgemeinschaften.[461] Ergebnis dieser Verfahren können Honorarrückforderungen, aber auch die Einleitung von Disziplinarverfahren und ggf. Verfahren auf Zulassungsentziehung sein. Das BSG spricht in seinem Urteil vom 22.3.2006[462] von einem „Verstoß gegen vertragsärztliche Pflichten von erheblichem Gewicht". Obwohl grundsätzlich zulässig,[463] kann das sog. Einnahme- oder Gewinnpooling ein Indiz dafür sein, dass die beteiligten Ärzte faktisch eine Gemeinschaftspraxis ausüben.[464]

6. Nachbesetzungsverfahren (§ 103 Abs. 4–6 SGB V)

Bei Durchführung eines Nachbesetzungsverfahrens aus einer Berufsausübungsgemeinschaft heraus sind die verbleibenden Gesellschafter insofern privilegiert, als deren Interessen bei der Auswahlentscheidung angemessen zu berücksichtigen sind. Mit Urteil vom 5.11.2003[465] hat das BSG die Rechtsposition der verbleibenden Gesellschafter deutlich gestärkt, indem es deren wirtschaftliches Interesse am Fortbestand der Praxis als im Auswahlverfahren zu berücksichtigen hervorgehoben hat. Ob § 103 Abs. 6 SGB V auch auf Praxisgemeinschaften anzuwenden ist, ist strittig.[466] Nach richtiger Auffassung ist die Interessenlage zwischen einer Berufsausübungsgemeinschaft und einer Organisationsgemeinschaft nicht vergleichbar.[467]

334

7. Rechtsform, Vertragsinhalt

Als Rechtsform der Wahl für eine Praxisgemeinschaft hat sich die Gesellschaft bürgerlichen Rechts herausgestellt.[468] Die Praxisgemeinschaft ist im Regelfall BGB-Außengesellschaft, da sie am Rechtsverkehr durch Abschluss z.B. des Mietvertrages, von Dienstverträgen sowie sonstigen Versorgungsverträgen teilnimmt.[469]

335

Folgende Aspekte sind bei der Vertragsgestaltung besonders zu berücksichtigen:

336

- Hervorhebung der getrennten Berufsausübung insbesondere mit getrennter Patientenkartei,

---

460 *Wehebrink*, NZS 2005, 400, 403 m.w.N. zur sozialgerichtlichen Rechtsprechung. Das LSG NRW hat mit Urt. v. 13.12.2006 – L 11 KA 60/06, juris eine Überschneidungsquote von 27,9 % bzw. 33,1 % als „krassen Gestaltungsmissbrauch" bezeichnet.
461 Vgl. § 11 Abs. 2 der zwischen der KBV und den Spitzenverbänden der Krankenkassen mit Wirkung zum 1.1.2005 vereinbarten Richtlinien zum Inhalt und zur Durchführung der Abrechnungsprüfungen der KVen und der Krankenkassen, DÄBl. 2004, A-2555.
462 B 6 KA 76/04 R, BSGE 96, 99, 106.
463 So auch die *KBV* im „Schirmer-Papier"; *Schirmer*, S. 286; LG Hamburg – 332 O 136/04, MedR 2005, 98.
464 So auch Halbe/Schirmer/*Schäfer-Gölz*, A 1200 Rn 35, 43 f; *Luxenburger*, AG MedR im DAV, Bd. 2, S. 67, 80.
465 B 6 KA 11/03 R, MedR 2004, 697.
466 Für die entsprechende Anwendung *Fiedler*, NZS 2003, 574, 578; *Fiedler/Weber*, NZS 2004, 358, 364.
467 Halbe/Schirmer/*Schäfer-Gölz*, A 1200 Rn 50; ablehnend ferner *Schallen*, 5. Aufl., § 16b Rn 301; Ehlers/*Hesral*, Rn 351; Rieger/*Rieger*, „Praxisgemeinschaft" Rn 15.
468 Eine Analyse der ansonsten in Betracht kommenden oder zu verwerfenden Rechtsformen findet sich bei Halbe/Schirmer/*Schäfer-Gölz*, A 1200 Rn 54 f.
469 Gummert/Riegger/Weipert/*Gummert*, § 25 Rn 20; Halbe/Schirmer/*Schäfer-Gölz*, A 1200 Rn 54.

- Pflichten der Gesellschafter zur Leistung von Zahlungen, Zurverfügungstellung von Sachen, Erbringung von Dienstleistungen,
- Beteiligungsverhältnisse am Gesellschaftsvermögen (da die Praxisgemeinschaft sich aus getrennten Praxen zusammensetzt, wird der Praxisgemeinschaft regelmäßig kein eigenständiger Goodwill zugerechnet; dieser entsteht auf der Ebene der einzelnen Praxen),
- Regelungen zur Geschäftsführung und Vertretung,
- Praktikable und flexible Regelungen zur Kostenverteilung,
- Pflicht zur Aufrechterhaltung des Praxisbetriebs,
- Ausscheidens-, Abfindungsregelungen,
- Wettbewerbsverbot (nur in Ausnahmefällen zulässig).

8. Haftung

337 Zur gesamtschuldnerischen Haftung, Beitrittshaftung sowie Nachhaftung gelten die im Zusammenhang mit der Gemeinschaftspraxis dargestellten Grundsätze.

338 Für individuelle, auf die einzelne Praxis bezogene Verbindlichkeiten, haften die Inhaber/Gesellschafter der jeweiligen Praxis. Diese rechnet mit der KV ab und ist ggf. Adressat von Honorarrückforderungsbescheiden.

339 Behandlungsverträge mit den Patienten kommen zustande zwischen den Mitgliedern der Praxisgemeinschaft und dem Patienten, so dass regelmäßig eine individuelle Haftungszuordnung erfolgen kann.

340 Praxisgemeinschaften dürfen als solche angekündigt werden (vgl. § 18a Abs. 3 MBO-Ä). Für die Patienten ist nicht immer hinreichend erkennbar, dass eine getrennte Berufsausübung erfolgt, so dass eine Haftungszuordnung nach Rechtsscheingrundsätzen durchaus möglich ist.[470] Der BGH hat mit Urteil vom 8.11.2005[471] die gesamtschuldnerische Haftung von im kooperativen Belegarztwesen verbundenen Ärzten bejaht und dies auch mit dem Außenauftritt begründet.

9. Umwandlung

341 In der Praxis besteht – häufig aus durchaus anerkennenswerten Motiven – nicht selten das Bedürfnis, eine Gemeinschaftspraxis in eine Praxisgemeinschaft – oder umgekehrt eine Praxisgemeinschaft in eine Gemeinschaftspraxis – „umzuwandeln". In diesen Fällen bedarf es grundsätzlich nicht der Auseinandersetzung der alten und Gründung einer neuen Gesellschaft. Da Rechtsformidentität besteht, genügt eine Modifizierung des Gesellschaftsvertrages, indem insbesondere eine Änderung des Gesellschaftszwecks dahingehend vorgenommen wird, dass die gemeinsame Berufsausübung nicht mehr Gegenstand der Gesellschaft ist.

---

470 Ratzel/Lippert/*Ratzel*, §§ 18/18a Rn 1; *Pflugmacher*, ÄrzteZeitung v. 13.9.2006, S. 14.
471 VI ZR 319/04, MedR 2006, 290.

II. Apparategemeinschaft

1. Definition

Die meist in räumlicher Trennung zur eigenen Praxis erfolgende, gemeinschaftlich mit Dritten organisierte Nutzung von Räumen und/oder Geräten und/oder Personal wird unter dem Stichwort „Apparategemeinschaft" behandelt.[472] Hierbei handelt es sich um einen Unterfall der Praxisgemeinschaft mit vielfältigen Variationsmöglichkeiten.

342

Abzugrenzen von der „Apparategemeinschaft", der ein Element der gemeinsamen Beschaffung und Organisation eigen ist, sind Rechtsverhältnisse auf der Basis rein schuldrechtlicher Nutzungsüberlassung. So liegt keine „Apparategemeinschaft" vor, wenn z.B. ein Krankenhausträger seinen OP aufgrund selbständiger Verträge an mehrere Ärzte vermietet.

343

2. Rechtsform

Apparategemeinschaften werden meist in der Rechtsform der BGB-Gesellschaft betrieben. Sie sind nicht auf Gewinnerzielung ausgerichtet, sondern legen die entstandenen Kosten nach einem bestimmten Schlüssel auf die einzelnen Gesellschafter um.

344

Entgegen einer vielfach geäußerten Meinung handelt es sich hierbei nicht stets um eine BGB-Innengesellschaft,[473] sondern häufig um eine BGB-Außengesellschaft mit der Folge der gesamtschuldnerischen Haftung sämtlicher Gesellschafter sowie beitretender neuer Gesellschafter. Der Behandlungsvertrag kommt indes nicht mit den Gesellschaftern der Apparategemeinschaft, sondern mit dem jeweiligen behandelnden Arzt zustande, so dass insofern auch nur dieser für einen Behandlungsfehler haftet. Die Zugehörigkeit zu einer Apparategemeinschaft darf angekündigt werden (§ 18a Abs. 3 MBO-Ä).

345

3. Gesellschafterstatus

Zivil- und berufsrechtlich ist es unerheblich, aus welchen Personen oder Personengruppen sich der Gesellschafterkreis der Apparategemeinschaft zusammensetzt.[474] Gerade bei der Beschaffung und der Nutzung von medizinischen Großgeräten haben sich Kooperationsformen zwischen Krankenhäusern und niedergelassenen Ärzten bewährt. Selbstverständlich steht diese Organisationsform auch Krankenhausärzten offen. Für die Abrechnungsfähigkeit der erbrachten ärztlichen Leistungen sind die zivilrechtlichen Eigentumsverhältnisse unerheblich.

346

III. Laborgemeinschaft

1. Definition

Eine Laborgemeinschaft ist ein Zusammenschluss von Ärzten gleicher oder unterschiedlicher Fachrichtung zur gemeinsamen Nutzung von Laboreinrichtungen zwecks

347

---

472 Rieger/*Peikert*, „Apparategemeinschaft".
473 So *Eisenberg*, S. 125.
474 Rieger/*Peikert*, „Apparategemeinschaft" Rn 8.

Erbringung der in der eigenen Praxis anfallenden Laboratoriumsuntersuchungen.[475] Die Laborgemeinschaft gilt als Unterfall der Apparategemeinschaft. Sie ist reine Kostengemeinschaft.[476] Der jeweilige Gesellschafter rechnet die in der Laborgemeinschaft erbrachten Leistungen gegenüber seinen Patienten ab und beteiligt sich im Wege der Umlage an den entstandenen Kosten der Gesellschaft.

2. Rechtsgrundlagen

348   Im vertragsärztlichen Bereich ist die allgemeine Rechtsgrundlage in § 105 Abs. 2 SGB V zu sehen:

> „Die Kassenärztlichen Vereinigungen haben darauf hinzuwirken, dass medizinisch-technische Leistungen, die der Arzt zur Unterstützung seiner Maßnahmen benötigt, wirtschaftlich erbracht werden. Die Kassenärztlichen Vereinigungen sollen ermöglichen, solche Leistungen im Rahmen der vertragsärztlichen Versorgung von Gemeinschaftseinrichtungen der niedergelassenen Ärzte zu beziehen, wenn eine solche Einrichtung medizinischen Erfordernissen genügt."

349   Konkretisierend bestimmen § 25 Abs. 3 BMV-Ä sowie § 28 Abs. 3 EKV-Ä:[477]

> „Laborgemeinschaften sind Gemeinschaftseinrichtungen von Vertragsärzten, welche dem Zweck dienen, laboratoriumsmedizinische Analysen des Kapitels 32.2 [EBM 2000 plus] regelmäßig in derselben gemeinschaftlichen Betriebsstätte zu erbringen."

350   Für den privatärztlichen Bereich[478] gilt § 4 Abs. 2 GOÄ:

> „Der Arzt kann Gebühren nur für selbständige Leistungen berechnen, die er selbst erbracht hat oder die unter seiner Aufsicht nach fachlicher Weisung erbracht wurden (eigene Leistungen). Als eigene Leistungen gelten auch von ihm berechnete Laborleistungen des Abschnitts M II des Gebührenverzeichnisses (Basislabor), die nach fachlicher Weisung unter der Aufsicht eines anderen Arztes in Laborgemeinschaften [....] erbracht wurden."

3. Rechtsform

351   Die meisten Laborgemeinschaften werden in der Rechtsform der BGB-Gesellschaft betrieben. Teilweise trifft man auf eingetragene Laborvereine. Das Verständnis zumindest der für die Organisation verantwortlich zeichnenden Ärzte geht dahin, die Laborgemeinschaft als ausgelagerten Praxisteil zu beschreiben. Damit verträgt sich die Rechtsform einer juristischen Person nicht.

---

475   *Rieger*, Lexikon des Arztrechts, Rn 1131 ; *Eisenberg*, S. 132; vgl. ferner die Begriffsbestimmung in § 1a Nr. 14a BMV-Ä.
476   Zur ertragssteuerrechtlichen Behandlung von ärztlichen Laborleistungen *Wendland*, ArztR 2004, 17; ferner Rieger/*Peikert*, „Laborgemeinschaft" Rn 63 f.
477   Zur Entwicklungsgeschichte der Laborgemeinschaften ausführlich Rieger/*Peikert*, „Laborgemeinschaft" Rn 20 f.
478   Zu privatärztlichen Laborgemeinschaften *Möller*, MedR 1994, 10.

4. Kooperation mit Laborärzten

Oftmals arbeiten Laborgemeinschaften mit Laborärzten oder von diesen gehaltene Betriebsgesellschaften zusammen. Regelmäßig werden Räume, Geräte, Personal, Fahrdienst etc. gemeinsam genutzt. Teilweise verfügen die Laborgemeinschaften nicht einmal mehr über eigene Ressourcen. Mittels eines Dienstleistungsvertrages nutzt die Laborgemeinschaft die Einrichtung des Laborarztes, dem auch die ärztliche Leitung der Laborgemeinschaft obliegt.[479] Der Laborarzt ist an der Zusammenarbeit interessiert, weil er sich die Überweisung von – lukrativen – Spezialuntersuchungen erhofft. In der Praxis wird dabei z.T. in mehr oder weniger offensichtlicher Form gegen das berufsrechtliche Verbot der Zuweisung gegen Entgelt verstoßen.[480] Mit Urteil vom 21.4.2005[481] hat der BGH Folgendes festgestellt:

352

„1. Ein Laborarzt handelt unlauter i.S.v. §§ 3, 4 Nr. 1 UWG, wenn er niedergelassenen Ärzten die Durchführung von Laboruntersuchungen, die diese selbst gegenüber der Kasse abrechnen können, unter Selbstkosten in der Erwartung anbietet, dass die niedergelassenen Ärzte ihm im Gegenzug Patienten für Untersuchungen überweisen, die nur von einem Laborarzt vorgenommen werden können.

2. Einem solchen Angebot unter Selbstkosten steht es gleich, wenn die günstigen Preise für die von den niedergelassenen Ärzten abzurechnenden Laboruntersuchungen dadurch ermöglicht werden, dass der Laborarzt einer von ihm betreuten Laborgemeinschaft der niedergelassenen Ärzte freie Kapazitäten seines Labors unentgeltlich oder verbilligt zur Verfügung stellt."

5. Exkurs: Speziallabor

Laborgemeinschaften sind sowohl im privat- als auch im vertragsärztlichen Bereich auf die Erbringung von Leistungen des Basislabors beschränkt. Immer wieder führt es zu Diskussionen, unter welchen Voraussetzungen ein Arzt die Einrichtung des Labors unter Beachtung des Grundsatzes der persönlichen Leistungserbringung[482] zur Durchführung von Spezialuntersuchungen nutzen darf.

353

Mit Änderung der GOÄ im Jahre 1996 wollte der Gesetzgeber die „Selbstzuweisung" unterbinden und hierdurch eine wirtschaftlichere/sparsamere Indikationsstellung herbeiführen.[483] Er ging davon aus, dass ein Arzt seinen Patienten eher die Durchführung einer Laboruntersuchung empfiehlt, wenn er selbst von der Leistung wirtschaftlich profitiert. Um dieses Ziel zu erreichen, untersagte der Gesetzgeber den Bezug von Leistungen der Kapitel M III, IV GOÄ aus Laborgemeinschaften. Die Leistungen sind seitdem nur noch abrechnungsfähig, wenn der Arzt die Leistungen unter Beachtung des Grundsatzes der persönlichen Leistungserbringung durchführt, mithin bei der Leistungserbringung persönlich anwesend ist.[484] Bei Nutzung von hoch technisierten Analyse-

354

---

479 Rieger/*Peikert*, „Laborgemeinschaft" Rn 38 f.
480 *Eisenberg*, S. 132 f.
481 I ZR 201/02, MedR 2006, 168.
482 *Eisenberg*, S. 134.
483 BR-Drucks 211/94 S. 91.
484 LG Hamburg, Urt. v. 20.2.1996 – 312 O 57/96, n.v.: Persönliche Anwesenheit des abrechnenden Arztes während der gesamten Untersuchung erforderlich; LG Duisburg, Urt. v. 18.6.1996 – 1 O 139/96, n.v.: Persönliche Anwesenheitspflicht nur für den automatisierten Analysevorgang aufgehoben; vgl. ferner *Bundesärztekammer*, DÄBl. 1996, C-408; *dies.*, DÄBl. 2000, A-2058; Uleer/Miebach/Patt/*Miebach*, § 4 GOÄ Rn 44 f.

automaten stellt sich die höchstrichterlich nie geklärte Frage, zu welchem Zeitpunkt der Leistungserbringung die persönliche Anwesenheit des Arztes erfolgen muss, um diesem die Abrechnung der Laborleistungen zu ermöglichen.

355 Angesichts der Fortentwicklung der Medizintechnik sowie der Möglichkeit, im Wege der Delegation hoch qualifiziertes nachgeordnetes Personal einzusetzen, spricht sehr viel dafür, die Leistungen als selbst erbracht und damit abrechnungsfähig einzustufen, wenn der Arzt, dem das Weisungsrecht gegenüber dem nichtärztlichen Personal zustehen muss, zumindest zeitnah nach der automatischen Analyseerbringung persönlich im Labor die Validierung des Messergebnisses vornimmt. Soweit eine umfassendere Mitwirkungsverpflichtung damit begründet wird, nur so könne die Abrechnungsfähigkeit berufspolitisch gerechtfertigt werden,[485] kommt dem Argument keine rechtliche Qualität zu. Die telematische Befundübermittlung in die Praxis des Arztes und die von diesem dort getätigte Freigabe des Befundergebnisses wird allgemein als nicht ausreichend angesehen, obwohl die Ergebnisqualität der Laboranalyse hierdurch nicht beeinträchtigt wäre.

IV. Praxisverbund

1. Definition

356 § 23d Abs. 1 MBO-Ä definiert den Praxisverbund wie folgt:

> *„Ärztinnen und Ärzte dürfen, auch ohne sich zu einer Berufsausübungsgemeinschaft zusammenzuschließen, eine Kooperation verabreden (Praxisverbund), welche auf die Erfüllung eines durch gemeinsame oder gleichgerichtete Maßnahmen bestimmten Versorgungsauftrages oder auf eine andere Art der Zusammenarbeit zur Patientenversorgung, z.B. auf dem Felde der Qualitätssicherung oder Versorgungsbereitschaft, gerichtet ist."*

357 Gemäß § 23d Abs. 3 MBO-Ä können unter Berücksichtigung weiterer berufsrechtlicher Vorgaben einem Praxisverbund auch Krankenhäuser, Vorsorge- und Rehabilitations-Kliniken und Angehörige anderer Gesundheitsberufe angehören.

358 § 73a Abs. 1 SGB V beschreibt „vernetzte Praxen" – aus der Sicht des Vertragsarztrechts – wenig präzise als Möglichkeit der KVen, mit den Landesverbänden der Krankenkassen und Verbänden der Ersatzkassen in Gesamtverträgen Versorgungs- und Vergütungsstrukturen zu vereinbaren, die dem vom Versicherten gewählten Verbund haus- und fachärztlich tätiger Vertragsärzte Verantwortung für die Gewährleistung der Qualität und Wirtschaftlichkeit der vertragsärztlichen Versorgung sowie der ärztlich verordneten oder veranlassten Leistungen insgesamt oder für inhaltlich definierte Teilbereiche dieser Leistungen überträgt. Wesentlich sind die Freiwilligkeit einerseits des Zusammenschlusses von Vertragsärzten und andererseits der Wahl der Versicherten zur Teilnahme. Im Hausarztmodell kommt dem vom Patienten gewählten Hausarzt – neben dessen eigener ärztlicher Tätigkeit – die Koordinierungsfunktion („Hausarzt als Lotse") zu.

359 In der Praxis werden die Begriffe „Praxisverbund" und „Praxisnetz" = „vernetzte Praxis" synonym verwandt. Die praktische Relevanz dieser Kooperationsform ist – zumindest derzeit noch – von untergeordneter Bedeutung.

---

485 Wenzel/*R. Hess*, S. 979 f.

2. Formalien

Der Vertrag über die Errichtung des Praxisverbundes ist der Ärztekammer zum Zweck der Prüfung vorzulegen (§ 23d Abs. 2 MBO-Ä). Ist der Verbund kammerübergreifend tätig, muss jeder Arzt den Vertrag der für ihn zuständigen Landesärztekammer einreichen. Ein Genehmigungserfordernis besteht nicht. Die Zugehörigkeit zu einem Praxisverbund kann unter Hinzufügung des Namens des Praxisverbundes z.B. auf dem Praxisschild angekündigt werden (§ 18a Abs. 3 S. 2 MBO-Ä). Der Arzt kann Mitglied in mehreren Praxisnetzen sein. Im vertragsärztlichen Bereich ist ein formaler – schriftlicher – Beitritt des Vertragsarztes zu dem zwischen der KV und den Krankenkassen abgeschlossenen Strukturvertrag erforderlich, der seinerseits an die Mitgliedschaft im Praxisnetz geknüpft ist.

360

3. Vertragsarztrechtliche Besonderheiten

Die Gründung eines Praxisnetzes setzt im Bereich der vertragsärztlichen Versorgung voraus, dass die KV mit den Verbänden der Krankenkassen und den Verbänden der Ersatzkassen einen Strukturvertrag abgeschlossen hat. Strukturverträge sind öffentlich-rechtliche Verträge, im Streitfall der Sozialgerichtsbarkeit unterfallende Verträge. Sie enthalten qualitative Untersuchungs- und Behandlungsstandards wie

361

- erweiterte Präsenz- und Dokumentationspflichten,
- Teilnahme an Qualitätszirkeln,
- Zweitmeinungsmodelle,
- Vorgaben zur Kommunikation,
- evtl. Netz-Positivliste für Arzneimittel.

In den Strukturverträgen sind die Rahmenbedingungen i.S.v. Mindestvoraussetzungen für die privatrechtliche Ausgestaltung des Netzes vorzugeben. Der Zulassungsstatus des einzelnen Vertragsarztes wird durch die Teilnahme an einem Strukturvertrag nicht berührt, allerdings werden dessen vertragsärztliche Rechte und Pflichten entsprechend dem Inhalt des Strukturvertrages modifiziert.

362

Für die Leistungen des Praxisnetzes kann die Bildung von Finanzierungsbudgets vereinbart werden. Der am Strukturvertrag teilnehmende Arzt rechnet die von ihm erbrachten Leistungen regelmäßig nach Maßgabe des EBM 2000 plus ab. Im Rahmen der netzinternen Honorarverteilung kann sich je nach Grad der Budgetausschöpfung ein höherer oder niedrigerer Verteilungspunktwert ergeben als bei Leistungserbringung außerhalb des Praxisnetzes.

363

Die Teilnahme am Praxisnetz ist für jeden Vertragsarzt freiwillig. Bei Erfüllung der Voraussetzungen besteht grundsätzlich ein Rechtsanspruch auf Teilnahme am Strukturvertrag und Aufnahme in das Praxisnetz.

364

4. Beziehungen der Ärzte untereinander

Der Praxisverbund ist Organisationsgemeinschaft, nicht Berufsausübungsgemeinschaft.[486] Beim Praxisverbund schließen sich die Verbundärzte zusammen, um durch abgestimmte Maßnahmen die Untersuchungs- und Behandlungsqualität zu sichern und hierdurch Kosten einzusparen. Die gemeinsame ärztliche Leistungserbringung gegenüber den Patienten ist ebenso wenig Gesellschaftszweck wie das Ziel, die eigene Praxis

365

---

486 Rieger/*Rieger*, „Praxisnetz" Rn 4, 31.

nach ökonomischen Maximen zu betreiben. Der Praxisverbund kann aber durchaus die Vorstufe für eine Teilgemeinschaftspraxis bilden.

366 Als Rechtsformen kommen primär die BGB-Gesellschaft und – aus Haftungsgründen vorzugswürdig – die GmbH in Betracht, wobei die GmbH bei häufigem Mitgliederwechsel wegen der Pflicht zur notariellen Beurkundung und Eintragung in das Handelsregister faktisch Probleme bereitet.[487] Die Partnerschaftsgesellschaft scheidet als Rechtsform aus, da die Gesellschafter ihren Beruf nicht in der Gesellschaft ausüben.

367 Folgende Aspekte sind bei der Vertragsgestaltung besonders zu berücksichtigen:[488]
- Definition des Gesellschaftszwecks,
- Konkretisierung von Treue- und Förderpflichten,
- Pflichten der Gesellschafter zur Erbringung von Einlagen und Dienstleistungen,
- Hervorhebung der getrennten Berufsausübung insbesondere mit getrennter Patientenkartei,
- Regelungen zur Geschäftsführung und Vertretung,
- Vorgaben zur Willensbildung/Abstimmung,
- Bestimmungen zur Aufnahme und zum Ausschluss eines Arztes,
- Modalitäten zur Liquidation der Gesellschaft.

368 Der Praxisverbund kann sich zur organisatorischen Unterstützung einer Betriebsgesellschaft bedienen. Auch kann er einen Netzmanager beschäftigen. Die Mitgliedschaft im Praxisverbund soll grundsätzlich allen zur Teilnahme bereiten Ärzten ermöglicht werden (§ 23d Abs. 1 S. 2 MBO-Ä).

5. Beziehungen zu den Patienten

369 Der Patient schließt den Behandlungsvertrag nicht mit dem Praxisverbund, sondern mit seinem Arzt. Zum Praxisverbund tritt er in keine rechtliche Beziehung. Demgemäß haftet ausschließlich der behandelnde Arzt und nicht der Praxisverbund und/oder dessen Mitglieder für eine Vertragsverletzung. Etwas anderes kann gelten, wenn die Verbundärzte den Eindruck vermitteln, die ärztliche Leistung gemeinschaftlich zu erbringen (Rechtsscheinhaftung). Für Versicherte kann die Teilnahme an einem Strukturvertrag die zeitlich befristete Einschränkung der freien Arztwahl auf die dem Netz beigetretenen Vertragsärzte bedeuten. Gerechtfertigt wird dieser Eingriff mit der angestrebten verbesserten Versorgungsqualität.

V. Betriebsgesellschaft

1. Definition

370 Unter den vielschichtigen Begriffen „Betreiber-, Betriebs- oder Kostengesellschaft" werden Modelle verstanden, in denen Dritte einem Arzt oder mehreren Ärzten im Rahmen eines Gesamtkonzepts gegen Entgelt Ressourcen (Räume und/oder Geräte und/oder Personal) zur Verfügung stellen und ggf. weitergehende Dienstleistungen erbringen.[489]

---

487 Ausführlich Rieger/*Rieger*, „Praxisnetz" Rn 31 f.
488 *Weimar*, MDR 2000, 866; Rieger/*Rieger*, „Praxisnetz" Rn 3 f.
489 *Eisenberg*, S. 299.

In der Praxis sind vielfältige Modelle anzutreffen. Relativ schlicht sind Konstruktionen, in denen z.B. die Gesellschafter einer Gemeinschaftspraxis in derselben personalen Zusammensetzung eine Betriebsgesellschaft errichten, um über diese die zum Betrieb ihrer Praxis benötigten Investitionen zu tätigen. Häufig ist der Gesellschaftszweck umfassender gestaltet, indem über die Betriebsgesellschaft auch solche Geschäfte abgewickelt werden, die zu einer Gewerblichkeit sämtlicher Einkünfte der Gemeinschaftspraxis führen würden (z.B. Kontaktlinsenverkauf bei Augenärzten[490]). Komplexer sind die Modelle integrativer Gesundheitszentren/Ärztehäuser, in denen zum einen Ärzte unterschiedlicher, sich häufig ergänzender Fachgebiete und zum anderen möglicherweise auch andere nichtärztliche Gesundheitsberufe (z.B. Physiotherapeuten, Ernährungsberater etc.) unter einem Dach oder in unmittelbarer räumlicher Nähe angesiedelt werden. Teilweise besteht eine einheitliche betriebswirtschaftliche Geschäftsführung mit zentralen Funktionsbereichen (Buchführung, Personalwesen, Einkauf, Schreibbüro, koordiniertem Abschluss von Versicherungen etc.).[491] Die vereinbarte Vergütung wird oftmals ganz oder teilweise umsatzabhängig gestaltet.

371

Nicht selten wird das Konzept von Apothekern initiiert, die auf diese Weise die Besucherfrequenz ihrer Apotheke absichern wollen. Neuerdings ist festzustellen, dass verstärkt Krankenhausträger ihren potentiellen Einweisern günstige Rahmenbedingungen zur Ausübung ihrer beruflichen Tätigkeit anbieten. Das Bild wird ergänzt durch sog. Franchise-Ketten, wonach Praxen bundesweit nach einem einheitlichen Konzept und unter einer einheitlichen Marke betrieben werden sollen (z.B. McZahn, MacDent).[492]

372

Ebenfalls in die Kategorie der Betreibermodelle fallen Kooperationen zwischen Überweisern und Überweisungsempfängern. Praktiziert werden z.B. Apparategemeinschaften in der Rechtsform der GmbH & Co. KG, bei denen die GmbH & Co. KG hochpreisige medizinische Großgeräte an Spezialisten vermietet, die ihrerseits auf Überweisung von anderen Kollegen tätig werden. Diese zuweisenden Kollegen werden als Kommanditisten eingebunden und profitieren über ihre Ergebnisbeteiligung am Überweisungsumfang.

373

Die Betriebsgesellschaft ist der Kategorie der Organisationsgemeinschaft zuzurechnen. Als Rechtsform wird primär die GmbH genutzt. Die Betriebsgesellschaft tritt regelmäßig in keine Beziehung zum Patienten, zumal eine Abrechnungsmöglichkeit der von ihr mittels eingeschalteter Ärzte erbrachten ärztlichen Leistungen wegen § 4 Abs. 2 MB/KK ausscheidet.[493]

374

2. Zulässigkeitsgrenzen

Heute ist es unstreitig, dass die Eigentumsverhältnisse an den medizinischen Geräten für die Frage der Zulässigkeit ärztlicher freiberuflicher Tätigkeit unerheblich ist. Zutreffend formuliert § 17 Abs. 1 MBO-Ä denn auch, dass die Ausübung ambulanter ärztlicher Tätigkeit an die Niederlassung in einer Praxis – nicht mehr: in „eigener" Praxis – gebunden ist. Vor diesem Hintergrund ist es nicht zu beanstanden, wenn ein Dritter – und zwar unabhängig von dessen Rechtsform – einem Arzt die Ressourcen zur Berufsausübung zur Verfügung stellt. Insofern darf nicht unberücksichtigt bleiben, dass die

375

---

490 Ausführlich auch zu steuerlichen Auswirkungen *Ratzel*, GesR 2007, 200, 201.
491 *Ahrens*, MedR 1992, 141, 143; *Taupitz*, MedR 1993, 367.
492 *Preusker*, Die GesundheitsWirtschaft 2/2007, 10 f.
493 Hierzu nur *Eisenberg*, S. 303; detailliert *Ratzel*, GesR 2007, 200, 202.

Banken sich bei größeren von ihnen finanzierten Investitionen ohnehin das Sicherungseigentum an Geräten und der Praxiseinrichtung einräumen lassen!

376 Bei der Einschaltung von Betriebsgesellschaften wird man die Vereinbarung umsatzabhängiger Entgelte, deren Angemessenheit unterstellt, nicht untersagen können.[494] Keinesfalls darf die Vergütung als stille Beteiligung an der Arztpraxis gestaltet werden. Auch darf die Fremdgeschäftsführung nicht so weit reichen, dass der Arzt faktisch in „seiner" Praxis nichts mehr zu sagen hat. Jeder Eingriff in den Kernbereich der ärztlichen Berufsausübung kann zur Nichtigkeit der gesamten Konstruktion führen.[495] Plastisch formuliert das Bundessozialgericht:[496]

> „*Ungerechtfertigte Einflussnahmen Dritter auf die Berufsausübung niedergelassener Ärzte sollen verhindert werden. Ärztliche Praxen sollen nicht im Wege franchiseähnlicher Modelle durch Dritte, zu denen gesellschaftsrechtliche Verbindungen bestehen, betrieben werden.*"

377 Bei Geräte-Betriebsgesellschaften gilt Folgendes: Die Beteiligung eines Arztes als Investor ist zulässig. Das Berufsrecht verbietet dem Arzt nicht die allgemeine wirtschaftliche Betätigung. Selbst die Beteiligung an einer Kapitalgesellschaft, die Arznei-, Heil- und Hilfsmittel herstellt oder mit Medizinprodukten handelt, ist zulässig.[497] Korrespondiert die Ergebnisbeteiligung allerdings ausschließlich oder schwerpunktmäßig mit der Anzahl der selbst veranlassten Überweisungen, liegt ein Verstoß gegen das Verbot der Zuweisung gegen Entgelt (§ 31 MBO-Ä) vor mit der Folge der Nichtigkeit der Vertragskonstruktion.[498]

378 Eine strengere Ansicht vertritt das OLG Stuttgart in seinem Urteil vom 10.5.2007.[499] Hiernach ist die Beteiligung eines Arztes an einer GbR, die ihrerseits einen Geschäftsanteil an einer Labormedizin-GmbH (Betriebsgesellschaft) hält, auch dann als Verstoß gegen das Verbot der Vorteilsannahme i.S.d. § 31 MBO-Ä anzusehen, wenn sich die Ergebnisbeteiligung nicht an dem Volumen der durch den Gesellschafter-Arzt veranlassten Laborüberweisungen ausrichtet. Das Gericht sieht es als ausreichend an, dass die Gewinnerwartung durch das Zuweisungsverhalten steuerbar ist und der Arzt motiviert sein könnte, gerade das Labor zu beauftragen, an welchem er mittelbar beteiligt ist.[500] Sollte sich diese Rechtsauffassung durchsetzen, dürfte ein Arzt z.B. keine Aktien eines Pharmaunternehmens besitzen, dessen Produkte er verordnet oder auch nicht an einem Pflegedienst beteiligt sein, sofern seine Patienten dessen Dienste in Anspruch nehmen könnten.

---

494 *Ahrens*, MedR 1992, 141, 145; *Taupitz*, MedR 1993, 367, 372; *Reiter*, GesR 2005, 6, 10.
495 *Gummert/Meier*, MedR 2007, 75, 83 f.
496 B 6 KA 49/02 R, MedR 2004, 114, 116 f.; vgl. auch B 6 KA 34/02 R, MedR 2004, 119.
497 OLG Köln – 6 U 46/05, ZMGR 2006, 67; *Ratzel*, GesR 2007, 200, 203.
498 *Ratzel/Lippert/Ratzel*, § 31 Rn 20; *Dahm*, MedR 1998, 70 f.; *Ratzel/Cramer*, Orthopädische Mitteilungen 2001, 30; *Ratzel*, GesR 2007, 200, 203.
499 2 U 176/06, GesR 2007, 320.
500 In diese Richtung geht auch die Stellungnahme der *Berufsordnungsgremien der Bundesärztekammer* vom 2.4.2007, DÄBl. 2007, A-1607, 1610, wonach die gesellschaftsrechtliche Beteiligung eines Arztes an einer Dienstleistungsgesellschaft, deren Ziel z.B. die Absatzsteigerung eines Pharmaprodukts ist, gegen § 34 MBO verstößt.

§ 16 Arbeitsrecht der Klinikärzte

Dr. Christel Köhler-Hohmann

Inhalt

A. Einführung	1
B. Klinikarzt als Erfüllungsgehilfe des Klinikträgers	2
I. Stellung des Klinikarztes	3
II. Weisungsrecht, insbesondere des Klinikträgers als Arbeitgeber	7
III. Persönliche Leistungserbringung	18
IV. Arbeitszeitgesetz	19
1. Allgemeine Regelungen ..	20
2. Sondervorschriften für Krankenhäuser	26
3. Notfälle	28
4. Öffnungsklauseln	29
V. Tarifrecht	33
1. Gegenwärtige Tarifsituation	34
2. Tarifvertragsentwicklung .	35
3. Konsequenzen	40
a) Geltung der Tarifverträge	41
b) Tarifpluralität/-konkurrenz	43
c) Probleme	47
d) Ausblick	50
VI. Inhaltskontrolle von Dienstverträgen	51
VII. Vergütung	55
VIII. Nebentätigkeit	60
IX. Beendigung des Dienstverhältnisses	64
1. Aufhebungsvereinbarung .	64
2. Befristung	65
3. Altersgrenzenvereinbarung als besonderer Grund für Befristungen	69
4. Probezeit	72
5. Kündigung des Arbeitsvertrages	73
C. Besonderheiten der Klinikorganisation bei der Ausgestaltung des ärztlichen Dienstes	82
I. Ärztlicher Dienst	83
II. Chefärzte	85
1. Stellung des Chefarztes ..	85
2. Persönliche Leistungserbringung	91
3. Dienstaufgaben/Nebentätigkeit	92
4. Organisationsaufgaben ...	99
a) In Bezug auf die jeweilige Fachabteilung	99
b) Verantwortung für die Wirtschaftlichkeit	100
5. Weisungsrecht gegenüber nachgeordneten Klinikärzten	102
6. Formen der Entgeltbeteiligung	106
a) Allgemeines	106
b) Klassische Beteiligungsvergütung versus Liquidationsrecht	107
7. Anpassungs- und Entwicklungsklausel	110
8. Versetzungsvorbehalt	122
III. Oberärzte	123
IV. Assistenzärzte	126
D. Schlussbemerkung	127

Literatur

DKG, Beratungs- und Formulierungshilfe Chefarzt-Vertrag, 8. Auflage 2007; **Dörner/Luczak/Wildschütz** (Hrsg.), Handbuch des Arbeitsrechts, 4. Auflage 2004; **Laufs/Uhlenbruck**, Handbuch des Arztrechts, 3. Auflage 2002; **Quaas/Zuck**, Medizinrecht, 2005; **Rieger** (Hrsg.), Lexikon des Arztrechts, 2007; **Schaub** (Hrsg.), Arbeitsrechts-Handbuch, 12. Auflage 2007; **Schlegel** (Hrsg.), Musterverträge im Gesundheitswesen, 2007; **Weth/Thomae/Reichold** (Hrsg.), Arbeitsrecht im Krankenhaus, Loseblatt, Stand: 2007; **Tschöpe**, Anwaltshandbuch Arbeitsrecht, 5. Auflage 2007; **Wenzel** (Hrsg.), Handbuch des Fachanwalts für Medizinrecht, 2007.

A. Einführung

1 Von insgesamt 311.300 im Bundesgebiet berufstätigen Ärzten sind 136.200 Ärzte im ambulanten und **148.300 Ärzte im stationären Sektor** tätig.[1] 138.049 sind als Klinikärzte im Krankenhaus[2] tätig. Das Arbeitsrecht der Klinikärzte ist somit bereits aus statistischer Sicht von besonderer Bedeutung. Medizinrechtliche Besonderheit erlangt dieses Arbeitsrecht, weil es sowohl durch die Regelungen des ärztlichen Berufsrechts als auch der Krankenhausgesetzgebung beeinflusst wird. Im Folgenden finden sich unter B. (siehe Rn 2 ff.) zunächst allgemeine Ausführungen zum Arbeitsrecht des Klinikarztes, welche unter C. (siehe Rn 82 ff.) durch besondere Bezugnahmen auf die unterschiedlichen ärztlichen Hierarchieebenen, maßgeblich in Bezug auf den Chefarzt als leitenden Arzt, ergänzt werden. Soweit § 14b Nr. 6 FAO als nachzuweisende besondere Kenntnisse ausschließlich das Chefarztvertragsrecht hervorhebt, ist zu bedenken, dass auch der Chefarzt in erster Linie Klinikarzt ist.

B. Klinikarzt als Erfüllungsgehilfe des Klinikträgers

2 Aufgabe des Krankenhauses ist grundsätzlich die Patientenbehandlung. Hierzu schließen Krankenhausträger und Patienten entsprechende Behandlungsverträge (siehe § 9). Als Schuldner der hieraus resultierenden Pflichten ist der Krankenhausträger zur Bewirkung des Leistungserfolges auf die Einbindung weiterer Personen angewiesen. Zur Verdeutlichung der Krankenhausorganisation ist darauf hinzuweisen, dass bei Umrechnung des Krankenhauspersonals in Vollkräfte bezogen auf das Jahr 2005 im gesamten Bundesgebiet 796.097 Vollkräfte in 2.139 Krankenhäusern tätig waren.[3] Neben dem ärztlichen Dienst ist die Einbeziehung von weiterem nichtärztlichen Personal wie dem Pflegedienst, medizinisch-technischen Dienst, Funktionsdienst, Klinischen Hauspersonal, dem Wirtschafts- und Versorgungsdienst, allgemeinen technischen Dienst, Verwaltungsdienst und sonstigen Dienst erforderlich. Lediglich 15 % dieser Vollkraftstellen beziehen sich auf Krankenhausärzte.[4] Aufgrund der Relevanz der ärztlichen Leistungserbringung für die Erfüllung der Leistungspflicht des Krankenhausträgers nehmen Krankenhausärzte aber eine zentrale Position ein.

I. Stellung des Klinikarztes

3 Die Einbindung des Klinikarztes in die Krankenhausorganisation erfolgt regelmäßig über den Abschluss eines Arbeitsvertrags gemäß §§ 611 ff. BGB. Krankenhausärzte sind grundsätzlich **Arbeitnehmer**.[5] Das bedeutet, dass sie i.S.d. ständigen Rechtsprechung des BAG aufgrund eines privatrechtlichen Vertrages im Dienste eines anderen zur Leistung weisungsgebundener fremdbestimmter Arbeit in persönlicher Abhängigkeit verpflichtet sind.[6] Der Klinikarzt ist somit grundsätzlich **angestellter Erfüllungsgehilfe des Krankenhausträgers (§ 278 BGB)**.

---

1 *BÄK*, Ergebnisse der Ärztestatistik zum 31.12.2006, siehe www.bundesärztekammer.de.
2 Bezogen auf das Jahr 2005, siehe *DKG*, Zahlen, Daten, Fakten 2007, S. 34.
3 *DKG*, Zahlen, Daten, Fakten 2007, S. 33.
4 Die Berechnung legt 121.610 Vollkraftstellen zugrunde. 38 % der Krankenhausmitarbeiter gehören zum Pflegedienst; hinzuzurechnen sind aber auch die sonstigen nichtärztlichen medizinischen Dienste.
5 LAG Düsseldorf v. 23.7.2002 – 16 Sa 162/02, NZA-RR 2002, 567.
6 Siehe etwa BAG v. 21.4.2005 – 2 AZR 125/04, AP Nr. 134 zu § 1 KSchG – Betriebsbedingte Kündigung.

Zwar kann ein Erfüllungsgehilfe sowohl selbständig als auch angestellt tätig werden,[7] die Versorgungsaufgabe des Krankenhauses und die entsprechende Organisationspflicht des Klinikträgers führen jedoch regelmäßig zur Anstellung des Krankenhausarztes, so dass eine möglichst enge Einbindung in die Arbeitsorganisation des Krankenhauses erfolgen kann.[8]

Abzugrenzen sind hiervon **beamtete Klinikärzte**, die in einem besonderen Dienstverhältnis zu einer juristischen Person des öffentlichen Rechts stehen, z.B. Ärztlicher Leiter eines Universitätsklinikums (Hochschullehrer).[9] Die Rechtsbeziehungen sind dann nicht dem Arbeitsrecht, sondern dem Beamtenrecht zuzuordnen.

Abgesehen von der Stellung der beamteten Krankenhausärzte, welche sich grundsätzlich an den beamtenrechtlichen Regelungen orientiert, ist für die Stellung des angestellten Arztes der **Arbeitsvertrag** maßgeblich, der durch **kollektive Vereinbarungen** in besonderem Maß gestaltet werden kann (zur Tarifsituation vgl. Rn 33 ff.). Bei kirchlichen Trägern ist neben vereinzelten Abschlüssen von Tarifverträgen auf die **Arbeitsvertragsrichtlinien (AVR)** hinzuweisen, welche inhaltlich den Tarifverträgen des öffentlichen Dienstes ähnlich sind. Das BAG qualifiziert sie als **arbeitsvertragliche Einheitsrichtlinien**, die nur aufgrund einzelvertraglicher Vereinbarung Anwendung finden können.[10] Die Tätigkeit von Krankenhausärzten in kirchlichen Einrichtungen verlangt des Weiteren die Einhaltung besonderer **sog. Loyalitätsobliegenheiten**, was in der Sonderstellung der Kirchen (Art. 140 GG i.V.m. Art. 137 Abs. 3 GG) begründet liegt.[11] Gleichgültig, ob der Krankenhausarzt Arbeitnehmer oder Beamter ist, ist in sämtlichen Fällen die Bindung des Arztes an das **ärztliche Berufsrecht** zu berücksichtigen (siehe § 5).

II. Weisungsrecht, insbesondere des Klinikträgers als Arbeitgeber

Dem Krankenhausträger obliegt als Arbeitgeber das Weisungsrecht. Dienstvorgesetzter ist in Abhängigkeit von der Organisationsform des Krankenhauses zunächst die jeweilige Geschäftsführung, so z.B. GmbH-Geschäftsführer (§ 35 GmbHG), AG-Vorstand (§ 77 AktG), Landrat oder Bürgermeister.

Das allgemeine Weisungsrecht kann grundsätzlich **Inhalt, Durchführung, Zeit, Dauer und Ort der Tätigkeit** betreffen[12] und konkretisiert somit die Arbeitsbedingungen. Kraft des Weisungsrechtes kann der Arbeitgeber in Notfällen auch **sog. Notarbeiten** verlangen, welche weder dem Berufsbild noch den arbeitsvertraglichen Leistungspflichten entsprechen.[13]

---

[7] Palandt/*Heinrichs*, § 278 Rn 7.
[8] Siehe auch *Köhler-Hohmann*, Die Teilnahme der Ärzte- bzw. der Heilkunde-GmbH an der vertragsärztlichen Versorgung, S. 93 f.
[9] Siehe hierzu im Einzelnen Laufs/Uhlenbruck/*Genzel*, § 90 Rn 5 ff.
[10] *Schaub*, § 186 Rn 180 unter Verweis auf BAG v. 24.9.1997, AP Nr. 10, 11 zu § 12 AVR Caritasverband.
[11] Weth u.a./*Wern*, Teil 3A Rn 13 ff.; eingehend Weth u.a./*Reichold*, Teil 4 Rn 56 ff.
[12] BAG v. 9.10.2002 – AZR 405/01, AP Nr. 114 zu § 611 BGB – Abhängigkeit.
[13] Siehe etwa Tschöpe/*Schmalenberg*, Teil 2A Rn 45 unter Verweis auf ArbG Marburg v. 27.2.1998 – 2 CA 488/97, BB 1999, 1068.

9 Die Form der Ausübung ist nicht festgelegt und kann mündlich erfolgen bzw. schriftlich fixiert werden.[14]

10 Als **Leistungsbestimmungsrecht des Arbeitgebers i.S.d. § 315 BGB** hat aber die Weisung sachlich geboten und zumutbar zu sein. Das ist der Fall, wenn der Arbeitgeber nicht nur eigene, sondern auch berechtigte Interessen der Arbeitnehmer „angemessen" berücksichtigt hat.[15] Er kann die Arbeitsbedingungen nach billigem Ermessen bestimmen, soweit diese nicht durch den Arbeitsvertrag, durch Bestimmungen einer Betriebsvereinbarung bzw. eines anwendbaren Tarifvertrages oder durch gesetzliche Vorschriften festgelegt sind. Maßgeblich ist hier auch der Grundsatz der Gleichbehandlung zu beachten.

11 Dieses Direktionsrecht des Arbeitgebers hinsichtlich der Arbeitsleistung wird für alle Arbeitsverträge seit dem 1.1.2003 durch **§ 106 GewO** als allgemeinen arbeitsrechtlichen Grundsatz geregelt.[16] Der Arbeitnehmer hat der Arbeitsanweisung Folge zu leisten. Ein Verstoß stellt eine Nicht- oder Schlechtleistung der Arbeitspflicht dar, welche nach Abmahnung zur Kündigung führen kann. Ist die Weisung hingegen unzulässig und somit nichtig (§§ 134, 138 BGB), so hat der Arbeitnehmer ein Leistungsverweigerungsrecht.

12 Mit der Weisung einhergehen **Instruktions-, Überwachungs- und Kontrollpflichten**. Allerdings ist bei gehobenen Tätigkeiten ein weisungsfreier Entscheidungsspielraum des Arbeitnehmers in der Art der Ausführung der Tätigkeit[17] anerkannt. Die arbeitgeberseitige Konkretisierung des Inhalts der Tätigkeit wird als Widerspruch zur hiermit verbundenen Verantwortung gesehen.

13 Bei der ärztlichen Tätigkeit folgt der weisungsfreie Entscheidungsspielraum unmittelbar aus § 1 Abs. 2 BÄO, nach welchem der ärztliche Beruf seiner Natur nach ein freier Beruf ist. Wesensmerkmal des freien Berufs ist die **Weisungsfreiheit**, dieser Grundsatz gilt unabhängig von der Art der Ausübung des ärztlichen Berufs. Entsprechend regelt die Musterberufsordnung für die deutschen Ärztinnen und Ärzte (MBO-Ä 2006) der Bundesärztekammer (BÄK),[18] dass Ärzte hinsichtlich ihrer ärztlichen Entscheidungen **keine Weisungen von Nichtärzten** entgegennehmen dürfen. Konsequenz ist, dass der Krankenhausträger im Rahmen der gesetzlichen und tarifvertraglichen Grenzen Ort und Zeit der ärztlichen Tätigkeit bestimmen und Organisationsabläufe zur Gestaltung des Betriebes steuern kann, soweit er hiermit nicht in den ärztlichen Bereich eingreift. Dies verlangt die im Einzelfall nicht immer leichte Abgrenzung zwischen organisatorisch-betriebswirtschaftlich-verwaltungstechnischer und medizinisch-fachwissenschaftlicher Entscheidung. Setzt aber eine Entscheidung medizinisches Fachwissen voraus und hat diese Auswirkung auf die konkrete Patientenbehandlung, so handelt es sich im Zweifel um eine Anweisung, die nach ärztlichem Berufsrecht nur durch einen Mediziner erfolgen darf.

---

14 Tschöpe/*Schulte*, Teil 3A Rn 19.
15 Siehe hierzu BAG v. 23.9.2004 – 6 AZR 567/03, AP Nr. 64 zu § 611 BGB – Direktionsrecht. Zur Unbilligkeit der Anordnung von Bereitschaftsdienst, siehe LAG Hessen v. 20.5.2003 – 14 Sa 1695/02, ZMV 2004, 99.
16 Eingef. durch Art. 1 Nr. 19 des Dritten Gesetzes zu Änderung der Gewerbeordnung und sonstiger gewerberechtlicher Vorschriften v. 24.8.2002 (BGBl I, 3412) m.W.v. 1.1.2003; BAG v. 23.9.2004 – 6 AZR 567/03, BAGE 112, 80; Palandt/*Grüneberg*, § 315 Rn 2; Tschöpe/*Schulte*, Teil 3A Rn 16.
17 Tschöpe/*Schmalenberg*, Teil 2A Rn 37 mit dem beispielhaften Hinweis auf Ärzte, Lehrer, Künstler, Wissenschaftler und leitende Angestellte.
18 Hier § 2 Abs. 3 (ohne rechtliche Verbindlichkeit). Zur Umsetzung der Vorschrift durch die Bayer. LÄK, siehe § 2 Abs. 4 BayBO.

Innerhalb der Billigkeitskontrolle nach § 315 Abs. 3 BGB hat der Arbeitgeber auch die **mittelbare Drittwirkung der Grundrechte** des Arbeitnehmers, hier etwa Art. 4 GG, zu berücksichtigen. In Bezug auf einen **Schwangerschaftsabbruch** regelt § 12 SchKG explizit, dass niemand zur Mitwirkung verpflichtet ist, es sei denn, die Mitwirkung ist im Hinblick auf die Abwendung einer Lebens- oder schweren Gesundheitsgefahr notwendig. Gleiches ergibt sich aus den Berufsordnungen, nach denen keine Anweisung zur Mitwirkung oder Unterlassung an einem Schwangerschaftsabbruch erfolgen darf (siehe § 14 Abs. 1 MBO-Ä).

Besteht ein Gewissenskonflikt wegen fehlender fachlicher Eignung oder Überlastung, so darf eine Heranziehung zum **Notfalldienst** nicht erfolgen.[19] Der Krankenhausträger darf den Arzt wegen Art. 9 Abs. 3 GG auch nicht zur **Streikarbeit** zwingen. Voraussetzung ist allerdings, dass keine kollidierenden Grundrechte Dritter entgegenstehen: Besteht nämlich Lebensgefahr für die Patienten, kann der Krankenhausträger wegen Art. 2 Abs. 1 GG die streikenden Ärzte zur Notfallversorgung verpflichten bzw. den Streik verbieten.[20] Unter Umständen kann der Arbeitgeber auch eine Verletzung des Rechts am eingerichteten und ausgeübten Gewerbebetrieb gemäß § 823 Abs. 1 BGB geltend machen.[21] Unstreitig sind aber **sog. Erhaltungsarbeiten** i.S.v. Notarbeiten, Notstandsarbeiten und Notdienst zum Schutz des Unternehmens und zur Abwehr von Gemeingefahren auszuführen.[22]

Das Direktionsrecht des Krankenhausträgers wird in Musterverträgen derart geregelt, dass der Krankenhausträger Satzungen, Dienstanweisungen, Hausordnungen und weitere Regelungen erlassen kann. Ergänzt werden diese Regelungen durch einen Vorbehalt des Krankenhausträgers im Rahmen einer Entwicklungsklausel (siehe Rn 110 ff.) zur Bestimmung des Arbeitsauftrages und der zur Verfügung stehenden Ressourcen im Benehmen mit dem Arzt, sachlich gebotene strukturelle und organisatorische Änderungen im Krankenhaus vorzunehmen.[23]

Die arbeitgeberseitige Weisung kann Gegenstand einer **Feststellungsklage** des Arbeitnehmers sein: Gegenstand eines zulässigen Feststellungsbegehrens können nämlich auch einzelne Rechte und Pflichten aus einem Rechtsverhältnis und damit ebenso der Inhalt des arbeitsvertraglichen Weisungsrechts sein.[24]

III. Persönliche Leistungserbringung

Nach der **Auslegungsregel des § 613 S. 1 BGB** ist die Arbeitsleistung im Zweifel **persönlich** zu leisten. Kommt der Klinikarzt seiner Arbeitsleistung nicht nach, so wird die Arbeitsleistung bei Termingebundenheit teilweise unmöglich (§ 275 Abs. 2 BGB); umgekehrt ist er aber auch nicht verpflichtet, Ersatz zu leisten. Konsequenz ist allerdings auch grundsätzlich der Verlust des Vergütungsanspruchs. Etwas anderes ergibt sich nur dann, wenn der Arbeitnehmer zur Arbeitsleistung allein nicht in der Lage oder die Heranziehung von Gehilfen üblich ist. Hier geht man von einer **konkludenten Abbedin-**

---

19 Weth u.a./*Reichold*, Teil 3E Rn 10 unter Verweis auf BVerwG v. 18.7.1967 – I C 9.66, BVerwGE 27, 303 und BVerwG v. 12.12.1972 – I C 30.69, BVerwGE 41, 261.
20 Siehe hierzu Weth u.a./*Reichold*, Teil 3E Rn 12.
21 LAG Köln v. 12.12.2005 – 2 Ta 457/05, NZA 2006, 62.
22 *Schaub*, § 194 Rn 39 f.
23 Siehe *DKG*, Beratungs- und Formulierungshilfe Chefarzt-Vertrag, z.B. §§ 15, 18.
24 LAG Hamm v. 18.2.2002 – 8 Sa 620/01, NZA 2002, 793.

gung des § 613 S. 1 BGB aus.[25] Diese Abbedingung der Auslegungsregel spielt innerhalb der Krankenhaushierarchie eine maßgebliche Rolle entweder bei der **Vertretung des Chefarztes** (siehe Rn 91) oder bei der **Delegation der ärztlichen Dienstleistungen** durch die Heranziehung einer Assistenz, so etwa bei dem Auftrag zu einer Blutentnahme durch medizinisches Assistenzpersonal.

IV. Arbeitszeitgesetz

19 Das freie Vertragsverhältnis wird durch das ArbZG als zwingendes Recht beeinflusst. Entgegenstehende vertragliche Vereinbarungen sind nach § 134 BGB nichtig. Zweck des ArbZG ist die Gewährleistung von Sicherheit und des Gesundheitsschutzes der Arbeitnehmer bei der Arbeitszeitgestaltung, die Verbesserung der Rahmenbedingungen für flexible Arbeitszeiten und der Feiertagsschutz. Der Schutz erfasst grundsätzlich einen **jeden Krankenhausarzt**, der **nicht Chefarzt** ist (siehe § 18 Abs. 1 Nr. 1 ArbZG).

1. Allgemeine Regelungen

20 Das Arbeitszeitgesetz unterscheidet wesentlich Arbeitszeit, Ruhepause und Ruhezeit. § 3 ArbZG sieht eine werktägliche **Höchstarbeitszeit von acht Stunden** vor. Werktage sind alle Tage, die weder Sonntag, noch gesetzlicher Feiertag sind, d.h. also alle Tage von Montag bis Freitag.[26] Zugleich liegt hierin eine **wöchentliche Höchstarbeitszeit von 48 Stunden**. Eine arbeitsvertragliche Vereinbarung der Arbeitszeit von durchschnittlich mehr als 48 Stunden wöchentlich ist somit grds. nichtig. Die werktägliche Höchstarbeitszeit kann auf bis zu zehn Stunden verlängert werden, sofern eine durchschnittliche Zeit von acht Stunden in einem Ausgleichszeitraum von sechs Monaten oder 24 Wochen nicht überschritten wird. Bei Arbeitszeiten von mehr als sechs und weniger als neun Stunden ist eine **Ruhepause von 30 Minuten** hinzuzufügen; bei Arbeitszeiten von über neun Stunden erhöht sich die Ruhepause um weitere 15 auf insgesamt 45 Minuten (§ 4 ArbZG). Nach Beendigung der täglichen Arbeitszeit schreibt das Gesetz eine **ununterbrochene Ruhezeit von elf Stunden** vor (§ 5 ArbZG).

21 Nach der Legaldefinition ist **Arbeitszeit** nach § 2 Abs. 1 S. 1 Hs. 1 ArbZG die Zeit vom Beginn bis zum Ende der Arbeit ohne die Ruhepausen. Auch die für den Krankenhausbereich bedeutsame sog. Arbeitsbereitschaft und der Bereitschaftsdienst gehören zur Arbeitszeit, nicht aber die Rufbereitschaft. Sämtliche Begriffe werden nicht gesetzlich geregelt:

22 Unter **Arbeitsbereitschaft** wird nach h.M. die **Zeit der wachen Aufmerksamkeit** verstanden im Zustand der Entspannung, maßgeblich dürfte aber vorliegend die Intensität der Inanspruchnahme sein. Von der Vollarbeit unterscheidet sie sich dadurch, dass vom Arbeitnehmer eine geringere Stufe an Leistungsbereitschaft erwartet wird.[27]

23 **Bereitschaftsdienst** ist eine durch den Arbeitgeber zu Betriebszwecken festgelegte **Aufenthaltsbeschränkung** innerhalb oder außerhalb des Betriebes, verbunden mit der Verpflichtung, im Bedarfsfall sofort tätig zu werden.[28] Bis zum 31.12.2003 wurde der

---

25 *Schaub*, § 45 Rn 3.
26 Tschöpe/*Zerbe*, Teil 6A Rn 27.
27 Sog. Beanspruchungstheorie, siehe BAG v. 28.1.1981 – 4 AZR 892/78, EzA § 7 AZO Nr. 1; Dörner u.a./*Dörner*, Kap. C. Rn 33.
28 Siehe bereits BAG v. 10.6.1959 – 4 AZR 567/56, BAGE 8, 25; Dörner u.a./*Dörner*, Kap. C Rn 37.

Bereitschaftsdienst gleich der Rufbereitschaft als Ruhezeit eingestuft, soweit keine tatsächliche Inanspruchnahme vorlag. Grund für die Novellierung des ArbZG waren die Rechtsentwicklungen auf europäischer Ebene: Die in der SIMAP-Entscheidung[29] entwickelten Grundsätze wurden durch das Urteil des EuGH vom 9.9.2003 im Fall Jäger[30] auf das deutsche Recht übertragen. Der EuGH erkannte den Bereitschaftsdienst als Arbeitszeit i.S.d. Richtlinie 93/104/EG v. 23.11.1993 über bestimmte Aspekte der Arbeitszeitgestaltung an. Bereitschaftsdienst ist nunmehr Arbeitszeit, wenn der Arbeitgeber die Anwesenheit am Arbeitsplatz angeordnet hat und keine weitere Inanspruchnahme erfolgt. Eine Vergütung des Bereitschaftsdienstes wie Vollarbeitszeit muss jedoch nicht erfolgen, denn Bereitschaftsdienst unterscheidet sich von der vollen Arbeitstätigkeit, da diese vom Arbeitnehmer eine ständige Aufmerksamkeit und Arbeitsleistung verlangt. Das BAG hat mit Urteil vom 28.1.2004 entschieden, dass Pauschalabgeltungen zulässig sind, sofern die Pauschale in einem angemessenen Verhältnis zur Arbeit steht.[31]

Bei der **Rufbereitschaft** kann der Arbeitnehmer seinen **Aufenthaltsort frei bestimmen** unter der Voraussetzung der jederzeitigen Erreichbarkeit und alsbald möglichen Arbeitsaufnahme.[32] Im Fall der Inanspruchnahme wird die Ruhezeit unterbrochen. Problematisch ist in diesem Zusammenhang, dass bei Beschränkungen des Arbeitgebers durch strikte Zeitvorgaben zwischen Abruf und Arbeitsaufnahme nicht nur Bereitschaftsdienst, sondern sogar Arbeitsbereitschaft vorliegen kann, soweit dem Arbeitnehmer die Gestaltung seiner arbeitsfreien Zeit durch die Zeitvorgabe entzogen wird.[33] Für den Krankenhausträger bedeutet dies hohe Anforderungen an eine sorgsame Dienstplangestaltung und sonstige Regelungen wie der Umsetzung von Leitlinien der Fachgesellschaften zur Organisation eines Krankenhauses, hier etwa in der Geburtshilfe.[34]

24

Bedeutsam für den Krankenhausbereich ist auch die **Nachtarbeit**: Entsprechend den arbeitszeitgesetzlichen Begriffsbestimmungen ist Nachtarbeit jede Arbeit, die mehr als zwei Stunden Nachtarbeit in der Nachtzeit, d.h. grundsätzlich zwischen 23.00 Uhr und 6.00 Uhr, umfasst (§ 2 Abs. 4 ArbZG). Nachtarbeitnehmer sind Arbeitnehmer, die normalerweise Nachtarbeit in Wechselschicht zu leisten haben oder Nachtarbeit an mindestens 48 Tagen im Kalenderjahr leisten (§ 2 Abs. 5 ArbZG). Für die Nachtarbeitnehmer gilt ebenfalls die werktägliche Höchstarbeitszeit mit der Besonderheit, dass der Ausgleichszeitraum einen Kalendermonat bzw. vier Wochen beträgt.

25

2. Sondervorschriften für Krankenhäuser

Sondervorschriften für Krankenhäuser normiert das ArbZG in Bezug auf die Verkürzung von Ruhezeiten und Sonn- und Feiertagsbeschäftigung: Nach **§ 5 Abs. 2 ArbZG** können die **Ruhezeiten** in einem Ausgleichszeitraum von einem Kalendermonat oder vier Wochen verkürzt werden, wenn in diesem Zeitraum eine andere Ruhezeit auf mindestens zwölf Stunden verlängert wird. Hierüber hinaus können nach **§ 5 Abs. 3**

26

---

29 EuGH v. 3.10.2000 – C-303/98, NZA 2000, 1257.
30 EuGH v. 9.9.2003 – C-151/02, NZA 2003, 1019.
31 BAG v. 28.1.2004 – 5 AZR 530/02, BAGE 109, 254.
32 Weth u.a./*Reichold*, Teil 10B Rn 12.
33 Dörner u.a./*Dörner*, Kap. C Rn 41 unter Hinweis auf BAG v. 22.1.2004 – 6 AZR 544/02, NZA 2005, 600 und BAG v. 31.1.2002 – 6 AZR 214/00, EzA § 611 BGB Rufbereitschaft Nr. 2.
34 Siehe hierzu die von der Dt. Gesellschaft für Gynäkologie veröffentlichten Mindestanforderungen an prozessuale, strukturelle und organisatorische Voraussetzungen für geburtshilfliche Abteilungen, zu 2.2/2.4. Anwesenheit eines Facharztes f. Gynäkologie bzw. Anästhesie innerhalb von 10 Minuten.

ArbZG Kürzungen der Ruhezeit, welche durch Inanspruchnahme während der Rufbereitschaft erfolgen, ebenfalls zu anderen Zeiten ausgeglichen werden, wenn die Kürzungen nicht mehr als die Hälfte der Ruhezeit, somit insgesamt 5,5 Stunden betragen.

27 Außerdem gilt das Verbot der **Sonn- und Feiertagsbeschäftigung** (§ 9 ArbZG) nicht für Krankenhäuser. Gemäß **§ 10 Abs. 1 Nr. 3 ArbZG** dürfen Arbeitnehmer in Krankenhäusern beschäftigt werden, unter der Voraussetzung, dass die Arbeiten nicht an Werktagen vorgenommen werden können. § 11 ArbZG regelt, dass mindestens 15 Sonntage beschäftigungsfrei bleiben müssen. Hierüber hinaus ist ein Ersatzruhetag innerhalb eines Ausgleichszeitraums (bei Sonntagen innerhalb von zwei Wochen, bei Feiertagen innerhalb von acht Wochen) wahrzunehmen; der Ersatzruhetag ist grundsätzlich im Anschluss an eine Ruhezeit zu nehmen.

3. Notfälle

28 **In besonderen Fällen**, 1. in Notfällen, 2. in sonstigen außergewöhnlichen Fällen, welche unabhängig vom Willen der Betroffenen eintreten und deren Folgen auf andere Weise nicht zu beseitigen sind bzw. 3. bei unaufschiebbaren Arbeiten zur Behandlung, Pflege und Betreuung von Personen kann nach **§ 14 ArbZG** von den Regelungen unter der Prämisse abgewichen werden, dass im Durchschnitt eine wöchentliche Arbeitszeit von 48 Stunden in einem Zeitraum von sechs Monaten oder 24 Wochen nicht überschritten wird.

4. Öffnungsklauseln

29 § 7 ArbZG eröffnet für **Tarifverträge** oder im Fall einer tarifvertraglichen Öffnungsklausel für **Betriebsvereinbarungen** unter abgestuften Voraussetzungen Abweichungen vom ArbZG. Insbesondere mit Blick auf die Organisation des ärztlichen Bereitschaftsdienstes können auch durchschnittliche werktägliche Arbeitszeiten über zehn Stunden festgelegt werden. Bei jedem Arbeitszeitmodell, das zur Verlängerung der werktäglichen Arbeitszeit von über zwölf Stunden führt, ist jedoch zwingend § 7 Abs. 9 ArbZG zu beachten, welcher eine Ruhezeit von mindestens elf Stunden im unmittelbaren Anschluss an die Beendigung der Arbeitszeit festlegt.

30 § 7 Abs. 1 ArbZG ermöglicht im Wesentlichen Abweichungen von der Arbeitszeit bzw. vom Ausgleichszeitraum (Nr. 1) auch in Bezug auf Nachtarbeitnehmer (Nr. 4) und eine Veränderung der Ruhezeiten (Nr. 3). Nach § 7 Abs. 1 Nr. 1a ArbZG kann die werktägliche **Höchstarbeitszeit auch über zehn Stunden** festgelegt werden. Gleiches gilt für die Nachtarbeit. Die Gestaltung steht aber unter der Voraussetzung, dass in die Arbeitszeit **regelmäßig oder in erheblichem Umfang Arbeitsbereitschaft oder Bereitschaftsdienst** fällt. **Regelmäßigkeit** ist anzunehmen, wenn es zur Eigenart der Tätigkeit gehört, dass Zeiten der Vollarbeit mit Zeiten der geringeren Inanspruchnahme wechseln; ein **erheblicher Umfang** liegt vor, wenn die während der Vollarbeit anfallende Zeit der Arbeitsbereitschaft einen Umfang von mindestens 27 % erreicht.[35] Möglich ist somit die Ausdehnung auf bis zu 24 Stunden (abzüglich der Ruhepause), soweit ein Zeitausgleich, d.h. keine Überschreitung der wöchentlichen Arbeitszeit von 48 Stunden in einem Ausgleichszeitraum von zwölf Monaten (§ 7 Abs. 8 ArbZG), gewährleistet ist. Auch kann nach § 7 Abs. 1 Nr. 3 ArbZG eine **Kürzung der Ruhezeiten um bis zu**

---

35 Tschöpe/Zerbe, Teil 6A Rn 72 unter Verweis auf BAG v. 24.1.2006 – 1 ABR 6/05, DB 2006, 1161.

zwei **Stunden** unter der Voraussetzung erfolgen, dass die Art der Arbeit es erfordert und ein Ausgleichszeitraum festgelegt wird.

§ 7 Abs. 2 ArbZG bietet die Möglichkeit einer hierüber hinausgehenden flexibleren Gestaltung unter der Voraussetzung der Gewährleistung eines entsprechenden Zeitausgleichs (§ 7 Abs. 2 Hs. 1 ArbZG). So kann in einem Tarifvertrag **generell von der werktäglichen Höchstarbeitszeit** ohne Bindung an eine Bereitschaftsdienstleistung abgewichen werden (siehe hier § 7 Abs. 2 Nr. 3 ArbZG). Dieses Modell, das spezielle Regelungen bei der Behandlung, der Pflege und Betreuung vorsieht, erfordert lediglich eine Anpassung an die Eigenart der Tätigkeit und zugunsten des Wohles der Personen und dass der Ausgleichszeitraum (innerhalb von zwölf Kalendermonaten eine durchschnittliche wöchentliche Arbeitszeit von 48 Stunden) nicht überschritten wird (siehe § 7 Abs. 8 ArbZG). Bei entsprechendem Ausgleich sind somit 12-Stunden-Schichten zulässig.

Ein **Abweichen vom Ausgleichszeitraum** und somit auch von der wöchentlichen Höchstarbeitszeit von 48 Stunden ist möglich, wenn regelmäßig und in erheblichem Umfang Bereitschaftsdienst anfällt und der Arbeitnehmer schriftlich eingewilligt hat (§ 7 Abs. 2a i.V.m. Abs. 7 ArbZG). Diese Regelung bezeichnet man als **sog. Opt-out-Regelung.** Der Arbeitnehmer kann aber die Einwilligung mit einer Frist von sechs Monaten schriftlich widerrufen.

V. Tarifrecht

Das Tarifrecht beeinflusst die Arbeits- und Vergütungsbedingungen durch schriftlichen Vertragsschluss zwischen den Tarifvertragsparteien. Tarifverträge regeln Rechte und Pflichten der Tarifvertragsparteien und enthalten Rechtsnormen über Inhalt, Abschluss und Beendigung von Arbeitsverhältnissen sowie über betriebliche und betriebsverfassungsrechtliche Fragen.

1. Gegenwärtige Tarifsituation

- **TVöD** (VKA und ver.di), in Kraft getreten am 1.10.2005
- **TV-Ärzte/VKA** (VKA und Marburger Bund), in Kraft getreten am 1.8.2006
- **TVöD-K** (VKA u. ver.di), in Kraft getreten am 1.8.2006
- **TV-Ärzte** (Tarifvertrag für Ärztinnen und Ärzte an Universitätskliniken, abgeschlossen TdL und Marburger Bund), in Kraft getreten am 1.11.2006
- **TV-L** (TdL u. ver.di), in Kraft getreten zum 1.11.2006
- **TV-L** § 41 Sonderregelungen für Ärzte und Ärztinnen an Universitätskliniken (Tarifvertrag zwischen TdL und ver.di), in Kraft getreten am 1.11.2006.
- **TV-L** § 42 Sonderregelungen für Ärzte und Ärztinnen außerhalb von Universitätskliniken (Tarifvertrag zwischen TdL und ver.di)
- **Tarifvertrag** zwischen dem Bundesverband Deutscher Privatkliniken (BDPK)[36] und DHV (Dt. Handels- und Industrieangestelltenverband im CGB), in Kraft getreten am 1.1.2007 bzw. Tarifverträge der Länderverbände
- **Firmen- oder Haustarifverträge,** z.B.

---

36 Der **BDPK e.V.** vertritt die Interessen von Kliniken in privater Trägerschaft. Mitglieder sind die jeweiligen Landesverbände, die mehrheitlich Kliniken in privater Trägerschaft vertreten bzw. die Kliniken selbst. Hier: Kliniken in privater Trägerschaft.

- Helios und Marburger Bund
- Tarifverhandlungen zwischen ver.di und Asklepios im Hinblick auf einen Konzerntarifvertrag

2. Tarifvertragsentwicklung

35 Zwischen 1961 und 2005 galt grundsätzlich der **Bundesangestelltentarifvertrag (BAT)** einheitlich an allen Krankenhäusern öffentlich-rechtlicher Trägerschaft. Aufgrund der zunehmenden Kritik am BAT verhandelten der Bund (BMI) und stellvertretend für die Kommunen, die **Vereinigung Kommunaler Arbeitgeber (VKA)**,[37] mit der Dienstleistungsgewerkschaft ver.di über einen neuen Tarifvertrag. Sie einigten sich am 13.9.2005 auf den **TVöD**, welcher mit Geltung für die Beschäftigten der Bundes- und Kommunalverwaltungen gemeinsam mit dem Vertrag zur Überführung der BAT-Beschäftigten in den TVöD am 1.10.2005 in Kraft trat und den BAT einschließlich der hierneben bestehenden Tarifverträge ablöste. Die Veränderungen bestehen im Wesentlichen in der Vereinheitlichung des Tarifvertrags für Arbeiter, Angestellte und Pflegebeschäftigte und die Ersetzung der dienstalters- und familienbezogenen Vergütung durch ein erfahrungs- und leistungsorientiertes Entgelt.

36 Vor Abschluss der Tarifvertragsverhandlungen zum TVöD widerrief die Ärztegewerkschaft **Marburger Bund (mb)**[38] im September 2005 die gegenüber ver.di bestehende Verhandlungs- und Abschlussvollmacht. Ziel war der Abschluss eines eigenen **ärztespezifischen Tarifvertrages**. Nach Ankündigung von Streikmaßnahmen an kommunalen Krankenhäusern, welche das LAG Köln[39] wegen fortbestehender Tarifbindung zum BAT durch Beschluss vom 13.12.2005 untersagte, kündigte der Marburger Bund zum 31.12.2005 den BAT. Diese Kündigung erachtete das LAG Kiel als berechtigt, da der Marburger Bund sich im Zeitpunkt der Kündigung in keiner Tarifgemeinschaft mit ver.di befunden habe und im Hinblick auf den Abschluss und die Kündigung von Tarifverträgen nur eine Stellvertretungsregelung gegenüber der DAG und später ver.di bestanden hätte.[40]

37 Die **Tarifgemeinschaft deutscher Länder (TdL)**,[41] welche ebenfalls eine Übernahme des TVöD ablehnte, einigte sich am 19.5.2006 nach mehrmonatiger Tarifauseinandersetzung mit **ver.di** auf einen neuen **Tarifvertrag für den öffentlichen Dienst der Länder (TV-L)**. Der Tarifvertrag gilt seit dem 1.11.2006 für alle Beschäftigten der Länder, ausgenommen der Länder Berlin und Hessen, welche aus dem TdL austraten. Der TV-L erfasst grundsätzlich auch Krankenhausärzte der Universitätskliniken und Landeskrankenhäuser.

---

37 Die **VAK (e.V.)** ist eine Spitzenorganisation i.S.d. TVG. Mitglied kann jeder kommunale Arbeitgeberverband werden. Hier vertretene Arbeitgeber sind Gemeinden, Gemeindeverbände, kommunale Zweckverbände und andere Körperschaften, Anstalten und Stiftungen des öffentlichen Rechts, Unternehmen, die unter maßgeblichem kommunalen Einfluss stehen und sonstige Organisationen und Einrichtungen, die eine enge Zusammenarbeit mit den Kommunen pflegen.
38 Der **Marburger Bund** ist ein Zusammenschluss von angestellten und beamteten Ärzten und Ärztinnen und hat ca. 110.000 Mitglieder (siehe www.marburger-bund.de).
39 LAG Köln v. 12.12.2005 – 2 Ta 457/05, NZA 2006, 62.
40 Siehe hierzu auch LAG Kiel v. 30.6.2006 – 1 Ga 11 b/06, ZTR 2006, 488.
41 Bei der **TdL (e.V.)** handelt sich um einen Zusammenschluss zu einer Arbeitgebervereinigung. Mitglieder sind derzeit 14 Bundesländer (nicht: Berlin und Hessen), entweder ein Bundesland selbst oder ein Arbeitgeberverband, in dem das jeweilige Land einen beherrschenden Einfluss hat.

B. Klinikarzt als Erfüllungsgehilfe des Klinikträgers §16

Nach mehreren erfolglosen Verhandlungsrunden und dem Ergreifen von Streikmaßnahmen einigten sich am 16.6.2006 auch die **TdL** und der **Marburger Bund** erstmals auf einen **arztspezifischen Tarifvertrag für Ärzte an Universitätskliniken (TV-Ärzte)**, welcher ebenfalls zum 1.11.2006 in Kraft getreten ist. Der Abschluss basiert weitestgehend auf dem TV-L, enthält aber Sonderregelungen bzgl. Arbeitszeit und Vergütung. 38

Der VKA hingegen lehnte die Übernahme des Tarifvertrags ab. Infolge der sich anschließenden Streikmaßnahmen waren zahlreiche Krankenhäuser betroffen. Erst am 1.8.2006 kam es zu einer Einigung zwischen der **VKA** und **ver.di**, nach welcher der zwischen der VKA und ver.di vereinbarte **TVöD** um weitere arztspezifische Regeln (mit unterschiedlichen Positionen in Bezug auf die Vergütung und den Bereitschaftsdienst) ergänzt wurde (**TVöD-K**). Am 17.8.2006 einigten sich schließlich die VKA und der Marburger Bund auf den **TV-Ärzte/VKA**. Beide Tarifverträge traten zum 1.8.2006 in Kraft. 39

3. Konsequenzen

Die unterschiedlichen Tarifverträge führen zu einer unübersichtlichen tarifpolitischen Lage. Das Nebeneinander verschiedener Tarifregelungen führt zur Gefahr einer Tarifkonkurrenz bzw. Tarifpluralität zumindest im Bereich des ärztlichen Dienstes. 40

a) Geltung der Tarifverträge

Tarifgebundenheit folgt entweder 1. kraft Organisation von Arbeitgeber und Arbeitnehmer in einer **Arbeitgebervereinigung** bzw. einer **Gewerkschaft**, die selbst oder über eine Spitzenorganisation den Tarifvertrag abgeschlossen hat, 2. aus der Position eines Arbeitgebers, der selbst Partei des Tarifvertrages ist (sog. **Haus- oder Firmentarifvertrag**, § 3 Abs. 1 TVG), oder 3. aus der **Allgemeinverbindlichkeitserklärung** des BMA (§ 5 TVG). 41

Hierüber hinaus kann Tarifbindung durch **individualvertragliche Bezugnahme** erfolgen: Die arbeitsvertragliche Verweisung kann entweder dynamisch auf die jeweils gültige Fassung[42] oder statisch auf eine bestimmte tarifvertragliche Fassung erfolgen. Auch kann auf die gesamte Fassung oder einen bestimmten Teil verwiesen werden (sog. General- oder Teilverweisung). Im Übrigen steht es einer Verweisung gleich, wenn Arbeitgeber und -nehmer die tarifvertraglichen Regelungen bewusst und dauerhaft auf das Arbeitsverhältnis anwenden. Diese Tarifgebundenheit besteht nach § 3 Abs. 3 TVG bis zum Tarifvertragsende, d.h. weder Arbeitnehmer noch Arbeitgeber können sich durch einen Verbandsaustritt, sog. Tarifflucht, dem Tarifvertrag entziehen. Des Weiteren ist für eine zwingende Wirkung erforderlich, dass Arbeitnehmer und Arbeitgeber unter den **Geltungsbereich eines Tarifvertrages** (räumlich, zeitlich, persönlich, fachlich, betrieblich)[43] fallen. 42

b) Tarifpluralität/Tarifkonkurrenz

Konsequenz bei Geltung mehrerer Tarifverträge ist entweder eine Tarifkonkurrenz oder Tarifpluralität mit der Folge von tarifrechtlichen Abgrenzungsproblemen. Hierüber hi- 43

---

42 Im Zweifel ist von einer dynamischen Verweisung auszugehen, siehe BAG v. 9.11.2005 – 5 AZR 128/05, NZA 2006, 202.
43 Vgl. hierzu Tschöpe/*Wieland*, Teil 4C Rn 192 ff.

naus besteht die Gefahr von Arbeitskämpfen und Problemen der Aussperrung bei zwei unabhängig voneinander agierenden Gewerkschaften im Betrieb.[44]

44 **Tarifkonkurrenz** liegt vor, wenn für dasselbe Arbeitsverhältnis mehrere Tarifverträge mit unterschiedlichem Inhalt gelten sollen.[45] Dies wäre etwa der Fall, wenn ein Krankenhausarzt eines tarifgebundenen Arbeitgebers sowohl ver.di als auch dem Marburger Bund angehörig wäre. Ist nur eine der Arbeitsvertragsparteien tarifgebunden, spricht man von **Tarifpluralität**.[46] Nach der bisherigen Rechtsprechung des BAG ist sowohl die Tarifkonkurrenz als auch die Tarifpluralität nach dem **Prinzip der Tarifeinheit** zu lösen. Nach diesem Modell ist die Konkurrenz bzw. Pluralität dahingehend aufzulösen, dass der sachnähere Tarifvertrag alle anderen Tarifverträge im Betrieb verdrängt und ausschließlich der **speziellere Tarifvertrag** zur Anwendung gelangt.[47] Mangels Regelung im Tarifvertragsgesetz wird das Lösungsmodell mit den übergeordneten Prinzipien der Rechtssicherheit und Rechtsklarheit und den Schwierigkeiten in der Praxis begründet. Nach der bisherigen BAG-Rechtsprechung ist derjenige Tarifvertrag spezieller, der dem Betrieb räumlich, betrieblich, fachlich und persönlich am Nächsten steht und deshalb den Erfordernissen und Eigenarten des Betriebes und der darin tätigen Arbeitnehmer am besten gerecht wird.[48] So stellen Firmentarifverträge gegenüber Verbandstarifverträgen stets die speziellere Regelung dar.[49]

45 Diese **Rechtsprechung** von der Tarifeinheit ist jedoch **umstritten**, soweit eine Tarifpluralität vorliegt: Die h.M. in der Literatur verweist auf die **Koalitionsfreiheit gemäß Art. 9 Abs. 3 GG**.[50] Ungeachtet der betrieblichen Problematik der Anwendung mehrerer Tarifverträge soll das Spezialitätsprinzip lediglich in Fällen echter Konkurrenz eingreifen.[51] Ob das BAG an seiner bisherigen Bewertung festhält, ist unsicher: Mit Urteil vom 14.12.2005 hat das Gericht[52] seine Rechtsprechung zur Auslegung von **Bezugnahmeklauseln** geändert. Bisher ging das Gericht von der Auslegungsregel aus, wonach die Bezugnahme in einem von einem tarifgebundenen Arbeitgeber vorformulierten Arbeitsvertrag auf die für das Arbeitsverhältnis einschlägigen Tarifverträge regelmäßig als **sog. Gleichstellungsabrede** auszulegen ist, da diese nur die Gleichstellung nicht tarifgebundener mit tarifgebundenen Arbeitnehmern bezweckt. Aufgrund der entgegengebrachten Kritik verlautbarte der Senat, bei Verträgen, die nach dem 31.12.2001 abgeschlossen worden sind, für dynamische Verweisungen auf einschlägige Tarifverträge und Tarifwerke nicht mehr die Auslegungsregel zu verwenden, wenn es keine innerhalb oder außerhalb der Vertragsurkunde liegenden eine solche Annahme ausschließenden Anhaltspunkte gäbe.[53] Da als Hintergrund der Auslegungsklausel das Prinzip der Tarifeinheit gesehen wird, wird mit dieser Rechtsprechungsänderung vereinzelt eine Abkehr vom Grundsatz der Tarifeinheit vermutet.[54]

---

44 So *Köpf/Walger*, AuK 2007, 135, 140.
45 Siehe hierzu st. Rspr. des BAG v. 23.3.2005 – 4 AZR 203/04, BAGE 114, 186 = AP Nr. 29 zu § 4 TVG.
46 BAG v. 20.3.1991 – 4 AZR 455/90, BAGE 67, 330.
47 BAG v. 20.3.1991 – 4 AZR 455/90, BAGE 67, 330 mit Hinweis auf die verfassungsrechtliche Problematik.
48 Siehe st. Rspr., zuletzt BAG v. 15.11.2006 – 10 AZR 665/05, AP Nr. 34 zu § 4 TVG bzw. BAG v. 23.3.2005 – 4 AZR 203/04, BAGE 114, 186.
49 Etwa BAG v. 4.4.2001 – 4 AZR 237/00, BAGE 97, 263 oder BAG v. 20.4.1999 – 1 AZR 631/98, BAGE 91, 244 bzw. v. 20.3.1991 – 4 AZR 455/90, BAGE 67, 330.
50 Siehe hierzu Weth u.a./*Reichold*, Teil 10A Rn 34 m.w.N.
51 Weth u.a./*Reichold*, Teil 10A Rn 34 mit Verweis auf den Vorrang des Marburger Bund-Tarifs.
52 4 AZR 536/04, BAGE 116, 326 ff.
53 BAG v. 14.12.2005 – 4 AZR 536/04, BAGE 116, 326.
54 Hierauf hinweisend, sich aber hiergegen wendend *Bohle*, das Krankenhaus 2006, 565.

Hält das Gericht zukünftig jedoch weiter am Grundsatz der Tarifeinheit fest, so wird in Bezug auf die Geltung mehrerer Tarifverträge für ein Krankenhaus die Frage zu klären sein, welcher Tarifvertrag spezieller ist. In der einstweiligen Verfügung gegen eine Streikmaßnahme des Marburger Bundes gegen ein Krankenhaus wandte die Verfügungsklägerin ein, dass der gewerkschaftlicherseits erstrebte Tarifvertrag nach dem vom BAG vertretenen Prinzip der Tarifeinheit nicht zu berücksichtigen sei, da er einheitlich eine wesentlich größere Zahl von Mitarbeitern des Krankenhauses betreffe.[55] Zur Bestimmung der Spezialität lassen sich jedoch neben der Quantität auch andere Faktoren anführen.[56]

46

c) Probleme

TV-Ärzte/VKA und TV-L belegen gegenüber dem BAT erstmalig den Begriff „Oberarzt" mit tariflichen Merkmalen, deren Erfüllung zu einer besonderen Vergütung führen. Streitigkeiten sind daher entstanden, dass Klinikärzte, welche die **Bezeichnung „Oberarzt"** führen, ohne die tariflichen Merkmale zu erfüllen, eine entsprechende **Eingruppierung** beanspruchen. Grundsätzlich ist nach § 15 TV-Ärzte/VKA der Arzt in die Entgeltgruppe einzugruppieren, deren Tätigkeitsmerkmale der gesamten von ihm nicht nur vorübergehend auszuübenden Tätigkeit entspricht. Dies ist dann der Fall, wenn zeitlich mindestens zur Hälfte Arbeitsvorgänge anfallen, die für sich genommen die Anforderung eines Tätigkeitsmerkmales oder mehrerer Tätigkeitsmerkmale dieser Entgeltgruppe erfüllen. Oberarzt/Oberärztin ist nach dem Tarifvertrag diejenige Ärztin/ derjenige Arzt, der/dem die medizinische Verantwortung für selbständige Teil- oder Funktionsbereiche der Klinik bzw. Abteilung vom Arbeitgeber ausdrücklich übertragen worden ist.[57] Das Arbeitsgericht Krefeld urteilte am 16.8.2007, dass die reine Bezeichnung als Oberarzt nach früheren tariflichen Bestimmungen nicht maßgeblich für die Eingruppierung im Rahmen des TV-Ärzte/VKA sei. Zu Recht weist das Gericht auch darauf hin, dass diese Ansicht letztlich auch der Marburger Bund teile, wenn er mit den kommunalen Arbeitgebern in der Niederschriftserklärung zu § 6 Abs. 2 des Überleitungstarifvertrages ausführe, dass eine Eingruppierung in die Entgeltgruppe III des TV-Ärzte/VKA mit dem Führen der Bezeichnung Oberarzt/Oberärztin nicht verbunden ist.[58]

47

In diesem Zusammenhang ist auch auf die Entscheidung des Arbeitsgerichts Düsseldorf hinzuweisen, nach der eine **Übertragung der eingruppierungsrelevanten Aufgaben durch den Chefarzt** sich der **Krankenhausträger zurechnen** lassen muss, wenn sie mit seiner Kenntnis erfolgt und der Arzt die Tätigkeit über einen erheblichen Zeitraum ausübt, so dass bei ihm ein schützenswertes Vertrauen entsteht.[59]

48

Eine ähnliche Problematik besteht in Bezug auf die bisherige Tätigkeit eines **Arztes im Praktikum (AiP)**. Streitgegenstand ist die Berücksichtung von Zeiten als AiP bei der

49

---

55 ArbG Kiel v. 30.6.2006 – 1 Ga 11 b/06, ZTR 2006, 488, das diese Frage unbeantwortet lassen konnte, da das Prinzip der Tarifeinheit als Prinzip zur Klärung der Frage, welcher Tarifvertrag Anwendung findet, nicht auf die Grundsätze zur Ordnung des Arbeitskampfrechtes übertragen werden könne.
56 ArbG Kiel v. 30.6.2006 – 1 Ga 11 b/06, ZTR 2006, 488 Rn 107; *Deinert*, Juris Praxisreport Arbeitsrecht v. 13.9.2006.
57 Siehe § 16 TV-Ärzte/VKA und § 12 TV-Ärzte, welche sich zum einen durch den Kursivdruck (siehe TV-Ärzte/VKA) und zum anderen durch eine weitergehende Beschreibung des TV-Ärzte unterscheiden.
58 ArbG Krefeld. v. 16.8.2007 – 1 Ca 1540/07.
59 ArbG Düsseldorf v. 12.7.2007 – 14 Ca 669/07.

Stufenzuordnung und Eingruppierung in die höhere Entgeltgruppe Ä1 (§ 12 TV-Ärzte/TdL). Nach der Rechtsprechung des BAG stellen Zeiten vor der Approbation keine Zeiten ärztlicher Tätigkeiten dar.[60] Grundsätzlich verbleibt ein Ermessensspielraum des Krankenhausträgers nach § 16 Abs. 2 S. 2 TV-Ärzte/TdL. Streitigkeiten im Bereich des TV-Ärzte/VKA sind demgegenüber kraft ausdrücklicher Fiktion der AiP-Zeit als ärztliche Zeit nicht zu erwarten (§ 19 Abs. 2 S. 2 TV-Ärzte/VKA).

d) Ausblick

50 Das Nebeneinander unterschiedlicher Tarifregelungen erhöht den Verwaltungsaufwand, der sich auch zukünftig weiter verstärken wird. Die kommunalen Krankenhäuser werden ab Herbst 2007 erneut in Entgeltverhandlungen eintreten. Eine Kündigung des TV-Ärzte Entgelt Helios zum 31.12.2007 wurde angekündigt. Einige private Kliniken befinden sich in Verhandlungen zum Abschluss von Firmen- bzw. Konzerntarifverträgen (siehe etwa Asklepios-Kliniken/ver.di).

VI. Inhaltskontrolle von Dienstverträgen

51 Neben zwingenden gesetzlichen Vorschriften wie etwa § 138 BGB ist seit dem In-Kraft-Treten des Gesetzes zur Modernisierung des Schuldrechts am 1.1.2002 eine AGB-Kontrolle durchzuführen. Es finden die §§ 305–310 BGB mit Ausnahme von § 305 Abs. 2 und 3 BGB auf **Arbeitsverträge**, die nach dem 1.1.2002 abgeschlossen wurden (Neuverträge), unter der Bedingung Anwendung, dass die im Arbeitsrecht geltenden Besonderheiten zu berücksichtigen sind (§ 310 Abs. 4 S. 2 BGB). Für Altverträge (vor dem 1.1.2002 abgeschlossene Verträge) gilt dies erst ab dem 1.1.2003 (Art. 229 § 5 EGBGB). Besondere Bedeutung hat die Inhaltskontrolle bei der Verwendung von Standardverträgen von Krankenhäusern; es handelt sich hier um **Verbraucherverträge** i.S.d. § 310 Abs. 3 BGB, nach welchem sich Krankenhausträger und Arzt als Unternehmer (§ 14 BGB) bzw. Verbraucher (§ 13 BGB) gegenüberstehen.[61]

52 Das unternehmerische Handeln des Krankenhausträgers bringt den Gebrauch von Standardverträgen mit sich. **Allgemeine Geschäftsbedingungen (AGB)** sind nach der Legaldefinition des § 305 Abs. 1 S. 1 BGB alle für eine Vielzahl von Verträgen vorformulierten Vertragsbedingungen, die eine Vertragspartei (Verwender) der anderen Vertragspartei bei Abschluss des Vertrages stellt. Zur Erfüllung des Merkmals „**vorformuliert**" ist ausreichend, wenn die Vertragsbedingungen mit Wiederholungsabsicht in den Vertrag eingefügt wurden.[62] Ausreichend für die Anerkennung des Merkmals „**Vielzahl**" sind mindestens drei Verwendungen.[63] Keine AGB liegen vor, wenn die Vertragsbedingungen zwischen den Vertragsparteien im Einzelnen ausgehandelt sind (§ 305 Abs. 1 S. 3 BGB). Das ist nicht der Fall, wenn der Arzt zwischen mehreren Regelungen wählen kann oder aber Klauseln mit Leerräumen auszufüllen hat, welche zu keiner freien Mitbestimmung des Regelungsgehalts der Klausel führen.[64]

---

60 V. 25.9.1996 – 4 AZR 200/95, AP Nr. 218 zu § 22, 23 BAT 1975 und v. 10.12.1997 – 4 AzR 39/96, AP Nr. 228 zu §§ 22, 23 BAT 1975.
61 BAG v. 25.5.2005 – 5 AZR 572/04, BAGE 115, 19.
62 Palandt/*Heinrichs*, § 305 Rn 8.
63 Palandt/*Heinrichs*, § 305 Rn 9.
64 Palandt/*Heinrichs*, § 305 Rn 12.

Liegen AGB vor und kommen somit die §§ 305 ff. BGB zur Anwendung, so ist die Zumutbarkeit der Klausel zu überprüfen. Wird die Unwirksamkeit der Klausel festgestellt, so stellt sich die Frage der ergänzenden Vertragsauslegung. Das BAG geht bei Altverträgen davon aus, dass eine unwirksame Vertragsklausel nicht ersatzlos wegfällt, sondern wegen Bedenken der echten Rückwirkung der Normen eine ergänzende Vertragsauslegung vorzunehmen sei.[65]

Ergibt die Inhaltskontrolle eine Unwirksamkeit der Klausel, so gilt § 306 Abs. 1 BGB mit der Folge, dass der Arbeitsvertrag im Übrigen wirksam bleibt. Stehen dispositive Vorschriften nicht zur Verfügung, so gilt der Grundsatz der ergänzenden Vertragsauslegung. Besondere Bedeutung im Krankenhaus haben insbesondere **Entwicklungsklauseln**, welche speziell in Chefarztverträgen Verwendung finden und auf die Erweiterung des Direktionsrechts des Krankenhausträgers zielen (siehe Rn 110 ff.).

VII. Vergütung

Gemäß § 611 BGB ist der Klinikträger zur Zahlung der Vergütung verpflichtet, die Höhe richtet sich nach der zugrunde liegenden Vereinbarung (siehe auch § 612 BGB); häufig erfolgt die Entgeltbemessung auch durch Tarifverträge.[66] Die Besonderheiten der ärztlichen Tätigkeit verlangen neben Überstunden und Mehrarbeit auch die Berücksichtigung des Bereitschaftsdienstes und der Rufbereitschaft. Nach dem BAG[67] obliegt es freier Vereinbarung der Arbeitsvertragsparteien, für Arbeitszeitformen minderer Intensität eine geringere Vergütung zu bestimmen (siehe Rn 23). Die Vergütung unterliegt der Nachweispflicht nach § 2 Nr. 6 NachwG.

Hierüber hinaus können auch **besondere Entgelte** vereinbart werden, die ebenfalls zur Vergütung nach § 611 BGB gehören. Zu nennen sind etwa Prämien oder Beteiligungen. Eine **Prämie** stellt ein zusätzlich zum Gehalt vereinbartes Entgelt für einen bestimmten vom Arbeitnehmer beeinflussbaren Erfolg (z.B. das Ergebnis oder die Qualität seiner Leistung) dar.[68] **Beteiligungen** haben als Maßstab entweder den **Umsatz** oder den **Gewinn**, können aber auch an eine **Zielvereinbarung** anknüpfen. Letztere beinhaltet die Abrede der Koppelung eines Teils der Vergütung an die Erreichung bestimmter Leistungsziele in einem bestimmten Zeitrahmen.[69]

Die **Kombination** einer **Festvergütung mit weiteren Vergütungsbestandteilen** betrifft in erster Linie die Chefarztvergütung. Für leitende Ärzte wurde traditionell neben der Festvergütung ein **Liquidationsrecht** vorgesehen (im Einzelnen dazu siehe § 17), welches der Krankenhausträger einräumen kann, aber nicht muss.[70] Da die Parteien es in der Hand haben, den Umfang von Leistung und Gegenleistung zu bestimmen, ist entscheidender Gesichtspunkt nicht, ob jemand als „Chefarzt" tätig wird, sondern welche Vergütungsvereinbarungen er mit seinem Vertragspartner getroffen hat.[71] Ergibt sich aus dem Arbeitsvertrag, dass die Liquidationsbefugnis als Gegenleistung für die Tätigkeit als Krankenhausarzt eingeräumt ist, so ist das Liquidationsrecht ein Vergütungs-

---

65 BAG v. 12.1.2005 – 5 AZR 364/04, BAGE 113, 140; BAG v. 11.10.2006 – 5 AZR 721/05, BB 2007, 109.
66 Siehe hierzu ausführlich Weth u.a./*Reichold*, Teil 3D Rn 4 ff.
67 BAG v. 28.1.2004 – 5 AZR 530/02, BAGE 109, 254 zur Zulässigkeit der Pauschalierung der Vergütung des ärztlichen Bereitschaftsdienstes nach dem Grad der voraussichtlichen Heranziehung.
68 Palandt/*Weidenkaff*, § 611 Rn 77.
69 Palandt/*Weidenkaff*, § 611 Rn 78.
70 Weth u.a./*Reichold*, Teil 3D Rn 27.
71 Vgl. BAG v. 22.3.2001 – 8 AZR 536/00, ArztR 2002, 122.

bestandteil, den der Krankenhausträger nicht in Geld, sondern in der Verschaffung weiterer Erwerbsmöglichkeiten schuldet.[72] Es handelt sich um eine **Naturalvergütung**, welche einen geldwerten Vorteil durch Einräumung eines Rechts verschafft.

58 Abzugrenzen von der Beteiligungsvergütung (siehe Rn 107 ff.) ist eine „Beteiligung" an der Vergütung aufgrund von Ansprüchen aus dem Mitarbeiterpool bzw. aufgrund der Einbeziehung von Nebentätigkeiten anderer Ärzte (siehe § 17). Ein **Anspruch auf Beteiligungsvergütung** richtet sich hier nicht gegen den Krankenhausträger (nur wenn dies arbeitsvertraglich vereinbart ist[73]), sondern **gegen den liquidierenden Arzt**. Zahlungsansprüche des nachgeordneten Arztes gegen den leitenden Arzt wegen ärztlicher Dienste, für die dem leitenden Arzt das Liquidationsrecht zusteht, sind jedoch ausgeschlossen, wenn der nachgeordnete Arzt diese Leistungen aufgrund des Arbeitsvertrages mit dem Krankenhausträger erbringt.[74] Ob die mit dem Krankenhausträger vereinbarte Vergütung die Arbeitsleistung abgilt oder evtl. ein Anspruch auf die übliche Vergütung nach § 612 BGB entsteht, ist im Einzelfall zu prüfen. Ein Erfahrungssatz hinsichtlich der Abgeltung bei Einsatz eines nachgeordneten Arztes in der Privatpraxis des leitenden Arztes besteht nicht.[75] Auch ohne Rücksicht auf die Dienstaufgaben kann sich der leitende Arzt zu einer Beteiligung gegenüber dem nachgeordneten Arzt verpflichten.[76] Aus dem ärztlichen Berufsrecht (Berufsordnungen der Ärztekammern) selbst kann kein Anspruch hergeleitet werden.

59 Die **Verhandlungsbereitschaft** betreffend die Vergütung wird aufgrund des Kostendrucks im Gesundheitswesen von **wirtschaftlichen Gesichtspunkten** bestimmt sein. Einige Landeskrankenhausgesetze sprechen explizit die Notwendigkeit der Wirtschaftlichkeit an.[77] Als Begrenzung komm grundsätzlich auch der **arbeitsrechtliche Gleichbehandlungsgrundsatz** in Betracht, welcher nach ständiger Rechtsprechung des BAG auf die Vergütung angewandt wird. Dies gilt jedoch nicht für den Bereich individuell ausgehandelter Vergütungen.[78] Zu beachten ist hierüber hinaus aber die ärztliche Berufsordnung: Nach **§ 23 Abs. 2 MBO-Ä** darf der Arzt in einem Arbeits- und Dienstverhältnis eine Vergütung für die ärztliche Tätigkeit nicht dahingehend vereinbaren, dass die Vergütung den Arzt in der **Unabhängigkeit seiner medizinischen Entscheidungen** beeinflusst.[79] Es ist jedoch zu berücksichtigen, dass im Fall der Entgeltbemessung durch Tarifverträge die Ausgewogenheit von Leistung und Gegenleistung unterstellt wird.[80] Bei individuellen Vergütungsvereinbarungen, die die tariflichen Grenzen beachten bzw. diese sogar überschreiten, ist jedenfalls die Unabhängigkeit der ärztlichen Entscheidungen gewahrt, soweit die konkrete Vergütungsabrede nicht zu einer Unterschreitung dieser Grenze führt. Auch wenn besondere Entgeltformen dem Klinikarzt die Möglichkeit einer Einnahmenmaximierung oder -reduzierung mit der Folge von Auswirkungen auf die ärztliche Tätigkeit bieten, ist die Situation des Klinikarztes nicht nur vergleichbar mit der eines niedergelassenen Arztes, sondern geht hierüber hinaus. Denn bei Vereinbarung eines ausgewogenen Fixums in Kombination mit bestimmten Anreiz-

---

72 BAG v. 4.5.1983 – AZR 389/80; Weth u.a./*Reichold*, Teil 3D Rn 27.
73 Weth u.a./*Reichold*, Teil 3D Rn 20 unter Verweis auf BAG v. 3.8.1983 – 5 AZR 306/81, AP Nr. 36 zu § 611 BGB Ärzte, Gehaltsansprüche = NJW 1984, 1420.
74 BAG v. 20.7.2004 – 9 AZR 570/03, AP Nr. 65 zu § 611 BGB Ärzte.
75 So zuletzt BAG v. 20.7.2004 – 9 AZR 570/03, AP Nr. 65 zu § 611 BGB Ärzte.
76 BAG v. 20.7.2004 – 9 AZR 570/03, AP Nr. 65 zu § 611 BGB Ärzte.
77 § 38 LKHG BW; § 33 KHG NRW.
78 Seit BAG v. 19.8.1992 – 5 AZR 513/91, NJW 1993, 679; Palandt/*Weidenkaff*, § 611 Rn 112.
79 Vgl. die ähnliche Umsetzung durch § 23 Abs. 2 BO Bayern, der genereller gefasst ist: Anknüpfungspunkt ist hier jede Vereinbarung, die zur Einflussnahme geeignet ist.
80 *Ratzel/Lippert*, § 23 Rn 4.

VIII. Nebentätigkeit

Grundsätzlich hat ein Klinikarzt – d.h. neben dem Chefarzt, auch der Ober-[81] bzw. Assistenzarzt – wie jeder Arbeitnehmer einen **Anspruch auf** Ausübung einer **Nebentätigkeit**, da er nicht seine gesamte Arbeitskraft, sondern nur eine bestimmte Zeitspanne dem Krankenhausträger als Arbeitgeber zur Verfügung stellt. Dies folgt aus Art. 12 Abs. 1 GG, dessen Schutzbereich auch die Ausübung weiterer Erwerbstätigkeiten erfasst bzw. aus Art. 2 Abs. 1 GG, wenn es sich um andere als berufliche Tätigkeiten handelt.

Eine **Anzeigepflicht** kann sich jedoch ergeben, soweit die **Interessen des Krankenhausträgers** bedroht sein können. Dies ergibt sich aus der allgemeinen Rücksichtnahme- und Treuepflicht dem Arbeitgeber gegenüber.[82] Hierüber hinaus kann das Recht zur Aufnahme einer Nebentätigkeit aber auch einzel- oder kollektivvertraglich an einen **Anzeigen- oder Genehmigungsvorbehalt** gebunden werden.[83] Eine Begrenzung ist zulässig, wenn ein berechtigtes Interesse des Arbeitgebers vorliegt, etwa weil seine Interessen beeinträchtigt werden oder der Arbeitnehmer mit der Nebentätigkeit in Konkurrenz zu ihm tritt.

Im **Interesse von Krankenhausärzten** lag zunächst die Ausübung von ambulanten ärztlichen Behandlungen auf privatärztlicher und/oder vertragsärztlicher Basis in **Nebentätigkeit** (z.B. bei entsprechender Ermächtigung gemäß § 116 SGB V, §§ 31 f. Ärzte-ZV). Anerkannt war seit 1997 auch eine ausnahmsweise Zulassung zur vertragsärztlichen Versorgung für Fachgebiete ohne Patientenkontakte (z.B. Pathologen[84]). Nachdem mit Inkrafttreten des VÄndG zum 1.1.2007 nach § 19a Abs. 2 Ärzte-ZV die Teilzulassung für Vertragsärzte (i.S. einer Beschränkung auf die Hälfte des Versorgungsauftrages) ermöglicht wurde und auch nach § 20 Abs. 2 Ärzte-ZV die Tätigkeit in Krankenhäusern bzw. Vorsorge- und Reha-Einrichtungen mit der vertragsärztlichen Tätigkeit ausdrücklich vereinbar ist, ist davon auszugehen, dass infolge der Freiheitserweiterungen im vertragsärztlichen Leistungserbringungsbereich das Interesse an der Ausübung von Nebentätigkeiten angestiegen ist bzw. weiter ansteigen wird. Da die Gesundheitsgesetzgebung zugleich aber auch die Möglichkeiten zur Leistungserbringung ärztlich geleiteter Einrichtungen erweitert hat, erlangen auch Krankenhäuser die Chance zur Ausweitung der Leistungserbringung auf den ambulanten Sektor (§§ 95, 115a, 115b, 116a und 116b SGB V etc.). Konsequenz ist die Gefahrerhöhung einer **Interessenkollision von Klinikträgern und Klinikmitarbeitern** mit der Folge der Beachtung der Anzeigepflicht (siehe Rn 61).

Zu unterscheiden ist zwischen **Nebentätigkeiten**, die **im Krankenhaus** und **außerhalb des Krankenhauses** ausgeübt werden sollen. In Bezug auf erstere werden tendenziell zukünftige Abschlüsse von Arbeitsverträgen zu einer Ausweitung der Dienstaufgaben im Krankenhaus führen und spiegelbildlich die Freiheit zur Ausübung von Nebentätig-

---

81 Siehe LAG Hamm v. 18.6.1998 – 17 Sa 2414/97 zum Anspruch eines Oberarztes auf Nebentätigkeitserlaubnis mit eigenem Liquidationsrecht.
82 Tschöpe/*Schmalenberg*, Teil 2A Rn 228.
83 Tschöpe/*Schmalenberg*, Teil 2A Rn 225 f.; *Schaub*, § 43 Rn 7.
84 Siehe BSG v. 5.11.1997 – 6 RKa 52/97, BSGE 81, 143.

keiten verringern. Bereits bisher wurde in der Rechtsprechung das Dienstverhältnis des Chefarztes im Krankenhaus nicht in zwei Verträge (Arbeits- und Nutzungsvertrag) plus Nebentätigkeitserlaubnis aufgespalten, sondern die **ambulante ärztliche Tätigkeit des leitenden Arztes** seitens des BAG als **wesentlicher Bestandteil des Arbeitsvertrages** betrachtet, der nicht aus dem Synallagma von Leistung und Gegenleistung herauslösbar sei: Der Chefarzt dürfe nicht nach seinem Belieben über das Recht verfügen, sondern sei vielmehr dem Krankenhausträger gegenüber verpflichtet, von dieser Liquidationsbefugnis auch Gebrauch zu machen, weil nur so die ärztliche Versorgung sichergestellt und das Krankenhaus ausgelastet werde.[85] Die Verpflichtung des leitenden Arztes zur ambulanten ärztlichen Tätigkeit als Dienstaufgabe verbunden mit der Liquidationsbefugnis, ist konsequent. Das Liquidationsrecht, welches als untrennbarer Vergütungsbestandteil qualifiziert wurde, wird sich zunehmend zum Beteiligungsrecht des Krankenhausarztes an den Einnahmen des Trägers jedenfalls dort modifizieren, soweit der Krankenhausträger als ärztlich geleitete Einrichtung zur ambulanten Leistungserbringung berechtigt ist.

IX. Beendigung des Dienstverhältnisses

1. Aufhebungsvereinbarung

64 Flexibles Instrument zur Beendigung ist eine zwischen dem Krankenhausträger und dem Krankenhausarzt einvernehmliche Auflösung des Arbeitsverhältnisses (sog. Aufhebungs- oder Auflösungsvertrag). Zu beachten ist die **Schriftform** der Vereinbarung (siehe § 623 BGB).[86]

2. Befristung

65 Nach § 620 BGB endet ein Dienstverhältnis entweder wegen des Ablaufs einer Zeitbestimmung oder durch Kündigung. Eine Befristung des Arbeitsvertrages ist nach § 620 Abs. 3 BGB i.V.m. § 14 TzBfG möglich. Die Norm unterscheidet grundsätzlich **zeitlich begrenzte Befristungen ohne Sachgrund** (Abs. 2) und Befristungen bzw. auflösende Bedingungen mit Sachgrund (Abs. 1). Ohne sachlichen Grund ist eine kalendermäßige Befristung bei Neueinstellungen bis zur **Höchstdauer von zwei Jahren** möglich, so dass ein Arbeitsvertrag insgesamt vier Mal auf jeweils sechs Monate abgeschlossen werden kann.[87] Nur bei Unternehmensgründungen kann die kalendermäßige Befristung auf insgesamt vier Jahre ausgeweitet werden (§ 14 Abs. 2a TzBfG). Als problematisch wird dies bei einer Gesamtrechtsnachfolge nach dem UmwG angesehen, nicht aber bei einem sog. Management-buy-out oder einer Betriebsübernahme i.S.d. § 613a BGB.[88]

66 Abweichende Regelungen zu zeitlich begrenzten Befristungen ohne Sachgrund sind auch aufgrund einer tarifvertraglichen Öffnungsklausel nach § 14 Abs. 2 S. 3–4 TzBfG

---

85 BAG v. 4.5.1983 – 5 AZR 389/80, BAGE 42, 336.
86 Zu beachten ist, dass eine elektronische Form (§§ 623, 126a BGB) nicht ausreichend ist.
87 Siehe Palandt/*Weidenkaff*, § 620 Rn 31.
88 Siehe hierzu Tschöpe/*Schmalenberg*, Teil 1E Rn 29.

möglich.[89] Zur Regelung einer Befristung/auflösenden Bedingung mit sachlichem Grund sieht § 14 Abs. 1 TzBfG **Regelbeispiele** vor, wie etwa
- den vorübergehenden Bedarf,
- die Tätigkeit im Anschluss an eine Ausbildung oder ein Studium,
- die Vertretung,
- die Eigenart der Arbeitsleistung,
- die Erprobung,
- Gründe in der Person des Arbeitgebers, etc.

Relevant ist, dass die **Gründe zur Befristung** einschließlich des Endzeitpunkts beim Abschluss der Vereinbarung **absehbar** sind. So setzt das legitime Interesse des Krankenhausträgers an möglichen Umstrukturierungen einen **Zusatz-/Mehrbedarf** voraus. Keine Befristung des Arbeitsvertrages rechtfertigt die Unsicherheit in der Einschätzung des zukünftigen Arbeitskräftebedarfs, da diese Unsicherheit jeder unternehmerischen Tätigkeit innewohnt.[90] Gleiches gilt für die Veräußerung des Unternehmens durch den bisherigen Arbeitgeber, da ansonsten der Kündigungsschutz des § 613a BGB umgangen würde.[91] Zu beachten ist die **Schriftform der Befristungsabrede** gemäß § 14 Abs. 4 ArbZG, die bei Nichteinhaltung zur Unwirksamkeit der Befristungsabrede und somit zu einem unbefristeten Arbeitsvertrag führt.

67

Lex specialis zum TzBfG sind nach § 23 besondere gesetzliche Regelungen: Insoweit sind das **Gesetz über befristete Arbeitsverträge mit Ärzten in der Weiterbildung (ÄArbVtrG)** und das HRG nennen. Nach dem ÄArbVtrG vom 15.5.1986 ist sachlicher Grund für die Befristung die Beschäftigung eines Arztes in der Weiterbildung zum Facharzt oder dem Erwerb einer Anerkennung für einen Schwerpunkt oder dem Erwerb einer Zusatzbezeichnung, eines Fachkundenachweises oder einer Bescheinigung über eine fakultative Weiterbildung. Ausreichend ist, wenn die Beschäftigung den Zweck fördert, so dass nicht Voraussetzung ist, dass der Arzt ausschließlich zur Weiterbildung eingesetzt wird.[92] Zu berücksichtigen ist die **Höchstdauer** der Befristung **von acht Jahren**,[93] welche kalendermäßig bestimmt sein muss.[94] Nicht zulässig ist eine Befristung zum Erwerb der Facharztanerkennung.[95] Hierüber hinaus ist zu beachten, dass die Dauer der Befristung grundsätzlich nicht den Zeitraum unterschreiten darf, für den der weiterbildende Arzt die Weiterbildungsbefugnis besitzt (siehe § 1 Abs. 3 S. 5, 6 ÄArbVtrG). Die Laufzeit kann aber die Dauer der Weiterbildungsbefugnis unterschreiten, wenn bei Vertragsschluss absehbar ist, dass die Weiterbildung innerhalb der in Aussicht genommenen Vertragslaufzeit beendet werden kann.[96] Gemäß § 1 Abs. 6 ÄArbVtrG sind die Vorschriften im Geltungsbereich des Hochschulrahmengesetzes subsidiär. Für Arbeitsverträge im Hochschulbereich sind somit insgesamt die erleichterten Befristungsmöglichkeiten nach §§ 57a ff. **HRG** zu beachten.[97]

68

---

89 Etwa § 32 TV-Ärzte, Führung auf Zeit, wonach Führungspositionen als befristetes Arbeitsverhältnis bis zur Dauer von 3 Jahren vereinbart werden können (Abs. 1); § 31 TV-L (3 Jahre).
90 BAG v. 22.3.2000 – 7 AZR 758/98, NZA 2000, 881.
91 Siehe BAG v. 2.12.1998 – 7 AZR 578/97, BB 1999, 1555.
92 BAG v. 24.4.1996 – 7 AZR 428/95, BAGE 83, 52.
93 Vgl. *Schaub*, § 40 Rn 84, der auf die Entscheidungen des ArbG Wesel BB 1990, 1418 und LAG Berlin NJW 1992, 2376 hinweist, nach denen die Höchstdauer auch dann gelten soll, wenn dies für die Zielerreichung nicht ausreichend ist.
94 Es sind nur Zeit-, aber keine Zweckbefristungen zulässig, siehe BAG v. 15.8.2001 – 7 AZR/00, BAGE 98, 337 bzw. BAG v. 14.8.2002 – 7 AZR 266/01, BAGE 102, 166.
95 Siehe Tschöpe/*Schmalenberg*, Teil 1E Rn 215.
96 BAG v. 13.6.2007 – 7 AZR 700/06, ZMV 2007, 203.
97 Siehe hierzu Tschöpe/*Schmalenberg*, Teil 1E Rn 200 ff.

3. Altersgrenzenvereinbarung als besonderer Grund für Befristungen

69 Regelhaft werden in Tarifverträgen, Betriebsvereinbarungen und Arbeitsverträgen Altersgrenzenvereinbarungen getroffen. Die Formulierungshilfen sehen daher vor: „Der Vertrag endet ohne Kündigung mit Erreichen des 65. Lebensjahres" oder nehmen Bezug auf die Tarifverträge, hier etwa § 33 TVöD-K, § 34 TV-Ärzte/VKA bzw. § 33 TV-L: „Das Arbeitsverhältnis endet ohne Kündigung ... mit Ablauf des Monats, in dem die Ärztin/der Arzt das 65. Lebensjahr vollendet hat."

70 Rechtsgrundlage der Regelung ist § 21 TzBfG. Da die Norm bei auflösend bedingten Arbeitsverträgen die entsprechende Anwendung der § 14 Abs. 1 und 4 TzBfG erklärt und Altersgrenzenvereinbarungen das Arbeitsverhältnis unter eine auflösende Bedingung stellen, beurteilen sich derartige Vereinbarungen nach der Rechtmäßigkeit von Befristungen mit sachlichem Grund.

71 Soweit auf die Altersgrenze der gesetzlichen Rentenversicherung, d.h. das **65. Lebensjahr,** abgestellt wird, werden diese als zulässig erachtet.[98] Ein sachlicher Grund wird ebenfalls in Bezugnahmen auf den Bescheid eines Rentenversicherungsträgers[99] oder eines berufsständischen Versorgungswerks gesehen, in welchen eine volle oder teilweise Erwerbsminderung festgestellt wird. Problematisch sind aber Altersgrenzenvereinbarungen, die sich an ein früheres Lebensalter anknüpfen. Obwohl die h.M. für Altersgrenzenregelungen bei Bord- und Cockpitpersonal eine Anknüpfung an das 60. Lebensjahr als zulässig erachtet, wird davon ausgegangen, dass eine Übertragung der Argumentation auf Krankenhausärzte, hier speziell auf Chefärzte, nicht opportun sei.[100] Soweit auf die Altersgrenze von 68 Jahren bei Vertragsärzten (§ 95 Abs. 7 SGB V) verwiesen wird, ist darauf hinzuweisen, dass die vertragsärztliche Tätigkeit nicht mit der Behandlungstätigkeit eines Krankenhauses vergleichbar ist. Auch wenn mithilfe des medizinischen Fortschritts eine immer größere Zahl von Behandlungen in den ambulanten (vertragsärztlichen) Bereich verlagert werden kann, obliegt dem Krankenhaus kraft seiner Organisation die Zuständigkeit für die Versorgung komplizierter Fallgestaltungen. In diesem Rahmen ist auch zu berücksichtigen, dass es mittlerweile Bestrebungen gibt, das Risikomanagement im Krankenhaus an das des Flugbetriebes anzuknüpfen. Hierüber hinaus stellt sich die Frage, ob in Bezug auf die Notwendigkeit eines sachlichen Grundes die pauschale Anknüpfung an das Lebensalter tatsächlich ausreichend ist und nicht vielmehr zwischen den jeweiligen Arbeitsbedingungen von (Krankenhaus-)ärzten zu differenzieren ist. Ein Anknüpfungspunkt wäre etwa die mögliche Differenzierung zwischen niedergelassenen Ärzten und Krankenhäusern bzw. zwischen Krankenhäusern der Grund- und solchen der Maximalversorgung.[101]

4. Probezeit

72 Regelmäßig ist Sinn des Probearbeitsverhältnisses die **Erprobung der Leistungsfähigkeit** des Arbeitnehmers bzw. der **Arbeitsbedingungen**. Gemäß § 622 Abs. 3 BGB kann in der Probezeit das Arbeitsverhältnis grundsätzlich mit einer **Zwei-Wochenfrist** gekündigt werden. Das gilt allerdings längstens nur für sechs Monate. Mangels einer besonderen Bezeichnung des Kündigungstermins in § 622 BGB kann das Arbeitsverhält-

---

98 Siehe bereits ArbG Hannover v. 28.1.1993 – 11 Ca 601/92, NZA 1993, 458.
99 BAG v. 27.7.2005 – 7 AZR 443/04, BAGE 115, 265.
100 Ablehnend *Boecken*, ArztR 2005, 60 ff.; Weth u.a./*Wern*, Teil 5A Rn 86 ff.
101 In Bayern I. und III. Versorgungsstufe, siehe Art. 4 Abs. 2 Bayerisches KankenhausG (BayKrG) v. 28.3.2007.

nis während der sechsmonatigen Probezeit an jedem Tag ablaufen.[102] Auch kann eine **Kündigung** (mit der kurzen Kündigungsfrist) noch **am letzten Tag der Probezeit** ausgesprochen werden[103] mit der Folge, dass der Endzeitpunkt des Arbeitsverhältnisses außerhalb der Probezeit liegt.[104] Zur Fristberechnung finden die §§ 187, 188 BGB Anwendung. Abweichende Regelungen zur Probezeit können durch Tarifvertrag vereinbart werden. § 34 TVöD-K, § 34 TV-Ärzte und § 34 TV-L regeln etwa übereinstimmend, dass die Kündigungsfrist bis zum Ende des 6. Monats seit Beginn des Arbeitsverhältnisses zwei Wochen zum Monatsschluss beträgt. Abweichend hiervon empfiehlt die Beratungs- und Formulierungshilfe der DKG für Chefarztverträge[105] die Vereinbarung einer Probezeit, in der der Vertrag mit einer Frist von einem Monat zum Ende des Kalendermonats gekündigt werden kann. Wird eine **längere als die sechsmonatige Probezeit** vereinbart (weil der Zweck des Probearbeitsverhältnisses nicht erreicht werden kann), so gilt nach Ablauf des 6. Monats die Grundkündigungsfrist.[106] Über die grundsätzliche Verlängerung der Kündigungsfrist, § 622 Abs. 1 BGB (Vier-Wochenfrist), hinaus, ist auch die Geltung des KSchG zu beachten.

5. Kündigung des Arbeitsvertrages

Bei der Beendigung des Arbeitsvertrages durch Kündigung ist bei Arbeitsverhältnissen, die länger als sechs Monate bestanden haben und der Betrieb regelmäßig mehr als zehn Arbeitnehmer beschäftigt, das KSchG zu beachten. Soweit das KSchG, wie etwa bei Kündigungen ohne Angabe von Gründen in einer sechsmonatigen Probezeit, nicht zur Anwendung gelangt, ist das Gericht befugt, eine **Missbrauchskontrolle i.S.v. § 242 BGB** durchzuführen.[107]

73

Demgegenüber ist **Prüfungsmaßstab des KSchG** die **soziale Rechtfertigung** der Kündigung. Nach § 1 Abs. 2 KSchG sind Kündigungen sozial ungerechtfertigt, wenn sie nicht durch Gründe, die in der Person oder in dem Verhalten des Arbeitnehmers liegen oder durch dringende betriebliche Erfordernisse, die einer Weiterbeschäftigung des Arbeitnehmers in diesem Betrieb entgegenstehen, gerechtfertigt sind. Gleichgültig, ob personenbezogene, verhaltensbezogene oder betriebliche Gründe für eine Kündigung eine Rolle spielen; sämtliche Gründe können sich in der Organisation des Krankenhauses wiederfinden.

74

Die **Erkrankung** eines Arztes an dem HI-Virus stellt keinen personenbezogenen Kündigungsgrund dar. Dieser kann sich aber nach Ausbruch der Erkrankung durch die krankheitsbedingte Abwesenheit ergeben.[108] Ebenfalls kann eine Alkoholabhängigkeit,[109] eine Arzneimittel- oder Drogensucht einen personenbedingten Kündigungsgrund darstellen, wenn die Überwindung der Sucht nicht mit eigener Willensanstrengung möglich ist.

75

---

102 *Schaub*, § 40 Rn 21.
103 Siehe Palandt/*Weidenkaff*, § 622 Rn 18.
104 *Schaub*, § 40 Rn 22.
105 *DKG*, Beratungs- und Formulierungshilfe Chefarzt-Vertrag, § 17 Abs. 2.
106 *Schaub*, § 40 Rn 20.
107 Siehe zur Kündigung einer Chefärztin BVerfG v. 21.6.2006 – 1 BvR 1659/04, das Krankenhaus 2006, 997 f.
108 Allgemein zur personenbedingten Kündigung: BAG v. 18.1.2007 – 2 AZR 759/05.
109 LAG Hamm v. 1.3.2007 – 17 Sa 1503/06.

76 **Verhaltensbedingte Kündigungen**,[110] welche nur bei schuldhaftem Verhalten in Betracht kommen, können bei Pflichtverletzungen erfolgen, entweder bei einem Behandlungsfehler, fehlender Aufklärung etc. Auch ein einziger, auf Unachtsamkeit beruhender Fehler kann zu schwerwiegenden gesundheitlichen Beeinträchtigungen bis zum Tod von Patienten führen und im Fall einer Krankenhausbehandlung den Ruf des Krankenhauses schmälern, so dass an sich auch eine **fahrlässig begangene Fehlleistung** eines Arztes geeignet sein kann, einen wichtigen Grund zur **außerordentlichen Kündigung** zu begründen.[111]

77 Gleiches gilt für die Verletzung der Schweigepflicht gemäß § 203 BGB, aber auch schwere Verstöße gegen die das Arbeitsverhältnis selbst betreffende **Verschwiegenheitspflicht**.[112] Generell kann die **Begehung von Straftaten** einen verhaltensbedingten Kündigungsgrund darstellen (z.B. Verstoß gegen Betäubungsmitteldelikte). Zu bedenken sind im Übrigen auch **Nebentätigkeiten**, wenn etwa die Nebentätigkeit ohne Zustimmung des Arbeitgebers aufgenommen wird[113] und die Ausübung der Nebentätigkeit zu einer Überschreitung der Höchstarbeitszeit führt.[114] Hinzuweisen ist auch auf die Fälle von **Arbeitsverweigerung**, soweit diese zu Recht erfolgt (z.B. in Fällen unzulässiger Weisung). Denkbar ist zwar eine verhaltensbedingte Kündigung wegen **Mobbing**, das Mobbingopfer (leitender Oberarzt) selbst hat jedoch keinen Anspruch gegen den Klinikträger als Arbeitgeber auf Kündigung des (mobbenden) Chefarztes.[115]

78 Hat die Kündigung **betriebliche Gründe**, so ist zu überprüfen, ob diese tatsächlich vorliegen und die Entscheidung des Arbeitgebers nachvollziehbar erscheinen lassen. Maßstab zur Überprüfung der Entscheidung des Klinikträgers zur Schließung einer Abteilung ist die Frage,
- ob die Entscheidung offenbar unvernünftig oder willkürlich ist,
- ob durch die Entscheidung ein Überschuss an Arbeitsplätzen entsteht,
- ob die Dringlichkeit des betrieblichen Erfordernisses besteht,
- ob soziale Gesichtspunkte bei der Auswahl des Arbeitnehmers ausreichend berücksichtigt wurden.

79 Diese Voraussetzungen kann die **Schließung einer chirurgischen Fachabteilung** wegen Herausnahme aus dem Landeskrankenhausplan erfüllen.[116]

80 Hierüber hinaus hat der Krankenhausträger zu berücksichtigen, dass er nach § 623 BGB eine ordnungsgemäße **Kündigungserklärung** abgeben muss. Auch ist eine eventuelle **Zustimmungsbedürftigkeit** nach § 9 MuSchG/§ 85 SGB IX bzw. die Mitteilungs- und Anhörungspflicht nach § 102 BetrVG zu beachten. Des Weiteren ist auf die

---

110 Generell zur verhaltensbedingten Kündigung: BAG v. 31.5.2007 – 2 AZR 200/06, NZA 2007, 922, Kündigung wg. Privatnutzung eines Dienstcomputers.
111 Zur außerordentlichen Kündigung einer Assistenzärztin siehe LAG Düsseldorf v. 4.11.2005 – 9 Sa 993/05, MedR 2006, 220 unter Hinweis auch auf BAG v. 31.1.1985 – 2 AZR 284/83 im Hinblick auf die falsche Medikation einer Arzthelferin.
112 Da die arbeitsvertragliche Verschwiegenheitspflicht grundsätzlich nur für den Bestand des Arbeitsverhältnisses gilt, ist die Vereinbarung einer nachvertraglichen Verschwiegenheitspflicht zu empfehlen.
113 Zur berechtigten außerordentlichen Kündigung wegen nicht genehmigter Nebentätigkeit: BAG v. 19.4.2007 – 2 AZR 180/06.
114 BAG v. 11.12.2001 – 9 AZR 464/00, NZA 2002, 965.
115 BAG v. 25.10.2007 – 8 AZR 593/06 (siehe Pressemitteilung): wohl aber besteht ein Anspruch gegen den Krankenhausträger auf Schmerzensgeld bzw. ein Anspruch auf Angebot eines gleichartigen Arbeitsplatzes ohne Weisungsbefugnis des bisherigen Chefarztes, wenn in der Klinik ein solcher Arbeitsplatz vorhanden ist.
116 LAG Rheinland-Pfalz v. 21.1.2005 – 7 Sa 419/04, ArztR 2006, 150.

Pflicht zur **Anzeige bei Massenentlassungen** gegenüber der Bundesagentur für Arbeit bzw. dem Betriebsrat hinzuweisen (§ 17 KSchG).

Rechtsmittel für den Arbeitnehmer ist die Erhebung der **Kündigungsschutzklage gemäß § 4 KSchG**. Notwendig ist hierzu die Erhebung der Klage zum Arbeitsgericht innerhalb von drei Wochen nach Kündigungszugang. Unterbleibt die Klage auf Feststellung, dass das Arbeitsverhältnis durch die Kündigung nicht aufgelöst ist, so hat der Arbeitnehmer **bei betriebsbedingter Kündigung** einen **Abfindungsanspruch nach § 1a KSchG** (0,5 Monatsverdienste für jedes Jahr des Bestehens des Arbeitsverhältnisses).

81

C. Besonderheiten der Klinikorganisation bei der Ausgestaltung des ärztlichen Dienstes

Der Krankenhausträger ist grundsätzlich frei in der Gestaltung der Klinikorganisation, soweit nicht gesonderte gesetzliche Regelungen eingreifen. Acht der insgesamt 16 Bundesländer haben zur Betriebsleitung eines Krankenhauses spezielle Regelungen erlassen: So setzt etwa § 35 KHG NRW unter dem Titel „Leitung und Organisation" in einem Krankenhaus die Bildung einer **Betriebsleitung** voraus, an der der **Leitende Arzt**, die **Leitende Pflegekraft** und der **Leiter des Wirtschafts- und Verwaltungsdienstes** zu beteiligen ist. Inhaltsgleiche Regelungen bestehen in Brandenburg,[117] Hessen,[118] Mecklenburg-Vorpommern,[119] im Saarland,[120] in Sachsen[121] und Thüringen.[122] Mit dem Außerkrafttreten der ähnlich gestalteten Regelung in Baden-Württemberg am 18.10.2007[123] und der am 12.3.2007 erfolgten Vorlage des Gesetzentwurfs der Landesregierung Nordrhein-Westfalens zur Außerkraftsetzung des § 35 KHG NRW[124] ist die Tendenz erkennbar, die zwingende gesetzliche Vorgabe des Dreispitzes im Krankenhaus zugunsten eigener unternehmerischer Verantwortung des Klinikträgers aufzugeben. Angesichts der Kostenproblematik soll er selbst über eine individuelle sinnvolle und wirtschaftliche Führung bzw. Organisation der Geschäfts- und Betriebsführung entscheiden.[125] In Bundesländern ohne entsprechende Regulierungen kann somit die Beteiligung eines der **klassischen Funktionsbereiche Ärztlicher Dienst, Pflegedienst, Verwaltungsdienst** fehlen. Entgegen den Befürchtungen der SPD im Gesetzgebungsverfahren in NRW muss dies nicht zwingend zum Ausschluss der Leitenden Pflegekraft zugunsten des Ärztlichen Leiters führen,[126] sondern kann auch die Besetzung einer Betriebsleitung ausschließlich mit einem Verwaltungsleiter zur Folge haben.[127]

82

---

117 § 24 KHGBbg.
118 § 14 HKHG.
119 § 43 LKHG MV.
120 § 16 ff. SKHG.
121 § 21 SächsKHG.
122 § 28 ThürKHG.
123 LT-Drucks 14/1855 v. 11.10.2007 betr. Gesetz zur Änderung des Landeskrankenhausgesetzes Baden-Württemberg und des Kriegsopfergesetzes; siehe die ehemalige Regelung des § 33 LKHG.
124 LT-Drucks 14/3958 v. 12.3.2007 betr. Gesetzentwurf Krankenhausgestaltungsgesetz (KHGG NRW).
125 So die Begründung des Gesetzentwurfs: LT-Drucks 14/1516 v. 11.7.2007 S. 26 zu Nr. 32 (§ 33).
126 Siehe hierzu das Plenarprotokoll LT-NRW 14/58 v. 29.3.2007 S. 6509 ff.
127 Vgl. hierzu auch § 21 Abs. 2 S. 3 Sächs. KHG, der anordnet, dass der leitende Chefarzt Vorsitzender der Betriebsleitung ist.

§ 16 Arbeitsrecht der Klinikärzte

I. Ärztlicher Dienst

83 Unter ärztlichem Dienst wird grundsätzlich die ärztliche Hierarchiekette des Krankenhauses **Leitender Arzt bzw. Chefarzt/Leitender Oberarzt/Oberarzt/Assistenzarzt** verstanden. Von 131.115 im Bundesgebiet beschäftigten Krankenhausärzten waren 2005 lediglich 9,5 % als leitende Ärzte tätig. Krankenhausärzte in Oberarztstellung nehmen einen Anteil von 20 % ein, 70,5 % der Ärzte sind Assistenzärzte (hiervon 66,5 % ohne eine abgeschlossene Weiterbildung).[128] Im Gegensatz zur Betriebsleitung eines Krankenhauses, die sich weitestgehend durch eine horizontale Arbeitsteilung kennzeichnet,[129] wird der ärztliche Dienst wesentlich durch den **Grundsatz der vertikalen Arbeitsteilung** strukturiert. Teilweise basiert dies auf Regelungen der Landeskrankenhausgesetze.[130] Anknüpfungspunkt für die gesetzliche Klinikorganisation ist die Bildung einer Abteilung, welche durch mindestens einen Abteilungsarzt geleitet wird. Dieser ist in medizinischer Hinsicht nicht weisungsgebunden und für die Untersuchung und Behandlung der Patienten der Abteilung verantwortlich. Die Gliederung der Abteilungen orientiert sich ausdrücklich in einigen Landeskrankenhausgesetzen nach Maßgabe des Landeskrankenhausplans[131] mit der Folge, dass die Abteilungsgestaltung des Trägers, der möglicherweise eine Abweichung von einer traditionellen Ausgestaltung beabsichtigt, beschränkt wird.

84 Innerhalb der Betriebsleitung des Krankenhauses wird der ärztliche Dienst durch einen sog. **Ärztlichen Leiter oder Ärztlichen Direktor** vertreten, welcher im Regelfall auch fachabteilungsführender leitender Arzt/Chefarzt ist. Der Ärztliche Leiter vertritt vorrangig die medizinischen Belange in der Krankenhausleitung unabhängig seines Fachgebietes. Wesentlich obliegt ihm die fachabteilungsübergreifende Koordinierungsfunktion, die Sicherstellung der Krankenhaushygiene oder z.B. die Überwachung von Maßnahmen, welche durch die Gesundheitsbehörde angeordnet wurden. Detailliert beschreibt § 18 SKHG als einzige Landeskrankenhausnorm die Aufgaben des ärztlichen Direktors. Für die vertragliche Gestaltung einer Krankenhausbetriebsstätte im Saarland hat dies Konsequenzen bei der Ausgestaltung des Chefarztvertrages, soweit die Aufgaben des Ärztlichen Direktors mit den regelhaften Aufgaben eines leitenden Arztes, etwa im Hinblick auf die Weiter- und Fortbildung der Krankenhausärzte, kollidieren.

II. Chefärzte

1. Stellung des Chefarztes

85 Der Chefarzt nimmt im Krankenhausbetrieb eine herausragende Stellung innerhalb der Organisation des ärztlichen Dienstes ein. Er vertritt sein Fachgebiet innerhalb seiner Abteilung bzw. seinem Funktionsbereich selbständig **und eigen- und letztverantwortlich**. Auch der leitende Arzt ist – wie regelmäßig jeder Krankenhausarzt (siehe Rn 3 ff.) – **Arbeitnehmer**. Dienstvorgesetzter des Chefarztes ist der Krankenhausträger als Arbeitgeber.

86 Umstritten ist aber, ob der Chefarzt auch **leitender Angestellter** i.S.d. arbeitsrechtlichen Bestimmungen ist. Nach **§ 18 Abs. 1 Nr. 1 ArbZG** wird der Chefarzt explizit lei-

---

128 *DKG*, Zahlen, Daten, Fakten 2007, S. 34 in Bezug auf das Jahr 2005.
129 So z.B. ausdrücklich § 24 Abs. 1 LKGBbg. „kollegiale Betriebsleitung" bzw. § 35 Abs. 2 KHG NRW.
130 § 25 LKGBbg.; § 36 LKG NRW; § 23 LKG (Rheinland-Pfalz).
131 § 24 Abs. 3 LKGBbg.; § 23 Abs. 1 LKG (Rheinland-Pfalz).

tenden Angestellten gleichgestellt. Rechtsfolge ist der klare Ausschluss der Anwendbarkeit des Arbeitszeitgesetzes auf den Chefarzt. Mangels einer allgemeingültigen Definition des Begriffs ist jedoch unklar, ob der Chefarzt auch leitender Angestellter i.S.d. Vorschriften des BetrVG[132] bzw. des KSchG ist. In diesem Fall entfiele ein Kündigungseinspruch beim Betriebsrat (§ 3 BetrVG) bzw. eine Betriebsratsanhörung nach erfolgter Kündigung (§ 102 BetrVG) und es bestünde die Möglichkeit des Klinikträgers zur Kündigung unter erleichterten Bedingungen.

Nach der Legaldefinition des **§ 5 Abs. 3 BetrVG** ist leitender Angestellter, wer nach Arbeitsvertrag und Stellung im Unternehmen oder im Betrieb etwa zur **selbständigen Einstellung und Entlassung** von im Betrieb oder in der Betriebsabteilung beschäftigten Arbeitnehmern berechtigt ist (Nr. 1). Gleiches gilt für denjenigen, der regelmäßig Aufgaben wahrnimmt, die für den Bestand und die Entwicklung des Unternehmens von Bedeutung sind (Nr. 4). Die Erfüllung der Tatbestandsmerkmale ist in Bezug auf die Chefarztposition grundsätzlich umstritten.[133] Das LAG Hamm stellte mit seiner (nicht rechtskräftigen) Entscheidung vom 7.7.2006 jedenfalls fest, dass ein Chefarzt leitender Angestellter i.S.v. § 5 Abs. 3 S. 2 Nr. 1 BetrVG sein könne, sofern seine **Personalbefugnis von hinreichender unternehmerischer Relevanz** sei.[134] Das BAG hat diese Entscheidung durch Beschluss vom 10.10.2007 aufgehoben.[135] Ungeachtet der noch unveröffentlichten Gründe wird zu Recht darauf hingewiesen, dass in jedem Fall § 5 Abs. 4 Nr. 3 BetrVG eingreife.[136] Hiernach ist im Zweifel auch derjenige leitender Angestellter, der ein regelmäßiges Jahresarbeitsentgelt erhält, das für leitende Angestellte im Unternehmen üblich ist. Üblicherweise wird der Chefarzt daher eine leitende Funktion i.S.d. BetrVG ausüben.

87

Die Funktion des Chefarztes als leitender Angestellter i.S.d. KSchG wird sich regelmäßig nicht aus § 14 Abs. 1 KSchG ergeben, denn der Chefarzt wird überwiegend kein gesetzlicher oder gewillkürter Vertreter des Klinikträgers sein. Fraglich ist aber, ob § 14 Abs. 2 KSchG zur Anwendung gelangt, welcher die Schutzwirkungen des KSchG für den Chefarzt zwar nicht völlig ausschließt, aber die Möglichkeiten zur Beendigung des Dienstvertrages im Wesentlichen dadurch vereinfacht, dass die Norm die Anwendung des § 9 S. 2 KSchG modifiziert. Das bedeutet, dass der Klinikträger als Arbeitgeber **ohne Nennung von Gründen**[137] einen **Antrag auf Auflösung des Arbeitsverhältnisses** stellen kann, wenn das Arbeitsgericht im Kündigungsschutzprozess zur Auffassung gelangt, dass das Arbeitsverhältnis durch die Kündigung nicht wirksam aufgelöst wurde. Die Rechtsfolge des § 9 S. 1 KSchG, d.h. die Verurteilung des Arbeitgebers zur Zahlung einer **angemessenen Abfindung**, bleibt allerdings ungeachtet der Qualifikation als leitender Angestellter bestehen.

88

§ 14 Abs. 2 S. 1 KSchG setzt die **selbständige personelle Entscheidungskompetenz zur Einstellung und Entlassung von Arbeitnehmern** als Mindestkriterium voraus.

89

---

132 Soweit das BetrVG nicht zur Anwendung kommt (siehe §§ 130, 118 BetrVG) ist bei öffentlich-rechtlichen Krankenhäusern auf die Personalvertretungsgesetze der Länder (Unikliniken) bzw. das Bundespersonalvertretungsgesetz oder in Bezug auf kirchliche Einrichtungen die MAVO (Mitarbeitervertretungsordnung/katholische Kirche) bzw. das MVG.EKD (Mitarbeitervertretungsgesetz/evangelische Kirche) zu verweisen; siehe Wenzel/*Hörle/Steinmeister*, Kap. 13 Rn 201 ff.
133 Siehe hierzu Weth u.a./*Wern*, Teil 5A Rn 76 ff.
134 LAG Hamm v. 7.7.2006 – 10 (13) TaBV 165/05, das Krankenhaus 2006, 1125 mit Anm. *Schliephorst*.
135 BAG v. 10.10.2007 – 7 ABR 61/06.
136 Weth u.a./*Wern*, Teil 5A Rn 77.
137 Grundsätzlich müssen Gründe vorliegen, die eine weitere dienliche Zusammenarbeit nicht erwarten lassen. Es ist der Arbeitgeber beweispflichtig.

Nach der Rechtsprechung des BAG besteht eine Personalbefugnis des Chefarztes, sofern er im Innen- und Außenverhältnis berechtigt ist, Einstellungen vorzunehmen.[138] Ist die Entscheidung des Chefarztes allerdings **an das Votum der Klinikleitung** oder sonstiger Personen gebunden, so scheidet eine leitende Funktion des Chefarztes i.S.d. KSchG aus, gleichgültig, ob dem Chefarzt ein Anhörungs- oder Vorschlagsrecht[139] eingeräumt worden ist oder eine Entscheidung im Benehmen oder im Einverständnis des Chefarztes getroffen werden soll. Ausschlaggebend für die Mandatsbearbeitung ist somit die Einzelfallprüfung. Da in der Praxis häufig die Kompetenz zur selbständigen Einstellung und Entlassung fehlt, geht die überwiegende Auffassung davon aus, dass der Chefarzt kein leitender Angestellter i.S.d. KSchG ist.[140]

90 Mit der 8. Auflage der Beratungs- und Formulierungshilfe macht die DKG im Rahmen eines Kommentars[141] einen **Formulierungsvorschlag zur Qualifizierung des Chefarztes als leitender Angestellter** i.S.d. KSchG: „Einstellungen, Entlassungen ... werden vom Chefarzt, im Benehmen mit dem Klinikträger, selbständig vorgenommen." Gleichzeitig wird der Chefarzt an die Verpflichtung gebunden, „die Grundsätze des Krankenhausträgers zur Einstellung und Entlassung von Mitarbeitern, den Stellenplan und etwaige Vorgaben des Personalbudgets zu beachten." Durch diese Bindung wird in Zweifel gezogen, dass der Formulierungsvorschlag der DKG einer rechtlichen Überprüfung standhält.[142] Während eine Ansicht generell darauf verweist, dass interne Einstellungs- und Entlassungsrichtlinien der selbständigen Einstellungs- und Entlassungsberechtigung nicht entgegenstehen,[143] wird maßgeblich für die rechtliche Beurteilung sein, wie viel Selbständigkeit dem Chefarzt unter Beachtung der durch den jeweiligen Krankenhausträger ausgestalteten *konkreten* Vorgaben verbleibt. Verfolgt der Krankenhausträger die Selbständigkeit in Bezug auf die Personalhoheit nicht ausschließlich unter dem Blickwinkel vereinfachter Kündigungsmöglichkeiten, so könnte hierin auch eine Chance für eine neue Ausgestaltung der Position des Chefarztes und somit ein Gewinn für beide Seiten bestehen.

2. Persönliche Leistungserbringung

91 Grundsätzlich obliegt auch dem Chefarzt wie jedem Arbeitnehmer die Pflicht zur persönlichen Leistungserbringung. Regelmäßig sehen Chefarztdienstverträge[144] allerdings eine Vertretung für die Fälle der Beurlaubung, der Teilnahme an wissenschaftlichen Kongressen, Dienstreisen, Krankheiten durch einen ständigen ärztlichen Vertreter, meistens den leitenden Oberarzt, vor. Hierüber hinaus wird auch die Delegation im Rahmen der Regelung der Durchführung der Dienstaufgaben vorgesehen: Ohne dass die Gesamtverantwortung eingeschränkt wird, überträgt der Arzt den ärztlichen Mitarbeitern bestimmte Tätigkeitsbereiche oder Einzelaufgaben zur selbständigen Erledigung, soweit nicht die Art oder die Schwere der Krankheit oder gesetzliche Voraussetzungen (wie etwa die Zulassung oder die Ermächtigung) sein persönliches Tätigwerden

---

138 Siehe BAG v. 27.9.2001 – 2 AZR 176/00, NZA 2002, 1277.
139 So die Ausgestaltung der Vertragsregelung (§ 7 Abs. 2) der DKG.
140 LAG Baden-Württemberg v. 13.2.1992 – 11 Sa 79/91, ArztuR 1993, 115; LAG Thüringen v. 6.7.2000 – 1 TaBV 16/99, ArztR 2002, 101; *Quaas/Zuck*, § 15 Rn 31; Weth u.a./*Wern*, Teil 5A Rn 80.
141 *DKG*, Beratungs- und Formulierungshilfe Chefarzt-Vertrag, Kommentierung zu § 7.
142 *Baur*, DÄBl. 2007, B-2499.
143 Weth u.a./*Wern*, Teil 5A Rn 80.
144 *DKG*, Beratungs- und Formulierungshilfe Chefarzt-Vertrag, § 13 Vertretungsregelung.

erfordern. Eine Übertragung hat sich am beruflichen Bildungsstand, den Fähigkeiten und Erfahrungen zu orientieren.[145]

3. Dienstaufgaben/Nebentätigkeit

Die Dienstaufgaben des Chefarztes orientieren sich nach dem Versorgungsauftrag bzw. den unternehmerischen Zielsetzungen des Krankenhauses. Da zahlreiche Gesetzgebungsaktivitäten im Gesundheitswesen den Spielraum des Krankenhausträgers in den letzten Jahren wesentlich erweiterten, begründet sich hierin die **inhaltliche Erweiterung der Dienstaufgaben**. Mit der gesetzlichen Ausweitung des Spielraums für Institutsleistungen ist das Krankenhaus als ärztlich geleitete Einrichtung mit einem hohen Organisationsgrad zur ärztlichen Leistungserbringung in jeder Form prädestiniert. Im Umkehrschluss zieht dies eine Einschränkung des klassischen Aufgabenbereichs des Chefarztes nach sich, mit der Folge einer inhaltlichen Veränderung der Chefarzt-Position. Eine Aufgabenmodifizierung einschließlich einer hiermit einhergehenden Positionsveränderung konzentriert sich jedoch nicht allein auf Kliniken und Chefärzte, sondern erfasst als weitere Akteure des Gesundheitswesens auch wesentlich niedergelassene Ärzte und Pflegepersonal.

92

Der Klinikträger hat ein legitimes Interesse, die leitenden Ärzte durch eine konkrete Gestaltung der Dienstaufgaben in die Umsetzung der Aufgaben einzubinden. Eine dauerhafte konstruktive Aufgabenbewältigung ist jedoch nur über einen **Interessensausgleich der beteiligten Positionen** denkbar.[146] Aufgabe des Krankenhausträgers und des leitenden Arztes ist es, die Herausforderungen der fortschreitenden Entwicklung des Gesundheitswesens zu erkennen und die hiermit verbundenen Positionsverschiebungen anzunehmen und die vertraglich normierte Beziehung einzubringen. Die Ausweitung der Dienstaufgaben ist daher an sich nicht nachteilig, sondern vielmehr im Kontext der sonstigen Regelungen zu betrachten.

93

Der **Katalog der Dienstaufgaben**[147] unterteilt sich bei gängigen Musterverträgen in Dienstaufgaben, weitere Dienstaufgaben und die Durchführung von Dienstaufgaben wie etwa

94

- Führung und fachliche Leitung der Abteilung,
- Behandlung sämtlicher Patienten der Abteilung bzw. anderer Abteilungen, soweit das Fachgebiet des Chefarztes berührt wird,
- ambulante Notfallbehandlung,
- Erbringung von ambulanten Institutsleistungen,
- ambulante Behandlung von Selbstzahlern und GKV-Versicherten bei entsprechender vertragsärztlicher Teilnahmeberechtigung,
- Gutachtentätigkeit,
- Teilnahme und Durchführung von klinischen Arzneimittelprüfungen,
- organisatorische Sicherstellung von Bereitschaftsdienst und Rufbereitschaft,
- Erfüllung der ärztlichen Anzeige- und Meldepflichten,
- Wahrnehmung der Aufgaben des leitenden Arztes,
- Beratung des Krankenhausträgers in ärztlichen Angelegenheiten,
- Aus-, Weiter- und Fortbildung der ärztlichen und nichtärztlichen Mitarbeiter.

---

145 DKG, Beratungs- und Formulierungshilfe Chefarzt-Vertrag, § 6 Durchführung der Dienstaufgaben.
146 Siehe auch Schlegel/*Nahmmacher/Clausen*, C 2200 Rn E 15.
147 Siehe hierzu *DKG*, Beratungs- und Formulierungshilfe Chefarzt-Vertrag, § 4 bis 6.

95 Bei der Gestaltung der Dienstaufgaben ist auf besondere gesetzliche Regelungen zu achten, hier etwa die **höchstpersönliche Leistungserbringung** bei wahlärztlichen Leistungen oder im Rahmen einer Ermächtigung (§ 32 Ärzte-ZV).

96 Mit der Festlegung einer Tätigkeit als **Dienstaufgabe** ist eine Nebentätigkeit in diesem Bereich ausgeschlossen. Folge ist nicht, dass hiermit zugleich ein Ausschluss des **Liquidationsrechtes** erfolgt (siehe § 17). Maßgeblich ist insoweit die Vergütungsvereinbarung des Arbeitsvertrages, welche aus mehreren Elementen bestehen kann. Das Liquidationsrecht kann daher ein Vergütungsbestandteil sein und somit in Bezug auf eine Dienstaufgabe vereinbart werden. Bei wahlärztlichen Leistungen sieht § 17 Abs. 3 KHEntgG eine solche Gestaltungskonstellation explizit vor; alternativ besteht das Recht des Krankenhausträgers auf eigene Abrechnung bzw. Einräumung einer Beteiligungsvergütung (siehe Rn 55 ff.).

97 **Unklar** ist aber das Verhältnis zwischen **Dienstaufgaben, Nebentätigkeit und dem hiermit einhergehenden Liquidationsrecht**: Der BGH entschied in Bezug auf wahlärztliche Leistungen eines beamteten Arztes, dass die Behandlung der Privatpatienten zu den Dienstaufgaben des Chefarztes gehöre, auch wenn die Behandlung in Nebentätigkeit erfolge.[148] Grund hierfür sei die enge Verzahnung der Tätigkeit des selbstliquidierenden Arztes mit der Institution des Krankenhauses, in die seine Behandlungstätigkeit vor allem im stationären Bereich insgesamt eingebettet sei.[149] Das Gericht war der Ansicht, dass dies die Aufgaben- und Pflichtenstellung des selbstliquidierenden Arztes im Krankenhaus zu einer Einheit verbinde, die zwar aus besoldungsrechtlichen Rücksichten unterschiedlich klassifiziert werden kann, um den Arzt honorarmäßig einem Privatarzt anzunähern, die jedoch hinsichtlich der beamtenrechtlichen Dienstpflichten nicht abspaltbar sei. Daher werde der beamtete Arzt im Bereich seines Eigenliquidationsrechts, auch wenn dieses rechtlich als „private Nebentätigkeit" ausgestaltet ist, aus seiner beamtenrechtlichen Dienststellung heraus tätig.[150]

98 Folge dieser Betrachtung ist, dass die **Nebentätigkeit** nach überwiegender Ansicht der Arbeitsgerichte einen **wesentlichen Bestandteil des Chefarztvertrages** bildet. Gleichgültig, ob die Nebentätigkeit aufgrund der vertraglichen Gesamtbetrachtung als Dienstaufgabe auszulegen oder die Nebentätigkeitserlaubnis als Vergütungsbestandteil i.S. einer Naturalvergütung zu qualifizieren ist, wird davon ausgegangen, dass eine Abänderung bzw. ein Widerruf entweder nur in den Grenzen des § 315 BGB zulässig sei[151] oder wegen der Teilkündigung dem Kündigungsschutzrecht unterliege.[152] Ausweg bietet hier nur die Trennung von Chefarztvertrag und Nebentätigkeitserlaubnis durch Abbildung zweier unterschiedlicher Verträge.[153]

---

148 BGH v. 30.11.1982 – VI ZR 77/81, BGHZ 85, 393.
149 BVerfG v. 23.7.1962 – 1 BvL 1/61, 1 BvL 4/61 – BVerfGE 16, 286.
150 BGH v. 30.11.1982 – VI ZR 77/81, BGHZ 85, 393.
151 LAG Hamm v. 17.7.1997 – 17 Sa 288/97, ArztR 1998, 74.
152 LAG Baden-Württemberg v. 16.12.1983 – 5 Sa 95/83.; LAG Schleswig-Holstein v. 15.10.1986 – 3 Sa 292/86; siehe auch Rieger/*Bender*, „Chefarzt" Rn 63.
153 So auch Rieger/*Bender*, „Chefarzt" 1280 Rn 63.

4. Organisationsaufgaben

a) In Bezug auf die jeweilige Fachabteilung

Aufgrund der regelmäßigen Installierung der Abteilungsorganisation als Dienstaufgabe, ist der Chefarzt für die **medizinische Organisation der jeweiligen Fachabteilung** verantwortlich. Ziel ist ein ordnungsgemäßer Behandlungsablauf im ärztlichen Aufgabenbereich. Hieraus folgt die Sicherstellung der ärztlichen Versorgung der stationären Patienten durch den Bereitschaftsdienst der Assistenzärzte bzw. Rufbereitschaft der Fachärzte (Hintergrunddienst).[154] Nicht zu den Aufgaben des Chefarztes gehört grundsätzlich seine regelmäßige Teilnahme. Soll diese aber sichergestellt werden, so ist eine ausdrückliche vertragliche Regelung zu empfehlen.[155] Des Weiteren ist der Chefarzt für die Organisation von Urlaubs- und Krankheitsvertretung und die Erstellung des OP-Plans einschließlich der Organisation der Notfälle verantwortlich. Ebenfalls hierzu gehört die Organisation der Delegation ärztlicher Aufgaben durch Auswahl des Personals, der diesbezüglichen Instruktion und Überwachung einschließlich der Kontrolle (sog. Auswahl-, Instruktions-, Überwachungs- und Kontrollpflicht).[156] Hierüber hinaus ist auch die Überwachung der Krankenhaushygiene zu nennen, soweit dies nicht in den Aufgabenbereich des ärztlichen Leiters fällt. Zu nennen ist auch die Gewährleistung eines geordneten Dienstbetriebes, so dass der Chefarzt auch für die Beachtung der Hausordnung des Krankenhausträgers in der jeweiligen Abteilung sorgen muss.[157] Neben dem Arzt bleibt aber auch der Klinikträger für eine sachgerechte Organisation des Umgangs mit dem Patienten verantwortlich.[158] Von übergreifender Relevanz ist insoweit die Beachtung des **sog. Facharztstandards**.

99

b) Verantwortung für die Wirtschaftlichkeit

Zu unterscheiden ist zwischen einer allgemeinen **Wirtschaftlichkeitsregelung** und der Übertragung von Budgetverantwortung. Grundsätzlich wird der Chefarzt zu einem zweckmäßigen, wirtschaftlichen und sparsamen Umgang mit den Mitteln des Krankenhauses verpflichtet. Hierüber hinaus ist er in diesem Zusammenhang für seine Mitarbeiter verantwortlich. Eine Verletzung des Wirtschaftlichkeitsgebots kann Schadensersatzansprüche des Trägers nach den Grundsätzen der beschränkten Arbeitnehmerhaftung zur Folge haben.[159]

100

Budgetverantwortung meint dagegen die Bildung eines internen abteilungsbezogenen Budgets,[160] welches vom Krankenhausträger nach Anhörung des Arztes erstellt wird und den Chefarzt stärker zu einer Kostenbewusstheit veranlassen soll. Umstritten ist die Kombination von Budgetverantwortung mit einem **sog. Bonus-Malus-System**, welches je nach Unter- oder Überschreitung zu einem Zu- oder Abschlag von der Festvergütung führt. Sowohl diesem als Sanktion ausgestalteten System als auch einer reinen **sog. Bonus-Regelung** wird entgegengehalten, dass sie einen Verstoß gegen die **Therapiefrei-**

101

---

154 Statt vieler *Andreas/Debong/Bruns*, Rn 283 ff.; *Rieger/Bender*, „Chefarzt" Rn 51; Schlegel/*Nahmmacher/Clausen*, C 2200 Rn E 16.
155 Siehe LAG Baden Württemberg v. 16.12.2004 – 3 Sa 30/04, ArztR 2005, 236; *Rieger/Bender*, „Chefarzt" Rn 51.
156 Weth u.a./*Wern*, Teil 5A Rn 40.
157 Weth u.a./*Wern*, Teil 5A Rn 42.
158 Laufs/Uhlenbruck/*Laufs*, § 102 Rn 1.
159 Vgl. LAG Frankfurt v. 21.12.1989 – 12 Sa 568/89, ArztR 1994, 293; *Andreas*, ArztR 1997, 207.
160 Siehe hierzu *Andreas*, ArztR 1997, 207.

heit darstelle und aufgrund des Verstoßes nach § 1 Abs. 2 BÄO zur Nichtigkeit nach § 134 BGB führe.[161] Grundsätzlich ist hiergegen einzuwenden, dass sowohl die Bonus-Malus-Regelung als auch die Bonus-Regelung unmittelbar die arbeitsvertragliche Gegenleistung durch Reduzierung bzw. Nichterhöhung der Vergütung beeinflussen und nicht die auf der Leistungsseite stehende Therapiefreiheit. Leitentscheidend und Maßstab für die ärztliche Tätigkeit des Chefarztes ist der medizinische Standard. Entspricht die Festvergütung einschließlich der Marge des Abschlags einer angemessenen Vergütung, wird man kaum von der Beeinflussung der Therapiefreiheit sprechen können, sondern vielmehr ausschließlich von der Einflussnahme auf die Wirtschaftlichkeit durch Ausgestaltung einer flexiblen Vergütung. Soweit hiergegen stehen soll, nicht mehr ausschließlich nach medizinischen, sondern auch nach wirtschaftlichen Gesichtspunkten zu behandeln, wird Therapiefreiheit als Recht zur ungebremsten medizinischen Entfaltung verstanden. Solange der medizinische Standard ermöglicht wird, muss Therapiefreiheit dahingehend verstanden werden, dass auch eine wirtschaftliche Einflussnahme möglich ist. Unabhängig von der Art der Budgetbildung ist aber eine regelmäßige Information des Chefarztes über die Entwicklung des Budgets erforderlich. Da § 1 Abs. 2 KHG eine wirtschaftliche Betriebsführung der Krankenhäuser voraussetzt, gebietet sich auch die Umsetzung der Wirtschaftlichkeit bei der gehobenen Position des Chefarztes. Zu berücksichtigen ist der medizinische Standard einer Behandlung, der aus wirtschaftlichen Gründen nicht unterschritten werden darf.[162] Die personellen und sächlichen Ressourcen der Abteilung muss der Chefarzt jedoch optimal einsetzen.

5. Weisungsrecht gegenüber nachgeordneten Klinikärzten

102 Grundsätzlich trägt der leitende Arzt die Führungsverantwortung. Zu unterscheiden ist das **fachlich-medizinische Weisungsrecht** und das **organisatorisch-arbeitstechnische Weisungsrecht**, das dem Klinikträger obliegt.

103 Grundsätzlich wird die Unabhängigkeit und Weisungsfreiheit des Arztes (siehe Rn 7 ff.) betont. Dies kann jedoch nicht für einen jeden Krankenhausarzt gelten; die Organisation des Krankenhausbetriebes und insbesondere die Organisation des ärztlichen Dienstes führen dazu, dass eine fachliche Weisung im Bereich des ärztlichen Dienstes nach den Grundsätzen der Weisungserteilung (siehe Rn 7 ff.) zulässig ist: Im fachlich-medizinischen Bereich völlig weisungsfrei bleibt der Chefarzt. Aufgrund seiner hervorgehobenen Stellung innerhalb des ärztlichen Dienstes, kann er als fachlich weisungsberechtigter Vorgesetzter den nachgeordneten Krankenhausärzten fachliche Weisungen im unterschiedlichen Umfang erteilen. Dieses Recht wurde ihm kraft des Arbeitsvertrages übertragen.

104 Auch für den Bereich der Ausübung des fachlich-medizinischen Weisungsrechts gelten die **Maßstäbe der Billig**keit, die im Einzelfall das Weisungsrecht des Chefarztes gegenüber nachgeordneten Ärzten beschränken können. Zu Recht weist das LAG Hamm in einer 2006 ergangenen Entscheidung darauf hin, dass sachliche Beschränkungen bereits deshalb erforderlich sind, weil der eine Behandlung durchführende Arzt im Interesse der Patienten ggf. selbst entscheiden muss, mit welcher anerkannten Behand-

---

161 So Weth u.a./*Wern*, Teil 5A Rn 45 f.
162 Siehe Laufs/Uhlenbruck/*Laufs*, § 99 Rn 27.

lungsmethode er am besten zu Recht kommt, so dass diese die sicherste für den Patienten ist.[163] Die Weisung des Chefarztes hat daher die **Qualifikation des tatsächlich behandelnden Arztes** zu berücksichtigen. Eine generelle Weisung des Chefarztes an einen Oberarzt zur Anwendung einer bestimmten medizinischen Methode, ohne die Erfahrung und Praxis des Oberarztes zu berücksichtigen, stellt jedenfalls keine sachgerechte Entscheidung i.S.d. § 315 BGB dar.[164] Im Einzelfall wird der Chefarzt die Letztentscheidung immer dann treffen können, wenn er die maßgeblichen Gesichtspunkte berücksichtigt hat und diese zugunsten seiner Weisung sprechen.

Ungeachtet des Weisungsrechts ist der **nachgeordnete Arzt** verpflichtet, sich **ein eigenes Urteil** über die Erkrankung und die getroffenen Maßnahmen zu bilden. In diesem Sinn regelt etwa § 23 Abs. 2 BO Bayern ausdrücklich, dass, sofern Weisungsbefugnis von Ärzten gegenüber Ärzten besteht, die Empfänger dieser Weisungen dadurch nicht von ihrer ärztlichen Verantwortung entbunden sind. Fallgestaltungen, die zur Einschränkung des Direktionsrechts führten, sind allerdings in der Judikatur kaum hervorgetreten. Bei der Delegation von ärztlichen Tätigkeiten auf Pflegepersonal wurde arbeitsgerichtlich die Unzulässigkeit festgestellt.[165] Anerkannt ist die Delegation des Weisungsrechtes auf nachgeordnete Ärzte, allerdings mit den Folgen der **Auswahl-, Instruktions-, Überwachungs- und Kontrollpflicht**.

105

6. Formen der Entgeltbeteiligung

a) Allgemeines

Entsprechend den allgemeinen Ausführungen (siehe Rn 55 ff.) kommen als Komponenten der Chefarztvergütung grundsätzlich neben einer **festen Jahresvergütung** eine **variable Vergütung** in Form einer klassischen **Beteiligungsvergütung** an Einnahmen des Krankenhausträgers bzw. die Einräumung des **Liquidationsrechts** für gesondert berechenbare wahlärztliche Leistungen bzw. für Gutachterhonorar in Betracht. Die Festvergütung/das Festgehalt kann kombiniert werden mit einer Anpassungsregelung, welche unter Berücksichtigung der allgemeinen Lohn- und Gehaltsentwicklung neu verhandelt werden kann.[166] Denkbar ist aber auch die Dynamisierung durch Anlehnung an die jeweiligen tarifvertraglich prozentualen Steigerungen.[167] Soweit auf eine Beteiligungsvergütung Bezug genommen werden soll, kann diese mit einer **Bonus-Regelung** gekoppelt werden. Hier bietet sich eine Abrede über Zielvereinbarungen mit Geltung für einen bestimmten Zeitraum an. Das verlangt eine möglichst genaue Beschreibung der Ziele, so dass die Erreichung der (Teil-)Ziele bezogen auf einen bestimmten Zeitraum (hier: regelhaft das Geschäftsjahr) festgestellt werden kann. Gegenstände der **Zielvereinbarungen** können insbesondere sein:

106

- Zielgrößen für Sach- und Personalkosten der Abteilung,
- Zielgrößen für Leistungen nach Art und Menge,
- Einführung neuer Behandlungsmethoden,

---

163 Siehe hierzu LAG Hamm v. 6.3.2006 – 16 Sa 76/05, FA 2006, 281, nachgehend BAG v. 25.10.2007, 8 AZR 593/06.
164 Siehe hierzu LAG Hamm v. 6.3.2006 – 16 Sa 76/05, FA 2006, 281, nachgehend BAG v. 25.10.2007, 8 AZR 593/06.
165 ArbG Koblenz v. 24.8.1993 – 3 Ca 713/93, PflegeR 1997, 125; siehe auch Weth u.a./*Zimmerling*, Teil 5D Rn 19.
166 So *DKG*, Beratungs- und Formulierungshilfe Chefarzt-Vertrag.
167 VLK, Positionspapier zu dem Leitbild des Chefarztes 2000, AuK 2007, 131.

- Maßnahmen und Ergebnisse der Qualitätssicherung,
- Inanspruchnahme nichtärztlicher Wahlleistungen,
- Beteiligung an Strukturmaßnahmen,
- sonstige leistungsorientierte Regelungen.[168]

b) Klassische Beteiligungsvergütung versus Liquidationsrecht

107 Für den Krankenhausträger steht zunehmend im Vordergrund die Regelung einer Beteiligungsvergütung. Demgegenüber steht das Interesse des Chefarztes an der Einräumung eines Liquidationsrechtes (siehe § 17). Der finanzielle Kostendruck der Kliniken führte zunehmend zur Zurückdrängung der Beteiligung. Seit der 6. Auflage des DKG-Vertragsmusters aus 2002 wird seitens der DKG die Einräumung eines Liquidationsrechts nicht mehr empfohlen. Demgegenüber hat der VLK in seinem Positionspapier zur Modernisierung des Leitbildes des Chefarztes ein Festhalten am Liquidationsrecht in Bezug auf sowohl wahlärztliche Leistungen, aber insbesondere auch in Bezug auf Ambulanz-Leistungen hervorgehoben.[169] Ist der Krankenhausträger jedoch zur Erbringung von Leistungen als Institutsleistungen berechtigt, so kann er kraft seines Organisationsrechtes sich für eine Beteiligungsvergütung oder die Einräumung eines Liquidationsrechtes i.S. einer Berechtigung zur gesonderten Berechnung zugunsten eines Arztes entscheiden.

108 Eine Liquidationsbefugnis zugunsten des Arztes sieht das KHEntG für wahlärztliche Leistungen in §§ 17 Abs. 3, 19 ausdrücklich vor. Die gesetzlich geregelte Einräumung einer Liquidationsbefugnis bedeutet im Umkehrschluss jedoch nicht den Ausschluss der Leistungserbringung und Abrechnung durch den Krankenhausträger. Insofern regelt § 2 Abs. 1 S. 2 KHEntG die Legaldefinition von Krankenhausleistungen, welche sowohl allgemeine wie auch wahlärztliche Leistungen umfassen. Im systematischen Zusammenhang mit der Pflicht des Krankenhausträgers zur wirtschaftlichen Betriebsführung (siehe § 1 Abs. 2 S. 2 KHG) ist dem KHEntG die Wahlfreiheit der Ausgestaltung der Vergütung zu entnehmen.

109 Hierüber hinaus kann sich die Beteiligungsvergütung aber auch auf den ambulanten Bereich der privat- und vertragsärztlichen Leistungen beziehen. Soweit diese etwa im vertragsärztlichen Bereich auf eine einrichtungsbezogene Teilnahmebefugnis (siehe etwa §§ 115b, 116a, 116b SGB V) zurückgehen, ist die Beteiligungsvergütung auf das ureigene Recht des Krankenhausträgers zur Abrechnung zurückzuführen. Bei einer personengebundenen Teilnahme, wie etwa der persönlichen Ermächtigung des Krankenhausarztes nach § 116 SGB V, ist Gegenstand der Vereinbarung nicht die Vereinbarung einer Beteiligungsvergütung zugunsten des Arztes, sondern die Vergütungsvereinbarung zugunsten des Klinikträgers.

7. Anpassungs- und Entwicklungsklausel

110 Die sog. Entwicklungsklausel ist ein vertraglich geregelter **Änderungs- bzw. Widerrufsvorbehalt**. Ziel ist die **Erweiterung des Direktionsrechtes** des Arbeitgebers. Motivation für die Regelung sind die Schwierigkeiten der Beendigung eines Arbeitsvertrages. Mit einer Entwicklungsklausel erlangt der Arbeitgeber die Möglichkeit, einseitig

---

168 Siehe hierzu *DKG*, Beratungs- und Formulierungshilfe Chefarzt-Vertrag, § 8 Abs. 3.
169 VLK, AuK 2007, 131.

auf die Vertragsbedingungen einzuwirken und diese trotz längerer Vertragslaufzeit flexibel zu gestalten.

Abzugrenzen ist die Ausübung des Direktionsrechts auf Basis einer Entwicklungsklausel von der **Teilkündigung**. Auch die Teilkündigung zielt auf die Änderung einzelner Vertragsbedingungen. Grundsätzlich ist die Teilkündigung unzulässig und unwirksam. Will der Arbeitgeber einzelne Bedingungen des Arbeitsverhältnisses ändern, so muss er eine Kündigung des Arbeitsverhältnisses insgesamt aussprechen, verbunden mit dem Angebot, das Arbeitsverhältnis zu geänderten Konditionen fortzuführen (sog. **Änderungskündigung**).[170]

Maßstab für die Abgrenzung zwischen Änderungsvorbehalt und Teilkündigung bzw. Änderungskündigung ist, ob wesentliche Vertragsbedingungen, z.B. die Vergütung, verändert werden, so dass die Umsetzung des Vorbehalts zu einer **grundlegenden Störung des Gleichgewichts** von Leistung und Gegenleistung führt. Es stellt sich dann allerdings die Frage, ob nicht dringende betriebliche Gründe zur Änderung der Klinikstruktur einer Weiterbeschäftigung des Chefarztes zu unveränderten Bedingungen entgegenstehen.

Empfehlungen für Entwicklungsklauseln[171] beziehen sich regelmäßig auf den Vorbehalt von strukturellen und organisatorischen Änderungen wie etwa auf:

- die Änderung des Umfangs der Abteilung sowie die Zahl und Aufteilung der Betten in dieser Abteilung;
- die gesamte oder teilweise Abtrennung bestimmter Leistungen wie etwa Röntgen-, Anästhesieleistungen von der Abteilung und die Zuweisung von Funktionsbereichen, Instituten, Untersuchungs- oder Behandlungseinrichtungen an andere Fachabteilungen oder Ärzte;
- die Neueinrichtung, Unterteilung, Abtrennung oder Schließung weiterer selbständiger Fachabteilungen, Funktionsbereiche oder Institute – auch gleicher Fachrichtung;
- die Einstellung weiterer Ärzte – auch gleicher Fachrichtung – in anderen Abteilungen als leitende Abteilungsärzte oder Zulassung als Belegärzte.

Entwicklungsklauseln unterliegen seit dem In-Kraft-Treten des Schuldrechtsmodernisierungsgesetzes der **AGB-Kontrolle**. Folge ist eine Verschärfung des Prüfungsmaßstabes. Während bisher überprüft wurde, ob keine Umgehung zwingenden Kündigungsrechts angenommen werden musste und die Billigkeit der Leistungsbestimmung angenommen werden konnte, so ist nun bei formularmäßiger Verwendung neben der **Ausübungskontrolle** nach § 315 BGB auch eine Inhaltskontrolle zur Feststellung der Angemessenheit der Klausel vorzunehmen (siehe Rn 51 ff.).

---

170 Tschöpe/*Schulte*, Teil 3A Rn 45.
171 *DKG*, Beratungs- und Formulierungshilfe Chefarzt-Vertrag, § 15.

115 In den Entscheidungen des BAG vom 12.1.2005 und 11.10.2006 zur Rechtmäßigkeit eines uneingeschränkten Widerrufsvorbehalts begrenzte das BAG die Widerrufsmöglichkeit.[172] Grundsätzlich erachtete es den Widerrufsvorbehalt als Änderungsvorbehalt i.S.d. § 308 Nr. 4 BGB für unwirksam.[173] Das einseitige Leistungsbestimmungsrecht sei ein Abweichen vom Grundsatz „pacta sunt servanda", was den Vertragspartner unangemessen benachteilige.

116 Dem Urteil kann entnommen werden, dass **Voraussetzungen und Umfang** der vorbehaltenen Änderungen möglichst konkretisiert werden müssen: Die Änderungsvoraussetzungen sind insbesondere wegen der Bedeutung für den Arbeitnehmer zu begründen (z.B. wirtschaftliche Gründe, Leistung oder Verhalten des Arbeitnehmers). Auch der **Grad der Störung** sollte im Gegensatz zum generellen Verweis auf die allgemeine Wirtschaftslage konkretisiert werden (z.B. wirtschaftliche Notlage des Unternehmens; negatives wirtschaftliches Ergebnis der Betriebsabteilung; Rückgang bzw. Nichterreichen der erwarteten wirtschaftlichen Entwicklung; unterdurchschnittliche Leistungen des Arbeitnehmers; schwerwiegende Pflichtverletzungen). Offen bleibt zwar letztlich, wie konkret die Widerrufsgründe im Arbeitsvertrag aufgeführt werden müssen.[174] Entscheidend wird hier jedoch die **ex-ante-Betrachtung durch den Arbeitgeber** als Verwender sein, der sich die Frage nach den zum Zeitpunkt des Abschlusses des Arbeitsvertrages möglichen Regelungen der Voraussetzungen für die zukünftige Änderung, auf die er später abstellen will (= konkrete Widerrufsgründe), zu stellen hat.

117 Streitig ist, ob **Rechtsgrundlage der Inhaltskontrolle** die Anwendung des § 308 Nr. 4 BGB oder § 307 BGB ist. Da der Wortlaut des § 308 Nr. 4 BGB sich auf das Recht „des Verwenders, die versprochene Leistung zu ändern" und somit auf die Änderung der Vergütung bezieht,[175] wird regelmäßig die gegenüber § 308 BGB allgemeinere Vorschrift des § 307 BGB anzuwenden sein. Aufgrund der ähnlichen Bewertungen können die Grundsätze der Entscheidung, die keine chefärztliche Entwicklungsklausel zum Gegenstand hatten, übertragen werden. Zielt die Änderung der vertraglichen Bedingungen jedoch auf die Vergütungsänderung, so tritt § 308 Nr. 4 BGB wieder in den Vordergrund.

118 Ob die Empfehlungen zur Entwicklungsklausel seitens der DKG künftigen Überprüfungen standhalten, bleibt abzuwarten. Änderungsvorbehalte werden in Vertragsmustern entsprechend der Rechtsprechung des BAG unter die Voraussetzung der sachlichen Gebotenheit gestellt. Änderungen seien dann sachlich geboten, wenn sie der Aufrechterhaltung oder Verbesserung der Leistungsfähigkeit bzw. Wirtschaftlichkeit des Krankenhauses dienen oder eine strategische Neuausrichtung der Abteilung/des Kranken-

---

[172] BAG v. 12.1.2005 – 5 AZR 364/04 – BAGE 113, 140 erachtete einen Widerrufsvorbehalt im Wege der ergänzenden Vertragsauslegung für zulässig, soweit der widerrufliche Anteil am Gesamtverdienst unter 25 bis 30 % liegt und der Tariflohn nicht unterschritten wird; siehe auch BAG v. 11.10.2006 – 5 AZR 721/05, BB 2007, 109 = NJW 2007, 536 für Teile des Gesamtverdienstes, welche im Gegenseitigkeitsverhältnis stehen, 25 %. Letztere BAG-Entscheidung konkretisiert somit die Entscheidung vom 12.1.2005, siehe *Böhmann*, MedR 2007, 465.
[173] Da Gegenstand der Beurteilung ein Altvertrag war (vor dem 1.1.2002 abgeschlossen), ging das Gericht im Rahmen einer verfassungskonformen Auslegung von der Zulässigkeit einer ergänzenden Vertragsauslegung aus, so dass die unwirksame Klausel nicht ersatzlos wegfiel.
[174] Siehe *Böhmann*, MedR 2007, 465.
[175] Hierauf zu Recht hinweisend Weth u.a./*Wern*, Teil 5A Rn 61.

hauses – auch krankenhausübergreifend – bedeuten. Dies sei der Fall, wenn folgende Voraussetzungen ein Handeln des Krankenhausträgers erforderlich machen:[176]
- die medizinische und technische Entwicklung (z.B. Subdisziplinierung, Zentrenbildung, interdisziplinäre Fusion, Risk-Management-Konzepte),
- gesetzgeberische Entwicklungen sowie Fortentwicklungen der Rechtsprechung oder behördliche Maßnahmen (z.B. Qualitätssicherungs- und Mindestmengenvorgaben),
- Maßnahmen bzw. Vereinbarungen im Bereich der Krankenhausplanung (Landeskrankenhausplanung, Versorgungsverträge, Vereinbarungen zur Konkretisierung des Versorgungsauftrages),
- Budget- und Leistungsvereinbarungen mit Sozialleistungsträgern,
- sinkende Leistungsdaten (z.B. Menge, Qualität, Niveau, Belegung).

Zwar erkennt das BAG in beiden Entscheidungen an, dass der Arbeitgeber wegen der Ungewissheit der wirtschaftlichen Entwicklung des Unternehmens und der allgemeinen Entwicklung des Arbeitsverhältnisses ein anerkennenswertes Interesse daran hat, bestimmte Leistungen flexibel auszugestalten. Ob die genannten Konkretisierungen der sachlichen Gebotenheit ausreichend sind, wird sich in der Zukunft erweisen. Jedenfalls darf das Wirtschaftsrisiko nicht auf den Arbeitnehmer verlagert werden; Eingriffe in den Kernbereich des Arbeitsvertrags sind nach der Wertung des § 307 BGB nicht zulässig.[177] Der Krankenhausträger ist daher gehalten, seine strategische Ausrichtung im Einzelnen zu betrachten und die Gründe einer Veränderung durch eine möglichst substantiierte Darlegung zu konkretisieren. 119

In Bezug auf die **Ausübung des Änderungsvorbehalts** ist die Beteiligung des Chefarztes zu überprüfen. Zu unterscheiden sind Anhörungs-, Beratungs- und Mitbestimmungsrechte.[178] Während das Anhörungsrecht die Gelegenheit zur Stellungnahme beinhaltet, verpflichten Beratungsrechte zur Diskussion.[179] Ein Mitbestimmungsrecht räumt dem Chefarzt hingegen ein Vetorecht gegen die Maßnahme ein. Abzugrenzen sind diese Gestaltungen von der Entwicklungsklausel mit Neuverhandlungspflicht.[180] Es handelt sich um die Abbedingung des § 315 BGB mit der Folge, dass der Klinikträger die Vertragsgrundlagen ändern kann und im Gegenzug durch Neuverhandlungen die Folgen der Leistungsbestimmung abgemildert werden können. 120

Als **Rechtsschutzmöglichkeit** des Arztes ist die Kombination von einer **Feststellungsklage** in Bezug auf die Unwirksamkeit des einseitigen Entzugs mit einer **Leistungsklage** auf Weiterbeschäftigung zu den bisher gültigen Arbeitsbedingungen in Betracht zu ziehen.[181] 121

8. Versetzungsvorbehalt

Grundsätzlich zulässig sind Versetzungsklauseln, die dem Krankenhausträger als Arbeitgeber das Recht geben, den Arbeitnehmer auf eine andere Position oder an einen 122

---

176 Kombiniert wird die Entwicklungsklausel mit der Klarstellungsregelung, dass dem Arzt keine Entschädigungsansprüche zustehen, wenn seine Vergütung für die Tätigkeit im dienstlichen Aufgabenbereich wenigstens x v.H. der durchschnittlichen Vergütung ... erreicht, siehe *DKG*, Beratungs- und Formulierungshilfe Chefarzt-Vertrag.
177 BAG v. 12.1.2005 – 5 AZR 364/04, BAGE 113, 140; BAG v. 11.10.2006 – 5 AZR 721/05, BB 2007, 109 = NJW 2007, 506.
178 Siehe hierzu Weth u.a./*Wern*, Teil 5A Rn 69.
179 So etwa die Formulierung „im Benehmen".
180 Weth u.a./*Wern*, Teil 5A Rn 72 ff.
181 Siehe Tschöpe/*Schulte*, Teil 3A Rn 41.

anderen Ort zu versetzen.[182] In den neuen Formulierungshilfen hat die DKG die Möglichkeit des Versetzungsvorbehalts für die Konstellation, dass der Krankenhausträger mehrere Krankenhausbetriebe unterhält, empfohlen. Hiernach soll der Krankenhausträger sich vorbehalten, dem Arzt einen anderen gleichwertigen Arbeitsplatz in entsprechender leitender Position in einem anderen Betriebsteil oder Betrieb des Krankenhauses oder in einem anderen Krankenhaus des Krankenhausträgers auch an anderen Orten zuzuweisen.[183] Praktische Bedeutung erlangt dies dann, wenn der Krankenhausträger die Leitung mehrerer Fachabteilungen unterschiedlicher Betriebsstätten durch einen Arzt plant.[184]

III. Oberärzte

123 Unter der Position eines Oberarztes wird zum einen ein ständiger Vertreter des Chefarztes verstanden, zum anderen ein Arzt, der mit bestimmten Versorgungsaufgaben in Eigenverantwortung betraut ist.[185] Auch Oberärzte haben eine hervorgehobene Stellung im ärztlichen Dienst, denn sie haben eine vom leitenden Arzt abgeleitete beschränkte ärztliche Führungs- und weitgehend selbständige Handlungsverantwortung.[186]

124 Eine Definition der Tätigkeitsmerkmale erfolgt durch die neuen Tarifverträge (siehe Rn 47 f.), welche hiervon entweder die Eingruppierung in Entgeltgruppen[187] oder Funktionszulagen[188] abhängig machen: Maßgeblich für die Bezeichnung „Oberarzt" ist die Übertragung[189] der medizinischen Verantwortung entweder für einen **Teil- oder Funktionsbereich der Klinik bzw. der Abteilung** (siehe § 16 TV-Ärzte/VKA; § 41 Nr. 7 TV-L) oder einer **Spezialfunktion**, für die der Arbeitgeber eine erfolgreich abgeschlossene Schwerpunkt- oder Zusatzweiterbildung nach der WBO fordert (siehe § 41 Nr. 7 TV-L). Unter Funktionsbereichen werden nach dem TVöD-K wissenschaftlich anerkannte Spezialgebiete innerhalb eines ärztlichen Fachgebiets, z.B. Nephrologie, Handchirurgie, Neuroradiologie, Elektroencephalographie, Herzkatheterisierung verstanden (siehe Protokollnotizen zu § 12.1 Nr. 3 TVöD-K[190]). Diese Festlegungen werden den Begriff des Oberarztes zukünftig prägen.[191]

125 Tätigkeitsmerkmal für den ständigen Vertreter des leitenden Arztes, d.h. also des Chefarztes, ist die **Vertretung** des leitenden Arztes in der **Gesamtheit seiner Dienstaufgaben**. Folge ist, dass das Tätigkeitsmerkmal grundsätzlich nur von einem Arzt innerhalb einer Abteilung erfüllt werden kann (§ 12.1 Abs. 2 inkl. Protokollerklärung zu § 12.1 Nr. 3 TVöD-K; § 16d TV-Ärzte/VKA; § 41 Nr. 7 TV-L).

IV. Assistenzärzte

126 Assistenzärzte sind **Klinikärzte ohne eine besondere Entscheidungskompetenz** in Bezug auf Diagnostik und Therapie und ohne eine Weisungsberechtigung gegenüber

---

182 Tschöpe/*Wisskirchen*, Teil 1D Rn 80 ff.
183 *DKG*, Beratungs- und Formulierungshilfe Chefarzt-Vertrag, Kommentierung zu § 1 Abs. 2.
184 Zu beachten ist aber die Mitbestimmungspflichtigkeit der Maßnahme i.S.d. Mitbestimmungsrechtes.
185 Laufs/Uhlenbruck/*Genzel*, § 90 Rn 32.
186 Laufs/Uhlenbruck/*Genzel*, § 90 Rn 32.
187 So TV-Ärzte/VKA bzw. TV-L u.a. Tarifverträge.
188 So TVöD-K.
189 Die durch den Arbeitgeber (ausdrücklich) erfolgen muss.
190 Der im Übrigen keine allgemeine Definition für den Begriff „Oberarzt" gebracht.
191 So auch Rieger/*Bender*, „Chefarzt" Rn 109.

anderen Ärzten. Überwiegend befinden sich Assistenzärzte in Weiterbildung, von insgesamt im Bundesgebiet befindlichen 92.440 Assistenzärzten waren 2005 ca. 65 % in Weiterbildung. Die Übertragung ärztlicher Verantwortung ist Organisationsaufgabe des leitenden Arztes, der je nach dem Stand der Weiterbildung und der beruflichen Erfahrung Aufgaben auf den Assistenzarzt übertragen kann. Konsequenz ist aber eine Kontrollpflicht, welche auf die Oberärzte delegiert werden kann (siehe Rn 102 ff.).

D. Schlussbemerkung

Das Arbeitsrecht der Klinikärzte wird zunehmend größere Anforderungen an die Beteiligten und auch die juristischen Berater stellen. Insbesondere die Ausführungen in Bezug auf den Chefarzt verdeutlichen unter Einschluss auch der neuesten DKG-Beratungs- und Formulierungshilfe zum Chefarztvertrag eine stetige Zunahme der vertraglichen Regulierungen. Zu beachten ist, dass sämtliche Formulierungsvorschläge ausschließlich den abstrakten Sachverhalt zum Gegenstand haben können. Wichtig ist daher der genaue Blick auf den Einzelfall. Dieser erfordert eine Beachtung der unterschiedlichen Interessen von Klinikträger und Krankenhausarzt. 127

Der Rationalisierungsdruck im Gesundheitswesen bis hin zur Gefahr der Existenzvernichtung von Kliniken[192] führt auf Seiten des Klinikträgers zum Wunsch nach Kostenoptimierung. Konsequenz ist die Veränderung der Position des Klinikarztes, hier insbesondere des leitenden Arztes. Dementsprechend sieht sich der VLK zur Modernisierung des Leitbildes des Chefarztes veranlasst und formuliert Thesen für eine verantwortungsbewusste, sachgerechte zukunftsgerichtete Einbindung der leitenden Krankenhausärzte in die Patientenversorgung.[193] Anerkennen Krankenhausträger und Krankenhausärzte die gegenseitig bestehenden Interessen, ohne an überkommenen Positionen festzuhalten, so dürfte hierin ein gangbarer Weg mit Chancen für sämtliche Beteiligten liegen. 128

---

[192] FAZ v. 1.10.2007.
[193] AuK 2007, 131 ff.

§ 17 Das Liquidationsrecht des Chefarztes

Dr. Tilman Clausen/Jörn Schroeder-Printzen

Inhalt

A. Begriff, Inhalt und Rechtsgrundlagen des Liquidationsrechts 1
   I. Begriff und Inhalt des Liquidationsrechts 1
      1. Begriff 1
      2. Wahlärztliche Leistungen bei stationärer Behandlung . 3
        a) Das System der Krankenhausaufnahmeverträge 5
          aa) Der totale Krankenhausaufnahmevertrag mit Arztzusatzvertrag . 6
          bb) Der gespaltene Krankenhausaufnahmevertrag 8
          cc) Der totale Krankenhausaufnahmevertrag 10
        b) Persönliche Leistungserbringung des Chefarztes bei wahlärztlichen Leistungen 11
          aa) Der Kernbereich wahlärztlicher Leistungen 12
          bb) Einzelne Fachgruppen 14
          cc) Ärztliche Leistungen außerhalb des Kernbereichs wahlärztlicher Leistungen 17
      3. Liquidationsrecht im ambulanten Bereich 21
        a) Die Tätigkeit des Chefarztes in der Ambulanz 21
        b) Persönliche Leistungserbringung im ambulanten Bereich .. 23
      4. Liquidationsrecht für gutachterliche Tätigkeit .. 24
   II. Rechtsgrundlagen des Liquidationsrechts 25
      1. Das Krankenhausentgeltgesetz (KHEntgG) 25
      2. Der Arbeitsvertrag des Chefarztes 27

B. Rahmenbedingungen des Liquidationsrechts 33
   I. Die Wahlleistungsvereinbarung 33
      1. Vertragsparteien der Wahlleistungsvereinbarung. 36
      2. Form der Wahlleistungsvereinbarung 40
      3. Inhalt der Wahlleistungsvereinbarung 42
      4. Rechtsfolgen bei Unwirksamkeit der Wahlleistungsvereinbarung 46
   II. Vertretervereinbarung 49
   III. Kostenerstattung 52
      1. Inhalt 52
      2. Auskunftspflichten des Chefarztes und Auskunftsrechte des Krankenhausträgers 54
   IV. Vorteilsausgleich 55
      1. Inhalt 55
      2. Grenzen des Vorteilsausgleichs 56
   V. Pflicht zur Mitarbeiterbeteiligung 57
      1. Rechtsgrundlagen 57
      2. Inhalt der Mitarbeiterbeteiligung 58
   VI. Vertragliche Einschränkungen des Liquidationsrechts durch Entwicklungsklauseln 59
   VII. Steuerliche Behandlung der Liquidationserlöse 61

§ 17 Das Liquidationsrecht des Chefarztes

Literatur

Andreas/Debong/Bruns, Handbuch Arztrecht in der Praxis, 2001; **Baur**, Chefarzt-/Belegarztvertrag, 2003; **Bender**, Wahlleistungen, in: Rieger (Hrsg.), Lexikon des Arztrechts, Band 2 (Loseblatt); **Biermann/Ulsenheimer/Weißauer**, Liquidation wahlärztlicher Leistungen – rechtliche Grundlagen, MedR 2000, 107; **Brück/Hess/Klakow-Franck/Warlo**, Kommentar zur Gebührenordnung für Ärzte (GOÄ), 3. Auflage 2006 (Loseblatt); **Clausen/Schroeder-Printzen**, Wahlleistungsvereinbarung/Privatliquidation bei stationären Behandlungen, 2006; **Erfurter Kommentar** zum Arbeitsrecht, hrsg. von Dieterich/Müller-Glöge/Preis/Schaub, 7. Auflage 2007; **Hoffmann/Kleinken**, Gebührenordnung für Ärzte (GOÄ), 3. Auflage (Loseblatt); **Kirchhof**, Staatlich angeordnete Abzüge von privaten Liquidationen der Krankenhaus-Chefärzte, 2004; **Kuhla**, Liquidation des Chefarztes für Vertreterleistungen, NJW 2000, 841; **Nahmmacher/Clausen**, Der Chefarztvertrag, 2006; **Tuschen/Quaas**, Bundespflegesatzverordnung, 4. Auflage 1998; **Tuschen/Trefz**, Krankenhausentgeltgesetz, 2004; **Uleer/Miebach/Patt**, Abrechnung von Arzt- und Krankenhausleistungen, 3. Auflage 2006; **Weth/Thomae/Reichold** (Hrsg.), Arbeitsrecht im Krankenhaus, 2007.

A. Begriff, Inhalt und Rechtsgrundlagen des Liquidationsrechts

I. Begriff und Inhalt des Liquidationsrechts

1. Begriff

1 Als Liquidationsrecht im eigentlichen Sinne wird das Recht von Krankenhausärzten bezeichnet, neben dem ihnen zustehenden Festgehalt für die gesondert berechenbaren wahlärztlichen Leistungen eine zusätzliche Vergütung fordern zu können. Nachdem die Wahlleistungen, zu denen auch die wahlärztlichen Leistungen gehören, Teile der Krankenhausleistungen sind (§ 2 Abs. 1 KHEntgG), kann der jeweilige Krankenhausträger den bei ihm angestellten Krankenhausärzten ein Liquidationsrecht einräumen. In der Praxis geschieht dies häufig gegenüber den leitenden Krankenhausärzten (Chefärzten), seltener gegenüber besonders qualifizierten Oberärzten.[1]

2 Daneben können Liquidationsrechte des Chefarztes im ambulanten Bereich und für gutachterliche Tätigkeiten bestehen, die zu seinem Festgehalt hinzutreten.

2. Wahlärztliche Leistungen bei stationärer Behandlung

3 Wahlärztliche Leistungen können im Rahmen einer voll, teil- sowie einer vor- bzw. nachstationären Behandlung erbracht werden (§ 17 Abs. 3 S. 1 KHEntgG).

4 Voraussetzung für die Erbringung wahlärztlicher Leistungen und daraus resultierend die Ausübung des ihm eingeräumten Liquidationsrechts durch den Chefarzt ist der Abschluss eines Krankenhausaufnahmevertrages, wobei nicht alle Krankenhausaufnahmeverträge die Möglichkeit der Ausübung des Liquidationsrechts durch die leitenden Krankenhausärzte nach sich ziehen.

---

[1] Weth/Thomae/Reichold/*Wern*, S. 432; *Andreas/Debong/Bruns*, S. 137. Soweit das Liquidationsrecht einem besonders qualifizierten Oberarzt eingeräumt worden sein sollte, ergeben sich hinsichtlich Inhalt und Grenzen keine Unterschiede zu dem Chefarzt, weshalb nachfolgend nur vom Liquidationsrecht des Chefarztes gesprochen werden wird.

A. Begriff, Inhalt und Rechtsgrundlagen des Liquidationsrechts § 17

a) Das System der Krankenhausaufnahmeverträge

Rechtsprechung und Literatur unterscheiden zwischen dem totalen Krankenhausaufnahmevertrag mit Arztzusatzvertrag, dem totalen Krankenhausaufnahmevertrag und dem gespaltenen Krankenhausaufnahmevertrag.[2]

aa) Der totale Krankenhausaufnahmevertrag mit Arztzusatzvertrag

Bei diesem Vertragstyp werden zunächst zwei Verträge zwischen Krankenhausträger und Patient geschlossen. Im Rahmen des Aufnahmevertrages verpflichtet sich der Krankenhausträger, die Allgemeinen Krankenhausleistungen nach Maßgabe von § 2 Abs. 2 KHEntgG zu erbringen. Daneben tritt die Wahlleistungsvereinbarung zwischen Krankenhausträger und Patient, deren Inhalt sich nach den Regeln des § 17 KHEntgG und der dazu ergangenen Konkretisierungen durch die Rechtsprechung, insbesondere des BGH richtet.[3]

Der Abschluss der Wahlleistungsvereinbarung berechtigt alle an der Behandlung des Patienten beteiligten angestellten oder beamteten Ärzte des Krankenhauses, womit im Regelfall die Chefärzte gemeint sind, und die in § 17 Abs. 3 S. 1 KHEntgG genannten weiteren Ärzte und ärztlich geleiteten Einrichtungen zur Liquidation ärztlicher Leistungen. Voraussetzung für das Entstehen des Liquidationsanspruch ist der Abschluss von Behandlungsverträgen zwischen Patient und liquidationsberechtigten Krankenhausärzten (den sog. Arzt-Zusatzverträgen, die keiner Form bedürfen).[4]

bb) Der gespaltene Krankenhausaufnahmevertrag

Bei dem gespaltenen Krankenhausaufnahmevertrag hat der Krankenhausträger für den Patienten die Krankenhausversorgung (Unterbringung, Verpflegung, Bereitstellung der erforderlichen technisch-operativen Einrichtungen, deren Benutzung, den Einsatz des nichtärztlichen Hilfspersonals, die organisatorische Sicherstellung ausreichender Anweisungen an den Pflegedienst und den Einsatz nachgeordneter Ärzte im Krankenhaus) abzuwickeln. Nicht zu den Leistungen des Krankenhauses gehört die ärztliche Versorgung, die ausschließlich durch die Ärzte selbst erbracht wird.[5]

Vertragspartner des Patienten hinsichtlich der ärztlichen Leistungen sind zum einen freiberuflich niedergelassene Ärzte (die sog. Belegärzte), denen aufgrund des Behandlungsvertrages mit dem Patienten für ihre Leistungen das originäre Liquidationsrecht zusteht.[6] Vertragspartner des Patienten hinsichtlich der ärztlichen Leistungen können jedoch auch beim gespaltenen Krankenhausaufnahmevertrag die liquidationsberechtigten Ärzte des Krankenhauses sein. Dazu genügt es, wenn der Krankenhausträger im Rahmen des Aufnahmevertrages mit dem Patienten vereinbart, dass nicht er, sondern allein der Chefarzt die wahlärztlichen Leistungen erbringt und gesondert berechnet. Anschließend können gesonderte Wahlleistungsvereinbarungen zwischen dem Krankenhausträger für die nichtärztlichen Wahlleistungen und den liquidationsberechtigten

---

2 *Clausen/Schroeder-Printzen*, S. 4 ff.
3 BGH, Urt. v. 27.11.2003 – III ZR 37/03, GesR 2004, 55; BGH, Urt. v. 8.10.2004 – III ZR 375/02, GesR 2004, 139; BGH, Urt. v. 22.7.2004 – III ZR 355/03, GesR 2004, 427; BGH, Urt. v. 4.11.2004 – III ZR 201/04, GesR 2005, 75.
4 St. Rspr. seit BGH, Urt. v. 19.2.1998 – III ZR 169/97, MedR 1998, 361.
5 *Clausen/Schroeder-Printzen*, S. 6.
6 *Biermann/Ulsenheimer/Weißauer*, MedR 2000, 107, 108.

Krankenhausärzten – regelmäßig dem Hauptbehandler – und dem Patienten hinsichtlich der ärztlichen Wahlleistungen abgeschlossen werden. § 17 KHEntgG schließt dies nicht aus. Nach § 17 Abs. 1 S. 1 KHEntG muss die gesonderte Berechnung wahlärztlicher Leistungen mit dem Krankenhaus vereinbart werden. Dies kann auch im Rahmen des Aufnahmevertrages geschehen. Nach § 17 Abs. 2 KHEntgG sind Wahlleistungen vor der Erbringung schriftlich zu vereinbaren. Dies kann sowohl mit dem Krankenhaus als auch mit den leitenden Krankenhausärzten geschehen.[7] Ein Liquidationsrecht des Chefarztes kann somit auch im Rahmen des gespaltenen Krankenhausaufnahmevertrages ausgeübt werden.

cc) Der totale Krankenhausaufnahmevertrag

10 Beim totalen Krankenhausaufnahmevertrag verpflichtet sich der Krankenhausträger alle für die stationäre Behandlung erforderlichen Leistungen einschließlich der gesamten ärztlichen Versorgung zu erbringen (§ 2 Abs. 2 KHEntgG).[8] Ein Liquidationsrecht des Chefarztes kann hier nicht entstehen.

b) Persönliche Leistungserbringung des Chefarztes bei wahlärztlichen Leistungen

11 Der Chefarzt muss wahlärztliche Leistungen grundsätzlich persönlich erbringen, wenn er das Liquidationsrecht ausüben will. Im Kernbereich wahlärztlicher Leistungen, der von Fachgruppe zu Fachgruppe unterschiedlich definiert wird, ist die persönliche Leistungserbringung durch den Chefarzt als Wahlarzt Abrechnungsvoraussetzung, dieser kann sich grundsätzlich nicht vertreten lassen, ohne sein Liquidationsrecht zu verlieren. Weitere Ärztliche Leistungen, die in § 4 Abs. 2 GOÄ genannt sind, können vonseiten des Chefarztes unter den dort genannten Voraussetzungen auch dann als eigene Leistungen abgerechnet werden, wenn er an der Leistungserbringung nicht beteiligt war.

aa) Der Kernbereich wahlärztlicher Leistungen

12 Die Verpflichtung des Chefarztes zur persönlichen Leistungserbringung im Kernbereich wahlärztlicher Leistungen ergibt sich aus einer Vielzahl unterschiedlicher Rechtsvorschriften. Für die wahlärztlichen Leistungen gelten zunächst die §§ 661 ff. BGB. Nach § 613 S. 1 BGB hat der zur Dienstleistung Verpflichtete, hier der aufgrund des Arztzusatzvertrages zur Erbringung der gesondert berechenbaren Leistungen verpflichtete Wahlarzt, „die Dienste im Zweifel in Person zu erbringen". Dies gilt insbesondere für Dienstleistungen höherer Art, zu denen in ständiger Rechtsprechung die wahlärztlichen Leistungen gezählt werden. Damit geht es im Rahmen des Arztzusatzvertrages weniger um die Dienstleistungen als solche, vielmehr steht nach Maßgabe des § 613 BGB die Person des Dienstverpflichteten im Vordergrund. Die persönliche wahlärztliche Leistungserbringung und deren gesonderte Vergütung bilden das eigentliche vertragliche Austauschverhältnis von Leistung und Gegenleistung.[9] Der Grundsatz der persönlichen Leistungserbringung findet sich weiterhin in § 19 S. 1 der Musterberufsordnung (MBO). Danach muss der Arzt seine Praxis persönlich ausüben, so dass

---

[7] Rieger/Bender, „Wahlleistungen" Rn 74.
[8] OLG Brandenburg, Urt. v. 10.3.1999 – 1 U 54/98, VersR 2000, 489, 491.
[9] Vgl. u.a. OLG Düsseldorf NJW 1995, 2421; OLG Karlsruhe NJW 1987, 1489; LG Fulda NJW 1988, 1519.

die persönliche Leistungserbringung auch als berufsrechtliche Verpflichtung angesehen werden kann. Nach § 4 Abs. 2 S. 1 GOÄ kann der Arzt Gebühren nur für selbständige ärztliche Leistungen berechnen, die er selbst erbracht hat oder die unter seiner Aufsicht nach fachlicher Weisung erbracht wurden (eigene Leistungen).

Die Reichweite des Kernbereichs der wahlärztlichen Leistungen wird von Fachgruppe zu Fachgruppe unterschiedlich definiert.   13

bb) Einzelne Fachgruppen

- Chirurgie und andere operative Fächer

Hier gehört die Durchführung des operativen Eingriffs zum Kernbereich der wahlärztlichen Leistungen. Der Chefarzt kann somit sein Liquidationsrecht grundsätzlich nur dann ausüben, wenn er den operativen Eingriff selbst durchgeführt hat.[10]   14

- Anästhesie

Hier gehört zum Kernbereich der wahlärztlichen Leistungen die Durchführung der Aufklärung und der Voruntersuchung sowie die Ein- und Ausleitung der Narkose. Zwischen Ein- und Ausleitung der Narkose ist eine persönliche Leistungserbringung nicht zwingend erforderlich, soweit das ärztliche Personal vom Chefarzt hinreichend überwacht wird, was im Streitfall nachgewiesen werden muss.[11] Ein Chefarzt für Anästhesie, der sein Liquidationsrecht ausüben will, hat dies zu beachten, was allerdings mit den Realitäten des Krankenhausalltags oftmals nur schwer zu vereinbaren ist.   15

- Konservative Fächer

Innerhalb dieser medizinischen Fächer (u.a. Neurologie, Psychiatrie) gibt es keinen eindeutigen Kernbereich wahlärztlicher Leistungen. Prinzipiell gehört die Gesamtbehandlung in diesen Kernbereich, ohne dass der Chefarzt jeden Behandlungsschritt selbst vornehmen muss, wenn er sein Liquidationsrecht ausüben will. Nach der Rechtsprechung ist grundsätzlich ausreichend, wenn der Chefarzt die grundlegenden Entscheidungen über die Therapie selbst trifft und die Behandlung und deren Vollzug eigenverantwortlich überwacht.[12]   16

cc) Ärztliche Leistungen außerhalb des Kernbereichs wahlärztlicher Leistungen

In § 4 Abs. 2 S. 3 GOÄ werden eine Reihe von ärztlichen Leistungen aus dem Gebührenverzeichnis zur GOÄ genannt, die der Chefarzt im Rahmen seines Liquidationsrechts auch dann abrechnen kann, wenn nicht er selbst, sondern sein vor Abschluss der Wahlleistungsvereinbarung dem Patienten benannter ständiger ärztlicher Vertreter die Leistungen persönlich erbracht hat. Nach § 4 Abs. 2 S. 2 GOÄ gelten als eigene Leistungen des Wahlarztes auch von ihm berechnete Laborleistungen des Abschnitts M II des Gebührenverzeichnisses (Basislabor), die nach fachlicher Weisung und unter der Aufsicht eines anderen Arztes in Laborgemeinschaften oder in von Ärzten ohne eigene Liquidationsberechtigung geleisteten Krankenhauslaboren erbrachten werden. Die Leistungen des sog. Speziallabors, die in die Bereiche M III und M IV des Gebührenverzeichnisses fallen, gehören dagegen zum Kernbereich wahlärztlicher Leistungen.   17

---

10 LG Aachen VersR 2002, 195; LG Marburg VersR 2001, 1565; LG Bonn MedR 1997, 81.
11 LG Hamburg NJW 2001, 3415; LG Celle NJW 1982, 2129.
12 OLG Hamm NJW 1995, 2420; LG Bonn NJW 1995, 2419.

18 Nach § 4 Abs. 2 S. 4 GOÄ gelten Leistungen nach dem Abschnitt E des Gebührenverzeichnisses (physikalisch-medizinische Leistungen) auch dann als eigene Leistungen des Chefarztes, wenn dieser oder sein ständiger ärztlicher Vertreter durch die Zusatzbezeichnung „physikalische Therapie" oder durch die Gebietsbezeichnung „Facharzt für physikalische und rehabilitative Medizin" qualifiziert ist und die Leistungen nach fachlicher Weisung unter deren Aufsicht erbracht werden. Unter Dritten im Sinne der Vorschrift des § 4 Abs. 2 S. 2 GOÄ wird man sowohl nachgeordnete Ärzte als auch das Pflegepersonal verstehen müssen.[13] Teilweise wird vertreten, dass unter Aufsicht nach fachlicher Weisung hier bedeutet, dass sich der Chefarzt oder sein ständiger ärztlicher Vertreter durch eine entsprechende Untersuchung des Patienten zunächst einmal selbst mit dem Krankheitsbild vertraut machen muss, um entsprechende fachliche Weisungen geben zu können. Erforderlich sei darüber hinaus auch eine Überprüfung der Wirkung jeder einzelnen physikalisch-medizinischen Behandlungsmaßnahme durch persönliche Untersuchung des Patienten bzw. persönliche Rücksprache mit dem Physiotherapeuten und die kontinuierliche Überprüfung der dem Arzt fachlich unterstellten Physiotherapeuten.[14] Von der Rechtsprechung wird dagegen als ausreichend auch die Überwachung während der regelmäßigen Visiten angesehen.[15]

19 Für diese Auffassung, die Anforderungen an die fachliche Weisung und Aufsicht weit auszulegen, spricht die relativ niedrige Bewertung, die Leistungen des Abschnitts E des Gebührenverzeichnisses durch den Verordnungsgeber erfahren haben.

20 Bei allen weiteren ärztlichen Leistungen im Gebührenverzeichnis zur Gebührenordnung für Ärzte (GOÄ), die nicht zum Kernbereich der wahlärztlichen Leistungen gehören und nicht in § 4 Abs. 2 GOÄ ausdrücklich genannt werden, wird der Chefarzt sein Liquidationsrecht auch dann ausüben können, wenn er sich bei der Leistungserbringung durch nachgeordnetes ärztliches Personal vertreten lässt.

3. Liquidationsrecht im ambulanten Bereich

a) Die Tätigkeit des Chefarztes in der Ambulanz

21 Ein Liquidationsrecht des Chefarztes im Rahmen der ambulanten Behandlung im Krankenhaus kann nur für die von ihm betriebene Chefarztambulanz begründet werden, nicht dagegen für die sog. Krankenhaus- oder Institutsambulanz, die durch den Krankenhausträger betrieben wird. Ein solches Liquidationsrecht im Bereich der Krankenhausambulanz sieht das KHEntgG nicht vor. Der Krankenhausträger kann mit den in der von ihm betriebenen Ambulanz tätigen Ärzten nur eine Beteiligungsvergütung für ihre dortige Tätigkeit vereinbaren.[16]

22 In der Chefarztambulanz erfolgt die Ausübung des Liquidationsrechts des Chefarztes im Rahmen seiner mit dem Krankenhausträger vertraglich vereinbarten Nebentätigkeit. Voraussetzung für die Ausübung des Liquidationsrechts ist somit eine entsprechende vertragliche Vereinbarung mit dem Krankenhausträger.

---

13 Uleer/Miebach/Patt/*Miebach*, § 4 Rn 93.
14 Uleer/Miebach/Patt/*Miebach*, § 4 Rn 94; *Brück u.a.*, § 4 Rn 14.
15 So u.a. LG Münster, Urt. v. 15.12.2005 – 11 S 4/05, www.iww.de, Abruf-Nr. 060608.
16 So zutreffend Weth/Thomae/Reichold/*Wern*, S. 441.

b) Persönliche Leistungserbringung im ambulanten Bereich

Die Grundsätze der persönlichen Leistungserbringung als Voraussetzung für die Ausübung des Liquidationsrechts, wie sie für den stationären Bereich dargestellt wurden, finden im ambulanten Bereich keine Anwendung. Nach ständiger Rechtsprechung tritt der Privatpatient, der sich im Krankenhaus in einer Chefarztambulanz ambulant behandeln lässt, grundsätzlich in vertragliche Beziehungen zu dem Chefarzt, der die Ambulanz betreibt und aufgrund einer Vereinbarung mit dem Krankenhausträger liquidationsberechtigt ist. Dies gilt auch dann, wenn in Abwesenheit des Chefarztes nur der diensthabende nachgeordnete Krankenhausarzt tätig wird, so dass der Chefarzt auch dann sein Liquidationsrecht ausüben kann.[17]

4. Liquidationsrecht für gutachterliche Tätigkeit

Der Chefarzt kann mit dem Krankenhausträger vertraglich vereinbaren, dass er befugt ist, seine Gutachtertätigkeiten gesondert abzurechnen. Die Gutachtertätigkeit des Chefarztes kann entweder zu den dienstvertraglichen Verpflichtungen des Arztes gehören oder dem Bereich der Nebentätigkeit zugeordnet werden. Sofern die Gutachtertätigkeit zu den dienstvertraglich geschuldeten Tätigkeiten gehört, gelten die vorstehend für den stationären Bereich dargelegten Grundsätze der persönlichen Leistungserbringung, im Nebentätigkeitsbereich dagegen nicht.[18]

II. Rechtsgrundlagen des Liquidationsrechts

1. Das Krankenhausentgeltgesetz (KHEntgG)

Rechtsgrundlage für die Ausübung des Liquidationsrechts ist zum einen das KHEntgG. Nach § 1 Abs. 1 KHEntgG werden die voll- und teilstationären Leistungen der Krankenhäuser nach diesem Gesetz und dem Krankenhausfinanzierungsgesetz vergütet. Das KHEntgG gilt für alle bundesdeutschen Krankenhäuser, wenn man von in § 1 Abs. 2 KHEntgG genannten Ausnahmefällen einmal absieht, wobei der wichtigste Ausnahmefall reine Privatkliniken sein dürften. Zu den Krankenhausleistungen nach § 1 Abs. 1 KHEntgG gehören sowohl die Allgemeinen Krankenhausleistungen als auch die Wahlleistungen (§ 2 Abs. 1 KHEntgG). Aus dem Umstand, dass auch die Wahlleistungen zu den Krankenhausleistungen gehören, die vonseiten des Krankenhausträgers angeboten werden, ergibt sich, dass dieser frei darüber entscheiden kann, ob er die Wahlleistungen in ihrer Gesamtheit als Institutsleistungen anbietet, wobei er die ärztlichen Wahlleistungen durch die bei ihm angestellten leitenden Krankenhausärzte erbringen lässt und selbst abrechnet oder ob er den leitenden Krankenhausärzten das Liquidationsrecht im Rahmen des Chefarztdienstvertrages einräumt.[19] Die Gegenmeinung, die die Abrechnung wahlärztlicher Leistungen an die Ausübung des Liquidationsrechts durch leitende Krankenhausärzte knüpft, beruft sich auf § 17 KHEntgG, der bei isolierter Betrachtung so verstanden werden kann, dass wahlärztliche Leistungen im Krankenhaus noch von liquidationsberechtigten Krankenhausärzten abgerechnet werden können (§ 17 Abs. 3 KHEntgG). Dem steht jedoch § 2 Abs. 1 KHEntgG entgegen, wonach auch

---

17 BGH NJW 1989, 769.
18 So zutreffend Weth/Thomae/Reichold/*Wern*, S. 442 mit Rechtsprechungshinweisen.
19 So zutreffend *Tuschen/Trefz*, S. 332 mit Rechtsprechungshinweisen; a.A. *Brück u.a.*, § 1 Rn 4 und *Hoffmann/Kleinken*, § 1 Rn 10 ebenso.

die ärztlichen Wahlleistungen zu den vonseiten des Krankenhausträgers angebotenen Leistungen gehören, so dass der Krankenhausträger die Entscheidung treffen kann, wer diese Leistungen abrechnet.[20]

26 Voraussetzung für die Ausübung des Liquidationsrechts, sei es durch den Krankenhausträger als Institutsleistung, sei es durch die liquidationsberechtigten Krankenhausärzte des Hauses, ist der Abschluss einer wirksamen Wahlleistungsvereinbarung nach Maßgabe des § 17 KHEntgG und in gewissen Grenzen auch die Beachtung der Unterrichtungspflicht nach Maßgabe des § 8 Abs. 8 KHEntgG, die vor allem gegenüber Selbstzahlern besteht. Dabei konkretisiert sich die Vorschrift des § 8 Abs. 8 KHEntgG, die sich auf die für den Patienten voraussichtlich maßgebenden Entgelte bezieht, zu denen auch die Wahlleistungen zählen, sowohl hinsichtlich der ärztlichen als auch hinsichtlich der nichtärztlichen Wahlleistungen in § 17 Abs. 2 KHEntgG und der dort geforderten Unterrichtung des Patienten über die Entgelte der Wahlleistungen und deren Inhalt im Einzelnen (vgl. zu den Anforderungen an eine wirksame Wahlleistungsvereinbarung und die Unterrichtungspflicht nach Maßgabe von § 17 Abs. 2 KHEntgG im Einzelnen die Darstellung unter Rn 42–45). § 8 Abs. 8 KHEntgG gewinnt seine Bedeutung somit vor allem im Hinblick auf die Unterrichtung des Patienten hinsichtlich der im Bereich der allgemeinen Krankenhausleistungen anfallenden Kosten (DRG-Fallpauschalen).

2. Der Arbeitsvertrag des Chefarztes

27 Wenn der Krankenhausträger von der Möglichkeit des § 2 Abs. 1 KHEntgG Gebrauch macht und den bei ihm angestellten leitenden Krankenhausärzten neben dem in Anlehnung an BAT/TVöD gezahlten Festgehalt das Liquidationsrecht einräumt, so geschieht dies durch arbeitsvertragliche Vereinbarung im Rahmen des Chefarztdienstvertrages, der juristisch als Arbeitsvertrag angesehen werden muss.[21] Das Liquidationsrecht im wahlärztlichen Bereich ist bei angestellten leitenden Krankenhausärzten regelmäßig Teil der Dienstaufgaben, bei beamteten Krankenhausärzten dagegen sind die gesondert abrechenbaren ärztlichen Leistungen, die diese liquidieren dürfen, regelmäßig dem Nebentätigkeitsbereich zugeordnet, der einer beamtenrechtlichen Genehmigung bedarf.[22] Die Genehmigung nach dem Nebentätigkeitsrecht von Bund und Ländern ist grundsätzlich widerruflich. Die Genehmigungspflicht erfasst auch Art und Umfang der Inanspruchnahme von Einrichtungen, Personal und Material des Dienstherrn. Einer Genehmigung bedarf auch die Konsiliartätigkeit im Einzelfall außerhalb der Klinik.[23] Ein Rechtsanspruch des angestellten leitenden Krankenhausarztes darauf, dass ihm der Krankenhausträger das Liquidationsrecht einräumt, besteht nach allgemeiner Meinung nicht. Dies ergibt sich sowohl aus der auch im Bereich des Arbeitsrechts geltenden Vertragsfreiheit, der Tatsache, dass die wahlärztlichen Leistungen zu den Krankenhausleistungen gehören (§ 2 Abs. 1 KHEntgG) als auch aus dem Umstand, dass die Ausübung des Liquidationsrechts im stationären Bereich eine Wahlleistungsvereinbarung zwischen Krankenhausträger und Privatpatient voraussetzt (§ 17 KHEntgG).[24]

28 Wenn zwischen dem Krankenhausträger und dem angestellten leitenden Krankenhausarzt vertraglich die Einräumung des Liquidationsrechts vereinbart worden ist, wird das Liquidationsrecht Vergütungsbestandteil, wobei der Krankenhausträger keine Ver-

---

20 *Tuschen/Trefz*, S. 332.
21 So zutreffend *Baur*, S. 1.
22 Weth/Thomae/Reichold/*Reichold*, S. 224; Laufs/Uhlenbruck/*Genzel*, § 91 Rn 5 ff.
23 Laufs/Uhlenbruck/*Genzel*, § 91 Rn 5 ff.
24 Laufs/Uhlenbruck/*Genzel*, § 91 Rn 4; Weth/Thomae/Reichold/*Reichold*, S. 184.

gütung in Geld, sondern die Verschaffung der durch die Einräumung des Liquidationsrechts bestehenden Erwerbsmöglichkeiten schuldet.[25] Daraus resultiert die Verpflichtung des Krankenhausträgers, geeignete Krankenhausaufnahmeformulare, insbesondere eine wirksame Wahlleistungsvereinbarung, bereitzustellen, ohne die das Liquidationsrecht durch die bei ihm angestellten leitenden Krankenhausärzte nicht ausgeübt werden kann. Diese Verpflichtung des Krankenhausträgers dürfte sich zum einen aus der allgemeinen Fürsorgepflicht als arbeitsvertragliche Nebenpflicht sowie jetzt auch aus der Schutzpflicht des Arbeitgebers für Vermögensgegenstände des Arbeitnehmers gem. § 241 Abs. 2 BGB ergeben. Eine Verletzung dieser vertraglichen Verpflichtungen des Krankenhausträgers führt zu Schadenersatzansprüchen der davon betroffenen Chefärzte.[26]

29 Während die Ausübung des Liquidationsrechts bei wahlärztlichen Leistungen, sofern es vonseiten des Krankenhausträgers dem Chefarzt eingeräumt wurde, regelmäßig Teil der Dienstaufgaben ist, fallen die ambulanten Leistungen leitender Krankenhausärzte in den Nebentätigkeitsbereich und bedürfen einer entsprechenden Nebentätigkeitserlaubnis. Die Ausübung der Nebentätigkeit durch den leitenden Krankenhausarzt setzt deshalb einen Vertrag mit dem Krankenhausträger voraus, in dem die näheren Einzelheiten über Art und Umfang der Inanspruchnahme von Personal, Räumen, Einrichtungen und Material des Krankenhauses sowie der Zahlung eines Nutzungsentgelts festgelegt werden.[27]

30 Nachdem die Einräumung des Liquidationsrechts im stationären Bereich und die Erteilung einer Nebentätigkeitserlaubnis für den ambulanten Bereich jahrzehntelange Praxis bei der Gestaltung von Chefarzt-Dienstverträgen gewesen ist, hat die Deutsche Krankenhausgesellschaft (DKG), die regelmäßig einen Muster-Chefarztvertrag für ihre Mitglieder herausgibt, in der 5. Auflage von 1996 erstmalig als Entgeltform für Chefärzte anstelle der Einräumung des Liquidationsrechts die Beteiligungsvergütung empfohlen. Das Liquidationsrecht soll danach in erster Linie durch den Krankenhausträger ausgeübt werden und der Chefarzt nur eine Beteiligungsvergütung nach Abzug der Abgaben erhalten. In der 6. Auflage des DKG-Vertragsmusters aus dem Jahre 2003 ist das Liquidationsrecht für den Chefarzt bereits gar nicht mehr vorgesehen, auch von der Einräumung einer Nebentätigkeitsgenehmigung wird abgesehen.[28]

31 Die DKG verfolgt mit der Neugestaltung des ihren Mitgliedern empfohlenen Vertragsmusters für die Gestaltung des Chefarzt-Dienstvertrages erkennbar das Ziel, den Chefarzt stärker in die unternehmerischen Zielsetzungen und Risiken des Krankenhausträgers einzubinden. Der Chefarzt soll nicht länger Unternehmer im Unternehmen Krankenhaus sein, sondern Teil des mittelständischen Betriebes Krankenhaus. Dies soll u.a. durch die Vorgabe von Budgetzielen, abteilungsbezogenen Zielvereinbarungen bzw. sog. Bonus-Malus-Regelungen erreicht werden, wobei die Vergütung in einen festen und einen variablen Bestandteil aufgespalten wird und die Nebentätigkeitserlaubnis wegfällt.[29] Die Tendenz, die in den Vorschlägen der DKG an ihre Mitglieder zum Ausdruck kommt, die bisher herausgehobene Position des Chefarztes im mittelständischen Betrieb Krankenhaus deutlich einzuschränken, wird man zum einen vor dem Hinter-

---

25 Weth/Thomae/Reichold/*Reichold*, S. 184.
26 Erfurter Kommentar/*Preis*, § 611 Rn 772; für verbeamtete Chefärzte vgl. Bay. VGH, Beschl. v. 2.11.2006 – 3 B 03. 1766.
27 Vgl. Laufs/Uhlenbruck/*Genzel*, § 91 Rn 52.
28 Vgl. die Darstellung bei *Nahmmacher/Clausen*, S. 20 ff.
29 *Nahmmacher/Clausen*, S. 1 ff.

grund dieser wirtschaftlichen Überlegungen sehen müssen. Zum anderen führt die Ausweitung des ambulanten Operierens sowohl bei Privat- als auch bei Kassenpatienten zu einem Konkurrenzverhältnis zwischen Chefarzt und Krankenhausträger.[30]

32 Derzeit werden die Empfehlungen der DKG in der Praxis nur teilweise umgesetzt. So gibt es bereits Krankenhäuser, in denen keiner der dort angestellten Chefärzte mehr über ein eigenes Liquidationsrecht verfügt. Dem stehen wiederum Krankenhäuser gegenüber, in denen ausdrücklich an der Praxis der Einräumung des Liquidationsrechts festgehalten wird; in anderen Fällen kommt es auf die jeweilige Verhandlungsposition in den Vertragsverhandlungen zwischen Chefarzt und Krankenhausträger an.

B. Rahmenbedingungen des Liquidationsrechts

I. Die Wahlleistungsvereinbarung

33 Damit der liquidationsberechtigte Arzt bei einem stationär zu behandelnden Patienten seine Tätigkeit im Rahmen der Behandlung gesondert als Liquidation geltend machen kann, ist es erforderlich, dass eine Vereinbarung über diese Leistungen geschlossen wird. Ohne eine wirksame Wahlleistungsvereinbarung hat der liquidationsberechtigte Arzt keinen Anspruch auf eine zusätzliche Vergütung und muss ggf. eine bereits zusätzlich gezahlte Vergütung unter Umständen wieder zurückzahlen. Sie ist zu trennen von der Wahlleistung Unterkunft sowie den sonstigen nichtärztlichen Wahlleistungen, die nachfolgenden Ausführungen betreffen nur die Wahlleistungen im ärztlichen Bereich (vgl. zu den gesamten nichtärztlichen Wahlleistungen § 29 Rn 297). Hierbei handelt es sich um eine „Wahlleistungsvereinbarung", deren Rechtsgrundlage § 22 BPflV bzw. § 17 KHEntgG ist. Den Grund für die unterschiedliche Rechtsgrundlage der Wahlleistungsvereinbarung findet man in dem unterschiedlichen Anwendungsbereich beider Vorschriften, da § 17 KHEntgG nicht für psychiatrische Einrichtungen oder für die „besonderen Einrichtungen" nach § 17 Abs. 1 S. 15 KHG Anwendung findet; für diesen Bereich bleibt die historisch ältere Regelung von § 22 BPflV weiter anwendbar (vgl. § 29 Rn 191).

34 Funktion der sehr formal ausgestalteten Wahlleistungsvereinbarung ist der Schutz des Patienten vor einer weitergehenden wirtschaftlichen Belastung, da er durch die Aufnahme in das Krankenhaus bereits eine umfassende Versorgung erhält, die als Allgemeine Krankenhausleistung zu bezeichnen ist.[31]

35 Weiter ist zu berücksichtigen, dass die Vergütung für die Allgemeinen Krankenhausleistungen zu dem Pflichtangebot des Krankenhauses zu zählen ist, während es sich bei der zusätzlichen Wahlleistungsvereinbarung um einen privatrechtlichen Vertrag handelt, der der Privatautonomie unterliegt.

1. Vertragsparteien der Wahlleistungsvereinbarung

36 Der totale Krankenhausaufnahmevertrag mit Arztzusatzvertrag (= Vereinbarung der Wahlleistung) wird zwischen dem Krankenhaus und dem Patienten geschlossen.[32] Glei-

---

30 So zutreffend Weth/Thomae/Reichold/*Wern*, S. 411 ff.
31 Ausführlich Rieger/*Bender*, „Wahlleistung" Rn 10–19.
32 BGH, Urt. v. 19.2.1998 – III ZR 169/97, NJW 1998, 1779.

ches gilt bei einem gespaltenen Krankenhausaufnahmevertrag.[33] Dabei ist entweder das Krankenhaus Vertreter des liquidationsberechtigten Arztes oder der zweite Vertrag mit dem liquidationsberechtigten Arzt wird zulässigerweise konkludent geschlossen.[34]

Auf der Seite des Krankenhauses ist es erforderlich, dass der Vertretungsberechtigte des Krankenhauses die Wahlleistungsvereinbarung unterzeichnet. Streitig ist in diesem Zusammenhang, ob es wegen der Vertretungsberechtigung erforderlich ist, dass aufseiten des Krankenhauses mit dem Zusatz der Vertretung unterzeichnet wird oder nicht. Ausreichend dürfte sein, ohne diesen Zusatz die Vereinbarung zu schließen, soweit der Unterzeichnende tatsächlich Vertretungsmacht hat und das Krankenhaus als Vertragspartei aufgeführt wird.[35] Dagegen[36] wird nicht überzeugend vorgebracht, die formalen Voraussetzungen für die Wahlleistungsvereinbarungen setzten zwingend einen Zusatz über die Vertreterstellung voraus; wenn tatsächlich eine Vertretungsmacht vorliegt, ist dieses als ausreichend anzusehen.

37

Auf Patientenseite ist Vertragspartner der Patient, der sich gleichfalls vertreten lassen kann. Bei Minderjährigen haben die Sorgeberechtigten – im Regelfall die Eltern – die Wahlleistungsvereinbarung zu unterzeichnen. Ob es unter Beachtung von § 1357 BGB ausreichend ist, wenn nur ein Elternteil diese Vereinbarung unterzeichnet, ist eine Einzelfallentscheidung.[37] Diese Frage stellt sich auch bei dem Abschluss einer Wahlleistungsvereinbarung durch einen Ehepartner für sich selbst.[38] Bei Prüfung dieser Frage sind die wirtschaftlichen Konsequenzen der Kosten zu beachten.[39]

38

Die Wahlleistungsvereinbarung kann jederzeit durch die Vertragsparteien gekündigt werden, eine Teilkündigung dieser Vereinbarung für einzelne Ärzte ist wegen § 17 Abs. 3 S. 1 KHEntgG nicht zulässig.[40]

39

2. Form der Wahlleistungsvereinbarung

Die **Schriftform** für die Wahlleistungsvereinbarung ergibt sich aus § 22 Abs. 2 S. 1 BPflV bzw. § 17 Abs. 2 S. 1 KHEntgG. Sie ist im Hinblick auf § 126 Abs. 2 S. 1 BGB nur dann gewahrt, wenn alle die Wahlleistungen betreffenden Erklärungen in derselben Urkunde niedergelegt und von beiden Parteien unterzeichnet sind;[41] daher sind nur vom Patienten unterzeichnete Wahlleistungsvereinbarungen unwirksam.[42] Werden z.B. noch Nachträge vereinbart, so müssen die Nachträge auch von beiden Vertragsparteien unter-

40

---

33 Vgl. hierzu ausführlich Rieger/*Bender*, „Wahlleistungen" Rn 66; a.A. *Kramer*, NJW 1996, 2400; Laufs/Uhlenbruck/*Genzel*, § 93 Rn 9.
34 Rieger/*Bender*, „Wahlleistungen" Rn 64; vgl. auch *Peris*, MedR 1998, 364.
35 LG Hamburg, Beschl. v. 15.5.2000 – 312 O 625/99, MedR 2001, 46.
36 LG Tübingen, Urt. 18.3.1998 – 8 O 15/97, MedR 1998, 473, 475.
37 Deutsch/Spickhoff/*Spickhoff*, Rn 82 m.w.N.
38 OLG Köln, Urt. v. 22.4.1998 – 5 U 144/96, VersR 1999, 374.
39 BGH, Urt. v. 27.11.1991 – XII ZR 226/90, NJW 1992, 909 ff.; siehe zu den Kosten für die ambulante Behandlung im Übrigen OLG Schleswig-Holstein, Urt. v. 19.3.1993 – 4 U 60/92, NJW 1993, 113.
40 Rieger/*Bender*, „Wahlleistungen" Rn 36.
41 St. Rspr. seit BGH, Urt. v. 19.2.1998 – III ZR 169/97, NJW 1998, 1778; OLG Hamm, Urt. v. 22.11.1999 – 3 U 90/99, VersR 2000, 365 = NJW 2000, 3437; Laufs/Uhlenbruck/*Genzel*, § 86 Rn 156.
42 AG Mölln, Urt. v. 8.12.1998 – 3 C 435/98, RuS 1999, 342; OVG Rheinland-Pfalz, Urt. v. 27.3.1998 – 2 A 10150/98, NVwZ 1999, 389.

§ 17 Das Liquidationsrecht des Chefarztes

zeichnet sein.[43] Wegen des Unterschrifterfordernisses sind Stempel, vorgedruckte Unterschriften, Faksimile u.ä. unzulässig.[44]

41 Die Wahlleistungsvereinbarung ist vor der Leistungserbringung abzuschließen, so dass eine rückwirkende Vereinbarung einer Wahlleistungsvereinbarung nicht zulässig ist.[45] Daher kann es sinnvoll sein, dass in der Wahlleistungsvereinbarung nicht nur das Datum, sondern noch zusätzlich der Zeitpunkt des Abschlusses der Vereinbarung aufgenommen wird.

3. Inhalt der Wahlleistungsvereinbarung

42 Bei der konkreten Ausgestaltung der Wahlleistungsvereinbarung sind folgende Inhalte zwingend vorzusehen,[46] wenn diese nicht eingehalten werden, ist die Wahlleistungsvereinbarung unwirksam:

- Die Vertragspartner müssen exakt bezeichnet werden, so dass Name, Rechtsform und Adresse des Krankenhauses, Name, Vorname und Anschrift des Patienten aufzuführen sind; bei Vertretungsverhältnissen sollten diese gleichfalls offen gelegt werden.
- § 22 Abs. 3 S. 1 BPflV und § 17 Abs. 3 S. 1 KHEntgG sind nicht nur inhaltlich zu zitieren, sie sind vielmehr in der Vereinbarung wörtlich zu zitieren.
- Es muss ein Hinweis in der Wahlleistungsvereinbarung enthalten sein, aus der deutlich wird, dass die Wahlleistungsvereinbarung sich auch auf die liquidationsberechtigten Ärzte des Krankenhauses sowie auf externe Ärzte erstreckt.[47] Die externen Ärzte haben den Vergütungsanspruch nach § 6a GOÄ zu mindern,[48] was verfassungsrechtlich unbedenklich ist.[49]
- Gemäß § 17 Abs. 2 S. 1 KHEntgG bzw. § 22 Abs. 2 S. 1 BPflV ist der Patient vor Abschluss der Vereinbarung schriftlich über die Entgelte der Wahlleistungen und der Inhalte im Einzelnen zu unterrichten. Ist eine ausreichende vorherige Unterrichtung des Patienten nicht durchgeführt worden, so ist die Wahlleistungsvereinbarung unwirksam. Der BGH verfolgt zwischen den bisher vertretenen Extremauffassungen[50] – einerseits ein globaler Hinweis auf die GOÄ sei ausreichend, andererseits ein „Kostenvoranschlag" mit der konkreten Angabe der gesamten Kosten sei erforderlich – hier eine vermittelnde Meinung,[51] so dass der bis zu den zitierten Entscheidungen existierende Streit als erledigt anzusehen ist. Nach Auffassung des BGH sind für eine ausreichende Unterrichtung des Patienten folgende Positionen in der Wahlleistungsvereinbarung aufzunehmen:
  Eine kurze Charakterisierung des Inhalts der wahlärztlichen Leistungen, wobei zum Ausdruck kommen muss, dass auch ohne Abschluss einer Wahlleistungsverein-

---

43 OLG Köln, Beschl. v. 24.11.2003 – 5 U 107/03, NJW-RR 2004, 1136 m. zustimmender Anm. *Korthus*, das Krankenhaus 2004, 554.
44 Uleer/Miebach/Patt/*Patt*, § 17 Rn 22.
45 Uleer/Miebach/Patt/*Patt*, § 17 Rn 23.
46 Ein Muster einer Wahlleistungsvereinbarung unter Beachtung der Rechtsprechung bei *Clausen/Schroeder-Printzen*, S. 33 ff.
47 Vgl. speziell dazu AG Kerpen, Urt. v. 28.4.1999 – 23 C 488/98, RuS 2000, 32.
48 BGH, Urt. v. 13.6.2002 – III ZR 186/01, NJW 2002, 718.
49 BVerfG, Nichtannahmebeschl. v. 19.3.2004 – 1 BvR 1319/02, NJW 2004, 347.
50 Siehe zu dieser Diskussion Rieger/*Bender*, „Wahlleistungen" Rn 77 f.
51 BGH, Urt. v. 27.11.2003 – III ZR 37/03, GesR 2004, 55; BGH, Urt. v. 8.1.2004 – III ZR 375/02, GesR 2004, 139; BGH, Urt. v. 22.7.2004 – III ZR 355/03, GesR 2004, 427; BGH, Urt. v. 4.11.2004 – III ZR 201/04, GesR 2005, 75.

barung unter Beachtung von Art und Schwere der Erkrankung eine persönliche Behandlung durch die liquidationsberechtigten Ärzte sichergestellt ist. Dies ist mit dem Hinweis darauf verbunden, dass der Patient auch ohne Abschluss einer Wahlleistungsvereinbarung die medizinisch notwendige Versorgung durch hinreichend qualifizierte Ärzte erhält.

- Eine kurze Erläuterung der Preisermittlung für ärztliche Leistungen nach der GOÄ/GOZ ist anzugeben (Leistungsbeschreibung anhand der Nummern des Gebührenverzeichnisses; Bedeutung von Punktzahl und Punktwert; Möglichkeit den Gebührensatz je nach Schwierigkeit und Zeitaufwand zu erhöhen); sinnvollerweise wird anhand eines Beispiels die Berechnung der Gebühren deutlich gemacht.
- Es soll ein Hinweis auf Gebührenminderung nach § 6a GOÄ vorgenommen werden.[52]
- Ein Hinweis darauf, dass die Vereinbarung wahlärztlicher Leistungen eine erhebliche finanzielle Mehrbelastung zur Folge haben kann, soll angebracht werden.
- Es soll ein Hinweis darauf gegeben werden, dass die GOÄ/GOZ auf Wunsch eingesehen werden kann; die ungefragte Vorlage dieser Texte erscheint demgegenüber entbehrlich, da diesen für sich genommen kein besonderer Informationswert zukommt. Der durchschnittliche Wahlleistungspatient ist auch nicht annähernd in der Lage, sich selbst anhand des Studiums dieser umfänglichen und komplizierten Regelungswerke einen Überblick über die Höhe der auf ihn zukommenden Arztkosten zu verschaffen.

Für die nichtärztlichen Wahlleistungen müssen die Preise genau genannt werden.[53]   43

Die Abrechung der wahlärztlichen Leistungen kann sowohl durch das Krankenhaus als auch durch den liquidationsberechtigten Arzt durchgeführt werden.   44

Soll die Abrechnung durch eine private Verrechnungsstelle vorgenommen werden, ist es wegen § 203 Abs. 1 Nr. 1 StGB und wegen des Rechts auf personelle Selbstbestimmung erforderlich, dass der Patient diesem Abrechnungsweg auch im Wege einer Abtretung zustimmt.[54] Entsprechendes ergibt sich auch spezialgesetzlich aus § 17 Abs. 3 S. 6 KHEntgG. Wird die Leistung des liquidationsberechtigten Arztes durch das Krankenhaus abgerechnet, so ist dieses auch ohne Zustimmung des Patienten zulässig.[55]   45

4. Rechtsfolgen bei Unwirksamkeit der Wahlleistungsvereinbarung

Ist die Wahlleistungsvereinbarung nicht ordnungsgemäß im Sinne der dargestellten Inhalte, so ist sie unwirksam, weil § 17 Abs. 2 S. 1 KHEntgG bzw. § 22 Abs. 2 S. 1 BPflV ausdrücklich die Schriftform und die Beachtung der dort genannten formalen Voraussetzungen verlangt.   46

Aus der **Unwirksamkeit der Wahlleistungsvereinbarung** ergibt sich dann, dass der Arzt keinen Anspruch auf Vergütung hat. Sofern der Patient dennoch gezahlt hat, besteht für diesen die Möglichkeit, das gezahlte ärztliche Honorar wegen ungerechtfertig-   47

---

52 BGH, Urt. v. 4.11.2004 – III ZR 201/04, GesR 2005, 75, lässt die Wahlleistungsvereinbarung trotz Fehlens des Hinweises auf § 6a GOÄ bestehen, da der Schutzzweck dieser Vorschrift nicht tangiert ist.
53 BGH, Urt. v. 27.11.2003 – III ZR 37/03, GesR 2004, 55; BGH, Urt. v. 8.1.2004 – III ZR 375/02, GesR 2004, 139; BGH, Urt. v. 22.7.2004 – III ZR 355/03, GesR 2004, 427; BGH, Urt. v. 4.11.2004 – III ZR 201/04, GesR 2005, 75.
54 BGH, Urt. v. 10.7.1991 – VIII ZR 296/90, NJW 1991, 1724.
55 Uleer/Miebach/Patt/*Patt*, § 17 Rn 79.

ter Bereicherung nach § 812 BGB zurückzufordern;[56] für die Anwendung von § 814 BGB bleibt wenig Raum.[57] Wenn der Patient trotz der unwirksamen Wahlleistungsvereinbarung mehrfach unbeanstandet die Rechnungen des liquidationsberechtigten Arztes bezahlt hat, kann gegen die Rückforderung der Einwand der unzulässigen Rechtsausübung eingewandt werden.[58]

48 In der Praxis ist häufig festzustellen, dass sich die privaten Krankenversicherer etwaige Rückforderungsansprüche der Patienten nach Erstattung der Forderungen gegenüber dem Patienten abtreten lassen,[59] um dann die möglichen Rückforderungsansprüche konzentriert geltend zu machen. Die Forderungen gehen nicht kraft Gesetzes unter Berufung auf § 67 VVG auf den Versicherer über,[60] sie können jedoch an den privaten Krankenversicherer abgetreten werden. Dies stellt dann auch keinen Verstoß gegen Art. 1 § 1 Abs. 1 RBerG dar.[61] Um sich vor diesen Risiken als liquidationsberechtigter Arzt zu schützen, besteht nur die Möglichkeit, ein Abtretungsverbot nach § 399 BGB zu vereinbaren, was zulässig ist.[62] Der Krankenhausträger, der dem Chefarzt des Liquidationsrecht eingeräumt hat, dürfte verpflichtet sein, dafür zu sorgen, dass dieser sein Recht auch ausüben kann. Bei einer unwirksamen Wahlleistungsvereinbarung würde deshalb ein Schadenersatzanspruch des Chefarztes gegen den Krankenhausträger bestehen.

II. Vertretervereinbarung

49 Wie bereits oben dargestellt (siehe Rn 14–16) wurde, hat der liquidationsberechtigte Arzt seine Leistungen im Kernbereich wahlärztlicher Leistungen grundsätzlich persönlich zu erbringen. Eine **Vertretung** des Wahlarztes in diesem Bereich ist nur eingeschränkt möglich. Formularmäßige Klauseln in Wahlleistungsvereinbarungen, die es dem Wahlarzt ermöglichen, sich praktisch in jedem Fall der Vertretung, egal ob vorhersehbar oder unvorhersehbar, durch einen namentlich nicht näher bezeichneten ständigen ärztlichen Vertreter vertreten zu lassen, sind unwirksam.[63] Anderes gilt jedoch in den Fällen, in denen eine unvorhersehbare Verhinderung des Arztes vorliegt, d.h. eine Verhinderung bei Abschluss der Wahlleistungsvereinbarung nicht absehbar war. Hier kann die Vertretung des Wahlarztes grundsätzlich auch im Rahmen der Wahlleistungsvereinbarung wirksam vereinbart werden.[64] In den Fällen, in denen die Verhinderung des Wahlarztes dagegen bei Abschluss der Wahlleistungsvereinbarung bereits absehbar

---

56 BGH, Urt. v. 17.10.2002 – III ZR 58/02, VersR 2002, 1545.
57 LG Berlin, Urt. v. 23.1.2003 – 30 O 8/02, n.v.
58 BGH, Urt. v. 1.2.2007 – III ZR 126/06, VersR 2007, 950.
59 Vgl. bereits BGH, Urt. v. 17.10.2002 – III ZR 58/02, NJW 2002, 3772.
60 OLG Düsseldorf, Urt. v. 22.2.2007 – I-8 U 119/06, 8 U 119/06, VersR 2007, 937; AG Esslingen, Urt. v. 21.2.2006 – 1 C 2218/05, ZMGR 2006, 36.
61 OLG Düsseldorf, Urt. v. 22.2.2007 – I-8 U 119/06, 8 U 119/06, VersR 2007, 937; OLG Köln, Urt. v. 21.12.2005 – 5 U 81/05, a.A. LG Duisburg, Urt. v. 6.7.2006 – 8 O 523/05; AG Essen-Steele, Urt. v. 19.5.2004 – 8 C 639/03, MedR 2004, 629 ff.; AG Esslingen, Urt. v. 21.2.2006 – 1 C 2218/05, ZMGR 2006, 36 ff.
62 Vgl. *Clausen/Schroeder-Printzen*, S. 90 ff.
63 LG Köln, Urt. 14.5.2003 – 25 O 80/03, KRS 03.046 – Operationsverbot des Arztes; LG Mosbach, Urt. v. 30.7.2002 – 1 S 144/01, VersR 2003, 870; OLG Stuttgart, Urt. v. 17.1.2002 – 2 U 147/01, MedR 2002, 218; OLG Hamm, Urt. v. 4.5.1994 – 3 U 198/93, NJW 1995, 794; OLG Düsseldorf, Urt. v. 16.2.1995 – 8 U 33/94, NJW 1995, 2421.
64 LG Marburg, Urt. v. 13.1.2000 – 1 O 263/99, VersR 2001, 1565; OLG Karlsruhe, Urt. v. 20.2.1987 – 15 U 160/86, NJW 1987, 244.

ist, kann seine Vertretung bei gleichzeitiger Beibehaltung des Liquidationsrechts im Rahmen einer individuellen Vertretungsvereinbarung wirksam vereinbart werden.[65]

Nach § 5 Abs. 5 GOÄ ist bei wahlärztlichen Leistungen, die weder vom liquidationsberechtigten Arzt noch von dessen dem Patienten vor Abschluss des Wahlarztvertrages benannten ständigen ärztlichen Vertreter persönlich erbracht worden sind, der nach der Gebührenordnung zulässige Steigerungssatz in dem dort genannten Umfang zu reduzieren. Daher muss sichergestellt sein, dass die ständigen ärztlichen Vertreter bereits bei Abschluss der Wahlleistungsvereinbarung benannt sind.

50

Umstritten ist die Frage, ob es zulässig ist, in der Wahlleistungsvereinbarung mehrere **ständige ärztliche Vertreter** für den liquidationsberechtigten Arzt aufzuführen. Verneint wird diese Auffassung, weil innerhalb von § 4 Abs. 2 S. 3 GOÄ nur im Singular gesprochen wird.[66] Aus einer gewissen pragmatischen Betrachtungsweise wird es als zulässig angesehen, dass mehrere Vertreter aufgeführt werden.[67] Zutreffend dürfte eine vermittelnde Meinung[68] sein. Es muss als zulässig angesehen werden, für den jeweiligen Kernbereich der Leistungen des liquidationsberechtigten Arztes, einen ständigen ärztlichen Vertreter zu bestellen, so dass dann eine Liste unterschiedlicher Kernbereiche bei den ständigen Vertretern vorliegen würde.

51

III. Kostenerstattung

1. Inhalt

Alle Chefärzte, denen der Krankenhausträger das Liquidationsrecht gewährt hat, sind nach § 19 Abs. 2 KHEntgG verpflichtet, dem Krankenhaus die auf diese Wahlleistungen im Pflegesatzzeitraum entfallenden, nicht pflegesatzfähigen Kosten zu erstatten. Damit wird der Tatsache Rechnung getragen, dass der Arzt gegenüber dem Patienten nach Maßgabe der GOÄ auch den vollen Personal- und Sachkostenanteil des Krankenhausträgers für die ärztlichen Leistungen abrechnet (§§ 4 Abs. 3, 10 GOÄ) und dieser Anteil deshalb nicht vonseiten des Krankenhausträgers geltend gemacht werden kann. Der Arzt ist zwar nach § 6a Abs. 1 S. 1 GOÄ zur Honorarminderung verpflichtet, mit der eine Doppelberechnung vermieden werden soll. Diese erfolgt jedoch pauschal, weshalb nach allgemeiner Meinung davon auszugehen ist, dass in den ärztlichen Gebühren des liquidierenden Arztes weiterhin ein Teil der Kosten des Krankenhauses enthalten ist.[69] § 19 Abs. 2 KHEntgG verpflichtet deshalb den liquidationsberechtigten Krankenhausarzt zum Ausgleich der Mindereinnahmen, die dem Krankenhausträger aus seiner Liquidationstätigkeit entstehen, womit ein Beitrag zur wirtschaftlichen Absicherung der Krankenhäuser geleistet werden soll.[70] Die Kostenerstattung stellt einen Teil der Abgaben dar, die der Chefarzt mit eigenem Liquidationsrecht im Krankenhaus im Regelfall zu erbringen hat und die in § 16 Nr. 3 Krankenhausfinanzierungsgesetz (KHG) als Nutzungsentgelt bezeichnet werden, wobei weiter gehende Abgaben als die Kosten-

52

---

65 LG Hamburg, Urt. v. 12.11.2004 – 332 O 305/04, ZMGR 2005, 65; LG Bonn, Urt. v. 4.2.2004 – 5 S 207/03, n.v.; OLG Celle, Urt. v. 22.3.1982 – 1 U 42/81, NJW 1982, 2129.
66 LG Konstanz, Urt. v. 9.10.2002 – 2 O 58/02, VersR 2003, 867; Uleer/Miebach/Patt/*Miebach*, § 4 Rn 89; *Kuhla*, NJW 2000, 842 f.; *Andreas/Debong/Bruns*, Rn 733.
67 LG München, Urt. v. 20.2.2002 – 9 S 15647/01, ArztR 2002, 150; *Wienke/Sauerborn*, MedR 1996, 353 f.
68 In *Clausen/Schroeder-Printzen*, S. 97 ff.
69 So auch Weth/Thomae/Reichold/*Wern*, S. 434 f.; Laufs/Uhlenbruck/*Genzel*, § 91 Rn 29 ff.
70 So Weth/Thomae/Reichold/*Wern*, S. 435.

erstattung der vertraglichen Vereinbarung im Rahmen des Chefarzt-Dienstvertrages bedürfen. Verfassungsrechtliche Bedenken gegen die Kostenerstattung und andere Formen der Abgaben haben sich bisher nicht durchsetzen können.[71]

53 Die Höhe der Kostenerstattung ergibt sich direkt aus dem KHEntgG. Nach § 19 Abs. 2 KHEntgG ist zwischen Verträgen zu unterscheiden, die vor dem 1.1.1993 abgeschlossen wurden (sog. Altverträge), und Verträgen, die nach dem 1.1.1993 abgeschlossen worden sind (sog. Neuverträge). Entscheidend für die Einordnung des Vertrages als Alt- oder Neuvertrag ist der Zeitpunkt des Vertragsschlusses, nicht der Beginn der Tätigkeit.[72]

2. Auskunftspflichten des Chefarztes und Auskunftsrechte des Krankenhausträgers

54 Mit der Pflicht des liquidationsberechtigten leitenden Krankenhausarztes zur Kostenerstattung korrespondieren dessen Auskunftspflichten gegenüber dem Krankenhausträger. § 17 Abs. 3 S. 3 KHEntgG sind der Chefarzt bzw. eine von ihm beauftragte Abrechnungsstelle verpflichtet, dem Krankenhausträger umgehend die zur Ermittlung der nach § 19 Abs. 2 KHEntgG zu erstattenden Kosten jeweils erforderlichen Unterlagen einschließlich einer Auflistung aller erbrachten Leistungen vollständig zur Verfügung zu stellen. § 17 Abs. 3 S. 4 KHEntgG verpflichtet den Arzt weiterhin, dem Krankenhaus die Möglichkeit einzuräumen, die Rechnungslegung zu überprüfen. Teilweise wird vertreten, dass dabei die Grundsätze der ärztlichen Schweigepflicht zu beachten sind, d.h. der Patient zuvor einwilligen müsse.[73] Dagegen spricht der Umstand, dass die Abrechnung der wahlärztlichen Leistungen durch das Krankenhaus nach § 17 Abs. 3 S. 3 KHEntgG nach allgemeiner Meinung keiner ausdrücklichen Einwilligung des Patienten bedarf.[74] Nachdem der Krankenhausträger zur Abrechnung wahlärztlicher Leistungen berechtigt ist, dürften die Grundsätze der ärztlichen Schweigepflicht im Rahmen von § 17 Abs. 3 S. 4 KHEntgG keine Rolle spielen.

IV. Vorteilsausgleich

1. Inhalt

55 Der Vorteilsausgleich ist als ein pauschales Entgelt für nicht messbare wirtschaftliche Vorteile anzusehen, die der Chefarzt mit eigener Liquidationsberechtigung durch die Bereitstellung von Personal- und Sachmitteln des Krankenhauses für die Ausübung seines Liquidationsrechts erhält. § 16 Nr. 3 KHG erwähnt den Vorteilsausgleich, eine gesetzliche Verpflichtung des Chefarztes zu seiner Zahlung besteht jedoch nicht. Voraussetzung dafür, dass ein Vorteilsausgleich zu zahlen ist, ist eine entsprechende vertragliche Vereinbarung im Rahmen des Chefarzt-Dienstvertrages.[75]

---

[71] Hierzu instruktiv *Kirchhof*, Staatlich angeordnete Abzüge von privaten Liquidationen der Krankenhaus-Chefärzte, 2004.
[72] *Tuschen/Trefz*, S. 339 f.
[73] So Weth/Thomae/Reichold/*Wern*, S. 436 m.w.N.
[74] *Tuschen/Quaas*, § 22 S. 401 m.w.N.
[75] Weth/Thomae/Reichold/*Wern*, S. 436; Laufs/Uhlenbruck/*Genzel*, § 91 Rn 29 ff.

2. Grenzen des Vorteilsausgleichs

Auf die gegen die Zahlung übermäßiger Nutzungsentgelte vorgebrachten verfassungsrechtlichen Bedenken ist bereits hingewiesen worden. Diese Bedenken, die auf die Art. 3 Abs. 1 und 12 Abs. 1 GG gestützt werden, haben im Zusammenhang mit dem Vorteilsausgleich noch größeres Gewicht, da sich der wirtschaftliche Vorteil des Arztes mit eigener Liquidationsberechtigung nur schwerlich konkretisieren lässt.[76] Formularvertragliche Vorteilsausgleichsregelungen sind im Übrigen nach den Vorschriften der §§ 307 ff. BGB einer Inhaltskontrolle zu unterziehen, soweit es sich um angestellte leitende Krankenhausärzte handelt.[77]

56

V. Pflicht zur Mitarbeiterbeteiligung

1. Rechtsgrundlagen

Die Pflicht des liquidationsberechtigten Krankenhausarztes, andere Ärzte, die an der Behandlung des Patienten beteiligt sind, an den Liquidationserlösen zu beteiligen, ergibt sich sowohl aus § 29 Abs. 3 der Musterberufsordnung für die deutschen Ärzte als auch aus einer Reihe von Landeskrankenhausgesetzen.[78] § 29 Abs. 3 MBO ist mit geringfügigen Änderungen in die Berufsordnungen in den Kammerbezirken übernommen worden.[79] Eine zivil- oder arbeitsrechtliche Verpflichtung des Chefarztes zur Mitarbeiterbeteiligung ergibt sich jedoch nicht aus diesen Vorschriften, sondern bedarf der arbeitsvertraglichen Vereinbarung im Rahmen des Chefarzt-Dienstvertrages.[80]

57

2. Inhalt der Mitarbeiterbeteiligung

Die Modalitäten der Mitarbeiterbeteiligung werden regelmäßig in Poolregelungen bzw. Poolordnungen festgehalten. In einigen Bundesländern besteht nach den Landeskrankenhausgesetzen, eine Verpflichtung der Krankenhäuser zur Einrichtung solcher Mitarbeiterpools, die der Krankenhausträger treuhänderisch verwaltet, der auch allein die Poolansprüche gegen den liquidationsberechtigten Krankenhausarzt geltend machen kann. Die Inhalte der jeweiligen Poolordnung müssen zwischen dem Krankenhausträger und seinen liquidationsberechtigten Krankenhausärzten vertraglich vereinbart werden. Direktansprüche zwischen liquidationsberechtigtem und nachgeordnetem Arzt bestehen im Regelfall nicht. Nachgeordnete Ärzte haben auch bei bestehender Poolregelung nur dann gegen den Krankenhausträger einen Anspruch auf Mitarbeiterbeteiligung, wenn dies arbeitsvertraglich vereinbart ist.[81]

58

---

76 *Kirchhof*, Staatlich angeordnete Abzüge von privaten Liquidationen der Krankenhaus-Chefärzte, 2004.
77 So zutreffend Weth/Thomae/Reichold/*Wern*, S. 436.
78 Vgl. die Aufzählung bei Weth/Thomae/Reichold/*Wern*, S. 437, Fn 6.
79 Vgl. die Aufstellung in *Ratzel/Lippert* zu § 29 mit dem abweichenden Wortlaut der Berufsordnungen in den Kammerbezirken.
80 So zutreffend Weth/Thomae/Reichold/*Wern*, S. 437 f.; *Andreas/Debong/Bruns*, S. 145.
81 Weth/Thomae/Reichold/*Wern*, S. 437 ff.; *Andreas/Debong/Bruns*, S. 145; Laufs/Uhlenbruck/*Genzel*, § 91 Rn 49 ff.

VI. Vertragliche Einschränkungen des Liquidationsrechts durch Entwicklungsklauseln

59 Vonseiten des Krankenhausträgers besteht grundsätzlich die Möglichkeit, das Liquidationsrecht der bei ihm angestellten leitenden Krankenhausärzte im Rahmen von Entwicklungsklauseln einzuschränken, die sich regelmäßig in Chefarzt-Dienstverträgen finden. Nachdem bei derartigen Verträgen üblicherweise mit vorformulierten Vertragsbedingungen gearbeitet wird, unterliegen auch Entwicklungsklauseln seit 2003 der Inhaltskontrolle nach Maßgabe der §§ 307 ff. BGB. Zu beachten sind in diesem Zusammenhang insbesondere das Transparenzgebot gemäß § 307 Abs. 1 S. 2 BGB, wonach beispielsweise Klauseln, in denen die Voraussetzungen für den Widerruf von gewährten Zusagen nicht genannt werden, unwirksam sind.[82] Wenn der Krankenhausträger die Vergütung oder Vergütungsbestandteile durch einen Änderungs- oder Widerrufsvorbehalt zum Gegenstand der Entwicklungsklausel macht, liegt dann eine unzumutbare Benachteiligung i.S.v. § 308 Nr. 4 BGB vor, wenn Teile der Vergütung betroffen sind, die den Kerngehalt oder wesentliche Bestandteile des Chefarzt-Dienstvertrages ausmachen. Dies betrifft sowohl das vereinbarte Festgehalt, welches Hauptbestandteil der Gegenleistung aus dem Anstellungsvertrag ist, als auch die Gewährung einer zusätzlichen Erwerbschance durch Einräumung des Liquidationsrechts, zumindest soweit dieses im Kern betroffen ist.[83]

60 Der Krankenhausträger kann ein einmal gewährtes Liquidationsrecht somit nur in Grenzen arbeitsvertraglich zur Disposition stellen.

VII. Steuerliche Behandlung der Liquidationserlöse

61 Die Liquidationseinnahmen des Chefarztes, die dieser im Rahmen der genehmigten Nebentätigkeit in seiner Chefarztambulanz erzielt, sind einkommensteuerpflichtig. Gleiches galt bis zu der Entscheidung des Bundesfinanzhofs vom 5.10.2005 auch für die Einnahmen aus dem dem Chefarzt eingeräumten Liquidationsrecht für die gesondert berechenbaren wahlärztlichen Leistungen.[84] Nach dieser Entscheidung bezieht ein Chefarzt mit den Einnahmen aus dem ihm eingeräumten Liquidationsrecht für die gesondert berechenbaren wahlärztlichen Leistungen in der Regel Arbeitslohn, sofern er angestellt ist und die wahlärztlichen Leistungen innerhalb des Dienstverhältnisses erbracht werden.[85] Arbeitslohn ist nicht einkommensteuer- sondern lohnsteuerpflichtig mit den daraus ggf. resultierenden steuerlichen Konsequenzen für den betroffenen Chefarzt.

62 Auch wenn der Bundesfinanzhof einen Einzelfall entschieden hat, so lassen sich dem Urteil doch die nachfolgend genannten Kriterien entnehmen, bei deren Vorliegen die Einnahmen aus den gesondert berechenbaren wahlärztlichen Leistungen als Arbeitslohn zu klassifizieren sind:

- Die Behandlung der Wahlleistungspatienten ist Teil der Dienstaufgaben des Chefarztes.

---

82 *Nahmmacher/Clausen*, S. 35 unter Hinweis auf BAG, Urt. v. 12.1.2005 – 5 A ZR 364/04, NJW 2005, 1820.
83 *Nahmmacher/Clausen*, S. 34 ff.; bereits BAG, Urt. v. 28.5.1997 – 5 A ZR 125/96, NZA 1997, 1160.
84 BFH, Urt. v. 5.10.2005 – VI R 152/01, ZMGR 2005, 365 = GesR 2006, 18.
85 BFH, Urt. v. 5.10.2005 – VI R 152/01, ZMGR 2005, 365 = GesR 2006, 18.

- Nachdem die Behandlung der Wahlleistungspatienten zu den Dienstaufgaben gehört, besteht eine Behandlungspflicht und nicht die Möglichkeit, beispielsweise Patienten einer bestimmten privaten Krankenversicherung oder Patienten, die dem Arzt aus anderen Gründen nicht passen, abzulehnen (keine unternehmerische Entscheidungsfreiheit des Chefarztes).
- Die Behandlung der Wahlleistungspatienten erfolgt im Rahmen der materiellen und personellen Ressourcen des Krankenhauses, so dass der Chefarzt in seinen Entscheidungen auch hier nicht frei ist.
- Das Unternehmerrisiko und die Unternehmerinitiative liegen beim Krankenhaus.
- Das Risiko des Honorarausfalls trägt allein der Krankenhausträger, d.h. Kostenerstattung und Vorteilsausgleichung erfolgen nicht nach den abgerechneten Honoraren, sondern nach den Einnahmen, die tatsächlich hereinkommen.
- Das Krankenhaus überwacht den Honorareinzug.

Diese Kriterien dürften auf die Mehrheit der Chefarzt-Dienstverträge zutreffen. Sofern die Einnahmen des Chefarztes aus dem ihm eingeräumten Liquidationsrecht für die gesondert berechenbaren wahlärztlichen Leistungen weiterhin der Einkommensteuer unterliegen sollen, bedarf es deshalb im Einzelfall der Umgestaltung von Wahlleistungsvereinbarung und Chefarzt-Dienstvertrag.

§ 18 Abgabe und Übernahme einer Arztpraxis

*Achim Röschmann**

Inhalt

A. Einleitung	1
B. Vorbereitung und Umsetzung der Abgabe und Übernahme einer Arztpraxis	6
I. Langfristige Vorbereitung	6
II. Mittel- und kurzfristige Vorbereitung	9
III. Umsetzungsphase	11
C. Der Praxiskauf als Unternehmenskauf	13
I. Gegenstand der Veräußerung ..	13
1. Arztpraxis	13
2. Anteil an einer Kooperationsgemeinschaft	15
3. Konkretisierung des Kaufgegenstands	20
4. Vertragsarztsitz als Kaufgegenstand?	27
II. Rechtsnatur der Veräußerung und sich daraus ergebende Folgen	29
1. Veräußerung einer Einzelpraxis	29
2. Veräußerung von Anteilen an einer Kooperationsgemeinschaft	32
3. Exkurs: Haftung für Altverbindlichkeiten	36
III. Veräußerer und Erwerber	41
IV. Ermittlung des Praxiswertes, Kaufpreisfindung	45
1. Kriterien für die Ermittlung	46
a) Methode der Bundesärztekammer	47
b) Ertragswertmethode ..	49
c) Exkurs: Der Verkehrswert i.S.d. § 103 Abs. 4 SGB V ..	51
2. Sittenwidrigkeit	54
D. Vorüberlegung zum Praxiskaufvertrag	55
I. Vorvertragliche Gestaltungs- und Sicherungsmöglichkeiten .	56
1. Absichtserklärung, Geheimhaltungsvereinbarung	56
2. Punktuation und Vorvertrag	58
3. Vertrauenstatbestand	61
II. Übernahme von Vertragsverhältnissen und Gesellschaftsanteilen	62
1. Mietvertrag über Praxisräume	64
a) Exkurs: Ort der Niederlassung	65
b) Übernahme eines bestehenden Mietvertrages	66
2. Versicherungsverträge ...	71
3. Leasing- und Wartungsverträge	73
4. Belegarztverträge	74
5. Übergang der Arbeitsverhältnisse	75
6. Gesellschaftsanteile	82
III. Übertragung der Patientenkartei, Honorarforderungen ...	83
1. Übertragung der Patientenkartei	83
2. Honorarforderungen	88
E. Zulassungs- und Nachbesetzungsverfahren ..	89
1. Einleitung des Nachbesetzungsverfahrens	89
2. Sicherung vor Zulassungsverlust und vor Zulassung eines unerwünschten Bewerbers	91
3. Ermessen des Zulassungsausschusses	94
a) Ermessenskriterien ...	94
b) Positionsverbesserung des Nachfolgers	95
4. Widerspruch und Klage vor den Sozialgerichten	99
5. Zivilrechtliche Gestaltungsmöglichkeiten zur Zulassungsnachbesetzung .	101
F. Der Praxiskaufvertrag	105
I. Form, sonstige Vorgaben, Allgemeine Geschäftsbedingungen	105

---

* Unter Mitwirkung von *Andreas Staufer*.

§ 18 Abgabe und Übernahme einer Arztpraxis

1. Schriftform und notarielle Beurkundung 105	3. Mängelhaftungsausschluss . 125
2. Vorlage des Praxiskaufvertrages nach Berufs- und Zulassungsrecht 106	IV. Rückkehrverbot 126
	V. Fälligkeit und Fristen 129
	VI. Salvatorische Klausel 130
3. Allgemeine Geschäftsbedingungen 108	VII. Rückabwicklung des Übernahmevertrags 131
II. Wesentlicher Vertragsinhalt . . 109	1. Bereicherungsrechtliche Ansprüche 131
1. Vertragsparteien, Einwilligungen 109	2. Rücktritt vom Übernahmevertrag, Störung der Geschäftsgrundlage 134
2. Wesentliche Pflichten 110	
a) Pflichten des Veräußerers 110	**G. Steuerrechtliche Erwägungen** 135
b) Pflichten des Erwerbers 112	I. Versteuerung des Gewinns aus Veräußerung 136
III. Leistungsstörung und Gewährleistung 114	II. Steuerliche Geltendmachung des Kaufpreises 140
1. Anspruchsgrundlagen 114	III. Sonstige Steuern 142
2. Beschaffenheitsmängel der Arztpraxis, Garantie, Due Diligence Prüfung 116	1. Umsatzsteuer 142
	2. Gewerbesteuer 144
a) Sachmängel 118	3. Lohnsteuer 145
b) Rechtsmängel 121	**H. Anwaltsgebühren** 146
c) Mängel des Gesellschaftsanteils 123	
d) Verjährung 124	

Literatur

Bamberger/Roth, Beck'scher Onlinekommentar zum BGB, 1.11.2006; **Beisel/Klumpp**, Der Unternehmenskauf, 5. Auflage 2006; **Bopp**, Formularbuch Recht und Steuern, 5. Auflage 2004; **Bräune/Dahm**, Auswirkungen der Schuldrechtsreform auf den ärztlichen Bereich, MedR 2004, 646; **Canaris**, Handelsrecht, 24. Auflage 2006; **Cramer/Maier**, Praxisübergabe und Praxiswert, MedR 2002, 556, 616; **Dahm**, Konzessionshandel beim Praxiskauf, MedR 2000, 551; **Dahm/Möller/Ratzel**, Rechtshandbuch Medizinische Versorgungszentren, 2005; **Ehlers**, Fortführung von Arztpraxen, 2. Auflage 2001; **Fiedler**, Zum Nachbesetzungsverfahren unter besonderer Berücksichtigung von Praxisgemeinschaften und Kooperationen, NZS 2003, 574; **Dahm/Ratzel**, Liberalisierung der Tätigkeitsvoraussetzungen des Vertragsarztes und Vertragsarztrechtsänderungsgesetz, MedR 2006, 555; **Gummert/Riegger/Weipert**, Münchner Handbuch des Gesellschaftsrechts, Bd. 1, 2. Auflage 2004; **Harnheit**, Rechtsanwaltsgebühren und Kostenerstattung in Vertragsarztangelegenheiten, ZMGR 2005, 123; **Holzapfel/Pöllath**, Der Unternehmenskauf in Recht und Praxis, 12. Auflage 2005; **Horn**, Kriterien für den Goodwill bei Praxen von Freiberuflern, FPR 2006, 317; **Kamps**, Arbeitsrecht für den niedergelassenen Arzt, 6. Auflage 2006; **Klapp**, Abgabe und Übernahme einer Arztpraxis, 3. Auflage 2005; **Kluth**, Die freiberufliche Praxis als solche in der Insolvenz, NJW 2002, 186; **Krauskopf**, Sozialgesetzbuch V, 13. Auflage 2005; **Krügermeyer-Kalthoff/Reutershan**, Betriebsübergang – Unterrichtspflichten des Arbeitgebers nach § 613a V BGB, MDR 2003, 541; **Laufs/Uhlenbruck**, Handbuch des Arztrechts, 3. Auflage 2002; **Michels/Ketteler-Eising**, Ertragsteuerliche Behandlung des Kaufpreises für Kassenarztpraxen, DStR 2006, 961; **Möller**, Gemeinschaftspraxis zwischen Privatarzt und Vertragsarzt, MedR 2003, 195; **Möller**, Aktuelle Probleme bei Gründung und Betrieb von Gemeinschaftspraxen, MedR 2006, 621; **Plagemann**, Münchener Anwalts-Handbuch Sozialrecht, 2. Auflage 2005; **Ratzel/Lippert**, Kommentar zur Musterberufsordnung der deutschen Ärzte (MBO), 4. Auflage 2006; **Rehborn**, Arzt Patient Krankenhaus, 3. Auflage 2000; **Rieger**, Lexikon des Arztrechts, 2. Auflage 2005; **Rieger**, Rechtsfragen beim Verkauf und Erwerb einer Arztpraxis. 5. Auflage 2004; **Schallen**, Zulassungsverordnung für Vertragsärzte, Vertragszahnärzte, Psychotherapeuten, 5. Auflage 2007; **Schmidt**, Die Gesellschafterhaftung bei der Gesellschaft bürgerlichen Rechts als gesetzliches Schuldverhältnis, NJW 2003, 1897; **Schneider**, Zur Anwendung des RVG im Medizinrecht, ZMGR 2005, 130; **Wälzholz**, Aktuelle Entwicklungen und Probleme bei Freiberuflerpersonengesellschaften, DStR 2004, 1708; **Winsloe**, Partner in einer Gemeinschaftspraxis, DÄBl 94 A-3484; **Wollny**, Unternehmens- und Praxisübertragungen, 6. Auflage 2005.

A. Einleitung

Immer noch entschließen sich weit mehr Ärzte, Praxen zu übernehmen als neue zu gründen. Änderungen sind so schnell nicht zu erwarten, da immer noch in weiten Teilen des Bundesgebietes Zulassungsbeschränkungen bestehen. Dort können vertragsärztliche Zulassungen grundsätzlich nur im Wege der Nachbesetzung erteilt werden, d.h. in einem Verfahren, das gemäß § 103 Abs. 4 S. 1 SGB V voraussetzt, dass „die Praxis von einem Nachfolger fortgesetzt werden soll". Aber auch in zulassungsfreien Planungsbereichen bzw. bei rein privatärztlichen Praxen bevorzugen die Ärzte meist die Praxisnachfolge.

Die Abgabe und Übernahme einer Arztpraxis[1] gehört in der Regel für Veräußerer und Erwerber zu den bedeutendsten Rechtsgeschäften. Die Aufgabe der Arztpraxis bedeutet für den Veräußerer den Verlust seines regelmäßigen Einkommens, deshalb muss der Erlös aus der Praxisveräußerung erheblich zur Altersvorsorge beitragen. Der Erwerber wird den Kaufpreis nur selten ohne Kreditfinanzierung aufbringen können und ist daher meist darauf angewiesen, neben seinen allgemeinen Lebenshaltungskosten auch den Zins und die Tilgung aus den Überschüssen der übernommenen Praxis bedienen zu können. Beide Seiten haben somit bei einer Fehleinschätzung viel zu verlieren.

Dies kann Vertragsverhandlungen ebenso beeinflussen wie die häufig völlig unzureichenden Informationen der Beteiligten über den Ablauf von Verhandlungen zum Praxiskaufvertrag und über die jeweilige Erwartungshaltung der anderen Seite. So hat z.B. der Veräußerer meist erhebliches Interesse am Erhalt seines Lebenswerks und sucht daher bei dem Nachfolgeinteressenten Verständnis. Ein selbstbewusstes Verhandeln des Interessenten (bzw. seines anwaltlichen Vertreters) fehlinterpretiert er schnell als Anzeichen für eine ethikferne Einstellung zum Arztberuf.

Reibungen können sich erfahrungsgemäß auch ergeben aus unterschiedlichen Vorstellungen über eine Weiterarbeit des Veräußerers in seiner ehemaligen Praxis. Dem Veräußerer ist häufig an einer vorübergehenden Weiterarbeit gelegen, um das Berufsleben sanft ausklingen zu lassen und einen reibungslosen Praxisübergang sicherzustellen. Demgegenüber legt der Erwerber meist Wert darauf, seine eigenen Vorstellungen zu der künftigen Praxisgestaltung von Anfang an ungestört verwirklichen zu können. Eine vorübergehende, kurzfristige Weiterarbeit des Veräußerers ist ihm zwar als Hilfe zur Überleitung des ideellen Praxiswertes oft willkommen, den damit verbundenen Einflussmöglichkeiten des Veräußerers und den finanziellen Belastungen durch dessen Vergütungs-/Gewinnbeteiligungsansprüche steht der Erwerber aber eher kritisch gegenüber.

Aufgabe des Rechtsanwalts ist es, bereits im Vorfeld der Vertragsgestaltung die zahlreichen rationalen und emotionalen Aspekte, die mit der Abgabe und Übernahme der Arztpraxis verbunden sind, zu analysieren und die Verhandlungs- und Ablaufziele zu ermitteln. Dabei sollte der Rechtsanwalt nicht versäumen, seinem Mandanten die Interessen der anderen Partei zu verdeutlichen, und ihm klarmachen, dass eine zumindest teilweise Berücksichtigung dieser Interessen bei der Vertragsgestaltung anzuraten ist, um den Vertragsabschluss nicht zu gefährden. Zudem hat der Rechtsanwalt die für die Verwirklichung des angestrebten Ziels zu beachtenden rechtlichen Rahmenbedingungen zu ermitteln und die erforderlichen vertraglichen Regelungen unter gleichzeitiger Beachtung steuerlicher Gestaltungsmöglichkeiten auszuarbeiten.

---

1 Soweit nichts Abweichendes dargelegt wird, betreffen die Ausführungen in gleicher Weise die Abgabe und Übernahme von Psychotherapeuten- und Zahnarztpraxen.

B. Vorbereitung und Umsetzung der Abgabe und Übernahme einer Arztpraxis

I. Langfristige Vorbereitung

6 Mit der Vorbereitung kann nicht frühzeitig genug begonnen werden. Nur regelmäßiges Vertragscontrolling ermöglicht die rechtzeitige und Erfolg versprechende Anpassung der bestehenden Verträge an die aktuelle Sach- und Rechtslage sowie an die Bedürfnisse eines späteren Übernahmeinteressenten. So sind z.B. Gesellschafts- und Praxismietverträge noch vor der eigentlichen Übergabephase speziell im Hinblick auf Bestandssicherung und Nachfolgeregelungen zu prüfen.[2]

7 Der Veräußerer sollte alle laufenden Verträge seiner Praxis unabhängig von den gesetzlichen Erfordernissen in schriftlicher Form abschließen. Inventarlisten sind von Zeit zu Zeit zu überarbeiten. Beides erleichtert später die Bestimmung des Kaufgegenstands. Auch empfiehlt es sich, Verwaltungsabläufe der Praxis transparent zu gestalten und vermeidbare Kosten zu eliminieren. Eine gute Organisation und ein eingespieltes Praxisteam erleichtern die Übertragung des ideellen Praxiswertes auf einen Nachfolger. Attraktivität und Wert der Praxis lassen sich ferner durch gutes Marketing, regelmäßige Fortbildungen und Zusatzqualifikationen des Personals sowie ein modernes und übersichtliches Abrechnungswesen steigern. Ein effektives Mittel zur Erhöhung des Praxiswertes sind auch Kooperationen mit anderen Ärzten und Leistungserbringern im Gesundheitswesen.

8 Diese vorbereitenden Maßnahmen zusammen sichern zugleich eine schnelle und reibungsarme Übergabephase, erst recht im Hinblick darauf, dass möglicherweise die Praxisabgabe infolge Berufsunfähigkeit oder Tod sehr schnell erfolgen muss.

II. Mittel- und kurzfristige Vorbereitung

9 Ist der Veräußerer kurzfristig in der Lage, aussagekräftige Unterlagen über die Praxis vorzulegen, erleichtert er damit nicht nur dem Erwerber die Einschätzung der Ertragskraft und der Zukunftschancen der Praxis, sondern erweckt zugleich Vertrauen in die Seriosität seiner Person. Der Veräußerer sollte aber nicht die notwendigen Vorsichtsmaßnahmen außer Acht lassen und insbesondere mit dem Erwerber vor Herausgabe von Praxisunterlagen eine schriftliche, möglichst vertragsstrafenbewehrte Geheimhaltungsvereinbarung treffen. Zu den vom Erwerber benötigten Praxisunterlagen zählen u.a. die steuerlichen Abschlüsse der letzten drei bis fünf vollen Kalenderjahre, die betriebswirtschaftlichen Auswertungen für den Folgezeitraum, eine aktuelle Inventarliste, die Anstellungsverträge der in der Praxis beschäftigten Mitarbeiter, ferner die Häufigkeitsstatistik aus den KV-Abrechnungen, eine Leistungsstatistik der privatärztlichen Tätigkeit sowie Angaben über Besonderheiten in der Praxisstruktur. Nicht zu vergessen sind Kopien der bedeutendsten, die Praxis betreffenden Verträge. Der Veräußerer sollte darauf achten, dass technische Geräte die erforderliche Betriebserlaubnis aufweisen und keine Erlaubnis alsbald nach Praxisübergabe ausläuft oder etwa nur personenbezogen gilt.

10 Plant der Erwerber die Übernahme einer vertragsärztlichen Praxis, die in einem zulassungsbeschränkten Planungsbereich gelegen ist, ist ihm anzuraten, sich frühzeitig – zu-

---

[2] Vgl. *Klapp*, S. 10.

gleich auch zur Verbesserung seiner Chancen im Zulassungsnachbesetzungs- und Auswahlverfahren (vgl. § 103 Abs. 5 SGB V) – auf die Warteliste der KV setzen zu lassen und sich bei dieser über die speziellen Versorgungsverhältnisse in dem von ihm angestrebten Planungsbereich zu informieren. Spätestens wenn eine Praxis konkret als Kaufobjekt in Betracht kommt, sollte sich der Erwerber nach Finanzierungsmöglichkeiten erkundigen.[3] Noch besser ist es aber, schon sehr frühzeitige Sondierungsgespräche mit möglichen Kreditgebern aufzunehmen, zumal Kreditinstitute, die einen großen Marktanteil im Bereich von Praxisverkäufen haben, oft über sonst kaum zugängliche Marktinformationen verfügen und damit dem Erwerber bei der Entscheidungsfindung helfen können. Ein professioneller Businessplan erleichtert den Kreditgebern die Entscheidung bzw. wird oft sogar zur Bedingung gemacht.

III. Umsetzungsphase

Erwerbsinteressenten lassen sich im Kollegenkreis, über Zeitungsinserate und über Praxisvermittler finden. Auch die Nachfrage bei der örtlich zuständigen KV ist manchmal hilfreich. Bei allen Suchaktivitäten sollte der Veräußerer aber zur Vermeidung von Unruhe und unerwünschter Fluktuation dafür sorgen, dass seine Abgabeabsicht nicht zu vielen Personen bekannt wird, insbesondere nicht seinem Personal und seinen Patienten. In zulassungsbeschränkten Planungsbereichen kann die Umsetzungsphase bei Vertragsärzten mit dem Ausschreibungs- und Nachbesetzungsverfahren (vgl. § 103 Abs. 4 SGB V) beginnen, da auch so Kontakte zu Kaufinteressenten geknüpft werden können.[4]

11

Der bessere Weg ist aber meist die vorgelagerte, eigenständige Suche nach Kaufinteressenten. Hat der Veräußerer einen ihm genehmen Erwerbsinteressent gefunden, sollte er den Praxiskaufvertrag schon vor der Einleitung des Nachbesetzungsverfahrens schließen. Die Einhaltung dieser Reihenfolge erhöht erheblich die Chancen des Veräußerers, unter einer größeren Zahl von Interessenten auswählen, seine Kaufpreisvorstellungen verwirklichen und schließlich auch den Kandidaten seiner Wahl als seinen Zulassungsnachfolger durchsetzen zu können.

12

C. Der Praxiskauf als Unternehmenskauf

I. Gegenstand der Veräußerung

1. Arztpraxis

Mangels gesetzlicher Definition wird die Arztpraxis an den Begriff des Unternehmens[5] angelehnt und definiert als Gesamtheit all dessen, was die gegenständliche und personelle Grundlage der Tätigkeit des in freier Praxis tätigen Arztes bei der Erfüllung der ihm obliegenden Aufgaben bildet.[6] Sie ist nicht nur der Inbegriff von Sachen, Rechten, tatsächlichen Beziehungen, Vertragspositionen und Mitarbeitern.[7] Zur Arztpraxis gehören vielmehr auch die Patientenkartei, die Krankenunterlagen und insbesondere der ide-

13

---

3 Zur Finanzierung *Klapp*, S. 73 ff.
4 Wie Veräußerer und Erwerber zusammenfinden können, vgl. *Klapp*, S. 12 ff.
5 Der Begriff Unternehmen findet selbst uneinheitlich Verwendung. Definition des Unternehmens bei Bamberger/*Faust*, § 453 Rn 25.
6 Vgl. Laufs/*Uhlenbruck*, § 18 Rn 1; BGH – III ZR 31/80 – NJW 1981, 2000, 2002.
7 Vgl. *Holzapfel/Pöllath*, Rn 130.

elle Wert (Goodwill) mit Patientenstamm und rechtlichen Beziehungen des Arztes zu Dritten.[8] Im Gegensatz zu den Verhältnissen bei gewerblichen Unternehmen beruht der ideelle Wert zum Großteil auf dem Vertrauen der Patienten in den bisherigen Praxisinhaber und ist deshalb eng mit dessen Person verbunden.

14 Die Arztpraxis ist als solche im Ganzen oder in Teilen veräußerbar, sofern diese Teile selbständige Funktionseinheiten bilden, wie eine größere Laboreinheit.[9] Auch der vertragsärztliche und privatärztliche Anteil einer Praxis ist prinzipiell für sich veräußerbar,[10] woraus jedoch Abgrenzungsprobleme entstehen können.

2. Anteil an einer Kooperationsgemeinschaft

15 Besonderheiten gelten, wenn der Veräußerer Mitglied einer beruflichen Kooperation[11] ist, zu der u.a. die Berufsausübungsgemeinschaft (Gemeinschaftspraxis) und die Organisationsgemeinschaft zählt.

16 Eine Legaldefinition der Berufsausübungsgemeinschaft findet sich weder im Zulassungsrecht noch im Berufsrecht. Erforderlich ist jedenfalls der Wille zur gemeinsamen Berufsausübung in einer auf Dauer angelegten systematischen Kooperation, die sich nicht lediglich auf die Nutzung gemeinsamer Ressourcen, auf Fortbildungen oder Nebentätigkeiten und Vertretungsregelungen beschränkt.[12] Obligat ist die Außenankündigung nach Maßgabe des § 18a Abs. 1 MBO.

17 Ärzte dürfen ihren Beruf in allen für den Arztberuf zulässigen Gesellschaftsformen ausüben, § 18 Abs. 2 MBO und sich dabei auch der juristischen Personen des Privatrechts bedienen, § 23 Abs. 1 MBO. Berufsausübungsgemeinschaften, werden überwiegend als GbR geführt und besitzen als solche eigene Rechtsfähigkeit.[13]

18 Die Praxisgemeinschaft als Hauptform der Organisationsgemeinschaft beschränkt sich dagegen im Wesentlichen auf die gemeinsame Nutzung von Räumen und Apparaten sowie die gemeinsame Beschäftigung von Personal. Eine gemeinsame Berufsausübung findet nicht statt, die beteiligten Ärzte bezwecken vor allem organisatorische Vorteile und Kostenersparnisse. Eine Organisationsgemeinschaft ist keine selbständige Praxis, vielmehr übt jeder Gesellschafter seinen Beruf in seiner eigenen Praxis aus und ist zugleich Mitglied der Organisationsgemeinschaft. Bei dieser Gestaltungsform treten die Ärzte zivil- wie steuerrechtlich, gegenüber Patienten selbständig auf, sofern sie nicht – wovon aber aus Haftungsgründen abzuraten ist – von ihrem Recht Gebrauch machen, den Zusammenschluss anzukündigen, § 18 Abs. 3 MBO. Die Patientenstämme bleiben getrennt, die Patientenkarteien werden separat geführt.

---

8 Vgl. Rieger, Lexikon, 4330 Rn 2; *Wollny*, Rn 3419 ff.
9 Vgl. LAG Köln – 5 Sa 859/97 – MedR 1998, 225.
10 Vgl. *Rieger*, Rechtsfragen, Rn 31. Die gemeinsame Berufsausübung zwischen einem Privatarzt und einem Vertragsarzt in Form einer Teil-Gemeinschaftspraxis ist entgegen dem missverständlichen Wortlaut von § 33 Abs. 2 Ärzte-ZV (a.F.) möglich, *Dahm*, MedR 2006, 555, 557; ferner *Möller*, MedR 2003, 195; a.A. zu § 33 Abs. 2 Ärzte-ZV (a.F.) OLG München – 21 U 2982/05 – MedR 2006, 172, mit ablehnender Anm. *Cramer*.
11 Vgl. § 18 Abs. 1 S. 1 MBO-Ärzte. Der Begriff Kooperationsgemeinschaft soll im Folgenden als Oberbegriff für alle Kooperationsformen zwischen Ärzten Verwendung finden. Dieser Beitrag bezieht sich aber nur auf solche, die in der Form einer Gesellschaft geführt werden.
12 Vgl. zu den Kriterien der gemeinsamen Berufsausübung: Stellungnahme der BÄK vom 17.2.2006, Niederlassung und berufliche Kooperation – Neue Möglichkeiten – Hinweise und Erläuterungen zu §§ 17–19 und 23 a–d (Muster-)Berufsordnung (MBO), S. 7 ff.
13 Vgl. zur Rechtsfähigkeit der GbR BGH – II ZR 331/00 – NJW 2001, 1056.

C. Der Praxiskauf als Unternehmenskauf § 18

Bei Berufsausübungsgemeinschaften ist der Gesellschaftsanteil des Veräußerers der eigentliche Kaufgegenstand. Bei den anderen Kooperationsgemeinschaften besteht der vom Veräußerer daran gehaltene Anteil in der Regel neben der Praxis. Da der Anteil aber meist ein wirtschaftlich bedeutendes Element der Praxis ist, gerade wenn es sich z.B. um eine Beteiligung an einer Praxis-, Labor- oder Apparategemeinschaft handelt, muss die Übertragung des Gesellschaftsanteils sowohl bei Organisationsgemeinschaften als auch bei den sonstigen Kooperationsformen ausdrücklich geregelt werden. Es empfiehlt sich, dem Kaufvertrag über den Gesellschaftsanteil den aktuellen Gesellschaftsvertrag beizufügen.

3. Konkretisierung des Kaufgegenstands

Bei der Veräußerung einer Arztpraxis sollten präzise die wesentlichen Grundlagen zur Praxisfortführung und die zugehörigen Übertragungswege im Übernahmevertrag beschrieben werden. Bereits aus dem im Sachenrecht geltenden Bestimmtheitsgrundsatz ergibt sich die Notwendigkeit der Konkretisierung und kaufvertraglichen Auflistung der einzelnen Sachwerte der Praxis.[14] Auch aus steuerlichen Gründen ist das Betriebsvermögen der Praxis genau zu bestimmen und vom Privatvermögen des Inhabers abzugrenzen.

Neben Praxiseinrichtung, medizintechnischen Geräten und Vorräten, können zum Betriebsvermögen auch Immobilien zählen, ferner Nutzungsrechte und Anteile an Kooperationsgemeinschaften, aber auch Informationen, Internet-Domains etc. Deren Übertragung ist jeweils vertraglich vorzusehen, sofern nicht im Einzelfall berufs- und strafrechtliche Belange entgegenstehen.[15]

Der ideelle Wert bzw. Goodwill dagegen ist der Wert, den eine eingeführte und eingerichtete Praxis zusätzlich zum Sachwert aufweist. Er umfasst u.a. den Patientenstamm und den Ruf des Arztes bzw. seiner Praxis. In ihm spiegeln sich das Patientenvertrauen sowie die zu erwartenden Möglichkeiten wider, Patienten zu übernehmen und aus der Praxis zukünftig Erträge zu erzielen.[16]

Die Patienten einer Arztpraxis können nicht rechtsgeschäftlich übertragen werden, sondern nur tatsächlich erhalten bleiben. Faktoren, die die Treue der Patienten zur Praxis fördern, sind z.B. der unter dem bisherigen Inhaber erworbene Ruf der Praxis und eine starke Bindung an den Praxisstandort.[17] Von besonderer Bedeutung für die Fortführbarkeit des Patientenstammes durch den Erwerber ist die Vereinbarung eines Rückkehrverbots, das den Veräußerer an einer erneuten Niederlassung im Einzugsbereich der Praxis hindert (Näheres siehe unter Rn 126 ff.). Bei überweisungsabhängigen Praxen sollte der Erwerber den Veräußerer vertraglich verpflichten, sich für eine Überleitung der Überweiser-/Zuweisungsbeziehungen einzusetzen.

Der Erwerber ist neben dem Goodwill in der Regel an einem eventuellen speziellen Know-how des Veräußerers und einer Einweisung in Besonderheiten der Praxis interessiert. Er möchte so in die Lage versetzt werden, die Praxis weitgehend so fortführen zu

---

14 Vgl. *Holzapfel/Pöllath*, Rn 130 m.w.N.
15 So verstoßen die Fortführung des Namens eines ausgeschiedenen Partners einer Berufsausübungsgemeinschaft und damit auch die Nutzung seiner Domain, sofern sie den Namen des ausgeschiedenen Partners enthält, gegen § 18a Abs. 1 S. 3 MBO.
16 Vgl. OLG Schleswig, Urt. v. 29.1.2004 – 5 U 46/97; OLG Celle – 9 U 310/01 – NZG 2002, 863, 864; *Horn*, FPR 2006, 317. Zur Erhaltung des Goodwills in der Insolvenz vgl. *Kluth*, NJW 2002, 186 ff.
17 Vgl. BGH – VIII ZR 172/05 – NJW 2006, 2849 für den Fall einer Steuerberaterpraxis.

können, wie sie vom Veräußerer bislang betrieben wurde. Ansprüche auf Auskunft und Einweisung sollten deshalb ausdrücklich und detailliert als vertragliche Nebenpflichten vereinbart werden. Der Erwerber sollte sich nicht darauf verlassen, dass die Gerichte im Streitfall solche Nebenpflichten auch ohne ausdrückliche vertragliche Regelung zuerkennen.

25 *Hinweis*
Das Kaufobjekt ist im Vertrag möglichst detailliert und umfassend zu beschreiben, um spätere Auseinandersetzungen zu vermeiden. So ist es u.a. zweckmäßig, detaillierte Inventarlisten als Vertragsanlage aufzunehmen, möglichst unter Nennung der Einzelwerte. Zur Sicherung des ideellen Praxiswertes sollte der Erwerber die notwendigen Übertragungswege ermitteln und vertraglich erfassen. Vorsorglich ist auch der Anteil des ideellen Praxiswerts und der Sachwerte am Gesamtkaufpreis im Kaufvertrag offen zu legen.

26 Für die Übertragung von Anteilen an Kooperationen bedarf es zwar aus Rechtsgründen keiner detaillierten Beschreibung des Unternehmens, das von der Kooperationsgesellschaft betrieben wird (z.B. der Praxis bei Berufsausübungsgemeinschaften), jedoch empfiehlt es sich, zum Schutz des Erwerbers, Beschaffenheitsmerkmale oder sogar Garantien in den Anteilskaufvertrag aufzunehmen (vgl. Rn 116).

4. Vertragsarztsitz als Kaufgegenstand?

27 Die Teilnahme des Erwerbers an der vertragsärztlichen Versorgung setzt seine Zulassung bzw. Ermächtigung durch den jeweiligen Zulassungsausschuss voraus. In nicht zulassungsbeschränkten Planungsbereichen bedarf die Zulassung des Erwerbers keiner Mitwirkung des Veräußerers. In den übrigen Planungsbereichen erfolgt die Zulassung des Erwerbers einer Vertragsarztpraxis meist im Wege des Zulassungs-Nachbesetzungsverfahrens gem. § 103 Abs. 4 SGB V, das Antrag und Verzichtserklärung des Veräußerers voraussetzt (Näheres unter Rn 89 ff.).

28 Der sog. Vertragsarztsitz des Veräußerers, d.h. dessen öffentlich-rechtliche Erlaubnis, am Ort der Niederlassung auf einem bestimmten Fachgebiet an der vertragsärztlichen Versorgung teilzunehmen, ist dennoch nicht veräußerbar. Der Vertragsarztsitz bezeichnet lediglich eine örtlich konkretisierte Planstelle[18] innerhalb der vertragsärztlichen Versorgung und ist an die Praxis gebunden, § 103 Abs. 4 S. 1 SGB V.[19] Vor diesem Hintergrund und da weder die Zulassung noch deren Nachbesetzung der alleinigen Disposition der Parteien unterliegen, hat der Vertragsarztsitz im Gegensatz zur Arztpraxis keinen eigenen Vermögenswert.[20] Dies ändert aber nichts daran, dass die Zulassung zur vertragsärztlichen Versorgung Grundlage für die Erträge aus der Behandlung gesetzlich versicherter Patienten ist und daher im Rahmen der Bewertung des ideellen Werts indirekt Berücksichtigung findet. In zulassungsbeschränkten Planungsbereichen mit starker Nachfrage wird meist sogar die vom Veräußerer durch seinen Nachbesetzungsantrag und Zulassungsverzicht ermöglichte Zulassungsnachbesetzung als stark werterhöhender Faktor angesehen. Dadurch vermag der Veräußerer nicht selten einen Praxiskaufpreis durchzusetzen, der den nach allgemeinen Bewertungsmethoden (siehe Rn 45 ff.) ermittelten Praxiswert deutlich überschreitet. Dies mag den Intentionen des Gesetzgebers widersprechen (vgl. § 103 Abs. 4 S. 6 SGB V), der jedoch andererseits mit der

---

18 Ehlers/*Hesral*, Rn 161.
19 Zur Ausübung ärztlicher Tätigkeiten an weiteren Orten §§ 24 Abs. 3 und 4, 33 Abs. 2 und 3 Ärzte-ZV.
20 Vgl. BSG – B 6 KA 67/18R – MedR 2001, 159.

Möglichkeit des Veräußerers, auf seine Zulassung zugunsten eines MVZ oder eines Vertragsarztes zu verzichten, vgl. § 103 Abs. 4a, 4b SGB V, dem „Lizenzhandel" Vorschub leistet.

Das System der Zulassungsbeschränkung wird angesichts der Regelung in § 87 Abs. 7 SGB V mindestens bis zum 30.6.2012 aufrecht erhalten.

II. Rechtsnatur der Veräußerung und sich daraus ergebende Folgen

1. Veräußerung einer Einzelpraxis

Ausweislich der Gesetzesbegründung handelt es sich beim Unternehmenskauf um einen Kauf sonstiger Gegenstände nach § 453 Abs. 1 Alt. 2 BGB. Auch freiberufliche Praxen fallen unter den Begriff des Unternehmens.[21] Gleichwohl stellt die Arztpraxis per se kein rechtsfähiges Gebilde dar. In der Form der Einzelpraxis ist Rechtsträger der Arzt als natürliche Person und von dieser nicht zu trennen. Forderungen stehen grundsätzlich dem Arzt zu, für Schulden der Praxis haftet er persönlich.[22] Die Veräußerung einer Einzelarztpraxis erfolgt daher meist durch Übertragung der Wirtschaftsgüter des Unternehmens von einem auf den anderen Rechtsträger im Wege der Einzelrechtsnachfolge (Asset Deal). Die Veräußerung richtet sich nach den §§ 433 ff. BGB,[23] die Übertragung nach den für die jeweiligen Einzelobjekte maßgeblichen Vorschriften. Die zu übertragenden Sachen und Rechte sollten individuell benannt werden. Nur hilfsweise kann auf Sammelbezeichnungen zurückgegriffen werden.[24]

29

Da die Rechte an einer Kooperationsgemeinschaft, der ein in Einzelpraxis tätiger Arzt eventuell angehört, nicht zwingend vom Kaufgegenstand „Arztpraxis" mitumfasst sind, ist dringend zu empfehlen, sie im Übernahmevertrag zu regeln.

30

In zulassungsbeschränkten Planungsbereichen sollten zudem der Bestand des Veräußerungsgeschäfts unter die Bedingung eines erfolgreichen Nachbesetzungsverfahrens gestellt oder entsprechende Sicherungsmaßnahmen in der Form von Rücktrittsrechten vereinbart werden. Dies gilt in gleicher Weise für die nachfolgend behandelte Übertragung von (mit)veräußerten Anteilen an einer Kooperationsgemeinschaft.

31

2. Veräußerung von Anteilen an einer Kooperationsgemeinschaft

Die Übertragung von Anteilen an einer Kooperationsgemeinschaft ist grundsätzlich wie die Übertragung eines Rechtsträgers (Share Deal) zu behandeln. Die Übertragung des Anteils ist Rechtskauf, kaufrechtliche Vorschriften finden entsprechend Anwendung, § 453 Abs. 1 Alt. 1 BGB.

32

Alternativ kann ein Gesellschafterwechsel durch Austrittsvertrag mit dem ausscheidenden Gesellschafter und Aufnahmevertrag mit dem neu eintretenden Nachfolger stattfinden. Meist in einem einheitlichen Rechtsgeschäft zusammengefasst, werden mit dieser Variante an sich zwei Verträge geschlossen. In einer Zweipersonen-Gesellschaft führt dies kurzfristig zum Verbleib nur eines Gesellschafters und damit zur meist uner-

33

---

21 Vgl. BT-Drucks 14/6040, 242; Bamberger/*Faust*, § 453 Rn 23.
22 Vgl. Laufs/*Uhlenbruck*, § 18 Rn 2.
23 Vgl. *Holzapfel/Pöllath*, Rn 131; *Wollny*, Rn 3422 ff., 1393.
24 Vgl. zur Übertragung von Vermögensgegenständen Beisel/*Klumpp*, Kap. 4 Rn 16 ff.

wünschten Beendigung der Gesellschaft.[25] Bei Berufsausübungsgemeinschaften unter Vertragsärzten ist dieser Form des Gesellschafterwechsels zusätzlich zu beachten, dass mangels Rechtsnachfolge am Gesellschaftsanteil möglicherweise die Voraussetzungen der Nachbesetzung i.S.v. § 103 Abs. 4 SGB V nicht erfüllt werden können.

34 Der Veräußerer kann seinen Gesellschaftsanteil nur übertragen, wenn der Gesellschaftsvertrag dies abweichend von § 717 BGB ermöglicht oder die Mitgesellschafter im konkreten Fall zustimmen.[26] Stimmen sie einem Nachfolger nicht zu, bleibt dem Ausscheidenden grundsätzlich die Möglichkeit der Kündigung, verbunden mit dem Anspruch auf Abfindung (§ 738 BGB) oder die der Teilhabe an einem etwaigen Liquidationserlös (§ 734 BGB). Gelingt die Übertragung des Gesellschaftsanteils, tritt der Erwerber jedenfalls im Innenverhältnis in die Rechtsstellung des Ausscheidenden ein, sofern es sich nicht um höchstpersönliche Rechte handelt[27] oder mit den anderen Gesellschaftern Abweichendes vereinbart ist.

35 Die vorstehenden Ausführungen gelten jeweils für die Veräußerung von Anteilen an einer GbR oder Partnerschaftsgesellschaft. Bei der Veräußerung von Anteilen an juristischen Personen sind Besonderheiten zu berücksichtigen.

3. Exkurs: Haftung für Altverbindlichkeiten

36 Der ausgeschiedene Gesellschafter einer GbR bzw. Partnerschaftsgesellschaft haftet gegenüber der Gesellschaft für bis zu seinem Ausscheiden eingetretene Verluste in Höhe seines Verlustanteils, wenn der Wert des Gesellschaftsvermögens zur Deckung der gemeinschaftlichen Schulden nicht ausreicht, § 722 BGB. Ferner haftet er für Ansprüche, deren Rechtsgrund im Zeitpunkt des Ausscheidens bereits gelegt war.[28] Bei Arbeits- und Mietverträgen sowie anderen Dauerschuldverhältnissen genügt als Anknüpfungspunkt für die fortgesetzte Haftung, dass der Vertragsschluss noch vor Ausscheiden des Gesellschafters erfolgt ist und die Identität der Verträge gewahrt bleibt.[29] Die Nachhaftung des ausgeschiedenen Gesellschafters ist jedoch auf solche Ansprüche begrenzt, die vor Ablauf von fünf Jahren nach seinem Ausscheiden fällig werden und für die die weiteren gesetzlichen Voraussetzungen erfüllt sind, § 736 Abs. 2 BGB, §§ 128, 160 HGB.

37 Der einer bestehenden Außen-GbR beigetretene Gesellschafter haftet analog §§ 128, 130 HGB für die vor Beitritt begründeten Verbindlichkeiten der Gesellschaft persönlich und gemeinsam mit den Altgesellschaftern, wobei von der Rechtsprechung bislang nicht geklärt wurde,[30] ob dies auch für Verbindlichkeiten aus beruflicher Haftung gilt.[31] Die Eintrittshaftung entsteht nicht für Verbindlichkeiten gegenüber der KV,[32] die z.B. bei Honorarrückforderungsansprüchen oder Arzneimittelregressen von außerordentlicher wirtschaftlicher Bedeutung sein können.

---

25 Vgl. *Rieger*, Rechtsfragen, Rn 203 f.
26 Vgl. *Holapfel*, Rn 109; *Rieger*, Lexikon, 4330 Rn 5.
27 Vgl. zur rechtsgeschäftlichen Übertragung Bamberger/*Timm/Schöne*, § 719 Rn 8 ff.
28 Vgl. Beisel/*Klumpp*, Kap. 9 Rn 92 ff.
29 Zu den haftungsrechtlichen Aspekten bei Eintritt in eine Gemeinschaftspraxis *Gummert*, § 25 Rn 21 m.w.N.
30 Vgl. BGH – II ZR 56/02 – NJW 2003, 1803; vgl. hierzu ferner Wälzholz, DStR 2004, 1708 m.w.N.; BGH – II ZR 283/03 – NJW 2006, 765; *Senga*, NJW 2006, 1566.
31 Kritisch *Schmid*, NJW 2003, 1897, 1902.
32 Gegen eine Haftung Engelmann, ZMGR 2004, 4, 7 f., *Möller*, MedR 2006, 626; vgl. auch obiter dictum des BSG – B 6 KA 33/02 R – MedR 2004, 172 f.; BSG, Urt. v. 7.2.2007 – B 6 KA 6/06 R.

Das Haftungsrisiko lässt sich sowohl durch eine andere Rechtsformwahl, z.B. durch die vorherige Umwandlung der GbR in eine Partnerschaft oder durch die Gründung einer neuen Gesellschaft einschränken.[33] Sicherer sind individuelle Abgrenzungsvereinbarungen mit den Gläubigern.

> *Hinweis*
> Vor dem Beitritt in eine bestehende Außen-GbR sind genaue Informationen über Verbindlichkeiten der Gesellschaft einzuholen, je nach Konstellation auch im Wege der bei Unternehmenskäufen üblichen Due Diligence. Vom Ergebnis abhängig sind Haftungsbegrenzungsmaßnahmen zu erwägen. Auf jeden Fall sollte der Erwerber mit den bisherigen Gesellschaftern eine Haftungsfreistellung für Altverbindlichkeiten vereinbaren.

Für die Fälle des Zusammenschlusses zweier Einzelpraxen zu einer Berufsausübungsgemeinschaft in der Form einer GbR bzw. der Begründung einer GbR ist dagegen für die Altverbindlichkeiten der jeweiligen anderen Partei eine analoge Anwendung des § 28 Abs. 1 S. 1 i.V.m. § 128 S. 1 HGB abzulehnen.[34] Vorsorglich sollten die Beteiligten aber von der Regelung des § 28 Abs. 2 Alt. 2 HGB Gebrauch machen.

III. Veräußerer und Erwerber

Veräußerer einer Einzelpraxis bzw. des Anteils an einer Kooperationsgemeinschaft ist der Arzt als Inhaber bzw. als Gesellschafter. Seitens des Erwerbers sind aber einige Anforderungen zu erfüllen. So ist berufsrechtliche Voraussetzung für den Erwerb einer Praxis, dass der Erwerber selbst die Voraussetzungen für die Ausübung der ärztlichen Tätigkeit erfüllt, mithin approbierter Arzt ist. Die Leitung einer Praxis ist Ärzten vorbehalten, die Veräußerung an einen Nichtarzt wäre somit wegen Verstoßes gegen ein gesetzliches Verbot nichtig, § 134 BGB i.V.m. § 19 Abs. 1 MBO.

Bei vertragsärztlichen Praxen ist zusätzlich Fachgebietsidentität zwischen den Parteien erforderlich, sofern der Erwerber selbst die vertragsärztliche Zulassung erlangen will. Eine Ausnahme gilt innerhalb der Gruppe der Hausärzte, die aus Allgemeinärzten, Kinderärzten, Internisten ohne Schwerpunkt, die die Teilnahme an der hausärztlichen Versorgung gewählt haben, Ärzten und Praktischen Ärzten besteht, § 73 Abs. 1a S. 1 SGB V. Eine Identität der Schwerpunkt- oder Zusatzbezeichnung ist in keinem Fall erforderlich, aber ratsam.

In zulassungsbeschränkten Planungsbereichen kann der noch nicht zugelassene Nachfolger eines Vertragsarztes in der Regel eine Zulassung nur auf dem Weg über das Ausschreibungs- und Nachbesetzungsverfahren erhalten, § 103 Abs. 4 bis 6 SGB V. Der Nachfolger steht in diesem Fall also nicht zur alleinigen Disposition des Veräußerers.

Neben einem Arzt hat auch ein Medizinisches Versorgungszentrum das Recht, sich im Nachbesetzungsverfahren zu bewerben, um den Vertragsarztsitz durch den MVZ-Träger zu übernehmen, § 103 Abs. 4a SGB V.[35] Bei Zahnärzten ist die Bedarfszulassung bei Überversorgung durch die neu eingeführten Bestimmungen der §§ 103 Abs. 8, 104 Abs. 3 SGB V entfallen.

---

33 Vgl. *Wälzholz*, DStR 2004, 1708 m.w.N. zu den verschiedenen Gestaltungsmöglichkeiten. Vgl. ferner BGH – IX ZR 65/01 – NJW 2002, 831; *Möller*, MedR 2006, 626.
34 Vgl. BGH – IX ZR 65/01 – MedR 2004, 384; *Schmidt*, NJW 2003, 1897; a.A. für den Fall bestehender Mietverbindlichkeiten OLG Naumburg – 9 U 86/05 – MedR 2006, 725.
35 Vgl. Dahm/*Möller*, Kap. X Rn 2.

IV. Ermittlung des Praxiswertes, Kaufpreisfindung

45 Kernstück der Vertragsverhandlungen ist regelmäßig der Kaufpreis. Für beide Parteien bietet sich eine Praxisbewertung an, um subjektive Fehleinschätzungen zu vermeiden. Auch erleichtert ein Bewertungsgutachten dem Erwerber die Verhandlungen über die Kreditfinanzierung. Veräußerer und Erwerber müssen jedoch wissen, dass der Einfluss von Angebot und Nachfrage nicht selten weit größer ist als das Ergebnis von Wertgutachten.

1. Kriterien für die Ermittlung

46 Für die Ermittlung des Wertes von Arztpraxen haben sich mehrere anerkannte Bewertungsmethoden entwickelt.[36] Für zu Veräußerungszwecken anzuwendende Wertermittlungen gilt der Grundsatz der Methodenfreiheit. Die unterschiedlichen Methoden führen nicht selten zu deutlich voneinander abweichenden Ergebnissen, versetzen aber den Anwalt in die Lage, einen Bewertungskorridor aufzuzeigen. Allen Bewertungsmethoden ist gemein, dass sie für die Verhältnisse des Einzelfalles sachgerecht anzupassen sind. Zwei der wichtigsten Bewertungsmethoden werden nachfolgend dargestellt.

a) Methode der Bundesärztekammer

47 Die von der Bundesärztekammer (BÄK) empfohlene Bewertungsmethode[37] basiert auf der Addition von Sachwert[38] und ideellem Wert.[39] Der Sachwert bezeichnet den Wert der Praxiseinrichtung einschließlich der Geräte. Der ideelle Wert der Praxis berechnet sich nach dieser Methode auf der Grundlage eines Jahresumsatzes, arithmetisch gemittelt aus dem vertragsärztlichen und dem privatärztlichen Umsatz der letzten drei bis fünf Jahre, abzüglich eines kalkulatorischen Unternehmerlohns entsprechend der Höhe des Brutto-Jahresgehalts eines verheirateten Oberarztes mit zwei Kindern ohne Mehrarbeitsvergütung in der höchsten Entgeltstufe.[40] Dieser Arztlohn ist umsatzabhängig vollständig, zu einem Bruchteil oder gar nicht zu berücksichtigen. Ein Drittel des nach Abzug des Unternehmerlohns verbleibenden Differenzbetrags gilt als Basis des ideellen Werts der Praxis, für Überweiser- und Einsenderpraxen sogar ein auf 50 % erhöhter Prozentsatz. Ferner sind individuelle, wertbeeinflussende, gesondert aufgeführte Merkmale der Praxis zu berücksichtigen. Da sich Maßnahmen des Gesetzgebers auf die künftigen Umsätze auswirken können, ist ein Abschlag vom Praxiswert gerechtfertigt, wenn z.B. nachteilige Änderungen der Regelungen über die Abrechenbarkeit medizinischer Leistungen erkennbar bevorstehen.

48 Die auch für andere freiberufliche Praxen anwendbare Methodik der BÄK[41] erlaubt grundsätzlich eine relativ schnelle und einfache Wertbestimmung und führt bei typischen Arztpraxen zu brauchbaren Ergebnissen.[42] Individuelle Praxismerkmale, welche

---

36 Einen ausführlichen Überblick bieten *Cramer/Maier*, MedR 2002, 549 ff., 616 ff.
37 Entwurf einer Richtlinie zur Bewertung von Arztpraxen, DÄBl 1984, Heft 14, 2.4.1987. Ausführliche Beschreibung bei *Klapp*, S. 48; *Ehlers/Küntzel*, Rn 695 ff. Zur Zulässigkeit: BGH – XII ZR 101/89 – NJW 1991, 1547, 1548.
38 Der häufig synonym verwendete Substanzwert entspricht bei Arztpraxen meist dem Sachwert. Vgl. auch *Klapp*, S. 48; *Cramer*, MedR 2002, 616, 621.
39 Vgl. *Klapp*, S. 48; *Rieger*, Rechtsfragen, Rn 230.
40 Der Abzug des Arztlohns ist allerdings umstritten, vgl. *Klapp*, S. 49.
41 Für Rechtsanwaltskanzleien siehe BRAK Mitteilungen 5/2004, 222.
42 Vgl. *Klapp*, S. 48.

auf eine positive oder negative Veränderung des Goodwills hindeuten, werden aber lediglich durch (willkürliche) Zu- oder Abschläge berücksichtigt. Die Methode lässt ferner weitgehend Entwicklungen, die außerhalb der Praxissphäre liegen, außer Acht. Größter Kritikpunkt ist jedoch die Orientierung an der Vergangenheit und an dem Umsatz als einer im Wandel der Verhältnisse immer unzuverlässigeren Ausgangsgröße.

b) Ertragswertmethode

Die ertragswertbezogene Praxiswertermittlung[43] setzt dagegen an der Zukunftserwartung der Praxis an. Der Wert der Praxis wird aus deren Eigenschaft abgeleitet, finanzielle Überschüsse für den Inhaber zu erwirtschaften. Der aktuelle Praxisüberschuss wird zum Ausgangspunkt der Kalkulation und um diejenigen Werte bereinigt, die allein der Privatsphäre des bisherigen Inhabers und sonstigen außerhalb der Praxis liegenden Faktoren zuzurechnen sind. Hiervon ist ein Betrag abzuziehen, der dem Jahreseinkommen eines vergleichbar gut ausgebildeten Arztes entspricht, d.h. ein kalkulatorisches Facharztgehalt, z.B. ein Oberarztgehalt entsprechend der Methode der BÄK. Der so ermittelte unternehmerische Gewinn wird durch eine Multiplikation mit dem Kapitalisierungszins (zur Berücksichtigung von Ertragserwartung und Risiko) bereinigt. Dabei entspricht ein hoher Kapitalisierungszins einer hohen Ertragserwartung bei hohem Risiko.

49

Die Ertragswertmethode weist damit einen größeren Bewertungsspielraum auf. Sie bietet jedoch den Vorteil, individuelle Chancen- und Risikoerwartungen berücksichtigen zu können, so z.B. indem der Gutachter geänderte Punktwerte und Budgetgrenzen in seine Bewertung einfließen lässt. In der Betriebswirtschaftslehre wird der Ertragswert heute nahezu einhellig als wesentlicher Faktor des Unternehmenswerts angesehen.[44]

50

c) Exkurs: Der Verkehrswert i.S.d. § 103 Abs. 4 SGB V[45]

Nach § 103 Abs. 4 S. 6 SGB V finden im Nachbesetzungsverfahren Gebote für eine neu zu besetzende Vertragsarztpraxis nur insoweit Berücksichtigung, als der gebotene Kaufpreis die Höhe des Verkehrswertes der Praxis nicht übersteigt. Diese gesetzliche Bestimmung soll verhindern, dass der Bewerber mit dem höchsten Angebot auch hinsichtlich eines oberhalb der Verkehrswertgrenze liegenden Gebotes privilegiert wird.[46] Der Gesetzgeber erachtet die Belange der höher qualifizierten Bewerber für vorrangig gegenüber den finanziellen Interessen des Abgebers, um so die Qualität des Gesundheitssystems steigern, zumindest aber zu erhalten.[47] Die Regelung des § 103 Abs. 4 S. 6 SGB V entspricht dabei dennoch den Anforderungen des Art. 14 Abs. 1 GG, da der Veräußerer nicht in seiner rechtlichen Verfügungsbefugnis über die Praxis eingeschränkt wird, sondern lediglich in seiner Dispositionsbefugnis hinsichtlich des konkreten Erwerbers.

51

Der Wortlaut des § 103 Abs. 4 SGB V scheint sich zwar auf die Praxis als Ganzes zu beziehen, bei der Bewertung ist aber nur der auf die vertragsärztliche Tätigkeit des Pra-

52

---

43 Ausführliche Beschreibung des Ertragswertverfahrens bei *Klapp*, S. 55; Beisel/*Theysohn-Wadle*, Kap. 3 Rn 26 ff.
44 Vgl. Bamberger/*Mayer*, § 2311 Rn 25 m.w.N.
45 Diese Ausführungen finden künftig keine Anwendung mehr auf Vertragszahnärzte, §§ 103 Abs. 8, 104 Abs. 3 SGB V.
46 Vgl. Ehlers/*Küntzel*, Rn 738; *Rieger*, Rechtsfragen, Rn 61.
47 Vgl. Krauskopf, § 103 Rn 6.

xisinhabers entfallende Anteil der Praxis zu berücksichtigen.[48] Zwar bildet die Arztpraxis grundsätzlich ein einheitliches Unternehmen, eine Trennung in vertrags- und privatärztlichen Teil ist dennoch sozial- wie zivilrechtlich möglich. Zur Übergabe der Privatpraxis kann der Veräußerer nicht gezwungen werden.[49] Ausgeschlossen im Nachbesetzungsverfahren sind Bewerber, die nicht bereit sind, den Verkehrswert der vertragsärztlichen Praxis als Kaufpreis zu akzeptieren.[50]

53 *Hinweis*
Zwar bedarf es meist schon aus praktischen Gründen keiner Ermittlung des Verkehrswertes, so z.B. wenn alle Bewerber bereit sind, den verlangten Kaufpreis zu zahlen. Dennoch sollte in der anwaltlichen Beratung darauf hingewirkt werden, dass der Verkehrswert der vertragsärztlichen Praxis gesondert ausgewiesen wird, um dem Zulassungsausschuss so ggf. eine Orientierungshilfe zu geben. Im Streitfall kann erforderlichenfalls auch die Vorlage eines Privatgutachtens zur Verfahrensbeschleunigung beitragen.

2. Sittenwidrigkeit

54 Gerade in zulassungsbeschränkten Planungsbereichen mit nicht zu hoher Arztdichte lassen sich, wie oben ausgeführt, mitunter sehr hohe Verkaufspreise erzielen. Die Grenze zur Sittenwidrigkeit i.S.v. § 138 BGB ist erreicht, wenn eine ordnungsgemäße und am Gebot der Wirtschaftlichkeit orientierte Praxisausübung nicht mehr möglich ist und wirtschaftliche Sachzwänge die Grundsätze der freien ärztlichen Berufsausübung überlagern, insbesondere wenn der Erwerber gezwungen ist, zum Praxiserhalt überhöhte Gebühren zu liquidieren.[51]

D. Vorüberlegung zum Praxiskaufvertrag

55 Da die Parteien häufig bereits im Vorfeld der Praxisveräußerung rechtsgeschäftliche Handlungen vornehmen, um sich bestimmte Handlungs- und Rechtspositionen zu sichern, birgt bereits dieser Zeitraum rechtliche Risiken für beide Parteien.

I. Vorvertragliche Gestaltungs- und Sicherungsmöglichkeiten

1. Absichtserklärung, Geheimhaltungsvereinbarung

56 Wollen die Parteien schon zu Beginn ihre Absichten schriftlich fixieren, empfiehlt sich eine Absichtserklärung („Letter of Intent"). Diese ist rechtlich unverbindlich, soll jedoch die moralische Bedeutung der Transaktion unterstreichen.

---

48 Vgl. Plagemann, Rn 61; a.A. *Fiedler*, NZS 2003, 574, 576 m.w.N.
49 Vgl. Ehlers/*Preißler*, Rn 72.
50 Vgl. *Klapp*, S. 35, *Plagemann*, Rn 61. Nach *Rieger*, Rechtsfragen, Rn 60 kann die Vergabe an einen Nachfolger, der nicht bereit ist, den Verkehrswert zu zahlen, zumindest Amtshaftungsansprüche auslösen.
51 Vgl. Beisel/*Klumpp*, Kap. 4 Rn 34 ff.; *Wollny*, Rn 3417; *Klapp*, S. 57; Staudinger/*Sack*, § 138 Rn 418 m.w.N. Zur Sittenwidrigkeit von Nachbewertungsklauseln vgl. OLG Naumburg – 1 U 48/05 – DStRE 2006, 1100, mit kritischer Anm.: *Pfaff*, DStR 2006, 1387.

Verbindlich sollten aber bereits zu Beginn der Vertragsverhandlungen bestimmte Leistungs-, Duldungs-, und Verschwiegenheitspflichten zum Umgang mit den vom Veräußerer erteilten Informationen und vorgelegten Dokumenten vereinbart werden.[52] Zwar ergeben sich gegenseitige Sorgfaltspflichten bereits aus dem vorvertraglichen Vertrauensverhältnis, dennoch ist es für den Veräußerer nicht ratsam, detaillierten Informationen ohne schriftliche, vertragsstrafenbewehrte Geheimhaltungsverpflichtung des Erwerbers herauszugeben.

2. Punktuation und Vorvertrag

Ein anderes rechtliches Instrument ist die Punktuation, welche einzelne Verhandlungsergebnisse schriftlich festhält. Empfehlenswert ist der Hinweis in der betreffenden Niederschrift, dass die Festschreibung der Einzelpunkte nicht zum Vertragsabschluss verpflichtet.

Ferner kommt ein Vorvertrag in Betracht. In diesem verpflichten sich die Parteien, einen bereits im Wesentlichen konzipierten Hauptvertrag abzuschließen.[53] Der Vorvertrag muss jedoch ein solches Maß an Bestimmbarkeit und Vollständigkeit enthalten, dass im Streitfall der Inhalt des Hauptvertrags richterlich festgestellt werden kann. Hierzu gehören die Bestimmbarkeit des Kaufgegenstandes und des Kaufpreises sowie Regelungen über die von den Vertragsparteien für wesentlich erachteten Nebenpunkte.[54] Notwendig sind insbesondere Vereinbarungen über Praxisausstattung, Patientenkartei und die Bemessungsgrundlagen des ideellen Praxiswertes. Die Parteien müssen in der Lage sein, Klage auf Abschluss des Hauptvertrages zu erheben und das Urteil nach § 894 ZPO zu vollstrecken.[55] Enthält bereits der Vorvertrag formbedürftige Vereinbarungen, sind schon für ihn die entsprechenden Formvorschriften einzuhalten.

Ein Vorvertrag ist nur in Ausnahmefällen sinnvoll. Besser ist es, den Hauptvertrag frühzeitig durchzuverhandeln. Unsicherheiten im Hauptvertrag in Bezug auf einzelne Regelungen oder Abschlussvoraussetzungen, so z.B. eine noch fehlende Finanzierungszusage, können durch vertragliche Rücktrittsrechte abgesichert werden. Ebenso kann der Praxiskaufvertrag unter Bedingungen gestellt werden.

3. Vertrauenstatbestand

Ein als sicher hingestellter Vertragsschluss darf aber nicht ohne triftigen Grund verweigert werden, wenn im Vorfeld ein qualifizierter Vertrauenstatbestand geschaffen wurde. Hieraus kann sich ein Anspruch auf Ersatz des im Vertrauen auf den Vertragsschluss entstandenen Schadens ableiten, §§ 280 Abs. 1, 311 Abs. 2, 241 Abs. 2 BGB.[56]

---

52 Vgl. hierzu Beisel/*Beisel*, Kap. 1 Rn 61 ff.
53 Vgl. BGHZ 102, 384, 388.
54 Zu den Mindestanforderungen vgl. BGH – VIII ZR 143/88 – NJW 1990, 1234.
55 Vgl. OLG Saarbrücken – 1 U 744/96 – NJW-RR 1998, 341; BGH – VIII ZR 143/88 – NJW 1990, 1234.
56 Vgl. Bamberger/*Eckert*, § 145 Rn 26; Beisel/*Beisel*, Kap. 1 Rn 50 ff.; OLG Saarbrücken – 1 U 744/96 – NJW-RR 1998, 341 f., mit Ausführungen zum Umfang des Ersatzanspruchs.

II. Übernahme von Vertragsverhältnissen und Gesellschaftsanteilen

62 Rechtzeitig sind Überlegungen anzustellen, in welche Rechte und Pflichten bzw. Vertragspositionen der Erwerber mit der Praxisübernahme eintritt bzw. eintreten soll und welche rechtlichen und sonstigen Umsetzungsmaßnahmen hierfür ggf. erforderlich sind. Im Vordergrund stehen insbesondere der Praxismietvertrag, die Arbeits-, Versicherungs- und Wartungsverträge, die Belegarzt- und Kooperationsverträge und bei Kooperationsgemeinschaften der Gesellschaftsvertrag.

63 Forderungen, mit Ausnahme von Honorarforderungen,[57] können grundsätzlich durch Abtretung auf den Erwerber übertragen werden, § 414 BGB. Soll der Veräußerer durch eine Schuldübernahme befreit werden, bedarf die Übernahme von Verbindlichkeiten der Genehmigung des jeweiligen Gläubigers, § 415 BGB. Die Übernahme eines Vertragsverhältnisses in seiner Gesamtheit geht über die Übernahme von Rechten und Pflichten hinaus und ermöglicht die Auswechslung einer Vertragspartei. Sie kann sowohl durch Vertrag mit allen drei Parteien als auch durch Vertrag zwischen Veräußerer und Erwerber mit Zustimmung des Gläubigers erfolgen. Die Bestimmungen des bisherigen Vertrages gelten nach Vertragsübernahme für und wider den Erwerber.[58] Eine vorangegangene Prüfung der zu übernehmenden Praxisverträge ist für ihn daher Pflicht. Er sollte an begrenzende Regelungen oder finanzielle Ausgleichungspflichten denken, so z.B. in Bezug auf ggf. kostenintensive Rückbaupflichten aus Praxismietverträgen.

1. Mietvertrag über Praxisräume

64 Der Erwerber ist meist darauf angewiesen, die Praxis an dem bisherigen Standort fortsetzen zu können, um die übernommenen Patienten nicht zu verlieren und um sicherzustellen, dass sich die Investitionen in die Praxisräume amortisieren können. Kreditinstitute verlangen daher für die Kaufpreisfinanzierung in der Regel den Nachweis einer Standortsicherung, insbesondere durch einen langfristig vor einer Vermieterkündigung schützenden Mietvertrag. Der Erwerber muss somit vor Abschluss des Praxiskaufvertrages prüfen, inwieweit eine Übertragung des Mietvertrages oder ein Neuabschluss erfolgen können und wie ihn der Mietvertrag schützt.

a) Exkurs: Ort der Niederlassung

65 In zulassungsbeschränkten Gebieten ist die Zulassungsnachbesetzung nur unter der Voraussetzung der Praxisfortführung möglich, § 103 Abs. 4 S. 1 SGB V. Die Zulassung erfolgt nach § 24 Abs. 1 Ärzte-ZV für den Ort der Niederlassung. Umstritten ist, ob es sich dabei um die konkrete Praxisanschrift handeln muss. Die Rechtsprechung hat sich auf eine enge Auslegung festgelegt.[59] Bedeutung erlangt dies bei der Frage, ob die Fortführung der Praxis des Veräußerers in den bisherigen Praxisräumen Voraussetzung für das Nachbesetzungsverfahren ist. Jedoch sollte eine zulassungsrelevante Praxisübernahme auch ohne Standortübernahme möglich sein, wenn stattdessen der Erwerber einen ersatzweise zur Verfügung stehenden Praxissitz innerhalb des Planungsbereichs

---

57 Die Abtretung von Honorarforderungen ohne Einwilligung der Patienten ist grds. nichtig, vgl. BGH – VIII ZR 296/90 – MedR 1991, 327; Bamberger/*Gussen*, § 134 Rn 25 m.w.N.
58 Vgl. Beisel/*Klumpp*, Kap. 9 Rn 28.
59 Vgl. LSG Nordrhein-Westfalen – L 11 Ka 62/98 – MedR 1999, 333.

benennt und Antrag auf Verlegung des übernommenen Praxissitzes nach § 24 Abs. 7 Ärzte-ZV stellt.[60]

b) Übernahme eines bestehenden Mietvertrages

Die Abtretung der Rechte des Mieters aus dem Mietvertrag an einen Dritten ist unwirksam, § 399 BGB. Die Fortsetzung des Mietverhältnisses ist somit nur durch Übernahme des Mietvertrages möglich. Dies bedarf eines Vertrages unter Mitwirkung auch des Vermieters. Derartige Erklärungen der beteiligten Parteien sind im Hinblick auf § 550 BGB bei Verträgen, die für länger als ein Jahr geschlossen wurden, schriftlich zu fixieren. Um zu vermeiden, dass der Vermieter bei der beabsichtigten Überleitung des Mietvertrages mitwirken muss bzw. um seine Ablehnung auszuschließen, sollte in langfristige Mietverträge eine Nachfolgeklausel aufgenommen werden, die die Zustimmung des Vermieters entbehrlich macht, zumindest jedoch dessen Ablehnung erschwert.[61] Ohne eine derartige Regelung gerät der Praxisveräußerer bei Nachverhandlungen leicht in eine sehr ungünstige Verhandlungsposition, da der Vermieter nicht ohne weiteres verpflichtet ist, seine Zustimmung zur Übertragung des Mietvertrages zu erteilen.[62] An einer Weigerung des Vermieters kann die Praxisabgabe scheitern, zumindest drohen Mieterhöhungsverlangen, denen der unter Zeitdruck befindliche Veräußerer weitgehend ausgeliefert ist, zumal er sich in einer solchen Situation kaum auf Rechtsstreitigkeiten einlassen kann. Fehlt eine Nachfolgeklausel und ist die Zustimmung des Vermieters nicht oder nicht zu annehmbaren Bedingungen zu erlangen, kann notfalls der Veräußerer die Praxisräume an den Erwerber untervermieten. Verweigert der Vermieter seine Zustimmung ohne wichtigen Grund, bleibt dem Veräußerer ein Sonderkündigungsrecht nach § 540 Abs. 1 BGB, das ihm jedoch in den meisten Fällen bei der beabsichtigten Praxisabgabe nicht weiterhilft.

> *Hinweis*
> Sofern der Veräußerer nicht schon bei Vertragsabschluss in der Lage ist, den Übergang des Praxismietvertrags auf den Erwerber sicherzustellen, sollte der Praxiskaufvertrag für den Fall der vermieterseitigen Zustimmungsverweigerung mit einem beiderseitigen Rücktrittsrecht versehen oder bedingt geschlossen werden. Ebenso wichtig ist es, den Mietvertrag bzw. Mietüberleitungsvertrag unter die Bedingung des Zustandekommens des Praxiskaufvertrags sowie des bestandskräftigen Erhalts der vertragsärztlichen Zulassung zu stellen bzw. ein diesbezügliches Rücktrittsrecht zu vereinbaren.

Eine Kooperationsgemeinschaft, insbesondere in der Form einer Berufsausübungsgemeinschaft oder Praxisgemeinschaft, ist zwar häufig selbst mietende Vertragspartei, so dass bei einem Gesellschafterwechsel eigentlich keine Zustimmung des Vermieters erforderlich sein sollte bzw. ein Anspruch auf Zustimmung besteht. Den Eintritt eines Gesellschafters in eine Einzelpraxis sieht der BGH dagegen als gem. § 540 Abs. 1 BGB vermieterseits zustimmungsbedürftigen Fall der Untervermietung an,[63] wobei aber nicht ohne weiteres eine Zustimmungsverpflichtung des Vermieters entsteht. Sollen die Pra-

---

60 Vgl. Ehlers/*Preißler*, Rn 38; *Rieger*, Rechtsfragen, Rn 74; *Dahm*, MedR 2000, 551 ff.
61 Vgl. zum Praxismietvertrag: *Klapp*, S. 59 ff.; Ehlers/*Möller*, Rn 467 ff. Zur Wahrung der Schriftform bei Nachfolgeklauseln: BGH – XII ZR 29/02 – NJW-RR 2005, 958.
62 Zur Zustimmungspflicht des Vermieters bei fehlender Nachfolgeklausel in einem Mietverhältnis über Wohnraum: BGH – VIII ZR 244/02 – NJW 2003, 1246.
63 BGH – XII ZR 43/99 – NJW 2001, 2251.

xisräume nicht übernommen werden können, ist der Mietvertrag rechtzeitig zu beenden. Ist dies nicht möglich, liegt es im Interesse des Veräußerers zu regeln, welche der Parteien des Praxiskaufvertrags die Kosten der daraus resultierenden Belastungen trägt.

69 Der Erwerber sollte vorsorglich die Praxisräume vor Vertragsunterzeichnung auf die Einhaltung öffentlich-rechtlicher Anforderungen hin prüfen, insbesondere auf die Übereinstimmung mit baurechtlichen (Nutzungs-)Vorschriften und einer eventuell bestehende Zweckentfremdungsverordnung. Ebenso ist bei Objekten, die unter das WEG fallen, ein Verstoß gegen wohnungseigentumsrechtliche Regelungen auszuschließen, so z.B. gegen eventuelle Nutzungsbeschränkungen in der Teilungserklärung bzw. der Gemeinschaftsordnung.

70 Für bestimmte ärztliche Leistungen können auch besondere bauliche Anforderungen bzw. Anforderungen an die Praxisausstattung bestehen, § 135 Abs. 2 SGB V, deren Einhaltung daher für den Erwerber von entscheidender wirtschaftlicher Bedeutung sein kann und die dann ebenfalls vertraglich abgesichert werden müssen.

2. Versicherungsverträge

71 In die Rechte und Pflichten bestehender sachbezogener Versicherungsverträge (z.B. über die betriebliche Haftpflicht-, Hausrat- und Gebäudeversicherung) tritt der Erwerber kraft Gesetzes ein, § 69 VVG. Der beratende Rechtsanwalt sollte nicht versäumen, den Erwerber auf das Sonderkündigungsrecht aus § 70 VVG aufmerksam zu machen, das nur innerhalb eines Monats ausgeübt werden kann. Personengebundene Versicherungen, wie die Berufshaftpflichtversicherung, gehen nicht mit Veräußerung über. Im Praxiskaufvertrag sind die kraft Gesetzes übergehenden und die zur vertraglichen Übernahme vorgesehenen Versicherungsverträge genau zu bezeichnen. Geänderte Risiken, insbesondere einen Wechsel der Tätigkeitsbereiche oder den Eintritt in eine Kooperationsgemeinschaft sollte der Erwerber unverzüglich dem Versicherer mitteilen.

72 Obwohl die Berufshaftpflichtversicherung mit dem Ausscheiden aus der Praxis endet, bietet der Versicherungsvertrag grundsätzlich auch danach Deckungsschutz für vorher eingetretene berufliche Fehler. Der Veräußerer sollte dennoch vorsorglich mit seinem Berufshaftpflichtversicherer eine Nachhaftung vereinbaren um Risiken, die für bestimmte Fallkonstellationen verbleiben[64] oder sich ergeben können, wenn die Nachhaftung im individuellen Versicherungsvertrag ausgeschlossen ist, zu vermeiden.

3. Leasing- und Wartungsverträge

73 Sind medizintechnische Geräte oder andere Praxisbestandteile geleast, ist zu prüfen, auf welche Weise dem interessierten Erwerber die Weiternutzung ermöglicht werden kann. Ggf. ist eine Vertragsübernahme zu vereinbaren. Gleiches gilt für bestehende Wartungsverträge.

4. Belegarztverträge

74 Bei dem Belegarztvertrag handelt es sich um einen zwischen einem Krankenhausträger und einem niedergelassenen, nicht im Krankenhaus angestellten Arzt geschlossenen Vertrag zur stationären Behandlung eigener Patienten des Arztes unter Inspruchnah-

---

64 Vgl. hierzu auch in diesem Buch § 13 „Versicherungsrecht", Rn 20.

me der hierfür bereitgestellten Dienste und Einrichtungen des Krankenhauses. Belegarztverträge haben oft große wirtschaftliche Bedeutung für die Gesamtpraxis. Daher ist frühzeitig und schriftlich die Zusage des Krankenhausträgers zur Übertragung des bestehenden Belegarztvertrages auf den Erwerber oder zum Abschluss eines neuen Vertrages einzuholen. Der Erwerber benötigt zudem die Anerkennung als Belegarzt durch die für seinen Niederlassungsort zuständige KV, vgl. § 40 BMV – Ä.

5. Übergang der Arbeitsverhältnisse

Geht eine Arztpraxis durch Rechtsgeschäft auf einen neuen Inhaber über, tritt dieser grundsätzlich in alle Rechte und Pflichten des bisherigen Arbeitgebers ein, § 613a BGB.[65] Die Regelung kann wegen ihres Schutzzwecks nicht zu Lasten der Arbeitnehmer abbedungen werden und erfasst alle im Zeitpunkt des Übergangs bestehenden Arbeitsverhältnisse, einschließlich befristeter Arbeits-, Nebenbeschäftigungs- und Probearbeitsverhältnisse, gekündigter Arbeitsverhältnisse (während des Laufs der Kündigungsfrist) sowie auch Arbeitsverhältnisse mit Arbeitnehmern in Mutterschutz bzw. Elternzeit.

75

Ob ein Betriebsübergang, mithin ein im Wesentlichen unveränderter Fortbestand der Gesamtheit Arztpraxis anzunehmen ist, richtet sich nach den Umständen des Einzelfalls.[66] Maßgebliche Indizien sind insbesondere die Art des betreffenden Betriebs, der Übergang der materiellen und immateriellen Betriebsmittel und der vorhandenen Organisation,[67] die Weiterbeschäftigung der Hauptbelegschaft,[68] der Übergang des Patientenstamms und der Überweiserbeziehungen, ferner die Dauer einer eventuellen Unterbrechung der Betriebstätigkeit.[69] Indizien sind auch die Beibehaltung der fachärztlichen Ausrichtung, die Weiternutzung vorhandener medizinischer und technischer Einrichtungen sowie die gezielte Heranführung des bisherigen Patientenkreises an die Praxis.[70]

76

Sofern die Identität der selbständigen, abtrennbaren, wirtschaftlichen Einheit gewahrt bleibt, gilt § 613a BGB auch bei Veräußerung eines Betriebsteils.[71] Dessen Identität kann sich aus der bloßen Tätigkeit, aus ihrem Personal, ihrer Arbeitsorganisation oder ihren Betriebsmethoden ergeben.[72] Als selbständiger Betriebsteil zählt bei Ärzten insbesondere das Labor,[73] aber auch der vertragsärztliche Teil einer Praxis, wenn z.B. der Veräußerer zukünftig nur noch privatärztlich tätig sein will.[74] Ob der ärztliche Leistungskatalog eingeschränkt oder erweitert wird, ist unerheblich.[75]

77

---

65 Betriebsübergang bei Weiterführung einer Arztpraxis: LAG Düsseldorf – 3 Sa 1896/99 – NZA-RR 2000, 353, 354. Betriebsübergang einer Vertragsarztpraxis: LAG Hamm – 16 Sa 553/00 – ArztR 2002, 12 ff.
66 Vgl. LAG Hamm – 16 Sa 553/00 – ArztR 2002, 12.
67 Vgl. EuGH – C-13/95 (Ayse Syzen) – NJW 1997, 2039 f.; C-51/00 (Temco Services Industries) – NJW 2002, 811 ff.; BAG – 8 AZR 621/02 – NJW 2004, 2324 ff.
68 Vgl. LAG Hamm – 16 Sa 553/00 – ArztR 2002, 12.
69 St. Rspr. des BAG im Anschluss an EuGH – C-13/95 (Ayse Syzen) – NJW 1997, 2039 f.: BAG – 8 AZR 416/99 – ArztR 2001, 92 ff.; BAG – 8 AZR 583/01 – NZA 2003, 315 ff.
70 Vgl. LAG Düsseldorf – 3 Sa 1896/99 – NZA-RR 2000, 353.
71 Vgl. BAG – 8 AZR 848/94 – NZA 1998, 253 f.
72 St. Rspr. des BAG im Anschluss an EuGH – C-13/95 (Ayse Syzen) – NJW 1997, 2039 f.: BAG – 8 AZR 101/96 – NJW 1997, 3188 ff.
73 Vgl. LAG Köln – 5 SA 859/97 – MedR 1998, 225.
74 Vgl. Ehlers/*Möller*, Rn 456, zweifelnd jedoch ders. in Dahm/*Möller*, Kap. X Rn 25.
75 Vgl. LAG Hamm – 16 Sa 553/00 – ArztR 2002, 12.

78 Nur der Inhaberwechsel führt zu einem Betriebsübergang nach § 613a BGB, also z.B. nicht die Umwandlung einer Berufsausübungsgemeinschaft in ein MVZ. Auch bei einem Wechsel der Gesellschafter einer Kooperationsgemeinschaft besteht die Identität der Gesellschaft als Arbeitgeber fort, selbst bei vollständigem Gesellschafterwechsel,[76] denn durch die Aufnahme des neuen Gesellschafters tritt dieser unmittelbar in die Rechtsstellung des ausscheidenden Gesellschafters ein.[77] Für die Anwendung von § 613a BGB besteht hier kein Raum. Der Betriebsübergang findet aufgrund der Übertragung der tatsächlichen Nutzungs- und Verfügungsgewalt statt. Für vor Praxisübergang entstandene und vor Ablauf von einem Jahr nach der Übernahme fällig werdende Verpflichtungen haften Veräußerer und Erwerber als Gesamtschuldner, § 613a Abs. 2 BGB. Bei vertraglicher oder gesetzlicher Rückabwicklung des Praxiskaufvertrages treten die Rechtsfolgen des § 613a BGB ein zweites Mal ein.[78]

79 Kündigungen wegen des Betriebsübergangs und diesbezügliche Aufhebungsvereinbarungen sind unwirksam, §§ 134 i.V.m. 613a Abs. 4 S. 1 BGB. Die Beweislast für die Kausalität trägt der Arbeitnehmer.[79] Das Recht, aus anderen Gründen zu kündigen, bleibt unberührt, so dass z.B. eine aus Rationalisierungsgründen ausgesprochene Kündigung zulässig ist, ebenso eine Kündigung, mit der der Veräußerer ein verbindliches Umgestaltungskonzept des Erwerbers unterstützt.[80] Wurde die Praxis in der Absicht erworben, diese sofort im Anschluss stillzulegen, findet § 613a BGB keine Anwendung.[81] Eine Stilllegung sollte allerdings bei Vertragsärzten im Hinblick auf die in § 103 Abs. 4 SGB V vorausgesetzte Praxisfortführung vermieden werden.

80 Im Erwerberinteresse empfiehlt es sich, Kopien aller Arbeitsverträge nebst Vollständigkeitserklärung als Vertragsanlagen vorzusehen. Bestehen nur mündliche Arbeitsverträge sollte der Veräußerer veranlasst werden, deren Inhalt bzw. Änderungen noch vor Abschluss des Übernahmevertrages schriftlich zu fixieren. Offene Forderungen, z.B. aus Gratifikationszusagen, Urlaubsansprüchsabgeltungs- und Urlaubsgeldansprüchen bedürfen einer Ausgleichsregelung zwischen den Vertragsparteien.

81 Die Arbeitnehmer sind entsprechend § 613a Abs. 5 BGB über ihr Widerspruchsrecht zu informieren.[82] Der Zeitpunkt der Informationserteilung ist wegen des oben (vgl. Kapitel B.III.) erwähnten Geheimhaltungsinteresses der Parteien sorgfältig abzuwägen. Bei rechtzeitigem Widerspruch (Monatsfrist, § 613a Abs. 6 BGB) bleibt das Arbeitsverhältnis mit dem Veräußerer bestehen, der Arbeitnehmer muss dann aber mit einer betriebsbedingten Kündigung rechnen.[83]

6. Gesellschaftsanteile

82 Sollen zusammen mit der Arztpraxis Gesellschaftsanteile an einer Kooperationsgemeinschaft übergehen, ist zunächst der Gesellschaftsvertrag auf eine eventuell vorhandene antizipierte Zustimmung bzw. Nachfolgeklausel, besondere Zustimmungserfordernisse und das Vorliegen persönlicher Übernahmevoraussetzungen zu prüfen. Bedarf die Übertragung des Gesellschaftsanteils danach noch der individuellen Zustim-

---

76 Vgl. Bamberger/*Gussen*, § 613a Rn 45 f.; ErfK-BGB/*Preis*, § 613a Rn 43, m.w.N.
77 Vgl. Bamberger/*Gussen*, § 714 Rn 57.
78 Vgl. Ehlers/*Möller*, Rn 460.
79 Vgl. Bamberger/*Gussen*, § 613a Rn 285.
80 Vgl. BAG – 8 AZR 127/94 – NZA 1997, 148.
81 Vgl. BAG – 8 AZR 282/97 – NJW 1999, 1131; ErfK-BGB/*Preis*, § 613a Rn 50.
82 Mustertext eines Anschreibens hierzu: *Krügermeyer-Kalthoff*, MDR 2003, 541 f.
83 Vgl. *Kamps*, S. 67.

mung der anderen Gesellschafter, ist diese frühzeitig einzuholen. Bei der Übertragung von Anteilen an einer Laborgemeinschaft ist abzuklären, ob der Erwerber auch berechtigt sein wird, die Laborleistungen künftig selbst zu erbringen bzw. abzurechnen. Werden Beteiligungen an gewerblichen Gesellschaften, wie z.B. Dentallaboren, Rehabilitationseinrichtungen und Optikern im Praxisvermögen geführt, kann neben der Frage der Umsatzsteuerpflicht einer Teilveräußerung die Frage der gewerblichen Infizierung Bedeutung erlangen, siehe hierzu unter Rn 144.

III. Übertragung der Patientenkartei, Honorarforderungen

1. Übertragung der Patientenkartei

Die Übernahme der Patientenkartei oder sonstiger personenbezogener Unterlagen bedarf der Einwilligung der Patienten, die in eindeutiger und unmissverständlicher Weise einzuholen ist.[84] Eine mutmaßliche Einwilligung genügt nicht. Eine Aufforderung an die Patienten, innerhalb einer bestimmten Frist der Aushändigung ihrer Unterlagen an den Erwerber zu widersprechen, ist daher nicht ausreichend. Nicht zu empfehlen, da unwirksam, sind auch formularmäßige Einwilligungen, die der Veräußerer bereits bei seinem Erstkontakt mit den Patienten einholt, insbesondere wenn sie nicht den Erwerber namentlich benennen.

83

Ein Praxiskaufvertrag, der sich über das Einwilligungserfordernis hinwegsetzt, ist wegen Verstoßes gegen die Verschwiegenheitspflicht von Berufsträgern, § 134 BGB i.V.m. § 203 Abs. 1 Nr. 1 StGB und gegen das informationelle Selbstbestimmungsrecht des Patienten, Art. 1 Abs. 1, Art. 2 Abs. 1 GG nichtig.[85] In berufsrechtlicher Hinsicht wäre die Pflicht zur Einholung der Einwilligung der Patienten verletzt, § 10 Abs. 4 MBO.[86]

84

Um einerseits den Parteien eines Praxiskaufvertrags eine vergleichsweise leicht umsetzbare Lösung zu bieten und andererseits dem Selbstbestimmungsrecht der Patienten Rechnung zu tragen, hat sich in der Praxis das Zwei-Schrank-Modell[87] etabliert. Danach ist im Praxiskaufvertrag u.a. zu regeln, dass die Patientenkartei vom Erwerber im Rahmen eines Verwahrungsverhältnisses gesondert aufzubewahren und verschlossen zu halten ist. Vorzusehen ist weiter, dass der Erwerber erst in die Kartei Einsicht nehmen darf, wenn und soweit der betreffende Patient den Veräußerer von seiner Schweigepflicht gegenüber dem Erwerber entbunden bzw. die Einsichtnahme in die Kartei gestattet hat. Die Entbindungserklärung des Patienten sollte im Hinblick auf § 4a Abs. 1 S. 3 BDSG in schriftlicher Form verlangt werden. Dem Veräußerer ist eine Kontrolle der gesperrten Kartei zu gestatten. Ferner sind die wesentlichen Regelungen durch eine Vertragsstrafenregelung abzusichern.

85

Diese Ausführungen gelten entsprechend für eine elektronisch geführte Patientenkartei. Bei dieser empfiehlt es sich zugleich, technisch sicherzustellen, dass die jeweiligen Datensätze vom Erwerber tatsächlich nur mit Zustimmung des Patienten eingesehen wer-

86

---

84 Vgl. BGH – VIII ZR 4/91 – MedR 1992, 104.
85 Vgl. BGH – VIII ZR 4/91 – MedR 1992, 104; Ehlers/*Möller*, Rn 408. Manche Autoren bezweifeln die Anwendbarkeit des § 134 BGB, da der Schutzzweck des Allgemeinen Persönlichkeitsrechts nur den Patienten erfasst. Nur diesem soll das Dispositionsrecht zustehen, nicht den Vertragsparteien. Im Ergebnis ist den Vertragsparteien die Beachtung der folgenden Ausführungen dennoch nahe zu legen.
86 Vgl. *Ratzel*, § 10 Rn 12 ff.
87 Vgl. Münchener Empfehlungen zur Wahrung der ärztlichen Schweigepflicht, MedR 1992, 207 ff.; Ehlers/*Möller*, Rn 413 ff.; *Klapp*, S. 97 ff.; KG Berlin – 27 U 2360/97 – Stbg 1999, 175.

den können, z.B. durch Sperrung mittels Kennwort. Zeit und Umfang des Zugriffs sollten automatisch und unwiderruflich dokumentiert werden.[88] Da eine höchstrichterliche Beurteilung der Münchener Empfehlungen noch aussteht, ist anzuraten, vorsorglich eine konkrete Ersatzregelung für den Fall der Nichtigkeit der Klausel über die Übertragung der Patientenkartei zu treffen.[89] Andernfalls besteht das Risiko der Nichtigkeit des gesamten Vertrages.[90]

87 Üben mehrere Ärzte ihren Beruf gemeinsam aus, darf aber davon ausgegangen werden, dass der Patient die Gesellschafter auch gegenüber Nachfolgern von der Verschwiegenheitspflicht befreit hat.[91] Dies gilt nicht bei Eintritt eines Arztes in eine bestehende Einzelpraxis unter erstmaliger Errichtung einer Berufsausübungsgemeinschaft.

2. Honorarforderungen

88 Vergleichbare rechtliche Erwägungen wie zur Patientenkartei stehen auch der Übertragung von Honorarforderungen entgegen, wenn die Übertragung ohne Zustimmung der betroffenen Patienten erfolgen soll.[92] Der Veräußerer ist daher grundsätzlich darauf angewiesen, seine bei Praxisübergabe eventuell noch offenen Honorarforderungen selbst beizutreiben.

E. Zulassungs- und Nachbesetzungsverfahren[93]

1. Einleitung des Nachbesetzungsverfahrens

89 In zulassungsbeschränkten Planungsbereichen wird auf Antrag des Vertragsarztes bei Erreichen der Altersgrenze, Tod, Verzicht oder Entziehung ein Nachfolgebesetzungsverfahren eingeleitet, § 103 Abs. 4 SGB V. Aus Gründen des Gemeinwohls soll die Zulassung zur vertragsärztlichen Versorgung nicht zur freien Disposition stehen (eine angreifbare Argumentation angesichts der gegenteiligen Regelungen für MVZ in § 103 Abs. 4a S. 2 SGB V). Um jedoch dem aus Art. 14 Abs. 1 GG abgeleiteten Recht auf Verwertung des durch die vertragsärztliche Tätigkeit geschaffenen ideellen Werts Rechnung zu tragen,[94] hat der Gesetzgeber dem Vertragsarzt das Recht eingeräumt, die Ausschreibung und Nachbesetzung seines Vertragsarztsitzes zu beantragen. Dieses Recht steht auch den Erben zu und kann ggf. auch von einzelnen Erben im Rahmen der Notgeschäftsführung nach § 2038 Abs. 1 S. 1 BGB ausgeübt werden. Eine Antragsbefugnis kann ebenso durch z.B. postmortale Vollmacht oder Einsetzung eines Testamentsvollstreckers herbeigeführt werden.[95] Eine allgemein für das Nachbesetzungsverfahren erteilte Vollmacht gilt schon kraft Gesetzes auch über den Tod hinaus, vgl. § 13 Abs. 1 und 2 SGB X.

---

88 Vgl. Münchner Empfehlungen, a.a.O.; Ehlers/*Möller*, Rn 418.
89 Vgl. *Rieger*, Rechtsfragen, Rn 103; Ehlers/*Möller*, Rn 419 f.
90 Vgl. BGH – VIII ZR 25/94 – NJW 1996, 773; KG Berlin – 12 U 1926/92 – MedR 1996, 220.
91 Vgl. auch BGH – VIII ZR 176/00 – MDR 2001, 1139 zu Rechtsanwälten.
92 Vgl. BGH – VIII ZR 94/94 – NJW 1995, 2026.
93 Nach §§ 103 Abs. 8, 104 Abs. 3 SGB V finden die §§ 103 Abs. 1 bis 7, 104 Abs. 1, 2 SGB V keine Anwendung mehr auf Zahnärzte.
94 Vgl. *Krauskopf*, § 103 Rn 5.
95 Vgl. *Klapp* S. 10; *Rieger*, Rechtsfragen, Rn 36.

Durch den Antrag auf Ausschreibung wird das Nachbesetzungsverfahren eingeleitet. Der Verzicht auf die Ausübung der vertragsärztlichen Tätigkeit sollte erst erklärt werden, wenn die Erklärung im Rahmen des Nachbesetzungsverfahrens unumgänglich wird. Für die Ausschreibung als solche reicht oft die Erklärung des Veräußerers aus, er beabsichtige im Falle der Zulassung eines Nachfolgers auf den Vertragsarztsitz zu verzichten.

90

2. Sicherung vor Zulassungsverlust und vor Zulassung eines unerwünschten Bewerbers

Voraussetzung der Zulassungs-Nachbesetzung ist einerseits, dass noch eine fortführungsfähige vertragsärztliche Praxis vorhanden ist,[96] und andererseits die Beendigung der vertragsärztlichen Tätigkeit des Veräußerers.[97] Der problemträchtigste Fall der Beendigung ist hierbei der des Verzichts. Rechtlich ist der Verzicht eine einseitige empfangsbedürftige Willenserklärung, die keiner Annahme bedarf und mit Zugang beim Zulassungsausschuss wirksam wird, § 28 Abs. 1 S. 1 Ärzte-ZV, § 130 BGB analog. Die Rechtsfolge des Verzichts tritt nach § 28 Abs. 1 Ärzte-ZV mit dem Ende des auf den Zugang folgenden Quartals ein.[98] Nach allgemeiner Auffassung ist der Widerruf eines Verzichts nach Zugang der Verzichtserklärung beim Zulassungsausschuss ausgeschlossen.[99] Auf den Zeitpunkt des Eintritts der Rechtswirkung des Verzichts kommt es dabei nicht an, da dieser nur aus Gründen der Sicherstellung der vertragsärztlichen Versorgung auf den in § 28 Abs. 1 S. 1 Ärzte-ZV bezeichneten Zeitpunkt nachverlagert ist.[100] Der Verzicht ist analog §§ 119 ff. BGB anfechtbar.

91

Dem Veräußerer ist zu empfehlen, den Verzicht wegen der eingeschränkten Widerruflichkeit nur unter der Bedingung der bestandskräftigen Zulassung eines Nachfolgers zu erklären; andere Bedingungen akzeptieren die Zulassungsausschüsse in der Regel nicht. Nach der hier vertretenen Ansicht handelt es sich bei der genannten Bedingung um eine rechtlich zulässige Potestativbedingung, da ihr Eintritt, d.h. die stattgebende Zulassungsentscheidung, in der Hand des Zulassungsausschusses liegt und damit keine unzumutbare Ungewissheit über den neuen Rechtszustand eintreten kann.[101] Diese Überlegung trägt auch dem nach Art. 14 Abs. 1 GG schützenswerten Interesse des Veräußerers Rechnung, seine Vertragsarztpraxis wirtschaftlich verwerten zu können. Dazu ist er aber nur bei Bestandskraft der Nachfolgezulassung in der Lage. Dagegen ist eine Verzichtserklärung unter der Bedingung, dass im Nachbesetzungsverfahren nur der vom Veräußerer gewünschte Nachfolger ausgewählt wird, nichtig. Manche Zulassungsausschüsse sehen dies großzügiger, so dass es von Vorteil sein kann, die jeweilige Rechtsansicht und damit Verfahrenspraxis bei der zuständigen KV zu erfragen.

92

Nimmt der abgebende Arzt seinen Zulassungs-Nachbesetzungsantrag zurück, steht dies seinem erneuten Antrag nicht entgegen, vorausgesetzt, seine Praxis ist dann noch fortführungsfähig. Für das Nachbesetzungsverfahren ist jedoch zu bedenken, dass die vertragsärztliche Tätigkeit regelmäßig mit dem 68. Lebensjahr endet, § 95 Abs. 7 S. 3 und 4 SGB V, so dass dem Veräußerer ggf. nicht mehr genügend Zeit für ein erneutes Nach-

93

---

96 *Klapp*, S. 23.
97 Vgl. *Plagemann*, Rn 57.
98 Vgl. *Krauskopf*, § 95 Rn 62.
99 Vgl. BSG – 6 Rka 16/95 – BSGE 78, 175 ff.; LSG Berlin – L 7 B 49/00 KA ER – NZS 2001, 502; LSG Ba-Wü – L 5 KA 3191/04 – MedR 2005, 671; *Plagemann*, Rn 70.
100 Vgl. BSG – 6 Rka 16/95 – BSGE 78, 175 ff.
101 Vgl. Ehlers/*Hesral*, Rn 227; *Schallen*, Rn 221; *Plagemann*, Rn 70.

besetzungsverfahren bleibt. Der beratende Rechtsanwalt sollte somit den Veräußerer deutlich auf die Besonderheiten des Nachbesetzungsverfahrens, insbesondere auf die Risiken und Folgen des Verzichts hinweisen.[102]

3. Ermessen des Zulassungsausschusses

a) Ermessenskriterien

94 Der Zulassungsausschuss hat bei mehreren Bewerbern den Nachfolger nach pflichtgemäßem Ermessen nach Maßgabe der sich aus § 103 Abs. 4, 5 und 6 SGB V ergebenden Ermessenskriterien auszuwählen. Der Gesetzgeber nennt insoweit u.a. die berufliche Eignung, das Approbationsalter, die Dauer der ärztlichen Tätigkeit und der Eintragung in die Warteliste, ferner die Eigenschaft des Bewerbers als Ehegatte, Kind oder als angestellter Arzt des bisherigen Vertragsarztes. Die Auswahlentscheidung ist auch bei der Zulassungs-Nachbesetzung eines in einer Berufsausübungsgemeinschaft tätigen Vertragsarztes zu treffen. Hier hat der Ausschuss zusätzlich noch die Interessen des Vertragsarztes, mit dem die Praxis bisher gemeinschaftlich ausgeübt wurde, zu berücksichtigen, § 103 Abs. 6 SGB V.[103]

b) Positionsverbesserung des Nachfolgers

95 Die vorstehend unter Rn 94 genannten Ermessenskriterien sind nicht abschließend. So ist z.B. auch der Wille des abgebenden Arztes, seine Praxis an einen bestimmten Erwerber zu übergeben, im Rahmen des Auswahlermessens des Zulassungsausschusses zu berücksichtigen.[104] Um die Position eines Wunschkandidaten weiter zu verbessern, sollte dieser dennoch möglichst viele der dem Zulassungsausschuss nach § 103 Abs. 4 S. 4, Abs. 5 und 6 SGB V zur Verfügung stehenden Auswahlkriterien erfüllen.[105]

96 Dem Erwerber ist hierzu u.a. zu empfehlen, sich frühzeitig in die Warteliste für den gesperrten Planungsbereich einzutragen.[106] Auch kann der Veräußerer bei langfristiger Planung mit seinem künftigen Nachfolger in einer „Job-Sharing"-Berufsausübungsgemeinschaft zusammenarbeiten oder ihn als angestellten „Job-Sharing"-Arzt beschäftigen, §§ 95 Abs. 9, 101 Abs. 1 Nr. 5 SGB V, § 32b Abs. 1 Ärzte-ZV.[107] Der „Job-Sharing"-Gesellschafter wird im Rahmen des Nachbesetzungsverfahrens nach einer gemeinsamen Berufsausübung von fünf Jahren Dauer privilegiert, § 101 Abs. 3 S. 4 SGB V, doch ist auch eine kürzere Zeit der Zusammenarbeit vom Zulassungsausschuss bei der Ermessensentscheidung zu berücksichtigen.[108]

97 Voraussetzung der Genehmigung jeglicher Job-Sharing-Konstellation ist die Vereinbarung einer Leistungsbegrenzung mit dem Inhalt, dass der bisherige Praxisumfang durch die Zusammenarbeit grundsätzlich nicht wesentlich überschritten werden darf, § 101 Abs. 1 Nr. 4, 5 SGB V. Derartiges ist meist nur akzeptabel, wenn z.B. der abgebende Arzt bereit ist, sein eigenes Arbeitspensum nachhaltig zu reduzieren oder sich verstärkt auf Privatpatienten zu konzentrieren.

---

102 Vgl. auch BGH – IX ZR 21/03 – MedR 2007, 354.
103 Zum Auswahlverfahren *Schallen*, Rn 260 ff. Zu den einzelnen Auswahlkriterien *Klapp*, S. 33 ff.
104 Vgl. *Rieger*, Rechtsfragen, Rn 51.
105 Zu den Möglichkeiten der Einflussnahme auch *Klapp*, S. 43 f.
106 Die Eintragung in die Wartelisten mehrerer Bezirke ist möglich, Ehlers/*Hesral*, Rn 293.
107 Zu den Genehmigungsvoraussetzungen vgl. *Schallen* Rn 1079 ff.
108 Vgl. LSG Baden-Württemberg – L 5 Ka 2566/96 – MedR 1997, 143.

Auch eine Assistenztätigkeit des Erwerbers in der Praxis des Veräußerers steigert die Chancen gegenüber den Mitbewerbern. Die Tätigkeit des Erwerbers als Aus- oder Weiterbildungsassistent kommt im Rahmen der Praxisnachfolge aber nur in Betracht, wenn er die entsprechende Facharztausbildung noch nicht abgeschlossen hat. Sie setzt zudem beim Veräußerer das Vorhandensein einer Weiterbildungsermächtigung voraus.[109]

Die Beschäftigung eines Entlastungsassistenten ist dagegen nur zur Sicherstellung der vertragsärztlichen Versorgung möglich, d.h., wenn der Vertragsarzt vorübergehend gehindert ist, seinen Pflichten in vollem Umfang nachzukommen, § 32 Abs. 1 Ärzte-ZV.[110] Einige KVen bewilligen für die letzten Monate vor Praxisübergabe großzügig einen „Schnupperassistenten", der so nicht im Zulassungsrecht vorgesehen ist und daher als Sicherstellungsassistent i.S.v. § 32 Abs. 2 Ärzte-ZV zu sehen ist. Eine regelmäßige Urlaubs- oder Krankheitsvertretung durch den Erwerber ist vom Zulassungsausschuss ebenfalls zu berücksichtigen.[111] All diese Wege können jeweils von den Parteien gestalterisch genutzt werden und bieten dem Bewerber obendrein die Möglichkeit, frühzeitig in die Praxistätigkeit eingeführt zu werden.

98

4. Widerspruch und Klage vor den Sozialgerichten

Abgelehnten Bewerbern steht als Verfahrensbeteiligten das Rechtsmittel des Widerspruchs zur Verfügung, § 44 Ärzte-ZV. Der Widerspruch hat aufschiebende Wirkung, § 86 Abs. 1 SGB X. Jedoch können Berufungs- und Zulassungsausschuss die sofortige Vollziehung der Zulassungsentscheidung anordnen, § 86a Abs. 2 Nr. 5 SGG. Wird der Zulassungsbescheid aufgehoben, entfällt der vorläufige Teilnahmestatus des zugelassenen Bewerbers ex nunc. Es entsteht kein Rückzahlungsanspruch der KV auf die bis zu diesem Zeitpunkt erarbeiteten Honorare.[112]

99

Gegen die Entscheidung des Berufungsausschusses kann Konkurrentenklage vor dem Sozialgericht erhoben werden, § 86a Abs. 1 SGG. Soweit der Veräußerer oder seine Erben eine eigene subjektive Rechtsverletzung geltend machen können, stehen die o.g. Rechtsmittel auch ihnen zu.[113]

100

5. Zivilrechtliche Gestaltungsmöglichkeiten zur Zulassungsnachbesetzung

Das Rechtsverhältnis zwischen Bewerber und KV ist von der privatrechtlichen Vertragsgestaltung zwischen Veräußerer und Erwerber zu trennen.[114] Rechtshandlungen und Erklärungen in einer dieser beiden Rechtskreise haben grundsätzlich keine akzessorische Wirkung.[115] Wie sich darüber hinaus solche Rechtshandlungen auf den jeweils anderen Rechtskreis auswirken, ist im Einzelnen umstritten. Einigkeit besteht lediglich dahin gehend, dass der abgebende Arzt nicht verpflichtet ist, mit dem vom Zulassungsausschuss ausgewählten Bewerber einen Übernahmevertrag zu schließen.[116]

101

---

109 Zu den Genehmigungsvoraussetzungen vgl. *Schallen*, Rn 986 ff.
110 Vgl. *Schallen*, Rn 982 ff.
111 Vgl. LSG Baden-Württemberg – L 5 Ka 2566/96 – MedR 1997, 143.
112 Ausführlich zu Rechtsschutzproblemen *Rieger*, Rechtsfragen, Rn 75 ff. m.w.N.
113 So *Rieger*, Rechtsfragen, Rn 81.
114 Vgl. *Rieger*, Rechtsfragen, Rn 67; *Ehlers/Preißler*, Rn 35.
115 Vgl. BSG – 6 RKa 36/90 – NJW 1993, 1547.
116 *Rieger*, Rechtsfragen, Rn 68.

102 Zulässig und empfehlenswert ist die zivilrechtliche Verpflichtung des Veräußerers zur Mitwirkung an der Übertragung des Vertragsarztsitzes auf einen Nachfolger, insbesondere die Verpflichtung zur Ausschreibung und zum Zulassungsverzicht.[117] Das Ausschreibungsrecht ist sogar im Wege der Abtretung übertragbar, §§ 413, 398 BGB, zur Ausschreibung kann auch der Erwerber oder ein Dritter bevollmächtigt werden.[118]

103 Wegen der Gefahr des Widerspruchs eines Mitbewerbers gegen die Auswahlentscheidung des Zulassungsausschusses ist der Praxiskaufvertrag unter die aufschiebende Bedingung einer bestandskräftigen Zulassung oder die auflösende Bedingung der Ablehnung des Zulassungsantrags des Bewerbers bzw. die Einlegung eines Rechtsbehelfs bzw. Rechtsmittels gegen eine stattgebende Entscheidung zu stellen oder für diese Fälle der Rücktritt vom Praxiskaufvertrag zu ermöglichen. Ferner hat sich die Regelung bewährt, die den Erwerber verpflichten, im Falle einer zugunsten eines Dritten ergangenen Nachbesetzungsentscheidung kein Widerspruchsverfahren durchzuführen und den Zulassungsantrag zurückzunehmen. Diese Verpflichtung kann zwar nicht sozialrechtlich, aber durch zivilrechtliche Klage auf Abgabe einer entsprechenden Willenserklärung durchgesetzt werden, § 894 ZPO.

104 Schließt der Veräußerer vor der Entscheidung des Zulassungsausschusses mit mehreren Bewerbern einen Praxiskaufvertrag, sollte der Widerspruchsverzicht mit allen Bewerbern vereinbart werden. Den jeweiligen Vertragspartnern ist dieser Sachverhalt offen zu legen, § 242 BGB.

F. Der Praxiskaufvertrag[119]

I. Form, sonstige Vorgaben, Allgemeine Geschäftsbedingungen

1. Schriftform und notarielle Beurkundung

105 Der Praxiskaufvertrag bedarf grundsätzlich keiner Form, Schriftform ist aber zweckmäßig.[120] Eine notarielle Beurkundung ist notwendig, wenn zusammen mit der Arztpraxis eine Immobilie verkauft wird, § 311b Abs. 1 S. 1 BGB. Dies gilt auch für einzelne Vereinbarungen in Zusammenhang mit dem Kauf einer Immobilie, wenn es sich insgesamt um ein einheitliches Geschäft handelt und die Vereinbarung nach dem Willen der Parteien miteinander „stehen und fallen" soll.[121] Nicht beurkundete Nebenabreden führen bei Beurkundungsbedürftigkeit zur Nichtigkeit des gesamten Geschäfts. Beurkundungspflicht besteht ferner, wenn es sich bei der Arztpraxis um nahezu das gesamte Vermögen des Veräußerers handelt, § 311b Abs. 3 BGB.[122]

---

117 Vgl. OLG Hamm – 8 U 91/99 – MedR 2000, 427.
118 Vgl. *Klapp*, S. 26; *Rieger*, Rechtsfragen, Rn 39 m.w.N., *Schallen*, Rn 239.
119 Zum wesentlichen Vertragsinhalt *Klapp*, S. 87 ff.
120 Vgl. *Rieger*, Lexikon, 4330 Rn 7; *Ehlers/Möller*, Rn 379.
121 St. Rspr. des BGH – V ZR 222/03 – NJW 2004, 3330 ff.; Vgl. auch Ehlers/*Möller*, Rn 380; Bamberger/*Gehrlein*, § 311b Rn 25 m.w.N.
122 Vgl. *Klapp*, S. 84; Bamberger/*Gehrlein*, § 311b Rn 44.

2. Vorlage des Praxiskaufvertrages nach Berufs- und Zulassungsrecht

Der Praxiskaufvertrag soll nach § 24 MBO der zuständigen Ärztekammer zur Prüfung beruflicher Belange vorgelegt werden. Ein Verstoß gegen die Vorlagepflicht kann berufsrechtlich geahndet werden, führt aber nicht zur Unwirksamkeit des Vertrages.[123]

106

Auch der Zulassungsausschuss kann den Praxiskaufvertrag als nötiges Beweismittel anfordern, sollte dies für die Zulassung erforderlich sein, § 39 Abs. 1 Ärzte-ZV.

107

3. Allgemeine Geschäftsbedingungen

Allgemeine Geschäftsbedingungen sind für eine Vielzahl von Verträgen vorformulierten Vertragsbedingungen, die der Verwender der anderen Vertragspartei bei Abschluss eines Vertrages stellt. Hierzu gehören auch wiederholt in einer Rechtsanwaltskanzlei verwendete Musterverträge. Da der Praxiskaufvertrag zwischen zwei Unternehmern i.S.v. § 14 BGB abgeschlossen wird, finden verbraucherschutzrechtliche Vorschriften und damit die §§ 305 ff. BGB nur eingeschränkt Anwendung, selbst wenn der Erwerber Existenzgründer ist.[124] Aufgrund der Regelung in § 310 Abs. 1 S. 1 BGB gelten jedoch die Klauselverbote aus §§ 308, 309 BGB über § 307 BGB mittelbar.

108

II. Wesentlicher Vertragsinhalt

1. Vertragsparteien, Einwilligungen

Die Vertragsparteien sind mit Namen, Titel und aktueller Anschrift zu kennzeichnen. Soll ein Gesellschaftsanteil übertragen werden, wird die Einwilligung aller Gesellschafter erforderlich, sofern der Gesellschaftsvertrag nicht bereits eine antizipierte Zustimmung enthält. Daneben kann die Einwilligung des Ehegatten erforderlich werden, § 1365 Abs. 1 BGB.[125] Mitglieder einer Erbengemeinschaft können die Veräußerung grundsätzlich nur gemeinschaftlich vornehmen, § 2038 Abs. 1 BGB.[126]

109

2. Wesentliche Pflichten

a) Pflichten des Veräußerers

Vertaglich zu regelnde Hauptpflicht des Praxisveräußerers ist die Übergabe und Übereignung der von ihm zuvor geführten Arztpraxis bzw. bei Gesellschaften, die Übertragung des Gesellschaftsanteils. Bei Praxisveräußerungen hat es sich bewährt, aus Gründen der Rechtssicherheit in den Praxiskaufvertrag eine beiderseitige Verpflichtung zur Fertigung eines Übergabeprotokolls aufzunehmen. Ferner sollten das Eigentum des Veräußerers am Praxisinventar sowie die Freiheit von Rechten Dritter, mit Ausnahme des Vermieterpfandrechts, Erwähnung finden. Soweit abzusehen ist, dass der Veräußerer dies nicht gewährleisten kann, ist dem Erwerber zu gestatten, die noch offen Forderungen Dritter unmittelbar aus dem Kaufpreis zu erfüllen. Alternativ kann bestimmt

110

---

123 Vgl. Dahm/*Ratzel*, Kap. X Rn 11.
124 Vgl. MünchKomm/*Micklitz*, BGB, § 14 Rn 14, 38; BGH – III ZB 36/04 – NJW 2005, 1273.
125 Zu familienrechtlichen Beschränkungen vgl. Beisel/*Beisel*, Kap. 8 Rn 11 ff.
126 Zu erbrechtlichen Beschränkungen vgl. Ehlers/*Möller*, Rn 389 ff.; Beisel/*Beisel*, Kap. 8 Rn 37 ff.

111 Der Veräußerer hat den Erwerber über die Besonderheiten und wesentlichen organisatorischen Abläufe der Praxis aufzuklären, ihn hinsichtlich der technischen Praxisgerätschaften zu unterweisen, ihm sämtliche zur Weiterführung der Praxis relevanten Urkunden herauszugeben und geschäftliche Beziehungen, insbesondere zu Überweisern, zu nennen.[127] Dies ergibt sich bereits aus der Leistungstreuepflicht, die die Verpflichtung umfasst, das Erreichen des Vertragszwecks aktiv zu fördern.[128] Diese Pflicht sollte aus Gründen der Rechtssicherheit vertraglich konkretisiert werden. Ihre Durchführung kann dadurch gesichert werden, dass der Erwerber einen bestimmten Anteil des auf den immateriellen Wert entfallenden Praxiskaufpreises bis zu ihrer Erfüllung zurückbehält. Liegt die Praxis in einem zulassungsbeschränkten Planungsbereich, sind auch die Mitwirkungspflichten des Veräußerers im Zulassungs-Nachbesetzungsverfahren festzulegen (siehe Rn 27 f.).

b) Pflichten des Erwerbers

112 Der Erwerber hat die Hauptpflicht, den Kaufpreis zu zahlen. Steht der Kaufpreis nicht fest, sind in den Übernahmevertrag Angaben zur Bestimmbarkeit des Kaufpreises aufzunehmen. Ist Kaufvertragsgegenstand die Arztpraxis im Ganzen, kann die Auslegung ergeben, dass der Erwerber im Verhältnis zum Veräußerer verpflichtet ist, auch dessen wesentliche, mit der Praxis im Zusammenhang stehende Verbindlichkeiten zu erfüllen. Umgekehrt könnte er ggf. die Übernahme der Forderungen des Veräußerers beanspruchen. Auf solche Auslegungsrisiken sollten sich die Parteien im beiderseitigen Interesse nicht einlassen und daher im Praxiskaufvertrag speziell oder formelmäßig die zu übernehmenden Forderungen und Verbindlichkeiten festlegen bzw. voneinander abgrenzen.

113 Die Zahlung des Kaufpreises kann durch die Verpflichtung des Erwerbers zur Beibringung einer Bankbürgschaft oder einer vergleichbaren Sicherheit abgesichert werden. Eigentum und Rechte sollten dennoch nur unter Zahlungsvorbehalt übertragen werden.

III. Leistungsstörung und Gewährleistung

1. Anspruchsgrundlagen

114 Beim Unternehmenskauf finden die Vorschriften über die Mängelhaftung entsprechende Anwendung, § 453 Abs. 1 Alt. 2 BGB. Der Veräußerer schuldet demnach eine als solche mangelfreie Arztpraxis, § 433 Abs. 1 S. 2 BGB. Liegt ein Mangel vor, kann der Erwerber grundsätzlich die Rechte aus den §§ 437 ff. BGB geltend machen, insbesondere die Beseitigung des Mangels verlangen, den Kaufpreis mindern oder vom Vertrag zurücktreten. Dabei hat das Nachbesserungsrecht des Veräußerers grundsätzlich Vorrang vor dem Rücktrittsbegehren des Erwerbers. Ein Rücktritt ist erst zulässig, wenn die weiteren Voraussetzungen der §§ 440, 323 Abs. 2 BGB vorliegen. Ist der Mangel unerheblich, entfällt jedoch das Rücktrittsrecht, § 323 Abs. 5 S. 2 BGB.

---

127 Vgl. zu den Nebenpflichten aus Kaufvertrag Bamberger/*Faust*, § 433 Rn 44 ff.; *Canaris*, § 8 I Rn 7, sieht hierin sogar eine Hauptpflicht des Veräußerers.
128 Vgl. Staudinger/*Otto*, § 282 Rn 35 ff.

Bei Verschulden des Veräußerers steht dem Erwerber ein Schadenersatzanspruch zu, §§ 453 Abs. 1, 437 Nr. 3, 280 Abs. 3, 281, 283 BGB. Ferner sind Ansprüche aus Störung der Geschäftsgrundlage denkbar. Ansprüche aus vorvertraglichem Verschulden können sich z.B. ergeben, wenn der Veräußerer den Erwerber vor Vertragsschluss falsch über die Arztpraxis informiert oder relevante Informationen unter Verletzung seiner Aufklärungs- und Beratungspflicht vorenthalten hat. Hierbei kann es sich um die Verletzung einer Neben- oder einer vorvertraglich vereinbarten Hauptpflicht handeln.

2. Beschaffenheitsmängel der Arztpraxis, Garantie, Due Diligence Prüfung

Ein Mangel der Arztpraxis liegt vor, wenn diese sich als solche nicht für die nach dem Vertrag vorausgesetzte Verwendung eignet oder sie nicht die Beschaffenheit aufweist, die bei einer Arztpraxis vergleichbarer Art üblich ist und vom Erwerber erwartet werden kann. Die Beschaffenheit umfasst die der Sache tatsächlich, wirtschaftlich und rechtlich anhaftenden Eigenschaften. Abzustellen ist im Übrigen auf die durch Auslegung zu ermittelnde, vereinbarte Beschaffenheit der Praxis. Es kommt hier also darauf an, welche Umstände und Merkmale im Kaufvertrag Erwähnung gefunden haben und ob diese den Sollzustand bzw. die Verwendungsmöglichkeit in ihrer Gesamtheit charakterisieren. Eine Beschreibung, die zum Vertragsinhalt gemacht wurde, stellt bereits eine Beschaffenheitsvereinbarung dar.[129] Eine weitergehende Haftung kann sich aus einem selbständigen Garantieversprechen ergeben. So empfiehlt es sich für den Erwerber, die für die Kaufentscheidung wesentlichen Umstände, insbesondere die wirtschaftlich relevanten Praxisdaten, vorsorglich einer gesonderten Garantieerklärung des Veräußerers nebst Rechtsfolgenvereinbarung zu unterwerfen.

Zur Ermittlung solcher Praxisdaten eignet sich die Durchführung einer bei Unternehmensveräußerungen üblichen Due-Diligence-Prüfung. Due Diligence bezeichnet die gebotene Sorgfalt, mit der bei Veräußerung von Unternehmen und Beteiligungen das Vertragsobjekt im Vorfeld der Akquisition geprüft wird. Due-Diligence-Prüfungen beinhalten insbesondere eine systematische Analyse des Kaufobjekts, einschließlich der mit dem Kauf verbundenen Risiken sowie die fundierte Bewertung des Unternehmens. Sie besitzt damit Gewährleistungs-, Risiko- und Wertermittlungs- sowie Beweissicherungsfunktion.[130] Das Unterlassen einer Due-Diligence-Prüfung bzw. deren unvollständige oder unsorgfältige Durchführung per se hat noch keinen Ausschluss der Gewährleistungsrechte des Käufers i.S.d. § 442 Abs. 1 S. 2 BGB zur Folge. Führt der Käufer jedoch eine Due-Diligence-Prüfung durch, entfallen die Gewährleistungsrechte, soweit er den Mangel dabei in Erfahrung gebracht hat, § 442 Abs. 1 BGB.

a) Sachmängel

Eine Mangelhaftigkeit der Arztpraxis ergibt sich nicht schon allein aus der Mangelhaftigkeit einzelner ihrer Gegenstände.[131] Die Gewährleistungsvorschriften kommen nur dann zur Anwendung, wenn die Fehlerhaftigkeit des einzelnen Gegenstands auf die Funktionstauglichkeit der Praxis als solche durchschlägt,[132] d.h. die Praxis nicht zu der

---

129 Vgl. Bamberger/*Faust*, § 434 Rn 45.
130 Vgl. Beisel/*Beisel*, Kap. 2 Rn 4.
131 Vgl. *Canaris*, § 8 I Rn 22.
132 Vgl. *Bräune*, MedR 2004, 646; MünchKomm/*Westermann*, § 453 Rn 31 f.

im Vertrag vorausgesetzten Verwendung geeignet ist, § 434 Abs. 1 S. 2 Nr. 1 BGB. Weist z.B. der Computer- oder Kernspintomograph einer radiologischen Praxis einen gravierenden Fehler auf, so dass Untersuchungen nicht stattfinden können, schlägt Derartiges auf den Gegenstand Arztpraxis durch. Auch unzulängliche Operationsbedingungen einer Belegarztpraxis können einen Mangel darstellen,[133] ferner ein Fehlbestand an Vermögensgegenständen, wenn dadurch die Funktionstauglichkeit der Praxis beeinträchtigt wird.[134]

119 Der Nacherfüllungsanspruch nach §§ 453 Abs. 1, 439 Abs. 1 BGB richtet sich auf die Beseitigung des Mangels. Macht der Erwerber Minderung geltend, berechnet sich der Minderungsbetrag aus dem Vergleich des Werts der mangelfreien Arztpraxis mit dem Wert der aufgrund des Mangels wertgeminderten Arztpraxis. Zur Erleichterung einer solchen Berechnung bei Sachmängeln empfiehlt es sich, die Werte der einzelnen Vermögensgegenstände in den Übernahmevertrag bzw. eine zugehörige Inventarliste aufzunehmen, zumindest jedoch den Gesamtsachwert auszuweisen.

Üblich sind ausdrückliche Regelungen über die Rechte und Pflichten bei Mängeln am Praxisinventar. Da einseitige Bestimmungen selten durchsetzbar sind, sollten Kompromissregelungen gesucht werden, wie z.B. eine auf wesentliche Funktionsmängel beschränkte Gewährleistung.

120 Neben den Sachwerten kann auch der ideelle Wert der Arztpraxis mangelbehaftet sein. Mängel können sich hier z.B. aus fehlerhaften Angaben über zurückliegende Jahresabschlüsse, über die Höhe der Praxisverbindlichkeiten sowie über Ertrag und Umsatz ergeben.[135] Eine Beschaffenheitsvereinbarung hinsichtlich der Richtigkeit vorgelegter Bilanzen lässt sich jedoch nicht schon aus ihrer bloßen Vorlage herleiten.[136] Die Rechtsprechung bejaht eine Beschaffenheitsvereinbarung hinsichtlich der mitgeteilten Umsätze aber dann, wenn der Erwerber ersichtlich den Kauf von einer bestimmten Umsatzgröße abhängig macht.[137] Keinen Mangel stellen prognostizierte Umsätze dar, es sei denn, sie wurden als Garantieversprechen vertraglich vereinbart.

b) Rechtsmängel

121 Die Abgrenzung zum Rechtsmangel nach §§ 453, 435 BGB ist fließend. Ein Rechtsmangel liegt z.B. vor, bei fehlender Bereitschaft des Krankenhauses, den Erwerber in einen bestehenden Belegarztvertrag eintreten zu lassen, bei fehlender Fortsetzungsmöglichkeit einer Betriebsarzttätigkeit,[138] bei fehlender Nutzungsmöglichkeit der Apparate oder Bürogegenstände der Kooperationsgemeinschaft, der der Veräußerer bislang angehörte, bei verweigerter Aufnahme des Nachfolgers in einen Praxisverbund, aber auch bei einer (im Sonderfall entstehenden) Belastung des Erwerbers mit Regressen aus Behandlungsfehlern des Veräußerers. Auch die fehlende baurechtliche Nutzungsgenehmigung für die überlassenen Praxisräume begründet Gewährleistungsansprüche.[139]

---

133 Vgl. BGH – VIII ZR 107/58 – NJW 1959, 1585. Fehlende Charaktereigenschaft eines Mitarbeiters dagegen kein Mangel, BGH – XIII ZR 335/89 – NJW 1991, 1223.
134 Vgl. *Bräune*, MedR 2004, 646, 647; Bamberger/*Faust*, § 453 Rn 27.
135 Vgl. BT-Drucks 14/6040, S. 242; *Canaris*, § 8 I Rn 29 ff. m.w.N.; *Klapp*, S. 91; *Bräune*, MedR 2004, 646 f.
136 Vgl. *Rieger*, Rechtsfragen, Rn 6.
137 Vgl. *Klapp*, S. 91.
138 Vgl. *Rieger*, Rechtsfragen, Rn 11.
139 Vgl. BGH – XII ZR 12/97 – NJW 1999, 635.

Gleiches gilt, wenn der Erwerber seine Tätigkeit ganz oder teilweise nicht ausüben kann, weil Rechte Dritter entgegenstehen. Praktische Relevanz hat dies bei bestehendem Sicherungseigentum, Eigentumsvorbehalten und beim Vermieterpfandrecht sowie bei der Veräußerung eines Praxisanteils, wenn die übrigen Gesellschafter die Zustimmung verweigern.[140] Nicht unter § 434 BGB und daher eine ausdrückliche Regelung erfordernd fällt das Fehlschlagen der Zulassungs-Nachbesetzung, da die Auswahlkriterien des Zulassungsausschusses in der Person des Erwerbers liegen und daher vom Veräußerer nicht beeinflusst werden können.

122

c) Mängel des Gesellschaftsanteils

Unterschiede zwischen dem Verkauf einer Einzelpraxis und dem eines Anteils an einer Kooperationsgemeinschaft bestehen bei Mängeln dahin gehend, dass es sich nach dem über § 453 Abs. 1 Alt. 2 BGB entsprechend anwendbaren § 434 BGB um solche am Anteil selbst handeln muss. Ein Mangel der Arztpraxis ist nicht unbedingt ein Mangel des jeweiligen Gesellschaftsanteils, da Ersterer nicht zwingend auch die Beschaffenheit des Anteils beeinflusst. So trifft den Veräußerer eines Gesellschaftsanteils in der Regel keine allgemeine Einstandspflicht für Mängel des Unternehmens,[141] es sei denn, es gehen sämtliche oder überwiegende Anteile des Unternehmens über.[142]

123

d) Verjährung

Die Verjährung der Mängelhaftungsansprüche beträgt zwei Jahre, § 438 Abs. 1 Nr. 3 BGB, sie kann vertraglich verlängert und verkürzt werden. Bei arglistigem Verschweigen gilt die regelmäßige Verjährungsfrist von drei Jahren, §§ 438 Abs. 3, 195 BGB.

124

3. Mängelhaftungsausschluss

Die Vereinbarung eines Ausschlusses der Gewährleistungsrechte ist zulässig, sofern der Veräußerer hierbei nicht arglistig handelt, § 476 BGB. Einen weitgehenden Gewährleistungsausschluss sollte der Veräußerer für Unternehmenskennzahlen durchsetzen, zumal ihm etwaiges Verschulden seines Steuerberaters bei Erstellung der Angaben zugerechnet werden kann, § 278 BGB. Der Haftungsausschluss kann darüber hinaus auf Mängel erstreckt werden, die erst nach Vertragsschluss und vor Gefahrübergang entstehen.[143] Kennt der Erwerber den Mangel bei Vertragsschluss oder ist ihm dieser infolge grober Fahrlässigkeit unbekannt geblieben, sind die Gewährleistungsansprüche schon kraft Gesetzes ausgeschlossen, sofern nicht der Sonderfall vorliegt, dass der Verkäufer den Mangel arglistig verschwiegen oder eine Garantie für die Beschaffenheit der Sache übernommen hat, § 442 Abs. 1 BGB.

125

IV. Rückkehrverbot

In der Regel kauft der Erwerber die Praxis in der Erwartung, die bisherigen Patienten oder Zuweiserbeziehungen des Veräußerers für sich gewinnen zu können. Dies würde

126

---

140 Vgl. *Canaris*, § 8 I Rn 34.
141 Vgl. *Canaris*, § 8 II Rn 43; Beisel/*Klumpp*, Kap. 16 Rn 16.
142 Vgl. Staudinger/*Beckmann*, § 453 Rn 33; *Wäzholz*, DStR 2002, 502 f.; Beisel/*Klumpp*, Kap. 16 Rn 17.
143 Vgl. Bamberger/*Faust*, § 444 Rn 6, bei Abgabe einer Garantie § 443 Rn 27.

aber der Veräußerer durch seine fortgesetzte ärztliche Tätigkeit im bisherigen Einzugsbereich der Praxis erschweren oder sogar unmöglich machen. Eine Unterlassungsverpflichtung hat also den Zweck, den Erwerber davor zu schützen, dass der Veräußerer die durch den Kaufpreis in der Regel mitabgegoltene Überleitung der Patientenbeziehungen unterläuft. Obwohl sich ein solches Rückkehrverbot bereits aus Treu und Glauben ergeben kann,[144] sollte schon zur Vermeidung von Streitigkeiten über seine Reichweite eine ausdrückliche Regelung getroffen werden.[145] Bei der Gestaltung der Klausel ist darauf zu achten, dass sie örtlich, zeitlich und gegenständlich angemessene Grenzen einhält. Ob dies jeweils der Fall ist, ergibt sich regelmäßig aus den Umständen des Einzelfalls. Eine einheitliche Rechtsprechung ist bislang nicht abzusehen.

127 Die räumliche Ausdehnung eines vertraglichen Rückkehrverbots bzw. Wettbewerbsverbots wirft in der Praxis die häufigsten Probleme auf. Die zulässige Grenze bildet grundsätzlich der Einzugsbereich der Praxis, der von den individuellen Umständen abhängt und sich z.B. bei einer ländlichen Arztpraxis weiter ausdehnen kann als bei einer städtischen. Je weiter die Grenze reichen soll, umso eher ist sie dabei mit dem zeitlichen Rückkehrverbot in Bezug zu setzen.[146] Jedoch verstößt nach Ansicht des BGH ein über zwei Jahre hinausgehendes nachvertragliches Wettbewerbsverbot für einen aus einer Freiberuflersozietät ausgeschiedenen Gesellschafter gegen § 138 BGB, da sich in diesem Zeitraum der Patientenstamm regelmäßig verflüchtigt und daher anschließend der ausgeschiedene Partner wie jeder andere Wettbewerber behandelt werden muss.[147] Diese Wertung ist grundsätzlich auf den Veräußerer einer Einzelpraxis übertragbar.[148]

128 Gegenständlich ist das Rückkehrverbot auf die bisherige Fachrichtung zu begrenzen. Hat der Veräußerer eine Qualifikation bislang nicht ausgeübt, kann es unzulässig sein, ihn künftig daran zu hindern. Umgekehrt könnte befristet vereinbart werden, dass der Erwerber eine bestimmte Fachrichtung nicht aufnimmt, sollte der Veräußerer in dieses Fachgebiet wechseln.

Eine geltungserhaltende Reduktion findet nur in zeitlicher Hinsicht statt.[149]

Um bei sonstigen Überschreitungen der Nichtigkeit des restlichen Vertrags vorzubeugen, sind konkrete Auffangbestimmungen zu treffen. Die Einhaltung des Rückkehrverbots sollte durch eine Vertragsstrafenregelung gesichert werden. Hierfür kann der ideelle Praxiswert angesetzt werden.[150]

V. Fälligkeit und Fristen

129 In der Regel wird ein Stichtag für die Praxisübergabe vereinbart. Der Übergabetag ist im Hinblick auf eine steuerliche Optimierung mit Sorgfalt zu wählen (vgl. Rn 135 ff.). Ist der Übergabetag nicht festgelegt, gelten die §§ 271, 266 BGB. Die Zahlung erfolgt meist Zug um Zug gegen Erfüllung der Pflichten des Veräußerers, §§ 320, 322 BGB.

---

144 Vgl. Bamberger/*Grüneberg*/Sutschet, § 241 Rn 73 f., 102; *Canaris*, § 8 I Rn 9.
145 Vgl. BGH – II ZR 238/96 – NJW 1997, 3089 (Tierarzt); *Klapp*, S. 113; Beisel/*Beisel*, Kap. 12 Rn 37 ff.
146 Sittenwidrigkeit eines Wettbewerbsverbots bei Zahnärzten mit 10-km-Radius in Großstadt: OLG Frankfurt a.M. – 19 U 34/04 – OLG-Report 2004, 421.
147 Vgl. BGH – II ZR 59/02 – NJW 2004, 66.
148 Vgl. BGH – I ZR 102/94 – NJW 1997, 799: 1 Jahr bei Ärzten für Laboratoriumsmedizin.
149 Vgl. *Klapp*, S. 113, 114. Für eine geltungserhaltende Reduktion bei räumlich übermäßigen Wettbewerbsverbot Staudinger/*Sack*, § 138 Rn 312.
150 Vgl. Ehlers/*Möller*, Rn 491.

Der Übergang der Gefahr bestimmt sich nach § 446 BGB. Diese gesetzlichen Regelungen sollten jeweils abgedungen und den konkreten Verhältnissen angepasst werden.

VI. Salvatorische Klausel

Der Übernahmevertrag ist durch eine salvatorische Klausel vor einer Gesamtnichtigkeit nach § 139 BGB zu sichern. Gesamtnichtigkeit kommt dann in Betracht, wenn eine wesentliche Vertragsbestimmung unwirksam ist und die Teilnichtigkeit den Gesamtcharakter des Vertrags verändert.[151] Dies trifft z.B. bei Unwirksamkeit der getroffenen Regelungen zur Kaufpreisbestimmung zu, im Falle eines räumlich oder sachlich ungerechtfertigten Rückkehrverbots oder bei Gesetzeswidrigkeit der Bestimmungen zur Patientenkartei. Solche Klauseln sollten daher mit konkreten Ersatzbestimmungen für den Fall ihrer Nichtigkeit versehen werden. Der Hinweis, dass es sich nicht um einen wesentlichen Vertragsbestandteil handelt, kann zusätzlichen Schutz bieten. Trotz alldem kann eine salvatorische Klausel die Nichtigkeit nicht mit Sicherheit verhindern. Die Darlegungs- und Beweislast trifft jedoch die Partei, die entgegen der Erhaltungsklausel den Vertrag als Ganzes für unwirksam hält.[152]

130

VII. Rückabwicklung des Übernahmevertrags

1. Bereicherungsrechtliche Ansprüche

Ein in seiner Gesamtheit unwirksamer Übernahmevertrag ist nach den bereicherungsrechtlichen Vorschriften der §§ 812 ff. BGB rückabzuwickeln. Die Unwirksamkeit kann sich aus einer erfolgreichen Anfechtung ergeben, so z.B. bei arglistiger Täuschung, § 123 BGB. Arglistige Täuschung liegt z.B. bei Verschweigen wesentlicher Praxiseigenschaften vor, sofern eine Aufklärungspflicht bestand,[153] und wird selbst dann anerkannt, wenn die Täuschung in Kenntnis des Vertragspartners durch Dritte verübt wurde. Ein Irrtum des Erwerbers über den Verkehrswert der Praxis führt nicht zur Anfechtbarkeit nach § 119 Abs. 2 BGB.[154] Die Unwirksamkeit kann jedoch auf der Nichtigkeit von Vertragsbestandteilen nach §§ 134, 138 BGB beruhen. Häufiger ergibt sich die Unwirksamkeit aufgrund eines eingetretenen oder nicht erfolgten Ereignisses, unter dessen Bedingung der Vertrag gestellt wurde.

131

Eine durch rechtsgrundlose Leistung erlangte Arztpraxis ist – spiegelbildlich zur ursprünglichen Übertragung – als Einheit und in der Gestalt an den Bereicherungsgläubiger herauszugeben, in der sie sich zur Zeit der Herausgabe befindet, § 812 Abs. 1 S. 1, Alt. 1 BGB. Ist dem Erwerber die Herausgabe nicht möglich, hat er dem Veräußerer Wertersatz zu leisten, § 818 Abs. 2 BGB. Dies betrifft auch den Fall, dass Patienten den erneuten Wechsel vom Erwerber zurück zum Veräußerer nicht vollziehen. Diese Problematik ergibt sich insbesondere bei der Rückabwicklung einer vertragsärztlichen Praxis, da hier meist der Veräußerer nicht mehr zur Behandlung vertragsärztlicher Patienten berechtigt ist. Es ist daher anzuraten, für den Fall der Rückabwicklung eine finanzielle Abgeltungsregelung zu treffen, die den ideellen Wert der vertragsärztlichen Zulassung ausgleicht.

132

---

151 Vgl. BGH – VIII ZR 25/94 – NJW 1996, 773.
152 Vgl. BGH – KZR 10/01 – NJW 2003, 347.
153 Vgl. MünchKomm/*Kramer*, § 123 Rn 17 f. m.w.N.
154 Vgl. Bamberger/*Wendtland*, § 119 Rn 37.

133 Wird die Herausgabe des Erlangten in natura erst nach der Entstehung des Bereicherungsanspruchs unmöglich, ist für die Bestimmung des zu ersetzenden Wertes der Zeitpunkt des Eintritts der Unmöglichkeit maßgeblich. Bis zu diesem Zeitpunkt sind auch die mit der Arztpraxis erzielten Nutzungen, mithin die Gewinne herauszugeben, soweit sie nicht auf den persönlichen Fähigkeiten und Leistungen des Erwerbers beruhen.[155]

2. Rücktritt vom Übernahmevertrag, Störung der Geschäftsgrundlage

134 Eine Rückabwicklung kann sich auch aufgrund eines vertraglich vereinbarten oder eines gesetzlichen Rücktrittsrechts ergeben. Die Rechtsfolgen bestimmen sich nach den §§ 346 ff. BGB.

Kann dem Erwerber das Festhalten am unveränderten Vertrag nicht zugemutet werden, ist der Vertrag nach § 313 BGB wegen Störung der Geschäftsgrundlage anzupassen. Ist eine Vertragsanpassung nicht möglich, hat der Erwerber das Recht, vom Vertrag zurückzutreten.

G. Steuerrechtliche Erwägungen

135 In die Beratung über die Praxisnachfolge sollte frühzeitig der Steuerberater des Veräußerers einbezogen werden. Er kennt oft besser als der Veräußerer die wirtschaftlichen Gegebenheiten der Praxis, und die erforderlichen wirtschaftlichen Informationen sind mit seiner Hilfe einfacher zu erlangen.

I. Versteuerung des Gewinns aus Veräußerung

136 Der Gewinn aus der Veräußerung einer Praxis, einer Teilpraxis sowie der Veräußerung eines Gesellschaftsanteils wird gesetzlich den Einkünften aus selbständiger Tätigkeit hinzugerechnet, § 18 Abs. 3 EStG. Die Besteuerung des Aufgabegewinns erfolgt gem. § 34 Abs. 1 EStG nach der „Fünftel-Methode", die eine Progressionsabschwächung bewirkt. Alternativ kann der Veräußerer einmal im Leben einen Aufgabegewinn gem. § 34 Abs. 3 EStG tarifbegünstigt mit 56 % des durchschnittlichen Steuersatzes besteuern lassen (Wahlrecht), sofern er das 55. Lebensjahr vollendet hat oder berufsunfähig ist.

137 Voraussetzung ist jeweils, dass bei der Veräußerung im Ganzen die Praxis mit ihren wesentlichen wirtschaftlichen Grundlagen gegen Entgelt in der Weise auf den Erwerber übergeht, dass dieser die Praxis als selbständigen geschäftlichen Organismus fortführen kann. Der Veräußerer hat hierzu die mit dem veräußerten Vermögen verbundene Tätigkeit grundsätzlich aufzugeben.[156] Bei Freiberuflern sind diese Voraussetzungen nur gegeben, wenn sie ihre freiberufliche Tätigkeit in dem örtlich begrenzten Wirkungskreis zumindest für drei, wenn nicht fünf Jahre,[157] einstellen. Unschädlich ist jedoch die Fortführung der Praxis in einem geringen Umfang. Dies liegt vor, wenn die nach Praxisabgabe erzielten Umsätze des Veräußerers weniger als 10 % der entsprechenden, von ihm durchschnittlich in den letzten drei Jahren vor der Praxisübergabe getätigten Um-

---

[155] Rückgewähr einer Steuerberaterkanzlei BGH – VIII ZR 172/05 – NJW 2006, 2847.
[156] Vgl. BFH – XI R 56, 57/95 – BStBl II 1996, 527.
[157] Vgl. BFH – IV R 11/99 – NJW 2000, 1670.

sätze ausmachen.¹⁵⁸ Die Hinzugewinnung neuer Patienten innerhalb der kritischen Zeit nach der Betriebsaufgabe ist jedoch auch bei Einhaltung dieser Bagatellregelungen schädlich.¹⁵⁹

Hält sich der Veräußerer nicht an diese Vorgaben, geht der BFH unwiderlegbar davon aus, dass nicht der gesamte Patientenstamm und damit nicht die wirtschaftlichen Grundlagen der Praxis übertragen wurden.¹⁶⁰ Dann ist der Veräußerungserlös als laufender Gewinn zu erfassen. Will der Veräußerer seine Berufstätigkeit vor Ablauf einer fünfjährigen Wartefrist wieder aufnehmen, empfiehlt es sich, zuerst eine verbindliche Auskunft des zuständigen Finanzamtes einzuholen.

138

Hat der veräußernde Arzt das 55. Lebensjahr vollendet oder ist er dauernd berufsunfähig, wird ihm auf den Aufgabegewinn ein Freibetrag in Höhe von 45.000 EUR eingeräumt (§ 16 EStG). Der Freibetrag steht dem Veräußerer auch bei einer Teilbetriebsveräußerung in voller Höhe zu. Übersteigt der Aufgabegewinn 136.000 EUR, mindert sich der Freibetrag um den übersteigenden Betrag, §§ 18 Abs. 3 S. 2, 16 Abs. 4 EStG. Das bedeutet, dass der Freibetrag nicht mehr zum Ansatz kommt, wenn der Aufgabegewinn 181.000 EUR erreicht oder übersteigt. Der Freibetrag wird auf Antrag gewährt. Er kann nur einmal im Leben in Anspruch genommen werden. Da in der Regel die dem Aufgabegewinn hinzuzurechnenden sonstigen Einnahmen des Veräußerers infolge der Praxisveräußerung sinken, empfiehlt es sich, den Zeitpunkt der Veräußerung vertraglich auf den Jahresanfang zu legen. Auf den Zeitpunkt der Entrichtung des Kaufpreises kommt es bei dieser ggf. progressionsmindernden Maßnahme nicht an.

139

II. Steuerliche Geltendmachung des Kaufpreises

Im Hinblick auf evtl. unterschiedliche Abschreibungsfristen liegt es im Interesse des Erwerbers, den Kaufpreis in Sachwert und ideellen Wert aufzuteilen. Das Anlagevermögen ist auch aus steuerlichen Gründen zwingend in einem Anlageverzeichnis zu erfassen. Für Abschreibungszwecke hat der Erwerber die jeweilige Nutzungsdauer zu schätzen, sofern die amtlichen Abschreibungstabellen nicht einschlägig sind. Eine angemessene Reduzierung der Fristen bei gebrauchten Geräten ist möglich.¹⁶¹

140

Der ideelle Praxiswert stellt ebenfalls für den Erwerber ein absetzbares Wirtschaftsgut dar. Die betriebsgewöhnliche Nutzungsdauer ist hier gleichfalls nach den Umständen des Einzelfalls sachgerecht zu schätzen. Für den ideellen Wert einer Einzelpraxis wird von einer betriebsgewöhnlichen Nutzungsdauer von drei bis fünf Jahren auszugehen sein,¹⁶² für den ideellen Anteil einer Berufsausübungsgemeinschaft von etwa fünf bis sieben Jahren. Wegen der progressiven Einkommensteuerbelastung empfiehlt es sich, in den ersten Jahren Abschreibungen nur im notwendigen Umfang vorzunehmen, um für die ertragsreicheren Folgejahre ein hohes Abschreibungsvolumen zu erhalten. Der auf eine Vertragsarztpraxis entfallende Teil der vertragsärztlichen Zulassung ist jedoch nicht abschreibungsfähig, da die Zulassung keiner Abnutzung unterliegt.¹⁶³ Bereits bei den Kaufverhandlungen sollten daher Argumente für einen möglichst niedrigen Wert

141

---

158 Vgl. BFH, Beschl. v. 6.8.2001 – XI B 5/00.
159 Vgl. Finanzministerium Bremen – Erlass v. 5.5.2004 – S 2246-5095-110.
160 Vgl. BFH – IV R 36/95 – BStBl II 1997, 498.
161 Vgl. *Michels*, DStR 2006, 961 ff.
162 Vgl. BdF-Schreiben IV B 2 – S 2172 – 15/94 – BStBl 1995 I, 14.
163 Vgl. OFD Koblenz – S 2134a A – St 31 4 – DStR 2006, 610; FG Niedersachsen – 13 K 412/01 – DStRE 2005, 427; FG Baden-Württemberg – 3 K 101/01 – EFG 2005, 1539.

III. Sonstige Steuern

1. Umsatzsteuer

142 Umsätze aus einer Tätigkeit als Arzt oder Zahnarzt sind grundsätzlich umsatzsteuerfrei, § 4 Nr. 14 UStG. Anders verhält es sich jedoch u.U. im Zusammenhang mit umsatzsteuerpflichtigen Tätigkeiten des Veräußerers, so z.B. bei dem Verkauf von Hilfsmitteln, wie Kontaktlinsen oder Intrauterinpessaren. Umsatzsteuerpflichten können sich gleichfalls aus bestimmten Gutachten, bestimmten zahnärztlichen Leistungen oder ästhetisch-chirurgischen Maßnahmen etc. ergeben.

143 Sind Umsatzsteuerverpflichtungen des Veräußerers nicht bis zum Praxisübergabezeitpunkt ausgeglichen, besteht das Risiko, dass der Erwerber von den Finanzbehörden gem. § 75 AO in die Haftung genommen wird. Bei umsatzsteuerpflichtigen Tätigkeiten des Veräußerers kann zudem die Veräußerung von Einzelwirtschaftsgütern der Praxis, z.B. der Praxiseinrichtung, zu umsatzsteuerpflichtigen Ergebnissen führen. In Zweifelsfällen ist ggf. eine verbindliche Zusage des Finanzamtes einzuholen. Der Verkauf einer Arztpraxis im Ganzen unterliegt dagegen nicht der Umsatzsteuer, § 1 Abs. 1a UStG, ebenso wenig der Anteilsverkauf.[165]

2. Gewerbesteuer

144 Sofern in der Praxis in nicht nur geringem Umfang Handelsgeschäfte mit medizinischen Hilfsmitteln (Beispiele s. vorstehend bei der Umsatzsteuer) getätigt worden sind, ist auch die Gefahr der gewerblichen Infizierung (Abfärbtheorie) zu beachten.[166] Das Gleiche gilt, wenn Beteiligungen an gewerblichen Gesellschaften im Praxisvermögen geführt worden sind. Daher ist vom Erwerber auch in diesen Fällen jeweils an § 75 AO zu denken.

3. Lohnsteuer

145 In der Praxis erweist sich das Risiko des Erwerbers, für Lohnsteuerrückstände des Veräußerers nach § 75 AO haften zu müssen, als besonders bedeutsam. Daher sollte der Erwerber zumindest in Verdachtsfällen veranlassen, schon vorvertraglich mittels Vollmacht des Veräußerers bei der Finanzkasse Auskunft über eventuelle Steuerrückstände einzuholen.

---

164 Vgl. *Michels*, DStR 2006, 961 ff., 964.
165 Vgl. *Holzapfel/Pöllath*, Rn 790.
166 Keine Abfärbwirkung der gewerblichen Einkünfte im Sonderbereich eines Gesellschafters auf die freiberuflichen Einkünfte der Gesellschaft: BFH – XI R 31/05 – NJW 2007, 461.

H. Anwaltsgebühren

Für die Mitwirkung an der Gestaltung eines Vertrags fällt eine Geschäftsgebühr nach Nr. 2300 VV RVG an, Vorbem. 2.4 Abs. 3 VV RVG. Sie richtet sich nach dem Gegenstandswert, der sich bei Praxiskaufverträgen in der Regel nach dem Kaufpreis bestimmt, § 23 Abs. 3 S. 1 RVG i.V.m. § 20 KostO. Entsprechendes gilt für die Gestaltung eines Gesellschaftsvertrags; der Gegenstandswert ist hier jedoch nach § 23 Abs. 3 S. 2 RVG nach billigem Ermessen zu schätzen.[167] Im Hinblick auf die Spezialkenntnisse, die für die Veräußerung von Arztpraxen erforderlich sind, die über die für das Gebiet des Unternehmenskaufs noch hinausgehen, erscheint das Ausschöpfen des Gebührenrahmens angemessen.[168] Dennoch empfiehlt sich der Abschluss einer (formbedürftigen) Vergütungsvereinbarung; diese wird für die vorausgegangene Beratung ohnehin gesetzlich verlangt, § 34 RVG.

146

Im Zulassungsverfahren fällt für die Vertretung vor Zulassungs- und Berufungsausschuss ebenfalls eine Gebühr nach Nr. 2300 VV RVG an.[169] Der Gegenstandswert bemisst sich im Regelfall nach dem Gesamtbetrag der Einnahmen, die in den folgenden drei Jahren erzielt werden könnten.[170] Im Verfahren vor den Sozialgerichten ergibt sich eine Verfahrensgebühr nach Nr. 3100 VV RVG, ggf. eine Terminsgebühr nach Nr. 3104 VV RVG.[171]

147

---

167 Vgl. *Schneider*, ZMGR 2005, 135.
168 So auch *Schneider*, ZMGR 2005, 135.
169 Vgl. *Rieger*, Rechtsfragen, Rn 83a; SG Aachen, Urt. v. 15.12.2005 – S 7 KA 9/05.
170 Vgl. BSG, Beschl. v. 1.9.2005 – B 6 KA 41/04 R. Keine Kostenerstattung bei Konkurrentenwiderspruch vor dem Berufungsausschuss, vgl. BSG – B 6 KA 62/04 – GesR 2007, 19.
171 Zur Erstattungsfähigkeit der Kosten *Harnheit*, ZMGR 2005, 128 f. m.w.N., der außergerichtlichen Kosten eines beigeladenen Mitbewerbers LSG Nordrh.-Westf. – L 10 B 20/02 – MedR 2004, 460.

§ 19 Kooperationen zwischen niedergelassenem Arzt und Krankenhaus

Dr. Rudolf Ratzel/Dr. Bernd Luxenburger

Inhalt

A. Einleitung	1
B. Belegärztliche Tätigkeit	3
I. Voraussetzungen für eine Belegarzttätigkeit	4
1. Zulassung zur vertragsärztlichen Versorgung/Belegarztanerkennung	5
2. Zulassung zur Krankenhausbehandlung	9
3. Belegarztvertrag	10
II. Kooperativer Belegarztvertrag	11
C. Der Konsiliararzt	12
I. Der Begriff	12
II. Haftung des Konsiliararztes	14
III. Der „unechte" oder „schwarze" Konsiliararzt	15
D. Sonstige Kooperationen zwischen niedergelassenen (Vertrags-)Ärzten und Krankenhäusern	17
I. Ambulante Operationen im Krankenhaus durch niedergelassene Vertragsärzte	17
1. Fallvarianten	17
2. Zulässigkeit der Einbindung externer Vertragsärzte als Operateure i.S.d. AOP-Vertrages	18
II. Einbindung niedergelassener Vertragsärzte in die präoperative Diagnostik und postoperative Therapie	19
1. Fallvarianten	19
2. Zulässige und unzulässige Finanzierungssysteme im Rahmen der postoperativen Behandlung/Betreuung	20

Literatur

Baur, Chefarzt-/Belegarztvertrag, 2003; **Dahm**, Rechtsprobleme des Vertrages „Ambulantes Operieren" gemäß § 115b SGB V und sektorübergreifende Kooperationen, ZMGR 2006, 161; **Dahm/Ratzel**, Liberalisierung der Tätigkeitsvoraussetzungen des Vertragsarztes und Vertragsarztrechtänderungsgesetz – VÄndG, MedR 2006, 555; **Gurgel**, Kooperation im Rahmen des ambulanten Operierens nach § 115b SGB V, das krankenhaus 2006, 40; **Harneit**, Neuausrichtung der Kollisionsrechtsprechung des BSG, ZMGR 2006, 95; **Quaas**, Zur Tätigkeit von Vertragsärzten im Krankenhaus, f&w 2006, 453; **Ratzel**, Schnittstelle Vertragsarzt – Krankenhaus – Vertragsarzt: Übergabe- und Übernahmeprobleme, ZMGR 2006,132; **Rehborn**, Gesamtschuldnerische Haftung im Kooperativen Belegarztwesen, BGHReport 2006, 297; **Wigge/Frehse**, Bedarfsunabhängige Kooperation zwischen Ärzten und Krankenhäusern, MedR 2001, 549; **Wigge/Harney**, Erbringung nachstationärer Leistungen für Krankenhäuser gemäß § 115a SGB V durch niedergelassene Vertragsärzte – Rechtliche Rahmenbedingungen für Kooperationsverträge, das Krankenhaus 2007, 958.

A. Einleitung

Lange Zeit beschränkte sich die Kooperation zwischen Krankenhäusern und niedergelassenen Ärzten auf die Erbringung beleg- und konsiliarärztlicher Leistungen niedergelassener Ärzte im Krankenhaus. In den letzten Jahren sind aber aus vielfältigen Gründen neue Kooperationsformen entstanden. Zum einen sind Krankenhausabteilungen "privatisiert" worden,[1] etwa bei radiologischen, pathologischen und labormedizinischen Abteilungen, zum anderen kommen neben der Ausgliederung von Krankenhausabteilungen und der Übernahme der entsprechenden Aufgaben durch niedergelassene Ärzte vielfältige vertragliche Beziehungen in Form von Kooperations-, Nutzungs- oder Leistungserbringungsverträgen in Betracht.[2] Hinzu kommt die Möglichkeit der Ansiedlung von Praxen am Krankenhaus, aber auch die Tätigkeit niedergelassener Ärzte als (teilzeit-)angestellte Ärzte im Krankenhaus und – was hier nicht weiter verfolgt werden soll – in einem vom Krankenhausträger betriebenen Medizinischen Versorgungszentrum (MVZ).

2   Diese Entwicklung ist im Wesentlichen dadurch bedingt, dass Krankenhausträger durch Kooperation mit niedergelassenen Ärzten Wettbewerbsvorteile gegenüber mit ihnen konkurrierenden anderen Krankenhausträgern suchen, sei es durch bessere Bettenauslastung, durch ein optimiertes Leistungsangebot, durch bessere Nutzung vorhandener Ressourcen. Für den niedergelassenen Arzt steht in der Regel die Erschließung neuer Einkommensmöglichkeiten im Vordergrund, aber auch die Kostenminimierung durch Inanspruchnahme sächlicher und personeller Mittel des Krankenhausträgers, nicht zuletzt auch ein sich aus der Kooperation ergebender Imagegewinn. Neben diesen ökonomischen Interessen stellen auch Effizienzsteigerung und Qualitätssicherung Motive für die Kooperation zwischen niedergelassenen Ärzten und Krankenhausträgern dar. Im Folgenden soll zunächst auf die belegärztliche Tätigkeit (sub B.), die Konsiliararzttätigkeit (sub C.) und alsdann auf die modernen Formen der Kooperation zwischen Krankenhausträgern und niedergelassenen Ärzten (sub D.) näher eingegangen werden.

B. Belegärztliche Tätigkeit

3   Ein Belegarzt ist ein in freier Praxis tätiger niedergelassener Arzt, dem zusätzlich die Möglichkeit der Krankenhausbehandlung eingeräumt worden ist. Gemäß § 121 SGB V sind Belegärzte im Sinne des SGB V nicht am Krankenhaus angestellte Vertragsärzte, die berechtigt sind, ihre Patienten (Belegpatienten) im Krankenhaus unter Inanspruchnahme der hierfür bereitgestellten Dienste, Einrichtungen und Mittel vollstationär oder teilstationär zu behandeln, ohne hierfür vom Krankenhaus eine Vergütung zu erhalten.[3] Belegärztlich tätig sind – abgesehen von Fachärzten für Gynäkologie und Geburtshilfe sowie Chirurgie – im Wesentlichen Angehörige "kleiner" medizinischer Fächer wie Hals-, Nasen-, Ohrenärzte, Mund-Kiefer-Gesichtschirurgen, Neurochirurgen, Urologen. Die Zahl der Belegärzte beläuft sich in Deutschland auf ca. 6.000.[4]

I. Voraussetzungen für eine Belegarzttätigkeit

4   ■ Der Belegarzt muss als **Vertragsarzt** im Sinne des SGB V zur vertragsärztlichen Versorgung zugelassen und im Besitz einer Belegarztanerkennung seiner KV sein;

---

1   Vgl. Schnapp/Wigge/*Wigge*, § 6 Rn 122; *Preißler*, MedR 1994, 379 ff.
2   Schnapp/Wigge/*Wigge*, § 56 Rn 123.
3   Vgl. im Einzelnen Halbe/Schirmer/*Kallenberg*, C 1500; Rieger/*Peikert*, „Belegarzt"; *Quaas/Zuck*, § 15 Rn 83 ff.
4   Vgl. zur Statistik des Belegarztwesens: Halbe/Schirmer/*Kallenberg*, C 1500, Rn 11; demgegenüber gibt *Quaas/Zuck*, § 15 Rn 83 die Zahl der Belegärzte mit ca. 7.000 an.

- das Krankenhaus muss gemäß § 108 SGB V zur Krankenhausbehandlung zugelassen sein oder einen Versorgungsvertrag nach § 109 SGB V haben und eine Bereiterklärung abgegeben;
- zwischen Krankenhausträger und Belegarzt muss ein Belegarztvertrag bestehen.

1. Zulassung zur vertragsärztlichen Versorgung/Belegarztanerkennung

Die in § 121 Abs. 2 SGB V enthaltene Definition belegärztlicher Tätigkeit stimmt überein mit derjenigen in § 18 Abs. 1 S. 1 Krankenhausentgeltgesetz und § 23 Abs. 1 BPflV. Eine von § 121 Abs. 2 SGB V und den vorgenannten Normen abweichende Definition des Belegarztes gibt es nicht.[5] Nach § 121 Abs. 2 SGB V muss der Belegarzt Vertragsarzt sein (vgl. insoweit § 95 Abs. 1 S. 1 SGB V) und darf nicht am Krankenhaus angestellt sein. Angesichts der zunehmenden Etablierung Medizinischer Versorgungszentren stellt sich die Frage, ob ein in einem solchen tätiger Arzt Belegarzt sein kann. Soweit der in einem MVZ tätige Arzt seine Zulassung als Vertragsarzt behalten hat, ist dies zu bejahen. Wird er indessen als angestellter Arzt tätig, so ist er kein zugelassener Vertragsarzt i.S.d. §§ 95 Abs. 1, 121 SGB V und kann damit nicht als Belegarzt tätig werden.[6] Andererseits darf nicht außer Acht gelassen werden, dass das MVZ als solches zur vertragsärztlichen Versorgung zugelassen ist (§ 95 Abs. 1 S. 1 SGB V), so dass ein MVZ zur belegärztlichen Tätigkeit insoweit zugelassen werden kann, als es die eigentlichen belegärztlichen Tätigkeiten durch angestellte Ärzte des jeweiligen Fachgebietes, für das die Belegarztanerkennung erfolgen soll, erbringen lässt.

Über die Anerkennung eines Vertragsarztes als Belegarzt entscheidet die für den Niederlassungsort des Vertragsarztes zuständige KV auf Antrag des Vertragsarztes und im Einvernehmen mit allen Landesverbänden der Krankenkassen und den Verbänden der Ersatzkassen (§ 40 Abs. 2 S. 1 BMV-Ä, § 32 Abs. 2 EKV-Ä). Bei der Entscheidung über die Belegarztanerkennung handelt es sich um eine gebundene Entscheidung, d.h. der Arzt hat bei Vorliegen der Voraussetzungen einen durchsetzbaren Rechtsanspruch auf Erteilung der Anerkennung.

Bei der Entscheidung über die Anerkennung als Belegarzt ist zu berücksichtigen, dass für die belegärztliche Tätigkeit nur **geeignet** ist, wer eine unverzügliche und ordnungsgemäße Versorgung der von ihm ambulant und stationär zu betreuenden Patienten gewährleisten kann (§ 39 Abs. 4 Nr. 3 BMV-Ä, § 31 Abs. 4 Nr. 3 EKV-Ä). Wohnung und/oder Praxis des Vertragsarztes müssen demnach so gelegen sein, dass der Vertragsarzt in einem überschaubaren Zeitraum die Belegabteilung im Krankenhaus erreichen kann. Ob diese Voraussetzung erfüllt ist, lässt sich nur im Einzelfall unter Berücksichtigung der Verkehrsverhältnisse und Verkehrsanbindungen entscheiden.[7] Eine Fahrzeit von 40 Minuten für die Hin- und Rückfahrt zwischen Praxis und Klinik hat das LSG Baden-Württemberg als zu lange angesehen.[8] Ob dies richtig ist, erscheint zweifelhaft. Das LSG Schleswig-Holstein hat eine ordnungsgemäße Versorgung der Versicherten noch als gewährleistet angesehen, wenn der Belegarzt binnen 30 Minuten von seiner Woh-

---

5 Halbe/Schirmer/*Kallenberg*, C 1500.
6 Halbe/Schirmer/*Kallenberg*, C 1500, Rn 19.
7 Rieger/*Peikert*, „Belegarzt" Rn 12.
8 LSG Baden-Württemberg MedR 2000, 385 ff.

§ 19 Kooperationen zwischen niedergelassenem Arzt und Krankenhaus

nung oder Praxis aus die Klinik erreichen kann.[9] Für die letztgenannte Auffassung spricht auch der Umstand, dass in den Qualitätssicherungsrichtlinien für Blutreinigungsverfahren vorgesehen ist, dass der Nephrologe binnen 30 Minuten von seinem Praxissitz eine etwa von ihm betriebene LC-Einheit erreichen kann. Letztlich wird man immer auch die Besonderheiten der jeweiligen Fachrichtung, der der Belegarzt angehört, berücksichtigen müssen.

7 Die Anerkennung als Belegarzt wird grundsätzlich nur für ein Krankenhaus erteilt (§ 39 Abs. 3 BMV-Ä, § 31 Abs. 3 EKV-Ä). Ausnahmen sind möglich. Diese Beschränkung hat zur Folge, dass einem Belegarzt, der seine belegärztlichen Tätigkeiten außerhalb des Krankenhauses erbringt, für das ihm die Belegarztanerkennung ausgesprochen worden ist, keinen Vergütungsanspruch hinsichtlich der erbrachten belegärztlichen Leistungen hat, auch wenn das andere Krankenhaus, in dem die Leistungen erbracht worden sind, in gleicher Trägerschaft steht wie das Krankenhaus, für das die Belegarztanerkennung erfolgt ist.

8 Von besonderer Bedeutung ist die **Sonderzulassung** im Rahmen belegärztlicher Versorgung gemäß § 103 Abs. 7 SGB V. Danach ist ein bisher nicht im Planungsbereich zugelassener Arzt auch dann, wenn in diesem Planungsbereich Zulassungsbeschränkungen angeordnet worden sind, zuzulassen, wenn der Krankenhausträger unter den bereits zugelassenen Vertragsärzten keinen geeigneten Kandidaten gefunden hat, einen weiteren Belegarzt aber für die wirtschaftliche Belegung der Abteilung benötigt. Der Krankenhausträger muss daher vor Abschluss des Belegarztvertrages mit dem bislang nicht zugelassenen Arzt die Belegungsmöglichkeit ausschreiben,[10] um den bereits niedergelassenen Vertragsärzten die Möglichkeit zu eröffnen, in Verhandlungen mit dem Krankenhausträger zu treten. Führen diese Verhandlungen nicht zum Erfolg, kann der Krankenhausträger mit dem bislang nicht zugelassenen Arzt einen Belegarztvertrag (aufschiebend bedingt bis zur bestandskräftigen Zulassung) schließen, mit dem dieser Arzt dann die Sonderzulassung gemäß § 103 Abs. 7 SGB V beim Zulassungsausschuss beantragen kann. Die Zulassungsausschüsse können nur prüfen, ob der Krankenhausträger die Formalien eingehalten hat (Ausschreibung, Verhandlungsmöglichkeit mit bereits niedergelassenen Vertragsärzten etc.). Eine **inhaltliche Wertung** der wirtschaftlichen und fachlichen Motive der Verhandlungsführung durch den Krankenhausträger ist den Ausschüssen mit Ausnahme des Willkürverbots verwehrt.[11] Insbesondere ist nicht erforderlich, dass eine bestimmte Mindestzahl von Belegbetten „unversorgt" ist.[12] Gegen die Sonderzulassung können die bereits zugelassenen Vertragsärzte eine **Konkurrentenklage** erheben, wobei die Gerichte – wie zuvor die Ausschüsse – nur die Einhaltung der formalen Voraussetzungen prüfen können.[13] Mit dieser belegärztlichen Sonderzulassung ist der Arzt in seinem ambulanten Leistungsspektrum – im Gegensatz zur Sonderbedarfszulassung – nicht beschränkt. Allerdings ist die belegärztliche Sonderzulassung für die Dauer der Zulassungsbeschränkungen (längstens bis zu zehn Jahren) akzessorisch an das Bestehen des Belegarztvertrages geknüpft (§ 103 Abs. 7 SGB V). Dies erhöht natürlich die Abhängigkeit des Belegarztes vom Krankenhausträger.

---

9 LSG Schleswig-Holstein MedR 2000, 383 ff.; LSG Baden-Württemberg, Urt. v. 13.11.2002 – L 5 KA 4356/61: 23 km zwischen Wohnung und Praxis nicht zu weit (Ärztl. Psychotherapeut); BSG, Urt. v. 5.11.2003 – B 6 KA 2/03 R, GesR 2004, 242: 30 Min. nicht zu beanstanden.
10 Zumindest in den Veröffentlichungsmedien des Planungsbezirks, also z.B. örtliche Zeitung; siehe auch Rieger/*Peikert*, „Belegarzt" Rn 14 der auch eine Veröffentlichung in den KV-Blättern empfiehlt.
11 Rieger/*Peikert*, „Belegarzt" Rn 14.
12 LSG Schleswig-Holstein, Urt. v. 4.4.2001 – L 4 KA 38/00, NZS 2001, 558.
13 BSG, Urt. v. 14.3. 2001 – B 6 KA 34/00 R.

2. Zulassung zur Krankenhausbehandlung

Die Anerkennung als Belegarzt setzt des Weiteren voraus, dass das Krankenhaus gemäß § 108 SGB V zur Krankenhausbehandlung zugelassen ist, also entweder in den Krankenhausplan des Landes aufgenommen worden ist oder aber einen Versorgungsvertrag mit den Landesverbänden der Krankenkassen und den Verbänden der Ersatzkassen abgeschlossen hat (§ 108 Nr. 3 SGB V i.V.m. § 109 SGB V). Erforderlich ist zudem, dass die Fachabteilung, in der der Belegarzt tätig werden soll, in den Krankenhausplan aufgenommen worden ist (§ 40 Abs. 1 BMV-Ä, § 32 Abs. 1 EKV-Ä).

9

3. Belegarztvertrag

Rechtsbeziehungen zwischen dem Belegarzt und dem Krankenhausträger werden durch den Belegarztvertrag geregelt.[14] Der Belegarzt ist selbständiger Arzt in freier Praxis. Er steht weder in einem Arbeitsverhältnis noch in einem arbeitnehmerähnlichen Verhältnis zum Krankenhausträger. Der Belegarztvertrag ist nach herrschender Meinung ein Vertrag sui generis, der Elemente der Leihe, Miete, des Dienst- und Gesellschaftsrechts beinhaltet.[15] Nachfolgend soll auf die wichtigsten Regelungen in Belegarztverträgen eingegangen werden:

10

- Regelmäßig behält sich der Krankenhausträger vor, Belegarztverträge mit weiteren Ärzten des gleichen Fachgebietes abzuschließen. Zugleich schließt er es in der Regel aus, dass der Belegarzt ohne seine Zustimmung in einem anderen Krankenhaus tätig wird. Diese Klausel wird an Bedeutung gewinnen, weil künftig Vertragsärzte auch – zeitlich befristet – in einem Anstellungsverhältnis oder aufgrund eines sonstigen Kooperationsvertrages in einem Krankenhaus tätig werden können. Andererseits kann nicht außer Acht gelassen werden, dass die ambulante Tätigkeit, die Schwerpunkt der Tätigkeit des Belegarztes sein muss, ein zeitlich begrenztes Anstellungsverhältnis oder aber Kooperationsverhältnis mit einem Krankenhausträger mit Blick auf die Eignung für eine darüber hinausgehende belegärztliche Tätigkeit ausschließen dürfte.
- Der Belegarzt ist für die ärztliche Behandlung seiner Patienten alleine verantwortlich. Er schließt mit dem Patienten den Vertrag über die ärztliche Behandlung ab. Das Krankenhaus selbst ist lediglich für die Unterbringung, Pflege und Verpflegung des Patienten zuständig. Der in die Belegabteilung aufgenommene Patient schließt also einen sog. **gespaltenen Krankenhaus-Aufnahmevertrag** ab, nämlich zum einen einen Vertrag mit dem Belegarzt über die ärztliche Behandlung, zum anderen den Vertrag mit dem Krankenhausträger über Pflege und Hotellerie.[16] Diese vertragliche Konstellation hat Konsequenzen zum einen bezüglich der Abrechnung der erbrachten Leistungen, zum anderen auch hinsichtlich der Haftung. Regelmäßig enthält der Belegarztvertrag auch eine Regelung zum Wirtschaftlichkeitsgebot, nämlich zur Verpflichtung des Belegarztes zu ausreichender, zweckmäßiger und wirtschaftlicher Behandlung im Rahmen des ärztlich Notwendigen. Das entspricht der Verpflichtung des Vertragsarztes im ambulanten Bereich.[17]

---

14 Vgl. z.B. das Vertragsmuster für den Belegarzt bei *Baur*, S. 129 ff., vgl. im Übrigen die Beratungs- und Formulierungshilfe Belegarztvertrag in: Deutsche Krankenhausgesellschaft, Beratungs- und Formulierungshilfe Belegarztvertrag. Kooperatives Belegarztwesen, Vertrag über die Durchführung von ambulanten Leistungen im Krankenhaus, 3. Aufl. 1996.
15 *Baur*, S. 142; Laufs/Uhlenbruck/*Genzel*, § 90 Rn 71; BGH NJW 1972, 1128 ff.; NJW 1982, 2603.
16 *Baur*, S. 147.
17 Vgl. §§ 12 Abs. 1, 70 Abs. 1 SGB V.

- Meist enthält der Belegarztvertrag eine Regelung über die Zahl der zur Verfügung gestellten Betten, wobei üblicherweise auch festgelegt wird, dass unbelegte Betten des Belegarztes vorübergehend durch andere Belegärzte oder Abteilungen belegt werden dürfen und die Zahl der Betten bei dauerhafter Unterbelegung gemindert werden kann. Damit korrespondierend wird zumeist dem Belegarzt auch das Recht zugestanden, im Bedarfsfall freistehende Betten anderer Abteilungen oder Belegärzte mit eigenen oder ihm überwiesenen Patienten zu belegen. In diesem Zusammenhang ist freilich zu berücksichtigen, dass die Belegarztanerkennung durch die zuständige KV sich stets auf eine bestimmte Bettenzahl bezieht. Es stellt sich damit die Frage, ob der Vergütungsanspruch des Belegarztes gegenüber der KV entfällt, wenn die Belegung der zuerkannten Betten temporär überschritten wird. Das wird man insoweit verneinen müssen, als auf eine quartalsweise Belegung abzustellen ist. Überschreitet der Belegarzt im jeweiligen Abrechnungsquartal von der Belegung her nicht die Zahl der ihm zuerkannten Betten, so steht ihm der volle Vergütungsanspruch zu, auch wenn er innerhalb des Quartals an einzelnen Tagen eine höhere Belegung aufweist.
- Auch der **Personaleinsatz** wird regelmäßig im Belegarztvertrag geregelt. Der Krankenhausträger stellt das nichtärztliche Personal, insbesondere die Pflegekräfte, und das medizinisch-technische Personal zur Verfügung, wobei teilweise vertraglich geregelt ist, dass Einsatz, Anstellung und Versetzung dieses Personals im Benehmen mit dem Belegarzt erfolgt. Regelmäßig wird auch der vom Betrieb der Belegabteilung erforderliche nachgeordnete ärztliche Dienst vom Krankenhausträger zur Verfügung gestellt. In Krankenhäusern, die als reine Belegkrankenhäuser betrieben werden oder in denen es mehrere Belegabteilungen gibt, wird gelegentlich allerdings assistenzärztliches Personal oder aber ärztliches Personal zur Sicherstellung des Bereitschaftsdienstes von den Belegärzten selbst angestellt. Freilich werden in der Regel Belegpatienten außerhalb der üblichen Tagesdienstzeiten vom assistenzärztlichen Bereitschaftsdienst fachverwandter Hauptabteilungen des Krankenhauses mitbetreut.[18]
- Der Krankenhausträger verpflichtet sich regelmäßig dazu, dem Belegarzt die zur sachgemäßen Durchführung seiner ärztlichen Tätigkeit notwendigen Einrichtungsgegenstände, Geräte, Instrumente etc. zur Verfügung zu stellen und den entsprechenden medizinischen Standard während der Dauer des Belegarztvertrages aufrecht zu erhalten.
- Zumeist wird dem Belegarzt im Belegarztvertrag die Verpflichtung zur konsiliarischen Beratung und Behandlung der stationären Patienten anderer Abteilungen auferlegt, eine Regelung, die dem Gedanken Rechnung trägt, dass in einem Krankenhaus alle in ihm vertretenen Fachgebiete miteinander kollegial zusammenarbeiten und ihr ärztliches Wissen im Interesse des Patienten in Diagnostik und Therapie mit einbringen.
- Zugleich wird dem Belegarzt grundsätzlich die Verpflichtung zur Dokumentation seiner ärztlichen Tätigkeit im Krankenhaus auferlegt auch hinsichtlich einer etwaigen konsiliarischen Tätigkeit in anderen Abteilungen.
- Klarstellend wird im Belegarztvertrag festgehalten, dass der Belegarzt die von ihm erbrachten ärztlichen Leistungen, soweit sie vertragsärztlicher Natur sind, mit seiner zuständigen KV abrechnet, im Übrigen unmittelbar gegenüber dem Patienten bzw. dem jeweiligen Kostenträger. Für eine Konsiliartätigkeit auf anderen Belegabteilungen rechnet der Belegarzt ebenso ab wie bezüglich seiner Tätigkeit auf der eigenen

---

18 *Baur*, S. 151 f.

Belegabteilung. Er liquidiert also gegenüber den selbst zahlenden Patienten nach der GOÄ und rechnet hinsichtlich der GKV-Versicherten gegenüber seiner KV ab. Soweit die Konsiliararzttätigkeit sich auf Patienten bezieht, die die Wahlleistung Arzt einer Hauptabteilung des Krankenhausträgers gewählt haben, erfolgt die Abrechnung gegenüber diesen Patienten nach der GOÄ. Soweit die Konsiliartätigkeit sich auf Regelleistungspatienten bezieht, ist die Ausgestaltung in den Belegarztverträgen unterschiedlich. Zum Teil wird eine Vergütung seitens der Krankenhausträger verweigert, zum Teil fließt sie mit ein in die Bemessung der Kostenerstattung des Belegarztes gegenüber dem Krankenhausträger, zum Teil wird der Einfachsatz der GOÄ für Diagnostik und Therapie gegenüber diesen Patienten zwischen Krankenhausträger und Belegarzt vereinbart.[19] Bei einer Liquidation gegenüber stationären Selbstzahlern hat der Belegarzt sein Honorar gemäß § 6a Abs. 1 S. 2 GOÄ um 15 % zu mindern.

- Für die Inanspruchnahme des ärztlichen Dienstes des Krankenhauses und von Assistenzärzten für den ärztlichen Bereitschaftsdienst hat der Belegarzt dem Krankenhausträger die anteiligen Kosten zu erstatten, die regelmäßig pauschaliert werden. Abweichend von Chefarztverträgen finden sich in Belegarztverträgen in der Regel keine Vereinbarungen über die Zahlung eines Vorteilsausgleichs, wobei selbstverständlich der Grundsatz der Vertragsfreiheit auch eine solche Absprache zulässt.

- Da der Belegarzt im Rahmen seiner belegärztlichen Tätigkeit gegenüber den Patienten unmittelbar selbst für alle Schäden haftet, die er bei der ärztlichen Versorgung selbst oder durch seine Erfüllungsgehilfen verursacht, wird regelmäßig im Belegarztvertrag auch die Verpflichtung des Belegarztes aufgenommen, eine angemessene Haftpflichtversicherung gegenüber dem Krankenhausträger nachzuweisen.

- Die Tätigkeit des Belegarztes im Krankenhaus beschränkt sich regelmäßig auf die stationäre Versorgung seiner eigenen oder der ihm überwiesenen Patienten. Will der Belegarzt im Krankenhaus insbesondere unter Inanspruchnahme der apparativen Ausstattung des Krankenhauses Patienten ambulant behandeln, bedarf es hierzu gesonderter Absprachen mit dem Krankenhausträger.

- Regelmäßig wird der Belegarztvertrag auf unbestimmte Zeit geschlossen. Eine Befristung ist selbstverständlich zulässig. Der Belegarztvertrag kann durch ordentliche Kündigung aufgelöst werden. Da ein Anstellungsverhältnis mit dem Krankenhausträger nicht besteht, genießt der Belegarzt keinen Kündigungsschutz nach dem Kündigungsschutzgesetz. Zumeist werden in Abhängigkeit zur Vertragsdauer unterschiedliche Kündigungsfristen vereinbart. Sie verlängern sich also meist mit zunehmender Vertragsdauer.[20] Demgegenüber werden in der Erprobungsphase, also zumeist in den ersten sechs oder zwölf Monaten der Zusammenarbeit zwischen Belegarzt und Krankenhausträger, kurze Kündigungsfristen vereinbart. Selbstverständlich kann der Belegarztvertrag auch aus wichtigem Grund außerordentlich gekündigt werden.[21] An wichtigen Gründen analog § 626 BGB kommen neben einem etwaigen gravierenden Fehlverhalten des Belegarztes oder des Krankenhausträgers auch die Herausnahme der Belegbetten aus der Krankenhausplanung des Landes in Betracht, die zu einer **Schließung der Belegabteilung** führt oder die Umwandlung einer Beleg- in eine Hauptabteilung.[22]

---

19 Vgl. z.B. *Baur*, S. 157.
20 *Baur*, S. 162.
21 BGH NJW 1972, 1128 ff.
22 OLG Hamm, Urt. v. 4.12.1985 – 11 U 284/84, MedR 1989, 148; Rieger/*Peikert*, „Belegsarzt" Rn 21.

- Da § 613a BGB auf den Belegarzt keine Anwendung findet, erscheint es aus der Sicht des Belegarztes zweckmäßig, in dem Belegarztvertrag eine Klausel aufzunehmen, wonach bei **Übergang des Krankenhauses** auf einen neuen Träger der bisherige Krankenhausträger verpflichtet ist, dafür Sorge zu tragen, dass die Rechte und Pflichten aus dem Belegarztvertrag vom neuen Träger übernommen werden.

II. Kooperativer Belegarztvertrag

11 Nach § 121 Abs. 1 S. 2 SGB V sollen die Krankenhäuser Belegärzten gleicher Fachrichtung die Möglichkeit einräumen, ihre Patienten **gemeinsam** zu behandeln, also die entsprechende Belegabteilung des Krankenhauses gemeinsam zu betreuen.[23] Durch das kooperative Belegarztwesen soll insbesondere die kontinuierliche belegärztliche Versorgung in der Belegabteilung sichergestellt werden, wobei die Belegpatienten durch mehrere Belegärzte gleicher Fachrichtung gemeinsam versorgt werden, unabhängig davon, dass jeder Belegarzt für seine und die ihm zugewiesenen Patienten verantwortlich bleibt.[24] Auch beim Bestehen eines kooperativen Belegarztvertrages schließt der Belegpatient einen gespaltenen Krankenhausbehandlungsvertrag ab. In der Kooperationsvereinbarung zwischen den beteiligten Belegärzten sind insbesondere Fragen der Aufgabenverteilung in der Belegabteilung, der gegenseitigen Konsultation, ggf. der Unterstützung bei operativen Eingriffen und sonstigen ärztlichen Handlungen, die Regelung der gemeinsamen Nutzung von Räumen und Einrichtungen, etwa der OP-Räume, der Sicherstellung durchgehender ärztlicher Versorgung und der Vertretung in Abwesenheit, der Grundsätze für die Bettenbelegung und ggf. der Aufbringung und Verteilung der gemeinsam an den Krankenhausträger zu leistenden Kostenerstattung geregelt.[25] Regelmäßig wird in der Kooperationsvereinbarung auch festgelegt, dass einer der Belegärzte für eine bestimmte Zeitspanne Ansprechpartner des Krankenhausträgers insbesondere in verwaltungsmäßigen Angelegenheiten, Fragen der Zusammenarbeit mit den übrigen leitenden Ärzten des Krankenhauses und Ärztlichen Direktor ist und die allgemeinen Hygienerichtlinien umzusetzen hat.[26] In haftungsrechtlicher Hinsicht ist zu beachten, dass bei einem kooperativen Belegarztsystem im Sinne einer **Belegarztgemeinschaft** eine gesamtschuldnerische Haftung wie in einer (ambulanten) Gemeinschaftspraxis entstehen kann.[27]

C. Der Konsiliararzt

I. Der Begriff

12 Der Begriff des Konsiliararztes ist – anders der des Belegarztes – gesetzlich nicht näher definiert.[28] Auch der Begriff des Konsils – wie er etwa in Ziffer 60 GOÄ definiert ist – lässt ebenfalls keine ausreichenden Schlüsse darauf zu, was Gegenstand eines **Konsili-**

---

23 Rieger/*Peikert*, „Belegarzt" Rn 38.
24 Vgl. hinsichtlich des kooperativen Belegarztvertrages die von der DKG, der KBV und der BÄK verabschiedete Beratungs- und Formulierungshilfe Belegarztvertrag, kooperatives Belegarztwesen, 3. Aufl. 1996.
25 *Baur*, S. 166 f.; Rieger/*Peikert*, „Belegarzt" Rn 39.
26 *Baur*, S. 166.
27 BGH, Urt. v. 8.11.2005 – VI ZR 319/04, MedR 2006, 290; *Rehborn*, BGHReport 2006, 297.
28 *Quaas/Zuck*, § 15 Rn 92; *Quaas*, f&w 1988, 40.

ararztvertrages zwischen Krankenhaus und niedergelassenem Arzt sein kann. Unter Konsil i.S.v. Ziffer 60 GOÄ versteht man die Besprechung zweier oder mehrerer Ärzte nach vorausgegangener Untersuchung des Patienten zwecks Stellung der Diagnose oder Festlegung des Heilplans.[29] Will man das Konsiliararztverhältnis zwischen niedergelassenem Arzt und Krankenhaus näher erfassen, muss man auf § 2 Abs. 2 BPflV bzw. KHEntgG zurückgreifen.[30] Nach diesen Normen sind allgemeine Krankenhausleistungen die Krankenhausleistungen, die unter Berücksichtigung der Leistungsfähigkeit des Krankenhauses im Einzelfall nach Art und Schwere der Krankheit für die medizinisch zweckmäßige und ausreichende Versorgung des Patienten notwendig sind. Dazu gehören auch die vom Krankenhaus veranlassten Leistungen Dritter (§ 2 Abs. 2 Nr. 2 BPflV/ KHEntgG), also solche Leistungen, die das Krankenhaus mittels eigener sächlicher oder personeller Mittel nicht zu erbringen vermag und zu deren Durchführung sich der Krankenhausträger der Dienste externer Dritter bedient. Konsiliarärztliche Tätigkeit umfasst, soweit sie nicht durch angestellte Ärzte des Krankenhauses verschiedener Abteilungen erbracht wird, die externe Beratung von Krankenhausärzten zur Stellung der Diagnose – auch durch Belegärzte –, die Festlegung des Behandlungsplanes, aber auch die Untersuchung und Mitbehandlung des Patienten. Dies gilt insbesondere hinsichtlich Diagnostik und Therapie von Erkrankungen, die in ärztliche Fachgebiete fallen, die im Krankenhaus selbst nicht vertreten sind, etwa neurologische Untersuchungen, Laboruntersuchungen, Erbringung von Dialyseleistungen durch externe Nephrologen, augenärztliche Untersuchungen bei Diabetes-Patienten etc. Eine besondere Bedeutung für konsiliarärztliche Fragestellungen wird für die Zukunft der **Telemedizin** zukommen,[31] die schon heute im Rahmen der Teleradiologie,[32] aber auch im Bereich kardiologischer Fragestellungen und bei **Zweitmeinungen** (z.B. Präparatebefundung in der Pathologie) eine Rolle spielt.

Der Konsiliararztvertrag ist Dienstvertrag i.S.d. §§ 611 ff. BGB.[33] Ebenso wenig wie der Belegarzt steht der externe Konsiliararzt in einem Arbeitsverhältnis oder in einem arbeitnehmerähnlichen Verhältnis zum Krankenhausträger. Bei Privatpatienten ist der Konsiliararzt Teil der **Wahlleistungskette** und liquidiert gemäß GOÄ. Allerdings muss er seine Liquidation um 15 % mindern (§ 6a GOÄ), auch wenn er keine Einrichtungen des Krankenhauses in Anspruch nimmt.[34] Bei Regelleistungspatienten erfolgt die Berechnung der konsiliarärztlichen Leistungen im Rahmen eines einheitlichen Krankenhausaufnahmevertrages ausschließlich gegenüber dem Krankenhausträger, wobei in der Regel die Abrechnung nach einem Gebührensatz der GOÄ, meist dem Einfachsatz, vereinbart wird. Im Falle eines gespaltenen Krankenhausaufnahmevertrages rechnet der Konsiliarzt bei Regelleistungspatienten sein Honorar direkt über die KV ab, sofern er vertragsärztlich tätig ist.[35]

II. Haftung des Konsiliararztes

Im Fall des **totalen Krankenhausvertrages** (Regelfall) ist der externe Leistungserbringer Erfüllungsgehilfe des Krankenhausträgers, der dann für Fehler des externen Leis-

---

29 BSGE 31, 33, 37.
30 *Quaas/Zuck*, § 15 Rn 92.
31 *Tillmanns*, Die persönliche Leistungserbringungspflicht im Arztrecht und die Telemedizin, 2006.
32 § 3 Abs. 4 RöV.
33 *Quaas/Zuck*, § 15 Rn 93.
34 BGH, Urt. v. 13.6.2002 – III ZR 186/01, MedR 2002, 582; *Griebau*, ZMGR 2003, 25 ff.
35 Was regelmäßig der Fall sein dürfte.

tungserbringers über § 278 BGB vertraglich haftet. Der externe Leistungserbringer hat in diesen Fällen bei GKV-Patienten keine eigenen vertraglichen Beziehungen zum Patienten, sondern nur zum Krankenhausträger. Seine deliktische Verantwortung bleibt hingegen unberührt. Bei privatärztlicher Behandlung (wahlärztliche Behandlung) geht man heute in der Regel ebenfalls von einem totalen Krankenhausvertrag mit Arztzusatzvertrag aus. Deshalb verbleibt es bezüglich der vertraglichen Haftung des Krankenhausträgers bei den zuvor genannten Grundsätzen. Der Chefarzt haftet jedoch nicht für Fehler des hinzugezogenen externen Konsiliarius. Dieser bleibt auch bei wahlärztlicher Behandlung Erfüllungsgehilfe des Krankenhausträgers und wird nicht zum Erfüllungsgehilfen des selbst liquidierenden Chefarztes.[36] Anderes gilt nur, (Mithaftung) wenn der hinzuziehende Arzt erkennen musste, dass der vom externen Leistungserbringer erhobene Befund/Leistung nicht zum Behandlungsablauf/Beschwerdebild passt.[37] Bei wahlärztlicher Behandlung bestehen auch beim totalen Krankenhausvertrag vertragliche Beziehungen des Patienten zum hinzugezogenen externen Leistungserbringer (Wahlarztkette, § 17 Abs. 3 KHEntgG).

III. Der „unechte" oder „schwarze" Konsiliararzt

15 Sog. **„unechte" Konsiliararztverträge** finden immer mehr Eingang in die klinische Praxis. Was ist darunter zu verstehen und auf was muss man achten? Kliniken mit orthopädischen oder chirurgischen Hauptabteilungen schließen z.B. mit einem niedergelassen Orthopäden einen Vertrag mit dem Inhalt, dass der Orthopäde auf der Hauptabteilung bei dort stationär aufgenommenen Patienten Knie-TEP-Operationen vornimmt. Das Krankenhaus rechnet die Gesamtbehandlung mit der Krankenkasse nach dem für das Haus geltenden Vergütungssystem (Diagnosis Related Groups (DRG, deutsch: Diagnosebezogene Fallgruppen)) ab. Die Vergütung des operierenden Orthopäden wird zwischen diesem und dem Haus frei vereinbart. In der Praxis findet man die verschiedensten Modelle, von der Pauschale bis zu 1,0-fach GOÄ. Krankenhaus und Orthopäde sind hochzufrieden. Die Belegung der Abteilung wird verbessert. Man spart sich die Anstellung eines weiteren Operateurs. Der Orthopäde seinerseits bekommt eine – gemessen an der Belegarzthonorierung – ordentliche Vergütung, ohne mit den sonstigen Pflichten eines Belegarztes (Nachsorge, Bereitschaftsdienst etc.) belastet zu sein.

Manche Kassen betrachten derartige „Konsiliarverhältnisse" mit zunehmendem Argwohn. Ist es doch nicht von der Hand zu weisen, dass durch diese extern „eingekauften" Operationen der Case Mix Index (CMI) des Hauses verändert werden kann, DRGs angefordert werden, die normalerweise mit dem am Hause selbst angestellten Personal nicht (oder zumindest nicht in dieser Anzahl) zu erfüllen wären oder – um ein anderes Beispiel zu nennen – die **Mindestmengenregelung** nach dem Beschluss des G-BA vom 16.8.2005 erst durch diesen „Leistungszukauf" erfüllt – und damit möglicherweise das Ziel der Qualitätssicherungsregelung in § 137 SGB V unterlaufen wird. Entsprechende Leistungsverschiebungen finden mehr oder weniger offenkundig statt.[38] Zwar

---

36 BGH, Urt. v. 29.6.1999 – VI ZR 24/98, NJW 1999, 2731; OLG Hamm, Urt. v. 26.5.2004 – 3 U 127/02, MedR 2005, 471.
37 BGH VersR 1989, 186; OLG Naumburg, Urt. v. 29.4.1997 – 9 U 266/96, VersR 1998, 983; BGH, Urt. v. 19.11.1997 – 3 StR 271/97, NJW 1998, 1803.
38 Vgl. *Schulz/Mertens*, MedR 2006, 191; von *Michels*, Vortrag KrankenhausRechtTag 2006, „Abrechnungsmanipulation im Krankenhaus" als „Einfalltor für Abrechnungsmanipulation und Betrug" bezeichnet.

steht dem in einigen Bundesländern noch das jeweilige KHG[39] entgegen, wonach das Krankenhaus seine Leistungen – von Einzelfällen abgesehen – nur mit regelhaft angestellten Ärzten erbringen darf. Vielfach unbeachtet ist auch die Tatsache, dass Krankenhäuser stationäre Wahlleistungen nur mit bei ihnen angestellten oder beamteten Ärzten erbringen dürfen (jedenfalls, soweit es sich um „Krankenhaus"-Leistungen und nicht um Leistungen der **Wahlarztkette** im niedergelassenen Bereich handelt).[40] Zugegebenermaßen sind dies Fragen, die natürlich in erster Linie den Krankenhausträger berühren. Man sollte sie aber zumindest kennen; denn die Zukunftsfähigkeit des eigenen Konsiliararztvertrages hängt natürlich auch davon ab, dass der Krankenhausträger nicht unvermittelt Probleme mit den Kassen bekommt. In Sicherheit kann sich der „unechte" Konsiliararzt in diesen Szenarien aber wohl kaum wähnen. Denn wenn man unterstellen wollte, dass hier ein Gestaltungsmissbrauch seitens des Krankenhausträgers vorliegt, ist eine zumindest mittelbare (Mit-)Verantwortlichkeit des „unechten" Konsiliararztes zumindest denkbar.

Unabhängig hiervon sollte der niedergelassene Vertragsarzt bei seinen Vertragsverhandlungen auf Folgendes achten:

16

- Der Versorgungsauftrag des Krankenhauses darf durch den Konsiliararzt nicht erweitert werden. Manche Landeskrankenhausgesetze (z.B. § 36 KHG NRW, ähnliche Regelungen in Brandenburg, Niedersachsen und Mecklenburg-Vorpommern) sehen im Übrigen vor, dass Ärzte, die weder belegärztlich noch hauptamtlich am Krankenhaus tätig sind, nur im Rahmen ergänzender Untersuchung und Behandlung tätig sein dürfen.
- Die operative Tätigkeit im Krankenhaus sollte **dreizehn Wochenstunden** nicht übersteigen,[41] weil es sich mangels Belegarztanerkennung nicht um eine vertragsärztliche, sondern um eine **anderweitige** Tätigkeit handelt.
- Zulassungsrechtlich gab es bis zum 31.12.2006 wegen § 20 Abs. 2 Ärzte-ZV Probleme. Danach war für die Ausübung vertragsärztlicher Tätigkeit nicht geeignet, wer eine ärztliche Tätigkeit ausübt, die ihrem Wesen nach mit der Tätigkeit des Vertragsarztes am Vertragsarztsitz nicht zu vereinbaren ist. Nach der Rechtsprechung des BSG[42] ist dies dann der Fall, wenn sich anderweitige Tätigkeit und vertragsärztliche Tätigkeit vermischen können und sich dies zum Nachteil der Patienten und Kostenträger auswirken kann.[43] Die Änderung in § 20 Abs. 2 Ärzte-ZV (entsprechend auch in § 20 Abs. 2 Zahnärzte-ZV) durch das VÄndG zum 1.1.2007 soll es Ärzten ermöglichen, gleichzeitig sowohl im stationären als auch ambulanten Bereich jenseits von Belegarztanerkennung und Ermächtigung tätig zu sein. Damit wird eine gefestigte und letztlich mit der **freien Arztwahl und dem Ausschluss sachfremder Erwägungen** bei Therapieentscheidungen gerechtfertigte Rechtsprechung des BSG die Grundlage entzogen, soweit Ärzte betroffen sind. Bezeichnenderweise ist man für Psychologische Psychotherapeuten und Kinder- und Jugendlichen-Psychotherapeuten nicht so weit gegangen. Zwei Bereiche werden von dieser Öffnung profitieren. Einmal die „unechten" Konsiliarärzte auf operativen Haupt-

---

39 Siehe § 36 KHG NRW, der allerdings gerade modifiziert werden soll.
40 Zur Problematik *Clausen/Schroeder-Printzen*, Wahlleistungsvereinbarung/Privatliquidation bei stationären Behandlungen, 2006, S. 63; dazu auch *Dahm*, GesR 2006, 287.
41 BSGE 89, 134.
42 BSGE 89, 134; BSG, Urt. v. 5.2.2003 – B 6 KA 22/02 R, GesR 2003, 173.
43 *Wenner*, GesR 2004, 353 ff.

abteilungen,[44] zum anderen Krankenhausträger, die ihre MVZ mit eigenen Krankenhausärzten, soweit es die Bedarfsplanung zulässt, betreiben können. Es wird auch möglich sein, dass ein Krankenhaus-MVZ mit dort angestellten Krankenhausärzten belegärztliche Leistungen erbringen kann.

- Der **Haftpflichtversicherungsschutz** ist eindeutig zu klären. Vorzugswürdig ist, dass der Konsiliararzt – auch bezüglich seiner persönlichen Haftpflicht – in die Betriebshaftpflichtversicherung des Hauses aufgenommen wird. Unabhängig hiervon sollte die eigene Berufshaftpflichtversicherung vor Aufnahme der Tätigkeit informiert werden, damit abgeklärt werden kann, ob eine **Deckungslücke** besteht und man einem späteren Vorwurf entgeht, man habe eine Risikoerhöhung nicht gemeldet. So genügt es nicht, wenn ein Orthopäde seiner Haftpflichtversicherung mitteilt, er werde demnächst im Krankenhaus „konsiliarärztlich" tätig, wenn er dort in Wahrheit wie ein Krankenhausarzt operieren wird. Eine derartige Mitteilung täuscht den Versicherer über das tatsächliche Ausmaß der Risikoerhöhung. Nach der am 1.1.2008 in Kraft tretenden VVG-Reform wird diesen Hinweispflichten noch mehr Gewicht zukommen.[45]

- Die **Schnittstelle** zwischen Zuständigkeit des Konsiliararztes und Zuständigkeit der Abteilung im Übrigen ist eindeutig zu definieren (z.B. Notdienst, Komplikationsmanagement, Entlassungsuntersuchung, Weisungsbefugnis gegenüber Personal der Abteilung, Dokumentations- und Berichtspflicht).

- Die Frage, ob dem Konsiliararzt bei **Wahlleistungspatienten** ein eigenständiges **Liquidationsrecht** zusteht, sollte vertraglich geregelt werden. Dabei muss bedacht werden, dass die Unternehmen der PKV Rechnungen „unechter" Konsiliarärzte mit dem Argument begegnen, diese seien nicht Teil der Wahlarztkette (siehe Rn 15 und § 17 KHEntG[46]) und hätten deshalb kein Liquidationsrecht. Ist für diesen Fall nicht zumindest eine Auffangregelung dergestalt getroffen, dass der Konsiliararzt dann seine Vergütung wie bei Regelleistungspatienten direkt vom Krankenhausträger bezieht, steht der Arzt möglicherweise mit leeren Händen da.

- Es sollte klar gestellt werden, dass der Vergütungsanspruch des Konsiliararztes unabhängig von Zahlungen der Patienten oder deren Versicherungen und unabhängig von Rückforderungsansprüchen der Kassen besteht. Sollte der Konsiliararzt noch über eine eigene Belegarztanerkennung (z.B. an einem anderen Hause) verfügen, muss er sich bei Einweisung eigener Patienten auf die Hauptabteilung, um sie anschließend als Konsiliar- statt als Belegarzt zu operieren, natürlich auf Angriffe der Kassen gefasst machen, er betreibe **„Gestaltungsmissbrauch"** und verursache damit höhere stationäre Kosten, um seinerseits wiederum eine höhere Vergütung gegenüber dem Belegarzthonorar zu erzielen. Besteht die Belegarztanerkennung sogar für dasselbe Haus (z.B. orthopädische Belegabteilung), wird die Operation aber auf der chirurgischen Hauptabteilung vom Konsiliararzt durchgeführt, verstärkt sich diese Problematik entsprechend. Dies sollte man sorgfältig bedenken. Von Fall zu Fall mag dies zu der Überlegung führen, auf die Belegarztanerkennung zu verzichten, wobei natürlich die Bestimmungen des eigenen Belegarztvertrages eingehalten werden müssen.

---

44 Siehe aber § 36 KHG NRW; SG Gelsenkirchen, Urt. v. 29.9.2005 – S 16 KA 15/04, n.v.; (zur bisherigen Rechtslage, Unvereinbarkeit) ZMGR 2006, 161 ff. mit Problemaufriss *Dahm*; *Schulz/Mertens*, MedR 2006, 191 ff.
45 *Reusch*, VersR 2007, 1313.
46 Der „unechte" Konsiliararzt werde nicht auf Veranlassung des „Hauptwahlarztes" tätig, sondern erbringe selbst die Hauptleistung.

- Eine andere Variante des Gestaltungsmissbrauchs kann dann entstehen, wenn der „Konsiliararzt" für das Krankenhaus ambulante Operationen erbringt, die das Krankenhaus über § 115b SGB V (mit einer damit verbundenen möglicherweise höheren Vergütung) abrechnet[47] (vgl. Rn 17).
- Die Informationswege und -zeiten zur Planung des OP-Programms sollten festgelegt werden, damit beide Seiten ihr Zeitmanagement einhalten können. Dies betrifft auch Regelungen für den Fall von Urlaub oder Krankheit.
- Hat das Krankenhaus z.B. im Rahmen eines Integrations- oder Strukturvertrages **Garantiepflichten** übernommen, sollte klargestellt werden, dass der Konsiliararzt für die Einhaltung oder Gewähr der Garantie nicht einzustehen hat.

D. Sonstige Kooperationen zwischen niedergelassenen (Vertrags-)Ärzten und Krankenhäusern[48]

I. Ambulante Operationen im Krankenhaus durch niedergelassene Vertragsärzte

1. Fallvarianten

Vertragsärzte führen ambulante Operationen in ihren Praxen, ambulanten Operationszentren und Krankenhäusern durch. Sie rechnen diese Leistungen über ihre KVen nach dem EBM 2000 plus als vertragsärztliche Leistungen ab. Führen sie diese Leistungen in einem Krankenhaus durch, geschieht dies z.B. aufgrund eines Nutzungsvertrages, nach dem sie dem Krankenhausträger ein entsprechendes Entgelt bezahlen. Daneben haben Krankenhäuser seit dem 1.1.1993 gemäß § 115b SGB V die Möglichkeit, ambulante Operationen auch bei GKV-versicherten Patienten durchführen zu lassen. Die Einzelheiten richten sich nach dem zwischen der Deutschen Krankenhausgesellschaft, KBV und den Spitzenverbänden der gesetzlichen Krankenkassen geschlossenen Vertrages über ambulante Operationen und stationsersetzende Eingriffe gemäß § 115b Abs. 1 SGB V (**AOP-Vertrag**).[49] Die Leistungen aufgrund dieses Vertrages werden den Krankenhäusern direkt von den Krankenkassen vergütet. Das Spektrum der nach dem Vertrag durchzuführenden Operationen bestimmt sich nach dem als Anlage 1 zum Vertrag vereinbarten Operationsverzeichnis. Lässt das Krankenhaus derartige ambulante Operationen durch eigene angestellte Ärzte und/oder Belegärzte erbringen, ist dies vertrags- und gesetzeskonform. Lässt das Krankenhaus derartige ambulante Operationen aber von externen Vertragsärzten, die nicht gleichzeitig an diesem Haus als Belegärzte zugelassen sind, erbringen und rechnet es diese Leistungen gleichwohl über den AOP-Vertrag[50] i.S.v. § 115b SGB V ab (also nicht die bloße Nutzungsvariante mit anschließender Abrechnung durch den Vertragsarzt über seine KV), stellen sich Fragen, die in der täglichen Praxis entweder verdrängt oder nicht mit der gebotenen Differenziertheit behan-

---

47 *Dahm*, ZMGR 2006, 161 ff.; *Schulz/Mertens*, MedR 2006, 191 ff.
48 Die Modalitäten der integrierten Versorgung gemäß §§ 140a ff. SGB V werden nicht hier, sondern in § 8 behandelt.
49 In der seit dem 1.10.2006 geltenden Fassung, DÄBl. 2006 (A) 2578 ff.
50 Vertrag nach § 115b Abs. 1 SGB V – ambulantes Operieren und stationsersetzende Eingriffe im Krankenhaus – zwischen den Spitzenverbänden der gesetzlichen Krankenversicherung (GKV), der Deutschen Krankenhausgesellschaft e.V (DKG) und der Kassenärztlichen Bundesvereinigung.

delt werden.[51] Eine weitere Variante, die allerdings heute – hoffentlich – der Vergangenheit angehört, besteht darin, den Patienten durch einen Vertragsarzt zunächst ambulant zu operieren, das Honorar über die KV abzurechnen und den Patienten dann anschließend kurzstationär und sei es in einer reinen Privatklinik ohne Versorgungsvertrag aufzunehmen. Das BSG hat dieser Variante eine klare Absage erteilt.[52] Es komme auf die einheitliche Betrachtungsweise an. Erachte ein Operateur eine anschließende stationäre Aufnahme für erforderlich, handele es sich nicht mehr um eine ambulante Operation mit entsprechenden Folgen für das Honorar. In den im AOP-Vertrag angesprochenen Operationen ist dies für das Krankenhaus entsprechend geregelt. § 7 Abs. 3 AOP-Vertrag bestimmt, dass sich die Vergütung dann nicht nach diesem Vertrag, sondern nach der BundespflegesatzVO bzw. dem Krankenhausentgeltgesetz bestimmt, wenn der Patient in unmittelbarem Zusammenhang mit einer ambulanten Operation stationär aufgenommen werden muss.[53]

2. Zulässigkeit der Einbindung externer Vertragsärzte als Operateure i.S.d. AOP-Vertrages

18 Die Motive für eine derartige Einbindung können vielfältig sein. Will das Krankenhaus allerdings über diese Einbindung Operationen abrechnen, für die es selbst gar nicht im Krankenhausplan aufgenommen ist, wird dies über § 115b SGB V i.V.m. dem AOP-Vertrag nicht zulässig sein. Denn bei diesen Leistungen handelt es sich um „**stationsersetzende**" Eingriffe im Krankenhaus. Mit anderen Worten ist dem Krankenhaus über § 115b SGB V nur für solche Operationen der Weg eröffnet, die es auch stationär erbringt. Eine andere Variante besteht darin, dass man über einen „zugkräftigen" externen ambulanten Operateur das Ansehen und die Leistungsfrequenz des Hauses steigert. Auf der anderen Seite stehen durchaus nachvollziehbare Interessen externer ambulanter Operateure. Sie erhalten eine feste Vergütung durch das Krankenhaus, die jedenfalls in der Vergangenheit i.d.R. besser war als über die KV und sie müssen keine Wirtschaftlichkeitsprüfung und Regresse befürchten, weil diese Prüfungen gegenüber dem Krankenhaus durchgeführt werden. Hinzu kommt, dass es in der Präambel zum AOP-Vertrag ausdrücklich heißt, der Vertrag diene u.a. dazu, „die Kooperation zwischen niedergelassenem Bereich und Krankenhausbereich zu verbessern einschließlich der gemeinsamen Nutzung von Operationskapazitäten im Krankenhaus." Deshalb vertreten einige[54] die Auffassung, die Einbindung externer ambulanter Operateure in das System des § 115b SGB V – und zwar zur Erbringung der operativen Hauptleistung[55] – sei zwanglos möglich. Schließlich seien auch die vom Krankenhaus veranlassten Leistungen Dritter gemäß § 2 Abs. 2 KHEntgG Krankenhausleistungen und von diesem zu liquidieren. Wie schon im Falle des „unechten" Konsiliararztes (siehe Rn 15) wird hier der Begriff der „Krankenhausleistung" möglicherweise überinterpretiert oder missverstanden. Gänzlich unzulässig ist es aber, zur Berechtigung dieser Auffassung auf die Formulierungshilfe der DKG[56] zur Durchführung von ambulanten Leistungen im Krankenhaus zu verweisen, weil es sich dabei ausdrücklich um einen reinen Nutzungsüberlassungsvertrag

---

51 *Dahm*, ZMGR 2006, 161 ff.; *Schulz/Mertens*, MedR 2006, 191 ff.
52 BSG, Urt. v. 8.9.2004 – B 6 KA 14/03 R, MedR 2005, 290.
53 So auch schon BSG, Urt. v. 17.3.2005 – B 3 KR 11/04 R, GesR 2005, 357.
54 Halbe/Schirmer/*Nösser/Korthus*, C 1400, Rn 71.
55 Für prä-, intra- und postoperative Unterstützungsleistungen Externer sieht der AOP-Vertrag dies in §§ 4–6 ausdrücklich vor.
56 3. Aufl. 1996.

als **Leistung der Arztpraxis** (!) und eben nicht des Krankenhauses handelt. Demgegenüber hat *Dahm*[57] recht, wenn er auf die Systematik des AOP-Vertrages verweist, wonach gemäß § 7 Abs. 4 Belegärzte als dem Haus durch ihre Genehmigung besonders Verbundene ausnahmsweise auch Leistungen im Rahmen des § 115b SGB V erbringen können. Diese Ausnahmevorschrift sei aber als solche eben nicht beliebig auf sonstige Vertragsärzte auszudehnen, zumal deren Einbeziehung im Rahmen von Unterstützungsleistungen ausschließlich und abschließend in den §§ 4–6 des AOP-Vertrages geregelt sind. Je nachdem welche Auffassung sich letztlich durchsetzt, sind die Konsequenzen erheblich. Dies betrifft nicht nur mögliche Abrechnungskorrekturen und ihre ggf. strafrechtliche Würdigung, sondern auch die Vergütung und denkbare Regressierung im Bereich der Sachkosten (Verbrauchsmaterialien, Verbandmittel, Arzneimittel, Hilfsmittel) gemäß § 9 AOP-Vertrag. Denn, wenn es sich nicht um eine dem AOP-Vertrag entsprechende Leistung handelt, kann auch die Vergütung nicht gemäß AOP-Vertrag erfolgen. Schließlich sind auch wettbewerbsrechtliche Sanktionen und Schadensersatzansprüche anderer vertragsärztlicher Konkurrenten zu erwähnen.[58] Auch wenn ein Berater diese Bedenken nicht teilt, sollte er den Mandanten zumindest darauf hinweisen, dass es hier divergierende Rechtsauffassungen gibt, die von Fall zu Fall Probleme der dargestellten Art bereiten können.

II. Einbindung niedergelassener Vertragsärzte in die präoperative Diagnostik und postoperative Therapie

1. Fallvarianten

Gesetzlich geregelt ist dieses Szenario in § 115a Abs. 1 SGB V. Danach können Krankenhäuser bei **Verordnung von Krankenhausbehandlung** in medizinisch geeigneten Fällen (also nicht regelhaft) Patienten ohne Unterkunft und Verpflegung behandeln, um die Erforderlichkeit der stationären Krankenhausbehandlung zu klären oder vorzubereiten und/oder im Anschluss an die stationäre Behandlung den Behandlungserfolg zu sichern oder zu festigen. Die prästationäre Diagnostik ist auf drei, die poststationäre Behandlung auf vierzehn Tage beschränkt.[59] Eine notwendige ärztliche Behandlung außerhalb des Krankenhauses während der vor- und nachstationären Behandlung wird im Rahmen des Sicherstellungsauftrags durch Vertragsärzte gewährleistet (§ 115a Abs. 2 S. 5 SGB V). In der Praxis trifft man immer häufiger auf Vertragsgestaltungen zwischen Krankenhäusern und Vertragsärzten, die als **Vertragszweck** ausdrücklich auf die Einbindung der Vertragsärzte „im Rahmen der poststationären Behandlung" verweisen, den Vertragsärzten entsprechende Leistungsverpflichtungen auferlegen, für die sie im Gegenzug eine entsprechende Vergütung (z.B. aus der Mehrvergütung für poststationäre Behandlung gemäß § 8 Abs. 2 Nr. 4 KHEntgG) vom Krankenhaus erhalten. In der Praxis wird nicht immer sauber zwischen einer poststationären Behandlung i.S.v. § 115a Abs. 1 Nr. 2 SGB V und einer poststationären Behandlung zur Abkürzung der Krankenhausverweildauer unterschieden, obwohl diese Unterscheidung erhebliche Konsequenzen hat (siehe Rn 20). Bei dieser Abwandlung des Ausgangsszenarios entlässt das Krankenhaus den Patienten, ohne dass ein Fall von § 115a Abs. 1 Nr. 2 SGB V vorliegt, in Absprache mit einem oder mehreren zuständigen Vertragsärzten etwas frü-

---

57 *Dahm*, ZMGR 2006, 161 ff.
58 BSG, Urt. v. 25.11.1998 – B 6 KA 75/97 R, MedR 1999, 429.
59 Eine Verlängerung kann in medizinisch begründeten Fällen beantragt werden.

her nach Hause („blutige Entlassung"), z.B. weil der Patient dies wünscht und dies bei entsprechender externer ärztlicher Abdeckung medizinisch vertretbar ist. Für den dadurch bei den Vertragsärzten entstehenden Betreuungsmehraufwand erhalten diese vom Krankenhaus einen bestimmten Anteil der DRG als Honorar. Bei beiden Modellen ist im Übrigen zu beachten, dass es sich bei den Vergütungen nicht um bloße „Einweiserprämien" handeln darf und das ganze Konstrukt nicht als „Zuweiserkartell" zu qualifizieren ist (siehe § 5 Rn 175). Diese Problematik wird angesichts des harten Konkurrenzkampfs im Krankenhausbereich zunehmend relevant; das Problembewusstsein der Beteiligten reicht von unterentwickelt bis nicht vorhanden.[60] Die kreative Wortschöpfungsgewalt oder Poesie deutscher Juristen bei der Abfassung entsprechender vertraglicher Regelungen ist demgegenüber beträchtlich und ebenso erstaunlich, wenn wortreich immer vom Patientenwohl die Rede ist, wo man doch sehr einfach auf einen durchaus zulässigen Vertragszweck, nämlich die Wertschöpfung durch die tatsächliche, und nicht nur vorgetäuschte Ausnutzung von Synergieeffekten verweisen könnte, soweit diese Wertschöpfung **rechtmäßig** zustande gekommen ist. Zugegebenermaßen wird die zuweilen anzutreffende Begriffsverwirrung durch zum Teil abstruse Konstruktionen im Rahmen der Integrierten Versorgung gemäß §§ 140a ff. SGB V begünstigt, wobei man im Rahmen der Vertragsgestaltung zum Teil deutliche Anleihen aus IV-Modellen vorfindet, ohne dass in Wahrheit eine **sektorübergreifende** Kooperation vorliegt, z.B. weil dem Vertragsarzt Pflichten zugewiesen werden, die ihm ohnehin bereits originär obliegen.

2. Zulässige und unzulässige Finanzierungssysteme im Rahmen der postoperativen Behandlung/Betreuung

20 Nachstationäre Behandlung im Rechtsinn ist nur diejenige gemäß § 115a Abs. 1 Nr. 2 SGB V, also nicht jedwede nachstationäre Betreuung.[61] Deshalb stellt sich die Frage, in welcher Art und Weise Vertragsärzte hierin eingebunden werden können und auf welcher Rechtsgrundlage sie dafür eine Vergütung **vom Krankenhausträger** fordern dürfen. Denn bereits aus § 115a Abs. 2 S. 5 SGB V ergibt sich, dass die neben der nachstationären Behandlung durch das Krankenhaus (aus sonstigen Gegebenheiten) notwendige Betreuung durch Vertragsärzte im Rahmen des Sicherstellungsauftrags durch diese gegenüber ihrer KV abgerechnet werden. Warum also eine zusätzliche Vergütung durch das Krankenhaus? Wenn damit gemeint sein sollte, dass die Vertragsärzte nicht nur im Rahmen von § 115a Abs. 2 S. 5 SGB V tätig sein sollen, sondern im eigentlichen Kernbereich der nachstationären Behandlung gemäß § 115a Abs. 1 Nr. 2 SGB V, stellt sich zwangsläufig die Frage, ob dies überhaupt geht. Nachstationäre Behandlung i.S.v. § 115a Abs. 1 Nr. 2 SGB V ist **Krankenhausbehandlung**. Sie darf nur vollzogen werden, wenn sie erforderlich ist, was an objektiven Kriterien gemessen werden muss.[62] Wenn die nachstationäre Behandlung – auch – in einer Vertragsarztpraxis durchgeführt werden könnte, ist sie nicht erforderlich i.S.v. § 115a Abs. 1 SGB V und wird zu Unrecht ausgeführt und abgerechnet.[63] Im Übrigen ist Ort der Leistungserbringung einer

---

60 DÄBl. 2007 (A) 2625.
61 BSG, Urt. v. 28.2.2007 – B 3 KR 17/06 R; LSG Schleswig-Holstein, Urt. v. 27.10.2004 – L 4 KA 2/03, MedR 2005, 611 ff.
62 Entscheidung des Großen Senats des BSG v. 25.9.2007 – GS 1/06.
63 *Wigge/Harney*, das krankenhaus 2007, 958; dieser Standpunkt wird auch vom BVA mit Schreiben v. 30.8.2006 vertreten, dem sich das BMG mit Schreiben v. 15.2.2007 anschließt.

D. Sonstige Kooperationen zwischen niedergelassenen (Vertrags-)Ärzten § 19

nachstationären Behandlung i.S.v. § 115a Abs. 1 SGB V das Krankenhaus und nicht die Vertragsarztpraxis.[64] Konsequenterweise sind Vertragsgestaltungen, die genau dies zum Gegenstand haben, insofern überdenkenswert.

Derartige Bedenken scheinen bei der zweiten Sachverhaltsvariante (siehe Rn 19), d.h. die Einbindung von Vertragsärzten in die poststationäre Betreuung jenseits der von § 115a Abs. 1 SGB V erfassten Fallgruppe, nicht zu bestehen. Werden hier tatsächlich Leistungen von Vertragsärzten im Sinne einer verkürzten Verweildauer erbracht, die ansonsten noch im Rahmen der stationären Betreuung erfolgt wären (z.B. Überwachung, Labor etc.), kann bei tatsächlicher Übernahme dieser Aufgaben durch Vertragsärzte natürlich mit dem Krankenhaus eine Vergütung vereinbart werden. Selbstverständlich schließt dies eine doppelte Abrechnung über die KV aus (siehe aber Rn 19). Weitere Voraussetzung für die Zulässigkeit ist natürlich die wirtschaftliche Ausgewogenheit von Leistung und Gegenleistung (siehe auch § 5 Rn 175). Allerdings können auch hier kritische Fragen gestellt werden. Unterstellt, die ambulante Versorgung dieser Patienten ist bei dieser Fallvariante gerechtfertigt, kann es sich schon definitionsgemäß nicht mehr um Krankenhausbehandlung handeln,[65] weil diese gegenüber der ambulanten Behandlung subsidiär ist. Dann erbringen die Vertragsärzte die Behandlung aber im Rahmen des Sicherstellungsauftrags und müssten sie normalerweise über die KV abrechnen. Womit wäre dann aber das vom Krankenhaus zu zahlende Honorar zu rechtfertigen (siehe Rn 175)? Eine schlüssige Lösung ist nicht einfach; man sollte die Problematik aber zumindest bedenken. Besondere Aufmerksamkeit verdienen solche Kooperationsverträge, in denen die Zahlung des Krankenhauses mit Qualitätssicherungsmaßnahmen der externen Vertragsärzte begründet werden; denn nicht überall wo Qualitätssicherung draufsteht, ist auch Qualitätssicherung drin. Qualitätssicherung im Rahmen derartiger Kooperationsverträge wird sich an den Maßstäben messen lassen müssen, wie sie insbesondere im Rahmen des neuen § 137 SGB V ab dem 1.7.2008 zu beachten sein wird und nicht nur an zum Teil überflüssigen Fragebogen zur Patientenzufriedenheit im Krankenhaus. Würde man manche vollmundige Formulierung in den Präambeln zu derartigen Netzwerken ernst nehmen, wonach der Patient im Mittelpunkt zu stehen habe, wäre die Trennlinie vielleicht doch einfacher zu ziehen, als dies gelegentlich den Anschein haben mag. Besinnt man sich nämlich auf Sinn und Zweck „echter" konsiliarärztlicher Netzwerke, wird schnell deutlich, worauf es ankommt. Der eine verfügt über Know-how und/oder sächliche Mittel, die der andere nicht hat (und umgekehrt); beide werfen – bildlich gesprochen – ihre jeweiligen Leistungen zusammen, was den diagnostischen und therapeutischen Nutzen fördert, was wiederum einem zu Gute kommt, dem Patienten. Würde man die aus dem Boden schießenden „Netzwerke" hieran messen, wäre die Trennung von Spreu und Weizen schnell vollzogen. Letztlich muss der Berater auch bei diesen Verträgen wettbewerbsrechtliche Fragestellungen mit berücksichtigen. Ist die Kooperation nämlich nur „vorgeschoben", um ein Zuweiserprämienmodell zu verschleiern, sind die Verträge wegen Verstoßes gegen § 134 BGB unheilbar nichtig (siehe § 5 Rn 160).[66] Hat der Berater Anlass, derartige Motive bei den Beteiligten zu vermuten, sollte die Problematik in nachweisbarer Form angesprochen werden.

21

---

64 So auch OLG Schleswig MedR 2004, 270 ff.
65 LSG Schleswig-Holstein, Urt. v. 27.10.2004 – L 4 KA 2/03, MedR 2005, 611.
66 OLG Stuttgart, Urt. v. 10.5.2007 – 2 U 176/06, GesR 2007, 320 = MedR 2007, 543.

§ 20 Der beamtete Arzt

Dr. Hans-Dieter Lippert

Inhalt

A. Einleitung	1	III. Nutzungsentgelt/ Mitarbeiterbeteiligung	17
B. Rechtsgrundlagen	2	IV. Pflicht zur Übernahme einer Nebentätigkeit	19
C. Dienstrechtliche Stellung	7		
D. Nebentätigkeitsbereich	10	E. Berufsrechtliche Stellung	21
I. Abgrenzung Dienstaufgaben/ Nebentätigkeit	10	F. Haftung	23
II. Nebentätigkeit	12		

Literatur

Dörfler/Eisenmenger/Lippert, Das medizinische Gutachten, 2007; **Günther**, Nebentätigkeit in der Praxis – Eine Untersuchung zur Interessenkollision anhand von Berichten über das Bundesgesundheitsamt, ZBR 1989, 164; **Jessnitzer/Ulrich**, Der gerichtliche Sachverständige, 11. Auflage 2001; **Lippert/Kern**, Arbeits- und Dienstrecht der Krankenhausärzte von A-Z, 2. Auflage 1992; **Sachs (Hrsg.)**, Grundgesetz, Kommentar, 4. Auflage 2007; **Wahlers**, Das Ende des Privatliquidationsrechts der Leitenden Abteilungsärzte in den Universitätsklinika, MedR 2007, 515.

A. Einleitung

Von den ca. 300.000 Ärzten in Deutschland sind über 50 % als Vertrags- oder Privatärzte in freiberuflicher Stellung tätig. In etwas geringerer Anzahl (47 %) üben Ärzte ihren Beruf in abhängiger Stellung – überwiegend im Krankenhaus – als Angestellte (zumeist im öffentlichen aber auch im kirchlichen Dienst) aus. In dieser Zahl enthalten sind die beamteten Ärzte. Von ihnen arbeitet die Überzahl in Hochschuleinrichtungen, also den Universitätsklinika, im öffentlichen Gesundheitsdienst, im Strafvollzug und im Sanitätsdienst der Bundeswehr oder der Bundespolizei. Mag auch die ausgeübte Tätigkeit aller genannten Ärzte ähnlich sein, so ergeben sich doch aus dem Status des Beamten einige bemerkenswerte Unterschiede zu den anderen Berufsgruppen. Darum soll es im folgenden Kapitel gehen.

B. Rechtsgrundlagen

Je nachdem, wer Dienstherr des beamteten Arztes ist, richtet sich das **Beamtenverhältnis** nach bundes- oder nach landesrechtlichen Vorschriften. Für Bundesbeamte gilt das Bundesbeamtengesetz bzw. das Soldatengesetz, für Landesbeamte ist das jeweilige Beamtengesetz des Landes bzw. das Hochschul- oder Universitätsgesetz einschlägig. Durch die Änderungen, die im Rahmen der **Föderalismusreform I** ins Grundgesetz gekommen sind, haben sich die Vorschriften des Beamtenrechts erheblich geändert.[1] Der

---

[1] Vgl. hierzu Sachs/*Degenhart*, Art. 74 Rn 112 m.w.N. Vor dem Hintergrund der neuen verfassungsrechtlichen Lage dürften die Tage des BRRG ebenfalls gezählt sein.

§ 20 Der beamtete Arzt

öffentliche Dienst ist im Beamtenrecht nach Abschaffung der Rahmengesetzgebung des Bundes in weiten Teilen nunmehr Landesrecht, vor allem die Beamtenbesoldung ist hier zu nennen. Auch die Abschaffung des **Hochschulrahmengesetzes** hat im Bereich der Hochschuleinrichtungen Änderungen zur Folge, die sich auch auf die Beamtenverhältnisse in den Universitätsklinika hinein auswirken werden. Dabei werden landesrechtlich die Regelungen in den einzelnen Ländern zunehmend auseinander driften. Gemeinsamkeiten werden verschwinden. Der Rechtsberater wird sich mehr als bisher schon mit landesrechtlichen Besonderheiten konfrontiert sehen.

3   Für das Beamtenverhältnis lassen sich folgende Grundsätze festhalten: es wird nach den bundes- bzw. landesrechtlichen Beamtengesetzen durch Ernennung und Aushändigung der Ernennungsurkunde begründet. Es kann ein Beamtenverhältnis auf Probe, eines auf Zeit, auf Widerruf oder auf Lebenszeit sein.

4   Vor allem in Hochschulklinika finden sich nahezu alle Formen des Beamtenverhältnisses. So gibt es **Professoren** auf Lebenszeit und auf Zeit, Juniorprofessoren, Akademische Räte auf Zeit und auf Lebenszeit. Hochschuldozenten, wissenschaftliche Assistenten und Oberassistenten werden in das Beamtenverhältnis auf Zeit mit unterschiedlicher Dauer berufen. Das Beamtenverhältnis endet außer mit dem Tod des Beamten mit Entlassung, Verlust der Beamtenrechte, Entfernung aus dem Dienst nach den disziplinarrechtlichen Vorschriften. Das Beamtenverhältnis endet ferner durch den Eintritt in den **Ruhestand** unter Berücksichtigung der den beamtenrechtlichen Status des Ruhestandsbeamten regelnden Vorschriften. Von den bereits genannten, in den Beamtengesetzen des Bundes und der Länder geregelten Beendigungsgründen für das Beamtenverhältnis spielt die Entlassung auf Antrag in der Praxis die bedeutsamste Rolle, sofern der beamtete Arzt nicht etwa wegen Wechsels des Dienstherrn kraft Gesetzes oder der anderen Voraussetzungen hierfür kraft Gesetzes oder ohne Antrag zu entlassen ist.

5   Der beamtete Arzt kann den **Entlassungsantrag** jederzeit stellen. Das Verlangen muss dem Dienstherrn schriftlich erklärt werden. Die Erklärung kann, solange die Entlassungsverfügung dem Beamten noch nicht zugegangen ist, innerhalb von zwei Wochen nach Zugang bei dem Dienstvorgesetzten (mit Zustimmung der Entlassungsbehörde auch nach Ablauf dieser Frist) zurückgenommen werden. Die Entlassung ist auf den beantragten Zeitpunkt hin auszusprechen. Sie kann jedoch so lange hinausgeschoben werden, bis der Beamte seine Amtsgeschäfte ordnungsgemäß erledigt hat (längstens drei Monate). Der Beamte auf Probe kann ferner u.a. entlassen werden, wenn er sich in der Probezeit wegen mangelnder Eignung, Befähigung oder fachlicher Leistung nicht bewährt. Nach der Entlassung hat der frühere Beamte keinen Anspruch auf Leistungen des Dienstherrn, sofern gesetzlich nichts anderes bestimmt ist. Für Beamte auf Zeit gelten die Vorschriften über Beamte auf Lebenszeit entsprechend, soweit gesetzliche Vorschriften nichts anderes vorsehen.

6   Der Erlass des Hochschulrahmengesetzes und der an dieses Gesetz angepassten Hochschul- bzw. Universitätsgesetze der Länder hat seinerzeit in den Universitäten dazu geführt, dass einheitliche Statusgruppen und Personalstrukturen entstanden sind. Dies hat sich auch durch diverse Änderungen im Detail nicht geändert, selbst wenn der Kreis der Beamten im Laufe der Zeit noch ausgeweitet wurde. Den vorläufigen Endpunkt dieser Entwicklung bildet die Abschaffung des **Hochschulrahmengesetzes** und der Heimfall der Gesetzgebungskompetenz an die Länder. Die Änderungen in der Hochschulgesetzgebung haben über die Jahre dazu geführt, dass eine große Anzahl von Überleitungs- und Besitzstandsregelungen für die bereits amtierenden Beamten geschaffen wurden, die keiner Systematisierung mehr zugänglich ist.

C. Dienstrechtliche Stellung

Mit dem **Beamtenverhältnis** wird zwischen Dienstherr und Beamten ein öffentlich-rechtliches Dienst- und Treueverhältnis begründet. Der Beamte dient danach dem ganzen Volk, hat sein Amt unparteiisch zu führen, bei seiner Amtsführung auf das Wohl der Allgemeinheit Bedacht zu nehmen und sich mit voller Hingabe seinem Beruf zu widmen. Diese Definition der Beamtenpflichten findet sich so oder ähnlich in allen Beamtengesetzen. Das Beamtenverhältnis soll nur bei Wahrnehmung hoheitlicher Aufgaben begründet werden. Im Hochschulbereich finden sich zunehmend auch im Bereich der Hochschulmedizin Professoren im Angestelltenverhältnis.[2]

Bei **Professoren der Medizin** werden die Dienstaufgaben nach wie vor in einer Berufungsvereinbarung festgelegt, bei dem beamteten wissenschaftlichen Mitarbeitern (bisher nach Hochschulrahmengesetz nun nach Landesrecht) gehört die Krankenversorgung zu den Dienstaufgaben. Mit der Aufhebung des Hochschulrahmengesetzes[3] zum 1.10.2008 entfallen die bisherigen Vorschriften für das wissenschaftliche und künstlerische Personal (§§ 42 ff. HRG). Diese Vorschriften werden für die Juniorprofessoren in das Wissenschaftszeitvertragsgesetz, die beamtenbesoldungs- und versorgungsrechtlichen Besitzstände der Professoren und früheren Hochschulassistenten in das Beamtenversorgungsgesetz verlagert.

In einigen Bundesländern werden mit Professoren der Medizin bezüglich der Aufgaben in der Krankenversorgung zunehmend auch zusätzlich „**Chefarztverträge**" abgeschlossen. Sie beschränken sich aber im Wesentlichen auf Regelungen über den Bereich der Nebentätigkeiten und der Nutzungsentgelte, nachdem das Liquidationsrecht in seiner bisher gängigen Art nicht mehr eingeräumt wird.[4]

D. Nebentätigkeitsbereich

I. Abgrenzung Dienstaufgaben/Nebentätigkeit

Im medizinischen Bereich gehört die überwiegende Zahl der Beamten als Chefärzte oder Professoren der Medizin dem öffentlichen Dienst an. Auf sie sind die Vorschriften des BBG, der Landesbeamten- und der Hochschul- oder Universitätsgesetze der Länder anzuwenden. Diese Beamten müssen sich bei der Übernahme von Aufträgen grundsätzlich dafür entscheiden, ob sie diese im Rahmen ihrer **Dienstaufgaben** erledigen wollen oder in **Nebentätigkeit**.

Erstattet ein Arzt als Beamter **Gutachten** im Rahmen seiner Dienstaufgaben, so hat er zu prüfen, ob er durch die Erfüllung des Gutachtenauftrages seine Pflichten zur Amtsverschwiegenheit verletzt. Gutachten darf er auch nur erstatten, soweit dies nicht dienstlichen Interessen zuwiderläuft. In diesen Fällen kann der Dienstherr nach pflichtgemäßem Ermessen die erforderliche Genehmigung versagen (§ 39 BRRG, § 62 BBG,

---

2 Es war und ist immer in Zweifel gezogen worden, ob Professoren überhaupt Beamte sein müssen. Immerhin ist inzwischen neben den beamteten Professor der angestellte Professor getreten. Vgl. auch *Wahlers*, MedR 2007, 515.
3 Gesetz vom 9.4.1978 i.d.F. der Bekanntmachung vom 19.1.1999 (BGBl I, 18), Entwurf des Gesetzes zur Aufhebung vom 23.7.2007 (BT-Drucks 16/6122).
4 Vgl. zu dieser und anderen Veränderungen in der Hochschulmedizin die Ausführungen von *Wahlers*, MedR 2007, 515.

§ 80 LBG bw). Dies gilt insbesondere dann, wenn durch die Gutachtenerstattung **Interessenskonflikte** mit den Dienstaufgaben entstehen können,[5] oder wenn der Beamte/Angestellte zeitlich überbelastet wird. Sind Interessen oder Belange des Dienstherrn nicht verletzt, dann hat der Beamte/Angestellte einen Rechtsanspruch auf die Genehmigung. Ergeben sich nach der Genehmigung Gründe, die zu einer Versagung der Genehmigung führen müssen, so ist die Genehmigung zu widerrufen oder einzuschränken, wenn auch dies zur Beseitigung der Gründe führt. Gegen die Versagung kann der Beamte den Rechtsweg beschreiten.[6]

II. Nebentätigkeit

12 **Nebentätigkeit** ist der Oberbegriff für eine Tätigkeit im Nebenamt und für eine Nebenbeschäftigung innerhalb oder außerhalb des öffentlichen Dienstes. Werden Aufgaben, die nicht zum **Hauptamt** gehören, aufgrund eines öffentlich-rechtlichen Dienst- oder Amtsverhältnisses wahrgenommen, liegt ein Nebenamt vor. Nebenbeschäftigung ist jede sonstige, nicht zu einem Hauptamt gehörende Tätigkeit innerhalb oder außerhalb des öffentlichen Dienstes.

13 Die Abgrenzung von Haupt-, Nebenamt und Nebenbeschäftigung, die wiederum unterteilt wird in Nebenbeschäftigung innerhalb und außerhalb des öffentlichen Dienstes, in allgemein genehmigte, genehmigungsfreie bzw. genehmigungspflichtige Nebentätigkeiten wirft immer wieder Zweifelsfragen auf. Dass die Leitung einer Klinik für den Hochschullehrer Teil seines Hauptamtes (oder eines zweiten, unentgeltlich ausgeübten Hauptamtes) ist, ist inzwischen herrschende Auffassung. Die Stellung eines „**alleinigen Institutsdirektors**" behandelt das Bundesverfassungsgericht als Nebenamt in der Wissenschaftsverwaltung. Abgrenzungsprobleme ergeben sich z.B. bei der Frage, wie die Veröffentlichung von Forschungsergebnissen, die Erstattung von Gutachten für Behörden, Gerichte oder für den überweisenden Arzt, die Erstellung eines Schlussberichts, die **klinische Prüfung** von Arzneimitteln oder Medizinprodukten oder die Drittmittelforschung zu bewerten sind. Für die in der Praxis der Hochschullehrer bedeutsame selbständige Gutachtertätigkeit, die mit Lehr- oder Forschungsaufgaben zusammenhängt, ist dies entschieden: sie ist Nebentätigkeit, wenn auch genehmigungsfreie, aber anzeigepflichtige, wenn entgeltlich ausgeübt. Für sonstige beamtete Ärzte kann die Mitwirkung an der Erstattung von Gutachten der Professoren einerlei, ob es sich bei den zu Begutachtenden um Privat- oder um Kassenpatienten handelt oder die Gutachtenerstellung selbst durch Nebenabrede zur Dienstaufgabe erklärt werden (§ 82 LBG bw).

14 Das am 1.3.1985 in Kraft getretene **Nebentätigkeitsbegrenzungsgesetz** gilt auch für nachgeordnete Ärzte, seien sie Beamte oder Angestellte. § 42 Abs. 2 Nr. 1 i.V.m. S. 3 BRRG stellt die Vermutung auf, dass die ordnungsgemäße Erfüllung der dienstlichen Pflichten behindert ist, sofern die zeitliche Beanspruchung durch eine oder mehrere Nebentätigkeiten in der Woche acht Stunden übersteigt.

15 Im **2. Nebentätigkeitsbegrenzungsgesetz**[7] in dessen Folge die Bundesländer ihre Beamtengesetze entsprechend geändert haben, ist nunmehr u.a. geregelt, dass auch nicht genehmigungspflichtige Nebentätigkeiten, also die Erstattung von Gutachten für Gerichte und sonstige Auftraggeber sowie die wissenschaftliche und künstlerische Tätigkeit oder **Vortragtätigkeit** anzuzeigen ist und zwar unter Bezifferung des Entgelts

---

5 *Günther*, ZBR 1989, 164.
6 *Jessnitzer/Ulrich*, Rn 65 ff.
7 Gesetz vom 9.9.1997 (BGBl I, 2294).

oder des geldwerten Vorteils. Im begründeten Einzelfall kann der Dienstherr die genannten Auskünfte schriftlich von seinen Beamten einfordern; für Professoren als Sachverständige also bereits geltendes Recht und somit keine Änderung.

Für die Verschärfung des Nebentätigkeitsrechtes muss mit schöner Regelmäßigkeit als politische Alibibegründung die Legion von Arbeitslosen herhalten, die durch das Unterbleiben der Nebentätigkeiten in Brot und Arbeit gesetzt werden könnte. Dabei wird oft vergessen, dass viele Nebentätigkeiten aus dem wissenschaftlichen und künstlerischen Bereich aber auch die mit Forschung und Lehre zusammenhängende Gutachtertätigkeit kaum zu neuen Arbeitsplätzen führt, weil der für sie erforderliche Zeitaufwand sowie deren Entschädigung diese gar nicht tragen würde. Letztlich profitiert der Auftraggeber vom Know-how des medizinischen Sachverständigen, welches sich dieser über seine (langjährige) Tätigkeit in der kurativen Medizin erworben hat.

III. Nutzungsentgelt/Mitarbeiterbeteiligung

Nutzen Beamte Einrichtungen des Dienstherrn bei der Ausübung einer Nebentätigkeit, so haben sie ein **Nutzungsentgelt** zu entrichten, denn der Staat als Dienstherr hat nichts zu verschenken. Die Verpflichtung zur Zahlung des Nutzungsentgeltes ist die Rechtsfolge der Inanspruchnahme. Der Anspruch entsteht nur bei tatsächlicher **Inanspruchnahme**. Der Höhe nach bemisst sich das Nutzungsentgelt nach dem Wert der Inanspruchnahme. Das Entgelt bemisst sich nach den dem Dienstherrn entstehenden Kosten und muss den besonderen Vorteil berücksichtigen, der dem Beamten durch die Inanspruchnahme erwächst. Die Kriterien, nach denen das Nutzungsentgelt zu bemessen ist, aber auch der Rang der Bemessungskriterien sind nach § 42 BRRG bundesrechtlich festgelegt: das Kostendeckungs- und das Vorteilsausgleichsprinzip.

Werden zur Ausübung einer Nebentätigkeit Personal, Räume und Sachmittel in Anspruch genommen, so bedarf dies der Genehmigung durch den Dienstherrn (§§ 9, 10 LNTVO, §§ 8, 11 HNTVO). Ziehen leitende Ärzte (Professoren) nachgeordnete Ärzte zur Ausübung einer Nebentätigkeit hinzu, so ist für sie **Nutzungsentgelt** zu entrichten. Ziehen beamtete Ärzte nachgeordnete Ärzte bei der Durchführung der Nebentätigkeit hinzu, so haben sie diese nach Standesrecht und teilweise auch nach landesrechtlichen Vorschriften am Erlös angemessen zu beteiligen.[8]

IV. Pflicht zur Übernahme einer Nebentätigkeit

Der Beamte ist verpflichtet, auf Verlangen seines Dienstherrn eine **Nebentätigkeit** (Nebenamt, Nebenbeschäftigung) im öffentlichen Dienst zu übernehmen, sofern diese Tätigkeit seiner Vorbildung (z.B. als Professor) entspricht und sie ihn nicht über Gebühr in Anspruch nimmt. Dies könnte auch die Tätigkeit als medizinischer Sachverständiger vor Gericht sein (vgl. z.B. § 82 LBG bw).

Wird dem Beamten die Erstattung eines Gutachtens versagt, sei es aus Gesichtspunkten der Wahrung des **Dienstgeheimnisses**, sei es unter dem der Genehmigung einer geneh-

---

[8] *Lippert/Kern*, Stichworte Nebentätigkeit, Nutzungsentgelt, Mitarbeiterbeteiligung; Wo nach der Neuregelung der Liquidationsbefugnis der Leitenden Ärzte keine Einnahmen mehr erzielt werden, haben die Regelungen über die Mitarbeiterbeteiligung (ausgenommen die berufsrechtliche nach der BO) ihre Berechtigung eingebüßt.

migungspflichtigen Nebentätigkeit (wenn der Gutachter kein Professor ist), so ist er zur Erstattung des Gutachtens rechtlich nicht in der Lage und daher tatsächlich nicht zur Erstattung verpflichtet, obwohl eine **Begutachtungspflicht** nach § 407 ZPO, § 75 StPO besteht. Der medizinische Sachverständige hat auch berufsrechtliche Pflichten zur Verschwiegenheit zu beachten und muss sich ggf. etwa von der ärztlichen Schweigepflicht befreien lassen.

E. Berufsrechtliche Stellung

21 Der beamtete Arzt ist, sofern er ärztlich tätig ist, Mitglied der zuständigen **Ärztekammer**. Er unterliegt also bei der Ausübung seiner Tätigkeit der jeweils geltenden Berufsordnung mit den darin geregelten Pflichten.[9] Für den beamteten Arzt gelten aber darüber hinaus noch gesteigerte Pflichten. So unterliegt er bei seiner Tätigkeit neben der Schweigepflicht nach § 203 Abs. 2 StGB zusätzlich der **Amtsverschwiegenheit** nach § 353b StGB. Als **Amtsträger** i.S.v. § 11 Abs. 1 Nr. 2 StGB kann er sich unter den dort genannten Voraussetzungen auch nach § 331 StGB einer Vorteilsannahme strafbar machen.[10]

22 Die Ahndung berufsrechtlicher Vergehen bei beamteten Ärzten ist in den meisten Kammerbezirken durch Landesrecht derart geregelt, dass die beamteten Ärzte dem **Disziplinarrecht** des Dienstherrn unterliegen und dass eine gesonderte Ahndung der Berufsvergehen nur durch diesen, nicht aber zusätzlich durch die Ärztekammer erfolgt. Das berufsgerichtliche Verfahren gilt also im Verhältnis zum beamteten Arzt nicht.[11]

F. Haftung

23 Bei der Haftung des beamteten Arztes im Krankenhaus ist zu unterscheiden, ob er im stationären Bereich oder im ambulanten Bereich tätig wird. Im stationären Bereich kommt ihm bei der Haftung für **Behandlungsfehler** die Subsidiaritätsklausel des § 839 BGB zugute. Es haftet primär der Träger der Einrichtung. Dieser hat die Möglichkeit, bei grober Fahrlässigkeit des Arztes bei diesem bezüglich des geleisteten Ersatzes **Rückgriff** zu nehmen. Im ambulanten Bereich haftet der beamtete Arzt dem geschädigten Patienten unmittelbar aus Vertrag wie aus unerlaubter Handlung. Es stellt also einen anwaltlichen Fehler dar, im **Arzthaftungsprozess** gegen einen beamteten Arzt im stationären Bereich unmittelbar Klage zu erheben.

24 Aus dem Behandlungsvertrag haftet dem Patienten bei Schädigung der Träger der Einrichtung. Der beamtete Arzt ist hier lediglich Erfüllungsgehilfe. Aus Vertrag haftet der beamtete Krankenhausarzt dem geschädigten Patienten allerdings bei der Wahlleistung „Arzt" im Rahmen des dem beamteten Arzt eingeräumten Liquidationsrechtes selbst sowie für nachgeordnete, zur Leistung herangezogene Ärzte des Krankenhauses.

25 Sonstige beamtete Ärzte, die außerhalb der Krankenhäuser tätig sind, können sich bei jeder Haftung auf das Privileg des § 839 BGB berufen. Sie haften dem Geschädigten grundsätzlich nicht. Es haftet der Träger. Dieser kann bei **grober Fahrlässigkeit** bei

---

9 Vgl. hierzu *Ratzel/Lippert*.
10 Vgl. hierzu *Ratzel/Lippert*, §§ 30 ff. insbes. § 33 m.w.N.
11 Einzelheiten finden sich in den jeweiligen Landesrechten.

seinen Beamten Rückgriff nehmen. Auch hier stellt es einen anwaltlichen Fehler dar, sie unmittelbar zu verklagen.

Die vorstehenden Ausführung zur Haftung des beamteten Arztes für Behandlungsfehler sind in der Praxis nur dann relevant, wenn der Dienstherr keine **Betriebshaftpflichtversicherung** für seinen Betrieb abgeschlossen hat, oder wenn es sich um einen Sachverhalt handelt, welcher sich vor Abschluss dieser Versicherung zugetragen hat. 26

§ 21 Der Öffentliche Gesundheitsdienst

Dr. med. Anton Miesen

Inhalt

A. Einführung 1
B. Entwicklung des öffentlichen Gesundheitsdienstes . . . 2
   I. Vom Mittelalter bis Preußen . 2
   II. Gesetz über die Vereinheitlichung des Gesundheitswesens im Deutschen Reich vom 3.7.1934 5
C. Der öffentliche Gesundheitsdienst in der Bundesrepublik Deutschland 7
D. Zusammenfassung 20

A. Einführung

Der öffentliche Gesundheitsdienst (ÖGD) hat als Teil des öffentlichen Gesundheitswesens öffentlich-rechtliche Aufgaben auf dem Gebiet des Gesundheitswesens wahrzunehmen. Die Entwicklungslinien des ÖGD reichen zurück bis in das beginnende Mittelalter. Von damals bis heute hat sich der ÖGD zu einem Subsystem der medizinischen Versorgung entwickelt, das trotz veränderter Rahmenbedingungen und deutlicher Schwerpunktsverlagerungen seinen Stellenwert beibehalten hat. Eine hohe Mobilität, gesellschaftliche Verwerfungen mit der Bildung sozialer Brennpunkte und eine Veränderung der demographischen Entwicklung als Folge von Umwälzungen in Wirtschaft und Gesellschaft konfrontieren den ÖGD in Deutschland mit neuen Herausforderungen.

B. Entwicklung des öffentlichen Gesundheitsdienstes

I. Vom Mittelalter bis Preußen

Die öffentliche Gesundheitspflege nahm erste Konturen an, als sich im Mittelalter größere Gemeinwesen bildeten, in denen der einzelne Bewohner die gesundheitlichen Lebensvoraussetzungen für sich nicht mehr her- und sicherstellen konnte und somit zum Risikofaktor für das jeweilige Gemeinwesen zu werden drohte. Um diese Bedrohung abzuwenden, wurden in den Städten und dem damals absolutistischen Staat gesundheitspolizeiliche Strukturen geschaffen, deren wesentliche Aufgaben in der Seuchenbekämpfung im Sinne einer Ausbreitungsverhinderung bestanden, die aber zunehmend auch präventive Aspekte berücksichtigten.

Die sich im weiteren Verlauf entwickelnden Gesundheitsberufe wie Arzt, Apotheker und Hebamme bedurften hoheitlicher Vorschriften, die die Zulassung zum Beruf und dessen Ausübung regelten und eine entsprechende Überwachung gewährleisteten. Diese Aufgaben wurden vom Ende des 17. Jahrhunderts an durch die neu geschaffenen sog. collegia medica wahrgenommen, die aus angesehenen Ärzten bestanden und aufgrund der Kontrollfunktion mittelbar Einfluss auf die Gesundheit der Bevölkerung nahmen. Bis 1725 wurde in jeder preußischen Provinz ein collegium medicum eingerichtet. Das diesem zugewiesene Aufgabenfeld erweiterte sich in der Folge um die gerichtsärztliche Tätigkeit.[1] 1762 wurden in den preußischen Provinzen zusätzlich zu den collegia medica auch collegia sanitatis eingerichtet, deren Aufgabe die Bekämpfung ansteckender Erkrankungen und Seuchen war.

4 Exekutivorgane des damit etablierten Medizinalwesens in Preußen wurden die Stadt- und Kreisphysici, die ihre Tätigkeit zunächst als kommunale, später dann als staatliche Beamte wahrnahmen. Den Physici waren zum einen Aufgaben der staatlichen Gesundheitsaufsicht und andererseits Funktionen in der kommunalen Gesundheitsfürsorge zugewiesen. Es war unvermeidbar, dass zwischen den kommunalen und staatlichen Aufgaben Spannungsfelder entstanden, die ihren Ursprung zwar im Wesentlichen auf der politisch-administrativen Ebene hatten, die Effizienz des Gesundheitsdienstes aber nicht beeinträchtigten. So war die Funktion des preußischen Kreisphysikus einer ständig wachsenden Kritik ausgesetzt, die in den Erlass des sog. „Kreisarztgesetzes" vom 16.9.1899 mündete.[2] Durch dieses Gesetz wurde der preußische Physicus abgeschafft und das neue Amt des Kreisarztes geschaffen. Der Kreisarzt war als staatlicher Beamter dem zuständigen Regierungspräsidenten unterstellt, fungierte aber gleichzeitig als Berater der in den Landkreisen bzw. Städten angesiedelten Medizinalbehörden. Das Kreisarztgesetz und hierauf beruhende Dienstanweisungen wiesen dem Kreisarzt folgende Aufgaben zu:
- Sanitätsaufsicht
- Medizinalaufsicht
- Sozialhygienische Aufgaben wie Schulgesundheitspflege, Fürsorge für Mutter und Kind, Fürsorge für Behinderte, Geisteskranke, Sieche und Süchtige
- Gerichts- und vertrauensärztliche Tätigkeit.

II. Gesetz über die Vereinheitlichung des Gesundheitswesens im Deutschen Reich vom 3.7.1934

5 Das Kreisarztgesetz und die hierauf beruhenden Dienstanweisungen wurden unter den Nationalsozialisten durch das Gesetz über die Vereinheitlichung des Gesundheitswesens im Deutschen Reich (GVG) ersetzt, auf dessen Grundlage drei Durchführungsverordnungen erlassen wurden.[3] Diese Vorschriften bündelten nunmehr die Aufgaben des öffentlichen Gesundheitsdienstes in einem in den Landkreisen und Städten jeweils einzurichtenden Gesundheitsamt. Dem Gesundheitsamt wurden folgende Aufgabengebiete zugewiesen:
- Gesundheitsaufsicht und Gesundheitsschutz:
  Die Gesundheitsaufsicht umfasste die Aufgaben der Medizinalaufsicht, des Gesundheitsschutzes und die allgemeine Sanitäts- und Hygieneaufsicht. Ebenfalls enthalten waren die gerichtsärztliche Tätigkeit und das amtsärztliche Gutachterwesen.
- Gesundheitspflege und Gesundheitsfürsorge:
  Diese beiden Aufgaben umfassen die gesundheitliche Vorsorge, Fürsorge und Nachsorge im Sinne der vormaligen kommunalen Gesundheitsfürsorge.
- Erb- und Rassenpflege.

6 Das GVG war ein reines Organisations- und Durchführungsgesetz und schaffte kein materielles Recht. Durch die Regelungen des GVG wurden sowohl die staatliche Gesundheitsaufsicht als auch die kommunale Gesundheitsfürsorge reichsweit auf der unte-

---

1 *Labisch*, Öff. Gesundh.-Wes. 44 (1982), S. 746.
2 *Labisch*, Öff. Gesundh.-Wes. 44 (1982), S. 749.
3 Gesetz über die Vereinheitlichung des Gesundheitswesens vom 3.7.1934 (Reichsgesetzbl. I S. 531).

ren Verwaltungsebene vereinheitlicht und es wurde ein einheitliches Medizinalbeamtentum geschaffen. Leiter des neuen Gesundheitsamtes wurde der Amtsarzt. Für die im Gesundheitsamt beschäftigten Ärzte wurde eine eigene Laufbahn geschaffen. Das GVG und die Durchführungsverordnungen, die sich zum größten Teil an das preußische Kreisarztgesetz anlehnten und kaum über dieses hinausgingen,[4] wiesen den Gesundheitsämtern Aufgaben zu. Dabei kam die Zuweisung eher einer abstrakten Aufgabenbenennung gleich.

C. Der öffentliche Gesundheitsdienst in der Bundesrepublik Deutschland

Nach der 1949 erfolgten Gründung der Bundesrepublik Deutschland wurde die Gesetzgebungszuständigkeit für den öffentlichen Gesundheitsdienst den neu gebildeten Ländern übertragen. Das GVG in seiner durch die Besatzungsmächte bereinigten Form[5] wurde als Rechtsgrundlage für die öffentlichen Gesundheitsdienste in allen Bundesländern zunächst gleichwohl beibehalten.

Der öffentliche Gesundheitsdienst unterliegt aufgrund seiner Aufgabenstellung und Organisation nicht der Gesetzgebungszuständigkeit des Bundes. Die Regelungsbefugnis der Länder folgt aus Art. 70, 74 GG, wonach dem Bund nur im Rahmen der konkurrierenden Gesetzgebung für Teilbereiche des Gesundheitswesens eine Kompetenz eingeräumt ist. Allerdings führt der öffentliche Gesundheitsdienst bundesrechtliche Gesundheitsgesetze aus, so dass zu seinem Wirkungsbereich zahlreiche durch Bundesrecht geregelte Aufgaben insbesondere auf den Gebieten des Apotheken-, Arzneimittel-, Betäubungsmittel-, Gift-, Krankenhaus- und Seuchenrechts gehören.[6]

Bereits in den ersten Jahren der Bundesrepublik Deutschland kam es in den einzelnen Bundesländern zu einer uneinheitlichen Entwicklung des öffentlichen Gesundheitsdienstes. Besonders deutlich wurde diese Uneinheitlichkeit angesichts der unterschiedlichen Rechtsstellung der Gesundheitsämter in den einzelnen Bundesländern. In Niedersachsen, Rheinland-Pfalz, Saarland, Bayern und Baden-Württemberg hatten die Gesundheitsämter den Status staatlicher Sonderbehörden. Hier wurde sowohl die Dienst- als auch die Fachaufsicht vom Land wahrgenommen. In Schleswig-Holstein, Hamburg, Bremen, Berlin, Nordrhein-Westfalen und Hessen waren die Gesundheitsämter in die Landkreise und kreisfreien Städte eingegliedert, so dass dem jeweiligen Land nur die Fachaufsicht verblieb.

Nachdem in Schleswig-Holstein als erstem Bundesland mit dem „Gesetz über den öffentlichen Gesundheitsdienst" vom 26.3.1979 das GVG durch ein Landesgesetz abgelöst wurde, regeln inzwischen in fast allen Bundesländern eigene Landesgesetze und

---

4 *Trüb*, Öff. Gesundheitsdienst 1964, S. 321–349.
5 Nach Ende des 2. Weltkrieges wurde das GVG von den Besatzungsmächten nicht als Gesetz mit nationalsozialistischem Gedankengut eingestuft. Lediglich der § 18 der 2. DVO (Zusammenarbeit der Gesundheitsämter mit den gesundheitlichen Einrichtungen der NSDAP) musste gestrichen werden, während alle anderen Bestimmungen, auch die bezüglich der Erb- und Rassenpflege, nicht angetastet wurden.
6 *Pitschas*, NJW 1986, 2861 ff.

-verordnungen die Angelegenheiten des öffentlichen Gesundheitsdienstes.[7] Eine Ausnahme bildet das Land Niedersachsen, das keine eigene gesetzliche Grundlage geschaffen hat, sondern lediglich die Aufgaben und Organisation des Landesgesundheitsamtes durch ministerielle Runderlasse geregelt hat.[8] Durch die Landesgesetze und Verordnungen wurden in den Bundesländern die Gesundheitsämter Bestandteil der Verwaltungen der Landkreise und der kreisfreien Städte.

11 Ausnahmen bilden die Länder Berlin, Bremen und Hamburg. In diesen Stadtstaaten werden Aufgaben des öffentlichen Gesundheitsdienstes sowohl von den Senatsverwaltungen als auch von den auf der Ebene der Bezirksämter angesiedelten Gesundheitsämtern wahrgenommen.

12 Was die Aufgaben der Gesundheitsämter als Behörden des öffentlichen Gesundheitsdienstes angeht, so sind die Regelungen der einzelnen Landesgesetze weitgehend deckungsgleich. Diese Regelungen beinhalten im Wesentlichen die folgenden Aufgaben:
- Aufsicht und Überwachung der in den einzelnen Gesundheitsberufen tätigen Personen und der ambulanten und stationären Einrichtungen des Gesundheitswesens
- Verhütung und Bekämpfung übertragbarer Erkrankungen
- Gesundheitserziehung, -aufklärung und -beratung
- Schuleingangsuntersuchungen
- Überwachung der Trinkwasserversorgungsanlagen
- amts-, gerichts- und vertrauensärztliche Begutachtungsaufgaben.

13 Ungeachtet der Tatsache, dass die Landesgesetze, die den öffentlichen Gesundheitsdienst in den einzelnen Ländern regeln, den beschriebenen gemeinsamen Kern von Inhalten und Aufgaben haben, bestehen zum Teil erhebliche Unterschiede in der Regelungsbreite, -tiefe und den jeweiligen Schwerpunktsetzungen.

14 Von den unterschiedlichen Schwerpunktsetzungen in den ÖGD-Gesetzen sind neue Aufgaben und Entwicklungsinstrumente betroffen, die im Wesentlichen aus der Reformdiskussion im Gesundheitswesen in den letzten Jahren entstanden sind. Dazu zählen insbesondere:
- Gesundheitsförderung/Prävention
- Gesundheitsberichterstattung und -planung

---

[7] *Baden-Württemberg:* Gesundheitsdienstgesetz vom 12.12.1994 (GBl S. 663); *Bayern:* Gesundheitsdienstgesetz GDG vom 12.7.1986 (GVBl. S. 843); *Berlin:* Gesundheitsdienst-Gesetz-GDG vom 4.8.1994 (GVBl. S. 329); *Brandenburg:* Brandenburgisches Gesundheitsdienstgesetz – BbgGDG vom 3.6.1994 (GBl I S. 178); *Bremen:* Gesundheitsdienstgesetz – ÖGDG vom 27.3.1995 (Brem. Gbl. S. 175); *Hamburg:* Hamburgisches Gesundheitsdienstgesetz – HmbGDG vom 18.7.2001 (HmbGVBl. S. 201); *Hessen:* Hessische Verordnung zur Bestimmung von Zuständigkeiten im Bereich der staatlichen Gesundheitsverwaltung vom 20.2.2001 (GVBl. S. 137); *Mecklenburg-Vorpommern:* Gesetz über den Öffentlichen Gesundheitsdienst – ÖGDG M-V vom 19.7.1994 (GVBl. S. 747); *Nordrhein-Westfalen:* Gesetz über den öffentlichen Gesundheitsdienst ÖGDG vom 25.11.1997 (GVBl. S. 747); *Rheinland-Pfalz:* Landesgesetz über den öffentlichen Gesundheitsdienst ÖGdG vom 17.11.1995 (GVBl. S. 485); *Saarland:* Gesetz über den öffentlichen Gesundheitsdienst (ÖGDG) im Saarland (Amtsblatt des Saarlandes vom 1.7.1999, S. 844); *Sachsen:* Gesetz über den öffentlichen Gesundheitsdienst im Freistaat Sachsen (SächsGDG) vom 11.12.1991 (GBl I S. 413); *Sachsen-Anhalt:* Gesundheitsdienstgesetz – GDG LSA vom 21.11.1997 (GVBl. S. 1023); *Schleswig-Holstein:* Gesundheitsdienst-Gesetz – GDG vom 26.3.1979 (GVOBl. Schl.-H. S. 244); *Thüringen:* Verordnung über den öffentlichen Gesundheitsdienst und die Aufgaben der Gesundheitsämter in den Landkreisen und kreisfreien Städten vom 8.8.1990 (Thüringer GVBl. 1998 v. 25.11.1998 S. 337).

[8] Niedersachsen: Organisation des Niedersächsischen Landesgesundheitsamtes, RdErl. d. MS vom 26.6.1995 (Nds. MBl. Nr. 28/1995 S. 876); Aufgaben des Niedersächsischen Landesgesundheitsamtes, RdErl. d. MS vom 29.1.1997 (Nds. MBl. Nr. 40/1997 S. 1582).

- Kooperation und Koordination
- Verbesserung der Gesundheit sozial Benachteiligter
- Hinwirkung auf gesundheitsförderliche Lebensverhältnisse.

Trotz der unterschiedlichen Akzentuierung in den einzelnen Bundesländern lässt sich pauschal feststellen, dass die wesentlichen Neuerungen aus der Reformdiskussion im Gesundheitswesen und im öffentlichen Gesundheitsdienst Eingang in die ÖGD-Gesetze der Länder gefunden haben.[9]

Eine der klassischen Aufgaben des Öffentlichen Gesundheitsdienstes ist die Seuchenbekämpfung. Grundlage dafür ist das am 1.1.2001 in Kraft getretene Infektionsschutzgesetz (IfSG),[10] mit dem der Gesetzgeber, gemäß seiner aus der Verfassung folgenden Verpflichtung (Art. 2 Abs. 2 GG), die Infektionsbekämpfung in Deutschland umfassend und effektiv regelte. Dabei werden durch das IfSG die bereits durch das frühere Bundes-Seuchengesetz (BSeuchG) zur Verfügung gestellten Instrumentarien den heutigen Gegebenheiten angepasst und modernisiert. Insofern wurden durch das IfSG die notwendigen Strukturen für eine moderne Infektionsepidemiologie in der Bundesrepublik Deutschland geschaffen. Dies sei nachfolgend anhand einiger Beispiele verdeutlicht:

Die Entwicklung und Anwendung von Schutzimpfungen hat sich als effektive Maßnahme zur Verhütung übertragbarer Erkrankungen erwiesen. Das IfSG enthält eine Reihe von Regelungen, die darauf abzielen, den Impfschutz der Bevölkerung zu verbessern.[11] Die kontinuierliche Information und Aufklärung, die notwendig ist, damit die Bürger die Notwendigkeit des Impfschutzes erkennen und den erreichbaren Schutz erwerben, ist in § 20 Abs. 2 IfSG geregelt.

Eine weitere Akzentuierung wurde im IfSG bezüglich der sexuell übertragbaren Erkrankungen vorgenommen. Aus dem vorher geltenden Gesetz zur Bekämpfung der Geschlechtskrankheiten (GeschlKrG) und dem ehemaligen Bundesseuchengesetz wurden in das IfSG die nicht namentliche Meldepflicht[12] und das Behandlungsprivileg für Ärzte[13] bezüglich sexuell übertragbarer Erkrankungen übernommen.

Als weiteres Beispiel sei eine Meningokokken-Meningitis, also eine Hirnhautentzündung z.B. in einem Kindergarten, angeführt. Hier ist bereits bei Verdacht einer Erkrankung eine Meldung an das zuständige Gesundheitsamt erforderlich, damit frühzeitig eine entsprechende Umgebungsprophylaxe zum Schutz der Kinder in dem betreffenden Kindergarten umgesetzt werden kann. Die namentliche Meldung nach § 7 IfSG allein wäre in diesem Fall nicht ausreichend, da ein definitiver Erregernachweis einige Zeit in Anspruch nimmt.

D. Zusammenfassung

Der öffentliche Gesundheitsdienst entstand in den Städten des Mittelalters und hatte dort zunächst nur gesundheitspolizeiliche Aufgaben. Im 17. und 18. Jahrhundert wandelte sich der öffentliche Gesundheitsdienst zu einer Struktur, die in Preußen sowohl

---

9 *Trojan*, Dtsch. Ärztebl. 2002, S. 1737.
10 Gesetz zur Verhütung und Bekämpfung von Infektionskrankheiten beim Menschen (Infektionsschutzgesetz – IfSG) vom 20.7.2000 (BGBl I S. 1045), zuletzt geändert durch Artikel 3 des Gesetzes vom 20.7.2007 (BGBl 2007 II S. 930).
11 § 34 Abs. 11 IfSG; § 20 Abs. 1 IfSG; § 34 Abs. 10 IfSG; § 22 IfSG; §§ 60 ff. IfSG.
12 § 7 Abs. 3 IfSG.
13 § 24 IfSG.

Aufgaben der staatlichen Gesundheitsaufsicht als auch Funktionen der kommunalen Gesundheitsfürsorge wahrnahm. Durch das Kreisarztgesetz von 1899 und die zu dem Gesetz erlassenen Dienstanweisungen wurden die Aufgaben des Kreisarztes in verschiedene Arbeitsschwerpunkte gegliedert. Diese Gliederung ist in den traditionellen Aufgaben des öffentlichen Gesundheitsdienstes heute noch erkennbar.

21 Durch das GVG von 1934 als Organisations- und Durchführungsgesetz wurden die staatlichen und kommunalen Aufgaben des öffentlichen Gesundheitsdienstes auf der unteren Verwaltungsebene in Gesundheitsämtern zusammengefasst und ein einheitliches Medizinalbeamtentum geschaffen.

22 Nach dem Ende des 2. Weltkrieges wurde das GVG in kaum veränderter Fassung zunächst als Rechtsgrundlage für die öffentlichen Gesundheitsdienste in den neu gebildeten Bundesländern beibehalten.

23 Beginnend mit Schleswig-Holstein 1979 wurden nach und nach in den Bundesländern eigene Landesgesetze mit modernisiertem Aufgabenspektrum für die öffentlichen Gesundheitsdienste in Kraft gesetzt, die bundesweit die Aufgaben des öffentlichen Gesundheitsdienstes den Verwaltungen der Landkreise und kreisfreien Städte übertrugen.

§ 22 Der Arzt im Strafvollzug

Dr. Joachim Giring

Inhalt

A. Gesundheitsfürsorge 1
B. Aufgabenbereiche des Anstaltsarztes 2
C. Rechte und Pflichten zur Weitergabe von Daten 4
D. Externe Ärzte und Therapeuten 6

Literatur

Calliess/Müller-Dietz, Strafvollzugsgesetz: StVollzG, 10. Auflage 2005; **Schwind/Böhm/Jehle (Hrsg.)**, Strafvollzugsgesetz (StVollzG), 4. Auflage 2005.

A. Gesundheitsfürsorge

Die Gesundheitsfürsorge im Strafvollzug ist im Kern in den §§ 56 ff. Strafvollzugsgesetz (StVollzG) geregelt. Im Mittelpunkt steht § 56 Abs. 1 S. 1 StVollzG, wonach „für die körperliche und geistige Gesundheit des Gefangenen ... zu sorgen" ist. Voraussetzung des **Anspruches auf ärztliche Behandlung** ist nach § 58 StVollzG, dass nach Ausschöpfung aller Aufklärungsmöglichkeiten das Vorliegen einer Krankheit hinreichend sicher feststeht. Die durchzuführenden Behandlungsmaßnahmen im Vollzug entsprechen im Wesentlichen den **Leistungen der gesetzlichen Krankenversicherung**.[1] Dem Rechtsanspruch des Gefangenen auf fachgerechte Behandlung, sowohl im physischen als auch psychischen Bereich, steht nach § 56 Abs. 2 StVollzG seine Verpflichtung gegenüber, die notwendigen Maßnahmen zum Gesundheitsschutz zu unterstützen.

1

B. Aufgabenbereiche des Anstaltsarztes

Die Gesundheitsfürsorge der Gefangenen gewährleistet der Anstaltsarzt. Er achtet auf Vorgänge und Umstände, von denen **Gefahr für die Gesundheit von Personen in der Anstalt** ausgehen kann.[2] Die Tätigkeit beginnt in der Regel mit der Aufnahmeuntersuchung nach § 5 Abs. 3 StVollzG. Der Arzt stellt fest, ob und in welchem Maße der Gefangene als krank zu führen ist, ob er bettlägerig und in welchem Umfang er arbeitsfähig ist.[3] Bei Älteren, chronisch Kranken, zu hohen Haftstrafen Verurteilten und auch beispielsweise bei Sicherungsverwahrten, muss regelmäßig der körperliche und geistige Zustand betrachtet werden, damit die ärztlichen Stellungnahmen in die Vollzugsplanung und die Gutachten zur Sozialprognose einfließen können.

2

---

1 Die Krankenbehandlung umfasst nach § 58 Abs. 1 StVollzG insbesondere ärztliche und zahnärztliche Behandlung einschließlich der Versorgung mit Zahnersatz, Arznei-, Verband-, Heil- und Hilfsmitteln sowie ergänzender Leistungen zur Rehabilitation, solange die Belange des Vollzugs dem nicht entgegenstehen. Hierzu zählt auch die Versorgung gemäß § 59 StVollzG mit Seh- und Hörhilfen; der Gefangene hat beispielsweise Anspruch auf kostenlose Versorgung mit einer Brille, vgl. OLG Frankfurt ZfStrVo SH 1978, 36; vgl. im Einzelnen *Calliess/Müller-Dietz*, § 58 Rn 1 m.z.w.N., sowie § 61. Siehe auch *Romkopf/Riekenbrauck* in: Schwind/Böhm/Jehle (Hrsg.), § 58 Rn 3 ff.
2 Vgl. VV 2 zu § 56 StVollzG.
3 Vgl. VV 1 Abs. 1 zu § 58 StVollzG.

3 Neben der unmittelbaren medizinischen Versorgung ist der Anstaltsarzt in eine Vielzahl von **Entscheidungsabläufen der Justizvollzugsanstalt eingebunden**. Er arbeitet mit den im Vollzug Tätigen zusammen und wirkt daran mit, dass der Gefangene fähig wird, künftig in sozialer Verantwortung ein Leben ohne Straftaten zu führen.[4] Seine Tätigkeit hat Einfluss auf die Anstaltsverpflegung nach § 21 StVollzG wie auch auf die Untersagung des Einkaufs von Nahrungs- und Genussmitteln nach § 22 Abs. 2 S. 1 StVollzG. Der Arzt kann eingebunden sein in die Aufstellung des Vollzugsplans nach §§ 7, 8 StVollzG, in die Entscheidung zur Verlegung aus gesundheitlichen Gründen nach § 8 Abs. 1 StVollzG in eine andere Anstalt oder in eine sozialtherapeutische Anstalt nach § 9 StVollzG. Sowohl bei der Entlassungsvorbereitung nach § 15 StVollzG, bei der Zuweisung von Arbeit, Ausbildungs- und Beschäftigungsmaßnahmen nach §§ 37 bis 39 und § 41 StVollzG, wie auch besonderen Sicherungsmaßnahmen nach § 88 StVollzG und der Einzelhaft nach § 89 StVollzG ist die Mitwirkung des Arztes erforderlich, wenn die Gesundheit des Gefangenen für die Entscheidung über die Maßnahmen von Bedeutung ist. Vor der Anordnung einer Disziplinarmaßnahme gegen einen Gefangenen, der sich in ärztlicher Behandlung befindet, oder gegen eine Schwangere oder eine stillende Mutter, ist der Anstaltsarzt nach § 106 Abs. 2 S. 2 StVollzG zu hören, um den physischen und insbesondere psychischen Zustand von Betroffenen in die Entscheidung einbeziehen zu können. Nach § 107 StVollzG ist der Arzt zu hören, bevor ein Arrest gegen einen Gefangenen vollzogen wird. In Fällen der Schwangerschaft und Mutterschaft hat er nach § 76 StVollzG Untersuchungen durchzuführen. Zwangsmaßnahmen auf dem Gebiet der Gesundheitsfürsorge richten sich nach § 101 StVollzG.

Aus der Vielzahl und der Bedeutung der Aufgabenbereiche zeigt sich die Notwendigkeit einer funktionierenden ärztlichen Versorgung in der Anstalt und der Sicherung einer möglichst umfassenden personellen und sachlichen Ausstattung zur Erreichung des Vollzugszieles.

C. Rechte und Pflichten zur Weitergabe von Daten

4 In den Grenzen des § 182 Abs. 2 S. 2 bis 4 StVollzG ist der Anstaltsarzt befugt, ein von dem Gefangenen anvertrautes Geheimnis zu offenbaren.[5] Der Anstaltsarzt hat gemäß § 182 Abs. 2 S. 2 StVollzG dem Anstaltsleiter personenbezogene Daten zu offenbaren, die anlässlich ärztlicher Untersuchungen erhoben oder „von einem Gefangenen als Geheimnis anvertraut oder über einen Gefangenen selbst bekannt geworden sind", sofern dies zur Abwehr von Gefahren für höherwertige Rechtsgüter erforderlich ist. Maßgebend ist, ob die Vollzugsbehörde ihre Aufgaben nur effektiv bewältigen kann, wenn ihr Daten eines Gefangenen vom Anstaltsarzt mitgeteilt werden. Zu den persönlichen Daten zählen Angaben über den Gesundheitszustand und Erkrankungen wie auch etwa über Gewaltphantasien etc. Voraussetzung der befugten Offenbarung ist, dass dem Anstaltsarzt Kenntnisse relevanter Daten aus Anlass einer ärztlichen Untersuchung bekannt geworden sind. Eine Verpflichtung zur Offenbarung besteht für den Arzt dann, wenn dies zur Abwehr erheblicher Gefahren für Leib oder Leben des Gefangenen oder Dritter erforderlich ist. Erfordert eine ansteckende Krankheit den Schutz von Mitgefangenen, hat der Anstaltsarzt dies dem Anstaltsleiter mitzuteilen.[6] Eine befugte Offen-

---

[4] Vgl. allgemein zur Zusammenarbeit § 154 StVollzG und zu den Aufgaben des Vollzugs § 2 StVollzG.
[5] *Busch*, ZfStrVo, 2000, 344, 345.
[6] Vgl. auch hierzu *Busch*, ZfStrVo 2000, 344, 347 m.w.N.

barung ist beispielsweise auch bei Anhaltspunkten einer schweren Rückfalltat zu bejahen.[7] Die Mitteilung muss substantiiert sein. Der Anstaltsleiter ist auf substantiierte Informationen angewiesen, um im Falle von Maßnahmen oder beispielsweise der Versagung von Lockerungen dem Anspruch des Gefangenen auf ermessensfehlerfreie Entscheidung nachkommen zu können.

Bei Fragen nach dem Recht und nach der Verpflichtung zur Weitergabe persönlicher Daten ist immer das Informationsbedürfnis der Vollzugsbehörde mit dem durch § 203 StGB geschützten Grundrecht des Gefangenen auf informationelle Selbstbestimmung gemäß Art. 2 Abs. 1 i.V.m. Art. 1 Abs. 1 GG **im Einzelfall abzuwägen**. Bei weniger beeinträchtigenden, jedoch gleich wirksamen Maßnahmen, ist die Offenbarung nicht erforderlich und daher rechtswidrig. Dies gilt auch, wenn mit der Weitergabe keine Vollzugszwecke verfolgt werden. Der Anstaltsarzt hat mit den personenbezogenen Daten des durch ihn behandelnden Gefangenen sorgsam umzugehen. Das Bundesverfassungsgericht hat in einer Entscheidung aus dem Jahr 2006 dem Recht auf informationelle Selbstbestimmung gegenüber der Weisung zur Entbindung von der ärztlichen Schweigepflicht Vorrang eingeräumt. Zunächst wird deutlich, dass die Angaben eines Arztes über Anamnese, Diagnose und therapeutische Maßnahmen zwar nicht die unantastbare Intimsphäre, jedoch den privaten Bereich des Patienten betreffen. Die Beurteilung eines Gesundheitszustands durch einen Arzt ist nach dem Willen des Betroffenen grundsätzlich vor fremdem Einblick zu bewahren. Nur so kann sich zwischen Arzt und Patient ein Vertrauensverhältnis begründen, das zu den Grundvoraussetzungen des ärztlichen Wirkens zählt.[8] Das allgemeine Persönlichkeitsrecht schützt daher beispielsweise vor der Erhebung und Weitergabe von Befunden über Gesundheitszustand, seelische Verfassung und Charakter.[9] Durch die Weisung, den behandelnden Arzt von der Schweigepflicht gegenüber dem Bewährungshelfer, der Staatsanwaltschaft und der Führungsaufsichtsstelle unwiderruflich zu entbinden, besteht die Gefahr, dass staatlichen Stellen Befunde über den körperlichen und psychischen Zustand des Gefangenen bekannt werden.

D. Externe Ärzte und Therapeuten

Nach § 158 Abs. 1 S. 1 StVollzG obliegt die Sicherstellung der Gesundheit der Gefangenen grundsätzlich hauptamtlichen, nebenamtlichen oder vertraglich gebundenen Anstaltsärzten, gleichgültig ob diese in einem Beamten- oder Angestelltenverhältnis stehen. Das StVollzG hat auf die Möglichkeit der freien Arzt- und Therapeutenwahl für Gefangene verzichtet; der Gefangene hat also **keinen Anspruch auf Behandlung durch einen Arzt oder Therapeuten seiner Wahl**.[10] Dies gilt unabhängig davon, ob dieser sich zur Kostenübernahme bereit erklärt.

Zur Gewährleistung der Rechte des Gefangenen kann in **Sonderfällen** die nebenamtliche Verpflichtung erfolgen. Voraussetzung hierfür ist entweder eine personelle Unterversorgung oder der Bedarf an besonderer medizinischer Fachkompetenz. Entsprechend ist nach VV (Verwaltungsvorschrift) 1 zu § 58 StVollzG in dringenden Fällen der Krankenbehandlung ein anderer Arzt herbeizurufen, wenn der Anstaltsarzt nicht er-

---

7 I.d.S. etwa *Schöch*, ZfStrVo 1999, 259, 260.
8 Vgl. BVerfGE 32, 373, 379 f.; 44, 353, 372 f.
9 Vgl. BVerfGE 84, 192, 194 f.; 89, 69, 82.
10 Vgl. OLG Nürnberg NStZ 1999, 479, 480.

reicht werden kann. Hält der Anstaltsarzt es für erforderlich, kann er einen anderen Arzt oder Facharzt einbeziehen. Die Entscheidung, ob ein Facharzt oder Fachtherapeut in diesen Fällen zur Diagnose oder Therapie hinzuziehen ist, trifft der Anstaltsarzt nach ärztlichem Ermessen. Ausnahmsweise kann dem Gefangenen gestattet sein, auf eigene Kosten einen privaten Arzt zu wählen, sofern dieser nicht selbst behandelt, sondern lediglich **zur Behandlung berät.**[11] Die Entscheidung hierüber trifft der Anstaltsleiter nach Anhörung des Anstaltsarztes. Voraussetzung der Hinzuziehung ist auch hier regelmäßig, dass ausreichend Kompetenzen in der Justizvollzugsanstalt fehlen.[12] Der **Mangel an therapeutischer Fürsorge** muss objektiv gegeben sein. Darauf kann sich der Gefangene in aller Regel nicht berufen, wenn es an seiner Bereitschaft fehlt, die Behandlungsmöglichkeiten der Sozialtherapie und der psychologischen Beratungs- und Behandlungsstelle der Anstalt zu nutzen.[13] Die Wahl eines externen Arztes oder Therapeuten ist demnach grundsätzlich dann ausgeschlossen, wenn eine Betreuung durch den anstaltsinternen psychologischen Fachdienst – etwa durch die Verlegung in eine sozialtherapeutische Abteilung i.S.d. § 9 StVollzG, ein Anstaltskrankenhaus oder geeignete Vollzugseinrichtungen nach § 65 Abs. 1 StVollzG – angeboten ist.

8   Die weitgehende Einschränkung des Rechts auf freie Arztwahl hat eine Ursache darin, dass ein externer Arzt oder Therapeut mit den Gegebenheiten des Vollzugs nur selten vertraut ist. Die **Kenntnis von Anstaltsvorschriften** ist zur Aufrechterhaltung der Sicherheit und Ordnung notwendig. Zudem könnten Gefahren des Arzneimittelmissbrauchs, des Handels mit Medikamenten in der Anstalt, des missbräuchlichen Einblicks in Krankenakten oder auch der Erlangung ungerechtfertigter Vorteile, wie etwa Arbeitserleichterungen, durch eine Begründung des Rechts auf freie Arztwahl schwerer zu begegnen sein.[14]

Die besondere Situation jedes Einzelnen in der Haft, der Umstand, dass in einer Vollzugsanstalt im Zusammenleben der Gefangenen Problematiken auftreten, die Krankheiten fördern, zu einer erhöhten Suizitrate führen etc.,[15] spricht angesichts eines vorherrschenden chronischen Personalmangels[16] allerdings für das Bedürfnis, insbesondere im psychischen und psychiatrischen Bereich die Regelungen der Einbeziehung externer Kräfte zu lockern. Dem gesteigerten Bedürfnis an Gesundheitsfürsorge im Vollzug muss der Staat Rechnung tragen. Auch aufgrund allgemeiner Sicherheitsinteressen und nicht zuletzt des Interesses des Gefangenen an möglichst frühzeitigen und erfolgreichen Therapiebemühungen,[17] ist eine Erweiterung der Hinzuziehung externer Therapeuten wünschenswert.[18] Das **Vertrauensverhältnis zwischen Therapeut und Patient** ist Grundvoraussetzung für den Therapieerfolg. Der Akzeptanz des Therapeuten sollte in der Abwägung der Interessen höheres Gewicht zukommen. Das ohnehin häufig belaste-

---

11 *Calliess/Müller-Dietz*, § 56 Rn 12.
12 OLG Nürnberg NStZ 1999, 479, 479 f.
13 Vgl. KG Berlin ZfStrVo 2005, 379, 379 f.
14 Vgl. BT-Drucks 7/3998 S. 25 f.; *Dargel*, ZfStrVo 1983, 333, 334.
15 Vgl. hierzu *Calliess/Müller-Dietz*, § 56 Rn 1 m.w.N. u.a. auf BT-Drucks 7/918 S. 72, sowie Evang. Akademie Bad Boll (Hrsg.), Gesundheitsfürsorge im Gefängnis, 1997.
16 *Calliess/Müller-Dietz*, § 56 Rn 5.
17 In diesem Sinne vertritt das OLG Karlsruhe NStZ 1998, 638, die Auffassung, dass bei Verurteilungen wegen Sexualdelinquenz möglichst frühzeitig alle erforderlichen therapeutischen Maßnahmen ausgeschöpft werden müssen.
18 § 103 Abs. 3 AE-StVollzG begründete ein Recht auf freie Arztwahl.

te Arzt-Patient-Verhältnis im Vollzug[19] würde durch eine Erweiterung der Wahlmöglichkeiten gefördert werden. Die Verbesserung des Arzt-Patient-Verhältnisses im Vollzug dient der Gesundheitsfürsorge jedes einzelnen Gefangenen und der Allgemeinheit durch Förderung des Vollzugsziels.

---

19 Der Anstaltsarzt ist von vornherein „Zwangsansprechpartner" für den Inhaftierten; vgl. hierzu *Schöch*, ZfStrVo 1999, 259, 260 und auch *Sönnecken*, MedR 2004, 246, 248.

§ 23 Rettungsdienst, Notarzt

Dr. Patrick M. Lissel, LL.M.

Inhalt

A. Einführung	1
I. Bedeutung des Rettungsdienstes	1
II. Rechtsgrundlagen	5
B. Aufgaben und Struktur des Rettungsdienstes	7
I. Rettungsdienst	7
1. Aufgaben	7
2. Trägerschaft und Durchführung	11
II. Notarztdienst	14
1. Aufgaben	14
2. Trägerschaft und Durchführung	16
III. Kosten	18
IV. Aufsicht	21
C. Genehmigungsverfahren	22
I. Genehmigungspflicht	22
II. Genehmigungsvoraussetzungen	24
III. Pflichten des Unternehmers	29
D. Organisation des Rettungsdienstes	32
I. Einrichtungen	32
II. Rettungsmittel	35
III. Einsatzsysteme	37
E. Personal im Rettungsdienst	38
I. Ärztliches Personal	38
1. Notarzt	38
2. Leitender Notarzt	39
3. Ärztlicher Leiter Rettungsdienst	40
II. Nichtärztliches Personal	41
1. Rettungsassistenten	41
2. Rettungssanitäter	45
3. Rettungshelfer	46
III. Fortbildung	47
F. Aufgabenverteilung im Rettungsdienst	48
I. Ärztliches Personal	48
1. Notarzt	48
2. Leitender Notarzt	49
3. Ärztlicher Leiter Rettungsdienst	50
II. Nichtärztliches Personal	51
1. Rettungsteam	51
2. Leitstellenpersonal	56
G. Haftungsfragen	61

Literatur

Ahnefeld, Die Rettungskette, eine Idee wurde Wirklichkeit, Notfall Rettungsmed 2003, 520; **Boll**, Rettungsdienstliche Kompetenzgrenzen und das Strafrecht, MedR 2002, 232; **ders.**, Amtshaftung des Notarztes, Notfall Rettungsmed 2004, 262; **Bundesärztekammer**, Stellungnahme zur Notkompetenz von Rettungsassistenten und zur Delegation ärztlicher Leistungen im Rettungsdienst, MedR 1993, 42; **Ehmann**, Anwendung von Amtshaftungsgrundsätzen für die rettungsdienstliche Tätigkeit, NJW 2004, 2944; **Esch**, Rechtsfragen der Erbringung und Vergütung rettungsdienstlicher Leistungen, 2005; **Esch/Lechleuthner**, Bestandsschutz und Übertragbarkeit rettungsdienstrechtlicher Genehmigungen, MedR 2006, 399; **Geiß/Greiner**, Arzthaftpflichtrecht, 5. Auflage 2006; **Hellhammer-Hawig**, Leitlinien bei sog. Notkompetenzmaßnahmen im Rettungsdienst, MedR 2007, 214; **Kurtenbach/Gorgaß/Raps**, Rettungsassistentengesetz, 2. Auflage 1997; **Lippert**, Rettungsassistentengesetz, 2. Auflage 1999; **ders.**, Rechtsprobleme bei der Durchführung von Notarzt- und Rettungsdienst, NJW 1982, 2089; **ders.**, Die Haftung des Notarztes für Fehlbehandlungen – oder die liebe Not mit dem Staatshaftungsrecht, VersR 2004, 839; **Lippert/Weissauer**, Das Rettungswesen, 1984; **Lissel**, Strafrechtliche Verantwortung in der präklinischen Notfallmedizin, 2001; **ders.**, Rechtsfragen im Rettungswesen, 2. Auflage 2006; **ders.**, Berufsrechtliche Folgen eines strafbaren Verhaltens, Notfall Rettungsmed 2006, 451; **Martis/Winkhart**, Arzthaftungsrecht, 2. Auflage 2007; **Oehler/Schulz/Schnelzer**, Rettungsdienst in Bayern, 2. Auflage, 2. Lieferung 2004; **Reinhardt**, Weiterentwicklung der Luftrettung in Deutschland – Phase II: Bestandsaufnahme, Analyse, Bewertung, Notfall, Rettungsmed 2004, 559; **Rieger**, Lexikon des Arztrechts, 2. Auflage, 18. Lieferung 2007; **Schönke/Schröder**, StGB, 27. Auflage 2006; **Schulte**, Rettungsdienst durch Private, 1999; **Steffen/Pauge**, Arzthaftungsrecht, 10. Auflage 2006; **Tröndle/Fischer**, StGB, 54. Auflage 2007.

§ 23 Rettungsdienst, Notarzt

A. Einführung

I. Bedeutung des Rettungsdienstes

1 Der Rettungsdienst in der Bundesrepublik Deutschland bildet eine medizinisch-organisatorische und wirtschaftliche Einheit der Gesundheitsvorsorge und Gefahrenabwehr.[1] Der Notarztdienst ist Bestandteil des Rettungsdienstes.

2 Der Schwerpunkt des Rettungsdienstes liegt in der medizinischen Betreuung eines Notfallpatienten am Einsatzort und während des Transportes in eine geeignete Einrichtung zur weiteren medizinischen Versorgung.[2] Die Stellung des Rettungsdienstes erfolgt daher im Allgemeinen durch die Erörterung der Elemente der so genannten Rettungskette.[3] Diese beinhaltet eine kontinuierliche, aufeinander aufbauende Versorgung eines Notfallpatienten bis hin zur Aufnahme in einer geeigneten Einrichtung. Elemente der Rettungskette sind

- die Laienhilfe durch lebensrettende Sofortmaßnahmen und erste Hilfe,
- die Notfallmeldung,
- die qualifizierte präklinische Versorgung des Notfallpatienten (Notfallrettung) im Rahmen des Rettungsdienstes sowie
- die Übergabe des Notfallpatienten an die Notaufnahme oder Intensivstation der jeweiligen geeigneten Einrichtung zur weiteren medizinischen Versorgung.

3 Der Rettungsdienst hat im Laufe der letzten Jahrzehnte einen hohen Standard erreicht. In den Jahren 2004 und 2005 wurden pro Jahr ca. 10,2 Mio. Einsätze durchgeführt. Diese gliedern sich in 4,7 Mio. (46,2 %) Notfalleinsätze und 5,5 Mio. (53,8 %) Krankentransporte auf. Im Rahmen der Notfalleinsätze wird der Einsatzort bei den Notfalleinsätzen im Mittel nach 8,1 Minuten erreicht (95-Prozent-Hilfsfrist 16,3 Minuten).[4]

4 Bundesweit existieren ca. 325 Rettungsdienstbereiche.[5] Ein Rettungsdienstbereich erstreckt sich im Durchschnitt über eine Fläche von ca. 1.100 qkm, auf der ca. 253.000 Einwohner leben. Pro Rettungsdienstbereich existieren durchschnittlich 3,9 Notarztstandorte und 6,8 Rettungswachen. Im Einzugsbereich einer Rettungswache leben ca. 41.000 Einwohner. Die eingehenden Notrufe werden von einer der insgesamt ca. 320 Rettungsleitstellen aufgenommen. Von den über 1.800 Rettungswachen sind ca. 90 % ständig mit zumindest einem Rettungsdienstfahrzeug besetzt. Parallel hierzu existieren mehr als 1.050 Notarztstandorte. Im bodengebundenen Rettungsdienst sind insgesamt ca. 31.800 hauptamtliche (nichtärztliche) Personen beschäftigt. Hinzu kommen Zivildienstleistende, Teilzeitkräfte und ehrenamtliche Helfer sowie ca. 17.000 Notärzte. Ergänzend existiert ein flächendeckendes Luftrettungswesen mit 51 Stützpunkten für Ret-

---

[1] Vgl. § 2 BbgRettG; § 1 BremHilfeG; § 3 HRDG; § 6 RettG NRW; § 2 SRettG; § 2 RettDG LSA; § 2 ThürRettG.
[2] Ziff. 5 SächsLRettDP.
[3] Vgl. etwa Ziff. 4 SächsLRettDP; Ziff. III.3 RDP BW; vgl. *Oehler/Schulz/Schnelzer*, Vorbem. Ziff. 3; *Kurtenbach/Gorgaß/Raps*, S. 31 ff.; *Lippert/Weißauer*, Rn 68 ff., 133 ff.; *Ahnefeld*, Notfall Rettungsmed 2003, 520 ff.
[4] Bericht der Bundesregierung über die Maßnahmen auf dem Gebiet der Unfallverhütung im Straßenverkehr 2004 und 2005 – Unfallverhütungsbericht Straßenverkehr 2004/2005, BT-Drucks 16/2100 v. 28.6.2006.
[5] Die folgenden Werte dieses Abschnitts entstammen dem zu diesen Werten neuesten Bericht der Bundesregierung über Maßnahmen auf dem Gebiet der Unfallverhütung im Straßenverkehr und Übersicht über das Rettungswesen 2000 und 2001 – Unfallverhütungsbericht Straßenverkehr 2000/2001, BT-Drucks 14/9730 v. 4.7.2002.

tungshubschrauber und 26 Stützpunkten für Intensivtransporthubschrauber, von denen jährlich mehr als 81.000 Flüge unternommen werden.

II. Rechtsgrundlagen

Die Organisation und Durchführung des Rettungsdienstes fallen gemäß Art. 30, 70 GG in die Gesetzgebungskompetenz der Länder. Hierfür wurden in jedem Bundesland Rettungsdienstgesetze[6] geschaffen, deren Ziel es ist, den Rettungsdienst unter Wahrung der medizinischen Erfordernisse zu sozial tragbaren Benutzungsentgelten flächendeckend und bedarfsgerecht sicherzustellen. Die Rettungsdienstgesetze behandeln daher vor allem Fragen der Aufgabe, Trägerschaft und Durchführung sowie Organisation und der Einrichtungen des Rettungsdienstes, Genehmigungsverfahren, Pflichten des Unternehmers sowie Finanzierung des Rettungsdienstes. Sie werden durch Durchführungsverordnungen der Länder ergänzt. Verstöße gegen einzelne Vorschriften der Rettungsdienstgesetze stellen Ordnungswidrigkeiten dar.[7]

Gemäß Art. 74 Abs. 1 Nr. 19 GG besteht eine Gesetzgebungskompetenz des Bundes für die Zulassung zu ärztlichen und anderen Heilberufen. Im Hinblick auf den Rettungsdienst hat der Bund ein Gesetz über den Beruf der Rettungsassistentin und des Rettungsassistenten (RettAssG)[8] geschaffen, welches die Berufsbezeichnung „Rettungsassistentin" bzw. „Rettungsassistent" unter Erlaubnisvorbehalt stellt und die Ausbildung zur Erlangung dieser Berufsbezeichnung regelt. Dieses Gesetz wird durch eine Ausbildungs- und Prüfungsverordnung (RettAssAPrV)[9] ergänzt.

---

[6] *Baden-Württemberg:* Gesetz über den Rettungsdienst in Baden-Württemberg (RDG BW) vom 16.8.1998, GBl 1998, 437; *Bayern:* Bayerisches Gesetz zur Regelung von Notfallrettung, Krankentransport und Rettungsdienst (BayRDG) vom 8.1.1998, GVBl. 1998, 9; *Berlin:* Gesetz über den Rettungsdienst für das Land Berlin (RDG Bln) vom 8.7.1993, GVBl. 1993, 313; *Brandenburg:* Gesetz über den Rettungsdienst im Land Brandenburg (BbgRettG) vom 18.5.2005, GVBl. I 2005, 202; *Bremen:* Bremisches Hilfeleistungsgesetz (BremHilfsG) vom 18.6.2002, BremGBl 2002, 189; *Hamburg:* Hamburgisches Rettungsdienstgesetz (HmbRDG) vom 9.6.1992, HmbGVBl. 1992, 117; *Hessen:* Gesetz zur Neuordnung des Rettungsdienstes in Hessen (HRDG) vom 24.11.1998, GVBl. I 1998, 499; *Mecklenburg-Vorpommern:* Gesetz über den Rettungsdienst für das Land Mecklenburg-Vorpommern (RDG M-V) vom 1.7.1993, GVOBl. M-V 1993, 623; *Niedersachsen:* Niedersächsisches Rettungsdienstgesetz (NRettDG) vom 29.1.1992 (Nds. GVBl. 1992, 21); *Nordrhein-Westfalen:* Gesetz über den Rettungsdienst sowie die Notfallrettung und den Krankentransport durch Unternehmer in Nordrhein-Westfalen (RettG NRW) vom 24.11.1992, GV.NRW. 1992, 458; *Rheinland-Pfalz:* Landesgesetz über den Rettungsdienst sowie den Notfall- und Krankentransport in Rheinland-Pfalz (RettDG RP) vom 22.4.1991, GVBl. 1991, 217; *Saarland:* Saarländisches Rettungsdienstgesetz (SRettG) vom 13.1.2004, Amtsbl. 2004, 170; *Sachsen:* Sächsisches Gesetz über den Brandschutz, Rettungsdienst und Katastrophenschutz (SächsBRKG) vom 24.6.2004, SächsGVBl. 2004, 245; *Sachsen-Anhalt:* Rettungsdienstgesetz Sachsen-Anhalt (RettDG LSA) vom 21.3.2006, GVBl. LSA 2006, 84; *Schleswig-Holstein:* Gesetz über die Notfallrettung und den Krankentransport in Schleswig-Holstein (RDG SH) vom 29.11.1991, GVOBl. 1991, 579; *Thüringen:* Thüringer Rettungsdienstgesetz (ThürRettG) vom 22.12.1992, GVBl. 1992, 609.

[7] § 33 RDG BW; Art. 29 BayRDG; § 22 RDG Bln; § 60 BremHilfeG; § 26 HmbRDG; § 21 HRDG, § 9 HRDBetriebsV; § 28 RDG M-V; § 31 NRettDG; § 28 RettG NRW; § 30 RettDG RP; § 23 SRettDG; § 7 RettDVO-LSA; § 22 RDG SH; § 22 ThürRettG.

[8] Gesetz über den Beruf der Rettungsassistentin und des Rettungsassistenten (RettAssG) vom 10.7.1989, BGBl I 1989, 1384.

[9] Ausbildungs- und Prüfungsverordnung für Rettungsassistentinnen und Rettungsassistenten (RettAssAPrV) vom 7.11.1989, BGBl I 1989, 1966.

B. Aufgaben und Struktur des Rettungsdienstes

I. Rettungsdienst

1. Aufgaben

7   Der Rettungsdienst dient der Sicherstellung der flächendeckenden, bedarfs- und fachgerechten Versorgung der Bevölkerung mit Leistungen der Notfallrettung und des Krankentransportes.[10] Die Aufgaben erstrecken sich neben dem bodengebundenen Rettungsdienst auch auf die Luft-, Berg- und Wasserrettung. Die folgenden Ausführungen beschränken sich auf den bodengebundenen Rettungsdienst.[11]

8   Die Notfallrettung hat die Aufgabe, mit dem vom Träger bereitgestellten Personal, Fahrzeugen und Geräten Notfallpatienten am Notfallort nach notfallmedizinischen Grundsätzen bedarfsgerecht zu versorgen (Einleitung von Maßnahmen zur Erhaltung des Lebens oder zur Vermeidung gesundheitlicher Schäden), sie transportfähig zu machen und sie unter fachgerechter Betreuung während des Transportes in eine für die weitere Versorgung geeignete Einrichtung zu befördern.[12] Sie umfasst auch die Beförderung von Notfallpatienten zu weiterführenden diagnostischen Einrichtungen und geeigneten Behandlungseinrichtungen unter intensivmedizinischen Bedingungen sowie die Bewältigung von Notfallereignissen unterhalb der Katastrophenschwelle mit einer größeren Anzahl von Verletzten oder Kranken (sog. Massenanfällen).[13] Notfallpatienten sind Kranke oder Verletzte, die sich in Lebensgefahr befinden oder bei denen schwere gesundheitliche Schäden zu befürchten sind, wenn sie nicht unverzüglich medizinische Hilfe erhalten.[14]

9   Gegenstand des Krankentransportes ist es, Kranken, Verletzten oder sonst Hilfebedürftigen, soweit sie keine Notfallpatienten sind, nötigenfalls erste Hilfe zu leisten und sie unter fachgerechter Betreuung zu befördern.[15]

10   Nicht zum Krankentransport bzw. Rettungsdienst gehört die Beförderung von kranken oder behinderten Personen, die nach ärztlicher Beurteilung während der Beförderung keiner medizinisch-fachlicher Betreuung bedürfen (Krankenfahrten, Behindertentransport).[16]

---

10   § 1 RDG BW, Ziff. III.1 RDP BW; § 1 RDG Bln; § 1 BbgRettG; § 24 BremHilfeG; § 6 HmbRDG; § 3 HRDG; § 1 RDG M-V; § 2 NRettDG; § 6 RettG NRW; § 2 RettDG RP; § 2 SRettG; Ziff. 2 SächsLRettDP; § 2 RettDG LSA; § 6 RDG SH.

11   Zur Berg-, Luft- und Wasserrettung vgl. §§ 29 ff. RDG BW, Ziff. III.4, IV.2, VII. RDP BW; Art. 17, 25 BayRDG, §§ 4, 5 2.AVBayRDG; §§ 11 ff. BbgRettDPV; §§ 6, 18 RDG Bln; § 26 BremHilfeG; Ziff. 5 HRDP; §§ 22, 23 HmbRDG; § 29 NRettDG; §§ 10, 25 RettG NRW; § 30 SächsBRKG, Ziff. 7, 8 SächsLRettDP; §§ 9, 27 RettDG RP; *Reinhardt*, Notfall Rettungsmed 2004, 559 ff.

12   § 1 RDG BW, Ziff. III.1 RDP BW; Art. 2 BayRDG; § 2 RDG Bln; § 2 BbgRettG; § 24 BremHilfeG; § 3 HmbRDG; § 2 HRDG; § 2 RDG M-V; § 2 NRettDG; § 2 RettG NRW; § 2 RettDG RP; § 2 SRettG; § 2 SächsBRKG; § 2 RettDG LSA; § 1 RDG SH; § 2 ThürRettG.

13   § 24 BremHilfeG; § 3 HmbRDG; § 2 RDG M-V; § 2 RettG NRW; § 2 RettDG RP; § 2 SRettG.

14   § 1 RDG BW; Art. 2 BayRDG; § 2 RDG Bln; § 2 BbgRettG; § 24 BremHilfeG; § 2 HmbRDG; § 2 HRDG; § 2 RettG NRW; § 2 SRettG; § 2 SächsBRKG; § 2 RettDG LSA; § 2 ThürRettG.

15   § 1 RDG BW, Ziff. III.1 RDP BW; Art. 2 BayRDG; § 2 RDG Bln; § 2 BbgRettG; § 24 BremHilfeG; § 3 HmbRDG; § 2 HRDG; § 2 RDG M-V; § 2 NRettDG; § 2 RettG NRW; § 2 RettDG RP; § 2 SRettG; § 2 SächsBRKG; § 2 RettDG LSA; § 1 RDG SH; § 2 ThürRettG.

16   § 1 RDG BW; § 1 RDG Bln; § 1 BbgRettG; § 24 BremHilfeG; § 1 HmbRDG; § 1 HRDG; § 2 RDG M-V; § 1 NRettDG; § 1 RettG NRW; § 1 RettDG RP; § 1 SRettG; § 1 SächsBRKG; § 1 RettDG LSA; § 1 RDG SH; § 1 ThürRettG; vgl. hierzu *Oehler/Schulz/Schnelzer*, Art. 2 Ziff. 3.

2. Trägerschaft und Durchführung

Träger des Rettungsdienstes für den jeweiligen Rettungsdienstbereich sind nach ganz überwiegender rechtlicher Ausgestaltung die Kreise und kreisfreien Städte/Gemeinden oder ein Verbund mehrerer Gebietskörperschaften als Rettungszweckverband.[17] In Baden-Württemberg schließt das Sozialministerium die Vereinbarungen über die Durchführung des Rettungsdienstes direkt mit den Hilfsorganisationen und anderen Leistungserbringern ab.[18]

Die Träger können die Durchführung des Rettungsdienstes je nach rechtlicher Ausgestaltung auf Hilfsorganisationen, Berufsfeuerwehren und private Unternehmen übertragen, soweit diese die notwendigen Voraussetzungen erbringen.[19] In Baden-Württemberg wird die Notfallrettung von jenen Organisationen, mit denen das Sozialministerium Vereinbarungen geschlossen hat, wahrgenommen. Bei Bedarf kann sie auch auf andere Stellen übertragen werden. Der Krankentransport wird ebenfalls von diesen Organisationen und von privaten Unternehmen durchgeführt.[20] In Berlin wird die Notfallrettung von der Berliner Feuerwehr als Ordnungsaufgabe wahrgenommen. Die Senatsverwaltung kann Aufgaben der Notfallrettung auch an Hilfsorganisationen und andere geeignete Einrichtungen übertragen.[21]

Die Träger haben, überwiegend mit Beteiligung der Leistungserbringer und Kostenträger, zur Sicherstellung der Aufgabenerfüllung und unter Beachtung der Grundsätze der Sparsamkeit und Wirtschaftlichkeit Bedarfs- bzw. Bereichspläne zu erstellen und in regelmäßigen Abständen fortzuschreiben.[22] In Baden-Württemberg werden die Bereichspläne durch Bereichsausschüsse, die aus Vertretern der Leistungserbringer und Kostenträger gebildet werden, erstellt.[23] In diesen Plänen wird der erforderliche Bedarf an leistungsfähigen Einrichtungen, Fahrzeugen und Personalstellen errechnet. Als Maßstäbe dienen die Einwohnerdichte und die Hilfsfrist, mit der festgelegt wird, in welcher Zeit ein Fahrzeug des Rettungsdienstes bei Notfalleinsätzen am Einsatzort eintreffen muss. Diese Hilfsfrist liegt grundsätzlich zwischen 10 und 15 Minuten.[24] Sie umfasst den Zeitraum vom Eingang einer Notfallmeldung bei der zuständigen Leitstelle bis zum Eintreffen des ersten geeigneten Fahrzeugs am Einsatzort.[25] Als geeignete Fahrzeuge zählen auch Notarzteinsatzfahrzeuge, da der Notarzt bereits wirksame Hilfe leisten kann, selbst wenn sein Fahrzeug nicht zum Transport von Notfallpatienten geeignet ist.[26]

---

17 Art. 18 BayRDG; § 3 BbgRettG; § 25 BremHilfeG; § 4 HRDG; § 6 RDG M-V; § 3 NRettDG; § 6 RettG NRW; § 3 RettDG RP; § 5 SRettG; §§ 3, 25 SächsBRKG; § 3 RettDG LSA; § 6 RDG SH; § 3 Thür-RettG.
18 Vgl. § 2 RDG BW.
19 § 5 RDG Bln; § 4 BbgRettG; §§ 7, 8 HmbRDG; § 4 HRDG; § 6 RDG M-V; § 5 NRettDG; § 13 RettG NRW; § 5 RettDG RP; § 8 SRettG; § 31 SächsBRKG; § 3 RettDG LSA; § 6 RDG SH; § 4 ThürRettG; zur Problematik der teilweisen Bevorzugung von Hilfsorganisationen vgl. *Esch,* S. 123 ff.; *Schulte,* S. 104 ff.
20 Vgl. § 2 RDG BW.
21 Vgl. § 5 RDG Bln.
22 § 19 BbgRettG; § 22 HRDG; § 4 NRettDG; § 12 RettG NRW; § 6 SRettG; § 26 SächsBRKG; § 7 RettDG LSA; § 6 ThürRettG.
23 § 3 RDG BW.
24 § 3 RDG BW, Ziff. III.2 RDP BW; § 1 2.AVBayRDG; § 7 BbgRettDPV; § 28 BremHilfeG; § 22 HRDG; § 7 DVO-RDG SH; § 8 RettDG RP; § 6 SRettG; Ziff. 5 SächsLRettDP; § 7 RettDG LSA; § 6 ThürRettG.
25 § 28 BremHilfeG; § 22 HRDG; § 7 RDG M-V; Ziff. 5 SächsLRettDP; § 7 RettDG LSA; vgl. Nds. OVG Nds.VBl. 2007, 78.
26 OVG NRW NWVBl. 2004, 313; Nds. OVG Nds.VBl. 2007, 78.

Auch der Rettungswagen alleine – und nicht nur in der Kombination mit dem Notarzteinsatzfahrzeug – gilt als geeignetes Fahrzeug.[27] Die Einhaltung der Hilfsfrist gilt überwiegend als erfüllt, wenn in einem Rettungsdienstbereich 95 % aller an einer Straße gelegenen Notfallorte innerhalb dieser Frist rettungsdienstlich qualifiziert bedient werden können (sog. 95 %-Hilfsfrist).[28]

II. Notarztdienst

1. Aufgaben

14 Der Notarztdienst hat die Aufgabe, Notfallpatienten im Zusammenwirken mit Personal, Fahrzeugen und Geräten des Rettungsdienstes durch notfallmedizinisch ausgebildete Ärzte ärztliche Hilfe am Notfallort und auf dem Transport zukommen zu lassen.[29] Die notärztliche Versorgung ist als eigenständige rettungsdienstliche Aufgabe innerhalb der Notfallversorgung in die rettungsdienstliche Infrastruktur eingebunden.

15 Der Notarztdienst ist als Bestandteil des Rettungsdienstes vom vertragsärztlichen Notdienst (teilweise auch als Notfalldienst oder Bereitschaftsdienst bezeichnet) abzugrenzen.[30] Letzterer nimmt seine Aufgaben aufgrund des Sicherstellungsauftrages der Kassenärztlichen Vereinigungen wahr (§ 75 SGB V) und übernimmt die ambulante ärztliche Versorgung in Fällen, in denen Patienten zu den sprechstundenfreien Zeiten der kassenärztlichen Praxen ärztlicher Hilfe bedürfen. Er bietet – anders als der Rettungsdienst – die typischen Mittel des niedergelassenen Arztes und ist nicht Teil des Rettungsdienstes.

2. Trägerschaft und Durchführung

16 Die Trägerschaft und Organisation des Notarztdienstes ist in den einzelnen Bundesländern unterschiedlich ausgestaltet. Die Träger des Rettungsdienstes, teilweise auch die Kassenärztlichen Vereinigungen oder Krankenkassen und ihre Verbände sind verpflichtet, die notärztliche Versorgung im Rettungsdienst sicherzustellen.[31]

17 Die notärztliche Versorgung wird von den an der kassenärztlichen Versorgung teilnehmenden Ärzten erbracht. Die Träger der Krankenhäuser sind im Rahmen ihrer Leistungsfähigkeit verpflichtet, geeignete Ärzte zur Verfügung zu stellen.[32] Auch niedergelassene oder andere Ärzte können ggf. im Notarztdienst mitwirken.[33]

---

27 Nds. OVG Nds.VBl. 2007, 78.
28 Ziff. III.2, V.5 RDP BW; § 28 BremHilfeG; Ziff. 2 HRDP; § 2 NBedarfsVO-RettD; § 6 SRettG; Ziff. 5 SächsLRettDP; § 7 RettDG LSA.
29 Ziff. VIII.1 RDP BW; § 7 RDG Bln; § 2 HRDG; § 1 HRDNAVV; § 2 NBedarfsVO-RettD; § 4 SRettG; Ziff. 5 SächsLRettDP; ferner BGH NJW 1993, 1526.
30 Vgl. § 1 HRDNAVV.
31 Vgl. § 10 RDG BW; Art. 21 BayRDG; § 4 BbgRettG; § 28 SächsBRKG, Ziff. 5 SächsLRettDP; § 3 RettDG LSA; § 6 ThürRettG.
32 § 10 RDG BW, Ziff. VIII.1 RDP BW; § 4 BbgRettG; § 11 RettG NRW; § 23 RettDG RP; Ziff. 5 SächsLRettDP; § 8 RettDG LSA; zur Verpflichtung zur Mitwirkung im Rettungsdienst vgl. *Rieger*, Ziff. 4540 Rn 14 ff.
33 § 10 RDG BW; § 23 RettDG RP.

III. Kosten

Die Träger oder Leistungserbringer des Rettungsdienstes erheben für ihre Leistungen Gebühren bzw. Benutzungsentgelte. Diese werden gemeinsam mit den Kostenträgern vereinbart[34] und sind grundsätzlich so zu bemessen, dass sie auf der Grundlage einer bedarfsgerechten und leistungsfähigen Organisation sowie einer sparsamen und wirtschaftlichen Betriebsführung die Gesamtkosten des Rettungsdienstes decken.[35] In Berlin werden für Einsätze der Berliner Feuerwehr Gebühren erhoben, welche die zuständige Senatsverwaltung im Einvernehmen mit der für die Sozialversicherung zuständigen Senatsverwaltung nach Anhörung der Kostenträger festsetzt.[36]

Kommt es zu keiner Einigung über die Höhe der Gebühren, ist eine Schiedsstelle anzurufen.[37] Diese besteht in der Regel aus einer gleichen Anzahl von Vertretern der Träger oder Leistungserbringer auf der einen und der Kostenträger auf der anderen Seite sowie einem neutralen Vorsitzenden. Im Saarland und in Thüringen setzen die Träger bei fehlender Einigung die Gebühren nach Anhörung der Kostenträger durch Satzung fest.[38]

Gegen Entscheidungen der Schiedsstelle ist der Verwaltungsrechtsweg gegeben.[39] Ein Vorverfahren ist nach ganz überwiegender Ausprägung nicht durchzuführen. Widerspruch und Klage haben keine aufschiebende Wirkung.

IV. Aufsicht

Die zuständigen Behörden beaufsichtigen die mit der Durchführung des Rettungsdienstes beauftragten Leistungserbringer, um die Erfüllung der Aufgaben des Rettungsdienstes sicherzustellen.[40] Sie sind gegenüber den Leistungserbringern weisungsbefugt.[41]

C. Genehmigungsverfahren

I. Genehmigungspflicht

Wer Leistungen im Rettungsdienst erbringen will, bedarf der Genehmigung der zuständigen Behörde, sofern er nicht von der Genehmigungspflicht ausgenommen ist.[42] Dies

---

34 § 28 RDG BW; Art. 24 BayRDG; § 21 RDG Bln; § 10 BbgRettG; § 58 BremHilfeG; § 10a HmbRDG; § 8 HRDG; § 11 RDG M-V; §§ 14 ff. NRettDG; § 10 SRettG; § 32 SächsBRKG; § 12 RettDG LSA; §§ 8, 8a RDG SH; § 12 ThürRettG.
35 Art. 24 BayRDG; § 34 BremHilfeG; §§ 11, 12 RettDG RP; § 10 SRettG; § 8a RDG SH; teilweise stehen ergänzend auch Landesfördermittel bereit, vgl. etwa § 28 RDG BW.
36 Vgl. § 20 RDG Bln.
37 § 28 RDG BW; Art. 22 BayRDG; § 21 RDG Bln; §§ 10, 10a BbgRettG; § 10b HmbRDG; § 8 HRDG; §§ 11, 11a RDG M-V; § 18 NRettDG; §§ 12, 13 RettDG RP; §§ 32, 33 SächsBRKG; § 12 RettDG LSA; § 8b RDG SH.
38 § 10 SRettG; § 12 ThürRettG.
39 § 28 RDG BW; § 21 RDG Bln; § 10a BbgRettG; § 10b HmbRDG; § 8 HRDG; §§ 11, 11a RDG M-V; § 18 NRettDG; § 33 SächsBRKG; § 8b RDG SH; vgl. etwa Nds. OVG, 15.5.2007, 11 LC 73/06, juris.
40 Vgl. § 30a RDG BW; § 17 RettG NRW; § 10 RettDG RP.
41 § 17 RettG NRW; § 10 RettDG RP.
42 Vgl. § 15 RDG BW; Art. 3 BayRDG; § 3 RDG Bln; § 5 BbgRettG; § 34 BremHilfeG; § 4 HmbRDG; § 9 HRDG; § 14 RDG M-V; § 19 NRettDG; § 18 RettG NRW; § 14 RettDG RP; § 12 SRettG; § 11 RettDG LSA; § 10 RDG SH; § 15 ThürRettG.

gilt auch für die Erweiterung oder wesentlichen Änderung des Betriebes.[43] Überwiegend ist der von den Trägern des Rettungsdienstes an Leistungserbringer übertragene öffentliche Rettungsdienst ausgenommen, teilweise erfolgt eine Differenzierung hinsichtlich der Leistungsart.[44] Die Genehmigungsfreiheit entbindet nicht von der Verpflichtung zur Einhaltung der Rettungsdienstgesetze.

23 Die Genehmigung als begünstigender Verwaltungsakt wird dem Unternehmer für seine Person und für die Ausübung von Notfall- oder Krankentransport im jeweiligen Betriebsbereich erteilt.[45] Sie gilt für das einzelne Fahrzeug und muss das amtliche Kennzeichen enthalten. Solange die Genehmigung fehlt, ist ein Fahrzeug kein Fahrzeug des Rettungsdienstes und darf nicht mit blauem Blinklicht ausgestattet sein.[46] Die Genehmigung kann mit Bedingungen und Auflagen versehen werden und ist zeitlich zu befristen.[47] Eine Übertragung der Genehmigung ist nur eingeschränkt möglich.[48]

II. Genehmigungsvoraussetzungen

24 Die Genehmigung darf nur erteilt werden, wenn die Sicherheit und Leistungsfähigkeit des Betriebes gewährleistet sind, keine Tatsachen vorliegen, welche die Unzuverlässigkeit des Antragstellers als Unternehmer dartun und der Antragsteller als Unternehmer oder die für die Führung des Betriebes bestellte Person fachlich geeignet ist.[49] Der Unternehmer ist als zuverlässig anzusehen, wenn davon ausgegangen werden kann, dass die zur Führung der Geschäfte bestellten Personen den Betrieb unter Beachtung der für den Rettungsdienst geltenden Vorschriften führen.[50] Die Zuverlässigkeit ist zu verneinen, wenn der Unternehmer bei der Antragstellung Qualifikationen angibt, die er objektiv nicht besitzt[51] oder er in einem Strafverfahren bereits verurteilt, über eine Revision aber noch nicht entschieden wurde.[52] Die fachliche Eignung wird durch Ablegung einer Prüfung oder durch eine angemessene Tätigkeit in einem Unternehmen nachgewiesen, die die beantragte Art der Tätigkeit zum Gegenstand hat.[53]

25 Die Genehmigung ist nach ganz überwiegender gesetzlicher Ausprägung zu versagen, wenn zu erwarten ist, dass das öffentliche Interesse an der Funktionsfähigkeit des Ret-

---

43 Vgl. auch VG Augsburg v. 4.6.2002 – Au 9 K 01.1057, juris; *Oehler/Schulz/Schnelzer*, Art. 3 Ziff. 3.
44 Vgl. § 15 RDG BW; Art. 3 BayRDG; § 3 RDG Bln; § 34 BremHilfeG; § 4 HmbRDG; § 9 HRDG; § 14 RDG M-V; § 19 NRettDG; § 18 RettDG RP; § 14 RettG NRW; § 12 SRettG; § 10 RDG SH; vgl. *Schulte*, S. 42 f.; *Esch*, S. 53 ff.; *Esch/Lechleuthner*, MedR 2006, 399 ff.
45 § 17 RDG BW; Art. 4 BayRDG; § 10 RDG Bln; § 14 HmbRDG; § 16 RDG M-V; § 23 NRettDG; § 22 RettG NRW; § 15 RettDG RP; § 12 SRettG; § 12 RDG SH.
46 Hanseatisches OVG VRS 111 (2006), 234; Hanseatisches OVG VRS 108 (2005), 458.
47 § 20 RDG BW; Art. 9 BayRDG; § 14 RDG Bln; § 5 BbgRettG; § 34 BremHilfeG; § 13 HmbRDG §§ 10, 12 HRDG; § 17 RDG M-V; § 24 NRettDG; § 22 RettG NRW; § 19 RettDG RP; § 17 SRettG; § 11 RettDG LSA; § 13 RDG SH; § 15 ThürRettG.
48 Vgl. *Esch/Lechleuthner*, MedR 2006, 399 ff.; OVG NRW, VRS 105 (2003), 155.
49 § 16 RDG BW i.V.m. § 1 KTUEigV BW; Art. 7 BayRDG; § 13 RDG Bln; § 5 BbgRettG; § 34 BremHilfeG; § 12 HmbRDG; § 10 HRDG i.V.m. HRDBetriebsV; § 15 RDG M-V; § 22 NRettDG; § 19 RettG NRW; § 19 RettDG RP; § 16 SRettG; § 11 RettDG LSA; § 11 RDG SH; § 15 ThürRettG.
50 § 19 RettG NRW.
51 VG Aachen v. 12.3.2002 – 2 K 2251/98, juris.
52 VG Düsseldorf v. 31.5.2006 – 7 K 2063/04, juris.
53 § 26 RDG BW; Art. 7 BayRDG; § 13 RDG Bln; § 11 RDG SH.

tungsdienstes durch ihren Gebrauch beeinträchtigt wird (sog. Funktionsschutzklausel).[54] Hierbei ist die flächendeckende Vorhaltung und Auslastung innerhalb des Rettungsdienstbereichs, insbesondere die Zahl der Fahrzeuge und deren Standorte, das Einsatzaufkommen und dessen Verteilung sowie die Entwicklung der Kosten- und Ertragslage zu berücksichtigen. Eine Beeinträchtigung des öffentlichen Interesses liegt dann vor, wenn die Vorhaltezeiten den Bedarf übersteigen. In Schleswig-Holstein wird statt einer solchen Bedarfsprüfung eine Verträglichkeitsprüfung vorgenommen.[55] Der zuständigen Behörde steht im Rahmen der Funktionsschutzklausel ein Prognosespielraum zu, der nur einer begrenzten gerichtlichen Kontrolle unterliegt.[56] Andererseits können etwa Mängel bei der Ausstattung des Krankentransportes nicht durch Einhaltung oder Überfüllung der Eintreffzeiten in der Notfallrettung kompensiert werden. Eine Berufung auf die Funktionsschutzklausel ist nur zulässig, wenn ein bedarfsgerechter und flächendeckender Rettungsdienst bereits existiert.[57]

Die Genehmigung kann widerrufen werden, wenn der Unternehmer um eine „Entlassung" aus der Genehmigung ansucht.[58] Die Genehmigung ist zu widerrufen, wenn bei ihrer Erteilung eine der Voraussetzungen zur Erteilung nicht vorgelegen hat oder nachträglich weggefallen ist.[59] Die Zuverlässigkeit des Unternehmers ist insbesondere dann nicht mehr gegeben, wenn in seinem Betrieb trotz schriftlicher Mahnung der Genehmigungsbehörde die im Interesse der öffentlichen Sicherheit erlassenen Vorschriften nicht befolgt werden oder den nach den Rettungsdienstgesetzen oder nach den aufgrund dieser Gesetze erlassenen Rechtsvorschriften dem Unternehmer obliegenden Verpflichtungen zuwidergehandelt wird.[60] Die Genehmigung kann widerrufen werden, wenn gegen Bedingungen oder Auflagen verstoßen wird oder der Unternehmer die ihm obliegenden arbeitsschutzrechtlichen, sozialrechtlichen oder steuerrechtlichen Verpflichtungen wiederholt nicht erfüllt hat. Auch eine mit Widerrufsvorbehalt erteilte Genehmigung kann aus sachlich gerechtfertigten Gründen, etwa wegen geltend gemachter Beeinträchtigung des öffentlichen Interesses an der Funktionsfähigkeit des Rettungsdienstes, widerrufen werden. Hier gilt jedoch aufgrund des Vertrauens in den Bestand der Genehmigung ein strengerer Maßstab als bei der Versagung einer erstmals beantragten Genehmigung.[61]

26

Teilweise besteht für die zeitlich befristeten Genehmigungen Bestandsschutz.[62] Dieser gilt jedoch nur im Hinblick auf die bislang ausgeübte Tätigkeit. Es kann kein Vertrau-

27

---

54 Art. 7 BayRDG; § 13 RDG Bln; § 5 BbgRettG; § 34 BremHilfeG; § 12 HmbRDG; § 10 HRDG; § 15 RDG M-V; § 22 NRettDG; § 19 RettG NRW; § 18 RettDG RP; § 16 SRettG; § 11 RettDG LSA; § 11 RDG SH; § 15 ThürRettG; zur verfassungsrechtlichen Zulässigkeit vgl. BVerwG NVwZ-RR 2000, 213; BVerwG NJW 1996, 1608; zur europarechtlichen Zulässigkeit vgl. EuGH, C-475/99 (Ambulanz Glöckner), Slg. 2001, 8089, m. Anm. *Abig*, ZESAR 2003, 235 ff.
55 Vgl. OVG Schleswig-Holstein v. 22.10.2003 – 4 LB 21/03, juris.
56 Vgl. BVerwG NVwZ-RR 2000, 213; OVG NRW NWVBl. 1995, 26; OVG NRW NWVBl. 2000, 103; OVG NRW NWVBl. 2004, 313; OVG Brandenburg v. 18.12.2003 – 4 A 12/01, juris; Hanseatisches OVG DVBl. 2006, 528; OVG Rheinland-Pfalz v. 7.5.2002 – 7 A 11626/01, juris; OVG NRW v. 7.3.2007 – 13 A 3700/04, juris.
57 VG Düsseldorf v. 13.3.2006 – 7 K 3166/03, juris; VG Düsseldorf v. 15.2.2006 – 7 K 2277/04, juris.
58 Vgl. hierzu *Baumann*, GewArch 2004, 448 ff.
59 Vgl. § 21 RDG BW; Art. 10 BayRDG; § 15 RDG Bln; § 5 BbgRettG; § 15 HmbRDG; § 22 RDG M-V; § 26 NRettDG; § 26 RettG NRW; § 20 RettDG RP; § 18 SRettG; § 16 RDG SH; § 15 ThürRettG.
60 § 21 RDG BW; Art. 10 BayRDG; § 13 RDG Bln; § 15 HmbRDG; § 22 RDG M-V; § 20 RettDG RP; § 18 SRettG; § 15 ThürRettG.
61 Vgl. VG Hannover v. 24.4.2002 – 12 A 3553/99, juris.
62 § 7 BayRDG; § 13 RDG Bln; § 12 HmbRDG; § 15 RDG M-V; § 19 RettG NRW; § 18 RettDG RP; § 11 RDG SH; vgl. hierzu *Esch/Lechleuthner*, MedR 2006, 399 ff.

enstatbestand dahingehend angenommen werden, dass eine erweiterte Tätigkeit ohne Überprüfung genehmigt wird.[63]

28 Gegen Entscheidungen der zuständigen Behörde ist der Verwaltungsrechtsweg gegeben.[64] Sofern kein Versagungsgrund eingreift, besteht ein Rechtsanspruch auf Beteiligung am Rettungsdienst.[65] Die den Rettungsdienst durchführenden Leistungserbringer haben kein Klagerecht gegen Genehmigungen an Dritte, da die Funktionsschutzklausel insoweit nicht drittschützend ist.[66]

III. Pflichten des Unternehmers

29 Der Unternehmer ist verpflichtet, den Betrieb ordnungsgemäß einzurichten und der Genehmigung entsprechend aufrechtzuerhalten (Betriebspflicht).[67] Er hat die Erreichbarkeit und Einsatzbereitschaft seines Betriebes während der festgesetzten Betriebszeiten sicherzustellen.

30 Der Unternehmer ist auf Anforderung der Rettungsleitstelle zum Einsatz seiner Rettungsmittel verpflichtet, sofern der Ausgangspunkt der Beförderung in seinem Betriebsbereich liegt oder das angeforderte Fahrzeug den Einsatzort am schnellsten erreichen kann und die Beförderung nicht durch Umstände verhindert wird, die der Unternehmer nicht zu vertreten hat (Leistungspflicht).[68] Die Beförderung darf nicht deshalb abgelehnt werden, weil ein rechtswirksamer Beförderungsvertrag nicht vorliegt oder die Entrichtung des Entgelts nicht gesichert ist.

31 Der Unternehmer ist verpflichtet, für eine regelmäßige Fortbildung seines Personals zu sorgen (Fortbildungspflicht).[69] Die Fortbildung hat sich darauf zu richten, dass das Personal den aktuellen medizinischen und technischen Anforderungen gerecht wird.

D. Organisation des Rettungsdienstes

I. Einrichtungen

32 Innerhalb eines Rettungsdienstbereiches wird die Einsatzleitung durch die Rettungsleitstelle wahrgenommen.[70] Die eingehenden Notrufe werden entgegengenommen und entsprechend verarbeitet. Die Rettungsleitstelle koordiniert, lenkt und überwacht den ge-

---

63 § 7 BayRDG; VG Düsseldorf v. 28.2.2005 – 7 L 54/05, juris.
64 Vgl. § 20 RettDG RP; § 16 RDG SH; § 15 ThürRettG.
65 BVerwG NVwZ-RR 2000, 213.
66 Bayerischer VGH VGHE BY 48, 95.
67 § 23 RDG BW; Art. 14 BayRDG; § 16 RDG Bln; § 18 HmbRDG; § 17 HRDG; § 25 RDG M-V; § 25 RettDG RP; § 19 SRettG; § 17 RDG SH; § 17 ThürRettG.
68 Vgl. § 14 RDG BW; Art. 15 BayRDG; § 17 RDG Bln; § 19 HmbRDG; § 18 HRDG; § 26 RDG M-V; § 25 NRettDG; § 26 RettDG RP; § 20 SRettG; § 18 RDG SH; § 18 ThürRettG.
69 § 32 BremHilfeG; § 16 HmbRDG; § 2 RettDG; § 10AV HE; § 5 RDG M-V; § 10 NRettDG; § 4 SRettG, § 6 SRettBetriebsV; § 4 RDG SH.
70 § 6 RDG BW, Ziff. V.3 RDP BW; Art. 20 BayRDG; § 8 RDG Bln; §§ 4, 8 BbgRettG; § 2 BremHilfeG; § 5 HRDG i.V.m. 1.AVHRDG; § 10 RDG M-V; § 6 NRettDG; § 8 RettG NRW; § 7 RettDG RP; § 7 SRettG; §§ 2, 11 SächsBRKG; § 5 DVO-RDG SH; § 8 ThürRettG.

samten Ablauf der einzelnen Rettungseinsätze.[71] Hierbei arbeitet sie mit den jeweiligen Krankenhäusern, dem vertragsärztlichen Notfalldienst, der Polizei, Feuerwehr sowie sonstigen im Rettungsdienst Tätigen zusammen und wirkt im Katastrophenschutz mit.[72] Die Rettungsleitstelle ist ständig besetzt, betriebsbereit und erreichbar. Sie wird für die Durchführung ihrer Aufgaben mit den notwendigen Kommunikationseinrichtungen und geeignetem Personal ausgestattet.[73]

Die Rettungsleitstelle wird durch nichtärztliches Personal besetzt. Die Anforderungen an die Qualifikation des Personals sind nicht einheitlich. In der Regel werden mindestens zwei Personen gleichzeitig eingesetzt, wovon zumindest eine über die Qualifikation zum Rettungsassistenten verfügen muss.[74] Zum Teil wird ausschließlich die Qualifikation als Rettungsassistent und weitere Qualifikationen vorausgesetzt.[75] Vorausgesetzt wird zudem die Kenntnis über alle Organisationszusammenhänge im Rettungsdienstbereich und in den angrenzenden Bereichen sowie eine umfassende Ortskenntnis.

33

Die Rettungswachen unterstehen organisatorisch den Rettungsleitstellen und halten die erforderlichen Rettungsmittel und das notwendige Personal zum Einsatz bereit.[76] Anzahl, Standort und technische Ausstattung der Rettungswachen unterliegen spezifischen Voraussetzungen.[77]

34

II. Rettungsmittel

Als Rettungsfahrzeuge sind Krankenkraftwagen und – teilweise über den Wortlaut der Gesetze hinaus[78] – Notarzteinsatzfahrzeuge einzusetzen.[79] Krankenkraftwagen sind Fahrzeuge, die für Notfallrettung (Notarztwagen, Rettungswagen) oder Krankentransport (Krankentransportwagen) besonders eingerichtet und nach dem Fahrzeugschein als Krankenkraftwagen anerkannt sind. Notarzteinsatzfahrzeuge sind Fahrzeuge mit spezieller Ausstattung zum Transport des Notarztes und der medizinisch-technischen Ausstattung an den Einsatzort. Die Fahrzeuge müssen in ihrer Ausstattung, Ausrüstung und Wartung den allgemein anerkannten Regeln von Notfallmedizin und Technik entsprechen.[80] Für Krankenkraftwagen gilt die europäische Norm EN 1789, für Notarzteinsatzfahrzeuge mangels europäischer Norm die DIN 75079.

35

---

71 § 6 RDG BW; Art. 20 BayRDG; § 8 RDG Bln; § 4 BbgRettG; § 2 BremHilfeG; § 5 HRDG; § 9 RDG M-V; § 6 NRettDG; § 8 RettG NRW; § 7 RettDG RP; § 7 SRettG; §§ 2, 11 SächsBRKG, Ziff. 5 SächsLRettDP; § 5 RettDG LSA; § 7 RDG SH, § 5 DVO-RDG SH; § 8 ThürRettG.
72 § 6 RDG BW; § 8 BbgRettG; § 3 1.AVHRDG; § 8 RettG NRW; § 7 RettDG RP; § 11 SächsBRKG; § 5 RettDG LSA; § 5 DVO-RDG SH.
73 § 6 RDG BW; § 2 2.AVBayRDG; § 8 BbgRettG; § 2 BremHilfeG; § 8 RettG NRW; § 7 RettDG RP; Ziff. 5 SächsLRettDP; § 5 RettDG LSA; § 6 DVO-RDG SH.
74 Ziff. V.3 RDP BW; § 8 RettG NRW; § 7 RDG SH; § 8 ThürRettG.
75 § 7 SRettG; § 6 1.AVHRDG.
76 § 7 RDG BW; Art. 20 BayRDG; § 9 BbgRettG; § 5 BbgRettDPV; § 2 HRDG; § 9 RDG M-V; § 8 NRettDG; § 9 RettG NRW; § 8 RettDG RP; § 6 SRettG; § 2 SächsBRKG; § 1 RettDVO-LSA; § 9 ThürRettG.
77 Vgl. etwa § 2 2.AVBayRDG; § 8 DVO-RDG SH; Ziff. 5 SächsLRettDP.
78 Hanseatisches OVG VRS 111 (2006), 234 zu § 20 HmbRDG.
79 § 8 RDG BW; § 9 RDG Bln; § 30 BremHilfeG; Ziff. 3 HRDP; § 3 RDG M-V; § 9 NRettDG; § 3 RettG NRW; § 21 RettDG RP; § 3 SRettG; § 2 RDG SH.
80 § 8 RDG BW; Art. 12 BayRDG; § 9 RDG Bln; § 20 HmbRDG; § 3 RDG M-V; § 3 RettG NRW; § 21 RettDG RP; § 3 SRettG; § 27 SächsBRKG; § 2 RettDVO-LSA; § 14 ThürRettG.

§ 23   Rettungsdienst, Notarzt

36   Krankenkraftwagen sind mit zumindest zwei fachlich und gesundheitlich geeigneten, nichtärztlichen Personen zu besetzen.[81] Zudem muss gewährleistet sein, dass diese Personen im Einsatz die besondere Sorgfalt und Zuverlässigkeit erbringen.[82] Beim Krankentransport hat in der Regel mindestens ein Rettungssanitäter im Sinne des § 8 Abs. 2 RettAssG, bei der Notfallrettung jedenfalls ein Rettungsassistent im Sinne des RettAssG den Patienten zu betreuen,[83] wobei die zweite Person in der Regel zumindest über die Ausbildung als Rettungssanitäter verfügen muss.[84] Notarzteinsatzfahrzeuge sind in der Regel mit einem Rettungsassistenten oder einer gleich geeigneten Person zu besetzen.[85]

III. Einsatzsysteme

37   Im bodengebundenen Notarztdienst ist zwischen zwei Einsatzsystemen zu unterscheiden.[86] Im Stationssystem (Kompaktsystem) fährt ein Notarztwagen (besetzt mit Notarzt und nichtärztlichem Personal) zur Einsatzstelle. Der Patient wird nach der Erstversorgung im Notarztwagen zur Weiterversorgung in eine geeignete Einrichtung durch den Notarzt begleitet. Beim Rendez-vous-System fährt parallel zum alarmierten Rettungswagen (besetzt mit nichtärztlichem Personal) ein separat stationierter Notarzt mit einem nichtärztlichen Fahrer im Notarzteinsatzfahrzeug zum Einsatzort. Der Patient kann hier ebenfalls vom Notarzt zur Weiterversorgung in eine geeignete Einrichtung begleitet werden. Der Notarzt kann sich aber auch nach der Erstversorgung des Patienten einsatzbereit melden, sofern keine medizinische Erforderlichkeit zur ärztlichen Begleitung des Patienten besteht.

E. Personal im Rettungsdienst

I. Ärztliches Personal

1. Notarzt

38   Als Notärzte sind nur speziell für den Rettungsdienst ausgebildete Ärzte einzusetzen. Diese Ärzte verfügen über die Zusatzbezeichnung „Rettungsmedizin", den Fachkundenachweis „Rettungsdienst" oder eine sonst vergleichbare Qualifikation.[87]

---

[81] § 9 RDG BW; Art. 12 BayRDG; § 6 BbgRettDPV; § 30 BremHilfeG; § 4 RettG NRW; § 22 RettDG RP; § 4 SRettG; § 14 ThürRettG.

[82] § 30 BremHilfeG; § 10 NRettDG; § 29 SächsBRKG.

[83] § 9 RDG BW; Art. 12 BayRDG; § 9 RDG Bln; § 30 BremHilfeG; § 4 RDG M-V; § 4 RettG NRW; § 22 RettDG RP; § 4 SRettG; § 3 RettDVO-LSA; abweichend § 21 HmbRDG.

[84] § 9 RDG Bln; § 10 BbgRettDPV; § 30 BremHilfeG; § 4 RDG M-V; § 3 RettDVO-LSA; § 3 RDG SH; § 14 ThürRettG.

[85] § 9 RDG BW i.V.m. Ziff. VI.1 RDP BW; § 30 BremHilfeG; § 4 RDG M-V; § 4 RettG NRW; § 4 SRettG; abweichend Ziff. 3 HRDP; § 3 RettDVO-LSA.

[86] Vgl. § 2 HRDNAVV; Ziff. 5 SächsLRettDP; *Lippert/Weißauer*, Rn 220 ff.; *Oehler/Schulz/Schnelzer*, Art. 21 Ziff. 7.

[87] Art. 21 BayRDG; § 7 RDG Bln; § 4 BbgRettG; § 10 BbgRettDPV; § 30 BremHilfeG; Ziff. 3 HRDP; § 21 HmbRDG; § 3 HRDNAVV; § 4 RDG M-V; § 4 RettG NRW; § 22 RettDG RP; § 4 SRettG; § 8 RettDG LSA; § 3 RDG SH; § 6 ThürRettG.

2. Leitender Notarzt

Die Träger des Rettungsdienstes haben für ihren Rettungsdienstbereich Leitende Notärzte zu bestellen. Diese haben die Aufgabe, bei Großschadensereignissen (sog. Massenanfällen) den Einsatz des Rettungsdienstes an Ort und Stelle zu leiten.[88] Großschadensereignisse liegen unterhalb der Katastrophenschwelle, zeichnen sich jedoch durch eine größere Anzahl von Notfallpatienten aus, wodurch eine medizinische Maximalversorgung jedes einzelnen Patienten aufgrund der begrenzten Kapazität des Rettungsdienstes zumindest zeitweise nicht mehr möglich ist.[89] Im Unterschied zum Katastrophenfall ist der Einsatz durch die Mobilisierung der örtlichen Reserven (noch) durchführbar. Die Qualifikation des Leitenden Notarztes umfasst aufbauend auf die Anforderungen eines Notarztes in der Regel den Fachkundenachweis „Leitender Notarzt" oder eine gleichwertige Qualifikation bzw. eine Ausbildung als Facharzt mit Tätigkeit in der Intensivmedizin.[90] Ferner werden umfassende notfallmedizinische sowie organisatorische und einsatztaktische Kenntnisse vorausgesetzt.[91]

39

3. Ärztlicher Leiter Rettungsdienst

Die Träger des Rettungsdienstes haben für ihren Rettungsdienstbereich einen Ärztlichen Leiter zu bestellen.[92] Dieser muss aufbauend auf die Anforderungen eines Notarztes in der Regel den Fachkundenachweis „Leitender Notarzt" bzw. den Fachkundenachweis „Ärztlicher Leiter Rettungsdienst" oder eine gleichwertige Qualifikation besitzen.

40

II. Nichtärztliches Personal

1. Rettungsassistenten

Rettungsassistenten durchlaufen nach den Bestimmungen des RettAssG eine zweijährige, 2.800 Stunden umfassende Ausbildung.[93] Der Lehrgang im ersten Ausbildungsjahr besteht aus mindestens 1.200 Stunden theoretischer und praktischer Ausbildung. Er wird von staatlich anerkannten Schulen für Rettungsassistenten durchgeführt und schließt mit einer staatlichen Prüfung ab (§ 4 RettAssG). Im zweiten Ausbildungsjahr sind mindestens 1.600 Stunden praktische Tätigkeit an einer Lehrrettungswache zu absolvieren (§ 7 RettAssG). Die erfolgreiche Ableistung der praktischen Tätigkeit ist durch Vorlage eines Berichtshefts und erfolgreicher Führung eines Abschlussgespräches nachzuweisen (§ 2 RettAssAPrV).

41

Die Erlaubnis zum Führen der Berufsbezeichnung (§ 1 RettAssG) ist auf Antrag zu erteilen, wenn der Antragsteller an einem entsprechenden Lehrgang teilgenommen und die staatliche Prüfung bestanden hat sowie die praktische Tätigkeit erfolgreich abgeleistet hat (§ 2 Abs. 1 Nr. 1 RettAssG) und sich nicht eines Verhaltens schuldig gemacht

42

---

88   Ziff. III.5, VIII.2 RDP BW; Art. 21 BayRDG; § 20 BbgRettDPV; § 36 BremHilfeG; § 9 HmbRDG; § 6 HRDG; § 9 RDG M-V; § 7 RettG NRW; § 35 SächsBRKG; § 8 RettDG LSA; § 10 ThürRettG.
89   Ziff. III.5 RDP BW.
90   § 36 BremHilfeG; § 9 RDG M-V; Ziff. 6 SächsLRettDP; vgl. auch VG Gießen NVwZ 1997, 153.
91   § 9 HmbRDG; § 6 HRDG; § 7 NRettDG; § 10 ThürRettG.
92   Vgl. Art. 32 BayRDG; § 15 BbgRettDPV; § 31 BremHilfeG; § 3 HRDQSV; § 9 RDG M-V; § 10 RettDG RP; § 21a SRettG; § 28 SächsBRKG; § 8 RettDG LSA.
93   Zu Recht krit. zur Ausbildung *Lippert*, S. 17 ff.

hat, aus dem sich die Unzuverlässigkeit zur Ausübung des Berufes ergibt und nicht in gesundheitlicher Hinsicht zur Ausübung des Berufes ungeeignet ist (§ 2 Abs. 1 Nr. 2 und 3 RettAssG). Unzuverlässigkeit liegt vor, wenn Tatsachen die Annahme rechtfertigen, der Betreffende werde die berufsspezifischen Vorschriften und Pflichten in Zukunft nicht beachten. Bei der Prognose ist auf den durch die Art, Schwere und Anzahl der bisherigen Verstöße manifest gewordenen Charakter abzustellen.[94] Hierbei sind Persönlichkeit und Lebensumstände des Betreffenden zu würdigen, wobei nicht ausschließlich das bisherige Fehlverhalten zugrunde zu legen ist. Massive charakterliche Mängel, die eine positive Prognoseentscheidung nicht erlauben, können etwa bei Vorliegen einer Vielzahl begangener Straftaten gegeben sein.[95] Ein Berufsbezug der Straftat ist nicht erforderlich.[96] Die gesundheitliche Eignung ist zumindest dann nicht gegeben, wenn der Kernbereich des Tätigkeitsspektrums nicht mehr ausgeübt werden kann.[97]

43 Eine außerhalb des Geltungsbereiches des RettAssG erworbene abgeschlossene Ausbildung wird bei Gleichwertigkeit des Ausbildungsstandes anerkannt (§ 2 Abs. 2–4 RettAssG). Aber auch eine andere Ausbildung oder praktische Tätigkeit kann auf Antrag im Umfang ihrer Gleichwertigkeit angerechnet werden (§ 8 Abs. 1 RettAssG). In diesem Sinne bestehen Anrechnungsmöglichkeiten für Rettungssanitäter, Krankenschwestern und -pfleger, Unteroffiziere im Sanitätsdienst der Bundeswehr und Sanitätsbeamten der Bundes- und Landespolizei (§ 8 Abs. 2–4 RettAssG). So wird etwa eine nach dem 520-Stunden-Programm des Bund-Länder-Ausschusses „Rettungswesen" erfolgreich abgeschlossene Ausbildung als Rettungssanitäter in vollem Umfang auf den Lehrgang nach § 4 RettAssG angerechnet. Eine nach Abschluss dieser Ausbildung erfolgte Tätigkeit im Rettungsdienst ist im Umfang ihrer Gleichwertigkeit auf die praktische Tätigkeit anzurechnen. Gleichwertigkeit liegt dann vor, wenn die Tätigkeit überwiegend auf Rettungs- und Notarztwagen geleistet wurde (§ 3 RettAssAPrV).[98] Die Vorlage eines Berichtshefts und die Absolvierung eines Abschlussgesprächs wird nicht vorausgesetzt.[99]

44 Im Rahmen der Übergangsvorschriften erhalten Antragsteller, die vor Inkrafttreten des RettAssG eine Ausbildung als Rettungssanitäter nach dem 520-Stunden-Programm des Bund-Länder-Ausschusses „Rettungswesen" erfolgreich abgeschlossen oder mit einer solchen Ausbildung begonnen und diese nach Inkrafttreten des Gesetzes erfolgreich abgeschlossen haben, eine Erlaubnis nach § 1 RettAssG, wenn sie eine mindestens 2.000 Stunden umfassende Tätigkeit im Rettungsdienst abgeleistet haben und die Voraussetzungen nach § 2 Abs. 1 Nr. 2 und 3 RettAssG vorliegen (§ 13 RettAssG). Ggf. über das 520-Stunden-Programm hinausgehende Anforderungen der einzelnen Ausbildungs- und Prüfungsverordnungen der Länder für Rettungssanitäter stehen einer Anwendung der Übergangsvorschriften nicht entgegen.[100] Auch die Dauer der Ausbildung oder die Wiederholung einzelner Ausbildungsteile rechtfertigt alleine nicht die Ver-

---

94 VG Mainz GesR 2005, 281, *Lissel*, Notfall Rettungsmed 2006, 451 f.; zu Ärzten vgl. BVerwG NJW 1998, 2756; VGH Kassel NJW 1998, 2390.
95 VG Mainz GesR 2005, 281, m. Anm. *Lissel*, Notfall Rettungsmed 2006, 451 f.
96 *Lissel*, Notfall Rettungsmed 2006, 451 f.; zu Ärzten vgl. OVG Rheinland-Pfalz MedR 2006, 301; VGH Kassel NJW 1986, 2390; VGH Mannheim NJW 1987, 1502.
97 VG Augsburg v. 6.9.2004 – Au 7 K 04.671, juris; vgl. auch *Kurtenbach/Gorgaß/Raps*, S. 81 f.
98 Vgl. auch VG Augsburg v. 18.5.2005 – Au 7 K 03.1408, juris.
99 BVerwG v. 15.3.2002 – 3 B 110/01, juris.
100 BVerwG NVwZ-RR 2005, 185.

mutung, dass die ursprüngliche Ausbildung abgebrochen wurde und damit eine Anwendung der Übergangsvorschrift ausscheidet.[101]

2. Rettungssanitäter

Die Ausbildung und Prüfung von Rettungssanitätern erfolgt nach den Grundsätzen des 520-Stunden-Programms des Bund-Länder-Ausschusses „Rettungswesen" vom 20.9.1977.[102] Hiernach sind zumindest 160 Stunden theoretischer und praktischer Unterricht an einer Rettungsschule, 160 Stunden klinisch-praktische Ausbildung an einem geeigneten Krankenhaus (Intensivabteilung bzw. Anästhesie), 160 Stunden praktische Ausbildung an einer ermächtigten Lehrrettungswache sowie 40 Stunden Abschlusslehrgang an einer staatlich anerkannten Ausbildungsstätte mit staatlicher Abschlussprüfung zu absolvieren. Die Länder haben hierzu entsprechende Ausbildungs- und Prüfungsverordnungen erlassen.[103]

3. Rettungshelfer

Die Ausbildung und Prüfung von Rettungshelfern ist nur in wenigen Bundesländern durch eine entsprechende Verordnung geregelt.[104] Im Übrigen erfolgt diese (Minimal-)Ausbildung innerhalb der einzelnen Organisationen unterschiedlich.

III. Fortbildung

Das Personal im Rettungsdienst ist zur regelmäßigen Fortbildung verpflichtet.[105]

F. Aufgabenverteilung im Rettungsdienst

I. Ärztliches Personal

1. Notarzt

Der Notarzt ist im medizinischen Bereich der für die Durchführung der diagnostischen und therapeutischen Maßnahmen Verantwortliche. Seine Aufgaben bestehen in der Lagebeurteilung, in der Anordnung und Durchführung ärztlicher und nichtärztlicher Maßnahmen zur Herstellung und Aufrechterhaltung der Transportfähigkeit des Patienten, in der Anordnung des Transportes in eine geeignete Einrichtung und, sofern medizinisch erforderlich, in der Transportbegleitung.[106] Der Notarzt ist Einsatzleiter in medizinisch-organisatorischer und taktischer Hinsicht und kann den im Rettungsdienst tätigen Per-

---

101 VG Würzburg v. 6.9.2004 – Au 7 K 04.671, juris.
102 Abgedruckt etwa bei *Kurtenbach/Gorgaß/Raps*, S. 142 ff.
103 Vgl. etwa BayRSanV; HRDRettSanAPV; RettSanAPrV M-V; NAPVO-RettSan; RettSanAPO NRW; SRettSanAPV; RettSanAPV LSA.
104 RettHelfAPO NRW; Ziff. 3 HRDP i.V.m. HRDRettSanAPV.
105 § 10 BbgRettDPV; Ziff. 3 HRDP; § 3 HRDNAVV; § 5 RettG NRW; § 22 RettDG RP; § 6 SRett-BetriebsV.
106 Vgl. *Oehler/Schulz/Schnelzer*, Art. 21 Ziff. 2; BGH NJW 1993, 1526.

sonen in medizinischen Fragen Weisungen erteilen,[107] dies auch bereits vor Eintreffen am Einsatzort, etwa hinsichtlich der Weisung, mit dem Transport einer vermeintlich nur alkoholisierten Person auf sein Eintreffen zu warten.[108]

2. Leitender Notarzt

49 Der Leitende Notarzt koordiniert, leitet und überwacht alle medizinischen Maßnahmen bei einem Notfall, bei dem eine erhöhte Anzahl Verletzter oder Erkrankter zu versorgen ist, vor Ort.[109] Er hat schnellstmöglich eine den notfallmedizinischen Grundsätzen entsprechende Versorgung sicherzustellen.[110] Dazu gehört die Lagebeurteilung hinsichtlich der Art und Anzahl der Verletzten oder Erkrankten, der Schwere der gesundheitlichen Schädigungen, zusätzlicher Gefährdungen, möglicher Folgegefährdungen sowie Kapazitäten an rettungsdienstlichem Personal, Material und sekundären Behandlungsmöglichkeiten.[111] Bei Bedarf hat der Leitende Notarzt weitere Rettungskräfte bzw. -mittel anzufordern. Er hat den Ablauf des Einsatzes durch die Sichtung der Notfallpatienten und der organisatorischen Festlegung der notfallmedizinischen Versorgung (Bildung und Einsatz von Behandlungsteams, Festlegung von Behandlungs- und Transportprioritäten) festzulegen sowie Rettungsmittel und deren Transportziele unter Berücksichtigung von Spezialisierung und Kapazität der jeweiligen Einrichtung zu koordinieren.[112] Der Leitende Notarzt hat in medizinisch-organisatorischen Fragen eine Weisungsbefugnis gegenüber den einzelnen Rettungskräften.[113]

3. Ärztlicher Leiter Rettungsdienst

50 Der Ärztliche Leiter unterstützt und berät den Träger des Rettungsdienstes und koordiniert bzw. überwacht die Tätigkeit der Rettungsleitstelle sowie die notfallmedizinische Fort- und Weiterbildung des Rettungsdienstpersonals.[114] Der Ärztliche Leiter kann dem im Einsatz mitwirkenden Personal des Rettungsdienstes in medizinischen Fragen Weisungen erteilen.[115]

II. Nichtärztliches Personal

1. Rettungsteam

51 Der Rettungsassistent hat entsprechend der Aufgabenstellung als Helfer des Arztes dem Arzt zu assistieren sowie bis zur Übernahme der Behandlung durch den Arzt lebensrettende Maßnahmen bei Notfallpatienten durchzuführen, die Transportfähigkeit

---

107 Art. 21 BayRDG; § 30 BremHilfeG; § 4 RettG NRW; § 4 SRettG; § 8 RettDG LSA.
108 Vgl. VG Frankfurt v. 11.6.2002 – 21 BG 2131/01, juris.
109 § 10 RDG BW; § 7 RDG Bln; Ziff. VIII.2 RDP BW; § 19 BbgRettDPV; § 9 HmbRDG; § 6 HRDG, § 16 1.AVHRDG; § 7 RettG NRW; § 5 RettDG LSA; § 7 RDG SH; § 10 ThürRettG.
110 § 6 HRDG.
111 Vgl. Ziff. VIII.2 RDP BW; § 16 1.AVHRDG; § 19 BbgRettDPV.
112 Ziff. VIII.2 RDP BW; § 7 RettG NRW; § 16 1.AVHRDG.
113 Ziff. VIII.2 RDP BW; Art. 21 BayRDG; § 36 BremHilfeG; § 9 HmbRDG; § 6 HRDG; § 7 RettG NRW; § 4 SRettG; Ziff. 6 SächsLRettDP; § 8 RettDG LSA; § 10 ThürRettG.
114 Vgl. Art. 32 BayRDG; § 4 BbgRettG; § 31 BremHilfeG; § 9 RDG M-V; § 10 RettDG RP; § 21a SRettG; § 8 RettDG LSA.
115 § 9 RDG M-V; § 28 SächsBRKG.

solcher Patienten herzustellen, die lebenswichtigen Körperfunktionen während des Transports zu beobachten und aufrechtzuerhalten sowie kranke, verletzte und sonstige hilfsbedürftige Personen, auch soweit sie nicht Notfallpatienten sind, unter sachgerechter Betreuung zu befördern (so das Ausbildungsziel in § 3 RettAssG). Ein Rettungssanitäter hat den Notarzt und den Rettungsassistenten zu unterstützen.[116]

Hinsichtlich der Zusammenarbeit zwischen Notarzt und nichtärztlichem Personal sowie innerhalb des nichtärztlichen Rettungsteams gelten die allgemeinen Grundsätze der Arbeitsteilung und des Vertrauensgrundsatzes in der Medizin.[117]

Das nichtärztliche Rettungsdienstpersonal ist zur selbständigen Ausübung ärztlicher Tätigkeiten nicht befugt. Es gilt der Arztvorbehalt für die Ausübung der Heilkunde (§ 1 HeilprG).[118] Da aber nicht in allen indizierten Fällen ein Notarzt (rechtzeitig) zur Verfügung steht, besteht für das nichtärztliche Personal in derartigen Situationen unter bestimmten Voraussetzungen die Möglichkeit, im Rahmen der sog. Notkompetenz weiter gehende lebensrettende Maßnahmen vorzunehmen.[119] Hieraus kann eine Pflicht zum Tätigwerden entstehen. Das bloße Zuwarten auf das Eintreffen des Notarztes ist dann unzureichend.[120]

Gesetzliche Grundlage der Notkompetenz ist die Regelung des rechtfertigenden Notstandes gemäß § 34 StGB. Sind deren Voraussetzungen gegeben, ist das nichtärztliche Personal gerechtfertigt, gegen den Arztvorbehalt zu verstoßen. Die Notstandslage besteht in einer gegenwärtigen Gefahr für Leib oder Leben des Patienten, welche sich nicht anders als durch die Verletzung anderer Interessen abwenden lässt. Die Notstandshandlung muss zur Abwendung der Gefahr geeignet, erforderlich und angemessen sein.[121] Das nichtärztliche Personal muss zur Durchführung der jeweiligen Maßnahme theoretisch und praktisch ausgebildet sein und diese durch ausreichende Übung sicher beherrschen. Dazu gehört auch, dass auf mögliche Komplikationen entsprechend reagiert werden kann.

Eine gesetzliche Regelung zum Umfang der im Rahmen der Notkompetenz durchführbaren Maßnahmen fehlt. In diesem Zusammenhang hat die Bundesärztekammer im Jahre 1992 eine Stellungnahme zur Notkompetenz von Rettungsassistenten und Delegation ärztlicher Leistungen im Rettungsdienst[122] sowie 2003/2004 eine Liste und Erläuterungen als Empfehlung zu ausgewählten Notfallmedikamenten, deren Applikation im Rahmen der Notkompetenz durchgeführt werden kann,[123] veröffentlicht.

---

116 Vgl. Nds. OVG Nds.VBl. 2007, 78.
117 Vgl. *Lissel*, Rechtsfragen, Rn 231 ff.; *ders.*, Strafrechtliche Verantwortung, S. 162 ff.; *Lippert*, NJW 1982, 2089 ff.; *Martis/Winkhart*, S. 41 ff.; *Steffen/Pauge*, Rn 221 ff.; *Geiß/Greiner*, Rn 115 ff.
118 Zur Auslegung des Heilkundebegriffes vgl. BVerwGE 1984, 1414; BVerwG NJW 1994, 3024.
119 *Lissel*, Rechtsfragen, Rn 246 ff.; *ders.*, Strafrechtliche Verantwortung, S. 93 ff.; Bundesärztekammer, MedR 1993, 42; *Lippert/Weissauer*, Rn 351 ff.; *Boll*, MedR 2002, 232 ff.; *Hellhammer-Hawig*, MedR 2007, 214 ff.
120 Vgl. *Lissel*, Strafrechtliche Verantwortung, S. 93 ff.
121 Vgl. *Tröndle/Fischer*, § 34 Rn 5; Schönke/Schröder/*Lenckner/Perron*, § 34 Rn 18 ff.
122 Bundesärztekammer, MedR 1993, 42.
123 Vgl. www.bundesaerztekammer.de/30/Notfallmedizin/45notfall.html.

2. Leitstellenpersonal

56 Die Rettungsleitstelle nimmt eingehende Notfallmeldungen und sonstige Hilfeersuchen entgegen und sorgt für die notwendigen Einsatzmaßnahmen.[124] Ihr obliegt die Entscheidung über Art und Anzahl der einzusetzenden Rettungsmittel.[125] Bei vitaler Indikation ist ein Notarzt zum Notfallpatienten zu entsenden. Der Notarzt hat der Einsatzanforderung Folge zu leisten.[126] Notfalleinsätze haben gegenüber allen anderen Einsätzen Vorrang.[127] Je nach Notfallart ist das jeweils nächste geeignete Rettungsmittel einzusetzen.[128] Zur Erstversorgung ist zusätzlich das nächste einsatzbereite Rettungsmittel einzusetzen, wenn es den Einsatzort wesentlich schneller oder das vorgesehene Rettungsmittel den Einsatzort in der Hilfsfrist nicht erreichen kann.[129] Dies gilt auch für Fahrzeuge, die sich auf der Anfahrt zu anderen Einsatzorten oder auf der Rückfahrt von einem abgeschlossenen Einsatz befinden.[130]

57 Die Rettungsleitstelle hat dem Anrufer telefonisch medizinische Hilfe zu vermitteln und diesen ggf. zu lebensrettenden Sofortmaßnahmen am Notfallort anzuleiten.[131]

58 Sie hat im Bedarfsfalle zusätzliche Rettungskräfte, Rettungsmittel sowie technische Hilfe an- bzw. nachzufordern. Auf Anforderung der Rettungsleitstelle haben sich die in benachbarten Rettungsdienstbereichen zuständigen Träger und die mit der Durchführung des Rettungsdienstes beauftragten Einrichtungen gegenseitig zu unterstützen.[132]

59 Die Rettungsleitstelle führt Nachweise über die Aufnahmebereitschaft der Krankenhäuser.[133] Sie hat – im Zusammenwirken mit Notarzt und nichtärztlichem Rettungsdienstpersonal – das Transportziel festzustellen und den Notfallpatienten dort anzumelden.[134]

60 Zur Durchführung ihrer Aufgaben hat die Rettungsleitstelle Weisungsbefugnis gegenüber dem Rettungsdienstpersonal.[135] Hiervon ausgenommen sind medizinische Entscheidungen des Notarztes.[136]

G. Haftungsfragen

61 Haftungsansprüche des Patienten können sich aus unterschiedlichen Anspruchsgrundlagen ergeben, deren Anwendung im Einzelfall sich danach richtet, ob bzw. inwieweit die Tätigkeit im Rettungsdienst eine öffentlich-rechtliche oder eine privatrechtliche Tä-

---

124 Ziff. V.3 RDP BW; § 2 BremHilfeG; § 5 HRDG; § 6 NRettDG; § 7 RettDG RP; § 5 SächsLRettDP; § 5 DVO-RDG SH.
125 § 5 SächsLRettDP; § 5 DVO-RDG SH; vgl. *Kurtenbach/Gorgaß/Raps*, S. 37 ff.
126 *Oehler/Schulz/Schnelzer*, Art. 21 Ziff. 7.4.
127 § 2 RDG Bln; § 3 HmbRDG; § 2 RDG M-V; § 2 RettG NRW; § 5 SächsLRettDP.
128 Ziff. V.3 RDP BW; Ziff. 2 HRDP; § 7 RettDG RP; § 5 SächsLRettDP.
129 Ziff. V.3 RDP BW; § 1a 2.AVBayRDG; § 5 SächsLRettDP.
130 § 5 SächsLRettDP.
131 § 5 DVO-RDG SH.
132 § 13 RDG BW; Art. 18 BayRDG; § 8 BbgRettG; § 4 HRDG; § 8 RDG M-V; § 4 NRettDG; § 8 RettG NRW; § 7 RettDG RP; § 11 SächsBRKG; § 4 RettDG LSA; § 7 ThürRettG.
133 § 6 RDG BW; Art. 20 BayRDG; § 8 BbgRettG; § 2 BremHilfeG; § 6 NRettDG; § 8 RettG NRW; § 7 RettDG RP; § 7 SRettG; § 7 ThürRettG.
134 Ziff. III.6 RDP BW; § 7 RettDG RP; § 7 SRettG; § 5 DVO-RDG SH.
135 Vgl. LG Görlitz MedR 2005, 172.
136 Art. 20 BayRDG; § 2 BremHilfeG; § 6 NRettDG; § 7 RettDG RP; § 7 SRettG; § 5 SächsLRettDP.

tigkeit darstellt. Bei einer öffentlich-rechtlichen Tätigkeit kommen die Grundsätze der Amtshaftung (§ 839 BGB i.V.m. Art. 34 GG), bei einer privatrechtlichen Tätigkeit die allgemeinen Haftungsgrundsätze (§ 280 BGB; §§ 677 ff. BGB; §§ 823, 831 BGB) zur Anwendung.[137]

Die Einordnung der Tätigkeit im Rettungsdienst in eine öffentlich-rechtliche oder eine privatrechtliche Tätigkeit ist seit jeher umstritten. So konnte etwa die Tätigkeit des Notarztes im Verhältnis zum Notfallpatienten nach früherer Rechtsprechung auch dann auf einem privatrechtlichen Rechtsverhältnis gründen, wenn der Rettungsdienst in dem betreffenden Bundesland als öffentlich-rechtlich qualifiziert wurde.[138] Diese Judikatur wurde – zumindest für Bayern – aufgegeben,[139] zwischenzeitlich auch für Sachverhalte vor Inkrafttreten des 2. GKV-Neuordnungsgesetzes vom 23.7.1997.[140] Dessen ungeachtet ist die Einordnung der Tätigkeit im Rettungsdienst nach wie vor nicht einheitlich zu beantworten.[141] Folgende Grundsätze können festzuhalten werden: 62

- Unabhängig von dem Umstand, ob der Rettungsdienst als öffentlich-rechtliche oder privatrechtliche Tätigkeit einzuordnen ist, wird der Leitende Notarzt im Rahmen seiner Aufgabenstellung hoheitlich tätig.[142] Auch der Zivildienstleistende handelt hoheitlich.[143] 63

- In Ländern, in denen die Feuerwehr den Rettungsdienst mit eigenem Personal durchführt, ist von einer öffentlich-rechtlichen Tätigkeit auszugehen (Berlin, Bremen, Hamburg, Nordrhein-Westfalen).[144] Zumindest in Nordrhein-Westfalen ist der Rettungsdienst generell als hoheitliche Tätigkeit zu qualifizieren.[145] 64

- In Rheinland-Pfalz ist der Rettungsdienst öffentlich-rechtlich organisiert. Bedienstete einer mit der Durchführung des Rettungsdienstes betrauten Hilfsorganisation werden in Ausübung eines öffentlichen Amtes hoheitlich tätig.[146] 65

- In Bayern ist die Wahrnehmung rettungsdienstlicher Aufgaben eine hoheitliche Tätigkeit.[147] Dem hoheitlichen Charakter der Durchführung des Rettungsdienstes entspricht es, dass nicht nur die Tätigkeit der sonstigen im Rahmen eines öffentlich-rechtlich organisierten Rettungsdienstes tätigen Personen, sondern auch die ärztliche Tätigkeit im Rahmen eines rettungsdienstlichen Einsatzes als Ausübung eines öffentlichen Amtes zu beurteilen ist. 66

- Auch in Mecklenburg-Vorpommern ist die Wahrnehmung rettungsdienstlicher Aufgaben eine hoheitliche Tätigkeit. Behandlungsfehler des Notarztes sind nach Amtshaftungsgrundsätzen zu beurteilen.[148] 67

---

137 Ausführlich hierzu *Lissel*, Rechtsfragen, Rn 167 ff.
138 Vgl. etwa BGH BGHR BGB § 839 Abs. 1 S. 1 Notarzt 1.
139 BGH NJW 2003, 1184.
140 BGH NJW 2005, 429.
141 Instruktiv *Lippert*, VersR 2004, 839 ff.
142 Vgl. Ziff. VIII.2 RDP BW.
143 BGH NJW 1992, 2882; BGH NJW 1997, 2109; BGH VersR 2001, 585; vgl. auch OLG Düsseldorf VersR 1995, 1440; OLG Köln OLGR 1998, 265.
144 *Lippert*, VersR 2004, 839 ff.
145 OLG Hamm GesR 2006, 273; OLG Köln WRP 2007, 102; BGH NJW 1991, 2954.
146 OLG Zweibrücken OLGR 2001, 288.
147 BGH NJW 2003, 1184 m. Anm. *Lippert*, VersR 2004, 839 ff.; *Boll*, Notfall Rettungsmed 2004, 262 ff.; *Ehmann*, NJW 2004, 2944 ff.; *Petry*, GesR 2003, 204 ff.; BGH NJW 2005, 429; OLG Bamberg VersR 2005, 800.
148 LG Neubrandenburg MedR 2005, 283.

§ 23 Rettungsdienst, Notarzt

68 ■ In Schleswig-Holstein ist der Rettungsdienst ebenfalls öffentlich-rechtlich organisiert. Hieran ändert sich auch dann nichts, wenn die Träger des Rettungsdienstes dessen Durchführung an Hilfsorganisationen und juristische Personen des öffentlichen Rechts oder natürlichen und juristischen Personen des Privatrechts übertragen.[149]

69 ■ In Baden-Württemberg ist der Rettungsdienst im Hinblick auf die vorrangige Trägerschaft privater Organisationen privatrechtlich organisiert. Eine Amtshaftung scheidet aus.[150]

---

[149] OLG Schleswig OLGR 2007, 17.
[150] OLG Stuttgart NJW 2004, 2987; vgl. bereits BGH NJW 1992, 2882.

§ 24 Der Arzt als Sachverständiger

Dr. Florian Wölk

Inhalt

A. Der ärztliche Sachverständige als „Richter in Weiß"?! 1
B. Aufgabe und Stellung des ärztlichen Sachverständigen im gerichtlichen Verfahren .. 5
  I. Aufgabe des Sachverständigen . 6
  II. Pflichten und Rechte des ärztlichen Sachverständigen im Verfahren 13
    1. Pflicht zur Gutachtenerstattung 14
    2. Pflicht zur persönlichen Erstattung des Gutachtens . 19
    3. Pflicht zur rechtzeitigen Gutachtenerstattung 24
    4. Pflicht zur Unparteilichkeit 26
    5. Vergütung des Sachverständigen 27
C. Auswahl und Ablehnung des ärztlichen Sachverständigen. 28
  I. Kriterien der Auswahl des ärztlichen Sachverständigen .. 31
  II. Ablehnung wegen der Besorgnis der Befangenheit .. 37
D. Inhalt des Beweisbeschlusses 44
  I. Medizinische Grundfragen der Beurteilung der Haftungsvoraussetzungen im Arzthaftpflichtprozess 47
    1. Prüfung des Behandlungsfehlers 49
    2. Prüfung von Körper- und Gesundheitsschäden 53
    3. Prüfung des Kausalzusammenhangs 54
  II. Medizinische Vorfragen der Beurteilung von Rechtsfragen – Beweislast und Aufklärung ... 57
    1. Beurteilung des groben Behandlungsfehlers 58
    2. Beurteilung von Aufklärungsfehlern 61
E. Überprüfung des Gutachtens im Verfahren 64
  I. Inhaltliche Überprüfung des Gutachtens 64
  II. Ergänzungsgutachten, mündliche Erörterung und Einholung eines weiteren Gutachtens 68
F. Haftung des ärztlichen Sachverständigen im Verfahren 75
G. Zusammenfassung 83

Literatur

Arbeitsgemeinschaft Medizinrecht (Hrsg.), Der medizinische Sachverständige: Richter in Weiß, 1995; **Bayerlein** (Red.), Praxishandbuch Sachverständigenrecht, 3. Auflage 2002; **Danner**, Justizielle Risikoverteilung durch Richter und Sachverständige im Zivilprozess, 2001; **Hart/Francke**, Charta der Patientenrechte, 1999; **Hart** (Hrsg.), Ärztliche Leitlinien im Medizin- und Gesundheitsrecht. Recht und Empirie professioneller Normbildung, 2005; **Münchener Kommentar zum Bürgerlichen Gesetzbuch**, 4. Auflage; **Seifert**, Ärztlicher Behandlungsfehler und schicksalhafter Verlauf – Zur haftungsrechtlichen Bewältigung eines Kausalitätsdilemmas (im Erscheinen); **Stegers/Hansis/Alberts/Scheuch**, Der Sachverständigenbeweis im Arzthaftungsrecht, 2002; **Thomas/Putzo**, ZPO, 28. Auflage 2007.

§ 24 Der Arzt als Sachverständiger

A. Der ärztliche Sachverständige als „Richter in Weiß"[1]?!

1 Der ärztliche Sachverständige ist bei der Beurteilung medizinischer Sachverhalte in gerichtlichen Verfahren unverzichtbar.[2] Ärztliche Sachverständige werden dabei in unterschiedlichen Zusammenhängen in gerichtlichen Verfahren tätig, um die fehlende medizinische Sachkunde von Richtern zu beseitigen (z.B. Gutachten im Arzthaftpflichtprozess, psychiatrische und rechtsmedizinische Gutachten im Strafprozess, Gutachten bei sozialversicherungsrechtlichen Fragen im sozialgerichtlichen Prozessen).[3] Darüber hinaus werden ärztliche Sachverständige auch bei der Begutachtung in außergerichtlichen Auseinandersetzungen tätig.[4]

2 Gerade in Arzthaftpflichtprozessen ist die Bedeutung des ärztlichen Sachverständigen nicht zu überschätzen.[5] Dabei wird überdeutlich, wie sehr der Ausgang des Verfahrens von dem Gutachten des ärztlichen Sachverständigen abhängig ist, weil Rechtsfragen und medizinische Sachfragen eng miteinander verknüpft sind. Durch diese enge Verknüpfung verschwimmt aber auch die Grenzziehung der Aufgabenverteilung von Gericht und Sachverständigen.[6] In vielen Verfahren entsteht daher der Eindruck, dass das Verfahren eigentlich vom ärztlichen Sachverständigen entschieden wird und der Sachverständige zum „Richter in Weiß" wird. Die allzu oft lediglich vorgenommene Plausibilitätskontrolle und kritiklose Übernahme der Wertungen des ärztlichen Sachverständigen durch die Gerichte verstärken diesen Eindruck.[7] Die besondere Bedeutung des Sachverständigengutachtens für alle Prozessparteien erfordert sowohl bei der Auswahl und Anleitung des Sachverständigen durch das Gericht, der Erstellung des Gutachtens durch den Sachverständigen und dessen Bewertung durch die Parteien besondere Sorgfalt. Gerade darin liegt auch eine besondere Verantwortung der am Prozess beteiligten Anwälte, wobei dies im Arzthaftpflichtprozess – naturgemäß – für die Patientenseite weitaus problematischer ist als für die Arztseite. Diese bekannte Problematik führt aber teilweise dazu, dass Gerichte die Aufgaben des ärztlichen Sachverständigen im Prozess unzulässig ausweiten und damit ärztliche Sachverständige inhaltlich überfordern bzw. die Verantwortung für die Entscheidung des Prozesses auf den Sachverständigen abwälzen.[8]

3 Darüber hinaus sind in der Praxis zahlreiche Probleme mit ärztlichen Sachverständigen festzustellen, die sich insbesondere in der zunehmenden Zahl von Arzthaftpflichtprozessen zeigen.[9] Oftmals bereitet es dem zuständigen Gericht schon erhebliche Probleme

---

1 Vgl. auch den Titel des IV. Kölner Symposiums „Der medizinische Sachverständige – Richter in Weiß?" – Beiträge zusammengefasst in Arbeitsgemeinschaft Medizinrecht (Hrsg.), Der medizinische Sachverständige: Richter in Weiß, 1995.
2 Die nachfolgende Darstellung fokussiert den in der Praxis besonders relevanten Bereich des ärztlichen Sachverständigen im Arzthaftpflichtprozess. Zur Problematik des ärztlichen Sachverständigen im Strafprozessrecht vgl. *Zwiehoff*, GesR 2003, 297 ff.
3 Laufs/Uhlenbruck/*Schlund*, § 116 Rn 4.
4 Vgl. dazu *Stegers* in: Stegers/Hansis/Alberts/Scheuch, Rn 762 ff.
5 *Müller*, MedR 2001, 487.
6 *Stegers*, ZMGR 2005, 302.
7 *Oehler*, VersR 2001, 1354, 1355; *Stegers* in: Stegers/Hansis/Alberts/Scheuch, Rn 120.
8 Dies betrifft insbesondere das Problem der in der Rechtsprechung postulierten Pflicht zu einer „erweiterten Amtsermittlung" im Verhältnis zur im Zivilprozess geltenden Parteimaxime – vgl. BGHZ 98, 368 ff.; OLG Karlsruhe vom 12.12.2001 – 7 U 90/00; OLG Brandenburg vom 11.7.2001 – 1 U 4/01 = NJW-RR 2001,1608 f.; OLG Düsseldorf vom 17.3.1994 – 8 U 151/08; vgl. dazu auch *Stegers*, ZMGR 2005, 302, 304 f.
9 Vgl. *Scheppokat/Neu*, VersR 2001, 23 f.

einen Sachverständigen zu finden, der sich bereit erklärt in annehmbarer Zeit ein Gutachten zu erstellen. Viele auf Arzthaftpflichtsachen spezialisierte Kammern an Landgerichten hüteten die ihnen bekannten Gutachter oftmals wie einen „Schatz", wobei sich zwischen Gericht und den bekannten Gutachtern oft bereits eine Arbeitsroutine eingespielt hat, die allerdings auch zu einer fachlichen Einseitigkeit bzw. zu einer problematischen Arbeitsteilung führen kann, etwa wenn der Sachverständige eigenmächtig von einer Partei oder einem nachbehandelnden Arzt weitere Behandlungsunterlagen anfordert.[10] Die Anfragen bei den zuständigen Ärztekammern führen für die Gerichte oft zur Benennung der gleichen Gutachter, weil auch dort nur wenig umfangreiche Listen mit „Hofgutachtern" vorhanden sind.[11] Aufgrund der wachsenden Zahl von Arzthaftpflichtprozessen sind bekannte gute Gutachter oft stark belastet, was zu einer erheblichen zeitlichen Verzögerung von Prozessen führt, insbesondere wenn aufgrund des Gutachtens auch eine mündliche Anhörung des Sachverständigen erfolgen muss, was in Arzthaftpflichtprozessen die Regel ist. Allzu oft sind Gerichte auch gezwungen auf weniger erfahrene ärztliche Sachverständige auszuweichen, was sich in der Qualität der Gutachten bemerkbar machen kann.

Die rechtlichen und praktischen Probleme erfordern für den beteiligten Anwalt eine besondere Sorgfalt im Umgang mit dem ärztlichen Sachverständigen und seinem Gutachten. Diese Probleme erfordern vom ärztlichen Sachverständigen nicht nur wissenschaftlich fundierte Aussagen über sein Fachgebiet, sondern auch eine kritische Auseinandersetzung mit seiner Rolle und den damit verbundenen Rechten und Pflichten.

B. Aufgabe und Stellung des ärztlichen Sachverständigen im gerichtlichen Verfahren

Die Entscheidung des Prozesses ist einzig und allein die Sache des Gerichts. Nach der gesetzlichen Konzeption wird der ärztliche Sachverständige als **„Gehilfe des Gerichts"** (§ 404a ZPO) tätig, um dem Gericht die fehlende Sachkunde zu den für die Entscheidung des Prozesses relevanten medizinischen Fragestellungen zu vermitteln.[12]

I. Aufgabe des Sachverständigen

Gerade bei medizinischen Sachverhalten wird die eigene Sachkunde des Gerichts in der Regel nicht ausreichen, die entscheidungsrelevanten Fragestellungen zu beantworten, so dass es zwingend auf das ärztliche Sachverständigengutachten angewiesen ist. In Arzthaftungsprozessen kann bei der Beurteilung der zentralen Frage, ob das streitgegenständliche Handeln nicht dem medizinischen Standard entsprach und eventuell behandlungsfehlerhaft war, das Gericht auf den medizinischen Sachverständigen nicht verzichten.[13]

---

10 Was nach dem OLG Brandenburg allerdings keine Befangenheit des Sachverständigen begründen soll – vgl. OLG Brandenburg vom 8.1.2003 – 1 W 18/02; so auch OLG Zweibrücken vom 20.6.2000 – 5 U 24/99, NJW-RR 2001, 1149.
11 *Stegers* in: Stegers/Hansis/Alberts/Scheuch, Rn 50.
12 Vgl. allgemein zur Rollenverteilung zwischen Richter und Sachverständigem unter besonderer Berücksichtigung von Arzthaftpflichtprozessen – *Danner*, Justizielle Risikoverteilung durch Richter und Sachverständige im Zivilprozess, 2001.
13 BGH VersR 2000, 503, 504 f.; NJW 1995, 776 f.

7   Der Sachverständige hat trotzdem eine dem Gericht untergeordnete Aufgabe. Der Sachverständige wird nur unter Leitung des Gerichts tätig und hat dessen Weisungen zu folgen (§ 404a Abs. 1 ZPO). Insbesondere ist es Sache des Gerichts bei streitigem Sachverhalt dem Sachverständigen durch den Beweisbeschluss die zugrunde zu legenden Tatsachen vorzugeben. Es ist allein **Aufgabe des Gerichts** die tatsächliche Grundlage für das Gutachten zu bestimmen (§ 404a Abs. 3 ZPO). Die Aufgabe des Sachverständigen ist es insbesondere nicht den entscheidungsrelevanten medizinischen Sachverhalt selbst zu ermitteln bzw. den medizinischen Sachverhalt einer eigenmächtigen Bewertung zu unterziehen, die nicht Gegenstand seines Auftrages ist.[14]

8   Dabei darf aber nicht verkannt werden, dass auch das Gericht bei der Ermittlung des Sachverhaltes und der Herausarbeitung der entscheidungsrelevanten Fragen im Arzthaftpflichtprozess nicht ohne die Sachkunde des ärztlichen Sachverständigen auskommt. Gerade aufgrund der durch die Rechtsprechung anerkannten geringen Darlegungslasten an die Behauptung eines Behandlungsfehlers in einer Arzthaftpflichtklage[15] kommt es in der Praxis oft **zu lückenhaften oder falschen Darstellungen des Sachverhaltes**, die dem ärztlichen Sachverständigen eine Begutachtung erschweren. Zur Herausarbeitung des entscheidungsrelevanten Sachverhaltes kann das Gericht dabei bereits auf die besonderen Kenntnisse des ärztlichen Sachverständigen angewiesen sein.

9   Der ärztliche Sachverständige bleibt aber auch dabei an die Weisungen des Gerichts und die im Beweisbeschluss enthaltenen Fragestellungen gebunden. Auf vorhandene Widersprüche, Zweifel oder Lücken hat er hinzuweisen (vgl. § 407a Abs. 3 ZPO) und dadurch für eine auch aus seiner Sicht medizinisch sinnvolle Fragestellung zu sorgen. Eigenmächtig vom Beweisbeschluss abweichen oder die Fragestellungen umformulieren darf er nicht.[16] Lücken und Widersprüche im Beweisbeschluss muss das Gericht selbst beseitigen. Insbesondere ist der Sachverständige nicht zur Vernehmung von Zeugen über wesentliche Streitpunkte berechtigt.[17]

10 Insofern kann es durch das Gericht geboten sein, den Sachverständigen bereits vor der Erstellung seines Gutachtens zu etwaigen Beweisaufnahmen, wie etwa Zeugenbefragungen oder Parteianhörungen hinzuziehen, um sich seiner Hilfe bei der Ermittlung des medizinisch relevanten Sachverhalts und der entscheidenden Beweisfragen zu bedienen (§ 404a Abs. 2 ZPO).[18] Im Rahmen der notwendigen **Einweisung des Sachverständigen** nach § 404a Abs. 2 ZPO kann das Gericht dem ärztlichen Sachverständigen auch aufgeben, bei seinen Bewertungen unterschiedliche Darstellungen des Sachverhaltes zu berücksichtigen.

11 Die Grenze zu einem **unzulässigen Ausforschungsbeweis** dürfte aber überschritten sein, wenn das Gericht dem Sachverständigen aufgibt, den streitgegenständlichen Sach-

---

14 *Stegers*, ZMGR 2005, 302, 303 f.
15 Vgl. BGHZ 159, 245 ff.; was aber auch negative Folgen für den Patienten haben kann – vgl. dazu *Rehborn*, MDR 2000, 1319 ff.
16 Laufs/Uhlenbruck/*Schlund*, § 117 Rn 11.
17 BGH NJW 1955, 671; BGHZ 23, 207 ff.
18 *Scheppokat/Neu*, VersR 2001, 23, 26 f.

B. Aufgabe und Stellung des ärztlichen Sachverständigen im gerichtlichen Verfahren § 24

verhalt wegen eventueller Behandlungsfehler zu prüfen, an die bisher weder das Gericht noch die Parteien gedacht haben.[19]

Das Gericht bleibt auf jeden Fall zur kritischen Überprüfung des Sachverständigengutachtens verpflichtet. Es darf das Gutachten nicht einfach unkritisch übernehmen,[20] vorhandene Widersprüche (etwa zu einem Parteigutachten[21]) ignorieren und sich quasi dem Sachverständigen ausliefern. Eine Abweichung vom ärztlichen Sachverständigengutachten ist aber für das Gericht nur möglich, wenn es seine abweichende Meinung ausführlich begründet und dabei deutlich macht, dass seine abweichende Beurteilung nicht von der zwangsläufig beim Gericht vorhandenen mangelnden Sachkunde beeinflusst ist.[22]

12

II. Pflichten und Rechte des ärztlichen Sachverständigen im Verfahren

Den ärztlichen Sachverständigen treffen als gerichtlich bestellten Gutachter verschiedene Pflichten, die teilweise in §§ 402 ff. ZPO, insbesondere in § 407a ZPO, ausdrücklich normiert sind.

13

1. Pflicht zur Gutachtenerstattung

Der ärztliche Sachverständige kann den gerichtlichen Gutachtenauftrag nicht ablehnen (§ 407 Abs. 1 ZPO), sondern ist zur Erstattung des Gutachtens verpflichtet.

14

Ein ärztlicher Sachverständige ist aber unter den gleichen Voraussetzungen berechtigt, die Erstattung des Gutachtens zu verweigern wie ein Zeuge zur **Zeugnisverweigerung** (vgl. §§ 383, 384 ZPO), wobei das Gericht ihn aber auch aus anderen Gründen von seiner Verpflichtung zur Gutachtenerstattung entbinden kann (vgl. § 408 Abs. 1 ZPO). So wird das Gericht in der Praxis kaum einen ärztlichen Sachverständigen beauftragen, der bereits im Vorfeld ankündigt, dass er wegen Arbeitsüberlastung zu einer zeitgerechten Fertigung des Gutachtens nicht in der Lage ist. Ausnahmsweise mag dies dennoch sinnvoll sein, wenn es in besonders gelagerten Fällen auf die besondere Sachkunde eines bestimmten Sachverständigen ankommt.

15

Nicht zur Übernahme des Gutachtens ist der ärztliche Sachverständige auch dann verpflichtet, wenn der Gutachtenauftrag gar nicht in seinen **Kompetenzbereich** fällt. Insofern sieht § 407a Abs. 1 ZPO auch vor, dass der Sachverständige unverzüglich (ohne schuldhaftes Zögern) zu überprüfen hat, ob der Auftrag in sein Fachgebiet fällt. Ist dies nicht der Fall, hat er dem Gericht dies ebenfalls unverzüglich mitzuteilen.

16

Sollte der ärztliche Sachverständige den Patienten bereits vorher behandelt haben, stellt sich bereits die Frage, ob er den Gutachtenauftrag wegen der vorherigen Befassung mit dem Sachverhalt überhaupt übernehmen sollte. Verweigern kann er den Gutachtenauf-

17

---

19 Vgl. etwa LG Saarbrücken – 16 O 227/06. *Stegers* in: Stegers/Hansis/Alberts/Scheuch, Rn 330 f. sieht darin allerdings noch keinen Verfahrensfehler und weist darauf hin, dass kein Fall bekannt sei, in dem in einem entsprechenden Beweisbeschluss ein unzulässiger Ausforschungsbeweis angenommen worden ist. *Figgener* in: Arbeitsgemeinschaft Medizinrecht (Hrsg.), Der medizinische Sachverständige: Richter in Weiß, 1995, S. 102, meint gar, dass entsprechende Beweisbeschlüsse „zweckdienlich" seien.
20 BGH NJW 1995, 775.
21 BGH ArztR 1996, 315.
22 Vgl. BGH VersR 1994, 480; 1993, 749; NJW 1989, 2948.

trag in diesem Fall auch mit dem Hinweis auf seine ärztliche Verschwiegenheitspflicht, wenn der Patient ihn nicht von dieser entbunden hat.[23]

18 Gerade in Arzthaftpflichtprozessen, aber auch in anderen Verfahren, in denen medizinische Sachverhalte klärungsbedürftig sind, zielt die Beauftragung des ärztlichen Sachverständigen auf die Erstellung eines schriftlichen Gutachtens. Eine mündliche Gutachtenerstattung bietet sich schon deshalb nicht an, weil es sich regelmäßig um schwierige Fragestellungen handelt, für die zumindest die Patientenseite nicht sachkundig ist und daher das Recht haben muss, nach Einholung fachkundigen Rates zu den mündlichen Erörterungen des Sachverständigen Stellung zu nehmen.[24]

2. Pflicht zur persönlichen Erstattung des Gutachtens

19 Ein nach wie vor in der Praxis vorhandenes Problem stellt die Verpflichtung des ärztlichen Sachverständigen zur **persönlichen Gutachtenerstattung** dar. Nur der beauftragte Sachverständige ist mit der Erstellung des Gutachtens betraut und darf den Auftrag nicht an andere übertragen (vgl. § 407a Abs. 2 ZPO). Gerade bei der Beauftragung von Chefärzten und Klinikdirektoren zeigt sich aber noch häufig, dass das Gutachten eigentlich von Oberärzten oder Assistenzärzten erstellt worden ist, was oft erst in der mündlichen Anhörung des Sachverständigen offenbar wird. Teilweise finden sich in ärztlichen Sachverständigengutachten immer noch Vermerke wie „Einverstanden", gefolgt von der Unterschrift des gerichtlich beauftragten Sachverständigen neben der Unterschrift des eigentlichen Gutachters. Gegen diese Praxis haben sich die Gerichte wiederholt mit deutlichen Worten gewandt.[25]

20 Wird ein entsprechender Verstoß von einer Partei gerügt, müsste dies wegen des Verstoßes gegen § 407a Abs. 2 ZPO regelmäßig zur Nichtwertung des Gutachtens im Prozess führen. Die Praxis zeigt aber, dass hier durchaus Spielräume aus **Praktikabilitätsgründen** bestehen. So kann das Gutachten dadurch im Prozess verwertbar bleiben, wenn die Parteien in Kenntnis des Verstoßes gegen § 407a Abs. 2 ZPO inhaltlich zu dem Gutachten verhandeln (vgl. § 295 Abs. 1 ZPO).[26] Sollte eine Partei den Verstoß gegen § 407a Abs. 2 ZPO bemerken und ihn auch rügen wollen, empfiehlt es sich zu dem Inhalt des Gutachtens allenfalls noch hilfsweise Stellung zu nehmen.

21 Ob das Gericht den Verstoß gegen § 407a Abs. 2 ZPO einfach durch eine Änderung des Beweisbeschlusses gemäß § 360 ZPO beseitigen kann, indem es den tatsächlichen Gutachter zum Sachverständigen bestimmt, ist höchst zweifelhaft.[27] Das Gutachten liegt bereits vor und die Parteien haben keine Möglichkeit mehr die Sachkunde des Gutachters kritisch zu prüfen und Einwendungen gegen dessen Person jenseits der Befangenheit geltend zu machen. Letztlich können die Zweifel auch nicht beseitigt werden, ob der ursprünglich bestellte Sachverständige nicht zu einem anderen Ergebnis gekommen wäre.[28]

22 Die Pflicht zur persönlichen Gutachtenerstattung hindert den ärztlichen Sachverständigen aber nicht daran, **Hilfspersonen** bei der Gutachtenerstellung einzuschalten, solange

---

23 Laufs/Uhlenbruck/*Schlund*, § 121 Rn 4.
24 Vgl. BGH NJW 1982, 1335; NJW 2001, 2796.
25 Vgl. BVerwG NJW 1984, 2645; BSG VersR 1990, 992; BGH VersR 1972, 927, 929.
26 Vgl. dazu *Stegers*, ZMGR 2005, 302, 305.
27 So auch *Stegers* in: Stegers/Hansis/Alberts/Scheuch, Rn 132.
28 *Stegers* in: Stegers/Hansis/Alberts/Scheuch, Rn 132.

seine persönliche Verantwortung für das Gutachten uneingeschränkt gewahrt bleibt.[29] Der ärztliche Sachverständige hat die Namen seiner Mitarbeiter und den Umfang ihrer Tätigkeit im Gutachten zu benennen (vgl. § 407a Abs. 2 ZPO).[30] Insofern dürfte die Aufgabendelegation zwischen als Sachverständigen bestelltem Chefarzt und seinem Oberarzt unproblematisch sein, wenn die Aufgabenwahrnehmung durch den Oberarzt nach Weisung und unter Aufsicht des Chefarztes erfolgt und der Chefarzt insbesondere die wissenschaftliche Auswertung der gesammelten Daten persönlich übernimmt.[31] Zu weit geht es allerdings, wenn das Gericht es für ausreichend hält, dass der bestellte Sachverständige das Gutachten seines Mitarbeiters selbst nachvollzogen und sich zu Eigen gemacht habe.[32] Hier wird die Pflicht zur persönlichen Erstattung des Gutachtens zu einer Pflicht zur Lektüre des Gutachtens verkürzt.

Auch die mündliche Erörterung des Gutachtens gemäß § 411 Abs. 3 ZPO ist mit der persönlichen Pflicht des Sachverständigen verbunden, vor Gericht zu erscheinen, wenn er geladen worden ist (§ 409 Abs. 1 ZPO). Die Verpflichtung kann der ärztliche Sachverständige nicht auf einen Mitarbeiter delegieren.[33] Erscheint er nicht, hat er die durch sein Nichterscheinen verursachten Kosten zu tragen (§ 409 Abs. 1 S. 1 ZPO). Darüber hinaus kann das Gericht gegen ihn ein Ordnungsgeld verhängen (§ 409 Abs. 1 S. 2 ZPO). 23

3. Pflicht zur rechtzeitigen Gutachtenerstattung

Den Sachverständigen kann die Pflicht treffen, das Gutachten fristgerecht vorzulegen, wenn das Gericht bereits mit dem Gutachtenauftrag eine Frist zur Vorlage des Gutachtens nach § 411 Abs. 1 S. 2 ZPO bestimmt. Von dieser Möglichkeit machen die Gerichte allerdings bei der Beauftragung fast keinen Gebrauch. In der Regel wird dem Sachverständigen erst dann eine Frist gesetzt, wenn die Gutachtenerstellung auf sich warten lässt und von den Parteien angemahnt wird. Die dadurch bedingten Verzögerungen sind für die Parteien ärgerlich und wären durch entsprechende Fristsetzungen mit der Erteilung des Gutachtenauftrags vermeidbar. 24

Ist eine Frist zur Erstellung des Gutachtens gesetzt und wird diese nicht eingehalten, kann das Gericht unter Androhung eines Ordnungsgeldes eine Nachfrist setzen (§ 411 Abs. 2 S. 2 ZPO) und nach Ablauf der Frist ein Ordnungsgeld festsetzen (§ 411 Abs. 2 S. 1 ZPO). Wird das Gutachten immer noch nicht vorgelegt, kann es auch zur wiederholten Festsetzung eines Ordnungsgeldes kommen (§ 411 Abs. 2 S. 3 ZPO). Allerdings kann eine wiederholte Fristversäumung eine Weigerung darstellen, das Gutachten überhaupt zu erstellen und Maßnahmen nach § 409 Abs. 1 ZPO zur Folge haben.[34] In der Regel wird das Gericht den Sachverständigen in diesem Fall aber abberufen und einen neuen Sachverständigen bestimmen. Dann hat der Sachverständige auf Verlangen des Gerichts sämtliche Unterlagen unverzüglich herauszugeben (vgl. § 407a Abs. 4 ZPO). 25

---

29 BGH VersR 1972, 927; OLG Frankfurt VersR 1994, 610.
30 *Stegers*, ZMGR 2005, 302, 305.
31 So auch *Stegers* in: Stegers/Hansis/Alberts/Scheuch, Rn 136.
32 A.A. OLG Zweibrücken VersR 2000, 605.
33 KG ZMGR 2005, 154, 157.
34 *Thomas/Putzo*, § 411 Rn 4.

4. Pflicht zur Unparteilichkeit

26 Für den ärztlichen Sachverständigen gilt das **Neutralitätsgebot** in besonderem Maße, weil er immer die Behandlung eines ärztlichen Berufskollegen bewertet. Zu Recht wird daher die Pflicht zur „absoluten Neutralität" als Kardinalpflicht des ärztlichen Sachverständigen hervorgehoben.[35] Eine entsprechende Verpflichtung zur Neutralität für den ärztlichen Sachverständigen findet sich auch im Berufsrecht (vgl. § 25 der Musterberufsordnung). Dies ist von besonderer Bedeutung, um die in der Öffentlichkeit immer noch vorhanden Vorurteile einer „Krähentheorie" auszuräumen, die bedauerlicherweise in der Praxis vereinzelt Bestätigung erfahren musste.[36] Der Sachverständige kann zur Absicherung des Neutralitätsgebotes vor Abfassung seines Gutachtens nach Ermessen des Gerichts vereidigt werden (vgl. § 410 ZPO).[37]

5. Vergütung des Sachverständigen

27 Die Vergütung des Sachverständigen richtet sich gemäß § 413 ZPO nach dem **Justizvergütungs- und -enschädigungsgesetz (JVEG)**. Danach erhalten die Sachverständigen in der Regel eine Vergütung nach Stunden zu festen Honorarsätzen (§ 8 JVEG) neben einer Entschädigung für entstandene Aufwendungen (§§ 5–7 JVEG). Leistungen medizinischer und psychologischer Gutachten sind dabei in der Anlage 1 zu § 9 Abs. 1 JVEG in Honorargruppen von M 1 bis M 3 je nach Umfang und Schwierigkeit eingeteilt. Gutachten zu ärztlichen Behandlungsfehlern werden dabei als Gutachten mit hohem Schwierigkeitsgrad in der Honorargruppe M 3 eingestuft. In der Honorargruppe M 3 beträgt der Stundensatz gemäß § 9 Abs. 1 JVEG derzeit 85 EUR. Für besondere Leistungen sieht die Anlage 2 zu § 10 Abs. 1 JVEG eine fixe Vergütung vor (etwa für eine Obduktion).

C. Auswahl und Ablehnung des ärztlichen Sachverständigen

28 Im Arzthaftpflichtprozess beginnen die Probleme bereits mit der Auswahl des Sachverständigen. Während das Gericht bereits oft Mühe hat, überhaupt einen geeigneten Sachverständigen zu finden, können die Parteien aus unterschiedlichsten Gründen Einwendungen gegen die vorgeschlagenen Sachverständigen haben.

29 Dabei ist in der Praxis erstaunlich, dass die Parteien kaum selbst Vorschläge zur Bestimmung des Sachverständigen machen bzw. sich nach § 404 Abs. 4 ZPO auf einen oder mehrere Sachverständige einigen.[38] Diese Lösung hat insbesondere den Vorteil, dass das Gericht an eine solche Einigung gebunden ist und sie langwierige, oft wenig sinnvolle Auseinandersetzungen über die Auswahl des ärztlichen Sachverständigen verhindert.

30 In der Praxis läuft es in zahlreichen Verfahren darauf hinaus, dass die Gerichte bei den jeweiligen Ärztekammern nach geeigneten Sachverständigen fragen, wobei zumindest

---

35 Laufs/Uhlenbruck/*Schlund*, § 122 Rn 1; *Scheppokat/Neu*, VersR 2001, 23, 24.
36 Vgl. etwa BGH VersR 1988, 1031, 1032; krit. zu sog. „Gefälligkeitsgutachten" *Sandvoss*, ArztR 2004, 392 ff.
37 BGH NJW 1998, 3355.
38 *Stegers*, ZMGR 2005, 302, 304.

darauf geachtet werden sollte, dass nicht ein Sachverständiger aus der unmittelbaren Nachbarschaft vorgeschlagen wird.[39]

I. Kriterien der Auswahl des ärztlichen Sachverständigen

Um nachträgliche Auseinandersetzungen über die Person des ärztlichen Sachverständigen zu vermeiden, sollte bereits im Vorfeld der Beauftragung durch den Sachverständigen geklärt werden, ob der Sachverständige geeignet ist. Eine frühe Einflussnahme vor der Bestellung des Sachverständigen hat im Zweifel bessere Erfolgschancen als eine spätere Befangenheitsrüge.

31

Das entscheidende Kriterium ist selbstverständlich die **Kompetenz** des ärztlichen Sachverständigen, die dieser bei Erteilung des Gutachtenauftrags selbst noch einmal zu überprüfen hat (§ 407a Abs. 1 ZPO). Dabei kann als einfache Grundregel formuliert werden, dass **das Gebiet der Begutachtung dem Gebiet der Behandlung** folgt.[40] Der ärztliche Sachverständige sollte daher die Facharztqualifikation nach der Weiterbildungsordnung auf dem Gebiet der Behandlung haben.[41] Dabei ist aber zu berücksichtigen, dass es gerade bei der Behandlung im Krankenhaus zu Überschneidungen unterschiedlicher Fachgebiete kommen kann, was ggf. die Einholung eines Zusatzgutachtens aus einem anderen Fachgebiet erforderlich machen kann. Entsprechende Probleme kann es besonders bei der Beurteilung von Kausalzusammenhängen kommen, für die der ärztliche Sachverständige nach seiner Facharztqualifikation nicht zuständig ist. Gerade bei Geburtschadensfällen wird oft neben einem gynäkologischen Gutachten zur Überprüfung der Behandlung die Einholung eines weiteren Gutachtens zur Feststellung der Gesundheitsschäden des Kindes und der Kausalität erforderlich sein (etwa aus dem Fachgebiet der Neonatologie oder Neopädiatrie).[42] Hier ist auch Aufgabe des ärztlichen Sachverständigen im Gutachten die **Grenzen seiner Fachkompetenz** deutlich zu machen und auf die eventuell bestehende Notwendigkeit eines Zusatzgutachtens hinzuweisen.

32

Zur ausreichenden fachlichen Qualifikation gehört nicht nur, dass der ärztliche Sachverständige über ausreichend wissenschaftliche Kenntnisse verfügt, um den Stand der medizinischen Wissenschaft beurteilen zu können (etwa nachgewiesen durch entsprechende Veröffentlichungen), sondern auch, dass er über ausreichend **praktische Erfahrung** verfügt.[43] Dies kann bei emeritierten Hochschullehrern, die praktisch nicht mehr tätig oder nicht mehr über den jeweiligen Standard informiert sind, problematisch sein.[44]

33

Nach Möglichkeit sollte der ärztliche Sachverständige auch aus dem gleichen **Versorgungssektor** stammen wie der beklagte Arzt. Einen möglichen Behandlungsfehler eines niedergelassenen Arztes durch einen Krankenhausarzt aus einer Universitätsklinik beurteilen zu lassen, ist problematisch, wenn der Krankenhausarzt selbst über keine Erfahrung im niedergelassenen Bereich verfügt. Zumindest sollte dem ärztlichen Sachver-

34

---

39 *Stegers* in: Stegers/Hansis/Alberts/Scheuch, Rn 63.
40 *Stegers* in: Stegers/Hansis/Alberts/Scheuch, Rn 67 f.
41 *Müller*, MedR 2001, 487, 491.
42 Zu dieser Problematik *Stegers*, VersR 1999, 490, 491.
43 *Stegers* in: Stegers/Hansis/Alberts/Scheuch, Rn 60.
44 Vgl. BGH NJW 1987, 2300.

ständigen dann aufgegeben werden, mögliche Unterschiede zwischen niedergelassener Praxis und Krankenhaus bei der Erstellung des Gutachtens zu berücksichtigen.[45]

35 Bereits bei der Bestellung des ärztlichen Sachverständigen sollte auf dessen Neutralität und Objektivität geachtet werden. Etwaige **persönliche Verbindungen** (z.B. Zusammenarbeit, Lehrer-Schüler-Verhältnis, gleicher Dienstherr, frühere oder aktuelle Behandlung des Patienten) zum beklagten Arzt oder Krankenhaus sollte der Sachverständige bereits im Vorfeld offen legen, damit mögliche Gründe für eine Befangenheit frühzeitig geklärt werden können.[46] Der Sachverständige sollte insbesondere nicht aus der näheren räumlichen Umgebung des betroffenen Arztes stammen.[47]

36 *Stegers*[48] hat einige der wichtigsten Kriterien in einem „Anforderungsprofil" an ärztliche Sachverständige zusammengestellt, das als „Checkliste" bei der Auswahl der Sachverständigen eine wertvolle Hilfestellung sein kann. Hier sollten die Prozessparteien keine Scheu davor haben, nach Möglichkeit dem ärztlichen Sachverständigen vor Gutachtenerstellung „auf den Zahn zu fühlen", insbesondere weil spätere Befangenheitsrügen allzu oft lediglich vom Ergebnis des Gutachtens motiviert erscheinen.

II. Ablehnung wegen der Besorgnis der Befangenheit

37 Ärztliche Sachverständige können unter den gleichen Voraussetzungen wie ein Richter wegen der **Besorgnis der Befangenheit** abgelehnt werden (vgl. § 406 Abs. 1 ZPO i.V.m. §§ 41, 42 ZPO).

38 Der Antrag auf Ablehnung wegen der Besorgnis der Befangenheit ist **innerhalb von zwei Wochen** nach Verkündung bzw. Zustellung des Beschlusses über die Ernennung zu stellen (§ 406 Abs. 2 ZPO). Ergibt sich der Ablehnungsgrund später, insbesondere aus dem Gutachten, haben die Oberlandesgerichte fast einhellig angenommen, dass der Befangenheitsantrag unverzüglich (§ 121 BGB) nach Kenntnis des Befangenheitsgrundes zu stellen ist, wobei über die Länge einer angemessenen Prüfungs- und Überlegungsfrist unterschiedliche Auffassungen herrschten.[49] Problematisch war aufgrund dieser Rechtsprechung, dass eine Partei ihre Möglichkeit zum Befangenheitsantrag verlieren konnte, wenn der Befangenheitsgrund sich erst aus der inhaltlichen Auseinandersetzung mit dem Gutachten ergab und die Befangenheitsrüge erst innerhalb der vom Gericht gesetzten Stellungnahmefrist gemäß § 411 Abs. 4 ZPO erfolgte.[50] Dieser Rechtsprechung ist der BGH in seinem Beschluss vom 15.3.2005 (VI ZB 74/04) entgegengetreten und hat festgestellt, dass ein Befangenheitsantrag innerhalb der vom Gericht gesetzten Frist gemäß § 411 Abs. 4 ZPO nicht verfristet ist, wenn sich der Befangenheitsgrund erst aus dem Gutachten ergibt und sich die Partei zur Begründung des Antrags mit dem Inhalt des Gutachtens erst auseinandersetzen muss.[51]

39 Ergibt sich allerdings aus der Auseinandersetzung mit dem Inhalt des Gutachtens ein Befangenheitsgrund sollte zu inhaltlichen Kritikpunkten des Gutachtens allenfalls noch hilfsweise Stellung genommen werden, damit es nicht zu einem Verlust des Ableh-

---

45 Bayerlein/*Franzki*, § 52 Rn 10; *Müller*, MedR 2001, 487, 492; BGH VersR 1994, 480.
46 *Rummler-Detzel*, VersR 1999, 1209, 1210.
47 BGH NJW 1981, 2002; 1992, 1559.
48 *Stegers* in: Stegers/Hansis/Alberts/Scheuch, Rn 60; *ders.*, ZMGR 2005, 302, 303.
49 Vgl. dazu mit zahlreichen Nachweisen der oberlandesgerichtlichen Rechtsprechung – BGH NJW 2005, 1869 f.
50 Vgl. z.B. BayObLGZ 1994, 183; OLG Nürnberg VersR 2001, 391.
51 BGH NJW 2005, 1869 ff.

nungsrechtes kommen kann.[52] Daher sollte klar zwischen vorangestelltem Befangenheitsantrag und eventuell hilfsweise erfolgenden inhaltlichen Einwendungen gegen das Gutachten getrennt werden.

Aus der Fülle der Rechtsprechung zur Befangenheit von Sachverständigen sollen nachfolgend nur einige Beispiele zur Verdeutlichung aufgeführt werden.

Befangenheit wurde etwa in folgenden Fällen **bejaht**:
- Sachverständiger als „Hausarzt" einer Partei[53]
- Vorbefasstheit des Arztes mit dem Beweisthema (etwa als Gutachter für einen Versicherer[54])
- Streitigen Sachvortrag einer Partei als zutreffend unterstellen[55]
- Geschehensablauf als praktisch ausgeschlossen behandeln, obwohl das Gericht dem Sachverständigen aufgegeben hatte, diesen Geschehensablauf zu berücksichtigen[56]
- Grobe Beleidigungen der Parteien (z.B. Bezeichnung des Patienten als „Säufer"[57])
- Wissenschaftliche Zusammenarbeit des Sachverständigen mit einer Partei[58]
- Beteiligung des Sachverständigen an einem anderen von einer Partei geführten Prozess.[59]

Dagegen wurde die **Befangenheit** des ärztlichen Sachverständigen in den nachfolgenden Fällen **verneint**:
- Schlechte Qualität des Gutachtens[60]
- Nichtberücksichtigung der Behandlungsunterlagen aufgrund eines Versehens[61]
- Deutliche Wortwahl des Sachverständigen im Gutachten, die noch der sachlichen Auseinandersetzung dient („kein seriöser Wirbelsäulenchirurg")[62]
- Harte Angriffe einer Partei gegen das Gutachten und die Person des Sachverständigen[63]
- Tätigkeiten des Sachverständigen für Mandanten des gegnerischen Prozessbevollmächtigten.[64]

Wurde der Sachverständige nach Erstattung des Gutachtens erfolgreich abgelehnt, wird das Gericht verpflichtet sein, ein neues Gutachten eines anderen Sachverständigen einzuholen (§ 412 Abs. 2 ZPO).[65]

D. Inhalt des Beweisbeschlusses

Nicht nur für den ärztlichen Sachverständigen sondern auch für die Parteien in einem Arzthaftpflichtprozess ist die Formulierung des Beweisbeschlusses von entscheidender Bedeutung. Hier kann schon eine für den weiteren Verlauf des Prozesses wichtige Wei-

---

52 Vgl. OLG Düsseldorf MDR 1994, 620.
53 OLG Stuttgart MDR 1962, 910 f.
54 OLG Stuttgart NJW 1958, 2122.
55 OLG Nürnberg VersR 2001, 391; OLG Koblenz VersR 1977, 1133.
56 OLG Nürnberg MDR 2007, 295.
57 BGH NJW 1981, 2010.
58 OLG Köln VersR 1993, 72
59 OLG Naumburg MedR 1999, 183.
60 BGH NJW 2005, 1869, 1871.
61 Bedenklich – OLG Saarbrücken vom 22.6.2007 – 5 W 109/07-37.
62 OLG Saarbrücken MDR 2005, 648.
63 OLG Naumburg OLGR 2007, 376, 377 f.
64 OLG München MDR 2006, 1309 f.
65 *Alberts/Hansis* in: Stegers/Hansis/Alberts/Scheuch, Rn 500.

chenstellung erfolgen, weshalb nicht nur das Gericht der Abfassung des Beweisbeschlusses besondere Sorgfalt schenken sollte, sondern auch die Anwälte der jeweiligen Parteien. Dabei hilft für den notwendigen Inhalt und die richtige Formulierung des Beweisbeschlusses die knappe Formulierung in § 359 ZPO nicht weiter.

45 In Arzthaftpflichtprozessen sind vom ärztlichen Sachverständigen in der Regel zwei unterschiedliche Fragenkomplexe zu beantworten. Der eine Fragenkomplex betrifft die **zentralen Haftungsvoraussetzungen** und konzentriert sich auf die Frage nach der Bewertung der streitgegenständlichen Behandlung als behandlungsfehlerhaft. Der andere Fragenkomplex betrifft die **medizinischen Vorfragen für die Beantwortung von Rechtsfragen**, die im Arzthaftpflichtprozess neben der Frage des Vorliegens eines Behandlungsfehlers von entscheidender Bedeutung sind.

46 In der Praxis werden die unterschiedlichen Fragenkomplexe nicht immer streng getrennt. Dabei werden nicht nur von Gerichten, sondern auch von den Prozessbevollmächtigten der Parteien medizinische Sachfragen und Rechtsfragen vermischt.[66] Dies bedingt oft eine unzulässige Delegation der Entscheidung von Rechtsfragen an den ärztlichen Sachverständigen, mit denen dieser oft überfordert ist. Dabei zeigt sich, dass Gerichte oft nicht bereit sind, ihre Beweisbeschlüsse zu ändern, was angesichts der Bedeutung des Sachverständigenbeweises für den Prozess die Prozessbevollmächtigten allerdings nicht davon abhalten sollte, Einwendungen vorzubringen.[67] Um falsche oder unvollständige Beweisbeschlüsse zu vermeiden, bietet es sich an, diese mit den Parteien im Vorfeld zu erörtern oder den Sachverständigen gemäß § 404a Abs. 5 S. 2 ZPO mit den Parteien in seine Aufgabe einzuweisen. Beides findet in der Praxis aber so gut wie nicht statt.[68]

I. Medizinische Grundfragen der Beurteilung der Haftungsvoraussetzungen im Arzthaftpflichtprozess

47 Der ärztliche Sachverständige hat dem Gericht zur Beurteilung der Haftungsvoraussetzungen im Arzthaftpflichtprozess in der Regel folgenden Grundfragen zu beantworten:
- Erfüllt die streitgegenständliche Behandlung die **Anforderungen des medizinischen Standards** im Zeitpunkt der Behandlung?
- Welche **körperlichen/gesundheitlichen Beeinträchtigungen** liegen beim Patienten vor?
- Sind die körperlichen/gesundheitlichen Beeinträchtigungen des Patienten im Falle einer fehlerhaften Behandlung auf diese zurückzuführen (**Kausalität**)?

48 Problematisch ist es auf jeden Fall, wenn das Gericht dem Sachverständigen lediglich aufgibt, anhand der übersandten Behandlungsunterlagen zu überprüfen, ob es bei der streitgegenständlichen Behandlung zu Behandlungsfehlern gekommen ist. Dies dürfte bereits gegen § 404a Abs. 3 ZPO verstoßen, weil dem ärztlichen Sachverständigen damit die Feststellung des Sachverhaltes überlassen bleibt, auch wenn es dafür seiner besonderen Sachkunde gar nicht bedürfte.[69] Dabei ist aber nicht zu verkennen, dass die Ermittlung der sog. Anknüpfungstatsachen für die Überprüfung der Behandlung, ins-

---

[66] *Stegers*, ZMGR 2005, 302, 305.
[67] *Stegers* weist insbesondere darauf hin, dass dies zur Sensibilisierung des Sachverständigen erforderlich sein kann – ZMGR 2005, 302, 304.
[68] *Stegers*, ZMGR 2005, 302, 304.
[69] Vgl. etwa BGH vom 19.6.1979 – VI ZR 91/78.

besondere die Auswertung der Behandlungsunterlagen, medizinischen Sachverstand erfordert.[70] Das Gericht sollte aber klar trennen, inwieweit es zum streitigen Sachverhalt zusätzliche Informationen – etwa aus der Auswertung der Behandlungsunterlagen – benötigt bzw. ob und inwieweit eine medizinische Bewertung des vorgegebenen Sachverhaltes erfolgen soll.

1. Prüfung des Behandlungsfehlers

Bei der Prüfung der Behandlung auf einen möglichen Verfahrensfehler ist zwischen der Ermittlung des relevanten **medizinischen Standards**[71] und der Prüfung der Behandlung im Einzelfall an dem ermittelten Standard zu unterscheiden.

49

Bei der Beurteilung, ob die streitgegenständliche Behandlung dem medizinischen Standard genügt, ist dem Sachverständigen zunächst aufzugeben, den jeweiligen Standard anhand der wissenschaftlichen Literatur zum Zeitpunkt der Behandlung zu ermitteln. Es handelt es sich dabei immer um den **Facharztstandard**, der ggf. auch für eine Unterdisziplin einer spezialisierten Gruppe von Fachärzten gebildet werden muss.[72] Empfehlungen, Leitlinien oder Richtlinien können dabei eine Hilfestellung geben, müssen den jeweiligen medizinischen Standard aber nicht abbilden.[73] Eine Bindung des Sachverständigen an die Aussagen in Richtlinien und Leitlinien ist ebenso zu verneinen wie die Ersetzung eines Sachverständigengutachtens wegen Verstoßes gegen in der Praxis relevante und anerkannte Richtlinien oder Leitlinien. Der vom Sachverständigen festgestellte Standard sollte sich deutlich aus dem Gutachten ergeben, weil er auch für das Gericht den Prüfungsmaßstab der streitgegenständlichen Behandlung bildet. Dazu gehört auch die Angabe der wissenschaftlichen Quellen, nach denen der Sachverständige den Standard ermittelt hat. Dabei ist vom ärztlichen Sachverständigen die Methodenfreiheit zu berücksichtigen. Er darf nicht eine besondere Schule oder die von ihm bevorzugte Methodik favorisieren. Die Feststellung des jeweiligen medizinischen Standards geht damit der Prüfung des Behandlungsfehlers im Einzelfall voraus. Diese zentrale Aufgabe sollte in aller Klarheit auch im Beweisbeschluss an den ärztlichen Sachverständigen formuliert werden.

50

Erst im nächsten Schritt ist es Sache des ärztlichen Sachverständigen, den Einzelfall am ermittelten medizinischen Standard zu prüfen. Bei dieser Bewertung des Einzelfalles ist zu beachten, dass der medizinische Standard allenfalls einen „Handlungskorridor" für die Behandlung vorgibt, von dem im berechtigten Einzelfall abgewichen werden kann.[74] Insofern hat der Sachverständige bei der Prüfung der Behandlung am ermittelten medizinischen Standard auch die Gegebenheiten des konkreten Behandlungsfalles zu würdigen. Dabei ist der medizinische Sachverständige primär auf die Auswertung der Behandlungsunterlagen angewiesen, wobei sichergestellt werden sollte, dass dem Sachverständigen die Originalunterlagen zur Verfügung gestellt werden.

51

---

70 *Stegers*, ZMGR 2005, 302.
71 Vgl. zum Standardbegriff *Hart/Francke*, S. 22 m.w.N.
72 BGH NJW 1988, 2298; 1992, 1560.
73 Vgl. zur Leitlinienproblematik *Hart*, KritV 2005, 154 ff.; *ders.*, MedR 1998, 8 ff.; *ders.* (Hrsg.), Ärztliche Leitlinien im Medizin- und Gesundheitsrecht. Recht und Empirie professioneller Normbildung, 2005.
74 *Hart/Francke*, S. 25.

52 Die Trennung zwischen Ermittlung des medizinischen Standards und der Frage, ob die streitgegenständliche Behandlung dem Standard genügt, sollte im Beweisbeschluss deutlich zum Ausdruck kommen.

2. Prüfung von Körper- und Gesundheitsschäden

53 Zur Beurteilung der aktuellen körperlichen/gesundheitlichen Beeinträchtigungen des Patienten wird der ärztliche Sachverständige in der Regel **aktuelle Unterlagen** benötigen oder den Patienten selbst untersuchen müssen. Liegen etwa keine Unterlagen nachbehandelnder Ärzte vor oder Verwaltungsakten über die Feststellung einer Behinderung bzw. Erwerbsminderung, sollte der ärztliche Sachverständige diese über das Gericht anfordern oder das Gericht bitten, den Patienten zu einer eigenen Untersuchung zu bestellen.

3. Prüfung des Kausalzusammenhangs

54 In Arzthaftpflichtprozessen ist die Beurteilung der Kausalitätsfragen ein grundsätzliches Problem[75] und aufgrund ihrer Komplexität für den ärztlichen Sachverständigen die am schwierigsten zu beantwortende Frage. Dabei bleibt auch für den Kausalzusammenhang die Beurteilung durch das Gericht maßgeblich und nicht die des medizinischen Sachverständigen.[76] Wiederum ist das Gericht aber auf die Sachkunde des ärztlichen Sachverständigen für seine eigene Bewertung des Kausalzusammenhangs angewiesen.

55 Der ärztliche Sachverständige hat nicht nur die Frage zu beantworten, ob aus der medizinischen Wissenschaft und Erfahrung ein Kausalzusammenhang möglicherweise folgt, sondern auch Aussagen zum Grad der Wahrscheinlichkeit zu machen.[77] Gerade der Wunsch von Gerichten, dass der ärztliche Sachverständige zu eindeutigen Beurteilungen der Wahrscheinlichkeit des Kausalzusammenhangs kommen möge, überfordert den Sachverständigen, weil entsprechend sichere Daten in der Medizin kaum vorliegen. Hinzu kommt die Berücksichtigung eventueller Reserveursachen und des Grundleidens des Patienten. Um dem Sachverständigen seine Aufgabe zu erleichtern und zu möglichst genauen Aussagen zu kommen, bietet es sich an, nicht allgemein die Frage zu stellen, ob ein möglicher Behandlungsfehler für die körperlichen/gesundheitlichen Beeinträchtigungen des Patienten ursächlich ist, sondern dem Sachverständigen aufzugeben, bei einer möglichen Ursächlichkeit die Umstände (medizinische Befunde, klinische Erfahrung, weiterer Verlauf, etc.) darzustellen, welche seiner Auffassung nach für die eine oder andere Möglichkeit sprechen.[78]

56 Dabei ist zu berücksichtigen, dass die Beurteilung von Kausalzusammenhängen oft die Fachkompetenz des ärztlichen Sachverständigen überschreiten kann und ggf. ein Zusatzgutachten aus einem anderen Fachgebiet nach der Weiterbildungsordnung erforderlich sein wird.[79]

---

75 Vgl. dazu jüngst *Seifert*, Ärztlicher Behandlungsfehler und schicksalhafter Verlauf – Zur haftungsrechtlichen Bewältigung eines Kausalitätsdilemmas (erscheint demnächst).
76 BGH NJW 1994, 801 ff.
77 Vgl. etwa OLG Saarbrücken vom 8.11.2006 – 1 U 582/05.
78 Vgl. zu entsprechenden Unterfragen *Stegers* und *Hansis* in: Stegers/Hansis/Alberts/Scheuch, Rn 228 und 293 ff.
79 *Stegers*, ZMGR 2005, 302, 304.

II. Medizinische Vorfragen der Beurteilung von Rechtsfragen – Beweislast und Aufklärung

Darüber hinaus wird der ärztliche Sachverständige mit medizinischen Vorfragen zur Beurteilung von zentralen **Rechtsfragen** im Arzthaftpflichtprozess konfrontiert. Dies betrifft zum einen die Frage nach dem Vorliegen eines groben Behandlungsfehlers und zum anderen die medizinische Grundlagen für die Beurteilung der Aufklärungspflicht.

1. Beurteilung des groben Behandlungsfehlers

Gerade aufgrund der oft kaum aufzuklärenden Kausalitätszusammenhänge ist die **Differenzierung zwischen einfachen und groben Behandlungsfehlern** und die damit einhergehende Entscheidung über die Verteilung der Beweislast für die Parteien in einem Arzthaftpflichtprozess von entscheidender Bedeutung.

Dabei ist klar, dass die Differenzierung zwischen groben und einfachen Behandlungsfehlern eine rechtliche Wertung ist, über die das Gericht selbst entscheiden muss.[80] Der BGH hat in diesem Zusammenhang aber klargestellt, dass diese Bewertung durch das Gericht nicht ohne sachverständige Hilfe vorgenommen werden darf.[81]

Insofern kann das Gericht dem ärztlichen Sachverständigen nicht allein die Beantwortung der Frage überlassen, ob es sich um einen Behandlungsfehler handelt, der nach objektiver Sicht nicht mehr verständlich erscheint, weil er einem Arzt schlechterdings nicht unterlaufen darf (**grober Behandlungsfehler**).[82] Verfehlt ist es daher, wenn das Gericht dem ärztlichen Sachverständigen aufgibt, zu beurteilen, ob ein möglicher Behandlungsfehler die Stufe eines groben Behandlungsfehlers erreicht bzw. ein ärztlicher Sachverständiger einen Behandlungsfehler als groben Behandlungsfehler qualifiziert und das Gericht diese Wertungen ohne eigene Prüfung übernimmt.[83] Auf der anderen Seite muss das Gericht dem Sachverständigen aufgeben, die für die vom Gericht zu treffende Entscheidung über das Vorliegen eines groben Behandlungsfehlers relevanten medizinischen Aspekte darzulegen, was dem Gericht eine schwierige Gratwanderung abverlangt. Im Ergebnis behelfen sich viele Gerichte mit **sprachlichen Variationen** der durch die Rechtsprechung erfolgten Definition des groben Behandlungsfehlers. Dabei dürfte es aber auch nicht entscheidend ankommen. Vielmehr ist ausschlaggebend, dass sich das Gericht mit den tatsächlichen Anhaltspunkten für die Annahme oder Verneinung eines groben Behandlungsfehlers aus dem medizinischen Gutachten kritisch auseinandersetzt und zu einer eigenen Bewertung kommt.

2. Beurteilung von Aufklärungsfehlern

Auch die Feststellung eines **Aufklärungsfehlers** im Bereich der Selbstbestimmungsaufklärung[84] ist eine vom Gericht zu entscheidende **Rechtsfrage**, die vom Gericht ohne sachverständige Hilfe in der Regel nicht entschieden werden kann.

---

80 BGHZ 138, 6 f.; VersR 1999, 231, 232.
81 BGH NJW 2001, 2792, 2793.
82 BGHZ 138, 6; VersR 1997, 315, 316.
83 BGHZ 132, 47, 53; NJW 2000, 2737, 2739.
84 Die Verletzung der Pflicht zur Sicherheitsaufklärung bedingt dagegen einen Behandlungsfehler – vgl. zur Differenzierung *Hart/Francke*, S. 115.

62 Verfehlt wäre es daher auch hier, wenn das Gericht dem ärztlichen Sachverständigen die Frage aufgäbe, ob eine Verletzung der Aufklärungspflicht vorliegt. Die Formulierung von Anforderungen an die ärztliche Aufklärung zur Sicherung des Selbstbestimmungsrechts des Patienten betrifft die Festlegung von **rechtlichen Standards,** zu denen der ärztliche Sachverständige mangels spezieller Sachkunde nichts sagen kann.[85]

63 Dennoch sind im Vorfeld der Frage nach einer Aufklärungspflichtverletzung medizinische Anknüpfungstatsachen klärungsbedürftig, die in den Kompetenzbereich des ärztlichen Sachverständigen gehören.[86] Diese Differenzierung sollte sich aber auch in den Beweisbeschlüssen wieder finden. Einige typische medizinische Vorfragen zur Beurteilung eines möglichen Aufklärungsfehlers sollen nachfolgend beispielhaft dargestellt werden:
- Bei der Frage nach einem aufklärungspflichtigen Risiko muss das Gericht die **Risikotypizität und Komplikationsdichte** bei dem jeweiligen Eingriff kennen.
- Ggf. kann auch streitig sein, ob sich das aufklärungspflichtige Risiko überhaupt verwirklicht hat. Dabei kann auch die Frage vom Sachverständigen beantwortet werden, ob die mit dem Eingriff verbundenen Risiken in eventuell verwendeten Aufklärungsbögen richtig wiedergegeben worden sind. Problematisch ist die allgemeine Frage an den ärztlichen Sachverständigen, ob es sich um ein aufklärungspflichtiges Risiko handelt.
- Für die **Aufklärung über Behandlungsalternativen** muss der ärztliche Sachverständige Informationen über die zur Verfügung stehenden Behandlungsalternativen und deren Nutzen und Risiken im Vergleich zur gewählten Methode liefern, sowie die Frage beantworten, ob im konkreten Fall der Patient überhaupt eine echte Wahlmöglichkeit hatte.
- Gerade bei festgestellten Aufklärungsfehlern kann darüber hinaus durch den Sachverständigen der **hypothetische Verlauf** der Behandlung und Erkrankung bei ordnungsgemäßer Aufklärung durch den Sachverständigen aufzuklären sein, woraus auch wichtige Anhaltspunkte für die vom Gericht zu treffende Entscheidung über die Plausibilität eines echten Entscheidungskonflikts des Patienten folgen können.

E. Überprüfung des Gutachtens im Verfahren

I. Inhaltliche Überprüfung des Gutachtens

64 Für den Aufbau, den Inhalt und die Sprache eines Gutachtens gibt es keine gesetzlichen Vorschriften. Die Praxis zeigt auch ein „buntes Bild" von Gutachten, die sich teilweise erheblich im Aufbau und Sprachgebrauch sowie in der Verwendung und Zitierung wissenschaftlicher Literatur unterscheiden.[87] **Leitlinien oder Empfehlungen zur Erstellung von Gutachten in Arzthaftpflichtprozessen** sind zwar vereinzelt veröffentlicht worden, haben sich in der Praxis aber nicht durchgesetzt.[88] Es wäre daher übertrieben von einem „Standard der Gutachtenerstellung" für ärztliche Sachverständige zu spre-

---
85 Bayerlein/*Franzki*, § 52 Rn 27; *Scheppokat/Neu*, VersR 2001, 23, 26.
86 *Müller*, MedR 2001, 487 f.
87 Bayerlein/*Franzki*, § 52 Rn 51.
88 Vgl. etwa die „Leitlinien für Neurochirurgen als Gutachter in Haftungsprozessen" – Mitteilungen der Deutschen Gesellschaft für Neurochirurgie 4/3 (1994), S. 15–17 oder die „Empfehlungen zur Abfassung von Gutachten in Arzthaftungsprozessen" der Arbeitsgemeinschaft Medizinrecht in der Deutschen Gesellschaft für Gynäkologie und Geburtshilfe – abgedr. bei Bayerlein/*Franzki*, § 52 Rn 52 ff.

chen, aber es haben sich zumindest einige Grundregeln entwickelt, an denen sich der ärztliche Sachverständige orientieren sollte und die gleichzeitig Anhaltspunkte für die inhaltliche Überprüfung von Gutachten ärztlicher Sachverständiger liefern können.[89]

Der Sachverständige sollte zunächst seinen Auftrag inhaltlich wiedergeben. Die Parteien und das Gericht können seine Ausführungen dann den einzelnen Beweisfragen leichter zuordnen und insbesondere einfacher erkennen, wo der Sacheverständige Beweisfragen nicht beantwortet hat bzw. über das Beweisthema hinausgegangen ist.

65

Eine **vollständige Darstellung der Tatsachengrundlagen** des Gutachtens und der dafür herangezogenen Unterlagen ist unverzichtbar, damit überprüft werden kann, auf welchen Sachverhalt sich die Bewertungen des Sachverständigen beziehen.[90] Insbesondere ist anzugeben, ob bzw. welche Originalbehandlungsunterlagen dem Sachverständigen zur Verfügung standen oder auch nicht. Bezieht sich das Gutachten auf die Bewertung von Röntgenbildern oder sonstige Ergebnisse von bildgebenden Verfahren ist klarzustellen, ob der Sachverständige diese selbst befundet oder er sich die dokumentierten Bewertungen Dritter zu Eigen gemacht hat. Streitiger Sachverhalt oder für den Sachverständigen bestehende Unklarheiten im Sachverhalt sollten als solche dargestellt werden. Der Sachverständige sollte sich davor hüten, in solchen Fällen mit Vermutungen oder Spekulationen zu arbeiten. Notfalls sollte er darauf hinweisen, dass es weiterer Sachverhaltsaufklärung durch das Gericht bedarf. Hat der Sachverständige eine eigene Untersuchung des Patienten durchgeführt, sind Datum, Verlauf und Ergebnisse der Untersuchung im Gutachten darzustellen.

66

In der Bewertung sollte aus dem Gutachten klar hervorgehen, von welchem medizinischen Standard der Sachverständige ausgeht und woraus sich dieser ergibt. Kommt es aufgrund des Zeitpunktes der Behandlung auf einen älteren medizinischen Standard an, muss sich dies aus dem Gutachten ergeben. Die entsprechende Literatur ist genau zu zitieren und nach Möglichkeit dem Gutachten beizufügen. Dabei sind Meinungsstreitigkeiten in der medizinischen Wissenschaft (**„Schulenstreit"**) zu thematisieren, soweit sie für die Beurteilung der streitigen Behandlung relevant sind. Insgesamt sollte der Sachverständige darauf achten, dass er für jede Bewertung auch die für ihn relevanten Umstände benennt, damit seine Bewertungen für das Gericht und die Parteien nachvollziehbar werden. Dies gilt insbesondere für Wahrscheinlichkeitsaussagen (gesicherte Erkenntnis aus klinischen Studien?).[91] Dabei sollte sich der Sachverständige vor der **Verwendung von Rechtsbegriffen** oder rechtlichen Würdigungen hüten, denn ihre Prüfung obliegt dem Gericht.[92] Seine Bewertungen sollten sich insgesamt an den Beweisfragen orientieren und in einer allgemein verständlichen Sprache erfolgen.[93]

67

II. Ergänzungsgutachten, mündliche Erörterung und Einholung eines weiteren Gutachtens

Bei Zweifeln am Gutachten des Sachverständigen kann die betroffene Partei auf eine **ergänzende oder neue Begutachtung** gemäß § 412 Abs. 1 ZPO drängen und die **mündliche Erörterung des Gutachtens** gemäß § 411 Abs. 3 ZPO beantragen.

68

---

89 Vgl. dazu *Hansis* in: Stegers/Hansis/Alberts/Scheuch, Rn 373 ff.
90 *Scheppokat/Neu*, VersR 2001, 23, 25.
91 *Stegers* in: Stegers/Hansis/Alberts/Scheuch, Rn 385.
92 *Scheppokat/Neu*, VersR 2001, 23, 26 f.
93 Laufs/Uhlenbruck/*Schlund*, § 123 Rn 3.

69 Dazu sollten zunächst die vorhandenen Schwachstellen des Gutachtens, wie Unklarheiten und Widersprüche, dargelegt werden, die ggf. durch ein Privatgutachten belegt werden können.[94] Es kann sich empfehlen, die Einwendungen gegen das Gutachten bereits frühzeitig zur Vorbereitung einer mündlichen Erörterung schriftsätzlich vorzutragen.[95] Das Gericht wird die Parteien dazu auch in der Regel nach § 411 Abs. 4 ZPO unter Fristsetzung auffordern.

70 Auf jeden Fall sollte mit den Einwendungen bzw. ergänzenden Fragen zum Sachverständigengutachten gleichzeitig ein **Antrag auf mündliche Erörterung nach § 411 Abs. 3 ZPO** gestellt werden. Das Gericht ist nach der Rechtsprechung des BGH verpflichtet diesem Antrag nachzukommen und den Sachverständigen zu laden.[96] Ob das Gericht selbst weiteren Aufklärungsbedarf sieht, ist dabei ebenso wenig relevant, wie die Frage, ob die Partei diesen nachvollziehbar begründet hat.[97] Die Grenze besteht lediglich bei offenkundigem Rechtsmissbrauch bzw. Prozessverschleppung.[98] Dabei wird allerdings angenommen, dass die Anforderungen an den Antrag steigen, wenn bereits mehrere Ergänzungsgutachten eingeholt worden sind.[99] Das OLG Saarbrücken hält es dann für erforderlich, dass die Partei objektive Gründe nennt, warum trotz der Gutachtenergänzungen weiterer Klärungsbedarf besteht.[100]

71 Vorhandene **Widersprüche und/oder Unklarheiten** darf das Gericht nicht ignorieren.[101] Das Gericht ist zu einer eigenen kritischen Überprüfung des Gutachtens verpflichtet und hat vorhandenen Widersprüchen im Gutachten bzw. Widersprüchen zwischen dem Gutachten des ärztlichen Sachverständigen und Privatgutachten nachzugehen.[102] Gerade bei einem ärztlichen Privatgutachten handelt es sich um substantiierten Parteivortrag, dem das Gericht nachgehen muss.[103]

72 Allein der Widerspruch zwischen dem Sachverständigengutachten und dem Privatgutachten erfordert allerdings nicht zwingend **die Einholung eines weiteren Gutachtens**.[104] Die Einholung eines weiteren Gutachtens steht gemäß § 412 Abs. 1 ZPO im Ermessen des Gerichts und wird in der Regel erst dann geboten sein, wenn sich weder durch die Ergänzungen des Sachverständigen noch durch die mündliche Erörterung des Gutachtens durch den Sachverständigen vorhandene Widersprüche oder Unklarheiten beseitigen lassen und das Gericht Zweifel an der Sachkunde des Sachverständigen hat.[105] Auch in besonders schwierigen Fällen kann die Einholung eines weiteren Gutachtens erforderlich sein.[106] Ausnahmsweise kann das Gutachten aufgrund **evidenter Mängel** allerdings so unbrauchbar sein, dass eine vorherige mündliche Erörterung durch den Sachverständigen entbehrlich ist.[107]

---

94 Vgl. dazu etwa den Fragenkatalog von *Stegers* in: Stegers/Hansis/Alberts/Scheuch, Rn 420 ff.
95 *Stegers* in: Stegers/Hansis/Alberts/Scheuch, Rn 415.
96 BGHZ 6, 398 ff.; BGH NJW 1983, 340, 341; NJW-RR 2003, 208, 209.
97 KG vom 18.9.2009 – 20 U 91/05.
98 BGH NJW-RR 2003, 208, 209.
99 Vgl. OLG Saarbrücken GesR 2004, 235 ff. Die dagegen eingelegte Nichtzulassungsbeschwerde hat der BGH zurückgewiesen vgl. BGH BauR 2004, 1996.
100 OLG Saarbrücken GesR 2004, 235, 236 f.
101 Vgl. *Müller*, MedR 2001, 487, 493.
102 BGH VersR 1994, 480; 1993, 835; 1993, 899; 1992, 747; 1988, 82; vgl. auch *Müller*, MedR 2001, 487, 492 f. m.w.N.
103 OLG Zweibrücken VersR 1998, 1114 f.
104 OLG München vom 9.6.2005 – 1 U 2805/05.
105 BGH NJW 1999, 1778; BGHZ 53, 245, 259.
106 OLG Saarbrücken MedR 1999, 222; *Gehrlein*, VersR 2001, 593 m.w.N.
107 BGH VersR 1981, 752; 1980, 533.

Das Gericht wird daher dem Sachverständigen zunächst Gelegenheit geben, sein Gutachten unter Berücksichtigung der Einwendungen der Parteien gemäß § 412 Abs. 1 ZPO zu ergänzen bzw. das Gutachten durch ihn mündlich erörtern lassen.[108] Dabei ist zu berücksichtigen, dass durch den beklagten Arzt oder den Sachverständigen selbst im Rahmen der mündlichen Erörterung des Gutachtens neue Aspekte erörtert werden, welche die nicht fachkundige Partei nicht beurteilen kann. Dazu muss die nichtfachkundige Partei Gelegenheit zur Stellungnahme eingeräumt werden, wofür diese eventuell auf fachkundige Beratung angewiesen ist.[109] Daraus kann sich auch ergeben, dass eine weitere mündliche Erörterung des Gutachtens erforderlich ist.[110]

Die inhaltliche Auseinandersetzung mit dem Gutachten des ärztlichen Sachverständigen ist für den Ausgang des Prozesses entscheidend und bedarf daher der besonderen Aufmerksamkeit der Prozessbevollmächtigten. Auch wenn das Gericht das Gutachten selbst kritisch zu würdigen hat, sollten die Parteien sich nicht allein auf die gerichtliche Würdigung verlassen, sondern nach Möglichkeit selbst genau und umfassend zum Gutachten Stellung nehmen, vorhandenen Unklarheiten und Widersprüchen – ggf. selbst fachkundig beraten – nachgehen und die prozessrechtlichen Möglichkeiten nutzen, das Gutachten kontrovers mit dem Sachverständigen zu erörtern. Dies gilt insbesondere auch wegen der eingeschränkten Möglichkeiten erstinstanzliche Gutachten bzw. deren **Verwertung in der Berufungs- und Revisionsinstanz** überprüfen zu lassen.[111]

F. Haftung des ärztlichen Sachverständigen im Verfahren

Bei der Frage nach der Haftung des ärztlichen Sachverständigen für die Erstattung eines falschen Gutachtens ist zwischen der Erstattung des Privatgutachtens und des gerichtlichen Gutachtens zu unterscheiden.[112]

Die zivilrechtliche Haftung des Sachverständigen für die **Erstattung eines Privatgutachtens** regelt sich nach den allgemeinen Regeln der §§ 280 ff. BGB, wobei der Gutachtenauftrag zum Abschluss eines Werkvertrages i.S.d. §§ 631 ff. BGB führt.[113]

Die Haftung für ein falsches gerichtliches Gutachten richtet sich seit dem 1.8.2002 ausschließlich nach **§ 839a BGB**. Der Gesetzgeber hat damit die unbefriedigende bisherige Rechtslage geändert, wonach den gerichtlichen Sachverständigen nur eine Haftung aus den §§ 823 ff. BGB traf, wenn das falsche Gutachten auf grober Fahrlässigkeit des Sachverständigen beruhte.[114] Problematisch war diese Rechtsprechung insbesondere wegen der Beschränkung der Haftung auf Verletzungen der Rechtsgüter des § 823 Abs. 1 BGB, womit eine Haftung für reine Vermögensschäden nicht bestand.

§ 839a BGB regelt nunmehr die Haftung des gerichtlichen Sachverständigen abschließend und begrenzt die Haftung des gerichtlichen Sachverständigen zum einen im Sinne

---

108 Bayerlein/*Franzki*, § 52 Rn 94; *Alberts*/*Hansis* in: Stegers/Hansis/Alberts/Scheuch, Rn 518.
109 BGH NJW 1996, 788; 1988, 2302.
110 BGH VersR 1986, 1079 f.
111 Vgl. dazu *Alberts* und *Scheuch* in: Stegers/Hansis/Alberts/Scheuch, Rn 534 ff. und 568 ff.
112 Laufs/Uhlenbruck/*Schlund*, § 125 Rn 1 f.
113 Vgl. dazu *Bayerlein,* § 33 Rn 1 ff.
114 Ursp. hatte der BGH unter Hinweis auf die verantwortungsvolle Stellung des Sachverständigen als Gehilfe des Gerichts sogar eine Haftung des Sachverständigen für grobe Fahrlässigkeit verneint – vgl. BGH NJW 1974, 312; dagegen BVerfG NJW 1979, 305 ff.

der vorherigen Rechtsprechung auf **grobe Fahrlässigkeit** bzw. erweitert sie zum anderen auf sämtliche **Vermögensschäden**.[115] Die Regelung des § 839a BGB betrifft lediglich die gerichtlich bestellten Sachverständigen und ist etwa auf den Arzt als sachverständigen Zeugen nicht analog anzuwenden.[116]

79 Voraussetzung der Haftung ist zunächst ein falsches Gutachten. Dies kann bereits dann der Fall sein, wenn das Gutachten auf einer unzutreffenden oder unvollständigen Tatsachengrundlage beruht oder sich auf veraltete wissenschaftliche Erkenntnisse stützt.[117] Das **falsche Gutachten** muss auf Vorsatz oder grober Fahrlässigkeit des gerichtlichen Sachverständigen beruhen. Die grobe Fahrlässigkeit kann nur angenommen werden, wenn der Sachverständige die erforderliche Sorgfalt bei der Erstellung des Gutachtens in besonders schwerem Maße verletzt, ganz nahe liegende Überlegungen nicht anstellt und dasjenige nicht berücksichtigt, was jedem einleuchten muss.[118] Beruht das Gutachten jedoch auf wissenschaftlich vertretbaren Auffassungen begründet dies in der Regel kein Verschulden des Sachverständigen.[119]

80 Ferner muss das falsche Gutachten zu einer **gerichtlichen Entscheidung** (Urteil, Beschluss, Verfügung) geführt haben, die einen Schaden verursacht hat. Wird das Verfahren ohne gerichtliche Entscheidung beendet (etwa durch Vergleich), kommt eine Haftung des Sachverständigen nach § 839a BGB nicht in Betracht.[120] Gleiches gilt, wenn das Gericht dem falschen Gutachten des Sachverständigen erkennbar nicht folgt, wobei für die Annahme der Kausalität aber genügt, dass das Gericht dem Gutachten zumindest teilweise folgt und die Möglichkeit nicht auszuschließen ist, dass das Ergebnis ohne das falsche Gutachten günstiger gewesen wäre.[121]

81 Gemäß § 839a Abs. 2 BGB i.V.m. § 839 Abs. 3 BGB ist die Haftung des gerichtlichen Sachverständigen ausgeschlossen, wenn der Geschädigte es schuldhaft unterlässt den Schaden durch Einlegung eines **Rechtsmittels** gegen die gerichtliche Entscheidung abzuwenden. Insofern wird es für betroffen Anwälte auch unter haftungsrechtlichen Gesichtspunkten sinnvoll sein, wenn bereits im Verfahren von den Rechten des § 411 Abs. 4 ZPO umfassend Gebrauch gemacht wird, um eine Verwertung des Gutachtens zu verhindern.[122] Der BGH hat jüngst noch einmal klargestellt, dass auch der Antrag auf mündliche Erörterung des Gutachtens gemäß § 411 Abs. 3 ZPO ein „Rechtsmittel" i.S.d. § 839a Abs. 2 BGB i.V.m. § 839 Abs. 3 BGB darstellt.[123] Allerdings ist aus § 839a Abs. 2 BGB keine Pflicht zur Stellung eines Befangenheitsantrags für die betroffene Partei abzuleiten.[124]

82 Unabhängig von der Haftung nach § 839a BGB haftet der ärztliche Sachverständige nach den §§ 823 ff. BGB, wenn er im Rahmen einer eigenen Untersuchung des Patienten selbst Behandlungsfehler begeht.[125]

---

115 *Kilian*, VersR 2003, 683, 684.
116 *Windthorst*, VersR 2005, 1634 ff.; a.A. MüKo/*Wagner*, § 839a Rn 12.
117 OLG Hamm NJW-RR 1998, 1686.
118 Vgl. LG Kiel vom 14.12.2006 – 5 O 232/05; vgl. dazu auch MüKo/*Wagner*, § 839a Rn 18.
119 Palandt/*Sprau*, § 839a Rn 3.
120 MüKo/*Wagner*, § 839a Rn 20.
121 Palandt/*Sprau*, § 839a Rn 5.
122 *Brückner/Neumann*, MDR 2003, 906, 908; vgl. dazu auch BGH NJW-RR 2006, 1454 f.
123 BGH vom 5.5.2007 – III ZR 240/06.
124 MüKo/*Wagner*, § 839a Rn 30.
125 BGHZ 59, 310 ff.

G. Zusammenfassung

Die Rolle des ärztlichen Sachverständigen im Arzthaftpflichtprozess bleibt eine schwierige Gratwanderung zwischen Recht und Medizin. Aber nicht nur zunehmende Spezialisierung auf juristischer Seite und auf Seite ärztlicher Sachverständiger verbessert die Kommunikation zwischen den Beteiligten, sondern auch ein gegenseitiger Lernprozess wie etwa die veröffentlichten methodischen Leitlinien zur Erstellung von Gutachten in Arzthaftpflichtprozessen zeigen. Dieser gegenseitige Lernprozess setzt aber aktive Teilnahme und Sensibilität aller Beteiligten für die unterschiedlichen Rollen im Prozess voraus. Insbesondere anwaltliche Klagen über „Richter in Weiß" sind daher verfehlt. Es ist auch Aufgabe der Prozessparteien ihre Einflussmöglichkeiten zu nutzen und im Rahmen ihrer Möglichkeiten dafür Sorge zu tragen, dass der ärztliche Sachverständige seine Aufgabe im Prozess erfüllen kann.[126] Für die beteiligten Anwälte ist dies bereits aufgrund erheblicher Haftungsrisiken dringend geboten.

---

126 Vgl. auch *Plagemann*, VSSR 1996, 429, 433 f.

§ 25 Transfusionswesen

Dr. Hans-Dieter Lippert

Inhalt

A.	Einleitung	1	H. Meldewesen	23
B.	Gesetzliche Grundlagen	3	I. Empfänger der Daten	24
C.	Der Zweck des Gesetzes	4	II. Adressat der Meldepflicht	25
D.	Begriffsbestimmungen	7	III. Inhalt der Meldung	27
E.	Gewinnung von Blutbestandteilen	8	IV. Anonymisierung	29
			I. Sachverständige	32
F.	Die Anwendung von Blutprodukten	15	J. Mitteilungspflichten	33
G.	Rückverfolgung	19	K. Transfusions-Straf- und -Bußgeldvorschriften	34

Literatur

v. Auer/Seitz, Gesetz zur Regelung des Transfusionswesens (Transfusionsgesetz), Kommentar und Vorschriftensammlung, Loseblatt, Stand 2001; **Deutsch/Bender/Eckstein/Zimmermann**, Transfusionsrecht, 2. Auflage 2007; **Deutsch/Lippert/Ratzel/Anker/Tag**, Kommentar zum Arzneimittelgesetz, 2. Auflage 2006; **Lippert/Flegel**, Kommentar zum Transfusionsgesetz und zu den Hämotherapierichtlinien, 2002.

A. Einleitung

Der Bundestag hat im Anschluss an die Ergebnisse des 3. Untersuchungsausschusses (HIV-Infektionen durch Blut und Blutprodukte) am 20.1.1995 als Konsequenz aus den Vorgängen um HIV-verseuchte Blutprodukte eine gesetzliche Regelung des Transfusionswesens gefordert und 1998 das TFG beschlossen.

Das Transfusionsgesetz regelt zum einen die Gewinnung von Blut und zum anderen die Anwendung der daraus gewonnenen Blutprodukte. Auf alle Vorgänge zwischen Gewinnung und Anwendung sind in vollem Umfang die Vorschriften des Arzneimittelgesetzes (AMG) anzuwenden. Das Transfusionsgesetz ist ein Spezialgesetz zweiter Generation. Es ist Spezialgesetz in erster Linie zum Arzneimittelgesetz, wohl auch zum Medizinproduktegesetz (sofern dies überhaupt betroffen sein kann). Das Arzneimittelgesetz wiederum ist Spezialgesetz für den Verkehr mit Arzneimitteln und geht somit den allgemeinen Gesetzen vor, die aber gelten, soweit nicht das Arzneimittelgesetz und das Transfusionsgesetz Sonderregelungen vorsehen.

B. Gesetzliche Grundlagen

Rechtsgrundlage für die Regelung des Transfusionswesens ist das Gesetz zur Regelung des Transfusionswesens (Transfusionsgesetz – TFG).[1] Die Zuständigkeit des Bundes

---

1 Gesetz vom 1.7.1998 (BGBl I, 1752) zuletzt geändert durch Art. 3 des Gesetzes vom 20.7.2007 (BGBl I, 1574).

für den Erlass des Gesetzes folgt aus Art. 74 Abs. 1 Nr. 26 GG. Nach dem Willen des Verfassungsgesetzgebers umfasst die Formulierung „**Regelung zur Transplantation...**" auch die Bluttransfusion.

C. Der Zweck des Gesetzes

4 Zweck des Gesetzes ist es einmal, eine gesicherte und sichere Versorgung der Bevölkerung mit Blutprodukten zu schaffen, zum anderen die Selbstversorgung mit Blut und Plasma zu fördern. Ziel des Gesetzes ist es, größtmögliche Sicherheit für die Versorgung der Bevölkerung mit Blutprodukten zu erreichen. Dieses Ziel glaubte der Gesetzgeber durch eine gesetzliche Regelung zu erreichen, welche die bisherigen nicht gesetzlichen Regelungen ersetzen soll.

5 Die rechtlichen Grundlagen des **Blut- und Plasmaspende-** sowie des **Transfusionswesens** waren vor Erlass des TFG über mehrere Regelungsebenen von unterschiedlicher Verbindlichkeit und Normqualität verteilt. Neben internationalen und supranationalen Empfehlungen der WHO[2] und des Europarates,[3] europarechtlichen Richtlinien[4] und dem AMG kamen auch Richtlinien der Bundesärztekammer zur Anwendung.[5]

6 Nur wenn eine umfassende gesetzliche Regelung bevorzugt wird, konnten insbesondere die Regelungen für **Blutprodukte** im AMG lückenhaft erscheinen, weil das AMG im Wesentlichen die Herstellung und das Inverkehrbringen von Blutprodukten regelt, nicht dagegen aber die Blutentnahme und die Anwendung von Blutprodukten. Diese vom Gesetz bisher nicht regulierte „Lücke" schließt nunmehr das TFG, wenn auch nicht ganz. Denn die Festlegung der fachlich-inhaltlichen Anforderungen, insbesondere die Festlegung des Standes der medizinischen Wissenschaft und Technik ist der Bundesärztekammer und der zuständigen Bundesoberbehörde (PEI) überantwortet. Sie haben diesen Stand der Technik in Richtlinien festzulegen.

D. Begriffsbestimmungen

7 § 2 TFG Begriffsbestimmungen

Im Sinne dieses Gesetzes

1. ist Spende die einem Menschen entnommene Menge an Blut oder Blutbestandteilen, die Wirkstoff oder Arzneimittel ist oder zur Herstellung von Wirkstoffen oder Arzneimitteln und anderen Produkten zur Anwendung bei Menschen bestimmt ist,

2. ist Spendeeinrichtung eine Einrichtung, die Spenden entnimmt oder deren Tätigkeit auf die Entnahme von Spenden und, soweit diese zur Anwendung bestimmt

---

2 Anforderungen an die Entnahme, Verarbeitung und Qualitätskontrolle von Blut, Blutbestandteilen und Plasmafraktionen, WHO, 1992; WHO Technical Series No. 840, 1994.
3 Leitfaden für die Zubereitung, Anwendung, Qualitätssicherung von Blutbestandteilen, Anhang zur Empfehlung R 95 v. 12.10.1995, 4. Aufl.
4 Richtlinie 89/381/EWG (ABl Nr. L 181 vom 28.6.1989), Richtlinie 2002/98/EG (ABl Nr. L 33 S. 30 vom 27.1.2003), Richtlinie 2004/32/EG (ABl Nr. L 102 S. 48 vom 31.3.2004), Europäisches Übereinkommen vom 15.12.1958 über den Austausch therapeutische Substanzen menschlichen Ursprungs, BGBl II 1962, 1442, um nur einige zu nennen.
5 Richtlinien zur Gewinnung von Blut und Blutbestandteilen und zur Anwendung von Blutprodukten (Hämotherapie) BAnz Nr. 209 2005, 15764 (Beilage), die die vorher gültigen Richtlinien von 1996 (BGBl 1996, 468 ff.) und 2000 BGBl 2000, 555–589 ablösen.

sind, auf deren Testung, Verarbeitung, Lagerung und das Inverkehrbringen gerichtet ist,

3. sind Blutprodukte Blutzubereitungen im Sinne des § 4 Abs. 2 des Arzneimittelgesetzes, Sera aus menschlichem Blut im Sinne des § 4 Abs. 3 des Arzneimittelgesetzes und Blutbestandteile, die zur Herstellung von Wirkstoffen oder Arzneimitteln bestimmt sind.

E. Gewinnung von Blutbestandteilen

Zweck des Transfusionsgesetzes ist es zum einen, die sichere Gewinnung von Blut- und Blutprodukten von Menschen zu fördern, zum anderen für eine sichere und gesicherte Versorgung der Bevölkerung mit Blutprodukten zu sorgen. Der zweite Abschnitt des Gesetzes enthält die hierzu erforderlichen Kernvorschriften, soweit sie die **Gewinnung von Blut und Blutbestandteilen** betreffen. In § 3 TFG wird der Versorgungsauftrag der **Spendeeinrichtungen** vorgegeben, sodann werden die an sie zu stellenden Anforderungen festgelegt (§ 4 TFG).

Die §§ 5 bis 7 TFG befassen sich mit der Auswahl des Spenders, seiner **Aufklärung** in die Spende, deren Verarbeitung und Nutzung und der **Einwilligung** hierzu sowie seiner Identifizierung.

§ 6 TFG macht klare Vorgaben, was den Umfang der Aufklärung angeht, der bei normalem ärztlichen Heileingriff mehr als umstritten ist.[6] Die Empfehlungen des Europarats stellen letztlich nur fest, dass eine Aufklärung und Einwilligung einer spendewilligen Person erfolgen muss.[7] Darüber gehen die vorliegende Norm und die Hämotherapie-Richtlinien weit hinaus. Der Blutspender ist in verständlicher Form über Wesen, Bedeutung und Durchführung der **Spendenentnahme** und der Untersuchungen sachkundig aufzuklären. Problematisch ist dabei, anders als beim ärztlichen Heileingriff, nie die Frage, ob der Spender spenden will oder nicht. Will er nicht spenden, wird er normalerweise gar keine Spendeeinrichtung aufsuchen. Immerhin hat er noch die Möglichkeit, sich nach durchgeführter Aufklärung anders zu entscheiden.

Der Spender ist vor allem auch über die an seinem Blut durchzuführenden Untersuchungen aufzuklären. § 6 spricht in diesem Zusammenhang nur von Untersuchungen. § 7 TFG scheint dies zu präzisieren, denn hier ist von **Laboruntersuchungen** die Rede. Es geht also um die Laboruntersuchung des gespendeten Blutes etwa auf HIV und andere Infektionserreger wie Hepatitis. Dass dies gemeint sein muss, ergibt sich aus dem Zusammenhang mit anderen Normen des Gesetzes, wo die Kenntnis dieser Umstände Bedeutung erlangt. Die §§ 8 und 9 TFG regeln die Sonderfälle der **Spenderimmunisierung** zur Gewinnung spezieller Immunglobuline sowie die Vorbehandlung zur Blutstammzellseparation.

Das Verbot, für die Blutspende ein Entgelt zu zahlen, findet sich in § 10 TFG. Ersatz eines dem Spender entstehenden Aufwandes ist zulässig.

In § 11 TFG wird der Datenschutzes für Zwecke der Blutentnahme und der damit verbundenen Maßnahmen (Untersuchungen) geregelt. Es wird erlaubt, Daten für diese Zwecke zu erheben, die Verpflichtung zu deren Dokumentation festgelegt.

---

6 Vgl. die Einzelheiten und zur Rspr. in: *Laufs/Uhlenbruck*, § 61 m.w.N.
7 Council of Europe, Recommendation No. R(95)15.

14 In § 12 TFG (n.F.) ist nunmehr die Ermächtigung für den Erlass einer Rechtsverordnung enthalten. In ihr kann der Verordnungsgeber u.a. die Anforderungen an die Spendeeinrichtungen, die Auswahl und Untersuchung der Spender, die Spendenentnahme regeln. § 12a TFG regelt, dass die Bundesärztekammer nach angemessener Beteiligung der Fachkreise zusätzlich in Richtlinien festlegen kann, was der allgemein anerkannte Stand der medizinischen Wissenschaft und Technik im Bereich der Gewinnung von Blut- und Blutprodukten sein soll. Diese Richtlinien haben die Empfehlungen des Europarates, der Europäischen Union und der WHO zu Blut und Blutbestandteilen zu berücksichtigen. Die korrespondierende Vorschrift für die Anwendung von Blutprodukten findet sich in § 18 TFG.[8]

F. Die Anwendung von Blutprodukten

15 Zweck des Transfusionsgesetzes ist es u.a., für die **sichere Anwendung von Blutprodukten** zu sorgen. Der dritte Abschnitt des Gesetzes enthält die hierzu erforderlichen Kernvorschriften, soweit sie die Anwendung von Blut und Blutprodukten betreffen. Aus dem Transfusionsgesetz ausgeklammert ist der Vorgang der Bearbeitung des entnommenen Bluts und seiner Bestandteile zu Blutprodukten, die Arzneimittel i.S.v. § 4 Abs. 2 AMG sind. Auf alle Produktionsschritte bis zum Blutprodukt ist das AMG, soweit überhaupt einschlägig, anzuwenden.

16 § 13 TFG regelt, dass Blutprodukte nach dem **Stand der medizinischen Wissenschaft und Technik** anzuwenden sind. § 14 TFG enthält auch die Pflicht zur **Dokumentation der Anwendung** sowie die bereichsspezifische Datenschutzregelung; dies analog zu § 11 TFG. Die Einrichtung eines Systems der Qualitätssicherung für die Anwendung von Blutprodukten nach dem Stand der medizinischen Wissenschaft und Technik wird in § 15 TFG vorgeschrieben. § 16 TFG verpflichtet zur Unterrichtung der nach dem Qualitätssicherungssystem zu informierenden Personen, wenn unerwünschte Ereignisse bei der Anwendung von Blutprodukten und gentechnisch hergestellten Plasmaproteinen zur Behandlung von Hämostasestörungen auftreten. Den Umgang mit nicht angewendeten Blutprodukten regelt § 17 TFG. Sie sind zu entsorgen und ihr Verbleib zu dokumentieren.

17 § 18 TFG regelt, dass die Bundesärztekammer nach angemessener Beteiligung der Fachkreise in Richtlinien festlegt, was der allgemein anerkannte **Stand der medizinischen Wissenschaft und Technik** im Bereich der **Anwendung von Blutprodukten** sein soll. Diese Richtlinien haben die Empfehlungen des Europarates, der Europäischen Union und der WHO zu Blut und Blutbestandteilen zu berücksichtigen. Die korrespondierende Vorschrift für die Gewinnung von Blut- und Blutprodukten findet sich in § 12a TFG.

18 In zwei Paragrafen dieses Abschnitts wird bei bestimmten Maßnahmen der Anwendung von Blutprodukten, wie etwa die Anforderungen an die Durchführung einer Transfusion (§ 13 Abs. 1 S. 1 TFG), die **Aufklärung** der zu behandelnden Person (§ 13 Abs. 1

---

[8] Das Schicksal von § 12 TFG (a.F.) war lange offen: Durch das Gewebegesetz war beabsichtigt, in § 12 eine Ermächtigung zum Erlass einer Rechtsverordnung aufzunehmen, in der der Stand der medizinischen Wissenschaft und Technik bei der Blutspendenentnahme festgelegt werden sollte. Die bisherigen Normgeber (BÄK und PEI) haben im Gesetzgebungsverfahren diesem Vorhaben vehement (aber nicht überzeugend) widersprochen. So feiert in § 12a TFG die alte Regelung Wiederauferstehung. Zu den Bedenken gegen die alte Regelung vgl. bereits *Lippert/Flegel*, § 12 Rn 1 ff. m.w.N. Eine Änderung von § 18 TFG ist nicht in Aussicht.

S. 4), und die Qualitätssicherung (§ 15 Abs. 1 S. 1 TFG), explizit darauf hingewiesen, dass diese Maßnahmen entsprechend dem jeweils aktuell gültigen Stand der medizinischen Wissenschaft und Technik durchzuführen sind. Im § 14 Abs. 1 S. 1 TFG wird auf die Vorschrift im AMG zur Dokumentation der Risikoerfassung verwiesen.

G. Rückverfolgung

Der Vierte Abschnitt des Gesetzes enthält die hierzu erforderliche Kernvorschrift, die die notwendigen **Rückverfolgungsverfahren** bei Verdacht auf eine Infektionsübertragung durch Transfusion betreffen. 19

§ 19 Abs. 1 TFG regelt das Verfahren der Rückverfolgung des Weges, den Blut oder ein Blutprodukt genommen hat vom Spender über den Anwender bis zum Transfusionsempfänger. Ergibt sich bei einem Spender z.B. im Rahmen einer erneuten Spendenentnahme der begründete Verdacht, dass die spendende Person infiziert sein könnte, so muss die Möglichkeit bestehen, die Transfusionsempfänger von früheren Blutprodukten des betreffenden Blutspenders ausfindig zu machen. Auch muss eine frühere, jetzt als infektiös verdächtige Spende eines solchen Blutspenders gesperrt werden und dies schnellstmöglich. § 19 Abs. 2 TFG regelt das Verfahren der Rückverfolgung des Weges, den Blut oder ein Blutprodukt genommen hat vom Anwender zurück bis zum Spender. Ergibt sich bei einem Transfusionsempfänger der begründete Verdacht, dass die behandelte Person durch ein Blutprodukt infiziert worden ist, so muss gewährleistet werden, bis an die mögliche Quelle der Infektion, also bis zum Spender, zurückgehen zu können. 20

Das Verfahren der Überprüfung des Verdachts und der Rückverfolgung ist an den „Stand der wissenschaftlichen Erkenntnisse"[9] gekoppelt und unterliegt damit einem dynamischen Entwicklungsprozess. Der Stand der wissenschaftlichen Erkenntnisse, der für Verfahren nach § 19 TFG anzuwenden ist, orientiert sich an den Hämotherapie-Richtlinien sowie den Voten des „Arbeitskreises Blut". 21

Durch die Verordnungsermächtigung nach § 20 TFG hat sich der Gesetzgeber wohl eher eine letzte Maßnahme offengehalten, um das Rückverfolgungsverfahren auch durch eine Rechtsverordnung regeln zu können. So auch die Gesetzesbegründung zu § 20. 22

H. Meldewesen

Der fünfte Abschnitt des TFG regelt das **Meldewesen**. Er ist für die staatliche Einsichtnahme in das Transfusionswesen der bedeutendste Abschnitt und zusammen mit den Vorschriften des AMG über die behördliche Überwachung, die neben der vorliegenden Norm des TFG ebenfalls gelten, zu beachten. 23

I. Empfänger der Daten

Anders als im AMG und im MPG ist nicht das Deutsche Institut für Medizinische Dokumentation und Information (DIMDI), Köln, für das Sammeln der Informationen zu- 24

---

[9] Nicht: „allgemein anerkannter Stand der medizinischen Wissenschaft und Technik", der in §§ 12a und 18 TFG sowie den dafür einschlägigen Hämotherapie-Richtlinien festgestellt wird.

ständig. Die Auskünfte nach § 21 sind dem Paul-Ehrlich-Institut (PEI), Langen, gegenüber abzugeben, die epidemiologischen Daten nach § 22 TFG dagegen an das Robert-Koch-Institut (RKI), Berlin, zu melden.

II. Adressat der Meldepflicht

25 Daten nach § 21 TFG haben der Träger der Spendeeinrichtung, pharmazeutische Unternehmer und Einrichtungen der Krankenversorgung zu melden, und zwar im Nachhinein für das abgelaufene Kalenderjahr. § 21 und so auch § 22 TFG verfügen eine gesetzliche Meldepflicht. Unabhängig hiervon und zusätzlich sind die Spendeeinrichtungen nach § 22 TFG verpflichtet, epidemiologische Daten zu melden.

26 Warum das Gesetz an dieser Stelle vom „Träger der Spendeeinrichtung" spricht, bleibt unerfindlich. In § 22 TFG wird wieder der Begriff der „Spendeeinrichtung" benutzt, wie er durch § 2 Nr. 2 TFG selbst festgelegt wurde.

III. Inhalt der Meldung

27 Die in § 21 Abs. 1 S. 1 TFG genannten Einrichtungen und Personen haben unabhängig von der jeweiligen Rechtsform, in der sie betrieben werden, die Meldung zu erstatten. Zweck des Gesetzes ist es u.a., eine gesicherte Versorgung der Bevölkerung mit Blutprodukten zu schaffen. Hierzu ist es notwendig, Informationen darüber zu erhalten, **in welchem Umfang Blut und Blutprodukte gewonnen, hergestellt, exportiert und importiert werden**. Unter die meldepflichtigen Sachverhalte fallen auch die Eigenblutentnahmen. Aus den Angaben soll – so die Gesetzesbegründung – der Grad der Selbstversorgung entnommen werden können.

28 Eine gesonderte Meldepflicht besteht für Personen, die an angeborenen Hämostasestörungen leiden. Meldepflichtig sind die Einrichtungen der Krankenversorgung, in denen sie behandelt werden. Zu melden ist nur die Anzahl der behandelten Personen. Nach der Änderung von § 47 Abs. 1 Nr. 2a AMG dürfen Blut und Blutprodukte zur Behandlung von Hämostasestörungen, anders als andere Arzneimittel vom pharmazeutischen Unternehmer und Großhändler, unter Umgehung der Apotheken direkt an den diese Patienten behandelnden Arzt liefern. Vertragsärzte, die diese Behandlungen durchführen, fallen daher auch unter den Begriff „Einrichtung der Krankenversorgung" und sind daher ihrerseits zur Meldung verpflichtet.

IV. Anonymisierung

29 § 21 Abs. 2 TFG legt fest, dass das Paul-Ehrlich-Institut als zuständige Bundesoberbehörde die gemeldeten **Daten anonymisiert** in einem Bericht zusammenstellt. § 22 TFG sieht eine gesetzliche Meldepflicht für epidemiologische Daten vor, die im Rahmen der Testung von Spendern auf in Infektionsmarker erhoben werden.

30 Empfänger der Daten ist das Robert-Koch-Institut (RKI) als „für die Epidemiologie zuständige Bundesoberbehörde". Das RKI bereitet die Daten auf und gibt die Gesamtübersicht zum 15. März eines jeden Jahres an das Paul-Ehrlich-Institut (PEI) als „zuständige Bundesoberbehörde" weiter. Das PEI wiederum soll die Daten in seinem Bericht nach § 21 Abs. 2 TFG aufnehmen.

31 Für den Fall, dass die beteiligten Verkehrskreise, insbesondere die Ärzte und die pharmazeutischen Unternehmer, nicht dafür sorgen, dass die vorgeschriebenen Verfahren

zum koordinierten Meldewesen und zur **Erfassung epidemiologischer Daten** reibungslos funktionieren, behält sich der Gesetzgeber die Regelung dieser Verfahren durch Rechtsverordnung vor. Die Norm ist analog dem § 20 TFG, setzt jedoch anders als dieser keinen besonderen Anlass voraus.

I. Sachverständige

Mit § 24 TFG wird der bisher bereits ohne Rechtsgrundlage existierende „**Arbeitskreis Blut**" beim Bundesministerium der Gesundheit auf gesetzlicher Grundlage als Beratungsgremium eingerichtet. Es entspricht wohl einem Zug der Zeit, in Spezialgesetzen die Einrichtung von Beratungsgremien vorzusehen. Dies ist schon in §§ 34 und 35 MPG mit dem Bund-Länder-Ausschuss und dem Ausschuss für Medizinprodukte geschehen. Die Aufgabe des „Arbeitskreises Blut" besteht darin, die Behörden des Bundes und der Länder zu beraten.

32

J. Mitteilungspflichten

§ 25 TFG begründet für den Bereich der Behörden des Bundes und der Länder eine Pflicht, sich gegenseitig Verdachtsfälle schwerwiegender Natur bei Blutprodukten mitzuteilen. Es handelt sich bei der Pflicht nach § 25 TFG um einen ganz speziellen Fall, nämlich den der Mitteilung von Verdachtsfällen schwerwiegender Nebenwirkungen von Blutprodukten. § 25 S. 2 TFG schreibt die Weitergabe von Geburtsdatum und Geschlecht des betroffenen Patienten zwischen den Behörden vor.

33

K. Transfusions-Straf- und -Bußgeldvorschriften

Das Gesetz enthält in § 31 TFG strafrechtliche und in § 32 TFG **Bußgeldvorschriften**. Bei den Strafrechtsnormen handelt es sich um **Nebenstrafrecht**, bei den Bußgeldvorschriften um Sondervorschriften zum Ordnungswidrigkeitenrecht. Zum Verhältnis von allgemeinem Strafrecht zum Nebenstrafrecht bzw. zwischen Ordnungswidrigkeitenrecht und den Sondervorschriften zum Ordnungswidrigkeitenrecht siehe § 30 dieses Buches. Die Ausführungen haben auch für den vorliegenden Bereich Gültigkeit.

34

§ 26 Transplantationswesen

Dr. Rudolf Ratzel

Inhalt

A. Einleitung 1	F. Richtlinien zum Stand der Erkenntnisse der medizinischen Wissenschaften 9
B. Zweck des Gesetzes 2	
C. Entnahme beim toten Spender 5	
D. Entnahme beim lebenden Spender 6	G. Verbot des Organ- und Gewebehandels, straf- und bußgeldrechtliche Vorschriften 10
E. Entnahme und Vermittlung bestimmter Organe, Transplantationszentren, Zusammenarbeit bei der Entnahme von Organen und Geweben 7	

Literatur

Barta/Weber, Rechtsfragen der Transplantationsmedizin in Europa, 2001; **Bavastro,** Das Hirnversagen und das Transplantationsgesetz, ZRP 1999, 114; **Besold/Rittner,** Über die Alternativen zur Lebendspende im Transplantationsgesetz – Die Überkreuz-Lebendspende – warum nicht auch in Deutschland?, MedR 2005, 502; **von Buch/Stobrawa/Kolkmann,** Qualitätssicherung in der Transplantationsmedizin, DÄ 2001, A 2147; **Dettmeyer/Madea,** Die postmortale Gewebeentnahme für Transplantationszwecke, Rechtsmedizin 12 (2002), 365; **Gutmann/Fateh-Moghadam,** Rechtsfragen der Organverteilung, NJW 2002, 3365; **Gutmann/Schroth,** Organlebendspende in Europa, 2002; **Hengstler,** Einwilligung zu postmortalen Organ- und Gewebeentnahmen für wissenschaftliche Interessen im Rahmen klinischer Sektionen, KHuR 2003, 57; **Höchstetter/Walger/Schmidt,** Neufassung der Aufwandserstattung für die Krankenhäuser bei Postmortalspenden, KH 2004, 364; **Höfling,** Kommentar zum Transplantationsgesetz, 2002; **Hohmann,** Das Transplantationswesen in Deutschland, Österreich und der Schweiz, 2003; **Holznagel,** Aktuelle verfassungsrechtliche Fragen der Transplantationsmedizin, DVBl 2001, 1629; **Jung,** Organtransplantation im Licht der ethischen Herausforderungen, JZ 2004, 559; **Junghanns,** Verteilungsgerechtigkeit in der Transplantationsmedizin, 2001; **Lilie,** Wartelistenbetreuung nach dem Transplantationsgesetz, in: FS Deutsch 1999; **Linke,** Kostenerstattung gemäß § 18 Abs. 1 SGB V für eine Organtransplantation im Ausland?, NZS 2005, 467; **Milzer,** Delegierte Patientenautonomie – Wahrnehmung von Patientenrechten durch Vorsorgebevollmächtigte, FPR 2007, 69; **Neft,** Die Überkreuz-Lebendspende im Lichte der Restriktionen des Transplantationsgesetzes, NZS 2004, 519; **Nickel/Preisigke,** Zulässigkeit einer Überkreuz-Lebendspende nach dem Transplantationsgesetz, MedR 2004, 307; **Parzeller/Bratzke,** Gewebe- und Organtransplantation – Verfehlte und praxisferne Regelungen im Transplantationsgesetz, KritV 2004, 371; **Parzeller/Bratzke/Eisenmenger,** Rechtsmedizinische Änderungsvorschläge zum Transplantationsgesetz de lege lata und vor der geplanten Reform durch das Gewebegesetz de lege ferenda, StoffR 2006, 128; **Parzeller/Henze,** Richtlinienkompetenz zur Hirntod-Feststellung erneut bei Bundesärztekammer, ZRP 2006, 176; **Quaas/Zuck,** Medizinrecht, 2005; **Rixen,** Lebensschutz am Lebensende, 1999; **Rixen,** Die Regelung des Transplantationsgesetzes zur postmortalen Organspende vor dem Bundesverfassungsgericht, NJW 1999, 3389; **Schachtschneider/Siebold,** Die „erweiterte Zustimmungslösung" des Transplantationsgesetzes im Konflikt mit dem Grundgesetz, DÖV 2000, 129; **Schmidt,** Neues zur Organverteilung – Das Transplantationsgesetz und die Folgen, ZfGWiss 2002, 252; **Schmidt-Aßmann,** Rechtsschutzfragen des Transplantationsgesetzes, NVwZ 2001, Sonderheft, 59; **Scholz-Harzheim/Meister,** Transplantationsgesetz – Verträge der Selbstverwaltung zur Beauftragung einer Koordinierungs- und Vermittlungsstelle, KH 2000, 619; **Schreiber,** Die gesetzliche Regelung der Lebendspende von Organen in der Bundesrepublik Deutschland, 2004; **Schroth/König/Gutmann,** Kommentar zum Transplantationsgesetz, 2005; **Schutzeichel,** Geschenk oder Ware? Das begehrte Gut Organ, 2002; **Sprenger-Klasen,** Versorgungsmedizinische Aspekte der Lebendorganspende, MEDSACH 2004, 17; **Witzke u.a.,** Überkreuz-Lebendspende-Nierentransplantation in Deutschland, DMW 2005, 2699; **Wolf,** Keine Kostenübernahme durch die Krankenkasse für eine im Ausland vorgenommene Organtransplantation, SGb 2004, 708; **Zillgens,** Die strafrechtlichen Grenzen der Lebendorganspende, 2004. **Zwischenbericht der Enquete-Kommission Ethik und Recht der modernen Medizin – Organlebendspende,** BT-Drucks 15/5050 v. 7.3.2005.

§ 26 Transplantationswesen

A. Einleitung

1 Erste Entwürfe zum Transplantationsgesetz[1] (TPG) reichen bis 1978 zurück. Maßgebliche Änderungen sind durch das sog. „**Gewebegesetz**" vom 20.7.2007, das am 1.8.2007 in Kraft getreten ist,[2] zu erwarten. Das Gesetz setzt die EU-Richtlinie 2004/23/EG[3] vom 31.3.2004 in deutsches Recht um und unterstellt die Gewebeentnahme weitgehend, wie schon zuvor die Organentnahme, den Regelungen des TPG. Der erste Entwurf der Bundesregierung war nahezu geschlossener Kritik der gesamten Fachöffentlichkeit begegnet,[4] zumal er über die europäischen Vorgaben deutlich hinausgegangen war. In der verabschiedeten Gesetzesfassung wurden jedoch wesentliche Einwände berücksichtigt, insbesondere der Vorrang der Organspende vor der Gewebeentnahme. Das Gewebegesetz ändert nicht nur das TPG, sondern insbesondere auch das AMG und das TFG.

B. Zweck des Gesetzes

2 Das TPG will zur Spende von Organen und Geweben ermutigen, die auf Empfänger übertragen werden sollen, weil sie ohne diese Organe oder Gewebe im Regelfall nicht oder nicht mehr lange leben werden bzw. bei Gewebe eine erhebliche Verbesserung des Gesundheitszustands zu erwarten ist. Der Gesetzgeber verspricht sich von einer breit angelegten Öffentlichkeitsarbeit eine höhere Spendenbereitschaft und ermutigt die Bevölkerung zur Abgabe einer Spendenerklärung. Durch Rechtsverordnung kann ein Organ- und Gewebespenderregister geschaffen werden.

3 Gemäß § 1 Abs. 1 TPG gilt das Gesetz für die Spende und die Entnahme von menschlichen Organen oder Geweben zum Zwecke der Übertragung auf andere Menschen sowie für die Übertragung der Organe oder der Gewebe einschließlich der Vorbereitung dieser Maßnahmen. Es gilt ferner für das **Verbot des Handels** mit menschlichen Organen und Geweben.

4 § 1 Abs. 2 TPG dient der Klarstellung. Danach gilt das TPG nicht für Gewebe, die innerhalb ein und desselben chirurgischen Eingriffs einer Person entnommen werden, um auf diese rückübertragen zu werden. Ferner gilt das Gesetz nicht für **Blut** und **Blutbestandteile**. Für Blut gelten i.d.R. die Vorschriften des TFG. Strittig wurde bislang die Einordnung des Knochenmarks diskutiert.[5] Natürlich hat die Einordnung von **Knochenmark** unter den Geltungsbereich des AMG weitreichende Konsequenzen. Auf der anderen Seite gibt die EU-Richtlinie 2004/23/EG die Richtung vor, so dass diese Frage für die Zukunft geklärt ist. Neu ist die Regelung in § 4a TPG, wonach bei der Entnahme von toten Embryonen und Föten bestimmte Formalien unter Einschluss von Aufklärung und Einwilligung der Frau eingehalten werden müssen.

---

1 Gesetz über die Spende, Entnahme und Übertragung von Organen (Transplantationsgesetz – TPG) v. 5.4.1997, BGBl I, 2631.
2 BGBl I, 1574.
3 Abl.EU Nr. L 102, 48.
4 Stellungnahmen der Bundesärztekammer v. 4.9.2006 und 24.1.2007; *Heinemann/Löllgen*, Die Umsetzung der Europäischen Geweberichtlinie durch das deutsche Gewebegesetz, PharmR 2007, 183 ff.
5 *Quaas/Zuck*, Medizinrecht, § 75 Rn 170 ff.

C. Entnahme beim toten Spender

Die Entnahme von Organen und Gewebe zur Organ- und Gewebespende darf grundsätzlich nur mit Einwilligung[6] des Betroffenen erfolgen, nur ausnahmsweise nach Zustimmung durch andere, mit dem Betroffenen Verwandte oder ihm nahe stehende Personen. Der Tod des Spenders muss nach dem Stand der Erkenntnisse der medizinischen Wissenschaft festgestellt worden sein. Dies bedeutet, dass er derzeit nach den **Richtlinien zur Feststellung des Hirntodes von 1997**[7] festzustellen ist. Diese Richtlinien sind Teil des ärztlichen Standesrechts und als solche über die Berufsordnung für jeden Arzt verbindliches Berufsrecht. Die Entnahme ist unzulässig, wenn die Person, deren Tod festgestellt ist, der Entnahme widersprochen hat oder der Hirntod nicht festgestellt ist. Liegt weder eine Zustimmungserklärung noch ein Widerspruch vor, so hat der Arzt, der die Organentnahme vornehmen soll, den nächsten Angehörigen über das Vorliegen einer entsprechenden Erklärung zu befragen. Welche **Reihenfolge bei den nächsten Angehörigen** einzuhalten ist, regelt § 4 TPG in einer nahezu perfekten Ausgestaltung, die praktisch keine Fallgestaltung dem Zufall überlassen will. Das Ziel ist klar: Der Gesetzgeber will mit dieser Regelung erreichen, dass möglichst wenig Organe oder Gewebe deshalb nicht zur Transplantation gelangen, weil die Einwilligung der Angehörigen oder naher Bezugspersonen nicht eingeholt werden oder der mutmaßliche Wille nicht in Erfahrung gebracht werden kann. Der Tod des Spenders ist von zwei Ärzten unabhängig voneinander festzustellen. Diese Ärzte dürfen weder mit dem Explanteur noch mit dem Implanteur identisch sein, um Interessenskonflikte zu vermeiden.

5

D. Entnahme beim lebenden Spender [8]

§ 8 TPG regelt die Voraussetzungen, die erfüllt sein müssen, damit eine Organ- oder Gewebeentnahme beim Lebenden erfolgen kann. Sie kommt nur beim Volljährigen und einwilligungsfähigen Spender in Betracht, bei dem keine über das Risiko der Entnahmeoperation hinausgehende Gefährdung auftritt, die Übertragung des gespendeten Organs beim Empfänger (nach ärztlicher Beurteilung) geeignet ist, dessen Leben zu erhalten oder bei ihm eine schwerwiegende Krankheit zu heilen, ihre Verschlimmerung zu verhindern oder ihre Beschwerden zu lindern, ein geeignetes Spenderorgan zum Zeitpunkt der Organentnahme nicht zur Verfügung steht[9] und ein Arzt den Eingriff vornimmt. Der Kreis der potenziellen Empfänger ist bei Organen, die sich nicht wieder bilden können,[10] auf Verwandte ersten und zweiten Grades, Ehegatten und Verlobte, eingetragene Lebenspartner und Personen, die dem Spender in besonderer Weise persönlich verbunden[11] sind, beschränkt.[12] Besondere Rechtsfragen werden hinsichtlich

6

---

6 Einwilligungsfähigkeit mit vollendetem 16. Lebensjahr, Vetorecht mit vollendetem 14. Lebensjahr.
7 DÄ 1998, B 1509 ff.
8 Unbedingt lesenswert Bericht der Enquete-Kommission BT-Drucks 15/5050 v. 7.3.2005.
9 Subsidiarität der Lebendspende.
10 In § 8 Abs. 1 ist dies jetzt näher definiert als „einer Niere, des Teils einer Leber oder anderer nicht regenerierungsfähiger Organe".
11 BVerfG – 1 BvR 2181/98, 1 BvR 2182/98, 1 BvR 2183/98 – MedR 2000, 28 zur verfassungsrechtlichen Zulässigkeit dieser Einschränkung; siehe auch BSG – B 9 VS 1/01 R – GesR 2004, 201; BSGE 92, 164.
12 BSG – B 9 VS 1/01 R – GesR 2004, 201; ebenso Schroth/König/*Gutmann*, Transplantationsgesetz, § 8 Rn 37.

der Zulässigkeit der „**Überkreuz-Spende**" aufgeworfen. Es gibt verschiedene Varianten.[13] In Deutschland wird vor allem die Variante diskutiert, wonach sich z.B. zwei Ehepaare, bei denen wechselseitig die biologischen Voraussetzungen gegeben sind, sich verpflichten, dass ein Partner dem Partner des anderen Paares als Organspender zur Verfügung steht (und umgekehrt). Die hierzu veröffentlichte Rechtsprechung ist hinsichtlich der Zulässigkeit und der Bewertung des „Näheverhältnisses" eher zurückhaltend. Der Spender ist schließlich über die mit dem Eingriff verbundenen Risiken aufzuklären. Schließlich muss eine nach Landesrecht[14] zu bildende Kommission (§ 8 Abs. 3 TPG) über die Freiwilligkeit der Spenderentscheidung befinden und sich hierzu gutachterlich äußern. Erst danach darf die Spende erfolgen.[15] Der neue § 8a TPG enthält Sonderregelungen für die ansonsten grundsätzlich unzulässige Entnahme von Knochenmark Minderjähriger zur – ausnahmsweise – zulässigen Übertragung auf Verwandte ersten Grades oder Geschwister der minderjährigen Person. Die §§ 8 d–f TPG enthalten besondere Pflichten für Gewebeinrichtungen zur Qualitätssicherung, Dokumentation und Registrierung (beim DIMDI).

E. Entnahme und Vermittlung bestimmter Organe, Transplantationszentren, Zusammenarbeit bei der Entnahme von Organen und Geweben

7   Der vierte Abschnitt des Gesetzes regelt im Wesentlichen die **Infrastruktur des Transplantationswesens** in der Bundesrepublik Deutschland. Zunächst legt das Gesetz den Kreis der vermittlungspflichtigen Organe fest: Herz, Niere, Leber, Lunge, Bauchspeicheldrüse und Darm dürfen danach nur in dafür zugelassenen Transplantationszentren transplantiert werden, nachdem sie durch die Vermittlungsstelle unter Beachtung der hierfür geltenden Regeln vermittelt worden sind. Von entscheidender Bedeutung ist der neu aufgenommene § 9 Abs. 2 TPG, wonach die mögliche Entnahme und Übertragung eines vermittlungspflichtigen Organs Vorrang vor der Entnahme von Geweben hat. Die Entnahme von Geweben bei einem möglichen Spender vermittlungspflichtiger Organe nach § 11 Abs. 4 S. 2 TPG ist erst dann zulässig, wenn eine von der **Koordinierungsstelle** beauftragte Person dokumentiert hat, dass die Entnahme oder Übertragung von vermittlungspflichtigen Organen nicht möglich ist oder durch die Gewebeentnahme nicht beeinträchtigt wird.

8   Transplantationen sollen nur in leistungsfähigen Krankenhäusern vorgenommen werden. Es bietet sich daher die Bildung von Zentren an, die eine bedarfsgerechte, leistungsfähige und wirtschaftliche, aber auch flächendeckende Versorgung sicherstellen sollen. Diese Krankenhäuser benötigen eine Zulassung, um Transplantationen bei Versicherten der gesetzlichen Krankenversicherung vornehmen und abrechnen zu können. Sie sind, wenn zugelassen, u.a. verpflichtet, **Wartelisten** für transplantationsbedürftige Patienten zu führen, die Patienten nach den Richtlinien der Bundesärztekammer in diese Wartelisten aufzunehmen, die Regeln über die Organentnahme und Organvermittlung einzuhalten, die Organübertragung rückverfolgbar zu dokumentieren, die Nachsorge der Patienten sicherzustellen und qualitätssichernde Maßnahmen zum Vergleich

---

13 Beispiele bei Schroth/König/*Gutmann*, vor § 8 Rn 2.
14 In allen Bundesländern existieren Ausführungsgesetze, Nachweise bei Schroth/König/*Gutmann* § 8 Rn 53.
15 OVG Niedersachsen – 11 LC 80/06 – MedR 2007, 254, die Ärztekammer kann für die Inanspruchnahme der Lebendspendekommission eine Gebühr erheben.

mit anderen Transplantationszentren durchzuführen. Die Zuteilung der zur Transplantation zur Verfügung stehenden Organe erfolgt je nach Organ entsprechend der Dringlichkeit und Erfolgsaussicht einer Transplantation unter den Gesichtspunkten des Standes der medizinischen Wissenschaft. Das Gesetz erklärt die Entnahme, deren Vorbereitung und die Übertragung zur gemeinschaftlichen Aufgabe der Transplantationszentren und anderer Krankenhäuser in regionaler Zusammenarbeit. Auf vertraglicher Grundlage schaffen die Verbände der Krankenkassen, der Krankenhäuser und der Bundesärztekammer Koordinierungsstellen, denen die Durchführung dieser Aufgabe übertragen ist. Das Gesetz verpflichtet Krankenhäuser und die Transplantationszentren zur Zusammenarbeit. Die Krankenhäuser sind insbesondere verpflichtet, Transplantationszentren zur Organspende in Betracht kommende Patienten zu benennen. Das Transplantationszentrum klärt mit der Koordinierungsstelle ab, ob die Voraussetzungen für eine Organentnahme vorliegen. Die Vermittlung vermittlungspflichtiger Organe soll schließlich einer gemeinsamen von den Trägern der Krankenkassen, der Krankenhäuser und der Bundesärztekammer getragenen **Koordinierungsstelle** übertragen werden. Sie muss so ausgestattet werden, dass sie die ihr übertragene Vermittlungsaufgabe wahrnehmen kann. Die Einzelheiten sind in § 11 TPG geregelt. Die Organisation der Gemeinschaftsaufgabe der Transplantationszentren wurde durch den DSO-Vertrag vom 16.7.2000 auf die **DSO** (Deutsche Stiftung Organtransplantation[16]) übertragen. Die durch Vertrag zu regelnden Aufgaben sind in § 11 Abs. 2 TPG genannt. Von besonderer Bedeutung ist dabei die Organisation der Zusammenarbeit mit der Vermittlungsstelle. Die Aufgaben der **Vermittlungsstelle** wiederum sind in § 12 TPG geregelt. Als Vermittlungsstelle kann auch eine geeignete Organisation beauftragt werden, die ihren Sitz außerhalb der Bundesrepublik Deutschland hat. Diese Ausnahmevorschrift in § 12 Abs. 2 TPG zielt derzeit auf **Eurotransplant** mit Sitz in den Niederlanden ab. Dabei handelt es sich um eine private gemeinnützige Stiftung niederländischen Rechts in Leiden. Eurotransplant übt ganz wesentlichen, letztlich den entscheidenden Einfluss auf die Organvermittlung aus. Ihre Tätigkeit, würde sie in Deutschland ausgeübt, wäre zweifellos hoheitlich. Es handelt sich aber weder um eine zwischenstaatliche Einrichtung nach Art. 24 Abs. 1 GG noch gibt es entsprechende völkerrechtliche Verträge. Allokationsentscheidungen von Eurotransplant können vor deutschen Gerichten nicht angegriffen werden, obwohl sie für die Betroffenen zumeist von existentieller Bedeutung sind. Ob dies noch mit Art. 19 Abs. 4 GG vereinbar ist dürfte fraglich sein. Zwar ist in den Kooperationsverträgen sicherzustellen, dass die Ziele des TPG eingehalten und die datenschutzrechtlichen Vorschriften beachtet werden. Einigen sich die Parteien der abzuschließenden Kooperationsverträge nicht über solche, hat sich der Gesetzgeber vorbehalten, eine Regelung durch Rechtsverordnung zu treffen, um sowohl die Kooperationsstellen wie die Vermittlungsstelle zu etablieren. Die entsprechenden Verträge sind inzwischen geschlossen und in Kraft getreten. Insgesamt muss man die derzeitige Regelung als einen Kompromiss betrachten, der letztlich die Funktionsfähigkeit des Systems gewährleisten soll.[17] Aus Sicht der Betroffenen wäre eine bessere Rechtsschutzmöglichkeit im Einzelfall wünschenswert. In dem neu gefassten fünften Abschnitt des TPG sind nun bestimmte **Dokumentations- und Meldepflichten** für Gewebeeinrichtungen aufgenommen worden, die den besonderen Sicherungsbedürfnissen dieser Einrichtungen, der Spender und Empfänger Rechnung tragen sollen.

---

16 Die im Übrigen schon 1997 eine gemeinnützige Gesellschaft für Gewebetransplantation (DSO-G) gegründet hatte, die ihrerseits wieder mit einer kommerziellen Firma kooperiert.
17 Kritisch dazu Schroth/König/*Gutmann* § 12 Rn 10 ff.

F. Richtlinien zum Stand der Erkenntnisse der medizinischen Wissenschaften

9 § 16 TPG war eine zentrale Vorschrift des Gesetzes. Überall da, wo das Gesetz den Stand der Erkenntnisse durch medizinische Wissenschaften anspricht, etwa bei der Feststellung des Todes (§ 3 Abs. 1 Nr. 2 TPG), der Entscheidung über die Aufnahme in eine Warteliste (§ 10 Abs. 2 Nr. 2 TPG), der ärztlichen Beurteilung über die Spenderfähigkeit (§ 11 Abs. 4 S. 2 TPG), über die Regeln der Organvermittlung (§ 12. Abs. 3 S. 1 TPG) sind Richtlinien gefragt, die die Bundesärztekammer erlassen sollte. Zusätzlich sind die Qualitätssicherung sowie die im Zusammenhang mit der Entnahme erforderlichen Maßnahmen zum Schutz des Empfängers, z.B. über die Untersuchung des Organspenders, die Konservierung, Aufbereitung, Aufbewahrung und Beförderung der Organe, in Richtlinien festzustellen. Dies hatte sie zwischenzeitlich getan. Damit das Verfahren der Erstellung dieser Richtlinien nicht zum „Heimspiel" der an ihnen interessierten Kreise gerät, hatte der Gesetzgeber in § 16 Abs. 2 TPG die Beteiligung bestimmter Personengruppen festgeschrieben und am Transplantationsverfahren in unterschiedlicher Weise Beteiligte davon ausgeschlossen. Die Richtlinien der Bundesärztekammer waren zwischenzeitlich mehrfach ergänzt worden.[18] Die dynamische Verweisung auf „**Richtlinien der Bundesärztekammer**" ist erheblicher Kritik ausgesetzt gewesen.[19] Die Kritik betrifft sowohl die Zuständigkeit, unzureichenden Rechtsschutz, die Wartelistenproblematik wie auch die Verfassungsmäßigkeit der Regelung insgesamt, um nur einige Punkte zu nennen. Durch das Gewebegesetz ist die Position der Bundesärztekammer im Bereich der Gewebeentnahme eindeutig geschwächt worden. Gemäß § 16a TPG kann nun das Bundesministerium für Gesundheit durch Rechtsverordnung mit Zustimmung des Bundesrats nach Anhörung der Bundesärztekammer und weiterer Sachverständiger die Anforderungen an Qualität und Sicherheit der Entnahme von Geweben und deren Übertragung regeln. Für diesen Bereich kann die Bundesärztekammer gemäß § 16b TPG im Einvernehmen mit der zuständigen Bundesoberbehörde (**Paul-Ehrlich-Institut, PEI** gemäß § 21 TPG) nur noch ergänzende Richtlinien beschließen.

G. Verbot des Organ- und Gewebehandels, straf- und bußgeldrechtliche Vorschriften

10 Die bestehende Knappheit an Spenderorganen und Geweben übt einen starken Anreiz aus, diese Organe und Gewebe gegen Geld zu besorgen oder gegen Geld zur Verfügung zu stellen. Der Gesetzgeber hat in § 17 TPG das Verbot ausgesprochen, mit Organen und Geweben, die einer Heilbehandlung zu dienen bestimmt sind, Handel zu treiben. Ausgenommen hiervon sind lediglich Entgelte für Maßnahmen, die im Zusammenhang mit der Heilbehandlung, insbesondere der Entnahme, Konservierung zur weiteren Aufbereitung, zum Infektionsschutz und zur Beförderung von Organen und Geweben gewährt werden. Arzneimittel, die aus oder unter Verwendung von Organen und Geweben hergestellt werden, die der Zulassung oder der Registrierung unterliegen oder davon befreit sind, fallen auch unter das Handelsverbot. Strafbar macht sich, wer mit einem Spenderorgan oder Gewebe Handel treibt, ein solches Organ oder Gewebe entnimmt, überträgt oder sich übertragen lässt. Bei Spendern oder Empfängern, deren Organe und

---

18 Richtlinie vom 28.4.2006, DÄ 2006, B-2858.
19 Schroth/König/*Gutmann* § 10 Rn 9 ff.; vor § 12 Rn 4; § 16 Rn 12 ff.

Gewebe Gegenstand eines Organhandels waren, kann die Bestrafung entfallen oder die Strafe gemildert werden. Die Strafbarkeit nach § 18 TPG tritt **unabhängig vom Recht des Tatorts** bei Deutschen ein, die strafbaren Organ- oder Gewebehandel nach § 17 TPG im Ausland begehen. Strafbar macht sich auch, wer den Entnahmebestimmungen der §§ 3, 4, 4a, 8, 8b, 8c TPG zuwiderhandelt und wer gegen die Pflicht zur Verschwiegenheit oder datenschutzrechtliche Vorschriften des TPG verstößt. § 20 TPG enthält Ordnungswidrigkeiten, die mit Bußgeld geahndet werden können.

§ 27 Reproduktionsmedizin

Dr. Rudolf Ratzel

Inhalt

A. Künstliche Befruchtung 1
   I. Einführung 1
      1. Rechtliche Grundlagen ... 1
      2. Die Richtlinien 3
      3. Kryokonservierung 4
      4. Insemination 6
   II. Heterologe Verfahren 7
      1. Zulässigkeit 7
      2. Anonymitätszusage 8
      3. Familien- und unterhalts-
         rechtliche Konsequenzen . 11
      4. Dokumentation 13

B. Präimplantationsdiagnostik
   (PID) 14
   I. Die Problematik 14
   II. Verfassungsrechtliche Ebene .. 15
   III. Embryonenschutzgesetz 16
   IV. Berufsrecht 23
   V. Zusammenfassung 24
   VI. Rechtliche Regelungsebenen
      im Bereich der assistierten
      Reproduktion 26

Literatur

Beckmann, Rechtsfragen der Präimplantationsdiagnostik, MedR 2001, 169; **Benda**, Verständnisversuche über die Würde des Menschen, NJW 2001, 2147; **Böckenförde-Wunderlich**, Präimplantationsdiagnostik als Rechtsproblem, 2002; **Coester-Waltjen**, Reformüberlegungen unter besonderer Berücksichtigung familienrechtlicher und personenstandsrechtlicher Fragen, Reproduktionsmedizin 2002, 183; **Enders**, Das Recht auf Kenntnis der eigenen Abstammung, NJW 1989, 881; **Feuerich**, Zum Umfang der Auskunftspflicht des Rechtsanwalts gegenüber dem Vorstand der Rechtsanwaltskammer, AnwBl. 1992, 61; **Günther**, Strafrechtliche Verbote der Embryonenforschung?, MedR 1990, 161; **Günther/Keller** (Hrsg.), Fortpflanzungsmedizin und Humangenetik – Strafrechtliche Schranken?, 2. Auflage 1991; **Hülsmann**, Medizinisch assistierte Fortpflanzung: Strafrechtliche Aspekte unter besonderer Berücksichtigung des Embryonenschutzgesetzes vom 13.12.1990, Frauenarzt 1993, 301; **Keller/Günther/Kaiser**, Embryonenschutzgesetz, 1992; **Laufs**, Fortpflanzungsmedizin und Arztrecht, 1992, 79; **Lilie**, Neue rechtliche Konfliktfelder der Reproduktionsmedizin: Probleme der Dreierregel, ZaeFQ 2006, 673; **Ludwig/Küpker/Dietrich**, Transfer von zusätzlichen Embryonen und Eizellspende, Frauenarzt 2000, 938; **Ludwig**, Präimplantationsdiagnostik, Alternative zur pränatalen Diagnostik?, Ärztliche Praxis Gynäkologie 1998, 387; **Middel**, Verfassungsrechtliche Fragen der Präimplantationsdiagnostik und des therapeutischen Klonens, 2006; **Möller/Thaele**, Das Schicksal nicht transferierter („verwaister") Embryonen, Frauenarzt 2001, 1393; **Naumann**, Vereitlung des Rechts auf Kenntnis der eigenen Abstammung bei künstlicher Insemination, ZRP 1999, 142; **Neidert**, Brauchen wir ein Fortpflanzungsmedizingesetz?, MedR 1998, 347; **Ratzel**, Zulässigkeit der Präimplantationsdiagnostik? Neue Gesichtspunkte, GesR 2004, 77; **Ratzel/Heinemann**, Zulässigkeit der Präimplantationsdiagnostik nach Abschnitt D, IV Nr. 14 Satz 2 (Muster-)Berufsordnung – Änderungsbedarf?, MedR 1997, 540; **Ratzel/Lippert**, Kommentar zur Musterberufsordnung der deutschen Ärzte: MBO, 4. Auflage 2006; **Schneider**, Auf dem Weg zur gezielten Selektion – Strafrechtliche Aspekte der Präimplantationsdiagnostik, MedR 2000, 360; **Sendler**, Menschwürde, PID und Schwangerschaftsabbruch, NJW 2001, 2148; **Taupitz**, Die Standesordnungen der freien Berufe, 1991; **v. Münch/Kunig**, Grundgesetz-Kommentar.

A. Künstliche Befruchtung

I. Einführung

1. Rechtliche Grundlagen

Die Regelung „eigener Angelegenheiten" der freien Berufe hat eine lange Tradition.[1] Im modernen Verfassungsstaat sind dieser Regelungskompetenz jedoch Grenzen ge-

---

[1] *Taupitz*, Die Standesordnungen der freien Berufe.

setzt. Regelungen grundsätzlicher Bedeutung sind dem Gesetzgeber vorbehalten.[2] Der Gesetzgeber ist jedoch nicht verpflichtet, jede Regelung im Detail vorzugeben. Vielmehr kann er den nichtstaatlichen Satzungsgeber ermächtigen, im Rahmen abgeleiteter Kompetenz den Normrahmen durch eigene Regelungen auszufüllen. Ein weiteres Konfliktfeld besteht darin, dass das Recht der Fortpflanzungsmedizin mittlerweile in die Kompetenz des Bundes fällt, während das Recht der Berufsausübung nach wie vor in den Kompetenzbereich der Länder gehört. Mit anderen Worten gilt der Satz „Bundesrecht bricht Landesrecht" nur für den Kern der Fortpflanzungsmedizin, nicht aber für Regelungen der Berufsausübung, für die dem Landesgesetzgeber die alleinige Kompetenz zusteht. Erst recht sind strafrechtliche Normen wie z.B. das Embryonenschutzgesetz nicht geeignet, abschließend berufsrechtliche Regelungen zu ersetzen. Diese unterschiedlichen Ebenen dürfen nicht vermischt werden (siehe Übersichtstabelle am Ende).

2 Die berufsrechtlich einschlägige Vorschrift ist zunächst D Nr. 15 MBO. Der materielle Gehalt von D Nr. 15 MBO erschöpft sich allerdings weitgehend in dem Querverweis auf § 13 MBO und damit die Richtlinien als Empfehlung im Rahmen der Berufsordnung.[3] Die übrigen Aussagen sind heute durch das Embryonenschutzgesetz weitgehend überlagert. Wichtige Fragen zur hormonellen Stimulation und zur Insemination finden sich zum Teil in den Richtlinien (s.u.) und Einzelregelungen im SGB V (§ 121a[4]) und den dazugehörigen Richtlinien sowie der bislang ergangenen Rechtsprechung. Eine Gesamtkonzeption bleibt dem im Entwurfsstadium steckengebliebenen Fortpflanzungsmedizingesetz vorbehalten. Wichtig ist allerdings nach wie vor der formale Gehalt der Norm, d.h. die Anzeigepflicht und das Weigerungsrecht. Die Kompetenz der Kammern zum Erlass derartiger Normen wird vom Bundesverwaltungsgericht bejaht.[5] Abs. 2 und 3 beinhalten Anzeige- und Nachweispflichten. Dies ist selbst dann zulässig, wenn man die Rechtsnormqualität einzelner Empfehlungen nach Abs. 1 bezweifeln sollte. Ärzte sind Pflichtmitglieder der für sie zuständigen Kammer. Sie unterliegen daher der Berufsaufsicht sowie sämtlichen Informations- und **Auskunftspflichten,** ob ihnen das recht ist oder nicht (siehe § 5 Rn 65–67). Anfragen sind wahrheitsgemäß zu beantworten. Reagiert der Arzt trotz wiederholter Aufforderung zur Stellungnahme nicht, können gegen ihn berufsgerichtliche Maßnahmen in die Wege geleitet werden.[6] Eine Einschränkung der Auskunftspflicht ist allerdings in entsprechender Anwendung von § 55 StPO dann anzunehmen, wenn sich der Arzt durch die Auskunft der Gefahr eines straf-

---

2 BVerfGE 33, 304, 346; 61, 260, 275; *Taupitz*, S. 804.
3 § 13 MBO ist eine weitere Ausprägung der besonderen Berufspflichten verkammerter Berufe. § 13 Abs. 1 beschreibt die Richtlinienkompetenz der Ärztekammer, obwohl – sprachlich nicht ganz stringent – von „Empfehlungen" die Rede ist (... hat ... zu beachten). In einer Fußnote zur Überschrift der Vorschrift wird darauf hingewiesen, dass die Richtlinien zur Durchführung des intratubaren Gametentransfers, der In-vitro-Fertilisation mit Embryotransfer und anderer verwandter Verfahren, gem. § 13 fort gelten. Kapitel D IV Nr. 15 verweist wiederum auf § 13. Für die frühere Musterberufsordnung war dies insofern unproblematisch, als § 9 Abs. 1 MBO 95 diese Richtlinien ausdrücklich als Bestandteil der Berufsordnung bezeichnete und die Rspr. die Regelungskompetenz der Kammern in diesem Bereich anerkannt hat. Ob „Empfehlungen" der Ärztekammer oder gar des Vorstands einer Kammer eine vergleichbare Verbindlichkeit beanspruchen können, dürfte in dieser Allgemeinheit fraglich sein.
4 Für Streitigkeiten wg. § 121a SGB V ist der Rechtsweg zu den Sozialgerichten auch dann gegeben, wenn die Genehmigung von der Ärztekammer erteilt wird, BSG – B 6 SF 1/00 R, SGb 2001, 316; BSG – B 6 KA 60/03 R, MedR 2006, 370 kein Ermessen.
5 BVerwG – 3 B 95/91, NJW 1992, 1577; gegen VG Stuttgart – 4 K 2004/86, MedR 1990, 359; siehe aber Ham.BG Heilberufe, Beschl. v. 10.10.2000 – VI H.HeilBG 4/2000 – *Heile* u.a.A.2.3. Nr. 8, Regelungen der Richtlinie über Qualifikation Arbeitsgruppenleiter unwirksam, weil Gesetzgebungskompetenz auf Bund übergegangen.
6 Berufsgericht für die Heilberufe beim VG Köln – 1 T 9/90, ArztR 1991, 237.

oder berufsrechtlichen Verfahrens aussetzen würde.[7] Der Nachweis, die persönlichen und sachlichen Voraussetzungen zu erfüllen, kann schon unter dem Gesichtspunkt der Qualitätssicherung (Prozess- und Strukturqualität) verlangt werden. Fragen der Forschung an Embryonen, totipotenten Zellen und das Problem der Präimplantationsdiagnostik werden außerdem in § 15 MBO und Kapitel D Nr. 14 MBO angesprochen.

2. Die Richtlinien[8]

Die im Anhang zur Berufsordnung abgedruckten Richtlinien befassen sich mit den berufsrechtlichen Voraussetzungen, medizinischen Indikationen und Kontraindikationen, den fachlichen, personellen und technischen Voraussetzungen sowie den sozialen Rahmenbedingungen. Ferner enthalten die Richtlinien Querverweise auf Bestimmungen des Embryonenschutzgesetzes, z.B. die Beschränkung der Übertragung von drei Embryonen[9] und die Ersatzmutterschaft. Die Richtlinien sind mit einem ausführlichen Kommentar (allerdings ohne Rechtsnormqualität) versehen. Sie sind 2006 grundlegend novelliert worden.[10] Die frühere Beschränkung reproduktionsmedizinischer Verfahren auf Ehepaare wurde aufgehoben. Soweit die Richtlinien Vorgaben zur Struktur des Teams, der Qualifikation des Arbeitsgruppenleiters, sachlichen Voraussetzungen und Dokumentationspflichten machen, ist dies als Teil der Qualitätssicherung durch entsprechende Normen in den Heilberufe-Kammergesetzen der Länder gedeckt. Die Beschränkung der zu transferierenden 2-Pro-Nuclei-Zellen (synonym imprägnierte Eizellen, Eizellen im Vorkernstadium) oder Embryonen auf maximal drei, ist als bloße Wiederholung der Vorgaben des Embryonenschutzgesetz (ESchG, § 1 Abs. 1 Nr. 3) nicht zu beanstanden.[11] Das Gleiche gilt für die Empfehlung in Nr. 5.1., bei unter 38-jährigen Frauen sogar nur zwei Eizellen zu befruchten und zu transferieren. Zum einen handelt es sich ausdrücklich nur um eine Empfehlung; zum anderen ist das Ziel, die Vermeidung höhergradiger Mehrlingsschwangerschaften, aus medizinischer Indikation gerechtfertigt, auch wenn als Folge hiervon die Schwangerschaftsrate sinkt. Ein entgegenstehendes Interesse der Frau auf Ausschöpfung der nach dem ESchG zulässigen Höchstzahl ist ausdrücklich berücksichtigt, so dass auch unter dem Gesichtspunkt der Drittbetroffenheit keine überzeugenden Einwände gegen diese Regelung vorgebracht werden können.

3. Kryokonservierung

Gem. Ziff. 5.2 der Richtlinien (siehe auch Ziff. 4 der am 1.10.1990 in Kraft getretenen vertragsärztlichen Richtlinien) ist die Kryokonservierung von Vorkernstadien prinzipiell zulässig. Die Kryokonservierung von Embryonen soll nur ausnahmsweise zulässig sein, wenn die im Behandlungszyklus vorgesehene Übertragung aus medizinischen Gründen nicht möglich ist. Die in der bisherigen Fassung der Richtlinien enthaltene Meldepflicht der Kryokonservierung von Vorkernstadien gegenüber der zentralen Kommission der Bundesärztekammer ist in der 1993 überarbeiteten Fassung nicht mehr enthalten. Das Embryonenschutzgesetz schreibt die Zulässigkeit der Kryokonservierung

---

7 BGHSt 27, 374; *Feuerich*, AnwBl. 1992, 61.
8 BVerwG – 3 B 95/91, NJW 1992, 1577; gegen VG Stuttgart – 4 K 2004/86, MedR 1990, 359.
9 *Lilie*, ZaeFQ 2006, 673 ff.
10 (Muster-)Richtlinie zur Durchführung der assistierten Reproduktion, DÄ 2006, 1392.
11 Siehe hierzu *Lilie*, ZaeFQ 2006, 673 m.w.N.; a.A. hingegen *Frommel*, Reproduktionsmedizin 2002, 161, im Ergebnis aber nicht überzeugend.

von 2-PN-Zellen in § 9 Nr. 3 ESchG ausdrücklich fest. Der argumentative Versuch, die Kryokonservierung von mehr als drei 2-PN-Zellen unter Hinweis auf § 1 Abs. 1 Nr. 5 EschG für unzulässig zu erklären, wird weder durch den Gesetzeswortlaut noch durch die Entstehungsgeschichte getragen. Die Befürworter dieser Auffassung berufen sich auf die Formulierung in § 1 Abs. 1 Nr. 2 und § 1 Abs. 2 EschG nebst der dafür gegebenen Begründung im Gesetzgebungsverfahren. Sie übersehen dabei jedoch die rechtlich und naturwissenschaftlich klar definierten Grenzen zwischen 2-PN-Zellen und Embryo sowie die Schutzzweckfunktion von § 1 Abs. 1 Nr. 2 und § 1 Abs. 2 EschG.[12] Ferner ist zu beachten, dass

- die Kryokonservierung der 2-PN-Zellen und die damit zusammenhängenden Probleme mit den Eltern im Konsens besprochen sind,
- die weitere Kultivierung von 2-PN-Zellen nach einem vorangegangenen fehlgeschlagenen Übertragungsversuch vom jeweils immer neu zu erteilenden Einverständnis beider Elternteile abhängig gemacht wird und
- sichergestellt ist, dass die 2-PN-Zellen sofort vernichtet werden, wenn auch nur ein Elternteil dies verlangt oder der behandelnde Arzt Kenntnis davon erhält, dass ein Elternteil verstorben ist.

5 Fragen des Transports von Kryomaterial, Samenbanken u.Ä. sind nicht Gegenstand berufsrechtlicher Regelungen.[13]

4. Insemination

6 Die Insemination ist jetzt ausdrücklich in die Richtlinien aufgenommen worden. Die besonderen fachlichen und technischen Voraussetzungen gelten jedoch nur für die Insemination nach hormoneller Stimulation.

II. Heterologe Verfahren

1. Zulässigkeit

7 Die IVF-Therapie ist nicht nur im Embryonenschutzgesetz als zulässige Methode der artifiziellen Reproduktion vorausgesetzt, sondern auch in sozialrechtlichen Vorschriften (§ 27a SGB V) und von der Judikatur anerkannt. Allerdings wird ihre Anwendung im Rahmen der GKV unter eingehender Begründung mit dem Kindeswohl auf Ehepaare beschränkt und deshalb die Pflicht zur Kostenübernahme für heterologe In-vitro-Fertilisationen vom BSG abgelehnt.[14] Auch der BGH hat nur die homologe extra-korporale Befruchtung als medizinisch notwendige Heilbehandlung qualifiziert und die Einstandspflicht der Krankenkasse für zunächst drei Versuche bejaht.[15] Die früher strittige

---

12 *Keller/Günther/Kaiser*, § 1 Abs. 1 Nr. 5, Rn 22; Konsensus-Papier zur Kryokonservierung von Vorkernstadien der Deutschen Gesellschaft für Gynäkologie und Geburtshilfe und des Berufsverbandes der Frauenärzte, Frauenarzt 1991, 715; *Hülsmann*, Frauenarzt 1993, 301 m.w.N.
13 Es handelt sich dabei nicht um Ausübung der Heilkunde. Die Kryokonservierung vorsorglich gewonnener 2-PN-Zellen (impägnierter Eizellen) für die mögliche Wiederholung eines Versuchs der Befruchtung ist keine Leistung der gesetzlichen Krankenversicherung, BSGE 86, 174.
14 BSG – 3 RK 24/89, NJW 1990, 2959; jetzt auch BVerfGE, Urt. v. 28.2.2007 – 1 BvL 5/03, GesR 4/2007, Gesetzgeber könnte aber andere Regelung treffen. BSG, Urt. v. 24.5.2007 – B 1 KR 10/06 R, Altersgrenze für Männer verstößt nicht gegen Verfassungsrecht.
15 BGH, Urt. v. 17.12.1986 – IV a ZR 78/85, MedR 1987, 182; BGH, Urt. v. 23.9.1987 – IV a ZR 59/86, MedR 1988, 34.

Frage, ob ein Kostenerstattungsanspruch auch dann besteht, wenn das Paar bereits ein Kind hat, ist jetzt in diesem Sinne positiv entschieden worden, so dass keine Ungleichbehandlung zwischen gesetzlich und privat Versicherten mehr besteht.[16] Strafgesetzlich ist die gespaltene Vaterschaft ebenso wenig verboten wie die künstliche Befruchtung in nichtehelichen Lebensgemeinschaften, da das Embryonenschutzgesetz die Ehe nicht als Zulässigkeitsvoraussetzung für die IVF präjudiziert. Verboten ist allerdings die geteilte Mutterschaft, § 1 Abs. 1 Nr. 2, 6 und 7 EschG, während die geteilte Vaterschaft zweifellos erlaubt ist – ein offensichtlicher Widerspruch, der keinen Sinn macht.[17] Daneben gibt es weitere eindeutige Verbotsfälle, wie etwa die **Post-mortem-Insemination**. Darauf gerichtete Verträge sind nichtig. Gem. § 4 Abs. 1 Nr. 3 EschG wird mit Freiheitsstrafe bis zu drei Jahren oder mit Geldstrafe bestraft, wer wissentlich eine Eizelle mit dem Samen eines Mannes nach dessen Tode künstlich befruchtet. Eine strafbare Körperverletzung trotz Einwilligung der Frau könnte im Übrigen dann angenommen werden, wenn man die Einwilligung zu einer derartigen Befruchtung außerhalb einer bestehenden Partnerschaft als sittenwidrig einstuft (§ 228 StGB). Betrachtet man sich das Schutzgut „Kindeswohl", das Anlass für das Verbot der Post-mortem-Befruchtung gewesen ist, ist es durchaus möglich, derartige Einwilligungen als „sittenwidrig" (z.B. auch bei homosexuellen Frauen) zu qualifizieren. Allerdings spielen hier sehr starke weltanschauliche Grundpositionen eine Rolle, so dass man sich vor vorschnellen Festlegungen hüten sollte. Die Gegenmeinung könnte sich u.U. auf die neuen gesetzlichen Regelungen zur Gleichstellung gleichgeschlechtlicher Partnerschaften berufen.

2. Anonymitätszusage

Problematisch ist die bei heterologen Verfahren häufig erklärte Anonymitätszusage.[18] In anderen Ländern (z.B. Holland, Frankreich, USA etc.) ist die anonyme Samenspende gang und gäbe. Zweifellos vereinfacht sie die Rekrutierung entsprechender Spender. Die **Anonymitätszusage** geht hier – im Übrigen vielfach unterschlagen – in zwei Richtungen:
- Anonymität des Spenders gegenüber der Empfängerin bzw. dem solchermaßen gezeugten Kind
- Anonymität der Empfängerin im Hinblick auf den Spender, d.h., auch dieser weiß nicht, welche Frau letztlich mit seinem Samen befruchtet wird.

In diesem Zusammenhang kann sich die Frage nach der Rechtmäßigkeit der Einwilligung in eine derartige anonyme **Samenspende** ergeben, die ja auch nach dem ESchG Voraussetzung für die Nichtbestrafung des Eingriffs ist. Die Praxis befasst sich nämlich in aller Regel nur mit der Frage der Zulässigkeit im Hinblick auf die Empfängerin, nicht jedoch auf die Vorstellung des einwilligenden Spenders. Die Wirksamkeit der Einwilligung kann sicherlich in den Fällen unterstellt werden, in denen die Samenspende eine völlig unbekannte Frau betrifft, die bisher nicht im Lebenskreis des Spenders aufgetaucht ist. Würde der Spender jedoch auch einwilligen, wenn er wüsste, dass die Spende einem Paar zugute kommt, das er möglicherweise kennt und in keiner Weise schätzt, oder einem Paar, das er kennt und zu dem er besonders enge freundschaftliche Beziehungen unterhält? Pauschale Einwilligungserklärungen werden in der Praxis zu wenig hinterfragt. Der Samenspender kann seine Einwilligung im Übrigen bis zur Vor-

---

16 BGH, Urt. v. 13.9.2006 – IV ZR 133/05, NJW 2006, 3560 = MedR 2007, 107.
17 *Ludwig/Küpker/Dietrich*, Frauenarzt 2000, 938 ff.
18 *Naumann*, ZRP 1999, 142 ff. mit Hinweisen auf Regelung in anderen Ländern. Einigermaßen gelungen ist die österreichische Regelung.

nahme der künstlichen Befruchtung jederzeit widerrufen.[19] Bedeutender ist allerdings die Frage bezüglich der Anonymitätszusage zugunsten des Spenders im Hinblick auf das Paar bzw. das zu zeugende Kind. Diese Frage stellt sich im Übrigen nicht nur bei der anonymen (Einzel-)Samenspende, sondern auch beim Verwenden eines „Samencocktails", der eine Zurückverfolgung der genetischen Abstammung zumindest außerordentlich erschwert bzw. gänzlich unmöglich machen kann. Nach überwiegender Auffassung ist die anonyme heterologe Insemination, d.h. eine dem Spender gegebene Anonymitätszusage, die ja letztlich ursächlich für seine Einwilligung gewesen ist, rechtswidrig,[20] daraufhin gerichtete Verträge mithin nichtig (mit entsprechenden Folgen für das Honorar).

10 In zwei – außerhalb der Fachkreise – wenig bemerkten Entscheidungen vom 18.1.1988 und 31.1.1989 hat das Bundesverfassungsgericht[21] der Kenntnis der genetischen Abstammung und damit dem Wissen um die eigene Individualität Verfassungsrang zuerkannt.[22] Es vertrat die Ansicht, das nichteheliche Kind habe ein Recht auf Kenntnis des leiblichen Vaters (sofern er feststellbar ist), da es gem. Art. 6 Abs. 5 GG dem ehelichen Kind so weit wie möglich gleichgestellt werden solle. Nur wenn das Kind seinen Vater kenne, könne es in eine persönliche Beziehung zu ihm treten oder auch unterhalts- und erbrechtliche Ansprüche durchsetzen. Die Eltern eines nichtehelichen Kindes hätten daher im Regelfall ihre Interessen denjenigen des Kindes unterzuordnen, denn sie hätten die Existenz des Kindes und seine Nichtehelichkeit letztlich zu vertreten. In der anderen Entscheidung führt das Bundesverfassungsgericht aus, dass auch das pro forma eheliche volljährige Kind das Recht haben müsse, die Klärung seiner Abstammung herbeizuführen. Die Kenntnis der eigenen Abstammung sei wesentlicher Bestandteil des Individualisierungsprozesses und falle daher unter den Schutz des allgemeinen Persönlichkeitsrechts.[23] Später hat das Bundesverfassungsgericht diese Entscheidungen allerdings insoweit relativiert,[24] als der Anspruch des Kindes immer mit dem Persönlichkeitsrecht der Mutter abgewogen werden müsse. Den Gerichten stehe dabei ein breiter Entscheidungsspielraum zu.[25] Die Verwendung von „Samencocktails" ist aber unter keinem rechtlichen Gesichtspunkt zu rechtfertigen; sie stellt eine vorsätzliche Vereitelung der genuinen Rechte des Kindes dar,[26] ohne dass demgegenüber höherrangige schützenswerte Interessen der Eltern oder des Spenders zu erkennen sind. Die Verletzung der Anonymitätszusage gegenüber dem Spender ist nicht unproblematisch. Natürlich stellt der Bruch der Anonymitätszusage eine Verletzung der ärztlichen Schweigepflicht dar; diese Verletzung ist jedoch i.d.R. gerechtfertigt, da die Anonymitätszusa-

---

19 EUGMR, Urt. v. 7.3.2006 – 6339/05, GesR 2006, 428.
20 MüKo/*Mutschler*, § 1593 Rn 21a.
21 BVerfG – 1 BvR 1589/87, NJW 1988, 3010; BVerfG – 1 BvL 17/87, NJW 1989, 891; dazu auch *Enders*, NJW 1989, 881.
22 In dem einen Fall wollte ein nichteheliches Kind seine Mutter verpflichtet wissen, ihm den Namen seines leiblichen Vaters zu nennen (die Mutter lebte im Zeitpunkt der Konzeption in einer monogamen Beziehung); in der anderen Entscheidung ging es darum, inwieweit ein volljähriges Kind innerhalb einer bestehenden Ehe seine Ehelichkeit anfechten kann, ohne dass die besonderen Zulässigkeitsvoraussetzungen des § 1596 BGB gegeben waren.
23 Vgl. v. *Münch/Kunig*, Art. 1 Rn 36 Stichwort „künstliche Befruchtung"; *Keller u.a.*, Einführung Ziff. V B Rn 15.
24 BVerfG – 1 BvR 409/90, NJW 1997, 1769; ebenso OLG Hamm – 29 U 166/90, FamRZ 1991, 1229; LG Essen – 13 T 119/93, FamRZ 1994, 1347; LG Stuttgart – 2 T 146/92, NJW 1992, 2897; AG Rastatt – 1 C 597/94, FamRZ 1996, 1299.
25 Zur Vollstreckbarkeit des Anspruchs durch Zwangsgeld gem. § 888 ZPO siehe OLG Hamm – 14 W 129/99, NJW 2001, 1870.
26 *Naumann*, ZRP 1999, 142 ff.

ge als solche rechtswidrig (s.o.), d.h. der **Informationsanspruch** des Kindes vorrangig ist. Führt die Offenbarung des Spendernamens gegenüber dem Kind zur Geltendmachung von Unterhaltsansprüchen u.a. gegen den leiblichen Vater, sind Regressansprüche seitens dieses gegenüber dem Arzt dann denkbar, wenn der Arzt nicht auf die fehlende Bindungswirkung der Anonymitätszusage hingewiesen und auch das nach wie vor bestehende **Ehelichkeitsanfechtungs-** und Informationsrecht des Kindes nachweisbar erwähnt hatte. Werden derartige Ansprüche erhoben, stellt sich zwangsläufig die Frage, inwieweit sie ggf. durch die Berufshaftpflicht abgedeckt sind. Mit guten Gründen lässt sich die Auffassung vertreten, der Versicherer könne sich hier auf seine Leistungsfreiheit berufen, da bedingter Vorsatz anzunehmen ist. Der Arzt weiß, dass die Anonymitätszusage in erster Linie dazu dient, Spender zu motivieren. Sichert er dem Spender dabei dennoch Anonymität zu, nimmt er damit billigend in Kauf, diese Anonymitätszusage später einmal brechen zu müssen, schon um nicht selbst von dem Kind als Ersatzschuldner in Anspruch genommen zu werden.[27]

3. Familien- und unterhaltsrechtliche Konsequenzen

Das von einer verheirateten Frau nach der Eheschließung und innerhalb von 300 Tagen nach der Auflösung der Ehe geborene Kind ist auch dann ehelich, wenn es das Produkt einer heterologen Insemination ist.[28] Diese Ehelichkeitsvermutung gilt so lange, bis sie durch eine erfolgreiche Ehelichkeitsanfechtung, die früher sowohl vom Scheinvater, der Mutter als auch vom Kind (ggf. durch seinen gesetzlichen Vertreter) beantragt werden konnte, beseitigt worden ist.[29] Die Anfechtungsfrist betrug für den Scheinvater zwei Jahre seit Kenntnis der Umstände; die Frist begann frühestens mit der Geburt zu laufen (§ 1600b BGB). Beim Kind beginnt die Frist frühestens nach Erreichen der Volljährigkeit und Kenntnis der Umstände. Nach einer heftig umstrittenen Entscheidung des BGH[30] sollte der Scheinvater die Ehelichkeit auch dann anfechten können, wenn er sich mit der heterologen Insemination seiner Ehefrau einverstanden erklärt hatte. Die Kritik an diesem Urteil ebbte nicht ab.[31] Wenn auch die Einräumung des Ehelichkeitsanfechtungsrechts zugunsten des Scheinvaters, der einer heterologen Insemination zunächst zugestimmt hat, widersprüchlich erscheinen mag, war doch nicht zu übersehen, dass die Vorschriften in den §§ 1591 ff. BGB zwingendes Recht darstellten, das einer vertraglichen Abänderung in der Regel nicht zugänglich war. Hier schafft § 1600 Abs. 4 BGB nunmehr Klarheit. Er schließt eine Anfechtung der Vaterschaft durch Scheinvater oder Mutter endgültig aus, sofern das Kind mit der Samenspende eines Dritten erzeugt worden ist.[32]

11

---

27 Hierzu auch *Coester-Waltjen*, Gutachten zum 56. Deutschen Juristentag 1986, B 68, 69.
28 § 1591 i.V.m. § 1592 BGB, Ehelichkeitsvermutung, allerdings nur dann, wenn überhaupt eine Beiwohnung stattgefunden hat; die heterologe Insemination allein begründet die Ehelichkeitsvermutung nicht; *Coester-Waltjen*, Reproduktionsmedizin 2002, 183 ff.
29 Das früher bestehende Anfechtungsrecht der Großeltern für den Fall des Todes des Mannes § 1595a BGB a.F. ist weggefallen.
30 BGH – IX ZR 24/82, NJW 1983, 2073; OLG Celle – 15 U 7/91, NJW 1992, 1516.
31 OLG Düsseldorf – 3 U 62/86, FamRZ 1988, 762; LG Duisburg – 4 S 229/86, FamRZ 1987, 197; AG Dieburg – 20 C 906/86, NJW 1987, 713; AG Lüdenscheid – 8 C 161/85, NJW 1986, 784; siehe aber BGH – XII ZR 29/94, NJW 1995, 2028.
32 Vgl. Gesetz zur weiteren Verbesserung von Kinderrechten vom 9.4.2002 (BGBl I, 1239) und Gesetz zur Änderung der Vorschriften über die Anfechtung der Vaterschaft und das Umgangsrecht von Bezugspersonen des Kindes, zur Registrierung von Vorsorgeverfügungen und zur Einführung von Vordrucken für die Vergütung von Berufsbetreuern vom 23.4.2004 (BGBl I, 598).

12 Der Samenspender ist über das nach wie vor bestehende Anfechtungsrecht des Kindes vor der Samenspende hinzuweisen, um ihm das Risiko einer möglicherweise bestehenden Inanspruchnahme auf Unterhalt (z.B. bei Wegfall der sonstigen Unterhaltsverpflichteten) aufzuzeigen. Fechten die Kinder die Ehelichkeit an, entfällt die Unterhaltspflicht des Scheinvaters. Aus einer heterologen Insemination stammende Kinder können insoweit nicht besser gestellt werden, als „normale" Kinder.[33]

4. Dokumentation

13 Schon nach geltendem Berufsrecht (§ 10 MBO) ist der Arzt verpflichtet, die maßgeblichen Fakten der jeweiligen Behandlung zu dokumentieren; hierzu gehört selbstverständlich auch die Person des genetischen Vaters. Die Einzelheiten sind jetzt in Ziff. 5.4.1 der Rili konkretisiert. Die standesrechtliche Dokumentationspflicht ist für die hier in Rede stehenden Fälle jedoch unzureichend, da die Aufbewahrungspflicht in der Regel nur zehn Jahre beträgt; der Informationsanspruch des Kindes wird aber – sofern er überhaupt erhoben wird – in aller Regel erst nach Erreichen der Volljährigkeitsgrenze geltend gemacht werden. Aus diesem Grunde wird man eine über die standesrechtliche **Aufbewahrungspflicht** von zehn Jahren hinausgehende nebenvertragliche Obliegenheit für eine weitergehende Aufbewahrungspflicht ernsthaft diskutieren müssen.[34] Denkbar wäre eine Registrierung bei der Ärztekammer. Sinnvollerweise wird man aber Registrierung und Verfahrensfragen (Einsichtnahme, Fristen u.Ä.) außerhalb des ärztlichen Berufsrechts regeln, da insoweit wieder Kompetenzgrenzen zu beachten sind. Berufsrechtlich unproblematisch sind hingegen die Dokumentations- und Meldepflichten gegenüber dem DIR (4.3. der Richtlinien). Für die Frage einer – außerberufsrechtlichen – Dokumentation eignen sich die an anderer Stelle bearbeiteten Vorschläge.

B. Präimplantationsdiagnostik (PID)[35]

I. Die Problematik

14 Die stark weltanschaulich geprägte Diskussion um die PID hatte durch einen Richtlinienentwurf der Bundesärztekammer zur Präimplantationsdiagnostik einen neuen Anstoß bekommen, in dem – wie schon zuvor die Ethik-Kommission des Landes Rheinland-Pfalz[36] – prinzipiell von einer Zulässigkeit der Methode ausgegangen wird,[37] wenn bestimmte klar definierte Indikationen vorliegen und ein strenges Prüfverfahren gewähr-

---

33 BGH – XII ZR 89/94, NJW 1995, 2031.
34 In anderen Ländern bestehende Dokumentationsmöglichkeiten (z.B. Schweden, gesondertes Register für Krankenhäuser etc.) scheiden mangels gesetzlicher Grundlage in Deutschland aus; außerdem werden heterologe Inseminationen vornehmlich in Praxen vorgenommen, so dass die Bündelungsfunktion von Klinikregistern entfällt. Praktikabel erscheint der Vorschlag von *Coester-Waltjen*, die biologische Vaterschaft beim Standesamt verschlüsselt registrieren zu lassen, um dem Kind mit Vollendung des 18. Lebensjahres ein Informationsrecht einzuräumen. Eine „automatische" Information nach Erreichen der Volljährigkeit wird zu Recht abgelehnt, da das Recht des Kindes auf Kenntnis seiner genetischen Abstammung auch negativ im Sinne von Bewahrung des Status quo zu achten ist; so wohl auch *Coester-Waltjen*, B 65, 66.
35 Ausführlich *Ratzel* in: Ratzel/Lippert, D Nr. 14 MBO; *Ratzel/Heinemann*, MedR 1997, 540 ff.
36 Bericht vom 20.7.1999; so auch die Bioethik-Kommission der Bayerischen Staatsregierung zur Präimplantationsdiagnostik vom Juli 2003.
37 Diskussionsentwurf zu einer Richtlinie zur Präimplantationsdiagnostik, DÄ 97, 423 ff.

leistet ist. In eine ähnliche Richtung geht ein (Mehrheits-)Votum des Nationalen Ethikrates,[38] dem allerdings auch ein gut begründetes (ablehnendes) Votum gegenübersteht. Die Diskussion ist in vollem Gange, wobei von politischer Seite zunehmend eine Regelung des Gesetzgebers verlangt wird. Ein von der FDP vorgelegter Regelungsvorschlag[39] ist derzeit allerdings nicht mehrheitsfähig. Zusätzlichen Zündstoff gewinnt die Debatte durch die Diskussion um Embryonen- bzw. **Stammzellforschung** und die Position Deutschlands im internationalen Vergleich. Das Moratorium der EU bezüglich der Förderung entsprechender Forschungsvorhaben ist ausgelaufen. Dann können mit deutschen Steuergeldern Forschungsvorhaben in anderen EU-Staaten gefördert werden, die in Deutschland verboten sind. Präimplantationsdiagnostik und Embryonenforschung haben rechtlich auf den ersten Blick zwar nichts miteinander zu tun. Eine gemeinsame wissenschaftliche Wurzel ist jedoch unbestritten. Beiden Tätigkeitsfeldern gemein ist eine Verwendung von „Zellmaterial" in der Absicht, hieraus einen Erkenntnisgewinn[40] zu erzielen. Dieser „Erkenntnisgewinn" wiederum kommt nicht nur beiden Tätigkeitsfeldern, sondern der gesamten Medizin zugute.[41]

II. Verfassungsrechtliche Ebene

Zunehmend wurde die Diskussion um die PID mit verfassungsrechtlichen Argumenten geführt. Selbst wenn man unter Auslegung einfachen Rechts zu einer Zulässigkeit der PID gelangen könne, bleibe letztlich der verfassungsrechtliche Schutz der **Menschenwürde** (Art. 1 Abs. 1 GG), der auch dem Embryo von Anfang an, und nicht erst nach Nidation, zustehe.[42] Die gegenteilige Auffassung könne sich nicht auf die Entscheidungen des BVerfG zu § 218 StGB berufen, da dort nur die Phase ab Nidation zur Entscheidung anstand. Kritiker[43] verweisen demgegenüber darauf, dass es keine absolute Unantastbarkeit gebe. Dies zeigen nicht nur die Urteile des Bundesverfassungsgerichts zur Reform des § 218 StGB, wo gerade der Anspruch der einen Existenz gegenüber der anderen relativiert werde (im Indikationenmodell), sondern auch die arzneimittel- und medizinprodukterechtliche Zulassung nidationshemmender Mittel. Wenn auf die Vollkommenheit des genetischen Codes mit Abschluss der Befruchtung und damit der Beginn des Menschseins abgestellt werde, vergisst man, dass diese Würde erst richtig „mit Leben" erfüllt werde, wenn die Nidation gelingt. Ohne Nidation bleibt alles Stückwerk, dem absoluten Schutz der Menschenwürde in Art. 1 Abs. 1 GG zum Trotz.

15

---

38 Veröffentlicht im Januar 2003, abrufbar über die Homepage des Ethikrates.
39 Entwurf eines Gesetzes zur Regelung der Präimplantationsdiagnostik, BT-Drucks 15/1234 vom 25.6.2003.
40 Diesen Zusammenhang findet man bei den unterschiedlichsten gesellschaftspolitischen Strömungen; siehe nur *Steindor*, Die Menschenrechtskonvention zur Bioethik des Europarats – Embryonenforschung und Forschung an nicht einwilligungsfähigen Personen, in: Schriftenreihe der Juristenvereinigung Lebensrecht Nr. 15, 1998, 39, 44 ff.
41 Die Frage, warum Verfahren hierzulande verboten sind, mit ihnen im Ausland gemachte Erfahrungen aber in die tägliche Praxis einfließen, ist nicht nur rhetorisch zu stellen.
42 Stellvertretend für andere *Benda*, NJW 2001, 2147, 2148, unter Bezugnahme auf die beiden Entscheidungen des BVerfGE 39, 1 ff. und 88, 203 ff. zu § 218a StGB; a.A. *R. Merkel*, DIE ZEIT, Nr. 25/2001 S. 42; im Ergebnis ähnlich *Sendler*, NJW 2001, 2148 ff.
43 *Sendler*, a.a.O; *H.-G. Koch*, Zum Status des Embryos in vitro aus rechtlicher und rechtsvergleichender Sicht, 1. Österreichische Bioethik-Konferenz, Wien 13.7.2001.

III. Embryonenschutzgesetz

16 Manche Autoren halten unter Bezugnahme auf das Embryonenschutzgesetz jegliche Präimplantationsdiagnostik für unzulässig.[44] Diese dem Lebensschutz verpflichtete Auffassung ist in sich stimmig, gesetzlich zwingend ist sie jedoch nicht. Richtig ist allerdings, dass § 8 Abs. 1 EschG die befruchtete, entwicklungsfähige menschliche Eizelle vom Zeitpunkt der Kernverschmelzung an und jede einem Embryo entnommene totipotente Zelle, die sich bei Vorliegen der dafür erforderlichen weiteren Voraussetzungen zu teilen und zu einem Individuum zu entwickeln vermag, als Embryo im Sinne des Gesetzes definiert. Danach ist es eindeutig unzulässig, eine **totipotente** Zelle einem Embryo zu entnehmen, an ihr die Präimplantationsdiagnostik durchzuführen und von deren Ausgang das weitere Schicksal des „Rest-Embryos" abhängig zu machen. Durch das Zerstören der noch totipotenten Zelle zu Diagnosezwecken würde § 2 Abs. 1 EschG verletzt, da die Diagnosemethode nicht dem Erhalt des Embryos dient. Um in der Systematik des Embryonenschutzgesetzes zu verbleiben, wäre diese Art der Präimplantationsdiagnostik die Klonierung eines Zwillings zur verbrauchenden Diagnostik. Diese noch im Diskussionsentwurf (§ 7) vorgesehene Möglichkeit ist zu Recht gestrichen worden, da ansonsten ein unlösbarer Normwiderspruch zu § 2 Abs. 2 Diskussionsentwurf aufgetreten wäre.[45]

17 Im Umkehrschluss untersagt das Embryonenschutzgesetz aber nicht die Präimplantationsdiagnostik an bereits nicht mehr i.S.v. § 8 EschG totipotenten Zellen des Trophoblasten,[46] durch deren Verbrauch § 2 Abs. 1 EschG nicht mehr verletzt wird.[47] Die dagegen zum Teil früher vorgebrachten Bedenken[48] beruhen überwiegend auf der heute widerlegten Vermutung, die Kryokonservierung des Rest-Embryos sei mit hohen Lebensrisiken verbunden; außerdem sei zu befürchten, dass derartige Methoden Screening-Charakter bekämen. Letzteres ist aber nicht Gegenstand des Embryonenschutzgesetzes, sofern nicht die dort enthaltenen Tatbestände verletzt werden. Dies wäre vielmehr Aufgabe des ärztlichen Berufsrechts (dazu unten) oder eines noch zu verabschiedenden Fortpflanzungsmedizingesetzes. Im Übrigen zeigt die Entwicklung in Großbritannien, wie man der Gefahr der „schiefen Ebene" (slippery sloap) wirksam entgegnen kann.[49] So hat die HFEA z.B. im Jahre 2002 die Genehmigung zur Durchführung einer PID Eltern des dreijährigen Charlie verweigert. Charlie litt an schwerer „Diamond-Blackfan-Anämie". Die Eltern wollten ein weiteres Kind, um für Charlie einen Spender (adulter) Stammzellen zu haben. Bei natürlicher Zeugung lag das Risiko, wieder ein krankes Kind zu bekommen bei 1 : 50. Die HFEA versagte eine Auswahl nach gesunden Embryonen mit einem zu Charlie passenden Gewebetyp mittels PID,

---

[44] *Beckmann*, MedR 2001, 169 ff.; *Günther*, MedR 1990, 161 Ziff. VII; *Laufs*, Fortpflanzungsmedizin und Arztrecht, 1992, 79.
[45] *Günther/Keller*, S. 237.
[46] Insoweit wird vorausgesetzt, dass der erforderliche naturwissenschaftliche Beweis erbracht werden kann. Jenseits des Acht-Zell-Stadiums wird ein Verlust der Totipotenz angenommen, hierzu *Krebs*, Lexikon der Bioethik 1998, Stichwort „Embryonenforschung". Weitere Nachweise bei *Ludwig*, Ärztliche Praxis Gynäkologie 1998, 387 ff.; *Ludwig/Al-Hasani/Diedrich*, Präimplantationsdiagnostik, in: Diedrich (Hrsg.), Weibliche Sterilität, 1998, S. 692 ff.
[47] *Keller/Günther/Kaiser*, Einführung A VIII Rn 15, § 2 EschG Rn 56, 63; *Neidert*, MedR 1998, 347 (allerdings eine Änderung der Berufsordnung anmahnend).
[48] Vgl. z.B. *Günther/Keller*, S. 170.
[49] *Böckenförde-Wunderlich*, S. 77 ff., 82 ff. zurückhaltende Genehmigungspraxis der HFEA (Human Fertilisation and Embryology Authority) derzeit nur fünf Kliniken zugelassen; Anzahl durchgeführter PIDs eher gering.

weil die Verwerfung der übrigen Embryonen nur zu dem Zweck, für Charlie einen geeigneten Stammzellspender zu finden, nicht gerechtfertigt sei.[50]

§ 2 Abs. 2 ESchG wird durch die Diagnostik an bereits ausdifferenzierten Zellen des Trophoblasten nicht verletzt, wenn nach Lage der Dinge eine Übertragung des Embryos im selben Zyklus noch möglich ist. Tauchen unvorhergesehene Hindernisse auf, ist ohnehin eine weitere Kryokonservierung zulässig, ohne dass alleine deswegen das Embryonenschutzgesetz verletzt wäre.[51] Des Kunstgriffes, die Präimplantationsdiagnostik an ausdifferenzierten Zellen des Trophoblasten als Heilversuch zugunsten des übrigen Embryos anzusehen,[52] bedarf es somit nicht. 18

Schließlich wird im Falle geplanter Präimplantationsdiagnostik auch nicht zu einem anderen – und damit illegitimen – Zweck die Eizelle künstlich befruchtet (§ 1 Abs. 1 Nr. 2 ESchG) bzw. die extrakorporale Weiterentwicklung des Embryos bewirkt (§ 2 Abs. 2 ESchG) als zur Herbeiführung einer Schwangerschaft der Frau, von der die Eizelle stammt, wenn grundsätzlich die Voraussetzungen für einen Transfer gewährleistet werden. Auch wenn feststeht, dass ein belasteter Embryo nicht übertragen werden soll, ist die Verwerfung dieses Embryos doch nicht Ziel der künstlichen Befruchtung bzw. der Weiterentwicklung des Embryos. Im Gegenteil ist die etwaige spätere Verwerfung des Embryos wegen einer Verwirklichung des drohenden Risikos höchst unerwünscht. Von einer Absicht im Sinne zielgerichteten Wollens[53] kann aber nicht die Rede sein, wenn der eingetretene Erfolg sich lediglich als eine dem Täter höchst unerwünschte Nebenfolge bzw. ein Fehlschlag gegenüber dem eigentlich von ihm erstrebten Ziel darstellt.[54] 19

Bei jeder In-Vitro-Fertilisation wird der Embryo-Transfer von verschiedenen Faktoren, deren Vorliegen erst nach der Zeugung festgestellt werden kann, abhängig gemacht. Dies gilt in dem Fall, dass seitens der Frau keine körperlichen Probleme auftreten, insbesondere die hormonelle Stimulation wie geplant läuft oder auch ihre Einwilligung nach wie vor aufrechterhalten wird.[55] Auch seitens des Embryos müssen bestimmte Bedingungen erfüllt sein, deren Vorliegen im Zeitpunkt seiner Zeugung nicht sicher ist. Ein Embryo mit z.B. bereits optisch wahrnehmbaren Fehlentwicklungen wird nicht übertragen. Auch an dieser Stelle müssten sich die Gegner der Präimplantationsdiagnostik fragen lassen, warum ein Embryo mit äußerlich erkennbaren Fehlern zweifellos verworfen werden darf, es aber verboten sein soll, nach „inneren" Fehlern zu suchen. Demnach bleibt es dabei: 20

Die bloße Inkaufnahme des Untergangs gezeugter Embryonen führt nicht zur Strafbarkeit der künstlichen Befruchtung, solange das Motiv des Handelns die Herbeiführung der Schwangerschaft ist.[56] 21

Deshalb war der Gesetzentwurf der FDP-Fraktion für ein Gesetz zur Regelung der Präimplantationsdiagnostik[57] zu begrüßen. Der Entwurf will die PID dann zulassen, wenn aufgrund der genetischen Disposition eine hohe Wahrscheinlichkeit für eine Erbkrankheit besteht. Die näheren Einzelheiten von Art und Umfang der Maßnahmen soll durch die Bundesärztekammer, ähnlich wie beim TPG und TFG, bestimmt werden. Aus ver- 22

---

50 Pressemitteilung der HFEA vom 1.8.2002 (www.hfea.gov.uk).
51 *Keller/Günther/Kaiser*, § 2 ESchG Rn 63.
52 *Keller/Günther/Kaiser*, § 2 ESchG Rn 56.
53 *Keller/Günther/Kaiser*, § 1 Abs. 1 Nr. 2 ESchG Rn 15.
54 Vgl. BGHSt 1, 5.
55 *Möller/Thaele*, Frauenarzt 2001, 1393 ff.
56 Im Ergebnis ähnlich *Schneider*, MedR 2000, 360 ff.
57 BT-Drucks 14/7415.

fassungsrechtlichen Gründen sollten jedoch Berufsausübungsregelungen so weit wie möglich nicht auf den Bund übertragen werden. Die Länderkompetenz hat sich in den letzten Jahrzehnten bewährt.

IV. Berufsrecht

23 Nr. 14 S. 2 MBO greift die Systematik des ESchG auf und verbietet diagnostische Maßnahmen an Embryonen vor dem Transfer in die weiblichen Organe; es sei denn, es handelt sich um Maßnahmen zum Ausschluss schwerwiegender geschlechtsgebundener Erkrankungen i.S.d. § 3 ESchG. Dieser regelt die Auswahl von Samenzellen nach dem in ihr enthaltenen Geschlechtschromosom. Die Auswahl ist grundsätzlich unzulässig, ist aber zur Vermeidung schwerwiegender geschlechtsgebundener Erbkrankheiten – beispielhaft wird die Muskeldystrophie vom Typ Duchenne genannt – erlaubt. Die Regelung ist sinnvoll, da die Weitergabe der Krankheit an das Geschlecht gebunden ist und durch entsprechende Auswahl der Samenzelle bereits vor der Zeugung verhindert werden kann. Nach erfolgter Befruchtung ist jedoch ein innerer Zusammenhang zwischen der Geschlechtsgebundenheit einer Erbkrankheit und der Zulässigkeit der Präimplantationsdiagnostik nicht mehr erkennbar. Es gibt den genannten geschlechtsspezifischen Erbkrankheiten vergleichbare schwerwiegende Erbkrankheiten, die nicht geschlechtsgebunden sind, wie z.B. die Mukoviszidose. Da durch eine Auswahl der Samenzellen diesen Erberkrankungen nicht begegnet werden kann, kann die Präimplantationsdiagnostik nicht durch im Vorfeld der Zeugung ansetzende Maßnahmen ersetzt werden. Die Möglichkeit einer Diagnostik kann in diesen eng begrenzten Fällen für ein Paar mit Kinderwunsch sehr hilfreich und entscheidend für die Planung einer Schwangerschaft sein. Mittlerweile gibt es zunehmend Überlegungen, die Zulässigkeit der PID positivrechtlich zu regeln,[58] da die Frau im Falle einer Übertragung in ihrer körperlichen Integrität betroffen wird. Der vorliegenden Konstellation wird dies aber nicht gerecht. Unterbleibt ein Transfer wegen des Votums des Mannes, kommt eine Beeinträchtigung der körperlichen Integrität der Frau hierdurch nicht in Betracht.

V. Zusammenfassung

24 Berufsrechtliche Regelungen im Bereich fortpflanzungsmedizinischer Maßnahmen sind jedenfalls dann zulässig, wenn sie sich auf Prozess- und Strukturqualität beziehen. Dies sind z.B. Qualifikation der beteiligten Ärzte, Zusammensetzung reproduktionsmedizinischer Teams, sachliche und organisatorische Voraussetzungen, Qualitätssicherung, medizinische Empfehlungen (auch zur Zahl der zu transferierenden Embryonen), Dokumentation.

25 Berufsrechtliche Regelungen, die – ohne entsprechende Ermächtigung des Gesetzgebers – statusrechtliche Vorgaben machen, sind unwirksam. Dies sind z.B. Beschränkung auf Ehepaare. Berufsrechtliche Regelungen, die eine nach dem ESchG nicht verbotene Diagnostik an Embryonen einschränken oder verbieten, verletzen das Persönlichkeitsrecht des behandelten Paares. Im Interesse einer Klarstellung sind sie den zulässigen gesetzlichen Rahmenbedingungen, sei es de lege lata, sei es de lege ferenda, anzupassen.

---

58 *Ratzel*, GesR 2004, 77 ff.

VI. Rechtliche Regelungsebenen im Bereich der assistierten Reproduktion

	Kompetenz	Norm/Qualität	Regelungsziel
Berufsrecht	Länder	HeilberufeG	u.a. Satzungsermächtigung LÄK für BerufsO und WBO
	LÄK	BO-Satzung, § 13 u. D IV Nr. 15	Ermächtigung Rili + Verbindlichkeitshinweis
	LÄK	IVF-RiLi, Satzung (umstr.)	Struktur- und Prozessqualität
	BÄK	MBO, keine	Entscheidungsvorlage für LÄK
Fortpflanzungsmedizin	Bund	Regelung fehlt	Koordinierung unterschiedlicher Regelungsziele
Sozialrecht	Bund	§ 121a SGB V	Genehmigung Durchführung
	Bund	§ 27a SGB V	Leistungsinhalt u. Anspruchsberechtigung (nur Ehepaare)
	Bund	§ 27a Abs. 4 i.V.m. § 92 Abs. 1 Nr. 10 SGB V	Ermächtigung G-BA
	G-BA	Richtlinie	Konkretisierung Leistungsinhalt u. -umfang
Strafrecht	Bund	EschG	Ahndung missbräuchlicher Anwendung von Fortpflanzungsttechniken
„Richter-Recht"	BVerfG		Recht auf Kenntnis der eigenen Abstammung
	BGH und BSG		Kosten PKV und GKV nur Ehepaare im homologen System

§ 28 Biomedizinische Forschung

Dr. Hans-Dieter Lippert

Inhalt

A. Einführung	1
B. Erscheinungsformen biomedizinischer Forschung . . .	4
C. Rechtsgrundlagen	6
I. Allgemeine Rechtsgrundlagen .	6
1. Zivilrecht	6
2. Strafrecht	8
II. Spezialgesetzliche Rechtsgrundlagen	10
1. Die klinische Prüfung mit Arzneimitteln	10
2. Die klinische Prüfung von Medizinprodukten	18
D. Ethikkommissionen	21
I. Nach dem Arzneimittelgesetz .	23
II. Nach dem Medizinproduktegesetz	24
III. Nach weiteren spezialgesetzlichen Vorschriften	26
1. Tätigkeit nach dem Transfusionsgesetz und dem Transplantationsgesetz	26
2. Tätigkeit nach untergesetzlichem Bundesrecht	27
3. Landesrechtliche Vorschriften	28
IV. Zusammensetzung und Verfahrensgang	30
1. Zusammensetzung	30
2. Verfahrensgang	32
a) Allgemeiner Verfahrensgang	32
b) Spezieller Verfahrensgang bei klinischen Prüfungen	37
aa) Klinische Prüfungen mit Arzneimitteln	37
bb) Klinische Prüfungen mit Medizinprodukten .	41
E. Schweigepflicht und Datenschutz	45
I. Schweigepflicht	45
II. Datenschutz	50
1. Die Zulässigkeit der Datenverarbeitung und Datennutzung	53
2. Die Zweckbindung	59
3. Das Verhältnis von ärztlicher Schweigepflicht und Datenschutz	61
F. Haftung	63
G. Interessenskonflikte	68
H. Fälschung von Forschungsergebnissen . . .	71

Literatur

Bork, Das Verfahren vor den Ethikkommissionen der medizinischen Fachbereiche, 1998; **Gödicke**, Beschränkung der Staatshaftung für Ethikkommissionen im Zuge der 12. Novellierung des Arzneimittelgesetzes?, MedR 2004, 481; **Hägele**, Arzneimittelprüfung am Menschen, 2004; **Kress**, Die Ethikkommissionen im System der Haftung bei der Planung und Durchführung von medizinischen Forschungsvorhaben am Menschen, 1990; **Lippert**, Der Krankenhausarzt als Urheber, MedR 1994, 135; **ders.**, Klinische Arzneimittelprüfungen – die 12. Novelle zum Arzneimittelgesetz und ihre Umsetzung in das Landesrecht, GesR 2005, 438; **ders.**, Rechtsprobleme der experimentellen Doktorarbeit, WissR 1998, 43; **ders.**, Überwachungspflicht, Informationsrecht und gesamtschuldnerische Haftung nach dem AktienG 1965, 1976; **Ratzel/Lippert**, MBOÄ, Kommentar, 4. Auflage 2006; **Stamer**, Die Ethikkommissionen in Baden-Württemberg, 1998; **Wenckstern**, Die Haftung bei der Arzneimittelprüfung und die Probandenversicherung, 1999.

A. Einführung

Art. 5 Abs. 3 S. 1 GG erklärt **Wissenschaft, Forschung** und **Lehre** für frei. Damit ist nach Wortlaut und Sinngehalt eine objektive, das Verhältnis von Wissenschaft, Forschung und Lehre zum Staat regelnde wertentscheidende Grundsatznorm aufgestellt, die neben die ebenfalls in Art. 5 GG enthaltene Freiheitsverbürgung für die Kunst tritt. Zugleich gewährt diese Verfassungsbestimmung für jeden, der in diesem Bereich tätig ist, ein individuelles Freiheitsrecht.[1]

2 Für das Bundesverfassungsgericht ist wissenschaftliche Tätigkeit alles, was nach Inhalt und Form als ernsthafter und planmäßiger Versuch zur Ermittlung der Wahrheit anzusehen ist.[2] Wissenschaft äußert sich in Forschung oder Lehre. Beide Begriffe erläutern also erschöpfend den Begriff der Wissenschaft. Forschung bedeutet das methodenkritische Streben nach neuen Erkenntnissen. Demnach ist Wissenschaft nicht ohne Forschung und Forschung ohne Wissenschaft nicht denkbar.[3] Sind die Kriterien der Wissenschaftlichkeit gegeben, so fällt auch die Zweck- oder Auftragsforschung unter den Begriff der Forschung. Die **Freiheit von Forschung und Lehre** ist auch nicht auf eine Tätigkeit an Hochschulen oder auf Hochschullehrer beschränkt, sondern sie steht jedem zu, der wissenschaftlich tätig ist oder tätig werden will.[4] Als Abwehrrecht schützt Art. 5 Abs. 3 GG die wissenschaftliche Betätigung gegen staatliche Eingriffe. Dieser Freiraum des Wissenschaftlers ist ebenso vorbehaltlos geschützt wie die Freiheit künstlerischer Betätigung. Das in Art. 5 Abs. 3 GG garantierte Freiheitsrecht, von staatlichen Zwängen im wissenschaftlichen Erkenntnisprozess unbehelligt zu bleiben, bietet einen durchgängigen Schutz auch vor verhältnismäßig geringen Beeinträchtigungen.[5] Auf den medizinischen Bereich gemünzt bedeutet dies, dass sich sowohl der Doktorand wie auch der Ordinarius auf das Recht der Wissenschaftsfreiheit berufen können. Sie brauchen sich weder die Zielsetzung noch die Methoden ihrer Forschung vorgeben oder gar deren Nützlichkeit für wen auch immer nachweisen zu lassen.[6] Die Freiheit der Wissenschaft bedeutet aber auch, dass **Forschung an und mit Menschen** möglich ist.

3 Wenn **Wissenschaftsfreiheit** u.a. die Forschung an und mit Menschen legitimiert, so bedeutet dies nicht zugleich, dass diese Forschung schrankenlos, also gleichsam um jeden Preis möglich sein muss. Hier finden sich Berührungspunkte zu anderen primär grundrechtlich geschützten Rechtspositionen, deren Schutz durch einfachgesetzliche Rechtsnormen weiter verfestigt ist (BGB, StGB etc.). Hier sind zu nennen einmal das Grundrecht der **Menschenwürde** (Art. 1 Abs. 1 GG) sowie die **Grundrechte auf Leben** und **körperliche Unversehrtheit** (Art. 2 Abs. 2 GG) sowie das Grundrecht auf **freie Entfaltung der Persönlichkeit** (allgemeines Persönlichkeitsrecht, Art. 2 Abs. 1 GG). Bei diesen Grundrechten handelt es sich um bereits von Verfassungs wegen vorgegebene Einschränkungen der Wissenschaftsfreiheit, die unabhängig davon, dass sie durch einfachgesetzliche Rechtsnormen weiter ausgeprägt sind, Geltung beanspruchen, auch wenn im Einzelfall noch eine Güterabwägung vorzunehmen ist. So gesehen gelangt die Einwilligung nach entsprechender Aufklärung in jeden Eingriff in die Person (nicht nur zu Zwecken der ärztlichen Behandlung, sondern auch zu Zwecken der wissenschaftlichen Forschung) letztlich zu Verfassungsrang. Gleiches gilt auch für die Verwertung von persönlichen Daten.

---

1 Vgl. hierzu *Leibholz/Rink/Hesselberger*, Rn 1081 zu Art. 5 GG; BVerfGE 35, 112 unter Hinweis auf BVerfGE 30, 188.
2 BVerfGE 35, 113.
3 Siehe *v. Münch*, Art. 5 Rn 67 m.w.N.
4 BVerfGE 35, 112.
5 BVerfGE 47, 378.
6 So *Eser* in: Forschung, in: Eser /v. Lutterotti/Sporken (Hrsg.): Lexikon Medizin, Ethik, Recht, 1989, Sp. 340.

B. Erscheinungsformen biomedizinischer Forschung

Der Begriff „Biomedizinische Forschung" deckt unterschiedliche Bereiche ab: zum einen **Heilversuche** („Eingriffe und Behandlungsweisen am Menschen, die der Heilbehandlung dienen, also in einem bestimmten Behandlungsfall zur Erkennung, Heilung oder Verhütung einer Krankheit oder eines Leidens oder zur Beseitigung eines körperlichen Mangels vorgenommen werden, obwohl ihre Auswirkungen und Folgen aufgrund der bisherigen Erfahrungen noch nicht ausreichend zu übersehen sind",[7] zum anderen **medizinische Experimente** („Eingriffe und Behandlungsweisen am Menschen, die zu Forschungszwecken vorgenommen werden, ohne der Heilbehandlung im einzelnen Fall zu dienen, und deren Auswirkungen und Folgen aufgrund der bisherigen Erfahrungen noch nicht ausreichend zu übersehen sind"[8]) sowie epidemiologische Forschung mit Registern und Daten. Er umfasst auch die Forschungsprojekte an und mit Körpermaterialien, soweit ein bedingter oder evidenter Personenbezug gegeben ist. Heilversuch und medizinisches Experiment folgen hinsichtlich der Zulässigkeit unterschiedlichen Rechtsregeln.

Als in der Praxis am häufigsten vorkommender Fall regeln das AMG wie das MPG den Heilversuch und das klinische Experiment im Rahmen der **klinischen Prüfung von Arzneimitteln und Medizinprodukten**.

C. Rechtsgrundlagen

I. Allgemeine Rechtsgrundlagen

1. Zivilrecht

Schuldverhältnis ist die rechtliche Beziehung zwischen zwei oder mehr Personen, kraft deren ein Gläubiger gegen einen Schuldner ein Recht auf ein Tun oder ein Unterlassen, einen Anspruch oder eine Forderung hat. Das Schuldverhältnis kann dabei durch **Vertrag** oder **kraft Gesetzes** (unerlaubte Handlung GoA) begründet werden. Die Vertragsfreiheit, also die Freiheit, Verträge aller Art mit jedwedem Inhalt (solange er nicht gesetzes- oder sittenwidrig ist) abschließen zu können, lässt sich dabei auf Art. 2 GG zurückführen. Sie ist Inhalt der allgemeinen Handlungsfreiheit. Die inhaltliche Gestaltungsfreiheit bei Verträgen ist allerdings häufig (auch auf beiden Seiten) durch die Verwendung Allgemeiner Geschäftsbedingungen mit vorformulierten Regelungen eingeschränkt. Dies ändert aber am Grundsatz der Vertragsfreiheit nichts. Die allgemeinen Regelungen über Rechtsgeschäfte sowie die Regeln über Schuldverhältnisse finden auch Anwendung auf Sachverhalte, die außerhalb des BGB geregelt sind wie z.B. Urheberrechts- und Lizenzverträge. Ihr Abschluss und ihre Abwicklung richtet sich nach den allgemeinen Vorschriften des BGB, soweit in den entsprechenden Spezialgesetzen keine Sonderregelungen enthalten sind. Verträge über Forschungsprojekte richten sich überwiegend nach den Regeln über den Dienstvertrag, gelegentlich auch denen des Werkvertrags. Bisweilen gibt es auch aus beiden Typen gemischte Verträge.

Das BGB enthält ebenfalls die Regularien für die Folgen einer schuldhaften Verletzung von Rechtsgütern und Rechtspflichten. Der Schädiger hat dem Geschädigten danach

---

[7] Reichsgesundheitsblatt 1934, S. 174.
[8] Reichsgesundheitsblatt 1934, S. 174.

denjenigen Schaden zu ersetzen, den dieser aus einer vorsätzlichen oder fahrlässigen Pflichtverletzung erleidet. Bei der vertraglichen Haftung kann Haftungsgrund die **Nichtleistung,** die **verzögerte Leistung** oder die **Schlechtleistung** sein. Bei der unerlaubten Handlung nach § 823 BGB kann es die schuldhafte Verletzung bestimmter Rechtsgüter wie etwa des Lebens, der Gesundheit, der Freiheit, des Eigentums oder eines sonstigen Rechtes sein oder auch die Verletzung eines Schutzgesetzes, welches den Schutz eines anderen bezweckt. Die fehlerhafte Durchführung der Geschäftsführung ohne Auftrag verpflichtet ebenfalls unter bestimmten, weiteren Voraussetzungen ebenfalls zum Schadenersatz.

2. Strafrecht

8   Rechtsquelle für die Ahndung strafrechtlichen Verhaltens eines Bürgers ist das **Strafgesetzbuch.** Verwaltungsunrecht wird nach den Vorschriften des **Ordnungswidrigkeitengesetzes** geahndet. Voraussetzung für eine Strafbarkeit nach den Vorschriften des StGB ist dabei, dass der Täter einen im StGB enthaltenen Tatbestand durch ein **Tun** oder **Unterlassen** erfüllt, ihm kein Rechtfertigungsgrund zur Seite steht und dass er schuldhaft, also regelmäßig vorsätzlich oder auch fahrlässig, gehandelt hat. Der Tatbestand des Begehungsdeliktes kann dabei regelmäßig auch durch ein Unterlassen verwirklicht werden. Allerdings kann dieses Unterlassen einem aktiven Tun erst dann gleichgestellt werden, wenn den Unterlassenden rechtlich eine Pflicht trifft, dafür zu sorgen, dass ein bestimmter Erfolg nicht eintritt. Es ist dies die Garantenpflicht und die daraus folgende Garantenstellung. Aus verfassungsrechtlichen Gründen kann die Bestrafung wegen einer Straftat nur ein Mal erfolgen.

9   Außer im StGB finden sich in einer Vielzahl von Gesetzen weitere Strafvorschriften und Ordnungswidrigkeitstatbestände, so zum Beispiel im AMG, dem MPG. Für diese Straf- und Ordnungswidrigkeitentatbestände gelten die o.g. Grundsätze ebenfalls. Von besonderer Bedeutung ist dabei, dass in den Tatbeständen das Verwerfliche hinreichend deutlich beschrieben ist, damit der der Norm unterworfene Bürger weiß, welches Verhalten er zu vermeiden hat, will er sich nicht strafbar machen oder eine Ordnungswidrigkeit begehen. Der Grundsatz der Bestimmtheit der Norm wird in den Formulierungen der Strafnormen des **Nebenstrafrechts** nicht immer so strikt eingehalten, wie dies im Hinblick auf das Unrechtsbewusstsein, welches durch diese Strafnormen erzeugt werden soll, wünschenswert wäre. Verfassungsrechtlich bedenklich ist in diesem Zusammenhang, dass immer häufiger der eigentliche Tatbestand der Strafnorm oder der Ordnungswidrigkeit nur über eine ganze Kaskade von Normen erschlossen werden kann. Rechtsfolge der Verletzung einer Strafnorm kann eine **Freiheits- oder Geldstrafe** oder bei der Verletzung eines Ordnungswidrigkeitentatbestandes ein **Bußgeld** sein.

II. Spezialgesetzliche Rechtsgrundlagen

1. Die klinische Prüfung mit Arzneimitteln

10 Der Begriff der **klinischen Prüfung** stammt ursprünglich aus dem Arzneimittelrecht, ohne dass bisher eine entsprechende Definition im Arzneimittelgesetz enthalten war. Dies ist durch die Änderung des Arzneimittelgesetzes anders geworden. § 4 Abs. 23 AMG gibt nunmehr folgende Definition:

> *„Klinische Prüfung beim Menschen ist jede am Menschen durchgeführte Untersuchung, die dazu bestimmt ist, klinische oder pharmakologische Wirkungen von*

Arzneimitteln zu erforschen oder nachzuweisen oder Nebenwirkungen festzustellen oder die Resorption, die Verteilung, den Stoffwechsel oder die Ausscheidung zu untersuchen, mit dem Ziel, sich von der Unbedenklichkeit oder Wirksamkeit der Arzneimittel zu überzeugen."

Damit weicht die gesetzliche Definition (leider) von derjenigen in Art. 2 lit. a Richtlinie 2001/20/EG ab, ohne dass dafür ein zwingender Grund ersichtlich ist. Voraussetzung für die Zulassung eines Arzneimittels ist, wie bisher nach der alten Regelung auch, dessen klinische Prüfung beim Menschen. 11

In §§ 40 ff. AMG sind, wie bisher schon, die Anforderungen an klinische Prüfungen von Arzneimitteln gesetzlich geregelt. Das Gesetz sieht hierfür nach der Neuregelung ein zweigeteiltes Verfahren vor, welches eine zustimmende Bewertung der klinischen Prüfung durch eine Ethikkommission sowie eine Genehmigung durch die zuständige **Bundesoberbehörde** (BfArM) voraussetzt. Ohne die zustimmende Bewertung einer **Ethikkommission** darf mit der klinischen Prüfung nicht begonnen werden. 12

Die Durchführung einer klinischen Prüfung eines Arzneimittels setzt neben der Erfüllung einer Reihe formaler Voraussetzungen eine grundsätzliche Güterabwägung voraus. Eine klinische Prüfung darf beim Menschen nämlich nur dann durchgeführt werden, wenn und solange die Risiken, die mit ihr für die Person verbunden sind, bei der sie durchgeführt werden soll, gemessen an der voraussichtlichen Bedeutung des Arzneimittels für die Heilkunde ärztlich vertretbar sind. 13

Die wesentlichen allgemeinen Voraussetzungen, unter denen eine klinische Prüfung durchgeführt werden darf, finden sich in § 40 Abs. 1 AMG, die besonderen Voraussetzungen in § 41 AMG. Es handelt sich dabei um folgende wesentliche Voraussetzungen: Eine klinische Prüfung am Menschen darf nur mit dessen ausdrücklicher **Einwilligung** nach vorausgegangener Aufklärung durchgeführt werden. Die einwilligende Person muss nicht nur einwilligungsfähig, sondern auch geschäftsfähig sein. Sie muss die Einwilligung selbst und schriftlich erteilen. Sie darf nicht auf gerichtliche oder behördliche Anordnung in einer Anstalt verwahrt sein. Die Einwilligung in die klinische Prüfung kann die einwilligende Person jederzeit frei widerrufen. Die klinische Prüfung muss von einem Arzt oder Zahnarzt durchgeführt werden, welcher für die klinische Prüfung von Arzneimitteln entsprechend qualifiziert ist und über eine mindestens zweijährige Erfahrung in der klinischen Prüfung von Arzneimitteln verfügt. Die klinische Prüfung muss aufgrund eines **Prüfplans** durchgeführt werden, welcher dem Stand der wissenschaftlichen Erkenntnisse zu entsprechen hat. Der klinischen Prüfung hat im Allgemeinen eine **pharmakologisch-toxikologische Prüfung** des Arzneimittels vorauszugehen. An Patienten darf eine klinische Prüfung eines Arzneimittels dann durchgeführt werden, wenn sie an einer Krankheit leiden zu deren Behebung das Arzneimittel angewendet werden soll, wenn dessen Anwendung nach Erkenntnis der Wissenschaft angezeigt ist, das Leben des Patienten zu retten, seine Gesundheit wiederherzustellen oder sein Leiden zu erleichtern. Die Durchführung einer klinischen Prüfung ist davon unabhängig, dass zugunsten der einbezogenen Personen eine **Probandenversicherung** abgeschlossen ist. Sie muss das Risiko der klinischen Prüfung angemessen absichern und für den Fall des Todes oder der dauernden Erwerbsunfähigkeit von Teilnehmern an der klinischen Prüfung mindestens eine Entschädigung von 500.000 EUR vorsehen. 14

Mit der Novellierung der §§ 40 ff. AMG zur Umsetzung der Grundsätze der Richtlinie 2001/20/EG ist bei der klinischen Prüfung von Arzneimitteln u.a. das bisher mögliche **Ersatzverfahren** abgeschafft worden. Bisher konnte bei Fehlen einer zustimmenden 15

Stellungnahme einer Ethikkommission unter bestimmten weiteren Bedingungen dennoch mit der klinischen Prüfung begonnen werden.

16 Bei klinischen Prüfungen, die an mehreren Prüforten durchgeführt werden sollen (**multizentrische Prüfungen**), erfolgt deren Bewertung durch die Ethikkommission dergestalt, dass die für den Sponsor zuständige Ethikkommission gemeinsam mit den für die einzelnen zusätzlichen Prüforte zuständigen Ethikkommissionen die Bewertung vornimmt. Die Ethikkommissionen für die zusätzlichen Prüforte sind dabei beteiligte Ethikkommissionen und prüfen lokal nur die Eignung des Prüfers und der Prüfeinrichtung. Deren Bewertung geht in die Bewertung der federführenden Kommission ein. Wenn überhaupt, dann stellt diese Bewertung dem Sponsor gegenüber einen **Verwaltungsakt** dar.[9] Die ablehnende Bewertung eines Prüfortes oder eines Prüfers vor Ort hat dagegen als Internum keine Außenwirkung und stellt daher auch keinen Verwaltungsakt dar. Rechtsbehelfe gibt es nur gegen die (abschließende) Bewertung.

17 Arzneimittel wie Medizinprodukte sollen den Verbraucher nicht schädigen. Sie sind daher so sicher wie möglich in den Verkehr zu bringen. Arzneimittel dürfen daher erst nach Zulassung oder Registrierung in den Verkehr gebracht werden. Bei Medizinprodukten steht auch der Schutz von Anwendern und Dritten im Vordergrund, bei Arzneimitteln tritt dieser Gedanke in den Hintergrund.

2. Die klinische Prüfung von Medizinprodukten

18 **Medizinprodukte** dürfen erst mit Anbringen des CE-Zeichens, also nach Abschluss eines Konformitätsbewertungsverfahrens in den Verkehr gebracht werden. Vor dem Inverkehrbringen eines Medizinproduktes kann auch eine **klinische Prüfung** am Menschen erforderlich werden, wenn der Nachweis der Sicherheit und Wirksamkeit des Produktes auf andere Weise nicht erbracht werden kann. Unter klinischer Prüfung von Medizinprodukten versteht man im MPG die Anwendung eines Medizinprodukts am Menschen, zu dem Zweck, über die Behandlung im Einzelfall hinaus nach einer wissenschaftlichen Methode Erkenntnisse über dessen therapeutischen oder diagnostischen Wert, insbesondere über seine Wirksamkeit und Sicherheit, zu gewinnen.

19 Anders als bei der klinischen Prüfung eines Arzneimittels kann die zustimmende Stellungnahme einer Ethikkommission als Voraussetzung für den Beginn der klinischen Prüfung auch durch deren Anzeige bei der Bundesoberbehörde ersetzt werden, es sei denn, diese hat innerhalb von 60 Tagen nach der Anzeige der Durchführung der klinischen Prüfung begründet widersprochen.

20 Die Einzelheiten der klinischen Bewertung und der klinischen Prüfung sind in § 19 ff. MPG vom Grundsatz her weitgehend identisch mit den Inhalten der klinischen Prüfung mit Arzneimitteln geregelt, jedoch mit Abweichungen im Detail. Die klinische Bewertung umfasst nicht nur den vorgesehenen Verwendungszweck. Sie schließt auch die Beurteilung von Nebenwirkungen ein. Bei Vorlage der klinischen Bewertung muss entweder eine Zusammenstellung der wissenschaftlichen Literatur und ein schriftlicher Bericht mit einer kritischen Würdigung der Literatur vorgelegt werden. Anstelle der Eignung aufgrund der Literatur und des Berichts kann auch das Ergebnis einer klinischen Prüfung vorgelegt werden. Die Bewertung der Ethikkommission stellt keinen Verwaltungsakt dar. Hinsichtlich der Entscheidung ist keine gerichtliche Überprüfung möglich.

---

9 Vgl. zum Meinungsstand: *Lippert*, in: Ratzel/Lippert, § 15 Rn 34 ff. m.w.N.

D. Ethikkommissionen

Ethikkommissionen sind keine deutsche Erfindung. Aus dem angelsächsischen Rechtskreis übernommen, haben sich 1973 in Deutschland die beiden ersten Kommissionen in Göttingen und Ulm formiert. Ihre Aufgabe bestand darin, Forschungsprojekte am Menschen auf ihre ethische Vertretbarkeit hin zu begutachten. Den Maßstab für diese Prüfung bildete damals mangels anderer Normen die **Deklaration von Helsinki**, eine vom Weltärztebund (als einer privatrechtlichen Vereinigung) verabschiedeten Erklärung, der eine Rechtswirksamkeit nur durch kollektive Beachtung zukommt. Die Verrechtlichung in der Medizin hat in der Folgezeit auch vor der Arbeit der **Ethikkommissionen** nicht Halt gemacht. Entstanden sind bedauerlicherweise sehr punktuelle gesetzliche und untergesetzliche Regelungen, denen es an inhaltlicher Kohärenz mangelt. Auch übernational ist eine mangelnde Homogenität derjenigen Vorschriften zu beklagen, an denen sich die Arbeit der Ethikkommissionen orientieren soll. Mit Besorgnis ist in diesem Zusammenhang zu beobachten, dass im Bereich der wissenschaftlichen Forschung mehr und mehr Regelungen zur Berücksichtigung ethischer Aspekte geschaffen werden, die allerdings in keiner Weise koordiniert sind. Demjenigen, der sie zu beachten hat wie demjenigen, zu dessen Schutz sie erlassen worden sind, ist dieses Wirrwarr an teilidentischen Normen nur schwer zu vermitteln. Hier wird sich ein Akzeptanzproblem ergeben. Unter der derzeit geltenden verfassungsrechtlichen Lage wird sich allerdings, so wünschenswert dies auch sein mag, keine (bundesrechtliche) Änderung herbeiführen lassen, weil der Bund für eine Regelung der Forschung und ihrer Ethik keine Zuständigkeit beanspruchen kann.

Entsprechend dem soeben Ausgeführten sind die Rechtsgrundlagen, auf die sich Organisation und Arbeit der Ethikkommissionen zurückführen lassen, vielgestaltig. Zum einen gibt es gesetzliche wie untergesetzliche bundesrechtliche Vorschriften, zum anderen landesrechtliche, aber auch Satzungsrecht, das, je nachdem, auf welchem Gebiet die Ethikkommissionen tätig wird und bei welcher Einrichtung sie angesiedelt sind und wer den entsprechenden Rechtsvorschriften unterfällt, unterschiedlichen Regeln folgt. Ethikkommissionen können sowohl öffentlich-rechtlich wie auch privatrechtlich organisiert sein. Eine Verpflichtung, in jedem Fall neben einer Begutachtung durch eine private Ethikkommission das Votum einer öffentlich-rechtlichen von der Ärztekammer eingerichteten Kommission einzuholen, wird zum Teil für unzulässig gehalten.[10]

I. Nach dem Arzneimittelgesetz

Wird die Ethikkommission im Rahmen der Bewertung der klinischen Prüfung von Arzneimitteln tätig, so ist sie nach Landesrecht zu bilden, § 42 Abs. 1 AMG. Der Prüfumfang richtet sich nach §§ 40, 41 AMG. Das Verfahren, insbesondere die einzureichenden Unterlagen, vollzieht sich nach den Vorschriften der **GCP-Verordnung**.

---

10 VG Stuttgart NJW 2002, 529.

II. Nach dem Medizinproduktegesetz

24 Die Voraussetzung für eine klinische Prüfung sind in § 20 MPG enthalten. Auf folgende Besonderheiten ist hinzuweisen:

25 Die im Rahmen der klinischen Prüfung anzurufenden Ethikkommissionen müssen interdisziplinär besetzt und beim BfArM unter Vorlage einer **Verfahrensordnung** registriert sein. Anders als im AMG und im TFG muss es also nicht eine nach Landesrecht gebildete Ethikkommission sein. Lehnt die Ethikkommission eine positive Stellungnahme ab, kann mit der Studie dennoch begonnen werden, wenn das BfArM nicht innerhalb von 60 Tagen begründet widerspricht. Ein Schweigen des BfArM macht also auch eine negative Stellungnahme einer Ethikkommission unwirksam. Umgekehrt kann das BfArM eine Entscheidung einer Ethikkommission nicht aufheben oder beseitigen. Es kann allenfalls auf die Länderbehörden Einfluss nehmen, um übermäßig gefährliche Versuche zu verhindern.

III. Nach weiteren spezialgesetzlichen Vorschriften

1. Tätigkeit nach dem Transfusionsgesetz und dem Transplantationsgesetz

26 Die Spenderimmunisierung nach § 8 TFG und die Vorbehandlung des Spenders zur Stammzellentherapie nach § 9 TFG bedürfen, ehe sie vorgenommen werden dürfen, eines zustimmenden Votums einer nach Landesrecht gebildeten **Ethikkommission**. Die Entnahme von Organen bei einer lebenden Person zur **Transplantation** darf erst nach Vorlage der gutachterlichen Stellungnahme einer nach Landesrecht gebildeten Kommission erfolgen, § 8 TPG. Diese Aufgabe wird nach landesrechtlichen Vorschriften speziellen, bei den jeweiligen Ärztekammern gebildeten Kommissionen übertragen (vgl. z.B. § 5 Heilberufe-/KammerG bw). Bei dieser Kommission handelt es sich eigentlich um keine Ethikkommission im herkömmlichen Sinne.

2. Tätigkeit nach untergesetzlichem Bundesrecht

27 Erfordert die medizinische Forschung die Anwendung radioaktiver Stoffe oder ionisierende Strahlen am Menschen, so bedarf es hierzu der Genehmigung des Bundesamtes für Strahlenschutz auf der Grundlage einer Stellungnahme einer bei der zuständigen Bundesoberbehörde registrierten Ethikkommission, § 92 Strahlenschutzverordnung. Gleiches gilt nach §§ 28b, 28j Röntgenverordnung, sofern zu Forschungszwecken am Menschen Röntgenstrahlen angewendet werden sollen.[11]

3. Landesrechtliche Vorschriften

28 Ist die Ethikkommission nach den bundesrechtlichen Zuweisungen durch Landesrecht zu bilden, so bedarf es einer fortlaufenden Ermächtigungskette, sofern die Regelung durch Satzungen der Ärztekammer oder auch der Universität erfolgen soll. Entsprechende Regelungen finden sich zumeist in den **Heilberufe-/Kammergesetzen** und/

---

11 Das Ergebnis der Tätigkeit der Ethikkommission wird in den angeführten Vorschriften höchst unterschiedlich mal als Bewertung, mal als Votum oder auch als Stellungnahme bezeichnet. Es spricht daraus eine außerordentliche sprachliche Kreativität des Normgebers.

oder den **Hochschul- oder Universitätsgesetzen** der Länder. Ist dies nicht der Fall, so gibt es für den Erlass der entsprechenden Satzung keine Rechtsgrundlage. Die Ethikkommission wäre nicht ordnungsgemäß eingesetzt und wäre etwa nach dem AMG rechtswidrig tätig.

Ebenfalls landesrechtliche Vorschriften sind diejenigen **Satzungen**, die Universitäten und Ärztekammern zur Errichtung der bei ihnen eingesetzten Ethikkommissionen erlassen haben. Auf der Grundlage von § 15 BerufsO sind Ärzte als Kammermitglieder verpflichtet, sich bei der Durchführung von Forschungsprojekten am Menschen (soweit diese Beratung nicht bereits aufgrund der oben genannten gesetzlichen Vorschriften erforderlich ist) von einer (zuständigen) Ethikkommission beraten zu lassen. An den Universitäten gilt diese Verpflichtung im Allgemeinen für alle ihre Mitglieder, die an und mit Menschen forschen.

IV. Zusammensetzung und Verfahrensgang

1. Zusammensetzung

Zur personellen Zusammensetzung machen weder die genannten bundes- wie landesrechtlichen Vorschriften Vorgaben. Auch in den **Berufsordnungen** der Landesärztekammern findet sich dazu keine Aussage. Nähere Regelungen enthalten nur die Statuten/Geschäftsordnungen der einzelnen Kommissionen. Dies ist auch der Grund, warum die Zahl der Mitglieder und ihre Herkunft immer noch derart uneinheitlich ausfällt.

Die meisten Kommissionen haben sieben Mitglieder. Es überwiegen als Mitglieder Ärzte unterschiedlicher Fachgebiete, zumeist gehören den Kommissionen auch ein Jurist und ein Theologe an. Beiden kommt die Rolle des medizinischen Laien in der Kommission zu.

2. Verfahrensgang

a) Allgemeiner Verfahrensgang

Die Kommissionen verfahren überwiegend nach Verfahrensgrundsätzen, die der Arbeitskreis öffentlich-rechtlicher Ethikkommissionen in Deutschland erarbeitet hat. Die Voten der Ethikkommissionen werden nach mündlicher Verhandlung unter Anhörung des oder der Projektleiter(s) mit Stimmenmehrheit gefasst. Befangene Mitglieder nehmen an der Beratung nicht teil.

Die Ethikkommissionen an den Universitäten/medizinischen Fakultäten sind für Forschungsprojekte der **Fakultäts-/Universitätsmitglieder** zuständig, die der Landesärztekammern für Projekte ihrer Mitglieder im Kammerbezirk. Die Kommissionen werden nur auf Antrag tätig. Die Kommission kann einem Antrag stattgeben. Sie kann ihn auch ablehnen. Schließlich kann sie, und dies ist in der Praxis am häufigsten der Fall, Änderungen anregen und Bedenken erheben. Dem Selbstverständnis der Kommissionen folgend, beschränken sich diese auf formale und rechtliche Hinweise. Die eingereichten Anträge werden nicht inhaltlich bewertet, weil dies einer unzulässigen Forschungskontrolle gleichkäme. Bei gestuften Forschungsvorhaben kann eine stufenweise Begutachtung erfolgen. Bei multizentrischen Forschungsvorhaben werden die Voten der Ethikkommissionen im Grundsatz gegenseitig anerkannt und nur vor Ort das Vorliegen der

§ 28 Biomedizinische Forschung

Voraussetzungen für die Durchführung des Forschungsprojektes bzw. eines Teils davon in personeller, sächlicher und räumlicher Hinsicht speziell begutachtet.

34 Die Mitglieder der Ethikkommissionen sind unabhängig und keinen Weisungen unterworfen. Die Kommissionen sind dies im Übrigen auch. Die Beratung der Kommission ist vertraulich.

35 Ablehnende **Entscheidungen** sind zu begründen. Ansonsten verbleibt dem Projektleiter die volle rechtliche Verantwortung für die Durchführung des Projekts. Es steht ihm auch frei, das ablehnende Votum der Ethikkommission zu negieren. Allerdings setzt sich dieser Projektleiter (von möglichen Schadenersatzansprüchen einmal abgesehen) ebenso berufsgerichtlichen Sanktionen aus wie derjenige, der die Beratung durch die Kommission erst gar nicht sucht. Dem konsequenten Bestehen der DFG auf einer Begutachtung von Forschungsprojekten an und mit Menschen verdanken im Übrigen die beiden ältesten Ethikkommissionen auf deutschem Boden in Göttingen und Ulm 1973 ihre Entstehung. Andere Forschungsförderungseinrichtungen sind der DFG gefolgt.

36 Soweit die Ethikkommission zum staatlichen Forschungsbereich gehört, ist sie öffentlich-rechtlich organisiert und unterliegt staatlicher Aufsicht. Als universitäre Kommissionen unterliegen sie der Dienstaufsicht des Rektorats oder des Präsidenten (bei zentralen Kommissionen) oder des Dekans der medizinischen Fakultät oder einer anderen Fakultät, bei der sie gebildet sind. Die Ausübung der Aufsicht richtet sich nach den jeweils geltenden gesetzlichen Vorschriften (Heilberufe-/Kammergesetz, Universitäts-/Hochschulgesetz).

b) Spezieller Verfahrensgang bei klinischen Prüfungen

aa) Klinische Prüfungen mit Arzneimitteln

37 Die 12. Novelle hat neben einer Bürokratisierung des Verfahrens drei grundsätzliche Neuerungen zur Folge: Zum einen unterliegt das Verfahren vor der **Ethikkommission** anders als bisher einem rigiden Zeitregime, welches auf Drängen der pharmazeutischen Industrie in die Richtlinie aufgenommen wurde und welches von dort unverändert in nationales Recht übernommen werden musste.[12] Zum anderen darf mit der klinischen Prüfung jetzt erst begonnen werden, wenn eine zustimmende Bewertung einer (nach Landesrecht gebildeten, zuständigen) Ethikkommission vorliegt und die Bundesoberbehörde die Durchführung der klinischen Prüfung genehmigt hat. Die Genehmigung wird 30 Tage nach Vorliegen der genehmigungsfähigen Unterlagen bei der Bundesoberbehörde als erteilt fingiert (§ 42 Abs. 2 S. 4 AMG). Zum dritten ist es im Regelfall der Sponsor der klinischen Prüfung, also ein pharmazeutische Unternehmer, welcher den Antrag auf Genehmigung bei der Bundesoberbehörde (und denjenigen auf zustimmende Bewertung bei der zuständigen Ethikkommission) stellt. Er muss kein Arzt sein. Bei den an den Universitäten gestellten Anträgen (auf Neudeutsch: **Investigator-Initiated-Studies**), bei denen die jeweilige Universität oder das Universitätsklinikum als Sponsor auftritt und der die Prüfung Durchführende als deren/dessen Vertreter, mag dies anders

---

[12] Die Bewertung multizentrischer klinischer Prüfungen muss innerhalb von 60 (§ 42 Abs. 1 S. 9), die monozentrischer in 30 Tagen (§ 8 Abs. 3 GCP-V), diejenige von Phase- I- Prüfungen sogar binnen 14 Tagen abgeschlossen sein. Für die Prüfung von somatischen Zelltherapeutika und Arzneimitteln gilt eine Frist von 90 Tagen, für die klinische Prüfung von Gentransfer-Arzneimitteln beträgt sie höchstens 80 Tage. Für die Prüfung xenogener Zelltherapeutika gilt gar keine Frist. Es sind dies gesetzliche Fristen, die im Verfahren vor der Ethikkommission nicht verlängert werden können.

sein. Ist der Sponsor zugleich Arzt, so umfasst die Beratung und Bewertung der klinischen Prüfung durch die Ethikkommission nach § 42 AMG, § 8 GCP-Verordnung die berufsrechtliche, in der Berufsordnung vorgesehene Beratung. Die bundesrechtliche Regelung hat Vorrang vor der (landesrechtlichen) Satzungsregelung.

Auch wenn der Autor dieser Zeilen eine gegenteilige Auffassung vertritt, so ist doch anzumerken, dass eine gewichtige Fraktion von Ethikkommissionen im Zuge der Novellierung des Verfahrens der klinischen Prüfung von Arzneimitteln durch §§ 40 ff. AMG und die GCP-Verordnung die Meinung vertritt, bei den Ethikkommissionen handle es sich nunmehr (wohl aber nur bei der Bewertung von **klinischen Prüfungen** von **Arzneimitteln** nach dem Arzneimittelgesetz) um Behörden. Bei deren positiven wie negativen Entscheidungen handele es sich um Verwaltungsakte. Wer diese Auffassung vertritt, muss aber auch so konsequent sein, zu sagen, welche Folgen sich an diese Auffassung knüpfen. Auf die Verfahren bei den Ethikkommissionen sind dann die verwaltungsverfahrensrechtlichen Vorschriften (Landesverwaltungsverfahrensgesetze) anzuwenden. Diese haben als gesetzliche Vorschriften Vorrang vor den **Verfahrensgrundsätzen** des Arbeitskreises medizinischer Ethikkommissionen in Deutschland. 38

Erste Konsequenz aus der Anwendung der Verwaltungsverfahrensgesetze ist, dass Deutsch Amtssprache ist und der Antragsteller von den nicht in deutscher Amtssprache abgefassten Dokumenten Übersetzungen fertigen lassen und einreichen muss. Solange dies nicht geschehen ist, laufen keine Fristen. Der salvatorische Hinweis in § 7 Abs. 3 Nr. 19 GCP-Verordnung wonach vom fremdsprachigen Prüfplan eine deutsche Zusammenfassung eingereicht werden könne, dürfte vor diesem Hintergrund kaum rechtmäßig sein. Die Ethikkommission kann allerdings fremdsprachliche Unterlagen zulassen. 39

Positive wie negative **Entscheidungen** der Kommissionen sind zu begründen. Die Bescheide sind mit einer **Rechtsbehelfsbelehrung** zu versehen. Sonst wird die Entscheidung erst nach einem Jahr bestandskräftig, ansonsten nach vier Wochen. Bei positiven Entscheidungen kann daher dem Sponsor nicht geraten werden, mit der Prüfung zu beginnen, ehe die Entscheidung noch nicht bestandskräftig ist. Die Bestandskraft kann der Sponsor allerdings durch einen Verzicht auf den Rechtsbehelf herbeiführen (hierauf ist der Antragsteller in aller Regel hinzuweisen). 40

bb) Klinische Prüfungen mit Medizinprodukten

Vor dem Inverkehrbringen eines **Medizinproduktes** kann auch eine klinische Prüfung am Menschen erforderlich werden, wenn die Sicherheit des Produktes und seine Wirksamkeit nachgewiesen werden sollen und der Nachweis auf andere Weise nicht möglich ist. Aus §§ 40 ff. AMG a.F. sind die Anforderungen an klinische Prüfungen von Arzneimitteln (mit Erweiterungen von klinischen Prüfungen an Schwangeren und Stillenden) ziemlich wortgleich ins MPG übernommen worden. 41

Der Anzeige der klinischen Prüfung von Medizinprodukten an die zuständige Behörde ist eine zustimmende Stellungnahme einer beim Bundesinstitut für Arzneimittel und Medizinprodukte registrierten Ethikkommission beizufügen. Das MPG sieht noch ein **Ersatzverfahren** vor. Danach kann mit der klinischen Prüfung von Medizinprodukten ohne eine zustimmende Bewertung einer Ethikkommission begonnen werden, sofern die zuständige Bundesoberbehörde innerhalb von 60 Tagen nach Eingang der Unterlagen nicht widersprochen und eine auf Gründe der öffentlichen Sicherheit und Ordnung gestützte gegenteilige Entscheidung mitgeteilt hat (§ 20 Abs. 6 S. 3 MPG). 42

43 §§ 20 ff. MPG richten sich vom Grundsatz her an den Hersteller eines Medizinprodukts, welcher dessen klinische Prüfung am Menschen veranlassen will. An den die klinische Prüfung durchführenden Arzt oder eine sonst entsprechend qualifizierte und befugte Person wendet sich § 20 Abs. 1 Nr. 4 MPG. Wer die klinische Prüfung leitet, muss über eine entsprechende Qualifikation verfügen und mindestens zweijährige Erfahrung auf dem Gebiet der klinischen Prüfung haben.

44 Die Ethikkommission hat den Prüfplan des Sponsors und die sonstigen eingereichten Unterlagen zunächst auf das Vorliegen der formalen Kriterien zu prüfen. Schließlich ist zu entscheiden, ob die vorhersehbaren Risiken und Nachteile, welche mit der klinischen Prüfung für die in die Prüfung einbezogenen Personen verbunden sind, im Hinblick auf die voraussichtliche Bedeutung des Medizinprodukts für die Heilkunde vertretbar sind.

E. Schweigepflicht und Datenschutz

I. Schweigepflicht

45 Rechtsgrundlage der ärztlichen Schweigepflicht ist nicht, wie häufig zu lesen ist, § 203 StGB, sondern § 9 MBOÄ in der Fassung der jeweiligen **Berufsordnung** der Landesärztekammer. § 203 StGB regelt die strafrechtliche Sanktion für die **Verletzung von Privatgeheimnissen**.

46 Der ärztlichen Schweigepflicht nach § 9 MBOÄ unterfällt alles, was dem Arzt anvertraut worden oder sonst bekannt geworden ist. Auf den strafrechtlichen Begriff des Geheimnisses kommt es nicht an. Gleichwohl wird man auch bei der **ärztlichen Schweigepflicht** nach § 9 MBOÄ Einschränkungen vornehmen müssen. Tatsachen, die beliebigen Dritten bereits bekannt sind, nur etwa dem behandelnden Arzt nicht, unterliegen nicht mehr der Schweigepflicht.

47 Im Endergebnis sind die Unterschiede zwischen § 9 MBOÄ und § 203 StGB nicht so groß, wie man aufgrund der unterschiedlichen Formulierung vermuten möchte. Denn der Geheimnisbegriff des § 203 StGB wird in der Praxis (soweit sie den ärztlich-medizinischen Bereich angeht) weit ausgedehnt. So ist der Umstand, dass ein Patient einen Arzt, einen Psychologen oder einen Psychotherapeuten aufsucht, bereits ein Geheimnis.[13] Dies gilt auch für eine Aufnahme ins Krankenhaus. Schutzgut des § 203 StGB ist das allgemeine Vertrauen der Bevölkerung in die Verschwiegenheit der Angehörigen bestimmter in § 203 Abs. 1 StGB genannter Berufe.[14] Dies deckt sich mit der Intention von § 9 MBOÄ. Geheimnisträger ist derjenige, den das Geheimnis betrifft, bei ärztlicher Beratung oder Behandlung also der Patient. § 203 Abs. 2 Nr. 6 StGB unterwirft darüber hinaus seit 1.1.2000 auch Personal, welches im Rahmen der **wissenschaftlichen Forschung** tätig, ist einer Geheimhaltungspflicht, sofern es zuvor nach dem Verpflichtungsgesetz hierauf verpflichtet worden ist.

48 Auch die medizinische Forschung an den Universitätskliniken eröffnet ein weites Feld für mögliche Verletzungen der ärztlichen Schweigepflicht. Dass die Offenbarung der Identität von Patienten bei der Veröffentlichung von Patientenfotos, Röntgen-, CT-Auf-

---

13 So LG Köln NJW 1959, 1598; OLG Bremen MedR 1984, 112; OLG Karlsruhe NJW 1984, 676.
14 Vgl. *Lenckner*, in: Schönke/Schröder, § 203 Rn 3.

nahmen nicht zulässig ist, jedenfalls nicht ohne Einwilligung des Patienten, darf als selbstverständlich gelten.

Hinhaltender Widerstand wird allerdings spürbar, wenn die (zutreffende) Ansicht vertreten wird, ein Patient der für **biomedizinische Forschung** herangezogen werden soll, müsse hierin gesondert einwilligen, weil seine bei der Patientenaufnahme gegebene Einwilligung nur die ärztliche Behandlung abdecke, nicht dagegen die Forschung oder Verwendung von Körpermaterial des Patienten für wissenschaftliche Zwecke. Dem Patienten oder Probanden muss im Übrigen gemäß der **Deklaration von Helsinki** das Recht zugestanden werden, seine einmal gegebene Zustimmung für die Aufnahme in ein Forschungsprojekt jederzeit ohne Begründung und ohne Nachteile für seine ärztliche Behandlung widerrufen zu können. Hierüber muss er aber zuvor aufgeklärt worden sein. Nur wenn die Identität des Patienten völlig anonym bleibt, kann die Einwilligung nach Aufklärung entfallen. Auch die Patientenvorstellung im studentischen Unterricht bedarf der ausdrücklichen Einwilligung des vorgestellten Patienten.[15]

II. Datenschutz

Die datenschutzrechtlichen Normen sollen den Einzelnen davor schützen, dass er durch den Umgang mit personenbezogenen Daten in seinem Persönlichkeitsrecht beeinträchtigt wird.[16] Der allgemeine Datenschutz ist im **Bundesdatenschutzgesetz** (BDSG) sowie in den Datenschutzgesetzen der Länder geregelt. Für das Verhältnis von BDSG und Landesdatenschutzgesetzen sieht § 1 Abs. 2 BDSG vor, dass dieses im Landesbereich nur gelten soll, sofern es in dem Land keine landesrechtlichen Vorschriften gibt. Das BDSG ist also im Verhältnis zu den Landesdatenschutzgesetzen subsidiär.

Die allgemeinen Datenschutzvorschriften des Bundesdatenschutzgesetzes sind wiederum subsidiär zu Bundesgesetzen, die eine bereichsspezifische Regelung vorsehen, wie z.B. das Sozialgesetzbuch V. Gleiches gilt für das Landesrecht. Auch hier ist das allgemeine Datenschutzrecht nach den **Landesdatenschutzgesetzen** subsidiär zu bereichsspezifischen Datenschutzregelungen, die sich zumeist für den Gesundheitsbereich etwa im Krankenhausgesetz oder im Rettungsdienstgesetz finden. Bundesgesetzliche Spezialregelungen haben dabei Vorrang vor den landesrechtlichen (Art. 30 GG: Bundesrecht bricht Landesrecht).

Keine Anwendung finden die datenschutzrechtlichen Vorschriften auf personenbezogene Daten, die anonymisiert sind. Anonymisiert sind personenbezogene Daten dann, wenn die Einzelangabe über persönliche oder sachliche Verhältnisse nicht mehr oder nur mit einem unverhältnismäßig großem Aufwand an Zeit, Kosten und Arbeitskraft einer bestimmten oder bestimmbaren natürlichen Person zugeordnet werden können. Anonymisierte personenbezogene Daten unterfallen nicht dem Schutzzweck der datenschutzrechtlichen Vorschriften.

1. Die Zulässigkeit der Datenverarbeitung und Datennutzung

Die Datenschutzgesetze gehen davon aus, dass eine Verarbeitung oder Nutzung personenbezogener Daten zunächst einmal verboten ist, es sei denn, die datenschutzrechtli-

---

15 *Lippert*, Lehrfreiheit, DMW 1981, 214; *Helle*, MedR 1996, 13 ff.
16 *Lippert*, ÄBW 1992, 412; *Simitis*, NJW 1984, 398; zu den datenschutzrechtlichen Problemen im Forschungsbereich bei Biobanken vgl. *Wellbrock*, MedR 2003, 77 (aus Sicht des Datenschützers).

che Vorschrift oder eine gesetzliche Vorschrift sieht sie vor oder die **Einwilligung** des Betroffenen ermöglicht sie (§ 4 BDSG). Der Betroffene soll nach Möglichkeit selbst darüber bestimmen, was mit seinen **personenbezogenen Daten** geschehen soll. Der gesetzliche Schutz dient somit dem Schutz des Persönlichkeitsrechts, dem nach dem Urteil des Bundesverfassungsgerichts[17] ein hoher Stellenwert zugewiesen ist.[18]

54 Unter den Begriff der Datenverarbeitung fallen dabei das Speichern, Verändern, Übermitteln, Sperren und Löschen personenbezogener Daten. Nicht unter diesen Begriff fällt das Erheben personenbezogener Daten. Ihre Zulässigkeit ist in einer eigenen Vorschrift geregelt und unter den Vorbehalt der Erforderlichkeit und einer strengen Bindung an den Zweck, für den die Erhebung erfolgt, geknüpft.

55 **Einwilligung** des Betroffenen ist sein vorheriges Einverständnis in die Datenverarbeitung. Es bestehen keine Bedenken dagegen, den Begriff der Einwilligung im Datenschutzrecht in gleicher Weise zu verwenden wie im Medizinrecht bei der Einwilligung in den ärztlichen Heileingriff. Der Betroffene muss in der Lage sein zu verstehen, warum die Daten erhoben und verarbeitet werden sollen und was mit ihnen geschehen soll. Geschäftsfähigkeit ist hierzu nicht Voraussetzung. Vertragliche Vereinbarungen begrenzen die Datenerhebung und -verarbeitung in dem vereinbarten Umfang, auch wenn sie über Allgemeine Geschäftsbedingungen Vertragsinhalt werden. Die datenschutzrechtlichen Vorschriften sehen zusätzlich vor, dass der Betroffene auf die Datenerhebung und Verarbeitung ausdrücklich hinzuweisen ist. Ein allgemeiner Hinweis zusammen mit anderen Regelungen etwa in Allgemeinen Geschäftsbedingungen genügt dem Hinweiserfordernis nicht.

56 Mit Ausnahmen, die sich aus der Art der medizinischen Behandlung ergeben können (Notfall, allgemeine Einwilligung), bedürfen alle diese Schritte der Datenverarbeitung der ausdrücklichen Einwilligung des Patienten oder dessen gesetzlichen Vertreters oder Betreuers.

57 Überdies ist die Einwilligung schriftlich festzuhalten. Fehlt die **Schriftform**, so ist die Einwilligung unwirksam. Aus diesem Grund fordern einige Ethikkommissionen bei der Patienten-/Probanden-Einwilligung eine zweite Unterschrift, mit welcher ausdrücklich in die Datenverarbeitung eingewilligt wird.

58 Nur im Bereich **wissenschaftlicher Forschung** kann auf die Schriftform verzichtet werden, wenn dadurch der Forschungszweck beeinträchtigt würde. Nicht verzichtet werden kann auch hier auf die Information des Betroffenen über die Datenverarbeitung.[19] Die Einwilligung in die Datenverarbeitung deckt regelmäßig nicht die Einwilligung in die Publikation personenbezogener Daten in wissenschaftlichen Veröffentlichungen ab. Deshalb ist hierauf in der Einwilligungserklärung gesondert einzugehen.

2. Die Zweckbindung

59 Daten erhebende, speichernde und vor allem auch übermittelnde Stellen sollen personenbezogene Daten nicht auf Vorrat erheben, speichern und übermitteln, also keine „Datenfriedhöfe" anlegen. Zwei wesentliche Grundsätze, die alle Datenschutzgesetze durchziehen, sollen dies verhindern. Zum einen muss die Datenverarbeitung erforder-

---

17 BVerfGE 65,1 = NJW 1984, 419 – Volkszählungsurteil.
18 *Kilian*, MedR 1986, 7; zu den datenschutzrechtlichen Problemen bei Anwendung der Telemedizin vgl. *Berg*, MedR 2004, 411 m.w.N.
19 *Lippert*, MedR 1993, 17 m.w.N.

lich sein, und zum anderen müssen sich die Daten verarbeitenden Stellen an den Zweck der Datenverarbeitung halten. Der Zweck, zu dem die Datenverarbeitung erfolgen soll, ist dem Betroffenen in aller Regel mitzuteilen. Eine Zweckänderung ist nur unter ganz bestimmten Voraussetzungen möglich.

Werden personenbezogene Daten zur weiteren Nutzung an Dritte etwa im Bereich der wissenschaftlichen Forschung übermittelt, so ist der Empfänger über den Zweck zu informieren und auf die Verwendung der Daten zu eben diesem Zweck zu verpflichten. Eine Zweckänderung in der Forschung ist dann zulässig, wenn sie erforderlich ist, das Interesse an der Durchführung der Forschung, das Interesse des Betroffenen am Ausschluss der Zweckänderung erheblich überwiegt und der Zweck der Forschung auf andere Weise nicht oder doch nur mit unverhältnismäßigem Aufwand erreicht werden kann (§ 14 Abs. 2 BDSG). 60

3. Das Verhältnis von ärztlicher Schweigepflicht und Datenschutz

Von großer praktischer Bedeutung ist es, sich die Reichweite von ärztlicher Schweigepflicht und Datenschutz sowie das Verhältnis beider Bereiche zueinander klarzumachen: Die Datenschutzgesetze des Bundes und der Länder räumen berufsrechtlich bestehenden Verschwiegenheitspflichten, wie sie u.a. für Ärzte und Rechtsanwälte bestehen, Vorrang vor den datenschutzrechtlichen Vorschriften ein (§ 1 Abs. 3 S. 2 BDSG, § 2 Abs. 5 LDSGbw). Oder anders gesagt: Wer die **ärztliche Schweigepflicht** einhält, beachtet zugleich die Regeln des **Datenschutzes**. 61

Es hat den berechtigten Anliegen des Datenschutzes, nämlich den Bürger vor einer missbräuchlichen Verwendung seiner personenbezogenen Daten zu schützen, ungemein geschadet, dass viele der negativen Entscheidungen, die in der täglichen Arbeit zu fällen sind, mit Restriktionen aus dem Datenschutz begründet werden und wurden. Verstöße gegen die Datenschutzvorschriften kommen in der ärztlichen Tätigkeit sehr viel seltener vor als solche gegen die ärztliche Schweigepflicht. 62

F. Haftung

Die Anspruchsgrundlagen, auf die ein Schadenersatzanspruch gegen den Arzt als Forscher gestützt werden kann (Vertrag, Geschäftsführung ohne Auftrag, unerlaubte Handlung), sind dieselben wie die des Arztes in der Patientenbehandlung[20] auch. Dennoch ist im Bereich der biomedizinischen Forschung inhaltlich zu differenzieren zwischen klinischen Prüfungen von Arzneimitteln und Medizinprodukten als Forschungsgegenstand und solcher Forschung, die sich auf andere Bereiche bezieht. 63

Für die Schädigung, die auf eine klinische Prüfung von Arzneimitteln oder Medizinprodukte zurückzuführen ist, hat derjenige, der sie durchführt, zugunsten der einbezogenen Patienten eine **Probandenversicherung** abzuschließen, die eine Schadenssumme von mindestens 500.000 EUR abdeckt. Wer die Versicherung abschließt, spielt dabei keine Rolle, wichtig ist nur, dass sie nach den gesetzlichen Vorschriften (§ 40 AMG, § 20 MPG) abgeschlossen ist. Ob die Probandenversicherung neuestens auch einen Anspruch auf Schmerzensgeld deckt, wird für diejenige nach § 20 MPG bei klinischen Prüfungen von Medizinprodukten zu schließende Versicherung bejaht, bei derjenigen 64

---

20 Vgl. hierzu *Lippert/Adler*, VersR 1993, 277; *Kress*, S. 31 ff.; *Wenckstern*, S. 103 ff. jew. m.w.N.

nach § 40 AMG diskutiert und im Ergebnis als wünschenswert (wegen der Gleichbehandlung der Bereiche) bejaht.[21]

65 Die Haftung des forschenden Arztes außerhalb der klinischen Prüfung von Arzneimitteln und Medizinprodukten lässt sich auf die bekannten Anspruchsgrundlagen Vertrag, Geschäftsführung ohne Auftrag und unerlaubte Handlung stützen. Zu beachten ist jedoch, dass die Teilnahme an der biomedizinischen Forschung (und Lehre) bei den Professoren und dem wissenschaftlichen Personal an den medizinischen Fakultäten und in den Universitätsklinika (in denen die meiste medizinische Forschung geleistet wird) zu den **Dienstaufgaben** dieses Personals gehört.[22] Vertragliche Beziehungen (Probanden-Forschungsvertrag) entstehen daher in aller Regel nur zwischen der Einrichtung und Patienten/Probanden, nicht dagegen mit dem Forscher persönlich. Für Schäden haftet daher die Einrichtung aus dem Vertrag (ggf. auch auf Schmerzensgeld). Auch aus Geschäftsführung ohne Auftrag und unerlaubte Handlung haftet der Professor, aber auch der wissenschaftliche Mitarbeiter dem Geschädigten nicht unmittelbar, weil derartige Schadenersatzansprüche nach den Regeln der Staatshaftung (§ 839 BGB, Art. 34 GG) abzuwickeln sind. Der Grundsatz der Subsidiarität der Bedienstetenhaftung schließt daher eine unmittelbare Haftung des tätig werdenden Personals aus.[23]

66 In der Praxis der Schadensabwicklung spielt die Unterscheidung indessen keine große Rolle mehr. Nahezu alle Universitätskliniken verfügen inzwischen über eine **Betriebshaftpflichtversicherung,** die gerade das Risiko des Schadenersatzes bis einschließlich der groben Fahrlässigkeit abdeckt. Die Schadenshäufigkeit ist allerdings speziell im Bereich der biomedizinischen Forschung bisher gering geblieben. Auch die immer wieder diskutierte Haftung der Ethikkommission ist eher rechtstheoretischer Natur denn ein praktisches Problem. Vom Grundsatz her kann der Träger der Ethikkommission jedenfalls bei der Begutachtung klinischer Prüfungen von Arzneimitteln und Medizinprodukten im Auftrag eines industriellen Sponsors auch aus dem Dienstvertrag zwischen Träger und Sponsor in Anspruch genommen werden.[24]

67 Die Frage einer **Haftung des Trägers** für die Ethikkommission und diejenige ihrer Mitglieder für die fehlerhafte Bewertung einer klinischen Prüfung ist im Zuge der Neufassung von §§ 40 bis 42 AMG zum wiederholten Mal thematisiert worden. Die zuständige Ethikkommission bei einer Universität oder einer Ärztekammer ist öffentlich-rechtlich organisiert. Die Haftung richtet sich, da Amtspflichten wahrgenommen werden, daher nach § 839 BGB, wobei über Art. 34 GG eine Freistellung der Kommissionsmitglieder zu erfolgen hat, weil zunächst der Träger für den Schaden einzustehen hat. Allerdings kann er bei Vorsatz oder grober Fahrlässigkeit Rückgriff bei einem oder mehreren Mitgliedern nehmen. Gegenüber Mitgliedern von Ethikkommissionen bei Ärztekammern funktioniert allerdings dieser Rückgriff mangels Rechtsgrundlage nicht in allen Bundesländern. Bei den Universitäten und ihren Ethikkommissionen ist das Haftungs- wie das Rückgriffsrisiko im Normalfall über die Betriebshaftpflichtversicherung der Universitätskliniken versichert, wenngleich möglicherweise nach der neuen Rechtslage auch nicht in der erforderlichen Höhe.

---

21 Vgl. *Deutsch*, PharmaR 2001, 346; *Deutsch*, in: Deutsch/Lippert/Ratzel, MPG, Anhang zu § 40 m.w.N.
22 Vgl. hierzu *Lippert*, NJW 1992, 2338; beim wissenschaftlichen Personal über § 14 BAT *Kress*, S. 130; *Deutsch/Spickhoff*, Rn 775 ff. jeweils m.w.N.; vgl. *Deutsch*, MedR 1995, 483.
23 Vgl. hierzu *Lippert/Adler*, VersR 1993, 277 (278); *Kress*, S. 31; *Wenckstern*, S. 112, jew. m.w.N.
24 A.A. wohl *Kress*, S. 131 ff. Die Ethikkommissionen sind im Allgemeinen keine Rechtssubjekte, sondern Teile der sie tragenden Institutionen, die aber für ihre Fehler einstehen müssen.

G. Interessenskonflikte

Es besteht nunmehr eine Verpflichtung der Ethikkommission mitzuteilen, wie die klinische Prüfung finanziert werden soll, ob der Prüfer möglicherweise wirtschaftliche oder andere Interessen im Zusammenhang mit dem Prüfpräparat hat und welche **Vergütung die Prüfer** und welche Entschädigung die Prüfungsteilnehmer erhalten sollen (§ 7 Abs. 3 Nr. 5, 7, 14 GCP-Verordnung). Die Auskünfte über die Prüfervergütung und, soweit überhaupt gewährt und damit einschlägig, diejenige an die Prüfungsteilnehmer sind in der Praxis nicht problematisch. Bei der Prüfervergütung ist bestenfalls darauf zu achten, dass keine mit der klinischen Prüfung zusammenhängenden speziellen (vor allem teuren) Untersuchungen zu Lasten der Einrichtung oder der Krankenkassen abgerechnet werden.

68

Die Erklärungen zu den **wirtschaftlichen Interessen** im Zusammenhang mit der klinischen Prüfung werden zumeist anhand eines (vom Sponsor vorgegebenen) Formulars abgefragt. Nicht immer wird dabei auch nach Vergütungen für Beratungsleistungen für den Sponsor aufgrund anderer vertraglicher Verpflichtungen gefragt, obwohl derartige Zahlungen geeignet sein können, das Verhalten des Prüfarztes in der konkreten klinischen Prüfung zu beeinflussen. Nicht berücksichtigt (weil nicht abgefragt) ist dabei die finanzielle Abhängigkeit des Prüfarztes von einem (oder mehreren) Sponsor(en). Diese Erklärungen pflegen Prüfärzte in der Praxis eher lust- und lieblos abzugeben. Problematisch ist dabei selten das Aktienpaket des Prüfers am Unternehmen des Sponsors, wie umfangreich auch immer es sein mag. Ethisch ungleich problematischer ist die Situation desjenigen Prüfarztes, der mit der Durchführung klinischer Prüfungen völlig am Tropf eines oder mehrerer pharmazeutischer Unternehmen als seiner Sponsoren hängt. Aus den durchgeführten klinischen Prüfungen mit Arzneimitteln erhält er sein Honorar, welches ihm als Drittmittel zur Verfügung steht. Von deren Höhe ist wiederum seine (leistungsorientierte) innerunivärsitäre Mittelzuweisung und damit letztlich sehr häufig die Personalausstattung der eigenen Einrichtung abhängig. In dieser Situation wird man das Angebot auf Durchführung einer klinischen Prüfung mit Arzneimitteln am Menschen auch dann eher ungern ausschlagen, wenn mit ihr keine große neue wissenschaftliche Erkenntnis verbunden sein sollte.

69

Die von Sponsoren derzeit für die Offenlegung finanzieller Verpflichtungen und Interessenkonflikte zum Sponsor verwendeten Formulare bilden gerade diesen im universitären Bereich wurzelnden Konflikt nicht ab (es ist ja auch nicht derjenige des Sponsors, welcher die Formulare zur Verfügung stellt).

70

H. Fälschung von Forschungsergebnissen

Verschiedene Fälle der **Fälschung** und **Manipulation** wissenschaftlicher Daten in einschlägigen medizinischen Veröffentlichungen in Deutschland haben dazu geführt, dass an nahezu allen Universitäten Kommissionen eingesetzt worden sind, die Verstöße gegen die „Gute Wissenschaftliche Praxis" untersuchen und aufklären sollen.[25] Für sich allein stellt die Fälschung von Forschungsdaten unter Missachtung der Grundsätze „Gute wissenschaftliche Praxis" keinen Verstoß gegen § 15 MBO dar, weil § 15 MBO außer der Pflicht, sich bei biomedizinischen Forschungsprojekten durch eine Ethikkommission beraten zu lassen, keine weiteren Pflichten des forschenden Arztes begründet.

71

---

25 Vgl. hierzu *Lippert*, WissR 2000, 210 m.w.N.

Eine berufsrechtliche Ahndung erscheint derzeit nur möglich, sofern der zu beanstandende Vorgang zu einer strafrechtlichen Verurteilung etwa wegen Betrugs oder Anstellungsbetrugs oder einer solchen wegen Verstößen gegen das Urheberstrafrecht (§§ 106 ff. UrhG) führt. Hier kann sich eine berufsgerichtliche Ahndung anschließen, wenn der Vorgang einen berufsrechtlichen Überhang aufweist und sich daraus die Unwürdigkeit oder die Unzuverlässigkeit des Arztes zur Ausübung des ärztlichen Berufes ergibt. Auch in Hochschulgesetzen finden sich Vorschriften zum Umgang mit **Forschungsergebnissen** und der Redlichkeit in der Wissenschaft (vgl. z.B. § 3 Abs. 5 LHG bw). Darin werden die Universitäten ermächtigt, entsprechende Regeln zu schaffen und für deren Einhaltung zu sorgen.

§ 29 Krankenhausplanung, Krankenhausfinanzierung, Versorgungsverträge

Dr. Martin Rehborn/Dr. Heike Thomae

Inhalt

A. Einführung 1
  I. Gesetzgebungskompetenz 1
  II. Krankenhausbegriff 10
    1. § 2 Nr. 1 KHG 11
    2. § 107 Abs. 1 SGB V 14
    3. § 30 GewO 20
  III. Abgrenzung zwischen Krankenhaus und Rehabilitationseinrichtung 24
  IV. Funktionale Differenzierung .. 28
    1. Allgemein- und Fachkrankenhäuser 28
    2. Krankenhäuser der Grund-, Regel- und Maximalversorgung 31
  V. Belegkrankenhäuser und Anstaltskrankenhäuser 32
  VI. Tages- und Nachtkliniken, Praxiskliniken 34
  VII. Universitätskliniken 36
  VIII. Trägerschaft der Krankenhäuser 37

B. Krankenhausplanung 42
  I. Ziel staatlicher Krankenhausplanung 43
    1. Sicherstellung einer bedarfsgerechten Krankenversorgung zu sozial tragbaren Pflegesätzen ... 43
    2. Krankenhausplanung als Grundlage für eine staatliche Investitionslenkung 46
  II. Anwendungsbereich des KHG . 49
  III. Aufnahme in den Krankenhausplan und ihre Folgen 53
    1. Anspruch auf Förderung .. 54
    2. Berechtigung und Verpflichtung zur Behandlung von gesetzlich Krankenversicherten 55
  IV. Inhalt des Krankenhausplans .. 57
    1. Krankenhauszielplanung .. 58
    2. Bedarfsanalyse 60
    3. Krankenhausanalyse 61
    4. Versorgungsentscheidung . 62
  V. Die Planungskriterien des KHG 63
    1. Die bedarfsgerechte Versorgung der Bevölkerung 63
      a) Die Bedarfsermittlung . 64
      b) Die Bedarfsermittlung nach Einführung des DRG-Systems 71
      c) Die Bedarfsgerechtigkeit 72
      d) Überprüfung der Bedarfsermittlung 77
      e) Fehler bei der Bedarfsermittlung 78
    2. Leistungsfähigkeit 79
    3. Beitrag zu sozial tragbaren Pflegesätzen 82
  VI. Planaufstellung – Mitwirkung der Beteiligten 85
  VII. Feststellung der Aufnahme in den Krankenhausplan durch Bescheid 86
  VIII. Rechtsnatur des Krankenhausplans und Verhältnis zum Feststellungsbescheid 87
  IX. Die Umsetzung der Versorgungsentscheidung ... 89
  X. Erlass des Feststellungsbescheides 92
  XI. Auswahlentscheidung 95
    1. Beachtung der Vielfalt der Krankenhausträger 97
    2. Gewährleistung der wirtschaftlichen Sicherung freigemeinnütziger und privater Krankenhäuser ... 106
    3. Kostengünstigkeit 109
    4. Gleichbehandlungsgrundsatz, Art. 3 Abs. 1 GG ... 110
    5. Berücksichtigung öffentlicher Interessen 111
    6. Rangverhältnis der Auswahlkriterien? 112
  XII. Rechtsschutz 115
    1. Herausnahme eines Krankenhauses aus dem Krankenhausplan 117
      a) Rechtsgrundlage 117

§ 29 Krankenhausplanung, Krankenhausfinanzierung, Versorgungsverträge

    b) Kündigung des Versorgungsvertrages 123
2. Rechtsschutz des betroffenen Krankenhauses 133
    a) Anfechtungswiderspruch und Anfechtungsklage 133
    b) Verpflichtungswiderspruch und Verpflichtungsklage 135
    c) Fortsetzungsfeststellungsklage 138
3. Kein Rechtsschutz der Kostenträger 141
4. Rechtsschutz konkurrierender Krankenhäuser ... 143
    a) Die Entscheidung des BVerfG vom 14.1.2004 146
    b) Negative Konkurrentenklage 150
5. Vorläufiger Rechtsschutz . 151
    a) Das konkurrierende Krankenhaus 151
    b) Das die Krankenhausplanaufnahme begehrende Krankenhaus 156
    c) Das bereits in den Krankenhausplan aufgenommene Krankenhaus 159
6. Streitwert 160

C. Krankenhausfinanzierung .. 161
  I. Finanzierungssysteme 161
    1. Freie Krankenhausfinanzierung 161
    2. Monistische Finanzierung . 162
    3. Duale Finanzierung 166
  II. Adressat des KHG 167
  III. Investitionsförderung 170
    1. Begriff 171
    2. Förderfähige Investitionskosten 173
        a) Einzelförderung 173
        b) Pauschalförderung ... 176
        c) Strategische Erwägungen 180
  IV. Betriebskosten 183
    1. Historie 183
    2. DRGs 191
        a) Begriffe 191
        b) Zielsetzung 205
    3. Vergütung auf Basis des KHEntgG 206

        a) Entgelte für allgemeine Krankenhausleistungen 207
        b) Umfang der allgemeinen Krankenhausleistungen 210
        c) Entgeltvereinbarung („Pflegesatzvereinbarung") 213
          aa) Vertragsparteien .. 214
          bb) Vereinbarungszeitraum/Laufzeit . 217
          cc) Formvorschriften . 221
          dd) Inhalte 222
          ee) Entgeltverhandlungen („Pflegesatzverhandlungen") 235
          ff) Rechtscharakter .. 236
        d) Schiedsstellenverfahren 237
          aa) Bildung der Schiedsstelle 238
          bb) Verfahren vor der Schiedsstelle 241
          cc) Rechtscharakter .. 248
          dd) Inhalt 250
        e) Genehmigungsverfahren 253
          aa) Verfahren 254
          bb) Prüfungsumfang .. 255
          cc) Rechtscharakter .. 257
        f) Rechtsmittelverfahren . 258
          aa) Rechtsweg 258
          bb) Rechtsschutzbedürfnis 259
          cc) Vorverfahren 261
          dd) Klagebefugnis ... 262
          ee) Aufschiebende Wirkung 264
          ff) Taktische Erwägungen 265
    4. Vergütung auf Basis der BPflV 267
  V. Krankenhausbehandlungsverträge 272
    1. Der totale Krankenhausaufnahmevertrag 275
        a) Selbstzahler 275
        b) Kassenpatient 276
    2. Der gespaltene Krankenhausaufnahmevertrag 280
    3. Wahlleistungen 283
        a) Form der Vereinbarung . 284
        b) Unterrichtung des Patienten 285

	c) Zeitpunkt der Vereinbarung	288
	d) Angemessenheit der Vergütung	289
	e) Schuldner der Wahlleistungen	292
	f) Wahlärztliche Leistungen	294
	g) Wahlleistung Unterbringung	297
	h) Sonstige „Wahlleistungen"	298
VI.	Abrechnung stationärer Krankenhausleistungen – Fehlbelegung	299
	1. Rechtsverhältnis zwischen Patient, Krankenhaus und Krankenkasse	300
	2. Abrechnung mit den Krankenkassen	306
	a) Rechtsgrundlage des Vergütungsanspruchs der Krankenhäuser ...	306
	b) Stationäre Behandlungsbedürftigkeit und Überprüfung durch die Krankenkassen	308
	c) Abgrenzung ambulante, stationäre und teilstationäre Behandlung .	322
	d) Kostenübernahmeerklärungen der Krankenkassen	326
	e) Zahlungsfristen	331
	f) Verjährung	334
	g) Klageverfahren	339

Literatur

Burgi, Konkurrentenschutz in der Krankenhausplanung, in: Krankenhausrecht in Wissenschaft und Praxis, hrsg. v. Ministerium für die Gesundheit, Soziales, Frauen und Familie des Landes Nordrhein-Westfalen, 2004; **Eyermann**, Verwaltungsgerichtsordnung, 12. Auflage 2006; **Faltin**, Freigemeinnützige Krankenhausträger im System staatlicher Krankenhausfinanzierung, 1986; **Kopp/Schenke**, VwGO, 15. Auflage 2007; **Maunz/Dürig**, Grundgesetz Kommentar, Loseblatt Stand: 2007; **Meyer-Ladewig/Keller/Leitherer**, Sozialgerichtsgesetz Kommentar, 8. Auflage 2005; **Pant/Prütting**, Krankenhausgesetz Nordrhein-Westfalen, 2. Auflage 2000; **Tuschen/Trefz**, Krankenhausentgeltgesetz, 2004.

A. Einführung

I. Gesetzgebungskompetenz

Im Recht des Gesundheitswesens sind die Gesetzgebungskompetenzen zwischen dem Bund und den Ländern aufgeteilt, wobei dem Bund nur einige Ausschnitte zugeteilt sind. Im Übrigen liegt die Gesetzgebungskompetenz bei den Ländern.[1]

Die **konkurrierende Gesetzgebungskompetenz des Bundes** besteht im Bereich des Medizinrechts

- für das Sozialversicherungsrecht (Art. 74 Abs. 1 Nr. 12 GG),
- für Maßnahmen gegen gemeingefährliche und übertragbare Krankheiten bei Menschen und Tieren, für die Zulassung zu ärztlichen und anderen Heilberufen und zum Heilgewerbe sowie für das Recht des Apothekenwesens, der Arzneien, der Medizinprodukte, der Heilmittel, der Betäubungsmittel und der Gifte (Art. 74 Abs. 1 Nr. 19 GG),
- **für die wirtschaftliche Sicherung der Krankenhäuser und die Regelung der Krankenhauspflegesätze (Art. 74 Abs. 1 Nr. 19a GG)** sowie
- für die medizinisch unterstützende Erzeugung menschlichen Lebens, die Untersuchung und die künstliche Veränderung von Erbinformationen sowie Regelungen zur Transplantation von Organen, Geweben und Zellen (Art. 74 Abs. 1 Nr. 26 GG).

---

1 *Maunz/Dürig*, Art. 74 Rn 210.

§ 29 Krankenhausplanung, Krankenhausfinanzierung, Versorgungsverträge

3 Auf dem Gebiet des Krankenhauswesens war die Gesetzgebung vor 1969 mangels abweichender Kompetenzzuweisung im Grundgesetz zunächst Sache der Länder; der Bund hatte gem. Art. 74 Nr. 12 GG lediglich die konkurrierende Gesetzgebungskompetenz für das Sozialversicherungsrecht inne.

4 Dies änderte sich erst mit dem 22. Gesetz zur Änderung des Grundgesetzes[2] (sog. Finanzreformgesetz), mit dem Art. 74 Nr. 19a GG eingefügt wurde. Seitdem obliegt dem Bund die konkurrierende Gesetzgebung für die „wirtschaftliche Sicherung der Krankenhäuser und die Regelung der Krankenhauspflegesätze" und damit die Befugnis, auf dem Gebiet der Krankenhausfinanzierung und der Krankenhauspflegesätze gesetzgeberisch tätig zu werden.[3] Zeitgleich wurde dem Bund durch Einfügung von Art. 104a GG[4] die Möglichkeit zur Beteiligung an der Finanzierung von Investitionen im Krankenhaus durch Finanzhilfen an die Länder eröffnet.

5 Bei Einfügung des Art. 74 Nr. 19a GG stand fest, dass der Bund nur die Kompetenz zur Regelung der Finanzierung der Krankenhäuser erhalten sollte. Zuvor hatte es Überlegungen der Bundesregierung gegeben, die öffentliche Aufgabe der Krankenhausversorgung im Sinne einer auch die Krankenhausplanung umfassenden Gesamtaufgabe zur Gemeinschaftsaufgabe von Bund und Ländern zu erheben. Dies war jedoch am Widerstand der Länder gescheitert.[5] Die konkurrierende Gesetzgebungskompetenz des Bundes wurde daher auf die wirtschaftliche Sicherung der Krankenhäuser und der Krankenhauspflegesätze beschränkt.

6 Art. 74 Abs. 1 Nr. 19a GG gewährt dem Bund damit keine generelle Gesetzgebungskompetenz für das Krankenhauswesen. Insbesondere sind dem Bund Regelungen der Krankenhausorganisation und Krankenhausplanung versperrt. Dies ist Ländersache, sofern deren Regelung sich nicht als notwendig für Maßnahmen zur wirtschaftlichen Sicherung der Krankenhäuser oder als Bestandteil des Pflegesatzrechts erweisen. Die Kompetenzzuweisung ermöglicht die wirtschaftliche Sicherung der Krankenhäuser primär durch Finanzhilfen und alle Regelungen, die auf eine wirtschaftliche Sicherung der Krankenhäuser abzielen.

7 Im Ergebnis sind Krankenhausfinanzierung und -planung daher zwar Ländersache, nicht aber im Sinne der Ausübung einer ausschließlichen Gesetzgebungs- und Gesetzesvollzugskompetenz nach Art. 70, 83 GG;[6] das Recht der Krankenhausfinanzierung und -planung kommt den Ländern nur aufgrund und im Rahmen der gesetzlichen Regelungen zu, die der Bund in Ausübung seiner Gesetzgebungskompetenz aus Art. 74 Nr. 19a GG erlassen hat. Der Bund hat das Gesetzgebungsrecht, wenn und soweit es die Herstellung gleichwertiger Lebensverhältnisse im Bundesgebiet oder die Wahrung der Rechts- oder Wirtschaftseinheit im gesamtstaatlichen Interesse eine bundesgesetzliche Regelung erforderlich macht, Art. 72 Abs. 2 GG.[7] Im Hinblick darauf, dass das Bundesverfassungsgericht (sogar) für den Bereich der Vergütung ambulanter privatärztlicher Leistungen nach der GOÄ die Bedeutung eines bundesweit einheitlichen Preisrechts im

---

2 V. 12.5.1969, BGBl I, 363.
3 Die bisherigen gesetzlichen Regelungen des Pflegesatzrechts stützten sich auf Art. 74 Nr. 11 GG (Recht der Wirtschaft); vgl. hierzu auch *Quaas/Zuck*, Medizinrecht, § 23 Rn 21.
4 Durch das 21. Gesetz zur Änderung des Grundgesetzes v. 12.5.1969, BGBl I, 359.
5 BT-Drucks V/2861, Rn 81, 82; BR-Ausschuss für Arbeit und Sozialpolitik, 270. Sitzung am 26.6.1968, Ndschr., 12; BR-Finanzausschuss, 311. Sitzung am 27.7.1986, Ndschr., 15.
6 So aber *Pant/Prütting*, § 13 Rn 1.
7 I.d.F. des Gesetzes zur Änderung des GG v. 28.8.2006, BGBl I, 2034.

Gesundheitswesen bestätigt hat,[8] wird man ein gesamtstaatliches Interesse an einer bundesgesetzlichen Regelung nicht verneinen können. Hinzu kommt die wirtschaftliche Bedeutung: Die Ausgaben für (stationäre) Krankenhausbehandlung machen durchweg mehr als ein Drittel der auf Leistungen entfallenden Ausgaben der Gesetzlichen Krankenversicherung aus.

Auf der Grundlage des Art. 74 Nr. 19a GG erließ der Bund das Krankenhausfinanzierungsgesetz (KHG) vom 29.6.1972.[9] Ziel des KHG 1972 war es, die finanzielle Grundlage der Krankenhäuser durch die Verbindung von öffentlicher Förderung und kostendeckenden Pflegesätzen, die von den Benutzern bzw. den Krankenkassen zu tragen waren, zu sichern. Die Krankenhausfinanzierung wurde also auf zwei Säulen gestellt. Dieses Prinzip der dualen Finanzierung sollte den Krankenhäusern einerseits die notwendigen öffentlichen Investitionsmittel zur Verfügung stellen und andererseits die Pflegesätze auf einer sozial tragbaren Höhe halten. Damit sollte die bedarfsgerechte Versorgung der Bevölkerung mit leistungsfähigen Krankenhäusern gewährleistet und zu sozial tragbaren Pflegesätzen beigetragen werden.

8

Das seit 1972 grundsätzlich geltende Prinzip der dualen Krankenhausfinanzierung wurde in der Folgezeit mehrfach modifiziert. Die Investitionsförderung war zunächst, im Wege der Mischfinanzierung, die gemeinsame Angelegenheit von Bund und Ländern. Mit dem Krankenhausneuordnungsgesetz 1984[10] wurde die ursprüngliche Mitverantwortung des Bundes wieder aufgehoben. Die Investitionsförderung ist seitdem allein Sache der Länder und in den entsprechenden Landeskrankenhausgesetzen und Investitionsgesetzen der Länder verankert.[11]

9

---

8 BVerfG, Beschl. v. 12.12.1984 – 1 BvR 1249/83, MedR 1985, 123, 127 unter Hinweis auf BVerfGE 4, 74, 83 und BVerfGE 17, 287, 292; zur Gesetzgebungskompetenz im Einzelnen vgl. *Rehborn*, GesR 2004, 170.
9 BGBl I, 1009.
10 Gesetz zur Neuordnung der Krankenhäuser (KHNG) v. 20.12.1984 – BGBl I, 1716.
11 Landeskrankenhausgesetz Baden-Württemberg (LKHG) v. 15.12.1986 (GBl, 425), zuletzt geändert durch Gesetz v. 14.2.2006 (GBl, 18); Bayerisches Krankenhausgesetz (BayKrG) i.d.F. der Bekanntmachung v. 28.3.2007 (GVBl., 288); Landeskrankenhausgesetz (LKG) Berlin i.d.F. der Bekanntmachung v. 1.3.2001 (GVBl., 110), zuletzt geändert durch Gesetz v. 30.3.2006 (GVBl., 300); Krankenhausgesetz des Landes Brandenburg (LKGBbg) v. 11.5.1994 (GVBl. I, 106), zuletzt geändert durch Gesetz v. 26.5.2004 (GVBl. I, 249); Bremisches Krankenhausfinanzierungsgesetz (BremKHG) i.d.F. der Bekanntmachung v. 15.7.2003 (Brem. GBl, 341); Hamburgisches Krankenhausgesetz (HmbKHG) v. 17.4.1991 (HmbGVBl., 127), zuletzt geändert durch Gesetz v. 6.10.2006 (HmbGVBl., 510); Gesetz zur Weiterentwicklung des Krankenhauswesens in Hessen (Hessisches Krankenhausgesetz 2002 – HKHG) v. 6.11.2002 (GVBl. I, 662), zuletzt geändert durch Gesetz v. 28.9.2007 (GVBl. I, 659); Landeskrankenhausgesetz für das Land Mecklenburg-Vorpommern (Landeskrankenhausgesetz – LKHG M-V) i.d.F. der Bekanntmachung v. 13.5.2002 (GVOBl. M-V, 262), zuletzt geändert durch Gesetz v. 13.2.2006 (GVOBl. M-V, 90); Niedersächsisches Gesetz zum Bundesgesetz zur wirtschaftlichen Sicherung der Krankenhäuser und zur Regelung der Krankenhauspflegesätze (Nds. KHG) i.d.F. der Bekanntmachung v. 12.11.1986 (Nds. GVBl., 343), geändert durch Gesetz v. 19.12.1995 (Nds. GVBl., 463); Krankenhausgesetz des Landes Nordrhein-Westfalen (KHG NRW) v. 16.12.1998 (GV. NRW, 696), zuletzt geändert durch Gesetz v. 21.12.2006 (GV. NRW., 631); Landeskrankenhausgesetz Rheinland-Pfalz (LKG) v. 28.11.1986 (GVBl., 342), zuletzt geändert durch Gesetz v. 5.4.2005 (GVBl., 104); Saarländisches Krankenhausgesetz v. 13.7.2005 (Amtsbl., 1290); Gesetz zur Neuordnung des Krankenhauswesens – Sächsisches Krankenhausgesetz – SächsKHG) v. 19.8.1993 (SächsGVBl., 675), zuletzt geändert durch Gesetz v. 22.4.2005 (SächsGVBl., 121); Krankenhausgesetz Sachsen-Anhalt (KHG LSA) i.d.F. der Bekanntmachung v. 14.4.2005 (GVBl. LSA, 203), geändert durch Gesetz v. 10.8.2007 (GVBl. LSA, 306); Gesetz zur Ausführung des Krankenhausfinanzierungsgesetzes Schleswig-Holstein v. 12.12.1986 (GVOBl. Schl.-H., 302), zuletzt geändert Verordnung v. 12.10.2005 (GVOBl. Schl.-H., 487); Thüringer Krankenhausgesetz (ThürKHG) i.d.F. der Bekanntmachung v. 30.4.2003 (GVBl., 262).

II. Krankenhausbegriff

10 Das Recht der Krankenhausplanung und -finanzierung sowie das Sozialleistungsrecht stellen in der Regel auf den Begriff „Krankenhaus" ab. Für die Klärung von Fragen der Planung und Finanzierung stationärer Krankenhausleistungen bedarf es daher einer Klärung des Begriffs „Krankenhaus" sowie einer Abgrenzung zu anderen stationären Versorgungseinrichtungen.[12] Der Begriff „Krankenhaus" wird sowohl im KHG als auch im SGB V definiert.

1. § 2 Nr. 1 KHG

11 Nach § 2 Nr. 1 KHG sind Krankenhäuser Einrichtungen, in denen durch **ärztliche** und **pflegerische Hilfeleistung** Krankheiten, Leiden oder Körperschäden festgestellt, geheilt oder gelindert werden sollen oder Geburtshilfe geleistet wird und in denen die zu versorgenden Personen **untergebracht** und **verpflegt** werden können.

12 Nach der Rechtsprechung kommt es nicht auf die Art, die Dauer und das Stadium der Krankheit an, die in der Einrichtung behandelt werden soll. Unerheblich ist, ob es sich um eine somatische oder psychische bzw. psychiatrische Erkrankung handelt. Auch Suchterkrankungen von einer gewissen Intensität stellen eine Krankheit dar.[13]

13 Mit dem Merkmal der ärztlichen Behandlung durch diagnostische oder therapeutische Maßnahmen unterscheidet sich das Krankenhaus von anderen stationären Einrichtungen, wie z.B. Alten- und Pflegeheimen.[14]

2. § 107 Abs. 1 SGB V

14 Für den Bereich der gesetzlichen Krankenversicherung besteht in § 107 Abs. 1 SGB V eine gesetzliche Definition, die den Krankenhausbegriff durch organisatorische und funktionelle Kriterien ergänzt. Danach sind Krankenhäuser im Sinne des Gesetzes Einrichtungen, die
- der Krankenhausbehandlung oder Geburtshilfe dienen,
- fachlich-medizinisch unter ständiger ärztlicher Leitung stehen, über ausreichende, ihrem Versorgungsauftrag entsprechende diagnostische und therapeutische Möglichkeiten verfügen und nach wissenschaftlich anerkannten Methoden arbeiten,
- mit Hilfe von jederzeit verfügbarem ärztlichen, pflegerisch, funktions- und medizinisch-technischem Personal darauf eingerichtet sind, vorwiegend durch ärztliche und pflegerische Hilfeleistung Krankheiten der Patienten zu erkennen, zu heilen, ihre Verschlimmerung zu verhüten, Krankheitsbeschwerden zu lindern oder Geburtshilfe zu leisten, und in denen
- die Patienten untergebracht und verpflegt werden können.

15 Der durch das Gesetz zur Strukturreform im Gesundheitswesen[15] eingeführte § 107 Abs. 1 SGB V definiert für den Bereich der Gesetzlichen Krankenversicherung, insbesondere das Leistungsrecht, erstmals das Krankenhaus unter Berücksichtigung der allgemeinen Krankenhausdefinition des KHG und unter Berücksichtigung der Rechtsprechung des Bundessozialgerichts. Die Bestimmung dient insbesondere dazu, das

---

12 Vgl. dazu eingehend *Kaltenborn*, GesR 2006, 538.
13 BSGE 28, 114; BVerwG – 3 C 36.86, NJW 1989, 2963 ff. = Arztrecht 1989, 162 ff.
14 Laufs/Uhlenbruck/*Genzel*, § 83 Rn 10.
15 Gesundheitsreformgesetz – GRG v. 20.12.1988, BGBl I, 2477.

Krankenhaus von den Vorsorge- und Rehabilitationseinrichtungen abzugrenzen, die in § 107 Abs. 2 SGB V definiert werden.

Ein weiterer Krankenhausbegriff sollte durch die Regelung in § 107 Abs. 1 SGB V nicht eingeführt werden, denn nach der amtlichen Begründung knüpft der in § 107 Abs. 1 SGB V definierte Krankenhausbegriff an den des § 2 Nr. 1 KHG an, konkretisiert ihn jedoch durch die Aufstellung organisatorischer und fachlicher Voraussetzungen.[16]

Durch die definitorische Trennung in Krankenhaus einerseits (§ 107 Abs. 1 SGB V) und Vorsorge- oder Rehabilitationseinrichtung andererseits (§ 107 Abs. 2 SGB V) wird deutlich, dass die letztgenannten Einrichtungen nicht Krankenhaus im Sinne des SGB V sein können. Diese sind von der Begriffsbestimmung des § 2 Nr. 1 KHG aber durchaus umfasst, was sich bereits aus der Regelung in § 5 Abs. 1 Nr. 7 KHG ergibt, wonach diese Einrichtungen nicht nach dem KHG gefördert werden. Würde § 2 Nr. 1 KHG Vorsorge- und Rehabilitationseinrichtungen nicht umfassen, so wäre die Regelung im § 5 Abs. 1 Nr. 7 KHG überflüssig. Im Ergebnis ist der Begriff des Krankenhauses im Sinne des SGB V also deutlich enger als der des § 2 Nr. 1 KHG gefasst.

Da aber Vorsorge- und Rehabilitationseinrichtungen gem. § 5 Abs. 1 Nr. 7 KHG von der öffentlichen Förderung ausgenommen sind, hat die Legaldefinition des § 2 Nr. 1 KHG in ihrer Breite nur geringe praktische Bedeutung. Ihr liegt ein – zum Zwecke der Förderung bestimmter – leistungsrechtlicher Begriff zu Grunde.

Hinsichtlich der Anforderungen an die Leistungserbringung sind die Krankenhausbegriffe des KHG und des SGB V jedoch deckungsgleich.

3. § 30 GewO

Gem. § 30 Abs. 1 S. 1 GewO bedürfen Unternehmer von Privatkranken- und Privatentbindungsanstalten sowie von Privatnervenkliniken einer Konzession der zuständigen Behörde. Der in § 30 GewO enthaltene Begriff (Privat-)Krankenanstalt wird im Gesetz nicht definiert; das Gesetz benennt lediglich eine Reihe von Versagungskriterien, vgl. § 30 Abs. 1 S. 2 GewO. Danach sieht das Gesetz eine Versagung der Konzession vor, wenn Tatsachen vorliegen, welche die ausreichende medizinische und pflegerische Versorgung der Patienten als nicht gewährleistet erscheinen lassen und bauliche oder technische Einrichtungen den gesundheitspolizeilichen Anforderungen nicht entsprechen.

Unter Privatkrankenanstalt im Sinne der GewO wird ein privat betriebenes Krankenhaus verstanden,[17] in dem eine den jeweiligen Umständen genügende medizinische und pflegerische Versorgung gewährleistet ist. Definitionen des Begriffs „Krankenhaus" in anderen Gesetzen sind für die Auslegung des § 30 GewO nicht maßgeblich, können jedoch im Sinne einer Funktionsbeschreibung bei der Anwendung des § 30 GewO herangezogen werden.[18]

Im Vergleich zu den Begriffsbestimmungen des § 2 Nr. 1 KHG und des § 107 Abs. 1 SGB V zeigt sich bei dem in § 30 GewO verwendeten Begriff die völlig andere Zwecksetzung; bei § 30 GewO handelt es sich um eine Regelung, die der gesundheitspolizeilichen Gefahrenabwehr dient.[19] Die Konzession erhält nicht die Anstalt, sondern der jeweilige Unternehmer. Sie soll seine gesundheitspolizeiliche Überwachung sichern.

---

16 BT-Drucks 11/2237, 196; so auch Hauck/Noftz/*Klückmann*, § 107 Rn 3.
17 BVerwGE 70, 201, 202; *Tettinger/Wank*, § 30 Rn 5.
18 *Tettinger/Wank*, § 30 Rn 5.
19 BVerwGE 70, 201, 202.

23 Sonderregelungen zu Krankenhäusern, zum Teil auch mit gesonderten Anforderungen für privilegierende Tatbestände, die aber für das Krankenhausfinanzierungs- und -planungsrecht nicht weiter von Bedeutung sind, finden sich schließlich auch in der Abgabenordnung (§ 67), im Umsatzsteuergesetz (§ 4 Nr. 16)[20] sowie im Einkommensteuergesetz (§ 7f). Der Begriff „Krankenhaus" ist in den Steuergesetzen nicht definiert, die Begriffsbestimmung wird dem KHG entnommen.[21]

III. Abgrenzung zwischen Krankenhaus und Rehabilitationseinrichtung

24 Entscheidend für die Aufnahme eines Krankenhauses in den Krankenhausplan und die damit verbundene öffentliche Förderung ist, dass es sich um ein zur Deckung des stationären Bedarfs geeignetes Krankenhaus handelt.[22] Nach den Landeskrankenhausgesetzen erfolgt in der Regel nur eine Aufnahme von Krankenhäusern in den jeweiligen Krankenhausplan, nicht von Vorsorge- und Rehabilitationseinrichtungen, die nach dem KHG nicht gefördert werden, § 5 Abs. 1 Nr. 7 KHG.[23] Daher stellt sich die notwendige Frage der Abgrenzung des Krankenhauses von einer reinen Vorsorge- und Rehabilitationseinrichtung.

25 Nach § 107 Abs. 2 SGB V sind Vorsorge- und Rehabilitationseinrichtungen im Sinne des SGB V Einrichtungen, die

- der stationären Behandlung der Patienten dienen, um
  - eine Schwächung der Gesundheit, die in absehbarer Zeit voraussichtlich zu einer Krankheit führen würde, zu beseitigen oder einer Gefährdung der gesundheitlichen Entwicklung eines Kindes entgegenzuwirken (Vorsorge) oder
  - eine Krankheit zu heilen, ihre Verschlimmerung zu verhüten oder Krankheitsbeschwerden zu lindern oder im Anschluss an Krankenhausbehandlung den dabei erzielten Behandlungserfolg zu sichern oder zu festigen, auch mit dem Ziel, eine drohende Behinderung oder Pflegebedürftigkeit abzuwenden, zu beseitigen, zu mindern, auszugleichen, ihre Verschlimmerung zu verhüten oder ihre Folgen zu mildern (Rehabilitation), wobei Leistungen der aktivierenden Pflege nicht von den Krankenkassen übernommen werden dürfen,
- fachlich-medizinisch unter ständiger ärztlicher Verantwortung und unter Mitwirkung von besonders geschultem Personal darauf eingerichtet sind, den Gesundheitszustand der Patienten nach einem ärztlichen Behandlungsplan vorwiegend durch Anwendung von Heilmitteln einschließlich Krankengymnastik, Bewegungstherapie, Sprachtherapie oder Arbeits- und Beschäftigungstherapie, ferner durch andere ge-

---

20 Vgl. BVerfG – 1 BvR 1316/04, UR 2007, 737 ff.
21 BFH – IV R 83/86, BStBl II 1989, 506; *Knorr/Klassmann*, Die Besteuerung der Krankenhäuser, 8 und 11.
22 BVerwG – 3 C 36/86, NJW 1989, 2963.
23 Ausnahme: § 5 Abs. 1 LKHG Baden-Württemberg sieht vor, dass Rehabilitationseinrichtungen von Rentenversicherungsträgern in den Krankenhausplan einbezogen sind, soweit sie der allgemeinen Versorgung der Bevölkerung dienen. Sieht das Landesrecht keine Förderung vor, benötigt eine Rehabilitationseinrichtung einen Versorgungsvertrag gem. § 111 SGB V, wenn sie gesetzlich Krankenversicherte behandeln möchte. In diesem wird eine Tagespauschale vereinbart, mit der alle Kosten für den gesetzlich krankenversicherten Rehabilitanden pauschaliert festgesetzt und direkt mit der jeweiligen Krankenkasse abgerechnet werden. Dies stellt den wichtigsten Refinanzierungsbereich für die laufenden Kosten der Rehabilitationseinrichtung dar.

eignete Hilfen, auch durch geistige und seelische Einwirkungen, zu verbessern und den Patienten bei der Entwicklung eigener Abwehr- und Heilungskräfte zu helfen,

und in denen
- die Patienten untergebracht und verpflegt werden können.

Krankenhaus und Rehabilitationseinrichtung ist gemeinsam, dass in ihnen Patienten stationär versorgt werden, um deren Krankheiten zu heilen, ihre Verschlimmerung zu verhüten oder Krankheitsbeschwerden zu lindern. Die Einrichtungen unterscheiden sich jedoch in ihren Methoden, mit denen die von beiden verfolgten Ziele erreicht werden sollen. Die Rehabilitationseinrichtung ist darauf ausgerichtet, den Gesundheitszustand des Patienten nach einem ärztlichen Behandlungsplan vorwiegend durch **Anwendung von Heilmitteln** einschließlich Krankengymnastik und Bewegungstherapie zu verbessern. Hierbei ist die pflegerische Betreuung des Patienten der ärztlichen Behandlung eher gleichwertig nebengeordnet. Krankenhäuser dagegen müssen dafür eingerichtet sein, das gleiche Ziel vorwiegend durch ärztliche oder pflegerische Hilfeleistung zu erreichen. Darüber hinaus müssen Krankenhäuser über ausreichende diagnostische Möglichkeiten verfügen, was bei Rehabilitationseinrichtungen nicht erforderlich ist.[24] Dafür haben diese zusätzlich eine **besondere rehabilitative Zielrichtung**, indem sie Patienten bei der Entwicklung eigener Abwehr- und Heilungskräfte helfen sollen.[25]

26

Die Hilfeleistung im Krankenhaus muss unter ärztlicher Letztverantwortung und unter nachgeordneter pflegerischer Assistenz erfolgen. Bei einem Diagnose- oder Therapiekonflikt zwischen Arzt und Pflegepersonal hat der Arzt das Letztentscheidungsrecht. Eine Einrichtung, bei der dieses ärztliche Letztentscheidungsrecht nicht sichergestellt ist, kann nicht in den Krankenhausplan eines Landes aufgenommen werden.[26]

27

IV. Funktionale Differenzierung

1. Allgemein- und Fachkrankenhäuser

Üblicherweise werden Krankenhäuser im Hinblick auf ihre ärztliche und pflegerische Zielsetzung unterschieden in Allgemein- und Fachkrankenhäuser.[27]

28

Allgemeinkrankenhäuser sind solche, die über mehrere Fachabteilungen verfügen, ohne dass eine bestimmte Fachrichtung im Vordergrund steht. Das Allgemeinkrankenhaus repräsentiert den Typus des Krankenhauses schlechthin.

29

Fachkrankenhäuser sind auf eine Fachrichtung (z.B. Neurologie), besondere Behandlungsart (z.B. Krankenhaus für Manuelle Therapie) oder eine besondere Patientenklientel (z.B. Kinderklinik, Fachgeriatrische Krankenhaus) spezialisiert.

30

---

24 Hauck/Noftz/*Klückmann*, § 107 Rn 12.
25 *Kamps/Kiesecker*, MedR 2002, 504; VGH Baden-Württemberg – 9 S 2124/00, MedR 2003, 107, 109.
26 BVerwG – 3 C 36/86, NJW 1989, 2963 ff.; VGH Baden-Württemberg – 9 S 2124/00, MedR 2003, 107, 109; Hauck/Noftz/*Klückmann*, § 107 Rn 12.
27 Vgl. hierzu nur den Krankenhausplan NRW 2001, Teil 1, 1.2 „Grundsätze und Ziele der Krankenhausplanung". Die früher übliche Einteilung in Allgemein-, Fach- und Sonderkrankenhäuser existiert seit der Neufassung der Krankenhausstatistik-Verordnung 1990 (BGBl I, 730) nicht mehr. Alle auf ein bestimmtes Fachgebiet oder besondere Aufgabenstellung beschränkten Krankenhäuser werden seitdem als Fachkrankenhaus bezeichnet. Nach *Quaas/Zuck*, Medizinrecht, § 23 Rn 53 wird seit der Neufassung der Krankenhausstatistik-Verordnung (KHStatV v. 10.4.1990, BGBl I, 730) nicht mehr in Allgemein-, Sonder- und Fachkrankenhäuser unterschieden. In der Praxis findet sich diese Unterscheidung gleichwohl noch häufig.

2. Krankenhäuser der Grund-, Regel- und Maximalversorgung

31 Nach dem von den Krankenhäusern zu versorgenden räumlichen Bereich werden solche der Grund-, der Regel- und der Maximalversorgung unterschieden. **Krankenhäuser der Grundversorgung** stellen die stationäre Versorgung des kommunalen Nahbereichs sicher und bieten eine somatische Grundversorgung an, also insbesondere Innere Medizin und Allgemeinchirurgie. **Krankenhäuser der Regelversorgung** sollen neben dem örtlichen Bedarf auch den überörtlichen Bedarf befriedigen. Sie dienen der gehobenen Breitenversorgung. **Krankenhäuser der Maximalversorgung** halten Einrichtungen für eine medizinisch-technische Spitzenversorgung der Bevölkerung vor; es sollen diejenigen Fälle Aufnahme finden, die einer hochdifferenzierten Diagnostik und Therapie bedürfen. Zu den Krankenhäusern der Maximalversorgung zählen insbesondere Universitätskliniken.

V. Belegkrankenhäuser und Anstaltskrankenhäuser

32 Unter einem **Belegkrankenhaus** ist ein Krankenhaus zu verstehen, in dem Belegärzte (siehe hierzu § 19 Rn 3 ff.) ihre Patienten unter Benutzung der vom Krankenhausträger zur Verfügung gestellten Einrichtungen und Hilfspersonal behandeln. Belegärzte sind niedergelassene, nicht am Krankenhaus angestellte Vertragärzte, die berechtigt sind, ihre Patienten (Belegpatienten) im Krankenhaus unter Inanspruchnahme der hierfür bereitgestellten Dienste, Einrichtungen und Ausstattung stationär zu behandeln, ohne hierfür vom Krankenhaus eine Vergütung zu erhalten, vgl. § 121 Abs. 2 SGB V, § 23 Abs. 1 S. 1 BPflV, § 18 KHEntgG. Üblicherweise verfügt ein reines Belegkrankenhaus nicht über einen eigenen ärztlichen Dienst. Es gewährt lediglich pflegerische Leistungen sowie Unterkunft und Verpflegung. Die ärztlichen Leistungen werden allein von den Belegärzten erbracht. Daher verfügen Belegkrankenhäuser nur über einen geringen Bettenumfang.

33 In **Anstaltskrankenhäusern** wird die ärztliche Behandlung durch angestellte Krankenhausärzte erbracht. Häufig finden sich in solchen Krankenhäusern einzelne Belegabteilungen (oft in den Gebieten HNO, Augen, Urologie, Gynäkologie und Geburtshilfe).

VI. Tages- und Nachtkliniken, Praxiskliniken

34 **Tages- oder Nachtkliniken** arbeiten lediglich teilstationär i.S.d. § 39 Abs. 1 S. 1 SGB V. Während die vollstationäre Krankenhausbehandlung durch den ununterbrochenen Aufenthalt auch über Nacht gekennzeichnet ist, setzt die teilstationäre Behandlung eine zeitlich begrenzte Unterbringung während des Tages oder in der Nacht voraus. Tagesklinische Behandlungen finden sich häufig in der Geriatrie und Psychiatrie. Nachtkliniken sind oft im Bereich der Schlafmedizin tätig.

35 In der **Praxisklinik** werden Patienten durch Zusammenarbeit mehrerer Vertragsärzte ambulant und stationär versorgt (§ 115 Abs. 2 S. 1 Nr. 1 SGB V). Zur Beteiligung an der Versorgung gesetzlich krankenversicherter Patienten bedarf die Praxisklinik der Zulassung durch Aufnahme in den Krankenhausplan (§ 8 Abs. 1 KHG, § 109 Abs. 1 S. 2 SGB V) oder des Abschlusses eines Versorgungsvertrages (§§ 108 Nr. 3, 109 Abs. 1 S. 1 SGB V).

VII. Universitätskliniken

Bei **Universitätskliniken** liegt der Schwerpunkt in der medizinischen Ausbildung (Lehre) und Forschung. Soweit sie Versorgungsaufgaben im Rahmen der staatlichen Krankenhausplanung und des Versorgungsvertrages übernehmen, haben sie Forschung und Lehre zu berücksichtigen. In aller Regel handelt es sich um Einrichtungen der Maximalversorgung.

36

VIII. Trägerschaft der Krankenhäuser

Krankenhausträger ist diejenige natürliche oder juristische Person, die ein Krankenhaus betreibt. Der Begriff „Krankenhaus" meint dabei die bauliche und betriebliche Einrichtung als solche.

37

Es wird herkömmlich unterschieden zwischen Krankenhäusern in öffentlicher, freigemeinnütziger und privater Trägerschaft.[28] Krankenhäuser, deren Träger eine Körperschaft, Anstalt oder Stiftung öffentlichen Rechts ist, also der Bund, das Land, kommunale Gebietskörperschaften (z.B. Stadt, Landkreis, Bezirk, Zweckverband), stehen in **öffentlich-rechtlicher Trägerschaft**.[29] Die Gesellschaftsform ist unerheblich. Zu den öffentlichen Krankenhäusern im vorgenannten Sinne gehören daher auch die von öffentlich-rechtlichen Institutionen beherrschten Krankenhäuser in privatrechtlicher Gesellschaftsform, z.B. also auch die kommunale Krankenhaus GmbH.

38

Freigemeinnützige Krankenhäuser werden von Trägern, die einer religiösen, humanitären oder sozialen Vereinigung zuzuordnen sind, auf der Grundlage der Freiwilligkeit und der satzungsgemäßen Gemeinnützigkeit unterhalten (z.B. caritative Organisationen, kirchliche Orden oder Kongregationen, Kirchengemeinden, gemeinnützige Stiftungen oder Vereine).[30] Das Vermögen freigemeinnütziger Krankenhausträger ist an einen bestimmten Zweck gebunden; der Status der Gemeinnützigkeit ist mit steuerlichen Vergünstigungen verbunden.[31]

39

Private Krankenhäuser werden von natürlichen und juristischen Personen des Privatrechts nach erwerbswirtschaftlichen Grundsätzen betrieben. Sie bedürfen aufgrund der Gewinnerzielungsabsicht einer Konzession nach § 30 GewO.[32] Die Gewerbeordnung unterwirft Privatkrankenanstalten der Konzessionspflicht, weil sie den Gefahren vorbeugen will, die für Patienten aus der nicht ordnungsgemäßen Führung, Einrichtung und Unterhaltung einer Klinik erwachsen können.[33] Eine solche Gefahr sieht der Gesetzgeber typischerweise nur bei erwerbsmäßig betriebenen Krankenhäusern, nicht bei

40

---

28 Vgl. auch die amtliche Begründung zu § 1 Abs. 2 S. 1 KHG, die von der historisch gewachsenen Dreiteilung in öffentliche, freigemeinnützige und private Krankenhausträger spricht, BT-Drucks 10/2565.
29 *Dietz/Bofinger*, § 1 Rn 2.
30 Laufs/Uhlenbruck/*Genzel*, § 85 Rn 9; *Faltin*, Freigemeinnützige Krankenhausträger im System staatlicher Krankenhausfinanzierung, 1986, 14.
31 Steuerrechtlich ist das freigemeinnützige Krankenhaus als Zweckbetrieb i.S.v. §§ 65, 67 Abgabenordnung (AO) anzusehen. Gemeinnützig im Sinne des Steuerrechts ist ein Krankenhaus als Zweckbetrieb nach § 67 AO dann, wenn mindestens 40 % der jährlichen Pflegetage auf Patienten entfallen, bei denen nur ein Pflegesatz nach den §§ 3, 4, 5, 7 BPflV berechnet wird. Der steuerrechtliche Begriff des gemeinnützigen Krankenhauses stellt also nicht auf die Art der Betriebsführung ab, sondern allein auf die Teilnahme an der allgemeinen Versorgung der Bevölkerung mit Krankenhausleistungen in Höhe von 40 % aller von ihm angebotenen Leistungen (vgl. BVerfG – 1 BvR 1316/04, GesR 2007, 423). Steuerlich honoriert wird die soziale Nützlichkeit des Unternehmens.
32 *Landmann/Eyermann/Rohmer*, § 30 Rn 10.
33 *Tettinger/Wank*, § 30 Rn 2.

freigemeinnützigen oder öffentlich-rechtlichen Trägern als gegeben an, die primär Gemeinwohlzwecke verfolgen.

41 Die Gewinnerzielungsabsicht ist die gewerberechtlich maßgebliche Trennlinie zwischen privaten und gemeinnützigen Krankenhäusern. Eine derartige Absicht wird immer dann angenommen, wenn ein Unternehmen planmäßig danach strebt, mehr zu erwirtschaften als das, was zur Deckung der Betriebskosten erforderlich ist. Die Vermehrung des Vermögens steht also im Vordergrund.[34]

B. Krankenhausplanung

42 Die Gesundheitsfürsorge, und dazu gehört auch die bedarfsgerechte Versorgung der Bevölkerung mit leistungsfähigen Krankenhäusern, ist eine verfassungsrechtlich vorgegebene Aufgabe im Rahmen öffentlicher Daseinsvorsorge.[35] Der Staat muss sicherstellen, dass für alle Bürger quantitativ und qualitativ ausreichende stationäre Versorgungseinrichtungen zur Verfügung stehen. Wesentliches Instrument zur Umsetzung dieser staatlichen Verantwortung ist die Krankenhausplanung.

I. Ziel staatlicher Krankenhausplanung

1. Sicherstellung einer bedarfsgerechten Krankenversorgung zu sozial tragbaren Pflegesätzen

43 Die Krankenhausplanung erfolgt gem. § 6 Abs. 1 KHG zur Verwirklichung der in § 1 KHG genannten Ziele. Danach ist Gesetzeszweck die wirtschaftliche Sicherung der Krankenhäuser, um eine bedarfsgerechte Versorgung der Bevölkerung mit leistungsfähigen, eigenverantwortlich wirtschaftenden Krankenhäusern zu gewährleisten und zu sozial tragbaren Pflegesätzen beizutragen.

44 Die der Zweckbestimmung nachfolgende finale Konjunktion „um" belegt, dass die wirtschaftliche Sicherung der Krankenhäuser nicht vorrangige Aufgabe der Krankenhausplanung ist; vielmehr ist durch eine wirtschaftliche Sicherung der Krankenhäuser eine bedarfsgerechte Krankenversorgung zu sozial tragbaren Pflegesätzen sicherzustellen; nur wirtschaftlich gesicherte Krankenhäuser können einerseits eine bedarfsgerechte Versorgung der Bevölkerung mit leistungsfähigen, eigenverantwortlich wirtschaftenden Krankenhäusern gewährleisten und andererseits zu sozial tragbaren Pflegesätzen beitragen.

45 Die wirtschaftliche Sicherung erfolgt im Wege einer Mischfinanzierung aus öffentlichen Mitteln und aus Pflegesätzen. Die Investitionskosten werden mittels öffentlicher Förderung übernommen, die übrigen Kosten erfassenden leistungsgerechten Erlöse erhalten die Krankenhäuser durch die Pflegesätze, § 4 KHG. Ziel des Gesetzes ist es jedoch nicht, alle Krankenhäuser wirtschaftlich zu sichern, sondern nur diejenigen, die Aufnahme in die von den Ländern aufzustellenden Krankenhauspläne gefunden haben. Nur wenn und soweit sie Plankrankenhäuser sind, kommen sie in den Genuss staatlicher Garantie weitergehender wirtschaftlicher Sicherheit.

---

34 VG Neustadt – 6 K 130/74, DVBl. 1976, 683, 684; OVG Münster – XIV B 249/76, GewA 1976, 236; VGH Baden-Württemberg – VI 1092/75, GewA 1978, 371.
35 *Burgi*, Konkurrentenschutz in der Krankenhausplanung, in: Krankenhausrecht in Wissenschaft und Praxis, 19, 27.

2. Krankenhausplanung als Grundlage für eine staatliche Investitionslenkung

Die Krankenhausplanung bildet daneben die Grundlage für eine umfassende staatliche Investitionslenkung im Krankenhauswesen. Die staatliche Garantie wirtschaftlicher Sicherung erhalten die Plankrankenhäuser nicht so, wie sie sind oder sein wollen, sondern nur so, wie sie nach Ansicht der staatlichen Planungsbehörden sein sollen. Denn nur solange und soweit sie in den Krankenhausplan aufgenommen sind, übernimmt der Staat ihre Investitionskosten im Wege der öffentlichen Förderung, § 8 Abs. 1 S. 1 KHG.

Die Aufnahme bzw. Nichtaufnahme in den Krankenhausplan eines Bundeslandes hat für die einzelnen Krankenhausträger also durchaus existenzentscheidende Bedeutung. Nur als Plankrankenhäuser haben sie Anspruch und Aussicht auf Deckung ihrer Selbstkosten und damit die Garantie weitgehend wirtschaftlicher Sicherheit. Der Preis, den die Krankenhäuser für die gesetzlich abgesicherte Entwicklung und Teilhabe an der stationären Versorgung zu zahlen haben, ist die Einfügung in ein System staatlicher Krankenhausplanung. Wenn der Staat die Verantwortung für die Vorhaltung von Krankenhäusern übernimmt, dann bedarf es auch des notwendigen Instrumentariums, um dieser Verantwortung gerecht zu werden.[36]

Gesetzgeberische Überzeugung ist, dass die Krankenhäuser „ohne sinnvolle Planung des Bedarfs und ohne Einflussnahme auf die Krankenhausstruktur nicht wirtschaftlich gesichert werden können".[37] Dabei entscheidet die Aufnahme in den Krankenhausplan nicht nur abstrakt über die Existenzmöglichkeit der Krankenhäuser; sie bestimmt auch die Zahl der Krankenhausbetten, die Art und Größe der Fachbereiche sowie die Aufgabenstellung, innerhalb derer die Krankenhäuser tätig sein dürfen.

II. Anwendungsbereich des KHG

Das KHG ist keine alle Krankenhäuser umfassende gesetzliche Planungs- und Finanzierungsregelung. § 3 KHG benennt abschließend die Krankenhäuser, auf die das KHG keine Anwendung findet. Diese Einrichtungen werden weder nach dem KHG gefördert (§ 9 KHG), noch gilt für sie das Pflegesatzrecht (§§ 16 ff. KHG; § 1 Abs. 2 Nr. 1 BPflV).

Bei diesen in § 3 aufgelisteten Einrichtungen handelt es sich um Krankenhäuser, die nicht der allgemeinen Versorgung, sondern nur einem bestimmten Benutzerkreis zur Verfügung stehen oder bei denen durch eine bestimmte Trägerschaft die wirtschaftliche Sicherheit als gewährleistet angesehen wird. Für diese Krankenhäuser gelten jedoch Auskunfts- und statistische Mitteilungspflichten, §§ 3 S. 2, 28 KHG.

§ 5 Abs. 1 KHG enthält eine abschließende Auflistung derjenigen Einrichtungen, auf die das KHG grundsätzlich anwendbar ist, die aber ganz oder teilweise keine öffentliche Krankenhausförderung erhalten. Gem. § 5 Abs. 2 KHG ist jedoch dem Landesgesetzgeber vorbehalten, die Förderung auch den in Abs. 1 Nr. 2–8 bezeichneten Krankenhäusern und Einrichtungen zu gewähren.

Für die in § 5 Abs. 1 KHG genannten, nicht förderungsfähigen Krankenhäuser gilt grundsätzlich das Pflegesatzrecht des KHG (§§ 16 ff.), der BPflV und des KHEntgG, wobei das Pflegesatzrecht wiederum bestimmte Krankenhäuser gem. § 20 KHG, § 1

---

36 BR-Drucks 260/7/78, 5.
37 BR-Drucks 260/7/78, 5.

Abs. 2 Nr. BPflV und § 1 Abs. 2 KHEntgG von seiner Anwendung ausschließt, nämlich die nicht gemeinnützigen Krankenhäuser i.S.d. § 67 Abgabenordnung und die Tuberkulosekrankenhäuser, soweit sie nicht der allgemeinen Versorgung der Bevölkerung dienen.

III. Aufnahme in den Krankenhausplan und ihre Folgen

53 Die Bedeutung der Aufnahme eines Krankenhauses in den Krankenhausplan ergibt sich zum einen aus ihrer Verknüpfung mit dem Anspruch auf Förderung nach § 8 Abs. 1 S. 1 KHG und zum anderen aus der damit unmittelbar verbundenen Zulassung zur Behandlung von Versicherten der gesetzlichen Krankenkassen und Ersatzkassen nach §§ 108 Nr. 2, 109 Abs. 1 S. 2 SGB V.

1. Anspruch auf Förderung

54 In den Krankenhausplan aufgenommene Krankenhäuser haben nach Maßgabe des KHG gem. § 8 Abs. 1 KHG Anspruch auf Förderung. Nur für sie gilt die duale Finanzierung, d.h. die Finanzierung oder Förderung von Investitionen durch das Land und die weitere Finanzierung durch die Kostenträger (Gesetzliche Krankenversicherung und selbstzahlende Nutzer). Nach § 8 Abs. 1 S. 1 KHG haben Krankenhäuser nach Maßgabe des KHG Anspruch auf Förderung, soweit und solange sie in den Krankenhausplan eines Landes und bei Investitionen nach § 9 Abs. 1 Nr. 1 in das Investitionsprogramm aufgenommen sind. Mit der Aufnahme in den Krankenhausplan und der Feststellung hierüber erlangt das Krankenhaus den Rechtsstatus eines förderungsfähigen und zu fördernden Krankenhauses.

2. Berechtigung und Verpflichtung zur Behandlung von gesetzlich Krankenversicherten

55 Die Aufnahme eines Krankenhauses in den Krankenhausplan ermöglicht diesem außerdem die Erbringung von Krankenhausbehandlungen an gesetzlich Krankenversicherten zu Lasten deren Krankenkassen. Die Krankenkassen dürfen Krankenhausbehandlung nur durch die in § 108 Nr. 1–3 SGB V genannten zugelassenen Krankenhäuser erbringen lassen. Damit soll sichergestellt werden, dass nur solche Krankenhäuser Versicherte der gesetzlichen Krankenversicherung stationär behandeln, die für eine bedarfsgerechte Krankenhausbehandlung erforderlich sind und die die Gewähr für eine leistungsfähige und wirtschaftliche Krankenhausbehandlung bieten. Das sind zum einen die Hochschulkliniken im Sinne des Hochschulbauförderungsgesetzes (§ 108 Nr. 1 SGB V), zum anderen diejenigen Krankenhäuser, die einen Versorgungsvertrag mit den Krankenkassen abgeschlossen haben (§ 108 Nr. 3 SGB V), sowie schließlich die in den Krankenhausplan eines Landes aufgenommenen Krankenhäuser (§ 108 Nr. 2 SGB V). Andere Krankenhäuser sind ausgeschlossen, selbst wenn sie die Merkmale des Krankenhausbegriffs nach § 107 Abs. 1 SGB V erfüllen.

56 Das i.S.d. § 108 Nr. 2 SGB V zugelassene Plankrankenhaus ist gem. § 109 Abs. 4 S. 2 SGB V im Rahmen seines Versorgungsauftrages zur Krankenhausbehandlung der ge-

setzlich Krankenversicherten verpflichtet.[38] Die Art und Höhe der von den Krankenkassen zu leistenden Vergütung wird durch die Bundespflegesatzverordnung bzw. das Krankenhausentgeltgesetz und die zwischen den Krankenkassen und dem Krankenhaus jährlich abzuschließenden Vereinbarungen bestimmt. Die Krankenkassen sind diesbezüglich nach § 109 Abs. 4 S. 3 SGB V verpflichtet, unter Beachtung der Vorschriften des SGB V mit dem Krankenhausträger Pflegesatzverhandlungen nach Maßgabe des Krankenhausfinanzierungsgesetzes, des Krankenhausentgeltgesetzes und der Bundespflegesatzverordnung zu führen.

IV. Inhalt des Krankenhausplans

Das BVerwG hat in zwei grundlegenden Entscheidungen im Jahr 1985 aus den Vorschriften des KHG gefolgert, dass der Landeskrankenhausplan bestimmte differenzierte Inhalte aufweisen müsse.[39]

57

1. Krankenhauszielplanung

Aus § 8 Abs. 2 KHG folgt, dass der Krankenhausplan eine Festlegung der Ziele enthalten muss, die das Land mit seiner Bedarfsplanung verfolgt und an denen sich bei einer notwendigen Auswahl zwischen mehreren Krankenhäusern die zuständige Landesbehörde zu orientieren hat. Die Planungsbehörde ist verpflichtet, unter Beachtung des Grundsatzes der Vielfalt der Krankenhausträger ein koordiniertes System bedarfsgerecht gegliederter, leistungsfähiger und wirtschaftlich arbeitender Krankenhäuser festzulegen. Es soll erreicht werden, dass sich die richtigen Krankenhäuser am richtigen Platz befinden.

58

Im Hinblick auf die Aufgabenstellung kommt den Planungsbehörden bei der Festlegung der Ziele ein planerischer Gestaltungsspielraum zu. Dieser kann von den Gerichten nur daraufhin überprüft werden, ob sich die im Plan festgelegten Ziele im Rahmen der Gesetze und insbesondere der Regelungen des KHG halten und ob die unterschiedlichen öffentlichen und privaten Interessen der Krankenhausträger gerecht gegeneinander und untereinander abgewogen worden sind.[40]

59

---

38 Die Frage, ob hieraus zivilrechtlich ein Kontrahierungszwang bezüglich des vom Patienten gewünschten Krankenhausaufnahmevertrages folgt, ist in Rechtsprechung und Literatur umstritten. Die nahezu einhellige zivilrechtliche Auffassung nimmt einen Behandlungsvertrag zwischen (Kassen-)Patient und Krankenhaus als regelmäßige Grundlage der Behandlung an, st. Rspr. im Zivilrecht seit RGZ 165, 91, 97; BGHZ 100, 363, 365 ff.; Palandt/*Putzo*, vor § 611 Rn 18; *Steffen/Dressler*, Arzthaftungsrecht, Rn 48 ff.; *Eichenhofer*, SGb 2003, 365, 367; Schulin/*Heinze*, § 38 Rn 9. Gegen den Abschluss eines zivilrechtlichen Behandlungsvertrages wird insbesondere von sozialrechtlicher Seite vorgebracht, dass ein privatrechtliches Behandlungsverhältnis nicht mit § 76 Abs. 4 SGB V in Einklang zu bringen sei. Bereits aufgrund des Sachleistungsprinzips erhalte der Kassenpatient die vertragsärztliche Behandlung, vgl. BSGE 73, 271; *Eberhardt*, AcP 171, 289; *Isensee*, VSSR 1995, 321, 330.
39 BVerwGE 72, 38 = KRS 85.077; BVerwG – 3 C 41.85, KRS 85.127.
40 Da das KHG keinen Rechtssatz beinhaltet, wonach größere Häuser mit einem umfassenden Angebot zu bevorzugen seien, wäre beispielsweise eine Krankenhauszielplanung, wonach Krankenhäuser, die eine breitbasige Allgemeinversorgung und flächendeckende Not- und Unfallversorgung sicherstellen, generell bevorzugt werden, verfassungsrechtlich wegen Art. 12 Abs. 1 GG zu beanstanden, BVerfG – 1 BvR 88/00, GesR 2004, 296.

2. Bedarfsanalyse

60 Neben der Zielplanung bedarf es einer Bedarfsanalyse. Die Bedarfsanalyse ist die Beschreibung des zu versorgenden Bedarfs der Bevölkerung an Krankenhausbetten und umfasst die Ermittlung des gegenwärtig zu versorgenden Bedarfs sowie die Feststellung des zukünftigen Bedarfs an Krankenhausleistungen, die sog. Bedarfsprognose. Der Krankenhausplan muss zu einer bedarfsgerechten Versorgung führen. Das bedeutet, dass der Krankenhausplan kein höheres Angebot an Krankenhauskapazitäten ausweisen darf, als es seinen Prognosen entspricht, aber auch kein niedrigeres.[41]

3. Krankenhausanalyse

61 Der Krankenhausplan muss außerdem eine Krankenhausanalyse beinhalten. Die Krankenhausanalyse ist die Beschreibung der tatsächlichen Versorgungsbedingungen in den einzelnen Krankenhäusern, die in den Krankenhausplan bereits aufgenommen sind. Diese allein auf Tatsachen abstellende Krankenhausbeschreibung insbesondere nach Standort, Bettenzahl und Fachrichtungen erfordert die Erfassung der gegenwärtigen Einrichtungen und Ausstattungen in den betreffenden Krankenhäusern. Hierbei ist das Land an die tatsächliche Verteilung der Betten auf die Fachabteilungen gebunden.[42] Die Krankenhausanalyse kann nach Auffassung des BVerwG gerichtlich in gleicher Weise wie die Bedarfsanalyse überprüft werden.[43]

4. Versorgungsentscheidung

62 Schließlich ist auf der Grundlage der Zielplanung, der Bedarfsanalyse und der Krankenhausanalyse im Krankenhausplan festzulegen, mit welchen Krankenhäusern der festgestellte Bedarf der Bevölkerung versorgt werden soll. Die Versorgungsentscheidung ist eine zusammenfassende Aufstellung derjenigen Krankenhäuser, die zur Versorgung der Bevölkerung geeignet und deshalb in Aussicht genommen sind, öffentlich gefördert zu werden.[44] Durch diese im Krankenhausplan zu erfolgende Festlegung wird die für den Erlass des Feststellungsbescheides zuständige Landesbehörde gem. § 8 Abs. 1 KHG ähnlich wie bei einer verwaltungsinternen Weisung verpflichtet, entsprechende Feststellungsbescheide zu erlassen.[45]

V. Die Planungskriterien des KHG

1. Die bedarfsgerechte Versorgung der Bevölkerung

63 Ziel ist es gem. § 1 Abs. 1 KHG, eine bedarfsgerechte Versorgung der Bevölkerung mit leistungsfähigen, eigenverantwortlich wirtschaftenden Krankenhäusern zu gewährleisten und zu sozial tragbaren Pflegesätzen beizutragen.

---

41 St. Rspr. des BVerwG, BVerwGE 72, 38, 47; BVerwG – 3 C 41.85, KRS 85.127, 1, 9; bestätigt durch BVerfGE 82, 209, 225.
42 BVerwG – 3 C 41.85, KRS 85.127, 1, 11.
43 BVerwG – 3 C 25.84, KRS 85.077, 1, 12; BVerwG – 3 C 41.85, KRS 85.127, 1, 10.
44 BVerwG – 3 C 136.79, DVBl. 1981, 263; BVerwG – 3 C 25.84, KRS 85.077, 1, 13.
45 BVerwG – 3 C 25.84, KRS 85.077, 1, 12; BVerwG – 3 C 41.85, KRS 85.127, 1, 10.

a) Die Bedarfsermittlung

Aus dem KHG folgt der gesetzliche Auftrag an die Länder, im Rahmen der Krankenhausplanung unter Berücksichtigung der medizinischen, gesundheitspolitischen und -ökonomischen Faktoren den Bedarf an Krankenhausleistungen zu ermitteln. Die Bedarfsermittlung erfolgt im Rahmen der Bedarfsanalyse.

Bei der gem. § 1 Abs. 1 KHG zu versorgenden und damit der Bedarfsermittlung zugrunde zu legenden Bevölkerung handelt es sich um die Menschengruppe, die in einem Versorgungsgebiet, einem Kreis oder einer Gemeinde ständig lebt. Die Bedarfsplanung hat sich daher mit der Alters- und Bevölkerungsstruktur eines bestimmten Gebietes zu befassen.[46] Sie basiert heute im Wesentlichen auf einer analytischen, formelhaften Bedarfsermittlung. Danach errechnet sich der Bettenbedarf aus den Faktoren Einwohnerzahl, Krankenhaushäufigkeit, Verweildauer und Bettennutzungsgrad. Eine der bekanntesten und am längsten verwendeten Methoden der analytischen, formelhaften Bedarfsermittlung ist die Hill-Burton-Formel. Diese aus den USA stammende Formel existiert inzwischen seit annähernd 60 Jahren und wird nach wie vor überwiegend zur Ermittlung des Bettenbedarfs herangezogen. Hier fließen die Determinanten Einwohnerzahl, Verweildauer, Krankenhaushäufigkeit und Bettennutzungsgrad (Auslastungsgrad) in die Bedarfsermittlung ein.

Nach der Hill-Burton-Formel basiert die Einwohnerzahl (E) auf landesspezifischen Daten und ist die Zahl der Bevölkerung im Versorgungsgebiet zu einem bestimmten Stichtag. Diese sind zur Ermittlung der Einwohnerentwicklung bis zum Zieljahr des Krankenhausplanes prognostiziert. Die Verweildauer (VD) ist die durchschnittliche Anzahl der Tage, die ein Patient stationär im Krankenhaus verbringt. Aufnahme- und Entlassungstag zählen zusammen als ein Tag. Die Krankenhaushäufigkeit (KH) ist die Relation der in einem bestimmten Gebiet wohnenden Patienten, die im Laufe des Jahres stationär behandelt werden, zu der Einwohnerzahl des betreffenden Gebietes. Der Bettennutzungsgrad (BN) ist die durchschnittliche Nutzung der Planbetten im Jahresmittel und kann zum einen über die Formel

$$BN = \frac{\text{Pflegetage} \times 100}{\text{Betten} \times 365}$$

ermittelt werden. In den meisten Fällen wird dieser jedoch von der Planungsbehörde als sog. Auslastungsgrad zur Gewährleistung einer ärztlich-pflegerischen Kapazitätsreserve vorgegeben. Der Auslastungsgrad hat die Funktion, saisonale sowie im Wochen- und Monatsablauf vorkommende Auslastungsschwankungen auszugleichen. Der

---

46 Handelt es sich um einen Urlaubsort, so ist die Zahl der Touristen nicht entscheidend. Ohne Bedeutung ist auch, ob es sich um in- oder ausländische Bewohner handelt. Sie müssen jedoch ihren gewöhnlichen Aufenthalt in der Region haben. Gesondert zu betrachten sind die in Deutschland stationierten alliierten Streitkräfte und ihre Angehörigen. Die Streitkräfte haben ihre eigenen Krankenhäuser, die nicht der Krankenhausplanung unterliegen. Daher werden ihre Angehörigen auch nicht von dem Begriff Bevölkerung i.S.d. § 1 Abs. 1 KHG umfasst. Besteht jedoch im Einzelfall eine regelmäßige Inanspruchnahme von Plankrankenhäusern, ist dies bei der Bedarfsermittlung zu berücksichtigen. Gleiches gilt für Angehörige der Bundeswehr. Die Bundeswehr hat das Recht, sich selbst zu versorgen. Ihr steht es aber frei, ihre Angehörigen auch in Plankrankenhäuser behandeln zu lassen. Geschieht dies in einem bestimmten Einzugsgebiet, so ist diese Inanspruchnahme bei der Bedarfsermittlung zu berücksichtigen, vgl. auch *Pant/Prütting*, § 13 Rn 31 ff.

Auslastungsgrad wird in den Krankenhausplänen der einzelnen Bundesländer im Regelfall in den meisten Fachabteilungen mit etwa 85 % angesetzt.[47]

68 Unter der Berücksichtigung der vorgenannten Faktoren lautet die Hill-Burton-Formel dann wie folgt:

$$\text{Planbetten} = \frac{\text{Einwohner} \times \text{Krankenhaushäufigkeit} \times \text{Verweildauer} \times 100}{1000 \times 365 \times \text{Auslastungsgrad}}$$

69 Die Krankenhaushäufigkeit berechnet sich wie folgt:

$$\text{Krankenhaushäufigkeit} = \frac{\text{Fallzahl} \times 1000}{\text{Einwohner}}$$

70 Die analytische Berechnungsmethode hat als Ausgangspunkt die Belegung der Krankenhausbetten in der Vergangenheit. Ihr Ziel ist die Bestimmung und Prognose eines Bettenbedarfs in der Zukunft. Der gegenwärtige und zukünftige Bedarf an Krankenhausleistungen wird also anhand des Bettenangebotes bemessen, nicht anhand des medizinischen Versorgungsangebotes oder der medizinisch-pflegerischen Leistungen des Krankenhauses.

b) Die Bedarfsermittlung nach Einführung des DRG-Systems

71 Da die Planungsbehörden gegenwärtig die Fachabteilungen und die darin vorzuhaltenden Bettenzahlen vorgeben, ist die Berechnung der bedarfsnotwendigen Betten Zielsetzung jeder Krankenhausplanung. Ob die Bettenkapazitäten auch zukünftig von Bedeutung sein werden, ist indes fraglich. Mit der Einführung des DRG-Systems wird sich die Bedeutung der Fallzahlen verändern. Jede DRG-Fallpauschale gilt für eine bestimmte Bandbreite der Verweildauer des Patienten im Krankenhaus. In dieser Bandbreite, die durch die obere und untere Grenzverweildauer begrenzt wird, werden die Leistungen pauschal mit einer DRG-Fallpauschale vergütet. Der Behandlungsfall als Vergütungseinheit wird daher die entscheidende Planungseinheit im Krankenhaus sein, wobei die Leistungsanreize des neuen Vergütungssystems vor allem in der Honorierung bestimmter Fallgruppen liegen. Daher wird die Verweildauer und damit verbunden das Berechnen von Bettenkapazitäten an Bedeutung verlieren, da Liegezeiten nur noch eine untergeordnete Rolle spielen.[48]

c) Die Bedarfsgerechtigkeit

72 Von dem Gesetzesziel der bedarfsgerechten Versorgung der Bevölkerung wird das materielle Planungskriterium der Bedarfsgerechtigkeit abgeleitet. Bedarfsgerecht ist ein

---

47 Ausnahme: Bremen – 87 %; Hamburg – 84,7 %; Nordrhein-Westfalen – Auslastungsgrad differenziert zwischen der Verweildauer; gleiches gilt für den Krankenhausplan Rheinland-Pfalz; in den Krankenhausplänen der Länder Saarland und Sachsen-Anhalt ist kein Auslastungsgrad angegeben; Schleswig-Holstein sieht für die meisten Abteilungen einen Auslastungsgrad von 86 – 90 % vor.
48 Die Liegezeit ist jedoch im Hinblick auf das Über- oder Unterschreiten der Grenzverweildauer von Bedeutung. Wird die für jede DRG bestimmte obere Grenzverweildauer erreicht, erhält das Krankenhaus für jeden weiteren Verweildauertag des Patienten zusätzlich zur DRG-Fallpauschale ein tagesbezogenes Entgelt (§ 1 Abs. 2 KFPV). Bei Unterschreiten der unteren Grenzverweildauer gilt die definierte Leistung als nicht im vollen Umfang erbracht, was zu einer gekürzten Auszahlung der DRG führt (§ 1 Abs. 3 KFPV).

Krankenhaus, wenn es nach seinen objektiven Gegebenheiten in der Lage ist, einem vorhandenen Bedarf gerecht zu werden, also diesen Bedarf zu befriedigen. Dies ist der Fall, wenn das zu beurteilende Krankenhaus und die von ihm angebotenen Betten notwendig sind, um den in seinem Einzugsbereich vorhandenen Bettenbedarf zu decken, weil anderenfalls ein Bettenfehlbestand gegeben wäre. Zum anderen ist ein Krankenhaus bedarfsgerecht, wenn es neben anderen Krankenhäusern geeignet ist, den Bedarf zu decken.[49] Dabei ist unerheblich, ob noch ein ungedeckter Bettenbedarf besteht. Ein Krankenhaus ist also nicht nur dann bedarfsgerecht, wenn die von ihm angebotenen Betten zusätzlich notwendig sind, um den aktuell vorhandenen Bettenbedarf zu decken, sondern auch dann, wenn ein Krankenhaus neben oder an Stelle eines anderen Krankenhauses geeignet wäre, den fiktiv vorhandenen Bedarf zu decken. Dem gesetzgeberischen Ziel, eine medizinisch und wirtschaftlich optimale Krankenhausversorgung sicherzustellen, würde es widersprechen, wenn einem Krankenhaus die Planaufnahme versagt würde, obwohl es beispielsweise vom medizinischen Standpunkt her besser geeignet wäre als alle anderen Krankenhäuser des Einzugsbereiches, nur weil es bei der Erstaufstellung des Krankenhausplans noch nicht existiert hat.[50]

Das BVerfG hat die vom BVerwG in ständiger Rechtsprechung angenommene Bedeutungslosigkeit der Bedarfsdeckung durch die bereits in den Plan aufgenommenen Krankenhäuser als verfassungskonform angesehen.[51] Würde man die Bedarfsgerechtigkeit eines Krankenhauses mit dem Argument verneinen, es gebe bereits eine ausreichende allgemeine oder fachspezifische Bettenzahl, hätten hinzutretende Krankenhäuser überhaupt keine Chance auf Aufnahme in den Krankenhausplan, solange sich am Gesamtbedarf nichts ändert. Damit könnte jeder Neuzugang mit dem Hinweis auf die bestehenden Kapazitäten verhindert werden.

73

Bei der zur Bestimmung der Bedarfsgerechtigkeit durchzuführenden Bedarfsanalyse ist nicht der landesweite Durchschnittsbedarf an stationären Leistungen maßgeblich, sondern der konkrete Bedarf im Einzugsbereich des Krankenhauses.[52] Dem steht nicht entgegen, dass die Planungsbehörden grundsätzlich nach Versorgungsgebieten planen.[53] Ebenso kann bei einem Krankenhaus mit überörtlichen Schwerpunktaufgaben der Einzugsbereich versorgungsgebietübergreifend, ggf. sogar landesweit zu bestimmen sein.[54] Mit dem in § 1 KHG bezeichneten Ziel einer bedarfsgerechten Versorgung der Bevölkerung wäre es unvereinbar, wenn die einzelnen Länder bei der Ermittlung des zu versorgenden Bedarfs ihrer Bedarfsanalyse nicht den tatsächlichen Bedarf zugrunde legen, sondern versuchen würden, durch eine Minderversorgung des tatsächlichen Bedarfs die unversorgt bleibenden Patienten zu zwingen, in andere Länder abzuwandern.[55]

74

Nicht zu beanstanden ist es, wenn ein Bundesland für die Ermittlung des prognostischen Bedarfs auf die Methode der „Trendextrapolation" zurückgreift, bei der aus der Bettenbelegung der letzten Jahre auf den künftigen Bettenbedarf am jeweiligen Kran-

75

---

49 BVerwG – 3 C 67/85, NJW 1987, 2318, 2320; VGH Baden-Württemberg – 9 S 2124/00, MedR 2003, 107, 108; *Quaas*, NZS 1993, 102, 105.
50 BVerwG – 3 C 67/85, NJW 1987, 2318 ff.; OVG Lüneburg – 11 L 6860/98, MedR 2000, 93.
51 BVerfGE 82, 209; BVerfG – 1 BvR 88/00, GesR 2004, 296 ff.
52 BVerwG – 3 C 67/85, NJW 1987, 2318 ff.
53 Vgl. nur § 14 Abs. 1 S. 1 KHG NW.
54 Hessischer VGH – 11 UE 3202/98, KRS 02.048, 1, 14 ff.
55 BVerwG – 3 C 41.85, KRS 85.127, 1, 8; OVG Berlin – 7 S 144/96, NVwZ-RR 1998, 41 ff.

kenhausstandort geschlossen wird,[56] da höchstrichterlich geklärt ist, dass der Benutzungsgrad eines Krankenhauses ein wichtiges Indiz für dessen Bedarfsgerechtigkeit ist.[57]

76 Nach allen landesrechtlichen Vorschriften ist der Krankenhausplan in regelmäßigen Abständen fortzuschreiben. Bei der Fortschreibung bleibt der Krankenhausplan im Grundsatz unverändert aufrechterhalten und wird lediglich in einzelnen Punkten abgeändert.[58]

d) Überprüfung der Bedarfsermittlung

77 Die Bedarfsermittlung ist als solche kein Planungsinstrument. Sowohl die Ermittlung des gegenwärtig zu versorgenden Bedarfs als auch die Prognostizierung des voraussichtlich zukünftigen Bedarfs haben Feststellungen und Schätzungen zum Inhalt, die ausschließlich auf tatsächlichem Gebiet liegen und nach Ansicht des BVerwG gerichtlich voll nachgeprüft werden.[59]

e) Fehler bei der Bedarfsermittlung

78 Sind der Planungsbehörde Beurteilungsfehler bei der Bedarfsermittlung unterlaufen, ist das Recht des Krankenhauses auf fehlerfreie Ausübung des Beurteilungsermessens und damit zugleich die sich für das Krankenhaus aus Art. 12 Abs. 1 GG ergebende Berufsfreiheit verletzt.[60] Eine fehlerhafte Bedarfsermittlung ist z.B. zu bejahen, wenn die Planungsbehörde aus der Bettenbelegung orthopädischer Abteilungen der letzten Jahre auf den künftigen orthopädischen Bettenbedarf schließt, dabei aber unberücksichtigt lässt, dass orthopädische Erkrankungen in erheblichem Umfang auch in chirurgischen bzw. unfallchirurgischen Abteilungen versorgt wurden.[61] Eine fehlerhafte Bedarfsermittlung ist auch dann anzunehmen, wenn die Planungsbehörde für ein bestimmtes Fachgebiet vollständig auf eine Bedarfsanalyse verzichtet.[62]

2. Leistungsfähigkeit

79 Das KHG zielt auf die Gewährleistung leistungsfähiger Krankenhäuser ab, definiert den Begriff der Leistungsfähigkeit aber nicht. Nach Ansicht der Verwaltungsrechtspre-

---

56 BVerwG – 3 B 53.99, KRS 00.047, 1, 3.
57 BVerwG – 3 C 41.85, KRS 85.127, 1, 8; BVerfGE 82, 209, 225. Da der Benutzungsgrad eines Krankenhauses ein wichtiges Indiz für dessen Bedarfsgerechtigkeit ist, kann eine erwartete höhere Auslastung nach Abschluss von Sanierungsarbeiten im Krankenhaus auf die Bedarfsprognose Einfluss haben. Zu prüfen ist aber, ob tatsächlich eine Steigerung bei der Bettenbelegung zu erwarten ist, oder ob nicht andere Gründe als der bauliche Zustand für eine nachhaltige Unterbelegung eines Krankenhauses verantwortlich sind, BVerwG – 3 B 53.99, KRS 00.047, 1, 3.
58 BVerwG – 3 C 37.83, KRS 86.014, 1, 10.
59 BVerwGE 72, 38, 47.
60 VG Karlsruhe, Urt. v. 24.6.2004 – 2 K 2871/02, n.v.; VG Gera, Urt. v. 30.1.2002 – 1 K 814/98 GE, n.v.; VGH Baden-Württemberg – 9 S 1586/01, MedR 2002, 408.
61 VG Karlsruhe, Urt. v. 24.6.2004 – 2 K 2871/02, n.v. Fehlerhaft ist eine Bedarfsermittlung auch dann, wenn die Planungsbehörde auf veraltete Zahlen zurückgreift. Eine aussagekräftige Bedarfsermittlung hat zeitnah zu erfolgen. So hat das VG Gera die Bedarfsermittlung auf der Grundlage eines Gutachtens für die Fallzahlen der Jahre 1994, 1995 und erstes Halbjahr 1996 als rechtswidrig angesehen, da die Beurteilungsgrundlage bei Erlass des Feststellungsbescheides im April 1998 fast zwei Jahre alt war, VG Gera, Urt. v. 30.1.2002 – 1 K 814/98 GE, n.v.
62 VGH Baden-Württemberg – 9 S 1586/01, MedR 2002, 408.

chung ist ein Krankenhaus leistungsfähig, wenn das Leistungsangebot dauerhaft die Anforderungen erfüllt, die nach dem Stand der Kenntnisse der medizinischen Wissenschaft und dem Auftrag aus dem Feststellungsbescheid, mit dem das Krankenhaus in den Krankenhausplan aufgenommen werden soll, an ein Krankenhaus dieser Art zu stellen sind. Für die Leistungsfähigkeit ist entscheidend, ob die nach medizinischen Erkenntnissen erforderliche personelle, räumliche und medizinische Ausstattung vorhanden ist. Dies wiederum ist abhängig von der Art des zu beurteilenden Krankenhauses, also davon, ob es sich um ein Allgemein- oder Fachkrankenhaus handelt.[63]

Aufgrund der berufsregelnden Tendenz des KHG[64] sind an das Merkmal der Leistungsgerechtigkeit keine unverhältnismäßig strengen Forderungen zu stellen. Es reicht aus, wenn das Krankenhaus dem aktuellen Stand der medizinischen Wissenschaft genügt. Weiter gehende Anforderungen hätten zur Folge, dass unnötige Investitionen erforderlich und die Kosten dadurch gesteigert würden.[65] Fehlt es in Relation zu den vorhandenen Betten an einer ausreichenden Zahl an geschulten und eingeübten Pflegekräften und an zur ärztlichen Fachbetreuung geeigneten Ärzten, ist ein Krankenhaus nicht leistungsfähig i.S.d. § 1 Abs. 1 KHG.[66] Unerheblich für die Leistungsfähigkeit eines Krankenhauses soll es hingegen sein, wenn die beschäftigten Ärzte nicht fest angestellt sind, sondern aufgrund von Honorarverträgen tätig werden.[67]

80

Unzulässig wäre es, besser ausgestattete Krankenhäuser grundsätzlich als leistungsfähiger anzusehen als weniger gut eingerichtete Kliniken. Es widerspräche dem Gesetzeszweck, wenn nur die jeweils am besten eingerichteten Krankenhäuser als leistungsfähig anerkannt würden. Zudem bliebe dadurch das Ziel des Gesetzes, zu sozial tragbaren Pflegesätzen beizutragen, unberücksichtigt. Daher kann auch eine Klinik, die weniger gut ausgestattet ist als andere Kliniken, noch leistungsfähig im Sinne des Gesetzes sein.[68] Die Bettenzahl eines Krankenhauses oder einer Abteilung und die damit verbundene Höhe der Fallzahlen ist allein kein ausreichendes Kriterium zur Beurteilung der Leistungsfähigkeit. Leistungsfähigkeit bedeutet nicht, dass ein Krankenhaus für jedes theoretische denkbare Beschwerdebild einer Fachrichtung Routine aufweisen muss.[69]

81

3. Beitrag zu sozial tragbaren Pflegesätzen

Ziel des KHG ist es schließlich, zu sozial tragbaren Pflegesätzen beizutragen. Der Begriff Pflegsatz ist in § 2 Nr. 4 KHG legaldefiniert. Danach sind Pflegesätze die Entgelte der Benutzer oder ihrer Kostenträger für stationäre und teilstationäre Leistungen des Krankenhauses.

82

Mit dem Hinweis auf sozial tragbare Pflegesätze stellt § 1 Abs. 1 KHG auf das Preis-Leistungs-Verhältnis aus der Perspektive der Kostenträger ab. Ziel des Gesetzgebers ist es, die Entgelte des Benutzers für notwendige Krankenhausleistungen so niedrig wie möglich zu halten. Das BVerfG hat aus diesem Gesetzesziel das Merkmal der Kosten-

83

---

63 BVerwG – 3 C 69/90 – DVBl. 1993, 1218; BVerwG – 3 C 67/85, NJW 1987, 2318, 2321; OVG Koblenz – 7 A 10025/88, NVwZ-RR 1991, 573.
64 BVerfGE 82, 209, 227.
65 BVerfGE 82, 209, 227. Mit diesem Urteil wurde das Urteil des BVerwG – 3 C 37/83, NJW 1986, 1561 aufgehoben. Dieses hatte die Leistungsfähigkeit einer Klinik für Psychiatrie verneint. Die Aufhebung erfolgte aufgrund der Anwendung eines übermäßig scharfen Prüfungsmaßstabes.
66 BVerwG – 3 C 69/90, NJW 1993, 3008, 3009.
67 OVG Berlin – 7 S 144/96, NVwZ-RR 1998, 41 f.
68 BVerwG – 3 C 67.85, NJW 1987, 2318 ff.
69 BVerfG – 1 BvR 88/00, GesR 2004, 296 ff.

günstigkeit abgeleitet.⁷⁰ Ein Krankenhaus trägt zu sozial tragbaren Pflegesätzen bei, wenn es kostengünstig ist, denn ein niedriger Pflegesatz ist sozial tragbarer als ein hoher Pflegesatz.⁷¹ Die Höhe der Pflegesätze kann jedoch nicht isoliert für ein Krankenhaus beurteilt werden. Vielmehr ist es ein reines Vergleichsmerkmal, das erst dann Bedeutung gewinnt, wenn mehrere bedarfsgerechte und leistungsfähige Krankenhäuser, die insgesamt ein Überangebot erzeugen, vorhanden sind, so dass die für die Aufnahmeentscheidung zuständige Behörde eine Auswahl treffen muss.⁷²

84 Nach Auffassung des BVerfG muss auch nach Einführung des DRG-Fallpauschalensystems eine Abwägung stattfinden, welches Krankenhaus den Zielen des KHG am besten gerecht wird, insbesondere welches Krankenhaus leistungsfähiger und wirtschaftlicher ist, um weiterhin neuen Krankenhäusern die Möglichkeit der Planaufnahme zu geben, wenn sie deutlich sparsamer wirtschaften als die bereits im Plan aufgenommenen Plankrankenhäuser. Die Nichtberücksichtigung des Aspektes, dass ein Krankenhaus besonders wirtschaftlich arbeitet, mit der Begründung, ein Großteil der Krankenhausleistungen werde nach Fallpauschalen abgerechnet, so dass in allen in Betracht kommenden Krankenhäusern ohnehin die gleichen Entgelte anfielen, trage der besonderen Grundrechtsbetroffenheit eines Krankenhausträgers nicht hinreichend Rechnung.⁷³

VI. Planaufstellung – Mitwirkung der Beteiligten

85 Hinsichtlich des Planaufstellungsverfahrens enthält § 7 Abs. 1 KHG als bundesgesetzliche Vorgabe die Pflicht der Planungsbehörde, bei der Durchführung des KHG mit den an der Krankenhausversorgung im Land Beteiligten eng zusammenzuarbeiten; das betroffene Krankenhaus ist anzuhören. Bei der Krankenhausplanung und Aufstellung der Investitionsprogramme sind einvernehmliche Regelungen mit den unmittelbar Beteiligten anzustreben. Die nähere Ausgestaltung der Mitwirkungsrechte einschließlich der Regelung, wer Beteiligter bzw. unmittelbar Beteiligter ist, ist nach § 7 Abs. 2 KHG den Ländern vorbehalten.

VII. Feststellung der Aufnahme in den Krankenhausplan durch Bescheid

86 Die Bestimmungen zur Aufnahme bzw. Nichtaufnahme eines Krankenhauses in den Krankenhausplan sind in § 8 KHG enthalten. Die Aufnahme oder Nichtaufnahme eines Krankenhauses in den Krankenhausplan wird gem. § 8 Abs. 1 S. 3 KHG durch Bescheid festgestellt. Gegen den Feststellungsbescheid ist gem. § 8 Abs. 1 S. 4 KHG der Verwaltungsrechtsweg eröffnet. Nach Maßgabe des § 8 Abs. 2 S. 1 KHG besteht kein Anspruch auf die Feststellung der Aufnahme in den Krankenhausplan. § 8 Abs. 2 S. 2 KHG sieht weiter vor, dass die zuständige Landesbehörde bei notwendiger Auswahl zwischen mehreren Krankenhäusern unter Berücksichtigung der öffentlichen Interessen

---

70 BVerfGE 82, 209, 227.
71 Das BVerwG hat dies in seinem Urteil BVerwGE 62, 86, 106, in aller Kürze wie folgt formuliert: „Schließlich ist der Begriff sozial tragbare Pflegesätze dahin zu verstehen, dass ein niedrigerer Pflegesatz sozial tragbarer ist als ein höherer Pflegesatz."
72 BVerfG – 1 BvR 355/86, NJW 1990, 2306 ff.; OVG Schleswig-Holstein, Urt. v. 12.5.1999 – 2 L 29/98, n.v.
73 BVerfG – 1 BvR 88/00, GesR 2004, 296, 299.

und der Vielfalt der Krankenhausträger nach pflichtgemäßem Ermessen, welches Krankenhaus den Zielen der Krankenhausplanung des Landes am besten gerecht wird.

VIII. Rechtsnatur des Krankenhausplans und Verhältnis zum Feststellungsbescheid

Nach ständiger Rechtsprechung des BVerwG kommt dem Krankenhausplan keine Rechtsnormqualität zu, weil er nicht in Gesetzes- und Verordnungsblättern förmlich verkündet wird, wie dies bei Rechtsnormen grundsätzlich erforderlich ist. Der Plan ist auch keine Allgemeinverfügung i.S.d. § 35 S. 2 VwVfG-Bund, was daraus folgt, dass nach § 8 Abs. 1 S. 2 KHG die Aufnahme in den Krankenhausplan durch förmlichen Bescheid festzustellen und hiergegen der Verwaltungsrechtsweg gegeben ist. Der Krankenhausplan ist daher aufgrund fehlender unmittelbarer Rechtswirkung nach außen eine verwaltungsinterne Maßnahme, vergleichbar mit einer innerdienstlichen Weisung an die für den Erlass des Feststellungsbescheides nach § 8 Abs. 1 KHG zuständige Behörde.[74] Diese hat insoweit den Inhalt des Krankenhausplans in eine gerichtlich nachprüfbare Einzelfallregelung zu transformieren.[75]

87

Gleichwohl hänge nach Auffassung des BVerwG die Rechtmäßigkeit des Feststellungsbescheides nicht davon ab, dass er den Inhalt des Krankenhausplans richtig wiedergebe. Für die Rechtmäßigkeit sei entscheidend, dass es sich im Rahmen seiner gesetzlichen Grundlagen halte. Der Inhalt des Krankenhausplans selbst gehöre nicht zu den gesetzlichen Grundlagen des Feststellungsbescheides. Es komme also für die Rechtmäßigkeit des Feststellungsbescheides nur darauf an, dass die gesetzlichen Grundlagen in §§ 1, 6 und 8 KHG beachtet worden seien. Deshalb könne auch ein vom Krankenhausplan abweichender Feststellungsbescheid rechtmäßig sein, wenn er den gesetzlichen Vorschriften entspreche. Der Inhalt des Krankenhausplans hänge im Ergebnis davon ab, ob die auf seiner Grundlage ergehenden Feststellungsbescheide bestandskräftig würden. Werde ein Feststellungsbescheid erfolgreich angefochten, führe dies unmittelbar zu einer entsprechenden Planänderung.[76]

88

IX. Die Umsetzung der Versorgungsentscheidung

Das BVerwG hat in langjähriger[77] und vom BVerfG gebilligter[78] Rechtsprechung Grundsätze dazu entwickelt, wie die Umsetzung der Versorgungsentscheidung des Krankenhausplans in Form des Feststellungsbescheides zu erfolgen hat. Die Qualifikationsmerkmale des § 1 KHG (Bedarfsgerechtigkeit, Leistungsfähigkeit und Kostengünstigkeit) sind danach in einem zweistufigen Verfahren von den Landesbehörden zu prüfen.

89

Auf der ersten Stufe kommt es darauf an, die bedarfsgerechten, leistungsfähigen und wirtschaftlichen Krankenhäuser zu ermitteln. Übersteigt die Zahl der Betten, die in den

90

---

74 St. Rspr. des BVerwG – 3 C 134.79 – DVBl. 1981, 975; bestätigt durch BVerwG – 3 C 25.84, KRS 85.077; BVerwG – 3 C 41.85, KRS 85.127; BVerwG – 3 C 67.85 – KRS 86.128.
75 BVerwG – 3 C 25.84, KRS 85.077, 1, 10.
76 BVerwG – 3 C 25.84, KRS 85.077, 1, 10; BVerwG – 3 C 12/93, NJW 1995, 1628 f.
77 BVerwG – 3 C 25.84, KRS 85.077; BVerwG – 3 C 41.85, KRS 85.127; BVerwG – 3 C 67.85, NJW 1987, 2318 ff.; die Oberverwaltungsgerichte der Länder haben sich angeschlossen, vgl. u.a. OVG Berlin – 7 S 144/96, NVwZ-RR 1998, 41 ff.; VGH Baden-Württemberg – 9 S 2124/00, MedR 2003, 107.
78 BVerfGE 82, 209.

geeigneten Krankenhäusern vorhanden sind, die Zahl der für die Versorgung der Bevölkerung benötigten Betten nicht, besteht keine Notwendigkeit, zwischen mehreren geeigneten Krankenhäusern auszuwählen. In diesem Fall sollen alle die Qualifikationsmerkmale erfüllenden Krankenhäuser einen Rechtsanspruch auf Aufnahme in den Krankenhausplan haben.[79]

91 In der Mehrzahl der Fälle wird sich aber die Notwendigkeit ergeben, dass zwischen mehreren bedarfsgerechten, leistungsfähigen und wirtschaftlichen Krankenhäusern ausgewählt werden muss. Für diesen Fall ordnet § 8 Abs. 2 S. 2 KHG nach Ansicht des BVerwG an, dass für keines der mehreren Krankenhäuser ein Rechtsanspruch auf Feststellung der Aufnahme in den Krankenhausplan bestehe. Vielmehr habe die zuständige Landesbehörde unter Berücksichtigung der öffentlichen Interessen und der Vielfalt der Krankenhausträger nach pflichtgemäßem Ermessen zu entscheiden, welches Krankenhaus den Zielen der Krankenhausplanung des Landes am besten gerecht werde.[80] Die gerichtliche Kontrolle müsse sich auf die Nachprüfung beschränken, ob die zuständige Landesbehörde bei ihrer Entscheidung darüber, welches Krankenhaus den Zielen der Krankenhausplanung des Landes am besten gerecht wird, von einem zutreffenden und vollständig ermittelten Sachverhalt ausgegangen ist, ob sie einen sich sowohl im Rahmen des Gesetzes wie auch im Rahmen der Beurteilungsermächtigung haltenden Beurteilungsmaßstab zutreffend angewandt hat und ob für ihre Entscheidung keine sachfremden Erwägungen bestimmend gewesen sind. Dabei sei letztlich auch zu erwägen, ob der Grundsatz der Gleichbehandlung gem. Art. 3 Abs. 1 GG dazu führen könne, dass mehrere im gleichen Maße geeignete Krankenhäuser anteilig berücksichtigt werden müssen.[81]

X. Erlass des Feststellungsbescheides

92 In der Rechtsbeziehung zwischen Staat und Krankenhauträger ist nicht der Krankenhausplan, sondern der Feststellungsbescheid gem. § 8 Abs. 1 S. 3 KHG über die Aufnahme oder Nichtaufnahme der rechtlich maßgebliche Akt. Erst der Feststellungsbescheid verschafft dem Krankenhausplan die verbindliche Außenwirkung.

93 Als Verwaltungsakt ist der Feststellungsbescheid gem. § 41 Abs. 1 S. 1 VwGO dem Krankenhausträger als Adressaten bekannt zu geben. Er enthält neben dem Namen und Standort des Krankenhauses im Wesentlichen den Krankenhausträger, das Versorgungsgebiet, die Gesamtzahl der im Ist und Soll anerkannten Betten und Plätze, die Zahl und Art der Abteilungen mit ihren Betten und Plätzen, die besonderen und überregionalen Aufgaben sowie etwaige inhaltliche und zeitliche Beschränkungen nebst Gründen.

94 Im Übrigen gelten für den Feststellungsbescheid die formellen Grundsätze des VwVfG-Bund, insbesondere die Begründungspflicht nach § 39 VwVfG-Bund.

XI. Auswahlentscheidung

95 Übersteigt das Bettenangebot in den nach den Kriterien der Bedarfsgerechtigkeit, Leistungsfähigkeit, Wirtschaftlichkeit geeigneten Krankenhäusern den ermittelten Bettenbedarf, haben sowohl die Planungsbehörde als auch die zuständige Landesbehörde

---

79 BVerwG – 3 C 41.85, KRS 85.127; BVerwG – 3 C 67.85, NJW 1987, 2318 ff.
80 BVerwG – 3 C 25.84, KRS 85.077.
81 BVerwG – 3 C 25.84, KRS 85.077.

gem. § 8 Abs. 2 S. 2 KHG nach pflichtgemäßem Ermessen und unter Berücksichtigung der öffentlichen Interessen und der Vielfalt der Krankenhausträger eine Auswahl vorzunehmen, welches Krankenhaus den Zielen der Krankenhausplanung des Landes am besten gerecht wird.

Der Grundsatz der Trägervielfalt, der bei der Auswahl zu berücksichtigen ist, wird ausdrücklich in § 1 Abs. 2 S. 1 und 2 KHG formuliert. Danach ist bei der Durchführung des Gesetzes die Vielfalt der Krankenhausträger zu beachten. Nach Maßgabe des Landesrechts ist insbesondere die wirtschaftliche Sicherung freigemeinnütziger und privater Krankenhäuser zu gewährleisten.

1. Beachtung der Vielfalt der Krankenhausträger

Die Trägervielfalt ist wesentlicher Gesichtspunkt bei der Auswahl zwischen mehreren Krankenhäusern.[82] Das BVerfG hat der Berücksichtigung dieses Grundsatzes im Zusammenhang mit der Prüfung der Verhältnismäßigkeit der Beschränkung der Berufsfreiheit durch die nach dem Krankenhausplanungsrecht erforderliche Auswahlentscheidung besondere Bedeutung beigemessen.[83]

Als Träger ist diejenige natürliche oder juristische Person zu bezeichnen, die ein Krankenhaus betreibt. Der Begriff „Krankenhaus" meint nur die bauliche und betriebliche Einrichtung als solche.

Es wird herkömmlich unterschieden zwischen Krankenhäusern in öffentlicher, freigemeinnütziger und privater Trägerschaft.[84]

Krankenhäuser, deren Träger eine Körperschaft, Anstalt oder Stiftung öffentlichen Rechts ist, also der Bund, das Land, kommunale Gebietskörperschaften (z.B. Stadt, Landkreis, Bezirk, Zweckverband), stehen in öffentlich-rechtlicher Trägerschaft.[85] Die Gesellschaftsform ist unerheblich. Zu den öffentlichen Krankenhäusern im vorgenannten Sinne gehören daher auch die von öffentlich-rechtlichen Institutionen beherrschten Krankenhäuser in privatrechtlicher Gesellschaftsform, z.B. also auch die kommunale Krankenhaus GmbH.

Freigemeinnützige Krankenhäuser werden von Trägern, die einer religiösen, humanitären oder sozialen Vereinigung zuzuordnen sind, auf der Grundlage der Freiwilligkeit und der satzungsgemäßen Gemeinnützigkeit unterhalten (z.B. karitative Organisationen, kirchliche Orden oder Kongregationen, Kirchengemeinden, gemeinnützige Stiftungen oder Vereine).[86] Das Vermögen freigemeinnütziger Krankenhausträger ist an

---

82 BVerwG – 3 C 41.85, KRS 85.127.
83 BVerfGE 82, 209 ff.
84 Vgl. auch die amtliche Begründung zu § 1 Abs. 2 S. 1 KHG, die von der historisch gewachsenen Dreiteilung in öffentliche, freigemeinnützige und private Krankenhausträger spricht, BT-Drucks 10/2565.
85 *Dietz/Bofinger*, § 1 Rn 2.
86 Laufs/Uhlenbruck/*Genzel*, § 85 Rn 9; *Faltin*, S. 14.

einen bestimmten Zweck gebunden; der Status der Gemeinnützigkeit ist mit steuerlichen Vergünstigungen verbunden.[87]

102 Private Krankenhäuser werden von natürlichen und juristischen Personen des Privatrechts nach erwerbswirtschaftlichen Grundsätzen betrieben. Sie bedürfen aufgrund der Gewinnerzielungsabsicht einer Konzession nach § 30 GewO.[88] Die Gewerbeordnung unterwirft Privatkrankenanstalten der Konzessionspflicht, weil sie den Gefahren vorbeugen will, die für Patienten aus der nicht ordnungsgemäßen Führung, Einrichtung und Unterhaltung einer Klinik erwachsen können.[89] Eine solche Gefahr sieht der Gesetzgeber typischerweise nur bei erwerbsmäßig betriebenen Krankenhäusern, nicht bei freigemeinnützigen oder öffentlich-rechtlichen Trägern als gegeben an, die primär Gemeinwohlzwecke verfolgen.

103 Die Gewinnerzielungsabsicht ist die gewerberechtlich maßgebliche Trennlinie zwischen privaten und gemeinnützigen Krankenhäusern. Eine derartige Absicht wird immer dann angenommen, wenn ein Unternehmen planmäßig danach strebt, mehr zu erwirtschaften als das, was zur Deckung der Betriebskosten erforderlich ist. Die Vermehrung des Vermögens steht also im Vordergrund.[90]

104 Da das Verhältnis der Krankenhausträger in den einzelnen Bundesländern sehr unterschiedlich ist[91] und dies dem Gesetzgeber auch bekannt war, kann aus der Verpflichtung zur Beachtung der Trägervielfalt nicht abgeleitet werden, dass für alle Bundesländer ein einheitliches Verhältnis der verschiedenen Trägergruppen zueinander bestehen soll. Vielmehr will der Gesetzgeber die Vielfalt der Krankenhausträger als solche erhalten, jedoch nicht in einem bestimmten Verhältnis zueinander. Dies würde zu einer gleichförmigen Krankenhausversorgung in jedem einzelnen Bundesland führen, was der – auch historisch bedingten – Situation der einzelnen Trägergruppen in den verschiedenen Bundesländern nicht gerecht werden würde. Der Grundsatz der Trägerpluralität verpflichtet also nicht zu einer tatsächlichen Gleichgewichtigkeit in der Versorgung, son-

---

87 Steuerrechtlich ist das freigemeinnützige Krankenhaus als Zweckbetrieb i.S.v. §§ 65, 67 Abgabenordnung (AO) anzusehen. Gemeinnützig im Sinne des Steuerrechts ist ein Krankenhaus als Zweckbetrieb nach § 67 AO dann, wenn mindestens 40 % der jährlichen Pflegetage auf Patienten entfallen, bei denen nur ein Pflegesatz nach den §§ 3, 4, 5, 7 BPflV berechnet wird. Der steuerrechtliche Begriff des gemeinnützigen Krankenhauses stellt also nicht auf die Art der Betriebsführung ab, sondern allein auf die Teilnahme an der allgemeinen Versorgung der Bevölkerung mit Krankenhausleistungen in Höhe von 40 % aller von ihm angebotenen Leistungen. Steuerlich honoriert wird die soziale Nützlichkeit des Unternehmens.
88 *Landmann/Eyermann/Rohmer*, § 30 Rn 10.
89 *Tettinger/Wank*, § 30 Rn 2.
90 VG Neustadt – 6 K 130/74, DVBl. 1976, 683, 684; OVG Münster – XIV B 249/76, GewA 76, 236; VGH Baden-Württemberg – VI 1092/75, GewA 1978, 371.
91 Der Anteil der öffentlichen Krankenhausträger ist in Ländern, wie z.B. Bayern, wo nach der historischen Entwicklung die Vorhaltung von Krankenhäusern eine wesentliche Aufgabe der kommunalen Gebietskörperschaften war, besonders hoch. So werden in Bayern ca. 77 % des Bettenangebotes von öffentlichen Krankenhausträgern vorgehalten, lediglich 15,4 % sind in freigemeinnützige Hand, 7,5 % werden in Privatkliniken betrieben (vgl. Krankenhausplan Bayern, 2000, 25. Fortschreibung, S. 117, 118). Demgegenüber ist die Trägerlandschaft in NRW durch 70 % freigemeinnütziger Krankenhausträger geprägt, etwa 10 % der Träger sind privat organisiert, 20 % werden öffentlich-rechtlich durch Gemeinden oder Gemeindeverbände und das Land (Universitätskliniken) geführt (vgl. Krankenhausplan NRW 2001, S. 16). Prognosen gehen davon aus, dass in NRW der Anteil der Krankenhäuser im Besitz von privaten Klinikbetreibern in kurzer Zeit auf 20 % anwachsen wird (Landtag NRW, Drucks. 13/5604 v. 21.6.2004 zu Chancen und Entwicklungsperspektiven der Gesundheits- und Seniorenwirtschaft in Nordrhein-Westfalen).

dern zur Beachtung der Gleichwertigkeit öffentlicher, freigemeinnütziger und privater Krankenhausträger in Erfüllung ihres Versorgungsauftrages.[92]

Dem in § 1 Abs. 2 S. 1 KHG enthaltenen Gebot der Beachtung der Trägervielfalt entnimmt das BVerfG die Verpflichtung der Behörde, innerhalb des jeweiligen Versorgungsgebietes bei der Auswahlentscheidung zwischen mehreren Krankenhäusern neben den öffentlichen auch die freigemeinnützigen und privaten Krankenhäuser angemessen zu berücksichtigen.[93]

105

2. Gewährleistung der wirtschaftlichen Sicherung freigemeinnütziger und privater Krankenhäuser

Grund für die in § 1 Abs. 2 S. 2 KHG enthaltene Regelung, dass nach Maßgabe des Landesrechts insbesondere die wirtschaftliche Sicherung freigemeinnütziger und privater Krankenhäuser zu gewährleisten ist, ist die Möglichkeit öffentlicher Krankenhäuser, insbesondere kommunaler Kliniken, auf zusätzliche Betriebs- und Investitionskostenzuschüsse zurückzugreifen. Dies können freigemeinnützige und private Krankenhäuser nicht. § 1 Abs. 2 S. 2 KHG soll daher sicherstellen, dass dieser grundsätzlich gegebene strukturelle Wettbewerbsnachteil bei der Durchführung des Gesetzes Berücksichtigung findet.[94]

106

Aus den gesetzgeberischen Motiven des § 1 Abs. 2 S. 2 KHG folgt eine Aufwertung der gesetzlichen Zielsetzung und der Beachtung des Grundsatzes der Trägervielfalt im Hinblick auf freigemeinnützige und private Krankenhäuser.

107

Darüber hinaus ist nach dem Gesetzeswortlaut die besondere Wettbewerbslage der privaten und freigemeinnützigen Krankenhäuser nicht lediglich zu berücksichtigen. Das Gesetz spricht von „gewährleisten", es soll also eine Garantie abgegeben werden. Während die Trägervielfalt gem. § 1 Abs. 2 S. 1 KHG lediglich zu „beachten" ist, ist die wirtschaftliche Sicherung der freigemeinnützigen und privaten Träger zu „gewährleisten". Das bedeutet im Ergebnis, dass in einer bedarfsplanerischen Konkurrenzsituation zwischen mehreren gleich geeigneten Krankenhäusern freigemeinnützige und private Träger gegenüber öffentlichen Krankenhäusern zu bevorzugen sind.

108

---

92 OVG Schleswig-Holstein, Urt. v. 12.5.1999 – 2 L 29/98, n.v.
93 In seinem Beschluss v. 4.3.2004 hatte das BVerfG – 1 BvR 88/00, GesR 2004, 296 die Nichtaufnahme eines privaten Krankenhauses in den Krankenhausplan 2000 der Freien und Hansestadt Hamburg unter Berücksichtigung des Grundsatzes der Trägervielfalt als Verstoß gegen Art. 12 Abs. 1 GG i.V.m. Art. 3 Abs. 1 GG gewertet. Im Krankenhausplan 2000 befanden sich von den insgesamt 36 Krankenhäusern lediglich zwei mit insgesamt 102 Betten in privater Trägerschaft. Deren Beitrag zu den Planbetten betrug stets weniger als ein Prozent. Verantwortlich dafür war nicht etwa ein Mangel an privaten Klinikträgern. Die strukturelle Beteiligung der privaten Klinikbetreiber beruhte u.a. darauf, dass die Planungsbehörde generell Häuser bevorzugte, die eine breite Allgemeinversorgung und eine flächendeckende Not- und Unfallversorgung sicherstellten. Aufgrund dieser Vorgaben im Krankenhausplan wurden faktisch private Krankenhäuser, die in der Regel ein spezialisiertes Angebot mit begrenztem Bettenkontingent vorhielten, im Verhältnis zu kommunalen oder freigemeinnützigen Häusern benachteiligt. Das BVerfG kritisierte an dieser Planung, dass das KHG auf dem Prinzip der abgestuften Krankenhausversorgung beruhe und daher nicht alle Krankenhäuser über den gleichen medizinischen Standard in technischer und personeller Hinsicht verfügen müssten. Ein genereller Rechtssatz, dass größere Krankenhäuser mit einem umfassenden Leistungsangebot zu bevorzugen seien, lasse sich dem KHG nicht entnehmen. Damit würde größeren Versorgungseinheiten ohne sachlichen Grund Priorität eingeräumt. Ein solcher Rechtssatz sei auch verfassungsrechtlich nicht zu rechtfertigen, BVerfG – 1 BvR 88/00, GesR 2004, 296 ff.
94 BT-Drucks 10/2565.

3. Kostengünstigkeit

109 Das Kriterium der Wirtschaftlichkeit eines Krankenhauses i.S.d. § 1 Abs. 1 KHG hat als reines Vergleichsmerkmal erst Bedeutung, wenn mehrere bedarfsgerechte und leistungsfähige Krankenhäuser in Betracht kommen, die insgesamt ein Überangebot erzeugen würden. Für die Beurteilung der Wirtschaftlichkeit ist das Preis-Leistungs-Verhältnis entscheidend.

4. Gleichbehandlungsgrundsatz, Art. 3 Abs. 1 GG

110 Im Rahmen der Auswahl wird letztlich auch zu erwägen sein, ob der Grundsatz der Gleichbehandlung gem. Art. 3 Abs. 1 GG dazu führen kann, dass mehrere im gleichen Maße geeignete Krankenhäuser anteilig berücksichtigt werden müssen.[95] Wenn zwischen den zur Auswahl stehenden Krankenhäusern keine Unterschiede im Hinblick auf Bedarfsgerechtigkeit, Leistungsfähigkeit, Kostengünstigkeit und Trägervielfalt getroffen werden können, haben sowohl die Planungsbehörde als auch die zuständige Landesbehörde zu prüfen, ob der Gleichbehandlungsgrundsatz gem. Art. 3 Abs. 1 GG dazu führt, dass alle die Planaufnahme begehrenden Krankenhäuser anteilig, d.h. hinsichtlich der Bettenzahl in einem geringeren Umfang als angestrebt, aufgenommen werden.

5. Berücksichtigung öffentlicher Interessen

111 Gem. § 8 Abs. 2 S. 2 KHG sind bei der Auswahl zwischen mehreren Krankenhäusern auch die öffentlichen Interessen zu berücksichtigen. Das in § 8 Abs. 2 S. 2 KHG enthaltene Abwägungsgebot als Ausprägung eines allgemeinen Rechtsgrundsatzes des Planungsrechts[96] fordert die Einstellung aller Belange entsprechend ihrem Gewicht.[97] Daher können z.B. als erhebliche Gesichtspunkte in den Abwägungsprozess einbezogen werden das Ansehen eines Krankenhauses bei der Bevölkerung, die Nachfrage durch die Bevölkerung, die ärztliche und pflegerische Leistungsfähigkeit sowie besonders anerkannte Behandlungsformen und Methoden.

6. Rangverhältnis der Auswahlkriterien?

112 Ein Rangverhältnis dergestalt, dass dem einen oder anderen Auswahlkriterium kraft Gesetzes stärkeres Gewicht zukommt, existiert nicht. Die Frage der Gewichtung der einzelnen Planungskriterien und ihrer Gesamtschau gehört zum Kernbereich des behördlichen Beurteilungsspielraums und kann vom Gericht nur auf ihre Vollständigkeit sowie daraufhin überprüft werden, ob sie nicht willkürlich erfolgt ist.

113 In der Vergangenheit wurden von den Gerichten als sachgerechte Kriterien, die sich bei der Auswahl zugunsten der Krankenhäuser ausgewirkt hatten, angesehen: das Vorhalten einer Haupt- statt einer Belegabteilung, ein größeres Disziplinenspektrum,[98] ein geringerer Pflegesatz[99] sowie die Schließung einer kleinen Abteilung anstelle des linearen Bettenabbaus in anderen Plankrankenhäusern.[100] Als fehlerfrei erachtet wurde die be-

---

95 BVerwG – 3 C 25.84, KRS 85.077, 1, 15.
96 Laufs/Uhlenbruck/*Genzel*, § 86 Rn 56.
97 So auch BVerwG – 3 C 25.84, KRS 85.077, 1, 20; BVerwG – 3 C 41.85, KRS 85.127, 1, 17.
98 OVG NRW, Beschl. v. 11.1.1999 – 13 A 2031/98, n.v.
99 OVG NRW – 13 A 520/97, KRS 98.087.
100 OVG NRW – 13 A 520/97, KRS 98.087.

hördliche Ablehnung einer erstmaligen Aufnahme in den Krankenhausplan mit der Begründung, dass anderenfalls ein derzeit stattfindender Abbau des vorhandenen Bettenüberangebotes konterkariert werde und der Überhang sich verschärfe.[101] Sachgerecht sei auch eine Auswahlentscheidung zugunsten nicht ausgelasteter Planabteilungen statt einer kostenintensiven Einrichtung einer neuen Abteilung (Strahlentherapie).[102] Das OVG Thüringen sieht ein rechtlich anzuerkennendes öffentliches Interesse an der Auswahl des konkurrierenden Krankenhauses darin, dass nur diese Entscheidung zugunsten des Konkurrenzkrankenhauses eine Fehlinvestition öffentlicher Fördergelder vermeidet, die mit Kenntnis und Billigung des unterlegenen Krankenhauses gewährt wurden.[103]

Im Rahmen eines Eilverfahrens hatte das OVG NRW[104] ausgeführt, der Umstand, dass bereits eine Fachabteilung mit guter personeller Ausstattung und breitem Behandlungsspektrum vorhanden sei, beeinflusse nicht die Auswahlentscheidung zugunsten der Antragstellerin. Das bereits aufgenommene Krankenhaus besitze die Möglichkeit, eine gleich qualifizierte Abteilung aufzubauen; ihm könne nicht angelastet werden, was betriebswirtschaftlich sinnvoll sei, nämlich erst nach gesicherter Planaufnahme mit dem kostenintensiven Aufbau zu beginnen. Anderenfalls könne der Krankenhausträger durch Schaffung vollendeter Tatsachen die Planungsbehörde in ihrem Beurteilungsermessen vorab binden.

XII. Rechtsschutz

Da infolge der rechtlichen Einordnung der Krankenhausplan selbst keine äußere Verbindlichkeit erlangt, scheiden sowohl eine Klage auf Feststellung der Rechtswidrigkeit einzelner Festsetzungen des Krankenhausplans nach § 43 VwGO als auch ein Normenkontrollverfahren gem. § 47 VwGO aus. Da nur der Feststellungsbescheid der anfechtbare Verwaltungsakt ist, kann auch nicht die Aufnahme in den Krankenhausplan zum Gegenstand einer Verpflichtungsklage gemacht werden. Eine Klage unmittelbar gegen den Krankenhausplan ist also unzulässig.

Krankenhäusern, die nicht oder nicht zu den angestrebten Bedingungen (Bettenzahl, Bettenausrichtung) in den Krankenhausplan aufgenommen worden sind, eröffnet der Gesetzgeber in § 8 Abs. 1 S. 4 KHG den Verwaltungsrechtsweg. Unmittelbarer Gegenstand des Rechtsschutzverfahrens ist der als Verwaltungsakt ergehende Feststellungsbescheid über die Aufnahme bzw. Nichtaufnahme des Krankenhauses.

1. Herausnahme eines Krankenhauses aus dem Krankenhausplan

a) Rechtsgrundlage

§ 8 KHG enthält nach seinem ausdrücklichen Wortlaut keine gesetzliche Grundlage für die Herausnahme eines Krankenhauses aus dem Krankenhausplan. In § 8 Abs. 1 S. 3 KHG heißt es lediglich, dass die Aufnahme oder Nichtaufnahme durch Bescheid festgestellt wird. Auch der in § 8 Abs. 2 S. 2 KHG geregelte Fall, dass eine Auswahl zwischen mehreren Krankenhäusern notwendig wird, bezieht sich im Anschluss an § 8 Abs. 2 S. 1 KHG nur auf die Feststellung der Aufnahme in den Krankenhausplan.[105]

---

[101] OVG NRW – 13 A 520/97, KRS 98.087.
[102] OVG NRW – 13 A 6049/94, KRS 96.095.
[103] OVG Thüringen, Urt. v. 29.8.2006 – 2 KO 73/05, n.v.
[104] 13 B 1186/02 – KRS 02.110, 1 ff.
[105] VG Minden, Urt. v. 29.8.2002 – 3 K 853/97, n.v.

118 Das Landesrecht der Bundesländer beinhaltet z.T. ausdrückliche Regelungen darüber, nach welchen Bestimmungen und unter welchen Voraussetzungen ein Krankenhaus aus dem Krankenhausplan herausgenommen werden kann.[106]

119 Es stellt sich daher die Frage, nach welchen Bestimmungen und unter welchen Voraussetzungen ein Krankenhaus aus dem Krankenhausplan herausgenommen werden kann, wenn das entsprechende Landesrecht hierfür keine ausdrückliche Ermächtigungsgrundlage vorsieht.

120 Ob die spezielle Vorschrift des § 8 Abs. 1 S. 3 KHG greift oder ein Widerruf des Feststellungsbescheides i.S.d. § 49 VwVfG-Bund (insbesondere Abs. 2 Nr. 3) erforderlich ist, wird in Rechtsprechung und Schrifttum unterschiedlich beantwortet.[107]

121 Für die Anwendung von § 49 VwVfG-Bund spricht der Wortlaut von § 8 KHG, der nur die Voraussetzungen für Aufnahme bzw. Nichtaufnahme eines Krankenhauses bestimmt, aber keine ausdrückliche Regelung über die Herausnahme eines Plankrankenhauses beinhaltet. Gem. § 49 VwVfG-Bund ist der Widerruf eines rechtmäßigen begünstigenden Verwaltungsaktes nur unter den enumerativ aufgeführten Voraussetzungen zulässig. Einschlägig ist § 49 Abs. 2 Nr. 3 VwVfG-Bund, wonach der Widerruf dann erfolgen darf, wenn die Behörde aufgrund nachträglich eingetretener Tatsachen berechtigt wäre, den Verwaltungsakt nicht zu erlassen, und wenn ohne den Widerruf das öffentliche Interesse gefährdet würde.[108]

122 Ungeachtet der Frage nach der einschlägigen Ermächtigungsgrundlage ist aber in materiell-rechtlicher Hinsicht ausschlaggebend, ob das Krankenhaus im entscheidungserheblichen Zeitpunkt noch leistungsfähig, wirtschaftlich oder bedarfsgerecht ist, also die für eine Aufnahme in den Krankenhausplan entscheidenden Tatbestandsvoraussetzungen noch gegeben sind.[109]

b) Kündigung des Versorgungsvertrages

123 § 109 Abs. 1 S. 2 SGB V bestimmt, dass bei den Hochschulkliniken die Aufnahme der Hochschule in das Hochschulverzeichnis nach § 4 des Hochschulbau-Förderungsgesetz und bei den Plankrankenhäusern die Aufnahme in den Krankenhausplan als Abschluss

---

106 So ist in § 4 Abs. 3 KHG Thüringen geregelt, dass die Aufnahme in den Plan ganz oder teilweise widerrufen werden kann, soweit auf Dauer die Voraussetzungen der Aufnahme nicht mehr erfüllt sind. Im bayerischen KHG ist eine inhaltsgleiche Bestimmung enthalten (Art. 5 Abs. 3 S. 3), ebenso im sächsischen Landeskrankenhausgesetz (§ 7 Abs. 3 S. 2). In § 18 Abs. 1 S. 2 KHG Hessen und § 25 Abs. 1, S. 2 KHG Mecklenburg-Vorpommern ist lediglich bestimmt, dass auch die Herausnahme aus dem Krankenhausplan durch Bescheid festgestellt wird, ebenso wie die Aufnahme oder Nichtaufnahme. In allen anderen Landeskrankenhausgesetzen sind keine ausdrücklichen Regelungen zur Herausnahme aus dem Krankenhausplan enthalten.

107 Für § 8 Abs. 1 KHG VG Arnsberg, Urt. v. 22.12.2000 – 3 K 5515/96, n.v.; vgl. auch OVG Koblenz – 7 A 10025/88, NVwZ-RR 1991, 573; VG Trier, Urt. v. 29.11.1994 – 2 K 3011/93.TR, n.v. Zuvor hatte das OVG NRW in einem die Streichung einer HNO-Belegabteilung betreffenden Urteil aus dem Jahr 1998 ausgeführt, dass die für die Aufnahmeentscheidung geltenden Grundsätze auf die Entscheidung über das Fortbestehen oder den Wegfall der Aufnahme in den Krankenhausplan anwendbar seien, OVG NRW – 13 A 520/97, KRS 98.087.

108 VG Minden, Urt. v. 29.8.2001 – 3 K 853/97, n.v.; Urt. v. 29.8.2001 – 3 K 249/97, n.v.; *Pant/Prütting*, § 18 Rn 36; *Dahm/Wilkening*, das krankenhaus 1995, 126, 128; *Kuhla/Voss*, NZS 1999, 216, 218; *Quaas*, NJW 1989, 2933, 2934.

109 *Stollmann*, NZS 2004, 350, 353.

des Versorgungsvertrages gilt. Für diesen fingierten Versorgungsvertrag, der in der Praxis jedoch häufig zusätzlich abgeschlossen wird,[110] gelten im Wesentlichen die gleichen Grundsätze wie bei der Aufnahme in den Krankenhausplan des Landes (vgl. § 109 Abs. 2 und 3 SGB V). Im Unterschied zum KHG enthält das SGB V jedoch in § 110 explizite Regelungen zur Beendigung des Versorgungsvertrages. Nach § 110 Abs. 1 S. 1 SGB V kann ein Versorgungsvertrag von jeder Vertragspartei mit einer Frist von einem Jahr ganz oder teilweise gekündigt werden, allerdings von den Landesverbänden der Krankenkassen und den Verbänden der Ersatzkassen nur gemeinsam und nur aus den in § 109 Abs. 3 S. 1 SGB V genannten Gründen, also bei fehlender Gewähr einer leistungsfähigen und wirtschaftlichen Krankenhausbehandlung oder bei Nichterforderlichkeit für eine bedarfsgerechte Krankenhausbehandlung. Diese Kündigungsgründe dürfen nicht nur vorübergehend bestehen, § 110 Abs. 1 S. 2 SGB V.

124 Zudem ist gem. § 110 Abs. 1 S. 3 SGB V bei Plankrankenhäusern die Kündigung mit einem Antrag an die zuständige Landesbehörde auf Aufhebung oder Änderung des Feststellungsbescheides gem. § 8 Abs. 1 S. 2 KHG zu verbinden, mit dem das Krankenhaus in den Krankenhausplan des Landes aufgenommen worden ist.

125 Die Kündigung muss im Benehmen mit den als Pflegesatzparteien betroffenen Krankenkassen erfolgen und sie wird gem. § 110 Abs. 2 S. 2 SGB V erst mit der Genehmigung durch die zuständige Landesbehörde wirksam, die ihre Entscheidung zu begründen hat.[111] § 110 Abs. 2 S. 4 SGB V sieht vor, dass die Genehmigung nur versagt werden kann, wenn und soweit das Krankenhaus für die Versorgung unverzichtbar ist. Die Genehmigung gilt als erteilt, wenn die Landesbehörde nicht innerhalb von drei Monaten nach Mitteilung der Kündigung widersprochen hat, § 110 Abs. 2 S. 5 SGB V.[112]

126 Das Gesetz definiert nicht näher, was mit **„Unverzichtbarkeit"** gemeint ist. Bei der Begriffsklärung ist zu berücksichtigen, dass das gekündigte Krankenhaus aufgrund des bestandskräftigen Feststellungsbescheides noch in den Krankenhausplan des Landes aufgenommen ist. Dieser Widerspruch in der Systematik des Gesetzes lässt sich nur dadurch überwinden, dass der Begriff der Unverzichtbarkeit im Sinne vorhandener Bedarfsgerechtigkeit, Leistungsfähigkeit und Wirtschaftlichkeit des Krankenhauses ausgelegt wird. Das SGB V hat die Kündigung des Versorgungsvertrages an die Aufhebung oder Änderung des Feststellungsbescheides nach dem Krankenhausplanungsrecht gekoppelt, denn nach § 110 Abs. 1 S. 3 SGB V ist bei Plankrankenhäusern die Kündigung mit einem Antrag an die zuständige Landesbehörde auf Aufhebung oder Änderung des Feststellungsbescheides nach § 8 Abs. 1 S. 2 KHG zu verbinden. Da im Rahmen der Planaufstellung bzw. der Herausnahme aus dem Plan gerade die Leistungsfähigkeit, Wirtschaftlichkeit und Bedarfsgerechtigkeit eines Krankenhauses bzw. einzelner Abtei-

---

110 So auch *Rasche-Sutmeier*, GesR 2004, 272, 278. Dass der zusätzliche Abschluss eines Versorgungsvertrages den gesetzgeberischen Vorstellungen entspricht, ergibt sich aus den Regelungen in § 110 Abs. 1, S. 3, Abs. 2, S. 4 SGB V, die besondere Voraussetzungen für die Kündigung von Versorgungsverträgen mit Plankrankenhäusern beinhalten.
111 KassKomm/*Hess*, § 110 Rn 3 sieht den Grund für das Genehmigungserfordernis in der Mitverantwortung der Landesbehörde für die Krankenhausplanung; nach *Quaas*, NJW 1989, 2933, 2934, handelt es sich um eine Schutzvorschrift für die Krankenhäuser gegen willkürliche Entscheidungen der kündigenden Verbände.
112 Soweit ersichtlich geht die Rechtsprechung davon aus, dass im Fall einer wirksamen Kündigung des Versorgungsvertrages die von der Landesbehörde nach § 8 Abs. 2 KHG zu treffende Auswahlentscheidung auf die Frage der Unverzichtbarkeit des Krankenhauses für die Versorgung der Bevölkerung mit Krankenhausleistungen zu beschränken sei. Nur bei Unverzichtbarkeit dürfe die Behörde die Genehmigung der Kündigung bei Plankrankenhäuser versagen und die Wirksamkeit der Kündigung des Versorgungsvertrages verhindern, so das VG Arnsberg, Urt. v. 22.12.2000 – 3 K 5515/96, n.v.

lungen zu prüfen ist, kann die Genehmigung nur dann erteilt werden, wenn gleichzeitig die tatbestandlichen Voraussetzungen für eine Herausnahme aus dem Krankenhausplan erfüllt sind.[113]

127 Lehnt die zuständige Landesbehörde die Aufhebung oder Änderung des Feststellungsbescheides ab, sind die beantragenden Kassenverbände nach der Rechtsprechung des BVerwG nicht widerspruchs- und klagebefugt.[114] Die von den Landesverbänden ausgesprochene Kündigung des Versorgungsvertrages läuft ins Leere;[115] ihr steht die kraft Feststellungsbescheid nach wie vor bestehende Fiktion des Versorgungsvertrages des Plankrankenhauses entgegen.[116]

128 Die Frage des **Rechtsschutzes gegen die Kündigung eines Versorgungsvertrages** durch die Verbände der Krankenkassen wird von den Gerichten und der Literatur unterschiedlich beantwortet.

129 Einerseits wird in der Kündigung ein hoheitliches Handeln zur Regelung eines Einzelfalles mit Außenwirkung gesehen, also ein Verwaltungsakt i.S.v. § 35 S. 1 VwVfG-Bund, gegen den Widerspruch und Anfechtungsklage möglich sind.[117] Hierfür spreche, dass auch das BSG in stetiger Rechtsprechung die Ablehnung des Abschlusses eines Versorgungsvertrages als Verwaltungsakt qualifiziere, weil die Krankenkassenverbände mit dieser Entscheidung dem Krankenhausträger einseitig den Status eines Vertragskrankenhauses vorenthalten und damit seine Beteiligung an der auf öffentlich-rechtlicher Grundlage durchzuführenden stationären Versorgung der Versicherten verhinderten. Damit träten die Kassenverbände im Rahmen eines Über-Unterordnungs-Verhältnisses dem Krankenhausträger hoheitlich gegenüber.[118]

130 Nach anderer Ansicht schließt die Rechtsnatur des Versorgungsvertrages i.S.d. § 109 SGB V die Annahme eines Verwaltungsaktes aus. Zur Begründung wird darauf verwiesen, dass das Verhältnis zwischen dem Krankenhausträger und den Krankenkassenverbänden durch das Vereinbarungsprinzip bestimmt werde und die Vertragspartner sich rechtlich gleichgeordnet gegenüberstünden.[119]

131 Die Kündigung des Versorgungsvertrages wird erst mit Genehmigung wirksam; bis dahin ist die Kündigung also schwebend unwirksam. Indem erst durch die Genehmigung die Kündigung Rechtswirkungen entfalten kann, kommt der Erteilung der Genehmigung unmittelbarer Regelungscharakter zu, sowohl gegenüber den kündigenden Krankenkassen als auch im Verhältnis zu den Krankenhäusern. Sie greift unmittelbar in die Rechtsbeständigkeit des Versorgungsvertrages ein, so dass eine mit der Genehmigung verbundene Außenwirkung zu bejahen ist.[120] Ferner besteht gem. § 110 Abs. 2 S. 3 SGB V ein Begründungserfordernis. Die Begründungspflicht macht nur Sinn, wenn die Landesbehörde dadurch gezwungen ist, sich auch mit den Argumenten des Krankenhauses auseinanderzusetzen, mithin dessen Rechte und Interessen in die Abwägung ein-

---

113 So auch VG Arnsberg, Urt. v. 22.12.2000 – 3 K 5515/96, n.v.; VG Trier, Urt. v. 29.11.1994 – 2 K 3011/93, n.v.
114 BVerwG – 3 C 12/93, NJW 1995, 1628.
115 *Quaas/Zuck*, Medizinrecht, § 25 Rn 84.
116 Hauck/Noftz/*Klückmann*, § 110 Rn 24 ff.; KassKomm/*Hess*, § 109 Rn 7; a.A. Krauskopf/*Knittel*, § 110 Rn 11, wonach sich die gemäß § 109 Abs. 1 S. 2 SGB V eintretende Fiktion im erstmaligen Abschluss des Versorgungsvertrages erschöpft.
117 VG Arnsberg, Urt. v. 22.12.2000 – 3 K 3443/99, n.v.
118 BSGE 78, 233.
119 VG Minden, Urt. v. 29.8.2001 – 3 K 3280/97, n.v. und Urt. v. 29.8.2002 – 3 K 853/97, n.v.
120 *Dahm/Wilkening*, das krankenhaus 1995, 83, 87.

zubeziehen, so dass die Genehmigung bzw. Nichtgenehmigung als **Verwaltungsakt** zu begreifen ist.[121] Gegen die Kündigung des Versorgungsvertrages insgesamt oder die Kündigung einzelner Vertragsbestandteile kann der Krankenhausträger daher nach Durchführung des Vorverfahrens Anfechtungsklage erheben.

Über Rechtsfragen im Zusammenhang mit der Kündigung von Versorgungsverträgen mit Plankrankenhäusern entscheiden gem. § 51 Abs. 1 Nr. 2 Hs. 2 SGG nicht die Sozial- sondern die Verwaltungsgerichte.[122] Die Sozialgerichte sind hingegen zuständig für Rechtsstreitigkeiten aufgrund der Kündigung von Versorgungsverträgen mit nicht in den Krankenhausplan aufgenommenen Krankenhäusern, also reinen Vertragskrankenhäusern i.S.d. § 108 Nr. 3 SGB V.

132

2. Rechtsschutz des betroffenen Krankenhauses

a) Anfechtungswiderspruch und Anfechtungsklage

Gegen einen belastenden Feststellungsbescheid sind Anfechtungswiderspruch gem. § 68 Abs. 1 VwGO und – nach Abschluss eines erfolglosen Vorverfahrens – verwaltungsgerichtliche Anfechtungsklage gem. § 42 Abs. 1 VwGO möglich (vgl. § 8 Abs. 1 S. 4 KHG). Mit ihnen kann der Krankenhausträger einen Eingriff in eine bereits bestehende Rechtsstellung abwehren, wie er in der Reduzierung der Bettenzahl, der Herausnahme einzelner Teile, insbesondere einzelner Fachabteilungen, oder des ganzen Krankenhauses aus dem Krankenhausplan zu sehen ist.

133

Mit dem Anfechtungswiderspruch und der Anfechtungsklage verfolgt der Krankenhausträger das Ziel, durch Aufhebung des belastenden Bescheides die ursprüngliche Planausweisung aufrechtzuerhalten. Maßgeblicher Prüfungszeitpunkt für die Anfechtungsklage ist – mangels materiell-rechtlicher Bestimmung im KHG – der Zeitpunkt der letzten Verwaltungsentscheidung, also des Erlasses des Widerspruchsbescheides.[123]

134

b) Verpflichtungswiderspruch und Verpflichtungsklage

Mit dem Verpflichtungswiderspruch und der Verpflichtungsklage begehrt der Krankenhausträger die Erweiterung seiner Rechtsstellung. Mit dem Verpflichtungsbegehren kann er die erstmalige Aufnahme des Krankenhauses in den Krankenhausplan, die Erhöhung der Planbettenzahl oder die Neuaufnahme weiterer Fachabteilungen geltend machen. Die Verpflichtung der Behörde, das Krankenhaus bzw. die Abteilung in den Krankenhausplan aufzunehmen, spricht das Gericht in Anlehnung an die ständige Rechtsprechung des BVerwG aus, wenn es zur Bedarfsdeckung benötigt wird (erste Entscheidungsstufe) oder im Rahmen der zu treffenden Auswahlentscheidung (auf der zweiten Stufe) nur seine Aufnahme die einzig fehlerfreie Entscheidung ist. Soweit die Auswahlentscheidung sich als rechtswidrig erweist, aber neben dem klagenden Krankenhaus auch andere Krankenhäuser den Zielen der Krankenhausplanung gerecht wer-

135

---

121 So auch *Stollmann*, NZS 2004, 350, 356; *Dahm/Wilkening*, das krankenhaus 1995, 83, 87; Laufs/Uhlenbruck/*Genzel*, § 87 Rn 42; a.A. Krauskopf/*Knittel*, § 109 Rn 7, der die Genehmigung als reines Behördeninternum bezeichnet.
122 *Meyer-Ladewig*, § 51 Rn 24; *Quaas*, NJW 1989, 2933, 2935; *Kuhla/Voss*, NZS 1999, 216, 218.
123 So auch *Rasche-Sutmeier*, GesR 2004, 272, 279; vgl. im Einzelnen zum für die Sachentscheidung maßgebenden Zeitpunkt Eyermann/*Schmidt*, § 113 Rn 45 ff.

den, hebt das Gericht den Feststellungsbescheid auf und verpflichtet die Behörde gem. § 113 Abs. 5 S. 2 VwGO zur Neubescheidung des Antrags.[124]

136 Auch im Krankenhausplanungsrecht geht die Rechtsprechung einhellig davon aus, dass der Rechtsprüfungszeitpunkt für die Verpflichtungsklage die maßgebliche Sach- und Rechtslage zum Zeitpunkt der letzten mündlichen Verhandlung der Tatsacheninstanz ist.[125]

137 Die Verpflichtungsklage ist als Untätigkeitsklage gem. § 75 VwGO auch ohne Durchführung eines Vorverfahrens zulässig, wenn die Behörde ohne zureichenden Grund mehr als 3 Monate nach Eingang des Antrags sachlich nicht entschieden hat.

c) Fortsetzungsfeststellungsklage

138 Tritt im Laufe eines Planaufnahmeverfahrens ein neuer Krankenhausplan in Kraft, kann eine ursprünglich erhobene Verpflichtungsklage keinen Erfolg mehr haben, da sich das Begehren des Krankenhausträgers auf Feststellung der Aufnahme in den Krankenhausplan in der Hauptsache erledigt hat; der alte Plan ist durch einen neuen ersetzt worden. Mit der Aufstellung des neuen Plans ist der alte Plan gegenstandslos und damit unwirksam geworden. Er entfaltet keine Tatbestandswirkungen mehr, und in ihn können keine bislang nicht aufgenommenen Krankenhäuser mehr aufgenommen werden. Die Feststellung der nachträglichen Aufnahme in einen ersetzten und damit unwirksam gewordenen Krankenhausplan ist nicht mehr möglich.[126]

139 In diesen Fällen bleibt dem Krankenhausträger nur der Weg, sein Begehren ggf. mit der Fortsetzungsfeststellungsklage weiterzuverfolgen. In analoger Anwendung des § 113 Abs. 1 S. 4 VwGO wird die Umstellung des Klageantrags auf die Feststellung, dass der ablehnende Bescheid rechtswidrig und die Behörde verpflichtet gewesen sei, die Aufnahme in den Krankenhausplan festzustellen, als zulässige Klageänderung angesehen, weil die Bewilligung öffentlicher Fördermittel für die Vergangenheit oder Schadensersatzansprüche wegen der unterbliebenen Bewilligung[127] davon abhängig sind.[128]

140 Anders ist die Rechtslage allerdings zu beurteilen, wenn der Krankenhausplan nicht durch einen neuen Plan ersetzt worden ist, sondern lediglich fortgeschrieben wurde. Bleibt der Krankenhausplan im Grundsatz unverändert aufrechterhalten und wird er lediglich in einzelnen Punkten abgeändert, d.h. fortgeschrieben, wird der Plan nicht durch einen neuen Plan ersetzt. Er bleibt wirksam mit der prozessualen Konsequenz, dass sich das Verpflichtungsbegehren des klägerischen Krankenhausträgers nicht erledigt hat. Ein Fortsetzungsfeststellungsbegehren wäre in diesem Fall unzulässig.[129]

---

124 Wenn in tatsächlicher Hinsicht Unsicherheiten bezüglich der Bedarfssituation bestehen, ist es also sinnvoll, mit Hauptantrag auf positive Zuteilung der beantragten Bettenkapazität und mit einem Hilfsantrag auf ein Bescheidungsurteil zu klagen.
125 Vgl. BVerwG – 3 C 67.85, NJW 1987, 2318; OVG NRW, Beschl. v. 19.9.1997 – 13 B 20.97, n.v.; Hess. VGH – 11 UE 3202/98, KRS 02.048.
126 BVerwG – 3 C 37/83, KRS 86.014.
127 Vgl. hierzu *Quaas/Zuck*, Medizinrecht, § 24 Rn 402.
128 Vgl. zur Zulässigkeit von Fortsetzungsfeststellungsklagen *Kopp/Schenke*, § 113 Rn 95 ff.; Eyermann/ *Schmidt*, § 113 Rn 64 ff.
129 BVerwG – 3 C 37/83, KRS 86.014.

3. Kein Rechtsschutz der Kostenträger

Das BVerwG hatte bereits 1994 festgestellt, dass die Landesverbände der Krankenkassen unter keinem rechtlichen Gesichtspunkt befugt seien, Feststellungsbescheide der Landesbehörden, mit denen Krankenhäuser in den Krankenhausplan des Landes aufgenommen werden, vor Gericht anzufechten. Zur Begründung führte das Gericht aus, Adressat des Feststellungsbescheides sei allein der Krankenhausträger. Auf der Grundlage der Schutznormtheorie vermittelten weder die Regelungen des KHG noch des SGB V (§§ 108–110) Drittschutz. Auch die Mitwirkungsbefugnisse bei der Planaufstellung verleihe den Landesverbänden nicht das Recht, bei der nachfolgenden Umsetzung des Planes die Einhaltung der gesetzlichen Voraussetzungen gerichtlich prüfen zu lassen.[130]

Mit denselben Argumenten wird auch eine Klagebefugnis des Verbandes der privaten Krankenversicherung und der Landesausschüssen dieses Verbandes[131] sowie des Verbandes der Angestellten-Krankenkassen e.V. (VdAK)[132] verneint.

4. Rechtsschutz konkurrierender Krankenhäuser

Die zuständige Krankenhausplanungsbehörde entscheidet gem. den krankenhausplanungsrechtlichen Vorschriften des KHG i.V.m. dem Landeskrankenhausgesetz per Verwaltungsakt über den Antrag eines Krankenhauses auf Einrichtung eines Gebietes bzw. Teilgebietes oder die Erhöhung der Bettenzahlen, und zwar zum einen mit Feststellungsbescheid für das begünstigte und zum anderen mit Ablehnungsbescheid für das konkurrierende, ebenfalls die Aufnahme begehrende, letztlich jedoch unterlegene Krankenhaus.

Lange Zeit war in der Literatur und in der unterinstanzlichen Rechtsprechung umstritten, ob das unterlegene Krankenhaus auch berechtigt ist, den positiven Feststellungsbescheid zugunsten eines konkurrierenden Krankenhauses mit Rechtsmitteln anzufechten, ob also der die Planaufnahme feststellende Bescheid zugunsten eines Krankenhauses auch Drittwirkung gegenüber dem nicht berücksichtigten Konkurrenten entfaltet. Entsprechende Versuche von übergangenen Krankenhäusern, die Planaufnahme des Konkurrenten per einstweiliger Anordnung zu unterbinden, waren oftmals erfolglos.[133]

Soweit ein Krankenhaus die Aufhebung des an einen anderen Krankenhaus gerichteten und diesen begünstigenden Feststellungsbescheid begehrt, sind der Anfechtungswiderspruch nach § 68 Abs. 1 VwGO sowie die Anfechtungsklage gem. § 42 Abs. 1 VwGO die grundsätzlich in Frage kommenden Rechtsbehelfe. Hier stellt sich die Frage nach der Widerspruchs- bzw. Klagebefugnis nach § 42 Abs. 2 VwGO. Danach ist der Widerspruch bzw. die Klage nur zulässig, wenn der Widerspruchsführer bzw. Kläger geltend machen kann, durch den Verwaltungsakt in seinen Rechten verletzt zu sein. Da das Krankenhaus als Widerspruchsführer bzw. Kläger nicht Adressat des Feststellungsbescheides ist, sondern dieser an den Begünstigten gerichtet ist, greift die sog. Adressatentheorie der Rechtsprechung[134] nicht.

---

130 BVerwG – 3 C 12/93, NJW 1995, 1628, 1629.
131 BVerwG, Buchholz 451.74, § 18 KHG Nr. 6; OVG NRW – 13 A 437/92, KRS 94.001.
132 VGH Baden-Württemberg, Urt. v. 19.1.1997 – 9 S 2277/95, n.v.
133 Vgl. nur OVG Münster, Beschl. v. 12.2.2003 – 13 B 2513/02, n.v. und 13 B 1186/02, KRS 02.110.
134 Vgl. nur BVerwG – 1 A 23/85, NJW 1988, 2752, 2753; Eyermann/*Happ*, § 42 Rn 69.

a) Die Entscheidung des BVerfG vom 14.1.2004

146 Das BVerfG hat in seinem Beschluss vom 14.1.2004[135] die Anfechtung des positiven Feststellungsbescheides zugunsten des konkurrierenden Krankenhauses durch das unterlegene Krankenhaus für zulässig erachtet und damit die Streitfrage der möglichen Drittanfechtung zugunsten der übergangenen Krankenhäuser entschieden.

147 Das BVerfG knüpfte in seiner Entscheidung an den Grundrechtsschutz aus Art. 19 Abs. 4 GG an, der einen Anspruch auf möglichst wirksame gerichtliche Kontrolle gebe, wobei irreparable Entscheidungen so weit wie möglich auszuschließen seien.

148 Zur Begründung führte das BVerfG aus, die Aufnahme eines konkurrierenden Bewerbers in den Krankenhausplan schränke die berufliche Betätigungsmöglichkeit für das nicht aufgenommene Krankenhaus ein. Zwar berühre die Nichtaufnahme in den Krankenhausplan nicht das Recht, ein Krankenhaus oder eine bestimmte Abteilung zu führen. Ein Krankenhaus, das nicht in den Krankenhausplan aufgenommen werde, sei jedoch einem erheblichen Konkurrenznachteil ausgesetzt, der in seinen wirtschaftlichen Auswirkungen einer Berufszulassungsbeschränkung nahe komme. Die besondere Grundrechtsbetroffenheit, die für das unterlegene Krankenhaus mit der Aufnahme der konkurrierenden Klinik in den Krankenhausplan verbunden sei, mache es erforderlich, dem unterlegenen Krankenhaus hiergegen zeitnahen Rechtsschutz zu eröffnen. Hierfür komme in erster Linie der Weg der Drittanfechtung in Betracht. Dem Anspruch auf effektiven Rechtsschutz gem. Art. 19 Abs. 4 GG genüge die isolierte Verpflichtungsklage mit dem Ziel der eigenen Zulassung zum Krankenhausplan nicht, nachdem das Konkurrenzkrankenhaus bereits zugelassen wurde, da die Abwägungssituation bereits durch die Zulassung des Konkurrenten verändert werde. So komme die Darstellung der Gründe für eine eigene Aufnahme in den Krankenhausplan in aller Regel zu spät, wenn die Argumente nicht im Zusammenhang mit der Aufnahmeentscheidung zugunsten des Konkurrenten vorgebracht werden könnten. Das aufgenommene Krankenhaus werde dann bereits vollendete Tatsachen geschaffen haben, die eine Rückgängigmachung der Entscheidung praktisch unmöglich machen würden. Daneben würden öffentliche Fördermittel bei jeder nachträglichen Herausnahme aus dem Krankenhausplan zu einer Fehlinvestition. Weiterhin komme das Risiko von Ersatzforderungen hinzu, wenn sich die begünstigte Entscheidung als falsch erweise und ein Krankenhaus nachträglich aus dem Krankenhausplan herausgenommen werde.

149 Für die Zulässigkeit der Drittanfechtung spreche auch, dass die Entscheidung über die Aufnahme eines Krankenhauses in den Krankenhausplan in aller Regel nicht isoliert, sondern immer auch unter Berücksichtigung gleichzeitig vorliegender anderer Bewerbungen zu erfolgen habe.

b) Negative Konkurrentenklage

150 Höchstrichterlich wurde bislang noch nicht über die Zulässigkeit einer sog. negativen Konkurrentenklage entschieden. Dies betrifft Fälle, in denen ein bereits in den Krankenhausplan aufgenommenes Krankenhaus gegen die Aufnahme eines weiteren Krankenhauses bzw. gegen die Aufnahme eines Krankenhauses mit einer weiteren Fachrichtung/Abteilung rechtlich vorgehen will, weil es den hierfür erforderlichen Bedarf für nicht gegeben erachtet. Es liegt also keine verdrängende, sondern eine defensive Anfechtungssituation vor, mit welcher die einem Konkurrenten behördlich zuerkannte

---

135 BVerfG – 1 BvR 506/03, GesR 2004, 85.

Rechtsposition angegriffen wird. Die bislang hierzu ergangenen Veröffentlichungen bejahen die Zulässigkeit eines entsprechenden Widerspruchs bzw. einer Klage.[136] Die Verwaltungsgerichte stehen dem (zumindest bislang) eher zurückhaltend gegenüber und lehnen die Klagebefugnis ab, da eine Klage regelmäßig nur auf die Verhinderung oder Einschränkung des Wettbewerbs abziele.[137]

5. Vorläufiger Rechtsschutz

a) Das konkurrierende Krankenhaus

Für das gerichtliche Verfahren bedeutet die Zulässigkeit der Konkurrentenklage, dass der positive Feststellungsbescheid zugunsten des konkurrierenden Krankenhauses aufgrund der aufschiebenden Wirkung des Widerspruchs und der Klage gem. § 80 Abs. 1 S. 1 VwGO nicht bestandskräftig wird. Zwar kann die Planungsbehörde über §§ 80a Abs. 1 Nr. 1, 80 Abs. 2 S. 1 Nr. 4 VwGO die sofortige Vollziehung der Planentscheidung auf Antrag eines begünstigten Krankenhauses anordnen; in einem solchen Fall entfiele die aufschiebende Wirkung. Dabei muss jedoch im Einzelfall begründet werden (vgl. § 80 Abs. 3 S. 1 VwGO), dass die sofortige Vollziehung entweder im überwiegenden Interesse eines Beteiligten oder im besonderen öffentlichen Interesse liegt. Gründe für die Bejahung des besonderen öffentlichen Interesses könnten Aspekte der Versorgungssicherheit sein, die Behebung von Versorgungsengpässen bezogen auf bestimmte Disziplinen sowie drohende Unterversorgung an stationären Krankenhausbetten.[138] Es sind besondere Gründe anzuführen, die deutlich über die Erwägungen hinausgehen, welche den Erlass des Feststellungsbescheides rechtfertigen.[139]

151

---

136 *Burgi*, NZS 2005, 169, 174; *Seiler/Vollmöller*, DVBl. 2003, 235, 239; *Thier*, das krankenhaus 2004, 993, 996; kritisch *Stollmann*, GesR 2005, 385, 389; *ders.*, NVwZ 2006, 425, 427.
137 Einem Beschluss des OVG Münster zufolge sind die Erfolgsaussichten einer negativen Konkurrentenklage wenig positiv. Ein Krankenhaus, das nur einen Anspruch auf Perpetuierung der alleinigen Einbindung in die stationäre Krankenversorgung der GKV geltend macht, sei nicht besonders schutzbedürftig. Im Übrigen bestätigt das OVG, dass, soweit der konkurrierende Krankenhausträger im vorhergehenden Planungsverfahren nicht mit einem eigenen Antrag bzw. eigenen konzeptionellen Vorstellungen im Hinblick auf eine später streitbefangene Abteilung aufgetreten ist, dieser Umstand im Rahmen der Abwägung zu berücksichtigen ist. Ein Krankenhaus, das sich im entsprechenden Vorverfahren der Auswahl für eine Planaufnahmeentscheidung unter mehreren Konkurrenten nicht stellt, ist zum einen von der Planungsbehörde bereits nicht in die Auswahlentscheidung einzubeziehen und zum anderen nach althergebrachten Rechtsgrundsätzen in einem Recht, das es selbst nicht in Anspruch nimmt, nicht verletzt, OVG Münster, Beschl. v. 25.11.2005 – 13 B 1599/05, n.v.; so auch Beschl. des VGH Baden-Württemberg v. 20.12.2006 – 9 S 2182/06, n.v.; a.A. aber VG Karlsruhe, Urt. v. 18.7.2006, 2 K 72/06, n.v., n.rkr., unter Hinweis darauf, dass durch die Aufnahme konkurrierender Krankenhäuser die in der Vergangenheit bereits erfolgte und fortbestehende Aufnahme anderer Krankenhäuser grds. wieder zur Disposition stehe.
138 Darauf, dass im Falle einer Versorgungslücke im Wege des einstweiligen Rechtsschutzes zeitnah Abhilfe geschaffen werden kann und muss, weist auch das BVerfG in seiner Entscheidung – 1 BvR 378/00, NJW 2005, 273 ff. = MedR 2004, 680 ff. zur Zulässigkeit der Klage eines Vertragsarztes gegen die Erteilung einer Ermächtigung an einen Krankenhausarzt hin; vgl. zum vorläufigen Rechtsschutz auch *Stollmann*, NVwZ 2006, 425 ff.
139 OVG Münster, Beschl. v. 25.11.2005 – 13 B 1599/05, n.v.; *Stollmann*, NVwZ 2006, 425, 426.

152 Gegen die Anordnung der sofortigen Vollziehung ist dem konkurrierenden Krankenhaus die Möglichkeit einstweiligen Rechtsschutzes gem. § 80 Abs. 5 i.V.m. § 80a Abs. 3 VwGO auf Wiederherstellung der aufschiebenden Wirkung eröffnet.[140]

153 Ob die Gerichte aufgrund der Entscheidung des BVerfG[141] dazu übergehen werden, dem einzelnen Krankenhaus aktiven Konkurrenzschutz dadurch zu gewähren, dass dieses den Erlass einer einstweiligen Anordnung nach § 123 VwGO mit dem Ziel der Untersagung der Erteilung eines positiven Feststellungsbescheides zugunsten eines Mitbewerbers beantragen kann, bleibt abzuwarten. Das BVerfG äußert sich hierzu nicht eindeutig. In der Entscheidung heißt es, dass dem beschwerdeführenden Krankenhaus zeitnah Rechtsschutz zu eröffnen sei, wofür „in erster Linie" der Weg der Drittanfechtung in Betracht komme. Diese Formulierung spricht dafür, dass die Drittanfechtung nicht die einzige Rechtsschutzmöglichkeit ist.

154 Ein solches Unerlassungsbegehren im Wege des vorläufigen Rechtsschutzes gegen einen noch zu erlassenden Verwaltungsakt ist jedoch nur ausnahmsweise zulässig. Verwaltungsrechtsschutz ist grundsätzlich nachgängiger Rechtsschutz. Der Verwaltungsgerichtsbarkeit ist nur die Kontrolle der Verwaltungstätigkeit aufgegeben. Grundsätzlich ist es nicht ihre Aufgabe, bereits im Vorhinein gebietend oder verbietend in den Bereich der Verwaltung einzugreifen. Vorläufiger Rechtsschutz kommt grundsätzlich nur in Betracht, wenn der Verweis auf den nachfolgenden Rechtsschutz für den Rechtsschutzsuchenden zu schweren und unzumutbaren Nachteilen führt, insbesondere weil die Gefahr besteht, dass bei Abwarten der behördlichen Entscheidung vollendete, nicht mehr rückgängig zu machende Tatsachen geschaffen werden.[142]

155 Schwere und unzumutbare Nachteile sind daher von den Instanzgerichten bislang auch nicht angenommen worden. Die antragstellenden Krankenhäuser wurden zum Teil auf die Geltendmachung ihrer Rechte nach Erlass des Feststellungsbescheides nach §§ 80 Abs. 5, 80a VwGO verwiesen,[143] teilweise wird das Sicherungsbedürfnis für einen etwaigen Aufnahmeanspruch abgelehnt, da der Erlass des Feststellungsbescheides zugunsten des Konkurrenten das antragstellende Krankenhaus wegen der vom BVerwG vertretenen Ansicht zur Bedarfsprüfung nicht an der Geltendmachung der eigenen Rechte im Klageweg hindere.[144]

b) Das die Krankenhausplanaufnahme begehrende Krankenhaus

156 Fraglich ist, ob ein noch nicht in den Krankenhausplan aufgenommenes Krankenhaus vorläufigen Rechtsschutz in Anspruch nehmen kann, wenn es den Antrag auf Aufnahme zwar gestellt hat, über diesen aber noch nicht positiv entschieden worden ist. Da bis zu einer rechtskräftigen Entscheidung eines Verwaltungsgerichts Jahre vergehen können, stellt sich die Frage des vorläufigen Rechtsschutzes mit dem Ziel der vorläufigen

---

140 Vgl. hierzu Beschl. des VG Gelsenkirchen v. 24.8.2005 – 7 L 239/05, n.v. Der Antrag auf Wiederherstellung der aufschiebenden Wirkung hatte keinen Erfolg. Die Beschwerde hiergegen war ebenso erfolglos, Beschl. des OVG Münster v. 25.11.2005 – 13 B 1599/05, n.v. Das OVG verwies zur Begründung auf die höchstwahrscheinliche Erfolglosigkeit im Hauptsacheverfahren; vgl. hierzu auch *Stollmann*, NVwZ 2006, 425 ff.
141 1 BvR 506/03 – GesR 2004, 85.
142 BVerfG – 1 BvR 638/96, NVwZ 1997, 479; OVG NRW – 25 B 1507/94, NVwZ-RR 1995, 278; VGH Baden-Württemberg – 9 S 1572/01, NVwZ-RR 2002, 507.
143 VG Minden, Beschl. v. 7.6.2002 – 3 L 411/02, n.v.
144 OVG NRW – 13 B 1186/02, KRS 02.110, unter Hinweis auf VGH Baden-Württemberg – 9 S 1572/01 (rkr.), KRS 01.061.

Aufnahme in den Krankenhausplan. Insoweit kommt der Erlass einer Regelungsanordnung gem. § 123 VwGO in Betracht.

Der vorläufigen Aufnahme in den Krankenhausplan steht jedoch das Verbot der Vorwegnahme in der Hauptsache entgegen.[145] Nach Sinn und Zweck der einstweiligen Anordnung können nur vorläufige Regelungen gestattet sein. Das Gericht kann nicht etwas gewähren, was nur in einem Klageverfahren zu erreichen ist.[146]

Diese Beschränkung gilt nur dann nicht, wenn im Hinblick auf die Rechtsschutzgarantie des Art. 19 Abs. 4 GG die Regelung ausnahmsweise notwendig ist, d.h. die sonst zu erwartenden Nachteile für das antragstellende Krankenhaus unzumutbar und im Hauptsacheverfahren nicht mehr zu beseitigen wären, und ein hoher Grad an Wahrscheinlichkeit für den Erfolg auch in der Hauptsache spricht. Ein solcher Fall kann – ausnahmsweise – gegeben sein, wenn durch die auch vorläufige Nichtaufnahme des Krankenhauses die wirtschaftliche Existenz des Krankenhausträgers ernstlich gefährdet erscheint.[147] Dies muss der Krankenhausträger neben der überwiegenden Erfolgsaussicht im Hauptsacheverfahren gem. § 123 Abs. 3 VwGO i.V.m. § 129 Abs. 2 ZPO glaubhaft machen. Außerdem bedarf die ggf. zu treffende Auswahlentscheidung einer umfassenden Abwägung aller für und gegen die Auswahl der einzelnen Krankenhäuser sprechenden Gesichtspunkte. Dass nur eine Auswahlentscheidung zugunsten des antragstellenden Krankenhauses glaubhaft gemacht werden kann, dürfte wegen der Komplexität der notwendigen Feststellungen mit erheblichen Schwierigkeiten verbunden sein.

c) Das bereits in den Krankenhausplan aufgenommene Krankenhaus

Ein bereits in den Krankenhausplan aufgenommenes Krankenhaus kann von einer negativen Planungsentscheidung dergestalt betroffen sein, dass beispielsweise Planbetten reduziert, eine Abteilung oder das Haus insgesamt aus dem Plan herausgenommen werden sollen. Gegen diese Entscheidung stehen dem betroffenen Krankenhaus als Rechtsmittel der Widerspruch und die Klage mit aufschiebender Wirkung zur Verfügung, § 80 Abs. 1 S. 1 VwGO. Die Gewährung vorläufigen Rechtsschutzes kommt dann in Betracht, wenn die zuständige Behörde gem. § 80 Abs. 2 Nr. 4 VwGO die sofortige Vollziehung ihrer Entscheidung anordnet. In diesem Fall müsste das Krankenhaus die gerichtliche Wiederherstellung der aufschiebenden Wirkung gem. § 80 Abs. 5 S. 1 VwGO beantragen.

6. Streitwert

Die Streitwertfestsetzung bei Streitigkeiten um die Aufnahme in den Krankenhausplan erfolgt nach unterschiedlichen Maßstäben. Nach OVG NRW[148] ist der Streitwert bei begehrter Planaufnahme mit 4.000 EUR für das erste Bett und 500 EUR für jedes weitere

---

145 *Kopp/Schenke*, § 123 Rn 13; Eyermann/*Happ*, § 123 Rn 63.
146 Vgl. VG Köln, Beschl. v. 31.3.2000 – 9 L 1957/99, n.v.
147 Vgl. Eyermann/*Happ*, § 123 Rn 63a. In dem Beschl. des VG Köln v. 31.3.2000 – 9 L 1957/99, n.v. hatte das Gericht einen Anordnungsgrund als nicht glaubhaft gemacht angesehen, da der private Klinikträger neben der streitgegenständlichen Klinik weitere Kliniken betrieb und eine Existenzgefährdung aller Häuser nicht dargelegt war. Außerdem wurde die Klägerin darauf verwiesen, dass sie den Betrieb der Klinik in Betrieb genommen und erst anschließend die Aufnahme in den Krankenhausplan beantragt habe. Sie habe demnach auf eigenes Risiko gehandelt und die jetzt bestehenden Nachteile durch ihr eigenes Verhalten herbeigeführt.
148 Beschl. v. 18.7.2002 – 13 B 1186/02, n.v.

C. Krankenhausfinanzierung

I. Finanzierungssysteme

1. Freie Krankenhausfinanzierung

161 Bis zum Jahre 1936 gab es in Deutschland keine geregelte Krankenhausfinanzierung. Neben Zuschüssen von Gemeinden, Kirchen oder Stiftungen erfolgte die Finanzierung von Krankenhäusern insbesondere dadurch, dass zwischen Krankenkassen und Krankenhäusern Einzelverträge geschlossen wurden, ohne dass der Staat hierfür Vorgaben machte.

2. Monistische Finanzierung

162 Von 1936 bis 1972 galt dann die sog. **monistische Krankenhausfinanzierung**.

163 Unter einer monistischen Finanzierung versteht man generell die Finanzierung aus einer Hand, z.B. zentral durch den Staat oder auch zentral über die Kostenträger.

164 Die Finanzierung erfolgte seinerzeit über die Pflegesätze, d.h. über Selbstzahler und – überwiegend – gesetzliche Krankenkassen. Allerdings waren Betriebskostenzuschüsse der Träger von den Selbstkosten zur Ermittlung der Pflegesätze in Abzug zu bringen.

165 Auf Dauer waren die Krankenhäuser bei dieser Art der Finanzierung wirtschaftlich nicht leistungsfähig, ihr finanzielles Aufkommen unzureichend. Bereits im Jahre 1966 beschloss der Deutsche Bundestag daher die Einsetzung einer sog. Krankenhaus-Enquête, die im Jahre 1969 ihren Bericht über die finanzielle Lage der Krankenhäuser vorlegte. Spätestens hiermit setzte sich die Auffassung durch, dass die Versorgung der Bevölkerung mit Krankenhausleistungen eine Aufgabe der Daseinsvorsorge – und damit eine öffentliche Aufgabe – sei. Nach einer Änderung des Grundgesetzes zur Schaffung einer Bundeskompetenz für die Krankenhausversorgung wurde dem Bund mit Art. 74 Nr. 19a GG die konkurrierende Gesetzgebungszuständigkeit für die wirtschaftliche Sicherung der Krankenhäuser und zur Regelung der Krankenhauspflegesätze eingeräumt.

3. Duale Finanzierung

166 Von dieser Kompetenz machte der Bund mit dem **Krankenhausfinanzierungsgesetz (KHG)** vom 29.6.1972 Gebrauch. Er führte hiermit die sog. **duale Finanzierung** ein; da die Vorhaltung der Krankenhäuser als öffentliche Aufgabe angesehen wurde, sollten die investiven Maßnahmen vom Staat getragen werden (§ 4 Nr. 1 KHG), hingegen die Unterhaltskosten über die Entgelte, d.h. die Kostenträger (gesetzliche Krankenkassen bzw. Selbstzahler), finanziert werden (§ 4 Nr. 2 KHG).

Im Rahmen der 80. Gesundheitsministerkonferenz 2007 wurde die monistische Finanzierung im Hinblick auf die ab dem Jahr 2009 geltenden Rahmenbedingungen für

---

149 Vgl. auch VG Aachen, Beschl. v. 25.8.2003 – 8 L 568/03, n.v.
150 Hess. VGH, Beschl. v. 11.11.2002 – 11 UE 3202.98, n.v.; VGH Baden-Württemberg, Beschl. v. 28.11.2000 – 9 S 1976/98, n.v.; VG Minden, Beschl. v. 31.1.2001 – 3 K 7579/98, n.v.

Krankenhäuser noch nicht als Alternative zum gegenwärtigen dualen System gesehen. Dies könnte sich jedoch ändern, wenn insbesondere die Fragen des Übergangs, der Aufbringung der erforderlichen Finanzierungsmittel und der regionalen Mittelverteilung gelöst werden. Daher ist die Arbeitsgemeinschaft der Obersten Landesgesundheitsbehörden (AOLG) beauftragt worden, bis Ende 2007 ein Konzept zur Weiterentwicklung der Krankenhausversorgung unter Berücksichtigung insbesondere der Finanzierungsfragen zu erstellen. Mittlerweile liegt ein Zwischenbericht der AOLG[151] vor.

II. Adressat des KHG

Das Krankenhausfinanzierungsgesetz gilt nicht für 167
- Krankenhaushäuser im Straf- oder Maßregelvollzug (§ 3 S. 1 Nr. 2 KHG),
- Polizeikrankenhäuser (§ 3 S. 1 Nr. 3 KHG),
- Krankenhäuser der Träger der gesetzlichen Rentenversicherung der Arbeiter oder der Angestellten, Krankenhäuser der Träger der gesetzlichen Unfallversicherung und ihrer Vereinigungen mit Ausnahme von Fachkliniken zur Behandlung von Erkrankungen der Atmungsorgane, soweit sie der allgemeinem Versorgung der Bevölkerung mit Krankenhäusern dienen (§ 3 S. 1 Nr. 4 KHG).

Darüber hinaus schließt das KHG bestimmte Einrichtungen, obwohl an sich unter das 168
KHG fallend, als „nicht förderungsfähig" aus, nämlich
- nach dem Hochschulbauförderungsgesetz geförderte Krankenhäuser (Hochschulkliniken, Universitätskliniken, Lehrkrankenhäuser, § 5 Abs. 1 Nr. 1 KHG),
- Krankenhäuser, die nicht die in § 67 AO bezeichneten Voraussetzungen erfüllen; das bedeutet, dass mindestens 40 % der jährlichen Pflegetage auf Patienten entfallen, bei denen nur Entgelte für allgemeine Krankenhausleistungen i.S.d. §§ 11, 13, 26 BPflV berechnet werden. Die Verweisung auf die Bundespflegesatzverordnung ist praktisch überholt; einschlägig ist heute im Wesentlichen § 2 Abs. 2 KHEntgG. Als allgemeine Krankenhausleistung bezeichnet man diejenigen, die unter Berücksichtigung der Leistungsfähigkeit des Krankenhauses im Einzelfall nach Art und Schwere der Krankheit für die medizinisch zweckmäßige und ausreichende Versorgung des Patienten notwendig sind, solche Leistungen also, die im Rahmen eines sog. totalen Krankenhausbehandlungsvertrages (vgl. hierzu Rn 275 ff.) vereinbart werden. Nicht umfasst hiervon sind Wahlleistungen (§ 5 Abs. 1 Nr. 2 KHG),
- Vorsorge- oder Rehabilitationseinrichtungen nach § 107 Abs. 2 SGB V (§ 5 Abs. 1 Nr. 7 KHG),
- diverse Sonderkrankenhäuser (vgl. im Einzelnen § 5 Abs. 1 Nr. 4 bis 6, 11 KHG) bzw. spezielle Einrichtungen ansonsten förderungsfähiger Krankenhäuser (vgl. im Einzelnen § 5 Abs. 1 Nr. 3, 8 bis 10 KHG).

Alle übrigen Krankenhäuser – und das ist die große Mehrheit – gehören zu den so ge- 169
nannten förderungsfähigen Einrichtungen, auf die das KHG – und damit die duale Finanzierung – Anwendung findet.

III. Investitionsförderung

Ursprünglich war die öffentliche Förderung von Krankenhäusern im KHG abschließend 170
geregelt. Durch das Krankenhaus-Neuordnungsgesetz (KHNG) vom 20.12.1984 wurde dann die Landeskompetenz in diesem Bereich gestärkt; der Bundesgesetzgeber hat sich

---

151 V. 12.6.2007; vgl. www.gmkonline.de.

darauf beschränkt, den Ländern zum einen die Aufstellung von Krankenhausplänen (vgl. Rn 43 ff.), zum anderen von Investitionsprogrammen aufzuerlegen (§ 6 Abs. 1 KHG). Im Übrigen hat er Grundsätze der Investitionsförderung (§§ 8 ff. KHG) definiert.[152] Im Einzelnen:

1. Begriff

171 Als Investitionskosten bezeichnet das KHG die Kosten der Errichtung (Neubau, Umbau, Erweiterungsbau) von Krankenhäusern und der Anschaffung der zum Krankenhaus gehörenden Wirtschaftsgüter, ausgenommen der zum Verbrauch bestimmten Güter (Verbrauchsgüter) sowie die Kosten der Wiederbeschaffung der Güter des zum Krankenhaus gehörenden Anlagevermögens (Anlagegüter). Ausdrücklich ausgenommen von den Investitionskosten hat der Gesetzgeber die Kosten des Grundstücks, des Grundstückserwerbs, der Grundstückserschließung sowie ihrer Finanzierung (§ 2 Nr. 2 KHG). Im Übrigen sind bestimmte Kosten den Investitionskosten im Gesetz gleichgestellt, insbesondere Abschreibung, Zinsen, Tilgung und Verwaltungskosten für Verbrauchs- und Anlagegüter und mit Krankenhäusern notwendigerweise verbundene Ausbildungsstätten (§ 2 Nr. 3 KHG).

172 Einzelheiten richten sich nach der sog. Abgrenzungsverordnung (AbgrV).[153] Auch danach ist indessen eine präzise Abgrenzung zwischen Investitions- und Instandhaltungskosten, bei denen es sich gem. § 4 AbgrV um die Kosten der Erhaltung oder Wiederherstellung von Anlagegütern des Krankenhauses handelt, kaum möglich. Die Rechtsprechung[154] stellt für die Abgrenzung im Einzelnen auf die Grundsätze des Handels- und Steuerrechts ab.

2. Förderfähige Investitionskosten

a) Einzelförderung

173 Förderfähig sind Investitionskosten auf Antrag des Krankenhausträgers
- für die Errichtung von Krankenhäusern einschließlich der Erstausstattung mit notwendigen Anlagegütern (§ 9 Abs. 1 Nr. 1 KHG),
- für die Wiederbeschaffung von Anlagegütern mit einer durchschnittlichen Nutzungsdauer von mehr als drei Jahren (§ 9 Abs. 1 Nr. 2 KHG),
- für die Nutzung von Anlagegütern (nur mit Zustimmung der zuständigen Landesbehörde, § 9 Abs. 2 Nr. 1 KHG),
- für Anlaufkosten, für Umstellungskosten bei innerbetrieblichen Änderungen sowie für Erwerb, Erschließung, Miete und Pacht von Grundstücken, soweit ohne die Förderung die Aufnahme oder Fortführung des Krankenhausbetriebs gefährdet wäre (§ 9 Abs. 2 Nr. 2 KHG),
- für Lasten aus Darlehen, die vor der Aufnahme des Krankenhauses in den Krankenhausplan für förderungsfähige Investitionskosten aufgenommen worden sind (§ 9 Abs. 2 Nr. 3 KHG),
- als Ausgleich für die Abnutzung mit Eigenmitteln des Krankenhausträgers beschaffte Anlagegüter, die bei Beginn der Förderung nach dem KHG vorhanden waren (§ 9 Abs. 2 Nr. 4 KHG),

---

152 Vgl. zur Krankenhausförderung allgemein *Stollmann*, DVBl. 2007, 475, 484 ff.
153 V. 12.12.1985, BGBl I, 2255, zuletzt geändert durch Art. 31 des Gesetzes vom 14.8.2006, BGBl I, 1869.
154 BVerwGE 91, 163.

- zur Erleichterung der Schließung von Krankenhäusern (§ 9 Abs. 2 Nr. 5 KHG),
- zur Umstellung von Krankenhäusern oder Krankenhausabteilungen auf andere Aufgaben (§ 9 Abs. 2 Nr. 6 KHG).

Für die Finanzierung der Errichtung von Krankenhäusern einschließlich der Erstausstattung (zur Errichtung gehören Neubauten, Erweiterungsbauten und Umbauten, vgl. § 2 Nr. 2a KHG) bedarf es zudem der Aufnahme in das **Investitionsprogramm** i.S.d. § 6 Abs. 1 KHG. Gem. § 8 Abs. 2 S. 1 KHG besteht hierauf kein Rechtsanspruch. Das wird allgemein so verstanden, dass durch die Aufnahme in den Krankenhausplan eine „Anwartschaft auf Förderung" entsteht;[155] der Ausschluss des Rechtsanspruchs i.S.d. § 8 Abs. 2 S. 1 KHG ist im Zusammenhang mit der Regelung des § 8 Abs. 2 S. 2 KHG zu lesen, wonach die Landesbehörde nach pflichtgemäßen Ermessen zu entscheiden hat. Die Einzelheiten der Investitionsförderung richten sich nach Landesrecht; sie stehen zudem regelmäßig unter dem **Vorbehalt der Verfügbarkeit von Haushaltsmitteln** (vgl. z.B. §§ 20 S. 2, 21 Abs. 1 KHG NRW).

174

Die Aufnahme in das Investitionsförderungsprogramm stellt lediglich eine verwaltungsinterne Maßnahme dar. Die Umsetzung geschieht durch einen sog. **Bewilligungsbescheid**, der einen begünstigenden Verwaltungsakt, meist versehen mit Nebenbestimmungen, darstellt. Das bedeutet, dass ein Anspruch auf Einzelförderung im Wege einer Klage auf Erlass eines Bewilligungsbescheides zu erheben ist; hierin ist inzident der Anspruch auf Aufnahme in das Investitionsprogramm enthalten. Die Einzelförderung erfolgt nach verschiedenen Methoden, differenziert nach Landesrecht. Im Vordergrund steht nach wie vor die sog. **Festsetzungsförderung**, wonach die Fördermittel so zu bemessen sind, dass sie die notwendigen Investitionskosten decken (vgl. z.B. § 24 Abs. 3 S. 1 KHG NRW). Daneben befindet sich die **Festbetragsförderung** im Vordringen; hierbei wird ein bestimmtes Projekt vom Krankenhausträger beschrieben, für das ihm die zuständige Landesbehörde einen Festbetrag gewährt. Darüberliegende Aufwendungen sind seitens des Krankenhausträgers zu tragen, eingesparte Beträge verbleiben ihm im Allgemeinen. Die Bundesländer Bayern (Art. 11 Abs. 5 S. 5 BayKHG) bzw. Sachsen (§ 10 Abs. 5 S. 5 SächsKHG) sehen daneben auch die Möglichkeit einer sog. **Höchstbetragsförderung** vor.

175

b) Pauschalförderung

Die Wiederbeschaffung sog. „kurzfristiger Anlagegüter" (der Begriff „kurzfristige Anlagegüter" wird nicht einheitlich verwendet; im Hinblick auf § 9 Abs. 1 Nr. 2 KHG könnte man geneigt sein, hierunter solche zu verstehen, die eine Nutzungsdauer von unter drei Jahren haben. Demgegenüber spricht beispielsweise § 25 KHG NRW von „Anlagegütern mit einer durchschnittlichen Nutzungsdauer von mehr als drei bis zu fünfzehn Jahren [kurzfristige Anlagegüter]") sowie für kleine bauliche Maßnahmen werden durch feste jährliche Pauschalbeträge gefördert (§ 9 Abs. 3 KHG). Das Bundesrecht macht hier lediglich pauschale Vorgaben für die Länder; die Bemessungsgrundlagen (z.B. Versorgungsstufe des Krankenhauses, Anzahl der Betten, Abteilungen) sowie die Höhe der auf Basis der Bemessungsgrundlagen im Einzelfall zu verteilenden Beträge bleiben der Regelung durch den Landesgesetzgeber überlassen. Das gilt auch für die Definition, was eine „kleine bauliche Maßnahme" darstellt.

176

Pauschale Fördermittel können vom Krankenhaus nach freiem Ermessen eingesetzt werden, jedoch ausschließlich im Rahmen der Wiederbeschaffung kurzfristige Anlage-

177

---

155 *Dietz/Bofinger*, § 8 Anm. IV.1, 8.2.

güter oder sog. kleiner baulicher Maßnahmen. In der Praxis kommt es jedoch auch – meist unbeanstandet – vor, dass mit den pauschalen Fördermitteln an sich der Einzelförderung unterliegende Investitionen getätigt werden. Die Ursache liegt insbesondere in der Finanzknappheit der Länder.

178 Beispielsweise bemisst das Land Nordrhein-Westfalen derzeit noch die pauschalen Fördermittel, indem es die Anzahl der Planbetten bzw. Behandlungsplätze mit einem Punktwert je Bett bzw. Behandlungsplatz multipliziert; dieser Punktwert wird differenziert nach Fachabteilungen vergeben (§ 25 Abs. 4 KHG NRW). Die Addition aller Punktwerte eines Krankenhauses ergibt dann dessen Einordnung in sog. „Anforderungsstufen". So betragen in Nordrhein-Westfalen die pauschalen Fördermittel je Planbett bzw. Behandlungsplatz bei Krankenhäusern der

- ersten Anforderungsstufe 1.837 EUR,
- zweiten Anforderungsstufe 2.142 EUR,
- dritten Anforderungsstufe 2.739 EUR,
- vierten Anforderungsstufe 3.135 EUR (§ 25 Abs. 5 KHG NRW).[156]

179 Besonderheiten gelten für psychiatrische Fachkrankenhäuser.

Im Bereich der Krankenhausinvestitionsförderung zeichnet sich tendenziell ein Umdenken der Länder ab. So plant beispielsweise das Land NRW ein Krankenhausgestaltungsgesetz (KHGG NRW)[157], das den Ersatz der bisherigen Investitionsprogramme durch eine Baupauschale vorsieht. Nach einer Übergangsphase bis 2011 sollen alle Plankrankenhäuser eine Baupauschale, die an die Stelle der Einzelförderung tritt, erhalten. Die Zweckbestimmung für bauliche Investitionen gilt weiter. Die Höhe der Pauschale richtet sich nach der medizinischen Krankenhausleistung, gemessen an Bewerbungsrelationen, besonderen Entgelten (beispielsweise nach der BPflV für psychiatrische Leistungen) sowie Behandlungstagen.

c) Strategische Erwägungen

180 Krankenhausträger scheuen vielfach davor zurück, Klagen auf die Bewilligung von Einzelförderungsmaßnahmen oder andere Berechnung der Pauschalförderung zu erheben. Die Ursache liegt häufig darin, dass sie befürchten, durch solche – oder auch andere Klagemaßnahmen, z.B. im Rahmen der Aufnahme in den Krankenhausplan (siehe Rn 53 ff.) – bei später folgenden Förderungsmaßnahmen im Rahmen der Ermessensausübung bei der Vergabe der Mittel schlechter gestellt zu werden. Dieser Umstand sowie die Tatsache, dass Förderungen nur im Rahmen bereits gestellter Haushaltsmittel erfolgen, führen dazu, dass Rechtsstreitigkeiten um die Förderung von Krankenhäusern vergleichsweise selten geführt werden.

181 Im Hinblick auf die Entscheidung des Bundesverfassungsgerichts zur Zulässigkeit der Konkurrentenklage im Krankenhausplanungsrecht[158] (siehe Rn 146) wird allerdings kri-

---

[156] Ein vorliegender Entwurf für ein künftiges „Krankenhausgestaltungsgesetz Nordrhein-Westfalen (KHGG NRW)" stellt in Verbindung mit der ebenfalls als Entwurf vorliegenden „Verordnung über die pauschale Krankenhausförderung (PauschKHFVO)" in Zukunft im Wesentlichen auf das Spektrum tatsächlich erbrachter Leistungen, ermittelt nach der Summe der Bewertungsrelationen, ggf. die Budgetpauschale, ab.
[157] LT-NRW-Drucks 14/3958.
[158] BVerfG – 1 BvR 506/03, GesR 2004, 85.

tisch zu hinterfragen sein, ob nicht auch die Aufnahme in das Investitionsförderungsprogramm dem Drittwiderspruch und damit der **Konkurrentenklage** unterliegt.[159]

Von besonderer Bedeutung bei den strategischen Erwägungen ist die Geltendmachung von Schließungskosten gem. § 9 Abs. 2 Nr. 5 KHG bzw. von Kosten für die Umstellung auf andere Aufgaben i.S.d. § 9 Abs. 2 Nr. 6 KHG. Hier wird man nach Möglichkeit versuchen, eine Verknüpfung der Bewilligung von Geldern für solche Kosten mit dem Antrag auf Schließung oder Umstellung bzw. der Zustimmung zu Schließungs- oder Umstellungsmaßnahmen zu verbinden.

182

IV. Betriebskosten

1. Historie

Nach Ende der sog. monistischen Krankenhausfinanzierung (vgl. Rn 162 ff.) im Jahre 1972 erfolgt die Finanzierung der laufenden Betriebs- und Behandlungskosten über Pflegesätze. Bestimmte Kostenarten waren nach § 17 KHG 1972 ausdrücklich ausgenommen; im Übrigen sah § 17 Abs. 1 KHG vor, dass die Pflegesätze für alle Benutzer nach einheitlichen Grundsätzen zu bemessen seien, auf der Grundlage der Selbstkosten eines sparsam wirtschaftenden, leistungsfähigen Krankenhauses und einer Kosten- und Leistungsrechnung eine wirtschaftliche Betriebsführung ermöglichen und die medizinisch und wirtschaftlich rationelle Versorgung durch die Krankenhäuser sichern mussten. Die darauf beruhende Bundespflegesatzverordnung (BPflV) 1973 sah zunächst einen pauschalierten Pflegesatz vor; hieraus setzten sich in der Praxis – regelmäßig – tagesgleiche Pflegesätze als Regelform der Krankenhausfinanzierung durch. Es galt das sog. **Kostendeckungsprinzip** bzw. **Selbstkostendeckungsprinzip**, wonach die Erlöse aus den Pflegesätzen die Selbstkosten eines sparsam wirtschaftenden und leistungsfähigen Krankenhauses decken sollten. Um das Rechnungswesen überschaubar und nachprüfbar zu halten, wurde den Krankenhäusern eine bestimmte Art der Buchführung und des Rechnungswesen vorgegeben. Die Festsetzung der Pflegesätze erfolgt nach Verhandlungen zwischen Krankenhausträger und Krankenkasse durch das Land.

183

Mit Inkrafttreten des Krankenhaus-Neuordnungsgesetzes (KHNG) 1985 wurde das sog. **Vereinbarungsprinzip** begründet. Pflegesätze sind seitdem zwischen den Kostenträgern einerseits und dem Krankenhausträger andererseits zu vereinbaren, hilfsweise durch eine paritätisch besetzte Schiedsstelle für die Parteien festzusetzen.

184

Das Kostendeckungsprinzip wurde modifiziert; es kam nicht mehr auf die Selbstkosten, sondern nur noch die vorauskalkulierten Selbstkosten eines sparsam wirtschaftenden und leistungsfähigen Krankenhauses an. Neue Entgeltformen, insbesondere Fallpauschalen, Einzelleistungsvergütungen sowie eine Budgetierung wurden eingeführt und im Einzelnen mit der BPflV 1986 umgesetzt.

185

Ein grundlegender Einschnitt erfolgte durch das Gesundheitsstrukturgesetz (GSG) 1993 mit der Aufhebung des Kostendeckungsprinzips und der Einführung von Fallpauschalen und Sonderentgelten mit landeseinheitlichen Vergütungen ab 1995/1996. Im Übrigen war die Vergütung in Basispflegesätzen (für die sog. „Hotelkosten", bestehend aus Unterbringung und Versorgung) einerseits und die Vereinbarung von Abteilungs-

186

---

[159] So zur Umsetzung der Rechtsprechung des Bundesverfassungsgerichts auf Investitionsprogramme auch *Quaas/Zuck*, Medizinrecht, § 24 Rn 108.

pflegesätzen[160] (für die medizinischen Leistungen, insbesondere ärztliche und pflegerische Maßnahmen) andererseits vorgesehen.

187 Besondere Bedeutung wurde dem seitdem das System beherrschenden **Grundsatz der Beitragssatzstabilität** (§ 141 Abs. 2 SGB V) zugemessen. Unter diesem Gesichtspunkt wurden auch die Ausgaben der Krankenhäuser budgetiert; so wurde erstmals für die Jahre 1993 bis 1995 (mit Übergangsregelung) vorgesehen, dass die **Budgets** der Krankenhäuser nicht stärker steigen durften als die beitragspflichtigen Einnahmen der Krankenkassenmitglieder. Man spricht insoweit von einem **gedeckelten Budget**. Während dieses zunächst **flexibel** gestaltet wurde (Anpassung an Belegsschwankungen), wurde es in den Folgejahren durch ein sog. **festes Budget** abgelöst; die auf Basis dieses Budgets vereinbarten Pflegesätze hatten lediglich noch die Funktion von Abschlagszahlungen. Abweichungen im Belegungsgrad wurden am Ende des Budgetzeitraums voll ausgeglichen, Mehrerlöse zurückgezahlt, Mindererlöse erzielt.

188 Um die trotzdem stark steigenden Krankenhausausgaben politisch in den Griff zu bekommen, wurde mit dem 1996 in Kraft getretenen Gesetz zur Stabilisierung der Krankenhausausgaben die bisherige Linie fortgeschrieben; die Gesamterlöse des Krankenhauses (einschließlich der Erlöse aus vor- und nachstationärer Behandlung, § 115a SGB V, sowie ambulantem Operieren, § 115b SGB V) durften für das Jahr 1996 nicht höher sein als für das Jahr 1995, jedoch erhöht um die BAT-Veränderung. Diese Berechnung ergab nicht etwa das Budget des neuen Jahres, sondern stellte eine sog. **Obergrenze** dar, die im Rahmen der Pflegesatzvereinbarung nur bei Vorliegen besonderer Ausnahmetatbestände überschritten werden durfte; unterhalb der Obergrenze hingegen war das medizinisch leistungsgerechte Budget mit medizinisch leistungsgerechten Pflegesätzen zu vereinbaren.

189 In der Folgezeit erfolgten zahlreiche weitere Änderungen, häufig nur für bestimmte Jahre. Ein grundlegender Eingriff erfolgte durch das GKV-Gesundheitsreformgesetz 2000. Der Gesetzgeber beauftragte die Spitzenverbände der Krankenkassen, den PKV-Verband und die Deutsche Krankenhausgesellschaft (DKG), ein Fallpauschalensystem zu entwickeln und zum 1.1.2003 einzuführen. Die Vertragsparteien entschieden sich für ein an den australischen Regelungen orientiertes System von **DRGs** (Diagnosis Related Groups), die sog. **G-DRGs**.

190 Die konkreten Fallpauschalen werden ergänzend zu den Finanzierungsregelungen des KHG und KHEntgG festgesetzt; für die Jahre 2003 und 2004 geschah das nach § 17b Abs. 7 Nr. 1 KHG per Ersatzvornahme durch das Ministerium für Gesundheit und Soziale Sicherung (BMGS). Seit dem Jahr 2005 haben sich die Selbstverwaltungsparteien geeinigt (§ 17b Abs. 2 KHG) und Vereinbarungen über die Abrechnungsbestimmungen, den DRG-Katalog und die übrigen Entgeltkataloge, zuletzt durch die „**Fallpauschalenvereinbarung** 2008",[161] getroffen.

2. DRGs

a) Begriffe

191 § 17b Abs. 1 S. 1 KHG schreibt für alle Krankenhäuser (mit Ausnahme bestimmter psychiatrischer Einrichtungen, vgl. dazu § 17b Abs. 1 S. 1 Hs. 2 KHG und mit Ausnahme

---

160 Vgl. hierzu VGH Baden-Württemberg – 9 S 612/04, MedR 2007, 116.
161 Vereinbarung zum Fallpauschalensystem für Krankenhäuser für das Jahr 2008 (Fallpauschalenvereinbarung 2008 – FPV 2008) v. 21.9.2007, www.g-drg.de.

„besonderer Einrichtungen",[162] vgl. § 17b Abs. 1 S. 15 KHG) vor, *„ein durchgängiges, leistungsorientiertes und pauschalierendes Vergütungssystem"* einzuführen. **Durchgängigkeit** im Sinne dieser Vorschrift bedeutet, das gesamte Leistungsspektrum zu umfassen. Mit dem Begriff der **Leistungsorientierung** hat der Gesetzgeber deutlich gemacht, dass ein Abhängigkeitsverhältnis zwischen Entgelt und Leistung besteht. Die Vorgabe für ein **pauschalierendes Vergütungssystem** schließlich beinhaltet, gleich*artige* (nicht: identische) Fälle zu einer Fallgruppe zusammenzufassen. Das Vergütungssystem selbst, insbesondere der sog. DRG-Katalog, ist gem. § 17b Abs. 2 KHG zwischen den Spitzenverbänden der Krankenkassen, dem PKV-Verband und der Deutschen Krankenhausgesellschaft zu vereinbaren. Ihnen obliegt auch die jährliche Weiterentwicklung und Anpassung, insbesondere an medizinische Entwicklungen, Kostenentwicklungen, Verweildauerverkürzungen und Leistungsverlagerungen zu und von anderen Versorgungsbereichen, ferner der Abrechnungsbestimmungen. Sie vereinbaren daher gem. § 9 Abs. 1 Nr. 1–3 KHEntgG einen Fallpauschalenkatalog nach § 17b Abs. 1 S. 10 KHG, einen Katalog ergänzender Zusatzentgelte nach § 17b Abs. 1 S. 12 KHG sowie die Abrechnungsbestimmungen für diese Entgelte.

Auf dieser Basis haben sich die DKG, die Spitzenverbände der Krankenkassen und der PKV-Verband am 27.6.2000 darauf verständigt, das australische System, die Australian Refined Diagnosis Groups (AR-DRGs) zu übernehmen. Es handelt sich hierbei um ein sog. „eindimensionales System", das eine Abrechnung mehrerer DRGs nebeneinander nicht ermöglicht. Es bedarf demgemäß einer stetigen Fortschreibung, die zurzeit in der Regel jährlich erfolgt. So gilt ab dem 1.1.2008 die sog. „Vereinbarung zum Fallpauschalensystem für Krankenhäuser für das Jahr 2008 (Fallpauschalenvereinbarung 2008 – FPV 2008). Kernelement der FPV 2008 ist der Fallpauschalen-Katalog (Anlage 1 der FPV 2008), welcher insgesamt 1.137 verschiedene abrechenbare DRGs enthält. 192

Die einzelnen Verträge und Vereinbarungen zu DRGs sind im Übrigen im Internet abrufbar unter www.g-drg.de oder www.dkgev.de. 193

Die Zuordnung einzelner Behandlungen zu den DRGs ist problematisch. Basis für die DRG-Zuordnung ist die Dokumentation in der Krankenakte. Die Diagnosen und Prozeduren werden mit Hilfe verschiedener Schlüssel (derzeit ICD-10-GM und dem OPS-301) und unter Berücksichtigung der sog. „Allgemeinen und speziellen Kodierrichtlinien für die Verschlüsselung von Krankheiten und Prozeduren"[163] in Codes übertragen. Die Genauigkeit der DRG-Dokumentation ist daher entscheidend. Der ärztliche Dienst sollte insbesondere darauf achten, die pflegerelevanten Diagnosen zu dokumentieren, um so den tatsächlichen Aufwand und Ressourcenverbrauch über die DRG leistungsgerecht und erlössicher abzubilden. Um die Qualität der Dokumentation zu erhöhen, werden gerade in größeren Kliniken im Medizincontrolling spezielle Kodierfachkräfte eingesetzt. 194

Das G-DRG-System besteht aus meist organsystembezogenen Hauptdiagnosegruppen, sog. Major Diagnostic Categories (**MDCs**). Als solche organsystembezogenen Hauptgruppen fungieren: 195
- Krankheiten und Störungen des Nervensystems,
- Krankheiten und Störungen des Auges,
- Krankheiten und Störungen im HNO-Bereich,

---

162 Vgl. dazu im Einzelnen derzeit die Vereinbarung zur Bestimmung von besonderen Einrichtungen für das Jahr 2007 (VBE 2007) v. 19.9.2006, abgedr. u.a. in „Krankenhausrecht – Beck-Texte im dtv, 4. Aufl. 2007", 357 ff.
163 Ab 2008 gelten die Deutschen Kodierrichtlinien, Version 2008, abrufbar über www.g-drg.de.

§ 29 Krankenhausplanung, Krankenhausfinanzierung, Versorgungsverträge

- Krankheiten und Störungen der Atmungsorgane,
- Krankheiten und Störungen des Kreislaufsystems,
- Krankheiten und Störungen der Verdauungsorgane,
- Krankheiten und Störungen an hepatobiliärem System und Pankreas,
- Krankheiten und Störungen an Muskel-, Skelett-System und Bindegewebe,
- Krankheiten und Störungen an Haut, Unterhaut und Mamma,
- Endokrine Ernährungs- und Stoffwechselkrankheiten,
- Krankheiten und Störungen der Harnorgane,
- Krankheiten und Störungen der männlichen Geschlechtsorgane,
- Krankheiten und Störungen der weiblichen Geschlechtsorgane,
- Schwangerschaft, Geburt und Wochenbett,
- Neugeborene,
- Krankheiten des Blutes, der Blut bildenden Organe und des Immunsystems,
- hämatologische und solide Neubildungen,
- HIV,
- infektiöse und parasitäre Krankheiten,
- psychische Krankheiten und Störungen,
- Alkohol- und Drogengebrauch und alkohol- und drogeninduzierte psychische Störungen,
- Polytrauma,
- Verletzungen, Vergiftungen und toxische Wirkungen von Drogen und Medikamenten,
- Verbrennungen,
- Faktoren, die den Gesundheitszustand beeinflussen und andere Inanspruchnahmen des Gesundheitswesens sowie
- Fehler-DRGs und sonstige DRGs.

196 Fälle mit einem besonders hohen Behandlungsaufwand und hohen Behandlungskosten werden allerdings vorab selektiert und einer sog. **Prä-MDC** zugeordnet. Hierunter fallen unter anderem extrakorporale Beatmung, bestimmte Intubationen, Lebertransplantationen, multiple Organtransplantationen, Lungentransplantationen, Knochenmark- und Stammzelltransplantationen sowie Herztransplantationen.

197 Innerhalb der Hauptdiagnosegruppe (MDC) ist zwischen drei verschiedenen sog. **Partitionen** zu differenzieren („O" für operative Fallpauschalen, „M" für medizinische Fallpauschalen, „A" für andere Fallpauschalen, z.B. Koloskopie, Gastroskopie). Die Zuordnung zu einer Partition hängt davon ab, ob und welche Prozeduren durchgeführt wurden. Die Zuordnung zu den einzelnen DRGs erfolgt in erster Linie nach der sog. **„Hauptdiagnose"**. Als Hauptdiagnose gilt nach den Kodierrichtlinien *„die Diagnose, die nach Analyse als diejenige festgestellt wurde, die hauptsächlich für die Veranlassung des stationären Krankenhausaufenthaltes des Patienten verantwortlich ist"*.

Exemplarisch sei folgender Auszug aus dem Fallpauschalenkatalog 2007 dargestellt: 198

DRG	Partition	Bezeichnung	Bewertungsrelation bei Hauptabteilung[164]
I20A	O	Eingriffe am Fuß mit mehreren hochkomplexen Eingriffen oder mit hochkomplexem Eingriff mit komplexer Diagnose	2,889

Die Notation einer DRG setzt sich aus vier Zeichen (im Beispiel: „I20A") zusammen. 199
Das erste Zeichen gibt die Zugehörigkeit der DRG zur Hauptdiagnosegruppe (MDC) an. Jeder Hauptdiagnosegruppe ist ein Buchstabe zugeordnet. So beginnen bspw. alle DRGs der Hauptdiagnosegruppe „Krankheiten und Störungen an Muskel-Skelett-System und Bindegewebe" mit dem Buchstaben „I", DRGs der Gruppe „Krankheiten und Störungen des Auges" mit „C", DRGs der Gruppe „Behandlungen von Krankheiten und Störungen der Harnorgane" mit „L".

Das zweite und dritte (numerische) Zeichen einer DRG bildet gemeinsam mit dem ersten Buchstaben die sog. **Basis-DRG** (z.B. Eingriffe am Fuß: „I20", Hornhauttransplantation: „C04"). In den Basis-DRGs sind Leistungen zusammengefasst, denen grundsätzlich ähnliche Diagnose- und Prozedurencodes zugrunde liegen. Je nach Partition werden der Basis-DRG die Zahlen 01-39 für die operativen, 60-99 für die medizinischen und 40-59 für andere Partition zugewiesen. Aus den drei DRG-Zeichen „L06" geht bspw. hervor, dass es sich um einen operativen Eingriff im Bereich der Harnorgane handelt (L06 = Eingriff an der Harnblase). 200

Die Notation der DRG wird schließlich durch die jeweilige alphabetische Endung komplettiert. Das vierte Zeichen stellt den Grad des Ressourcenverbrauchs dar. Dadurch können innerhalb einer Basis-DRG verschiedene Faktoren wie Komplexität der Diagnosen oder Eingriffe, Alter und patientenbezogener Gesamtschweregrad (PCCL) gewichtet werden. Damit trägt das Fallpauschalensystem dem gem. § 17b Abs. 1 S. 2 Hs. 1 KHG vorgeschriebenen Umstand Rechnung, Komplexitäten und Komorbiditäten abzubilden. Sowohl die DRGs innerhalb einer Basis-DRG als auch die unterschiedlichen Basis-DRGs innerhalb der Partitionen sind im Hinblick auf den Ressourcenverbrauch geordnet. Die Endung „A" stellt den höchsten Ressourcenverbrauch dar, „B" den zweithöchsten, „C" den dritthöchsten usw. Endet die DRG mit einem „Z", erfolgt in diesem Fall keine weitere Unterteilung. Um die vorhandenen Komplikationen und/oder Komorbiditäten (**Complication an Comorbidity-Level, CCL**) eines Behandlungsfalls abzubilden, werden für alle Nebendiagnosen Schweregradstufen gebildet. Für operative und neonatologische Behandlungen kann der Wert zwischen 0 und 4, für medizinische Behandlungen zwischen 0 und 3 liegen. Ist der CCL-Code = 0, so ist die Nebendiagnose entweder keine Komplikation oder Komorbidität oder sie ist derart eng mit der Hauptdiagnose verbunden, dass sie nicht ins Gewicht fällt. Die weiteren CCL-Stufen werden in leichte (1), mäßig schwere (2), schwere (3) sowie äußerst schwere (4) Komplikationen und/oder Komorbiditäten eingestuft. Mit Hilfe eines komplexen Algorithmus werden die einzelnen CCL-Werte aus den Nebendiagnosen berechnet und ergeben so für den einzelnen Behandlungsfall den patientenbezogenen Gesamtschweregrad (**Patient Clinical Complexity Level, PCCL**), der wiederum erheblich für die Endung der DRG ist. 201

---

164 Sofern die Leistung in einer Belegabteilung erbracht wird (vgl. dazu § 19 Rn 10 ff.), werden diese nach einem gesonderten Fallpauschalenkatalog (Anlage 1 Teil b) der FPV 2008 abgerechnet.

202 Ausgehend von dem vorherigen Beispiel (vgl. Rn 198) ergeben sich daher folgende DRGs:

DRG	Partition	Bezeichnung	Bewertungsrelation bei Hauptabteilung[165]
I20A	O	Eingriffe am Fuß mit mehreren hochkomplexen Eingriffen oder mit hochkomplexem Eingriff mit komplexer Diagnose	2,882
I20B	O	Eingriffe am Fuß mit mehreren komplexen Eingriffen oder hochkomplexem Eingriff oder mit komplexem Eingriff mit komplexer Diagnose	1,875
I20C	O	Eingriffe am Fuß mit komplexem Eingriff, ohne komplexe Diagnose oder mit schwerem Weichteilschaden oder ohne komplexen Eingriff, ohne schweren Weichteilschaden, Alter > 15 Jahre, mit Knochentransplantation oder Implantation einer Zehengelenkendoprothese	1,89
I20D	O	Eingriffe am Fuß ohne komplexen Eingriff, ohne schweren Weichteilschaden, Alter < 16 Jahre	0,920
I20E	O	Eingriffe am Fuß ohne komplexen Eingriff, ohne schweren Weichteilschaden, Alter > 15 Jahre, ohne Knochentransplantation, ohne Implantation einer Zehengelenkendoprothese	0,816

203 Die jeweilige Bewertungsrelation als Multiplikationsfaktor korreliert mit der Komplexität des Behandlungsfalls und verdeutlicht die leistungsbezogene Vergütungsstruktur der DRGs. Die **Fallgruppen** und die **Bewertungsrelationen** sind bundeseinheitlich festzulegen (§ 17b Abs. 1 S. 10 KHG); die Bewertungsrelationen sind als sog. **Relativgewichte** auf eine Bezugsleistung zu definieren (§ 17b Abs. 1 S. 11 KHG). Im Übrigen hat der Gesetzgeber vorgesehen, dass die Vertragsparteien auch die Höhe der Entgelte festlegen; er hat sie ermächtigt, das nach Regionen differenziert zu tun (§ 17b Abs. 1 S. 13 KHG).

204 Praktisch bedeutet das für die anwaltliche Tätigkeit:
- um die Zuordnung von DRGs wird in Zukunft verstärkt gestritten werden,
- ökonomische Erwägungen des Krankenhausträgers („blutige Entlassung") werden vermehrt in den Mittelpunkt von Betrachtungen, auch im Arzthaftungsrecht, rücken,
- Strafverfahren wegen falscher Abrechnung durch Ansatz falscher DRGs (wobei das System schon sog. „Fehler-DRGs" kennt) sind absehbar.

---

[165] Sofern die Leistungen in einer Belegabteilung erbracht werden (vgl. dazu § 19 Rn 10 ff.), werden diese nach einem gesonderten Fallpauschalenkatalog (Anlage 1 Teil b) der FPV 2008 abgerechnet.

b) Zielsetzung

Ziel der Einführung von DRGs ist es, die Vergütung stärker leistungsbezogen darzustellen; dasjenige Krankenhaus, das schwierige, umfangreiche Operationen in hohem Maße erbringt, erhält mehr Erlöse (entsprechend der individuellen Inanspruchnahme) als dasjenige Haus, das nur wenige, unter Umständen auch nur leichte Fälle behandelt.

205

3. Vergütung auf Basis des KHEntgG

Das Krankenhausentgeltgesetz (KHEntgG) vom 23.4.2002 hat die Bundespflegesatzverordnung (BPflV) für somatische Krankenhäuser weitgehend abgelöst.

206

a) Entgelte für allgemeine Krankenhausleistungen

Die allgemeinen Krankenhausleistungen (vgl. Rn 210) werden nach dem KHEntgG gegenüber den Patienten oder ihren Kostenträgern mit folgenden Entgelten abgerechnet:

207

- **Fallpauschalen** nach dem auf Bundesebene vereinbarten Entgeltkatalog (§§ 7 S. 1 Nr. 1, 9 KHEntgG),
- **Zusatzentgelte** nach dem auf Bundesebene vereinbarten Entgeltkatalog (§§ 7 S. 1 Nr. 2, 9 KHEntgG),
- ergänzende Entgelte bei der **Überschreitung der Grenzverweildauer** der Fallpauschalen (§§ 7 S. 1 Nr. 3, 9 Abs. 1 S. 1 KHEntgG),
- Zuschläge für Ausbildungsstätten und Ausbildungsvergütungen (im Einzelnen siehe § 7 S. 1 Nr. 4 KHEntgG, §§ 17a Abs. 6, 17b Abs. 1 S. 4, 6 KHG),
- Entgelte für Leistungen, die noch nicht von den auf Bundesebene vereinbarten Fallpauschalen und Zusatzentgelten erfasst werden (§§ 7 S. 1 Nr. 5, 6 Abs. 1 KHEntgG),
- Entgelte für neue Untersuchungs- und Behandlungsmethoden (§§ 7 S. 1 Nr. 6, 6 Abs. 2 KHEntgG),
- Qualitätssicherungszuschläge (§§ 7 S. 1 Nr. 7, 8 Abs. 4 KHEntgG, § 17b Abs. 1 S. 5 KHG),
- sog. DRG-Systemzuschlag (§ 7 S. 1 Nr. 8 KHEntgG, § 17b Abs. 5 KHG).

Diese Aufzählung ist abschließend; die Entgelte umfassen alle für die Versorgung des Patienten erforderlichen allgemeinen Krankenhausleistungen (§ 7 S. 2 KHEntgG). Die Entgelte für allgemeine Krankenhausleistungen sind für alle Benutzer des Krankenhauses einheitlich zu berechnen (§ 8 Abs. 1 S. 1 KHEntgG).

208

Erbracht werden dürfen – außerhalb der Behandlung von Notfällen – nur Leistungen im Rahmen des Versorgungsauftrages (§ 8 Abs. 1 S. 3 KHEntgG). Der Versorgungsauftrag ergibt sich nach der klaren gesetzlichen Definition des § 8 Abs. 1 S. 4 KHEntgG bei einem Plankrankenhaus aus den Festlegungen des Krankenhausplans (vgl. im Einzelnen Rn 42 ff.) i.V.m. dem Feststellungsbescheid (vgl. im Einzelnen Rn 86) bei einer Hochschulklinik aus der Aufnahme in das Hochschulverzeichnis nach dem Hochschulbauförderungsgesetz und dem Krankenhausplan, bei anderen Krankenhäusern aus dem Versorgungsvertrag nach § 108 Nr. 3 SGB V. Nicht hingegen maßgebend für den Versorgungsauftrag ist – entgegen vielfältiger, früher geäußerter Auffassung – die Pflegesatzvereinbarung mit der sog. AEB (vgl. hierzu Rn 228). Die Pflegesatzvereinbarung folgt nämlich aus dem Versorgungsauftrag, nicht dagegen der Versorgungsauftrag aus der Pflegesatzvereinbarung. Praktisch bedeutsam ist zur Ermittlung des Versorgungsauftrages insofern insbesondere der Krankenhausplan des jeweiligen Bundeslandes mit seinen Definitionen und Beschreibungen von Abgrenzungen.

209

b) Umfang der allgemeinen Krankenhausleistungen

210 Krankenhausleistungen sind insbesondere
- ärztliche Behandlungen,
- Krankenpflege,
- Versorgung mit Arznei-, Heil- und Hilfsmitteln, soweit für die Versorgung im Krankenhaus notwendig,
- Unterkunft,
- Verpflegung (§ 2 Abs. 1 Hs. 1 KHEntgG),
- **nicht aber**: Leistungen der Belegärzte und Beleghebammen (§ 2 Abs. 1 S. 2 KHEntgG, vgl. dazu § 19 Rn 1 ff.).

211 Krankenhausleistungen werden differenziert in **allgemeine Krankenhausleistungen** und Wahlleistungen (§ 2 Abs. 1 S. 1 Hs. 2 KHEntgG). Allgemeine Krankenhausleistungen sind diejenigen Leistungen, die unter Berücksichtigung der Leistungsfähigkeit des Krankenhauses im Einzelfall nach Art und Schwere der Krankheit für die medizinisch zweckmäßige und ausreichende Versorgung des Patienten notwendig sind (§ 2 Abs. 2 S. 1 KHEntgG); hierzu zählen auch:
- die während des Krankenhausaufenthaltes durchgeführten Maßnahmen zur Früherkennung von Krankheiten i.S.d. SGB V (§ 2 Abs. 2 S. 2 Nr. 1 KHEntgG),
- vom Krankenhaus veranlasste Leistungen Dritter (§ 2 Abs. 2 S. 2 Nr. 2 KHEntgG),
- die aus medizinischen Gründen notwendige Mitaufnahme einer Begleitperson des Patienten (§ 2 Abs. 2 S. 2 Nr. 3 KHEntgG),
- die besonderen Aufgaben von Zentren und Schwerpunkten für die stationäre Versorgung von Patienten (vgl. im Einzelnen § 2 Abs. 2 S. 2 Nr. 4 KHEntgG),
- Leistungen der Frührehabilitation i.S.d. § 39 Abs. 1 S. 3 SGB V (§ 2 Abs. 2 S. 2 Nr. 5 KHEntgG).

212 Ausgenommen ist die Dialyse unter bestimmten Voraussetzungen (vgl. im Einzelnen § 2 Abs. 2 S. 3 KHEntgG).

c) Entgeltvereinbarung („Pflegesatzvereinbarung")

213 Das Pflegesatzverfahren und die Inhalte der Entgeltvereinbarung (weitgehend ist noch der auf dem Recht der BPflV fußende Begriff „Pflegesatzvereinbarung" gebräuchlich) richten sich nach § 18 KHG, § 11 KHEntgG.

aa) Vertragsparteien

214 Vertragsparteien sind gem. § 18 Abs. 2 KHG der **Krankenhausträger** einerseits und **Krankenkassen** andererseits. Sie sind selbständig beteiligt (§ 18 Abs. 2 Nr. 1 KHG), soweit auf sie allein im Jahr vor Beginn der **Pflegesatzverhandlungen** mehr als **5 %** der Belegungs- und Berechnungstage des Krankenhauses entfallen. Im Übrigen können sie **Arbeitsgemeinschaften** bilden, die beteiligt sind, soweit auf ihre Mitglieder im Jahr vor Beginn der Pflegesatzverhandlungen mehr als 5 % der Belegungs- und Berechnungstage des Krankenhauses entfallen (§ 18 Abs. 2 Nr. 2 KHG). Insbesondere können auch die Ersatzkassenverbände (VdAK u.a.) als Arbeitsgemeinschaft von Sozialleistungsträgern i.S.v. § 18 Abs. 2 Nr. 2 KHG Partei einer Pflegesatzvereinbarung sein mit der Folge, dass sie ihrerseits dann auch die Genehmigung eines von der Schiedsstelle festgesetzten Pflegesatzes mit der Klage anfechten können.[166] Problematisch und in der

---

166 BVerwG – 3 C 33.98, DVBl. 2000, 1059 gegen die Vorinstanz, VGH Baden-Württemberg – 9 S 2277/95, DÖV 1997, 742.

Praxis der einzelnen Länder unklar (infolge unterschiedlicher Entscheidungen durch die Schiedsstellen, vgl. Rn 237 ff.) ist die Frage, welcher konkrete Zeitraum für die Berechnung der Fünf-Prozent-Grenze maßgeblich ist.

Über die Genannten hinaus können sich an den Pflegesatzverhandlungen die Landeskrankenhausgesellschaft, die Landesverbände der Krankenkassen, die Verbände der Ersatzkassen und der Landesausschuss des PKV-Verbandes beteiligen (§ 18 Abs. 1 S. 2 KHG). Die Entgeltvereinbarung bedarf der Zustimmung der Landesverbände der Krankenkassen und des Landesausschusses des PKV-Verbandes, die als erteilt gilt, wenn die Mehrheit der Beteiligten nicht innerhalb von zwei Wochen nach Vertragsschluss widerspricht (§ 18 Abs. 1 S. 4 KHG). 215

Die Entgelte haben über die Vertragsparteien hinaus Bedeutung. Sie gelten auch bei Abschluss eines Krankenhausaufnahmevertrages zwischen Selbstzahler und Krankenhausträger, ohne dass es einer ausdrücklichen Einbeziehung in den Vertrag bedarf; das soll sogar (heute praktisch nicht mehr relevant) bei einer rückwirkenden Erhöhung der Pflegesätze so sein.[167] 216

bb) Vereinbarungszeitraum/Laufzeit

Gem. § 18 Abs. 3 S. 1 KHG **soll** die Vereinbarung nur für zukünftige Zeiträume getroffen werden; die Praxis sieht vielfältig anders aus. 217

Der Vereinbarungszeitraum beträgt regelmäßig ein **Kalenderjahr** (§ 11 Abs. 2 S. 1 KHEntgG); eine Vereinbarung mit längerer Laufzeit – für mehrere Kalenderjahre – ist einvernehmlich möglich (§ 11 Abs. 2 S. 2 KHEntgG). 218

Die vereinbarten Entgelte gelten von Beginn des neuen Vereinbarungszeitraums an (§ 15 Abs. 1 S. 1 KHEntgG). Wird die Vereinbarung, was vielfach der Fall ist, erst nach diesem Zeitpunkt genehmigt (§ 14 KHEntgG, vgl. Rn 253 ff.), sind die Entgelte ab dem ersten Tag des Monats zu erheben, der auf die Genehmigung durch die zuständige Landesbehörde folgt, soweit in der Vereinbarung oder durch die Schiedsstelle (vgl. Rn 237 ff.) kein anderer *zukünftiger* Zeitpunkt bestimmt ist (§ 15 Abs. 1 S. 2 KHEntgG). Hierin liegt das **Verbot der rückwirkenden Festsetzung von Entgelten**. Ob eine rückwirkende Festsetzung jedenfalls möglich ist, soweit der Geltungsbeginn jedenfalls nicht vor dem Eingang des Antrags bei der Schiedsstelle liegt, ist fraglich;[168] im Hinblick darauf, dass es für die Abrechnung von Vergütungen nach dem KHEntgG gem. § 14 KHEntgG – anders als nach dem SGB XI – noch der Genehmigung durch die zuständige Landesbehörde bedarf, wird das zu verneinen sein. 219

Solange es an einer neuen Entgeltvereinbarung fehlt, sind die zuvor vereinbarten Entgelte weiter zu erheben (§ 15 Abs. 1 S. 3 KHEntgG), jedoch bereinigt um eventuelle Ausgleichsbeträge (§ 15 Abs. 1 S. 4, Abs. 2 KHEntgG). 220

cc) Formvorschriften

Die Vereinbarung bedarf der **Schriftform** (§ 11 Abs. 1 S. 4 KHEntgG). 221

---

167 BGHZ 105, 160.
168 Bejahend für Entgelte im Bereich des SGB XI, BSG – B 3 P 17/99 R, SGb 2001, 700.

dd) Inhalte

222 Gem. § 11 Abs. 1 S. 1 KHEntgG regeln die Vertragsparteien krankenhausindividuell in der Vereinbarung
- den Gesamtbetrag,
- das Erlösbudget,
- die Summe der Bewertungsrelationen,
- den krankenhausindividuellen Basisfallwert,
- Zu- und Abschläge,
- sonstige Entgelte,
- Mehr- oder Mindererlösausgleich.

223 Der **Gesamtbetrag** hatte praktisch nur Bedeutung für die Jahre 2003 und 2004.

224 Das **Erlösbudget** hat praktische Bedeutung für die Jahre 2005 bis 2009 (vgl. im Einzelnen § 4 KHEntgG). Der entsprechende Zeitraum wird als **Konvergenzphase** bezeichnet. Die Konvergenzphase endet mit dem Ziel, die Krankenhausleistungen ab 2009 innerhalb eines Bundeslandes mit einem bundeslandeinheitlichen Basisfallwert zu vergüten. In der Konvergenzphase sind zwei Werte maßgeblich:
- Der Ausgangswert für die Ermittlung des Erlösbudgets für das Jahr 2005 war das vereinbarte Erlösbudget 2004, angepasst nach Maßgabe des § 4 Abs. 2 KHEntgG. Der Ausgangswert für die Ermittlung des Erlösbudgets für das Jahr 2006 war das Erlösbudget 2005 nach § 4 Abs. 6 S. 2 KHEntgG, angepasst nach Maßgabe des § 4 Abs. 3 S. 1 KHEntgG. Der Ausgangswert für die Ermittlung des Erlösbudgets für die Jahre 2007 und 2008 ist wiederum jeweils das Erlösbudget des Vorjahres, ebenfalls angepasst nach Maßgabe des § 4 Abs. 3 KHEntgG.
- Zusätzlich wird für die Konvergenzphase jährlich ein DRG-Erlösvolumen für das Krankenhaus als Zielwert vereinbart, in dem Art und Menge der voraussichtlich zu erbringenden Fallpauschalen mit dem jeweils geltenden Basisfallwert nach § 10 KHEntgG bewertet werden und die ermittelte Erlössumme um die voraussichtliche Erlössumme aus Zusatzentgelten erhöht wird, vgl. im Einzelnen § 4 Abs. 4 KHEntgG.

225 Dabei werden nicht etwa Erlöse in Höhe des Zielwertes vereinbart, vielmehr hat der Gesetzgeber in einem komplizierten Verfahren die Anpassung des Ausgangswertes an den Zielwert vorgesehen (vgl. im Einzelnen die umfangreichen Regelungen des § 4 KHEntgG). In der Konvergenzphase wird damit das Budget eines jeden Krankenhauses schrittweise an ein jährlich neu festzulegendes Zielbudget angepasst, um so sukzessiv eine einheitliche Vergütung zu erhalten.

226 Ursprünglich war die Konvergenzphase für die Jahre 2005 bis 2008 geplant. In diesen drei Jahren sollte die Differenz zwischen den krankenhausindividuellen und den landesweiten Basisfallwerten jeweils linear um ein Drittel abgebaut werden. Durch das 2. FPÄndG wurde die Konvergenzphase auf insgesamt fünf Jahre verlängert. Die Abrechung allein auf Basis der DRGs erfolgt damit ab dem Jahr 2009. Ab 2009 gelten einheitliche Preise für gleiche DRGs innerhalb eines Bundeslandes. Die Struktur des Krankenhauses oder die Versorgungsstufe ist unerheblich. Zur Ermittlung der Vergütung wird dann die Bewertungsrelation der DRG-Leistung (vgl. hierzu Rn 197 ff.) mit einem sog. landeseinheitlichen Basisfallwert multipliziert. Der Basisfallwert wird seit dem Jahre 2005 nicht mehr krankenhausbezogen, sondern landeseinheitlich festgelegt (ähnlich wie früher der nach § 16 Abs. 1 BPflV zu vereinbarende „Punktwert"). Bedeutsam sind insofern die Verhandlungen um die Festsetzung landeseinheitlicher Basisfallwerte; da sich die Beteiligten in zahlreichen Bundesländern nicht einigen können, werden sie hier von den Schiedsstellen festgesetzt, vgl. §§ 11 Abs. 6 S. 4, 13 KHEntgG (zum Schiedsstellenverfahren vgl. Rn 237 ff.)). Vorsorglich hatte auch das Bundesministerium für Gesundheit und Soziale Sicherung in der Fallpauschalenverordnung 2005[169] vorläufige Landes-Basisfallwerte festgesetzt. Die nachfolgende Übersicht zeigt die Entwicklung der Landesbasisfallwerte der Bundesländer:

Landesbasisfallwerte der Bundesländer (Stand: 23.04.2007)

Bundesland	2005		2006		2007	
	LBFW vor Kappung	LBFW nach Kappung	LBFW vor Kappung (ohne Ausgleich)	LBFW nach Kappung (mit Ausgleich)	LBFW vor Kappung (ohne Ausgleich)	LBFW nach Kappung (mit Ausgleich)
Baden-Württemberg	2.855,51 €	2.774,57 €	2.850,38 €	2.814,85 €	2.845,50 €	2.805,70 €
Bayern	2.789,75 €	2.710,50 €	2.789,38 €	2.737,07 €	2.805,19 €	2.787,19 €
Berlin	3.085,81 €	2.999,81 €	2.990,00 €	2.955,00 €	2.960,00 €	2.930,00 €
Brandenburg	2.639,31 €	2.612,31 €	2.668,72 €	2.642,56 €	2.723,45 €	2.719,27 €
Bremen	2.915,00 €	2.866,00 €	2.899,08 €	2.849,57 €	2.885,34 €	2.849,57 €
Hamburg	2.970,73 €	2.920,41 €	2.893,40 €	2.847,39 €	2.850,00 €	2.830,00 €
Hessen	2.748,00 €	2.737,99 €	2.793,30 €	2.786,58 €	2.808,14 €	2.775,92 €
Mecklenburg-Vorpommern	2.636,04 €	2.585,00 €	2.650,00 €	2.625,00 €	2.680,00 €	2.664,00 €
Niedersachsen	2.784,64 €	2.735,79 €	2.791,93 €	2.756,03 €	2.786,93 €	2.766,58 €
Nordrhein-Westfalen	2.734,30 €	2.679,80 €	2.740,95 €	2.687,23 €	2.736,22 €	2.687,99 €
Rheinland-Pfalz	2.928,10 €	2.888,10 €	2.959,53 €	2.956,53 €	2.959,53 €	2.956,53 €
Saarland	2.930,00 €	2.923,02 €	2.935,00 €	2.902,82 €	2.935,00 €	2.934,05 €
Sachsen	2.704,68 €	2.654,68 €	2.727,61 €	2.711,18 €	2.753,63 €	2.736,63 €
Sachsen-Anhalt	2.744,19 €	2.620,30 €	2.780,00 €	2.730,00 €	2.780,00 €	2.750,00 €
Schleswig-Holstein	2.649,63 €	2.619,63 €	2.666,10 €	2.653,10 €	2.673,00 €	2.666,00 €
Thüringen	2.729,60 €	2.624,98 €	2.730,00 €	2.722,50 €	2.743,00 €	2.731,00 €

Anmerkung:
Alle dargestellten Landesbasisfallwerte sind bereits durch die zuständige Landesbehörde genehmigt.

Quelle: Homepage der Deutschen Krankenhaus Gesellschaft unter http://www.dkgev.de/dkgev.php/cat/58/aid/1871/title/%DCbersicht+Landesbasisfallwerte+200520062007

Das 2. FPÄndG sah neben der Verlängerung der Konvergenzphase auch die Einführung einer sog. Kappungsgrenze vor, um insbesondere Krankenhäuser der Maximalversorgung nicht überproportional zu belasten. Die Kappungsgrenze wird jährlich angehoben. Sie betrug im Jahr 2005 1 % und erreicht im Jahr 2009 3 %. Die Kappungsgrenze bewirkt, dass ein Krankenhausbudget in der Konvergenzphase maximal um den im Gesetz festgesetzten Prozentsatz abgesenkt werden darf. Die Krankenhäuser, deren Basisfallwerte erhöht werden, werden dagegen nicht gekappt.

227

Die Vereinbarung von Art und Menge der voraussichtlich zu erbringenden Fallpauschalen erfolgt in der sog. AEB; hierbei handelt es sich um die in § 11 Abs. 4 KHEntgG genannte **A**ufstellung der **E**ntgelte und **B**udgetermittlung (häufig einfach als **AEB** bezeichnet), die sich im Einzelnen nach Anlage 1 zum KHEntgG richtet.

228

Ab Festsetzung eines Landes-Basisfallwertes nach § 10 Abs. 1 KHEntgG gilt ein eigenes Ausgleichsverfahren für Budgetabweichungen aufgrund der verschiedenen Basisfallwerte, vgl. im Einzelnen § 2 KFPV 2005. Zu vereinbaren ist ferner die **Summe der Bewertungsrelationen**. Die Summe der Bewertungsrelationen ergibt sich aus einer Addition der Relativgewichte (vgl. Rn 197 ff.) aller geplanten/vereinbarten Leistungen. Der entsprechende Betrag wird auch als „Casemix" bezeichnet.

229

Dividiert man die Summe der Bewertungsrelationen durch die Anzahl aller Fälle, ergibt sich eine Bewertungsrelation je Fall, bezeichnet als **Casemix-Index (CMI)**. Seiner Festlegung in der Budgetvereinbarung bedarf es nicht; da dieser aber zur Ermittlung

230

---

[169] Verordnung zur Bestimmung vorläufiger Landes-Basisfallwerte im Fallpauschalensystem für Krankenhäuser für das Jahr 2005 (KFPV 2005) v. 12.5.2005 – BGBl I 2005, 1335.

der Mehrerlöse nach § 3 Abs. 6 S. 6 KHEntgG (im „Jahresausgleich") erforderlich ist, wird er vielfach auch in den Vereinbarungen festgeschrieben.

231 Der **krankenhausindividuelle Basisfallwert**, zu ermitteln nach § 4 Abs. 7 KHEntgG, hat praktische Bedeutung zunächst nur in den Jahren 2005 bis einschließlich 2008; er ergibt sich im Wesentlichen dadurch, dass das vereinbarte Erlösbudget durch die Summe der Bewertungsrelationen der vereinbarten Behandlungsfälle dividiert wird. Dieser Basisfallwert ist der Abrechnung der Fallpauschalen (DRGs) zugrunde zu legen (§ 4 Abs. 7 S. 3 KHEntgG). Nach Ablauf der Konvergenzphase ab 2009 verliert er seine Bedeutung.

232 **Zu- und Abschläge** umfassen insbesondere den DRG-Systemzuschlag nach § 17b Abs. 5 KHG, Qualitätssicherungszuschläge nach § 17b Abs. 1 S. 5 KHG, Zuschläge nach Ausbildungsstätten und Mehrkosten für Ausbildungsvergütungen nach § 17a Abs. 2 KHG und diverse andere Zuschläge, insbesondere für Notfallversorgung (§ 17b Abs. 1 S. 4 KHG) bzw. Sicherstellung (§ 17b Abs. 1 S. 6 KHG). Einzelheiten ergeben sich aus § 5 KHEntgG.

233 **Sonstige Entgelte** sind gem. § 6 Abs. 1 S. 1 Nr. 2 KHEntgG für Leistungen zu berechnen, die mit den DRG-Fallpauschalen und Zusatzentgelten noch nicht sachgerecht vergütet werden können.

234 Von hoher praktischer Bedeutung ist die Festlegung von **Mehr- oder Mindererlösen**. Ihre Berechnungen und die Einzelheiten ergeben sich für die Konvergenzphase aus § 4 Abs. 9 KHEntgG. Noch nicht abgeschlossen sind die derzeit vor den Schiedsstellen laufenden Streitigkeiten um Mehr- oder Mindererlösausgleiche, die auf sog. „**Überlieger**" entfallen. Als solche bezeichnet man einerseits diejenigen Patienten, die bereits vor Einführung des DRG-Systems im Krankenhaus waren und über den Zeitpunkt der DRG-Einführung dort verblieben, aber auch diejenigen, die beim Wechsel von einem Jahr zum anderen über das Jahresende im Krankenhaus verbleiben. Hier bedarf es eines Ausgleichs, um eine Doppelabrechnung zu verhindern.

ee) Entgeltverhandlungen („Pflegesatzverhandlungen")

235 Pflegesatzverhandlungen werden aufgenommen, wenn eine Vertragspartei schriftlich hierzu auffordert; für ihren Ablauf hat der Gesetzgeber einen Zeitraum von regelmäßig bis zu 6 Wochen vorgesehen (§ 18 Abs. 4 S. 1 KHG). Die Überschreitung dieser Frist ist unschädlich; nach Fristablauf ist aber jede Seite zur Anrufung der Schiedsstelle (vgl. Rn 241 ff.) berechtigt. Im Rahmen der Schiedsstellenverhandlungen, aber auch schon zu deren Vorbereitung, hat der Krankenhausträger (auf Verlangen) die für die Vereinbarung der Budgets und Pflegesätze erforderlichen Unterlagen über Leistungen sowie die Kosten der nicht durch DRG-Fallpauschalen erfassten Leistungen vorzulegen (§ 18 Abs. 3 S. 2 KHG).

ff) Rechtscharakter

236 Die Erlösvereinbarung nach § 11 KHEntgG wird allgemein als öffentlich-rechtlicher Vertrag angesehen.[170]

---

170 Vgl. z.B. *Tuschen/Trefz*, Erl. § 11 KHEntgG, 297.

d) Schiedsstellenverfahren

Für die anwaltliche Tätigkeit von besonderer Bedeutung ist das Schiedsstellenverfahren. Während Entgeltverhandlungen von Krankenhausträgern meist in eigener Regie und/oder durch den Wirtschaftsprüfer des Hauses geführt werden, wird anwaltliche Hilfe im Schiedsstellenverfahren eher in Anspruch genommen. Aus den im Nachfolgenden darzustellenden Gründen sind die Verfahren häufig komplex, die Zeit zur Einarbeitung kurz.

aa) Bildung der Schiedsstelle

Gem. § 18a Abs. 1 KHG bilden die Landeskrankenhausgesellschaften und die Landesverbände der Krankenkassen für jedes Land oder für jeweils Teile des Landes eine Schiedsstelle (§ 18a Abs. 1 S. 1 KHG). Werden mehrere Schiedsstellen für Landes*teile* gebildet, ist die für mit landesweiter Geltung zu treffende Entscheidung zuständige Schiedsstelle (**„Landesschiedsstelle"**) ebenfalls zu vereinbaren.

Die Schiedsstellen bestehen aus einem neutralen Vorsitzenden sowie aus einer gleichen Anzahl von Vertretern der Krankenhäuser einerseits und Krankenkassen andererseits. Auf die Zahl der Vertreter der Krankenkassen wird ein vom Landesausschuss des PKV-Verbandes bestellter Vertreter angerechnet. Im Übrigen werden die Vertreter der Krankenhäuser von der Landeskrankenhausgesellschaft, die Vertreter der Krankenkassen von den Landesverbänden der Krankenkassen bestellt. Für Streitigkeiten zwischen der Landeskrankenhausgesellschaft und einem ihrer Vereinsmitglieder über die Entsendung von Delegierten ist der Rechtsweg zu den ordentlichen Gerichten eröffnet.[171] Der Vorsitzende und sein Stellvertreter werden von den Beteiligten gemeinsam bestellt; kommt eine Einigung nicht zustande, erfolgt die Bestellung durch die zuständige Landesbehörde (§ 18a Abs. 2 KHG).

Die weiteren Einzelheiten der Besetzung (z.B. Anzahl der Mitglieder, Amtsdauer) und des Verfahrens werden in den meisten Bundesländern durch eine auf § 18a Abs. 4 KHG beruhende Rechtsverordnung geregelt. Fehlt es in einem Land an einer solchen Verordnung, so können diese Umstände nach der Rechtsprechung[172] durch Vereinbarung der Landesverbände der Krankenkassen und der Landeskrankenhausgesellschaft geregelt werden.

bb) Verfahren vor der Schiedsstelle

Entscheidungen der Schiedsstelle ergehen mit (einfacher) Stimmenmehrheit; bei Stimmengleichheit gibt die Stimme des Vorsitzenden den Ausschlag (§ 18a Abs. 3 S. 4 KHG). In der Praxis ist es – abgesehen von wenigen eindeutigen Vorgängen – regelmäßig üblich, dass „nach Bänken" abgestimmt wird, so dass es meist auf die Stimme des Vorsitzenden der Schiedsstelle ankommt.

Das Verfahren vor der Schiedsstelle kommt auf Antrag einer Partei zustande (§ 13 Abs. 1 S. 1 KHEntgG). Weitere Einzelheiten des Verfahrens vor der Schiedsstelle richten sich nach Rechtsverordnungen der Länder auf Basis des § 18a Abs. 4 KHG.

Anträge vor der Schiedsstelle werden regelmäßig schriftlich – vergleichbar einer Klageschrift – gestellt. In dem Antrag ist anzugeben, über welche Gegenstände der Entgeltvereinbarung zwischen den Parteien keine Einigung erreicht werden konnte; nur so

---

171 BVerwG – 3 C 12/93, NJW 1995, 1628.
172 BVerwG – 3 C 1/04, GesR 2006, 20; a.A. VG Osnabrück, Urt. v. 5.3.2003 – 6 A 148/01, n.v.

weit geht die Entscheidungskompetenz der Schiedsstelle (§ 13 Abs. 2 KHEntgG). Der Antragsteller – egal ob Kostenträger oder Krankenhausträger – ist nicht gezwungen, alle Positionen der Entgeltvereinbarung im Einzelnen darzulegen. Vielmehr gilt – auch hier – der alle ähnlich gelagerten Verfahren (Schiedsamt nach SGB V, Krankenhausschiedsstelle nach KHG/KHEntgG, Schiedsstelle nach SGB XI) durchziehende Grundsatz der **Vermutung der Richtigkeit der Vorjahresvereinbarung**.

244 Die Schiedsstelle ist eine Behörde i.S.d. § 1 Abs. 4 VwVfG.[173] Das bedeutet insbesondere, dass für die Schiedsstelle der sog. **Amtsermittlungsgrundsatz** gilt.[174] Von den Parteien nicht oder unklar vorgetragene Sachverhalte sind von der Schiedsstelle zu ermitteln; hierzu hat sie den Parteien regelmäßig, häufig aber erst während der mündlichen Verhandlung vor der Schiedsstelle, Auflagen zu erteilen. Von besonderer Bedeutung ist in diesem Zusammenhang der **Beschleunigungsgrundsatz**; gem. § 13 Abs. 2 KHEntgG hat die Schiedsstelle innerhalb von sechs Wochen zu entscheiden. Häufig kommt es demgemäß darauf an, ob eine Partei spätestens in der mündlichen Verhandlung vor der Schiedsstelle in der Lage ist, Sachaufklärung zu betreiben und ggf. streitige Sachverhalte, auch kurzfristig – praktisch meist durch die Vorlage von Urkunden – zu beweisen. Hier bedarf es – ähnlich wie bei einer mündlichen Verhandlung vor Gericht im Rahmen der Inanspruchnahme einstweiligen Rechtsschutzes – einer gründlichen Vorbereitung; im Hinblick auf den Beschleunigungsgrundsatz besteht meist keine Möglichkeit, mit Hilfe eines Vertagungsantrages kurzfristig fehlende Unterlagen später nachzureichen.

245 Die Verhandlung vor der Schiedsstelle ist nicht öffentlich. Der Vorsitzende führt die Verhandlung; je nach Praxis der Schiedsstelle unterschiedlich wird den weiteren Mitgliedern die Möglichkeit zur Frage, häufig auch zur kontroversen Diskussion, ermöglicht. Gelegentlich empfiehlt es sich, im Rahmen der Schiedsstellenverhandlung darauf zu achten, dass die Mitglieder der Schiedsstelle mit dem Sachverhalt hinreichend betraut sind. Bestehen hier Zweifel, sollte die bereits schriftlich vorgebrachte Argumentation mündlich wiederholt werden. Nach der Rechtsprechung führen nämlich mangelnde Sachinformationen der Schiedsstellenmitglieder nicht zur verfahrensrechtlichen Rechtswidrigkeit der Schiedsstellenentscheidung.[175]

246 Teilweise wird in der Rechtsprechung vertreten, dass auf das Schiedsstellenverfahren die das Gehörsrecht sichernden Vorschriften (insbesondere Art. 103 Abs. 1 GG, § 108 Abs. 2 VwGO, §§ 28, 29 VwVfG) nicht anwendbar sein sollen, da das Schiedsstellenverfahren kein gerichtliches Verfahren und auch kein Verwaltungsverfahren darstelle.[176] Nach näher liegender und damit auch der wirtschaftlichen Bedeutung Rechnung tragender Auffassung bedarf es nicht nur dieser Gewährung rechtlichen Gehörs, sondern generell eines fairen und willkürfreien Verfahrens.[177]

247 Nach Abschluss der mündlichen Verhandlung entscheidet die Schiedsstelle im Rahmen der gestellten Anträge. Ihre Entscheidung wird regelmäßig mündlich bekannt gegeben und später schriftlich abgefasst und begründet.

---

173 Streitig; BVerwG – 3 C 47/91, NJW 1994, 2435 bezeichnet sie als „vertragliche Schlichtungsstelle, die letztlich auf der Ebene der Pflegesatzparteien und damit nicht hoheitlich handelt"; darauf beruht auch OVG Münster – 13 A 2341/01, NVwZ-RR 2003, 283, 284.
174 A.A. jedenfalls für Niedersachsen OVG Niedersachsen – 11 LC 133/05, GesR 2006, 22, 25: Es gelte vorrangig der Beibringungsgrundsatz, allerdings sei auch der Untersuchungsgrundsatz zu beachten.
175 OVG Münster – 13 A 2341/01, NVwZ-RR 2003, 283.
176 OVG Münster – 13 A 2341/01, NVwZ-RR 2003, 283, 284.
177 OVG Niedersachsen – 11 LC 133/05, GesR 2006, 22, 26.

cc) Rechtscharakter

Die Entscheidung der Schiedsstelle nach dem KHG stellt – anders als wohl die Entscheidung der Schiedsstelle nach dem SGB XI – keinen Verwaltungsakt dar; das ergibt sich im Umkehrschluss daraus, dass die Entscheidung der Schiedsstelle gem. § 14 Abs. 1 KHEntgG zur Entfaltung von Wirksamkeit (§ 15 Abs. 1 S. 2 KHEntgG) der Genehmigung der zuständigen Landesbehörde bedarf. Der Schiedsstellenentscheidung kommt zumindest keine regelnde Außenwirkung i.S.d. § 35 VwVfG zu. Das bedeutet gleichzeitig, dass Rechtsmittel gegen den Schiedsspruch nicht möglich sind, da die Parteien durch den Schiedsspruch nicht unmittelbar in eigenen Rechten betroffen sind.

248

Demgemäß ist eine isolierte Klage gegen die Schiedsstellenentscheidung unzulässig.[178] Handelt es sich mithin bei der Entscheidung der Schiedsstelle lediglich um einen internen Mitwirkungsakt,[179] hat das gleichzeitig zur Konsequenz, dass sowohl Genehmigungsbehörde als auch die Gerichte befugt sind, die Begründung der Schiedsstelle auszutauschen.[180]

249

dd) Inhalt

Die Schiedsstelle ersetzt die zwischen den Parteien nicht zustande gekommene Vereinbarung. Sie ist hierbei beschränkt auf diejenigen **Gegenstände, über die die Parteien sich nicht einigen konnten**. Soweit sie demnach zuständig ist, kann sie im Rahmen der Vertragskompetenz der Vertragsparteien nach freiem Ermessen Festsetzungen treffen; sie ist lediglich an die auch für die Vertragsparteien geltenden Rechtsvorschriften gebunden (§ 13 Abs. 1 S. 2 KHEntgG).

250

In der Praxis kommt es regelmäßig vor, dass die Schiedsstelle nicht den gesamten – streitigen – Vertragsinhalt festsetzt, sondern bestimmte Tatsachen- oder Rechtsfragen entscheidet und im Übrigen den Parteien die Auflage macht, auf Basis dieser Entscheidung die Umsetzung in eine Entgeltvereinbarung zu treffen. Kommt es hierzu nicht, muss die Schiedsstelle im Rahmen des Verfahrens ggf. weitere Entscheidungen treffen.

251

Auch wenn die Entscheidungen der Schiedsstelle der Genehmigung durch die nach Landesrecht zuständige Behörde bedürfen, ist diese zu Anweisungen an die Schiedsstelle nicht befugt.[181] Das bedeutet in der Konsequenz auch, dass bei rechtswidriger Genehmigung einer Schiedsstellenentscheidung und deren Aufhebung im verwaltungsgerichtlichen Verfahren die Schiedsstelle erneut zu entscheiden hat, und zwar nicht auf Basis von Vorgaben der Genehmigungsbehörde, sondern auf Basis der Rechtsauffassung des Gerichts, die sie in analoger Anwendung von § 14 Abs. 3 KHEntgG zu beachten hat. Entgegen dem Wortlaut des Gesetzes stellt die Gerichtsbarkeit hier nicht auf die „Rechtsauffassung der Genehmigungsbehörde", sondern die des Gerichtes ab.[182]

252

e) Genehmigungsverfahren

Sowohl die Entgeltvereinbarung als auch der sie ersetzende Schiedsspruch werden erst mit Genehmigung durch die nach Landesrecht zuständige Behörde wirksam.

253

---

178 BVerwG – 3 C 47/91, NJW 1994, 2435.
179 So das BVerwG, a.a.O.
180 BVerwG – 3 C 4/02, GesR 2003, 244.
181 Zu Recht OVG Münster, Urt. v. 26.5.1997 – 13 A 4720/95, n.v.
182 BVerwG – 3 C 49/01, DVBl. 2003, 674.

aa) Verfahren

254 Das Genehmigungsverfahren wird gem. § 14 Abs. 1 KHEntgG dadurch in Gang gesetzt, dass eine Vertragspartei die Genehmigung beantragt. Im Rahmen des (meist summarischen) Prüfungsverfahrens gilt wiederum der Amtsermittlungsgrundsatz; Vertragsparteien und Schiedsstelle haben auf Verlangen Unterlagen vorzulegen und Auskünfte zu erteilen (§ 14 Abs. 2 S. 1 KHEntgG). Entgegen dem gesetzlichen Wortlaut ist es vielfach auch üblich, dass eine Partei die **Versagung der Genehmigung** beantragt. Hierdurch soll die Genehmigungsbehörde in die Lage versetzt werden, die Rechtswidrigkeit der Entgeltvereinbarung, insbesondere durch Schiedsspruch, festzustellen.[183]

bb) Prüfungsumfang

255 Der Prüfungsumfang der Genehmigungsbehörde umfasst nicht nur die „Pflichtvereinbarungen" i.S.d. § 11 Abs. 1 S. 1 KHEntgG, sondern nach der Rspr.[184] die gesamte Vereinbarung bzw. den gesamten Schiedsspruch; das Bundesverwaltungsgericht spricht von einem „Genehmigungssubstrat"; Entsprechendes ergibt sich auch aus der Formulierung in § 15 Abs. 1 S. 2 KHEntgG, wonach nicht etwa der „Tenor", sondern „die Vereinbarung" zu genehmigen ist. Die Überprüfung erstreckt sich daher auf alle entgeltrelevanten Faktoren.[185]

256 Im Übrigen erstreckt sich die Prüfung auf eine bloße Rechtskontrolle; Zweckmäßigkeitserwägungen sind unmaßgeblich.[186] Auch kann nur eine einheitliche Entscheidung getroffen werden; die Entgeltvereinbarung ist nicht teilbar.[187] Allerdings kann die Entscheidung erforderlichenfalls mit Nebenbestimmungen versehen werden (§ 14 Abs. 2 S. 3 KHEntgG).

cc) Rechtscharakter

257 Die Genehmigung stellt einen privatrechtsgestaltenden Verwaltungsakt i.S.d. § 35 VwVfG dar. Sie wird den Vertragsparteien mit Rechtsmittelbelehrung zugestellt; hierdurch wird die Klagefrist für eine Anfechtung der ergangenen Entscheidung, ggf. verbunden mit einem Verpflichtungsantrag, in Gang gesetzt.

f) Rechtsmittelverfahren

aa) Rechtsweg

258 Gegen Entscheidungen der Genehmigungsbehörde ist der Verwaltungsrechtsweg eröffnet. (§ 18 Abs. 5 S. 2 KHG).

bb) Rechtsschutzbedürfnis

259 Zweifelsfrei beschwert durch die Entscheidung der Genehmigungsbehörde – und damit auch klagebefugt – ist diejenige Partei, deren Antrag (Genehmigung bzw. Nichtgenehmigung) die Genehmigungsbehörde nicht entsprochen hat. Als unproblematisch wird

---

183 OVG Münster – 13 A 2341/01, NVwZ-RR 2003, 283; VG Braunschweig – 5 A 71/99, KRS 00.091, 12.
184 BVerwG – 3 C 66/90, NJW 1993, 2391.
185 Zutreffend *Tuschen/Trefz*, Erl. § 14 KHEntgG, 311 ff.
186 BVerwG – 3 C 66/90, NJW 1993, 2391.
187 BVerwG – 3 C 66/90, NJW 1993, 2391, 2392.

man auch Klagen anzusehen haben, die von einer Partei erhoben werden, die sich im Genehmigungsverfahren keinem Antrag gestellt oder sich gar nicht geäußert hat.

Das OVG NRW[188] hat zusätzlich die Klagebefugnis einer Partei bejaht, deren Antrag auf Genehmigung durch die zuständige Landesbehörde stattgegeben wurde, die ihrerseits aber im Antragsverfahren klargestellt hatte, die Schiedsstellenentscheidung für rechtswidrig zu erachten und daher nicht zu akzeptieren und den Antrag auf Genehmigung lediglich als Antrag auf rechtliche Überprüfung der Entscheidung zu verstehen.

260

cc) Vorverfahren

Ein Vorverfahren/Widerspruchsverfahren findet nicht statt (§ 18 Abs. 5 S. 3 Hs. 1 KHG).

261

dd) Klagebefugnis

Klagebefugt sind lediglich die Vertragsparteien, nicht die weiter am Pflegesatzverfahren beteiligten Parteien, insbesondere nicht der Verband der privaten Krankenversicherung, dessen Landesausschüsse oder die Landesverbände der Krankenkassen.[189] Klagebefugt ist im Übrigen der Krankenhausträger.

262

Für den heute nicht mehr praktisch relevanten Fall einer rückwirkenden Geltung hat das Bundesverwaltungsgericht ausnahmsweise auch einem Selbstzahler eine Klagebefugnis zuerkannt.[190]

263

ee) Aufschiebende Wirkung

Gem. § 18 Abs. 5 S. 3 Hs. 2 KHG hat die Klage vor dem Verwaltungsgericht keine aufschiebende Wirkung. Das bedeutet, dass die Entgeltvereinbarung gem. § 15 Abs. 1 KHEntgG in Kraft tritt, sofern nicht ein Antrag nach § 80 Abs. 5 VwGO erfolgreich gestellt wird.

264

ff) Taktische Erwägungen

Klageverfahren vor den Verwaltungsgerichten dauern meist Jahre. Zu überlegen ist daher vor Erhebung einer solchen Klage, welche Auswirkungen ein Obsiegen oder Unterliegen Jahre später haben könnte. Nicht zuletzt auch hierauf ist zurückzuführen, dass die Anzahl veröffentlichter gerichtlicher Entscheidung zu Entgeltvereinbarungen vergleichsweise gering ist; vielfach werden spezielle Fragestellungen entschieden, die bereits im Zeitpunkt der Entscheidung für die dann geltende Rechtslage nicht mehr relevant sind.

265

Taktisch kann es ausnahmsweise sinnvoll sein, eine Klage gegen einen genehmigten Schiedsspruch zu erheben, um ggf. den Verzicht auf die weitere Durchführung des Klageverfahrens in den Folgejahren zum Gegenstand der Verhandlungen zu machen.

266

---

[188] OVG Münster – 13 A 2341/01, NVwZ-RR 2003, 283.
[189] BVerwG – 3 C 27/95, KRS 95.071; VGH Baden-Württemberg – 9 S 2277/95, KRS 97.037.
[190] BVerwGE 100, 230.

4. Vergütung auf Basis der BPflV

267 Der Anwendungsbereich der BPflV ist mittlerweile gering, nachdem zum 1.1.2005 auch § 17 (Wahlleistungen), § 18 (Belegärzte) und § 19 (Kostenerstattung der Ärzte) KHEntgG in Kraft getreten sind.

268 Vom KHEntgG sind ab dem Jahr 2005 damit lediglich nicht umfasst Leistungen der in § 1 Abs. 2 der Psychiatrie-Personalverordnung (Psych-PV) genannten Einrichtungen sowie von Einrichtungen für Psychosomatik und Psychotherapeutische Medizin. § 1 Abs. 1 Psych-PV definiert als psychiatrische Einrichtungen psychiatrische Krankenhäuser sowie selbständige, gebietsärztlich geleitete psychiatrische Abteilungen an Allgemeinkrankenhäusern; für diese Einrichtungen gilt die Bundespflegesatzverordnung auch in Zukunft weiter.

269 Für **psychiatrische Krankenhäuser** bedeutet das mithin, dass sich ihr **Entgeltsystem** – ausschließlich – nach der Bundespflegesatzverordnung richtet, für sog. „gemischte Krankenhäuser", dass sie sowohl der Vereinbarung von Entgelten auf Basis des KHEntgG (für die Somatik) als auch der BPflV (für die Psychiatrie) bedürfen.

270 Zur Festlegung der differenzierten Entgelte verfährt man zunächst so, dass aus dem früheren einheitlichen Gesamtbetrag das Budget für die Psychiatrie herausgerechnet wird und dann für beide Teilbudgets jeweils gesonderte Budgetobergrenzen ermittelt, sodann gesonderte Entgelte gebildet werden.[191] § 3 Abs. 1 S. 3 BPflV sieht ein sog. **medizinisch leistungsgerechtes Budget** und daraus errechnete Pflegesätze vor, die es dem Krankenhaus bei wirtschaftlicher Betriebsführung ermöglichen, seinen Versorgungsauftrag zu erfüllen. Anders als im somatischen Bereich (während der Konvergenzphase) kann zur Ermittlung des medizinisch leistungsgerechten Budgets auch auf einen Krankenhausvergleich (§ 5 BPflV) abgestellt werden.

271 Die weiteren Regelungen (Grundsatz der Beitragssatzstabilität, Vereinbarung einer Obergrenze, Berücksichtigung von Ausbildungskosten, Festlegung und Vergütung allgemeiner Krankenhausleistungen, Vereinbarung eines flexiblen Budgets und tagesgleicher Pflegesätze sowie die Verfahrensregelungen) entsprechen weitestgehend denjenigen des KHEntgG; das gilt auch für das Verfahren vor der Schiedsstelle (beachte aber § 19 Abs. 3 BPflV mit eingeschränkten Kompetenzen für bestimmte Regelungen) und die Genehmigung der Pflegesatzvereinbarung.

V. Krankenhausbehandlungsverträge

272 **KHEntgG** und **BPflV** machen auch die grundlegenden Vorgaben für die Verträge zwischen Krankenhausträger und Patient/Zahlungspflichtigem. Es handelt sich hierbei um **verbindliche Regelungen**, die der Vertragsfreiheit der Vertragsparteien nur im Rahmen der gesetzlichen Vorgaben genügen. So kann auch durch zivilrechtliche Vereinbarung des Krankenhausträgers mit seinem Patienten (ähnlich wie bei der GOÄ) nicht die generelle Abdingung von KHEntgG oder BPflV vereinbart werden.[192] Das gilt demgemäß auch für die Behandlung ausländischer Patienten; vielfach zu beobachtende Akquisebestrebungen, insbesondere in den arabischen Ländern, sind jedenfalls unter dem Gesichtspunkt der Vereinbarung hoher Pauschalpreise kritisch zu hinterfragen.

---

191 Vgl. auch Schiedsstelle für die Festsetzung von Krankenhauspflegesätzen nach § 18a KHG Berlin, GesR 2003, 183.
192 Vgl. §§ 1 Abs. 1, 7 KHEntgG, § 1 Abs. 1 BPflV.

C. Krankenhausfinanzierung § 29

Praktische Bedeutung hat die **Akquisition im Ausland** dadurch erlangt, dass mit einer Änderung von § 3 Abs. 4 BPflV zum 1.1.1998[193] Leistungen für ausländische Patienten, die mit dem Ziel einer Krankenhausbehandlung in die Bundesrepublik Deutschland eingereist sind, nicht im Rahmen des Gesamtbudgets vereinbart werden. Der Krankenhausträger erhielt hiermit die Möglichkeit, Zusatzeinnahmen außerhalb seines Budgets zu erzielen. Um allerdings der Bindung an das KHEntgG bzw. die BPflV zu entgehen, ist es ggf. erforderlich, eine Privatklinik i.S.d. § 30 GewO als Schwester- oder Tochtergesellschaft zu gründen, auf die das KHEntgG[194] bzw. die BPflV[195] keine Anwendung findet. Ob sich ein solcher Weg anbietet, bedarf einer kritischen Betrachtung im Einzelfall. Damit sind organisationsrechtliche, haftungsrechtliche und krankenhausplanerische Fragen verbunden. Häufig sind solche Einrichtungen seitens der Landesverwaltung ausgesprochen unerwünscht; diejenigen, die sie gleichwohl gründen, müssen unter Umständen mit kritischen Reaktionen und erhöhter Beobachtung in anderen Bereichen rechnen.

273

Auf Basis des KHEntgG bzw. der BPflV kennt das Recht hingegen zwei große Arten[196] von Krankenhausaufnahmeverträgen, nämlich den totalen Krankenhausaufnahmevertrag einerseits und den gespaltenen Krankenhausaufnahmevertrag andererseits.

274

1. Der totale Krankenhausaufnahmevertrag

a) Selbstzahler

Ein totaler Krankenhausaufnahmevertrag wird regelmäßig zwischen Krankenhausträger und Selbstzahler geschlossen. Mit dem totalen Krankenhausaufnahmevertrag verpflichtet sich der Krankenhausträger zur Erbringung der allgemeinen Krankenhausleistungen (vgl. im Einzelnen Rn 210).

275

b) Kassenpatient

Problematischer ist die Situation beim Kassenpatienten. Nach der **zivilrechtlichen Dogmatik**[197] kommt hier ebenfalls ein zivilrechtlicher Behandlungsvertrag zustande; die Situation ist wie beim Selbstzahler. Nach der **sozialrechtlichen Dogmatik** und Rechtsprechung[198] besteht hingegen eine öffentlich-rechtliche Beziehung auf Basis der §§ 107 ff. SGB V; zur Begründung wird im Wesentlichen darauf hingewiesen, dass es nicht um freie zivilrechtliche Vereinbarungen, sondern um die Erfüllung *gesetzlicher* Pflichten gehe. Im Übrigen wird auf § 76 Abs. 4 SGB V verwiesen, dessen es so nicht bedurft hätte, wäre das Behandlungsverhältnis (sowieso) zivilrechtlicher Natur.

276

Nach einer neuen, vermittelnden Meinung, der „Theorie des modifizierten Behandlungs- und Versorgungsvertrages" kommt ein privatrechtlicher Behandlungs- oder Versorgungsvertrag bei der Inanspruchnahme von Leistungserbringern im Rahmen der

277

---

193 Jetzt auch § 3 Abs. 7 KHEntgG.
194 Vgl. § 1 Abs. 2, KHEntgG.
195 Vgl. § 1 Abs. 2 BPflV.
196 Laufs/Uhlenbruck/*Genzel*, § 93 Rn 2 spricht von „drei Grundtypen", als die der totale Krankenhausaufnahmevertrag (Rn 3), der gespaltene Krankenhausaufnahmevertrag (Rn 4) und der totale Krankenhausaufnahmevertrag mit Arztzusatzvertrag (Rn 6) genannt werden. Das erscheint wenig konsequent. Der Arztzusatzvertrag ist keine Ergänzung des totalen Krankenhausaufnahmevertrages, sondern folgt aus der Vereinbarung der ärztlichen Wahlleistungen.
197 Seit RGZ 165, 91; vgl. grundlegend BGHZ 100, 363, 365 ff.
198 BSGE 73, 271; vgl. auch *Schnapp/Düring*, NJW 1989, 2913, 2916; *Schnapp*, NZS 2001, 337; *Tiemann*, MedR 1983, 176, 181.

GKV zustande. Bei der Inanspruchnahme von *Sach*leistungen soll daneben ein Schuldbeitritt der Krankenkasse bzw. Kassenärztlichen Vereinigung erfolgen.[199]

278 In der anwaltlichen Praxis sind diese Auswirkungen gravierend: Für das Arzthaftungsrecht ist von einem Behandlungsvertrag auszugehen; problematischer ist die Situation dagegen bei Nichtzahlung der Krankenhausentgelte durch die (gesetzliche) Krankenkasse des sozialversicherten Patienten; hier bestehen regelmäßig keine Rechtsansprüche gegen den Patienten.[200] Die Ansprüche gegen die Krankenkasse sind nicht auf dem Zivilrechtsweg, sondern vor den Sozialgerichten geltend zu machen.

279 Weder beim Selbstzahler noch beim Kassenpatienten kommen beim totalen Krankenhausaufnahmevertrag **ohne Zusatzvereinbarungen** vertragliche Beziehungen zwischen dem Patienten und den Ärzten des Krankenhauses zustande mit der Folge, dass diese lediglich Erfüllungsgehilfen des Krankenhausträgers i.S.d. § 278 BGB und (heute praktisch zu vernachlässigen: unter Umständen Verrichtungsgehilfen i.S.d. § 831 BGB) sind.

2. Der gespaltene Krankenhausaufnahmevertrag

280 Von einem gespaltenen Krankenhausaufnahmevertrag spricht man, wenn die zu den allgemeinen Krankenhausleistungen gehörenden Leistungen von unterschiedlichen Schuldnern zu erbringen sind. Vor Inkrafttreten der BPflV verhielt es sich bei Selbstzahlern regelmäßig so; der Krankenhausträger schuldete Unterbringung, Verpflegung und Pflege, nicht aber ärztliche Leistungen. Über die ärztlichen Leistungen wurde zwischen dem Patienten und einem liquidationsberechtigten (meist leitenden Krankenhausarzt/Chefarzt) eine gesonderte Vereinbarung getroffen.[201]

281 Mit Inkrafttreten der Bundespflegesatzverordnung wurde diese Zweiteilung als Regelfall der stationären Behandlung von Selbstzahlern beseitigt; zu den Krankenhausleistungen gehörten und gehören auch bei Selbstzahlern die ärztliche Behandlung (§ 2 Abs. 1 S. 1 BPflV).

282 Praktische Bedeutung genießt der gespaltene Krankenhausaufnahmevertrag heute daher nur noch beim **Belegarzt** (vgl. hierzu § 19 Rn 10); gemäß § 2 Abs. 1 S. 2 KHEntgG, § 2 Abs. 1 S. 2 BPflV gehören zu den Krankenhausleistungen nämlich nicht die Leistungen der Belegärzte sowie der Beleghebammen und -entbindungspfleger. Faktisch kommen bei belegärztlicher Behandlung zwei Verträge zustande, nämlich ein Krankenhausaufnahmevertrag mit dem Krankenhausträger einerseits, der die *beleg*ärztlichen Leistungen bzw. Leistungen der Beleghebamme nicht umfasst, und ein Behandlungsvertrag mit dem Belegarzt (nicht: Belegarztvertrag; dieser Begriff wird für den Vertrag des Belegarztes mit dem Krankenhausträger verwendet) andererseits.

---

199 *Dettling*, VSSR 2006, 1 ff.
200 In der Praxis werden Ansprüche gegen die Patienten verneint; zum Teil geschieht das mit der Begründung einer Verletzung der Verpflichtung zur „wirtschaftlichen Aufklärung", vgl. z.B. OLG Köln – 5 W 72/01, VersR 2004, 651; LG Bielefeld – 1 b S 170/97, VersR 1998, 1516; OLG Stuttgart – 1 (14) U 71/01, VersR 2003, 992; OLG Hamburg – 1 U 62/01, GesR 2002, 101; generell hierzu *Michalski*, VersR 1997, 137. Generell tendiert die Rspr. mittlerweile dazu, eine Zahlungspflicht des Patienten zu verneinen, sofern dieser nicht – gezielt – falsche Angaben gemacht hat. Obwohl dem Krankenhaus kein Vergütungsanspruch gegen den Versicherten zustehen soll, soll bei trotzdem erfolgter zivilrechtlicher Verurteilung des Versicherten auf Zahlung an das Krankenhaus dieser einen Freistellungsanspruch gegenüber seiner Krankenkasse haben, LSG Rheinland-Pfalz – L 5 KR 51/02, GesR 2003, 220.
201 Vgl. dazu BGH – II ZR 78/51, NJW 1952, 658; BGH – II ZR 168/91, NJW 1962, 1763.

3. Wahlleistungen

Grundsätzlich ist das gesetzliche Vergütungssystem mit den Entgelten für die voll- und teilstationäre Behandlung abschließend (§ 17 Abs. 1 S. 1 KHEntgG: „Neben den Entgelten für die voll- und teilstationäre Behandlung dürfen andere als die allgemeinen Krankenhausleistungen als Wahlleistungen gesondert berechnet werden, wenn die allgemeinen Krankenhausleistungen durch die Wahlleistungen nicht beeinträchtigt werden und die gesonderte Berechnung mit dem Krankenhaus vereinbart ist."; vgl. auch § 22 Abs. 1 S. 2 BPflV).

283

a) Form der Vereinbarung

Gem. § 17 Abs. 2 S. 1 Hs. 1 KHEntgG sind Wahlleistungen vor der Erbringung schriftlich zu vereinbaren. Dafür reicht die bloße – einseitige – Unterzeichnung einer entsprechenden Erklärung durch den Patienten nicht aus; der BGH sieht hierin lediglich einen „schriftlichen Antrag auf Gewährung von Wahlleistungen". Wegen § 126 Abs. 2 S. 1 BGB sei das **Schriftformerfordernis** nur gewahrt, wenn alle die Wahlleistungen betreffenden Erklärungen in derselben Urkunde niedergelegt und von beiden Parteien unterzeichnet sind.[202] Fehlt es hieran, ist die Wahlleistungsvereinbarung nichtig mit der Folge, dass bereits gezahlte Entgelte zurückgefordert werden können.[203]

284

b) Unterrichtung des Patienten

Gem. § 17 Abs. 2 S. 1 Hs. 2 KHEntgG ist der Patient vor Abschluss der Vereinbarung über die Entgelte der Wahlleistungen und deren Inhalt im Einzelnen zu unterrichten, wobei wiederum Schriftform gefordert wird.

285

Lange Zeit war streitig, welchen **Inhalt** diese Unterrichtung bei wahlärztlichen Leistungen haben müsse. Als „in jedem Fall" ausreichend hat der BGH es angesehen, wenn

286

- eine kurze Charakterisierung des Inhalts wahlärztlicher Leistungen erfolge, wobei zum Ausdruck komme, dass hierdurch ohne Rücksicht auf Art und Schwere der Erkrankung die persönliche Behandlung durch die liquidationsberechtigten Ärzte sichergestellt werden solle, verbunden mit dem Hinweis darauf, dass der Patient auch ohne Abschluss einer Wahlleistungsvereinbarung die medizinisch notwendige Versorgung durch hinreichend qualifizierte Ärzte erhalte;
- eine kurze Erläuterung der Preisermittlung für ärztliche Leistungen nach der GOÄ (Leistungsbeschreibung anhand der Nummer des Gebührenverzeichnisses; Bedeutung von Punktzahl und Punktwert; Möglichkeit, den Gebührensatz je nach Schwierigkeitsgrad und Zeitaufwand zu erhöhen; Hinweis auf Gebührenminderung nach § 6a GOÄ) erfolge;
- ein Hinweis darauf erfolge, dass die Vereinbarung wahlärztlicher Leistungen eine erhebliche finanzielle Mehrbelastung zur Folge haben könne;
- ein Hinweis darauf gegeben werde, dass sich bei der Inanspruchnahme wahlärztlicher Leistungen die Vereinbarung zwingend auf alle an der Behandlung des Patienten beteiligten liquidationsberechtigten Ärzte erstrecke;

---

202 BGH – III ZR 169/97, MedR 1998, 361, 362.
203 BGH – III ZR 37/03, GesR 2003, 14 = MDR 2003, 77.

- ein Hinweis darauf erfolge, dass die Gebührenordnung für Ärzte auf Wunsch eingesehen werden könne; die ungefragte Vorlage erscheine entbehrlich.[204] Hingegen bedarf es eines „Kostenvoranschlages" für die Wahlleistungsvereinbarung nicht.[205]

287 Zudem ist der Patient darüber zu unterrichten, dass sich die Vereinbarung über wahlärztliche Leistungen auf alle liquidationsberechtigten Ärzte erstreckt, vgl. § 17 Abs. 3 S. 1 Hs. 2 KHEntgG.

c) Zeitpunkt der Vereinbarung

288 Gemäß § 17 Abs. 2 S. 1 Hs. 1 KHEntgG sind Wahlleistungen „vor der Erbringung" zu vereinbaren. Diese klare gesetzliche Regelung beinhaltet, dass rückwirkende Vereinbarungen, auch in Notfällen, unwirksam sind.

d) Angemessenheit der Vergütung

289 Gemäß § 17 Abs. 1 S. 3 KHEntgG dürfen die Entgelte für Wahlleistungen in keinem unangemessenen Verhältnis zu den Gegenleistungen stehen. Bei wahlärztlichen Leistungen ist das wegen des Verweises auf die GOÄ (§ 17 Abs. 3 S. 6 KHEntgG, § 22 Abs. 3 S. 7 BPflV) regelmäßig nicht relevant.

290 Anders stellte sich die Situation im Bereich gesondert berechenbarer Unterkunft dar; hier hat der PKV-Verband von seinem Beanstandungs- und Klagerecht gemäß § 17 Abs. 1 S. 5 KHEntgG Gebrauch gemacht. Der BGH[206] hat ein Entgelt für Wahlleistungen generell als unangemessen bezeichnet, wenn zwischen dem objektiven Wert der Wahlleistung und dem dafür zu entrichtenden Preis ein Missverhältnis bestehe; eines „auffälligen" Missverhältnisses wie bei § 138 Abs. 2 BGB (Wucher) bedürfe es nicht. Die Angemessenheit des für die Wahlleistung „Unterkunft" verlangten Entgelts (Ein- oder Zweibettzimmerzuschlag) beurteile sich maßgeblich nach Ausstattung, Lage und Größe des Zimmers sowie der Höhe des Basispflegesatzes. Hierbei stellen Rechtsprechung und Rechtspraxis auf die Ausstattung der übrigen Zimmer des Krankenhauses ab, was nicht unproblematisch ist.

291 Zwischen PKV-Verband und zahlreichen Krankenhausträgern bestehen noch Differenzen, zum Teil Verfahren vor den Zivilgerichten, um die Angemessenheit von den Krankenhäusern berechneter Ein- oder Zweibettzimmerzuschläge. Hieraus resultieren auch nicht unerhebliche bilanzrechtliche Probleme der Krankenhäuser sowie der ihre Abschlüsse testierenden Wirtschaftsprüfer.

e) Schuldner der Wahlleistungen

292 Wahlleistungsvereinbarungen werden zwischen dem Krankenhausträger einerseits und dem Patienten andererseits geschlossen. Vertragspartner wahlärztlicher Leistungen wird insbesondere nicht der liquidationsberechtigte Arzt.

293 Das bedeutet, dass sich der Krankenhausträger bei der Vereinbarung wahlärztlicher Leistungen zunächst verpflichtet, diese Leistungen nicht durch irgendeinen seiner Ärzte, sondern durch einzelne in der Wahlleistungsvereinbarung genannte Ärzte erbringen zu lassen. Die wirksame Vereinbarung wahlärztlicher Leistungen ohne sonstige Vereinbarungen führt also dazu, dass der Krankenhausträger seinerseits hierfür neben den all-

---

204 BGH – III ZR 37/03, GesR 2004, 55 = BGH-Report 2004, 205.
205 BGH – III ZR 375/02, GesR 2004, 139; weiter differenzierend BGH – III ZR 201/04, GesR 2005, 75.
206 BGH – III ZR 158/99, MedR 2000, 592.

gemeinen Krankenhausleistungen „zusätzlich" liquidieren darf. Wegen § 17 Abs. 3 S. 7 KHEntgG ist er hierzu allerdings an die GOÄ gebunden.

f) Wahlärztliche Leistungen

Die Vereinbarung wahlärztlicher Leistungen bedeutet, dass diese Leistungen von bestimmten, in der Wahlleistungsvereinbarung benannten Ärzten oder deren Vertretern erbracht werden.

294

Die Vereinbarung über wahlärztliche Leistungen erstreckt sich zwingend auf alle an der Behandlung des Patienten beteiligten Angestellten oder beamteten Ärzte des Krankenhauses, soweit diesen ein Liquidationsrecht eingeräumt ist einschließlich der von diesen Ärzten veranlassten Leistungen von Ärzten und ärztlich geleiteten Einrichtungen außerhalb des Krankenhauses (§ 17 Abs. 3 S. 1 KHEntgG).

295

Aus der Vereinbarung der wahlärztlichen Leistungen resultiert noch kein Liquidationsanspruch eines liquidationsberechtigten Arztes. Vielmehr bedarf es hierzu „zusätzlich" des Abschlusses eines Vertrages zwischen Patient und liquidationsberechtigtem Arzt; diesen Vertrag bezeichnet man als **Arztzusatzvertrag**. Voraussetzung eines wirksamen Arztzusatzvertrages ist stets, dass zwischen Krankenhausträger und Patient eine wirksame Vereinbarung über wahlärztliche Leistungen zustande gekommen ist.[207] Ist das nicht der Fall, steht auch dem behandelnden Arzt trotz eines mündlich geschlossenen Arztzusatzvertrages wegen der zwingenden gesetzlichen Regelungen kein Vergütungsanspruch zu.[208]

296

g) Wahlleistung Unterbringung

Die Vereinbarungen über gesondert berechenbare Unterkunft erstrecken sich auf Ein- oder Zweibettzimmer. Sie müssen angemessen sein. Im Übrigen darf die Vereinbarung über gesondert berechenbare Unterkunft nicht von einer Vereinbarung über sonstige Wahlleistungen abhängig gemacht werden (§ 17 Abs. 4 KHEntgG).

297

h) Sonstige „Wahlleistungen"

Hier kommen insbesondere Vereinbarungen über Zurverfügungstellung und/oder Nutzung von Fernsprecheinrichtungen, Fernsehen u.ä. in Betracht. Die vorstehenden Ausführungen, insbesondere zur Angemessenheit, gelten entsprechend.

298

VI. Abrechnung stationärer Krankenhausleistungen – Fehlbelegung

Der Anspruch auf Krankenbehandlung umfasst gem. § 27 Abs. 1 S. 2 Nr. 5 SGB V auch die Gewährung von Krankenhausbehandlung. Die Krankenhausbehandlung ist eine Regelleistung, auf die bei Vorliegen der gesetzlichen, insbesondere in § 39 SGB V bestimmten Voraussetzungen ein Rechtsanspruch besteht, den die Krankenkasse aufgrund des Versicherungsverhältnisses mit ihrem Mitglied diesem gegenüber zu erfüllen hat.

299

---

[207] Vgl. zur Abgrenzung zwischen privater ambulanter Chefarztbehandlung und stationärer Krankenhausbehandlung mit privatem Arztzusatzvertrag und ihrer haftungsrechtlichen Bedeutung BGH – VI ZR 66/05, GesR 2006, 269.
[208] BGH – III ZR 169/97, MedR 1998, 361.

§ 29 Krankenhausplanung, Krankenhausfinanzierung, Versorgungsverträge

1. Rechtsverhältnis zwischen Patient, Krankenhaus und Krankenkasse

300 Bei der Behandlung von Versicherten nach dem SGB V besteht ein Dreiecksverhältnis zwischen dem Patienten, dessen Krankenkasse und dem behandelnden Krankenhaus. Die Rechtsprechung unterscheidet zwischen dem Behandlungsverhältnis zwischen Krankenhaus und Patient und dem Abrechnungsverhältnis zwischen Krankenhaus und Krankenkasse.[209] Der Patient schließt mit dem Krankenhaus einen Behandlungsvertrag, der sich auf seine Behandlung im Krankenhaus erstreckt. Dem Patienten werden im Rahmen des Behandlungsverhältnisses bei Leistungsstörungen die Rechtsbehelfe des Bürgerlichen Rechts gewährt. Ansprüche des Patienten gegen das Krankenhaus aus dem Behandlungsverhältnis sind auf dem Zivilrechtsweg geltend zu machen. Davon getrennt zu sehen ist das Abrechnungsverhältnis zwischen dem Krankenhaus und der gesetzlichen Krankenversicherung des Patienten. Die Abrechnungsbeziehung ist sozialversicherungsrechtlicher und damit öffentlich-rechtlicher Natur.[210] Für Rechtsstreitigkeiten sind die Sozialgerichte nach § 51 Abs. 1 S. 1 Nr. 2 SGG zuständig.

301 Folge der Abkoppelung des Honoraranspruchs eines Krankenhausträgers bei gesetzlich versicherten Patienten von dem geschlossenen zivilrechtlichen Behandlungsvertrag ist, dass das Krankenhaus Honoraransprüche gegen diesen Personenkreis grundsätzlich nicht geltend machen kann. Diese richten sich ausschließlich und unmittelbar gegen die Krankenkasse.[211]

302 Auch die weit verbreitete sog. „Selbstzahlerklausel" in den Allgemeinen Geschäftsbedingungen des Behandlungsvertrages kann keinen unmittelbaren Anspruch gegen den gesetzlich krankenversicherten Patienten begründen. Die Rechtsprechung lehnt bislang grundsätzlich Direktansprüche des Krankenhauses gegen den Kassenpatienten ab, wenn die Krankenkasse aus sozialversicherungsrechtlichen Gründen die Kostenübernahme verweigert.[212] Eine Zahlungsverpflichtung des sozialversicherten Patienten im Rahmen Allgemeiner Geschäftsbedingungen des Krankenhausaufnahmevertrages wäre unwirksam. Die in den Allgemeinen Geschäftsbedingungen der Krankenhäuser enthaltene „Selbstzahlerklausel" kann sich nur auf Wahlleistungen oder sonstige, nicht im GKV-Leistungskatalog enthaltene Handlungen oder Leistungen beziehen.

303 Nach einem Urteil des saarländischen Oberlandesgerichts kann im Rahmen Allgemeiner Geschäftsbedingungen eine Zahlungsverpflichtung auch für den Fall wirksam vereinbart werden, dass der Patient im Zeitpunkt der Behandlung weder gesetzlich krankenversichert noch sozialhilfeberechtigt ist und daher eine Kostenübernahme durch die Krankenversicherung oder Sozialhilfe von vornherein nicht in Betracht kommt.[213]

304 Der BGH hat entschieden, dass Krankenhäuser Patienten ohne Versicherungsschutz auf Zahlung der Behandlungskosten in Anspruch nehmen können.[214] Das gilt nach Ansicht des BGH selbst dann, wenn beide Vertragsparteien bei Abschluss des Behandlungsvertrages irrtümlich vom Bestehen eines Versicherungsschutzes ausgegangen sind. Der Patient trägt das Risiko, dass die Behandlungskosten durch eine wirksame Krankenver-

---

209 BGHZ 89, 250, 256; BSG – 3 RK 2/96, KRS 96.043; BSG – B 3 KR 6/99 R, KRS 99.011.
210 BSG – 3 KR 2/96, KRS 96.043.
211 BGH – III ZR 223/97, NJW 1999, 858; BGHZ 89, 250, 256.
212 OLG Köln – 27 U 110/89, NJW 1990, 1537, 1538; OLG Düsseldorf – 15 U 123/95, OLG-Report Düsseldorf 1996, 215; LG Bremen – 9 O 164/1990, NJW 1991, 2353.
213 OLG Saarbrücken – 1 U 771/99-191, NJW 2001, 1798, 1799.
214 BGHZ 163, 42 = NJW 2005, 2069 ff.

sicherung abgedeckt sind. Das Krankenhaus muss sich auf Angaben des Patienten zur Krankenversicherung verlassen dürfen.

Leistungserbringern stehen bei der Behandlung nicht versicherter, mittelloser Notfallpatienten grundsätzlich **Ersatzansprüche gegen den Sozialhilfeträger** aus § 25 SGB XII (vormals § 121 BSHG) und § 19 VI SGB XII (vormals § 28 Abs. 2 BSHG) zu. Allerdings obliegt ihnen im Streitfall die materielle Beweislast für die **sozialhilferechtliche Hilfsbedürftigkeit** des Patienten als Anspruchsvoraussetzung (vgl. §§ 2 und 19 SGB XII, vormals §§ 2 und 28 BSHG). Ein Krankenhausträger machte daher einen **Entschädigungsanspruch gegen die BRD nach staatshaftungsrechtlichen Grundsätzen** geltend. Zur Begründung trug er vor, die gesetzlichen Regelungen verletzten ihn in seinem grundrechtlich geschützten Eigentum, wenn er durch die Strafandrohung wegen unterlassener Hilfeleistung (§ 323c StGB) gezwungen werde, auch bei zweifelhafter Zahlungsfähigkeit des Patienten in medizinischen Notfällen Behandlungsleistungen zu erbringen. Der III. Zivilsenat des BGH folgte dem nicht.[215] Dabei ließ er offen, ob die gesetzlichen Bestimmungen den klagenden Krankenhausträger unzumutbar beeinträchtigen. Das geltende Staatshaftungsrecht biete jedenfalls keine Möglichkeit, einen solchen Anspruch zu gewähren, und die versagende Entscheidung des Gesetzgebers könne auch nicht im Wege richterrechtlicher Rechtsfortbildung korrigiert werden.

305

2. Abrechnung mit den Krankenkassen

a) Rechtsgrundlage des Vergütungsanspruchs der Krankenhäuser

Rechtsgrundlage des Vergütungsanspruchs der Krankenhäuser gegenüber den gesetzlichen Krankenkassen ist § 109 Abs. 4 SGB V.[216] § 109 Abs. 1 bis 3 SGB V regelt, unter welchen Voraussetzungen ein Versorgungsvertrag zwischen den Landesverbänden der Krankenkassen und den Verbänden der Ersatzkassen gemeinsam und dem Krankenhausträger zustande kommt. Bei Hochschulkliniken und Krankenhäusern, die in den Krankenhausplan aufgenommen sind, wird der Abschluss eines Versorgungsvertrages gem. § 109 Abs. 1 S. 2 SGB V fingiert. Nach § 109 Abs. 4 SGB V wird das Krankenhaus für die Dauer des Versorgungsvertrages zur Krankenhausbehandlung der Versicherten zugelassen. Die Krankenkassen sind verpflichtet, mit dem Krankenhausträger Pflegesatzverhandlungen nach Maßgabe des KHG, des KHEntgG und der BPflV zu führen und die sich dabei ergebenden Pflegesätze unmittelbar dem Krankenhaus zu zahlen. Im Rahmen seines Versorgungsauftrages ist das zugelassene Krankenhaus zur Krankenhausbehandlung i.S.d. § 39 SGB V der Versicherten verpflichtet.

306

Details der Leistungsabwicklung zwischen Krankenhaus und Krankenkasse enthalten die **Verträge nach § 112 Abs. 2 SGB V**. Diese regeln insbesondere die allgemeinen Bedingungen der Krankenhausbehandlung einschließlich der Aufnahme und der Entlassung der Versicherten, Kostenübernahme, Abrechnung der Entgelte, Berichte und Bescheinigungen sowie die Überprüfung der Notwendigkeit und Dauer der Krankenhausbehandlung, § 112 Abs. 2 S. 1 Nr. 1 und 2 SGB V. Diese Verträge sind gem. § 112 Abs. 2 S. 2 SGB V für die Krankenkassen und die zugelassenen Krankenhäuser im Land unmittelbar verbindlich. Für sie gilt das „Tatortprinzip", d.h. eine Krankenkasse muss einen solchen Vertrag auch gegen sich gelten lassen, wenn sie selbst in dem Bundesland, in dem die stationäre Behandlung stattfindet, nicht vertreten ist.

307

---

215 BGH – III ZR 330/04, MedR 2005, 469 ff.
216 BSG – B 3 KR 33/99 R, KRS 00.019; BSG – B 3 KR 11/01 R, KRS 01.039.

b) Stationäre Behandlungsbedürftigkeit und Überprüfung durch die Krankenkassen

308 Gemäß § 39 Abs. 1 S. 2 SGB V hat der Versicherte gegenüber seiner Krankenkasse Anspruch auf Krankenhausbehandlung in einem zugelassenen Krankenhaus. Wird dieser Anspruch durch ein Krankenhaus befriedigt, steht diesem bereits allein aufgrund der Inanspruchnahme der Leistung durch den Versicherten ein Zahlungsanspruch gegen die Krankenkasse zu. Die Krankenkasse ist bei einem zugelassenen Krankenhaus i.S.d. §§ 108, 109 SGB V als Korrelat zu dessen Behandlungspflicht auch ohne zusätzliche vertragliche Vereinbarung verpflichtet, die normativ festgelegten Entgelte zu zahlen, sofern die Versorgung im Krankenhaus erforderlich ist.[217]

309 Die Leistungspflicht der Krankenkassen besteht aber nicht uneingeschränkt für jede Art medizinischer Versorgung; alle Behandlungsformen, auch solche im Krankenhaus, müssen den in §§ 2 Abs. 1, 12 Abs. 1 und 28 Abs. 1 SGB V für die gesamte GKV festgelegten Qualitäts- und Wirtschaftlichkeitskriterien genügen. Werden z.B. im Rahmen einer stationären Behandlung klinische Studien durchgeführt, soll keine Zahlungspflicht der Krankenkassen bestehen, da sie vom üblichen Behandlungsmuster abweichen und in der Regel einen systematischen Heilbehandlungsversuch darstellen, bei denen die Untersuchungs- und/oder Behandlungsmethoden mit wissenschaftlicher Begleitung geprüft werden; der klinische Versuch sei dadurch gekennzeichnet, dass er gerade nicht die Standardbehandlung darstelle und folglich auch nicht dem Maßstab des § 2 Abs. 1 S. 3 SGB V entsprechen könne.[218]

310 Entsprechend dem Grundgedanken des § 39 Abs. 1 S. 2 SGB V ist für die **Notwendigkeit der Krankenhausbehandlung** zunächst die Beurteilung des Krankenhausarztes maßgeblich. In dem sog. „Krankenhauswanderer"-Urteil hatte das BSG dem Krankenhausarzt eine „Schlüsselstellung" zugestanden und zur Begründung ausgeführt, dass das zugelassene Krankenhaus und dessen Ärzte aufgrund des Sachleistungsprinzips gesetzlich ermächtigt sind, mit Wirkung für die Krankenkasse über die Aufnahme sowie die erforderlichen Behandlungsmaßnahmen und damit konkludent auch über den Leistungsanspruch des Versicherten zu entscheiden.[219] In einer Folgeentscheidung aus Dezember 2001 wertet das BSG die Beurteilung des aufnehmenden Krankenhausarztes als Anscheinsbeweis für die Krankenhausbehandlungsbedürftigkeit des Versicherten und somit auch für die Pflicht der Krankenkasse, die anfallende Vergütung zu entrichten.[220] Das BSG begründet den Anscheinsbeweis der stationären Behandlungsbedürftigkeit damit, dass der Entscheidung des Krankenhausarztes in der Regel die Beurteilung des behandelnden einweisenden Arztes zugrunde liegt, der eine ambulante Behandlung (ebenfalls) nicht mehr für ausreichend hält, also eine zweite ärztliche Meinung außerhalb des Krankenhauses vorliegt.

311 Einwände gegen die Erforderlichkeit bzw. Dauer der stationären Behandlung darf die Krankenkasse nur substantiiert und einzelfallbezogen geltend machen.[221] Die Krankenkasse kann den Anscheinsbeweis der Krankenhausbehandlungs-bedürftigkeit nicht mit dem pauschalen Hinweis auf angeblich zu lange Verweildauern erschüttern. Vor Ein-

---

217 BSG – B 3 RK 2/96, KRS 96.043; BSG – B 3 KR 33/99 R, KRS 00.019; BSG – B 3 KR 11/01 R, KRS 01.039.
218 BSGE 93, 137 = MedR 2005, 305 ff.
219 BSG – B 3 KR 2/96, KRS 96.043.
220 BSG – B 3 KR 11/01 R, KRS 01.039.
221 BSG – B 3 KR 11/01 R, KRS 01.039.

schaltung des MDK darf die Krankenkasse fehlende Plausibilitäten im konkreten Einzelfall einwenden, beispielsweise bei Diskrepanzen zwischen Aufnahmediagnose und Verweildauer, ungewöhnlich langer Verweildauer bei Standardbehandlungen oder bei einer stationären Aufnahme in Behandlungsfällen, die üblicherweise ambulant durchgeführt werden. So wäre der Hinweis der Krankenkasse darauf, dass ein bestimmter Eingriff im Katalog ambulanter Operationen i.S.d § 115b SGB V enthalten ist, als substantiierte und einzelfallbezogene Einwendung ausreichend.[222] Nach Geltendmachung solcher Einwendungen ist das Krankenhaus zu weiteren medizinischen Angaben bzgl. Erforderlichkeit bzw. Dauer der stationären Behandlung, z.B. in Form eines Kurzberichts, verpflichtet. Reichen der Kasse die Angaben des Krankenhauses nicht aus und will sie eine ablehnende Leistungsentscheidung treffen, kann diese nicht ohne eine vorherige Begutachtung durch den MDK ergehen.[223]

312 Mit Stellungnahmen von eigenen oder externen Beratungsärzten, die nicht dem MDK zugehörig sind, darf eine Krankenkasse die stationäre Behandlung nicht überprüfen. Dies folgt bereits aus der gesetzlichen Verpflichtung der Krankenkassen, bei der Prüfung von Krankheitsverläufen eine gutachterliche Stellungnahme des MDK einzuholen, §§ 275 Abs. 1 Nr. 1, 276 Abs. 4 SGB V.[224]

313 Höchstrichterlich ist mittlerweile geklärt, dass den Krankenkassen ein unmittelbares **Einsichtnahmerecht in die Krankenbehandlungsunterlagen** nicht zusteht und sie insoweit auf ein Tätigwerden des MDK angewiesen sind. § 301 SGB V zählt aus datenschutzrechtlichen Gründen abschließend auf, welche Angaben den Krankenkassen bei einer Krankenhausbehandlung ihrer Versicherten zu übermitteln sind; dazu gehören Krankenhausbehandlungsunterlagen nicht.[225] Auch § 100 Abs. 1 S. 1 Nr. 1, S. 3 SGB X kommt als Anspruchsgrundlage für die Einsichtnahme in Behandlungsunterlagen der Versicherten nicht in Betracht, da danach die Krankenhäuser verpflichtet sind, im Einzelfall den Krankenkassen auf Verlangen Auskunft zu erteilen, sofern es für die Durchführung ihrer Aufgaben nach dem Sozialgesetzbuch erforderlich und gesetzlich zugelassen ist. Die Übermittlung von Behandlungsunterlagen wird hiervon aber nicht erfasst, denn der Begriff „Auskunft" ist bereits seinem Wortsinn nach etwas anderes als „die Herausgabe der Unterlagen". Eine andere Vorschrift, die eine Übermittlung der Behandlungsunterlagen an die Krankenkassen ausdrücklich vorschreibt, ist nicht ersichtlich.[226]

314 Den Anscheinsbeweis der stationären Behandlungsbedürftigkeit können Krankenkassen nicht mit pauschalen Einwendungen des MDK erschüttern. In der Praxis finden sich in MDK-Stellungnahmen nicht selten pauschale Behauptungen dergestalt, dass die durchgeführte Behandlung insgesamt oder ab einem bestimmten Zeitpunkt auch ambulant hätte durchgeführt werden können, ohne dass diese Auffassung näher begründet wird. Vor dem Hintergrund der Tatsache, dass nach der Rechtsprechung des BSG die Beurteilung des Krankenhausarztes prima facie der Beweis für die Notwendigkeit des stationären Aufenthaltes ist und dieser Beweis des ersten Anscheins nur durch substan-

---

222 *Pilz*, NZS 2003, 350, 354.
223 Krauskopf/*Baier*, § 275 Rn 2; *Meschke/Dahm*, MedR 2002, 346, 350.
224 BSG – B 3 KR 11/01 R, KRS 01.039; SG Duisburg, Urt. v. 10.8.2001 – S 9 KR 227/00, n.v.; *Meschke/Dahm*, MedR 2002, 346, 351 f.
225 BSG – B 3 KR 64/01 R, KRS 02.024 unter Hinweis auf BT-Drucks 12/3603, 112.
226 BSG – B 3 KR 64/01 R, KRS 02.024.

tiierte Einwendungen im Einzelfall zu erschüttern ist, kann eine Krankenkasse mit einem derartig pauschalen Einwand nicht gehört werden.[227]

315 Nach bisheriger Rechtsprechung des 3. Senats des BSG war eine Krankenhausbehandlung nicht erst dann i.S.v. § 39 SGB V notwendig, wenn sie aus rückblickender Betrachtung zur Behandlung der vorliegenden Erkrankung unverzichtbar war. Die Krankenkassen sollten sich nicht darauf beschränken, die Notwendigkeit einer Krankenhausbehandlung im Nachhinein aus ihrer Sicht zu beurteilen und bei abweichendem Ergebnis die Bezahlung zu verweigern. Als notwendig anzusehen war eine Krankenhausbehandlung vielmehr stets dann, wenn sie aus der **vorausschauenden Sicht des Krankenhausarztes** unter Zugrundelegung der im Entscheidungszeitpunkt bekannten oder erkennbaren Umstände **vertretbar** war, d.h. nicht im Widerspruch zur allgemeinen oder besonderen ärztlichen Erfahrung stand oder medizinische Standards verletzte. Standen mehrere Behandlungsalternativen zur Verfügung, so war dem entscheidenden Krankenhausarzt auch ein therapeutischer Spielraum einzuräumen, sofern nicht eine bestimmte Behandlungsmethode unter wirtschaftlichen Gesichtspunkten eindeutig den Vorzug verdiente. Im Zweifel blieb die Entscheidung des behandelnden Krankenhausarztes maßgebend, weil er die zivilrechtliche und strafrechtliche Verantwortung für sein Handeln zu tragen hat (sog. **Einschätzungsprärogative**).[228]

316 In einer anderen Entscheidung hatte das BSG (in einem **psychiatrischen Behandlungsfall**) klargestellt, dass die Entscheidung, ob ein Versicherter in einem Krankenhaus versorgt werden muss, ein die Einweisung ins Krankenhaus verordnender niedergelassener Arzt oder ein die Aufnahme ins Krankenhaus anordnender Krankenhausarzt stets nur mit Blick auf die in Betracht kommenden Behandlungsalternativen treffen kann.[229] Dies gelte in gleicher Weise bei der Entscheidung des Krankenhausarztes, ob ein bereits stationär untergebrachter Patient bei fortdauernder Behandlungsbedürftigkeit weiterhin im Krankenhaus zu behandeln sei oder entlassen werden könne, weil die erforderliche medizinische Versorgung außerhalb des Krankenhauses sichergestellt sei. Das Erfordernis einer konkreten Betrachtungsweise bedeutet, dass es nicht ausreicht, von theoretisch vorstellbaren, besonders günstigen Sachverhaltskonstellationen auszugehen, die den weiteren Krankenhausaufenthalt entbehrlich erscheinen lassen, sondern dass zu prüfen ist, welche ambulanten Behandlungsalternativen konkret zur Verfügung stehen. Die Problematik werde besonders deutlich, wenn ein Patient aufgrund seines körperlichen, geistigen oder seelischen Gesundheitszustandes einstweilen oder auf Dauer nicht mehr in die eigene Wohnung zurückkehren kann, in der er vor dem Krankenhausaufenthalt gelebt hat. Eine Entlassung komme in solchen Fällen erst in Betracht, wenn geklärt sei, wo der weiterhin behandlungsbedürftige Patient nach der Entlassung – wenn auch möglicherweise nur vorübergehend – leben bzw. wohnen könne und ob dort die notwendige medizinische Versorgung sichergestellt sei. Solange dies nicht geklärt sei, sondern nur theoretische Möglichkeiten im Raum stünden, könne ein Patient nicht aus dem Krankenhaus entlassen werden; die stationäre Behandlung sei dann weiterhin „erforderlich" i.S.d. § 39 Abs. 1 SGB V. Die Entscheidung sei aus der vorausschauenden Sicht des Krankenhausarztes unter Zugrundelegung der im Entscheidungszeitpunkt bekannten oder auch nur erkennbaren Umstände zu beurteilen. Die

---

227 SG Dortmund v. 27.3.2003 – S 40 (41) KR 219/02, n.v.; SG Dortmund v. 14.3.2003 – S 44 KR 28/02, n.v.; SG Dortmund v. 4.12.2002 – S 40 (41) KR 257/01, n.v.
228 BSG – B 3 KR 30/04 R, GesR 2005, 466; BSG – B 3 KR 40/04 R, SGb 2005, 691 f.
229 BSGE 92, 300 = NZS 2005, 366 ff.

Prognoseentscheidung sei nur dann nicht vertretbar, wenn sie im Widerspruch zu allgemeinen oder besonderen ärztlichen Erfahrung steht oder medizinische Standards verletzt.[230]

Das BSG hatte weiter in dem vorgenannten Urteil entschieden, dass der Versicherte zu den in Betracht kommenden **ambulanten Behandlungsalternativen**, die konkret und nachprüfbar zu benennen seien, gem. **§ 24 SGB X anzuhören** sei und dass der dann ggf. ergehende ablehnende Verwaltungsakt (§§ 31, 35 SGB X) mit einer Rechtsbehelfsbelehrung (§ 36 SGB X) zu versehen sei, selbst wenn über die erstmalige Bewilligung der Krankenhauspflege kein Verwaltungsakt erteilt worden sei. Nur so sei sichergestellt, dass der Versicherte den Anspruch auf eine von ihm und den beteiligten Ärzten für notwendig erachtete weitere Krankenhausbehandlung in der gebotenen Form verfolgen könne. Nicht ausreichend sei es, lediglich den MDK um ein Gutachten zu bitten und anschließend das Krankenhaus über die Ablehnung des Antrags auf weitere Kostenübernahme zu unterrichten, ohne den Versicherten hierzu anzuhören und ihm einen Bescheid über die Ablehnung des Antrags zu erteilen.[231]

317

Abweichend vom 3. Senat steht der 1. Senat auf dem Standpunkt, dass dem behandelnden Krankenhausarzt keine Einschätzungsprävogative zusteht. Nach seiner Auffassung entscheidet allein die Krankenkasse und nicht der Leistungserbringer darüber, ob den Versicherten ein Anspruch auf Krankenhausbehandlung zusteht oder nicht. Aus einer nachträglichen Auswertung der Krankenakte könne sich entgegen der Auffassung des 3. Senats durchaus ergeben, dass einer unzutreffenden, aber medizinisch subjektiv „noch vertretbaren" Einschätzung der Krankenhausärzte nicht zu folgen sei. Es komme vorrangig auf objektive Maßstäbe an, deren Einhaltung auch im Nachhinein gerichtlich überprüft werden könne. Der 1. Senat hatte den ihm zur Entscheidung vorliegenden Fall aufgrund der bestehenden Diskrepanz in den Rechtsauffassungen nicht abschließend entschieden, sondern nach § 41 Abs. 2 SGG beim 3. Senat angefragt, ob dieser an seiner Rechtsauffassung festhalte.[232] Da der 3. Senat dies bestätigte, wurde diese Rechtsfrage dem Großen Senat des BSG vorgelegt, der sich in seiner Entscheidung am 26.9.2007 der Auffassung des 1. Senats anschloss und Folgendes ausführte:

318

1. Ob einem Versicherten vollstationäre Krankenhausbehandlung zu gewähren ist, richtet sich nach medizinischen Erfordernissen. Reicht nach den Krankheitsbefunden eine ambulante Therapie aus, so hat die Krankenkasse die Kosten des Krankenhausaufenthaltes auch dann nicht zu tragen, wenn der Versicherte aus anderen, nicht mit der Behandlung zusammenhängenden Gründen eine spezielle Unterbringung oder Betreuung benötigt und wegen des Fehlens einer geeigneten Einrichtung vorübergehend im Krankenhaus verbleiben muss.

2. Ob eine stationäre Krankenhausbehandlung aus medizinischen Gründen notwendig ist, hat das Gericht im Streitfall uneingeschränkt zu überprüfen. Es hat dabei von dem im Behandlungszeitpunkt verfügbaren Wissens- und Kenntnisstand des verantwortlichen Krankenhausarztes auszugeben. Eine „Einschätzungsprärogative" kommt dem Krankenhausarzt nicht zu.

---

230 BSGE 94, 139; BSGE 94, 161; BSG – B 3 KR 40/04 R, SGb 2005, 691 f. (allesamt zur Notwendigkeit stationärer Krankenhausbehandlung bei psychiatrischer Erkrankung).
231 In späteren Urteilen, die sich ebenfalls mit langfristigen psychiatrischen Krankenhausbehandlungen befassten (vgl. vorhergehende Fußnote), hat das BSG sich nicht mehr in diesem Sinne geäußert; möglicherweise handelte es sich also um eine Ausreißerentscheidung. Kritisch zu diesem Urteil auch *Ulmer*, NZS 2005, 456, 458.
232 BSG, Beschl. v. 4.4.2006 – B 1 KR 32/04 R, GesR 2006, 472.

Zukünftig wird die Notwendigkeit stationärer Behandlungen allein anhand objektiver Kriterien zu überprüfen sein, wobei Grundlage nur die zu Behandlungszeitpunkt bekannten Umstände sein können; eine nachträgliche Betrachtungsweise ist nach wie vor unzulässig.

319 Das Überprüfungsverfahren unter Einschaltung des MDK war nach bisheriger Ansicht des BSG nur bis zum Fälligwerden der geforderten Vergütung möglich.[233] Nach Treu und Glauben darf eine Überprüfung nur erfolgen, solange sich das Krankenhaus hierauf einstellen kann und muss. Der MDK-Gutachter soll nachträglich nicht allein auf schriftliche Dokumentationen angewiesen sein, sondern vor allem die anschauliche Beurteilung des laufenden Falles oder die frische Erinnerung des behandelnden Krankenhausarztes nutzen. Auf diese Weise sollen aufkommende Zweifel möglichst rasch und unbürokratisch ausgeräumt werden. Ein solches Verfahren kann im Betrieb eines Krankenhauses typischerweise nicht noch lange Zeit nach Abschluss des jeweiligen Behandlungsfalles nachgeholt werden, weil die anschauliche Erinnerung, insbesondere des behandelnden Arztes, nachlässt. Damit verschlechtert sich die Beweislage des Krankenhauses und erhöht seinen Aufwand. Das BSG hält daher die Einleitung des Verfahrens unter Einschaltung des MDK spätestens dann für notwendig, wenn die Krankenkasse nach Vorlage der Rechnung und dem Fälligwerden der Vergütung Zweifel an der Behandlungsnotwendigkeit hat.[234] Selbst wenn zu einem späteren Zeitpunkt mittels MDK substantiierte Einwände gegen die Verweildauer oder die stationäre Behandlungsbedürftigkeit erhoben werden, ist das Sozialgericht nicht verpflichtet, den Sachverhalt von Amts wegen (§ 103 S. 1 Hs. 1 SGG) weiter aufzuklären, denn dies geschähe zu einem Zeitpunkt, in dem sich die Beweislage zu Ungunsten des Krankenhauses aus von der Krankenkasse zu vertretenden Gründen weiter verschlechtert hat.[235]

320 Die Frage, ob das auf Grundlage des Berliner Vertrages nach § 112 Abs. 2 S. 1 Nr. 2 SGB V getroffene Urteil des BSG auch in allen anderen Bundesländern gilt, war unter der Voraussetzung zu bejahen, dass sich aus dem jeweiligen Sicherstellungsvertrag das grundsätzliche Erfordernis der Überprüfung durch den MDK noch im Verlauf der Krankenhausbehandlung ergab[236] oder zumindest den vertraglichen Regelungen im Zusammenhang zu entnehmen war, dass den Vertragsparteien an einem beschleunigten Überprüfungsverfahren gelegen war. In einer späteren Entscheidung hat das BSG allerdings von dem Erfordernis der zeitnahen Beauftragung des MDK für den Fall Abstand genommen, dass ein Sicherstellungsvertrag i.S.d. § 112 Abs. 2 SGB V fehlt. Das BSG stellt in dieser Entscheidung auf die Regelung in der Pflegesatzvereinbarung des klagenden Krankenhauses ab. Da diese keine Ausschlussfrist vorsah und der beklagten Krankenkasse keine Verletzung für das Prüfungsverfahren maßgebender Vereinbarungen auf Landesebene vorzuwerfen war, die eine nachträgliche Durchführung einer solchen Prüfung als rechtsmissbräuchlich erscheinen ließe, war es der beklagten Krankenkasse freigestellt, das Prüfverfahren unter Einschaltung des MDK nachzuholen.[237] In einer neueren Entscheidung bestätigt das BSG, dass Fälle denkbar sind, in denen die Krankenkasse an der Geltendmachung von Einwendungen gegen die stationäre Behandlungsbedürftigkeit aus Rechtsgründen gehindert ist, weil die Berufung auf Einwendungen gegen Treu und Glauben verstößt und damit rechtsmissbräuchlich wäre.

---

233 BSG – B 3 KR 11/01, KRS 01.039.
234 BSG – B 3 KR 11/01, KRS 01.039; SG Dortmund, Urt. v. 15.8.2002 – S 13 (41) KR 393/01, n.v.
235 SG Dortmund, Urt. v. 15.8.2002 – S 13 (41) KR 393/01, n.v.
236 *Pilz*, NZS 2003, 350, 356.
237 BSG – B 3 KR 10/02 R, GesR 2003, 318, bezogen auf eine Krankenhausbehandlung in Sachsen-Anhalt.

Dies sei allerdings nur in gravierenden Fällen vertragswidrigen Verhaltens anzunehmen. Der 3. Senat habe bislang nur einmal eine solche Konstellation angenommen, nämlich in der Entscheidung vom 13.12.2001 zu den „Berliner Fällen".[238] In derselben Entscheidung hat das BSG mögliche **Verstöße des MDK** gegen Vereinbarungen im (saarländischen) Sicherstellungsvertrag als unerheblich eingestuft, da sich die **Krankenkasse ein Verschulden nicht zurechnen lassen** müsse.

Mit dem GKV-Wettbewerbsstärkungsgesetz[239] hat der Gesetzgeber die zeitnahe Prüfung durch den MDK gesetzlich festgeschrieben. Zum 1.4.2007 ist § 275 SGB V um den Abs. 1c ergänzt worden. Danach ist die MDK-Prüfung spätestens sechs Wochen nach Eingang der Abrechnung bei der Krankenkasse einzuleiten und durch den MDK dem Krankenhaus anzuzeigen. Falls die Prüfung nicht zu einer Minderung des Abrechnungsbetrages führt, hat die Krankenkasse dem Krankenhaus eine Aufwandspauschale in Höhe von 100 EUR zu entrichten.

c) Abgrenzung ambulante, stationäre und teilstationäre Behandlung

Eine **stationäre Behandlung** liegt vor, wenn der Patient über Nacht im Krankenhaus bleibt. Nur dann liegt eine physische und organisatorische Eingliederung in das spezifische Versorgungssystem des Krankenhauses vor. Ein nur **ambulanter Eingriff** findet statt, wenn der Patient vor und die Nacht nach dem Eingriff nicht im Krankenhaus verbringt.[240] Ist das der Fall, liegt auch keine **teilstationäre Behandlung** vor. Bei der teilstationären Behandlung ist die Inanspruchnahme des Krankenhauses zwar ebenfalls zeitlich beschränkt. Diese Form der stationären Behandlung erfolgt insbesondere bei Unterbringung der Patienten in Tages- und Nachtkliniken. Kennzeichnend ist hier eine zeitliche Beschränkung auf die Behandlung tagsüber, bei der die Nacht zu Hause verbracht wird (Tageskliniken), oder auf die Behandlung abends und nachts, bei der der Patient sich tagsüber in seinem normalen Umfeld bewegt (Nachtkliniken). Aus der zeitlichen Beschränkung im praktischen Anwendungsbereichen wird erkennbar, dass die teilstationäre Behandlung zwar keine „Rund-um-die-Uhr-Versorgung" der Patienten darstellt, sich die Behandlung aber auch nicht im Wesentlichen im Rahmen eines Tagesaufenthalts im Krankenhaus erschöpft. Vielmehr erstrecken sich teilstationäre Krankenhausbehandlungen aufgrund der im Vordergrund stehenden Krankheitsbilder regelmäßig über einen längeren Zeitraum, wobei allerdings die medizinisch-organisatorische Infrastruktur eines Krankenhauses benötigt wird, ohne dass eine ununterbrochene Anwesenheit des Patienten im Krankenhaus notwendig ist. Ein Sonderfall stellen Behandlungen dar, die in der Regel nicht täglich, aber wohl in mehr oder weniger kurzen Intervallen erfolgen, wie es z.B. bei vielen Dialysepatienten der Fall ist. Eine derartige Form der Behandlung stellt einen Grenzfall zwischen teilstationärer und ambulanter Krankenhausbehandlung dar, der in der Praxis nicht selten als teilstationär eingestuft wird, nach der Definition des BSG aber zur ambulanten Behandlung zu zählen sein dürfte.

Das BSG bejaht allerdings eine stationäre Behandlung auch dann, wenn der Patient nach Durchführung eines Eingriffs oder einer sonstigen Behandlungsmaßnahme über Nacht verbleiben sollte, aber gegen ärztlichen Rat auf eigenes Betreiben das Krankenhaus noch am selben Tag wieder verlässt (Beispiel eines **sog. „Stundenfalls"**); dann

---

[238] BSG, Urt. v. 28.9.2006 – B 3 KR 23/05 R, GesR 2007, 85.
[239] BR-Drucks 75/07.
[240] BSG, Urt. v. 4.3.2004 – B 3 KR 4/03 R, GesR 2004, 382.

handelt es sich um eine abgebrochene stationäre Behandlung, die das Krankenhaus dazu berechtigt, eine stationäre Behandlung abzurechnen.[241]

324 Gleiches gilt nach höchstrichterlicher Rechtsprechung nunmehr auch, wenn eine Behandlung mit der Entscheidung des Krankenhausarztes begonnen wurde, den Versicherten nach Durchführung einer Operation mindestens eine Nacht im Krankenhaus zu behalten. Dann ist ohne Rücksicht darauf, welche Leistungen im Einzelnen anschließend tatsächlich durchgeführt worden sind, der Anspruch auf die Berechnung eines stationären Aufenthaltes entstanden; die Entscheidung der Krankenhausärzte, eine Operation wegen des bei der vorbereitenden Untersuchung festgestellten Risikos zu verschieben, stellt einen Abbruch der stationären Behandlung dar, die den Vergütungsanspruch ebenso wenig entfallen lässt wie bei einem Abbruch auf Wunsch des Versicherten.[242]

325 In einer Entscheidung vom 28.2.2007 hat das BSG allerdings die Verlegung eines Patienten in ein anderes Krankenhaus und einen dortigen zehnstündigen Aufenthalt auf der Intensivstation mit anschließender Rückverlegung nicht als bloße Verbringung, sondern als stationären Aufenthalt gewertet.[243]

d) Kostenübernahmeerklärungen der Krankenkassen

326 Üblicherweise übersenden die Krankenkassen nach Eingang einer Aufnahmeanzeige durch das Krankenhaus eine Kostenübernahmeerklärung, die – insbesondere im Nicht-DRG-Bereich – im Regelfall befristet ist. Eine gesetzliche Regelung der Kostenübernahmeerklärungen gibt es nicht. § 112 Abs. 2 S. 1 Nr. 1 lit. b SGB V überlässt es den Vertragsparteien, die Kostenübernahme zu regeln.

327 In einer Grundsatzentscheidung hat sich das BSG im Jahr 2000 mit der **Rechtsnatur einer Kostenübernahmeerklärung** befasst.[244] Danach erkennt die Krankenkasse mit der vorbehaltlosen Kostenübernahmeerklärung ihre Zahlungspflicht dem Grunde nach an. Die Erklärung ist für die Entstehung der Zahlungspflicht nicht konstitutiv; diese entsteht bereits mit der Inanspruchnahme der Leistungen des Krankenhauses durch den Versicherten. Mit der Kostenübernahmeerklärung wird das Vorliegen bestimmter, den Vergütungsanspruch des Krankenhauses begründender Tatbestandsvoraussetzungen vorab festgestellt. Die Kostenübernahmeerklärung hat damit die Wirkung eines sog. **deklaratorischen Schuldanerkenntnisses** im Zivilrecht mit der Folge, dass die Krankenkasse als Schuldnerin des Vergütungsanspruchs des Krankenhauses mit solchen Einwendungen ausgeschlossen ist, die sie bei Abgabe kannte oder mit denen sie zumindest rechnen musste. Nicht ausgeschlossen sind solche Einwendungen, die im Zeitpunkt der Abgabe noch nicht bekannt sein konnten. Das BSG misst der Kostenübernahmeerklärung eine Vertrauensschutzfunktion zugunsten des Krankenhauses bei und führt aus, dass im Hinblick auf nachträglich bekannt werdende Umstände, die sich auf die Erforderlichkeit der Krankenhausbehandlung auswirken, durch die Kostenübernahmeerklärung als Schuldanerkenntnis eine Umkehr der Beweislast eintritt. Macht die Krankenkasse aufgrund nachträglich bei ihr eingegangener Informationen trotz Vorliegens einer Kostenübernahmeerklärung geltend, dass Krankenhausbehandlungsbedürftigkeit nicht bestanden habe, so trägt sie hierfür die Beweislast. Die Krankenkasse muss dann den Nachweis führen, dass die Behandlung medizinisch nicht mehr vertretbar oder unwirt-

---

241 BSG, Urt. v. 4.3.2004 – B 3 KR 4/03 R, MedR 2004, 702.
242 BSG, Urt. v. 17.3.2005 – B 3 KR 11/04 R, NZS 2006, 88.
243 BSG, Urt. v. 28.2.2007 – B 3 KR 17/06 R, Zfs 2007, 115.
244 BSG – B 3 KR 33/99 R, KRS 00.019.

schaftlich war. Voraussetzung für den Wechsel der Beweislast ist allerdings, dass das Krankenhaus die für die Beurteilung der Notwendigkeit, Zweckmäßigkeit und Wirtschaftlichkeit der Behandlung erforderlichen Tatsachen in den Behandlungsunterlagen sachgerecht dokumentiert hat. Bei unterbliebener oder unzulänglicher Dokumentation geht die Beweislast – dem Arzthaftungsrecht vergleichbar – trotz des Vorliegens einer Kostenübernahmeerklärung wieder auf das Krankenhaus über.[245]

Nach § 6 Abs. 1 S. 2 des nordrhein-westfälischen Sicherstellungsvertrages i.S.d. § 112 Abs. 2 Nr. 1 SGB V „dokumentiert (die Kostenzusage) die vertraglichen Beziehungen im Einzelfall".[246] Die Formulierung „dokumentiert" findet sich auch in den Sicherstellungsverträgen anderer Länder (vgl. § 5 Abs. 1 S. 2 Sicherstellungsvertrag Saarland, § 8 Abs. 1 S. 2 Sicherstellungsvertrag Brandenburg, § 9 Abs. 1 S. 1 Sicherstellungsvertrag Baden-Württemberg, § 4 Abs. 1 S. 1 Sicherstellungsvertrag Rheinland-Pfalz). Auch wenn der Kostenübernahmeerklärung keine eigenständige rechtliche Bedeutung zukommt, so hat das BSG darauf hingewiesen, dass die Tatsache, dass die Partner der Sicherstellungsverträge eine besondere Kostenübernahme durch die Krankenkassen geregelt haben, deutlich macht, dass ihr eine eigenständige Bedeutung zukommen soll.[247] Diese Bedeutung ergibt sich in Nordrhein-Westfalen auch aus der Regelung des § 6 Abs. 5 des Sicherstellungsvertrages, wonach eine Kostenübernahmeerklärung rückwirkend nur dann zurückgenommen werden kann, wenn sie auf vom Krankenhaus zu vertretenden unzutreffenden Angaben beruht. Das LSG Nordrhein-Westfalen misst aufgrund dieser vertraglichen Regelung der Kostenzusage die Bedeutung zu, dass die Versicherteneigenschaft als Voraussetzung der Eintrittspflicht der Krankenkasse endgültig außer Streit gestellt werden soll. In dem vom LSG Nordrhein-Westfalen entschiedenem Fall hatte die beklagte Krankenkasse nach Eingang der Aufnahmeanzeige eine befristete Kostenzusage erteilt. Die Krankenkasse lehnte die Begleichung der Rechnung ab, weil sich später herausstellte, dass der Patient zum Zeitpunkt der stationären Behandlung nicht mehr Mitglied der Kasse war. Das Arbeitsamt hatte den Versicherten rückwirkend abgemeldet. Der Krankenkasse war es jedoch verwehrt, die Kostenübernahmeerklärung zurückzunehmen. Nach Auffassung des LSG Nordrhein-Westfalen lag aufgrund der Regelung in § 6 Abs. 5 des Sicherstellungsvertrages das Risiko der fehlenden Versicherung bei der Krankenkasse. Diese Risikozuweisung lässt auch einen Widerrufsvorbehalt für den Fall der fehlenden Mitgliedschaft nicht zu, mit der Konsequenz, dass die Kasse die Behandlungskosten trotz fehlender Versicherteneigenschaft des Patienten zu übernehmen hat.[248]

Das Urteil wurde vom BSG nicht bestätigt.[249] Zwar war auch das BSG der Auffassung, dass die Kostenübernahmeerklärung als deklaratorisches Schuldankerkenntnis die spätere Einwendung der Kasse ausschließe, ein Versicherungsverhältnis habe tatsächlich nicht bestanden, weil gerade dies außer Zweifel gestellt werden solle und von der Kasse vor Abgabe einer Kostenzusage zu klären sei. Im zu entscheidenden Fall hatte allerdings die Kasse eine Kostenübernahmeerklärung abgegeben „vorbehaltlich eines Widerrufs, sofern und solange Mitgliedschaft bei unserer Kasse besteht". Eine solche Kostenzusage führe nicht zu einem Abschneiden der Einwendung der Unkenntnis des been-

---

245 BSG – B 3 KR 33/99 R, KRS 00.019.
246 Der Vertrag wurde von den Landesverbänden der Krankenkassen zum 8.4.2004 gekündigt. Derzeit ist noch ein Schiedsstellenverfahren gem. § 114 SGB V anhängig. Die AOK hat sich bereit erklärt, bis zum Neuabschluss eines Vertrages die Regelungen des gekündigten Vertrages weiter gelten zu lassen.
247 BSG – B 3 KR 33/99 R, KRS 00.019.
248 LSG NRW, Urt. v. 12.11.2002 – L 5 KR 46/00, n.v.
249 BSG, Urt. v. 12.11.2003 – B 3 KR 1/03 R, GesR 2004, 141.

deten Leistungsbezugs. Dies wäre „möglicherweise" nur der Fall bei einer vorbehaltlosen Kostenzusage.

330 Die in der Praxis zu beobachtende häufige Missachtung der Pflicht zur unverzüglichen **Prüfung von Kostenübernahmeanträgen** durch die Krankenkassen, die oftmals in der verzögerten Bearbeitung durch die Krankenkassen begründet ist, aber auch in der verspäteten Antragstellung der Krankenhausverwaltung, hat keine direkten Auswirkungen auf den Vergütungsanspruch des Krankenhauses, da auch bei rechtzeitiger Erklärung einer Kostenübernahme keine unmittelbare Zahlungspflicht der Kasse besteht.[250] Eine Ausnahme besteht allerdings dann, wenn der Sicherstellungsvertrag zu dieser Problematik eine gesonderte Regelung beinhaltet. So sieht § 4 Abs. 2 S. 3 des niedersächsischen Sicherstellungsvertrages sowie § 6 Ziffer 7 des Berliner Vertrages i.S.d. § 112 Abs. 2 S. 1 Nr. 2 SGB V vor, dass, falls sich die Krankenkasse trotz rechtzeitigen Antrags des Krankenhauses verspätet dazu erklärt, ob sie eine befristete Kostenübernahmeerklärung verlängert oder nicht, sie die Pflegesätze bis einen Werktag nach Eingang ihrer Mitteilung zu übernehmen hat. Dies führt im Ergebnis dazu, dass die Krankenkasse für einen Zeitraum Behandlungskosten zu tragen hat, in dem Krankenhausbehandlung unter Umständen nicht erforderlich war. Obwohl eine solche vertragliche Regelung vom gesetzlich vorgegebenen Wirtschaftlichkeitsgebot abweicht, wird man solche Vereinbarungen als zulässig anzusehen haben, da die Vertragskompetenz der Krankenkassenverbände und der Krankenhausträgervereinigungen gem. § 112 SGB V das Recht umfasst, Verfahrensvorschriften über Art und Umfang der Krankenhausbehandlung zu vereinbaren und Sanktionen vorzunehmen, die der Durchsetzung dieser Vorschriften dienen.[251]

e) Zahlungsfristen

331 Das BSG hat im Juli 2002 die Entscheidung getroffen, dass Krankenkassen zur Bezahlung einer formal ordnungsgemäß erstellten Krankenhausrechnung verpflichtet sind, unabhängig davon, ob ein MDK-Prüfungsverfahren noch eingeleitet werden soll oder noch nicht abgeschlossen ist.[252] Grundlage dieses Urteils war der rheinland-pfälzische Sicherstellungsvertrag, der eine Regelung vorsah, wonach die Krankenkasse auch bei Beanstandungen rechnerischer oder sachlicher Art die Rechnung innerhalb der Zahlungsfrist zu bezahlen hat. Das BSG hat diese Regelung dahingehend ausgelegt, dass die Fälligkeit der Krankenhausabrechnung von Beanstandungen seitens der Krankenkasse nicht berührt wird, so dass die Krankenkasse gehalten ist, die Rechnung bis zum Ablauf der vereinbarten Zahlungsfrist zu begleichen. Der Krankenkasse bleibt es unbenommen, die Notwendigkeit der Krankenhausbehandlung zu überprüfen und bei überzahlten Rechnungen mit Rückforderungsansprüchen gegen spätere Krankenhausforderungen aufzurechnen. Diese Rechtsprechung hat das BSG mittlerweile auch für den Fall bestätigt, dass eine sicherstellungsvertragliche Regelung fehlt, und zur Begründung auf die Pflegesatzvereinbarung zurückgegriffen, die in dem entschiedenen Fall eine Fälligkeitsregelung vorsah.[253] In einer neueren Entscheidung hat das BSG klargestellt, dass die Pflicht zur vollständigen Zahlung innerhalb der Fälligkeitsfrist nicht gilt, wenn

---

250 *Pilz*, NZS 2003, 350, 356.
251 *Pilz*, NZS 2003, 350, 356.
252 BSG – B 3 KR 64/01, KRS 02.024; bestätigt durch BSG, Urt. v. 28.9.2006 – B 3 KR 23/05 R, GesR 2007, 83 (betr. saarländischen Sicherstellungsvertrag).
253 BSG – B 3 KR 10/02 R, GesR 2003, 318.

ein Prüfungsverfahren bereits abgeschlossen ist und die Krankenkasse in substantiierter Form Einwendungen vorgetragen hat.[254]

Ob diese Rechtsprechung auf alle anderen Bundesländer übertragbar ist, ist unklar. Nach Auffassung des LSG Nordrhein-Westfalen kann dem Urteil des BSG zumindest nicht im Hinblick auf den in Nordrhein-Westfalen geltenden Sicherstellungsvertrag gefolgt werden, da § 15 Abs. 4 S. 2 des Sicherstellungsvertrages gem. § 112 Abs. 2 Nr. 1 SGB V hinsichtlich der **Verrechnung** überzahlter Beträge eine vom Sicherstellungsvertrag Rheinland-Pfalz abweichende Regelung trifft. Während nämlich der rheinland-pfälzische Sicherstellungsvertrag uneingeschränkt die Verrechnung von Differenzbeträgen bei nachträglichen Beanstandungen rechnerischer und sachlicher Art erlaubt, sieht der nordrhein-westfälische Sicherstellungsvertrag die Verrechnung nur vor bei Beanstandungen rechnerischer Art, bei Rücknahme der Kostenübernahmeerklärung und falls die Abrechnung auf vom Krankenhaus zu vertretenden unzutreffenden Angaben beruht. Der nordrhein-westfälische Sicherstellungsvertrag schließt also die Aufrechnung bei Beanstandungen sachlicher Art aus, so dass die Krankenkasse im Falle eines für das Krankenhaus negativen MDK-Gutachtens darauf verwiesen wäre, ihre Rückzahlungsansprüche klageweise geltend zu machen.[255] Nach Auffassung des LSG Nordrhein-Westfalen sei es daher ausgeschlossen, dass die vertragsschließenden Krankenkassenverbände ihre Mitgliedskassen schon aufgrund einer nur formal ordnungsgemäßen Rechnung zur Zahlung haben verpflichten wollen.

In den Bundesländern, in denen ein Landesvertrag, der Regelungen zu Zahlungsmodalitäten vorsieht, nicht existiert oder aufgrund Kündigung nicht mehr existiert, ist auf die Regelungen in der **Entgeltvereinbarung** abzustellen.[256]

f) Verjährung

Es war lange Zeit umstritten, innerhalb welcher Frist die Forderungen des Krankenhauses gegen die Krankenkassen verjähren. Das BSG beseitigte 1999 in einem Grundsatzurteil diese Unsicherheit und entschied, dass der Vergütungsanspruch wegen stationärer Behandlung eines Versicherten einer **vierjährigen Verjährungsfrist** unterliegt.[257]

Ob aufgrund der zum 1.1.2000 in Kraft getretenen **Änderung des § 69 SGB V** die Entscheidung des BSG noch Bestand hatte, wurde in der Folgezeit intensiv diskutiert. Nach § 69 S. 1 SGB V werden die Rechtsbeziehungen der Krankenkassen und ihrer Verbände zu den Leistungserbringern und ihren Verbänden nun abschließend in Vierten Kapitel SGB V sowie den §§ 63 und 64 SGB V geregelt. Für die Versorgung der Versicherten mit Leistungen der Krankenhäuser sieht § 69 S. 2 SGB V[258] vor, dass die Rechtsbeziehungen der Krankenhäuser und ihrer Verbände zu den Krankenkassen und ihren Verbänden abschließend im Vierten Kapitel SGB V, in den §§ 63, 64 SGB V und

---

254 BSG, Urt. v. 28.9.2006 – B 3 KR 23/05 R, GesR 2007, 83.
255 LSG NRW, Urt. v. 27.3.2003 – L 5 KR 141/01, n.v.; zur Zulässigkeit von Aufrechnungen im Kostenerstattungsverhältnis zwischen Krankenhäusern und Krankenkassen vgl. auch BSG, Urt. v. 22.7.2004 – B 3 KR 21/03 R, GesR 2004, 535.
256 Diese enthalten in NRW im Hinblick auf die Zahlungsmodalitäten in der Regel inhaltsgleiche Regelungen wie der gekündigte Landesvertrag, einschließlich Verrechnungsverbot. Daher besteht in NRW nach wie vor für die Kassen ein Verrechnungsverbot.
257 BSG – B 3 KR 6/99 R, KRS 99.011.
258 In der Fassung v. 1.1.2000; durch Art. 1 Nr. 40a des Gesetzes zur Stärkung des Wettbewerbs in der gesetzlichen Krankenversicherung (GKV-Wettbewerbsstärkungsgesetz – GKV-WSG) wurde zum 1.4.2007 nach S. 1 ein neuer S. 2 eingefügt, die bisherigen S. 2 bis 4 wurden S. 3–5.

in dem Krankenhausfinanzierungsgesetz, dem Krankenhausentgeltgesetz sowie den danach erlassenen Rechtsverordnungen geregelt werden. Gem. § 69 S. 3 SGB V gelten im Übrigen für die Rechtsbeziehungen nach § 69 S. 1 und 2 SGB V die Vorschriften des BGB entsprechend, soweit sie mit den Vorgaben des § 70 SGB V und den übrigen Aufgaben und Pflichten der Beteiligten nach dem Vierten Kapitel SGB V vereinbar sind.

336 Das BSG vertrat in seiner Entscheidung aus dem Jahr 1999 die Ansicht, dass aufgrund der **öffentlich-rechtlich geprägten Abrechnungsbeziehung** zum Krankenhaus nicht die zivilrechtliche zweijährige Verjährungsfrist gelte, sondern die allgemeine sozialrechtliche vierjährige Verjährungsfrist des § 45 SGB I. Zwar räumte das BSG ein, dass § 45 Abs. 1 SGB I einen Anspruch auf Sozialleistung zum Gegenstand hat, wozu die Kostenforderung eines Krankenhauses gegen eine Krankenkasse nicht zählt. Es berief sich zur Begründung seiner Rechtsansicht jedoch auf die fehlende Regelung der Verjährung von Krankenhausforderungen im SGB V. Das BSG gelangte zur Anwendung des § 45 Abs. 1 SGB I, weil es in der Regelung den Ausdruck eines allgemeinen Rechtsprinzips sah.

337 Vor dem Hintergrund der Tatsache, dass der Gesetzgeber mit der Neufassung des § 69 SGB V primär festlegen wollte, dass die Rechtsbeziehungen des Vierten Kapitels des SGB V sozialversicherungsrechtlicher und nicht privatrechtlicher Natur sind,[259] andererseits aber vom Wortlaut der gesetzlichen Regelung her der Verweis auf das BGB eindeutig zu sein scheint, bestanden unterschiedliche Auffassungen darüber, ob nun die zweijährige zivilrechtliche Verjährungsvorschrift des BGB gilt (bzw. die dreijährige Verjährungsfrist nach dem am 1.1.2002 in Kraft getretenen Gesetz zur Modernisierung des Schuldrechts)[260] oder aber nach wie vor die vierjährige Verjährungsfrist i.S.d. § 45 SGB I.[261]

338 Den Meinungsstreit hat das BSG nunmehr mit Urteil vom 12.5.2005[262] entschieden und klargestellt, dass trotz der Änderung des § 69 SGB V die Zahlungsansprüche der Krankenhäuser gegen die Krankenkassen in vier Jahren verjähren. Das BSG stützt seine Entscheidung maßgeblich auf folgende Erwägungen: Da die vierjährige Verjährung sich aus einem allgemeinen Rechtsprinzip des Sozialrechts ergebe, gelte sie als ungeschriebene Norm auch für das 4. Kapitel des SGB V und die darin enthaltene Anspruchsgrundlage der Vergütungsforderung der Krankenhäuser gegen die Kassen. Damit sei schon im 4. Kapitel die Verjährung geregelt, eine entsprechende Anwendung der zivilrechtlichen Vorschriften verbiete sich, da diese nur „im Übrigen" anwendbar seien. Darüber hinaus sei die Änderung des § 69 SGB V von dem Willen getragen gewesen, die Beziehungen der Krankenkassen zu den Leistungserbringern eindeutig einem Rechtszweig, nämlich dem öffentlichen Recht (und dort dem Sozialrecht als dessen Teilgebiet), zuzuordnen. Insbesondere sollten auch kartellrechtliche Streitigkeiten aus dem Leistungserbringerrecht ausschließlich den Sozialgerichten zugewiesen werden. Auch materiell-rechtlich ergebe die Auslegung der Bestimmung nicht anderes. Insbesondere bedeute die Formulierung „abschließend" nicht, dass die in § 69 SGB V nicht ausdrücklich erwähnten Vorschriften des SGB V nicht mehr anwendbar seien und stattdessen durch die Vorschriften des BGB ersetzt werden sollten. Sonst dürften z.B. die Vor-

---

259 BT-Drucks 14/1245, 68.
260 *Wern*, ZMGR 2004, 15, 17; *Fischer*, NZS 2003, 301, 304; *Heinze*, das krankenhaus 2001, 607 ff.; SG Berlin, Urt. v. 27.8.2002 – S 81 KR 3690/01 – n.rkr.; SG Marburg, Urt. v. 27.5.2004 – S 6 KR 902/02, das krankenhaus 2004, 822 – n.rkr (aufgehoben durch BSG, Urt. v. 12.5.2005 – B 3 KR 32/04 R, GesR 2005, 409).
261 *Kuhla*, das krankenhaus 2001, 417 ff.; SG Altenburg, Urt. v. 23.4.2002 – S 13 KR 2126/00, n.v.
262 BSG – B 3 KR 32/04 R, GesR 2005, 409.

schriften über die Übermittlung von Leistungsdaten (z.B. §§ 294, 294a, 301 SGB V) nicht mehr angewandt werden. Diese seien aber für die Leistungsabrechnung unverzichtbar.

g) Klageverfahren

Die Klage eines Krankenhauses gegen eine gesetzliche Krankenkasse auf Übernahme der stationären Behandlungskosten ist als **Leistungsklage (§ 54 Abs. 5 SGG)** zulässig, da es sich um einen Parteienstreit im Gleichordnungsverhältnis handelt, in dem eine Regelung durch Verwaltungsakt nicht in Betracht kommt.[263] Das Gleichordnungsverhältnis entsteht bereits durch den öffentlich-rechtlichen Sicherstellungsvertrag nach § 112 Abs. 2 SGB V sowie dem koordinationsrechtlichen, bei sog. Plankrankenhäusern fingierten Versorgungsvertrag nach § 109 SGB V. Auch die Erklärung einer Kostenübernahme oder deren Ablehnung können von daher nicht als Ausdruck eines Über-/Unterordnungsverhältnisses angesehen werden. Ein Vorverfahren ist mithin nicht durchzuführen, Klagefristen bestehen nicht.

339

Sozialrechtliche Klageverfahren gegenüber Krankenkassen sind seit dem 1.1.2002 **kostenpflichtig**, § 197a SGG. Gebühren werden nach den Vorschriften des Gerichtskostengesetzes erhoben.

340

Seit dem 1.7.2004 bestimmt § 6 Abs. 1 GKG außerdem, dass die gerichtliche **Verfahrensgebühr** mit Einreichung der Klage-, Antrags-, Einspruchs- oder Rechtsmittelschrift fällig wird. Gem. § 6 Abs. 1 Ziffer 4 GKG gilt dies auch für sozialgerichtliche Verfahren.

341

Gemäß Kostenverzeichnis zum GKG (GKG-KV) wurde außerdem die Gebühr für das Verfahren im ersten Rechtszug (Nr. 7110) von 1,0 auf 3,0 angehoben. Nach früherer Rechtslage entfiel die einfache Gebühr vollständig, wenn die Klage mindestens eine Woche vor der mündlichen Verhandlung oder noch vor Ausfertigung des Beweisbeschlusses, der Anordnung einer Beweiserhebung oder eines Gerichtsbescheides zurückgenommen wurde.

342

Nach Nr. 7111 GKG-KV ermäßigt sich die Gebühr bei Eintritt der genannten Voraussetzungen lediglich auf 1,0. Für Rechtsstreitigkeiten, die vor In-Kraft-Treten der Änderung anhängig geworden sind, werden Kosten nach bisherigem Recht erhoben (§ 71 Kostenrechtsmodernisierungsgesetz).

343

---

263 BSG – 3 RK 2/96, NJW-RR 1998, 273 ff.; – B 3 KR 33/99 R, NZS 2001, 316 ff.

§ 30 Arzneimittelrecht

Dr. Hans-Dieter Lippert

Inhalt

A. Einleitung	1
B. Rechtsgrundlagen	4
I. Europarechtliche Rechtsgrundlagen	4
II. Nationale Rechtsgrundlagen	6
C. Zweck des Gesetzes	14
D. Geltungsbereich, Arzneimittelbegriff	16
I. Die Bedeutung der Norm	17
II. Tierarzneimittel	18
III. Arzneimittel, Begriff und Abgrenzung	19
IV. Fiktive Arzneimittel	25
E. Ausnahmen	26
I. Ausnahmen vom Geltungsbereich des AMG	26
II. Antidefinition	32
1. Lebensmittel	32
2. Tabakerzeugnisse	35
3. Kosmetische Mittel	36
4. Reinigungsmittel	38
5. Futtermittel	39
6. Medizinprodukte	40
7. Abgrenzung zur Transplantation	41
8. Abgrenzung zur Bluttransfusion	42
9. Die Arzneimittelvermutung	43
F. Herstellungserlaubnis	44
I. Berufs- oder gewerbsmäßige Abgabe an andere	46
II. Blut- und Blutprodukte	47
III. Organ- und Gewebetransplantate	51
IV. Ausnahmen (Abs. 2)	52
1. Apotheken	52
2. Krankenhaus- und Bundeswehrapotheken	54
3. Tierärzte	55
4. Großhändler für Umfüllen, Abpacken und Kennzeichnen	56
5. Einzelhändler und § 50 AMG	57
V. Zuständigkeit	59
G. Zulassung von Arzneimitteln	60
I. Fertigarzneimittel	60
II. Tierarzneimittel	62
III. Inhalt der Zulassung	63
IV. Zentrales Zulassungsverfahren	68
1. Grundsatz	68
2. Ablauf des Verfahrens	72
3. Tierarzneimittel im zentralen Zulassungsverfahren	76
V. Geltungsbereich einer zentralen Zulassung	77
VI. Verfahren der gegenseitigen Anerkennung (mutual recognition procedures) – dezentrales Zulassungsverfahren	78
1. Antragstellung	78
2. Beurteilung der eingereichten Unterlagen	80
3. Beteiligung von Kommissionen	82
4. Mängelrügen	85
5. Verfahrensbesonderheiten	87
6. Rechtsanspruch	88
7. Auflagen gem. § 28 AMG	90
8. Rechtsschutz	92
9. Fiktive Zulassung	94
H. Klinische Prüfung	96
I. Definition und Voraussetzungen	96
1. Voraussetzungen für die klinische Prüfung	101
2. Minderjährige als Teilnehmer an klinischen Prüfungen	106
3. Nichteinwilligungsfähige als Teilnehmer an klinischen Prüfungen	107
4. Die Stärkung der Rechte von Teilnehmern an klinischen Prüfungen	108
II. Zusammensetzung und Verfahrensgang	112
1. Zusammensetzung	112
2. Verfahrensgang	114
a) Allgemeiner Verfahrensgang	114

b) Spezieller Verfahrensgang bei klinischen Prüfungen	119
aa) Die GCP-Verordnung	120
bb) Der Zweck der Verordnung	123
3. Die Bewertung der klinischen Prüfung durch die Ethikkommission	125
a) Die Rechtsnatur der Bewertung	126
b) Verfahrensvorschriften	128
aa) Allgemeines	128
bb) Die zweijährige Erfahrung des Prüfarztes (§ 40 Abs. 1 Nr. 5 AMG, § 7 Abs. 3 Nr. 6 GCP-V)	130
cc) Angaben zu möglichen wirtschaftlichen Interessen der Prüfer (§ 7 Abs. 3 Nr. 7 GCP-V)	132
dd) Multizentrische klinische Prüfungen	134
c) Rechtsbehelfe	135
4. Das Genehmigungsverfahren bei der Bundesoberbehörde	137
5. Nachträgliche Änderungen	138
6. Der Schutz der Prüfungsteilnehmer	140
I. Registrierung von Arzneimitteln	144
J. Abgabe von Arzneimitteln ..	146
I. Apothekenpflicht	151
II. Inhalt und Umfang der Apothekenpflicht	152
III. Ausnahmen von der Apothekenpflicht	153
IV. Versandhandelsverbot	154
V. Verbot des Direktbezuges ...	158
VI. Inhalt und Umfang der Ausnahmen von der Apothekenpflicht	161
VII. Weitere Ausnahmen von der Apothekenpflicht nach § 45 AMG	164
VIII. Die Ausweitung der Apothekenpflicht	166
IX. Die Beschränkung der Ausweitung	167
X. Der Vertriebsweg	168
XI. Bezug in Eigenbedarf	169
XII. Die Verschreibungspflicht ..	173
XIII. Die Verschreibung (Rezept) .	175
XIV. Der Freiverkauf	178
XV. Die Sachkenntnis	179
XVI. Die Abgabe im Reisegewerbe	180
XVII. Großhandel mit Arzneimitteln (§ 52a AMG)	182
K. Arzneimittelüberwachung ..	184
I. Gegenstand der Überwachung	188
II. Zweck der Überwachung ...	195
III. Befugnis der Behörden	198
1. Betretungs- und Besichtigungsrecht	199
2. Einsichtsrecht	200
3. Auskunftspflicht	201
IV. Aussageverweigerungsrecht .	203
V. Erlass von vorläufigen Anordnungen	204
L. Sicherung und Kontrolle der Qualität	207
I. Inhalt der Betriebsverordnungen	208
II. Geltungsbereich der Betriebsverordnungen	209
III. Beobachtung, Sammlung und Auswertung von Arzneimittelrisiken	213
1. Der Stufenplan	214
2. Person des Stufenplanbeauftragten	215
3. Führung von Unterlagen ..	217
4. Anzeigepflicht	218
5. Regelmäßiger Bericht ...	220
M. Ein- und Ausfuhr von Arzneimitteln	221
I. Die Einfuhrerlaubnis	222
II. Das Zertifikatverfahren	225
III. Haftungsrechtliche Gesichtspunkte	227
IV. Das Verbringungsverbot	228
V. Die Apothekeneinfuhr	230
VI. Die Ausfuhr von Arzneimitteln	231
N. Tierarzneimittel	233
I. Herstellung	234
II. Zulassung	236
III. Tierarzneimittel im zentralen Zulassungsverfahren	238
IV. Klinische Prüfung	240
V. Abgabe von Tierarzneimitteln	245

Arzneimittelrecht §30

- O. **Arzneimittelhaftung** 246
  - I. Gefährdungshaftung 246
    1. Unwirksamkeit und gefahrbelastetes Produkt 247
    2. Haftung des Herstellers .. 248
    3. Ursachenhaftung im Bereich der Entwicklung und der Herstellung 253
    4. Haftung wegen Arzneimittelinformation, § 84 S. 2 Nr. 2 AMG 256
    5. Beweislast 259
  - II. Verschuldenshaftung 262
    1. Des pharmazeutischen Unternehmers (Herstellers) 263
    2. Des Arzneimittel verordnenden Arztes 264
    3. Die Haftung des Apothekers 268
       - a) Aufgabenspektrum ... 268
       - b) Behandlungsfehler ... 270
         - aa) Vertrag 272
         - bb) Geschäftsführung ohne Auftrag 273
         - cc) Unerlaubte Handlung 274
    - c) Kausalität 277
    - d) Beweislast 278
- P. **Arzneimittelstrafrecht- und Bußgeldvorschriften** 279
  - I. Arzneimittelstrafrechtsvorschriften 279
    1. Das Verhältnis von AMG zum StGB 280
    2. Die Straftaten nach §§ 95, 96 AMG 282
    3. Der Adressat der Straftaten nach §§ 95, 96 AMG 296
    4. Verjährung 301
  - II. Arzneimittelbußgeldvorschriften 302
    1. Das Verhältnis zum Ordnungswidrigkeitengesetz 303
    2. Die Ordnungswidrigkeiten nach § 97 AMG 304
    3. Der Adressat der Ordnungswidrigkeit 309
    4. Zuständigkeiten 314
    5. Sanktionen und Verfolgungsverjährung 315

Literatur

Bender, Organtransplantation und AMG, VersR 1999, 419; **Bohnert**, OWiG, 2. Auflage 2007; **Bülow/Ring**, Heilmittelwerbegesetz, Kommentar, 1996; **Deutsch/Lippert**, Ethikkommission und klinische Prüfung, 1998; **Deutsch/Spickhoff**, Medizinrecht, 5. Auflage 2004; **Deutsch/Lippert/Ratzel/Anker/Tag**, Kommentar zum Arzneimittelgesetz, 2. Auflage 2006; **Erbs/Kohlhaas/Pelchen**, Strafrechtliche Nebengesetze, Loseblatt, Stand: 2005; **Fegert/Kölch/Lippert**, Sichere und wirksame Arzneimittel auch für Kinder, ZRP 2003, 446; **Göhler**, Gesetz über Ordnungswidrigkeiten: OwiG, 14. Auflage 2006; **Gubernatis**, Zur Offenbarungspflicht bei ärztlicher Fehlbehandlung, JZ 1982, 363; **Hanau**, Arzt und Patient – Partner oder Gegner, in: FS Baumgärtel, 1990, 123; **Hanika**, Arzneimittelhandel im Internet in: Rieger (Hrsg.) Lexikon des Arztrechts, Nr. 245; **Hart**, Arzneimittelsicherheit und Länderüberwachung, MedR 1993, 207; **Hart**, Heilversuch, Entwicklung therapeutischer Strategien, klinische Prüfung und Humanexperiment, MedR 1994, 94; **Hohm**, Der Stufenplanbeauftragte, MedR 1998, 15; **Jarass/Pieroth**, Grundgesetz, 5. Auflage 2004; **Karlsruher Kommentar zum Gesetz über Ordnungswidrigkeiten: OWiG**, 2. Auflage 2002 (zit: KK-OWiG/*Bearbeiter*); **Kloesel/Cyran**, Arzneimittelgesetz, Kommentar, Loseblatt, Stand: 2005; **Körner**, Betäubungsmittelgesetz, 5. Auflage 2001; **Koyuncu**, Das Haftungsdreieck Pharmaunternehmer–Arzt–Patient, 2004; **Laufs/Uhlenbruck** (Hrsg.), Handbuch des Arztrechts, 3. Auflage 2002; **Lemke/Mosbacher**, Ordnungswidrigkeitengesetz: OWiG, 2. Auflage 2005; **Maunz/Dürig**, Grundgesetz-Kommentar, Loseblatt, Stand: 2004; **Nöthlichs/Weber**, Sicherheitsvorschriften für Medizinprodukte, Loseblatt, Stand: 2007; **Rabe**, Arzneimittel und Lebensmittel, Abgrenzungsprobleme und europarechtliche Dimension, NJW 1990, 1390; **Räth/Herzog/Rehborn**, Heimversorgung und Apotheke, 2003; **Ratzel/Lippert**, MBOÄ, Kommentar, 3. Auflage 2001; **Ratzel/Lippert**, MBOÄ, Kommentar, 4. Auflage 2005; **Rehmann**, Arzneimittelgesetz, Kommentar, 2. Auflage 2003; **Rehmann**, Ist die arzneimittelrechtliche Zulassung personenbezogen?, PharmaR 1996, 289; **Rieger** (Hrsg.), Lexikon des Arztrechts, 2. Auflage Stand: 2005, (zit: LdA); **Sander/Epp**, Arzneimittelgesetz, Loseblatt, Stand: 2004; **Schmidt-Salzer**, Produkthaftung, Bd. 1, 1988; **Schönke/Schröder**, Strafgesetzbuch, 26. Auflage 2001; **Schraitle**, Verfahren zur Erlangung einer zentralen Zulassung in: Franken/Kroth/Lippert/Peine/Ratzel (Hrsg.) Handbuch der modernen Biotechnologie, Nr. 21; **Schünemann**, Unternehmenskriminalität und Strafrecht, 1979; **Sedelmaier**, Übertragung von Arzneimittelzulassungen, PharmaR 1994, 3; **Stamer**, Die Ethikkommissionen in Baden-Württemberg, 1998; **Stratenwerth**, Arbeitsteilung und ärztliche Sorgfaltspflicht, in: FS für E. Schmidt, 1961, 383; **Ulsenheimer**, Leitlinien, Richtlinien, Standards – Risiko oder Chance für Arzt und Patient, Bay Äbl. 1998, 51; **v. Mangold/Klein/Starck**, Bonner Grundgesetz, Bd. 2, 4. Auflage 2000; **v. Münch/Kunig**, Grundgesetz-Kommentar, Bd. 3, 3. Auflage

1996; **v. Westphalen**, Produkthaftungshandbuch, 2 Bände, 2. Auflage 1997/1999; **Wolfslast/Rosenau**, Zur Anwendbarkeit des Arzneimittelgesetzes auf die Entnahme von Organ- und Gewebetransplantaten, NJW 1993, 2348.

A. Einleitung[1]

1   Die tatsächlichen Gegebenheiten des Arzneimittelrechts haben sich in den letzten Jahrzehnten drastisch verändert. Bis zum Jahre 1961 gab es in Deutschland für den Verkehr mit Arzneimitteln keine umfassende gesetzliche Regelung. Von den bis dahin bestehenden einzelnen Vorschriften hatte § 6 Abs. 2 GewO Bedeutung, aufgrund dessen eine kaiserliche Verordnung aus dem Jahre 1901 bestimmte, welche „Apothekerwaren" auf dem freien Markt, d.h. auch außerhalb der Apotheken, gehandelt werden durften. § 80 Abs. 1 GewO zufolge wurde die Deutsche Arzneitaxe erlassen, in der die Gewinnspannen für die in Apotheken abgegebenen Arzneimittel festgelegt wurden. Neben den von den Ländern erlassenen Apothekenbetriebsordnungen hatte das Gesetz über den Verkehr mit Betäubungsmitteln von 1929 (Opiumgesetz), die Verordnung über den Verkehr mit Arzneimitteln von 1941 sowie die Polizeiverordnung aus dem gleichen Jahre über die Werbung auf dem Gebiet des Heilwesens übergreifende Bedeutung. Dem musste auch das Recht Rechnung tragen.

2   Es liegt eine gewisse Tragik darin, dass das AMG von 1961, mit dem eigentlich ein modernes Arzneimittelgesetz geschaffen werden sollte, alsbald von jenem Ereignis überrollt wurde, welches dem Arzneimittelrecht bis heute den Stempel aufgedrückt hat: dem Contergan-Thalidomid-Fall.

3   Ausgehend von der Richtlinie 65/65 EWG nahm parallel zur nationalen Gesetzgebung die „Europäisierung" des Arzneimittelsektors ihren Anfang. Wer sich heute mit dem Arzneimittelrecht befasst, wird nicht umhinkönnen, sich die entsprechenden Europarechtlichen Vorschriften genau anzusehen. Nicht ganz unberechtigt stellt sich dem Betrachter der Szene die Frage, warum der nationale Gesetzgeber noch so viel Energie darauf vers(ch)wendet, das (nationale) Arzneimittelgesetz in steter Regelmäßigkeit den Europäischen Änderungen anzupassen, anstatt diese Rechtstexte sogleich eins zu eins in nationales Recht überzuleiten.

B. Rechtsgrundlagen

I. Europarechtliche Rechtsgrundlagen

4   Um einen EG-Binnenmarkt auch im Bereich des Arzneimittelwesens zu schaffen, sind seit geraumer Zeit Richtlinien des Rates erlassen worden, die eine Harmonisierung des Arzneimittelrechts herbeiführen sollen. Aus der Vielzahl von Richtlinien, die das nationale Arzneimittelrecht nachhaltig beeinflusst haben, seien die Richtlinien 2001/82 und 2001/83 EG genannt, mit deren Hilfe ein **Gemeinschaftskodex für Human- und für Tierarzneimittel** geschaffen worden ist. Diese wurden durch die Richtlinien 2002/98, 2003/63, 2004/24 und 2004/27 zuletzt geändert. Mit zunehmender Regelungsdichte werden sich die nationalen Arzneimittelvorschriften immer ähnlicher, aber auch

---

[1] Wenn dem Leser Texteile bekannt vorkommen, so mag dies daran liegen, dass der Verfasser dieser Zeilen gelegentlich auf Texte zurückgegriffen hat, die auf ihn im Kommentar zum AMG und MPG zurückgehen. Diese Übernahmen werden im Folgenden nicht im Einzelnen kenntlich gemacht.

europäischer, was der Normgeber durchaus beabsichtigt. Ziel ist und bleibt die Schaffung eines einheitlichen Binnenmarktes für Arzneimittel. Diese Richtlinien bilden derzeit auch die Grundlage für das Zulassungsverfahren im Wege der gegenseitigen Anerkennung und des neu eingeführten dezentralen Zulassungsverfahrens.

Zu beachten ist, dass EG-Richtlinien grundsätzlich kein unmittelbar anwendbares Recht schaffen. Sie bedürfen jeweils noch einer Umsetzung in nationales Recht. Durch die Verordnung (EG) 726/2004 des Europäischen Parlamentes und des Rates vom 31.3.2004 zur Festlegung von Gemeinschaftsverfahren für die Genehmigung und Überwachung von Human- und Tierarzneimitteln und zur Errichtung einer Europäischen Arzneimittelagentur wurden im Rahmen des im Jahre 2001 begonnenen und umfassenden „Review" auch die bisher bestehenden Regelungen zum zentralen Zulassungsverfahren überarbeitet. Das zentrale Zulassungsverfahren ist für einige Arzneimittel zwingend vorgeschrieben, für andere ist es fakultativ oder nicht anwendbar. Aktuell können Unternehmen zwischen dem zentralen Zulassungsverfahren, dem Verfahren der gegenseitigen Anerkennung, dem dezentralen Verfahren und dem einzelstaatlichen Zulassungsverfahren – soweit jeweils einschlägig – wählen.

II. Nationale Rechtsgrundlagen

Ermächtigungsnorm für das Arzneimittelgesetz in seiner ursprünglichen Fassung war Art. 74 Nr. 19 GG mit der Alternative „Verkehr mit Arzneien, Heil- und Betäubungsmitteln und Giften". In Literatur und Rechtsprechung wird der Begriff „**Verkehr mit Arzneien**" weit gefasst.[2] Es wird darunter der gesamte Umgang mit diesen Mitteln von der Herstellung über den Handel und sonstigen Vertrieb einschließlich Werbung bis zum Verbrauch verstanden.[3] In seiner Entscheidung zur Frischzellen-Verordnung hat das BVerfG erstmals Gelegenheit zu einer näheren Befassung mit dem Begriff gehabt.[4] Neu ist die Unterscheidung von „Umgang" und „Verkehr" mit Arzneimitteln:

„Ein Verkehr mit Arzneimitteln hat sich entwickelt, seitdem Apotheker nicht mehr als Hilfskräfte des Arztes auf Einzelanweisung Arzneimittel herstellen und stattdessen Fertigarzneimittel den Markt bestimmen (…). Bei Schaffung des Grundgesetzes fand der Verfassungsgeber eine herkömmliche Teilung zwischen gewerberechtlichen Regelungen über Herstellung und Vertrieb von Arzneimitteln einerseits und dem Arztrecht andererseits vor. Hauptausschuss und Zuständigkeitsausschuss des Parlamentarischen Rates bekräftigten ausdrücklich, dass außer dem Recht der Zulassung zu den ärztlichen Berufen das Arztrecht Ländersache bleiben sollte (…).

Der Verkehr mit Arzneimitteln wurde weder begrifflich noch inhaltlich problematisiert. Insoweit gab es eine mehr als 70-jährige Tradition reichsrechtlicher Regelungen, die den Begriff des Verkehrs mit Arzneimitteln bei Erlass in einem eindeutigen Sinn belegten (…). Es stand danach bei Erlass des Grundgesetzes außer Zweifel, dass der Begriff des Verkehrs mit Arzneimitteln das Feilhalten und den Verkauf von Arzneien an den Endverbraucher betraf. Nur in diesem Zusammenhang waren auch ergänzend Regelungen über die Herstellung von Fertig- Arzneimitteln erlassen worden. Die Herstellung von Arzneien und ihre unmittelbare Anwendung durch Ärzte waren niemals Gegenstand reichsgesetzlicher Vorschriften über den Verkehr mit

---

2 So z.B. Maunz/Dürig/*Maunz*, Art. 74 Rn 219.
3 So z.B. *Stettner*, in: Dreier (Hrsg.) Grundgesetz-Kommentar, Bd. II, 1998, Art. 74 Rn 91; *v. Mangold/Klein/Starck*, Art. 74 Rn 174; v. Münch/Kunig/*Kunig*, Art. 74 Rn 95; Jarass/*Pieroth*, Art. 74 Rn 46.
4 BVerfG 102, 26 = NJW 2000, 857.

Arzneimitteln gewesen. Die Kompetenzregeln des Art. 74 Abs. 1 Nr. 19 GG wurde daher im Parlamentarischen Rat – Ausschuss für Zuständigkeitsabgrenzung – nach langen Debatten darüber, wie die Zuständigkeitsabgrenzung zwischen Bund und Ländern beim Arztrecht erfolgen solle, bezüglich des Arzneimittelverkehrs ohne jede Diskussion angenommen (...)."

7   Die vom Bundesverfassungsgericht vorgenommene Einschränkung des Begriffs „Verkehr mit Arzneien" ist in die Kommentarliteratur übernommen worden. Eine griffige Formel ist aber bisher noch nicht gefunden. Die Praxis scheint seinerzeit über die Entscheidung zunächst einfach zur Tagesordnung übergegangen zu sein.

8   Im Zusammenhang mit dem Arzneimittelgesetz müssen weitere Gesetze beachtet werden, die sich zum Teil aus diesem heraus, zum Teil neben diesem entwickelt haben. Zu nennen ist hier das Medizinproduktegesetz, welches die Regelungen über die fiktiven Arzneimittel im AMG weitgehend hat überflüssig werden lassen, das Transfusionsgesetz und neuestens das **Gewebegesetz**, welches in großen Teilen mit dem bisherigen Transplantationsgesetz identisch ist.

9   Das **Medizinproduktegesetz** von 1994 ist als neue Regelung für vorwiegend physikalisch wirkende Medizinprodukte neben das Arzneimittelrecht getreten. Das hat Änderungen in den Definitionen auch der Arzneimittel erforderlich gemacht.

10 Als drittes Gesetz in diesem Bereich ist am 2.7.1998 das **Transfusionsgesetz (TFG)** hinzugekommen. Es regelt als Spezialgesetz die gesicherte Versorgung der Bevölkerung mit Blut und Blutprodukten. Die Vorschriften des Arzneimittelgesetzes gelten grundsätzlich, soweit das TFG nicht – wie im Bereich der Gewinnung und der Anwendung von Blut, Blutbestandteilen und Blutprodukten – spezielle Regelungen trifft.

11 Bisher waren Organe, die transplantiert werden konnten, aus dem Geltungsbereich des AMG ausgenommen. Dies hat sich geändert, seit das Gewebegesetz neben der Transplantation bestimmter Körperorgane auf den Menschen auch den Umgang mit Zellen und Geweben regelt und einzelne Schritte im Umgang mit diesen Körpermaterialien den Vorschriften des AMG unterstellt hat.

12 Die Versorgung der Bevölkerung mit Arzneimitteln an der Basis ist im Bundesgesetz über das Apothekenwesen, im sog. Apothekengesetz von 1960/1994, geregelt. Danach bedarf der Betrieb einer Apotheke der Erlaubnis, die nur einem approbierten Apotheker erteilt werden darf. Die Apotheken unterliegen der Aufsicht. Das Arzneimittelgesetz regelt darüber hinaus, dass Apotheken der Vertrieb bestimmter Medikamente vorbehalten ist. Es handelt sich um die sog. verschreibungspflichtigen Arzneimittel.

13 Unterrichtung über Arzneimittel ist unerlässlich; die Werbung auf dem Gebiet des Heilmittels unterscheidet sich von anderer Reklame grundlegend. Aus diesem Grunde hat der Gesetzgeber 1965 ein Heilmittelwerbegesetz erlassen, das heute i.d.F. von 1994 gilt. Es untersagt die irreführende Werbung, die von ihm genauer umschrieben wird, und stellt zwingende Voraussetzungen für die Werbung auf, etwa was die Angabe des Herstellers und die Bezeichnung des Arzneimittels angeht.

C. Zweck des Gesetzes

14 Zweck des Gesetzes ist die Herstellung der Sicherheit im Verkehr mit Arzneimitteln und das Interesse an einer ordnungsgemäßen Versorgung von Mensch und Tier mit Arzneimitteln. Als Bundesgesetz hat es seine Rechtsgrundlage in Art. 72 Nr. 19 GG. Danach steht dem Bund die **konkurrierende Gesetzgebungsbefugnis** für den Verkehr

mit Arzneimitteln zu. Das Gesetz kommt aber auch zugleich der Pflicht der Bundesrepublik Deutschland zur Umsetzung der einschlägigen Richtlinien der Europäischen Union nach, vor allem der Richtlinie 65/65 EWG.[5] In den Erwägungsgründen dieser Richtlinie sind im Grunde genommen bereits die zwei wesentlichen Ziele vorgegeben, denen ein Gesetz wie das Arzneimittelgesetz zu genügen hat: Zum einen müssen die Vorschriften dem Schutz der öffentlichen Gesundheit dienen. Zum anderen müssen die Vorschriften dies erreichen, ohne Hemmnisse für die Entwicklung und den Handel mit pharmazeutischen Erzeugnissen aufzubauen.

Das Arzneimittelgesetz ist mit seinem Verbot, bedenkliche Arzneimittel in den Verkehr zu bringen, Sonderpolizeirecht und Verbraucherschutzgesetz in einem. Verwirklicht wird der Schutz des Verbrauchers und die Sicherheit des Arzneimittelverkehrs in mehrfacher Weise: zum einen dadurch, dass Arzneimittel überwiegend einer Zulassung bedürfen, ehe sie in den Verkehr gebracht werden dürfen, in seltenen Fällen reicht eine Registrierung. Zum anderen sind die Wege der Abgabe von Arzneimitteln an den Endverbraucher streng vorgegeben: Arzneimittel kann der Endverbraucher grundsätzlich nur über Apotheken erwerben. Drittens darf nicht jedermann Arzneimittel herstellen, sondern, wer dies will, bedarf einer besonderen Erlaubnis. Viertens dürfen Arzneimittel nicht ungeprüft zum Verbraucher gelangen. Der Zulassung hat eine pharmakologisch-toxikologische Prüfung vorauszugehen, an welcher sich Versuche am Tier anschließen, bis das Arzneimittel endlich in mehreren Phasen am Menschen klinisch erprobt wird (Klinische Prüfung). An die Zulassung schließt sich nahtlos die Phase der Produktbeobachtung an. Fünftens unterliegt der gesamte Produktionsprozess von Arzneimitteln samt der Produktbeobachtung der staatlichen Aufsicht, und schließlich darf für Arzneimittel nicht wie für andere Produkte uneingeschränkt geworben werden. Das **Heilmittelwerbegesetz (HWG)** setzt hier enge Grenzen.

D. Geltungsbereich, Arzneimittelbegriff

Wegen seiner zentralen Bedeutung für das Verständnis des Komplexes „Arzneimittel" soll (ausnahmsweise) der gesamte Text des § 2 AMG nachfolgend wiedergegeben werden.

> *§ 2 Arzneimittelbegriff*
>
> *(1) Arzneimittel sind Stoffe und Zubereitungen aus Stoffen, die dazu bestimmt sind, durch Anwendung am oder im menschlichen oder tierischen Körper*
>
> *1. Krankheiten, Leiden, Körperschäden oder krankhafte Beschwerden zu heilen, zu lindern, zu verhüten oder zu erkennen,*
>
> *2. die Beschaffenheit, den Zustand oder die Funktionen des Körpers oder seelische Zustände erkennen zu lassen,*
>
> *3. vom menschlichen oder tierischen Körper erzeugte Wirkstoffe oder Körperflüssigkeiten zu ersetzen,*
>
> *4. Krankheitserreger, Parasiten oder körperfremde Stoffe abzuwehren, zu beseitigen oder unschädlich zu machen oder*
>
> *5. die Beschaffenheit, den Zustand oder die Funktionen des Körpers oder seelische Zustände zu beeinflussen.*

---

5 Vom 26.1.1965 (ABl L 22 v. 9.2.1965 S. 369).

(2) Als Arzneimittel gelten

1. Gegenstände, die ein Arzneimittel nach Absatz 1 enthalten oder auf die ein Arzneimittel nach Absatz 1 aufgebracht ist und die dazu bestimmt sind, dauernd oder vorübergehend mit dem menschlichen oder tierischen Körper in Berührung gebracht zu werden,

1a. tierärztliche Instrumente, soweit sie zur einmaligen Anwendung bestimmt sind und aus der Kennzeichnung hervorgeht, dass sie einem Verfahren zur Verminderung der Keimzahl unterzogen worden sind,

2. Gegenstände, die, ohne Gegenstände nach Nummer 1 oder 1a zu sein, dazu bestimmt sind, zu den in Absatz 1 Nr. 2 oder 5 bezeichneten Zwecken in den tierischen Körper dauernd oder vorübergehend eingebracht zu werden, ausgenommen tierärztliche Instrumente,

3. Verbandstoffe und chirurgische Nahtmaterialien, soweit sie zur Anwendung am oder im tierischen Körper bestimmt und nicht Gegenstände der Nummer 1, 1a oder 2 sind,

4. Stoffe und Zubereitungen aus Stoffen, die, auch im Zusammenwirken mit anderen Stoffen oder Zubereitungen aus Stoffen, dazu bestimmt sind, ohne am oder im menschlichen oder tierischen Körper angewendet zu werden, die Beschaffenheit, den Zustand oder die Funktion des tierischen Körpers erkennen zu lassen oder der Erkennung von Krankheitserregern bei Tieren zu dienen.

(3) Arzneimittel sind nicht

1. Lebensmittel im Sinne des § 2 Abs. 2 des Lebensmittel- und Futtermittelgesetzbuches,

2. kosmetische Mittel im Sinne des § 2 Abs. 5 des Lebensmittel- und Futtermittelgesetzbuches,

3. Tabakerzeugnisse im Sinne des § 3 des vorläufigen Tabakgesetzes,

4. Stoffe oder Zubereitungen aus Stoffen, die ausschließlich dazu bestimmt sind, äußerlich am Tier zur Reinigung oder Pflege oder zur Beeinflussung des Aussehens oder des Körpergeruchs angewendet zu werden, soweit ihnen keine Stoffe oder Zubereitungen aus Stoffen zugesetzt sind, die vom Verkehr außerhalb der Apotheke ausgeschlossen sind,

5. (weggefallen)

6. Futtermittel im Sinne des § 3 Nr. 11 bis 15 des Lebensmittel- und Futtermittelgesetzbuches,

7. Medizinprodukte und Zubehör für Medizinprodukte im Sinne des § 3 des Medizinproduktegesetzes, es sei denn, es handelt sich um Arzneimittel im Sinne des § 2 Abs. 1 Nr. 2,

8. die in § 9 Satz 1 des Transplantationsgesetzes genannten Organe und Augenhornhäute, wenn sie zur Übertragung auf andere Menschen bestimmt sind.

(4) Solange ein Mittel nach diesem Gesetz als Arzneimittel zugelassen oder registriert oder durch Rechtsverordnung von der Zulassung oder Registrierung freigestellt ist, gilt es als Arzneimittel. Hat die zuständige Bundesoberbehörde die Zulassung oder Registrierung eines Mittels mit der Begründung abgelehnt, dass es sich um kein Arzneimittel handelt, so gilt es nicht als Arzneimittel.

I. Die Bedeutung der Norm

Mit § 2 AMG unternimmt der Gesetzgeber den Versuch, den für das gesamte Gesetz geltenden **Begriff des Arzneimittels** zu bestimmen. Das Gesetz legt zunächst den Kreis der Arzneimittel fest, ergänzt diesen um Gegenstände, die (auch nach Inkrafttreten des Medizinproduktegesetzes) weiterhin als Arzneimittel gelten sollen (fiktive Arzneimittel), und präzisiert durch Abgrenzung zu Lebensmitteln, Tabakerzeugnissen, kosmetischen Mitteln, Reinigungs- und Pflegemitteln, Körperpflege- und Futtermitteln das gefundene Ergebnis. Schließlich stellt § 2 AMG noch eine unwiderlegliche Vermutung zugunsten von Arzneimitteln auf, die als solche zugelassen sind, solange dies der Fall ist. Letztlich erschließt sich durch die Definition des § 2 AMG auch der Geltungsbereich des Arzneimittelgesetzes.

17

II. Tierarzneimittel

Der Arzneimittelbegriff wie in § 2 AMG definiert, umfasst nicht nur Humanarzneimittel, sondern gleichermaßen auch **Tierarzneimittel**, weil in Abs. 1 S. 1 als Bestimmung die Anwendung am oder im tierischen Körper ausdrücklich genannt ist.

18

III. Arzneimittel, Begriff und Abgrenzung

Der Arzneimittelbegriff ist funktional zu verstehen, und zwar objektiv-funktional, nicht subjektiv-funktional. Es kommt demnach nicht entscheidend darauf an, welche Funktion der pharmazeutische Unternehmer seinem Arzneimittel beimisst, sondern welche Funktion ihm in den Augen der maßgeblichen Kreise beigemessen wird (überwiegende Zweckbestimmung).[6] Fehlt eine derartige Verkehrsauffassung zur Zweckbestimmung, so rückt die subjektive, vom pharmazeutischen Unternehmer beigegebene Funktion in den Vordergrund.[7]

19

Arzneimittel sind zunächst einmal alle, die eine (oder mehrere) der in § 2 Abs. 2 Nr. 1–5 AMG aufgestellten Funktionen am oder im menschlichen oder tierischen Körper erfüllen, Stoffe oder Zubereitungen aus Stoffen. Den Stoffbegriff definiert § 3 AMG in umfassender Weise. Solange Stoffe nicht am oder im menschlichen oder tierischen Körper angewendet werden können und sollen und Funktionen nach Abs. 1 Nr. 1–5 erfüllen, sind sie arzneimittelrechtlich uninteressant.

20

Die in Abs. 1 Nr. 1–5 genannten Funktionen (also der sog. Heilzweck) decken nicht nur die medizinische Diagnose und Therapie ab, sondern auch den Einsatz von Stoffen bzw. Wirkstoffen, die der menschliche oder tierische Körper herstellt. Hinzu kommt die Abwehr von Krankheitserregern, Parasiten und körperfremder Stoffe.

21

Die Abgrenzung Arzneimittel – nicht Arzneimittel ist praktisch von erheblicher Bedeutung. Danach richtet sich auch, welches Gesetz anwendbar ist: Wer Arzneimittel herstellt, bedarf nach § 13 AMG einer Herstellungserlaubnis. Problematisch aber ist die Herstellung von Stoffen auf allen Produktionsstufen, die zusammen mit einem oder mehreren Stoffen zu einem Arzneimittel verarbeitet werden. Hier bringt die Definition des Fertigarzneimittels in § 4 Abs. 1 AMG nun die erforderliche Klarheit: auf Zwi-

22

---

6 Vgl. hierzu *Sander*, § 2 Anm. 1 ff.; *Deutsch*, Rn 839 ff.; *Rabe*, NJW 1990, 1390; *Bülow/Ring*, § 1 Rn 71 ff.; *Rehmann*, § 2 Rn 2 jeweils m.w.N. aus Rspr. und Lit.
7 Vgl. *Sander*, § 2 Anm. 1.

schenprodukte sind die Vorschriften des AMG nicht anzuwenden. Sie sind per definitionem keine Fertigarzneimittel.

23 Ihrer Funktion entsprechend lassen sich Arzneimittel in drei große Gruppen einteilen, nämlich in **Diagnostika, Therapeutika** und **Prophylaktika**. Eine weitere Systematisierung ist zwar über Abs. 1 Nr. 3–5 möglich, ist aber für die Praxis wohl eher irrelevant, weil sich hieran keine rechtlichen Folgen knüpfen.

24 Praktische Bedeutung gewinnt die Unterscheidung der Arzneimittel in Vorbeugungs-, Erkennungs- und Heilmittel auch dadurch, dass Heilmittel gem. § 44 Abs. 1 AMG der **Apothekenpflicht** unterfallen. Sie dürfen also nur über Apotheken in den Verkehr gebracht werden. Mit der umfassenden Definition des Arzneimittels bewegt sich das Gesetz auf der Linie der früheren Rechsprechung.[8]

IV. Fiktive Arzneimittel

25 Den Arzneimitteln gleich gestellt sind **fiktive Arzneimittel**, die wie Arzneimittel nach dem Arzneimittelgesetz behandelt werden sollen. Zulassungspflichtig nach § 21 AMG sind dabei nur die Berührungsarzneimittel nach Abs. 2 Nr. 1 AMG. Die in Abs. 2 Nr. 1a–4 AMG näher bezeichneten Gegenstände und Stoffe werden ebenfalls den Vorschriften des Arzneimittelgesetzes und nicht denen des Medizinproduktegesetzes unterstellt.

E. Ausnahmen

I. Ausnahmen vom Geltungsbereich des AMG

26 Im Zusammenhang mit § 2 AMG ist auch § 4a AMG zu berücksichtigen. § 4a AMG grenzt den Geltungsbereich des AMG gegen drei, in Sondergesetzen geregelte Bereiche ab, obwohl es sich bei der in Nr. 1–3 geregelten Materie um Arzneimittel handelt.

27 Bezüglich der Arzneimittel zur Bekämpfung von **Tierseuchen** ist als Spezialgesetz das Tierseuchengesetz[9] einschlägig. Sera, Impfstoffe und Antigene i.S. dieser Vorschrift unterfallen dem Tierseuchengesetz (§ 17c Abs. 1). Dies gilt auch für biotechnisch, insbesondere gentechnisch hergestellte Mittel. Einzig die Vorschriften über das Arzneibuch (§ 55) bleiben anwendbar.

28 Eine gesetzliche Regelung für die **künstliche Besamung** mit Sperma beim Tier ist im Gesetz über die künstliche Besamung[10] von Tieren getroffen worden. Für die künstliche Befruchtung eines Menschen sind in erster Linie die Vorschriften des Embryonenschutzgesetzes einschlägig. Verschiedene Anläufe zur Verabschiedung eines Fortpflanzungsmedizingesetzes wurden bislang nicht vollendet. Im Übrigen sind die Richtlinien zur Durchführung der assistierten Reproduktion[11] i.V.m. § 13 MBO und D Nr. 15 MBO zu beachten.

---

8 Vgl. auch BGHZ 23, 184 (Kopfschmerz- und Spalttabletten); OVG Lüneburg DAZ 1973, 1364 (Rhinasal-Nasentropfen); *Deutsch/Spickhoff*, Rn 841 ff.
9 Gesetz vom 28.3.1980, BGBl I, 386.
10 Gesetz vom 8.9.1971, BGBl I, 1537.
11 DÄ 1998 (C) 2230.

Nr. 3 ist durch das 11. Gesetz zur Änderung des Arzneimittelgesetzes (wieder) eingeführt, Nr. 4 durch das Gewebegesetz gestrichen worden. Das Arzneimittelgesetz findet auf die unmittelbare Medikation des Patienten durch den Arzt keine Anwendung. Gleiches gilt für die Medikation des (kranken) Tieres durch einen behandelnden Tierarzt. Dass das **Tierarzneimittel-Neuordnungsgesetz** (TAM-NOG) als berechtigte Reaktion auf offenbar gewordene Missbräuche bei der Medikation von Tieren erlassen worden ist, darf den Blick für die Funktion des Arzneimittelgesetzes nicht verstellen. Die Neufassung ist auch eine Reaktion auf die Entscheidung des BVerfG zur FrischzellenVO.[12]

Die Entnahme **menschlicher Organe, Transplantation**, ist abschließend im Gesetz über die Spende, Entnahme und Übertragung von Organen (Transplantationsgesetz) geregelt.[13] Ausgenommen sind auch Blutzubereitungen. Für sie gilt das Gesetz zur Regelung des Transfusionswesens.[14] Dieser so umschriebene Geltungsbereich des AMG kann sich geringfügig ändern: Das Gewebegesetz (GewebeG) unterstellt den Umgang mit menschlichen Geweben und Zellen dem AMG, was z.B. die Herstellungserlaubnis, die Zulassung und den Import dieser Substanzen angeht, soweit sie nicht als Organe dem TPG unterfallen. Mit dem Gesetz soll die **Geweberichtlinie** der EU in nationales Recht umgesetzt werden (RiLi 2004/23 EU).[15]

Keine Anwendung auf Arzneimittel i.S.v. § 2 AMG findet auch das **Geräte- und Produktsicherheitsgesetz (GPSG)**,[16] weil das AMG als Gesetz anzusehen ist, welches für die Sicherheit von Arzneimitteln dem GPSG entsprechende Vorschriften enthält, § 1 Abs. 3 GPSG.[17]

II. Antidefinition

1. Lebensmittel

Die Abgrenzung zwischen Arznei- und **Lebensmitteln** wird in § 2 LFGB[18] unter Bezugnahme auf Art. 2 der VO (EG) 178/2002 wie folgt vorgenommen: Lebensmittel im Sinne dieser Verordnung sind danach alle Stoffe oder Erzeugnisse, die dazu bestimmt sind oder von denen nach vernünftigem Ermessen erwartet werden kann, dass sie in verarbeitetem, teilweise verarbeitetem oder unverarbeitetem Zustand von Menschen aufgenommen werden. Zweifelsfragen können entstehen, wenn ein Erzeugnis Doppelfunktion hat, also sowohl dem Verzehr wie der Heilung, sowohl der Pflege oder Verschönerung wie der Heilung dient. Kommt die Verwendung eines Stoffes sowohl als Arzneimittel als auch als Lebensmittel (oder auch als **kosmetisches Mittel**) in Betracht, so ist die Abgrenzung nach der überwiegenden Zweckbestimmung objektiv vorzunehmen.[19] Diese objektiven Kriterien bietet einerseits die naturwissenschaftliche Erkenntnis.

---

12 VO vom 4.3.1997 (BGBl I, 432); Urt. v. 16.2.2000, NJW 2000, 857.
13 Gesetz vom 5.4.1997, BGBl I, 2631 in der Fassung des Gesetzes vom 20.7.2007 BGBl I S. 1574.
14 Gesetz vom 1.7.1998, BGBl I, 1752 in der Fassung des Gesetzes vom 20.7.2007 BGBl I S. 1574.
15 Vom 31.3.2004, ABl L 102, 48.
16 Gesetz vom 6.1.2004, BGBl I, S. 2.
17 Vgl. hierzu *Klindt*, NJW 2004, 465.
18 Lebensmittel-, Bedarfsgegenstände- und Futtermittelgesetzbuch (Lebensmittel- und Futtermittelgesetzbuch – LFGB) v. 1.9.2005, BGBl I, 2618.
19 *Rabe*, NJW 1990, 1390 m.w.N.; *Deutsch*, Rn 854; *Bülow/Ring*, § 1 Rn 71 ff. m.w.N.

33 Zusätzlich kommt aber auch dasjenige in Betracht, was die Adressaten des Stoffes, die Käufer oder andere Verwender, für Vorstellungen über die **Zweckbestimmung** haben. Diese allgemeine Verkehrsauffassung richtet sich danach, was der Verbraucher berechtigterweise als Zweck eines Stoffes erwarten darf. Sie ist die Summe der Vorstellungen aller derjenigen, die als Verwender des Stoffes oder der Zubereitung in Frage kommen, also die Adressaten. Dabei kommt es zunächst auf die verständigen Adressaten an. Divergieren auch bei diesen die Vorstellungen über die Zweckbestimmung, kann von einer **allgemeinen Verkehrsauffassung** nicht ausgegangen werden. Halten sich die Vorstellungen über die Zweckbestimmung in etwa die Waage, gibt es keine allgemeine Verkehrsauffassung. In diesem Fall bleibt allein die wissenschaftliche Erkenntnis, die den Zweck bestimmt.[20]

34 Die Bezeichnung des Stoffes, die Anpreisung oder die **Gebrauchsanweisung** können eine Rolle spielen. Eine nach der herrschenden Verkehrsauffassung bestimmende objektive Zweckbestimmung kann der Hersteller eines Lebensmittels nicht durch eine Gebrauchsanweisung ändern.[21] Die mit der Abgrenzung Arzneimittel-Lebensmittel zusammenhängenden Probleme sind in der Praxis am Beispiel der Vitamine und Multivitaminpräparate (also an Nahrungsergänzungsmitteln) abgehandelt worden.[22] Das seinerzeitige Bundesgesundheitsamt hat die Zulassung von Multivitaminpräparaten als Arzneimittel regelmäßig abgelehnt.[23] Vitaminbonbons sind keine Arzneimittel.[24]

2. Tabakerzeugnisse

35 Tabakerzeugnisse sind grundsätzlich keine Arzneimittel. Lediglich die in § 3 Abs. 3 LMBG[25] genannten Erzeugnisse zur Linderung von Asthmabeschwerden unterfallen nicht dem LMBG.

3. Kosmetische Mittel

36 Kosmetische Mittel i.S.v. § 2 Abs. 5 LFGB[26] sind Stoffe und Zubereitungen, die dazu bestimmt sind, äußerlich am Menschen oder in seiner Mundhöhle zur Reinigung/Pflege oder Beeinflussung des Aussehens oder des Körpergeruches oder zur Verminderung von Geruchseindrücken angewendet zu werden, es sei denn, dass sie überwiegend dazu bestimmt sind, Krankheiten, Leiden, Körperschäden oder krankhafte Beschwerden zu lindern oder zu beseitigen. Den kosmetischen Mitteln stehen Stoffe oder Zubereitungen aus Stoffen zur Reinigung oder Pflege von Zahnersatz gleich. Als kosmetische Mittel gelten nicht Stoffe oder Zubereitungen aus Stoffen, die zur Beeinflussung der Körperformen bestimmt sind.

37 Ob Stoffe oder Zubereitungen daraus **kosmetische Mittel** sind oder etwas anderes (insbesondere auch Arzneimittel) sein können, bemisst sich (wie beim Arzneimittel auch)

---

20 Vgl. wie hier: *Bülow/Ring*, § 1 Rn 74 ff.; *Rehmann*, § 2 Rn 2.
21 *Rabe*, NJW 1990, 1390 m.w.N.
22 *Rabe*, NJW 1990, 1390.
23 *Sander*, § 2 Anm. 34 m.w.N.
24 BVerwG DAZ 1964, 1538; EuGHE 1984, 3883.
25 Jetzt: Vorläufiges Tabakgesetz i.d.F. des LMBG durch Art. 2 des Gesetzes zur Neuregelung des Lebensmittel- und des Futtermittelrechts v. 1.9.2005 (BGBl I, 2618).
26 Lebensmittel-, Bedarfsgegenstände- und Futtermittelgesetzbuch (Lebensmittel- und Futtermittelgesetzbuch – LFGB) v. 1.9.2005 (BGBl I, 2618).

anhand objektiver Kriterien und der überwiegenden Zweckbestimmung des Stoffes
oder Zubereitung hieraus.

4. Reinigungsmittel

Keine Arzneimittel sind schließlich Stoffe und Zubereitungen daraus, die ausschließ- 38
lich zur äußerlichen Reinigung und Pflege am Tier oder zur Beeinflussung des Aussehens oder des Körpergeruches angewendet werden sollen. **Tierarzneimittel** sind sie
nur dann, wenn ihnen Stoffe beigefügt sind, die apothekenpflichtig sind. Auf die
Zweckbestimmung kommt es dann nicht mehr an.

5. Futtermittel

Futtermittel sind Stoffe oder Erzeugnisse, auch Zusatzstoffe, verarbeitet, teilweise ver- 39
arbeitet oder unverarbeitet, die zur oralen Tierfütterung bestimmt sind,[27] es sei denn,
dass sie überwiegend dazu bestimmt sind, zu anderen Zwecken als zur **Tiernahrung** zu
dienen. Stoffe, deren Verfütterung nicht ernährungsphysiologischen Erfordernissen
dient, sondern die überwiegend anderen Zwecken dienen, können etwa auch als Arzneimittel/Tierarzneimittel anzusehen sein. Auch hier entscheidet die objektive **überwiegende Zweckbestimmung** über die Abgrenzung zu anderen Bereichen.

6. Medizinprodukte

Keine Arzneimittel sind auch **Medizinprodukte** i.S.v. § 3 MPG sowie deren Zubehör.[28] 40
Die Abgrenzung zu Arzneimitteln hat hier besondere Bedeutung, weil Medizinprodukte, die fiktive Arzneimittel i.S.v. § 2 Abs. 2 AMG waren, nach der Übergangsvorschrift
des § 48 MPG noch bis zum 14.6.1998 nach den beim Inkrafttreten des MPG geltenden
Vorschriften in den Verkehr gebracht werden durften.[29]

7. Abgrenzung zur Transplantation

Eine, wie *Deutsch*[30] zutreffend hervorhebt, völlig überflüssige Klarstellung enthält nun 41
§ 2 Abs. 3 Nr. 8 AMG. Herz, Niere, Leber, Lunge, Bauchspeicheldrüse und Darm, Organe, die nach § 9 TPG nur in zugelassenen Transplantationszentren auf den Menschen
übertragen werden dürfen, sind keine Arzneimittel im Sinne des Arzneimittelgesetzes.
Hier glaubte der Gesetzgeber wohl die Notbremse ziehen zu müssen, nachdem im juristischen Schrifttum ernsthaft die Auffassung vertreten worden war, diese Organe seien
Arzneimittel, und derjenige, der sie explantiert und transplantiert, bedürfe hierzu einer
Herstellungserlaubnis nach § 13 AMG.[31] Die Vorschrift ist durch das Gewebegesetz
zwar geändert worden, aber in ihrem Sinn bestehen geblieben.

---

27 Definition nach Art. 3 Nr. 4 VO (EG) 178/2002.
28 Vgl. *v. Cettritz*, PharmR 1997, 212.
29 Für diese Medizinprodukte galt bis zum 2. Gesetz zur Änderung des MPG, welches § 48 MPG aufhob,
   also noch das alte Recht fort.
30 *Deutsch*, Rn 619.
31 *Wolfslast/Rosenau*, NJW 1993, 2348; in diesem Sinne wohl auch neuestens *Bender*, VersR 1999,
   419 ff. m.w.N.

8. Abgrenzung zur Bluttransfusion

42 Das Transfusionsgesetz hat – im Gegensatz zum Transplantationsgesetz – zu keinem grundlegenden Eingriff in das AMG, insbesondere nicht zu einer Änderung des § 2 AMG (sowie des § 4 AMG) geführt. Es bleibt dabei: **Blutzubereitungen** sind und bleiben Arzneimittel nach § 4 Abs. 2 AMG. Lediglich bezüglich der Betriebsabläufe in Betrieben und Einrichtungen, die Blutzubereitungen gewinnen und herstellen, hat das TFG[32] Änderungen und Ergänzungen des AMG zur Folge gehabt.

9. Die Arzneimittelvermutung

43 Der Abrundung des ziemlich weit gefassten Arzneimittelbegriffes dient schließlich Abs. 4. Er begründet eine unwiderlegliche **Vermutung**.[33] Danach ist ein Mittel, welches nach dem Arzneimittelgesetz zugelassen, registriert oder durch Rechtsverordnung von dieser freigestellt ist, so lange als Arzneimittel zu behandeln, wie diese Voraussetzungen vorliegen, selbst wenn ihm im Einzelfall kein Heilzweck eigen ist.[34] Erst wenn die Zulassung oder Registrierung oder die Freistellung hiervon aufgehoben ist, mag eine andere Qualifikation möglich werden.

F. Herstellungserlaubnis[35]

44 § 13 Abs. 1 AMG beschreibt diejenigen Arzneimittel, deren gewerbs- oder berufsmäßige Herstellung zum Zwecke der Abgabe an andere erlaubnispflichtig ist. Anders als im MPG, wo mehr auf die rechtliche Herstellerstellung abgestellt wird, knüpft die **Herstellererlaubnis** gem. § 13 Abs. 1 AMG eher an das faktische Eingebundensein in den Herstellungsprozess gem. § 4 Abs. 14 AMG an. Folgerichtig muss der Hersteller nicht gleichzeitig der pharmazeutische Unternehmer gem. § 9 AMG sein. Liegen keine der Versagensgründe gem. § 14 Abs. 1 AMG vor, besteht für den Hersteller ein Rechtsanspruch auf Erteilung der Erlaubnis. Die Genehmigungsbehörde hat dann keinen Ermessensspielraum.[36] Dementsprechend bedarf auch der **Lohnhersteller**, der im Auftrag eines anderen in die Herstellung eingebunden ist (im Gegensatz zum MPG), der Erlaubnis gem. § 13 AMG. Erlaubnisfrei ist hingegen die bloße Produktion von Roh- und Grundstoffen sowie von solchen Stoffen, deren Arzneimitteleigenschaft noch nicht feststeht.[37] Erlaubnispflichtig wird auch diese Tätigkeit aber immer dann, wenn der nächste Schritt zur Zweckverwirklichung i.S.v. § 13 Abs. 1 (Arzneimittelfunktion) getan wird und die sonstigen Voraussetzungen vorliegen.

45 Die Herstellung von **Wirkstoffen**, die menschlicher, tierischer oder mikrobieller Herkunft sind oder auf gentechnischem Wege hergestellt werden, sowie anderer zur Arzneimittelherstellung bestimmter Stoffe menschlicher Herkunft ist gem. § 13 Abs. 1 S. 1 AMG erlaubnispflichtig. Wirkstoffe sind gem. § 4 Abs. 19 AMG Stoffe, die dazu bestimmt sind, bei der Herstellung von Arzneimitteln als arzneilich wirksame Bestandtei-

---

32 Gesetz v. 1.7.1998, BGBl I, 1752.
33 Vgl. *Deutsch*, Rn 861; *Sander*, § 2 Anm. 40 spricht von einer gesetzlichen Fiktion.
34 Wie hier *Bülow/Ring*, § 1 Rn 78.
35 Vgl. ausführlich dazu *Ratzel*, in: Deutsch/Lippert/Ratzel, §§ 13 ff.
36 *Kloesel/Cyran*, § 13 Rn 30.
37 Beispiele bei *Kloesel/Cyran*, § 13 Rn 6: Glycerin, Pfefferminzblätter, Sauerstoff.

I. Berufs- oder gewerbsmäßige Abgabe an andere

Bei der erwerbs- oder berufsmäßigen **Abgabe** an andere muss ein Wechsel in der Verfügungsgewalt stattfinden. An einer „Abgabe an andere" fehlt es z.B., wenn ein Arzt im Selbstversuch ein Arzneimittel an sich anwendet oder direkt in seinem Verantwortungsbereich an seine Patienten appliziert, da hier kein Wechsel in der Verfügungsgewalt stattfindet.[38] Eine Abgabe an andere liegt aber dann vor, wenn der Arzt als Hersteller eines Arzneimittels dieses Arzneimittel Patienten oder deren Angehörigen mit der Maßgabe aushändigt, dass die Injektion durch einen anderen Arzt erfolgt.[39] „**Gewerbsmäßig**" bedeutet „gegen Entgelt" zur Erzielung laufender Einkünfte. **Kostenlose Abgabe** wird i.d.R. durch das Merkmal „berufsmäßig" abgedeckt. Berufsmäßig ist eine Tätigkeit, die auf Dauer zur Schaffung und Erhaltung einer Lebensgrundlage dient.[40]

46

II. Blut- und Blutprodukte

Nachdem es sich sowohl bei menschlichem als auch tierischem Blut um einen Stoff i.S.v. § 3 Nr. 3 AMG handelt, sind Blutspendeeinrichtungen oder Plasmapherese-Stationen gem. § 13 AMG erlaubnispflichtig. Hinsichtlich der Betriebsabläufe und der verantwortlichen Personen sind neben dem AMG die Vorschriften des Transfusionsgesetzes[41] zu beachten. Keiner Erlaubnispflicht unterliegt hingegen die sog. „**Eigenblutspende**",[42] sofern ihre Gewinnung und Anwendung unter Verantwortung derselben Person erfolgt, was in der Regel dann anzunehmen ist, wenn sowohl die Entnahme als auch Aufbereitung im selben Krankenhaus/Einrichtung erfolgen. Eine **Herstellungserlaubnis** ist aber sicher auch bei Eigenblutspenden immer dann erforderlich, wenn ein Krankenhaus/eine Einrichtung für ein anderes Haus die Herstellung von Eigenblutpräparaten übernimmt. In diesem Fall ist nicht mehr von einem einheitlichen Verantwortungsbereich auszugehen, so dass eine Erlaubnis gem. § 13 AMG einzuholen ist. Ob dies auch dann schon der Fall ist, wenn Abnahme und Verabreichung von unterschiedlichen Abteilungen eines Hauses vorgenommen werden,[43] überzeugt jedenfalls dann nicht, wenn für derartige Abläufe von der Krankenhausleitung ein Organisationsstatut festgelegt worden ist, in dem die jeweiligen Verantwortlichkeiten festgehalten sind und sich daher der Betriebsablauf nicht von der Abnahme und Verwendung in einer einzigen Abteilung unterscheidet. Wer allerdings Eigenblutzubereitungen berufsmäßig herstellt, um sie danach dem Spender zur Selbstanwendung oder zur Injizierung durch den Hausarzt zu überlassen, bedarf einer Erlaubnis nach § 13 Abs. 1 AMG.[44]

47

---

38 Ähnlich zur Problematik des Inverkehrbringens OLG Bremen PharmR 1987, 242.
39 BVerwG NVwZ-RR 1998, 654; Gleiches gilt für die berufsmäßige Herstellung von Eigenblut- oder Eigenurinzubereitungen, die danach dem Spender zur oralen Selbstanwendung oder Subkutaninjektion überlassen werden, BayObLG NJW 1998, 3430.
40 BVerfGE 7, 377, 397; BVerwGE 22, 286, 287.
41 Gesetz vom 1.7.1998, BGBl I, 1752.
42 *Lippert*, VersR 1992, 790; zur Aufklärungsproblematik BGH VersR 1992, 314.
43 So *Kloesel/Cyran*, § 13 Rn 17.
44 BVerwG NJW 1999, 882; OVG Münster NJW 1995, 802 für die gewerbsmäßige Herstellung von Blutsera; LSG Berlin NZS 1999, 248 Eigenblutprodukte für die ATC-Therapie nach Klehr; BVerwG GesR 2004, 335 ff.

48 Jetzt ist klargestellt, dass nicht nur die allogene, sondern auch die autologe Stammzellmobilisierung, einer Herstellungserlaubnis bedarf.[45] Dies spielt z.B. für Geburtskliniken eine Rolle, in denen Nabelschnurrestblut zur Einlagerung entnommen wird. Die Asservierung von Stammzellen aus der Nabelschnur ist z.Zt. in zweifacher Hinsicht von besonderer Bedeutung: Das **Nabelschnurblut**-(Cord-Blood = CB-)Transplantat kann zum einen als gerichtete Spende verwendet werden, also gezielt für ein erkranktes Familienmitglied (unter 40 kg), und dies mit gutem klinischen Erfolg, und zum anderen als ungerichtete Spende für die Behandlung Dritter. In beiden Fällen handelt es sich um ein allogenes CB-Transplantat. Transplantate aus Nabelschnurblut unterliegen als Arzneimittel den Vorschriften des § 2 Abs. 1 AMG und als Blutprodukte den Regelungen des Transfusionsgesetzes. Es spielt dabei keine Rolle, ob das Transplantat allogen (verwandt bzw. unverwandt) oder autolog verwendet wird. Der Zweck des Transfusionsgesetzes (TFG) ist nicht nur, die gerichtete und sichere Versorgung der Bevölkerung mit Blutprodukten zu garantieren, sondern auch die sichere Gewinnung sowohl von Blut und Blutbestandteilen vom Menschen als auch die optimale Gewinnung von Nabelschnurblut aus der Plazenta respektive Nabelschnur. Entsprechend unterliegt die Logistik der Stammzellgewinnung aus CB und ihrer Aufarbeitung sowie die Transplantation den Vorschriften der §§ 12, 12a, 18 TFG. Die hierzu erlassenen Richtlinien der Bundesärztekammer vom 14.5.1999 sollen den Ärzten, die u.a. bei der Gewinnung, Aufbereitung, Lagerung und Übertragung von aus CB gewonnenen Stammzellen tätig sind, die notwendigen Grundlagen geben, um u.a. die Entnahme von CB unter medizinisch-technischen und regulatorischen Aspekten so sicher wie möglich zu gestalten. Die Richtlinien sind über §§ 12a, 18 TFG verbindlich. Die Vorschriften des AMG sind sowohl für die Geburtsklinik als Entnahmezentrum als auch für den Hersteller (= Nabelschnurblutbank bzw. Verarbeitungszentrum), unabhängig davon, ob autologe oder allogene Transplantate hergestellt werden, zwingend. Für die Geburtsklinik, die das Nabelschnurblut entnimmt, bedeutet dies, dass sie laut § 67 AMG (= **Anzeige- und Erlaubnispflicht**) verpflichtet ist, die Sammlung von Nabelschnurblut vor Aufnahme der Tätigkeit der zuständigen Landesbehörde, i.d.R. der Bezirksregierung oder dem Regierungspräsidium, anzuzeigen. Gleichzeitig muss der Hersteller, also die Nabelschnurblutbank, entsprechend § 13 AMG eine Herstellungserlaubnis beantragen. Früher reichte es z.T. aus, die Geburtsklinik im Idealfall als externe Entnahmestelle einzubeziehen. Sie war dann in der Herstellungserlaubnis der **Nabelschnurblutbank** explizit aufzuführen. Seit der 12. AMG-Novelle benötigte auch die Geburtsklinik eine eigene Herstellungserlaubnis.[46] Dieser Umstand ist durch die 14. AMG-Novelle abermals geändert worden. Gem. § 14 Abs. 4 Nr. 4 AMG besteht jetzt wieder die Möglichkeit, die Geburtsklinik unter den dort genannten Voraussetzungen als externe Entnahmestelle zu führen.

49 Entsprechend § 14 AMG gilt es, die **Sachkenntnis** des für die Herstellung tätigen wie verantwortlichen Personals, die Eignung der Räume und Einrichtungen sowie die GMP-konforme Herstellung (Leitfaden einer guten Herstellungspraxis für Arzneimittel) mit entsprechender Qualitätssicherung, Vorschriften und Dokumentation zu über-

---

45 VG Sigmaringen, Beschl. v. 19.1.2005 – 8 K 2018/04, – NJOZ 2005, 2820. Ein Unternehmen, das sich auf die Gewinnung, Konservierung und Einlagerung von Nabelschnurblut zur Gewinnung von Stammzellen spezialisiert hat und dieses durch eine in seinem Auftrag handelnde Entbindungsklinik entnehmen, abfüllen und transportieren lässt, um es selbst in Empfang zu nehmen und dann in einem Laboratorium weiter zu bearbeiten, bedarf nach § 13 Abs. 1 S. 1 AMG in der seit dem 6.8.2004 geltenden Fassung einer Herstellungserlaubnis.

46 In diesem Sinne auch *Bender*, PharmR 2002, 244 ff.; für die frühere Rechtslage a.A. *Hasskarl/Ostertag*, NJW 2002, 1772 unter Berufung auf LG Hamburg PharmR 2002, 408; das Urteil betraf aber einen Sonderfall und dürfte im Ergebnis unzutreffend sein.

prüfen. So sollte u.a. vor Abnahme des Nabelschnurblutes laut § 14 Abs. 1 Nr. 6a AMG die GMP-konforme Herstellung und Prüfung gewährleistet sein. Hierzu sollte zum einen ein funktionierendes **Qualitätssicherungssystem** in jeder Einrichtung (auch im Entnahmezentrum = Geburtsklinik) vorhanden sein, in dem Aufbau, Zuständigkeit, Verfahren, Abläufe und Leitung schriftlich festgelegt sind und das regelmäßig auf Funktionsfähigkeit (Audits, Trendanalysen, Beanstandungsprüfung) überprüft wird. Zum anderen sollte ein Dokumentationssystem eingeführt werden, welches alle Abläufe beschreibt und die Aktualisierung, die Mehrausfertigung, Verteilung, Rückgabe und Archivierung übernimmt. Des Weiteren müssen nach dem AMG die Verantwortungsbereiche geklärt sein, so dass ein schriftlicher Vertrag mit der Herstellerfirma über die Verantwortlichkeit der Herstellung, Lagerung und Kennzeichnung selbstverständlich sein sollte. Für das Personal (u.a. Hebammen, Geburtshelfer) müssen Organigramme, Stellen bzw. Arbeitsplatzbeschreibungen, Vertretungsregelungen und regelmäßige Schulungen sowie deren Nachweise vorgelegt werden. Im **Entnahmezentrum** ist der Geburtshelfer verantwortlich für die Einholung des schriftlichen Einverständnisses, für die Festlegung der Eignung der Schwangeren zur Spende von Nabelschnurblut, für die Aufklärung über die freiwillige Spende und die korrekte Entnahme des Blutes entsprechend der schriftlichen Arbeitsanweisung des Verarbeitungszentrums. Die sich aus dem Ablauf ergebenden Zuständigkeiten sind zwischen Entnahme- und Verarbeitungszentrum schriftlich zu regeln. In regelmäßigen gemeinsamen Arbeitsbesprechungen zwischen Entnahmezentrum und Verarbeitungszentrum werden die Qualitätsparameter gemeinsam festgesetzt. Jeweils innerhalb von 48 Stunden vor oder nach Entbindung muss eine Blutabnahme (20 ml) bei der Mutter erfolgen, um die erforderlichen Gewebemerkmale sowie die notwendigen Infektionsparameter bestimmen zu können.

Wenn Transplantate aus CB nicht gezielt für eine bestimmte Person (ungerichtete allogene Stammzelltransplantation) hergestellt und bei einer Nabelschnurblutbank gelagert werden, handelt es sich bei diesem Transplantat um Fertigarzneimittel, für deren Inverkehrbringen eine Zulassung nach § 21 ff. AMG durch die zuständige Bundesbehörde, das Paul-Ehrlich-Institut, erforderlich ist. Dies bedeutet, dass das Nabelschnurblut-Präparat, wenn es nicht für das Kind selbst (autologes Transplantat), sondern für die Geschwister oder Familienangehörige (allogenes Transplantat) als wertvolle Stammzellquelle verwendet werden soll, nur dann eingesetzt werden kann, wenn vor Entnahme eine Zulassung durch das Paul-Ehrlich-Institut vorliegt. Fehlvorstellungen der Eltern, zur Not könne das für das Kind entnommene Nabelschnurblut ja auch – abweichend vom ursprünglichen Plan – später Geschwisterkindern oder Dritten zukommen, sind zu korrigieren. Abgesehen von den arzneimittelrechtlichen Hürden dürfen nicht angewendete Eigenblutentnahmen nicht für andere Personen verwendet werden (§ 17 Abs. 1 S. 3 TFG).

50

III. Organ- und Gewebetransplantate

Herz, Niere, Leber, Lunge, Bauchspeicheldrüse und Darm sowie Augenhornhäute sind keine Arzneimittel i.S.d. AMG.[47] Sie dürfen gem. § 9 TPG nur in zugelassenen Transplantationszentren auf Menschen übertragen werden. Da alle anderen Organe und Organteile aber prinzipiell Arzneimittel i.S.v. § 2 Abs. 1 Nr. 5 AMG sein können (§ 3 Nr. 3 AMG), ist eine Herstellungserlaubnis jedenfalls dann erforderlich, wenn eine einheitliche fachliche Leitung und Verantwortung von Entnahme und Implantierung/Transplan-

51

---

47 Hierzu auch *Bender*, VersR 1999, 419, 423.

tation nicht mehr gegeben ist. Dies liegt immer dann vor, wenn eine Einrichtung für Dritte Organe, Organteile oder Gewebe entnimmt oder verarbeitet.[48]

IV. Ausnahmen (Abs. 2)

1. Apotheken

52 § 13 Abs. 2 Nr. 1 AMG hat offensichtlich die Herstellung von Arzneimittelspezialitäten oder auch Rezepturarzneimittel gem. § 21 Abs. 2 Nr. 1 AMG im Auge. Prinzipiell könnte eine Apotheke aber auch Fertigarzneimittel herstellen, ohne dafür einer Erlaubnis zu bedürfen, wenn das fertige Arzneimittel im üblichen **Apothekenbetrieb**, d.h. für eigene Kunden, hergestellt wird. Ausgenommen von Rezepturarzneimitteln und homöopathischen Arzneimitteln sowie den Fällen der §§ 72 ff. AMG dürfen vom Apotheker jedoch nur zugelassene Arzneimittel abgegeben werden, da § 13 Abs. 2 Nr. 1 AMG nur die Herstellererlaubnis betrifft. Die Herstellung von Arzneimitteln ist einem **Apotheker** im üblichen Apothekenbetrieb ohne Herstellererlaubnis nach § 13 Abs. 2 Nr. 1 AMG aber grundsätzlich nur zur Abgabe in der eigenen Apotheke gestattet. Andererseits muss eine krankenhausversorgende Apotheke auch die Möglichkeit haben, derartige Arzneimittel im Rahmen des Kooperationsvertrages für das Vertragskrankenhaus herzustellen. Nachdem das Regionalprinzip in § 14 ApoG abgeschafft wurde[49] und Apotheken und Krankenhäuser künftig innerhalb der gesamten EU/EWR einen Vertrag über die Arzneimittelversorgung schließen können, der in Deutschland vom jeweiligen Bundesland genehmigt werden muss, kann die Ausnahmevorschrift in § 13 Abs. 2 Nr. 1 AMG u.U. erhebliche Bedeutung gewinnen. Voraussetzung für die Genehmigung ist u.a., dass (1.) die Apotheke dem Krankenhaus Arzneimittel zur akuten medizinischen Versorgung unverzüglich und bedarfsgerecht zur Verfügung stellt, dass (2.) im Notfall auch eine unverzügliche persönliche Beratung des Personals erfolgt, (3.) die Apotheke das Krankenhauspersonal kontinuierlich im Hinblick auf zweckmäßige und wirtschaftliche Arzneimitteltherapie berät und (4.) der Leiter der versorgenden Apotheke oder der von ihm beauftragte Apotheker Mitglied der Arzneimittelkommission des Krankenhauses ist.

53 Bedeutung kann diese Ausnahme im Übrigen für die **Heimversorgung**[50] haben. Seit dem 28.8.2003 darf die Heimversorgung gem. § 12a ApoG nur noch auf Grundlage eines Versorgungsvertrags erfolgen, der von der zuständigen Behörde genehmigt werden muss. Es hat sich gezeigt, dass zwar die inhaltlichen Anforderungen an den Heimversorgungsvertrag klar geregelt sind, sich aber in der praktischen Durchführung zahlreiche Einzelprobleme ergeben. Dies beginnt bereits bei der Frage, welche Apotheke den Zuschlag zur Heimversorgung erhält und ob weitere kreisansässige Apotheken eine Aufnahme in das Versorgungssystem verlangen können. Weitere Streitfragen resultieren zu einem großen Teil aus dem Spannungsverhältnis zwischen der Heimversorgung gem. § 12a Abs. 1 und 2 ApoG einerseits und der Eigenversorgung der Heimbewohner gem. §12a Abs. 3 ApoG andererseits. Auslegungshilfe geben die Empfehlungen der Bundesapothekerkammer zur Qualitätssicherung bei der Versorgung von Bewohnern von Heimen.[51]

---

[48] Beispiel zur Rechtslage bei Knochenbanken, *Bender*, VersR 1999, 419, 421 sowie Richtlinien zum Führen einer Knochenbank, DÄ 1996 (B) 1715, 1717.
[49] BGBl I 2005, 1642 ff.
[50] Eingehend *Räth/Herzog/Rehborn*.
[51] DAZ 2003, 2567.

2. Krankenhaus- und Bundeswehrapotheken

Eine gem. § 14 ApoG genehmigte Krankenhausapotheke darf nicht nur das eigene Krankenhaus, sondern gem. § 14 Abs. 4 ApoG auch andere **Krankenhäuser** und Stationen versorgen, mit denen rechtswirksame Verträge bestehen oder für deren Versorgung eine Genehmigung erteilt worden ist. Gem. § 15 ApoG sind Bundeswehrapotheken aus dem Geltungsbereich dieses Gesetzes ausgenommen. Der Bundesminister für Verteidigung hat jedoch sicherzustellen, dass die Angehörigen der Bundeswehr hinsichtlich der Arzneimittelversorgung und der **Arzneimittelsicherheit** nicht anders als Zivilpersonen gestellt sind. 54

3. Tierärzte

Die Ausnahme gilt für solche Arzneimittel, die der **Tierarzt** im Rahmen seiner laufenden Behandlung an Tiere abgibt, und für Fütterungsarzneimittel, soweit sie unter seiner Aufsicht aus Arzneimittel-Vormischungen und Mischfuttermitteln durch einen anderen hergestellt werden. Näheres siehe auch § 56 AMG. 55

4. Großhändler für Umfüllen, Abpacken und Kennzeichnen

Da es sich bereits um Arzneimittel handelt, müssen diese Produkte aus einem Betrieb stammen, der selbst über eine Erlaubnis gem. § 13 AMG verfügt. Geht die Tätigkeit des Großhändlers über den in Nr. 4 genannten Umfang hinaus, bedarf auch er einer eigenen Erlaubnis gem. § 13 AMG. Außerdem dürfen die von ihm umgepackten oder neu gekennzeichneten Produkte nicht direkt an den Endabnehmer ausgeliefert werden. 56

5. Einzelhändler und § 50 AMG

Die Befreiung entspricht Nr. 4 und gilt für Arzneimittel, die nicht apothekenpflichtig sind. Das Abfüllen von Heilkräutertees in der zentralen Betriebsstätte eines Reformhauses zwecks Weitergabe an die Filialen unterfällt aber nicht § 13 Abs. 2 Nr. 5 AMG und ist deshalb ohne Herstellungserlaubnis nach § 13 Abs. 1 AMG nicht zulässig.[52] 57

Es wird ausdrücklich festgehalten, dass die Ausnahmetatbestände unter Nr. 1–5 nicht für die Herstellung von Blutzubereitungen, Sera, Impfstoffen, Testallergenen, Testsera, Testantigene und radioaktive Arzneimittel gelten, da diesen Arzneimitteln ein besonders hohes Gefährdungspotential eigen ist. Im Übrigen muss in all denjenigen Fällen, in denen eine Erlaubnis gem. § 13 AMG nicht erforderlich ist, das Herstellen von Arzneimitteln gem. § 67 AMG angezeigt werden. 58

V. Zuständigkeit

Die Zuständigkeit der Behörden richtet sich nach **Landesrecht**. Eine Ausnahme besteht für Sera, Impfstoffe, Blutzubereitungen, Testallergene, Testsera und Testantigene. Dort liegt die Entscheidung beim PEI; auf die Kommentierung zu § 77 AMG wird verwiesen. 59

---

52 OVG Hamburg, Urt. v. 17.2.1999 – 5 Bf 98/98, NordÖR 1999, 526.

G. Zulassung von Arzneimitteln[53]

I. Fertigarzneimittel

60 Das Erfordernis der Zulassung gilt für ein Fertigarzneimittel gem. § 2 Abs. 1 oder Abs. 2 Nr. 1 i.V.m. § 4 Abs. 1 AMG. Die Zulassungspflicht gilt zwingend für Fertigarzneimittel mit neuen Stoffen, neue Zubereitungen mit bekannten Stoffen, Arzneimittel mit neuen Kombinationen arzneilich wirksamer Stoffe und für **Fertigarzneimittel** mit bekannten Stoffen. Durch Rechtsverordnung ist es dem Bund nach § 35 Abs. 1 Nr. 2 AMG erlaubt, die Zulassungspflicht auf andere Arzneimittel auszudehnen, soweit dies geboten ist, um eine unmittelbare oder mittelbare Gefährdung der Gesundheit von Mensch und Tier zu verhüten.

61 Die **Zulassungspflicht** bedeutet, dass jeder, der ein unter § 21 AMG fallendes Arzneimittel in den Verkehr bringen möchte, dieses zuvor bei der zuständigen Bundesoberbehörde beantragen muss. Liegen die Voraussetzungen der §§ 21 ff. AMG vor, so wird die Zulassung nach § 25 AMG erteilt. Liegen sie nicht vor, ist der Vertrieb untersagt. Bei diesem Verfahren handelt es sich damit um ein **Verbot mit Erlaubnisvorbehalt**, wobei der pharmazeutische Unternehmer einen Anspruch auf Erteilung hat, wenn keiner der in § 25 AMG enthaltenen abschließenden Versagungsgründe gegeben ist.

II. Tierarzneimittel

62 Die Zulassungspflicht besteht grundsätzlich für alle Fertigarzneimittel i.S.v. § 2 Abs. 1 oder Abs. 2 Nr. 1 AMG, gleichviel, ob für Mensch oder Tier. Sie wird durch § 21 Abs. 1 S. 2 AMG auf Arzneimittel, die keine Fertigarzneimittel sind und zur Anwendung bei Tieren bestimmt sind, ausgedehnt, soweit diese Arzneimittel nicht zur Abgabe an den pharmazeutischen Unternehmer mit Herstellungserlaubnis bestimmt sind. Hierunter fallen insbesondere solche **Tierarzneimittel**, die aufgrund ihrer Menge nicht im Voraus hergestellt werden, aber direkt an den Tierhalter weitergegeben werden. Der Gesetzgeber wollte damit sicherstellen, dass die Abgabe aller Tierarzneimittel der öffentlichen Kontrolle unterliegt. Die Herstellung und die kontrollierte Abgabe der Arzneimittel für Tiere, die der Gewinnung von Lebensmitteln dienen, hat der Gesetzgeber in §§ 56 ff. AMG gesondert geregelt.

III. Inhalt der Zulassung

63 In der Rechtssprechung und Literatur wird die Frage, ob die **Zulassung** produkt- oder personenbezogen ist, kontrovers diskutiert.[54] Sie spielt für die Fälle von Parallel- oder Reimporteuren, die Produkte einführen, ohne eine eigene Zulassung nachweisen zu können, eine Rolle.[55] Der BGH sowie teilweise andere Gerichte sind wohl der Auffassung, dass die Zulassung personenbezogen sei[56] mit der Folge, dass der Zweitimporteur nach § 1 UWG i.V.m. §§ 21, 25 und 29 AMG gegenüber dem Erstimporteur zur Unterlassung und unter Umständen auch zum Schadenersatz verpflichtet sei, weil er ein Arz-

---

53 Vgl. hierzu die ausführliche Kommentierung von *Anker*, in: Deutsch/Lippert/Ratzel, vor §§ 21 ff.
54 Vgl. zum Meinungsstreit *Rehmann*, PharmR 1996, 287 ff.
55 Vgl. hierzu die Ausführungen von *Deutsch*, Rn 756.
56 BGH NJW 1990, 2931; LG Frankfurt PharmR 1996, 189 ff.

neimittel in Deutschland ohne Zulassung in den Verkehr bringt. *Rehmann*[57] sieht in einer Entscheidung des BGH aus dem Jahre 1994 zum Pflanzenschutz eine Abkehr seiner bisherigen Auffassung: Die Personenbezogenheit sei aufgegeben worden; sie gelte nur noch für das Verfahren, nicht für die Zulassung selbst. Folglich sei die Zulassung produktbezogen.

Bei genauerer Betrachtung zeigt sich, dass die Zulassung personen- **und** produktbezogen ist: 64

Das Zulassungsverfahren wird vom Antragsteller betrieben; er erhält einen Zulassungsbescheid, der an ihn adressiert ist. Weiter ergeht der Bescheid auf der Grundlage der vom Antragsteller eingereichten Angaben nach §§ 22 f. AMG nebst Sachverständigengutachten gem. § 24 AMG für das konkret bezeichnet Arzneimittel, vgl. § 25 Abs. 1 AMG; nur dieses stellt das verkehrsfähige Präparat dar. 65

Aus der Übertragbarkeit der Zulassung auf einen Dritten, vgl. § 29 Abs. 1 S. 1 i.V.m. § 22 Abs. 1 Nr. 1 AMG ergibt sich weiter, dass die Zulassung an eine Person gebunden ist: ohne Inhaber kein Vertrieb. Wer der konkrete Inhaber ist, spielt hingegen so lange keine Rolle, wie er pharmazeutischer Unternehmer ist. 66

Bringt also der **Importeur** ein Arzneimittel auf den Markt, welches vom Hersteller der Originalzulassung gefertigt wird, so handelt es sich in diesem Falle um dasselbe von der Zulassung umfasste Produkt. Bringt der Importeur hingegen ein Mittel auf den Markt, welches nicht identisch, sondern nur ähnlich hergestellt wird, oder weicht er auch nur minimal von den Angaben des Zulassungsbescheides ab, so kann er sich nicht auf eine einem Dritten erteilte Zulassung berufen: Dieses Produkt ist gerade nicht zugelassen. Dies gilt, abweichend von *Rehmann*, auch dann, wenn ausschließlich die Bezeichnung des Produktes eine andere ist; diese ist Inhalt der Zulassung, vgl. § 22 Abs. 1 Nr. 2 und § 29 Abs. 2 S. 1 AMG. So ist der BGH in seiner Entscheidung aus dem Jahre 1994 zu verstehen, wonach nur reimportierte, identische Arzneimittel verkehrsfähig sind. 67

IV. Zentrales Zulassungsverfahren

1. Grundsatz

Die Verordnung (EG) Nr. 726/2004 regelt, für welche Arzneimittel das zentrale Zulassungsverfahren obligatorisch ist und in welchen Fällen der pharmazeutische Unternehmer die Option hat, dieses Verfahren zu wählen. Im Anhang der genannten Verordnung ist abschließend geregelt, für welche Arzneimittel das zentrale Zulassungsverfahren obligatorisch ist.[58] 68

Entsprechend dem Anhang der Verordnung (EG) Nr. 726/2004 ist für folgende Arzneimittel zwingend das zentrale Zulassungsverfahren zu beschreiten: 69

> *„Von der Gemeinschaft zu genehmigende Arzneimittel*
>
> *1. Arzneimittel, die mit Hilfe eines der folgenden biotechnologischen Verfahren hergestellt werden:*
>   - *Technologie der rekombinierten DNS;*

---

57 Vgl. *Rehmann*, PharmaR 1996, 287.
58 Vgl. hierzu im Einzelnen den Beitrag von *Schraitle*, Handbuch B II 2220 Rn 9 ff.

- *kontrollierte Expression in Prokaryonten, einschließlich transformierter Säugetierzellen, von Genen, die für biologisch aktive Proteine kodieren;*
- *Verfahren auf der Basis von Hybridomen und monoklonalen Antikörpern.*

2. Tierarzneimittel, die vorwiegend zur Anwendung als Leistungssteigerungsmittel zur Förderung des Wachstums oder zur Erhöhung der Ertragsleistung von behandelten Tieren vorgesehen sind.

3. Humanarzneimittel, die einen neuen Wirkstoff enthalten, der bei In-Kraft-Treten dieser Verordnung noch nicht in der Gemeinschaft genehmigt war und dessen therapeutische Indikation die Behandlung der folgenden Erkrankungen ist:
- *erworbenes Immundefizienz-Syndrom;*
- *Krebs;*
- *neurdegenerative Erkrankungen;*
- *Diabetes*

und mit Wirkung vom 20. Mai 2008
- *Autoimmunerkrankungen und andere Immunschwächen;*
- *Viruserkrankungen.*

Nach dem 20. Mai 2008 kann die Kommission nach der Anhörung der Agentur geeignete Vorschläge zur Änderung dieser Nummer unterbreiten, über die der Rat mit qualifizierter Mehrheit beschließt.

4. Arzneimittel, die als Arzneimittel für seltene Leiden gem. der Verordnung (EG) Nr. 141/2000 ausgewiesen sind."

70   Weitere Arzneimittel können wahlweise im Rahmen eines nationalen Zulassungsverfahrens, eines gegenseitigen Anerkennungsverfahrens bzw. dezentralen Verfahrens oder im zentralen Zulassungsverfahren zugelassen werden. Dies regelt Art. 3 der Verordnung (EG) Nr. 726/2004. Danach kann für ein nicht unter den Anhang (s.o.) fallendes Arzneimittel von der Gemeinschaft eine Genehmigung für das Inverkehrbringen erteilt werden, wenn
- das Arzneimittel einen neuen Wirkstoff enthält, der bei Inkrafttreten der Verordnung (EG 726/2004) nicht in der Gemeinschaft genehmigt war oder
- der Antragsteller nachweist, dass das Arzneimittel eine bedeutende Innovation in therapeutischer, wissenschaftlicher oder technischer Hinsicht darstellt oder, dass die Erteilung einer Genehmigung gem. der genannten Verordnung auf Gemeinschaftsebene im Interesse der Patienten oder der Tiergesundheit ist.

71   Eine Substanz wird danach als neu eingestuft, wenn sie in der Europäischen Gemeinschaft bisher nicht als Arzneimittel zugelassen ist. Aber auch bekannte Stoffe können als neu klassifiziert werden, wenn es sich um neue Isomere, Gemische aus Isomeren, Komplexe oder Salze mit abweichenden Eigenschaften handelt. Das Gleiche gilt für Modifikationen bekannter biologischer Substanzen mit einer abweichenden molekularen Struktur, einem anderen Ausgangsstoff oder einem anderen Herstellungsverfahren. Ggf. wird im Vorfeld eines Zulassungsantrags geprüft, ob das entsprechende Arzneimittel für das zentrale Zulassungsverfahren infrage kommt. Zentrale Zulassungen werden von der Europäischen Arzneimittel-Agentur (Europeen Medicines Agency, EMEA) erteilt.

2. Ablauf des Verfahrens

72   Dem Einreichen des Zulassungsantrags und dem offiziellen Start des **Zulassungsverfahrens** geht eine Vorbereitungsphase voraus, in welcher sich der Antragsteller mit der

EMEA über formale und inhaltliche Detailfragen abstimmt. Mindestens 4 bis 6 Monate vor dem geplanten Einreichungstermin wird die EMEA über das geplante Vorhaben informiert und die wesentlichen Informationen zum Verfahren übermittelt. Eine Checkliste findet sich in den Notice to Applicants Vol. 2A, Kapitel 4. In diesem Zusammenhang kann der zukünftige Antragsteller auch Vorschläge für den Berichterstatter (Rapporteur) und für den Co-Rapporteur machen; die endgültige Entscheidung trifft die EMEA, wobei die Vorschläge des Antragstellers nach Möglichkeit berücksichtigt werden.

Sind alle wichtigen Fragen im Vorfeld geklärt, kann der Zulassungsantrag eingereicht werden. In der sich anschließenden Validierungsphase prüft die EMEA die Unterlagen auf Vollständigkeit; Verfahrensfragen wie beispielsweise Notwendigkeit einer GMP- oder GCP-Inspektion oder Zuziehung von Fachgremien werden diskutiert. Falls die eingereichten Unterlagen unvollständig sind, kann innerhalb einer vorgegebenen Frist nachgebessert werden. Sollte sich herausstellen, dass dies innerhalb angemessener Zeit nicht möglich ist, oder sollte die erste inhaltliche Prüfung durch die EMEA eine unzureichende Datenlage ergeben haben, kann der Antrag zurückgenommen werden, bevor das Zulassungsverfahren startet. **73**

Wenn alle Fragen im Vorfeld geklärt werden konnten und Rapporteur und Co-Rapporteur den Erhalt der Zulassungsunterlagen bestätigt haben, kann das Zulassungsverfahren starten. Es ist nachfolgend in den wesentlichen Schritten beschrieben.[59] Formal beginnt das Verfahren mit dem Tag der Einreichung. **74**

Eingang des Antrages bei der Agentur
Frist: 80–210 Tage, max. 150 Tage im beschleunigtem Verfahren
Gutachten Ausschuss – Bewertung positiv –
Entwurf einer Entscheidung der Kommission
Frist: 15 Tage
Mitteilung des Entwurfes über die Entscheidung an Mitgliedstaaten und Antragsteller
Verwaltungsverfahren des Ausschusses nach Art. 87 Abs. 3[60]
Frist: 15 Tage

---

59 Ablaufschema nach *Anker*, in: Deutsch/Lippert/Ratzel, vor §§ 21 Rn 7 f.
60 Es handelt sich um ein Beschlussverfahren gem. Art. 4 und 7 des Beschlusses 1999/468/EG, ABl L 184 v. 17.7.1999, S. 23, wobei der Ausschuss nach Anhörung der Mitgliedstaaten (Frist für diese: 5 bis 22 Tage) seine Stellungnahme abgibt; der Vorsitzende entscheidet über die weiteren Fristen.

§ 30 Arzneimittelrecht

```
┌─────────────────────────────────────────────────────────────────┐
│           Erteilung der Zulassung durch die Kommission          │
└─────────────────────────────────────────────────────────────────┘
                                │
┌─────────────────────────────────────────────────────────────────┐
│ Veröffentlichung der Genehmigung im Amtsblatt der Europäischen Union │
│ Veröffentlichung eines zusammengefassten Beurteilungsberichtes als EPAR │
│              (European Public Assessment Report)                │
└─────────────────────────────────────────────────────────────────┘
```

75   Bei Komplikationen oder Versagung der Zulassung sieht der Ablauf grundsätzlich wie folgt aus:

```
┌─────────────────────────────────────────────────────────────────┐
│                Eingang des Antrages bei der Agentur             │
└─────────────────────────────────────────────────────────────────┘
                                            Frist: 80–210 Tage,
                                     Verlängerung bei begründetem
                                       Antrag des Ausschusses möglich
┌─────────────────────────────────────────────────────────────────┐
│  „clock-stop", Vervollständigung der Unterlagen, schriftliche oder │
│      mündliche Erklärungen werden vom Ausschuss gewünscht       │
└─────────────────────────────────────────────────────────────────┘
                                │
┌─────────────────────────────────────────────────────────────────┐
│   Vorläufiges Gutachten des Ausschusses, Bewertung negativ oder │
│           mit Bedingungen, Auflagen, Vorbehalten                │
└─────────────────────────────────────────────────────────────────┘
                                                    Frist: 15 Tage
┌─────────────────────────────────────────────────────────────────┐
│          Gesuch des Antragstellers auf Überprüfung              │
└─────────────────────────────────────────────────────────────────┘
                                                    Frist: 45 Tage
┌─────────────────────────────────────────────────────────────────┐
│           Begründung des Gesuchs auf Überprüfung                │
└─────────────────────────────────────────────────────────────────┘
                                                    Frist: 60 Tage
┌─────────────────────────────────────────────────────────────────┐
│      Endgültiges Gutachten des Ausschusses, Bewertung negativ   │
└─────────────────────────────────────────────────────────────────┘
                                                    Frist: 15 Tage
┌─────────────────────────────────────────────────────────────────┐
│   Übermittlung des Gutachtens und der Beurteilungsberichte an den │
│      Antragsteller, die Mitgliedstaaten und an die Kommission   │
└─────────────────────────────────────────────────────────────────┘
                                                    Frist: 15 Tage
┌─────────────────────────────────────────────────────────────────┐
│     Entwurf einer Entscheidung der Kommission über den Antrag   │
└─────────────────────────────────────────────────────────────────┘
```

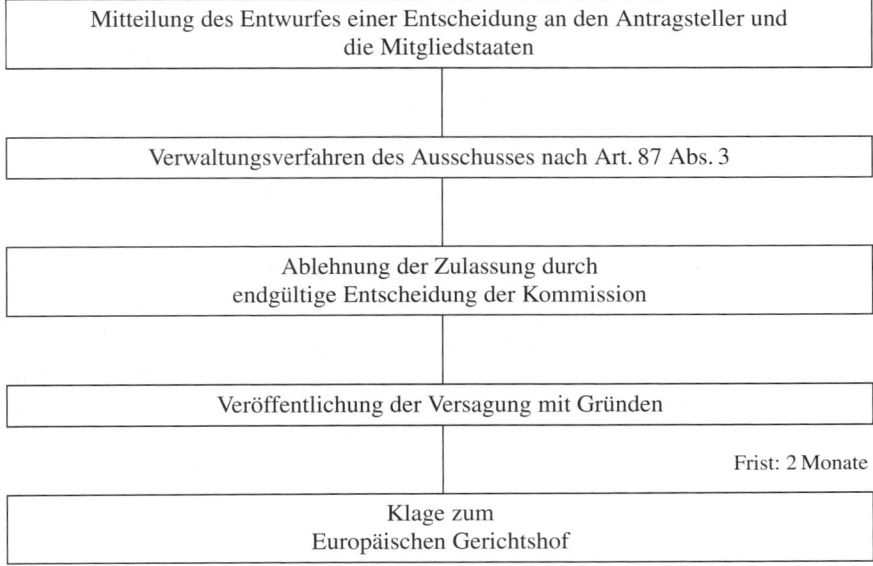

3. Tierarzneimittel im zentralen Zulassungsverfahren

Während der Europäische Gesetzgeber in seiner ersten RiLi 65/65/EWG[61] Human- und Tierarzneimittel gemeinsam behandelte, wurde später den Besonderheiten von Tierarzneimitteln durch separate Vorschriften Rechnung getragen. So erging am 28.9.1981 eine RiLi zur Angleichung der Rechtsvorschriften der Mitgliedstaaten über Tierarzneimittel[62] sowie eine weitere über Versuche mit ihnen.[63] Zur Verbesserung des Schutzes der öffentlichen Gesundheit beim Verzehr von Lebensmitteln tierischen Ursprungs wurde ein Gemeinschaftsverfahren für die Festsetzung von Toleranzen für Tierarzneimittelrückstände[64] eingeführt. Eine weitere Ergänzung erfolgte durch die RiLi 96/22/EG.[65] Durch sie wurden die Mitgliedstaaten verpflichtet, weitere Vorkehrungen gegen den Missbrauch von Stoffen mit hormonalen und thyreostatischen Wirkungen und von ß-Agonisten, die regelmäßig zu Mastzwecken eingesetzt wurden, zu treffen. Daneben wurden durch die RiLi 96/23/EG[66] weitere Kontrollmaßnahmen bei bestimmten Stoffen

---

61 Vom 9.2.1965, ABl S. 369 ff.
62 RiLi 81/851/EWG v. 28.9.1981, ABl L 317 v. 6.11.1981, S. 1 ff.
63 RiLi 81/852/EWG v. 28.9.1981, ABl L 317 über die analytischen, toxikologisch-pharmakologischen und tierärztlichen oder klinischen Vorschriften und Nachweise über Versuche mit Tierarzneimitteln; beide RiLi zuletzt geändert durch RiLi 93/40/EWG des Rates v. 14.6.1993, ABl L 214 v. 24.8.1993, S. 31 ff.
64 VO (EWG) Nr. 2377/90 des Rates v. 26.6.1990, ABl L 224 v. 18.8.1990, S. 1, zuletzt geändert durch VO (EG) Nr. 1029/2003, ABl L 149 v. 17.6.2003, S. 15.
65 RiLi 96/22/EG des Rates über das Verbot der Verwendung bestimmter Stoffe mit hormonaler bzw. thyreostatischer Wirkung und von ß-Agonisten in der tierischen Erzeugung und zur Aufhebung der Richtlinien 81/602/EWG, 88/146/EWG und 88/299/EWG v. 29.4.1996, ABl L 125 v. 23.5.1996, S. 3.
66 RiLi 96/237/EG des Rates über Kontrollmaßnahmen hinsichtlich bestimmter Stoffe und ihrer Rückstände in lebenden Tieren und tierischen Erzeugnissen und zur Aufhebung der Richtlinien 85/358/EWG und 86/469/EWG und der Entscheidungen 89/17/EWG und 91/664/EWG v. 29.4.1996, ABl L 125 vom 23.5.1996, S. 10.

und deren Rückständen in Tieren und tierischen Erzeugnissen angeordnet. Durch die RiLi 2001/82 wurde sodann, analog den Vorschriften über Humanarzneimittel, ein Gemeinschaftskodex für Tierarzneimittel geschaffen.[67] Die VO 726/2004 enthält heute separate Vorschriften für Tierarzneimittel, verweist jedoch u.a. auf die bestehenden Regelungen. Das Zulassungsverfahren für Tierarzneimittel entspricht im Wesentlichen dem für Humanarzneimittel, wie unter Ziffer 2 dargestellt. Für das Zulassungsverfahren bei Tierarzneimitteln nicht vorgesehen ist die Mindestprüfpflicht von 80 Tagen. Ebenfalls ist es nicht möglich, eine vorläufige Genehmigung für zunächst ein Jahr zu erhalten.

V. Geltungsbereich einer zentralen Zulassung

77 Arzneimittel, die ein zentrales Zulassungsverfahren erfolgreich durchlaufen haben, sind in allen Mitgliedstaaten der EU einschließlich Island und Norwegen verkehrsfähig, ohne dass es der Zustimmung der jeweiligen nationalen Zulassungsbehörden bedarf. Die Präparate werden in den einzelnen EU-Mitgliedstaaten mit den inhaltlich übereinstimmenden Produktinformationen in der jeweiligen Landessprache vertrieben, wobei nationale Besonderheiten bei den Ausstattungsmaterialien, beispielsweise die Preisangabe, Informationen zur Erstattungsfähigkeit oder die Verwendung von Symbolen, Berücksichtigung finden.

VI. Verfahren der gegenseitigen Anerkennung (mutual recognition procedures) – dezentrales Zulassungsverfahren

1. Antragstellung

78 Die Definition des Begriffs des pharmazeutischen Unternehmers, § 4 Abs. 18 AMG, lautet:

> *Der pharmazeutische Unternehmer ist bei zulassungs- oder registrierungspflichtigen Arzneimitteln der Inhaber der Zulassung oder Registrierung. Pharmazeutischer Unternehmer ist auch, wer Arzneimittel unter seinem Namen in den Verkehr bringt, außer in den Fällen des § 9 Abs. 1 S. 2.*

79 Nach § 21 Abs. 3 AMG ist die **Zulassung** vom **pharmazeutischen Unternehmer** zu beantragen; er hat seinem Antrag die in § 22 AMG detailliert beschriebenen Unterlagen beizufügen. Ist der Antrag eingegangen, so soll die zuständige Bundesoberbehörde nach § 25a AMG eine Vorprüfung über die Vollständigkeit der eingereichten Unterlagen und über die ausreichende Prüfung des Arzneimittels vornehmen. Ist der Antrag vollständig und das Arzneimittel anhand des jeweils gesicherten Standes der wissenschaftlichen Erkenntnis vom Antragsteller geprüft worden, so legt § 25 AMG das weitere Prozedere fest. Anordnungen darüber, was der Antrag enthalten muss, gibt § 22 AMG.

2. Beurteilung der eingereichten Unterlagen

80 Ob eine Zulassung erteilt wird oder nicht, entscheidet die zuständige Bundesoberbehörde anhand eigener Sachkenntnis und/oder der Sachkenntnis derer, die zur Beurteilung

---

67 RiLi 2001/82/EG v. 6.11.2001 zur Schaffung eines Gemeinschaftskodex für Tierarzneimittel, ABl L 311 S. 1, zuletzt geändert durch die RiLi 2004/28/EG vom 30.4.2004, ABl L 136 S. 58.

von ihr herangezogen werden. Hierbei handelt es sich neben einer Zulassungskommission um Gegensachverständige. Sie prüfen die Gutachten, die der Antragsteller nach § 24 AMG vorgelegt hat. Ergänzende Hilfestellung gibt der Gesetzgeber der Behörde mit der in Abs. 5 enthaltenen Befugnis: Mitarbeiter der Behörde sind befugt, sofern sie sich an die üblichen Geschäftszeiten halten, sich vor Ort ein Bild von den dort vorhandenen und für die Zulassung erheblichen Unterlagen zu machen und Auskünfte von Mitarbeitern des pharmazeutischen Unternehmers und anderer Beteiligter einzuholen. Bemerkenswert ist, dass sich diese Befugnis der Behörde nicht nur auf die Betriebs- und Geschäftsräume des pharmazeutischen Unternehmers beschränkt, sondern in allen Betrieben und Einrichtungen, die entwickeln, prüfen oder herstellen, zulassungsbezogene Unterlagen von der zuständigen Bundesoberbehörde geprüft werden können. Diese Befugnis spiegelt die Arbeitsteilung bei der Entwicklung von Arzneimitteln wider.

Werden Gutachten von Gegensachverständigen, die nach Abs. 5 S. 5 beauftragt werden können und nach Abs. 5 S. 6 die erforderliche Sachkenntnis und Zuverlässigkeit besitzen müssen, erstellt, erhält der Antragsteller nicht automatisch Kenntnis vom Inhalt der Gutachten. Er hat hierzu Akteneinsicht zu beantragen. Der Grundsatz des **rechtlichen Gehörs** wird dadurch gewahrt, dass nach Einsicht die vom Antragsteller etwaig bestellten Sachverständigen vor einer endgültigen Entscheidung der zuständigen Bundesoberbehörde von ihr zu hören sind. Sinnvollerweise sollten in den Fällen, in denen Gegensachverständige Gutachten erstellen, diese auch ohne Akteneinsicht an den Betroffenen versandt werden. Dies dient der Schnelligkeit des Verfahrens und verwirklicht den Gedanken des § 26 BVwVfG, wonach die Beteiligten an der Aufklärung des Sachverhaltes mitwirken sollen. So sollte auch mit dem Beurteilungsbericht verfahren werden, den die zuständige Bundesoberbehörde derzeit nach Abs. 5a nur auf Antrag erstellt.

3. Beteiligung von Kommissionen

Bei verschreibungspflichtigen Arzneimitteln ist nach Abs. 6 vor der Entscheidung der zuständigen Bundesoberbehörde eine **Zulassungskommission** zu hören. Sie hat die Aufgabe, die im Verfahren vorhandenen, beigeschafften Unterlagen und Stellungnahmen der Gutachter zu beurteilen und eine Stellungnahme über die Zulassungsfähigkeit des zu prüfenden Arzneimittels abzugeben. Die Beurteilung der Kommission bindet die zuständige Bundesoberbehörde nicht. Sie kann, soweit sie nach Abs. 6 ihre Gründe darlegt, von ihr abweichen.

Die Zulassungskommission wird vom Bundesgesundheitsminister auf Vorschlag der Kammern, Fachgesellschaften und Verbände nach Abs. 6 bestellt. Das Gremium wird zusammengesetzt, wie es das jeweils konkret betroffene Arzneimittel erfordert. Die Mitglieder geben sich eine Geschäftsordnung und wählen aus ihrer Mitte einen Vorsitzenden. Die Führung der Geschäfte obliegt der zuständigen Bundesoberbehörde.

Bei Arzneimitteln, die der Verschreibungspflicht nicht unterliegen, wird eine Kommission analog den Vorschriften der Zulassungskommission gebildet. Sie wird jedoch nicht an der Entscheidungsfindung über die Zulassungsfähigkeit eines Arzneimittels beteiligt. Nach dem Wortlaut des Abs. 7 beschränkt sich die Tätigkeit dieser Kommission darauf, dass sie von der zuständigen Bundesoberbehörde bei der Entscheidungsfindung über die Verlängerung von Arzneimitteln nach § 105 Abs. 3 S. 1 AMG hinzugezogen werden kann. Beabsichtigt die zuständige Bundesoberbehörde eine vollständige Versagung der Verlängerung für Arzneimittel der Phytotherapie, Homöopathie oder Anthroposophie, so hat sie die Kommission vorab zu hören. Die Kommission ist gehalten, innerhalb von zwei Monaten eine Stellungnahme über die geplante vollständige Versagung der Verlängerung abzugeben. Auch bei dieser Entscheidung ist die zuständige Bundesoberbehörde nicht gezwungen, der Auffassung der Kommission zu folgen. Weicht sie von ihr ab, hat sie ihre Gründe darzulegen.

4. Mängelrügen

85 In jeder Phase des Verfahrens ist die zuständige Bundesoberbehörde befugt, die vom pharmazeutischen Unternehmer vorgelegten Unterlagen über § 25a Abs. 2 und 3 AMG hinaus zu beanstanden. Nach Abschluss dieser Vorprüfung wird es sich regelmäßig um inhaltliche Beanstandungen handeln, die der **pharmazeutische Unternehmer** zu beheben hat. Die hierfür gesetzten Fristen müssen angemessen sein, weil die Durchführung ergänzender Studien erhebliche Zeit in Anspruch nehmen kann; im Zweifel sind die Fristen großzügig zu bemessen. Hierin liegt einer der vielen Gründe für das in der Praxis teilweise extrem lange Zulassungsverfahren: Weil die vom Gesetzgeber vorgesehene Frist für die Erteilung nach § 27 Abs. 2 AMG bei der Behebung von Mängelrügen gehemmt wird, ist die Einhaltung der Frist von sieben Monaten praktisch kaum möglich. Um Verzögerungen zu vermeiden, sollte der pharmazeutische Unternehmer, wenn irgendwie möglich, detailliert darauf achten, dass seine Unterlagen schon bei Einreichung nicht nur vollständig sind, sondern auch qualitativ den gewünschten Anforderungen entsprechen. Dass das Zulassungsverfahren auch wegen Organisationsmängeln der zuständigen Bundesoberbehörde lange dauert, hat jedoch dazu geführt, dass bewusst noch mangelhafte Unterlagen eingereicht werden, um früher in die Warteschleife zu gelangen und die Zeit bis zur Mängelrüge zu nutzen, Defizite nachzubessern.

86 Das zehnte Änderungsgesetz sieht eine Neufassung des Abs. 4 vor. Danach wird für die Mängelbeseitigung nun eine Frist von sechs Monaten gesetzt. Die Behebungsfrist darf nur dann für einen längeren Zeitraum als sechs Monate gewährt werden, wenn sich die Mängel auf einen gegenüber dem Zeitpunkt der Antragstellung geänderten wissenschaftlichen Erkenntnisgrad beziehen.

5. Verfahrensbesonderheiten

87 Nach Abs. 8 unterliegt das Zulassungsverfahren bei Sera, Impfstoffen, Blutzubereitungen und Testallergenen modifizierten Regeln. Eine Zulassungskommission ist in keinem Falle erforderlich. Weiter kann die Behörde ihre Entscheidung auf verschiedenen Grundlagen treffen: Entweder, sie orientiert sich an den eingereichten Unterlagen, an ihren eigenen Untersuchungen oder an ihren Beobachtungen der Prüfungen direkt beim Hersteller. Das heißt aber nicht, dass die Behörde eingereichte Unterlagen nicht zur Kenntnis nehmen muss. Der Grund dieser Besonderheiten liegt darin, dass in der Herstellung dieser Arten von Arzneimitteln nicht so sehr die Rezeptur im Vordergrund steht, sondern vielmehr die Verfahrenstechnik. Der pharmazeutische Unternehmer ist auf Anfrage der zuständigen Bundesoberbehörde gehalten, das Herstellungsverfahren mitzuteilen. Dieses Prozedere sollte nach dem Grundsatz der Verhältnismäßigkeit auf das Wesentliche beschränkt werden. Beobachtungen vor Ort, die sich auf die Räumlichkeiten und, ausdrücklich erwähnt, auf Transportmittel beziehen, sind beim Zulassungsverfahren in diesem Bereich wesentlich.

6. Rechtsanspruch

§ 25 Abs. 2 AMG enthält einen abschließenden Katalog der Gründe, deretwegen eine Versagung der Zulassung durch die zuständige Bundesoberbehörde erfolgt. Die Formulierung „darf nur versagen, wenn ..." besagt, dass der Antragsteller ansonsten einen **Rechtsanspruch** auf Erteilung hat.

Der pharmazeutische Unternehmer kann mit der Erteilung der Zulassung rechnen, sofern es keine Versagungsgründe, die nicht kumulativ, sondern alternativ vorliegen können, gibt. Für jeden Versagungsgrund gilt, dass dem Antragsteller vor einer Versagung die Möglichkeit zur Behebung der Mängel innerhalb angemessener Frist nach Abs. 4 eingeräumt werden muss. Der pharmazeutische Unternehmer darf also nicht durch den Versagungsbescheid überrascht werden. Hat der pharmazeutische Unternehmer von der zuständigen Bundesoberbehörde monierte Mängel nicht innerhalb der ihm auferlegten Frist behoben, wird die Zulassung nicht erteilt. Dies ist nur dann vom Gesetz gedeckt, wenn es sich um solche Mängel handelt, die sich auf die Versagungsgründe des § 25 oder auf die Anforderungen nach § 22 beziehen.

7. Auflagen gem. § 28 AMG

Soweit keine der Versagungsgründe des § 25 AMG vorliegen, hat der Antragsteller einen Rechtsanspruch auf Zulassung seines Arzneimittels. § 36 Abs. 1 S. 1 BVwVfG bestimmt für solche Fälle, dass eine Nebenbestimmung im Zulassungsbescheid nur dann zulässig ist, wenn eine Rechtsvorschrift dies vorsieht. Ohne § 28 AMG wäre die zuständige Bundesoberbehörde also gehindert, Auflagen zu erteilen. Im Umkehrschluss bedeutet dies, dass die zuständige Bundesoberbehörde mangels einer Vorschrift im AMG nicht befugt ist, den **Zulassungsbescheid** mit einer anderen Nebenbestimmung, wie beispielsweise einer Befristung, Bedingung oder einem Widerrufsvorbehalt zu versehen. Als Minus zur Auflagenbefugnis ist hingegen der Vorbehalt einer nachträglichen Aufnahme, Änderung oder Ergänzung einer Auflage von § 28 AMG gedeckt. Von ihr macht die zuständige Bundesoberbehörde vielfach Gebrauch.

Mit einer Auflage kann dem Antragsteller grundsätzlich ein Tun, Dulden oder Unterlassen aufgegeben werden, sofern die Bestimmung dem Zweck des Zulassungsbescheides nicht zuwiderläuft. Der in den Absätzen 2 bis 3c enthaltene Katalog ist allerdings abschließend, soweit es sich nicht um solche Auflagen handelt, die nach § 36 Abs. 1 Hs. 2 BVwVfG sicherstellen sollen, dass die gesetzlichen Voraussetzungen des Zulassungsbescheides als solche erfüllt werden.[68] Der abschließende Charakter wurde unlängst vom VG Berlin bestätigt, welches feststellte, dass eine vom BfArM erteilte Auflage nicht unter die Vorschrift des § 28 AMG zu subsumieren und damit unzulässig sei.[69]

8. Rechtsschutz

Wird die Zulassung erteilt, erfolgt der Bescheid schriftlich als begünstigender **Verwaltungsakt**. Weiter wird dem pharmazeutischen Unternehmer eine Zulassungsnummer zugeteilt. Bei Arzneimitteln, die in unterschiedlichen Darreichungsformen, jedoch unter gleicher Bezeichnung, vertrieben werden sollen, und solchen, die in gleicher Darrei-

---

[68] Vgl. OVG Berlin, Beschl. v. 30.7.1990 bei *Sander,* Entscheidungsband § 28 Nr. 4.
[69] VG Berlin, Urt. v. 8.6.1999, PharmR 2000, S. 58 ff.: Die Auflage betraf Hinweise für den Fall der Überdosierung bei einem Arzneimittel mit Alkoholgehalt.

chungsform, jedoch in verschiedenen Konzentrationen auf den Markt gebracht werden sollen, wird eine einheitliche Zulassungsnummer mit Untergruppierungen vergeben. Dass die Zulassung nur für das im Bescheid konkret bezeichnete Arzneimittel gilt, versteht sich fast von selbst.

93 **Widerspruch und Anfechtungsklage** des pharmazeutischen Unternehmers sind die richtigen Rechtsbehelfe, wenn die zuständige Bundesoberbehörde die Zulassung versagt. Unzulässig ist ein Widerspruch des Herstellers gegen einen Zulassungsbescheid, der zugunsten eines Parallelimporteurs erlassen wurde: Das VG Berlin[70] hält den Rechtsbehelf zu unzulässig, weil der Hersteller nicht in seinen Rechten verletzt ist.

9. Fiktive Zulassung

94 § 105 AMG ist eine der, wenn nicht die zentrale Vorschrift im 18. Abschnitt. Mit dem Übergang vom Registrierungs- zum Zulassungssystem im Jahre 1978 galten die alten Fertigarzneimittel, die sich am 1.9.1976 zulässigerweise im Verkehr befanden oder aufgrund eines Antrags, der bis zu diesem Zeitpunkt gestellt war, in das Spezialitätenregister nach dem AMG 1961 eingetragen waren, zunächst für zwölf Jahre als fiktiv zugelassen. Diese fiktive Zulassung sollte spätestens am 30.4.1990 erlöschen, wenn nicht rechtzeitig zuvor ein Antrag auf Verlängerung der Zulassung oder auf Registrierung gestellt wurde. Von dieser Möglichkeit haben sehr viele pharmazeutische Unternehmer Gebrauch gemacht. Da das BfArM nicht in der Lage war, die Fülle dieser Anträge sachgerecht zu bearbeiten, wurde in § 105 Abs. 5c AMG eine Privilegierung der Antragsrücknahme eingeführt. Mit anderen Worten sollten diese Arzneimittel noch bis zum 1.1.2005 trotz fehlenden Wirksamkeits- und Unbedenklichkeitsnachweises im Verkehr bleiben können, wenn der pharmazeutische Unternehmer seinen Antrag auf Nachzulassung bis zum 31.12.1999 zurückgenommen hatte. Die wirtschaftliche Bedeutung dieser Arzneimittel, für die eine „**Gnadenfrist**" eingeräumt wurde, ist beträchtlich.

95 Die EU-Kommission konnte sich mit dieser 2004-Regelung überhaupt nicht anfreunden. In einem ersten Schreiben vom 24.11.1997 teilte sie dem Bundesaußenministerium mit, sie sei auf Bestimmungen des deutschen Arzneimittelrechts gestoßen, die im Widerspruch zum geltenden gemeinschaftlichen Arzneimittelrecht stünden. Unter Verweis auf Art. 3 der Richtlinie 65/65/EWG vom 26.1.1965 zur Angleichung der Rechts- und Verwaltungsvorschriften über Arzneimittel (zuletzt geändert durch die Richtlinie 93/39/EWG vom 14.6.1993) dürfe ein Arzneimittel in einem Mitgliedstaat erst dann in Verkehr gebracht werden, wenn die zuständige Behörde dieses Mitgliedstaates nach dieser Richtlinie eine Genehmigung für das Inverkehrbringen erteilt habe oder wenn eine „zentrale" Genehmigung für das Inverkehrbringen gem. der Verordnung 2309/93/EWG vom 22.7.1993 erteilt worden sei. Mit Datum vom 21.10.1998 übergab die EU-Kommission der Bundesregierung eine begründete Stellungnahme, in der der deutsche Standpunkt für unzutreffend erklärt und der Bundesrepublik ein Vertragsverletzungsverfahren angedroht wurde, wenn sie nicht binnen zwei Monaten nach Bekanntgabe der Stellungnahme die notwendigen Maßnahmen treffe. Mit Datum vom 21.12.1998 teilte die Bundesregierung der EU-Kommission mit, dass – ohne förmliche Anerkennung des Rechtsstandpunkts der Kommission – Bereitschaft bestehe, den Bedenken der Kommission Rechnung zu tragen. Es werde derzeit ein entsprechender Entwurf (die 10. AMG-Novelle) vorbereitet.

---

70 PharmR 1999, 86 ff.

H. Klinische Prüfung

I. Definition und Voraussetzungen

§ 4 Abs. 23 AMG lautet:

96

> *Klinische Prüfung bei Menschen ist jede am Menschen durchgeführte Untersuchung, die dazu bestimmt ist, klinische oder pharmakologische Wirkungen von Arzneimitteln zu erforschen oder nachzuweisen oder Nebenwirkungen festzustellen oder die Resorption, die Verteilung, den Stoffwechsel oder die Ausscheidung zu untersuchen, mit dem Ziel, sich von der Unbedenklichkeit oder Wirksamkeit der Arzneimittel zu überzeugen. Satz 1 gilt nicht für eine Untersuchung, die eine nicht-interventionelle Prüfung ist. Nicht-interventionelle Prüfung ist eine Untersuchung, in deren Rahmen Erkenntnisse aus der Behandlung von Personen mit Arzneimitteln gem. den in der Zulassung festgelegten Angaben für seine Anwendung anhand epidemiologischer Methoden analysiert werden; dabei folgt die Behandlung einschließlich der Diagnose und Überwachung nicht einem vorab festgelegten Prüfplan, sondern ausschließlich der ärztlichen Praxis.*

Unter **klinischer Prüfung** versteht das Gesetz in § 4 Abs. 23 also eine Untersuchung am Menschen, die das Ziel hat, die Wirksamkeit und die Unbedenklichkeit eines Arzneimittels festzustellen. In der Untersuchung werden im Wesentlichen klinische und pharmakologische Wirkungen sowie Nebenwirkungen von Arzneimitteln erforscht oder nachgewiesen. Dass diese Untersuchungen auf der Grundlage eines vorab festgelegten Prüfplans durchgeführt werden müssen, ergibt sich erst aus der Ausnahmeregelung in § 4 Abs. 23 S. 2 für nicht-interventionelle Prüfungen, für welche u.a. die §§ 40 bis 42a AMG und die in GCP-Verordnung nicht gelten sollen.

97

Gar nicht thematisiert wurde bisher die Frage, ob die äußerst umfangreichen Änderungen, die durch die 12. Novelle ins Arzneimittelgesetz gekommen sind, noch vom Kompetenztitel des Art. 74 Nr. 19 GG getragen werden. Für Teile der 11. Novelle hatte dies *Ipsen* unter Berufung auf die Entscheidung des Bundesverfassungsgerichtes zur Frischzellenverordnung[71] bestritten. Ob die jetzt Gesetz gewordenen Regelungen über die klinische Prüfung mit Arzneimitteln beim Menschen, insbesondere soweit sie sich mit der Ethikkommission und ihrer Tätigkeit beschäftigen, die auch von den betroffenen Verkehrskreisen als angewandte klinische Forschung angesehen werden, noch als Teil des „Verkehrs mit Arzneimitteln" im Rahmen der Entwicklung unbedenklicher Arzneimittel angesehen werden können, darf bezweifelt werden.

98

Der Begriff der klinischen Prüfung stammt ursprünglich aus dem Arzneimittelrecht, ohne dass bisher eine entsprechende Definition im Arzneimittelgesetz enthalten war. Dies ist durch die Änderung des Arzneimittelgesetzes anders geworden. § 4 Abs. 23 AMG gibt nunmehr folgende Definition:

99

> *„Klinische Prüfung beim Menschen ist jede am Menschen durchgeführte Untersuchung, die dazu bestimmt ist, klinische oder pharmakologische Wirkungen von Arzneimitteln zu erforschen oder nachzuweisen oder Nebenwirkungen festzustellen oder die Resorption, die Verteilung, den Stoffwechsel oder die Ausscheidung zu untersuchen, mit dem Ziel, sich von der Unbedenklichkeit oder Wirksamkeit der Arzneimittel zu überzeugen."*

---

[71] NJW 2000, 857. Die Europarechtliche Rechtsnatur der Richtlinie 2001/20 EG ändert an der Zuständigkeitsregelung nach dem Grundgesetz nichts. Sie bleibt bestehen.

100 Damit weicht die gesetzliche Definition (leider) von der in Art. 2 lit. a Richtlinie 2001/20/EG ab, ohne dass dafür ein zwingender Grund ersichtlich ist. Voraussetzung für die Zulassung eines Arzneimittels ist, wie bisher nach der alten Regelung auch, dessen klinische Prüfung beim Menschen.

1. Voraussetzungen für die klinische Prüfung

101 In §§ 40 ff. AMG sind, wie bisher schon, die Anforderungen an klinische Prüfungen von Arzneimitteln gesetzlich geregelt. Das Gesetz sieht hierfür nach der Neuregelung ein zweigeteiltes Verfahren vor, welches eine **zustimmende Bewertung** der klinischen Prüfung durch eine Ethikkommission sowie eine **Genehmigung** durch die zuständige Bundesoberbehörde (BfArM) voraussetzt. Ohne die zustimmende Bewertung einer Ethikkommission darf mit der klinischen Prüfung nicht begonnen werden.

102 Die Durchführung einer klinischen Prüfung eines Arzneimittels setzt neben der Erfüllung einer Reihe formaler Voraussetzungen eine grundsätzliche Güterabwägung voraus. Eine klinische Prüfung darf beim Menschen nämlich nur dann durchgeführt werden, wenn und solange die Risiken, die mit ihr für die Person verbunden sind, bei der sie durchgeführt werden soll, gemessen an der voraussichtlichen Bedeutung des Arzneimittels für die Heilkunde ärztlich vertretbar sind.

103 Die wesentlichen allgemeinen Voraussetzungen, unter denen eine klinische Prüfung durchgeführt werden darf, finden sich in § 40 Abs. 1 AMG, die besonderen Voraussetzungen in § 41 AMG. Es handelt sich dabei um folgende wesentliche Voraussetzungen: Eine klinische Prüfung am Menschen darf nur mit dessen ausdrücklicher Einwilligung nach vorausgegangener Aufklärung durchgeführt werden. Die einwilligende Person muss nicht nur einwilligungsfähig, sondern auch geschäftsfähig sein. Sie muss die Einwilligung selbst und schriftlich erteilen. Sie darf nicht auf gerichtliche oder behördliche Anordnung in einer Anstalt verwahrt sein. Die **Einwilligung** in die klinische Prüfung kann die einwilligende Person jederzeit frei widerrufen. Die klinische Prüfung muss von einem Arzt oder Zahnarzt durchgeführt werden, welcher für die klinische Prüfung von Arzneimitteln entsprechend qualifiziert ist und über eine mindestens zweijährige Erfahrung in der klinischen Prüfung von Arzneimitteln verfügt. Die klinische Prüfung muss aufgrund eines Prüfplans durchgeführt werden, welcher dem Stand der wissenschaftlichen Erkenntnisse zu entsprechen hat. Der klinischen Prüfung hat im Allgemeinen eine **pharmakologisch-toxikologische Prüfung** des Arzneimittels vorauszugehen. An Patienten darf eine klinische Prüfung eines Arzneimittels dann durchgeführt werden, wenn sie an einer Krankheit leiden, zu deren Behebung das Arzneimittel angewendet werden soll, wenn dessen Anwendung nach Erkenntnis der Wissenschaft angezeigt ist, das Leben des Patienten zu retten, seine Gesundheit wiederherzustellen oder sein Leiden zu erleichtern. Die Durchführung einer klinischen Prüfung ist davon unabhängig, dass zugunsten der einbezogenen Personen eine **Probandenversicherung** abgeschlossen ist. Sie muss das Risiko der klinischen Prüfung angemessen absichern und für den Fall des Todes oder der dauernden Erwerbsunfähigkeit von Teilnehmern an der klinischen Prüfung mindestens eine Entschädigung von 500.000 EUR vorsehen.

104 Nach der Novellierung der §§ 40 ff. AMG zur Umsetzung der Grundsätze der Richtlinie 2001/20/EG, ist für die klinische Prüfung von Arzneimitteln u.a. das bisher mögliche Ersatzverfahren abgeschafft worden. Bisher konnte bei Fehlen einer zustimmenden Stellungnahme einer Ethikkommission unter bestimmten weiteren Bedingungen dennoch mit der klinischen Prüfung begonnen werden.

Bei klinischen Prüfungen, die an mehreren Prüforten durchgeführt werden sollen (**multizentrische Prüfungen**), erfolgt deren Bewertung durch die Ethikkommission dergestalt, dass die für den Sponsor zuständige Ethikkommission gemeinsam mit den für die einzelnen zusätzlichen Prüforte zuständigen Ethikkommissionen die Bewertung vornimmt. Die Ethikkommissionen für die zusätzlichen Prüforte sind dabei beteiligte Ethikkommissionen und prüfen lokal nur die **Eignung des Prüfers** und der Prüfeinrichtung. Deren Bewertung geht in die Bewertung der federführenden Kommission ein. Wenn überhaupt, dann stellt diese Bewertung dem Sponsor gegenüber einen Verwaltungsakt dar.[72] Die ablehnende Bewertung eines **Prüfortes** oder eines Prüfers vor Ort hat dagegen als Internum keine Außenwirkung und stellt daher auch keinen Verwaltungsakt dar. Rechtsbehelfe gibt es nur gegen die (abschließende) Bewertung.

105

2. Minderjährige als Teilnehmer an klinischen Prüfungen

Die Anforderungen an die Einbeziehung von Minderjährigen in klinische Prüfungen von Arzneimitteln zur Diagnose und Therapie sind in einigen (wesentlichen) Punkten präzisiert worden, vor allem was die Aufklärung und Einwilligung angeht. Aufklären darf diese Minderjährigen künftig zwingend nur noch ein im Umgang mit **Minderjährigen** erfahrener Prüfer. Dies kann dazu führen, dass der Prüfer in der lokalen Prüfstelle einen anderen (Arzt) zur Aufklärung hinzuziehen muss. Die Ethikkommission wird auf diesen Umstand bei der Beurteilung der Eignung von Prüfarzt und Prüfstelle ein besonderes Augenmerk zu legen haben. Als Fortschritt anzusehen ist auch, dass der Minderjährige selbst aufgeklärt werden und, soweit er hierzu imstande ist, ebenfalls seine Einwilligung geben muss. Seine Weigerung teilzunehmen ist jedenfalls rechtlich beachtlich – selbst wenn er eine rechtlich wirksame Erklärung zu diesem Zeitpunkt aufgrund seines Lebensalters noch gar nicht abgeben kann.[73] Bei einem Dissens zwischen dem Minderjährigen und den ihn vertretenden Erziehungsberechtigten dürfte seinem Willen (sowohl positiv wie negativ) der Vorrang gebühren. Er ist schließlich der Betroffene. Dem Minderjährigen ist Gelegenheit zu einem Beratungsgespräch mit einem (dem?) Prüfer über die sonstigen Bedingungen der Durchführung der klinischen Prüfung zu geben. Fraglich ist hier, ob sich der Inhalt des Gespräches nicht auf Gegenstände bezieht, die ohnehin Gegenstand des Aufklärungsgespräches sind (sein sollten).

106

3. Nichteinwilligungsfähige als Teilnehmer an klinischen Prüfungen

Auch die Stellung **nichteinwilligungsfähiger Teilnehmer** an klinischen Prüfungen von Arzneimitteln wurde durch die Novelle gestärkt, weil die Voraussetzungen für ihre Einbeziehung in derartige Prüfungen präzisiert worden sind (§ 41 Abs. 3 AMG). Dieser Personenkreis darf nur unter ganz bestimmten Voraussetzungen überhaupt einbezogen werden. Vor allem darf die klinische Prüfung nur mit möglichst wenigen Belastungen und vorhersehbaren Risiken verbunden sein. Ferner muss der (persönliche) Nutzen diese Risiken überwiegen. Der Gesetzgeber geht vom Grundsatz der Einwilligung nach Aufklärung für die Teilnahme an einer klinischen Prüfung auch bei diesem Patientenkollektiv aus. Und nicht nur bei diesem. Ob der Betreuer eine Einwilligung geben kann, ist nach dem gewählten Wortlaut fraglich. Er ist weder Bevollmächtigter noch gesetzlicher Vertreter. Die Teilnahme von nicht einwilligungsfähigen Erwachsenen steht unter

107

---

72 Vgl. zum Meinungsstand: *Lippert*, in: Ratzel/Lippert, § 15 Rn 34 ff. m.w.N.
73 Vgl. hierzu *Fegert/Kölch/Lippert*, ZRP 2003, 446, 448.

dem Vorbehalt, dass die Forschung an ihnen unbedingt erforderlich ist und dass die Ergebnisse nicht auf anderem Wege gewonnen werden können (§ 41 Abs. 3 Nr. 3 AMG).

4. Die Stärkung der Rechte von Teilnehmern an klinischen Prüfungen

108 Die Neufassung der §§ 40 bis 42 AMG hat aber auch gegenüber dem bisherigen Recht zusätzliche Vorschriften gebracht, die den **Schutz der Prüfungsteilnehmer** während der Teilnahme an der klinischen Prüfung erhöhen sollen. Dies beginnt bereits mit der Aufklärung. Dem Teilnehmer ist eine (allgemein) verständliche Aufklärungsunterlage auszuhändigen. Ihm ist Gelegenheit zum Gespräch mit einem Prüfer über die sonstigen Bedingungen der Prüfung zu geben. Der **minderjährige Teilnehmer** ist von einem im Umgang mit Minderjährigen erfahrenen Prüfer über die Prüfung aufzuklären. Bei der zuständigen Bundesoberbehörde ist eine Kontaktstelle einzurichten, bei der die Teilnehmer Informationen über alle Umstände, denen eine Bedeutung für die Durchführung einer klinischen Prüfung beizumessen ist, eingeholt werden können.

109 Ob man die Regelungen über den Schutz der Teilnehmerdaten dem Haben-Konto „Stärkung der Teilnehmerrechte" zubuchen soll oder nicht, fällt angesichts der doch sehr detaillierten und komplexen Regelung schwer. Auch ohne die jetzt in § 40 Abs. 2a AMG Gesetz gewordene Regelung hätte es mit den allgemeinen Regelungen der Datenschutzgesetze des Bundes und der Länder sein Bewenden gehabt haben können. Ob die nunmehr getroffene bereichsspezifische Regelung des **Datenschutzes** demgegenüber einen Fortschritt darstellt, sollte man eher bezweifeln. Immerhin muss der Prüfarzt aber den künftigen Studienteilnehmer über diese Regelungen aufklären. Dies könnte zur Folge haben, dass die Einwilligung zur Teilnahme einfach deshalb verweigert wird, weil es dem Aufklärenden nicht gelingt, die Regelung zu erläutern. Tant pis!

110 Auch die Möglichkeit, jederzeit aus der Prüfung ausscheiden zu können, die in § 40 Abs. 2 S. 1 AMG vollmundig zugebilligt wird, stellt sich vor den (einschränkenden) Regelungen in Abs. 2a für den Prüfungsteilnehmer eher als ein Hindernislauf dar. Man hätte beim Ausscheiden im Übrigen schlicht eine Sperrung der Daten für die Dauer der Aufbewahrungsfrist anordnen können. So bleibt nunmehr der Verdacht, dass der Sponsor die Daten eben doch noch verwerten können soll. Dies hat der Ausscheidende aber mit seinem Abbruch der Teilnahme möglicherweise gerade verhindern wollen.

111 Dass der Ethikkommission gegenüber nicht nur der **Nutzen** und das mit der Prüfung verbundene **Risiko**, sondern auch eine Bewertung desselben darzulegen sind, darf als ordentlicher Schritt zur Stärkung der Rechte der Prüfungsteilnehmer gewertet werden, auch wenn nur die GCP-Verordnung, nicht aber § 40 AMG dies ausdrücklich so festlegt.

II. Zusammensetzung und Verfahrensgang

1. Zusammensetzung

112 Zur personellen Zusammensetzung machen weder die genannten bundes- wie landesrechtlichen Vorschriften Vorgaben. Auch in den Berufsordnungen der Landesärztekammern findet sich dazu keine Aussage. Nähere Regelungen enthalten nur die **Statuten/ Geschäftsordnungen** der einzelnen Kommissionen. Dies ist auch der Grund, warum die Zahl der Mitglieder und ihre Herkunft immer noch derart uneinheitlich ausfällt.

113 Die meisten Kommissionen haben sieben Mitglieder. Es überwiegen als Mitglieder Ärzte unterschiedlicher Fachgebiete; zumeist gehören den Kommissionen auch ein Ju-

rist und ein Theologe an. Beiden kommt die Rolle des medizinischen Laien in der Kommission zu.

2. Verfahrensgang

a) Allgemeiner Verfahrensgang

Die Kommissionen verfahren überwiegend nach Verfahrensgrundsätzen, die der **Arbeitskreis öffentlich-rechtlicher Ethikkommissionen in Deutschland** erarbeitet hat. Die Voten der Ethikkommissionen werden nach mündlicher Verhandlung unter Anhörung des oder der Projektleiter(s) mit Stimmenmehrheit gefasst. Befangene Mitglieder nehmen an der Beratung nicht teil.

114

Die Ethikkommissionen an den Universitäten/medizinischen Fakultäten sind für Forschungsprojekte der Fakultäts-/Universitätsmitglieder zuständig, die der Landesärztekammern für Projekte ihrer Mitglieder im Kammerbezirk. Die Kommissionen werden nur auf Antrag tätig. Die Kommission kann einem Antrag stattgeben. Sie kann ihn auch ablehnen. Schließlich kann sie, und dies ist in der Praxis am häufigsten der Fall, Änderungen anregen und Bedenken erheben. Dem Selbstverständnis der Kommissionen folgend, beschränken sich diese auf formale und rechtliche Hinweise. Die eingereichten Anträge werden nicht inhaltlich bewertet, weil dies einer unzulässigen Forschungskontrolle gleichkäme. Bei gestuften Forschungsvorhaben kann eine stufenweise Begutachtung erfolgen. Bei multizentrischen Forschungsvorhaben werden die Voten der Ethikkommissionen im Grundsatz gegenseitig anerkannt und nur vor Ort das Vorliegen der Voraussetzungen für die Durchführung des Forschungsprojektes bzw. eines Teils davon in personeller, sächlicher und räumlicher Hinsicht speziell begutachtet.

115

Die Mitglieder der Ethikkommission sind unabhängig und keinen Weisungen unterworfen. Die Kommissionen sind dies im Übrigen auch. Die Beratung der Kommission ist vertraulich.

116

Ablehnende Entscheidungen sind zu begründen. Ansonsten verbleibt dem Projektleiter die volle rechtliche Verantwortung für die Durchführung des Projekts. Es steht ihm auch frei, das ablehnende Votum der Ethikkommission zu negieren. Allerdings setzt sich dieser Projektleiter (von möglichen Schadenersatzansprüchen einmal abgesehen) ebenso berufsgerichtlichen Sanktionen aus wie derjenige, der die Beratung durch die Kommission erst gar nicht sucht. Dem konsequenten Bestehen der DFG auf einer Begutachtung von Forschungsprojekten an und mit Menschen verdanken im Übrigen die beiden ältesten Ethikkommissionen auf deutschem Boden in Göttingen und Ulm 1973 ihre Entstehung. Andere Forschungsförderungseinrichtungen sind der DFG gefolgt.

117

Soweit die Ethikkommission zum staatlichen **Forschungsbereich** gehört, ist sie öffentlich-rechtlich organisiert und unterliegt staatlicher Aufsicht. Als universitäre Kommissionen unterliegen sie der Dienstaufsicht des Rektorats oder des Präsidenten (bei zentralen Kommissionen) oder des Dekans der medizinischen Fakultät oder einer anderen Fakultät, bei der sie gebildet sind. Die Ausübung der Aufsicht richtet sich nach den jeweils geltenden gesetzlichen Vorschriften (Heilberufe-/Kammergesetz, Universitäts-/Hochschulgesetz).

118

b) Spezieller Verfahrensgang bei klinischen Prüfungen

Die 12. Novelle hat neben einer Bürokratisierung des Verfahrens drei grundsätzliche Neuerungen zur Folge: Zum einen unterliegt das Verfahren vor der Ethikkommission

119

anders als bisher einem rigiden Zeitregime, welches auf Drängen der pharmazeutischen Industrie in die Richtlinie aufgenommen wurde und welches von dort unverändert in nationales Recht übernommen werden musste.[74] Zum anderen darf mit der klinischen Prüfung erst begonnen werden, wenn eine zustimmende Bewertung einer (nach Landesrecht gebildeten, zuständigen) Ethikkommission vorliegt und die Bundesoberbehörde die Durchführung der klinischen Prüfung genehmigt hat. Die Genehmigung wird 30 Tage nach Vorliegen der genehmigungsfähigen Unterlagen bei der Bundesoberbehörde als erteilt fingiert (§ 42 Abs. 2 S. 4 AMG). Zum dritten ist es im Regelfall der Sponsor der klinischen Prüfung, also ein **pharmazeutischer Unternehmer**, welcher den Antrag auf Genehmigung bei der Bundesoberbehörde (und denjenigen auf zustimmende Bewertung bei der zuständigen Ethikkommission) stellt. Er muss kein Arzt sein. Bei den an den Universitäten gestellten Anträgen (auf Neudeutsch: **Investigator-Initiated-Studies**), bei denen die jeweilige Universität oder das Universitätsklinikum als Sponsor auftritt und der die Prüfung Durchführende als deren/dessen Vertreter, mag dies anders sein. Ist der Sponsor zugleich Arzt, so umfasst die Beratung und Bewertung der klinischen Prüfung durch die Ethikkommission nach § 42 AMG, § 8 GCP-V die berufsrechtliche, in der Berufsordnung vorgesehene Beratung. Die bundesrechtliche Regelung hat Vorrang vor der (landesrechtlichen) Satzungsregelung.

aa) Die GCP-Verordnung

120 Die GCP-Verordnung enthält die wesentlichen verfahrensrechtlichen Vorschriften für die Durchführung der klinischen Prüfung eines Arzneimittels beim Menschen. Unter Beachtung von Art. 80 GG regelt der Gesetzgeber die **grundlegenden Anforderungen** an klinische Prüfungen von Arzneimitteln beim Menschen in §§ 40 ff. AMG, die eher prozeduralen Vorschriften in einer Rechtsverordnung dazu. Er spaltet dazu die einheitliche Richtlinie 2001/20/EU, die in Ansätzen auch Prozedurales enthält, in Rechtsnormen unterschiedlicher Hierarchieebenen auf.

121 Bereits die Bezeichnung der Verordnung (GCP-Verordnung) hat dem Normgeber den wohl eher spöttisch gemeinten Hinweis eingetragen, wenn die Amtssprache in Deutschland schon Deutsch sei, dann gelte dies auch für die Gesetzessprache. In der Verordnung hat der Normgeber an mehreren Stellen dann aber seinen Widerstand (so er denn ernsthaft jemals bestanden haben sollte) aufgegeben und „pharmadenglische" Abkürzungen in den Text eingestreut.[75]

122 Mit der GCP-Verordnung macht der Normgeber Gebrauch von der in § 42 Abs. 3 AMG enthaltenen Ermächtigung, Regelungen zur ordnungsgemäßen Durchführung klinischer Prüfungen und der Erzielung von dem wissenschaftlichen Erkenntnisstand entsprechenden Unterlagen zu treffen. Soweit in Abschnitt 2 der Verordnung die Anforderungen an die Prüfpräparate, insbesondere deren Kennzeichnung, geregelt werden, stützt sich die Verordnung auf die Ermächtigung in § 12 Abs. 1b Nr. 1 AMG. Die Verordnung dient auch der Umsetzung der Richtlinie 2001/20/EG und weiterer Richtlinien der EU, soweit diese nicht bereits durch §§ 40 ff. AMG selbst erfolgt ist.

---

74 Die Bewertung multizentrischer klinischer Prüfungen muss innerhalb von 60 (§ 42 Abs. 1 S. 9 AMG), die monozentrischer in 30 Tagen (§ 8 Abs. 3 GCP-V), diejenige von Phase-I-Prüfungen sogar binnen 14 Tagen abgeschlossen sein. Für die Prüfung von somatischen Zelltherapeutika und Arzneimitteln gilt eine Frist von 90 Tagen, für die klinische Prüfung von Gentransfer-Arzneimitteln von höchstens 80 Tagen. Für die Prüfung xenogener Zelltherapeutika gilt gar keine Frist. Es sind dies gesetzliche Fristen, die im Verfahren vor der Ethikkommission nicht verlängert werden können.

75 § 5 Abs. 2 Nr. 1 und 2 GCP-VCRO; § 7 Abs. 5 GCP-V SmPC.

bb) Der Zweck der Verordnung

Der Normgeber hat sich ersichtlich nicht leicht getan, den Zweck der Verordnung zu umschreiben. Abs. 1 entspricht – nach redaktioneller Überarbeitung – Art. 1 Abs. 2 der Richtlinie 2001/20/EG, allerdings mit dem gravierenden Unterschied, dass in der Richtlinie gesagt wird, was unter **„guter klinischer Praxis"** zu verstehen ist. In Abs. 1 Hs. 1 der GCP-Verordnung wird unterstellt, dass der Normanwender weiß, dass es sich bei „guter klinischer Praxis" um einen Katalog international anerkannter ethischer und wissenschaftlicher Qualitätsanforderungen handelt, die als Leitlinien fortlaufender Überarbeitung und Anpassung unterliegen und dem technischen und wissenschaftlichen Fortschritt Rechnung tragen sollen. Die Bezugnahme von § 40 Abs. 1 S. 1 AMG auf Art. 1 Abs. 3 der Richtlinie 2001/20/EG hilft da nicht weiter. In der Urfassung des Entwurfs der Verordnung war denn auch der in Deutschland gebräuchliche Verweis auf den Stand von Wissenschaft und Technik herangezogen worden. Mit beiden Formulierungen kauft man aber die Katze im Sack. Was aber hinreichend deutlich wird: Der Schutz der Prüfungsteilnehmer steht im Vordergrund. Es sollen nur die unbedingt notwendigen klinischen Prüfungen durchgeführt werden, wiederholte klinische Prüfungen sollen vermieden werden. Durch umfassenden Informationsaustausch unter den Beteiligten soll das Verfahren transparent gestaltet werden. Der Schutzzweck des Abs. 2 ist Art. 1 Abs. 1 und Art. 4 Abs. 1 der Richtlinie 2001/18/EG entnommen.

123

Der Dritte Abschnitt bildet das Kernstück der Verordnung. In diesem Abschnitt finden sich, detailliert geregelt, die Vorschriften für das Verfahren zur Genehmigung der klinischen Prüfungen mit Arzneimitteln am Menschen durch die Bundesoberbehörde sowie das Verfahren zur Bewertung der klinischen Prüfung durch eine Ethikkommission. Beide Verfahren laufen separat. Mit einer bewundernswerten Detailgenauigkeit sind in § 7 GCP-V die unzähligen Unterlagen aufgelistet, die der **Sponsor als Antragsteller** der Bundesoberbehörde einerseits und der Ethikkommission andererseits für die Durchführung der jeweiligen Verfahren vorzulegen hat. Die große Zahl einzureichen der Unterlagen hat ihre Ursache in der Prüftiefe beider Einrichtungen, die aber durch die Vorschriften der Richtlinie 2001/20/EG zwingend vorgegeben ist. Das Ergebnis der Umsetzung in nationales Recht pflegt man wohl landläufig mit dem Begriff „Bürokratie" zu belegen – die, wenn sie erst einmal entstanden ist, vorzugsweise bei Politikern für einen Abbau vorgesehen ist.[76]

124

3. Die Bewertung der klinischen Prüfung durch die Ethikkommission

Das Ergebnis des Verfahrens vor der Ethikkommission ist eine Bewertung des eingereichten Antrags einer klinischen Prüfung. Entweder ist die Bewertung zustimmend oder sie ist ablehnend. Im ersten Fall kann mit der klinischen Prüfung begonnen werden (sofern die Genehmigung der Bundesoberbehörde vorliegt oder ihr Vorliegen fingiert wird) im zweiten Fall muss sie unterbleiben.

125

a) Die Rechtsnatur der Bewertung

Über die Rechtsnatur der **Bewertung** (also die Entscheidung der Ethikkommission) wird – der Gesetzgeber hat sich auch in den Materialien hierzu gänzlich ausgeschwie-

126

---

[76] Der Begriff „Bürokratieabbau" könnte bei dieser Gelegenheit als inhaltsleerste und abgegriffenste Worthülse auch noch zum Unwort des letzten Jahrzehnts gekürt werden. Stattfinden tut er nur in der Form, dass eine schon bestehende durch eine noch kompliziertere ersetzt wird.

gen – im Schrifttum ausgiebig gestritten.[77] Es ist dies weder eine akademische Fingerübung der Beteiligten noch der Streit um des Kaisers Bart. Von der Entscheidung hängt es nämlich ab, ob die Bewertung im Ergebnis rechtmäßig oder rechtswidrig zustande gekommen ist. Erheblich ist die Entscheidung der Streitfrage aber nur für die ablehnende Bewertung, weil sich daran entscheidet, welche rechtlichen Schritte der Sponsor gegen die Ablehnung unternehmen kann.

127　Qualifizierte man die Bewertung als **Verwaltungsakt**, so sind die Vorschriften des **Verwaltungsverfahrensgesetzes** zu beachten, sofern von ihnen nicht in zulässiger Weise abgewichen werden kann. Sieht man in ihr eine Stufe im Rahmen des Genehmigungsverfahrens bei der Bundesoberbehörde, so müsste gegen diese Entscheidung der Bundesoberbehörde Rechtsmittel eingelegt und die Entscheidung der Ethikkommission inzidenter überprüft werden. Diese Auffassung ist allerdings im Schrifttum zur geänderten Rechtslage auf keine Gegenliebe gestoßen.[78] Die Auffassung, die Bewertung der Ethikkommission sei eine unverbindliche Stellungnahme ohne Rechtsqualität, wird unter der neuen Rechtslage wohl nicht mehr ernsthaft vertreten werden können.

b) Verfahrensvorschriften

aa) Allgemeines

128　Das Verfahren zur Bewertung der klinischen Prüfung vor der Ethikkommission findet nur auf Antrag statt. Diesem Antrag sind die in § 7 Abs. 2 und Abs. 3 GCP-V aufgeführten Unterlagen beizufügen. § 7 Abs. 1 GCP-V lässt zu, dass die dem Antrag beizufügenden Unterlagen auch in englischer Sprache abgefasst sind. Diese Vorschrift steht im Widerspruch zu § 23 VwVfG. Danach ist Amtssprache Deutsch. § 23 VwVfG hat als gesetzliche Regelung Vorrang vor § 7 GCP-V. Man wird § 7 Abs. 1 GCP-V aber gesetzeskonform dahin auslegen können, dass die Ethikkommission die Vorlage englischsprachiger Unterlagen akzeptieren kann, aber nicht muss. Besteht die Ethikkommission auf einer Übersetzung, so setzt dies die Fristen nach der GCP-Verordnung nicht in Lauf. § 23 Abs. 2 VwVfG hat Vorrang. Es ist dies kein „**Nachfordern**" von fehlenden Unterlagen i.S.v. § 8 Abs. 1 GCP-V. Das (Verwaltungs-)verfahren vor der Ethikkommission ist als formloses nach § 10 VwVfG anzusehen, auch wenn der Umfang der einzureichenden Unterlagen einen daran zweifeln lassen könnte. Die Vorschriften der §§ 63 ff. VwVfG dürften nicht anwendbar sein, da die (landesrechtlichen) Verfahrensvorschriften für die Ethikkommission Vorrang haben. Dies gilt auch für die Bewertung von klinischen Prüfungen mit Arzneimitteln durch die neugebildeten Ethikkommissionen der Länder Berlin und Sachsen-Anhalt.

129　Der überaus rührige Arbeitskreis medizinischer Ethikkommissionen in Deutschland hat seinen Mitgliedern zur Umsetzung des neuen Verfahrens vorgeschlagen, eine umfangreiche Reihe von Formularen zu verwenden. Die damit zwangsläufig verbundene Bürokratisierung wird ärztlicherseits offenbar (im Gegensatz zu anderer Bürokratie) – vielleicht weil sie selbst geschaffen ist – (noch) toleriert. Inzwischen wird dem ärztlich-

---

77　Dafür: *Deutsch/Spickhoff*, Rn 760; *Rehmann*, § 40, Rn 13; auch *v. Dewitz/Luft/Pestalozza*, Gutachten, S. 182 ff., die allerdings nicht erklären können, warum bei klinischen Prüfungen, bei denen die Universität selbst der Sponsor ist, die Bewertung der Ethikkommission ein Verwaltungsakt sein soll (Außenwirkung?); dagegen: *Lippert*, in: Ratzel/Lippert, § 15 Rn 25; *Stamer*, S. 111; *Rupp*, FS für Heckel, 1999, S. 839 m.w.N. (alte Rechtslage); *Lippert*, GesR 2004, 505; *ders.*, VersR 2005, 48. Neuestens auch *Laufs*, MedR 2004, 583 (neue Rechtslage).

78　So *Lippert*, in: Ratzel/Lippert, § 15 Rn 34, dagegen *Hart*, in: LdA, Nr. 2880 Rn 9.

wissenschaftlichen Verständnis folgend die „**Leitlinisierung**" des Verfahrens bei den Ethikkommissionen betreiben (Erarbeitung von SOPs für die Arbeit der Ethikkommission). Ein besonders abschreckendes Beispiel stellt dabei das Begleitschreiben für die Einreichung der Antragsunterlagen dar: Eine Leitlinie könnte man hier natürlich noch ein bisschen perfektionieren. So könnte die Größe des einzuhaltenden Seitenabstandes, Schrifttype und – grad, aber auch der einzuhaltende Zeilenabstand vorgegeben und überdies auch noch die Stelle für das Aufbringen des Eingangsstempels (samt dessen Größe, einfarbig oder zweifarbig) bestimmt werden, um diesen exakt positionieren zu können. Leider ist das Lochen der in Papierform eingereichten Unterlagen einer Leitlinisierung nicht mehr zugänglich da die zu verwendenden Geräte bereits auf eine DIN-Norm eingestellt sind:. Difficile est, satiram non scribere.

bb) Die zweijährige Erfahrung des Prüfarztes (§ 40 Abs. 1 Nr. 5 AMG, §7 Abs. 3 Nr. 6 GCP-V)

Die Ausführungen in der Lit.[79] zu diesem Aspekt helfen nicht besonders weiter. Obwohl die Anforderungen an die Qualifikation der Prüfer von den letzten Änderungen des Arzneimittelgesetzes ausgenommen waren, hat sich über die Änderung von § 67 Abs. 1 AMG im Rahmen der 12. Novelle eine neue Sachlage ergeben: bei der Anzeige einer klinischen Prüfung am Menschen sind den zuständigen Aufsichtsbehörden auch sämtliche Prüfer mit ihrer Stellung innerhalb der Prüfung (**Hauptprüfer, Leiter der klinischen Prüfung**) zu benennen. Im Laufe der Beratungen, die zum Erlass der GCP-Verordnung führten, ist § 7 Abs. 3 Nr. 6 GCP-V noch ergänzt worden. Danach können außer Lebensläufen auch andere geeignete Qualifikationsnachweise vorgelegt werden. Es steht zu erwarten, dass sich künftig auch die Aufsichtsbehörden über die Qualifikation der Prüfer näher informieren werden. 130

In der Praxis bereitet die Feststellung der Erfahrung der Prüfer Probleme. Häufig werden der Ethikkommission (und den beteiligten Ethikkommissionen) lediglich Lebensläufe eingereicht, aus denen sich zumeist nicht viel mehr als die (ebenfalls bedeutsame) klinische Erfahrung des Prüfers ergibt, nicht aber konkret diejenige bei der Durchführung von **klinischen Prüfungen**. Fraglich ist in diesem Zusammenhang auch, wie künftige Prüfärzte ihre Qualifikation erwerben können, vor allem aber wie dieser Erwerb zu dokumentieren ist und wie er nachgewiesen werden kann. Eine spannende Frage ist auch, wem gegenüber der Nachweis erfolgen soll. Ein Verfahren ähnlich demjenigen, welches bei der **ärztlichen Weiterbildung** eingeführt ist, ist denkbar. 131

cc) Angaben zu möglichen wirtschaftlichen Interessen der Prüfer (§ 7 Abs. 3 Nr. 7 GCP-V)

Eher lust- und lieblos pflegen Prüfärzte ihrer Pflicht nachzukommen, mögliche wirtschaftliche Interessen und daraus resultierende Interessenkonflikte im Zusammenhang mit der Durchführung der klinischen Prüfung mit Arzneimitteln zu offenbaren. Problematisch ist dabei selten das Aktienpaket des Prüfers am Unternehmen des Sponsors, wie umfangreich auch immer es sein mag. Ethisch ungleich problematischer ist die Situation desjenigen Prüfarztes, der mit der Durchführung klinischer Prüfungen völlig am Tropf eines oder mehrerer pharmazeutischer Unternehmen als seiner Sponsoren hängt. 132

---

79 Vgl. z.B. *Rehmann*, § 40 Rn 10; *Sander*, § 40 Anm. 9; zur identischen Problematik im MPG: *Nöthlichs/ Weber*, § 20 4.5; *Deutsch*, in: Deutsch/Lippert/Ratzel, § 20 Rn 14.

Aus den durchgeführten klinischen Prüfungen mit Arzneimitteln erhält er sein Honorar, welches ihm als Drittmittel zur Verfügung steht. Von deren Höhe ist wiederum seine (leistungsorientierte) inneruniversitäre Mittelzuweisung und damit letztlich sehr häufig die Personalausstattung der eigenen Einrichtung abhängig. In dieser Situation wird man das Angebot auf Durchführung einer klinischen Prüfung mit Arzneimitteln am Menschen auch dann eher ungern ausschlagen, wenn mit ihr keine große neue wissenschaftliche Erkenntnis verbunden sein sollte.

133 Die von Sponsoren derzeit für die Offenlegung **finanzieller Verpflichtungen** und Interessenkonflikte zum Sponsor verwendeten Formulare bilden gerade diesen im universitären Bereich wurzelnden Konflikt nicht ab (es ist ja auch nicht derjenige des Sponsors, welcher die Formulare zur Verfügung stellt).

dd) Multizentrische klinische Prüfungen

134 Zur Verfahrenskonzentration hat der Gesetzgeber bei **multizentrischen Prüfungen** ein gestuftes Verfahren eingeführt, bei welchem einer federführenden Kommission die für die weiteren Prüfstellen zuständigen (beteiligten) Kommissionen zuarbeiten. Die beteiligten Kommissionen haben dabei nicht den gesamten Antrag zu bewerten. Sie prüfen nur die Eignung des lokalen Prüfers und der lokalen Prüfstellen. So weit die Theorie. Die Praxis sieht (immer noch) so aus: Auch die beteiligten Kommissionen überprüfen den gesamten Antrag und geben der federführenden Kommission mehr oder weniger hilfreiche Ratschläge und Hinweise darauf, was diese alles bei ihrer Prüfung der Unterlagen keinesfalls übersehen dürfe.

c) Rechtsbehelfe

135 Gegen eine ablehnende Bewertung der klinischen Prüfung durch die Ethikkommission kann in aller Regel **Widerspruch** erhoben werden. Die Durchführung des **Vorverfahrens** kann aber auch, wie etwa bei der Ethikkommission des Landes Berlin, durch Gesetz ausgeschlossen sein. Dann kann gegen den Bescheid direkt Klage erhoben werden.

136 In diesem Zusammenhang besteht Anlass zu dem Hinweis, dass die Bewertungen der meisten Ethikkommissionen (Bescheide) insoweit noch nicht den gesetzlichen Vorgaben entsprechen. Enthalten sie keine oder eine unvollständige Rechtsbehelfsbelehrung, so werden sie nicht innerhalb von vier Wochen bestandskräftig und können ein Jahr lang mit dem entsprechenden Rechtsbehelf (**Widerspruch** oder **Klage**) angefochten werden. Bei multizentrischen Prüfungen kann nur gegen die Bewertung der federführenden Ethikkommission ein Rechtsbehelf eingelegt werden. Will sich der Sponsor dagegen zur Wehr setzen, dass die Durchführung der klinischen Prüfung an einer oder mehreren Prüfstellen mangels zustimmender Bewertung von Prüfarzt und/oder Prüfzentrum nicht durchgeführt werden kann, so muss er gegen die (eingeschränkte) Bewertung der federführenden Ethikkommission mit Rechtsmitteln vorgehen.

4. Das Genehmigungsverfahren bei der Bundesoberbehörde

137 Dass die Genehmigung der klinischen Prüfung, aber auch deren Versagung durch die Bundesoberbehörde einen Verwaltungsakt darstellt, war bereits unter der alten Rechtslage unstreitig. Daran hat sich nichts geändert. Das Verfahren folgt den Vorschriften

des Verwaltungsverfahrensgesetzes.[80] Das oben bei der Bewertung der klinischen Prüfung durch die Ethikkommission zur Amtssprache Gesagte gilt auch für dieses **Genehmigungsverfahren**. Gegen die Versagung der Genehmigung ist als Rechtsbehelf der Widerspruch gegeben. Da die Bundesoberbehörde keine oberste Bundesbehörde ist, ist § 68 Abs. 1 Nr. 1 VwGO nicht einschlägig.

5. Nachträgliche Änderungen

Sollen an der von der Bundesoberbehörde genehmigten, von einer Ethikkommission zustimmend bewerteten klinischen Prüfung eines Arzneimittels wesentliche Änderungen vorgenommen werden, so darf dies erst geschehen, wenn sowohl die Bundesoberbehörde sie genehmigt als auch die zuständige Ethikkommission sie zustimmend bewertet hat (§ 10 Abs. 1 Nr. 1 bis 5 GCP-Verordnung).

Auch die Einbeziehung **zusätzlicher Prüfstellen** in eine bereits zustimmend bewertete und genehmigte klinische Prüfung bedarf der zustimmenden Bewertung der für den hinzukommenden Prüfer zuständigen Ethikkommission. Die federführende Ethikkommission unterrichtet die Bundesoberbehörde. Wird eine ursprünglich monozentrische klinische Prüfung durch Hereinnahme einer oder mehrerer weiterer Prüfstellen dadurch zu einer multizentrischen Prüfung, dann wird die zuerst befasst gewesene, für den Sponsor zuständige Ethikkommission zur federführenden Ethikkommission.

6. Der Schutz der Prüfungsteilnehmer

Einen selbstverständlichen Vorgang regelt § 11 GCP-V: Sponsor und Prüfer haben alles zu unternehmen, um den Schutz der Prüfungsteilnehmer in jeder Phase der klinischen Prüfung sicherzustellen. Bei Arzneimitteln aus gentechnisch veränderten Organismen erweitert sich diese Verpflichtung um den Schutz nicht betroffener Personen und die Umwelt.

Auch wenn der Autor dieser Zeilen eine gegenteilige Auffassung vertritt, so ist doch anzumerken, dass eine gewichtige Fraktion von Ethikkommissionen im Zuge der Novellierung des Verfahrens der klinischen Prüfung von Arzneimitteln durch §§ 40 ff. AMG und die GCP-Verordnung die Meinung vertritt, bei den Ethikkommissionen handle es sich nunmehr (wohl aber nur bei der Bewertung von klinischen Prüfungen von Arzneimitteln nach dem Arzneimittelgesetz) um Behörden. Bei deren positiven wie negativen Entscheidungen handele es sich um **Verwaltungsakte**. Wer diese Auffassung vertritt, muss aber auch so konsequent sein zu sagen, welche Folgen sich an diese Auffassung knüpfen. Auf die Verfahren bei den Ethikkommissionen sind dann die verwaltungsverfahrensrechtlichen Vorschriften (Landesverwaltungsverfahrensgesetze) anzuwenden. Diese haben als gesetzliche Vorschriften Vorrang vor den Verfahrensgrundsätzen des Arbeitskreises medizinischer Ethikkommissionen in Deutschland.

Erste Konsequenz aus der Anwendung der Verwaltungsverfahrensgesetze ist, dass Deutsch Amtssprache ist und der Antragsteller von den nicht in deutscher Amtssprache abgefassten Dokumenten Übersetzungen fertigen lassen und einreichen muss. Solange dies nicht geschehen ist, laufen keine Fristen. Der salvatorische Hinweis in § 7 Abs. 3 Nr. 19 GCP-V wonach vom **fremdsprachigen Prüfplan** eine deutsche Zusammenfas-

---

80 So schon *Lippert*, in: Ratzel/Lippert, § 15 Rn 39.

sung eingereicht werden könne, dürfte vor diesem Hintergrund kaum rechtmäßig sein. Die Ethikkommission kann allerdings fremdsprachliche Unterlagen zulassen.

143 Negative Entscheidungen der Kommissionen sind zu begründen. Die Bescheide sind mit einer **Rechtsbehelfsbelehrung** zu versehen. Sonst wird die Entscheidung erst nach einem Jahr bestandskräftig, ansonsten nach vier Wochen.

I. Registrierung von Arzneimitteln

144 In Deutschland ist das **homöopathische Heilverfahren**, im Gegensatz zu einigen anderen Europäischen Staaten, anerkannt. Ein Wirksamkeitsnachweis von homöopathischen Fertigarzneimitteln i.S.v. § 25 Abs. 2 Nr. 4 AMG kann oft aufgrund der hohen Verdünnungsgrade nicht geführt werden, so dass die im Zulassungsverfahren geforderte therapeutische Wirksamkeit im Sinne der Schulmedizin nicht nachweisbar ist. Um der Wissenschaftsfreiheit und damit den Anforderungen des Grundgesetzes Rechnung zu tragen, entschied sich der Gesetzgeber, homöopathische Arzneimittel unter bestimmten Voraussetzungen auch ohne Nachweis ihrer therapeutischen Wirksamkeit als verkehrsfähig anzusehen. Aufgrund ihrer Besonderheiten sowie der anderen Art der Herstellung hielt er es weiter für erforderlich, für homöopathische Arzneimittel separate Vorschriften im Gesetz sowie ein eigenes Register bei der zuständigen Bundesoberbehörde einzuführen. Die Regelungen der §§ 38–39d AMG sind Europäischen Richtlinien angeglichen: Diese sehen vor, dass homöopathische Human- und Tierarzneimittel ohne therapeutische Indikation wegen ihrer sehr geringen Wirkstoffkonzentration und aufgrund der Schwierigkeiten bei der Anwendung herkömmlicher statistischer Methoden bei klinischen Prüfungen einem vereinfachten Registrierungsverfahren unterliegen sollten.

145 Der Gesetzgeber hat sich bei der Neuregelungen der §§ 38–39d AMG (auf der Grundlage der einschlägigen Richtlinie 2001/83/EG der Europäischen Union) bemüht, vereinfachte Vorschriften für Arzneimittel zu erlassen, die, von Ausnahmen abgesehen, zwar unter den Begriff des Fertigarzneimittels gem. § 2 Abs. 1 oder Abs. 2 Nr. 1 AMG fallen, jedoch im homöopathischen Heilverfahren und in der traditionellen pflanzlichen Medizin eingesetzt werden. Diese Fertigarzneimittel sind in der Regel nicht zulassungspflichtig, sondern bedürfen der Registrierung im hierfür vorgesehenen Register. Erfüllt der Antragsteller die Anforderungen an die Registrierungsvoraussetzungen nicht, ist er gehalten, die Zulassung des Arzneimittels zu beantragen, vgl. § 25 Abs. 1 S. 2 Hs. 2. AMG Besteht bereits eine Zulassung, ist die Registrierung ausgeschlossen, § 39c Abs. 2 Nr. 9 AMG. Ein Vergleich des Negativkataloges in § 39c Abs. 2 mit dem des § 25 Abs. 2 AMG zeigt, dass die **Versagungsgründe** bei der Registrierung von homöopathischen Arzneimitteln den Versagungsgründen bei der Zulassung teilweise sehr nahe kommen.

J. Abgabe von Arzneimitteln

146 Die Abgabe von Arzneimitteln/Tierarzneimitteln an den Endverbraucher ist im Wesentlichen Aufgabe des Apothekers. Kraft seiner Kenntnisse und Fähigkeiten soll er im Bereich der Vermarktung von Fertigarzneimitteln sicherstellen, dass der Zweck des Gesetzes auch noch beim Verbraucher umgesetzt und Missbräuchen bei der Verwendung von Arzneimitteln vorgebeugt werden kann.

147 Der Gesetzgeber hält ihn jedenfalls für fähig, diese Aufgabe zu erfüllen. Im Gegenzug erhält der Apotheker vom Gesetzgeber das Monopol übertragen, die Bevölkerung mit

apotheken- und verschreibungspflichtigen Arzneimitteln/Tierarzneimitteln zu versorgen. In § 43 AMG regelt das Gesetz diesen Grundsatz der **Apothekenpflicht**, in §§ 44 und 45 AMG die Ausnahmen davon.

In § 44 AMG hat es der **pharmazeutische Unternehmer** selbst in der Hand, abweichend von der Regel des objektiven Arzneimittelbegriffes zu § 2 AMG bei seinem von ihm hergestellten Stoff den Heilzweck und damit die Apothekenpflicht entfallen zu lassen. Nach § 45 AMG kann die Exekutive durch Rechtsverordnung weitere Stoffe für den Verkehr außerhalb von Apotheken freigeben. Dies ist mit der Verordnung über apothekenpflichtige und frei verkäufliche Arzneimittel geschehen. § 46 AMG geht in die andere Richtung, da er unter bestimmten weiteren Voraussetzungen eine Ausweitung der Apothekenpflicht für Arzneimittel ermöglicht. Dies ist durch die bereits angesprochene Verordnung über apothekenpflichtige und frei verkäufliche Arzneimittel geschehen. **Verschreibungspflichtige Arzneimittel** sind zugleich auch **apothekenpflichtige Arzneimittel**. Durch die Verschreibung soll sichergestellt werden, dass für die Abgabe des verschreibungspflichtigen Arzneimittels auch eine ärztliche, zahn- oder tierärztliche Indikation besteht. Auf diese Weise wird bei der Abgabe von Arzneimitteln/Tierarzneimitteln an den Verbraucher so etwas wie das Vier-Augen-Prinzip eingeführt und umgesetzt. Soll der Apotheker das Monopol bei der sicheren Versorgung der Bevölkerung mit Arzneimitteln/Tierarzneimitteln und der Beratung der Verbraucher darüber haben, so bedeutet dies auch, dass er von diesem Monopol leben können muss. Daher gilt es, den Vertriebsweg von Arzneimitteln vom pharmazeutischen Unternehmer bis zum Verbraucher zu kanalisieren und gegen Umgehungen zu sichern. Diesen Komplex regelt § 47 AMG. Ergänzend hierzu werden bestimmte Vertriebsformen für die Abgaben von Arzneimitteln/Tierarzneimitteln an Verbraucher, wie etwa die **Selbstbedienung**, die Abgabe im **Reisegewerbe**, als Vertriebsweg ausgeschlossen.

Diese Vertriebsformen vertragen sich nicht mit der Beratungspflicht des Apothekers. Selbst beim Einzelhandel, mit außerhalb der Apotheke frei verkäuflichen Arzneimitteln/Tierarzneimitteln, sieht der Gesetzgeber eine **Sachkunde** des verkaufenden Personals vor. Nur unter dieser Prämisse ist die Abgabe frei verkäuflicher Arzneimittel an Verbraucher außerhalb der Apotheke zu rechtfertigen.

Sowohl das AMG wie das Apothekengesetz sind geprägt von dem Ziel, eine ordnungsgemäße Versorgung der Bevölkerung mit Arzneimitteln zu gewährleisten. § 43 AMG normiert das **Monopol der Apotheken** beim Inverkehrbringen von Arzneimitteln und Tierarzneimitteln in Deutschland. Die Begründung für das Monopol der Apotheken fußt dabei auf drei wesentlichen Überlegungen: Zum einen sollen die leichte Erhältlichkeit und der damit verbundene Arzneimittelmissbrauch verhindert werden.[81] Zum anderen soll dem Verbraucher im Apotheker ein fachkundiger Berater und Kontrolleur gegenüberstehen,[82] und drittens soll das Monopol die Existenzfähigkeit der Apotheken zur Verwirklichung der beiden ersten Ziele erhalten.[83]

I. Apothekenpflicht

In einem sehr subtil gestalteten System von Regeln und Ausnahmen in den §§ 44 bis 51 AMG wird versucht, den Weg des Arzneimittels vom Hersteller zum Endverbraucher jedenfalls für den Kernbestand der Arzneimittel/Tierarzneimittel möglichst lange und

---
81 *Schiedermair/Pieck*, § 1 Rn 100.
82 BVerfGE 9, 73, 80; 17, 232, 239 f.; *Schiedermair/Pieck*, § 1 Rn 10 ff.
83 BVerfGE 7, 377, 439; 9, 73, 80 f.

weitgehend über Apotheken festzuschreiben. Bei den **frei verkäuflichen Arzneimitteln** ist die Monopolisierung nicht zu halten gewesen (§§ 50, 51 AMG). Es darf dabei nicht außer Acht gelassen werden, dass § 43 AMG primär als Handelshemmnis im Sinne des EWG-Vertrages nicht unumstritten ist. Allerdings kann sich die Vorschrift auf Artikel 30 EWG Vertrag stützen. Danach kann ein Einfuhr-, Ausfuhr- oder Durchführverbot aus Gründen des Schutzes des Lebens und der Gesundheit der Menschen gerechtfertigt sein. Ein Apothekenmonopol wird unter diesem Gesichtspunkt – jedenfalls für den Kernbereich der Arzneimittel nach § 2 Abs. 1 und 2 Nr. 2 AMG – mit Art. 28, 30 EWG Vertrag in Einklang zu bringen sein.[84] Das „natürliche Monopol"[85] war auch in der Bundesrepublik Deutschland nicht immer unumstritten, insbesondere als Verstoß gegen Art. 12 GG betrachtet worden, ehe das BVerfG in einer seiner frühen, bahnbrechenden Entscheidungen die bayerische Regelung als nicht mit Art. 12 GG in Einklang stehend ansah. Die Versorgung der Bevölkerung mit Arzneimitteln wird danach als ein herausragendes Rechtsgut angesehen, dessen Schutz aber eine **objektive Zulassungsschranke** zum Beruf des Apothekers mit Bedürfnisprüfung nicht rechtfertige.[86] Dem Gesetzgeber stünden in ausreichendem Umfang Kompetenzen und Möglichkeiten zur Verfügung, diesen Komplex in differenzierender Weise zu regeln. Diese Regelung ist u.a. durch das AMG getroffen worden, dessen subtiler Inhalt dem Schutz der Bevölkerung bei der Versorgung mit Arzneimitteln und der Berufsfreiheit der in diesem Bereich Tätigen hinreichend Rechnung trägt.

II. Inhalt und Umfang der Apothekenpflicht

152 Der Kernbestand der Arzneimittel nach § 2 Abs. 1, Abs. 2 Nr. 1 AMG ist apotheken-, aber auch verschreibungspflichtig. Folglich dürfen sie nur gegen Vorlage einer ärztlichen, zahn- oder tierärztlichen **Verschreibung** und nur über Apotheken und nicht im **Versandhandel** an Verbraucher abgegeben werden. Diese Regelung bezieht sich nicht nur auf Fertigarzneimittel sondern auch auf solche, die für einen Patienten auf besondere Bestellung angefertigt werden.

III. Ausnahmen von der Apothekenpflicht

153 Von der Apothekenpflicht ausgenommen sind Arzneimittel, die nicht der Beseitigung oder Linderung von Krankheiten, Leiden, Körperschäden oder krankhaften Beschwerden dienen. Der Zweck, dem das Arzneimittel dient, wird ihm vom pharmazeutischen Unternehmer beigegeben. Hierin liegt eine deutliche Abkehr vom **objektiven Arzneimittelbegriff** des § 2 Abs. 1 AMG. Es liegt also ein möglicher Missbrauch nicht fern. Als Ausnahmevorschrift zur Apothekenpflicht wie als solche zu § 2 Abs. 1 AMG ist sie äußerst restriktiv auszulegen. Es gibt allerdings die Möglichkeit, diese Arzneimittel über die Rechtsverordnung nach § 48 Abs. 2 AMG der **Apotheken- und Verschreibungspflicht** zu unterstellen. Nicht apotheken- und verschreibungspflichtig sind auch Arzneimittel, die durch Rechtsverordnung nach § 45 AMG ausdrücklich davon befreit sind.[87]

---

84 Vgl. Entscheidung des EuGH v. 21.3.1991 (Apothekenmonopol).
85 *Sander,* § 43 Anm. 1.
86 BVerfGE 9, 73 = NJW 1958, 1035.
87 Verordnung über apothekenpflichtige und frei verkäufliche Arzneimittel v. 24.11.1988 (BGBl I, 2150) in der Fassung vom 21.6.2004 (BGBl I, 1298).

IV. Versandhandelsverbot

Das definitive Verbot des Inverkehrbringens von apotheken- und verschreibungspflichtigen Arzneimitteln über den **Versandhandel** ist zur Klarstellung durch die Neufassung von § 43 Abs. 1 S. 1 AMG über das 8. Gesetz zur Änderung des Arzneimittelgesetzes ins Gesetz gekommen. Soweit sich die Vorschriften auf den Versandhandel mit Impfstoffen beziehen, hat das Bundesverfassungsgericht[88] sie für nichtig erklärt, da sie gegen Art. 12 GG verstießen. Das Verbot des Versandhandels erfasst dabei auch die Belieferung von Patienten aufgrund von Bestellungen über das Internet, jedenfalls soweit die Geschäfte in Deutschland im Geltungsbereich des AMG abgewickelt werden und wohl auch aus den Staaten der EU und des EWR.

154

Der technische Fortschritt hat aber auch vor dem Handel mit Arzneimitteln nicht Halt gemacht. Zunehmend haben sich Verwender von Arzneimitteln diese über das **Internet** und zudem über das Ausland unter Ausschaltung des legalen Weges beschafft.[89] Die beteiligten Verkehrskreise und der Gesetzgeber haben diesem neuen Vertriebsweg gegenüber zunächst ebenso hilf- wie tatenlos agiert. Mit der nun Gesetz gewordenen Regelung glaubt der Gesetzgeber hier verlorenes Terrain gut zu machen. Deutsche Apotheker dürfen, wenn sie im Besitz einer Erlaubnis nach § 11a ApoG sind und dessen weitere Voraussetzungen erfüllen, Arzneimittel auch an Abnehmer versenden, auch im **elektronischen Handel**, vorausgesetzt, sie halten auch die ergänzenden Regelungen der ApBetrO ein. So viel Neuerung war in einem verkrusteten Markt selten.

155

In der direkten Belieferung deutscher Besteller aus dem Ausland mit Arzneimitteln, die dem § 43 unterfallen, liegt auch ein Verstoß gegen §§ 72 ff. AMG, der wohl aber nicht zu sanktionieren, weil nicht zu beweisen ist.

156

Die Einfuhr geringer Mengen von Arzneimitteln im Rahmen der Ausnahmen des § 73 AMG (**Diplomatenprivileg, Eigenverbrauch, kleiner Grenzverkehr**) ist möglich.

157

V. Verbot des Direktbezuges

Außer in der Notfallbehandlung eines Patienten, der der medikamentösen Behandlung unmittelbar bedarf, ist die Abgabe von apotheken- und verschreibungspflichtigen Arzneimitteln, unter Ausschluss der Apotheke, unzulässig. Der **Personalverkauf** von Arzneimitteln ist ebenso unzulässig wie die Gründung von rechtsfähigen juristischen Personen oder nicht rechtsfähigen Personenhandelsgesellschaften zur Abgabe von Arzneimitteln an ihre Mitglieder. Einkaufsgenossenschaften der Apotheker fallen aber nicht unter § 43 Abs. 2 AMG, da sie ein anderes Ziel im Auge haben, nämlich die preisgünstige Einkaufsmöglichkeit für Arzneimittel durch Apotheken.

158

Die Lieferung apothekenpflichtiger Arzneimittel an **Krankenhäuser ohne eigene Apotheke** hat stets über eine Apotheke zu erfolgen, und zwar aufgrund eines Versorgungsvertrages nach § 14 Abs. 5 ApoG mit der beliefernden Apotheke.

159

Die Mitgabe von **Ärztemustern** von Arzneimitteln durch den Arzt an den Patienten stellt eine (zulässige) Durchbrechung des **Direktbezugsverbote**s dar, die ihre Rechtfertigung in § 47 Abs. 3 und 4 AMG hat. Die Abgabe von apothekenpflichtigen Arzneimitteln durch den Apotheker an Werks- oder Betriebsärzte zur Behandlung von Betriebsangehörigen stellt einen Verstoß gegen das Verbot des Direktbezuges dar, sofern nicht

160

---

88 BVerfG NJW 2003, 1027.
89 Vgl. hierzu *Hanika*, in: LdA Nr. 245 m.w.N.; *Koyuncu*, S. 177.

sichergestellt wird, dass die Arzneimittel nur zur Behandlung von Bediensteten im Rahmen von Erkrankungen (z.B. Notfällen) verwendet werden und eine darüber hinausgehende Abgabe ausgeschlossen ist.[90] Die Direktbestellung von apotheken- und verschreibungspflichtigen Arzneimitteln eines Arztes beim **Großhändler** unter Auslieferung über eine Apotheke verstößt gegen die Apothekenpflicht.[91]

VI. Inhalt und Umfang der Ausnahmen von der Apothekenpflicht

161 §§ 44 und 45 AMG regeln, außer den bereits in § 43 AMG vorgesehenen Ausnahmen von der **Apotheken- und Verschreibungspflicht**, inhaltliche und formale Ausnahmen hiervon. In § 44 AMG hat es ausschließlich der pharmazeutische Unternehmer in der Hand zu bestimmen, ob ein Arzneimittel von der Apotheken- und Verschreibungspflicht befreit ist oder nicht. Er legt den Zweck fest, dem das Arzneimittel dienen soll. Lässt er den Heilzweck entfallen und dient es nicht mehr der Beseitigung oder der Linderung von Krankheiten, Leiden, Körperschäden oder krankhaften Beschwerden, so ist es für den Verkehr außerhalb der Apotheke freigegeben.

162 Zu beachten ist, dass der Gesetzgeber in § 44 Abs. 1 AMG von den vier in § 2 Abs. 1 Nr. 1 AMG genannten Begriffen (Heilen, Lindern, Verhüten, Erkennen) nur die Linderung ausdrücklich nennt und den der „Beseitigung" offenbar synonym mit dem der Heilung verwendet. Arzneimittel, die der Verhütung oder der Erkennung von Krankheiten dienen, fallen demnach nicht unter die Vorschrift, sonst hätte auch der Bezug auf Arzneimittel nach § 2 Abs. 1, Abs. 2 Nr. 1 AMG ausgereicht.

163 In § 45 Abs. 1 AMG verwendet der Gesetzgeber eine identische Terminologie: Gemeint sind offenbar Arzneimittel, für die sich der Begriff der Vorbeugemittel eingeprägt hat.

VII. Weitere Ausnahmen von der Apothekenpflicht nach § 45 AMG

164 Durch Rechtsverordnung zu § 45 AMG können auch Stoffe, die teilweise oder ausschließlich als Arzneimittel zur Beseitigung oder Linderung von Krankheiten, Leiden, Körperschäden oder krankhaften Beschwerden dienen sollen, für den Verkehr außerhalb von Apotheken freigegeben werden. Für diese Stoffe gilt im Gegensatz zu § 44 AMG wieder der **objektive Arzneimittelbegriff** und nicht die subjektive Bestimmung, die der pharmazeutische Unternehmer dem Stoff beigibt. Da die freigegebenen Stoffe mindestens teilweise Heilzwecken dienen, unterfallen § 45 AMG und der hierzu erlassenen Rechtsverordnung auch Mehrzweckmittel.

165 Stoffe, die nur auf **Verschreibung** abgegeben werden, können nicht von der Apothekenpflicht befreit werden. Es entstünde sonst ein Widerspruch zu § 43 AMG, der die Abgabe verschreibungspflichtiger Arzneimittel stets der Apotheke vorbehält. Ausgenommen von der Freigabe sind auch Stoffe, die wegen ihrer Beschaffenheit unter der Kontrolle des Apothekers bleiben sollen, ferner solche, bei denen durch unsachgemäße Anwendung eine Gefährdung von Mensch oder Tier zu befürchten ist.

---

90 *Sander*, § 43 Anm. 3; BGH, Urt. v. 11.2.1988 – I ZR 117/86, Entscheidungsband Nr. 1b zu § 43 AMG.
91 *Sander*, § 43 LG Heilbronn, Urt. v. 24.2.1995, Entscheidungsband Nr. 5 zu § 43 AMG; entgeltliche Abgabe von Arzneimitteln durch einen Arzt, Landesberufsgericht für Heilberufe beim OLG Koblenz NJW 1994, 813.

VIII. Die Ausweitung der Apothekenpflicht

Die Ausweitung der Apothekenpflicht durch Rechtsverordnung bezieht sich nicht auf alle möglichen Arzneimittel, sondern auf solche, die nach § 44 AMG von der Apothekenpflicht befreit sind, weil sie anderen Zwecken als der Heilung dienen und der pharmazeutische Unternehmer eben diesen Zweck ausgeschlossen sehen will. Hinzu kommen muss die konkrete Befürchtung, dass der **bestimmungsgemäße Gebrauch** dieser Arzneimittel zu einer Gefährdung der Gesundheit von Mensch und Tier führen kann. Eine solche Gesundheitsgefährdung kann auch über den bestimmungsgemäßen Gebrauch hinaus bei einem gewohnheitsmäßigen Gebrauch zu befürchten sein und zu einer Ausweitung der Apothekenpflicht führen.

166

IX. Die Beschränkung der Ausweitung

Die an sich mögliche Ausweitung der Apothekenpflicht auf Arzneimittel nach § 44 AMG kann jedoch auf bestimmte Dosierungen, Anwendungsgebiete oder Darreichungsformen beschränkt werden. Durch §§ 1, 2 der Verordnung über apothekenpflichtige und frei verkäufliche Arzneimittel ist diese Ermächtigung ausgefüllt worden.

167

X. Der Vertriebsweg

In § 47 AMG will der Gesetzgeber – mit den üblichen Ausnahmen – sicherstellen, dass Arzneimittel an den Endverbraucher nur **über Apotheken in Verkehr** gebracht werden. Er verpflichtet den pharmazeutischen Unternehmer und den Großhändler zur Einhaltung dieses Vertriebsweges. Es handelt sich aber auch um eine Ausnahmevorschrift. Sie ist daher eng auszulegen. In § 47 Abs. 1 sind weitere neun Einrichtungen abschließend aufgezählt, die außer anderen **pharmazeutischen Unternehmern und Großhändlern** berechtigt sein sollen, Arzneimittel direkt vom pharmazeutischen Unternehmer oder vom Großhändler – im Normalfall vom Umfang her auf den Zweck der Einrichtung beschränkt – unter Ausschluss der Apotheken zu beziehen. Die Vorschrift umfasst Arzneimittel, die der Apothekenpflicht unterliegen, und nicht dagegen die von dieser ausgenommenen oder freigestellten.

168

XI. Bezug in Eigenbedarf

Die in § 47 Abs. 1 Nr. 5–9 genannten Einrichtungen, die pharmazeutische Unternehmer oder Großhändler mit Arzneimitteln, unter Ausschluss der Apotheken, beliefern dürfen, dürfen diese so bezogenen Arzneimittel nur zur **Erfüllung ihrer eigenen Aufgaben** und nur für den eigenen Bedarf beziehen. Für **Krankenhäuser** sind die Arzneimittel in Nr. 1 lit. a–g ausdrücklich genannt sowie die Impfstoffe gem. Nr. 3. Andere als die genannten Arzneimittel dürfen nicht direkt abgegeben werden. Nr. 6 wurde durch die 11. Novelle neu gefasst: Tierarzneimittel dürfen danach an Tierärzte direkt nur noch im Rahmen des Betriebes einer tierärztlichen Hausapotheke abgegeben werden.

169

Versucht wird öfter einmal die Abgabe von Proben von Fertigarzneimitteln aus dem Anwendungsbereich von § 47 Abs. 3 und 4 AMG herauszuhalten.[92] § 15 Abs. 2 und 3 AMWHV erstreckt die Kennzeichnungspflicht über Arzneimittel i.S.v. § 2 Abs. 1 und

170

---

92 Vgl. das Argument bei *Sander*, § 47 Anm. 18.

§ 30 Arzneimittelrecht

Abs. 2 Nr. 1 AMG hinaus auch auf fiktive Arzneimittel nach Nr. 1a (tierärztliche Instrumente) Nr. 2 (vorübergehend oder dauernd in den tierischen Körper eingebrachte Gegenstände) und Nr. 4 (Labordiagnostika, Reinigungsmittel). Dabei mag fraglich sein, ob eine Rechtsverordnung zu § 54 AMG den Rahmen, den § 10 Abs. 1 Nr. 1 AMG zieht, überschreiten kann. Vom Sinn und Zweck der Vorschrift her ist zu sagen, dass diejenigen Personen und Einrichtungen, die nach §§ 43 ff. AMG zum Empfang von Fertigarzneimitteln berechtigt sind, weil sie sie an den Endverbraucher abgeben dürfen, auch in dem nach §§ 43 f. AMG möglichen Umfang bemustert werden dürfen. Das Ausweichen auf „Proben" darf jedenfalls nicht dazu führen, dass Arzneimittel in den Verkehr gelangen, die als Muster oder gar als Fertigarzneimittel so nicht dorthin gelangen dürften.

171 Ärgerlich ist, dass der Gesetzgeber in § 47 Abs. 3 Nr. 3 im Gegensatz zu Abs. 1 Nr. 8 und 9 AMG nun gar mit einem dritten Begriff, dem der „Ausbildungsstätten für Heilberufe", operiert. Klar ist hier nur, dass damit die Schulen für nichtärztliche, medizinische Berufe nicht gemeint sein sollen. Vermutlich sind die unterschiedlichen Bezeichnungen Folgen der fortwährenden Novellierung von § 47 AMG. Vielleicht könnte die nächste Novelle hier die wünschenswerte Klarheit schaffen. Es geht doch wohl um die Ausbildungsstätten für Ärzte, Zahnärzte, Tierärzte und Pharmazeuten.

172 Eine entsprechende Regelung für Medizinprodukte findet sich in der Verordnung über Vertriebswege für Medizinprodukte (MPVertrV)[93] für Hämodialysekonzentrate und Medizinprodukte nach § 3 Nr. 2 MPG (auf die ein Stoff aufgebracht ist, der Arzneimittel i.S.v. § 2 Abs. 1 AMG ist); §§ 1, 2 MPVertrV decken sich dabei nicht voll mit § 47 AMG. So ist z.B. die kostenlose Abgabe von Medizinprodukten zur klinischen Prüfung nicht enthalten. Auch die Abgabe von Medizinprodukten an Einrichtungen zur Ausbildung fehlt.

XII. Die Verschreibungspflicht

173 § 48 AMG ergänzt die Vorschriften über das Inverkehrbringen von Arzneimitteln und Tierarzneimitteln insoweit, als die Abgabe bestimmter Arzneimittel/Tierarzneimittel von der Vorlage einer **ärztlichen- zahnärztlichen oder tierärztlichen Verschreibung** abhängig gemacht wird, ehe sie an den Endverbraucher (im Normalfall über die Apotheke) abgegeben werden dürfen.

174 Die Pflicht zur Verschreibung von Arzneimitteln, die im Normalfall apothekenpflichtig sind, dient der Arzneimittelsicherheit. Auch der Apotheker soll bestimmte Arzneimittel, die ein Gefährdungspotential in sich bergen, nicht an den Endverbraucher abgeben können, ohne dass ein Arzt, Zahn- oder Tierarzt zuvor die medizinische Indikation für die Abgabe in schriftlicher Form niedergelegt hat. Von der Verschreibung darf der Apotheker auch nicht von sich aus abweichen. Damit wird sichergestellt, dass das rezeptierte Arzneimittel auch in der verordneten Form an den Verbraucher gelangt.

XIII. Die Verschreibung (Rezept)

175 Die Verschreibung muss nach § 2 der Verordnung über verschreibungspflichtige Arzneimittel enthalten:

---

[93] VO v. 17.12.1997 (BGBl I, 3148) in der Fassung vom 13.12.2001 (BGBl I, 3586).

- Name, Berufsbezeichnung und Anschrift des verschreibenden Arztes, Zahnarztes oder Tierarztes,
- Datum der Ausfertigung,
- Name der Person, für die das Arzneimittel bestimmt ist; bei tierärztlichen Verschreibungen Name des Tierhalters und Zahl und Art der Tiere, bei der das Arzneimittel angewendet werden soll,
- Indikation, Arzneimittelbezeichnung, Dosierung pro Tier und Tag, Dauer der Anwendung und die Wartezeit bei Arzneimitteln, die für Tiere bestimmt sind, die der Gewinnung von Lebensmitteln dienen,
- abzugebende Menge des verschriebenen Arzneimittels,
- Gebrauchsanweisung bei Arzneimitteln, die in der Apotheke hergestellt werden sollen,
- Gültigkeitsdauer der Verschreibung,
- eigenhändige Unterschrift des Verschreibenden.

Fehlt bei Arzneimitteln in abgabefertigen Packungen die Angabe der Menge des verschriebenen Arzneimittels, so gilt die kleinste Packung als verschrieben. Die wiederholte Abgabe eines verschreibungspflichtigen Arzneimittels auf dieselbe Verschreibung über die verschriebene Menge hinaus ist unzulässig. 176

Nicht im AMG, sondern in § 129 SGB V ist mit der **Aut-idem-Regelung** die Möglichkeit geschaffen worden, dass der Apotheker dann von der Verordnung des Arztes (für den Kassenpatienten) abweichen kann, wenn ein preisgünstigeres Arzneimittel auf dem Markt zur Verfügung steht.[94] Die automatische Verschreibungspflicht (bisher in § 49 AMG geregelt) für Stoffe und deren Zubereitungen, deren Wirkungen in der medizinischen Wissenschaft nicht allgemein bekannt sind, sowie Zubereitungen aus allgemein bekannten Stoffen, aber mit nicht allgemein bekannten Wirkungen ist nunmehr in § 48 AMG integriert und neu geregelt worden. 177

XIV. Der Freiverkauf

Über den Einzelhandel dürfen nur Arzneimittel/Tierarzneimittel in den Verkehr gebracht werden, wenn sie hierfür zugelassen sind und der Unternehmer, eine zu seiner Vertretung befugte Person oder eine mit dem Verkauf dieser Arzneimittel betraute Person über eine für diesen Verkauf erforderliche Sachkenntnis verfügt. 178

XV. Die Sachkenntnis

Die Ausnahme von der Apothekenpflicht bei der Abgabe von frei verkäuflichen Arzneimitteln/Tierarzneimitteln im Einzelhandel kompensiert das Gesetz insoweit, als das Personal, welches diese Arzneimittel abgeben darf, über eine entsprechende **Sachkenntnis** verfügen muss. Dabei geht das Gesetz davon aus, dass in jeder Betriebsstätte eine Person vorhanden sein muss, die über diese erforderliche Sachkenntnis verfügt. Die Betreuung mehrerer Betriebsstellen durch eine einzige sachkundige Person genügt diesen Anforderungen nicht. Die für den Einzelhandel mit Arzneimitteln/Tierarzneimitteln vorgesehene Präsenz sachkundigen Personals orientiert sich an den Bedingungen, 179

---

[94] Vgl. zur Aut-idem-Regelung *Koyuncu*, S. 183 ff., der ausführlich die Folgen der Regelung (bis hin zur Haftung) abhandelt.

XVI. Die Abgabe im Reisegewerbe

180 § 51 AMG normiert ein grundsätzliches Verbot, Arzneimittel aller Art über das **Reisegewerbe** anzubieten und in den Verkehr zu bringen, weil dies nicht die adäquate Form des Handels mit Arzneimitteln darstelle, so die Gesetzesbegründung. Aus verfassungsrechtlichen Gründen[95] wird das Verbot aber nicht konsequent durchgehalten, sondern von zwei Ausnahmen durchbrochen, die sich auf nicht apothekenpflichtige Fertigarzneimittel beziehen: Zum einen sind dies Pflanzen, Pflanzenteile oder Presssäfte aus frischen Pflanzen oder Pflanzenteilen, sofern als Lösungsmittel nur Wasser verwendet wird. Diese Arzneimittel müssen mit ihrem verkehrsüblichen deutschen Namen bezeichnet und in der Wirkung allgemein bekannt sein.

181 Für die Abgabe von Fertigarzneimitteln im Rahmen des Reisegewerbes, soweit sie nach § 51 AMG zulässig ist, bedarf es, anders als bei der (zulässigen) Abgabe im Einzelhandel (§ 50 AMG) keiner besonderen Sachkunde (§ 50 Abs. 3 Nr. 1 AMG).

XVII. Großhandel mit Arzneimitteln (§ 52a AMG)

182 § 4 Abs. 22 AMG lautet:

Großhandel mit Arzneimitteln ist jede berufs- oder gewerbsmäßige zum Zwecke des Handeltreibens ausgeübte Tätigkeit, die in der Beschaffung, der Lagerung, der Abgabe oder Ausfuhr von Arzneimitteln besteht, mit Ausnahme der Abgabe von Arzneimitteln an andere Verbraucher als Ärzte, Tierärzte oder Krankenhäuser.

183 Aus Sicherheitserwägungen hat der Gesetzgeber den **Großhandel mit Arzneimitteln** in § 52a AMG unter Erlaubnisvorbehalt gestellt. Betriebe und Einrichtungen, die den Großhandel mit Humanarzneimitteln betreiben wollen, benötigen nunmehr vor der Aufnahme dieser Tätigkeit eine Erlaubnis, die erst nach einer Abnahmeinspektion durch die zuständige Behörde erteilt werden kann. Die Einführung dieser Erlaubnispflicht erweitert die Kontrollmöglichkeiten der zuständigen Behörden und ermöglicht es, Verstöße zu ahnden. Die Erlaubnispflicht geht dabei auf Art. 77 Abs. 1 der Richtlinie 2001/83/EG zurück. Mit dieser Regelung verbinden die beteiligten Kreise die Erwartung, dass sich Europaweit der Großhandel mit Humanarzneimitteln über Betriebe abwickelt, die über eine entsprechende Erlaubnis verfügen. Apotheken sind im Rahmen des üblichen Apothekenbetriebes von dieser Erlaubnispflicht ausgenommen. Dies soll auch für die nunmehr nach dem GMG über das Sozialgesetzbuch V möglich gewordenen Kooperationsformen (z.B. Medizinische Versorgungszentren – MVZ) gelten.

K. Arzneimittelüberwachung

184 Die §§ 64 ff. AMG dienen dem Ziel, die Überwachung des Verkehrs mit Arzneimitteln sicherzustellen. Durch ausdrückliche Einbeziehung auch der Überwachung der Arzneimittelwerbung sollen die Überwachungsbehörden in den Stand gesetzt werden, neben

---

[95] Vgl. BVerfGE 17, 269.

Verstößen gegen das AMG auch solchen gegen das Heilmittelwerbegesetz (HWG) schnell und wirksam begegnen zu können.

Arzneimittel werden heute individuell von wenigen Pharmaherstellern entwickelt, gefertigt und vertrieben. Das AMG strebt daher eine möglichst umfassende persönliche und sachliche **Kontrolle** der Entwicklung, der Herstellung und des Vertriebs von Fertigarzneimitteln und der Werbung für sie an. Damit wird den veränderten Verhältnissen auf dem Arzneimittelmarkt Rechnung getragen.

185

Die staatliche Einflussnahme beginnt mit der Notwendigkeit einer **Herstellungserlaubnis** für den Hersteller von Arzneimitteln oder Tierarzneimitteln (§ 13 AMG), leitet über zur **Zulassung** bzw. bei Naturheilmitteln zur Registrierung von Arzneimitteln (§§ 21, 38 AMG) und geht in die Überwachung des Vertriebs (§§ 64 ff. AMG). Informationen über Nebenwirkungen von Arzneimitteln werden durch einen Datenaustausch zwischen dem Bundesinstitut für Arzneimittel und Medizinprodukte und der Arzneimittelkommission der Deutschen Ärzteschaft registriert. Die Aufgaben der staatlichen Arzneimittelverwaltung sind zwischen Bund und Ländern aufgeteilt. Zulassung und Registrierung von Arzneimitteln erfolgen durch eine Bundesoberbehörde. Die Erteilung der Herstellungs-, Großhandels- sowie der Einfuhrerlaubnis ist, wie auch die Arzneimittelüberwachung Aufgabe der Länder. Bund und Länder arbeiten bei der Arzneimittelverwaltung zusammen. Obwohl nicht zur Arzneimittelüberwachung im engeren Sinne gehörig, sei hier auch die (ebenfalls durch die 12. Novelle zum AMG neu geregelte) Dokumentations- und Mitteilungspflicht des Inhabers einer Zulassung für ein Arzneimittel gegenüber der Bundesoberbehörde über Verdachtsfälle von Nebenwirkungen in § 63b AMG genannt.

186

Staatliche Überwachung zum Zweck der **Gefahrenabwehr** ist an sich nichts Ungewöhnliches. Sie findet in allen staatlichen Lebensbereichen statt.[96] Die Abwendung von Gefahren für das Gemeinwesen und den Einzelnen im Rahmen staatlicher Überwachung wirkt sich allerdings auch auf Grundrechtspositionen des von der Überwachung Betroffenen aus (z.B. Art. 13, 14 GG), so dass ihr Umfang streng am **Grundsatz der Verhältnismäßigkeit** von Mitteln und Zweck auszurichten ist.

187

I. Gegenstand der Überwachung

Die staatliche Einflussnahme folgt sowohl dem Personal- wie dem Sachprinzip. Die Überwachung bezieht sich somit zum einen auf **Betriebe und Einrichtungen**, in denen Arzneimittel hergestellt (§ 4 Abs. 14 AMG), geprüft, gelagert oder in den Verkehr gebracht werden (§ 4 Abs. 17 AMG) oder in denen sonst mit ihnen Handel getrieben wird, sowie auf Betriebe und Einrichtungen, die Arzneimittel entwickeln, klinisch prüfen, einer Rückstandsprüfung unterziehen und zur Anwendung bei Tieren bestimmte Arzneimittel erwerben oder anwenden. Zum anderen erstreckt sie sich auf Personen, die Arzneimittel herstellen, prüfen, als Sponsor der Prüfung von Arzneimitteln auftreten, Arzneimittel lagern oder in den Verkehr bringen, entwickeln, klinisch prüfen, einer Rückstandsprüfung unterziehen, mit ihnen handeln (auch Großhandel treiben) oder Tierarzneimittel erwerben oder anwenden. Die o.g. Tätigkeiten müssen in Betrieben und Einrichtungen gewerbs- und berufsmäßig ausgeführt werden.[97]

188

---

96 *Lippert*, Informationsrecht, S. 55 ff.
97 *Sander*, § 64 Anm. 2, der dies aus § 13 Abs. 1 folgert.

189 **Betrieb** ist daher eine von der Rechtsform unabhängige, planmäßig nicht nur vorübergehend zusammengefügte Einheit von Personen, Räumen und Sachmitteln unter einheitlicher Leitung mit dem arbeitstechnischen Zweck, bestimmte Leistungen hervorzubringen oder zur Verfügung zu stellen.[98] Unter den Begriff des Betriebes fallen alle gewerblichen Niederlassungen, in denen die o.g. Tätigkeiten ausgeführt werden. (§ 13 AMG führt unter denjenigen, die neben natürlichen Personen einer Herstellererlaubnis bedürfen, u.a. juristische Personen, Gesellschaften des bürgerlichen Rechts und nicht rechtsfähige Vereine besonders auf.)

190 **Einrichtungen** müssen demnach Stellen sein, in denen die o.g. Tätigkeiten ebenfalls durchgeführt werden, ohne dass sie als Betriebe oder Betriebsstätten zu qualifizieren sind, denn sonst würde die Unterscheidung, die das Gesetz trifft, keinen Sinn machen, weil die Tätigkeiten, die der Überwachung unterliegen, dieselben sind wie bei den Betrieben. *Sander* subsumiert hierunter Krankenhäuser, Gesundheitsämter und zentrale Beschaffungsstellen. Apotheken sind, da sie in die Arzneimittelüberwachung ausdrücklich einbezogen worden sind, den Betrieben zuzurechnen.

191 Warum der Gesetzgeber in § 64 Abs. 1 Hs. 1 AMG zunächst die Herstellung, Prüfung, Lagerung, Verpackung etc. und dann im Hs. 2 die Entwicklung, klinische Prüfung etc. regelt, bleibt unerfindlich. In § 67 Abs. 1 S. 1 AMG ist die Reihenfolge den Entwicklungsschritten des Arzneimittels angepasst. Sie beginnt also mit der Entwicklung, gefolgt von der Herstellung und endet mit dem Verkauf. Schließlich unterliegen Personen und Personenvereinigungen, die Arzneimittel für andere sammeln, der Überwachung. Nicht der Überwachung unterliegt, wer Arzneimittel für sich sammelt, herstellt oder lagert.

192 Arzneimittel im Sinne der Vorschrift sind **alle Arzneimittel** nach § 2 AMG, also auch die fiktiven (§ 2 Abs. 2 Nr. 1 AMG). Abs. 1 hat durch die 12. Novelle zum AMG eine Klarstellung gebracht: Wenn es bisher bestritten wurde, dass sich die Überwachung auch auf die Tätigkeit an und mit Grundstoffen erstreckt, die bereits für die Herstellung von Arzneimitteln bestimmt sind, so bestimmt dies nun Abs. 1 S. 2. Danach unterliegen auch der Überwachung die Entwicklung, Herstellung, Prüfung, Lagerung, Verpackung und das Inverkehrbringen von Wirkstoffen und anderen zur Arzneimittelherstellung bestimmten Stoffen menschlicher oder tierischer oder mikrobieller Herkunft sowie der sonstige Handel mit diesen Wirkstoffen und Stoffen. Es gilt der Stoff-Begriff des § 3 AMG. Örtlich und räumlich erstreckt ist die Überwachung auf Betriebe, Betriebsteile und Einrichtungen, in denen die in Abs. 1 S. 1 aufgeführten Tätigkeiten durchgeführt werden, und nur auf diese und die darin mit den entsprechenden Tätigkeiten betrauten Personen.

193 Soweit sie durch Betriebsverordnungen nach § 54 AMG geregelt ist, unterliegt auch die Entwicklung, Herstellung, Prüfung, Lagerung und das Inverkehrbringen von Wirkstoffen der Überwachung. Auf § 54 AMG gestützt sind die Betriebsverordnungen für pharmazeutische Unternehmer (PharmBetrV) jetzt: Arzneimittel- und Wirkstoffherstellungsverordnung –AMWHV und die Betriebs-VO für Großhandelsbetriebe[99] sowie die Verordnung über tierärztliche Hausapotheken[100] erlassen worden.

---

98 Wie hier: Schönke/Schröder/*Lenckner*, § 14 Rn 28; *Göhler*, § 9 Rn 43; *Nöthlichs/Weber*, § 26 Anm. 2.
99 Verordnung vom 10.11.1987 (BGBl I, 2370) zuletzt geändert durch Gesetz vom 10.2.2005 (BGBl I, 234).
100 In der Fassung der Bekanntmachung vom 27.3.1996 (BGBl I, 554), zuletzt geändert durch Verordnung vom 20.12.2006 (BGBl I, 3450).

Die mit der Überwachung beauftragten Personen müssen diese Tätigkeit hauptberuflich ausüben. Die Überwachungsbehörde kann Sachverständige hinzuziehen. Dies können auch Bundesoberbehörden sein. Bei Apotheken kann die Überwachungsbehörde sogar die Überwachung Sachverständigen übertragen.

II. Zweck der Überwachung

Zweck der Überwachung ist es zu kontrollieren, dass die Ziele des AMG, nämlich die **Sicherheit des Verkehrs mit Arzneimitteln** und die ordnungsgemäße Versorgung der Bevölkerung mit Arzneimitteln und Tierarzneimitteln, verwirklicht werden. In erster Linie bedeutet dies die Einhaltung der im Bereich der Arzneimittelherstellung und Arzneimittelversorgung geltenden Vorschriften.

Die bisher in § 64 Abs. 3 S. 2 AMG enthaltene zweijährige Regelfrist für die Inspektion ist der 12. Novelle zum Opfer gefallen und durch eine wesentlich flexiblere Formulierung ersetzt worden. Danach hat die Überwachungsbehörde nun regelmäßig in angemessenem Umfang unter besonderer Berücksichtigung möglicher Risiken Besichtigungen vorzunehmen und Arzneimittelproben amtlich untersuchen zu lassen. Man wird genau beobachten müssen, ob sich dieser vom Gesetzgeber ersichtlich gewollte Übergang von einer starren (Regel-)frist für alle Betriebe und Einrichtungen auf eine risikobezogene Überwachung in der Praxis auf die Überwachungsfrequenz positiv auswirkt oder nicht.

Die erneute Änderung von Abs. 3 geht auf Art. 111 Abs. 5 Richtlinie 2001/83/EG und Art. 80 Abs. 5 Richtlinie 2001/82/EG zurück. Danach ist dem Hersteller von Arzneimitteln, Wirkstoffen oder Ausgangsstoffen oder dem Zulassungsinhaber, soweit erforderlich, innerhalb von 90 Tagen nach einer durch die zuständige Behörde durchgeführten Inspektion ein Zertifikat über die Einhaltung der Guten Herstellungspraxis auszustellen. Die Informationen sind in eine Datenbank nach § 67a AMG einzugeben. Die Herstellung von Fütterungsarzneimitteln ist hiervon ausgenommen (Abs. 3 S. 7). Die Formulierung in S. 5 und 6 erweckt im unbefangenen Betrachter den Anschein, als ob es sich bei dem Zertifikat um einen Verwaltungsakt handele, der nach den Vorschriften des Verwaltungsverfahrensgesetzes widerrufen oder zurückgenommen werden könne. Ob der Gesetzgeber diesen Weg hat beschreiten wollen, erscheint fraglich.

III. Befugnis der Behörden

Das Gesetz ermöglicht den von den Überwachungsbehörden beauftragten Personen zum Zwecke der Überwachung des Betriebes oder der Einrichtung, die einzig den Unterlagen, sowie das Befragen von Personen, deren Tätigkeit der Überwachung nach dem AMG unterliegt.

1. Betretungs- und Besichtigungsrecht

Die mit der Überwachung beauftragten Personen haben das Recht, Grundstücke, Geschäfts- und Betriebsräume sowie Beförderungsmittel, in denen Tätigkeiten durchgeführt werden, die der **Überwachung** unterliegen, zu betreten und zu besichtigen. Zur Verhinderung einer dringenden Gefahr für die öffentliche Sicherheit und Ordnung dürfen sie auch Wohnräume besichtigen und betreten. Das Recht auf Unverletzlichkeit der Wohnung aus Art. 13 GG wird insoweit durch eine gesetzliche Vorschrift, nämlich § 64 AMG, wie es Art. 13 GG vorsieht, eingeschränkt. Die Ermächtigung in § 64 Abs. 4

Nr. 1 trägt den Bedenken des Bundesverfassungsgerichts[101] Rechnung. Das Betretungs- und Besichtigungsrecht wird, außer bei Gefahr im Verzuge, zu den üblichen Betriebszeiten ausgeübt. Die Gefahr für die öffentliche Sicherheit und Ordnung braucht nicht bereits eingetreten zu sein. Die Überwachungsbehörde kann bereits zur Vermeidung derartiger Gefahren tätig werden und entsprechende Maßnahmen zur Gefahrenabwehr treffen.

2. Einsichtsrecht

200 Überwachungsbehörden dürfen auch alle Geschäftsunterlagen einsehen, die sich auf die Tätigkeiten nach Abs. 1 beziehen, Werbematerial allerdings nur, sofern es sich bereits in Verkehr befindet, also auslieferungsfertig ist. Überwachungsbehörden sind auch befugt, die Nachweise über die erforderliche Deckungsvorsorge des pharmazeutischen Herstellers einzusehen. Die einzusehenden Unterlagen brauchen sich nicht im Besitz des Normadressaten zu befinden. Ggf. hat er sie allerdings zu beschaffen. Nur auf § 64 Abs. 1 Nr. 2 AMG gestützt kann eine **Herausgabe von Unterlagen**, die sich im Besitz Dritter befinden, nicht verlangt werden, weil im Verwaltungsverfahren diese Vorschriften nicht gelten. Hierzu müsste der Weg über § 46 OWiG, §§ 94 ff. StPO gewählt werden. Die Überwachungsbehörden dürfen von den einzusehenden Unterlagen in begründeten Fällen auch **Abschriften oder Ablichtungen** fertigen.[102] Von der Fertigung von Abschriften oder Ablichtungen ausgenommen sind, weil es dafür keine Rechtfertigung gibt, personenbezogene Patientendaten, die im Rahmen klinischer Prüfungen von Arzneimitteln angefallen sind. Die Unterlagen können beim Normadressaten eingesehen werden. Die Behörde kann allerdings auch fordern, dass ihr diese Unterlagen in den Amtsräumen vorgelegt werden. Kenntnisse, die durch die Überwachungstätigkeit erlangt werden, unterliegen der Verschwiegenheitspflicht nach §§ 203 ff. StGB und, sofern die Voraussetzungen vorliegen, auch der Pflicht zur Amtsverschwiegenheit, § 353b StGB. Personen, die in der Überwachung tätig sind, können sich dementsprechend strafbar machen.

3. Auskunftspflicht

201 Weiteres Beweismittel im Überwachungsverfahren ist die Auskunft, die die Behörden von natürlichen und juristischen Personen und nicht rechtsfähigen Personenvereinigungen über alle Vorgänge nach § 64 Abs. 3 Nr. 2 AMG fordern kann. In der Lit. wird die Auffassung vertreten, § 64 Abs. 4 Nr. 3 AMG lasse offen, welcher Personenkreis zur **Auskunft** gegenüber den Behörden verpflichtet sei, insbesondere könnten **Mitarbeiter in Betrieben** des pharmazeutischen Unternehmers nicht als Auskunftsperson in Betracht kommen.[103] Bei den genannten Personenvereinigungen und juristischen Personen sind in jedem Fall die gesetzlichen Vertreter zur Auskunft verpflichtet. Umstritten sein kann daher nur, wie groß der Kreis der natürlichen Personen (bei juristischen Personen und nicht rechtsfähigen Personenvereinigungen) zu ziehen ist. *Sander* begrenzt den Personenkreis unter Hinweis auf § 66 AMG.[104] Dabei wird wohl übersehen, dass § 64 Abs. 1 S. 3 AMG den Kreis, der der Überwachung nach § 64 ff. AMG unterliegt, auf natürliche Personen erweitert, die Tätigkeiten, die der Überwachung unterliegen, be-

---

101 NJW 1971, 2299; zur unangemeldeten Besichtigung vgl. VGH Mannheim MedR 2005, 107.
102 So *Nöthlichs/Weber*, § 26 Anm. 8.5.
103 *Sander*, § 64 Anm. 13; *Nöthlichs/Weber*, § 26 Anm. 8.3.
104 *Sander*, § 64 Anm. 13.

rufsmäßig ausüben. Dies sind alle Stufen der Herstellung von Arzneimitteln einschließlich der Werbung für sie und der Vertrieb. *Nöthlichs/Weber*[105] grenzen den zur Auskunft verpflichteten Kreis natürlicher Personen derart ein, dass nur Personen auskunftspflichtig sein sollen, für die das (MPG) AMG und die auf seiner Grundlagen erlassenen Rechtsverordnungen und Verwaltungsvorschriften Pflichten begründen.

Letztlich kann die Kontroverse darum, wie groß der Kreis der zur Auskunft nach §§ 64 Abs. 3 Nr. 3 und 66 AMG verpflichteten natürlichen Personen ist, auf sich beruhen. Grenzt man Arbeitnehmer und Nichtfunktionsträger aus, so kann die Behörde diesen Personenkreis im Rahmen des Verwaltungsverfahrens gleichwohl als Zeugen anhören, sofern ihre Aussage zur Aufklärung des Sachverhaltes beitragen kann.

IV. Aussageverweigerungsrecht

Die Pflicht zur Mitwirkung an Maßnahmen zur Überwachung hat da ihre Grenzen, wo der Mitwirkende sich durch seine Angaben oder seine Mitwirkung selbst oder seine Angehörigen einer **Straftat oder Ordnungswidrigkeit** bezichtigen müsste. Hier gilt wie auch sonst der Grundgedanke, dass niemand sich selbst oder einen Angehörigen einer Straftat bezichtigen oder an ihrer Aufklärung mitwirken muss: **nemo tenetur se ipsum accusare**.[106] Das Recht, keine Angaben zu machen, bezieht sich grundsätzlich nicht auf die Personalien i.S.v. § 111. Der Betroffene ist ausdrücklich darauf hinzuweisen, dass eine Aussagepflicht nicht besteht (§ 163a Abs. 3 S. 2, Abs. 4 S. 2, § 136 Abs. 1 S. 2 StPO i.V.m. § 46 Abs. 1 OWiG). Unterbleibt die nach § 136 StPO erforderliche Belehrung über das Schweigerecht, so hat dies im Strafverfahren grundsätzlich ein Beweisverwertungsverbot zur Folge.[107] Der BGH hat ausdrücklich offen gelassen, ob das von ihm angenommene Verwertungsverbot auch in Verfahren wegen Ordnungswidrigkeiten gilt.[108] In der Praxis darf allerdings nicht verkannt werden, dass immer feinere Methoden der Qualitätssicherung auch in der Produktion von Arzneimitteln es demjenigen, der in der Produktion tätig ist, nahezu unmöglich machen, sich noch auf diesen Grundsatz berufen zu können. Es gibt viel zu viele, zumeist elektronische Aufzeichnungen, die den objektiven Tatbestand einer Straftat nahezu lückenlos dokumentieren. Das Aussageverweigerungsrecht reduziert sich daher in weiten Bereichen auf Aussagen zum subjektiven Tatbestand.

V. Erlass von vorläufigen Anordnungen

Nach § 64 Abs. 4 Nr. 4 AMG ist die Behörde ermächtigt, im ersten Zugriff auch schwere Eingriffe bis hin zur **Schließung des Betriebes** zu verfügen, sofern sich bei der Durchführung der Überwachung Sachverhalte ergeben, die zu einer dringenden und akuten Gefahr für die öffentliche Sicherheit und Ordnung führen würden. Ein derartiges Handeln der Behörde muss sich gegen eine unmittelbar drohende Gefahr für die öffentliche Sicherheit und Ordnung, d.h. einen größeren Kreis von Betroffenen, richten. Der Schutz der öffentlichen Sicherheit richtet sich gegen Schäden, die den Bestand des

---

105 § 26 Anm. 8.6.
106 *Lippert*, Klinikarzt 1992, 254; *Hanau*, in: FS Baumgärtel, S. 121; *Gubernatis*, JZ 1982, 363; *Taupitz*, NJW 1992, 713; *Uhlenbruck*, in: FS Weißauer, S. 153 ff.
107 BGHSt 38, 214 ff.; zum Strafverfahren vgl. *Kleinknecht/Meyer-Goßner*, § 136 StPO Rn 20 m.w.N.
108 BGHSt. 34, 214, 228; differenzierend KK-OWiG/*Wache*, § 55 Rn 16; vgl. auch *Göhler*, § 55 Rn 9 m.w.N.

Staates und seiner Einrichtungen, Leben, Gesundheit, Freiheit und Ehre des Einzelnen oder das Vermögen im Allgemeinen gefährden. Der Schutz der öffentlichen Ordnung umfasst alle Normen, die ein gedeihliches und geordnetes staatsbürgerliches Zusammenleben gewährleisten sollen. Diese Definitionen lassen Maßnahmen zu, die sich nicht nur auf den Schutz des Lebens und der Gesundheit beziehen. Die zu treffenden Maßnahmen müssen sich aber immer am Zweck des Arzneimittelgesetzes messen lassen.

205 Die Behörde erhält durch § 64 Abs. 4 Nr. 4 AMG die Möglichkeit, schnell und effektiv auf eine drohende Gefahr zu reagieren. Dies bedeutet aber wiederum, dass eine sorgfältige Abwägung von Mitteln und Zweck erfolgen und der Grundsatz der Verhältnismäßigkeit beachtet werden müssen. Die **Eilbedürftigkeit** wird noch dadurch unterstrichen, dass es sich bei den zu treffenden Anordnungen um vorläufige handelt. D.h., die Behörde hat im Rahmen ihres pflichtgemäßen Ermessens bald zu entscheiden, ob die Maßnahme aufgehoben, in eine andere dauernde und endgültige überführt wird oder ob gar ganz andere Maßnahmen zur Gefahrenabwehr ergriffen werden sollen. Dauernde Maßnahmen können nicht auf Abs. 4 Nr. 4 gestützt werden, wohl aber auf § 69 AMG.

206 Auch die **vorläufigen Anordnungen** der Behörde sind Verwaltungsakte. Gegen sie kann der pharmazeutische Unternehmer Widerspruch einlegen, mit der Folge, dass die Maßnahmen zunächst nicht befolgt werden müssen, da dem Widerspruch Suspensivwirkung zukommt. Die Überwachungsbehörde wird jedoch auf die Beachtung dringen und kann hierzu die sofortige Vollziehung nach § 80 Abs. 2 S. 1 Nr. 4 VwGO mit besonderer Begründung anordnen, es sei denn, es handelt sich um einen Fall der Gefahr im Verzuge. In diesem Fall bleibt dem pharmazeutischen Unternehmer nur die Möglichkeit, im gerichtlichen Verfahren die aufschiebende Wirkung des Widerspruches wiederherstellen zu lassen. Die vorläufigen Anordnungen der Überwachungsbehörde sind sofort zu befolgen. Die Behörde hat die Anordnung jedoch aufzuheben, sofern der mit ihr verfolgte Zweck erreicht worden ist und die Gefahr nicht mehr besteht. Sie kann und muss die Anordnung modifizieren, sofern der beabsichtigte Zweck auch mit anderen als den angeordneten Mitteln erreicht werden kann. Dazu ist die Behörde von Amts wegen verpflichtet. Eines gesonderten Antrages des pharmazeutischen Unternehmers bedarf es dazu nicht. Setzt die Behörde, die über den Widerspruch zu entscheiden hat, die **Vollziehung der vorläufigen Anordnungen** nicht aus (§ 80 Abs. 4 VwGO), so kann der pharmazeutische Unternehmer noch vor Erhebung der Anfechtungsklage beim Gericht die Wiederherstellung der aufschiebenden Wirkung beantragen (§ 80 Abs. 5 VwGO). Ansonsten kann er gegen die vorläufige Anordnung nach Abschluss des Vorverfahrens (§ 68 VwGO) Anfechtungsklage beim Verwaltungsgericht erheben.

L. Sicherung und Kontrolle der Qualität

207 § 54 AMG dient als Rechtsgrundlage für den Erlass von **Rechtsverordnungen,** die dafür sorgen sollen, dass in Betrieben und Einrichtungen, in denen Arzneimittel entwickelt, hergestellt, geprüft, gelagert, verpackt und in den Verkehr gebracht werden, ein ordnungsgemäßer Betrieb und eine möglichst gleich bleibende Qualität der Arzneimittel gesichert sind. Damit wird nicht nur die Richtlinie 91/356 EWG umgesetzt, sondern auch der Richtlinie der WHO über die Grundregeln für die Herstellung von Arzneimitteln Rechnung getragen.

L. Sicherung und Kontrolle der Qualität § 30

I. Inhalt der Betriebsverordnungen

Bisher sind aufgrund der Ermächtigung des § 54 AMG **drei Betriebsverordnungen** erlassen worden: zum einen die Betriebsverordnung für pharmazeutische Unternehmer (jetzt: Verordnung über die Anwendung der Guten Herstellungspraxis bei der Herstellung von Arzneimitteln und Wirkstoffen und über die Anwendung der Guten fachlichen Praxis bei der Herstellung von Produkten menschlicher Herkunft (Arzneimittel- und Wirkstoffherstellungsverordnung – AMWHV),[109] zum anderen die für Arzneimittel-Großhandelsbetriebe[110] und drittens die Verordnung für die tierärztlichen Hausapotheken.[111] Die Verordnungen treffen bisher u.a. Regelungen über das Qualitätssicherungssystem sowie die Anforderungen, die an die Qualifikation der eingesetzten Mitarbeiter, die Betriebsräume, die Hygiene, die Verpackungen und ihre Kennzeichnung zu stellen sind, sowie die Rückstellung von Chargen und Proben.

208

II. Geltungsbereich der Betriebsverordnungen

Nach § 54 Abs. 1 AMG sollen die zu erlassenden Betriebsverordnungen für Betriebe und Einrichtungen gelten, die Arzneimittel oder Wirkstoffe in den Geltungsbereich des AMG verbringen, in denen Arzneimittel oder Wirkstoffe entwickelt, hergestellt, geprüft, gelagert, verpackt oder in den Verkehr gebracht werden.

209

Betrieb ist dabei eine von der Rechtsform unabhängige, planmäßig, nicht nur vorübergehend zusammengefügte Einheit von Personen, Räumen und Sachmitteln unter einheitlicher Leitung mit dem arbeitstechnischen Zweck, bestimmte Leistungen hervorzubringen oder zur Verfügung zu stellen. Einrichtungen sind alle Organisationen, auf die die für den Betrieb genannten Kriterien nicht oder nicht vollständig zutreffen und in denen die vom Gesetz genannten Tätigkeiten ausgeübt werden.

210

Die Verordnungen richten sich an **pharmazeutische Unternehmen**, an Arzneimittel-Großhandelsbetriebe und an tierärztliche Hausapotheken. Nicht erfasst werden Apotheken. Für sie gelten das Apothekengesetz und die Apothekenbetriebsordnung als Sondervorschriften. Bedürfen Apotheken für die Herstellung von Arzneimitteln einer Erlaubnis nach § 13 AMG, so fallen sie ebenfalls unter § 54 AMG und die entsprechenden Betriebsverordnungen.

211

Um keine Regelungslücke auftreten zu lassen, gilt § 54 AMG samt den hierzu erlassenen Rechtsverordnungen auch für Einzelpersonen, sofern sie eine der in Abs. 1 aufgeführten Tätigkeiten berufsmäßig ausüben.

212

III. Beobachtung, Sammlung und Auswertung von Arzneimittelrisiken

Die §§ 62 ff. AMG dienen der **Pharmakovigilanz**. Sie enthalten Regeln über die Organisation der Kontrolle von Arzneimittelrisiken, einmal in allgemeiner Form; sofern jedoch die Risiken eine besondere Stufe erreicht haben, ist ein sog. Stufenplan in Kraft zu setzen, der nach Gefahrenstufen geordnet ist und der Kontrolle und Abwehr von Risiken durch Arzneimittel dient. Der **Stufenplan** wird in Zusammenwirken zwischen

213

---

109 Vom 3.11.2006 (BGBl I, 2523).
110 I.d.F. v. 10.2.2005 (BGBl I, 234).
111 Vom 20.12.2006 (BGBl I, 3450).

oberer Bundesbehörde, pharmazeutischer Industrie und anwendenden Ärzten gestaltet. Die Pharmakovigilanz wird personalisiert gestärkt dadurch, dass ein Stufenplanbeauftragter ernannt werden muss. Ihn persönlich treffen die Verpflichtungen zur Beobachtung von möglichen Arzneimittelnebenwirkungen und der Ingangsetzung und Mitwirkung bei den verschiedenen Stufen des Stufenplans. Nunmehr ist auch eine besondere Bestimmung über Pflichten betreffend Dokumentation und Meldung in das Gesetz aufgenommen worden. Nach § 63 AMG hat der Zulassungsinhaber Unterlagen über alle Verdachtsfälle von Nebenwirkungen sowie Angaben über Rückrufe zu sammeln. Außerdem wird je nach Einordnung der Nebenwirkung, auf die ein Verdacht besteht, dem Zulassungsinhaber eine Frist für die Mitteilung gesetzt. Nach Aufforderung hat der Zulassungsinhaber unverzüglich einen aktualisierten regelmäßigen Bericht über die Unbedenklichkeit des Arzneimittels einzureichen. Für Arzneimittel, die aufgrund einer Gesamtzulassung in die Europäische Union gekommen sind, gelten diese Bestimmungen nicht, vielmehr besondere Verordnungen der EU.

1. Der Stufenplan

214 Gefahrenabwehr geschieht aufgrund eines Stufenplans, § 63 AMG. Beteiligt sind neben dem BfArM die Gesundheitsbehörden der Länder, die Pharmakovigilanzzentren, die Arzneimittelkommissionen, die Bundesverbände der pharmazeutischen Industrie und die Bundesministerien.[112] Der Stufenplan hat seinen Namen von der Einteilung in eine Reihung. Die Stufe 1 betrifft den gezielten Informationsaustausch bei geringer Gefahr und einzelnen gemeldeten Nebenwirkungen. Besteht der begründete Verdacht auf ein gesundheitliches Risiko, so dass **Schutzmaßnahmen für Patienten** erforderlich erscheinen, ist der Übergang zur Stufe 2 vollzogen. Der begründete Verdacht ist schon gegeben, wenn das Risiko noch nicht sicher auf ein Arzneimittel zurückzuführen ist und auch nicht in einer Regelmäßigkeit auftritt, aber der Verdacht plausibel erscheint. In der Stufe 2 kommt es insbesondere bei einer Mehrzahl von Herstellern zu Koordinationen und abgestimmten Stellungnahmen und schließlich zu einer Sondersitzung, die in einer mündlichen Anhörung erfolgt. In der Sitzung äußern sich die Beteiligten und es werden Sachverständige gehört. Das Stufenplanverfahren richtet sich nach den VwVfG, wonach der Grundsatz der Parteiöffentlichkeit gilt. Wegen besonderen öffentlichen Interesses kann auch die Öffentlichkeit an sich zugelassen werden. Das öffentliche Interesse am Stufenplanverfahren hängt vom Medikament, der Vielzahl seiner Verwendungen und dem besonderen Risiko ab.

2. Person des Stufenplanbeauftragten

215 Der pharmazeutische Unternehmer hat einen **Stufenplanbeauftragten** zu bestimmen. Dieser hat Meldungen über Arzneimittelrisiken zu sammeln, zu bewerten und die notwendigen Maßnahmen zu koordinieren. Wer keiner Herstellungserlaubnis bedarf, ist auch von der Bestimmung eines Stufenplanbeauftragten befreit, es sei denn, dass es sich um einen Großhändler für das Umfüllen, Abpacken oder Kennzeichnen von Arzneimitteln in unveränderter Form handelt, § 13 Abs. 2 Nr. 4 AMG. Der Stufenplanbeauftragte ist für die Erfüllung der Anzeigepflichten persönlich verantwortlich. Damit wird das Anzeigewesen im Pharmarecht personalisiert: Unterlässt der Stufenplanbeauftragte seine Tätigkeit, so ist er auch persönlich verantwortlich.

---

112 *Hart*, MedR 1993, 207 ff.

Als Stufenplanbeauftragter kommt nur eine Person mit der erforderlichen Sachkenntnis und Zuverlässigkeit in Betracht. Dazu ist ein abgeschlossenes Hochschulstudium, eine entsprechende Prüfung und eine mindestens zweijährige Berufserfahrung erforderlich. Allerdings kann der Stufenplanbeauftragte gleichzeitig Herstellungs-, Kontroll- oder Vertriebsleiter sein.

3. Führung von Unterlagen

Der Zulassungsinhaber hat ausführliche Unterlagen über alle **Verdachtsfälle von Nebenwirkungen** zu führen. Dies gilt nicht nur für die Bundesrepublik, sondern ebenso für den Verdacht von Nebenwirkungen in anderen Ländern der EU oder sogar in Drittländern. Dabei sind Angaben über die abgegebenen Mengen, bei Blutzubereitungen auch über die Anzahl der Rückrufe, niederzulegen. Diese Unterlagen hat er der zuständigen Bundesoberbehörde vorzulegen. Dabei sind auch wissenschaftliche Bewertungen mitzuliefern, § 63b Abs. 4 AMG.

4. Anzeigepflicht

Der Zulassungsinhaber hat jeden Verdachtsfall einer **schwerwiegenden Nebenwirkung**, der in Deutschland aufgetreten ist, zu erfassen und der zuständigen Bundesoberbehörde unverzüglich, spätestens innerhalb von 15 Tagen nach Bekanntwerden, mitzuteilen. Die Mitteilung bezieht sich nicht nur auf Nebenwirkungen, sondern auch auf den Missbrauch. Bei häufigem oder im Einzelfall in erheblichem Umfang beobachtetem Missbrauch, der zur unmittelbaren Gefährdung der Gesundheit von Mensch oder Tier führen kann, ist gleichfalls diese Anzeige zu machen, § 63b Abs. 2 AMG. Für Verdachtsfälle einer schwerwiegenden unerwarteten Nebenwirkung in Drittländern, die bekannt geworden sind, gilt gleichfalls eine Anzeigepflicht. Dieser ist unverzüglich, spätestens innerhalb von 15 Tagen, nachzukommen.

Wenn die Zulassung im Wege der gegenseitigen Anerkennung geschehen ist, hat der Zulassungsinhaber jeden Verdachtsfall einer schwerwiegenden Nebenwirkung und der Nebenwirkung beim Menschen aufgrund der Anwendung eines zur Anwendung bei Tieren bestimmten Arzneimittels anzuzeigen. Anzeigeempfänger ist die zuständige Behörde des Mitgliedsstaates, deren Zulassung Grundlage der Anerkennung war, § 63b Abs. 3 AMG.

5. Regelmäßiger Bericht

Der Zulassungsinhaber hat auf der Grundlage der §§ 63b Abs. 1, 63a Abs. 1 AMG der zuständigen Bundesoberbehörde einen regelmäßig aktualisierten Bericht über die **Unbedenklichkeit des Arzneimittels** unverzüglich nach Aufforderung oder mindestens alle sechs Monate während der ersten beiden Jahre nach der Zulassung, danach einmal jährlich vorzulegen. Der Bericht muss später bei einem Antrag auf Verlängerung der Zulassung in Abständen von fünf Jahren oder unverzüglich nach Aufforderung vorgelegt zu werden.

M. Ein- und Ausfuhr von Arzneimitteln[113]

221 Wie die meisten aktuellen Änderungen des Arzneimittelgesetzes, so ist auch die Änderung der Vorschriften über die **Einfuhr von Arzneimitteln** Europarechtlichen Ursprungs. Art. 40 der Richtlinie 2001/83/EG sieht vor, dass die berufs- oder gewerbsmäßige Einfuhr von Arzneimitteln einheitlich unter Erlaubnisvorbehalt gestellt werden soll. Es handelt sich dabei um die Einfuhr von Arzneimitteln aus Staaten, die Nichtmitgliedstaaten der EU oder Vertragsstaaten des Abkommens über den Europäischen Wirtschaftsraum sind. Der Erlaubnisvorbehalt erstreckt sich auf Arzneimittel i.S.v. § 2 Abs. 1 oder Abs. 2 Nr. 1 AMG sowie andere Wirkstoffe, einschließlich genetisch hergestellter, die zum Zweck der Abgabe an andere oder zur Weiterverarbeitung eingeführt werden sollen. Erlaubnispflichtig ist auch die berufs- und gewerbsmäßige Einfuhr von Arzneimitteln menschlicher Herkunft zur unmittelbaren Anwendung bei Menschen (§ 72 Abs. 2 AMG). Nach Änderung von § 72a AMG erstreckt sich das bisherige Verbot, Arzneimittel und Wirkstoffe einzuführen, die Blutzubereitungen sind oder Blutzubereitungen enthalten, nunmehr auf alle Arzneimittel, Wirkstoffe und andere zur Arzneimittelherstellung bestimmte Stoffe, die menschlichen, tierischen oder mikrobiellen Ursprungs sind oder die auf gentechnischem Wege hergestellt wurden. Die Änderungen in § 73 AMG sind im Hinblick auf das geänderte Zollrecht erforderlich geworden – eine Vorschrift wohl eher für Zollrechtsspezialisten.

I. Die Einfuhrerlaubnis

222 Gem. § 9 Abs. 2 AMG dürfen Arzneimittel in Deutschland nur von pharmazeutischen Unternehmen in Verkehr gebracht werden, die ihren Sitz in Deutschland, der EU oder dem EWR haben. Dies soll sicherstellen, dass eine direkte Kontrolle der Einhaltung einschlägiger Vorschriften ermöglicht wird. Eine Firma oder Person, die die in § 72 AMG beschriebenen Arzneimittel, Stoffe und Präparate nicht selbst herstellt, sondern z.B. aus den USA gewerbs- oder berufsmäßig zur Abgabe an Dritte bezieht, benötigt eine **Einfuhrerlaubnis** gem. § 72 AMG. Eine erlaubnispflichtige Einfuhr ist auch der Parallel- und Reimport aus einem Drittstaat. Unter „Parallelimport" versteht man im Allgemeinen die Einfuhr solcher Arzneimittel, die zwar nicht in der Bundesrepublik hergestellt wurden, unter Berufung auf eine bestehende Zulassung aber eingeführt werden sollen, wie man es oft bei Konzernware, die von verbundenen Unternehmen im Ausland und der Bundesrepublik vertrieben werden, vorfindet. Reimport ist die Einfuhr zuvor im Inland zugelassener und exportierter Arzneimittel, die jedoch nur dann eine Einfuhrerlaubnis benötigen, wenn sie aus Nicht-EWR-Staaten reimportiert werden. Keine Einfuhr ist die Durchfuhr, da in diesen Fällen kein Inverkehrbringen beabsichtigt ist. Es sind allerdings die zollamtlichen Überwachungsvorschriften zu beachten (§ 74 AMG). Keine Einfuhr i.S.v. § 72 AMG ist schließlich die Mitnahme eines zum **persönlichen Gebrauch** bestimmten Arzneimittels (§ 73 Abs. 2 Nr. 6 AMG) sowie sämtliche Fälle der Verbringung von Arzneimitteln gem. § 73 Abs. 2 und Abs. 3 AMG.

223 Für den großen Bereich des Arzneimittelimports aus der EU und dem EWR gelten die Beschränkungen dieses Abschnitts nicht. Hier zeigen sich erhebliche Auswirkungen des freien Warenverkehrs im Arzneimittelbereich.

224 Die Voraussetzungen für die Erteilung der **Einfuhrerlaubnis** als Grundlage für den Vertrieb in Deutschland gleichen weitgehend der **Herstellungserlaubnis**. Das bedeutet,

---

[113] Vgl. hierzu die ausführliche Kommentierung bei *Ratzel*, in: Deutsch/Lippert/Ratzel, §§ 72 ff.

dass das Unternehmen einen „Kontrolleiter" nachweisen muss. Die notwendige Sachkenntnis des Kontrollleiters wird entweder durch die Approbation als Apotheker oder das Zeugnis über einen nach abgeschlossenem Hochschulstudium der Pharmazie, der Chemie, der Biologie, der Human- oder der Veterinärmedizin abgelegten Prüfung und einer mindestens zweijährigen praktischen Tätigkeit in der Arzneimittelherstellung oder in der Arzneimittelprüfung erbracht (§ 15 AMG). Der Kontrollleiter kann mit dem Vertriebsleiter identisch sein. National zuständig ist der Mitgliedstaat, in den das Arzneimittel als Ware eingeführt wird. Gegen die Versagung der Einfuhrerlaubnis gibt es die gleichen Rechtsbehelfe wie bei der Versagung der Herstellungserlaubnis. Eine einmal erteilte Einfuhrerlaubnis kann widerrufen oder zurückgenommen werden. Als mildere Maßnahme kann das Ruhen der Einfuhrerlaubnis in Betracht kommen.

II. Das Zertifikatverfahren

Nach der amtlichen Begründung soll § 72a AMG bei importierten Arzneimitteln aus Staaten außerhalb der EU und des EWR sicherstellen, dass die laufende Produktion dem von der Weltgesundheitsorganisation **vorgeschriebenen Standard** entspricht, den auch die Arzneimittel aufweisen müssen, die im Geltungsbereich des AMG hergestellt werden. Im Gegensatz zu § 72 AMG gilt die Norm nicht nur für Fertigarzneimittel, sondern für alle Arzneimittel. Für Einfuhren aus dem EWR und der EU gilt die Norm nicht. Auf Reimporte ist die Vorschrift ebenfalls nicht anwendbar, wenn es sich um nachweislich in der Bundesrepublik hergestellte Arzneimittel handelt.

§ 72a Abs. 1 AMG sieht in den Nummern 1 bis 3 verschiedene Verfahren vor, die nicht gleichberechtigt nebeneinander stehen, sondern nacheinander im Wege einer **Stufensystematik** zur Anwendung gelangen. Idealfall sind zwischenstaatliche Verträge über die gegenseitige Anerkennung von Überwachungsmaßnahmen und darauf beruhender Zertifikate oder Inspektionsberichte. Voraussetzung hierfür ist die jeweilige Anerkennung der GMP-Richtlinien der WHO bzw. der Pharmazeutischen Inspektions-Convention (PIC). Liegen derartige zwischenstaatliche Verträge vor, ist eine Fremdinspektion im jeweils anderen Vertragsstaat überflüssig.

III. Haftungsrechtliche Gesichtspunkte

Da der Importeur gem. § 9 Abs. 2 AMG als Hersteller gilt, haftet er wie dieser, soweit sich die Ansprüche des Geschädigten auf das AMG stützen lassen. Daneben kann der ausländische Hersteller nach den allgemeinen internationalen Haftungsgrundsätzen herangezogen werden. Für den Geschädigten ist dies dann günstig, wenn das anzuwendende Recht im Heimatland des Herstellers strenger ist. Stützt der Geschädigte seinen Anspruch auf § 84 AMG, hat er im Übrigen den Vorzug, die Klage an seinem allgemeinen Gerichtsstand erheben zu können (§ 94a Abs. 1 AMG). Dies gilt allerdings nicht bei der Ermittlung der internationalen Zuständigkeit der Gerichte eines ausländischen Staates gem. § 328 Abs. 1 Nr. 1 ZPO (§ 94a Abs. 2 AMG) und bei Ansprüchen, deren Grundlage nicht in § 84 AMG zu suchen ist (z.B. Schmerzensgeld).

IV. Das Verbringungsverbot

§ 73 AMG soll nach der amtlichen Begründung dafür Sorge tragen, Arzneimittel, die den arzneimittelrechtlichen Vorschriften nicht entsprechen, schon an der Grenze abzufangen und deren Einfuhr zu verhindern. Eine ganze Reihe von Ausnahmen schränkt dieses Verbringungsverbot vornehmlich zum persönlichen Gebrauch (**Reisebedarf**) in Ansehung ausländischer Staatsgäste und Angehöriger diplomatischer Missionen (**Diplomatenvorrecht**) sowie zu Demonstrationszwecken ein. Diese Arzneimittel sind im Wesentlichen von den Vorschriften mit den in Abs. 4 genannten Einschränkungen ausgenommen. Der früher mögliche Direktbezug von Arzneimittelspezialitäten durch den „Endverbraucher" ist jetzt ausgeschlossen. Es muss der Weg über die Apotheke gewählt werden.

229 Abs. 5 betrifft den **kleinen Grenzverkehr** und trägt den Bedürfnissen der Praxis Rechnung. Im Übrigen wird man § 73 AMG sicher immer am freien Warenverkehr messen müssen. Bisherige Versuche, Marktregulierung gegenüber in anderen Mitgliedstaaten verkehrsfähigen Arzneimitteln über diese Regelung zu versuchen, sind nahezu regelmäßig gescheitert. Abs. 6 betrifft die **Zollbescheinigung für Arzneimittel**, die nicht aus dem EWR stammen und nicht im Wege der Ausnahmebestimmungen gem. § 73 Abs. 2 und 3 AMG eingeführt werden. Da die Zollbehörden fachlich nicht in der Lage sind, die arzneimittelrechtlichen Vorschriften zu prüfen (Verkehrsfähigkeit), muss der Empfänger eine Bescheinigung der für seinen Sitz örtlich zuständigen Arzneimittelüberwachungsbehörde vorlegen. Gem. § 73 Abs. 7 AMG haben Großhändler und Apotheker, die Arzneimittel nach Abs. 1 einführen und nicht unter ihrem Namen in Verkehr bringen, nachzuweisen, dass ein Dritter die notwendige Deckungsvorsorge gem. § 94 AMG erfüllt hat.

V. Die Apothekeneinfuhr

230 Gem. § 73 Abs. 3 AMG dürfen Apotheken nur Fertigarzneimittel (keine anderen Arzneimittel i.S.d. AMG) auch dann einführen, wenn sie zwar nicht im Geltungsbereich dieses Gesetzes zugelassen, registriert oder von der Registrierung freigestellt sind, jedoch in ihrem **Herkunftsland verkehrsfähig** sind. Die Bestellung muss für eine einzelne Person erfolgen und darf nur geringe Mengen umfassen. Eine Vorratsbestellung ist danach unzulässig. Die geringe Menge ist nach den Umständen des Einzelfalls zu bemessen. Sie richtet sich nach den üblicherweise für die entsprechende Indikation veranlassten Verordnungsmengen.[114] Eine Richtschnur könnte die Menge sein, die eine Einzelperson gem. § 73 Abs. 2 Nr. 6, 6a AMG persönlich einführen dürfte.

VI. Die Ausfuhr von Arzneimitteln

231 In der Bundesrepublik dürfen bedenkliche (§ 5 AMG) und **minderwertige Arzneimittel** (§ 8 Abs. 1 AMG) nicht in Verkehr gebracht werden. Für die Ausfuhr ermöglicht § 73a AMG eine Ausnahme, wenn die zuständige Behörde im Bestimmungsland nach vollständiger Information über die nach deutschem Recht bestehenden Bedenken die Einfuhr dennoch genehmigt. Typische Fälle sind Hilfssendungen staatlicher und/oder karitativer Institutionen. Durch die Beschränkung auf § 8 Abs. 1 AMG wird im Übrigen deutlich, dass eine Ausfuhr von Arzneimitteln nach Ablauf des Verfalldatums ausnahmslos unzulässig ist.

232 Bei den in §§ 5 und 8 Abs. 1 AMG genannten Arzneimitteln ist es verständlich, dass die Behörden der Bestimmungsländer Zweifel an der Qualität dieser Produkte haben können. Um diesen Zweifeln zu begegnen, soll auf Antrag des pharmazeutischen Un-

---

114 *Kloesel/Cyran*, § 73 Anm. 18.

ternehmers oder der zuständigen Behörde des Bestimmungslandes wenigstens bescheinigt werden, dass die GMP-Richtlinien eingehalten wurden.

N. Tierarzneimittel[115]

§ 4 Abs. 14 AMG lautet:

233

> *Herstellen ist das Gewinnen, das Anfertigen, das Zubereiten, das Be- oder Verarbeiten, das Umfüllen einschließlich Abfüllen, das Abpacken und das Kennzeichnen.*

I. Herstellung

Wer Arzneimittel (also auch Tierarzneimittel) i.S.d. § 2 Abs. 1 oder Abs. 2 Nr. 1 AMG, Testsera oder Testantigene oder Wirkstoffe, die menschlicher oder tierischer Herkunft sind oder auf gentechnischem Wege hergestellt werden, gewerbs- oder berufsmäßig zum Zwecke der Abgabe an andere herstellen will, bedarf einer **Erlaubnis** der zuständigen Behörde. Das Gleiche gilt für juristische Personen, nicht rechtsfähige Vereine und Gesellschaften des bürgerlichen Rechts, die Arzneimittel zum Zwecke der Abgabe an ihre Mitglieder herstellen. Eine Abgabe an andere i.S.d. S. 1 liegt vor, wenn die Person, die das Arzneimittel herstellt, eine andere ist als die, die es anwendet (§ 13 AMG).

234

Keine Herstellungserlaubnis nach § 13 AMG benötigt der Tierarzt für solche Arzneimittel, die er im Rahmen einer laufenden Behandlung an Tiere abgibt, und für Fütterungsarzneimittel, soweit sie unter seiner Aufsicht aus Arzneimittel-Vormischungen und Mischfuttermitteln durch einen anderen hergestellt werden.

235

II. Zulassung

Das Erfordernis der **Zulassung** gilt für ein Fertigarzneimittel gem. § 2 Abs. 1 oder Abs. 2 Nr. 1 i.V.m. § 4 Abs. 1 AMG. Die Zulassungspflicht gilt zwingend für Fertigarzneimittel mit neuen Stoffen, neue Zubereitungen mit bekannten Stoffen, Arzneimittel mit neuen Kombinationen arzneilich wirksamer Stoffe und für Fertigarzneimittel mit bekannten Stoffen, also auch grundsätzlich für Tierarzneimittel. Durch Rechtsverordnung ist es dem Bund nach § 35 Abs. 1 Nr. 2 AMG erlaubt, die Zulassungspflicht auf andere Arzneimittel auszudehnen, soweit dies geboten ist, um eine unmittelbare oder mittelbare Gefährdung der Gesundheit von Mensch und Tier zu verhüten. Das zuständige Bundesgesundheitsministerium hat von seiner Befugnis zur Erweiterung des zulassungspflichtigen Kreises bisher in zwei Fällen Gebrauch gemacht.

236

Die Zulassungspflicht bedeutet, dass jeder, der ein unter § 21 AMG fallendes Arzneimittel in den Verkehr bringen möchte, dieses zuvor bei der zuständigen Bundesoberbehörde beantragen muss. Liegen die Voraussetzungen der §§ 21 ff. AMG vor, so wird die Zulassung nach § 25 AMG erteilt. Liegen sie nicht vor, ist der Vertrieb untersagt. Bei diesem Verfahren handelt es sich damit um ein Verbot mit Erlaubnisvorbehalt, wobei der pharmazeutische Unternehmer einen Anspruch auf Erteilung hat, wenn keiner der in § 25 AMG enthaltenen abschließenden Versagungsgründe gegeben ist.

237

---

115 Vgl. hierzu die ausführliche Kommentierung von *Anker*, in: Deutsch/Lippert/Ratzel, §§ 56 ff.

III. Tierarzneimittel im zentralen Zulassungsverfahren

238 Während der Europäische Gesetzgeber in seiner ersten Richtlinie 65/65/EWG Human- und Tierarzneimittel gemeinsam behandelte, wurde später den Besonderheiten von Tierarzneimitteln durch separate Vorschriften Rechnung getragen. So erging am 28.9.1981 eine Richtlinie zur Angleichung der Rechtsvorschriften der Mitgliedstaaten über Tierarzneimittel sowie eine weitere über Versuche mit ihnen. Zur Verbesserung des Schutzes der öffentlichen Gesundheit beim **Verzehr von Lebensmitteln** tierischen Ursprungs wurde ein Gemeinschaftsverfahren für die Festsetzung von Toleranzen für Tierarzneimittelrückstände eingeführt. Die bisher letzte Ergänzung wurde durch die Richtlinie 2001/82/EG eingeführt. In ihr werden die Mitgliedstaaten verpflichtet, weitere Vorkehrungen gegen den Missbrauch von Stoffen mit hormonalen und thyreostatischen Wirkungen und von ß-Agonisten, die regelmäßig zu Mastzwecken eingesetzt wurden, zu treffen. Daneben hat der Europäische Gesetzgeber durch die Richtlinie 96/23/EG weitere Kontrollmaßnahmen bei bestimmten Stoffen und deren Rückständen in Tieren und tierischen Erzeugnissen angeordnet. Das zentrale Zulassungsverfahren für Tierarzneimittel in der Europäischen Union entspricht heute grundsätzlich dem Verfahren für Humanarzneimittel gem. der VO 726/2004. Entwicklung, Verfahren und Hinweise im nationalen Recht entsprechen einander.

239 Der Antrag ist von „der für das Inverkehrbringen verantwortlichen Person" (Marketing Authorisation Holder – MAH) zu stellen. Da Herstellung und Vertrieb auch innerhalb der EU-Staaten bei den beteiligten Unternehmen nicht zwangsläufig in einer Hand liegen müssen, ist bei der Antragstellung auf diesen Punkt, wie bei der Frage der Bearbeitungszeiten der mitgliedstaatlichen Behörden, besonderes Augenmerk zu richten. Regelmäßig wird der MAH zunächst die Länder wählen, in denen er sein Arzneimittel tatsächlich auch vertreiben wird. Weiter erheblich ist vor Antragstellung die Wahl des sog. Reference Member State (RMS). Die zuständige Behörde des RMS erteilt nicht nur die erste nationale Basiszulassung, sondern erstellt auch den Beurteilungsbericht (Assessment Report) für die Behörden der anderen Länder (Concerned Member States – CMS), in denen die Zulassung des Arzneimittels gewünscht wird. Der Assessment Report ist die Grundlage dafür, dass das Verfahren der **gegenseitigen Anerkennung** durchgeführt wird. Weiter hat der Zulassungsantrag den Hinweis auf die Durchführung des Verfahrens der gegenseitigen Anerkennung dem RMS zu enthalten. Nach der ersten Zulassung hat der MAH den Antrag an die gewünschten CMS einzuleiten. Er hat weiter zu versichern, dass diese Unterlagen mit denen identisch sind, die der Behörde des RMS vorliegen; es gilt der Grundsatz, wonach jedem Mitgliedstaat das vollständige Dossier zur Verfügung stehen muss. Da bei Unstimmigkeiten über die Erteilung der Zulassung das CPMP oder das Committee for Veterinary Medical Products (CVMP) als Schiedsbehörde fungiert, sind die Zulassungsunterlagen samt SPC mit entsprechender Versicherung über die Identität mit dem Ausgangsdossier an die EMEA zu leiten. Auch dies ist Aufgabe des MAH, nicht der betroffenen Behörden.

IV. Klinische Prüfung

240 Das Arzneimittelgesetz gilt für Human- wie Tierarzneimittel gleichermaßen. Jedoch enthält es an einer Vielzahl von Stellen Sonderregelungen für **Tierarzneimittel**. So gelten für die **klinische Prüfung von Tierarzneimitteln**, deren Ergebnisse für die Zulassung von Tierarzneimitteln vorzulegen sind, nicht die §§ 40 ff. AMG, sondern ausschließlich § 59 AMG. Danach darf ein Arzneimittel i.S.v. § 2 Abs. 1 und 2 Nr. 1 AMG vom Hersteller oder in dessen Auftrag zum Zweck der klinischen Prüfung angewendet

werden, wenn sich die Anwendung auf eine Prüfung beschränkt, die nach Art und Umfang nach dem jeweiligen Stand der wissenschaftlichen Erkenntnisse erforderlich ist.

§ 59 Abs. 2 AMG enthält das Verbot, an Tieren, die in eine klinische Prüfung von Tierarzneimitteln einbezogen waren, Lebensmittel zu gewinnen, es sei denn, mit Rückständen oder Umwandlungsprodukten dieser Arzneimittel ist nicht zu rechnen. Der Hersteller hat eine entsprechende Rückstandsprüfung durchzuführen oder durchführen zu lassen. Der zuständigen Behörde sind die Ergebnisse der Rückstandsprüfung mitzuteilen. 241

Wie für die klinische Prüfung von Humanarzneimitteln gilt auch für die der Tierarzneimittel die Pflicht zur Anzeige nach § 67 Abs. 1 AMG. Zusätzliche Angaben, die in der Anzeige mitzuteilen sind, enthält § 59 Abs. 2 AMG. Außer diesen eher formalen Voraussetzungen und derjenigen, dass die klinische Prüfung nach dem jeweiligen Stand der wissenschaftlichen Erkenntnise durchzuführen ist,, enthält § 59 AMG keine weiteren Voraussetzungen. Ein Rückgriff auf §§ 40 ff. AMG als allgemeine Vorschriften für die Durchführung von klinischen Prüfungen am Menschen ist zwar denkbar und läge nahe, verbietet sich aber. § 59 AMG ist Spezialvorschrift zu den §§ 40 ff. AMG. 242

Während § 40 AMG für die klinische Prüfung von Humanarzneimitteln als weitere Voraussetzungen die Einschaltung einer nach Landesrecht gebildeten Ethikkommission vorsieht, enthält § 59 AMG eine derartige Verpflichtung nicht. Eine (auch analoge) Anwendung von § 40 AMG auf die klinische Prüfung von Tierarzneimitteln nach § 59 AMG scheidet daher auch insoweit aus. 243

Da die Durchführung klinischer Prüfungen von Tierarzneimitteln – da gesetzlich in § 59 AMG geregelt – aber nach § 7 Abs. 7 TSchG keiner Genehmigung bedürfen, sondern der zuständigen Behörde nur anzuzeigen sind, besteht auch keine Pflicht, vor ihrer Durchführung das Votum einer Tier-Ethikkommission nach § 15 Abs. 1 S. 2 TSchG einzuholen. 244

V. Abgabe von Tierarzneimitteln

Ausgenommen von der Apothekenpflicht war bisher auch das Inverkehrbringen von Tierarzneimitteln an Halter von Tieren durch Tierärzte für von ihnen behandelte Tiere. Tierarzneimittel dürfen nach der Änderung von § 56a Abs. 4 AMG durch die 11. Novelle zum AMG nur noch über eine **tierärztliche Hausapotheke** in den Verkehr gebracht werden, sofern sie nicht von der Apothekenpflicht befreit sind. 245

O. Arzneimittelhaftung[116]

I. Gefährdungshaftung

Für Arzneimittelunfälle hat der Gesetzgeber eine **Gefährdungshaftung** angeordnet, welche das Entwicklungsrisiko einschließt. Die Kausalität muss wenigstens anscheinsweise bewiesen werden, es handelt sich nicht um eine Verdachtshaftung, die wohl auch verfassungswidrig wäre. § 84 AMG enthält eine Sonderregelung gegenüber dem PHG; parallele Haftungsbestimmungen sind nicht in das MPG, TFG und TPG übernommen worden. Die Europäische Produkthaftungsrichtlinie lässt weitergehende Haftungen un- 246

---

116 Vgl. hierzu die ausführliche Kommentierung von *Deutsch*, in: Deutsch/Lippert/Ratzel, §§ 84 ff.

berührt, Art. 13 85/374/EWG. Es ist noch zweifelhaft, inwieweit dadurch der Rechtszustand des Jahres 1985 festgeschrieben wird, also Erleichterungen (etwa hinsichtlich der Kausalität) oder Erweiterungen (etwa auf Schmerzensgeld) nachträglich möglich sind.

1. Unwirksamkeit und gefahrbelastetes Produkt

247 Die Arzneimittelhaftung gilt nur für Nebenwirkungen und Wechselwirkungen. Für die Wirksamkeit des Arzneimittels wird nicht eingestanden. Das entspricht dem Grundsatz der **Produzentenhaftung**, ist aber für Arzneimittel der Präventivmedizin unpassend. Hier tritt an die Stelle der Gefährdungshaftung die Verschuldenshaftung, welche die Erklärung des Herstellers sowie die Erwartung des Verkehrs zugrunde legt.

2. Haftung des Herstellers

248 Die Gefährdungshaftung ist zunächst zusammengefasst und wird später zweifach aufgefächert. Haftbar ist nur der **pharmazeutische Unternehmer**, der das Arzneimittel im Geltungsbereich dieses Gesetzes in Verkehr gebracht hat. Nicht haftbar ist der Hersteller des Packmittels. Der gegenständliche Schutzbereich umfasst Leben, Körper und Gesundheit des Menschen, nicht aber etwa den Unterhalt für ein Kind, das aus einer ungewollt eintretenden Schwangerschaft entstanden ist. Als Schutzgut ist wohl auch der Fötus anzusehen. Dass die Verletzung „nicht unerheblich" gewesen sein muss, bringt die Sozialadäquanz ins Spiel. Dabei ist die Erheblichkeit nicht nur quantitativ, sondern auch qualitativ zu bestimmen. Leichtes Unwohlsein oder belanglose, vorübergehende allergische Reaktionen sind unerheblich.

249 Im persönlichen Schutzbereich des § 84 AMG befinden sich Patienten, denen das Arzneimittel zugeführt wurde, einschließlich des Fötus und des nondum conceptus. Das entspricht der Einordnung als Norm des Verbraucherschutzes. Außerhalb des persönlichen Schutzbereichs liegen mittelbar Verletzte, die durch Ansteckung oder eine Übermaßreaktion des Patienten (Einschlafen am Steuer, Attacke eines Geisteskranken) verletzt worden sind.

250 Es muss sich weiter um ein zum **Gebrauch beim Menschen bestimmtes Arzneimittel** handeln, das in Deutschland an den Verbraucher abgegeben wurde und der Pflicht zur Zulassung unterliegt. Damit sind homöopathische Arzneimittel ausgeschlossen.

251 Es hat **Kausalzusammenhang** zwischen der Verletzung und der Einnahme des Arzneimittels sowie Verwirklichung der Gefahr zu bestehen. Tötung, Körper- oder Gesundheitsverletzung müssen als Folge der Anwendung des Medikaments eingetreten sein. Dies hat also Bedingung des Erfolges zu sein. Nicht erforderlich ist, da es sich um eine Gefährdungshaftung handelt, die sog. adäquate Kausalität, also die allgemeine Vorhersehbarkeit des Erfolges.

252 § 84 S. 1 AMG verlangt nicht, dass das Arzneimittel „bei bestimmungsgemäßem Gebrauch" eingenommen wurde. Die Frage ist, ob diese Voraussetzung nicht doch stillschweigend bestehen sollte. Die Rspr. hat die 25fache Überdosierung nicht als Hinderungsgrund der Haftung angesehen. Auch im Bereich der allgemeinen Produzentenhaftung kommt eine Haftung bei Fehlgebrauch des Produktes in Betracht, wenigstens wenn es sich um einen nahe liegenden oder vom Hersteller geduldeten bestimmungswidrigen Gebrauch handelt.

3. Ursachenhaftung im Bereich der Entwicklung und der Herstellung

§ 84 S. 2 Nr. 1 AMG betrifft die Gefährdungshaftung wegen **Nebenwirkungen** und Wechselwirkungen des Medikaments. Dazu ist erforderlich, dass das Arzneimittel bei bestimmungsgemäßem Gebrauch schädliche Wirkungen hat, die über ein nach den Erkenntnissen der medizinischen Wissenschaft vertretbares Maß hinausgehen.

Das Medikament muss darüber hinaus schädliche Wirkungen haben, die über ein nach den Erkenntnissen der medizinischen Wissenschaft vertretbares Maß hinausgehen. Damit ist an die Definition des bedenklichen Arzneimittels in § 5 AMG angeschlossen. Da es verboten ist, solche Arzneimittel in den Verkehr zu bringen, ist eine Gefährdungshaftung angebracht. Die medizinische Vertretbarkeit wird aufgrund einer Abwägung festgestellt, wonach der therapeutische Wert die möglichen schädlichen Wirkungen des Arzneimittels überwiegt. Schädliche Neben- und Wechselwirkungen werden also grundsätzlich in Kauf genommen.

Die schädlichen Wirkungen müssen ihre Ursache im Bereich der Entwicklung oder der Herstellung haben. Damit wird eine Ursachenhaftung statuiert, da das Wort „Fehler" nicht erwähnt wird. Regelmäßig wird jedoch ein Fehler gegeben sein, was die Kausalitätsbeziehung herzustellen erleichtert. Ungenügende Pharmakologie oder Toxikologie, nicht ausreichende Prüfung, Übersehen angegebener Kontraindikationen sind hier zu nennen. Allerdings gehört auch das Entwicklungsrisiko zu den Haftungsgründen, also eine Wirkung, deren Auftreten oder Unvertretbarkeit erst später deutlich geworden ist.

4. Haftung wegen Arzneimittelinformation, § 84 S. 2 Nr. 2 AMG

Dem **Instruktionsfehler** bei der Produzentenhaftung entsprechend ist es ein Haftungsgrund, wenn eine nicht den Erkenntnissen der medizinischen Wissenschaft entsprechende Kennzeichnung, Fachinformation oder Gebrauchsinformation vorgelegen hat und der Schaden darauf beruht. Die Information kann in der Kennzeichnung, der Fachinformation oder der Gebrauchsinformation enthalten sein. Damit wird auf die §§ 10 ff. AMG zurückverwiesen. Die Kennzeichnung umfasst die Zulassungsnummer, die Chargenbezeichnung, die Darreichungsform, den Inhalt nach Art, Gewicht, Rauminhalt und Stückzahl, die Art der Anwendung, die wirksamen Bestandteile nach Art und Menge sowie das Verfalldatum. Ist also etwa das Arzneimittel falsch bezeichnet worden (unrichtige Aufkleber), ist hierin schon ein Haftungsgrund gegeben. In der Fachinformation und der Packungsbeilage sind darüber hinaus die wirksamen Bestandteile, die Anwendungsgebiete, die Gegenanzeigen, die Nebenwirkungen, die Wechselwirkungen, die Dosierungsanleitung, die Dauer der Anwendung sowie Warnhinweise anzubringen.

Zur Information gehören auch die Gebrauchshinweise, in denen der Rahmen der bestimmten Verwendung angegeben ist. Durch Warnhinweise soll der Patient erkennen, dass die Einnahme des Arzneimittels kontraindiziert bzw. wegen einer möglichen Wechselwirkung ein Arzneimittel abgesetzt werden muss. Die Warnung enthält also regelmäßig eine Unterlassensaufforderung. Unwirksam sind Übermaßwarnungen: also Informationen, die nicht auf den Erkenntnissen der medizinischen Wissenschaft beruhen.

Der Inhalt der Information richtet sich nach dem letzten Stand der medizinischen Wissenschaft beim Inverkehrbringen des Arzneimittels. Damit gerät die Informationshaftung in die Nähe der Verschuldenshaftung: Wer den gegenwärtigen Stand der Wissenschaft bei der Kennzeichnung außer Acht lässt, handelt nicht mit der erforderlichen

Sorgfalt. Die Verletzung und der Schaden müssen infolge der fehlerhaften Information eingetreten sein.

5. Beweislast

259 Die Voraussetzungen des § 84 AMG sind Anspruchsgrundlagen, die vom Patienten zu beweisen sind, wobei ihm nicht selten der **Anscheinsbeweis** zu Hilfe kommt. Allerdings ist der Patient nur zur Darlegung und zum Beweis der tatsächlichen Grundlagen verpflichtet. Aus dieser Beweislastverteilung ergibt sich eine für den Patienten nicht leicht zu überwindende Haftungsschwelle.

260 Seit dem Jahre 2002 ist der **Kausalitätsbeweis erleichtert** worden, § 84 Abs. 2 AMG. Diese Bestimmung enthält eine Vermutung, die freilich von einer Fülle einzelner, aufgeführter und auch nicht aufgeführter Merkmale abhängig ist. Diese Vermutung gilt nicht, wenn ein anderer Umstand den Schaden verursacht haben kann. Der andere Umstand liegt aber nicht in der Anwendung weiterer Arzneimittel, es sei denn, dass Ansprüche aus anderen Gründen als der fehlenden Ursächlichkeit nicht gegeben sind.

261 Zur Haftung kommt es also nur, wenn ein bestimmter Arzneimittelhersteller wegen seines Arzneimittels in Anspruch genommen wird. Eine gewisse Erleichterung verschafft § 830 Abs. 1 S. 2 BGB, der für den Fall der interferierenden Kausalität mehrerer Arzneimittel (der Patient hat etwa Faktor VIII von mehreren Arzneimitteln bekommen) eine Gesamtschuld statuiert.

II. Verschuldenshaftung

262 Die Verschuldenshaftung erscheint in zwei Formen:
- **Vertragshaftung** = Der Schuldner, der eine Verpflichtung aus dem Vertrag, auch eine Nebenpflicht zum Schutz der Rechtsgüter des Vertragspartners, verletzt, ist zum Ersatz des daraus entstehenden Schadens verpflichtet.
- **Deliktshaftung** = §§ 823 ff. BGB (Produzentenhaftung). Wer einen anderen schuldhaft körperlich verletzt, ist diesem zum Ersatz des daraus entstehenden Schadens verpflichtet. Im Bereich des Arzneimittelrechtes kann diese Haftung sowohl den Hersteller als auch den Arzneimittel verordnenden Arzt betreffen.

1. Des pharmazeutischen Unternehmers (Herstellers)

263 Eine verschuldensabhängige Haftung des pharmazeutischen Unternehmers ist eigentlich nur im Rahmen der unerlaubten Handlung (**Produzentenhaftung**), und hier auch nur gegenüber dem Anwender eines von ihm hergestellten Arzneimittels, denkbar. Mangels eines Vertrages zwischen pharmazeutischem Unternehmer und dem Anwender scheidet eine vertragliche Haftung regelmäßig aus.

2. Des Arzneimittel verordnenden Arztes

264 Nach h.M. in Literatur und Rechtsprechung[117] richten sich die arzneimittelrechtlichen Zulassungsvorschriften an den Hersteller, nicht jedoch an den Arzt. Dem Arzt ist es im

---

117 OLG München VersR 1991, 471, 473; OLG Köln VersR 1991, 186; BGH MedR 1996, 22; kritisch *Hart*, MedR 1994, 94.

Rahmen der sog. „Therapiefreiheit" gestattet, auch nicht zugelassene Arzneimittel bzw. Arzneimittel außerhalb des Indikationsgebiets, für das sie zugelassen sind, anzuwenden. Auf die Vorschriften zur klinischen Prüfung gem. §§ 40, 41 AMG brauchen sich die betroffenen Personen nicht verweisen zu lassen. Denn die Verordnung und Abgabe des nicht zugelassenen Arzneimittels erfolgt nicht zur Gewinnung neuer Erkenntnisse über Wirksamkeit und Unbedenklichkeit eines Arzneimittels, sondern ausschließlich im Patienteninteresse.

Wie der BGH[118] festgestellt hat, stellt die arzneimittelrechtliche Zulassung eine Art „Gütesiegel" dar. Mit anderen Worten existiert eine Vermutung für die Einhaltung des Standards, wenn ein zugelassenes Arzneimittel im Rahmen des entsprechenden Indikationsgebietes und der Vorgaben des Herstellers eingesetzt wird. Hieraus den Umkehrschluss zu ziehen, dass die Verordnung und Abgabe eines nicht zugelassenen Arzneimittels bzw. eines zugelassenen Arzneimittels außerhalb des Indikationsgebiets, für das es die Zulassung hat, als „nicht standardgemäß" oder gar fahrlässig zu bewerten seien, ist jedoch nicht vertretbar. Der Standard ist keine statische, sondern eine dynamische Größe, was sogar dazu führen kann, dass der Stand der medizinischen Erkenntnis es erfordert, ein noch nicht zugelassenes Arzneimittel zu verordnen, da es wissenschaftlich bereits als gegenüber herkömmlichen Methoden wirksamer eingestuft wird.[119] Im Bereich der Aufklärungspflicht vor Verordnung nicht zugelassener Arzneimittel liegt die entscheidende Problematik.

265

Wendet der Arzt daher ein **Arzneimittel ohne Zulassung** bzw. außerhalb des zugelassenen Indikationsbereichs an, muss er den Patienten in jedem Fall darüber aufklären und dessen ausdrückliche Einwilligung einholen. Es genügt nicht, wenn das Arzneimittel im Ausland über eine Zulassung verfügt bzw. dort mit besten Erfahrungen angewendet wird. Die spezielle Aufklärung bezüglich der zulassungsrechtlichen Problematik muss gesondert erwähnt und dokumentiert werden. Eine Gefährdung des Haftpflichtversicherungsschutzes bei Verordnung bzw. Abgabe von hier nicht zugelassenen Arzneimitteln ist nicht zu befürchten. Nach den allgemeinen Haftpflichtbedingungen im Heilwesen ist die ärztliche Tätigkeit im Rahmen des angegebenen Umfangs versichert. Dies deckt die Berufung auf die allgemeine Therapiefreiheit mit ab. Der BGH[120] in anderem Zusammenhang: „Die Anwendung solcher nicht allgemein anerkannter Therapieformen und sogar ausgesprochen paraärztlicher Behandlungsformen ist rechtlich grundsätzlich erlaubt. Jedenfalls aber folgt dies aus dem Selbstbestimmungsrecht eines um die Tragweite seiner Entscheidung wissenden Patienten. Denn da dieser das Recht hat, jede nicht gegen die guten Sitten verstoßende Behandlungsmethode zu wählen, kann aus dem Umstand, dass der Heilbehandler den Bereich der Schulmedizin verlassen hat, nicht von vornherein auf einen Behandlungsfehler geschlossen werden."

266

Wie *Ulsenheimer*[121] zu Recht feststellt, bedeutet die Methodenfreiheit zwar keinen Freibrief für Gewissenlosigkeit; die Wahlfreiheit des Arztes sei durch das Interesse des Patienten an sorgfältiger Behandlung begrenzt. Im Prinzip ist dies aber nur ein rein äußerer juristischer Rahmen, innerhalb dessen die Besonderheiten des einzelnen Falles einer ebenso individuellen Betrachtungsweise des Arztes unterliegen. Dies gilt erst recht, wenn anhand ausländischer Untersuchungen bzw. Erfahrungen nachgewiesen werden

267

---

118 BGH MedR 1996, 22, 23 (Surgibone).
119 OLG Köln VersR 1991, 186 (Aciclovir); der BGH unterstellt die Medikation ebenfalls den allgemeinen Grundsätzen der Einwilligung nach Aufklärung: BGH GesR 2007, 311.
120 BGH NJW 1991, 1536; BGHSt 37, 385, 387.
121 *Ulsenheimer*, Bay. Äbl. 1998, 51 ff.

kann, dass die Verwendung des Arzneimittels im Rahmen der ins Auge gefassten Indikation unbedenklich in dem Sinne ist, dass es nicht mit einer Gefahrerhöhung gegenüber vergleichbaren anderen Methoden verbunden ist. Es ist allerdings denkbar, dass es in einem Haftpflichtprozess im Rahmen eines Zwischenfalls zu möglichen **Beweislastverschiebungen** zu Lasten des betroffenen Arztes bzw. der betroffenen Einrichtung kommt, wenn ein Arzneimittel ohne Zulassung oder außerhalb des im Drittstaat zugelassenen Indikationsgebiets angewendet wurde.

3. Die Haftung des Apothekers

a) Aufgabenspektrum

268 Gesetzlich geregelt ist das Berufsbild des Apothekers in der Bundesapothekerordnung.[122] Wer den pharmazeutischen Beruf unter der Bezeichnung „Apotheker" ausüben möchte, bedarf einer Approbation. Diese wird auf Antrag erteilt, wenn der Bewerber den Nachweis eines mit Examen abgeschlossenen Studiums der Pharmazie an einer deutschen Universität erbringt. Das Studium selbst vollzieht sich nach der Approbationsordnung für Apotheker.[123]

269 Die Aufgabe des Apothekers besteht darin, die Bevölkerung ordnungsgemäß mit Arzneimitteln zu versorgen (§ 1 BAO) und hierzu Arzneimittel zu entwickeln, herzustellen, zu prüfen oder abzugeben (§ 2 Abs. 3 BAO). Die Vorgehensweise und die dabei zu beachtenden Einzelschritte ergeben sich aus der Apothekenbetriebsordnung (ApBetrO)[124] sowie aus dem Arzneimittelbuch. Die Beratungspflicht des Apothekers über Arzneimittel folgt aus § 5 Nr. 2 BO.[125] Für die hier interessierenden Haftungsfragen ergeben sich aus der Berufsordnung für Apotheker keine weiteren relevanten Pflichten. Die genannten Normen beschreiben die Berufspflichten, an denen sich der objektive Sorgfaltsmaßstab orientiert.

b) Behandlungsfehler

270 Behandlungsfehler im Sinne dieses Handbuches kann es beim Apotheker nicht geben, weil er keine Befugnis zur **Behandlung von Patienten** besitzt. Gleichwohl können Fehler des Apothekers im Rahmen der Versorgung der Patienten mit Arzneimitteln zu Schäden beim Patienten führen, für die der Apotheker dem Patienten gegenüber einzustehen hat.

271 Zu trennen ist dabei zwischen der Abgabe von (rezeptpflichtigen) Fertigarzneimitteln, frei verkäuflichen Arzneimitteln sowie selbst hergestellten, weil die Fehlerquellen und ihre Folgen unterschiedlich sein können. Zu denken ist auch an eine Verletzung der Beratungspflicht, die der Apotheker bei der Abgabe der unterschiedlichen Arzneimittel in unterschiedlichem Umfang gegenüber dem Kunden/Patienten wahrzunehmen hat.

---

122 Gesetz v. 5.6.1968 (BGBl I, 601).
123 VO v. 19.7.1989 (BGBl I, 1489) zuletzt geändert durch VO v. 14.12.2000 (BGBl I, 1714).
124 In der Neufassung v. 26.9.1995 (BGBl I, 1195) zuletzt geändert durch das Transfusionsgesetz v. 1.7.1998 (BGBl I, 1752).
125 Berufsordnung der Landesapothekerkammer v. 30.8.2002 (Pharmaz. Zeitung v. 15.8.2002 S. 69).

aa) Vertrag

Der Vertrag über die Abgabe eines rezeptpflichtigen Fertigarzneimittels ist in der Regel als **Kaufvertrag über eine vertretbare Sache** zu qualifizieren, solange der Kunde vom Apotheker keine umfangreichere Beratung sowie Auskünfte zu Wirkungen und Nebenwirkungen erbittet.[126] Ist eine Beratung in nennenswertem Umfang zu erbringen, dann liegt ein gemischt-typischer Vertrag mit Elementen des Kauf- und des Dienstvertrages vor. Verwechselt der Apotheker das rezeptpflichtige Arzneimittel,[127] so hat der Kunde zunächst Anspruch auf eine fehlerfreie Nachlieferung. Treten durch Einnahme des falschen Medikamentes weitere Schäden auf, so hat der Apotheker diese nach § 280 Abs. 1 BGB zu ersetzen. Ein mitwirkendes Verschulden des Kunden wirkt sich dabei schadensmindernd aus.

272

Gleiches wird man auch bei frei verkäuflichen Fertigarzneimitteln annehmen können, wobei hier im Grundsatz ein gemischt-typischer Kauf- und Dienstvertrag anzunehmen ist, bei dem das Beratungselement stärker ausgeprägt sein kann, weil der Kunde die Beratung vom Apotheker auch erwartet. Fertigt der Apotheker das Arzneimittel auf entsprechende Rezeptur des Arztes speziell für diesen Kunden an, so liegt ein Werkvertrag vor. Ist das Werk fehlerhaft, weil der Apotheker bei der Herstellung etwa durch Missachtung von Vorschriften der Apothekenbetriebsordnung und durch Verstöße gegen das Arzneimittelbuch Fehler begeht, so hat der Kunde Anspruch auf Lieferung eines fehlerfreien oder auf Nachbesserung des fehlerhaften Werks. Auch hier sind Folgeschäden, ggf. gekürzt um einen Mitverschuldungsanteil, zu ersetzen.

bb) Geschäftsführung ohne Auftrag

Eine Haftung des Apothekers unter dem Gesichtspunkt einer fehlerhaften, schuldhaften Geschäftsführung ohne Auftrag ist praktisch nicht denkbar.

273

cc) Unerlaubte Handlung

Denkbar ist, dass ein Kunde durch die Anwendung eines vom Apotheker abgegebenen und vom behandelten Arzt rezeptierten Arzneimittel einen Schaden erleidet. Für diesen Schaden hat der Apotheker nach § 823 Abs. 1 BGB einzustehen, wenn die Gesundheit des Patienten geschädigt oder dessen Körper verletzt wird.

274

Eine Haftung nach § 823 Abs. 2 BGB ist dann in Betracht zu ziehen, wenn der Apotheker bei der Herstellung eines Arzneimittels Vorschriften der Apothekenbetriebsordnung oder sonstige, für die Herstellung von Arzneimitteln zu beachtende Vorschriften (nicht aber Leitlinien, SOPs u.Ä.) schuldhaft außer Acht lässt. Diese Vorschriften sind Schutzgesetze i.S.v. § 823 Abs. 2 BGB.

275

Die Gefährdungshaftung nach § 84 Abs. 1 AMG wird – jedenfalls solange der Apotheker Arzneimittel auf ärztliche Einzelrezepte für einen bestimmten Patienten herstellt – nicht einschlägig sein. Stellt der Apotheker von bestimmten Arzneimitteln Chargen in mehr oder weniger großem Umfang her, so kommt dem Sinne nach eine Anwendung von § 84 Abs. 1 AMG in Betracht, weil der Apotheker wie ein pharmazeutischer Hersteller auftritt.[128]

276

---

126 So auch LG Itzehoe VersR 1969, 256; *Koyuncu*, S. 177.
127 LG Itzehoe VersR 1969, 256.
128 Wie hier: *Deutsch/Spickhoff*, Rn 1194; OLG Karlsruhe VersR 1989, 805; offen gelassen bei *Deutsch*, in der Vorauflage, Rn 1089 ff.

c) Kausalität

277 Auch die Handlung oder das Unterlassen des Apothekers muss adäquat ursächlich für den eingetretenen Schaden sein. Die **Unterbrechung des Kausalzusammenhangs** kann dabei den Apotheker entlasten.[129] Die vorsätzliche Eigenschädigung des Patienten wird den Kausalzusammenhang regelmäßig unterbrechen. Nach den allgemeinen Grundsätzen über die Unterbrechung des Haftungszusammenhang darf jedoch das Verhalten des Patienten nicht durch den Fehler des Apothekers herausgefordert worden sein.[130] Keinen Fall der Unterbrechung sieht *Deutsch* folgerichtig dann für gegeben an, wenn der Apotheker ein verschreibungspflichtiges Schlafmittel ohne Rezept abgibt und der Kunde sich damit das Leben nimmt. Dieser Schaden liegt innerhalb des Schutzzweckes der Norm. Eine Beschränkung der Apothekerhaftung kann ebenfalls durch Mitverschulden des Kunden eintreten, etwa bei Arzneimittelverwechslungen im Bereich des Apothekers.[131]

d) Beweislast

278 Was die Verteilung der Beweislast im Prozess des Kunden gegen den Apotheker angeht, so wird man den Apotheker insoweit dem Arzt gleichstellen und dem Kunden die üblichen Beweiserleichterungen zuzubilligen haben. Dies gilt vor allem bei schweren Fehlern, die im Herrschaftsbereich des Apothekers ihre Ursache haben. Für das Fehlen des Verschuldens hat der Apotheker nach der allgemeinen Vorschrift des § 280 Abs. 1 BGB den Beweis zu erbringen.

P. Arzneimittelstrafrecht- und Bußgeldvorschriften[132]

I. Arzneimittelstrafrechtsvorschriften

279 Die §§ 95 und 96 AMG enthalten die für ein Gesetz wie das AMG typischen Strafbewehrungen, sofern gegen einzelne Pflichten aus dem AMG verstoßen wird. § 95 AMG unterscheidet sich dabei von § 96 AMG nur im angedrohten Strafrahmen. § 96 Abs. 3 AMG verschärft den Strafrahmen. Es handelt sich bei den Tatbeständen der §§ 95 und 96 AMG um Vergehen. Bei den Vergehen nach §§ 95 AMG ist in Abs. 2 der Vorschrift klargestellt, dass auch der Versuch strafbar sein soll (§ 12 StGB).

1. Das Verhältnis von AMG zum StGB

280 Bei den Straftatbeständen der §§ 95, 96 AMG handelt es sich nicht um solche des Kernstrafrechts, sondern um typische Strafbestände des Nebenstrafrechts. Teilweise handelt es sich auch um Blankettstrafnormen, weil die Umschreibung strafbaren Handelns gar nicht im AMG selbst, sondern erst in einer Rechtsverordnung zu einer Norm des AMG enthalten ist (vgl. z.B. §§ 95 Abs. 1 Nr. 2, 96 Abs. 1 Nr. 1[133]).

---

129 *Deutsch/Spickhoff*, Rn 1194.
130 *Deutsch/Spickhoff*, Rn 1194.
131 Eugynon versus Enzynorm wie im Fall LG Itzehoe VersR 1969, 256.
132 Vgl. hierzu die ausführliche Kommentierung von *Tag*, in: Deutsch/Lippert/Ratzel/Anker/Tag, §§ 95 ff.
133 Vgl. zur Blankettstrafnorm: Schönke/Schröder/*Eser*, § 1 Rn 3, 8, 18a m.w.N.; zur Zulässigkeit: BVerfG NJW 1997, 3175; NJW 1962, 1339.

Wird durch ein Arzneimittel ein Mensch verletzt oder getötet, so verbleibt es bei der Bestrafung nach den hierfür einschlägigen Tatbeständen des Strafgesetzbuches (§§ 211, 223 ff. StGB).

2. Die Straftaten nach §§ 95, 96 AMG

Auch Straftaten aus dem Bereich des Nebenstrafrechts müssen grundsätzlich den allgemeinen Vorschriften entsprechen, wie sie für Straftaten des Kernstrafrechts nach dem Strafgesetzbuch erfüllt sein müssen.

Eine Straftat liegt nur dann vor, wenn die Strafbarkeit gesetzlich bestimmt war, ehe die Straftat begangen wurde. Diesem Grundsatz werden die Straftatbestände der §§ 95, 96 AMG auch insoweit gerecht, als sie Blankettstraftaten normieren.[134]

Das Strafrecht geht von den Grundsätzen aus, dass sowohl der Tatbestand der Straftat wie auch die Rechtsfolge ihrer Verletzung hinreichend bestimmt sein müssen, weil der Täter wissen können muss, wann er sich strafbar macht und sich dementsprechend verhalten kann.[135]

Bei den Tatbeständen des **Nebenstrafrechts** scheinen diese Grundsätze mehr und mehr in Vergessenheit zu geraten. Auch ist die Inflationierung der Straftatbestände zu beklagen. Das AMG enthält rund 90 relevante Paragraphen; 30 davon sind strafbewehrt (hinzu kommen noch 57 Tatbestände von Ordnungswidrigkeiten), so dass nahezu kein Paragraph ohne Straf- oder Bußgeldandrohung verbleibt. Angesichts dieses Umstandes stellt sich die berechtigte Frage nach der Effizienz einer derart flächendeckenden Androhung von Strafbarkeiten bzw. Ordnungswidrigkeiten. Wie viele Verurteilungen mag es pro Jahr geben? Wie viele Verfahren werden erst gar nicht eröffnet, weil die Beweislage zu dünn ist? Der Gesetzgeber täte sicher gut daran, an die Stelle der Quantität wieder die Qualität zu setzen.

Art. 103 Abs. 2 GG fordert auch für das Nebenstrafrecht Tatbestände, deren Tragweite und Anwendungsbereich zu erkennen sind und sich durch Auslegung ermitteln lassen.[136] Die zahlreichen langwierigen, sich ständig ändernden Verweisungsketten der Straftatbestände des AMG zeigen eindrücklich, dass der fragmentarische und subsidiäre Charakter des Strafrechts und seine Funktion, ethisches Minimum zu sein, verloren gehen. Auch wenn die auf den **nulla-poena-Grundsatz** zurückgehenden Bedenken von der Rechtspraxis regelmäßig zerstreut werden, indem mit Hilfe der systematischen und teleologischen Auslegung ein Wertungsgleichklang zwischen geregelten und elastisch formulierten Merkmalen hergestellt wird,[137] verbleibt für den Rechtsunterworfenen das ungute Gefühl von Unsicherheit. Zwar mag der Gesetzgeber ohne die Verwendung auslegungsbedürftiger Begriffe der Vielgestaltigkeit des Arzneimittelwesens nicht immer in zureichendem Maße Rechnung zu tragen. Entgegen der eher großzügigen Ansicht der Rspr. drängt sich gerade im Bereich der §§ 95 ff. AMG die Frage auf, ob bei den einzelnen Ge- und Verboten die Grenze zum inhaltlich unbestimmten und damit rechtsstaatswidrigen Straftatbestand nicht doch überschritten wurde.

Was soll denn der Adressat mit einem Straftatbestand anfangen, in dem das Inverkehrbringen bedenklicher Arzneimittel (§ 5) mit Strafe bedroht ist, wenn kein Mensch exakt

---

134 Vgl. Schönke/Schröder/*Eser*, § 1 Rn 8, 18a, § 2 Rn 26.
135 Vgl. hierzu Schönke/Schröder/*Eser*, § 1 Rn 18 ff. m.w.N.
136 Vgl. BVerfGE 14, 245, 251; 25, 269, 285; 41, 314, 319; 50, 142, 164 f.; 71, 108, 114.
137 Zu § 95 Abs. 1 i.V.m. § 5 AMG vgl. BVerfG NJW 2000, 3417.

zu sagen vermag, was eigentlich ein bedenkliches Arzneimittel sein soll?[138] Auch die Strafbarkeit des Doping (§ 6a AMG), eben erst ins Gesetz eingeflickt, ist eine einzige Katastrophe. Derartigen Straftatbeständen fehlt jede Bestimmtheit. Sie sind reine Placebostrafnormen. Eine Rückbesinnung darauf, was Aufgabe des Strafrechts zu sein hat, scheint im Bereich des Nebenstrafrechts mehr als überfällig: Weniger ist im Zweifelsfall mehr.[139]

288 Das deutsche Strafrecht und damit auch die §§ 95 f. AMG beruhen auf dem Grundsatz, dass es die innerhalb seines Staatsgebiets begangenen Taten erfasst. Dieses sog. Territorialitätsprinzip, § 3 StGB, wird durch das Flaggenprinzip, § 4 StGB, ergänzt.[140] Tatort ist dabei gem. § 9 Abs. 1 StGB jeder Ort, an dem der Täter gehandelt hat bzw. bei Unterlassen hätte handeln müssen, oder an dem der zum Tatbestand gehörende Erfolg eingetreten ist bzw. nach der Vorstellung des Täters hätte eintreten müssen. Bei Mittäterschaft, § 25 Abs. 2 StGB, genügt es, wenn im Inland nur ein Tatbeitrag eines Mittäters geleistet wird.[141] Die Teilnahme ist sowohl an dem Ort begangen, an dem die Tat begangen ist, als auch an jedem Ort, an dem der Teilnehmer gehandelt hat oder im Falle des Unterlassens hätte handeln müssen oder an dem nach seiner Vorstellung die Tat begangen werden sollte. Hat der Teilnehmer an einer Auslandstat im Inland gehandelt, so gilt für die Teilnahme das deutsche Strafrecht, auch wenn die Tat nach dem Recht des Tatorts nicht mit Strafe bedroht ist, § 9 Abs. 2 StGB.

289 Auf Straftaten, die im Ausland begangen werden, können unter den Voraussetzungen der §§ 5–7 StGB deutsches Strafrecht und damit auch nichtstrafrechtliche Vorschriften, soweit sie für die Voraussetzungen und Folgen rechtswidriger Taten von Bedeutung sind, anwendbar sein.

290 Eine Straftat ist eine rechtswidrige und vorwerfbare Handlung, die den Tatbestand eines Gesetzes verwirklicht, das die Ahndung mit Strafe zulässt. Eine Handlung ist tatbestandsmäßig, wenn sie der abstrakten Beschreibung der Vorschrift entspricht. Handlung ist dabei nicht nur ein aktives Tun, sondern kann auch in einem Unterlassen bestehen. Ein Unterlassen kann dann strafbar sein, wenn der Täter rechtlich dafür einzustehen hat, dass ein bestimmter Erfolg nicht eintritt (Garantenstellung) und wenn das Unterlassen der Verwirklichung des gesetzlichen Tatbestandes durch ein Tun entspricht (§ 13 StGB).[142]

291 Die Tat ist auch rechtswidrig, sofern die Rechtswidrigkeit nicht durch das Einreifen eines **Rechtfertigungsgrundes** entfällt. In Betracht zu ziehen sind hier insbesondere die Notwehr oder der rechtfertigende Notstand (§§ 33, 34 StGB). Der Einwilligung des durch die Straftatbestände des AMG Geschützten wird keine wesentliche Bedeutung zukommen, da der Einwilligende über die Schutznormen und Rechtsgüter keine Dispositionsbefugnis besitzt.[143] Es handelt sich überwiegend um öffentlich-rechtliche Pflichten, die einzuhalten sind.

---

138 Sowohl das BVerfG als auch der BGH haben, entgegen der hier vertretenen Auffassung, die Bestimmtheit von §§ 95 Abs. 1 Nr. 1, 5 AMG bejaht, BVerfG MedR 2000, 481; BGH MedR 2000, 482; BGH MedR 1999, 270.
139 Wie hier im Ergebnis auch *Tag*, in: Deutsch/Lippert/Ratzel, §§ 95, 96 Rn 4 m.w.N.
140 Vgl. auch *Tag*, in: Deutsch/Lippert/Ratzel, §§ 95, 96 Rn 5.
141 BGH NJW 2002, 3846; *Gribbohm*, LK-StGB, § 9 Rn 7.
142 Vgl. *Sander*, § 95 Anm. 3; *Erbs/Kohlhaas/Pelchen*, AMG, § 95 Anm. 4.
143 Vgl. Schönke/Schröder/*Lenckner*, vor §§ 32 ff. Rn 29 ff., 35; vgl. zur nahezu identischen Strafvorschrift der §§ 43, 44 MPG, *Nöthlichs/Weber*, § 43 Anm. 2.

Die Tat muss auch schuldhaft, also entweder vorsätzlich oder, wo dies vom Gesetz ausdrücklich vorgesehen ist (§ 95 Abs. 4 AMG), fahrlässig begangen worden sein. Vorsätzlich handelt, wer die objektiven Merkmale des Tatbestandes kennt und ihre Verwirklichung will. Wer bei der Begehung der Tat die Umstände nicht kannte, die zum gesetzlichen Tatbestand gehören, handelt zwar nicht vorsätzlich, kann sich aber fahrlässigen Handelns schuldig gemacht haben, § 16 StGB.

Fahrlässig handelt, wer die Sorgfalt, zu der er nach den Umständen und seinen persönlichen Kenntnissen und Fähigkeiten entsprechend verpflichtet und imstande ist, außer Acht lässt und deshalb den Erfolg nicht voraussieht.

Fehlt dem Täter bei Begehung der Tat die Einsicht, Unerlaubtes zu tun, etwa weil er die entsprechende Rechtsvorschrift nicht kannte, so handelt er nicht schuldhaft, wenn er diesen Irrtum nicht vermeiden konnte, ansonsten bleibt die Tat schuldhaft, kann aber mit einer geringeren Strafe geahndet werden. Die Rspr. verlangt vom Rechtsanwender, dass er sich über geltende Schutzvorschriften unterrichtet. Hat er sich nicht unterrichtet, so wird er sich auf das fehlende Unrechtsbewusstsein nicht berufen können.

Versucht wird eine Straftat nach §§ 95 Abs. 1, 96 AMG, wenn der Entschluss zur Tat sich in der Vornahme bzw. pflichtwidrig unterlassenen Handlung widerspiegelt und dadurch zur Verwirklichung des objektiven Tatbestandes unmittelbar angesetzt wird, die Tat als solche aber noch nicht vollendet ist. Obgleich § 95 Abs. 2 AMG den Versuch des Deliktes unter Strafe stellt, bleibt für eine Versuchsstrafbarkeit im AMG nur wenig Raum. Vordergründig liegt das daran, dass ein strafbarer Versuch nicht bei § 96 AMG vorgesehen ist. Bei genauer Betrachtung ist jedoch festzustellen, dass die weit in den Versuchbereich hinein vorgelagerte Struktur der Tatbestände in § 95 Abs. 1 und § 96 AMG sehr schnell von einer Vollendung ausgeht, was sich deutlich bei der durch die Rechtspraxis vorgenommenen Auslegung der Begriffe „in den Verkehr bringen", „abgeben", „anwenden" etc. zeigt.[144]

3. Der Adressat der Straftaten nach §§ 95, 96 AMG

Strafbar machen kann sich nach §§ 95 und 96 AMG wie auch nach allgemeinem Strafrecht nur der Normadressat. Im allgemeinen Strafrecht ist dies jede strafmündige natürliche Person. Juristische Personen können sich per se nicht strafbar machen. § 14 StGB erweitert den Kreis derjenigen, die sich unter weiteren Umständen strafbar machen können, auf Personen, die für einen anderen handeln, wie z.B. Organe juristischer Personen und gesetzliche Vertreter. Aber auch Personen, die vom Inhaber oder Leiter eines Betriebes beauftragt worden sind, können sich (zusätzlich zum Beauftragenden) strafbar machen.

Das Strafrecht – und damit auch die nebenstrafrechtlichen Bestimmungen der §§ 95 f. AMG – kennt verschiedene **Täterschafts- und Teilnahmeformen**. Damit unterscheidet es sich vom Ordnungswidrigkeitenrecht, das vom sog. **Einheitstäterbegriff** ausgeht, § 14 OWiG.[145] Ist z.B. eine Ordnungswidrigkeit nach § 97 AMG festgestellt, werden alle Beteiligten zu „Tätern". Bei der Festlegung der Geldbuße, § 17 OWiG, kann die Art der Beteiligung jedoch Berücksichtigung finden.

---

144 Zu den Schwierigkeiten, eine Versuchsstrafbarkeit im Bereich des AMG zu begründen, näher *Tag*, in: Deutsch/Lippert/Ratzel, §§ 95, 96 Rn 19 ff. m.w.N.
145 *Bohnert*, § 14 Rn 1; *Schumann*, 1979. Vgl. im Einzelnen die Ausführungen bei *Tag*, in: Deutsch/Lippert/Ratzel, §§ 95, 96 Rn 23 ff.

§ 30 Arzneimittelrecht

298 Die strafrechtlichen Normen des AMG sollen helfen, den Zweck des Gesetzes zu erfüllen, nämlich die Sicherheit im Verkehr mit Arzneimitteln her- und die ordnungsgemäße Versorgung der Menschen und Tiere mit Arzneimitteln sicherzustellen (vgl. § 1 AMG). Die einzelnen Stufen der Produktion von pharmazeutischen Erzeugnissen, von der Entwicklung bis zum Vertrieb, sind arbeitsteilig gegliedert. Nicht nur ein bestimmter Mensch handelt, sondern viele. Strafrechtlich gesehen ist die Berücksichtigung von Arbeitsteilung nichts Neues. Die Probleme der strafrechtlichen Verantwortung für ein industriell hergestelltes Produkt sind daher weniger im dogmatischen Bereich als vielmehr im tatsächlichen Erfassen der im Einzelfall gegebenen Verantwortungsgrenzen zu suchen.[146] Typisch für die strafrechtliche Verantwortlichkeit in diesem Bereich der Arbeitsteilung ist die Verteilung der Tatbeiträge auf mehrere Personen. Es verbleibt auch hier bei dem Grundsatz, dass auch in einer betrieblichen Organisation strafrechtlich jeder nur für seinen innerbetrieblichen Verantwortungsbereich einzustehen hat. Das Kernproblem besteht daher in arbeitsteiligen Produktionsbetrieben in der Ermittlung und Abgrenzung der jeweiligen Pflichten- und Verantwortungsbereiche. Sie folgt dabei der innerbetrieblichen-hierarchisch übernommenen Tätigkeit des einzelnen Mitarbeiters. Daran orientiert sich die strafrechtliche Sorgfaltspflicht und ihr folgend die strafrechtliche Verantwortlichkeit.[147] Einerlei, wie das Unternehmen im Einzelnen organisiert ist, verbleibt es strafrechtlich bei der Generalverantwortung und der Allzuständigkeit der Geschäftsführung für die Erfüllung betriebsbezogener Pflichten.[148] Zu den Pflichten der Geschäftsleitung gehört es vor allen, dafür zu sorgen, dass Aufgaben, welche nicht von ihr persönlich wahrgenommen werden, durch ausreichend qualifiziertes und angeleitetes Personal erfüllt werden. Die Pflicht zu eigenem Handeln wandelt sich in eine solche zur zweckmäßigen Organisation und zur Überwachung der zur Erfüllung delegierten Aufgaben um.[149]

299 Das AMG sieht für die **betriebliche Organisation** bereits von Gesetzes wegen eine bestimmte Form vor. So haben Arzneimittelhersteller ausreichend qualifizierte Personen zum Herstellungsleiter, zum Kontroll- und zum Vertriebsleiter sowie zu Stufenplanbeauftragten formell zu ernennen. In § 19 AMG legt das Gesetz auch die entsprechenden Verantwortungsbereiche fest. Allerdings geht das Gesetz nicht so weit, auch zu bestimmen, auf welchen Hierarchieebenen diese Verantwortungsträger angesiedelt sein sollen. Die arzneimittelrechtlich erforderliche formelle Benennung von Verantwortlichen für die Bereiche Herstellung, Kontrolle und Vertrieb und für die nach dem **Stufenplan** erforderlichen Maßnahmen verändert nichts am innerbetrieblichen Entscheidungsprozess und damit an den Verantwortlichkeiten. Sie individualisiert lediglich die innerbetrieblichen Verantwortlichkeiten und stellt klar, dass diese Positionen vorhanden und mit geeignetem Personal besetzt sein müssen. Eine Mitverantwortung von Vorgesetzten und Kollegen bleibt nach wie vor möglich.[150]

300 Bleibt noch die strafrechtliche Verantwortlichkeit der Leitungsebene anzusprechen, soweit es sich um Kollegialentscheidungen handelt. Hat ein Kollegialorgan eine strafrechtswidrige Maßnahme beschlossen und durchgeführt, ist grundsätzlich jedes Mitglied des Kollegiums strafrechtlich dafür verantwortlich.[151] Doch gilt es hier, den Vertrauensgrundsatz zu beachten. Jedes Mitglied des Kollegiums führt sein Ressort eigen-

---

146 Vgl. *Schmidt-Salzer*, 1.117; m.w.N.; LG Aachen JZ 1971, 507 (Contergan).
147 Vgl. *Stratenwerth*, S. 383.
148 Vgl. *Schmidt-Salzer*, 1.146; BGH NJW 1990, 2560 ,2565 (Lederspray).
149 Vgl. *Goll* in: Produkthaftungshandbuch, Bd. II, § 46 Rn 13; *Schünemann*, S. 107 f.
150 Vgl. *Schmidt-Salzer*, 1. 157; *Goll*, in: Produkthaftungshandbuch § 46 Rn 22 ff.
151 Vgl. *Schmidt-Salzer*, 1.1 273; Schönke/Schröder/*Cramer*, § 15 Rn 223; *Goll*, § 46 Rn 22.

verantwortlich und darf sich bis zum Beweis des Gegenteils bei seiner Tätigkeit darauf verlassen, dass die Kollegen ihre Ressorts ebenfalls verantwortungsbewusst wahrnehmen.

4. Verjährung

Straftaten nach § 95 Abs. 1–3 AMG verjähren nach fünf Jahren (§ 78 Abs. 3 Nr. 4 StGB), nach § 95 Abs. 4 (fahrlässige Begehungsweise) und solche nach § 96 AMG nach drei Jahren (§ 78 Abs. 3 Nr. 5 StGB). 301

II. Arzneimittelbußgeldvorschriften

Ergänzt und abgerundet wird der Kreis der Strafvorschriften des AMG durch die **Ordnungswidrigkeiten**. Sanktioniert wird durch sie ein Verstoß gegen Pflichten aus dem Arzneimittelgesetz, die kein kriminalstrafrechtliches Verhalten darstellen. Mit der Sanktionierung als Ordnungswidrigkeiten will der Gesetzgeber den Normadressaten aber dazu anhalten, auch **Verwaltungsvorschriften nach dem AMG** einzuhalten, und Verstöße hiergegen mittels Androhung von Bußgeld geahndet wissen. Normtechnisch erklärt § 97 Abs. 1 AMG zunächst alle Straftatbestände des § 96 AMG, wenn diese fahrlässig begangen worden sind, zu Ordnungswidrigkeiten. 302

1. Das Verhältnis zum Ordnungswidrigkeitengesetz

Bei den Tatbeständen von Ordnungswidrigkeiten nach § 97 AMG handelt es sich um Sondervorschriften zum Ordnungswidrigkeitengesetz. Für die Beschreibung der Tatbestände der einzelnen Ordnungswidrigkeiten sind zunächst § 97 AMG und die in ihm genannten Vorschriften des AMG maßgeblich. Unter welchen näheren Voraussetzungen ein normwidriges Verhalten den Tatbestand einer Ordnungswidrigkeit erfüllt, ergibt sich allerdings aus dem Ordnungswidrigkeitengesetz. 303

2. Die Ordnungswidrigkeiten nach § 97 AMG

Ordnungswidrig ist eine rechtswidrige und vorwerfbare Handlung, die den Tatbestand einer Ordnungswidrigkeit nach dem OWiG oder einem anderen, gesetzlich bestimmten Tatbestand einer Ordnungswidrigkeit verwirklicht und die Ahndung mit Geldbuße zulässt. Eine Handlung ist tatbestandsmäßig, wenn sie der abstrakten Beschreibung einer Vorschrift des AMG entspricht. Unter der Handlung ist nicht nur jedes aktive Tun, sondern auch jedes Unterlassen zu verstehen. Ordnungswidrig handelt allerdings nur derjenige, der ein aktives Tun unterlässt, wenn er zum aktiven Handeln verpflichtet ist, dafür einzutreten, dass ein vom Gesetz missbilligter Erfolg nicht eintritt. Das Unterlassen muss nach § 8 OWiG dem aktiven Tun entsprechen. 304

Wer durch eine Handlung den Tatbestand einer Bußgeldvorschrift verwirklicht, handelt rechtswidrig, wenn ihm kein **Rechtfertigungsgrund** zur Seite steht. Dies können wie bei der Straftat etwa die Notwehr oder der rechtfertigende Notstand sein. Die Einwilligung des durch das AMG Geschützten ist im Regelfall unbeachtlich, weil die entsprechenden Schutznormen und Rechtsgüter öffentlich-rechtliche Pflichten normieren, die nicht dessen Dispositionsbefugnis unterliegen. Gegen eine Bußgeldvorschrift kann normalerweise nur vorsätzlich verstoßen werden. Fahrlässige Verstöße werden nur geahndet, sofern das Gesetz dies ausdrücklich vorsieht. 305

306 **Vorsatz** ist Kenntnis der Tatumstände, die zum gesetzlichen Tatbestand einer Ordnungswidrigkeit gehören. Zum Tatbestand der Ordnungswidrigkeit gehört nicht das Bewusstsein, ordnungswidrig gehandelt zu haben. Wer bei der Begehung der Ordnungswidrigkeit die Tatumstände nicht kannte, die zum gesetzlichen Tatbestand gehören, handelt nicht vorsätzlich. Hier kommt nur eine Ahndung wegen fahrlässiger Handlung in Betracht.

307 **Fahrlässig** handelt, wer die Sorgfalt, zu der er nach den Umständen und seinen persönlichen Kenntnissen und Fähigkeiten entsprechend verpflichtet und imstande ist, außer Acht lässt und deshalb den Erfolg nicht voraussieht.

308 Fehlt dem Täter bei Begehung der Handlung die Einsicht, etwas Unerlaubtes zu tun, handelt er nicht schuldhaft, wenn er diesen Irrtum nicht vermeiden konnte. Konnte er den Irrtum vermeiden, bleibt die Tat schuldhaft; die Geldbuße kann jedoch gemindert werden.

3. Der Adressat der Ordnungswidrigkeit

309 Einer Ordnungswidrigkeit schuldig machen kann sich nach § 97 AMG in Verbindung mit der entsprechenden Norm des AMG nur, wer Adressat der Pflicht aus dem AMG ist. Im allgemeinen Ordnungswidrigkeitenrecht ist dies jede natürliche, mündige Person. Juristische Personen können per se keine Ordnungswidrigkeiten begehen. § 9 OWiG erweitert den Kreis derjenige Personen, die unter weiteren Umständen eine Ordnungswidrigkeit begehen können, auf Personen, die für einen anderen handeln, wie z.B. Organe juristischer Personen oder gesetzliche Vertreter. Aber auch Personen, die vom Inhaber oder Leiter eines Betriebes beauftragt worden sind, können (zusätzlich zu diesem) eine Ordnungswidrigkeit verwirklichen. Die bußgeldrechtlichen Vorschriften des AMG sollen zusätzlich zu den Strafvorschriften des AMG sicherstellen, dass der Zweck des AMG auch dort, wo er durch verwaltungsrechtliches Handeln umgesetzt werden soll, erfüllt wird.

310 Die Verantwortlichkeit für **arbeitsteiliges Handeln** ist im Recht der Ordnungswidrigkeiten wie im Strafrecht nichts Neues. Die Probleme der ordnungswidrigkeitsrechtlichen Verantwortung für ein industriell hergestelltes Produkt sind daher wie im strafrechtlichen Bereich weniger im dogmatischen Bereich als vielmehr im tatsächlichen Erfassen der im Einzelfall gegebenen Verantwortungsgrenzen zu suchen. Typisch ist dabei die Verteilung der Verantwortlichkeit und der Tatbeiträge auf mehrere Personen. Dabei bleibt es ebenfalls beim Grundsatz, dass ordnungswidrigkeitsrechtlich auch in einer betrieblichen Organisation jeder nur für seinen innerbetrieblichen Verantwortungsbereich einzustehen hat.

311 Das Kernproblem besteht daher in **arbeitsteiligen Produktionsbetrieben** in der Ermittlung und Abgrenzung der jeweiligen Pflichten- und Verantwortungsbereiche. Sie erfolgt dabei entsprechend der innerbetrieblichen-hierarchisch übernommenen Tätigkeit des einzelnen Mitarbeiters. Daran orientiert sich die ordnungswidrigkeitsrechtliche Sorgfaltspflicht und damit auch die ordnungswidrigkeitsrechtliche Verantwortlichkeit. Einerlei, wie letztlich das Unternehmen organisiert ist, verbleibt es ordnungswidrigkeitsrechtlich bei der Generalverantwortung und der Generalzuständigkeit der Geschäftsführung für die Erfüllung betriebsbezogener Pflichten. Zu den Pflichten der Geschäftsleitung gehört es vor allem, dafür zu sorgen, dass Aufgaben, welche nicht von ihr persönlich wahrgenommen werden, durch ausreichend qualifiziertes und angeleitetes Personal erfüllt werden. Die Pflicht zum eigenen Handeln wandelt sich in eine solche zur zweckmäßigen Organisation und zur Überwachung der zur Erfüllung delegierten Aufgaben um.

In § 19 AMG legt das Gesetz bestimmte, **innerbetriebliche Verantwortungsbereiche** fest. Allerdings geht das Gesetz nicht so weit, auch zu bestimmen, auf welchen Hierarchieebenen diese Verantwortungsträger angesiedelt sein sollen. Die arzneimittelrechtlich erforderliche formelle Benennung von Verantwortlichen für die Bereiche Herstellung, Kontrolle und Vertrieb und für die nach dem Stufenplan erforderlichen Maßnahmen verändert nichts am innerbetrieblichen Entscheidungsprozess und damit an den Verantwortlichkeiten. Sie individualisiert lediglich die innerbetrieblichen Verantwortlichkeiten und stellt klar, dass diese Positionen vorhanden und mit entsprechend qualifiziertem Personal besetzt sein müssen. Eine Mitverantwortung von Vorgesetzten und Kollegen bleibt möglich.

312

Bleibt noch die ordnungswidrigkeitsrechtliche Verantwortlichkeit der Leitungsebene anzusprechen, soweit es sich um **Kollegialentscheidungen** handelt. Hat ein Kollegialorgan eine ordnungswidrige Maßnahme beschlossen und durchgeführt, so ist grundsätzlich jedes Mitglied des Kollegiums dafür verantwortlich. Doch gilt es hier, den Vertrauensgrundsatz zu beachten. Jedes Mitglied des Kollegiums führt sein Ressort eigenverantwortlich und darf sich bei seiner Tätigkeit bis zum Beweis des Gegenteils auch darauf verlassen, dass die Kollegen ihre Ressorts verantwortungsbewusst wahrnehmen.

313

4. Zuständigkeiten

Abs. 4 legt fest, wer in den dort genannten Fällen die zuständige Behörde zur Verfolgung der Ordnungswidrigkeiten sein soll: Es ist das Bundesinstitut für Arzneimittel und Medizinprodukte.

314

5. Sanktionen und Verfolgungsverjährung

Für Verstöße gegen Ordnungswidrigkeitstatbestände nach dem AMG kann eine Geldbuße verhängt werden.

315

Die Höhe reicht von fünf EUR, § 17 Abs. 1 OWiG, bis zu 25.000 EUR, bezogen auf § 97 Abs. 1 und die vorsätzliche Begehung von § 97 Abs. 2 und 3 AMG, bei der fahrlässigen Verwirklichung von § 97 Abs. 2 bis zu 12.500 EUR , vgl. § 17 Abs. 2 OWiG. Die Verfolgungsverjährung – ein Verfahrenshindernis – tritt ein nach Ablauf der in § 31 Abs. 2 OWiG bestimmten Frist. Die Verfolgung der fahrlässigen Ordnungswidrigkeit nach § 97 Abs. 1 AMG verjährt ebenso wie die der vorsätzlichen nach § 97 Abs. 2 AMG in drei Jahren, § 31 Abs. 2 Nr. 1 OWiG, die Verfolgung der fahrlässigen Ordnungswidrigkeit nach § 97 Abs. 2 in zwei Jahren,[152] § 31 Abs. 2 i.V.m. § 17 Abs. 2 OWiG. Der Lauf der Verjährung beginnt mit Beendigung der tatbestandsmäßigen Handlung, § 31 Abs. 3 OWiG. Tritt der hierzu erforderliche Erfolg erst nach Beendigung der Tat ein, so beginnt die Verjährung zu diesem Zeitpunkt, § 31 Abs. 3 S. 2 OWiG. Die sog. absolute Verjährung tritt ein, wenn seit dem erstmaligen Verjährungsbeginn das Zweifache der gesetzlichen Verjährungsfrist – mindestens aber zwei Jahre – verstrichen ist, § 33 Abs. 1 OWiG.

316

---

152 Kritisch zur kürzeren Verjährungsfirst bei fahrlässigem Handeln *Lemke/Mosbacher*, § 17 Rn 29.

§ 31 Grundzüge des Medizinprodukterechts

Dr. Rudolf Ratzel

Inhalt

A. **Entstehungsgeschichte des Gesetzes** 1
B. **Begriffsbestimmungen (§ 3 MPG)** 2
   I. Die Bedeutung der Norm 2
   II. Die Zweckbestimmung gemäß § 3 Nr. 1 lit. a–d i.V.m. Nr. 10 MPG 3
   III. Sonderproblematik: Tissue Engineering 12
   IV. In-vitro-Diagnostika (§ 3 Nr. 4–7 MPG) 13
   V. Sonderanfertigung (§ 3 Nr. 8 MPG) 14
   VI. Zubehör (§ 3 Nr. 9 MPG) 15
   VII. Inverkehrbringen (§ 3 Nr. 11 MPG) 16
   VIII. Das „als neu aufbereitete" Medizinprodukt 18
   IX. Hersteller (§ 3 Nr. 15 MPG) .. 19
   X. Benannte Stellen (§ 3 Nr. 20 MPG) 20
   XI. Bisher: In-Haus-Herstellung, künftig: Eigenherstellung (§ 3 Nr. 21 MPG) 21
   XII. In-vitro-Diagnostika aus Eigenherstellung (§ 3 Nr. 22 MPG i.d.F. d. 3. MPG-Novelle) 22

C. **Betreiben und Instandhalten** . 23
   I. Einführung zur Medizinproduktebetreiberverordnung 23
   II. Personeller und sachlicher Anwendungsbereich 24
   III. Allgemeine Anforderungen ... 25
      1. Sachliche Anforderungen . 25
      2. Persönliche Anforderungen 26
      3. Vollzug 33
   IV. Meldung von Vorkommnissen . 34
   V. Instandhaltung 35
      1. Persönliche Voraussetzungen 35
      2. Instandhaltung von Medizinprodukten 36
      3. Der mit der Instandhaltung Beauftragte 40
      4. Reinigung, Desinfektion, Sterilisation 42

      5. Eintragung im Medizinproduktebuch 44
      6. Vollzug 45
      7. Sanktionen 46
   VI. Kontrolluntersuchungen und Vergleichsmessungen in medizinischen Laboratorien .. 48
   VII. Aktive Medizinprodukte 50
      1. Definition 50
      2. Funktionsprüfung vor Inbetriebnahme 51
      3. Vom Betreiber beauftragte Person für Geräteeinweisung 52
      4. Dokumentation der Funktionsprüfung und Einweisung 53
      5. Sicherheitstechnische Kontrollen 54
   VIII. Medizinproduktebuch und Bestandsverzeichnis 55
   IX. Patienteninformation 56

D. **Gefahrenprävention** 57

E. **Konformitätsbewertung** 62

F. **Klinische Bewertung und klinische Prüfung** 68
   I. Besetzung der Ethikkommissionen 69
   II. Probandenversicherung 70
      1. Beschränkung auf materielle Schäden und Vermögensschäden 70
      2. Haftung nach dem Produkthaftungsgesetz bei Inverkehrbringen 71

G. **Haftung** 72
   I. Problemaufriss 72
   II. Grundtypen der Produkthaftung 75
   III. Produzentenhaftung 76
   IV. Haftungsvoraussetzungen 77
   V. Instruktions- und Warnpflicht . 78
   VI. Markt- und Produktbeobachtungspflichten 79
   VII. Sonderproblem: Wiederaufbereitung von (Einmal)-Medizinprodukten 80
      1. Zulässigkeit 80

§ 31 Grundzüge des Medizinprodukterechts

    2. Zweckbestimmung 81
    3. Aufklärung 82
H. Sicherungssysteme 83
    I. Anzeigepflicht 83
    II. Durchführung der Überwachung gem. § 26 MPG . 85
    III. Unberechtigte CE-Kennzeichnung (§ 27 MPG) 89
    IV. Verfahren zum Schutz vor Risiken (§ 28 MPG) 90
    V. Sicherheitsplan-System 95
I. Sicherheitsbeauftragter (§ 30 MPG) 99
J. Medizinprodukteberater (§ 31 MPG) 101

K. Werbung für und mit Medizinprodukten (Medizinprodukte und HWG) 102
L. Das Medizinprodukt in der gesetzlichen Krankenversicherung 103
    I. Praktische Relevanz 103
    II. Medizinprodukte als Hilfsmittel im SGB V 104
    III. Das Hilfsmittelverzeichnis gemäß § 139 SGB V 105
    IV. Kostenerstattung für Medizinprodukte in der GKV 106

Literatur

Anhalt/Dieners (Hrsg.), Handbuch des Medizinprodukterechts, 2003; **Anhalt/Lücker/Wimmer,** Abgrenzung Arzneimittel-Medizinprodukt: Pharmakologisch ist nicht biochemisch, PharmR 2007, 45; **Bäune,** Rechtsschutzfragen in der integrierten Versorgung, GesR 2006, 289; **Bender,** Die Wiederaufbereitung von Einmalartikeln – ein Aufklärungsproblem?, MedR 2000, 365; **Boldt,** Müssen gesetzliche Krankenkassen das Vergaberecht beachten?, NJW 2006, 3757; **Brock/Hannes,** Bedeutung des neuen Geräte- und Produktsicherheitsgesetzes für Arzneimittel und Medizinprodukte, PharmR 2004, 218; **Dettling,** Noch einmal: Abgrenzung von Arzneimitteln und Medizinprodukten – Erwiderung auf Anhalt/Lücker/Wimmer, PharmR 2007, 104; **Deutsch,** Schmerzensgeld für Unfälle bei der Prüfung von Arzneimitteln und Medizinprodukten?, PharmR 2001, 346; **Deutsch,** Arzneimittelkritik durch Ärztekommissionen, VersR 1997, 398; **Deutsch/Lippert/Ratzel,** Medizinproduktegesetz (MPG), 2002; **Flatten,** Die Haftung nach dem AMG, MedR 1993, 463; **Frehse,** Neue Werbemöglichkeiten des niedergelassenen Arztes mit Medizinprodukten, NZS 2003, 11; **Gassner,** Tissue Engineering im Normendschungel, MedR 2001, 553; **Gaßner/Reich-Malter,** Die Haftung bei fehlerhaften Medizinprodukten und Arzneimitteln, MedR 2006, 147; **Haindl/Helle,** Die Unzulässigkeit der Wiederverwendung von Einmal-Medizinprodukten, MedR 2001, 411; **Hart,** Arzneimittel- und haftungsrechtliche Aspekte neuer Krebstherapien, MedR 1997, 51; **Hill/Schmitt** (Hrsg.), Medizinprodukterecht (WiKo), Stand: 4. Ergänzungslieferung März 2006; **Kage,** Das Medizinproduktegesetz, 2004; **Klindt,** Das neue Geräte- und Produktsicherheitsgesetz, NJW 2004, 465; **Kloesel/Cyran,** Arzneimittelrecht, 103. Ergänzungslieferung, Stand 1.6.2006; **Knoche,** Haftung für Medizinprodukte: Beweisrechtliche Fragen, VersR 2005, 1614; **Laufs,** Arztrecht, 5. Auflage 1993; **Lippert,** Finanzielle Regelungen bei der klinischen Prüfung von Arzneimitteln und Medizinprodukten, GesR 2003, 67; **Lippert,** Vorteilsannahme und die Einwerbung von Drittmitteln durch Beschaffung von Medizinprodukten, GesR 2003, 144; **Lippert,** Die Durchführung der Funktionsprüfung bei Medizinprodukten durch den Anwender, GesR 2006, 249; **Lutterbeck,** Die Wiederverwendung von Einmal-Artikeln, Das Krankenhaus 1998, 342; **Merten,** Benannte Stellen: Private Vollzugsinstanzen eines Europäischen Verwaltungsrechts, DVBl 2004, 1211; **Meyer,** Die Konkurrenz von Produkthaftungsgesetz und Arzneimittelgesetz, MedR 1990, 70; **Nöthlichs/Weber** (Hrsg.), Sicherheitsvorschriften für Medizinprodukte, Stand: 24. Ergänzungslieferung April 2007; **Pitz,** Nochmals: Die Durchführung der Funktionsprüfung bei Medizinprodukten durch den Anwender – Erwiderung auf Lippert, GesR 2006, 491; **Ratzel,** Medizinproduktegesetz, Qualitätssicherung und Ressourcensteuerung unter besonderer Berücksichtigung der Wiederaufbereitung von „Einmal-Artikeln", MedR 2000, 560; **Rehmann/Wagner,** Medizinproduktegesetz, 2005; **Schneider,** Die Aufbereitung und Wiederverwendung von (Einweg-)Medizinprodukten – (Mehr-)Rechtssicherheit durch das Zweite Gesetz zur Änderung des Medizinproduktegesetzes!, MedR 2002, 453; **Schneider,** Nach wie vor umstritten – die Wiederverwendung von Einmal-Artikeln, MedR 1996, 267; **Schneider,** Die Wiederaufbereitung von Einmal-Artikeln – Ein nicht nur medizinisch-hygienisches Problem, MedR 1988, 166; **Schorn/Baumann,** Medizinprodukte-Recht, Stand: 17. Ergänzungslieferung Oktober 2004; **Seidel/Hartmann,** Die Aufnahme eines Hilfsmittels in das Hilfsmittelverzeichnis gemäß § 139 Abs. 2 SGB V – Der Konflikt zwischen Europarecht und nationalem Krankenversicherungsrecht, NZS 2006, 511; **Stumpf,** Zur Einstufung von Zahnbleichmitteln als Medizinprodukte oder Kosmetika, ZLR 2004, 221; **Zuck,** Die Aufnahme eines neuen Hilfsmittels in das Hilfsmittelverzeichnis (§ 139 SGB V), NZS 2003, 417.

A. Entstehungsgeschichte des Gesetzes

Die Medizinproduktrichtlinien des Europäischen Rates beruhen auf der neuen Konzeption der gegenseitigen Anerkennung (**praktische Konvergenz**) im Gegensatz zur Harmonisierung. Nach diesen Grundsätzen können Produkte, die in einem Mitgliedsstaat nach den dort geltenden Vorschriften auf den Markt gekommen sind, grundsätzlich in der gesamten Union frei vertrieben werden, wenn sie einem **gemeinsamen Schutzniveau** entsprechen. Dieses Konzept verlagert die technischen Anforderungen an die Produkte, die in den einzelnen Mitgliedsstaaten in unterschiedlicher Weise gesetzlich geregelt waren. Die europäischen Vorgaben für die neue medizinprodukterechtliche Gesetzgebung wurden in Gestalt von vier europäischen Richtlinien, der Richtlinie über aktive implantierbare medizinische Geräte 90/385 EWG, über Medizinprodukte 93/42 EWG, über In-vitro-Diagnostika 98/90 EG und der Richtlinie 2000/70 EG sowie der Richtlinie über Medizinprodukte hinsichtlich Medizinprodukten, die stabile Derivate aus menschlichem Blut oder Blutplasma enthalten, festgelegt. Diese vier großen Rechtsmaterien sind durch das Medizinproduktegesetz nunmehr in einem einzigen Gesetz vereinheitlicht. Vor Inkrafttreten des MPG war die Rechtsmaterie Medizinprodukterecht erheblich zersplittert und bedingt durch rechtliche Überschneidungen verschiedener Gesetze auch von Sicherheitslücken gekennzeichnet. Medizinische Produkte, die in ihrer Wirkungsweise eher physikalischer Natur waren, wie Verbandsstoffe, chirurgisches Nahtmaterial, ärztliche und zahnärztliche Instrumente wurden vor dem Inkrafttreten des MPG als Arzneimittel gem. § 6 Abs. 1a AMG (a.F.) behandelt. Eine sachgerechte Aufteilung nach der Wirkungsweise eines Produkts fehlte, so dass die strengen Anforderungen des AMG auch für Produkte galten, für die sie gar nicht erforderlich waren. Die wohl tiefgreifendste Änderung, die durch das Medizinproduktegesetz erfolgt ist, stellt die Zuordnung der In-vitro-Diagnostika zu den Medizinprodukten i.S.d. MPG dar. Die einschlägige Definition findet sich nun in § 3 Nr. 4 MPG. Das MPG ist am 1.1.1995 in Kraft getreten, lange Zeit aber wegen der geräumigen Übergangsfristen nur wenig zur Kenntnis genommen worden. Mit dem 1. MPG-ÄndG 1998 und dem 2. MPG-ÄndG zum 1.1.2002 ist das MPG an weitere EG-Richtlinien angepasst worden. Der 3. MPG-Novelle hat der Bundesrat[1] am 16.2.2007 zugestimmt; der Bundestag hat das Gesetz ohne Rücksicht auf einige Verbesserungsvorschläge am 14.6.2007 verabschiedet. Das 3. MPG-Änderungsgesetz ist am 30.6.2007 in Kraft getreten.[2]

B. Begriffsbestimmungen (§ 3 MPG)

I. Die Bedeutung der Norm

Die in der Vorschrift enthaltenen Definitionen ergeben sich im Wesentlichen aus Art. 1 der Richtlinien 90/385/EWG und 93/42 EWG. Die Vorschrift ist wichtig, weil „Medizinprodukte" sprachlich und rechtlich eine Vielzahl unterschiedlicher Instrumente, Vorrichtungen, Stoffe und Zubereitungen aus Stoffen oder andere Gegenstände einschließlich der für ein einwandfreies Funktionieren der Medizinprodukte eingesetzten Software umfassen, die wiederum zahlreichen anderen rechtlichen Regelungen[3] unterwor-

---
1 BR-Drucks 4/07.
2 BGBl I 2007, 1066 ff.
3 Siehe nur AMG, Gerätesicherheitsrecht, LFGB v. 2.9.2005, BGBl I 2005, 2618, Eich- und Messrecht, Elektro- und Elektronikgesetz (ElektroG) für die Entsorgung elektrischer Medizinprodukte u.a.

fen sein können. Die Abgrenzung kann im Einzelfall schwierig sein. Deshalb hat die EU Leitlinien[4] herausgegeben, die bei Streitfragen herangezogen werden können. Hat ein Produkt mehrere Funktionen, die es sowohl dem einen wie auch dem anderen Regelungsbereich zugehörig erscheinen lassen könnte, ist die **Zweckbestimmung**, unter der es in den Verkehr gebracht wurde und seine Hauptwirkung maßgeblich. Nicht unproblematisch ist, dass die 3. MPG-Novelle durch eine Einfügung von § 2 Abs. 2 MPG auch solche Produkte dem MPG unterwirft, die vom Hersteller nicht mit der Zweckbestimmung eines Medizinproduktes in Verkehr gebracht worden sind, aber als solche zum Einsatz kommen. Der Bundesrat hatte zu Recht kritisiert, dass dies eigentlich unnötig sei, weil die **Betreiberverantwortung** in diesen Fällen genüge. Nun müssen die Aufsichtsbehörden auch solche Produktanwendungen nach medizinprodukterechtlichen Kriterien kontrollieren, deren Ausgangsprodukte gar nicht erkennbar als Medizinprodukte in Verkehr gebracht wurden.

II. Die Zweckbestimmung gemäß § 3 Nr. 1 lit. a–d i.V.m. Nr. 10 MPG

3   Maßgeblich ist die Verwendung in Zusammenhang mit einer Erkrankung am Menschen, Verletzungen und Behinderungen, regelwidrigen Körperzuständen und der Empfängnisregelung. Ob das Produkt im Rahmen (zahn-)ärztlicher Behandlung eingesetzt wird, ist unerheblich. Auf der anderen Seite wird ein Produkt nicht alleine deswegen zum „Medizinprodukt", weil es von Ärzten eingesetzt wird, da Ärzte auch kosmetische[5] Verfahren ohne therapeutischen Charakter durchführen dürfen. Der Hersteller muss die Zweckbestimmung in der Gebrauchsanweisung angeben. Er hat damit prinzipiell die **Definitionsmacht**, aber nicht die Definitionshoheit. So kann er z.B. nicht ein Erzeugnis als „Medizinprodukt" ausgeben, das definitionsgemäß ein Arzneimittel ist oder dem die Zweckbestimmung gemäß § 3 Nr. 1 lit. a–d MPG fehlt. Weichen Angaben in den Werbematerialien, Verkaufsgesprächen oder auch der Gebrauchsanweisung voneinander ab, darf sich der Anwender nicht das Heraussuchen, was ihm am günstigsten ist. Vielmehr muss er sich beim Hersteller vergewissern, welche Angaben maßgeblich sind.[6] Verbindet der Hersteller mit dem Produkt jedoch eine Zweckbestimmung, deren Grund nicht in der Gebrauchstauglichkeit oder Verwendungsfähigkeit des Produkts liegt, sondern Kundenbindung und Konkurrenzabwehr zum Ziel hat, kann sie u.U. rechtsmissbräuchlich und damit unbeachtlich sein. Die Beweislast hierfür trägt allerdings derjenige, der sich auf diese Unverbindlichkeit beruft. Medizinprodukte werden schließlich durch eine negative Abgrenzung gegenüber Arzneimitteln definiert. Die Wirkungsweise darf weder pharmakologisch, immunologisch noch metabolisch sein. Eine gesetzliche Definition der pharmakologischen, immunologischen oder metabolischen Wirkung gibt es nicht. **Pharmakologisch** ist die Wirkung als Wechselwirkung zwischen den Molekülen des betreffenden Stoffes und einem gewöhnlich als Rezeptor bezeichneten Zellbestandteil, die entweder zu einer direkten Wirkung führt oder die Wirkung auf einen anderen Wirkstoff blockiert, zu beschreiben.[7] Auf die Frage, ob die

---

4   Dok. MEDDEV 13/93 und 14/93 rev. 4, auszugsweise abgedr. bei *Schorn/Baumann*, E.2.4 und E.2.3.
5   Kosmetika fallen unter das LFGB, nicht unter das MPG.
6   *Nöthlichs/Weber*, § 3 Anm. 2.10.
7   *Kloesel/Cyran*, § 2 Rn 93.

Wirkung in Bezug auf eine Gesundheitsgefährdung eintritt, soll es nicht ankommen.[8] Als **immunologisch** ist eine Wirkung definiert, die die Bildung spezifischer Antikörper zum Gegenstand hat, die ihrerseits eine veränderte Reaktionsbereitschaft des Körpers auf Antigene und einen Schutz vor Infektionen herbeiführen. Als **Metabolismus** wird die Metabolisierung, die Umsetzung eines Stoffes in einen oder mehrere andere Stoffe in einem biochemischen Prozess während der Körperpassage verstanden.[9]

Wie aus der Begriffsbestimmung für Medizinprodukte hervorgeht, können Medizinprodukte in ihrer Wirkungsweise durch pharmakologisch, immunologisch oder metabolisch wirkende Mittel unterstützt werden (§ 3 Nr. 1 MPG). Solche Mittel stammen in der Regel aus dem Bereich der Arzneimittel. Dem trägt § 3 Nr. 2 MPG Rechnung. Dort heißt es:

„Medizinprodukte sind auch Produkte nach Nummer 1, die einen Stoff oder eine Zubereitung aus Stoffen enthalten oder auf die solche aufgetragen sind, die bei gesonderter Verwendung als Arzneimittel im Sinne des § 2 Abs. 1 des Arzneimittelgesetzes angesehen werden können und die in Ergänzung zu den Funktionen des Produktes eine Wirkung auf den menschlichen Körper entfalten können."

Erst wenn der Zweck des „Arzneistoffes" mehr als nur eine Hilfsfunktion im Vergleich zur Hauptwirkung des Produkts ausübt, handelt es sich bei dem Produkt um ein Arzneimittel.

Beispiel
Knochenzement ist ein Medizinprodukt, weil er seinen intendierten Zweck (Fixierung einer Prothese) auf mechanische Art und Weise erreicht. Enthält der Knochenzement ein Antibiotikum, während sein beabsichtigter Hauptzweck die Fixierung von Prothesen bleibt, so handelt es sich nach wie vor um ein Medizinprodukt. In diesem Fall erfüllt das Antibiotikum klar eine Hilfsfunktion, nämlich die Reduktion einer möglichen Infektion beim Einbringen des Zements während der Operation. Im Rahmen der **Konformitätsbewertung** muss die benannte Stelle bezüglich des Antibiotikums ein Konsultationsverfahren mit einer Arzneimittel-Zulassungsbehörde ihrer Wahl vornehmen (vgl. Anhang I Nr. 7.4 der Richtlinie 93/42/EWG). Wenn jedoch der intendierte Verwendungszweck die Verabreichung des Antibiotikums ist und der Zement nur das Trägermaterial für diese lokale Anwendung darstellt, ist das Produkt als Arzneimittel zu bewerten. Andere Beispiele für Produkte, bei denen der Arzneimittelanteil die überwiegende Zweckbestimmung darstellt, sind (mit Arzneistoffen) vorgefüllte Spritzen oder (Arzneistoffe enthaltende) Pflaster zur transdermalen Anwendung. Spritzen allein sind jedoch Medizinprodukte (vgl. § 2 Abs. 2 S. 1 MPG); ebenso Pflaster zum Zwecke der Wundbehandlung, auch wenn sie Arzneistoffe enthalten, solange der Hauptzweck auf der Barrierefunktion des Pflasters beruht.

Typische Beispiele für Medizinprodukte, deren Wirkungsweise durch pharmakologisch, immunologisch oder metabolisch wirkende Mittel unterstützt wird, sind:
- heparinbeschichtete Katheter, bei denen das Heparin die Bioverträglichkeit des Katheters verbessert,

---

8 Vgl. EuGH, Urt. v. 9.6.2005 – C-211/03, C-299/03 und C-316/03 bis C-318/03, C-211/03, C-299/03, C-316/03, C-317/03, C-318/03 – A&R 2005, 84 ff.; siehe auch OVG Münster, Urt. v. 17.3.2006 – 13 A 1977/02 (Lactobact Omni FOS II), ZLR 2006, 302 ff.; vgl. jedoch auch *Kloesel/Cyran*, § 2 Rn 93.
9 *Kloesel/Cyran*, § 2 Rn 93.

- Wurzelfüllmaterialien mit Antibiotika, bei denen das Antibiotikum eine mögliche, mit dem zahnärztlichen Eingriff einhergehende Infektion reduziert,
- mit Antikoagulantien oder Konservierungsmitteln beschichtete Blutbeutel,
- mit Antiseptika dotierte Heftpflaster, bei denen das Antiseptikum durch seine keimreduzierende Wirkung den Hauptzweck des Heftpflasters als äußere Barriere (u.a. Schutz vor mikrobieller Kontamination) und damit die Wundheilung unterstützt,
- mit Hydoxylapatit oder anderen Materialien beschichtete Implantate, bei denen die Beschichtung der Erhöhung der Bioverträglichkeit und der besseren Verwachsung des Implantats mit dem umgebenden Gewebe dient.

7 Diese Arzneimittel-Medizinprodukt-Kombinationen, deren Haupt-Zweckbestimmung beim Medizinproduktanteil liegt, sind in der Regel gemäß Anhang IX Regel 13 der Richtlinie 93/42/EWG Medizinprodukte der Klasse III und die die Konformitätsbewertung durchführende Benannte Stelle muss bezüglich des Arzneimittelteils die zuständige Arzneimittel-Zulassungsbehörde konsultieren. Liegt dagegen bei festen Arzneimittel-Medizinprodukt-Kombinationen der Hauptzweck beim Arzneimittelanteil, so ist das ganze Produkt als Arzneimittel zuzulassen. In § 2 Abs. 3 MPG heißt es dazu:

„Werden die Medizinprodukte ... so in den Verkehr gebracht, dass Medizinprodukt und Arzneimittel ein einheitliches, miteinander verbundenes Produkt bilden, das ausschließlich zur Anwendung in dieser Verbindung bestimmt und nicht wieder verwendbar ist, gilt dieses Gesetz nur insoweit, als das Medizinprodukt die grundlegenden Anforderungen ... erfüllen muss, die sicherheits- und leistungsbezogene Produktfunktionen betreffen. Im Übrigen gelten die Vorschriften des Arzneimittelgesetzes."

8 Beispiele hierfür sind vorgefüllte Fertigspritzen, Nikotin-, Nitroglyzerin-, Antirheuma- oder Hühneraugenpflaster.

9 Unter nicht wieder verwendbar ist zu verstehen, dass von Seiten des Herstellers/pharmazeutischen Unternehmers eine Wiederbefüllung oder Wiederverwendung des Produkts nicht vorgesehen ist. Insofern fällt auch die Mehrfachdosierung aus einer vorgefüllten Fertigspritze darunter, weil die nach dem Aufbrauchen des Inhalts leere Spritze nicht wieder mit dem Arzneimittel gefüllt wird. Eine Mehrfachentnahme z.B. aus einem Behältnis ist grundsätzlich keine Wiederverwendung. Entsprechend stellt sich die Situation etwa bei einem Nikotinpflaster dar, weil jedes Pflaster bestimmungsgemäß nur einmal verwendet werden kann.

10 Die arzneimittelrechtliche Zulassung dieser Kombinationen erfolgt in der Regel durch das Bundesinstitut für Arzneimittel und Medizinprodukte (BfArM). Es prüft und bewertet u.a. die sicherheits- und leistungsbezogenen Funktionen des Medizinproduktanteils (z.B. des Spritzenkörpers oder des Pflasterträgermaterials). Der Antragsteller stellt die dazu notwendigen Dokumente zur Verfügung. Eine darüber hinausgehende Konformitätsbewertung des Medizinproduktteils durch den Antragsteller oder eine zusätzliche Konformitätsbewertung durch eine Benannte Stelle entfällt. Der Medizinproduktteil trägt auch kein CE-Zeichen.

11 Werden Medizinprodukte und Arzneimittel zusammen (aber lose) als eine (Verkaufs-)Einheit in den Verkehr gebracht (z.B. Vaginalcreme mit Applikator), handelt es sich nicht um eine Kombination im Sinne des § 2 Abs. 3 MPG. Dafür gelten einerseits die medizinproduktrechtlichen Vorschriften einschließlich CE-Kennzeichnung (hier für den Applikator) und andererseits die arzneimittelrechtlichen Vorschriften einschließlich Zulassungsnummer (hier für die Vaginalcreme). Diese Vorschriften sind unabhängig voneinander zu beachten bzw. einzuhalten, etwa im Rahmen der Konformitätsbewer-

tung (des Medizinprodukts) bzw. der Zulassung (des Arzneimittels), der Vertriebswege oder des Schutzes vor Vorkommnissen (z.B. Sicherheitsplan für Medizinprodukte) bzw. Arzneimittelrisiken (z.B. Alarm- und Maßnahmenplan). Dabei sind notwendige gegenseitige Kompatibilitäten bzw. Zusammenhänge zu beachten. Es empfiehlt sich, eine solche Kombinationspackung als (zusätzliche) Packungsgröße für das Arzneimittel im Rahmen der Zulassung anzuzeigen.

III. Sonderproblematik: Tissue Engineering

Tissue Engineering beinhaltet die Kultivierung oder Unterstützung der Kultivierung körpereigener Zellen in vivo oder in vitro. Anders ausgedrückt handelt es sich um die Vermehrung körpereigener Zellen bis hin zu funktionsfähigen „(Ersatz-)Organen", Gewebe und sonstigen Körperteilen.[10] Gerade im Bereich des modernen Tissue Engineering wurde diskutiert, ob diese Produkte Medizinprodukte im Sinne des MPG oder Arzneimittel im Sinne des AMG sind.[11] Dies hat für die Anwendung, das Inverkehrbringen und die Herstellung erhebliche Konsequenzen. Nach heute überwiegender Auffassung sind Tissue Engineering Produkte Arzneimittel im Sinne von § 2 Abs. 1 Nr. 5 AMG i.V.m. § 3 Nr. 3 AMG.

12

IV. In-vitro-Diagnostika (§ 3 Nr. 4–7 MPG)

Mit dem 2. MPG-Änderungsgesetz wurden in § 3 MPG spezielle Vorschriften für In-vitro-Diagnostika eingeführt. Gegenstand des MPG sind aber nur Reagenzien zur Messung der in § 3 Nr. 4 lit. a–d MPG beschriebenen Ziele am Menschen bzw. menschlichen Materials. Tierdiagnostika und Mittel zur Umwelt und/oder Lebensmittelanalyse fallen nicht unter das MPG.[12] Unter das MPG fallen auch Probenbehältnisse, soweit sie zur Applikation oder Entnahme des Medizinprodukts notwendig sind, nicht jedoch allgemeiner Laborbedarf. Nr. 5 erfasst die Selbstdiagnosegeräte. Nr. 6 enthält die Definition für „neue" In-vitro-Diagnostika, was wiederum für Umfang und Verantwortlichkeit der Anzeigepflichten im Rahmen des erstmaligen Inverkehrbringens (§ 25 Abs. 3 MPG) eine Rolle spielt. Nr. 7 stellt klar, dass auch Kalibrier- und Kontrollmaterialen unter das MPG fallen. Dies gilt jedoch nicht für Referenzmaterialien im Rahmen externer Qualitätssicherung, also z.B. für Ringversuche.

13

V. Sonderanfertigung (§ 3 Nr. 8 MPG)

Der Begriff der Sonderanfertigung ist eng auszulegen. Es handelt sich um eine echte **Einzelanfertigung** für einen konkreten Menschen und kann daher nicht auf Vorrat hergestellt werden. Ein serienmäßig hergestelltes Medizinprodukt, das für eine einzelne Person angepasst werden muss, wird rechtlich dadurch nicht zur Sonderanfertigung. Die Schriftform der notwendigen Verordnung richtet sich nach § 126 BGB. Sonderanfertigungen müssen kein Konformitätsverfahren durchlaufen und benötigen kein CE-Kennzeichen. Für sie gilt ein vereinfachtes Verfahren nach § 4 Abs. 2 MPV (aktive im-

14

---

10 Der Einsatzbereich wächst stark. Beispiele: Haut, Gefäße, Knochenersatzmaterialien, Knorpel, Herzklappen.
11 *Gassner*, MedR 2001, 553 ff.; siehe auch Argument aus § 2 Abs. 2 Nr. 4 MPG.
12 Z.B. Chemikaliengesetz oder AMG.

plantierbare Produkte), § 5 Abs. 4 MPV (In-vitro-Diagnostika) oder § 6 Abs. 5 MPV (sonstige Medizinprodukte).

VI. Zubehör (§ 3 Nr. 9 MPG)

15 Die Zubehöreigenschaft orientiert sich an § 97 BGB. Es muss nach der Zweckbestimmung des Herstellers notwendig sein, damit das Medizinprodukt seine bestimmungsgemäße Aufgabe erfüllen kann. Beispiele finden sich in den europäischen Guidelines MEDDEV 2.1/1. Jederzeit austauschbare Standardteile wie z.B. Batterien sind kein Zubehör und fallen nicht unter das MPG. § 3 Nr. 9 S. 2 MPG ordnet Gegenstände zur Probenentnahme nicht als Zubehör, sondern als eigenständiges Medizinprodukt ein.

VII. Inverkehrbringen (§ 3 Nr. 11 MPG)

16 § 3 Nr. 11 MPG definiert das „Inverkehrbringen" als jede Abgabe von Medizinprodukten an andere. Die Vorschrift geht damit über den Richtlinientext hinaus, der nur das erstmalige „Inverkehrbringen" anspricht. Ausgenommen ist nur die Abgabe im Rahmen einer klinischen Prüfung oder das erneute Überlassen eines Medizinproduktes nach seiner Inbetriebnahme beim Anwender an einen anderen, es sei denn, dass es aufgearbeitet oder wesentlich verändert worden ist. Abgabe an andere ist gleichbedeutend mit der Erlangung des unmittelbaren Besitzes. Die Erlangung des mittelbaren Besitzes reicht ebenso wie die Besitzdienerschaft i.S.v. § 855 BGB nicht aus, da beim mittelbaren Besitz die unmittelbare Sachherrschaft fehlt und der Besitzdiener die Sachherrschaft nur für den Besitzherrn ausübt.[13] Deshalb liegt auch kein „Inverkehrbringen" vor, wenn der Lohnsterilisierer die Produkte nach erfolgter Sterilisation wieder an das Krankenhaus zurückgibt, denn er war bestenfalls Besitzdiener. Fraglich ist, ob das Anwenden eines Medizinprodukts am Patienten ein Inverkehrbringen im Sinne des § 3 Nr. 11 MPG sein kann. In der Rechtsprechung zum Arzneimittelrecht wird dies für den Fall verneint, dass der Patient selbst keine unmittelbare Verfügungsgewalt über das Arzneimittel erhält.[14] In die gleiche Richtung geht § 10 Abs. 1 MPG. Danach müssen Medizinprodukte, die eine CE-Kennzeichnung tragen und die entsprechend ihrer Zweckbestimmung innerhalb der vom Hersteller vorgesehenen Anwendungsbeschränkungen zusammengesetzt werden, um in Form eines Systems oder einer Behandlungseinheit erstmalig in den Verkehr gebracht zu werden, keinem Konformitätsbewertungsverfahren unterzogen werden. Angenommen, diese Norm wäre einschlägig, ist allerdings § 10 Abs. 2 MPG von Bedeutung. Denn diese Norm besagt, dass das Gesamtsystem dann einem neuen Konformitätsbewertungsverfahren unterzogen werden muss, wenn es Komponenten enthält, die entgegen ihrer ursprünglichen Zweckbestimmung verwendet wurden. Die Abgabe und Anwendung von Arzneimitteln in Krankenhäusern und Arztpraxen im Rahmen der Patientenbehandlung ist keine Abgabe an andere.[15] Gibt ein Krankenhaus, eine Praxis oder ein Sterilisierer hingegen Medizinprodukte an andere (Häuser) ab, liegt ein „Inverkehrbringen" mit der Folge vor, dass z.B. das Konformitätsverfahren durchlaufen werden muss.

---

13 Ähnlich WiKo § 3 S. 21.
14 OLG Bremen – 2 U 60/87, PharmR 1987, 241; BVerwG – 3 C 42/9, NVwZ 1994, 1013; OVG Münster – 13 A 568/95, NJW 1998, 847.
15 OLG Bremen – 2 U 60/87, PharmR 1987, 241; siehe auch *Kloesel/Cyran*, § 4 Rn 39.

B. Begriffsbestimmungen (§ 3 MPG) § 31

Gemäß § 11 Abs. 3 MPG wird das BMG ermächtigt, mit Zustimmung des Bundesrats und Einvernehmen des Bundesministeriums für Wirtschaft durch Rechtsverordnung für bestimmte Medizinprodukte Vertriebswege vorzuschreiben. Dies ist mit der Verordnung über **Vertriebswege** für Medizinprodukte[16] geschehen. Medizinprodukte sind dann apothekenpflichtig, wenn sie nach der Verordnung über die Verschreibungspflicht von Medizinprodukten verschreibungspflichtig – oder in der Anlage zur Verordnung aufgeführt sind. Selbst diese Medizinprodukte sind aber dann nicht apothekenpflichtig, wenn sie vom Hersteller an andere Hersteller von Medizinprodukten, deren Bevollmächtigten, Einführer von Medizinprodukten oder Händler von Medizinprodukten abgegeben werden, die ihrerseits diese Produkte nicht an Anwender oder Betreiber mit Ausnahme von Apotheken, Krankenhäusern und Ärzten, Zahnärzten oder anderen anerkannten Arzneimittelbeschaffungsstellen abgeben. Gemäß § 6 MPVerschrV sind im Übrigen solche Medizinprodukte nicht verschreibungs- und damit auch nicht apothekenpflichtig, soweit sie ihrer Zweckbestimmung nach nur von einem Arzt oder Zahnarzt angewendet werden können.

VIII. Das „als neu aufbereitete" Medizinprodukt

Die Gleichsetzung des „als neu aufbereiteten" Medizinprodukts mit einem neuen Medizinprodukt in § 3 Nr. 11 S. 2 MPG ist gesetzestechnisch unbefriedigend gelöst. Sie wird damit erklärt, dass derartige „wieder aufbereitete" Medizinprodukte nur unter den Voraussetzungen der §§ 8, 10, 12 Abs. 1 MPG vom Hersteller i.S.v. § 3 Nr. 15 MPG wieder in den Verkehr gebracht werden dürfen.[17] Der Begriff des **„Aufbereitens"** ist in § 3 Nr. 14 MPG definiert. Die **Resterilisation** (auch bei Einmalartikeln) und Reparatur von Medizinprodukten für eigene Zwecke ist keine neue Aufbereitung i.S.d. MPG. Anderes gilt jedoch dann, wenn diese Produkte für Dritte wieder aufbereitet werden, da dann ein erneutes Inverkehrbringen vorliegt.[18]

IX. Hersteller (§ 3 Nr. 15 MPG)

Der Herstellerbegriff des MPG stellt nicht auf die faktische, sondern auf die rechtliche Herstellerstellung ab. Hersteller ist danach auch derjenige, der von anderen gefertigte Medizinprodukte unter eigenem Namen an andere abgibt. Entscheidend ist mithin die Verantwortung für die Abgabe an andere, nicht das Ausmaß des Eingebundenseins in den Herstellungsprozess.[19] Hersteller können nur natürliche oder juristische Personen sein. Danach scheiden z.B. nichtrechtsfähige Vereine als Hersteller aus. Die Frage, ob Personengesellschaften juristische Personen sind, ist für § 3 Nr. 15 MPG eher von „akademischer" Bedeutung,[20] da niemand ernstlich in Zweifel stellt, dass BGB-Gesellschaften, OHGs oder KGs selbstverständlich „Hersteller" i.S.v. § 3 Nr. 15 MPG sein können. Der Herstellerbegriff ist unabhängig davon, ob diese Tätigkeit von dieser Person oder stellvertretend für diese von einer dritten Person ausgeführt wird. Die dem Hersteller nach diesem Gesetz obliegenden Verpflichtungen gelten auch für die natürliche oder juristische Person, die ein oder mehrere vorgefertigte Medizinprodukte montiert, abpackt, behandelt, aufbereitet, kennzeichnet oder für die Festlegung der Zweckbestim-

---

16 BGBl I 1997, 3148.
17 *Schorn*, § 3 Anm. 19.
18 So schon *Kloesel/Cyran* für § 2 AMG, Rn 54.
19 *Schorn/Baumann*, § 3 Rn 48.
20 Ausführlicher Problemaufriss bei *Schorn/Baumann*, § 3 Rn 50–54.

mung als Medizinprodukt im Hinblick auf das erstmalige Inverkehrbringen im eigenen Namen verantwortlich ist. Nach § 3 Nr. 15 S. 3 MPG gilt dies nicht für natürliche oder juristische Personen, die – ohne Hersteller im Sinne des Satzes 1 zu sein – bereits in Verkehr gebrachte Medizinprodukte für einen namentlich genannten Patienten entsprechend ihrer Zweckbestimmung montieren oder anpassen. Hersteller ist demnach nicht, wer Medizinprodukte, die bereits eine CE-Kennzeichnung tragen, i.S.v. § 10 Abs. 1 MPG zusammensetzt, um sie in Form eines Systems oder einer Behandlungseinheit in den Verkehr zu bringen. Dies ist deshalb von besonderer Bedeutung, weil man sich jedenfalls in den Fällen, in denen entgegen ausdrücklicher Herstellerangaben fremde Systemkomponenten verwendet wurden, nicht auf die Ausnahmevorschrift in § 10 Abs. 1 MPG (Anwendung gemäß Zweckbestimmung des Herstellers) berufen könnte,[21] es sei denn die Zweckbestimmung wäre einzig mit dem Ziel ausgesprochen, den Kunden zur Abnahme des Gesamtsystems zu verpflichten ohne das hierfür ein sachlicher Grund gegeben ist. Bezieht man sich auf die einschlägige höchstrichterliche arzneimittelrechtliche Rechtsprechung,[22] ist das Tatbestandsmerkmal des „Inverkehrbringens" allerdings nicht erfüllt, wenn man die Auffassung verträte, es handele sich nicht um eine „Abgabe an andere", da es an einem Wechsel der Verfügungsgewalt fehle. Eine einschlägige medizinprodukterechtliche Rechtsprechung hierzu existiert noch nicht. Nach diesseitiger Auffassung erscheint es jedoch problematisch, die arzneimittelrechtliche Rechtsprechung unkritisch auf diesen Fall zu übertragen. Denn im Falle der Verabreichung eines Arzneimittels in der Arztpraxis ist dieses Arzneimittel zwar in der Tat einer Verfügung durch den Patienten entzogen, zumal die Wirkmechanismen in einem überschaubaren Zeitraum abnehmen werden. Im Falle der Prothese kann der Patient zwar auch nicht direkt auf das Medizinprodukt einwirken; es handelt sich jedoch um eine sehr körperliche und plastische, auf Dauer angelegte reale Abgabe. Dementsprechend hat das Bundesministerium für Gesundheit 1996 für Zahnprothesen festgestellt, dass die Zahnarztlabore für diese Prothesen eine Herstellungserlaubnis benötigen, weil es sich bei dem Einsetzen um eine Abgabe an andere handele.[23] Folgt man dieser Auffassung, wird die Möglichkeit der Berufung auf die Ausnahmevorschrift in § 10 Nr. 1 MPG noch wichtiger. Wenn diese Möglichkeit nämlich abgeschnitten wäre, hätte dies zur Folge, dass der Klinikträger als Hersteller des Gesamtsystems ein Medizinprodukt in Verkehr bringt, ohne eine Herstellungserlaubnis gehabt zu haben, geschweige denn, dass ein ordnungsgemäßes Konformitätsbewertungsverfahren vorliegen würde.

X. Benannte Stellen (§ 3 Nr. 20 MPG)

20 Benannte Stellen sind für die Durchführung und Prüfung zuständige unabhängige Unternehmen oder Anstalten. Ihre Aufgabe ist die Zertifizierung der Durchführung des Konformitätsbewertungsverfahrens. Ihre Rechtsform ist unerheblich. Sie üben keine hoheitliche Gewalt aus und sind damit keine Beliehenen.[24] Zwar ist ihre Akkreditierung gemäß § 20 MPG öffentlich-rechtlich ausgestaltet; ihre Beziehungen zum Hersteller sind jedoch ausschließlich privatrechtlicher Natur, so dass bei Streitigkeiten zwischen

---

21 *Deutsch/Lippert/Ratzel*, § 10 Rn 2.
22 OLG Bremen – 2 U 60/87, PharmR 1987, 241; BVerwG – 3 C 42/9, NVwZ 1994, 1013; OVG Münster – 13 A 568/95, NJW 1998, 847.
23 Nachweise bei *Nöthlichs/Weber*, § 3 Anm. 2.11.6.
24 WiKo § 3 Anm. 19. Ihre Stellung ist mit der „zugelassenen Stelle" gemäß § 9 Abs. 1 Gerätesicherheitsgesetz vergleichbar, hierzu BGH – III ZR 160/75, NJW 1978, 2548; OLG Hamm – 11 U 51/90, NVwZ 1990, 1105.

Hersteller und Benannter Stelle über die Erteilung des CE-Kennzeichens im Regelfall der Zivilrechtsweg gegeben ist. In der Regel wird man die vertraglichen Beziehungen zwischen Benannter Stelle und Hersteller als Werkvertrag qualifizieren können. Akkreditierungen Benannter Stellen für nichtaktive Medizinprodukte erfolgen durch die **Zentralstelle der Länder (ZLG)** bzw. bei aktiven Medizinprodukten durch die **Zentralstellen der Länder für Sicherheitstechnik (ZLS)**. Diese Akkreditierungsstellen sind Körperschaften des öffentlichen Rechts. Streitigkeiten zwischen Benannter Stelle und Akkreditierungskörperschaft z.B. im Rahmen von Ablehnung der Akkreditierung, Rücknahme, Widerruf oder Auflagen gehören daher vor die Verwaltungsgerichte. Die Akkreditierung wird regelmäßig befristet. Ein Hersteller ist nicht verpflichtet, Benannte Stellen seines „Heimatlandes" zu beauftragen. Er kann jede für sein Medizinprodukt geeignete Benannte Stelle innerhalb der EU beauftragen. Deren Zertifikat/Entscheidung gilt innerhalb der gesamten EU. Zwischen Akkreditierungsstelle und Hersteller gibt es keine direkten Rechtsbeziehungen. Ist eine Akkreditierungsstelle mit einem Konformitätsverfahren einer Benannten Stelle und nachfolgender CE-Anbringung durch den Hersteller nicht einverstanden, hat sie mannigfaltige Möglichkeiten, z.B. über die Androhung gegenüber der Benannten Stelle, ggf. deren Akkreditierung zu widerrufen, Druck auszuüben, das CE-Kennzeichen auszusetzen oder zurückzuziehen (§ 18 MPG).

XI. Bisher: In-Haus-Herstellung, künftig: Eigenherstellung (§ 3 Nr. 21 MPG)

Gemäß § 3 Nr. 21 MPG sind Medizinprodukte aus In-Haus-Herstellung Produkte, die in einer Gesundheitseinrichtung hergestellt werden, um in der Betriebsstätte oder in Räumen in unmittelbarer Nähe der Betriebsstätte angewendet zu werden, ohne dass sie in Verkehr gebracht werden oder die Voraussetzungen nach § 3 Nr. 8 MPG erfüllen. Bezüglich der Inbetriebnahme gelten aber die erleichterten Regelungen für Sonderanfertigungen entsprechend, § 12 Abs. 1 S. 3 MPG. Die Regelungen zur Verantwortlichkeit, § 5 MPG, und zur Überwachung, § 14 MPG i.V.m. MPBetreibVO, gelten aber auch für diese Produkte. Da diese Produkte nicht in den Verkehr gebracht werden, gilt das ProdHaftG nicht. Für eine Haftung des Herstellers muss also ein konkreter Verstoß gegen Vorschriften des MPG bzw. der einschlägigen Verordnungen nachgewiesen werden. Beliefert ein Krankenhaus jedoch andere Krankenhäuser, Heime oder Arztpraxen, gelten nicht die Sondervorschriften für Produkte aus Eigenherstellung, sondern die Produkthaftung wie für jeden anderen Hersteller auch.[25] Diese auf den ersten Blick logische Konsequenz führt in der Praxis zu unerwünschten Ergebnissen. Eine Krankenhausapotheke kann nach Abschluss entsprechender Kooperationsverträge problemlos andere Krankenhäuser mit den von ihr hergestellten Arzneimitten beliefern. Viele Medizinprodukte waren vor Inkrafttreten des MPG fiktive Arzneimittel i.S.d. AMG. Die Regelung in § 3 Nr. 21 i.V.m. § 12 MPG führt nun dazu, dass ihre Herstellung und Belieferung beispielsweise in einem Krankenhausverbund gegenüber Arzneimitteln erschwert wird. Setzt sich ein Krankenhausträger über diese unsinnige Ungleichbehandlung hinweg, bringt er ein Medizinprodukt unerlaubt in den Verkehr und setzt sich damit einem nicht geringen Risiko aus. Der Gesetzgeber sollte hier nachbessern.

---

25 EuGH – C-203/99, NJW 2001, 2781.

XII. In-vitro-Diagnostika aus Eigenherstellung (§ 3 Nr. 22 MPG i.d.F. der 3. MPG-Novelle)

22 Darunter versteht man In-vitro-Diagnostika, die in Laboratorien von Gesundheitseinrichtungen hergestellt werden, um in diesen Laboratorien oder in Räumen in unmittelbarer Nähe zu diesen angewendet werden, ohne dass sie in Verkehr gebracht werden. Diese Ausnahmeregelung gilt nicht für In-vitro-Diagnostika, die in industriellem Maßstab hergestellt werden.

C. Betreiben und Instandhalten[26]

I. Einführung zur Medizinproduktebetreiberverordnung

23 Der 1. Abschnitt der Medizinproduktebetreiberverordnung (MPBetreibV) enthält die Allgemeinen Vorschriften für das Errichten, den Betrieb und die Anwendung von Medizinprodukten sowie die Regelung über den Anwendungsbereich. Rechtsgrundlage für die MPBetreibV war ursprünglich §§ 22 Abs. 2, 23 Abs. 2, 24 Abs. 2 und 36 Abs. 4 und 5 MPG. Durch das 2. Gesetz zur Änderung des Medizinproduktegesetzes hat sich zwar die Rechtsgrundlage, nicht aber der wesentliche Inhalt der Verordnung verändert. Rechtsgrundlage ist nunmehr § 37 Abs. 5 i.V.m. §§ 14 und 27 Abs. 8 i.V.m. § 33 MPG in der Neufassung. Die Verordnung schreibt dabei im Wesentlichen das fest, was bisher bereits in der (nunmehr aufgehobenen) Medizingeräteverordnung (MedGV) an bewährten Vorschriften für den Betrieb von Medizinprodukten enthalten war und adaptiert sie an das Medizinproduktegesetz. Dies ändert nichts daran, dass in der Praxis (vor allem in den Krankenhäusern, in denen die Mehrzahl der Medizinprodukte betrieben wird), nach wie vor das größte Gefährdungspotential für die Patienten aus der Anwendung nicht ordnungsgemäß eingesetzter und gewarteter Medizinprodukte durch häufig nicht ordentlich eingewiesenes Personal resultiert. Vor allem die MedGV aber auch die MPBetreibV haben dabei das Niveau des Gefahrenbewusstseins von Betreibern wie Anwendern bereits deutlich erhöht. Häufig fehlt aber noch das Verständnis dafür, dass die Vorschriften der MPBetreibV einen stetigen Prozess in Gang gesetzt haben, der alle in ihm Tätigen laufend fordert, den Vorschriften Rechnung zu tragen. Mit einer einmaligen Beachtung der Vorschriften ist es also nicht getan.

II. Personeller und sachlicher Anwendungsbereich

24 Die MPBetreibV richtet sich an Errichter, Betreiber, Anwender und Instandhalter von Medizinprodukten. Errichter ist derjenige, der das Medizinprodukt am Betriebsort aufstellt und für den Betrieb vorbereitet. Bei ihm kann es sich um Personal des Herstellers handeln, aber auch um solches des Betreibers.[27] Der Errichter wird dadurch aber weder zum Hersteller noch zum Betreiber. Als **Errichter** muss er über die hierfür erforderlichen Kenntnisse und Erfahrungen oder eine entsprechende Ausbildung verfügen. **Betreiber**[28] eines Medizinproduktes ist derjenige, der die tatsächliche Sachherrschaft über das Medizinprodukt ausübt. Betreiber ist etwa auch der Geräteverantwortliche, der die

---

26 Siehe hierzu *Deutsch/Lippert/Ratzel*, §§ 1 bis 4 MPBetreibV.
27 Anders *Nöthlichs/Weber*, § 1 Anm. 1.1.1.
28 *Nöthlichs/Weber*, § 1 Anm. 1.1.1, § 2 Anm. 2.3.

Aufgaben des Betreibers über Medizinprodukte in einem bestimmten Bereich wahrnimmt. **Anwender**[29] ist diejenige natürliche Person, die das Medizinprodukt tatsächlich anwendet (oder implantiert). Betreiber und Anwender können auch personenidentisch sein. Sowohl der Betreiber wie auch der Anwender müssen über eine entsprechende Ausbildung und die für das Betreiben und Anwenden erforderlichen Kenntnisse und Erfahrungen verfügen. Sachlich bezieht sich die MPBetreibV auf Medizinprodukte im Sinne von § 3 Nr. 1 MPG samt Zubehör (§ 3 Nr. 9 MPG). Der Verordnung unterfallen ferner Medizinprodukte, die quasi Arzneimittel (§ 3 Nr. 2 MPG) und die quasi Blutprodukte sind (§ 3 Nr. 3 MPG), die In-vitro-Diagnostika und solche zur Eigenanwendung (§ 3 Nr. 4u. 5 MPG), Kalibriermaterial (§ 3 Nr. 7 MPG) sowie Sonderanfertigungen und In-Haus-Herstellungen (§ 3 Nr. 8 MPG). Ausgenommen vom Geltungsbereich sind lediglich Medizinprodukte, die zur klinischen Prüfung oder zur Leistungsbewertungsprüfung bestimmt sind sowie Medizinprodukte, die nicht gewerblich oder wirtschaftlich genutzt werden und an denen keine Arbeitnehmer beschäftigt werden. Die MPBetreibV findet Anwendung auf alle in Deutschland errichteten, betriebenen, angewendeten und instandgehaltenen Medizinprodukte. Dazu zählen auch Medizinprodukte, die in deutschen Luftfahrzeugen und unter deutscher Flagge fahrenden See- und Binnenschiffen[30] errichtet, betrieben, angewendet und instandgehalten werden. Auf wesentliche Änderungen eines Medizinproduktes findet die MPBetreibV keine Anwendung. Die wesentlichen Änderungen sind unter Berücksichtigung von §§ 4 und 14 MPG zu beurteilen.[31]

III. Allgemeine Anforderungen

1. Sachliche Anforderungen

§ 2 MPBetreibV umschreibt die Rahmenbedingungen innerhalb derer Medizinprodukte errichtet, betrieben, angewendet und instandgehalten werden dürfen. Errichter, Betreiber, Anwender und Instandhalter sind dabei einmal an die Zweckbestimmung des Herstellers gebunden, zum anderen an die Vorschriften der MPBetreibV (und wohl auch an die Vorschriften des MPG). § 2 Abs. 1 S. 1 MPBetreibV enthält nunmehr den früher in § 22 MPG a.F. enthaltenen (überflüssigen) Hinweis, dass die Arbeitsschutz- und Unfallverhütungsvorschriften einzuhalten seien. Sie sind geltendes Recht und daher einzuhalten. Einzuhalten sind auch alle anderen in Betracht kommenden geltenden Rechtsvorschriften, auch wenn auf sie in der Verordnung nicht ausdrücklich in Bezug genommen wird. Medizinprodukte werden häufig miteinander verbunden und zu einem neuen Medizinprodukt vereinigt. § 2 Abs. 3 MPBetreibV schreibt vor, dass dies nur geschehen darf, wenn die Einzelkomponenten unter Berücksichtigung ihrer Zweckbestimmung dazu geeignet sind und wenn die Sicherheit von Patienten, Anwendern, Beschäftigten oder Dritten gewährleistet ist.

2. Persönliche Anforderungen

§ 2 MPBetreibV will sicherstellen, dass nur ausreichend befähigtes Personal beim Errichten, Betreiben, Anwenden und Instandhalten eingesetzt wird. Die für die jeweilige Fähigkeit zu fordernde Befähigung wird dabei differenziert gesehen werden müssen.

---

29 *Nöthlichs/Weber*, § 2 Anm. 2.4.
30 *Nöthlichs/Weber*, § 1 Anm. 2.2.
31 *Nöthlichs/Weber*, § 1 Anm. 6.

Der Anwender wird eine andere Befähigung nachweisen müssen als der Errichter oder der Betreiber oder der Instandhalter. Die Befähigung hängt auch wiederum von der Art des Medizinproduktes und von der von ihm bei zweckentsprechender Handhabung ausgehenden Gefährdung ab. § 2 Abs. 2 MPBetreibV schreibt keine bestimmten Kenntnisse und Fähigkeiten vor. Die für die genannten Tätigkeiten erforderliche Befähigung kann nach der Verordnung zum einen durch eine entsprechende Ausbildung erbracht werden (so es eine solche überhaupt gibt) oder durch entsprechende (anderweitig erworbene) Kenntnisse und Erfahrungen. Auf das Vorliegen derjenigen Kenntnisse und Fähigkeiten, die in einer geregelten Ausbildung erworben und durch eine Prüfung nachzuweisen waren, kann sich derjenige, der einen anderen mit einer entsprechenden Aufgabe beauftragt, gemeinhin verlassen, auch wenn stichprobenhafte Kontrollen angebracht sind. Für den Betreiber ist in § 2 Abs. 4 MPBetreibV die Verpflichtung, nur ausreichend befähigtes Personal mit dem Errichten und Anwenden von Medizinprodukten zu betrauen, nochmals ausdrücklich nominiert.

27 Errichter ist, wer das Medizinprodukt am Anwendungsort aufstellt, damit es in Betrieb genommen werden kann. Dieser muss nicht die Befähigung des Anwenders haben. Es genügt, wenn er imstande ist, das Medizinprodukt zu errichten.

28 Betreiber ist derjenige, der die Sachherrschaft über das Medizinprodukt ausübt. Wendet er das Medizinprodukt etwa als Arzt in der Praxis an, so kann er zugleich Anwender sein. Ansonsten benötigt er die Befähigung des Anwenders nicht. Er hat allerdings dafür zu sorgen, dass nur ausreichend befähigtes Personal Medizinprodukte anwendet.

29 Der Anwender muss zunächst die allgemeinen Anforderungen des § 2 Abs. 2 MPBetreibV erfüllen und zusätzlich der Pflicht zur Funktionsprüfung aus Abs. 5 nachkommen. Bei der Anwendung von aktiven Medizinprodukten tritt nach § 5 MPBetreibV noch die entsprechende (auch zu dokumentierende) Einweisung hinzu.

30 Der Pflicht zur Funktionsprüfung kommt in der Praxis große Bedeutung zu. Sie ist für den Anwender eigentlich die letzte Chance Funktionsmängel des Medizinproduktes vor seiner Anwendung festzustellen und es stilllegen zu können, ehe es zu einer Gefährdung des Patienten, Dritter oder des Anwenders selbst kommen kann.

31 In einigen Bereichen im Krankenhaus ist es üblich, dass speziell ausgebildetes Personal Medizinprodukte aufbereitet, weil dies zu seinen Aufgaben gehört. Dieses Assistenzpersonal wendet das Medizinprodukt aber nicht an, sondern bereitet es lediglich vor. Hier obliegt dem Anwender nach wie vor die Funktionsprüfung. Die Praxis handhabt dies aber wohl nicht immer so.

32 § 2 Abs. 7 MPBetreibV enthält eine Sondervorschrift für die Errichtung, das Betreiben und die Anwendung von Medizinprodukten in explosionsgefährdeten Bereichen. Hier ist die einschlägige Vorschrift zu beachten.

3. Vollzug

33 Im Rahmen der Medizinprodukteüberwachung kann die Verwaltungsbehörde durch Anordnungen nach § 28 Abs. 2 MPG und ggf. mit den Mitteln des Verwaltungszwanges auf die Einhaltung und Beachtung der Verpflichtungen aus § 2 MPBetreibV dringen.

IV. Meldung von Vorkommnissen

Die Meldungen von Risiken und Zwischenfällen richtet sich nach der Medizinprodukte-Sicherheitsplanverordnung (dazu siehe Rn 95 ff.).

V. Instandhaltung

1. Persönliche Voraussetzungen

Die Verpflichtung, Medizinprodukte instandzuhalten, richtet sich ausschließlich an den Betreiber. Er darf damit nur sachkundige Personen, Betriebe und Einrichtungen betrauen. Diese müssen die sachlichen Voraussetzungen für eine ordnungsgemäße Instandhaltung erfüllen.

2. Instandhaltung von Medizinprodukten

Nicht zu Unrecht legt die Medizinproduktebetreiberverordnung besonderen Wert darauf, dass Medizinprodukte Instand gehalten werden. Denn die Praxis zeigt, dass nicht sachgemäß instandgehaltene Medizinprodukte sehr schnell zu einer Gefahr für Patienten und Anwender werden können. Die Verordnung subsumiert unter dem Begriff der Instandhaltung die Wartung einschließlich der Sterilisation, die Inspektion, die Instandsetzung sowie die Reinigung, Desinfektion und Sterilisation.

Der Begriff der **Instandhaltung** lässt sich folgendermaßen definieren. Er umfasst alle Maßnahmen, die vorsorglich zu treffen sind, um zu verhindern, dass ein Medizinprodukt unvorhergesehen versagt.[32] Diese Maßnahmen sind vor Eintritt des Verschleißes notwendig. Eigentlich müsste die **Inspektion** vor der Wartung rangieren, denn die Inspektion ist zeitlich gesehen die erste Instandhaltungsmaßnahme. Geprüft wird, ob das Medizinprodukt sich noch in einem fortdauernd sicheren Zustand befindet oder ob äußerlich erkennbare Mängel bestehen.[33] Die Pflicht zur Inspektion wird nicht schon dadurch erfüllt, dass sich der Anwender von dem ordnungsgemäßen Zustand des Medizinproduktes (Funktionsprüfung) überzeugt. Die **Wartung** geht über die Inspektion hinaus. Sie umfasst Maßnahmen, die erforderlich sind, um Verschleiß- und Alterungserscheinungen zu verhindern, also die ursprüngliche Betriebsfähigkeit des Medizinproduktes zu erhalten.[34] Die Instandsetzung schließlich soll dazu dienen, den Verschleiß oder die Beschädigung von Medizinprodukten durch handwerkliche Arbeit zu beseitigen und Medizinprodukte in ihren früheren, betriebsbereiten Zustand zurück zu versetzen.

Eine gesteigerte Pflicht zur Instandhaltung besteht für Medizinprodukte im Sinne der Anlage 1. Diese Medizinprodukte unterliegen zusätzlich einer besonderen sicherheitstechnischen Kontrolle nach § 6.[35] § 11 sieht überdies messtechnische Kontrollen für Medizinprodukte mit Messfunktionen vor. Art, Umfang und zeitliche Intervalle der Instandhaltungsmaßnahmen schreibt der Verordnungsgeber nicht vor. Diese richten sich nach dem Stand der Technik und den Vorgaben des Herstellers. Hat der Hersteller aller-

---

32 *Nöthlichs/Weber*, § 4 Anm. 2.1.
33 *Nöthlichs/Weber*, § 4 Anm. 2.1.
34 *Nöthlichs/Weber*, § 4 Anm. 2.1.
35 *Nöthlichs/Weber*, § 4 Anm. 2.1.

dings keine Kontrollintervalle angegeben, sind diese spätestens alle zwei Jahre durchzuführen (§ 6 Abs. 1 S. 3 MPBetreibV).

39 Ebenfalls vom Begriff der Instandhaltung umfasst werden die Reinigung, Desinfektion und Sterilisation von Medizinprodukten (§ 4 Abs. 2 MPBetreibV). Abs. 2 geht dabei auf die Anhänge 1 der Richtlinien 93/42 (Nr. 13.6) und 90/385 (Nr. 14.1) zurück. Reinigung, Desinfektion und Sterilisation sind nach den Angaben des Herstellers in einem validierten Verfahren durchzuführen, so dass der Erfolg dieser Verfahren nachvollziehbar gewährleistet ist. Das Verfahren ist so auszulegen, dass es weder die Gesundheit noch die Sicherheit von Patienten, Anwendern oder Dritten gefährdet. Warum der Verordnungsgeber nur bei den Maßnahmen nach § 4 Abs. 2 MPBetreibV vorschreibt, dass die Verfahren die Gesundheit und Sicherheit von Patienten, Anwendern und Dritten nicht gefährden dürfen, ist nicht so recht einzusehen, denn auch die Instandhaltungsmaßnahmen dürfen dies nicht. Letztlich kann die Frage aber dahingestellt bleiben, denn die erfolgreiche Durchführung aller Instandhaltungsmaßnahmen muss zum Ziel haben, dass der Betrieb jeden Medizinprodukts weder den Patienten noch den Anwender oder gar Dritte gefährdet. Dieser allgemeine Vorbehalt gilt immer und ist daher von Hersteller, Betreiber und Anwender in jedem Fall zu beachten.

3. Der mit der Instandhaltung Beauftragte

40 Wen der Betreiber mit der Instandhaltung seiner Medizinprodukte betraut, obliegt seiner freien Entscheidung. Er kann sie selbst mit eigenem Personal durchführen, er kann damit den Hersteller oder eine Einrichtung beauftragen, die sich auf derlei Maßnahmen spezialisiert hat. Wichtig ist dabei lediglich, dass das Ergebnis der Maßnahmen ein Medizinprodukt ist, das weder den Patienten noch den Anwender noch Dritte schädigt oder gefährdet. Die beauftragten Personen, Betriebe oder Einrichtungen müssen die erforderliche Sachkenntnis haben und die Voraussetzungen für die ordnungsgemäße Erfüllung der Aufgabe gewährleisten sowie über die erforderlichen Mittel verfügen. Übernimmt der Betreiber selbst die Instandhaltung, so muss er die Anforderungen von § 4 Abs. 3 MPBetreibV erfüllen.

41 Der mit der Instandhaltung Beauftragte muss entweder aufgrund praktischer Erfahrungen oder durch eine einschlägige Ausbildung die erforderlichen Sachkenntnisse zur Erfüllung dieser Aufgaben haben. Die Sachkenntnisse sind medizinproduktebezogen und hier auf die Art der Instandhaltungsmaßnahme hin zu prüfen und nachzuweisen. Eine Weisungsfreiheit der mit der Instandhaltung Beauftragten braucht, abgesehen von den in Absatz 4 genannten Fallgestaltungen, nicht gegeben zu sein. Obgleich eigentlich selbstverständlich, regelt § 4 Abs. 3 Nr. 2 MPBetreibV, dass dem mit der Instandhaltung Beauftragten die erforderlichen Sachmittel zur Verfügung gestellt werden müssen.

4. Reinigung, Desinfektion, Sterilisation

42 Während die Sterilisation eines Medizinproduktes unter die Definition der Instandhaltung nach § 4 Abs. 1 S. 1 MPBetreibV subsumiert wird, erweitert § 4 Abs. 2 MPBetreibV ersichtlich den Begriff auch noch um die Reinigung und Desinfektion. Die Vorschrift geht zurück auf die Anhänge 1 der Richtlinien 90/385 – EWG (Nr. 14.1) und 93/42 – EWG (Nr. 13.6 lit. h), wobei die Sterilisierung im Vordergrund steht. Reinigung, Desinfektion und Sterilisation sind nach Angaben des Herstellers – in validierten also nachvollziehbaren – Verfahren durchzuführen.

Die **Resterilisation** von Einmalartikeln im Krankenhaus durch dieses oder durch einen Lohnsterilisierer außerhalb ist möglich. Festzuhalten bleibt allerdings, dass der Hersteller die Verantwortung nur für das erste Inverkehrbringen (und Verwenden) übernehmen will.[36] Die Verantwortung für das erneut steril gemachte Medizinprodukt übernimmt derjenige, der es nach dem Verfahren erneut einsetzt und anwendet, ggf. gemeinsam mit demjenigen, der die Resterilisierung durchgeführt hat, als Gesamtschuldner (siehe Rn 16, 18 im Übrigen auch Rn 50 ff.).

5. Eintragung im Medizinproduktebuch

§ 7 Abs. 2 Nr. 4 MPBetreibV sieht vor, dass Maßnahmen der Instandhaltung im Medizinproduktebuch mit den dort aufgeführten Aufgaben zu dokumentieren sind.

6. Vollzug

Die Instandhaltung von Medizinprodukten unterliegt der Überwachung nach § 26 Abs. 1 MPG. Stellt die Behörde Mängel fest, so hat sie durch geeignete personelle und sachliche Änderungen auf Abhilfe zu dringen. Dulden Instandhaltungsmaßnahmen keinen Aufschub, so kann die Behörde auch die sofortige Stilllegung des Medizinproduktes anordnen (§ 28 Abs. 2 MPG).

7. Sanktionen

Ordnungswidrig handelt, wer Personen, Betriebe oder Einrichtungen mit der Instandhaltung von Medizinprodukten beauftragt, die nicht die Sachkenntnis, die Voraussetzungen und die erforderlichen Mittel zur Ausführung der Instandhaltung besitzen (§ 13 Nr. 2 MPBetreibV).

Ordnungswidrig handelt, wer die Reinigung, Desinfektion oder Sterilisation von Medizinprodukten nicht oder nicht nach den Angaben des Herstellers mit geeigneten validierten Verfahren durchführt (§ 13 Nr. 3 MPBetreibV).

VI. Kontrolluntersuchungen und Vergleichsmessungen in medizinischen Laboratorien

§ 4a MPBetreibV ist 2002 in die Verordnung eingeführt und ist Folge der Einbeziehung auch von In-vitro-Diagnostika in das Medizinproduktegesetz. § 4a MPBetreibV verpflichtet denjenigen, der quantitative labormedizinische Untersuchungen durchführt zur Teilnahme an Qualitätssicherungsmaßnahmen. Dies geschieht einmal durch Kontrolluntersuchungen als Maßnahme interner Qualitätssicherung und durch Teilnahme an Ringversuchen (externe Qualitätssicherung), und zwar jedes Quartal. Anzuwenden sind die Richtlinien der Bundesärztekammer zur Qualitätssicherung in medizinischen Laboratorien.

Eine Ordnungswidrigkeit begeht, wer bei qualitativ labormedizinischen Untersuchungen keine internen und externen Kontrolluntersuchungen durchführt oder die Ergebnisse nicht überwacht (§ 13 Nr. 3a MPBetreibV). Eine Ordnungswidrigkeit begeht auch, wer die Unterlagen über die Kontrolluntersuchungen oder die Bescheinigungen über

---

36 Wie hier *Nöthlichs/Weber*, § 4 Anm. 5.2.

die Teilnahme an Ringversuchen überhaupt nicht, nicht mindestens fünf Jahre aufbewahrt oder nicht rechtzeitig vorlegt (§ 13 Nr. 3b MPBetreibV).

VII. Aktive Medizinprodukte

1. Definition

50 Eine Definition für aktive Medizinprodukte ist nach dem 2. MPG-ÄndG nicht mehr im Gesetz enthalten. Zusammengefasst handelt es sich um Medizinprodukte, deren Funktion durch eine Energiequelle, i.d.R. Strom, unterstützt oder ermöglicht wird. Verwiesen wird auf die in der Anlage 1 genannten Medizinprodukte. Dies sind ausschließlich aktive nicht implantierbare Medizinprodukte.

2. Funktionsprüfung vor Inbetriebnahme

51 Es handelt sich um die Funktionsprüfung durch den Hersteller bzw. eine von ihm beauftragte Person im Rahmen der Übergabe, also nicht um die ggf. tägliche Überprüfung durch das dafür verantwortliche ärztliche und nichtärztliche Personal beim Betreiber.

3. Vom Betreiber beauftragte Person für Geräteeinweisung

52 Die vom Betreiber zu beauftragende Person muss, wie auch der Anwender, die Qualifikation nach § 2 Abs. 2 MPBetreibV erfüllen. Sie hat ihrerseits wiederum die Anwender einzuweisen. Bei der Einweisung ist festzustellen, ob die Anwender die Voraussetzungen nach § 2 Abs. 2 MPBetreibV erfüllen. Dies setzt je nach Gerät und den damit zusammenhängenden Fachkenntnissen voraus, dass sich die einweisende Person nicht nur auf die Gebrauchsinformation beschränkt,[37] sondern auch die intellektuelle Aufnahme der vermittelten Information zu überprüfen hat.

4. Dokumentation der Funktionsprüfung und Einweisung

53 Die Funktionsprüfung und die Einweisung sowie der Name der vom Betreiber beauftragten Person sind im Medizinproduktebuch zu dokumentieren. Dies gilt auch für die Namen der Eingewiesenen sowie den Zeitpunkt der Einweisung (§ 7 Abs. 2 Nr. 2 und 3 MPBetreibV).

5. Sicherheitstechnische Kontrollen

54 Die Kontrollpflicht erstreckt sich auf alle aktiven Medizinprodukte, nicht nur die in der Anlage 1 genannten, soweit der Hersteller derartige Kontrollen vorgeschrieben hat. Für die in der Anlage 1 aufgeführten aktiven Medizinprodukte gilt die Kontrollpflicht auch dann, wenn sie der Hersteller nicht vorgeschrieben hat. Für die Fristen sind zunächst die Herstellerangaben maßgeblich. Fehlen sie, gelten Erfahrungswerte. Hat der Betreiber keine eigenen Erfahrungswerte, muss er sich kundig machen. § 6 Abs. 1 S. 3 MPBetreibV sieht als Obergrenze zwei Jahre vor. Sowohl die Herstellerfristen als auch die Regelhöchstfrist kann von der zuständigen Überwachungsbehörde verlängert werden,

---

[37] OLG Hamm – 3 U 11/99, VersR 2001, 464; zum Umfang der Instruktionspflicht eines Herstellers nach § 3 Abs. 3 GerätesicherheitsG.

wenn dadurch keine Risikoerhöhung zu erwarten ist. Für die in Anlage 2 aufgeführten Medizinprodukte gelten gesonderte Kontrolltermine. Nicht jeder festgestellte Mangel führt zu einer Stilllegung oder Meldepflicht. Meldepflichtig sind vielmehr nur die Vorkommnisse nach § 3 MPBetreibV i.V.m. der Medizinprodukte-Sicherheitsplanverordnung.

VIII. Medizinproduktebuch und Bestandsverzeichnis

§ 7 MPBetreibV enthält detaillierte Vorschriften über den Inhalt des Medizinproduktebuchs sowie die aufzeichnungspflichtigen Angaben. Das Medizinproduktebuch kann digitalisiert geführt werden, sofern die Verfügbarkeit der Daten gesichert ist. Es handelt sich um eine öffentlich-rechtliche Konkretisierung der ohnehin bestehenden zivilrechtlichen Dokumentationspflichten. Nach der Außerbetriebnahme eines Medizinproduktes ist das Medizinproduktebuch noch fünf Jahre aufzubewahren (§ 9 Abs. 2 S. 2 MPBetreibV). Weiter gehende Aufbewahrungsfristen z.B. für die ärztliche Dokumentation bleiben unberührt. Die jederzeitige Zugänglichkeit des Medizinproduktebuchs ist wichtig, damit sich die Verantwortlichen bei einem Zwischenfall sofort ein Bild machen können. Für die Aufmachung eines Medizinproduktebuchs gibt es, soweit die Pflichtangaben eingetragen werden können, keine bestimmte Vorgabe. Verbände[38] und andere private Anbieter halten Muster vorrätig.

55

IX. Patienteninformation

§ 10 MPBetreibV enthält Vorschriften zur Patienteninformation bei aktiven implantierbaren Medizinprodukten. Sie gehen insoweit über die Vorschriften der ärztlichen Dokumentation hinaus, als die für die Implantation verantwortliche Person verpflichtet wird, dem Patienten nach Abschluss der Implantation eine schriftliche Information über die in § 10 genannten Punkte auszuhändigen. Die Vorschrift konkretisiert mithin Inhalt und Form der sog. Sicherungsaufklärung.

56

D. Gefahrenprävention

Gemäß § 4 Abs. 1 MPG ist es verboten, Medizinprodukte in den Verkehr zu bringen, zu errichten, in Betrieb zu nehmen, zu betreiben oder anzuwenden, wenn der begründete Verdacht besteht, dass sie die Sicherheit und Gesundheit der Patienten, der Anwender oder Dritter bei sachgemäßer Anwendung, Instandhaltung und ihrer Zweckbestimmung entsprechender Verwendung über ein nach den Erkenntnissen der medizinischen Wissenschaft vertretbares Maß hinausgehend unmittelbar oder mittelbar gefährden, oder das Datum abgelaufen ist, bis zu dem eine gefahrlose Anwendung nachweislich möglich ist. Die Gefahr muss nicht konkret bestehen, es genügt der begründete Verdacht. Für den begründeten Verdacht sind konkrete Anhaltspunkte notwendig, bloße Vermutungen reichen nicht aus. Ist das Medizinprodukt mit einem CE-Kennzeichen versehen, gehen die Prüfbehörden in der Regel davon aus, dass keine konkrete Gefährdung besteht. Hier sind allenfalls Stichproben veranlasst, es sei denn, es liegen entsprechende Zwischenfallmeldungen vor.

57

---

38 Beispielsweise Muster des ZVEI – Zentralverband Elektrotechnik- und Elektronikindustrie e.V.

58 Der Adressatenkreis der Norm scheint klar. Dennoch wird in der Literatur[39] die Auffassung vertreten, Adressat sei nur der Besitzer eines Medizinprodukts, der dieses Medizinprodukt zu gewerblichen oder wirtschaftlichen Zwecken verwendet oder der im Gefahrenbereich eines Medizinprodukts Arbeitnehmer beschäftigt. Diese Einschränkung hätte zur Folge, dass z.B. ein angestellter Krankenhausarzt nicht Adressat der Norm wäre, so dass sich ein betroffener Patient nur an den rechtlichen Betreiber des Medizinprodukts, in diesem Falle z.B. das Krankenhaus wenden könnte. Nach wohl zutreffender Ansicht[40] dürfte eine derartige Reduktion des Adressatenkreises unzutreffend sein.

59 § 4 Abs. 1 Nr. 2 MPG a.F. stellte auf das vom Hersteller angegebene Verfallsdatum ab. Ist es abgelaufen, greift die Norm, unabhängig davon, ob dem Produkt tatsächlich eine Gefahr ausgeht. Hat der Hersteller kein Verfallsdatum angegeben, handelt es sich nicht um einen Fall von § 4 Abs. 1 Nr. 2 MPG, sondern um einen Fall von § 4 Abs. 2 MPG, weil der Hersteller damit den Eindruck erweckt, das Medizinprodukt sei für einen beliebig langen Zeitraum gefahrlos zu benutzen. Ein Medizinprodukt ohne Angabe eines Verfallsdatums dürfte darüber hinaus im Grunde genommen kein CE-Kennzeichen bekommen. Weil der Begriff des Verfallsdatums durch den Hersteller zum Teil zu eng ausgelegt wurde, wird er jetzt in der Norm gestrichen.

60 § 4 Abs. 2 MPG enthält keine abschließende Regelung. Ziel der Vorschrift ist es, denjenigen, der Medizinprodukte verwendet, insbesondere auch den Verbraucher, der Medizinprodukte selbst erwirbt und in eigener Verantwortung anwendet, vor Täuschungen zu bewahren, die sich aus marktschreierischer Werbung, überzogenen Angaben und hochgeschraubten Erwartungen ergeben können.

61 § 4 MPG ist Schutzgesetz im Sinne von § 823 Abs. 2 BGB.

E. Konformitätsbewertung

62 Gem. § 6 Abs. 1 S. 1 MPG ist die **CE-Kennzeichnung** Voraussetzung für das Inverkehrbringen und die Inbetriebnahme von Medizinprodukten. Werden bereits im Verkehr befindliche oder in Betrieb genommene CE-zertifizierte Medizinprodukte neu aufbereitet oder wesentlich verändert, dürfen sie nicht ohne neuerliche CE-Kennzeichnung nach erneutem Konformitätsbewertungsverfahren in Verkehr gebracht bzw. in Betrieb genommen werden (siehe hierzu auch § 3 Nr. 11 MPG). Keine erneute Durchführung eines Konformitätsbewertungsverfahrens ist erforderlich, wenn ein bereits CE-zertifiziertes Medizinprodukt im Sinne von § 3 Nr. 14 MPG aufbereitet wird, ohne dass eine Abgabe an andere erfolgt.

63 Das für ein Medizinprodukt notwendige Konformitätsbewertungsverfahren ergibt sich aus der **Medizinprodukteverordnung (MPV)**. Neben den dort genannten Fällen (§ 4 MPV, aktive implantierbare Produkte; § 5 MPV, Konformitätsbewertungsverfahren für In-vitro-Diagnostika; § 5a MPV, Konformitätsbewertungsverfahren für unter Verwendung von tierischem Gewebe hergestellte Medizinprodukte) bestimmt sich das richtige Verfahren gem. § 6 MPV nach der Klasse, in die ein Medizinprodukt einzuordnen ist. Die Klassifizierung ist in § 13 MPG erwähnt, bislang aber nicht im Detail ausgeführt. Die **Klassifizierungsregeln** ergeben sich aus Art. 9 der Richtlinie 90/385 und 93/42 EWG i.V.m. Anhang IX der Richtlinie 93/42. Es gibt folgende Klassen: I, II a, II b und III. Künftig soll dies durch den neuen § 13 Abs. 4 MPG transparenter werden. Danach

---

[39] *Nöthlichs/Weber*, § 4 Anm. 2.
[40] *Rehmann/Wagner*, § 4 Rn 20.

werden alle Entscheidungen über die Klassifizierung von Medizinprodukten und zur Abgrenzung von Medizinprodukten zu anderen Produkten an das DIMDI übermittelt und dort in einer Datenbank gesammelt. Die Zugangsberechtigung zu den DIMDI-Datenbanken richtet sich nach § 5 DIMDIV.

Der Klasse I unterliegen Produkte mit geringem Risikopotential. Folglich erfordern diese Produkte auch nur die geringste Kontrolle (z.B. Tupfer, Fixierbinden, OP-Bekleidung, Krankenpflegeartikel, orthopädische Hilfsmittel). Die Mehrzahl aller Medizinprodukte sind Produkte der Klasse I. Bei Produkten dieser Klasse bringt der Hersteller das CE-Zeichen i.d.R. selbst an. 64

Klasse II a gilt für Produkte mit mittlerem Risikopotential (z.B. die Mehrzahl der Katheter und invasiven Produkte). Produkte mit erhöhtem Risikopotential unterfallen der Klasse II b (z.B. chirurgisch-invasive Einmalprodukte, Implantate (Brustimplantate aber Klasse III), Blutbeutel und Produkte zur Empfängnisverhütung). 65

Die Klasse III ist für Produkte mit besonders hohem Risikopotential vorgesehen. Diese Produkte erfordern die umfangreichste Kontrolle (Wundschnellverbände, Herzklappen, Implantate aus resorbierbaren Materialien etc.). Gelenkersatz für Hüfte, Knie und Schulter fällt nach der Änderung von § 9 der MPV[41] ebenfalls unter Klasse III (Übergangsbestimmung in § 11 MPV). Wurde ein Medizinprodukt nicht richtig klassifiziert, also z.B. einer zu niedrigen Risikoklasse zugeordnet, liegt kein ordnungsgemäßes Konformitätsbewertungsverfahren vor. Die CE-Kennzeichnung wurde zu Unrecht angebracht. Das Inverkehrbringen des Medizinprodukts kann untersagt werden. 66

Ob neben dem CE-Zeichen andere Zeichen angebracht werden dürfen, ist umstritten. Das GS-Zeichen für „geprüfte Sicherheit" darf jedenfalls nicht neben dem CE-Zeichen angebracht werden. Das OLG Frankfurt[42] hielt es allerdings für zulässig, wenn in einem Werbeblatt für ein Medizinprodukt bei der Nennung des Produkts neben der CE-Kennzeichnung Hinweise auf DIN-Normen und Zertifikate enthalten sind, die ein Medizinprodukt erfüllen und erlangen muss, um die CE-Kennzeichnung zu führen. Die Benannte Stelle, kann die von ihr erteilte Bescheinigung einschränken, aussetzen oder zurückziehen, es sei denn, dass der Verantwortliche durch geeignete Abhilfemaßnahmen die Übereinstimmung mit den Voraussetzungen, die im Konformitätsbewertungsverfahren nachzuweisen sind, gewährleistet (§ 18 MPG). 67

F. Klinische Bewertung und klinische Prüfung

Die Einzelheiten der klinischen Bewertung und der klinischen Prüfung sind in §§ 19 ff. MPG geregelt. Die klinische Bewertung umfasst nicht nur den vorgesehenen Verwendungszweck. Sie schließt auch die Beurteilung von Nebenwirkungen ein. Bei Vorlage der klinischen Bewertung muss entweder eine Zusammenstellung der wissenschaftlichen Literatur und ein schriftlicher Bericht mit einer kritischen Würdigung der Literatur vorgelegt werden. Anstelle der Eignung aufgrund der Literatur und des Berichts kann auch das Ergebnis einer klinischen Prüfung vorgelegt werden. Die Voraussetzungen für eine klinische Prüfung sind in § 20 MPG enthalten. Auf folgende Besonderheiten ist hinzuweisen: 68

---

41 BGBl I 2007, 155.
42 OLG Frankfurt, Urt. v. 17.8.2000 – 6 U 98/99, EWiR 2000, 1171.

I. Besetzung der Ethikkommissionen

69 Die im Rahmen der klinischen Prüfung anzurufenden Ethik-Kommissionen müssen interdisziplinär besetzt und beim BfArM registriert sein. Anders als im AMG und im TFG muss es also nicht eine nach Landesrecht gebildete Ethikkommission sein. Lehnt die Ethikkommission eine positive Begutachtung ab, kann mit der Studie dennoch begonnen werden, wenn die nach Landesrecht zuständige Behörde[43] nicht innerhalb von 60 Tagen widerspricht. Ein Schweigen der Behörde macht also eine negative Stellungnahme einer Ethikkommission unwirksam. Umgekehrt kann die Behörde eine Entscheidung einer Ethikkommission aufheben oder beseitigen, wenn z.B. eine übermäßige und/oder unvertretbare Gefährdung der Probanden zu befürchten ist. Ethikkommissionen können sowohl öffentlich-rechtlich wie auch privat-rechtlich organisiert sein. Eine Verpflichtung, in jedem Fall neben einer Begutachtung durch eine private Ethikkommission das Votum einer öffentlich-rechtlichen von der Ärztekammer eingerichteten Kommission einzuholen, wird zum Teil für unzulässig gehalten.[44]

II. Probandenversicherung

1. Beschränkung auf materielle Schäden und Vermögensschäden

70 Besonderheiten ergeben sich im Rahmen der klinischen Prüfung eines Medizinprodukts. Nach § 20 MPG muss hierfür eine Probandenversicherung abgeschlossen sein, die jedoch regelmäßig – derzeit – nur materielle Schäden und Vermögensschäden, aber keinen immateriellen Schaden ersetzt.[45] Seitdem im Rahmen der Produkthaftung aber auch ein Schmerzensgeldanspruch geltend gemacht werden kann, kann hier gegenwärtig eine Deckungslücke bestehen.[46]

2. Haftung nach dem Produkthaftungsgesetz bei Inverkehrbringen

71 Für den Hersteller von Medizinprodukten gilt das ProdHaftG unmittelbar. Überlegungen, wieweit der Ausschluss in § 15 ProdHaftG bei Arzneimitteln reicht,[47] sind bei Medizinprodukten schon dem Grunde nach nicht anzustellen, weil eine vergleichbare Regelung fehlt. Auf die Ausnahmevorschrift in § 1 Abs. 2 Nr. 3 ProdHaftG kann der Hersteller sich regelmäßig nicht berufen, da die Herstellung des Medizinprodukts im Rahmen seiner Berufstätigkeit erfolgt. Fraglich ist, ob sich der Hersteller auf die Ausnahmevorschrift in § 1 Abs. 2 Nr. 1 ProdHaftG (kein Inverkehrbringen) berufen kann. Denn nach § 3 Nr. 11a MPG stellt die Abgabe von Medizinprodukten zum Zwecke einer klinischen Prüfung kein Inverkehrbringen dar. Dies kann aber nur für den Begriff des Inverkehrbringens i.S.d. MPG gelten. Denn im MPG ist das Inverkehrbringen ein Rechtsbegriff, an den sich vielfältige Pflichten anknüpfen. Das Inverkehrbringen i.S.v.

---

[43] Bekanntmachung der zuständigen Behörden der Länder und der für den Bereich der Bundeswehr zuständigen Stelle für die Anzeigen von klinischen Prüfungen nach § 20 Abs. 6 MPG und Leistungsbewertungsprüfungen nach § 24 Abs. 2 MPG v. 6.11.2002, BAnz. Nr. 225 v. 31.12.2002.
[44] VG Stuttgart – 4 K 5787/00, NJW 2002, 529; im Ergebnis bestätigt VGH Mannheim – 9 S 2506/01, NJW 2003, 983.
[45] § 6 der Probandenversicherungsbedingungen.
[46] *Deutsch*, PharmR 2001, 346 ff.
[47] *Deutsch*, PharmR 2001, 346 ff.; *Meyer*, MedR 1990, 70 ff.; *Flatten*, MedR 1993, 463 ff.; *Hart*, MedR 1997, 51, 56.

§ 1 Abs. 2 Nr. 1 ProdHaftG stellt jedoch auf den faktischen Verlust der Herrschaftsgewalt über das Produkt ab.[48] Deshalb sollten die Bedingungen für die Probandenversicherung angepasst werden. Für den Medizinproduktehersteller kann derzeit eine Deckungslücke bestehen.

G. Haftung

I. Problemaufriss

Mögliche Anspruchsteller sind:
- Der Patient gegenüber den Beteiligten;
- der Anwender oder dritte Geschädigte gegenüber dem Hersteller und der Benannten Stelle;
- der Angehörige gegenüber allen Beteiligten;
- der Hersteller gegenüber der Benannten Stelle.

72

Anspruchsgegner sind:
- Der Hersteller des Medizinprodukts gegenüber Ansprüchen des Patienten, des Verwenders und möglicherweise anderer Geschädigter;
- der Anwender des Medizinprodukts gegenüber dem Patienten und möglicherweise Dritten;
- die Benannte Stelle gegenüber dem Patienten, Hersteller, Anwender und möglicherweise Dritten;
- die zuständige Behörde gegenüber Patienten und möglicherweise auch Herstellern.

73

Insbesondere im Krankenhaus, aber nicht nur dort, gibt es Fallkonstellationen, in denen der Hersteller zugleich Anwender ist.[49] Wiederum andere Rollen können im Rahmen der sog. „Eigenherstellung" gemäß § 3 Nr. 21 i.V.m. 12 MPG auftreten.

74

II. Grundtypen der Produkthaftung

Grundtypen der Produkthaftung beziehen sich auf Konstruktionsfehler, Fabrikationsfehler, Instruktionsfehler[50] und die Produktbeobachtungspflicht. In diesem Zusammenhang gewinnt insbesondere die Medizinprodukte-Sicherheitsplanverordnung[51] vom 24.6.2002 an Bedeutung. Die in § 3 dieser Verordnung statuierten Meldepflichten sind eine praktische Konkretisierung der Produktbeobachtungspflicht.

75

III. Produzentenhaftung

Neben der Produkthaftung ist die Produzentenhaftung nach § 823 BGB zu beachten.[52] Für die Produzentenhaftung gelten die unter Nr. 2 dargestellten Fehlergruppen der Produkthaftung gleichermaßen. Sie spielt außerdem im Bereich des Regresses eine Rolle.

76

---

48 Palandt/*Thomas*, § 1 ProdHaftG, Rn 14.; ebenso *Hart*, MedR 1997, 51, 56.
49 EuGH – C-203/99, NJW 2001, 2781.
50 OLG Hamm – 3 U 11/99, VersR 2001, 464; *Gaßner/Reich-Malter*, MedR 2006, 147 ff.
51 BGBl I 2002, 2131 ff.
52 OLG Düsseldorf – 4 U 154/77, NJW 1978, 1693; OLG Hamburg – 6 U 55/81, VersR 1984, 793; OLG Hamm – 3 U 11/99, VersR 2001, 464; siehe auch *Deutsch/Lippert/Ratzel*, Anhang zu § 40, Rn 18.

Wird ein Leistungserbringer im Gesundheitswesen von einem Patienten erfolgreich wegen eines Schadens durch ein Medizinprodukt in Anspruch genommen, kann dieser Leistungserbringer den Produzenten seinerseits in Regress nehmen, wenn der Schaden auf einem Fehler des Produkts beruht und die sonstigen Voraussetzungen der Produkthaftung gegeben sind.

IV. Haftungsvoraussetzungen

77 Die Produkthaftung des Herstellers nach dem Produkthaftungsgesetz bezieht sich auf den Fehler des Medizinprodukts. Durch ihn muss eine Person getötet, ihr Körper oder ihre Gesundheit verletzt oder eine Sache beschädigt worden sein. Ein Medizinprodukt ist fehlerhaft, wenn es nicht die Sicherheit bietet, die unter Berücksichtigung aller Umstände – und des Zeitpunktes, zu dem es in den Verkehr gebracht wurde – berechtigterweise erwartet werden kann.[53] Die Verletzung muss durch den Fehler verursacht worden sein; das bloße „nicht funktionieren" reicht nicht aus. Die Ersatzpflicht des Herstellers entfällt, wenn der Fehler noch nicht zum Zeitpunkt des Inverkehrbringens bestand,[54] wenn das Medizinprodukt nicht für den Verkauf oder eine andere Form des Vertriebs, sondern zu einem wissenschaftlichen Zweck hergestellt wurde, oder wenn der Fehler darauf beruht, dass das Medizinprodukt zwingenden Rechtsvorschriften entsprochen hat. Im MPG wird die Produkthaftung um einen Gefährdungstatbestand ergänzt. Gemäß § 4 Abs. 1 MPG ist es verboten, Medizinprodukte in den Verkehr zu bringen, zu errichten, in Betrieb zu nehmen, zu betreiben oder anzuwenden, wenn der begründete Verdacht besteht, dass sie die Sicherheit und die Gesundheit der Patienten, der Anwender oder Dritter bei sachgemäßer Anwendung, Instandhaltung und ihrer Zweckentsprechung entsprechender Verwendung über ein nach den Erkenntnissen der medizinischen Wissenschaften vertretbares Maß hinausgehend unmittelbar oder mittelbar gefährden oder das Datum abgelaufen ist,[55] bis zu dem eine gefahrlose Anwendung nachweislich möglich ist. Der früher als Zusatz zu § 4 Abs. 1 Nr. 2 MPG enthaltene Begriff des „Verfallsdatums" ist die 3. MPG-Novelle aufgegeben worden. § 4 MPG ist Schutzgesetz im Sinne von § 823 Abs. 2 BGB.[56]

V. Instruktions- und Warnpflicht

78 § 14 MPG i.V.m. § 5 MPBetreibVO stellt eine Spezialnorm für Instruktionsfehler dar. Danach darf der Betreiber ein in der Anlage 1 zur MPBetreibVO aufgeführtes Medizinprodukt erst in Betrieb nehmen, wenn der Hersteller oder eine von ihm dazu befugte Person, die im Einvernehmen mit dem Hersteller handelt, dieses Medizinprodukt am Betriebsort einer Funktionsprüfung unterzogen hat und die vom Betreiber beauftragte Person anhand der Gebrauchsanweisung sowie beigefügter sicherheitsbezogener Infor-

---

53 Rostfrei bei medizinischen Instrumenten bedeutet nicht, dass es nicht zu Korrosion oder Rostbildung kommen kann. Rostfrei ist keine zugesicherte Eigenschaft, OLG Köln, Urt. v. 6.2.2002 – 11 U 269/98, OLGR 2002, 161.
54 Zur Befundsicherungpflicht des Herstellers bei eingesandten Produkten und Umkehr der Beweislast bei unzureichender Aufbewahrung, OLG Hamm – 3 U 133/99, NJW-RR 2001, 1539.
55 BGH – VI ZR 65/93, VersR 1994, 562 zur Verpflichtung des Chefarztes einer Kinderklinik, organisatorisch dafür zu sorgen, dass bei Gummiwärmflaschen, die zur Verwendung in Inkubatoren bestimmt sind, das Anschaffungsdatum erfasst wird, damit sie nach relativ kurzer Gebrauchsdauer wieder ausgesondert werden können.
56 *Deutsch/Lippert/Ratzel*, § 4 Rn 15.

mationen in die sachgerechte Handhabung und Anwendung des Medizinproduktes eingewiesen hat. Dabei erstreckt sich die Instruktions- und Warnpflicht bei Medizinprodukten nicht nur auf den bestimmungsgemäßen Verbrauch, sondern auch auf einen nahe liegenden Fehlgebrauch innerhalb des allgemeinen Verwendungszwecks.[57] Es handelt sich um eine wichtige Schnittstelle zwischen Herstellerverantwortung und Organisationspflicht des Krankenhausträgers. Betriebsintern ist der MP-Verantwortliche z.B. der Chefarzt gefragt. Eine Delegation an MP-Beauftragte ist möglich. Die Dokumentation erfolgt durch Dienstanweisung und MP-Buch.[58]

VI. Markt- und Produktbeobachtungspflichten

Für Markt- und Produktbeobachtungspflichten gibt es in § 29 MPG i.V.m. der Medizinprodukte-Sicherheitsplanverordnung (MPSV) v. 24.6.2002 Spezialvorschriften gegenüber der allgemeinen Produkthaftung. Die zuständige Bundesoberbehörde hat gegen unmittelbare oder mittelbare Gefährdung der Gesundheit von Menschen durch Medizinprodukte einzuschreiten und Maßnahmen zu koordinieren. Die zuständige Bundesoberbehörde ist in der Regel das Bundesinstitut für Arzneimittel und Medizinprodukte (BfArM).[59] Die Aufgaben der Behörde sind wesentlich konkretisiert worden. Sie hat nicht nur ihr gemeldete Vorkommnisse und Beinahe-Vorkommnisse auszuwerten, sondern kann sich aller Erkenntnisquellen, z.B. Presseberichten bedienen. Die Aufgaben der obersten Bundesbehörde enden mit der Sammlung und Auswertung. Das Ergreifen konkreter Maßnahmen ist Aufgabe der zuständigen Behörden der Länder, die zu informieren sind. Außerdem informiert die oberste Bundesbehörde das DIMDI in einer Art und Weise, die geeignet ist, damit die Daten in die Europäische Datenbank überführt werden können. Die Koordinierung der Gefahrabwehrmaßnahmen geschieht in Abstimmung mit den in § 29 Abs. 3 MPG genannten Organisationen, Einrichtungen und Behörden. Die Aufnahme des Medizinischen Dienstes der Krankenversicherung in diesen Kreis ist neu. Die Einzelheiten der Überwachung sind im Sicherheitsplan gemäß § 37 Abs. 7 MPG beschrieben, auf den § 29 Abs. 4 MPG Bezug nimmt. Wichtig sind die Mitwirkungspflichten des Herstellers und die Meldefristen des MP-Verantwortlichen, bei Gefahr im Verzuge unverzüglich, ansonsten spätestens innerhalb von 30 Tagen nach Kenntniserlangung, § 5 MPSV. Zur Optimierung des Verbraucherschutzes eröffnet § 24 MPSV der zuständigen Behörde des Bundes (i.d.R. BfArM) die Möglichkeit, im Internet unter Wahrung des Datenschutzes über durchgeführte korrektive Maßnahmen, Empfehlungen und Ergebnisse der wissenschaftlichen Aufarbeitung gemäß § 23 MPSV zu informieren.

79

---

57 OLG Hamm – 3 U 11/99, VersR 2001, 464 ff.
58 Gute Darstellung eines Organisationsablaufs bei *Steinbach u.a.*, Pflegerecht 2002, 176 ff.
59 Soweit nicht das Paul-Ehrlich-Institut (PEI) für In-vitro-Diagnostika, § 32 Abs. 2 MPG, oder die Physikalisch-Technische Bundesanstalt für die Sicherung der Einheitlichkeit des Messwesens in der Heilkunde zuständig sind, § 32 Abs. 3 MPG.

VII. Sonderproblem: Wiederaufbereitung von (Einmal)-Medizinprodukten

1. Zulässigkeit

80 Besondere Probleme können sich im Bereich der Aufbereitung von Medizinprodukten ergeben,[60] nachdem der Gesetzgeber in § 3 Nr. 14 MPG i.V.m. § 4 Abs. 2 MPBetreibVO diese Verfahren leichter zugänglich gemacht hat.[61] Bis zum Inkrafttreten der 2. MPG-Novelle am 1.1.2002 war dieses Thema höchst umstritten. Vor Inkrafttreten des MPG im Jahre 1995 galten ärztliche Instrumente als fiktive Arzneimittel im Sinne von § 2 AMG. Die Resterilisation bei Wiederverwendung von Einmalinstrumenten war arzneimittelrechtlich nicht relevant, da die Resterilisation und Wiederverwendung kein „Inverkehrbringen" im Sinne des AMG war.[62] Ein ausdrückliches Verbot der Wiederverwendung fand sich in den einschlägigen gesetzlichen Spezialmaterien also nicht. Haftungsrechtlich wird die Problematik immer dann akut, wenn es im Rahmen der Wiederverwendung von Einmalartikeln zu einer Infektion kommt. Es stellt sich dann die Frage, ob die Resterilisation im konkreten Fall überhaupt erlaubt war, ob evt. Fehler beim Sterilisierungsvorgang gemacht wurden, welcher Hygiene-Standard gilt,[63] wem eine Unterschreitung dieses Hygiene-Standards ggf. zuzurechnen ist und welche Folgen dieser Verstoß für die Darlegungs- und Beweislast hat. Im Allgemeinen werden Verstöße gegen Hygiene-Standards dem Organisationsverschulden des Krankenhausträgers zugerechnet,[64] wobei in der Regel der Zusammenhang zwischen Infektion und Unterschreitung des Hygiene-Standards vermutet wird.[65] Schließlich stellt sich die Frage, ob der Patient – eine ordnungsgemäße Resterilisation von Einmal-Artikeln unterstellt – darüber aufgeklärt werden muss, dass in seinem Fall so vorgegangen wird.[66] Mit Auslaufen der Übergangsfrist im MPG zum 13.6.1998 ist die Wiederverwendung von Einmal-Artikeln ausschließlich nach den Vorschriften des MPG zu bewerten. Strittig war, ob die Resterilisation eines Medizinprodukts ein erneutes Inverkehrbringen und damit Herstellung bedeutete. Dies wird durch die Neuformulierung in § 3 Nr. 11 und Nr. 14 MPG klar verneint. Auch nach dieser Klarstellung ist allerdings zu beachten, dass dies nur dann richtig sein kann, wenn die Resterilisation im Krankenhaus selbst oder durch einen externen Subunternehmer (Lohnsterilisierer) im Auftrag des Krankenhauses durchgeführt wird. In dem Augenblick, in dem ein Krankenhaus Einmal-Artikel für andere resterilisieren würde (z.B. für Arztpraxen oder fremde Krankenhäuser), dürfte sowohl das „Inverkehrbringen" als auch das „Herstellen" im Sinne des MPG vorliegen. Es liegt auf der Hand, dass es Einmal-Produkte gibt, bei denen die Qualität derartiger Verfahren

---

60 *Ratzel*, MedR 2000, 560 ff.; *Haindl/Helle*, MedR 2001, 411 ff.
61 *Schneider*, MedR 2002, 453 ff.; das Britische Gesundheitsministerium hat 2001 demgegenüber für Hochrisikoeingriffe hinsichtlich vCJK wie z.B. Mandeloperationen, Operationen am vorderen Augenbereich, Blinddarm und neurologische Operationen die Wiederaufbereitung von Einmalinstrumenten untersagt.
62 *Kloesel/Cyran*, § 2 Rn 54.
63 Gemäß § 4 Abs. 2 MPBetreibV wird die Einhaltung des Standards vermutet, wenn die Empfehlung der Kommission für Krankenhaushygiene und Infektionsprävention des RKI und des BfArM zu den Anforderungen bei der Aufbereitung von Medizinprodukten beachtet wird; zuletzt Bundesgesundheitsblatt 2001, 1115 ff., abgedr. bei *Nöthlichs/Weber*, Kennzahl 9650; siehe auch Anlage 1 zu § 4 Abs. 1 Nr. 1 DIMDIV.
64 OLG Zweibrücken – 5 U 113/81, MedR 1984, 27, grober Fehler bei Wiederverwendung eines unzureichend gereinigten Herzkatheters.
65 OLG München – 1 U 2287/88, VersR 1991, 425, ungenügend desinfiziertes Darmrohr.
66 Dafür: *Kloesel/Cyran*, § 2 Rn 54; dagegen: *Lutterbeck*, Das Krankenhaus 1998, 342, 345.

eher einfach darzustellen ist[67] (Einwegklemmen, Absaug- und Beatmungsschläuche, Magensondenspritzen, Sauerstoffflaschen, Darmrohre etc.). Gegenbeispiel dürfte die Resterilisation von endoskopischen Scheren, Aortenstanzen oder Herzkathetern sein, zumal man bei diesen Instrumenten nicht nur auf die Keimfreiheit, sondern auch auf die Materialbeschaffenheit (spezielle Beschichtung) Rücksicht nehmen muss.

2. Zweckbestimmung

Gemäß § 4 Abs. 1 MPG dürfen Medizinprodukte nicht in Verkehr gebracht und angewendet werden, wenn damit eine erhöhte Gefahr, in diesem Fall für die Patienten verbunden ist. Dafür ist die Einhaltung der Zweckbestimmung ein maßgeblicher Faktor. Gemäß § 3 Nr. 10 MPG richtet sich die Zweckbestimmung für die Verwendung des Medizinprodukts nach der Kennzeichnung, der Gebrauchsanweisung oder den Werbematerialien und nach den Angaben des in § 3 Nr. 15 MPG genannten Personenkreises. Dieser Verweis richtet sich also an den Hersteller. Der Hersteller eines Einmal-Artikels definiert die Zweckbestimmung seines Produktes aber zwangsläufig nicht als mehrfach zu verwendendes Produkt. Dies schließt sich begriffsnotwendig aus. Danach könnte man die Auffassung vertreten, schon an dieser Stelle ergebe sich die gesetzliche Unzulässigkeit der Wiederverwendung von Einmal-Artikeln. Schon zur alten Rechtslage[68] wurde jedoch auf die amtliche Begründung zu den §§ 22, 23 MPG a.F., wonach diese Regelungen offenbar nicht von der früheren Medizingeräteverordnung (§§ 6–16 MedGV) abweichen wollten, „da sich diese bewährt haben", verwiesen. Nach der MedGV war die sachgerechte Wiederverwendung von Einmal-Artikeln aber nicht verboten.[69] Vielfach wird im Übrigen übersehen, dass durch eine Wiederaufbereitung eines Produkts entgegen der Zweckbestimmung des Herstellers dessen Produktverantwortung i.S.d. Produkthaftung entfallen kann.[70]

81

3. Aufklärung

Die weitere Frage, ob der Patient über die Tatsache der Wiederaufbereitung eines Einmal-Artikels auch bei nur minimalem Infektionsrisiko aufgeklärt werden muss, ist meines Erachtens eindeutig zu bejahen.[71] Die Antwort ergibt sich aus den strengen Grundsätzen der Rechtsprechung zur Risikoaufklärung. Ganz allgemein hat die Risikoaufklärung Informationen über die Gefahren eines ärztlichen Eingriffs zu vermitteln, die sich auch bei fehlerfreier Durchführung des Eingriffs nicht mit Gewissheit ausschließen lassen.[72] Der Patient ist zwar grundsätzlich nicht über jedes nur denkbare Risiko aufzuklären, sondern ihm sollen nur „im Großen und Ganzen" die wesentlichen Gefahren eines Eingriffs bewusst gemacht werden, insbesondere soll er vor überraschenden Risiken ge-

82

---

67 Auf diese wichtige Differenzierung wird in einer Stellungnahme des „nationalen Referenzzentrums für Krankenhaushygiene" zu Aufbereitung und Sterilisation zu Recht hingewiesen, Arzt und Krankenhaus, 1999, 298 ff.
68 *Schneider*, MedR 1996, 267 ff.
69 *Schneider*, MedR 1988, 166.
70 OLG Koblenz – 4 U 244/05, MedR 2006, 213 ff. zur Werbung für die Wiederverwendung von Einmalprodukten durch Vertreiber.
71 A.A. *Schneider*, MedR 1996, 267; *ders.*, MedR 2002, 453 ff.; *Bender*, MedR 2000, 365 und Stellungnahme des nationalen Referenzzentrums für Krankenhaushygiene a.a.O., die Qualität zwischen neuem und wiederaufbereitetem Produkt sei gleich. Darum geht es bei der Aufklärung aber gar nicht, sondern um die Schaffung einer beherrschbaren Risikoquelle.
72 *Laufs*, Rn 187.

schützt und ihm daher das mit dem Eingriff verbundene Risikospektrum verdeutlicht werden. Risikostatistiken haben aber, wie die Judikatur immer wieder betont hat, nur einen geringen Wert. Entscheidend ist vielmehr, ob eingriffspezifische, d.h. typischerweise mit einer bestimmten ärztlichen Maßnahme verbundene Komplikationsmöglichkeiten in Rede stehen. Solche **eingriffspezifischen Risiken** sind auch bei extremer Seltenheit aufklärungspflichtig, falls ihr Eintritt sich auf die beruflichen und privaten Lebensumstände des Patienten erkennbar besonders belastend auswirkt.[73] Hiervon ist im Falle der Unsterilität eines Katheters oder sonstigen Einmal-Artikels auszugehen, da darauf beruhende Infektionen zum einen die Verwirklichung eines eingriffspezifischen Risikos bedeuten und zum anderen in der Regel erhebliche Folgen für die weitere Lebensführung des Patienten haben. Auch die Judikatur hat bereits ein hygienisches Defizit als aufklärungspflichtig angesehen, wenn eine Kompensation des erhöhten Infektionsrisikos durch risikomindernde betrieblich-organisatorische Maßnahmen nicht möglich war. Praktisch bedeutet die Bejahung der Aufklärungspflicht über die Tatsache der Wiederaufbereitung von Einmal-Artikeln, dass ohne Erfüllung dieser Pflicht deren Verwendung eine rechtswidrige Körperverletzung darstellt, im Falle der Einhaltung der Aufklärungspflicht aber wohl die meisten Patienten ihre Einwilligung versagen und aus diesem Grunde der resterilisierte Einmal-Artikel bei der Behandlung nicht eingesetzt werden darf.

H. Sicherungssysteme

I. Anzeigepflicht

83   Die allgemeine Anzeigepflicht in § 25 MPG will die Medizinprodukteüberwachung möglichst wirkungsvoll machen. Sie eröffnet den Medizinprodukteüberwachungsbehörden die Möglichkeit, noch vor Aufnahme der Tätigkeit eines Medizinprodukteherstellers oder dem erstmaligen Inverkehrbringen Überwachungsmaßnahmen zu ergreifen, indem sie die Anzeige der in der Norm genannten Tätigkeiten verlangt. Anzeigeadressat ist die nach Landesrecht zuständige Behörde. Für aktive Medizinprodukte sind dies in der Regel die staatlichen Gewerbeaufsichtsbehörden, für nicht aktive Medizinprodukte die Gesundheitsüberwachungsbehörden. Die zuständige Behörde wiederum übermittelt die Informationen an das Deutsche Institut für medizinische Dokumentation und Information (DIMDI). Es handelt sich um eine Informationspflicht der Behörde, nicht der anzeigepflichtigen Betriebe und Personen. Der Handel mit Medizinprodukten ist nicht anzeigepflichtig (mit Ausnahme der allgemeinen Anzeige gemäß § 14 GewO), es sei denn, der Handeltreibende ist Importeur. Denn dann stellt die Einfuhr das erstmalige Inverkehrbringen dar, sofern das Medizinprodukt nicht bereits in einem anderen EWR-Vertragsstaat erstmalig in den Verkehr gebracht wurde.[74] Direktimporte von Endverbrauchern fallen nicht unter die Anzeigepflicht.

84   Die Herausnahme der klinischen Prüfung aus der Anzeigepflicht stellt keine Verschlechterung dar, weil dies in § 20 Abs. 6 MPG i.V.m. Anlage 4 zu § 4 Abs. 1 Nr. 3 DIMDIV zufrieden stellend gelöst ist. Wichtig ist die Aufnahme der Anzeigepflicht für Betriebe und Einrichtungen, die Medizinprodukte für andere aufbereiten. Ausdrücklich genannt sind jetzt Betriebe und Einrichtungen, die Medizinprodukte, die bestimmungs-

---

73 BGH – VI ZR 101/95, MDR 1996, 1015 f.
74 WiKo § 25 Anm. 11.

gemäß keimarm oder steril zur Anwendung kommen, für andere aufbereiten. Damit will man offensichtlich der Rechtsunsicherheit bei der Wiederaufbereitung bei Einmal-Produkten Rechnung tragen. Ob dies gelingt, bleibt abzuwarten.[75] Durch die 3. MPG-Novelle wird die Anzeigepflicht auf solche Betriebe und Einrichtungen beschränkt, die diese Tätigkeiten ausschließlich für andere durchführen. Gesundheitseinrichtungen, mit einer Sterilisationseinheit, die auch für Dritte Medizinprodukte aufbereiten und sterilisieren, seien den Behörden bereits aufgrund anderer Vorschriften bekannt. Im Gegenzug wird die Überwachung von Einrichtungen und Betrieben, die wieder aufbereiten, erweitert, indem sie nicht nur solche Einrichtungen erfasst, die für andere wieder aufbereiten, sondern alle Einrichtungen. Abs. 3 beruht bezüglich der In-vitro-Diagnostika auf Art. 10 Abs. 1 und 4 der Richtlinie 98/79 EG. Durch eine Einfügung in Abs. 5 wird sichergestellt, dass die gesammelten Daten auch einer europäischen Datenbank (über das DIMDI) zur Verfügung gestellt werden können.

II. Durchführung der Überwachung gem. § 26 MPG

Die Durchführung der Überwachung in § 26 MPG ist sehr weitgehend. Sie erlaubt eine möglichst umfassende persönliche und sachliche Kontrolle der Entwicklung, der Herstellung und des Vertriebs von Medizinprodukten. Als Regelung zur staatlichen Gefahrenabwehr ist dies allerdings nicht ungewöhnlich, die Regelung ist mit den einschlägigen Bestimmungen im AMG vergleichbar. Mit der Einbeziehung von Betrieben und Einrichtungen, die eine Leistungsbewertung für Medizinprodukte durchführen, wird Art. 98/79 EG Rechnung getragen. Die Einbeziehung der Aufbereitung für andere ist eine Folgeänderung der §§ 10 Abs. 3 S. 2 und 25 MPG. Für den Umfang der Überwachung werden keine Vorgaben getroffen. Dies bleibt den Ländern vorbehalten. Neu ist allerdings die in Abs. 2 vorgesehene „Marktüberwachung". Die CE-Kennzeichnung ist isoliert betrachtet kein Qualitätszertifikat (siehe auch § 27 MPG). Deshalb bedarf es je nach Risikopotential auch Stichproben von solchen Produkten mit CE-Kennzeichnung, die sich bereits auf dem Markt befinden. Auf Initiative der Bundesländer wurde in § 26 Abs. 6 MPG für Sachverständige, die im Rahmen der Überprüfung von Abs. 2 eingesetzt werden, eine besondere Sachkunde, die ggf. durch ein Zertifikat nachgewiesen wird, festgeschrieben.

Die mit der Überwachung beauftragten Personen haben das Recht, Grundstücke, Geschäfts- und Betriebsräume sowie Beförderungsmittel, in denen Tätigkeiten durchgeführt werden, die der Überwachung unterliegen, zu betreten und zu besichtigen. Zur Verhinderung einer dringenden Gefahr für die öffentliche Sicherheit und Ordnung dürfen sie auch Wohnräume besichtigen und betreten. Das Recht der Unverletzlichkeit der Wohnung aus Art. 13 GG wird insoweit eingeschränkt. Diese Ermächtigung trägt den Bedenken des Bundesverfassungsgerichts Rechnung. Das Betretungs- und Besichtigungsrecht wird, außer bei Gefahr im Verzug, zu den üblichen Betriebszeiten ausgeübt. Eine Gefahr für die öffentliche Sicherheit und Ordnung braucht nicht eingetreten zu sein. Die Überwachungsbehörde kann bereits prophylaktisch zur Vermeidung derartiger Gefahren tätig werden und entsprechende Maßnahmen zur Gefahrenabwehr treffen.

Überwachungsbehörden dürfen alle Geschäftsunterlagen einsehen, die sich auf die zu überwachenden Tätigkeiten beziehen. Von den einzusehenden Unterlagen dürfen in begründeten Fällen Abschriften oder Ablichtungen gefertigt werden. Ausgenommen hiervon sind personenbezogene Patientendaten, die im Rahmen klinischer Prüfungen ange-

---

[75] *Ratzel*, MedR 2000, 560 ff.

88 Mit den zu überwachenden Tätigkeiten befasste natürliche Personen, juristische Personen und nicht rechtsfähige Personenvereinigungen sind den Überwachungsbehörden gegenüber auskunftspflichtig. Eine z.T. vertretene Einschränkung des auskunftspflichtigen Personenkreises auf gesetzliche Vertreter bzw. leitende Mitarbeiter lässt sich dem Gesetz nicht entnehmen und würde dem Schutzzweck der Norm widersprechen. Die Überwachungsbehörde muss sich gerade durch eine Kontrolle des Produktionsprozesses in allen seinen Gliederungen einen Überblick verschaffen können. Den Befragten steht jedoch ein Aussageverweigerungsrecht zu, wenn sie sich durch ihre Aussage in die Gefahr strafrechtlicher Verfolgung oder eines Verfahrens nach dem Gesetz über Ordnungswidrigkeiten aussetzen würden. Das Aussageverweigerungsrecht entspricht dem prozessualen Zeugnisverweigerungsrecht.

Oben: Der vorangehende Absatz beginnt mit: "fallen sind. Diese Unterlagen können beim Normadressaten nicht eingesehen werden, da die Norm eine entsprechende Ermächtigung nicht enthält."

III. Unberechtigte CE-Kennzeichnung (§ 27 MPG)

89 Das CE[76]-Kennzeichen bedeutet zunächst nur, dass das Produkt das Konformitätsbewertungsverfahren durchlaufen hat. Es ist kein Qualifikationszertifikat an sich. Nach einer offiziellen Stellungnahme der Europäischen Kommission im Oktober 1996 handelt es sich bei der CE-Kennzeichnung um ein zwingend vorgeschriebenes Konformitätszeichen, das an die Marktüberwachungsbehörden der Mitgliedstaaten gerichtet sei. Obwohl es häufig fälschlicherweise als eine Qualitätskennzeichnung angesehen werde, handele es sich bei der CE-Kennzeichnung nicht um eine solche. Der Markt sieht das anders. Deshalb sind die nationalen Behörden berechtigt, die Zulässigkeit der CE-Kennzeichnung auch inhaltlich-materiell zu überprüfen.[77] Abs. 2 der Vorschrift betrifft einen anderen Sachverhalt. Bei dieser Variante ist ein CE-Kennzeichen auf einem Produkt angebracht, das überhaupt kein Medizinprodukt ist.

IV. Verfahren zum Schutz vor Risiken (§ 28 MPG)

90 Die den Behörden in § 28 MPG eingeräumten Befugnisse sind sehr weitgehend. Sie erlauben eine möglichst umfassende persönliche und sachliche Kontrolle der Entwicklung, der Herstellung und des Vertriebs von Medizinprodukten. Als Regelungszweck der staatlichen Gefahrenabwehr ist dies allerdings nichts ungewöhnliches, die Regelung ist mit den einschlägigen Bestimmungen im AMG (§§ 62 ff.) vergleichbar. Gemäß § 28 Abs. 2 MPG ist die Behörde ermächtigt, im ersten Zugriff auch schwere Eingriffe bis hin zur Schließung des Betriebes zu verfügen, sofern sich bei der Durchführung der Überwachung Sachverhalte ergeben, die zu einer dringenden und akuten Gefahr für die öffentliche Sicherheit und Ordnung führen würden. Die Überwachungsbehörde erhält die Möglichkeit, schnell und effektiv auf eine drohende Gefahr zu reagieren. Dies bedeutet aber wiederum, dass eine sorgfältige Abwägung von Mitteln und Zweck zu erfolgen hat und der Grundsatz der Verhältnismäßigkeit beachtet werden muss. Die Eilbedürftigkeit wird noch dadurch unterstrichen, dass es sich bei den zu treffenden Anordnungen um vorläufige Anordnungen handelt. Mit anderen Worten hat die Behörde im Rahmen ihres pflichtgemäßen Ermessens alsbald zu entscheiden, ob die Maßnahme aufgehoben, in eine andere dauernde und endgültige überführt wird, oder ob gar ganz

---

76 CE = communauté européenne.
77 VG Stuttgart – 4 K 286/99, PharmR 2000, 97 ff.

andere Maßnahmen zur Gefahrenabwehr ergriffen werden sollen. Dauernde Maßnahmen können nicht auf § 28 Abs. 2 MPG gestützt werden.

Auch die vorläufigen Anordnungen der Behörde sind Verwaltungsakte. Gegen sie kann der Medizinproduktehersteller Widerspruch einlegen. Dies hat zur Folge, dass die Maßnahmen zunächst nicht befolgt werden müssen, da der Widerspruch Suspensivwirkung entfaltet. Die Überwachungsbehörde wird jedoch auf die Beachtung dringen und kann hierzu die sofortige Vollziehung nach § 80 Abs. 2 S. 1 Nr. 4 VwGO mit besonderer Begründung anordnen. Bei Gefahr im Verzuge wird dies regelmäßig der Fall sein. In diesem Fall bleibt dem Medizinproduktehersteller nur die Möglichkeit, im gerichtlichen Verfahren die aufschiebende Wirkung des Widerspruchs wiederherstellen zu lassen. Die vorläufigen Anordnungen der Überwachungsbehörde sind sofort zu befolgen. Die Behörde hat die Anordnung jedoch aufzuheben, sofern der mit ihr verfolgte Zweck erreicht worden ist und die Gefahr nicht mehr besteht. Sie kann und muss die Anordnung modifizieren, sofern der beabsichtigte Zweck auch mit anderen als den angeordneten Mitteln erreicht werden kann. Dazu ist die Behörde von Amts wegen verpflichtet. Eines gesonderten Antrages des Medizinprodukteherstellers bedarf es dazu nicht. Setzt die Behörde, die über den Widerspruch zu entscheiden hat, die Vollziehung der vorläufigen Anordnung nicht aus (§ 80 Abs. 4 VwGO), kann der Medizinproduktehersteller noch vor Erhebung der Anfechtungsklage bei Gericht die Wiederherstellung der aufschiebenden Wirkung beantragen (§ 80 Abs. 5 VwGO). Ansonsten könnte gegen die vorläufige Anordnung nach Abschluss des Vorverfahrens Anfechtungsklage beim Verwaltungsgericht erhoben werden.

91

Das in § 28 Abs. 3 MPG enthaltene Schutzklauselverfahren nach Art. 8 der Richtlinie über Medizinprodukte ist allen neuen EU-Richtlinien gemein und stellt unter Beachtung öffentlicher Gefahrenabwehr das letzte Mittel dar, den freien Warenverkehr innerstaatlich einzuschränken. Danach kann die zuständige Behörde das Inverkehrbringen von bestimmungsgemäß verwendeten und mit CE-Kennzeichnung versehenen Produkten einschränken oder untersagen bzw. auch eine Rückrufaktion veranlassen. Die einem Medizinprodukt immanente Gefährdung von Gesundheit oder Sicherheit der Patienten, Betreiber, Anwender oder sonstiger Dritter reicht nicht aus, um diese einschneidenden Maßnahmen zu rechtfertigen. Es muss sich vielmehr um ein nach den Erkenntnissen der medizinischen Wissenschaft und der Sicherheitstechnik vertretbares Maß hinausgehende Gefährdung handeln. Die zuständige Behörde kann die Betroffenen in geeigneter Weise auf die Gefährdung hinweisen. Ist der Kreis der Betroffenen nicht genau eingrenzbar, können sogar sehr weit reichende Maßnahmen, wie eine öffentliche Warnung im Fernsehen bzw. Tageszeitung in Betracht kommen. Selbstverständlich können derartige Maßnahmen nur in extremen Ausnahmefällen gerechtfertigt sein, da sie mit weit reichenden wirtschaftlichen Konsequenzen für den betroffenen Hersteller verbunden sind. Im Fall einer fahrlässigen Fehlinformation der Betroffenen bzw. der Öffentlichkeit sind Amtshaftungsansprüche des Herstellers denkbar.

92

Die zuständige Behörde informiert das Bundesministerium für Gesundheit, das seinerseits wiederum die EU-Kommission,[78] die übrigen Mitgliedstaaten und die Vertragsstaaten des EWR unterrichtet. Die EU-Kommission nimmt daraufhin mit den Betroffenen (Aufsichtsbehörden des Mitgliedstaates, der die Schutzklausel in Anspruch nimmt, anderen betroffenen Mitgliedstaaten sowie Hersteller und Benannte Stellen, die am Konformitätsbeteiligungsverfahren beteiligt waren) Kontakt auf. Führen diese Konsul-

93

---

78 Nach der amtlichen Begründung wird das Schutzklauselverfahren nur bei grundsätzlichen Fehlern des Medizinproduktes und nicht schon bei Fehlern einer einzigen Chargen einzuleiten sein.

tationen nicht zu einem klaren Ergebnis, kann die EU-Kommission weitere Sachverständige konsultieren. Hält die EU-Kommission nach Abschluss der Untersuchung die Maßnahme des Mitgliedsstaates, der sich auf die Schutzklausel berufen hat, für gerechtfertigt, setzt sie die übrigen Mitgliedstaaten hiervon umgehend in Kenntnis. Diese treffen dann entsprechende Maßnahmen wie der das Verfahren anstoßende Mitgliedstaat, damit das Schutzniveau innerhalb des EWR wieder gleich ist. Teilt die EU-Kommission die Auffassung des die Schutzklausel in Anspruch nehmenden Mitgliedstaates jedoch nicht, fordert sie ihn auf, die belastenden Maßnahmen wieder aufzuheben und den freien Warenverkehr wiederherzustellen. Weigert sich der Mitgliedstaat, kann die EU-Kommission ein Verfahren gemäß Art. 169 EG-Vertrag gegen ihn einleiten.

94 § 28 Abs. 4 MPG ist durch das 2. MPG-ÄnderungsG eingefügt worden. Das BfArM kann die Öffentlichkeit über Risiken und beabsichtigte Maßnahmen informieren. Hintergrund dieser Regelung ist ein Beschluss des OVG Münster,[79] das durch einstweilige Anordnung der Arzneimittelkommission der deutschen Ärzteschaft untersagt hatte, Einzelheiten des Anhörungsschreibens des BfArM betreffend ein Arzneimittel kommentierend zu veröffentlichen. Als Grund wurde angeführt, dass die Arzneimittelkommission nicht durch Vorabveröffentlichung der vorläufigen Risikoeinschätzungen die Entscheidung des Bundesinstituts praktisch vorweg nehmen und damit die weitere Anwendung des Arzneimittels beeinträchtigen könnte. Die in diesem Beschluss zutage tretende Haltung, dass wirtschaftlichen Gesichtspunkten der Vorzug vor dem Informationsinteresse der Öffentlichkeit und dem umfassenden Gesundheitsschutz gegeben wird, ist nicht hinzunehmen. Nach § 62 AMG n.F. ist diesem Beschluss die Grundlage entzogen, da die Arzneimittelkommission im Zusammenwirken mit dem BfArM diese Information vornehmen kann. Für das MPG ist diese Regelung jetzt nachvollzogen.

V. Sicherheitsplan-System

95 Die zuständige Bundesoberbehörde hat gegen unmittelbare oder mittelbare Gefährdung der Gesundheit von Menschen durch Medizinprodukte einzuschreiten und Maßnahmen zu koordinieren. Die zuständige Bundesoberbehörde ist in der Regel das Bundesinstitut für Arzneimittel und Medizinprodukte (BfArM).[80] Die Aufgaben der Behörde sind wesentlich konkretisiert worden. Sie hat nicht nur ihr gemeldete Vorkommnisse und Beinahe-Vorkommnisse auszuwerten, sondern kann sich aller Erkenntnisquellen, z.B. Presseberichten bedienen. Die Aufgaben der obersten Bundesbehörde enden mit der Sammlung und Auswertung. Das Ergreifen konkreter Maßnahmen ist Aufgabe der zuständigen Behörden der Länder, die zu informieren sind. Außerdem informiert die oberste Bundesbehörde das DIMDI in einer Art und Weise, die geeignet ist, die Daten in die Europäische Datenbank zu überführen.

96 Die Koordinierung der Gefahrabwehrmaßnahmen geschieht in Abstimmung mit den in Abs. 3 genannten Organisationen, Einrichtungen und Behörden. Die Aufnahme des Medizinischen Dienstes der Krankenversicherung in diesen Kreis ist neu. Die Einzelheiten der Überwachung sind im Sicherheitsplan gemäß § 37 Abs. 7 beschrieben, auf den § 29 Abs. 4 Bezug nimmt. Diese unscheinbare Verweisung beinhaltet das eigentliche Gewicht der Norm.

---

[79] OVG Münster – 13 B 619/95, PharmR 1996, 140 f.; dagegen *Deutsch*, VersR 1997, 398.
[80] Soweit nicht das Paul-Ehrlich-Institut (PEI) für In-vitro-Diagnostika, § 32 Abs. 2, oder die Physikalisch-Technische Bundesanstalt für die Sicherung der Einheitlichkeit des Messwesens in der Heilkunde zuständig sind, § 32 Abs. 3.

Die Sicherheitsplan-Verordnung regelt die Verfahren zur Erfassung, Bewertung und Abwehr von Risiken im Verkehr oder im Betrieb befindlicher Medizinprodukte. Sie findet keine Anwendung auf Medizinprodukte zur klinischen Prüfung und In-vitro-Diagnostika für Leistungsbewertungszwecke. Ein Vorkommnis im Sinne dieser Verordnung liegt vor, wenn ein Mangel oder eine Fehlfunktion eines Medizinprodukts zum Tode oder einer schwerwiegenden Verschlechterung des Gesundheitszustands eines Patienten, Anwenders oder Dritten geführt hat, führen könnte oder geführt haben könnte. Die Definition für Vorkommnisse orientiert sich an den Anhängen der Richtlinien 90/385/EWG, 93/42/EWG und 98/79/EG sowie den MEDDEV-Leitlinien zum Medizinprodukte-Beobachtungs- und Meldesystem; sie schließt die sog. Beinahevorkommnisse ein. Rückrufe werden in Anlehnung an die entsprechende Begriffsbestimmung in der harmonisierten Norm EN 46001 definiert.

97

Wichtig sind die in § 3 der VO genannten Meldepflichten und die in § 5 VO angeführten Meldefristen. Die Meldepflichten für Verantwortliche nach § 5 MPG (Hersteller, Bevollmächtigte oder Einführer) entsprechen den Vorgaben der Anhänge der Richtlinien 90/385/EWG, 93/42/EWG und 98/79/EG und konkretisieren diese unter Berücksichtigung der MEDDEV-Leitlinien zum Medizinprodukte-Beobachtungs- und Meldesystem im Hinblick auf Vorkommnisse, die sich in Drittländern ereignet haben. Der Verantwortliche nach § 5 MPG hat Vorkommnisse, die in Deutschland aufgetreten sind, sowie in Deutschland durchgeführte Rückrufe von Medizinprodukten der zuständigen Bundesoberbehörde zu melden. In anderen Vertragsstaaten des Abkommens über den Europäischen Wirtschaftsraum aufgetretene Vorkommnisse und durchgeführte Rückrufe hat er den dort zuständigen Behörden zu melden. Vorkommnisse, die außerhalb des Europäischen Wirtschaftsraums aufgetreten sind, sind nur meldepflichtig, wenn sie zu korrektiven Maßnahmen mit Relevanz auch für Medizinprodukte geführt haben, die sich im Europäischen Wirtschaftsraum im Verkehr befinden. In diesen Fällen hat die Meldung an die zuständige Behörde des Vertragsstaates zu erfolgen, in dem der Verantwortliche nach § 5 MPG oder, soweit aktive implantierbare Medizinprodukte, In-vitro-Diagnostika nach Anhang II der Richtlinie 98/79/EG oder zur Eigenanwendung oder sonstige Medizinprodukte der Klassen IIa, IIb oder III betroffen sind, die Benannte Stelle ihren Sitz haben. Ärzte können ihre Meldepflicht auch gegenüber der Arzneimittelkommission der Deutschen Ärzteschaft erfüllen. Gemäß § 5 MPVS hat der Verantwortliche nach § 5 MPG Vorkommnisse entsprechend der Eilbedürftigkeit ihrer Bearbeitung umgehend zu melden, spätestens jedoch innerhalb von 30 Tagen, nachdem er Kenntnis hiervon erhalten hat. Bei Gefahr im Verzug hat die Meldung unverzüglich zu erfolgen. Rückrufe und Vorkommnisse im Sinne des § 3 Abs. 1 S. 3 VO sind spätestens mit Beginn der Umsetzung der Maßnahmen zu melden. Die Meldungen und Mitteilungen nach § 3 Abs. 2 und 3 VO haben unverzüglich zu erfolgen.

98

I. Sicherheitsbeauftragter (§ 30 MPG)

Der Sicherheitsbeauftragte gemäß § 30 MPG entspricht dem Stufenplanbeauftragten gemäß § 63a AMG. Der „Sicherheitsbeauftragte" ist eine deutsche Besonderheit; die anderen Vertragsstaaten kennen ihn – mit Ausnahme von Österreich – nicht.[81] Die Verpflichtung zur Bestellung eines Sicherheitsbeauftragten betrifft nur solche Hersteller, die Medizinprodukte erstmalig in Verkehr bringen. Die Aufgaben des Sicherheitsbeauftragten sind in § 30 Abs. 2 MPG beschrieben. Im Rahmen der Bewertung der ihm mit-

99

---

81 WiKo § 31 Anm. 1.

geteilten Ereignisse kommt ihm eine große Verantwortung zu. Denn er hat zu entscheiden, ob der ihm mitgeteilte Sachverhalt ein meldepflichtiges Vorkommnis oder „Beinahe-Vorkommnis"[82] darstellt. Gemäß den EG-Leitlinien für ein Medizinprodukte-Beobachtungs- und Meldesystem betragen die Meldefristen für die Erstmeldung von Vorkommnissen zehn Tage und für die Erstmeldung von Beinahe-Vorkommnissen 30 Tage, beginnend mit dem Tag, an dem der Hersteller die Information über das Vorkommnis erhält.

100 Nach der Neuregelung ist klar, dass bei Ein-Mann-Betrieben auch der Betriebsinhaber selbst Sicherheitsbeauftragter werden kann. § 30 Abs. 5 MPG will die Unabhängigkeit des Sicherheitsbeauftragten stärken. Dies wird insbesondere bei arbeitsrechtlichen Auseinandersetzungen eine Rolle spielen.

J. Medizinprodukteberater (§ 31 MPG)

101 Der Medizinprodukteberater ist dem Pharmaberater gemäß § 75 AMG nachempfunden. Nach der amtlichen Begründung zu § 31 MPG war die Schaffung eines „Medizinprodukteberaters" deshalb notwendig, weil eine große Anzahl von Zwischenfällen auf falsches Betreiben oder auf Mängel in der Anwendung zurückzuführen seien. Deshalb sei es notwendig, dass die fachliche Information und ggf. die richtige Einweisung der Fachkräfte von kompetenten Beratern erfolge. Außerdem ist der Medizinprodukteberater für die Rückkopplung mit dem Hersteller verantwortlich. Er meldet dem Sicherheitsbeauftragten Mitteilungen von Angehörigen der Fachkreise über Nebenwirkungen, wechselseitige Beeinflussungen, Fehlfunktionen, technische Mängel, Gegenanzeigen, Verfälschungen oder sonstige Risiken. Die Meldung hat schriftlich zu erfolgen. Neben den in § 31 Abs. 2 MPG genannten Qualifikationsvoraussetzungen ist eine staatliche Prüfung nicht erforderlich. Die früher vorgesehene Möglichkeit des Bundesministers für Gesundheit, in einer Rechtsverordnung weitere Anforderungen an die erforderliche Sachkenntnis des Medizinprodukteberaters für bestimmte Kategorien von Medizinprodukten oder bestimmte Handelsebenen zu regeln, ist weggefallen. Im Einzelfall bleibt lediglich die Kenntniskontrolle nach Abs. 3. So lange staatliche Vorgaben fehlen, zumal ein einheitliches Berufsbild des „Medizinprodukteberaters" nicht zu erkennen ist, muss auf mehr oder weniger private Empfehlungen zurückgegriffen werden. Anerkannt sind z.B. die BVMed-Richtlinien zum Nachweis der Qualifikation zum Medizinprodukteberater, zu beziehen über den Bundesverband Medizinprodukte in Berlin.

K. Werbung für und mit Medizinprodukten (Medizinprodukte und HWG)

102 Durch die 2. MPG-Novelle[83] ist das Heilmittelwerbegesetz (HWG) mit Wirkung zum 1.1.2002 im Hinblick auf Medizinprodukte konkretisiert worden. Zum einen wurde klar gestellt, dass das HWG auch für Medizinprodukte gemäß § 3 MPG gilt (§ 1 Abs. 1a HWG); im Gegenzug wurden aber einige Vorschriften, die hinsichtlich der Werbung für Arzneimittel erforderlich sind, für Medizinprodukte ausdrücklich ausgenommen, weil man dort kein vergleichbares Gefahrenpotential gesehen hat. So beziehen sich die

---

82 Vorkommnisse, die zum Tod oder zu einer schwerwiegenden Verschlechterung des Gesundheitszustandes geführt haben könnten, Abschn. 5.4.3 der EG-Leitlinien.
83 BGBl I 2001, 3586 ff.

§§ 4, 4a, 8 und 10 HWG ersichtlich nicht auf Medizinprodukte. Für die Werbeverbote in § 11 Abs. 1 S. 1 Nr. 1–5, 10, 13–15 HWG ist dies in § 11 Abs. 1 S. 2 HWG ausdrücklich bestimmt. Verboten bleibt bei Medizinprodukten die Werbung mit fremd- oder fachsprachlichen Bezeichnungen, soweit sie nicht in den allgemeinen deutschen Sprachgebrauch eingegangen sind, Angstwerbung, Werbevorträge i.V.m. Warenverkauf oder Anschriftensammlung, Schleichwerbung, Werbung mit Lob Dritter und Werbemaßnahmen, die sich ausschließlich oder überwiegend an Kinder unter 14 Jahren richten. Schließlich ist das Verbot der Publikumswerbung in § 12 Abs. 1 HWG bezüglich Krankheiten und Leiden, die in der Anlage zu § 12 HWG aufgeführt sind, zu beachten, wobei das Verbot in A Nr. 2 (bösartige Neubildungen) nicht für die Werbung für Medizinprodukte gilt.

L. Das Medizinprodukt in der gesetzlichen Krankenversicherung

I. Praktische Relevanz

Das SGB V behandelt Medizinprodukte an ganz unterschiedlichen Stellen und in unterschiedlicher Funktion. Dies betrifft zum einen die Bezugswege, die Abgabeberechtigten, Anspruchsumfang, Kostenerstattungsfragen und die Qualitätssicherung. Darüber hinaus wird der Hilfsmittelbereich durch das GKV-WSG[84] ganz erheblich umstrukturiert werden.

103

II. Medizinprodukte als Hilfsmittel im SGB V

Der ganz überwiegende Teil der im Rahmen der GKV verordnungsfähigen Hilfsmittel sind Medizinprodukte. Der G-BA beschließt gemäß § 92 Abs. 1 Nr. 6 SGB V in Richtlinien die Voraussetzungen und den Umfang der Hilfsmittelversorgung (Hilfsmittel-Richtlinien). Hilfsmittel sind danach nur dann zu Lasten der GKV verordnungsfähig, wenn sie von der Leistungspflicht erfasst (§ 33 SGB V) und in das Hilfsmittelverzeichnis (§ 139 SGB V) aufgenommen sind (dazu unten). Durch das GKV-WSG wird die Vertragskompetenz der Krankenkassen in diesem Bereich gestärkt. Sie vereinbaren in Verträgen gemäß § 127 Abs. 1 SGB V mit Leistungserbringern oder deren Zusammenschlüssen die Lieferung einer bestimmten Menge von Hilfsmitteln, die Durchführung einer bestimmten Anzahl von Versorgungen oder die Versorgung für einen bestimmten Zeitraum. Das Angebot zum Abschluss dieser Verträge ist ausschreibungspflichtig.[85] Hiervon kann bei individuell für einen Versicherten angepassten Hilfsmitteln oder bei Hilfsmitteln mit einem hohen Dienstleistungsanteil abgewichen werden. In diesen Fällen können die Krankenkassen aber Rahmenvereinbarungen mit Leistungserbringern schließen. Unter Aufgabe des bisherigen Zulassungssystems (Übergangsregelung bis zum 31.12.2008) erfolgt die Abgabe der Hilfsmittel künftig nicht mehr durch zugelassene Leistungserbringer, sondern nur noch durch Vertragspartner der Krankenkassen.

104

---

[84] BGBl I 2007, 378 ff.
[85] *Boldt*, NJW 2006, 3757 ff.; *Bäune*, GesR 2006, 289 ff.

III. Das Hilfsmittelverzeichnis gemäß § 139 SGB V

105 § 139 SGB V in der Fassung des GKV-WSG stellt den Versuch dar, etliche Probleme der Vorgängerregelung zu vermeiden. Das von den Spitzenverbänden der Krankenkassen zu erstellende Hilfsmittelverzeichnis[86] gemäß § 139 Abs. 1 SGB V enthält alle Hilfsmittel die von der Leistungspflicht der GKV umfasst sind. Es ist im Bundesanzeiger zu veröffentlichen. Nach § 139 Abs. 2 SGB V a.F. musste der Hersteller nicht nur die Funktionstauglichkeit, sondern auch den therapeutischen Nutzen nachweisen.[87] Dies warf bei Hilfsmitteln, die Medizinprodukte i.S.d. MPG sind, die Frage auf, worauf sich diese zusätzliche Anforderung und vor allem ihre praktische Umsetzung stützen lässt, wenn der Hersteller die Voraussetzungen nach MPG bereits nachgewiesen hat und sein Produkt zurecht ein CE-Kennzeichen trägt.[88] Schon zur alten Rechtslage hat das BSG[89] deshalb festgestellt, dass der Nachweis des therapeutischen Nutzens nicht nach den strengen Kriterien neuer Behandlungsmethoden gemäß § 135 SGB V geführt werden müsse. Der Gesetzgeber hat versucht, durch die Neufassung des § 139 SGB V eine Verknüpfung des Nachweises mit den Qualitätskriterien des MPG herzustellen. Dies ist allerdings nur unvollständig gelungen. Wie bisher enthält § 139 SGB V Vorschriften zur Qualitätssicherung in der Hilfsmittelversorgung, die auch beim Abschluss von Verträgen nach § 127 SGB V zu beachten sind.

IV. Kostenerstattung für Medizinprodukte in der GKV

106 Gemäß § 33 Abs. 1 SGB V haben Versicherte Anspruch auf Versorgung mit Hörhilfen, Körperersatzstücken, orthopädischen und anderen Hilfsmitteln, die im Einzelfall erforderlich sind, um den Erfolg der Krankenbehandlung zu sichern, einer drohenden Behinderung vorzubeugen oder eine Behinderung auszugleichen, soweit die Hilfsmittel nicht als allgemeine Gebrauchsgegenstände des täglichen Lebens anzusehen oder nach § 34 Abs. 4 SGB V ausgeschlossen sind. Im Übrigen sind die Hilfsmittel-Richtlinien zu beachten. Grundsätzlich kann der Versicherte unter den Vertragspartnern seiner Kasse (§ 126 SGB V) frei wählen, es sei denn, seine Kasse hätte für ein bestimmtes Hilfsmittel besondere Verträge mit bestimmten Leistungserbringern geschlossen. Dann muss die Versorgung über den von seiner Kasse benannten Leistungserbringer erfolgen. Wählt der Versicherte ausnahmsweise aus berechtigten Gründen einen anderen Leistungserbringer, muss er dadurch entstehende Mehrkosten selbst tragen. Erfolgt im Rahmen der Übergangsregelung bis zum 31.12.2008 die Versorgung über einen bislang zugelassenen Leistungserbringer, der nicht Vertragspartner einer Kasse geworden ist (§ 126 Abs. 2 SGB V), trägt die Krankenkasse die Kosten nur in Höhe des niedrigsten Preises, der für eine vergleichbare Leistung mit anderen Leistungserbringern vereinbart wurde, bei Hilfsmitteln für die ein Festbetrag vereinbart wurde (§ 36 SGB V) höchstens bis zur Höhe dieses Festbetrages (§ 33 Abs. 7 SGB V). Für Medizinprodukte nach § 3 Nr. 1 und 2 MPG, die zur Anwendung am oder im menschlichen Körper bestimmt und apothekenpflichtig sind, und die bei Anwendung von § 2 Abs. 1 AMG in der am 31.12.1994 geltenden Fassung Arzneimittel gewesen wären, gelten die Kostenerstat-

---

86 § 128 SGB V a.F. ist aufgehoben.
87 *Seidel/Hartmann*, NZS 2006, 511, 515; zur Problematik der Einschränkung des freien Warenverkehrs durch nationale Zulassungsverfahren für Medizinprodukte, EuGH, Urt. v. 13.1.2005 – C-38/03, n.v.; EuGH, Urt. v. 21.12.2006 – C-6/05.
88 *Zuck*, NZS 2003, 417 ff.
89 BSG, Urt. v. 31.8.2000 – B 3 KR 20/04 R, BSGE 93, 183 ff.; BSG, Urt. v. 28.9.2006 – B 3 KR 28/05 R, bestätigt LSG Essen, Urt. v. 20.9.2005 – L 5 KR 35/02, n.v.

tungsregelungen für Arzneimittel entsprechend. Probleme entstehen aber dadurch, dass einige dieser „früheren Arzneimittel" deshalb nicht mehr apothekenpflichtig sind, weil sie gemäß § 6 MPVerschrV von der Verschreibungspflicht ausgenommen werden. Diese Ausnahme gilt für solche Produkte, die nur von einem Arzt oder Zahnarzt angewendet werden (z.B. Hyaluronsäure zur intraartikulären Injektion). Durch eine Änderung von § 31 Abs. 1 S. 2 und 3 SGB V im Rahmen der 3. MPG-Novelle wird der G-BA verpflichtet, diese Erstattungslücke in geeigneten Fällen zu schließen.

§ 32 Apothekenrecht

Dr. Jan Wiesener

Inhalt

A. Einführung	1
B. Die öffentliche Apotheke	2
I. Betriebserlaubnis	2
1. Antragserfordernis	3
2. Erlöschen der Betriebserlaubnis	4
3. Rücknahme/Widerruf der Betriebserlaubnis	5
II. Gesetzliche Anforderungen für die Erteilung der Betriebserlaubnis	11
1. Gesellschaftsrechtlicher Formenzwang	11
a) Nationale Gesetzgebung	11
b) Europarechtskonformität	12
2. Verbot partiarischer Rechtsverhältnisse	19
3. Apothekenpacht	22
4. Arzneimittel- und Ärztebevorzugungsverbot	24
5. Versandhandel	26
a) Anforderungen an deutsche Apotheker	27
b) Anforderungen an Apotheker aus anderen Mitgliedstaaten	28
6. Heimversorgung	29
a) Abschlussfreiheit des Heims	32
b) Zwingende Mindestregelungen des Versorgungsvertrags	33
c) Beteiligung mehrerer Apotheken an der Heimversorgung	34
d) Überprüfung der bewohnerbezogenen Arzneimittelverwahrung	36
e) Regelung der Eigenversorgung von Heimbewohnern	37
f) Vergütung von zusätzlichen Dienstleistungen	38
C. Der Apothekenbetrieb	41
I. Der Apothekenleiter und sein Personal	42
1. Der Apothekenleiter	43
2. Apothekenpersonal	46
II. Die Apothekenbetriebsräume	49
1. Räumliche Mindestausstattung	50
a) Die Offizin	51
b) Die Rezeptur	52
c) Das Laboratorium	53
2. Räumliche Anordnung	54
III. Die Herstellung von Arzneimitteln	55
1. Abgrenzung	56
2. Allgemeine Qualitätsstandards	58
3. Rezepturarzneimittel	63
4. Defektur	66
5. Großherstellung	70
6. Besondere Kontroll-, Prüf- und Kennzeichnungspflichten	72
IV. Abgabe und Einfuhr von Arzneimitteln	75
1. Arzneimittelabgabe	75
2. Rezeptsammelstellen	76
V. Apothekenübliche Waren und Dienstleistungen	80
1. Apothekenübliches Randsortiment	82
a) Randsortiment und Präsentation	82
b) Einzelfälle aus der Rechtsprechung	84
2. Apothekenübliche Dienstleistungen	85
VI. Werberecht	89
1. Allgemeine Grundlagen	89
2. Kundenbindungssysteme	92
D. Besondere Apothekentypen	97
I. Filialapotheken	98
1. Betriebserlaubnis	99
2. Grenzüberschreitende Filialisierung	102
3. Der Filialbetrieb	105

a) Ausstattung	105	III. Krankenhausapotheke	115
b) Der Filialapotheker	106	1. Besonderheiten	115
c) Verpachtung	110	2. Differenzierung zur krankenhausversorgenden Apotheke	119
d) Beendigung der Betriebserlaubnis	112		
II. Zweigapotheke	113	IV. Notapotheke	121

Literatur

Cyran/Rotta, Apothekenbetriebsordnung Kommentar, 2005; **Fichtel**, Ein neues Berufsbild: Der Filialapothekenleiter, DAZ 2004, 982; **Herzog/Dettling/Kieser/Spielvogel**, Filialapotheken, 2004; **Kieser**, Öffentliche Ausschreibung von Heimversorgungsverträgen, DAZ 2004, 985; **Meyer**, Die Freigabe des begrenzten Mehrbesitzes, DAZ 2004, 865; **Räth/Herzog/Rehborn**, Heimversorgung und Apotheke, 2003; **Ratzel/Wiesener**, Neuerungen im Apothekenrecht, ZMGR 2004, 153; **Rehmann**, Arzneimittelgesetz: AMG, 2. Auflage 2003; **Zerres**, Apothekenrecht kompakt, 2002.

A. Einführung

1　Die bisherige Rechtslage im Apothekenrecht ist – trotz der Möglichkeit der beschränkten Filialisierung – geprägt vom Leitbild des „**Apothekers in seiner Apotheke**". Mit dieser persönlichen Leitungs- und Verantwortungsfunktion des Apothekers soll die Kernforderung des Apothekenrechts, die im öffentlichen Interesse gebotene Sicherstellung einer **ordnungsgemäßen Arzneimittelversorgung**,[1] gewährleistet werden. Gerade auch weil den Apotheken nach § 43 Abs. 1 AMG das Monopol zur Abgabe apothekenpflichtiger Arzneimittel an den Endverbraucher zugewiesen ist, unterliegen sie der staatlichen Überwachung und darüber hinaus der Berufsaufsicht der in den Ländern gebildeten Apothekerkammern.

B. Die öffentliche Apotheke

I. Betriebserlaubnis

2　Neben einer **Approbation** nach § 2 Abs. 1 BApO benötigt der Apotheker zum Betrieb einer Apotheke zwingend eine **Betriebserlaubnis** nach § 1 Abs. 2 ApoG. Diese Erlaubnis gilt nur für den Apotheker, auf den sie ausgestellt ist und ist räumlich auf die in der Erlaubnis bezeichneten Räume beschränkt. Wird eine Apotheke ohne die erforderliche Betriebserlaubnis betrieben, so ist sie von der zuständigen Behörde zu schließen, § 5 ApoG. Nach § 2 Abs. 1 ApoG hat der Apotheker einen Rechtsanspruch auf Erteilung der Erlaubnis, wenn sämtliche dort aufgeführten Voraussetzungen vorliegen.

1. Antragserfordernis

3　Der Apotheker muss einen schriftlichen Antrag bei der zuständigen Behörde stellen und die folgenden Voraussetzungen mit den entsprechenden Unterlagen nachweisen:
- Approbation als Apotheker
- Deutscher Staatsbürger oder EU-Angehöriger

1　BVerfG, Urt. v. 13.2.1964 – 1 BvL 17/61, BVerfGE 17, 232.

- volle Geschäftsfähigkeit
- gesundheitliche Eignung
- Eidesstattliche Versicherung
- Verfügungsgewalt über die Betriebsräume
- Mitteilung, falls in einem anderen EU- oder EWR-Mitgliedsstaat eine oder mehrere Apotheken betrieben werden.

2. Erlöschen der Betriebserlaubnis

Die einmal erteilte Erlaubnis erlischt gemäß § 3 ApoG
- durch Tod
- durch Verzicht
- durch Rücknahme oder Widerruf der Approbation
- einjähriges Nichtgebrauchen[2]
- Eröffnung einer Apotheke in einem anderen EU-Mitgliedsstaat, die keine Zweigapotheke ist.

3. Rücknahme/Widerruf der Betriebserlaubnis

Die Erlaubnis zum Apothekenbetrieb muss von der zuständigen Behörde zurückgenommen werden, wenn bei ihrer Erteilung eine der Voraussetzungen nach § 2 ApoG nicht vorgelegen hat. Weiterhin ist die Erlaubnis zu widerrufen, wenn nachträglich eine der erforderlichen Voraussetzungen weggefallen ist. Dabei ist zu unterscheiden:

Zwingend muss ein **Widerruf** erfolgen, wenn eine der Voraussetzungen gemäß § 2 Abs. 1 Nr. 1, 2, 4, 4a, 6 oder 7 ApoG weggefallen ist. Von besonderer praktischer Relevanz ist insoweit § 4 ApoG. Gemäß § 4 Abs. 2 S. 1 ApoG ist eine Erlaubnis u.a. dann zu widerrufen, wenn der Apotheker die für den Betrieb einer Apotheke erforderliche **Zuverlässigkeit** nicht mehr besitzt. Dies ist gemäß § 2 Abs. 1 Nr. 4 ApoG dann der Fall, wenn Tatsachen vorliegen, welche seine Unzuverlässigkeit in Bezug auf das Betreiben einer Apotheke dartun, insbesondere wenn strafrechtliche oder schwere sittliche Verfehlungen vorliegen, die ihn für die Leitung einer Apotheke ungeeignet erscheinen lassen, oder wenn er sich durch gröbliche oder beharrliche Zuwiderhandlung gegen dieses Gesetz, die aufgrund dieses Gesetzes erlassene Apothekenbetriebsordnung oder die für die Herstellung von Arzneimitteln und den Verkehr mit diesen erlassenen Rechtsvorschriften als unzuverlässig erwiesen hat.

Diese Voraussetzungen liegen regelmäßig vor, wenn die im Hinblick auf die Art, Schwere und Zahl von Verstößen gegen Berufspflichten zu gründende **Prognose** zum Abschluss des behördlichen Verfahrens den Schluss rechtfertigt, der Apotheker biete aufgrund der begangenen Verfehlungen nicht die Gewähr, in Zukunft die berufsspezifischen Vorschriften und Pflichten zu beachten.[3]

Eine Straftat eines Apothekers, die zu Vermögensschäden bei einer Krankenkasse führt, weckt in der Regel ernstliche Zweifel an der persönlichen Zuverlässigkeit für den Betrieb einer Apotheke, da das gegenwärtige Versorgungssystem für ärztlich verordnete Arzneimittel maßgeblich auf einem uneingeschränkten Vertrauen in die umfassende Redlichkeit des selbständigen Apothekers aufgebaut ist.[4]

---

2 Zur Rechtmäßigkeit vgl. BVerwG, Urt. v. 20.6.1972 – I C 68.70, BVerwGE 40, 153.
3 BVerwG, Urt. v. 26.9.2002 – 3 C 37/01, NJW 2003, 913.
4 OVG Hamburg, Beschl. v. 11.1.2000 – 5 Bs 282/99, NJW 2000, 2761 (nur Leitsatz).

§ 32 Apothekenrecht

9   Dagegen besteht ein Ermessensspielraum der Behörde, wenn der Apotheker nachträglich Vereinbarungen getroffen hat, die gegen §§ 8 S. 2, 9 Abs. 1, 10 oder 11 ApoG verstoßen.[5]

10 Da mit dem Widerruf einer Betriebserlaubnis und der Anordnung der sofortigen Vollziehung in das Grundrecht der Berufsfreiheit eingegriffen wird, sind für den **Sofortvollzug** einer Betriebsschließung wegen der gesteigerten Eingriffsintensität nur solche Gründe ausreichend, die in angemessenem Verhältnis zu der Schwere des Eingriffs stehen und die ein Zuwarten bis zur Rechtskraft des Hauptverfahrens ausschließen. Ob diese Voraussetzungen gegeben sind, hängt von einer Gesamtwürdigung der Umstände des Einzelfalles und insbesondere davon ab, ob eine weitere Berufstätigkeit konkrete Gefahren für wichtige Gemeinschaftsgüter befürchten lässt.[6]

II. Gesetzliche Anforderungen für die Erteilung der Betriebserlaubnis

1. Gesellschaftsrechtlicher Formenzwang

a) Nationale Gesetzgebung

11 Gemäß § 8 S. 1 ApoG kann eine Apotheke nur durch einen Apotheker, in Form einer **OHG** oder in Form einer **GbR** geführt werden. An einer OHG dürfen sich nur approbierte Apotheker beteiligen. Die Betriebserlaubnis wird dabei nicht der OHG, sondern den jeweiligen OHG-Gesellschaftern erteilt. Auch ein Apothekenbetreiber aus einem EU-Staat kann eine Hauptapotheke in Deutschland nur nach deutschem Recht errichten, also durch eine natürliche Person oder OHG/GbR. Kapitalgesellschaften sind ausdrücklich vom Betrieb einer Hauptapotheke und/oder Filialapotheke ausgeschlossen.

b) Europarechtskonformität

12 Die Diskussion über die Zulässigkeit des Fremdbesitzverbots ist seit Eröffnung einer in **Fremdbesitz** stehenden Filialapotheke in Saarbrücken erneut entbrannt. Das Saarländische Ministerium für Justiz, Gesundheit und Soziales hatte mit Bescheid vom 29.6.2006 einer **Kapitalgesellschaft** die Erlaubnis erteilt, mit Wirkung zum 1.7.2006 eine Filialapotheke in Saarbrücken zu betreiben. Die Apothekerkammer des Saarlandes, der DAV und einzelne Apotheker erhoben hiergegen Klage gegen die Betriebserlaubnis beim Verwaltungsgericht. Mit Beschluss vom 12.9.2006 stellte dieses die aufschiebende Wirkung der Klage wieder her und verpflichtete das Ministerium, die Apotheke bis zur rechtskräftigen Entscheidung wieder zu schließen.[7] Das OVG des Saarlandes wies demgegenüber die Anträge sämtlicher Kläger auf Gewährung einstweiligen Rechtsschutzes zurück[8] mit der Folge, dass die rechtlich umstrittene Filialapotheke wieder öffnen durfte. Anschließend hat das Verwaltungsgericht des Saarlandes dem EuGH die streitgegenständlichen Fragen zum Fremdbesitz zur **Vorabentscheidung** vorgelegt.[9]

---

[5] BayVGH, Beschl. v. 30.7.2002 – 22 ZB 02.1430, n.v.
[6] BVerfG, Kammerbeschl. v. 4.3.1997 – 1 BvR 327/97, PharmR 1997, 298.
[7] VG Saarbrücken, Beschl. v. 12.9.2006 – 3 F 38/06, ZMGR 2006, 231.
[8] Saarl. OVG, Beschl. v. 22.1.2007 – 3 W 15/06, n.v.
[9] VG Saarbrücken, Beschl. v. 20.3.2007 – 3 K 361/06, n.v.

Bedenken gegen ein umfassendes Fremdbesitzverbot im Apothekenwesen sind grundsätzlich nicht von der Hand zu weisen. Eine die Niederlassungsfreiheit einschränkende nationale Regelung ist nämlich nur zulässig bei Vorliegen von zwingenden Gründen des Allgemeininteresses, vorausgesetzt die einschränkende Regelung ist geeignet, die Verwirklichung des mit ihr verfolgten Zweckes zu gewährleisten und geht nicht über das hinaus, was zur Erreichung dieses Zweckes erforderlich ist.

Wie schon aus der Gesetzesbegründung zur Einführung von Apothekenfilialen ersichtlich,[10] macht der deutsche Gesetzgeber Einwände im Hinblick auf den **Verbraucherschutz**, die **Arzneimittelsicherheit** und die **Versorgungssicherheit** geltend.

Diese Belange könnten indessen nach derzeitiger EuGH Rechtsprechung auch mittels weniger einschneidender Vorschriften erreicht werden, z.B. durch:
- **Anwesenheitserfordernis** eines angestellten Apothekers oder eines Apothekers als Gesellschafter, die als Handelnde haften und/oder
- Bestimmungen, die eine **Berufshaftpflicht** vorschreiben.[11]

Unter Berufung auf diese weniger einschneidenden Maßnahmen hat die EU-Kommission jüngst beschlossen, gegen Italien, Österreich und Spanien im Hinblick auf deren Apothekenregelung ein Vertragsverletzungsverfahren einzuleiten.[12] Unter anderem wurde von der Kommission beanstandet, dass natürliche Personen, die keine Apothekerqualifikation besitzen und juristische Personen, die nicht aus Apothekern bestehen, keine privaten öffentlichen Apotheken betreiben dürfen.

Mit der gleichen Begründung hat der EuGH[13] bereits entschieden, dass ein Verstoß gegen die Niederlassungsfreiheit vorliegt, wenn es einer juristischen Person verwehrt bzw. nur unter bestimmten Auflagen möglich ist, ein Optikergeschäft zu betreiben. In diesem Fall hatte sich der nationale Gesetzgeber gleichfalls auf das überwiegende Allgemeininteresse der öffentlichen Gesundheit berufen, konnte aber damit aus den o.a. Gründen nicht durchdringen.

Vor dem Hintergrund der aktuellen EuGH-Rechtsprechung dürfte die bisherige Argumentation des deutschen Gesetzgebers, es lägen hinsichtlich der Belange des Verbraucherschutzes, der Arzneimittelsicherheit und der Versorgungssicherheit keine verlässlichen Erfahrungen im Hinblick auf den Fremdbesitz an Apotheken vor, nicht ausreichen, um ein umfassendes Niederlassungsverbot für juristische Personen im Apothekenrecht zu rechtfertigen.

2. Verbot partiarischer Rechtsverhältnisse

Unzulässig ist nach § 8 S. 2 ApoG jegliche Beteiligung in Form einer stillen Gesellschaft sowie Vereinbarungen, bei denen die Vergütung für dem Apotheker gewährte Darlehen oder Vermögensgegenstände am Umsatz oder am Gewinn der Apotheke ausgerichtet sind. Mithin sollen **partiarische Rechtsverhältnisse**, bei denen sich Dritte die beruflichen und wirtschaftlichen Fähigkeiten des Apothekers zu Nutze machen und an den Früchten der Apotheke partizipieren, vermieden werden. Von diesem Verbot erfasst sind auch umsatzorientierte Mietverträge, wobei die Bestimmung im Einzelfall schwierig sein kann. Die Höhe des Mietzinses ist hierfür nicht entscheidend, kann aber

---

10 BT-Drucks 15/1525 S. 160.
11 EuGH, Urt. v. 21.4.2005 – C-140/03, A&R 2005, 79.
12 Pressemitteilung der EU-Kommission v. 28.6.2006 – IP/06/858.
13 Urt. v. 21.4.2005 – C-140/03, A&R 2005, 79.

nach den Umständen des Einzelfalls ein Indiz sein.[14] Entscheidend sind vielmehr sämtliche zwischen den Parteien getroffenen Vereinbarungen: Ergibt dieses Gesamtgefüge, dass die Parteien die Miete am Umsatz oder am Gewinn ausgerichtet haben und der Vermieter hierdurch an den Erträgen der Apotheke partizipiert, so liegt ein unzulässiges partiarisches Rechtsverhältnis vor.[15] Regelmäßig sind derartige Konstruktionen daran erkennbar, dass die Parteien einen bestimmten prozentualen Anteil am Umsatz oder Gewinn, bezogen auf einen bestimmten Vergütungszeitraum, festlegen, so dass die Miete je nach der Entwicklung dieser Verhältnisse in ihrer Höhe variiert. Ausreichend ist aber auch, wenn die Parteien anderweitig von einem Zusammenhang zwischen der Miethöhe und dem Umsatz oder Gewinn ausgegangen sind und dass diese Verknüpfung in den Vereinbarungen ihren Niederschlag gefunden hat.[16]

20 Denkbar und gleichfalls unzulässig gemäß § 8 Abs. 2 ApoG ist auch die Schaffung eines **Vertragsgeflechts** zwischen einem Dritten bzw. diesem zuzurechnenden Firmen und einem Apotheker, welches durch kurzfristige Mietverträge sowie Optionsverträge, Leasingverträge und Beraterverträge usw. im Ergebnis dazu führt, dass der formelle Erlaubnisinhaber in wesentlichen Punkten seiner Berufsausübung nicht mehr eigenverantwortlich entscheiden kann, wobei ihm noch bestimmte „Garantie- bzw. Entnahmeansprüche" eingeräumt werden.[17]

21 Zwingende Rechtsfolge eines Verstoßes gegen § 8 S. 2 ApoG ist gemäß § 12 ApoG die **Nichtigkeit** der entsprechenden Vereinbarungen.

3. Apothekenpacht

22 Die Verpachtung einer Apotheke ist nur in engen Grenzen unter den folgenden Voraussetzungen von § 9 ApoG zulässig:
- Der bisherige Erlaubnisinhaber kann die Apotheke aus einem in seiner Person liegenden wichtigen Grund nicht mehr selbst betreiben (z.B. hohes Alter, Wahl in ein öffentliches Amt, Wohnsitzwechsel infolge Verheiratung).
- Die Betriebserlaubnis wurde wegen körperlicher Gebrechen, Schwäche der körperlichen oder geistigen Kräfte oder Sucht zurückgenommen; oder aus einem dieser Gründe wurde die Approbation entzogen.
- Der Erlaubnisinhaber ist gestorben, wobei es entscheidend auf die Erbberechtigung ankommt: Sind die Kinder erbberechtigt, so ist die Verpachtung gestattet, bis das jüngste Kind das 23. Lebensjahr vollendet hat. Eine Verlängerung ist möglich, wenn eines der Kinder den Apothekerberuf ergreift. Erbt dagegen der Ehegatte bzw. Lebenspartner, so kann dieser bis zur Wiederverheiratung bzw. Begründung einer Lebenspartnerschaft verpachten.

23 Umgehungen dieser Regelungen, insbesondere durch Vermietung von Räumen und Inventar, wobei sich der Mietzins dann an Umsatz oder Gewinn der Apotheke ausrichtet, sind unzulässig und führen zwangsläufig zur **Nichtigkeit** der Verträge.[18]

---

14 BGH, Urt. v. 22.10.2997 – XII ZR 142/95, NJW-RR 1998, 803.
15 VG Berlin, Urt. v. 10.10.2006 – 14 A 28/06, MedR 2007, 56.
16 BGH, Urt. v. 27.11.2003 – IX ZR 76/00, NJW 2004, 1523, 1524.
17 OVG NRW, Beschl. v. 14.2.1997 – 13 B 2312/96, n.v.
18 VG Berlin, Urt. v. 10.10.2006 – 14 A 28/06, MedR 2007, 56.

4. Arzneimittel- und Ärztebevorzugungsverbot

Nach § 11 Abs. 1 ApoG darf ein Apotheker mit Ärzten keine **Absprachen** treffen, die eine bevorzugte Lieferung bestimmter Arzneimittel, die Zuführung von Patienten, die Zuweisung von Verschreibungen oder die Fertigung von Arzneimitteln ohne Angabe der Zusammensetzung zum Gegenstand haben. Mit dieser Bestimmung soll die **Unabhängigkeit** des Apothekers gegenüber den anderen Heilberufen und den Heilhilfsberufen gesichert und die freie Apothekenwahl des Patienten gewährleistet werden.[19] Unter „Absprachen" in diesem Sinne ist ein bewusstes und gewolltes Zusammenwirken, das auch stillschweigend vereinbart werden kann oder aus einer eingespielten Übung respektive einer schlüssigen Handlung hervorgeht, zu verstehen.[20] Auf die Zuweisung von Verschreibungen ist die Absprache gerichtet, sofern sie dem Zweck dient, ärztliche Verschreibungen unter Ausschluss anderer Apotheken unmittelbar einer einzelnen Apotheke oder mehreren Apotheken anteilmäßig oder im Wechsel zukommen zu lassen. Entscheidendes Kriterium ist insoweit, dass der Arzt dem Patienten die Verschreibung nicht aushändigt, sondern unmittelbar der begünstigten Apotheke zugehen lässt, mithin dem Versicherten die Freiheit genommen wird, die Apotheke, in der er ein vom Arzt ausgestelltes Rezept einlösen will, frei zu wählen.

Entsprechend ist die Vereinbarung eines regelmäßigen Hol- und Bringdienstes für hochpreisige Arzneimittel zwischen einer Apotheke und einer Arztpraxis unzulässig.[21]

5. Versandhandel

Mit In-Kraft-Treten des GKV-Modernisierungsgesetzes (GMG) mit seinen Änderungen u.a. des Apotheken-, Arzneimittel-, Heilmittelwerbegesetzes sowie der Apothekenbetriebsordnung am 1.1.2004[22] wurde der innerdeutsche wie auch der EU-grenzüberschreitende **Versandhandel** von Arzneimitteln unter bestimmten Voraussetzungen grundsätzlich zugelassen. Seither dürfen apothekenpflichtige Arzneimittel von öffentlichen Apotheken bei Vorliegen einer **behördlichen Erlaubnis** an Endverbraucher versandt werden (§ 43 Abs. 1 AMG).

a) Anforderungen an deutsche Apotheker

Die erforderliche Konkretisierung der Anforderung zur Erteilung der Versanderlaubnis ist abschließend in § 11a ApoG geregelt. Danach ist die Erlaubnis zu erteilen, wenn vom Apothekeninhaber schriftlich versichert wird, dass bei der Versendung ein näher spezifizierter Sicherheits- und Qualitätsstandard gewährleistet ist. Im Wesentlichen soll durch die mit der Erlaubnispflicht verknüpften qualitätssichernden Maßnahmen gewährleistet werden, dass bei dem Transport keine Minderung der Qualität und Wirksamkeit des Arzneimittels entsteht, die Arzneimittel nicht in unbefugte Hände geraten und der Verbraucher ggf. die notwendige Beratung erhält. Die laufende Einhaltung dieses Standards wiederum wird dem Apotheker durch die korrespondierende Vorschrift des § 17 Abs. 2a ApBetrO auferlegt. Insbesondere kann der Apotheker gemäß § 17 Abs. 2a ApBetrO verpflichtet sein, wegen der spezifischen Situation des Kunden in Verbindung mit einem Risiko des jeweiligen Arzneimittels von einem Versand abzuse-

---

19 Vgl. OVG NRW, Urt. v. 2.9.1999 – 13 A 3323/97, NVwZ-RR 2000, 216, 217.
20 SG Berlin, Urt. v. 18.7.2006 – S 81 KR 4207/04, n.v.
21 OLG Hamm, Urt. v. 29.8.2006 – 19 U 39/06, MedR 2007, 111.
22 BGBl I 2003, 2190 ff.

hen, bis der Kunde die erforderliche Information oder Beratung in seiner Anwesenheit erhalten hat.

b) Anforderungen an Apotheker aus anderen Mitgliedstaaten

28 Den Versand durch Apotheken aus anderen EU-Mitgliedsstaaten bzw. anderer Vertragsstaaten des europäischen Wirtschaftsraums nach Deutschland regelt § 73 Abs. 1 AMG. Danach können diese Apotheken mit in Deutschland zugelassenen bzw. registrierten Arzneimitteln deutsche Endverbraucher beliefern, wenn die jeweilige Apotheke in ihrem Land durch nationales Recht den gleichen Anforderungen im Hinblick auf den Versandhandel unterworfen ist oder aber direkt die Vorschriften des deutschen Versandhandels erfüllt. Hierzu veröffentlicht das Bundesministerium in regelmäßigen Abständen eine aktualisierte Übersicht, in welchem der jeweiligen Länder für den Versandhandel und den elektronischen Handel dem deutschen Recht vergleichbare Sicherheitsstandards bestehen.

6. Heimversorgung

29 Seit dem 28.8.2003 darf die Heimversorgung gemäß § 12a ApoG nur noch auf Grundlage eines **Versorgungsvertrags** erfolgen. Hieraus folgt, dass es grundsätzlich verboten ist, Bewohner von Heimen i.S.d. § 1 HeimG mit Arzneimitteln und apothekenpflichtigen Medizinprodukten zu versorgen, wenn kein genehmigter Versorgungsvertrag geschlossen worden ist und wenn sich die Heimbewohner im konkreten Fall nicht selbst mit den genannten Produkten versorgen.[23]

30 Auch der Betreiber einer Versandapotheke muss einen Heimversorgungsvertrag abschließen. § 12a Abs. 1 S. 1 ApoG bezieht sich insoweit nicht nur auf den Inhaber einer Erlaubnis zum Betrieb einer öffentlichen Apotheke. Wie sich durch Auslegung nach dem Schutzwzeck der Norm ergibt, muss jeder Apotheker, der Heimbewohner beliefert, einen Heimversorgungsvertrag abgeschlossen und genehmigt erhalten haben. Mit dem Schutzzweck der Norm wäre es unvereinbar, Arzneimittel durch eine nicht kreisangehörige oder benachbarte, sondern entfernt geschäftsansässige Versandapotheke i.S.d. § 11a ApoG übermitteln zu lassen.[24] Die Versorgung von Heimbewohnern erfasst auch die Belieferung mit vom Apotheker selbst hergestellten Arzneimitteln.[25]

31 Es hat sich gezeigt, dass zwar die inhaltlichen Anforderungen an den Heimversorgungsvertrag klar geregelt sind, sich aber in der praktischen Durchführung zahlreiche Einzelprobleme ergeben. Dies beginnt bereits bei der Frage, welche Apotheke den Zuschlag zur Heimversorgung erhält[26] und ob weitere kreisansässige Apotheken Aufnahme in das Versorgungssystem verlangen können. Weitere Streitfragen resultieren zu einem großen Teil aus dem Spannungsverhältnis zwischen der Heimversorgung gemäß § 12a Abs. 1 und 2 ApoG einerseits und der Eigenversorgung der Heimbewohner gemäß § 12a Abs. 3 ApoG andererseits sowie aus dem oft erheblichen Zusatzaufwand der versorgenden Apotheke.

---

23 VG Potsdam, Beschl. v. 15.5.2005 – 3 L 1036/04, n.v.
24 OVG Berlin-Brandenburg, Beschl. v. 9.3.2006 – 5 S 64.05, LKV 2006, 415 ff.
25 Niedersächsisches OVG, Urt. v. 16.5.2006 – 11 LC 265/05, GesR 2006, 461.
26 Hierzu ausführlich *Kieser*, DAZ 2004, 985 ff.

a) Abschlussfreiheit des Heims

Auch wenn die entsprechende Regelung in § 12a Abs. 1 ApoG missverständlich formuliert ist, besteht nach allgemeiner Ansicht kein **Kontrahierungszwang** des Heims mit einer einzelne Bewohner versorgenden Apotheke.[27] Erst recht besteht kein Teilnahmeanspruch an der Versorgung für alle öffentlichen Apotheken, die innerhalb der regionalen Grenzen des § 12a Abs. 1 S. 3 Nr. 1 ApoG liegen.[28] Eine solche Beteiligung ließe sich schon organisatorisch nicht bewältigen, da die Zuständigkeitsbereiche mehrerer versorgenden Apotheken gemäß § 12a Abs. 1 S. 3 Nr. 5 ApoG klar voneinander abgegrenzt sein müssen. Eine solche Abgrenzung dürfte aber bei einer Beteiligung von mehr als max. drei Apotheken nicht mehr praktikabel sein, insbesondere mit Blick auf die durch eine möglichst zentrale Versorgung beabsichtigte Qualitätsverbesserung bei der Medikation der Heimbewohner. Daher hat der Heimträger seine Pflicht erfüllt, wenn er mit einem Apotheker einen Versorgungsvertrag abgeschlossen hat. Die Aufnahme von weiteren Apotheken in die vertragliche Heimversorgung kann dann nicht mehr erzwungen werden.

32

b) Zwingende Mindestregelungen des Versorgungsvertrags

Für die grundsätzlichen Regelungen des Versorgungsvertrags haben sich die bereits etablierten Musterverträge der entsprechenden Berufs- und Interessenvereinigungen bewährt.[29] Heimversorgungsverträge müssen Vereinbarungen enthalten, wonach u.a. die ordnungsgemäße Arzneimittelversorgung gewährleistet ist. Hierunter fallen Regelungen über die Art und den Umfang der Versorgung, das Zutrittsrecht des Apothekers sowie die Pflichten zur Überprüfung der ordnungsgemäßen, bewohnerbezogenen Aufbewahrung der von ihm gelieferten Produkte sowie deren Dokumentation. Weiterhin muss der Vertrag die Pflichten des Apothekers zur Information und Beratung der Heimbewohner und des Pflegepersonals festlegen, er darf die freie Wahl der Apotheke nicht einschränken und keine Ausschließlichkeitsbindung zugunsten einer Apotheke enthalten. Liegen diese Voraussetzungen vor und liegen die öffentliche Apotheke und das zu versorgenden Heim innerhalb desselben Kreises oder derselben kreisfreien Stadt oder in einander benachbarten Kreisen oder kreisfreien Städten, so ist die Genehmigung zu erteilen.

33

c) Beteiligung mehrerer Apotheken an der Heimversorgung

Eine Beteiligung mehrerer Apotheken an der Versorgung eines Heims ist zwar grundsätzlich möglich, aber an strenge Voraussetzungen gebunden, um die beabsichtigten Qualitätsverbesserungen für die Versorgung der Heimbewohner nicht wieder hinfällig zu machen. Danach kann aus Gründen der ordnungsgemäßen Arzneimittelversorgung eine Beteiligung mehrerer Apotheken mit jeweils eigenen Versorgungsverträgen erfolgen, wenn jede Apotheke für einen genau definierten Teilbereich des jeweiligen Heims verantwortlich ist. Sinnvollerweise regelt man in diesen Fällen die Abgrenzung der Zuständigkeitsbereiche – z.B. getrennt nach Stationen oder Stockwerken – in einer Anlage zum Versorgungsvertrag.

34

---

27 LG Memmingen, Urt. v. 8.3.2004 – 2 O 2297/03, GesR 2004, 189; *Ratzel/Wiesener*, ZMGR 2004, 153, 155.
28 In diesem Sinne auch OVG Berlin-Brandenburg, Beschl. v. 9.3.2006 – 5 S 64.05, LKV 2006, 415 ff.
29 Siehe z.B. das Vertragsmuster in *Räth/Herzog/Rehborn*.

35 Alternativ können aber auch mehrere Apotheken als **Gesamtvertragspartner** einen Versorgungsvertrag abschließen, wenn vertraglich genau festgelegt und beschrieben ist, wie die Verpflichtungen, die sich aus § 12a Abs. 1 ApoG ergeben, von allen Apotheken abwechselnd geleistet werden können. Dabei sollte der Rotationszyklus nicht kürzer als drei Monate sein, da eine kurzfristige turnusmäßige Versorgung von Heimen durch mehrere Apotheken nicht mit dem Sinn und Zweck von § 12a ApoG vereinbar ist.[30]

d) Überprüfung der bewohnerbezogenen Arzneimittelverwahrung

36 Als überaus aufwendig kann sich die gemäß § 12 Abs. 1 S. 3 Nr. 2 ApoG vom versorgenden Apotheker bzw. seinem pharmazeutischen Personal zu erbringende Überprüfung der ordnungsgemäßen und bewohnerbezogenen Aufbewahrung von Arzneimitteln erweisen. Unstreitig umfasst die gesetzlich zwingend vorgesehene Überprüfung sämtliche von ihm gelieferten Arzneimittel.[31] Nun werden aber auch vielfach von Heimbewohnern im Wege der **Eigenversorgung** beschaffte Arzneimittel von diesen dem Heim zur Aufbewahrung übergeben und dann in die bewohnerbezogene Arzneimittelsammlung gestellt. Darüber hinaus wird die Arzneimittelsammlung oftmals durch entsprechende Geschenke von Angehörigen sowie durch Ärztemuster ergänzt. Der gesetzliche Wortlaut von § 12a Abs. 1 Nr. 2 ApoG legt zwar nahe, dass dem Apotheker lediglich die Überprüfung der von ihm gelieferten Produkte obliegt. Demgegenüber wird dem Heim in den meisten Fällen an einer umfassenden Prüfung der Vorräte gelegen sein. Daher empfiehlt sich in jedem Fall die Aufnahme einer klarstellenden Regelung im Versorgungsvertrag, um spätere Auseinandersetzungen über den Prüfungsumfang zu vermeiden.

e) Regelung der Eigenversorgung von Heimbewohnern

37 Äußerst schwierig hat sich in der Praxis die Handhabung der Eigenversorgung von Heimbewohnern gestaltet. Unproblematisch ist diese lediglich in den Fällen, in denen der Heimbewohner das bestellte Arzneimittel selbst abholt bzw. durch einen Angehörigen oder ggf. den Betreuer abholen lässt. Einigen Apothekern geht dies indessen nicht weit genug. Gewünscht wird die Entgegennahme und Quittierung der von einem Heimbewohner nicht bei der **Vertragsapotheke** bestellten Arzneimittel durch das Heim, so dass die zeitintensivere persönliche Auslieferung an den Besteller vermieden werden kann. Hierdurch würde indessen der Versorgungsvertrag in wesentlichen Punkten unterlaufen werden, da faktisch eine Heimversorgung vorliegt, allerdings die hiermit korrespondierende Verpflichtung zur Überprüfung der Arzneimittelvorräte sowie deren Dokumentation vermieden bzw. der versorgenden Apotheke aufgebürdet wird. Eine solche Regelung läuft erkennbar dem Sinn und Zweck von § 12a ApoG entgegen und ist auch mit Blick auf die Beratungspflicht gemäß § 20 ApBetrO unzulässig.[32] Daher sollte der ohne Versorgungsvertrag gemäß § 12a Abs. 3 ApoG einzelne Heimbewohner beliefernde Apotheker in jedem Fall mit dem Heim eine einvernehmliche Regelung treffen, wie in all den Fällen verfahren werden soll, in denen der bestellende Heimbewohner nicht im Heim angetroffen wird. Ein Anspruch auf Entgegennahme der Arzneimittel durch das Heim besteht indessen nicht.

---

30 *Räth/Herzog/Rehborn*, S. 120.
31 *Räth/Herzog/Rehborn*, S. 90 f.
32 LG Memmingen, Urt. v. 8.3.2004 – 2 O 2297/03, GesR 2004, 189.

f) Vergütung von zusätzlichen Dienstleistungen

Eine effiziente Heimbelieferung, zumal wenn es um große Einheiten geht, zwingt zu effektiver, strukturierter Arbeitsweise. Daher ist aus Sicht des Apothekers – will er die Heimbelieferung rentabel gestalten – die Vergütung von Zusatzleistungen unabdingbar. Darüber hinaus kann das Erbringen besonderer Dienstleistungen als kostenlose Zuwendung im Sinne von § 7 HWG zu qualifizieren und damit wettbewerbswidrig sein. Daher sollten Zusatzleistungen ausdrücklich im Versorgungsvertrag bzw. einer entsprechenden Anlage fixiert werden. Zu denken ist hier an die Beratung und Fortbildung der Heimmitarbeiter, die auch in § 12a Abs. 1 S. 3 Nr. 3 ApoG und § 11 Abs. 1 Nr. 10 HeimG angesprochen ist. Wie der Themenkatalog der Anlage 5 der Empfehlungen der Bundesapothekerkammer zur Qualitätssicherung bei der Versorgung der Bewohner von Heimen zeigt, kann sich die Fortbildung des Heimpersonals als äußerst umfangreich und arbeitsintensiv erweisen. Hier bietet sich an, einen festen Stundensatz zu vereinbaren, wobei je nach Interessenlage eine bestimmte Anzahl von Freistunden je Quartal angesetzt werden kann.

Ähnliches gilt im Hinblick auf die umfangreiche **Dokumentationsverpflichtung** des Apothekers. Für die effiziente Dokumentation der bewohnerbezogenen Belieferung und Aufbewahrung von Arzneimittel wird sich der Apotheker zumeist einer speziellen Software bedienen, die auch auf einem Computer im Heim installiert werden muss. Entsprechend fallen Kosten für die Einweisung und Bedienung an, die sich der Apotheker gleichfalls im Wege eines Stundensatzes vergüten lassen sollte.

Bei all diesen Zusatzvereinbarungen ist zu beachten, dass, sollten sie in einer späteren Vereinbarung getroffen werden, diese genau wie der Hauptvertrag bei der Aufsichtsbehörde anzeigepflichtig sind.[33]

C. Der Apothekenbetrieb

Die für den ordnungsgemäßen Apothekenbetrieb einschlägigen Vorschriften finden sich in der Apothekenbetriebsordnung. Die gesetzliche Rechtsgrundlage für den Erlass der Apothekenbetriebsordnung findet sich in § 21 ApoG sowie in § 12 und § 73 Abs. 3 AMG.

I. Der Apothekenleiter und sein Personal

Der Apotheke obliegt nach § 1 Abs. 1 ApoG die im öffentlichen Interesse gebotene Sicherstellung der ordnungsgemäßen Arzneimittelversorgung der Bevölkerung. Für die Erfüllung dieser Aufgabe ist einzig der Apothekenleiter verantwortlich. Dieser muss das für den ordnungsgemäßen Betrieb der Apotheke notwendige pharmazeutische Personal bereitstellen und dieses entsprechend dessen Ausbildung und Kenntnissen einsetzen.

1. Der Apothekenleiter

Nach § 2 Abs. 1 Nr. 1 ApBetrO ist grundsätzlich Apothekenleiter, wem die zuständige Behörde die Erlaubnis zum Betrieb einer Apotheke erteilt hat. Wird die Apotheke in

---

[33] *Räth/Herzog/Rehborn*, S. 94.

Form einer OHG betrieben, ist jeder Gesellschafter Apothekenleiter. Wird eine kleine Filialkette betrieben, ist auch der in einer Filiale angestellte verantwortliche Apotheker Apothekenleiter gemäß § 2 Abs. 5 Nr. 2 ApBetrO.[34]

44 Den Apothekenleiter trifft die Pflicht zur **persönlichen Leitung** der Apotheke. Gerade die persönliche Leitung in eigener Verantwortung ist von jeher kennzeichnend für den Beruf des selbständigen Apothekers[35] und gilt auch noch nach der Lockerung des Mehrbetriebsverbots fort.[36]

45 Zur persönlichen Leitung der Apotheke gehört, dass der Apothekenleiter die **wesentlichen Betriebsvorgänge** durch eigenes Tätigwerden oder durch seine Entscheidungen und Anweisungen maßgeblich bestimmt und den Betrieb der Apotheke laufend überwacht sowie die Aufsicht über das pharmazeutische Personal bei der Ausübung pharmazeutischer Tätigkeiten ausübt und das gesamte Apothekenpersonal im Rahmen des Betriebsablaufs beaufsichtigt.[37] Die Leitungspflicht erfordert grundsätzlich persönliche Anwesenheit in der Apotheke, eine **Vertretung** ist nur für einen begrenzten Zeitraum und nur durch einen Apotheker bzw. Apothekerassistenten oder Pharmazieingenieur zulässig § 2 Abs. 5 S. 1, Abs. 6 S. 1 ApBetrO.

2. Apothekenpersonal

46 Gemäß § 3 Abs. 1 ApBetrO besteht das Apothekenpersonal aus pharmazeutischem und nichtpharmazeutischem Personal. Welche Berufsgruppen, ggf. in Ausbildung, dem pharmazeutischen Personal zuzurechnen sind, ist abschließend in § 3 Abs. 3 ApBetrO aufgezählt.[38] Es handelt sich hierbei um
- Apotheker
- Auszubildende für den Apothekerberuf
- pharmazeutisch-technische Assistenten (PTA)
- Auszubildende zum pharmazeutisch-technische Assistenten
- Apothekerassistenten
- Pharmazieingenieure
- Auszubildende zum Pharmazieingenieur
- Apothekenassistenten
- Pharmazeutische Assistenten.

47 Demnach fallen nicht hierunter die Apothekenhelfer, Apothekenfacharbeiter und pharmazeutisch-kaufmännischen Angestellten.

48 Grundsätzlich sind pharmazeutische Tätigkeiten dem pharmazeutischen Personal vorbehalten; handelt es sich dabei um Auszubildende zum Apotheker, zur PTA oder zum Pharmazieingenieur, PTAs oder Pharmazeutische Assistenten, so müssen diese zusätzlich vom Apotheker beaufsichtigt werden. Welche Tätigkeiten unter die pharmazeutischen Tätigkeiten fallen, ist in § 3 Abs. 4 ApBetrO legaldefiniert. Es handelt sich dabei um die Entwicklung, Herstellung, Prüfung und Abgabe von Arzneimitteln, die Information und Beratung über Arzneimittel sowie die Überprüfung der Arzneimittelvorräte in Krankenhäusern. Regelungen, wonach bestimmte pharmazeutische Tätigkeiten aus-

---

34 Vgl. hierzu vertiefend *Fichtel*, DAZ 2004, 982.
35 BVerfG NJW 1964, 1067.
36 *Cyran/Rotta*, § 2 Rn 24.
37 OLG Bamberg, Beschl. v. 12.7.2007 – 3 Ss OWi 170/07, GewArch 2007, 389.
38 Zu den einzelnen Berufsgruppen vgl. ausführl. *Cyran/Rotta*, § 3 Rn 20–36.

nahmsweise auch vom nichtpharmazeutischen Personal durchgeführt werden dürfen, finden sich in §§ 6 Abs. 4, 9 Abs. 4 und 10 Abs. 5 ApBetrO.

II. Die Apothekenbetriebsräume

Die Apothekenbetriebsräume müssen nach Art, Größe, Zahl, Lage und Einrichtung geeignet sein, einen **ordnungsgemäßen Apothekenbetrieb** zu gewährleisten. Dabei ist zu berücksichtigen, dass eine einwandfreie Entwicklung, Herstellung, Prüfung, Lagerung, Verpackung sowie eine ordnungsgemäße Abgabe von Arzneimitteln sichergestellt ist. Gemäß § 4 Abs. 1 S. 2 ApBetrO müssen die Apothekenbetriebsräume in einwandfreiem hygienischen Zustand gehalten werden. In den nachfolgenden Sätzen des § 4 ApBetrO werden diese allgemeinen Gebote in verschiedener Hinsicht konkretisiert und ergänzt. Welchen Anforderungen eine Apotheke in räumlicher, personeller und sonstiger Hinsicht genügen muss, um einen ordnungsgemäßen Apothekenbetrieb zu gewährleisten, kann dabei nicht ohne Berücksichtigung der in § 1 Abs. 1 ApoG, der Grundnorm des Apothekenrechts, den Apothekern übertragenen öffentlichen Aufgabe der Sicherstellung einer ordnungsgemäßen Versorgung der Bevölkerung mit Arzneimitteln bestimmt werden.[39] Hiernach sind Apotheken zwar auch Gewerbebetriebe und dienen privatwirtschaftlichen Erwerbsinteressen; zugleich – und dies macht ihre Besonderheit aus – sind sie wegen der Funktion, die sie im öffentlichen Interesse erfüllen, Gewerbebetriebe besonderer Art.

49

1. Räumliche Mindestausstattung

Eine Apotheke muss mindestens aus einer **Offizin**, einem **Laboratorium**, ausreichendem **Lagerraum** und einem **Nachtdienstzimmer** bestehen. Die Grundfläche dieser Räume muss insgesamt mindestens 110 qm betragen. Wie sich aus der Formulierung der Vorschrift ergibt, handelt es sich dabei um Mindesterfordernisse. Es kann daher unter Umständen zur Wahrung eines ordnungsgemäßen Apothekenbetriebs erforderlich sein, weitere Betriebsräume einzurichten bzw. bei entsprechend größerem Betriebsumfang auch größere Flächen anzumieten.

50

a) Die Offizin

Begrifflich dient die Offizin der Abgabe und der Vorratshaltung von Arzneimitteln sowie der Information und Beratung des Kunden. Entsprechend hat sich die Gestaltung der Offizin vernünftigerweise nach den Erfordernissen der Versorgung mit apothekenpflichtigen Arzneimitteln zu richten und nicht nach den Bedingungen eines möglichst hohen Umsatzes an freiverkäuflichen Arzneimitteln oder Waren des Nebensortiments.[40] Die ordnungsgemäße Wahrnehmung der dem Apotheker obliegenden Beratungs- und Informationspflichten setzt voraus, dass die Offizin hierzu objektiv geeignet ist und dass es angesichts der Sensibilität und zum Teil auch Intimität der möglichen Gegenstände der Beratungsgespräche aus der Sicht des Kunden diese Funktion erfüllen kann. Diesen Voraussetzungen genügt eine Offizin nicht, die wegen des Fehlens einer räumli-

51

---

39 Hess. VGH, Urt. v. 12.12.1991 – 11 UE 1488/89, BWVPr 1992, 282 (Leitsatz).
40 BVerwG, Urt. v. 29.9.1994 – 3 C 1/93, NJW 1995, 800.

chen Abtrennung zur Ladenstraße hin einen ein offenes, vertrauensvolles Beratungsgespräch ermöglichenden geschützten Raum vermissen lässt.[41]

b) Die Rezeptur

52 Den Begriff „Rezeptur" als Herstellungsplatz von Rezeptur- und Defekturarzneimitteln verwendet die Apothekenbetriebsordnung nicht, auch wenn in §§ 7 und 8 ApBetrO deren Herstellung ausdrücklich vorgesehen ist. Zur ordnungsgemäßen und hygienischen Herstellung von Rezepturarzneimitteln sind diese entweder im Labor oder in einem sonstigen, vollständig abgetrennten Bereich herzustellen. Insbesondere entspricht es heutigen hygienischen Anforderungen, dass eine in der Offizin gelegene Rezeptur[42] gegenüber dem Kundenbereich räumlich abgesondert und ggf. durch eine Glasscheibe o.Ä. abgetrennt sein muss.[43]

c) Das Laboratorium

53 Das Apothekenlabor dient insbesondere der Herstellung von Arzneimitteln im Rahmen der Defektur und der Großherstellung, der Herstellung von Prüfmitteln, der Prüfung von Arzneimitteln und Ausgangsstoffen sowie der Durchführung von Untersuchungen aller Art.[44] Gleich der Offizin muss es nach Art, Größe, Lage und Einrichtung geeignet sein, einen ordnungsgemäßen Apothekenbetrieb zu gewährleisten. Das Laboratorium muss mit einem Abzug mit Absaugvorrichtung oder mit einer entsprechenden Einrichtung, die die gleiche Funktion erfüllt, ausgestattet sein, § 4 Abs. 2 S. 3 ApBetrO.

2. Räumliche Anordnung

54 Sämtliche Räume der Apotheke sollen so angeordnet sein, dass jeder Raum ohne Verlassen der Apotheke zugänglich ist, soweit es sich nicht um das Nachtdienstzimmer oder Betriebsräume handelt, die ausschließlich der Versorgung von Krankenhäusern dienen oder in denen anwendungsfertige Zytostatikazubereitungen hergestellt werden oder die den Versand und den elektronischen Handel betreffen. Damit sollen die Apothekenbetriebsräume eine in sich geschlossene, von betriebsfremden Räumen abgetrennte Einheit darstellen (**Grundsatz der Betriebseinheit**). Eng hiermit verknüpft ist das Verbot in § 4 Abs. 5 ApBetrO, wonach die Betriebsräume von anderweitig gewerblich oder freiberuflich genutzten Räumen sowie von öffentlichen Verkehrsflächen und Ladenstraßen durch Wände oder Türen abgetrennt sein müssen. Aus dieser Formulierung zieht die einschlägige Rechtsprechung die Schlussfolgerung, dass aus dem gleichberechtigten Nebeneinander von Wänden und Türen folge, dass die Trennung durch eine Tür ähnlich manifest sein müsse wie durch eine Wand.[45] Diesem Erfordernis kann nur durch in Ruhestellung geschlossene Türen Rechnung getragen werden. Die geforderte strikte Trennung zwischen Apotheke und anderweitigen Gewerberäumen ist hin-

---

41 *Cyran/Rotta*, § 4 Rn 58.
42 Zu den Sicherheitsanforderungen vgl. *Cyran/Rotta*, § 4 Rn 62.
43 VGH BW, Urt. v. 12.11.2002 – 9 S 82/02, juris (Leitsatz).
44 *Cyran/Rotta*, § 4 Rn 63.
45 BVerwG, Urt. v. 29.9.1994 – 3 C 1/93, NJW 1995, 800; Hess. VGH, Urt. v. 8.9.1992 – 11 UE 611/91, MedR 1993, 100.

gegen nicht mehr gegeben, wenn Türen zwar vorhanden, jedoch während der Öffnungszeiten der Apotheke ständig offen sind.[46]

III. Die Herstellung von Arzneimitteln

Neben dem Verkauf von Fertigarzneimitteln ist es auch üblich, dass in Apotheken Arzneimittel hergestellt werden. Dies ergibt sich nicht nur aus § 13 Abs. 2 Nr. 1 AMG, sondern auch aus den Vorschriften der Apothekenbetriebsordnung, insbesondere aus § 6 ApBetrO, der Qualitätsstandards für die Herstellung fordert und aus §§ 7 und 8 ApBetrO, die die Herstellung von Arzneimitteln im Wege der Anfertigung von Rezepturen oder Defekturen regeln. Apotheker dürfen die von ihnen hergestellten Arzneimittel auch **zulassungsfrei** in den Verkehr bringen, soweit es sich nicht um – gemäß § 21 Abs. 1 AMG allein zulassungspflichtige – Fertigarzneimittel nach § 4 Abs. 1 AMG, sondern um Rezepturarzneimittel handelt.[47] Daneben ist es Apothekern gestattet, auch Fertigarzneimittel unter den engen Voraussetzungen des § 21 Abs. 2 Nr. 1 AMG (sog. verlängerte Rezeptur) ohne Zulassung in den Verkehr zu bringen. Voraussetzung hierfür ist, dass die Arzneimittelherstellung nicht über den **üblichen Apothekenbetrieb** hinausgeht, andernfalls wird eine Herstellererlaubnis nach § 13 AMG benötigt. Mit anderen Worten setzt die Herstellung von Arzneimitteln ohne Herstellererlaubnis voraus, dass diese Arzneimittel vom herstellenden Apotheker grundsätzlich nur in der eigenen Apotheke an Verbraucher abgegeben werden dürfen; nur dann kann von einer apothekenüblichen Herstellung gesprochen werden.[48]

55

1. Abgrenzung

Während unter Rezeptur die Einzelherstellung eines Arzneimittels anhand eines konkreten Auftrags zu verstehen ist, wird bei der Defektur ein Arzneimittel im Voraus in einer Menge bis zu maximal 100 abgabefertigen Packungen pro Tag hergestellt. Überschreitet die Zahl der täglich hergestellten patientenbezogenen Arzneimittel die Menge von 100 abgabefertigen Packungen pro Tag, liegt eine Großherstellung i.S.d. § 9 ApBetrO vor, die sich nach der gesetzlichen Vorgabe in dieser Vorschrift im Rahmen des üblichen Apothekenbetriebs halten kann.

56

Fertigarzneimittel unterscheiden sich dagegen von den Rezepturarzneimitteln dadurch, dass sie im Voraus für eine unbestimmte Anzahl von Verbrauchern industriell oder gewerblich hergestellt sind und in einer zur Abgabe an den Verbraucher bestimmten Packung in den Verkehr gebracht werden, § 4 Abs. 1 AMG.[49]

57

2. Allgemeine Qualitätsstandards

Die Qualitätsanforderungen des § 6 ApBetrO beziehen sich auf Maßnahmen zur Herstellung und Prüfung von Arzneimitteln unabhängig vom Herstellungsumfang. Die Be-

58

---

46 Saarl. OVG, Beschl. v. 8.10.1997 – 1 R 365/96, PZ 1998, 100; Hess VGH, Urt. v. 8.9.1992 – 11 UE 611/91, MedR 1993, 100.
47 *Rehmann*, § 4 Rn 1.
48 OVG Hamburg, Beschl. v. 11.1.2000 – 5 Bs 282/99, MedR 2001, 41 (nur Leitsatz).
49 Vgl. hierzu im Einzelnen *Deutsch/Lippert*, § 4 Rn 2; OLG Hamburg, Urt. v. 25.7.2002 – 3 U 322/01, PharmR 2002, 441, 446.

stimmung gilt gleichermaßen im Rahmen der Rezeptur nach § 7 ApBetrO, der Defektur nach § 8 ApBetrO und der Großherstellung nach § 9 ApBetrO.

59 Die entsprechenden Arzneimittel sind vom Apotheker nach den anerkannten **pharmazeutischen Regeln** herzustellen und zu prüfen. Enthält das Arzneibuch (§ 55 AMG) entsprechende Regeln, so sind die Arzneimitteln nach diesen Regeln herzustellen und zu prüfen.

60 Nach § 6 Abs. 2 ApBetrO sind in der Apotheke vorsorglich Maßnahmen zu treffen, die sicherstellen, dass eine gegenseitige nachteilige Beeinflussung der Arzneimittel sowie Verwechslungen der Arzneimittel und des Verpackungs- und Kennzeichnungsmaterials vermieden werden.

61 § 6 Abs. 3 ApBetrO eröffnet dem Apothekenleiter die Möglichkeit, die Arzneimittelprüfung unter seiner Verantwortung durch eine auswärtige Prüfstelle vornehmen zu lassen. Damit wird dem Umstand Rechnung getragen, dass die Arzneibücher in zunehmendem Umfang Analysetechniken vorschreiben, die in einer Apotheke nicht realisierbar sind. Als auswärtige Prüfstellen kommen ausschließlich in Betracht:
- Betriebe mit einer **Herstellungserlaubnis** nach § 13 AMG,
- eine Apotheke, deren Apothekenleiter über eine Herstellungserlaubnis nach § 13 AMG oder eine **Einfuhrerlaubnis** nach § 72 AMG verfügt oder
- ein amtlich bestellter **Sachverständiger** nach § 65 Abs. 4 AMG.

62 Wie bereits oben ausgeführt, ist die Herstellung von Arzneimitteln gemäß § 3 Abs. 3 ApBetrO eine pharmazeutische Tätigkeit. Insoweit enthält § 6 Abs. 4 eine Ausnahmevorschrift, wonach nichtpharmazeutisches Personal unter Aufsicht eines Apothekers Arzneimittel umfüllen, abfüllen, abpacken und kennzeichnen darf. Die Aufsicht des Apothekers bedeutet dabei eine laufende Beobachtung des nichtpharmazeutischen Personals und verpflichtet ggf. auch zu korrigierendem Eingreifen. Die Verpflichtung des Apothekers zur Aufsichtführung ist nicht gleichbedeutend mit seiner ständigen und unmittelbaren Präsenz. Eine kurzfristige Abwesenheit des Apothekers kann noch zulässig sein, wenn er jederzeit für das Personal erreichbar ist, so dass er unverzüglich dessen Tätigkeit kontrollieren kann.[50]

3. Rezepturarzneimittel

63 Ein Rezepturarzneimittel liegt vor, wenn das Arzneimittel tatsächlich aufgrund einer individuellen Rezeptur hergestellt wird. Hieran fehlt es, wenn ein Mittel in keiner Weise mehr von der dem Apotheker angelieferten Bulkware abweicht und sich dessen Tätigkeit daher auf das bloße Neuverteilen der seiner Einwirkung im Übrigen nicht mehr unterliegenden Arznei beschränkt.[51] Ein solches bloßes Aufteilen des gebrauchsfertigen Wirkstoffs in Portionen macht diesen zu einem Fertigarzneimittel, welches gemäß § 21 Abs. 1 AMG grundsätzlich nur dann in den Verkehr gebracht werden darf, wenn eine entsprechende Zulassung durch das BfArM oder eine gemeinschaftsrechtliche Genehmigung vorliegt.

64 Die in der ärztlichen Verschreibung aufgeführten Bestandteile der Rezeptur müssen bei der Herstellung in der Apotheke identisch übernommen werden, außer sie verfügen über keine eigene arzneiliche Wirkung und können die arzneiliche Wirkung nicht nach-

---

50 Vgl. BVerfG, Entsch. v. 28.7.1971, NJW 1971, 2259.
51 OLG Stuttgart, Urt. v. 28.6.1991 – 2 U 18/91, n.v.; OLG Köln, Urt. v. 2.3.1990 – 6 U 161/89, GRUR 1990, 691, 692.

teilig beeinflussen. Enthält eine Verschreibung einen erkennbaren Irrtum, ist sie unleserlich oder ergeben sich sonstige Bedenken, so ist der Apotheker verpflichtet, mit dem Aussteller der Verschreibung **Rücksprache** zu halten. Bevor die Unklarheit nicht beseitigt ist, darf das Arzneimittel nicht hergestellt werden.[52]

Gemäß § 7 Abs. 2 ApBetrO kann von einer Ergebnisprüfung abgesehen werden, wenn die Qualität des Arzneimittels durch das Herstellungsverfahren gewährleistet ist. 65

4. Defektur

Defekturarzneimittel werden in kleineren Mengen im Voraus, und nicht erst auf die konkrete Anfrage bzw. Rezeptvorlage eines Kunden hin, hergestellt. Um die Defektur von der Großherstellung abzugrenzen, ist sie mengenmäßig gemäß § 21 Abs. 2 Nr. 1 AMG auf 100 abgabefertige Packungen pro Tag beschränkt. Die Regelung des § 21 Abs. 2 Nr. 1 AMG ist vor dem Hintergrund zu sehen, dass dem Apotheker gemäß § 13 AMG die Herstellung von Arzneimitteln grundsätzlich generell gestattet ist, sofern sie im Rahmen des üblichen Apothekenbetriebes erfolgt. 66

Die Tatsache, dass in § 21 Abs. 2 Nr. 1 AMG auf „häufige ärztliche Verschreibung" als Voraussetzung für die Defekturherstellung abgestellt wird, bedeutet nicht, dass entsprechende Mittel deshalb nur auf Verschreibung abgegeben werden dürften.[53] Insoweit macht der Wortlaut des § 48 AMG deutlich, dass es für die Frage der Verschreibungspflicht allein darauf ankommt, welche Inhaltsstoffe das Medikament enthält, nicht aber darauf, wer es hergestellt hat. 67

Werden Defekturarzneimittel hergestellt, so ist gemäß § 8 Abs. 1 Nr. 1–6 ApBetrO zwingend ein Herstellungsprotokoll mit folgendem Mindestinhalt anzufertigen: 68
- Bezeichnung und Darreichungsform des Arzneimittels
- Art, Menge, Qualität, Chargenbezeichnung oder Prüfnummer der verwendeten Ausgangsstoffe
- die der Herstellung des Arzneimittels zugrunde liegenden Herstellungsvorschriften
- Herstellungsdatum oder Chargenbezeichnung
- Verfallsdatum
- Namenszeichen des für die Herstellung verantwortlichen Apothekers.

Weiterhin sind das Verfahren, Umfang, Ergebnisse und Datum der Prüfung in einem Prüfprotokoll festzuhalten, welches der beaufsichtigende Apotheker mit Datum und **eigenhändiger Unterschrift** unterzeichnen muss. Auch im Rahmen der Defektur kann wie bei der Rezeptur ggf. von der Prüfung abgesehen werden, soweit die Qualität durch das Herstellungsverfahren gewährleistet ist und das Absehen von der Prüfung entsprechend im Herstellungsprotokoll vermerkt wird. 69

5. Großherstellung

Geht eine Apotheke mengenmäßig über die Herstellungsvorgaben der Defekturarzneimittel hinaus, so liegt eine Großherstellung nach § 9 ApBetrO vor. Diese ist ohne Herstellererlaubnis nach § 13 AMG zulässig, soweit die Großherstellung im Rahmen des üblichen Apothekenbetriebs erfolgt. Nachdem zwischenzeitlich die Belieferung von Heimen sowie der Versandhandel für zulässig erklärt wurden, hat diese Vorschrift ein 70

---

[52] Siehe hierzu anschaulich LSG NRW, Urt. v. 19.12.1996 – L 16 Kr 233/94, n.v.
[53] OLG München, Urt. v. 23.2.2006 – 6 U 3721/05, GesR 2006, 466, 469.

wenig an Bedeutung gewonnen. Unter den üblichen Apothekenbetrieb fallen nämlich sämtliche dem Apotheker eingeräumten Vertriebsmöglichkeiten, so dass z.B. bei der Belieferung mehrerer Heime die Grenze von 100 abgabefertigen Packungen pro Tag ohne Weiteres überschritten werden kann, ohne dass deswegen von einem „unüblichen" Apothekenbetrieb ausgegangen werden muss.[54] Erst wenn eine Apotheke auch andere Apotheken oder Großhändler mit selbsthergestellten Arzneimitteln versorgt, liegt keine Apothekenüblichkeit vor mit der Folge, dass eine **Herstellungserlaubnis** nach § 13 AMG vorliegen muss.

71 Die für die Großherstellung vorgesehenen erweiterten Kontroll- und Prüfpflichten resultieren aus der Vergleichbarkeit mit der industriellen Herstellung von Arzneimitteln. Entsprechend übernehmen die §§ 9, 10 ApBetrO zahlreiche Bestimmungen aus der Betriebsverordnung für pharmazeutische Unternehmen und dem AMG.[55]

6. Besondere Kontroll-, Prüf- und Kennzeichnungspflichten

72 In den §§ 11 ff. ApBetrO sind zahlreiche Prüfungs- und Kennzeichnungsvorschriften normiert, die einmal mehr den hohen Stellenwert der ordnungsgemäßen Arzneimittelversorgung der Bevölkerung widerspiegeln. Es wird zunächst klargestellt, dass zur Herstellung von Arzneimitteln nur Ausgangsstoffe verwendet werden dürfen, deren ordnungsgemäße Qualität festgestellt ist. Bestehen hieran Zweifel, so sind diese Ausgangsstoffe kenntlich zu machen und abzusondern, § 11 Abs. 1 ApBetrO. In jedem Fall bleibt der Apothekenleiter für die ordnungsgemäße Qualität verantwortlich, die in der Apotheke durchgeführten Prüfungen müssen protokolliert und von ihm gegengezeichnet werden. Auch Fertigarzneimittel, die nicht in der Apotheke hergestellt worden sind, müssen **stichprobenweise** überprüft werden. Soweit sich keine Zweifel an der Ordnungsmäßigkeit der Fertigarzneimittel ergeben, ist eine **Sinnesprüfung** (sehen-riechen-schmecken-tasten) ausreichend, es muss aber in jedem Fall ein Prüfprotokoll mit dem Inhalt des § 12 Abs. 2 ApBetrO angefertigt werden.

73 Weiterhin dürfen in der Apotheke abgegebene Arzneimittel nur abgegeben werden, wenn auf den Behältnissen bzw. Umhüllungen gut lesbar in deutscher Sprache die enumerativ in § 14 Abs. 1 ApBetrO aufgezählten Informationen wie die Anschrift der herstellenden Apotheke, mengenmäßige Inhaltsangabe, die Art der Anwendung, die wirksamen Bestandteile, das Herstellungsdatum sowie ein Hinweis auf die begrenzte Haltbarkeit angebracht sind. Für in der Apotheke hergestellte Fertigarzneimittel gilt die umfassende **Kennzeichnungspflicht** des § 10 AMG,[56] lediglich von Angaben über die Darreichungsform, die wirksamen Bestandteile und die Wartezeit kann abgesehen werden. Dafür muss, soweit bekannt, über die Anwendungsgebiete, Gegenanzeigen, Nebenwirkungen und Wechselwirkungen mit anderen Mitteln informiert werden.

74 Arzneimittel, Ausgangsstoffe, apothekenübliche Waren und Prüfmittel sind so zu lagern, dass ihre Qualität nicht nachteilig beeinflusst wird und Verwechslungen vermieden werden. Vorratsbehältnisse für Arzneimittel dürfen gleichfalls nicht die Qualität des Inhalts beeinträchtigen und müssen mit gut lesbaren, dauerhaften Aufschriften zur Identifizierung des Inhalts versehen sein. Wegen der Einzelheiten kann auf § 17

---

54 Vgl. hierzu instruktiv OVG Niedersachsen, Urt. v. 16.5.2006 – 11 LC 265/05, GesR 2006, 461; VG Regensburg, Beschl. v. 21.4.2004 – RO 5 S 04.646, ApoR 2004, 140.
55 Vgl. hierzu ausführlich die einschlägige Kommentierung bei *Cyran/Rotta*.
56 Vgl. hierzu *Deutsch/Lippert*, § 10 Rn 1 ff.

ApBetrO verwiesen werden, in welchem dem Apothekenleiter dezidiert die Lagerung vorgeschrieben wird.

IV. Abgabe und Einfuhr von Arzneimitteln

1. Arzneimittelabgabe

Arzneimittel dürfen, abgesehen vom Versandhandel nach § 11a ApoG i.V.m. § 17 Abs. 2a ApBetrO, grundsätzlich nur in den Apothekenbetriebsräumen durch pharmazeutisches Personal abgegeben werden. Als Ausnahme sieht § 17 Abs. 2 ApBetrO **im Einzelfall** die Zustellung durch **Boten** des Apothekers ohne Erlaubnis nach § 11a ApoG vor. In diesem Fall sind die Arzneimittel für jeden Empfänger getrennt zu verpacken und jeweils mit dessen Namen und Anschrift zu versehen. Es ist dafür Sorge zu tragen, dass die Arzneimittel den Empfänger zuverlässig erreichen, § 17 Abs. 2a S. 1 Nr. 1 und 2 sowie S. 2 ApBetrO gelten entsprechend. Soweit keine Erlaubnis nach § 11a ApoG vorliegt, ist das **generelle** Anbieten eines „Bestell- und Lieferservices" nicht mehr von § 17 Abs. 2 ApBetrO gedeckt und damit unzulässig.[57]

75

2. Rezeptsammelstellen

Bei Einrichtungen zum Sammeln von Verschreibungen (Rezeptsammelstellen) fehlt der persönliche Kontakt zwischen Kunde und Apotheker, entsprechend ist die Gefahr mangelnder Information und Beratung, der Verwechslung von Rezepten oder Arzneimitteln oder die Verletzung von Arzt- oder Apothekergeheimnis erhöht.[58] Sie sind daher nur ausnahmsweise als Notbehelf zulässig.[59]

76

Nach § 24 Abs. 1 ApBetrO dürfen Rezeptsammelstellen nur mit Erlaubnis der zuständigen Behörde unterhalten werden. Die Erlaubnis ist dem Inhaber einer Apotheke auf Antrag zu erteilen, wenn zur ordnungsgemäßen Arzneimittelversorgung von abgelegenen Orten oder Ortsteilen ohne Apotheken eine Rezeptsammelstelle erforderlich ist. Sie ist auf maximal drei Jahre auszustellen, kann aber verlängert werden.

77

Das grundsätzliche Verbot von Rezeptsammelstellen gilt auch für Verschreibungen, die – außerhalb eines Heimlieferungsvertrags nach § 12a ApoG – für Heimbewohner ausgestellt werden. Denn die Heimträger sind nicht originär zur Arzneimittelversorgung der Heimbewohner aufgerufen und insoweit auch nicht Kostenträger. Daher ist ein **organisiertes Tätigwerden** des Apothekeninhabers oder von ihm beauftragter Personen, das darauf ausgerichtet ist, ärztliche Verschreibungen regelmäßig zu sammeln und einer Apotheke zur Belieferung zuzuführen, grundsätzlich untersagt.[60]

78

Bisher durften Rezeptsammelstellen weder in Gewerbebetrieben noch bei Angehörigen der Heilberufe betrieben werden. Dies soll nach einem aktuellen Urteil des OVG NRW allerdings nicht gelten, soweit im Rahmen des Versandhandels in Gewerbebetrieben Rezeptsammelstellen betrieben werden, weil das Sammeln von Rezepten **dem Ver-**

79

---

57 OLG Bamberg, Urt. v. 30.6.1999 – 3 U 263/98, WRP 2000, 426.
58 OLG Lüneburg, Urt. v. 29.9.1978 – PZ 1979, 24.
59 BVerwG, Urt. v. 25.7.1978 – I C 37.76, n.v.
60 VG Potsdam, Beschl. v. 15.5.2005 – 3 L 1036/04, n.v.

sandhandel immanent sei.⁶¹ Allerdings hat zwischenzeitlich das BVerwG die Revision gegen das Urteil zugelassen.⁶²

V. Apothekenübliche Waren und Dienstleistungen

80 Rückläufige Einnahmen im Kernbereich seiner Tätigkeit führen fast zwangsläufig dazu, dass der Apothekenleiter seinen Blick stärker auf das apothekenübliche **Nebensortiment** sowie auf mögliche **Nebengeschäfte** richtet. Dem Einfallsreichtum der Apotheker stehen insoweit aber die Grenzen aus ApBetrO, Berufsordnung und Wettbewerbsrecht gegenüber, was in der Vergangenheit zu zahlreicher Rechtsprechungs-Kasuistik geführt hat. Daran hat auch die Neuregelung des § 25 ApBetrO durch das GMG zum 1.4.2004 nichts geändert. Nach wie vor wird heftig darum gestritten, was **apothekenüblich** ist und was nicht. Dabei sieht sich der innovative Apothekenleiter zwei Gegnern ausgesetzt; entweder wird sein Nebengeschäft/Nebensortiment mittels Ordnungsverfügung durch die Apothekenaufsicht angegriffen oder aber – da es sich bei § 25 ApBetrO um eine **wertbezogene** Norm handelt, deren Missachtung regelmäßig ohne Weiteres zugleich einen Wettbewerbsverstoß i.S.d. § 1 UWG darstellt⁶³ – von einem Konkurrenten oder einem Wettbewerbsverband.

81 § 25 ApBetrO kommt seinem Wortlaut nach nur bei der Abgabe von Gegenständen, die im Rahmen des Hauptgeschäfts gegen Entgelt abgegeben werden, zur Anwendung. Vom Anwendungsbereich nicht erfasst wird damit die **kostenlose** Abgabe von Zugaben, Prämien und Geschenken, mit deren Hilfe das Hauptgeschäft unterstützt wird. Diese Zugaben müssen also nicht der Apothekenüblichkeit, wohl aber wettbewerbsrechtlichen Regeln entsprechen.⁶⁴

1. Apothekenübliches Randsortiment

a) Randsortiment und Präsentation

82 Welche Waren ein Apothekenleiter neben Arzneimitteln in seiner Apotheke anbieten darf, regelt § 25 ApBetrO. Von größter Relevanz ist dabei § 25 Nr. 2 ApBetrO, wonach (nur) Mittel, Gegenstände sowie Informationsträger angeboten werden dürfen, die der Gesundheit von Menschen und Tieren mittelbar oder unmittelbar dienen oder diese fördern. Mengenmäßig eingeschränkt werden diese apothekenüblichen Waren durch § 2 Abs. 4 ApBetrO, wonach sie nur in einem Umfang angeboten werden dürfen, der den ordnungsgemäßen Betrieb der Apotheke und den Vorrang des Arzneimittelversorgungsauftrags nicht beeinträchtigt.

83 Das Aufstellen von freiverkäuflichen Arzneimitteln und apothekenüblichen Waren in **Verkaufsschütten** vor den Apothekenbetriebsräumen verstößt weder gegen die Apothekenbetriebsordnung noch gegen das Apothekengesetz.⁶⁵

---

61 OVG NRW, Urt. v. 7.11.2006 – 13 A 1314/06, NWVBl 2007, 144; ähnlich auch schon Thür. OVG, Beschl. v. 27.6.2006 – 2 EO 793/05, APR 2007, 26.
62 BVerwG, Beschl. v. 18.9.2007 – 3 B 13.07 (3 C 27.03), n.v.
63 Saarl. OLG, Urt. v. 24.3.2004 – 1 U 549/03, GesR 2004, 338.
64 OLG München, Urt. v. 22.3.2007 – 29 U 5300/06, Magazindienst 2007, 597; VG Münster, Urt. v. 6.6.2007 – 6 K 33/06, juris.
65 OLG Stuttgart, Urt. v. 22.3.1991 – 2 U 290/90, NJW-RR 1991, 1516.

b) Einzelfälle aus der Rechtsprechung

- **Parfum** und **Eau de Parfum** sind auch nach der Neufassung des § 25 ApBetrO durch das GKV-Modernisierungsgesetz GMG vom 14.11.2003 mangels gesundheitsfördernder Wirkung keine „apothekenüblichen Waren".[66]
- Bei dem Verkauf eines **Fleece-Schals** ist grundsätzlich die Gesundheitsförderung nicht völlig nebensächlich, sondern fast sogar gleichrangig mit der Funktion als Bekleidungsstück anzusehen, so dass eine apothekenübliche Ware vorliegt.[67]
- **Medizinische Kompressionsstrümpfe** und **Kompressionsstrumpfhosen** dürfen als Mittel zur Krankenpflege i.S.d. § 25 Nr. 2 ApBetrO in der Apotheke in den Verkehr gebracht werden. Sie dürfen allerdings nur in einem Umfang angeboten und feilgehalten werden, der den ordnungsgemäßen Betrieb der Apotheke und den Vorrang des Arzneimittelversorgungsauftrags nicht beeinträchtigt.[68]
- Das Angebot von speziellen **Batterien für Hörgeräte** verstößt als apothekenübliches Randsortiment nicht gegen die Apothekenbetriebsordnung.[69]
- **Fruchtschnitten**, die aufgrund ihrer Kohlenhydrat-, Mineral- und Vitaminzusammensetzung ein Energiekonzentrat darstellen und die geeignet sind, als Energielieferant für Hochleistungssportler zu dienen, gehören zu den apothekenüblichen Waren.[70]
- Aus biologischem Anbau stammender Roggen, Weizen, Buchweizen, Nackthafer, Mais (ganze Körner) sowie unpolierter Reis, ungeschälte Hirse und Vollkornnudeln können nicht mehr dem apothekentypischen Randsortiment zugeordnet werden.[71]
- **Wein**, auch Frankenwein, gehört nicht zu den apothekenüblichen Waren i.S.d. § 25 ApBetrO.[72]
- Verkauf von **Filtern** nebst **Filtermaterial** zum Zubereiten reinen Wassers ist von § 25 ApBetrO (a.F.) gedeckt.[73]
- Die Abgabe einer kleineren **Broschüre** mit Ernährungsregeln durch Apotheken verstößt nicht gegen § 25 ApBetrO.[74]

2. Apothekenübliche Dienstleistungen

Apothekentypische Dienstleistungen werden hingegen nicht von § 25 ApBetrO erfasst.[75] Derartige Nebengeschäfte sind mit Blick auf das Grundrecht der Berufsausübungsfreiheit gemäß Art. 12 Abs. 1 S. 2 GG grundsätzlich zulässig, solange sich keine entgegenstehende Regelung im ApoG oder in der ApBetrO findet.[76] Eine Grenze kann erst dort gezogen werde, wo der Arzneimittelversorgungsauftrag gefährdet ist.

Daher ist es zulässig, wenn ein Apotheker neben klassischen Untersuchungen wie Schwangerschaftstests, Blut- bzw. Blutzuckeruntersuchungen, Harnuntersuchungen

---

66 Saarl. OLG, Urt. v. 24.3.2004 – 1 U 549/03, GesR 2004, 338.
67 OLG Naumburg, Urt. v. 9.12.2005 – 10 U 37/05, ApoR 2006, 89.
68 BGH, Urt. v. 21.9.2000 – I ZR 216/98, GRUR 352, 353.
69 OLG Frankfurt, Beschl. v. 16.7.1998 – 6 W 93/98, PharmR 1998, 444.
70 OLG München, Urt. v. 5.12.1991 – 29 U 5776/91, OLGR München 1992, 58.
71 BVerwG, Urt. v. 17.10.1991 – 3 C 15/88, NJW 1992, 996.
72 BayVGH, Urt. v. 12.9.1992 – 22 B 91.2436, NJW 1992, 931, 932.
73 OLG Düsseldorf, Urt. v. 24.8.1989 – 2 U 14/89, GRUR 1990, 538.
74 BGH, Urt. v. 30.3.1988 – I ZR 17/86, GRUR 1988, 767, 768.
75 OLG Nürnberg, Urt. v. 27.4.1995 – 3 U 665/95, GRUR 1995, 681, 682; LG Karlsruhe, Urt. v. 4.3.2002 – LBG 1/01, n.v.
76 BGH, Urt. v. 21.9.2000 – I ZR 216/98, GRUR 352, 353; *Cyran/Rotta*, § 25 Rn 23.

und Blutdruckmessungen auch Boden-, Wasser-, Wein-, Lebensmittel- und Haaranalysen anbietet.[77]

87 Weiterhin darf ein Apotheker ein **Wellness-Institut** betreiben und die Buchung von Terminen für die dort angebotenen Leistungen bzw. die Teilnahme an entsprechenden Veranstaltungen in den Apothekenbetriebsräumen vereinbaren.[78]

88 Zur Begründung wird richtigerweise angeführt, dass sich die angebotenen kosmetischen Leistungen wie Augenbrauenkorrektur, Augenbrauenfärben, Wimpernentfernen und Haarentfernung nicht in einem Ausmaß vom Kern der Apothekertätigkeit entfernen, dass durch seine vermittelnde Tätigkeit in der Apotheke der Eindruck entsteht, bei ihm sei die ordnungsgemäße Arzneimittelversorgung nicht mehr in guten Händen.[79] Die angeführten Leistungen sind vielmehr Bestandteil des üblichen Angebots eines Wellness-Instituts, welches der Erhaltung bzw. Wiederherstellung des körperlichen Wohlbefindens dient.

VI. Werberecht

1. Allgemeine Grundlagen

89 Bis zu einer wegweisenden Entscheidung des Bundesverfassungsgerichtes im Jahr 1996 fanden sich in den meisten Berufsordnungen der Apotheker zahlreiche detaillierte Werbevorschriften mit umfassenden Verboten. So wurde z.B. pauschal das Versendung von Werbebriefen, Verteilung von Flugblättern und Werbemitteln außerhalb der Apotheken untersagt;[80] für das Randsortiment galten die gleichen Beschränkungen wie für die Arzneimittelwerbung,[81] Zeitungsannoncen waren nur vereinzelt unter engen Voraussetzungen zulässig. Verstöße gegen diese Verbote wurden in berufsgerichtlichen Verfahren teilweise drakonisch sanktioniert.

90 In seiner Entscheidung vom 22.5.1996 hat das Bundesverfassungsgericht den diversen **undifferenzierten Werbeverboten** eine klare Absage erteilt. Es hat ausgeführt, dass Eingriffe in die Freiheit der Berufsausübung gemäß Art. 12 Abs. 1 S. 2 GG einer gesetzlichen Grundlage bedürfen, die den Anforderungen der Verfassung an grundrechtsbeschränkende Gesetze genügt. Die gesetzlichen Grundlagen sind nur dann mit Art. 12 Abs. 1 GG vereinbar, wenn sie durch ausreichende Gründe des Gemeinwohls gerechtfertigt werden und wenn sie dem Grundsatz der Verhältnismäßigkeit entsprechen, wenn also das gewählte Mittel zur Erreichung des verfolgten Zwecks geeignet und auch erforderlich ist und wenn bei einer Gesamtabwägung zwischen der Schwere des Eingriffs und dem Gewicht der ihn rechtfertigenden Gründe die Grenze der Zumutbarkeit noch gewahrt ist.[82] Gemessen an dem beabsichtigten Verbotszweck, nämlich dem Arzneimittelfehlgebrauch entgegenzuwirken und die ordnungsgemäße Berufsausübung zu stärken sowie das Vertrauen der Bevölkerung in die berufliche Integrität der Apotheker zu erhalten und fördern, erteilte das Bundesverfassungsgericht den generellen Werbeverboten eine Absage, soweit die Berufsordnungen keinen Raum für eine Prüfung der **konkreten Werbung** lassen.

---

77 OLG Nürnberg, Urt. v. 27.4.1995 – 3 U 665/95, GRUR 1995, 681, 682.
78 LG Karlsruhe, Urt. v. 4.3.2002 – LBG 1/01, n.v.
79 LG Karlsruhe, Urt. v. 4.3.2002 – LBG 1/01, n.v.
80 § 10 Nr. 11 Berufsordnung der Landesapothekerkammer Baden-Württemberg i.d.F. v. 4.11.1970.
81 § 1 der Werberichtlinien der Bayerischen Landesapothekerkammer.
82 BVerfG, Urt. v. 22.5.1996 – 1 BvR 744/88, 1 BvR 60/89, 1 BvR 1519/91, NJW 1996, 3067.

C. Der Apothekenbetrieb § 32

Zu Recht wurde erkannt, dass der Apotheker nicht nur Angehöriger eines freien Berufs, sondern zugleich Kaufmann ist und damit hinsichtlich der apothekenfreien Arzneimittel und des Randsortiments im allgemeinen Wettbewerb steht. Entsprechend muss er werbend auf sich aufmerksam machen dürfen. Setzt das Verbot allein an der Form der Werbung (Zeitungsinserat, Flugblätter, Werbebriefe) an, so kann hieraus nicht gleichsam automatisch auf eine Gefährdung der Arzneimittelversorgung oder mittelbar auf einen Schwund des Vertrauens der Öffentlichkeit in die berufliche Integrität der Apotheker zu schließen sein, solange sich die Werbemittel im Rahmen des Üblichen bewegen. Nur **übertriebene** und **marktschreierische Werbung**, die auf eine Vernachlässigung der Pflichten hindeuten könnte, soll vermieden werden.[83]

91

2. Kundenbindungssysteme

In Folge der o.a. Rechtsprechung sind die apothekenbezogenen Werberegelungen deutlich liberalisiert worden, wobei im Hinblick auf Kundenbindungssysteme wie folgt zu unterscheiden ist. Zulässig ist, mit einem **Bonussystem**, bei dem beim Einkauf aus dem Randsortiment in der Apotheke Bonuspunkte auf einer „Bonus-Card" gutgeschrieben werden, die bei Erreichen einer bestimmten Punktezahl zur Rückerstattung der Praxisgebühr oder dem Erwerb nicht rezeptpflichtiger Produkte verwendet werden können, zu werben. Eine derartige Werbung führt weder zu einer sachfremden Beeinträchtigung der Entscheidungsfreiheit der Kunden oder deren Irreführung, noch verstößt sie gegen das Heilmittelwerbegesetz, gegen Preisbindungsvorschriften oder Berufspflichten der Apotheker.[84]

92

Umstritten ist dagegen ein Kundenbindungssystem, bei dem auch auf Einkäufe **apothekenpflichtiger** Arzneimittel Bonuspunkte abgegeben werden, die dann freilich nur für Produkte des Randsortiments, sonstige Prämien oder Erstattung der Praxisgebühr eingesetzt werden können. Dies wird teilweise für unzulässig gehalten, da hierdurch gegen die **Arzneimittelpreisverordnung** verstoßen werde.[85]

93

Demgegenüber wird vertreten, dass die Preisbindung durch das Bonuspunkte-System unmittelbar nicht berührt werde, da Arzneimittel nicht billiger abgegeben werden als in der Verordnung vorgegeben. Auch ein mittelbarer Preisnachlass werde durch die Zugabe von Bonuspunkten nicht gewährt, da eine Gutschrift und damit ein Nachlass erst beim Kauf anderer Produkte aus dem Randsortiment der der jeweiligen Apotheke gewährt werde.[86]

94

Richtigerweise ist davon auszugehen, dass das vorgenannte Kundenbindungssystem auf die Umgehung und Aushöhlung der Arzneimittelpreisbindung ausgerichtet ist und mithin gegen die Arzneimittelpreisverordnung verstößt. Dem Kunden bzw. seiner Krankenkasse wird zwar der bindende Apothekenabgabepreis in Rechnung gestellt, gleichzeitig wird ihm aber ein Teil dieses Preises durch eine geldwerte Zuwendung, sei es in Form einer Prämie, sei es in Form eines Produkts aus dem Randsortiment, wieder zurückerstattet. Aus wirtschaftlicher Sicht des Kunden und im objektiven wirtschaftlichen

95

---

83 BVerfG, Urt. v. 22.5.1996 – 1 BvR 744/88, 1 BvR 60/89, 1 BvR 1519/91, NJW 1996, 3067.
84 OLG München, Beschl. v. 11.4.2006 – LPG-Ap 1/06, n.v.; LG Frankfurt, Urt. v. 11.11.2004 – 2/3 O 241/04, NJW-RR 2005, 405.
85 OLG Frankfurt, Urt. v. 20.10.2005 – 6 U 201/04, WRP 2006, 613 ff.; OLG Köln, Beschl. v. 20.9.2005 – 6 W 112/05, GRUR 2006, 88; LG Osnabrück, Urt. v. 13.12.2005 – 18 O 688/05, WRP 2006, 913 ff. LG Köln, Urt. v. 25.10.2007 – 310380/07, n.v.
86 OLG Naumburg, Urt. v. 26.8.2005 – 10 U 16/05, ApoR 2005, 163; OLG Rostock, Urt. v. 4.5.2005 – 2 U 54/04, GRUR-RR 2005, 391.

Ergebnis hat dieser einen geminderten Apothekerabgabepreis zu zahlen, auch wenn sich dieser erst in einem zweiten Handlungsschritt – Einlösen der Gutschrift – realisiert.

96 Zulässig ist dagegen die Ankündigung eines Apothekers in einer Werbeanzeige, jedem Kunden bei Vorlage des in die Anzeige aufgenommenen Gutscheins einen Sonderrabatt auf ein rezeptfreies Arzneimittel seiner Wahl zu gewähren. Hierbei handelt es sich nicht um die Ankündigung einer nach § 7 Abs. 1 S. 1 HWG verbotenen Werbegabe; gleiches gilt auch für die Gewährung des angekündigten Rabatts.[87]

D. Besondere Apothekentypen

97 Die öffentliche Apotheke ist der Normalfall einer Apotheke. Sie ist, mit Ausnahme der Zweigapotheke, die nicht vollständig ausgestattet sein muss, eine Vollapotheke und muss ständig voll leistungsfähig sein. Abweichend hiervon sind im ApoG sowie in der ApBetrO noch die folgenden Apothekentypen vorgesehen:

I. Filialapotheken

98 Durch das Gesetz zur Modernisierung der gesetzlichen Krankenversicherung (GMG) wurde zum 1.1.2004 das Mehrbesitzverbot aufgelockert und der eingeschränkte Mehrbesitz eingeführt. Dagegen ist der Fremdbesitz von Apotheken – d.h. ein Nichtapotheker führt oder beeinflusst maßgeblich eine oder mehrere Apotheken – nach wie vor nicht zulässig. Seither dürfen vom selben Apotheker neben seiner Hauptapotheke bis zu drei Filialapotheken betrieben werden.

1. Betriebserlaubnis

99 Die im Rahmen des eingeschränkten Mehrbesitzes erforderliche Betriebserlaubnis ist keine gesonderte „Filialerlaubnis", sondern eine einheitliche Erlaubnis zum Betrieb einer **Hauptapotheke** und einer/mehrer **Filialapotheke**(n). Diese Erlaubnis zum Betrieb von Filialapotheken muss bei der zuständigen Behörde beantragt werden. Mit Beantragung verzichtet der Erlaubnisinhaber gleichzeitig auf seine bisherige Erlaubnis zum Apothekenbetrieb. Der Antrag muss schriftlich gestellt werden, wobei bestimmte Formvorschriften nicht einzuhalten sind. Zuständig ist die Behörde, in deren Zuständigkeitsbereich die Hauptapotheke liegt. Sollte eine Filialapotheke in einem anderen Regierungsbezirk oder in einem anderen Bundesland liegen, ist die für die Überwachung der Filialapotheke zuständige Behörde beim Erlaubnisverfahren zu beteiligen.

100 Die Erlaubnis wird für maximal vier Apotheken erteilt. Auch eine OHG darf – wie jeder einzelne Apotheker auch – maximal vier Apotheken betreiben. Die bisherigen OHG-Gesellschafter, die bereits eine Gesellschaftsapotheke betreiben, müssen nach wie vor in der Hauptapotheke tätig sein und scheiden als Verantwortliche für eine Filialapotheke aus.

101 In örtlicher Hinsicht müssen die Filialapotheken innerhalb desselben Landkreises, derselben kreisfreien Stadt oder ineinander benachbarten Landkreisen oder kreisfreien Städten liegen.

---

[87] OLG Düsseldorf, Urt. v. 19.10.2004 – 20 U 91/04, PharmR 2004, 416.

2. Grenzüberschreitende Filialisierung

Ein Apothekenbetreiber aus einem EU-Staat kann eine Hauptapotheke in Deutschland, die schon seit mindestens drei Jahren besteht, erwerben und diese anschließend ggf. filialisieren; eine Neugründung ist dagegen gemäß § 2 Abs. 2 S. 1 ApoG ausdrücklich verboten. Die Hauptapotheke kann nur nach deutschem Recht errichtet werden, also durch eine natürliche Person oder OHG/GbR. Kapitalgesellschaften sind ausdrücklich vom Betrieb einer Hauptapotheke und/oder Filialapotheke ausgeschlossen. Filialen können weiterhin nur innerhalb desselben Kreises oder innerhalb eines benachbarten Kreises eröffnet werden (**Kreisgrenzenregelung**). Entsprechend muss der Apotheker eidesstattlich versichern, dass kein Fremdbesitz und auch kein mittelbarer Fremdbesitz z.B. durch Miet- oder Pachtverträge mit Umsatzbeteiligung vorliegt.

102

Demgegenüber ist die Gründung einer Filialapotheke in Deutschland mit Hauptapotheke im EU-Ausland gesetzlich überhaupt nicht vorgesehen. Das Apothekengesetz geht auch bei der Filialgründung von einer einheitlichen Betriebserlaubnis für sämtliche Apotheken des Betreibers aus. Das bedeutet, dass mit jeder neu zu betreibenden Filiale die ursprüngliche Betriebserlaubnis der bisherigen Apotheken erlischt und eine neue, einheitliche Betriebserlaubnis ausgestellt wird; eine Regelung, die nicht auf grenzüberschreitende Filialisierungen passt, da die Hauptapotheke in einem EU-Drittstaat mit einer ausländischen Erlaubnis betrieben wird, auf die die deutschen Behörden keinen Einfluss haben. Entsprechend müsste dann eine Filialapotheke in Deutschland über eine – gesetzlich nicht vorgesehene – eigenständige Erlaubnis verfügen.

103

Der umgekehrte – und gleichfalls nicht geregelte – Fall, nämlich dass ein deutscher Apotheker Filialen im benachbarten Ausland betreibt, ist unproblematisch und wird auch bereits im Rheinland praktiziert.

104

3. Der Filialbetrieb

a) Ausstattung

Im Hinblick auf die Ausstattung einer Filialapotheke gelten keine Besonderheiten. Sie muss aber im Sinne der ordnungsgemäßen Arzneimittelversorgung und den Interessen der Verbraucher in ihrer Funktion und somit sächlichen und personellen Ausstattung den Anforderungen einer **Vollapotheke** entsprechen und alle rechtlichen Anforderungen und Pflichten wie eine Vollapotheke erfüllen. Sie unterliegt damit den gleichen Auflagen wie die Hauptapotheken: Sie haben z.B. Notdienst zu leisten sowie Labor und Rezeptur vorzuhalten. Rezeptsammelstellen sind bei Haupt- und Filialapotheken ebenfalls grundsätzlich zulässig, sofern eine behördliche Erlaubnis hierfür erteilt wurde. Die Versorgung von Heimen gemäß § 12a ApoG kann auch aus der Filialapotheke erfolgen, den Versorgungsvertrag selbst kann indessen nur der Erlaubnisinhaber, nicht aber der Filialapotheker abschließen.

105

b) Der Filialapotheker

Der Betreiber muss eine der Apotheken persönlich führen (= Hauptapotheke). Jede weitere Filialapotheke muss jeweils von einem weiteren Apotheker geführt werden, der die Verpflichtungen zu erfüllen hat, wie sie im Apothekengesetz und in der Apothekenbetriebsordnung für Apothekenleiter festgelegt sind. Damit ist sichergestellt, dass dasselbe Sicherheitsniveau gewährleistet bleibt, wie es mit den Regelungen zur Leitung

106

einer einzelnen Apotheke bereits verfolgt wird. Das Betreiben mehrerer Apotheken ist mit einer höheren Verantwortung verbunden als die Leitung nur einer Apotheke. Deshalb darf der Betreiber mehrerer Apotheken auch nur von einem Apotheker vertreten werden.

107 Der Filialapothekenleiter hat die Filialapotheke persönlich zu leiten. Er ist **Arbeitnehmer**. Für die arbeitsvertraglichen Regelungen sind dann die Regelungen des Bundesrahmentarifvertrags für Apothekenmitarbeiter maßgeblich, wenn eine Tarifbindung kraft Mitgliedschaft bei den Tarifvertragsparteien besteht oder einzelvertraglich die tarifvertraglichen Regelungen übernommen werden.[88] Andernfalls unterliegt das Arbeitsverhältnis des Filialapothekers den allgemeinen arbeitsrechtlichen Regelungen. Aber auch bei einer Tarifbindung gilt z.B. die Arbeitszeitregelung im Bundesrahmentarifvertrag für Filialleiter nicht.

108 Die Vergütung kann tariflich bestimmt werden. Zwingend ist dies jedoch nicht. Vielmehr kann alternativ eine Gewinn- oder Umsatzbeteiligung vereinbart werden, um die unternehmerische Motivation des Filialapothekers zu stärken.

109 Bei der Gründung von Filialapotheken muss beachtet werden, dass dies ggf. arbeits- und betriebsverfassungsrechtliche Konsequenzen haben kann. Denn für die Ermittlung der Beschäftigungsgrenze nach dem Kündigungsschutzgesetz und den Regelungen über die **Arbeitnehmermitbestimmung** ist die Gesamtzahl der Mitarbeiter des Erlaubnisinhabers maßgeblich.

c) Verpachtung

110 Die Verpachtung[89] der Hauptapotheke samt Filialapotheke(n) ist, wie die Verpachtung einer einzelnen Apotheke auch, nach wie vor nur in bestimmten Einzelfällen möglich. Allerdings führte die Zulassung des eingeschränkten Mehrbesitzes zu einigen Sonderproblemen, da trotz der Verpachtung die Einheitlichkeit der Betriebserlaubnis gewahrt bleiben muss. Das bedeutet, dass z.B. eine isolierte Verpachtung von Filialapotheken bei gleichzeitigem Weiterbetrieb der Hauptapotheke durch den Verpächter nicht möglich ist. Dann wäre nämlich die Deckungsgleichheit zwischen Betriebserlaubnis und Pachtgegenstand nicht mehr gegeben. Ebenso wenig kann der Verpächter nachträglich – auch nicht mit der Zustimmung des Pächters – eine Filialapotheke gründen und diese mitverpachten. Dies würde dem gesetzlichen Zweck der gesetzlichen Ausnahmetatbestände zum Pachtverbot widersprechen, wonach die Verpachtung zur Erhaltung der Versorgungsgrundlage des Verpächters, aber nicht zu deren Ausweitung, ausnahmsweise zulässig ist.

111 Im Gegenzug kann aber ein Pächter seine Apotheke zur Hauptapotheke erklären und seinerseits Filialapotheken gründen. Der Erlaubnis des Verpächters bedarf er hierfür nicht. Selbstverständlich kann auch eine Pachtapotheke als Filialapotheke übernommen werden. Mithin kann ein Apotheker mehrere Apotheken in der Weise betreiben, dass er einen Teil der Apotheken als Pächter und einen anderen Teil als Eigentümer betreibt.[90]

---

88 Vgl. *Fichtel*, DAZ 2004, 982.
89 Vgl. hierzu ausführlich *Wiesener*, Apotheker Berater 11/2004, 14 ff.
90 *Wiesener*, Apotheker Berater 11/2004, 15; *Herzog/Dettling/Kieser/Spielvogel*, S. 114 f., *Meyer*, DAZ 2004, 865, 874; a.A. *Tisch*, PZ 2003, 4508, 4516.

d) Beendigung der Betriebserlaubnis

Die Erlöschens-, Rücknahme- und Widerrufsgründe sind in §§ 3 und 4 ApoG abschließend aufgeführt. Auch hier gilt wiederum der Grundsatz der Einheitlichkeit der Betriebserlaubnis. Mit anderen Worten hat die Rücknahme der Erlaubnis zum Betrieb der Hauptapotheke zwingend die Einstellung des Betriebes der Filialapotheken zur Folge. Aber auch wenn sich der Erlaubnisinhaber für die Schließung oder für den Verkauf einer oder mehrerer Apotheken entscheidet, ist eine neue Betriebserlaubnis erforderlich, die bei der zuständigen Behörde rechtzeitig beantragt werden muss.

112

II. Zweigapotheke

Von der Filialapotheke streng zu unterscheiden ist die Zweigapotheke nach § 16 ApoG. Diese ist eine von einer öffentlichen Vollapotheke betrieblich abhängige, unselbständige und nicht voll ausgestattete Apotheke. In räumlicher Hinsicht muss sie mindestens aus einer Offizin, ausreichendem Lagerraum sowie einem Nachtdienstzimmer bestehen. Sie kann nur genehmigt werden, wenn ein Notstand in der Arzneimittelversorgung wegen des Fehlens einer öffentlichen Vollapotheke vorliegt. Dies setzt also voraus, dass Arzneimittel in einem Gebiet ohne die Zweigapotheke auch in Notfällen nur unter ganz ungewöhnlichen Umständen beschafft werden können, so dass latente Gefahren für Leib und Leben einer nicht unerheblichen Zahl betroffener Personen bestehen. Diese Voraussetzungen sind nicht dann schon erfüllt, weil ein Anspruch auf die Einrichtung einer Rezeptsammelstelle besteht.[91] In räumlicher Hinsicht setzt § 16 ApoG für die Genehmigung einer Zweigapotheke voraus, dass der Antragsteller selbst Inhaber einer nahe gelegenen Apotheke ist, wobei gebietskörperschaftliche Grenzen ohne Belang sind.

113

Die Erteilung der Betriebserlaubnis für eine Zweigapotheke steht im ausschließlichen, pflichtgemäßen Ermessen der Erlaubnisbehörde und hat sich nur am Arzneimittelversorgungsauftrag zu orientieren. Die Erlaubnis ist zeitlich begrenzt auf fünf Jahre, § 16 Abs. 4 ApoG.

114

III. Krankenhausapotheke

1. Besonderheiten

Krankenhausapotheken sind eine Eigeneinrichtung eines Krankenhauses. Gemäß § 14 Abs. 7 S. 2 ApoG dürfen Krankenhausapotheken Arzneimittel grundsätzlich nur an Patienten abgegeben, die in dem Krankenhaus vollstationär, teilstationär, vor- oder nachstationär (§ 115a SGB V) behandelt, ambulant operiert oder im Rahmen sonstiger stationsersetzender Eingriffe (§ 115b SGB V) versorgt werden, ferner an Patienten, die durch Krankenhausambulanzen oder durch zur ambulanten Versorgung ermächtigte Krankenhausärzte versorgt werden, sowie an Patienten zur Überbrückungsversorgung nach Entlassung aus dem Krankenhaus an Wochenenden und Feiertagen sowie an Krankenhauspersonal für den eigenen Bedarf.[92] Dagegen ist es einer Krankenhausapotheke untersagt, vom Arzneimittelhersteller verbilligt gelieferte **Klinikpackungen** außerhalb des Krankenhauses weiter zu verkaufen. Allerdings ist den Krankenhausapo-

115

---

91 Niedersächsisches OVG, Beschl. v. 3.11.2004 – 8 ME 80/04, GesR 2005, 37.
92 BSG, Urt. v. 28.2.2007 – B 3 KR 15/06 R, RuP 2007, 140, 143.

theken durch das GMG der Zugang zur Versorgung ambulanter GKV-Patienten erleichtert worden. Gemäß § 129a SGB V vereinbaren die Krankenkassen oder ihre Verbände mit dem Träger des zugelassenen Krankenhauses das Nähere über die Abgabe verordneter Arzneimittel durch die Krankenhausapotheke an Versicherte, insbesondere die Höhe des für den Versicherten maßgeblichen Abgabepreises. Eine Krankenhausapotheke darf verordnete Arzneimittel zu Lasten der Krankenkassen nur abgeben, wenn sie eine derartige Vereinbarung abgeschlossen hat, andernfalls erhält sie keine Vergütung. Denn die Vorschriften über die Befugnis der Krankenhausapotheken zur Arzneimittelabgabe sind keine bloßen Ordnungsvorschriften, sondern Schutzvorschriften zugunsten der Offizinapotheken, deren Verletzung zwingend den Ausschluss jeglicher Vergütung zur Folge haben muss. Denn die grundsätzliche Öffnung der Krankenhausapotheken für die ambulante Versorgung ergäbe einen ungleichen Wettbewerb,[93] weil die Krankenhäuser nicht den **Preisbindungsvorschriften** der Arzneimittelpreisverordnung unterliegen und auf eine günstigere Kostenstruktur zurückgreifen könnten als Offizinapotheken.

116 Nach § 14 Abs. 3 ApoG ist der Inhaber einer Erlaubnis zum Betrieb einer Krankenhausapotheke berechtigt, weitere Krankenhäuser mit Arzneimitteln zu versorgen, wenn er mit diesen einen schriftlichen Vertrag geschlossen hat. Nach § 14 Abs. 5 S. 1 ApoG bedarf ein solcher Vertrag zu seiner Rechtswirksamkeit der **Genehmigung** der zuständigen Behörde.

117 Bis zur **Aufhebung der Kreisgrenzenregelung** aufgrund europarechtlicher Bedenken durch das Gesetz zur Änderung des Apothekengesetzes vom 15.6.2005 war nach § 14 Abs. 2 S. 3 Nr. 1 und 2 ApoG a.F. die Genehmigung zu erteilen, wenn die Krankenhausapotheke und die zu versorgenden Krankenhäuser innerhalb desselben Kreises oder derselben kreisfreien Stadt oder in einander benachbarten Kreisen oder kreisfreien Städten lagen und die ordnungsgemäße Arzneimittelversorgung gewährleistet war. Als „benachbart" in diesem Sinne waren Kreise anzusehen, die in nicht allzu großer räumlicher Entfernung innerhalb eines einheitlichen, eng verflochtenen nahen Wirtschafts- und Verkehrsraumes lagen, in denen aufgrund der gegebenen Verkehrssituationen von Nachbarschaft auszugehen war, d.h. in denen nach Entfernung und Erreichbarkeit der rasche Zugang der Medikamente und eine ausreichende persönliche Betreuung durch die Versorgung der Apotheke innerhalb einer Fahrzeit von ca. einer Stunde möglich war.[94]

118 Um nach dem Wegfall des Regionalprinzips die persönliche Überwachung der Arzneimittelversorgung in dem jeweiligen Krankenhaus zu garantieren und somit die **Arzneimittelsicherheit** weiterhin zu gewährleisten, wurde in § 14 Abs. 5 ApoG ein entsprechender Pflichtenkatalog im Rahmen der Voraussetzungen der Genehmigungserteilung normiert. Insoweit wird auf die diesbezüglichen Ausführungen zur krankenhausversorgenden Apotheke verwiesen.

2. Differenzierung zur krankenhausversorgenden Apotheke

119 Krankenhausversorgende Apotheken sind **Offizinapotheken**, die neben der Versorgung der Allgemeinheit zusätzlich das Recht erworben haben, eines oder mehrere Krankenhäuser, die keine eigene Krankenhausapotheke haben oder nicht von einer anderen

---

93 Vgl. Gesetzesbegründung des GKV-Modernisierungsgesetzes vom 14.11.2003 zu § 14 Abs. 4 S. 3 ApoG, BT-Drucks 15/1525 S. 161.
94 Vgl. noch zur alten Rechtslage VG Oldenburg, Urt. v. 20.4.2005 – 7 A 3318/04, GesR 2005, 357.

Krankenhausapotheke beliefert werden, mit Arzneimitteln zu versorgen. Hierzu bedarf es eines schriftlichen Versorgungsvertrages zwischen dem Träger des Krankenhauses sowie dem Leiter der öffentlichen Apotheke, welcher der Genehmigung der zuständigen Behörde bedarf. Die entsprechende Genehmigung ist zu erteilen, wenn gemäß § 14 Abs. 5 ApoG sichergestellt ist, dass
- die ordnungsgemäße Arzneimittelversorgung gewährleistet ist,
- eine direkte Belieferung der bestellten Arzneimittel erfolgt oder aber die Vorschriften über den Versandhandel gemäß § 11a ApoG eingehalten werden,
- besonders dringliche, zur Akutversorgung benötigte Arzneimittel unverzüglich und bedarfsgerecht zur Verfügung gestellt werden,
- eine persönliche Beratung durch den Apothekenleiter bzw. einen beauftragten Apotheker gewährleistet ist,
- die Beratung auch die wirtschaftliche und zweckmäßige Arzneimitteltherapie umfasst,
- der Apothekenleiter bzw. der von ihm beauftragte Apotheker Mitglied der Arzneimittelkommission des Krankenhauses ist.

Im Übrigen sind die krankenhausversorgenden Apotheken den Krankenhausapotheken weitgehend **gleichgestellt**, insbesondere gelten die Vorschriften über die Abgabe und Überprüfung von Arzneimitteln gemäß §§ 31 Abs. 1–3, 32 ApBetrO nach § 17 Abs. 7 ApBetrO entsprechend. **Abweichende Besonderheiten** der krankenhausversorgenden Apotheke ergeben sich lediglich wie folgt:
- Nach § 2 Abs. 6 S. 4 ApBetrO kann sich der Leiter einer krankenhausversorgenden Apotheke nicht von Apothekerassistenten oder Pharmazieingenieuren vertreten lassen.
- Unter Umständen ergibt sich aufgrund der zusätzlichen Krankenhausversorgung ein personeller Mehrbedarf gemäß § 3 Abs. 2 S. 2 ApBetrO.
- Die Räume, die ausschließlich der Arzneimittelversorgung von Krankenhäusern dienen, müssen zwar nicht unbedingt eine Einheit mit den Räumen bilden, die zur Versorgung der Öffentlichkeit bestimmt sind, sie müssen jedoch in angemessener Nähe der übrigen Apothekenbetriebsräume liegen. Das Anmieten von Lagerraum innerhalb der zu versorgenden Krankenhäuser ist gemäß § 4 Abs. 4 ApBetrO nicht zulässig.
- Gemäß § 15 Abs. 3 ApBetrO sind die zur Sicherstellung einer ordnungsgemäßen Arzneimittelversorgung der Patienten des Krankenhauses notwendigen Arzneimittel für einen mindestens zweiwöchigen Bedarf vorrätig zu halten, um ggf. Ausfälle von Großhändlern zu kompensieren. Diese Arzneimittel sind aufzulisten.
- Die krankenhausversorgende Apotheke hat mit dem Träger des Krankenhauses eine Dienstbereitschaftsregelung zu treffen, die die ordnungsgemäße Arzneimittelversorgung des Krankenhauses gewährleistet, § 23 Abs. 6 ApBetrO.

IV. Notapotheke

Eine Notapotheke ist eine öffentliche Vollapotheke, die wegen des Fehlens einer privaten öffentlichen Apotheke zur Aufrechterhaltung einer ordnungsgemäßen Arzneimittelversorgung einer Gemeinde betrieben wird. Hierzu kann die zuständige Behörde einer Gemeinde oder einem Gemeindeverband die Erlaubnis zum Betrieb einer solchen Notapotheke unter Leitung eines von ihr anzustellenden Apothekers in den vorgeschriebenen Räumen und Einrichtungen erteilen, wenn binnen sechs Monaten nach öffentlicher Bekanntmachung eines **„Notstandes in der Arzneimittelversorgung"** weder ein

§ 32 Apothekenrecht

Antrag auf Betrieb einer Apotheke noch einer Zweigapotheke gestellt worden ist. Derzeit ist indessen die Versorgung mit Apotheken in Deutschland so dicht, dass Notapotheken nicht bestehen.

§ 33 Heilmittelwerberecht

Dr. Martin Greiff

Inhalt

A. Einleitung	1
B. Gesetz über die Werbung auf dem Gebiet des Heilwesens	2
I. Sinn und Zweck des Gesetzes	3
II. Regelungsansatz und Verhältnis zu Wettbewerbsrecht und allgemeinem Deliktsrecht	7
III. Erfasster Personenkreis und Überwachungsbehörden	9
IV. Entwicklung und Anwendungsbereich des Gesetzes	13
1. Werbebegriff	15
2. Einschränkungen des Anwendungsbereichs	19
3. Abgrenzung zu Unternehmenswerbung und redaktioneller Berichterstattung	24
4. Werbeobjekte	29
a) Arzneimittel	29
b) Abgrenzung Arzneimittel – Lebensmittel	30
c) Andere Mittel, Verfahren, Behandlungen und Gegenstände	34
V. Einzelne heilmittelwerberechtliche Ge- und Verbote	37
1. Allgemeines Irreführungsverbot nach § 3 S. 1 HWG	37
2. Irreführungstatbestände des § 3 S. 2 HWG	39
a) § 3 S. 2 Nr. 1 HWG	39
b) Exkurs zu § 3a HWG	40
c) Prüfung und Widerlegung eines Verstoßes nach § 3 S. 2 Nr. 1 HWG	41
d) § 3 S. 2 Nr. 2 HWG	43
e) § 3 S. 2 Nr. 3a und b HWG	47
3. Pflichtangaben nach § 4 HWG	48
4. Exkurs zur Arzneimittelwerbung im Internet	51
5. Verwendung von Gutachten und Zitaten gemäß § 6 HWG	53
6. Eingeschränktes Zuwendungsverbot nach § 7 HWG	55
7. Vergleichende Werbung	63
VI. Unterscheidung von Fachkreis- und Publikumswerbung	64
1. Absoluter Vorbehalt der Fachkreiswerbung im Rahmen von § 10 HWG	67
2. Besondere Verbote für die Laienwerbung gemäß § 11 HWG	69
3. Exkurs: Europarechtswidriger Exzess des HWG?	73
4. Besonderheiten im Rahmen von § 11 HWG bei der Werbung für Medizinprodukte	77
5. Verbot krankheitsbezogener Werbung nach § 12 HWG	80

Literatur

Anhalt/Dieners, Handbuch des Medizinprodukterechts, 2003; **Balzer**, Arzt- und Klinikwerberecht: aktuelle Chancen für Arzt und Klinik, 2004; **Berlit**, Auswirkungen der Aufhebung des Rabattgesetzes und der Zugabeverordnung auf die Auslegung von § 1 UWG und § 3 UWG, WRP 2001, 349; **Bernhardt**, Gesetz über die Werbung auf dem Gebiete des Heilwesens, 1966; **Bülow**, Europäische Harmonisierung des Heilmittelwerberechts, PharmaR 1994, 299; **ders.**, Das Tatbestandsmerkmal der zumindest mittelbaren Gesundheitswerbung im Heilmittelwerberecht, GRUR 2005, 482; **Bülow/Ring**, Heilmittelwerbegesetz, 3. Auflage 2005; **Czettritz**, Abgrenzung Arzneimittel/Medizinprodukte, PharmaR 1997, 212; **Deutsch/Lippert/Ratzel**, Medizinproduktegesetz Kommentar, 2002; **Dieners**, Zur Reform der Werbung für Medizinprodukte, MPR 2002, 3; **Doepner**, Heilmittelwerbegesetz, 2. Auflage 2000; **ders.**, Heilmittelwerbung in der Praxis, PharMa 1984, 5; **ders.**, Abgrenzung von produktspezifischer Absatzwerbung von allgemeiner Unternehmenswerbung, WRP 1993, 445; **ders.**, Abgrenzung Arzneimittel/Lebensmittel – die aktuelle gemeinschaftsrechtliche Statusbestimmung durch den

EuGH, WRP 2005, 1195; **ders.**, Strafrechtliche Sanktionierung des Vertriebs von Grenzprodukten als Lebensmittel, die gerichtlicherseits als Arzneimittel eingestuft werden?, ZLR 2005, 679; **ders.**, Entscheidungssammlung Heilmittelwerbegesetz, Loseblatt; **Ekey**, Heidelberger Kommentar zum Wettbewerbsrecht, 2. Auflage 2005; **Ernst**, Pharma-Werbung und Präsentation im Internet, PharmaR 1998, 195; **Fezer**, Kommentar zum Gesetz gegen den unlauteren Wettbewerb, 2005; **Forstmann**, Irreführende Werbung, Stolpersteine für das Pharmamarketing, PharmaR 1991, 2; **ders.**, Arzneimittel, Lebensmittel diätetische Lebensmittel und Nahrungsergänzungsmittel – Abgrenzung und Werbung, GRUR 1997, 102; **Franken/Kroth/Ratzel/Peine/Lippert**, Handbuch Moderne Biotechnologie, Loseblatt, Stand Juni 2006; **Glaeske/Greiser/Hart**, Arzneimittelsicherheit und Länderüberwachung: Konzeption zur strukturellen Optimierung der Länderüberwachung aus rechtlicher, pharmakologischer und gesundheitspolitischer Sicht, 1993; **Gloy/Loschelder**, Handbuch des Wettbewerbsrechts, 3. Auflage 2005; **Gröning**, Heilmittelwerberecht, 2005; **Grunewald**, Die Vollzugsdefizite des Heilmittelwerberechts und ihre privatrechtliche Kompensation am Beispiel der Publikumswerbung, 1991; **Hart u.a.**, Das Recht des Arzneimittelmarktes, 1988; **Harte-Bavendamm/Henning-Bodewig**, Gesetz gegen den unlauteren Wettbewerb (UWG), 2004; **Hartwig**, Der BGH und das Ende des Verbots gefühlsbetonter Werbung, NJW 2006, 1326; **Hefermehl/Köhler/Bornkamm**, Wettbewerbsrecht, 25. Auflage 2007; **Hildebrandt**, Heilmittelwerberecht: Informationspflichten vs. Werbeverbote – Eine Untersuchung der Kollision von Informationspflichten mit Werbebeschränkungen im Arzneimittelsektor unter Berücksichtigung marketingpolitischer und wettbewerbsrechtlicher Aspekte, 2004; **Hoß**, Rabattgesetz und Zugabeverordnung – Die Rechtslage nach der Aufhebung, MDR 2001, 1094; **Jägerhuber**, Heilmittelrechtliche Überwachungspraxis der Länderbehörden, PharmaR 1979, 35; **Kieser**, Aktuelle Entwicklungen im Heilmittelwerberecht, A&R 2006, 3; **Klaus**, Leitfaden zur Abgrenzung von Lebensmitteln und Arzneimitteln in der Rechtspraxis aller EU-Mitgliedstaaten auf Grundlage der gemeinschaftsrechtlich harmonisierten Begriffsbestimmungen, ZLR 2004, 580; **dies.**, Der gemeinschaftsrechtliche Lebensmittelbegriff : Inhalt und Konsequenzen für die Praxis insbesondere im Hinblick auf die Abgrenzung von Lebensmitteln und Arzneimitteln, 2005; **Kleist/Albrecht/Hoffmann**, Heilmittelwerbegesetz, Kommentar zu den Bestimmungen des Gesetzes über die Werbung auf dem Gebiet des Heilwesens, Erg-Lfg. zur 2. Auflage, 1988; **Klette**, Irreführungsschutz und Freihaltebedürfnis, GRUR 1986, 794; **Kloesel/Cyran**, Arzneimittelrecht – Kommentar, 2006; **Koch**, Kommunikationsfreiheit und Informationsbeschränkungen durch das Standesrecht der Ärzte in der Bundesrepublik Deutschland und den Vereinigten Staaten von Amerika, 1991; **Köhler**, Das neue UWG, NJW 2004, 2121; **Mahn**, Anmerkung zu Nieders. OVG „Pilzpulver" und Red Rice Kapseln, ZLR 2005, 151; **Meyer**, Das Verbot von Vorher-Nachher-Bildern bei Schönheitsoperationen, GRUR 2006, 1007; **ders.**, Das strenge deutsche Heilmittelwerberecht – ein Fall für den Europäischen Gerichtshof, PharmaR 2007, 230; **Laufs/Uhlenbruck**, Handbuch des Arztrechts, 3. Auflage 2002; **Rabe**, Arzneimittel und Lebensmittel – Abgrenzungsproblematik und europarechtliche Dimension, NJW 1990, 1390; **Ratzel**, Medizinproduktegesetz: eine Einführung, 1999; **Ratzel/Lippert**, Kommentar zur Musterberufsordnung der deutschen Ärzte (MBO), 4. Auflage 2006; **Reese**, Jüngere Entwicklungen im Heilmittelwerbe- und Wettbewerbsrecht; **Rieger** (Hrsg.), Lexikon des Arztrechts, Loseblatt, 2. Auflage 1984; **Rolfes**, Internetapotheken: rechtliche Probleme der Heilmittelwerbung im Internet und die Zulässigkeit des E-Commerce mit Arzneimitteln, 2003; **Scheller**, Grenzen zulässiger Firmenimagewerbung, GRUR 1991, 111; **Schmidt-Felzmann**, Rechtliche Fragen der Pharma-Werbung in Funk und Fernsehen, PharmaR 1998, 87; **Scholz**, Werbung mit der Packungsbeilage, PharmaR 1997, 244; **Schorn**, Medizinproduktegesetz, 3. Auflage 2001; **Taupitz**, Die Standesordnungen der freien Berufe: Geschichtliche Entwicklung Funktionen, Stellung im Rechtssystem 1991; **Weiler**, Die Harmonisierungsintensität des europäischen Arzneimittelrechts und richtlinienüberschreitende Regelungen des HWG, WRP 2006, 975; **Wenzel**, Handbuch des Fachanwalts für Medizinrecht, 2007; **Wille**, Anmerkung zu EuGH, Urteil vom 9. Juni 2005 – C-211/03, C-299/03 und C-316/03 bis C-318/03. Unterscheidung zwischen Arzneimitteln und Lebensmitteln, A&R 2005/2, 92; **Zipfel/Rathke**, Lebensmittelrecht, Loseblatt.

A. Einleitung

1   Der rechtliche Rahmen der in Deutschland zulässigen Heilmittelwerbung erschließt sich aus dem Gesetz über die Werbung auf dem Gebiet des Heilwesens (HWG) unter ergänzender Beachtung der Regelungen des Gesetzes gegen unlauteren Wettbewerb (UWG), des Arzneimittelgesetzes (AMG), des Europarechts und schließlich Normen des mit Blick auf die Werbenden etwaig einschlägigen Standesrechts, z.B. in Form der Berufsordnungen für Ärzte oder Apotheker. Ausgangspunkt einer Betrachtung zu den Möglichkeiten, aber auch Grenzen der Heilmittelwerbung bleibt trotz allem in erster Linie das HWG, so dass auf seinen Inhalt auch hier im Schwerpunkt eingegangen werden soll.

B. Gesetz über die Werbung auf dem Gebiet des Heilwesens

Als zentrale Quelle des Heilmittelwerberechts bezweckt das HWG vornehmlich den Schutz der privaten und öffentlichen Gesundheit, indem es der unsachlichen Beeinflussung der Verkehrskreise durch Werbung im Gesundheitssektor vorbeugen will.[1]

I. Sinn und Zweck des Gesetzes

Es legitimiert sich insoweit aus der besonderen Natur der von ihm erfassten Werbeobjekte – d.h. der Arzneimittel und Medizinprodukte, aber auch der anderen Mittel, Behandlungen und Gegenstände im Heilkundebereich – sowie dem Umstand einer zumeist mangelnden Sachkenntnis der von Werbung für diese Produkte angesprochenen Adressaten.[2] Besonders bei der Betrachtung von Arzneimitteln wird schnell deutlich, dass es sich um Waren besonderer Art handelt, die wegen ihrer (potentiellen) Neben- und Wechselwirkungen und der zu beachtenden Kontraindikationen ein gesteigertes Gefährdungspotential aufweisen und daher unbedingt einer sorgfältigen Handhabung bedürfen. Für eine adäquate Einschätzung dieser Risiken fehlt **medizinischen und pharmakologischen Laien** allerdings regelmäßig die nötige Sachkenntnis. Hinzu kommt, dass sich kranke Personen oft in einer psychischen und/oder emotionalen Notlage befinden, die sie anfällig für Versprechungen der Werbung macht. In diesem Punkt geht es gesunden Personen jedoch oft nicht anders, zumal sie ebenso aufgrund des heute mehr denn je hohen Interesses an der eigenen Gesundheit und guten Rufs des medizinischen Fortschritts beschönigenden Webeaussagen zur Leistungsfähigkeit von Produkten und Heilmitteln leider allzu oft übereilt und unkritisch Glauben schenken.[3] Mit Hilfe des HWG soll in diesem Kontext folglich der Gefahr unangemessener Beeinflussungen oder gar Verleitung von Werbeadressaten zur Selbstbehandlung mit Heilmitteln vorgebeugt werden. Das HWG dient auf diese Weise sowohl dem **Schutz der Gesundheit** des Einzelnen, als auch den damit in Einklang stehenden, teilweise darüber hinausgehenden Gesundheitsinteressen der Allgemeinheit.[4] Es gilt zum einen zu verhindern, dass etwa ein in den (Neben-)Wirkungen vom Laien unterschätztes oder verkanntes Heilmittel ohne ärztliche Aufsicht missbräuchlich zur Anwendung gelangt. Zum anderen sollen Werbeadressaten durch (unsachliche) Werbung ebenso wenig dazu gebracht werden können, z.B. bei Arztbesuchen auf die Verschreibung bestimmter Heilmittel zu drängen.[5] Zwar ist anzunehmen, dass ein Arzt nicht vor Patienten hinsichtlich seiner Entscheidung über die von ihm als richtig erachtete Anwendung und Verschreibung von Heilmitteln „geschützt" werden muss.[6] Es liegt aber nicht außerhalb jeglicher Lebenserfahrung, dass sich selbst ein gewissenhafter Arzt dem dringenden Wunsch seines Patienten nach Verschreibung eines bestimmten Heilmittels beugen könnte, falls der Patient sich mit allem Nachdruck aufgrund vorangegangener Beein-

---

1 BGHZ 140, 134, 139 = NJW 1999, 2737 – Hormonpräparate; 114, 354, 358 = NJW 1992, 751 – Katovit; BVerfG NJW 2003, 1027; *Bülow/Ring*, Einf. Rn 1; *Doepner*, Einl. Rn 39.
2 Vgl. amtliche Begründung des Gesetzes. Nachzulesen bei *Doepner*, Einl. Rn 5.
3 *Doepner*, Einl. Rn 39.
4 BGH GRUR 1991, 860 – Katovit; GRUR 1994, 839 – Kontraindikationen; GRUR 1996, 806 – Herz ASS; GRUR 1998, 498 – Fachliche Empfehlung III; *Doepner*, Einl. Rn 40 m.w.N.
5 BVerfG, Beschl. v. 30.4.2004 – 1 BvR 2334/03, NJW 2004, 2660; BGH, Urt. v. 17.6.1992 – I ZR 221/90, NJW 1992, 2964; BGH, Urt. v. 15.12.1994 – I ZR 154/92, NJW 1995, 1617.
6 OLG München, Urt. v. 6.5.2004 – 6 U 5565/04, PharmaR 2004, 308.

flussung durch unsachliche oder gar manipulierende Werbung darauf beruft, er selbst oder andere Personen hätten immerhin mit einem bestimmten Heilmittel schon gute Erfahrungen gemacht.[7]

4 Doch auch im Fall der **Werbung in Fachkreisen** müssen die Grundsätze der Wahrheit, Klarheit, Objektivität und Sachlichkeit der Informationsvermittlung stets gewahrt bleiben. Denn selbst medizinisch bewanderte Werbeadressaten sind durch ihr größeres Fachwissen nicht vor unangemessener oder manipulierender Beeinflussung geschützt und können vor allem nur bei einer ihnen gegenüber objektiven Informationsvermittlung die quasi eigene „Multiplikatorenfunktion" als medizinischer Berater und Verschreiber von Heilmitteln gegenüber ihren Patienten und den Verbrauchern fachgerecht erfüllen.[8]

5 Es ist zwar umstritten, ob dem HWG über dieses Ziel des Gesundheitsschutzes hinaus noch weitere Zwecksetzungen innewohnen. Daran ließe sich in Anbetracht der amtlichen Begründung auch zweifeln, die immerhin zentral den Gesundheitsschutzaspekt hervorhebt.[9] Zumindest nach teilweiser Auffassung und bei faktischer Betrachtung schützt das HWG aber die Werbeadressaten zugleich – wenn auch vielleicht nur mittelbar – vor **finanzieller Übervorteilung**, indem es unter wirtschaftlichen Aspekten einer Verleitung zum Kauf unnützer Heilmittel vorbeugt, die etwa nur erworben würden, weil sich ihr Käufer wegen unsachlicher Werbebeeinflussung ein falsches Bild vom Produkt macht.[10]

6 Im Übrigen ermöglicht das Gesetz aus der **Perspektive der Werbetreibenden** aber auch noch die dringend gebotene Rechtsfolgenabschätzung bezogen auf das eigene Werbeverhalten, so dass es insofern dem Gesichtspunkt der Rechtssicherheit dient. Denn bei allen einzellfallbedingten Abgrenzungsschwierigkeiten hinsichtlich der (Un-) Zulässigkeit von Werbung, können sich Werbende in Gestalt des HWG zumindest dem Grunde nach einem kalkulierbaren Rechtsrahmen gegenübersehen; eine Vorgabe, die nicht zuletzt unter rechtsstaatlichen Gesichtspunkten nötig erscheint, da immerhin auch Werbeaussagen Ausdruck der grundrechtlich verbürgten Meinungs- und Berufsausübungsfreiheit sind und in Deutschland im Gegensatz zu manch anderen Staaten keine Vor-, sondern allenfalls Nachkontrolle von Werbung erfolgt.[11] Das HWG ist also gleichermaßen als Schranke dieser Grundrechte zu sehen, zumal nur die Werbung mit eindeutig falschen Informationen im vornherein nicht den grundrechtlichen Schutzbereich eröffnen würde.[12] Grundrechtlich betrachtet dient das Gesetz an dieser Stelle allerdings nicht allein als Regulativ zwischen der im beschriebenen Sinn achtungswürdigen Werbefreiheit auf der einen und dem Gesundheitsschutz der Bevölkerung anderen Seite, sondern schließlich ebenso der Bewältigung des unmittelbaren Spannungsfelds zwischen der Beschränkung von Informationsvermittlung zum Schutz der Verkehrskreise einerseits und deren sogar eigenen, berechtigten Bedürfnissen nach sachlicher Information andererseits.[13]

---

7 Niedersächsisches Oberverwaltungsgericht, Beschl. v. 4.7.2006 – 11 LA 138/05.
8 *Doepner*, Einl. Rn 39.
9 Nachzulesen bei *Doepner*, Einl. Rn 5.
10 *Doepner*, Einl. Rn 40; *Bernhardt*, S. 26; a.A. *Gröning*, § 3 Rn 8 und *Kohlhaas*, DAZ 1965, 1041, wonach alleiniger Zweck der Gesundheitsschutz ist.
11 Vgl. zu dieser Sichtweise etwa *Winnands*, Handbuch Moderne Biotechnologie, BI 2140 Rn 2.
12 Rieger/Hart, „Heilmittelwerbegesetz" Rn 5; BVerfGE 85, 1, 15; 90, 241, 247.
13 *Besen/Räpple*, Rn 1.

II. Regelungsansatz und Verhältnis zu Wettbewerbsrecht und allgemeinem Deliktsrecht

Um diese Zielsetzungen zu erreichen, regelt das HWG jedoch nicht das privatrechtliche Verhältnis der Werbetreibenden und/oder Werbeadressaten untereinander. Dieser Aspekt wird vielmehr vom allgemeinen Wettbewerbsrecht erfasst, das im Gesetz gegen den unlauteren Wettbewerb (UWG) und allgemeinen Deliktsrecht (§§ 823 ff. BGB) seine Ausgestaltung erfährt. Nur konsequent lässt das HWG diese Regelungen deshalb nach § 17 HWG unberührt. Es selbst stellt **heilmittelwerberechtliche Ge- und Verbote** auf und ahndet deren Missachtung als Straftat oder Ordnungswidrigkeit (§§ 14, 15 HWG). Im Übrigen kommt als Nebenfolge heilmittelwerberechtlicher Verstöße ggf. die Einziehung rechtswidrigen Werbematerials gemäß § 16 HWG in Betracht.

Da aber die Möglichkeit der Anwendbarkeit des UWG nach § 17 HWG im Fall von heilmittelwerberechtlichen Verstößen unberührt bleibt, ist die **Bedeutung** entsprechender Verstöße **für das Wettbewerbsrecht** in den Blick zu nehmen. Insofern gelten Verstöße gegen das HWG in der Regel zugleich als Verstöße gegen die §§ 1, 3 UWG.[14] Denn ein Verstoß gegen die Normen des HWG, die u.a. i.S.d. Lauterkeitsrechts dazu bestimmt erscheinen, auch im Interesse der Marktteilnehmer das wechselseitige Marktverhalten zu regeln,[15] ist grundsätzlich geeignet, den Wettbewerb zum Nachteil der Mitbewerber und Verbraucher nicht nur unerheblich i.S.d. § 3 UWG zu beeinträchtigen, indem nämlich der heilmittelwerblich rechtswidrig Handelnde durch seinen Verstoß unlauter einen Vorteil gegenüber seinen gesetzestreuen Mitbewerbern erstrebt.[16] Allenfalls unter besonderen Umständen des Einzelfalls könnte die meist gleichzeitige, wettbewerbsrechtliche Relevanz von Verstößen gegen das HWG einmal zu verneinen sein.[17] Umgekehrt betrachtet kann hingegen durchaus das Wettbewerbsrecht noch über die Anforderungen des HWG hinsichtlich der Zulässigkeit von (Heilmittel-)Werbemaßnahmen hinausgehen. Auf jeden Fall drohen aber wegen des oftmaligen Parallelverhältnisses von HWG und UWG neben dem Aspekt der Sanktionierung heilmittelwerberechtlicher Verstöße als Ordnungswidrigkeit meist gleichzeitig Unterlassungs- und Schadensersatzansprüche gemäß den §§ 8 und 9 UWG seitens der Wettbewerber, ohne dass es aus wettbewerbsrechtlicher Sicht an dieser Stelle auf das Hinzutreten weiterer Umstände, vor allem nicht besondere subjektive Merkmale wie die Kenntnis der Norm oder Planmäßigkeit des Handelns ankäme.[18] Die Normen des HWG stellen außerdem Schutzgesetze i.S.v. § 823 Abs. 2 BGB dar, so dass auch in diesem Kontext sowie überhaupt deliktsrechtlich Unterlassungs- und/oder Schadensersatzansprüche der Wettbewerber drohen.

---

14 BGH, Teilurteil v. 21.7.2005 – I ZR 94/92 – Ginseng-Präparat.
15 Die Vorschriften des HWG stellen auch marktbezogene Verhaltensmaßregeln i.S.d. § 4 Nr. 11 UWG dar. Das gilt insbesondere für das in § 3 HWG geregelte Verbot der irreführenden Werbung. Vgl. *Hefermehl/Köhler/Bornkamm*, § 4 Rn 11.132 m.w.N.; BGH WRP 2001, 1171, 1173; BGH GRUR 2001, 181, 183.
16 BGH, Teilurt. v. 21.7.2005 – I ZR 94/02 – Ginseng-Präparat.
17 BGHZ 140, 134 – Hormonpräparate; BGH WRP 2000, 170 – Giftnotruf-Box; BfArM WRP 2000, 170 – pädiatrisches Notfallset.
18 St. Rspr. seit BGH GRUR 1970, 558 – Sanatorium; BGH GRUR 1971, 585 – Spezialklinik; BGH GRUR 1972, 372 – Pflanzensäfte; BGH GRUR 1991, 860 – Katovit; BGH GRUR 1992, 874 – Hyanit; BGH GRUR 1994, 839 – Kontraindiaktionen; BGH GRUR 1996, 806 – Herz ASS; BGH GRUR 1998, 498 – Fachliche Empfehlung; *Hefermehl/Köhler/Bornkamm*, § 1 UWG Rn 61; *Doepner*, Einl. Rn 41; *Köhler*, NJW 2004, 2121. Es muss allerdings Wettbewerbsabsicht bestehen. Daher findet das UWG keine Anwendung auf eine KV, die über die Wirtschaftlichkeit ärztlicher Verordnungen mit Bezug auf Generica berichtet. Vgl. OLG Hamburg MedR 1992, 344.

III. Erfasster Personenkreis und Überwachungsbehörden

9   Die Pflichten über die Einhaltung werberechtlicher Vorgaben erfassen im Endeffekt einen weit reichenden Personenkreis. Schon speziell **im Arzneimittelbereich** kann die Verantwortung vornehmlich den Vertriebsleiter i.S.d. §§ 14 Abs. 1 Nr. 3, 19 Abs. 3 AMG, den Informationsbeauftragten, der u.a. für die Übereinstimmung der Werbung mit den Zulassungsunterlagen nach § 74a AMG verantwortlich ist, und selbstverständlich den pharmazeutischen Unternehmer i.S.v. § 4 Abs. 18 AMG treffen, wenn dieser entweder selbst (rechtswidrige) Werbung verbreitet, oder diesbezüglich seine Aufsichtspflichten verletzt.

10 Darüber hinaus sind aber auch andere **Leistungserbringer im Gesundheitssektor**, z.B. Ärzte und Apotheker, als unmittelbare Normadressaten des HWG anzusehen.[19] Neben dessen Regelungen unterliegen diese Adressaten als Angehörige der freien Berufe jedoch meist ohnehin Reglementierungen im Werbeverhalten durch ihr jeweiliges Berufsrecht. Im Hinblick auf das somit z.B. relevant werdende **Verhältnis zwischen ärztlichem Berufsrecht und HWG** fand sich früher die Meinung, dass ein durch Berufsrecht gedecktes Verhalten gar keinen Verstoß mehr gegen Normen des HWG begründen könne.[20] Hintergrund dieser Einschätzung war allerdings, dass früher in der Musterberufsordnung (MBO) bzw. den Berufsordnungen der Länder sowieso ein grundlegendes Verbot der Selbstdarstellung bzw. Werbeverbot für Ärzte – später dann lediglich eingeschränkt durch einzelne, enumerative Ausnahmen – postuliert und dieses prinzipielle Werbeverbot für die freien Berufe weithin Konsens war. Speziell im Hinblick auf das Berufsverständnis von Ärzten war man der Ansicht, dass Werbung dem Ansehen des gesamten Berufsstandes und der Gesundheit der Bevölkerung schaden könne, da sie schließlich immanent irreführend sei.[21] Das Bundesverfassungsgericht hat dieses pauschale Werbeverbot aber letztlich zu Recht aufgehoben und unter Betonung des Gebots einer verfassungskonformen Auslegung der fraglichen Normen im Lichte der Berufsfreiheit darauf hingewiesen, dass berufsrechtliche Regelungen einem Arzt im Ergebnis nur die berufswidrige Werbung untersagen könnten.[22] Heute ist deshalb konsequenterweise die ärztliche Werbefreiheit anders gefasst. Ihr rechtlicher Rahmen ergibt sich aus den **§§ 27, 28 MBO n.F. bzw. den entsprechenden Berufsordnungen der Länder**. Darüber hinaus wird für Ärzte werberechtlich das Verbot der Fremdwerbung relevant, wie es in den **§§ 33, 34 und 35 MBO** zum Ausdruck kommt[23] und letzten Endes sind noch „interkollegiale Werbeaspekte" im Kontext des **§ 31 MBO** zu erwähnen, was vornehmlich Anreizsysteme zur „Überweiser- oder Zuweiserbindung" betrifft.[24] Auf jeden Fall ist jedoch heute die Werbefreiheit für Ärzte dem Grunde nach anerkannt, so dass § 27 Abs. 3 MBO im Wege einer Generalklausel nur noch die **berufswidrige Werbung** untersagt, worunter „insbesondere eine anpreisende, irreführende oder vergleichende Werbung" verstanden wird. Damit greift die MBO wieder die allgemeinen Grundzüge zur Abgrenzung von zulässiger und unzulässiger Werbung auf,

---

[19] Rieger/*Hart*, „Heilmittelwerbegesetz" Rn 9.
[20] *Bülow/Ring*, § 12 Rn 4; *Doepner*, § 12 Rn 11.
[21] Vgl. zur früheren h.M. Nachweise bei *Laufs/Uhlenbruck*, § 15.
[22] BVerfG NJW 1986, 1533 = MedR 1986, 128; BVerfGE 82, 18 ff. = MedR 1993, 348 ff.
[23] Vgl. zur grundsätzlichen Zulässigkeit BVerfG, Urt. v. 26.8.2003 – 1 BvR 1003/02, GRUR 2003, 966.
[24] OLG Schleswig-Holstein MedR 2004, 270 (Pauschale f. postoperative Betreuung unzulässig); OLG Koblenz, Urt. v. 20.5.2003 – 41 U 1532/02, MedR 2003, 580 (Zuweiserpauschale von Universitätsaugenklinik für prä- und postoperative Leistungen unzulässig); OLG Celle, Urt. v. 18.7.2002 – 13 U 137/01, MedR 2003, 183 (Anbieten von Laborleistungen unter Preis wettbewerbswidrig); BGH, Urt. v. 13.6.1996 – I ZR 114/93, GRUR 1996, 789 (kostenloser Fahrdienst eines Pathologen unzulässig).

weshalb sich nun aber die Eingangsaussage von früher, wonach eine berufsrechtlich zulässige Werbung schon per definitionem keinen Verstoß gegen das HWG mehr darstellen könne, allenfalls noch bedingt aufrechterhalten lässt. Stattdessen werden die teils detaillierteren Vorschriften des HWG weit öfter als bisher für Ärzte und deren Werbeverhalten unmittelbare Bedeutung gewinnen.[25]

Über den Kreis der meist tatsächlich Begünstigten einer Werbemaßnahme bzw. unmittelbar Werbenden hinaus können die heilmittelwerberechtlichen Bestimmungen schließlich noch für diejenigen relevant werden, die „nur" am Prozess der Verbreitung von Werbung beteiligt sind, unabhängig davon, ob sie insofern **im eigenen oder fremden Interesse** handeln.[26] Denn schon die Förderung fremder Interessen ist in dieser Hinsicht ausreichend.[27] So können z.B. Werbeagenturen oder Presseunternehmen für die Veröffentlichung heilmittelwerberechtlich unzulässiger und deshalb meist auch wettbewerbswidriger Anzeigen gleichermaßen zur Verantwortung gezogen werden wie derjenige, der die Werbung in Auftrag gegeben hat. Dies gilt vor allem bei groben, unschwer erkennbaren Verstößen gegen (heilmittel-)werberechtliche Vorgaben, wobei lediglich einschränkend der am Grundsatz der Zumutbarkeit orientierte Umfang einer Prüfpflicht auf Rechtsverstöße für den Werbedurchführenden nicht missachtet werden darf, der je nach Umfang und/oder Kosten einer Werbemaßnahme unterschiedlich sein kann. Auf jeden Fall wäre aber beispielhaft ein grober und unschwer erkennbarer Wettbewerbsverstoß seitens eines Presseunternehmens anzunehmen, wenn einem Schlankheitsmittel in einer Anzeige die Wirkung beigelegt wird, dass allein schon durch dessen Einnahme ohne jede Änderung der übrigen Essgewohnheiten innerhalb von nur vier Wochen eine Gewichtsreduzierung von sechzehn Kilogramm erreichbar sei. Im Hinblick auf eine derart unsachliche und irreführende Angabe würde schon die allgemeine Kenntnis des Bestehens von Irreführungsverboten im Geschäftsverkehr ausreichen, die bei einem Presseunternehmen ohne weiteres vorhanden ist, um die Verantwortung auch des Unternehmens für die unzulässige Werbung in rechtlicher Hinsicht zu begründen.[28]

Die **Zuständigkeit für die Überwachung der Einhaltung des Heilmittelwerberechts** obliegt gemäß § 64 Abs. 3 AMG den zuständigen Länderbehörden, deren Befugnisse sich im Einzelnen aus den §§ 64 bis 69 AMG ergeben, wobei allerdings die Überwachung nach den §§ 64 bis 69 AMG sich letztlich nur auf Arzneimittel i.S.v. § 2 AMG erstreckt, so dass auch über § 64 Abs. 3 AMG nicht die Werbung für andere Mittel, Verfahren, Behandlungen und Gegenstände i.S.v. § 1 Abs. 1 S. 2 HWG erfasst wird.[29] U.a. auch wegen dieser gesetzlichen Vorgabe wird oft davon gesprochen, dass bei der Verfolgung von Verstößen gegen das HWG ein behördliches Vollzugsdefizit bestehe.[30] Soweit man dies mit Blick auf die staatlichen Überwachungsbehörden als zutreffend erachtet, dürfte das Defizit aber wenigstens im Ergebnis über die oft in gleichem Maße wettbewerbsrechtliche Komponente heilmittelwerberechtlicher Verstöße kompensiert werden, da die „Überwachung und Sanktionierung" normwidrigen Verhaltens nicht nur offiziell über die Behörden, sondern ebenso durch Wettbewerber gewährleistet bzw. er-

---

25 *Ratzel/Lippert*, § 27/28 Rn 1. Vgl. hier auch im Einzelnen zu Inhalt und Grenzen der Werbefreiheit für Ärzte.
26 Vgl. *Bülow/Ring*, Einf. Rn 45 zur Passivlegitimation von Werbetreibenden und -durchführenden.
27 BGH, Urt. v. 27.4.1995 – I ZR 116/93.
28 Vgl. BGH GRUR 1994, 454 ff. – Schlankheitswerbung; KG Berlin, Beschl. v. 14.3.2006 – 5 W 51/06.
29 Vgl. *Doepner*, vor §§ 14, 15, Rn 74 ff. m.w.N. sowie grundlegend *Jägerhuber*, PharmaR 1979, 35 ff.
30 *Rieger/Hart*, „Heilmittelwerbegesetz" Rn 1; *Doepner*, PharmaR 1984, 5 ff.; *Hart u.a.*, S. 279 f.; *Glaeske/Greiser/Hart*, S. 178 ff.

reicht wird, die gegen die rechtswidrige Werbung von Konkurrenten vorgehen.[31] In letzterer Hinsicht treten zudem ergänzend Verbraucherverbände und Wettbewerbsvereine als Kontrollorgane auf, die ebenso die Einhaltung der heilmittelwerberechtlichen Vorgaben im Geschäftsverkehr im Auge behalten. Erwähnenswert ist neben den behördlichen Überwachungseinrichtungen und der faktischen Kontrolle durch Wettbewerber schließlich bei aller angebrachten Skepsis gegenüber derartigen Einrichtungen noch die Kontrolle der Heilmittelwerbung durch die Wirtschaft selbst. Denn immerhin schon 1962 wurde von der pharmazeutischen Industrie eine solche Selbstkontrolleinrichtung für Arzneimittelwerbung geschaffen (INTEGRITAS Verein für lautere Heilmittelwerbung e.V.).[32]

IV. Entwicklung und Anwendungsbereich des Gesetzes

13 Das HWG stammt in seinen Grundzügen noch aus den 60er Jahren, hat aber seither aufgrund der nachhaltigen gesellschaftlichen Wandlungen – gerade mit Blick auf die Anerkennung eines heute weitaus selbständigeren und besser informierten Verbrauchers – und die zahlreichen europarechtlichen Vorgaben viele Änderungen erfahren. So wurde es u.a. 1994 und 1998 wesentlich an europäische Vorgaben in Gestalt der Richtlinie 92/27/EWG über die Etikettierung und Packungsbeilage von Humanarzneimitteln und die Richtlinie 92/28/EWG über die Werbung für Humanarzneimittel angepasst, obwohl inzwischen diese europäischen Rechtsvorgaben ihrerseits schon wieder zu einem Gemeinschaftskodex für Humanarzneimittel durch die Richtlinie 2001/83/EG zusammengefasst wurden.[33] Im Übrigen unterlag das Gesetz mehrfach Reformen, Anpassungen und Änderungen, die u.a. den Entwicklungen in anderen Rechtsbereichen Rechnung trugen.[34]

14 Der Anwendungsbereich des Gesetzes wird trotzdem nach wie vor durch den **Werbebegriff** und die von ihm erfassten **Werbeobjekte** gemäß § 1 HWG bedingt, auf die sich eine in Frage stehende Werbung beziehen muss, um (heilmittelwerbe-)rechtlich rechtfertigungsbedürftig zu sein.

1. Werbebegriff

15 Eine gesetzliche Definition für „Werbung" findet sich im HWG allerdings nicht. In Art. 86 Abs. 1 der Richtlinie 2001/83/EG ist lediglich eine Definition der **Werbung für Arzneimittel** zu finden, worunter alle Maßnahmen zur Information, Marktuntersuchung und Schaffung von Anreizen mit dem Ziel verstanden werden, die Verschreibung, Abgabe, den Verkauf oder Verbrauch von Arzneimitteln zu fördern. Unter Berücksichtigung des Arzneimittelbegriffs des § 2 Abs. 1 AMG sind somit unter Arzneimittelwerbung sämtliche Aussagen zu verstehen, die sich auf die Erkrankung, Beseitigung oder Linderung von Krankheiten, Leiden, Körperschäden oder krankhaften Be-

---

[31] Vgl. grds. zum Verhältnis von HWG und UWG Rn 7 f. sowie z.B. *Grunewald*, Vollzugsdefizite des Heilmittelwerberechts.
[32] Vgl. bei *Doepner*, Einl. Rn 56 ff.
[33] Vgl. *Bülow*, PharmaR 1994, 229 m.w.N. sowie zur Diskussion über die einerseits hinter den europarechtlichen Vorgaben zurückbleibende Rechtsumsetzung, andererseits den über die europarechtlichen Anforderungen hinausgehenden Regelungsgehalt des HWG *Bülow/Ring*, Einf. Rn 13 ff.; *Doepner*, Einl. Rn 36 ff. sowie aktuell *Weiler*, WRP 2006, 975 ff.
[34] Vgl. zur Entwicklungsgeschichte des HWG ausführlich die Darstellungen bei *Bülow/Ring*, Einf. Rn 2 f. und *Doepner*, Einl. Rn 1.

schwerden beim Mensch oder Tier durch die Anwendung des beworbenen Produkts beziehen. Diese Definition ist im AMG und HWG schon unter dem Aspekt der europarechtskonformen Auslegung nationaler Rechtsnormen, aber auch angesichts des Umstands verbindlich, dass mit der europäischen Richtlinienvorgabe immerhin eine vollständige Harmonisierung und nicht nur Mindestharmonisierung beabsichtigt wurde. Im Übrigen stellt sich an dieser Stelle jedoch die Frage, ob die Richtlinie nicht sogar gleichzeitig einen Höchststandard für nationale Regelungen im einschlägigen Rechtsbereich vorgibt. (Vgl. zum Problem des Verhältnisses von „deutschem" und „europäischem" Heilmittelwerberecht den Aspekt des problematisierten Höchststandards der europäischen Vorgaben unter Rn 73 ff.).

Jenseits der Werbung für ein Arzneimittel muss hingegen der Werbebegriff auf anderem Weg, wenn auch dem Inhalt nach deshalb nicht zwingend anders, bestimmt werden. Hier ist folglich das rechtliche Verständnis weithin von der Rechtsprechung geprägt, die unter Werbung stets die produkt- bzw. leistungsbezogene Absatzwerbung versteht, die jeder Förderung der vom HWG erfassten Wirtschaftgüter dient.[35] Sie wird heilmittelwerberechtlich relevant, sobald ihre Aussage gesundheits- bzw. krankheitsbezogen ist.[36] Als Werbung erscheinen deshalb alle informationsvermittelnden und meinungsbildenden Produkt- bzw. Leistungsaussagen, die darauf abzielen, die Aufmerksamkeit der Adressaten für ein Heilmittel zu wecken und deren Kaufentschluss mit dem Ziel der Förderung des Warenabsatzes oder der heilmittelrechtlichen Leistungsbeanspruchung zu beeinflussen.[37] Insofern kommt es nicht darauf an, ob die Aussagen anpreisend oder sachlich-informativ gehalten sind, obwohl oder gerade weil der Verkehr mit Heilmitteln nüchtern-sachliche Angaben erwartet.[38] Ebenso wenig ist die Motivation des Werbenden entscheidend, sondern allein die Frage, ob eine produkt- bzw. leistungsbezogene Aussage dem Gesamterscheinungsbild nach einem nicht unbeachtlichen Teil des angesprochenen Personenkreises den Eindruck vermittelt, auf Absatzförderung gerichtet zu sein. Auch die Differenzierung nach der tatsächlichen Werbewirksamkeit einer Aussage bzw. Maßnahme ist nicht erforderlich.[39]

Der **Form** nach kommen somit als Werbemaßnahmen Printanzeigen, Prospekte, Film-, Fernseh- und Internetspots, Internetbanner, Hörfunkansagen, Werbevorträge, -proben, -zugaben und Patientenmerkblätter (soweit sie individualisierbare Arzneimittel benennen)[40] in Betracht. Ein abschließender Katalog lässt sich naturgemäß nicht benennen, zumal die Frage, ob eine Werbemaßnahme vorliegt, oft erst unter Berücksichtigung der Gesamtumstände im Einzelfall entschieden werden kann.

Der Werbebegriff unterliegt nach der h.M. aber auf jeden Fall einer **weiten Auslegung**, was nicht zuletzt der gewünschten Effektivität des Gesetzes Rechnung tragen soll, das überhaupt nur bei einem weiten Anwendungsbereich sein Ziel des umfänglichen Ge-

---

35 *Winnands*, Handbuch Moderne Biotechnologie, Bl. 2140 Rn 12; *Bülow/Ring*, § 1 Rn 2.
36 *Bülow/Ring*, § 1 Rn 116.
37 Hanseatisches OLG Hamburg, Urt. v. 16.2.2006 – 3 U 192/05; BGH, Urt. v. 27.4.1995 – I ZR 116/93, NJW 1995, 400; BGH WRP 1995, 701 f. – Sauerstoff-Mehrschnitt-Therapie.
38 BGH, Urt. v. 29.5.1991 – I ZR 284/89, BGHZ 114, 354 = NJW 1992, 751; BGH GRUR 1991, 860 – Katovit; OLG Hamburg Magazin Dienst 2003, 262 m.w.N.
39 BGH, Urt. v. 17.2.1983 – I ZR 203/80, NJW 1983, 2634.
40 Vgl. zum Verteilen von Patienten-Informationsblättern mit werblicher Erwähnung eines bestimmten Arzneimittels, die vom Pharmahersteller extra vorbereitet und vom Arzt nur noch entsprechend auszufüllen sind, z.B. OLG Hamburg MedR 1996, 217 – DIBLOCIN-Fachservice. Im Übrigen *Doepner*, § 1 Rn 21 m.w.N. Patienteninformationsschreiben werden aber rechtlich ohnehin kritisch bewertet. Vgl. auch OLG Hamburg MedR 2000, 195 ff.; BGH MedR 1999, 70.

sundheitsschutzes erreichen kann. Angesichts des insoweit weiten Begriffsverständnisses wird auch verständlich, warum im HWG selbst das Ankündigen oder Anbieten von Werbeaussagen, auf die das Gesetz wiederum Anwendung findet, als Werbung verstanden wird (§ 1 Abs. 3 HWG). Dies weist zugleich die Richtung für die gleichermaßen am HWG zu messende **mittelbare Werbung**, etwa in Form von Werbecoupons, mit denen Werbematerial überhaupt erst angefordert werden kann.[41]

2. Einschränkungen des Anwendungsbereichs

19 Einschränkungen der Anwendbarkeit des HWG ergeben sich zunächst aus **§ 1 Abs. 4 bis 6 HWG**, wonach das Gesetz keine Anwendung findet auf die Werbung für Gegenstände zur Verhütung von Unfallschäden, den Schriftwechsel und die Unterlagen, die nicht Werbezwecken dienen und die zur Beantwortung einer konkreten Anfrage zu einem bestimmten Arzneimittel erforderlich sind sowie ferner nicht beim elektronischen Handel mit Arzneimitteln auf das Bestellformular und die dort aufgeführten Angaben, allerdings nur soweit dies für eine ordnungsgemäße Bestellung notwendig ist.

20 Davon abgesehen stellt auch die Verschreibung oder Empfehlung eines Heilmittels durch einen Arzt an seinen Patienten im konkreten Behandlungsverhältnis regelmäßig keine Werbung, sondern nur eine sog. **zuwendungsverursachte Empfehlung** dar, zumindest wenn dem Arzt dabei die Absicht zur Absatzförderung des betreffenden Heilmittels fehlt.[42] Gleiches gilt wohl im Ergebnis für die **arzneimittelrechtlichen Pflichtangaben** der Packungsbeilage i.S.d. §§ 10, 11 AMG, die ausschließlich zur sachlichen Produkt- und Gebrauchsinformation benutzt werden und damit allein die entsprechenden rechtlichen Vorgaben erfüllen.[43] Fraglich ist in diesem Kontext allerdings, ob hier neben den Pflichtangaben noch zusätzliche Angaben aufgenommen werden dürften und wie wiederum solche Angaben zu qualifizieren wären. Die Aufnahme weiterer Informationen ist zwar nicht ausdrücklich als Verbot im HWG erfasst, erscheint aber unter Berücksichtigung der europarechtlichen Vorgaben im Bereich des Heilmittelwerberechts allenfalls bedingt zulässig.[44] Doch selbst wenn man weitere Angaben als zulässig erachtet, wären sie als jenseits der arzneimittelrechtlich vorgeschriebenen oder zumindest gestatteten Informationen heilmittelwerberechtlich als Absatzwerbung zu qualifizieren.[45] Nicht zu verwechseln ist dieser Komplex hingegen mit der Qualifizierung der **Werbequalität der Pflichtangaben nach § 4 HWG**, die gerade integraler Bestandteil jeder Arzneimittelwerbung sind und deshalb heilmittelwerberechtlich als Absatzwerbung gelten.[46]

21 Eine weitere Einschränkung des Anwendungsbereichs des HWG resultiert schließlich aus der mitunter nötigen **verfassungskonformen Auslegung heilmittelwerberechtlicher Normen**, die sich immerhin innerhalb der Kompetenznorm des Art. 74 Nr. 19

---

41 Vgl. *Doepner*, § 1 Rn 117.
42 *Doepner*, § 1 Rn 24.
43 Dahin tendierend BGH, Urt. v. 19.3.1998 – I ZR 173/95, NJW 1998, 3412 – Neurotrat forte. Vgl. sonst *Doepner*, § 1 Rn 19 m.w.N.; *Forstmann*, ZLR 1994, 177, 179 f.; *Gröning*, WRP 1994, 355 f.; *Scholz*, PharmaR 1997, 244 ff.; *Gröning*, § 1 Rn 64 f. Allerdings ist dies durchaus strittig. A.A. nämlich OLG Frankfurt PharmaR 1995, 140, 143; OLG Köln PharmaR 1997, 190 ff.; *Bülow/Ring*, § 1 Rn 2, § 10 Rn 8, § 11 Nr. 6 Rn 22.
44 Vgl. hierzu *Doepner*, § 1 Rn 19.
45 Rieger/Hart, „Heilmittelwerbegesetz" Rn 6 ablehnend; demgegenüber *Doepner*, § 1 Rn 19.
46 BGH GRUR 1991, 860 – Katovit; BGH GRUR 1996, 806 – Herz ASS; *Doepner*, § 1 Rn 20 m.w.N.

GG halten,[47] vor allem aber als verhältnismäßiger Eingriff in die Grundrechte der Werbenden erweisen müssen. Diese Vorgaben erscheinen nur gewährleistet, wenn man unter Berücksichtigung der verfassungsrechtlichen Dimension des Heilmittelwerberechts ggf. als ungeschriebenes Tatbestandsmerkmal, das die Anwendung der Werberestriktionen rechtfertigt, **zumindest das Vorliegen einer „mittelbaren Gesundheitsgefährdung"** durch die in Frage stehende Werbemaßnahme fordert.[48] Diesem schon in der Literatur formulierten Kriterium hat sich nun zunehmend auch der BGH in verschiedenen Entscheidungen, zuletzt mit Blick auf § 11 Abs. 1 S. 1 Nr. 4 HWG, zugewandt, indem er sogar teilweise unter bewusster Aufgabe seiner bisherigen Rechtsprechung und im Anschluss an die jüngere Rechtsprechung des BVerfG eine einschränkende Auslegung fordert. Während nämlich § 11 Abs. 1 S. 1 Nr. 4 HWG vom historischen Gesetzgeber als abstrakter Gefährdungstatbestand verstanden und bisher so ausgelegt worden sei,[49] setze der Tatbestand fortan unter Berücksichtigung der gebotenen verfassungskonformen Auslegung voraus, dass „die Werbung geeignet ist, das Laienpublikum unsachlich zu beeinflussen und dadurch zumindest eine mittelbare Gesundheitsgefährdung zu bewirken".[50] Schon zuvor hatte der BGH ähnlich für § 11 Abs. 1 Nr. 10 HWG entschieden, dass hier nur ein Verstoß annehmbar sei, wenn die Werbung zumindest eine „mittelbare Gesundheitsgefährdung" bedinge. Eine solche Gefährdungslage sei im Hinblick auf § 11 Abs. 1 Nr. 10 HWG anzunehmen, wenn die Werbung die nicht nur als geringfügig einzustufende Gefahr begründe, dass ihre Adressaten von einem Arztbesuch absehen, den sie ohne die Werbung gemacht hätten. Die fragliche Werbung muss also geeignet sein, das generell bestehende Risiko zu erhöhen, von einem erforderlichen ärztlichen Rat abzusehen.[51] Ebenso mit dieser Entscheidung lag der BGH hinsichtlich seiner verfassungskonformen Auslegung berufsbeschränkender Regelungen und dem insoweit herangezogenen Kriterium einer wenigstens „mittelbaren Gesundheitsgefährdung" auf der Rechtsprechungslinie des BVerfG.[52] Vor diesem Hintergrund können also eigentlich als abstrakte Gefährdungsdelikte konzipierte Normen des HWG einschränkend auszulegen sein, wobei allerdings keine Verallgemeinerung dieser verfassungsrechtlichen Dimension erfolgen darf. Vielmehr wird der jeweils den Normgehalt beschränkende verfassungsrechtliche Maßstab für jeden in Frage stehenden Tatbestand des HWG einzeln zu bestimmen und anzuwenden sein.[53]

So verstanden steht die Entscheidung des BGH dann auch in Einklang mit der in Bezug genommenen Entscheidung des BVerfG, in der es um die Vereinbarkeit eines Werbeverbots des HWG, konkret § 10 Abs. 1 HWG, mit Art. 12 GG ging.[54] Denn auch aus dieser Entscheidung resultierte letztlich unter konkreter Betrachtung des Falls eine einschränkende Auslegung der Werberestriktion mittels des Kriteriums der „mittelbaren Gesundheitsgefährdung". Nach Ansicht des BVerfG kann nämlich § 10 Abs. 1 HWG nur dann in Einklang mit Art. 12 Abs. 1 GG stehen, solange dem HWG, das schließlich der Verleitung zur Selbstbehandlung bestimmter Krankheiten und Leiden entgegenwir-

---

47 Vgl. zur Gesetzgebungskompetenz des Bundes für das HWG *Doepner*, Einl. Rn 20.
48 Vgl. *Bülow/Ring*, Einf. Rn 19 ff. sowie § 10 Rn 2 ff. m.w.N.; Bülow, GRUR 2005, 482, 483.
49 BGH GRUR 1985, 936, 937 – Sanatorium II; BGH GRUR 2001, 453, 455 – TCM-Zentrum.
50 BGH, Urt. v. 1.3.2007 – I ZR 51/04.
51 BGH GRUR 2004, 799 – Lebertrankapseln.
52 Vgl. die Entscheidung des BVerfG zur verfassungsgerichtlichen Überprüfung der Auslegung und Anwendung von berufsbeschränkenden Regelungen durch die Fachgerichte (konkret § 1 Abs. 2 HPG) NJW 2000, 2736.
53 *Bülow/Ring*, § 11 Rn 2 sowie Einf. Rn 19-22.
54 BVerfG NJW 2004, 797.

ken soll,⁵⁵ im Bereich der reinen Selbstdarstellung eines Arztes mit Blick auf eine von ihm angewandte Behandlung keine eigenständige Bedeutung beigemessen wird,⁵⁶ zumal das Gericht nach eigenem Bekunden wiederholt entschieden habe, dass Angehörigen freier Berufe nicht jede, sondern nur die berufswidrige Werbung verboten sei.⁵⁷ Der Sache nach angemessene Informationen eines Arztes für eine von ihm vorgenommene Behandlung, die mögliche Patienten nicht verunsichere, sondern vielmehr als mündige Menschen befähige, von der freien Arztwahl sinnvoll Gebrauch zu machen, müsse daher im Rahmen der allgemeinen Selbstdarstellung eines Arztes im Internet als Ausdruck seiner Berufsfreiheit zulässig sein; auch wenn in diesem Kontext zwangsläufig mit dem Wirkstoff „Botulinum-Toxin" gegenüber der Allgemeinheit begrifflich agiert werde, was dem Wortlaut nach nicht mit § 10 Abs. 1 HWG in Einklang stehe, da diese Norm auch das Verbot der Werbung mit Monopräparaten umfasse.⁵⁸ Einen potentiellen Einfluss auf das Kaufverhalten der Patienten und deshalb wenigstens eine „mittelbare Gesundheitsgefährdung" sah das BVerfG in einem solchen Verhalten des Arztes aber gerade (noch) nicht.⁵⁹

23 Obwohl der BGH nun also auf die Vorgaben des BVerfG hinsichtlich der mitunter gebotenen, einschränkenden Auslegung des HWG eingeht und dieser Entwicklung unter Würdigung der rechtlichen Argumentation auch beizupflichten ist, muss dennoch mit Blick auf die Entscheidungen, insbesondere die des BVerfG,⁶⁰ nochmals angemerkt werden, dass sie nicht etwa pauschal und undifferenziert zur Einschränkung des Anwendungsbereichs des HWG in allen Fällen herangezogen werden können, in denen es z.B. um die Selbstdarstellung eines Arztes für berufliche Leistungen im Internet geht. Hierauf ist vor allem im Fall der anwaltlichen Beratung, beispielsweise im Vorfeld eines solch geplanten Internetauftritts, zu achten. Denn gerade unter dem zuletzt vom BVerfG benannten Aspekt der „Geeignetheit" der Selbstdarstellung zur potentiellen, zumindest mittelbaren Beeinflussung des Kaufverhaltens etwaiger Patienten und damit etwaigen Verursachung einer „mittelbaren Gesundheitsgefährdung" wird stets erst eine Gesamtabwägung im jeweiligen Einzelfall zu erfolgen haben. Keinesfalls darf z.B. einfach die Ausgangskonstellation wie in dem vom BVerfG entschiedenen Fall undifferenziert auf „ähnliche" Konstellationen übertragen werden. Denn auch im Nachgang zur Entscheidung des BVerfG stand beispielhaft zur Überzeugung des OLG Frankfurt in einem thematisch ähnlichen Fall fest, dass das Recht eines Arztes auf werbliche Selbstdarstellung nicht grundlegend dem Verbot der Publikumswerbung für verschreibungspflichtige Arzneimittel entgegenstehe. Auch hier wies ein Arzt in einer Anzeige neben anderen Behandlungsmethoden auf eine „Faltenbehandlung mit Botox" hin und dennoch wurde im konkreten Fall der Verstoß gegen § 10 Abs. 1 HWG bejaht. Denn je nach dem kann bzw. soll eben doch im Einzelfall eine mittelbare Einflussnahme auf die Entschließung von Patienten und somit die Unzulässigkeit einer Werbemaßnahme in

---

55 BGH GRUR 1996, 806 ff.; *Doepner*, § 10 Rn 9.
56 BVerfG, Nichtannahmebeschl. v. 30.4.2004 – 1 BvR 2334/03, GRUR 2004, 797; vgl. ebenso 1 BvR 420/97, BVerfGE 102, 26; 33, 36 f.
57 BVerfGE 71, 162, 174; 85, 248, 257.
58 BVerfG, Nichtannahmebeschl. v. 30.4.2004 – 1 BvR 2334/03, GRUR 2004, 797; vgl. weiterhin BVerfGE 82, 18, 28; BGH NJW 2002, 1331; 2002, 3091; 2003, 2818.
59 Vgl. im Vorfeld der Entscheidung des BVerfG Urteile der Instanzgerichte, die eine solche Werbung noch als unzulässig einstuften: LG Berlin WRP 2003, 15; LG Bonn GRUR-RR 2004, 220 – LS; OLG Hamm WRP 2003, 543 noch unter Bezugnahme auf BGH GRUR 1999, 1128, 1130 – Hormonpräparate. Vgl. weiterhin *Bülow/Ring*, § 10 Rn 2 m.w.N. sowie zur Kritik an der vormaligen Instanzrechtsprechung *Reese*, PharmaR 2004, 269, 273.
60 BVerfG GRUR 2004, 797 ff. – Botox-Faltenbehandlung.

Betracht kommen, erst recht, wenn den Arzt diese Einschränkung letztlich im Wege einer Gesamtabwägung nicht unverhältnismäßig in seinen Grundrechten beeinträchtigt.[61]

3. Abgrenzung zu Unternehmenswerbung und redaktioneller Berichterstattung

Aus dem Tatbestandsmerkmal der „Werbung für ein Arzneimittel" folgt, dass es sich bei Heilmittelwerbung stets um **produktbezogene Aussagen** handeln muss. Da sich der Werbebegriff also nicht allgemein schon auf reine Sachinformationen, sondern nur die objektbezogene Wirtschaftswerbung bezieht, ergeben sich in der Praxis zwei besonders hervortretende **Abgrenzungsprobleme** bei der Unterscheidung von allgemeiner Unternehmens- zu Absatzwerbung einerseits und redaktioneller Berichterstattung zu Schleichwerbung andererseits. Die Abgrenzungen sind in diesen Fallgruppen mitunter schwierig, stark einzelfallbezogen und haben deshalb u.a. zu der im Heilmittelwerberecht ohnehin bemerkenswert weit reichenden und komplexen Kasuistik beigetragen.

24

Die sog. **allgemeine Unternehmenswerbung**, die ohne Bezugnahme auf bestimmte Präparate nur für das Ansehen und die Leistungsfähigkeit eines Unternehmens im Allgemeinen wirbt, unterliegt nicht den Vorschriften des Heilmittelwerberechts, sondern ist nur an den allgemeinen Lauterkeitsregeln des UWG oder etwaigen berufsrechtlichen Vorgaben zu messen.[62] Allerdings kann sich eine formal zunächst als „Imagewerbung" präsentierende Unternehmenswerbung letztlich als Produktwerbung erweisen, wenn bei **Berücksichtigung der Verkehrsanschauung, der Gesamtaussage der Werbung und/oder dem Empfängerhorizont** eben doch ein bestimmtes Heilmittel in den Blickpunkt der Werbeaussagen drängt.[63] Denn der Anwendungsbereich des HWG bleibt solange eröffnet, wie bestimmte oder zumindest individualisierbare Heilmittel beworben werden.[64] Andererseits ist aber nicht schon jeder Bezug auf bestimmte Tätigkeitsgebiete eines Unternehmens schädlich, nur weil sich dahinter individualisierbare Produkte andeuten. An dieser Stelle wird erneut die große Bedeutung einer Einzelfallbetrachtung und Konsequenz der gerade deshalb weit reichenden Kasuistik im Heilmittelwerberecht verständlich.

25

Nicht minder schwierig ist die Abgrenzung von **Schleichwerbung** gegenüber der durchaus zulässigen Sachinformation der Allgemeinheit im Rahmen der unter dem Aspekt der Presse- und Informationsfreiheit erfolgenden **redaktionellen Berichterstattung** über ein Heilmittel. Die Grenze zur Werbemaßnahme kann aber selbst ein „redaktioneller Beitrag" überschreiten, wenn zum einen das **Gebot der klaren Trennung zwischen redaktionellem Teil und Werbeteil** nicht oder nicht genügend beachtet wird. Auch dieser Gesichtspunkt ist wie stets im Heilmittelwerberecht nach dem Empfängerhorizont und nicht der Intention des Werbenden zu beurteilen. Zum anderen kön-

26

---

61 Vgl. OLG Frankfurt, Urt. v. 31.8.2006 – 6 U 118/05, NJW-RR 2006, 1636 ff. in bewusster Abgrenzung zu BVerfG – 1 BvR 2334/03, GRUR 2004, 797 – Botox-Faltenbehandlung.
62 BGH WRP 1993, 473 f. – Pharma-Werbespot. Vgl. *Doepner*, WRP 1993, 445; *ders.*, § 1 Rn 18; *Scheller*, GRUR 1991, 111; BGH NJW 1995, 1617.
63 Vgl. hierzu BGH NJW 1992, 2964 und BGH NJW 1992, 2967, wo beide Male allerdings eine mittelbare Produktwerbung im Ergebnis abgelehnt wurde.
64 BGH WRP 1993, 473, 474 – Pharma-Werbespot.

nen sich redaktionelle Beiträge aber überhaupt bei näherer Betrachtung als Werbung erweisen, indem sie eben doch Werbezwecke verfolgen, diesen Zweck aber verschleiern.[65]

27 Als **Indizien** einer echten redaktionellen Berichterstattung können insofern eine neutrale Darstellung sachlicher Informationen, die Publikation der Informationen durch einen tatsächlich – auch wirtschaftlich – unabhängigen Dritten und der Aspekt des allenfalls faktischen Werbeeffekts herangezogen werden. Findet dagegen eine übertriebene Namensnennung für ein Produkt statt, wird es übermäßig herausgestellt oder steht nur dessen pauschales, übertriebenes Lob im Vordergrund, wird eher von Schleichwerbung auszugehen sein.[66] Ist dies nicht der Fall, sondern bleibt es bei der sachlichen Unterrichtung der Allgemeinheit und ist der dadurch ggf. hervorgerufene Werbeeffekt allenfalls unvermeidbare Nebenfolge, der im Interesse der Informationsfreiheit der Allgemeinheit und der Pressefreiheit hinzunehmen ist, liegt jedoch keine Wirtschaftswerbung i.S.d. HWG vor.[67]

28 Letzten Endes ist bei dieser Thematik noch zwischen dem redaktionellen Beitrag an sich und seiner evtl. erst späteren Verwendung für Werbezwecke zu unterscheiden. Denn selbst vormals neutralen Beiträgen oder Veröffentlichungen kann im Nachhinein die Qualität einer Werbemaßnahme zufallen. Dies ist z.B. bei der **Warentestwerbung** der Fall, wo zunächst der Testbericht zu Beginn als rein sachliche Gesundheitsinformation erscheint, seine spätere Nutzung als produktbezogene Herstellerinformation oder Kombination mit Werbeaussagen sich hingegen als Werbung präsentiert.[68]

4. Werbeobjekte

a) Arzneimittel

29 Die vom HWG erfassten Werbeobjekte sind zunächst **Arzneimittel**, die in § 2 Abs. 1 Nr. 1 AMG im Wesentlichen durch ihre **Zweckbestimmung** definiert werden, Krankheiten,[69] Leiden, Körperschäden, oder krankhafte Beschwerden zu heilen, zu lindern, zu verhüten oder zu erkennen oder in Anbetracht von § 2 Abs. 1 Nr. 2 AMG durch ihre Beschaffenheit bestimmt werden, den Zustand oder die Funktionen des Körpers oder seelische Zustände erkennen zu lassen. Es handelt sich um Zweckbestimmungen, die objektiv nach der Verkehrsauffassung zu beurteilen sind.[70] Ungeachtet dieser Definition gilt ein Stoff aber auch dann als Arzneimittel, wenn er zugelassen, registriert oder durch Rechtsverordnung von der Zulassung bzw. Registrierung freigestellt ist (sog. **Geltungsarzneimittel** gemäß § 2 Abs. 4 AMG). Im Übrigen werden gemäß § 2 Abs. 2 AMG noch zahlreiche Gegenstände und Stoffe als Arzneimittel kraft Gesetzes bestimmt, die sonst nicht die Vorgaben des § 2 Abs. 1 AMG erfüllen würden (sog. **fiktive Arzneimittel**).

---

65 Vgl. BGHZ 81, 247, 250 f. – Getarnte Werbung I; BGH GRUR 1994, 44 – Kosmetikstudio. Vgl. auch § 3 Nr. 2c HWG.
66 Vgl. *Hefermehl/Köhler/Bornkamm*, § 1 UWG Rn 32; *Doepner*, § 1 Rn 18.
67 Vgl. BGH GRUR 1990, 373, 375 – Schönheits-Chirurgie; BGHZ 50, 1, 4 f. – Pelzversand.
68 Vgl. Urteil des BGH zur Publikumswerbung mit Warentest in: PharmaInd 61 (1999), S. 136 ff.
69 Unter Krankheit wird gemeinhin weit auslegend „jede, also auch eine nur unerhebliche oder vorübergehende Störung der normalen Beschaffenheit oder der normalen Tätigkeit des Körpers, die geheilt, d.h. beseitigt oder gelindert, werden kann" verstanden. Vgl. *Gröning*, § 1 Rn 111 ff.
70 Vgl. grundsätzlich zum AMG, Arzneimittelbegriff und vor allem den jeweiligen Abgrenzungsproblemen gegenüber Lebensmitteln, Nahrungsergänzungsmitteln, diätetischen Lebensmitteln, Kosmetika, Medizinprodukten etc. *Kloesel/Cyran*, Arzneimittelrecht – Kommentar.

b) Abgrenzung Arzneimittel – Lebensmittel

Auf Lebensmittel findet das HWG demgegenüber keine Anwendung, während angesichts § 1 Abs. 2 HWG wiederum Werbung für **Kosmetika** i.S.v. § 4 LFBG und für Gegenstände der Körperpflege i.S.v. § 5 Abs. 1 Nr. 4 LFBG unter den Voraussetzungen des § 1 Abs. 1 Nr. 2 HWG den Anwendungsbereich des Gesetzes eröffnen kann. Relevant wird folglich eine **Abgrenzung der Lebensmittel** zu den anderen Werbeobjekten des HWG, hier vornehmlich den Arzneimitteln. Lebensmittel stellen nämlich auch nach § 2 Abs. 3 Nr. 1 AMG keine Arzneimittel dar, sondern werden nach § 2 Abs. 2 LFBG in Verbindung mit Art. 2 der Verordnung Nr. 178/2002 des Europäischen Parlaments und des Rates vom 28.1.2002[71] definiert als alle Stoffe oder Erzeugnisse, die dazu bestimmt sind oder von denen nach vernünftigem Ermessen erwartet werden kann, dass sie in verarbeitetem, teilweise verarbeitetem oder unverarbeitetem Zustand von Menschen aufgenommen werden.[72] Während also Lebensmittel „nur" Ernährungs- und Genusszwecken dienen, ist für die Annahme eines Arzneimittels noch eine gesundheitsspezifische Zwecksetzung relevant. Obwohl damit vielleicht dem gesetzlichen Wortlaut nach die Abgrenzung deutlich zu sein scheint, liegt es auf der Hand, dass Abgrenzungsprobleme auftreten, sobald ein in Frage stehendes Mittel – wie so oft – beide Zwecksetzungen anspricht und/oder zumindest dahingehend präsentiert wird.

Früher wurde insoweit vor dem Hintergrund der noch anderweitig systematischen Definition des Lebensmittels in § 1 LMBG a.F. für die Abgrenzung auf die „überwiegende Zweckbestimmung" des fraglichen Mittels/Stoffs abgestellt.[73] So ging der BGH in ständiger Rechtsprechung davon aus, dass für die Einordnung eines Produkts als Arznei- oder Lebensmittel die an objektive Merkmale anknüpfende „überwiegende" Zweckbestimmung entscheidend ist, wie sie sich für den durchschnittlich informierten, aufmerksamen und verständigen Verbraucher darstellt.[74] Die Verkehrsauffassung knüpft dabei regelmäßig an eine schon bestehende Auffassung über den Zweck vergleichbarer Mittel und ihre Anwendung an, die wiederum davon abhängt, welche Verwendungsmöglichkeiten das Mittel seiner Art nach hat. Die Vorstellung des Verbrauchers von der Zweckbestimmung des Produkts kann außerdem durch die Auffassung der pharmazeutischen oder medizinischen Wissenschaft, durch ihm beigefügte oder in Werbeprospekten enthaltene Indikationshinweise und Gebrauchsanweisungen sowie die Aufmachung, in der das Mittel dem Verbraucher sich präsentiert, beeinflusst sein.[75]

Dieser Abgrenzungsansatz gilt zwar noch heute, findet aber eine gewisse Modifikation beim Aspekt des Überwiegens der stofflichen Zweckbestimmung. Denn aus der inzwischen gültigen Definition des Lebensmittels nach der EG-Basisverordnung lässt sich schlussfolgern, dass es in Abgrenzungsfällen nicht mehr auf das Überwiegen einer objektiv verstandenen Zweckbestimmung aus der Perspektive des Verbrauchers ankommt,

---

71 ABl EG L 31 v. 1.2.2002, S. 1.
72 BGH, Urt. v. 30.3.2006 – I ZR 24/03 – Arzneimittelwerbung im Internet.
73 Vgl. etwa *Rabe*, NJW 1990, 1390 m.w.N.
74 BGH, Urt. v. 10.2.2000 – I ZR 97/98, GRUR 2000, 528, 529 = WRP 2000, 510 – L-Carnitin; für die Abgrenzung Arzneimittel/Kosmetikum: Urt. v. 7.12.2000 – I ZR 158/98, GRUR 2001, 450, 451 = WRP 2001, 542 – Franzbranntwein-Gel.
75 Vgl. BGHZ 151, 286, 292 – Muskelaufbaupräparate; GRUR 2000, 528, 529 – L-Carnitin; Urt. v. 19.1.1995 – I ZR 209/92, GRUR 1995, 419, 420 = WRP 1995, 386 – Knoblauchkapseln; BGHSt 46, 380, 387 = NJW 2001, 2812; Urt. v. 3.12.1997 – 2 StR 270/97, NJW 1998, 836, 837.

sondern dass spezifischer betrachtet ein Produkt, dass sowohl lebensmittel-, als auch arzneimittelrechtliche Zweckbestimmungen erfüllt, nur noch ein Arzneimittel sein kann.[76] Nun ist also schon **„im Zweifel"** bei Heilmitteln/Stoffen im Grenzbereich von einem Arzneimittel auszugehen, was vom EuGH als Zweifelsregelung in diesem Sinne auch bestätigt wurde,[77] so dass umgekehrt eindeutig der teils zuvor vertretenen Auffassung, die ein Produkt in Zweifelsfällen sogar nur als Lebensmittel einstufte, eindeutig die Grundlage entzogen wurde.[78]

33 Andererseits darf aber diese „Zweifelsregelung" nicht zu weit greifen, da es nach einer aktuellen Entscheidung des BVerwG ebenso unzulässig wäre, etwa nur **„auf Verdacht"** ein Produkt als Arzneimittel einzustufen.[79] Nach dieser mit Blick auf sog. Nahrungsergänzungsmittel[80] getroffenen Entscheidung dürfen nämlich Produkte, die von ihrem Hersteller als Nahrungsergänzungsmittel auf den Markt gebracht werden, nur dann als Arzneimittel eingeordnet – und dementsprechend wegen fehlender Zulassung als nicht verkehrsfähig bezeichnet – werden, wenn zumindest belastbare wissenschaftliche Erkenntnisse belegen, dass die in Frage stehenden Produkte die Funktionsbedingungen des menschlichen Körpers erheblich beeinflussen. Der bloße Verdacht in dieser Richtung genüge nicht. Denn würde schon ein solcher Verdacht für die Einordnung als Arzneimittel ausreichen, würde vielen Produkten im vornherein endgültig die Verkehrsfähigkeit genommen, weil wegen fehlender Nachweisbarkeit ihrer therapeutischen Wirksamkeit eine Zulassung als Arzneimittel gar nicht in Betracht komme. Auch Erwägungen des Gesundheitsschutzes könnten eine reine Verdachtsannahme hier nicht rechtfertigen, zumal die Einstufung als Arzneimittel auch nicht in Betracht kommen könne, wenn gleichartige Produkte bereits in großem Umfang unbeanstandet als Lebensmittel auf dem Markt seien.[81]

---

76 OVG Nordrhein-Westfalen ZLR 2003, 583 ff.; vgl. hierzu auch *Klaus*, ZLR 2004, 580 ff.; *Mann*, ZLR 2005, 152; *Doepner*, WRP 2005, 1195 ff. Zur strafrechtlichen Dimension der Abgrenzungsproblematik *Doepner*, ZLR 2005, 679 ff.
77 EuGH, Urt. v. 9.6.2005 – C-211/03, 299/03, 316/03 bis 318/03 – A&R 2005, 84 ff. Vgl. hierzu auch *Wille*, A&R 2005, 92 ff.
78 Vgl. hierzu OLG Hamburg, Urt. v. 27.1.2005 – 3 U 28/03.
79 BVerwG, Urt. v. 25.7.2007 – 3 C 21.06, 3 C 22.06, 3 C 23.06 laut Pressemitteilung des BVerwG vom 25.7.2007.
80 Vgl. grundlegend zur Problematik der Abgrenzung von Nahrungsergänzungsmitteln und Arzneimitteln aus heilmittelwerberechtlicher Sicht *Bülow/Ring*, § 1 Rn 78a ff.
81 BVerwG, a.a.O. Konkret befasste sich die Entscheidung mit drei Produkten. Zunächst ging es um ein Produkt in Tablettenform, das 50 mg aus Traubenkernen gewonnene Bioflavanole (sog. OPC) enthielt, und in den Niederlanden als Nahrungsergänzungsmittel vertrieben wird. Zuverlässige wissenschaftliche Erkenntnisse lagen weder über dessen therapeutische Wirkungen, noch etwaige gesundheitliche Risiken bei Überschreiten einer bestimmten Dosis vor. Das zweite Produkt war ein Pulver, das v.a. gefriergetrocknete lebende bzw. lebensfähige Bakterien enthielt, die in Wasser eingerührt und dann als probiotischer Joghurt konsumiert werden. Schließlich stand ein hoch dosiertes Vitamin-E-Produkt mit 400 I.E. (= 268 mg) Vitamin-E pro Kapsel in Frage. Das Bundesamt für Verbraucherschutz und Lebensmittelsicherheit stufte alle Produkte als Arzneimittel ein und versagte ihnen mangels Zulassung die Verkehrsfähigkeit in Deutschland. Die dagegen erhobenen Klagen wurden vom VG noch abgewiesen, während das OVG ihnen stattgab. Das BVerwG hat nun in Umsetzung seiner Rechtsmaßstäbe hinsichtlich der ersten beiden Produkte die Revision der beklagten BRD zurückgewiesen, bzgl. des Vitamin-E-Präparates hingegen das klageabweisende Urteil erster Instanz wiederhergestellt. Nur im Hinblick auf das letztgenannte Produkt lagen nämlich in Form einer sog. Aufbereitungsmonographie tragfähige wissenschaftliche Aussagen vor, die die Eingruppierung des Produkts als Arzneimittel stützten.

c) Andere Mittel, Verfahren, Behandlungen und Gegenstände sowie operative plastische-chirurgische Eingriffe i.S.v. § 1 Abs. 1 S. 2 HWG und Medizinprodukte i.S.v. § 1 Abs. 1 S. 1a HWG

Neben den Arzneimitteln finden sich im HWG als weitere Werbeobjekte noch die sog. **anderen Mittel, Verfahren, Behandlungen und Gegenstände** nach § 1 Abs. 1 Nr. 2 HWG, die die Anwendbarkeit des Gesetzes bedingen, sobald sich die auf sie abzielenden Produkt- bzw. Leistungsaussagen auf die Erkennung, Beseitigung oder Linderung von Krankheiten, Leiden, Körperschäden oder krankhaften Beschwerden bei Mensch oder Tier beziehen. 34

Außerdem werden seit der Neufassung des § 1 HWG im Jahr 2001 auch **Medizinprodukte** in § 1 Abs. 1 Nr. 1a HWG ausdrücklich als Werbeobjekte benannt,[82] obwohl die h.M. schon vor dieser legislatorischen Klarstellung annahm, dass es sich bei Medizinprodukten i.S.v. § 3 MPG jedenfalls um „andere Mittel" i.S.v. § 1 Abs. 1 Nr. 2 HWG handelt, falls sich die Werbung für solche Produkte auf gesundheitliche Zwecke nach Maßgabe der Vorschrift bezog.[83] Wenn sich auch dem ersten Anschein nach also nicht viel geändert zu haben scheint, so ergibt sich doch infolge der Implementierung des Medizinprodukts als Begriff in das HWG bei der Werbung für solche Produkte im Vergleich zu anderen Werbeobjekten des Gesetzes bei einzelnen Normen Diskussionsbedarf hinsichtlich etwaiger Regelungsabweichungen, auf die an gegebener Stelle allerdings noch hingewiesen wird.[84] 35

Seit der HWG Novelle aus dem Jahre 2005 betreffen die Werbebeschränkungen des HWG schließlich noch **operative plastisch-chirurgische Eingriffe**, soweit sich Werbeaussagen für solche Eingriffe auf die Veränderung des menschlichen Körpers ohne medizinische Notwendigkeit beziehen.[85] Unter Berücksichtigung des Primärziels des Gesundheitsschutzes soll mithin in dieser Hinsicht gleichermaßen der Gefahr vorgebeugt werden, dass sich Werbeadressaten leichtfertig unnötigen, ihre Gesundheit gefährdenden Risiken infolge unsachlicher, z.B. verharmlosender Werbung aussetzen. Dagegen ist und war die Werbung für medizinisch notwendige, aufs Aussehen bezogene Eingriffe schon bisher vom HWG erfasst, weil diese Eingriffe mit ihrer Indikationslage zwangsläufig als Behandlungen erscheinen, die auf die Beseitigung oder Linderung von Krankheiten, Leiden, Köperschäden oder krankhaften Beschwerden i.S.d. § 1 Abs. 1 Nr. 2 HWG abzielen.[86] 36

---

82 Da **Medizinprodukte** nach § 2 Abs. 3 Nr. 7 AMG keine Arzneimittel sind, wird auch hier abermals eine **Abgrenzung** erforderlich. Diese richtet sich nach der Wirkweise von Medizinprodukten, deren bestimmungsgemäße Hauptwirkung weder durch pharmakologisch oder immunologisch wirkende Mittel, noch durch Metabolismus erreicht wird. Ihre Wirkweise darf zwar durch entsprechend wirkende Arzneimittelstoffe unterstützt werden. Wenn der Zweck des bei einem Medizinprodukt zusätzlich verwandten „Arzneistoffs" aber nicht mehr nur einer reinen Hilfsfunktion im Vergleich zur Hauptfunktion des Produkts gleichkommt, kann auch ein Medizinprodukt „zum Arzneimittel werden" (vgl. § 3 Nr. 1 MPG). Vgl. zu Medizinprodukten und dem MPG im Einzelnen *Deutsch/Lippert/Ratzel*, Medizinproduktegesetz; *Ratzel*, Medizinproduktegesetz; *Anhalt/Dieners*, Handbuch des Medizinprodukterechts.
83 Vgl. OLG Frankfurt MD 1999, 237: *Doepner*, § 1 Rn 105 m.w.N.
84 Vgl. hierzu auch *Besen/Räpple*, in: Anhalt/Dieners, Handbuch des Medizinprodukterechts, § 21.
85 Vgl. zum Verbot von Vorher-Nachher-Bildern bei Schönheitsoperationen und Abgrenzungsfragen beim Anwendungsbereich der neuen Formulierung in § 1 Abs. 2 HWG *Meyer*, GRUR 2006, 1007 ff.
86 *Gröning*, § 1 Rn 331a. Vgl. hier auch für Abgrenzungsfragen zur Fettleibigkeit als Krankheit BGH NJW 1981, 1316; demgegenüber zu Cellulite- oder Orangenhaut als Hautveränderung ohne dermatologischen Krankheitswert *Kloesel/Cyran*, § 2 Rn 86 lit. f; *Doepner*, § 1 Rn 56.

V. Einzelne heilmittelwerberechtliche Ge- und Verbote

1. Allgemeines Irreführungsverbot nach § 3 S. 1 HWG

37 Das HWG enthält einzelne Ge- und Verbote, von denen zunächst dem allgemeinen **Irreführungsverbot des § 3 HWG** größere Bedeutung zukommt, da es gleichermaßen für den Bereich der Publikums- wie Fachkreiswerbung gilt, sich als Parallelvorschrift zu § 5 UWG erweist und damit eine zentrale Vorschrift des Heilmittelwerberechts mit reichlich Interpretationsbedarf im Einzelfall darstellt.[87] (Vgl. zur Unterscheidung von Publikums- und Fachkreiswerbung Rn 64 ff.). In § 3 S. 1 HWG findet sich insofern die Generalklausel, die jegliche irreführende Werbung untersagt, während § 3 S. 2 HWG typische Irreführungstatbestände enthält, die S. 1 aber schon dem Wortlaut nach („insbesondere") nicht einschränken, sondern bei denen lediglich die Irreführung des Rechtsverkehrs unwiderleglich vermutet wird.[88] Auch über die Konkretisierungen des Satzes 2 hinaus kann also eine Werbemaßnahme irreführend sein, wobei zu dieser Beurteilung entscheidend auf den **Empfängerhorizont** der jeweiligen Werbeadressaten abzustellen ist, so dass sich je nach Adressatenkreis Unterschiede für die Bewertung der heilmittelwerberechtlichen Zulässigkeit von Werbemaßnahmen ergeben können. Deshalb ist auch immer erst zu klären, an welchen Adressatenkreis sich eine Werbung überhaupt richtet.[89]

38 Auf jeden Fall ist aber unter **Irreführung** allgemein das durch aktives Tun oder Unterlassen – etwa wegen Verschweigens relevanter Tatsachen – verursachte Hervorrufen einer falschen, der Wirklichkeit nicht entsprechenden Vorstellung zu verstehen, die für die Beurteilung des angepriesenen Werbeobjekts relevant sein kann. Irreführend sind folglich Werbeangaben, die beim Publikum eine Divergenz zwischen Bedeutungsvorstellung und Wirklichkeit auslösen können.[90] Diesbezüglich genügt es, wenn ein nicht völlig unerheblicher Teil der angesprochenen Verkehrskreise der Irreführung ausgesetzt wurde,[91] wobei im Fall der Publikumswerbung das Leitbild des durchschnittlich informierten und aufgeklärten Verbrauchers heranzuziehen ist.[92] Nicht erforderlich ist hingegen, dass es wirklich zur Irreführung kommt, denn die reine Geeignetheit einer Werbemaßnahme zur Irreführung reicht aus.[93] Irreführend können daher auch sachlich richtige Aussagen[94] oder nur unvollständig gehaltene Angaben[95] sein, soweit sie zumindest falsch verstanden werden könnten. Selbst die Werbung mit Selbstverständlichkeiten

---

87 Vgl. *Forstmann*, PharmaR 1991, 2; *Bülow/Ring*, § 3 Rn 1, wo die Vorschrift gemeinsam mit der Kennzeichnungsvorschrift aus § 4 HWG als Kernstück des Gesetzes bezeichnet wird.
88 *Doepner*, § 3 Rn 8 m.w.N.; *Bülow/Ring*, § 3 Rn 2; *Gröning*, § 3 Rn 8 f.; a.A. mit Blick auf eine vermeintliche Sperrwirkung der Beispieltatbestände *Zipfel*, § 3 Rn 11; zumindest strittig nach Rieger/Hart, „Heilmittelwerbegesetz" Rn 10.
89 BGH GRUR 1961, 356 – Pressedienst; GRUR 1990, 604 – Dr. S.-Arzneimittel; GRUR 1992, 450 – Beitragsrechnung; *Klette*, GRUR 1986, 2394 ff.
90 St. Rspr. zu § 3 UWG a.F. (§ 5 UWG n.F.) BGHZ 13, 244, 253 – Cupresa-Seide; GRUR 1976, 445, 446 – Glutamal; GRUR 1983, 651, 653 – Feingoldgehalt; GRUR 1991, 852, 854 – Aquavit. Vgl. bei *Doepner*, § 3 Rn 50 m.w.N.
91 OLG Saarbrücken, Urt. v. 17.5.2006 – 1 U 86/06 – 25 1 U 86/06.
92 EuGH WRP 1998, 848, 850.
93 BGH GRUR 1955, 409, 411 – Vampyrette; GRUR 1991, 852, 854 – Aquavit; GRUR 1992, 70, 72 – 40 % weniger Fett.
94 BGHZ 13, 244, 253 – Cupresa-Seide; GRUR 1991, 852, 854 – Aquavit; GRUR 1995, 612, 614 – Sauerstoff-Mehrschritt-Therapie. Vgl. *Bülow/Ring*, § 3 Rn 8; *Doepner*, § 3 Rn 51.
95 *Doepner*, § 3 Rn 53.

kann irreführen, sobald der Eindruck erweckt wird, dass sich das Werbeobjekt von Wettbewerbsprodukten unterscheide, obwohl dies bei objektiver Betrachtung nicht der Fall ist.[96]

2. Irreführungstatbestände des § 3 S. 2 HWG

a) § 3 S. 2 Nr. 1 HWG

Als erste typisierte Irreführung untersagt es sodann § 3 S. 2 Nr. 1 HWG, Werbeobjekten eine therapeutische Wirksamkeit oder Wirkung beizulegen, die sie nicht haben,[97] was u.a. auch den vielleicht in anderen Werbebereichen **reklamehaft üblichen Übertreibungen** entgegensteht. So darf z.B. nicht von einem „Allheilmittel" gesprochen bzw. überhaupt der Begriff „heilen" verwendet werden, wenn ein Produkt nur symptomatisch und nicht kausal auf eine Erkrankung einwirkt. Ebenso unzulässig wäre es, irreführende Angaben über die Stärke und Schnelligkeit der Wirkung eines Heilmittels zu machen.[98]

39

b) Exkurs zu § 3a HWG

Eine Irreführungsgefahr liegt deshalb auch nah, wenn Aussagen gemacht werden, die über die eigentlich zugelassene Indikation oder zumindest die in der Zulassung des Heilmittels beschriebenen Wirkungen hinausgehen. Allerdings wird unabhängig vom sodann relevant werdenden Aspekt der Nachweisbarkeit dieser Wirkungsaussagen bei der **Werbung für Arzneimittel** in entsprechenden Fällen oft schon ein heilmittelwerberechtlicher Verstoß nach § 3a HWG anzunehmen sein.[99] Gemäß § 3a HWG ist es nämlich unzulässig, Werbung für Arzneimittel zu machen, die der Pflicht zur Zulassung unterliegen und nicht nach den arzneimittelrechtlichen Vorschriften zugelassen sind oder als zugelassen gelten. § 3a S. 1 HWG findet insofern laut § 3a S. 2 HWG[100] ausdrücklich schon Anwendung, wenn sich die Werbung nur auf Anwendungsgebiete oder Darreichungsformen bezieht, die nicht von der Zulassung erfasst sind.[101] Unzulässig ist also bereits die Bewerbung eines Arzneimittels für einen anderen als den zugelassenen

40

---

96 BGH GRUR 1973, 481, 483 – Weingeist; GRUR 1981, 206 – Vier Monate später; GRUR 1990, 1027 ff. – incl. MwSt. I-III. Vgl. *Doepner*, § 3 Rn 52 m.w.N.; *Bülow/Ring*, § 3 Rn 10.
97 Wird etwa ein Mittel zur Behandlung von Zinkmangelzuständen mit Wirkungsbehauptungen beworben wie „Die Orotsäure – fördert das Zellwachstum – unterstützt den Schutz von Leberzellen vor Giftstoffen", ist dies zur Irreführung geeignet, wenn die Behauptungen wissenschaftlich nicht hinreichend abgesichert sind. Vgl. OLG Stuttgart, Urt. v. 16.3.2006 – 2 U 226/05. Vgl. weiterhin *Doepner*, § 3 Rn 71 m.w.N. Vgl. für wirksamkeitsbeanspruchende Werbung für Krebs-Arzneimittel, ohne dass ein Wirksamkeitsnachweis erbracht wurde OLG Hamburg PharmaR 1999, 20 – „Gegen Erkältungsviren", Hypergripp. Vgl. zum Verstoß gegen das Irreführungsverbot mit der Behauptung „Die Chinesen glauben, dass P ... Ginseng ... Krebs bekämpfen kann, den Alterungsprozess verlangsamt, vor Herzinfarkt und vielen Zivilisationskrankheiten schützt", BGH Teilurteil v. 21.7.2005 – I ZR 94/92 – Ginseng-Präparat.
98 BGH NJW 1984, 1407 – THX-Injektionen.
99 BGH NJW 1995, 1615 ff. – Knoblauchkapseln.
100 § 3a S. 2 HWG wurde insoweit klarstellend eingefügt, obwohl schon zuvor dieses Ergebnis von Rechtsprechung und Teilen der Literatur vertreten wurde, die dies unter Betonung des Ziels eines möglichst weit reichenden Gesundheitsschutzes damit begründeten, dass es im Bereich nicht zugelassener Indikationen schließlich an der medizinisch-pharmakologischen Überprüfung durch die Zulassungsbehörde völlig fehle. Vgl. *Reinhart*, in: Fezer, § 4 Rn 400 m.w.N.
101 Vgl. zum Normcharakter des § 3a HWG als abstraktem Gefährdungsdelikt *Bülow*, GRUR 2005, 482 ff.

Indikationsbereich, selbst wenn die Anwendung außerhalb des Zulassungsbereichs vielleicht sogar faktisch dem fachärztlichen Standard der Praxis entsprechen sollte.[102] Eine derartige Werbung würde nicht einmal zulässig durch den Hinweis, dass noch gar keine Zulassung für den weiteren Anwendungsbereich besteht, denn nach der Intention des Gesetzgebers sollen einfach vor Abschluss eines (ggf. erweiternden) Zulassungsverfahrens für den (neuen) Anwendungsbereich eines Arzneimittels keine Informationen über dieses Arzneimittel selbst oder seine (neue) Indikation zu Werbezwecken verbreitet werden. Auf die Frage, ob das Arzneimittel also vielleicht außerhalb seines Zulassungsbereichs tatsächlich wirksam ist oder nicht, kommt es heilmittelwerberechtlich gar nicht mehr an. Selbst eine langjährig erwiesene Wirksamkeit würde nichts am Verbot der Werbung in dieser Konstellation ändern, da § 3a HWG allein am formalen Kriterium des in der Zulassung beschriebenen Anwendungsgebiets anknüpft. Ist also das Anwendungsgebiet aus der Werbung von der Zulassung umfasst, kann dafür – unter Berücksichtigung der übrigen Anforderungen des HWG – geworben werden, sonst scheidet eine Werbung von vornherein aus.[103] Nicht in den Anwendungsbereich von § 3a HWG fallen allerdings reine Wirkaussagen über ein Arzneimittel, die nicht auf bestimmte Anwendungsgebiete abstellen. Solche Aussagen wären wiederum „nur" allgemein an § 3 HWG zu messen.[104]

c) Prüfung und Widerlegung eines Verstoßes nach § 3 S. 2 Nr. 1 HWG

41 An diesem Punkt vereint sich die Prüfung thematisch wieder mit einer solchen nach § 3 S. 2. Nr. 1 HWG für den Fall der anderen Heilmittel. Denn hier ist zu prüfen, ob das fragliche Heilmittel die ihm aus seiner Werbung zugesprochene Wirksamkeit oder Wirkung wirklich hat. Aus prozessualer und hier meist wettbewerbsrechtlicher Perspektive ist zu beachten, dass in dieser Hinsicht grundsätzlich den Abmahnenden, Antragsteller bzw. Kläger, also denjenigen, der einen heilmittelwerbe- und wettbewerbsrechtlichen Verstoß rügt, die **Darlegungs- und Beweislast** für seine Behauptung trifft, dass mit nicht bewiesenen oder zumindest umstrittenen Aussagen für ein Produkt geworben wurde.[105] Nur falls eine in der Gesundheitswerbung verwendete Aussage offenkundig umstritten wäre, hätte sogleich derjenige, der sich eine solche Aussage zu Eigen macht, den Nachweis zu führen, dass die in Zweifel gezogene Aussage doch stimmt. Dies gilt zumindest, wenn er darauf verzichtet, auf die Umstrittenheit seiner Aussage in der Werbung hinzuweisen. Ansonsten muss aber auch im Rahmen von § 3 S. 2 Nr. 1 HWG erst der Rügeführer das Fehlen einer wissenschaftlichen Grundlage für die von ihm bezweifelte, gesundheitsbezogene Werbeaussage wenigstens substantiiert vortragen. Gelingt ihm dies, kann ihm in der Folge eine Beweiserleichterung dergestalt zukommen, dass nun der Werbende die wissenschaftliche Absicherung seiner Angaben zu beweisen bzw. den erschütterten Anschein der Unrichtigkeit zu widerlegen hat.[106] Denn wer im geschäftlichen Verkehr mit Wirkungsaussagen Werbung treibt, die wissenschaftlich un-

---

102 OLG Hamburg PharmaR 1996, 212.
103 *Kieser*, A&R 2006, 3 ff. Gesetz und Rechtsprechung verstehen unter „Anwendungsgebiet" die Indikation bzw. den medizinischen Zweck eines Arzneimittels, wie dies auch in der medizinischen Wissenschaft verstanden wird. *Bülow/Ring*, § 4 Rn 58; *Doepner*, § 4 Rn 36.
104 OLG Stuttgart, Urt. v. 16.3.2006 – 2 U 226/05.
105 Die Beurteilung der Irreführung an sich unterliegt hingegen der freien richterlichen Beweiswürdigung gemäß § 286 ZPO. Vgl. *Bülow/Ring*, § 3 Rn 38; LG Frankfurt, Urt. v. 22.12.2005 – 2/3 O 431/05, 2-3 O 431/05.
106 OLG Hamburg MD 2002, 164, 166; OLG Frankfurt GRUR-RR 2003, 295. Vgl. auch *Bülow/Ring*, § 3 Rn 38.

gesichert sind, hat im Zweifel darzulegen und zu beweisen, dass seine Angaben zutreffen.[107] Eine fachlich umstrittene Meinung darf nicht in der Werbung als gesichert dargestellt werden.[108] Solche Angaben müssen vielmehr unterlassen oder jedenfalls als solche kenntlich gemacht werden, will sich der Werbende nicht dem Vorwurf der Irreführung aussetzen.[109]

Hinsichtlich der einschlägigen Maßstäbe für Wahrheit, Eindeutigkeit und Klarheit von Produktaussagen gilt dabei bezogenen auf die Heilmittelwerbung das ohnehin im Heilmittelwerberecht geltende **Strengeprinzip**, da die Rechtsprechung im Bereich der Gesundheitswerbung besonders hohe Anforderungen stellt.[110] D.h. solche Aussagen werden hier nur dann nicht als irreführend angesehen, wenn sie wirklich und nachweislich dem anerkannten Stand der wissenschaftlichen Erkenntnis entsprechen. Damit die therapeutische Wirksamkeit oder Wirkung eines Arznei-/Heilmittels als „**wissenschaftlich anerkannt**" gilt, müssen Beurteilungen von Personen vorliegen, die an Hochschulen und anderen Forschungseinrichtungen als Wissenschaftler in der jeweiligen medizinischen Fachrichtung tätig sind. „**Allgemein**" anerkannt ist die in Frage stehende Anwendung oder Therapieform, wenn sie zwar nicht ausnahmslos, aber doch wenigstens überwiegend in diesen fachlichen Kreisen als geeignet und wirksam zur Unterstützung oder Herbeiführung der ihr zugesprochenen Wirkungen eingeschätzt wird. Im Umkehrschluss ist also eine Behandlungsmethode nicht „wissenschaftlich allgemein anerkannt", wenn die Einschätzung ihrer Wirksamkeit und Geeignetheit durch die in der einschlägigen Fachrichtung tätigen Wissenschaftler nicht gegeben ist oder die überwiegende Mehrheit der mit der Methode befassten Wissenschaftler die Erfolgsaussichten als ausgeschlossen oder jedenfalls gering beurteilt.[111]

42

d) § 3 S. 2 Nr. 2 HWG

Eine weitere typische Irreführung besteht gemäß **§ 3 S. 2 Nr. 2a HWG** darin, fälschlich den Eindruck zu erwecken, dass ein Erfolg eines Arznei-/Heilmittels mit Sicherheit erwartet werden kann. Hintergrund dieses Verbots ist die Überlegung, dass schon wegen der Individualität eines jeden einzelnen Anwenders bzw. menschlichen Organismus nicht angenommen werden kann, dass ein und dasselbe Mittel tatsächlich jedem Patienten gleich helfen kann.[112] Um in den Anwendungsbereich eines solch unzulässigen Erfolgsversprechens zu gelangen, ist es nicht nötig, dass die Werbung ausdrücklich einen Erfolg verspricht. Es genügt schon das Erwecken des „Anscheins" eines sicheren Erfolgs.[113]

43

Irreführend ist auch die Vortäuschung, bei bestimmungsgemäßem oder längerem Gebrauch eines Arznei-/Heilmittels könnten keine schädlichen Wirkungen eintreten. Denn das Auftreten von Nebenwirkungen lässt sich praktisch bei keinem Heilmittel ausschließen, die immerhin in Funktion und Stoffwechsel des menschlichen oder tierischen Organismus eingreifen.[114] Das Verschweigen oder Verharmlosen schädlicher Wir-

44

---

107 BGH NJW-RR 1991, 1391; BGH WRP 1962, 404.
108 BGH GRUR 1965, 368, 371.
109 Vgl. zum Ganzen *Doepner*, § 3 Rn 34.
110 BGH GRUR 1980, 797, 799; *Doepner*, § 3 Rn 22 m.w.N.
111 BVerwG NJW 1996, 801.
112 BVerwGE 94, 215, 222; vgl. *Bülow/Ring*, § 3 Rn 51; *Doepner*, § 3 Rn 81 ff. mit ausführlichen Beispielen.
113 OLG Köln GRUR 2000, 156.
114 Vgl. *Doepner*, § 3 Rn 93, *Kohlhaas*, DAZ 1965, 1041, 1043.

kungen ist daher nach § 3 S. 2 Nr. 2b HWG unzulässig. Erfasst werden in dieser Hinsicht Äußerungen wie „harmlos", „unschädlich", „völlig frei von Nebenwirkungen", „allgemein gut verträglich" oder „schont den Magen", obwohl entsprechende Nebenwirkungen durchaus drohen.[115] Gleichermaßen unzulässig ist es, Risikoangaben zu verschweigen, die zwar noch nicht Bestandteil der Zulassung waren, aber schon ernstlich wissenschaftlich diskutiert werden.

45 Stehen in diesem Zusammenhang Werbemaßnahmen aus dem Arzneimittelbereich zur Prüfung, kann in der Praxis orientierend auf den Zulassungsbescheid zurückgegriffen werden, da hier die schädlichen Wirkungen des Arzneimittels ausführlich beschrieben werden, so dass jedes verharmlosende Abweichen von diesen Angaben als irreführend zu werten wäre.

46 Eine Irreführung ist gemäß § 3 S. 2 Nr. 2c HWG schließlich in der Verschleierung des Wettbewerbszwecks zu sehen, was besonders für das allgemeine Verbot der Schleichwerbung bzw. die Notwendigkeit der klaren Trennung von redaktionellen Beiträgen und Werbung Bedeutung erlangt (vgl. Rn 26 f.). Die Tarnung von Werbung wird ohnehin seit jeher als (wettbewerbs-)rechtlich unlauter und irreführend angesehen,[116] wobei speziell bei Gesundheitswerbung noch hinzukommt, dass eine vermeintlich objektive und neutrale Werbung besonders geeignet erscheint, pharmakologisch unkundige Adressaten zu einem Zu viel- oder Fehlgebrauch von Heilmitteln zu verleiten, der aber durch das HWG verhindert werden soll.[117] Ein Anwendungsbeispiel für diese Norm wäre deshalb z.B. eine „Patientenbroschüre", die objektiv den Anschein erwecken will, allgemeine medizinische Informationen zu vermitteln, obwohl sie in Wirklichkeit nur getarnte Werbeaussagen für konkrete Produkte enthält.[118]

e) § 3 S. 2 Nr. 3a und b HWG

47 Irreführend sind gemäß § 3 S. 2 Nr. 3 HWG des Weiteren unwahre oder zur Täuschung geeignete Angaben über die Beschaffenheit des Werbeobjekts oder persönliche Eigenschaften des Herstellers. So kann z.B. die Äußerung über die Natürlichkeit eines Produkts unzulässig sein, wenn das gesamte Produkt nicht wirklich natürlichen Ursprungs ist.[119] Ebenso unzulässig wäre aber auch die Werbung mit einem Doktortitel bezogen auf den Hersteller, ohne dass es diesen gibt oder die Täuschung darüber, dass es sich gar nicht um einen einschlägigen Doktortitel der Medizin handelt, obwohl dies erscheint.[120]

---

115 Vgl. hierzu auch § 11 Nr. 9 HWG; daher auch OLG Koblenz ES-HWG § 11 Nr. 9/Nr. 1; OLG München PharmaR 1995, 341, 344 f. Weitere Beispiele bei *Doepner*, § 3 Rn 98; § 11 Nr. 9 Rn 14.
116 BGH GRUR 1981, 247, 250 – Getarnte Werbung I; GRUR, 1990, 611, 613 – Werbung im Programm; GRUR 1994, 441, 443 – Kosmetikstudio; GRUR 1995, 744, 747 – Feuer, Eis und Dynamit I; GRUR 1998, 481 f. – Auto '94.
117 *Doepner*, § 3 Rn 100; *Hefermehl/Köhler/Bornkamm*, § 1 Rn 38. Vgl. zu getarnter Werbung auch LG Hamburg, Urt. v. 6.7.2004 – 312 O 274/04; BGH GRUR 1994, 454 ff. – Schlankheitswerbung.
118 Vgl. zu weiteren Beispielen *Doepner*, § 3 Rn 102.
119 Vgl. zu einer ausführlichen, differenzierenden Kasuistik die zahlreichen Nachweise bei *Bülow/Ring*, § 3 Rn 71 ff. und *Doepner*, § 3 Rn 102 ff.
120 Vgl. zur Werbung für ein Arzneimittel unter Verwendung eines Doktor- oder Professorentitels aus einem nicht-medizinischen Fach BGH MedR 1998, 419, 421 – Professorentitel in der Arztwerbung III. Vgl. auch BGH WRP 1990, 752 – Dr. S-Arzneimittel.

schäftigen. Sie kamen, wenig überraschend, zu teils gravierend abweichenden Entscheidungen.[136] Heute besteht dennoch weithin Einigkeit, dass die Pflichtangaben durchaus auf all diejenigen Internetseiten gehören, auf denen Artikel beworben und im Einzelnen beschrieben werden, da sonst die Gefahr bestünde, dass dem Adressatenkreis für die Kaufentscheidung wichtige Informationen auf diesen Seiten vorenthalten würden. Nur die Seite mit dem meist nachfolgenden Bestellformular ist von dieser Maßgabe nach § 1 Abs. 6 HWG befreit, denn was der Gesetzgeber einschränkend mit dem Wort „Bestellformular" gemeint hat, lässt sich auch dem Gesetz entnehmen. Schon dem Wortlaut nach wird nämlich auf die Pflichtangaben im „Bestellformular und die dort aufgeführten Angaben" nur verzichtet, „soweit diese für eine Bestellung notwendig sind". Auch dies zeigt den absoluten Ausnahmecharakter der Vorschrift und die Notwendigkeit einer engen Auslegung. Der Gesetzgeber wollte offenkundig weiterhin die Werbung mit apothekenpflichtigen Arzneimitteln ohne Darstellung der Pflichtangaben so weit wie möglich ausschließen und nur so weit wie nötig lockern. Entsprechend dürfen umgekehrt betrachtet folglich auch auf ein Bestellformular im Internet nur die an dieser Stelle für die Bestellung unbedingt notwendigen Angaben gelangen. Darüber hinausgehende Werbeaussagen wären an dieser Stelle unzulässig bzw. ließen die Anwendbarkeit des Ausnahmetatbestands wieder entfallen. Denn nur wirklich solche Präsentationsformen sollen der Ausnahmeregelung unterfallen, die unabdingbar für die Online-Bestellung sind.[137]

5. Verwendung von Gutachten und Zitaten gemäß § 6 HWG

Nach § 6 HWG unterliegt auch die Werbung mit Gutachten und Fachveröffentlichungen Einschränkungen, wobei diese Vorschrift trotz ihrer auf den ersten Blick neutralen Formulierung ohnehin **nur die Werbung in Fachkreisen** betrifft, da gegenüber dem allgemeinen Publikum angesichts § 11 Nr. 1, 2 und 11 HWG schon grundsätzlich nicht mit fachlichen Empfehlungen geworben werden darf.[138] Eine **Ausnahme** hiervon ist nur bei der **Werbung für Medizinprodukte** zu diskutieren (Vgl. § 11 Nr. 1 und 2 HWG sowie Rn 77 ff.). Denn nachdem die Bestimmung des § 11 Abs. 1 S. 1 Nr. 1 HWG im Wechselspiel mit § 11 Abs. 1 S. 2 HWG betrachtet dazu führt, dass die Werbung für Medizinprodukte mit Gutachten gegenüber dem allgemeinen Publikum möglich erscheint, dürfte § 6 HWG in dieser Konstellation ausnahmsweise sowohl bei der Fachkreis-, als auch Publikumswerbung zu beachten sein.[139] Früher war dies wegen des noch nicht begrifflich ins HWG aufgenommenen Medizinprodukts anders.[140]

53

Auf jeden Fall untersagt es § 6 Nr. 1 und 2 HWG allerdings, mit Gutachten zu werben, die nicht von qualifizierten Personen erstattet wurden oder denen wesentliche Angaben zu Verfasser, Zeitpunkt ihrer Erstellung, Fundstellen, Umstand des Bezugs der Begutachtung auf ein bestimmtes Heilmittel o. Ä. fehlen.[141] Gleichermaßen unzulässig ist nach § 6 Nr. 3 HWG die sinnentstellende, weil nicht wortgetreue Wiedergabe von Zitaten. Der **Sinn und Zweck** des § 6 HWG liegt somit entsprechend der allgemeinen Gesetzesintention des HWG in der Vorbeugung einer Irreführung bzw. Manipulation bei

54

---

136 Vgl. LG Berlin Magazindienst 2002, 93; LG Frankfurt ZIP 2000, 2080 ff.
137 OLG Sachsen-Anhalt, Urt. v. 24.3.2006 – 10 U 58 (HS). Vgl. näher zur Problematik des Arzneimittelversandhandels über das Internet *Rolfes*, Internetapotheken, 2003.
138 Vgl. *Doepner*, § 6 Rn 8 m.w.N. zur h.M.
139 *Besen/Räpple*, Rn 46; *Dieners*, MPR 2002, 6. Vgl. hierzu die Ausführungen zu § 11.
140 Vgl. hierzu *Bülow/Ring*, § 6 Rn 1.
141 Mit § 6 HWG korrespondieren im ärztlichen Berufsrecht die §§ 25, 34 Abs. 3 MBO.

der Verwendung von Gutachten oder Fachveröffentlichungen zu Werbezwecken. Denn gerade Gutachten wird als objektiv erscheinenden, wissenschaftlichen Arbeiten gewöhnlich eine hohe Beweis- und Aussagekraft beigemessen.[142] Sie dienen ganz bewusst als Informationsquelle und werden zur Meinungsbildung aktiv herangezogen. Sogar Fachkreise lassen sich gewöhnlich von positiven Aussagen in Gutachten stark beeinflussen, so dass nur mit solchen Gutachten geworben werden soll, die tatsächlich von qualifizierten Personen verfasst wurden und eben nicht nur eine getarnte Werbemaßnahme und/oder ein reines Gefälligkeitsgutachten darstellen. Außerdem soll den Fachkreisen durch die Bestimmung der Mindestangaben bzw. die genauen Zitiervorgaben die Möglichkeit erhalten bleiben, sich von der Person eines Gutachters und/oder den fachlichen Aussagen in einem Gutachten mit Hilfe der Quellenangabe ein eigenes Bild zu machen.[143]

6. Eingeschränktes Zuwendungsverbot nach § 7 HWG

55 § 7 HWG enthält ein allgemeines, jedoch als eingeschränkt zu bezeichnendes Zuwendungsverbot, wonach für Humanarzneimittel mit „Zuwendungen und sonstigen Werbegaben (Waren oder Leistungen)" nicht geworben werden darf, soweit dies nicht als erlaubte Maßnahme unter einen der abschließend genannten Ausnahmetatbestände fällt.[144] Der ehemals noch weiterhin in diesem Kontext relevante Begriff rechtlich zulässiger „Zugaben", wie er sich vormals noch in der Zugabeverordnung fand, ist mittlerweile gegenüber den jetzt „nur" noch gültigen Einschränkungen des § 7 HWG inhaltsleer geworden seit das Rabattgesetz und die zugehörige Zugabeverordnung aufgehoben wurden.[145] Nur anhand der Ausnahmen des § 7 HWG ist der Einsatz von Werbgaben noch zu beurteilen, wobei § 7 HWG selbstverständlich auf die allgemeine Firmen-, Image-, Vertrauens- oder Unternehmenswerbung abermals keine Anwendung findet, da auch in diesem Kontext am **Erfordernis der produkt- bzw. leistungsbezogenen Absatzwerbung** für die Anwendbarkeit des HWG festgehalten wird.[146]

56 Zulässig sind aber immer nur solche Zuwendungen oder Werbegaben, bei denen es sich um „geringwertige Kleinigkeiten" oder „Gegenstände von geringem Wert" handelt und die durch die dauerhafte und deutlich sichtbare Bezeichnung des Werbenden und/oder beworbenen Produktes gekennzeichnet sind (§ 7 Abs. 1 Nr. 1 HWG). Hintergrund dieses Aufdruckerfordernisses ist, dass diesem Umstand regelmäßig ein den Wert der Werbegabe mindernder Einfluss beigemessen wird, dem deshalb überhaupt auch schon bei der **Abschätzung der „(Gering-)Wertigkeit"** des in Frage stehenden Gegenstands Rechnung zu tragen ist.[147] Ansonsten kommt es zentral für die Werteinschätzung auf den tatsächlichen Wert der Werbegabe an, wofür aber nicht der Herstellungs- oder Beschaffungswert maßgebend ist, den der Werbende aufwenden musste, sondern unabhän-

---

142 Vgl. hierzu auch schon die Begründung des Gesetzesentwurfs BT-Drucks IV/1867 S. 7, nachzulesen bei *Doepner*, § 6 Rn 1.
143 Vgl. zum Ganzen im Detail *Bülow/Ring*, § 6.
144 Mit § 7 korrespondieren im ärztlichen Berufsrecht die §§ 34, 35 MBO. U.U. kann für Mitglieder des öffentlichen Dienstes in diesem Kontext auch § 331 StGB relevant werden.
145 Vgl. einleitend zur Rechtslage nach Aufhebung des Rabattgesetzes und der Zugabeverordnung *Hoß*, MDR 2001, 1094 ff.
146 BGH GRUR 1990, 1041 – Fortbildungskassetten; OLG Stuttgart, ES-HWG § 1 „Werbung"/Nr. 24: Abgabe von Baumwolltragetaschen durch Apotheker als Werbegeschenk ohne konkreten Bezug zu Heilmitteln; *Doepner*, § 7 Rn 15. Vgl. die Parallele zur Abgrenzung von allgemeiner Unternehmenswerbung Rn 24 f.
147 Vgl. BGH GRUR 1975, 40, 43 – Puppenservice. Vgl. Einzelfallnachweise bei *Doepner*, § 7 Rn 35.

gig davon der absolute, objektive Verkehrswert, den die Werbegabe im Allgemeinen für einen Durchschnittskunden hat.[148] In Anbetracht dieser dynamischen Bezugnahme auf die Sicht des Durchschnittskunden lässt sich verständlicherweise eine exakte und allgemein gültige Geringwertigkeitsgrenze nicht beziffern, zumal in dieser Hinsicht mit der Zeit die Steigerung des allgemeinen Lebensstandards und eine Verschiebung des generellen Wertigkeitsgefüges ihr Übriges tun.[149] Eine Einzelfallbetrachtung bleibt folglich unabdingbar, wenn es um die Bewertung von Werbegaben geht.

Zusätzlich zur Betrachtung der Wertigkeit des Gegenstands ist zwischen **Zuwendungen an Fachkreise und solchen an Endverbraucher** zu unterscheiden, zumal sich Fachkreise erfahrungsgemäß schon dem Grunde nach von Werbegaben in weit geringerem Maße beeinflussen lassen, als der „normale Endverbraucher".[150] Nicht umsonst ist die Rechtsprechung daher mit ihren Maßstäben für Werbegaben in Fachkreisen etwas großzügiger.[151] Allerdings ist im Gegensatz zur Abgabe von Werbegeschenken an das allgemeine Publikum für Fachkreise zu beachten, dass die Werbegaben hier für die Praxis des Empfängers bestimmt sein müssen. Werbegaben, die dagegen nur für den privaten Gebrauch bestimmt sind, wären in Fachkreisen nicht abgabefähig.[152] Etwas anderes gilt nur für Zuwendungen bei berufsbezogenen wissenschaftlichen Veranstaltungen, die aber dann wieder einen „vertretbaren Rahmen" nicht überschreiten dürfen. 57

§ 7 Abs. 1 S. 1. Nr. 2 HWG lässt neben den benannten Werbegaben unter bestimmten Umständen noch Bar- und Naturalrabatte zu und mit § 7 Abs. 1 Nr. 3 HWG werden die Abgabe „handelsüblichen Zubehörs" und „handelsübliche Nebenleistungen" für zulässig erklärt. Ebenfalls die Abgabe unentgeltlicher Kundenzeitschriften wird durch § 7 Abs. 1 Nr. 5 HWG ausdrücklich gestattet. Als **„handelsüblich"** gilt nach dem Gesetzeswortlaut insbesondere die im Hinblick auf den Wert der Ware oder Leistung angemessene teilweise oder vollständige Erstattung oder Übernahme von Fahrtkosten für Verkehrsmittel des öffentlichen Personennahverkehrs, die im Zusammenhang mit dem Besuch des Geschäftslokals oder des Orts der Erbringung der Hauptleistung aufgewendet werden darf. Diese kompliziert anmutende Betrachtung gilt wegen der Formulierung („insbesondere") nur beispielhaft, so dass es im Übrigen darauf ankommt, was die h.M. als handelsüblich akzeptiert. Dies ist gemeinhin all das, was sich nach allgemeiner Auffassung der beteiligten Verkehrskreise im Rahmen vernünftiger kaufmännischer Gepflogenheiten hält, so dass die Handelsüblichkeit zumindest in Grenzen „entwicklungsfähig" erscheint.[153] 58

Es liegt auf der Hand, dass sich in allen angesprochenen Ausnahmekonstellationen für die Zuwendung von Werbegaben Abgrenzungsschwierigkeiten bzgl. Geringwertigkeit, Handelsüblichkeit und des noch vertretbaren Rahmens auftun. Eine sorgfältige Grenzziehung im Einzelfall ist aber dringend geboten, da der **Zweck des eingeschränkten** 59

---

148 BGHZ 11, 260, 264 ff. – Kunststoff-Figuren I; BGH GRUR 1957, 40, 43 ff. – Puppenservice; GRUR 1964, 509 f. – Wagenwaschplatz; GRUR 1991, 329, 330 – Family Karte; Vgl. bei *Doepner*, § 7 Rn 35 m.w.N.
149 OLG Hamburg WRP 1975, 606, 608.
150 Vgl. LG Ulm PharmaR 1994, 119, 121; *Doepner*, § 7 Rn 35; a.A. *Bülow/Ring*, § 7 Rn 16. Zulässig wäre im Fall des allgemeinen Publikums aber auf jeden Fall die Abgabe von einfachen Kalendern oder Kugelschreibern *Bülow/Ring*, § 7 Rn 13.
151 Vgl. einzelne Beispiele m.w.N. bei *Doepner*, § 7 Rn 37.
152 *Besen/Räpple*, Rn 48. Die Sonderbestimmungen für Arzneimittelmuster gemäß § 47 Abs. 3, 4 AMG bleiben vom HWG unberührt.
153 Vgl. BGH GRUR 1968, 53, 55 – Probetube; GRUR 1991, 329 f. – Family-Karte; GRUR 1994, 230, 232 – Euroscheck-Differenzzahlung; GRUR 1998, 502, 504 – Umtauschrecht I; GRUR 1999, 515, 517 f. – Bonusmeilen.

Zuwendungsverbots in einer möglichst weit reichenden Eindämmung der Wertreklame im Arzneimittelbereich besteht, umso den abstrakten Gefahren zu begegnen, die von einer unsachlichen Beeinflussung mit Geschenken ausgeht.[154] Diese Zielsetzung erfordert es, den Begriff der Werbegabe als Oberbegriff für „Zuwendungen und sonstige Werbegaben" auch nicht allzu eng auszulegen, obwohl eine Werbegabe dem Wortsinn nach natürlich nur angenommen werden kann, wenn sie tatsächlich unentgeltlich erfolgt.[155]

60 Eine unangemessene bzw. unsachliche Einflussnahme, die weitgehend verhindert werden soll, kann aber durchaus neben der Einwirkung auf den unmittelbaren Kunden auch in Betracht kommen, wenn die ausgelobte Werbegabe nicht dem Erwerber des Heilmittels, sondern einem Dritten zukommen soll, der gegen Gewährung der Prämie den neuen Kunden für das beworbene Heilmittel seinerseits wirbt. Denn ebenfalls in dieser Situation kann die Entscheidung des Erwerbers unangemessen und unsachlich durch die Aussicht beeinflusst werden, dem werbenden Dritten durch das eigene Verhalten eine ausgelobte Werbeprämie zu verschaffen.[156] Nach Aufhebung des Rabattgesetzes und der Zugabeverordnung folgt die Wettbewerbswidrigkeit eines solchen **Einsatzes Dritter zur Werbung von Kunden** aufgrund des gewandelten Verbraucherleitbilds aber nicht mehr allein aus der Gewährung einer nicht unerheblichen Werbeprämie als solches,[157] auch wenn die Gefahr, dass der Laienwerber unlautere Mittel einzusetzen versucht selbstverständlich mit der von einer besonders attraktiven Prämie ausgehenden Anreizwirkung zunimmt.[158] Aber schon in der Begründung des Regierungsentwurfs zur Aufhebung des Rabattgesetzes wurde ausgeführt, dass der durchschnittlich informierte und verständige Verbraucher heutzutage mit den Marktgegebenheiten vertraut ist.

> *„Er weiß, dass Kaufleute nichts zu verschenken haben und z.B. die Kosten für wertvolle Nebenleistungen durch anderweitige Erlöse decken. Die Erfahrungen zeigen, dass sich der Verbraucher in der Regel nicht vorschnell durch das Angebot einer Zugabe oder eines Rabattes zum Vertragsschluss verleiten lässt. Vielmehr trifft der Kunde seine Entscheidung über den Erwerb höherwertiger Produkte erst nach ausreichender Information über Konkurrenzangebote und reiflicher Abwägung der unterschiedlichen Vorzüge und Nachteile der angebotenen Waren".*[159]

61 Zudem sei der Versuch einer gewissen unsachlichen Beeinflussung der Werbung nicht völlig fremd und deshalb auch nicht immer per se unlauter.[160] Daher wird nun allgemeiner gesprochen erst das Vorliegen weiterer, die Unlauterkeit begründender Umstände

---

154 Vgl. BGH, Urt. v. 21.6.1990 – I ZR 240/88, GRUR 1990, 1041, 1042 = WRP 1991, 90 – Fortbildungs-Kassetten; *Doepner*, § 7 Rn 6; *Bülow/Ring*, § 7 Rn 8; *Gröning*, § 7 Rn 3.
155 Vgl. BGH GRUR 1990, 1041, 1042 – Fortbildungs-Kassetten; BGH, Urt. v. 30.1.2003 – I ZR 142/00 – Kleidersack; *Doepner*, § 7 Rn 22; *Kleist/Albrecht/Hoffmann*, § 7 Rn 15.
156 BGH, Urt. v. 6.7.2006 – I ZR 145/03 – Kunden werben Kunden.
157 Vgl. *Hefermehl/Köhler/Bornkamm*, § 4 UWG Rn 1.183; *Harte/Henning/Stuckel*, § 4 Nr. 2 Rn 30; *Plass*, in: Heidelberger Kommentar zum Wettbewerbsrecht, § 4 UWG Rn 201; *Berlit*, WRP 2001, 349, 353.
158 Vgl. *Fezer/Steinbeck*, § 4–1 Rn 391; *Gloy/Loschelder/Jaeger-Lenz*, § 68 Rn 125. Maßgeblich ist aber immer eine Gesamtwürdigung aller Umstände des Einzelfalls.
159 BT-Drucks 14/5441 S. 7.
160 BT-Drucks 15/1487 S. 17.

im Einzelfall vorausgesetzt, um in Fällen, in denen ein Dritter von Werbegaben für die Anwerbung eines Kunden profitiert, von einer unzulässigen Werbung sprechen zu können.[161] Werbung wird hier also erst unzulässig, wenn noch weitere bzw. andere Umstände als die ausgesetzte Prämie die Unlauterkeit des werblichen Vorgehens begründen. Dies kann anzunehmen sein, wenn die Gefahr der konkreten Irreführung oder einer unzumutbaren Belästigung (vgl. § 7 Abs. 1 UWG) des umworbenen Kunden durch den Laienwerber besteht,[162] die Werbung auf eine Verdeckung des Prämieninteresses und damit Täuschung über die Motive des Werbenden angelegt ist (sog. verdeckte Laienwerbung) oder sie sich auf Waren oder Dienstleistungen bezieht, für die gerade besondere Maßstäbe gelten. Letzteres ist besonders im Bereich der Arznei- und Heilmittelwerbung zu berücksichtigen.

Das Einschalten von Laien in die Werbung allein ist aber auch in diesen Fällen nicht generell wettbewerbswidrig, sondern es kommt hier ebenfalls erst auf die besonderen Umstände des Einzelfalles an.[163] Indizien für eine unzulässige Anreizwerbung können zwar sein, dass die ausgesetzten Prämien einen nicht unerheblichen Wert haben, ihr Wert im Verhältnis zu dem von dem Neukunden aufzuwendenden Betrag für das beworbene Produkt sehr hoch ist und sich der Laienwerber die Prämie ohne besonderen Aufwand verdienen kann. Trotzdem bleibt diese Schlussfolgerung einer Gesamtabwägung im Einzelfall überlassen. Denn die Schwelle zur (wettbewerbs-)rechtlichen Unlauterkeit wird erst überschritten, sobald ein unangemessen unsachlicher Einfluss derart ausgeübt wird, dass die betreffende Wettbewerbshandlung geeignet ist, die freie Entscheidung des angesprochenen Verbrauchers tatsächlich zu beeinträchtigen,[164] da sich der durchschnittlich informierte, aufmerksame und verständige Verbraucher selbst wegen der dem Laienwerber versprochenen Werbeprämie in seiner Entscheidung darüber, ob für ihn eine Anschaffung überhaupt erforderlich ist und durch wen er sich in dieser Hinsicht beraten lassen soll, nicht schon per se unangemessen beeinträchtigen lassen wird.[165]

7. Vergleichende Werbung

Während früher die vergleichende Werbung von der Rechtsprechung noch grundsätzlich als unzulässig, weil regelmäßig sittenwidrig, eingestuft bzw. nur unter ganz besonderen Aspekten (Systemvergleich oder Abwehrvergleich) erlaubt wurde,[166] hatte der BGH seine Rechtsprechung schon früh im Vorgriff auf eine EU-Richtlinie zu diesem

---

161 So kann z.B. beim Einsatz von Laienwerbern für Augenoptikerleistungen von wettbewerbsfremder und somit unlauterer Werbung gesprochen werden, wenn die Entscheidung des Kunden, welchem Optiker er sich bei Beratung und Kauf anvertrauen will, nachhaltig sachfremd dadurch beeinflusst wird, dass für einen Dritten die Prämie in Aussicht steht. Vgl. BGH, Urt. v. 29.9.1994 – I ZR 138/92, GRUR 1995, 122, 123 = WRP 1995, 104 – Laienwerbung für Augenoptiker.
162 Denn in solchen Konstellationen kann wegen der übermäßigen Anreizwirkung, die von der Prämie ausgeht, die Gefahr bestehen, dass der Laienwerber bei der Werbung seinerseits (wettbewerbs-)rechtlich unlautere Mittel einsetzt. Vgl. BGH GRUR 1991, 150f. – Laienwerbung für Kreditkarten.
163 Vgl. BGH, Urt. v. 27.2.1981 – I ZR 75/79, GRUR 1981, 655, 656 – Laienwerbung für Makleraufträge; Urt. v. 27.9.1990 – I ZR 213/89, GRUR 1991, 150 = WRP 1991, 154 – Laienwerbung für Kreditkarten; Urt. v. 20.12.2001 – I ZR 227/99, GRUR 2002, 637, 639 = WRP 2002, 676 – Werbefinanzierte Telefongespräche.
164 Vgl. BGH GRUR 2006, 75, 76 – Artenschutz; vgl. ferner BGH, Urt. v. 20.10.2005 – I ZR 112/03, GRUR 2006, 77, 78 = WRP 2006, 72 – Schulfotoaktion.
165 BGH, Urt. v. 6.7.2006 – I ZR 145/03 – Kunden werben Kunden; vgl. hierzu auch *Hartwig*, NJW 2006, 1326, 1328f.
166 Vgl. *Hefermehl/Köhler/Bornkamm*, § 1 Rn 329 ff.; BGHZ 107, 136 – Bioäquivalenz-Werbung.

Thema geändert, indem er mittels einer europarechtskonformen Auslegung von § 1 UWG fortan annahm, dass die vergleichende Werbung nicht mehr grundsätzlich sittenwidrig sei.[167] Der vormaligen Rechtsprechung wurde dann tatsächlich auch durch die Richtlinie 97/55/EG des Europäischen Parlaments und Rates vom 6.10.1997 (ABl EG v. 23.10.1997) die Grundlage entzogen, was inzwischen u.a. auch eine Änderung des UWG bedingte. Denn nun lässt § 6 UWG ausdrücklich vergleichende Werbung dem Grunde nach zu und macht lediglich unzulässig vergleichende Werbung an konkret geregelten Fallgestaltungen fest.[168] Daher ist die vergleichende Werbung ebenso im Fall der Arzneimittelwerbung zulässig, solange keine der speziellen Verbotskonstellationen des UWG berührt wird.[169]

VI. Unterscheidung von Fachkreis- und Publikumswerbung

64 An verschiedenen Stellen wurde bereits darauf eingegangen, dass heilmittelwerberechtlich stets zwischen den Adressaten einer Werbemaßnahme zu differenzieren ist. Die wichtigste Unterscheidung betrifft dabei diejenige zwischen der allgemeinen Publikums- und sog. Fachkreiswerbung, da zum einen vorrangig die Werbung gegenüber dem allgemeinen Publikum in besonderem Maße reglementiert ist und zum anderen aber auch ganz konkret der Regelungsbereich einzelner Normen nur der einen oder anderen Gruppe vorbehalten bleibt.

65 Wann und ob eine Werbemaßnahme auf Fachkreise oder das allgemeine Publikum abzielt, wird sich oft erst nach der **Art und/oder Form** der Werbung einschätzen lassen. So läge z.B. bei Verwendung einer Fachzeitschrift für Ärzte als Werbemedium sichtlich eine Fachkreiswerbung vor.[170] Denn die Anzeige in einer Fachzeitschrift wendet sich bestimmungsgemäß nicht an das allgemeine Publikum. Eine gewisse, zwangsläufige Streuwirkung bei den für das Fachpublikum bestimmten Medien, die letztlich dadurch entsteht, dass fast alle (Fach-)Medien über öffentliche Bibliotheken, Fachbuchhandlungen usw. für jedermann zugänglich sind, ist dabei hinzunehmen.[171] Nichts anderes gilt für Fachpublikationen, die sich an Ärzte wenden, allerdings mitunter im Wartezimmer Patienten zugänglich sein können.[172] Allgemeiner betrachtet wird aber oft erst eine Einzelfallbetrachtung zur (faktischen) **Zielrichtung einer Werbemaßnahme** die Frage nach deren Adressatenkreis beantworten können.

66 Zu den „Fachkreisen" zählen allgemein unter Berücksichtigung von § 2 HWG die Angehörigen der Heilberufe oder des Heilgewerbes, Einrichtungen, die der Gesundheit von Mensch oder Tier dienen, oder sonstige Personen, soweit sie mit Arzneimitteln, Medizinprodukten, Verfahren, Behandlungen, Gegenständen oder anderen Mitteln erlaubterweise Handel treiben oder sie in Ausübung ihres Berufes anwenden.

---

167 BGH NJW 1998, 2208. Demnach ist z.B. die heute verbreitete, vergleichende Generika-Werbung zulässig. Vgl. BGH PharmaR 1999, 335.
168 Vgl. zu § 6 UWG im Einzelnen *Hefermehl/Köhler/Bornkamm*, § 6 Rn 1 ff.
169 Vgl. z.B. zu einem individuellen Preisvergleich gegenüber einem namentlich nicht genannten, aber erkennbaren Konkurrenzpräparat als zulässige Werbung OLG Frankfurt PharmaR 1998, 35.
170 *Besen/Räpple*, Rn 21.
171 *Doepner*, § 2 Rn 14.
172 Hanseatisches OLG, Urt. v. 26.1.2006 – 3 U 146/05.

1. Absoluter Vorbehalt der Fachkreiswerbung im Rahmen von § 10 HWG

Eine Norm, für die diese Unterscheidung von Laien- und Fachkreiswerbung unmittelbare Bedeutung erlangt, ist zunächst § 10 HWG, wonach speziell für **verschreibungspflichtige Arzneimittel** nur bei Ärzten, Zahnärzten, Tierärzten, Apothekern und Personen, die mit diesen Arzneimitteln erlaubterweise Handel treiben, – mithin sogar einer nochmals engeren Gruppe von Fachleuten gegenüber § 2 HWG – geworben werden darf. Gleiches gilt für Arzneimittel, die dazu bestimmt sind, bei Menschen Schlaflosigkeit oder psychische Störungen zu beseitigen oder die Stimmungslage zu beeinflussen. Denn unabhängig von der Erscheinungsform der Werbung, die etwa für § 11 HWG relevanter Anknüpfungspunkt ist, oder dem Schweregrad einer Krankheit, der als Aspekt in § 12 HWG Bedeutung erlangt, will § 10 HWG prinzipiell den besonderen Gefahren einer medikamentösen Selbstbehandlung bei verschreibungspflichtigen Arzneimitteln begegnen, indem hier grundlegend jegliche Werbung außerhalb der Fachkreise untersagt wird.[173] Denn immerhin bringen verschreibungspflichtige Arzneimittel angesichts ihrer Zusammensetzung und Eigenschaften sogar schon bei bestimmungsgemäßem Gebrauch erhebliche Gefahren mit sich, was gerade ihre Verschreibungspflichtigkeit erklärt. Vor diesem Hintergrund muss dann aber selbstverständlich erst recht solchen Gefahren vorgebeugt werden, die diese Arzneimittel noch in weit größerem Maße im Falle eines nicht mehr bestimmungsgemäßen Gebrauchs entfalten könnten.[174]

67

Mit Blick auf die Reichweite der Norm ist allerdings trotz aller Berechtigung dieser ohne weiteres ernst zu nehmenden Gesetzesintention nicht die jüngere Rechtsprechung des BVerfG aus den Augen zu verlieren, wonach § 10 Abs. 1 HWG im Wege einer verfassungskonformen Auslegung mitunter nur eine eingeschränkte Anwendung erfahren kann.[175] (Vgl. zur einschränkenden Auslegung von § 10 Abs. 1 HWG bereits Rn 22). Auch unabhängig davon wird der Anwendungsbereich des § 10 Abs. 1 HWG immer wieder einmal i.S. einer vermeintlich notwendigen Lockerung unter dem Aspekt diskutiert, den heute weitaus selbständigeren Konsumenten auch im Bereich verschreibungspflichtiger Arzneimittel sinnvolle Informationsquellen zu eröffnen. Ob hinter solchen Forderungen allerdings wirklich nur das Bemühen um eine bessere Informationslage für Verbraucher oder nicht doch eher das Bestreben um die Ausweitung aktiver Werbe- und Absatzmöglichkeiten für verschreibungspflichtige Arzneimittel steht, erscheint fraglich.

68

2. Besondere Verbote für die Laienwerbung gemäß § 11 HWG

Für die Laienwerbung finden sich spezielle Ge- und Verbote zur Thematik suggestiver Heilmittelwerbung in den §§ 11 und 12 HWG. So enthält § 11 HWG einen abschließenden Katalog von Verboten für bestimmte Formen der Publikumswerbung, der nicht über eine analoge Anwendung der einzelnen Regelungen erweitert werden darf, da er Anknüpfungspunkt für eine Ordnungswidrigkeit nach § 15 Abs. 1 Nr. 8 HWG ist und deshalb dem Analogieverbot unterfällt. § 11 HWG soll bestimmte Formen der suggesti-

69

---

173 Vgl. *Doepner*, § 19 Rn 9.
174 Vgl. OLG Hamburg, Urt. v. 16.2.2006 – 3 U 192/05; *Doepner*, § 10 Rn 9.
175 BVerfG GRUR 2004, 797.

ven Heilmittelwerbung verhindern, die erfahrungsgemäß besonders zur unsachlichen Beeinflussung oder Irreführung des Publikums führen können.[176]

70 Insoweit wurden die in § 11 HWG aufgeführten Werbeverbote als **abstrakte Gefährdungsdelikte**,[177] konstruiert, so dass sich hier nach bisheriger Auffassung im jeweils konkreten Fall die Feststellung erübrigte, ob es wirklich in irgendeiner Form überhaupt tatsächlich zu einer unsachlichen Beeinflussung oder Irreführung kam.[178] Dem Grunde nach ausreichend war schon die formale Erfüllung der Tatbestandsmerkmale, um die heilmittelwerberechtliche Unzulässigkeit der betreffenden, von der Norm erfassten Werbemaßnahme festzustellen.[179] Diese Konzeption und Rechtsprechung kann zwar nicht als völlig überholt erachtet werden. Sie hat aber zumindest durch die jüngere Rechtsprechungsentwicklung eine gewisse Modifikation erfahren, da sich nun vor allem auch der BGH unter bewusster Abkehr von seiner bisherigen Rechtsprechung unter Bezugnahme auf die jüngere Rechtsprechung des BVerfG im Heilmittelwerberechtsbereich dafür ausgesprochen hat, z.B. für § 11 Abs. 1 Nr. 4 HWG künftig das Kriterium einer „mittelbaren Gesundheitsgefährdung" als quasi ungeschriebenes Tatbestandsmerkmal vorauszusetzen, um auf diese Weise eine verfassungskonforme Auslegung der Norm vor dem Hintergrund von Art. 12 GG zu gewährleisten.[180] Es dürfte sich hierbei um eine fortan grundlegend für das HWG zu berücksichtigende, verfassungsrechtlich ergänzende Betrachtung der einzelnen Verbotsnormen handeln, auch wenn der verfassungsrechtliche Maßstab nicht für alle Tatbestände einfach verallgemeinert werden kann, sondern den Besonderheiten jeden einzelnen Tatbestands des HWG entsprechend zu analysieren sein wird (vgl. Rn 21).[181]

71 Wenigstens dem Wortlaut nach darf aber zunächst gemäß § 11 Abs. 1 S. 1 HWG außerhalb der Fachkreise für Arzneimittel, Verfahren, Behandlungen, Gegenstände oder andere Mittel nicht geworben werden mit:[182]

„1. Gutachten, Zeugnissen, wissenschaftlichen oder fachlichen Veröffentlichungen sowie mit Hinweisen darauf, 2. Angaben, dass das Arzneimittel, das Verfahren, die Behandlung, der Gegenstand oder das andere Mittel ärztlich, zahnärztlich, tierärztlich oder anderweitig fachlich empfohlen oder geprüft ist oder angewendet wird,[183] 3. der Wiedergabe von Krankengeschichten sowie mit Hinweisen darauf, 4. der bildlichen Darstellung von Personen in der Berufskleidung oder bei der Ausübung der Tätigkeit von Angehörigen der Heilberufe, des Heilgewerbes oder des Arzneimittelhandels,[184] 5. mit der bildlichen Darstellung von a) Veränderungen des menschlichen Körpers oder seiner Teile durch Krankheiten, Leiden oder Körperschäden, b) der Wirkung eines Arzneimittels, eines Verfahrens, einer Behandlung, eines Gegen-

---

176 BGH GRUR 1991, 701 f. – Fachliche Empfehlung I; GRUR 1995, 612, 615 – Sauerstoff-Mehrschnitt-Therapie; GRUR 1997, 936 f. – Naturheilmittel; GRUR 1998, 495, 497 – Lebertran II; GRUR 1998, 498, 499 f. – Fachliche Empfehlung III.
177 OLG München NJW 1963, 2375; KG MD 1994, 30, 33; MD 1995, 410, 418.
178 BGH GRUR 1991, 701 f. – Fachliche Empfehlung I; GRUR, 1995, 612, 615 – Sauerstoff-Mehrschnitt-Therapie; GRUR 1997, 936 f. – Naturheilmittel.
179 KG MD 1994, 30, 33.
180 Vgl. BGH, Urt. v. 1.3.2007 – I ZR 51/04 unter Aufgabe von BGH GRUR 1985, 935, 937 – Sanatorium II; BGH GRUR 2001, 453, 455 – TCM-Zentrum.
181 *Bülow/Ring*, § 11 Rn 2.
182 Vgl. im Einzelnen die einschlägige, ausführliche Kommentierung bei *Doepner* oder *Bülow/Ring*.
183 Vgl. z.B. zur Werbung mit einem empfehlenden Testergebnis der Stiftung Warentest (Gesundheitskunde für Arzneimittel, Testurteil „gut geeignet") BGH PharmaInd 61 (1999), S. 136 ff. – Publikumswerbung mit Warentest.
184 Vgl. hierzu allerdings die neuerdings einschränkende Auslegung unter Rn 21.

standes oder eines anderen Mittels durch vergleichende Darstellung des Körperzustandes oder des Aussehens vor und nach der Anwendung[185] oder c) des Wirkungsvorganges eines Arzneimittels, eines Verfahrens, einer Behandlung, eines Gegenstandes oder eines anderen Mittels am menschlichen Körper oder an seinen Teilen, 6. mit fremd- oder fachsprachlichen Bezeichnungen, soweit sie nicht in den allgemeinen deutschen Sprachgebrauch eingegangen sind, 7. mit einer Werbeaussage, die geeignet ist, Angstgefühle hervorzurufen oder auszunutzen,[186] 8. durch Werbevorträge, mit denen ein Feilbieten oder eine Entgegennahme von Anschriften verbunden ist, 9. mit Veröffentlichungen, deren Werbezweck missverständlich oder nicht deutlich erkennbar ist,[187] 10. mit Veröffentlichungen, die dazu anleiten, bestimmte Krankheiten, Leiden, Körperschäden oder krankhafte Beschwerden beim Menschen selbst zu erkennen und mit den in der Werbung bezeichneten Arzneimitteln, Gegenständen, Verfahren, Behandlungen oder anderen Mitteln zu behandeln, sowie mit entsprechenden Anleitungen in audiovisuellen Medien,[188] 11. mit Äußerungen Dritter, insbesondere mit Dank-, Anerkennungs- oder Empfehlungsschreiben, oder mit Hinweisen auf solche Äußerungen,[189] 12. mit Werbemaßnahmen, die sich ausschließlich oder überwiegend an Kinder unter 14 Jahren richten, 13. mit Preisausschreiben, Verlosungen oder anderen Verfahren, deren Ergebnis vom Zufall abhängig ist, 14. durch die Abgabe von Mustern oder Proben von Arzneimitteln oder durch Gutscheine dafür, 15. durch die nicht verlangte Abgabe von Mustern oder Proben von anderen Mitteln oder Gegenständen oder durch Gutscheine dafür."

Nach **§ 11 Abs. 2 HWG** darf schließlich außerhalb der Fachkreise für Arzneimittel zur Anwendung bei Menschen auch nicht mit Angaben geworben werden, die nahe legen, dass die Wirkung des Arzneimittels einem anderen Arzneimittel oder einer anderen Behandlung entspricht oder überlegen ist. Das Verbot vergleichender Publikumswerbung betrifft hier allerdings nur den untersagten Wirkungsvergleich. Preisvergleiche sind hingegen zulässig, wobei die vergleichende Fachwerbung unter den Voraussetzungen des § 6 UWG ohnehin zulässig ist (vgl. Rn 63).

3. Exkurs: Europarechtswidriger Exzess des HWG?

Wie bereits angedeutet besteht teilweise Streit über das **Reichweitenverhältnis des deutschen und europäischen Heilmittelwerberechts**. In diesem Kontext wird vor allem diskutiert, ob der Regelungsgehalt des HWG hinter den europäischen Vorgaben zurückbleibt oder vielleicht sogar an mancher Stelle die europäischen Vorgaben unbillig

---

185 Vgl. zum Sinn und Zweck von § 11 Nr. 5b HWG, der unsachlichen, suggestiven Beeinflussung des medizinischen Laien entgegenzuwirken OLG Düsseldorf Magazindienst 1998, 1028, 1034.
186 Detaillierte Kasuistik nachzulesen bei *Doepner*, § 11 Nr. 7 Rn 14. Vgl. als Ausschlussbeispiel BGH GRUR 1986, 902. Vgl. auch hier zum Umstand, dass es unerheblich ist, ob Angstgefühle wirklich hervorgerufen wurden z.B. LG Frankfurt, Urt. v. 22.12.2005 – 2/3 O 431/05, 2 – 3 O 431/05; *Bülow/Ring*, § 11 Abs. 1 Nr. 7 Rn 10.
187 Verboten ist also auch hiermit die getarnte Werbung. Gemeint sind z.B. die Fälle der sog. Schleichwerbung oder des „Productplacement" in Filmen. In Anbetracht dieser Regelung darf aber auch wegen des Gebots der Trennung von Werbung und redaktionellem Text bei einer Anzeigenwerbung die Kennzeichnung durch den Vermerk „Anzeige" nicht fehlen.
188 Ein Verstoß gegen § 11 Abs. 1 Nr. 10 HWG liegt aber nur dann vor, wenn die Werbung zumindest zur *„mittelbaren Gesundheitsgefährdung"* führen kann. Vgl. oben Rn 21 sowie zu § 1 Abs. 2 HeilpraktikerG BVerfG, Beschl. v. 7.8.2000 – 1 BvR 254/99, NJW 2000, 2736. Im Übrigen BGH, Urt. v. 6.5.2004 – I ZR 265/01 – Lebertrankapseln; BGH, Urt. v. 21.6.2001 – I ZR 197/00, GRUR 2001, 1170, 1171 = WRP 2001, 1166 – Optometrische Leistungen II, m.w.N.
189 Vgl. z.B. LG Frankfurt, Urt. v. 22.12.2005 – 2/3 O 431/05, 2–3 O 431/05.

überschreitet (vgl. Rn 13, 15).[190] Letzteres wird oft unterstellt und die nationalen Rechtsvorgaben als strenger im Vergleich zu den europarechtlichen Vorgaben eingestuft. Diese Einschätzung erscheint mitunter begründet und hat nicht umsonst nun mit Blick auf die Frage der rechtlichen Vereinbarkeit der strengeren Normen des HWG mit europarechtlichen Vorgaben zu einem Verfahren vor dem EuGH geführt. Dort stehen derzeit **§ 11 Abs. 1 Nr. 11 und 13 HWG** im Rahmen eines Vorabentscheidungsgesuchs des BGH zur Prüfung an.[191] Zum einen geht es also um das Verbot der Publikumswerbung für Arzneimittel mit Äußerungen Dritter, insbesondere mit Dank-, Anerkennungs- oder Empfehlungsschreiben, oder mit Hinweisen auf solche Äußerungen. Zum anderen steht das Verbot der Publikumswerbung mit Preisausschreiben, Verlosungen oder anderen Verfahren, deren Ergebnis vom Zufall abhängig ist, auf dem Prüfstand.[192] Der BGH fragt sich, ob diese Regelungen mit der europäischen Richtlinie 2001/83/EG vereinbar sind, so dass der EuGH nun mittelbar auch zur interessanten Fragestellung des Verhältnisses zwischen europäischem und deutschem Heilmittelwerberecht Stellung beziehen muss.[193]

74 Bisher liegt hierzu zwar nur die Stellungnahme des zuständigen **Generalanwalts** vor. Dessen rechtliche Einschätzung ging allerdings schon im Wege der Begründung der **Schlussanträge** dahin, dass der **europarechtliche Gemeinschaftskodex** im Heilmittelwerbebereich sogar einen **Höchststandard der Harmonisierung von Werbevorschriften für Arzneimittel** in Europa vorgebe, so dass die Mitgliedstaaten darüber hinaus keine weiter gehenden Verbote oder Beschränkungen erlassen könnten, als es die Richtlinie selbst erlaube. Denn die Werbevorschriften der Richtlinie stellen nach Auffassung des Generalanwalts ein umfassendes und vollendetes System dar, das grundsätzlich keinen Freiraum mehr für nationale Abweichungen lasse. Abweichende Regelungen würden sonst auch dem Grundsatz des freien Warenverkehrs zuwiderlaufen, da durch jeweils unterschiedliche, vor allem teils länderspezifisch strengere Regelungen ungerechtfertigte Handelsschranken entstehen könnten.[194] Diese Einschätzung des Generalanwalts ist nicht zuletzt deshalb relevant, da der EuGH meist der Einschätzung seiner Generalanwälte folgt.

75 Konkret im Hinblick auf § 11 Abs. 1 Nr. 11 und 13 HWG sieht der Generalanwalt einen Widerspruch der deutschen Normen zur Arzneimittelrichtlinie, da das HWG im Gegensatz zur Richtlinie eine solche Werbung ausnahmslos verbiete. Die Richtlinie stehe aber nationalen Regelungen entgegen, die allgemein oder abstrakt Publikumswerbung für Arzneimittel untersagten, wie dies entsprechend in § 11 Abs. 1 Nr. 11 HWG für

---

190 Vgl. auch *Bülow*, PharmaR 94, 229 m.w.N. Zur Diskussion über die Konformität des HWG mit den europarechtlichen Vorgaben *Bülow/Ring*, Einf. Rn 13 ff.; *Doepner*, Einl. Rn 36 ff. sowie aktuell *Weiler*, WRP 2006, 975 ff.
191 Ausgangspunkt ist eine zuletzt in der Berufungsinstanz getroffene Entscheidung des OLG Frankfurt, wonach entsprechende Werbemaßnahmen wegen Verstoßes gegen die fraglichen Normen untersagt wurden. Hintergrund der Auseinandersetzung war eine Klage eines Interessenverbandes, der die Werbung einer Firma angegriffen hatte, die mit verschiedenen frei verkäuflichen Ginseng-Präparaten handelt. Es ging insoweit um die Verwendung von Werbeschreiben mit der Auswertung einer Konsumentenbefragung und eine monatliche Verlosung einer Packung des Ginseng-Produkts über die Internetseite des Unternehmens, wobei es für die Teilnahme ausreichte, einen Fragebogen auszufüllen und abzusenden. Vgl. zur Vorinstanz OLG Frankfurt, Urt. v. 7.3.2002 – 6 U 43/01.
192 Vgl. zur Darstellung des Verfahrens auch *Meyer*, PharmaR 2007, 230 ff.; Pressemitteilung des Bundesverbands der Arzneimittelhersteller vom 13.2.2007, BAH-aktuell 26/2007.
193 Rechtssache C-374/05.
194 Deutsches Heilmittelverbot teilweise gemeinschaftswidrig, Schlussanträge des Generalanwalts *Ruiz-Jarabo Colomer* v. 13.2.2007, PharmaR 2007, 247 ff.

Äußerungen Dritter der Fall sei, *„es sei denn, dass das Verbot nur dann wirksam ist, wenn sie sich i.S.v. Art. 90j der Richtlinie 2001/83/EG in missbräuchlicher, abstoßender oder irreführender Weise auf Genesungsbescheinigungen beziehen."* Letzteres trifft nach Ansicht des Generalanwalts aber nicht auf die im konkreten Fall fragliche Werbung mit einer Umfrage bei fachunkundigen Dritten ohne Bezugnahme auf bestimmte therapeutische Anwendungsgebiete zu. Außerdem stehe die Richtlinie in Bezug auf § 11 Abs. 1 Nr. 13 HWG ebenfalls solchen nationalen Regelungen entgegen, die Wettbewerbe, Auslosungen und andere Verfahren mit zufallsbedingtem Ausgang verbieten, *„es sei denn, dass der Ausschluss davon abhängig gemacht wird, dass diese Instrumente entgegen Art. 87 Abs. 3 der Richtlinie 2001/83/EG zu einem unvernünftigen Gebrauch des Arzneimittels verleiten"*.[195]

Es bleibt nun abzuwarten, ob der EuGH diesen Einschätzungen und Empfehlungen des Generalanwalts folgt. Die Wahrscheinlichkeit dafür ist allerdings hoch, so dass es auf diesem Wege zu einer weiteren Einschränkung des Anwendungsbereichs des HWG kommen könnte. Sollte der EuGH tatsächlich den Schlussanträgen folgen, müsste dem kurzfristig von den Gerichten durch eine **richtlinienkonforme Auslegung des HWG** Rechnung getragen werden. Darüber hinaus würde aber vermutlich mittel- bis langfristig eine weit reichende Novellierung der Publikumsverbote des § 11 HWG erforderlich.[196]

4. Besonderheiten im Rahmen von § 11 HWG bei der Werbung für Medizinprodukte

Wie bereits im Rahmen von § 6 HWG thematisch angerissen ergeben sich im Hinblick auf § 11 HWG noch weitere Besonderheiten für den Anwendungsbereich im Kontext der Werbung für Medizinprodukte. Neben der zuvor besprochenen Problematik der Einschränkung des Regelungsgehalts durch die Richtlinie 2001/83/EG könnte nämlich auch bei der Werbung für Medizinprodukte eine faktisch einschränkende Betrachtung geboten sein. Denn für Medizinprodukte gelten einerseits dem Wortlaut nach „nur" § 11 S. 1 Nr. 6 bis 9, 11 und 12 HWG entsprechend, so dass im Umkehrschluss alle verbleibenden Verbote des § 11 HWG offenbar nach dem Willen des Gesetzgebers in diesem Zusammenhang unanwendbar sind. Dies erscheint allerdings durchaus gesetzestechnisch problematisch, da andererseits diese Regelungen wieder dem Wortlaut nach für die Bewerbung von Medizinprodukten zumindest dann anwendbar bleiben könnten, wenn sich Medizinprodukte wenigstens als „Gegenstände" i.S.d. § 1 Abs. 1 Nr. 2 HWG erweisen würden. Hier tut sich ein gewisser Widerspruch auf; nämlich die Frage, ob wirklich Medizinprodukte, die zugleich als Gegenstände i.S.v. § 1 Abs. 1 Nr. 2 HWG zu verstehen wären, letztlich doch wieder entgegen der ursprünglichen Anordnung des § 11 Abs. 1 S. 2 HWG den Werbeverboten des § 11 Abs. 1 S. 1 Nr. 1–5, 7–8 und 13–15 HWG unterfallen könnten.

Dieses Ergebnis wäre zwar mit der ehemaligen Rechtsprechung vor Einfügung des Medizinprodukts als Begriff in das HWG in Einklang zu bringen, würde aber wieder zur Unterscheidung zwischen stofflichen und gegenständlichen Medizinprodukten führen,

---

[195] Weiter führt der Generalanwalt mit Blick auf den konkreten Fall aber auch aus, dass diese Bestimmung sowie Art. 88 Abs. 6 der Richtlinie es nicht zulassen, dass ein Arzneimittel im Internet mit einer monatlichen Auslosung eines Preises von geringem Wert, der aus einer Packung dieses Medikaments besteht, beworben wird.
[196] Eine Entscheidung des EuGH lag zum Redaktionsschluss dieses Beitrags leider noch nicht vor.

die gerade überwunden werden sollte und deshalb nicht der Intention des Gesetzgebers unter Berücksichtigung seiner vergangenen Reformbemühungen, gerade denen im Bereich des Medizinprodukterechts, entsprechen kann. Es ist daher an dieser Stelle **wohl** von einem **Redaktionsversehen** auszugehen, so dass auch angesichts § 11 Abs. 1 S. 2 HWG an der einheitlichen Betrachtung der Medizinprodukte festzuhalten sein wird und deshalb die Verbote des § 11 Abs. 1 S. 1, Nr. 1–5, 7–8 und 13–15 HWG hier wirklich umfassend unanwendbar bleiben, egal ob es sich um stoffliche oder gegenständliche Medizinprodukte handelt. Dies führt selbstverständlich nicht dazu, dass eine solche Werbung in jeder Form zulässig wäre. Vielmehr müssen sich auch solche Werbemaßnahmen an den übrigen Anforderungen und Regelungen des HWG zur Zulässigkeit von Werbung, wie etwa dem allgemeinen Irreführungsverbot, messen lassen.[197]

79 Im Ergebnis dürfte aber zumindest beim Laienpublikum im Fall von Medizinprodukten mit Gutachten, Zeugnissen, wissenschaftlichen oder fachlichen Veröffentlichungen sowie Hinweisen darauf geworben werden (§ 11 Abs. 1 S. 1 Nr. 1 HWG), wobei konsequenterweise dann auch die Vorgaben des § 6 HWG in diesen Fällen zu beachten wären (vgl. Rn 53 f.). Zulässig wäre weiterhin bei Medizinprodukten der Hinweis, dass das Produkt ärztlich, zahnärztlich oder anderweitig fachlich empfohlen, geprüft ist oder angewendet wird (§ 11 Abs. 1 S. 1 Nr. 2 HWG). Ebenso die Wiedergabe von Krankengeschichten oder Hinweisen auf solche erscheinen dann im Fall der Werbung für Medizinprodukte möglich (§ 11 Abs. 1 S. 1 Nr. 3 HWG). Selbstverständlich gilt aber insofern das allgemeine Irreführungsverbot weiter. In Werbe- oder Patientenbroschüren dürften Ärzte oder Angehörige der Heilberufe bezogen auf die Werbung für Medizinprodukte in Berufskleidung abgebildet werden (§ 11 Abs. 1 S. 1 Nr. 4 HWG) und auch das Verbot der bildlichen Darstellung würde insoweit wegfallen (§ 11 Abs. 1 S. 1 Nr. 5 HWG). Ebenfalls Vorher-Nachher-Vergleiche scheinen somit bei Medizinprodukten denkbar zu sein und schließlich wäre hier die Werbung mit Anleitungs- oder Selbstbehandlungsschriften möglich (§ 11 Abs. 1 S. 1 Nr. 10 HWG).[198] Preisausschreiben und die Abgabe von Mustern lägen hingegen im Spannungsfeld, da sie einerseits nicht mehr von § 11 Abs. 1 Nr. 13–15 HWG erfasst würden, andererseits aber die Beschränkungen von § 7 HWG zu beachten und ggf. die Überlegungen zur richtlinienkonformen Auslegung von § 11 Abs. 1 Nr. 13 HWG aus europarechtlicher Sicht einzubeziehen wären (vgl. Rn 73 ff.).

5. Verbot krankheitsbezogener Werbung nach § 12 HWG

80 Gemäß **§ 12 Abs. 1 HWG** darf sich schließlich außerhalb der Fachkreise die Werbung für Arzneimittel und Medizinprodukte nicht auf die Erkennung, Verhütung, Beseitigung oder Linderung der in Abschnitt A der Anlage zum HWG aufgeführten Krankheiten oder Leiden bei Menschen beziehen, die Werbung für Arzneimittel außerdem nicht auf die Erkennung, Verhütung, Beseitigung oder Linderung der in Abschnitt B der Anlage aufgeführten Krankheiten oder Leiden beim Tier. Und nach **§ 12 Abs. 2 HWG** darf sich auch die Werbung für andere Mittel, Verfahren, Behandlungen oder Gegenstände außerhalb der Fachkreise nicht auf die Erkennung, Beseitigung oder Linderung dieser Krankheiten oder Leiden beziehen. Dies gilt allerdings nicht für die Werbung für Verfahren oder Behandlungen in Heilbädern, Kurorten und Kuranstalten.

---

197 Vgl. zum Ganzen ausführlich *Besen/Räpple*, Rn 29 ff.
198 Vgl. zum Ganzen *Besen/Räpple*, Rn 32 ff.

Gleichfalls im Rahmen von § 12 HWG ergibt sich **für Medizinprodukte eine Besonderheit**. Denn § 12 Abs. 1 S. 2 HWG bestimmt, dass Abschnitt A Nr. 2 der Anlage zu § 12 keine Anwendung auf die Werbung für Medizinprodukte findet. Dies führt dazu, dass – anders als bei Arzneimitteln – Werbemaßnahmen für fast alle am Markt befindlichen Medizinprodukte nicht mehr allein wegen ihres Indikationsbereichs beschränkt werden können, womit vor allem die Bewerbung von Medizinprodukten im Internet erleichtert wird. Vor diesem Hintergrund wären also Werbemaßnahmen für Kontaktlinsen, Blutzuckermessgeräte oder Hörgeräte gegenüber dem allgemeinen Publikum ebenso zulässig wie Sachinformationen der Hersteller und Vertreiber von Medizinprodukten über die Wirk- und Funktionsweise von Herzschrittmachern, Dialysegeräten oder etwa die Werbung für In-Vitro-Diagnostika zur Erkennung von Darmkrebs.[199]

---

[199] *Besen/Räpple*, Rn 24, 26.

§ 34 Pflegepflichtversicherung

Konstantin Theodoridis

Inhalt

A. Vorbemerkung	1
B. Die Organisation der Pflegeversicherung	4
C. Versicherungspflicht und Annahmezwang	5
I. Versicherungspflicht	5
II. Annahmezwang	10
D. Vertragsabschluss	11
E. Versicherungspflichtiger Personenkreis	13
F. Beginn und Ende des Versicherungsschutzes	15
I. Beginn des Versicherungsschutzes	15
II. Ende des Versicherungsschutzes	17
1. Kündigung durch den Versicherungsnehmer (§ 27 SGB XI, § 13 MB/PPV, § 178h Abs. 3 und 4 VVG)	17
2. Kündigung durch den Versicherer (§ 14 MB/PPV)	20
G. Die Leistungen der Pflegeversicherung	23
I. Leistungen bei häuslicher Pflege	24
1. Häusliche Pflegehilfe	25
2. Pflegegeld für selbst beschaffte Pflegehilfen	30
3. Kombination von Geldleistung und Sachleistung (Kombinationsleistung)	36
4. Häusliche Pflege bei Verhinderung der Pflegeperson	37
5. Pflegehilfsmittel und technische Hilfen	42
6. Wohnumfeldverbesserungen	48
7. Tagespflege und Nachtpflege (§ 4 Abs. 8 MB/PPV bzw. § 41 SGB XI)	49
8. Kurzzeitpflege (§ 4 Abs. 11 MB/PPV bzw. § 42 SGB XI)	52
II. Vollstationäre Pflege	55
III. Leistungen zur Sozialen Sicherung der Pflegepersonen (§ 4 Abs. 14 MB/PPV, § 44 SGB XI)	64
H. Verfahren zur Feststellung der Pflegebedürftigkeit	67
I. Begriff der Pflegebedürftigkeit	67
II. Dauer der Pflegebedürftigkeit	68
III. Gewöhnliche und regelmäßig wiederkehrende Verrichtungen	70
1. Verrichtungen i.S.d. § 14 Abs. 4 SGB XI	70
2. Maßnahmen der Medizinischen oder Sozialen Rehabilitation	74
3. Medizinische Behandlungspflege	75
IV. Stufen der Pflegebedürftigkeit	80
V. Tätigkeit des Versicherers auf Antrag	84
VI. Begutachtung durch den ärztlichen Sachverständigen	86
VII. Ermittlung des Hilfebedarfs	89
VIII. Entscheidung des Versicherers	93
IX. Klageverfahren	96

Literatur

Prölls/Martin, Versicherungsvertragsgesetz, Kommentar, 27. Auflage 2004; **Terbille** (Hrsg.), Münchener Anwaltshandbuch Versicherungsrecht, 2004; **Udsching,** Sozialgesetzbuch XI, Kommentar, 2. Auflage 2000; **Theodoridis** in: van Bühren (Hrsg.), Handbuch Versicherungsrecht, 3. Auflage 2007.

A. Vorbemerkung

1 Mit Inkrafttreten des Pflegeversicherungsgesetzes am 1.1.1995 besteht sowohl für gesetzlich Versicherte als auch für in privaten Krankenversicherungsunternehmen versicherte Personen die Pflicht, sich gegen das Risiko der Pflegebedürftigkeit und den damit zusammenhängenden Kosten abzusichern.

2 Leistungsvoraussetzungen und Leistungsumfang bestimmen sich für privat Versicherte nach § 178b Abs. 4 VVG in Verbindung mit den Allgemeinen Versicherungsbedingungen (MB/PPV) und dem Tarif PV für die private Pflegepflichtversicherung. Für gesetzlich Versicherte ist die soziale Pflegeversicherung gemäß Sozialgesetzbuch XI maßgebend.

3 Das private Pflegepflichtversicherungsrecht ist ein hervorzuhebendes Beispiel für die Verzahnung von Sozialrecht und Privatem Versicherungsrecht. Gemäß § 110 SGB XI darf der Leistungsumfang der sozialen Pflegeversicherung nicht unterschritten werden mit der Folge, dass sowohl das SGB XI als auch die sozialgerichtliche Rechtsprechung bei der Bearbeitung von Rechtsfällen nicht unbeachtet bleiben darf. Eine einheitliche Rechtsprechung wird dadurch gewährleistet, dass Rechtsstreitigkeiten aus der privaten Pflegepflichtversicherung trotz ihres zivilrechtlichen Charakters der Sozialgerichtsbarkeit zugewiesen sind (§ 51 Abs. 2 S. 2 SGG).

B. Die Organisation der Pflegeversicherung

4 Mit der Schaffung der Pflegeversicherung ist den privaten Krankenversicherungsunternehmen die Pflicht auferlegt worden, ihren Versicherten die Möglichkeit zu bieten, Pflegeversicherungsverträge abzuschließen. Ein eigenständiges Pflegeversicherungsunternehmen brauchte nicht geschaffen zu werden, so dass die jeweilgen Krankenversicherungsunternehmen Ansprechpartner und Gegner bei eventuellen Streitigkeiten sind. Träger der Sozialen Pflegeversicherung sind hingegen die Pflegekassen, die bei jeder Krankenkasse errichtet wurden (§ 4 Abs. 2 SGB V, § 46 SGB XI), und wie die übrigen Träger der Sozialversicherung, rechtsfähige Körperschaften des öffentlichen Rechts darstellen.

C. Versicherungspflicht und Annahmezwang

I. Versicherungspflicht

5 Die Versicherungspflicht für Versicherte der privaten Krankenversicherungsunternehmen ist im 3. Abschnitt des SGB XI geregelt. Personen, die gegen das Risiko Krankheit bei einem privaten Krankenversicherungsunternehmen mit Anspruch auf allgemeine Krankenhausleistungen versichert sind, sind gemäß § 23 Abs. 1 SGB XI verpflichtet, bei ihrem Krankenversicherungsunternehmen einen Versicherungsvertrag gegen das Risiko der Pflegebedürftigkeit abzuschließen.

6 Versicherte der privaten Krankenversicherungsunternehmen können den Pflegeversicherungsvertrag auch bei einem anderen Unternehmen abschließen. Sie können entweder innerhalb von sechs Monaten nach Beginn der individuellen Versicherungspflicht ihr Wahlrecht ausüben oder zu einem späteren Zeitpunkt nach Einhaltung der

vereinbarten Kündigungsfrist zu einem anderen Krankenversicherungsunternehmen wechseln (§ 23 Abs. 2 SGB XI).

Auch Personen, die nach beamtenrechtlichen Vorschriften oder Grundsätzen bei Pflegebedürftigkeit Anspruch auf Beihilfe haben, sind gemäß § 23 Abs. 3 SGB XI verpflichtet, eine entsprechende anteilige beihilfekonforme Versicherung abzuschließen, sofern sie nicht freiwillige Mitglieder einer gesetzlichen Krankenversicherung sind.

Ein Verstoß gegen die Pflicht, einen privaten Pflegeversicherungsvertrag abzuschließen oder zu unterhalten, stellt eine Ordnungswidrigkeit dar. Die Bußgeldvorschrift findet sich in § 112 SGB XI.

Gemäß § 22 SGB XI haben Personen, die nach § 20 Abs. 3 SGB XI in der sozialen Pflegeversicherung versicherungspflichtig sind, ein Befreiungsrecht. So können sich freiwillige Mitglieder einer gesetzlichen Krankenversicherung von der Versicherungspflicht befreien lassen, wenn sie nachweisen, dass sie bei einem privaten Versicherungsunternehmen gegen Pflegebedürftigkeit versichert sind und Leistungen beanspruchen können, die nach Art und Umfang den Leistungen des 4. Kapitels des SGB XI gleichwertig sind. Der Antrag auf Befreiung kann nur innerhalb von drei Monaten nach Beginn der Versicherungspflicht bei der Pflegekasse gestellt werden (§ 22 Abs. 2 SGB XI).

II. Annahmezwang

Gemäß § 110 SGB XI unterliegen die zum Betrieb der Pflegeversicherung befugten privaten Krankenversicherungsunternehmen dem Kontrahierungszwang. Die privaten Krankenversicherungsunternehmen sind verpflichtet, mit allen in §§ 22 und 23 Abs. 1, 3 und 4 SGB XI genannten versicherungspflichtigen Personen auf Antrag einen Versicherungsvertrag abzuschließen, der einen Versicherungsschutz in dem in § 23 Abs. 1 und 3 SGB XI festgelegten Umfang vorsieht. Der Kontrahierungszwang besteht auch für Krankenversicherungsunternehmen, die von den Versicherten gemäß § 23 Abs. 2 SGB XI gewählt werden. Der Kontrahierungszwang ist vom Bundesverfassungsgericht mit Entscheidung vom 3.4.2001 als verfassungsgemäß angesehen worden und daher nicht zu beanstanden.[1]

D. Vertragsabschluss

In der privaten Pflegepflichtversicherung kommt der Vertrag nicht kraft Gesetzes zustande, wie dies in der sozialen Pflegeversicherung geschieht, sondern nach den allgemeinen zivilrechtlichen Grundsätzen durch Annahme des Vertragsangebots seitens des Versicherungsunternehmens.

Der Antrag des Versicherten wird durch eine schriftliche Annahmeerklärung angenommen oder durch Aushändigung des Versicherungsscheins. Der Versicherungsvertrag kommt nicht durch konkludente Annahme des Versicherungsangebotes des Versicherers zustande, wenn dieser den Versicherungsschein vorbereitet, ihn den bei ihnen krankenversicherten Personen übersendet und ihnen mitteilt, man könne von einem Vertragschluss ausgehen, wenn der Versicherungsnehmer nicht innerhalb einer ihm gesetzten

---

1 BVerfG, Urt. v. 3.4.2001 – 1 BvR 2014/95, VersR 2001, 627 = NJW 2001, 1709.

Frist widerspricht.² Reagiert der Versicherungsnehmer auf dieses Schreiben nicht, kommt der Versicherungsvertrag auch dann nicht zustande, wenn der Versicherer die Prämien einzieht.

E. Versicherungspflichtiger Personenkreis

13 Welcher Personenkreis in der privaten Pflegepflichtversicherung versicherungspflichtig ist, ist in § 23 Abs. 1 S. 1, Abs. 3 und 4 SGB XI geregelt. Versicherungspflichtig sind demnach:

- Personen, die gegen das Risiko Krankheit bei einem privaten Krankenversicherungsunternehmen mit Anspruch auf allgemeine Krankenhausleistungen versichert sind. Erforderlich ist, dass der private Krankenversicherungsvertrag als Mindeststandard einen Anspruch auf allgemeine Krankenhausleistungen enthält.³
- Beamte, die beihilfeberechtigt sind, müssen eine anteilige Versicherung abschließen. Fraglich ist, ob auch beilhilfeberechtigte Personen versicherungspflichtig sind, wenn sie nicht über einen privaten Krankenversicherungsschutz verfügen.⁴ *Udsching* bejaht die Versicherungspflicht, räumt aber ein, dass bei diesem Personenkreis die Versicherungspflicht nicht durchgesetzt werden könne, zumal eine Meldepflicht der privaten Versicherungsunternehmen nach § 51 Abs. 1 SGB XI oder des Dienstherrn nach § 51 Abs. 2 SGB XI nicht bestehe und die Bußgeldvorschrift des § 112 SGB XI sie nicht erfasse.⁵
- Heilfürsorgeberechtigte (z.B. Polizeibeamte, Soldaten, Feuerwehrleute), Mitglieder der Postbeamtenkrankenkasse und Mitglieder der Krankenversorgung der Bundesbahnbeamten (§ 23 Abs. 4 SGB XI).
- Wehrpflichtige gehören nur dann dem Personenkreis der versicherungspflichtigen Heilfürsorgeberechtigten an, wenn sie weder der gesetzlichen Krankenversicherung angehören noch für sie ein privater Krankenversicherungsvertrag besteht.
- Ehegatten und Kinder sind unter den in § 25 SGB XI genannten Voraussetzungen beitragsfrei im Rahmen der Familienversicherung mitversichert.⁶ Abweichend von § 10 SGB V für die Frage der Krankenversicherung während der Zeit des Wehr- und Zivildienstes besteht in dieser Zeit die Pflegeversicherung im Rahmen der Familienversicherung fort (§ 25 Abs. 4 SGB XI).

14 Der Personenkreis, der der sozialen Pflegeversicherungspflicht unterliegt, ist in den Vorschriften der §§ 20, 21 und 25 SGB XI umschrieben.

- In erster Linie unterliegen der Versicherungspflicht die Mitglieder der gesetzlichen Krankenversicherung (§ 20 SGB XI). Erfasst sind auch freiwillige Mitglieder der gesetzlichen Krankenversicherung (§ 20 Abs. 3 SGB XI).
- Der in § 21 SGB XI umschriebene Personenkreis, wie z.B. Soldaten auf Zeit, ist versicherungspflichtig, wenn diese Personen weder in der gesetzlichen noch in der privaten Krankenversicherung krankenversichert sind.

---

2 Prölls/Martin/*Prölls*, § 178b Rn 20.
3 *Udsching*, § 23 Rn 5.
4 Ablehnend KassKomm/*Peters*, § 23 Rn 7; SG Münster VersR 2002, 882.
5 *Udsching*, § 23 Rn 7.
6 Hierzu ausführlich *Udsching*, § 25 Rn 1 ff.

F. Beginn und Ende des Versicherungsschutzes

I. Beginn des Versicherungsschutzes

Der Versicherungsschutz beginnt mit dem im Versicherungsschein bezeichneten Zeitpunkt, jedoch nicht vor Abschluss des Versicherungsvertrages (§ 2 Abs. 1 MB/PPV) (zum konkludenten Abschluss eines Versicherungsvertrages vgl. Rn 5 ff.). Eine weitere Voraussetzung für den Beginn des Versicherungsschutzes ist die Zahlung des ersten Beitrags. Insoweit besteht kein Unterschied zu den übrigen Zweigen des privaten Versicherungsrechts. Des Weiteren beginnt der Versicherungsschutz nicht vor Ablauf der Wartezeit. Bei erstmaliger Stellung eines Leistungsantrages in der Zeit ab dem 1.1.2000 beträgt die Wartezeit sowohl bei Versicherten der privaten, als auch der sozialen Pflegeversicherung, fünf Jahre, wobei das Versicherungsverhältnis innerhalb der letzten zehn Jahre vor Stellung des Leistungsantrages mindestens fünf Jahre bestanden haben muss (§ 3 Abs. 2 MB/PPV, § 33 Abs. 2 SGB XI).

15

Für versicherte Kinder gilt die Wartezeit als erfüllt, wenn ein Elternteil sie erfüllt (§ 3 Abs. 3 MB/PPV bzw. § 33 SGB XI).[7] Gemäß § 3 Abs. 4 MB/PPV wird bei Personen, die aus der sozialen Pflegeversicherung ausscheiden oder von einer privaten Pflegepflichtversicherung zu einer anderen wechseln, die nachweislich dort ununterbrochen zurückgelegte Versicherungszeit auf die Wartezeit angerechnet.

16

II. Ende des Versicherungsschutzes

1. Kündigung durch den Versicherungsnehmer (§ 27 SGB XI, § 13 MB/PPV, § 178h Abs. 3 und 4 VVG)

Eine ordentliche Kündigung des Pflegepflichtversicherungsvertrages ist nur eingeschränkt möglich. So sieht § 13 Abs. 3 MB/PPV für diejenigen Versicherten eine Kündigung mit einer Frist von zwei Monaten vor, die das Versicherungsverhältnis durch Beitritt gemäß § 26a SGB XI begründet haben, weil sie zum Zeitpunkt der Einführung der Pflegeversicherung keinen Tatbestand der Versicherungspflicht in der sozialen oder privaten Pflegeversicherung erfüllten.

17

Im Übrigen kann der Versicherungsnehmer den Versicherungsvertrag nur dann kündigen, wenn die bestehende Versicherungspflicht in der privaten Pflegepflichtversicherung endet, z.B. wegen Eintritt der Versicherungspflicht in der sozialen Pflegeversicherung (§ 13 Abs. 1 MB/PPV).

18

Der Versicherungsnehmer kann die private Pflegepflichtversicherung binnen zwei Monaten seit Beendigung der Versicherungspflicht rückwirkend zu deren Ende kündigen. Erfolgt die Kündigung nicht binnen zwei Monaten, ist eine rückwirkende Beendigung der Versicherung nicht möglich. In diesem Fall endet das Versicherungsverhältnis zum Ende des Monats, indem der Versicherungsnehmer den Wegfall der Versicherungspflicht nachweist (§ 13 Abs. 1 MB/PPV).

19

---

7 Vgl. hierzu BSG, Urt. v. 19.4.2007 – B 3 P 1/06 R, zfs 2007, 177.

2. Kündigung durch den Versicherer (§ 14 MB/PPV)

20 Eine Beendigung der privaten Pflegepflichtversicherung seitens des Versicherers ist weder durch Kündigung noch durch Rücktritt möglich, solange der Kontrahierungszwang des § 110 Abs. 1 Nr. 1, Abs. 3 Nr. 1 SGB XI besteht (§ 110 Abs. 4 SGB XI).

21 Bei Wegfall der Versicherungspflicht ist der Kontrahierungszwang aufgehoben. Der Versicherer kann dann gemäß § 14 Abs. 2 MB/PPV den Versicherungsvertrag kündigen. Ein Rücktritt des Versicherers hinsichtlich der Krankheitskostenversicherung führt nicht zugleich zur Beendigung des Pflegeversicherungsvertrages.[8]

22 Vielmehr müssen sich die Beendigungsgründe auf die Pflegeversicherung beziehen. Ein Rücktritt vom Pflegeversicherungsvertrag wegen des Verschweigens von Vorerkrankungen gemäß §§ 16, 17 VVG ist nicht möglich, anders *Prölls* für den Fall, dass der Versicherungsnehmer nach Inkrafttreten des SGB XI einen Krankenversicherungsvertrag abgeschlossen hat.[9] Für diese Einschränkung ist keine Rechtfertigung ersichtlich. Der Versicherer kann sich trotz Vertragsverletzung nicht vom Vertrag lösen. Dies gilt auch für den Fall des Verschweigens von Vorerkrankungen.[10]

G. Die Leistungen der Pflegeversicherung

23 Die Leistungen der privaten Pflegeversicherung unterscheiden sich von denen der Sozialen nicht. Die Vertragsleistungen müssen nach Art und Umfang den Leistungen des 4. Kapitels des SGB XI gleichwertig sein (§ 23 Abs. 1 S. 2 SGB XI). Ein Unterschied besteht in der Art der Inanspruchnahme der Leistungen. Die privaten Krankenversicherungsunternehmen kennen das Sachleistungsprinzip, wonach dem Versicherten die Leistungen zur Verfügung gestellt werden und hierfür gesonderte Verträge mit den Leistungserbringern geschlossen werden müssen, nicht. Vielmehr beschafft sich in diesem Fall der Versicherte die Leistungen selbst und verlangt vom Krankenversicherungsunternehmen die Erstattung der Aufwendungen. Die Höhe der erstattungsfähigen Aufwendungen in der privaten Pflegeversicherung ist mit den Pflegeleistungen in der sozialen Pflegeversicherung identisch.

I. Leistungen bei häuslicher Pflege

24 Wird der Pflegebedürftige in seinem häuslichen Umfeld gepflegt, sind folgende Leistungen vorgesehen:

1. Häusliche Pflegehilfe

25 Bei häuslicher Pflege erhält der Versicherte Ersatz von Aufwendungen für Grundpflege und hauswirtschaftliche Versorgung (§ 4 Abs. 1 MB/PPV). Pflegebedürftige der sozialen Pflegeversicherung haben Anspruch auf die entsprechende Sachleistung (§ 36 SGB XI). Die Grundpflege und die hauswirtschaftliche Versorgung wird von einem ambulanten Pflegedienst durchgeführt (**häusliche Pflegehilfe**).

---

8 Prölls/Martin/*Prölls*, § 178b Rn 21.
9 Prölls/Martin/*Prölls*, § 178b Rn 21.
10 *Udsching*, § 110 Rn 13.

Die Höhe der erstattungsfähigen Aufwendungen richtet sich nach der jeweiligen Pflegestufe. Erstattet werden gemäß Nr. 1 des Tarifs PV monatlich in der
- Pflegestufe I   Pflegeeinsätze bis zu einem Gesamtwert von 384 EUR
- Pflegestufe II   Pflegeeinsätze bis zu einem Gesamtwert von 921 EUR
- Pflegestufe III Pflegeeinsätze bis zu einem Gesamtwert von 1.432 EUR
- in Härtefällen   Pflegeeinsätze bis zu einem Gesamtwert von 1.918 EUR.

Ein Härtefall liegt vor, wenn ein außergewöhnlich hoher Pflegeaufwand vorliegt, der das übliche Maß der Pflegestufe III weit übersteigt, z.B. wenn im Endstadium von Krebserkrankungen regelmäßig mehrfach auch in der Nacht Hilfe geleistet werden muss (Nr. 1 des Tarifs PV i.V.m. § 36 Abs. 4 S. 1 SGB XI).

Bei der Härtefallregelung handelt es sich um eine Ausnahmeregelung in besonders gelagerten Einzelfällen, die in der sozialen Pflegeversicherung nach § 36 Abs. 4 S. 2 SGB XI bei der einzelnen Pflegekasse für nicht mehr als 3 % der bei ihr versicherten Pflegebedürftigen der Pflegestufe III, die häuslich gepflegt werden, Anwendung findet. Für die Versicherten der privaten Pflegepflichtversicherung findet diese Regelung keine Anwendung.

Die Voraussetzungen zur Feststellung des Härtefalles finden sich in den Richtlinien zur Anwendung der Härtefallregelungen, die die Spitzenverbände der Pflegekassen unter Beteiligung des medizinischen Dienstes der Spitzenverbände der Krankenkassen gemeinsam nach § 17 Abs. 1 SGB XI beschließen. Aufgrund des Erfordernisses der Gleichwertigkeit der Leistungen sind die privaten Versicherungsunternehmen an die Beschlüsse der Spitzenverbände der Pflegekassen gebunden.

2. Pflegegeld für selbst beschaffte Pflegehilfen

Anstelle von Aufwendungsersatz für häusliche Pflegehilfe kann der Pflegebedürftige gemäß § 4 Abs. 2 MB/PPV bzw. § 37 SGB XI ein **Pflegegeld** beantragen. Der Anspruch setzt voraus, dass der Pflegebedürftige mit dem Pflegegeld dessen Umfang entsprechend die erforderliche Grundpflege und hauswirtschaftliche Versorgung in geeigneter Weise selbst sicherstellt.

Das Pflegegeld beträgt nach Nr. 2.1 des Tarifs PV bzw. § 36 Abs. 2 SGB XI je Kalendermonat:
- für Pflegebedürftige der Pflegestufe I   205 EUR
- der Pflegestufe II   410 EUR
- der Pflegestufe III   665 EUR.

Mit der Wahl des Pflegegeldes entscheidet der Pflegebedürftige selbst, in welcher Weise er die Versorgung sicherstellt. Er ist nicht verpflichtet, einen professionellen Pflegedienst in Anspruch zu nehmen.

Pflegebedürftige, die sich für den Bezug von Pflegegeld entschieden haben, müssen regelmäßig, d.h. bei Pflegestufe I und II mindestens einmal halbjährlich, bei Pflegestufe III mindestens einmal vierteljährlich (vgl. § 4 Abs. 4 MB/PPV i.V.m. § 37 Abs. 3 SGB XI) einen Pflegeeinsatz durch eine Pflegeeinrichtung, mit der die Pflegekassen einen Versorgungsvertrag abgeschlossen haben oder die von den Trägern der privaten Pflegepflichtversicherung anerkannt worden ist, abrufen. Diese Pflegeeinsätze dienen der Sicherung der Qualität der häuslichen Pflege und der regelmäßigen Hilfestellung und Beratung der häuslich Pflegenden. Die Kosten des Pflegeeinsatzes trägt das zuständige Versicherungsunternehmen. Der Pflegebedürftige kann selbst entscheiden, welchen Pflegedienst er für diesen Pflegeeinsatz abrufen möchte.

34 *Wichtig*
Ruft der Pflegebedürftige den Pflegeeinsatz nicht ab, muss der Versicherer das Pflegegeld kürzen und im Wiederholungsfall gänzlich entziehen.

35 *Hinweis*
Der Pflegebedürftige kann auch nicht die Nachzahlung des Pflegegeldes verlangen, wenn er den erforderlichen Pflegeeinsatz nachholt. Eine Nachzahlung ist gesetzlich nicht vorgesehen.[11]

3. Kombination von Geldleistung und Sachleistung (Kombinationsleistung)

36 Der Pflegebedürftige hat auch die Möglichkeit, nur in einem gewissen Umfang Aufwendungsersatz für häusliche Pflegehilfe in Anspruch zu nehmen und darüber hinaus das anteilige Pflegegeld zu erhalten. An der Entscheidung, in welchem Verhältnis er Pflegegeld und Aufwendungsersatz für häusliche Pflegehilfe in Anspruch nehmen will, ist der Pflegebedürftige für die Dauer von sechs Monaten gebunden (§ 4 Abs. 2 MB/PPV bzw. § 38 SGB XI).

4. Häusliche Pflege bei Verhinderung der Pflegeperson

37 Ist eine Pflegeperson wegen Erholungsurlaubs, Krankheit oder aus anderen Gründen an der Pflege gehindert, besteht für den Pflegebedürftigen die Möglichkeit, eine **Ersatzpflege** in Anspruch zu nehmen. Die Kosten der notwendigen Ersatzpflege übernimmt der Versicherer für längstens vier Wochen je Kalenderjahr bis zu 1.432 EUR.

38 § 4 Abs. 1 MB/PPV bzw. § 39 SGB XI enthält die Regelung, dass Verwandte oder Verschwägerte der versicherten Person bis zum dritten Grad sowie Personen, die mit der versicherten Person in häuslicher Gemeinschaft leben, als Einzelpflegekräfte nicht anerkannt werden. Diese Einschränkung bezieht sich nicht auf die notwendige Ersatzpflege. Diese ist in § 4 Abs. 6 MB/PPV i.V.m. dem Tarif PV Nr. 3 geregelt und sieht vor, dass für Verwandte bis zum zweiten Grad sowie Verschwägerte und Personen, die mit dem Versicherten in häuslicher Gemeinschaft leben, die Vermutung gilt, dass die Ersatzpflege nicht erwerbsmäßig ausgeübt wird. In diesen Fällen darf der Ersatz der Aufwendungen den Betrag des Pflegegeldes der jeweiligen Pflegestufe nicht überschreiten.

39 Der Höchstbetrag von 1.432 EUR kann somit nur dann abgerufen werden, wenn die Ersatzpflege erwerbsmäßig durchgeführt wird.[12] Eine pflegeversicherungsrechtliche Zulassung als Leistungserbringer ist nicht erforderlich, um die Tätigkeit der Ersatzpflegeperson als erwerbsmäßig einzustufen. Erforderlich sei vielmehr, dass die Ersatzpflege wenigstens einen Teil der Berufstätigkeit der Pflegeperson darstellt und dazu dient, ihren Lebensunterhalt ganz oder teilweise zu sichern.[13]

40 Erfasst werden alle Formen der professionellen Pflege unabhängig davon, ob sie haupt- oder nebenberuflich erfolgt. Entscheidend ist vielmehr, dass die Pflegeperson über eine abgeschlossene Ausbildung in einem pflegerischen Beruf verfügt und gegen Entgelt tätig ist oder dass sie ohne eine abgeschlossene Berufsausbildung hinreichende Berufs-

---

11 BSG, Urt. v. 24.7.2003 – B 3 P 4/02 R, NZS 2004, 428.
12 BSG, Urt. v. 6.6.2002 – B 3 P 2/02 R, NZS 2003, 213.
13 BSG, Urt. v. 6.6.2002 – B 3 P 2/02 R, NZS 2003, 213 ff.

erfahrung im Bereich der Pflege, etwa als pflegerische Hilfskraft in Pflegediensten oder stationären Einrichtungen, erworben hat.[14]

Zum pflegerischen Beruf gehören alle zur Pflegefachkraft i.S.d. § 71 Abs. 3 SGB XI qualifizierenden Berufe, wie z.B. Krankenschwester/-pfleger, Kinderkrankenschwester/-pfleger, Altenpfleger/in, Heilerzieher/in, Heilerziehungspfleger/in, Dorfhelferin, Gemeindeschwester.

5. Pflegehilfsmittel und technische Hilfen

Soweit nicht die Krankenversicherung oder ein anderer Leistungsträger zuständig ist, können Pflegebedürftige Ersatz von Aufwendungen für die Versorgung mit **Pflegehilfsmitteln** beanspruchen, die zur Erleichterung der Pflege oder zur Linderung der Beschwerden beitragen oder dem Pflegebedürftigen eine selbständigere Lebensführung ermöglichen (§ 4 Abs. 7 MB/PPV bzw. § 40 SGB XI).

Ebenso wie in der Krankenversicherung stellen auch in der Pflegeversicherung allgemeine Gebrauchsgegenstände des täglichen Lebens kein Hilfsmittel dar. Hilfsmittel, die lediglich außerhalb des häuslichen Umfeldes benötigt werden, gehören nicht zum Leistungskatalog der Pflegekassen.[15] Hilfsmittel, die zum Verbrauch bestimmt sind, wie z.B. Einmalwindeln, werden von dem Versicherer bezuschusst, die Aufwendungen dürfen jedoch monatlich den Betrag von 31 EUR nicht übersteigen (§ 4 Abs. 7 MB/PPV i.V.m. Nr. 4.2 des Tarifs PV). Der Anspruch auf Gewährung von Hilfsmitteln umfasst auch die notwendige Änderung, Ersatzbeschaffung von Hilfsmitteln sowie Ausbildung in ihrem Gebrauch (§ 4 Abs. 7 S. 2 MB/PPV).

Erstattungsfähig sind Aufwendungen für die in dem Pflegehilfsmittelverzeichnis der privaten Pflegepflichtversicherung aufgeführten Pflegehilfsmittel und technischen Hilfen. Bei Fehlen eines solchen ist das Pflegehilfsmittelverzeichnis der Spitzenverbände der sozialen Pflegeversicherung oder die ersatzweise erlassene Rechtsverordnung des Bundesministeriums für Arbeit und Sozialordnung maßgeblich (Nr. 4 des Tarifs PV).

Anders als in der privaten Krankenversicherung, in der die Definition des Hilfsmittelbegriffs nicht auf die gesetzliche Krankenversicherung übertragen werden kann, ist der Begriff des Pflegehilfsmittels in der privaten und sozialen PV identisch. Dennoch unterscheiden sich die Hilfsmittelverzeichnisse im Rechtscharakter.

Allein die Tatsache, dass ein beantragtes Hilfsmittel nicht im Hilfsmittelverzeichnis der sozialen Pflegeversicherung aufgeführt ist, bedeutet nicht, dass ein negativer Leistungsausschluss vorliegt. In diesem Fall wird zu prüfen sein, ob das beantragte Hilfsmittel tatsächlich ein notwendiges Hilfsmittel i.S.d. SGB XI ist und die Pflegekasse zur Leistungsgewährung herangezogen werden kann.

In der privaten PV ist das Hilfsmittelverzeichnis hingegen Bestandteil des Versicherungsvertrages. Enthält das Hilfsmittelverzeichnis eine enumerative Aufzählung der erstattungsfähigen Hilfsmittel sind Leistungen für nicht aufgezählte Geräte ausgeschlossen.[16] Eine Prüfung, ob ein nicht aufgeführtes Pflegehilfsmittel notwendig ist, findet nicht statt. Im Hinblick auf das Erfordernis der Gleichwertigkeit der Leistungen kann im Einzelfall ein im Pflegehilfsmittelverzeichnis der Sozialen Pflegeversicherung auf-

---

14 BSG, Urt. v. 6.6.2002 – B 3 P 2/02 R, NZS 2003, 213.
15 Vgl. BSG, Urt. v. 3.11.1999 – B 3 P 3/99 R, NZS 2000, 404; BSG, Urt. v. 11.4.2002 – B 3 P 10/01 R, NZS 2002, 543.
16 Für den Bereich der Krankenversicherung vgl. Terbille/*Schubach*, § 22 Rn 213 m.w.N.

geführtes Hilfsmittel auch von dem in der Privaten Pflegepflichtversicherung versicherten Pflegebedürftigen beansprucht werden.[17]

6. Wohnumfeldverbesserungen

48 Gemäß § 4 Abs. 7 MB/PPV bzw. § 40 Abs. 4 SGB XI kann der Versicherer Zuschüsse für Maßnahmen zur **Verbesserung des individuellen Wohnumfeldes** des Pflegebedürftigen bis zu 2.557 EUR je Maßnahme gewähren, um die häusliche Pflege zu ermöglichen oder erheblich zu erleichtern oder eine möglichst selbständige Lebensführung des Pflegebedürftigen wiederherzustellen. Solche Maßnahmen können z.B. sein: Verbreitern der Türen für Rollstuhlfahrer, Badezimmerumbau, etc. Als Maßnahme gilt die Gesamtheit der behindertengerechten Umbauten nach den Erfordernissen der Pflege im Zeitpunkt der Antragstellung.[18] Erst wenn sich der Pflegebedarf ändert, kommt ein erneuter Anspruch auf Zuschussgewährung in Frage. Auch andere nachvollziehbare Erwägungen, wie z.B. Umzug, die zu einer erneuten Umbaumaßnahme führen, können einen erneuten Zuschuss rechtfertigen.[19]

7. Tagespflege und Nachtpflege (§ 4 Abs. 8 MB/PPV bzw. § 41 SGB XI)

49 Wenn die häusliche Pflege nicht in ausreichendem Umfang sichergestellt werden kann, haben Pflegebedürftige Anspruch auf **teilstationäre Pflege** in Einrichtungen der Tages- oder Nachtpflege. Die teilstationäre Pflege ist eine ergänzende Leistung zur häuslichen Pflege und soll die ständige Unterbringung in einer vollstationären Einrichtung verhindern, wenn die Pflegeperson die Pflege nicht in vollem Umfange sicherstellen kann.

50 Die Aufwendungen der teilstationären Pflege übernimmt der Versicherer für Pflegebedürftige der

- Pflegestufe I im Wert bis zu 384 EUR
- Pflegestufe II im Wert bis zu 921 EUR und
- der Pflegestufe III im Wert bis zu 1.432 EUR

je Kalendermonat.

51 Wird der für die jeweilige Pflegestufe vorgesehene Höchstwert der erstattungsfähigen Aufwendungen nicht voll ausgeschöpft, erhält der Pflegebedürftige das anteilige Pflegegeld (§ 4 Abs. 9 MB/PPV bzw. § 41 Abs. 3 S. 2 SGB XI).

8. Kurzzeitpflege (§ 4 Abs. 11 MB/PPV bzw. § 42 SGB XI)

52 Kann die häusliche Pflege zeitweise nicht, noch nicht oder nicht im erforderlichen Umfang erbracht werden und reicht auch teilstationäre Pflege nicht aus, besteht Anspruch auf Pflege in einer vollstationären Einrichtung.

53 Die **Kurzzeitpflege** kommt in Betracht für eine Übergangszeit im Anschluss an eine stationäre Behandlung des Pflegebedürftigen oder in sonstigen Krisensituationen, in denen vorübergehend häusliche oder teilstationäre Pflege nicht möglich oder nicht ausrei-

---

17 Vgl. BSG, Urt. v. 10.11.2005 – B 3 P 10/04 R, SGb 2006, 488.
18 Vgl. BSG, Urt. v. 3.11.1999 – B 3 P 6/99 R, NZS 2000, 355.
19 Vgl. BSG, Urt. v. 19.4.2007 – B 3 P 8/06 R, zfs 2007, 177.

chend ist. Der Anspruch auf Kurzzeitpflege ist auf vier Wochen pro Kalenderjahr beschränkt. Der Versicherer übernimmt die Aufwendungen für die Kurzzeitpflege bis zu einem Gesamtbetrag von 1.432 EUR im Kalenderjahr.

> *Hinweis* 54
> Die Inanspruchnahme der Kurzzeitpflege schließt nicht die Inanspruchnahme der Verhinderungspflege im selben Kalenderjahr aus. Fällt die Pflegeperson für eine längere Zeit aus, kann im Anschluss an die Verhinderungspflege die Kurzzeitpflege in einer vollstationären Einrichtung folgen.

II. Vollstationäre Pflege

Gemäß § 4 Abs. 12 MB/PPV haben Pflegebedürftige Anspruch auf Ersatz von Aufwendungen für allgemeine Pflegeleistungen in vollstationären Einrichtungen, wenn häusliche oder teilstationäre Pflege nicht möglich ist oder wegen der Besonderheit des Einzelfalles nicht in Betracht kommt. Der Anspruch auf die Sachleistung ergibt sich aus § 43 SGB XI. 55

Die erstattungsfähigen Aufwendungen hängen von den jeweiligen Pflegestufen ab. Diese betragen gemäß Nr. 7.1 des Tarifs PV monatlich in der 56

- Pflegestufe I   1.023 EUR
- Pflegestufe II   1.279 EUR
- Pflegestufe III   1.432 EUR.

Zur Vermeidung von Härtefällen können die erstattungsfähigen Aufwendungen bis zu 1.688 EUR betragen. Ein Härtefall liegt vor, wenn ein außergewöhnlich hoher und intensiver Pflegeaufwand erforderlich ist, der das übliche Maß der Pflegestufe III weit übersteigt, beispielsweise bei Apallikern, schwerer Demenz oder im Endstadium von Krebserkrankungen (vgl. § 43 Abs. 3 SGB XI). 57

Der Versicherer übernimmt die pflegebedingten Aufwendungen, die Aufwendungen der sozialen Betreuung sowie in der Zeit vom 1.7.1996 bis zum 30.6.2007 die Aufwendungen für Leistungen der Medizinischen Behandlungspflege. Nach dem 1.7.2007 sollen die Kosten für Leistungen der Medizinischen Behandlungspflege in der vollstationären Einrichtung von den Krankenkassen und Krankenversicherungen übernommen werden. Ein entsprechendes Gesetz soll das Nähere regeln. Unterkunft und Verpflegungskosten sowie Zusatzleistungen nach § 88 SGB XI muss der Pflegebedürftige selbst tragen. 58

> *Hinweis* 59
> Ist das Pflegeheim mit der Zuordnung des Pflegebedürftigen in eine Pflegestufe nicht einverstanden, etwa weil die erbrachte Pflege weitaus umfangreicher ist, kann es nicht gegen den Versicherer aus eigenem Recht vorgehen.

Dem steht auch nicht die Entscheidung des Bundessozialgerichts vom 1.9.2005[20] entgegen. Nach dieser Entscheidung steht den Heimträgern bis zu den Höchstbeträgen des § 43 Abs. 5 SGB XI für die vollstationäre Heimpflege der Versicherten ein unmittelbarer vertraglicher Zahlungsanspruch gegen die Pflegekassen zu. Den Anspruch leitet das Bundessozialgericht aus dem Versorgungsvertrag (§§ 72, 73 SGB XI) i.V.m. der Pflegesatzvereinbarung gemäß § 85 SGB XI ab. Insoweit werden die Pflegeeinrichtungen unmittelbar gemäß ihren Verpflichtungen aus dem Versorgungsvertrag und der 60

---

[20] BSG, Urt. v. 1.9.2005 – B 3 P 4/04 R, NZS 2006, 426.

Pflegesatzvereinbarung tätig und erfüllen die den Pflegekassen gegenüber den Versicherten bestehende Sachleistungspflicht i.S.d. §§ 4 Abs. 1, 43 Abs. 1 SGB XI. Die Beträge nach § 43 Abs. 5 SGB XI stehen den Versicherten nicht als Geldleistung der sozialen Pflegeversicherung zu, wie es beim Pflegegeld für selbstbeschaffte Pflegehilfen der Fall ist, sondern den Heimträgern als Entgelt der Pflegekassen für erbrachte Sachleistungen.

61 Zwar richtet sich auch die Höhe der erstattungsfähigen Aufwendungen des privat Versicherten nach der jeweiligen Pflegeklasse und den zwischen den Trägern der Pflegeheime und den Leistungsträgern der Sozialen Pflegeversicherung vereinbarten Pflegesätzen. Ein unmittelbarer Leistungsanspruch des Heimträgers gegenüber dem privaten Krankenversicherungsunternehmen besteht jedoch mangels Versorgungsvertrag und Pflegesatzvereinbarung nicht.

62 Will das Pflegeheim eine höhere Pflegestufe des Heimbewohners durchsetzen, besteht die Möglichkeit, den Heimbewohner schriftlich aufzufordern, einen Höherstufungsantrag bei seinem Versicherer zu stellen. Kommt der Heimbewohner dieser Aufforderung nicht nach, kann das Pflegeheim die Vergütung erhöhen und die Leistungen nach der Pflegestufe abrechnen, die nach Auffassung des Pflegeheims tatsächlich vorliegt (§ 87a Abs. 2 SGB XI).

63 Für Pflegebedürftige in einer **vollstationären Einrichtung der** Behindertenhilfe (§ 4 Abs. 1 S. 2 MB/PPV, Ziff. 7.2 des Tarifs PV, § 43a SGB XI), in der die berufliche und soziale Eingliederung, die schulische Ausbildung oder die Erziehung Behinderter im Vordergrund des Einrichtungszwecks stehen, übernimmt der Versicherer zur Abgeltung der Aufwendungen 10 % des Heimentgelts, das nach § 75 Abs. 3 SGB XI vereinbart ist, höchstens jedoch je Kalendermonat 256 EUR. Die Begrenzung der Leistung auf maximal 256 EUR wird als verfassungsgemäß angesehen.[21]

III. Leistungen zur Sozialen Sicherung der Pflegepersonen (§ 4 Abs. 14 MB/PPV, § 44 SGB XI)

64 Für Pflegepersonen, die nicht erwerbsmäßig einen Pflegebedürftigen in seiner häuslichen Umgebung pflegen, sieht das Gesetz Leistungen zur sozialen Sicherung der Pflegepersonen vor (§ 19 SGB XI). So sind Pflegepersonen während der pflegerischen Tätigkeit in den Versicherungsschutz der gesetzlichen Unfallversicherung einbezogen.

65 Die Pflegekasse, das private Versicherungsunternehmen oder die sonstigen in § 170 Abs. 1 Nr. 6 SGB VI genannten Stellen müssen Beiträge an den zuständigen Träger der gesetzlichen Rentenversicherung für die Pflegeperson entrichten, wenn die Pflege mehr als 14 Stunden in der Woche beträgt und die Pflegeperson regelmäßig nicht mehr als 30 Stunden wöchentlich anderweitig erwerbstätig ist.

66 *Wichtig*
Beträgt die Pflege unstreitig mehr als 14 Stunden in der Woche, meldet der Versicherer die Pflegeperson bei dem zuständigen Rentenversicherungsträger an und führt die entsprechenden Beiträge ab. Lehnt er hingegen die Rentenversicherungspflicht der Pflegeperson ab, ist der Versicherer nicht der Gegner in dem eventuellen Rechtsstreit.

---

21 BSG, Urt. v. 26.4.2001 – B 3 P 11/00 R, NZS 2002, 89.

Vielmehr schaltet der Versicherer nunmehr den zuständigen Rentenversicherungsträger ein, der verbindlich über die Rentenversicherungspflicht und die Abführung der Beiträge entscheidet. Lehnt auch der Rentenversicherungsträger die Versicherungspflicht der Pflegeperson ab, ist zunächst das Widerspruchsverfahren durchzuführen und sodann die Klage gegen den Rentenversicherungsträger zu führen.[22] Ist die Klage gegen die Pflegekasse oder das private Versicherungsunternehmen gerichtet worden, wird diese als unzulässig verworfen.[23]

H. Verfahren zur Feststellung der Pflegebedürftigkeit

I. Begriff der Pflegebedürftigkeit

Gemäß § 14 Abs. 1 SGB XI, § 1 Abs. 2 MB/PPV sind Personen pflegebedürftig, die wegen einer körperlichen, geistigen oder seelischen Krankheit oder Behinderung für die gewöhnlichen und regelmäßig wiederkehrenden Verrichtungen im Ablauf des täglichen Lebens auf Dauer, voraussichtlich für mindestens sechs Monate, in erheblichem oder höherem Maße der Hilfe bedürfen.

67

II. Dauer der Pflegebedürftigkeit

Der Eintritt der Pflegebedürftigkeit setzt voraus, dass diese auf Dauer besteht. Dies ist der Fall, wenn von einer Hilfebedürftigkeit von mindestens sechs Monaten ausgegangen werden kann. Wird der Hilfebedarf nicht mindestens sechs Monate andauern, können keine Leistungen aus der Pflegeversicherung in Anspruch genommen werden.

68

Der Zeitrahmen von sechs Monaten stellt keine Wartefrist dar. Es muss nicht zunächst abgewartet werden, ob der Hilfebedarf nach Ablauf der sechs Monate tatsächlich noch besteht. Die Entscheidung, ob der Hilfebedarf über die sechs Monate hinaus andauern wird, erfolgt auf der Grundlage einer Prognose. Hat der Versicherte eine geringere Lebenserwartung als die geforderten sechs Monate, kann er dennoch die Leistungen aus der Pflegeversicherung in Anspruch nehmen.

69

III. Gewöhnliche und regelmäßig wiederkehrende Verrichtungen

1. Verrichtungen i.S.d. § 14 Abs. 4 SGB XI

Welche Verrichtungen der Pflegebedürftige nicht mehr auszuüben vermag und insoweit der Hilfe bedarf, hat der Gesetzgeber abschließend in § 14 Abs. 4 SGB XI normiert, die sich in § 1 MB/PPV wiederfinden. Demnach sind gewöhnliche und regelmäßig wiederkehrende Verrichtungen:
- im Bereich der Körperpflege: das Waschen, Duschen, Baden, Kämmen, Rasieren, die Zahnpflege und Darm- oder Blasenentleerung;
- im Bereich der Ernährung: das mundgerechte Zubereiten der Nahrung, die Aufnahme der Nahrung;

70

---

22 BSG, Urt. v. 23.9.2003 – B 12 P 2/02 R, SGb 2001, 379.
23 BSG, Urt. v. 23.9.2003 – B 12 P 2/02 R, NZS 2004, 369.

- im Bereich der Mobilität: das selbständige Aufstehen und zu Bett gehen, An- und Auskleiden, Gehen, Stehen, Treppensteigen, das Verlassen und Wiederaufsuchen der Wohnung;
- im Bereich der hauswirtschaftlichen Versorgung: das Einkaufen, Kochen, Reinigen der Wohnung, Spülen, Wechseln und Waschen der Wäsche und Kleidung, das Beheizen.

71 Das Haarewaschen ist bei der Verrichtung Waschen/Duschen zu berücksichtigen, obwohl diese Verrichtung in der Regel nicht täglich anfällt.[24] Zur Zahnpflege gehört auch die Zahnersatz- und Mundpflege. Zum Rasieren gehört die dazu gehörige Haut- und Gesichtspflege. Zur mundgerechten Zubereitung der Nahrung gehört das Kleinschneiden der Nahrung, das Regulieren der Essenstemperatur sowie die Anleitung zum Umgang mit Besteck. Zur Nahrungsaufnahme gehört auch die Tätigkeit im Zusammenhang mit der Sondennahrung. Unter den Bereich des Verlassens/Wiederaufsuchen der Wohnung fallen nur diejenigen Verrichtungen außerhalb der Wohnung, die für die Aufrechthaltung der Lebensführung zu Hause unumgänglich sind und das persönliche Erscheinen des Pflegebedürftigen erfordern. Sowohl der Weg zum, als auch die Wartezeit beim Arzt, Krankengymnasten, Logopäden oder Ergotherapeuten wird bei der Bemessung des Pflegebedarfs berücksichtigt, wenn die Begleitung erforderlich ist und die Verrichtungen regelmäßig, d.h. mindestens einmal wöchentlich anfallen.

72 *Hinweis*
Eine Fehlerquelle im Gutachten ist häufig die Nichtberücksichtigung der Wartezeit beim Arzt etc. Das Bundessozialgericht hat hierzu entgegen dem bisherigen Wortlaut der Begutachtungsrichtlinien entschieden, dass die Ausklammerung notwendiger Wartezeiten der Pflegeperson bei außerhäuslichen Verrichtungen rechtswidrig ist, wenn die Pflegeperson während dieser Zeit keiner anderen sinnvollen Tätigkeit, die auch ohne die Wartezeit zu erledigen wäre, nachgehen kann.[25]

73 In diesem Urteil ist auch bekräftigt worden, dass die Verrichtung mindestens einmal wöchentlich erforderlich sein muss. Zwar seien Besuche beim Arzt und beim Krankengymnasten Verrichtungen, die für die Aufrechterhaltung der Lebensführung zu Hause unumgänglich sind und das persönliche Erscheinen des Pflegebedürftigen notwendig machen, doch gelte dies nicht uneingeschränkt. Verrichtungen, die seltener als regelmäßig mindestens einmal pro Woche anfallen, zählen nicht zum berücksichtigungsfähigen Pflegeaufwand. Das Gesetz stelle in § 15 Abs. 3 SGB XI mit hinreichender Deutlichkeit klar, dass bei der Ermittlung des für die Pflege erforderlichen Zeitaufwands auf die Woche abzustellen sei. Somit seien Verrichtungen, die seltener als regelmäßig mindestens einmal wöchentlich anfallen, bei der Feststellung des zeitlichen Pflegebedarfs nicht miteinzubeziehen.[26]

2. Maßnahmen der Medizinischen oder Sozialen Rehabilitation

74 Maßnahmen der Medizinischen oder Sozialen Rehabilitation werden beim Erfassen des Pflegeaufwands nicht berücksichtigt. Im Einzelfall ist die Abgrenzung erforderlich, ob die Behandlung beim nichtärztlichen Leistungserbringer der Krankenbehandlung zuzuordnen ist oder eine Maßnahme darstellt, bei der die Stärkung oder Verbesserung der

---

24 BSG, Urt. v. 31.8.2000 – B 3 P 14/99 R, NZS 2001, 265.
25 BSG, Urt. v. 29.4.1999 – B 3 P 7/98 R, SozR 3-3300 § 14 Nr. 10.
26 BSG, Urt. v. 29.4.1999 – B 3 P 7/98 R, SozR 3-3300 § 14 Nr. 10; BSG, Urt. v. 29.4.1999 – B 3 P 12/98 R, USK 9945.

Fähigkeit zur eigenständigen Lebensführung im Vordergrund steht. Dient die Behandlung sowohl der Besserung des aktuellen Gesundheitszustandes als auch der Verbesserung der körperlichen und geistigen Fähigkeiten für die Zukunft, muss es ausreichen, dass die Behandlung auch zur Behebung oder Besserung einer Krankheit führen soll. In diesem Fall wird der Besuch beim Leistungserbringer als Pflegeaufwand berücksichtigt.[27]

3. Medizinische Behandlungspflege

Maßnahmen der medizinischen Behandlungspflege sind nur dann auf die Pflegezeit anzurechnen, wenn sie in unmittelbarem Zusammenhang mit den in § 14 Abs. 4 SGB XI genannten Tätigkeiten anfallen. 75

Da der Katalog des § 14 Abs. 4 SGB XI abschließend ist, bestand lange Zeit Streit darüber, inwieweit die Medizinische Behandlungspflege beim Erfassen des Pflegeaufwandes zu berücksichtigen sei. Mit Urteil vom 19.2.1998[28] hat das BSG bestätigt, dass für die Feststellung von Pflegebedürftigkeit allein der Hilfebedarf bei den in § 14 Abs. 4 SGB XI aufgeführten Verrichtungen maßgebend sei, krankheitsbedingte Pflegemaßnahmen jedoch dann berücksichtigt werden können, wenn sie Bestandteile der Hilfe bei den Verrichtungen nach § 14 Abs. 4 SGB XI seien oder im unmittelbaren zeitlichen und sachlichen Zusammenhang mit dieser Hilfe erforderlich werden.[29] 76

> *Beispiel* 77
> Beispiele für die Medizinische Behandlungspflege, die in unmittelbarem zeitlichen und sachlichen Zusammenhang mit einer Verrichtung nach § 14 Abs. IV SGB XI stehen, sind: Behandlungen der Kopfhaut gegen Schuppenflechte im Zusammenhang mit der Verrichtung Haarewaschen; medizinisch notwendiges Einreiben oder Pudern der Haut nach vorangegangener Körperwäsche; Anziehen/Ausziehen von Kompressionsstrümpfen im Zusammenhang mit dem Anziehen/Ausziehen der Kleidung,[30] das Abklopfen bei Mukoviszidose-Kindern.[31]
>
> Keine Berücksichtigung finden nachfolgende Maßnahmen der Behandlungspflege:
>
> Insulingabe/Blutzuckerkontrolle für Diabetiker,[32] Heimdialyse,[33] Peritonealdialyse.[34]

Sowohl in Literatur als auch in der Rechtsprechung wird diskutiert, ob die Nichtberücksichtigung der Behandlungspflege bei der Ermittlung des Pflegeaufwandes verfassungswidrig ist. Jedenfalls hat das Bundessozialgericht in seinem Urteil vom 28.5.2003[35] „gute Gründe" für die Verfassungswidrigkeit des Ausschlusses der Behandlungspflege insoweit gesehen, als mangels Kompensierung durch Leistungen der Krankenversiche- 78

---

27 BSG, Urt. v. 28.5.2003 – B 3 P 6/02 R, NZS 2004, 206.
28 B 3 P 3/97 R, NZS 1998, 525.
29 BSG, Urt. v. 27.8.1998 – B 10 KR 4/97 R, BSGE 82, 276; Urt. v. 29.4.1999 – B 3 P 13/98 R, NZS 1999, 613; Urt. v. 22.8.2001 – B 3 P 23/00 R, USK 2001-84.
30 BSG, Urt. v. 30.10.2001 – B 3 KR 2/01 R, NZS 2002, 484.
31 Nicht jedoch bei Erwachsenen, vgl. BSG, Urt. v. 29.4.1999 – B 3 P 13/98 R, NZS 1999, 613.
32 BSG, Urt. v. 19.2.1998 – B 3 P 11/97 R, USK 9818; Urt. v. 17.6.1999 – B 3 P 10/98 R, SozR 3-3300 § 15 Nr. 7.
33 BSG, Urt. v. 6.8.1998 – B 3 P 9/97 R, SGb 1998, 522.
34 BSG, Urt. v. 12.11.2003 – B 3 P 5/02 R, NZS 2004, 431.
35 B 3 P 6/02 R, NZS 2004, 206.

rung die auf Dauer behandlungsbedürftigen Versicherten ungleich behandelt werden. Wegen der Rückverweisung des Rechtsstreits unterblieb eine Vorlage an das Bundesverfassungsgericht.

79 Die Nichtberücksichtigung des krankheitsbedingten Bedarfs psychisch Kranker und geistig Behinderter an allgemeine Betreuungs- und Hilfeleistungen hat das Bundesverfassungsgericht in zwei Beschlüssen als verfassungsgemäß angesehen und die zwei Verfassungsbeschwerden nicht zur Entscheidung angenommen.[36]

IV. Stufen der Pflegebedürftigkeit

80 Das SGB XI sieht drei Pflegestufen vor, die abhängig vom jeweiligen Pflegeaufwand sind. Für die Zuordnung des Pflegebedürftigen in eine Pflegestufe ist nachfolgender Pflegeaufwand erforderlich, wobei zwischen der Grundpflege und der hauswirtschaftlichen Versorgung unterschieden wird. Die Grundpflege erfasst den Pflegebedarf bei der Körperpflege, der Ernährung und der Mobilität.

- Pflegestufe I: 90 Minuten Pflegeaufwand, hiervon mindestens 46 Minuten in der Grundpflege.
- Pflegestufe II: mindestens drei Stunden Pflegeaufwand, hiervon mindestens zwei Stunden in der Grundpflege.
- Pflegestufe III: fünf Stunden, hiervon mindestens vier Stunden in der Grundpflege. Für die Zuordnung in die Pflegestufe III ist die regelmäßige Pflege in der Nacht zwingend erforderlich.

81 Als Nachtpflege wird die Pflege in der Zeit von 22 Uhr bis 6 Uhr bezeichnet. Für die Nachtpflege ist es nicht erforderlich, dass die Pflegeperson ihren Nachtschlaf unterbricht. Entscheidend ist allein, dass zwischen 22 Uhr und 6 Uhr mindestens eine weitere Hilfe regelmäßig geleistet werden muss.[37]

82 Ist der Pflegebedürftige inkontinent, darf der Versicherer auf die Versorgung mit Inkontinenzartikeln verweisen, um die Erforderlichkeit der Nachtpflege zu vermeiden. Die Versorgung mit Inkontinenzartikeln verstößt nach Ansicht des BSG nicht gegen die Menschenwürde, solange Wundliegen und Dekubitusfolgen vermieden werden.[38] Ist der Pflegebedürftige hingegen nicht inkontinent, darf der Versicherer nicht auf die Versorgung mit Windeln oder einem Blasenkatheter verweisen, um die nächtliche Pflege zu vermeiden.[39]

83 Die Hilfe muss sich auf die Grundpflege und auf die hauswirtschaftliche Versorgung beziehen. Ein Pflegebedarf allein in der Grundpflege oder allein in der hauswirtschaftlichen Versorgung reicht nicht aus, um die Pflegebedürftigkeit zu begründen. Der Pflegebedarf muss sich auf mindestens zwei verschiedene Verrichtungen aus dem Bereich der Grundpflege erstrecken.[40]

---

[36] BVerfG, Beschl. v. 22.5.2003 – 1 BvR 452/99 und 1 BvR 1077/00, NZS 2003, 535.
[37] BSG, Urt. v. 17.5.2000 – B 3 P 20/99 R, NZS 2001, 39.
[38] BSG, Urt. v. 31.8.2000 – B 3 P 16/99 R, USK 2000-121.
[39] BSG, Urt. v. 31.8.2000 – B 3 P 14/99 R, NZS 2001, 265.
[40] BSG, Urt. v. 17.6.1999 – B 3 P 10/98 R, NZS 2000, 38.

V. Tätigkeit des Versicherers auf Antrag

Der Versicherer wird nur tätig, wenn ein Antrag gestellt wird. Selbst wenn die Leistungsvoraussetzungen zuvor vorgelegen haben, werden die Leistungen erst ab Antragstellung gewährt (§ 33 Abs. 1 SGB XI, § 6 Abs. 1 MB/PPV). Gleiches gilt, wenn eine höhere Pflegestufe begehrt wird. Auch in diesem Fall ist ein Höherstufungsantrag erforderlich.

84

Im Laufe eines Rechtsstreits ist eine erneute Antragstellung nicht erforderlich, wenn sich zwischenzeitlich der Pflegebedarf geändert hat. Änderungen der Sach- und Rechtslage müssen bei sozialrechtlichen Verpflichtungs- und Leistungsklagen vom Tatsachengericht bis zum Schluss der mündlichen Verhandlung von Amts wegen berücksichtigt werden.[41] Gleiches gilt für den privatrechtlichen Versicherungsvertrag, zumal gerade bei Leistungsklagen die Sach- und Rechtslage zum Zeitpunkt der letzten mündlichen Verhandlung entscheidend ist, so dass eine Verurteilung zur Leistung selbst dann zu erfolgen hat, wenn der Klageanspruch erst nach Rechtshängigkeit entsteht oder fällig wird.[42] Zumindest bei einer auf Zahlung von Pflegegeld gerichteten Klage des Versicherungsnehmers gegen seinen Versicherer ist die Leistungsklage i.S.v. § 54 Abs. 5 SGG die richtige Klageart.[43]

85

VI. Begutachtung durch den ärztlichen Sachverständigen

Nach erfolgter Antragstellung beauftragt der Versicherer einen medizinischen Sachverständigen die Begutachtung durchzuführen, um die Voraussetzungen für die Feststellung der Pflegebedürftigkeit zu prüfen. Das Begutachtungsverfahren ist für die Pflegekassen und den Medizinischen Dienst der Krankenversicherungen (MDK) verbindlich in den Richtlinien der Spitzenverbände der Pflegekassen zur Begutachtung von Pflegebedürftigkeit (Begutachtungsrichtlinien) festgelegt.

86

Die privaten Krankenversicherungsunternehmen beauftragen für die Durchführung der Begutachtung die hierfür geschaffene Gesellschaft Medicproof. Die privaten Versicherungsunternehmen und die ärztlichen Sachverständigen des Medicproof haben sich an den Begutachtungsrichtlinien der Spitzenverbände der Pflegekassen zu orientieren. Die Begutachtungsrichtlinien enthalten keine verbindlichen Vorgaben, doch ist ihnen eine Leitungsfunktion zuzusprechen,[44] die im Hinblick auf das Erfordernis des einheitlichen Versicherungsschutzes zu beachten ist.

87

Eine einmal erteilte Leistungszusage ist für das private Versicherungsunternehmen bindend. Der Versicherer kann die Leistung nur bei einer wesentlichen Änderung des Gesundheits- und Pflegezustandes entziehen oder herabsetzen. Die erforderliche Nachuntersuchung kann er veranlassen, wenn Gründe für die Annahme bestehen, dass sich der Umfang der Pflegebedürftigkeit in einem für die Einstufung relevanten Umfang verändert hat.[45]

88

---

41   BSG, Urt. v. 13.5.2004 – B 3 P 7/03 R, SozR 4-3300 § 23 Nr. 2.
42   BSG, Urt. v. 13.5.2004 – B 3 P 7/03 R, SozR 4-3300 § 23 Nr. 2.
43   BSG, Urt. v. 13.5.2004 – B 3 P 7/03 R, SozR 4-3300 § 23 Nr. 2.
44   BSG, Urt. v. 13.5.2004 – B 3 P 7/03 R, SozR 4-3300 § 23 Nr. 2.
45   BSG, Urt. v. 13.5.2004 – B 3 P 7/03 R, SozR 4-3300 § 23 Nr. 2.

VII. Ermittlung des Hilfebedarfs

89 Die Ermittlung des Pflegeaufwandes erfolgt auf der Grundlage der sog. Zeitkorridore, die in den Begutachtungsrichtlinien enthalten sind. Es handelt sich dabei um Erfahrungswerte bezüglich des Pflegeaufwandes in den einzelnen Verrichtungen. Von den Zeitvorgaben in den Zeitkorridoren kann abgewichen werden, wenn im Einzelfall erschwerende oder auch erleichternde Faktoren hinzutreten.

90 Die Ermittlung des Hilfebedarfs bei Kindern erfordert eine differenziertere Vorgehensweise. Für ein Kind bis zu zwölf Jahren kann nicht der gesamte Pflegeaufwand berücksichtigt werden, da auch gesunde Kinder der Pflege bedürfen. Vielmehr ist der jeweilige Mehrbedarf gegenüber gesunden Kindern zu ermitteln. Dies erfolgt in der Weise, dass zunächst der Gesamtaufwand ermittelt und sodann hiervon der Pflegebedarf abgezogen wird, der auch für gesunde Kinder erforderlich ist. Die durchschnittlichen Zeitwerte für die Pflege gesunder Kinder sind in den Begutachtungsrichtlinien enthalten.

91 Bezüglich der hauswirtschaftlichen Versorgung bei Kindern ist zu beachten: Bei kranken und behinderten Kindern bis zum vollendeten 8. Lebensjahr gilt der Zeitbedarf für die hauswirtschaftliche Versorgung als erfüllt, wenn neben den übrigen Voraussetzungen ein über dem eines gesunden gleichaltrigen Kindes liegender hauswirtschaftlicher Versorgungsbedarf nachgewiesen ist.

92 Bei Kindern im Alter zwischen dem vollendeten 8. und 14. Lebensjahr kann unter den genannten Voraussetzungen in den einzelnen Pflegestufen ein bestimmter Anteil des zeitlichen Mindestwerts für den Hilfebedarf bei den hauswirtschaftlichen Verrichtungen unterstellt werden. Diese Zeiten sind in der Pflegestufe I 30 Minuten und in der Pflegestufe II und III jeweils 45 Minuten. Reichen diese zeitlichen Pauschalen zur Erfüllung der Voraussetzungen für die jeweilige Pflegestufe nicht aus, müssen die jeweiligen zeitlichen Voraussetzungen durch einen Hilfebedarf bei Verrichtungen der Grundpflege aufgefüllt oder ein konkreter zeitlicher Mehrbedarf bei den hauswirtschaftlichen Verrichtungen nachgewiesen werden.

VIII. Entscheidung des Versicherers

93 Will der Versicherer dem Antrag des Versicherten entsprechen, ergeht eine Leistungszusage. Anders als die Pflegekassen können die privaten Versicherungsunternehmen keinen Bescheid erlassen. Ihre negative Entscheidung über den Leistungsantrag des Versicherten ist eine Leistungsablehnung im zivilrechtlichen Sinne.

94 Somit ist auch die Durchführung des Widerspruchsverfahrens nicht zwingend, da ein förmliches Widerspruchsverfahren gegen Privatunternehmen im Gesetz nicht vorgesehen ist. Es ist dennoch möglich, der Entscheidung des privaten Versicherungsunternehmens zu widersprechen und eine erneute Begutachtung zu veranlassen. Dieses Verfahren, das dem formellen Widerspruchsverfahren ähnelt, geschieht auf freiwilliger Basis. Der Versicherte hat auch die Möglichkeit, gegen die endgültige Ablehnung direkt zu klagen. Weder für den „Widerspruch" noch für die Klage gilt die Monatsfrist. Vielmehr sind die Ausschlussfristen des Versicherungsvertragsgesetzes (VVG) maßgebend. Diese beträgt gemäß § 12 VVG, § 17 Abs. 2 MB/PPV sechs Monate.

Hinweis
Es ist dennoch dringend anzuraten, die im VVG vorgesehenen Fristen nicht auszuschöpfen, da es in der Praxis sehr schwierig sein wird, nach einer längeren Zeit eine ordnungsgemäße Begutachtung vorzunehmen, um die Pflegebedürftigkeit zum Zeitpunkt des Antrages festgestellt zu bekommen.

IX. Klageverfahren

Bei einer endgültigen Leistungsablehnung des Versicherers kann Klage erhoben werden. Auch für Streitigkeiten mit privaten Krankenversicherungsunternehmen ist der Rechtsweg zu den Sozialgerichten gegeben (§ 51 Abs. 2 S. 2 SGG). Der Streit darüber, ob auch für private Krankenversicherungsunternehmen die Sozialgerichte angerufen werden können, ist mit dem Beschluss des Bundessozialgerichts vom 8.8.1996[46] geklärt. Im Anschluss an diese Entscheidung ergänzte der Gesetzgeber entsprechend die Vorschrift des § 51 SGG.

Im Klageverfahren ist zu beachten, dass die ärztlichen Gutachten als Entscheidungsgrundlage dienen können, wenn seitens des Klägers bzw. seines Prozessbevollmächtigten keine Gründe vorgetragen werden, die gegen die Schlüssigkeit dieser Gutachten sprechen.[47] Dies gilt insbesondere in Verfahren gegen private Versicherungsunternehmen, zumal nach ständiger Rechtsprechung § 64 VVG auch im sozialgerichtlichen Verfahren Anwendung findet.[48]

Nach § 64 Abs. 1 S. 1 VVG sind Versicherer und Versicherungsnehmer an die Feststellungen des ärztlichen Gutachters grundsätzlich gebunden, wenn dies, wie in § 6 Abs. 2 MB/PPV geschehen, vertraglich vereinbart worden ist.[49] Die Feststellungen des Arztes sind nur dann nicht verbindlich, wenn sie „offenbar von der wirklichen Sachlage erheblich abweichen". Im Ergebnis wird durch die Anwendbarkeit des § 64 VVG das Amtsermittlungsprinzip und damit der Umfang der gerichtlichen Kontrolle eingeschränkt.

Die richtige Klageart ist grundsätzlich die Leistungsklage gemäß § 54 Abs. 5 SGG. Will der Versicherte nicht das Risiko eingehen, in Vorleistung zu treten und seine verauslagten Kosten nicht erstattet zu bekommen, ist die Feststellungsklage zu erheben.[50] Anders als in der sozialen Pflegeversicherung ist nicht die mitversicherte pflegebedürftige Person aktivlegitimiert, sondern der Versicherungsnehmer.[51]

Trägt der Kläger hinreichende Gründe vor, die für ein erhebliches Abweichen des Gutachtens von der wirklichen Sachlage sprechen, wird das Gericht ein Gerichtsgutachten nach §§ 103, 106 SGG einholen. Unabhängig vom Ausgang des Klageverfahrens sind diese Gutachten für den Kläger kostenfrei. Fällt dieses Gutachten für den Kläger negativ aus, hat er nun die Möglichkeit, ein weiteres Gutachten nach § 109 SGG zu beantragen. Es handelt sich auch hierbei um ein Gerichtsgutachten, dessen Kosten jedoch der Kläger trägt. Für diesen Beweisantrag hat der Kläger die Beweisfrage zu formulieren und einen konkreten Sachverständigen zu benennen, der das Gutachten erstellen soll.

---

46 3 B 1/96, NZS 1996, 588.
47 BSG, Urt. v. 14.12.2000 – B 3 P 5/00 R, NJW 2001, 3431.
48 BSG, Urt. v. 13.5.2004 – B 3 P 7/03 R, SozR 4-3300 § 23 Nr. 2.
49 BSG, Urt. v. 13.5.2004 – B 3 P 7/03 R, SozR 4-3300 § 23 Nr. 2.
50 BSG, Urt. v. 10.11.2005 – B 3 P 10/04 R, SGb 2006, 488.
51 BSG, Urt. v. 13.5.2004 – B 3 P 7/03 R, SozR 4-3300 § 23 Nr. 2.

§ 34 Pflegepflichtversicherung

101 Rechtsstreitigkeiten aus dem Bereich der Pflegeversicherung sind für den Kläger gerichtskostenfrei. Die Kosten des privaten Versicherungsunternehmens können nicht festgesetzt werden, selbst wenn das private Versicherungsunternehmen die Dienste eines Rechtsanwalts in Anspruch nimmt.

§ 35 Rehabilitationswesen

Dr. Thomas Vollmöller

Inhalt

A. Begriff und Entwicklung des Rehabilitationswesens 1
B. Das Rehabilitationsrecht im SGB IX 5
   I. Allgemeine Regelungen 8
     1. Behindertenbegriff 8
     2. Rechte und Pflichten des Leistungsberechtigten 9
       a) Wunsch- und Wahlrecht 9
       b) Persönliche Budgets .. 16
       c) Erstattung selbstbeschaffter Leistungen . 17
       d) Mitwirkungspflichten . 22
     3. Koordination und Kooperation der Rehabilitationsträger 24
   II. Leistungen zur Teilhabe 25
     1. Ausführung von Leistungen zur Teilhabe 25
     2. Rehabilitationsdienste und -einrichtungen 27
     3. Leistungsort 34
     4. Ambulante, teilstationäre und betriebliche Leistungen 39
     5. Qualitätssicherung 40
     6. Leistungen zur medizinischen Rehabilitation ... 43
C. Die Leistungen der gesetzlichen Krankenversicherung 48
   I. Allgemeines 48
   II. Ambulante (einschließlich teilstationäre) Rehabilitation .. 50
     1. Begriff der ambulanten Rehabilitation 51
     2. Leistungserbringer der ambulanten Rehabilitation . 52
     3. Voraussetzungen/Verfahren 58
   III. Stationäre Rehabilitation 65
     1. Begriff der stationären Rehabilitation 66
       a) Abgrenzungen 66
       b) Verzahnungen 72
     2. Leistungserbringer der stationären Rehabilitation . 76
       a) Zertifizierung nach § 20 Abs. 2a SGB IX . 76
       b) Versorgungsvertrag nach § 111 SGB V ... 79
     3. Voraussetzungen/Verfahren 88
   IV. Rehabilitation und integrierte Versorgung 91
   V. Mutter-Kind-Kuren 96
   VI. Sonstige Rehabilitationsleistungen, Fahrtkosten 99

Literatur

Hauck/Noftz, Sozialgesetzbuch SGB V, Loseblatt (zit.: Hauck/Noftz/*Bearbeiter*, SGB V); **Hauck/Noftz**, Sozialgesetzbuch SGB IX, Loseblatt, (zit.: Hauck/Noftz/*Bearbeiter*, SGB IX); **Kossens/von der Heide/Maaß**, SGB IX, 2. Auflage 2006 (zit.: Kossens/v. d. Heide/Maaß/*Bearbeiter*); **Krauskopf**, Soziale Krankenversicherung. Pflegeversicherung, Loseblatt, (zit.: Krauskopf/*Bearbeiter*, SGB V); **Lachwitz/Schellhorn/Welti**, Handkommentar zum Sozialgesetzbuch IX, 2. Auflage 2006 (zit.: HK-SGB IX/*Bearbeiter*); **Mrozynski**, SGB IX. Teil 1, 2002; **Niesel**, Kasseler Kommentar, Sozialversicherungsrecht, Loseblatt, (zit.: KassKomm/*Bearbeiter*, SGB ...); **Quaas/Zuck**, Medizinrecht, 2005; **v. Maydell/Ruland**, Sozialrechtshandbuch, 3. Auflage 2003 (zit.: v. Maydell/Ruland/*Bearbeiter*); **Wiegand**, SGB IX. Teil 1, Loseblatt.

A. Begriff und Entwicklung des Rehabilitationswesens

Der Begriff der Rehabilitation ist gesetzlich nicht definiert. Allgemein versteht man hierunter die Heilung einer Krankheit bzw. Behebung oder Minderung einer Behinderung mit dem Ziel der möglichst uneingeschränkten Teilnahme am gesellschaftlichen

1

Leben. Im sozialrechtlichen Kontext meint Rehabilitation folglich die **Leistungen zur Teilhabe behinderter und von Behinderung bedrohter Menschen.**[1]

2   Die Wurzeln des Rehabilitationsrechts reichen bis in das 19. Jahrhundert zurück.[2] Schon die infolge der Bismarck'schen Sozialreformen eingeführte Kranken-, Unfall- und Rentenversicherung hat Rehabilitationsleistungen vorgesehen. Im Laufe der Jahrzehnte entwickelte sich hieraus ein nach den unterschiedlichen Sozialleistungsträgern ausdifferenziertes System der Rehabilitation, welches sich nicht nur auf die verschiedenen Sozialversicherungszweige, sondern auch das Versorgungs- und soziale Entschädigungsrecht sowie das Sozialhilfe- und öffentliche Jugendhilferecht erstreckt. Es gibt daher keine einheitliche Zuständigkeit für Rehabilitationsleistungen, sondern ein **gegliedertes System des Rehabilitationsrechts**.

3   Schon seit Anfang der 1970er Jahre wird deshalb versucht, das Rehabilitationsrecht zu harmonisieren und die Kooperation der unterschiedlichen Träger zu verbessern. Zu diesem Zweck wurde bereits 1969 die **Bundesarbeitsgemeinschaft für Rehabilitation (BAR)** gegründet. Einen ersten gesetzgeberischen Anlauf zur Vereinheitlichung des Rehabilitationsrechts stellte das **Rehabilitationsangleichungsgesetz (RehaAnglG)** vom 15.8.1974[3] dar, welches sich allerdings auf die Normierung allgemein gültiger Verfahrensvorschriften sowie die Schaffung eines einheitlichen Leistungsrahmens beschränkte. Zudem erfasste es nicht die Sozialhilfeträger.

4   Erst mit dem zum 1.7.2001 in Kraft getretenen **Sozialgesetzbuch – Neuntes Buch – (SGB IX) Rehabilitation und Teilhabe behinderter Menschen**[4] konnten unter Einschluss der Träger der öffentlichen Jugendhilfe und Sozialhilfe (siehe §§ 6 Abs. 1 Nr. 6 und 7 SGB IX) einheitlich geltende Rechtsvorschriften zur Rehabilitation und Teilhabe behinderter Menschen geschaffen werden.

B. Das Rehabilitationsrecht im SGB IX

5   Das SGB IX ist in zwei Teile gegliedert. Im ersten Teil ist das Rehabilitationsrecht für behinderte und von Behinderung bedrohte Menschen enthalten (§§ 1–67 SGB IX). Der zweite Teil enthält besondere Regelungen zur Teilhabe schwer behinderter Menschen (Schwerbehindertenrecht), auf die nachfolgend nicht näher eingegangen werden kann.

6   Das gegliederte System der Rehabilitation bleibt auch unter dem SGB IX erhalten. Zuständigkeit und Voraussetzungen der Leistungen zur Rehabilitation und Teilhabe richten sich weiterhin primär nach den einzelnen Leistungsgesetzen (§ 7 SGB IX).[5] Einschlägige Rechtsgrundlagen sind für:

- die Krankenversicherung   §§ 11 Abs. 2, 27 Abs. 1 S. 2 Nr. 6, 40–43b SGB V;
- die Arbeitslosenversicherung: §§ 19, 97–115, 160–162, 235–251 SGB III;

---

1   Vgl. v. Maydell/Ruland/*Reimann*, § 27 Rn 1.
2   Zur geschichtlichen Entwicklung Hauck/Noftz/*Noftz*, SGB V, K § 40 Rn 7 ff.; Kossens/v. d. Heide/Maaß/*Maaß*, Einleitung Rn 1 ff.; HK-SGB IX/*Lachwitz/Welti*, Einführung Rn 7 ff.; v. Maydell/Ruland/*Reimann*, § 27 Rn 2 ff.
3   BGBl I 1881.
4   BGBl I 1046. Dazu *Fuchs*, SozSich 2001, 150 ff.; *Langguth*, DStR 2001, 1351 ff.; *Niemann*, NZS 2001, 583 ff.; *Stähler/Wimmer*, NZS 2002, 570 ff.; *Welti*, NJW 2001, 2210 ff.; *ders.*, SozSich 2001, 146 ff. Zur Umsetzung *Assmus/Druckenmüller/Götz/Oberscheven/Ritz*, DRV 2004, 241 ff.
5   Vgl. BSG – B 3 KR 68/01 R, NZS 2003, 477, 478; *Niemann*, NZS 2001, 583, 584; *Welti*, NJW 2001, 2210, 2211.

- die Unfallversicherung: §§ 26–52 SGB VII;
- die Rentenversicherung: §§ 9–32 SGB VI;
- die Alterssicherung der Landwirte: §§ 7–10 ALG;
- das Versorgungs-/Entschädigungsrecht: §§ 10–29 BVG;
- die Jugendhilfe: § 35a SGB VIII und
- die Sozialhilfe: §§ 14, 53–60 SGB XII.

Soweit in den Leistungsgesetzen nichts Abweichendes geregelt ist, kommen die Regelungen des ersten Teils des SGB IX unmittelbar zur Anwendung (§ 4 Abs. 2 S. 1 SGB IX). Ferner sind die Leistungsgesetze im Lichte der Regelungen des SGB IX auszulegen. Man kann das SGB IX deshalb auch als „Dachgesetz" der Rehabilitation bezeichnen. Die folgenden Ausführungen beschränken sich auf die für das Medizinrecht relevanten allgemeinen Regelungen im Kapitel 1, die Regelungen über die Ausführung von Leistungen zur Teilhabe im Kapitel 2 sowie die in Kapitel 4 geregelten Leistungen zur medizinischen Rehabilitation.

I. Allgemeine Regelungen

1. Behindertenbegriff

Ziel des SGB IX ist die Selbstbestimmung behinderter oder von Behinderung bedrohter Menschen sowie deren Teilhabe am Leben in der Gesellschaft (§ 1 S. 1 SGB IX). Nach der für das ganze Sozialrecht geltenden Begriffsbestimmung in § 2 Abs. 1 S. 1 SGB IX[6] sind Menschen behindert, wenn ihre körperliche Funktion, geistige Fähigkeit oder seelische Gesundheit mit hoher Wahrscheinlichkeit **länger als sechs Monate** von dem für das Lebensalter typischen Zustand abweichen und daher ihre Teilhabe am Leben in der Gesellschaft beeinträchtigt ist. Gem. § 2 Abs. 1 S. 2 SGB IX sind sie von Behinderung bedroht, wenn die Beeinträchtigung zu erwarten ist. Indem das Gesetz primär auf die Teilhabe am Gesellschaftsleben abstellt, geht es von einem sozialen, nicht primär medizinischen Begriffsverständnis aus.[7]

2. Rechte und Pflichten des Leistungsberechtigten

a) Wunsch- und Wahlrecht

Nach § 9 Abs. 1 S. 1 SGB IX wird bei der Entscheidung über Leistungen zur Teilhabe sowie deren Ausführung berechtigten Wünschen des Leistungsberechtigten entsprochen.[8] Dabei wird gem. § 9 Abs. 1 S. 2 SGB IX auch auf die persönliche Lebenssituation, das Alter, das Geschlecht, die Familie sowie die religiösen und weltanschaulichen Bedürfnisse der Leistungsberechtigten Rücksicht genommen. Die Vorschrift konkretisiert insoweit den Regelungsinhalt des § 33 SGB I, auf den in § 9 Abs. 1 S. 2 Hs. 2 SGB IX auch verwiesen wird.[9] Darüber hinaus werden die Sozialleistungsträger auch

---

[6] Hierzu *Welti*, NJW 2001, 2210, 2211.
[7] Vgl. Hauck/Noftz/*Götze*, SGB IX, K § 2 Rn 7 ff.; Hauck/Noftz/*Noftz*, SGB V, K § 40 Rn 16b; HK-SGB IX/*Lachwitz/Welti*, Einführung Rn 89 ff.; Kossens/v. d. Heide/Maaß/*Götz*, § 2 Rn 6; *Niemann*, NZS 2001, 583, 584; *Pitschas*, SGb 2003, 65, 69; *Welti*, SozSich, 2001, 146, 147; *ders.*, NJW 2001, 2210, 2211. Mehr auf die Funktionsbeeinträchtigung abstellend *Mrozynski*, § 2 Rn 3 ff.
[8] Ausführlich zum Folgenden *Welti*, SGb 2003, 379 ff.
[9] Vgl. HK-SGB IX/*Welti*, § 9 Rn 7; *Welti*, SGb 2003, 379, 382.

10 Die Vorschrift hat erhebliche Bedeutung für die **Ermessensentscheidung** des Rehabilitationsträgers,[10] etwa in welcher Rehabilitationsklinik ein Versicherter zu behandeln ist. Insbesondere kann der berechtigte Wunsch eines behinderten Menschen im Sinne des § 9 Abs. 1 S. 1 SGB IX zu einer Ermessensreduzierung auf null führen mit der Folge, dass ein gebundener Rechtsanspruch auf Durchführung der Rehabilitationsmaßnahme in der gewünschten Einrichtung besteht. Voraussetzung für die Ausübung des Wunsch- bzw. Wahlrechts ist allerdings, dass zunächst überhaupt eine Leistungsberechtigung des Versicherten besteht, er also einen Rechtsanspruch auf Leistungen zur Teilhabe hat.[11]

dazu verpflichtet, den besonderen Bedürfnissen behinderter Eltern bei der Erfüllung ihres Erziehungsauftrages Rechnung zu tragen (§ 9 Abs. 1 S. 3 SGB IX).

11 Ferner setzt § 9 Abs. 1 SGB IX voraus, dass es sich um „**berechtigte**" Wünsche handelt.[12] Nach der Gesetzesbegründung zu § 9 SGB IX kann ein Wunsch nur dann berechtigt sein, wenn er sich u.a. im Rahmen des Leistungsrechts und sonstiger Vorgaben, wie etwa der Pflicht hält, Leistungen nur in Einrichtungen zu erbringen, mit denen ein Vertrag nach § 21 SGB IX besteht.[13] Hat der Rehabilitationsträger mit einer Rehabilitationsklinik keinen Vertrag im Sinne des § 21 SGB IX abgeschlossen, wäre der Wunsch eines Versicherten auf Rehabilitation in dieser Einrichtung daher nicht berechtigt im Sinne von § 9 Abs. 1 S. 1 SGB IX.[14]

12 Zu Recht wird jedoch im Schrifttum darauf hingewiesen, dass sich aus dem Wunschrecht behinderter Menschen die **Pflicht zum Vertragsabschluss** durch den Rehabilitationsträger mit der Rehabilitationseinrichtung ergeben kann.[15] Umstritten ist nur, ob die Pflicht zum Vertragsabschluss bereits dann besteht, wenn diesem keine rechtlichen Hindernisse entgegen stehen, die Einrichtung also geeignet ist und Gewähr für wirksame und wirtschaftliche Leistungserbringung bietet. Das LSG Rheinland-Pfalz hat einen derartigen Anspruch aufgrund des Begehrens eines einzelnen Versicherten mit der Begründung abgelehnt, dass der Rehabilitationsträger ansonsten mit einer Unzahl von Einrichtungen Verträge abschließen müsste, obwohl das entsprechende Leistungsangebot voll durch andere Einrichtungen abgedeckt ist. Für eine so weitgehende Einschränkung der Vertragsfreiheit des Rehabilitationsträgers ergäben sich aus den Vorschriften des SGB IX keine Anhaltspunkte. Ein anderes Ergebnis könne sich allenfalls dann ergeben, wenn die aufgrund der Behinderung erforderlichen Leistungen nicht ausreichend durch andere Einrichtungen abgedeckt wären.[16]

---

10 Leistungen zur Rehabilitation in der Kranken- und Rentenversicherung sind hinsichtlich des „Wie" in das Ermessen des Rehabilitationsträgers gestellt; der Anspruch des Versicherten richtet sich also auf eine pflichtgemäße Ermessensausübung; vgl. §§ 40 SGB V, 13 SGB VI. Siehe auch *Jabben*, NZS 2003, 529, 530.
11 Auf freiwilliger Basis kann eine Einschränkung des Wahlrechts erfolgen; jedoch nicht durch Satzungsbestimmungen einer Krankenkasse über ein Modellvorhaben nach § 63 SGB V; BSG – B 3 A 1/02 R, NZS 2003, 654, 656.
12 Berechtigt heißt, dass dem Wunsch keine Rechtsvorschriften entgegenstehen. Der Begriff enthält also anders als „angemessen" in § 33 SGB I kein Abwägungselement; vgl. HK-SGB IX/*Welti*, § 9 Rn 19 ff.; *Welti*, SGb 2003, 379, 384.
13 BT-Drucks 14/5074 S. 100 f. Vgl. auch *Mrozynski*, § 9 Rn 6.
14 In diese Richtung tendierend auch BSG – B 3 KR 68/01 R, NZS 2003, 477, 479. Das BSG betont allerdings auch, dass § 9 Abs. 1 S. 3 SGB IX dazu verpflichtet, den besonderen Bedürfnissen behinderter Mütter und Väter bei der Erfüllung ihres Erziehungsauftrages Rechnung zu tragen. Vgl. dazu auch *Jabben*, NZS 2003, 529, 531.
15 *Welti*, SGb 2003, 379, 385; zustimmend Hauck/Noftz/*Götze*, SGB IX, K § 9 Rn 8.
16 LSG Rheinland-Pfalz – L 2 RJ 160/03, NZS 2004, 653, 653; zustimmend Kossens/v. d. Heide/Maaß/*Götz*, § 9 Rn 10; Wiegand/*Dalichau*, § 9 Rn 23.

Der Entscheidung des LSG Rheinland-Pfalz kann nicht gefolgt werden, da eine Bedarfsprüfung beim Abschluss von Versorgungsverträgen mit Rehabilitationseinrichtungen schon aus verfassungsrechtlichen Gründen ausscheidet (siehe Rn 79). Dem Rehabilitationsträger steht **keine Vertragsfreiheit** zu, da er nicht privatautonom handelt, sondern öffentliche Aufgaben erfüllt.

Kommt der Rehabilitationsträger einem Wunsch des Versicherten nicht nach, so muss er einen schriftlichen **Bescheid** erlassen, der die wesentlichen Ermessenserwägungen wiedergibt (§§ 35 ff. SGB X). Die Ermessensentscheidung kann im Wege des Widerspruchs (§ 62 SGB X, § 84 SGG) und der nachfolgenden Klage (§§ 87 ff. SGG) überprüft werden.

Ergänzt wird das Wunschrecht durch § 9 Abs. 2 S. 1 SGB IX. Hiernach besteht bei ambulanten Rehabilitationsleistungen die Möglichkeit zur Umwandlung von Sachleistungen[17] in Geldleistungen, sofern die Erbringung als Geldleistung bei gleicher Wirksamkeit ebenso wirtschaftlich oder wirtschaftlicher ist als die Sachleistung.[18]

b) Persönliche Budgets

Die in § 17 Abs. 2 bis 6 SGB IX geregelten persönlichen Budgets stellen eine besondere Form des Wunsch- und Wahlrechts bei der Ausführung der Leistungen zur Teilhabe dar.[19] Hiermit wird die in § 9 Abs. 2 SGB IX vorgesehene Umwandlung von Sach- in Geldleistungen ergänzt. Mit Hilfe des persönlichen Budgets soll der Betroffene selbständig die Aufwendungen bestreiten, die er zur Abgeltung seines Hilfe- bzw. Assistenzbedarfs für notwendig erachtet. Einzelheiten zur Durchführung von Leistungen im Falle eines persönlichen Budgets sind in der auf der Grundlage von § 21a SGB IX erlassenen Budgetverordnung (BudgetV) vom 27.5.2004 geregelt.[20]

c) Erstattung selbstbeschaffter Leistungen

Kann über einen Antrag auf Leistungen zur Teilhabe nicht innerhalb der in § 14 Abs. 2 SGB IX genannten Fristen (siehe Rn 24) entschieden werden, teilt der Rehabilitationsträger dies dem Leistungsberechtigten unter Darlegung der Gründe rechtzeitig mit (§ 15 Abs. 1 S. 1 SGB IX). Erfolgt die Leistung nicht oder liegt kein **zureichender**

---

17 Hiervon erfasst sind nach zutreffender Auffassung sowohl Sachleistungen i.e.S. (z.B. Hilfsmittel), als auch Dienstleistungen; HK-SGB IX/*Welti*, § 9 Rn 32; *Welti*, SGb 2003, 379, 386.
18 Die Ersetzung der Sach- durch eine Geldleistung ist also nur unter „sehr erschwerten Bedingungen" möglich; *Benz*, NZS 2002, 511, 511.
19 Dazu *Kaas/Fichert*, SF 2003, 309 ff.; *Kukla*, KrV 2004, 185 ff.
20 BGBl I 1055. Die BudgetV soll insbesondere die organisationsrechtlichen Probleme lösen, die mit dem persönlichen Budget als „trägerübergreifende Komplexleistung" (§ 17 Abs. 2 S. 3 SGB IX) verbunden sind. Eine weitere Form der Komplexleistung findet sich bei der Früherkennung und Frühförderung von Kindern (§ 30 SGB IX). Vgl. zu derartigen Komplexleistungen auch *Mrozynski*, SGb 2001, 279 ff.; *Neumann*, NZS 2004, 281 ff.

Grund vor (z.B. nicht ausreichende Mitwirkung des Betroffenen, §§ 60 ff. SGB I[21]),[22] können Leistungsberechtigte dem Rehabilitationsträger eine angemessene Frist setzen und dabei erklären, dass sie sich nach Ablauf der Frist die erforderliche Leistung selbst beschaffen. Beschaffen sich Leistungsberechtigte nach Ablauf der Frist eine erforderliche Leistung selbst, so ist der zuständige Rehabilitationsträger unter Beachtung der Grundsätze der Wirtschaftlichkeit und Sparsamkeit zur Erstattung der Aufwendungen verpflichtet (§ 15 Abs. 1 S. 3 SGB IX).[23]

18 *Praxistipp*
Im Hinblick auf die spätere Durchsetzung von Erstattungsansprüchen stellt sich neben der Frage, ob ein zureichender Grund vorliegt, das Problem, welche Frist zur Nachholung **angemessen** ist. Letzteres ist vom jeweiligen Einzelfall abhängig. Grundsätzlich wird man aus anwaltlicher Vorsicht jedoch in Anlehnung an § 14 Abs. 1 SGB IX nicht zu einer Frist von unter zwei Wochen raten können.[24]

19 Nach § 15 Abs. 1 S. 4 SGB IX[25] besteht eine Erstattungspflicht von Aufwendungen für selbst beschaffte Leistungen zur Teilhabe auch dann, wenn der Rehabilitationsträger eine unaufschiebbare Leistung nicht rechtzeitig erbringen kann oder er eine Leistung zu Unrecht abgelehnt hat.[26]

20 Die Entscheidung über eine Kostenerstattung nach § 15 Abs. 1 SGB IX steht **nicht im Ermessen des Rehabilitationsträgers**. Vielmehr ist er zur Erstattung der Aufwendungen verpflichtet, wenn eine Leistung zu Unrecht abgelehnt wurde. Der Rehabilitationsträger kann sich auch nicht darauf berufen, dass er die Rehabilitationsmaßnahme preisgünstiger hätte durchführen können. So bestehen etwa zwischen den Selbstzahlerpreisen und den zwischen Rehabilitationsträger und Rehabilitationseinrichtung vereinbarten Pflegesätzen erhebliche Unterschiede. Dem Versicherten darf kein wirtschaftlicher Nachteil dadurch erwachsen, dass er sich die Rehabilitationsmaßnahme selbst beschafft. Ursprünglich sollte die Erstattung zwar auf diejenigen Aufwendungen beschränkt werden, welche der Rehabilitationsträger gehabt hätte.[27] Dies wurde jedoch zu Recht kritisiert und später durch einen Änderungsantrag der Koalitionsfraktionen revidiert.[28] Nach der geltenden Rechtslage ist das **Risiko der Verteuerung**, das darin liegt,

---

21 Als Mindestanforderung für einen Antrag wird man fordern müssen, dass aus dem Leistungsbegehren hervorgeht, ob eine Sach-, Dienst- oder Geldleistung vom Leistungsberechtigten beantragt wird und welche gesundheitlichen Beschwerden dem Antrag zugrunde liegen; vgl. *Benz*, NZS 2002, 511, 513. Allerdings ist der Antrag vom Rehabilitationsträger so auszulegen, dass das Begehren des Antragstellers möglichst weitgehend zum Tragen kommt; BSG – B 1 KR 5/05 R, NZS 2007, 84, 85.
22 Die schlechte Haushaltslage eines Rehabilitationsträgers stellt keinen zureichenden Grund dar; vgl. BSG – 7 Rar 14/90, BSGE 67, 279, 282; *Jabben*, NZS 2003, 529, 530. Ebenfalls kein zureichender Grund sind nach der ratio legis Organisationsmängel des Rehabilitationsträgers; so zu Recht *Mrozynski*, § 15 Rn 13. Siehe auch HK-SGB IX/*Welti*, § 15 Rn 7, wonach der Grund nicht in der Sphäre des Rehabilitationsträgers liegen darf.
23 Allgemein dazu *Benz*, NZS 2002, 511 ff.
24 Vgl. auch *Stähler/Wimmer*, NZS 2002, 570, 575 f.; zustimmend Hauck/Noftz/*Götze*, SGB IX, K § 15 Rn 10. *Mrozynski*, § 15 Rn 10, geht dagegen in Anlehnung an § 14 Abs. 2 SGB IX von einer Drei-Wochen-Frist aus, wenn kein Gutachten eingeholt werden muss. Muss ein Gutachten eingeholt werden, soll sich die Frist um zusätzliche zwei Wochen ab Vorliegen des Gutachtens verlängern.
25 Zu beachten ist, dass für die Träger der Sozialhilfe, der öffentlichen Jugendhilfe und der Kriegsopferfürsorge zwar nicht § 15 Abs. 1 S. 1 bis 3 SGB IX gelten, aber Satz 4 (siehe § 15 Abs. 1 S. 5 SGB IX).
26 In Fällen genereller Ablehnung sollte trotzdem eine Einzelfallentscheidung angestrebt werden; vgl. *Welti*, SGb 2003, 379, 389.
27 BT-Drucks 14/5074 S. 11, 103.
28 BT-Drucks 14/5786 S. 23. Dies übersieht *Benz*, NZS 2002, 511, 513, der unter Berufung auf die ursprüngliche Begründung Mehrkosten für nicht erstattungsfähig hält.

dass der einzelne Leistungsberechtigte oft nicht über so wirtschaftliche Beschaffungsmöglichkeiten verfügt wie der Rehabilitationsträger, **vom Rehabilitationsträger zu tragen.**[29] Lediglich Luxusleistungen sind ausgeschlossen.[30]

Nach der Rechtsprechung des BSG handelt es sich bei § 15 Abs. 1 SGB IX um eine **abschließende** Regelung. Für einen parallel bestehenden, allgemeinen sozialrechtlichen Herstellungsanspruch auf Kostenerstattung besteht deshalb kein Raum.[31]

d) Mitwirkungspflichten

Die für das gesamte Sozialrecht geltenden Vorschriften der §§ 60 ff. SGB I verpflichten auch die Empfänger von Leistungen zur Teilhabe, bei der Vorbereitung und der Durchführung der Rehabilitation mitzuwirken. Nach § 66 Abs. 2 SGB I kann der Leistungsträger die Leistung bis zur Nachholung der Mitwirkung ganz oder teilweise versagen oder entziehen, wenn derjenige, der eine Sozialleistung wegen Minderung der Erwerbsfähigkeit beantragt hat, seinen Mitwirkungspflichten nach §§ 62 bis 65 SGB I nicht nachkommt und unter Würdigung aller Umstände mit Wahrscheinlichkeit anzunehmen ist, dass deshalb die Erwerbsfähigkeit beeinträchtigt oder nicht verbessert wird. Voraussetzung für eine derartige, in das Ermessen des Leistungsträgers gestellte Versagung ist jedoch gem. § 66 Abs. 3 SGB I, dass der Leistungsberechtigte auf diese Folge zuvor schriftlich hingewiesen worden und seiner Mitwirkungspflicht nicht innerhalb einer ihm gesetzten, angemessenen Frist nachgekommen ist.

Fraglich ist, ob unabhängig von diesen allgemeinen Vorschriften dem in § 9 Abs. 1 S. 2 SGB VI, § 8 Abs. 2 SGB IX normierten Grundsatz „**Reha vor Rente**" anspruchsversagender Charakter zukommt. Gem. § 9 Abs. 1 S. 2 SGB VI haben Leistungen zur Teilhabe Vorrang vor Rentenleistungen, die bei erfolgreichen Leistungen zur Teilhabe nicht oder voraussichtlich erst zu einem späteren Zeitpunkt zu erbringen sind. Dieser Vorrang der Leistungen zur Teilhabe wird auch nochmals in § 8 Abs. 2 SGB IX explizit festgeschrieben. Hieraus könnte geschlussfolgert werden, dass bereits die Weigerung eines Versicherten, an einer Rehabilitationsmaßnahme teilzunehmen, eine Versagung des Rentenanspruchs zur Folge hat.[32] Zu Recht wird dem jedoch entgegengehalten, dass das SGB I klare Regelungen hinsichtlich Art und Umfang der Mitwirkungspflichten sowie der Folgen fehlender Mitwirkung enthält. Eine Versagung der Leistung kann deshalb nur bei Vorliegen der Voraussetzungen der §§ 63, 66 SGB I erfolgen. Rentenleistungen können daher wegen Nichtteilnahme an einer Rehabilitationsmaßnahme nur dann rechtswirksam versagt werden, wenn im Einzelfall ein konkretes, durch Verwaltungsakt erfolgendes Reha-Angebot vorliegt, welches insbesondere gem. § 66 Abs. 3 SGB I unter Hinweis auf die Rechtsfolgen und unter angemessener Fristsetzung erfolgt ist.[33]

---

29 HK-SGB IX/*Welti*, § 15 Rn 12; *Mrozynski*, § 15 Rn 17; *Welti*, NJW 2001, 2210, 2212; *ders*., SGb 2003, 379, 390; in diese Richtung auch BSG – B 1 KR 5/05 R, NZS 2007, 84, 87; a.A. *Benz*, NZS 2002, 511, 513; wohl auch *Stähler/Wimmer*, NZS 2002, 570, 576.
30 *Hochrein*, MittbayLVA 2004, 274, 281.
31 BSG – B 1 KR 5/05 R, NZS 2007, 84, 87. Für eine Anspruchskonkurrenz hingegen *Benz*, NZS 2002, 511, 515 f.
32 So LSG Rheinland-Pfalz, Urt. v. 31.1.2001 – L 6 RI 232/00, n.v.
33 LSG Rheinland-Pfalz – L 2 RI 230/02, NZS 2004, 47, 49.

3. Koordination und Kooperation der Rehabilitationsträger

24 Im gegliederten System der Rehabilitation kommt der Koordinierung der verschiedenen Leistungen (vgl. § 5 SGB IX) und der Kooperation der unterschiedlichen Rehabilitationsträger (vgl. § 6 SGB IX) besondere Bedeutung zu. Folgende Regelungen sollen hervorgehoben werden:

- **Koordinierung der Leistungen**: Nach § 10 Abs. 1 S. 1 SGB IX ist der nach § 14 SGB IX leistende Rehabilitationsträger dafür verantwortlich, dass die beteiligten Rehabilitationsträger im Benehmen miteinander und in Abstimmung mit den Leistungsberechtigten die nach dem individuellen Bedarf voraussichtlich erforderlichen Leistungen funktionsbezogen feststellen und schriftlich so zusammenstellen, dass sie nahtlos ineinander greifen.[34]
- **Schnittstellenmanagement**: Soweit es im Einzelfall geboten ist, hat der zuständige Rehabilitationsträger gem. § 11 Abs. 1 S. 1 SGB IX gleichzeitig mit der Einleitung einer Leistung zur medizinischen Rehabilitation, während ihrer Ausführung und nach ihrem Abschluss zu prüfen, ob durch geeignete Leistungen zur Teilhabe am Arbeitsleben die Erwerbsfähigkeit des behinderten oder von Behinderung bedrohten Menschen erhalten, gebessert oder wiederhergestellt werden kann. Gem. § 11 Abs. 1 S. 2 SGB IX ist die Bundesagentur für Arbeit nach § 38 SGB IX zu beteiligen.
- **Zusammenarbeit der Rehabilitationsträger**: § 12 SGB IX stellt Grundsätze für die Zusammenarbeit der Rehabilitationsträger auf. So sind die Rehabilitationsträger dafür verantwortlich, dass die im Einzelfall erforderlichen Leistungen zur Teilhabe nahtlos, zügig sowie nach Gegenstand, Umfang und Ausführung einheitlich erbracht werden (§ 12 Abs. 1 Nr. 1 SGB IX), Abgrenzungsfragen zur Vermeidung langwieriger Rechtsstreitigkeiten der Träger untereinander einvernehmlich geklärt werden (§ 12 Abs. 1 Nr. 2 SGB IX), die Beratung entsprechend den in §§ 1 und 4 SGB IX genannten Zielen geleistet wird (§ 12 Abs. 1 Nr. 3 SGB IX) und Begutachtungen möglichst nach einheitlichen Grundsätzen durchgeführt werden, um Doppeluntersuchungen zu vermeiden (§ 12 Abs. 1 Nr. 4 SGB IX). Schließlich wird eine enge Zusammenarbeit bei der Prävention gefordert (§ 12 Abs. 1 Nr. 5 SGB IX). Näheres zur Zusammenarbeit soll in **gemeinsamen Empfehlungen** nach § 13 Abs. 1 SGB IX geregelt werden.[35]
- **Zuständigkeitsklärung**: Nach dem für alle Rehabilitationsträger geltenden Zuständigkeitsklärungsverfahren des § 14 SGB IX hat der Rehabilitationsträger innerhalb einer Frist von zwei Wochen nach Eingang des Antrags seine Leistungszuständigkeit zu klären (§ 14 Abs. 1 S. 1 SGB IX).[36] Stellt der Rehabilitationsträger bei der Prüfung fest, dass er für die Leistung nicht zuständig ist, muss er den Antrag unverzüglich, d.h. ohne schuldhaftes Zögern, dem nach seiner Prüfung zuständigen Trä-

---

[34] Hiermit ist allerdings keine einheitliche Bescheiderteilung verbunden; vgl. v. Maydell/Ruland/*Reimann*, § 27 Rn 29. Das Erfordernis des Benehmens lässt die Entscheidungskompetenz des leistenden Rehabilitationsträgers unberührt, verpflichtet aber zur Bereitschaft, Belange der anderen Seite grundsätzlich zu würdigen; vgl. *Mrozynski*, § 10 Rn 11.

[35] In § 13 Abs. 2 SGB IX werden zahlreiche weitere Gegenstände genannt, die durch gemeinsame Empfehlungen zu regeln sind. Von der Rechtsnatur her handelt es sich um Verwaltungsvereinbarungen, die zwar nicht unmittelbar Außenwirkung haben, aber eine Selbstbindung der Verwaltung bei der Ermessensausübung zur Folge haben können; vgl. HK-SGB IX/*Welti*, § 13 Rn 5 ff. Die gemeinsamen Empfehlungen können auf der Homepage der Bundesarbeitsgemeinschaft für Rehabilitation (BAR) abgerufen werden: www.bar-frankfurt.de.

[36] Unter Antrag ist das Vorlegen der Unterlagen zu verstehen, die eine Beurteilung der Zuständigkeit ermöglichen; vgl. v. Maydell/Ruland/*Reimann*, § 27 Rn 45. Vgl. zum Ganzen auch *Benz*, SGb 2001, 611, 612 ff.; *Götz*, DRV 2003, 632 ff.

ger zuleiten. Da es sich um eine Ausschlussfrist handelt, führt eine Fristüberschreitung verschuldensunabhängig zur endgültigen Zuständigkeit und Leistungspflicht des erstangegangenen Rehabilitationsträgers.[37] Der zweite Träger darf den Antrag weder erneut weiterleiten noch zurückgeben.[38] Mit der Durchführung der Rehabilitationsmaßnahme kann also schon begonnen werden, auch wenn noch nicht feststeht, welcher Träger letztlich zur Leistung verpflichtet ist. Ist zur Feststellung des Rehabilitationsbedarfs ein Gutachten nicht erforderlich, muss die Entscheidung gem. § 14 Abs. 2 S. 2 SGB IX innerhalb von drei Wochen nach Antragseingang erfolgen, ansonsten innerhalb von zwei Wochen nach Vorliegen des Gutachtens (§ 14 Abs. 2 S. 4 SGB IX). Das Verfahren nach § 14 SGB IX geht der Vorleistungsregelung nach § 43 SGB I vor.[39]

- **Gemeinsame Servicestellen**: Gem. § 23 Abs. 1 S. 1 SGB IX stellen die Rehabilitationsträger sicher, dass in allen Landkreisen und kreisfreien Städten gemeinsame Servicestellen (§§ 22–25 SGB IX) bestehen. Diese Servicestellen bieten behinderten und von Behinderung bedrohten Menschen, ihren Vertrauenspersonen und Personensorgeberechtigten Beratung und Unterstützung an (§ 22 Abs. 1 S. 1 SGB IX). Näheres zu den Beratungs- und Unterstützungsleistungen regelt § 22 Abs. 1 S. 2 SGB IX.[40]

II. Leistungen zur Teilhabe

1. Ausführung von Leistungen zur Teilhabe

Zu den zentralen Begrifflichkeiten des SGB IX gehört neben dem in § 2 SGB IX geregelten Begriff der Behinderung die Teilhabe am Leben in der Gesellschaft. Leistungen zur Teilhabe sind gem. § 4 Abs. 1 Nr. 1 bis 4 SGB IX die notwendigen Sozialleistungen,

- um die Behinderung abzuwenden, zu beseitigen, zu mindern, ihre Verschlimmerung zu verhüten oder ihre Folgen zu mindern,
- Einschränkungen der Erwerbsfähigkeit oder Pflegebedürftigkeit zu vermeiden, zu überwinden, zu mindern oder eine Verschlimmerung zu verhüten sowie den vorzeitigen Bezug anderer Sozialleistungen zu vermeiden oder laufende Sozialleistungen zu mindern,
- die Teilhabe am Arbeitsleben entsprechend den Neigungen und Fähigkeiten dauerhaft zu sichern oder
- die persönliche Entwicklung ganzheitlich zu fördern und die Teilhabe am Leben in der Gesellschaft sowie eine möglichst selbständige und selbstbestimmte Lebensführung zu ermöglichen oder zu erleichtern.

25

Nach § 4 Abs. 1 SGB IX werden die Leistungen zur Teilhabe „unabhängig von der Ursache der Behinderung" erbracht. Der Gesetzgeber des SGB IX greift damit das bereits zuvor durch das BSG entwickelte „**Finalprinzip**" auf.[41] Soweit die einzelnen Leis-

26

---

37 Vgl. v. Maydell/Ruland/*Reimann*, § 27 Rn 44.
38 So die h.M.: vgl. HK-SGB IX/*Welti*, § 14 Rn 34; Kossens/v. d. Heide/Maaß/*Götz*, § 14 Rn 16; *Niemann*, NZS 2001, 583, 585; v. Maydell/Ruland/*Reimann*, § 27 Rn 50; *Stähler*/*Wimmer*, NZS 2002, 570, 573.
39 Vgl. BT-Drucks 14/5074 S. 102. Die Gemeinsame Empfehlung zur Zuständigkeitsklärung i.d.F. v. 22.3.2004 ist abgedr. bei Hauck/Noftz/*Götze*, SGB IX, K § 14 Anhang I.
40 Siehe hierzu auch v. Maydell/Ruland/*Reimann*, § 27 Rn 54 ff.; *Stähler*, DRV 2001, 199 ff.; *Stähler*/*Wimmer*, NZS 2002, 570, 572.
41 BSG – 1 RA 47/76, BSGE 44, 231, 234; BSG – 4 RJ 149/76, BSGE 46, 287, 291 f.; *Mrozynski*, § 4 Rn 2.

tungsgesetze jedoch auf einen spezifischen Kausalzusammenhang abstellen (siehe z.B. § 7 Abs. 1 SGB VII: Arbeitsunfall oder Berufskrankheit), gehen diese Regelungen gem. § 7 Abs. 1 S. 1 SGB IX vor.

2. Rehabilitationsdienste und -einrichtungen

27 Gem. § 17 Abs. 1 S. 1 SGB IX kann der zuständige Rehabilitationsträger Leistungen zur Teilhabe
- allein oder gemeinsam mit anderen Leistungsträgern,
- durch andere Leistungsträger oder
- unter Inanspruchnahme von geeigneten, insbesondere auch freien und gemeinnützigen oder privaten Rehabilitationsdiensten und -einrichtungen (§ 19 SGB IX)

ausführen.

28 Nach § 19 Abs. 1 S. 1 SGB IX haben die Rehabilitationsträger darauf hinzuwirken, dass die fachlich und regional erforderlichen Rehabilitationsdienste und -einrichtungen in ausreichender Zahl und Qualität zur Verfügung stehen (sog. **Sicherstellungsauftrag**).[42] Hiermit soll nach h.M. allerdings kein Rechtsanspruch des Versicherten auf die Bereitstellung von Diensten und Einrichtungen in ausreichender Zahl und Qualität verbunden sein.[43]

29 Nehmen Rehabilitationsträger zur Ausführung von Leistungen Rehabilitationsdienste oder -einrichtungen in Anspruch, so erfolgt die **Auswahl** gem. § 19 Abs. 4 S. 1 SGB IX danach, welcher Dienst oder welche Einrichtung die Leistung in der am besten geeigneten Form ausführt; dabei werden Dienste und Einrichtungen freier oder gemeinnütziger Träger entsprechend ihrer Bedeutung für die Rehabilitation und Teilhabe behinderter Menschen berücksichtigt und die Vielfalt der Träger von Rehabilitationsdiensten oder -einrichtungen gewahrt sowie deren Selbständigkeit, Selbstverständnis und Unabhängigkeit beachtet.[44]

30 Konkrete Vorgaben zum **Inhalt der Verträge** zwischen Rehabilitationsträger einerseits und Rehabilitationsdienst oder -einrichtung andererseits enthält § 21 Abs. 1 SGB IX. § 21 Abs. 1 SGB IX ergänzt insoweit die nach den jeweiligen Leistungsgesetzen erforderlichen Vertragsinhalte. Die in § 21 Abs. 1 SGB IX genannten Regelungen sind dabei nicht abschließend aufgezählt. Zu regeln sind „insbesondere" Qualitätsanforderungen, Vergütungsregelungen, Rechte und Pflichten der Teilnehmer sowie angemessene Mitwirkungsmöglichkeiten der Teilnehmer an der Ausführung der Leistungen, Datenschutzvorschriften sowie die Beschäftigung eines angemessenen Anteils behinderter, insbesondere schwerbehinderter Frauen. Nach § 21 Abs. 2 SGB IX wirken die Rehabilitationsträger darauf hin, dass die Verträge nach einheitlichen Grundsätzen abgeschlossen werden; sie können über den Inhalt der Verträge gemeinsame Empfehlungen nach § 13 SGB IX sowie Rahmenverträge mit den Arbeitsgemeinschaften der Rehabilitationsdienste und -einrichtungen vereinbaren.

31 Nach zutreffender Auffassung handelt es sich bei Versorgungsverträgen zwischen Rehabilitationsträgern und Rehabilitationsdiensten bzw. -einrichtungen um **öffentlich-**

---

42 Vgl. Hauck/Noftz/*Brodkorb*, SGB IX, K § 19 Rn 6 ff.; v. Maydell/Ruland/*Reimann*, § 27 Rn 97.
43 Vgl. Hauck/Noftz/*Brodkorb*, SGB IX, K § 19 Rn 8; v. Maydell/Ruland/*Reimann*, § 27 Rn 99.
44 Zu Recht weist *Mrozynski*, § 19 Rn 28, darauf hin, dass aus der Formulierung „dabei" folgt, dass bei gleich geeigneten Trägern auf eine ausgewogene Belegung aller zu achten ist.

rechtliche Verträge i.S.v. § 53 SGB X.[45] Hierfür sprechen insbesondere die genannten inhaltlichen Anforderungen, die eine enge Verknüpfung zwischen öffentlich-rechtlichem Leistungs- und Leistungserbringerrecht herstellen.[46]

Fraglich ist, ob aus den Vorschriften der §§ 19, 21 SGB IX ein **Anspruch** der Rehabilitationsdienste bzw. -einrichtungen **auf Vertragsabschluss** hergeleitet werden kann. Für Versorgungsverträge nach § 111 SGB V hat die Rechtsprechung dies inzwischen anerkannt (siehe Rn 79 ff.). Für Versorgungsverträge mit Rentenversicherungsträgern gem. § 15 SGB VI i.V.m. §§ 19 ff. SGB IX wurde dies bislang zwar noch nicht entschieden. Vielmehr wurde nur ein Anspruch auf ermessensfehlerfreie Entscheidung in Form des Auswahlermessens anerkannt.[47] Diese Rechtsprechung wird sich aber nicht aufrechterhalten lassen. Die zugrunde liegende Verfassungsrechtslage ist hier keine andere als im Rahmen von § 111 SGB V.[48]

32

Wie die Rechtsprechung bereits anerkannt hat, rechtfertigt § 19 Abs. 4 SGB IX jedenfalls **keine Bedarfsprüfung** der Rehabilitationsträger. Vielmehr soll § 19 Abs. 4 SGB IX die Vielfalt der Träger von Rehabilitationseinrichtungen sicherstellen, um damit den Wettbewerb zu sichern.[49]

33

3. Leistungsort

Nach § 18 S. 1 SGB IX können Sachleistungen aller Rehabilitationsträger künftig auch im Ausland erbracht werden, wenn sie dort bei zumindest gleicher Qualität und Wirksamkeit wirtschaftlicher ausgeführt werden können.[50] Fraglich ist, ob diese Regelung mit der **Dienstleistungsfreiheit des Art. 49 EGV** vereinbar ist.

34

Dies betrifft zunächst die Einschränkung, wonach die Leistungen im Ausland bei zumindest gleicher Qualität und Wirksamkeit zusätzlich **wirtschaftlicher** ausgeführt werden müssen.[51] Diesbezüglich wird man in europarechtskonformer Auslegung davon ausgehen müssen, dass bereits wirtschaftliche Gleichwertigkeit genügt.[52]

35

Ferner handelt es sich bei der Entscheidung über eine Rehabilitationsmaßnahme im Ausland um eine Ermessensentscheidung des Rehabilitationsträgers („können"), die

36

---

45 Vgl. *Eichenhofer*, NZS 2002, 348, 348 f.; Hauck/Noftz/*Brodkorb*, SGB IX, K § 21 Rn 7 ff.; HK-SGB IX/*Welti*, § 21 Rn 17 ff.
46 Vgl. *Kunze/Kreikebohm*, NZS 2003, 5, 6 f.
47 Vgl. Thüringer LSG, Beschl. v. 9.10.2001 – L6 RJ 93/01 ER, n.v.; SG Meiningen, Urt. v. 16.1.2003 – S5 RJ 881/02, n.v. Hiernach besteht nur ein Anspruch darauf, dass die Auswahl der Rehabilitationsdienste nach sachgerechten Kriterien erfolgt und eine Benachteiligung einzelner Anbieter im Wettbewerb nicht erfolgt. Ein Anspruch auf Vertragsabschluss liege nur im Falle einer Ermessensreduzierung auf null vor, wenn also jede andere Entscheidung als der Vertragsabschluss eine rechtswidrige Entscheidung wäre.
48 Im Ergebnis wie hier *Mrozynski*, § 21 Rn 19.
49 Vgl. Thüringer LSG, Beschl. v. 9.10.2001 – L6 RJ 93/01 ER, n.v.; SG Meiningen, Urt. v. 16.1.2003 – S5 RJ 881/02, n.v.
50 Der Begriff der Sachleistung ist in diesem Zusammenhang weiter auszulegen als in § 11 SGB I und umfasst nicht nur Heil- und Hilfsmittel, Kleidung, Unterkunft und Verpflegung, sondern auch die ärztliche Behandlung; vgl. *Welti*, SGb 2003, 379, 387, m.w.N.; a.A. Hauck/Noftz/*Brodkorb*, SGB IX, K § 18 Rn 3. Zu Rehabilitationsmaßnahmen im Ausland unter dem Gesichtspunkt der Qualitätssicherung vgl. *Fuhrmann/Heine*, NZS 2006, 341 ff.
51 Vgl. EuGH, Urt. v. 18.3.2004 – Rs. C/8/02 (Leichtle), JZ 2005, 28 ff., zur Einschränkung der Beihilfefähigkeit von Kuren im europäischen Ausland.
52 *Welti*, SGb 2003, 379, 387. *Kingreen*, JZ 2005, 31, 33 hält eine solche Auslegung für nicht möglich und bejaht daher einen Verstoß gegen die Dienstleistungsfreiheit des Art. 49 EGV.

Durchführung von Rehabilitationsleistungen steht also unter **Genehmigungsvorbehalt**. Nach den Entscheidungen des EuGH zu den Rechtssachen Kohll (Zahnbehandlung)[53] und Decker (Brillenkauf)[54] verstoßen derartige Genehmigungsvorbehalte grundsätzlich gegen die Dienstleistungsfreiheit des Art. 49 EGV.[55]

37 Aus diesem Grund ist der Genehmigungsvorbehalt in § 18 S. 1 SGB IX jedenfalls insoweit europarechtswidrig, als **ambulante** Behandlungen oder die Versorgung mit Heil- und Hilfsmitteln betroffen sind. Vom Versicherten im EU-Ausland selbst beschaffte Leistungen sind deshalb gem. § 15 SGB IX vom Rehabilitationsträger zu erstatten.[56]

38 Anders könnte die Rechtslage hinsichtlich **stationärer** Rehabilitationsmaßnahmen zu beurteilen sein. So hat der EuGH in der Rechtssache Smits und Peerbooms[57] zwar daran festgehalten, dass Genehmigungsvorbehalte gegen Art. 49 EGV verstoßen können. Gleichzeitig erkennt der Gerichtshof jedoch an, dass es „aus zwingenden Gründen des Allgemeinwohls" Rechtfertigungsgründe für derartige nationale Regelungen geben kann. Nach Auffassung des EuGH gilt dies insbesondere im Bereich der stationären Versorgung, da diese im Vergleich zur Versorgung durch niedergelassene Ärzte planbar sein müsse. Dies betreffe zum einen die Gewährleistung eines ausgewogenen und ständig ausreichend zugänglichen Angebots qualitativ hochwertiger Krankenhausversorgung sowie zum anderen die erheblichen Kosten des Krankenhaussektors.[58] Fraglich ist, ob diese Argumente auch auf stationäre Rehabilitationsmaßnahmen übertragen werden können.[59] Da im Rehabilitationssektor keine Bedarfsplanung erfolgt (siehe Rn 79 ff.) und die Kosten des Reha-Sektors deutlich niedriger sind als die des Krankenhaussektors, ist dies zu verneinen. Auch für stationäre Rehabilitationsmaßnahmen im EU-Ausland muss daher gelten, dass eine vorherige Genehmigung nicht erforderlich ist und der Versicherte ggf. einen Anspruch auf Kostenerstattung hat.[60]

4. Ambulante, teilstationäre und betriebliche Leistungen

39 § 19 Abs. 2 SGB IX regelt, dass die Rehabilitationsleistungen unter Berücksichtigung der persönlichen Umstände in ambulanter, teilstationärer oder betrieblicher Form und ggf. unter Einbeziehung familienentlastender und -unterstützender Dienste zu erbringen sind, soweit die Zielsetzungen der Leistungen nach Prüfung des Einzelfalles mit vergleichbarer Wirksamkeit erreicht werden können. Wenngleich § 19 Abs. 2 SGB IX Aus-

---

53 EuGH, Urt. v. 28.4.1998 – Rs. C-158/96 (Kohll), NZS 1998, 280 ff.
54 EuGH, Urt. v. 28.4.1998 – Rs. C-120/95 (Decker), NZS 1998, 283 ff.
55 Vgl. zur Rechtsprechung des EuGH Kossens/v. d. Heide/Maaß/*v. d. Heide*, § 18 Rn 12.
56 Vgl. zum Ganzen *Benz*, NZS 2002, 511, 516 ff.
57 EuGH, Urt. v. 12.7.2001 – Rs. C-157/99 (Smits & Peerbooms), EuZW 2001, 464 ff.
58 Der EuGH hat diese Rechtsprechung mit Urt. v. 13.5.2003 – Rs. C-385/99 (Müller-Fauré), EuZW 2003, 466 ff. fortgeführt. Eine vorherige Genehmigung ist daher bei einer Krankenhausbehandlung zulässig, darf aber nicht verweigert werden, wenn die entsprechende Behandlung im Inland nicht rechtzeitig erlangt werden kann.
59 Bejahend *Benz*, NZS 2002, 511, 517; *Fuhrmann/Heine*, NZS 2006, 341, 342. In diese Richtung auch Kossens/v. d. Heide/Maaß/*v. d. Heide*, § 18 Rn 14 ff.; *Welti*, SGb 2003, 379, 387.
60 Wie hier *Bieback*, NZS 2001, 561, 567; *Mrozynski*, § 18 Rn 21, 27 ff.; einen Verstoß gegen EU-Recht bejahend auch Hauck/Noftz/*Brodkorb*, SGB IX, K § 18 Rn 12. Wie die Rechtsprechung diese Frage beurteilen wird, bleibt freilich abzuwarten. Die Entscheidung des EuGH, Urt. v. 18.3.2004 – Rs. C/8/02 (Leichtle), JZ 2005, 28 ff., betont allerdings das Erfordernis einer substantiellen Begründung; siehe auch HK-SGB IX/*Welti*, § 18 Rn 14.

druck einer allgemeinen Stärkung der ambulanten Rehabilitation durch das SGB IX ist, wird hiermit jedoch kein Grundsatz „ambulant vor stationär" aufgestellt.[61]

5. Qualitätssicherung

Gem. § 20 Abs. 1 SGB IX vereinbaren die Rehabilitationsträger **gemeinsame Empfehlungen** zur Sicherung und Weiterentwicklung der Qualität der Leistungen, insbesondere zur barrierefreien Leistungserbringung, sowie für die Durchführung vergleichender Qualitätsanalysen als Grundlage für ein effektives Qualitätsmanagement der Leistungserbringer.[62]

Die **Leistungserbringer** ihrerseits werden gem. § 20 Abs. 2 SGB IX dazu verpflichtet, ein Qualitätsmanagement sicherzustellen, das durch zielgerichtete und systematische Verfahren und Maßnahmen die Qualität der Versorgung gewährleistet und kontinuierlich verbessert. Die Pflicht zur Qualitätssicherung ist zudem Inhalt der Verträge nach § 21 SGB IX. Konsequenterweise sind die Spitzenverbände der Leistungserbringer an der Ausgestaltung der gemeinsamen Empfehlungen zu beteiligen (§ 20 Abs. 3 SGB IX).

Ferner hat Art. 7 des Gesetzes zur Stärkung des Wettbewerbs in der gesetzlichen Krankenversicherung (**GKV-Wettbewerbsstärkungsgesetz – GKV-WSG**) vom 26.3.2007[63] § 20 SGB IX dahingehend ergänzt, dass stationäre Rehabilitationseinrichtungen sich gem. § 20 Abs. 2 S. 2 SGB IX n.F. am **Zertifizierungsverfahren** gem. § 20 Abs. 2a SGB IX n.F. zu beteiligen haben (siehe Rn 76 ff.). Gem. § 21 Abs. 3 S. 2 SGB IX n.F. sind stationäre Rehabilitationseinrichtungen nur dann als geeignet anzusehen, wenn sie nach § 20 Abs. 2 S. 2 SGB IX zertifiziert sind. Nach der Gesetzesbegründung ist nicht zertifizierten Einrichtungen der Vertrag nach § 21 Abs. 3 S. 1 SGB IX zu kündigen.[64]

6. Leistungen zur medizinischen Rehabilitation

Die Leistungen zur Teilhabe werden von § 5 SGB IX in vier unterschiedliche Leistungsgruppen eingeteilt: Leistungen zur medizinischen Rehabilitation, Leistungen zur Teilhabe am Arbeitsleben, unterhaltssichernde und andere ergänzende Leistungen sowie Leistungen zur Teilhabe am Leben in der Gemeinschaft. Im vorliegenden Zusammenhang können nur die Leistungen zur medizinischen Rehabilitation gem. § 5 Nr. 1 SGB IX angesprochen werden.

Die Leistungen zur medizinischen Rehabilitation werden in §§ 26–32 SGB IX geregelt. § 26 Abs. 1 SGB IX beschreibt die Ziele, die mit der Gewährung von Leistungen zur medizinischen Rehabilitation verfolgt werden. Der Zielbestimmung lässt sich entnehmen, dass es der Rehabilitation anders als der Akutkrankenbehandlung nicht primär um die Behandlung und Linderung der Beschwerden sowie die Beseitigung der Krankheitsursache geht, sondern um die **Bewältigung der Folgen einer Erkrankung** (siehe Rn 66). Ziel ist es deshalb insbesondere, Behinderungen abzuwenden (§ 26 Abs. 1 Nr. 1 SGB IX) sowie Einschränkungen der Erwerbsfähigkeit und eine Pflegebedürftigkeit des Versicherten zu vermeiden (§ 26 Abs. 1 Nr. 2 SGB IX).

---

61 Vgl. v. Maydell/Ruland/*Reimann*, § 27 Rn 113.
62 Die Gemeinsame Empfehlung Qualitätssicherung nach § 20 Abs. 1 SGB IX v. 27.3.2003 ist abgedr. bei Hauck/Noftz/*Brodkorb*, SGB IX, K § 20 Anhang I.
63 BGBl I 378.
64 BT-Drucks 16/3100 S. 184.

45 Die verschiedenen Leistungen zur medizinischen Rehabilitation werden in § 26 Abs. 2 SGB IX aufgezählt, wobei der **Leistungskatalog** nicht abschließend ist („insbesondere"). Zu den Leistungen zur medizinischen Rehabilitation gehören danach ärztliche und heilberufliche Behandlung, Früherkennung und Frühförderung von Kindern (siehe auch § 30 SGB IX), Arznei- und Verbandmittel, Heilmittel, Psychotherapie, Hilfsmittel (siehe auch § 31 SGB IX),[65] Belastungserprobung und Arbeitstherapie sowie gem. § 26 Abs. 3 SGB IX auch psychosoziale Leistungen.

46 *Wichtig*

> Die **Abgrenzung zwischen Rehabilitation und Akutkrankenbehandlung** stellt sich im Einzelfall als äußerst schwierig dar. Die Differenzierung ist im Bereich der gesetzlichen Krankenversicherung von großer praktischer Bedeutung für die Abgrenzung zwischen Krankenhäusern und Rehabilitationseinrichtungen (siehe Rn 66 ff.). Ferner betrifft die Abgrenzung auch die Feststellung des zuständigen Rehabilitationsträgers, da die Rentenversicherung gem. § 13 Abs. 2 Nr. 1 und 2 SGB VI keine Leistungen zur medizinischen Rehabilitation in der Phase der akuten Behandlungsbedürftigkeit bzw. an der Stelle einer ansonsten erforderlichen Krankenhausbehandlung erbringt.[66]

47 § 27 SGB IX hebt hervor, dass die in § 26 Abs. 1 SGB IX genannten Ziele sowie die Grundsätze des § 10 SGB IX auch bei Leistungen der Krankenbehandlung gelten. Die „Rehabilitationskette" soll schon bei der Akutbehandlung beginnen (siehe Rn 73).[67]

C. Die Leistungen der gesetzlichen Krankenversicherung

I. Allgemeines

48 Leistungen zur medizinischen Rehabilitation gehören gem. §§ 11 Abs. 2 S. 1, 27 Abs. 1 S. 2 Nr. 6 SGB V zum Leistungskatalog der gesetzlichen Krankenversicherung. Nach § 11 Abs. 2 S. 3 SGB V werden diese Leistungen unter Beachtung des SGB IX erbracht, soweit im SGB V nichts anderes bestimmt ist. Spezialvorschriften zur medizinischen Rehabilitation in Kostenträgerschaft der GKV finden sich in §§ 40–43a SGB V sowie in § 275 Abs. 2 Nr. 1 SGB V.

49 Die genannten Vorschriften sind durch das Gesetz zur Stärkung des Wettbewerbs in der gesetzlichen Krankenversicherung (**GKV-Wettbewerbsstärkungsgesetz – GKV-WSG**) vom 26.3.2007 erheblich geändert worden.[68] U.a. wird klargestellt, dass es sich

---

[65] Zur Hilfsmittelversorgung besteht umfangreiche Judikatur; vgl. etwa BSG – B 3 KR 68/01 R, NZS 2003, 477 ff. (Oberschenkelprothese); BSG – B 3 KR 23/02 R, NZS 2003, 660 (Rollstuhl-Ladeboy); BSG – B 3 KR 7/02 R, NZS 2004, 38 ff. (Hörgerät); BSG – B 3 KR 13/03 R, NZS 2005, 313 (Notebook-PC für Blinde). Zur Abgrenzung der Leistungsverpflichtung einer gesetzlichen Krankenkasse bei der Hilfsmittelversorgung im Pflegeheim von der Vorhaltepflicht des Heimträgers vgl. BSG – B 3 KR 5/03, NZS 2005, 533 (Lagerungsrollstuhl). Dazu auch *Meuthen/Hartmann*, NZS 2002, 26 ff.

[66] Zur Rückausnahme für den Fall, dass die akute Behandlungsbedürftigkeit während der Dauer der Rehabilitationsmaßnahme auftritt (sog. „interkurrente Erkrankung") siehe BSG – B 13 RJ 33/98, NZS 1999, 556 ff.; BSG – B 13 RJ 47/00, NZS 2002, 96.

[67] BR-Drucks 49/01 S. 316. Zur stufenweisen Wiedereingliederung nach § 28 SGB IX vgl. *Gagel*, NZA 2001, 988 ff.

[68] BGBl I 378.

bei den Leistungen nach § 40 Abs. 1 und 2 SGB V um **Pflichtleistungen** handelt. Der Gesetzgeber passt den Wortlaut von § 40 SGB V damit an die h.M. an, die das Ermessen des Rehabilitationsträgers auch bisher schon auf das „Wie" der Leistung beschränkte. Lagen alle Leistungsvoraussetzungen vor, musste die Krankenkasse auch nach alter Rechtslage unter Wahrung des Gleichheitssatzes alle geeigneten Maßnahmen ergreifen, um die Gesundheit der Versicherten wiederherzustellen.[69] Eine Ablehnung von Leistungen war daher nur in Ausnahmefällen zulässig.[70]

II. Ambulante (einschließlich teilstationäre) Rehabilitation

§ 40 Abs. 1 SGB V regelt ambulante Rehabilitationsleistungen. Gem. Satz 1 erbringt die Krankenkasse aus medizinischen Gründen erforderliche ambulante Rehabilitationsleistungen in Rehabilitationseinrichtungen, für die ein Versorgungsvertrag nach § 111 SGB V besteht, oder, soweit dies für eine bedarfsgerechte, leistungsfähige und wirtschaftliche Versorgung der Versicherten mit medizinischen Leistungen ambulanter Rehabilitation erforderlich ist, durch wohnortnahe Einrichtungen. Voraussetzung ist, dass eine ambulante Krankenbehandlung nicht ausreicht, um die in § 11 Abs. 2 SGB V beschriebenen Ziele zu erreichen. Nach dem durch das GKV-WSG eingefügten Satz 2 sind ambulante Rehabilitationsleistungen auch in stationären Pflegeeinrichtungen nach § 72 Abs. 1 SGB XI zu erbringen.

50

1. Begriff der ambulanten Rehabilitation

Bei den ambulanten Rehabilitationsleistungen handelt es sich um **Komplexleistungen**, denn sie werden gem. § 40 Abs. 3 S. 2 SGB V zu „Behandlungstagen" zusammengefasst.[71] Die Behandlung erschöpft sich also nicht in der Abgabe einzelner Heilmittel, sondern umfasst unterschiedliche medizinische Einzelmaßnahmen.[72] Hierzu kann auch Verpflegung während des Tages gehören, denn nach der Rechtsprechung des BSG gehören zu den ambulanten auch die **teilstationären** Rehabilitationsleistungen.[73] Damit unterscheidet sich die Rechtslage im Rehabilitationssektor vom akutstationären Bereich, wo die teilstationären Leistungen zur stationären Versorgung gezählt werden. Zur Begründung verweist das BSG darauf, dass § 40 SGB V anders als § 39 SGB V nur zwischen ambulanter und stationärer Behandlung unterscheidet. Insbesondere aus dem Sprachgebrauch und der historischen Entwicklung folge, dass teilstationäre Rehabilitationsleistungen zur ambulanten Rehabilitation zu zählen seien.

51

---

69 Vg. KassKomm/*Höfler*, SGB V, § 40 Rn 18 ff., unter Hinweis auf die Rechtsprechung zur gesetzlichen Rentenversicherung; BSG – 8a RK 13/79, BSGE 50, 47, 50 f.; BSG – 5b RJ 106/83, BSGE 57, 157, 159 ff.; BSG – 1 RA 11/84, BSGE 58, 263, 263 f.; BSG – 5 RJ 3/89, BSGE 66, 87, 88 f.

70 BSG – 5 RJ 3/89 – BSGE 66, 87, 88 f.; vgl. auch Hauck/Noftz/*Noftz*, SGB V, K § 40 Rn 57 ff.; *Quaas/Zuck*, § 25 Rn 34. Auch nach der Begründung des Ausschusses für Gesundheit (BT-Drucks 16/4246 S. 48) spielte die Einstufung als Ermessensleistung für die Prüfung durch die Krankenkasse zur Erforderlichkeit einer Maßnahme bisher keine Rolle.

71 Vgl. Hauck/Noftz/*Noftz*, SGB V, K § 40 Rn 26; KassKomm/*Höfler*, SGB V, § 40 Rn 8; Krauskopf/*Wagner*, SGB V, § 40 Rn 8.

72 BSG – B 3 KR 12/99 R, NZS 2001, 357, 359 f. Dazu Thier, f&w 2001, 384.

73 Vgl. BSG – B 3 KR 12/99 R, NZS 2001, 357, 359 f.

2. Leistungserbringer der ambulanten Rehabilitation

52 Grundsätzlich sind die Rehabilitationsleistungen in **Rehabilitationseinrichtungen nach § 111 SGB V**, sog. „Reha-Kliniken" zu erbringen (siehe Rn 79). Der Versicherte wird diese entweder täglich aufsuchen oder bei weiter entfernten Einrichtungen selbst für Unterkunft und Verpflegung sorgen.

53 Die Leistungserbringung erfolgt durch **wohnortnahe Einrichtungen**, die im allgemeinen Sprachgebrauch als sog. „Reha-Zentren" bezeichnet werden, soweit dies für eine bedarfsgerechte, leistungsfähige und wirtschaftliche Versorgung der Versicherten erforderlich ist, etwa weil Rehabilitationseinrichtungen i.S.v. § 111 SGB V nach der speziellen Lage des Falles nicht geeignet sind.[74] Da das SGB V bislang keine Vorgaben zur Zulassung dieser Einrichtungen enthielt, musste das BSG diese Regelungslücke durch verfassungskonforme Anwendung der bestehenden Grundsätze des Leistungserbringerrechts schließen. Die Zulassung erfolgt danach nicht durch Vertrag, sondern durch **Verwaltungsakt**. Voraussetzung für die Zulassung ist, dass die Einrichtung die personellen und fachlichen Voraussetzungen des § 107 Abs. 2 Nr. 2 SGB V erfüllt und zu einer leistungsfähigen, wirtschaftlichen Versorgung der Versicherten (§§ 111 Abs. 2 Nr. 2, 70, 2 Abs. 1 SGB V) in der Lage ist.[75]

54 Aufgrund der Gesetzesänderungen durch das GKV-WSG könnte die Rechtsprechung **in Zukunft** allerdings davon ausgehen, dass die Zulassung nicht mehr durch VA, sondern **durch Vertrag** erfolgt. So spricht der neu gefasste § 137d Abs. 1 S. 1 SGB V von ambulanten Rehabilitationseinrichtungen, „mit denen ein Vertrag über die Erbringung ambulanter Leistungen zur medizinischen Rehabilitation nach § 40 Abs. 1 SGB V besteht". Der Gesetzgeber geht also offensichtlich von einer Vertragslösung aus, ohne diese allerdings an primär betroffener Stelle in § 40 Abs. 1 SGB V explizit zu verankern.

55 *Wichtig*
Wie das BSG zu Recht festgestellt hat, findet bei verfassungskonformer Lückenausfüllung **keine Bedarfsprüfung** für die Zulassung wohnortnaher Einrichtungen statt. Eine solche Bedarfsprüfung würde einen Eingriff in die Berufsausübungsfreiheit der Anbieter darstellen, die zum einen nur aus Gründen des Gemeinwohls und zum anderen nur durch oder aufgrund eines Gesetzes zulässig wäre (Art. 12 Abs. 1 S. 2 GG). Bei den wohnortnahen Einrichtungen fehlt es schon an einer gesetzlichen Grundlage, so dass es auf das Vorliegen eines Rechtfertigungsgrundes – anders als bei den Rehabilitationseinrichtungen nach § 111 SGB V (siehe Rn 79) – gar nicht ankommt.[76]

56 Durch das GKV-WSG wurde die Formulierung „in wohnortnahen Einrichtungen" ersetzt durch die Formulierung „durch wohnortnahe Einrichtungen". Hiermit soll ermöglicht werden, dass ambulante Rehabilitationsleistungen auch mobil erbracht werden können durch interdisziplinäre Teams, die die Rehabilitationsmaßnahmen in der Wohnung des Patenten erbringen. Zielgruppe sind vor allem multimorbide Patienten mit erheblichen funktionellen Beeinträchtigungen und komplexem Hilfebedarf, die bislang von Rehabilitationsmaßnahmen abgeschnitten waren. Die Gesetzesänderung soll dem

---

[74] Vgl. KassKomm/*Höfler*, SGB V, § 40 Rn 10.
[75] BSG – B 3 KR 12/99 R, NZS 2001, 357, 361. Bestätigt durch BSG – B 3 KR 3/04 R, NZS 2006, 485, 486 ff. Vgl. auch Hauck/Noftz/*Noftz*, SGB V, K § 40 Rn 26.
[76] BSG – B 3 KR 12/99 R, NZS 2001, 357, 361. Zweifelnd bereits BSG – 3 RK 1/97, BSGE 81, 189, 196 ff.

Vorrang der Rehabilitation vor und in der Pflege sowie dem Ziel „ambulant vor stationär" Rechnung tragen.[77]

Ferner stellt der durch das GKV-WSG neu aufgenommene § 40 Abs. 1 S. 2 SGB V n.F. klar, dass ambulante Rehabilitationsleistungen auch an Pflegebedürftige in stationären **Pflegeeinrichtungen nach § 72 Abs. 1 SGB XI** zu erbringen sind.[78]

3. Voraussetzungen/Verfahren

Neben der Versicherteneigenschaft setzt § 40 Abs. 1 S. 1 SGB V voraus, dass eine **ambulante Krankenbehandlung nach den §§ 27 ff. SGB V nicht ausreicht**, um die in § 11 Abs. 2 SGB V beschriebenen Ziele zu erreichen, also um eine Behinderung oder Pflegebedürftigkeit abzuwenden, zu beseitigen, zu mindern, auszugleichen, ihre Verschlimmerung zu verhüten oder ihre Folgen zu mindern.

> *Praxistipp*
> Beim Rechtsstreit über die Gewährung einer Rehabilitationsmaßnahme ist grundsätzlich die **Sach- und Rechtslage im Zeitpunkt der letzten mündlichen Verhandlung** maßgebend. So darf eine Krankenkasse nach der Rechtsprechung des BSG nicht zu einer Leistung verurteilt werden, für die im Zeitpunkt der Verhandlung keine Notwendigkeit mehr besteht. Allerdings sind neue Tatsachen oder Rechtsänderungen nur im Rahmen des jeweiligen Streitgegenstandes zu berücksichtigen. Deshalb ist nicht zu prüfen, ob möglicherweise andere, nachträglich aufgetretene Gesundheitsstörungen einen Rehabilitationsbedarf begründen, denn dann geht es nicht mehr um die ursprünglich beantragte, sondern um eine andere Leistung.[79]

Die Entscheidung über eine ambulante Rehabilitationsleistung steht hinsichtlich des „Wie" der Leistung weiterhin im **Ermessen** der Krankenkasse. Nach § 40 Abs. 3 S. 1 SGB V bestimmen die Krankenkassen nach den medizinischen Erfordernissen des Einzelfalls Art, Dauer, Umfang, Beginn und Durchführung der Rehabilitationsleistungen sowie die beauftragte Rehabilitationseinrichtung nach pflichtgemäßem Ermessen. Berechtigten Wünschen des Leistungsberechtigten ist zu entsprechen, § 9 Abs. 1 S. 1 SGB IX, § 33 SGB I (siehe Rn 9 ff.). Die Entscheidung der Krankenkassen stellt einen Verwaltungsakt dar.[80]

Die **Leistungsdauer** bei Leistungen nach § 40 Abs. 1 SGB V beträgt gem. § 40 Abs. 3 S. 2 SGB V grundsätzlich längstens 20 Tage (siehe auch § 40 Abs. 3 S. 3 und 5 SGB V).

Nach § 40 Abs. 3 S. 4 SGB V besteht eine **Wartezeit** von vier Jahren: Leistungen nach § 40 Abs. 1 SGB V können nicht vor Ablauf von vier Jahren nach Durchführung solcher oder ähnlicher[81] Leistungen erbracht werden, deren Kosten aufgrund öffentlich-rechtlicher Vorschriften[82] getragen oder bezuschusst[83] worden sind, es sei denn, eine vorzeitige Leistung ist aus medizinischen Gründen dringend erforderlich. Dringend erfor-

---

77 BT-Drucks 755/06 S. 295.
78 BT-Drucks 16/3100 S. 107. Die durch das GKV-WSG eingefügte Regelung war ursprünglich im Rahmen der später gestrichenen Vorschrift zur geriatrischen Rehabilitation (§ 40a) enthalten und ist im Zuge der Änderungen des Ausschusses für Gesundheit in § 40 Abs. 1 SGB V übernommen worden.
79 BSG – B 1 KR 33/01 R, NZS 2004, 167.
80 KassKomm/*Höfler*, SGB V, § 40 Rn 38.
81 Ähnlich sind solche Leistungen, die den Maßnahmen nach § 40 Abs. 1 SGB V nach Zweck und Ausgestaltung gleichgestellt werden können; KassKomm/*Höfler*, SGB V, § 40 Rn 5.
82 Es muss sich also nicht um sozialrechtliche Leistungen handeln; KassKomm/*Höfler*, SGB V, § 40 Rn 5.
83 Vgl. zum Begriff des Zuschusses BSG – 8/8a RK 12/80, BSGE 51, 293 ff.

lich sollen vorzeitige Rehabilitationsleistungen dann sein, wenn anderenfalls erhebliche gesundheitliche Schäden oder Nachteile zu befürchten wären.[84]

63 Zu beachten ist ferner § 40 Abs. 4 SGB V. Leistungen gem. § 40 Abs. 1 und 2 SGB V werden nur erbracht, wenn nach den für andere Träger der Sozialversicherung geltenden Vorschriften mit Ausnahme des § 31 SGB VI[85] solche Leistungen nicht erbracht werden können (**nachrangige Zuständigkeit der Krankenkassen**).[86]

64 Vom Versicherten zu leistende **Zuzahlungen** sind in § 40 Abs. 5 und 6 SGB V geregelt.[87]

III. Stationäre Rehabilitation

65 Reichen ambulante Rehabilitationsmaßnahmen nach § 40 Abs. 1 SGB V nicht aus, erbringt die Krankenkasse gem. § 40 Abs. 2 S. 1 SGB V stationäre Rehabilitation mit Unterkunft und Verpflegung in einer nach § 20 Abs. 2a SGB IX zertifizierten Rehabilitationseinrichtung, mit der ein Vertrag nach § 111 SGB V besteht. Wählt der Versicherte eine andere zertifizierte Einrichtung, mit der kein Versorgungsvertrag nach § 111 SGB V besteht, so hat er gem. § 40 Abs. 2 S. 2 SGB V die dadurch entstehenden Mehrkosten zu tragen.[88]

1. Begriff der stationären Rehabilitation

a) Abgrenzungen

66 Die stationäre medizinische Rehabilitation ist zum einen von der vollstationären Krankenhausbehandlung und zum anderen von stationären Vorsorgeleistungen abzugrenzen. Anhaltspunkte für die Differenzierung bietet § 107 SGB V. Hiernach ist zwischen Krankenhäusern, Vorsorge- und Rehabilitationseinrichtungen zu unterscheiden:
- **Krankenhäuser** werden in § 107 Abs. 1 SGB V dahingehend definiert, dass sie der Krankenhausbehandlung dienen (§ 107 Abs. 1 Nr. 1 SGB V), fachlich-medizinisch unter ständiger ärztlicher Leitung stehen, über ausreichende, ihrem Versorgungsauftrag entsprechende diagnostische und therapeutische Möglichkeiten verfügen, nach wissenschaftlich anerkannten Methoden arbeiten (§ 107 Abs. 1 Nr. 2 SGB V) und mit Hilfe von jederzeit verfügbarem ärztlichem, Pflege-, Funktions- und medizinisch-technischem Personal darauf eingerichtet sind, **vorwiegend durch ärztliche und pflegerische Hilfeleistung** Krankheiten der Patienten zu erkennen, zu heilen, ihre Verschlimmerung zu verhüten und Krankheitsbeschwerden zu lindern (§ 107 Abs. 1 Nr. 3 SGB V).

---

[84] KassKomm/*Höfler*, SGB V, § 40 Rn 6.
[85] § 31 SGB VI betrifft sonstige Leistungen der Rentenversicherungsträger.
[86] Dazu Hauck/Noftz/*Noftz*, SGB V, K § 40 Rn 29 ff.; KassKomm/*Höfler*, SGB V, § 40 Rn 29 ff.; Quaas/Zuck, § 25 Rn 32 f. Bei der Behandlung von Abhängigkeitserkrankungen ist nach der zwischen Krankenkassen und Rentenversicherungsträgern abgeschlossenen Vereinbarung „Abhängigkeitserkrankung" v. 4.5.2001 (DRV 2002, 64 ff.) zwischen der Entzugs-(Krankenkassen) und der Entwöhnungsbehandlung (Rentenversicherungsträger) zu unterscheiden.
[87] Die in § 40 Abs. 5 S. 1 SGB V geregelte Zuzahlung ist je Kalendertag zu zahlen; hierzu zählt auch der Aufnahme- und Entlassungstag; BSG – B 1 KR 32/00 – NZS 2003, 31 ff.
[88] Die bislang für die Kostenerstattung bei Behandlung in einer nicht zugelassenen Einrichtung geltenden Einschränkungen in § 13 SGB V (vgl. dazu KassKomm/*Höfler*, SGB V, § 40 Rn 26) dürften in diesem Fall keine Anwendung finden.

- **Rehabilitationseinrichtungen** sind gem. § 107 Abs. 2 SGB V Einrichtungen, die u.a. der stationären Behandlung der Patienten dienen, um eine Krankheit zu heilen, ihre Verschlimmerung zu verhüten oder Krankheitsbeschwerden zu lindern oder im Anschluss an Krankenhausbehandlung den dabei erzielten Behandlungserfolg zu sichern oder zu festigen (§ 107 Abs. 2 Nr. 1b SGB V). Dabei muss die Einrichtung fachlich-medizinisch unter ständiger ärztlicher Verantwortung und unter Mitwirkung von besonders geschultem Personal darauf eingerichtet sein, den Gesundheitszustand der Patienten nach einem ärztlichen Behandlungsplan **vorwiegend durch Anwendung von Heilmitteln** einschließlich Krankengymnastik, Bewegungstherapie, Sprachtherapie oder Arbeits- und Beschäftigungstherapie, ferner durch andere geeignete Hilfen, auch durch geistige und seelische Einwirkungen,[89] zu verbessern und den Patienten bei der Entwicklung eigener Abwehr- und Heilungskräfte zu helfen.
- **Vorsorgeeinrichtungen** dienen im Vergleich zur Rehabilitationseinrichtung dagegen dazu, eine Schwächung der Gesundheit, die in absehbarer Zeit voraussichtlich zu einer Krankheit führen würde, zu beseitigen oder einer Gefährdung der gesundheitlichen Entwicklung eines Kindes entgegenzuwirken (§ 107 Abs. 2 Nr. 1a SGB V). Ansonsten sind die Anforderungen nach § 107 Abs. 2 Nr. 2 und 3 SGB V dieselben wie bei Rehabilitationseinrichtungen.

67 Nach der sehr umfangreich geratenen Legaldefinition des § 107 SGB V lassen sich Rehabilitation einerseits und Vorsorge andererseits relativ gut abgrenzen.[90] Schwierig bleibt hingegen die **Unterscheidung zwischen Krankenhausbehandlung und Rehabilitation**, denn beide sind auf die Behandlung bereits eingetretener Krankheiten gerichtet.[91]

68 Der Unterscheidung kommt insbesondere im Hinblick auf den erforderlichen **Status** der Einrichtung besondere Bedeutung zu.[92] Während Krankenhausbehandlung nur durch zugelassene Krankenhäuser, also Hochschulkliniken, Plan- und Vertragskrankenhäuser erbracht werden darf (§ 108 SGB V), durften stationäre Vorsorge- und Rehabilitationsmaßnahmen bislang nur in Einrichtungen erbracht werden, mit denen ein Versorgungsvertrag nach § 111 Abs. 2 SGB V besteht (§ 111 Abs. 1 SGB V). Die Unterscheidung gewinnt ferner dadurch an Bedeutung, dass § 40 Abs. 2 SGB V in der Fassung des GKV-WSG auch eine Leistungserbringung in Einrichtungen zulässt, mit denen zwar kein Versorgungsvertrag besteht, die aber gem. § 20 Abs. 2a SGB IX zertifiziert sind. Die Versicherten haben hier nur die Mehrkosten gegenüber einer Vertragseinrichtung zu tragen (§ 40 Abs. 2 S. 2 SGB V n.F.).

69 Nach der Rechtsprechung des BSG ist die Unterscheidung zwischen Rehabilitation und Krankenhausbehandlung nach der Art der Erkrankungen und den Behandlungsmethoden zu treffen, die sich auch in der Organisation der Einrichtung widerspiegeln.[93] Schon vor Inkrafttreten des SGB V stellte das BSG für das Vorliegen eines Krankenhauses maßgeblich darauf ab, ob bei der Gesamtschau die **ärztliche Behandlung der Patien-**

---

89 Hiermit sind hautsächlich Psycho- und Verhaltenstherapie gemeint; vgl. KassKomm/*Höfler*, SGB V, § 40 Rn 23.
90 In der Praxis werden Vorsorge und Rehabilitation häufig „unter einem Dach", also in einer Einrichtung wahrgenommen; vgl. Hauck/Noftz/*Klückmann*, SGB V, K § 107 Rn 16.
91 Auch Krankenhausbehandlung und Rehabilitation können „unter einem Dach" erbracht werden, vorausgesetzt, es ist eine klare Trennung in räumlicher, organisatorischer und wirtschaftlicher Hinsicht gewährleistet; Hauck/Noftz/*Klückmann*, SGB V, K § 107 Rn 16.
92 Vgl. *Kamps/Kiesecker*, MedR 2002, 504, 504 f.
93 BSG – 3 RK 21/96, NZS 1998, 427, 428.

ten im Vordergrund steht.[94] Hieran hält das BSG auch unter dem SGB V fest. Zu prüfen ist danach, ob im Vordergrund die ärztliche Behandlung steht oder die weiter gehende Versorgung zur vollständigen Wiederherstellung der Gesundheit und Erwerbsfähigkeit, wie sie für die Rehabilitation typisch ist.[95] Kennzeichnend für die Rehabilitationseinrichtung ist dabei, den Gesundheitszustand des Patienten nach einem ärztlichen Behandlungsplan vorwiegend durch Anwendung von Heilmitteln einschließlich Krankengymnastik und Bewegungstherapie zu verbessern. Die pflegerische Betreuung des Patienten ist der ärztlichen Behandlung eher gleichwertig nebengeordnet. Dem Patienten soll vor allem bei der Entwicklung eigener Abwehr- und Heilungskräfte geholfen werden.[96] Zur Prüfung kann auf den Stellenplan sowie die räumliche und sachliche Ausstattung der Klinik zurückgegriffen werden.[97] So werden bei Rehabilitationseinrichtungen in der Regel keine umfangreichen diagnostischen Mittel erforderlich sein.[98]

70 *Hinweis*
Besonderheiten gelten im Bereich der psychotherapeutischen Medizin und Psychosomatik. Nach der Rechtsprechung des BSG kann der Einsatz von krankenhausspezifischen Geräten hier in den Hintergrund treten und allein der notwendige Einsatz von Ärzten, therapeutischen Hilfskräften und Pflegepersonal sowie die Art der Medikation die Notwendigkeit einer stationären Behandlung begründen.[99]

71 Soweit § 107 Abs. 2 Nr. 2 SGB V verlangt, dass die Rehabilitationseinrichtung **unter ständiger ärztlicher Verantwortung** steht, ist damit nicht gemeint, dass die Einrichtung ärztlich geleitet sein muss. Erforderlich ist allerdings die ärztliche Überwachung und Betreuung der in der Einrichtung lebenden Rehabilitanden in der Weise, dass zwar in diesem Rahmen auch Nichtärzte auf ärztliche Verordnung tätig werden können, ihre Leistungen aber vom Arzt wenn auch nicht im Einzelnen, so doch zumindest allgemein ihrer Art nach zu bestimmen und auf ihren Erfolg hin zu überwachen sind.[100] Der Begriff der medizinischen Rehabilitation ist damit im Bereich der gesetzlichen Krankenversicherung enger, als im Bereich der gesetzlichen Rentenversicherung. So brauchen Rehabilitationseinrichtungen gem. § 15 Abs. 2 S. 2 SGB VI nicht unter ständiger ärztlicher Verantwortung zu stehen, wenn die Art der Behandlung dies nicht erfordert.[101]

---

94 BSG – 8a/3 RK 60/78, BSGE 51, 44, 46; BSG – 3 RK 17/89, BSGE 68, 17, 18 f.; BSG – 4 RA 56/89, SozR 3-2200 § 1243 Nr. 2. Vgl. auch Hauck/Noftz/*Noftz*, SGB V, K § 39 Rn 81; Krauskopf/*Knittel*, SGB V, § 107 Rn 4.
95 BSG – 3 RK 21/96, NZS 1998, 427, 428.
96 VGH Mannheim – 9 S 2124/00, MedR 2003, 107, 109.
97 Vgl. BSG – 3 RK 21/96, NZS 1998, 427, 428. Siehe auch KassKomm/*Hess*, SGB V, § 107 Rn 4, wonach entsprechend der Rehabilitationsaufgaben die Anforderungen an die ärztliche Präsenz und die ärztliche Leitung gegenüber der Krankenhausbehandlung gesenkt und gleichzeitig die Anwendung von Heilmitteln nach Maßgabe eines ärztlichen Behandlungsplans in den Vordergrund gerückt sind.
98 VGH Mannheim – 9 S 2124/00, MedR 2003, 107, 109.
99 Vgl. BSG – B 3 KR 18/03 R, BSGE 92, 300, 305; BSG, Urt. v. 20.1.2005 – B 3 KR 9/03 R, n.v.
100 BVerwG – 5 C 6/02, NVwZ-RR 2003, 859, 861. Dies erfordert nicht, dass die Ärzte beim Träger angestellt sind. Vielmehr genügt es auch, wenn niedergelassene Ärzte aufgrund vertraglicher Absprachen tätig sind; so zu Recht Hauck/Noftz/*Klückmann*, SGB V, K § 107 Rn 21; Krauskopf/*Knittel*, SGB V, § 107 Rn 6.
101 Dies steht im Einklang mit der unterschiedlichen Zwecksetzung der Rehabilitationsmaßnahmen, die bei der Krankenversicherung primär auf die Erhaltung oder Wiederherstellung der Gesundheit abzielen, während bei der Rentenversicherung der Schwerpunkt auf der Besserung oder Wiederherstellung der Erwerbsfähigkeit liegt; vgl. BVerwG – 5 C 6/02, NVwZ-RR 2003, 859, 861.

b) Verzahnungen

Wenngleich rechtlich also zwischen Krankenhausbehandlung und Rehabilitation zu unterscheiden ist, so besteht aus medizinischer Sicht die Notwendigkeit für eine Verzahnung der beiden Behandlungsformen.[102]

Prinzipiell sollten Rehabilitationsmaßnahmen möglichst früh, also auch schon in der Phase der Akuttherapie, eingeleitet werden, um einer Chronifizierung mit den daraus resultierenden funktionellen Beeinträchtigungen entgegenzuwirken.[103] Der Gesetzgeber hat diesem Umstand Rechnung getragen und im Zusammenhang mit der Einführung des Sozialgesetzbuchs IX in § 39 Abs. 1 S. 3 Hs. 2 SGB V die Notwendigkeit einer Verzahnung von Krankenhausbehandlung und Rehabilitation betont. Hiernach umfasst die akutstationäre Behandlung auch die im Einzelfall erforderlichen und zum frühestmöglichen Zeitpunkt einsetzenden Leistungen zur **Frührehabilitation.**[104] Zwar war in der Rechtsprechung bereits vor Einführung des § 39 Abs. 1 S. 3 Hs. 2 SGB V anerkannt, dass die Krankenhausbehandlung auch die im Einzelfall erforderliche schnelle Versorgung mit Heilmitteln wie Krankengymnastik, Bewegungstherapien oder Massagen umfasst. Das BSG sprach diesen Maßnahmen aber nur einen „die ärztliche Behandlung ergänzenden Charakter" zu.[105] Der Vorschrift des § 39 Abs. 1 S. 3 Hs. 2 SGB V liegt demgegenüber eine erweiternde Betrachtungsweise zugrunde. Nach der Gesetzesbegründung sind „über die bereits vorhandenen Rehabilitationsansätze hinaus" bereits bei Aufnahme in das Krankenhaus „der funktionelle Status, das Rehabilitationspotential und der Rehabilitationsbedarf des Patienten in die Diagnosestellung einzubeziehen und ein am individuellen Bedarf ausgerichtetes Rehabilitationskonzept in die Krankenhausbehandlung zu integrieren".[106] Mit dieser Aufgabenformulierung geht die Gesetzesbegründung über die bisherige Rechtsprechung des BSG und wohl auch über den Wortlaut des Gesetzes hinaus.[107]

> **Wichtig**
>
> Maßnahmen zur Frührehabilitation gem. § 39 Abs. 1 S. 3 SGB V liegen **nur bei primär und gleichzeitig bestehender akutstationärer Behandlung** vor. Sind rehabilitative Leistungen ohne akuten Behandlungsbedarf notwendig, handelt es sich um

---

102 Zu Rechtsproblemen an der Schnittstelle zwischen Krankenhaus und Rehabilitation *Vollmöller*, ZMGR 2006, 171 ff.
103 Vgl. Sachverständigenrat für die Konzertierte Aktion im Gesundheitswesen, Sondergutachten 1995, 96; *Fuchs*, SozSich 2001, 150, 154.
104 Nach § 2 Abs. 2 S. 2 Nr. 5 KHEntgG gehört die Frührehabilitation i.S.v. § 39 Abs. 1 S. 3 SGB V zu den allgemeinen Krankenhausleistungen. Ziel der Frührehabilitation ist nach der Gesetzesbegründung die „Wiederherstellung der Basisfähigkeiten" des Patienten; vgl. BT-Drucks 14/5074 S. 117. Ausführlich *Fuchs*, SozSich 2005, 168 ff., der zu Recht darauf hinweist, dass es sich deshalb um keine besondere Leistungsart der medizinischen Rehabilitation handelt.
105 BSG – 3 RK 21/96, NZS 1998, 427, 428.
106 BT-Drucks 14/5074 S. 117.
107 Die Abbildung der Frührehabilitation im DRG-Vergütungssystem wurde von Anfang an sehr intensiv und kontrovers diskutiert. Aus Sicht der Rehabilitationseinrichtungen wird mit der extensiven Fassung des Frühreha-DRG-Katalogs eine eigenständige dritte Säule „Frührehabilitation" mit den entsprechenden fachlichen und ökonomischen Anreizwirkungen geschaffen; vgl. Deutsche Gesellschaft für Medizinische Rehabilitation e.V. (DEGEMED), Stellungnahme zur Einführung von DRG-Vergütungspositionen für die „Frührehabilitation" im Krankenhaus, 2004, im Internet veröffentlicht unter: http://www.degemed.de. Die hiergegen erhobenen verfassungsrechtlichen Bedenken vermögen hingegen nicht zu überzeugen. Dem Gesetzgeber muss es grundsätzlich möglich sein, die bisherigen Sektorengrenzen neu zu justieren.

Leistungen der ambulanten oder stationären Rehabilitation gem. § 40 Abs. 1 und 2 SGB V.[108]

75 Der Vernetzung zwischen akuter Krankenhausbehandlung und Rehabilitation dient des Weiteren die in § 40 Abs. 6 S. 1 SGB V angesprochene Anschlussrehabilitation bzw. -heilbehandlung (**AHB**). Es handelt sich hierbei um Leistungen zur medizinischen Rehabilitation, die sich bei bestimmten, in einem Katalog erfassten Indikationen in unmittelbarem Zusammenhang an eine stationäre Krankenhausbehandlung anschließen und in einem beschleunigten Verwaltungs- und Steuerungsverfahren der Rehabilitationsträger gemeinsam mit den Krankenhäusern und Rehabilitationseinrichtungen eingeleitet werden. Die in ambulanter oder meist stationärer Form erfolgenden AHB werden in speziell ausgewählten und anerkannten Rehabilitationseinrichtungen durchgeführt. Die Verlegung des Versicherten in die Rehabilitationseinrichtung erfolgt auf Veranlassung des Krankenhauses.[109]

2. Leistungserbringer der stationären Rehabilitation

a) Zertifizierung nach § 20 Abs. 2a SGB IX

76 Nach § 111 Abs. 1 SGB V a.F. durften die Krankenkassen Leistungen zur stationären medizinischen Rehabilitation einschließlich der Anschlussheilbehandlung nur in Rehabilitationseinrichtungen erbringen lassen, mit denen ein Versorgungsvertrag nach § 111 Abs. 2 SGB V bestand. Der Abschluss eines derartigen Versorgungsvertrags war bislang zwingende Voraussetzung für die Erbringung von stationären Rehabilitationsmaßnahmen zu Lasten der gesetzlichen Krankenversicherung.

77 Durch das GKV-WSG ändert sich diese Rechtslage grundlegend. Nach § 40 Abs. 2 S. 1 SGB V n.F. reicht das Vorliegen eines Versorgungsvertrags nach § 111 SGB V nicht mehr aus. Vielmehr muss die Rehabilitationseinrichtung nach § 20 Abs. 2a SGB IX zertifiziert sein. Ziel der Neuregelung ist es, die Qualität der stationären Rehabilitation in den Vertragseinrichtungen aller Rehabilitationsträger zu stärken und die erfolgreiche Umsetzung des einrichtungsinternen Qualitätsmanagements anhand einheitlicher Indikatoren zu bewerten.[110] Liegt eine derartige Zertifizierung vor, kann sich der Versicherte aber auch in einer Rehabilitationseinrichtung behandeln lassen, mit der kein Versorgungsvertrag besteht. Er hat dann nur die dadurch möglicherweise entstehenden Mehrkosten zu tragen (§ 40 Abs. 2 S. 2 SGB V). Die Versorgungsverträge nach § 111 SGB V werden damit an praktischer Bedeutung verlieren.

78 Als Grundlage eines einheitlichen Zertifizierungsverfahrens haben die Spitzenverbände der Rehabilitationsträger nach § 6 Abs. 1 Nr. 1 und 3–5 SGB IX grundsätzliche Anforderungen an ein einrichtungsinternes Qualitätsmanagement zu vereinbaren sowie ein einheitliches, unabhängiges Zertifizierungsverfahren, mit dem die erfolgreiche Umsetzung des Qualitätsmanagements in regelmäßigen Abständen nachgewiesen wird (§ 20 Abs. 2a S. 1 SGB IX n.F.). Nach § 20 Abs. 2a S. 2 SGB IX ist den maßgeblichen Interessenverbänden der Rehabilitationseinrichtungen auf Bundesebene sowie den Verbänden behinderter Menschen einschließlich der Verbände der freien Wohlfahrtspflege, den Selbsthilfegruppen und den Interessenvertretungen behinderter Frauen ein Recht auf

---

108 Hierauf hat das BMG mit Schreiben v. 8.2.2006 zu Recht hingewiesen. Vgl. auch *Fuchs*, SozSich 2005, 168, 171 f.
109 *Mrozynski*, § 17 Rn 10.
110 Vgl. BT-Drucks 16/3100 S. 183.

Stellungnahme eingeräumt, damit deren Belange angemessen berücksichtigt werden können.[111]

b) Versorgungsvertrag nach § 111 SGB V

Voraussetzung für den Vertragsabschluss ist nach dem Wortlaut von § 111 Abs. 2 S. 1 SGB V, dass die Rehabilitationseinrichtung für eine bedarfsgerechte, leistungsfähige und wirtschaftliche Versorgung der Versicherten notwendig ist. Jedoch hat das BSG zu Recht entschieden, dass bei verfassungskonformer Auslegung des § 111 Abs. 2 SGB V **keine Bedarfsprüfung** zu erfolgen hat.[112] So ist das Betreiben einer Rehabilitationsklinik als Beruf anzusehen. Die Bedarfsprüfung greift somit in die Berufsausübungsfreiheit des Art. 12 Abs. 1 GG ein. Anders als bei der Bedarfszulassung der Krankenhäuser gibt es für den Rehabilitationssektor keine Gemeinwohlbelange, die diesen Grundrechtseingriff rechtfertigen würden. Zur Begründung verweist das BSG insbesondere darauf, dass die Krankenkassen weitgehend Einfluss auf die Bewilligung und Dauer der Rehabilitationsmaßnahmen und damit auch auf die Kostenentwicklung haben. Die Verhinderung eines Überangebots durch Bedarfszulassung kann daher nicht mit der Gemeinwohlaufgabe der finanziellen Stabilität der gesetzlichen Krankenversicherung gerechtfertigt werden.

79

Bedarfsgerecht i.S.v. § 111 Abs. 2 S. 1 Nr. 2 SGB V ist eine Rehabilitationseinrichtung nach der Rechtsprechung deshalb bereits dann, wenn sie einer Nachfrage gerecht wird, die bislang noch nicht anderweitig gedeckt ist. Die Krankenkassen haben danach zwar die Pflicht, für eine flächendeckende Mindestausstattung mit stationären Rehabilitationseinrichtungen zu sorgen, nicht aber das Recht, Obergrenzen bei der flächendeckenden Versorgung mit derartigen Einrichtungen festzulegen.[113]

80

> *Praxistipp*
>
> Als **Gegenstandswert** bei Streitigkeiten um die Zulassung von Einrichtungen zur medizinischen Rehabilitation ist der angestrebte wirtschaftliche Erfolg, also der Überschuss aus Gesamteinnahmen und Betriebsausgaben, der betroffenen Einrichtung heranzuziehen, wobei zu berücksichtigen ist, wie viel davon auf Leistungen der gesetzlichen Krankenversicherung entfällt.[114]

81

Inzwischen hat sich auch der BGH der Rechtsprechung des BSG angeschlossen und einen Landesverband der Krankenkassen dem Grunde nach zum **Schadensersatz** verurteilt, weil einer seiner Bediensteten den Abschluss eines Versorgungsvertrages mit der Berufung auf fehlenden Bedarf abgelehnt hatte. Als Anspruchsgrundlagen wurden § 839 BGB i.V.m. Art. 34 GG sowie die zivilrechtlichen Grundsätze über ein Verschulden bei Vertragsverhandlungen (culpa in contrahendo) herangezogen.[115]

82

---

111 Als Folge der Änderungen in § 20 Abs. 2 und Abs. 2a SGB IX ist auch § 137d SGB V geändert worden; vgl. dazu BT-Drucks 16/3100 S. 148 f.
112 BSG, Urt. v. 23.7.2002 – B 3 KR 63/01 R, KRS II 02.036. Siehe dazu auch *Thier*, Das Krankenhaus 2003, 378 ff. In diese Richtung tendierend bereits BSG – 3 RK 1/97, KRS II 97.035. Anders noch Hauck/Noftz/*Klückmann*, SGB V, K § 111 Rn 21 ff.
113 BSG, Urt. v. 23.7.2002 – B 3 KR 63/01 R, KRS II 02.036, 13. So auch LSG Baden-Württemberg – L 4 KR 328/03, KRS II 03.110, 8, wonach der Vertragsabschluss außerdem auch nicht mit der Begründung abgelehnt werden kann, die Einrichtung erbringe keine beruflichen Leistungen zur Rehabilitation, denn diese gehören schon nicht zum Leistungsangebot der gesetzlichen Krankenversicherung. Für einen Rechtsanspruch auf Vertragsabschluss auch *Quaas/Zuck*, § 25 Rn 12.
114 Vgl. BSG – B 3 KR 63/01 R, GesR 2003, 39.
115 BGH – III ZR 215/03; vgl. dazu auch *Thier*, f&w 2004, 586 ff.

83 Nach der Rechtsprechung des BSG ist mit der Zulassung durch Versorgungsvertrag allerdings **keine Verpflichtung** der Krankenkassen **zur Belegung** der jeweiligen Einrichtung verbunden.[116] Vielmehr bedarf es gem. § 40 Abs. 2 und 3 SGB V grundsätzlich in jedem Einzelfall einer Bewilligungsentscheidung der Krankenkasse (siehe Rn 88). Maßstab für die Ausübung des den Krankenkassen auch hinsichtlich der Bestimmung der Rehabilitationseinrichtung eingeräumten Auswahlermessens sind dabei die medizinischen Erfordernisse des Einzelfalls (§ 40 Abs. 3 S. 1 SGB V), wobei angemessene Wünsche der Versicherten im Rahmen der vorhandenen Möglichkeiten zu berücksichtigen sind. Nach Auffassung des BSG hat das von den Krankenkassen stets zu beachtende Wirtschaftlichkeitsgebot (§§ 2 Abs. 4, 12 Abs. 1 SGB V) außerdem zur Folge, dass bei der Auswahl zwischen zwei oder mehr in gleicher Weise geeigneten, das gleiche Leistungsangebot bereithaltenden Einrichtungen grundsätzlich diejenige mit der Durchführung der Maßnahme zu beauftragen ist, die die günstigsten Vergütungssätze anbietet. Das von den Krankenkassen als Teil mittelbarer Staatsverwaltung bei der Auftragsvergabe zu beachtende Gebot der Gleichbehandlung aller zugelassenen Anbieter (Art. 3 Abs. 1 GG) kommt nach dem BSG erst dann zur Geltung, wenn nicht nur die Leistungsangebote vergleichbar sind, sondern auch die gem. § 111 Abs. 5 SGB V zu vereinbarenden Vergütungssätze keine nennenswerten Unterschiede aufweisen. Teurere Anbieter müssen es danach grundsätzlich hinnehmen, dass sie bei der Auftragsvergabe erst berücksichtigt werden, wenn preisgünstigere Anbieter ausgelastet sind und keine Kapazitäten mehr frei haben.[117]

84 Die Praxis hat gezeigt, dass die Ermessensentscheidungen der Kostenträger nur schwer auf Willkürlichkeit zu überprüfen sind. Dies wird u.a. auf die fehlende **Anwendbarkeit des Wettbewerbs- und Kartellrechts** zurückgeführt. So waren die Rechtsbeziehungen zwischen den Krankenkassen bzw. ihren Verbänden und den Leistungserbringern gem. § 69 S. 1 SGB V abschließend in den Vorschriften des 4. Kapitels sowie den §§ 63, 64 SGB V geregelt. Nach Teilen der Rechtsprechung und dem überwiegenden Teil des Schrifttums handelte es sich bei § 69 SGB V zwar lediglich um eine Rechtswegzuweisung (vgl. §§ 51 Abs. 2 S. 2 SGG, 87 S. 3 GWG).[118] Jedoch hatte das BSG entschieden, dass § 69 SGB V darüber hinaus auch zumindest die Anwendung des nationalen Kartell- und Wettbewerbsrechts ausschließe.[119] Auch diesbezüglich ändert sich die Rechtslage mit Inkrafttreten des GKV-WSG, denn nach § 69 S. 2 Hs. 1 SGB V n.F. gelten die

---

116 Vgl. auch *Mrozynski*, § 21 Rn 19. Umgekehrt besteht auch keine Aufnahme- und Übernahmepflicht für die Rehabilitationseinrichtung; vgl. *Kamps/Kiesecker*, MedR 2002, 504, 504; *Quaas/Zuck*, § 25 Rn 31.
117 BSG, Urt. v. 23.7.2000 – B 3 KR 63/01 R, KRS II.02.036, 12. Zur rechtswidrigen Belegungssteuerung mittels sog. Kliniklisten vgl. *Thier*, f&w 2004, 89 ff.
118 Vgl. OLG Dresden – U 2403/00 Kart, NZS 2002, 33, 33; KG Berlin – 5 W 24/01, NJW 2002, 1504, 1505; *Engelmann*, NZS 2000, 213, 220 f.; KassKomm/*Hess*, SGB V, § 69 Rn 14; *Koenig/Engelmann*, WRP 2002, 1244, 1245 f.; *Neumann*, WuW 1999, 961, 965 f.; *Schwerdtfeger*, PharmInd 2000, 105, 109. Dagegen hat der BGH die Frage der Anwendbarkeit des nationalen Wettbewerbsrechts bisher ausdrücklich offen gelassen; vgl. BGH – KZR 15/98, NJW 2000, 3426, 3429; BGH – KZR 34/99, NZS 2000, 550 f.; BGH – KZR 18/01, NZS 2000, 33, 34.
119 So der 3. Senat des BSG; vgl. BSG – B 3 KR 11/98 R, BSGE 87, 95, 99; BSG – B 3 KR 3/01, BSGE 89, 24, 33; anders noch der 6. Senat des BSG; vgl. BSG – B 6 KA 26/99 – BSGE 86, 223, 229. Für die Unanwendbarkeit des nationalen Wettbewerbs- und Kartellrechts auch LSG Berlin – L 7 B 10/02 KA ER, NZS 2002, 558, 559; SG München – S 33 KA 2031/01 ER, NZS 2002, 50, 52; *Boecken*, NZS 2000, 269, 270 f.; *Knispel*, NZS 2001, 466, 468 ff.; *Peikert/Kroel*, MedR 2001, 14, 19. Zur Anwendung des EU-Wettbewerbsrechts vgl. *Kunze/Kreikebohm*, NZS 2003, 62 ff.

§§ 19 bis 21 GWB nunmehr entsprechend.[120] Die „in letzter Minute" durch den Ausschuss für Gesundheit eingefügte Regelung soll gewährleisten, dass Krankenkassen ihre durch erweiterte Fusionsmöglichkeiten möglicherweise entstehende marktbeherrschende Stellung nicht missbrauchen, es zu keiner Diskriminierung der Vertragspartner der Krankenkassen und zu keinen Boykotten kommt. Der Rechtsweg zu den Sozialgerichten gem. § 51 Abs. 1 Nr. 2 SGG soll von der Änderung aber unberührt bleiben.[121]

Ob die Anwendung des Wettbewerbsrechts durch die Sozialgerichte zu mehr Wettbewerb auf dem Rehabilitationssektor führen wird, bleibt abzuwarten. Diskriminierungen und Boykotte durch die Sozialversicherungsträger verletzen nicht zuletzt die **Grundrechte** privater Rehabilitationseinrichtungen.[122] Entsprechende Rechtsverletzungen hätten deshalb schon bisher gerichtlich geltend gemacht werden können. Viele Klinikbetreiber haben bislang aber vor der Einleitung von Klageverfahren zurückgeschreckt, weil sie für diesen Fall die komplette Einstellung der Belegung befürchten mussten. Ob sich durch die Anwendbarkeit des Wettbewerbsrechts hieran etwas ändert, ist fraglich. Effektiver wäre es sicherlich gewesen, diese Aufgabe den Zivilgerichten zuzuweisen. 85

Auf das in §§ 97 ff. GWB geregelte **Vergaberecht** wird in § 69 S. 2 SGB V n.F. nicht hingewiesen. Da das Vergaberecht auf zwingendes EU-Recht zurückgeht, wird man davon ausgehen müssen, dass schon § 69 SGB V a.F. die Anwendbarkeit des Vergaberechts nicht ausschließen wollte bzw. ein solcher Ausschluss nicht zulässig wäre.[123] Finden die §§ 97 ff. GWB Anwendung, so ist zu prüfen, ob die Krankenkassen öffentliche Auftraggeber i.S.v. § 98 Nr. 2 GWB sind. Letzteres kann bei weiter Auslegung unter dem Gesichtspunkt der staatlichen Aufsicht noch bejaht werden.[124] Zweifelhaft ist hingegen, ob der Abschluss von Versorgungsverträgen nach § 111 SGB V auch einen öffentlichen Auftrag i.S.v. § 99 Abs. 1 GWB darstellt. Hierfür ist zwar unerheblich, dass es sich um öffentlich-rechtliche Verträge handelt. Gegen einen Beschaffungsvorgang spricht aber, dass mit dem Vertragsabschluss noch keine Belegungsgarantie verbunden ist. Versicherte können sogar nicht zugelassene Einrichtungen auswählen und müssen in diesem Fall nur die Mehrkosten tragen. Mit dem Abschluss des Versorgungsvertrags ist also zumindest nicht unmittelbar die Beschaffung einer Dienstleistung gegen Entgelt verbunden (kein direktes Austauschverhältnis).[125] Eine h.M. hat sich hierzu allerdings noch nicht herausgebildet, weshalb die weitere Entwicklung abzuwarten bleibt. 86

Zur **Vergütung** von Rehabilitationsmaßnahmen regelt § 111 Abs. 5 SGB V lapidar, dass diese zwischen den Krankenkassen und dem Träger der zugelassenen Rehabilitations- 87

---

120 Die in § 69 S. 2 Hs. 2 SGB V n.F. geregelte Ausnahme, wonach dies nicht gilt für Verträge, zu deren Abschluss die Krankenkassen oder deren Verbände gesetzlich verpflichtet sind und bei deren Nichtzustandekommen eine Schiedsamtsregelung gilt, kann auf Versorgungsverträge nach § 111 SGB V keine Anwendung finden. Es gibt hierfür keine Schiedsamtsregelungen.
121 BT-Drucks 16/4247 S. 50.
122 Dazu *Eichenhofer*, NZS 2002, 348, 350 f. Zu Recht wird deshalb darauf hingewiesen, dass die Unterscheidung zwischen öffentlichem und Privatrecht in wettbewerbsrechtlichen Fragen überbewertet wird; *Mrozynski*, § 21 Rn 18.
123 Vgl. *Boldt*, NJW 2005, 3757, 3758; a.A. *Bieback*, RsDE 2001/49, 1, 27.
124 Im Ergebnis wie hier *Byok/Jansen*, NVwZ 2005, 53, 55 f.; a.a BayObLG – Verg 006/04, NVwZ 2005, 117 ff. Vgl. auch *Boldt*, NJW 2005, 3757, 3758 ff., die stattdessen eine überwiegende staatliche Finanzierung bejaht. Dazu auch *Dreher*, NZBau 2005, 297 ff.
125 Einen öffentlichen Auftrag verneinen deshalb *Neumann/Bieritz-Harder*, RsDE 2001/48, 1, 14; *Bieback*, RsDE 2001/49, 1, 26; a.A. *Kunze/Kreikebohm*, NZS 2003, 5, 8; *Mrozynski*, § 21 Rn 29 ff.; in diese Richtung auch *Eichenhofer*, NZS 2000, 348, 350.

einrichtung „vereinbart" wird. Konkrete Vorgaben für die Vergütungsvereinbarung enthält das SGB V nicht.[126] Allerdings ergibt sich aus § 19 Abs. 4 S. 2 i.V.m. § 35 Abs. 1 S. 2 Nr. 4 SGB IX, dass die Vergütungssätze „angemessen" sein müssen.[127] In der Vergangenheit wurden vor allem sog. Tagespauschalen vereinbart, mit der die Kosten pauschaliert festgesetzt und mit der jeweiligen Krankenkasse abgerechnet werden.[128] In jüngerer Zeit wird verstärkt zu sog. Fallpauschalen übergegangen.[129]

3. Voraussetzungen/Verfahren

88 Anders als die Krankenhausbehandlung muss die stationäre Rehabilitationsmaßnahme von der Krankenkasse **bewilligt** werden.[130] Gem. § 275 Abs. 2 Nr. 1 Hs. 1 SGB V haben die Krankenkassen die Notwendigkeit einer Rehabilitationsmaßnahme unter Zugrundelegung eines ärztlichen Behandlungsplans durch den Medizinischen Dienst der Krankenversicherung (MDK) prüfen zu lassen. Bei Erstanträgen erfolgt die Prüfung gem. § 275 Abs. 2 Nr. 1 Hs. 1 SGB V n.F. allerdings nur noch in Stichproben. Eine Ausnahme haben die Spitzenverbände der Krankenkassen auf der Grundlage von § 275 Abs. 2 Nr. 1 Hs. 2 SGB V indikationsbezogen für sog. Anschlussheilbehandlungen (AHB) geregelt (siehe Rn 75).[131]

89 Voraussetzung für eine stationäre Rehabilitationsmaßnahme ist gem. § 40 Abs. 2 S. 1 SGB V, dass eine **ambulante Rehabilitationsmaßnahme nicht ausreicht**, um die in § 11 Abs. 2 SGB V beschriebenen Behandlungsziele zu erreichen.[132] Wenngleich der Gesetzeswortlaut nicht ausdrücklich auf § 11 Abs. 2 SGB V Bezug nimmt, müssen die Behandlungsziele der stationären und ambulanten Rehabilitation identisch sein, da die stationäre ja an die Stelle der ambulanten Rehabilitation tritt.[133] Darf eine ambulante Rehabilitationsmaßnahme nicht erbracht werden, weil ambulante Krankenbehandlung ausreicht, gilt dies erst recht für die stationäre Rehabilitationsmaßnahme.[134]

90 Wie bei der ambulanten Rehabilitation steht die Entscheidung über die Durchführung einer stationären Rehabilitationsmaßnahme nur hinsichtlich des „Wie" nicht des „Ob" im **Ermessen** der Krankenkasse. Auch hinsichtlich der Wartezeit, der Leistungsdauer (hier: längstens drei Wochen), der Zuzahlungen und der nachrangigen Zuständigkeit der Krankenkassen kann auf die Ausführungen zur ambulanten Rehabilitation verwiesen werden (siehe Rn 61 ff.).

---

126 Nach der Gesetzesbegründung soll Maßstab für die Vergütung eine ausschließlich an den Leistungen orientierte Preisgestaltung sein; vgl. BT-Drucks 11/2237 S. 199.
127 Letzteres soll dann der Fall sein, wenn die Vergütung „einer typischen, ausgelasteten und ordnungsgemäß geführten Einrichtung die Kosten der Leistungen deckt und die Möglichkeit des Gewinns offen lässt"; so Hauck/Noftz/*Klückmann*, SGB V, K § 111 Rn 45.
128 *Kamps/Kiesecker*, MedR 2002, 504, 505.
129 Vgl. *Rothemund*, f&w 2003, 600, 601. Zu den Bestrebungen, sog. Reha-DRGs einzuführen vgl. *Rapp*, Das Krankenhaus 2006, 663 ff.
130 Vgl. *Kamps/Kiesecker*, MedR 2002, 504, 506; *Quaas/Zuck*, § 25 Rn 34 f.
131 Die ansonsten bestehenden Zugangsbeschränkungen für medizinische Rehabilitation haben einen massiven Anstieg der Leistungsausgaben in der Sozialen Pflegeversicherung zur Folge gehabt, weshalb von Seiten der Leistungserbringer ein Verzicht auf das Bewilligungsverfahren gefordert wird; Bundesverband Deutscher Privatkrankenanstalten e.V., Gesundheitsreform: Durch Rehabilitation Pflege vermeiden, 2006, im Internet veröffentlicht unter: http://www.bdpk.de.
132 Diese Voraussetzung ist Ausdruck des allgemeinen Wirtschaftlichkeitsgebots des § 12 SGB V; KassKomm/*Höfler*, SGB V, § 40 Rn 15.
133 Vgl. KassKomm/*Höfler*, SGB V, § 40 Rn 12.
134 Vgl. KassKomm/*Höfler*, SGB V, § 40 Rn 15.

IV. Rehabilitation und integrierte Versorgung

Gem. § 140b Abs. 1 Nr. 2 SGB V können die Krankenkassen mit den Trägern von stationären und ambulanten Rehabilitationseinrichtungen Verträge über die integrierte Versorgung nach § 140a Abs. 1 SGB V abschließen. Praktische Bedeutung haben bislang vor allem Integrationsverträge über sog. Komplexpauschalen erlangt, bei denen die Krankenkasse mit den beteiligten Krankenhäusern und Rehabilitationseinrichtungen eine Pauschale für die umfassende Behandlung des Patienten einschließlich der Rehabilitationsphase vereinbart (zum Beispiel im Bereich der Endoprothetik).[135]

91

> *Wichtig*
>
> Verträge unter Einbeziehung von Rehabilitationseinrichtungen die nach dem 31.3.2007 abgeschlossen werden, können aufgrund der Änderungen durch das GKV-WSG nicht mehr mit Mitteln aus der sog. **Anschubfinanzierung** finanziert werden.[136] Nach § 140d Abs. 1 S. 2 SGB V n.F. dürfen Mittel aus der Anschubfinanzierung zur integrierten Versorgung nur noch für voll- oder teilstationäre und ambulante Leistungen der Krankenhäuser und für ambulante vertragsärztliche Leistungen sowie für besondere Integrationsaufgaben (zum Beispiel Case-Management) verwendet werden. Dies gilt gem. § 140d Abs. 1 S. 3 SGB V n.F. nicht für Verträge, die vor dem 1.4.2007 abgeschlossen wurden.

92

Hervorzuheben ist, dass gem. § 140b Abs. 1 Nr. 2 SGB V nur solche stationären Rehabilitationseinrichtungen an der integrierten Versorgung teilnehmen können, welche gem. § 111 Abs. 2 SGB V einen **Versorgungsvertrag** mit den Krankenkassen geschlossen haben. Ohne Versorgungsvertrag ist also keine Teilnahme an der integrierten Versorgung möglich.

93

Für die Träger von ambulanten (einschließlich teilstationären) Rehabilitationseinrichtungen enthält § 140b Abs. 1 Nr. 2 SGB V dagegen keine ausdrückliche Einschränkung auf zugelassene Einrichtungen. Letzteres resultiert daraus, dass das SGB V eine gesonderte Zulassung ambulanter Rehabilitationseinrichtungen nicht explizit vorsieht. Nach der Rechtsprechung des BSG erfolgt die Zulassung deshalb durch Verwaltungsakt (siehe Rn 53). Soweit eine solche Zulassung im Einzelfall nicht vorliegt, ist davon auszugehen, dass sie inzident mit der Entscheidung über den Abschluss des Integrationsvertrages erfolgt.

94

Von maßgeblicher Bedeutung ist, dass auch bei vorliegendem Versorgungsvertrag **kein Rechtsanspruch** auf Teilnahme an der integrierten Versorgung besteht.[137] Die Rechtslage stellt sich bei der integrierten Versorgung also noch nachteiliger dar als beim Abschluss von Versorgungsverträgen: Während die Rechtsprechung einen vom Bedarf losgelösten Anspruch auf Abschluss des Versorgungsvertrages bejaht, ist ein solcher Anspruch bei der integrierten Versorgung von vornherein nicht gegeben.[138] Es bleibt beim – in der Praxis schwer durchsetzbaren – Anspruch auf Gleichbehandlung der Rehabili-

95

---

135 Ausführlich *Vollmöller*, ZMGR 2005, 97 ff.; das LSG Baden-Württemberg hat allerdings inzwischen entschieden, dass die stationäre Akutbehandlung und eine sich daran anschließende Rehabilitationsbehandlung keine verschiedenen Leistungssektoren i.S.v. § 140a Abs. 1 S. 1 SGB V sind, LSG Baden-Württemberg – L 5 KA 758/06, MedR 2007, 318, 321 ff.
136 Vgl. auch *Rau*, Das Krankenhaus 2007, 179, 182.
137 So auch *Kuhlmann*, Das Krankenhaus 2004, 417, 424 f.; *Rehborn*, VSSR 2004, 157, 170. Unberührt hiervon bleibt die Anwendung des Gleichbehandlungsgrundsatzes (Art. 3 Abs. 1 GG).
138 So auch *Quaas*, VSSR 2004, 175, 188 f.

tationseinrichtungen. Damit besteht die Gefahr, dass mit zunehmender Bedeutung der Integrationsversorgung die Rechtsprechung zu den Versorgungsverträgen ausgehebelt wird.[139]

V. Mutter-Kind-Kuren

96 Die in § 41 SGB V geregelte medizinische Rehabilitation für Mütter und Väter ist durch das GKV-WSG grundlegend geändert worden. Insbesondere werden die Leistungen bei Mutter-Vater-Kind-Maßnahmen von einer Ermessens- in eine **Pflichtleistung** überführt. Die Regelung soll dazu beitragen, die Leistungsgewährung bei Maßnahmen zur medizinischen Rehabilitation für Mütter und Väter im Hinblick auf den seit dem Jahr 2000 bestehenden kontinuierlichen Ausgabenrückgang zu verstetigen.[140]

97 Gem. § 41 Abs. 1 S. 1 SGB V n.F. haben Versicherte nunmehr unter den in § 27 Abs. 1 SGB V genannten Voraussetzungen **Anspruch** auf aus medizinischen Gründen erforderliche Rehabilitationsleistungen in einer Einrichtung des Müttergenesungswerks oder einer gleichartigen Einrichtung; die Leistung kann in Form einer Mutter-Kind-Maßnahme erbracht werden. Dies gilt gem. § 41 Abs. 1 S. 2 SGB V auch für Vater-Kind-Maßnahmen in dafür geeigneten Einrichtungen. Mutter-Vater-Kind-Maßnahmen werden gem. § 41 Abs. 1 S. 3 SGB V in Einrichtungen erbracht, mit denen ein Versorgungsvertrag nach § 111a SGB V besteht.

98 Die Vorschriften in § 40 Abs. 2 S. 1 und 2 SGB V gelten gem. § 41 Abs. 1 S. 4 SGB V n.F. nicht.[141] Es ist also für die Gewährung einer medizinischen Rehabilitationsmaßnahme für Mütter und Väter **nicht erforderlich, dass** zunächst **die ambulanten Rehabilitationsmöglichkeiten ausgeschöpft wurden**. Die in der Gesetzesbegründung ausdrücklich als „Klarstellung" bezeichnete Regelung war erforderlich, weil in der Vergangenheit vielfach Anträge mit dem Hinweis auf nicht ausgeschöpfte ambulante Behandlungsmöglichkeiten abgelehnt wurden.[142]

VI. Sonstige Rehabilitationsleistungen, Fahrtkosten

99 Versicherte haben ferner Anspruch auf **Belastungserprobung und Arbeitstherapie**, wenn nach den für andere Träger geltenden Vorschriften solche Leistungen nicht erbracht werden können (§ 42 SGB V).

100 Die Krankenkassen können neben den Leistungen nach § 44 Abs. 1 Nr. 2 bis 6 sowie §§ 53 und 54 SGB IX weitere **ergänzende Leistungen zur Rehabilitation** erbringen (§ 43 Abs. 1 SGB V), insbesondere sozialmedizinische Nachsorgemaßnahmen für chronisch kranke oder schwerstkranke Kinder unter zwölf Jahren (§ 43 Abs. 2 SGB V).

---

139 Vgl. *Vollmöller*, ZMGR 2005, 97, 99 f.
140 BT-Drucks 16/3100 S. 107. Nach LSG Niedersachsen – L 4 KR 68/02 ER, NZS 2002, 373 hat die gesetzliche Krankenkasse die Kosten eines Kindes auch dann zu übernehmen, wenn dieses über den Vater gesetzlich familienversichert ist, die Mutter jedoch privat krankenversichert ist und auf Kosten dieser privaten Versicherung eine Mutter-Kind-Maßnahme in Begleitung des Kindes durchführt.
141 § 40 Abs. 2 S. 3 SGB V gilt dagegen entsprechend. Zuzahlungen richten sich nach § 41 Abs. 3 i.V.m. § 61 S. 2 SGB V.
142 BT-Drucks 16/3100 S. 107.

Versicherte Kinder haben zudem Anspruch auf **nichtärztliche sozialpädiatrische Leistungen** (§ 43a SGB V).

101

Gem. § 60 Abs. 5 SGB V gelten für **Fahrt- und Reisekosten** im Zusammenhang mit Leistungen zur medizinischen Rehabilitation § 53 Abs. 1 bis 3 SGB IX. Abweichend von den Vorschriften des SGB V sieht § 53 Abs. 1 SGB IX vor, dass auch die Kosten des erforderlichen Gepäcktransports übernommen werden. Ferner ist keine Eigenbeteiligung vorgesehen.

102

§ 36 Berufsgenossenschaftliche Heilbehandlung

Dr. Rudolf Ratzel/Dr. Patrick M. Lissel, LL.M.

Inhalt

A. System der gesetzlichen Unfallversicherung 1	II. Besondere Verfahrensarten ... 21
I. Aufgaben 1	1. Durchgangsarztverfahren . 22
II. Trägerschaft und Finanzierung . 2	2. H-Arzt-Verfahren 28
III. Europarecht 4	3. Verletzungsartenverfahren . 32
B. Versicherter Personenkreis und Versicherungsfall 7	III. Verordnung von Arznei-, Verband-, Heil- und Hilfsmitteln sowie häuslicher Krankenpflege 34
I. Versicherter Personenkreis ... 7	
II. Versicherungsfall 9	**E. Haftung und Haftungsbeschränkung** 38
C. Umfang der Heilbehandlung . 13	
D. Durchführung der Heilbehandlung 18	**F. Reformvorhaben** 41
I. Gesetzliche Regelung und Vertrag Ärzte/UVTr 18	

Literatur

Blome/John, Das Hautarztverfahren, BG 2007, 27; **Franke/Molkentin**, Sozialgesetzbuch VII, Gesetzliche Unfallversicherung, Lehr- und Praxiskommentar, 2. Auflage 2007 (zit: LPK/*Bearbeiter*, SGB VII); **Fuhlrott**, Der Schmerzensgeldausschluss durch die Unfallversicherung – verfassungswidriger Zustand oder gerechtfertigte Ungleichbehandlung?, NZS 2007, 237; **Geigel**, Der Haftpflichtprozess, 24. Auflage 2004; **Gibis/Berner**, Vertrag Ärzte/Unfallversicherungsträger, 3. Auflage, 8. Ergänzungslieferung 2007; **Jung**, Zum Vertragsrecht des § 34 SGB VII, in: von Wulffen/Krasney (Hrsg.), Festschrift 50 Jahre Bundessozialgericht, 2004, 533; **v. Koppenfels-Spies**, Der Risikobereich des Haftungsausschlusses gemäß § 105 Abs. 1 SGB VII – Betrieb oder Unternehmen?, NZS 2006, 561; **Niesel** (Red.), Kasseler Kommentar Sozialversicherungsrecht, 52. Ergänzungslieferung 2006 (zit: KassKomm/*Bearbeiter)*; **Olzen**, Pflichtverletzungen des Durchgangsarztes, MedR 2002, 132; **Penner**, Monopolschutz für die Unfallversicherung, NZS 2003, 234; **Pfeifer**, Haftung der Berufsgenossenschaft für das Tätigwerden des H-Arztes?, ZMGR 2006, 125; **Probst**, Der Durchgangsarzt – bewährtes Modell einer öffentlichen Aufgabe, BG 2002, 251; **Rieger**, Lexikon des Arztrechts, 2. Auflage, 18. Lieferung 2007; **Römer**, Reform der gesetzlichen Unfallversicherung, 2004; **Ruland**, Verein oder Körperschaft, NZS 2007, 337; **Schmitt**, SGB VII, 2. Auflage 2004; **Schulin (Hrsg.)**, Handbuch des Sozialversicherungsrechts, Band 2: Unfallversicherungsrecht, 1996; **Wallerath/Rühr**, Besonderheiten und Grenzen kausaler Zusammenhänge im Recht der gesetzlichen Unfallversicherung, NZS 2007, 63; **Waltermann**, Auswirkungen des Sozialrechts, insbesondere des Unfallversicherungsrechts, auf die privatrechtliche Schadensersatzpflicht, in: von Wulffen/Krasney (Hrsg.), Festschrift 50 Jahre Bundessozialgericht, 2004, 533; **Wannagat** (Hrsg.), Sozialgesetzbuch 99. Lieferung = 14. Lieferung SGB VII, 2005.

A. System der gesetzlichen Unfallversicherung

I. Aufgaben

Aufgabe der gesetzlichen Unfallversicherung als Zweig der Sozialversicherung ist es, nach Maßgabe der Vorschriften des SGB VII mit allen geeigneten Mitteln Arbeitsunfälle und Berufskrankheiten sowie arbeitsbedingte Gesundheitsgefahren zu verhüten sowie nach Eintritt von Arbeitsunfällen oder Berufskrankheiten die Gesundheit und die

1

Leistungsfähigkeit der Versicherten mit allen geeigneten Mitteln wiederherzustellen und sie oder ihre Hinterbliebenen durch Geldleistungen zu entschädigen (§ 1 SGB VII). Im Folgenden wird das Hauptaugenmerk auf die berufsgenossenschaftliche Heilbehandlung (§§ 26 ff. SGB VII) gelegt.[1]

II. Trägerschaft und Finanzierung

2 Träger der gesetzlichen Unfallversicherung (Unfallversicherungsträger) sind gemäß § 114 SGB VII gewerbliche und landwirtschaftliche Berufsgenossenschaften sowie die Unfallversicherungsträger der öffentlichen Hand. Die gewerblichen und landwirtschaftlichen Berufsgenossenschaften sind in den Anlagen 1 und 2 zu § 114 SGB VII im Einzelnen aufgeführt. Unfallversicherungsträger der öffentlichen Hand sind die Unfallkasse des Bundes, die Eisenbahn-Unfallkasse, die Unfallkasse Post und Telekom, die Unfallkassen der Länder, die Gemeindeunfallversicherungsverbände und Unfallkassen der Gemeinden, die Feuerwehr-Unfallkassen sowie die gemeinsamen Unfallkassen für den Landes- und den kommunalen Bereich. Die örtliche Zuständigkeit eines Unfallversicherungsträgers richtet sich nach dem Sitz des Unternehmens; falls es einen Unternehmenssitz nicht gibt nach dem Wohnsitz oder gewöhnlichen Aufenthaltsort des Unternehmers (§ 130 Abs. 1 SGB VII).

3 Die Finanzierung der gesetzlichen Unfallversicherung erfolgt durch Beiträge, die von den Unternehmern, für deren Unternehmen Versicherte tätig sind oder zu denen Versicherte in einer besonderen, die Versicherung begründenden Beziehung stehen, erhoben werden (§ 150 Abs. 1 SGB VII). Die Versicherten sind (mit Ausnahme der nach § 3 Abs. 1 Nr. 1 SGB VII und § 6 Abs. 1 SGB VII Versicherten) nicht beitragspflichtig. Die Beiträge werden im Wege der Umlage festgesetzt (§ 152 Abs. 1 SGB VII). Berechnungsgrundlagen für die Beiträge sind in der Regel der Finanzbedarf (Umlagesoll), die Arbeitsentgelte der Versicherten und die Gefahrklassen (§ 153 Abs. 1 SGB VII). Berechnungsgrundlagen für die landwirtschaftlichen Berufsgenossenschaften sind das Umlagesoll, die Fläche, der Wirtschaftswert, der Flächenwert, der Arbeitsbedarf, der Arbeitswert oder ein anderer vergleichbarer Maßstab (§ 182 Abs. 2 SGB VII). Bei den Unfallversicherungsträgern der öffentlichen Hand werden die Aufwendungen für diese Versicherten auf den Bund, das Land, die Gemeinden oder die Gemeindeverbände umgelegt (§ 185 f. SGB VII).

III. Europarecht

4 In der Vergangenheit wurden wiederholt Zweifel an der Vereinbarkeit des Systems der gesetzlichen Unfallversicherung mit den Vorschriften des europäischen Rechts geäußert.[2] Das BSG ist diesen Zweifeln jedoch bereits mehrfach entgegengetreten und hat darüber hinaus auch die Notwendigkeit einer Vorlage an den EuGH mit dem Argument verneint, dass die entscheidungserhebliche Frage, ob eine öffentlich-rechtlich organisierte Pflichtversicherung nach Art der deutschen gesetzlichen Unfallversicherung mit den gemeinschaftsrechtlichen Grundsätzen, insbesondere im Hinblick auf die Wett-

---

1 Zur geschichtlichen Entwicklung vgl. Schulin/*Breuer*, § 1 Rn 1 ff.; *Jung*, BSG-FS, 533 ff., zu aktuellen Entwicklungstendenzen vgl. KassKomm/*Ricke*, vor § 1 Rn 9 f.
2 Vgl. *Seewald*, SGb 2004, 387 ff., 453 ff.; *Giesen*, ZESAR 2004, 151 ff.

bewerbsregelungen und die Dienstleistungsfreiheit, vereinbar ist, vom EuGH bereits entschieden worden sei.[3]

Im Zusammenhang mit der Frage der Anwendung der europäischen Wettbewerbsregelungen stützte sich das BSG maßgeblich auf die Entscheidung des EuGH vom 22.1.2002 zur italienischen Unfallversicherung.[4] Dort ging es um den staatlichen italienischen Unfallversicherungsträger INAIL, der ein in weiten Teilen der gesetzlichen Unfallversicherung in Deutschland vergleichbares System der arbeitgeberfinanzierten Pflichtversicherung gegen Arbeitsunfälle und Berufskrankheiten verwaltet. Im Ergebnis verneinte der EuGH dessen wettbewerbsrechtliche Unternehmenseigenschaft. Maßgeblich hierfür sei, dass die Absicherung berufsbedingter Gesundheitsrisiken zu den traditionellen Aufgaben der Sozialversicherung gehöre und in ihrer konkreten Ausgestaltung durch die italienische Gesetzgebung ein soziales Anliegen verwirkliche, indem den geschützten Personen eine Deckung gegen die Risiken des Arbeitsunfalls und der Berufskrankheit unabhängig von einer Pflichtverletzung des Geschädigten und unabhängig von der rechtzeitigen Zahlung der geschuldeten Versicherungsbeiträge zur Verfügung gestellt werde. Ferner sei die Versicherung sowohl auf der Beitrags- wie auf der Leistungsseite durch Elemente eines Solidarausgleichs geprägt. Auch unterliege die Tätigkeit des INAIL staatlicher Aufsicht, so dass Beiträge und Leistungen letztlich vom Staat bestimmt würden (vgl. Rn 57 f.).

Auch im Hinblick auf die Dienstleistungsfreiheit wird man nicht auf eine Unvereinbarkeit des Systems der gesetzlichen Unfallversicherung mit dem europäischen Recht schließen können. Sofern vereinzelt argumentiert wird, dass die den Berufsgenossenschaften übertragenen Aufgaben in anderen Staaten von privaten Versicherungsgesellschaften wahrgenommen werden, die Absicherung der Risiken des Arbeitsunfalls und der Berufskrankheit also nicht zwingend im Rahmen einer staatlich organisierten Zwangsversicherung erfolgen muss, ist festzuhalten, dass das Gemeinschaftsrecht nach ständiger Rechtsprechung des EuGH die Zuständigkeit der Mitgliedsstaaten zur Ausgestaltung ihrer Systeme der sozialen Sicherung unberührt lässt.[5] Die Vereinbarkeit des in Deutschland bestehenden Unfallversicherungsmonopols mit den Grundfreiheiten des EG-Vertrages kann deshalb nicht anhand einer allgemeinen Gegenüberstellung öffentlich-rechtlicher und privatrechtlicher Versicherungssysteme beurteilt werden, sondern entscheidet sich vielmehr danach, ob das konkret in Rede stehende System mit seinen jeweiligen Gegebenheiten im Hinblick auf das Verhältnis von Beitrags- und Leistungshöhe auch privatwirtschaftlich von anderen Versicherern betrieben werden könnte. Dies ist nicht der Fall.[6]

B. Versicherter Personenkreis und Versicherungsfall

I. Versicherter Personenkreis

Der versicherte Personenkreis besteht zunächst aus den in § 2 SGB VII genannten kraft Gesetzes versicherten Personen. Hierzu zählen neben Beschäftigten, d.h. Personen in

---

3 BSGE 91, 263; BSG UV-Recht Aktuell 2006, 456; BSG, 20.3.2007, B 2 U 9/06 R.
4 EuGH, C-218/00, Slg. 2002, 691 m. Anm. *Penner*, NZS 2003, 234 ff.
5 EuGH, C-238/82, Slg. 1984, 523; EuGH, C-158/96, Slg. 1998, 1931; EuGH, C-159/91 und C-160/91, Slg. 1993, 637; EuGH, C-238/94, Slg. 1996, 1673; EuGH, C-70/95, Slg. 1997, 3395.
6 BSGE 91, 263.

einem Beschäftigungsverhältnis,[7] zahlreiche weitere Personengruppen, so etwa Lernende während der beruflichen Aus- und Fortbildung in Betriebsstätten, Lehrwerkstätten, Schulungskursen und ähnlichen Einrichtungen, Personen, die sich auf Veranlassung von Unternehmen oder einer Behörde Untersuchungen, Prüfungen oder ähnlichen Maßnahmen unterzogen haben, behinderte Menschen, die in anerkannten Werkstätten oder für diese Einrichtungen in Heimarbeit tätig sind, Schüler während des Besuchs von allgemein- oder berufsbildenden Schulen und während der Teilnahme an unmittelbar vor oder nach dem Unterricht von der Schule oder im Zusammenwirken mit ihr durchgeführten Betreuungsmaßnahmen, Studierende während der Aus- und Fortbildung an Hochschulen, Personen, die selbständig oder unentgeltlich, insbesondere ehrenamtlich im Gesundheitswesen oder in der Wohlfahrtspflege tätig sind, meldepflichtige Arbeitslose sowie Pflegepersonen im Sinne des § 19 SGB XI bei der Pflege eines Pflegebedürftigen im Sinne des § 14 SGB XI.

8 Die Satzung kann bestimmen, ob und unter welchen Voraussetzungen sich die Versicherung auf weitere Personen erstreckt (§ 3 SGB VII). Für Unternehmer und ihre im Unternehmen mitarbeitenden Ehegatten, für Personen, die in Kapital- oder Personenhandelsgesellschaften regelmäßig wie Unternehmer selbständig tätig sind, gewählte Ehrenamtsträger in gemeinnützigen Organisationen sowie Personen, die in Verbandsgremien und Kommissionen für Arbeitgeberorganisationen und Gewerkschaften sowie in sonstigen Arbeitnehmervereinigungen ehrenamtlich tätig sind oder an Ausbildungsveranstaltungen für diese Tätigkeit teilnehmen, besteht auch die Möglichkeit der freiwilligen Versicherung (§ 6 SGB VII).

II. Versicherungsfall

9 Gemäß § 7 Abs. 1 SGB VII sind Versicherungsfälle Arbeitsunfälle und Berufskrankheiten. Zu den versicherten Tätigkeiten gehören alle Handlungen, die dem Verletzten vom Betrieb übertragen wurden oder die er eigenständig aus seiner Sicht im Betriebsinteresse ausgeführt hat.[8] Auch ein verbotswidriges Handeln schließt einen Versicherungsfall nicht aus (§ 7 Abs. 2 SGB VII). Versicherungsfall ist auch der Gesundheitsschaden einer Leibesfrucht infolge eines Versicherungsfalls der Mutter während der Schwangerschaft; die Leibesfrucht steht insoweit einem Versicherten gleich (§ 12 Abs. 1 SGB VII).

10 Arbeitsunfälle sind Unfälle von Versicherten infolge einer den Versicherungsschutz nach den Vorschriften des SGB VII begründenden Tätigkeit.[9] Unfälle sind zeitlich begrenzte, von außen auf den Körper einwirkende Ereignisse, die zu einem Gesundheitsschaden oder zum Tod führen (§ 8 Abs. 1 SGB VII). Als Gesundheitsschaden gilt auch die Beschädigung oder der Verlust eines Hilfsmittels (§ 8 Abs. 3 SGB VII). Gemäß § 8 Abs. 2 SGB VII zählen zu den versicherten Tätigkeiten auch das Zurücklegen der mit der versicherten Tätigkeit zusammenhängenden Wegstrecken (Ziff. 1 bis 4) sowie das mit einer versicherten Tätigkeit zusammenhängende Verwahren, Befördern, Instandhalten und Erneuern eines Arbeitsgeräts oder einer Schutzausrüstung sowie deren Erstbeschaffung, wenn diese auf Veranlassung der Unternehmer erfolgt (Ziff. 5). Von erheblicher praktischer Bedeutung ist die Versicherung des Wegeunfalls, d.h. des Weges von

---

7 Zur Terminologie und Abgrenzung ausführlich LPK/*Franke*, SGB VII, § 2 Rn 1 ff. m.w.N.
8 Rieger/*Habich/Küntzel*, Ziff. 210 Rn 4.
9 Zu Fragen des inneren Zusammenhangs zwischen dem Unfall und der versicherten Tätigkeit besteht eine umfangreiche Judikatur, vgl. neuerdings BSGE 94, 262; im Übrigen vgl. KassKomm/*Ricke*, § 8 Rn 4 ff.; Rieger/*Habich/Küntzel*, Ziff. 210 Rn 3; *Wallerath/Rühr*, NZS 2007, 63 ff.

der Wohnung zur Arbeitsstätte. Zur Frage, wann der Versicherungsschutz bei Wahl eines Umweges, bei Unterbrechung zu privaten Zwecken oder auch das Aufsuchen dritter Orte entfällt, hat sich eine reichhaltige Judikatur entwickelt.[10]

Berufskrankheiten sind Krankheiten, die durch Verordnung als Berufskrankheiten bezeichnet sind und die Versicherte infolge einer den Versicherungsschutz nach den Vorschriften des SGB VII begründenden Tätigkeit erleiden (§ 9 Abs. 1 SGB VII). In diesem Zusammenhang wurde die Berufskrankheiten-Verordnung (BKV)[11] erlassen, die in der Anlage eine Liste der entsprechenden Berufskrankheiten beinhaltet. Ist ein Versicherter im Rahmen seiner Tätigkeit einem erhöhten Risiko einer der dort genannten Krankheiten ausgesetzt, wird bei Eintritt der Erkrankung die Berufsbezogenheit vermutet (§ 9 Abs. 3 SGB VII). Ärzte und Zahnärzte, die an der unfallmedizinischen Versorgung teilnehmen, haben die Daten, die sie im Rahmen der Heilbehandlung erheben, an die Unfallversicherungsträger zu übermitteln (§ 201 SGB VII). Bei begründetem Verdacht des Vorliegens einer Berufskrankheit haben sie dies dem Unfallversicherungsträger oder der für medizinischen Arbeitsschutz zuständigen Stelle anzuzeigen (§ 202 SGB VII); die Schweigepflicht ist insoweit eingeschränkt.

Leistungen der gesetzlichen Unfallversicherung gehen den Leistungen anderer Sozialleistungsträger in der Regel vor. Das bedeutet, dass der Unfallversicherungsträger, solange eine unfallbedingte Heilbehandlung erforderlich ist, auch für die Versorgung nicht unfallbedingter Krankheiten zuständig ist. In § 35 SGB VII findet sich ein Verweis auf Leistungen der Rehabilitation gemäß §§ 33 bis 38 SGB IX und in Werkstätten behinderter Menschen gemäß §§ 40, 41 SGB IX, die dann ebenfalls in den Zuständigkeitsbereich der Unfallversicherungsträger fallen.

C. Umfang der Heilbehandlung

Gemäß § 27 Abs. 1 SGB VII umfasst die Heilbehandlung insbesondere die ärztliche Erstversorgung, die ärztliche und zahnärztliche Behandlung einschließlich der Versorgung mit Zahnersatz, die Versorgung mit Arznei-, Verbands-, Heil- und Hilfsmitteln, die häusliche Krankenpflege, die Behandlung in Krankenhäusern und Rehabilitationseinrichtungen, sowie Leistungen zur medizinischen Rehabilitation nach § 26 Abs. 2 Nr. 1 und 3–7 und Abs. 3 SGB IX.

Nach § 28 SGB VII wird die ärztliche bzw. zahnärztliche Behandlung von Ärzten bzw. Zahnärzten erbracht. Sind Hilfeleistungen anderer Personen erforderlich, dürfen sie nur erbracht werden, wenn sie vom Arzt bzw. Zahnarzt angeordnet und von ihm verantwortet werden. Die ärztliche bzw. zahnärztliche Behandlung umfasst die Tätigkeit der Ärzte bzw. Zahnärzte, die nach den Regeln der ärztlichen bzw. zahnärztlichen Kunst erforderlich und zweckmäßig ist. Bei Versicherungsfällen, für die wegen ihrer Art oder Schwere besondere unfallmedizinische Behandlung angezeigt ist, wird diese erbracht. Die freie Arztwahl kann insoweit eingeschränkt werden.

Die vom Umfang der Heilbehandlung umfassten Arznei-, Verband-, Heil- und Hilfsmittel werden in den §§ 29–31 SGB VII näher definiert. Arznei- und Verbandmittel sind hiernach alle ärztlich verordneten, zur ärztlichen und zahnärztlichen Behandlung erforderlichen Mittel, § 29 Abs. 1 SGB VII. Heilmittel sind alle ärztlich verordneten Dienst-

---

10 Vgl. LPK/*Ziegler*, SGB VII, § 8 Rn 160 ff.
11 Berufskrankheiten-Verordnung vom 31.10.1997 (BGBl I 1997, 2623), zuletzt geändert durch Verordnung vom 5.9.2002 (BGB I 2002, 3541).

leistungen, die einem Heilzweck dienen oder einen Heilerfolg sichern und nur von entsprechend ausgebildeten Personen erbracht werden dürfen. Hierzu gehören insbesondere Maßnahmen der physikalischen Therapie sowie der Sprach- und Beschäftigungstherapie (§ 30 SGB VII). Hilfsmittel sind alle ärztlich verordneten Sachen, die den Erfolg der Heilbehandlung sichern oder die Folgen von Gesundheitsschäden mildern oder ausgleichen. Dazu gehören insbesondere Körperersatzstücke, orthopädische und andere Hilfsmittel einschließlich der notwendigen Änderung, Instandsetzung und Ersatzbeschaffung sowie der Ausbildung im Gebrauch der Hilfsmittel (§ 31 Abs. 1 SGB VII).

16 Neben der ärztlichen Behandlung erhalten Versicherte in ihrem Haushalt oder ihrer Familie häusliche Krankenpflege durch geeignete Pflegekräfte, wenn Krankenhausbehandlung geboten, aber nicht ausführbar ist oder wenn sie durch die häusliche Krankenpflege vermieden oder verkürzt werden kann und das Ziel der Heilbehandlung nicht gefährdet wird. Die häusliche Krankenpflege umfasst die im Einzelfall aufgrund ärztlicher Verordnung erforderliche Grund- und Behandlungspflege sowie hauswirtschaftliche Versorgung (§ 32 SGB VII).

17 Eine stationäre Behandlung in einem Krankenhaus oder in einer Rehabilitationseinrichtung wird erbracht, wenn die Aufnahme erforderlich ist, weil das Behandlungsziel anders nicht erreicht werden kann. Sie umfasst im Rahmen des Versorgungsauftrags des Krankenhauses oder der Rehabilitationseinrichtung alle Leistungen, die im Einzelfall für die medizinische Versorgung der Versicherten notwendig sind, insbesondere ärztliche Behandlung, Krankenpflege, Versorgung mit Arznei-, Verband-, Heil- und Hilfsmitteln, Unterkunft und Verpflegung (§ 33 Abs. 1 SGB VII).

D. Durchführung der Heilbehandlung

I. Gesetzliche Regelung und Vertrag Ärzte/UVTr

18 Gemäß § 34 Abs. 1 SGB VII haben die Unfallversicherungsträger alle Maßnahmen zu treffen, durch die eine möglichst frühzeitig nach dem Versicherungsfall einsetzende und sachgemäße Heilbehandlung und, soweit erforderlich, besondere unfallmedizinische oder Berufskrankheiten-Behandlung gewährleistet wird. Sie können zu diesem Zweck die von den Ärzten und Krankenhäusern zu erfüllenden Voraussetzungen im Hinblick auf die fachliche Befähigung, die sächliche und personelle Ausstattung sowie die zu übernehmenden Pflichten festlegen. Die Unfallversicherungsträger haben an der Durchführung der besonderen unfallmedizinischen Behandlung die Ärzte und Krankenhäuser zu beteiligen, die diesen Anforderungen entsprechen (§ 34 Abs. 2 SGB VII).[12]

19 Gemäß § 34 Abs. 3 SGB VII schließen die Verbände der Unfallversicherungsträger und die Kassenärztliche Bundesvereinigung und die Kassenzahnärztliche Bundesvereinigung mit Wirkung für ihre Mitglieder Verträge über die Durchführung der Heilbehandlung, die Vergütung der Ärzte und Zahnärzte sowie die Art und Weise der Abrechnung. Auf dieser Grundlage haben die Vertragsparteien den Vertrag Ärzte/UVTr[13] geschlos-

---

12 Zum Qualitätsstandard vgl. Wannagat/*Jung*, § 34 Rn 7 ff. m.w.N.
13 Vertrag gemäß § 34 Abs. 3 SGB VII zwischen dem Hauptverband der gewerblichen Genossenschaften, dem Bundesverband der landwirtschaftlichen Berufsgenossenschaften, dem Bundesverband der Unfallkassen einerseits und der Kassenärztlichen Vereinigung andererseits über die Durchführung der Heilbehandlung, die Vergütung der Ärzte sowie die Art und Weise der Abrechnung der ärztlichen Leistungen, im Internet abrufbar unter http://www.lvbg.de.

sen, der zum 1.5.2001 das zuvor bestehende freiwillige Abkommen der Vertragsparteien ablöste. Hierbei handelt es sich um einen Normsetzungsvertrag, durch den die Vertragsparteien kraft gesetzlichen Auftrags für ihre Mitglieder unmittelbar geltendes Recht setzen.[14]

Die Heilbehandlung wird gemäß § 6 Vertrag Ärzte/UVTr als allgemeine Heilbehandlung oder, wenn dies wegen der Art oder Schwere der Verletzung erforderlich ist, als besondere Heilbehandlung durchgeführt. Die **allgemeine Heilbehandlung** ist die ärztliche Versorgung einer Unfallverletzung, die nach Art oder Schwere weder eines besonderen personellen, apparativ-technischen Aufwandes noch einer spezifischen unfallmedizinischen Qualifikation des Arztes bedarf (§ 10 Vertrag Ärzte/UVTr). Sie erfolgt durch Ärzte, die an der vertragsärztlichen Versorgung teilnehmen oder von den Unfallversicherungsträgern zugelassen sind. Die **besondere Heilbehandlung** ist die fachärztliche Behandlung einer Unfallverletzung, die wegen Art oder Schwere besondere unfallmedizinische Qualifikation verlangt. Sie wird durch von den Unfallversicherungsträgern zugelassene oder besonders beauftragte Ärzten durchgeführt. Die Heilbehandlung wird grundsätzlich als allgemeine Heilbehandlung gewährt, es sei denn, der Durchgangsarzt, H-Arzt oder der Unfallversicherungsträger leitet eine besondere Heilbehandlung ein (§ 12 Abs. 1 Vertrag Ärzte/UVTr). Die Vertragspartner gehen davon aus, dass eine Verletzung immer dann im Rahmen der allgemeinen Heilbehandlung zu versorgen ist, wenn sie nach Art und Schwere nicht zur Arbeitsunfähigkeit führt oder ihre Behandlung innerhalb von acht Tagen abgeschlossen werden kann.[15]

II. Besondere Verfahrensarten

Die Unfallversicherungsträger können nach Art und Schwere des Gesundheitsschadens besondere Verfahren für die Heilbehandlung vorsehen (§ 34 Abs. 1 S. 3 SGB VII). Verfahrensarten sind nach dem Vertrag Ärzte/UVTr das Durchgangsarztverfahren (§§ 24–29 Vertrag Ärzte/UVTr), das H-Arzt-Verfahren (§§ 30–36 Vertrag Ärzte/UVTr) sowie das Verletzungsartenverfahren (§ 38 Vertrag Ärzte/UVTr). Besondere Regelungen existieren bei Augen- und Hals-Nasen-Ohren-Verletzungen sowie bei Hauterkrankungen (§§ 39–43 Vertrag Ärzte/UVTr). Auf diese Bereiche wird im Folgenden nicht näher eingegangen.[16]

1. Durchgangsarztverfahren

Im Falle eines Arbeitsunfalls haben Unternehmer nach den nach § 15 SGB VII erlassenen Unfallverhütungsvorschriften darauf hinzuwirken, dass eine **Vorstellung des Versicherten** bei einem Durchgangsarzt (D-Arzt) erfolgt, es sei denn, dass der erstbehandelnde Arzt festgestellt hat, dass die Verletzung nicht über den Unfalltag hinaus zur Arbeitsunfähigkeit führt oder die Behandlungsbedürftigkeit voraussichtlich nicht mehr als eine Woche beträgt. Auch erstbehandelnde Ärzte (mit Ausnahme der H-Ärzte, § 33 Vertrag Ärzte/UVTr) haben Versicherte anzuhalten, sich unverzüglich einem Durchgangsarzt vorzustellen, wenn die Unfallverletzung über den Unfalltag hinaus zur Arbeitsunfähigkeit führt oder die Behandlungsbedürftigkeit voraussichtlich mehr als eine

---

14 BSG UV-Recht Aktuell 2007, 256.
15 *Gibis/Berner*, § 6 Anm. 6.
16 Zum Hautarztverfahren *Blome/John*, BG 2007, 27 ff.; Schulin/*Benz*, § 44 Rn 82 ff.; zum HNO-Verfahren *Schmitt*, § 34 Rn 17 f.

Woche beträgt. Den Versicherten obliegt grundsätzlich die freie Wahl unter den Durchgangsärzten (§ 26 Abs. 1 S. 4 Vertrag Ärzte/UVTr).

23 Der Durchgangsarzt trifft aufgrund der Art und Schwere der Verletzung die **Entscheidung,** ob eine allgemeine oder eine besondere Heilbehandlung erforderlich ist. Leitet er eine besondere Heilbehandlung ein, führt er die Behandlung durch (§ 27 Abs. 1 Vertrag Ärzte/UVTr). Besteht diese Notwendigkeit nicht, leitet er eine allgemeine Heilbehandlung ein und überweist den Verletzten an den Arzt, den dieser als seinen behandelnden Arzt benennt (§ 27 Abs. 1 Vertrag Ärzte/UVTr). Nach den Vertragspartnern soll der Durchgangsarzt die allgemeine Heilbehandlung grundsätzlich nicht selbst durchführen, um seine Vertrauensstellung den Ärzten gegenüber, die der Vorstellungspflicht bei ihm unterliegen, nicht zu belasten und den Anschein eines Missbrauches einer Monopolstellung zu verhindern.[17] Anderes gilt jedoch, sofern der Verletzte keinen Arzt angeben kann, der eine entsprechende Behandlung übernimmt[18] oder der Unfallverletzte bereits vor dem Unfall bei dem Durchgangsarzt insbesondere im Rahmen der vertragsärztlichen Versorgung in Behandlung war.[19] Im Falle der Überweisung hat sich der Durchgangsarzt über den Stand der allgemeinen Heilbehandlung zu vergewissern und Nachschautermine festzusetzen. Eine Nachschau entfällt, wenn die Behandlung durch einen H-Arzt erfolgt (§ 29 Abs. 1 und 4 Vertrag Ärzte/UVTr).

24 Durchgangsärzte sind verpflichtet, ihre Tätigkeit **persönlich auszuüben.**[20] Dies gilt auch für die Auswertung der Befunde beim Einsatz der Röntgen-Diagnostik und anderer bildgebender Verfahren im unmittelbaren Zusammenhang mit der Beurteilung von Art oder Schwere der Verletzung. Soweit erforderlich, können von den Landesverbänden der gewerblichen Berufsgenossenschaften ständige Durchgangsarzt-Vertreter anerkannt werden (§ 24 Abs. 3 und 4 Vertrag Ärzte/UVTr).

25 Zur Klärung der Diagnose und/oder zur Mitbehandlung sollen Durchgangsärzte nach pflichtgemäßem Ermessen **andere Ärzte zuziehen.** Dies gilt insbesondere für Ärzte anderer Fachrichtungen, wenn bei der Art der Verletzung der Verdacht auf Mitbeteiligung eines entsprechenden Organs oder Organsystems besteht (§ 25 Vertrag Ärzte/UVTr). Wird während der Durchführung einer besonderen Heilbehandlung ein anderer, hierzu nicht zugelassener Arzt in Anspruch genommen, so kann er in Fällen, in denen eine sofortige ärztliche Maßnahme dringend erforderlich ist, Leistungen erbringen, die den Rahmen des sofort Notwendigen nicht überschreiten dürfen. Im Übrigen hat der Arzt den Unfallverletzten an den die besondere Heilbehandlung durchführenden Arzt zu verweisen (§ 28 Vertrag Ärzte/UVTr).

26 Die **Zulassung zum Durchgangsarzt** erfolgt durch die Landesverbände der gewerblichen Berufsgenossenschaften. Die Entscheidung ergeht durch Verwaltungsakt.[21] Die von den Durchgangsärzten zu erfüllenden Voraussetzungen im Hinblick auf die fachliche Befähigung, die personelle und sächliche Ausstattung sowie die zu übernehmenden Pflichten werden in den von den Verbänden der Unfallversicherungsträger aufgestellten „Anforderungen der gesetzlichen Unfallversicherungsträger nach § 34 SGB VII zur Beteiligung am Durchgangsarztverfahren" bzw. den „Anforderungen der gesetzlichen Unfallversicherungsträger nach § 34 SGB VII zur Beteiligung von Kinderchirurgen am

---

17 *Gibis/Berner*, § 27 Anm. 1.
18 *Olzen*, MedR 2002, 132 ff. m.w.N.; Schulin/*Benz*, § 44 Rn 67.
19 *Gibis/Berner*, § 27 Anm. 1.
20 Zu den einzelnen Sorgfaltspflichten vgl. OLG Hamm VersR 1990, 975.
21 So das BSG für den H-Arzt, vgl. BSG UV-Recht Aktuell 2007, 256; a.A. noch Schulin/*Benz*, § 44 Rn 76; KassKomm/*Ricke*, § 34 Rn 6; *Schmitt*, § 34 Rn 21; *Jung*, BSG-FS, 533 ff.

Durchgangsarztverfahren" festgelegt (vgl. § 24 Abs. 1 und 2 Vertrag Ärzte/UVTr).[22] Im Rahmen der fachlichen Befähigung muss der Durchgangsarzt zum Führen der deutschen Facharztbezeichnung „Chirurgie" oder „Orthopädie und Unfallchirurgie" berechtigt und als solcher niedergelassen oder an einem Krankenhaus oder einer Klinik fachlich und fachlich-organisatorisch weisungsfrei tätig sein. Er muss darüber hinaus über die deutsche Schwerpunktbezeichnung „Unfallchirurgie" oder über die Zusatzbezeichnung „Spezielle Unfallchirurgie" verfügen. Darüber hinaus ist neben weiteren Voraussetzungen eine nach der Facharzt-Weiterbildung ausgeübte und nicht länger als drei Jahre unterbrochene unfallchirurgische Tätigkeit erforderlich, es sei denn, der Bewerber weist noch genügende unfallchirurgische Kenntnisse nach. Zur Behandlung arbeitsunfallverletzter Kinder gelten abweichende Anforderungen an die fachliche Befähigung.

Der Durchgangsarzt übt bei der Entscheidung, ob eine allgemeine oder eine besondere Heilbehandlung eingeleitet wird[23] sowie bei der Untersuchung zur Diagnosestellung und Überwachung des Heilerfolges,[24] ein **öffentliches Amt** aus. Kommt es in diesen Fällen zu Pflichtverletzungen, stützen sich Schadensersatzansprüche auf § 839 Abs. 1 BGB i.V.m. Art. 34 GG. Passivlegitimiert ist die Berufsgenossenschaft.[25] Anderes gilt bei der Vornahme der Erstversorgung bzw. Durchführung der Heilbehandlung.[26] In diesen Fällen wird zwischen dem Durchgangsarzt und dem Patienten ein zivilrechtliches Behandlungsverhältnis begründet. Schadensersatzansprüche ergeben sich aus den allgemeinen zivilrechtlichen Grundsätzen. Passivlegitimiert ist der Durchgangsarzt.[27] Der Krankenhausträger hingegen hat für Fehler bei der ambulanten Behandlung durch einen angestellten Durchgangsarzt nicht einzustehen, weil es an vertraglichen Rechtsbeziehungen zu dem Verletzten fehlt und der Arzt auch nicht Verrichtungsgehilfe ist, soweit er die Behandlung im Rahmen des Durchgangsarztverfahrens übernimmt.[28] Anderes gilt jedoch, sofern die Heilbehandlung ausnahmsweise als Tätigkeit im Rahmen des normalen Aufgabenbereiches erfolgt.[29]

27

2. H-Arzt-Verfahren

Zur Entlastung der D-Ärzte in einfacher gelagerten Fällen[30] sind an der Durchführung der besonderen Heilbehandlung gemäß § 30 Vertrag Ärzte/UVTr Ärzte zu beteiligen, die dazu fachlich befähigt, entsprechend ausgestattet und zur Übernahme der damit verbundenen Pflichten bereit sind (sog. H-(Heilbehandlungs-)Ärzte). H-Ärzte sind bei bestimmten, in § 35 Vertrag Ärzte/UVTr abschließend aufgezählten Verletzungen berechtigt, bei diese primär aufsuchenden Verletzten eine besondere Heilbehandlung **ohne vorherige Vorstellung beim Durchgangsarzt** (§ 33 Vertrag Ärzte/UVTr) durchzuführen, soweit es sich nicht um eine im Verletzungsartenverzeichnis nach Anhang 1 des Vertrags Ärzte/UVTr aufgeführte Verletzung handelt. Unfallverletzte, welche die pri-

28

---

22 Im Internet jeweils abrufbar unter http://www.lvbg.de.
23 BGHZ 126, 297; BGH NJW 1989, 767; OLG Hamm GesR 2004, 377; *Jung*, BSG-FS, 533 ff.; *Schmitt*, § 34 Rn 13.
24 OLG Schleswig GesR 2007, 207 m. Anm. *Jorzig*, GesR 2007, 207.
25 Vgl. OLG Schleswig GesR 2007, 207 m. Anm. *Jorzig*, GesR 2007, 207; *Olzen*, MedR 2002, 132 ff.
26 BGHZ 63, 265; BGH NJW 1989, 767; BGHZ 126, 297; OLG Hamm GesR 2004, 377; *Jung*, BSG-FS, 533 ff.
27 Vgl. BGHZ 63, 265; BGH NJW 1989, 767; BGHZ 126, 297.
28 OLG Düsseldorf VersR 1987, 675; OLG Hamm GesR 2004, 377.
29 Vgl. *Olzen*, MedR 2002, 132 ff. m.w.N.
30 *Pfeifer*, ZMGR 2006, 125 ff.

märe Versorgung durch einen anderen Arzt in Anspruch genommen haben und bei denen eine Vorstellungspflicht beim Durchgangsarzt besteht, können jedoch nicht an einen H-Arzt überwiesen werden.[31]

29 H-Ärzte sind verpflichtet, ihre Tätigkeit **persönlich auszuüben**. Dies gilt auch für die Auswertung der Befunde beim Einsatz der Röntgen-Diagnostik und anderer bildgebender Verfahren im unmittelbaren Zusammenhang mit der Beurteilung von Art oder Schwere der Verletzung (§ 34 i.V.m. § 24 Abs. 3 Vertrag Ärzte/UVTr). Zur Klärung der Diagnose und/oder zur Mitbehandlung sollen sie nach pflichtgemäßem Ermessen andere Ärzte zuziehen. Dies gilt insbesondere für Ärzte anderer Fachrichtungen, wenn bei der Art der Verletzung der Verdacht auf Mitbeteiligung eines entsprechenden Organs oder Organsystems besteht (§ 34 i.V.m. § 25 Vertrag Ärzte/UVTr).

30 Die **Zulassung zum H-Arzt** erfolgt auf Antrag, der an den zuständigen Landesverband der gewerblichen Berufsgenossenschaften zu richten ist (§ 32 Abs. 1 Vertrag Ärzte/UVTr). Die Entscheidung über die Beteiligung als H-Arzt ergeht durch Verwaltungsakt.[32] Die von den H-Ärzten zu erfüllenden Voraussetzungen im Hinblick auf fachliche Befähigung, die sächliche und persönliche Ausstattung sowie die zu übernehmenden Pflichten werden in den „Anforderungen der gesetzlichen Unfallversicherungsträger nach § 34 SGB VII zur Beteiligung am H-Arztverfahren"[33] festgelegt (§ 31 Vertrag Ärzte/UVTr). Am H-Arzt-Verfahren werden nur niedergelassene Ärzte beteiligt. Dies sind in der Regel Fachärzte für Orthopädie und Unfallchirurgie. Andere Ärzte müssen nachweisen, dass in ihrer Zeit der ärztlichen Tätigkeit nach der Approbation eine mindestens zweijährige unfallmedizinische Tätigkeit in einer mit einem Durchgangsarzt besetzten Krankenhausabteilung enthalten ist. Darüber hinaus ist neben weiteren Voraussetzungen eine nach der Approbation ausgeübte und nicht länger als drei Jahre unterbrochene unfallmedizinische oder operativ-orthopädische Tätigkeit erforderlich, es sei denn, der Bewerber weist noch genügende unfallmedizinische Kenntnisse nach.

31 Der H-Arzt handelt bei seiner Entscheidung, ob und in welcher Weise ein Unfallverletzter in die berufsgenossenschaftliche Heilbehandlung übernommen wird sowie bei den diese Entscheidung vorbereitenden Maßnahmen, etwa bei der Diagnosestellung, in Ausübung eines **öffentlichen Amtes**. Bei Fehlern des H-Arztes ist damit die den H-Arzt beauftragende Berufsgenossenschaft nach Amtshaftungsgesichtspunkten passivlegitimiert.[34] Für dem H-Arzt im Rahmen der Heilbehandlung unterlaufende Fehler haftet hingegen dieser nach allgemeinen zivilrechtlichen Grundsätzen.[35]

3. Verletzungsartenverfahren

32 In Fällen, in denen eine Verletzung nach dem Verletzungsartenverzeichnis nach Anhang 1 des Vertrags Ärzte/UVTr vorliegt, hat der behandelnde Arzt dafür zu sorgen, dass der Unfallverletzte unverzüglich in ein von den Landesverbänden der gewerblichen Berufsgenossenschaften am Verletzungsartenverfahren beteiligtes Krankenhaus überwiesen wird. Der an diesem Krankenhaus tätige Durchgangsarzt entscheidet nach Art oder Schwere der Verletzung, ob eine stationäre oder ambulante Behandlung erfor-

---

31 *Gibis/Berner*, § 30 Anm. 1.
32 BSG UV-Recht Aktuell 2007, 256; a.A. noch Schulin/*Benz*, § 44 Rn 76; KassKomm/*Ricke*, § 34 Rn 6; *Schmitt*, § 34 Rn 21; *Jung*, BSG-FS, 533 ff.
33 Im Internet abrufbar unter http://www.lvbg.de.
34 LG Karlsruhe ZMGR 2006, 111; a.A. *Pfeifer*, ZMGR 2006, 125 ff.
35 LG Karlsruhe ZMGR 2006, 111.

derlich ist. Er kann die Behandlung ambulant durchführen oder einen anderen qualifizierten Arzt mit der ambulanten Behandlung beauftragen (§ 37 Abs. 1 und 2 Vertrag Ärzte/UVTr).

Die Zulassungsvoraussetzungen zum Verletzungsartenverfahren werden in den von den Verbänden der Unfallversicherungsträger aufgestellten „Anforderungen der gesetzlichen Unfallversicherungsträger nach § 34 SGB VII an Krankenhäuser zur Beteiligung an der besonderen stationären Behandlung von Schwer-Unfallverletzten", den „Anforderungen der gesetzlichen Unfallversicherungsträger nach § 34 SGB VII an Krankenhäuser zur Beteiligung an der besonderen stationären Behandlung von Schwer-Unfallverletzten Kindern" bzw. den „Anforderungen der gesetzlichen Unfallversicherungsträger nach § 34 SGB VII an Handchirurgen zur handchirurgischen Versorgung Unfallverletzter nach § 37 Abs. 3 des Vertrages Ärzte/Unfallversicherungsträger im Rahmen des Verletzungsartenverfahrens" festgelegt.[36]

III. Verordnung von Arznei-, Verband-, Heil- und Hilfsmitteln sowie häuslicher Krankenpflege

Der behandelnde Arzt kann Arznei- und Verbandsmittel verordnen (§ 21 Abs. 1 Vertrag Ärzte/UVTr).

Heilmittel kann nur der Durchgangsarzt/H-Arzt verordnen, andere Ärzte nur mit vorheriger Genehmigung des Unfallversicherungsträgers (§ 20 Abs. 1 S. 1 Vertrag Ärzte/UVTr). Ist nach Auffassung des behandelnden Arztes die Verordnung von Heilmitteln erforderlich, hat eine Vorstellung beim Durchgangsarzt zu erfolgen (§ 26 Abs. 1 S. 2 Vertrag Ärzte/UVTr). Ist eine Folgeverordnung geboten, ist der Verletzte erneut dem Durchgangsarzt vorzustellen.[37] Liegt die Genehmigung des Unfallversicherungsträgers vor, entfällt die Vorstellungspflicht beim Durchgangsarzt (§ 20 Abs. 1 S. 2 Vertrag Ärzte/UVTr).

Auch Hilfsmittel kann, mit Ausnahme von Seh- und Hörhilfen, nur der Durchgangsarzt/ H-Arzt verordnen (§ 22 Abs. 1 Vertrag Ärzte/UVTr). Die Versorgung mit Hilfsmitteln erfolgt nach den „Gemeinsamen Richtlinien der Verbände der Unfallversicherungsträger über Hilfsmittel".[38]

Die häusliche Krankenpflege kann der behandelnde Arzt verordnen. Er hat hierbei die „Gemeinsamen Richtlinien der Verbände der Unfallversicherungsträger über häusliche Krankenpflege"[39] in der jeweils gültigen Fassung zu beachten (§ 19 Vertrag Ärzte/ UVTr).

E. Haftung und Haftungsbeschränkung

Gemäß §§ 104 ff. SGB VII bestehen sehr weitreichende Haftungsbeschränkungen und Haftungsausschlüsse für die dort genannten Personen und Fallgruppen. So haftet ein Unternehmer weder seinen Versicherten, deren Angehörigen oder Hinterbliebenen nach allgemeinen Grundsätzen, es sei denn, der Unternehmer hätte den Unfall vorsätzlich

---

[36] Im Internet jeweils abrufbar unter http://www.lvbg.de.
[37] *Gibis/Berner*, § 20 Anm. 1.
[38] Im Internet abrufbar unter http://www.hvbg.de.
[39] Im Internet abrufbar unter http://www.hvbg.de.

herbeigeführt oder es hätte sich um einen Wegeunfall gehandelt. Der Unternehmer soll vielmehr schon durch die Erfüllung seiner (alleinigen) Beitragspflicht zur gesetzlichen Unfallversicherung das Seine zum Ausgleich der Schadensfolgen getan haben.[40] Ausgeschlossen sind damit alle Ansprüche, die adäquat kausal auf die Körperverletzung zurückzuführen sind, wie Heilbehandlungskosten, Erwerbsausfall, vermehrte Bedürfnisse, Schmerzensgeld, Unterhaltsschäden, Schäden wegen entgangener Dienste etc.[41] In den Fällen, in denen die Haftungsbeschränkung nicht greift (Vorsatz oder Wegeunfall), findet eine Leistungsanrechnung der Leistungen sonstiger Sozialversicherungsträger statt, wenn die Leistungen kongruent sind, um eine Doppelentschädigung zu vermeiden (§ 104 Abs. 3 SGB VII). Die Kongruenz muss sachlich und zeitlich gegeben sein.[42] Gibt es mehrere Schädiger und ist nur der Erstschädiger haftungsrechtlich privilegiert, stellt sich die Frage nach der gestörten Gesamtschuld. Da die Haftungsprivilegierung des Erstschädigers nicht zu Lasten des Zweitschädigers gehen soll, ist der Anspruch des Geschädigten gegen den Zweitschädiger in Höhe des Verantwortungsanteils zu kürzen, der auf den privilegierten Erstschädiger entfiele, wenn man dessen Privilegierung hinweg dächte.[43]

39 Nach § 105 SGB VII gilt eine entsprechende Haftungsprivilegierung für andere Beschäftigte desselben Betriebes, auch hier mit der Ausnahme für Vorsatz und Wegeunfall. Gemäß § 105 Abs. 2 SGB VII gilt die Haftungsprivilegierung sogar zugunsten des nicht versicherten Unternehmers.[44] Der Begriff des „Betriebs" ist enger zu fassen als der des „Unternehmens", was sich schon aus der unterschiedlichen Verwendung in § 104 und § 105 SGB VII ableiten lässt.[45] Weitere Voraussetzung ist, dass der Versicherungsfall durch eine betriebliche Tätigkeit verursacht wurde.

40 § 106 Abs. 1 SGB VII erstreckt die Haftungsprivilegierung und damit auch die Anspruchsbeschränkung der Geschädigten unter anderem auf Unternehmen für Kinder, Schüler und Studierende. Eine reichhaltige Judikatur besteht hier vor allem bei den typischen Schulunfällen.[46] Des Weiteren werden die §§ 104 und 105 SGB VII für die Ersatzpflicht zwischen Pflegebedürftigen im Sinne des § 14 SGB XI und Pflegepersonen im Sinne des § 19 SGB XI entsprechend angewendet (§ 106 Abs. 2 SGB VII).

F. Reformvorhaben

41 Seit etlichen Jahren wird eine umfassende Reform der gesetzlichen Unfallversicherung diskutiert.[47] Ziel der Reform ist es, durch Straffung der Organisation die Wirtschaftlichkeit und Effektivität zu verbessern und zur Erhöhung der Zielgenauigkeit Leistungen zu erbringen, die dem Umfang des Erwerbsschadens stärker Rechnung tragen. Darüber hinaus wird eine bessere Abstimmung der Leistungen der gesetzlichen Unfallversicherung mit den Leistungen der gesetzlichen Rentenversicherung angestrebt. Eine Projektgruppe im Bundesministerium für Arbeit und Soziales hat zwischenzeitlich einen Ar-

---

40 BGH VersR 1975, 274 ff.; vgl. aber auch *Waltermann*, BSG-FS, 571 ff.
41 LPK/*Rapp*, SGB VII, § 104 Rn 24; zu verfassungsrechtlichen Bedenken vgl. *Fuhlrott*, NZS 2007, 237 ff. m.w.N.
42 LPK/*Rapp*, SGB VII, § 104 Rn 30.
43 BGHZ 61, 51; LPK/*Rapp*, SGB VII, § 104 Rn 31.
44 Zu verfassungsrechtlichen Bedenken vgl. *Waltermann*, BSG-FS, 571 ff.
45 BGH NJW 1988, 493; BGH NJW 2003, 1121; Geigel/*Kolb*, § 31 Rn 100, a.A. KassKomm/*Ricke*, § 105 Rn 5; *von Koppenfels-Spies*, NZS 2006, 561 ff.
46 Vgl. LPK/*Rapp*, SGB VII, § 106 Rn 4 ff.; *Waltermann*, BSG-FS, 571 ff.
47 Statt vieler vgl. *Römer*, S. 1 ff., m.w.N.

beitsentwurf eines 1. Teils eines Gesetzes zur Reform der gesetzlichen Unfallversicherung vorgelegt.[48] Der Entwurf setzt die Eckpunkte zur Reform der gesetzlichen Unfallversicherung durch die Beschluss der Bund-Länder-Arbeitsgruppe vom 29.6.2006[49] um. Die weitere Entwicklung bleibt abzuwarten.

---

48 Vgl. hierzu *Ruland*, NZS 2007, 337 ff.
49 Eckpunkte zur Reform der gesetzlichen Unfallversicherung, Beschluss der Bund-Länder-Arbeitsgruppe vom 29.6.2006, Ausschuss für Arbeit und Soziales des Deutschen Bundestages, BT-Ausschussdrucksache 16(11)340.

§ 37 Steuerrecht

Dr. Rolf Michels

Inhalt

A. Grundsätze der Besteuerung des niedergelassenen Arztes ... 1
  I. Aufnahme der Tätigkeit 1
    1. Neugründung einer Praxis . 2
    2. Praxisübernahme 6
    3. Exkurs: Abschreibung einer Vertragsarztzulassung 15
  II. Laufende Besteuerung 23
    1. Ertragsteuern 23
      a) Einkunftsart 23
        aa) Freiberufliche Tätigkeit des Arztes 23
        bb) Mithilfe fachlich vorgebildeter Arbeitskräfte und Gewerblichkeit ... 24
        cc) Gewerbliche Tätigkeit des Arztes 27
      b) Gewinnermittlung 31
        aa) Wahlrecht zur Art der Gewinnermittlung 31
        bb) Gewinnermittlung nach § 4 Abs. 3 EStG 34
        cc) Gewinnermittlung nach § 4 Abs. 1 EStG 41
    2. Umsatzsteuer 44
      a) Leistungen durch Ärzte 44
        aa) Umsatzsteuerliche Grundsätze 44
        bb) Beweislastregeln/ Beweisvorsorge .. 53
      b) Lieferung von Gegenständen durch Ärzte 55
  III. Praxisveräußerung/ Praxisabgabe 63
    1. Entgeltliche Praxisveräußerung 63
      a) Steuerliche Voraussetzungen einer Praxisveräußerung 63
      b) Fortführung einer freiberuflichen ärztlichen Tätigkeit ... 66
      c) Steuerfolgen einer Praxisveräußerung ... 73
    2. Unentgeltliche Praxisabgabe 82
  IV. Besteuerung der Beendigung/ Aufgabe der Praxis 88

B. Besteuerung der Berufsausübungsgemeinschaften 89
  I. Die klassische Gemeinschaftspraxis 89
    1. Gründung einer Gemeinschaftspraxis 89
      a) Unentgeltliche Aufnahme eines Arztes in eine Einzelpraxis .. 91
      b) Entgeltliche Aufnahme eines Arztes in eine Einzelpraxis 95
        aa) Steuerfolgen 95
        bb) „Zweistufenmodell" 98
        cc) „Einbringungsmodell" (§ 24 Umwandlungsteuergesetz) 100
        dd) „Überlassungsmodell" (Nutzungsüberlassung der Einzelpraxis) 101
        ee) „Gewinnvorabmodell" (Ausgleich über die Gewinnverteilung) 103
      c) Zusammenschluss mehrerer Einzelpraxen zu einer Gemeinschaftspraxis 106
    2. Laufende Besteuerung der Gemeinschaftspraxis 114
      a) Ertragsteuern 114
        aa) Steuerliche Grundsätze zur Mitunternehmerschaft 114
        bb) Steuerliche Vermögensbereiche einer Gemeinschaftspraxis 119

cc) Steuerpflicht und Gewinnermittlung	135	
dd) Einkunftsart und Abgrenzung	139	
b) Umsatzsteuern	147	
aa) Leistungen und Lieferungen der Gemeinschaftspraxis	147	
bb) Leistungsaustausch zwischen Arzt und Gemeinschaftspraxis	151	
3. Praxisanteilsveräußerung/ Praxisanteilsabgabe	174	
a) Entgeltliche Praxisanteilsveräußerung	174	
b) Unentgeltliche Praxisanteilsabgabe	180	
4. Ausscheiden aus einer Gemeinschaftspraxis gegen Sachwertabfindung und Beendigung der Gemeinschaftspraxis durch Realteilung	188	
a) Beendigung der Gemeinschaftspraxis durch Realteilung	192	
b) Ausscheiden aus einer Gemeinschaftspraxis gegen Sachwertabfindung	201	
II. Die Teilgemeinschaftspraxis	210	
1. Gewinnverteilungsabrede in der Teilgemeinschaftspraxis	217	
2. Tätigkeitserfordernis der Ärzte in der Teilgemeinschaftspraxis	225	
3. Leistungsbeziehungen der Ärzte zur Teilgemeinschaftspraxis	230	
a) Ertragsteuerliche Besonderheiten	230	
b) Umsatzsteuerliche Besonderheiten	236	
III. Die überörtliche Gemeinschaftspraxis und Filialbildung („Zweigpraxis")	242	

C. Besteuerung neuerer/ sonstiger Kooperationsformen 247
  I. Medizinische Versorgungszentren 247
    1. Einleitung 247
    2. Gründung 252
      a) MVZ-Personengesellschaft (MVZ-GbR) mit angestellten Ärzten ... 256
      b) MVZ-Personengesellschaft (MVZ-GbR) mit Vertragsärzten 273
      c) MVZ-Kapitalgesellschaft (MVZ-GmbH) mit angestellten Ärzten. 274
      d) MVZ-Kapitalgesellschaft (MVZ-GmbH) mit Vertragsärzten ... 285
        aa) „Reine" MVZ-Kapitalgesellschaft (MVZ-GmbH) ... 287
        bb) MVZ-Kapitalgesellschaft (MVZ-GmbH) mit Vertragsärzten als Mitunternehmerschaft 296
        cc) MVZ-Kapitalgesellschaft (MVZ-GmbH) mit Vertragsärzten als „Subunternehmer". 303
      e) Umsatzsteuerliche Fragestellungen bei der Gründung eines MVZ . 309
    3. Laufende Besteuerung ... 314
      a) Laufende Ertragsbesteuerung 315
        aa) Laufende Ertragsbesteuerung eines MVZ-Einzelunternehmen 315
        bb) Laufende Ertragsbesteuerung der MVZ-GbR (Mitunternehmerschaft) 316
        cc) Laufende Ertragsbesteuerung der MVZ-GmbH 323
      b) Laufende Umsatzbesteuerung 331
  II. Integrierte Versorgung 332

D. Besteuerung der Praxis-/Apparate-/ Laborgemeinschaften 336
  I. Grundzüge der Besteuerung .. 339
    1. Grundzüge der Ertragsbesteuerung 339

2.	Grundzüge der Umsatzbesteuerung	344	
II.	Leistungen an Nichtmitglieder .	347	
1.	Ertragsteuerliche Folgen der Leistungen an Nichtmitglieder	347	
2.	Umsatzsteuerliche Folgen der Leistungen an Nichtmitglieder	352	
III.	Beteiligung von nicht freiberuflich ärztlich tätigen Mitgliedern	355	
1.	Ertragsteuerliche Folgen der Beteiligung von nicht freiberuflich ärztlich tätigen Mitgliedern	355	
2.	Umsatzsteuerliche Folgen der Beteiligung von nicht freiberuflich ärztlich tätigen Mitgliedern	357	
IV.	Abgrenzung zur Betreibergesellschaft	360	

E. **Besteuerung wahlärztlicher Leistungen eines Chefarztes und seiner nachgeordneten Mitarbeiter** 366

F. **§ 31 MBO aus steuerlicher Sicht** 381
   I. Steuerliche Vorüberlegungen .. 381
   II. Steuerliche Beurteilung von Entgelten für die Zuweisung von Patienten 385
   III. Steuerliche Beurteilung von verdeckten Entgelten für die Zuweisung von Patienten 391
   IV. Steuerliche Beurteilung von unzutreffend deklarierten Entgelten für die Zuweisung von Patienten 394
   V. Steuerliche Beurteilung kooperativer Zuweisermodelle . 396

Literatur

Bogenschütz/Hierl, Steueroptimierter Unternehmensverkauf, DStR 2003, 1097; **Brandenberg**, Neue Entwicklungen im Sonderbetriebsvermögen, Steuerberater-Jahrbuch 1996/1997, 297; **Crezelius**, Besteuerung aus Drittverhalten? – Überlegungen zu sog. Behaltefristen, FR 2002, 805; **Gragert**, Die ertragsteuerliche Behandlung der Realteilung, NWB Fach 3, 13887; **Gragert**, Ertragsteuerliche Behandlung der intergrierten Versorgung im Gesundheitswesen, NWB Fach 3, 14239; **Hagen/Lucke**, Liquidationseinnahmen der Chefärzte und deren Mitarbeiter, NWB Fach 6, 4693; **Hermann/Heuer/Raupach**, Einkommensteuergesetz, Loseblatt, Stand: 2/2007; **Kirchhof/Söhn**, Einkommensteuergesetz, Loseblatt, Stand: 4/2007; **Michels/Ketteler-Eising**, Ertragsteuerliche Behandlung des Kaufpreises für Kassenarztpraxen – Ist die Abschreibungsfähigkeit des auf den Vertragsarztsitz entfallenden Kaufpreises ernsthaft gefährdet?, DStR 2006, 961; **Michels/Ketteler-Eising**, Leistungen im Gesundheitswesen – Eine umsatzsteuerliche Standortbestimmung, DB 2006, 2597; **Michels/Möller**, Beratung ärztlicher Kooperationsformen, 1. Auflage 2007; **Orlowski/Halbe/Karch**, Vertragsarztänderungsgesetz (VÄndG), 1. Auflage 2007; **Schmidt**, Einkommensteuergesetz Kommentar, 25. Auflage 2006; **Widmann/Mayer**, Umwandlungsrecht Kommentar, Loseblatt, Stand: 2007.

A. Grundsätze der Besteuerung des niedergelassenen Arztes

I. Aufnahme der Tätigkeit

Die Aufnahme einer selbständigen Tätigkeit als niedergelassener Arzt in eigener Praxis kann im Grundsatz vollzogen werden als Gründung einer eigenen Praxis oder als Übernahme einer bereits bestehenden Praxis. In der Beratungspraxis dürfte dabei die Übernahme einer bereits bestehenden Praxis der häufiger anzutreffende Fall sein.

1

1. Neugründung einer Praxis

Bei der Neugründung einer eigenen Praxis erwirbt der Arzt zum einen alle notwendigen medizinischen Geräte, Einrichtungen und sonstige notwendige materielle und immaterielle Wirtschaftsgüter.[1] Diese Wirtschaftsgüter sind steuerlich in einem **Anlageverzeichnis** zu erfassen und über die betriebsgewöhnliche Nutzungsdauer unter Anwendung des § 7 EStG abzuschreiben. Soweit es sich um Mietereinbauten oder Mieterumbauten handelt, sind steuerliche Besonderheiten zu beachten.[2] Die Abschreibungen beginnen im Zeitpunkt der Lieferung bzw. Fertigstellung, d.h. in der Regel, wenn die Wirtschaftsgüter betriebsbereit sind. Die Abschreibungen im Jahr der Anschaffung oder Herstellung sind nur zeitanteilig (pro rata temporis) nach Monaten vorzunehmen. (Zu den Besonderheiten bei Übernahme einer Vertragsarztzulassung siehe Rn 15 ff.).

Vor Aufnahme der Tätigkeit angefallene laufende Kosten, z.B. Beratungsleistungen, Renovierungskosten, Finanzierungskosten etc., können als **vorweggenommene Betriebsausgaben** steuermindernd geltend gemacht werden. Der Abzug erfolgt je nach Gewinnermittlungsart (siehe Rn 31 ff.) im Jahr der wirtschaftlichen Entstehung (Gewinnermittlung nach § 4 Abs. 1 EStG) oder bei Zahlung (Gewinnermittlung nach § 4 Abs. 3 EStG). Die Wahl der Gewinnermittlungsart ist vom Einzelfall abhängig und sollte unter dem Gesichtspunkt der steuerlichen Optimierung gewählt werden (siehe Rn 43).

Die Aufnahme einer selbständigen Tätigkeit ist dem nach § 19 AO zuständigen Finanzamt durch Abgabe des Fragebogens zur steuerlichen Erfassung anzuzeigen. Die mit diesen Fragebögen angeforderten Daten werden aufgrund der §§ 88, 90, 93, 97 und insbesondere § 138 der Abgabenordnung erhoben.

Praxistipp
Der Fragebogen zur steuerlichen Erfassung mit Hinweisen zur Erstellung steht als Service auf der Internetseite des Bundesfinanzministeriums zum Download bereit.

2. Praxisübernahme

Der Erwerb der Praxis eines niedergelassenen Arztes durch einen Nachfolger ist steuerlich nicht als einheitlicher Vorgang „Unternehmenserwerb" zu beurteilen. Vielmehr ist aus ertragsteuerlicher Sicht eine Arztpraxis als **Gesamtheit einer Vielzahl materieller und immaterieller Wirtschaftsgüter** zu sehen. Das steuerliche Betriebsvermögen einer Praxis setzt sich dabei zusammen aus den materiellen und immateriellen (bilanzierten) Wirtschaftsgütern sowie den nicht bilanzierten (selbst geschaffenen) immateriellen Wirtschaftsgütern und dem Praxiswert.

Zahlt der Erwerber an den Praxisinhaber einen Kaufpreis, der über den steuerlichen Buchwerten der erworbenen Wirtschaftsgüter der Praxis liegt, spricht eine tatsächliche Vermutung dafür, dass in den bilanzierten Wirtschaftsgütern des Betriebsvermögens stille Reserven enthalten sind und/oder ein Praxiswert vorhanden ist. Zudem wird unterstellt, dass die Mehrzahlungen über den Buchwert hinaus diese stillen Reserven und/oder immaterielle Einzelwirtschaftsgüter und/oder einen Praxiswert abgelten sollen

---

1 Zum Begriff Wirtschaftsgut H 4.2 Abs. 1 EStR 2005 „Wirtschaftsgüter sind Sachen, Rechte oder tatsächliche Zustände, konkrete Möglichkeiten oder Vorteile für den Betrieb, deren Erlangung der Kaufmann sich etwas kosten lässt, die einer besonderen Bewertung zugänglich sind, in der Regel eine Nutzung für mehrere Wirtschaftsjahre erbringen und zumindest mit dem Betrieb übertragen werden können."
2 BMF – IV B 2–S 2133–1/76, BStBl I 1976, 66.

und demgemäß anteilig Anschaffungskosten vorliegen.³ Der **Kaufpreis** in dem einheitlichen Vertrag zum Erwerb der Praxis ist daher anhand objektiver Maßstäbe **auf die einzelnen** zum Betriebsvermögen gehörenden **Wirtschaftsgüter** nach den Teilwerten aufzuteilen; ein verbleibender Betrag ist als Praxiswert anzusetzen. Nach § 6 Abs. 1 Nr. 1 S. 3 EStG ist der **Teilwert** definiert als der Betrag, den ein Erwerber des ganzen Betriebes im Rahmen des Gesamtkaufpreises für das einzelne Wirtschaftsgut ansetzen würde; dabei ist davon auszugehen, dass der Erwerber den Betrieb fortführt. Die einzelnen Wirtschaftsgüter sind dann nach der noch zu erwartenden betriebsgewöhnlichen (Rest-)Nutzungsdauer abzuschreiben. Wird anlässlich der Übernahme einer Einzelpraxis ein **Praxiswert** aufgedeckt, ist von einer betriebsgewöhnlichen **Nutzungsdauer von drei bis fünf Jahren** auszugehen und der Praxiswert ist entsprechend abzuschreiben.⁴ (Zu den Besonderheiten bei der Übernahme einer Vertragsarztzulassung siehe Rn 15 ff.).

In der Beratungspraxis ergibt sich häufig das Problem, dass der vereinbarte Kaufpreis nicht der Summe der steuerlichen Teilwerte der einzelnen Wirtschaftsgüter einschließlich des Praxiswerts entspricht. Eine gesetzliche Vorgabe, wie die Aufteilung der stillen Reserven zu erfolgen hat, besteht hier nicht. Durchzusetzen scheint sich die „modifizierte Stufentheorie".⁵ Die Aufteilung des Mehrbetrages zur Abgeltung der stillen Reserven hat insoweit im Zweifel nach dem Verhältnis der Teilwerte aller zu aktivierenden Wirtschaftsgüter zu erfolgen.⁶

> *Hinweis*
> In der Beratungspraxis wird es von Finanzämtern oft auch zugelassen, aus **Vereinfachungsgründen** nicht sämtliche Wirtschaftsgüter einer Einzelbewertung mit dem Teilwert zu unterziehen. Es wird vielmehr auch akzeptiert, die Einzelbewertung auf die wesentlichen Wirtschaftsgüter zu beschränken und die restlichen Wirtschaftsgüter pauschal zu behandeln, wenn hierdurch keine erheblichen Abweichungen in den Abschreibungen im Vergleich zu einer Einzelbewertung zu erwarten sind.

Umsatzsteuerlich handelt es sich bei dem Erwerb der Praxis eines niedergelassenen Arztes regelmäßig um eine **nicht umsatzsteuerbare Geschäftsveräußerung im Ganzen** i.S.d. § 1 Abs. 1a UStG; diese unterliegt damit nicht der Umsatzsteuer. Der Erwerber tritt vielmehr in die umsatzsteuerliche Rechtsstellung des bisherigen Unternehmers. Auf die **Risiken**, insbesondere die **Haftung** nach § 75 AO⁷ für Betriebssteuern (z.B. Umsatzsteuer) sowie Steuerabzugsbeträge (z.B. Lohnsteuer) und die Fortsetzung von **Vorsteuerberichtigungen** nach § 15a UStG, sollte der Erwerber daher hingewiesen werden.

> *Beispiel*
> Ein Zahnarzt erwirbt eine zahnärztliche Einzelpraxis mit angeschlossenem Eigenlabor (außerhalb einer Insolvenzmasse). Der Praxisinhaber ist mit seinen festgesetzten und fälligen Umsatzsteuerzahlungen und Lohnsteuerzahlungen der letzten Monate im Rückstand in einer Gesamthöhe von 5.000 EUR. Diese Steuerzahlungen bleibt der Praxisübergeber dem Finanzamt schuldig, z.B. wegen Insolvenz. Zudem hat er zu Beginn des Jahres vor dem Jahr der Praxisübergabe Geräte und Einrichtun-

---

3 BFH – IV R 56/75, BStBl II 1979, 302.
4 BMF – IV B 2 – S 2172 – 15/95, BStBl I 1995, 14.
5 *Schmidt/Wacker*, § 16 Rn 487 ff. m.w.N.
6 BFH - GrS 1/77, BStBl II 1978, 620.
7 Im Einzelnen AEAO zu § 75.

gen zur jeweils hälftigen Nutzung für die zahnärztlichen Leistungen und die umsatzsteuerpflichtigen Eigenlaborleistungen erworben und in dem Jahr zuvor zutreffend 50 % der Vorsteuer in Höhe von 10.000 EUR in Abzug gebracht. In dem Jahr nach dem Jahr der Praxisübernahme reduziert der übernehmende Zahnarzt die Eigenlaborleistungen soweit, dass die angeschafften Geräte und Einrichtungen nur noch zu 10 % für Laborleistungen genutzt werden.

Der Praxisübernehmer kann zur Haftung nach § 75 AO für die rückständigen Steuern in Höhe von 5.000 EUR herangezogen werden.

Da sich durch die Reduzierung der umsatzsteuerpflichtigen Laborleistungen die Verhältnisse für den Vorsteuerabzug geändert haben, sind zudem die vom Veräußerer geltend gemachten Vorsteuern im Jahr der Änderung um einen Betrag von 1.600 EUR zu berichtigen und von dem Praxisübernehmer an das Finanzamt zurückzuzahlen. Der Vorsteuerberichtigungszeitraum reicht bis zum Ablauf von fünf Jahren seit dem Zeitpunkt der erstmaligen Verwendung, d.h. in diesem Beispiel insgesamt drei Jahre.

(Zur Berechnung der Vorsteuerberichtigung: Vorsteuerabzug bei 50-prozentiger umsatzsteuerpflichtiger Nutzung 10.000 EUR, d.h. bei 10-prozentiger Nutzung 2.000 EUR = Differenz 8.000 EUR; fünfjähriger Berichtigungszeitraum seit Anschaffung, d.h. $1/5$ von 8.000 EUR für ein Jahr = 1.600 EUR).

12 Im Einzelfall wäre das bestehende Haftungsrisiko durch eine Anfrage beim Finanzamt der Praxis abzuklären. Insoweit ist mit Zustimmung des Praxisinhabers[8] eine **Auskunft** über die für eine Haftung in Frage kommenden Betriebssteuern und Steuerabzugsbeträge **beim zuständigen Finanzamt** einzuholen. Zudem wäre zu klären, in welchem Umfang **Vorsteuern für Anschaffungen** geltend gemacht wurden, für die der fünfjährige, bei Grundstücken einschließlich ihren wesentlichen Bestandteilen zehnjährige Berichtigungszeitraum des § 15a UStG noch nicht abgelaufen ist.

13 Eine Geschäftsveräußerung im Ganzen liegt vor, wenn die **wesentlichen Grundlagen** eines Unternehmens an einen Unternehmer für dessen Unternehmen übertragen werden. Dass der erwerbende Arzt seine unternehmerische Tätigkeit erst mit Übernahme der Praxis aufnimmt, ist unbeachtlich. Voraussetzung ist allerdings, dass der erwerbende Arzt beabsichtigt, das **umsatzsteuerliche Unternehmen Arztpraxis tatsächlich fortzuführen**. Insbesondere wenn die Praxis zeitnah abgewickelt wird, liegt daher keine Geschäftsveräußerung im Ganzen vor.[9]

14 *Wichtig*

Liegt umsatzsteuerlich **keine Geschäftsveräußerung im Ganzen** vor, ist steuerlich besondere **Vorsicht** geboten. In diesem Fall ist der Vorgang in eine **Vielzahl von Lieferungen und ggf. sonstige Leistungen** aufzuteilen, die im Einzelnen auf die Umsatzsteuerpflicht zu prüfen sind. Diese können im Einzelfall für den abgebenden Arzt **durchaus umsatzsteuerpflichtig** sein (siehe Rn 55 ff.), ohne dass sich der erwerbende Arzt die Umsatzsteuer als Vorsteuer vom Finanzamt erstatten lassen kann, und damit zu einer zusätzlichen **Steuerbelastung** führen.

---

8 AEAO zu § 75 Abs. 6.
9 EuGH – C 497/01, HFR 2004, 402.

3. Exkurs: Abschreibung einer Vertragsarztzulassung

Mit Urteil vom 28.9.2004 hatte das niedersächsische Finanzgericht über einen Fall zu entscheiden, bei dem es sich nach Auffassung des Finanzgerichts wirtschaftlich betrachtet rein um die Veräußerung einer Vertragsarztzulassung handelte.[10] Mit ausführlicher Begründung ist das Finanzgericht in dem Urteil zu dem Ergebnis gelangt, dass der mit der Vertragsarztzulassung verbundene wirtschaftliche Vorteil ein **nicht abnutzbares immaterielles Wirtschaftsgut des Anlagevermögens** darstellt. Zudem hat das Finanzgericht ausgeführt, dass die Einzelveräußerbarkeit keine Voraussetzung für ein Wirtschaftsgut ist und dass das Wirtschaftsgut nicht in der öffentlich-rechtlichen Zulassung als solcher besteht, sondern in der damit verbundenen wirtschaftlichen Chance. Der Tatsache, dass es sich bei der Zulassung zur vertragsärztlichen Versorgung um ein nicht veräußerbares Recht handelt, hat das Finanzgericht somit keine Bedeutung zugemessen, weil es die wirtschaftliche Verwertung der Zulassung in dem Fall bejaht hat. Das Finanzgerichtsurteil ist rechtskräftig, es wurde zwar Revision eingelegt, diese aber später zurückgenommen. Eine höchstrichterliche Entscheidung durch den Bundesfinanzhof zu dem Thema steht insoweit noch aus.

15

Dieses Urteil hat die Finanzverwaltung aufgegriffen und vertritt seither die Auffassung, dass die Vertragsarztzulassung stets ein nicht abnutzbares immaterielles Wirtschaftsgut darstellt.[11] Dies gilt nach Auffassung der Finanzverwaltung auch, soweit der Erwerber die vertragsärztliche Zulassung mit einer Praxis erwirbt und für den Erwerb ein Gesamtkaufpreis ausgewiesen und gezahlt wird. In diesem Fall sei der Gesamtkaufpreis im Verhältnis der Teilwerte der einzelnen Wirtschaftsgüter auf diese aufzuteilen. Dies gelte unabhängig davon, ob der Gesamtkaufpreis den Teilwert aller – materiellen und immateriellen – Wirtschaftsgüter unter- oder überschreitet (hierzu siehe Rn 7). Da die Vertragsarztzulassung generell zeitlich unbegrenzt erteilt wird, kommen nach Auffassung der Finanzverwaltung Abschreibungen (Absetzungen für Abnutzungen) nicht in Betracht. Auch das Einführen einer Altersgrenze führe nicht dazu, dass sich das Wirtschaftsgut innerhalb eines bestimmten Zeitraums verbraucht, da grundsätzlich eine Verwertungsmöglichkeit bestehe.

16

Das Urteil des Finanzgerichts ist nicht unkritisch zu sehen, aber insbesondere die undifferenzierte Auseinandersetzung der Finanzverwaltung mit dem Urteil ist abzulehnen, wenn unterstellt wird, Vertragsarztzulassungen wären generell selbständige, immaterielle Wirtschaftsgüter des Anlagevermögens.

17

Zunächst ist deutlich zu unterscheiden zwischen Zulassungen zur vertragsärztlichen Versorgung in gesperrten Gebieten und Zulassungen in nicht gesperrten Gebieten und Fachrichtungen. Sozusagen frei verfügbare Zulassungen in nicht gesperrten Gebieten und Fachrichtungen kann im Rahmen der Übernahme einer Praxis kein eigenständiger Wert zukommen, weil es hier an einer wirtschaftlichen Chance, die sich ein Erwerber etwas kosten lassen würde, mangelt. Dies gilt nach der hier vertretenen Auffassung ebenfalls für Zulassungen in gesperrten Gebieten, wenn der Zulassung kein eigenständiger Wert zukommt, insbesondere wenn z.T. Zulassungen nicht besetzt sind und damit auch in gesperrten Gebieten sozusagen eine freie Verfügbarkeit besteht oder keinerlei Interesse allein an der Zulassung, sondern nur an der Praxis insgesamt gegeben ist. Solange die Vertragsarztzulassung für die Fortführung der Praxis zwar notwendig ist, im Rahmen der Praxisbewertung aber nur die Rolle eines unselbständigen wertbildenden

18

---

10 Niedersächsisches Finanzgericht – 13 K 412/01, EFG 2005, 420.
11 OFD Koblenz – S 2134a, DStR 2006, 610.

Faktors einnimmt, kann die Vertragsarztzulassung nach der hier vertretenen Auffassung kein selbständiges, immaterielles Wirtschaftsgut darstellen.

19 Zudem bleibt die Finanzverwaltung die Antwort auf die Frage schuldig, wie der Teilwert einer Vertragsarztzulassung im Rahmen einer Praxisübernahme ermittelt werden soll. Soweit die steuerrechtliche Auffassung der Finanzverwaltung zutreffen sollte, würde sich hier als Lösungsansatz die Methode der Patienten-Leistungsquote anbieten.[12]

20 *Hinweis*
Steuerlich nicht zu empfehlen ist, im Vertrag über den Erwerb der Praxis nunmehr einen geringen Teil des Kaufpreises als Kaufpreis für die Vertragsarztzulassung auszuweisen.[13] Zum einen wird damit der veranlagende Finanzbeamte auf das Problem aufmerksam gemacht, zum anderen lässt sich dadurch eine Diskussion über die Höhe des Teilwertes der Vertragsarztzulassung sicherlich nicht vermeiden, wenn der ausgewiesene Wert erheblich von den Vorstellungen der Finanzverwaltung abweicht. Zudem begibt man sich durch den Ausweis eines Wertes dann der Möglichkeit, die Auffassung zu vertreten, eine Vertragsarztzulassung sei kein selbständiges, immaterielles Wirtschaftsgut des Anlagevermögens, weil ihr kein eigener Wert zukomme. Sinnvoll ist vielmehr im Rahmen der Vertragsverhandlungen Unterlagen zu sammeln und Argumente zu dokumentieren, um für eine Auseinandersetzung mit der Finanzverwaltung vorbereitet zu sein und um darlegen zu können, dass der Zulassung zur vertragsärztlichen Versorgung kein oder nur ein geringer Wert zukommt.

21 Handelt es sich bei der Zulassung zur vertragsärztlichen Versorgung um ein selbständiges, immaterielles Wirtschaftsgut des Anlagevermögens und ist dieses nicht abnutzbar, können keine Abschreibungen zur Reduzierung der Einkommensteuerbelastung bei der Ermittlung der laufenden Einkünfte in Abzug gebracht werden. Durch die erhöhte Steuerbelastung fehlt dann gerade in der Anfangsphase die notwendige Liquidität zur Tilgung der Finanzierungsdarlehen. Steuerlich wirken sich die Anschaffungskosten dann erst im Zeitpunkt der Praxisveräußerung aus und mindern den häufig ansonsten steuerbegünstigten Veräußerungsgewinn und nicht den laufenden voll steuerpflichtigen Gewinn.

22 Aus der Bewertung der Zulassung zur vertragsärztlichen Versorgung als selbständiges, immaterielles Wirtschaftsgut des Anlagevermögens ergeben sich zudem Probleme im Hinblick auf andere steuerliche Vorschriften, z.B. im Rahmen des Umwandlungssteuergesetzes, da die Zulassung dann eine wesentliche Betriebsgrundlage darstellen dürfte (siehe Rn 289 ff.).

---

[12] *Michels/Ketteler-Eising,* DStR 2006, 961 mit kritischen Anmerkungen zum Urteil und der OFD-Verfügung.
[13] So auch Orlowski u.a./*Karch,* S. 81; a.A. *Welper,* NWB Fach 2, 9041.

II. Laufende Besteuerung

1. Ertragsteuern

a) Einkunftsart

aa) Freiberufliche Tätigkeit des Arztes

Einkünfte aus freiberuflicher Tätigkeit sind **Einkünfte aus selbständiger Arbeit** i.S.d. § 18 EStG, die nicht der Gewerbesteuer unterliegen. Zu der freiberuflichen Tätigkeit gehört auch die selbständige Berufstätigkeit der Ärzte, Zahnärzte und ähnlicher Berufe, so dass aus einer ärztlichen Tätigkeit in der Regel keine gewerblichen Einkünfte erzielt werden. Ein Beruf ist einem Arzt/Zahnarzt ähnlich, wenn er in wesentlichen Punkten mit ihm verglichen werden kann. Dazu gehört die Vergleichbarkeit der Ausbildung und der beruflichen Tätigkeit.[14]

23

bb) Mithilfe fachlich vorgebildeter Arbeitskräfte und Gewerblichkeit

Ein Angehöriger eines freien Berufs ist nach § 18 Abs. 1 Nr. 1 S. 3 EStG auch dann freiberuflich tätig, wenn er sich der **Mithilfe fachlich vorgebildeter Arbeitskräfte** bedient; Voraussetzung ist, dass er aufgrund eigener Fachkenntnisse leitend und eigenverantwortlich tätig wird. Eine Vertretung im Fall vorübergehender Verhinderung steht der Annahme einer leitenden und eigenverantwortlichen Tätigkeit nicht entgegen.

24

Kriterien für die Beurteilung sind insbesondere die Praxisstruktur, die individuellen Leistungskapazitäten des Arztes, das in der Praxis anfallende Leistungsspektrum und die Qualifikation der Mitarbeiter.[15] Eine leitende und eigenverantwortliche Tätigkeit liegt im Einzelfall z.B. dann nicht vor, wenn die Zahl der vorgebildeten Arbeitskräfte und die Zahl der täglich anfallenden Untersuchungen eine Eigenverantwortlichkeit ausschließen, z.B. in den Bereichen ärztlicher „Massenarbeit" wie der Labormedizin.[16] Auch die dauerhafte Anstellung anderer Ärzte führt zur Gewerblichkeit der Tätigkeit, wenn der Angehörige des freien Berufs nicht im Rahmen der Praxisorganisation sicherstellt, dass er selbst aufgrund seiner Fachkenntnisse durch regelmäßige und eingehende Kontrolle maßgeblich auf die Tätigkeit der Mitarbeiter bei den Patienten Einfluss nimmt, so dass die Leistung den **„Stempel der eigenen Persönlichkeit" des Praxisinhabers** trägt.[17] Überlässt der Praxisinhaber die Behandlung der Patienten umfänglich einem angestellten Arzt, so wird er nicht eigenverantwortlich tätig, denn die persönliche Teilnahme an der praktischen Arbeit ist nicht in ausreichendem Umfang gewährleistet.

25

Dies bedeutet allerdings auch nicht, dass schon die Anstellung eines Arztes durch einen Praxisinhaber zwangsläufig zu gewerblichen Einkünften führt. So kann z.B. ein niedergelassener Zahnarzt, der einen einzigen weiteren approbierten Zahnarzt beschäftigt, noch eigenverantwortlich i.S.d. § 18 Abs. 1 Nr. 1 S. 3 EStG tätig sein.[18] Die Entscheidung bleibt aber den Umständen des Einzelfalls überlassen, so dass die Anstellung eines Arztes auch zur Gewerblichkeit der Einkünfte führen kann.[19]

26

---

14 H 15.6 EStR 2005 „ähnliche Berufe".
15 BMF – IV A 6 – S 2246 – 5/03, BStBl I 2003, 170.
16 Ausführlich BFH – IV R 140/88, BStBl II 1990, 507.
17 BFH – IV R 21/01, BStBl II 2004, 509.
18 Finanzgericht des Landes Sachsen-Anhalt, Urt. v. 24.8.2006 – 1 K 30035/02, n.v.
19 Finanzgericht des Landes Sachsen-Anhalt – 1 K 982/03, EFG 2006, 1916.

cc) Gewerbliche Tätigkeit des Arztes

27 Neben der freiberuflichen Tätigkeit kann der Arzt im Einzelfall auch ansonsten **gewerbliche Einkünfte** erzielen. Hierzu gehören als **Beispiele aus der Beratungspraxis** u.a. der Verkauf von Kontaktlinsen nebst Pflegemittel durch Augenärzte, der Verkauf von Nahrungsergänzungsmitteln oder Zahnpflegeprodukten, Leistungen der häuslichen Pflegehilfe durch Krankenschwestern/Krankenpfleger, Massagen und Pediküren bei Fußpflegern oder das medizinische Gerätetraining durch Krankengymnasten (zu unterscheiden von der ärztlich verordneten gerätegestützten Krankengymnastik[20]).

28 Übt der Arzt neben einer freiberuflichen ärztlichen Tätigkeit eine gewerbliche Tätigkeit aus, sind die beiden Tätigkeiten steuerlich entweder getrennt oder einheitlich zu behandeln. Betätigt sich eine natürliche Person, d.h. der niedergelasse Arzt in einer Einzelpraxis, sowohl gewerblich als auch freiberuflich und besteht zwischen den Tätigkeiten kein sachlicher und wirtschaftlicher Zusammenhang, werden nebeneinander Einkünfte aus Gewerbebetrieb und aus selbständiger Arbeit erzielt (**Trennungstheorie**). Aber auch wenn zwischen den Betätigungen gewisse sachliche und wirtschaftliche Berührungspunkte bestehen – also eine gemischte Tätigkeit vorliegt –, sind die Betätigungen regelmäßig getrennt zu erfassen. Eine einheitliche Tätigkeit liegt nur vor, wenn die verschiedenen Tätigkeiten derart miteinander verflochten sind, dass sie sich gegenseitig unlösbar bedingen.[21]

29 *Hinweis*
Sind die Einkünfte nicht bereits vom Arzt getrennt ermittelt worden, muss eine Trennung ggf. im Wege der Schätzung erfolgen.

30 Der Gewinn aus der gewerblichen Tätigkeit führt dann effektiv erst zu einer Gewerbesteuerbelastung, wenn er den **gewerbesteuerlichen Freibetrag** für natürliche Personen und Personengesellschaften in Höhe von 24.500 EUR überschreitet.

b) Gewinnermittlung

aa) Wahlrecht zur Art der Gewinnermittlung

31 Der freiberuflich tätige Arzt hat hinsichtlich der Art seiner steuerlichen Gewinnermittlung ein Wahlrecht. Er kann den Gewinn entweder als Überschuss der Betriebseinnahmen über die Betriebsausgaben (§ 4 Abs. 3 EStG) oder im Rahmen einer Bilanzierung durch die Erstellung von Vermögensübersichten (§ 4 Abs. 1 EStG) ermitteln.

32 Ein Wechsel zwischen den Gewinnermittlungsarten ist grundsätzlich möglich, allerdings sind aufgrund der unterschiedlichen Erfassung steuerlicher Vorgänge Gewinnberichtigungen im Rahmen einer Übergangsgewinnermittlung durch Zu- und Abrechnungen vorzunehmen.[22] Bei dem Übergang zur Gewinnermittlung durch Betriebsvermögensvergleich nach § 4 Abs. 1 EStG kann zur Vermeidung von Härten auf Antrag der Übergangsgewinn gleichmäßig auf das Jahr des Übergangs und bis zu zwei nachfolgenden Jahre verteilt werden. Nach einem Wechsel der Gewinnermittlungsart ist der Arzt grundsätzlich für mindestens drei Wirtschaftsjahre an diese Wahl gebunden. Nur

---
20 OFD München – S 2246-37 St 41/42, DStR 2004, 1963.
21 H 15.6 EStR 2005 „Gemischte Tätigkeit".
22 R 4.6 EStR 2005.

bei Vorliegen eines besonderen wirtschaftlichen Grundes (z.B. Einbringung nach § 24 UmwStG) kann er vor Ablauf dieser Frist zurück wechseln.[23]

Erzielt ein Arzt Einkünfte aus Gewerbebetrieb, kann er bei Überschreiten der Grenzen des § 141 AO, insbesondere bei einem Gewinn aus Gewerbebetrieb von mehr als 30.000 EUR im Wirtschaftsjahr, dazu verpflichtet werden, Bücher zu führen und aufgrund jährlicher Bestandsaufnahmen Abschlüsse zu machen (Gewinnermittlung nach § 4 Abs. 1 EStG). Es bedarf insoweit aber einer ausdrücklichen Aufforderung des Finanzamtes, die dann in der Regel erst ab dem folgenden Wirtschaftsjahr gilt.

bb) Gewinnermittlung nach § 4 Abs. 3 EStG

Ermittelt der Arzt seinen Gewinn als Überschuss der Betriebseinnahmen über die Betriebsausgaben nach § 4 Abs. 3 EStG, erfolgt die Besteuerung nach dem Zufluss bzw. Abfluss der Einnahmen und Ausgaben unter Beachtung von § 11 EStG (Vereinnahmung und Verausgabung). Regelmäßig wiederkehrende Einnahmen bzw. Ausgaben, die kurze Zeit (bis zu zehn Tagen) vor Beginn oder nach Beendigung des Kalenderjahres, zu dem sie wirtschaftlich gehören, zugeflossen oder abgeflossen sind, gelten nach § 11 Abs. 1 S. 2 bzw. Abs. 2 S. 2 EStG als in dem Kalenderjahr bezogen oder anzusetzen, zu dem sie wirtschaftlich gehören.

> *Beispiele*
>
> Ein Arzt zahlt seine Miete für den Monat Januar 2007 am 18.12.2006 an den Vermieter.
>
> Die Mietzahlung für den Januar 2007 ist infolge des Abflusses in 2006 als Betriebsausgabe des Jahres 2006 zu erfassen, obwohl sie wirtschaftlich betrachtet zum Jahr 2007 gehört, weil der Abfluss mehr als zehn Tage vor Beginn des Jahres 2007 liegt.
>
> Ein Arzt zahlt seine Berufshaftpflicht für das Jahr 2007 am 22.12.2006 an die Versicherungsgesellschaft.
>
> Die Versicherung ist eine regelmäßig wiederkehrende (jährliche) Ausgabe. Der Beitrag für das Jahr 2007 gehört wirtschaftlich in das Jahr 2007. Da die Zahlung innerhalb von zehn Tagen vor Beginn des Jahres 2007 geleistet wurde, ist der Versicherungsbeitrag trotz Abfluss in 2006 erst im Jahr 2007 als Betriebsausgabe zu erfassen.

Werden Ausgaben für eine Nutzungsüberlassung von mehr als fünf Jahren im Voraus geleistet, sind sie nach § 11 Abs. 2 S. 3 EStG insgesamt auf den Zeitraum gleichmäßig zu verteilen, für die die Vorauszahlung geleistet wird. Dies gilt nicht für ein Damnum oder Disagio, soweit dieses marktüblich ist. Umgekehrt können entsprechend nach § 11 Abs. 1 S. 3 EStG gleich gelagerte Einnahmen auch insgesamt auf den Zeitraum gleichmäßig verteilt werden, für den die Vorauszahlung geleistet wird.

> *Beispiel*
>
> Ein Arzt finanziert zum 1.1.2007 die Anschaffung eines medizinischen Gerätes mit einem Darlehen in Höhe von 100.000 EUR, Zinsfestschreibungszeitraum zehn Jahre, und vereinbart mit dem Kreditinstitut ein Disagio in Höhe von 10 % der Darlehenssumme, mithin 10.000 EUR.

---

23 BFH – IV R 18/00, BStBl II 2001, 102.

Die Finanzverwaltung geht von der Marktüblichkeit aus, wenn für ein Darlehen mit einem Zinsfestschreibungszeitraum von mindestens fünf Jahren ein Disagio/Damnum in Höhe von bis zu 5 % vereinbart worden ist. Diese Aufwendungen sind in Höhe des vom Darlehensnehmer an das Kreditinstitut gezahlten Betrags bei Abfluss als Betriebsausgabe abziehbar. Der über die marktüblichen Beträge hinausgehende Teil ist auf den Zinsfestschreibungszeitraum oder bei dessen Fehlen auf die Laufzeit des Darlehens zu verteilen.[24] Der Arzt kann mithin 5 %, d.h. 5.000 EUR des Disagios sofort als Betriebsausgabe im Jahr der Zahlung abziehen. Die übersteigende andere Hälfte des Disagios ist in den folgenden zehn Jahren zu je $^{1}/_{10}$, mithin 500 EUR jährlich als Betriebsausgabe anzusetzen.

38 Zugeflossen ist eine Einnahme dann, wenn der Empfänger die wirtschaftliche Verfügungsmacht über die in Geld oder Geldeswert bestehenden Güter erlangt hat.[25] Entsprechendes gilt grundsätzlich auch analog für Ausgaben.

39 Die Honorare aus der Versorgung der GKV-Patienten fließen dem Arzt grundsätzlich erst mit Überweisung seines Anteils durch die **Kassenärztliche Vereinigung** zu,[26] sie stellen aber regelmäßig wiederkehrende Einnahmen in der Beurteilung der oben erwähnten Zehntagefrist dar.[27]

40 Honorare von Privatpatienten, die ein Arzt durch eine **Privatärztliche Verrechnungsstelle** einziehen lässt, sind dem Arzt dagegen bereits mit dem Eingang bei der Privatärztlichen Verrechnungsstelle zugeflossen. Das gilt auch dann, wenn der Arzt mit der Privatärztlichen Verrechnungsstelle die Abrechnung und Zuleitung der für ihn eingegangenen Honorare zu bestimmten Terminen vereinbart. Die Privatärztliche Verrechnungsstelle vereinnahmt die Beträge nur als Bevollmächtigte des Arztes.[28] Das Konto des Arztes bei der Privatärztlichen Verrechnungsstelle ist insoweit wie ein Kontokorrentkonto zu erfassen.

cc) Gewinnermittlung nach § 4 Abs. 1 EStG

41 Bei der Gewinnermittlung durch Betriebsvermögensvergleich nach § 4 Abs. 1 EStG folgt die Gewinnermittlung dem Grundsatz der wirtschaftlichen Entstehung; auf den Zahlungszeitpunkt kommt es nicht an. Entsprechend sind sämtliche betrieblichen Forderungen, Verbindlichkeiten sowie Rückstellungen und Rechnungsabgrenzungsposten zu erfassen. Insoweit kommt es in der Regel gegenüber der Gewinnermittlung nach § 4 Abs. 3 EStG zu einem Vorziehen der Gewinnbesteuerung.

42 *Beispiele*

Zum 31.12.2006 steht noch die Restzahlungen der KV für das III. und IV. Quartal 2006 sowie zwei Abschlagszahlungen für das IV. Quartal 2006 aus. Sämtliche offenen Forderungen sind als solche in der Bilanz (Vermögensübersicht) auf den 31.12.2006 zu erfassen und als Betriebseinnahmen 2006 im Jahr der wirtschaftlichen Zugehörigkeit zu versteuern.

Ein Arzt zahlt seine Miete für den Monat Januar 2007 am 18.12.2006 an den Vermieter.

---

24 BMF – IV C 3 – S 2253a – 48/03, BStBl I 2003, 546 Rn 15.
25 BFH – IV R 190/71, BStBl II 1975, 776.
26 BFH – IV 4/61 U, BStBl III 1964, 329.
27 BFH – IV R 63/94, BStBl II 1996, 266.
28 H 11 EStR 2005 „Arzthonorar".

Die Mietzahlung für den Januar 2007 ist wirtschaftlich betrachtet dem Jahr 2007 zuzurechnen und daher erst Betriebsausgabe für das Jahr 2007. Auf den Zahlungszeitpunkt komme es nicht an. In der Bilanz (Vermögensübersicht) auf den 31.12.2006 ist daher ein aktiver Rechnungsabgrenzungsposten hierfür zu bilden und damit die im Voraus gezahlte Miete als aktive Vermögensposition zu erfassen.

Praxistipp 43

Gerade in der **Gründungsphase** einer Praxis kann sich die Gewinnermittlung nach § 4 Abs. 1 EStG (**Bilanzierung**) empfehlen. In der Anfangsphase sind bereits Betriebsausgaben zu zahlen, während die Einnahmen aus der ärztlichen Tätigkeit aber durch das Zahlungsverhalten der Patienten bzw. der Kassen(zahn)ärztlichen Vereinigung erst verspätet zufließen. Würde bei der Gewinnermittlung nach § 4 Abs. 3 EStG nach Zahlungszufluss und Zahlungsabfluss besteuert, wäre in der Anfangsphase kein oder nur ein geringer Gewinn zu versteuern, während später bei Zufluss der Einnahmen diese zu einem hohen Steuersatz zu versteuern sein könnten, wenn dann höhere Gewinne bei einer höheren Progression erzielt werden. Die Gewinnermittlung nach § 4 Abs. 1 EStG (Bilanzierung) ermöglicht es, die Besteuerung der Einnahmen vor Zufluss in ein früheres Veranlagungsjahr vorzuziehen. Dies ist im Einzelfall sinnvoll, wenn die Einnahmen dann nur einem geringeren Steuersatz unterliegen als bei einer Besteuerung im Jahr des Zuflusses. Später kann dann zur Gewinnermittlung nach § 4 Abs. 3 EStG übergegangen werden.

2. Umsatzsteuer

a) Leistungen durch Ärzte[29]

aa) Umsatzsteuerliche Grundsätze

Von der Umsatzsteuer sind nach § 4 Nr. 14 UStG die Umsätze aus der Tätigkeit als Arzt, Zahnarzt, Heilpraktiker, Physiotherapeut (Krankengymnast), Hebamme oder aus einer ähnlichen heilberuflichen Tätigkeit[30] und aus der Tätigkeit als klinischer Chemiker befreit. 44

Diese Vorschrift ist dahingehend auszulegen, dass sie nur ärztliche Leistungen im Bereich der Humanmedizin von der Umsatzsteuer befreit, wenn die Leistungen der medizinischen Betreuung von Personen durch das Diagnostizieren und Behandeln von Krankheiten oder anderen Gesundheitsstörungen dienen.[31] Heilberufliche Leistungen sind daher nur steuerfrei, wenn bei der Tätigkeit ein therapeutisches Ziel im Vordergrund steht, d.h. eine medizinische Indikation gegeben ist. Dies gilt unabhängig davon, um welche konkrete heilberufliche Leistung es sich handelt (Untersuchung, Attest, Gutachten usw.), für wen sie erbracht wird (Patient, Gericht, Sozialversicherung o.a.) und wer sie erbringt (freiberuflicher oder angestellter Arzt, Heilpraktiker, Physiotherapeut, Unternehmer, der ähnliche heilberufliche Tätigkeiten nach § 4 Nr. 14 UStG ausübt, sowie Krankenhäuser, Kliniken usw.).[32] Dies gilt auch für heilberufliche Leistungen, wenn diese in erster Linie dem Schutz der Gesundheit des Betroffenen dienen sol- 45

---

29 Ausführlich mit kritischen Anmerkungen zur Auffassung der Finanzverwaltung und zur Rechtsprechung *Michels/Ketteler-Eising*, DB 2006, 2597.
30 Zur Frage der Ähnlichkeit der Tätigkeit als Angehöriger anderer Heilberufe vgl. A 90 UStR.
31 EuGH – C 384/98 – UR 2000, 342.
32 A 91a Abs. 2 UStR 2005.

len.³³ Damit sind auch vorbeugende Untersuchungen, die zum Schutz einschließlich der Aufrechterhaltung oder Wiederherstellung der menschlichen Gesundheit erbracht werden, von der Steuerbefreiung erfasst.³⁴

46 *Beispiel*
Ein Betriebsarzt erbringt Leistungen nach § 3 Abs. 1 Nr. ASiG.

Betriebsärztliche Leistungen, die ein Arzt gegenüber einem Arbeitgeber erbringt und die darin bestehen, die Arbeitnehmer zu untersuchen, arbeitsmedizinisch zu beurteilen und zu beraten sowie die Untersuchungsergebnisse zu erfassen und auszuwerten (§ 3 Abs. 1 Nr. ASiG), sind – soweit die Leistungen nicht auf Einstellungsuntersuchungen entfallen – gemäß § 4 Nr. 14 UStG steuerfrei.³⁵

47 **Ärztliche Leistungen ohne therapeutisches Ziel**, z.B. Schönheitsoperationen oder eine Vielzahl von Gutachten,³⁶ sind dagegen nicht nach § 4 Nr. 14 UStG von der Umsatzsteuer befreit. Gleiches gilt erst Recht für die Erbringung **nichtärztlicher Leistungen durch Ärzte**. Hierzu gehören als **Beispiele aus der Beratungspraxis** u.a. der Verkauf von Kontaktlinsen, Nahrungsergänzungsmitteln oder Zahnpflegeprodukten, eine Vortrags-/Lehrtätigkeit, die Geräte- und Personalgestellung an andere Ärzte und Einrichtungen oder die Kfz-Gestellung an Arbeitnehmer. Soweit umsatzsteuerpflichtige Leistungen des Arztes vorliegen, steht dem Arzt ein Vorsteuerabzug aus den Eingangsleistungen nach den Voraussetzungen und Grundsätzen des § 15 UStG zu.

48 Systematisch lässt sich die Prüfung der Umsatzsteuerbefreiung wie folgt darstellen³⁷:

Prüfschema zur Umsatzsteuer

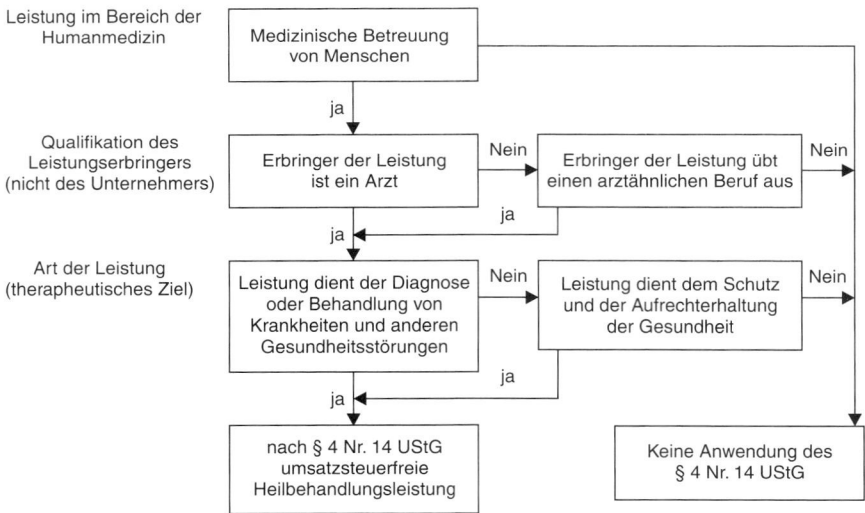

---

33 EuGH – C 307/01, d'Ambrumenil – HFR 2004, 280.
34 EuGH – C 106/05, L. u. P. GmbH – UR 2006, 464.
35 BFH – V R 7/05 – BFH/NV 2006, 2387.
36 BFH – V R 27/03, BStBl II 2004, 862; einen Leistungskatalog aus Sicht der Finanzverwaltung enthält die Verfügung der OFD Karlsruhe vom 11.4.2006 – S 7170, n.v. UStK § 4 Nr. 14 u. 16 UStG Karte 3.
37 *Michels/Ketteler-Eising*, DB 2006, 2597.

A. Grundsätze der Besteuerung des niedergelassenen Arztes § 37

Je nach Umfang der umsatzsteuerpflichtigen Leistungen des Arztes kann im Einzelfall die **Kleinunternehmerregelung des § 19 UStG** zur Anwendung kommen, nach der die Umsatzsteuer trotz Steuerpflicht nicht zu erheben ist. Zugleich scheidet damit natürlich auch die Berechtigung zum Vorsteuerabzug aus.

49

Über die Anwendbarkeit der Kleinunternehmerregelung ist zu Beginn eines Jahres anhand eines retrospektiven Elements und eines prospektiven Elements zu entscheiden. Für die Beurteilung maßgeblich sind dabei nicht die gesamten Umsätze des Unternehmers, vielmehr scheidet eine Vielzahl umsatzsteuerfreier Umsätze aus der Betrachtung aus;[38] hierzu gehören auch die nach § 4 Nr. 14 UStG umsatzsteuerfreien heilberuflichen Leistungen. **Rückblickend** darf der maßgebliche Gesamtumsatz des Vorjahres die Grenze von **17.500 EUR** nicht überschritten haben. **Vorausblickend** darf der maßgebliche Gesamtumsatz im laufenden Kalenderjahr voraussichtlich die Grenze von **50.000 EUR** nicht überschreiten. Sind beide Voraussetzungen kumulativ erfüllt, kann der Unternehmer die Kleinunternehmerregelung in Anspruch nehmen. Dies gilt selbst dann, wenn der Unternehmer trotz zutreffender Prognose im Laufe des Jahres die Grenze von 50.000 EUR überschreiten sollte.

50

Beispiel

51

Ein Zahnarzt ohne Eigenlabor erbringt neben seinen umsatzsteuerfreien zahnärztlichen Heilbehandlungsleistungen von 300.000 EUR umsatzsteuerpflichtige zahnkosmetische Leistungen (z.B. Bleeching, Zahnschmuck etc.). Dieser umsatzsteuerpflichtige Umsatz belief sich im Jahr 2006 auf insgesamt 16.000 EUR. Für 2007 erwartet der Zahnarzt einen Umsatz in etwa gleicher Höhe.

Nach Ablauf des Jahres 2007 ergibt sich allerdings, dass tatsächlich ein umsatzsteuerpflichtiger Umsatz in Höhe von 20.000 EUR erwirtschaftet wurde.

Ausgehend vom 1.1.2007 betrug der maßgebliche Umsatz des Vorjahres weniger als 17.500 EUR und für das laufende Jahr voraussichtlich weniger als 50.000 EUR. Für 2007 ist der Zahnarzt Kleinunternehmer i.S.d. § 19 UStG und die Umsatzsteuer ist trotz Steuerpflicht nicht zu erheben. Dies würde selbst dann gelten, wenn der Zahnarzt einen umsatzsteuerpflichtigen Umsatz von mehr als 50.000 EUR erzielt hätte. Für das Jahr 2008 scheidet dann die Anwendung der Kleinunternehmerregelung nach § 19 UStG in diesem Beispiel aus, da bereits die erste Voraussetzung durch den umsatzsteuerpflichtigen Umsatz des Jahres 2007 in Höhe von 20.000 EUR (maßgeblicher Gesamtumsatz des Vorjahres damit größer als 17.500 EUR) nicht mehr erfüllt ist.

Nimmt der Arzt seine unternehmerische Tätigkeit erst im Laufe eines Kalenderjahres auf, ist vorausblickend allein auf den voraussichtlichen maßgeblichen Gesamtumsatz abzustellen. Dann ist aber nicht die Grenze von 50.000 EUR, sondern die Grenze von 17.500 EUR maßgebend. Es kommt somit nur darauf an, ob der Arzt als Unternehmer nach den Verhältnissen des laufenden Kalenderjahres voraussichtlich die Grenze von 17.500 EUR überschreitet.[39]

52

---

38 Gesamtumsatz ist die Summe der vom Unternehmer ausgeführten steuerbaren Umsätze i.S.d. § 1 Abs. 1 Nr. 1 UStG abzüglich folgender Umsätze:
   1. der Umsätze, die nach § 4 Nr. 8 lit. i, Nr. 9 lit. b und Nr. 11 bis 28 UStG steuerfrei sind;
   2. der Umsätze, die nach § 4 Nr. 8 lit. a bis h, Nr. 9 lit. a und Nr. 10 UStG steuerfrei sind, wenn sie Hilfsumsätze sind.
39 A 246 Abs. 4 UStR 2005.

bb) Beweislastregeln/Beweisvorsorge

53 In Fällen, in denen sich die medizinische Indizierung nicht schon aus der Art der Leistung ergibt, z.B. bei Leistungen ästhetisch-plastischer Chirurgen, ergeben sich in der Beratungspraxis häufig Probleme aus den **Beweislastregeln** des Steuerrechts. Insoweit hat der Arzt grundsätzlich **Beweisvorsorge** dahingehend zu treffen, um den Nachweis führen zu können, dass die Voraussetzungen des § 4 Nr. 14 UStG vorliegen und ihm damit die Umsatzsteuerbefreiung seiner Leistungen zusteht.[40] Lassen sich die Voraussetzungen nicht nachweisen, geht der fehlende Nachweis nach den Grundsätzen der Nichterweislichkeit zu Lasten des Steuerpflichtigen, d.h. des Arztes. Dies führt unter Umständen insoweit zu einer Kollision mit der ärztlichen Schweigepflicht. Fraglich ist, ob sich der Arzt gegenüber einem Finanzbeamten, der zu dem mit empfindlicher Strafe bewehrten Steuergeheimnis nach § 30 AO verpflichtet ist, auf seine Verschwiegenheitspflicht berufen kann.[41]

54 *Hinweis*
Es kann in solchen Fällen insbesondere für wesentliche Umsätze nur empfohlen werden, bereits im Aufklärungsgespräch vor Behandlungsbeginn die Einwilligung des Patienten unter Hinweis auf die Verschwiegenheitsverpflichtung des Finanzbeamten einzuholen, dem Finanzamt die Grundlagen der medizinischen Indizierung für Zwecke der Nachweispflichten zur Umsatzsteuer offen legen zu dürfen, wenn die Umsatzsteuerbefreiung begehrt werden soll.

b) Lieferung von Gegenständen durch Ärzte

55 Von der Erbringung von Leistungen durch Ärzte ist die Lieferung von Gegenständen durch Ärzte zu unterscheiden, da § 4 Nr. 14 UStG nur die Heilbehandlungsleistungen der Ärzte erfasst. Hierzu gehört insbesondere der Verkauf von Gegenständen des Praxisvermögens gegen Entgelt.

56 Grundsätzlich ist die Lieferung von Gegenständen umsatzsteuerpflichtig. Die Lieferung von Gegenständen, für die der Vorsteuerabzug nach § 15 Abs. 1a Nr. 1 UStG ausgeschlossen ist oder wenn der Unternehmer die gelieferten Gegenstände ausschließlich für eine nach § 4 Nr. 8 bis 27 UStG steuerfreie Tätigkeit verwendet hat, ist allerdings nach § 4 Nr. 28 UStG von der Umsatzsteuer befreit.[42] Diese Voraussetzungen müssen während des gesamten Verwendungszeitraums vorgelegen haben. Liefert ein Arzt einen Gegenstand, den er ausschließlich für die Erbringung umsatzsteuerfreier ärztlicher Heilbehandlungsleistungen verwendet hat, ist diese Lieferung umsatzsteuerfrei. Aus Vereinfachungsgründen kann die Steuerbefreiung nach § 4 Nr. 28 UStG auch in den Fällen in Anspruch genommen werden, in denen der Unternehmer, d.h. der Arzt, die Gegenstände in geringfügigem Umfang (höchstens 5 %) für Tätigkeiten verwendet hat, die nicht nach § 4 Nr. 8 bis 27 UStG befreit sind. Voraussetzung für die Vereinfachung ist jedoch, dass der Unternehmer für diese Gegenstände darauf verzichtet, einen anteiligen Vorsteuerabzug nach § 15 Abs. 4 UStG vorzunehmen.

---

40 BFH – V B 30/05 – BFH/NV 2006, 1168.
41 Hierzu betreffend die Aufzeichnungspflichten zu Bewirtungskosten von Rechtsanwälten und Journalisten trotz Verschwiegenheitsverpflichtung: BFH – IV R 50/01, BStBl II 2004, 502; BFH – IV R 81/96, BStBl II 1998, 263.
42 § 4 Nr. 28 UStG ist insoweit wiederum weder unmittelbar noch entsprechend auf sonstige Leistungen anwendbar, BFH – XI R 75/94, HFR 1995, 596.

A. Grundsätze der Besteuerung des niedergelassenen Arztes § 37

Wird insoweit ein Gegenstand zu mehr als 5 % vom Arzt für umsatzsteuerpflichtige Umsätze genutzt oder bei einer Nutzung von höchstens 5 % ein Vorsteuerabzug vorgenommen, ist die Lieferung des Gegenstandes in voller Höhe umsatzsteuerpflichtig.

Beispiel

Ein Arzt ersetzt ein acht Jahre altes Gerät, das er in seiner Praxis zu 90 % für umsatzsteuerfreie ärztlicher Heilbehandlungsleistungen und zu 10 % für umsatzsteuerpflichtige Leistungen eingesetzt hat. Für das neue Gerät vereinbart er mit dem Hersteller einen Kaufpreis in Höhe von 55.000 EUR zuzüglich 10.450 EUR (19 %) Umsatzsteuer und gibt sein altes Gerät für 11.900 EUR in Zahlung.

Da der Arzt das alte Gerät zu mehr als 5 % für umsatzsteuerpflichtige Umsätze verwendet hat, ist die Lieferung des alten Gerätes voll umsatzsteuerpflichtig. Die an das Finanzamt zu zahlende Umsatzsteuer beläuft sich auf insgesamt 1.900 EUR (19 % aus 11.900 EUR). Da der Arzt das neue Gerät wieder zu 10 % für umsatzsteuerpflichtige Umsätze einsetzen wird, kann er nach § 15 Abs. 4 UStG 10 % der Vorsteuer, mithin 1.045 EUR geltend machen. Gegenüber dem Finanzamt verbleibt aber eine Zahllast in Höhe von 855 EUR (Umsatzsteuer 1.900 EUR ./. Vorsteuer 1.045 EUR).

Auch die Überlassung eines **Praxiswerts** kann eine nach § 4 Nr. 28 UStG steuerfreie Lieferung eines Gegenstandes sein.[43] Aber auch der Praxiswert unterliegt der Prüfung, inwieweit dieser auf umsatzsteuerfreien und umsatzsteuerpflichtigen Umsätzen beruht. Insbesondere wenn ein Praxiswert und andere Gegenstände außerhalb einer nicht umsatzsteuerbaren Geschäftsveräußerung im Ganzen (siehe Rn 10 ff.) übertragen werden, ist bei Arztpraxen mit umsatzsteuerpflichtigen Umsätzen erhöhte Vorsicht geboten.

Beispiel

Ein Zahnarzt mit einem in seine Praxis eingegliederten Eigenlabor überträgt das Eigenlabor mit allen dazugehörigen Geräten und Einrichtungen auf eine von ihm und einem Kollegen gegründete GbR (Beteiligung je zur Hälfte), die zukünftig die Lieferung und Wiederherstellung von Zahnprothesen für die Praxis erbringen soll. Der Zahnarzt enthält dafür von dem Kollegen für den hälftigen Anteil einen Gesamtbetrag in Höhe von 59.500 EUR sowie 50 % der Gesellschaftsrechte an der neuen Dentallabor GbR.[44]

Handelt es sich bei dem Eigenlabor nicht um einen in der Gliederung des Unternehmens gesondert geführten Betrieb,[45] liegt keine nicht umsatzsteuerbare Geschäftsveräußerung im Ganzen vor (siehe Rn 10 ff.). Es handelt sich insoweit um eine Vielzahl von Lieferungen des Zahnarztes an die neue Dentallabor GbR. Soweit § 4 Nr. 28 UStG nicht zur Anwendung kommt, sind diese Lieferungen umsatzsteuerpflichtig. Dies gilt für die Geräte und Einrichtungen sowie den Geschäftswert des Labors. Bemessungsgrundlage für die Umsatzsteuer ist dabei nicht nur die Zahlung des Kollegen in Höhe von insgesamt 59.500 EUR für dessen 50 %, sondern auch die im Tausch gewährten neuen Gesellschaftsrechte von 50 %, deren Wert (angelehnt an

---

43 BFH – V R 24/87, BStBl II 1989, 430; BFH – V B 17/97 – BFH/NV 1998, 888; siehe auch FG Köln – 11 K 1111/96, EFG 2003, 473.
44 Umsatzsteuerlich liegt insoweit ein Leistungsaustausch als tauschähnlicher Umsatz vor (Wirtschaftsgüter gegen Verschaffung der gesamthänderischen Beteiligung an der Gesellschaft), bei dem sich das als Besteuerungsgrundlage maßgebliche Entgelt nach dem Wert der Gegenleistung bemisst.
45 Zu Einzelheiten A 5 Abs. 3 UStR.

die Zahlung des Kollegen) ebenfalls 59.500 EUR betragen dürfte.[46] Die enthaltene Umsatzsteuer aus dem Übertragungsvorgang beläuft sich auf einen Betrag in Höhe von 19.000 EUR (19 % aus 2 × 59.500 EUR = 119.000 EUR, davon 19/119).

61 In diesem Beispiel ist die entstehende Umsatzsteuer unproblematisch, da die Dentallabor GbR im Ergebnis wiederum umsatzsteuerpflichtige Prothetikleistungen erbringt und damit zum Abzug von Vorsteuer berechtigt ist. Über die Umsatzsteuer aus der entgeltlichen Lieferung gegen Zahlung/Gewährung von Gesellschaftsrechten kann der Zahnarzt eine ordnungsgemäße Rechnung erstellen und damit die Voraussetzung für einen Vorsteuerabzug durch die Dentallabor GbR schaffen. Problematisch sind die Fälle, in denen auf Seiten des Erwerbers keine volle Vorsteuerabzugsberechtigung besteht oder eine Übertragung unentgeltlich vorgenommen wird und daher dann eine umsatzsteuerpflichtige unentgeltliche Wertabgabe vorliegt,[47] über die keine Rechnung erstellt werden darf.[48]

62 *Hinweis*
Die umsatzsteuerlichen Folgen sollten im Rahmen der Vertragsverhandlungen geklärt werden, da eine anfallende Umsatzsteuer direkte Auswirkungen auf den Kaufpreis mit sich bringt. Sind die Vertragsparteien nicht auf die Umsatzsteuer eingegangen, geht eine Umsatzsteuerpflicht zunächst zu Lasten des Verkäufers. Inwieweit der Verkäufer die zu zahlende Umsatzsteuer auf den Käufer abwälzen kann, wird vom Inhalt des Vertrages abhängig sein und kann nachträglich zu Streitigkeiten führen.

III. Praxisveräußerung/Praxisabgabe

1. Entgeltliche Praxisveräußerung

a) Steuerliche Voraussetzungen einer Praxisveräußerung

63 Zu den Einkünften aus selbständiger Arbeit gehört nach § 18 Abs. 3 EStG auch der Gewinn, der bei der Veräußerung des Vermögens (Praxis) oder eines selbständigen Teils des Vermögens (selbständige Teilpraxis) oder eines gesamten Anteils am Vermögen (Praxisanteil) erzielt wird, das der selbständigen Arbeit dient. Entsprechend unterliegt der Gewinn aus der Veräußerung der Praxis eines niedergelassenen Arztes der Einkommensteuer. Unter entsprechender Anwendung des § 16 Abs. 1 S. 1 Nr. 1, Abs. 2 bis 4 EStG kann dieser Veräußerungsgewinn nach § 34 EStG steuerbegünstigt sein.

64 Eine Veräußerung in diesem Sinne liegt vor, wenn der Steuerpflichtige die für die Ausübung der selbständigen Tätigkeit **wesentlichen wirtschaftlichen Grundlagen** entgeltlich auf einen anderen überträgt und **sämtliche stille Reserven** in dem Praxisvermögen aufgedeckt werden. Zu den wesentlichen wirtschaftlichen Grundlagen gehören insbesondere die immateriellen Wirtschaftsgüter der Praxis wie Patientenstamm und Praxiswert.

65 Nach ständiger Rechtsprechung des BFH ist bei Praxisübertragungen eine Veräußerung dieser wesentlichen Betriebsgrundlagen nur anzunehmen, wenn **der Veräußerer seine freiberufliche Tätigkeit in dem bisherigen örtlichen Wirkungskreis wenigstens für**

---

46 BFH – V R 9/97, BFH/NV 2000, 607.
47 A 24b UStR.
48 A 24a Abs. 3 S. 5 und 6 UStR.

eine gewisse Zeit einstellt. Eine weitere Nutzung der Patientenbeziehungen auf Rechnung des bisherigen Praxisinhabers stünde aber einer echten Übertragung dieser wesentlichen wirtschaftlichen Grundlage an den Erwerber entgegen. Behandelt der Praxisinhaber einer freiberuflichen ärztlichen Praxis nach der Veräußerung als angestellter Arzt frühere Patienten dagegen auf Rechnung und im Namen des Erwerbers, so steht das der Anwendung der §§ 18 Abs. 3, 34 EStG auf den Veräußerungsvorgang nicht entgegen.[49] Dies gilt ebenfalls für eine anderweitige Tätigkeit als Arbeitnehmer.

b) Fortführung einer freiberuflichen ärztlichen Tätigkeit

66 Unschädlich für die Annahme einer steuerbegünstigten Praxisveräußerung ist die Fortführung einer freiberuflichen ärztlichen Tätigkeit in geringem Umfang, wenn die auf die zurückbehaltenen Patienten entfallenden Umsätze in den letzten drei Jahren weniger als 10 % der gesamten Einnahmen ausmachten.

67 Die Entwicklung der zurückbehaltenen Patientenbeziehungen nach der Veräußerung ist im Grundsatz unerheblich. Wird die 10-Prozent-Grenze bei der ursprünglichen Veräußerung unterschritten, sind ggf. später eintretende nur die zurückbehaltenen Patienten betreffende Umsatzsteigerungen grundsätzlich unschädlich.

68 Dies kann sich jedoch nur auf die Entwicklung der zurückbehaltenen Patienten beziehen. Die Hinzugewinnung neuer Patienten innerhalb der „gewissen" Zeit nach der Praxisveräußerung ist – auch ohne Überschreiten der vorerwähnten 10-Prozent-Grenze – in jedem Fall schädlich, da eine Praxisveräußerung i.S.d. Einstellung der werbenden Tätigkeit dann tatsächlich nicht stattgefunden hat.

69 Werden neue Patienten im Verhältnis zu den zurückbehaltenen in nicht nur völlig unbedeutendem Umfang hinzugewonnen, ist der erzielte Gewinn aus der vorhergehenden Veräußerung der freiberuflichen Praxis unter Zurückbehaltung der zunächst unbeachtlichen Patienten als laufender Gewinn zu erfassen. Dies gilt grundsätzlich auch, wenn es sich bei der Hinzugewinnung nur um eine vorübergehende Maßnahme handelt.[50]

70 Ist der Steuerbescheid des Veranlagungszeitraums der ursprünglich begünstigten Veräußerung der freiberuflichen Praxis bereits bestandskräftig, kommt eine Änderung als rückwirkendes Ereignis i.S.d. § 175 AO in Betracht.

71 Der Begriff „**gewisse Zeit**" ist höchstrichterlich nicht näher bestimmt worden; er ist von den Umständen des Einzelfalls abhängig, wie etwa der räumlichen Entfernung der wieder aufgenommenen Tätigkeit zur veräußerten Praxis, der Vergleichbarkeit der Betätigung oder der Art und Struktur der Patienten. Nach Auffassung des BFH[51] stellt ein Zeitraum von fünf Monaten und nach einem Urteil des Finanzgerichts Rheinland-Pfalz[52] ein Zeitraum von neun Monaten noch keine Einstellung der Tätigkeit für eine gewisse Zeit dar. Bei einer Zeitspanne von mehr als drei Jahren kann im Allgemeinen eine ausreichende Wartezeit angenommen werden.

72 Für die Annahme einer begünstigten Praxisveräußerung ist es außerdem schädlich, wenn die im Eigentum des bisherigen Praxisinhabers befindlichen Praxisräume nicht gleichzeitig und vollständig in das Privatvermögen überführt werden (können), weil ein Teil der Praxisräume weiterhin für die weitere Behandlung der zurückbehaltenen Pa-

---

49 BFH – I R 109/93, BStBl II 1994, 925 m.w.N.
50 BFH – XI B 25/00, BFH/NV 2001, 588.
51 BFH – IV R 11/99, BFH/NV 1999, 1594.
52 Finanzgericht Rheinland-Pfalz, Urt. v. 18.11.1999 – 4 K 3433/97, n.v.

tienten von ihm genutzt wird. Für die Zurückbehaltung der (funktional wesentlichen) Praxisräume gibt es keine Wesentlichkeitsgrenze. In diesem Fall ist die Praxisveräußerung bereits von Anfang an nicht steuerbegünstigt, da nicht sämtliche stille Reserven, hier die stillen Reserven in den Praxisräumen, aufgedeckt werden können.[53]

c) Steuerfolgen einer Praxisveräußerung

73 Liegt eine Praxisveräußerung im Ganzen i.S.d. § 18 Abs. 3 i.V.m. § 16 EStG vor, ermittelt sich der Veräußerungsgewinn wie folgt:

Veräußerungspreis

+ gemeiner Wert der in das Privatvermögen überführten Wirtschaftsgüter

./. Veräußerungskosten

./. steuerlicher Buchwert (des Praxisvermögens im Zeitpunkt der Veräußerung)

= Veräußerungsgewinn

74 Zu beachten ist, dass der Praxisinhaber im Zeitpunkt der Veräußerung zur Ermittlung des steuerlichen Buchwertes so zu behandeln ist, als wäre er im Augenblick der Veräußerung zur Gewinnermittlung nach § 4 Abs. 1 EStG (Bilanzierung, siehe Rn 41 ff.) übergegangen.[54] Durch eine Aktivierung der Forderungen und Verbindlichkeiten der Praxis wird ein Übergangsgewinn ermittelt, der als laufende, nicht begünstige Einkünfte im Zeitpunkt der Praxisveräußerung zu erfassen ist.

75 Hat der Praxisinhaber im Zeitpunkt der Veräußerung das 55. Lebensjahr vollendet oder ist er im sozialversicherungsrechtlichen Sinne dauernd berufsunfähig, so steht ihm auf Antrag der Veräußerungsfreibetrag nach § 16 Abs. 4 EStG und die Steuerbegünstigung mit dem „halben" Steuersatz nach § 34 Abs. 3 EStG zu. Veräußerungsfreibetrag und „halber" Steuersatz werden nur einmal im Leben gewährt.

76 Der Veräußerungsfreibetrag nach § 16 Abs. 4 EStG beträgt 45.000 EUR. Er wird um den Betrag herabgesetzt, um den der Veräußerungsgewinn den Betrag von 136.000 EUR übersteigt.

77 *Beispiel*
Der Veräußerungsgewinn beträgt 150.000 EUR. Er übersteigt damit den Betrag von 136.000 EUR um einen Betrag in Höhe von 14.000 EUR (Veräußerungsgewinn 150.000 EUR ./. Grenze 136.000 EUR). Der Veräußerungsfreibetrag reduziert sich entsprechend auf 31.000 EUR (Veräußerungsfreibetrag 45.000 EUR ./. übersteigender Betrag 14.000 EUR). Der steuerpflichtige Veräußerungsgewinn reduziert sich durch den ermäßigten Veräußerungsfreibetrag auf 119.000 EUR (Veräußerungsgewinn 150.000 EUR ./. ermäßigter Veräußerungsfreibetrag 31.000 EUR).

78 Im Rahmen der Steuerbegünstigung des „halben" Steuersatzes ermäßigt sich der Steuersatz auf 56 % des ansonsten anzusetzenden durchschnittlichen Steuersatzes, mindestens aber 15 %. Die Begünstigung ist auf außerordentliche Einkünfte bis zu einer Höhe von insgesamt 5.000.000 EUR begrenzt.

---

[53] OFD Koblenz – S 2249 A St 31 1, DB 2007, 314.
[54] R 4.5 Abs. 6 EStR.

Beispiel

I. Einkommensteuer auf die laufenden Einkünfte nach Tarif

Zu versteuerndes Einkommen (§ 18 EStG) ohne Veräußerungsgewinn		80.000 €
Einkommensteuer nach Tarif		18.446 €

II. Einkommensteuer auf die begünstigten Einkünfte

Veräußerungsgewinn	150.000 €	
Veräußerungsfreibetrag (s.o.)	− 31.000 €	
Zu versteuernder Veräußerungsgewinn	119.000 €	119.000 €
Zu versteuerndes Einkommen ohne Veräußerungsgewinn		80.000 €
Gesamte Einkünfte		199.000 €
Einkommensteuer nach Tarif	67.752 €	
: gesamte Einkünfte	199.000 €	
= normalerweise anzusetzender Durchschnittssteuersatz	34,0462 %	
davon 56 %	19,0659 %	
Einkommensteuer auf die begünstigten Einkünfte	119.000 €	22.688 €

III. Einkommensteuer gesamt

Einkommensteuer auf die laufenden Einkünfte nach Tarif	18.446 €
Einkommensteuer auf die begünstigten Einkünfte	22.688 €
Insgesamt festzusetzende Einkommensteuer	41.134 €

Ohne Begünstigungen (Freibetrag, „halber" Steuersatz) betrüge die insgesamt festzusetzende Einkommensteuer 80.772 EUR.

Liegt eine Praxisveräußerung im Ganzen vor, hat der Praxisinhaber im Zeitpunkt der Veräußerung das 55. Lebensjahr aber nicht vollendet und ist er auch nicht im sozialversicherungsrechtlichen Sinne dauernd berufsunfähig, kommt nur die Steuerbegünstigung nach § 34 Abs. 1 EStG, die sog. Fünftelungsregelung in Betracht, die aber in der Beratungspraxis von untergeordneter Bedeutung ist.

2. Unentgeltliche Praxisabgabe

Wird eine Arztpraxis unentgeltlich, z.B. im Rahmen einer vorweggenommenen Erbfolge, übertragen, so können nach § 6 Abs. 3 EStG die **steuerlichen Buchwerte ohne die Aufdeckung der stillen Reserven** anzusetzen sein, so dass kein steuerpflichtiger Übertragungsgewinn entsteht. Der Rechtsnachfolger ist dann nach § 6 Abs. 3 S. 3 EStG jedoch an die steuerlichen Buchwerte gebunden.

Die Anwendung von § 6 Abs. 3 EStG erfordert allerdings, dass die Praxis mit allen **funktional wesentlichen Betriebsgrundlagen** übergeht. Wirtschaftsgüter sind funktional wesentliche Betriebsgrundlagen, wenn sie zur Erreichung des Betriebszwecks – hier dem Praxisbetrieb – erforderlich sind und ihnen ein besonderes wirtschaftliches Gewicht für die Praxisführung zukommt. Das Vorhandensein erheblicher stiller Reserven allein reicht für eine Wesentlichkeit der Betriebsgrundlage im Zusammenhang mit § 6 Abs. 3 EStG nicht aus.

84 *Beispiel*
Zum Betriebsvermögen eines Arztes gehört seit vielen Jahren ein Oldtimer, der als Betriebs-Pkw behandelt wird. Der Oldtimer ist steuerlich nur noch mit dem Erinnerungswert von 1 EUR als Buchwert angesetzt, hat aber tatsächlich einen Wert in Höhe von 100.000 EUR. Ein Pkw ist für eine Arztpraxis, von wenigen Ausnahmen (z.B. Landarzt) abgesehen, keine funktional wesentliche Betriebsgrundlage für den Betrieb der Praxis. Aufgrund der erheblichen stillen Reserven ist er in diesem Beispiel allerdings quantitativ wesentlich. Die Steuerbegünstigung nach §§ 16, 34 EStG fordert als Voraussetzung daher, dass auch diese stillen Reserven im Zusammenhang mit einer Praxisveräußerung aufgedeckt werden. Für die unentgeltliche Übertragung nach § 6 Abs. 3 EStG (oder auch für die Anwendung von § 24 UmwStG) ist der Pkw mangels funktionaler Wesentlichkeit aber nicht von Bedeutung.

Der Arzt muss zur Anwendung des § 6 Abs. 3 EStG daher den Praxis-Pkw nicht auf den Rechtsnachfolger übertragen.

85 Auch im Zusammenhang mit § 6 Abs. 3 EStG ist es erforderlich, dass der Praxisinhaber seine Tätigkeit für eine gewisse Zeit am örtlichen Wirkungskreis einstellt (siehe Rn 65 ff.), damit der Praxiswert als funktional wesentliche Betriebsgrundlage eindeutig und vollständig auf den Rechtsnachfolger übergeht.

86 *Beispiel*
Ein Arzt Dr. A überträgt im Rahmen der vorweggenommenen Erbfolge seine Einzelpraxis unentgeltlich auf seine Tochter Dr. T. Nach 6 Monaten wird Dr. A der vorgezogene Ruhestand zu langweilig und er eröffnet in räumlicher Nähe zur bisherigen Einzelpraxis eine neue Privatpraxis, in der er ehemalige Patienten seiner Einzelpraxis, aber auch neu hinzugewonnene Patienten in nicht unerheblichem Maße behandelt.

Die Übertragung auf die Tochter ist nicht nach § 6 Abs. 3 EStG begünstigt. Durch die Aufnahme der Tätigkeit in der Privatpraxis ist nicht davon auszugehen, dass der Praxiswert vollständig auf die Tochter übergegangen ist. Anstelle des Ansatzes der Buchwerte sind bei der Übertragung der Einzelpraxis die stillen Reserven aufzudecken.

87 *Hinweis*
Will der Praxisinhaber seine ärztliche Tätigkeit im örtlichen Wirkungskreis fortsetzten, könnte es sich anstelle der unentgeltlichen Praxisabgabe aus steuerlicher Sicht anbieten, eine Gemeinschaftspraxis durch die unentgeltliche Aufnahme einer natürlichen Person zu gründen (siehe Rn 91 ff.), ggf. sogar als überörtliche Gemeinschaftspraxis oder als Zweigpraxis. In dem Beispiel würde der Vater seine Tochter unentgeltlich in seine Einzelpraxis aufnehmen und anschließend im Rahmen der dadurch gegründeten Gemeinschaftspraxis ausschließlich noch privatärztlich tätig sein.

IV. Besteuerung der Beendigung/Aufgabe der Praxis

88 Auch die Aufgabe der Praxis und die Einstellung der ärztlichen Tätigkeit durch einen niedergelassenen Arzt gilt nach § 18 Abs. 3 i.V.m. § 16 Abs. 3 EStG als Veräußerung der Praxis. An die Stelle des Veräußerungspreises der Praxis treten im Falle der Veräußerung einzelner der Praxis gewidmeter Wirtschaftsgüter nach § 16 Abs. 3 S. 6 EStG

die einzelnen Veräußerungspreise. Werden die Wirtschaftsgüter nicht veräußert, sondern ins Privatvermögen überführt, so sind insoweit nach § 16 Abs. 3 S. 7 EStG die gemeinen Werte (dies sind i.d.R. die Verkehrswerte) im Zeitpunkt der Aufgabe anzusetzen. Ein nicht veräußerter, sondern untergegangener Praxiswert ist nicht im Rahmen des Aufgabegewinns anzusetzen, weil er nicht in das Privatvermögen überführt werden kann, da er nur im Rahmen einer Praxis, nicht aber im Privatvermögen denkbar ist.[55]

B. Besteuerung der Berufsausübungsgemeinschaften

I. Die klassische Gemeinschaftspraxis

1. Gründung einer Gemeinschaftspraxis

Die Gründung einer Gemeinschaftspraxis ist theoretisch in vielerlei Hinsicht möglich, insbesondere: 89
- Neugründung einer Gemeinschaftspraxis durch mehrere Ärzte
- Übernahme einer Einzelpraxis durch mehrere Ärzte zusammen
- Unentgeltliche Aufnahme eines Arztes in eine Einzelpraxis
- Entgeltliche Aufnahme eines Arztes in eine Einzelpraxis
- Zusammenschluss mehrerer Einzelpraxen zu einer Gemeinschaftspraxis

Die ersten beiden Fälle unterscheiden sich im Rahmen der Gründung steuerlich kaum von der Neugründung und der Übernahme durch einen niedergelassenen Arzt allein, so dass auf die entsprechenden Ausführungen verwiesen werden kann (siehe Rn 63 ff.). Zudem dürften diese Fälle für die Beratungspraxis von untergeordneter Bedeutung sein. 90

a) Unentgeltliche Aufnahme eines Arztes in eine Einzelpraxis

Die unentgeltliche Aufnahme einer natürlichen Person in eine bestehende Einzelpraxis (unter anteiliger Übernahme aller funktional wesentlichen Betriebsgrundlagen, siehe Rn 83) zur Errichtung einer Gemeinschaftspraxis ist nach § 6 Abs. 3 S. 1 Hs. 2 EStG begünstigt und ohne Aufdeckung der stillen Reserven zum steuerlichen Buchwert möglich. Der Rechtsnachfolger, d.h. der aufgenommene Arzt ist nach § 6 Abs. 3 S. 3 EStG dafür allerdings an die steuerlichen Buchwerte gebunden. 91

Die Vermeidung eines steuerpflichtigen Gewinns ist nach § 6 Abs. 3 S. 2 EStG auch dann möglich, wenn der bisherige Praxisinhaber funktional wesentliche Betriebsgrundlagen der Praxis nicht auf den aufzunehmenden Arzt überträgt; diese müssen dann aber zwingend weiterhin zum steuerlichen Betriebsvermögen der nachfolgenden Gemeinschaftspraxis als Sonderbetriebsvermögen (siehe Rn 127) gehören. Damit die zurückbehaltenen Wirtschaftsgüter auch Sonderbetriebsvermögen – und damit Betriebsvermögen der nachfolgenden Gemeinschaftspraxis – werden, ist es nach § 15 Abs. 1 S. 1 Nr. 2 erforderlich, dass die Wirtschaftsgüter der Gemeinschaftspraxis entgeltlich oder unentgeltlich zur Nutzung überlassen werden. Aus umsatzsteuerlichen Gründen empfiehlt es sich in der Regel, die Wirtschaftsgüter unentgeltlich zu überlassen (siehe Rn 157 ff.). 92

Voraussetzung ist in diesen Fällen allerdings, dass der Rechtsnachfolger, d.h. der aufgenommene Arzt, den übernommenen Anteil an der neuen Gemeinschaftspraxis, also 93

---
55 BFH – X R 49/87, BStBl II 1989, 606.

seinen steuerlichen Mitunternehmeranteil, über einen **Zeitraum von mindestens fünf Jahren nicht veräußert oder aufgibt**.[56] Nach Auffassung der Finanzverwaltung ist für die Berechnung der Behaltefrist grundsätzlich auf den Übergang des wirtschaftlichen Eigentums (= Übergang von Nutzen und Lasten) abzustellen,[57] wobei das Gesetz selbst hierzu keine Aussage trifft.[58] Wird diese Behaltefrist nicht eingehalten, liegen dann bezogen auf den ursprünglichen Übertragungsvorgang die Voraussetzungen für die Buchwertübertragung nicht mehr vor. Für die gesamte Übertragung nach § 6 Abs. 3 EStG sind rückwirkend auf den ursprünglichen Übertragungsstichtag die Teilwerte (siehe Rn 7) anzusetzen und damit die stillen Reserven aufzudecken. Der dabei beim Übertragenden, d.h. dem abgebenden Arzt, entstehende Gewinn ist laufender Gewinn.

94 *Hinweis*

An dieser Stelle ist in der Beratungspraxis damit der Hinweis erforderlich, dass eine Veräußerung des Praxisanteils innerhalb der Behaltefrist durch den unentgeltlich aufgenommenen Arzt Steuerfolgen beim Praxisinhaber, d.h. beim aufnehmenden Arzt, durch die Aufdeckung der stillen Reserven auslöst. Somit steht zwar der Veräußerungspreis dem aufgenommenen Arzt zu, die Steuerlast trifft dagegen aber überwiegend den aufnehmenden Arzt. Dies erfordert somit im Einzelfall eine vertragliche Regelung, die dem aufgenommenen Arzt innerhalb der Behaltefrist die Veräußerung des Praxisanteils untersagt oder ihn zumindest zur Übernahme der anfallenden Steuern beim aufnehmenden Arzt verpflichtet.[59]

b) Entgeltliche Aufnahme eines Arztes in eine Einzelpraxis

aa) Steuerfolgen

95 Die entgeltliche Aufnahme eines Arztes in eine Einzelpraxis ist nicht als steuerbegünstigte Veräußerung zu beurteilen.[60] Es handelt sich insoweit nicht um die Veräußerung einer ganzen Praxis, eines gesondert geführten Praxisteils oder eines gesamten Mitunternehmeranteils an einer Gemeinschaftspraxis i.S.d. § 18 Abs. 3 i.V.m. § 16 EStG. Der im Rahmen der entgeltlichen Aufnahme eines Arztes in eine Einzelpraxis entstehende Gewinn durch die Aufdeckung der stillen Reserven ist laufender Gewinn.

---

56 Eine Veräußerung ist grundsätzlich auch eine Einbringung nach den §§ 20, 24 UmwStG, unabhängig davon, ob die Buchwerte, Teilwerte oder Zwischenwerte angesetzt werden. Überträgt der Rechtsnachfolger einzelne Wirtschaftsgüter des übernommenen Sonderbetriebsvermögens gegen Gewährung von Gesellschaftsrechten nach § 6 Abs. 5 EStG auf einen Dritten, liegt auch eine Veräußerung vor. Wird der nach § 6 Abs. 3 S. 2 übertragene Mitunternehmer(teil)anteil vom Übernehmer zu einem späteren Zeitpunkt zu Buchwerten nach § 20 UmwStG in eine Kapitalgesellschaft oder zu Buchwerten nach § 24 UmwStG in eine Personengesellschaft eingebracht, liegt – abweichend vom oben genannten Grundsatz – keine schädliche Veräußerung i.S.d. § 6 Abs. 3 S. 2 EStG vor, wenn der Einbringende die hierfür erhaltene Beteiligung an der Kapitalgesellschaft oder den erhaltenen Mitunternehmeranteil über einen Zeitraum von mindestens fünf Jahren – beginnend mit der ursprünglichen Übertragung des Mitunternehmeranteils nach § 6 Abs. 3 S. 2 EStG – nicht veräußert oder aufgibt und die Kapitalgesellschaft oder die Personengesellschaft den eingebrachten Mitunternehmeranteil oder die eingebrachten Wirtschaftsgüter innerhalb der genannten Frist nicht veräußert; BMF – IV B 2 – S 2241 – 14/05, BStBl I 2005, 458 Rn 13.
57 BMF – IV B 2 – S 2241 – 14/05, BStBl I 2005, 458 Rn 11.
58 Kirchhof/Söhn/*Werndl*, § 6 Rn J 26.
59 Zu diesem Problem allgemein *Crezelius*, FR 2002, 805.
60 BFH – GrS 2/98, BStBl II 2000, 123.

Der Veräußerungsgewinn ermittelt sich wie folgt: **96**

Veräußerungspreis für den Anteil an der Einzelpraxis

./. Veräußerungskosten

./. anteiliger steuerlicher Buchwert des Praxisvermögens im Zeitpunkt der Veräußerung entsprechend dem veräußerten Anteil an der Einzelpraxis

= Veräußerungsgewinn

Im Rahmen der Gründung der Gemeinschaftspraxis wird die Einzelpraxis beendet, so dass bei einer Gewinnermittlung nach § 4 Abs. 3 EStG (Einnahmen-Überschuss-Rechnung) durch die Einzelpraxis ein Übergang zur Gewinnermittlung nach § 4 Abs. 1 EStG (Bilanzierung) erforderlich wird und ein Übergangsgewinn entsteht (siehe Rn 32). Die Gemeinschaftspraxis kann ihren Gewinn wiederum nach § 4 Abs. 3 EStG ermitteln. **97**

bb) „Zweistufenmodell"

In Fällen der entgeltlichen Aufnahme eines Arztes in eine Einzelpraxis wurde zur Steueroptimierung bis zur Änderung des § 16 EStG durch das UntStFG vom 20.12.2001 für Veräußerungen bis zum 31.12.2001 das sog. „Zweistufenmodell" als Gestaltung empfohlen. Nach diesem Modell wurde **zunächst nur ein Zwerganteil** übertragen und hierdurch eine Gemeinschaftspraxis gegründet. Nach Ablauf eine Karenzzeit von mindestens einem Jahr wurde dann durch einen weiteren unabhängigen Vertrag **in einer zweiten Veräußerung ein weiterer (häufig größerer) Anteil** an der Gemeinschaftspraxis an den aufgenommenen Arzt entgeltlich übertragen. Bei Übertragungen von Anteilen eines Mitunternehmeranteils war bis zum 31.12.2001 der dabei entstehende Veräußerungsgewinn nach den §§ 16, 34 EStG steuerbegünstigt. Die zweite umfänglichere Übertragung, also die zweite Stufe, war somit steuerbegünstigt. Dieses Modell wurde bei Einhaltung der Vorgaben (zwischen dem ersten Aufnahmevertrag und der Erhöhung des Anteils liegt mindestens ein Jahr und es besteht keine unwiderrufliche Verpflichtung zur Anteilserhöhung durch einen der Beteiligten) **von der Rechtsprechung anerkannt.**[61] Bei Veräußerungen nach dem 31.12.2001 ist allerdings steuerlich nur noch die Veräußerung des gesamten Mitunternehmeranteils an einer Gemeinschaftspraxis steuerlich begünstigt. Daher hat das „Zweistufenmodell" seine gestalterische Wirkung verloren und es sind andere Gestaltungen zu überlegen, wenn man die sofortige Versteuerung der stillen Reserven in dem übertragenen Anteil vermeiden will. **98**

> *Hinweis* **99**
> Sämtliche nachfolgend dargestellten Modelle im Rahmen von § 24 UmwStG, einer Nutzungsüberlassung oder einem Gewinnverzicht vermeiden zwar eine sofortige Besteuerung des Veräußerungsgewinns, führen allerdings anders als früher beim „Zweistufenmodell" langfristig nicht zu einer durchgreifenden Steuerersparnis, wenn der abgebende Arzt dem Spitzensteuersatz unterliegt. Da der Verzögerung der Besteuerung häufig auch eine Verzögerung hinsichtlich der Verfügungmöglichkeit über den Kaufpreis gegenübersteht, sollte dies in die Gestaltungsüberlegungen mit einbezogen werden.

---

61 BFH – IV R 11/03, BStBl II 2004, 1068.

cc) „Einbringungsmodell" (§ 24 Umwandlungsteuergesetz)

100 Denkbar wäre es, die Aufnahme als Einbringung i.S.d. **§ 24 UmwStG** auf Antrag zu Buchwerten abzuwickeln und damit einen sofort zu versteuernden Veräußerungsgewinn zu vermeiden. Hierzu ist es erforderlich, dass der aufnehmende Arzt seine gesamte Praxis mit allen funktional wesentlichen Betriebsgrundlagen[62] in das Betriebsvermögen der neuen Gemeinschaftspraxis einbringt und Mitunternehmer der Gesellschaft wird. Für die Anwendung von § 24 UmwStG reicht es allerdings auch aus, wenn die funktional wesentlichen Betriebsgrundlagen nicht in das Gesamthandsvermögen, sondern durch eine Nutzungsüberlassung in das Sonderbetriebsvermögen zur Gemeinschaftspraxis eingebracht werden.[63] Der aufzunehmende Arzt muss seine **Zahlung** zum Ausgleich der zu gewährenden Gesellschaftsrechte **allerdings in das Betriebsvermögen der Gemeinschaftspraxis** leisten. In diesem Fall kann durch die Erstellung von Ergänzungsrechnungen (siehe Rn 122) die sofortige Versteuerung eines Veräußerungsgewinns vermieden werden. Nicht begünstigt ist es dagegen, wenn die Zahlung nicht in das Betriebsvermögen der Gemeinschaftspraxis erfolgt, sondern in das Privatvermögen des aufnehmenden Arztes; insoweit ist dann § 24 UmwStG nicht anwendbar. Gleiches gilt – im Sinne eines Gestaltungsmissbrauchs – wenn die Zahlung des aufzunehmenden Arztes zunächst in das Betriebsvermögen der neuen Gemeinschaftspraxis erfolgt, die Zahlung aber zeitnah vom aufnehmenden Arzt in sein Privatvermögen entnommen wird. Solche steuerlichen Umgehungsversuche erkennt die Finanzverwaltung nicht an.[64]

dd) „Überlassungsmodell" (Nutzungsüberlassung der Einzelpraxis)

101 Da es nach § 24 UmwStG ausreicht, die funktional wesentlichen Betriebsgrundlagen nicht in das Gesamthandsvermögen sondern durch eine Nutzungsüberlassung allein in das Sonderbetriebsvermögen zur Gemeinschaftspraxis einzubringen, wäre es auch denkbar, **zunächst kein gemeinschaftliches Vermögen** zu bilden.[65] Der bisherige Praxisinhaber bleibt Eigentümer seiner Praxis und überlässt diese gegen einen entsprechend **höheren Anteil am laufenden Gewinn** der Gemeinschaftspraxis. Damit wird die Gesamtheit der einzelnen Wirtschaftsgüter der **Einzelpraxis steuerlich Sonderbetriebsvermögen bei der Gemeinschaftspraxis**. Der aufnehmende Arzt hätte insoweit kein Entgelt für die Aufnahme zu zahlen, so dass kein sofort steuerpflichtiger Veräußerungsgewinn entstehen kann.

102 Auch die Vereinbarung eines **festen Entgeltes** oder einer festen Vorwegvergütung im Rahmen der Gewinnverteilung zur Abgeltung der Nutzungsüberlassung ist denkbar; dies wäre aber **umsatzsteuerpflichtig** aufgrund eines umsatzsteuerbaren Leistungsaustausches zwischen Gesellschafter und Gesellschaft.[66]

ee) „Gewinnvorabmodell" (Ausgleich über die Gewinnverteilung)

103 Soll hinsichtlich der Wirtschaftgüter gemeinschaftliches Vermögen gebildet werden, aber eine sofortige Versteuerung eines Veräußerungsgewinns dennoch vermieden wer-

---

62 Zur Frage, wann funktional wesentliche Betriebsgrundlagen vorliegen Rn 83.
63 BMF – IV B 7 – S 1978 – 21/98/7 IV B 2 – S 1909-33/98, BStBl I 1998, 268 Rn 24.06.
64 BMF – IV B 7 – S 1978 – 21/98/7 IV B 2 – S 1909-33/98, BStBl I 1998, 268 Rn 24.10.
65 Widmann/Mayer/*Müller*, § 24 UmwStG Rn 6 m.w.N.
66 Hierzu Rn 157 sowie A 6 UStR 2005.

den, kann ein Ausgleich auch über die Gewinnverteilung erfolgen. In diesem Fall zahlt der aufzunehmende Arzt keinen Kaufpreis, sondern verzichtet zugunsten des abgebenden Arztes für eine gewisse Zeit auf Teile des ihm zustehenden Gewinns, bis der übernommene Anteil an den Wirtschaftgütern „abgezahlt" ist. Der abgebende Arzt versteuert dann entsprechend in den Folgejahren den erhöhten Gewinnanteil.

Für diese Fälle ist bei der Formulierung der Gewinnverteilungsabrede aber aus steuerlicher Sicht besondere Vorsicht geboten. Ist der Gewinnausgleich zeitlich und betragsmäßig zu genau fixiert, wird das Finanzamt unterstellen, dass es sich um verdeckte Kaufpreisraten handelt und eine sofortige Besteuerung des Veräußerungsgewinn im Zeitpunkt der Aufnahme des Arztes in die Einzelpraxis vornehmen.[67] In der steuerrechtlichen Literatur werden deshalb zeitlich befristete Formulierungen vorgeschlagen wie[68] „x Jahre lang vorab y % des Gewinns", „y % des Gewinns, bis ein bestimmter Gesamtbetrag erreicht ist" oder „für die Dauer der Sozietät ein bestimmter Mindestgewinnanteil". Es ist aber nicht auszuschließen, dass Formulierungen, die den Vorabgewinn zu genau bestimmen, ebenfalls von der Finanzverwaltung nicht anerkannt werden. **104**

Hinweis **105**
Bei dieser Gestaltung darf die zivilrechtliche Komponente nicht außer Acht gelassen werden. Wird die Gewinnverteilungsabrede aus steuerlichen Gründen variabel formuliert, besteht sowohl für den aufzunehmenden Arzt als auch abgebenden Arzt keine Sicherheit über den am Ende gezahlten Ausgleich. Die Summe des Gewinnvorabs über die Jahre kann höher oder niedriger als der gewollte Kaufpreis sein.

c) Zusammenschluss mehrerer Einzelpraxen zu einer Gemeinschaftspraxis

Der Zusammenschluss mehrerer Einzelpraxen zu einer Gemeinschaftspraxis im Wege der Einzelrechtsnachfolge steht aus steuerlicher Sicht zunächst als tauschähnlicher Vorgang einer Veräußerung der Einzelpraxis gleich.[69] Für die Übertragung der Wirtschaftsgüter der Einzelpraxis erhält der Praxisinhaber als Gegenleistung (neue) Gesellschaftsrechte an der Gemeinschaftspraxis. **106**

Soweit eine Praxis mit allen funktional wesentlichen Betriebsgrundlagen[70] in eine Gemeinschaftspraxis gegen Gewährung neuer Gesellschaftsrechte an der Gemeinschaftspraxis (Einräumung einer Mitunternehmerstellung) eingebracht wird, richten sich die steuerlichen Folgen allerdings nach § 24 UmwStG. Bei der Einbringung im Rahmen des § 24 UmwStG genügt eine Einbringung in das Sonderbetriebsvermögen.[71] Insoweit müssen nicht alle funktional wesentlichen Betriebsgrundlagen der Einzelpraxis in das Gesamthandsvermögen überführt werden. Es reicht aus, wenn diese der Gemeinschaftspraxis insgesamt zur Nutzung überlassen werden. § 24 UmwStG ist aber nur anzuwenden, soweit der Einbringende Mitunternehmer der Gemeinschaftspraxis wird. Diese **107**

---

67 FG München – 16 K 10133/81, EFG 1990, 319. Das Finanzamt hatte die vertragliche Regelung, wonach Y fünf Jahre lang 40.000 DM zu Lasten des Gewinns von X vorab erhalten sollte, nach Auffassung des Finanzgerichts zu Recht als Vereinbarung eines Veräußerungsentgelts angesehen und einen sofort realisierten und zu versteuernden Veräußerungsgewinn abgenommen.
68 *Korn/Strahl*, NWB Fach 3, 13417, 13442.
69 BFH – III R 39/91, BStBl II 1994, 458 m.w.N.
70 Zur Frage, wann funktional wesentliche Betriebsgrundlagen vorliegen Rn 83.
71 BMF – IV B 7 – S 1978 – 21/98/7 IV B 2 – S 1909 – 33/98, BStBl I 1998, 268 Rn 24.06.

formale Voraussetzung ist bei Gemeinschaftspraxen in der Beratungspraxis in der Regel jedoch leicht zu erfüllen.

108 Liegt eine Einbringung nach § 24 UmwStG vor, können auf Antrag die Wirtschaftsgüter anstelle mit den gemeinen Werten (d.h. den Verkehrswerten) mit dem Buchwert angesetzt werden. Durch einen Buchwertansatz bei der Übertragung wird die Aufdeckung der stillen Reserven vermieden und es entsteht kein Veräußerungsgewinn.

109 In der Beratungspraxis werden bei unterschiedlichen Werten der Einzelpraxis im Verhältnis zu den Beteiligungsverhältnissen an der Gemeinschaftspraxis häufig **Zuzahlungen zwischen den Ärzten** vereinbart. Der Gewinn, der durch eine solche Zuzahlung beim Empfänger entsteht, und dessen sofortige Besteuerung kann dadurch vermieden werden, dass die Zuzahlung in das Betriebsvermögen der neuen Gemeinschaftspraxis geleistet wird und dort verbleibt. In diesem Fall ist zur Vermeidung der sofortigen Besteuerung die Aufstellung einer Ergänzungsrechnung erforderlich. Der Gewinn, der durch eine Zuzahlung in das Privatvermögen des Einbringenden entsteht, kann allerdings nicht durch Erstellung einer (negativen) Ergänzungsrechung vermieden werden.

110 *Beispiel*

Die Ärzte A und B bringen ihre jeweiligen Einzelpraxen im Rahmen der Neugründung in die Gemeinschaftspraxis A und B ein, an der beide zur Hälfte beteiligt sein sollen. Die Einzelpraxis von Dr. A hat einen Wert von 300.000 EUR und einen Buchwert (= Kapitalkonto) in Höhe von 100.000 EUR. Die Einzelpraxis von Dr. B hat einen Wert von 250.000 EUR und einen Buchwert in Höhe von 150.000 EUR (= Kapitalkonto). Aufgrund der unterschiedlichen Wertverhältnisse hat Dr. B noch eine Zuzahlung in die Gemeinschaftspraxis zu leisten in Höhe von 50.000 EUR, die dort für anstehende Investitionen verwendet werden soll. Vereinfacht dargestellt ergibt sich folgendes Bild der Eröffnungsbilanz der Gemeinschaftspraxis und der Ergänzungsrechnungen, nach alternativen Methoden mit steuerlich gleichem Ergebnis.

Alternative I

Aktiva	Gemeinschaftspraxis A und B	Passiva	
Betriebsvermögen Dr. A	300.000	Kapitalkonto A	300.000
Betriebsvermögen Dr. B	250.000	Kapitalkonto B	300.000
Zuzahlung Dr. B (Bank)	50.000		
	600.000		600.000

Aktiva	Ergänzungsrechnung A	Passiva	
Weniger-Kapital	200.000	div. Betriebsvermögen	200.000
	200.000		200.000

Aktiva	Ergänzungsrechnung B	Passiva	
Weniger-Kapital	100.000	div. Betriebsvermögen	100.000
	100.000		100.000

Alternative II

Aktiva	Gemeinschaftspraxis A und B	Passiva	
Betriebsvermögen Dr. A	100.000	Kapitalkonto A	150.000
Betriebsvermögen Dr. B	150.000	Kapitalkonto B	150.000
Zuzahlung Dr. B (Bank)	50.000		
	300.000		300.000

Aktiva	Ergänzungsrechnung A	Passiva	
Weniger-Kapital	50.000	div. Betriebsvermögen	50.000
	50.000		50.000

Aktiva	Ergänzungsrechnung B	Passiva	
div. Betriebsvermögen	50.000	Mehr-Kapital	50.000
	50.000		50.000

In der zweiten Alternative hat Dr. B ein positives Mehrkapital in der Ergänzungsrechnung von 50.000 EUR, da er eine Einlage von insgesamt 200.000 EUR leistet (Buchwert 150.000 EUR plus Zuzahlung 50.000 EUR), aber nur ein Kapitalkonto von 150.000 EUR erhält.

111 Bei einer Einbringung in eine Personengesellschaft nach § 24 UmwStG muss der Einbringende zum Einbringungszeitpunkt zur Gewinnermittlung durch Bestandsvergleich (§ 4 Abs. 1 EStG) übergehen und damit eine Schlussbilanz und eine Einbringungsbilanz erstellen, auch wenn der Einbringende selbst wie auch die übernehmende Gesellschaft den Gewinn nach § 4 Abs. 3 EStG als Einnahmen-Überschussrechnung ermitteln.[72]

112 *Praxistipp*
Wegen der Übergangsgewinnermittlung sollte der 1.1. als Übergangsstichtag bei Gewinnermittlern nach § 4 Abs. 3 EStG vermieden werden. Wird der 1.1. gewählt, ist die Schlussbilanz auf den 31.12. des Jahres aufzustellen und der Übergangsgewinn in dem Jahr zu versteuern. Die Einbringung in die Gemeinschaftspraxis und die Rückkehr zur Gewinnermittlung nach § 4 Abs. 3 EStG vollzieht sich dann erst in dem folgenden Veranlagungszeitraum. Dies führt zu einem Vorziehen der Besteuerung und unter Umständen je nach individueller Steuerprogression sogar zu einer Erhöhung der Gesamtsteuerbelastung. Zu empfehlen ist daher eine **Einbringung zum 2.1.** Um der Ernsthaftigkeit der Vereinbarung Ausdruck zu verleihen, sollte hinsichtlich der laufenden Aufwendungen (z.B. Miete, Personalkosten) noch eine anteilige Aufteilung der Kosten des 1.1. vorgenommen werden.

113 Wird die Einzelpraxis nicht mit allen funktional wesentlichen Betriebsgrundlagen eingebracht, sondern funktional wesentliche Betriebsgrundlagen zurückbehalten oder in das Privatvermögen bzw. ein anderes Betriebsvermögen überführt, findet § 24 UmwStG

---

[72] FG Rheinland-Pfalz – 1 K 1608/03, EFG 2006, 1298 – Revision eingelegt BFH – XI R 32/06; so aber auch OFD Frankfurt am Main – S 1978d A 4 St II 2.02, DStZ 2006, 242.

keine Anwendung. In diesen Fällen lässt sich die Aufdeckung der stillen Reserven und damit die Besteuerung eines Veräußerungsgewinns nicht vermeiden.

2. Laufende Besteuerung der Gemeinschaftspraxis

a) Ertragsteuern

aa) Steuerliche Grundsätze zur Mitunternehmerschaft

114 Eine Gemeinschaftspraxis ist ertragsteuerlich regelmäßig eine sog. Mitunternehmerschaft aus Mitunternehmern nach § 18 Abs. 4 i.V.m. § 15 Abs. 1 S. 1 Nr. 2 EStG. Die Finanzverwaltung definiert in Anlehnung an die Rechtsprechung: Mitunternehmer i.S.d. § 15 Abs. 1 S. 1 Nr. 2 EStG ist, wer zivilrechtlich Gesellschafter einer Personengesellschaft ist und eine gewisse unternehmerische Initiative entfalten kann sowie unternehmerisches Risiko trägt. Beide Merkmale können jedoch im Einzelfall mehr oder weniger ausgeprägt sein.[73] Mitunternehmerrisiko trägt im Regelfall, wer am Gewinn und Verlust des Unternehmens und an den stillen Reserven einschließlich eines etwaigen Geschäftswerts beteiligt ist.[74] Mitunternehmerinitiative bedeutet vor allem Teilhabe an den unternehmerischen Entscheidungen, wie sie Gesellschaftern oder diesen vergleichbaren Personen als Geschäftsführern, Prokuristen oder anderen leitenden Angestellten obliegen. Ausreichend ist schon die Möglichkeit zur Ausübung von Gesellschafterrechten, die wenigstens den Stimm-, Kontroll- und Widerspruchsrechten angenähert sind, die einem Kommanditisten nach dem HGB zustehen oder die den gesellschaftsrechtlichen Kontrollrechten nach § 716 Abs. 1 BGB entsprechen.[75]

115 Die Mitunternehmerschaft ist damit gekennzeichnet durch ein gemeinschaftliches Gewinnstreben auf gemeinsames Risiko und gemeinsame Initiative.

116 Im Besteuerungsverfahren erfordert die Mitunternehmerschaft eine gesonderte und einheitliche Feststellung der Besteuerungsgrundlagen nach § 179 ff. AO, um die gemeinschaftlich erzielten Einkünfte zu ermitteln und dann auf die einzelnen Mitunternehmer aufzuteilen. Die so ermittelten Einkünfte gehen dann in die Einkommensteuerveranlagungen der einzelnen Mitunternehmer ein. Dies ist erforderlich, da nur natürliche Personen nach § 1 EStG einkommensteuerpflichtig sind, nicht aber die Personengesellschaften als solche.

117 Ist ein Arzt zivilrechtlich Gesellschafter einer Gemeinschaftspraxis, trägt er aber kein oder ein nur sehr eingeschränktes Mitunternehmerrisiko und kann er keine oder nur eine geringfügige Mitunternehmerinitiative entfalten, liegt ertragsteuerlich im Einzelfall keine Mitunternehmerschaft vor. Dies kann insbesondere in Fällen der **Nullbeteiligungsmodelle**, d.h. bei einer **vermögenslosen Beteiligung**, der Fall sein,[76] wenn ein eintretender Arzt einen festen Gewinnanteil unabhängig vom tatsächlichen Gewinn/Verlust der Gemeinschaftspraxis erhält und er weitgehend von der Geschäftsführung der Gemeinschaftspraxis ausgeschlossen ist. Auch die im **Job-Sharing** gegründete Gemeinschaftspraxis ist in der Beratungspraxis ein Fall, der zu diesem steuerlichen Problem der besonderen Aufmerksamkeit bedarf, wenn der neue Job-Sharing-Partner nicht als vollwertiger Mitunternehmer beteiligt wird.

---

73 H 15.8 Abs. 1 EStR 2005 „Allgemeines".
74 H 15.8 Abs. 1 EStR 2005 „Mitunternehmerrisiko".
75 H 15.8 Abs. 1 EStR 2005 „Mitunternehmerinitiative".
76 Zu Einzelheiten FG Baden-Württemberg – 3 K 101/01, EFG 2005, 1539.

Ist der Arzt nicht als Mitunternehmer anzusehen, ist er entweder wie ein freier Mitarbeiter oder sogar wie ein Arbeitnehmer zu behandeln.[77] Steuerliche Auswirkungen ergeben sich hinsichtlich der zeitlichen Berücksichtigung der Zahlungen an der Arzt und insbesondere zur Frage der Gewerblichkeit (siehe Rn 24 ff.).

bb) Steuerliche Vermögensbereiche einer Gemeinschaftspraxis

Das steuerliche Betriebsvermögen einer Gemeinschaftspraxis bzw. einer Mitunternehmerschaft allgemein umfasst bis zu drei Bereiche:
- den Gesamthandsbereich
- den Ergänzungsbereich und
- den Sonderbetriebsbereich.

(1) Gesamthandsbereich

Das steuerliche Betriebsvermögen eine Personengesellschaft umfasst sämtliche Wirtschaftsgüter, die zum Gesamthandsvermögen der Mitunternehmerschaft gehören. Von diesem Grundsatz sind nur wenige Wirtschaftsgüter ausgenommen, die zum Gesamthandsvermögen der Mitunternehmer gehören. Zu den Ausnahmen gehören insbesondere Wirtschaftsgüter, die auf Dauer ausschließlich oder fast ausschließlich von einem oder mehreren Mitunternehmern privat genutzt werden und unentgeltlich (im Einzelfall auch unterhalb von fremdüblichen Bedingungen) überlassen werden.

Betriebseinnahmen sind in Anlehnung an die Begriffsbestimmung des § 8 Abs. 1 EStG alle Zugänge in Geld oder Geldeswert, die durch den Betrieb veranlasst sind.[78] Betriebsausgaben sind nach § 4 Abs. 4 EStG die Aufwendungen, die durch den Betrieb veranlasst sind. Bezogen auf den Gesamthandsbereich bezieht sich dies auf diejenigen Einnahmen und Ausgaben, die nach dem Gesellschaftsvertrag der Gesellschaft zuzuordnen sind.

(2) Ergänzungsbereich

Der Ergänzungsbereich nimmt steuerlich eine (Wert-)Korrekturfunktion zum Gesamthandsbereich ein und bezieht sich insoweit auch auf die Wirtschaftsgüter des Gesamthandsbereichs.

Die Beteiligung an einer Personengesellschaft (Gesellschaftsanteil) stellt aus steuerlicher Sicht kein eigenes selbständiges Wirtschaftsgut im Sinne eines Rechts dar.[79] Die Beteiligung an einer Personengesellschaft ist vielmehr die Gesamtheit aller Wirtschaftsgüter entsprechend dem Anteil an der Personengesellschaft. Einem Mitunternehmer ist somit jedes einzelne Wirtschaftsgut und jede Schuldenposition entsprechend seinem Anteil gesondert zuzurechnen. Weichen die steuerlichen Werte eines Wirtschaftsgutes des Gesamthandsvermögens von dem persönlichen steuerlichen Wert ab, der dem einzelnen Mitunternehmer zuzurechnen ist, wird es erforderlich, für den einzelnen Mitunternehmer eine Ergänzungsrechnung bzw. Ergänzungsbilanz zur Erfassung dieser Abweichungen aufzustellen. Dies ist z.B. dann der Fall, wenn ein Arzt einen Anteil an einer Gemeinschaftspraxis erwirbt und einen über dem steuerlichen

---

77 Schmidt/*Wacker*, § 18 Rn 42.
78 BFH – III R 175/85, BStBl II 1988, 995.
79 BFH – GrS 7/89, BStBl II 1991, 691.

Buchwert liegenden Kaufpreis zahlt, denn die steuerliche Bewertung der übrigen Gesamthänder wird durch den Erwerb des neuen Mitunternehmers nicht berührt.

124 *Beispiel*
Zum Gesamthandsvermögen einer Personengesellschaft gehört ein Grundstück, das mit historischen Anschaffungskosten von 1.000.000 EUR bewertet ist, mittlerweile aber einen Wert von 1.600.000 EUR hat. Kauft ein Mitunternehmer einen Anteil an der Personengesellschaft von 25 %, beläuft sich sein Anteil an dem Grundstück im Rahmen des Kaufpreises auf 400.000 EUR (25 % von 1.600.000 EUR). In dem Gesamthandsvermögen bleibt das Grundstück steuerlich wie bisher mit 1.000.000 EUR bewertet und auf den neuen Mitunternehmer entfallen mithin nur 250.000 EUR. Da der neue Mitunternehmer jedoch 400.000 EUR bezahlt hat, sind ergänzend außerhalb des Gesamthandsvermögens steuerlich 150.000 EUR zu erfassen. Wird das Grundstück später einmal veräußert, kann der neue Mitunternehmer sowohl den Buchwert im Gesamthandsvermögen (250.000 EUR) und den Wert aus der Ergänzungsrechnung (150.000 EUR), also seinen gesamten auf das Grundstück entfallenden Kaufpreis (400.000 EUR), zur Minderung des Veräußerungserlöses des Grundstücks steuerlich berücksichtigen.

125 Handelt es sich bei dem Wirtschaftsgut um ein abschreibungsfähiges Wirtschaftsgut, sind in der Ergänzungsrechnung entsprechend ergänzende Abschreibungen des einzelnen Mitunternehmers zu den Abschreibungen im Gesamthandsvermögen bei der Ermittlung der Einkünfte zu berücksichtigen.

126 *Beispiel*
Zum Gesamthandsvermögen einer Personengesellschaft gehört ein medizinisches Gerät, das steuerlich nach Abzug der bisherigen Abschreibungen mit einem Buchwert von 90.000 EUR bewertet ist, aber tatsächlich noch einen Wert von 120.000 EUR hat und noch drei Jahre nutzbar ist. Kauft ein Mitunternehmer einen Anteil an der Personengesellschaft von 25 %, beläuft sich sein Anteil an dem Gerät im Rahmen des Kaufpreises auf 30.000 EUR (25 % von 120.000 EUR). In dem Gesamthandsvermögen bleibt das Gerät steuerlich wie bisher mit 90.000 EUR bewertet und wird in den nächsten drei Jahren mit jährlich 30.000 EUR abgeschrieben. Auf den neuen Mitunternehmer entfallen mithin 25 % der Abschreibungen von nur dreimal 7.500 EUR (22.500 EUR). Da der neue Mitunternehmer jedoch 30.000 EUR bezahlt hat, sind ergänzend außerhalb des Gesamthandsvermögens steuerlich drei Jahre lang 2.500 EUR an zusätzlichen Abschreibungen zu erfassen. Auf diese Weise kann der neue Mitunternehmer steuerlich sowohl Abschreibungen im Gesamthandsvermögen (7.500 EUR) und in der Ergänzungsrechnung (2.500 EUR) entsprechend seinem gesamten auf das Gerät entfallenden Kaufpreis (3 × 10.000 EUR = 30.000 EUR) zur Minderung der Einkünfte berücksichtigen.

(3) Sonderbetriebsbereich

127 Zum notwendigen Sonderbetriebsvermögen gehören diejenigen Wirtschaftsgüter, die einem, mehreren oder allen Mitunternehmern gehören und die nicht Gesamthandsvermögen der Mitunternehmer der Personengesellschaft sind, wenn sie entweder unmittelbar dem Betrieb der Personengesellschaft dienen (Sonderbetriebsvermögen I) oder unmittelbar zur Begründung oder Stärkung der Beteiligung des Mitunternehmers an der Personengesellschaft eingesetzt werden sollen (Sonderbetriebsvermögen II). Sonderbetriebsvermögen I sind insoweit insbesondere die Wirtschaftsgüter, die der Arzt seiner Gemeinschaftspraxis entgeltlich oder unentgeltlich zur Nutzung im Rahmen des Praxisbetriebs überlässt. Hierzu gehören z.B. Gebäude, Geräte und Einrichtungen oder auch immaterielle Wirtschaftsgüter. Zum Sonderbetriebsvermögen II kann z.B. die Beteiligung eines Zahnarztes an einer Dentallabor GmbH gehören, wenn zwischen der Dentallabor GmbH und der zahnärztlichen Gemeinschaftspraxis eine besonders enge wirtschaftliche Verflechtung besteht.[80]

Persönliche Schulden eines Mitunternehmers, die in objektivem Zusammenhang zu den Wirtschaftsgütern des Gesamthandsvermögens oder des Sonderbetriebsvermögens des Mitunternehmers stehen, gehören zum notwendigen passiven Sonderbetriebsvermögen (II). 128

Neben notwendigem Sonderbetriebsvermögen ist noch gewillkürtes Sonderbetriebsvermögen denkbar. Solche Wirtschaftsgüter können zum gewillkürten Betriebsvermögen gehören, wenn sie objektiv geeignet und subjektiv dazu bestimmt sind, den Betrieb der Gesellschaft (Sonderbetriebsvermögen I) oder die Beteiligung des Gesellschafters (Sonderbetriebsvermögen II) zu fördern. Auch ein einzelner Gesellschafter kann gewillkürtes Sonderbetriebsvermögen bilden. 129

Notwendiges Privatvermögen (Private Nutzung von mehr als 90 %) kann nicht gewillkürt werden. 130

> *Beispiel* 131
> Einem Arzt gehört ein Gebäude mit drei gleich großen Einheiten. Eine Einheit vermietet er an die Gemeinschaftspraxis, an der er als Mitunternehmer beteiligt ist. Die zweite Einheit vermietet er an fremde Dritte. Die dritte Einheit nutzt er ausschließlich für private Wohnzwecke.

Die erste Einheit ist notwendiges Sonderbetriebsvermögen. Die zweite Einheit gehört grundsätzlich zum Privatvermögen. Der Arzt kann sie aber nach freier Entscheidung auch als gewillkürtes Sonderbetriebsvermögen behandeln. Die dritte Einheit ist notwendiges Privatvermögen. 132

Die Art der Gewinnermittlung spielt für diese Frage keine Bedeutung.[81] 133

Sonderbetriebseinnahmen und -ausgaben sind Erträge und Aufwendungen des Gesellschafters einer Gemeinschaftspraxis, die durch seine Beteiligung an der Gesellschaft veranlasst sind. Hiervon abzugrenzen sind Betriebseinnahmen und Betriebsausgaben, die durch einen eigenen weiteren Betrieb des Mitunternehmers, z.B. eine weitere gesonderte Praxis, verursacht werden.[82] Unter Umständen sind Aufwendungen zwischen den einzelnen Praxen aufzuteilen.[83] 134

cc) Steuerpflicht und Gewinnermittlung

Nach § 1 EStG sind nur natürliche Personen nach dem Einkommensteuergesetz steuerpflichtig. Personengesellschaften sind somit selbst nicht einkommensteuerpflichtig. Die 135

---

80 OFD Frankfurt am Main – S 2134 A-14-St II 21, GmbH-Rdsch 2001, 163; vgl. auch BFH – IV R 12/03, BStBl II 2006, 361.
81 R 4.2 Abs. 1 EStR 2005.
82 H 4.7 EStR 2005 „Sonderbetriebseinnahmen und -ausgaben".
83 Dies ist z.B. der Fall, wenn ein Arzt eine Einzelpraxis betreibt, zugleich aber auch Mitunternehmer einer Teilgemeinschaftspraxis ist. Nutzt der Arzt ein ihm gehörendes Gerät sowohl für seine Praxis als auch im Rahmen der Teilgemeinschaftspraxis, ist zu entscheiden, ob das Gerät Betriebsvermögen der Einzelpraxis oder Sonderbetriebsvermögen zur Teilgemeinschaftspraxis ist. Die entstehenden Aufwendungen sind zudem zwischen den beiden Praxen aufzuteilen (siehe ausführlich Rn 210 ff.).

Einkünfte von Personengesellschaften sind daher nach § 179 ff. AO gesondert und einheitlich festzustellen und auf die einzelnen Mitunternehmer aufzuteilen.

136 Im Rahmen der Gewinnfeststellung der Personengesellschaft werden zunächst auf Ebene des Gesamthandsvermögens die Einkünfte ermittelt und im Rahmen der Gewinnverteilung verteilt. Im Anschluss sind noch der Ergänzungsbereich und die Sonderbetriebseinnahmen und -ausgaben des einzelnen Mitunternehmers zu berücksichtigen, um die Einkünfte des einzelnen Mitunternehmers zutreffend festzustellen. Die auf diese Weise ermittelten Einkünfte gehen dann in den Folgebescheid ein, bei Gemeinschaftspraxen in der Regel in den Einkommensteuerbescheid des Arztes.

137 Wichtig in diesem Zusammenhang ist, dass Sonderbetriebseinnahmen und -ausgaben im Rahmen der Gewinnfeststellung der Personengesellschaft zu berücksichtigen sind[84] und nicht direkt im Rahmen der Einkommensteuererklärung des Mitunternehmers berücksichtigt werden können. Wird dies nicht beachtet, können unter Umständen aus verfahrensrechtlichen Gründen Sonderbetriebsausgaben für die steuerliche Berücksichtigung verloren gehen.

138 Wie bei der Einzelpraxis kann die Gemeinschaftspraxis zwischen der Gewinnermittlung durch Betriebsvermögensvergleich nach § 4 Abs. 1 EStG und der Gewinnermittlung durch Einnahmen-Überschussrechnung nach § 4 Abs. 3 EStG wählen (ausführlich dazu siehe Rn 31 ff.).

dd) Einkunftsart und Abgrenzung

139 Grundsätzlich gelten für die Frage, ob ein Arzt freiberuflich oder gewerblich tätig ist, die gleichen ertragsteuerlichen Grundsätze wie für den niedergelassenen Arzt in eigener Praxis (ausführlich dazu siehe Rn 23 ff.), insbesondere zur Frage der Mithilfe fachlich vorgebildeter Arbeitskräfte.

140 Schließen sich Angehörige eines freien Berufs zu einer Personengesellschaft mit der Absicht, gemeinschaftlich Gewinn zu erwirtschaften, zusammen, haben die Gesellschafter aber nur dann freiberufliche Einkünfte, wenn alle Gesellschafter die Merkmale eines freien Berufs erfüllen. Kein Gesellschafter darf nur kapitalmäßig beteiligt sein oder Tätigkeiten ausüben, die keine freiberuflichen sind.[85] Ist also ein Nicht-Arzt, z.B. ein Krankenhaus, an einer Kooperation beteiligt oder ist ein Arzt nur kapitalmäßig beteiligt, ohne in der Gesellschaft aktiv tätig zu sein, ist die Personengesellschaft nicht mehr freiberuflich sondern gewerblich tätig.

141 Üben Personengesellschaften zudem auch nur z.T. eine nicht nur geringfügige (bis 1,25 % des Gesamtumsatzes) gewerbliche Tätigkeit aus, so ist der gesamte Betrieb nach § 15 Abs. 3 Nr. 1 EStG als gewerblich zu behandeln. Die Höhe der Geringfügigkeitsgrenze ist nicht abschließend definiert und bisher nur für einen Anteil von 1,25 % des Gesamtumsatzes gesichert durch den BFH entschieden.[86] Ob der BFH ggf. auch einen etwas höheren Anteil auch noch als geringfügig akzeptieren würde, wäre abzuwarten.

---

84 H 4.7 EStR 2005 „Sonderbetriebseinnahmen und -ausgaben".
85 H 15.6 EStR 2005 „Gesellschaft".
86 H 15.8 Abs. 5 EStR 2005 „Geringfügige gewerbliche Tätigkeit".

Beispiel

Eine augenärztliche Gemeinschaftspraxis betreibt auch den Handel mit Kontaktlinsen und Pflegemitteln im Rahmen ihrer Praxis und erwirtschaftet damit mehr als 3 % ihres Umsatzes. Als Folge ist die Gemeinschaftspraxis insgesamt, also auch mit den augenärztlichen Umsätzen, als gewerblich tätig anzusehen.

Praxistipp

In der Praxis hat es sich durchgesetzt, in diesen Fällen eine personenidentische zweite Gesellschaft, hier eine Kontaktlinsen GbR, zu gründen, die die gewerblichen Tätigkeiten übernimmt, so dass die ärztlich tätige Gesellschaft freiberuflich bleibt.

Ob tatsächlich eine zweite personenidentische Gesellschaft gegründet worden ist und diese die gewerblichen Leistungen erbracht hat, ist aufgrund der objektiven Gegebenheiten des Einzelfalls zu entscheiden. Unabdingbare Voraussetzung für die Annahme einer zweiten Personengesellschaft ist nach der Rechtsprechung des BFH, dass die zweite Gesellschaft nach außen erkennbar geworden ist. Im Übrigen ist aufgrund von Beweisanzeichen (z.B. getrennte Bankkonten und Kassen, verschiedene Rechnungsvordrucke, eigenständige Buchführung) festzustellen, ob und inwieweit die zweite Gesellschaft eine von der ersten Gesellschaft abgrenzbare Tätigkeit entfaltet hat.[87]

Auf eine objektiv erkennbare Trennung der Tätigkeiten ist daher in der Beratungspraxis besonderer Wert zu legen. Der Gesellschaftsvertrag muss so gestaltet sein, dass die Gesellschaft wirtschaftlich, organisatorisch und finanziell von der ärztlichen Gemeinschaftspraxis unabhängig ist. Es sind getrennte Aufzeichnungen oder Bücher zu führen, besondere Bank- und Kassenkonten einzurichten sowie eigene Rechnungsformulare zu verwenden. Die Materialien für die gewerbliche Tätigkeit (z.B. die Kontaktlinsen, Pflegemittel, Mundhygiene- bzw. Mundpflegeartikel) sind getrennt vom Betriebsvermögen der ärztlichen Gemeinschaftspraxis zu lagern.

Überlässt die ärztliche Gemeinschaftspraxis der gewerblichen Gesellschaft bürgerlichen Rechts für deren Zwecke Personal, Räume oder Einrichtungen usw. gegen Aufwendungsersatz, führt dies bei der ärztlichen Gemeinschaftspraxis mangels Gewinnerzielungsabsicht nicht zu Einkünften aus Gewerbebetrieb. Kann die Höhe dieser Aufwendungen nicht nach dem Verursacherprinzip ermittelt werden, ist es nicht zu beanstanden, wenn sie entsprechend dem Verhältnis der Umsätze beider Gesellschaften zueinander oder nach einem entsprechenden Schlüssel geschätzt werden und der geschätzte Betrag der ärztlichen Gemeinschaftspraxis erstattet wird. Die ärztliche Gemeinschaftspraxis hat einen Aufwendungsersatz durch die Gesellschaft bürgerlichen Rechts im Rahmen ihrer Einkünfte aus selbständiger Arbeit zu erfassen.[88]

b) Umsatzsteuern

aa) Leistungen und Lieferungen der Gemeinschaftspraxis

Der Umsatzsteuer unterliegen nach § 1 Abs. 1 Nr. 1 UStG die Lieferungen und sonstigen Leistungen, die ein Unternehmer im Inland gegen Entgelt im Rahmen seines Unternehmens ausführt. Unternehmer ist dabei nach § 2 Abs. 1 UStG, wer eine gewerbliche oder berufliche Tätigkeit selbständig ausübt. Gewerblich oder beruflich ist jede nachhaltige Tätigkeit zur Erzielung von Einnahmen, auch wenn die Absicht, Gewinne

---

[87] BFH – IV R 11/97, BStBl II 1998, 603 m.w.N.
[88] BMF – IV B 4 – S 2246 – 23/97 – BStBl I 1997, 566.

zu erzielen, fehlt oder eine Personenvereinigung nur gegenüber ihren Mitgliedern tätig wird. Eine selbständige Tätigkeit liegt vor, wenn sie auf eigene Rechnung und auf eigene Verantwortung ausgeübt wird.[89]

148 Das Umsatzsteuerrecht unterscheidet dabei zur Frage, wer **Unternehmer** sein kann, nicht zwischen natürlichen Personen, Kapitalgesellschaften oder Personenvereinigungen, wie einer Gemeinschaftspraxis. Unternehmer im umsatzsteuerlichen Sinne ist jedes selbständig tätige Wirtschaftsgebilde, das nachhaltige Leistungen gegen Entgelt ausführt. Dabei kommt es weder auf die Rechtsform noch auf die Rechtsfähigkeit des Leistenden an.[90] Für die Unternehmereigenschaft einer Personengesellschaft ist es sogar unerheblich, ob ihre Gesellschafter Mitunternehmer i.S.d. § 15 Abs. 1 S. 1 Nr. 2 EStG sind.[91]

149 Wem eine Leistung als Unternehmer zuzurechnen ist, richtet sich danach, wer dem Leistungsempfänger gegenüber als Schuldner der Leistung auftritt. Dies ergibt sich regelmäßig aus den abgeschlossenen zivilrechtlichen Vereinbarungen. Leistender ist in der Regel derjenige, der die Leistung im eigenen Namen gegenüber einem anderen selbst oder durch einen Beauftragten ausführt.[92]

150 Die Gemeinschaftspraxis ist damit genauso Unternehmer wie der niedergelassene Arzt im Rahmen einer Einzelpraxis und unterliegt damit den gleichen umsatzsteuerlichen Grundsätzen. Es ist daher genauso zu prüfen, ob die Gemeinschaftspraxis im Bereich der Humanmedizin ärztliche Heilbehandlungsleistungen mit einem therapeutischen Ziel durch dafür qualifizierte Leistungserbringer ausführt (siehe Rn 49 ff.).

bb) Leistungsaustausch zwischen Arzt und Gemeinschaftspraxis

(1) Grundsätze zum Leistungsaustausch bei Gesellschaftsverhältnissen

151 Bei Gemeinschaftspraxen ist zu beachten, dass nicht nur die Gemeinschaftspraxis umsatzsteuerlicher Unternehmer ist, sondern daneben auch der beteiligte Arzt selbst Unternehmer sein und als solcher selbständig gegenüber der Gemeinschaftspraxis auftreten kann. Zwischen Personengesellschaften und ihren Gesellschaftern ist damit ein **Leistungsaustausch möglich**.[93]

152 Der Gesellschafter einer Personengesellschaft kann grundsätzlich frei entscheiden, in welcher Eigenschaft er für die Gesellschaft tätig wird. Ein Gesellschafter kann an die Gesellschaft sowohl Leistungen erbringen, die ihren Grund in einem gesellschaftsrechtlichen Beitragverhältnis haben (**nichtsteuerbarer Gesellschafterbeitrag**), als auch Leistungen, die auf einem gesonderten schuldrechtlichen Austauschverhältnis beruhen (**umsatzsteuerbarer Leistungsaustausch**). Die umsatzsteuerrechtliche Behandlung dieser Leistungen richtet sich danach, ob es sich um Leistungen handelt, die als Gesellschafterbeitrag **durch die Beteiligung am Gewinn oder Verlust der Gesellschaft abgegolten** werden, oder um Leistungen, die gegen **Sonderentgelt** ausgeführt werden und damit auf einen Leistungsaustausch gerichtet sind. Entscheidend ist die tatsächliche Ausführung des Leistungsaustausches und nicht allein die gesellschaftsrechtliche

---

89 A 17 Abs. 1 UStR 2005.
90 A 16 Abs. 1 UStR 2005.
91 A 16 Abs. 2 UStR 2005.
92 A 16 Abs. 3 UStR 2005.
93 A 6 Abs. 1 UStR 2005.

Verpflichtung. Umsatzsteuerrechtlich maßgebend für das Vorliegen eines Leistungsaustausches ist es, dass ein Leistender und ein Leistungsempfänger vorhanden sind und der Leistung eine Gegenleistung gegenübersteht.[94] Für die Beurteilung ist es dabei unerheblich, ob die getroffenen Abmachungen dem widersprechen, was unter Fremden üblich ist, so z.B. eine im Fremdvergleich zu geringe Gegenleistung.[95]

153 Auf die Bezeichnung der Gegenleistung z.B. als Aufwendungsersatz, als Umsatzbeteiligung oder als Kostenerstattung kommt es nicht an. Wird im Rahmen der Ergebnisverwendung ein Gewinnvorab aus dem Gewinn verteilt, ist dieser Gewinnvorab kein Sonderentgelt. Ein Leistungsaustausch liegt hingegen vor, wenn der Gesellschafter eine Vergütung erhält (auch wenn diese als Gewinnvorab bezeichnet wird), die im Rahmen der Ergebnisermittlung als Aufwand der Gesellschaft behandelt wird. Die Vergütung ist in diesem Fall Gegenleistung für die erbrachte Leistung. Auch gewinnabhängige Vergütungen können ein zur Steuerbarkeit führendes Sonderentgelt darstellen, wenn sie sich nicht nach dem vermuteten, sondern nach den tatsächlich erbrachten Gesellschafterleistungen bemessen.[96] Gewinnunabhängige Vorabvergütungen (feste Vorwegvergütung), auch wenn sie erst im Rahmen der Gewinnverteilung berücksichtigt werden, können zu der Annahme eines Sonderentgeltes führen und damit zu einem umsatzsteuerbaren Leistungsaustausch.

154 Im Rahmen der Beratung ärztlicher Gemeinschaftspraxen kommt der Beurteilung der Leistungsbeziehungen nach diesen Grundsätzen besondere Bedeutung zu. In der Regel führt die Gemeinschaftspraxis überwiegend umsatzsteuerfreie ärztliche Heilbehandlungsleistungen nach § 14 UStG aus. Diese Umsatzsteuerbefreiung führt zugleich dazu, dass in Rechnung gestellte Umsatzsteuer anderer Unternehmer nicht als Vorsteuer in Abzug gebracht werden kann. Erbringt ein Arzt als Gesellschafter einer Gemeinschaftspraxis umsatzsteuerpflichtige Lieferungen oder sonstige Leistungen an die Gemeinschaftspraxis, zahlt er somit Umsatzsteuer, die die Gemeinschaftspraxis nicht als Vorsteuer in Abzug bringen kann. Insoweit entsteht eine zusätzliche Umsatzsteuerbelastung.

155 Diese Umsatzsteuerbelastung reduziert sich z.T. dadurch, dass der Arzt in Folge seiner Umsatzsteuerpflicht wiederum eine Berechtigung zum Vorsteuerabzug hat. Ist die Umsatzsteuerbelastung größer als der Vorsteuerabzug, verbleibt eine Nettobelastung.

156 *Hinweis*
Diese Nettobelastung lässt sich auch nicht dadurch vermeiden, dass eine im Fremdvergleich zu geringe Gegenleistung (Entgelt) vereinbart wird. Denn in diesen Fällen ist zu beachten, dass § 10 Abs. 4 und 5 UStG eine **Mindestbemessungsgrundlage** für Umsätze zwischen Gesellschaftern und ihren Gesellschaften vorsieht, die dann an die Stelle der vereinbarten Gegenleistung tritt.

(2) Nutzungsüberlassungen an die Gemeinschaftspraxis

157 Die Nutzungsüberlassung eines Gesellschafters an die Gesellschaft gegen Sonderentgelt ist nach den Grundsätzen zum Leistungsaustausch bei Gesellschaftsverhältnissen als steuerbare Vermietungsleistung zu beurteilen. Handelt es sich hierbei um eine Grundstücksvermietung, ist die Vermietung nach § 4 Nr. 12 UStG umsatzsteuerfrei.

---

[94] A 6 Abs. 3 UStR 2005.
[95] BFH – XI R 52/90, BStBl II 1993, 562.
[96] A 6 Abs. 4 UStR 2005.

Handelt es sich um die Vermietung beweglicher Gegenstände, ist die Vermietung umsatzsteuerpflichtig.

158

Beispiel

An der radiologischen Gemeinschaftspraxis sind Dr. A, Dr. B und Dr. C zu je einem Drittel beteiligt. Am 1.1.2007 erwirbt Dr. A auf eigene Rechnung ein medizinisches Großgerät zum Preis von 500.000 EUR zzgl. Umsatzsteuer in Höhe von 95.000 EUR (19 %), das er der Praxis zur Nutzung überlässt. Der Gesellschaftsvertrag wird dahingehend geändert, dass Dr. A neben der allgemeinen Beteiligung am Gewinn in den nächsten acht Jahren vorab eine monatliche Vergütung in Höhe von 6.200 EUR, d.h. jährlich 74.400 EUR zusteht. Diese Vergütung ist unabhängig vom Ergebnis der Gemeinschaftspraxis (Gewinn oder Verlust) zu zahlen. Nach Ablauf von acht Jahren veräußert Dr. A das Gerät für 95.200 EUR.

Dr. A erbringt durch die Vereinbarung eines gewinnunabhängigen Sonderentgeltes eine umsatzsteuerpflichtige Vermietungsleistung an die Gemeinschaftspraxis. Aus der vereinbarten Vergütung entsteht grundsätzlich jährlich eine Umsatzsteuer in Höhe von 11.879 EUR (Bemessungsgrundlage 62.521 EUR zzgl. 11.879 EUR (19 %) Umsatzsteuer = 74.400 EUR vereinbartes Entgelt). Nach Auffassung der Finanzverwaltung beläuft sich die Mindestbemessungsgrundlage nach § 10 Abs. 5 i.V.m. Abs. 4 UStG in den ersten fünf Jahren jedoch auf jährlich 100.000 EUR und damit die Umsatzsteuer von 19 % auf 19.000 EUR.[97] Da die Mindestbemessungsgrundlage in den ersten fünf Jahren höher ist als das vereinbarte Entgelt, ist insoweit in diesen Jahren die Mindestbemessungsgrundlage maßgeblich. Im Rahmen der Veräußerung des Großgerätes beläuft sich die entstehende Umsatzsteuer auf einen Betrag in Höhe von 15.200 EUR (Bemessungsgrundlage 80.000 EUR zzgl. 15.200 EUR (19 %) Umsatzsteuer = 95.200 EUR vereinbarter Kaufpreis). Insgesamt schuldet Dr. A damit im Rahmen der Nutzungsüberlassung dem Finanzamt 145.837 EUR an Umsatzsteuer (1.–5. Jahr (5 ×) 19.000 EUR, 6.–8. Jahr (3 ×) 11.879 EUR sowie aus dem Verkauf 15.200 EUR). Im Gegenzug hat Dr. A das Recht zum Abzug der Vorsteuer aus der Anschaffung in Höhe von 95.000 EUR. Es verbleibt aber über alle Jahre eine Nettobelastung mit Umsatzsteuer in Höhe von 50.830 EUR (145.837 EUR Umsatzsteuer abzgl. 95.000 EUR Vorsteuer).

159

Praxistipp

In der Beratungspraxis sollten soweit möglich Sonderentgelte vermieden werden. Die Abgeltung sollte stattdessen über einen höheren Gewinnanteil erfolgen. In dem obigen Beispiel könnte im Gesellschaftsvertrag anstelle des Sonderentgeltes vereinbart werden, dass Dr. A aus dem Gewinn vorab 20 % zustehen, maximal 74.400 EUR. Es ist jedoch zu beachten, dass dies für Dr. A Risiken in Bezug auf die tatsächliche Abgeltung der Nutzungsüberlassung mit sich bringt.

160

Sollen Sondervergütungen vereinbart werden, empfiehlt es sich in der Beratungspraxis die Dauer der Vergütungen an den Berichtigungszeitraum des § 15a UStG von fünf Jahren bei beweglichen Wirtschaftsgütern anzupassen, um die Mindestbemessungsgrund-

---

[97] A 155 UStR 2005; Nach Auffassung der Finanzverwaltung sind die mit Vorsteuer belasteten Anschaffungskosten auf den Berichtigungszeitraum für Vorsteuern nach § 15a UStG zu verteilen, bei beweglichen Wirtschaftsgütern in der Regel 5 Jahre (§ 10 Abs. 4 Nr. 2 S. 3 UStG). Diese Auffassung wurde trotz Bedenken in der Literatur vom EuGH als vereinbar mit der 6. EG-Richtlinie erklärt, EuGH – C 72/05, BStBl II 2007, 32.

lage weitgehend zu vermeiden. Nach Ablauf des Berichtigungszeitraums des § 15a UStG kann die Überlassung dann für die restliche Zeit unentgeltlich erfolgen.

(3) Geschäftsführungsvergütungen der Gemeinschaftspraxis

Mit Urteil vom 6.6.2002[98] hat der BFH seine umsatzsteuerliche Rechtsprechung zum Leistungsaustausch bei Geschäftsführungs- und Vertretungsleistungen der Gesellschafter an die Gesellschaft gegen (Sonder-)Entgelt grundlegend geändert. Seither kann auch die Ausübung der Gesellschaftsrechte im Bereich der Geschäftsführung und Vertretung der Gesellschaft als Leistung eines Gesellschafters an die Gesellschaft zu einem umsatzsteuerpflichtigen Umsatz führen.

161

In diesem Zusammenhang gilt es insbesondere folgende Fragen zu klären:

162

Erstens: Erfüllt der Gesellschafter selbst die Voraussetzungen für einen Unternehmer im umsatzsteuerlichen Sinne? Dies ist der Fall, wenn der Arzt eine nachhaltige Tätigkeit zur Erzielung von Einnahmen selbständig ausübt.

Zweitens: Findet ein Leistungsaustausch im umsatzsteuerlichen Sinne zwischen dem Gesellschafter und der Gesellschaft statt? Nach Auffassung des BFH in seinem Urteil setzt ein Leistungsaustausch bezogen auf Geschäftsführungs- und Vertretungsleistungen für eine Personengesellschaft durch einen Gesellschafter lediglich voraus, dass ein Leistender und ein Leistungsempfänger vorhanden sind und der Leistung eine Gegenleistung gegenübersteht, also ein unmittelbarer Zusammenhang zwischen Leistung und Gegenleistung besteht.

163

Natürliche Personen als Gesellschafter, die Geschäftsführungs- und Vertretungsleistungen an eine Personengesellschaft erbringen, werden unter den Voraussetzungen des § 2 Abs. 1 UStG in der Regel selbständig tätig. Weisungsgebundenheit i.S.d. § 2 Abs. 2 Nr. 1 UStG für die Annahme einer nichtselbständigen Tätigkeit wird in diesen Fällen in der Regel nicht vorliegen, weil der Gesellschafter Mitunternehmer i.S.d. § 15 Abs. 1 S. 1 Nr. 2 EStG ist. Gemäß Abschnitt 17 Abs. 1 S. 8 UStR 2005 ist die Frage der Selbständigkeit natürlicher Personen für die Umsatzsteuer, Einkommensteuer und Gewerbesteuer nach denselben Grundsätzen zu beurteilen. Auch ein gesellschaftsvertraglich vereinbartes Weisungsrecht der Personengesellschaft gegenüber ihrem Gesellschafter kann nicht zu einer Weisungsgebundenheit i.S.d. § 2 Abs. 2 Nr. 1 UStG führen.[99] Gesellschafter, die Mitunternehmer sind, erfüllen damit in der Regel die Voraussetzungen eines selbständigen Unternehmers. Vereinbaren somit die Gesellschaft und der Gesellschafter für eine Tätigkeit im Rahmen der Geschäftsführung und Vertretung eine gesonderte Vergütung, führt dies zu einem umsatzsteuerpflichtigen Entgelt.

164

Es sind jedoch auch Ausnahmefälle denkbar, bei denen der Gesellschafter als Mitunternehmer als nicht selbständig im umsatzsteuerlichen Sinne anzusehen ist. Aus ertragsteuerlicher Sicht ist der Fall denkbar, dass die Tätigkeit des Gesellschafters im Grundsatz nach der Vertragsgestaltung als nichtselbständig ausgeübte Tätigkeit anzusehen ist. Die Tätigkeitsvergütung wird im Ergebnis jedoch nicht den Einkünften aus nichtselbständiger Arbeit nach § 19 EStG, sondern aufgrund der Sonderregelung des § 15 Abs. 1 S. 1 Nr. 2 EStG als Vergütung für Tätigkeiten im Dienst der Gesellschaft zu Gewinneinkünften (Sonderbetriebseinnahmen) i.S.d. § 15 EStG oder § 18 EStG umqualifiziert. Diese Regelung dient lediglich der möglichst einheitlichen Ertragsbesteuerung von

165

---

98 BFH – V R 43/01, BStBl II 2003, 36.
99 BMF – IV B 7 – S 7100 – 246/03, BStBl I 2004, 240.

Einzel- und Mitunternehmern und beinhaltet keine Aussage zur umsatzsteuerlichen Selbständigkeit i.S.v. § 2 Abs. 1 UStG.[100] Für die Beurteilung, ob die Tätigkeit nicht selbständig i.S.d. § 2 Abs. 2 Nr. 1 UStG ausgeübt wird, können die in H 67 LStH 2007 unter dem Stichwort „Allgemeines" genannten Kriterien sinngemäß herangezogen werden.

166 *Beispiel*
Dr. A ist Mitglied einer Gemeinschaftspraxis. Er erhält von dieser eine Tätigkeitsvergütung für seine Geschäftsführungsleistung gegenüber der Gemeinschafspraxis. Zwischen den Parteien ist ein Arbeitsvertrag geschlossen, der u.a. Urlaubsanspruch, feste Arbeitszeiten, Lohnfortzahlung im Krankheitsfall und Weisungsgebundenheit etc. regelt und bei Anwendung der für das Ertrag- und Umsatzsteuerrecht einheitlichen Abgrenzungskriterien zu Einkünften aus nichtselbständiger Arbeit führen würde.

Ertragsteuerrechtlich erzielt Dr. A aus der Tätigkeit Einkünfte aus freiberuflicher Tätigkeit nach § 18 i.V.m. § 15 Abs. 1 S. 1 Nr. 2 EStG; umsatzsteuerrechtlich ist er dagegen nicht selbständig tätig und die Leistung ist nicht umsatzsteuerbar.

167 *Hinweis*
Bei Gestaltungsüberlegungen sollte im Einzelfall nur mit dem Instrument des Arbeitsvertrages sehr vorsichtig umgegangen werden. Wird nach Umsetzung der Vereinbarung im Einzelfall vom Finanzamt die Auffassung vertreten, die Voraussetzungen der Arbeitnehmereigenschaft lägen nicht vor, kann dies zu erheblichen Umsatzsteuernachforderungen führen.

168 Liegt eine Selbständigkeit im umsatzsteuerlichen Sinne vor und ist der Gesellschafter Unternehmer im umsatzsteuerlichen Sinne, ist im zweiten Schritt zu prüfen, ob ein umsatzsteuerbarer Leistungsaustausch vorliegt (siehe Rn 151 ff.).[101]

169 *Beispiel*
Dr. A ist Mitglied einer Gemeinschaftspraxis. Er erhält neben seinem nach der Anzahl der Gesellschafter und ihrem Kapitaleinsatz bemessenen Gewinnanteil für die Führung der Geschäfte und die Vertretung der Gemeinschaftspraxis eine zu Lasten des Praxisgewinns verbuchte Vergütung von jährlich 120.000 EUR als Festbetrag.

Die Vorwegvergütung ist Sonderentgelt; Dr. A führt seine Geschäftsführungs- und Vertretungsleistungen im Rahmen eines Leistungsaustauschs aus.

170 *Beispiel*
Dr. A ist Mitglied einer Gemeinschaftspraxis. Er erhält neben seinem nach der Anzahl der Gesellschafter und ihrem Kapitaleinsatz bemessenen Gewinnanteil für die Führung der Geschäfte und die Vertretung der Gemeinschaftspraxis im Rahmen der Gewinnverteilung auch im Verlustfall einen festen Betrag von 120.000 EUR vorab zugewiesen (gewinnunabhängige Vorabvergütung).

Der vorab zugewiesene Gewinn ist Sonderentgelt; der Gesellschafter führt seine Geschäftsführungs- und Vertretungsleistungen im Rahmen eines Leistungsaustauschs aus.

---

100 BMF v. 31.5.07 – IV A 5 – S 7100/07/0031, BStBl I 2007, 503.
101 BMF v. 31.5.07 – IV A 5 – S 7100/07/0031, BStBl I 2007, 503.

Beispiel 171

Dr. A ist Mitglied einer Gemeinschaftspraxis, an der neben ihm Dr. B und Dr. C zu je einem Drittel beteiligt sind. Die Führung der Geschäfte und die Vertretung der Gemeinschaftspraxis obliegen nach den gesellschaftsrechtlichen Vereinbarungen ausschließlich Dr. A.

Die Leistung des Dr. A ist mit seinem nach der Anzahl der beteiligten Gesellschafter und ihrem Kapitaleinsatz bemessenen Anteil am Ergebnis (Gewinn und Verlust) der Gemeinschaftspraxis abgegolten; A, B und C sind zu gleichen Teilen am Ergebnis beteiligt.

Dr. A ist mit 40 %, Dr. B und Dr. C mit jeweils 30 % am Ergebnis (Gewinn und Verlust) der Gemeinschaftspraxis beteiligt.

Dr. A erhält im Gewinnfall 25 % des Gewinns vorab (ggf. bis maximal 120.000 EUR), im Übrigen wird der Gewinn nach der Anzahl der Gesellschafter und ihrem Kapitaleinsatz verteilt; ein Verlust wird ausschließlich nach der Anzahl der Gesellschafter und ihrem Kapitaleinsatz verteilt.

Die ergebnisabhängigen Gewinn- bzw. Verlustanteile des Dr. A sind kein Sonderentgelt; Dr. A führt seine Geschäftsführungs- und Vertretungsleistungen nicht im Rahmen eines Leistungsaustauschs aus, sondern erbringt jeweils Gesellschafterbeiträge.

Entnahmen, zu denen der Gesellschafter nach Art eines Abschlags auf den nach der Anzahl der Gesellschafter und ihrem Kapitaleinsatz bemessenen Anteil am Gewinn der Gesellschaft berechtigt ist, begründen grundsätzlich kein Leistungsaustauschverhältnis. Ein gesellschaftsvertraglich vereinbartes garantiertes Entnahmerecht, nach dem die den Gewinnanteil übersteigenden Entnahmen nicht zu einer Rückzahlungsverpflichtung führen, führt dagegen wie die Vereinbarung einer Vorwegvergütung zu einem Leistungsaustausch. 172

(4) Erbringung ärztlicher Leistungen an die Gemeinschaftspraxis

Auch im Bereich ärztlicher Leistungen ist ein Leistungsaustausch zwischen dem Arzt und seiner Gemeinschaftspraxis nach den vorgenannten Grundsätzen denkbar. In Bezug auf die Umsatzsteuerbefreiung unterliegen diese Leistungen der gleichen Prüfung wie die Leistungen eines niedergelassenen Arztes in einer Einzelpraxis (siehe Rn 44). Entscheidend ist insoweit, dass der Leistende die notwendige Qualifikation mitbringt und die Leistungen als ärztliche Heilbehandlungsleistungen einem therapeutischen Ziel dienen. Unerheblich ist dagegen, ob der Arzt als Mitglied der Gemeinschaftspraxis gegenüber der Gemeinschaftspraxis als Leistungserbringer auftritt oder gegenüber dem zu behandelnden Patienten. Liegen die Voraussetzungen (Qualifikation des Leistungserbringers/therapeutisches Ziel) vor, ist die Leistung des Arztes an die Gemeinschaftspraxis auch dann umsatzsteuerbefreit, wenn nur die Gemeinschaftspraxis in Rechtsbeziehungen zu den Patienten steht. Die Steuerbefreiung nach § 4 Nr. 14 UStG setzt nicht voraus, dass der Unternehmer seine Umsätze gegenüber einem Patienten als Leistungsempfänger erbringt und mit ihm oder seiner Krankenkasse hierüber abrechnet.[102] Daher steht es der Steuerbefreiung für die Umsätze eines Arztes nicht entgegen, dass er ärztliche Heilbehandlungsleistungen z.B. als „Subunternehmer" ausgeführt und nicht selbst mit Patienten oder deren Krankenkasse abgerechnet hat. 173

---

102 BFH – V R 44/02, BStBl II 2005, 190.

3. Praxisanteilsveräußerung/Praxisanteilsabgabe

a) Entgeltliche Praxisanteilsveräußerung

174 Ertragsteuerlich steht die Veräußerung eines Anteils an einer Gemeinschaftspraxis der Veräußerung einer Einzelpraxis im Grundsatz gleich (siehe Rn 63 ff.). Dies betrifft insbesondere auch die Notwendigkeit der Einstellung der freiberuflichen Tätigkeit. Voraussetzung ist, dass der gesamte Anteil an der Gemeinschaftspraxis veräußert wird. § 18 Abs. 3 i.V.m. § 16 Abs. 1 S. 1 Nr. 2 EStG bestimmt, dass zu den ertragsteuerlich begünstigten Betriebsveräußerungen auch Gewinne gehören, die erzielt werden bei der Veräußerung des **gesamten Anteils eines Gesellschafters**, der als Unternehmer (Mitunternehmer) des Betriebs anzusehen ist. Gewinne, die bei der Veräußerung eines Teils eines Anteils erzielt werden, sind damit laufende, nicht begünstigte Gewinne. Zu beachten ist zudem, dass ertragsteuerlich der gesamte Anteil an der Gemeinschaftspraxis nicht nur den Anteil am Gesamthandvermögen umfasst, sondern auch das Sonderbetriebsvermögen des Gesellschafters zu dem Anteil rechnet. Grundsätzlich ist damit erforderlich, dass auch das wesentliche[103] Sonderbetriebsvermögen mit veräußert wird. Wird das wesentliche Sonderbetriebsvermögen nicht veräußert, sondern insoweit im Rahmen der Anteilsveräußerung in das Privatvermögen unter Aufdeckung sämtlicher stiller Reserven überführt, liegt dennoch ein begünstigter Vorgang i.S.d. § 16 EStG vor. In diesem Fall handelt es sich um eine Aufgabe des gesamten Mitunternehmeranteils i.S.d. § 16 Abs. 3 EStG.

175 Wird dagegen das Sonderbetriebsvermögen im zeitlichen Zusammenhang mit der Anteilsveräußerung steuerneutral zum Buchwert in ein anderes Betriebsvermögen überführt und dadurch die Aufdeckung erheblicher stiller Reserven vermieden, liegt insgesamt keine steuerbegünstigte Anteilsveräußerung i.S.d. §§ 16, 34 EStG vor.[104] Werden also im zeitlichen Zusammenhang mit dem Anteilsverkauf dem Mitunternehmeranteil stille Reserven in wesentlichen Betriebsgrundlagen durch Buchwertübertragung der Besteuerung entzogen, werden durch den Anteilsverkauf nicht alle stillen Reserven aufgedeckt, sondern nur die in den nach der Buchwertübertragung der wesentlichen Betriebsgrundlagen verbliebenen. Das steht dem Zweck des § 34 EStG, die Progression durch die geballte Aufdeckung der stillen Reserven zu mildern, entgegen. Der Gewinn aus dem Verkauf des Mitunternehmeranteils ist somit ein laufender Gewinn, der dann der vollen Besteuerung unterliegt. Die Bestimmung des Zeitraums, der einen solchen Gesamtplan indiziert, richtet sich nach Auffassung der OFD Koblenz[105] nach folgenden Kriterien: Bei Fällen, in denen keine Anhaltspunkte für (z.B. vertragliche Vereinbarungen) oder gegen (z.B. das Einwirken äußerer Umstände) greifbar sind, liegt bei einem zeitlichen Abstand zwischen der Buchwertübertragung und der späteren Mitunternehmeranteilsveräußerung von 36 Monaten und mehr kein schädlicher Gesamtplan mehr vor. Beträgt der Zeitraum zwischen 24 und 35 Monaten, spricht auch hier eine (im Einzelfall) widerlegbare Vermutung dafür, dass kein Gesamtplan vorliegt. Liegt der Zeitraum bei weniger als 24 Monaten, ist in der Regel von einem schädlichen Gesamtplan auszugehen.

---

103 Im Rahmen des § 16 EStG umfasst der Begriff „wesentliches" Betriebsvermögen sowohl die Wirtschaftsgüter, die für den Betrieb der Praxis funktional wesentlich sind, als auch die Wirtschaftsgüter, die erhebliche stille Reserven enthalten und damit quantitativ wesentlich sind.
104 BFH – VIII R 21/00, BStBl II 2003, 194.
105 OFD Koblenz, Verfügung vom 20.6.2006 – S 2241/27-St 111, n.v.; dies bietet aber keine Rechtssicherheit.

Beispiel 176

Dr. A ist Gesellschafter der Gemeinschaftspraxis Dr. A, Dr. B und Dr. C. Zum Sonderbetriebsvermögen des Dr. A gehört die Praxisimmobilie, die er an seine Gemeinschaftspraxis vermietet hat. Dr. A plant die Veräußerung seines Gemeinschaftspraxisanteils an Dr. D. Die Praxisimmobilie soll allerdings nicht veräußert werden. Um die Aufdeckung der stillen Reserven in dem Grundstück zu verhindern, überführt er das Grundstück zeitnah zu Buchwerten in eine gewerblich geprägte GmbH & Co. KG. Hierdurch kann er vermeiden, dass das Grundstück trotz Aufgabe seiner Mitunternehmerstellung aus dem Sonderbetriebsvermögen in sein Privatvermögen überführt wird.

Aufgrund der zeitlichen Nähe zwischen der Verlagerung des Grundstücks aus dem Sonderbetriebsvermögen in ein anderes Betriebsvermögen zu Buchwerten und der Veräußerung des Anteils ist der Vorgang als Gesamtplan zu beurteilen. Der Gewinn, der aus der Veräußerung des Anteils an der Gemeinschaftspraxis entsteht, ist kein begünstigter Veräußerungsgewinn i.S.d. §§ 16, 34 EStG, sondern laufender voll steuerpflichtiger Gewinn.

Praxistipp 177

Gehören zum Sonderbetriebsvermögen Wirtschaftsgüter mit erheblichen stillen Reserven und ist abzusehen, dass diese im Rahmen einer Veräußerung des Mitunternehmeranteils nicht auf den Erwerber übergehen werden, gilt es langfristig und vorausschauend zu planen. Insoweit sollten diese Wirtschaftsgüter – wenn zu Buchwerten möglich – bereits mehrere Jahre vor der anstehenden Anteilsveräußerung aus dem Sonderbetriebsvermögen in ein anderes Betriebsvermögen, z.B. eine gewerblich geprägte GmbH & Co. KG des Gesellschafters überführt werden.

Zahlt der Erwerber des Praxisanteils an den Praxisanteilsinhaber einen vom Buchwert abweichenden Kaufpreis, ist bezüglich der Differenz für den Erwerber die Erstellung von **Ergänzungsbilanzen/Ergänzungsrechnungen** notwendig (siehe Rn 122 ff.). 178

Umsatzsteuerlich ist die Veräußerung eines Praxisanteils in der Regel unbeachtlich. Insbesondere liegt **keine Geschäftsveräußerung im Ganzen** vor, weil insoweit nicht der Gesellschafter sondern die Gemeinschaftspraxis der umsatzsteuerliche Unternehmer ist. Die Veräußerung von Beteiligungen stellt – ebenso wie der Erwerb und das Halten von Beteiligungen – **keine wirtschaftliche Tätigkeit i.S.d. Umsatzsteuerrechts** dar.[106] 179

b) Unentgeltliche Praxisanteilsabgabe

Nach **§ 6 Abs. 3 EStG** ist sowohl die unentgeltliche Übertragung des gesamten Anteils eines Mitunternehmers an einer Personengesellschaft als auch die unentgeltliche Übertragung eines Teils eines Mitunternehmeranteils auf eine natürliche Person steuerlich begünstigt. In diesen Fällen sind die Buchwerte des Mitunternehmeranteils ohne Aufdeckung der stillen Reserven durch den Rechtsnachfolger fortzuführen. Zu beachten ist, dass auch in diesem Zusammenhang das Sonderbetriebsvermögen des Mitunternehmers zur Gesellschaft steuerlich zum Betriebsvermögen des Mitunternehmeranteils rechnet. 180

---

106 EuGH – C 442/01, KapHag Renditefond – HFR 2003, 922.

181 Wird der **gesamte Anteil des Mitunternehmers** an der Gesellschaft übertragen, setzt § 6 Abs. 3 S. 1 EStG voraus, dass neben dem Anteil am Gesamthandsvermögen auch sämtliche Wirtschaftsgüter des Sonderbetriebsvermögens, die für die Funktion des Betriebes von Bedeutung sind (funktional wesentliches Sonderbetriebsvermögen), übertragen werden. Ist diese Voraussetzung nicht erfüllt, scheidet eine Buchwertfortführung nach § 6 Abs. 3 S. 1 EStG aus.

182 Wird das funktional wesentliche Sonderbetriebsvermögen nicht auf den Nachfolger übertragen, sind in der Beratungspraxis insbesondere zwei Fälle von Bedeutung. Entweder erfolgt eine Übertragung unter Aufdeckung der stillen Reserven in das Privatvermögen oder das Sonderbetriebsvermögen wird zu Buchwerten (insbesondere nach § 6 Abs. 5 EStG) ohne die Aufdeckung stiller Reserven in ein anderes Betriebsvermögen/Sonderbetriebsvermögen des Mitunternehmers übertragen. Wird das funktional wesentliche Sonderbetriebsvermögen in das Privatvermögen des überführenden Mitunternehmers übertragen, ist von einer Aufgabe des Mitunternehmeranteils auszugehen, für die eine Steuerbegünstigung nach § 16 Abs. 3 EStG in Betracht kommt. Erfolgt die Übertragung zur Vermeidung der Aufdeckung stiller Reserven zu Buchwerten in einen anderes Betriebsvermögen/Sonderbetriebsvermögen des übertragenen Gesellschafters, sind bei der unentgeltlichen Übertragung auf den Nachfolger nicht die Buchwerte, sondern die Teilwerte unter Aufdeckung der stillen Reserven anzusetzen. Der dabei entstehende Gewinn ist steuerlich nicht nach §§ 16, 34 EStG begünstigt. Die Tatsache, dass bei der unentgeltlichen Übertragung auf den Nachfolger die stillen Reserven aufzudecken sind, hat keine Auswirkung auf die Buchwertfortführung des zurückbehaltenen Vermögens. In diesem Zusammenhang ist zu beachten, dass in zeitlichem und sachlichem Zusammenhang stehende Vorgänge wie bei der Praxisveräußerung im Sinne eines Gesamtplans von der Finanzverwaltung einheitlich betrachtet werden (siehe Rn 175).

183 Die Behandlung **funktional nicht wesentlicher Betriebsgrundlagen** des Sonderbetriebsvermögens hat keine Auswirkungen auf die Buchwertfortführung nach § 6 Abs. 3 S. 1 EStG. Werden allerdings solche Wirtschaftsgüter im Rahmen der Übertragung in das Privatvermögen überführt, entsteht insoweit ein laufender nicht begünstigter Gewinn.

184 *Beispiel*

Dr. A ist Gesellschafter der Gemeinschaftspraxis Dr. A, Dr. B und Dr. C. Zum Sonderbetriebsvermögen des Dr. A gehört die Praxisimmobilie, die er an seine Gemeinschaftspraxis vermietet hat. Dr. A plant, seinem Sohn den Gemeinschaftspraxisanteil im Rahmen der vorweggenommenen Erfolge zu übertragen. Zur eigenen Alterssicherung behält er allerdings die Praxisimmobilie zurück und überführt diese dadurch in sein Privatvermögen.

Da Dr. A mit der Praxisimmobilie eine für die Gemeinschaftspraxis funktional wesentliche Betriebsgrundlage zurückbehält und in sein Privatvermögen überführt, sind sämtliche stille Reserven in dem Mitunternehmeranteil aufzudecken. Es liegt kein Anwendungsfall des § 6 Abs. 3 EStG vor. Der entstehende Gewinn ist begünstigt nach §§ 16, 34 EStG.

185 *Beispiel*

Dr. A ist Gesellschafter der Gemeinschaftspraxis Dr. A, Dr. B und Dr. C. Zum Sonderbetriebsvermögen des Dr. A gehört die Praxisimmobilie, die er an seine Gemeinschaftspraxis vermietet hat. Dr. A plant, seinem Sohn die Gemeinschaftspraxisanteil im Rahmen der vorweggenommenen Erfolge zu übertragen. Zur eigenen Alterssicherung behält er allerdings die Praxisimmobilie zurück und überführt diese zeit-

nah zum Buchwert nach § 6 Abs. 5 EStG in eine neu gegründete gewerblich geprägte GmbH & Co. KG, um zu vermeiden, dass die enthaltenen stillen Reserven aufzudecken sind.

Da Dr. A mit der Praxisimmobilie eine für die Gemeinschaftspraxis funktional wesentliche Betriebsgrundlage zurückbehält und in ein anderes Betriebsvermögen überführt, sind sämtliche stille Reserven in dem übertragenen Gemeinschaftspraxisanteil aufzudecken. Der entstehende Gewinn ist laufender, nicht begünstigter Gewinn. Die Buchwertfortführung für die auf die GmbH & Co. KG übertragene Praxisimmobilie wird dadurch nicht berührt. Es liegt auch kein Anwendungsfall des § 6 Abs. 3 S. 2 EStG vor, weil die Praxisimmobilie nicht mehr Sonderbetriebsvermögen der Gemeinschaftspraxis ist.

Hinweis 186
In der Beratungspraxis sind diese Fälle besonders misslich. Neben der Schenkungsteuerpflicht durch die unentgeltliche Zuwendung kommt noch eine Einkommensteuerbelastung, der keine Kaufpreiszahlung zur Finanzierung gegenübersteht. Kann die Einkommensteuerbelastung dann nicht aus anderem Vermögen des übergebenden Arztes gezahlt werden, sind entstehende Schuldzinsen steuerlich nicht berücksichtigungsfähig. Es empfiehlt sich daher, unter Umständen den Praxisanteil nicht unentgeltlich zu übertragen, sondern zu einem niedrigen Veräußerungspreis unter Aufdeckung geringer stiller Reserven an den Rechtsnachfolger zu veräußern.

Wird nur ein **Teil eines Mitunternehmeranteils** unentgeltlich nach § 6 Abs. 3 S. 1 187
Hs. 2 EStG zu Buchwerten übertragen, ist auch hier zu beachten, dass im Grundsatz die quotale Übertragung des Sonderbetriebsvermögens im gleichen Verhältnis erforderlich ist. Im Grundsatz denkbar ist allerdings auch, dass das Sonderbetriebsvermögen nicht oder nur in geringerem Umfang (unterquotal) bzw. in größerem Umfang oder vollständig (überquotal) im Verhältnis z.T. des übertragenen Mitunternehmeranteils übertragen wird. Hier sind jedoch Besonderheiten bezüglich Sperrfristen und der Behandlung von Verbindlichkeiten zu beachten. In Einzelfällen kann auch rückwirkend die Buchwertfortführung versagt werden. Einzelheiten hierzu regelt aus Sicht der Finanzverwaltung das BMF-Schreiben vom 3.3.2005.[107]

4. Ausscheiden aus einer Gemeinschaftspraxis gegen Sachwertabfindung und Beendigung der Gemeinschaftspraxis durch Realteilung

Bei der Auseinandersetzung von Gesellschaftern einer Gemeinschaftspraxis kommt es 188
auch vor, dass sich Gesellschafter trennen und Abfindungen nicht in Geld, sondern durch Vermögen der Gesellschaft abgegolten werden.

Steuerlich ist dabei zwischen der **Realteilung** der Gemeinschaftspraxis und dem Ausscheiden eines Gesellschafters gegen **Sachwertabfindung** zu unterscheiden. 189

Beide Vorgänge sind sich ähnlich, es ergeben sich aber z.T. unterschiedliche steuerliche 190
Folgen. Dies betrifft zum einen Unterschiede in den Sperrfristen/Behaltefristen, aber insbesondere die Tatsache, dass bei der Sachwertabfindung in ein Betriebsvermögen nach § 6 Abs. 5 EStG anders als bei der Realteilung die Übernahme von Verbindlichkeiten für die Buchwertfortführung schädlich ist.

---

107 BMF – IV B 2 – S 2241 – 14/05, BStBl I 2005, 458.

191 In der Beratungspraxis bereitet dabei die Unterscheidung zwischen dem Ausscheiden aus einer Gemeinschaftspraxis gegen Sachwertabfindung und die Beendigung der Gemeinschaftspraxis durch Realteilung insbesondere bei zweigliedrigen Gemeinschaftspraxen Abgrenzungsprobleme.[108]

a) Beendigung der Gemeinschaftspraxis durch Realteilung

192 Nach Auffassung der Finanzverwaltung ist die **Realteilung** gekennzeichnet durch den **Tatbestand der Betriebsaufgabe**.[109] Unter Realteilung ist insoweit ertragsteuerlich die Aufgabe einer Mitunternehmerschaft durch Aufteilung des Gesellschaftsvermögens unter den Mitunternehmern zu verstehen. Nach allgemeinen Grundsätzen würde der Vorgang als Betriebsaufgabe der Mitunternehmerschaft anzusehen sein und damit zur Aufdeckung aller stillen Reserven im Betriebsvermögen der Mitunternehmerschaft führen.[110] Unter den weiteren Voraussetzungen des § 16 Abs. 3 S. 2 bis 4 EStG sind die in das jeweilige Betriebsvermögen der einzelnen Mitunternehmer (Realteiler) übertragenen einzelnen Wirtschaftgüter oder Teilbetriebe jedoch mit den Buchwerten ohne Aufdeckung stiller Reserven anzusetzen.

193 Zu den Voraussetzungen einer Realteilung im steuerlichen Sinne gehört, dass mindestens eine wesentliche[111] Betriebsgrundlage Betriebsvermögen bei mindestens einem Realteiler bleibt. Die Buchwertfortführung ist dann für das übernommene Betriebsvermögen der Gemeinschaftspraxis möglich, das **weiterhin Betriebsvermögen der Realteiler** bleibt. Zum Betriebsvermögen der Gemeinschaftspraxis gehört in diesem Zusammenhang **auch das Sonderbetriebsvermögen**. Werden anlässlich der Realteilung Wirtschaftsgüter in das Privatvermögen eines Realteilers überführt, ist der gemeine Wert (Verkehrswert) anzusetzen und die stillen Reserven sind insoweit aufzudecken.

194 Es reicht aus, wenn eine neue Praxis, in die die Wirtschaftsgüter überführt werden, erst im Zuge der Realteilung entsteht. Im Rahmen der Realteilung können die Wirtschaftsgüter auch in das Sonderbetriebsvermögen bei einer anderen Mitunternehmerschaft übertragen werden. Die Zahlung eines **Spitzen- oder Wertausgleichs** in bar ist im Rahmen einer Realteilung möglich, führt aber anteilig zur Aufdeckung stiller Reserven.

195 Die **Realteilung** liegt damit vereinfacht ausgedrückt vor, wenn eine Mitunternehmerschaft ihren bestehenden Betrieb im Rahmen der Auseinandersetzung in der bisherigen Form aufgibt und die einzelnen Realteiler das vorhandene Betriebsvermögen untereinander aufteilen, um damit zumindest z.T. eine betriebliche Tätigkeit in anderer Form fortzusetzen.

196 Für die Anwendung der Buchwertfortführung gilt nach § 16 Abs. 3 S. 2 und 3 EStG **für alle Realteiler eine Sperrfrist**, innerhalb der die übertragenen wesentlichen Betriebsgrundlagen nicht veräußert oder entnommen werden dürfen; diese Sperrfrist endet drei Jahre nach Abgabe der Steuererklärung der Mitunternehmerschaft für den Veranlagungszeitraum der Realteilung.

---

[108] *Lehr*, NWB direkt Heft 11/2006, 6.
[109] BMF – IV B 2 – S 2242 – 6/06, BStBl I 2006, 228.
[110] BFH – IV B 124/02, BHF/NV 2004, 1395.
[111] Im Rahmen des § 16 EStG umfasst der Begriff „wesentliches" Betriebsvermögen sowohl die Wirtschaftsgüter, die für den Betrieb der Praxis funktional wesentlich sind, als auch die Wirtschaftsgüter, die erhebliche stille Reserven enthalten und damit quantitativ wesentlich sind.

197 Bei der Realteilung ist zu beachten, dass die Übertragung einzelner Wirtschaftsgüter **aus einem Gesamthandsvermögen einer Mitunternehmerschaft in das Gesamthandsvermögen einer anderen Mitunternehmerschaft** nicht zu Buchwerten ohne Aufdeckung stiller Reserven möglich ist.

Beispiel

198 An einer Gemeinschaftspraxis sind Dr. A, Dr. B und Dr. C zu je einem Drittel beteiligt. Die Ärzte beschließen die Auflösung der Gemeinschaftspraxis durch Realteilung. Im Rahmen der Realteilung setzen sich die Gesellschafter in der Weise auseinander, dass unmittelbar im Anschluss an die Realteilung Dr. A seine ärztliche Tätigkeit im Rahmen einer Einzelpraxis weiterführt. Dr. B und Dr. C dagegen setzen zusammen ihre ärztliche Tätigkeit im Rahmen einer neu gegründeten Gemeinschaftspraxis fort. Die Wirtschaftsgüter und die Verbindlichkeiten der real geteilten Gemeinschaftspraxis Dr. A, Dr. B und Dr. C werden auf die Einzelpraxis von Dr. A und die neue Gemeinschaftspraxis Dr. B und Dr. C aufgeteilt. Ein Wertausgleich in bar zwischen den Gesellschaftern findet nicht statt.

Nach Auffassung der Finanzverwaltung kann Dr. A die Buchwerte der auf ihn übertragenen Wirtschaftsgüter nach § 16 Abs. 3 S. 2 bis 4 EStG fortführen, da eine Übertragung in ein anderes Betriebsvermögen des Realteilers vollzogen wird. Die Übertragung auf die neue Gemeinschaftspraxis Dr. B und Dr. C ist dagegen nicht zu Buchwerten möglich, weil die Wirtschaftsgüter aus dem Vermögen einer Mitunternehmerschaft in das Vermögen einer anderen Mitunternehmerschaft übertragen werden. Die stillen Reserven in diesen übertragenen Wirtschaftsgütern sind daher aufzudecken und noch von der real geteilten Gemeinschaftspraxis Dr. A, Dr. B und Dr. C als Gewinn zu versteuern.

Praxistipp

199 In dem obigen Beispiel wäre es einerseits vorteilhafter, die Auseinandersetzung nicht als Realteilung der Gemeinschaftspraxis, sondern als Ausscheiden des Dr. A gegen **Sachwertabfindung ohne Aufgabe der bisherigen Gesellschaft** zu gestalten. Andererseits ist dann zu beachten, dass Dr. A im Rahmen der Sachwertabfindung **keine Verbindlichkeiten** der Gemeinschaftspraxis übernehmen kann, wenn die Buchwertfortführung angestrebt wird, da die Übernahme von Verbindlichkeiten steuerlich als (teil-)entgeltliche Veräußerung anzusehen ist (siehe Rn 204). Alternativ könnten in obigem Beispiel Dr. B und Dr. C die Wirtschaftsgüter der real geteilten Gemeinschaftspraxis Dr. A, Dr. B und Dr. C nur in das Sonderbetriebsvermögen zur Gemeinschaftspraxis Dr. B und Dr. C übertragen werden. Hierzu erhalten Dr. B und Dr. C im gleichen Wertverhältnis einzelne Wirtschaftsgüter der real geteilten Gemeinschaftspraxis Dr. A, Dr. B und Dr. C und überlassen diese anschließend unentgeltlich der Gemeinschaftspraxis Dr. B und Dr. C zur Nutzung. Nach Ablauf einer gewissen Zeit („Schamfrist") – zu empfehlen ist, den Ablauf der Sperrfrist nach § 16 Abs. 3 S. 3 EStG hinlänglich abzuwarten – können die Wirtschaftsgüter dann unentgeltlich zu Buchwerten aus dem Sonderbetriebsvermögen in das Gesamthandsvermögen der Gemeinschaftspraxis Dr. B und Dr. C übertragen werden.[112]

200 Seitdem die Finanzverwaltung die Auffassung vertritt, der **Zulassung zur vertragsärztlichen Versorgung** komme ein gesonderter Wert zu und sie stelle daher ein immaterielles nicht abschreibungsfähiges Wirtschaftsgut dar, kommt dieser Frage erhöhte Bedeutung zu. Folgt man der Auffassung der Finanzverwaltung, wäre es schädlich,

---

[112] *Gragert*, NWB Fach 3, 13887, 13890.

wenn zeitnah mit der Realteilung die Zulassung zur vertragsärztlichen Versorgung in das Gesamthandsvermögen einer anderen Mitunternehmerschaft übergeht.

b) Ausscheiden aus einer Gemeinschaftspraxis gegen Sachwertabfindung

201 Scheidet ein Mitunternehmer aus einer mehrgliedrigen Mitunternehmerschaft in der Weise aus, dass sein Mitunternehmeranteil allen verbleibenden Mitunternehmern anwächst und er einen Abfindungsanspruch gegen die Gesellschaft erhält, den diese durch Übertragung von Wirtschaftsgütern des Gesamthandsvermögen erfüllt, liegt kein Fall der Realteilung vor.[113] Von der Realteilung ist insoweit die Veräußerung oder die Aufgabe eines Mitunternehmeranteils bei **Fortbestehen der Mitunternehmerschaft** gegen Sachwertabfindung zu unterscheiden. Dies gilt auch dann, wenn der ausscheidende Mitunternehmer im Wege der Sachwertabfindung wesentliche Betriebsgrundlagen des Gesamthandsvermögens erhält.

202 Es handelt sich in diesen Fällen um den **Verkauf oder die Aufgabe eines Mitunternehmeranteils** nach § 16 Abs. 1 S. 1 Nr. 2 oder § 16 Abs. 3 S. 1 EStG. Dies gilt selbst im Fall des Ausscheidens eines Mitunternehmers aus einer zweigliedrigen Mitunternehmerschaft unter Fortführung des Betriebes als Einzelunternehmen durch den verbleibenden Mitunternehmer.[114]

203 Unter den Voraussetzungen des **§ 6 Abs. 5 EStG** ist für die Sachwertabfindung aus der Gemeinschaftspraxis eine Buchwertfortführung der Wirtschaftsgüter möglich. Hierzu ist es erforderlich, dass das einzelne Wirtschaftsgut unentgeltlich oder gegen Minderung von Gesellschaftsrechten **aus dem Betriebsvermögen der Gemeinschaftspraxis in das Betriebsvermögen einer (neu gegründeten) Einzelpraxis oder das Sonderbetriebsvermögen des Gesellschafters bei einer anderen Gemeinschaftspraxis** übertragen wird. Auch im Rahmen des § 6 Abs. 5 EStG gilt wie bei der Realteilung eine **Sperrfrist** von drei Jahren nach Abgabe der Steuererklärung, innerhalb der die übertragenen Wirtschaftsgüter nicht veräußert oder entnommen werden dürfen. Diese Sperrfrist betrifft anders als bei der Realteilung aber nur alle übertragenen Wirtschaftsgüter, damit aber nicht die wesentlichen Betriebsgrundlagen, die in der fortbestehenden Gemeinschaftspraxis verblieben sind.

204 Werden bei einer Sachwertabfindung Verbindlichkeiten mit übernommen, liegt insoweit eine (teil)entgeltliche Veräußerung des übertragenen Wirtschaftsgutes durch die Gemeinschaftspraxis vor. Die Übernahme von Verbindlichkeiten ist für die steuerneutrale Buchwertfortführung somit schädlich.

205 *Beispiel*
Dr. A ist Gesellschafter der Gemeinschaftspraxis Dr. A, Dr. B und Dr. C. Die Gesellschafter vereinbaren, dass zum 30.6.2007 Dr. A aus der Gemeinschaftspraxis ausscheidet und als Abfindung Wirtschaftsgüter erhält, die in ein anderes Betriebsvermögen des Dr. A übertragen werden (Sachwertabfindung in ein Betriebsvermögen). Die Gemeinschaftspraxis wird ansonsten von Dr. B und Dr. C in etwas verringertem Umfang unverändert fortgesetzt. Zu den übertragenen Wirtschaftsgütern gehört ein Gerät im Wert von 150.000 EUR, das noch einen steuerlichen Buchwert von 90.000 EUR ausweist und mit einem Darlehen finanziert ist. Der Stand des Dar-

---

[113] BMF – IV B 2 – S 2242 – 6/06, BStBl I 2006, 228.
[114] BFH – VIII R 76/96, BStBl II 1999, 269.

lehens beläuft sich zum 30.6.2007 noch auf 75.000 EUR. Im Rahmen des Ausscheidens erhält Dr. A nicht nur das Gerät, sondern er verpflichtet sich, auch das Darlehen zu übernehmen.

Das Gerät wird infolge der Darlehensübernahme zu 50 % entgeltlich übertragen (Darlehen 75.000 EUR/Wert 150.000 EUR) und zu 50 % unentgeltlich. Aus dem entgeltlichen Teil der Übertragung errechnet sich ein Gewinn für die Gemeinschaftspraxis in Höhe von 30.000,00 EUR (Darlehen = Entgelt 75.000 EUR − anteiligen Buchwert 50 % von 90.000 EUR = 45.000 EUR).

Auch bei einer Sachwertabfindung ist wie bei der Realteilung die Übertragung einzelner Wirtschaftsgüter **aus einem Gesamthandsvermögen einer Mitunternehmerschaft in das Gesamthandsvermögen einer anderen Mitunternehmerschaft** nicht zu Buchwerten ohne Aufdeckung stiller Reserven möglich.[115]

206

Beispiel

207

Dr. A ist Gesellschafter der Gemeinschaftspraxis Dr. A, Dr. B und Dr. C. Die Gesellschafter vereinbaren, dass zum 30.6.2007 Dr. A aus der Gemeinschaftspraxis ausscheidet. Die Gemeinschaftspraxis wird ansonsten von Dr. B und Dr. C in etwas verringertem Umfang unverändert fortgesetzt, ohne dass eine Realteilung vorliegt. Dr. A gründet direkt zum 1.7.2007 mit Dr. D eine neue Gemeinschaftspraxis. Als Abfindung für die stillen Reserven im materiellen Sachanlagevermögen erhält Dr. A eine Zahlung von Dr. B und Dr. C in Höhe von zusammen 50.000 EUR (steuerlicher Buchwert 20.000 EUR) für sein Drittel. Zudem erhält er ein medizinisches Spezialgerät (Teilwert 90.000 EUR, Buchwert 0 EUR) und überträgt dieses Gerät direkt in die neue Gemeinschaftspraxis Dr. A und Dr. D gegen Gewährung von Gesellschaftsrechten.

Es liegt insgesamt eine Veräußerung des Mitunternehmeranteils vor. § 6 Abs. 5 EStG kommt für die Sachwertabfindung nicht in Betracht, da das Wirtschaftsgut aus dem Gesamthandsvermögen einer Mitunternehmerschaft in das Gesamthandsvermögen einer anderen Mitunternehmerschaft übertragen wird. Das Wirtschaftsgut (hier das Gerät) ist mit dem Wert von 90.000 EUR anzusetzen. Zuzüglich der Zahlung von 50.000 EUR beträgt der Abfindungsanspruch für Dr. A damit 140.000 EUR. Der Veräußerungsgewinn ermittelt sich allerdings in zwei Schritten, sowohl auf Ebene von Dr. A als auch auf Ebene der Gemeinschaftspraxis.

Zunächst besteht ein abstrakter Abfindungsanspruch des Dr. A in Höhe von 140.000 EUR gegenüber der Gesellschaft, der durch eine Zahlung von 50.000 EUR und die Überlassung des Gerätes erfüllt wird. Abzüglich des Buchwertes ermittelt sich für Dr. A ein steuerpflichtiger Veräußerungsgewinn in Höhe von 120.000 EUR (Abfindungsanspruch 140.000 EUR − Buchwert 20.000 EUR). Dieser Veräußerungsgewinn kann im Einzelfall steuerbegünstigt sein. In diesem Beispiel ist allerdings nicht davon auszugehen, da Dr. A seine ärztliche Tätigkeit im örtlichen Wirkungskreis der Gemeinschaftspraxis zeitnah fortsetzt und damit keine Betriebseinstellung unterstellt werden kann. Dr. B und Dr. C müssen die Buchwerte sämtlicher(!) Wirtschaftsgüter entsprechend aufstocken.

---

115 Seitdem die Finanzverwaltung die Auffassung vertritt, der **Zulassung zur vertragsärztlichen Versorgung** komme ein gesonderter Wert zu und sie stelle daher ein immaterielles nicht abschreibungsfähiges Wirtschaftsgut dar, kommt dieser Frage erhöhte Bedeutung zu.

Bilanz der Gemeinschaftspraxis vor dem Ausscheiden

Sachanlagevermögen	60.000	Buchwert	Kapitalkonto Dr. A	20.000
	330.000	*Teilwert*	Kapitalkonto Dr. B	20.000
			Kapitalkonto Dr. C	20.000
Med. Spezialgerät	0	Buchwert		
	90.000	*Teilwert*		
	60.000	Buchwert		60.000
	420.000	*Teilwert*		

Bilanz der Gemeinschaftspraxis nach Aufstockung der Buchwerte

Sachanlagevermögen	150.000	Buchwert	Kapitalkonto Dr. B	20.000
	330.000	*Teilwert*	Kapitalkonto Dr. C	20.000
Med. Spezialgerät	30.000	Buchwert	Abfindungsanspruch	
	90.000	*Teilwert*	Dr. A	140.000
	180.000	Buchwert		180.000
	420.000	*Teilwert*		

Die Aufstockung hat deswegen in sämtlichen Wirtschaftsgütern des Gesamthandsvermögens zu erfolgen, weil steuerlich der Anteil an den Wirtschaftsgütern – hier von einem Drittel – des ausscheidenden Gesellschafters im ersten Schritt den verbleibenden Gesellschaftern anwächst. Dr. B und Dr. C erwerben sozusagen im ersten Schritt von allen Wirtschaftsgütern der Gemeinschaftspraxis den $1/3$-Miteigentumsanteil des Dr. A. Dieser Vorgang führt für Dr. A zur Entstehung des Veräußerungsgewinns in Höhe von 120.000 EUR. Für die Gemeinschaftspraxis ist dieser erste Schritt steuerneutral. Der Aufstockung der Buchwerte steht in gleicher Höhe die Erhöhung der Verbindlichkeiten durch die Erfassung des Abfindungsanspruches gegenüber (Kapitalkonto Dr. A bisher 20.000 EUR + Aufstockung der Buchwerte um insgesamt 120.000 EUR = Abfindungsanspruch Dr. A 140.000 EUR).

Wenn Dr. A nunmehr von der Gemeinschaftspraxis zur Tilgung seines abstrakten Abfindungsanspruchs das Gerät erhält, das zuvor wirtschaftlich zum Vermögen der Gemeinschaftspraxis gehört hat, löst dies für die Gemeinschaftspraxis zusätzlich einen Veräußerungsgewinn aus. Dr. A erhält ein Wirtschaftgut im Wert von 90.000 EUR, das nach Aufstockung der Buchwerte steuerlich bei der Gemeinschaftspraxis mit nur 30.000 EUR ausgewiesen ist. Aus der Differenz entsteht ein Veräußerungsgewinn in Höhe von 60.000 EUR, den Dr. B und Dr. C je zur Hälfte als laufenden Gewinn versteuern müssen. Ein Veräußerungsgewinn entsteht deshalb, weil die Hingabe des Sachwerts zum Wegfall der Schuld führt. Darin ist eine Veräußerung, verbunden mit einer Gewinnrealisierung hinsichtlich des den Buchwert des Wirtschaftsguts übersteigenden Schuldenteils (Abfindungsanspruch des Dr. A), zu sehen.[116] Nach Abgeltung des Abfindungsanspruchs hat die Bilanz der Gemeinschaftspraxis folgendes Bild:

---
[116] BMF – IV B 2–S 2242–7/06, BStBl I 2006, 253 Rn 51.

Bilanz der Gemeinschaftspraxis Dr. B und Dr. C			
Sachanlagevermögen	150.000 Buchwert	Kapitalkonto Dr. B	20.000
	330.000 Teilwert	+ Gewinn Dr. B	30.000
		Kapitalkonto Dr. C	20.000
		+ Gewinn Dr. C	30.000
		Bank (Zahlung)	50.000
	150.000 Buchwert		150.000
	330.000 Teilwert		

Zum einen haben Dr. B und Dr. C damit im Ergebnis einen Veräußerungsgewinn durch das Ausscheiden von Dr. A in Höhe von jeweils 30.000 EUR zu versteuern. Im Gegenzug wurden Aufstockungen in Wirtschaftsgütern vorgenommen, für die dann nach den steuerlichen Vorschriften in den nächsten Jahren wiederum Abschreibungen vorgenommen werden können.

Hinweis

Selbst wenn Dr. A das Gerät zunächst unter den Voraussetzungen des § 6 Abs. 5 EStG zum Buchwert ohne Aufdeckung stiller Reserven in eine neu gegründete Einzelpraxis überträgt, bleibt das Problem bestehen. Nach § 6 Abs. 5 S. 4 EStG gilt für übertragene Wirtschaftsgüter eine **Sperrfrist** von drei Jahren nach Abgabe der entsprechenden Steuererklärung, in der das übertragene Wirtschaftsgut nicht veräußert oder entnommen werden darf. Als Veräußerung zählt in diesem Zusammenhang auch eine Einbringung i.S.d. § 24 UmwStG oder wiederum nach § 6 Abs. 5 EStG gegen die Gewährung von Gesellschaftsrechten.[117] Verfügt Dr. A im Laufe der Sperrfrist steuerschädlich über das Gerät, z.B. durch Übertragung auf eine Gemeinschaftspraxis gegen Gewährung von Gesellschaftsrechten, ist **rückwirkend** auf den ursprünglichen Übertragungszeitpunkt im Rahmen der Abfindung noch der Teilwert anstelle des Buchwertes (wie im obigen Beispiel) anzusetzen und ein Gewinn zu versteuern.

Praxistipp

Ziel der Gestaltung muss daher die Buchwertfortführung sein. Ein einzelnes Wirtschaftsgut sollte daher höchstens in das Sonderbetriebsvermögen bei einer anderen Mitunternehmerschaft übertragen werden. In der Beratungspraxis ist es in Anbetracht der Sperrfrist außerdem erforderlich, eine **schädliche Verfügung des ausscheidenden Arztes zu verhindern** oder ihn für die steuerlichen Folgen bei den verbleibenden Ärzten zumindest in Anspruch nehmen zu können. Es bleibt aber immer ein Risiko hinsichtlich der tatsächlichen Durchsetzbarkeit solcher Ansprüche.

II. Die Teilgemeinschaftspraxis

Eine Teilgemeinschaftspraxis ist steuerlich grundsätzlich nicht anders zu behandeln als eine Gemeinschaftspraxis. Die Teilgemeinschaftspraxis ist in der Regel ein Zusammenschluss mehrerer Mitunternehmer als nach außen auftretende Gesellschaft mit dem Ziel

---

117 So zu den Sperrfristen nach § 16 Abs. 3 S. 3 EStG; BMF – IV B 2–S 2242–6/06, BStBl I 2006, 228.

einer gemeinschaftlichen Gewinnerzielung (siehe Rn 114).[118] Die Ausführungen zur Gemeinschaftspraxis gelten daher entsprechend. Die Teilgemeinschaftspraxis wird von den beteiligten Ärzten insoweit als separate, von den Praxen der beteiligten Ärzte **getrennt geführte weitere Beteiligung** an einer Mitunternehmerschaft geführt.

211 Bei der Teilgemeinschaftspraxis sind jedoch gegenüber der „klassischen" Gemeinschaftspraxis einige Aspekte besonders zu würdigen. Zur Frage, ob eine **freiberufliche oder** eine **gewerbliche Mitunternehmerschaft** vorliegt, ist besonderes Augenmerk auf die Gewinnverteilungsabrede und die tatsächliche Tätigkeit der Ärzte im Rahmen der Teilgemeinschaftspraxis zu legen. Sowohl ertragsteuerlich als auch umsatzsteuerlich sind zudem die **Leistungsbeziehungen zwischen der Teilgemeinschaftspraxis und den Praxen der beteiligten Ärzte** zu prüfen.

212 Ist ein Arzt zugleich Gesellschafter z.B. einer Gemeinschaftspraxis, ist in der Regel er persönlich und nicht die Gemeinschaftspraxis Gesellschafter der Teilgemeinschaftspraxis (mittelbares Beteiligungsverhältnis). Nach der unseres Erachtens zutreffenden aber nicht unstrittigen Auffassung kann in diesem Fall die Beteiligung an einer anderen Personengesellschaft, hier die **Beteiligung an der Teilgemeinschaftspraxis, kein Sonderbetriebsvermögen bei der Gemeinschaftspraxis** darstellen, auch wenn beide Gesellschaften in engen wirtschaftlichen Beziehungen stehen.[119]

213 Im Übrigen sind die **Beteiligungserträge** aus der Teilgemeinschaftspraxis ohnehin nicht in die gesonderte und einheitliche Feststellung der ansonsten nicht gewerblich tätigen Gemeinschaftspraxis einzubeziehen, sondern **unmittelbar bei der Veranlagung des Gesellschafters zur Einkommensteuer zu erfassen.**[120]

214 Veräußert ein Arzt seine Beteiligung an der Gemeinschaftspraxis oder seine Einzelpraxis zusammen mit seiner Beteiligung an der Teilgemeinschaftspraxis, handelt es sich damit um zwei getrennt zu beurteilende Sachverhalte. Die Anwendbarkeit der § 16 Abs. 4 EStG (Veräußerungsfreibetrag) und § 34 Abs. 3 EStG („halber" Steuersatz) ist daher für jeden Vorgang gesondert zu prüfen. Liegen hinsichtlich beider Vorgänge die Voraussetzungen der §§ 16 Abs. 4, 34 Abs. 3 EStG vor, kann der Arzt die Steuerbegünstigungen jeweils nur für eine der beiden Veräußerungen beantragen.[121]

215 *Hinweis*
Zur Steueroptimierung bietet es sich unter Umständen an, für die eine Veräußerung den Freibetrag nach § 16 Abs. 4 EStG und für die andere Veräußerung den ermäßigten Steuersatz des § 34 Abs. 3 EStG in Anspruch zu nehmen.

216 Veräußert der Arzt nur seine Beteiligung an der Teilgemeinschaftspraxis und bleibt im Rahmen seiner Einzel-/Gemeinschaftspraxis weiter ärztlich tätig, dürfte häufig die für die Steuerbegünstigungen notwendige Voraussetzung der Einstellung der ärztlichen Tätigkeit im örtlichen Wirkungskreis für eine gewisse Zeit fehlen, wenn der Arzt in seiner Einzel-/Gemeinschaftspraxis in örtlicher Nähe eine ärztlichen Tätigkeit fortführt, die der Tätigkeit der Teilgemeinschaftspraxis ähnlich ist.

---

118 OFD Koblenz Kurzinformation der Steuergruppe St 3 – Einkommensteuer – Nr. ST 3 2006K124 vom 13.12.2006 – S 2241 A – St 31 1, n.v.
119 *Bogenschütz/Hierl*, DStR 2003, 1097, 1104 m.w.N.; *Schmidt/Wacker*, § 15 Rn 507 m.w.N.; *Brandenberg*, Steuerberater-Jahrbuch 1996/1997, 297, 309; a.A. OFD Koblenz – Kurzinformation der Steuergruppe St 3 – Einkommensteuer – Nr. ST 3 2006K124 vom 13.12.2006, S 2241 A – St 31 1, n.v.
120 BMF – IV B 2 – S 2241 – 33/96, BStBl I 1996, 621.
121 OFD Koblenz – Kurzinformation der Steuergruppe St 3 – Nr. ST 3 2007K028 vom 28.2.2007 – S 2243 A – St 31 3, Aktualisierte Fassung vom 15.3.2007, n.v.

1. Gewinnverteilungsabrede in der Teilgemeinschaftspraxis

Nach Auffassung der Finanzverwaltung[122] ist Wesensmerkmal der freiberuflichen Tätigkeit die Personenbezogenheit der durch den Freiberufler erbrachten Leistung. Dieses Problem wurde von der Finanzverwaltung hauptsächlich zur interprofessionellen Mitunternehmerschaft zwischen Steuerberatern, Rechtsanwälten und Wirtschaftsprüfern in die Diskussion gebracht, die Ausführungen der Finanzverwaltung können nach deren Wortlaut aber auch bei einem Zusammenschluss von Ärzten unterschiedlicher Fachrichtungen zu einer Teilgemeinschaftspraxis von Relevanz sein.

217

Eine Personengesellschaft, die sich aus Angehörigen unterschiedlicher freier Berufe zusammensetzt, ist nicht bereits vom Grundsatz her als gewerbliche Mitunternehmerschaft einzustufen. Setzt sich eine Mitunternehmerschaft aus Angehörigen verschiedener freier Berufe (interprofessionelle Mitunternehmerschaft) zusammen, so gilt aber die Besonderheit, dass die einzelnen Gesellschafter sich auf die Tätigkeit ihres jeweiligen Berufsgebietes beschränken müssen.[123]

218

Es ist aber aus Sicht der Finanzverwaltung mit dem der freiberuflichen Tätigkeit eigenen Wesensmerkmal der Höchstpersönlichkeit der Einkunftserzielung in einer Mitunternehmerschaft nicht vereinbar, wenn ein Gesellschafter aus der ihm selbst nicht erlaubten Berufstätigkeit einer anderen Person Einnahmen erzielt. Auch wenn der Betroffene dabei zugleich einer ihm selbst erlaubten freiberuflichen Tätigkeit nachgeht, führt dies nach Auffassung der Finanzverwaltung im Wege der Infektion i.S.d. § 15 Abs. 3 Nr. 1 EStG zur Gewerblichkeit der Gesamteinnahmen der Mitunternehmerschaft. Es müsse daher bereits vertraglich sichergestellt sein, dass die Gewinnverteilung in einer interprofessionellen Mitunternehmerschaft sich im Grundsatz an den Tätigkeitsbeiträgen der einzelnen an ihr beteiligten Berufsgruppen orientiert. Eine Gewinnverteilungsregelung, die sich in eklatanter Weise ausschließlich an kapitalistischen Grundsätzen oder an von den tatsächlichen Verhältnissen abweichenden Tätigkeitsbeiträgen ausrichtet, kann zur Gewerblichkeit der gesamten Einkünfte führen.

219

Bezogen auf die Teilgemeinschaftspraxis ist festzuhalten, dass in ihr häufig Fachrichtungen kooperieren, bei denen einem beteiligten Arzt die Tätigkeit eines anderen beteiligten Arztes nicht erlaubt ist. Dies führt dazu, dass bei der Gewinnverteilung darauf zu achten ist, dass der (erwartete) tatsächliche Tätigkeitsumfang nicht außer Acht gelassen werden darf.

220

Dies bedeutet aber nicht, dass jede interprofessionelle Mitunternehmerschaft, bei der eine Gewinnverteilungsabrede nach der Beteiligungsquote an der Gesellschaft besteht, als Gewerbebetrieb einzustufen ist. Vielmehr sollen nur diejenigen Fälle erfasst werden, in denen die Gewinnverteilungsabrede eklatant von den tatsächlichen Tätigkeitsbeiträgen abweicht.[124] So ist es nach Auffassung des Finanzgerichts Düsseldorf[125] für die Freiberuflichkeit nicht erforderlich, dass die Gewinnverteilung bei interprofessionellen Mitunternehmerschaften von Freiberuflern „berufsgruppenbezogen" sein muss.

221

Im Übrigen kann eine Gewinnverteilungsabrede von den „tatsächlichen Tätigkeitsbeiträgen" erheblich abweichen müssen, weil in der Regel alle Gesellschafterbeiträge (Ka-

222

---

[122] OFD Koblenz – S-2246 A, DStZ 2003, 278; Zusatz der OFD Hannover v. 2.12.2002 und v. 9.12.2003 – G-1401-24 StO 231/StH 241, EStK § 18 EStG Nr. 15.
[123] BFH – IV R 48/99, BStBl II 2001, 241.
[124] So bereits BMF Schreiben (koordinierter Ländererlass) vom 30.9.2003 – IV A 6 – S 2240 – 100/03, n.v.
[125] FG Düsseldorf – 16 K 4282/02, EFG 2005, 1350.

pital- und Tätigkeitsbeiträge) angemessen zu gewichten sind. Sind nur Tätigkeitsbeiträge zu gewichten, ist ferner davon auszugehen, dass das von der jeweiligen Gesellschaft gewählte Gewinnverteilungsmodell die allgemein üblichen Parameter (nicht nur reiner Zeitaufwand, sondern auch „Dienstalter" und Produktivität) angemessen berücksichtigt. Deshalb muss es ggf., wenn mehrere Gesellschafter mit unterschiedlichen Berufsfeldern ihre „volle Arbeitskraft schulden", zu unterschiedlichen Gewinnbeteiligungen kommen.

223 *Praxistipp*
In der Beratungspraxis sollte die Gewinnverteilung nicht eklatant von den tatsächlichen Gesellschafterbeiträgen (Kapital- und Tätigkeitsbeiträge) abweichen. Insbesondere Ärzte, die nur geringfügige Gesellschafterbeiträge zu leisten haben, sollten nicht über Gebühr an dem Gewinn aus einer Tätigkeit der übrigen Gesellschafter partizipieren, die ihnen selbst nicht erlaubt ist.

224 *Hinweis*
Zur steuerlichen Anerkennung einer Gewinnverteilungsabrede ist es grundsätzlich erforderlich, eine zivilrechtlich wirksame Vereinbarung im Voraus zu treffen. Am Ende des Wirtschaftsjahres getroffene, von der bisherigen Regelung abweichende Vereinbarungen über die Verteilung des Gewinns des ablaufenden Jahres sind in der Regel steuerlich ohne Wirkung.[126]

2. Tätigkeitserfordernis der Ärzte in der Teilgemeinschaftspraxis

225 Zur Frage der Gewerblichkeit einer Teilgemeinschaftspraxis ist neben einer unschädlichen Gewinnverteilungsabrede das Tätigkeitserfordernis im Rahmen der Teilgemeinschaftspraxis zu beachten.

226 Wie im Rahmen der Ausführung zu Abgrenzung der Einkunftsarten bei einer Gemeinschaftspraxis dargestellt, ist es für die Freiberuflichkeit einer Mitunternehmerschaft unter anderem erforderlich, dass kein Gesellschafter nur kapitalmäßig beteiligt ist oder Tätigkeiten ausübt, die keine freiberuflichen sind.[127]

227 Dabei liegt eine „nur kapitalistische" Beteiligung auch vor, wenn bestimmte Ärzte, denen die Einkünfte als Mitunternehmer zugerechnet werden, zwar tatsächlich (ohne rechtliche Verpflichtung) gelegentlich für die Teilgemeinschaftspraxis freiberuflich tätig sind, ihre gesellschaftsvertragliche Förderpflicht aber ausschließlich oder mindestens **primär auf die Leistung von Kapitalbeiträgen gerichtet** ist. Denn auch in diesem Falle ist nicht gewährleistet, dass die den Mitunternehmern anteilig zuzurechnenden Einkünfte die Früchte einer gemeinsamen persönlichen Ausübung eines freien Berufes sind; sie erweisen sich vielmehr ausschließlich oder primär als das Produkt eines mitunternehmerischen Kapitaleinsatzes und damit einer gewerblichen Betätigung. Danach müssen alle Gesellschafter mindestens auch berechtigt und verpflichtet sein, den Gesellschaftszweck durch eine persönliche freiberufliche Betätigung i.S.v. § 18 Abs. 1 Nr. 1 EStG zu fördern, insbesondere Gesellschafterbeiträge in Form von freiberuflichen Diensten zu leisten. Als Tätigkeitsbeitrag in diesem Sinne reicht zudem eine **bloße Beschaffung von Aufträgen (ohne Patientenbetreuung)** nicht aus.[128]

---

126 BFH – IV R 194/69, BStBl II 1973, 389; siehe auch Schmidt/*Wacker*, § 15 Rn 452 f. m.w.N.
127 H 15.6 EStR 2005 „Gesellschaft".
128 FG Düsseldorf – 16 K 4282/02, EFG 2005, 1350 unter Gründe II. 2. a) und b) m.w.N.

Es ist damit zur Vermeidung der Gewerblichkeit aus steuerlicher Sicht – neben der arztrechtlichen Sicht – erforderlich, dass sich die Tätigkeit eines beteiligten Arztes nicht im Wesentlichen auf die Zuweisung von Patienten an die Teilgemeinschaftspraxis beschränkt. Vielmehr ist eine aktive Tätigkeit im Rahmen der Teilgemeinschaftspraxis erforderlich, die zum Zwecke des Nachweises auch dokumentiert werden sollte.

228

Hinweis
In der Beratungspraxis ist es aufgrund der Gefahr der Gewerblichkeit der Teilgemeinschaftspraxis auch abgesehen von der arztrechtlichen Notwendigkeit aus steuerlichen Gründen bei Gemeinschaftspraxen von Vorteil, dass sich nicht die Gemeinschaftspraxis selbst als Obergesellschaft sondern die einzelnen Ärzte an der Teilgemeinschaftspraxis beteiligen. Soweit nicht die Gemeinschaftspraxis selbst Gesellschafter der Teilgemeinschaftspraxis ist, sondern der Gesellschafter selbst, kann es nicht zu einer gewerblichen Infektion der Gemeinschaftspraxis insgesamt kommen. Eine freiberufliche Gemeinschaftspraxis (Mitunternehmerschaft), die sich selbst als Obergesellschaft an einer anderen gewerblichen Mitunternehmerschaft (Untergesellschaft) beteiligt, erzielt damit nach § 15 Abs. 3 Nr. 1 EStG[129] auch hinsichtlich ihrer im Grundsatz freiberuflichen Tätigkeit insgesamt gewerbliche Einkünfte (Abfärbe- oder Infektionstheorie). **Gewerbliche Einkünfte** eines einzelnen Mitunternehmers auf eigene Rechnung **im Sonderbetriebsbereich führen dagegen nicht zur Abfärbung** auf die freiberufliche Gemeinschaftspraxis (Mitunternehmerschaft).[130]

229

3. Leistungsbeziehungen der Ärzte zur Teilgemeinschaftspraxis

a) Ertragsteuerliche Besonderheiten

Bei der Zuordnung von Wirtschaftsgütern, die im Rahmen der Teilgemeinschaftspraxis genutzt werden, sind folgende drei Fallgruppen zu unterscheiden, weil jedes Wirtschaftsgut nur einheitlich einem Betriebsvermögen zugeordnet werden kann:[131]

230

1. Variante: Das Wirtschaftsgut wird in vollem Umfang von der Teilgemeinschaftspraxis genutzt. In diesen Fällen muss das Wirtschaftsgut nach § 15 Abs. 1 Nr. 2 EStG zwingend dem Sonderbetriebsvermögen des betreffenden Mitunternehmers der Teilgemeinschaftspraxis zugeordnet werden.

231

2. Variante: Das Wirtschaftsgut wird zu mehr als 50 % in der Einzelpraxis/Gemeinschaftspraxis genutzt. Auf Grund der überwiegenden Nutzung durch die Einzelpraxis/Gemeinschaftspraxis des Arztes ist das Wirtschaftsgut insgesamt seiner Einzelpraxis/Gemeinschaftspraxis zuzurechnen.

232

3. Variante: Das Wirtschaftsgut wird zu mehr als 50 % in der Teilgemeinschaftspraxis genutzt. Auf Grund der überwiegenden Nutzung durch die Teilgemeinschaftspraxis gehört das Wirtschaftsgut insgesamt zum Sonderbetriebsvermögen des betreffenden Mitunterunternehmers bei der Teilgemeinschaftspraxis.

233

---

129 A.A. BFH – IX R 53/01, BStBl II 2005, 383; aber Nichtanwendungserlass BMF – IV B 2 – S 2241 – 34/05, BStBl I 2005, 698 und gesetzliche Neufassung des § 15 Abs. 3 Nr. 1 EStG in der Fassung des Jahressteuergesetzes 2007.
130 BFH – XI R 31/05, BFH/NV 2006, 2175.
131 OFD Koblenz – Kurzinformation der Steuergruppe St 3 – Einkommensteuer – Nr. St 3 2006K124 v. 13.12.2006, S 2241 A – St 31 1, n.v.

234 Abweichend von der nur einheitlichen Zuordnung eines Wirtschaftsguts zu einem Betriebsvermögen sind die durch die Nutzung eines Wirtschaftsguts in mehreren Betriebsvermögen verursachten Aufwendungen jeder betroffenen Praxis nach dem Verhältnis der Nutzung zuzurechnen. Deshalb führen die durch die Nutzung von Sachmitteln und Personal der jeweiligen Praxis für Zwecke der Teilgemeinschaftspraxis entstehenden Aufwendungen einschließlich Gemeinkosten und ggf. Finanzierungskosten und umgekehrt entsprechend dem tatsächlichen Nutzungsumfang einerseits zu Sonderbetriebsausgaben des einzelnen Mitunternehmers bei der Teilgemeinschaftspraxis und andererseits zu Betriebsausgaben der Praxis. Dies gilt grundsätzlich unabhängig vom Nutzungsumfang für Zwecke der Teilgemeinschaftspraxis. Ist eine eindeutige Ermittlung nicht möglich, sind die Aufwendungen im Wege einer sachgerechten Schätzung zu ermitteln.

235 Die Zuordnung solcher Aufwendungen zu den Sonderbetriebsausgaben hat im Regelfall für den betroffenen Arzt keine einkommensteuerrechtliche Auswirkung, weil sowohl die Aufwandshöhe als auch die Einkunftsart hierdurch nicht berührt werden. In der Regel folgt die Finanzverwaltung daher der Aufteilung der Mitunternehmer. Eine sachgerechte Aufteilung ist jedoch in jedem Fall erforderlich, denn Sonderbetriebsausgaben zur Teilgemeinschaftspraxis können nicht im Rahmen der Gewinnermittlung der Einzelpraxis/Gemeinschaftspraxis geltend gemacht werden, sondern nur im Rahmen der gesonderten und einheitlichen Feststellung der Einkünfte der Teilgemeinschaftspraxis.[132]

b) Umsatzsteuerliche Besonderheiten

236 Zu den umsatzsteuerlichen Besonderheiten der Teilgemeinschaftspraxis vertritt die Finanzverwaltung folgende Auffassung:[133] Teilgemeinschaftspraxen treten üblicherweise nach außen auf, erbringen die Leistungen gegenüber den Patienten und rechnen mit ihnen selbständig ab. Deshalb ist die umsatzsteuerliche Unternehmereigenschaft einer solchen Praxis im Regelfall zu bejahen. Die Überlassung von Patienten und Gerätschaften sowie die ärztliche Arbeitsleistung in der Teilgemeinschaftspraxis stellen regelmäßig lediglich Gesellschafterbeiträge dar. Weil nach den üblichen gesellschaftsvertraglichen Vereinbarungen die Leistungen des einzelnen Arztes ausschließlich mit der Beteiligung am Gewinn und Verlust abgegolten wird und hierfür kein Sonderentgelt gezahlt wird, sind die Leistungen umsatzsteuerrechtlich als Gesellschafterbeiträge nicht steuerbar.

237 Erfolgt die Überlassung von Patienten, Personal und Geräten allerdings gegen ein gewinnunabhängiges Sonderentgelt, also „leistungsabhängig", führt dieses stets nach den allgemeinen Grundsätzen zum Leistungsaustausch zwischen Gesellschaft und Gesellschafter (siehe Rn 147 ff.) zu einem umsatzsteuerlich relevanten und damit in der Regel umsatzsteuerpflichtigen Umsatz unter Beachtung der Mindestbemessungsgrundlage (siehe Rn 158). Ein Leistungsaustausch liegt also vor, wenn die Überlassung durch den Arzt von der Teilgemeinschaftspraxis entsprechend dem Umfang und dem Wert der Leistung abgegolten wird. Da die Teilgemeinschaftspraxis in der Regel nicht zum Vorsteuerabzug berechtigt ist, verbleibt bei dem Arzt eine Belastung mit zusätzlicher Umsatzsteuer.

---

132 BFH – VIII R 137/84, BStBl II 1988, 679.
133 OFD Koblenz – Kurzinformation der Steuergruppe St 3 – Einkommensteuer – Nr. ST 3 2006K124 v. 13.12.2006, S 2241 A – St 31 1, n.v.

B. Besteuerung der Berufsausübungsgemeinschaften § 37

Für die Beratungspraxis ist daher zu empfehlen, in den Vereinbarungen die Überlassung von Personal und Gerätschaften stets über eine Beteiligung am Gewinn und Verlust abzugelten. 238

Hinweis 239
Werden im Rahmen des Gesellschaftsvertrages Tätigkeitsvergütungen oder die Überlassung von Personal und Sachmitteln geregelt, ist in Anlehnung an die Vorgaben zu Arbeitsgemeinschaften im Baugewerbe in der Beratungspraxis darauf zu achten, dass eventuelle Mehr- oder Minderleistungen gegenüber dem vereinbarten Sollbetrag laut Gesellschaftsvertrag außerhalb der Teilgemeinschaftspraxis zwischen den Gesellschaftern ausgeglichen werden.

Beispiel I[134] 240
Dr. A, Dr. B und Dr. C gründen eine Teilgemeinschaftspraxis, bei der die Gesellschafter zu je einem Drittel am Gewinn oder Verlust beteiligt sind. Die Gesellschafter verpflichten sich im Gesellschaftsvertrag, die erforderlichen Sachmittel und Personal in demselben Verhältnis der Teilgemeinschaftspraxis zur Verfügung zu stellen („vorzuhalten"). Zum Vergleich sollen laut Gesellschaftsvertrag die üblichen Selbstkosten als Berechnungsgrundlage dienen. Als Sollbetrag wird nach den Planungen ein Betrag von 20.000 EUR jährlich festgelegt. Soweit ein Gesellschafter nicht in der Lage ist, seinen Beitrag im ausreichenden Maße zu leisten, verpflichten sich die anderen Gesellschafter im Gesellschaftsvertrag, sich untereinander auszuhelfen. Die Verrechnung von Mehr- und Minderleistungen erfolgt laut Gesellschaftsvertrag unter Einbeziehung des Gewinns im Rahmen der Gewinnverteilung. Der IST-Betrag der Gesellschafterleistungen beträgt von Dr. A 15.000 EUR, von Dr. B 20.000 EUR und von Dr. C 25.000 EUR, weil Dr. C nach Absprache mit Dr. A ein Teil von dessen Leistungspflicht übernommen hat. Der Gewinn der Teilgemeinschaftspraxis beläuft sich auf insgesamt 105.000 EUR. Der Gewinn wird entsprechend dem Gesellschaftsvertrag wie folgt verteilt:

		Dr. A	Dr. B	Dr. C
Nach Wortwahl des BFH				
„Zwischengewinn" bzw. „Auszahlungsbetrag"	105.000 €			
IST-Betrag an Personal- und Sachmittelgestellung	60.000 €	15.000 €	20.000 €	25.000 €
„Endgewinn"	45.000 €	15.000 €	15.000 €	15.000 €
	105.000 €	30.000 €	35.000 €	40.000 €

Der gesamte Auszahlungsbetrag setzt sich insoweit zusammen aus dem gleich hohen Gewinnanteil und einer verschieden hohen leistungsabhängigen Vergütung, die sich nach Art und Umfang der Personal und Sachmittelgestellung, bewertet nach einem einheitlichen Schlüssel, richtet. Die gesamte Personal- und Sachmittelgestellung in Höhe von 60.000 EUR ist Gegenstand eines umsatzsteuerbaren und umsatzsteuerpflichtigen Leistungsaustausches. Es kommt entscheidend weder auf die Bezeichnung der Personal- und Sachmittelgestellung als Gesellschafterbeiträge (i.S.d. §§ 705 ff. BGB) noch auf die Einordnung der getroffenen Vereinbarungen in eine der Vertragstypen des bürgerlichen Rechts an.

---

134 In Anlehnung an BFH – V R 91/68, BStBl II 1970, 356; BFH – V R 129/68, BStBl II 1970, 358.

241 *Beispiel II*[135]

Sachverhalt wie Beispiel I, die Verrechnung von Mehr- und Minderleistungen erfolgt laut Gesellschaftsvertrag jedoch außerhalb der Gewinnverteilung der Teilgemeinschaftspraxis zwischen den sich aushelfenden Ärzten selbst. Der IST-Betrag der Gesellschafterleistungen beträgt von Dr. A 15.000 EUR, von Dr. B 20.000 EUR und von Dr. C 25.000 EUR, weil Dr. C nach Absprache mit Dr. A ein Teil dessen Leistungspflicht übernommen hat. Der Gewinn der Teilgemeinschaftspraxis beläuft sich auf insgesamt 105.000 EUR. Der Gewinn wird somit entsprechend dem Gesellschaftsvertrag wie folgt verteilt:

		Dr. A	Dr. B	Dr. C
Endgewinn	105.000 €	35.000 €	35.000 €	35.000 €
	105.000 €	35.000 €	35.000 €	35.000 €

Gemäß der Vereinbarung leistet Dr. A an Dr. C eine Ausgleichszahlung außerhalb der Teilgemeinschaftspraxis in Höhe von 5.000 EUR für die von Dr. C anstelle von Dr. A gegenüber der Teilgemeinschaftspraxis erbrachten Mehrleistungen.

Der Spitzenausgleich außerhalb der Teilgemeinschaftspraxis hat zur Folge, dass nur die Personal und Sachmittelgestellung von Dr. C an Dr. A in Höhe von 5.000 EUR Gegenstand eines umsatzsteuerbaren und umsatzsteuerpflichtigen Leistungsaustausches ist. Die Tatsache, dass sich an dem wirtschaftlichen Endergebnis nichts ändert, ist nicht entscheidend dafür, dass andere – günstigere – umsatzsteuerliche Folgen eintreten. Die Überlassung als Leistung wird insoweit nicht von der Teilgemeinschaftspraxis nach Umfang und Wert ausgeglichen, sondern zwischen den Gesellschaftern.

Wird im Teilgemeinschaftspraxisvertrag vereinbart, dass Mehr- und Minderleistungen gegenüber dem im Vertrag vorgesehenen Soll an Geräte- bzw. Personalvorhaltungen und die darauf entfallenden Entgelte außerhalb der Teilgemeinschaftspraxis zwischen den Ärzten unmittelbar ausgeglichen werden sollen, und wird **tatsächlich dementsprechend verfahren**, so ist ein Leistungsaustausch zwischen den Gesellschaftern der Teilgemeinschaftspraxis und der Teilgemeinschaftspraxis nicht feststellbar. Die Leistungen (Geräte-/Personalvorhaltungen) der Ärzte an die Teilgemeinschaftspraxis sind in diesen Fällen nichtsteuerbare echte Gesellschafterbeiträge. Die direkte Zahlung darf sich aber nicht nur als vereinfachte Verrechnungsart darstellen.

Zugleich ist zu beachten, dass hinsichtlich der Ausgleichszahlung für Dr. C die **ertragsteuerlichen Folgen** zu prüfen sind, denn im Grundsatz ist die Personal und Sachmittelgestellung keine ärztliche, sondern eine gewerbliche Betätigung. Erfolgt die Abrechnung allerdings nur im Rahmen eines **Aufwendungsersatzes** ohne die Absicht hierdurch Gewinn zu erzielen, sind gewerbliche Einkünfte mangels **Einkünfteerzielungsabsicht** zu verneinen.

---

135 In Anlehnung an BFH – V R 91/68, BStBl II 1970, 356; BFH – V R 129/68, BStBl II 1970, 358.

III. Die überörtliche Gemeinschaftspraxis und Filialbildung ("Zweigpraxis")

Steuerrechtlich unterscheiden sich die überörtliche Gemeinschaftspraxis und die Filialbildung gemäß § 24 Abs. 3 Ärzte-ZV nicht von der klassischen Gemeinschaftspraxis. Es liegt in allen Fällen eine nach den gleichen Grundsätzen zu beurteilende **Mitunternehmerschaft** vor. Es ist steuerlich unerheblich, ob eine Mitunternehmerschaft über eine oder mehrere Betriebsstätten (Praxisstandorte) verfügt. Lediglich gewerbesteuerlich würde zusätzlich eine Zerlegung der gewerbesteuerlichen Bemessungsgrundlage auf die einzelnen Gemeinden erforderlich, wenn eine gewerbliche Mitunternehmerschaft mehrere Betriebsstätten in unterschiedlichen Gemeinden unterhält.

242

Auch hinsichtlich der Gründung bestehen keine Unterschiede. Eine überörtliche Gemeinschaftspraxis kann dadurch gegründet werden, dass bestehende Praxen nach § 24 UmwStG gegen Gewährung von Gesellschaftsrechten an der neuen überörtlichen Gemeinschaftspraxis zu Buchwerten eingebracht werden. Auch andere Gestaltungsmodelle sind wie bei der Gemeinschaftspraxis möglich (siehe Rn 100 ff.). Die Errichtung eines zweiten (neuen) Standortes ist steuerlich unproblematisch, da Übertragungsvorgänge aus dem bestehenden Betriebsvermögen heraus nicht stattfinden.

243

Zur Frage der Abgrenzung der Art der Einkünfte (gewerblich oder freiberuflich) ist allerdings die Frage der leitenden und eigenverantwortlichen Tätigkeit der Gesellschafter (siehe Rn 24 ff.) für sämtliche Standorte zu prüfen. Wird die leitende und eigenverantwortliche Tätigkeit auch nur für einen einzigen Standort verneint, weil z.B. dort nur bzw. überwiegend angestellte Ärzte und nicht Gesellschafter tätig sind, ist die gesamte Mitunternehmerschaft nach § 15 Abs. 3 Nr. 1 EStG als gewerblich anzusehen.[136]

244

Auch umsatzsteuerlich ergeben sich durch mehrere Standorte keine Unterschiede. Umsatzsteuerlich bilden sämtliche Standorte das nach außen auftretende Unternehmen. Da sämtliche Standorte zusammen das umsatzsteuerliche Unternehmen bilden, sind zwischen den Standorten erbrachte Leistungen und deren Verrechnung umsatzsteuerlich irrelevant, ein Leistungsaustausch findet im umsatzsteuerlichen Sinne nicht statt. Je größer das umsatzsteuerliche Unternehmen wird, um so eher werden jedoch die Grenzen der Kleinunternehmerschaft (siehe Rn 49 ff.) erreicht.

245

Für sämtliche Standorte ist jeweils nur eine Erklärung zur gesonderten und einheitlichen Feststellung von Besteuerungsgrundlagen und eine Umsatzsteuererklärung abzugeben.

246

C. Besteuerung neuerer/sonstiger Kooperationsformen

I. Medizinische Versorgungszentren

1. Einleitung

Nach § 95 Abs. 1 S. 2 SGB V sind Medizinische Versorgungszentren fachübergreifende ärztlich geleitete Einrichtungen, in denen Ärzte, die in das Arztregister nach § 95 Abs. 2 S. 3 SGB V eingetragen sind, **als Angestellte oder Vertragsärzte tätig** sind. Nach § 95 Abs. 1 S. 6 SGB V können sich die medizinischen Versorgungszentren **aller zulässigen Organisationsformen** bedienen; sie können von den Leistungserbringern, die aufgrund

247

---

136 BFH – IV R 11/95, BFH/NV 1996, 464.

von Zulassung, Ermächtigung oder Vertrag an der medizinischen Versorgung der Versicherten teilnehmen, gegründet werden.

248 Infolge dieser arztrechtlichen Vorgaben gibt es nicht das eine Medizinische Versorgungszentrum (MVZ) im Steuerrecht, das immer den gleichen Grundsätzen folgt. Vielmehr erfordert die steuerliche Beurteilung in jedem Einzelfall eine Auseinandersetzung mit der rechtlichen Konstruktion der Gesellschaft und der vertraglichen Beziehungen zwischen den Beteiligten. Da sich das MVZ aller zulässigen Organisationsformen bedienen kann, ist sowohl die **Personengesellschaft** (im folgenden MVZ-GbR) als auch die **Kapitalgesellschaft** (im folgenden MVZ-GmbH) als Gesellschaftsform im Grundsatz denkbar. Vorbehaltlich arztrechtlicher Bedenken, auf die hier nicht eingegangen werden soll, ist in jeder dieser Gesellschaftsformen die Tätigkeit als **angestellter Arzt oder als Vertragsarzt** zulässig. Die folgenden Ausführungen beschäftigen sich daher mit den **vier Kombinationen** dieser Möglichkeiten.

249 Die **MVZ-GbR** als Personengesellschaft unterscheidet sich in den steuerlichen Grundsätzen nicht von der klassischen Gemeinschaftspraxis in der Rechtsform der GbR. Entscheidend ist, ob der als angestellter Arzt oder Vertragsarzt tätige Arzt als Mitunternehmer im steuerlichen Sinne anzusehen ist. Mitunternehmer (i.S.d. § 15 Abs. 1 S. 1 Nr. 2 EStG) ist in der Regel, wer zivilrechtlich Gesellschafter einer Personengesellschaft ist und eine gewisse unternehmerische Initiative entfalten kann sowie unternehmerisches Risiko trägt (ausführlich dazu siehe Rn 114 ff.). Die MVZ-GbR ist daher in der Regel steuerlich eine **Mitunternehmerschaft**. Fehlt es an der zivilrechtlichen Gesellschafterstellung oder an Mitunternehmerinitiative oder an Mitunternehmerrisiko für den Arzt, ist der Arzt im Einzelfall nicht als Mitunternehmer im steuerlichen Sinne anzusehen (siehe Rn 117), unabhängig davon, ob er als angestellter Arzt oder als Vertragsarzt tätig ist.

250 Die Konstruktion in der **MVZ-GmbH mit Vertragsärzten** bereitet ferner infolge dogmatischer Probleme bei der steuerlichen Beurteilung in der Beratungspraxis einige Schwierigkeiten. Besondere Bedeutung kommt daher den vertraglichen Beziehungen zwischen der MVZ-GmbH und den Vertragsärzten zu. Je nach Ausgestaltung sind **mehrere Varianten** mit unterschiedlichen steuerlichen Folgen bei der Gründung und der laufenden Besteuerung denkbar.

251 Bei der steuerlichen Beurteilung eines **MVZ mit angestellten Ärzten** ist sowohl bei der MVZ-GbR als auch bei der MVZ-GmbH die Frage entscheidend, ob der angestellte Arzt, der häufig als ehemaliger Vertragsarzt seine Zulassung auf das MVZ übertragen hat, Gesellschafter des MVZ wird und auch langfristig bleiben soll, d.h. ob er **zivilrechtlich eine Gesellschafterstellung** einnimmt. Zu beachten ist dagegen, dass **bei Personengesellschaften** die Tatsache, dass ein Arzt zivilrechtlich Angestellter der Gesellschaft ist, keinen Einfluss darauf hat, ob er steuerlich als Mitunternehmer der Gesellschaft anzusehen ist. Ist ein Arzt einerseits Mitunternehmer einer MVZ-GbR und erhält er andererseits von der MVZ-GbR für seine Tätigkeit als angestellter Arzt im Dienst der MVZ-GbR eine Vergütung, ist diese nach **§ 15 Abs. 1 S. 1 Nr. 2 EStG** als Teil der Einkünfte aus der MVZ-GbR anzusehen und führt insoweit zu Sonderbetriebseinnahmen. Steuerlich wird sozusagen die Anstellung als Teil der **Ausübung der Mitunternehmerstellung** angesehen.

2. Gründung

252 Bei der Gründung eines MVZ sind in der Beratungspraxis kapitalistisch orientierte Modelle und kooperative Modelle zu unterscheiden. Unter kapitalistisch orientierten Mo-

dellen wird z.B. die Errichtung eines MVZ durch ein Krankenhaus verstanden, dass im Rahmen der Gründung bestehende Praxen aufkauft und angestellte Ärzte in das MVZ eingegliedert. Ziel ist hier die Verzahnung der ambulanten und stationären Versorgung und die Erweiterung der Wertschöpfungskette durch Ausdehnung des Leistungsangebotes.

Bei diesen kapitalistisch orientierten Modellen ergeben sich im Zusammenhang mit der Gründung keine besonderen Fragestellungen für das MVZ. Steuerlich handelt es sich in der Regel um Veräußerungsvorgänge, die zur Aufdeckung stiller Reserven beim abgebenden Arzt führen und deren Versteuerung sich nicht vermeiden lässt. Sind die übrigen Voraussetzungen der §§ 16, 34 EStG erfüllt, kann der Veräußerungsgewinn für den abgebenden Arzt steuerbegünstigt sein (siehe Rn 63 ff. und Rn 174 ff.).

253

Bei den kooperativen Modellen besteht dagegen das Ziel der Ärzte, die eigene unternehmerische Tätigkeit im Rahmen des MVZ als angestellter Arzt oder Vertragsarzt fortzusetzen. Der Übertragung der Praxen (z.B. Einzelpraxis, Mitunternehmeranteil an einer Gemeinschaftspraxis) oder einzelner Wirtschaftsgüter durch den Arzt steht dabei in der Regel die Einräumung einer Gesellschafterstellung oder einer vergleichbaren Rechtsposition gegenüber. In diesen Fällen besteht in der Beratungspraxis häufig die Absicht, diesen Vorgang steuerneutral ohne Aufdeckung stiller Reserven abzuwickeln. Dies ist allerdings nicht in allen Fällen problemlos möglich.

254

Bei der **umsatzsteuerlichen Beurteilung** ist zu unterscheiden, ob es sich um eine nicht umsatzsteuerbare **Geschäftsveräußerung im Ganzen** (siehe Rn 10), eine nicht umsatzsteuerbare **Veräußerung einer Beteiligung** an einer Mitunternehmerschaft (siehe Rn 179) **oder andernfalls um einen umsatzsteuerbaren Vorgang** handelt, der insoweit vom Umsatzsteuerrecht erfasst wird. Liegt ein umsatzsteuerbarer Umsatz vor, z.B. die Übertragung einzelner Wirtschaftsgüter gegen Gewährung von Gesellschaftsrechten, ist weiter zu prüfen, ob dieser Umsatz auch tatsächlich **umsatzsteuerpflichtig oder** unter Umständen **umsatzsteuerfrei nach § 4 Nr. 28 UStG** ist (siehe Rn 55 ff.).

255

a) MVZ-Personengesellschaft (MVZ-GbR) mit angestellten Ärzten

Bringt ein Arzt seine gesamte Praxis bzw. seinen gesamten Mitunternehmeranteil[137] an einer Gemeinschaftspraxis mit allen funktional[138] wesentlichen Betriebsgrundlagen gegen Gewährung von Gesellschaftsrechten in eine MVZ-GbR (Personengesellschaft) ein und wird er Mitunternehmer der Gesellschaft, kann die Übertragung nach § 24 UmwStG auf Antrag zu Buchwerten erfolgen. Durch den Ansatz der Buchwerte wird die Aufdeckung stiller Reserven und damit die Entstehung eines Veräußerungsgewinns vermieden. Es gelten insoweit die gleichen Grundsätze wie bei der Einbringung in eine Gemeinschaftspraxis (siehe Rn 100 ff.). Insbesondere ist es nach § 24 UmwStG nicht erforderlich, dass sämtliche funktional wesentlichen Betriebsgrundlagen in das Gesamthandsvermögen der Personengesellschaft übertragen werden, vielmehr ist es ausreichend, wenn die Übertragung im Rahmen einer Nutzungsüberlassung in das Sonder-

256

---

137 Der gesamte Mitunternehmeranteil umfasst insoweit nicht nur den Anteil am Gesamthandsvermögen, sondern auch das Sonderbetriebsvermögen des Mitunternehmers, siehe Rn 127 ff.
138 Wirtschaftsgüter sind funktional wesentliche Betriebsgrundlagen, wenn sie zur Erreichung des Betriebszwecks – hier dem Praxisbetrieb – erforderlich sind und ihnen ein besonderes wirtschaftliches Gewicht für die Praxisführung zukommt. Das Vorhandensein erheblicher stiller Reserven allein reicht für eine Wesentlichkeit der Betriebsgrundlage im Zusammenhang mit § 24 UmwStG nicht aus.

betriebsvermögen des Mitunternehmers zur Personengesellschaft erfolgt.[139] Voraussetzung ist, dass der in den Angestelltenstatus wechselnde Arzt seine Gründereigenschaft nicht verliert und somit auch Gesellschafter des MVZ werden kann.

257 *Beispiel*
Dr. A betreibt eine Einzelpraxis in einem Ärztehaus, in dem auch eine MVZ-GbR untergebracht ist. Die Praxisräume, in denen die Einzelpraxis innerhalb des Ärztehauses betrieben wird, stehen im Eigentum von Dr. A und gehören damit zum funktional wesentlichen Betriebsvermögen der Einzelpraxis. Nach Verhandlungen mit der MVZ-GbR bringt Dr. A seine Einzelpraxis gegen Gewährung von Gesellschaftsrechten in Höhe von 15 % an der MVZ-GbR in diese ein und überträgt seine Zulassung zur vertragsärztlichen Versorgung auf die MVZ-GbR, um dort anschließend als angestellter Arzt tätig zu sein. Die Praxisräume überträgt Dr. A allerdings nicht auf die MVZ-GbR, sondern vermietet sie langfristig zur Nutzung an die MVZ-GbR.

258 Durch die Vermietung an die MVZ-GbR werden die Praxisräume von Dr. A zu Sonderbetriebsvermögen des Dr. A zur MVZ-GbR. Die Einbringung der Einzelpraxis in die MVZ-GbR gegen Einräumung einer Mitunternehmerstellung kann insoweit nach § 24 UmwStG auf Antrag steuerneutral zu Buchwerten erfolgen.

259 Auch Ausgleichszahlungen im Rahmen der Einbringung sind möglich. Die Entstehung sofort steuerpflichtiger Veräußerungsgewinne lässt sich allerdings nur vermeiden, wenn die Zahlung in das Betriebsvermögen der MVZ-GbR geleistet wird. Zahlungen in das Privatvermögen des Arztes lösen dagegen eine sofortige Steuerpflicht aus. Dies gilt auch für den Versuch, die Versteuerung zu umgehen, indem z.B. die Zahlungen zunächst in das Betriebsvermögen der MVZ-GbR geleistet, dann aber zeitnah in das Privatvermögen entnommen werden.[140]

260 *Beispiel*
Dr. A und Dr. B planen die Gründung einer MVZ-GbR in der Angestellten-Variante durch Zusammenlegung ihrer Einzelpraxen. An der MVZ-GbR wollen beide Ärzte je zur Hälfte beteiligt sein. Die Einzelpraxis von Dr. A hat allerdings einen Wert von 200.000 EUR, die Einzelpraxis von Dr. B dagegen hat einen Wert von 250.000 EUR. Aufgrund der unterschiedlichen Wertverhältnisse wird vereinbart, dass Dr. A eine Ausgleichszahlung in die MVZ-GbR zu leisten hat in Höhe von 50.000 EUR, von der anstehende Investitionen gezahlt werden sollen, damit sich die Wertverhältnisse entsprechen.

Der Anwendung von § 24 UmwStG steht die Ausgleichzahlung in Höhe von 50.000 EUR nicht entgegen. Die Einbringungen der Einzelpraxen können steuerneutral zum Buchwert erfolgen. Hinsichtlich der Ausgleichszahlung ist allerdings eine Ergänzungsrechnung für Dr. B zu erstellen, die in der Regel über sechs bis zehn Jahre (soweit es sich um einen Ausgleich für einen Praxiswert handelt) gewinnerhöhend aufzulösen ist. Hintergrund ist die Überlegung, dass Dr. B im Grunde durch die MVZ-Gründung Teile seiner höherwertigen Praxis an Dr. A abgibt und an der Ausgleichzahlung in Geld zur Hälfte partizipiert.

261 *Hinweis*
Wäre der Wertausgleich nicht in die neu gegründete MVZ-GbR gezahlt worden, sondern hätte Dr. A den Wertausgleich an Dr. B direkt auf dessen Privatkonto ge-

---

139 BMF – IV B 7 – S 1978 – 21/98/7 IV B 2 – S 1909 – 33/98, BStBl I 1998, 268 Rn 24.06.
140 BMF – IV B 7 – S 1978 – 21/98/7 IV B 2 – S 1909 – 33/98, BStBl I 1998, 268 Rn 24.09 ff.

zahlt, wäre insoweit ein sofort steuerpflichtiger, nicht begünstigter Gewinn von Dr. B zu versteuern gewesen.

Häufig soll nicht die gesamte Praxis, sondern nur ein Teil der ärztlichen Tätigkeit auf ein MVZ übertragen werden. Nach § 24 UmwStG wäre die steuerneutrale Einbringung zu Buchwerten möglich, wenn es sich bei dem einzubringenden Teil steuerlich um einen Teilbetrieb (Teilpraxis) handelt. Ein Teilbetrieb ist nach der Definition der Finanzverwaltung[141] ein mit einer gewissen Selbständigkeit ausgestatteter, organisatorisch geschlossener Teil des Gesamtbetriebs, der für sich betrachtet alle Merkmale eines Betriebs i.S.d. Einkommensteuergesetzes aufweist und für sich lebensfähig ist. Für die Annahme eines Teilbetriebs genügt die Möglichkeit einer technischen Aufteilung des Betriebs nicht. Notwendig ist die Eigenständigkeit des Teils. Der veräußerte Teilbetrieb muss zudem im Wesentlichen die Möglichkeit bieten, künftig als selbständige Praxis geführt werden zu können, auch wenn dies noch einzelne Ergänzungen und Änderungen bedingen sollte. Insbesondere die kassenärztliche Tätigkeit im Rahmen einer Praxis ist kein Teilbetrieb im steuerlichen Sinne.[142] Dass im Rahmen von Arztpraxen somit Teilbetriebe (Teilpraxen) vorliegen, ist eher selten. Denkbar wären Teilbetriebe, wenn die Praxis an mehreren Praxisstandorten in voneinander entfernten örtlichen Wirkungsbereichen mit infolgedessen getrennten Patientenkreisen tätig wird. In diesen Fällen kann im Einzelfall jeder Standort als Teilbetrieb (Teilpraxis) dargestellt werden.

Praxistipp
Im Rahmen langfristiger Planungen unter Vermeidung eines steuerlichen Gesamtplans könnten in der Beratungspraxis zunächst die entsprechenden Praxisteile im Rahmen der bestehenden Praxis räumlich an den MVZ-Standort ausgelagert werden, um eine Teilpraxis zu bilden. Nach Ablauf einer ausreichenden Karenzzeit und ohne dass dies bei der Auslagerung erkennbar war, kann dann diese Teilpraxis als Teilbetrieb nach § 24 UmwStG zu Buchwerten in die MVZ-GbR eingebracht werden. Nach Ablauf der Karenzzeit empfiehlt sich vor dem zweiten Schritt aber im Einzelfall eine verbindliche Auskunft zu der Frage, ob ein Teilbetrieb im steuerlichen Sinne auch aus Sicht der Finanzverwaltung vorliegt.

Denkbar ist auch die Übertragung einzelner Wirtschaftsgüter unentgeltlich oder gegen Gewährung von Gesellschaftsrechten nach § 6 Abs. 5 EStG zu Buchwerten und die Fortführung der Praxis in ansonsten verringertem Umfang.

Hierbei sind nach § 6 Abs. 5 EStG begünstigt:
- die Übertragung aus dem Betriebsvermögen einer Einzelpraxis in das Sonderbetriebsvermögen des Arztes zur MVZ-GbR (Mitunternehmerschaft),
- die Übertragung aus dem Sonderbetriebsvermögen eines Arztes zu einer Gemeinschaftspraxis (Mitunternehmerschaft) in das Sonderbetriebsvermögen des Arztes zur MVZ-GbR,
- die Übertragung aus dem Betriebsvermögen einer Einzelpraxis in das Gesamthandsvermögen der MVZ-GbR (Mitunternehmerschaft),
- die Übertragung aus dem Sonderbetriebsvermögen eines Arztes zu einer Gemeinschaftspraxis (Mitunternehmerschaft) in das Gesamthandsvermögen der MVZ-GbR (Mitunternehmerschaft) und

---

141 R 16 Abs. 3 EStR 2005.
142 BFH – IV R 28/96, BFH/NV 1997, 746.

- die Übertragung aus dem Gesamthandsvermögen einer Gemeinschaftspraxis (Mitunternehmerschaft) in das Sonderbetriebsvermögen des Arztes zur MVZ-GbR (Mitunternehmerschaft).

266 Bei einer steuerneutralen Übertragung zu Buchwerten sind zudem weitere Voraussetzungen zu erfüllen. Zum einen dürfen im Rahmen der Übertragung bei einem Rechtsträgerwechsel (aus oder in ein Gesamthandsvermögen; vorstehend Nr. 3, 4 und 5) **keine Verbindlichkeiten** mit übernommen werden, da ansonsten von einer (teil-)entgeltlichen Veräußerung auszugehen ist. Die übernommenen Verbindlichkeiten gelten insoweit als Veräußerungspreis (siehe Rn 204). Zum anderen darf bei einer Übertragung mit Rechtsträgerwechsel das übertragene Wirtschaftsgut innerhalb einer **Sperrfrist von drei Jahren nach Abgabe der betreffenden Steuererklärung des Übertragenen** nach § 6 Abs. 5 S. 4 EStG weder veräußert noch aus dem Betriebsvermögen entnommen werden. Wird die Sperrfrist nicht eingehalten, ist rückwirkend für die Übertragung der Teilwert anzusetzen und die stillen Reserven sind vom Übertragenen zu versteuern. Je nach Einzelfall kann unter Umständen die Sperrfrist durch die Erstellung von Ergänzungsbilanzen und damit die Zuordnung der stillen Reserven zum übertragenen Gesellschafter vermieden werden.

267 **Nicht nach § 6 Abs. 5 EStG begünstigt** ist dagegen die Übertragung **aus dem Gesamthandsvermögen einer Gemeinschaftspraxis** (Mitunternehmerschaft) **in das Gesamthandsvermögen der MVZ-GbR** (Mitunternehmerschaft) (siehe Rn 206).

268 *Praxistipp*
Da die Übertragung aus dem Gesamthandsvermögen einer Mitunternehmerschaft in das Gesamthandsvermögen einer anderen Mitunternehmerschaft nicht nach § 6 Abs. 5 EStG begünstigt ist, bietet sich eine Gestaltungsalternative an. Zunächst wird das Wirtschaftsgut aus dem Gesamthandsvermögen einer Mitunternehmerschaft (Gemeinschaftspraxis) nach § 6 Abs. 5 EStG zulässig zu Buchwerten in das Sonderbetriebsvermögen einer anderen Mitunternehmerschaft (MVZ-GbR) übertragen. Nach Ablauf einer gewissen Zeit („Schamfrist") – zu empfehlen ist, den Ablauf der Sperrfrist nach § 6 Abs. 5 S. 4 EStG hinlänglich abzuwarten – können die Wirtschaftsgüter dann unentgeltlich oder gegen Gewährung weiterer Gesellschaftsrechte zu Buchwerten aus dem Sonderbetriebsvermögen in das Gesamthandsvermögen der Mitunternehmerschaft (MVZ-GbR) übertragen werden.[143] Wichtig ist die deutliche Trennung der beiden Übertragungen und damit die gewisse Zeit abzuwarten. Die beiden Vorgänge dürfen auch nicht frühzeitig vertraglich abgesichert werden (z.B. durch Optionen), da ansonsten die Finanzverwaltung einen Gestaltungsmissbrauch im Sinne eines Gesamtplans annehmen wird.

269 In der Beratungspraxis zu beachten ist, dass nach der – umstrittenen – Auffassung der Finanzverwaltung auch die Zulassung zur vertragsärztlichen Versorgung ein selbständiges immaterielles Wirtschaftsgut des Anlagevermögens darstellt (siehe Rn 15 ff.) und daher steuerlich Gegenstand eines Übertragungsvorgangs sein kann.

270 *Beispiel*
Dr. A ist Mitglied der Gemeinschaftspraxis Dres. A, B und C. Zum Gesamthandsvermögen der Gemeinschaftspraxis gehören die drei Zulassungen zur vertragsärztlichen Versorgung. Dr. A scheidet aus der Gemeinschaftspraxis aus und vereinbart mit Dr. B und Dr. C in Abweichung vom Gemeinschaftspraxisvertrag, dass er seine

---

143 *Gragert*, NWB Fach 3, 13887, 13890.

Zulassung zur vertragsärztlichen Versorgung aus der Gemeinschaftspraxis mitnehmen darf. Nach seinem Ausscheiden tritt Dr. A als Vertragsarzt der MVZ-GbR Dres. D und E als neuer Gesellschafter bei. Hierbei überträgt er seine Zulassung zur vertragsärztlichen Versorgung (wirtschaftlich) in das Gesamthandsvermögen der MVZ-GbR Dres. D, E und A.

Nach Auffassung der Finanzverwaltung ist die Zulassung zur vertragsärztlichen Versorgung ein selbständiges, nicht abnutzbares immaterielles Wirtschaftsgut des Anlagevermögens. Da im Beispiel dieses Wirtschaftsgut aus dem Gesamthandsvermögen einer Mitunternehmerschaft in das Gesamthandsvermögen einer anderen Mitunternehmerschaft übertragen wird, ist der Vorgang nicht nach § 6 Abs. 5 EStG steuerneutral zu Buchwerten möglich. Obwohl der Vorgang unentgeltlich erfolgt, sind die stillen Reserven insoweit aufzudecken. 271

Wird der bei der MVZ-GbR angestellte Arzt steuerlich **nicht Mitunternehmer der GbR**, weil er entweder zivilrechtlich nicht Gesellschafter wird oder mangels Gründereigenschaft werden kann oder es an Mitunternehmerinitiative und Mitunternehmerrisiko mangelt, scheidet eine **steuerneutrale Einbringung nach den vorgenannten Grundsätzen aus**. 272

b) MVZ-Personengesellschaft (MVZ-GbR) mit Vertragsärzten

Da das Steuerrecht nicht dahingehend unterscheidet, ob ein Arzt zivilrechtlich als Angestellter oder als Vertragsarzt für die MVZ-GbR tätig wird, sondern nur nach der Frage, ob der Arzt Mitunternehmer der Gesellschaft wird, gelten die Ausführungen für die Gründung einer MVZ-GbR mit angestellten Ärzten entsprechend (siehe Rn 256 ff.). Bei der MVZ-GbR mit Vertragsärzten ist im Gegensatz zur MVZ-GbR mit angestellten Ärzten in der Regel von einer Mitunternehmerstellung auszugehen. 273

c) MVZ-Kapitalgesellschaft (MVZ-GmbH) mit angestellten Ärzten

Bringt ein Arzt seine gesamte Praxis bzw. seinen Mitunternehmeranteil[144] an einer Gemeinschaftspraxis mit allen funktional[145] wesentlichen Betriebsgrundlagen gegen Gewährung neuer[146] Gesellschaftsrechte in eine MVZ-GmbH (Kapitalgesellschaft) ein, kann die Übertragung nach § 20 UmwStG auf Antrag zu Buchwerten erfolgen. Voraussetzung ist, dass der Arzt, der seine Tätigkeit zukünftig als Angestellter fortsetzen will, seine Gründereigenschaft nicht verliert und Gesellschafter werden kann. 274

---

144 Der gesamte Mitunternehmeranteil umfasst insoweit nicht nur den Anteil am Gesamthandsvermögen, sondern auch das Sonderbetriebsvermögen des Mitunternehmers, siehe Rn 127 ff. Steuerlich denkbar wäre auch die Einbringung nur eines Teils eines Mitunternehmeranteils mit ggf. anteiligem Sonderbetriebsvermögen. In der Beratungspraxis dürfte dies aber selten sein, da in der Regel die Praxis auf die MVZ-GmbH in der Angestellten-Variante übergehen soll und nicht Beteiligter der fortbestehenden Praxis als Mitunternehmerschaft werden soll.

145 Wirtschaftsgüter sind funktional wesentliche Betriebsgrundlagen, wenn sie zur Erreichung des Betriebszwecks – hier dem Praxisbetrieb – erforderlich sind und ihnen ein besonderes wirtschaftliches Gewicht für die Praxisführung zukommt. Das Vorhandensein erheblicher stiller Reserven allein reicht für eine Wesentlichkeit der Betriebsgrundlage im Zusammenhang mit § 20 UmwStG nicht aus.

146 Voraussetzung ist insoweit, dass die Gegenleistung der übernehmenden Kapitalgesellschaft als zumindest z.T. in neuen Gesellschaftsanteilen (Gründung/Kapitalerhöhung gegen Sacheinlage) besteht. Mangels Gewährung neuer Anteile ist die verdeckte Einlage keine Einbringung i.S.d. § 20 UmwStG; ebenfalls nicht die sog. verschleierte Sachgründung oder verschleierte Sachkapitalerhöhung. BMF – IV B 7 – S 1978 – 21/98/7 IV B 2 – S 1909-33/98, BStBl I 1998, 268 Rn 20.03 f.

275 Der Wert, mit dem die MVZ-GmbH das eingebrachte Vermögen in ihrer Bilanz ansetzt, gilt für den einbringenden Arzt als Veräußerungspreis. Setzt die MVZ-GmbH die Buchwerte an, entspricht der Veräußerungspreis demzufolge dem Buchwert, so dass sich aus der Differenz zwischen Veräußerungspreis und Buchwert kein Veräußerungsgewinn ergibt. Zugleich gilt der Wertansatz als Anschaffungskosten des einbringenden Arztes für die gewährten Anteile an der MVZ-GmbH für den Fall der späteren Veräußerung. Durch den Ansatz der Buchwerte anstelle der gemeinen Werte (Verkehrswerte) oder von Zwischenwerten wird die Aufdeckung stiller Reserven und damit die Entstehung eines Veräußerungsgewinns vermieden.

276 Anders als bei der Einbringung nach § 24 UmwStG in eine MVZ-GbR ist es allerdings bei der Einbringung nach § 20 UmwStG in eine MVZ-GmbH erforderlich, dass sämtliche funktional wesentlichen Betriebsgrundlagen, also auch die des Sonderbetriebsvermögens, auf die MVZ-GmbH übergehen. Nicht ausreichend ist es, diese der MVZ-GmbH lediglich zur Nutzung zu überlassen.[147]

277 *Beispiel*

Die Dres. A, B und C sind zu je einem Drittel an einer Gemeinschaftspraxis beteiligt. Dr. A ist Eigentümer der Praxisimmobilie, die er zu einer angemessenen Miete an die Gemeinschaftspraxis überlässt. Die Dres. A, B und C bringen jeweils ihren Mitunternehmeranteil an der Gemeinschaftspraxis gegen Gewährung neuer Gesellschaftsanteile im Rahmen einer Sachkapitalerhöhung in eine MVZ-GmbH ein und übertragen die Zulassungen zur vertragsärztlichen Versorgung auf das MVZ, um dort anschließend als angestellte Ärzte tätig zu werden. Dr. A bringt allerdings seine Praxisimmobilie nicht mit in die MVZ-GmbH ein, sondern vermietet sie anschließend an die MVZ-GmbH.

Insgesamt liegen drei gesondert zu beurteilende Einbringungsvorgänge (drei Mitunternehmeranteile) vor und keine Einbringung eines Betriebes.[148] Für Dr. B und Dr. C, die ihren gesamten Mitunternehmeranteil einbringen, ist eine steuerneutrale Einbringung zu Buchwerten nach § 20 UmwStG auf Antrag möglich. Dr. A dagegen behält mit der Praxisimmobilie eine funktional wesentliche Betriebsgrundlage im Rahmen der Einbringung zurück. Er bringt somit aus steuerlicher Sicht nicht seinen gesamten Mitunternehmeranteil in die MVZ-GmbH ein. Die Zurückbehaltung hat zur Folge, dass § 20 UmwStG nicht zur Anwendung kommen kann und damit die im eingebrachten Vermögen ruhenden stillen Reserven aufzudecken und zu versteuern sind. Soweit die Praxisimmobilie anschließend mangels Fortführung der Betriebsvermögenseigenschaft in das Privatvermögen überführt wird, sind auch die stillen Reserven in der Praxisimmobilie aufzudecken und zu versteuern.

278 *Hinweis*

Die Versteuerung der stillen Reserven in der Praxisimmobilie könnte unter Umständen vermieden werden, wenn diese zuvor unentgeltlich oder gegen Gewährung von Gesellschaftsrechten aus dem Sonderbetriebvermögen zur Gemeinschaftspraxis in ein anderes Betriebsvermögen nach § 6 Abs. 5 EStG steuerneutral zu Buchwerten übertragen würde (z.B. in eine nach § 15 Abs. 3 S. 1 Nr. 2 EStG gewerblich geprägte GmbH & Co. KG, wobei Verbindlichkeiten hierbei nicht von der GmbH & Co. KG übernommen werden dürften). Dies ermöglicht jedoch nicht zeitgleich die Anwendung von § 20 UmwStG. Werden wesentliche Betriebsgrundlagen im zeitlichen und

---

[147] BMF – IV B 7 – S 1978 – 21/98/7 IV B 2 – S 1909-33/98, BStBl I 1998, 268 Rn 20.08 f.
[148] *Widmann/Mayer*, § 20 UmwStG Rn 92.

wirtschaftlichen Zusammenhang mit der Einbringung in ein anderes Betriebsvermögen überführt, wird von der Finanzverwaltung im Sinne eines Gesamtplans in der Regel ein Gestaltungsmissbrauch angenommen.[149] Damit der Praxisanteil nach § 20 UmwStG steuerneutral zu Buchwerten übertragen werden kann ist es daher erforderlich, dass beide Vorgänge (Übertragung der Praxisimmobilie aus dem Sonderbetriebsvermögen in ein anderes Betriebsvermögen und Einbringung des Praxisanteils) deutlich im vertraglichen und zeitlichen Sinne voneinander getrennt werden. Langfristige Planungen sind insoweit notwendig.

279 Neben den neuen Gesellschaftsanteilen können auch andere Wirtschaftsgüter (z.B. eine Geldzahlung zum Spitzenausgleich unterschiedlicher Wertverhältnisse von Einbringungen) gewährt werden. In diesem Fall muss die MVZ-GmbH das eingebrachte Vermögen aber mindestens mit dem gemeinen Wert (Verkehrswert) der neben den Gesellschaftsanteilen gewährten Wirtschaftsgüter ansetzen. Liegt der gemeine Wert der anderen gewährten Wirtschaftsgüter über dem Buchwert, entsteht somit ein Veräußerungsgewinn.

280 Werden neben den Gesellschaftsanteilen noch andere Wirtschaftsgüter gewährt (z.B. eine Geldzahlung), reduzieren sich die Anschaffungskosten um den Wert der gewährten anderen Wirtschaftsgüter, ggf. bis auf 0 EUR.

281 *Beispiel*
Eine MVZ-GmbH plant die Erweiterung des Leistungsangebotes durch Aufnahme von Dr. A als angestellten Arzt in die Gesellschaft. Im Wege einer Kapitalerhöhung gegen Sacheinlage bringt Dr. A seine gesamte Einzelpraxis gegen Gewährung neuer Gesellschaftsrechte im Nennwert von 10.000 EUR in die MVZ-GmbH ein und überträgt seine Vertragsarztzulassung auf die MVZ-GmbH. Neben den neuen Gesellschaftsrechten erhält Dr. A als zusätzliche Abfindung für die Einbringung eine Zahlung in Höhe von 50.000 EUR. Im Zeitpunkt der Einbringung hatte die Einzelpraxis von Dr. A einen steuerlichen Buchwert in Höhe von 30.000 EUR.

Der Wert der Abfindung (gemeine Wert der anderen gewährten Wirtschaftsgüter) liegt um 20.000 EUR höher als der gesamte Buchwert der eingebrachten Praxis (50.000 EUR Abfindung – 30.000 EUR Buchwert). Entsprechend hat die MVZ-GmbH die Buchwerte des eingebrachten Betriebsvermögens um 20.000 EUR aufzustocken und mit 50.000 EUR anzusetzen. Der Wertansatz von 50.000 EUR gilt für Dr. A als Veräußerungspreis für seine Einzelpraxis, so dass er einen Veräußerungsgewinn erzielt in Höhe von 20.000 EUR (Veräußerungspreis 50.000 EUR – Buchwert der eingebrachten Einzelpraxis 30.000 EUR). Im ersten Moment betragen die Anschaffungskosten von Dr. A für die Anteile an der MVZ-GmbH entsprechend dem angesetzten Wert des Betriebsvermögens in der MVZ-GmbH 50.000 EUR. Dieser Wert ist aber wieder zu reduzieren um den Wert der Abfindungszahlung (gemeine Wert der anderen gewährten Wirtschaftsgüter) in Höhe von 50.000 EUR. Die steuerlichen Anschaffungskosten der Anteile an der MVZ-GmbH im Nennwert von 10.000 EUR belaufen sich damit für die spätere Veräußerung auf 0 EUR (Wertansatz der GmbH 50.000 EUR – Abfindungszahlung 50.000 EUR).

282 Eine weitere Einschränkung des Buchwertansatzes sieht § 20 UmwStG vor, wenn die Passivposten des Betriebsvermögens (Schulden) die Aktivposten übersteigen, also wenn das Eigenkapital negativ ist. In diesem Fall sind die Buchwerte des eingebrachten Vermögens mindestens soweit aufzustocken, dass das negative Kapital ausgeglichen

---

149 BMF – IV B 7 – S 1978 – 21/98/7 IV B 2 – S 1909 – 33/98, BStBl I 1998, 268 Rn 20.09.

wird. In Höhe des negativen Kapitals entsteht für den Einbringenden ein Veräußerungsgewinn.

283 *Hinweis*

Die Gründung einer MVZ-GmbH mit angestellten Ärzten zu **Buchwerten** ohne die Aufdeckung stiller Reserven ist aus steuerlicher Sicht **nicht zwangsläufig die optimale Lösung**. Bei der Einbringung zu Buchwerten anstelle von gemeinen Werten (Verkehrswerten) mit erhöhtem Abschreibungspotential ist zunächst zu beachten, dass stille Reserven und damit eine latente Steuermehrbelastung unreflektiert auf die MVZ-GmbH und damit auf alle Gesellschafter übergeht. Auch kann die Gesamtsteuerbelastung für einen Arzt, der das 55. Lebensjahr bereits vollendet hat und dessen Ausscheiden aus der MVZ-GmbH bereits absehbar ist, günstiger sein, wenn er bei der Einbringung durch die Aufdeckung sämtlicher stiller Reserven die Steuerbegünstigung der §§ 16 Abs. 4, 34 Abs. 3 EStG (Veräußerungsfreibetrag/„halber" Steuersatz) in Anspruch nehmen kann und dadurch in höherem Maße Steuern beim späteren Ausscheiden aus der MVZ-GmbH spart.

284 Verliert der Arzt anlässlich des Wechsels in den Angestelltenstatus seine Gründereigenschaft, so ist nur die Veräußerung seiner Praxis an die MVZ-GmbH unter Aufdeckung der stillen Reserven möglich. Andernfalls, d.h. bei einer Einbringung nach § 20 UmwStG, unterliegt der Veräußerungsgewinn für eine Frist von 7 Jahren der besonderen Besteuerung bei Veräußerung „einbringungsgeborener" Anteile nach § 22 UmwStG.

d) MVZ-Kapitalgesellschaft (MVZ-GmbH) mit Vertragsärzten

285 Die steuerliche Beurteilung der Gründung einer MVZ-GmbH mit Vertragsärzten erfordert eine dezidierte Auseinandersetzung mit der arztrechtlichen und zivilrechtlichen Vertragsgestaltung.

286 Steuerlich ist dabei im Grundsatz zu unterscheiden zwischen

- den Varianten der „reinen" MVZ-GmbH, bei der der Vertragsarzt selbst steuerlich nicht mehr in Erscheinung tritt und nur im Namen und für Rechnung der MVZ-GmbH tätig wird,
- der Konstruktion der MVZ-GmbH mit Vertragsärzten, bei der die MVZ-GmbH und die Vertragsärzte steuerlich eine Mitunternehmerschaft bilden mit dem Ziel, auf gemeinsame Rechnung tätig zu werden und einen zwischen der MVZ-GmbH und den Vertragsärzten zu verteilenden Gewinn zu erwirtschaften und
- der Konstruktion der MVZ-GmbH mit Vertragsärzten bei der die Vertragsärzte aus steuerlicher Sicht wie selbständig tätige „Subunternehmer" zu beurteilen sind.

aa) „Reine" MVZ-Kapitalgesellschaft (MVZ-GmbH)

287 Auf den ersten Blick scheint die MVZ-GmbH als „reine" MVZ-GmbH steuerlich unproblematisch zu sein und denselben steuerlichen Regeln zu folgen wie die MVZ-GmbH mit angestellten Ärzten. Zur Gründung bringen die Vertragsärzte ihre gesamte Einzelpraxis/ihren gesamten Gemeinschaftspraxisanteil gegen die Gewährung neuer Gesellschaftsrechte in die MVZ-GmbH ein, um anschließend im Rahmen der MVZ-GmbH als Vertragsarzt ärztlich tätig zu sein. Steuerlich soll hier wie bei der MVZ-GmbH mit angestellten Ärzten die Einbringung steuerneutral nach § 20 UmwStG zu Buchwerten erfolgen (siehe Rn 284 ff.).

C. Besteuerung neuerer/sonstiger Kooperationsformen § 37

Die Anwendung von § 20 UmwStG stößt hier allerdings anders als bei der MVZ-GmbH mit angestellten Ärzten auf ein ungelöstes steuerliches Problem, das sich aus der Behandlung der Vertragsarztzulassung ergibt. 288

Nach Auffassung der Finanzverwaltung[150] handelt es sich in Anlehnung an ein Urteil des FG Niedersachsen[151] bei der Zulassung zur vertragsärztlichen Versorgung grundsätzlich um ein selbständiges, nicht abnutzbares immaterielles Wirtschaftsgut des Anlagevermögens, dass einer eigenständigen Bewertung zugänglich ist. Die Tatsache, dass es sich bei der Zulassung zur vertragsärztlichen Versorgung um ein nicht veräußerbares öffentliches Recht handelt, ist nach Auffassung der Finanzverwaltung unbeachtlich (siehe Rn 17 ff.). Diese Auffassung wird in der Literatur nicht geteilt,[152] sondern begegnet erheblichen Bedenken. Es wird insoweit in der Literatur davon ausgegangen, dass nur in Ausnahmefällen der Zulassung zur vertragsärztlichen Versorgung ein gesonderter Wert zukommt und es sich insoweit nur in den seltensten Fällen um ein Wirtschaftsgut handelt. 289

Würde man aber der Auffassung der Finanzverwaltung folgen (müssen) und in der Zulassung zur vertragsärztlichen Versorgung letztlich ein eigenständiges Wirtschaftsgut sehen, wäre dieses unstreitig für den Praxisbetrieb funktional wesentlich. Bei der Gründung medizinischer Versorgungszentren mit Vertragsärzten entspricht es aber gerade dem Wesen dieser Konstruktion, dass die Zulassung arztrechtlich gerade nicht auf das MVZ übergeht, sondern Rechtsinhaber im Grundsatz der einzelne Vertragsarzt bleibt. Für die Anwendung von § 20 UmwStG ist es aber zwingende Voraussetzung, dass mit der Einbringung sämtliche funktional wesentlichen Betriebsgrundlagen auf die MVZ-GmbH übergehen. Wenn die Zulassung zur vertragsärztlichen Versorgung ein eigenständiges funktional wesentliches Wirtschaftsgut ist und nicht auf die MVZ-GmbH übergeht, sondern beim Vertragsarzt verbleibt, würde § 20 UmwStG bereits im Grundsatz scheitern. Als Folge wird die Einbringung der gesamten Einzelpraxis/des gesamten Anteils an der Gemeinschaftspraxis nicht steuerneutral zu Buchwerten möglich, sondern der gemeine Wert (Verkehrswert) wäre anzusetzen und ein Veräußerungsgewinn unter Aufdeckung sämtlicher stiller Reserven des eingebrachten Vermögens einschließlich des Praxiswertes wäre als laufender Gewinn zu besteuern. 290

Infolge dieser Probleme ist zu überlegen, ob die Zulassung trotz Beibehaltung des Status als Vertragsarzt nicht dennoch steuerlich der MVZ-GmbH zugerechnet werden und als im Rahmen des § 20 UmwStG eingebracht gelten kann. 291

Nach § 39 Abs. 1 AO sind Wirtschaftsgüter grundsätzlich dem Eigentümer zuzurechnen. Abweichend hiervon trifft § 39 Abs. 2 Nr. 1 AO eine anderweitige Zurechnung, wenn an Stelle des Eigentümers jemand Anderem das sog. „wirtschaftlich Eigentum" zuzurechnen ist. In § 39 Abs. 2 Nr. 1 AO heißt es insoweit in S. 1: „Übt ein anderer als der Eigentümer die tatsächliche Herrschaft über ein Wirtschaftsgut in der Weise aus, dass er den Eigentümer im Regelfall für die gewöhnliche Nutzungsdauer von der Einwirkung auf das Wirtschaftsgut wirtschaftlich ausschließen kann, so ist ihm das Wirtschaftsgut zuzurechnen." Die steuerliche Zurechnung nach dem „wirtschaftlichen Eigentum" wird in der Beratungspraxis allerdings schwer zu gestalten sein, da sie dem Willen der Parteien gerade nicht entspricht. Die Finanzverwaltung unterstellt in ihrer Auffassung, dass die Zulassung zur vertragsärztlichen Versorgung nicht abnutzbar ist 292

---

150 OFD Koblenz – S 2134a, DStR 2006, 610.
151 Niedersächsisches Finanzgericht – 13 K 412/01, EFG 2005, 420.
152 *Michels/Ketteler-Eising*, DStR 2006, 961 mit kritischen Anmerkungen zum Urteil und der OFD-Verfügung.

und damit aus wirtschaftlicher Sicht zeitlich unbegrenzt zur Nutzung zur Verfügung steht. Für die steuerliche Zurechnung nach dem „wirtschaftlichen Eigentum" wäre es aber nach dem Gesetzeswortlaut gerade notwendig, dass die MVZ-GmbH den Vertragsarzt für die gewöhnliche Nutzungsdauer von der Einwirkung auf die Zulassung ausschließen kann. Will ein Arzt im Rahmen eines MVZ als Vertragsarzt und nicht als angestellter Arzt tätig sein, wird es in der Regel dann nicht seinem Willen entsprechen, dass er vertraglich zugunsten der MVZ-GmbH von der Verfügung über seine Zulassung ausgeschlossen wird.

293 Andererseits tritt bei der „reinen" MVZ-GmbH mit Vertragsärzten der Vertragsarzt selbst wirtschaftlich nicht mehr in Erscheinung. Seine Zulassung zur vertragsärztlichen Versorgung wird für die Zeit der Zugehörigkeit zum MVZ wirtschaftlich betrachtet sozusagen von der Zulassung des MVZ zur Teilnahme an der vertragsärztlichen Versorgung „überlagert". Die Einnahmen aus der Tätigkeit des Vertragsarztes stehen insoweit der MVZ-GmbH zu und der Vertragsarzt erhält von der MVZ-GmbH entweder ein Gehalt oder Gewinnausschüttungen, aber ohne individuellen Anspruch auf die vertragsärztlichen Honorare. Diese Tatsache könnte wirtschaftlich betrachtet zu der Annahme führen, auch bei der „reinen" MVZ-GmbH mit Vertragsärzten sei die Vertragsarztzulassung unbefristet (bis zum Ausscheiden des Vertragsarztes) wirtschaftlich auf die MVZ-GmbH übergegangen. Unterstellt man wirtschaftlich die (temporäre) Übertragung der Vertragsarztzulassung auf die MVZ-GmbH, könnte dem unseres Erachtens i.S.v. § 20 UmwStG auch steuerlich zu folgen sein.

294 Zu der Frage, welche Auffassung die Finanzverwaltung zu diesem Problem allgemein gültig vertritt und wie dieser Punkt in der Rechtsprechung gesehen würde, lässt sich noch keine Aussage treffen.

295 *Hinweis*
Für die Beratungspraxis stellt sich das Problem, ob der stillschweigende Versuch unternommen wird, eine Einbringung nach § 20 UmwStG umzusetzen und das Risiko einer Aufdeckung durch die Finanzverwaltung mit einem nachfolgenden Rechtsstreit einzugehen oder im Rahmen einer verbindlichen Auskunft unter Aufdeckung des Sachverhalts und einer rechtlichen Stellungnahme zu versuchen, die Anwendbarkeit nach § 20 UmwStG vorab rechtssicher abzustimmen, mit der Gefahr, dass die Finanzverwaltung § 20 UmwStG dann in Kenntnis der Sachlage ablehnt. Im Falle der Offenlegung gegenüber der Finanzverwaltung und der Ablehnung von § 20 UmwStG muss dann entschieden werden, die Gestaltung dennoch umzusetzen und in die gerichtliche Auseinandersetzung zu gehen und damit die Aufdeckung der stillen Reserven zu riskieren oder andere Gestaltungsalternativen ins Auge zu fassen.

bb) MVZ-Kapitalgesellschaft (MVZ-GmbH) mit Vertragsärzten als Mitunternehmerschaft

296 In den beiden Fällen (bb) der MVZ-Kapitalgesellschaft (MVZ-GmbH) mit Vertragsärzten als Mitunternehmerschaft und (cc) der MVZ-Kapitalgesellschaft (MVZ-GmbH) mit Vertragsärzten als „Subunternehmer" schließen die MVZ-GmbH und die Vertragsärzte insbesondere Gesellschaftsverträge, Dienstverträge oder Kooperationsverträge, wobei gerade bei Kooperationsverträgen auf Grundlage der inhaltlichen Regelungen steuerlich jede der beiden letztgenannten Varianten in Betracht kommen kann. In Erman-

gelung einer bestimmten Bezeichnung wird für die steuerliche Beurteilung der Begriff des „Gesamt-MVZ" verwendet und lässt sich wie folgt darstellen:[153]

„Gesamt-MVZ"

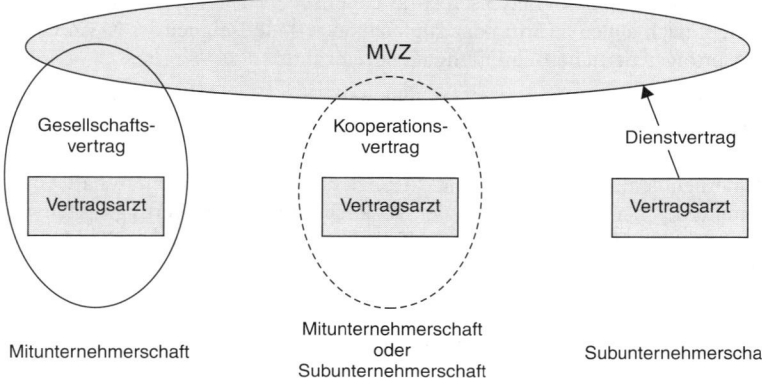

(1) Voraussetzung für die Annahme einer Mitunternehmerschaft

Steuerlich ist eine Mitunternehmerschaft der Zusammenschluss von Mitunternehmern zum Zweck der gemeinschaftlichen Erwirtschaftung von Gewinneinkünften und die Förderung dieses Zwecks durch die Gesellschafterbeiträge. Ausdruck dieses gemeinsamen Betriebs ist eine gemeinschaftliche Gewinnerzielungsabsicht auf der „Ebene der Gesellschaft".

297

Mitunternehmer i.S.d. § 15 Abs. 1 S. 1 Nr. 2 EStG ist, wer erstens zivilrechtlich Gesellschafter einer Personengesellschaft ist und zweitens eine gewisse unternehmerische Initiative entfalten kann sowie unternehmerisches Risiko trägt. Mitunternehmerinitiative und Mitunternehmerrisiko können jedoch im Einzelfall mehr oder weniger ausgeprägt sein.[154] Bezüglich der notwendigen zivilrechtlichen Gesellschafterstellung reicht in Ausnahmefällen auch eine einem Gesellschafter einer Personengesellschaft wirtschaftlich vergleichbare Stellung aus.[155] Auch formfrei und konkludent zustande gekommene Innengesellschaften oder die Beteiligung im Rahmen eines verdeckten Gesellschaftsverhältnisses können steuerlich als Mitunternehmerschaft angesehen werden. Die zwischen den Beteiligten bestehenden Rechtsbeziehungen sind bei der Beurteilung der Gesellschaftereigenschaft steuerrechtlich nicht allein nach den formalen Bezeichnungen zu würdigen, sondern nach den von ihnen gewollten Rechtswirkungen und der sich danach ergebenden zutreffenden rechtlichen Einordnung. Die Beteiligten müssen den Rechtsbindungswillen besitzen, dass Unternehmen „Gesamt-MVZ" auf der Grundlage einer partnerschaftlichen Gleichordnung für gemeinsame Rechnung zu führen.[156]

298

Zu den Mitunternehmerschaften gehört letztlich auch z.B. die MVZ-GmbH und atypisch Still, die sich insbesondere dadurch auszeichnet, dass der stille Gesellschafter der MVZ-GmbH (hier der Vertragsarzt) einen Anspruch auf Beteiligung am tatsächlichen

299

---

153 *Michels/Möller*, S. 228.
154 H 15.8 Abs. 1 EStH „Allgemeines".
155 H 15.8 Abs. 1 EStH „Gesellschafter" und „verdeckte Mitunternehmerschaft".
156 BFH – VIII R 96/85, BFH/NV 1990, 427.

Zuwachs des Gesellschaftsvermögens unter Einschluss der stillen Reserven und eines Geschäftswerts (Praxiswerts) hat und ihm Widerspruchs- und Kontrollrechte eingeräumt werden, die mindestens mit denen eines Kommanditisten vergleichbar sind. In diesen Fällen bilden die MVZ-GmbH und der stille Gesellschafter steuerlich eine Mitunternehmerschaft, eine sog. atypisch stille Gesellschaft. Dass der stille Gesellschafter hierbei nicht nach außen auftritt oder zugleich auch Anteilseigner der MVZ-GmbH ist, ist für die ertragsteuerliche Beurteilung nicht relevant.

300 Liegen Unternehmerinitiative und Unternehmerrisiko nur bei einer (juristischen oder natürlichen) Person vor, so ist sie „Einzelunternehmer". Tragen hingegen mehrere (juristische oder natürliche) Personen das (Mit-)Unternehmerrisiko und können Sie (Mit-)Unternehmeninitiative entfalten, so liegt eine Mitunternehmerschaft vor.[157] Ob eine Mitunternehmerschaft zwischen der MVZ-GmbH und den Vertragsärzten vorliegt, kann nur nach den Umständen des Einzelfalls beurteilt werden und mehr oder weniger deutlich sein.

(2) Folgen einer Mitunternehmerschaft zwischen MVZ-GmbH und den Vertragsärzten

301 Bilden die MVZ-GmbH in der Funktion einer MZV-Träger-GmbH und die Vertragsärzte als „Gesamt-MVZ" steuerrechtlich eine Mitunternehmerschaft im Sinne einer Personengesellschaft, ist es nicht notwendig, dass der Vertragsarzt seine Praxis/seinen Praxisanteil auf die GmbH überträgt. Der Vertragsarzt kann vielmehr nach § 24 UmwStG seine Praxis/seinen Praxisanteil auf Antrag zu Buchwerten auf das „Gesamt-MVZ" gegen Gewährung von Gesellschaftsrechten an dem „Gesamt-MVZ" übertragen (Rn 100) oder diese dem „Gesamt-MVZ" unentgeltlich (unter Bildung von Sonderbetriebsvermögen) zur Nutzung überlassen (siehe Rn 101). In diesen Fällen kann die Aufdeckung stiller Reserven vermieden werden. Da anders als bei § 20 UmwStG im Rahmen der Übertragung auf eine GmbH die Bildung von Sonderbetriebsvermögen bei der Anwendung von § 24 UmwStG unschädlich ist, ist auch die steuerliche Einordnung der Vertragsarztzulassung hier unproblematisch.

302 *Hinweis*
In der Beratungspraxis dürfte es sich in den meisten Fällen empfehlen, wenn der Vertragsarzt seine Praxis/seinen Praxisanteil nicht überträgt, sondern dies als Sonderbetriebsvermögen zum „Gesamt-MVZ" behandelt.

cc) MVZ-Kapitalgesellschaft (MVZ-GmbH) mit Vertragsärzten als „Subunternehmer"

303 Der Begriff des Mitunternehmers enthält das Erfordernis des gemeinsamen Handelns zu einem gemeinsamen Zweck voneinander gleichgeordneten Personen. Mitunternehmerinitiative und Mitunternehmerrisiko dürfen danach nicht lediglich auf einzelne Schuldverhältnisse als gegenseitige Austauschverhältnisse zurückzuführen sein. Vielmehr müssen entsprechend der zivilrechtlichen Gestaltung die verschiedenen Vertragsbeziehungen und Funktionen auseinander gehalten und auch steuerrechtlich eigenständig gewürdigt werden. Fehlt es an einer gesellschaftsrechtlichen oder gesellschaftsrechtsähnlichen Gewinnbeteiligung und damit am Merkmal des Mitunternehmerrisikos,

---

[157] Hermann u.a./*Haep*, § 15 Rn 305.

kann folglich nicht von einer Mitunternehmerschaft zwischen der MVZ-GmbH und dem Vertragsarzt ausgegangen werden.[158]

Ein Mitunternehmerrisiko kann nur angenommen werden, wenn sich der Erfolg oder Misserfolg einer geschäftlichen Tätigkeit unmittelbar im Gewinn oder Verlust niederschlägt.[159] Ist der Vertragsarzt weder an einem Verlust der MVZ-GmbH noch an den stillen Reserven des Anlagevermögens und einem Geschäftswert der MVZ-GmbH beteiligt, sondern erhält er festgelegte Vergütungen für seine Tätigkeit für die MVZ-GmbH, fehlt es am Mitunternehmerrisiko. Auch eine Vergütungsregelung in Anlehnung an den Jahresgewinn der MVZ-GmbH als Bestandteil der Tätigkeitsvergütung ändert daran nichts. Das Vergütungsrisiko z.B. eines leitenden Angestellten oder eines GmbH-Gesellschafter-Geschäftsführers für sein Gehalt und eine zusätzliche gewinnabhängige Tantieme entspricht grundsätzlich den bei Dienstverträgen üblichen Risiken. Gewinnabhängige Bezüge werden üblicherweise zugestanden, um das Interesse am Unternehmenserfolg, hier dem der MVZ-GmbH zu stärken. Dies gilt für gewinnabhängige Vergütungen in üblicher und leistungsbezogener Höhe, die sich als Gegenleistung für übernommene Tätigkeiten/Sachleistungen erklären lassen.

Die Annahme einer (ggf. verdeckten) Mitunternehmerstellung setzt dagegen ein gemeinsames Handeln zu einem gemeinsamen Zweck einander gleichgeordneter Personen voraus. Mitunternehmerinitiative und -risiko dürfen nicht lediglich auf einzelne Schuldverhältnisse als gegenseitige Austauschverhältnisse zurückzuführen sein. Die Bündelung von Risiken aus derartigen Austauschverhältnissen unter Vereinbarung angemessener und leistungsbezogener Entgelte begründet noch kein gesellschaftsrechtliches Risiko.[160]

Die zwischen der MVZ-GmbH und dem Vertragsarzt getroffenen Kooperations- oder Dienstverträge sind unter diesen Aspekten steuerlich zu würdigen. Gelangt man zu dem Ergebnis, dass der Vertragsarzt auf eigene Rechnung im Rahmen eines Austauschverhältnisses für die MVZ-GmbH tätig wird, ist der Vertragsarzt steuerlich weiterhin im Rahmen seines eigenen Betriebes vergleichbar einer freien Mitarbeit oder eines Laborarztes für eine Laborgemeinschaft wie ein „Subunternehmer" tätig.

Insoweit ist es nicht notwendig, dass der Vertragsarzt seine Praxis/seinen Praxisanteil auf die MVZ-GmbH überträgt. Mangels Übertragung kann es nicht zur Aufdeckung stiller Reserven kommen.

> *Hinweis*
> In der Beratungspraxis sollte in diesen Fällen bei der Gestaltung vermieden werden, das Sachanlagevermögen auf die MVZ-GmbH zu übertragen, nur weil dort mutmaßlich keine oder geringe stille Reserven enthalten sind. Wird das gesamte/überwiegende materielle Vermögen des Vertragsarztes auf die MVZ-GmbH übertragen, könnte das Finanzamt unterstellen, dass der Praxiswert dem materiellen Vermögen zwangsläufig nachgefolgt ist.[161] Der Vertragsarzt sollte vielmehr seine Tätigkeit im Grundsatz unverändert fortsetzen und sich das Vorhalten des materiellen Vermögens über die ärztlichen Vergütungen angemessen vergüten lassen. Unschädlich dürfte es

---

158 BFH – VIII R 50/92, BStBl II 1994, 282.
159 BFH – XI R 61/89, BFH/NV 1993, 14.
160 BFH – VIII R 50/92, BStBl II 1994, 282.
161 OFD Frankfurt a.M v. 7.4.04 – S-2240 A-28 – St II 2.02, EStK § 15 EStG Fach 3 Karte 1, Rn 3.8; BFH – X R 34/03, BStBl II 2005, 378.

allerdings sein, wenn die MVZ-GmbH einen Teil der laufenden Betriebsausgaben (Materialeinkauf, ggf. Personalkosten) direkt trägt.

e) Umsatzsteuerliche Fragestellungen bei der Gründung eines MVZ

309 Die umsatzsteuerlichen Fragestellung bei der Gründung eines MVZ konzentrieren sich hauptsächlich auf die Frage, ob bei der Übertragung einer Praxis eine nicht umsatzsteuerbare Geschäftsveräußerung im Ganzen i.S.d. § 1 Abs. 1a UStG (siehe Rn 13 ff. und Rn 179) vorliegt.

310 Dies kann neben den allgemeinen Problemen insbesondere in den Fällen, in denen die übertragene Praxis zeitnah örtlich verlagert und im Grundsatz in der bisherigen Form aufgegeben wird, unter Umständen zu Problemen führen.

311 Eine nicht umsatzsteuerbare Geschäftsveräußerung im Ganzen i.S.d. § 1 Abs. 1a UStG liegt vor, wenn sämtliche wesentlichen Grundlagen eines Unternehmens oder eines gesondert geführten Betriebs an einen anderen Unternehmer für dessen Unternehmer im Ganzen übertragen werden. Weitere Voraussetzung ist allerdings nach Auffassung des EuGH, dass der durch die Übertragung Begünstigte (Erwerber) jedoch beabsichtigen muss, den übertragenen Geschäftsbetrieb oder Unternehmensteil zu betreiben und nicht nur die betreffende Geschäftstätigkeit sofort abzuwickeln.[162] Eine nichtsteuerbare Geschäftsveräußerung liegt aber auch dann vor, wenn der Erwerber das Unternehmen in veränderter Form fortführt. Die Fortführung erfordert eine Kontinuität der Betriebsfortführung und damit eine gewisse Ähnlichkeit zwischen der vor und nach der Übereignung ausgeübten Tätigkeiten.[163]

312 Dies könnte im Einzelfall fraglich sein, wenn nach Erwerb der Praxis durch das MVZ der ursprüngliche Praxisbetrieb eingestellt und der Praxissitz an einen entfernt liegenden Standort des MVZ verlagert wird.

313 Ist nicht von einer Geschäftsveräußerung im Ganzen auszugehen, stellt sich der Vorgang als (entgeltliche) Übertragung der einzelnen Wirtschaftsgüter dar. In diesem Fall ist für jedes einzelne Wirtschaftsgut einschließlich des Praxiswertes zu prüfen, ob im Einzelfall die Voraussetzungen der Umsatzsteuerbefreiung nach § 4 Nr. 28 UStG (siehe Rn 55 ff.) für die steuerbefreite Lieferung von Gegenständen des Anlagevermögens durch nach § 4 Nr. 14 UStG umsatzsteuerbefreite Unternehmer vorliegen.

3. Laufende Besteuerung

314 Mit der Einführung medizinischer Versorgungszentren als Leistungserbringer im Rahmen der vertragsärztlichen Versorgung wurde aus steuerlicher Sicht kein neuartiges Steuersubjekt eingeführt. Das MVZ unterliegt vielmehr auf Grundlage der gesellschaftsvertraglichen Vorgaben den allgemeinen steuerlichen Regeln. Zu beurteilen ist insoweit, ob es sich bei dem MVZ um ein Einzelunternehmen, eine Mitunternehmerschaft oder eine Kapitalgesellschaft handelt. Die entsprechenden steuerlichen Grundsätze für Einzelpraxen (siehe Rn 23 ff.), Gemeinschaftspraxen (siehe Rn 114 ff.) oder Kapitalgesellschaften sind in entsprechender Weise anzuwenden. Auf einige wichtige Punkte, die bei der Besteuerung von MVZ zu beachten sind, soll im Folgenden hingewiesen werden.

---

162 EuGH – C 497/01, HFR 2004, 402.
163 OFD Münster – S 7100b-132-St 44-32, UR 2007, 196.

C. Besteuerung neuerer/sonstiger Kooperationsformen § 37

a) Laufende Ertragsbesteuerung

aa) Laufende Ertragsbesteuerung eines MVZ-Einzelunternehmen

Grundsätzlich denkbar ist der Fall, dass eine natürliche Person, z.B. ein Vertragsarzt, allein ein MVZ mit z.T. angestellten Ärzten als Einzelunternehmen betreibt. Soweit dabei der Gewinn aus der eigenen freiberuflichen (ärztlichen) Tätigkeit erwirtschaftet wird, führt dies zu Einkünften aus freiberuflicher Tätigkeit i.S.d. § 18 EStG. Soweit der Gewinn durch angestellte Ärzte erwirtschaftet wird und eine leitende und eigenverantwortliche Tätigkeit des MVZ-Inhabers nicht mehr gewährleistet ist, ist dieser Gewinn als gewerblich i.S.d. § 15 EStG zu qualifizieren. Es gelten somit die gleichen Grundsätze wie bei einer Einzelpraxis mit angestellten Ärzten (siehe Rn 24 ff.). 315

bb) Laufende Ertragsbesteuerung der MVZ-GbR (Mitunternehmerschaft)

(1) Gewinnermittlung und Einkunftsart

Die MVZ-GbR ist in der Regel eine Mitunternehmerschaft mit dem Ziel der gemeinschaftlichen Gewinnerzielung durch die Mitunternehmer. Entsprechend sind die Einkünfte der MVZ-GbR auf Ebene der Gesellschaft zu ermitteln und im Rahmen einer gesonderten und einheitlichen Feststellungserklärung auf die Mitunternehmer aufzuteilen. 316

Erfüllen sämtliche Mitunternehmer die Merkmale, die das Steuerrecht an die Annahme eines freien Berufes knüpft, erzielte die MVZ-GbR freiberufliche Einkünfte i.S.d. § 18 EStG, es sein denn, die MVZ-GbR selbst geht einer nicht nur geringfügigen gewerblichen Tätigkeit nach. Übt die MVZ-GbR auch eine nicht nur geringfügige gewerbliche Tätigkeit aus (mehr als 1,25 % des Gesamtumsatzes), sind nach § 15 Abs. 3 Nr. 1 EStG (sog. Infektions- oder Abfärbetheorie) sämtliche Einkünfte der MVZ-GbR (Mitunternehmerschaft) als gewerbliche Einkünfte zu qualifizieren. 317

Erfüllt des Weiteren nur einer der Mitunternehmer das Merkmal der Freiberuflichkeit nicht, erzielt die MVZ-GbR insgesamt gewerbliche Einkünfte i.S.d. § 15 EStG. Dies ist z.B. dann der Fall, wenn einer der Mitunternehmer kein Arzt, also z.B. eine Krankenhaus gGmbH ist. Gleiches gilt, wenn einer der Mitunternehmer nur kapitalmäßig beteiligt ist oder Tätigkeiten ausübt, die keine freiberuflichen sind.[164] 318

Die MVZ-GbR ist derzeit auch nicht von der Gewerbesteuer befreit. Nach § 3 Nr. 20 GewStG sind Krankenhäuser, Altenheime, Altenwohnheime, Pflegeheime, Einrichtungen zur vorübergehenden Aufnahme pflegebedürftiger Personen und Einrichtungen zur ambulanten Pflege kranker oder pflegebedürftige Personen unter bestimmten Voraussetzungen von der Gewerbesteuer befreit. Diese Vorschrift ist jedoch nach dem Wortlaut nicht auf ein MVZ anwendbar, da das MVZ im Bereich der ambulanten und nicht einer stationären Versorgung tätig ist. Hieran ändert sich vermutlich auch nichts, wenn an einem MVZ neben freiberuflich tätigen Personen nur noch eine nach § 3 Nr. 20 GewStG von der Gewerbesteuer befreite Krankenhaus gGmbH beteiligt ist und damit jeder Gesellschafter isoliert betrachtet keine Gewerbesteuer zu zahlen hätte. 319

---

[164] H 15.6 EStR 2005 „Gesellschaft".

(2) Vergütungen an die Gesellschafter in der Angestellten-Variante

320 Ist ein Arzt Mitunternehmer einer MVZ-GbR, ist es steuerlich nicht von Bedeutung, ob er als angestellter Arzt neben seiner allgemeinen Beteiligung am Gewinn oder Verlust der MVZ-GbR eine Vergütung für seine ärztliche Tätigkeit erhält oder ob er als Vertragsarzt „nur" am Gewinn oder Verlust der MVZ-GbR (Mitunternehmerschaft) beteiligt ist.

321 Erhält ein Mitunternehmer von der Mitunternehmerschaft, an der er beteiligt ist, eine Vergütung für seine Tätigkeit im Dienst der Gesellschaft oder für die Hingabe von Darlehen oder für die Überlassung von Wirtschaftsgütern, sind diese Vergütungen aufgrund der Sonderregelung nach § 18 Abs. 4 i.V.m. § 15 Abs. 1 S. 1 Nr. 2 EStG den Gewinnanteilen des Gesellschafters (als Sonderbetriebseinnahmen) hinzuzurechnen. Dies gilt selbst dann, wenn zwischen dem angestellten Arzt und der Gesellschaft ein Arbeitsvertrag geschlossen ist, der die Merkmale einer Arbeitnehmertätigkeit erfüllt und isoliert betrachtet zu Einkünften aus nichtselbständiger Arbeit i.S.d. § 19 EStG führen würde. Steuerlich kann ein Mitunternehmer (Mitgesellschafter) zugleich auch Arbeitnehmer der Mitunternehmerschaft sein; die möglichst einheitliche Ertragsbesteuerung erfordert dann jedoch die Zuordnung der Vergütung zu den Gewinnanteilen aus der Mitunternehmerschaft.

322 Erhält der Gesellschafter nicht nur eine gesonderte Vergütung für seine ärztliche Tätigkeit, sondern auch z.B. für eine Geschäftsführungs- oder Vertretungstätigkeit für die Gesellschaft sowie für eine Überlassung von Wirtschaftsgütern, ergeben sich jedoch erhebliche umsatzsteuerliche Risiken (siehe Rn 161 ff.).

cc) Laufende Ertragsbesteuerung der MVZ-GmbH

323 Jede Kapitalgesellschaft (Aktiengesellschaft, Kommanditgesellschaft auf Aktien, Gesellschaft mit beschränkter Haftung) und sonstige juristische Personen des privaten Rechts mit Geschäftsleitung oder Sitz im Inland ist unbeschränkt körperschaftsteuerpflichtig und folgt den allgemeinen Vorschriften des KStG. Die unbeschränkte Körperschaftsteuerpflicht erstreckt sich auf sämtliche Einkünfte, d.h. auch auf die Gewinnanteile aus einem „Gesamt-MVZ".

324 Die Körperschaftsteuer bemisst sich nach dem zu versteuernden Einkommen. Was als Einkommen gilt und wie das Einkommen zu ermitteln ist, bestimmt sich nach den Vorschriften des Einkommensteuergesetzes und des Körperschaftsteuergesetzes. Wie das Einkommen verteilt wird, ist ohne Bedeutung. Somit mindern auch verdeckte Gewinnausschüttungen das Einkommen nicht.

325 *Beispiel*
Ein Vertragsarzt ist zu 75 % Anteilseigner einer MVZ-GmbH. Auf Grundlage eines Dienstvertrages erbringt er als „Subunternehmer" ärztliche Leistungen für die MVZ-GmbH. Hierfür erhält er eine Vergütung in Höhe von 9.000 EUR. Im Fremdvergleich wären für die Leistungen nur 6.000 EUR angemessen. Die Vergütung ist damit um 50 % höher als ansonsten üblich, was sich letztlich nur durch die Gesellschafterstellung des Vertragsarztes erklären lässt.

Die Kapitalgesellschaft darf nur 6.000 EUR als betrieblich veranlasste Betriebsausgabe in ihrer steuerlichen Gewinnermittlung gewinnmindernd ansetzen. Der Arzt hat eine verdeckte Gewinnausschüttung in Höhe von 3.000 EUR bei den Einkünften aus Kapitalvermögen in seiner Einkommensteuererklärung zu berücksichtigen.

326 Eine Kapitalgesellschaft ist nach dem HGB grundsätzlich verpflichtet, Bücher zu führen und Aufzeichnungen zu machen. Daher ist der Gewinn nach § 5 EStG durch Betriebsvermögensvergleich durch die Aufstellung von Bilanzen zu ermitteln. Der Gewinn ist somit nicht nach Zufluss sondern nach dem Zeitpunkt der wirtschaftlichen Entstehung zu ermitteln.

327 Bei der Besteuerung der MVZ-GmbH ist bei der Vertragsarzt-Variante allerdings zunächst zu prüfen, ob die MVZ-GmbH als Trägergesellschaft und die Vertragsärzte zusammen als „Gesamt-MVZ" eine Mitunternehmerschaft bilden (siehe Rn 296 ff.). In diesem Fall ist zunächst im ersten Schritt auf Ebene der Mitunternehmerschaft der Gewinnanteil der MVZ-(Träger-)GmbH am Gesamtgewinn oder Gesamtverlust des „Gesamt-MVZ" zu ermitteln sowie gesondert und einheitlich feststellen zu lassen. Aufgrund der Beteiligung der MVZ-(Träger-)GmbH am „Gesamt-MVZ" ist dieses bereits im Grundsatz gewerblich tätig und es fällt entsprechend Gewerbesteuer an.[165]

328 Im zweiten Schritt ist dann der Gewinnanteil der MVZ-(Träger-)GmbH bei dieser der Körperschaftsteuer zu unterwerfen. Da das „Gesamt-MVZ" bereits der Gewerbesteuer unterworfen war, ist nach § 9 Nr. 2 GewStG der Gewinn bei der MVZ-(Träger-)GmbH nicht nochmals der Gewerbesteuer zu unterwerfen. Die Gewinnanteile der Vertragsärzte werden bei diesen der Einkommensteuer unterworfen unter pauschaler Anrechnung der Gewerbesteuer nach § 35 EStG.

329 Ist der Vertragsarzt im Verhältnis zur MVZ-GmbH als „Subunternehmer" anzusehen, stellen die Zahlungen der MVZ-GmbH an den Vertragsarzt dagegen Betriebsausgaben bei der MVZ-GmbH und Betriebseinnahmen bei dem Vertragsarzt dar.

330 Besteht zwischen dem Anteilseigner und der Gesellschaft ein Anstellungsverhältnis auf Grundlage eines Arbeitsvertrags, der die Merkmale einer Arbeitnehmertätigkeit erfüllt, erzielt der Arzt mit den Vergütungen Einkünfte aus nichtselbständiger Arbeit i.S.d. § 19 EStG. Eine Sonderregelung zur Behandlung von Vergütungen an die Gesellschafter wie bei Mitunternehmerschaften bezüglich einer anderweitigen Zuordnung von Einkünften existiert im Verhältnis Gesellschafter und Kapitalgesellschaft nicht. Bei der Überlassung von Wirtschaftsgütern wäre allerdings eine Betriebsaufspaltung zwischen Gesellschafter und Kapitalgesellschaft denkbar.[166]

b) Laufende Umsatzbesteuerung

331 § 4 Nr. 14 UStG, der die Umsatzsteuerbefreiung ärztlicher Heilbehandlungsleistungen im Bereich der Humanmedizin regelt, ist von der Rechtsform des Unternehmers unabhängig, d.h., dass letztendlich die MVZ-GbR und die MVZ-GmbH wie die Gemeinschaftspraxis oder die Einzelpraxis den gleichen umsatzsteuerlichen Voraussetzungen unterliegen.[167] Voraussetzung ist insoweit, dass die Leistungen von entsprechend qualifizierten Leistungserbringern – auch angestellten Ärzten – erbracht werden und die Leistungen einem therapeutischen Ziel dienen (siehe Rn 44 ff.). Umsatzsteuerlich ohne Bedeutung ist dabei auch, ob der Leistungserbringer in zivilrechtlichen Leistungsbeziehungen zum Patienten steht und mit wem er abrechnet. Eine direkte Leistungsbeziehung zwischen dem Patienten als Leistungsempfänger und dem tätigen Arzt als leistenden Unternehmer ist für die Umsatzsteuerbefreiung nach § 4 Nr. 14 UStG nicht erfor-

---

165 H 15.6 EStR 2005 „Gesellschaft".
166 Zur Betriebsaufspaltung R 15.7 Abs. 4 bis Abs. 8 EStR 2005.
167 A 93 UStR 2005.

derlich.[168] Somit sind auch die ärztlichen Leistungen eines Vertragsarztes gegenüber einer MVZ-GmbH oder gegenüber einer MVZ-GbR von der Umsatzsteuer befreit, wenn die Voraussetzungen der beruflichen Qualifikation und des therapeutischen Ziels der Heilbehandlungsleistung erfüllt sind. Auch auf Ebene des MVZ ist dies unproblematisch, selbst wenn der Behandlungsvertrag zwischen dem Arzt und dem MVZ abgeschlossen wurde.[169]

II. Integrierte Versorgung

332 Im Grundsatz ist die Tätigkeit im Rahmen der integrierten Versorgung nach §§ 140a ff. SGB V eine ärztliche Tätigkeit und damit nach § 18 Abs. 1 Nr. 1 EStG als freiberufliche und nach § 4 Nr. 14 UStG als umsatzsteuerfreie Tätigkeit zu beurteilen. Es werden aber zwischen dem Arzt und der Krankenkasse auch Verträge abgeschlossen, nach denen die Krankenkasse dem Arzt für die Behandlung der Patienten Fallpauschalen zahlt, die sowohl die medizinische Betreuung als auch die **Abgabe von Arzneien und Hilfsmitteln** (Prothesen, Krücken, künstliche Linsen etc.) abdeckt. Die Abgabe von Arzneien und Hilfsmitteln ist dabei zunächst **keine ärztliche Tätigkeit** und ist daher als eine gewerbliche Tätigkeit anzusehen.[170]

333 Umfasst die vereinbarte Fallpauschale sowohl Vergütungen für freiberufliche Tätigkeiten nach § 18 EStG (medizinische Betreuung) als auch Vergütungen für gesondert zu sehende gewerbliche Tätigkeiten nach § 15 EStG (Abgabe von Arzneien und Hilfsmitteln) ist die Vergütung zwischen den beiden Einkunftsarten – ggf. im Wege der Schätzung – aufzuteilen. Soweit diese Fallpauschalen mit Gemeinschaftspraxen vereinbart werden, kommt es bei der integrierten Versorgung unter der Voraussetzung, dass die vom BFH aufgestellte **Geringfügigkeitsgrenze** (Anteil der gewerblichen Einnahmen von nicht mehr als 1,25 %[171] der gesamten Praxiseinnahmen) überschritten ist, nach § 15 Abs. 3 Nr. 1 EStG zu einer **gewerblichen Infizierung der gesamten Tätigkeit** der Gemeinschaftspraxen. Die an der Gemeinschaftspraxis beteiligten Ärzte haben die Einkünfte somit insgesamt als Einkünfte aus Gewerbebetrieb zu versteuern. Demnach unterliegt der Gewinn der Gemeinschaftspraxis der Gewerbesteuer.[172] Bei einer Einzelpraxis ist dagegen eine Trennung der Einkunftsarten vorzunehmen (siehe Rn 27 ff. und Rn 141 ff.).

334 Aber selbst, wenn die Fallpauschale die Abgabe von Arzneien und Hilfsmitteln abdeckt, führt dies nicht zwangsläufig zu gewerblichen Einkünften. So kann im Einzelfall die Abgabe von Arzneien und Hilfsmitteln auch als unselbständiger Teil einer einheitlichen Heilbehandlung zu beurteilen sein. Eine einheitliche Erfassung ist in der Regel geboten, wenn die Betätigungen sich gegenseitig bedingen und derart miteinander verflochten sind, dass insoweit nach der Verkehrsauffassung eine einheitliche Leistung anzunehmen ist. So steht z.B. die Verwendung von Impfstoffen im engen sachlichen und wirtschaftlichen Zusammenhang mit der Durchführung von Impfungen als Heilbehandlung der gemäß § 18 Abs. 1 Nr. 1 EStG freiberuflich tätigen Ärzte. In diesem Zusammenhang ist die Abgabe der Impfstoffe unselbständiger Teil der Heilbehandlung, auch

---

168 BFH – V R 44/02, BStBl II 2005, 190.
169 BMF – IV A 6 – S 7170 – 39/06, BStBl I 2006, 405.
170 OFD Rheinland – Kurzinformation Einkommensteuer Nr. 32/2006, DB 2006, 1348.
171 BFH – XI R 12/98, BStBl II 2000, 229.
172 BMF – IV B 2 – S 2240 – 33/06, DStR 2006, 1763.

wenn hierfür ein gesonderter Posten in der Rechnung ausgewiesen wird.[173] Dies gilt auch beim Einkauf von Materialien und medizinischen Hilfsmitteln (z.B. Katheter) durch Arztpraxen zum Zwecke der Heilbehandlung eigener Patienten, wenn dieser Einkauf als zur Durchführung des Auftrages erforderliche Tätigkeit regelmäßig zusammen mit der weiteren ärztlichen Tätigkeit insgesamt als einheitliche ärztliche Tätigkeit zu beurteilen ist.[174] Auch erscheint die Auffassung zutreffend, dass die Abgabe künstlicher Linsen bei bestimmten Augenoperationen (z.B. bei grauem Star) oder die Abgabe notwendiger Prothesen im Rahmen bestimmter Operationen (z.B. künstliche Hüftgelenke bei Hüftgelenksersatz) als unselbständige Nebenleistung einer einheitlichen Heilbehandlung gesehen wird.[175] Eine teilweise gewerbliche Tätigkeit liegt dagegen z.B. bei Fallpauschalen vor, die die Überlassung orthopädischer Hilfsmittel mit beinhaltet.

> *Praxistipp* 335
> In der Beratungspraxis sollten Fallpauschalen dahingehend untersucht werden, ob sie gewerbliche Tätigkeiten beinhalten. Wenn die Gewerblichkeit zu einer nicht hinnehmbaren steuerlichen Mehrbelastung führt, sollte im Einzelfall versucht werden, die Vergütungen zu trennen und die Vergütung für die gewerbliche Tätigkeit auf eine separate (ggf. personenidentische) Gesellschaft auszulagern (siehe Rn 143 ff.).[176]

D. Besteuerung der Praxis-/Apparate-/Laborgemeinschaften

Steuerlich werden die Praxis- und Apparategemeinschaften und auch Laborgemeinschaften der Ärzte begrifflich zusammengefasst und als Kostengemeinschaft bezeichnet. Die Tätigkeit dieser Gemeinschaften besteht im Wesentlichen darin, medizinische Einrichtungen, Apparate und Geräte zentral zu beschaffen und den Mitgliedern für ihre freiberuflichen Praxen zur Verfügung zu stellen. Außerdem führen die Gemeinschaften mit eigenem medizinisch-technischen Personal für die Praxen ihrer Mitglieder Laboruntersuchungen, Röntgenaufnahmen und andere medizinisch-technische Leistungen aus;[177] die Praxisgemeinschaft stellt in der Regel den beteiligten Praxen eine Infrastruktur in Form einer gemeinsamen Anmeldung und Verwaltung zur Verfügung. Die genannten Gemeinschaften folgen in dieser „klassischen" Ausrichtung einfachen steuerlichen Regeln. 336

Komplexer werden die Fragestellungen, wenn die Gemeinschaften Leistungen an Personen erbringen, die nicht Mitglied der Gemeinschaft sind oder wenn an den Gemeinschaften Mitglieder beteiligt sind, bei denen es sich nicht um freiberuflich tätige Ärzte handelt (z.B. MVZ-GmbH oder Krankenhaus gGmbH). 337

> *Praxistipp* 338
> Den mit den Leistungen an Nichtmitglieder und der Beteiligung von Nichtärzten einhergehenden Gewerbesteuerrisiken sollte zur Vermeidung der gewerbesteuerlichen Infektion/Abfärbung bei Gemeinschaftspraxen in der Beratungspraxis dadurch begegnet werden, dass sich nicht die Praxis, sondern der einzelne Arzt an der Praxis-, Apparate- bzw. Laborgemeinschaft beteiligt, so dass höchstens gewerbliche

---

173 BMF – IV C 2 – S 2246 – 5/00, DB 2000, 648.
174 BMF – IV C 2 – S 2246 – 20/99, DB 1999, 2085.
175 *Gragert*, NWB Fach 3, 14239; OFD Münster – Kurzinformation – DB 2007, 1055.
176 BMF – IV B 4 – S 2246 – 23/97, BStBl I 1997, 566.
177 A 94 Abs. 1 S. 2 und 3 UStR 2005.

Sonderbetriebseinnahmen des Arztes, nicht aber gewerbliche Einnahmen der Praxis entstehen können. Eine Infektion/Abfärbung nach § 15 Abs. 3 Nr. 1 EStG auf die Gesellschaft infolge gewerblicher Einkünfte eines Gesellschafters im Sonderbetriebsbereich besteht nach der Rechtsprechung des BFH nicht.[178]

I. Grundzüge der Besteuerung

1. Grundzüge der Ertragsbesteuerung

339 Im Unterschied zu einer Gemeinschaftspraxis (Mitunternehmerschaft) hat eine Praxisgemeinschaft lediglich den Zweck, den Beruf in gemeinsamen Praxisräumen auszuüben und bestimmte Kosten von der Praxisgemeinschaft tragen zu lassen und umzulegen. Ein einheitliches Auftreten nach außen genügt nicht, um aus einer Praxisgemeinschaft eine Mitunternehmerschaft im steuerlichen Sinne werden zu lassen.[179] Gleiches gilt für die gemeinsame Beschäftigung von Personal und die gemeinsame Nutzung von medizinischen Geräten und/oder anderen Einrichtungsgegenständen. Entscheidend ist, dass bei einer Praxisgemeinschaft keine gemeinschaftliche, sondern eine individuelle Gewinnerzielung beabsichtigt ist und auch der Praxiswert dem einzelnen Beteiligten zugeordnet bleibt.[180]

340 Mangels Absicht der Praxisgemeinschaft Einkünfte zu erzielen, erübrigt sich im Grundsatz auch eine Gewinnermittlung und die gesondert und einheitliche Feststellung der Einkünfte. Auch Einkünfte aus Gewerbebetrieb können folglich nicht vorliegen.[181] Dennoch sind nach § 1 Verordnung (V) zu § 180 Abs. 2 AO bei derartigen Gemeinschaften ohne Gewinnerzielungsabsicht gesonderte Feststellungen durchzuführen, die sich allerdings auf die Ermittlung und Aufteilung der Ausgaben beschränken.[182] Erzielt der an der Praxisgemeinschaft Beteiligte aus seiner Praxis Einkünfte, die selbst wiederum nach § 180 AO gesondert und einheitlich festgestellt werden, ist die gesonderte Feststellung der Praxisgemeinschaft bindend für die Gewinnfeststellung der Praxis und nicht für die Einkommensteuer.[183] Zur Vermeidung einer doppelten Berücksichtigung dieser Ausgaben dürfen im Gegenzug bei der Ermittlung des Gewinns der an der Praxisgemeinschaft beteiligten Ärzte die von diesen gezahlten Kostenbeiträge (Umlagen) nicht als Betriebsausgaben abgesetzt werden.

341 *Hinweis*
Eine anderweitige Erfassung (insbesondere bei Laborgemeinschaften) in dem Sinne, dass die Umlagezahlungen als „Betriebsausgaben" bei dem Mitglied der Gemeinschaft erfasst und als „Betriebseinnahmen" bei der Gemeinschaft angesetzt werden, ist denkbar. In diesen Fällen ist aber noch die Differenz aus Umlagen und tatsächlichen Ausgaben der Gemeinschaft zu ermitteln, auf die Mitglieder aufzuteilen und wiederum gesondert festzustellen.[184] Ein solches Vorgehen sollte im Vorfeld mit dem Finanzamt der Gemeinschaft und den Finanzämtern der Mitglieder abgestimmt werden.

---

178 BFH – XI R 31/05, BFH/NV 2006, 2175.
179 BFH – XI R 82/03, BStBl II 2005, 752.
180 H 15.8 Abs. 1 EStR 2005 „Büro-/Praxisgemeinschaft".
181 Schmidt/*Wacker*, § 15 Rn 327 und § 18 Rn 40.
182 BMF – IV A 4 – S 0361 – 4/01, BStBl I 2001, 256.
183 BFH – IV R 25/98, BStBl II 1999, 545.
184 Finanzministerium des Landes Mecklenburg-Vorpommern, Erlass v. 17.7.1992 – IV 310 – S-2246 – 4/92, n.v.

D. Besteuerung der Praxis-/Apparate-/Laborgemeinschaften § 37

Eine Praxisgemeinschaft kann auch keine anspruchsberechtigte Gesellschaft i.S.v. § 1 Abs. 1 S. 2 Investitionszulagengesetz 1991 (InvZulG 1991) für die Gewährung einer Investitionszulage sein,[185] weil der Gesetzeswortlaut des InvZulG 1991 (und auch InvZulG 1996) anders als das nachfolgende InvZulG 1999 noch das Vorliegen einer Mitunternehmerschaft im Sinne des § 15 Abs. 1 S. 1 Nr. 2 EStG erforderte. Zum Investitionszulagengesetz 2005 (InvZulG 2005) gilt gemäß BMF-Schreiben vom 20.1.2006[186] entsprechend Folgendes: „Bei Gesellschaften und Gemeinschaften ohne Gewinnerzielungsabsicht, z.B. Laborgemeinschaften i.S.d. Verordnung zu § 180 Abs. 2 AO, ist die Gesellschaft oder Gemeinschaft für die Investitionszulage für Investitionen im Sinne von § 2 Abs. 2 InvZulG 2005 anspruchsberechtigt. Nimmt eine Gesellschaft oder Gemeinschaft ohne Gewinnerzielungsabsicht eine Investition im Sinne von § 2 Abs. 1 InvZul 2005 vor, ist aber jeder Miteigentümer anteilig zur Inanspruchnahme der Investitionszulage berechtigt. Es ist aus Vereinfachungsgründen nicht zu beanstanden, wenn in diesen Fällen die Gesellschaft oder Gemeinschaft die Investitionszulage beansprucht."

342

Gleiches gilt für Laborgemeinschaften. Nach den Gesellschaftsverträgen sollen die Laborgemeinschaften in der Regel keine Gewinne erzielen, sondern lediglich kostendeckend arbeiten. Die Betriebsausgaben werden von den beteiligten Ärzten nach dem jeweiligen Grad der Inanspruchnahme des Labors im Umlageverfahren erhoben. Die Laborgemeinschaften treten nicht in Rechtsbeziehungen zu den Patienten. Die Liquidationen erfolgen ausschließlich durch die behandelnden Ärzte. Die Tätigkeit des Gemeinschaftslabors gehört ebenfalls zu den Hilfstätigkeiten der ärztlichen Tätigkeit. Sie wird lediglich aus technischen Gründen aus der Einzelpraxis ausgegliedert und könnte genauso in der Einzelpraxis ausgeführt werden. Deshalb sind die von den Ärzten für die Laborleistungen vereinnahmten Honorare den Einnahmen aus selbständiger Arbeit der beteiligten Ärzte zuzurechnen.[187]

343

2. Grundzüge der Umsatzbesteuerung

Unter die Befreiungsvorschrift des § 4 Nr. 14 S. 2 UStG fallen in der Regel die sonstigen Leistungen der ärztlichen Praxis- und Apparategemeinschaften, deren Mitglieder ausschließlich Angehörige der in § 4 Nr. 14 S. 1 UStG bezeichneten Berufe (u.a. Ärzte und ähnliche Berufe) sind, wenn sie unmittelbar von den Ärzten zur Ausführung ihrer steuerfreien Umsätze verwendet werden.[188]

344

Eine unmittelbare Verwendung zur Ausführung steuerfreier Umsätze setzt voraus, dass die jeweilige Gemeinschaftsleistung gegenüber den Patienten eingesetzt wird. Diese Voraussetzung ist jedoch nicht erfüllt, wenn eine Gemeinschaft für die Praxen ihrer Mitglieder z.B. die Buchführung, die Rechtsberatung oder die Tätigkeit einer ärztlichen Verrechnungsstelle übernimmt. Es handelt sich hierbei um sonstige Leistungen, die nur mittelbar zur Ausführung der steuerfreien ärztlichen Leistungen verwendet werden und die deshalb nicht unter § 4 Nr. 14 UStG fallen.[189]

345

Bei der zentralen Beschaffung von Praxisräumen und ihrer Überlassung zur Nutzung an die einzelnen Mitglieder handelt es sich um sonstige Leistungen, die in der Regel

346

---

185 BFH – III R 5/00 – BStBl II 2003, 947.
186 BMF – IV C 3 – InvZ 1015 - 1/06 – BStBl 2006 I, 119, Rn 8.
187 BMF – IV A 6 – S 2246 – 5/03, DStR 2003, 332.
188 A 94 Abs. 1 UStR 2005.
189 A 94 Abs. 2 UStR 2005.

unter die Steuerbefreiung für die Vermietung von Grundstücken (§ 4 Nr. 12 S. 1 lit. a UStG) fallen.[190]

II. Leistungen an Nichtmitglieder

1. Ertragsteuerliche Folgen der Leistungen an Nichtmitglieder

347 Erbringen Praxisgemeinschaften Leistungen an Ärzte oder andere Personen und Einrichtungen, die nicht Mitglied der Praxisgemeinschaften sind, stellt sich bei der ertragsteuerlichen Beurteilung die entscheidende Frage, ob hiermit die Absicht verfolgt wird, Gewinne zu erzielen, oder ob es sich auch in diesem Fall um eine reine Umlage der entstehenden Kosten handelt.

348 Eine steuerlich relevante (gewerbliche oder freiberufliche) Einkünfteerzielung setzt immer voraus, dass die Absicht besteht, Gewinne zu erzielen. Stellt die zu leistende Umlage der Nichtmitglieder allein darauf ab, die bei der Inanspruchnahme entstehenden Kosten auszugleichen und damit lediglich die Kosten der Mitglieder weiter zu senken, fehlt es an einer solchen erforderlichen gemeinschaftliche Gewinnerzielungsabsicht auf der Ebene der Praxisgemeinschaft. In diesen Fällen ergeben sich für die Praxisgemeinschaften bei der steuerlichen Beurteilung keine abweichenden Folgen.

349 Die Einkünfte niedergelassener Ärzte (Gemeinschaftspraxis) aus der entgeltlichen Überlassung medizinischer Großgeräte an Krankenhäuser sind nicht als Einkünfte aus Gewerbebetrieb zu behandeln; dies gilt auch dann, wenn in dem Nutzungsentgelt ein Gewinnaufschlag enthalten ist. Dies gilt ebenfalls bei einer entgeltlichen Nutzungsüberlassung an nichtbeteiligte Ärzte unter der Voraussetzung, dass keine zusätzlichen Dienstleistungen erbracht werden.[191] Werden bei einer Nutzungsüberlassung mit Gewinnaufschlag auch zusätzliche Dienstleistungen erbracht, z.B. durch Material- oder Personalgestellungen, die über eine reine Nutzungsüberlassung hinausgehen, liegen gewerbliche Einkünfte vor. Wenn dies bereits für Gemeinschaftspraxen gilt, kann im Grundsatz für Praxisgemeinschaften, an denen ausschließlich niedergelassene Ärzte beteiligt sind, nichts anderes gelten.

350 Erbringt eine Laborgemeinschaft auch Laboruntersuchungen für Nichtmitglieder sind im Grundsatz die gleichen Abgrenzungen zu treffen wie bei der Erbringung von Laborleistungen durch einen niedergelassenen Laborarzt. Für die Frage der Erzielung gewerblicher Einkünfte ist zu prüfen, ob unter Berücksichtigung der Zahl der Angestellten und der Zahl der durchgeführten Untersuchungen eine eigenverantwortliche Tätigkeit der Laborgemeinschaft (siehe Rn 24) noch gegeben ist.[192]

351 Auch die Erbringung von Leistungen an Nichtmitglieder hat somit nicht zwangsläufig eine Gewerblichkeit der Praxis-, Apparate- bzw. Laborgemeinschaft zur Folge. Die Abgrenzung und der Nachweis gegenüber dem Finanzamt können jedoch im Einzelfall schwierig sein.

---

190 A 94 Abs. 3 UStR 2005.
191 OFD Rheinland – Kurzinformation Einkommensteuer Nr. 9/2006, DB 2006, 304.
192 BMF – IV A 6 - S 2246 – 5/03, DB 2003, 366.

2. Umsatzsteuerliche Folgen der Leistungen an Nichtmitglieder

Soweit die Praxisgemeinschaft Leistungen an Personen erbringt, die nicht Mitglied der Gemeinschaft sind, sind diese Umsätze nicht nach § 4 Nr. 14 S. 2 UStG steuerfrei. Die Steuerfreiheit der Umsätze an die Mitglieder wird dadurch nicht berührt.[193]

352

Zugleich werden Umsatzsteuerbefreiungen nach anderen Vorschriften, insbesondere die Umsatzsteuerbefreiung nach § 4 Nr. 12 UStG für die Überlassung von Praxisräumen, zur Nutzung nicht berührt. Eine umsatzsteuerfreie (Unter-)Vermietung von Praxisräumen durch die Praxisgemeinschaft an ein Nichtmitglied ist insoweit möglich. Zu beachten ist aber, dass die Vermietung von Geräten und Sachgesamtheiten nicht umsatzsteuerbefreit ist.

353

Des Weiteren ist es insbesondere bei Laborgemeinschaften denkbar, dass diese an Ärzte, die nicht Mitglied der Laborgemeinschaft sind, nach § 4 Nr. 14 S. 1 UStG mit den medizinischen Analysen durch einen Arzt für Laboratoriumsmedizin umsatzsteuerbefreite ärztliche Leistungen erbringen.[194]

354

III. Beteiligung von nicht freiberuflich ärztlich tätigen Mitgliedern

1. Ertragsteuerliche Folgen der Beteiligung von nicht freiberuflich ärztlich tätigen Mitgliedern

Solange die Praxis-, Apparate- bzw. Laborgemeinschaft allein kostendeckend ohne die Absicht, Gewinne zu erzielen, tätig wird, ergeben sich aus der Beteiligung von nicht freiberuflich ärztlich tätigen Mitgliedern (z.B. Praxisklinik GmbH oder Krankenhaus gGmbH) bei der steuerlichen Beurteilung keine anderweitigen Folgen gegenüber einer Gemeinschaft, die ausschließlich aus freiberuflich tätigen Ärzten besteht. Denn da die Gemeinschaft wegen der fehlenden Gewinnerzielungsabsicht steuerlich bereits nicht als Mitunternehmerschaft anzusehen ist, kann es dahinstehen, wer an der Gemeinschaft beteiligt ist.

355

Erbringt eine Praxis-, Apparate- bzw. Laborgemeinschaft allerdings Leistungen an Nichtmitglieder, besteht die Gefahr der Gewerblichkeit für die Gemeinschaft insgesamt, wenn die Leistungen mit Gewinnerzielungsabsicht erbracht werden und über eine reine Nutzungsüberlassung/Vermietung hinausgehen.

356

2. Umsatzsteuerliche Folgen der Beteiligung von nicht freiberuflich ärztlich tätigen Mitgliedern

Zur Frage der Umsatzsteuerbefreiung der ärztlichen Praxis-, Apparate- bzw. Laborgemeinschaften fordert die Finanzverwaltung in ihren Richtlinien zum Umsatzsteuergesetz, dass „deren Mitglieder ausschließlich Angehörige der in § 4 Nr. 14 S. 1 UStG bezeichneten Berufe sind".[195] Beteiligt sich daher z.B. eine Praxisklinik-GmbH oder eine Krankenhaus gGmbH, die umsatzsteuerfreie Krankenhausumsätze nach § 4 Nr. 16 UStG erbringt, an einer solchen Gemeinschaft, würden nach dem Wortlaut der Richt-

357

---

193 A 94 Abs. 4 UStR 2005.
194 BFH – V R 55/03, DB 2007, 1232.
195 A 94 Abs. 1 S. 1 UStR 2005.

linie die Leistungen der Gemeinschaft insoweit nicht mehr unter die Befreiungsvorschrift des § 4 Nr. 14 S. 2 UStG fallen.

358 Dieses Ergebnis erscheint nicht systemgerecht, wenn die nichtärztlichen Mitglieder die Leistungen der Gemeinschaften ebenfalls unmittelbar zur Ausführung steuerfreier Heilbehandlungsleistungen i.S.d. § 4 Nr. 14 S. 1 oder Nr. 16 UStG gegenüber den Patienten verwenden. Da die Steuerbefreiungsvorschrift des § 4 Nr. 14 UStG nicht von der Rechtsform des Unternehmers abhängt, sollte gleiches auch für die Mitglieder der Praxis-, Apparate- bzw. Laborgemeinschaften gelten und in diesem Zusammenhang auch die Leistungserbringer nach § 4 Nr. 14 und 16 UStG gleich behandelt werden.

359 In diesem Zusammenhang wurden verbindliche Auskünfte in einigen Fällen von Finanzämtern bereits zugunsten der Gemeinschaften erteilt, eine offizielle, abgestimmte Auffassung der Finanzverwaltung ist derzeit aber noch nicht erkennbar.

IV. Abgrenzung zur Betreibergesellschaft

360 Von den Praxis-, Apparate- bzw. Laborgemeinschaften abzugrenzen sind die sog. Betreibergesellschaften. Unter Betreibergesellschaften sind kapitalistisch motivierte Gesellschaften zu verstehen, bei denen Dritte den Ärzten Praxisräume und/oder Geräte und/oder sonstige Einrichtungen gegen Entgelt zur Verfügung stellen sowie ggf. Personal stellen und/oder weitergehende Leistungen erbringen, um hieraus Gewinne zu erzielen. In der Beratungspraxis sind die Initiatoren derartiger Modelle häufig Apotheken, Krankenhäuser oder Pharma-/Medizintechnikfirmen oder „sonstige Kapitalgeber", die sich hiervon Synergieeffekte erhoffen.

361 Bei der steuerlichen Beurteilung ist zu unterscheiden, ob die Betreibergesellschaft bereits selbst aufgrund des Umfanges als originärer Gewerbebetrieb anzusehen ist, ob die Betreibergesellschaft durch ein gewerbliches Unternehmen betrieben und dadurch gewerblich wird oder ob die Tätigkeit im Einzelfall (noch) als private Vermögensverwaltung angesehen werden kann.

362 Errichtet z.B. eine natürliche Person auf seinem Grundstück ein Gebäude als Ärztehaus und vermietet dieses ohne nennenswerte Sonderleistungen (z.B. Materiallieferungen, Personalgestellungen, Abrechnungsaufgaben, Wartungsleistungen außerhalb einer normalen Vermittlungstätigkeit), erzielt sie Einkünfte aus Vermietung und Verpachtung i.S.d. § 21 EStG. Dies gilt selbst dann noch, wenn ggf. Geräte und Einrichtungen der Praxen mitvermietet werden, aber der Rahmen einer privaten Vermögensverwaltung im Sinne einer Vermietung von Sachinbegriffen nach § 21 Abs. 1 S. 2 Nr. 2 oder § 22 Nr. 3 EStG nicht überschritten wird.[196]

363 Ansonsten erzielt die Betreibergesellschaft in der Regel gewerbliche Einkünfte.

364 Umsatzsteuerlich sind die Vermietungsleistungen nach § 4 Nr. 12 UStG von der Umsatzsteuer befreit, soweit es sich um die Vermietung und Verpachtung von Grundstücken handelt. Nicht von der Umsatzsteuer befreit ist die Vermietung und Verpachtung von Maschinen und sonstigen Vorrichtungen aller Art, selbst wenn sie zu einer Betriebsanlage gehören (Betriebsvorrichtung), auch wenn sie wesentliche Bestandteile eines Grundstücks sind.

365 Liegt ein gemischter Vertrag vor, der sowohl die Merkmale einer umsatzsteuerfreien Grundstücksvermietung als auch die Merkmale einer umsatzsteuerpflichtigen Vermie-

---

[196] R 15.7 Abs. 3 EStR 2005.

tung von Maschinen und sonstigen Vorrichtungen aller Art enthält, ist das Entgelt – erforderlichenfalls im Wege der Schätzung – aufzuteilen.[197]

E. Besteuerung wahlärztlicher Leistungen eines Chefarztes und seiner nachgeordneten Mitarbeiter

Der Chefarzt eines Krankenhauses kann wahlärztliche Leistungen im Rahmen eines eingeräumten Liquidationsrechts aus steuerlicher Sicht selbständig (§ 18 EStG) oder nichtselbständig (§ 19 EStG) erbringen. Ob das eine oder andere im Einzelfall zutrifft, beurteilt sich nach dem Gesamtbild der Verhältnisse, insbesondere danach, ob wahlärztliche Leistungen innerhalb oder außerhalb des Dienstverhältnisses zum Krankenhausträger erbracht werden. 366

Der BFH gelangte in seinem Urteil vom 10.10.2005[198] zu dem Ergebnis, dass der Chefarzt eines Krankenhauses in dem zu entscheidenden Fall – der einer üblichen Gestaltung der Vereinbarung zwischen einem Krankenhausträger und dem Chefarzt entspricht – mit seinen Einnahmen aus einem eingeräumten Liquidationsrecht für die gesondert berechenbaren wahlärztlichen Leistungen lohnsteuerpflichtigen Arbeitslohn i.S.d. § 19 EStG erzielte. Der BFH orientierte sich bei seiner Entscheidung an den allgemeinen Kriterien Leistungsgebundenheit, organisatorische Eingliederung, Kapitaleinsatz, Weisungsgebundenheit, Urlaubsanspruch sowie Unternehmerinitiative und Unternehmerrisiko. 367

Die Finanzverwaltung hat sich eingehend mit dem Urteil auseinandergesetzt und ist zu nachstehender Auffassung gelangt[199]: 368

Für das Vorliegen von Einkünften aus **nichtselbständiger Arbeit** spricht Folgendes: 369

- Die Erbringung der wahlärztlichen Leistungen gehört zu den vertraglich geschuldeten Dienstaufgaben des Arztes gegenüber dem Krankenhaus.
- Die Verträge über die wahlärztlichen Leistungen werden unmittelbar zwischen dem Patienten und dem Krankenhaus geschlossen.
- Der Arzt unterliegt – mit Ausnahme seiner rein ärztlichen Tätigkeit – den Weisungen des leitenden Arztes des Krankenhauses.
- Der Arzt erbringt die mit den wahlärztlichen Leistungen zusammenhängenden Behandlungen mit den Einrichtungen und Geräten des Krankenhauses.
- Neue diagnostische und therapeutische Untersuchungs- und Behandlungsmethoden bzw. Maßnahmen, die wesentliche Mehrkosten verursachen, können grundsätzlich nur im Einvernehmen mit dem Krankenhaus eingeführt werden.
- Der Dienstvertrag sieht für die gesondert berechenbaren wahlärztlichen Leistungen ausdrücklich vor, dass diese im Verhinderungsfall vom Stellvertreter übernommen werden.
- Der betroffene Arzt hat nur eine begrenzte Möglichkeit, den Umfang der wahlärztlichen Leistungen zu bestimmen.
- Sofern wahlärztliche Leistungen vereinbart werden, beziehen sich diese nicht speziell auf die Leistungen des liquidationsberechtigten Arztes, sondern auf die Leistungen aller an der Behandlung beteiligten liquidationsberechtigten Ärzte des Krankenhauses.

---

197 A 86 UStR 2005.
198 BFH – VI R 152/01, BStBl II 2006, 94.
199 OFD Rheinland – S 2331-1000-St 2, DB 2006, 1083.

- Der Arzt kann es nicht ablehnen, die mit dem Krankenhaus vereinbarten wahlärztlichen Leistungen zu erbringen.
- Das Risiko eines Forderungsausfalls, das der liquidationsberechtigte Arzt zu tragen hat, ist zu vernachlässigen, weil die Patienten regelmäßig krankenversichert sind.
- Das Krankenhaus rechnet über die wahlärztlichen Leistungen direkt mit den Patienten ab und vereinnahmt auch die geschuldeten Beträge.
- Die dienstvertraglichen Regelungen über die Abführung eines Nutzungsentgelts und einer Einzugsgebühr an das Krankenhaus sowie die Beteiligung der nachgeordneten Ärzte an den Honorareinnahmen bedeuten lediglich eine Einschränkung des Liquidationsrechts.
- Der Arzt trägt kein Verlustrisiko, denn die Einbehalte sind nur aus den tatsächlich realisierten Honorareinnahmen aufzubringen.

370 Dem gegenüber sprechen folgende **Kriterien für eine selbständige Tätigkeit**:
- Die Erbringung der wahlärztlichen Leistung wird nicht gegenüber dem Krankenhaus geschuldet.
- Der liquidationsberechtigte Arzt vereinbart die zu erbringende wahlärztliche Leistung direkt mit den Patienten und wird hierdurch unmittelbar verpflichtet.
- Nur der liquidationsberechtigte Arzt haftet für die von ihm vorgenommenen wahlärztlichen Behandlungen.
- Der liquidationsberechtigte Arzt rechnet direkt mit den Patienten ab und vereinnahmt auch selbst die geschuldeten Beträge.

371 Nach den aufgezeigten Abgrenzungsmerkmalen liegen jedenfalls in folgenden **Fällen Einkünfte aus nichtselbständiger Arbeit** vor:
- Der Vertrag über die Erbringung der wahlärztlichen Leistungen wird zwischen dem Krankenhaus und den Patienten geschlossen. Die Liquidation erfolgt ebenfalls durch das Krankenhaus.
- Der Vertrag über die Erbringung der wahlärztlichen Leistungen wird zwischen dem Krankenhaus und den Patienten geschlossen. Die Liquidation erfolgt aber durch den Arzt auf ein von ihm geführtes persönliches Konto.
- Der Vertrag über die Erbringung der wahlärztlichen Leistungen wird zwischen dem Arzt und dem Patienten geschlossen. Die Liquidation erfolgt (im Namen und für Rechnung des Arztes) durch das Krankenhaus.

372 **Einkünfte aus selbständiger Arbeit** liegen nach der Auffassung der Finanzverwaltung insoweit nur vor, wenn die Verträge über die **wahlärztlichen Leistungen** unmittelbar zwischen den Patienten und dem Chefarzt abgeschlossen werden und die Liquidation durch den Chefarzt erfolgt. Dies bedeutet, dass der Chefarzt im Ergebnis weisungsfrei agieren kann und insoweit über sein Leistungsangebot und die hierfür eingesetzten Mittel frei entscheiden kann. Soweit den Chefärzten neben den wahlärztlichen Leistungen im stationären Bereich auch die Möglichkeit eingeräumt wird, auf eigene Rechnung und eigenes Risiko **Leistungen im ambulanten Bereich** gegenüber den Patienten zu erbringen, handelt es sich ebenfalls um Einkünfte aus selbständiger Arbeit.

373 Inwieweit die Abgrenzung nach den Kriterien der Finanzverwaltung vorzunehmen ist, kann nur nach dem Gesamtbild der Verhältnisse in jedem Einzelfall bestimmt werden. Für oder gegen eine nichtselbständige Tätigkeit sprechende Kriterien sind dabei gegeneinander abzuwägen. Im Einzelfall empfiehlt sich eine Statusanfrage bei den zuständigen Stellen des jeweiligen Finanzamtes.

374 Die Qualifizierung der Einnahmen zu den Einkünften aus nichtselbständiger Arbeit nach § 19 EStG führt infolge einer gleichen gesetzlichen Grundlage zu keiner Änderung der Steuerbelastung gegenüber Einkünften aus selbständiger Arbeit nach § 18 EStG. Die Aufwendungen des Chefarztes für die Erbringung der wahlärztlichen Leistungen wären insoweit als **Werbungskosten nach § 9 EStG** anstelle als Betriebsausgaben nach § 4 Abs. 4 EStG geltend zu machen. Der Gestaltungsspielraum bei den Einkünften aus nichtselbständiger Arbeit ist aber faktisch gegenüber den Einkünften aus selbständiger Arbeit eingeschränkt.

Eine **Abfindungszahlung für den Verlust des Liquidationsrechtes** beim Ausscheiden nach Erreichung des 55. Lebensjahres ermöglicht zudem bei einer Qualifikation als Einkünfte i.S.d. § 18 EStG die Anwendung des § 16 i.V.m. § 34 Abs. 3 EStG (Freibetrag, „halber" Steuersatz; siehe Rn 75 ff.). Bei Einkünften i.S.d. § 19 EStG besteht diese Möglichkeit nicht. Durch den Wegfall des Steuerfreibetrages nach § 3 Nr. 9 EStG für Abfindungen wegen einer vom Arbeitgeber veranlassten Auflösung des Dienstverhältnisses wird dieser Nachteil noch verstärkt. 375

Ist die Tätigkeit als nichtselbständig einzustufen, liegt steuerlich Arbeitslohn des Krankenhausträgers an den Chefarzt vor. Der Krankenhausträger hat entsprechend für den Arbeitslohn die **Lohnsteuer anzumelden, einzubehalten und an das Finanzamt abzuführen**. Dabei ist als Arbeitslohn zur Bemessung der Lohnsteuer nur der Betrag anzusetzen, der dem Chefarzt nach Abzug der gesetzlich oder vertraglich geschuldeten und aus den Bruttoliquidationserlösen zu bestreitenden Zahlungen (u.a. Vorteilsausgleich, Kostenerstattung und Mitarbeiterbeteiligung an den Krankenhausträger) verbleibt. Werden die Zahlungen regelmäßig geleistet (z.B. vierteljährlich) und liegt ihnen der gleiche Abrechnungszeitraum zugrunde, handelt es sich um laufenden Arbeitslohn i.S.v. R 115 Abs. 1 LStR. Dass die Zahlungen in der Höhe Schwankungen unterliegen, führt allein noch nicht zu sonstigen Bezügen,[200] sondern es bleibt laufender Arbeitslohn. Unterlässt der Krankenhausträger den Lohnsteuerabzug, haftet er für die Lohnsteuer nach § 42d Abs. 1 Nr. 1 EStG gegenüber dem Finanzamt. 376

Ein Problem in der Beratungspraxis ist die **steuerliche Behandlung der Mitarbeiterbeteiligung** von Oberärzten und anderen ärztlichen und nichtärztlichen Mitarbeitern des Krankenhausträgers (nachgeordneten Mitarbeitern) bei der Erbringung der wahlärztlichen Leistungen durch den Chefarzt. Gehört die Teilnahme an der Erbringung der wahlärztlichen Leistungen zu den dienstvertraglich geschuldeten Leistungen im Rahmen des Arbeitsvertrages zum Krankenhausträger, gehört eine entsprechende Vergütung zum Arbeitslohn des Krankenhausträgers.[201] Erfolgt die Auszahlung durch den Chefarzt und nicht über den Krankenhausträger (ggf. im Rahmen von Poolgeldern aus einem Mitarbeiterpool), handelt es sich regelmäßig um Lohnzahlungen Dritter i.S.d. § 38 Abs. 1 S. 3 EStG, für die das Krankenhaus ebenfalls Lohnsteuer anzumelden, einzubehalten und abzuführen hat. Der Krankenhausträger hat insoweit entsprechende Informationen über die geleisteten Zahlungen beim Chefarzt oder den Arbeitnehmern einzufordern, die Arbeitnehmer sind insoweit nach § 38 Abs. 4 S. 3 i.V.m. Abs. 1 S. 3 EStG verpflichtet, entsprechende Angaben zu machen. Werden die Angaben nicht gemacht oder erkennbar unrichtige Angaben gemacht, hat der Krankenhausträger dies dem Betriebsstättenfinanzamt anzuzeigen. Der Lohnsteuerabzug könnte unterbleiben, wenn der Krankenhausträger als Arbeitgeber in Unkenntnis darüber ist, dass Zahlungen des Chefarztes vorliegen; dies dürfte jedoch in der Regel zu verneinen sein. 377

---

200 OFD Rheinland – S 2331-1000-St 2, DB 2006, 1083.
201 BMF – IV B 6 – S 2332 – 16/82, BStBl I 1982, 530.

378 Nach Auffassung der Finanzverwaltung[202] gilt dies auch dann, wenn die Tätigkeit zwar im Arbeitsvertrag nicht ausdrücklich vorgesehen ist, ihre Erfüllung aber vom Krankenhausträger nach der tatsächlichen Gestaltung des Dienstverhältnisses und nach der Verkehrsauffassung erwartet werden kann. In der Literatur wird diese Auffassung z.T. zweifelhaft gesehen. Insoweit wird die Auffassung vertreten, es könne sich bei den Zahlungen des Chefarztes – unabhängig von der Höhe – unter Umständen auch um steuerfreie Trinkgelder i.S.d. § 3 Nr. 51 EStG als freiwillige Zahlung Dritter handeln, ohne dass ein Rechtsanspruch auf sie besteht.[203] Dies sei der Fall, wenn der nachgeordnete Mitarbeiter die Leistungen weder im Rahmen seines Dienstverhältnisses zum Krankenhausträger erbringt und auf dieser Ebene kein Rechtsanspruch auf eine Vergütung für diese zusätzliche Tätigkeit gegeben ist und zum anderen auch keine vertraglichen Beziehungen zum Chefarzt bestehen, aus denen sich ein Vergütungsanspruch für den nachgeordneten Mitarbeiter ergibt.

379 *Hinweis*
Diese Gestaltungsüberlegungen entbehren nicht eines gewissen Reizes, wenn Zahlungen auf Seiten des Empfängers als Trinkgelder steuerfrei sind, aber auf Seiten des Leistenden als Betriebsausgaben oder Werbungskosten berücksichtigt werden können. In der Beratungspraxis sind allerdings Bedenken geltend zu machen. Zum einen bestehen gewisse Zweifel, ob freiwillige Zuwendungen des Chefarztes an Arbeitnehmer des Krankenhausträgers Betriebsausgaben oder Werbungskosten darstellen. Dem könnte unter Umständen das Abzugsverbot nach § 4 Abs. 5 Nr. 1 EStG oder § 12 EStG entgegenstehen,[204, 205] wobei andererseits Aufwendungen leitender Angestellter an unterstellte Arbeitnehmer zur Steigerung der eigenen variablen Vergütung im Grundsatz den Begriff der Betriebsausgaben/Werbungskosten erfüllen.[206] Zum anderen ist zweifelhaft, ob die Finanzverwaltung und die Rechtsprechung in regelmäßigen Zahlungen für besondere Leistungen Trinkgelder i.S.d. § 3 Nr. 51 EStG bejahen wird. Des Weiteren ist in der Beratungspraxis kaum zu erwarten, dass nachgeordnete Mitarbeiter im Bereich der wahlärztlichen Leistungen für den Chefarzt außerhalb des Dienstverhältnisses mit dem Krankenhausträger tätig werden, ohne dass ihnen für diese Tätigkeit ein Rechtsanspruch auf Vergütung zusteht.

380 Besteht für die nachgeordneten Mitarbeiter gegenüber dem Krankenhausträger keine Verpflichtung zur Mitarbeit im Liquidationsbereich, weil der Arbeitnehmer ausschließlich aufgrund einer gesonderten Vereinbarung mit dem Chefarzt im Liquidationsbereich tätig wird, ist der liquidationsberechtigte Chefarzt selbst als Arbeitgeber anzusehen mit allen sich daraus im Lohnsteuerabzugsverfahren ergebenden Pflichten.[207]

---

202 BMF – IV B 6 – S 2332 – 16/82, BStBl I 1982, 530.
203 *Hagen/Lucke*, NWB Fach 6, 4693.
204 BFH – IV R 186/82, BStBl II 1985, 286; Leitsatz: Bei einem angestellten Chefarzt eines Krankenhauses, der im Krankenhaus unter Mithilfe der Mitarbeiter seiner Abteilung auch eine freiberufliche Arztpraxis ausübt, sind Aufwendungen für Weihnachtsgeschenke an diese Mitarbeiter weder Betriebsausgaben bei den Einkünften aus freiberuflicher Tätigkeit noch Werbungskosten bei den Einkünften aus nichtselbständiger Arbeit.
205 BFH – IV R 178/84, BFH/NV 1987, 231; Leitsatz: Macht der Chefarzt eines Krankenhauses seinen Mitarbeitern unter dem Krankenhauspersonal zu Weihnachten ein Geldgeschenk für ihre Gemeinschaftskasse, so steht einem Abzug als Betriebsausgabe § 4 Abs. 5 EStG entgegen.
206 BFH – IV R 135/83, BStBl II 1985, 288 mit Hinweis auf BFH – VI R 182/81, BStBl II 1984, 557.
207 BMF – IV B 6-S 2332-16/82, BStBl I 1982, 530.

F. § 31 MBO aus steuerlicher Sicht

I. Steuerliche Vorüberlegungen

In allen Landesärztekammern existiert eine Bestimmung der Berufsordnung, die § 31 MBO entspricht:

> *„Ärztinnen und Ärzten ist es nicht gestattet, für die Zuweisung von Patienten oder Untersuchungsmaterial ein Entgelt oder andere Vorteile sich versprechen oder gewähren zu lassen oder selbst zu versprechen oder zu gewähren."*

Für die steuerliche Beurteilung lassen sich die Zuweisungsentgelte in der Praxis in drei verschiedene Gruppen einteilen:

- Offene, zutreffend deklarierte Zahlungen
- Verdeckte Zahlungen
- Offene, unzutreffend deklarierte Zahlungen.

Aufgrund des arztrechtlichen Verbotes dürfte der Fall der offenen, zutreffend deklarierten Zahlungen in der Praxis nahezu ausgeschlossen sein. Für die steuerliche Beurteilung ist dieser Fall allerdings entscheidend, denn auch wenn Zahlungen verdeckt erfolgen oder unzutreffend deklariert sind, ergeben sich im Grundsatz dieselben steuerlichen Folgen, denn Steuergesetze knüpfen nach § 38 AO die Leistungspflicht immer an Verwirklichung von Tatbeständen i.S.v. Lebenssachverhalten. Für das Steuerrecht ist es damit unerheblich, ob ein Steuerpflichtiger einer Tätigkeit überhaupt nachgehen durfte, sie ihm also erlaubt war oder ob er die Tätigkeit verheimlicht.

Bezüglich verdeckter Zahlungen stellen sich daneben noch steuerstrafrechtliche Fragen. Werden die Zahlungen unzutreffend deklariert, stellt sich darüber hinaus die Frage, ob zusätzliche Steuerfolgen eintreten können.

II. Steuerliche Beurteilung von Entgelten für die Zuweisung von Patienten

Die entgeltliche Zuweisung von Patienten ist keine selbständige Berufstätigkeit als Arzt im Rahmen der Heilkunde. Die Einkünfte sind daher weder als selbständige Einkünfte i.S.d. § 18 EStG anzusehen, noch ist die Leistung umsatzsteuerfrei nach § 4 Nr. 14 UStG.

Die Zuweisung von Patienten gegen Entgelt ist damit eine nach § 15 EStG gewerbliche und auch umsatzsteuerpflichtige Tätigkeit. Wird diese durch einen Mitunternehmer im Rahmen der Mitunternehmerschaft ausgeübt (z.B. ein Mitglied einer Gemeinschaftspraxis wird für diese tätig), so besteht die Gefahr der gewerblichen Infektion der gesamten Einkünfte der Praxis nach § 15 Abs. 3 S. 1 Nr. 1 EStG.

Für den behandelnden Arzt sind die Zahlungen an den Zuweiser betrieblich (durch die Praxis) veranlasst. Sie werden in tatsächlichem und wirtschaftlichem Zusammenhang mit einer konkreten Gewinnerzielungsabsicht, der Behandlung des Patienten, getätigt. Die Aufwendungen sind damit Betriebsausgaben i.S.d. § 4 Abs. 4 EStG.[208]

Gemäß § 4 Abs. 5 Nr. 10 EStG darf eine Zuwendung von Vorteilen sowie damit zusammenhängende Aufwendungen als Betriebsausgaben den steuerlichen Gewinn allerdings

---

[208] Schmidt/*Heinicke*, § 4 Rn 480.

nicht mindern, wenn die Zuwendung der Vorteile eine rechtswidrige Handlung darstellt, die den Tatbestand eines Strafgesetzes oder eines Gesetzes verwirklicht, das die Ahndung mit einer Geldbuße zulässt. Folgt man dem Gesetzeswortlaut, ist der Betriebsausgabenabzug zu verwehren, „wenn die Zuwendung der Vorteile eine rechtswidrige Handlung darstellt". Damit muss der Rechtsverstoß in der Zuwendung selbst liegen, nicht im Empfang der Zuwendung.[209] Ebenfalls nicht ausreichend dürfte die Strafbarkeit des durch die Zuwendung bewirkten Verhaltens sein.

389 Die Einkommensteuerrichtlinien enthalten eine beispielhafte Aufzählung von Tatbeständen des Straf- und Ordnungswidrigkeitsrechts:[210]

- § 108b StGB (Wählerbestechung),
- § 108e StGB (Abgeordnetenbestechung),
- § 299 Abs. 2 und 3 StGB (Bestechung im in- und ausländischen geschäftlichen Verkehr),
- § 333 StGB (Vorteilsgewährung),
- § 334 StGB (Bestechung),
- Artikel 2 § 2 des Gesetzes zur Bekämpfung internationaler Bestechung (Bestechung ausländischer Abgeordneter im Zusammenhang mit internationalem Zahlungsverkehr),
- § 119 Abs. 1 Nr. 1 des Betriebsverfassungsgesetzes (Vorteilsgewährung in Bezug auf Betriebsratswahlen),
- § 81 Abs. 1 Nr. 1 i.V.m. § 21 Abs. 2 des Gesetzes gegen Wettbewerbsbeschränkungen (Vorteilsgewährung für wettbewerbsbeschränkendes Verhalten),
- § 405 Abs. 3 Nr. 7 des Aktiengesetzes (Vorteilsgewährung in Bezug auf das Stimmverhalten in der Hauptversammlung),
- § 152 Abs. 1 Nr. 2 des Gesetzes betreffend die Erwerbs- und Wirtschaftsgenossenschaften (Vorteilsgewährung in Bezug auf das Abstimmungsverhalten in der Generalversammlung),
- § 23 Abs. 1 Nr. 4 des Gesetzes betreffend die gemeinsamen Rechte der Besitzer von Schuldverschreibungen (Vorteilsgewährung in Bezug auf die Abstimmung in der Gläubigerversammlung).

390 Nach Auffassung der Finanzverwaltung handelt es sich hierbei um eine zurzeit abschließende Aufstellung.[211] Bejaht man allerdings strafrechtliche oder bußgeldbeschwerte Konsequenzen bezüglich der Zuwendung von Vorteilen bei Verstoß gegen § 31 MBO i.S.v. § 4 Abs. 5 Nr. 10 EStG, fallen damit dafür gezahlte Entgelte steuerlich unter die steuerlich nicht abziehbaren Betriebsausgaben.

III. Steuerliche Beurteilung von verdeckten Entgelten für die Zuweisung von Patienten

391 Wer Steuern verkürzt, d.h. hinterzieht, macht sich strafbar. Steuern sind namentlich dann verkürzt, wenn sie nicht, nicht in voller Höhe oder nicht rechtzeitig festgesetzt werden.

392 Werden den Finanzbehörden vorsätzlich über die Entgelte für die Zuweisung von Patienten vom Zahlungsempfänger in Unkenntnis gelassen und werden hierdurch Steuern

---

209 Hermann u.a./*Bahlau*, § 4 Rn 1858 ff.
210 H 4.14 EStR.
211 BMF – IV A 6 – S 2145 – 35/02, BStBl I 2002, 1031, Rn 10.

(Umsatzsteuer/Einkommensteuer) durch den Zuweiser (Zahlungsempfänger) verkürzt, erfüllt dies den Tatbestand der **Steuerhinterziehung**. Diese Steuerhinterziehung kann mit Freiheitsstrafe bis zu fünf Jahren oder mit Geldstrafe bestraft werden. Auch der Versuch ist strafbar.

Wird die Steuerhinterziehung durch die Finanzverwaltung aufgedeckt, sind neben den strafrechtlichen Konsequenzen in jedem Fall auch die verkürzten Steuern nachträglich durch den Zuweiser zu entrichten. Ob die gezahlten Entgelte in diesem Fall beim Leistenden noch steuerlich geltend gemacht werden können, ist dann neben der Frage der Abziehbarkeit insbesondere eine verfahrensrechtliche Frage. Wurde der Leistende bereits zur Einkommensteuer veranlagt, dürften in vielen Fällen die Steuerbescheide nicht mehr änderbar sein. Eine nachträgliche Geltendmachung der Zahlungen durch den Leistenden scheidet dann in der Regel aufgrund seines Wissens um den Sachverhalt aus.

IV. Steuerliche Beurteilung von unzutreffend deklarierten Entgelten für die Zuweisung von Patienten

Wie dargestellt, handelt es sich bei Entgelten für die Zuweisung von Patienten um einkommen-, gewerbe- und umsatzsteuerpflichtige Einnahmen. Der Zuweiser schuldet daher aus den Einnahmen Einkommensteuer, Gewerbesteuer und Umsatzsteuer. Werden die Leistungen unzutreffend deklariert, z.B. als Beraterhonorare oder als ärztliche Betreuungsleistungen, ändert sich daran nichts. Will der Zuweiser steuerstrafrechtlicher Konsequenzen durch Steuerverkürzungen vermeiden (siehe Rn 391) und deklariert die Einnahmen als einkommen-, gewerbe- und umsatzsteuerpflichtige Einnahmen unter einer anderen Bezeichnung, kann dies zu einer doppelten Belastung mit Umsatzsteuer führen.

Werden Rechnungen mit gesondertem Umsatzsteuerausweis über nicht erbrachte Leistungen ausgestellt, schuldet der Rechnungsaussteller die Umsatzsteuer nach § 14c Abs. 2 UStG wegen eines unberechtigten Steuerausweises. Der Zuweiser schuldet daher die Umsatzsteuer zum einen aus der Leistung „Zuweisung" und zum anderen aus dem gesonderten Steuerausweis aus der abgerechneten Leistung. In den meisten Fällen besteht allerdings die Möglichkeit einer Rechnungskorrektur nach § 14c Abs. 2 S. 3 UStG, wenn die Gefährdung des Steueraufkommens beseitigt wurde.

V. Steuerliche Beurteilung kooperativer Zuweisermodelle

Werden die Entgelte oder Vorteile für die Zuweisung von Patienten oder Untersuchungsmaterial durch die missbräuchliche Errichtung von Kooperationsmodellen (Teilgemeinschaftspraxis, Praxisgemeinschaft, Laborgemeinschaft) verdeckt, ergeben sich andere steuerliche Folgen als bei der offenen oder verdeckten Zahlung von Entgelten.

Wird im Rahmen der Kooperation eine Gesellschaft errichtet, bei der die Zuweiser steuerlich als Mitunternehmer anzusehen sind und wird die Zuweisung lediglich durch die Beteiligung am Gewinn abgegolten, ist die Mitunternehmerschaft gewerblich. Eine Freiberuflichkeit der Gesellschaft ist nicht gegeben, da dies voraussetzt, dass alle Mitunternehmer im Rahmen der Mitunternehmerschaft freiberuflich tätig sind. Beschränkt sich die Tätigkeit eines oder mehrerer Mitunternehmer auf die **bloße Beschaffung von**

Aufträgen (ohne Patientenbetreuung), reicht dies für die Annahme freiberuflicher Einkünfte der Gesellschaft insgesamt nicht aus.[212]

398 Die Frage nach nicht abziehbaren Betriebsausgaben i.S.d. § 4 Abs. 5 Nr. 10 EStG für die Entgelte stellt sich allerdings nicht. Die Entgelte stellen sich im Rahmen einer Mitunternehmerschaft als Beteiligung des einzelnen Mitunternehmers am Gewinn der Gesellschaft dar und nicht als Betriebsausgaben der Gesellschaft. Vorrausetzung ist allerdings, dass der Zuweiser tatsächlich als Mitunternehmer der Gesellschaft anzusehen ist, also ein ausreichendes Mitunternehmerrisiko trägt und Mitunternehmerinitiative entfalten kann (siehe Rn 114 ff.). Wird der Zuweiser mangels Mitunternehmerrisiko und Mitunternehmerinitiative nicht Mitunternehmer, beurteilen sich Zahlungen als gesondertes Entgelt für die Zuweisung.

---

212 FG Düsseldorf – 16 K 4282/02, EFG 2005, 1350 unter Gründe II. 2. a) und b) m.w.N.

Stichwortverzeichnis

Fette Zahlen bezeichnen die Kapitelnummern, magere Zahlen die Randnummern.

Abgabe Praxis *siehe* Praxisabgabe/-übernahme
Abrechnung
- Abrechnungsbetrug *siehe dort*
- Beihilfe *siehe* Abrechnung Beihilfe
- Honorar *siehe dort*
- MVZ *siehe* Abrechnung MVZ
- PKV *siehe* Abrechnung PKV
- Selbstzahler *siehe* Abrechnung Selbstzahler
- Vertragsarzt **7** 707 f.
- Wahlleistung **10** 88 ff.

Abrechnung Beihilfe 11 1 ff.
- Aufwendungen, beihilfefähige **11** 5 f.
- Beihilfe, Gegenstand **11** 1 ff.
- Beihilfefähigkeit **11** 7 ff.
- Fürsorgepflicht **11** 16
- Schwellenwert, verwaltungsgerichtlicher **11** 15
- Vorgreiflichkeit **11** 10 ff.
- Widerspruchsfrist **11** 13 f.

Abrechnung Krankenhaus 29 299 ff.
- Abgrenzung Behandlungen **29** 322 ff.
- Behandlungsbedürftigkeit, stationäre **29** 308 ff.
- BPflV **29** 267 ff.
- KHEntgG **17** 25 f.
- Klageverfahren **29** 339 ff.
- Kostenübernahmeerklärung **29** 326 ff.
- Krankenkasse **29** 306 ff.
- Notwendigkeit vollstationärer Behandlung **29** 308 ff.
- Rechtsgrundlage Vergütungsanspruch **29** 306 f.
- Rechtsverhältnisse **29** 300 ff.
- Verjährung **29** 334 ff.
- Zahlungsfristen **29** 331 ff.

Abrechnung MVZ 8 224 ff.
- Abrechnungsprüfung **8** 231 ff.
- Förmlichkeit **8** 225 ff.
- Honorarabrechnung **8** 184
- Honorarverteilung **8** 230
- IGeL **8** 244
- Privatarztabrechnung **8** 239 ff.
- Vertragsarzt **8** 224 ff.
- Wirtschaftlichkeitsprüfung **8** 234 ff.

Abrechnung PKV 11 17 ff.
- Anspruchsvoraussetzungen **11** 17 ff.
- Anzeigepflicht Risiken **11** 40 ff.
- Folgen Vertragsverletzung **11** 40 ff.
- Forderungsübergang **11** 27 ff.
- Inanspruchnahme Leistungserbringer **11** 35 ff.
- VVG Reform **11** 32 ff.

Abrechnung Selbstzahler 10 1 ff.
- Analogziffern **10** 69 ff.
- Angestellte, fachfremde **10** 82 ff.
- Arztrechnung *siehe dort*
- Auslagen **10** 5 ff.
- Basislabor **10** 80 f.
- Berechnungsfähigkeit **10** 41 ff.
- Einzelleistungsvergütung **10** 19
- Entschädigung **10** 4
- GOÄ/GOZ *siehe* Gebührenordnung
- Honorar, vereinbartes **10** 105 ff.
- Honoraranspruch **10** 1 ff.
- IGeL **10** 124 ff.
- Indikation, medizinische **10** 29 ff.
- Kostenabgeltung **10** 59 ff.
- Kostenberechnung **10** 115 ff.
- Leistungen, delegierte **10** 82 ff.
- Leistungen, eigene **10** 79 ff.
- Leistungen, persönliche **10** 80 f.
- Leistungen, selbständige **10** 65 ff.
- Leistungen, stationäre **10** 111 ff.
- Liquidation Dritter **10** 95
- Steigerungskriterien **10** 97 ff.
- Verlangensleistung **10** 38 ff.
- Versorgung nach Erkenntnisstand **10** 33 ff.
- Wahlleistung *siehe dort*
- Wegegeld **10** 3
- Zielleistungsprinzip **10** 65 ff.

Abrechnungsbetrug 14 147 ff.
- Auslegung Leistungsziffern **14** 152
- Bereich, privatärztlicher **14** 160 ff.
- Bereich, vertragsärztlicher **14** 149
- Fallkonstellation, typische **14** 148 ff.
- Leistungen, nicht indizierte **14** 153
- Leistungssplitting **14** 151
- Luftleistungen **14** 150
- Medikamente, nicht indizierte **14** 154

Stichwortverzeichnis

- Nichtberücksichtigung Rabatte **14** 159
- Schadensberechnung **14** 165
- Scheingesellschafter **14** 155 ff.
- Strohmanntätigkeit **14** 158
- Verhältnis mehrere Tatbestände **14** 164

Absichtserklärung 18 56 f.
Ärztegesellschaft 15 304 ff. *siehe auch* Gemeinschaftspraxis, *siehe auch* Praxisgemeinschaft
- Allgemeines **15** 304 f.
- Vertragsarztstatus **15** 313
- Vorgaben, berufsrechtliche **15** 306 ff.

Ärztemuster 30 160
Ärztliche Sterbehilfe *siehe* Sterbehilfe, ärztliche
Altenpfleger 5 349 ff.
Altenpflegerhelfer 5 349 ff.
AMG *siehe* Arzneimittel
Angestellter 7 491 ff.; **8** 191 ff.
- Arbeitszeitgestaltung **8** 199 ff.
- Assistent **7** 505 ff.
- Behandlungsvertrag **9** 15 ff.
- Genehmigung **8** 195 ff.
- Haftpflicht **13** 18
- Hochschullehrer **7** 502
- Klinikarzt *siehe dort*
- mit Sperre **7** 500 f.
- Mitarbeiter, wissenschaftliche **7** 502
- MVZ **7** 491 ff.
- ohne Sperre **7** 493 ff.
- Status **8** 191 ff.
- Tätigkeit, privatärztliche **8** 204
- Teilzeittätigkeit **8** 257 ff.
- Vergütung **8** 205 ff.
- Vertragsarztsitz **8** 211 ff.
- Vertreter **7** 510
- Wettbewerbsverbot *siehe dort*
- Widerruf **8** 195 ff.
- Zahnarzt **7** 503 ff.
- Zulassung *siehe dort*
- Zuweisung gegen Entgelt **8** 208

Anschubfinanzierung 8 345 ff.
- Allgemeines **8** 345
- Einbehaltsvoraussetzungen **8** 346
- Rechtsschutz gegen Einbehalt **8** 351 ff.
- Verwendung **8** 347 ff.

Anstaltsarzt *siehe* Strafvollzug
Anwaltsgebühren 18 146 f.

Apotheke 32 1 ff.
- Ärztebevorzugung **32** 24 f.
- Anordnung, räumliche **32** 54
- Arzneimittelabgabe *siehe* Apothekenpflicht
- Arzneimittelbevorzugung **32** 24 f.
- Arzneimittelein-/-ausfuhr *siehe dort*
- Arzneimittelherstellung *siehe dort*
- Berufsausübung **5** 288 ff.
- Berufsausübung, Grenzen **5** 290 ff.
- Berufsordnung **5** 288 ff.
- Berufszugang **5** 287
- Betrieb **32** 41 ff.
- Betriebserlaubnis *siehe* Apothekenerlaubnis
- Betriebsräume **32** 49 ff.
- Dienstleistungen **32** 85 ff.
- Einführung **32** 1
- Einfuhr *siehe* Arzneimittelein-/-ausfuhr
- Filialapotheke *siehe dort*
- Geschichte **5** 286
- Haftung *siehe* Apothekerhaftung
- Heimversorgung *siehe dort*
- Herstellungserlaubnis *siehe* Arzneimittelherstellung
- Kooperation mit MVZ **8** 287 ff.
- Krankenhausapotheke **8** 291 f.; **32** 115 ff.
- krankenhausversorgende **32** 119 f.
- Laboratorium **32** 53
- Leiter **32** 42 ff.
- Mindestausstattung, räumliche **32** 50 ff.
- Nebengeschäfte **5** 294 ff.
- Notapotheke **32** 121
- öffentliche **32** 1 ff.
- Offizin **32** 51
- Personal **32** 46 ff.
- Pflicht *siehe* Apothekenpflicht
- Präsentation **32** 82 f.
- Randsortiment **32** 82 ff.
- Rezeptur **32** 52
- Typen, besondere **32** 97 ff.
- Waren **32** 80 ff.
- Werberecht **32** 89 ff. *siehe auch* Werbung
- Zweigapotheke **32** 113 f.

Apothekenerlaubnis 32 2 ff.
- Anforderungen, gesetzliche **32** 11 ff.
- Antragserfordernis **32** 3

- Apothekenpacht **32** 22 f.
- Erlöschen **32** 4
- Europarechtskonformität **32** 12 ff.
- Filialapotheke *siehe dort*
- Gesellschaftsrecht **32** 11 ff.
- Gesetzgebung, nationale **32** 11
- Heimversorgung *siehe dort*
- Rücknahme **32** 5 ff.
- Verbot partiarischer Rechtsverhältnisse **32** 19 ff.
- Versandhandel **32** 26 ff.
- Widerruf **32** 5 ff.

Apothekenpflicht
- Abgabe **30** 46, 146 ff.; **32** 75 ff.
- Ärztemuster **30** 160
- Ausnahmen **30** 153, 161 ff.
- Ausweitung **30** 166
- Bezug im Eigenbedarf **30** 169 ff.
- Direktbezug **30** 158 ff.
- Freiverkauf **30** 178
- Großhandel **30** 182 f.
- Inhalt **30** 152
- Reisegewerbe **30** 180 f.
- Rezept **30** 175 ff.
- Rezeptursammelstellen **32** 76 ff.
- Sachkenntnis **30** 179
- Tierarzneimittel **30** 245
- Umfang **30** 152
- Versandhandel **30** 154 ff.
- Verschreibung **30** 175 ff.
- Verschreibungspflicht **30** 173 f.
- Vertriebsweg **30** 168

Apothekerhaftung
- Arzneimittel **30** 268 ff.
- Aufgabenspektrum **30** 268 ff.
- Behandlungsfehlerhaftung *siehe dort*
- Beweislast *siehe dort*
- Geschäftsführung ohne Auftrag **30** 273
- Handlung, unerlaubte **30** 274 ff.
- Kausalität **30** 277
- Vertrag **30** 272

Apparategemeinschaft 15 342 ff.
- Abgrenzung zur Betreibergesellschaft **37** 369 ff.
- Besteuerung *siehe* Praxisgemeinschaft
- Definition **15** 342 f.
- Gesellschafterstatus **15** 346
- Rechtsform **15** 344 f.

Approbation *siehe* Zulassung

Arbeitsgemeinschaft der Obersten Landesgesundheitsbehörden 29 166

Arbeitszeitgesetz 16 19 ff.
- Arbeitsbereitschaft **16** 22
- Bereitschaftsdienst **16** 23
- Nachtarbeit **16** 25
- Notfall **16** 28
- Öffnungsklausel **16** 29 ff.
- Regelungen, allgemeine **16** 20 ff.
- Rufbereitschaft **16** 24
- Sondervorschriften Krankenhaus **16** 26 f.
- Sonn- und Feiertagsbeschäftigung **16** 26 f.

Arzneimittel 30 1 ff.
- Abgabe *siehe* Apothekenpflicht
- AMG **14** 191; **30** 16 ff.
- Antidefinition **30** 32 ff.
- Arzneibegriff **30** 17 ff.
- Arzneimittel, fiktive **30** 25
- Arzneimittelvermutung **30** 43
- Ausfuhr *siehe* Arzneimittelein-/-ausfuhr
- Ausnahmen Geltungsbereich AMG **30** 26 ff.
- Bluttransfusion **30** 42
- Bußgeldvorschriften *siehe* Arzneimittelbußgeldvorschriften
- Einfuhr *siehe* Arzneimittelein-/-ausfuhr
- Einleitung **30** 1 ff.
- Einordnung **3** 26
- Ethikkommission **28** 23
- Futtermittel **30** 39
- Gesetzeszweck **30** 14 f.
- Grundprinzipien Leistungsrecht **6** 31
- Haftung *siehe* Arzneimittelhaftung
- Herstellung *siehe* Arzneimittelherstellung
- Lebensmittel **30** 32 ff.
- Medizinprodukt *siehe dort*
- Mittel, kosmetisches **30** 36 f.
- Prüfung, klinische *siehe dort*
- Qualitätskontrolle *siehe* Arzneimittelqualität
- Rechtsgrundlagen **30** 4 ff.
- Rechtsgrundlagen, europarechtliche **30** 4 f.
- Rechtsgrundlagen, nationale **30** 6 ff.
- Reinigungsmittel **30** 38

1609

Stichwortverzeichnis

- Strafvorschriften *siehe* Arzneimittelstrafvorschriften
- Tabakerzeugnis **30** 35
- Tierarzneimittel *siehe dort*
- Transplantation **30** 41
- Überwachung *siehe* Arzneimittelüberwachung
- Zulassung *siehe* Arzneimittelzulassung

Arzneimittelbußgeldvorschriften
30 302 ff. *siehe auch* Arzneimittelstrafvorschriften
- Adressat **30** 309
- Arztstrafrecht **14** 191 ff.
- Bußgeld nach § 97 AMG **14** 201
- Ordnungswidrigkeiten nach § 97 AMG **30** 304 ff.
- Sanktionen **30** 315 f.
- Überblick **14** 191
- Verfolgungsverjährung **30** 315 f.
- Verhältnis zum OWiG **30** 303
- Zuständigkeit **30** 314

Arzneimittelein-/-ausfuhr 30 221 ff.; **32** 75 ff.
- Apotheke **32** 75 ff.
- Ausfuhr **30** 231 f.
- Einfuhr **3** 27, 29; **30** 230
- Einfuhrerlaubnis **30** 222 ff.
- Parallelimport **3** 28
- Verbringungsverbot **30** 228 f.
- Versandhandel **3** 30
- Zertifikatverfahren **30** 225 f.

Arzneimittelgesetz *siehe* Arzneimittel

Arzneimittelhaftung 30 246 ff.
- Apotheker *siehe* Apothekerhaftung
- Arzneimittelein-/-ausfuhr **30** 227
- Arzneimittelinformation **30** 256 ff.
- Arzt, verordnender **30** 264 ff.
- Beweislast **30** 259 ff.
- Entwicklung **30** 253 ff.
- Gefährdungshaftung **30** 246 ff.
- Hersteller **30** 263
- Herstellung **30** 253 ff.
- Produkt, gefahrbelastetes **30** 248 ff.
- Unternehmer, pharmazeutischer **30** 263
- Unwirksamkeit Produkt **30** 247
- Ursachenhaftung **30** 253 ff.
- Verschuldenshaftung **30** 262 ff.

Arzneimittelherstellung 30 44 ff.; **32** 55 ff.

- Abgrenzung **32** 56 f.
- Apotheke **30** 52 f.
- Ausnahmen **30** 52 ff.
- Blut- und Blutprodukte **30** 47 ff.
- Defektur **32** 66 ff.
- Einzelhändler und § 50 **30** 57 f.
- Erlaubnis **30** 44 ff., 55
- Großhändler **30** 56
- Großherstellung **32** 70 f.
- Kennzeichnungspflicht **32** 72 ff.
- Kontrollpflicht **32** 72 ff.
- Krankenhaus- und Bundeswehrapotheken **30** 54
- Organ- und Gewebetransplantate **30** 51
- Prüfpflicht **32** 72 ff.
- Qualitätsstandards **32** 58 ff.
- Rezepturarzneimittel **32** 63 ff.
- Tierarzneimittel *siehe dort*
- Zuständigkeit **30** 59

Arzneimittelqualität 30 207 ff.
- Anzeigepflicht **30** 218 f.
- Bericht, regelmäßiger **30** 220
- Betriebsverordnung **30** 208 ff.
- Führung von Unterlagen **30** 217
- Herstellung **32** 58 ff.
- Pharmakovigilanz **30** 213 ff.
- Risikoauswertung/-beobachtung/-sammlung **30** 213 ff.
- Stufenplan **30** 214
- Stufenplanbeauftragter **30** 215 f.

Arzneimittelstrafvorschriften
30 279 ff. *siehe auch* Arzneimittelbußgeldvorschriften
- Adressat **30** 296 ff.
- Arztstrafrecht *siehe dort*
- Strafbarkeit nach § 95 AMG **14** 192 ff.; **30** 282 ff.
- Strafbarkeit nach § 96 AMG **14** 195 ff.; **30** 282 ff.
- Strafbarkeit nach StGB **14** 202
- Verhältnis AMG-StGB **30** 280 f.
- Verjährung **30** 301

Arzneimittelüberwachung 30 184 ff.
- Anordnung, vorläufige **30** 204 ff.
- Auskunftszweck **30** 201 f.
- Aussageverweigerungsrecht **30** 203
- Befugnis **30** 198 ff.
- Betretungs- und Besichtigungsrecht **30** 199
- Einsichtsrecht **30** 200

Stichwortverzeichnis

- Gegenstand **30** 188 ff.
- Zweck **30** 195 ff.

Arzneimittelzulassung 30 60 ff.
- Fertigarzneimittel **30** 60 f.
- Inhalt **30** 63 ff.
- Prüfung, klinische *siehe dort*
- Tierarzneimittel *siehe dort*
- Verfahren der gegenseitigen Anerkennung **30** 78 ff.
- Zulassungsverfahren, dezentrales *siehe dort*
- Zulassungsverfahren, zentrales *siehe dort*

Arzt 5 119 ff., 133 ff.
- Adressatenkreis Berufsrecht **5** 203 ff.
- Ärztegesellschaft *siehe dort*
- Ärztemuster **30** 160
- Angaben, zulässige/unzulässige **5** 206
- Annahme von Werbegaben **5** 185
- Approbation *siehe* Zulassung
- Arztwahl, Recht auf freie **7** 193 ff.
- Aufklärungspflicht *siehe dort*
- beamteter *siehe* Arzt, beamteter
- Behandlungsfehlerhaftung *siehe dort*
- Berufsausübung **5** 138 ff.
- Berufsausübungsfreiheit **4** 4 ff.
- Berufswahlfreiheit **4** 4 ff.
- Berufszugang **5** 133 ff.
- Besteuerung *siehe* Besteuerung Arzt
- Betäubungsmittelverschreibung *siehe dort*
- Bezug von Waren **5** 186
- Disziplinarverfahren *siehe dort*
- Dokumentationspflicht *siehe dort*
- Einflussnahme, wirtschaftliche **5** 171
- Einführung **5** 1 ff.
- Fernbehandlung **5** 207
- Fortbildungsveranstaltung **5** 187
- Gemeinschaftspraxis *siehe dort*
- Geschichte *siehe dort*
- Gesundheitshandwerk *siehe dort*
- Gewinnermittlung **37** 33 ff.
- GOÄ *siehe* Gebührenordnung
- Haftpflicht *siehe* Haftpflichtversicherungsrecht
- Hilfsmittelhersteller **5** 163
- Honorar *siehe dort*
- Informationen, berufsbezogene **5** 206
- Informationsgesellschaft *siehe* Werbung
- Kammer *siehe* Heilberufe-Kammern
- Klinik *siehe* Klinikarzt
- Kollegialität **5** 216 ff.
- Konsiliararzt *siehe dort*
- Kooperation *siehe dort*
- Koppelgeschäfte **5** 172 ff.
- Krankenhaus *siehe* Klinikarzt
- Länderüberblick MBO **5** 142 ff.
- MBO 2004 **5** 138 ff., 181 ff.
- PID *siehe dort*
- Poolpflicht **5** 226
- Praxisgemeinschaft **15** 333
- Praxiskauf *siehe dort*
- Praxisschild **5** 205
- Praxisverbund *siehe dort*
- Rechnung *siehe* Arztrechnung
- Sachverständiger *siehe dort*
- Schweigepflicht *siehe dort*
- Strafrecht *siehe* Arztstrafrecht
- Tagesklinik **5** 207
- Titel **5** 210
- Umgehungsstrategie **5** 166 ff.
- Unabhängigkeit **5** 160 ff., 170 ff., 181 ff.
- Unvereinbarkeit **5** 160 ff.
- Unzuverlässigkeit **5** 135
- Verfahren, berufsgerichtliches *siehe dort*
- Verteidigung *siehe* Verteidigung Arzt
- Vertragsarzt *siehe dort*
- Vertriebsweg, verkürzter **5** 164
- Verwechslungsgefahr **5** 207
- Verzeichnisse **5** 211 ff.
- Vorlage Kaufvertrag **18** 106 f.
- Vorteile, mittelbare **5** 166 ff.
- Vorteilsgewährung **5** 171 ff.
- Weiterbildungsverpflichtung **5** 221 ff.
- Werbung *siehe dort*
- Zulassung *siehe dort*
- Zuweisung, entgeltliche *siehe* Zuweisungsentgelt

Arzt, beamteter 20 1 ff.
- Abgrenzung Dienstaufgabe/Nebentätigkeit **20** 10 f.
- Haftung *siehe* Arzthaftung
- Mitarbeiterbeteiligung **20** 17 f.
- Nebentätigkeit **20** 12 ff.
- Nebentätigkeitsbereich **20** 10 ff.
- Nutzungsentgelt **20** 17 f.
- Pflicht Übernahme Nebentätigkeit **20** 19 f.

Stichwortverzeichnis

- Rechtsgrundlage **20** 2 ff.
- Stellung, berufsrechtliche **20** 21 f.
- Stellung, dienstrechtliche **20** 7 ff.

Arzthaftung 12 1 ff.
- Arzt, beamteter **20** 23 ff.
- Arzt, verordnender **30** 264 ff.
- Aufklärung **24** 57 ff.
- Aufklärungspflicht *siehe dort*
- Behandlungsfehler *siehe* Behandlungsfehlerhaftung
- Beweisbeschluss, Inhalt **24** 44 ff.
- Beweislast **24** 57 ff.
- Dokumentationspflicht *siehe dort*
- Ergänzungsgutachten **24** 68 ff.
- Erörterung, mündliche **24** 68 ff.
- Grundfragen, medizinische **24** 47 ff.
- Gutachten, weiteres **24** 68 ff.
- Gutachtenüberprüfung **24** 64 ff.
- Konsiliararzt **19** 14
- Notarzt *siehe* Rettungsdienst
- Patientenverfügung *siehe dort*
- Rechenschaftspflicht *siehe* Dokumentationspflicht
- Sachverständiger *siehe dort*
- Zusammenfassung **24** 83

Arztrechnung 10 129 ff. *siehe auch* Honorar
- Abrechnung MVZ *siehe dort*
- Inhalt **10** 130 ff.
- Inkasso **10** 136 ff.
- Klageverfahren **10** 136 ff.
- Schriftform **10** 135

Arztstrafrecht 14 1 ff.
- Abrechnungsbetrug *siehe dort*
- Bedeutung **14** 4
- Beratung Geschädigte/Hinterbliebene **14** 239 ff.
- Berufsverbot **14** 251 ff.
- Bestechlichkeit **14** 143 f.
- Einleitung **14** 1 ff.
- Embryonenschutzgesetz **14** 99 ff.
- Gesundheitszeugnis, unrichtiges **14** 101 ff.
- Hilfeleistung, unterlassene **14** 63 ff.
- Kassenzulassung, Entzug **14** 254
- Kastration *siehe dort*
- Klageerzwingungsverfahren **14** 245
- Körperverletzung *siehe dort*
- Nebenklage **14** 244
- Organentnahme **14** 75 ff.
- Präventivberatung **14** 146
- Rechtsfolgen **14** 251 ff.
- Schwangerschaftsabbruch **14** 78 ff.
- Schweigepflichtverletzung *siehe dort*
- Sterbehilfe, ärztliche *siehe dort*
- Sterilisation *siehe dort*
- Strafanzeige **14** 239 ff.
- Straftatbestände **14** 5 ff.
- Tötung, fahrlässige *siehe* Körperverletzung
- Urkundenfälschung **14** 101 ff.
- Verfahren, berufsgerichtliches *siehe dort*
- Verschreibung Betäubungsmittel *siehe* Betäubungsmittelverschreibung
- Verteidigung *siehe* Verteidigung Arzt
- Vorteilsnahme **14** 136 ff.
- Werbung *siehe dort*
- Zeugenbeistand **14** 246 ff.
- Zulassung, Entzug **14** 253 f.

Arztwahl 7 193 ff.

Assistent, pharmazeutisch-technischer 5 377 ff.

Aufklärung, wirtschaftliche 12 225 ff., 297 ff.
- Konkurrenzbehandler, „bessere" **12** 314 ff.
- Behandlungsbedingung, suboptimale **12** 314 ff.
- Beteiligung Arztanfänger **12** 303 ff.
- Folgen, finanzielle **12** 297 ff.
- Qualifikation, persönliche **12** 313
- Unterschreiten des medizinischen Standards **12** 308 ff.

Aufklärungspflicht 12 115 ff.
- Alternativverhalten, rechtmäßiges **12** 409 ff.
- Aufklärung, verspätete **12** 349 ff.
- Aufklärung, wirtschaftliche *siehe dort*
- Aufklärungsbedürftigkeit, fehlende **12** 407 f.
- Aufklärungsfähigkeit, fehlende **12** 352 ff.
- Aufklärungsmangel **12** 417 ff.
- Aufklärungspflichtiger **12** 358
- Ausgangspunkt, dogmatischer **12** 115 ff.
- Behandlung, konservative **12** 198 ff.
- Behandlung, operative **12** 190 ff.
- Behandlung, operative/konservative **12** 201 ff.
- Behandlungsalternativen **12** 190 ff.

- Behandlungsaufklärung **12** 144 ff.
- Beweis *siehe* Beweislast
- Dauerschäden **12** 163
- Delegation **14** 46 ff.
- Diagnoseaufklärung **12** 138 ff.
- Durchführung **14** 33 ff.
- Eingriff, fremdnütziger **12** 176
- Eingriff nach dem Tod **12** 403 ff.
- Einwilligung *siehe dort*
- Entscheidungskonflikt, ernsthafter **12** 410 f.
- Form **12** 326 ff.
- Grundaufklärung **12** 417 ff.
- Grundlagen **12** 123 ff.
- Haftung Fortfall **14** 43
- Haftungsschuldner **12** 405
- Hauptleistungspflicht **12** 288 f.
- Hinweispflicht Diagnostik/Therapiemöglichkeiten **12** 214 ff.
- Inhalt **12** 134 ff.
- Intensität **12** 179
- Kausalität **12** 406 ff.; **14** 59 ff.
- Letalitätsrisiko **12** 163
- Mangel **14** 21 ff.
- Maßnahmen in Erprobung **12** 220 ff.
- Minderjährige *siehe* Einwilligung Minderjährige
- Neulandmethode **12** 220 ff.
- Organisationsaufklärung *siehe dort*
- Organisationsfehler **14** 46 ff.
- Patient, fremdsprachiger **12** 400 ff.
- Patient, psychisch kranker **12** 398 f.
- Patientenverfügung *siehe dort*
- Persönlichkeitsrecht, allgemeines **12** 280 ff., 295 f.
- postoperativer Zustand **12** 154 f.
- Privileg, therapeutisches **12** 236 ff.
- Probleme, besondere **14** 29 ff.
- Risiko, allgemeines **12** 160
- Risiko, spezifisches **12** 159 f.
- Risikoaufklärung **12** 156 ff.; **14** 22 ff.
- Risikokumulation **12** 177
- Schutzzweck **12** 406 ff., 417 ff.
- Sicherungsaufklärung, therapeutische **12** 240 ff., 290 ff.
- Standard, medizinischer **12** 216 ff.
- Umfang **12** 134 ff., 179, 183 ff.
- Unterlassen **12** 250
- Verlaufsaufklärung **12** 144 ff.
- Vertrauensgrundsatz **14** 47 f.
- Vorsorgevollmacht *siehe dort*
- Wegfall **14** 40 ff.
- Zeitpunkt *siehe* Aufklärungszeitpunkt

Aufklärungszeitpunkt 12 333 ff.
- ambulant **12** 340
- Narkoserisiko **12** 341
- Notoperation **12** 342
- stationär **12** 339
- verspäteter **12** 349 ff.

Augenoptiker 5 400
Ausschreibung 8 312 f.

Bademeister, medizinischer 5 370 ff.
BÄK *siehe* Heilberufe-Kammern
Bandagist 5 401
Beamter *siehe* Arzt, beamteter
Befruchtung, künstliche 27 1 ff.
- Anonymitätszusage **27** 8 ff.
- Dokumentation **27** 13
- Einführung **27** 1 ff.
- Grundlagen, gesetzliche **27** 1 f.
- Insemination **27** 6
- Konsequenzen, Familien- und Unterhaltsrecht **27** 11 f.
- Kryokonservierung **27** 4
- Richtlinien **27** 3
- Verfahren, heterologe **27** 7 ff.
- Zulässigkeit **27** 7

Behandlungsfehlerhaftung 12 1 ff.; **14** 19 ff. *siehe auch* Haftpflichtversicherungsrecht
- Apotheker **30** 270 f.
- Arztanfänger **12** 43 ff.
- Arztanfänger, Einsatzgrundsätze **12** 46
- Aufklärungspflicht *siehe dort*
- Begriff **12** 5 ff.
- Behandlungsfehler, eingetretener **12** 287
- Behandlungsfehler, grober **12** 99 ff.
- Behandlungsfehler, vergangene **12** 280 ff.
- Behandlungsfehler, zukünftig mögliche **12** 267 ff.
- Beweislast *siehe dort*
- Diagnosefehler **12** 25 ff.
- Diagnosefehler, fundamentaler **12** 107 ff.
- Diagnosemaßnahme, unterlassene **12** 110 ff.
- Ersatz Unterhaltsschaden **12** 56 ff.

Stichwortverzeichnis

- Fallgruppen, besondere **12** 43 ff.
- Fallgruppen, einzelne **12** 16 ff.
- grober Fehler **14** 14
- Grundlagen **12** 1 ff.
- Heilpraktiker **12** 47 ff.
- Kausalität **12** 71 ff.
- Kausalität, haftungsausfüllende **12** 76 ff.
- Kausalität, haftungsausfüllende, Grenzen **12** 83
- Kausalität, haftungsbegründende **12** 73 ff.
- Körperverletzung *siehe dort*
- Kontrazeptiva **12** 50 ff.
- Kontrollbefunde, Nichterhebung **12** 28 ff.
- Methode, neuere **12** 7 ff.
- Mitverschulden **12** 269
- Offenbarungspflicht **12** 298 ff.
- Organisationsverschulden **12** 23 f.
- Organisationsverschulden, Einzelfälle **12** 24
- Prozess *siehe* Arzthaftung
- Prüfung **24** 49 ff.
- Risiko, verwirklichtes **12** 287
- Sachverständiger *siehe dort*
- Schmerzensgeld Mutter **12** 55
- Sicherungsaufklärung, therapeutische **12** 39 ff.
- Sorgfaltsmaßstab **12** 7 ff.
- Spezialkenntnisse **12** 12 f.
- Standard, medizinischer **12** 5 f.
- Sterilisation, fehlerhafte **12** 50 ff.
- Therapieauswahlverschulden **12** 31 ff.
- Therapiefehler **12** 38
- Übernahmeverschulden **12** 17 ff.
- Zeitpunkt **12** 13 ff.

Behandlungspflicht 7 1024 ff.
Behandlungsprogramm, strukturiertes 7 420
Behandlungsvertrag 9 1 ff.
- Abschlussfreiheit **9** 31 f.
- Arzt mit Patientenkontakt **9** 21 ff.
- Arzt ohne Patientenkontakt **9** 25 ff.
- Behandlung durch angestellten Arzt **9** 15 ff.
- Dienstvertrag **9** 1 ff.
- GKV-Patient **9** 10 ff.
- Hinzuziehung von Ärzten **9** 13 ff.
- Krankenhaus *siehe* Krankenhausbehandlungsvertrag
- MVZ **8** 214 ff.
- Notfallbehandlung **9** 9
- Pflichten **9** 33 ff.
- Pflichten, Arzt **9** 34
- Pflichten, Patient **9** 35 f.
- Rechtsnatur **9** 1 ff.
- Überweisung an Mitbehandler **9** 20 ff.
- Überweisung an Weiterbehandler **9** 19
- Vertrag zugunsten Dritter **9** 4 f.
- Vertragspflichten **9** 33 ff.
- Werkvertrag **9** 1 ff.
- Willenserklärungen, übereinstimmende **9** 6 ff.
- Zustandekommen **9** 6 ff.

Behindertenhilfe 7 437 f.
Beihilfe *siehe* Abrechnung Beihilfe
Belegarzt 19 3 ff.
- Anerkennung **19** 4 ff.
- Kooperation mit MVZ **8** 295
- Praxiskauf **18** 74
- Vertrag **19** 10 f.
- Voraussetzungen **19** 3 ff.
- Zulassung **7** 439 ff.
- Zulassung, Krankenhausbehandlung **19** 9
- Zulassung, Versorgung, vertragsärztliche **19** 4 ff.

Berufsausübungsgemeinschaft 7 466 ff.; **15** 6 ff. *siehe auch* Organisationsgemeinschaft
- Begriff **15** 6 ff.
- Besonderheiten Zahnärzte **7** 480 f.
- Besteuerung **37** 94 ff.
- Gemeinschaftspraxis *siehe dort*
- Jobsharing **7** 482 ff.; **15** 227 ff.
- Kooperation mit MVZ *siehe* Kooperation MVZ
- örtliche **7** 470
- Teil- **7** 477 ff.
- überörtliche **7** 471 ff.
- Zweigpraxis *siehe dort*

Berufsgenossenschaftliche Heilbehandlung *siehe* Heilbehandlung, berufsgenossenschaftliche

Berufsgerichtliches Verfahren *siehe* Verfahren, berufsgerichtliches

Berufsrecht 5 1 ff.
- Apotheker *siehe* Apotheke
- Arzt *siehe dort*
- Entwicklungen, aktuelle **5** 130 ff.
- Geschichte *siehe dort*
- Gesundheitsfachberuf *siehe dort*
- Gesundheitshandwerk *siehe dort*
- Heilhilfsberuf *siehe dort*
- Kinder- und Jugendpsychotherapeut *siehe* Psychotherapeut
- Psychotherapeut, psychologischer *siehe* Psychotherapeut
- Qualitätssicherung **5** 132 ff.
- Recht, europäisches **5** 130 f.
- Tierarzt *siehe dort*
- Verbraucherschutz **5** 132 ff.
- Zahnarzt *siehe dort*

Berufsverbot 14 251 ff.
Beschaffenheitsmangel 18 116 f.
Beschuldigter 14 204 ff.
Bestechlichkeit 14 143 f.
Besteuerung Arzt 37 1 ff.
- Abschreibung Vertragsarztzulassung **37** 17 ff.
- Aufnahme Tätigkeit **37** 1 ff.
- Beweislastregeln **37** 60 ff.
- Beweisvorsorge **37** 60 ff.
- Einkunftsart **37** 25 ff.
- Ertragsteuern **37** 25 ff.
- Gewerblichkeit **37** 26 ff.
- Gewinnermittlung **37** 33 ff.
- Gewinnermittlung nach § 4 Abs. 1 EStG **37** 45 ff.
- Gewinnermittlung nach § 4 Abs. 3 EStG **37** 36 ff.
- Grundsätze, umsatzsteuerliche **37** 49 ff.
- laufende **37** 25 ff.
- Leistungen durch Arzt **37** 49 ff.
- Lieferung anderer Arzt **37** 62 ff.
- Mithilfe Arbeitskräfte **37** 26 ff.
- Praxisabgabe *siehe* Praxisveräußerung
- Praxiskauf *siehe dort*
- Praxisneugründung **37** 2 ff.
- Praxisübernahme **37** 6 ff.
- Praxisveräußerung *siehe dort*
- Tätigkeit, freiberufliche **37** 25
- Tätigkeit, gewerbliche **37** 29 ff.
- Umsatzsteuer **37** 49 ff.
- Wahlrecht zur Art **37** 33 ff.

Betäubungsmittelverschreibung 14 178 ff.
- Allgemeines **14** 178 f.
- BtMG-Verstoß **14** 180 ff.
- Fahrlässigkeit **14** 186
- Strafbarkeit nach StGB **14** 187 ff.
- Versuch **14** 186
- Vorsatz **14** 186

Betriebsgesellschaft 15 370 ff.
- Definition **15** 370 ff.
- Zulässigkeitsgrenzen **15** 375 ff.

Beurkundung, notarielle 18 105
Beweislast 12 84 ff.
- Anscheinsbeweis **12** 85 f.
- Apothekerhaftung **30** 278
- Aufklärungspflicht **12** 242, 326 ff., 400, 422 ff.
- Behandlungsfehler, grober **12** 99 ff.
- Behandlungsfehlerhaftung **12** 67 ff.
- Beweislastumkehr **12** 104 ff.
- Beweissicherung **12** 436 ff.
- Diagnosefehler, fundamentaler **12** 107 ff.
- Diagnosemaßnahme, unterlassene **12** 110 ff.
- Dokumentationsmangel **12** 98
- Risiko, voll beherrschbares **12** 87 ff.
- Vergleichsprüfung, statistische **7** 856 f.
- Verletzung Dokumentationspflicht **12** 466 ff.

Bewertungsausschuss 7 62 ff.
- Aufgaben **7** 65 ff.
- Beschlussfassung **7** 71 ff.
- Rechtsstatus **7** 63
- Zusammensetzung **7** 64

Bewertungsmaßstab, Einheitlicher 6 114; **7** 587 ff.
- Auslegungsregeln **7** 605 ff.
- Bedeutung **7** 587 ff.
- Begriff **7** 587 ff.
- BMV **7** 122
- Funktion **7** 590 ff.
- Gliederung **7** 609 ff.
- Inhalt EBM 2000plus **7** 608 ff.
- Leistungsinhalte **7** 615 ff.
- Punktwertrelation **7** 596 ff.
- Systematik EBM 2000plus **7** 608 ff.
- Zeitvorgaben **7** 628 ff.

Biomedizinische Forschung *siehe* Forschung, biomedizinische

Stichwortverzeichnis

BMV *siehe* Bundesmantelvertrag
Bonus-Malus-Regelung 7 913 ff.
- Ausschluss **7** 924 f.
- Bonus-Regelung **7** 922 ff.
- defined daily dose **7** 915
- Malus-Regelung **7** 918 ff.

BPflV *siehe* Abrechnung Krankenhaus
Bundesärztekammer *siehe* Heilberufe-Kammern
Bundesapothekerkammer *siehe* Heilberufe-Kammern
Bundesausschuss, Gemeinsamer 7 51 ff.
- Aufgaben **7** 58 ff.
- Rechtsstatus **7** 52 ff.
- Richtlinie *siehe* Richtlinien G-BA
- Zusammensetzung **7** 56 f.

Bundesmantelvertrag 6 111 f.; **7** 117 ff.
- EBM **7** 122
- Inhalt **7** 118 ff.
- Vertragspartner **7** 117

Bundespsychotherapeutenkammer *siehe* Heilberufe-Kammern
Bundestierärztekammer *siehe* Heilberufe-Kammern
Bundeszahnärztekammer *siehe* Heilberufe-Kammern

Casemix-Index 29 230
CCL 29 201
CE-Kennzeichnung 31 89
Chefarzt 16 85 ff.
- Angestellter, leitender **16** 86 ff.
- Anpassungs- und Entwicklungsklausel **16** 110 ff.
- Beteiligungsvergütung **16** 107 ff.
- Bonus-Regelung **16** 106
- Budgetverantwortung **16** 101
- Dienstaufgaben **16** 92 ff.
- Entgeltbeteiligung **16** 106 ff.
- Leistungserbringung, persönliche **16** 91
- Liquidationsrecht *siehe dort*
- Nebentätigkeit **16** 92 ff.
- Organisation Fachabteilung **16** 99
- Organisationsaufgaben **16** 99 ff.
- Stellung **16** 85 ff.
- Vergütung, variable **16** 106
- Versetzungsvorbehalt **16** 122

- Weisungsrecht *siehe dort*
- Wirtschaftlichkeitsverantwortung **16** 100 f.
- Zielvereinbarung **16** 106

CMI 29 230
Compassionate Use 6 107 ff.
Complications and Comorbidity Level (CCL) 29 201

Datenschutz 28 50 ff.
- Verhältnis Schweigepflicht/Datenschutz **28** 61 f.
- Zulässigkeit Datenverarbeitung/-nutzung **28** 53 ff.
- Zweckbindung **28** 59 f.

Defektur 32 66 ff.
Defined Daily Dose
- Bonus-Malus-Regelung **7** 915

Dezentrales Zulassungsverfahren *siehe* Zulassungsverfahren, dezentrales
Diätassistent 5 359 ff.
Diagnosis Related Groups 29 191 ff.
Dienstleistungsfreiheit *siehe* Personen- und Dienstleistungsfreiheiten
Disziplinarverfahren 7 971 ff., 990 ff.
- Abgrenzung andere Verfahren **7** 976 ff.
- Antragsgrundsatz **7** 993 ff.
- Ausschlussfrist **7** 998 ff.
- Befugnis **7** 972 ff.
- Berufsgerichtsbarkeit **7** 983 ff.
- Bescheid **7** 1051 ff.
- Entzug der Zulassung **7** 987 ff.
- Erforderlichkeit **7** 1017 ff.
- Gegenstand **7** 1009 ff.
- Maßnahme **7** 1054 ff.
- Pflichtbezug, vertragsärztlicher **7** 1010 f.
- Rechtsgrundlagen **7** 971 ff.
- Rechtsschutz **7** 1057
- Strafverfahren **7** 980 ff. *siehe auch* Arztstrafrecht
- Tatbestand **7** 1009
- Verfahrensabschluss **7** 1051 ff.
- Verfahrensbeteiligte **7** 991 f.
- Vorwerfbarkeit **7** 1012 ff.
- Widerruf, Zulassung **7** 989

Dokumentationspflicht 7 1036 ff.; **12** 427 ff.
- Aufklärung **12** 252

- Ausgangspunkt, rechtlicher **12** 429 f.
- Befundsicherung **12** 452 ff.
- Beweissicherung **12** 436 ff.
- Definition **12** 427 f.
- Dokumentationsmangel **12** 98
- Dokumentationspflichtiger **12** 463 ff.
- Folgen Pflichtverletzung **12** 466 ff.
- Form **12** 455 ff.
- Inhalt **12** 446 ff.
- Rechenschaftspflicht **12** 433 ff.
- Therapiesicherung **12** 431 f.
- Umfang **12** 446 ff.
- Verletzung **12** 466 ff.
- Zeitpunkt **12** 458 ff.
- Zweck **12** 431 ff.

DRG 29 191 ff.
Due Dilligence Prüfung 18 116 f.
Durchgangsarztverfahren 36 22 ff.
Durchsuchung 14 220 ff.

EBM *siehe* Bewertungsmaßstab, Einheitlicher
Einheitlicher Bewertungsmaßstab
  siehe Bewertungsmaßstab, Einheitlicher
Einwilligung 14 22 ff.
- Aufklärungsmängel **14** 22 ff.
- Einwilligungsfähigkeit **12** 478 ff., 497 f., 518 f. *siehe auch* Einwilligung Minderjähriger
- Irrtum **14** 44 f.
- Minderjähriger *siehe* Einwilligung Minderjähriger
- mutmaßliche **12** 352 ff.; **14** 38 f., 123
- Patient, psychisch kranker **12** 398 f.
- Patientenverfügung **12** 478 ff.
- Praxiskauf **18** 109
- rechtfertigende **14** 95 ff.
- Sterilisation **14** 95 ff.
- Verletzung Schweigepflicht **14** 119 ff.
- Vertreter, gesetzliche **12** 396 ff.
- Vorsorgevollmacht **12** 478 ff.

Einwilligung Minderjähriger 12 359 ff.
- Bestimmung **12** 366 ff.
- Einwilligung gesetzliche Vertreter **12** 396 ff.
- Erziehungsrecht Eltern **12** 385 ff.
- Konsequenzen, rechtliche **12** 378 ff.

- Rechte Einwilligungsunfähiger **12** 388 ff.

Embryonenschutzgesetz 14 99 ff.
Entbindungshelfer 5 363 ff.
Entgeltvereinbarung Krankenhaus 29 213 ff.
- Casemix-Index **29** 230
- Entgeltverhandlungen **29** 235
- Form **29** 221
- Inhalt **29** 222 ff.
- Laufzeit **29** 217 ff.
- Pflegesatzverhandlungen **29** 235
- Rechtscharakter **29** 236
- Vereinbarungszeitraum **29** 217 ff.
- Vertragsparteien **29** 214 ff.

Entwicklungsklausel 16 110 ff.; **17** 59 f.
Ergotherapeut 5 356 ff.
Ermächtigung 7 399 ff.
Ermittlungsverfahren 14 217 ff.
Ertragsteuern
- Apparategemeinschaft **37** 348 ff., 356 ff., 364 f.
- Arzt **37** 25 ff.
- Gemeinschaftspraxis **37** 121 ff.
- Laborgemeinschaft **37** 348 ff., 356 ff., 364 f.
- Praxisgemeinschaft **37** 348 ff., 356 ff., 364 f.
- Teilgemeinschaftspraxis **37** 239 ff.

Ethikkommission 28 21 ff.
- Arzneimittelgesetz **28** 23
- Bundesrecht, untergesetzliches **28** 27
- Landesrecht **28** 28 f.
- Medizinproduktegesetz **28** 24
- Prüfung, klinische **30** 125 ff.; **31** 69
- Prüfung, klinische, Rechtsbehelfe **30** 135 f.
- Prüfung, klinische, Verfahren **30** 128 ff.
- Prüfung, klinische, Verfahrensgang **28** 37 ff.
- Transfusionswesen **28** 26
- Transplantationswesen **28** 26
- Verfahrensgang **28** 31 ff.
- Zusammensetzung **28** 30 f.

EuGH *siehe* Europäischer Gerichtshof
Europäischer Gerichtshof
- Anerkennung Zeugnisse **3** 50 f.
- Berufsausübung **3** 49 ff.
- Einfuhr von Arzneimitteln **3** 27, 29

Stichwortverzeichnis

- Einordnung als Arzneimittel **3** 26
- Medizinprodukte **3** 31
- Parallelimport von Arzneimitteln **3** 28
- Sozialversicherungsrecht **3** 32
- Tätigkeitssitz **3** 52
- Übernahme Behandlungskosten **3** 45 ff.
- Versandhandel mit Arzneimitteln **3** 30
- Versorgung, ambulante **3** 46
- Versorgung, stationäre **3** 47 f.
- Warenverkehrsfreiheit **3** 26 ff.
- Wohnsitz **3** 52

Europarat 3 69 ff.

Fahrtkosten 35 99 ff.
Feststellungsklage 16 16
Filialapotheke 32 98 ff.
- Apothekenpacht **32** 110 f.
- Apotheker **32** 106
- Ausstattung **32** 105
- Betriebserlaubnis **32** 99 ff., 112
- Filialbetrieb **32** 105 ff.
- Grenzüberschreitung **32** 102 ff.
- Zweigapotheke **32** 113 f.

Filialpraxis *siehe* Zweigpraxis
Föderalismusreform 4 19
Forschung, biomedizinische 28 1 ff.
- Datenschutz *siehe dort*
- Einführung **28** 1 ff.
- Erscheinungsformen **28** 4 f.
- Ethikkommission *siehe dort*
- Fälschung von Ergebnissen **28** 71
- Haftung **28** 63 ff.
- Interessenkonflikte **28** 68 ff.
- Prüfung, klinische **28** 10 ff.
- Rechtsgrundlagen **28** 6 ff.
- Schweigepflicht **28** 45 ff.
- Strafrecht **28** 8 f.
- Zivilrecht **28** 6 f.

Forschungsfreiheit 4 19 ff.
Fortbildungspflicht 7 530 ff.; **8** 187
Freiverkauf 30 178

G-BA *siehe* Bundesausschuss, Gemeinsamer
G-BA Richtlinien *siehe* Richtlinien G-BA

GCP-Verordnung *siehe* Prüfung, Klinische
Gebührenordnung 10 10 ff. *siehe auch* Abrechnung Selbstzahler
- Abdingbarkeit GOÄ/GOZ **10** 15 f.
- Gebühren **10** 2, 42 ff.
- Gebührenabschnitte **10** 43 f.
- Gebührenhöhe **10** 96
- Gebührenminderung **10** 111 ff.
- Gebührensanspruch **10** 29 ff.
- Gebührensatz **10** 25 f.
- Gebührenstruktur **10** 19 ff.
- Gebührenverzeichnis **10** 42 ff.
- Geltung GOÄ/GOZ für Selbstzahler **10** 10 ff.
- GOÄ **10** 1 ff., 18
- GOZ **10** 1 ff., 17
- Leistungslegende **10** 45 ff.
- Punktwert **10** 23 f.
- Punktzahl **10** 20 ff.
- Steigerungssatz **10** 27 f.

Geheimhaltungsvereinbarung 18 56 f.
Geldleistungsanspruch 6 66
Gemeinsamer Bundesausschuss *siehe* Bundesausschuss, Gemeinsamer
Gemeinschaftspraxis 15 15 ff.; **37** 94 ff.
- Abfindung **15** 164 ff.
- Abfindungsanspruch **15** 207 ff.
- Abfindungsbilanz **15** 170 ff.
- Abgrenzung **37** 143 ff.
- Abschluss Gesellschaftervertrag **15** 36 ff.
- Allgemeines **15** 15 ff.
- Anschlusskündigung **15** 147 ff.
- Auflösung **15**
- Aufnahme Arzt, entgeltliche **37** 100 ff.
- Aufnahme Arzt, unentgeltliche **37** 96 ff.
- Aufnahme Gesellschafter **15** 187 ff.
- Auseinandersetzung **15** 173 ff.
- Ausgleichsansprüche, interne **15** 136
- Ausscheiden **15** 154 f., 162 f.; **37** 193 ff., 206 ff.
- Außenauftritt **15** 76 ff.
- Bedingungen **15** 224 f.
- Beendigung **37** 197 ff.
- Beiträge **15** 61
- Beitritt **15** 51
- Beitrittshaftung **15** 130 ff.

Stichwortverzeichnis

- Beschlussmängel **15** 97 f.
- Besteuerung **37** 139 ff.
- Bilanzierung **15** 120 f.
- Buchführung **15** 120 f.
- Budgetaufteilung **15** 196 f.
- Definition **15** 15 ff.
- Dienstleistung **15** 71
- Ehevertrag **15** 214 ff.
- Einbringungsmodell **37** 105
- Einkunftsart **37** 143 ff.
- Einlagen **15** 61
- Eintritt in Einzelpraxis **15** 47 f.
- Entstehung **15** 36 ff.
- Ergänzungsbereich **37** 129 ff.
- Ergebnisverteilung **15** 122 ff.
- Ertragsteuern **37** 121 ff.
- Festlaufzeit **15** 139 ff.
- Firmierung **15** 76 ff.
- Förderpflicht **15** 58 ff.
- Formerfordernisse **15** 40 ff.
- Gebrauchsüberlassung **15** 66 ff.
- Geldeinlage **15** 70
- gemischte **15** 278 ff.
- Gesamthandsbereich **37** 127 f.
- Geschäftsführung **15** 99 ff.
- Geschäftsführungsvergütung **37** 163 ff.
- Gesellschafter **15** 52 ff.
- Gesellschafterbeschluss **15** 83 ff.
- Gesellschafterversammlung **15** 85 ff.
- Gesellschafterwechsel **15** 180 ff.
- Gesellschaftszweck **15** 55 ff.
- Gewinnermittlung **37** 139 ff.
- Gewinnvorabmodell **37** 108 f.
- Gründung **37** 94 ff.
- Gründungskonstellation **15** 46 ff.
- Grundsätze **15** 127 ff.
- Haftung **15** 127 ff.
- Hinauskündigung **15** 150 ff.
- Insolvenz **15** 160 f.
- Jobsharing-Gemeinschaftspraxis *siehe dort*
- Klausel, salvatorische **15** 226
- Kündigung, außerordentliche **15** 138
- Kündigung, ordentliche **15** 137
- laufende **37** 121 ff.
- Leistungen **37** 150 ff., 178
- Leistungsaustausch **37** 154 ff.
- Lieferungen **37** 150 ff.
- Liquidation **15** 173 ff.
- Mehrheiten **15** 92 ff.
- Mitunternehmerschaft **37** 121 ff.
- Motive **15** 19
- Nachhaftung **15** 135
- Nullbeteiligungsgesellschaft **15** 112 ff.
- Nutzungsüberlassung **37** 159 ff.
- Partnerschaftsgesellschaft *siehe dort*
- Praxisgemeinschaft *siehe dort*
- Praxisveräußerung/-abgabe *siehe* Praxisveräußerung
- Realteilung **37** 197 ff.
- Rechtsnatur **15** 31 ff.
- Rechtstatsachen **15** 18
- Sacheinlage **15** 62, 65
- Sachwertabfindung **37** 193 ff., 206 ff.
- Schiedsverfahren **15** 220 ff.
- Schlichtung **15** 218 f.
- Schriftformerfordernis **15** 44 f.
- Sitz **15** 72 ff.
- Sonderbetriebsbereich **37** 132 ff.
- Sonderform **15** 227 ff.
- Stimmrecht **15** 88 ff.
- Teilgemeinschaftspraxis *siehe dort*
- Tierarzt **5** 337
- Tod **15** 156 ff.
- Überlassungsmodell **37** 106 f.
- überörtliche *siehe* Gemeinschaftspraxis, überörtliche
- Überschussrechnung **15** 120 f.
- Übertragung Gesellschaftsanteil **15** 180 ff.
- Übertragung zu Eigentum **15** 63 f.
- Umsatzsteuer **37** 150 ff.
- Vereinbarung Vertragsarztsitz **15** 190 ff.
- Vergleichsprüfung, statistische **7** 830
- Vermögen **15** 110 ff.; **37** 126 ff.
- Vertragsarzt **15** 27 ff., 263 ff.
- Vertretung **15** 107 ff.
- Vorgaben **15** 24 ff.
- Wettbewerbsverbot *siehe dort*
- Zusammenschluss Praxen **15** 49 f.; **37** 111 ff.
- Zweistufenmodell **37** 103 f.

Gemeinschaftspraxis, überörtliche **15** 257 ff.
- Berufsrecht **15** 260 ff.
- Entwicklung *siehe* Geschichte
- Gesellschaftsvertrag **15** 268 ff.
- Haftung **15** 273
- Vertragsarzt **15** 263 ff.

Stichwortverzeichnis

- Wettbewerbssicherung **15** 274 ff.

Gemeinschaftsrecht 3 1 ff.
- Bedeutung Einigung, europäische **3** 1 f.
- Einführung **3** 1 ff.
- Empfehlung **3** 16
- Entscheidung **3** 15
- Europarat **3** 69 ff.
- Gesundheitswesen **3** 62 ff.
- Kartellrecht **3** 53 ff.
- Organe **3** 5 ff.
- Personen- und Dienstleistungsfreiheiten *siehe dort*
- Politik **3** 21 ff.
- Rechtsangleichung **3** 66 ff.
- Rechtsquellen **3** 9 ff.
- Rechtsschutz **3** 19 f.
- Richtlinie **3** 14
- Sozialpolitik **3** 59 ff.
- Stellungnahme **3** 16
- Union, Europäische **3** 3 f.
- Verfahren **3** 20
- Verordnung **3** 13
- Vollzug **3** 17 f.
- Vorrang **3** 17 f.
- Warenverkehrsfreiheit **3** 21 ff.
- Zuständigkeit **3** 19

Gemeinwohlinteresse 4 6
Gerichtshof, Europäischer *siehe* Europäischer Gerichtshof
Geschichte 5 5 ff.
- Allgemeines **5** 5 ff.
- Begriff freier Beruf **5** 8 ff.
- Begriff freier Heilberuf **5** 16 ff.
- Berufe, freie **5** 8 ff.
- Berufsrecht Apotheker **5** 286
- Berufsrecht Arzt **5** 119 ff.
- Berufsrecht Psychotherapeut **5** 296 ff.
- Berufsrecht Zahnarzt **5** 231 ff.
- Gemeinschaftspraxis, überörtliche **15** 257 ff.
- Gesundheitsdienst, öffentlicher *siehe dort*
- Heilberufe-Kammern **5** 43 ff.
- Heilmittelwerberecht **33** 13 f.
- Krankenhausbetriebskosten **29** 183 ff.
- MVZ **8** 1 ff.
- Rehabilitation **35** 1 ff.
- Selbstverwaltung **5** 23 ff.
- Sozialversicherung **5** 99 ff.
- Vertragsarztrecht **7** 6 ff.
- Werbung **33** 13 f.
- Zahnarzt **5** 231 ff.

Gesellschaftsrecht
- AG **8** 137 f.
- Apotheke **32** 11 ff.
- GbR **8** 116 ff.
- Gemeinschaftspraxis **15** 20 ff.
- GmbH **8** 129 ff.
- GmbH & Still **8** 134 ff.
- Heilkunde-GmbH **8** 125 ff.
- MVZ *siehe* MVZ-Rechtsform

Gesetz über befristete Arbeitsverträge mit Ärzten in der Weiterbildung 16 68
Gesetzgebungskompetenz
- Berufsausübung **4** 1
- Bund **4** 1 ff.
- Einschätzungsprärogative **4** 5
- Ermächtigung **4** 4 f.
- Heilkunde-GmbH **8** 125 ff.
- kraft Sachzusammenhang **4** 3
- MVZ **8** 104 ff.
- Organisation GKV **4** 9
- PKV **4** 7 f.
- Verbote, berufsrechtliche **4** 3
- Zulassung **4** 1

Gesetzliche Krankenversicherung *siehe* GKV
Gesetzliche Unfallversicherung *siehe* Unfallversicherung, gesetzliche
Gesundheits- und Kinderkrankenpfleger 5 364 ff.
Gesundheits- und Krankenpfleger 5 364 ff.
Gesundheitsdienst, öffentlicher 21 1 ff.
- Bundesrepublik Deutschland **21** 7 ff.
- Einführung **21** 1
- Entwicklung **21** 2 ff.
- Vereinheitlichung im Dritten Reich **21** 5 f.
- Zusammenfassung **21** 20 ff.

Gesundheitsfachberuf 5 340 ff.
- Allgemeines **5** 340
- Altenpfleger **5** 349 ff.
- Altenpflegerhelfer **5** 349 ff.
- Assistent, pharmazeutisch-technischer **5** 377 ff.
- Bademeister, medizinischer **5** 370 ff.
- Diätassistent **5** 359 ff.
- Entbindungshelfer **5** 363 ff.
- Ergotherapeut **5** 356 ff.

- Gesundheits- und Kinderkrankenpfleger **5** 364 ff.
- Gesundheits- und Krankenpfleger **5** 364 ff.
- Hebammen **5** 363 ff.
- Heilpraktiker **5** 341 ff.
- Logopäde **5** 369
- Masseur **5** 370 ff.
- Orthoptist **5** 375 ff.
- Physiotherapeut **5** 370 ff.
- Podologe **5** 381 ff.

Gesundheitshandwerk 5 163 f., 398 ff.
- Augenoptiker **5** 400
- Bandagist **5** 401
- Dienstleistungsberufe, andere **5** 405
- Hörgeräteakustiker **5** 399
- Orthopädiemechaniker **5** 401
- Orthopädieschuhmacher **5** 402
- Zahntechniker **5** 403 f.

Gesundheitsleistung, Individuelle 6 65; **8** 244; **10** 124 ff.

Gesundheitszeugnis 14 101 ff.

Gewährleistung Praxiskauf *siehe* Praxiskauf Gewährleistung

GKV
- Änderungen zum 1.1.2008 **7** 963 ff.
- Änderungen zum 1.7.2008 **7** 970 ff.
- Anspruchskonkretisierung *siehe* GKV-Anspruchskonkretisierung
- Gesetzgebungskompetenz **4** 9
- GKV-WSG **7** 666 ff.
- Hilfsmittel **31** 104
- Hilfsmittelverzeichnis **31** 105
- Leistungsarten *siehe* GKV-Leistungsarten
- Leistungsrecht *siehe* GKV-Leistungsrecht
- Medizinprodukt **31** 103 ff.
- MVZ **8** 6
- Organisation **4** 9
- Rehabilitation *siehe dort*
- Verfassungsrecht **4** 9
- Vertragsarztrecht **7** 22 ff.
- Wirtschaftlichkeitsprüfung, Änderungen **7** 961 ff.

GKV-Anspruchskonkretisierung 6 69 ff.
- Ablehnung **6** 151 ff.
- Allgemeines **6** 121 ff.
- Anspruchsprüfung MDK **6** 146 ff.
- außerhalb Recht der GKV **6** 71 ff.
- Auswirkungen Krankenkasse **6** 147 ff.
- Auswirkungen Leistungserbringer **6** 150
- Begutachtungsrichtlinien MDK **6** 118 ff.
- Bewilligungsentscheidung *siehe* GKV-Bewilligungsentscheidung
- Einzelfälle **6** 121 ff.
- Hilfsmittelverzeichnis **6** 117
- Inanspruchnahme **6** 131 ff.
- Krankheit **6** 133 ff.
- Normkonkretisierung, untergesetzliche **6** 77 ff.
- Rahmenempfehlungen **6** 116
- Richtlinien G-BA *siehe dort*
- Richtlinien Spitzenverbände **6** 116 ff.
- Überprüfung **6** 151 ff.
- Wahlrecht **6** 138

GKV-Bewilligungsentscheidung 6 125 f.
- Anspruchsberechtigung **6** 127
- Leistung, antragsbedürftige **6** 125 f.
- Vorliegen Versicherungsfall **6** 128 ff.

GKV-Leistungsarten 6 49 ff.
- Abgrenzung Selbstzahlerleistung **6** 65
- Geldleistungsansprüche **6** 66
- Hierarchie **6** 48
- IGeL *siehe dort*
- Kostenerstattung **6** 60 ff.
- Leistungsverpflichtung **6** 54 ff.
- Rückgriffsverbot **6** 58 f.
- Sachleistungsprinzip **6** 51 ff.
- Satzungsleistung **6** 67 f.
- Verhältnis Versicherter-Leistungserbringer **6** 52 f.

GKV-Leistungsrecht 6 1 ff.
- Abrechnung Krankenhaus *siehe dort*
- Anspruchskonkretisierung *siehe* GKV-Anspruchskonkretisierung
- Arzneimittel **6** 31 *siehe auch dort*
- Definition **6** 2 ff.
- Eigenverantwortlichkeit **6** 37 ff.
- Einleitung **6** 1 ff.
- Erkenntnisstand **6** 22 ff.
- Erstattungsfähigkeit **13** 8 f.
- Fortschritt, medizinischer **6** 27
- Gesetzessystematik **7** 182 f.
- Grundprinzipien **6** 14 ff.
- Krankenhausbehandlung **6** 30

Stichwortverzeichnis

- Leistungsarten *siehe* GKV-Leistungsarten
- Leistungsausschluss **6** 75 f.
- Leistungsbereiche, sonstige **6** 32
- Leistungsvoraussetzung **6** 75 f.
- Methoden, neue **6** 27
- Notwendigkeit **6** 41 f.
- Offenheit, begrenzte **6** 26
- Prinzip der umfassenden Versorgung **6** 20 ff.
- Qualitätsgebot **6** 33 ff.
- Rationierung **6** 16
- Rechtsverhältnis Arzt-Patient **7** 184 ff.
- Sachleistung **6** 51 ff.; **7** 182 ff.
- Therapiemethoden, besondere **6** 26
- Versorgung, Eingrenzung **6** 36 ff
- Versorgung, vertragsärztliche **6** 28 f.
- Vorrang Leistungserbringungsrecht **6** 11
- Wirksamkeitsgebot **6** 33 ff.
- Wirtschaftlichkeit **6** 43 ff.
- Zweckmäßigkeit **6** 41 f.

GKV-Wettbewerbsstärkungsgesetz *siehe* GKV

GKV-WSG *siehe* GKV

GOÄ *siehe* Gebührenordnung

GOZ *siehe* Gebührenordnung

Großhandel 30 182 f.

Gute Wissenschaftliche Praxis 27 71

GUV *siehe* Unfallversicherung, gesetzliche

Häusliche Krankenpflege *siehe* Krankenpflege, häusliche

Haftpflichtversicherungsrecht 13 1 ff.
- Angestellter **13** 18
- Anzeige- und Mitwirkungspflicht **13** 21
- Ausnahmen **13** 3
- Beamter **13** 18
- Berufsrecht **13** 2
- Deckungsumfang **13** 4 ff.
- Einführung **13** 1 ff.
- Erstattungsfähigkeit GKV *siehe auch* GKV-Leistungsrecht
- Haftpflichtversicherungsbedingungen, Allgemein **13** 4
- Konsequenzen für Praxis **13** 13
- Notwendigkeit **13** 1
- Obliegenheiten Versicherungsnehmer **13** 21 ff.
- off label use **13** 5 f.
- Passivlegitimation Versicherer **13** 23
- Prüfschema, neu **13** 11 f.
- Regelungsmodelle **13** 10
- Regulierungshoheit Versicherer **13** 22
- Umfang, persönlicher **13** 17
- Umfang, räumlicher **13** 14
- Umfang, sachlicher **13** 15 f.
- Unternehmer, pharmazeutischer **13** 7
- Versicherungszeitraum **13** 19 f.
- VVG **13** 4

Haftung
- Apotheker *siehe* Apothekerhaftung
- Arzneimittel *siehe* Arzneimittelhaftung
- Arzneimittelein-/-ausfuhr **30** 227
- Arzt *siehe* Arzthaftung, *siehe auch* Arzneimittelhaftung
- Behandlungsfehler *siehe* Behandlungsfehlerhaftung
- Forschung, biomedizinische **28** 63 ff.
- Gemeinschaftspraxis *siehe dort*
- Haftpflichtversicherungsrecht *siehe dort*
- Haftungsbeschränkung **36** 38 ff.
- Heilbehandlung, berufsgenossenschaftliche **36** 38 ff.
- Heilpraktiker **12** 47 ff.
- Kassen(zahn-)ärztliche Vereinigung **7** 38 ff.
- Konsiliararzt **19** 14
- Mängelhaftungsausschluss **18** 125
- MVZ **8** 214 ff.
- Partnerschaftsgesellschaft **15** 297 ff.
- Praxisgemeinschaft **15** 337
- Praxiskauf **18** 36 ff.
- ProdHaftG *siehe dort*
- Prüfung, klinische **31** 71 ff.
- Rettungsdienst **23** 61 ff.
- Sachverständiger **24** 75 ff.

H-Arzt-Verfahren 36 28 ff.

Hauptverhandlung 14 236 ff.

Hausarztzentrierte Versorgung 7 133

Hebammen 5 363 ff.

Heilbehandlung, berufsgenossenschaftliche 36 1 ff.
- Durchführung **36** 18 ff.
- Durchgangsarztverfahren **36** 22 ff.
- Haftung **36** 38 ff.

- H-Arzt-Verfahren **36** 28 ff.
- Krankenpflege, häusliche **36** 34 ff.
- Reformvorhaben **36** 41
- Regelung, gesetzliche **36** 18 ff.
- Umfang **36** 13 ff.
- Unfallversicherung, gesetzliche *siehe dort*
- Verfahrensarten, besondere **36** 21 ff.
- Verletzungsartenverfahren **36** 32 f.
- Verordnung **36** 34 ff.
- Vertrag Ärzte/Unfallversicherungsträger **36** 18 ff.

Heilberufe-Kammern
- Ahndung Wettbewerbsverstöße **5** 59 ff.
- Aufgabe, übertragene **5** 68 ff.
- BÄK **5** 74 ff.
- Berufsaufsicht **5** 65
- Berufsgerichtsbarkeit **5** 58
- Bundesapothekerkammer **5** 87 ff.
- Bundesebene **5** 73
- Bundespsychotherapeutenkammer **5** 94 ff.
- Bundestierärztekammer **5** 90 ff., 320 ff.
- Bundeszahnärztekammer **5** 80 ff., 251
- Dachverbände **5** 62
- Finanzierung **5** 57
- Förderung Berufsstand **5** 67
- Geschichte *siehe dort*
- Kammerverfassung **5** 45
- Kassen(zahn-)ärztliche Vereinigung *siehe* Vereinigung, Kassen(zahn-)ärztliche
- Mitgliedschaft **5** 46 ff.
- Organe **5** 56
- Selbstverwaltungsaufgaben **5** 63 ff.
- Vertretung Gesamtinteresse **5** 66

Heilhilfsberuf 5 386 ff.
- Angestellter, pharmazeutisch-kaufmännischer **5** 395
- Assistent, veterinärmedizinischer **5** 389 ff.
- Assistent Funktionsdiagnostik **5** 389 ff.
- Fachangestellter, medizinischer **5** 392 ff.
- Fachangestellter, tiermedizinischer **5** 397
- Fachangestellter, zahnmedizinischer **5** 396
- Laboratoriumsassistent **5** 389 ff.
- Radiologieassistent **5** 389 ff.
- Rettungsassistent **5** 386 ff.

Heilmittelwerberecht *siehe* Werbung
Heilpraktiker 5 341 ff.; **12** 47 ff.
Heimversorgung 32 29 ff.
- Abschlussfreiheit Heim **32** 32
- Beteiligung mehrerer **32** 34
- Eigenversorgung **32** 36 f.
- Mindestregelungen Versorgungsvertrag **32** 33
- Überprüfung Verwahrung **32** 36
- Vergütung Dienstleistungen **32** 38 ff.

Hilfeleistung, unterlassene 14 63 ff.
Hörgeräteakustiker 5 399
Honorar 2 12 ff.
- Abrechnungsbetrug *siehe dort*
- Arztrechnung *siehe dort*
- Chefarzt *siehe* Chefarzt
- EBM *siehe dort*
- Erstattung Beihilfe *siehe* Abrechnung Beihilfe
- Erstattung PKV *siehe* Abrechnung PKV
- Gebührenordnung *siehe dort*
- Honorarerlass **5** 313
- Honorarsteuerungsinstrumente **7** 586 ff.
- HVM *siehe dort*
- Integrationsvertrag **8** 330 ff.
- Klinikarzt *siehe dort*
- Krankenhaus *siehe dort*
- Leistungen, ausgedeckelte **7** 631
- Mandatsbearbeitung **2** 12 ff.
- MVZ *siehe* Abrechnung MVZ
- Praxisgebühr **7** 632 f.
- Praxiskauf **18** 88
- Privatarzt im MVZ *siehe* Abrechnung MVZ
- Sachkosten **7** 630
- Selbstzahler *siehe* Abrechnung Selbstzahler
- Streitwertkatalog Sozialgerichtsbarkeit (Auszug) **2** 14
- Streitwertkatalog Verwaltungsgerichtsbarkeit (Auszug) **2** 15
- vereinbartes *siehe* Abrechnung Selbstzahler
- Vereinbarung, ergänzende **7** 630 ff.

Stichwortverzeichnis

- Verfahren, zivilrechtliche **2** 16
- Verteilungsmaßstab *siehe* HVM
- Vertragsarzt *siehe* Abrechnung MVZ, *siehe* Vertragsarztgesamtvergütung, *siehe* Vertragsarzthonorar
- Wahlleistung *siehe dort*

Honorarverteilungsmaßstab
- Gestaltung Verteilung **7** 643 ff.
- Grundsätze **7** 635
- Honorarsteuerungsinstrumente **7** 634 ff.
- Rechtsqualität **7** 636 ff.
- Vertragsarztrecht **7** 141 ff.

HVM *siehe* Honorarverteilungsmaßstab

IGeL *siehe* Gesundheitsleistung, Individuelle

Individuelle Gesundheitsleistung *siehe* Gesundheitsleistung, Individuelle

Informationsgesellschaft *siehe* Werbung

Institut für Qualität und Wirtschaftlichkeit im Gesundheitswesen 7 61

Integrationsvertrag 8 311 ff.
- Abweichung von Zulassungsstatus **8** 320 ff.
- Abweichungsklausel, Grenzen **8** 327 ff.
- Ausschreibung **8** 312 f.
- Beitritt Dritter **8** 335 ff.
- Freiwilligkeit **8** 311 ff.
- Garantieübernahme **8** 323 f.
- Gewährleistungsregeln **8** 323 f.
- Leistungsspektrum **8** 314 ff.
- Qualitätsvereinbarung **8** 325 f.
- Qualitätsvorgabe **8** 325 f.
- Rechtsnatur **8** 311 ff.
- Vergütung **8** 330 ff.
- Versorgungsauftrag, vertraglicher **8** 314 ff.
- Vertrag, öffentlich-rechtlicher **8** 311
- Vertragsinhalt **8** 314 ff.

Integrierte Versorgung *siehe* Versorgung, integrierte

Investitionsförderung 29 170 ff.
- Begriff **29** 171 f.
- Einzelförderung **29** 173 ff.
- Erwägungen, strategische **29** 180 ff.
- Investitionskosten, förderfähige **29** 173 ff.
- Pauschalförderung **29** 176 ff.

In-Vitro-Diagnostik 31 13, 22

Jobsharing-Gemeinschaftspraxis 7 482 ff.; **15** 227 ff.
- Besonderheiten, zivilrechtliche **15** 240 f.
- Rechtsgrundlage **15** 227 f.
- Status **15** 236 ff.
- Wegfall Beschränkung **15** 236 ff.
- Zulassungsvoraussetzung **15** 229 ff.

Kassen(zahn-)ärztliche Vereinigung *siehe* Vereinigung, Kassen(zahn-)ärztliche

Kastration 14 85 ff.
- Begriff **14** 85
- Behandlungsmethoden, andere **14** 90 f.
- Strafbarkeit **14** 85
- Voraussetzungen **14** 86 ff.

KHEntgG 17 25 f. *siehe auch* KHEntgG-Genehmigungsverfahren

KHEntgG-Genehmigungsverfahren 29 253 ff.
- Prüfungsumfang **29** 255 f.
- Rechtscharakter Genehmigung **29** 257
- Rechtsmittelverfahren *siehe* Verwaltungsverfahren
- Verfahren **29** 254
- Verwaltungsverfahren *siehe dort*

KHG *siehe* Krankenhaus

KHGG NRW 29 179

Klageerzwingungsverfahren 14 245

Klageverfahren *siehe* Verfahrensrecht

Klinikarzt 16 1 ff. *siehe auch* Krankenhaus
- Ärztlicher Dienst **16** 83 f.
- Altersgrenzenvereinbarung **16** 69 ff.
- Arbeitsvertrag **17** 27 ff.
- Arbeitszeitgesetz *siehe dort*
- Assistenzarzt **16** 126 ff.
- Aufhebungsvereinbarung **16** 64
- Befristung **16** 65 ff.
- Besonderheiten Klinikorganisation **16** 82 ff.
- Beteiligung Umsatz/Gewinn **16** 56
- Chefarzt *siehe dort*
- Dienstvertrag Beendigung **16** 64 ff.

Stichwortverzeichnis

- Dienstvertrag Inhaltskontrolle **16** 51 ff.
- Entgelt, besonderes **16** 56
- Erfüllungsgehilfe Klinikträger **16** 2 ff.
- Gleichbehandlungsgrundsatz **16** 59
- Kombinationsvergütung **16** 57
- Kooperation MVZ **8** 277 ff.
- Kündigung **16** 73 ff.
- Leistungserbringung, persönliche **16** 18
- Liquidationsrecht *siehe dort*
- Nebentätigkeit **16** 60 ff.
- Oberarzt **16** 123 ff.
- Prämie **16** 56
- Probezeit **16** 72 ff.
- Schlussbemerkung **16** 127 f.
- Stellung **16** 3 ff.
- Tarifrecht *siehe dort*
- Vergütung **16** 55 ff.
- Weisungsrecht *siehe dort*
- Zielvereinbarung **16** 56, 106

Klinikauswahlentscheidung 29 95 ff.
- Beachtung Vielfalt von Trägern **29** 97 ff.
- Berücksichtigung öffentlicher Interessen **29** 111
- Gewährleistung wirtschaftliche Sicherung **29** 106 ff.
- Gleichbehandlungsgrundsatz **29** 110
- Kostengünstigkeit **29** 109
- Rangverhältnis Kriterien **29** 112 ff.
- Rechtsschutz *siehe* Krankenhausplanung Rechtsschutz

Klinische Prüfung *siehe* Prüfung, klinische

Körperliche Unversehrtheit 4 10 ff.

Körperverletzung 14 5 ff.
- Arzt **14** 62 ff.
- Aufklärungsmängel *siehe* Aufklärungspflicht
- Behandlungsfehler **14** 14, 19 ff. *siehe auch* Behandlungsfehlerhaftung
- Bestimmungszeitpunkt **14** 10
- Facharztstandard **14** 6 ff.
- Methodenfreiheit **14** 11
- Sonderwissen **14** 13
- Sorgfaltspflichtmaßstab **14** 5
- Übernahmeverschulden **14** 12
- Unterlassen **14** 15 ff.
- vorsätzliche/schwere **14** 62 ff.

Konsiliararzt 19 12 ff.
- Begriff **19** 12 f.
- Haftung **19** 14
- schwarzer **19** 15 f.
- unechter **19** 15 f.

Kontrahierungszwang 34 10

Kooperation 15 1 ff.; **19** 1 ff.
- AOP-Vertrag **19** 17 f.
- Arztzentrum **5** 207
- Belegarzt *siehe dort*
- Berufsausübungsgemeinschaft *siehe dort*
- Diagnostik, präoperative **19** 19 f.
- Einleitung **19** 1 ff.
- Finanzierungssystem postoperative Behandlung **19** 20 f.
- Gemeinschaft *siehe* Kooperationsgemeinschaft
- Konsiliararzt *siehe dort*
- Kooperation mit MVZ *siehe* Kooperation MVZ
- Kooperationsrahmen **15** 1 ff.
- Operationen, ambulante **19** 17 f.
- Organisationsgemeinschaft *siehe dort*
- Sanitätshaus **5** 165
- sonstige **19** 17 ff.
- Therapie, postoperative **19** 19 ff.
- Tierarzt **5** 335, 338
- Tierarzt und Nichttierarzt **5** 336
- Vertragsarzt, niedergelassener **19** 17 ff.
- Zahnarzt/Dritter **5** 266 ff.

Kooperation MVZ 8 276 ff.
- Apotheker **8** 287 ff.
- Belegarzt **8** 295
- Berufsausübungsgemeinschaft **8** 280 ff.
- Krankenhausapotheke **8** 291 f.
- Krankenhausarzt, ermächtigter **8** 277 ff.
- Organisationsgemeinschaft **8** 285 f.
- Versorgung, integrierte **8** 293 f.

Kooperationsgemeinschaft 15 316 ff.
- Berufsausübungsgemeinschaft *siehe dort*
- Besteuerung *siehe* Steuerrecht
- Definition **15** 315 f.
- medizinische **15** 314 ff.
- Praxisformen, kooperative *siehe dort*

Stichwortverzeichnis

- Vertragsarzt **15** 320 f.
- Vorgaben, berufsrechtliche **15** 316 ff.

Kooperative Praxisformen *siehe* Praxisformen, kooperative

Kostenerstattung 6 60 ff.

Krankenhaus 29 1 ff.
- Abgrenzung zur Rehabilitationseinrichtung **29** 24 ff.
- Abrechnung *siehe* Abrechnung Krankenhaus
- Adressat KHG **29** 167 ff.
- Allgemeinkrankenhaus **29** 28 ff.
- Anstaltskrankenhaus **29** 32 f.
- Arbeitszeitgesetz *siehe dort*
- Arzt im ~ *siehe* Klinikarzt
- Begriff **29** 10 ff.
- Behandlungsprogramm, strukturiertes **7** 420
- Behandlungsvertrag *siehe* Krankenhausbehandlungsvertrag
- bei Unterversorgung **7** 416 ff.
- Belegkrankenhaus **29** 32 f.
- Betriebskosten *siehe* Krankenhausbetriebskosten
- Chefarzt *siehe dort*
- Differenzierung, funktionale **29** 28 ff.
- Einführung **29** 1 ff.
- Entgeltvereinbarung *siehe* Entgeltvereinbarung Krankenhaus
- Fachkrankenhaus **29** 28 ff.
- Fehlbelegung **29** 299 ff.
- Finanzierung **29** 1 ff., 161 ff.
- Gesetzgebungskompetenz **29** 1 ff.
- Gestaltung NRW **29** 179
- Grundversorgung **29** 31
- Honorar *siehe* Abrechnung Krankenhaus, *siehe auch* Chefarzt
- Investitionsförderung *siehe dort*
- KHEntgG **17** 25 f.
- Landesbasisfallwerte **29** 226
- Leistungen, hochspezialisierte **7** 421 ff.
- Leistungserbringung, ambulante **7** 415 ff.
- Liquidationsrecht *siehe dort*
- Maximalversorgung **29** 31
- Nachtklinik **29** 34 f.
- Organisationsbesonderheiten **16** 82 ff.
- Planung *siehe* Krankenhausplanung
- Praxisklinik **29** 34 f.
- Regelversorgung **29** 31
- Tagesklinik **29** 34 f.
- Trägerschaft **29** 37 ff.
- Universitätsklinik **29** 36

Krankenhausbehandlungsvertrag 29 272 ff. *siehe auch* Behandlungsvertrag;
- gespaltener **17** 8 f.; **29** 280 ff.
- Kassenpatient **29** 276 ff.
- Selbstzahler **29** 275
- totaler **17** 10; **29** 275 ff.
- totaler mit Arztzusatzvertrag **17** 6 f.
- Wahlleistung *siehe dort*

Krankenhausbetriebskosten 29 183 ff.
- Basis-DRG **29** 200
- CCL **29** 201
- DRGs **29** 191 ff.
- DRGs, Begriffe **29** 191 ff.
- DRGs, Zielsetzung **29** 205
- Entgeltvereinbarung *siehe* Entgeltvereinbarung Krankenhaus
- Genehmigungsverfahren *siehe* KHEntgG-Genehmigungsverfahren
- Geschichte *siehe dort*
- KEntgG **29** 206 ff.
- Krankenhausleistungen, allgemeine **29** 207 ff.
- MDCs **29** 195 f.
- PCCL **29** 201
- Schiedsverfahren *siehe dort*

Krankenhausentgeltgesetz 17 25 f. *siehe auch* KHEntgG-Genehmigungsverfahren

Krankenhausgesetz *siehe* Krankenhaus

Krankenhausgestaltungsgesetz Nordrhein-Westfalen 29 179

Krankenhausplanung 29 1 ff., 42 ff.
- Anwendungsbereich KHG **29** 49 ff.
- Aufnahme in Krankenhausplan **29** 53 ff.
- Auswahlentscheidung *siehe* Klinikauswahlentscheidung
- Bedarfsanalyse **29** 60
- Bedarfsermittlung **29** 64 ff.
- Bedarfsermittlung, Fehler **29** 78
- Bedarfsermittlung, Überprüfung **29** 77
- Bedarfsgerechtigkeit **29** 72 ff.

- Beitrag zu sozial tragbaren Pflegesätzen **29** 82 f.
- Erlass Feststellungsbescheid **29** 92 ff.
- Feststellungsbescheid **29** 86
- Inhalt Krankenhausplan **29** 57 ff.
- Krankenhausanalyse **29** 61
- Leistungsfähigkeit **29** 79 ff.
- Planaufstellung **29** 85
- Planungskriterien KHG **29** 63 ff.
- Rechtsnatur Krankenhausplan **29** 87 f.
- Rechtsschutz *siehe* Krankenhausplanung Rechtsschutz
- Umsetzung Versorgungsentscheidung **29** 89 ff.
- Versorgung, bedarfsgerechte **29** 63 ff.
- Versorgungsentscheidung **29** 62
- Ziel staatlicher Planung **29** 43 ff.
- Zielplanung **29** 58 f.

Krankenhausplanung Rechtsschutz 29 115 ff.
- Anfechtungsklage **29** 133 f.
- Anfechtungswiderspruch **29** 133 f.
- BVerfGE **29** 146 ff.
- Fortsetzungsfeststellungsklage **29** 138 ff.
- Herausnahme aus Krankenhausplan **29** 117 ff.
- Konkurrentenklage, negative **29** 150
- Kostenträger **29** 141 f.
- Krankenhaus, aufgenommenes **29** 159
- Krankenhaus, aufnahmebegehrendes **29** 156 ff.
- Krankenhaus, betroffenes **29** 133 ff.
- Krankenhaus, konkurrierendes **29** 143 ff., 151 ff.
- Kündigung Versorgungsvertrag **29** 123 ff.
- Streitwert **29** 160
- Verpflichtungsklage **29** 135 ff.
- Verpflichtungswiderspruch **29** 135 ff.
- vorläufiger **29** 151 ff.

Krankenpflege, häusliche 36 34 ff.
Krankenversicherung, gesetzliche *siehe* GKV
Krankenversicherung, private *siehe* PKV
KSchG 16 74 ff.
Kündigungsschutzgesetz 16 74 ff.
Künstliche Befruchtung *siehe* Befruchtung, künstliche

KV *siehe* Vereinigung, Kassen(zahn-)ärztliche

Laboratorium 32 53
Laborgemeinschaft 15 347 ff.
- Abgrenzung zur Betreibergesellschaft **37** 369 ff.
- Besteuerung *siehe* Praxisgemeinschaft
- Definition **15** 347
- Kooperation mit Laborärzten **15** 352
- Rechtsform **15** 351
- Rechtsgrundlagen **15** 348 ff.
- Speziallabor **15** 353 ff.

Landesbasisfallwerte 29 226
Leben 4 10 ff.
Lehrfreiheit 4 19 ff.
Leistung zur medizinischen Rehabilitation 35 43 ff.
Leistung zur Teilhabe *siehe* Teilhabe, Leistung zur
Leistungserbringung 7 201 ff.
- Delegation **7** 209 ff.
- Laborleistungen **7** 220 ff.
- Leistungen, gerätebezogene **7** 215 ff.
- MVZ **8** 182 f.
- persönliche **7** 11 ff., 1043; **8** 182 f.; **16** 18, 91
- Rechtsgrundlagen **7** 201 ff.
- Umfang **7** 205
- Vertretung, ärztliche **7** 206 ff.

Leistungsrecht *siehe* GKV-Leistungsrecht
Leistungssektoren 8 304
Letter of Intent 18 56 f.
Liquidation *siehe* Honorar
Liquidationsrecht 16 106 ff.; **17** 1 ff.
- ambulant **17** 21 ff.
- Arbeitsvertrag **17** 27 ff.
- Begriff **17** 1 f.
- Behandlung, steuerliche **17** 61 ff.
- Einschränkung durch Entwicklungsklausel **17** 59 f.
- Gutachten **17** 24
- KHEntG **17** 25 f.
- Kostenerstattung **17** 52 ff.
- Krankenhausbehandlungsvertrag *siehe* dort, *siehe auch* Wahlleistung
- Leistungserbringung, persönliche **17** 11 ff., 23
- Mitarbeiterbeteiligung **17** 57 f.

Stichwortverzeichnis

- Rahmenbedingungen **17** 33 ff.
- Rechtsgrundlagen **17** 25 ff.
- stationär *siehe* Wahlleistung
- Vorteilsausgleich **17** 55 f.
- Wahlleistung *siehe dort*

Logopäde 5 369

Major Diagnostic Categorie 29 195 f.
Mandat, medizinrechtliches 2 1 ff.
- Allgemeines **2** 1
- Honorar *siehe dort*
- Informationen **2** 4 f.
- Mandantentypologie **2** 6 ff.
- Prägung, öffentlich-rechtliche **2** 2
- Strömungen, gesellschaftspolitische **2** 3
- Subspezialisierung **2** 1

Masseur 5 370 ff.
MBO *siehe* Musterberufsordnung
MDC 29 195 ff.
MDK *siehe* GKV-Anspruchskonkretisierung
Medizinischer Bademeister 5 370 ff.
Medizinischer Dienst der Krankenkassen *siehe* GKV-Anspruchskonkretisierung
Medizinisches Versorgungszentrum *siehe* Versorgungszentrum, Medizinisches
Medizinprodukt 31 1 ff.
- aktives **31** 50 ff.
- Arzneimittel **30** 40
- Bedeutung Norm **31** 2
- Begriffsbestimmung § 3 MPG **31** 2 ff.
- Bestandsverzeichnis **31** 55
- Betreiben *siehe* Medizinproduktebetreiberverordnung
- Bewertung, klinische **31** 68 ff.
- Definition **31** 50
- Dokumentation **31** 53
- Eigenherstellung **31** 21
- Entstehungsgeschichte **31** 1
- EuGH **3** 31
- Funktionsprüfung **31** 51
- Gefahrprävention **31** 57 ff.
- Geräteeinweisung **31** 52
- GKV *siehe dort*
- Hersteller **31** 19
- In-Haus-Herstellung **31** 21
- Instandhalten *siehe* Medizinproduktebetreiberverordnung
- Inverkehrbringen **31** 16 f.
- In-Vitro-Diagnostika **31** 13, 22
- Konformitätsbewertung **31** 62 ff.
- Kontrollen, sicherheitstechnische **31** 54
- Medizinprodukteberater **31** 101
- Medizinproduktebuch **31** 44, 55
- MPBetreibV *siehe dort*
- MPG **28** 24
- Patienteninformation **31** 56
- Produkt, neu aufbereitetes **31** 18
- Prüfung, klinische *siehe dort*
- Sicherheitsbeauftragter **31** 99
- Sicherungssysteme *siehe dort*
- Sonderanfertigung **31** 14
- Stellen, benannte **31** 20
- Tissue-Engineering **31** 12
- Überwachung **31** 33
- Werbung *siehe dort*
- Zubehör **31** 15
- Zweckbestimmung **31** 3 ff.

Medizinproduktebetreiberverordnung 31 23 ff.
- Anforderungen, allgemeine **31** 25 ff.
- Anforderungen, persönliche **31** 26 ff.
- Anforderungen, sachliche **31** 25
- Anwendungsbereich **31** 24
- Betreiben **31** 23 ff.
- Desinfektion **31** 42 f.
- Einführung **31** 23
- Instandhaltung **31** 35 ff.
- Instandhaltungsbeauftragter **31** 40 f.
- Kontrolluntersuchung **31** 48 f.
- Medizinprodukt, aktives **31** 50 ff.
- Medizinproduktebuch **31** 44, 55
- Reinigung **31** 42 f.
- Sanktion **31** 46
- Sterilisation **31** 42 f.
- Vergleichsmessung **31** 48 f.
- Vollzug **31** 33, 45
- Voraussetzungen, persönliche **31** 25

Medizinrecht 1 1 ff.; **2** 1 ff.
Medizinrechtliches Mandat *siehe* Mandat, medizinrechtliches
Meinungsfreiheit 5 192 ff.
Menschenwürde 4 17 ff.
Methode
- Methodenfreiheit **14** 11
- neue **6** 27; **7** 256 ff.

- neuere **12** 7 ff.
- Neulandmethode **12** 220 ff.
- Therapiemethode, besondere **6** 26

Minderjähriger 30 106 f. *siehe auch* Einwilligung Minderjähriger

Mitwirkungspflicht 8 186

Morbiditätsrisiko 7 582 f.

MPBetreibV *siehe* Medizinproduktebetreiberverordnung

MPG *siehe* Medizinprodukt

Musterberufsordnung
- Arzt *siehe dort*
- europäische **5** 285
- Psychotherapeut (MBO-PP/KJP) **5** 305
- Tierarzt (MBO-T) **5** 326 ff.
- Zahnarzt *siehe dort*

Mutter-Kind-Kur
- Rehabilitationswesen **35** 96 ff.

MVZ *siehe* Versorgungszentrum, Medizinisches

MVZ-Gründung 37 264 ff., 318 ff.
- Anforderung Gründer **8** 65 ff.
- Angestelltenvariante **8** 52 ff.
- Arztregistereintragung **8** 48 ff.
- Aufhebung Alterszugangsgrenze **8** 92 f.
- Bedarfsplanungs-Richtlinie-Ärzte **8** 28 ff.
- Einrichtung **8** 16 ff.
- Fachgebietseinordnung **8** 20 ff.
- Fachgebietseinordnung Modifizierung **8** 28 ff.
- Filialbildung **8** 78 ff.
- Gesellschafterbürgschaft, selbstschuldnerische **8** 94 ff.
- Gründerpluralität **8** 65 ff.
- Krankenhausträgerschaft **8** 72 f.
- Leitung, ärztliche **8** 39 ff.
- Mischvariante **8** 64
- Neufassung § 20 Abs. 2 Ärzte-ZV **8** 88 ff.
- Niederlassungsort **8** 74 ff.
- überörtliches **8** 78 ff.
- Umfang, zeitlicher **8** 36 ff.
- Verlust Gründereigenschaft **8** 101 ff.
- Vertragsarztvariante **8** 55 ff.
- Voraussetzungen **8** 14 ff.
- Vorgaben Gesetzgeber **8** 14 f.
- Zahnarzt **8** 31 ff.
- Zulassungsbeschränkungen **8** 84 ff. *siehe auch* Zulassung MVZ

MVZ-Rechtsform 8 104 ff.
- Änderung **8** 141 ff.
- Aktiengesellschaft **8** 137 f.
- Einzelperson, natürliche **8** 114
- Gesellschaft, eigenständige **8** 107 f.
- Gesellschafterwechsel **8** 144 ff.
- Gesellschaftszweck **8** 107 f.
- Gesetzgebungskompetenz **8** 104 ff.
- GmbH & Still **8** 134 ff.
- Heilkunde-GmbH **8** 125 ff.
- Limited **8** 139 f.
- MVZ-GbR **8** 116 ff.; **37** 325 ff.
- MVZ-GbR mit angestellten Ärzten **37** 268 ff.
- MVZ-GbR mit Vertragsärzten **37** 283
- MVZ-GmbH **8** 129 ff.; **37** 296 ff., 332 ff.
- MVZ-GmbH mit angestellten Ärzten **37** 284 ff.
- MVZ-GmbH mit Mitunternehmern **37** 305 ff.
- MVZ-GmbH mit Subunternehmern **37** 312 ff.
- MVZ-GmbH mit Vertragsärzten **37** 294 f.
- Partnerschaftsgesellschaft *siehe dort*
- Rechtsformen, unzulässige **8** 109 ff.
- Rechtsformen, unzweckmäßige **8** 109 ff.
- Rechtsformen, zulässige **8** 113
- Rechtswahlkriterien **8** 106
- Stiftung **8** 115
- Vorgaben, gesetzliche **8** 104 ff.
- Zusammenfassung **8** 147

Nachbesetzungsverfahren 7 444 ff.; **18** 89 ff.
- Ausschreibungsverfahren **7** 447 ff.
- Auswahlverfahren **7** 452 ff.
- Einleitung **18** 89 f.
- Ermessen Zulassungsausschuss **18** 94 ff.
- Ermessenskriterien **18** 94
- Gestaltungsmöglichkeit Zivilrecht **18** 101 ff.
- Klage **18** 99 f.
- Positionsverbesserung Nachfolger **18** 95 ff.

- Praxisgemeinschaft **15** 334
- Sicherung vor Bewerber **18** 91 ff.
- Sicherung vor Zulassungsverlust **18** 91 ff.
- Verfahrensrecht **7** 460 ff.
- Widerspruch **18** 99 f.

Nebenklage 14 244

Nebentätigkeit
- Chefarzt **16** 92 ff.
- Klinikarzt **16** 60 ff.

Neue Versorgungsformen 8 1 ff.
Notapotheke 32 121
Notarielle Beurkundung 18 105
Notarzt 23 1 ff., 38, 48 *siehe auch* Rettungsdienst
- Aufgaben **23** 14 f.
- Durchführung **23** 16 f.
- Haftung **23** 61 ff.
- leitender **23** 39, 49
- Leiter Rettungsdienst **23** 40, 50
- Trägerschaft **23** 16 f.

Notstand, rechtfertigender 14 124 ff.
Nullbeteiligungsgesellschaft 15 112 ff.

Öffentlicher Gesundheitsdienst *siehe* Gesundheitsdienst, öffentlicher
Öffentlich-rechtlicher Vertrag 8 311
Off Label Use 6 92 ff.
- Anspruch **6** 93 f.
- compassionate use **6** 107 ff.
- Eingrenzung **6** 93 f.
- Haftpflichtversicherungsrecht **13** 5 f.
- orphan drugs **6** 107
- Problemlage **6** 95 ff.
- Verfassungsrecht **4** 11 ff.
- Wirtschaftlichkeitsprüfung **7** 911

Offizin 32 51
Organentnahme 14 75 ff.
Organisationen 2 4
Organisationsaufklärung 12 265 ff.
- Behandlungsfehler, eingetretener **12** 287
- Behandlungsfehler, vergangene **12** 280 ff.
- Behandlungsfehler, zukünftig mögliche **12** 267 ff.
- Einwilligung, mutmaßliche **12** 276 f.
- Mitverschulden **12** 269
- Qualifikation Arzt **12** 280 ff.
- Risiko, verwirklichtes **12** 287

Organisationsgemeinschaft 15 322 ff. *siehe auch* Berufsausübungsgemeinschaft
- Apparategemeinschaft *siehe dort*
- Betriebsgesellschaft *siehe dort*
- Kooperation mit MVZ *siehe* Kooperation MVZ
- Laborgemeinschaft *siehe dort*
- Praxisgemeinschaft *siehe dort*
- Praxisverbund *siehe dort*

Orphan Drugs 6 107
Orthopädiemechaniker 5 401
Orthopädieschuhmacher 5 402
Orthoptist 5 375 ff.

Partnerschaftsgesellschaft 15 287 ff.
- Allgemeines **15** 287 f.
- Firmierung **15** 293
- Haftung **15** 297 ff.
- MVZ **8** 121 ff.
- Partnerschaftsfähigkeit **15** 289 f.
- Registerpflichtigkeit **15** 301 f.
- Schriftformerfordernis **15** 291 f.
- Umwandlung **15** 303
- Vertragsfreiheit **15** 294 ff.
- Vertragsgestaltung **15** 291 ff.

Patient Clinical Complexity Level 29 201
Patientenverfügung 12 357, 484 ff.
- Aufklärung **12** 506 ff.
- Aufklärungspflicht **12** 357
- Ausgangspunkt **12** 475 ff.
- Bedeutung, rechtliche **12** 486 ff.
- Begriff **12** 484 f.
- Bindungswirkung **12** 486 ff.
- Einwilligung *siehe dort*
- Form **12** 499 f.
- Gültigkeitsdauer **12** 501 ff.
- Inhalt **12** 484 f.
- Voraussetzungen **12** 496 ff.
- Widerruf **12** 512 ff.
- Zusammenfassung **12** 531 ff.

PCCL 29 201
Personen- und Dienstleistungsfreiheiten 3 33 ff.
- Arbeitnehmerfreizügigkeit **3** 37 f.
- Dienstleistungsverkehr **3** 39 f.
- Entscheidungen EuGH **3** 45 ff.
- Niederlassungsfreiheit **3** 34 ff.
- Richtlinien **3** 41 ff.

Stichwortverzeichnis

Pflegebedürftigkeit **34** 67 ff.
- Bedarfsermittlung **34** 89 ff.
- Bedarfsermittlung, Kind **34** 91 f.
- Begriff **34** 67
- Begutachtung **34** 86 ff.
- Behandlungspflege, medizinische **34** 75 ff.
- Dauer **34** 68 f.
- Entscheidung Versicherer **34** 93 ff.
- Klageverfahren **34** 96 ff.
- Nachtpflege **34** 80 ff.
- Rehabilitationsmaßnahmen **34** 74
- Stufen **34** 80 ff.
- Verrichtungen **34** 70 ff.

Pflegepflichtversicherung **34** 1 ff.
- Annahmezwang **34** 10
- Beginn Versicherungsschutz **34** 15 f.
- Behindertenhilfe **34** 63
- Ende Versicherungsschutz **34** 17 ff.
- Feststellungsverfahren Bedürftigkeit *siehe* Pflegebedürftigkeit
- Hilfen, technische **34** 42 ff.
- Kombinationsleistung **34** 36
- Kündigung durch Versicherer **34** 20 ff.
- Kündigung durch Versicherten **34** 17 ff.
- Kurzzeitpflege **34** 52 ff.
- Leistungen **34** 23 ff.
- Nachtpflege **34** 49 ff., 80 ff.
- Organisation **34** 4
- Personenkreis, versicherter **34** 13 f.
- Pflege, häusliche **34** 24 ff.
- Pflege, vollstationäre **34** 55 ff.
- Pflegebedürftigkeit *siehe dort*
- Pflegegeld **34** 30 ff.
- Pflegehilfe, häusliche **34** 25 ff.
- Pflegemittel **34** 42 ff.
- Pflegemittelverzeichnis **34** 44 ff.
- Pflegeperson **34** 64 ff.
- Rentenversicherungspflicht **34** 64 ff.
- Sicherung, soziale Pflegeperson **34** 64 ff.
- Tagespflege **34** 49 ff.
- Verhinderungspflege **34** 37 ff.
- Versicherungspflicht **34** 5 ff.
- Vertragsabschluss **34** 11 f.
- Vorbemerkung **34** 1 ff.
- Wohnumfeldverbesserungen **34** 48

Pharmakovigilanz **30** 213 ff.
Pharmazeutischer Unternehmer 13 7

Physiotherapeut 5 370 ff.
PID *siehe* Präimplantationsdiagnostik
PKV
- Abrechnung *siehe* Abrechnung PKV
- Gesetzgebungskompetenz **4** 7 f.
- Verfassungsrecht **4** 7 f.

Podologe 5 381 ff.
Präimplantationsdiagnostik
- Berufsrecht **27** 23
- Embryonenschutzgesetz **27** 16 ff.
- Problematik **27** 14 ff.
- Regelungsebenen (Übersicht) **27** 26
- Verfassungsrecht **27** 15
- Zusammenfassung **27** 24 f.

Präsenzpflicht 7 1028 ff.; **8** 173 ff.
Praxis, Gute Wissenschaftliche 28 71
Praxisabgabe/-übernahme 18 1 ff.
- Einleitung **18** 1 ff.
- Praxiskauf *siehe dort*
- Umsetzung **18** 11 ff.
- Vorbereitung **18** 6 ff.

Praxisformen, kooperative 7 462 ff.
siehe auch Kooperation
- Berufsausübungsgemeinschaft *siehe dort*
- Einrichtung nach § 311 Abs. 2 SGB V **7** 485 ff.
- Praxisgemeinschaft *siehe dort*
- Praxisverbund *siehe dort*
- Versorgungszentrum, medizinisches *siehe dort*

Praxisgemeinschaft
- Abgrenzung **15** 322 ff.
- Abgrenzung zur Betreibergesellschaft **37** 369 ff.
- Anzeige **15** 328
- Besteuerung **37** 345 ff.
- Besteuerung Beteiligung Nichtfreiberufler **37** 364 ff.
- Besteuerung Leistungen an Nichtmitglieder **37** 356 ff.
- Datenlage **15** 326 f.
- Definition **15** 322 ff.
- Ertragsteuern **37** 348 ff., 356 ff., 364 f.
- Gemeinschaftspraxis *siehe dort*
- Genehmigung **15** 328
- Grundzüge Besteuerung **37** 348 ff.
- Haftung **15** 337
- Motive **15** 326 f.
- Nachbesetzungsverfahren *siehe dort*

Stichwortverzeichnis

- Praxisformen, kooperative **7** 463 ff.
- Praxisverbund *siehe dort*
- Rechtsform **15** 335 f.
- Umsatzsteuer **37** 353 ff., 361 ff., 366 ff.
- Umwandlung **15** 341
- Vertragsinhalt **15** 335 f.
- Vorgaben, berufsrechtliche **15** 329 ff.
- Vorgaben, vertragsarztrechtliche **15** 333

Praxiskauf 18 13 ff., 45 ff.
- Allgemeine Geschäftsbedingungen **18** 108
- als Unternehmenskauf **18** 13 ff.
- Anwaltsgebühren **18** 146 f.
- Arztpraxis **18** 13 f.
- Beurkundung, notarielle **18** 105
- Einwilligung **18** 109
- Ertragswertmethode **18** 49 f.
- Erwerberpflichten **18** 112 f.
- Fälligkeit **18** 129
- Form **18** 105 ff.
- Fristen **18** 129
- Gewährleistung *siehe* Praxiskauf Gewährleistung
- Haftung Altverbindlichkeiten **18** 36 ff.
- Kaufpreisfindung **18** 45 ff.
- Kaufvertrag **18** 105 ff.
- Klausel, salvatorische **18** 130
- Konkretisierung Kaufgegenstand **18** 20 ff.
- Kooperationsgemeinschaft **18** 15 ff.
- Leistungsstörung *siehe* Praxiskauf Gewährleistung
- Methode BÄK **18** 47 f.
- Nachbesetzungsverfahren *siehe dort*
- Pflichten, wesentliche **18** 110 ff.
- Rechtsnatur Veräußerung **18** 29 ff.
- Rückabwicklung **18** 131 ff.
- Rückkehrverbot **18** 126 ff.
- Schriftform **18** 105
- Sittenwidrigkeit **18** 54
- Steuerrecht *siehe* Praxiskauf Steuerrecht
- Veräußerer und Erwerber **18** 41 ff.
- Veräußererpflichten **18** 110 f.
- Veräußererseite *siehe* Praxisveräußerung
- Verkehrswert i.S.d. § 103 SGB V **18** 51 ff.
- Vertrag **18** 105 ff.
- Vertragsarztsitz **18** 27 f.
- Vertragsinhalt **18** 109 ff.
- Vertragsparteien **18** 109
- Vorgaben, sonstige **18** 105 ff.
- Vorlage Vertrag nach Berufsrecht **18** 106 f.
- Vorlage Vertrag nach Zulassungsrecht **18** 106 f.
- Vorüberlegung *siehe* Praxiskauf Vorüberlegung
- Wertermittlung **18** 45 ff.
- Zulassungsrecht *siehe* Nachbesetzungsverfahren

Praxiskauf Gewährleistung 18 114 ff.
- Anspruchsgrundlagen **18** 114 f.
- Beschaffenheitsmangel **18** 116 f.
- Due Dilligence Prüfung **18** 116 f.
- Garantie **18** 116 f.
- Mängelhaftungsausschluss **18** 125
- Mangel des Gesellschaftsanteils **18** 123
- Rechtsmangel **18** 121 f.
- Sachmangel **18** 118 ff.
- Verjährung **18** 124

Praxiskauf Steuerrecht 18 135 ff.
- Geltendmachung Kaufpreis **18** 140 f.
- Gewerbesteuer **18** 144
- Gewinn aus Veräußerung **18** 136 ff.
- Lohnsteuer **18** 145
- Steuern, sonstige **18** 142 ff.
- Umsatzsteuer **18** 142 f.
- Veräußerer *siehe* Praxisveräußerung

Praxiskauf Vorüberlegung 18 55 ff.
- Absichtserklärung **18** 56 f.
- Belegarztverträge **18** 74
- Geheimhaltungsvereinbarung **18** 56 f.
- Gesellschaftsanteile **18** 82
- Gestaltungs- und Sicherungsmöglichkeit **18** 56 ff.
- Honorarforderungen **18** 88
- Leasing- und Wartungsverträge **18** 73
- Letter of Intent **18** 56 f.
- Mietvertrag Praxisräume **18** 64 ff.
- Ort der Niederlassung **18** 65
- Patientenkartei **18** 83 ff.
- Punktuation **18** 58 ff.
- Übergang Arbeitsverhältnisse **18** 75 ff.
- Übernahme Gesellschaftsanteile **18** 62 ff.

- Übernahme Mietvertrag **18** 66 ff.
- Übernahme Vertragsverhältnisse **18** 62 ff.
- Versicherungsverträge **18** 71 f.
- Vertrauenstatbestand **18** 61
- Vorvertrag **18** 58 ff.

Praxisveräußerung 37 70 ff.
- Abgabe **37** 87 ff.
- Anteil Gemeinschaftspraxis **37** 179 ff.
- Aufgabe **37** 93 ff.
- Beendigung **37** 93 ff.
- Einzelpraxis **18** 29 ff.
- entgeltliche **37** 70 ff., 179 ff.
- Fortführung freiberufliche Tätigkeit **37** 73 ff.
- Kooperationsgemeinschaft **18** 32 ff.
- Steuerfolgen **37** 80 ff.
- unentgeltliche **37** 87 ff., 185 ff.
- Voraussetzungen, steuerliche **37** 70 ff.

Praxisverbund 5 207; **15** 356 ff.
- Besonderheiten, vertragsarztrechtliche **15** 361 ff.
- Beziehung Ärzte zueinander **15** 365 ff.
- Beziehung zu Patienten **15** 369
- Definition **15** 356 ff.
- Formalia **15** 360

Private Krankenversicherung *siehe* PKV

Privileg, therapeutisches 12 236 ff.

Probandenversicherung 28 64 ff.

ProdHaftG *siehe* Produkthaftungsgesetz

Produkthaftungsgesetz 31 71 ff.
- Grundtypen Produkthaftung **31** 75
- Haftungsvoraussetzungen **31** 77
- Instruktions- und Warnpflicht **31** 78
- Markt- und Produktbeobachtungspflicht **31** 79
- Problemaufriss **31** 72 ff.
- Produzentenhaftung **31** 76
- Wiederaufbereitung **31** 80 ff.

Prüfung, klinische 30 96 ff.
- Änderungen, nachträgliche **30** 138 f.
- Arzneimittel **28** 10 ff.
- Definition **30** 96 ff.
- Ethikkommission *siehe dort*
- GCP-Verordnung **28** 23; **30** 120 ff.
- GCP-Verordnung, Zweck **30** 123 f.
- Genehmigungsverfahren **30** 137
- Haftung nach ProdHaftG *siehe* Produkthaftungsgesetz
- Medizinprodukt **28** 18 ff.; **31** 68 ff.
- multizentrische **30** 134
- Probandenversicherung **31** 70 ff.
- Rechtsnatur Bewertung **30** 126 f.
- Registrierung Arzneimittel **30** 144 f.
- Teilnehmer, minderjährige **30** 106 f.
- Teilnehmerrechte **30** 108 ff.
- Teilnehmerschutz **30** 140 ff.
- Tierarzneimittel **30** 240 ff.
- Verfahrensgang **30** 114 ff.
- Voraussetzung **30** 101 ff.
- Zusammensetzung **30** 112 f.

Prüfvereinbarung 7 149

Psychotherapeut 5 296 ff.
- Berufsausübung **5** 304 ff.
- Berufszugang **5** 299 ff.
- Einsichtsrecht Behandlungsunterlagen **5** 309
- Geschichte *siehe dort*
- Honorar *siehe dort*
- Kammer *siehe* Heilberufe-Kammern
- Kollegialität **5** 314
- Kontaktgestaltung **5** 309
- MBO-PP/KJP **5** 305
- Sorgfaltspflichten **5** 308
- Verfahren, berufsrechtliches *siehe dort*
- Zulassung *siehe dort*
- Zusammenschluss **5** 317
- Zweigstellen **5** 316

Punktuation 18 58 ff.

Punktwertrelation 7 596 ff.

Qualitätsförderprogramm 7 134 ff.

Qualitätsgebot 6 33 ff.

Qualitätskontrolle *siehe* Arzneimittelqualität

Qualitätssicherung 8 168 ff.

Recht auf freie Arztwahl 7 193 ff.

Rechtfertigender Notstand 14 124 ff.

Rechtsmangel 18 121 f.

Rechtsschutz
- einstweiliger **7** 1085 ff.
- Krankenhausplanung *siehe* Krankenhausplanung Rechtsschutz

1633

Stichwortverzeichnis

- Prüfung, klinische **30** 135 f.
- vorläufiger *siehe* Krankenhausplanung Rechtsschutz
- Zulassungsverfahren **30** 92 f.

Regelleistungsvolumina 7 653 ff.
- arztbezogene **7** 663 f.
- arztgruppenbezogene **7** 660 ff.
- Einführung **7** 653 ff.
- Inhalt **7** 660 ff.
- Rechtslage, alte **7** 665
- Ziele **7** 657 ff.

Rehabilitation
- Abgrenzung **35** 66 ff.
- Abgrenzung Krankenhaus/Einrichtung **29** 24 ff.
- ambulante **35** 50 ff.
- Begriff **35** 1 ff.
- Begriff, ambulante **35** 51
- Begriff, stationäre **35** 66 ff.
- Behindertenbegriff **35** 8
- Budget, persönliches **35** 16
- Fahrtkosten **35** 99 ff.
- Geschichte *siehe dort*
- Leistung zur medizinischen **35** 43 ff.
- Leistung zur Teilhabe *siehe* Teilhabe, Leistung zur
- Leistungen, sonstige **35** 99 ff.
- Leistungen GKV **35** 48 ff.
- Leistungsberechtigter **35** 9 ff.
- Leistungserbringer **35** 52 ff., 76 ff.
- Leistungserstattung **35** 17 ff.
- Mitwirkungspflicht **35** 22 f.
- Mutter-Kind-Kur **35** 96 ff.
- Pflegebedürftigkeit *siehe dort*
- Rechtsträger, Kooperation **35** 24
- Regelungen, allgemeine **35** 8 ff.
- Rehabilitation, teilstationäre **35** 50 ff.
- Rehabilitationsdienst **35** 27 ff.
- Rehabilitationseinrichtung **35** 27 ff.
- Rehabilitationsrecht **35** 5 ff.
- Rehabilitationswesen **35** 1 ff.
- stationäre **35** 65 ff.
- Verfahren **35** 58 ff., 88 ff.
- Versorgung, integrierte **35** 91 ff.
- Versorgungsvertrag **35** 79 ff.
- Verzahnung **35** 72 ff.
- Voraussetzung **35** 58 ff., 88 ff.
- Wunsch- und Wahlrecht **35** 9 ff.
- Zertifizierung **35** 76 ff.

Reisegewerbe 30 180 f.
Reproduktionsmedizin 27 1 ff.
- Befruchtung, künstliche *siehe dort*
- PID *siehe dort*

Residenzpflicht 7 1028 ff.; **8** 176 f.
Rettungsdienst 23 1 ff.
- Aufgaben **23** 7 ff.
- Aufgabenverteilung **23** 48
- Aufsicht **23** 21
- Bedeutung **23** 1 ff.
- Durchführung **23** 11 ff.
- Einführung **23** 1 ff.
- Einrichtungen **23** 32 ff.
- Einsatzsysteme **23** 37
- Fortbildung **23** 47
- Genehmigungspflicht **23** 22 f.
- Genehmigungsverfahren **23** 22 ff.
- Genehmigungsvoraussetzungen **23** 24 ff.
- Haftung **23** 61 ff.
- Kosten **23** 18 ff.
- Leitstellenpersonal **23** 56 ff.
- Notarzt *siehe dort*
- Organisation **23** 32 ff.
- Personal, ärztliches **23** 38 ff.
- Personal, nichtärztliches **23** 41 ff.
- Rechtsgrundlagen **23** 5 f.
- Rettungsassistent **23** 41 ff.
- Rettungshelfer **23** 46
- Rettungsmittel **23** 35 f.
- Rettungssanitäter **23** 45
- Rettungsteam **23** 51 ff.
- Struktur **23** 7 ff.
- Trägerschaft **23** 11 ff.
- Unternehmerpflichten **23** 29 ff.

Rezept 30 175 ff.
Rezeptur 32 52
Richtgrößenprüfung 7 871 ff.
- Datenlage **7** 877 ff.
- Praxisbesonderheiten **7** 884 ff.
- Richtgrößenvereinbarung **7** 872 ff.
- Verfahrensrecht **7** 890 ff.

Richtlinien G-BA 6 78 ff.
- Anforderungen Verfassungsrecht **6** 87
- BMV **6** 111 f.
- EBM *siehe dort*
- Gesamtvertrag **6** 113
- Grenzen **6** 83 ff.
- Grenzen Verfassungsrecht **6** 88 ff.
- Normsetzungsvertrag **6** 110 ff.
- off label use **6** 92 ff.
- Regelungskompetenz **6** 78 ff.

- Richtlinienkompetenz **6** 78 ff.
- Verträge, sonstige **6** 114
- **Risikoaufklärung 14** 22 ff.

Sachkenntnis 30 179
Sachmangel 18 118 ff.
Sachverständiger 24 1 ff.
- Ablehnung **24** 37 ff.
- Aufgabe **24** 5 ff.
- Auswahl **24** 28 ff.
- Auswahlkriterien **24** 31 ff.
- Befangenheit **24** 37 ff.
- Erstattung Gutachten, persönliche **24** 19 ff.
- Erstattung Gutachten, rechtzeitige **24** 24 f.
- Gutachtenerstellung **24** 14 ff.
- Haftung **24** 75 ff.
- Pflichten **24** 13 ff.
- Prüfung Aufklärungsfehler **24** 61 ff.
- Prüfung Behandlungsfehler **24** 58 ff.
- Prüfung Kausalzusammenhang **24** 54 ff.
- Prüfung Körper- und Gesundheitsschäden **24** 53
- „Richter in Weiß" **24** 1 ff.
- Stellung **24** 5 ff.
- Transfusionswesen **25** 32
- Unparteilichkeit **24** 26
- Vergütung **24** 27
- Zusammenfassung **24** 83

Sanitätshaus 5 165
Satzungsleistung 6 67 f.
Schiedsverfahren
- Bildung Schiedsstelle **29** 238 ff.
- Gestaltungsspielraum **7** 178
- Inhalt Entscheidung **29** 250 ff.
- Krankenhauskosten **29** 241 ff.
- Rechtscharakter Entscheidung **29** 248 f.
- Rechtsschutz Betroffener **7** 179 ff.
- Schiedsspruch **7** 177
- Verfahrenseinleitung **7** 176

Schiedswesen 7 164 ff.
- Besetzung **7** 170
- Funktion **7** 164
- Kompetenzbereich **7** 165 ff.
- Rechtsnatur **7** 171 f.
- Rechtsstellung Mitglieder **7** 173
- Schiedsstellen **7** 174 f.
- Verfahren *siehe* Schiedsverfahren
- Zuständigkeit **7** 165 ff.

Schriftform 18 105
Schwangerschaftsabbruch 14 78 ff., 177
Schweigepflicht
- Forschung, biomedizinische **28** 45 ff.
- Verletzung *siehe* Schweigepflichtverletzung

Schweigepflichtverletzung 14 106 ff.
- Antragserfordernis **14** 131
- Einwilligung **14** 119 ff.
- Geltung Verschwiegenheitspflicht **14** 115 f.
- Notstand, rechtfertigender **14** 124 ff.
- offenbaren **14** 111 ff.
- Offenbarungspflicht **14** 127
- Qualifikation § 203 Abs. 5 StGB **14** 128
- Rechtfertigungsgründe **14** 118 ff.
- Schutz fremder Geheimnisse **14** 108 ff.
- Schutzbereich **14** 106 f.
- Schweigepflichtentbindung **14** 132 ff.
- Sonderdelikte §§ 203, 204 StGB **14** 130
- Täterkreis **14** 106 f.
- Tatbestand § 203 StGB **14** 106 ff.
- Verwertung Fremdgeheimnis § 204 StGB **14** 129

Selbstverwaltung 5 1 ff., 23 ff.
- Begriff **5** 23 ff., 29 ff.
- Bewertungsausschuss *siehe dort*
- Einführung **5** 1 ff.
- funktionale **5** 33 ff.
- G-BA *siehe* Bundesausschuss, Gemeinsamer
- Geschichte *siehe dort*
- Heilberufe-Kammern *siehe dort*
- Idee **5** 25 ff.
- Kassen(zahn-)ärztliche Vereinigung *siehe* Vereinigung, Kassen(zahn-)ärztliche
- Landesausschüsse **7** 77 ff.
- Perspektiven **5** 41 ff.
- Prüfungs- und Beschwerdeausschuss **7** 81
- Schiedsämter **7** 80
- Sozialversicherung **5** 99 ff.
- Versorgungswerke **5** 116 ff.
- Vertragsarzt *siehe dort*

1635

Stichwortverzeichnis

- Zulassungs- und Berufungsausschüsse **7** 73 ff.

Selbstzahler *siehe* Abrechnung Selbstzahler

Sicherheitsplan-System 31 95 ff.

Sicherstellung Versorgung 7 288 ff.
- Bedeutung **7** 288 ff.
- Folgen unzureichender **7** 308
- Gewähr ordnungsgemäße Versorgung **7** 304 ff.
- Inhalt **7** 288 ff.
- Sicherstellungsauftrag, besonderer **7** 292 ff.
- Umfang Sicherstellungsauftrag **7** 296 ff.
- Verantwortlichkeit Krankenversicherung **7** 292 ff.

Sicherungssysteme 31 83 ff.
- Anzeigepflicht **31** 83 f.
- CE-Kennzeichnung **31** 89
- Sicherheitsplan-System **31** 95 ff.
- Überwachung **31** 85 ff.
- Verfahren zum Schutz vor Risiken **31** 90 ff.

Sozialstaatsprinzip 4 11

Sozialversicherung 3 32; **5** 99 ff.

Statistische Vergleichprüfung *siehe* Vergleichsprüfung, statistische

Statusmissbrauch 7 1032 ff.

Sterbehilfe, ärztliche 14 69 ff. *siehe auch* Patientenverfügung, *siehe auch* Vorsorgevollmacht
- aktive **14** 71 f.
- Neugeborene **14** 74
- passive **14** 71 f.
- Weiterbehandlung **14** 73

Sterilisation 14 92 ff.
- Begriff **14** 92 ff.
- Einwilligung, rechtfertigende **14** 95 ff.
- Strafbarkeit **14** 92 ff.

Steuerrecht 37 1 ff.
- Apparategemeinschaft *siehe* Praxisgemeinschaft
- Arzt *siehe* Besteuerung Arzt
- Berufsausübungsgemeinschaft **37** 94 ff.
- Chefarzt **37** 375 ff.
- Ertragsteuern *siehe dort*
- Gemeinschaftspraxis *siehe dort*
- Kooperationsformen **37** 341 ff.
- Laborgemeinschaft *siehe* Praxisgemeinschaft
- Liquidationsrecht **17** 61 ff.
- MVZ *siehe dort*
- Praxisabgabe **37** 80 ff.
- Praxisgemeinschaft *siehe dort*
- Praxiskauf *siehe* Praxiskauf Steuerrecht
- Praxisveräußerung **37** 80 ff.
- Sicht auf § 31 MBO *siehe* Zuweisungsentgelt
- Teilgemeinschaftspraxis *siehe dort*
- Umsatzsteuer *siehe dort*
- Versorgung, integrierte **37** 341 ff.
- Wahlleistung **37** 375 ff.
- Zuweisungsentgelt *siehe dort*
- Zweigpraxis **37** 254 ff.

Steuerrecht Praxiskauf *siehe* Praxiskauf Steuerrecht

Stiftung 8 115

Strafanzeige 14 239 ff.

Strafbefehl 14 232 ff.

Strafvollzug 22 1 ff.
- Arzt, externer **22** 6 ff.
- Aufgabenbereiche Anstaltsarzt **22** 2 f.
- Gesundheitsfürsorge **22** 1
- Therapeut, externer **22** 6 ff.
- Weitergabe von Daten **22** 4 f.

Streitwertkatalog (Auszug) 2 14 f.

Strukturiertes Behandlungsprogramm 7 420

Strukturvertrag 7 130 ff.

Systemversagen 6 63 ff.

Tarifrecht 16 33 ff. *siehe auch* Klinikarzt
- AiP **16** 49
- Ausblick **16** 50
- Gleichstellungsabrede **16** 46
- Konsequenz **16** 40 ff.
- Marburger Bund **16** 34, 38
- Oberarzt **16** 47 f.
- Probleme **16** 47 ff.
- Tarifkonkurrenz **16** 43 ff.
- Tarifpluralität **16** 43 ff.
- Tarifsituation, gegenwärtige **16** 34
- Tarifvertragsentwicklung **16** 35 ff.
- Tarifvertragsgeltung **16** 41 f.

Teilgemeinschaftspraxis 15 242 ff.
siehe auch Gemeinschaftspraxis
- Außenauftritt **15** 256
- Besteuerung **37** 219 ff.
- Binnenstruktur **15** 249 ff.
- Entwicklung, berufsrechtliche **15** 242 ff.
- Ergebnisverteilung **15** 254 f.
- Ertragsteuern **37** 239 ff.
- Gesellschafterbeiträge **15** 251
- Gesellschaftszweck **15** 250
- Gestaltungsmissbrauch **15** 247
- Gewinnverteilungsabrede **37** 226 ff.
- Leistungsbeziehungen **37** 239 ff.
- Rechtsform **15** 248
- Tätigkeitserfordernis **37** 234 ff.
- Umsatzsteuer **37** 245 ff.
- Vermögensbeteiligung **15** 252 f.
- Vertragsarzt **15** 245 f.

Teilhabe, Leistung zur 35 25 ff.
- ambulante **35** 39
- Ausführung **35** 25 f.
- betriebliche **35** 39
- Leistung zur medizinischen Rehabilitation **35** 43 ff.
- Leistungsort **35** 34 ff.
- Qualitätssicherung **35** 40 ff.
- Rehabilitationsdienst **35** 27 ff.
- Rehabilitationseinrichtung **35** 27 ff.
- teilstationäre **35** 39

Therapeutisches Privileg 12 236 ff.
Tierarzneimittel 30 18, 233 ff.
- Abgabe **30** 245
- Apothekenpflicht **30** 245
- Geltungsbereich AMG **30** 18
- Herstellung **30** 234 f.
- Prüfung, klinische **30** 240 ff.
- Zulassung **30** 62, 76, 236 ff.

Tierarzt 5 320 ff.
- Arzneimittelherstellung **30** 55
- Ausübung tierärztliche Praxis **5** 334
- Berufsausübung **5** 326 ff.
- Berufshaftpflichtversicherung **5** 339
- Berufszugang **5** 325
- Bundestierärztekammer **5** 320 ff.
- Entgelt **5** 332
- Fortbildungspflicht **5** 330
- Gemeinschaftspraxis *siehe dort*
- Kammer *siehe* Heilberufe-Kammern
- Kollegialität **5** 331
- Kooperation *siehe dort*

- MBO-T **5** 326 ff.
- Melde- und Anzeigepflichten **5** 329
- Niederlassung **5** 333

Tissue-Engineering 31 12
Transfusionswesen 25 1 ff.
- Adressat der Meldepflicht **25** 25 f.
- Anonymisierung **25** 29 ff.
- Anwendung von Blutprodukten **25** 15 ff.
- Begriffsbestimmungen **25** 7
- Datenempfänger **25** 24
- Einleitung **25** 1 f.
- Ethikkommission *siehe dort*
- Gesetzeszweck **25** 4 ff.
- Gewinnung von Blutbestandteilen **25** 8 ff.
- Grundlagen, gesetzliche **25** 3
- Inhalt der Meldung **25** 27 f.
- Meldewesen **25** 23
- Mitteilungspflichten **25** 33
- Rückverfolgung **25** 19 ff.
- Sachverständiger **25** 32
- Transfusions-Bußgeldvorschriften **25** 34
- Transfusions-Strafvorschriften **25** 34

Transplantationswesen 26 1 ff.
- Bußgeldvorschriften **26** 10
- Einleitung **26** 1
- Entnahme von Organen **26** 7 f.
- Ethikkommission *siehe dort*
- Gesetzeszweck **26** 2 ff.
- Organentnahme, lebender Spender **26** 6
- Organentnahme, toter Spender **26** 5
- Richtlinien **26** 9
- Strafvorschriften **26** 10
- Transplantationszentren **26** 7 f.
- Verbot Organ- und Gewebehandel **26** 10
- Vermittlung von Organen **26** 7 f.
- Zusammenarbeit **26** 7 f.

Übergabe Praxis *siehe* Praxisabgabe/-Übernahme
Überörtliche Gemeinschaftspraxis *siehe* Gemeinschaftspraxis, überörtliche
Umsatzsteuer
- Apparategemeinschaft **37** 353 ff., 361 ff., 366 ff.

Stichwortverzeichnis

- Arzt **37** 49 ff.
- Gemeinschaftspraxis **37** 150 ff.
- Laborgemeinschaft **37** 353 ff., 361 ff., 366 ff.
- MVZ **37** 318 ff., 340
- Praxisgemeinschaft **37** 353 ff., 361 ff., 366 ff.
- Teilgemeinschaftspraxis **37** 245 ff.

Unfallversicherung, gesetzliche 36 1 ff.
  siehe auch Heilbehandlung, berufsgenossenschaftliche
- Aufgaben **36** 1
- Europarecht **36** 4 ff.
- Finanzierung **36** 2 f.
- Personenkreis, versicherter **36** 7 f.
- Trägerschaft **36** 2 f.
- Versicherungsfall **36** 9 ff.

Unterlassene Hilfeleistung 14 63 ff.
Unternehmen 4 7 f.
Unternehmensfreiheit 4 4 ff.
Unternehmer, pharmazeutischer 13 7
Unversehrtheit, körperliche 4 10 ff.
Urkundenfälschung 14 101 ff.

Verbraucherschutz 5 188
Vereinigung, Kassen(zahn-)ärztliche 5 103 ff.; **7** 29 ff.
- Amtshaftung **7** 38 ff.
- Aufgaben **7** 47 ff.
- Dienstleistungsgesellschaften **7** 48 ff.
- Korruptionsbekämpfung **7** 43 ff.
- Organe **7** 30 ff.
- Organisationsstruktur **7** 33 ff.
- Rechtsstatus **7** 29 ff.

Verfahren, berufsgerichtliches 5 227 ff.
- Arztstrafrecht **14** 252
- Gegenstand **5** 229
- Grundsätze **5** 230
- Maßnahmenkatalog **5** 227
- Psychotherapeut **5** 319
- Rechtsgrundlagen **5** 227
- Rechtsmittel **5** 230
- Voraussetzung **5** 228

Verfahrensrecht
- Arzneimittelzulassung siehe dort
- Berufsgerichtsbarkeit **7** 983 ff.
- Disziplinarverfahren siehe dort
- Durchgangsarztverfahren **36** 22 ff.
- Ermittlungsverfahren **14** 217 ff.
- Ethikkommission siehe dort
- Heilbehandlung, berufsgenossenschaftliche siehe dort
- KHEntgG-Genehmigungsverfahren **29** 254
- Klageerzwingungsverfahren **14** 245
- Klageverfahren gegen Arztrechnung **10** 136 ff.
- Krankenhausabrechnung **29** 339 ff.
- Krankenhausbetriebskosten siehe dort
- Nachbesetzungsverfahren siehe dort
- Pflegebedürftigkeit siehe dort
- Prüfung, klinische siehe dort, siehe auch Ethikkommission
- Rehabilitation **35** 58 ff., 88 ff.
- Rettungsdienst **23** 22 ff.
- Richtgrößenprüfung **7** 890 ff.
- Schiedsverfahren **15** 220 ff.
- Strafverfahren **7** 980 ff.
- Verfahren, berufsrechtliches **5** 319; **14** 252
- Verletzungsartenverfahren **36** 32 f.
- Vertragsarzthonorar siehe dort
- Vertragsarztverfahren siehe dort
- Verwaltungsverfahren siehe dort
- Werbung **33** 34 ff.
- Wirtschaftlichkeitsprüfung siehe Verwaltungsverfahren
- Zertifikatverfahren **30** 225 f.
- Zulassung MVZ **8** 154 ff., 162
- Zwischenverfahren **14** 235

Verfassungsrecht 4 1 ff.
- Berufsausübungsfreiheit **4** 4 ff.
- Berufswahlfreiheit **4** 4 ff.
- Föderalismusreform **4** 19
- Forschungsfreiheit **4** 19 ff.
- Gemeinwohlinteresse **4** 6
- Gesetzgebungskompetenz siehe dort
- GKV **4** 9
- Gleichbehandlungsgrundsatz **29** 110
- Leben **4** 10 ff.
- Lehrfreiheit **4** 19 ff.
- Menschenwürde **4** 17 ff.
- Menschenwürdeschutz, abgestufter **4** 17
- Objekt-Subjekt-Formel **4** 17
- off label use **4** 11 ff.
- PID **27** 15
- PKV **4** 7 f.
- Sozialstaatsprinzip **4** 11
- Unternehmen **4** 7 f.

- Unternehmensfreiheit **4** 4 ff.
- Unversehrtheit, körperliche **4** 10 ff.
- Wissenschaftsfreiheit **4** 19 ff.

Vergleichsprüfung, statistische **7** 809 ff.
- Beratung vor Kürzung **7** 861
- Budgetierung **7** 865
- Darlegungs- und Beweislast **7** 856 f.
- Einsparungen, kompensatorische **7** 848 ff.
- Einzelleistungskürzung **7** 852 ff.
- Höhe der Kürzung/des Regresses **7** 862 ff.
- Konsequenzen bei Unwirtschaftlichkeit **7** 860 ff.
- Missverhältnis, offensichtliches **7** 834 ff.
- Mitwirkungspflicht **7** 858 f.
- MVZ/Gemeinschaftspraxis **7** 830
- Praxisbesonderheiten **7** 842 ff.
- Prüfung, intellektuelle **7** 823 ff.
- Prüfungsfolge **7** 819 ff.
- Spartenkürzung **7** 852 ff.
- Vergleichsgruppenbildung **7** 827 ff.
- Vertikalvergleich **7** 838 ff.
- Wirtschaftlichkeitsprüfung **7** 865

Vergütungssystem 7 536 ff. *siehe auch* Honorar
- Abrechnung *siehe dort*
- Bedingungen, strukturelle **7** 542 ff.
- Budgets, sektorale **7** 537 ff.
- Honorarsteuerungsinstrumente **7** 586 ff.
- Interdependenzen **7** 650 ff.
- Klinikarzt *siehe dort*
- Reformversuche *siehe* GKV, *siehe* Regelleistungsvolumina
- Regelleistungsvolumina *siehe dort*
- Struktur **7** 536 ff.
- Verhältnis KV-Krankenhaus **7** 546 ff.
- Versorgung, vertragsärztliche **7** 542 ff.
- Vertragsarztgesamtvergütung *siehe dort*
- Vertragsarzthonorar *siehe dort*
- Wirtschaftlichkeitsprüfung *siehe dort*
- Zahnarzt **7** 675 ff.

Verjährung 30 301, 315 f.
Verschreibung 30 175 ff.
Verschreibungspflicht 30 173 f.
Versorgung, hausarztzentrierte 7 133

Versorgung, integrierte 8 296 ff.
- Anschubfinanzierung *siehe dort*
- Begriff **8** 300 ff.
- Bereinigung Gesamtvergütung **8** 355
- Besteuerung **37** 341 ff.
- Datenschutz **8** 344
- Entwicklung **8** 296 ff.
- Integrationsvertrag *siehe dort*
- interdisziplinär-fachübergreifende **8** 205 f.
- Kooperation mit MVZ **8** 293 f.
- Leistungssektoren **8** 304
- leistungssektorenübergreifende **8** 301 ff.
- Rehabilitationswesen **35** 91 ff.
- Teilnahme Versicherte **8** 340 ff.
- Teilnahmebedingung **8** 342 f.
- Teilnahmeerklärung **8** 341
- Vertragspartner **8** 307 ff.

Versorgung, vertragsärztliche 7 235 ff.
- ambulante **7** 247
- Arzneimittel **7** 259 f.
- Beschreibung, allgemeine **7** 244 ff.
- Grenzen Versorgungsbereich **7** 264 ff.
- Inhalt **7** 244 ff.
- Intention Gesetzgeber **7** 261 ff.
- psychotherapeutische **7** 281 ff.
- sektorale **7** 235 ff.
- sektorenübergreifende **7** 239 ff.
- Sicherstellung *siehe* Sicherstellung Versorgung
- Trennung haus-/fachärztliche ~ **7** 261 ff., 274 ff.
- Untersuchungs- und Behandlungsmethoden, neue **7** 256 ff.
- Versorgungsbereiche **7** 235 ff.
- zahnärztliche **7** 248 ff.

Versorgungsformen, neue 8 1 ff.
Versorgungsvertrag 29 1 ff.; **35** 79 ff.
Versorgungszentrum, Medizinisches 7 485 ff.; **8** 1 ff.
- Abrechnung *siehe* Abrechnung MVZ
- Angestellter *siehe dort*
- Beschreibung *siehe* MVZ-Gründung
- Besteuerung **37** 259 ff., 324 ff.
- Daten **8** 7 ff.
- Einhaltung Fachgebietsgrenze **8** 178 f.
- Fakten **8** 7 ff.
- Fortbildungspflicht **8** 187
- Generalverweisung **8** 171 f.

Stichwortverzeichnis

- Geschichte *siehe dort*
- GKV-WSG **8** 6
- Gründung *siehe* MVZ-Gründung
- Haftung *siehe dort*
- Kooperation mit Dritten *siehe* Kooperation MVZ
- Leistungserbringung, persönliche **8** 182 f.
- Mitwirkungspflicht gegenüber Krankenversicherung **8** 186
- Pflichten **8** 171 ff. *siehe auch* Vertragsarzt
- Präsenzpflicht **8** 173 ff.
- Rechte **8** 181 ff.
- Rechtsform *siehe* MVZ-Rechtsform
- Rechtstatsachen **8** 1 ff.
- Residenzpflicht **8** 176 f.
- Umsatzsteuer **37** 340
- VÄndG **8** 5
- Verbot Behandlungsablehnung **8** 180 f.
- Vergleichsprüfung, statistische **7** 830
- Vor- und Nachteile **8** 11 ff.
- Wirtschaftlichkeit **8** 185
- Zahlen **8** 7 ff.
- Zulassung *siehe* Zulassung MVZ

Verteidigung Arzt 14 203 ff.
- Aufzeichnungen, persönliche **14** 212
- Beschuldigter **14** 204 ff.
- Durchsuchung **14** 220 ff.
- Einstellungsmöglichkeit **14** 224 ff.
- Entschuldigung bei Hinterbliebenen **14** 211
- Erhebungen, eigene **14** 216
- Ermittlungsverfahren **14** 217 ff.
- Hauptverhandlung **14** 236 ff.
- Hinweise, allgemeine **14** 204 ff.
- Information **14** 215
- Krankenblattunterlagen **14** 214
- Stellungnahme **14** 218 f.
- Strafbefehl **14** 232 ff.
- Verhaltensempfehlungen **14** 210 ff.
- Vorermittlungen **14** 204 f.
- Zeugen, potentielle **14** 213
- Zwischenverfahren **14** 235

Vertrag, öffentlich-rechtlicher 8 311
Vertragsärztliche Versorgung *siehe* Versorgung, vertragsärztliche
Vertragsarzt 7 1 ff.
- Abrechnungsgenauigkeit **7** 1044 ff.
- Abschreibung Zulassung **37** 17 ff.
- Ärztegesellschaft **15** 313
- Begriffsdefinitionen **7** 4 f.
- Behandlungspflicht **7** 1024 ff.
- Beteiligte **7** 22 ff.
- BMV *siehe dort*
- Disziplinarverfahren *siehe dort*
- Dokumentationspflicht **7** 1036 ff.
- Einführung **7** 1 ff.
- Gemeinschaftspraxis *siehe dort*
- Gesamtvergütung *siehe* Vertragsarztgesamtvergütung
- Gesamtvertrag *siehe* Vertragsarztgesamtvertrag
- Geschichte *siehe dort*
- Gesetze **7** 93 ff.
- Grundprinzipien **7** 182 ff.
- Honorar *siehe* Vertragsarzthonorar
- Kassen(zahn-)ärztliche Vereinigung *siehe* Vereinigung, Kassen(zahn-)ärztliche
- Kooperation *siehe dort*
- Krankenkassen **7** 22 ff.
- Krankenkassenverbände **7** 22 ff.
- Leistungserbringer **7** 82 ff.
- Leistungserbringung, persönliche *siehe* Leistungserbringung
- MVZ **37** 283, 294 f. *siehe auch* Versorgungszentrum, Medizinisches
- Normenhierarchie **7** 114 ff.
- Pflicht, behandlungsbezogene **7** 1036 ff.
- Pflichten **7** 1020 ff.
- Pflichten, statusbezogene **7** 1023 ff.
- Präsenzpflicht **7** 1028 ff.
- Praxisgemeinschaft **15** 333
- Praxisverbund **15** 361 ff.
- Prüfvereinbarung **7** 149
- Qualitätssicherung **7** 229 ff.
- Rahmenbedingungen **7** 1 ff.
- Recht auf freie Arztwahl *siehe* Arztwahl, Recht auf freie
- Rechtsetzungsinstrumentarium **7** 87 ff.
- Rechtsgrundlagen **7** 87 ff.
- Rechtsqualität Verträge **7** 159 ff.
- Rechtsverordnungen **7** 96 f.
- Residenzpflicht **7** 1028 ff.
- Richtlinien **7** 110 ff.
- Sachleistungsprinzip GKV *siehe* GKV-Leistungsarten
- Satzungen **7** 98 ff.

- Schiedswesen *siehe dort*
- Schriftformerfordernis **15** 44 f.
- Selbstverwaltung **7** 51 ff.
- Statusmissbrauch **7** 1032 ff.
- Teilgemeinschaftspraxis **15** 245 f.
- Vereinbarung über zahntechnische Leistungen **7** 153 ff.
- Vereinbarungen auf Landesebene **7** 141 ff.
- Vereinbarungen nach § 84 SGB V **7** 147 ff.
- Verfahrensrecht *siehe* Vertragsarztverfahren
- Vergütungssystem *siehe dort*
- Vergütungsvereinbarung PKV **7** 157 f.
- Versorgung, vertragsärztliche *siehe dort*
- Verträge Bundes-/Landesebene **7** 117 ff.
- Verträge mit Normwirkung **7** 103 ff.
- Vertrag, dreiseitiger **7** 150 ff.
- Vertragsarztrechtänderungsgesetz (VÄndG) **8** 5
- Vertragsarztsitz **7** 352 ff.; **8** 211 ff.; **15** 190 ff.; **18** 27 f.
- Wirtschaftlichkeitsprüfung *siehe dort*
- Zulassung *siehe dort*

Vertragsarztgesamtvergütung 7 554 ff.
siehe auch Vergütungssystem, *siehe auch* Vertragsarzthonorar
- Abgeltungsprinzip **7** 560 ff.
- Abzugsposten **7** 577 ff.
- Bedeutung **7** 554 ff.
- Begriff **7** 555
- Beitragsaufkommen **7** 584
- Beitragssatzstabilität **7** 570 ff.
- Berechnungsweise **7** 573 ff.
- Bestandteile **7** 564 ff.
- Einordnung, rechtliche **7** 556 ff.
- Höhe **7** 569 ff.
- Inhalt **7** 554 ff.
- Morbiditätsrisiko **7** 582 f.
- Veränderungsfaktoren **7** 581 ff.
- Veränderungsrate **7** 585
- Zahlungsanspruch **7** 559

Vertragsarztgesamtvertrag 7 123 ff.
- Inhalt, allgemeiner **7** 126 ff.
- Qualitätsförderprogramm **7** 134 ff.
- Strukturvertrag **7** 130 ff.
- Versorgung, hausarztzentrierte **7** 133

- Vertragspartner **7** 123 ff.

Vertragsarzthonorar 7 549 ff., 703 ff.
siehe auch Honorar
- Abrechnung **7** 707 f.
- Abrechnungsprüfung **7** 741 ff.
- Abrechnungsprüfung, Methode **7** 746 ff.
- Abrechnungsprüfung, Rahmen **7** 742 ff.
- Änderung **7** 757 ff.
- Änderung, Verfahren **7** 758 ff.
- Anspruch **7** 705 ff.
- Aufhebung **7** 757 ff.
- Ausschlussfrist Änderung **7** 762 ff.
- Berichtigung **7** 737 ff.
- Bescheid **7** 722 ff.
- Festsetzung Honorar **7** 718 ff.
- Festsetzung Verfahren **7** 719 ff.
- Festsetzung Vorläufigkeit **7** 731 ff.
- Forderung **7** 706 ff.
- Garantieerklärung **7** 709 ff.
- HVM **7** 141 ff.
- MVZ *siehe* Abrechnung MVZ
- Vertrauensschutz **7** 765 ff.
- Wirtschaftlichkeitsprüfung *siehe dort*

Vertragsarztverfahren 7 1058 ff.
- Besetzung Gericht **7** 1078 f.
- Einbeziehung weiterer Bescheide **7** 1080 ff.
- Rechtsschutz, einstweiliger **7** 1085 ff.
- Verfahren, gerichtliches **7** 1075 ff.
- Verwaltungsverfahren *siehe dort*
- Vorbemerkung **7** 1058
- Zuständigkeit, örtliche **7** 1076 f.

Verwaltungsverfahren 7 936 ff., 1059 ff.
- Aufhebung Verwaltungsakt **7** 1063 ff.
- Ausschluss Personen **7** 1061 f.
- Ausschlussfrist **7** 954
- Befangenheit **7** 1061 f.
- Begründung von Bescheiden **7** 945 ff.
- Beschwerdeverfahren **7** 955 ff.
- Beurteilungsspielraum **7** 941 ff.
- Drittwiderspruch **7** 1066 ff.
- Entscheidungsfindung **7** 939 f.
- Ermessensspielraum **7** 941 ff.
- gegen Genehmigungsentscheidung **29** 258 ff.
- Klagebefugnis Dritter **7** 1066 ff.
- Kostenerstattung Widerspruchsverfahren **7** 1071 ff.

Stichwortverzeichnis

- Schwellenwert **11** 15
- Vergleich **7** 960
- Widerspruchsverfahren **8** 154 ff.
- Wirtschaftlichkeitsprüfung **7** 936 ff.
- Zusammensetzung Ausschuss **7** 937 f.

Vorermittlungen 14 204 f.
Vorsorgevollmacht 12 514 ff.
- Aufklärung **12** 525
- Ausgangspunkt **12** 475 ff.
- Bedeutung **12** 514 ff.
- Entscheidung Bevollmächtigter **12** 526
- Form **12** 522 f.
- Überprüfbarkeit Entscheidung Bevollmächtigter **12** 527 ff.
- Voraussetzungen **12** 518 ff.
- Voraussetzungen, Bevollmächtigter **12** 520 f.
- Voraussetzungen, Vollmachtgeber **12** 518 f.
- Widerruf **12** 524
- Zusammenfassung **12** 531 ff.

Vorteilsnahme 14 136 ff.
Vorüberlegung Praxiskauf *siehe* Praxiskauf Vorüberlegung
Vorvertrag 18 58 ff.

Wahlleistung 29 283 ff.
- Abrechnung **10** 88 ff.
- Angemessenheit Vergütung **29** 289 ff.
- Besteuerung **37** 375 ff.
- Fachgruppen, einzelne **17** 14 ff.
- Kernbereich Wahlarztleistung **17** 12 f.
- Kostenerstattung **17** 52 ff.
- Leistungen **29** 294 ff.
- Leistungen, außerhalb Kernbereich **17** 17 ff.
- Mitarbeiterbeteiligung **17** 57 f.
- Rechtsfolgen Unwirksamkeit **17** 46 ff.
- Schuldner **29** 292 f.
- sonstige **29** 298
- stationäre **17** 3 ff.
- Unterbringung **29** 297
- Unterrichtung Patient **29** 285 ff.
- Vereinbarung **17** 33 ff.
- Vereinbarungsform **17** 40 f.; **29** 284
- Vereinbarungsinhalt **17** 42 ff.
- Vereinbarungszeitpunkt **29** 288
- Vertragsparteien **17** 36 ff.
- Vertretervereinbarung **17** 49 ff.
- Vorteilsausgleich **17** 55 f.

Wahlrecht 6 60 ff., 138
Warenverkehrsfreiheit 3 21 ff.
Weisungsrecht
- Chefarzt/nachgeordneter Arzt **16** 102 ff.
- Feststellungsklage **16** 16
- Klinikträger zu Klinikarzt **16** 7 ff.
- Notfalldienst **16** 15
- Weisungsfreiheit **16** 12 ff.

Werbung 5 192 ff.; **33** 1 ff.
- Abgrenzung Berichterstattung **33** 24 ff.
- Abgrenzung Unternehmenswerbung **33** 24 ff.
- Abgrenzung zum Lebensmittel **33** 30 ff.
- Abgrenzungskriterien **5** 197 ff.
- Angaben, zulässige/unzulässige **5** 206
- Anpreisen **5** 197 ff.
- Anwendungsbereich, Einschränkung **33** 19 ff.
- Anwendungsbereich Heilmittelwerberecht **33** 13 f.
- Apothekenrecht **32** 89 ff.
- Arzneimittel **33** 29
- Arzt als Unternehmer **5** 202
- Arzt und Medien **5** 199 ff.
- Begriff **33** 15 ff.
- Behandlungen **33** 34 ff.
- Boulevardpresse **5** 200 f.
- Differenzierung stationär/ambulant **5** 195 f.
- Domainname **5** 208
- Einführung **5** 188 ff.
- Eingriffe, operative plastisch-chirurgische **33** 34 ff.
- Einleitung **33** 1
- Einschaltung Dritter **33** 60
- Exzess **33** 73 ff.
- Fachkreiswerbung **33** 67 f.
- Fernbehandlung **5** 207
- Fremdwerbung, unzulässige **5** 209
- für Schwangerschaftsabbruch **14** 177
- Geschichte *siehe dort*
- Gesetz **33** 2 ff.
- Gesetzeszweck **33** 3 ff.

Stichwortverzeichnis

- Gesundheitserziehung **5** 199
- Gutachtenverwendung **33** 53 f.
- Heilmittel **33** 1 ff.
- Information **5** 192 ff.
- Informationen, berufsbezogene **5** 206
- Informationsbörsen **2** 5
- Informationsgesellschaft **5** 188 ff.
- Informationsvorsprung **5** 190
- Internet **33** 51 f.
- Irreführungstatbestände **33** 39 ff.
- Irreführungsverbot **33** 37 f.
- krankheitsbezogene **33** 80 f.
- Kundenbindungssysteme **32** 92 ff.
- Laienwerbung **33** 69 ff.
- Liberalisierung Werbeverbot **14** 166 ff.
- Medizinprodukt **31** 102; **33** 34 ff., 77 ff.
- Meinungsfreiheit **5** 192 ff.
- Mittel, andere **33** 34 ff.
- mittelbare **5** 202
- Personenkreis, erfasster **33** 9 ff.
- Pflichtangaben **33** 48 ff.
- Praxisschild **5** 205
- Praxisverbund **5** 207
- Presseberichte **5** 199
- Printmedien **2** 4
- Regelungsansatz **33** 7 ff.
- Sinn des Gesetzes **33** 3 ff.
- Strafbarkeit nach § 148 Nr. 1 GewO **14** 176
- Tagesklinik **5** 207
- Titel **5** 210
- Überwachungsbehörde **33** 9 ff.
- Unterschied Fachkreis/Publikum **33** 64 ff.
- Verbot, Umgehung **14** 170 f.
- Verbraucherschutz **5** 188
- Verfahren **33** 34 ff.
- vergleichende **33** 63
- Verhältnis zum Deliktsrecht **33** 7 ff.
- Verhältnis zum Wettbewerbsrecht **33** 7 ff.
- Verkaufsförderung **5** 162
- Verwechslungsgefahr **5** 207
- Verzeichnisse **5** 211 ff.
- Wartezimmerfernsehen **5** 209
- Werbefreiheit **5** 188
- Werbeobjekte **33** 29 ff.
- Zahnarzt **5** 276 ff.
- Zentrum **5** 207
- Zitierung **33** 53 f.
- Zuwendungsverbot, eingeschränktes **33** 55 ff.

Wettbewerbsverbot
- Abfindungsanspruch **15** 207 ff.
- Angestellter **8** 209 f.
- Ausnahmen **15** 206
- Beschäftigungsverbot **15** 210
- Grenzen **15** 201 ff.
- nachvertragliches **15** 198 ff.
- Rechtsausübung **15** 213
- Vertragsstrafe **15** 211 f.

Wirksamkeitsgebot 6 33 ff.

Wirtschaftliche Aufklärung *siehe* Aufklärung, wirtschaftliche

Wirtschaftlichkeitsprüfung 7 772 ff.
- Abgrenzung **7** 782 ff.
- Adressat **7** 227 f.
- Änderungen durch GKV-WSG *siehe* GKV
- Arbeitsunfähigkeitsbescheinigung **7** 907
- Behandlungsfehler **7** 905
- Besonderheiten Zahnärzte **7** 926 ff.
- Bonus-Malus-Regelung *siehe dort*
- Chefarzt **16** 100 f.
- Definition **7** 223 ff.
- Einführung **7** 772 ff.
- Einzelfallmethode, strenge **7** 800 f.
- Einzelfallprüfung, eingeschränkte **7** 802 f.
- Einzelfallprüfung mit Hochrechnung **7** 804 ff.
- Erlass Regressbetrag **7** 896 ff.
- Gegenstand **7** 789 ff.
- Grundlagen, rechtliche **7** 780 f.
- MVZ **8** 185
- MVZ Abrechnung **8** 234 ff.
- off label use **7** 911
- Prüfvereinbarung **7** 932 ff.
- Prüfverfahren, allgemeines **7** 797 ff.
- Richtgrößenprüfung *siehe dort*
- Schaden, sonstiger **7** 901 ff.
- Stichprobenprüfung **7** 867 ff.
- Stundung Regressbetrag **7** 896 ff.
- Vergleichsprüfung, statistische **7** 865
- Verhältnis zur Budgetierung **7** 865
- Verwaltungsverfahren *siehe dort*
- Wirtschaftlichkeitsgebot **7** 223 ff., 1049 f.

Wissenschaftsfreiheit 4 19 ff.

1643

Stichwortverzeichnis

Zahnarzt 5 231 ff.
- Angestellter **7** 503 f. *siehe auch dort*
- BEMA-Z **7** 686 ff.
- Berufsausübung **5** 247 ff., 260 ff.
- Berufsausübungsgemeinschaft **7** 480 f.
- Berufspflichten **5** 250 ff.
- Berufszugang **5** 236 ff.
- Bundeszahnärztekammer **5** 80 ff., 251
- Degression **7** 676 ff.
- Fachangestellter, zahnmedizinischer **5** 396
- Geschichte *siehe dort*
- GOZ *siehe* Gebührenordnung
- Honorar *siehe dort*
- Kammer *siehe* Heilberufe-Kammern
- Kassen(zahn-)ärztliche Vereinigung *siehe* Vereinigung, Kassen(zahn-)ärztliche
- Kommunikation, berufliche **5** 276 ff.
- Kooperation *siehe dort*
- MBO, europäische **5** 285
- MBO 2005 **5** 247 ff.
- MVZ-Gründung **8** 31 ff.
- Rechnung *siehe* Arztrechnung
- Vergütung **7** 675 ff.
- Versorgung, vertragsärztliche **7** 248 ff.
- Werbung *siehe dort*
- Wirtschaftlichkeitsprüfung **7** 926 ff.
- Zahnersatz **7** 689 ff.
- Zahntechniker **5** 403 f.
- Zweigpraxis **7** 525 ff.

Zahntechniker 5 403 f.

Zeitpunkt
- Aufklärungspflicht **12** 333 ff.
- Dokumentationspflicht **12** 458 ff.

Zentrales Zulassungsverfahren *siehe* Zulassungsverfahren, zentrales

Zertifizierung 35 76 ff.

Zeugenbeistand 14 246 ff.

Zulassung 7 309 ff., 338 ff.; **14** 253
- Abweichungsklausel **8** 327 ff.
- Ärzte-ZV **8** 88 ff.
- Altersgrenzen **7** 355
- Angestellter **8** 195 ff.
- Arzneimittel *siehe* Arzneimittelzulassung
- Aufhebung Alterszugangsgrenze **8** 92 f.
- Bedarfsplan **7** 323 f.
- Bedarfsplanung **7** 320 ff.
- Bedarfsplanungsrichtlinie **7** 325 ff.; **8** 28 ff.
- Behindertenhilfe **7** 437 f.
- Behörden, zuständige **7** 315 ff.
- Eignung, persönliche **7** 342 ff.
- Entscheidung Zulassungsausschuss **7** 350 f.
- Entzug **7** 364 ff., 987 ff.; **14** 253 f.
- Ermächtigung **7** 399 ff.
- Filialbildung **8** 78 ff.
- Fortbildungsverpflichtung **7** 530 ff.
- Gnadenquartal **7** 396 ff.
- Grundstrukturen **7** 322
- Hochschulambulanzen **7** 428 ff.
- Institutsambulanzen, psychiatrische **7** 432 ff.
- Integrationsvertrag **8** 320 ff.
- Krankenhaus *siehe dort*
- Krankenhausbehandlung **19** 9
- MVZ *siehe* Zulassung MVZ
- Nachbesetzungsverfahren *siehe dort*
- Praxisverweser **7** 396 ff.
- Psychotherapeut **7** 356 ff.
- Rechtsgrundlagen **7** 309 ff.
- Ruhen **5** 136; **7** 361 ff.
- Sonderbedarfszulassung **7** 382 ff., 393 ff.
- Sonderformen Einrichtungen **7** 427 ff.
- Teilzulassung **7** 378 ff.
- Tierarzneimittel *siehe dort*
- Über-/Unterversorgung **7** 328 ff.
- Verfahren **7** 348 f.; **30** 77, 94 f.
- Versorgung, vertragsärztliche **19** 4 ff.
- Vertragsarzt **37** 17 ff.
- Voraussetzungen, fachliche **7** 339 ff.
- Vorlage Kaufvertrag **18** 106 f.
- Widerruf **7** 989
- Zentren, sozialpädiatrische **7** 434 ff.
- Zulassungsstatus **8** 320 ff.
- Zweigpraxis **8** 78 ff.

Zulassung MVZ
- Bedarfsplanungsneutralität **8** 245 f.
- Beendigung **8** 163 ff., 263 ff.
- Beschaffung **8** 245 ff.
- Erwerb **8** 148 ff.
- Fortführung Praxis **8** 263 ff.
- Klageverfahren **8** 162
- Nachbesetzung **8** 267 ff.

Stichwortverzeichnis

- Niederlassungsort MVZ **8** 74 ff.
- Personenidentität **8** 254 f.
- Prüfungsumfang **8** 152 f.
- Qualitätssicherung **8** 168 ff.
- Tätigkeitsaufnahme **8** 260 ff.
- Teilzeittätigkeit **8** 257 ff.
- überörtliches **8** 78 ff.
- Umwandlung bei Verzicht **8** 247 ff.
- Unerheblichkeit Niederlassungsform **8** 256
- Verlust **8** 148 ff.
- Vertragssitz, Reproduktion **8** 271 ff.
- Verzicht **8** 247 ff.
- Widerspruchsverfahren **8** 154 ff.
- Zuständigkeit **8** 148 ff.

Zulassungsverfahren, dezentrales 30 78 ff.
- Antragstellung **30** 78 f.
- Auflagen **30** 90 f.
- Beurteilung Unterlagen **30** 80 f.
- Kommissionsbeteiligung **30** 82 ff.
- Mängelrügen **30** 85 f.
- Rechtsanspruch **30** 88 f.
- Rechtsschutz **30** 92 f.
- Verfahrensbesonderheiten **30** 87
- Zulassung, fiktive **30** 94 f.

Zulassungsverfahren, zentrales 30 68 ff.
- Geltungsbereich Zulassung **30** 77
- Grundsatz **30** 68 ff.
- Tierarzneimittel **30** 76, 238 f.
- Verfahrensablauf **30** 72 ff.

Zuweisungsentgelt 5 171; **37** 390 ff.
- Patientenzuweisung **37** 394 ff.
- unzutreffend deklariertes **37** 403 f.
- verdecktes **37** 400 ff.
- Vorüberlegung, steuerliche **37** 390 ff.
- Zuweisermodell, kooperatives **37** 405 ff.

Zweigapotheke 32 113 f. *siehe auch* Filialapotheke

Zweigpraxis 7 511 ff.
- ärztliche **7** 516 ff.
- Besteuerung **37** 254 ff.
- zahnärztliche **7** 525 ff.

Zwischenverfahren 14 235